langen, fordern (*of* von); erf…
⚖ beanspruchen; fragen …
~ **note** Zahlungsaufforderu…

de·mar·ca·tion [di:mɑ:ˈkeiʃ…] …
grenzung *f*; *mst* **line of** ~ …
kations-, Grenzlinie *f*.

dé·marche *pol.* [ˈdeimɑ:ʃ] Dé…
f, diplomatischer Schritt *m*.

de·mean¹ [diˈmi:n] *mst* ~ **o.**…
erniedrigen.

de·mean² [~]: ~ **o.s.** sich beneh…
deˈmean·o(u)r Benehmen *n*.

de·ment·ed [diˈmentid] wahnsinnig.

de·mer·it [di:ˈmerit] Unwürdigkeit *f*; Mangel *m*, Fehler *m*, Nachteil *m*.

de·mesne [diˈmein] (Land-, Grund-) Besitz *m*; Domäne *f*; *fig.* Gebiet *n*.

demi... [ˈdemi] Halb..., halb...

dem·i·god [ˈdemigɔd] Halbgott *m*;

ˈdem·i·john große Korbflasche *f*, Glasballon *m*.

de·mil·i·ta·ri·za·tion [di:militərai-ˈzeiʃən] Entmilitarisierung *f*; **ˈde-ˈmil·i·ta·rize** entmilitarisieren.

dem·i·mon·daine [ˈdemimɔnˈdein] Halbweltdame *f*; **dem·i·monde** [ˈ~ˈmɔ̃:nd] Halbwelt *f*.

de·mise [diˈmaiz] **1.** Ableben *n*; *Besitz*-Übertragung *f*; **2.** übertragen; vermachen.

de·mist *mot.* [di:ˈmist] *Scheiben* beschlagfrei machen; **deˈmist·er** Entfroster *m*.

demo F [ˈdeməu] Demonstration *f*.

de·mob *sl.* [di:ˈmɔb] = *demobilize*;
de·mo·bi·li·za·tion [di:məubilai-ˈzeiʃən] Demobilisierung *f*; **deˈmo-bi·lize** demobilisieren.

de·moc·ra·cy [diˈmɔkrəsi] Demokratie *f*; **dem·o·crat** [ˈdeməkræt] Demokrat(in); **dem·oˈcrat·ic, dem·oˈcrat·i·cal** □ demokratisch; **de·moc·ra·tize** [diˈmɔkrətaiz] demokratisieren.

dé·mo·dé [deiˈməudei] altmodisch.

de·mog·ra·phy [di:ˈmɔgrəfi] Demographie *f*.

de·mol·ish [diˈmɔliʃ] nieder-, abreißen; *fig.* zerstören; herunterreißen; F verputzen (*essen*); **dem-o·li·tion** [deməˈliʃən] Niederreißen *n*; Abbruch *m*; Zerstörung *f*.

de·mon [ˈdi:mən] Dämon *m*, böser Geist *m*; **he is a ~ for work** F er ist von der Arbeit besessen; **de·mo-ni·ac** [diˈməuniæk] **1.** *a.* **de·mo-ni·a·cal** □ [di:məuˈnaiəkəl] dämonisch; teuflisch; **2.** Besessene *m*,

…e

…gaben

…ussprache wie im vorhergehenden Stichwort

Bedeutungsverengung durch Wortzusammensetzungen

Semikolon zur Differenzierung der Übersetzungsmöglichkeiten

Hinweis auf die Möglichkeit der Bildung von Wortzusammensetzungen

Erläuterungen zur Übersetzung in Kursivschrift

Verweis auf ein Synonym

Hinweise auf die Sprachgebrauchsebene

Berücksichtigung wichtiger Neologismen

Varianten

Hinweise auf übertragene Bedeutungen

Hochsprachliches Synonym erklärt ein Wort aus der Umgangssprache

Arabische Ziffern zur Unterscheidung der Wortarten

Michael Seleskea-Bajbus

LANGENSCHEIDTS TASCHENWÖRTERBUCH

DER ENGLISCHEN UND DEUTSCHEN SPRACHE

Erster Teil

Englisch-Deutsch

von

PROF. EDMUND KLATT

6. Neubearbeitung

von

DR. DIETRICH ROY

LANGENSCHEIDT

BERLIN · MÜNCHEN · WIEN · ZÜRICH

Inhaltsverzeichnis

Die Nennung von Waren erfolgt in diesem Werk, wie in Nachschlagewerken üblich, ohne Erwähnung etwa bestehender Patente, Gebrauchsmuster oder Warenzeichen. Das Fehlen eines solchen Hinweises begründet also nicht die Annahme, eine Ware oder ein Warenname sei frei.

---

6. Neubearbeitung.

Auflage:	*81.*	*80.*	*79.*	*78.*	*Letzte Zahlen*
Jahr:	*1986*	*85*	*84*	*83*	*maßgeblich*

Druck: Graph. Betriebe Langenscheidt, Berchtesgaden/Obb.
Printed in Germany · ISBN 3-468-10120-1

LANGENSCHEIDT'S
POCKET DICTIONARY
OF THE ENGLISH AND GERMAN LANGUAGES

First Part

English-German

by

PROF. EDMUND KLATT

Sixth Edition

by

DR. DIETRICH ROY

LANGENSCHEIDT
BERLIN · MUNICH · VIENNA · ZURICH

LANGENSCHEIDTS
TASCHENWÖRTERBÜCHER

Vorwort zur 6. Neubearbeitung

Seit über 85 Jahren gehören die englischen Taschenwörterbücher unseres Verlages zum Handwerkszeug der Sprachenlernenden in Deutschland. Veraltet oder veraltend waren sie nie, denn neue Wortprägungen und Bedeutungen wurden bei jeder Neuauflage — manchmal zwei- bis dreimal jährlich — nachgetragen. Fünfmal wurde das englisch-deutsche Taschenwörterbuch vollständig neu bearbeitet, neu gesetzt und wesentlich erweitert. Das vorliegende Buch ist die sechste Neubearbeitung mit einer Vermehrung der Stichwortanzahl auf 40000.

Um das Taschenwörterbuch für die Schule noch wertvoller zu machen, wurde das Vokabular aller wichtigen in der höheren Schule verwendeten Englisch-Lehrbücher systematisch verzettelt und in dieses Wörterbuch aufgenommen. Zur weiteren Absicherung gegen eine zu starke Subjektivität bei der Stichwortauswahl haben wir auch die wichtigste Worthäufigkeitszählung, nämlich die von Thorndike & Lorge, ausgewertet und fehlende Stichwörter aufgenommen.

Unser englisches Taschenwörterbuch ist jedoch nicht nur für die Schule konzipiert; es soll breiten Kreisen der an der englischen Sprache Interessierten dienen. Gemeinsprache und fachsprachliche Wörter befinden sich deshalb in einem wohlausgewogenen Verhältnis, und auf die Modernität des Wortschatzes wurde größter Wert gelegt. Dabei wurden keinesfalls nur die ins Auge springenden technischen Neuwörter (z.B. aus der Raumfahrt *lunar module, splashdown*) aufgenommen; auch die Veränderungen im englischen Alltag, soweit sie sich im Wortschatz niederschlagen, wurden gewissenhaft registriert (vgl. *Giro, halfpenny, to go decimal*). Auch heute häufig gebrauchte Modewörter, sofern sie keine „Eintagsfliegen" sind, wurden in das Wörterverzeichnis neu eingefügt (vgl. *interface, groovy*).

Selbstverständlich wurde die Lautschrift nach den Prinzipien der International Phonetic Association (IPA) und dem grundlegenden „English Pronouncing Dictionary" von Daniel Jones eingesetzt. Beim „English Pronouncing Dictionary" haben wir uns nach der neuesten von A.C. Gimson herausgegebenen 13. Auflage (1967) gerichtet, die in der englischen Phonetik heute richtungweisend ist. Gimsons Lautumschriften basieren auf der

Sprache der heutigen Generation. Auch in der Frage der Lautsymbole hat sich eine — wenn auch geringfügige — Veränderung ergeben: Gimson wies nach, daß heute nicht mehr [ou], sondern [əu] als Lautumschrift für den Diphthong in „*old*" angebracht ist.

Bewährte Eigenheiten unseres englischen Taschenwörterbuchs wurden beibehalten. Die Markierung der Silbentrennungsmöglichkeit im Stichwort durch Punkte ist für jeden Benutzer zweifelsohne eine große Hilfe. Unter Beibehaltung der wichtigen Arbeiten von Dr. Kurt Wächtler für die 5. Neubearbeitung ist das amerikanische Englisch auch im Wörterverzeichnis dieser Auflage wiederum stark vertreten. Durchgehende Eigenheiten des amerikanischen Englisch in Schreibung und Aussprache sind auf besonderen Seiten dargestellt worden.

Bei den Anhängen wurden vor allem die Eigennamen- und Abkürzungsverzeichnisse völlig überarbeitet und systematischer aufgebaut. Schließlich sei noch erwähnt, daß sich die Umfangserweiterung auf 640 Seiten nicht nur in der größeren Zahl von Stichwörtern ausdrückt, sondern daß auch viele Wortartikel inhaltlich eine weitere Ausgestaltung erfahren haben.

"What is happening to the English Language?" ist heute unter Linguisten eine häufig gestellte Frage. Das vorliegende Taschenwörterbuch versucht, auf seiner Ebene eine Antwort darauf zu geben. Wir hoffen, daß es dadurch noch weitere Freunde gewinnt.

LANGENSCHEIDT

Preface to the 6th Revised Edition

For over 85 years Langenscheidt's English Pocket Dictionaries have been an essential tool of the language student in Germany; for several decades they have been used by many students of German in Great Britain and the U.S.A. These Pocket Dictionaries never became obsolete or obsolescent, as newly coined words and meanings were added at every reprint—sometimes two or three times a year. The English-German Pocket Dictionary was completely revised, reset and considerably enlarged five times. The present work is the 6th revised edition; the number of head-words has been increased to 40,000.

In order to guard against selecting the head-words too subjectively we have for the first time evaluated word frequency counts, and head-words previously missing have now been added. Thus words from the everyday language and technical words are represented in a well-balanced proportion. Much effort has been taken to include current English vocabulary. This does not mean, however, that only those technical words we encounter every day (e.g. from space travel *lunar module*, *splashdown*) have been adopted; the changes in contemporary English life, if they are reflected in the vocabulary of the language, have also been given due consideration (cf. *Giro*, *halfpenny*, *to go decimal*). Vogue words, too, that are in frequent use nowadays, have, unless their usage is likely to be purely ephemeral, been listed (cf. *interface*, *groovy*). The phonetic transcription follows the principles laid down by the International Phonetic Association (IPA).

Those features of our English Pocket Dictionary that have proved their worth have been retained. The dot to indicate the possible division of a word into syllables is undoubtedly a great help to any user of the book. Due prominence has again been given to American English. Special rules for American spelling and pronunciation are set out in a separate section. Finally it should be mentioned that enlarging the dictionary to 640 pages has not only led to an increased number of head-words but to greater detail in the contents of the word articles.

LANGENSCHEIDT

Hinweise für den Benutzer

Advice to the User

1. Englisches Stichwort. 1.1 Das Wörterverzeichnis ist alphabetisch geordnet und verzeichnet auch die unregelmäßigen Formen an ihrer alphabetischen Stelle.

1.2 Der in den Stichwörtern auf Mitte stehende Punkt bzw. der Betonungsakzent zeigt an, wo das englische Wort getrennt werden kann: **cul·ti·vat·ed** ... **cul·ti'va·tion**

1.3 Fällt bei einem mit Bindestrich zu schreibenden englischen Stichwort der Bindestrich auf das Zeilenende, so wird er am Anfang der folgenden Zeile wiederholt.

1.4 Um die Wiederholung des Stichworts zu vermeiden, wird die Tilde (~, ~) verwandt. **1.41** Folgen einem ausgerückten Stichwort weitere Zusammensetzungen mit diesem, so wird es durch die halbfette Tilde (**~**) ersetzt: **aft·er** ... **'~·birth** (= afterbirth) ...

1.42 Die magere Tilde (~) ersetzt in Anwendungsbeispielen das unmittelbar vorangehende halbfette Stichwort, das auch selbst mit einer halbfetten Tilde gebildet sein kann: **dis·tance** ... *at a ~* = at a distance **day** ... **'~·light** ... *~-saving time* = daylight-saving time.

1.5 Wenn sich der Anfangsbuchstabe eines Stichworts ändert (klein zu groß oder umgekehrt), steht statt der Tilde ♀ bzw. ♀: **foot...:** ... ♀ **Guards** = Foot Guards.

2. Aussprache. 2.1 Die Aussprache des englischen Stichworts steht in eckigen Klammern und wird durch die Symbole der International Phonetic Association wiedergegeben. (Siehe Seite 13—15).

2.2 Aus Gründen der Platzersparnis wird in der Lautschriftklammer oft die Tilde (~) verwandt. Sie ersetzt den Teil der Lautschrift, der sich gegenüber der vorhergehenden Vollumschrift nicht verändert:

1. English Head-words. 1.1 The alphabetical order of the head-words has been observed throughout, including the irregular forms.

1.2 Centred dots or stress marks within a head-word indicate syllabification,

e.g. **cul·ti·vat·ed** ... **cul·ti'va·tion**

1.3 In hyphenated compounds a hyphen coinciding with the end of a line is repeated at the beginning of the next.

1.4 The tilde (~, ~) represents the repetition of a head-word. **1.41** In compounds the tilde in bold type (**~**) replaces the catch-word,

e.g. **aft·er** ... **'~·birth** (= afterbirth) ...

1.42 The simple tilde (~) replaces the head-word immediately preceding (which itself may contain a tilde in bold type),

e.g. **dis·tance** ... *at a ~* = at a distance
day ... **'~·light** ... *~-saving time* = daylight-saving time.

1.5 When the initial letter changes from small to capital or vice versa, the usual tilde is replaced by ♀ or ♀,

e.g. **foot...:** ... ♀ **Guards** = Foot Guards.

2. Pronunciation. 2.1 The pronunciation of English head-words is given in square brackets by means of the symbols of the International Phonetic Association. (See pp. 13 to 15).

2.2 To save space the tilde (~) has been made use of in many places within the phonetic transcription. It replaces any part of the preceding complete transcription which remains unchanged,

as·so·ci·a·ble [ə'səuʃjəbl] ... **as'so·ci·ate 1.** [~ʃieit] ... **2.** [~ʃiit] ... **as·so·ci·a·tion** [~si'eiʃən] ...

2.3 Stichwörter mit einer der auf S. 15 umschriebenen Endungen erhalten keine Aussprachebezeichnung, es sei denn, sie seien ausgerückt. Zum Betonungsakzent siehe S. 14, Abschnitt C.

3. Sachgebiet. Das Sachgebiet, dem ein englisches Stichwort oder einige seiner Bedeutungen angehören, wird durch bildliche Zeichen, Abkürzungen oder ausgeschriebene Hinweise kenntlich gemacht. Steht die bildliche oder abgekürzte Sachgebietsbezeichnung vor der Lautschriftklammer, bezieht sie sich auf alle folgenden Übersetzungen. Steht sie innerhalb des Artikels vor einer Übersetzung, so gilt sie nur für diese.

4. Sprachebene. Die Kennzeichnung der Sprachebene durch Abkürzungen wie F, *sl.*, *lit.*, *poet.* etc. bezieht sich auf das englische Stichwort. Die deutsche Übersetzung wurde möglichst so gewählt, daß sie auf der gleichen Sprachebene wie das Stichwort liegt.

5. Grammatische Hinweise.

5.1 Eine Liste der unregelmäßigen Verben befindet sich im Anhang auf S. 639/640.

5.2 Der Hinweis (*irr.*) bei einem Verb zeigt an, daß es unregelmäßig konjugiert wird und daß seine Stammformen in dieser Liste aufgeführt sind.

5.3 Hinweise wie (*irr. fall*) zeigen an, daß das Stichwort ebenso konjugiert wird wie das in der Liste der unregelmäßigen Verben aufgeführte Grundverb *fall*.

5.4 Das Zeichen □ bei einem Adjektiv bedeutet, daß das Adverb regelmäßig, d.h. durch Anhängung von ...ly oder durch Verwandlung von ...le in ...ly oder ...y in ...ily gebildet wird.

5.5 Der Hinweis (*~ally*) bei einem Adjektiv bedeutet, daß das Adverb durch Anhängung von ...ally gebildet wird.

5.6 Bei Adjektiven, die auf ...ic und ...ical enden können, wird die Adverbbildung so gekennzeichnet:

his·tor·ic, his·tor·i·cal □,

e.g. **as·so·ci·a·ble** [ə'səuʃjəbl] ... **as'so·ci·ate 1.** [~ʃieit] ... **2.** [~ʃiit] ... **as·so·ci·a·tion** [~si'eiʃən] ...

2.3 Head-words having one of the suffixes transcribed on p. 15 are given without transcription, unless they figure as catch-words. For their stress marks see p. 14, paragraph C.

3. Subject Labels. The field of knowledge from which an English head-word or some of its meanings are taken is indicated by figurative or abbreviated labels or other labels written out in full. A figurative or abbreviated label placed between the head-word and its phonetic transcription refers to all translations. A label preceding an individual translation refers to this only.

4. Usage Label. The indication of the level of usage by abbreviations such as F, *sl.*, *lit.*, *poet.*, refers to the English head-word. Wherever possible the same level of usage between head-word and translation has been aimed at.

5. Grammatical References.

5.1 In the appendix (pp. 639/640) you will find a list of irregular verbs.

5.2 (*irr.*) following a verb refers to this list, where you will find the principal parts of this particular verb.

5.3 A reference such as (*irr. fall*) indicates that the compound verb is conjugated exactly like the primary verb as given in the list of irregular verbs.

5.4 An adjective marked with □ takes the regular adverbial form, i.e. by affixing ...ly to the adjective or by changing ...le into ...ly or ...y into ...ily.

5.5 (*~ally*) means that an adverb is formed by affixing ...ally to the adjective.

5.6 When there is only one adverb for adjectives ending in both ...ic and ...ical, this is indicated in the following way:

his·tor·ic, his·tor·i·cal □,

d.h. historically ist das Adverb zu beiden Adjektivformen.

5.7 Die Kennzeichnung der Wortart (wie Substantiv, Adjektiv etc.) ist unterblieben, wenn sie aus der deutschen Übersetzung eindeutig hervorgeht. Wo Mißverständnisse möglich wären, wird die Wortart angegeben.

6. Deutsche Übersetzung.

6.1 Die Übersetzungen des englischen Stichworts sind durch arabische Ziffern nach Wortarten gegliedert. Innerhalb einer Wortart sind bedeutungsähnliche Wörter durch Komma, Bedeutungsunterschiede durch Semikolon getrennt.

6.2 Erläuternde Zusätze sind kursiv gegeben: bei Verben steht z.B. ein mögliches Objekt vor der Übersetzung, ein Subjekt in Klammern danach:

a·bate ... *v/t.* ... *Schmerz* lindern; ... *Preis* herabsetzen; ... *v/i.* ... sich legen (*Wind*); fallen (*Preis*) ...

6.3 Wird das englische Stichwort (Verb, Adjektiv oder Substantiv) von bestimmten Präpositionen regiert, so werden diese mit den deutschen Entsprechungen, der jeweiligen Bedeutung zugeordnet, angegeben:

dis·sent ... **2.** (*from*) anderer Meinung sein (als), nicht übereinstimmen (mit); abweichen (von) ...
dis·qual·i·fy ... unfähig *od.* untauglich machen *od.* erklären (*for* zu) ...

6.4 Bei deutschen Präpositionen, die den Dativ und den Akkusativ regieren können, wird der Fall in Klammern angegeben:

en·ter ... eintreten in (*acc.*) ...

7. Anwendungsbeispiele und ihre Übersetzungen sind am Ende der jeweiligen Wortart (bzw. bei Verbartikeln am Ende von *v/t.* oder *v/i.*) zusammengefaßt:

deal[2] ... **1.** Teil *m*; ... *a good ~* ziemlich viel; *a great ~* sehr viel; *give a square ~ to* gerecht werden (*dat.*); **2.** ...

i.e. historically is the adverb of both adjectives.

5.7 The indication of the parts of speech (noun, adjective, verb, etc.) has been omitted where it is obvious. In cases of doubt, however, the parts of speech have been indicated.

6. Translations 6.1 Translations of a head-word have been subdivided by Arabic numerals to distinguish the various parts of speech. Words of similar meanings have been subdivided by commas, the various senses by semicolons.

6.2 Explanatory additions have been printed in italics: thus, for example, a direct object precedes a verb, a subject follows it in parentheses,

e.g. **a·bate** ... *v/t.* ... *Schmerz* lindern; ... *Preis* herabsetzen; ... *v/i.* ... sich legen (*Wind*); fallen (*Preis*) ...

6.3 Prepositions governing an English catchword (verb, adjective, noun) are given in both languages,

e.g. **dis·sent** ... **2.** (*from*) anderer Meinung sein (als), nicht übereinstimmen (mit); abweichen (von) ...
dis·qual·i·fy ... unfähig *od.* untauglich machen *od.* erklären (*for* zu) ...

6.4 Where a German preposition may govern the dative or the accusative case, the case is given in parentheses,

e.g. **en·ter** ... eintreten in (*acc.*) ...

7. Illustrative phrases and their translations have been collected at the end of the respective part of speech (in verb articles at the end of *v/t.* and *v/i.* respectively), e.g.

deal ... **1.** Teil *m*; ... *a good ~* ziemlich viel; *a great ~* sehr viel; *give a square ~ to* gerecht werden (*dat.*); **2.** ...

8. Bildliche Zeichen — Symbols

~, ~, ~, ~ s. 1.4—1.5, 2.2.
F familiär, *familiar*; Umgangssprache, *colloquial language*.
P populär, ungebildet, *low colloquialism*.
V vulgär, *vulgar*.
† veraltet, *obsolete*.
⚒ selten, *rare, little used*.
⚘ Pflanzenkunde, *botany*.
⊕ Handwerk, *handicraft*; Technik, *engineering*.
⚒ Bergbau, *mining*.
⚔ militärisch, *military term*.
⚓ Schiffahrt, *nautical term*.
☤ Handelswesen, *commercial term*.
□ s. 5.4.
🚂 Eisenbahn, *railway, railroad*.
✈ Luftfahrt, *aviation*.
📯 Postwesen, *postal affairs*.
♪ Musik, *musical term*.
⌂ Architektur, *architecture*.
⚡ Elektrotechnik, *electrical engineering*.
⚖ Rechtswissenschaft, *jurisprudence*.
∠ Mathematik, *mathematics*.
⚒ Landwirtschaft, *agriculture*.
⚗ Chemie, *chemistry*.
⚕ Medizin, *medicine*.

9. Abkürzungen — Abbreviations

a. *also*, auch.
abbr. *abbreviation*, Abkürzung.
acc. *accusative (case)*, Akkusativ, 4. Fall.
adj. *adjective*, Adjektiv, Eigenschaftswort.
adv. *adverb*, Adverb, Umstandswort.
allg. allgemein, *commonly*.
Am. *Americanism*, sprachliche Eigenheit aus dem oder (besonders) im amerikanischen Englisch.
anat. *anatomy*, Anatomie, Körperbaulehre.
ast. *astronomy*, Astronomie.
attr. *attributively*, als Attribut od. Beifügung.
biol. *biology*, Biologie.
b.s. *bad sense*, abwertend.
bsd. besonder(s), *particular(ly)*.
cj. *conjunction*, Konjunktion, Bindewort.
co. *comical*, scherzhaft.
coll. *collectively*, als Sammelwort.
comp. *comparative*, Komparativ, Höherstufe.
contp. *contemptuously*, verächtlich.
dat. *dative (case)*, Dativ, 3. Fall.
eccl. *ecclesiastical*, kirchlich.
e-m, *e-m* einem, *to a (an)*.
e-n, *e-n* einen, *a, an*.
engl. englisch, *English*.
engS. in engerem Sinne, *specifically*.
e-r, *e-r* einer, *of a (an), to a (an)*.
e-s, *e-s* eines, *of a (an)*.
et., *et.* etwas, *something*.
etc. *et cetera, and so on*, und so weiter.
f *feminine*, weiblich.
fenc. *fencing*, Fechtkunst.
fig. *figuratively*, bildlich, im übertragenen Sinn.
fr. französisch, *French*.
gen. *genitive (case)*, Genitiv, 2. Fall.
geogr. *geography*, Erdkunde.
geol. *geology*, Geologie.
ger. *gerund*, Gerundium, gebeugte Nennform.
Ggs. Gegensatz, *antonym*.
gr. *grammar*, Grammatik.
hist. *history*, Geschichte.
hunt. *hunting*, Jagd.
ichth. *ichthyology*, Fischkunde.
inf. *infinitive*, Infinitiv, Nennform.
int. *interjection*, Interjektion, Ausruf.
ir. irisch, *Irish*.
iro. *ironically*, ironisch.
irr. *irregular*, unregelmäßig (s. Hinweise für den Benutzer 5.2—5.3).

j., j-s, j-m, *j., j-s, j-m* jemand(es *of*; -em *to*) *somebody*.
konkr. konkret, *concretely*.
lit. *literary*, nur in der Schriftsprache vorkommend.
m *masculine*, männlich.
metall. *metallurgy*, Hüttenwesen.
meteor. *meteorology*, Wetterkunde.
min. *mineralogy*, Gesteinskunde.
m-n meinen, *my*.
mot. *motoring*, Kraftfahrwesen.
mount. *mountaineering*, Bergsteigerei.
m-r meiner, *of or to my*.
mst meistens, *mostly*, *usually*.
myth. *mythology*, Mythologie.
n *neuter*, sächlich.
npr. *proper name*, Eigenname.
od. oder, *or*.
opt. *optics*, Optik.
orn. *ornithology*, Vogelkunde.
o.s. *oneself*, sich.
P. Person, *person*.
paint. *painting*, Malerei.
parl. *parliamentary term*, parlamentarischer Ausdruck.
pharm. *pharmacy*, Apothekerkunst.
phls. *philosophy*, Philosophie.
phot. *photography*, Photographie.
phys. *physics*, Physik.
physiol. *physiology*, Physiologie.
pl. *plural*, Plural, Mehrzahl.
poet. *poetry*, Dichtkunst; *poetic*, dichterisch.
pol. *politics*, Politik.
p.p. *past participle*, Partizip Perfekt, Mittelwort der Vergangenheit.
p.pr. *present participle*, Partizip Präsens, Mittelwort der Gegenwart.
pred. *predicatively*, prädikativ, als Aussage gebraucht.
pret. *preterit(e)*, Präteritum, Vergangenheit.
pron. *pronoun*, Pronomen, Fürwort.
prov. *provincialism*, Provinzialismus.
prp. *preposition*, Präposition, Verhältniswort.
psych. *psychology*, Psychologie.
rhet. *rhetoric*, Rhetorik, Redekunst.
S. Sache, *thing*.
s. siehe, man sehe, *see*, *refer to*.
schott. schottisch, *Scots*.
s-e, *s-e* seine, *his*, *one's*.
sg. *singular*, Singular, Einzahl.
sl. *slang*, Slang.
s-m, *s-m* seinem, *to his*, *to one's*.
s-n, *s-n* seinen, *his*, *one's*.
s.o. *someone*, jemand.
s-r, *s-r* seiner } *of his*,
s-s, *s-s* seines } *of one's*.
s.th. *something*, etwas.
su. *substantive*, Hauptwort.
sup. *superlative*, Superlativ, höchste Steigerungsstufe.
surv. *surveying*, Landvermessung.
tel. *telegraphy*, Telegraphie.
teleph. *telephony*, Fernsprechwesen.
thea. *theatre*, Theater.
typ. *typography*, Buchdruck.
u. und, *and*.
unbet. unbetont, *unstressed*.
univ. *university*, Hochschulwesen.
v. von, vom, *of*, *by*, *from*.
v/aux. *auxiliary verb*, Hilfszeitwort.
vb. *verb*, Verb, Zeitwort.
vet. *veterinary medicine*, Tierheilkunde.
v/i. *verb intransitive*, intransitives Verb, nichtzielendes Zeitwort.
v/t. *verb transitive*, transitives Verb, zielendes Zeitwort.
weitS. in weiterem Sinne, *by extension*.
z.B. zum Beispiel, *for instance*.
zo. *zoology*, Zoologie.
zs. zusammen, *together*.
Zssg(n) Zusammensetzung(en), *compound word(s)*.

Die phonetischen Zeichen der International Phonetic Association

A. Vokale und Diphthonge

[ɑ:] reines langes a, wie in Vater, kam, Schwan: *far* [fɑ:], *father* [ˈfɑ:ðə].

[ʌ] kommt im Deutschen nicht vor. Kurzes dunkles a, bei dem die Lippen nicht gerundet sind. Vorn und offen gebildet: *butter* [ˈbʌtə], *come* [kʌm], *colour* [ˈkʌlə], *blood* [blʌd], *flourish* [ˈflʌriʃ], *twopence* [ˈtʌpəns].

[æ] heller, ziemlich offener, nicht zu kurzer Laut. Raum zwischen Zunge und Gaumen noch größer als bei ä in Ähre: *fat* [fæt], *man* [mæn].

[ɛə] nicht zu offenes halblanges ä; im Englischen nur vor r, das als ein dem ä nachhallendes ə erscheint: *bare* [bɛə], *pair* [pɛə], *there* [ðɛə].

[ai] Bestandteile: helles, zwischen ɑ: und æ liegendes a und schwächeres offenes i. Die Zunge hebt sich halbwegs zur i-Stellung: *I* [ai], *lie* [lai], *dry* [drai].

[au] Bestandteile: helles, zwischen ɑ: und æ liegendes a und schwächeres offenes u: *house* [haus], *now* [nau].

[e] halboffenes kurzes e, etwas geschlossener als das e in Bett: *bed* [bed], *less* [les].

[ei] halboffenes e, nach i auslautend, indem die Zunge sich halbwegs zur i-Stellung hebt: *date* [deit], *play* [plei], *obey* [əˈbei].

[ə] flüchtiger Gleitlaut, ähnlich dem deutschen, flüchtig gesprochenen e in Gelage: *about* [əˈbaut], *butter* [ˈbʌtə], *connect* [kəˈnekt].

[əu] mit [ə] beginnend und in schwaches u auslautend; keine Rundung der Lippen, kein Heben der Zunge; *note* [nəut], *boat* [bəut], *below* [biˈləu].

[i:] langes i, wie in lieb, Bibel, aber etwas offener einsetzend als im Deutschen; wird in Südengland doppellautig gesprochen, indem sich die Zunge allmählich zur i-Stellung hebt: *scene* [si:n], *sea* [si:], *feet* [fi:t], *ceiling* [ˈsi:liŋ].

[i] kurzes offenes i wie in bin, mit: *big* [big], *city* [ˈsiti].

[iə] halboffenes halblanges i mit nachhallendem ə: *here* [hiə], *hear* [hiə], *inferior* [inˈfiəriə].

[ɔ:] offener langer, zwischen a und o schwebender Laut: *fall* [fɔ:l], *nought* [nɔ:t], *or* [ɔ:], *before* [biˈfɔ:].

[ɔ] offener kurzer, zwischen a und o schwebender Laut, offener als das o in Motte: *god* [gɔd], *not* [nɔt], *wash* [wɔʃ], *hobby* [ˈhɔbi].

[ɔi] Bestandteile: offenes o und schwächeres offenes i. Die Zunge hebt sich halbwegs zur i-Stellung: *voice* [vɔis], *boy* [bɔi], *annoy* [əˈnɔi].

[ə:] im Deutschen fehlender Laut; offenes langes ö, etwa wie gedehnt gesprochenes ö in öffnen, Mörder; kein Vorstülpen oder Runden der Lippen, kein Heben der Zunge: *word* [wə:d], *girl* [gə:l], *learn* [lə:n], *murmur* [ˈmə:mə].

[u:] langes u wie in Buch, doch ohne Lippenrundung; vielfach diphthongisch als halboffenes langes u mit nachhallendem geschlossenem u: *fool* [fu:l], *shoe* [ʃu:], *you* [ju:], *rule* [ru:l], *canoe* [kəˈnu:].

[u] flüchtiges u: *put* [put], *look* [luk], *careful* [ˈkɛəful].

[uə] halboffenes halblanges u mit nachhallendem ə: *poor* [puə], *sure* [ʃuə], *allure* [əˈljuə].

Ganz vereinzelt werden auch die folgenden französischen Nasallaute gebracht: [ɑ̃] wie in frz. *blanc*, [ɔ̃] wie in frz. *bonbon* und [ɛ̃] wie in frz. *vin*.

Die **Länge eines Vokals** wird durch [:] bezeichnet, z.B. *ask* [ɑ:sk], *astir* [ə'stə:].

B. Konsonanten

[r] nur vor Vokalen gesprochen. Völlig verschieden vom deutschen Zungenspitzen- oder Zäpfchen-R. Die Zungenspitze bildet mit der oberen Zahnwulst eine Enge, durch die der Ausatmungsstrom mit Stimmton hindurchgetrieben wird, ohne den Laut zu rollen. Am Ende eines Wortes wird r nur bei Bindung mit dem Anlautvokal des folgenden Wortes gesprochen: *rose* [rəuz], *pride* [praid], *there is* [ðɛər'iz].

[ʒ] stimmhaftes sch, wie g in Genie, j in Journal: *azure* ['æʒə], *jazz* [dʒæz], *jeep* [dʒi:p], *large* [lɑ:dʒ].

[ʃ] stimmloses sch, wie im deutschen Schnee, rasch; *shake* [ʃeik], *washing* ['wɔʃiŋ], *lash* [læʃ].

[θ] im Deutschen nicht vorhandener stimmloser Lispellaut; durch Anlegen der Zunge an die oberen Schneidezähne hervorgebracht: *thin* [θin], *path* [pɑ:θ], *method* ['meθəd].

[ð] derselbe Laut stimmhaft, d.h. mit Stimmton: *there* [ðɛə], *breathe* [bri:ð], *father* ['fɑ:ðə].

[s] stimmloser Zischlaut, entsprechend dem deutschen ß in Spaß, reißen: *see* [si:], *hats* [hæts], *decide* [di'said].

[z] stimmhafter Zischlaut wie im Deutschen sausen: *zeal* [zi:l], *rise* [raiz], *horizon* [hə'raizn].

[x] stimmloser, hinten im Mund gebildeter Reibelaut wie ch in ach: *loch* [lɔx].

[ŋ] wird wie der deutsche Nasenlaut in fangen, singen gebildet: *ring* [riŋ], *singer* ['siŋə].

[ŋk] derselbe Laut mit nachfolgendem k wie im deutschen senken, Wink: *ink* [iŋk], *tinker* ['tiŋkə].

[w] flüchtiges, mit Lippe an Lippe gesprochenes w, aus der Mundstellung für u: gebildet: *will* [wil], *swear* [swɛə], *queen* [kwi:n].

[f] stimmloser Lippenlaut wie im Deutschen flott: *fat* [fæt], *tough* [tʌf], *effort* ['efət].

[v] stimmhafter Lippenlaut wie im Deutschen Vase, Ventil: *vein* [vein], *velvet* ['velvit].

[j] flüchtiger zwischen j und i schwebender Laut: *onion* ['ʌnjən], *yes* [jes], *filial* ['filjəl].

C. Betonungsakzent

Die Betonung der englischen Wörter wird durch das Zeichen ['] vor der zu betonenden Silbe angegeben, z.B. *onion* ['ʌnjən]. Sind zwei Silben eines Wortes mit Betonungsakzent versehen, so sind beide gleichmäßig zu betonen, z.B. *upstairs* ['ʌp'stɛəz]; jedoch wird häufig, je nach der Stellung des Wortes im Satzverband oder in nachdrucksvoller Sprache, nur eine der beiden Silben betont: z.B. *upstairs* in „*the upstairs rooms*" [ði 'ʌpstɛəz 'rumz] und „*on going upstairs*" [ɔn 'gəuiŋ ʌp'stɛəz].

Bei zusammengesetzten Stichwörtern, deren Bestandteile als selbständige Stichwörter mit Aussprachebezeichnung im Wörterbuch gegeben sind, und bei Stichwörtern, die eine der unter D verzeichneten Endungen besitzen, wird der Betonungsakzent im Stichwort selbst gegeben. Die Betonung erfolgt auch im Stichwort, wenn nur ein Teil der Lautschrift gegeben wird und die Betonung nicht auf der ersten Silbe des durch eine Tilde ersetzten Lautschriftteils liegt, z.B. **ad'ministratrix** [~treitriks]. Liegt diese aber auf der ersten Silbe oder in dem gegebenen Lautschriftteil, dann erfolgt keine Betonungssetzung im Stichwort, sondern diese steht dann in der Klammer, z.B. **accurate** ['~rit], **adamantine** [~'mæntain].

D. Endsilben ohne Lautschrift

Um Raum zu sparen, werden die häufigsten Endungen der englischen Stichwörter im folgenden einmal mit Lautschrift gegeben, dann aber im Wörterverzeichnis ohne Lautumschrift verzeichnet (sofern keine Ausnahmen vorliegen). Die nachstehenden Endungen sind auch dann nicht umschrieben, wenn ihnen ein Konsonant vorausgeht, der in der Lautschrift des vorhergehenden Wortes nicht gegeben war, im Englischen und Deutschen aber dasselbe Lautzeichen aufweist, z.B. -**t**ation, -**r**ing.

-ability [-əbiliti]
-able [-əbl]
-age [-idʒ]
-al [-əl]
-ally [-əli]
-an [-ən]
-ance [-əns]
-ancy [-ənsi]
-ant [-ənt]
-ar [-ə]
-ary [-əri]
-ation [-eiʃən]
-cious [-ʃəs]
-cy [-si]
-dom [-dəm]
-ed [-d; -t; -id]*
-edness [-dnis;
  -tnis; -idnis]*
-ee [-iː]
-en [-n]
-ence [-əns]

-ent [-ənt]
-er [-ə]
-ery [-əri]
-ess [-is]
-fication [-fikeiʃən]
-ial [-əl]
-ible [-əbl]
-ian [-jən]
-ic(s) [-ik(s)]
-ical [-ikəl]
-ily [-ili]
-iness [-inis]
-ing [-iŋ]
-ish [-iʃ]
-ism [-izəm]
-ist [-ist]
-istic [-istik]
-ite [-ait]
-ity [-iti]
-ive [-iv]

-ization [-aizeiʃən]
-ize [-aiz]
-izing [-aiziŋ]
-less [-lis]
-ly [-li]
-ment(s) [-mənt(s)]
-ness [-nis]
-oid [-ɔid]
-or [-ə]
-ous [-əs]
-ry [-ri]
-ship [-ʃip]
-(s)sion [-ʃən]
-sive [-siv]
-ties [-tiz]
-tion [-ʃən]
-tious [-ʃəs]
-trous [-trəs]
-try [-tri]
-y [-i]

* [-d] nach Vokalen und stimmhaften Konsonanten; [-t] nach stimmlosen Konsonanten; [-id] nach auslautendem d und t.

Über die Aussprache des amerikanischen Englisch vgl. Seite 634.

Das englische Alphabet

a [ei], b [biː], c [siː], d [diː], e [iː], f [ef], g [dʒiː], h [eitʃ], i [ai], j [dʒei], k [kei], l [el], m [em], n [en], o [əu], p [piː], q [kjuː], r [ɑː], s [es], t [tiː], u [juː], v [viː], w [ˈdʌbljuː], x [eks], y [wai], z [zed].

Die Rechtschreibung im amerikanischen Englisch (AE)

Gegenüber dem britischen Englisch (BE) weist die Rechtschreibung im amerikanischen Englisch hauptsächlich folgende Eigenheiten auf:

1. Häufige Weglassung des **Bindestrichs,** z.B. newsstand, breakdown, soapbox, coed, cooperate.

2. Wegfall des **u** in der Endung **-our,** z.B. col*or*, hum*or*, hon*or*able, fav*or*.

3. **-er** statt BE **-re** in Endsilben, z.B. cent*er*, fib*er*, theat*er*, aber nicht bei massacre.

4. Verdopplung des Endkonsonanten **l** erfolgt nur, wenn der Hauptakzent auf der Endsilbe liegt, daher z.B. AE counci*l*or, jewe*l*ry, quarre*l*ed, trave*l*ed, woo*l*en; andererseits findet sich im AE enroll(s), fulfill(s), skillful, installment, dullness, fullness = BE enrol(s), fulfil(s), skilful, instalment, dulness, fulness.

5. AE **s** statt BE **c**, besonders in der Endsilbe **-ence,** z.B. def*ense*, off*ense*, lic*ense*, aber auch AE practice und practise als Verb.

6. Verbreitet sind Vereinfachungen oder Wegfall fremdsprachlicher Endungen, z.B. dialo*g*(*ue*), prolo*g*(*ue*), catalo*g*(*ue*), progra*m*(*me*), envelo*p*(*e*).

7. Verbreitet ist ferner die Vereinfachung von **ae** und **oe** zu **e,** z.B. an(*a*)*e*mia, an(*a*)*e*sthesia, subp(*o*)ena, man(*o*)*e*uvers.

8. Die Endung **-ction** wird statt **-xion** bevorzugt, z.B. conne*ction*, infle*ction*.

9. Verbreitet findet sich Konsonantenvereinfachung, z.B. wa*gon*, kidna*p*ed, worshi*p*ed, benefi*t*ed.

10. AE bevorzugt **-o-** statt **-ou-**, z.B. m*o*(*u*)ld, sm*o*(*u*)lder, pl*o*w statt BE plough.

11. Stummes **e** entfällt in Wörtern wie abridg(*e*)ment, judg(*e*)ment, acknowledg(*e*)ment.

12. AE gebraucht die Vorsilbe **in-** statt **en-** häufiger als BE, z.B. *in*close, *in*fold, *in*case.

13. AE bevorzugt die folgende Schreibweise in Einzelfällen: *check* = BE cheque, *hello* = BE hallo, *cozy* = BE cosy, *mustache* = BE moustache, *gypsy* = BE gipsy, *skeptical* = BE sceptical, *peddler* = BE pedlar, *gray* = BE grey.

14. Neben although, all right, through finden sich die informell-familiären Formen *altho, alright, thru.*

A

a [ei; ə], *vor vokalischem Anlaut* **an** [æn; ən] *Artikel*: ein(e); der-, die-, dasselbe; per, pro, je; *they are of an age* sie sind gleichaltrig; *twice a week* zweimal wöchentlich *od.* in der Woche.

A 1 F [ˈei ˈwʌn] Ia, prima.

a·back [əˈbæk] rückwärts; *taken ~* überrascht, verblüfft, bestürzt.

ab·a·cus [ˈæbəkəs], *pl.* **ab·a·ci** [ˈ~sai] Rechenbrett *n*; △ Säulendeckplatte *f*.

a·baft ⚓ [əˈbɑːft] **1.** *adv.* nach achtern zu; **2.** *prp.* achter.

a·ban·don [əˈbændən] auf-, preisgeben; im Stich lassen, verlassen; überlassen; *Sport*: aufgeben; *~ o.s. to* sich hingeben (*dat.*); **aˈban·doned** *adj.* verlassen; verworfen; **aˈban·don·ment** Auf-, Preisgabe *f*; Hingabe *f*; Unbeherrschtheit *f*.

a·base [əˈbeis] erniedrigen; demütigen; **aˈbase·ment** Erniedrigung *f*; Demütigung *f*.

a·bash [əˈbæʃ] beschämen, verlegen machen; *~ed at* fassungslos über (*acc.*); **aˈbash·ment** Beschämung *f*, Verlegenheit *f*.

a·bate [əˈbeit] *v/t.* verringern, vermindern; *Schmerz* lindern; *Stolz* mäßigen; *Preis* herabsetzen; ⚖ aufheben; *Mißstand* abstellen; *v/i.* abnehmen, nachlassen; sich legen (*Wind*); fallen (*Preis*); **aˈbate·ment** Verminderung *f*; *Preis-*, *Steuer-*Nachlaß *m*; Abschaffung *f*; Aufhebung *f*.

ab·at·tis ⚔ [əˈbætis] Verhau *m, n*.

ab·at·toir [ˈæbətwɑː] Schlachthaus *n*.

ab·ba·cy [ˈæbəsi] Abtwürde *f*; **ˈab·bess** Äbtissin *f*; **ab·bey** [ˈæbi] Abtei *f*; **ab·bot** [ˈæbət] Abt *m*.

ab·bre·vi·ate [əˈbriːvieit] (ab-, ver-) kürzen; **ab·bre·viˈa·tion** Abkürzung *f*.

ABC [ˈeibiːˈsiː] ABC *n*, Alphabet *n*; alphabetischer (Fahr)Plan *m*; *~ weapons* ABC-Waffen, atomare, biologische und chemische Waffen *f/pl*.

ab·di·cate [ˈæbdikeit] *v/i.* abdanken; *v/t. Amt* niederlegen, entsagen (*dat.*); *~ the throne* abdanken; **ab·diˈca·tion** Verzicht *m*; Abdankung *f*.

ab·do·men [ˈæbdəmen; ⚕ æbˈdəumen] Unterleib *m*, Bauch *m*; **ab·dom·i·nal** [æbˈdɔminl] Unterleibs…, Bauch…

ab·duct [æbˈdʌkt] entführen; **abˈduc·tion** Entführung *f*.

a·be·ce·dar·i·an [eibiːsiːˈdɛəriən] **1.** alphabetisch (geordnet); **2.** Abc-Schütze *m*.

a·bed [əˈbed] zu *od.* im Bett.

ab·er·ra·tion [æbəˈreiʃən] Abweichung *f*; *fig.* Verirrung *f*; *ast. u. phys.* Aberration *f*.

a·bet [əˈbet] anstiften, aufhetzen; *mst aid and ~* ⚖ Vorschub leisten (*dat.*); **aˈbet·ment** Anstiftung *f*, Aufhetzung *f*; Vorschub *m*; **aˈbet·tor** Anstifter *m*; (Helfers)Helfer *m*.

a·bey·ance [əˈbeiəns] Unentschiedenheit *f*; *in ~* ⚖ unentschieden, in der Schwebe; herrenlos.

ab·hor [əbˈhɔː] verabscheuen; **ab·hor·rence** [əbˈhɔrəns] Abscheu *m* (*of* vor *dat.*, gegen); **abˈhor·rent** □ zuwider, verhaßt (*to dat.*); abstoßend; unvereinbar (*to*, *from* mit).

a·bide [əˈbaid] (*irr.*) *v/i.* bleiben; *~ by* treu bleiben (*dat.*), festhalten an (*dat.*); *v/t.* erwarten; (v)ertragen, aushalten; *I cannot ~ him* ich kann ihn nicht ausstehen; **aˈbid·ing** □ dauernd.

a·bil·i·ty [əˈbiliti] Fähigkeit *f*; *to the best of one's ~* nach besten Kräften; *abilities pl.* geistige Anlagen *f/pl*.

ab·ject □ [ˈæbdʒekt] verworfen; gemein; **abˈjec·tion, abˈject·ness** Verworfenheit *f*; Niedrigkeit *f*.

ab·jure [əbˈdʒuə] abschwören; entsagen (*dat.*).

a·blaze [əˈbleiz] in Flammen; (*a. fig.*) lodernd.

a·ble □ [ˈeibl] fähig, tüchtig, geschickt; *be ~* imstande *od.* in der Lage sein, können; *~ to pay* zahlungsfähig; **~-bod·ied** [ˈ~ˈbɔdid] körperlich leistungsfähig, kräftig;

✕ tauglich; ~ *seaman* ⚓ Vollmatrose *m.*

ab·lu·tion [ə'blu:ʃən] Waschung *f.*

ab·ne·gate ['æbnigeit] ab-, verleugnen; *Anspruch etc.* aufgeben; **ab·ne'ga·tion** Ableugnung *f*; *a. self-*~ Selbstverleugnung *f*; Verzicht *m.*

ab·nor·mal □ [æb'nɔ:məl] ungewöhnlich, regelwidrig, abnorm; **ab'nor·mi·ty** Abnormität *f.*

a·board [ə'bɔ:d] ⚓ an Bord (*gen.*); *all* ~! *Am.* 🚂, ✈ *etc.* einsteigen!

a·bode [ə'bəud] **1.** *pret. u. p.p. von abide*; **2.** Aufenthalt *m*; Wohnung *f*, Wohnsitz *m.*

a·bol·ish [ə'bɔliʃ] abschaffen, aufheben; **a'bol·ish·ment, ab·o·li·tion** [æbəu'liʃən] Abschaffung *f*, Aufhebung *f*; **ab·o'li·tion·ist** Gegner *m* der Sklaverei.

A-bomb ['eibɔm] = *atomic bomb.*

a·bom·i·na·ble □ [ə'bɔminəbl] abscheulich; **a'bom·i·nate** [~neit] verabscheuen; **a·bom·i'na·tion** Abscheu *m* (*of* gegen); Greuel *m.*

ab·o·rig·i·nal [æbə'ridʒənl] **1.** □ eingeboren, einheimisch; Ur...; **2.** Ureinwohner *m*; **ab·o'rig·i·nes** [~dʒini:z] *pl.* Ureinwohner *m/pl.*, Urbevölkerung *f.*

a·bort [ə'bɔ:t] ⚕ eine Fehl- *od.* Frühgeburt haben; *biol.* verkümmern; **a'bor·tion** ⚕ Fehl- *od.* Frühgeburt *f*; Abtreibung *f*; Mißgeburt *f* (*a. fig.*); *fig.* Fehlschlag *m*; *produce* ~ abtreiben; **a'bor·tive** [~tiv] □ vorzeitig; erfolglos, fehlgeschlagen; verkümmert.

a·bound [ə'baund] reichlich vorhanden sein; Überfluß haben (*in* an *dat.*); ~ *with* wimmeln von.

a·bout [ə'baut] **1.** *prp.* über (*acc.*); von; um ... herum; bei; im Begriff, dabei; *talk* ~ *business* über Geschäfte sprechen; *send s.o.* ~ *his business* j. wegschicken *od.* hinauswerfen *od.* kurz abfertigen; ~ *the house* irgendwo im Haus; *wander* ~ *the streets* in den Straßen umherwandern; *what are you* ~ was macht ihr da?; *I had no money* ~ *me* ich hatte kein Geld bei mir; *be* ~ *to do* im Begriff sein zu tun; **2.** *adv.* herum, umher; in der Nähe; auf den Beinen; etwa, ungefähr; ungefähr um, gegen; *travel* ~ umher- *od.* herumreisen; *it must be somewhere* ~ es muß hier in der Nähe sein; *a long way* ~ ein großer Umweg; *bring* ~ zustande bringen; *come* ~ zustande kommen; *be up and* ~ (wieder) auf den Beinen sein; *he is* ~ *my height* er hat etwa meine Größe; ~ *ten o'clock* gegen 10 Uhr; *right* ~! rechtsum!; ~ *turn!* kehrt!

a·bove [ə'bʌv] **1.** *prp.* über, oberhalb; *fig.* erhaben über; ~ *300* über 300; ~ *all* (*things*) vor allem; *be* ~ *s.o. in s.th.* j-m in e-r Sache überlegen sein; *it is* ~ *me* das ist mir zu hoch; **2.** *adv.* oben; darüber; *over and* ~ obendrein; **3.** *adj.* obig; **4.** *das* Obige; **a'bove-'board** ehrlich, offen; **a'bove-'ground** am Leben.

ab·ra·ca·dab·ra [æbrəkə'dæbrə] Abrakadabra *n*; Kauderwelsch *n.*

ab·rade [ə'breid] abschaben, abschleifen, abreiben, abscheuern.

ab·ra·sion [ə'breiʒən] Abreiben *n*, Abschleifen *n*; Abnutzung *f*; (Haut)Abschürfung *f*; **ab'ra·sive** [~siv] ⊕ Schleifmittel *n.*

ab·re·act [æbri'ækt] abreagieren.

a·breast [ə'brest] nebeneinander; ~ *of od. with* auf der Höhe (*gen.*); *keep* ~ *of* Schritt halten mit.

a·bridge [ə'bridʒ] (ab-, ver)kürzen; *fig.* beschränken; **a'bridg(e)·ment** Ab-, Verkürzung *f*; Abriß *m*; Auszug *m*; gekürzte Ausgabe *f e-s Buches.*

a·broad [ə'brɔ:d] im (ins) Ausland; überall(hin); draußen, im Freien; *there is a report* ~ es geht das Gerede *od.* Gerücht; *the thing has got* ~ die Sache ist ruchbar geworden; *all* ~ ganz im Irrtum.

ab·ro·gate ['æbrəugeit] abschaffen, aufheben; **ab·ro'ga·tion** Abschaffung *f*, Aufhebung *f.*

ab·rupt □ [ə'brʌpt] jäh; plötzlich, abrupt, unvermittelt; zs.-hanglos; schroff (*Benehmen*); **ab'rupt·ness** Steilheit *f e-s Abhangs*; Plötzlichkeit *f*; Zs.-hanglosigkeit *f*; Schroffheit *f.*

ab·scess ⚕ ['æbsis] Abszeß *m*, Geschwür *n.*

ab·scond [əb'skɔnd] sich heimlich davonmachen, flüchten.

ab·sence ['æbsəns] Abwesenheit *f*, Fehlen *n*; Mangel *m* (*of* an *dat.*); ~ *of mind* Geistesabwesenheit *f*, Zerstreutheit *f.*

ab·sent **1.** □ ['æbsənt] abwesend; fehlend; *fig.* geistesabwesend, zerstreut; **2.** [æb'sent]: ~ *o.s.* fernbleiben (*from dat.*); **ab·sen·tee** [æbsən'tiː] Abwesende *m*, *f*; dauernd im Ausland Lebende *m*, *f*; **ab·sen'tee·ism** Absentismus *m* (*dauerndes Wohnen im Ausland*); *im Betrieb*: unerlaubtes Fernbleiben *n*; Drückebergerei *f*; **'ab-sent-'mind·ed** □ geistesabwesend, zerstreut; **'ab·sent-'mind·ed·ness** Geistesabwesenheit *f*, Zerstreutheit *f*.

ab·sinth ['æbsinθ] ⚘ Wermut *m*; Absinth *m*.

ab·so·lute □ ['æbsəluːt] absolut (*a.* ⚔, *phys.*, *gr.*); unum-, unbeschränkt; vollkommen; unvermischt; unbedingt; **'ab·so·lute-ness** Unumschränktheit *f etc.*; **ab·so'lu·tion** Lossprechung *f*; **'ab·so·lut·ism** Absolutismus *m*, unbeschränkte Regierung(sform) *f*.

ab·solve [əb'zɔlv] frei-, lossprechen; entbinden (*from* von), entheben (*from gen.*).

ab·sorb [əb'sɔːb] absorbieren, aufsaugen; verschlucken; *fig.* fesseln, ganz in Anspruch nehmen (*Arbeit etc.*); *Wissen* sich aneignen; *Kaufkraft* abschöpfen; *~ed in* vertieft in (*acc.*); **ab'sorb·ent** aufsaugend(es Mittel *n*); ~ *cotton wool* Verbandwatte *f*.

ab·sorp·tion [əb'sɔːpʃən] Aufsaugung *f*, Absorption *f*; *fig.* Vertieftsein *n*; Abschöpfung *f der Kaufkraft*.

ab·stain [əb'stein] sich enthalten (*from gen.*); abstinent leben; **ab'stain·er** *mst total* ~ Abstinenzler *m*.

ab·ste·mi·ous □ [əb'stiːmjəs] enthaltsam; mäßig; frugal.

ab·sten·tion [æb'stenʃən] Enthaltung *f* (*from* von); *parl.* Stimmenthaltung *f*.

ab·ster·gent [əb'stəːdʒənt] reinigend(es Mittel *n*).

ab·sti·nence ['æbstinəns] Enthaltsamkeit *f* (*from* von); *total* ~ Abstinenz *f vom Alkohol*; **'ab·sti·nent** □ enthaltsam.

ab·stract 1. □ ['æbstrækt] abstrakt; dunkel, schwer verständlich; **2.** [~] Abriß *m*, Auszug *m*; *a.* ~ *noun gr.* Abstraktum *n*; *in the* ~ rein theoretisch, rein begrifflich; **3.** [æb'strækt] *v/t.* abstrahieren; *Geist etc.* ablenken; absondern; entwenden; kurz zs.-fassen; **ab'stract·ed** □ (ab)gesondert; *fig.* zerstreut; **ab·strac·tion** [æb'strækʃən] Abstraktion *f*; (abstrakter) Begriff *m*; Entwendung *f*; *fig.* Zerstreutheit *f*; *Kunst*: abstrakte Komposition *f*.

ab·struse □ [æb'struːs] *fig.* dunkel, schwerverständlich; tiefgründig; **ab'struse·ness** Dunkelheit *f etc.*

ab·surd □ [əb'səːd] absurd, unsinnig, sinnwidrig; albern; lächerlich; abwegig; **ab'surd·i·ty** Sinnwidrigkeit *f*, Albernheit *f etc.*

a·bun·dance [ə'bʌndəns] Überfluß *m*; Fülle *f* (*of* von, an *dat.*); Überschwang *m des Herzens*; **a'bun·dant** □ reichlich; ~ *in* reich an (*dat.*); **a'bun·dant·ly** vollauf.

a·buse 1. [ə'bjuːs] Mißbrauch *m*, -stand *m*; Beschimpfung *f*; **2.** [~z] mißbrauchen; beschimpfen; † mißhandeln; **a'bu·sive** □ [~siv] mißbräuchlich; schimpfend; Schimpf-...; *be* ~ schimpfen.

a·but [ə'bʌt] angrenzen, -stoßen (*on, upon, against* an *acc.*); **a'but-ment** ⩓ Strebepfeiler *m*; Widerlager *n e-r Brücke*; **a'but·ter** Anlieger *m*.

a·bysm [ə'bizəm] *poet.* = *abyss*; **a·bys·mal** □ [ə'bizməl] abgrundtief, bodenlos; **a·byss** [ə'bis] Abgrund *m*, Schlund *m*; Hölle *f*.

Ab·ys·sin·i·an [æbi'sinjən] abessinisch.

a·ca·cia ⚘ [ə'keiʃə] Akazie *f*.

ac·a·dem·ic [ækə'demik] akademisch; Universitäts...; rein theoretisch; **ac·a'dem·i·cal 1.** □ = *academic*; **2.** *~s pl.* akademische Tracht *f*; **a·cad·e·mi·ci·an** [əkædə'miʃən] Akademiemitglied *n*.

a·cad·e·my [ə'kædəmi] Akademie *f*.

a·can·thus [ə'kænθəs] ⚘ Bärenklau *m*; ⩓ Akanthusblatt *n*.

ac·cede [æk'siːd]: ~ *to e-m Verein* beitreten; *e-r Meinung etc.* zustimmen; *Amt* antreten; *Thron* besteigen.

ac·cel·er·ate [ək'seləreit] beschleunigen; *fig.* ankurbeln; **ac·cel·er'a-tion** Beschleunigung *f*; **ac'cel·er-a·tor** *mot.* Gaspedal *n*.

ac·cent 1. ['æksənt] Akzent *m*; Tonzeichen *n*; Betonung *f*; Ton *m*; Aussprache *f*; **2.** [æk'sent] *v/t.* akzentuieren; betonen (*a. fig.*).

ac·cen·tu·ate [æk'sentjueit] akzentuieren, betonen; **ac·cen·tu'a·tion** Betonung *f*.

ac·cept [ək'sept] *oft* ~ *of* annehmen; ✝ akzeptieren; übernehmen; hinnehmen; **ac·cept·a'bil·i·ty** Annehmbarkeit *f*; **ac'cept·a·ble** □ annehmbar; angenehm, erwünscht; **ac'cept·ance** Annahme *f*; Übernahme *f*; Hinnahme *f*; (freundliche) Aufnahme *f*; ✝ Akzept *n*; **ac·cep·ta·tion** [æksep'teiʃən] gebräuchlicher Sinn *m e-s Wortes*; **ac·cept·ed** □ [ək'septid] allgemein anerkannt; **ac'cept·er, ac'cept·or** Annehmer *m*; ✝ Akzeptant *m*.

ac·cess ['ækses] Zugang *m*, Zutritt *m* (*to* zu); *Wut-, Fieber- etc.* Anfall *m*; *easy of* ~ zugänglich; ~ *road* Zufahrtsstraße *f*; **ac·ces·sa·ry** [ək'sesəri] Mitschuldige *m*, *f* (*to* an *dat.*), Helfershelfer(in); = *accessory 2*; **ac·ces·si·bil·i·ty** [~si'biliti] Zugänglichkeit *f*; **ac'ces·si·ble** □ [~səbl] zugänglich (*to* für); **ac'ces·sion** Gelangen *n* (*to* zu *e-r Würde*); Antritt *m* (*to e-s Amtes*); Eintritt *m* (*to* in *ein Alter*); Zuwachs *m*; ~ *to the throne* Thronbesteigung *f*; *recent* ~*s pl.* Neuanschaffungen *f/pl.*

ac·ces·so·ry [ək'sesəri] **1.** □ zusätzlich; nebensächlich; Neben...; **2.** Zubehörteil *n*; = *accessary*; *accessories pl.* Zubehör *n*.

ac·ci·dence *gr.* ['æksidəns] Formenlehre *f*.

ac·ci·dent ['æksidənt] Zufall *m*; Un(glücks)fall *m*; Nebensache *f*; ~ *insurance* Unfallversicherung *f*; *by* ~ zufällig; **ac·ci·den·tal** [æksi'dentl] **1.** □ zufällig; nebensächlich; ~ *death* Tod *m* durch Unfall; **2.** Zufällige *n*; Nebensache *f*; ♪ Versetzungszeichen *n*.

ac·claim [ə'kleim] mit Beifall *od.* Jubel begrüßen (als).

ac·cla·ma·tion [æklə'meiʃən] *oft* ~*s pl.* lauter Beifall *m od.* Zuruf *m*; *by* ~ durch Zuruf.

ac·cli·mate *bsd. Am.* [ə'klaimit] = *acclimatize*.

ac·cli·ma·ti·za·tion [əklaimətai'zeiʃən] Akklimatisierung *f*; **ac'cli·ma·tize** (sich) akklimatisieren, (sich) eingewöhnen.

ac·cliv·i·ty [ə'kliviti] Steigung *f*.

ac·com·mo·date [ə'kɔmədeit] anpassen (*to dat.*; an *acc.*); unterbringen; *Streit* schlichten; *Streitende* versöhnen; *j-m* gefällig sein; versorgen (*with* mit); *j-m* aushelfen (*with* mit *Geld*); **ac'com·mo·dat·ing** □ gefällig, entgegenkommend; **ac·com·mo'da·tion** Anpassung *f*; Aushilfe *f*; Bequemlichkeit *f*; Unterbringung *f*, -kunft *f*; Beilegung *f*; Darleh(e)n *n*; ~ *bill* ✝ Gefälligkeitswechsel *m*; ~ *ladder* ⚓ Fallreep *n*; *seating* ~ Sitzgelegenheit *f*; ~ *train Am.* Personenzug *m*.

ac·com·pa·ni·ment [ə'kʌmpənimənt] Begleitung *f*; Begleiterscheinung *f*; **ac'com·pa·nist** ♪ Begleiter(in); **ac'com·pa·ny** begleiten; *accompanied with* verbunden mit.

ac·com·plice [ə'kɔmplis] Mitschuldige *m*, *f* (*in* an *dat.*); Komplice *m*.

ac·com·plish [ə'kɔmpliʃ] vollenden, zu Ende führen; zustande bringen; *Absicht etc.* ausführen; **ac'com·plished** vollendet, perfekt; kultiviert; **ac'com·plish·ment** Vollendung *f*; Ausführung *f*; Tat *f*, Leistung *f*; Meisterschaft *f*; *mst* ~*s pl.* Künste *f/pl.*, Talente *n/pl.*

ac·cord [ə'kɔ:d] **1.** Übereinstimmung *f*; Einklang *m*; ⚖ Vergleich *m*; *with one* ~ einstimmig; *of one's own* ~ aus eigenem Antrieb; **2.** *v/i.* übereinstimmen (*with* mit); *v/t.* gewähren, geben, erweisen; **ac'cord·ance** Übereinstimmung *f*; *in* ~ *with* in Übereinstimmung mit, gemäß; **ac'cord·ant** □ (*with, to*) übereinstimmend (mit), gemäß (*dat.*); **ac'cord·ing:** ~ *to* gemäß, laut, entsprechend (*dat.*); ~ *as* je nachdem (wie *od.* ob); **ac'cord·ing·ly** demgemäß; folglich.

ac·cor·di·on ♪ [ə'kɔ:djən] Handharmonika *f*, Akkordeon *n*.

ac·cost [ə'kɔst] *j. bsd. auf der Sraße* ansprechen.

ac·cou·cheur [æku:'ʃə:] Geburtshelfer *m*; **ac·cou'cheuse** [~z] Hebamme *f*.

ac·count [ə'kaunt] **1.** Rechnung *f*; Berechnung *f von Ausgaben*; Abrechnung *f*; Nota *f*; ✝ Konto *n*; Rechenschaft *f*; Bericht *m*, Darstellung *f*, Erzählung *f*; Geltung *f*; *current* ~ Kontokorrent *n*; *payment on* ~ Abschlag(s)zahlung *f*; *sale for the* ~ Verkauf *m* auf Rechnung; *statement of* ~ Kontoauszug *m*; *of* *no* ~ ohne Bedeutung; *on no* ~ auf keinen Fall; *on his* ~ um seinetwillen; *on* ~ *of* wegen; *place to s.o.'s* ~ j-m auf die Rechnung setzen; *take into* ~, *take* ~ *of* in Rechnung *od.* Betracht ziehen; *leave out of* ~ außer acht lassen; *turn to* ~ ausnutzen; *keep* ~*s* die Bücher führen; *call to* ~ zur Rechenschaft ziehen; *give od. render an* ~ *of* Rechenschaft ablegen über (*acc.*); Bericht erstatten über (*acc.*); *et.* erklären; *give a good* ~ *of o.s.* sich bewähren; *make* (*little*) ~ *of* (wenig) Wert legen auf (*acc.*); **2.** *v/i.* ~ *for* Rechenschaft ablegen über (*acc.*); (sich) erklären; *hunt.* zur Strecke bringen; *be much* (*little*) ~*ed of* hoch (gering) geachtet sein; *v/t.* ansehen als, halten für; ~ *o.s. happy* sich glücklich schätzen; **ac·count·a'bil·i·ty** Verantwortlichkeit *f*; **ac'count·a·ble** □ verantwortlich; erklärlich; **ac'count·an·cy** Rechnungswesen *n*; **ac'count·ant** Buchhalter *m*; *chartered* ~, *Am. certified public* ~ vereidigter Buchprüfer *m*; **ac'count·ing** Buchführung *f*.

ac·cou·tred [ə'kuːtəd] ausgerüstet; **ac·cou·tre·ments** ⚔ [ə'kuːtəmənts] *pl.* Ausrüstung *f* (*außer Uniform u. Waffen*).

ac·cred·it [ə'kredit] *Gesandten* beglaubigen, akkreditieren; bestätigen; anerkennen; ~ *s.th. to s.o.*, ~ *s.o. with s.th.* j-m et. zuschreiben.

ac·cre·tion [æ'kriːʃən] Zuwachs *m*.

ac·crue [ə'kruː] erwachsen (*from* aus); zufallen; auflaufen (*Zinsen*).

ac·cu·mu·late [ə'kjuːmjuleit] (sich) (an-, auf)häufen, ansammeln; **ac·cu·mu'la·tion** Anhäufung *f*, Ansammlung *f*; Haufe(n) *m*; **ac'cu·mu·la·tive** □ [~lətiv] (sich) anhäufend; Anhäufungs...; **ac'cu·mu·la·tor** ⚡ [~leitə] Akkumulator *m*.

ac·cu·ra·cy ['ækjurəsi] Genauigkeit *f*; Richtigkeit *f*; **ac·cu·rate** □ ['~rit] genau; richtig; sorgfältig.

ac·curs·ed [ə'kəːsid], **ac·curst** [ə'kəːst] verflucht, verwünscht.

ac·cu·sa·tion [ækjuː'zeiʃən] Anklage *f*, An-, Beschuldigung *f*; **ac·cu·sa·tive** [ə'kjuːzətiv] *a.* ~ *case gr.* Akkusativ *m*, 4. Fall *m*; **ac·cu·sa·to·ry** [ə'kjuːzətəri] anklagend; **ac·cuse** [ə'kjuːz] anklagen, beschuldigen (*of gen.*, wegen; *before*, *to* bei); *the* ~*d* der (die) Angeklagte; **ac'cus·er** Kläger(in).

ac·cus·tom [ə'kʌstəm] gewöhnen (*to* an *acc.*); **ac'cus·tomed** gewohnt, üblich; gewöhnt (*to* an *acc.*, zu *inf.*).

ace [eis] As *n*; Eins *f auf Würfeln*; *fig.* As *n* (*erfolgreicher Flieger od. Rennfahrer*); ~ *in the hole Am.* F Trumpf *m* in Reserve; *he was within an* ~ *of dying* er wäre um ein Haar gestorben.

a·cer·bi·ty [ə'səːbiti] Herbheit *f*.

ac·e·tate ⚗ ['æsitit] Acetat *n*, essigsaures Salz *n*; ~ *silk* Acetatseide *f*; **a·ce·tic** [ə'siːtik] essigsauer; ~ *acid* Essigsäure *f*; **a·cet·i·fy** [ə'setifai] säuern; **ac·e·tone** ['æsitəun] Azeton *n*; **ac·e·tous** ['~təs] sauer; Essig...; **a·cet·y·lene** [ə'setiliːn] Azetylen *n*.

ache [eik] **1.** schmerzen, weh tun; Schmerzen haben; sich sehnen (*for* nach; *to do* zu tun); **2.** *anhaltende* Schmerzen *m/pl*.

a·chieve [ə'tʃiːv] ausführen; zustande bringen; leisten; erlangen; *Ziel* erreichen; *Erfolg* erzielen; **a'chieve·ment** Ausführung *f*, Vollendung *f*; *oft* ~*s pl.* Leistung *f*, Errungenschaft *f*; Werk *n*.

ach·ing ['eikiŋ] □ schmerzhaft.

ach·ro·mat·ic [ækrəu'mætik] (~*ally*) achromatisch (*farblos*).

ac·id ['æsid] **1.** sauer; ~ *drops pl. Br.* saure Drops *m/pl.*; **2.** Säure *f*; **a·cid·i·fy** [ə'sidifai] säuern; **a'cid·i·ty** Säure *f*; **ac·i·do·sis** [æsi'dəusis] Übersäuerung *f* des Blutes; **'ac·id-proof** säurefest; **a·cid·u·late** [ə'sidjuleit] säuern; ~*d drops pl.* saure Drops *m/pl.*; **a·cid·u·lous** [ə'sidjuləs] säuerlich.

ac·knowl·edge [ək'nɔlidʒ] anerkennen; zu-, eingestehen; ✝ bestätigen; sich erkenntlich zeigen für; **ac'knowl·edg(e)·ment** Anerkennung *f*; Eingeständnis *n*; *bsd.* ✝ Empfangsbestätigung *f*, -schein *m*.

ac·me ['ækmi] Gipfel *m*; ⚕ Krisis *f*.

ac·ne ⚕ ['ækni] Akne *f* (*Hautausschlag*).

ac·o·nite ⚘ ['ækənait] Eisenhut *m*.

a·corn ⚘ ['eikɔːn] Eichel *f*.

a·cous·tic, a·cous·ti·cal □ [ə'kuːstik(əl)] akustisch; Gehör...; **a'cous·tics** *mst sg.* Akustik *f*.

ac·quaint [ə'kweint] bekannt (*fig. a.*

vertraut) machen; *j-m* mitteilen (*with s.th.* et.; *that* daß); *be ~ed with* kennen; *become ~ed with* kennenlernen; **ac'quaint·ance** Bekanntschaft *f* (*a. konkr.*); Kenntnis *f* (*with gen.*); Bekannte *m, f.*

ac·qui·esce [ækwi'es] (*in*) hinnehmen (*acc.*), dulden (*acc.*); einwilligen (in *acc.*); **ac·qui'es·cence** (*in*) Ergebung *f* (in *acc.*); Nachgeben *n*, Nachgiebigkeit *f* (gegenüber); Einwilligung *f* (in); **ac·qui'es·cent** □ ergeben; fügsam; nachgiebig.

ac·quire [ə'kwaiə] erwerben (*a. fig.*); *~d taste* anerzogener Geschmack *m*; **ac'quire·ment** Erwerbung *f*; (erworbene) Fertigkeit *f.*

ac·qui·si·tion [ækwi'ziʃən] Erwerbung *f*; Erwerb *m*; Errungenschaft *f*; **ac·quis·i·tive** □ [ə'kwizitiv] auf Erwerb gerichtet; lernbegierig; **ac'quis·i·tive·ness** Gewinnsucht *f.*

ac·quit [ə'kwit] freisprechen (*of* von); *~ o.s. of Pflicht* erfüllen; *~ o.s. well* (*ill*) seine Sache gut (schlecht) machen; **ac'quit·tal** Freisprechung *f*; Erfüllung *f e-r Pflicht*; **ac'quit·tance** Tilgung *f*; Quittung *f.*

a·cre ['eikə] Acre *m* (*4047 qm*), Morgen *m.*

ac·rid ['ækrid] scharf, beißend (*a. fig.*).

ac·ri·mo·ni·ous □ [ækri'məunjəs] *fig.* scharf, beißend, bitter; **ac·ri·mo·ny** ['ækriməni] *fig.* Schärfe *f*, Bitterkeit *f.*

ac·ro·bat ['ækrəbæt] Akrobat *m*; **ac·ro·bat·ic** [ækrəu'bætik] (*~ally*) akrobatisch; **ac·ro'bat·ics** *pl.* Akrobatik *f*; ✈ Kunstflug *m.*

a·cross [ə'krɔs] **1.** *adv.* hin-, herüber; (quer) durch; im Durchmesser; drüben; kreuzweise, überkreuz; *come ~* herüberkommen; *saw ~* durchsägen; *a lake three miles ~* ein 3 Meilen breiter See; *with arms ~* mit verschränkten Armen; **2.** *prp.* (quer) über (*acc.*); (mitten) durch; jenseits (*gen.*), über (*dat.*), auf der anderen Seite von; *run ~ the road* über die Straße laufen; *~ the Channel* über dem Kanal, jenseits des Kanals; *come ~, run ~* stoßen auf (*acc.*).

act [ækt] **1.** *v/i.* handeln; sich benehmen; wirken (*on, upon* auf *acc.*); fungieren (*as* als); funktionieren, gehen; *auf der Bühne* spielen; *fig.* Theater spielen, schauspielern, so tun als ob; *~ (up)on s.o.'s advice* sich nach j-s Rat richten; *v/t. Rolle* spielen (*a. fig.*), *Stück* aufführen; **2.** Handlung *f*, Tat *f*, Werk *n*; *thea.* Aufzug *m*, Akt *m*; *Zirkus*-Nummer *f*; Gesetz *n*, Beschluß *m*; Urkunde *f*, Vertrag *m*; *2 of God* höhere Gewalt *f*; *2s of the Apostles* Apostelgeschichte *f*; **'act·a·ble** bühnengerecht; **'act·ing** **1.** Handeln *n*; *thea.* Spiel(en) *n*; **2.** tätig, amtierend; stellvertretend; geschäftsführend; *~ partner* ✝ tätiger Teilhaber *m.*

ac·tion ['ækʃən] Handlung *f* (*a. thea.*); Tätigkeit *f*; Verrichtung *f*; Tat *f*; Wirkung *f*; ⚖ Klage *f*, Prozeß *m*; Gang *m* (*Maschine, Pferd*); Gefecht *n*; Vortragsweise *f*; *paint.* Stellung *f*, Haltung *f*; Mechanismus *m* (*Klavier etc.*); *~ radius* Aktionsradius *m*; *bring an ~ against* klagen *od.* Klage erheben gegen; *killed in ~* gefallen; *take ~* Schritte unternehmen; **ac·tion·a·ble** ['~ʃnəbl] (ver)klagbar; strafbar.

ac·tive □ ['æktiv] tätig; handelnd; rührig, geschäftig; wirksam; behend; aktiv; ✝ lebhaft; Aktiv...; *~* **voice** *gr.* Tatform *f*, Aktiv *n*; **ac'tiv·i·ty** (*oft pl.*) Tätigkeit *f*; Betriebsamkeit *f*, Rührigkeit *f*; *bsd.* ✝ Lebhaftigkeit *f*; *in full ~* in vollem Gange; *intense ~* Hochbetrieb *m.*

ac·tor ['æktə] Schauspieler *m*; **ac·tress** ['æktris] Schauspielerin *f.*

ac·tu·al □ ['æktʃuəl] wirklich, tatsächlich, eigentlich; gegenwärtig; **ac·tu·al·i·ty** [~'æliti] Wirklichkeit *f*; **ac·tu·al·ly** ['æktʃuəli] tatsächlich; in Wirklichkeit; F eigentlich.

ac·tu·ar·y ['æktjuəri] Versicherungsstatistiker *m.*

ac·tu·ate ['æktjueit] in Gang bringen; *fig.* (an)treiben; **ac·tu'a·tion** Antrieb *m*; Anstoß *m.*

a·cu·men [ə'kju:men] Scharfsinn *m.*

a·cute □ [ə'kju:t] spitz; scharf (*Schmerz, Gehör etc.*); scharfsinnig; fein, klar; schrill (*Ton*); brennend (*Frage*); fühlbar; ⚕ akut, heftig; **a'cute·ness** Schärfe *f*; Akutheit *f*; Scharfsinn *m.*

ad F [æd] = *advertisement.*

ad·age ['ædidʒ] Sprichwort *n.*

ad·a·mant ['ædəmənt] steinhart;

fig. unerbittlich (*to* gegenüber); **ad·a·man·tine** [~ˈmæntain] diamanten, Diamant...; *fig.* = *adamant.*

a·dapt [əˈdæpt] anpassen (*to, for dat.*); zurechtmachen; *Text* bearbeiten (*from* nach); *~ed from* frei nach; **a·dapt·aˈbil·i·ty** Anpassungsfähigkeit *f*; **aˈdapt·a·ble** anpassungsfähig; **ad·ap·ta·tion** [ædæpˈteiʃən] Anpassung *f* (*to* an *acc.*); Bearbeitung *f*; **a·dap·ter** [əˈdæptə] *Radio*: Zwischenstecker *m*; **aˈdap·tive** anpassungsfähig.

add [æd] *v/t.* hinzufügen, -zählen; erweitern; *~ up* zs.-zählen, addieren; *~ in* einschließen; *v/i.* hinzukommen; *~ up* F Sinn haben; *~ up to et.* ergeben; hinauskommen auf (*acc.*), *et.* bedeuten; *~ to* beitragen zu, vergrößern, vermehren; **ˈad·ded** zusätzlich.

ad·den·dum [əˈdendəm], *pl.* **adˈden·da** [~də] Zusatz *m*; Nachtrag *m.*

ad·der [ˈædə] Natter *f.*

ad·dict 1. [əˈdikt]: *~ o.s.* sich hin-, ergeben (*to dat.*); **2.** [ˈædikt] (*opium etc. ~*) (Opium- *etc.*) Süchtige *m, f*; **ad·dict·ed** [əˈdiktid] ergeben (*to dat.*); *~ to e-m Laster* verfallen.

add·ing [ˈædiŋ] *attr.* Rechen...

ad·di·tion [əˈdiʃən] Hinzufügen *n*; Zusatz *m*; An-, Ausbau *m* (*to* zu *od. gen.*); *Am.* parzelliertes Gelände *n*; ⅍ Addition *f*; *~ to* Vermehrung *f* (*gen.*); *an ~ to the family* Familienzuwachs *m*; *in ~* zu-, außerdem; *in ~ to* außer, zu; **adˈdi·tion·al** □ zusätzlich, weiter; Zusatz...; Mehr...; Nach...

ad·dle [ˈædl] **1.** faul (*Ei*); *fig.* hohl (*Verstand etc.*); **2.** verderben (*v/t. u. v/i.*); *Verstand* verwirren.

ad·dress [əˈdres] **1.** *Worte etc.* richten (*to* an *acc.*); sprechen zu; *j.* anreden (*as* als); *Brief* adressieren; *a. ~ o.s. to* sich an *j.* wenden; *~ o.s. to s.th.* sich an et. machen; **2.** Adresse *f*, Anschrift *f*; Anrede *f*; *parl.* Ansprache *f*; Anstand *m*, Manieren *f/pl.*; Gewandtheit *f*; *give an ~* e-e Rede halten; *pay one's ~es to a lady* e-r Dame den Hof machen; **ad·dress·ee** [ædreˈsiː] Adressat(in).

ad·duce [əˈdjuːs] *Beweis etc.* anführen, beibringen.

ad·e·noids ⚕ [ˈædinɔidz] *pl.* adenoide Wucherungen *f/pl.*, Polypen *m/pl.* (*im Nasen-Rachenraum*).

ad·ept [ˈædept] **1.** erfahren; geschickt (*in* in *dat.*); **2.** Eingeweihte *m, f*; Kenner(in); *be an ~ at* Meister sein in (*dat.*).

ad·e·qua·cy [ˈædikwəsi] Angemessenheit *f*; **ad·e·quate** □ [ˈ~kwit] angemessen, entsprechend; aus-, hinreichend.

ad·here [ədˈhiə] (*to*) kleben, haften (an *dat.*); *fig.* festhalten (an *dat.*); sich an *e-e Regel etc.* halten; zu *j-m* halten; es halten mit; *e-r Partei etc.* angehören; **adˈher·ence** (*to*) Anhaften *n* (an *dat.*); Festhalten *n* (an *dat.*); Befolgung *f e-r Regel etc.*; Anhänglichkeit *f* (an *acc.*); **adˈher·ent 1.** anhaftend; **2.** Anhänger(in).

ad·he·sion [ədˈhiːʒən] *s. adherence*; *fig.* Einwilligung *f*; *phys.* Adhäsion *f*; *give one's ~ to a plan* sich mit einem Plan einverstanden erklären.

ad·he·sive [ədˈhiːsiv] **1.** □ anklebend; klebrig; Klebe...; gummiert; *~ plaster, ~ tape* Heftpflaster *n*; **2.** Klebstoff *m.*

a·dieu [əˈdjuː] **1.** lebe wohl!; **2.** Lebewohl *n*; *make one's ~(s)* Lebewohl sagen.

ad·i·pose [ˈædipəus] Fett...; fett(halt)ig; *~ tissue* Fettgewebe *n.*

ad·it [ˈædit] Zugang *m*; ⚒ Stollen *m.*

ad·ja·cen·cy [əˈdʒeisənsi] Angrenzen *n*; *adjacencies pl.* Umgebung *f*; **adˈja·cent** □ (*to*) anliegend (*dat.*), anstoßend, angrenzend (an *acc.*), benachbart (*dat.*).

ad·jec·ti·val □ [ædʒekˈtaivəl] adjektivisch; **ad·jec·tive** [ˈædʒiktiv] Adjektiv *n*, Eigenschaftswort *n.*

ad·join [əˈdʒɔin] angrenzen an (*acc.*); **adˈjoin·ing** angrenzend, benachbart, Neben...

ad·journ [əˈdʒəːn] aufschieben; (*v/i.* sich) vertagen; *Sitzungsort* verlegen (*to* nach); **adˈjourn·ment** Aufschub *m*; Vertagung *f.*

ad·judge [əˈdʒʌdʒ] zuerkennen; ⚖ entscheiden; als *et.* erklären; verurteilen (*to* zu).

ad·ju·di·cate [əˈdʒuːdikeit] *s. adjudge*; **ad·ju·diˈca·tion** Zuerkennung *f*; Entscheidung *f*, Urteil *n.*

ad·junct [ˈædʒʌŋkt] Nebenumstand *m*; Zusatz *m*; *gr.* Attribut *n.*

ad·ju·ra·tion [ædʒuə'reiʃən] Beschwörung *f*; **ad·jure** [ə'dʒuə] *j.* beschwören, dringend bitten (*to inf.* zu *inf.*).
ad·just [ə'dʒʌst] in Ordnung bringen, berichtigen; anpassen; *Streit* schlichten; *Maße* eichen; *Mechanismus* einstellen; ~ *o.s. to fig.* sich anpassen (*dat.*) *od.* an (*acc.*), sich einfügen in (*acc.*); ~*ing screw* Stellschraube *f*; **ad'just·a·ble** □ ein-, verstellbar; **ad'just·ment** Anordnung *f*; Berichtigung *f*; Einstellung *f*; Einstellvorrichtung *f*; Schlichtung *f*; Eichung *f*; Justieren *n*.
ad·ju·tan·cy ⚔ ['ædʒutənsi] Adjutantur *f*; **'ad·ju·tant** Adjutant *m*.
ad-lib F [æd'lib] improvisieren.
ad·man F ['ædmæn] Werbefachmann *m*; **ad·mass** ['ædmæs] *durch Werbung beeinflußbares* Massenpublikum *n*.
ad·min·is·ter [əd'ministə] *v/t.* verwalten; *bsd. Sakramente u. fig.* darreichen, spenden; *Eid* abnehmen; ⚕ verabfolgen; ~ *justice*, ~ *the law* Recht sprechen; ~ *punishment* strafen; *v/i.* beitragen (*to* zu); **ad·min·is'tra·tion** Verwaltung *f*; Handhabung *f*; Darreichung *f*; Regierung *f*; *bsd. Am.* Amtsperiode *f e-s Präsidenten*; ~ *of justice* Rechtspflege *f*, Rechtsprechung *f*; **ad'min·is·tra·tive** [~trətiv] Verwaltungs...; ausführend; **ad'min·is·tra·tor** [~treitə] Verwalter *m*; Nachlaß-, Vermögensverwalter *m*; **ad'min·is·tra·trix** [~treitriks] Verwalterin *f*.
ad·mi·ra·ble □ ['ædmərəbl] bewunderswert, (vor)trefflich.
ad·mi·ral ['ædmərəl] Admiral *m*; ♀ *of the Fleet* Großadmiral *m*; **'ad·mi·ral·ty** Admiralität *f*; *First Lord of the* ♀ (britischer) Marineminister *m*.
ad·mi·ra·tion [ædmə'reiʃən] Bewunderung *f*; Gegenstand *m* der Bewunderung; *she was the* ~ *of all* sie wurde von allen bewundert.
ad·mire [əd'maiə] bewundern; verehren; **ad'mir·er** Bewunderer *m*; Verehrer(in).
ad·mis·si·bil·i·ty [ədmisə'biliti] Zulässigkeit *f*; **ad'mis·si·ble** □ zulässig; zulassungsfähig; **ad'mission** Zulassung *f* (*into, to* zu), Aufnahme *f* (*into, to* in *acc.*); Eintritt(sgeld *n*) *m*; Eingeständnis *n* (*of gen.*; *that* daß).
ad·mit [əd'mit] *v/t.* (her)einlassen (*to, into* in *acc.*), eintreten lassen; aufnehmen (*to* in *acc.*), zulassen (*to* zu); Raum haben für; zugeben; ~ *to the bar* ⚖ *bsd. Am. j.* als Rechtsanwalt zulassen; *v/i.*: ~ *of* gestatten, zulassen; *it* ~*s of no excuse* es läßt sich nicht entschuldigen; **ad'mit·tance** Einlaß *m*, Zutritt *m*; *no* ~! Zutritt verboten!; **ad'mit·ted·ly** zugestandenermaßen.
ad·mix·ture [əd'mikstʃə] Beimischung *f*, Zusatz *m*.
ad·mon·ish [əd'mɔniʃ] ermahnen (*to inf.* zu *inf.*; *that* daß); warnen (*of, against* vor *dat.*; *that* daß); **ad·mo·ni·tion** [ædməu'niʃən] Ermahnung *f*; Warnung *f*; **ad·mon·i·to·ry** □ [əd'mɔnitəri] ermahnend; warnend; Warnungs...
a·do [ə'du:] Getue *n*, Aufheben *n*, Lärm *m*; Mühe *f*; *without much* ~ mir nichts, dir nichts.
a·do·be [ə'dəubi] Luftziegel *m*.
ad·o·les·cence [ædəu'lesns] Adoleszenz *f*, Reifezeit *f*; **ad·o'les·cent** **1.** jugendlich, heranwachsend; **2.** Jugendliche *m, f*.
a·dopt [ə'dɔpt] adoptieren; *fig.* annehmen, sich zu eigen machen; ~*ed country* Wahlheimat *f*; **a'dop·tion** Adoption *f*; Annahme *f*; **a'dop·tive** Adoptiv...
a·dor·a·ble □ [ə'dɔ:rəbl] verehrungswürdig; **ad·o·ra·tion** [ædɔ:'reiʃən] Anbetung *f*; Verehrung *f*; **a·dore** [ə'dɔ:] anbeten (*a. fig.*); innig lieben; **a'dor·er** Anbeter (-in); Verehrer(in).
a·dorn [ə'dɔ:n] schmücken, zieren; **a'dorn·ment** Schmuck *m*; Verzierung *f*.
A·dri·at·ic [eidri'ætik] Adria *f*.
a·drift [ə'drift] ⚓ treibend; *fig.* aufs Geratewohl; *turn s.o.* ~ j. hinauswerfen *od.* verjagen.
a·droit □ [ə'drɔit] gewandt; **a'droit·ness** Gewandtheit *f*.
ad·u·late ['ædjuleit] *j-m* schmeicheln; **ad·u'la·tion** Schmeichelei *f*; **'ad·u·la·tor** Schmeichler *m*; **'ad·u·la·to·ry** schmeichlerisch.
a·dult ['ædʌlt] **1.** erwachsen; **2.** Erwachsene *m, f*; ~ *education* Erwachsenenbildung *f*.
a·dul·ter·ant [ə'dʌltərənt] Ver-

fälschungsmittel *n*; a'**dul·ter·ate** **1.** [~reit] verfälschen; *fig.* verderben; **2.** [~rit] verfälscht; ehebrecherisch; **a·dul·ter·a·tion** [ədʌltə'reiʃən] Verfälschung *f*, Fälschung *f*; a'**dul·ter·a·tor** Verfälscher *m*; a'**dul·ter·er** Ehebrecher *m*; a'**dul·ter·ess** Ehebrecherin *f*; a'**dul·ter·ous** □ ehebrecherisch; a'**dul·ter·y** Ehebruch *m*.

ad·um·brate ['ædʌmbreit] im Umriß darstellen, skizzieren; andeuten; **ad·um'bra·tion** Umriß *m*, Skizze *f*; Andeutung *f*.

ad·vance [əd'vɑ:ns] **1.** *v/i.* vorrücken, -gehen, -dringen; sich nähern; *im Rang* aufrücken; vorankommen; steigen (*Preis*); Fortschritte machen; *v/t.* vorrücken, -schieben; vorverlegen; vorbringen, äußern; vorausbezahlen; vorschießen; (be)fördern; *Preis* erhöhen; beschleunigen; **2.** Vorrücken *n*; ⚔ Vormarsch *m*; Beförderung *f*; Fortschritt *m*; Angebot *n*; Vorschuß *m*; Erhöhung *f des Preises etc.*; *in* ~ im voraus; *be in* ~ *of s.o.* j-m voraus sein; **3.** Vor(aus)...; **ad'vanced** *adj.* vor-, fortgeschritten; ~ *in years* in vorgerücktem Alter; ~ *English* Englisch für Fortgeschrittene; **ad'vance·ment** Beförderung *f*; Förderung *f*; Fortschritt *m*.

ad·van·tage [əd'vɑ:ntidʒ] Vorteil *m* (*a. beim Tennis*; *to* für); Überlegenheit *f*; Gewinn *m*; *take* ~ *of* ausnutzen; *j.* übervorteilen; *to* ~ vorteilhaft; *you have the* ~ *of me iro.* ich habe nicht die Ehre, Sie zu kennen; **ad·van·ta·geous** □ [ædvən'teidʒəs] vorteilhaft, günstig.

ad·vent ['ædvənt] (Auf)Kommen *n*; ♀ *eccl.* Advent *m*; **ad·ven·ti·tious** □ [ædven'tiʃəs] zufällig; fremd; Neben...

ad·ven·ture [əd'ventʃə] **1.** Abenteuer *n*, Wagnis *n*; ⚕ Spekulationsgeschäft *n*; **2.** (sich) wagen; **ad'ventu·r·er** Abenteurer *m*; Spekulant *m*; **ad'ven·tur·ess** Abenteu(r)erin *f*; **ad'ven·tur·ous** □ abenteuerlich; kühn, verwegen; abenteuer-, unternehmungslustig.

ad·verb ['ædvə:b] Adverb *n*; **ad·ver·bi·al** [əd'və:bjəl] □ adverbial; ~ *phrase* adverbiale Bestimmung *f*.

ad·ver·sar·y ['ædvəsəri] Gegner *m*, Widersacher *m*; **ad·verse** □ ['~və:s] widrig; gegnerisch, feindlich; ungünstig, nachteilig (*to* für); ~ *to* gegen; ~ *balance of trade* ungünstige Handelsbilanz *f*; **ad·ver·si·ty** [əd'və:siti] Widerwärtigkeit *f*; Unglück *n*.

ad·vert [əd'və:t] hinweisen, sich beziehen (*to* auf *acc.*).

ad·ver·tise ['ædvətaiz] ankündigen; annoncieren, inserieren; Reklame machen (für); ~ *for* durch Inserat suchen; **ad·ver·tise·ment** [əd'və:tismənt] Ankündigung *f*, (Zeitungs)Anzeige *f*, Annonce *f*, Inserat *n*; Reklame *f*; **ad·ver·tis·er** ['ædvətaizə] Anzeiger *m*, Anzeigenblatt *n*; Inserent *m*; '**ad·ver·tis·ing** Werbung *f*, Reklame *f*.

ad·vice [əd'vais] Rat *m*; Ratschlag *m*; Ratschläge *m/pl.*; ⚕ Avis *m*; Nachricht *f*, Meldung *f*; *letter of* ~ Avisbrief *m*, Benachrichtigungsschreiben *n*; *take medical* ~ e-n Arzt zu Rate ziehen.

ad·vis·a·ble □ [əd'vaizəbl] ratsam; **ad'vise** *v/t. et.* (an)raten; *j.* beraten; *j-m* raten (*to inf.* zu *inf.*); ⚕ benachrichtigen (*of* von, *that* daß), avisieren (*s.o. of s.th.* j-m et.); *v/i.* (sich) beraten (*with* mit); ~ *on* zu *et.* raten; **ad'vised** □ wohlbedacht; **ad'vis·ed·ly** [~idli] mit Bedacht; **ad'vis·er** Ratgeber(in); **ad'vi·so·ry** [~əri] beratend; ♀ *Board* Beratungsstelle *f*.

ad·vo·ca·cy ['ædvəkəsi] (*of*) Eintreten *n* (für), Befürwortung *f* (*gen.*); **ad·vo·cate** **1.** ['~kit] Advokat *m*, Anwalt *m*; *fig.* Verfechter *m*, Fürsprecher *m*; **2.** ['~keit] verteidigen, verfechten, befürworten, vertreten.

adze ⊕ [ædz] Breitbeil *n*.

Ae·ge·an Sea [i:'dʒi:ən'si:] Ägäisches Meer *n*.

ae·gis ['i:dʒis] *fig.* Ägide *f*, Schutzherrschaft *f*.

Ae·o·li·an [i:'əuljən] äolisch; Äols...

ae·on ['i:ən] Äon *m*; *fig.* Ewigkeit *f*.

a·er·at·ed ['eiəreitid] kohlensauer.

a·er·i·al ['ɛəriəl] **1.** □ Luft...; Flieger...; gasförmig; ~ *camera* Luftbildgerät *n*; ~ *view* Luftaufnahme *f*; **2.** *Radio, Fernsehen*: Antenne *f*.

a·er·ie ['ɛəri] Horst *m* (*a. fig.*).

a·er·o... [ˈɛərəu] Luft...; **a·er·o·bat·ics** [~ˈbætiks] *sg.* Kunstfliegen *n*; **a·er·o·cab** [ˈɛərəkæb] *Am.* F Lufttaxi *n* (*Hubschrauber als Zubringer*); **a·er·o·drome** [ˈ~drəum] Flugplatz *m*, -hafen *m*; **a·er·o·gram** [ˈ~græm] Funkspruch *m*; **a·er·o·lite** [ˈɛərəulait] Meteorstein *m*; **a·er·o·naut** [ˈɛərənɔːt] Luftschiffer *m*; **a·er·oˈnau·tic, a·er·oˈnau·ti·cal** □ aeronautisch; Luftfahrt...; **a·er·oˈnau·tics** *mst sg.* Luftfahrt *f*; **ˈa·er·o·plane** Flugzeug *n*; **a·er·o·stat** [ˈɛərəustæt] Luftschiff *n*; Ballon *m*; **a·er·oˈstat·ic** aerostatisch.

aes·thete [ˈiːsθiːt] Ästhet *m*, Schöngeist *m*; **aes·thet·ic, aes·thet·i·cal** □ [iːsˈθetik(əl)] ästhetisch; **aesˈthet·ics** *sg.* Ästhetik *f*.

a·far [əˈfɑː] *mst* ~ *off* fern, weit (weg); *from* ~ von fern, weither.

af·fa·bil·i·ty [æfəˈbiliti] Leutseligkeit *f*.

af·fa·ble □ [ˈæfəbl] leutselig.

af·fair [əˈfɛə] Geschäft *n*; Angelegenheit *f*, Sache *f*; F Sache *f*, Ding *n*; Liebschaft *f*; ~ *of honour* Ehrenhandel *m*.

af·fect [əˈfekt] (ein- *od.* sich aus-) wirken auf (*acc.*); beeinflussen; berühren, betreffen; rühren, ergreifen; *die Gesundheit* angreifen, in Mitleidenschaft ziehen; neigen zu, gern mögen, bevorzugen; vortäuschen, nachahmen; *he* ~*s the freethinker* er spielt den Freigeist; *he* ~*s to sleep* er tut, als ob er schliefe; **af·fec·ta·tion** [æfekˈteiʃən] Vorliebe *f* (*of* für); Ziererei *f*, Affektiertheit *f*; Verstellung *f*; **af·fect·ed** □ [əˈfektid] gerührt; befallen (*von Krankheit*); angegriffen (*Augen etc.*); geneigt, gesinnt (*towards s.o.* gegen j.); geziert, affektiert; erheuchelt; **afˈfec·tion** Gemütsbewegung *f*, -zustand *m*; (Zu)Neigung *f*, Liebe *f* (*for, towards* zu); Erkrankung *f*; **afˈfec·tion·ate** □ [~kʃnit] liebevoll, herzlich; *yours* ~*ly* Dein Dich liebender (*Briefschluß*); **afˈfec·tive** ergreifend; affektiv, Affekt...

af·fi·ance [əˈfaiəns] **1.** Vertrauen *n* (*in* in *acc.*); **2.** verloben (*to* mit).

af·fi·da·vit [æfiˈdeivit] *schriftliche* beeidigte Erklärung *f*.

af·fil·i·ate [əˈfilieit] *als Mitglied* aufnehmen; angliedern, anschließen (*to dat. od.* an *acc.*); verschmelzen (*with* mit); ⚖ die Vaterschaft *e-s Kindes* zuschreiben (*on, to dat.*); ~*d company* Tochtergesellschaft *f*; **af·fil·iˈa·tion** Aufnahme *f* (*als Mitglied etc.*); Angliederung *f*.

af·fin·i·ty [əˈfiniti] Verschwägerung *f*; *fig.* (geistige) Verwandtschaft *f*; ⚗ Affinität *f*.

af·firm [əˈfəːm] bejahen, behaupten; bestätigen; **af·fir·ma·tion** [æfəːˈmeiʃən] Behauptung *f*; Bestätigung *f*; **af·firm·a·tive** □ [əˈfəːmətiv] **1.** bejahend; positiv; **2.** *su.*: *answer in the* ~ bejahen.

af·fix 1. [ˈæfiks] Anhang *m*; **2.** [əˈfiks] (*to*) anheften (an *acc.*); befestigen (an *dat.*); *Siegel* aufdrücken (auf *acc.*); beifügen (*dat.*); zufügen (zu).

af·flict [əˈflikt] betrüben; quälen; ~*ed with* geplagt von, leidend an (*dat.*); **afˈflic·tion** Betrübnis *f*; Leiden *n*; Pein *f*.

af·flu·ence [ˈæfluəns] Überfluß *m*; Reichtum *m*, Wohlstand *m*; **ˈaf·flu·ent 1.** □ reich (fließend); reich (*in* an *dat.*); ~ *society* Wohlstandsgesellschaft *f*; **2.** Nebenfluß *m*.

af·flux [ˈæflʌks] Zufluß *m*.

af·ford [əˈfɔːd] gewähren; bieten; sich leisten; *I can* ~ *it* ich kann es mir leisten.

af·for·est [æˈfɔrist] aufforsten; **af·for·estˈa·tion** Aufforstung *f*.

af·fran·chise [əˈfræntʃaiz] befreien.

af·fray [əˈfrei] Schlägerei *f*.

af·front [əˈfrʌnt] **1.** beleidigen; trotzen (*dat.*); **2.** Beleidigung *f*; *put an* ~ *upon, offer an* ~ *to j.* beleidigen.

a·field [əˈfiːld] ins Feld; im Feld; (von Hause) weg; *far* ~ weit weg.

a·fire [əˈfeiə] in Flammen.

a·flame [əˈfleim] in Flammen; *fig.* glühend.

a·float [əˈfləut] ⚓ flott, schwimmend, auf See; in vollem Gange (*Geschäft etc.*); in Umlauf (*Gerücht*); von Wasser bedeckt; *keep* ~ sich über Wasser halten; *set* ~ flottmachen; *the rumour is* ~ das Gerücht geht um.

a·foot [əˈfut] im Gange; zu Fuß; auf den Beinen; in Bewegung.

a·fore ⚓ [əˈfɔː] *s. before*; **aˈfore·men·tioned** [~menʃənd], **aˈfore-**

named [~neimd], **a'fore·said** vorerwähnt, vorgenannt; **a'fore·thought** vorbedacht.
a·fraid [ə'freid] besorgt, bange; *be* ~ *of* sich fürchten *od.* Angst haben vor (*dat.*); *I am* ~ es tut mir leid; leider.
a·fresh [ə'freʃ] von neuem.
Af·ri·can ['æfrikən] **1.** afrikanisch; **2.** Afrikaner(in); *bsd. Am. in Zssgn* Neger...; **Af·ri·can·der** [~'kændə] Kapholländer *m.*
Af·ri·kaans [æfri'kɑ:ns] Kapholländisch *n*, Afrikaans *n.*
aft ⚓ [ɑ:ft] (nach) achtern *od.* hinten.
aft·er ['ɑ:ftə] **1.** *adv.* hinterher; nachher, darauf; **2.** *prp. zeitlich*: nach; *räumlich*: nach, hinter (... her); *Maß, Richtschnur*: nach, gemäß; ~ *all* nach alledem; schließlich (doch); im Grunde; immerhin; *be* ~ *s.o.* hinter j-m her sein, j. verfolgen; *time* ~ *time* immer wieder; ~ *having seen him* nachdem ich ihn gesehen hatte; **3.** *cj.* nachdem; **4.** *adj.* später; Nach...; ⚓ Achter...; **'~·birth** ⚕ Nachgeburt *f*; **'~·care** ⚕ Nachbehandlung *f*; **'~·crop** Nachernte *f*; **'~-'din·ner** nach Tisch...; ~ *speech* Tischrede *f*; **'~-ef·fect** Nachwirkung *f*; **'~-glow** Abendrot *n*; **'~-hours** *pl.* Zeit *f* nach (Dienst)Schluß; **~·math** ['~mæθ] *fig.* Nachwirkung(en *pl.*) *f*, Folgen *f/pl.*; **'~'noon** Nachmittag *m*; **'~·pains** *pl.* ⚕ Nachwehen *pl.*; **'~-sea·son** Nachsaison *f*; **'~-taste** Nachgeschmack *m*; **'~-thought** nachträglicher Einfall *m*; **'~-treat·ment** Nachkur *f*; **~·wards** ['~wədz] nachher; hinterher; später; nachträglich.
a·gain [ə'gən] wieder, abermals, noch einmal; wiederum; schon wieder; ferner, außerdem; dagegen; ~ *and* ~, *time and* ~ immer wieder; *as much* (*many*) ~ noch einmal soviel (so viele); *now and* ~ hin und wieder.
a·gainst [ə'genst] *räumlich*: gegen; *fig.* in Erwartung (*gen.*); *as* ~ verglichen mit; ~ *the wall* an der Wand; ~ *a background* vor *od.* auf e-m Hintergrund; *over* ~ gegenüber; *run* ~ *s.o.* j-m in den Weg laufen.
a·gape [ə'geip] gaffend, mit offenem Mund.
ag·ate ['ægət] *min.* Achat *m*; *Am.* Murmel *f*; *Am. typ.* = *ruby.*
a·ga·ve ⚘ [ə'geivi] Agave *f.*
age [eidʒ] **1.** (Lebens)Alter *n*; Zeit (-alter *n*) *f*; Menschenalter *n*, Generation *f*; *oft* ~*s pl.* F Ewigkeit *f*; (*old*) ~ Greisenalter *n*; *at the* ~ *of* im Alter von; *in the* ~ *of Queen Anne* in der *od.* zur Zeit ...; *of* ~ mündig; *over* ~ zu alt; *under* ~ unmündig; *what is his* ~? wie alt ist er?; *come of* ~ mündig werden; **2.** alt werden *od.* machen; **aged** [eidʒd] ... Jahre alt; ~ *twenty* 20 Jahre alt; **a·ged** ['~id] alt, betagt, bejahrt; **'age·less** zeitlos; **'age-lim·it** Altersgrenze *f.*
a·gen·cy ['eidʒənsi] Tätigkeit *f*, Wirkung *f*; Vermittlung *f*; ✝ Agentur *f*, Büro *n*; Dienststelle *f.*
a·gen·da [ə'dʒendə] Tagesordnung *f.*
a·gent ['eidʒənt] Handelnde *m, f*; Agent *m*; F (Handlungs)Reisende *m*; wirkende Kraft *f*, Agens *n.*
age-old ['eidʒəuld] uralt.
age-worn ['eidʒwɔ:n] altersschwach.
ag·glom·er·ate [ə'glɔməreit] (sich) zs.-ballen; (sich) (an)häufen; **ag·glom·er'a·tion** Zs.-ballung *f*; Anhäufung *f.*
ag·glu·ti·nate **1.** [ə'glu:tineit] zs.-, an-, verkleben; ⚕, *gr.* agglutinieren; **2.** [~nit] zs.-geklebt, verbunden; *gr.* agglutiniert; **ag·glu·ti·na·tion** [~'neiʃən] Zs.-kleben *n*; ⚕, *gr.* Agglutination *f*; **ag'glu·ti·na·tive** [~nətiv] zs.-klebend; agglutinierend.
ag·gran·dize [ə'grændaiz] vergrößern; *im Range etc.* erhöhen; **ag'gran·dize·ment** [~dizmənt] Vergrößerung *f*; *fig.* Erhöhung *f.*
ag·gra·vate ['ægrəveit] erschweren; verschlimmern, verschärfen; F ärgern; **ag·gra'va·tion** Erschwerung *f etc.*; F Verärgerung *f.*
ag·gre·gate **1.** ['ægrigeit] (sich) anhäufen; vereinigen (*to* mit); F sich insgesamt belaufen auf (*acc.*); **2.** □ ['~git] gehäuft; gesamt; Gesamt...; **3.** ['~git] Anhäufung *f*; Aggregat *n*; *in the* ~ im ganzen; **ag·gre·ga·tion** [~'geiʃən] Anhäufung *f.*
ag·gres·sion [ə'greʃən] Angriff *m*, Überfall *m*; **ag·gres·sive** □ [ə'gresiv] angreifend; aggressiv, streitlustig, -süchtig; ~ *war* Angriffskrieg *m*; **ag'gres·sor** Angreifer *m.*
ag·grieve [ə'gri:v] kränken.

a·ghast [ə'gɑːst] entgeistert, entsetzt, bestürzt (*at* über *acc.*).
ag·ile □ ['ædʒail] flink, behend.
a·gil·i·ty [ə'dʒiliti] Behendigkeit *f*.
ag·i·o ⚕ ['ædʒəu] Agio *n*, Aufgeld *n*; **ag·i·o·tage** ['ædʒətidʒ] Agiotage *f*, Wechsel-, Börsengeschäft *n*.
ag·i·tate ['ædʒiteit] *v/t.* bewegen, schütteln; *fig.* erregen; erörtern; *v/i.* agitieren (*for* für); **ag·i'ta·tion** Bewegung *f*, Erschütterung *f*; Aufregung *f*, Gärung *f*; Agitation *f*; **'ag·i·ta·tor** Agitator *m*, Aufwiegler *m*, Hetzredner *m*.
a·glow [ə'gləu] glutrot, glühend (*with* von, vor *dat.*).
a·go [ə'gəu]: *a year* ~ vor einem Jahre; *it is a year* ~ es ist ein Jahr her; *long* ~ vor langer Zeit.
a·gog [ə'gɔg] erpicht; gespannt (*for* auf *acc.*).
ag·o·nize ['ægənaiz] *v/t.* quälen; *v/i.* (mit dem Tode *u. fig.*) ringen; sich quälen; **'ag·o·niz·ing** □ qualvoll.
ag·o·ny ['ægəni] Qual *f*, Pein *f*; Ringen *n*, Kampf *m*; Todesangst *f*; *a.* ~ *of death, mortal* ~ Todeskampf *m*; ~ *column* F Seufzerspalte *f* (*Zeitung*).
a·grar·i·an [ə'grɛəriən] **1.** Befürworter *m* der Landaufteilung; Agrarier *m*; **2.** agrarisch; Agrar...
a·gree [ə'griː] *v/i.* übereinstimmen; sich vertragen; einwilligen; (*upon, on*) einig werden (über *acc.*), sich einigen (auf *acc.*); übereinkommen, vereinbaren (*that* daß); ~ *with j-m* bekommen *od.* zuträglich sein; ~ *to* zustimmen (*dat.*), eingehen auf (*acc.*); einverstanden sein mit; ~ *to differ* das Streiten aufgeben; *v/t.* ⚕ *Bücher etc.* abstimmen; *be* ~*d* (sich) einig sein (*on* über *acc.*; *that* darüber, daß); ~*d!* abgemacht!; **a·gree·a·ble** □ [ə'griəbl] (*to*) angenehm (für); übereinstimmend (mit); F einverstanden (mit); **a'gree·a·ble·ness** Annehmlichkeit *f*; **a·gree·ment** [ə'griːmənt] Übereinstimmung *f*; Einklang *m*; Vereinbarung *f*, Überein-, Abkommen *n*; Vertrag *m*; *come to an* ~ e-e Verständigung erzielen; *make an* ~ ein Abkommen treffen.
ag·ri·cul·tur·al [ægri'kʌltʃərəl] landwirtschaftlich, Ackerbau...; **ag·ri·cul·ture** ['~tʃə] Ackerbau *m*, Landwirtschaft *f*; **ag·ri'cul·tur·ist** [~tʃərist] Landwirt *m*.
a·ground ⚓ [ə'graund] gestrandet; *run* ~ auflaufen, auf (den) Strand setzen.
a·gue ['eigjuː] Wechselfieber *n*; Schüttelfrost *m*; **'a·gu·ish** fieberhaft, fieb(e)rig.
ah [ɑː] ah!, ach!
a·ha [ɑː'hɑː] aha!
a·head [ə'hed] vorwärts; voraus; vorn; *straight* ~ geradeaus; ~ *of s.o.* j-m voraus; *go* ~ vorgehen, vorankommen; weitermachen; *go* ~*!* vorwärts!; los!; weiter!
a·hoi, a·hoy ⚓ [ə'hɔi] ho!, ahoi!
aid [eid] **1.** helfen (*dat.*; *in* bei *et.*); fördern; **2.** Hilfe *f*; *by* (*with*) *the* ~ *of* mit Hilfe von *od. gen.*; *in* ~ *of* zur Unterstützung *gen.*; ~*s and appliances* Hilfsmittel *n/pl.*
aide-de-camp ⚔ ['eiddə'kɑ̃ːŋ] Adjutant *m*.
ai·grette ['eigret] Federbusch *m*.
ail [eil] *v/i.* kränkeln; *v/t.* schmerzen, weh(e) tun (*dat.*); *what* ~*s him?* was fehlt ihm?
ai·ler·on ✈ ['eilərɔn] Querruder *n*.
ail·ing ['eiliŋ] leidend, kränklich; **'ail·ment** Leiden *n*.
aim [eim] **1.** *v/i.* zielen (*at* auf *acc.*); ~ *at fig.* abzielen auf, streben nach, bezwecken; ~ *to do bsd. Am.* beabsichtigen *od.* versuchen zu tun, tun wollen; *v/t. Geschütz, Schlag, Gewehr, etc.* richten (*at* auf *acc.*, gegen); **2.** Ziel *n*; *fig.* Zweck *m*, Absicht *f*; *Leistungs*-Soll *n*; *take* ~ zielen; **'aim·less** □ ziellos.
ain't F [eint] = *are not, am not, is not, have not, has not.*
air[1] [ɛə] **1.** Luft *f*; Luftzug *m*, Lüftchen *n*; *by* ~ auf dem Luftwege; *go by* ~ fliegen; *in the open* ~ im Freien; *castles in the* ~ Luftschlösser *n/pl.*; *be in the* ~ in der Luft liegen; ungewiß sein; *on the* ~ im Rundfunk *zu hören*; *go off the* ~ zu senden aufhören; ~ *supply* Luftzufuhr *f*; *take the* ~ frische Luft schöpfen; ✈ aufsteigen; **2.** (aus)lüften, an die Luft bringen; *Wäsche* trocknen; an die Öffentlichkeit bringen; erörtern; zur Schau tragen; ~ *o.s.* an die Luft gehen.
air[2] [~] Miene *f*; Aussehen *n*; *give o.s.* ~*s* vornehm tun; *with an* ~ mit

Würde; *~s and graces* Vornehmtuerei *f.*
air³ ♪ [~] Weise *f*, Melodie *f*; Arie *f*.
air...: '**~-base** Luftstützpunkt *m*; '**~-bath** Luftbad *n*; '**~-bed** Luftmatratze *f*; '**~-blad·der** Schwimmblase *f*; '**~-borne** im Flugzeug befördert; in der Luft (*Flugzeug*); ⚔ Luftlande...; *we are ~* wir fliegen; '**~-brake** Druckluftbremse *f*; '**~-cham·ber** *biol.* Luftkammer *f*; ⊕ Windkessel *m*; '**~-con·di·tioned** mit Klimaanlage, klimatisiert; '**~-con·di·tion·ing** Klimaanlage *f*; '**~-cooled** luftgekühlt; '**~craft** Luftfahrzeug(e *pl.*) *n*, Flugzeug(e *pl.*) *n*; *~ carrier* Flugzeugträger *m*; '**~-cush·ion** Luftkissen *n*; '**~-drop** Abwerfen *n od.* Absetzen *n* aus der Luft; '**~-ex·haust·er** Entlüfter *m*; '**~-field** Flugplatz *m*; '**~-force** Luftwaffe *f*; '**~-gun** Luftgewehr *n*; '**~frame** Flugzeugzelle *f*; **~ host·ess** Stewardeß *f*, Flugbegleiterin *f*.
air·i·ness ['ɛərinis] Luftigkeit *f*; Leicht(fert)igkeit *f*.
air·ing ['ɛəriŋ] Lüften *n*; Spaziergang *m*, -fahrt *f*, -ritt *m*; *take an ~* frische Luft schöpfen.
air...: '**~-jack·et** Schwimmweste *f*; ⊕ Luftmantel *m*; '**~less** ohne Luft(zug); dumpf(ig); '**~-lift** Luftbrücke *f* (*Versorgung auf dem Luftwege*); '**~-line** Luftverkehrslinie *f*, -gesellschaft *f*; '**~-lin·er** Verkehrsflugzeug *n*; '**~-mail** Luftpost *f*; '**~man** Flieger *m*; '**~-me'chan·ic** Bordmonteur *m*; '**~-mind·ed** flugbegeistert; '**~-pas·sen·ger** Fluggast *m*; **~ pho·to(·graph)** Luftbild *n*; '**~-pipe** ⊕ Luftrohr *n*; '**~·plane** *bsd. Am.* Flugzeug *n*; '**~·pock·et** ✈ Luftloch *n*; '**~-port** Flughafen *m*; '**~-proof** luftdicht; '**~-pump** Luftpumpe *f*; '**~-raid** ⚔ Luftangriff *m*; *~ precautions pl.* Luftschutz *m*; *~ shelter* Luftschutzraum *m*; '**~·ship** Luftschiff *n*; '**~·sick** luftkrank; '**~·strip** Start- u. Landestreifen *m*; '**~-tight** luftdicht; *~ case sl.* todsicherer Fall *m*; '**~-tube** Luftschlauch *m*; **~ um·brel·la** ⚔ Luftsicherung *f*, Deckung *f* durch die Luftwaffe; '**~·way** Flugstraße *f*; Luftverkehrsgesellschaft *f*; '**~-wom·an** Fliegerin *f*; '**~·worthy** ✈ lufttüchtig.

air·y □ ['ɛəri] luftig; leicht; lebhaft; leichtfertig.
aisle [ail] ⛪ Seitenschiff *n*; Gang *m zwischen Tischreihen etc.*; '**~-sit·ter** *Am.* F Theaterkritiker *m*.
aitch [eitʃ] *Name des englischen* h.
aitch·bone ['eitʃbəun] Lendenstück *n*.
a·jar [ə'dʒɑː] halb offen, angelehnt (*Tür*); *fig.* im Zwiespalt.
a·kim·bo [ə'kimbəu] in die Seite gestemmt (*Arme*).
a·kin [ə'kin] verwandt (*to* mit).
al·a·bas·ter ['æləbɑːstə] **1.** Alabaster *m*; **2.** alabastern.
a·lack † [ə'læk] ach!, o weh!; *~-a-day!* lieber Himmel!
a·lac·ri·ty [ə'lækriti] Munterkeit *f*; Bereitwilligkeit *f*, Eifer *m*.
a·larm [ə'lɑːm] **1.** Alarm *m*, Warnung *f*; Alarmzeichen *n*; Angst *f*, Unruhe *f*; Wecker *m*; *~ pistol* Schreckschußpistole *f*; *give (raise, ring, sound) the ~* Alarm schlagen; **2.** alarmieren; beunruhigen; **a'larm-bell** Sturmglocke *f*; **a'larm-clock** Wecker *m*; **a'larm·ist 1.** Bangemacher *m*; **2.** beunruhigend.
a·lar·um [ə'lɛərəm] *obs. für alarm.*
a·las [ə'læs] ach!, o weh!, leider!
alb [ælb] Albe *f*, Chorhemd *n*.
Al·ba·ni·an [æl'beinjən] **1.** albanisch; **2.** Albanier(in).
al·ba·tross ['ælbətrɔs] Albatros *m*, Sturmvogel *m*.
al·be·it [ɔːl'biːit] obgleich, obwohl.
al·bi·no *biol.* [æl'biːnəu] Albino *m*.
al·bum ['ælbəm] Album *n*.
al·bu·men, al·bu·min ⚗ ['ælbjumin] Eiweiß(stoff *m*) *n*; **al·bu·mi·nous** [æl'bjuːminəs] eiweißartig; eiweißhaltig.
al·chem·ic, al·chem·i·cal □ [æl'kemik(əl)] alchimistisch; **al·che·mist** ['ælkimist] Alchimist *m*; '**al·che·my** Alchimie *f*.
al·co·hol ['ælkəhɔl] Alkohol *m*; **al·co'hol·ic** alkoholisch; Alkohol...; '**al·co·hol·ism** Alkoholvergiftung *f*; **al·co·hol·ize** ['~laiz] alkoholisieren.
al·cove ['ælkəuv] Alkoven *m*; Nische *f*; (Garten)Laube *f*.
al·der ♀ ['ɔːldə] Erle *f*; Erlen...
al·der·man ['ɔːldəmən] Ratsherr *m*; Stadtrat *m*; **al·der·man·ic** [~'mænik] ratsherrlich; *fig.* würdevoll;

al·der·man·ship ['⁓mənʃip] Ratsherrnamt *n*.
ale [eil] Ale *n* (*engl. Bier*).
a·lee ⚓ [ə'li:] leewärts.
a·lem·bic ⚗ [ə'lembik] Destillierkolben *m*.
a·lert [ə'lə:t] **1.** □ wachsam; munter; **2.** Alarmbereitschaft *f*; (Flieger-) Alarm *m*; *on the* ⁓ auf der Hut; in Alarmbereitschaft; **a'lert·ness** Wachsamkeit *f*; Munterkeit *f*.
Al·ex·an·drine [ælig'zændrain] Alexandriner *m* (*12silbiger Vers*).
al·fal·fa ⚘ [æl'fælfə] Luzerne *f*.
al·fres·co [æl'freskəu] im Freien; ⁓ *lunch* Mittagessen *n* im Freien.
al·ga ⚘ ['ælgə], *pl.* **al·gae** ['ældʒi:] Alge *f*.
al·ge·bra & ['ældʒibrə] Algebra *f*; **al·gebra·ic** [⁓'breiik] algebraisch.
a·li·as ['eiliæs] **1.** alias, sonst (genannt); **2.** angenommener Name *m*, Deckname *m*.
al·i·bi ['ælibai] Alibi *n*; *Am.* F Entschuldigung *f*; Ausrede *f*.
al·ien ['eiljən] **1.** fremd, ausländisch; *fig.* fremd (*to dat.*); **2.** Ausländer (-in); **'al·ien·a·ble** veräußerlich; **al·ien·ate** ['⁓eit] veräußern; *fig.* entfremden, abspenstig machen (*from dat.*); **al·ien'a·tion** Veräußerung *f*; *fig.* Entfremdung *f*; ⁓ *of mind* Geistesgestörtheit *f*; **'al·ien·ist** Irrenarzt *m*, Psychiater *m*.
a·light[1] [ə'lait] brennend, in Flammen; erhellt.
a·light[2] [⁓] ab-, aussteigen; ✈ niedergehen, landen; sich niederlassen (*on* auf *acc. od. dat.*).
a·lign [ə'lain] (sich) (aus)richten (*with* nach); *surv.* abstecken; ⁓ *o.s. with* sich anschließen an (*acc.*); **a'lign·ment** Ausrichtung *f*; *surv.* Absteckung(slinie) *f*.
a·like [ə'laik] **1.** *adj.* gleich, ähnlich; **2.** *adv.* gleich; in gleicher Weise; ebenso.
al·i·ment ['ælimənt] Nahrung *f*; **al·i·men·ta·ry** [⁓'mentəri] nahrhaft; Nahrungs...; Ernährungs...; ⁓ *canal* Verdauungskanal *m*; **al·i·men'ta·tion** Ernährung *f*, Unterhalt *m*.
al·i·mo·ny ⚖ ['æliməni] Unterhalt *m* (*bsd. für geschiedene Ehefrau*).
a·line(**·ment**) [ə'lain(mənt)] = *align* (*-ment*).
al·i·quant & ['ælikwənt] nicht (*ohne Rest*) aufgehend; **al·i·quot** ['⁓kwɔt] (*ohne Rest*) aufgehend.
a·live [ə'laiv] lebend, lebendig; munter, lebhaft; in Kraft, wirksam, gültig; (*to*) bewußt (*gen.*), empfänglich (für), Anteil nehmend (an *acc.*); (*with*) voll (von), belebt (von), wimmelnd (von *od.* vor *dat.*); *be* ⁓ am Leben sein, leben; ⚡ Strom führen; *man* ⁓! F Menschenskind!; *keep* ⁓ aufrechterhalten; *look* ⁓! F beeil dich!, mach schnell!
al·ka·li ⚗ ['ælkəlai] Alkali *n*, Laugensalz *n*; **al·ka·line** ['⁓lain] alkalisch.
all [ɔ:l] **1.** *adj.* all; ganz; jede(r, -s); ⁓ *day* (*long*) den ganzen Tag; ⁓ *kind(s) of books* allerlei Bücher; *s. above, after; for* ⁓ *that* dessenungeachtet, trotzdem; **2.** alles; alle *pl.*; *my* ⁓ mein Alles; ⁓ *of them* sie alle; *not at* ⁓ durchaus nicht, überhaupt nicht; *for* ⁓ (*that*) *I care* meinetwegen; *for* ⁓ *I know* soviel ich weiß; *in* ⁓ zusammen, insgesamt; **3.** *adv.* ganz, gänzlich, völlig; ⁓ *at once* auf einmal, plötzlich; ⁓ *the better* desto besser; ⁓ *but* beinahe, fast; ⁓ *in Am.* F fertig, ganz erledigt; ⁓ *right* (alles) in Ordnung; fertig; ganz recht!; gut!, schön!
all-A·mer·i·can [ɔ:lə'merikən] rein amerikanisch; die ganzen USA vertretend.
al·lay [ə'lei] beruhigen; mildern, lindern; *Durst* stillen.
al·le·ga·tion [æli'geiʃən] *unerwiesene* Behauptung *f*; Aussage *f*; Darstellung *f*; **al·lege** [ə'ledʒ] *Unerwiesenes* behaupten; angeben; **al'leged** angeblich, vermeintlich.
al·le·giance [ə'li:dʒəns] Lehnspflicht *f*; Loyalität *f*; (Untertanen)Treue *f* (*to* zu); *oath of* ⁓ Treueid *m*, Untertaneneid *m*.
al·le·gor·ic, al·le·gor·i·cal □ [æli'gɔrik(əl)] sinnbildlich, allegorisch; **al·le·go·rize** ['æligəraiz] allegorisch darstellen; **'al·le·go·ry** Allegorie *f*.
al·le·lu·ia [æli'lu:jə] Halleluja *n*.
al·ler·gy ⚕ ['ælədʒi] Allergie *f* (*Überempfindlichkeit*).
al·le·vi·ate [ə'li:vieit] erleichtern, lindern; **al·le·vi'a·tion** Erleichterung *f*, Linderung *f*.
al·ley ['æli] Allee *f*; Gäßchen *n*;

bsd. Am. schmale Zufahrtstraße *f zwischen der Rückseite zweier Häuserreihen*; *s. back*~; Gang *m*; *s. blind 1*, *skittle-*~; *that is right down his* ~ F das ist etwas für ihn; das ist sein Fall; '**al·ley·way** *Am.* Gasse *f*, schmale Straße *f*.

All Fools' Day ['ɔːl'fuːlzdei] der 1. April.

al·li·ance [ə'laiəns] Bündnis *n*, Bund *m*; Verwandtschaft *f*; *form an* ~ ein Bündnis schließen.

al·li·ga·tor *zo.* ['æligeitə] Alligator *m*.

all-in ['ɔːl'in] Gesamt..., alles inbegriffen.

al·lit·er·ate [ə'litəreit] alliterieren; **al·lit·er'a·tion** Alliteration *f*, Stabreim *m*; **al'lit·er·a·tive** [~rətiv] □ alliterierend.

all...: '~-'**mains** ⚡ Allstrom...; '~-'**met·al** Ganzmetall...

al·lo·cate ['æləukeit] zuteilen; anweisen; **al·lo'ca·tion** Zuteilung *f*; Zahlungsanweisung *f*.

al·lo·cu·tion [æləu'kjuːʃən] feierliche Ansprache *f*.

al·lop·a·thist ⚕ [ə'lɔpəθist] Allopath *m*; **al'lop·a·thy** ⚕ Allopathie *f*.

al·lot [ə'lɔt] an-, zuweisen, zuteilen; zugestehen; **al'lot·ment** Zu-, Verteilung *f*; Anteil *m*; Los *n im Leben*; Parzelle *f*; Schrebergarten *m*.

all-out ['ɔːl'aut] umfassend, total, Groß...; ~ *effort* Anstrengung *f* aller Kräfte.

al·low [ə'lau] erlauben; bewilligen, gewähren; einräumen; ermöglichen; ab-, anrechnen; vergüten; *be* ~*ed to* dürfen, die Erlaubnis haben zu; ~ *for* berücksichtigen, bedenken; in Betracht ziehen; *it* ~*s of no excuse* es läßt sich nicht entschuldigen; **al'low·a·ble** □ erlaubt, zulässig; **al'low·ance 1.** Erlaubnis *f*; Bewilligung *f*; Kost-, Taschengeld *n*, Zuschuß *m*; Rente *f*; Ration *f*; Abzug *m*, Rabatt *m*, Vergütung *f*; Ermäßigung *f*; Nachsicht *f*; ⊕ Toleranz *f*; *make* ~ *for* Nachsicht üben mit *j-m*; *et.* berücksichtigen; **2.** auf Rationen setzen; *Brot etc.* rationieren.

al·loy 1. ['ælɔi] Legierung *f*; [ə'lɔi] *fig.* Beimischung *f*; **2.** [~] legieren; *fig.* verunedeln; (ver)mischen.

all...: '~-'**pur·pose** Allzweck..., Universal...; '~-'**red** rein britisch; '~-'**round** allseitig; zu allem brauchbar; ✝ Pauschal...

All Saints' Day ['ɔːl'seintsdei] Allerheiligen *n* (*1. November*).

All Souls' Day ['ɔːl'səulzdei] Allerseelen *n* (*2. November*).

all...: '~-'**star** *Am. Sport u. thea.* aus den besten (Schau)Spielern bestehend; '~-'**time** unerreicht, beispiellos; ~ *high* Höchstleistung *f*, -stand *m*; ~ *low* Tiefststand *m*.

al·lude [ə'luːd] anspielen (*to* auf *acc.*).

al·lure [ə'ljuə] (an-, ver)locken; **al'lure·ment** Verlockung *f*; Lockmittel *n*; Reiz *m*; **al'lur·ing** □ verlockend.

al·lu·sion [ə'luːʒən] Anspielung *f* (*to* auf *acc.*); **al'lu·sive** □ anspielend (*to* auf *acc.*); verblümt.

al·lu·vi·al □ [ə'luːvjəl] alluvial, angeschwemmt; **al'lu·vi·on** [~vjən] Anschwemmung *f*; **al'lu·vi·um** [~vjəm] Schwemmland *n*, Alluvium *n*.

al·ly 1. [ə'lai] (sich) vereinigen, -binden, -bünden (*to*, *with* mit); *allied to fig.* verwandt *od.* verbunden mit; **2.** ['ælai] Verbündete *m*, *f*, Bundesgenosse *m*; *the Allies pl.* die Alliierten *pl.*

al·ma·nac ['ɔːlmənæk] Almanach *m*.

al·might·i·ness [ɔːl'maitinis] Allmacht *f*; **al'might·y 1.** □ allmächtig; F mächtig; **2.** ♀ Allmächtige *m*.

al·mond ['ɑːmənd] Mandel *f*.

al·mon·er ['ɑːmənə] Krankenhausfürsorger(in); *hist.* Almosenpfleger *m*.

al·most ['ɔːlməust] fast, beinahe.

alms [ɑːmz] *sg. u. pl.* Almosen *n*; '~-**bag** Klingelbeutel *m*; '~-**house** Armenhaus *n*.

al·oe ⚘ *u. pharm.* ['æləu] Aloe *f*.

a·loft [ə'lɔft] (hoch) (dr)oben; (nach) oben (⚓ *in der od. die Takelung*).

a·lone [ə'ləun] allein; *let od. leave s.o.* ~ j. in Ruhe lassen; *let it* ~*!* laß das bleiben!; *let* ~ ... abgesehen von ...; geschweige denn ...

a·long [ə'lɔŋ] **1.** *adv.* weiter, vorwärts, her; mit, bei (sich); *all* ~ die ganze Zeit; ~ *with* zs. mit; *get* ~ *with* vorankommen mit, Fortschritte machen bei; auskommen mit; *get* ~ *with you!* F scher dich weg!; **2.** *prp.* entlang, längs; ~ *here* in dieser Richtung; **a'long·shore** längs der Küste; **a'long'side 1.** ⚓ *adv.* längsseits; Seite an Seite; **2.** *prp. fig.* neben.

a·loof [ə'lu:f] fern; weitab; *keep* ~ *(from)* sich fernhalten (von); *stand* ~ für sich bleiben; **a'loof·ness** Sichfernhalten *n*; Zurückhaltung *f*.

a·loud [ə'laud] laut; hörbar.

alp [ælp] Alp(e) *f*; ♀*s pl.* Alpen *pl.*

al·pac·a [æl'pækə] *zo.* Alpaka *n*; Alpakawolle *f*, -stoff *m*.

al·pen·stock ['ælpinstɔk] Bergstock *m*.

al·pha·bet ['ælfəbit] Alphabet *n*; **al·pha·bet·ic, al·pha·bet·i·cal** □ [~'betik(əl)] alphabetisch.

Al·pine ['ælpain] Alpen...; alpin; **al·pin·ist** ['~pinist] Alpinist(in).

al·read·y [ɔ:l'redi] bereits, schon.

Al·sa·tian [æl'seiʃjən] **1.** elsässisch; **2.** Elsässer(in); *a.* ~ *dog* deutscher Schäferhund *m*.

al·so ['ɔ:lsəu] auch; ferner, außerdem; ~ *ran Rennsport*: ferner liefen; **'al·so-ran** siegloses Pferd *n*; *fig.* Versager *m*, Niete *f*.

al·tar ['ɔ:ltə] Altar *m*; **'~-piece** Altar(blatt *n*, -gemälde *n*) *m*.

al·ter ['ɔ:ltə] (sich) (ver)ändern; ab-, umändern; *Am.* F *Tier* kastrieren; **'al·ter·a·ble** veränderlich; **al·ter'a·tion** Änderung *f* (*to* an *dat.*).

al·ter·cate ['ɔ:ltəkeit] zanken; **al·ter'ca·tion** Zank *m*, Streit *m*.

al·ter·nate 1. ['ɔ:ltəneit] abwechseln (lassen); *alternating current* ⚡ Wechselstrom *m*; **2.** □ [ɔ:l'tə:nit] abwechselnd; Wechsel...; *on* ~ *days* einen Tag um den andern; **3.** [ɔ:l'tə:nit] *Am.* Stellvertreter *m*; **al·ter·na·tion** [ɔ:ltə'neiʃən] Abwechslung *f*; Wechsel *m*; **al·ter·na·tive** [ɔ:l'tə:nətiv] **1.** □ einander ausschließend; nur eine Möglichkeit lassend; ⊕ Ausweich...; **2.** Alternative *f*; Wahl *f zwischen zwei Dingen*; Möglichkeit *f*; *I have no* ~ mir bleibt keine Wahl; **al·ter·na·tor** ⚡ ['ɔ:ltəneitə] Wechselstrommaschine *f*.

al·though [ɔ:l'ðəu] obwohl, obgleich.

al·tim·e·ter ['æltimi:tə] Höhenmesser *m*.

al·ti·tude ['æltitju:d] Höhe *f* (*bsd. bei Messungen*); ~ *flight* Höhenflug *m*.

al·to ♪ ['æltəu] Alt(stimme *f*) *m*.

al·to·geth·er [ɔ:ltə'geðə] im ganzen (genommen), alles in allem, insgesamt, gänzlich, ganz und gar.

al·tru·ism ['æltruizəm] Altruismus *m*, Uneigennützigkeit *f*; **'al·tru·ist** Altruist(in); **al·tru'is·tic** (*~ally*) altruistisch.

al·um ⚗ ['æləm] Alaun *m*; **a·lu·mi·na** [ə'lju:minə] Tonerde *f*; **al·u·min·i·um** [ælju'minjəm] Aluminium *n*; ~ *acetate* essigsaure Tonerde *f*; **a·lu·mi·nous** [ə'lju:minəs] alaunartig, -haltig; **a·lu·mi·num** [ə'lu:minəm] *Am.* für *aluminium*.

a·lum·na [ə'lʌmnə], *pl.* **a'lum·nae** [~ni:] *Am.* ehemalige Schülerin *f od.* Studentin *f*; **a'lum·nus** [~nəs], *pl.* **a'lum·ni** [~nai] *Am.* ehemaliger Schüler *m od.* Student *m*.

al·ve·o·lar [æl'viələ] alveolar; *anat.* Zahn...; *gr.* am Zahndamm artikuliert.

al·ways ['ɔ:lweiz] immer, stets.

am [æm; əm] (*irr. be*) bin.

a·mal·gam [ə'mælgəm] Amalgam *n*; **a'mal·gam·ate** [~meit] amalgamieren; (sich) verschmelzen; **a·mal·gam'a·tion** Amalgamierung *f*; Verschmelzung *f*; ✝ Fusion *f*.

a·man·u·en·sis [əmænju'ensis], *pl.* **a·man·u'en·ses** [~si:z] (Schreib-) Gehilfe *m*, Sekretär *m*.

am·a·ranth ⚘ ['æmərænθ] Fuchsschwanz *m*.

a·mass [ə'mæs] an-, aufhäufen.

am·a·teur ['æmətə:] Amateur *m*; Liebhaber *m*; Dilettant *m*; **am·a'teur·ish** dilettantisch.

am·a·tive ['æmətiv], **am·a·to·ry** ['~təri] verliebt; Liebes...; erotisch.

a·maze [ə'meiz] in Staunen setzen, überraschen, verblüffen; **a'mazed** □ höchst erstaunt (*at* über *acc.*); **a'maze·ment** Staunen *n*, Verwunderung *f*, Verblüffung *f*; **a'maz·ing** □ erstaunlich, verblüffend.

Am·a·zon ['æməzən] Amazone *f*; ♀ Mannweib *n*; **Am·a·zo·ni·an** [~'zəunjən] amazonenhaft.

am·bas·sa·dor [æm'bæsədə] Botschafter *m*, Gesandte *m*; **am·bas·sa·do·ri·al** [~'dɔ:riəl] Botschafts..., Gesandtschafts...; **am'bas·sa·dress** [~dris] Botschafterin *f*; Frau *f* e-s Botschafters.

am·ber ['æmbə] **1.** Bernstein *m*; Gelb *n*, gelbes Licht *n* (*Verkehrsampel*); **2.** bernsteinfarben; Bernstein...; **am·ber·gris** ['~gri:s] Ambra *f*.
am·bi·dex·trous □ ['æmbi'dekstrəs] beidhändig, mit beiden Händen gleich geschickt; *fig.* hinterhältig.
am·bi·ent ['æmbiənt] umgebend, Umgebungs...
am·bi·gu·i·ty [æmbi'gju:iti] Zwei-, Vieldeutigkeit *f*, Doppelsinn *m*; **am'big·u·ous** [~gjuəs] □ zwei-, vieldeutig; doppelsinnig; zweifelhaft.
am·bit ['æmbit] Gebiet *n*, Bereich *m*.
am·bi·tion [æm'biʃən] Ehrgeiz *m*; Streben *n* (*of, for* nach); *~s pl.* Bestrebungen *f/pl.*; **am'bi·tious** □ ehrgeizig; begierig (*of, for* nach).
am·bi·va·lent ['æmbi'veilənt] ambivalent, doppelwertig, zwiespältig.
am·ble ['æmbl] **1.** Paßgang *m*; **2.** im Paßgang gehen *od.* reiten; *fig.* (*~ up* daher)schlendern; **'am·bler** Paßgänger *m*, Zelter *m*.
am·bro·si·a [æm'brəuzjə] Ambrosia *f*, Götterspeise *f*; **am'bro·si·al** □ ambrosisch; *fig.* köstlich.
am·bu·lance ['æmbjuləns] Krankenwagen *m*; *attr.* Sanitäts...; *~ box* Verbandskasten *m*; *~ station* Sanitätswache *f*, Unfallstation *f*; **'am·bu·lant** ambulant.
am·bu·la·to·ry ['æmbjulətəri] **1.** umherziehend, Wander...; zum Gehen geeignet; beweglich; **2.** Wandelhalle *f*, -gang *m*.
am·bus·cade [æmbəs'keid], **am·bush** ['æmbuʃ] **1.** Hinterhalt *m*; *be od. lie in ~ for s.o.* j-m auflauern; **2.** *v/t.* auflauern (*dat.*); aus dem Hinterhalt überfallen; *v/i.* im Hinterhalt liegen.
a·meer [ə'miə] Emir *m*.
a·mel·io·rate [ə'mi:ljəreit] verbessern; besser werden; **a·mel·io'ra·tion** Verbesserung *f*.
a·men ['ɑ:'men] Amen *n*.
a·me·na·ble □ [ə'mi:nəbl] unterworfen; zugänglich; verantwortlich (*alle: to dat.*).
a·mend [ə'mend] *v/t.* verbessern; ⚖ berichtigen; *Gesetz* ergänzen, (ab)ändern; *v/i.* sich bessern; **a'mend·ment** Besserung *f*; ⚖ Berichtigung *f*; *parl.* Zusatz-, Änderungsantrag *m*; *Am.* Zusatzartikel *m* zur Verfassung der USA; **a'mends** *pl.* Ersatz *m*; *make ~ for et.* ersetzen, wiedergutmachen.
a·men·i·ty [ə'mi:niti] Annehmlichkeit *f*; Anmut *f*; *amenities pl.* Höflichkeiten *f/pl.*; natürliche Vorzüge *m/pl.*, Reize *m/pl.*
A·mer·i·can [ə'merikən] **1.** amerikanisch; *~ cloth* Wachstuch *n*; *~ Legion* Frontkämpferbund *m* der USA; *~ plan Am. Hotelzimmervermietung mit voller Verpflegung*; **2.** Amerikaner(in); **A'mer·i·can·ism** Amerikanismus *m*; **A·mer·i·can·i'za·tion** Amerikanisierung *f*; **A'mer·i·can·ize** (sich) amerikanisieren.
am·e·thyst *min.* ['æmiθist] Amethyst *m*.
a·mi·a·bil·i·ty [eimjə'biliti] Liebenswürdigkeit *f*; **'a·mi·a·ble** □ liebenswürdig, freundlich.
am·i·ca·ble □ ['æmikəbl] freundschaftlich; gütlich.
a·mid(st) [ə'mid(st)] inmitten (*gen.*); (mitten) unter; mitten in (*dat.*).
a·mid·ships ⚓ [ə'midʃips] mittschiffs.
a·miss [ə'mis] verkehrt; übel; ungelegen; *take ~* übelnehmen; *it would not be ~ (for him)* es würde (ihm) nicht schaden; *what is ~ with it?* was ist denn damit los?
am·i·ty ['æmiti] Freundschaft *f*.
am·me·ter ⚡ ['æmitə] Amperemeter *n*.
am·mo·ni·a [ə'məunjə] Ammoniak *n*; *liquid ~* Salmiakgeist *m*; **am'mo·ni·ac** [~niæk], **am·mo·ni·a·cal** [æməu'naiəkəl] ammoniakalisch; *s. sal.*
am·mon·ite ['æmənait] Ammonshorn *n*, Ammonit *m*.
am·mu·ni·tion ⚔ [æmju'niʃən] Munition *f*.
am·ne·sia ⚕ [æm'ni:zjə] Gedächtnisverlust *m*, Amnesie *f*.
am·nes·ty ['æmnisti] **1.** Amnestie *f* (*Straferlaß*); **2.** begnadigen.
a·m(o)e·ba *zo.* [ə'mi:bə] Amöbe *f*.
a·mok [ə'mɔk] = *amuck*.
a·mong(st) [ə'mʌŋ(st)] (mitten) unter, zwischen; *from ~* aus ... hervor; *be ~* gehören zu; *they had two pounds ~ them* sie hatten zusammen ...

a·mor·al [eiˈmɔrəl] amoralisch.
am·o·rous □ [ˈæmərəs] verliebt (*of* in *acc.*); Liebes...; ˈ**am·o·rous·ness** Verliebtheit *f*.
a·mor·phous [əˈmɔːfəs] *min.* amorph; *fig.* ungestalt; formlos.
am·or·ti·za·tion [əmɔːtiˈzeiʃən] Tilgung *f*, Amortisation *f*; **amˈor·tize** [~taiz] amortisieren, tilgen.
a·mount [əˈmaunt] **1.** ~ *to* sich belaufen auf (*acc.*), betragen; hinauslaufen auf (*acc.*); **2.** Betrag *m*, (Gesamt)Summe *f*, Höhe *f* (*e-r Summe*); Menge *f*; Bedeutung *f*, Wert *m*; *to the* ~ *of* bis zur *od.* in Höhe von, im Betrage von.
a·mour [əˈmuə] Liebschaft *f*; **~-pro·pre** [ˈæmuəˈprɔpr] Selbstachtung *f*; Eitelkeit *f*.
am·pere ⚡ [ˈæmpɛə] Ampere *n*.
am·phib·i·an *zo.* [æmˈfibiən] **1.** Amphibie *f*; **2.** = **amˈphib·i·ous** □ Amphibien...; amphibisch.
am·phi·the·a·tre, *Am.* **am·phi·the·a·ter** [ˈæmfiθiətə] Amphitheater *n*.
am·ple □ [ˈæmpl] weit, groß; geräumig; reichlich, mehr als genug; genügend; ausführlich.
am·pli·fi·ca·tion [æmplifiˈkeiʃən] Erweiterung *f*; *rhet.* weitere Ausführung *f*; *phys.* Verstärkung *f*; **am·pli·fi·er** [ˈ~faiə] *Radio*: Verstärker *m*; ˈ**am·pli·fy** erweitern, ausdehnen; verstärken; weiter ausführen; ausführlich sprechen; *~ing valve* Verstärkerröhre *f*; **am·pli·tude** [ˈ~tjuːd] Umfang *m*, Weite *f*, Fülle *f*; *phys.* Amplitude *f* (*Schwingungsweite*).
am·poule [ˈæmpuːl] Ampulle *f*.
am·pu·tate ⚕ [ˈæmpjuteit] amputieren, abnehmen; **am·puˈta·tion** Amputation *f*.
a·muck [əˈmʌk]: *run* ~ Amok laufen; *run* ~ *at od. on od. against* *fig.* herfallen über (*acc.*).
am·u·let [ˈæmjulit] Amulett *n*.
a·muse [əˈmjuːz] amüsieren; unterhalten; belustigen, Spaß machen (*dat.*); **aˈmuse·ment** Unterhaltung *f*; Zeitvertreib *m*; Belustigung *f*; *for* ~ zum Vergnügen; **aˈmus·ing** □ amüsant; unterhaltsam.
an [æn, ən] *Artikel*: *s. a.*
an·a·bap·tist [ænəˈbæptist] Wiedertäufer *m*.
a·nach·ro·nism [əˈnækrənizəm] Anachronismus *m*.
an·a·con·da *zo.* [ænəˈkɔndə] Anakonda *f*; Riesenschlange *f*.
a·n(a)e·mi·a [əˈniːmjə] Anämie *f*, Blutarmut *f*; **aˈn(a)e·mic** blutarm.
an·(a)es·the·si·a [ænisˈθiːzjə] Anästhesie *f*, Narkose *f*; **an·(a)es·thet·ic** [~ˈθetik] **1.** (*~ally*) betäubend, Narkose...; **2.** Betäubungsmittel *n*.
an·a·log·ic, an·a·log·i·cal □ [ænəˈlɔdʒik(əl)], **a·nal·o·gous** □ [əˈnæləgəs] analog, ähnlich; **aˈnal·o·gy** [~dʒi] Ähnlichkeit *f*, Analogie *f*.
an·a·lyse [ˈænəlaiz] analysieren; zerlegen; *gr.* zergliedern; untersuchen; **a·nal·y·sis** [əˈnæləsis], *pl.* **aˈnal·y·ses** [~siːz] Analyse *f*, Zerlegung *f*, Zergliederung *f*; **an·a·lyst** [ˈænəlist] Analytiker *m*; *public* ~ Gerichtschemiker *m*.
an·a·lyt·ic, an·a·lyt·i·cal □ [ænəˈlitik(əl)] analytisch.
an·ar·chic, an·ar·chi·cal □ [æˈnɑːkik(əl)] gesetzlos; zügellos; **an·arch·ist** [ˈænəkist] Anarchist(in); ˈ**an·arch·y** Anarchie *f*, Gesetzlosigkeit *f*; Zügellosigkeit *f*.
a·nath·e·ma [əˈnæθimə] Kirchenbann *m*; **aˈnath·e·ma·tize** in den Bann tun; (ver)fluchen.
an·a·tom·i·cal □ [ænəˈtɔmikəl] anatomisch; **a·nat·o·mist** [əˈnætəmist] Anatom *m*; **aˈnat·o·mize** zergliedern; **aˈnat·o·my** Anatomie *f*; Zergliederung *f*, Analyse *f*; F Gerippe *n*.
an·ces·tor [ˈænsistə] Stammvater *m*, Vorfahr *m*, Ahn *m*; **an·ces·tral** [~ˈsestrəl] angestammt; Stamm...; Ahnen...; **an·ces·tress** [ˈænsistris] Stammutter *f*, Ahne *f*; ˈ**an·ces·try** Abstammung *f*; Ahnen *m/pl.*
an·chor ⚓ *u. fig.* [ˈæŋkə] **1.** Anker *m*; *at* ~ vor Anker; **2.** *v/t.* verankern; *v/i.* ankern; vor Anker gehen; ˈ**an·chor·age** Ankerplatz *m*.
an·cho·ret, an·cho·rite [ˈæŋkəret; ˈ~rait] Einsiedler *m*.
an·cho·vy [ˈæntʃəvi] An(s)chovis *f*, Sardelle *f*.
an·cient [ˈeinʃənt] **1.** alt, antik; uralt; **2.** *the ~s pl.* die Alten *pl.* (*Griechen und Römer*), die antiken Klassiker *pl.*; ˈ**an·cient·ly** vorzeiten.
an·cil·lar·y [ænˈsiləri] untergeord-

net (*to dat.*), Hilfs..., Neben...; ~ *road* Nebenstraße *f*.
and [ænd, ənd, F ən] und; *thousands ~ thousands* Tausende und aber Tausende; *there are flowers ~ flowers* es gibt mancherlei Blumen; *try ~ take it* versuche es zu nehmen.
and·i·ron [ˈændaiən] Feuerbock *m*.
an·ec·do·tal [ænekˈdəutl], **an·ec·dot·i·cal** [~ˈdɔtikəl] anekdotisch; **an·ec·dote** [ˈænikdəut] Anekdote *f*.
an·e·mom·e·ter [æniˈmɔmitə] Windmesser *m*.
a·nem·o·ne [əˈneməni] Anemone *f*.
an·er·oid [ˈænərɔid] *a. ~ barometer* Aneroidbarometer *n*.
a·new [əˈnjuː] von neuem.
an·gel [ˈeindʒəl] Engel *m*; finanzkräftiger Hintermann *m*; **an·gel·ic, an·gel·i·cal** □ [ænˈdʒelik(əl)] engelgleich, -haft.
an·ge·lus [ˈændʒiləs] Angelus(gebet *n*, -läuten *n*) *m*.
an·ger [ˈæŋgə] **1.** Zorn *m*, Ärger *m* (*at* über *acc.*); **2.** erzürnen, ärgern.
an·gi·na ⚕ [ænˈdʒainə] Angina *f*, Halsentzündung *f*; ~ *pectoris* Angina *f* pectoris.
an·gle [ˈæŋgl] **1.** Winkel *m*, Ecke *f*; *fig.* Gesichtswinkel *m*, Standpunkt *m*; ~*-dozer* Planierraupe *f*; ~*-iron* Winkeleisen *n*; ~*-parking mot.* Parken *n* quer zum Gehweg; *at right ~s* im rechten Winkel; **2.** angeln (*for* nach); **ˈan·gler** Angler(in).
An·gles [ˈæŋglz] *pl.* Angeln *pl*.
An·gli·can [ˈæŋglikən] **1.** anglikanisch, hochkirchlich; *Am. a.* englisch; **2.** Anglikaner(in).
An·gli·cism [ˈæŋglisizəm] englische Spracheigenheit *f*, Anglizismus *m*.
an·gling [ˈæŋgliŋ] Angeln *n*.
An·glo-Sax·on [ˈæŋgləuˈsæksən] **1.** Angelsachse *m*; **2.** angelsächsisch.
an·gry [ˈæŋgri] zornig, böse (*with s.o., at s.th.* über, auf *acc.*); ärgerlich; ⚕ böse, schlimm.
an·guish [ˈæŋgwiʃ] Pein *f*, (Seelen-) Qual *f*, Schmerz *m*.
an·gu·lar □ [ˈæŋgjulə] wink(e)lig; Winkel...; *fig.* eckig; ~ *point* ⨺ Scheitelpunkt *m*; **an·gu·lar·i·ty** [~ˈlæriti] Winkligkeit *f*; *fig.* Eckigkeit *f*.
an·i·line ⚗ [ˈæniliːn] Anilin *n*.
an·i·mad·ver·sion [ænimædˈvəːʃən] Verweis *m*, Tadel *m*; **an·i·mad·vert** [~ˈvəːt] tadeln, kritisieren, bekritteln (*on, upon acc.*).
an·i·mal [ˈæniməl] **1.** Tier *n*; **2.** animalisch; tierisch; Tier...; ~ *spirits pl.* Lebensgeister *m/pl.*; **an·i·mal·cule** [~ˈmælkjuːl] Tierchen *n*; **an·i·mal·ism** [ˈ~məlizəm] Vertiertheit *f*, Sinnlichkeit *f*.
an·i·mate 1. [ˈænimeit] beleben; beseelen; aufmuntern; **2.** [ˈ~mit], *mst* **an·i·mat·ed** [ˈ~meitid] belebt, lebend(ig); *fig.* lebhaft, munter.
an·i·ma·tion [æniˈmeiʃən] Leben *n* (und Treiben *n*), Lebhaftigkeit *f*, Munterkeit *f*.
an·i·mos·i·ty [æniˈmɔsiti], *a.* **an·i·mus** [ˈæniməs] Feindseligkeit *f*.
an·ise ⚘ [ˈænis] Anis *m*; **an·i·seed** [ˈ~siːd] **1.** Anissamen *m*; **2.** Anis...
an·kle [ˈæŋkl] Fußknöchel *m*.
an·klet [ˈæŋklit] Fußkettchen *n*; Söckchen *n*.
an·nals [ˈænlz] *pl.* Jahrbücher *n/pl.*; historischer Bericht *m*.
an·neal ⊕ [əˈniːl] *Metall* (aus-) glühen; härten (*a. fig.*).
an·nex 1. [əˈneks] anhängen, beifügen (*to dat.*); annektieren, sich aneignen; (sich) einverleiben; ~ *to Bedingung etc.* knüpfen an (*acc.*); **2.** [ˈæneks] Anhang *m*, Nachtrag *m*; Nebengebäude *n*; **an·nexˈa·tion** Annexion *f*, Aneignung *f*; Einverleibung *f*.
an·ni·hi·late [əˈnaiəleit] vernichten; = *annul*; **an·ni·hiˈla·tion** Vernichtung *f*; = *annulment*.
an·ni·ver·sa·ry [æniˈvəːsəri] Jahrestag *m*; Jahresfeier *f*.
an·no·tate [ˈænəuteit] mit Anmerkungen versehen; kommentieren (*a. on acc.*); **an·noˈta·tion** Kommentieren *n*; Anmerkung *f*.
an·nounce [əˈnauns] ankündigen, bekanntgeben, anzeigen; ansagen; (an)melden; **anˈnounce·ment** Ankündigung *f*; Ansage *f*; *Radio*: Durchsage *f*; (An)Meldung *f*; Anzeige *f*; **anˈnounc·er** *Radio*: Ansager *m*.
an·noy [əˈnɔi] ärgern; belästigen, stören; schikanieren; **anˈnoy·ance** Störung *f*; Plage *f*; Ärgernis *n*; **anˈnoyed** verdrießlich, ärgerlich (*Person*); **anˈnoy·ing** □ ärgerlich (*Sache*); lästig, störend.
an·nu·al [ˈænjuəl] **1.** □ jährlich; Jahres...; *bsd.* ⚘ einjährig; ~ *ring*

⚘ Jahresring *m*; **2.** einjährige Pflanze *f*; Jahrbuch *n*.
an·nu·i·tant [ə'nju:itənt] Leibrentner *m*.
an·nu·i·ty [ə'nju:iti] (Jahres)Rente *f*, Jahreszahlung *f*; *a. ~ bond* ⚕ Rentenbrief *m*; *s. life*.
an·nul [ə'nʌl] für ungültig erklären, aufheben, annullieren.
an·nu·lar □ ['ænjulə] ringförmig.
an·nul·ment [ə'nʌlmənt] Aufhebung *f*, Nichtigkeitserklärung *f*.
an·nun·ci·a·tion [ənʌnsi'eiʃən] Verkündigung *f*; **an'nun·ci·a·tor** Klappenkasten *m e-r Klingelanlage etc.*
an·ode ⚡ ['ænəud] Anode *f*, positiver Pol *m*.
an·o·dyne ['ænəudain] schmerzstillend(es Mittel *n*).
a·noint [ə'nɔint] *bsd. eccl.* salben (*a. fig.*); einschmieren.
a·nom·a·lous □ [ə'nɔmələs] anomal, unregelmäßig, regelwidrig; **a'nom·a·ly** Anomalie *f*.
a·non [ə'nɔn] sogleich, sofort; bald; *ever and ~* immer wieder.
an·o·nym·i·ty [ænə'nimiti] Anonymität *f*; **a·non·y·mous** □ [ə'nɔniməs] anonym, ungenannt.
a·noph·e·les *zo.* [ə'nɔfili:z] Fiebermücke *f*.
an·oth·er [ə'nʌðə] ein anderer; ein zweiter; noch ein; *~ ten years* weitere zehn Jahre.
an·swer ['ɑ:nsə] **1.** *v/t. et.* beantworten, *j-m* antworten; entsprechen (*dat.*); *Zweck* erfüllen; *dem Steuer* gehorchen; *e-r Vorladung* Folge leisten; *~ the bell od. door* (die Haustür) aufmachen; *v/i.* antworten (*to s.o.* j-m; *to a question* auf e-e Frage); entsprechen (*to dat.*); Erfolg haben, anschlagen; sich lohnen; *~ for* einstehen für, die Folgen tragen von; bürgen für; *~ to the name of ...* auf den Namen ... hören; **2.** Antwort *f* (*to* auf *acc.*); ♞ Lösung *f*; ⚖ Replik *f*; **'an·swer·a·ble** □ verantwortlich.
ant [ænt] Ameise *f*.
an't [ɑ:nt] F = *are not, am not*; *sl. od. prov.* = *is not*.
an·tag·o·nism [æn'tægənizəm] Widerstreit *m* (*between* zwischen *dat.*); Widerstand *m*; Feindschaft *f* (*to* gegen); **an'tag·o·nist** Gegner(in); **an·tag·o'nis·tic** (*~ally*) widerstreitend (*to dat.*); gegnerisch, feindlich (*to* gegen); **an'tag·o·nize** ankämpfen gegen; sich *j-n* zum Feind machen.
ant·arc·tic [ænt'ɑ:ktik] antarktisch; Südpol...; *the* ♀ die Antarktis; ♀ *Circle* südlicher Polarkreis *m*.
an·te *Am.* ['ænti] *Pokerspiel*: **1.** Einsatz *m*; **2.** *mst ~ up v/t. u. v/i.* (ein)setzen; *v/i. fig.* sein Scherflein beitragen.
an·te·ced·ence [ænti'si:dəns] Vortritt *m*, -rang *m*; *ast.* Rückläufigkeit *f*; **an·te'ced·ent 1.** □ vorhergehend; früher (*to* als); **2.** Vorhergehende *n*; *gr.* Beziehungswort *n*; *his ~s pl.* sein Vorleben *n*.
an·te·cham·ber ['æntitʃeimbə] Vorzimmer *n*.
an·te·date ['ænti'deit] zurückdatieren; (*zeitlich*) vorangehen (*dat.*).
an·te·di·lu·vi·an ['æntidi'lu:vjən] vorsintflutlich(er Mensch *m*).
an·te·lope *zo.* ['æntiləup] Antilope *f*.
an·te me·rid·i·em ['ænti mə'ridiəm] vormittags.
an·ten·na [æn'tenə], *pl.* **an'ten·nae** [~ni:] *zo.* Fühler *m*; *Radio, Fernsehen*: Antenne *f*.
an·te·ri·or [æn'tiəriə] vorhergehend; früher (*to* als); vorder.
an·te-room ['æntirum] Vorzimmer *n*.
an·them ['ænθəm] Hymne *f*.
an·ther ⚘ ['ænθə] Staubbeutel *m*.
ant-hill ['ænthil] Ameisenhaufen *m*.
an·thol·o·gy [æn'θɔlədʒi] Anthologie *f*, Gedichtsammlung *f*.
an·thra·cite *min.* ['ænθrəsait] Anthrazit *m*, Glanzkohle *f*; **an·thrax** *vet.* ['ænθræks] Milzbrand *m*.
an·thro·poid ['ænθrəupɔid] **1.** menschenähnlich; **2.** Menschenaffe *m*; **an·thro·pol·o·gist** [ænθrə'pɔlədʒist] Anthropologe *m*; **an·thro'pol·o·gy** [~dʒi] Anthropologie *f*, Menschenkunde *f*.
an·ti... ['ænti] *in Zssgn* Gegen...; gegen ... eingestellt; anti..., Anti...
an·ti-air·craft ['ænti'ɛəkrɑ:ft] Fliegerabwehr...; *~ gun* Fliegerabwehrgeschütz *n*.
an·ti·bi·ot·ic ⚕ ['æntibai'ɔtik] Antibiotikum *n*.
an·ti·bod·y ⚕ ['æntibɔdi] Antikörper *m*, Abwehrstoff *m*.
an·tic ['æntik] Posse *f*; *~s pl.* Mätzchen *n/pl.*; (tolle) Sprünge *m/pl.*

An·ti·christ ['æntikraist] Antichrist *m.*

an·tic·i·pate [æn'tisipeit] vorwegnehmen; zuvorkommen (*dat.*); voraussehen, ahnen; erwarten; im voraus verbrauchen; **an·tic·i'pa·tion** Vorwegnahme *f*; Zuvorkommen *n*; Voraussicht *f*; Erwartung *f*; Vorgefühl *n*; Vorfreude *f*; *payment by ~* Vorauszahlung *f*; *in ~* im voraus; **an'tic·i·pa·to·ry** [~peitəri] vorwegnehmend.

an·ti·cli·max *rhet. u. fig.* ['ænti'klaimæks] (Ab)Fallen *n*, Abstieg *m.*

an·ti-cor·ro·sive a·gent ['æntikə'rəusiv'eidʒənt] Rostschutzmittel *n.*

an·ti·cy·clone *meteor.* ['ænti'saikləun] Antizyklone *f*, Hoch(druckgebiet) *n.*

an·ti-daz·zle *mot.* ['ænti'dæzl] Blendschutz...; *~ switch* Abblendumschalter *m.*

an·ti·dote ['æntidəut] Gegengift *n*, -mittel *n* (*against*, *for*, *to* gegen).

an·ti-fas·cist ['ænti'fæʃist] **1.** Antifaschist(in); **2.** antifaschistisch.

an·ti-freeze *mot.* ['æntifri:z] Gefrierschutzmittel *n.*

an·ti-fric·tion ['ænti'frikʃən] Reibungsschutz *m*; *attr.* ⊕ Gleit...

an·ti·ha·lo *phot.* ['ænti'heiləu] lichthoffrei.

an·ti-knock *mot.* ['ænti'nɔk] **1.** klopffest; **2.** Antiklopfmittel *n.*

an·ti·mo·ny *min.* ['æntiməni] Antimon *n.*

an·tip·a·thy [æn'tipəθi] Antipathie *f*, Abneigung *f* (*against*, *to* gegen).

an·tip·o·dal □ [æn'tipədl] antipodisch, genau entgegengesetzt; **an·ti·pode** *fig.* ['~pəud] genaues Gegenteil *n*; **an'tip·o·des** [~pədi:z] *pl.* einander gegenüberliegende Seiten *f/pl.* der Erde.

an·ti·quar·i·an [ænti'kwɛəriən] **1.** □ Altertums...; **2.** Altertumsforscher *m*; **an·ti·quar·y** ['~kwəri] Altertumsforscher *m*; Antiquitätensammler *m*, -händler *m*; **an·ti·quat·ed** ['~kweitid] veraltet, überlebt, altmodisch, antiquiert.

an·tique [æn'ti:k] **1.** □ antik, alt; altmodisch; **2.** Antike *f*; alter Kunstgegenstand *m*; **an·tiq·ui·ty** [~'tikwiti] Altertum *n*; *die* Antike; Vorzeit *f*; *antiquities pl.* Altertümer *n/pl.*; Antiquitäten *f/pl.*

an·ti-rust ['ænti'rʌst] Rostschutz *m.*

an·ti-Sem·ite ['ænti'si:mait] Antisemit(in); **an·ti-Sem·i·tism** ['~'semitizəm] Antisemitismus *m.*

an·ti·sep·tic [ænti'septik] antiseptisch(es Mittel *n*).

an·ti-skid *mot.* ['ænti'skid] Gleitschutz...

an·ti·so·cial [ænti'səuʃəl] gesellschaftsfeindlich.

an·ti·tank ⚔ [ænti'tæŋk] Panzerabwehr...

an·tith·e·sis [æn'tiθisis], *pl.* **an'tith·e·ses** [~θisi:z] Gegensatz *m*; **an·ti·thet·ic, an·ti·thet·i·cal** □ [~'θetik(əl)] gegensätzlich.

ant·ler ['æntlə] Sprosse *f am Geweih*; *~s pl.* Geweih *n.*

an·to·nym ['æntəunim] Wort *n* entgegengesetzter Bedeutung.

A num·ber 1 ['ei nʌmbə 'wʌn] *Am.* F *s. A 1.*

a·nus ['einəs] After *m.*

an·vil ['ænvil] Amboß *m* (*a. fig.*).

anx·i·e·ty [æŋ'zaiəti] Angst *f*, Besorgnis *f*; *fig.* Sorge *f* (*for* um; *to inf.* zu *inf.*); ⚕ Beklemmung *f.*

anx·ious □ ['æŋkʃəs] ängstlich, besorgt (*about* um, wegen); bang; begierig, gespannt (*for* auf *acc.*; *to inf.* zu *inf.*); bemüht, bestrebt (*for* um; *to inf.* zu *inf.*); *I am ~ to see him* mir liegt daran, ihn zu sehen.

an·y ['eni] **1.** *pron.* (irgend)einer; einige *pl.*; (irgend)welcher; (irgend) etwas; jeder (beliebige); alle möglichen *pl.*; *not ~* kein; **2.** *adv.* irgend (-wie); **'~·bod·y, '~·one** (irgend) jemand, irgendeiner; jeder; *not ~* niemand; **'~·how** irgendwie; jedenfalls; **'~·thing** (irgend) etwas, alles; *~ but* alles andere als; **'~·way** = *anyhow*; ohnehin; **'~·where** irgendwo(hin); überall.

a·or·ta ⚕ [ei'ɔ:tə] Hauptschlagader *f.*

a·pace [ə'peis] schnell; rasch.

ap·a·nage ['æpənidʒ] *fig.* Attribut *n*, notwendige Begleiterscheinung *f*; Anhang *m*; Erbteil *m.*

a·part [ə'pɑ:t] einzeln; getrennt; für sich; beiseite; *~ from* abgesehen von; *joking ~* Spaß beiseite; *set ~ for* beiseite legen *od.* erübrigen für; bestimmen für.

a·part·heid *pol.* [ə'pɑ:theit] Apartheid *f*, Rassentrennung(spolitik) *f.*

a·part·ment [ə'pɑ:tmənt] Zimmer *n*; *Am.* Mietwohnung *f*; *~s pl.* Wohnung *f*; *~ hotel Am.* Wohnhotel *n mit od. ohne Bedienung*; ~ *house Am.* Mietshaus *n.*

ap·a·thet·ic [æpə'θetik] (~*ally*) apathisch; '**ap·a·thy** Apathie *f*; Gleichgültigkeit *f* (*to* gegen).

ape [eip] **1.** Affe *m*; **2.** nachäffen.

a·peak ⚓ [ə'pi:k] senkrecht.

a·pe·ri·ent [ə'piəriənt] **1.** Abführmittel *n*; **2.** abführend.

ap·er·ture ['æpətjuə] Öffnung *f.*

a·pex ['eipeks], *pl. oft* **ap·i·ces** ['eipisi:z] Spitze *f*; *mst fig.* Gipfel *m.*

aph·o·rism ['æfərizəm] Aphorismus *m*, Maxime *f*; **aph·o'ris·tic** (~*ally*) aphoristisch.

a·pi·ar·y ['eipjəri] Bienenhaus *n*; **a·pi·cul·ture** ['eipikʌltʃə] Bienenzucht *f.*

a·piece [ə'pi:s] (für) das Stück; je.

ap·ish □ ['eipiʃ] affig; äffisch.

a·plomb [ə'plɔm] selbstsicheres Auftreten *n.*

a·poc·a·lypse [ə'pɔkəlips] Offenbarung *f.*

A·poc·ry·pha [ə'pɔkrifə] *pl. Bibel*: Apokryphen *n/pl.*; **a'poc·ry·phal** apokryphisch; unecht; zweifelhaft.

ap·o·gee *ast.* ['æpəudʒi:] Erdferne *f*, Apogäum *n*; *fig.* Höhepunkt *m.*

a·pol·o·get·ic [əpɔlə'dʒetik] (~*ally*) verteidigend; rechtfertigend; entschuldigend; ~ *letter* Entschuldigungsbrief *m*; **a'pol·o·gist** Verteidiger(in); **a'pol·o·gize** sich entschuldigen (*for* wegen; *to* bei); **a'pol·o·gy** Entschuldigung *f*; Rechtfertigung *f*; Verteidigungsrede *f*; F Notbehelf *m*; *an* ~ *for a dinner* F ein armseliges Essen; *make an* ~ e-e Entschuldigung vorbringen.

ap·o·plec·tic, ap·o·plec·ti·cal □ [æpəu'plektik(əl)] apoplektisch, Schlag(fluß)...; **ap·o·plex·y** ['~pleksi] Schlag(fluß *m*, -anfall) *m.*

a·pos·ta·sy [ə'pɔstəsi] Abtrünnigkeit *f*; **a'pos·tate** [~stit] Apostat *m*, Abtrünnige *m*; **a'pos·ta·tize** [~stətaiz] abfallen (*from* von); abtrünnig werden (*from dat.*).

a·pos·tle [ə'pɔsl] Apostel *m*; **ap·os·tol·ic, ap·os·tol·i·cal** □ [æpəs'tɔlik(əl)] apostolisch.

a·pos·tro·phe [ə'pɔstrəfi] Anrede *f*; Apostroph *m*; **a'pos·tro·phize** anreden, sich wenden an (*acc.*).

a·poth·e·car·y † [ə'pɔθikəri] Apotheker *m.*

a·poth·e·o·sis [əpɔθi'əusis] Vergötterung *f*; Verherrlichung *f.*

ap·pal [ə'pɔ:l] erschrecken; **ap'pall·ing** □ erschreckend, entsetzlich.

ap·pa·ra·tus [æpə'reitəs] Apparat(e *pl.*) *m*, Vorrichtung *f*, Gerät *n*, Anlage *f*; ~ *work* Geräteturnen *n.*

ap·par·el [ə'pærəl] **1.** Kleidung *f*; Gewand *n*; **2.** (be)kleiden.

ap·par·ent □ [ə'pærənt] augenscheinlich, offenbar; anscheinend; scheinbar; *s. heir*; **ap·pa·ri·tion** [æpə'riʃən] Erscheinung *f*; Gespenst *n.*

ap·peal [ə'pi:l] **1.** ⚖ appellieren (*to* an *acc.*); sich berufen (*to* auf *e-n Zeugen*); dringend bitten (*to s.o. for s.th.* j. um et.); ~ *to* sich wenden an (*acc.*); ansprechen (*acc.*); wirken auf (*acc.*); Anklang finden bei, gefallen, zusagen (*dat.*); *s. country*; **2.** Appellation *f*, Berufung(sklage) *f*; *fig.* Appell *m*, dringende Bitte *f*, Aufruf *m* (*to* an *acc.*); Anrufung *f* (*to gen.*); Wirkung *f*, Anziehungskraft *f*, Reiz *m*; ~ *for mercy* Gnadengesuch *n*; **ap'peal·er** Appellant (-in); **ap'peal·ing** □ flehend; ansprechend.

ap·pear [ə'piə] erscheinen (*auch von Büchern u. vor Gericht*); sich zeigen; scheinen, den Anschein haben; *öffentlich* auftreten; **ap'pear·ance** Erscheinen *n*, Auftreten *n*; Äußere *n*, Erscheinung *f*; Anschein *m*; ~*s pl.* äußerer Schein *m*; *keep up od. save* ~*s* den Schein wahren; *make one's* ~ in Erscheinung treten, auftreten; *put in an* ~ (persönlich) erscheinen; *to od. by all* ~*s* allem Anschein nach.

ap·pease [ə'pi:z] beruhigen, beschwichtigen, *Hunger etc.* stillen, *Leiden* mildern, *Streit* beilegen; **ap'pease·ment** Beruhigung *f*; Beschwichtigung(spolitik) *f.*

ap·pel·lant [ə'pelənt] **1.** appellierend; **2.** Appellant(in), Berufungskläger(in); Beschwerdeführer(in); **ap'pel·late** [~lit] Berufungs...; **ap·pel·la·tion** [æpə'leiʃən] Benennung *f*; Name *m*; **ap·pel·la·tive** *gr.* [ə'pelətiv] *a.* ~ *name* Appellativum *n*, Gattungsname *m.*

ap·pel·lee [æpe'li:] Berufungsbeklagte *m, f.*

ap·pend [ə'pend] anhängen; hinzu-,

beifügen; **apˈpend·age** Anhang *m*; Anhängsel *n*; Zubehör *n, m*; **ap·pen·dec·to·my** [~ˈdektəmi] Blinddarmoperation *f*; **ap·pen·di·ci·tis** [~diˈsaitis] Blinddarmentzündung *f*; **apˈpen·dix** [~diks], *pl. a.* **apˈpen·di·ces** [~disiːz] Anhang *m*; *a. vermiform ~ anat.* Wurmfortsatz *m*.

ap·per·tain [æpəˈtein] (*to*) (zu)gehören (*dat.*); *fig.* gehören (zu); *j-m* zustehen.

ap·pe·tence, ap·pe·ten·cy [ˈæpitəns(i)] (*for, after, of*) Verlangen *n* (nach); Instinkt *m* (für).

ap·pe·tite [ˈæpitait] (*for*) Appetit *m* (auf *acc.*); *fig.* Verlangen *n*, Gelüst *n* (nach); Neigung *f*, Trieb *m* (zu).

ap·pe·tiz·er [ˈæpitaizə] appetitanregendes Mittel *n*; **ˈap·pe·tiz·ing** appetitanregend.

ap·plaud [əˈplɔːd] applaudieren, Beifall spenden (*dat.*); loben.

ap·plause [əˈplɔːz] Applaus *m*, Beifall *m*.

ap·ple [ˈæpl] Apfel *m*; *the ~ of s.o.'s eye fig.* j-s Augapfel *od.* Liebling; **ˈ~-cart** Apfelkarren *m*; *upset s.o.'s ~* F j-s Pläne über den Haufen werfen; **ˈ~jack** *Am.* Apfelschnaps *m*; **ˈ~-ˈpie** gedeckter Apfelkuchen *m*; *in ~ order* F in schönster Ordnung; **ˈ~-pol·ish** *sl.* sich lieb Kind machen bei (*j-m*); **ˈ~ˈsauce** Apfelmus *n*; *Am. sl.* Schmus *m*; Quatsch *m*.

ap·pli·ance [əˈplaiəns] Vorrichtung *f*; Gerät *n*; Mittel *n*.

ap·pli·ca·bil·i·ty [æplikəˈbiliti] Anwendbarkeit *f*; **ˈap·pli·ca·ble** anwendbar, zutreffend (*to* auf *acc.*); **ˈap·pli·cant** Bittsteller(in); Bewerber(in) (*for* um); **ap·pliˈca·tion** (*to*) Auflegung *f*, Anlegen *n e-s Verbandes etc.* (auf *acc.*); Anwendung *f* (auf *acc.*), Verwendung *f* (für); Gebrauch *m* (für); Bedeutung *f* (für); Bitte *f*, Gesuch *n* (*for* um), Antrag *m* (auf *acc.*); Bewerbung *f* (um); Fleiß *m*; *make an ~* e-n Antrag stellen.

ap·ply [əˈplai] *v/t.* (*to*) an-, auflegen; anwenden (auf *acc.*); verwenden (für); gebrauchen (zu); *Gedanken etc.* richten (auf *acc.*); *~ o.s. to* sich verlegen auf (*acc.*); *v/i.* (*to*) passen, sich anwenden lassen, Anwendung finden (auf *acc.*); gelten, zutreffen (für); sich wenden (an *acc.*); sich befleißigen (*gen.*); *~ for* sich bewerben um; nachsuchen um; *et.* beantragen; *applied sciences pl.* angewandte Naturwissenschaften *f/pl.*

ap·point [əˈpɔint] bestimmen; festsetzen; verabreden; ernennen, bestellen (*s.o. governor* j-n zum ...); berufen (*to* auf *e-n Posten*, in *e-e Stellung*); *well ~ed* gut eingerichtet; **apˈpoint·ment** Festsetzung *f*, Bestimmung *f*; Stelldichein *n*; Verabredung *f*; Ernennung *f*, Bestellung *f*, Berufung *f*; Stelle *f*; *~s pl.* Ausstattung *f*, Einrichtung *f*; *by ~* nach Vereinbarung; *by special ~ to* ... Hoflieferant *m* des ...

ap·por·tion [əˈpɔːʃən] ver-, zuteilen; **apˈpor·tion·ment** *gleichmäßige* Ver-, Zuteilung *f*.

ap·po·site □ [ˈæpəuzit] (*to*) passend (für), angemessen (*dat.*); treffend; **ˈap·po·site·ness** Angemessenheit *f*.

ap·po·si·tion [æpəuˈziʃən] Beifügung *f*.

ap·prais·al [əˈpreizəl] (Ab)Schätzung *f*; **apˈpraise** abschätzen, taxieren; **apˈpraise·ment** Schätzung *f*; Taxwert *m*; **apˈprais·er** Taxator *m*.

ap·pre·ci·a·ble □ [əˈpriːʃəbl] (ab-)schätzbar; merkbar; **apˈpre·ci·ate** [~ʃieit] *v/t.* schätzen; (hoch)schätzen; richtig einschätzen, würdigen, zu schätzen wissen; anerkennen; dankbar sein für; Gefallen finden an; aufwerten; *v/i.* im Werte steigen; **ap·pre·ciˈa·tion** (Wert)Schätzung *f*, Würdigung *f*; Verständnis *n* (*of* für); Einsicht *f*; kritische Besprechung *f*; Dankbarkeit *f*; Aufwertung *f*; **ap·pre·ci·a·tive** □ [əˈpriːʃjətiv], **apˈpre·ci·a·to·ry** verständnisvoll (*of* für); *be ~ of* Verständnis haben für.

ap·pre·hend [æpriˈhend] ergreifen, festnehmen; fassen, begreifen; befürchten; **ap·pre·hen·si·ble** □ [~ˈhensəbl] begreiflich, faßlich; **ap·preˈhen·sion** Ergreifung *f*, Festnahme *f*; Fassungskraft *f*; Auffassung *f*; Begriff *m*; Besorgnis *f*; **ap·preˈhen·sive** □ schnell begreifend (*of acc.*); ängstlich; besorgt (*of s.th., for s.o.* wegen, um; *that* daß).

ap·pren·tice [əˈprentis] **1.** Lehrling *m*; **2.** in die Lehre geben (*to* bei, zu); *be ~d to* in der Lehre sein bei; **apˈpren·tice·ship** Lehrzeit *f*; Lehre *f*.

ap·prise [ə'praiz] in Kenntnis setzen, unterrichten (*of* von).
ap·pro ✝ ['æprəu]: *on* ~ zur Ansicht.
ap·proach [ə'prəutʃ] **1.** *v/i.* näherkommen, sich nähern, nahen; *fig.* nahekommen (*to dat.*); *v/t.* sich nähern (*dat.*), herankommen an (*acc.*), *fig.* nahekommen (*dat.*); herangehen *od.* -treten an (*acc.*) (*a. fig.*); sich wenden an (*s.o.* j.); **2.** Annäherung *f*, Nahen *n*; *fig.* Herangehen *n*; Versuch *m*; Methode *f*, Weg *m*; Zutritt *m*; Zugang *m*, Auffahrt *f*; *easy* (*difficult*) *of* ~ leicht (schwer) zugänglich (*Sache*) *od.* zu erreichen (*Person*); *make* ~*es to s.o.* j-n zu gewinnen versuchen; **ap'proach·a·ble** zugänglich; erreichbar.
ap·pro·ba·tion [æprəu'beiʃən] Billigung *f*, Beifall *m*.
ap·pro·pri·ate 1. [ə'prəuprieit] sich aneignen; verwenden; *parl.* bewilligen (*to, for* zu, für); **2.** □ [~priit] (*to*) angemessen (*dat.*); passend, geeignet (für); entsprechend (*dat.*); eigen; **ap·pro·pri·a·tion** [~pri'eiʃən] Aneignung *f*; Verwendung *f*; ♀ *Committee parl.* Bewilligungsausschuß *m*.
ap·prov·a·ble [ə'pru:vəbl] löblich; **ap'prov·al** Billigung *f*, Beifall *m*; *on* ~ zur Ansicht; **ap'prove** *a.* ~ *of* billigen, gutheißen, anerkennen, genehmigen; (~ *o.s.* sich) erweisen (*as* als); **ap'proved** □ bewährt; **ap'prov·er** ⚖ Kronzeuge *m*.
ap·prox·i·mate 1. [ə'prɔksimeit] sich nähern; **2.** □ [~mit] annähernd; ungefähr; nahe (*to* bei, an *dat.*); **ap·prox·i·ma·tion** [~'meiʃən] Annäherung *f*; **ap'prox·i·ma·tive** □ [~mətiv] annähernd.
ap·pur·te·nance [ə'pə:tinəns] *mst* ~*s pl.* Zubehör *n, m*.
a·pri·cot ♀ ['eiprikɔt] Aprikose *f*.
A·pril ['eiprəl] April *m*; *make an* ~ *fool of s.o.* j. in den April schicken.
a·pron ['eiprən] Schürze *f*; Schurz (-fell *n*) *m*; ✈ Hallenvorfeld *n*; *thea.* Vorbühne *f*; '~**-string** Schürzenband *n*; *be tied to one's wife's* (*mother's*) ~*s* unterm Pantoffel stehen (der Mutter am Rockzipfel hängen).
ap·ro·pos ['æprəpəu] angemessen; zur rechten Zeit; ~ *of* in bezug auf (*acc.*); gelegentlich (*gen.*).
apt □ [æpt] geeignet, passend; treffend (*Bemerkung etc.*); begabt; geschickt (*at* in *dat.*); *he is* ~ *to believe it* er wird es wahrscheinlich *od.* wohl glauben; ~ *to* geneigt zu; **ap·ti·tude** ['~titju:d], '**apt·ness** Neigung *f* (*to* zu); Befähigung *f*, Eignung *f* (*for, to* für, zu).
aq·ua·lung ['ækwəlʌŋ] Unterwasser-Atmungsgerät *n*.
aq·ua·ma·rine *min.* [ækwəmə'ri:n] Aquamarin *m*; Aquamarinblau *n*.
aq·ua·plane ['ækwəplein] Gleitbrett *n zum Wellenreiten*.
aq·ua·relle [ækwə'rel] Aquarell (-malerei *f*) *n*; **aq·ua'rel·list** Aquarellmaler(in).
a·quar·i·um [ə'kwɛəriəm] Aquarium *n*.
a·quat·ic [ə'kwætik] **1.** Wasser...; ~ *sports pl.* Wassersport *m*; **2.** Wasserpflanze *f*; ~*s pl.* Wassersport *m*.
aq·ua·tint ['ækwətint] Aquatinta *f* (*Tuschmanier*).
aq·ue·duct ['ækwidʌkt] Aquädukt *m*, Wasserleitung *f*; **a·que·ous** □ ['eikwiəs] wässerig.
aq·ui·line ['ækwilain] Adler...; gebogen; ~ *nose* Adlernase *f*.
Ar·ab ['ærəb] Araber(in); Araber *m* (*Pferd*); *street* ♀ *sl.* Straßenjunge *m*; **ar·a·besque** [~'besk] **1.** Arabeske *f*; **2.** arabeskenhaft; **A·ra·bi·an** [ə'reibjən] **1.** arabisch; *The* ~ *Nights* Tausendundeine Nacht; **2.** Araber (-in); **Ar·a·bic** ['ærəbik] **1.** arabisch; *gum* ♀ Gummiarabikum *n*; **2.** Arabisch *n*.
ar·a·ble ['ærəbl] **1.** pflügbar; **2.** *a.* ~ *land* Ackerland *n*.
ar·bi·ter ['ɑ:bitə] Schiedsrichter *m*; *fig.* Gebieter *m*; **ar·bi·trage** ✝ [ɑ:bi'trɑ:ʒ] Arbitrage *f*; '**ar·bi·tral tri'bu·nal** Schiedsgericht *n*; **ar'bit·ra·ment** Schiedsspruch *m*; '**ar·bi·trar·i·ness** Willkür *f*; Eigenmächtigkeit *f*; '**ar·bi·trar·y** □ willkürlich; eigenmächtig; **ar·bi·trate** ['~treit] entscheiden, schlichten; **ar·bi'tra·tion** Schiedsgerichtsverfahren *n*; Schiedsspruch *m*; Entscheidung *f*; ~ *of exchange* ✝ Wechselarbitrage *f*; '**ar·bi·tra·tor** ⚖ Schiedsrichter *m*; '**ar·bi·tress** Schiedsrichterin *f*; *fig.* Gebieterin *f*.
ar·bor ['ɑ:bə] ⊕ Welle *f*, Spindel *f*; ♀ *Day Am.* Tag *m* des Baumes; **ar·bo·re·al** [ɑ:'bɔ:riəl], **ar'bo·re·ous**

Baum...; **ar·bo·res·cent** □ [ɑːbəˈresnt] baumartig.
ar·bour [ˈɑːbə] Laube *f.*
ar·bu·tus ⚘ [ɑːˈbjuːtəs] Erdbeerbaum *m.*
arc *ast.*, ⚡ *etc.* [ɑːk] (⚡ Licht-) Bogen *m*; **ar·cade** [ɑːˈkeid] Arkade *f*; Bogen-, Laubengang *m.*
ar·ca·num [ɑːˈkeinəm], *pl.* **arˈca·na** [~nə] Geheimnis *n.*
arch[1] [ɑːtʃ] **1.** *bsd.* ⩓ Bogen *m*; Gewölbe *n*; Triumphbogen *m*; ~ *support* Senkfußeinlage *f*; **2.** (sich) wölben; überwölben.
arch[2] □ [~] schalkhaft, schelmisch; schlau.
arch[3] □ [~] erst; schlimmst; Haupt...; Erz...
ar·chae·ol·o·gist [ɑːkiˈɔlədʒist] Archäologe *m*; **ar·chaeˈol·o·gy** Archäologie *f*, Altertumskunde *f.*
ar·cha·ic [ɑːˈkeiik] (*~ally*) altertümlich; **ˈar·cha·ism** Archaismus *m*, veralteter Ausdruck *m.*
arch·an·gel [ˈɑːkeindʒəl] Erzengel *m.*
arch·bish·op [ˈɑːtʃˈbiʃəp] Erzbischof *m*; **archˈbish·op·ric** [~rik] Erzbistum *n.*
arch·dea·con [ˈɑːtʃˈdiːkən] Archidiakon *m.*
arch·duch·ess [ˈɑːtʃˈdʌtʃis] Erzherzogin *f*; **ˈarchˈduch·y** Erzherzogtum *n*; **ˈarchˈduke** Erzherzog *m.*
arch·er [ˈɑːtʃə] Bogenschütze *m*; **ˈarch·er·y** Bogenschießen *n.*
ar·che·type [ˈɑːkitaip] Urform *f*, -bild *n*, Archetyp *m.*
arch-fiend [ˈɑːtʃˈfiːnd] Erzfeind *m* (*der Teufel*).
ar·chi·e·pis·co·pal [ɑːkiiˈpiskəpəl] erzbischöflich.
ar·chi·pel·a·go [ɑːkiˈpeligəu] Archipel *m*; Inselmeer *n*; Inselgruppe *f.*
ar·chi·tect [ˈɑːkitekt] Architekt *m*, Baumeister(in), Erbauer(in); Urheber(in), Schöpfer(in); **ar·chi·tec·ton·ic** [~ˈtɔnik] (*~ally*) architektonisch; baulich; *fig.* aufbauend; **ar·chiˈtec·tu·ral** [~tʃərəl] architektonisch; **ˈar·chi·tec·ture** Architektur *f*; Baukunst *f*; Baustil *m.*
ar·chives [ˈɑːkaivz] *pl.* Archiv *n.*
arch·ness [ˈɑːtʃnis] Schalkhaftigkeit *f*, Schelmerei *f.*
arch·way [ˈɑːtʃwei] Triumphbogen *m.*
arc-lamp [ˈɑːklæmp], **ˈarc-light** ⚡ Bogenlampe *f.*
arc·tic [ˈɑːktik] **1.** arktisch, nördlich; Nord..., Polar...; *the* ♀ die Arktis; ♀ *Circle* Nördlicher Polarkreis *m*; ♀ *Ocean* Nördliches Eismeer *n*; **2.** *Am.* wasserdichter, warmer Überschuh *m.*
ar·den·cy [ˈɑːdənsi] Hitze *f*, Glut *f*; Innigkeit *f*; **ˈar·dent** □ *mst fig.* heiß, glühend; *fig.* feurig; eifrig; innig; ~ *spirits pl.* Spirituosen *pl.*
ar·do(u)r [ˈɑːdə] *fig.* Hitze *f*, Glut *f*; Eifer *m.*
ar·du·ous □ [ˈɑːdjuəs] schwierig, mühsam, anstrengend, beschwerlich.
are [ɑː] sind; seid.
a·re·a [ˈɛəriə] Areal *n*; (Boden-) Fläche *f*; Flächeninhalt *m*; Raum *m*, Gegend *f*; Gebiet *n*; Bereich *m*; Kellervorhof *m bei alten engl. Stadthäusern*; *danger* ~ Gefahrenzone *f*; *prohibited* ~ Sperrzone *f.*
a·re·na [əˈriːnə] Arena *f*, Kampf-, Schauplatz *m* (*a. fig.*).
aren't F [ɑːnt] = *are not.*
a·rête *mount.* [æˈreit] Grat *m*, Gebirgskamm *m.*
ar·gent [ˈɑːdʒənt] silberfarben, silbern.
Ar·gen·tine [ˈɑːdʒəntain] **1.** argentinisch; **2.** Argentinier(in); *the* ~ Argentinien *n.*
ar·gil [ˈɑːdʒil] Ton(erde *f*) *m*; **ar·gil·la·ceous** [~ˈleiʃəs] tonig; Ton...
ar·gon ⚗ [ˈɑːgɔn] Argon *n.*
Ar·go·naut [ˈɑːgənɔːt] Argonaut *m*; *Am.* Goldsucher *m* in Kalifornien.
ar·gu·a·ble [ˈɑːgjuəbl] diskutabel;
ar·gue [ˈɑːgjuː] *v/t.* erörtern; beweisen; begründen; ausführen, darlegen; vorbringen; einwenden; ~ *s.o. into* j. zu *et.* überreden; ~ *s.o. out of* j. von *et.* abbringen; *v/i.* streiten; Einwendungen machen.
ar·gu·ment [ˈɑːgjumənt] Argument *n*, Beweis(grund) *m*; Beweisführung *f*; Erörterung *f*; Thema *n*; Streit (-frage *f*) *m*; **ar·gu·men·ta·tion** [~menˈteiʃən] Beweisführung *f*; **ar·gu·men·ta·tive** □ [~ˈmentətiv] beweiskräftig; streitlustig.
a·ri·a ♪ [ˈɑːriə] Arie *f.*
ar·id [ˈærid] dürr, trocken, öde (*a. fig.*); **aˈrid·i·ty** Trockenheit *f.*
a·right [əˈrait] recht, richtig.
a·rise [əˈraiz] (*irr.*) *fig.* sich erheben; ent-, erstehen (*from* aus); **a·ris·en** [əˈrizn] *p.p. von arise.*

ar·is·toc·ra·cy [æris'tɔkrəsi] Aristokratie *f* (*a. fig.*); **a·ris·to·crat** ['~təkræt] Aristokrat(in); **a·ris·to'crat·ic, a·ris·to'crat·i·cal** □ aristokratisch; vornehm.

a·rith·me·tic [ə'riθmətik] Arithmetik *f*, Rechnen *n*; **ar·ith·met·i·cal** □ [æriθ'metikəl] arithmetisch.

ark [ɑːk] *Bibel*: Arche *f* (Noah); ♀ *of the Covenant* Bundeslade *f*.

arm[1] [ɑːm] *allg.* Arm *m*; Armlehne *f*; *within ~'s reach* in Reichweite; *keep s.o at ~'s length* sich j. vom Leibe halten; *infant in ~s* Säugling *m*; *take s.o. to od. in one's ~s* j. in die Arme nehmen.

arm[2] [~] **1.** *mst ~s pl.* Waffe *f*; *mst ~s sg.* Waffengattung *f*; *~s pl.* Wappen *n*; *s. coat*; *be (all) up in ~s* in vollem Aufruhr sein; in Harnisch geraten; *take up ~s* zu den Waffen greifen; **2.** (sich) (be)waffnen; (aus)rüsten; ⊕ armieren; *zo.*, ⚘ bewehren.

ar·ma·da [ɑː'mɑːdə] Kriegsflotte *f*; *the (Invincible)* ♀ die Armada (*1588*).

ar·ma·ment ['ɑːməmənt] (Kriegsaus)Rüstung *f*; Kriegsmacht *f*; ⚓ Bestückung *f*; *a. naval ~* Kriegsflotte *f*; *~ race* Wettrüsten *n*; **ar·ma·ture** ['~tjuə] Rüstung *f*; △, *phys.* Armatur *f*; ⚡ Anker *m*; *zo.*, ⚘ Bewehrung *f*.

arm·chair ['ɑːm'tʃɛə] Lehnstuhl *m*, Sessel *m*; *attr. ~ politician* Bierbankpolitiker *m*.

armed [ɑːmd] bewaffnet; *~ forces pl.* Streitkräfte *f/pl.*

...-armed [ɑːmd] ...armig.

Ar·me·ni·an [ɑː'miːnjən] **1.** armenisch; **2.** Armenier(in).

arm·ful ['ɑːmful] Armvoll *m*.

ar·mi·stice ['ɑːmistis] Waffenstillstand *m* (*a. fig.*).

arm·let ['ɑːmlit] Armspange *f*; Armbinde *f als Abzeichen.*

ar·mo·ri·al [ɑː'mɔːriəl] Wappen...

ar·mo(u)r ['ɑːmə] **1.** ⚔ Rüstung *f*, (*a. fig.*, *zo.*) Panzer *m*; Taucheranzug *m*; ⚔ *coll.* Panzerfahrzeuge *n/pl.*; **2.** panzern; *~ed car* Panzerwagen *m*; *~ed division* Panzerdivision *f*; *~ed turret* Panzerturm *m*; **'~-clad, '~-plat·ed** gepanzert; Panzer...; **'ar·mour·er** Waffenschmied *m*; ⚔, ⚓ Waffenmeister *m*; **'ar·mo(u)r·y** Rüstkammer *f* (*a. fig.*); Zeughaus *n*; *Am.* Waffenfabrik *f*, Rüstungsbetrieb *m*.

arm·pit ['ɑːmpit] Achselhöhle *f*; **'arm-rest** Armlehne *f*.

ar·my ['ɑːmi] Heer *n*, Armee *f*; *fig.* Menge *f*; *~ chaplain* Militärgeistliche *m*; *s. service*; **'~-corps** Armeekorps *n*; **'~-list** ⚔ Rangliste *f*.

a·ro·ma [ə'rəumə] Aroma *n*; Duft *m*; Würze *f*; **ar·o·mat·ic** [ærəu'mætik] (*~ally*) aromatisch, würzig, wohlriechend, -schmeckend.

a·rose [ə'rəuz] *pret. von arise.*

a·round [ə'raund] **1.** *adv.* rundherum; rundum; *Am.* F hier herum; **2.** *prp.* um ... her(um); *bsd. Am.* F ungefähr, etwa (*bei Zahlenangaben*).

a·rouse [ə'rauz] (auf)wecken; *fig.* aufrütteln; erregen.

ar·rack ['ærək] Arrak *m*.

ar·raign [ə'rein] vor Gericht stellen, anklagen; *fig.* rügen; **ar'raign·ment** Anklage *f*.

ar·range [ə'reindʒ] *v/t.* (an)ordnen, *bsd.* ♪ einrichten; *Tag* festsetzen; *Streit* schlichten; arrangieren, veranstalten; abmachen, vereinbaren; erledigen; *v/i.* Anordnungen *od.* Vorkehrungen treffen (*for* für, zu); sich verständigen; *~ for s.th. to be there* dafür sorgen, daß et. da ist; **ar'range·ment** Anordnung *f*; Disposition *f*; ♪ Arrangement *n*; Übereinkommen *n*; Abmachung *f*; Vorkehrung *f*; *make one's ~s* s-e Dispositionen treffen.

ar·rant □ ['ærənt] völlig, ausgesprochen, komplett, heillos (*Unsinn etc.*); Erz...; *~ knave* Erzgauner *m*.

ar·ray [ə'rei] **1.** (Schlacht)Ordnung *f*; *fig.* Aufgebot *n*; stattliche Reihe *f*; *poet.* Kleid *n*; **2.** ordnen, aufstellen; aufbieten; kleiden, putzen.

ar·rear [ə'riə] Rückstand *m*; *~s of rent* rückständige Miete *f*; *be in ~s* im Rückstand sein; **ar'rear·age** Restsumme *f*.

ar·rest [ə'rest] **1.** Verhaftung *f*, Festnahme *f*; Haft *f*; Beschlagnahme *f*; Aufhalten *n*, Hemmung *f*; *under ~* in Haft; **2.** verhaften; beschlagnahmen; an-, aufhalten, hemmen; *Aufmerksamkeit etc.* fesseln.

ar·riv·al [ə'raivəl] Ankunft *f*; Auftreten *n*; Ankömmling *m*; *~s pl.* angekommene Personen *f/pl.*; ankommende Züge *m/pl. od.* Schiffe *n/pl.*; ✈ Zufuhren *f/pl.*; *attr.* Ankunfts...; **ar'rive** (an)kommen, eintreffen; erscheinen; eintreten (*Er-*

eignis); ~ *at* erreichen (*acc.*); kommen zu.

ar·ro·gance [ˈærəugəns] Anmaßung *f*; Überheblichkeit *f*; Arroganz *f*; **ˈar·ro·gant** □ anmaßend; überheblich; arrogant; **ar·ro·gate** [ˈ~-geit] *mst* ~ *to o.s.* sich *et.* anmaßen, *et.* für sich beanspruchen; in Anspruch nehmen (*to* für).

ar·row [ˈærəu] Pfeil *m*; *surv.* Markierstab *m*; **ˈ~-head** Pfeilspitze *f*; **ˈ~root** ⚘ Pfeilwurz(mehl *n*) *f*.

arse V [ɑːs] Arsch *m*.

ar·se·nal [ˈɑːsinl] Zeughaus *n*, Arsenal *n*.

ar·se·nic [ˈɑːsnik] Arsen(ik) *n*; **ar·sen·i·cal** [ɑːˈsenikəl] arsen(ik)haltig; Arsen(ik)...

ar·son ⚖ [ˈɑːsn] Brandstiftung *f*.

art[1] [ɑːt] Kunst *f*; *engS.* Geschicklichkeit *f*; *fig.* List *f*, Verschlagenheit *f*; Kniff *m*; ~*s pl.* Geisteswissenschaften *f/pl.*; *Master of* ♀*s* (*abbr. M. A.*) Magister *m* der freien Künste; *fine* ~*s die* schönen Künste; *liberal* ~*s die* freien Künste; ~*s and crafts* Kunstgewerbe *n*; *Faculty of* ♀*s* philosophische Fakultät *f*.

art[2] † [~] *du* bist.

ar·te·ri·al [ɑːˈtiəriəl] Pulsader...; ~ *road* Verkehrsader *f*, Ausfallstraße *f*; **ar·te·ri·o·scle·ro·sis** [ɑːˈtiəriəuskliəˈrəusis] Arterienverkalkung *f*; **ar·ter·y** [ˈɑːtəri] Arterie *f*, Schlag-, Pulsader *f*; *fig.* Verkehrsader *f*.

Ar·te·sian well [ɑːˈtiːzjənˈwel] Artesischer Brunnen *m*.

art·ful □ [ˈɑːtful] schlau, verschmitzt, listig.

art gal·ler·y [ˈɑːtˈgæləri] Kunstgalerie *f*.

ar·thrit·ic ⚕ [ɑːˈθritik] gichtisch; **ar·thri·tis** [ɑːˈθraitis] Gelenkentzündung *f*.

ar·ti·choke ⚘ [ˈɑːtitʃəuk] Artischocke *f*.

ar·ti·cle [ˈɑːtikl] **1.** Artikel *m* (*Abschnitt e-s Vertrages etc.*; *Aufsatz in e-r Zeitung etc.*; *Handelsware*; *gr. Geschlechtswort*); *fig.* Punkt *m*; ~*s of apprenticeship* Lehrvertrag *m*; ~*s of association* Statuten *n/pl.* e-r Handelsgesellschaft; **2.** *v/t.* in die Lehre geben (*to* bei); förmlich anklagen (*for* wegen); *Klage* vorbringen; ~*ed* in der Lehre (*to* bei).

ar·tic·u·late 1. [ɑːˈtikjuleit] deutlich (aus)sprechen; *Knochen* zs.-fügen; gliedern; **2.** □ [~lit] fähig, sich klar auszudrücken; deutlich, klar; gegliedert; **arˈtic·u·lat·ed** [~leitid] gegliedert; artikuliert; **ar·tic·u·ˈla·tion** Artikulation *f*, deutliche Aussprache *f*; *anat.* Gelenkfügung *f*, -verbindung *f*; Gliederung *f*.

ar·ti·fact [ˈɑːtifækt] Kunstprodukt *n*; von Menschenhand geschaffener Gegenstand *m*.

ar·ti·fice [ˈɑːtifis] Kunstgriff *m*, Kniff *m*, List *f*; **arˈtif·i·cer** Handwerker *m*; Urheber *m*; **ar·ti·fi·cial** □ [~ˈfiʃəl] künstlich; Kunst...; ~ *silk* Kunstseide *f*; ~ *person* ⚖ juristische Person *f*.

ar·til·ler·y [ɑːˈtiləri] Artillerie *f*; **arˈtil·ler·y·man** [~mən] Artillerist *m*.

ar·ti·san [ɑːtiˈzæn] Handwerker *m*.

art·ist [ˈɑːtist] Künstler(in), *bsd.* Kunstmaler(in); **ar·tiste** [ɑːˈtiːst] Artist(in); Künstler(in), Sänger(in), Tänzer(in); **ar·tis·tic, ar·tis·ti·cal** □ [ɑːˈtistik(əl)] künstlerisch; Kunst...

art·less □ [ˈɑːtlis] ungekünstelt, schlicht; arglos; **ˈart·less·ness** Schlichtheit *f*; Arglosigkeit *f*.

art·y [ˈɑːti] künstlerisch aufgemacht; gewollt bohemienhaft.

Ar·y·an [ˈɛəriən] **1.** arisch; **2.** Arier (-in).

as [æz, əz] *adv. u. cj.* (eben)so; während, als (*zeitlich*); da, weil; (wenn) auch; (eben)so wie; wie; (*in der Eigenschaft*) als; wie z. B.; *young* ~ *I am* so jung ich auch bin; *such women* ~ *knew him* jene Frauen, die ihn kannten; ~ *heavy* ~ *lead* (so) schwer wie Blei; ~ *if*, ~ *though* als ob; ~ *for*, ~ *to* was ... betrifft, bezüglich (*gen.*); *so* ~ *to* um ... zu; so ... daß; ~ *good* ~ so gut wie, praktisch; *be* ~ *good* ~ *one's word* sein Versprechen halten; ~ *long* ~ vorausgesetzt daß; solange (wie); ~ *much* gerade *od.* eben das; *I thought* ~ *much* das dachte ich mir; ~ *from* (*Datum*) von ... an; ~ *per* laut (*gen.*); ~ *yet* bis jetzt; ~ *it were* gleichsam; ~ *well* ebenfalls, auch.

as·bes·tos [æzˈbestɔs] Asbest *m*.

as·cend [əˈsend] *v/i.* (auf-, empor-, hinauf)steigen; *zeitlich*: hinaufreichen, zurückgehen (*to* bis zu, bis auf, bis in *acc.*); *v/t.* be-, er-

steigen; ~ *a river* e-n Fluß hinauffahren; ~ *the throne* den Thron besteigen; **as'cend·an·cy** (*over*) Überlegenheit *f*, Herrschaft *f* (über *acc.*); Einfluß *m* (auf *acc.*); **as'cend·ant** **1.** aufsteigend; überlegen (*over dat.*); **2.** = *ascendancy*; *ast.* Aufgangspunkt *m*; Vorfahr *m*; *be in the* ~ *fig.* im Kommen sein; **as'cend·en·cy, as'cend·ent** = *ascendancy, ascendant.*
as·cen·sion [ə'senʃən] Aufsteigen *n* (*bsd. ast.*); ♀ (*Day*) Himmelfahrt(stag *m*) *f*.
as·cent [ə'sent] Aufstieg *m*; Besteigung *f*; Steigung *f*; Anstieg *m*; Aufgang *m*.
as·cer·tain [æsə'tein] ermitteln, feststellen; sich vergewissern; **as·cer'tain·a·ble** □ ermittelbar, feststellbar; **as·cer'tain·ment** Ermitt(e)lung *f*, Feststellung *f*.
as·cet·ic [ə'setik] **1.** (~*ally*) asketisch, mönchisch; **2.** Asket(in); **as'cet·i·cism** [~tisizəm] Askese *f*.
as·cor·bic ac·id [əs'kɔ:bik'æsid] Ascorbinsäure *f*, Vitamin C *n*.
as·crib·a·ble [əs'kraibəbl] zuzuschreiben(d); **as'cribe** (*to*) zuschreiben, beimessen, beilegen (*dat.*), zurückführen (auf *acc.*).
a·sep·tic ⚕ [æ'septik] aseptisch(es Mittel *n*).
ash[1] [æʃ] ♀ Esche *f*; Eschenholz *n*.
ash[2] [~], *mst* **ash·es** ['~ʃiz] *pl.* Asche *f*; *Ash Wednesday* Aschermittwoch *m*.
a·shamed [ə'ʃeimd] beschämt; *be od. feel* ~ *of* sich *e-r Sache od. j-s* schämen; *be* ~ *of o.s.* sich schämen.
ash-can *Am.* ['æʃkæn] Mülleimer *m*.
ash·en[1] ['æʃn] eschen, von Eschenholz.
ash·en[2] [~] Aschen...; aschgrau, aschfahl.
a·shore [ə'ʃɔ:] am *oder* ans Ufer *od.* Land; *run* ~, *be driven* ~ stranden, auflaufen.
ash...: '**~-pan** Aschenkasten *m*; '**~-tray** Aschenbecher *m*, Ascher *m*.
ash...: '**~-tree** ♀ Esche *f*; '**~-wood** Eschenholz *n*.
ash·y ['æʃi] aschig; Aschen...; aschgrau, -fahl.
A·si·at·ic [eiʃi'ætik] **1.** asiatisch; **2.** Asiat(in).
a·side [ə'said] **1.** beiseite (*a. thea*), auf die Seite; abseits; seitwärts; ~ *from Am.* abgesehen von; **2.** *thea.* Aparte *n*.
as·i·nine ['æsinain] Esels...; eselhaft, dumm.
ask [ɑ:sk] *v/t. u. v/i.* fragen, sich erkundigen (*for* nach); bitten; einladen; verlangen, fordern; ~ *the price* nach dem Preis fragen; ~ (*s.o.*) *a question* (j-m) e-e Frage stellen; ~ (*him*) *his name* frage (ihn) nach seinem Namen; ~ *s.th. of s.o.* et. von j-m verlangen; *you are* ~*ing too much* Sie verlangen zuviel; ~ *s.o. for help* j. um Hilfe bitten; ~ *after s.o.* (*s.th.*) nach j-m (et.) fragen; ~ *s.o. to come* j. bitten zu kommen; ~ *s.o. to dinner* j. zum Essen einladen; ~ *s.o. in* j. hereinbitten; *he* ~*ed for it od. for trouble* er wollte es ja so haben; *to be had for the* ~*ing* umsonst zu haben.
a·skance [əs'kæns], **a'skant, as·kew** [əs'kju:] von der Seite, seitwärts; *fig.* schief, scheel.
a·slant [ə'slɑ:nt] schräg, schief.
a·sleep [ə'sli:p] schlafend; in den *od.* im Schlaf; eingeschlafen (*Glied*); *be* ~ schlafen; *fall* ~ einschlafen.
asp[1] *zo.* [æsp] Natter *f*.
asp[2] ♀ [~] Espe *f*.
as·par·a·gus ♀ [əs'pærəgəs] Spargel *m*.
as·pect ['æspekt] Aussehen *n*, Äußere *n*; Anblick *m*; Aussicht *f*, Lage *f*; Aspekt *m* (*a. gr.*), Seite *f*, Gesichtspunkt *m*; *the house has a southern* ~ das Haus liegt nach Süden.
as·pen ['æspən] Espe *f*; Espen...
as·per·gill, as·per·gil·lum *eccl.* ['æspədʒil, ~'dʒiləm] Weihwedel *m*.
as·per·i·ty [æs'periti] Rauheit *f*; Unebenheit *f*; *fig.* Schroffheit *f*.
as·perse [əs'pə:s] besprengen; *fig.* anschwärzen, schlechtmachen; **as·per·sion** Besprengung *f*; *fig.* Verleumdung *f*; Anwurf *m*.
as·phalt ['æsfælt] **1.** Asphalt *m*; **2.** asphaltieren.
as·pho·del ♀ ['æsfədel] Asphodill *m*; *poet.* Narzisse *f*.
as·phyx·i·a [æs'fiksiə] Erstickung(stod *m*) *f*; **as'phyx·i·ate** [~eit] ersticken; **as·phyx·i'a·tion** Erstickung *f*.
as·pic ['æspik] Aspik *m*, Sülze *f*.
as·pi·dis·tra ♀ [æspi'distrə] Aspidistra *f*, Sternschild *n*.

as·pir·ant [əsˈpaiərənt] Bewerber (-in) (*to, after, for* um); ~ *officer* Offiziersanwärter *m*; **as·pi·rate** [ˈæspərit] **1.** *gr.* aspiriert; **2.** *gr.* Hauchlaut *m*; **3.** [ˈ~reit] *gr.* aspirieren; ⊕, ⚕ absaugen; **as·piˈra·tion** Aspiration *f*; Bestrebung *f*; Trachten *n*, Sehnen *n*; ⊕, ⚕ Absaugung *f*; **asˈpire** [əsˈpaiə] streben, trachten (*to, after, at* nach).
as·pi·rin *pharm.* [ˈæspərin] Aspirin *n*.
as·pir·ing □ [əsˈpaiəriŋ] hochstrebend.
ass [æs] Esel *m*; *make an* ~ *of o.s.* sich lächerlich machen.
as·sail [əˈseil] angreifen, überfallen (*a. fig.*); befallen (*Zweifel etc.*); *fig.* bestürmen (*with* mit); *Aufgabe* in Angriff nehmen; **asˈsail·a·ble** angreifbar; **asˈsail·ant, asˈsail·er** Angreifer(in), Gegner(in).
as·sas·sin [əˈsæsin] (Meuchel)Mörder *m*; **asˈsas·si·nate** [~neit] (hinterrücks) ermorden; **as·sas·siˈna·tion** Ermordung *f*.
as·sault [əˈsɔːlt] **1.** Angriff *m* (*a. fig., on, upon* auf *acc.*); ⚔ Sturm *m*; ⚖ tätliche Bedrohung *f od.* Beleidigung *f*; *s. battery, indecent*; **2.** anfallen; ⚖ tätlich angreifen *od.* beleidigen; ⚔ bestürmen (*a. fig.*).
as·say [əˈsei] **1.** (Erz-, Metall)Probe *f*; **2.** *v/t.* untersuchen; *v/i. Am.* Edelmetall enthalten.
as·sem·blage [əˈsemblidʒ] Ver-, Ansammlung *f*; ⊕ Montage *f*; **asˈsem·ble** (sich) versammeln; zs.-berufen; *Truppen* zs.-ziehen; ⊕ montieren; zs.-setzen, zs.-bauen; **asˈsem·bler** ⊕ Monteur *m*; **asˈsem·bly** Versammlung *f*; Zs.-kunft *f*; Gesellschaft *f*; ⚔ Sammelsignal *n*; ⊕ Montage *f*; *a.* ~ *shop* Montagehalle *f*; ~ *hall* Aula *f*; Montagehalle *f*; ~ *line* Montage-, Fließband *n*, (laufendes) Band *n*; ~ *man pol.* Abgeordnete *m*.
as·sent [əˈsent] **1.** Zustimmung *f*; Genehmigung *f*; **2.** (*to*) zustimmen (*dat.*), genehmigen; billigen.
as·sert [əˈsəːt] behaupten, erklären; durchsetzen; geltend machen; ~ *s.th. to be true* et. für wahr erklären; **asˈser·tion** Behauptung *f*, Erklärung *f*; Geltendmachung *f*; **asˈser·tive** □ bestimmt, ausdrücklich; positiv; **asˈser·tor** Fürsprecher *m*.
as·sess [əˈses] besteuern; zur Steuer veranlagen (*in, at* mit); *Steuer etc.* festsetzen (*at* auf *acc.*); **asˈsess·a·ble** □ steuerpflichtig; **asˈsess·ment** (Ein)Schätzung *f*; (Steuer)Veranlagung *f*; Steuer *f*; **asˈses·sor** Assessor *m*, Beisitzer *m*; Steuereinschätzer *m*.
as·set [ˈæset] ☤ Aktivposten *m*; *fig.* Gut *n*, Gewinn *m*; ~*s pl.* Vermögen *n*, Konkursmasse *f*; ☤ Aktiva *pl.*
as·sev·er·ate [əˈsevəreit] beteuern; **as·sev·erˈa·tion** Beteuerung *f*.
as·si·du·i·ty [æsiˈdjuːiti] Emsigkeit *f*; Fleiß *m*; *assiduities pl.* Aufmerksamkeiten *f/pl.*; **as·sid·u·ous** □ [əˈsidjuəs] emsig, fleißig; aufmerksam.
as·sign [əˈsain] **1.** an-, zuweisen, zuteilen; festsetzen, bestimmen; zuschreiben; *Grund* angeben; übertragen; **2.** ⚖ Rechtsnachfolger *m*; **asˈsign·a·ble** □ bestimmbar; nachweisbar; übertragbar; **as·sig·na·tion** [æsigˈneiʃən] Verabredung *f*, Stelldichein *n*; *s. assignment*; **as·sign·ee** [æsiˈniː] = *assign* 2; Bevollmächtigte *m, f*; ⚖ Treuhänder *m*; ~ *in bankruptcy* Konkursverwalter *m*; **as·sign·ment** [əˈsainmənt] An-, Zuweisung *f*; *bsd. Am.* Auftrag *m*, Aufgabe *f*; Angabe *f* (*von Gründen*); ⚖ Übertragung *f*, Abtretung *f*; **as·sign·or** [æsiˈnɔː] ⚖ Übertrager(in).
as·sim·i·late [əˈsimileit] (*to, with dat.*) ähnlich *od.* gleich machen; (sich) angleichen; aufnehmen, absorbieren; sich aneignen; *physiol.* (sich) assimilieren; **as·sim·iˈla·tion** Assimilation *f*, Angleichung *f*.
as·sist [əˈsist] *j-m* beistehen, helfen; *j. od. et.* unterstützen; ~ *at* beiwohnen (*dat.*), teilnehmen an (*dat.*); **asˈsist·ance** Beistand *m*; Hilfe *f*, Unterstützung *f*; **asˈsist·ant 1.** behilflich (*to dat.*); Hilfs...; **2.** Gehilfe *m*, Gehilfin *f*, Hilfskraft *f*, Assistent(in).
as·size ⚖ [əˈsaiz] (Schwur)Gerichtssitzung *f*; ~*s pl. periodisches* Geschworenengericht *n*, Assisen *pl.*
as·so·ci·a·ble [əˈsouʃjəbl] vereinbar (*with* mit); **asˈso·ci·ate 1.** [~ʃieit] (sich) zugesellen (*with dat.*), (sich) vereinigen; (sich) verbinden; Umgang haben (*with* mit); ~ *in* mit ein-

beziehen in (*acc.*); **2.** [~ʃiit] verbunden; beigeordnet; Mit...; **3.** [~ʃiit] Genosse *m*; Partner *m*; ✝ Gesellschafter *m*, Teilhaber *m*; außerordentliches Mitglied *n e-r wissenschaftlichen Gesellschaft etc.*; **as·so·ci·a·tion** [~si'eiʃən] Vereinigung *f*, Verbindung *f*, Bund *m*; *wissenschaftliche, Handels- etc.* Gesellschaft *f*; Verband *m*, Verein *m*; *a. mutual* ~ Genossenschaft *f*; Umgang *m*; (Ideen)Assoziation *f*; ~ *football europäischer* Fußball *m*.

as·so·nance ['æsəunəns] Assonanz *f*.

as·sort [ə'sɔ:t] *v/t.* sortieren, (passend) zs.-stellen, -bringen; ✝ assortieren; *v/i.* (*with*) übereinstimmen (mit), passen (zu); ~*ed toffees pl.* Bonbonmischung *f*; **as'sort·ment** Sortieren *n*; ✝ Sortiment *n*, Auswahl *f*.

as·suage [ə'sweidʒ] *v/t.* lindern; besänftigen, beschwichtigen; *Hunger etc.* stillen; **as'suage·ment** Linderung *f etc.*

as·sume [ə'sju:m] annehmen, voraussetzen; *Amt etc.* übernehmen; sich anmaßen; vorgeben; **as'sum·ing** □ anmaßend; **as·sump·tion** [ə'sʌmpʃən] Annahme *f*, Voraussetzung *f*; Übernahme *f*; Anmaßung *f*; ♀ (*Day*) *eccl.* Mariä Himmelfahrt *f*; *on the* ~ *that* in der Annahme, daß; **as'sump·tive** □ angenommen; anmaßend.

as·sur·ance [ə'ʃuərəns] Ver-, Zusicherung *f*; Zuversicht *f*; Sicherheit *f*, Gewißheit *f*; Selbstsicherheit *f*; *b.s.* Dreistigkeit *f*; (*bsd.* Lebens)Versicherung *f*; **as'sure** sichern; sicherstellen; *Leben* versichern; ~ *s.o. of s.th.* j. e-r Sache versichern; j-m et. ver- *od.* zusichern; ~ *o.s.* sich vergewissern; **as'sured 1.** (*adv.* **as'sur·ed·ly** [~ridli]) sicher, gewiß; selbstsicher; *b.s.* dreist; **2.** Versicherte *m, f*; **as'sur·er** [~rə] Versicherte *m, f*; *a.* = **as'sur·or** [~rə] Versicherer *m*.

As·syr·i·an [ə'siriən] **1.** assyrisch; **2.** Assyrer(in); Assyrisch *n*.

as·ter ⚘ ['æstə] Aster *f*; **as·ter·isk** *typ.* ['~risk] Sternchen *n* (*).

as·ter·oid *ast.* ['æstərɔid] Asteroid *m*, kleiner Planet *m*.

a·stern ⚓ [ə'stə:n] achteraus; *of* ~ hinter.

asth·ma ['æsmə] Asthma *n*, Atemnot *f*; **asth·mat·ic** [~'mætik] **1.** *a.* **asth'mat·i·cal** □ asthmatisch; Asthma...; **2.** Asthmatiker(in).

as·tig·mat·ic *opt.* [æstig'mætik] (~*ally*) astigmatisch; **a'stig·ma·tism** [~mətizəm] Astigmatismus *m*.

a·stir [ə'stə:] auf (den Beinen); in Bewegung, rege.

as·ton·ish [əs'tɔniʃ] in Erstaunen setzen; verwundern; befremden; *be* ~*ed* erstaunt *etc.* sein (*at* über *acc.*); **as'ton·ish·ing** □ erstaunlich; **as'ton·ish·ment** Erstaunen *n*; Staunen *n*; Verwunderung *f*.

as·tound [əs'taund] in Staunen setzen; verblüffen.

as·tra·khan [æstrə'kæn] Astrachan *m*, Krimmer *m* (*Pelzart*).

a·stray [əs'trei] vom (rechten) Wege ab (*a. fig.*); irre; *go* ~ sich verlaufen, irregehen.

a·stride [əs'traid] mit gespreizten Beinen; rittlings (*of* auf *dat.*); *ride* ~ im Herrensitz reiten.

as·trin·gent □ ⚕ [əs'trindʒənt] zusammenziehend(es Mittel *n*).

as·tro·dome ✈ ['æstrədəum] Kuppel *f* für astronomische Navigation.

as·trol·o·ger [əs'trɔlədʒə] Astrologe *m*, Sterndeuter *m*; **as·tro·log·i·cal** □ [æstrə'lɔdʒikəl] astrologisch; **as·trol·o·gy** [əs'trɔlədʒi] Astrologie *f*, Sterndeuterei *f*.

as·tro·naut ['æstrəunɔ:t] Astronaut *m*, Raumfahrer *m*.

as·tron·o·mer [əs'trɔnəmə] Astronom *m*; **as·tro·nom·i·cal** □ [æstrə'nɔmikəl] astronomisch; **as·tron·o·my** [əs'trɔnəmi] Astronomie *f*, Sternkunde *f*; **as·tro·phys·ics** [æstrəu'fiziks] *sg.* Astrophysik *f*.

as·tute □ [əs'tju:t] scharfsinnig; schlau; **as'tute·ness** Scharfsinn *m*; Schlauheit *f*.

a·sun·der [ə'sʌndə] auseinander; entzwei.

a·sy·lum [ə'sailəm] Asyl *n*; Irrenanstalt *f*; Heim *n*.

a·sym·me·try [æ'simitri] Asymmetrie *f*, Ungleichmäßigkeit *f*.

at [æt; ət] *prp.* an; auf; aus; bei; für; in; mit; nach; über; um; von; vor; zu; ~ *the door* an *od.* vor der Tür; ~ *my expense* auf meine Kosten; ~ *a ball* auf e-m Ball; *run* ~ *s.o.* auf j. losstürzen; ~ *daybreak* bei Tagesanbruch; ~ *table* bei Tisch; ~ *a low price* zu einem niedrigen Preis; ~ *school* in der Schule; ~ *Stratford* in

Stratford; ~ *peace* im Frieden; ~ *the age of* im Alter von; ~ *one blow* mit einem Schlag; ~ *five o'clock* um fünf Uhr; ~ *Christmas* zu Weihnachten.

at·a·vism *biol.* ['ætəvizəm] Atavismus *m*, Rückschlag *m*.

a·tax·y ⚕ [ə'tæksi] Ataxie *f* (*Bewegungsstörung*).

ate [et] *pret. von eat 1.*

a·the·ism ['eiθiizəm] Atheismus *m*, Gottesleugnung *f*; **'a·the·ist** Atheist(in); **a·the'is·tic, a·the'is·ti·cal** □ atheistisch.

A·the·ni·an [ə'θi:njən] **1.** athenisch; **2.** Athener(in).

a·thirst [ə'θə:st] begierig (*for* nach).

ath·lete ['æθli:t] (*bsd.* Leicht)Athlet *m*, Sportler *m*; ~*'s foot* Fußpilz *m*; **ath·let·ic** [æθ'letik], **ath'let·i·cal** □ athletisch; *athletic heart* Sportherz *n*; **ath'let·ics** *pl.* (*bsd.* Leicht-) Athletik *f*.

at-home [ət'həum] Empfangstag *m*.

a·thwart [ə'θwɔ:t] **1.** *prp.* quer über; entgegen (*dat.*); **2.** *adv.* quer, ⚓ dwars; schräg; in die Quere.

a-tilt [ə'tilt] vorgebeugt; kippend.

a·tish·oo *co.* [ə'tiʃu:] hatschi!

At·lan·tic [ət'læntik] **1.** atlantisch; **2.** *a.* ~ *Ocean* Atlantik *m*.

at·las ['ætləs] Atlas *m* (*Buch*).

at·mos·phere ['ætməsfiə] Atmosphäre *f* (*a. fig.*); **at·mos·pher·ic, at·mos·pher·i·cal** □ [~'ferik(əl)] atmosphärisch; Luft...; **at·mos'pher·ics** *pl. Radio*: atmosphärische Störungen *f/pl.*

at·oll *geogr.* ['ætɔl] Atoll *n*.

at·om ['ætəm] Atom *n* (*a. fig.*); ~ *bomb* Atombombe *f*; **a·tom·ic** [ə'tɔmik] atomartig, Atom...; atomistisch; ~ *age* Atomzeitalter *n*; ~ *bomb* Atombombe *f*; ~ *energy* Atomenergie *f*; ~ *fission* Atomspaltung *f*; ~ *nucleus* Atomkern *m*; ~ *pile* Atombatterie *f*; ~ *power* Atomkraft *f*; ~ *research* Atomforschung *f*; ~ *weight* Atomgewicht *n*; **a'tom·ic-pow·ered** durch Atomkraft betrieben; **at·om·ize** ['ætəumaiz] in Atome auflösen; atomisieren; *Flüssigkeit* zerstäuben; **'at·om·iz·er** Zerstäuber *m* (*Gerät*); **at·o·my** ['ætəmi] Knirps *m*; *bsd. fig.* Skelett *n*, Gerippe *n*.

a·tone [ə'təun]: ~ *for* büßen für *et.*, *et.* sühnen; **a'tone·ment** Buße *f*; Sühne *f*; *the* ♀ *eccl.* das Sühneopfer Christi.

a·ton·ic [æ'tɔnik] atonisch, erschlafft; *gr.* unbetont; **at·o·ny** ['ætəni] Atonie *f*, Erschlaffung *f*.

a·top F [ə'tɔp] oben(auf); ~ *of* oben auf (*dat.*).

a·tro·cious □ [ə'trəuʃəs] scheußlich, gräßlich; **a·troc·i·ty** [ə'trɔsiti] Scheußlichkeit *f*, Gräßlichkeit *f*; Greuel(tat *f*) *m*, Grausamkeit *f*; F Verstoß *m*.

at·ro·phy ['ætrəfi] **1.** Atrophie *f*, Schwund *m*; **2.** atrophieren, verkümmern.

at·tach [ə'tætʃ] *v/t.* (*to*) anheften, -binden (an *acc.*), befestigen (an *dat.*); *Sinn* verknüpfen (mit *e-m Wort*); *Wert, Schuld, Namen, Wichtigkeit* beilegen (*dat.*); ⚖ *j.* verhaften; *et.* beschlagnahmen; ~ *o.s. to* sich anschließen an (*acc.*); ~ *value to* Wert legen auf, halten auf (*acc.*); *v/i.* ~ *to* anhaften (*dat.*), haften an (*dat.*), verbunden sein mit; **at·ta·ché** [ə'tæʃei] Attaché *m*; ~ *case* Aktentasche *f*; **at·tached** [ə'tætʃt]: ~ *to* gehörig zu; *j-m* zugetan, ergeben; **at'tach·ment** Befestigung *f*; (*to, for*) Bindung *f* (an *acc.*); Anhänglichkeit *f* (an *acc.*), Neigung *f* (zu); Anhängsel *n* (*to gen.*); ⊕ Zusatzeinrichtung *f*; ⚖ Verhaftung *f*; Beschlagnahme *f*.

at·tack [ə'tæk] **1.** angreifen (*a. fig.*); befallen (*Krankheit*); *Arbeit* in Angriff nehmen; **2.** Angriff *m* (*on* auf *acc.*; *a. fig.*); ⚕ Anfall *m*; Inangriffnahme *f*; **at'tack·er** Angreifer *m*.

at·tain [ə'tein] *v/t. Ziel* erreichen, erlangen; erzielen; *v/i.* ~ *to* gelangen zu; erreichen; **at'tain·a·ble** erreichbar; **at'tain·der** ⚖ [~də] Ehrverlust *m*; **at'tain·ment** Erreichung *f*; *fig.* Aneignung *f*; ~*s pl.* Kenntnisse *f/pl.*, Fertigkeiten *f/pl.*

at·tar ['ætə]: ~ *of roses* Rosenöl *n*.

at·tem·per [ə'tempə] mildern, mäßigen; beruhigen; anpassen (*to dat.*).

at·tempt [ə'tempt] **1.** versuchen; ~ *the life of* ein Attentat verüben auf (*acc.*); **2.** Versuch *m* (*to inf.* zu *inf.*; *at* an *dat.*); Attentat *n* (*on od. upon s.o.'s life* auf j.).

at·tend [ə'tend] *v/t.* begleiten; bedienen; *Kranke* pflegen; *ärztlich* behandeln; *j-m* aufwarten; beiwohnen (*dat.*); *Vorlesung etc.* besuchen; *v/i.* merken, achten, hören (*to* auf *acc.*); anwesend sein (*at* bei); ~ *on Kranke* pflegen; bedienen; ~ *to* erledigen; *are you being* ~*ed to?* werden Sie schon bedient?; **at'tend·ance** Begleitung *f*; Aufwartung *f*, Bedienung *f* (*upon* bei); Pflege *f*; *ärztliche* Behandlung *f*; Dienerschaft *f*, Gefolge *n*; (*at*) Anwesenheit *f* (bei); Teilnahme (an *dat.*); Besuch *m* (*gen.*; *bsd. der Schule etc.*); Besucher(zahl *f*) *m/pl.*, Publikum *n*, Zuhörerschaft *f*; *hours of* ~ Dienststunden *f/pl.*; *be in* ~ zu Diensten stehen; *dance* ~ F herumscharwenzeln (*on* um); **at'tend·ant 1.** begleitend (*on, upon acc.*); anwesend (*at* bei); diensttuend (*on* bei); **2.** Diener(in); Begleiter(in); Wärter(in); ⊕ Bedienungsmann *m*; Begleiterscheinung *f* (*on, upon gen.*); ~*s pl.* Dienerschaft *f*.

at·ten·tion [ə'tenʃən] Aufmerksamkeit *f* (*a. fig.*); ~*!* ⚔ Achtung!; *s. call, give, pay*; **at'ten·tive** □ aufmerksam (*to* auf *acc.*; *fig.* gegen).

at·ten·u·ate [ə'tenjueit] dünn(er) machen, verdünnen; *fig.* vermindern, abschwächen.

at·test [ə'test] bezeugen (*a. fig.*); beglaubigen; bescheinigen; *bsd.* ⚔ vereidigen; **at·tes·ta·tion** [ætes'teiʃən] Bezeugung *f etc.*; Zeugnis *n*; *bsd.* ⚔ Vereidigung *f*; **at·test·er, at·test·or** [ə'testə] Zeuge *m*.

At·tic[1] ['ætik] attisch.

at·tic[2] [~] Dachstube *f*, Mansarde *f*; ~*s pl.* Dachgeschoß *n*.

at·tire *lit.* [ə'taiə] **1.** kleiden; **2.** Gewand *n*.

at·ti·tude ['ætitju:d] Stellung *f*, Haltung *f*; *fig.* Stellungnahme *f*, Einstellung *f* (*to, towards* zu); ✈ Fluglage *f*; *strike an* ~ eine Pose annehmen; ~ *of mind* Geisteshaltung *f*, Einstellung *f*; **at·ti'tu·di·nize** [~dinaiz] sich in Positur setzen; affektiert tun.

at·tor·ney [ə'tə:ni] Bevollmächtigte *m*, Stellvertreter *m*; *Am.* Rechtsanwalt *m*; *letter od. warrant of* ~ Vollmacht(erteilung) *f*; *power of* ~ *erteilte* Vollmacht *f*; ♀ *General* Oberstaats-, Kronanwalt *m*, *Am.* Justizminister *m*.

at·tract [ə'trækt] anziehen, *Aufmerksamkeit* auf sich ziehen, erregen; *fig.* (an)locken, reizen, fesseln; **at'trac·tion** [~kʃən] Anziehung(skraft) *f*; *fig.* Reiz *m*, Attraktion *f*; *thea.* Zugstück *n*, -nummer *f*; **at'trac·tive** □ *mst fig.* anziehend; hübsch, charmant; reizvoll, verlockend, einladend; *thea.* zugkräftig.

at·trib·ut·a·ble [ə'tribjutəbl] zuzuschreiben(d); **at·trib·ute** [ə'tribju:t] bemessen, zuschreiben; zurückführen (*to* auf *acc.*); **at·tri·bute** ['ætribju:t] Attribut *n*, Eigenschaft *f*; Merkmal *n*, (Kenn-)Zeichen *n*; *gr.* Attribut *n*, Beifügung *f*; **at·tri'bu·tion** Zuschreibung *f*; beigelegte Eigenschaft *f*; zuerkanntes Recht *n*; **at·trib·u·tive** *gr.* [ə'tribjutiv] **1.** □ attributiv; **2.** Attribut *n*.

at·tri·tion [ə'triʃən] Abrieb *m*; Abnutzung *f*, ⊕ Verschleiß *m*; Zermürbung *f*; *war of* ~ Zermürbungs-, Abnutzungskrieg *m*.

at·tune [ə'tju:n] ♪ stimmen; ~ *to fig.* abstimmen auf (*acc.*).

au·burn ['ɔ:bən] gold-, nuß-, kastanienbraun.

auc·tion ['ɔ:kʃən] **1.** Auktion *f*, Versteigerung *f*; *sell by* (*Am. at*) ~, *put up for* ~ verauktionieren, versteigern; *sale by* ~ Versteigerung *f*; **2.** *mst* ~ *off* versteigern; **auc·tion·eer** [~'niə] Auktionator *m*.

au·da·cious □ [ɔ:'deiʃəs] kühn, keck, verwegen; *b.s.* dreist, frech, unverschämt; **au·dac·i·ty** [ɔ:'dæsiti] Kühnheit *f*; *b.s.* Dreistigkeit *f*, Frechheit *f*, Unverschämtheit *f*.

au·di·bil·i·ty [ɔ:di'biliti] Hörbarkeit *f*, Vernehmlichkeit *f*; **au·di·ble** □ ['ɔ:dəbl] hörbar, vernehmlich; Hör...

au·di·ence ['ɔ:djəns] Publikum *n*, Zuhörerschaft *f*; Leserkreis *m*; Audienz *f*; Gehör *n*; *give* ~ *to* Gehör schenken (*dat.*).

au·di·o-fre·quen·cy ['ɔ:diəu'fri:kwənsi] *Radio*: Tonfrequenz *f*.

au·di·on ['ɔ:diən] *Radio*: Audion *n*, Verstärkerröhre *f*.

au·dit ['ɔ:dit] **1.** Rechnungsprüfung *f*; **2.** *Rechnungen* prüfen; **au'di·tion** Hörvermögen *n*; *thea.* Vorsprechen *n od.* -singen *n*; **'au·di·tor** *bsd. univ.* Hörer *m*; Rechnungs-, Buchprüfer *m*; **au·di·to·ri·um** [~'tɔ:riəm] Auditorium *n*, Hörsaal *m*; *Am.* Festhalle *f* (*für Vorträge,*

Konzerte, Versammlungen etc.);
au·di·to·ry ['~təri] **1.** (Ge)Hör...; **2.** Hörer(schaft *f*) *m/pl.*; = *auditorium.*
au·ger ⊕ ['ɔ:gə] *großer* Bohrer *m.*
aught [ɔ:t] (irgend) etwas; *for ~ I care* meinetwegen; *for ~ I know* soviel ich weiß.
aug·ment [ɔ:g'ment] *v/t.* vermehren, vergrößern; *v/i.* zunehmen; **aug·men'ta·tion** Vermehrung *f*, -größerung *f*, Zunahme *f*; Zusatz *m.*
au·gur ['ɔ:gə] **1.** Augur *m*; **2.** weissagen, prophezeien; *~ well (ill)* ein gutes (schlechtes) Zeichen sein (*for* für); **au·gu·ry** ['ɔ:gjuri] Prophezeiung *f*; An-, Vorzeichen *n*; Vorahnung *f*; Vorbedeutung *f*.
Au·gust 1. ['ɔ:gəst] *Monat* August *m*; **2.** ♀ □ [ɔ:'gʌst] erhaben, hehr; **Augus·tan** [ɔ:'gʌstən] augusteisch; klassisch.
auk *orn.* [ɔ:k] Alk *m.*
auld lang syne *schott.* ['ɔ:ldlæŋ'sain] die gute alte Zeit.
aunt [ɑ:nt] Tante *f*; ♀ *Sally volkstümliches* Wurfspiel *n*; **aunt·ie, aunt·y** F ['~ti] Tantchen *n.*
au·ra ['ɔ:rə] Aura *f*, Atmosphäre *f*.
au·ral ['ɔ:rəl] Ohren...
au·re·ole *eccl., ast.* ['ɔ:riəul] Aureole *f*.
au·ri·cle ['ɔ:rikl] äußeres Ohr *n*; Herzvorhof *m*; **au·ric·u·la** ⚘ [ə'rikjulə] Aurikel *f*; **au·ric·u·lar** □ [ɔ:'rikjulə] das Ohr betreffend; Ohr(en)...; Hör...; *~ confession eccl.* Ohrenbeichte *f*; *~ witness* Ohrenzeuge *m.*
au·rif·er·ous [ɔ:'rifərəs] goldhaltig.
au·rist ['ɔ:rist] Ohrenarzt *m.*
au·rochs *zo.* ['ɔ:rɔks] Auerochs *m*, Ur *m.*
au·ro·ra [ɔ:'rɔ:rə] Morgenröte *f*, -dämmerung *f*; ♀ Aurora *f* (*Göttin der Morgenröte*); *~ borealis* [bɔ:ri'eilis] Nordlicht *n*; **au'ro·ral** die Morgenröte betreffend.
aus·cul·ta·tion ⚕ [ɔ:skəl'teiʃən] Abhorchen *n.*
aus·pice ['ɔ:spis] Vorzeichen *n*; *~s pl.* Auspizien *pl.*, Schutz-, Schirmherrschaft *f*; **aus·pi·cious** □ [~'piʃəs] günstig, glücklich.
aus·tere □ [ɔs'tiə] streng; herb; hart, rauh; einfach; scharf (*Geschmack*); **aus·ter·i·ty** [~'teriti] Strenge *f*; Härte *f*; Einfachheit *f*; eingeschränkte Lebensweise *f*.
aus·tral ['ɔ:strəl] südlich.
Aus·tra·lian [ɔs'treiljən] **1.** australisch; **2.** Australier(in).
Aus·tri·an ['ɔstriən] **1.** österreichisch; **2.** Österreicher(in).
au·tar·ky ['ɔ:tɑ:ki] Autarkie *f* (*wirtschaftliche Unabhängigkeit*).
au·then·tic [ɔ:'θentik] (*~ally*) authentisch; zuverlässig; echt; **au'then·ti·cate** [~keit] beglaubigen; verbürgen; als echt erweisen; rechtsgültig machen; **au·then·ti'ca·tion** Legalisierung *f*, Beglaubigung *f*; **au·then'tic·i·ty** [~siti] Authentizität *f*; Glaubwürdigkeit *f*; Echtheit *f*.
au·thor ['ɔ:θə] Urheber(in); Autor (-in); Verfasser(in); Schriftsteller (-in); **'au·thor·ess** Autorin *f*, Verfasserin *f*; Schriftstellerin *f*; **au·thor·i·tar·i·an** [ɔ:θɔri'tɛəriən] autoritär, Obrigkeits...; **au'thor·i·ta·tive** □ [~tətiv] maßgebend; gebieterisch; zuverlässig (*Bericht*); **au'thor·i·ty** Autorität *f*; (Amts-) Gewalt *f*, Vollmacht *f*, Ermächtigung *f*, Befugnis *f* (*for, to inf.* zu *inf.*); Einfluß *m* (*over* auf *acc.*); Ansehen *n* (*with* bei); Glaubwürdigkeit *f*; Zeugnis *n e-r maßgebenden Person etc.*; Gewährsmann *m*, Quelle *f*, Beleg *m*; Fachmann *m*, Autorität *f*; *mst pl.* Verwaltung *f*, Behörde *f*; *on good ~* aus guter Quelle; *on the ~ of* auf *j-s* Zeugnis hin; *I have it on the ~ of Mr. X* ich habe es von Herrn X; **au·thor·i·za·tion** [ɔ:θərai'zeiʃən] Bevollmächtigung *f*, Ermächtigung *f*; **'au·thor·ize** *j.* autorisieren, bevollmächtigen, ermächtigen, berechtigen; *et.* gutheißen, billigen; **'au·thor·ship** Urheberschaft *f*; Autorschaft *f*; Schriftstellerei *f*.
au·to ['ɔ:təu] Auto(mobil) *n.*
au·to... ['ɔ:təu] auto..., selbst...; Auto..., Selbst...
au·to·bi·og·ra·pher [ɔ:təubai'ɔgrəfə] Autobiograph(in); **au·to·bi·o·graph·ic, au·to·bi·o·graph·i·cal** □ ['~əu'græfik(əl)] autobiographisch; **au·to·bi·og·ra·phy** [~'ɔgrəfi] Auto-, Selbstbiographie *f*.
au·to·bus ['ɔ:təubʌs] Autobus *m.*
au·to·cade *Am.* ['ɔ:təukeid] = *motorcade.*

au·toch·thon [ɔ:ˈtɔkθən] Autochthone *m* (*Ureinwohner*); **auˈtoch·tho·nous** autochthon (*ureingesessen*).
au·to·cide [ˈɔ:təusaid] tödlicher Autounfall *m*.
au·toc·ra·cy [ɔ:ˈtɔkrəsi] Autokratie *f*, unumschränkte Herrschaft *f*; **au·to·crat** [ˈɔ:təukræt] Autokrat *m*, unumschränkter Herrscher *m*; **au·toˈcrat·ic, au·toˈcrat·i·cal** □ autokratisch, despotisch, unumschränkt.
au·tog·e·nous weld·ing ⊕ [ɔ:ˈtɔdʒənəsˈweldiŋ] autogene Schweißung *f*.
au·to·gi·ro ✈ [ˈɔ:təuˈdʒaiərəu] Autogiro *n*, Tragschrauber *m*.
au·to·graph [ˈɔ:təgrɑ:f] **1.** Autogramm *n* (*eigene Handschrift*); **2.** eigenhändig (unter)schreiben; ⊕ autographieren, umdrucken; **au·to·graph·ic** [ɔ:təuˈgræfik] (*~ally*) autographisch; **au·tog·ra·phy** [ɔ:ˈtɔgrəfi] Autographie *f*, Umdruck *m*.
au·to·mat [ˈɔ:təmæt] Automaten-Restaurant *n*; **au·to·mat·ic** [ɔ:təˈmætik] **1.** (*~ally*) automatisch, selbsttätig; unwillkürlich; *~ machine* (Verkaufs)Automat *m*; **2.** *Am.* Selbstladepistole *f*, -gewehr *n*; **au·toˈma·tion** Automation *f*; **au·tom·a·ton** [ɔ:ˈtɔmətən], *pl. mst* **auˈtom·a·ta** [~tə] *fig.* Roboter *m*.
au·to·mo·bile *bsd. Am.* [ˈɔ:təməubi:l] Auto(mobil) *n*; **au·to·mo·tive** [ɔ:təˈməutiv] selbstfahrend; Kraftfahrzeug...
au·ton·o·mous [ɔ:ˈtɔnəməs] autonom (*sich selbst regierend*); **auˈton·o·my** Autonomie *f*, Selbständigkeit *f*.
au·to·pi·lot [ˈɔ:təpailət] automatische Steuerung *f*.
au·top·sy [ˈɔ:təpsi] Autopsie *f*, Obduktion *f*, Leichenöffnung *f*.
au·to·type ⊕ [ˈɔ:təutaip] **1.** Faksimileabdruck *m*; **2.** autotypieren.
au·tumn [ˈɔ:təm] Herbst *m*; **au·tum·nal** □ [ɔ:ˈtʌmnəl] herbstlich; Herbst...
aux·il·ia·ry [ɔ:gˈziljəri] **1.** helfend; Hilfs...; *be ~ to* helfen (*dat.*); **2.** *a. ~ verb gr.* Hilfszeitwort *n*; *auxiliaries pl.* Hilfstruppen *f/pl*.
a·vail [əˈveil] **1.** (*v/t. j-m*) nützen, helfen; *~ o.s. of* sich *e-r Sache* bedienen, *et.* benutzen; **2.** Nutzen *m*; *of no ~* nutzlos; *of what ~ is it?* was nützt es?; **a·vail·aˈbil·i·ty** Benutzbar-, Verfügbar-, Gültigkeit *f*; **aˈvail·a·ble** □ benutzbar; verfügbar; *pred.* erhältlich, vorhanden, zu haben; gültig (*Fahrkarte etc.*); *make ~* zur Verfügung stellen.
av·a·lanche [ˈævəlɑ:nʃ] Lawine *f*.
av·a·rice [ˈævəris] Geiz *m*; Habsucht *f*; **av·aˈri·cious** □ geizig; habgierig.
a·vast! ⚓ [əˈvɑ:st] fest!
a·venge [əˈvendʒ] rächen, *et.* ahnden; *~ o.s., be ~d* sich rächen (*on, upon* an *dat.*); *avenging angel* Racheengel *m*; **aˈveng·er** Rächer (-in).
av·e·nue [ˈævinju:] Allee *f*; Avenue *f*, Prachtstraße *f*; *fig.* Weg *m*, Straße *f*; *~s to success* Wege zum Erfolg.
a·ver [əˈvə:] als Tatsache hinstellen, behaupten; ⚖ beweisen.
av·er·age [ˈævəridʒ] **1.** Durchschnitt *m*; *general* (*particular*) *~* ⚓ große (besondere *od.* partielle) Havarie *f*; *on an ~* durchschnittlich; **2.** □ durchschnittlich; Durchschnitts...; **3.** durchschnittlich schätzen (*at* auf *acc.*); durchschnittlich betragen, erreichen, arbeiten, verlangen *etc.*
a·ver·ment [əˈvə:mənt] Behauptung *f*; ⚖ Beweis(angebot *n*) *m*.
a·verse □ [əˈvə:s] abgeneigt (*to, from dat.*); widerwillig; **aˈverse·ness, aˈver·sion** Widerwille *m*, Abneigung *f* (*to, from, for* gegen); *he is my ~* er ist mir ein Greuel.
a·vert [əˈvə:t] abwenden (*a. fig.*).
a·vi·ar·y [ˈeivjəri] Vogelhaus *n*.
a·vi·ate ✈ [ˈeivieit] fliegen; **a·viˈa·tion** Fliegen *n*; Flugsport *m*, -wesen *n*; Luftfahrt *f*; *~ ground* Flugplatz *m*; *~ spirit* Flugbenzin *n*; **ˈa·vi·a·tor** Flieger *m*.
av·id □ [ˈævid] gierig (*of* nach; *for* auf *acc.*); **a·vid·i·ty** [əˈviditi] Gier *f*.
av·o·ca·do ⚘ [ævəuˈkɑ:dəu] Avocado *f*.
av·o·ca·tion [ævəuˈkeiʃən] Nebenbeschäftigung *f*.
a·void [əˈvɔid] (ver)meiden; entgehen (*dat.*); *j-m* ausweichen; *Pflicht* umgehen; ⚖ anfechten; aufheben, ungültig machen; **aˈvoid·a·ble** vermeidbar; **aˈvoid·ance** Meiden *n*, Vermeidung *f*; ⚖ Anfechtung *f*; Aufhebung *f*; freie

Stelle; ~ *of taxation* Steuerhinterziehung *f*.

av·oir·du·pois ✝ [ævədə'pɔiz] *a.* ~ *weight* Handelsgewicht *n* (*das Pfund zu 16 Unzen*).

a·vouch [ə'vautʃ] verbürgen, bestätigen; = *avow*.

a·vow [ə'vau] bekennen, (ein)gestehen; anerkennen; **a'vow·al** Bekenntnis *n*, (Ein)Geständnis *n*; **a'vow·ed·ly** [~idli] eingestandenermaßen.

a·wait [ə'weit] erwarten (*a. fig.*).

a·wake [ə'weik] **1.** wach, munter; ~ *to* sich *e-r Sache* bewußt; *wide* ~ hellwach, *fig.* schlau, auf der Hut; **2.** (*irr.*) *v/t. mst* **a'wak·en** (auf-, er-) wecken; ~*n s.o. to s.th.* j-m et. zum Bewußtsein bringen; *v/i.* auf-, erwachen; gewahr werden (*to s.th.* et.).

a·ward [ə'wɔ:d] **1.** Urteil *n*, Spruch *m*; Zuerkennung *f*; Belohnung *f*; Auszeichnung *f*, Preis *m*; **2.** zuerkennen; *Orden etc.* verleihen.

a·ware [ə'wɛə]: *be* ~ wissen (*of* von *od. acc.*; *that* daß), sich bewußt sein (*of gen.*; *that* daß); *become* ~ *of et.* gewahr werden, merken, sich *e-r Sache* bewußt werden; **a'ware·ness** Bewußtsein *n*.

a·wash ⚓ [ə'wɔʃ] (im Wasser) treibend; unter der Wasseroberfläche.

a·way [ə'wei] weg, hinweg; fort, abwesend; *bei vb. auch* immer weiter, darauflos; *Sport.*: Auswärts...; *2 miles* ~ 2 Meilen entfernt *od.* von hier; *water has boiled* ~ Wasser ist verkocht; *explain* ~ hinwegerklären; ~ *back Am.* F (schon) damals, weit zurück; *right* ~, *straight* ~ sofort; *out and* ~ bei weitem.

awe [ɔ:] **1.** Ehrfurcht *f*, Scheu *f* (*of* vor *dat.*); **2.** Ehrfurcht *od.* Furcht einflößen (*dat.*); **'~-in·spir·ing** Ehrfurcht einflößend; **~·some** ['~səm] ehrfurchtgebietend; **'~-struck** von Ehrfurcht ergriffen.

aw·ful □ ['ɔ:ful] ehrfurchtgebietend; furchtbar; F schrecklich, kolossal; **aw·ful·ly** ['ɔ:fli] F sehr, furchtbar, schrecklich; *I'm* ~ *sorry* es tut mir furchtbar leid.

a·while [ə'wail] eine Weile.

awk·ward □ ['ɔ:kwəd] ungeschickt, unbeholfen, linkisch; umständlich; unangenehm, peinlich; mißlich, fatal; dumm, ungünstig, unpraktisch; *an* ~ *corner* eine dumme Ecke; **'awk·ward·ness** Ungeschicklichkeit *f*, Unbeholfenheit *f*; linkisches Wesen *n*; Unannehmlichkeit *f*.

awl [ɔ:l] Ahle *f*, Pfriem *m*.

awn ⚘ [ɔ:n] Granne *f*.

awn·ing ['ɔ:niŋ] Wagendecke *f*, Plane *f*; Markise *f*; ⚓ Sonnensegel *n*.

a·woke [ə'wəuk] *pret. u. pp. von awake* 2.

a·wry [ə'rai] schief; *fig.* verkehrt; *go* ~, *turn* ~ schiefgehen (*Sache*).

ax(e) [æks] **1.** Axt *f*, Beil *n*; *apply the* ~ F Streichungen *od.* Entlassungen vornehmen; *have an* ~ *to grind* eigennützige Zwecke verfolgen; **2.** *v/t.* F *Ausgaben* zs.-streichen; *Beamte etc.* abbauen.

ax·i·om ['æksiəm] Axiom *n* (*Grundsatz*); **ax·i·o·mat·ic** [~siəu'mætik] (~*ally*) axiomatisch, unumstößlich.

ax·is ['æksis], *pl.* **ax·es** ['~si:z] Achse *f* (*a. pol.*).

ax·le ⊕ ['æksl] (Rad)Achse *f*, Welle *f*.

ay(e) [ai] **1.** ja; **2.** Ja *n*; *parl.* Stimme *f* für; *the* ~*s have it* die Mehrheit ist dafür.

a·zal·ea ⚘ [ə'zeiljə] Azalee *f*.

az·i·muth *ast.* ['æziməθ] Scheitelkreis *m*, Azimut *m*, *n*.

a·zo·ic *geol.* [ə'zəuik] azoisch (*keine Lebewesen enthaltend*).

az·ure ['æʒə] **1.** azurn, azurblau; **2.** Azur(blau *n*) *m*.

B

baa [bɑ:] **1.** blöken; **2.** Blöken *n.*
Ba·al [ˈbeiəl] *Gott* Baal *m*; Abgott *m*, Götze *m.*
Bab·bitt [ˈbæbit] *Am.* Spieß(bürg)er *m*; ♀ *metal* ⊕ Lagerweißmetall *n.*
bab·ble [ˈbæbl] **1.** stammeln, lallen; (nach)plappern; *Geheimnis* ausplaudern; plätschern (*Bach*); **2.** Gestammel *n*; Geplapper *n*; Geschwätz *n*; ˈ**bab·bler** Schwätzer(in).
babe [beib] *poet.* kleines Kind *n*; Naivling *m.*
Ba·bel [ˈbeibəl] *Bibel*: Babel *n*; ♀ *fig.* (Stimmen)Gewirr *n.*
ba·boon *zo.* [bəˈbu:n] Pavian *m.*
ba·by [ˈbeibi] **1.** Säugling *m*, Baby *n*, kleines Kind *n*; *Am. sl.* Süße *f* (*Mädchen*); Kindchen *n*; **2.** Kinder...; Zwerg...; klein; ~ **act**: *mst plead* (*play*) *the* ~ *Am.* Unreife *f* plädieren (spielen); ~ **car** Klein(st)-wagen *m*; ˈ**~-farm·er** j., der Kinder gewerbsmäßig in Pflege nimmt; ~ **grand** ♪ Stutzflügel *m*; **ba·by·hood** [ˈ~hud] Säuglingsalter *n*, frühe Kindheit *f*; ˈ**ba·by·ish** □ kindlich; kindisch.
Bab·y·lo·ni·an [bæbiˈləunjən] **1.** babylonisch; **2.** Babylonier(in).
ba·by-sit·ter [ˈbeibisitə] Babysitter *m*, Kinderhüter(in).
bac·cha·nal [ˈbækənl] = *bacchant*; ˈ**bac·cha·nals** *pl.*, **bac·cha·na·li·a** [~ˈneiljə] *pl.* Bacchanal *n* (*wüstes Gelage*); **bac·chaˈna·li·an** bacchantisch.
bac·chant [ˈbækənt] Bacchant(in); **bac·chante** [bəˈkænti] Bacchantin *f*; **bacˈchan·tic** bacchantisch.
bac·cy F [ˈbæki] Tabak *m.*
bach·e·lor [ˈbætʃələ] Junggeselle *m*; *univ.* Bakkalaureus *m*; ~ *girl* Junggesellin *f*; **bach·e·lor·hood** [ˈ~hud] Junggesellenstand *m*, -leben *n.*
bac·il·la·ry [bəˈsiləri] Bazillen...; **baˈcil·lus** [~ləs], *pl.* **baˈcil·li** [~lai] Bazillus *m.*
back [bæk] **1.** Rücken *m* (*von Mensch od. Tier*); Rückenlehne *f*; Rücken *m*, Rückseite *f*; = *full-back*; *have s.o. at one's* ~ von j-m unterstützt werden; *behind s.o.'s* ~ hinter j-s Rücken; *put one's* ~ *into s.th.* sich in et. hineinknien; *put od. get od. set s.o.'s* ~ *up* j. in Wut bringen; *break s.o.'s* ~ j. überfordern; *break the* ~ *of s.th.* das Schlimmste von et. überstehen *od.* schaffen; *be on one's* ~ auf der Nase liegen; *with one's* ~ *to the wall* in Bedrängnis; *at the* ~ *of* hinter (*dat.*); *on the* ~ *of that* zu alledem; **2.** *adj.* Hinter..., Rück...; hinter; rückwärtig; entlegen; rückläufig; rückständig; **3.** *adv.* zurück; *go* ~ *from od. upon one's word* sein Wort nicht halten; **4.** *v/t.* mit e-m Rücken versehen; *a.* ~ *up j-m* den Rücken decken *od.* stärken, *j-m* beistehen, *j-m* helfen, *j.* unterstützen; hinten anstoßen *od.* grenzen an (*acc.*); zurückbewegen, -schieben, -drücken *etc.*; wetten *od.* setzen auf (*acc.*); auf der Rückseite beschreiben; ✝ indossieren; ~ *the sails* ⚓ die Segel backholen; ~ *water*, ~ *the oars* rückwärts rudern; ~ *up et.* befürworten; *v/i.* sich rückwärts bewegen, rückwärts fahren, zurückgehen *od.* -fahren; zurücktreten, abspringen (*out of* von *e-m Unternehmen*); ~ *down* F sich zurückziehen (*from* von); ~ **al·ley** *Am.* finstere Seitengasse *f*; ˈ**~-bend** *Turnen*: Brücke *f*; ˈ**~-bite** (*irr. bite*) verleumden; ˈ**~·bone** Rückgrat *n* (*a. fig.*); *to the* ~ *fig.* bis auf die Knochen; ˈ**~-break·ing** anstrengend; ˈ**~·cou·pling** Rückkoppelung *f*; ˈ**~-ˈdoor** Hintertür *f* (*a. fig.*); ˈ**back·er** Unterstützer(in); ✝ Indossierer; Hintermann *m*; Wetter(in).
back...: ˈ**~·field** *Sport*: Hinterfeld (-spieler *m*) *n*; ˈ**~-ˈfire** *mot.* **1.** Frühzündung *f*; **2.** frühzünden; ~ **for·ma·tion** *gr.* Rückbildung *f*; **~-ˈgam·mon** Puffspiel *n*; ˈ**~·ground** Hintergrund *m*; Herkunft *f*, Milieu *n*, Bildung *f*; ˈ**~-ˈhand** **1.** Rückhand(schlag *m*) *f*; **2.** Rückhand...; ˈ**~-hand·ed** rückhändig; *fig.* unerwartet; ˈ**~-hand·er** *s. back-hand 1*; unerwarteter Angriff *m.*
back·ing [ˈbækiŋ] Unterstützung *f.*
back...: ˈ**~·lash** Rückschlag *m*, Gegenstoß *m*; *white* ~ weißer Gegenstoß *m gegen die Gleichberechtigung der Neger in den USA*; ˈ**~·log** Rückstand *m* (*of* von); Reserve *f* (*of* an);

~ **num·ber** alte Nummer *f* (*e-r Zeitung*); *j. od. et.* Altmodisches *n*; ˈ~ˈ**pack·ing** Rucksacktourismus *m*; ~ **pay** Lohn-, Gehaltsnachzahlung *f*; ˈ~-ˈ**ped·al** rückwärtstreten (*Radfahrer*); *~ling brake* Rücktrittbremse *f*; ˈ~-**room boy** F Wissenschaftler *m mit Geheimauftrag*; ~ **seat** Rücksitz *m*; *take a ~* sich im Hintergrund halten; *back-seat driver* Besserwisser *m*; ˈ~ˈ**side** Hinter-, Rückseite *f*; V Hintern *m*; ˈ~·**sight** (Visier)Kimme *f*; ˈ~-**slap·per** *Am.* plump vertraulicher Mensch *m*; ˈ~-ˈ**slide** (*irr. slide*) rückfällig werden; ˈ~ˈ**slid·er** Rückfällige *m, f*; ˈ~ˈ**slid·ing** Rückfall *m*; ˈ~ˈ**stairs** Hintertreppe *f*; ˈ~·**stitch 1.** Steppstich *m*; **2.** mit Steppstichen nähen; ˈ~·**stop** *Am. Baseball*: Gitter *n hinter dem Fänger*; *Schießstand*: Kugelfang *m*; ˈ~·**stroke** Rückenschwimmen *n*; ~ **talk** *Am.* freche Antworten *f/pl.*; ~ **to back** Rücken an Rücken (gebaut); nacheinander; ˈ~·**track** *Am.* F *fig.* e-n Rückzieher machen.

back·ward [ˈbækwəd] **1.** *adj.* rückwärts gerichtet; Rück(wärts)...; langsam; zurückgeblieben, rückständig; zurückhaltend; **2.** *adv. a.* ˈ**back·wards** rückwärts, zurück; **back·wardˈa·tion** ⚜ Deport *m*, Kursabschlag *m*; ˈ**back·ward·ness** Rückständigkeit *f*; Langsamkeit *f*; Widerstreben *n*.

back...: ˈ~·**wa·ter** Stauwasser *n*; totes Wasser *n*; ˈ~·**woods** *pl.* weit abgelegene Waldgebiete *n/pl.*; *fig.* Provinz *f*; ˈ~·**woods·man** Hinterwäldler *m*.

ba·con [ˈbeikən] Speck *m*; *save one's ~* F mit heiler Haut davonkommen; *bring home the ~ sl.* es geschafft haben.

bac·te·ri·al □ [bækˈtiəriəl] bakteriell; Bakterien...; **bac·te·ri·o·log·i·cal** □ [~tiəriəˈlɔdʒikəl] bakteriologisch; **bac·te·ri·ol·o·gist** [~tiəriˈɔlədʒist] Bakteriologe *m*; **bacˈte·ri·um** [~riəm], *pl.* **bacˈte·ri·a** [~riə] Bakterie *f*.

bad □ [bæd] schlecht, böse, schlimm, arg; falsch (*Münze*); anstößig (*Wort etc.*); faul (*Schuld*); *not (too) ~, not so ~, not half ~* F gar nicht übel; *things are not so ~* die Sache ist halb so schlimm; *he is ~ly off* es geht ihm sehr schlecht; *~ly wounded* schwerverwundet; *want ~ly* dringend brauchen; *in ~ with Am.* F in Ungnade bei; *s. worse.*

bade [bæd] *pret. von bid 1.*

badge [bædʒ] Ab-, Kennzeichen *n*.

badg·er [ˈbædʒə] **1.** *zo.* Dachs *m*; **2.** hetzen, plagen, belästigen.

bad·lands *Am.* [ˈbædləndz] *pl.* Ödland *n*, unfruchtbares Land *n*.

bad·min·ton [ˈbædmintən] Federballspiel *n*, Badminton *n*.

bad·ness [ˈbædnis] schlechte Beschaffenheit *f*; Schlechtigkeit *f*.

bad-tem·pered [ˈbædˈtempəd] schlecht gelaunt, mürrisch.

baf·fle [ˈbæfl] *j.* verwirren, verblüffen; *Plan etc.* vereiteln, durchkreuzen; *they were ~d in their attempt* ihr Versuch wurde zunichte gemacht; *it ~s description* es spottet jeder Beschreibung.

bag [bæg] **1.** Tasche *f*, Beutel *m*, Sack *m*; Tüte *f*; *hunt.* Strecke *f*; *~s pl. sl.* Hosen *f/pl.*; *it's in the ~* F das haben wir sicher; *~ and baggage* mit Sack und Pack; *~s of sl.* e-e Menge; **2.** in e-n Beutel *etc.* tun, einsacken; F stibitzen; *hunt.* zur Strecke bringen; (sich) bauschen.

bag·a·telle [bægəˈtel] Kleinigkeit *f*.

bag·gage [ˈbægidʒ] *Am.* (Reise-) Gepäck *n*; ⚔ Troß *m*; *co.* kleines Biest *n*, Fratz *m* (*Mädchen*); ~ **car** 🚃 *Am.* Gepäckwagen *m*; ˈ~-**check** *Am.* Gepäckschein *m*.

bag·ging [ˈbægiŋ] Sack-, Packleinwand *f*.

bag·gy [ˈbægi] ausgebeult (*Hose*); sackartig; bauschig.

bag...: ~·**man** [ˈbægmən] F Handlungsreisende *m*; ˈ~·**pipe** Dudelsack(pfeife *f*) *m*; ˈ~-**snatch·er** Handtaschenräuber *m*.

bah [bɑː] bah!, pah!

bail[1] [beil] **1.** Bürge *m*; Bürgschaft *f*; Kaution *f*; *admit to ~* ⚖ gegen Bürgschaft freilassen; *be od. go od. stand ~ for* bürgen für *j.*; **2.** bürgen für; *~ out j.* freibürgen; mit dem Fallschirm abspringen.

bail[2] ⚓ [~] ausschöpfen.

bail[3] [~] *Kricket*: Querholz *n*.

bail[4] [~] Henkel *m e-s Eimers etc.*

bail·iff [ˈbeilif] Gerichtsdiener *m*; (Guts)Verwalter *m*; Amtmann *m*.

bail·ment ⚖ [ˈbeilmənt] (vertragliche) Hinterlegung *f einer beweglichen Sache.*

bail·or ⚖ [ˈbeilə] Deponent *m*, Hinterleger *m*.
bairn *schott.* [bɛən] Kind *n*.
bait [beit] **1.** Köder *m*; *fig.* Lockung *f*, Reiz *m*; Rast *f*; **2.** *v/t.* mit e-m Köder versehen; *Pferde unterwegs* füttern; *hunt.* hetzen; *fig.* quälen; reizen; *v/i.* rasten, einkehren.
baize [beiz] (grüner) Fries *m*.
bake [beik] **1.** backen; braten; *Ziegel* brennen; (aus)dörren; **2.** *Am.* gesellige Zusammenkunft *f*.
ba·ke·lite ⊕ [ˈbeikəlait] Bakelit *n*.
bak·er [ˈbeikə] Bäcker *m*; *~'s dozen* dreizehn; ˈ**bak·er·y** Bäckerei *f*; ˈ**bak·ing** *a.* *~ hot* glühend heiß; ˈ**bak·ing-pow·der** Backpulver *n*.
bak·sheesh [ˈbækʃiːʃ] Bakschisch *n* (*Trinkgeld im Orient*).
Ba·la·cla·va [bæləˈklɑːvə]: *~ helmet Hals u. Ohren bedeckende* Wollmütze *f*.
bal·a·lai·ka ♪ [bæləˈlaikə] Balalaika *f* (*dreieckige Gitarre*).
bal·ance [ˈbæləns] **1.** Waage *f*; Gleich-, Übergewicht *n* (*a. fig.*); Ausgeglichenheit *f*, Harmonie *f*; ✝ Bilanz *f*, Saldo *m*, Überschuß *m*; Restbetrag *m*; F Rest *m*, Überbleibsel *n*; *a. ~ wheel* Unruhe *f der Uhr*; *be od. hang in the ~* in der Schwebe sein; *keep (lose) one's ~* das Gleichgewicht halten (verlieren); *fig.* ruhig bleiben (nervös werden); *throw s.o. off his ~ fig.* j. aus der Fassung bringen; *turn the ~* den Ausschlag geben; *~ of power pol.* Kräftegleichgewicht *n*; *~ of trade* (Außen)Handelsbilanz *f*; *s. strike* 2; **2.** *v/t.* (ab-, er)wägen; im Gleichgewicht halten; ins Gleichgewicht bringen, ausgleichen; ✝ bilanzieren, ausgleichen; saldieren, abschließen; *v/i.* balancieren; sich ausgleichen; ˈ**~-sheet** ✝ Bilanz *f*.
bal·co·ny [ˈbælkəni] Balkon *m* (*a. thea.*); Rang *m*.
bald [bɔːld] kahl; *fig.* nackt; dürftig.
bal·da·chin [ˈbɔːldəkin] Baldachin *m*.
bal·der·dash [ˈbɔːldədæʃ] Geschwätz *n*.
bald...: ˈ**~-head**, ˈ**~-pate** Kahlkopf *m*; ˈ**~-ˈhead·ed** kahlköpfig; *go ~ into* blindlings hineinrennen in (*acc.*); ˈ**bald·ness** Kahlheit *f*.
bale[1] ✝ [beil] Ballen *m*.
bale[2] ⚓ [~] ausschöpfen.
bale·fire [ˈbeilfaiə] Signalfeuer *n*.
bale·ful □ [ˈbeilful] verderblich; unheilvoll.
balk [bɔːk] **1.** (Furchen)Rain *m*; Balken *m*; Hemmnis *n*; **2.** *v/t.* (ver-)hindern; enttäuschen; umgehen; verpassen; stutzig machen; *v/i.* stutzen, scheuen (*at* bei, vor *dat.*).
Bal·kan [ˈbɔːlkən] Balkan...; balkanisch.
ball[1] [bɔːl] **1.** Ball *m*; Kugel *f*; (Hand-, Fuß)Ballen *m*; Knäuel *m*, *n*; Kloß *m*; *Sport*: Wurf *m*; *Am. Baseball*: falscher Wurf *m*; *start (keep) the ~ rolling* die Sache *od.* das Gespräch in Gang bringen (halten); *have the ~ at one's feet* die beste Gelegenheit haben; *the ~ is with you* du bist dran; *play ~ Am.* F mitmachen; **2.** (sich) (zs.-)ballen; *~ed up Am. sl.* durcheinander.
ball[2] [~] Ball *m*, Tanzgesellschaft *f*; *open the ~ fig.* den Reigen eröffnen.
bal·lad [ˈbæləd] Ballade *f*; ˈ**~-mon·ger** Bänkelsänger *m*.
ball-and-sock·et [ˈbɔːlənˈsɔkit]: *~ joint* ⊕ Kugelgelenk *n*.
bal·last [ˈbæləst] **1.** ⚓ Ballast *m* (*a. fig.*); 🚂 Schotter *m*, Bettung *f*; *mental ~* innerer Halt *m*; **2.** mit Ballast beladen; 🚂 beschottern, betten.
ball...: ˈ**~-ˈbear·ing(s** *pl.*) ⊕ Kugellager *n*; ˈ**~-boy** *Tennis*: Balljunge *m*; ˈ**~-car·tridge** scharfe Patrone *f*.
bal·let [ˈbælei] Ballett *n*.
bal·lis·tics [bəˈlistiks] *mst sg.* Ballistik *f*.
bal·loon [bəˈluːn] **1.** Ballon *m*; *~ barrage* Ballonsperre *f*; *~ tire mot.* Ballonreifen *m*; **2.** im Ballon aufsteigen; sich bauschen; *sl. Ball* hoch in die Luft schießen; **bal·ˈloon·ist** Ballonfahrer *m*.
bal·lot [ˈbælət] **1.** Wahlkugel *f*, -zettel *m*; (geheime) Wahl *f*; **2.** (geheim) abstimmen; *~ for* losen um; ˈ**~-box** Wahlurne *f*.
ball...: *~*(**-point**) **pen** Kugelschreiber *m*; ˈ**~-room** Ballsaal *m*; *~ dancing* Gesellschaftstanz *m*.
bal·ly·hoo F [bæliˈhuː] **1.** Tamtam *n*, aufdringliche Reklame *f*; **2.** marktschreierisch anpreisen.
bal·ly·rag F [ˈbæliræg] aufziehen; tyrannisieren.
balm [bɑːm] Balsam *m*; *fig.* Trost *m*.

balm·y □ ['bɑːmi] balsamisch (*a. fig.*); mild.
ba·lo·ney *Am. sl.* [bə'ləuni] Quatsch *m.*
bal·sam ['bɔːlsəm] Balsam *m*; **bal·sam·ic** [~'sæmik] (*~ally*) balsamisch.
Bal·tic ['bɔːltik] **1.** baltisch; *~ Sea* = **2.** Ostsee *f.*
bal·us·ter ['bæləstə] Geländersäule *f.*
bal·us·trade [bæləs'treid] Balustrade *f*, Brüstung *f*; Geländer *n.*
bam·boo [bæm'buː] Bambus *m.*
bam·boo·zle F [bæm'buːzl] beschwindeln (*into ger.* zu *inf.*; *out of* um).
ban ['bæn] **1.** Bann *m*; Ächtung *f*, Acht *f*; (amtliches) Verbot *n*; **2.** verbieten; *~ s.o. from speaking* j-m verbieten zu sprechen.
ba·nal [bə'nɑːl] banal, abgedroschen.
ba·nan·a [bə'nɑːnə] ⚘ Banane *f*; *~ split Am.* Eisbecher *m* mit Banane.
band [bænd] **1.** Band *n*; ⊕ Treibriemen *m*; Streifen *m*; Leiste *f*; Bande *f*; Trupp *m*; Gruppe *f*, Schar *f*; ♪ (Musik)Kapelle *f*, Band *f*; **2.** zs.-binden; *~ together* sich zs.-tun, *b.s.* sich zs.-rotten.
band·age ['bændidʒ] **1.** Bandage *f*; Binde *f*; Verband *m*; *first-aid ~* Notverband *m*; **2.** bandagieren; verbinden.
ban·dan·na [bæn'dɑːnə] buntes Halstuch *n.*
band·box ['bændbɔks] Hutschachtel *f*; *as if one came out of a ~* wie aus dem Ei geschält.
ban·dit ['bændit] Bandit *m*; '**ban·dit·ry** Banditentum *n.*
band-mas·ter ['bændmɑːstə] Kapellmeister *m.*
ban·do·leer [bændəu'liə] Patronengurt *m.*
bands·man ['bændzmən] Orchestermitglied *n*, Musiker *m*; '**band·stand** Musikpavillon *m*; **band wag·on** *Am.* Wagen *m* mit Musikkapelle; *jump on the ~ fig.* sich der erfolgversprechenden Sache anschließen.
ban·dy ['bændi] **1.** *Ball etc.* hin und her werfen; *Worte* wechseln, *Blicke, Schläge etc.* tauschen; **2.** krumm, gekrümmt; **3.** Ochsenkarren *m*; '**~-leg·ged** O-beinig.
bane [bein] Ruin *m*; *the ~ of his life* der Fluch s-s Lebens; **bane·ful** □ ['beinful] verderblich.
bang [bæŋ] **1.** bum(s)!, peng!; **2.** gerade(swegs), genau; **3.** Knall *m*; Ponyfrisur *f*; *go over with a ~ Am.* F ein Bombenerfolg sein; **4.** dröhnend schlagen; knallen; F hauen; *Tür* zuschlagen; F knallen mit *et.*; *sl. Preise* drücken.
ban·gle ['bæŋgl] Arm-, Fußring *m.*
bang-up *Am. sl.* ['bæŋʌp] Klasse..., prima.
ban·ish ['bæniʃ] verbannen; '**ban·ish·ment** Verbannung *f.*
ban·is·ter ['bænistə] Geländersäule *f*; '**ban·is·ters** *pl.* Treppengeländer *n.*
ban·jo ♪ ['bændʒəu] Banjo *n.*
bank [bæŋk] **1.** Damm *m*, Ufer *n*; Böschung *f*; *Sand-, Wolken- etc.* Bank *f*; ✝ Bank(haus *n*) *f*; Spielbank *f*; *~ of deposit* Depositenbank *f*; *~ of issue* Notenbank *f*; **2.** *v/t.* eindämmen; ✝ *Geld* auf die Bank legen; ✈ in die Kurve bringen; *v/i.* Bankgeschäfte machen; ein Bankkonto haben (*with* bei); ✈ in die Kurve gehen, in der Kurve liegen; *~ on* sich verlassen auf (*acc.*); *~ up* (sich) aufhäufen; '**bank·a·ble** bankfähig; '**bank-ac·count** Bankkonto *n*; '**bank-bill** Bankwechsel *m*; *Am. s. bank-note*; '**bank·er** Bankier *m*; *Roulette etc.*: Bankhalter *m*; '**bank·ing 1.** Bankgeschäft *n*; Bankwesen *n*; ✈ Schräglage *f*; **2.** Bank...; '**bank·ing-house** Bankhaus *n*; '**bank-note** Banknote *f*, Geldschein *m*; Kassenschein *m*; '**bank-rate** Diskontsatz *m*; **bank·rupt** ['~rʌpt] **1.** Bankrotteur *m*; *~'s estate* Konkursmasse *f*; **2.** bankrott; *go ~* Bankrott machen; *~ in od. of e-r Eigenschaft* bar; **3.** bankrott machen; **bank·rupt·cy** ['~rəptsi] Bankrott *m*, Konkurs *m*; *declaration of ~* Bankrotterklärung *f*; *~ petition* Konkursantrag *m.*
ban·ner ['bænə] **1.** Banner *n*; Fahne *f*; Transparent *n bei politischen Umzügen*; **2.** *Am. in Zssgn* Haupt..., führend.
ban·nock *schott.* ['bænək] Haferbrot *n.*
banns [bænz] *pl.* Aufgebot *n* (*vor der Hochzeit*); *put up the ~, publish the ~ j-n* aufbieten.
ban·quet ['bæŋkwit] **1.** Bankett *n*,

Festmahl *n*, -essen *n*; **2.** festlich bewirten; tafeln; *~ing hall* Bankettsaal *m*; '**ban·quet·er** Bankettteilnehmer *m*.
ban·shee *schott., ir.* [bæn'ʃiː] Todesfee *f*.
ban·tam ['bæntəm] Zwerghuhn *n*; *fig.* Zwerg *m*; *~ weight Sport*: Bantamgewicht *n*.
ban·ter ['bæntə] **1.** Neckerei *f*, Hänselei *f*; **2.** necken, hänseln; '**ban·ter·er** Spötter(in), Spaßvogel *m*.
bap·tism ['bæptizəm] Taufe *f*; *~ of fire* Feuertaufe *f*; **bap·tis·mal** [~'tizməl] Tauf...
bap·tist ['bæptist] Täufer *m*; '**bap·tis·ter·y** Taufkapelle *f*; **bap·tize** [~'taiz] taufen (*a. fig.*).
bar [bɑː] **1.** Stange *f*; Stab *m*; *metall.* Barren *m*; Riegel *m*; Tafel *f Schokolade*; Schranke *f*, Barriere *f*; Sandbank *f*; *fig.* Hindernis *n*; Streifen *m*, Band *n*; ⚔ Spange *f*; ♪ Takt (-strich) *m*; (Gerichts)Schranke *f*; *fig.* Urteil *n*; Anwaltschaft *f*; Bar *f im Hotel etc.*; *horizontal ~* Reck *n*; *parallel ~s pl.* Barren *m*; *be called to the ~* ⚖ als Anwalt zugelassen werden; *prisoner at the ~* Untersuchungsgefangene *m*, *f*; *stand at the ~* vor Gericht stehen; *behind prison ~s* hinter Gittern; **2.** verriegeln; (ver-, ab)sperren; verwehren; einsperren; aufhalten; (ver-) hindern (*from* an *dat.*); ausnehmen, absehen von; *~ out* aussperren.
barb [bɑːb] *zo.* Bart(faden) *m*; Widerhaken *m*; Fahne *f der Feder*; **barbed** mit Widerhaken versehen; *~ wire* Stacheldraht *m*.
bar·bar·i·an [bɑː'bɛəriən] **1.** fremd; barbarisch; grausam; **2.** Barbar *m*; **bar·bar·ic** [~'bærik] (*~ally*) barbarisch; **bar·ba·rism** ['~bərizəm] Barbarismus *m*, Sprachwidrigkeit *f*; Unkultur *f*, Barbarei *f*; **bar·bar·i·ty** [~'bæriti] Barbarei *f*, Unmenschlichkeit *f*; **bar·ba·rize** ['~bəraiz] verrohen lassen; verderben; '**bar·ba·rous** □ barbarisch, unmenschlich, roh; grausam.
bar·be·cue ['bɑːbikjuː] großer Bratrost *m für ganze Tiere*; *Am.* Essen *n* (*im Freien*), bei dem ganze Tiere gebraten werden; **2.** im ganzen braten.
bar·bel *ichth.* ['bɑːbəl] Barbe *f*.
bar-bell ['bɑːbel] *Sport*: Kugelhantel *f*.
bar·ber ['bɑːbə] Barbier *m*; (Herren)Friseur *m*; *~ shop* Friseurgeschäft *n*.
bard [bɑːd] Barde *m*, Sänger *m*.
bare [bɛə] **1.** nackt, bloß; kahl; bar, leer; arm, entblößt (*of* von); *the ~ idea* der bloße Gedanke; **2.** entblößen, zeigen; '**~-back(ed)** ungesattelt; '**~·faced** □ frech, schamlos; '**~·faced·ness** Frechheit *f*, Schamlosigkeit *f*; '**~·foot** barfuß; '**~'foot·ed** barfüßig; barfuß; '**~-'head·ed** barhäuptig; '**bare·ly** kaum, gerade, knapp; '**bare·ness** Nacktheit *f*, Blöße *f*; Dürftigkeit *f*.
bar·gain ['bɑːgin] **1.** Geschäft *n*; Handel *m*, Kauf *m* (*a. gekaufte Sache*); Vertrag *m*, Abschluß *m*; vorteilhafter Kauf *m*, Gelegenheitskauf *m*; *~ price* Spottpreis *m*; *a (dead) ~* spottbillig; *it's a ~!* F abgemacht!; *into the ~* noch dazu, obendrein; *make od. strike a ~* handelseinig werden, e-n Handel abschließen; **2.** handeln, feilschen (*about* um); übereinkommen (*for* über *acc.*; *that* daß); *~ for* rechnen mit, gefaßt sein auf (*acc.*); erwarten; '**bar·gain·er** Handelnde *m*, *f*.
barge [bɑːdʒ] **1.** Flußboot *n*, Lastkahn *m*; ⚓ Barkasse *f*; Hausboot *n*; **2.** F taumeln, torkeln; **bar'gee, barge·man** ['~mən] Kahnführer *m*.
bar-i·ron ['bɑːaiən] Stabeisen *n*.
bar·i·tone ♪ ['bæritəun] Bariton *m*.
bar·i·um ⚗ ['bɛəriəm] Barium *n*.
bark[1] [bɑːk] **1.** Borke *f*, Rinde *f*; ⊕ Lohe *f*; **2.** abrinden; *Haut* abschürfen.
bark[2] [~] **1.** bellen, kläffen (*a. fig.*); böllern (*Schußwaffe*); *~ at* anbellen; **2.** Bellen *n* (F *Husten*) *etc.*
bark[3] [~] ⚓ = *barque*; *poet.* Barke *f*.
bar-keep·er ['bɑːkiːpə] Barbesitzer *m*; Barkellner *m*.
bark·er ['bɑːkə] Kläffer *m* (*a. fig.*); Kundenfänger *m*.
bar·ley ['bɑːli] Gerste *f*; Graupe *f*.
barm [bɑːm] Bärme *f*, Hefe *f*.
bar·maid ['bɑːmeid] Kellnerin *f*, Bardame *f*.
bar·man ['bɑːmən] *s. bartender*.
barm·y ['bɑːmi] hefig; P verdreht.
barn [bɑːn] Scheune *f*; *bsd. Am.* (Vieh)Stall *m*.
bar·na·cle[1] ['bɑːnəkl] *orn.* Bernikelgans *f*; *zo.* Entenmuschel *f*; *fig.*

Klette *f* (*nicht abzuschüttelnder Mensch*).
bar·na·cle² [~] *vet.* Bremse *f*; ~*s pl.* F Brille *f*, Kneifer *m.*
barn·storm *Am. pol.* ['bɑːnstɔːm] herumreisen u. (Wahl)Reden halten; '**barn·yard** Hof *m zwischen Bauernhaus u. Scheune.*
ba·rom·e·ter [bə'rɔmitə] Barometer *n*; **bar·o·met·ric, bar·o·met·ri·cal** □ [bærəu'metrik(əl)] barometrisch; Barometer...
bar·on ['bærən] Baron *m*, Freiherr *m*; *coal* ~ Kohlenbaron *m*; '**bar·on·ess** Baronin *f*; **bar·on·et** ['~nit] Baronet *m*; **bar·on·et·cy** ['~nitsi] Baronetswürde *f*; **ba·ro·ni·al** [bə'rəunjəl] freiherrlich; **bar·o·ny** ['bærəni] Baronie *f*; Baronswürde *f.*
ba·roque [bə'rɔk] **1.** barock; **2.** Barock *n, m.*
barque ⚓ [bɑːk] Bark *f.*
bar·rack ['bærək] **1.** *mst* ~*s pl.* Kaserne *f*; Mietskaserne *f*; **2.** *sl.* anpöbeln.
bar·rage ['bærɑːʒ] Staudamm *m*, Talsperre *f*; *weitS.* Sperre *f*; ⚔ Sperrfeuer *n*; ~ *balloon* Sperrballon *m*; *creeping* ~ ⚔ Feuerwalze *f.*
bar·rel ['bærəl] **1.** Faß *n*, Tonne *f*; (Gewehr)Lauf *m*; (Geschütz)Rohr *n*; ⊕ Trommel *f*; Walze *f*; Rumpf *m e-s Pferdes etc.*; **2.** in Fässer füllen; '**bar·relled** ...läufig (*Gewehr*); '**bar·rel-or·gan** ♪ Drehorgel *f.*
bar·ren □ ['bærən] unfruchtbar; dürr, trocken (*alle a. fig.*); ✝ tot (*Kapital*); '**bar·ren·ness** Unfruchtbarkeit *f.*
bar·ri·cade [bæri'keid] **1.** Barrikade *f*; **2.** verbarrikadieren, verrammeln; sperren.
bar·ri·er ['bæriə] Schranke *f* (*a. fig.*); Barriere *f*, Sperre *f*; Schlagbaum *m*; Hindernis *n*; ~ *cream* schmutzabweisende Hautcreme *f.*
bar·ring F ['bɑːriŋ] ausgenommen, abgesehen von; ~ *a miracle* wenn kein Wunder geschieht.
bar·ris·ter ['bæristə] *a.* ~*-at-law* (plädierender) Rechtsanwalt *m an den höheren Gerichtshöfen*, Barrister *m.*
bar·row¹ ['bærəu] *s. hand-~, wheel-~*; ~**-man** ['~mən] Straßenhändler *m.*
bar·row² [~] Hügelgrab *n*, Tumulus *m.*
bar·tend·er ['bɑːtendə] Büfettier *m*, Schankkellner *m.*
bar·ter ['bɑːtə] **1.** Tausch(handel) *m*; ~ *shop* Tauschladen *m*; **2.** tauschen (*for* gegen); Tauschhandel treiben; *b.s.* (ver)schachern.
bar·y·tone ♪ ['bæritəun] Bariton *m.*
ba·salt ['bæsɔːlt] Basalt *m*; **ba·sal·tic** [bə'sɔːltik] basaltisch; Basalt...
base¹ □ [beis] gemein, niedrig; unedel, unecht, falsch (*Metall etc.*).
base² [~] **1.** Basis *f*, Grundfläche *f*, -linie *f*, -lage *f*; Fundament *n*; Fuß *m*, Sockel *m*; ⚗ Base *f*; Stützpunkt *m*; *Sport*: Mal *n*; **2.** *fig.* gründen, stützen, aufbauen (*on, upon* auf *acc.*); ✈ landen; ~ *o.s. on* sich stützen auf (*acc.*); *be* ~*d* (*up*)*on* beruhen auf (*dat.*), sich stützen auf (*acc.*).
base...: '~**·ball** Baseball *m*; '~**-board** Fuß-, Scheuerleiste *f*; '~**-born** von niedriger Abkunft; unehelich; '~**·less** grundlos; '~**-line** Grundlinie *f*; *surv.* Standlinie *f*; '**base·ment** Fundament *n*; Kellergeschoß *n.*
base·ness ['beisnis] Gemeinheit *f etc.* (*s. base¹*).
bash·ful □ ['bæʃful] verschämt, schüchtern.
bas·ic ['beisik] (~*ally*) grundlegend, Grund...; ⚗ basisch; ♀ *English* Basic English *n* (*vereinfachtes Englisch*); ~ *iron* Thomaseisen *n*; ~ *slag* Thomasschlacke *f.*
basil ⚘ ['bæzl] Basilienkraut *n.*
ba·sil·i·ca ⌂ [bə'zilikə] Basilika *f.*
bas·i·lisk ['bæzilisk] **1.** Basilisk *m*; **2.** Basilisken...
ba·sin ['beisn] *allg.* Becken *n*; *engS.* Schüssel *f*, Schale *f*; Tal-, Wasser-, Hafenbecken *n*; Innenhafen *m.*
ba·sis ['beisis], *pl.* **ba·ses** ['~siːz] Basis *f*, Grundlage *f*; ⚔, ⚓ Stützpunkt *m*; *take as* ~ zugrunde legen.
bask [bɑːsk] sich sonnen (*a. fig.*); sich wärmen.
bas·ket ['bɑːskit] Korb *m*; '~**-ball** Korbball(spiel *n*) *m*; ~ **din·ner**, ~ **sup·per** *Am.* Picknick *n*; '**bas·ket-work** Korbgeflecht *n.*
bass¹ ♪ [beis] Baß *m.*
bass² *ichth.* [bæs] Barsch *m.*
bass³ [~] Bast *m*; Bastmatte *f.*
bas·si·net [bæsi'net] Korbwiege *f*, Stubenwagen *m.*

bas·soon ♪ [bəˈsuːn, ♪ bəˈzuːn] Fagott *n*.
bast [bæst] Bast *m*.
bas·tard [ˈbæstəd] **1.** □ unehelich; unecht; Bastard...; **2.** Bastard *m*; ˈ**bas·tar·dy** uneheliche Geburt *f*.
baste[1] [beist] *Braten* (mit Fett) begießen; durchprügeln.
baste[2] [~] lose nähen, (an)heften.
bas·ti·na·do [bæstiˈneidəu] **1.** Bastonade *f*; **2.** *j-m* die Bastonade geben.
bas·tion ⚔ [ˈbæstiən] Bastion *f*.
bat[1] [bæt] Fledermaus *f*; *as blind as a* ~ stockblind.
bat[2] [~] *Sport*: **1.** Schlagholz *n*, Schläger *m*; Schläger *m* (*Spieler*); *off one's own* ~ *fig.* selbständig; **2.** (mit dem Schlagholz) schlagen; am Schlagen sein; ~ *for s.o.* für j-n eintreten.
batch [bætʃ] Schub *m Brote*; Stoß *m Briefe etc.*
bate [beit] verringern; *Preis* heruntersetzen; *Atem* verhalten.
Bath[1] [bɑːθ]: ~ *brick* Metallputzstein *m*; ~ *chair* Rollstuhl *m*.
bath[2] [~] **1.** *pl.* **baths** [bɑːðz] Bad *n* (*Wannen-, Licht-, Sonnenbad; Badewasser, -wanne, -zimmer, -ort*); **2.** *Kind* baden; ein Bad nehmen.
bathe [beið] **1.** baden; **2.** Bad *n im Freien*.
bath·house [ˈbɑːθhaus] Badeanstalt *f*; Umkleidekabinen *f/pl*.
bath·ing [ˈbeiðiŋ] Baden *n*, Bad *n*; *attr.* Bade...; ˈ**~-cap** Badekappe *f*; ˈ**~-cos·tume**, ˈ**~-dress** Badeanzug *m*; ˈ**~-hut** Strandkorb *m*; ˈ**~-ma**ˈ**chine** Badekarren *m*; ˈ**~-suit** Badeanzug *m*; ˈ**~-trunks** *pl.* Badehose *f*.
ba·thos *rhet.* [ˈbeiθɔs] Abgleiten *n* vom Erhabenen ins Niedrige; Niedergang *m*; Gemeinplatz *m*.
bath...: ˈ**~robe** *Am.* Bademantel *m*; ˈ**~-room** Badezimmer *n*; Toilette *f*; ˈ**~-sheet** Badelaken *n*; ˈ**~-tow·el** Badetuch *n*; ˈ**~tub** Badewanne *f*.
ba·tik [ˈbætik] Batik(druck) *m*.
ba·tiste [bæˈtiːst] Batist *m*.
bat·man [ˈbætmən] Offiziersbursche *m*.
ba·ton [ˈbætən] *Amts-, Kommando-*Stab *m*; ♪ Taktstock *m*, Stab *m*; (Polizei)Knüppel *m*.
bats·man [ˈbætsmən] *Kricket etc.*: Schläger *m*.
bat·tal·ion [bəˈtæljən] Bataillon *n*.
bat·ten [ˈbætn] **1.** Latte *f*; Leiste *f*; **2.** (mit Latten) befestigen; sich mästen (*on, upon* mit); ~ *down the hatches* ⚓ die Luken schalken.
bat·ter [ˈbætə] **1.** *Kricket*: Schläger *m*; *Küche*: Rührteig *m*; **2.** heftig schlagen, zerschlagen; ein-, ver-, zerbeulen; arg mitnehmen; ⚔ bombardieren; *fig.* herunter-, verreißen (*Kritiker etc.*); ~ *down od. in Tür* einschlagen; ˈ**bat·tered** zerschlagen, zertrümmert; abgenutzt; ˈ**bat·ter·ing** Belagerungs..., Sturm-...; ~ *ram* Sturmbock *m*; ˈ**bat·ter·y** ⚔ Batterie *f*; ⚓ Geschützgruppe *f*; ⚡ Batterie *f*, Akku *m*; *fig.* Satz *m*; ⚖ Realinjurien *f/pl.*; *assault and* ~ tätlicher Angriff *m*.
bat·tle [ˈbætl] **1.** Schlacht *f*, Gefecht *n* (*of* bei); ~ *royal* Massenschlägerei *f*; **2.** streiten (*for* um), kämpfen (*against* gegen, *with* mit); ˈ**~-axe** Streitaxt *f*; F Xanthippe *f*.
bat·tle·dore [ˈbætldɔː] Federballschläger *m*.
bat·tle-field [ˈbætlfiːld], ˈ**bat·tle-ground** Schlachtfeld *n*.
bat·tle·ment [ˈbætlmənt] Brustwehr *f*; **~s** *pl.* Zinnen *f/pl*.
bat·tle-ship ⚔ [ˈbætlʃip] Schlachtschiff *n*.
bat·tue [bæˈtuː] Treibjagd *f*.
bat·ty *sl.* [ˈbæti] nicht ganz bei Trost.
bau·ble [ˈbɔːbl] Spielzeug *n*, Tand *m*.
baulk [bɔːk] = *balk*.
baux·ite *min.* [ˈbɔːksait] Bauxit *m*.
Ba·var·i·an [bəˈvɛəriən] **1.** bay(e)risch; **2.** Bayer(in).
baw·bee *schott.* [bɔːˈbiː] = *halfpenny*.
bawd [bɔːd] Kupplerin *f*; ˈ**bawd·y** unzüchtig, obszön.
bawl [bɔːl] brüllen; johlen, grölen; *j.* anschreien; ~ *out* auf-, los-, *et.* herausbrüllen; *Am. sl. j.* laut herunterputzen, anschnauzen.
bay[1] [bei] **1.** braun (*Pferd*); **2.** Braune *m, f*.
bay[2] [~] Bai *f*, Bucht *f*; *geol.* Kar *n*; ~ *salt* Seesalz *n*.
bay[3] [~] △ Joch *n*, Fach *n*; Erker *m*; Abteilung *f*; Seitenbahnsteig *m*; *bomb* ~ ✈ Bombenschacht *m*; *sick-*~ ⚓ Schiffslazarett *n*.
bay[4] ⚘ [~] Lorbeer *m*.
bay[5] [~] **1.** bellen, anschlagen

(*Hund*); ~ *at* anbellen; **2.** *stand at* ~ sich verzweifelt wehren; *bring to* ~, *keep od. hold at* ~ *Wild* stellen; *turn to* ~ sich stellen (*a. fig.*).

bay·o·net ⚔ ['beiənit] **1.** Bajonett *n*; **2.** mit dem Bajonett niederstoßen; '**~-catch** ⊕ Bajonettverschluß *m*.

bay·ou *Am. geogr.* ['baiu:] sumpfiger Nebenarm *m*, *bsd. e-s Flusses.*

bay-win·dow ['bei'windəu] Erkerfenster *n*; *Am. sl.* Vorbau *m* (*Bauch*).

ba·zaar [bə'zɑ:] Basar *m*.

be [bi:; bi] (*irr.*) a) sein; *there is od. are* es gibt; *here's to you(r health)!* auf Ihr Wohl!; *here you are again!* da haben wir's wieder!; *as it were* sozusagen; ~ *about* beschäftigt sein mit; im Begriff sein; ~ *after s.o.* hinter j-m her sein, j. verfolgen; ~ *at s.th.* et. vorhaben; ~ *off* fort sein; aus sein; weggehen, aufbrechen; fortkommen; ausverkauft sein; ~ *off with you!* fort mit dir!; b) *v/aux. mit p.pr. zum Ausdruck von Unvollständigkeit u. Fortdauer*: ~ *reading* beim Lesen sein, gerade lesen; c) *v/aux. mit inf. zum Ausdruck e-r Pflicht, Absicht, Möglichkeit*: *I am to inform you* ich soll Ihnen mitteilen; *it is (not) to be seen* es ist (nicht) zu sehen; *if he were to die* wenn er sterben sollte; d) *v/aux. mit p.p. zur Bildung des Passivs*: werden; *I am asked* ich werde gefragt.

beach [bi:tʃ] **1.** Strand *m*; **2.** ⚓ auf den Strand setzen *od.* ziehen; '**~·comb·er** lange Welle *f*; Strandgutjäger *m*; *fig.* Nichtstuer *m*; '**~-head** ⚔ Brückenkopf *m*.

bea·con ['bi:kən] **1.** Feuerzeichen *n*, Signalfeuer *n*; Leuchtfeuer *n*, Leuchtturm *m*; ⚓ Bake *f*; Blinklicht *n an Zebrastreifen*; *fig.* Fanal *n*; **2.** mit Baken versehen; *fig. j.* führen.

bead [bi:d] **1.** *Glas-, Holz- etc.* Perle *f*; Tropfen *m*; *Visier*-Korn *n*; **~s** *pl. a.* Rosenkranz *m*; **2.** *v/t.* mit Perlen besetzen; (wie Perlen) aufreihen; *v/i.* perlen; '**bead·ing** Perlstickerei *f*; △ Perlstab *m*.

bea·dle ['bi:dl] Kirchendiener *m*.

beads·man, beads·wom·an ['bi:dzmən, '~wumən] Armenhäusler(in).

bead·y ['bi:di] perlartig; perlend; klein u. rund (*Augen*).

bea·gle ['bi:gl] kleiner Spürhund *m*.

beak [bi:k] Schnabel *m*; Tülle *f*; **beaked** schnabelförmig; spitz.

beak·er ['bi:kə] Becher(glas *n*) *m*.

beam [bi:m] Balken *m*; Weberbaum *m*; Pflugbaum *m*; Waagebalken *m*; ⚓ Deck(s)balken *m*; *hunt.* Stange *f am Geweih*; (Licht-, Sonnen-) Strahl *m*; Glanz *m*; *Radio*: Leit-, Richtstrahl *m*; **2.** (aus)strahlen; '**~-'ends** *pl.*: *the ship is on her* ~ das Schiff hat starke Schlagseite; *on one's* ~ *fig.* (finanziell) am Ende.

bean [bi:n] Bohne *f*; *Am. sl.* Birne *f* (*Kopf*); *full of* **~s** F lebensprühend; *give s.o.* **~s** *sl.* j-m Saures geben (*j. strafen, schelten*); '**~-feast, bean·o** *sl.* ['bi:nəu] Freudenfest *n*.

bear[1] [bɛə] **1.** Bär *m* (*fig. Tölpel*); ✝ *sl.* Baissier *m*; **2.** ✝ auf Baisse spekulieren; die Kurse drücken.

bear[2] [~] (*irr.*) *v/t.* tragen; hervorbringen, gebären; *Schwert, Namen* führen; *Liebe etc.* hegen; ertragen, dulden, leiden; zulassen; ~ *away* davon-, wegtragen; ~ *down* überwältigen; ~ *out* unterstützen, bestätigen; ~ *up* stützen, ermutigen; *v/i.* tragen; fruchtbar *od.* trächtig sein; leiden, dulden; ⚓ (*mit adv.*) segeln; ~ *down upon* ⚓ zusteuern auf (*acc.*); ~ *to the right* sich rechts halten; ~ *up* standhalten, fest bleiben; ~ *(up)on* einwirken auf (*acc.*); ~ *with* ertragen, Nachsicht haben mit; *bring to* ~ zur Anwendung bringen, einwirken lassen, *Druck etc.* ausüben (*on, upon* auf *acc.*).

beard [biəd] **1.** Bart *m*; ⚘ Granne *f*; **2.** *j-m* entgegentreten, Trotz bieten; *j.* reizen; '**beard·ed** bärtig; '**beard·less** bartlos.

bear·er ['bɛərə] Träger(in); Überbringer(in); ✝ Inhaber(in), Vorzeiger(in) *e-s Wechsels.*

bear·ing ['bɛəriŋ] Tragen *n*; Ertragen *n*; Haltung *f*; Benehmen *n*; Beziehung *f*, Bezug *m* (*on* auf *acc.*); Tragweite *f*; Richtung *f*; ⚓ Peilung *f*; **~s** *pl.* Position *f*; ⊕ Lager *n*; Wappen *n*; *ball* **~s** *pl.* ⊕ Kugellager *n*; *beyond all* ~ nicht zu ertragen; *in full* ~ gut tragend (*Baum*); *have no* ~ *on* nichts zu tun haben mit; *take one's* **~s** sich orientieren.

bear·ish ['bɛəriʃ] bärenhaft; ✝ [Baisse...]

bear·skin ['bɛəskin] Bärenfell(mütze *f*) *n*.

beast [bi:st] Vieh *n*, Tier *n*; *fig. a.* Bestie *f*, Biest *n*; **beast·li·ness** ['~linis] viehisches Wesen *n*; *fig.* Bestialität *f*, Brutalität *f*; '**beast·ly** viehisch, tierisch; bestialisch, brutal; F ekelhaft, scheußlich.

beat [bi:t] **1.** (*irr.*) *v/t. wiederholt* schlagen; gegen *od.* mit *et.* schlagen; *a.* ~ *out Metall* schlagen, hämmern, schmieden; prügeln; besiegen, *Am.* F *j-m* zuvorkommen; übertreffen; *Am.* F beschummeln, betrügen; erschöpfen; F zu schwer *od.* viel sein für; *Pfad* treten; *hunt. Wild* treiben; *Revier* absuchen; ~ *it! Am. sl.* hau ab!; ~ *the band Am.* F wichtig *od.* großartig sein; ~ *one's brains* sich den Kopf zerbrechen; ~ *a retreat* zum Rückzug blasen; den Rückzug antreten; ~ *time* ♪ den Takt schlagen; ~ *one's way* sich durchschlagen; ~ *down* niederschlagen; ✝ drücken; ~ *up Eier etc.* schlagen; auftreiben; *v/i.* schlagen; ~ *about* (umher)suchen; ~ *about the bush* wie die Katze um den heißen Brei herumgehen; **2.** Schlag *m*; Trommel-, Takt-, Pulsschlag *m*; Runde *f od.* Revier *n e-s Schutzmanns etc.*; *Am.* sensationelle Erstmeldung *f e-r Zeitung*; *fig.* Sphäre *f*, Bereich *m*; *on the* ~ auf Streifendienst; = *beatnik*; **3.** F baff, verblüfft; *dead* ~ todmüde; '**beat·en 1.** *p.p. von beat 1*; **2.** *adj.* (aus)getreten (*Weg*); '**beat·er** Schläger *m*; Stößel *m*; Ramme *f*; *hunt.* Treiber *m*.

be·at·i·fi·ca·tion *eccl.* [bi:ætifi'keiʃən] Seligsprechung *f*; **be'at·i·fy** selig machen, beseligen; *eccl.* selig sprechen.

beat·ing ['bi:tiŋ] Schlagen *n*; Schläge *m/pl.*, Prügel *m/pl.*; *give s.o. a good* ~ j-m e-e Tracht Prügel geben.

be·at·i·tude [bi:'ætitju:d] (Glück-)Seligkeit *f*.

beat·nik ['bi:tnik] Beatnik *m*, junger Antikonformist *m* und Bohemien *m*.

beau [bəu], *pl.* **beaux** [~z] Stutzer *m*; Anbeter *m*.

beau·teous *poet.* ['bju:tjəs] schön.

beau·ti·ful □ ['bju:təful] schön.

beau·ti·fy ['bju:tifai] verschönern.

beau·ty ['bju:ti] Schönheit *f* (*a. schöne Frau*); Prachtstück *n*; *Sleeping* ♀ Dornröschen *n*; ~ *parlo(u)r*, ~ *shop* Schönheitssalon *m*; ~ *sleep* Schlaf *m* vor Mitternacht; ~ *spot* Schönheitspflästerchen *n*; schöner Fleck *m Erde*.

bea·ver ['bi:və] Biber *m*; Biberpelz *m*; Biber-, Kastorhut *m*.

be·bop ♪ *Am.* ['bi:bɔp] Bebop *m*.

be·calm [bi'kɑ:m] beruhigen, stillen; *be* ~*ed* ⚓ in e-e Flaute geraten.

be·came [bi'keim] *pret. von become.*

be·cause [bi'kɔz] weil, da; ~ *of* wegen.

beck [bek] Wink *m*.

beck·on ['bekən] (*j-m* zu)winken.

be·cloud [bi'klaud] umwölken.

be·come [bi'kʌm] (*irr.*) *v/i.* werden (*of* aus); *v/t.* anstehen, (ge)ziemen (*dat.*); sich schicken für; kleiden (*Hut etc.*); **be'com·ing** □ passend; schicklich; kleidsam.

bed [bed] **1.** Bett *n* (*a. e-s Flusses etc.*); Lager *n e-s Tieres*; ⚘ Beet *n*; ⊕ Bett(ung *f*) *n*, Unterlage *f*; Flöz *n*; *be brought to* ~ *of* niederkommen mit; ~ *and board* Tisch u. Bett *pl.* (*Ehe*); Unterkunft *f* u. Verpflegung *f*; *take to one's* ~ das Bett hüten; *as you make your* ~ *so you must lie on it* wie man sich bettet, so schläft man; **2.** betten; *Pferd etc.* mit Streu versorgen; ⚘ ~ (*out* aus-)pflanzen.

be·daub [bi'dɔ:b] beschmieren.

be·dazzle [bi'dæzl] blenden; verblenden, -wirren.

bed...: '**~cham·ber** königliches Schlafgemach *n*; '**~-clothes** *pl.* Bettzeug *n*.

bed·ding ['bediŋ] Bettzeug *n*; Streu *f*.

be·deck [bi'dek] zieren, schmücken.

be·dev·il [bi'devl] be-, verhexen; verhunzen; quälen; **be'dev·il·ment** Hexensabbat *m*.

be·dew [bi'dju:] betauen; *poet.* benetzen.

bed·fel·low ['bedfeləu] Schlafkamerad *m*.

be·dight † [bi'dait] schmücken, aufputzen.

be·dim [bi'dim] trüben.

be·diz·en [bi'daizn] herausputzen.

bed·lam ['bedləm] Tollhaus *n*; **bed·lam·ite** ['~mait] Tollhäusler (-in).

bed-lin·en ['bedlinin] Bettwäsche *f*.

Bed·ou·in ['beduin] **1.** Beduine *m*; **2.** Beduinen...

bed-pan ['bedpæn] Stechbecken *n*, Bettschüssel *f*.

be·drag·gle [biˈdrægl] *Kleider etc.* beschmutzen; beschmuddeln.
bed...: ˈ~·**rid**(·**den**) bettlägerig; ˈ~-ˈ**rock** *geol.* Grundgebirge *n*; *fig.* Grundlage *f*; ˈ~·**room** Schlafzimmer *n*; ˈ~·**side:** *at the* ~ am (Kranken)Bett; *good* ~ *manner* gute Art, mit Kranken umzugehen; ~ *lamp* Nachttischlampe *f*; ~ *rug* Bettvorleger *m*; ~ *table* Nachttisch *m*; ˈ~-ˈ**sit·ter** F, ˈ~-ˈ**sit·ting-room** Wohnschlafzimmer *n*; ˈ~·**sore** ⚕ wundgelegene Stelle *f*; ˈ~·**spread** Tagesdecke *f*; ˈ~-**stead** Bettstelle *f*; ˈ~·**tick** Inlett *n*; ˈ~·**time** Schlafenszeit *f*.
bee [bi:] Biene *f* (*a. fig.*); *Am.* nachbarliches Treffen *n*; Wettbewerb *m*; *have a* ~ *in one's bonnet* F eine fixe Idee haben.
beech ⚘ [bi:tʃ] Buche *f*; ˈ~·**nut** Buchecker *f*.
beef [bi:f] **1.** Rind-, Ochsenfleisch *n*; F Muskelkraft *f*; **2.** *Am.* F nörgeln, sich beklagen; ˈ~·**eat·er** Towerwächter *m*; ~·**steak** [ˈbi:fˈsteik] Beefsteak *n*; ˈ~-ˈ**tea** klare Fleischbrühe *f*, Bouillon *f*; ˈ**beef·y** fleischig; kräftig.
bee...: ˈ~·**hive** Bienenkorb *m*, -stock *m*; ˈ~-**keep·er** Bienenzüchter *m*; ˈ~-**keep·ing** Bienenzucht *f*; ˈ~-**line** kürzester Weg *m*; *make a* ~ *for* schnurstracks losgehen auf (*acc.*).
been [bi:n, bin] *p.p. von be.*
beer [biə] Bier *n*; *small* ~ Dünnbier *n*; F Kleinigkeit *f*; *he thinks no small* ~ *of himself* er hält sich für wer weiß wen; ˈ**beer·y** F bierselig.
bees·wax [ˈbi:zwæks] **1.** Bienenwachs *n*; **2.** mit Bienenwachs einreiben *od.* polieren.
beet ⚘ [bi:t] Runkelrübe *f*, Bete *f*; *red* ~ rote Rübe *f*; *white* ~ Zuckerrübe *f*.
bee·tle[1] [ˈbi:tl] **1.** Ramme *f*; **2.** rammen, stampfen.
bee·tle[2] [~] Käfer *m*.
bee·tle[3] [~] **1.** überhängend; buschig (*Brauen*); **2.** *v/i.* überhängen.
beet·root [ˈbi:tru:t] Runkelrübe *f*.
beet-sug·ar [ˈbi:tʃugə] Rübenzucker *m*.
beeves [bi:vz] *pl. von beef.*
be·fall [biˈfɔ:l] (*irr. fall*) *v/t.* zustoßen, widerfahren (*dat.*); *v/i.* sich ereignen.
be·fit [biˈfit] sich schicken *od.* gehören für; passen (*dat.*); **beˈfit·ting** passend, schicklich.
be·fog [biˈfɔg] umnebeln.
be·fool [biˈfu:l] betören.
be·fore [biˈfɔ:] **1.** *adv. Raum*: vorn; voran; *Zeit*: vorher, früher; schon (früher); **2.** *cj.* bevor, ehe, bis; **3.** *prp.* vor; *be* ~ *one's time* zu früh kommen; *be* ~ *s.o.* vor j-m liegen; *fig.* j-m vorliegen; ~ *long* binnen kurzem, bald; ~ *now* schon früher; *the day* ~ *yesterday* vorgestern; **beˈfore·hand** vorher, zuvor; voraus; im voraus.
be·foul [biˈfaul] besudeln.
be·friend [biˈfrend] *j-m* behilflich sein; sich *j-s* annehmen.
beg [beg] *v/t. et.* erbetteln; erbitten (*of* von); betteln *od.* bitten um *et.*; *j.* bitten (*to do* zu tun); *v/i.* betteln; bitten (*for s.th.* um et.; *of s.o.* j.); betteln gehen; Männchen machen (*Hund*); *I* ~ *to inform you* ✝ ich möchte Ihnen mitteilen; *go* ~*ging fig.* keinen Interessenten finden.
be·gan [biˈgæn] *pret. von begin.*
be·get [biˈget] (*irr.*) (er)zeugen; **beˈget·ter** Erzeuger *m*.
beg·gar [ˈbegə] **1.** Bettler(in); F Kerl *m*; **2.** Bettel...; **3.** zum Bettler machen; *fig.* übertreffen; *it* ~*s all description* es spottet jeder Beschreibung; ˈ**beg·gar·ly** arm(selig); ˈ**beg·gar·y** Bettelarmut *f*; *reduce to* ~ an den Bettelstab bringen.
be·gin [biˈgin] (*irr.*) beginnen, anfangen (*at* bei; mit); ~ (*up*)*on s.th.* et. vornehmen; *to* ~ *with* um damit zu beginnen, zunächst; **beˈgin·ner** Anfänger(in); **beˈgin·ning** Beginn *m*, Anfang *m*; *from the* ~ von Anfang an.
be·gird [biˈgə:d] (*irr. gird*) umgürten; umschließen.
be·gone [biˈgɔn] fort!, pack dich!
be·go·ni·a ⚘ [biˈgəunjə] Begonie *f*.
be·got, be·got·ten [biˈgɔt(n)] *pret. u. p.p. von beget.*
be·grime [biˈgraim] besudeln.
be·grudge [biˈgrʌdʒ] *j-m et.* mißgönnen *od.* ungern geben.
be·guile [biˈgail] täuschen; betrügen (*of, out of* um); *Zeit* vertreiben, verkürzen; ~ *into* verlocken zu.
be·gun [biˈgʌn] *p.p. von begin.*
be·half [biˈhɑ:f]: *on od. in* ~ *of* im

Namen *od.* Auftrag von; um ... (*gen.*) willen; seitens; für.
be·have [bi'heiv] sich benehmen, auftreten; ~ *o.s.* sich anständig betragen; **be'hav·io(u)r** [~jə] Benehmen *n*, Betragen *n*; Auftreten *n*; Verhalten *n* (*a. von Sachen*); *be on one's good od. best* ~ sich zs.-nehmen; *put s.o. on his best* ~ j-m einschärfen, sich gut zu benehmen; **be'hav·io(u)r·ism** *psych.* Behaviorismus *m*, Verhaltensforschung *f*.
be·head [bi'hed] enthaupten; **be'head·ing** Enthauptung *f*.
be·hest *poet.* [bi'hest] Geheiß *n*.
be·hind [bi'haind] **1.** *adv.* hinten; dahinter; hinterher; zurück; **2.** *prp.* hinter; *s. time*; **be'hind·hand** zurück, im Rückstand.
be·hold [bi'həuld] **1.** (*irr. hold*) erblicken, anschauen; **2.** siehe (da)!; **be'hold·en** verpflichtet, verbunden; **be'hold·er** Betrachter *m*, Zuschauer *m*.
be·hoof [bi'hu:f]: *to (for, on) (the)* ~ *of* in *j-s* Interesse, um *j-s* willen.
be·hoove *Am.* [bi'hu:v] = *behove*.
be·hove [bi'həuv]: *it* ~*s s.o. to inf.* es ist j-s Pflicht zu *inf.*
beige [beiʒ] **1.** Beige *f* (*Stoff*); **2.** beige(farben).
be·ing ['bi:iŋ] Sein *n*; Dasein *n*; Wesen *n*; *in* ~ lebend; wirklich (vorhanden); *come into* ~ entstehen.
be·la·bo(u)r [bi'leibə] verbleuen.
be·laid [bi'leid] *pret. u. p.p. von belay*.
be·lat·ed [bi'leitid] verspätet.
be·lay [bi'lei] **1.** (*irr.*) ⚓ belegen; festmachen; *mount.* sichern; **2.** *mount.* Sicherung *f*.
belch [beltʃ] **1.** rülpsen; ausspeien; **2.** Rülpsen *n*; Ausbruch *m*.
bel·dam *contp.* ['beldəm] alte Hexe *f*, Vettel *f*.
be·lea·guer [bi'li:gə] belagern.
bel·fry ['belfri] Glockenstuhl *m*; Glockenturm *m*.
Bel·gian ['beldʒən] **1.** belgisch; **2.** Belgier(in).
be·lie [bi'lai] Lügen strafen; *Versprechen* nicht halten.
be·lief [bi'li:f] Glaube *m* (*in* an *acc.*; *that* daß); *the* ♀ das Apostolische Glaubensbekenntnis; *past all* ~ unglaublich; *to the best of my* ~ nach bestem Wissen u. Gewissen.
be·liev·a·ble [bi'li:vəbl] glaubhaft.
be·lieve [bi'li:v] glauben (*in* an *acc.*); ~ *in j-m* vertrauen; an *j. od. et.* glauben; viel halten von; **be'liev·er** Gläubige *m, f*.
be·like † [bi'laik] vielleicht.
be·lit·tle [bi'litl] *fig.* verkleinern.
bell[1] [bel] **1.** Glocke *f* (*a.* ⚘, ⚠), Klingel *f*, Schelle *f*; ♪ Schalltrichter *m einer Trompete*; Taucherglocke *f*; **2.** *v/t.* ~ *the cat* der Katze die Schelle umhängen, die Gefahr auf sich nehmen.
bell[2] [~] röhren (*Hirsch*).
bell·boy *Am.* ['belbɔi] Hotelpage *m*.
belle [bel] Schöne *f*, Schönheit *f*.
belles-let·tres ['bel'letr] *pl.* Belletristik *f*, schöne Literatur *f*.
bell...: '**~-flow·er** Glockenblume *f*; '**~-found·er** Glockengießer *m*; '**~-glass** Glasglocke *f*; '**~·hop** *Am. sl.* Hotelpage *m*.
bel·li·cose ['belikəus] kriegslustig.
bel·lied ['belid] bauchig.
bel·lig·er·ent [bi'lidʒərənt] **1.** kriegführend; **2.** kriegführendes Land *n*.
bel·low ['beləu] **1.** brüllen; **2.** Gebrüll *n*.
bel·lows ['beləuz] *pl.* (*a pair of* ~ ein) Blasebalg *m*; *phot.* Balgen *m*.
bell...: '**~-pull** Klingelzug *m*; '**~-push** Klingelknopf *m*; '**~-wether** Leithammel *m* (*a. fig.*).
bel·ly ['beli] **1.** Bauch *m*; Magen *m*; ~ *landing* ✈ Bauchlandung *f*; **2.** (sich) bauchen; (an)schwellen; **bel·ly·ful** F ['~ful]: *one's* ~ (mehr als) genug, die Nase voll.
be·long [bi'lɔŋ] (an)gehören; ~ *to* gehören *dat. od.* zu; sich gehören für; *j-m* gebühren; **be'long·ings** *pl.* Habseligkeiten *f/pl.*, Habe *f*; F Angehörigen *pl.*
be·lov·ed [bi'lʌvd] **1.** geliebt; **2.** [*mst* ~vid] Geliebte *m, f*.
be·low [bi'ləu] **1.** *adv.* unten; *poet.* hienieden; **2.** *prp.* unter(halb); ~ *me fig.* unter meiner Würde.
belt [belt] **1.** Gürtel *m*; Gurt *m*; ⚔ Koppel *n*; *fig.* Streifen *m*; Zone *f*, Bezirk *m*; ⊕ Treibriemen *m*; ⚓ Panzergürtel *m*; *hit below the* ~ unfair sein; **2.** umgürten; mit Streifen versehen; ~ *out Am.* F herausschmettern, loslegen (*singen*).
be·moan [bi'məun] betrauern, beklagen.
bench [bentʃ] Bank *f*; Richterbank *f*; Gerichtshof *m*; Arbeits-

tisch *m*, Werkbank *f*; *s. treasury*; ˈ**bench·er** Vorstandsmitglied *n e-r Rechtsanwaltsinnung*.
bend [bend] **1.** Krümmung *f*, Biegung *f*, Bogen *m*, Kurve *f*; ⚓ Seemannsknoten *m*; **2.** (*irr.*) (sich) biegen, (sich) krümmen; *den Bogen* spannen; *Augen etc.* lenken, *Geist etc.* richten (*to, on* auf *acc.*); (sich) beugen (*a. fig.*); sich neigen (*to* vor *dat.*); ⚓ *Segel* anschlagen; *s. bent*¹ *1*.
be·neath [biˈni:θ] = *below*.
ben·e·dick [ˈbenidik] junger Ehemann *m*; bekehrter Hagestolz *m*.
Ben·e·dic·tine [beniˈdiktin] Benediktiner *m* (*Mönch*); [⁓ti:n] (*Likör*).
ben·e·dic·tion *eccl.* [beniˈdikʃən] Segen *m*; Segnung *f*.
ben·e·fac·tion [beniˈfækʃən] Wohltat *f*; ⁓*s pl.* Spenden *f/pl.*; **ben·e·fac·tor** [ˈ⁓tə] Wohltäter *m*; **ben·e·fac·tress** [ˈ⁓tris] Wohltäterin *f*.
ben·e·fice [ˈbenifis] Pfründe *f*; **be·nef·i·cence** [biˈnefisəns] Wohltätigkeit *f*; **beˈnef·i·cent** □ wohltätig.
ben·e·fi·cial □ [beniˈfiʃəl] wohltuend; zuträglich, nützlich (*to dat.*); ⚖ nutznießend; ⁓ *interest* Nutzrecht *n*; **ben·eˈfi·ci·ar·y** Nutznießer *m*; Empfänger *m*; Pfründner *m*.
ben·e·fit [ˈbenifit] **1.** Wohltat *f*; Nutzen *m*, Vorteil *m*; Wohltätigkeitsveranstaltung *f*; (Wohlfahrts-)Unterstützung *f*; *for the* ⁓ *of* zum Besten, zugunsten (*gen.*); **2.** nützen; begünstigen; Nutzen ziehen (*by, from, of* von, aus, durch).
be·nev·o·lence [biˈnevələns] Wohlwollen *n*; Mildherzigkeit *f*; **beˈnev·o·lent** □ wohlwollend; gütig, mildherzig; wohltätig.
Ben·gal [beŋˈgɔ:l] bengalisch; **Benˈgal·i** [⁓li] **1.** Bengale *m*, Bengalin *f*; Bengalisch *n*; **2.** bengalisch.
be·night·ed [biˈnaitid] von der Nacht überfallen; *fig.* umnachtet, unwissend.
be·nign □ [biˈnain] freundlich, gütig; zuträglich; ⚕ gutartig; **be·nig·nant** □ [biˈnignənt] freundlich, gütig; zuträglich; **beˈnig·ni·ty** Freundlichkeit *f*, Güte *f*, Milde *f*; Zuträglichkeit *f*.
bent¹ [bent] **1.** *pret. u. p.p. von bend* 2; ⁓ *on* versessen *od.* erpicht auf (*acc.*); **2.** Hang *m*; Neigung *f*; *to the top of one's* ⁓ nach Herzenslust.
bent² ⚘ [⁓] Straußgras *n*; Grasland *n*.
be·numb [biˈnʌm] erstarren; lähmen.
ben·zene ⚗ [ˈbenzi:n] Benzol *n*.
ben·zine ⚗ [ˈbenzi:n] Benzin *n*.
be·queath [biˈkwi:ð] vermachen.
be·quest [biˈkwest] Vermächtnis *n*.
be·reave [biˈri:v] (*irr.*) berauben; *be* ⁓*d of* durch den Tod *j-s* beraubt sein; ⁓*d* hinterblieben; *bereft of hope* der Hoffnung beraubt; **beˈreave·ment** *schmerzlicher* Verlust *m*; Trauerfall *m*.
be·reft [biˈreft] *pret. u. p.p. von bereave*.
be·ret [ˈberei] Baskenmütze *f*.
berg [bə:g] = *iceberg*.
Ber·lin [bə:ˈlin]: ⁓ *black* schwarzer Eisenlack *m*; ⁓ *wool* feine Strickwolle *f*.
ber·ry [ˈberi] Beere *f*.
berth [bə:θ] **1.** ⚓ Ankergrund *m*; (Schlaf)Koje *f*; *fig.* (gute) Stelle *f*; *give s.o. a wide* ⁓ e-n großen Bogen um j. machen; **2.** vor Anker legen; *j-m* e-e Koje anweisen; unterbringen.
ber·yl *min.* [ˈberil] Beryll *m*.
be·seech [biˈsi:tʃ] (*irr.*) ersuchen; dringend bitten; anflehen; um *et.* bitten; **beˈseech·ing** □ flehend; **beˈseech·ing·ly** flehentlich.
be·seem [biˈsi:m] sich ziemen für.
be·set [biˈset] (*irr. set*) umgeben; bedrängen; verfolgen; ⁓*ting sin* Gewohnheitssünde *f*.
be·side [biˈsaid] **1.** *s.* ⁓*s 1*; **2.** *prp.* neben (*a. fig.*), (dicht) bei; weitab von; verglichen mit; ⁓ *o.s.* außer sich (*with* vor *Freude etc.*); ⁓ *the purpose* unzweckmäßig; ⁓ *the question* nicht zur Sache gehörig; **beˈsides** [⁓dz] **1.** *adv.* überdies, außerdem; **2.** *prp. fig.* neben, abgesehen von, außer.
be·siege [biˈsi:dʒ] belagern; *fig.* bedrängen, bestürmen; **beˈsieg·er** Belagerer *m*.
be·slav·er [biˈslævə] begeifern; *fig.* lobhudeln.
be·slob·ber [biˈslɔbə] abküssen.
be·smear [biˈsmiə] beschmieren.
be·smirch [biˈsmə:tʃ] beschmutzen.
be·som [ˈbi:zəm] (Reisig)Besen *m*.
be·sot·ted [biˈsɔtid] vernarrt; betrunken.

be·sought [bi'sɔ:t] *pret. u. p.p. von beseech.*
be·spat·ter [bi'spætə] (be)spritzen; *fig.* überhäufen; beschimpfen.
be·speak [bi'spi:k] (*irr.*) vorbestellen; (an)zeigen, verraten.
be·spoke [bi'spəuk] *pret. von bespeak; ~ tailor* Maßschneider *m*; **be'spo·ken** *p.p. von bespeak.*
be·sprin·kle [bi'spriŋkl] besprengen.
best [best] **1.** *adj.* best; höchst; größt, meist; *~ man* Brautführer *m*; *the ~ part of* der größte Teil (*gen.*); *s. seller*; **2.** *adv.* am besten, aufs beste; **3.** Beste *m, f, n,* Besten *pl.*; *Sunday ~* Sonntagsanzug *m*; *for the ~* zum Besten; *to the ~ of ...* nach bestem ...; *have od. get the ~ of it* am besten dabei wegkommen; *make the ~ of* tun, was man kann, mit; *make the ~ of a bad job* gute Miene zum bösen Spiel machen; *I made the ~ of my way to ...* ich ging möglichst schnell nach ...; *at ~* bestenfalls, im besten Falle; **4.** *vb.* F übervorteilen.
be·ste(a)d [bi'sted]: *hard ~* hart bedrängt.
bes·tial □ ['bestjəl] tierisch, viehisch, bestialisch; **bes·ti·al·i·ty** [~ti'æliti] Bestialität *f*; **bes·tial·ize** ['~tjəlaiz] vertieren.
be·stir [bi'stə:]: *~ o.s.* sich rühren.
be·stow [bi'stəu] geben, schenken, verleihen (*on, upon dat.*); unterbringen; **be'stow·al, be'stow·ment** Schenkung *f*, Verleihung *f.*
be·strew [bi'stru:] (*irr. strew*) bestreuen; verstreut liegen auf (*dat.*).
be·stride [bi'straid] (*irr. stride*) mit gespreizten Beinen auf *e-m Fleck*, über *j-m* stehen; reiten auf (*dat.*).
bet [bet] **1.** Wette *f*; **2.** (*irr.*) wetten; *you ~* F bestimmt, sicherlich; *I ~ you a shilling* ich wette mit dir um 'nen Taler.
be·take [bi'teik] (*irr. take*): *~ o.s. to* sich begeben nach; *fig.* seine Zuflucht nehmen zu.
be·think [bi'θiŋk] (*irr. think*): *~ o.s.* sich besinnen (*of* auf *acc.*); *~ o.s. to inf.* sich in den Kopf setzen zu *inf.*
be·tide [bi'taid] geschehen; *j-m* zustoßen; *woe ~ him!* wehe ihm!
be·times [bi'taimz] beizeiten.
be·to·ken [bi'təukən] ankündigen, andeuten; anzeigen.
be·tray [bi'trei] verraten (*a. fig. offenbaren*); verleiten; **be'tray·al** Verrat *m*; *~ of trust* Vertrauensbruch *m*; **be'tray·er** Verräter(in).
be·troth [bi'trəuð] verloben (*to* mit); *the ~ed* das verlobte Paar; **be'troth·al** Verlobung *f.*
bet·ter[1] ['betə] **1.** *adj.* besser; *he is ~* es geht ihm besser; *get ~* sich erholen; **2.** Besseres *n*; *~s pl.* Höherstehenden *pl.*, Vorgesetzten *pl.*; *get the ~ of* die Oberhand gewinnen über (*acc.*); überwinden, besiegen; *j-m* den Rang ablaufen; *he is my ~* er ist mir überlegen; **3.** *adv.* besser; mehr; *be ~ off* besser daran sein; *so much the ~* desto besser; *you had ~ go* es wäre besser, wenn du gingest; *I know ~* ich weiß es besser; *think ~ of it* sich eines Besseren besinnen; **4.** *v/t.* (ver)bessern; *~ o.s.* sich *im Lohn etc.* verbessern; *v/i.* besser werden, sich verbessern.
bet·ter[2] [~] Wettende *m, f.*
bet·ter·ment ['betəmənt] Verbesserung *f.*
bet·ting ['betiŋ] Wetten *n*; *~ debt* Wettschuld *f.*
be·tween [bi'twi:n], *poet. u. prov. a.* **be·twixt** [bi'twikst] **1.** *adv.* dazwischen; *betwixt and ~* in der Mitte; halb und halb; *in ~* dazwischen; *far ~* weit auseinander; **2.** *prp.* zwischen, unter; *~ ourselves* unter uns; *they had 5 shillings ~ them* sie besaßen zusammen 5 Schilling; **be'tween-decks** ⚓ Zwischendeck *n.*
bev·el ['bevəl] **1.** schräg, schief; **2.** ⊕ Schrägung *f*; Schrägmaß *n*, Schmiege *f*; **3.** *v/t.* abschrägen; *v/i.* schräg verlaufen; '**~-wheel** ⊕ Kegelrad *n.*
bev·er·age ['bevəridʒ] Getränk *n.*
bev·y ['bevi] Schwarm *m*; Schar *f.*
be·wail [bi'weil] *v/t.* beklagen; *v/i.* wehklagen.
be·ware [bi'wɛə] sich hüten, sich in acht nehmen (*of* vor *dat.*).
be·wil·der [bi'wildə] irremachen; verwirren, verblüffen; bestürzt machen; **be'wil·der·ment** Verwirrung *f*; Bestürzung *f.*
be·witch F [bi'witʃ] bezaubern, *b.s.* behexen; **be'witch·ment** Bezauberung *f*; Zauber *m.*
be·yond [bi'jɔnd] **1.** *adv.* darüber hinaus; jenseits; **2.** *prp.* jenseits, über (... hinaus); mehr *od.* weiter

als; außer; ~ *endurance* unerträglich; ~ *measure* über die Maßen; ~ *dispute* außer allem Zweifel; ~ *words* unsagbar; *get* ~ *s.o.* j-m über den Kopf wachsen; *go* ~ *one's depth* den Boden verlieren; *it is* ~ *me* es geht über meinen Verstand.

bi... [bai] zwei...

bi·as ['baiəs] **1.** *adj. u. adv.* schief, schräg; **2.** Neigung *f*, Hang *m*; Vorurteil *n*; *Schneiderei*: schräger Schnitt *m*; *cut on the* ~ diagonal geschnitten; **3.** (ungünstig) beeinflussen; ~*sed* voreingenommen, befangen.

bib [bib] Lätzchen *n*; Schürzenlatz *m*.

Bi·ble ['baibl] Bibel *f*.

bib·li·cal □ ['biblikəl] biblisch; Bibel...

bib·li·og·ra·pher [bibli'ɔgrəfə] Bibliograph *m*, Verfasser *m* e-r Bibliographie; **bib·li·o·graph·ic, bib·li·o·graph·i·cal** [~əu'græfik(əl)] bibliographisch; **bib·li·og·ra·phy** [~'ɔgrəfi] Bibliographie *f*; **bib·li·o·ma·ni·a** [~əu'meinjə] Bücherleidenschaft *f*; **bib·li·o·ma·ni·ac** [~əu'meiniæk] Büchernarr *m*; **bib·li·o·phile** ['~əufail] Bücherfreund *m*, Bibliophile *m*.

bib·u·lous □ ['bibjuləs] saugfähig; trunksüchtig; feuchtfröhlich.

bi·car·bon·ate ⚗ [bai'kɑ:bənit] Bikarbonat *n*; ~ *of soda* doppeltkohlensaures Natron *n*.

bi·ceps ['baiseps] Bizeps *m* (*Muskel*); *fig.* Kraft *f*.

bick·er ['bikə] (sich) zanken; flackern (*Flamme*); plätschern (*Fluß, Regen*); prasseln (*Schläge*); '**bick·er·ing**(**s** *pl.*) Gezänk *n*.

bi·cy·cle ['baisikl] **1.** Fahrrad *n*; *ride a* ~ = **2.** radfahren, radeln.

bid [bid] **1.** (*irr.*) gebieten, befehlen; (*pret. u. p.p. bid*) *Versteigerung*: bieten; *Karten*: melden, reizen; *Gruß* entbieten; ~ *fair to inf.* scheinen zu, versprechen zu *inf.*; ~ *farewell* Lebewohl sagen; ~ *up Preis* hochtreiben; ~ *welcome* willkommen heißen; **2.** *Geld*-Gebot *n*, Angebot *n*; Versuch *m* (*to inf.* zu *inf.*); *to make a* ~ *for* sich bemühen um; *no* ~ *Karten*: ich passe; '**bid·den** *p.p. von bid*; '**bid·der** Bieter(in); *s. high, low*; '**bid·ding** Bieten *n*; Gebot *n*; Geheiß *n*; Einladung *f*.

bide [baid]: ~ *one's time* den rechten Augenblick abwarten.

bi·en·ni·al [bai'eniəl] zweijährig(e Pflanze *f*).

bier [biə] (Toten)Bahre *f*.

bi·fur·cate ['baifə:keit] gabelförmig teilen; sich gabeln; **bi·fur'ca·tion** Gabelung *f*.

big [big] groß; erwachsen; schwanger (*a. fig. with* mit); F wichtig; wichtigtuerisch; ♀ *Ben Uhrturm des Parlamentsgebäudes in London*; ~ *business* Großunternehmertum *n*; ~ *shot* F hohes Tier *n*; ~ *stick Am.* Macht(entfaltung) *f*; ~ *top* Zirkuszelt *n*, *a. fig.* Zirkus *m*; *the* ♀ *Three* die großen Drei; *talk* ~ den Mund (zu) voll nehmen.

big·a·mous ['bigəməs] bigamisch, in Doppelehe lebend; '**big·a·my** Bigamie *f*, Doppelehe *f*.

bight ⚓ [bait] Bucht *f*; Tauschleife *f*.

big·ness ['bignis] Größe *f*.

big·ot ['bigət] blinder Anhänger *m* (*to gen.*); Frömmler(in); '**big·ot·ed** blindgläubig, bigott; *fig.* blind ergeben; '**big·ot·ry** Blindgläubigkeit *f*.

big·wig F *co.* ['bigwig] großes *od.* hohes Tier *n*.

bike F [baik] (Fahr)Rad *n*.

bi·lat·er·al □ [bai'lætərəl] zweiseitig.

bil·ber·y ♀ ['bilbəri] Heidelbeere *f*.

bile [bail] Galle *f* (*a. fig.*); ~*-stone* ⚕ Gallenstein *m*.

bilge [bildʒ] ⚓ Kielraum *m*, Bilge *f*, Kimm *f*; *sl.* Quatsch *m*, Mist *m*.

bi·lin·gual [bai'liŋgwəl] zweisprachig.

bil·ious □ ['biljəs] Gallen..., gallig, biliös; *fig.* gallig, gereizt; ~ *colic* ⚕ Gallenkolik *f*.

bilk [bilk] betrügen, prellen.

bill[1] [bil] **1.** Schnabel *m*; Spitze *f am Anker, Zirkel*; Hippe *f*, Gartenmesser *n*; **2.** (sich) schnäbeln.

bill[2] [~] **1.** Rechnung *f*; Gesetzentwurf *m*, Vorlage *f*; Klage-, Rechtsschrift *f*; Schriftstück *n*; *a.* ~ *of exchange* Wechsel *m*; Zettel *m*, Schein *m*; Plakat *n*; *Am.* Banknote *f*; ~ *of fare* Speisekarte *f*; ~ *of health* Gesundheitspaß *m*; ~ *of lading* Seefrachtbrief *m*, Konnossement *n*; ~ *of sale* Sicherungsübereignung *f*; Kaufvertrag *m*; ♀ *of*

Rights englische Freiheitsurkunde *f* (*1689*); *Am.* die ersten 10 Zusatzartikel zur Verfassung der USA; **2.** (durch Anschlag) ankündigen *od.* bekanntmachen; in e-e Liste eintragen; auf die Rechnung setzen; *j-m* e-e Rechnung schicken; *Am.* buchen.
bill·board *Am.* ['bilbɔ:d] Anschlagbrett *n*; Reklamefläche *f.*
bil·let ['bilit] **1.** ⚔ Quartier(zettel *m*) *n*; Unterkunft *f*; (Holz)Scheit *n*; **2.** ⚔ einquartieren (*on* bei, in *dat.*).
bill·fold *Am.* ['bilfəuld] Brieftasche *f für Papiergeld.*
bill·hook ✓ ['bilhuk] Hippe *f*, Gartenmesser *n.*
bil·liard ['biljəd] *in Zssgn* Billard...; '**~-cue** Queue *n*; '**bil·liards** *pl. od. sg.* Billard(spiel) *n.*
bil·lion ['biljən] Milliarde *f*; *in England* †: Billion *f.*
bil·low ['biləu] **1.** Welle *f*, Woge *f* (*a. fig.*); **2.** wogen; '**bil·low·y** wellig, wogend.
bill-stick·er ['bilstikə] Plakat-, Zettelankleber *m.*
bil·ly *Am.* ['bili] (Polizei-, Gummi-) Knüppel *m*; '**~-can** Kochtopf *m*; '**~·cock** F Melone *f* (*Hut*); '**~-goat** F Ziegenbock *m.*
bi·met·al·lism † [bai'metəlizəm] Bimetallismus *m* (*Währung mit 2 Metallen*).
bi-mo·tored ['baiməutəd] zweimotorig.
bin [bin] Kasten *m*, Behälter *m.*
bi·na·ry ['bainəri] aus zwei (Einheiten) bestehend.
bind [baind] (*irr.*) *v/t.* binden; an-, um-, auf-, fest-, verbinden; verpflichten; *Handel* abschließen; *Rock, Saum* einfassen; *Rad* beschlagen; *Bücher* binden; *Sand etc.* fest *od.* hart machen; ~ *over* durch Bürgschaft verpflichten; *be bound up with fig.* eng verbunden sein mit; ~ *s.o. apprentice to* j. in die Lehre geben bei; *be bound up in fig.* nur leben für, aufgehen in (*dat.*); *s. bound*[1] 2; *v/i.* binden; fest werden; '**bind·er** Binder *m*; Buchbinder *m*; Garbenbinder(in); Binde *f*, Band *n*; '**bind·ing 1.** bindend; verbindlich; **2.** Binden *n*; Einband *m*; *Schilauf*: Bindung *f*; *Schneiderei*: Einfaßband *n*, Einfassung *f*; '**bind·weed** ⚘ Winde *f*; *lesser* ~ Ackerwinde *f.*
binge *sl.* [bindʒ] Sauferei *f*, Bierreise *f.*
bin·go ['biŋgəu] (*Art*) Lottospiel *n.*
bin·na·cle ⚓ ['binəkl] Kompaßhaus *n.*
bin·oc·u·lar 1. [bai'nɔkjulə] für zwei Augen; **2.** [bi'nɔkjulə] *mst* ~*s pl.* Feldstecher *m*, Fern-, Opernglas *n.*
bi·o·chem·i·cal ['baiəu'kemikəl] biochemisch; '**bi·o'chem·ist** Biochemiker *m*; '**bi·o'chem·is·try** Biochemie *f.*
bi·og·ra·pher [bai'ɔgrəfə] Biograph (-in); **bi·o·graph·ic, bi·o·graph·i·cal** □ [~əu'græfik(əl)] biographisch; **bi·og·ra·phy** [~'ɔgrəfi] Biographie *f*, Lebensbeschreibung *f.*
bi·o·log·ic, bi·o·log·i·cal □ [baiəu'lɔdʒik(əl)] biologisch; **bi·ol·o·gist** [~'ɔlədʒist] Biologe *m*; **bi'ol·o·gy** Biologie *f.*
bi·par·ti·san [baipɑ:ti'zæn] Zweiparteien...
bi·par·tite [bai'pɑ:tait] zweiteilig; zweiseitig; doppelt ausgefertigt (*Dokumente*).
bi·ped ['baiped] **1.** zweifüßig; **2.** Zweifüßer *m.*
bi·plane ✈ ['baiplein] Doppeldecker *m.*
birch [bə:tʃ] **1.** ⚘ Birke *f*; (Birken-) Rute *f*; **2.** Birken...; ~ *broom* Reisbesen *m*; **3.** mit der Rute züchtigen; '**birch·en** birken; Birken...
bird [bə:d] Vogel *m*; *kill two* ~*s with one stone* zwei Fliegen mit einer Klappe schlagen; *give the* ~ *Schauspieler* auszischen, -pfeifen; *a queer* ~ ein komischer Vogel (*Mensch*); '**~·call** Vogelruf *m*; '**~-fan·ci·er** Vogelliebhaber(in), -züchter(in), -händler(in); **bird·ie** ['bə:di] Vögelchen *n.*
bird...: '**~-lime** Vogelleim *m*; '**~-seed** Vogelfutter *n*; '**bird's-eye view** (Blick *m* aus der) Vogelperspektive *f*; allgemeiner Überblick *m*; '**bird's-nest 1.** Vogelnest *n*; **2.** Vogelnester ausnehmen.
birth [bə:θ] Geburt *f*; Ursprung *m*; Entstehung *f*; Herkunft *f*; *new* ~ Wiedergeburt *f*; *bring to* ~ entstehen lassen, veranlassen; *come to* ~ entstehen, veranlaßt werden; *give* ~ *to* gebären, zur Welt bringen; *fig.* hervorbringen; '**~-con·trol** Geburtenbeschränkung *f*, -regelung *f*; '**~·day** Geburtstag *m*; '**~-mark**

Muttermal *n*; '~**-place** Geburtsort *m*, -haus *n*; '~**-rate** Geburtenziffer *f*; '~**·right** (Erst)Geburtsrecht *n*.
bis·cuit ['biskit] **1.** Zwieback *m*; Keks *m* (*n*); Biskuit *n* (*Porzellan*); **2.** hellbraun.
bi·sect ⚹ [bai'sekt] halbieren; **bi'sec·tion** Halbierung *f*.
bish·op ['biʃəp] Bischof *m*; Läufer *m im Schach*; **bish·op·ric** ['~rik] Bistum *n*.
bis·muth ⚗ ['bizməθ] Wismut *n*.
bi·son *zo.* ['baisn] Wisent *m*.
bis·sex·tile [bi'sekstail] **1.** Schalt...; ~ *year* = **2.** Schaltjahr *n*.
bit [bit] **1.** Bißchen *n*, Stückchen *n*; (Pferde)Gebiß *n*; ⊕ (Zangen)Maul *n*; Bohrspitze *f*; Schlüsselbart *m*; ~ *by* ~ allmählich; stückweise; *a* ~ *of a coward* ein wenig feige; *take the* ~ *between one's teeth* durchgehen (*Pferd*); *fig.* aufsässig werden; **2.** aufzäumen; zügeln; **3.** *pret. von bite* 2.
bitch [bitʃ] **1.** Hündin *f*; V Hure *f*; ~ *fox* Füchsin *f*; ~ *wolf* Wölfin *f*; **2.** verpfuschen.
bite [bait] **1.** Beißen *n*; Biß *m*; Bissen *m*, Happen *m*; Anbeißen *n*; ⊕ Fassen *n*, Haften *n*; **2.** (*irr.*) beißen; brennen (*Pfeffer*); schneiden (*Kälte*); zerfressen (*Rost etc.*); (an-)beißen (*Fisch*); ⊕ fassen (*Anker, Schraube etc.*); *fig.* verletzen; ~ *at* schnappen nach; ~ *one's lips* sich auf die Lippen beißen; '**bit·er** Beißer *m*; *the* ~ *bit* der betrogene Betrüger.
bit·ing □ ['baitiŋ] scharf, beißend.
bit·ten ['bitn] *p.p. von bite* 2; *be* ~ *fig.* hereingefallen sein; *once* ~ *twice shy* gebranntes Kind scheut das Feuer.
bit·ter ['bitə] **1.** □ bitter; beißend, streng; *fig.* (v)erbittert; **2.** Bitterbier *n*.
bit·tern *orn.* ['bitən] Rohrdommel *f*.
bit·ter·ness ['bitənis] Bitterkeit *f*, Verbitterung *f*.
bit·ters ['bitəz] *pl.* Bittere *m*, Magenbitter *m*.
bi·tu·men ['bitjumin] Bitumen *n*, Asphalt *m*, Erdpech *n*; **bi·tu·mi·nous** [bi'tju:minəs] bituminös.
bi·valve *zo.* [bai'vælv] zweischalige Muschel *f*.
biv·ou·ac ['bivuæk] **1.** Biwak *n*; **2.** biwakieren.
biz F [biz] Geschäft *n*.
bi·zarre [bi'zɑ:] bizarr.
blab F [blæb] **1.** *a.* '**blab·ber** Schwätzer(in); **2.** (aus)schwatzen.
black [blæk] **1.** □ schwarz; dunkel; finster, düster; ~ *cattle* Rind-, Hornvieh *n*; ~ *eye* blaues Auge *n*; *s. frost*; *in* ~ *and white* schwarz auf weiß; *beat s.o.* ~ *and blue* j. grün u. blau schlagen; ~ *in the face* dunkelrot (im Gesicht *vor Wut*); *look* ~ *at s.o.* j. böse anschauen; **2.** schwärzen; wichsen; ~ *out* verdunkeln; **3.** Schwarz *n* (*a. Kleidung*); Schwärze *f*; Schwarze *m*, *f* (*Neger*).
black...: ~**a·moor** ['~əmuə] Neger *m*; '~**·ball** gegen *j.* stimmen; '~**·ber·ry** ⚘ Brombeere *f*; *go* ~*ing* Brombeeren sammeln; '~**·bird** Amsel *f*; '~**·board** Wandtafel *f*; '~**-coat·ed:** ~ *worker* Büroangestellte *m*; '~**·cock** *orn.* Birkhahn *m*; '~**-'cur·rant** schwarze Johannisbeere *f*; '**black·en** *v/t.* schwärzen, schwarz machen; *fig.* anschwärzen; *v/i.* schwarz werden.
black...: '~**·guard** ['blægɑ:d] **1.** Lump *m*, Schuft *m*; **2.** *a.* '~**·guard·ly** □ schuftig, niederträchtig; **3.** *j.* (Lump) schimpfen; ~**·head** ⚕ ['blækhed] Mitesser *m*; '**black·ing** Schuhwichse *f*; '**black·ish** □ schwärzlich.
black...: '~**·jack** **1.** *bsd. Am.* Totschläger *m* (*Instrument*); **2.** niederknüppeln; ~**·lead** ['~'led] **1.** Reißblei *n*; **2.** mit Reißblei schwärzen; '~**·leg** Betrüger *m*; Streikbrecher *m*; '~**-'let·ter** *typ.* Fraktur *f*; '~**-list** auf die schwarze Liste setzen; '~**·mail** **1.** Erpressung(sgeld *n*) *f*; **2.** Geld von *j-m* erpressen; '~**·mail·er** Erpresser *m*; ~ **mar·ket** schwarzer Markt *m*; ~ **mar·ket·eer** Schwarzhändler *m*, Schieber *m*; '**black·ness** Schwärze *f*.
black...: '~**-out** Verdunkelung *f*; Gedächtnisstörung *f*; *thea.* Verlöschen *n* der Lichter; ~ **pud·ding** Blutwurst *f*; ~ **sheep** *fig.* schwarzes Schaf *n*; '~**·smith** Grobschmied *m*; '~**·tail** *zo. Am.* Kolumbischer Hirsch *m*; '~**·thorn** ⚘ Schwarz-, Schlehdorn *m*; '**black·y** F Schwarze *m*, *f*.
blad·der ['blædə] (*bsd.* Harn-, Gallen-, Schwimm)Blase *f*.

blade [bleid] Blatt *n*, ⚘ Halm *m*; *Säge-, Ruder-, Schulter- etc.* Blatt *n*; Propellerflügel *m*; Schneide *f*, Klinge *f eines Messers etc.*; '~**-bone** *anat.* Schulterblatt *n*.

blae·ber·ry ['bleibəri] Heidelbeere *f*.

blah F [blɑ:] leeres Gerede *n*.

blam·a·ble □ ['bleiməbl] tadelnswert; schuldhaft.

blame [bleim] **1.** Tadel *m*; Schuld *f*; **2.** tadeln; *be to* ~ *for* schuld sein an (*dat.*); ~ *s.th. on s.o.* die Schuld für et. auf j. schieben.

blame·ful ['bleimful] tadelnswert; '**blame·less** □ untadelig; schuldlos; '**blame·less·ness** Makellosigkeit *f*; '**blame·wor·thy** tadelnswert.

blanch [blɑ:ntʃ] bleichen; erbleichen (lassen); ~ *over* beschönigen.

blanc-mange [blə'mɔnʒ] *Küche*: Flammeri *m*.

bland □ [blænd] mild, sanft; '**blan·dish** schmeicheln (*dat.*), liebkosen; '**blan·dish·ment** Schmeichelei *f*.

blank [blæŋk] **1.** □ blank; leer; unausgefüllt; unbeschrieben; ☤ Blanko...; verdutzt, verblüfft; ~ *cartridge* ⚔ Platzpatrone *f*; *fire* ~ mit Platzpatronen schießen; **2.** Weißes *n*; Leere *f*; leerer Raum *m*; Lücke *f*, freie Stelle *f*; unbeschriebenes Blatt *n*, leeres Formular *n*, Blankett *n*; Niete *f in der Lotterie*; Platzpatrone *f*.

blan·ket ['blæŋkit] **1.** Wolldecke *f*; *engS.* (Bett-, Pferde)Decke *f*; *wet* ~ *fig.* Dämpfer *m*; Spielverderber *m*; Störenfried *m*; **2.** mit e-r Wolldecke zudecken; F unterdrücken, vertuschen; **3.** *Am.* umfassend, Gesamt..., Allgemein..., Pauschal...

blank·ness ['blæŋknis] Weiße *f*, Leere *f*; Verdutztheit *f*; **blank verse** *poet.* Blankvers *m*.

blare [blɛə] schmettern (*Trompete*).

blar·ney ['blɑ:ni] **1.** Schmus *m*, leeres Gerede *n*; Überredungskunst *f*; **2.** *j.* einwickeln; schmeichelhaft reden.

bla·sé ['blɑ:zei] blasiert.

blas·pheme [blæs'fi:m] lästern (*against* über *acc.*); **blas'phem·er** Gotteslästerer *m*; **blas·phe·mous** □ ['blæsfiməs] blasphemisch, gotteslästerlich; '**blas·phe·my** Blasphemie *f*, Gotteslästerung *f*.

blast [blɑ:st] **1.** Windstoß *m*; Ton *m e-s Blasinstruments*; ⊕ Gebläse (-luft *f*) *n*; Luftdruck *m e-r Explosion*; (Spreng)Ladung *f*; ⚘ Mehltau *m*; *at full* ~ mit Volldampf; *in (out of)* ~ in (außer) Betrieb (*Hochofen*); ~ *of a trumpet* Trompetenstoß *m*; **2.** (in die Luft) sprengen; zerstören (*a. fig.*); ~ *(it)!* verdammt!; '**blast·ed** verdammt, verflucht; '**blast-·fur·nace** ⊕ Hochofen *m*; '**blast·ing** Sprengen *n*.

bla·tant □ ['bleitənt] lärmend; marktschreierisch; *fig.* eklatant.

blath·er *Am.* ['blæðə] **1.** Gewäsch *n*; **2.** schwätzen.

blaze [bleiz] **1.** Flamme(n *pl.*) *f*; Feuer *n*; heller Schein *m*; *fig.* Ausbruch *m*; ~*s pl.* Hölle *f*, Teufel *m*; *go to* ~*s!* zum Teufel mit dir!; *like* ~*s* F wie ein Irrer; **2.** *v/i.* brennen, flammen, lodern; leuchten; ~ *away* F losschießen; *blazing scent* warme Fährte *f*; *v/t. Baum* markieren; ~ *abroad* ausposaunen; ~ *a trail* e-n Pfad markieren; *fig.* e-n Weg bahnen; '**blaz·er** Blazer *m*.

bla·zon ['bleizn] **1.** Wappenkunde *f*; Wappen(schild) *n*; **2.** *Wappen* beschreiben, malen; *fig.* schmücken; verherrlichen; (ver)künden; F ausposaunen; '**bla·zon·ry** Wappenkunde *f*; Zurschaustellung *f*; Schmuck *m*.

bleach [bli:tʃ] bleichen; '**bleach·er** Bleicher(in); ~*s pl. Am.* nichtüberdachte Zuschauerplätze *m/pl. bei Sportveranstaltungen*; '**bleach·ing** Bleichen *n*; '**bleach·ing-pow·der** Bleichpulver *n*.

bleak □ [bli:k] öde, kahl; rauh; *fig.* trüb, freudlos, finster; '**bleak·ness** Öde *f*; Rauheit *f*.

blear [bliə] **1.** trüb (*bsd. Auge*); **2.** trüben; ~**-eyed** ['bliəraid] triefäugig; '**blear·y** trüb.

bleat [bli:t] **1.** Blöken *n*; **2.** blöken.

bleb [bleb] Bläschen *n*, Pustel *f*.

bled [bled] *pret. u. p.p von bleed.*

bleed [bli:d] (*irr.*) *v/i.* bluten; *v/t.* zur Ader lassen; *fig.* schröpfen; '**bleed·ing** **1.** Bluten *n*; Aderlaß *m*; **2.** *sl.* verflixt.

blem·ish ['blemiʃ] **1.** Fehler *m*; Makel *m*, Schande *f*; **2.** verunstalten; brandmarken.

blench [blentʃ] *v/i.* zurückschrekken; *v/t.* die Augen schließen vor.

blend [blend] **1.** (sich) (ver)mischen; *Tee* mischen; *Wein etc.* verschneiden; *fig.* (miteinander) verschmelzen; ineinander übergehen; **2.** Mischung *f*; ⚘ Verschnitt *m*.
blende *min.* [blend] (Zink)Blende *f*.
bless [bles] segnen; preisen; beglücken (*with* mit); ~ *me!*, ~ *my soul!* F meine Güte!, herrje!; **bless·ed** □ [*p.p.* blest; *adj.* ˈblesid] glückselig; gesegnet; ~ *event* freudiges Ereignis *n*; **bless·ed·ness** [ˈblesidnis] Glückseligkeit *f*; *live in single* ~ Junggeselle sein; ˈ**bless·ing** Segen *m*; Segnung *f*; Wohltat *f*.
blest *poet.* [blest] *s. blessed.*
bleth·er [ˈbleðə] *s. blather.*
blew [bluː] *pret. von blow*[2] *u. blow*[3] *1.*
blight [blait] **1.** ⚘ Mehltau *m*; *fig.* Gifthauch *m*; **2.** vernichten; ˈ**blight·er** *sl.* Ekel *n* (*Person*); Kerl *m*, Bursche *m*.
Blight·y ⚔ *sl.* [ˈblaiti] Heimat *f*; *a* ~ *one* ein Heimatschuß *m*.
bli·mey V [ˈblaimi] verflucht!
blind [blaind] **1.** □ blind (*fig. to* gegen); geheim; nicht erkennbar; ~ *alley* Sackgasse *f*; ~ *corner* unübersichtliche Straßenecke *f*; ~ *flying* ✈ Blindflug *m*; ~ *drunk sl.* betrunken, blau; *turn one's* ~ *eye to s.th.* ein Auge zudrücken bei et.; **2.** Blende *f*; (Fenster)Vorhang *m*, Jalousie *f*, Rouleau *n*; Scheuklappe *f*; *Am.* Versteck *n*; Vorwand *m*; **3.** blenden, blind machen; verblenden (*to* gegen); abblenden.
blind·fold [ˈblaindfəuld] **1.** blindlings; blind; mit verbundenen Augen; **2.** *j-m* die Augen verbinden; ˈ**blind·ly** *fig.* blindlings; ˈ**blind-man's-**ˈ**buff** Blindekuhspiel *n*; ˈ**blind·ness** Blindheit *f*; ˈ**blind-worm** *zo.* Blindschleiche *f*.
blink [bliŋk] **1.** Blinzeln *n*; Schimmer *m*; ⚓ Blink *m*; **2.** *v/i.* blinzeln; zwinkern; blinken; schimmern; *v/t. absichtlich* übersehen; blinzeln mit; ˈ**blink·er** Blinzler *m*; Scheuklappe *f*; ˈ**blink·ing** F verflixt.
bliss [blis] Seligkeit *f*, Wonne *f*.
bliss·ful □ [ˈblisful] glückselig, selig, wonnig; ˈ**bliss·ful·ness** Glückseligkeit *f*, Wonne *f*.
blis·ter [ˈblistə] **1.** Blase *f* (*auf der Haut, im Lack*); Zugpflaster *n*; **2.** Blasen bilden (auf *dat.*).
blithe □ [blaið], ~**·some** [ˈ~səm] *mst poet.* lustig, munter, fröhlich.
blith·er·ing *sl.* [ˈbliðəriŋ]: ~ *idiot* Vollidiot *m*.
blitz [blits] **1.** Luftangriff *m*; **2.** bombardieren.
bliz·zard [ˈblizəd] Schneesturm *m*.
bloat [bləut] aufblasen; aufschwellen; *Fische* räuchern; ~*ed* aufgedunsen; *fig.* aufgeblasen; ˈ**bloat·er** Bückling *m*.
blob [blɔb] Tropfen *m*; Klümpchen *n*.
block [blɔk] **1.** Block *m*; Klotz *m*; (Häuser)Block *m*; ⊕ Block *m*, Rolle *f*; Druckstock *m*; Verstopfung *f*, Stockung *f*; *the* ~ der Richtblock; **2.** pressen, formen; verhindern, durchkreuzen; ~ *in* entwerfen, skizzieren; *mst* ~ *up* (ab-, ver)sperren; *Hafen etc.* blockieren; einschließen; ~*ed account* Sperrkonto *n*.
block·ade [blɔˈkeid] **1.** Blockade *f*; *run the* ~ die Blockade brechen; **2.** blockieren; einschließen; **block-**ˈ**ade-run·ner** Blockadebrecher *m*.
block...: ˈ~**·bust·er** *sl.* Luftmine *f*; ˈ~**·head** Dummkopf *m*; ˈ~**·house** Blockhaus *n*; ~ **let·ters** *pl.* Block-, Druckschrift *f*; ˈ~**-sys·tem** 🚂 Block(signal)system *n*.
bloke F [bləuk] Bursche *m*, Kerl *m*.
blond(**e** *f*) [blɔnd] **1.** blond; **2.** Blondine *f*; *a. blonde-lace* ⚘ Blonde *f*, seidene Spitze *f*.
blood [blʌd] Blut *n*; *fig.* Blut *n*, Temperament *n*; Geblüt *n*, Abstammung *f*; *in cold* ~ kalten Blutes, kaltblütig; *s. run 1*; ˈ~**-and-**ˈ**thunder** sensationell, dramatisch, aufregend; ˈ~**-cur·dling** haarsträubend, entsetzlich; ~ **do·nor** Blutspender(in).
blood·ed [ˈblʌdid] Vollblut...; ...-blütig.
blood...: ˈ~**-guilt·i·ness** Blutschuld *f*; ˈ~**-heat** Blutwärme *f*, Körpertemperatur *f*; ˈ~**-horse** Vollblutpferd *n*; ˈ~**·hound** Blut-, Schweißhund *m*; ˈ**blood·i·ness** Blutgier *f*; ˈ**blood·less** □ blutlos, -leer (*fig. bleich; kraft-, geistlos*); unblutig.
blood...: ˈ~**-let·ting** Aderlaß *m*; ˈ~**-poi·son·ing** ⚕ Blutvergiftung *f*; ˈ~**-pres·sure** Blutdruck *m*; ˈ~**-re·**ˈ**la·tion** Blutsverwandte *m*, *f*;

'~·**shed** Blutvergießen *n*; '~·**shot** blutunterlaufen; '~-**suck·er** Blutegel *m*; *fig.* Blutsauger *m*; '~-**thirst·y** blutdürstig; '~-**ves·sel** Blutgefäß *n*; '**blood·y** □ blutig; grausam; P verdammt.

bloom [blu:m] **1.** Blüte *f*; *fig.* Blüte (-zeit) *f*; Reif *m*; Flaum *m auf Früchten*; *fig.* Schmelz *m*; *metall.* Luppe *f*; *be in* ~ blühen; **2.** (er-) blühen (*a. fig.*).

bloom·er ['blu:mə] *sl.* Schnitzer *m*; ~*s pl.* Schlüpfer *m*.

bloom·ing □ ['blu:miŋ] blühend; P verdammt, verflixt.

blos·som ['blɔsəm] **1.** *bsd. fruchtbildende* Blüte *f*; **2.** blühen; ~ *into* erblühen zu, sich entwickeln zu.

blot [blɔt] **1.** Klecks *m*, Fleck(en) *m*; *fig.* Makel *m*; **2.** beklecksen, beflecken (*a. fig.*); klecksen (*Feder*); (ab)löschen *mit Löschpapier*; *mst* ~ *out Schrift* ausstreichen, *fig.* auslöschen.

blotch [blɔtʃ] Pustel *f*; Fleck *m*; Klecks *m*.

blot·ter ['blɔtə] Löscher *m*; *Am.* Protokollbuch *n bsd. der Polizei.*

blot·ting...: '~-**pad** Schreibunterlage *f*; '~-**pa·per** Löschpapier *n*.

blot·to *sl.* ['blɔtəu] besoffen.

blouse [blauz] Bluse *f*.

blow[1] [bləu] Schlag *m*, Stoß *m*; *at one* ~ mit einem Schlag; *come to* ~*s* handgemein werden.

blow[2] [~] (*irr.*) blühen.

blow[3] [~] **1.** (*irr.*) *v/i.* blasen; wehen; keuchen, schnaufen; geblasen *od.* geweht werden, fliegen; durchbrennen (*Sicherung*); ~ *over* vorüberziehen, -gehen; *fig.* vergessen werden; ~ *up* explodieren, in die Luft fliegen; *v/t.* (weg- *etc.*)blasen, wehen; reißen; ertönen lassen; *Sicherung* durchbrennen lassen; *a.* ~ *up* (in die Luft) sprengen; *Geld* verpulvern, hinauswerfen; ~ *one's nose* sich die Nase putzen, sich schneuzen; ~ *up Reifen* aufpumpen; *Photo* vergrößern; ~ *out one's brains* sich eine Kugel durch den Kopf jagen; *I'll be* ~*ed if ... sl.* zum Teufel, wenn ...; **2.** Blasen *n*, Wehen *n*; *get a* ~ F sich vom Wind durchblasen lassen; '**blow·er** Bläser *m*; Schieb(e)blech *n am Kamin.*

blow...: '~·**fly** Schmeißfliege *f*; '~-**hole** Luftloch *n*; '~·**lamp** (Benzin)Lötlampe *f*; Schweißbrenner *m*.

blown [bləun] *p.p von blow*[2] *u. blow*[3] *1.*

blow...: '~-'**out** *mot.* Reifenpanne *f*; '~·**pipe** Gebläsebrenner *m*; Schweißbrenner *m*; Blasrohr *n*; '~·**torch** *s. blowlamp*; '**blow·y** windig.

blowz·y ['blauzi] schlampig, ungepflegt u. mit grobem Teint.

blub·ber ['blʌbə] **1.** Walfischspeck *m*; **2.** heulen, weinen.

bludg·eon ['blʌdʒən] **1.** Knüppel *m*; **2.** niederknüppeln; prügeln.

blue [blu:] **1.** □ blau; F trüb, schwermütig; ~ *jokes pl.* unanständige Witze *m/pl.*; **2.** Blau *n*; *pol.* Konservative *m, f*; **3.** blau färben; blauen.

blue...: '~·**bell** ⚘ Sternhyazinthe *f*; Glockenblume *f*; '~·**ber·ry** ⚘ Blau-, Heidelbeere *f*; '~·**bird** *orn.* amerikanische Singdrossel *f*; '~-**book** *pol.* Blaubuch *n*; '~·**bot·tle** ⚘ Kornblume *f*; *zo.* Schmeißfliege *f*; '~·**jack·et** Blaujacke *f* (*Matrose*); '~-**jay** *orn.* Blauhäher *m*; ~ **jeans** *pl.* Blue jeans *pl.*; ~ **laws** *pl. Am.* strenge (puritanische) Gesetze *n/pl.*; '**blue·ness** Bläue *f*; '**blue-'pen·cil** zensieren, zs.-streichen; '**blue·print** Blaupause *f*; *fig.* Entwurf *m*; **blues** *pl.* Trübsinn *m*; ♪ Blues *m*; '**blue·stock·ing** *fig.* Blaustrumpf *m*.

bluff [blʌf] **1.** □ schroff; steil; derb, gerade; **2.** Steilufer *n*; Bluff *m*, Irreführung *f*; **3.** bluffen, irreführen.

blu·ish ['blu:iʃ] bläulich.

blun·der ['blʌndə] **1.** Fehler *m*, Schnitzer *m*; **2.** einen Fehler *od.* Schnitzer machen; stolpern; stümpern; verpfuschen; ~ *out* F herausplatzen mit; **blun·der·buss** *hist.* ['blʌndəbʌs] Donnerbüchse *f*; '**blun·der·er**, '**blun·der·head** Stümper *m*.

blunt [blʌnt] **1.** □ stumpf (*a. fig.*); plump, grob, derb; **2.** abstumpfen; '**blunt·ness** Stumpfheit *f*; Grobheit *f*, Plumpheit *f*.

blur [blə:] **1.** Fleck(en) *m*; *fig.* Verschwommenheit *f*, Schleier *m*; **2.** *v/t.* beflecken; verwischen; *Sinn* trüben; ~*red bsd. phot.* verschleiert.

blurb [blə:b] Waschzettel *m*, Klappentext *m*.

blurt [blə:t]: ~ *out* herausplatzen mit.

blush [blʌʃ] **1.** (Scham)Röte *f*; Erröten *n*; flüchtiger Blick *m*; **2.** erröten (*at* über *acc.*); (sich) röten, rot werden; ~ *to inf.* sich schämen zu *inf.*; '**blush·ing** □ schamhaft.

blus·ter ['blʌstə] **1.** Brausen *n*, Toben *n*, Getöse *n*; Prahlerei *f*; **2.** *v/i.* brausen, toben, tosen; prahlen; *v/t. a.* ~ *out* ausstoßen; '**blus·ter·er** Polterer *m*; Prahler *m*.

bo(h) [bəu] hu!, buh!

bo·a *zo.* ['bəuə] Boa *f*.

boar [bɔː] Eber *m*; *hunt.* Keiler *m*.

board [bɔːd] **1.** Brett *n*, Bohle *f*; Anschlagbrett *n*; Tafel *f*; Konferenztisch *m*; Ausschuß *m*, Komitee *n*, Kommission *f*; Gremium *n*; Behörde *f*, Amt *n*; Verpflegung *f*; Pappe *f*; *the* ~*s pl. thea.* die Bretter *n/pl.*; *on* ~ an Bord; *on* ~ *a train Am.* in e-m Zug; *go by the* ~*s* über Bord gehen, *fig.* ins Wasser fallen (*Plan etc.*); *above* ~ ehrlich, offen; *sweep the* ~ alles gewinnen; ~ *of governors* Kuratorium *n bsd. e-r Public School*; ♀ *of Trade* Handelsministerium *n*; ~ *and lodging* Unterkunft *f* u. Verpflegung *f*; **2.** *v/t.* dielen, verschalen; beköstigen; *a.* ~ *out* in Kost *od.* Pension geben; ⚓ an Bord *e-s Schiffes* gehen; ⚓ entern; *bsd. Am.* (*Fahr-, Flugzeug*) besteigen; einsteigen in (*acc.*); ~ *up* mit Brettern verschlagen *od.* vernageln; *v/i.* in Kost sein (*with* bei); '**board·er** Kostgänger (-in); Internatsschüler(in).

board·ing ['bɔːdiŋ] Verschalung *f*; Verpflegung *f*; ⚓ Entern *n*; *attr.* Kost...; '~**-axe** ⚓ Enterbeil *n*; '~**-house** Pension *f*, Fremdenheim *n*; '~**-school** Internat(sschule *f*) *n*.

board...: '~**-room** Sitzungssaal *m*; '~**·walk** *bsd. Am.* Strandpromenade *f aus Holzplanken*.

boast [bəust] **1.** Prahlerei *f*; *fig.* Stolz *m*; **2.** (*of, about*) sich rühmen (*gen.*), prahlen (mit); ~ *s.th.* sich (des Besitzes) e-r Sache rühmen, et. aufzuweisen haben; '**boast·er** Prahler(in); **boast·ful** □ ['~ful] prahlerisch.

boat [bəut] **1.** Boot *n*; Schiff *n*; *burn one's* ~*s* alle Brücken hinter sich abbrechen; *take to the* ~*s* in die Rettungsboote gehen; *be in the same* ~ in der gleichen Lage sein; *s. sauce-*~; **2.** in e-m Boot fahren; '**boat-hook** Bootshaken *m*; '**boat-house** Bootshaus *n*; '**boat·ing** Bootfahrt *f*; '**boat-race** Ruderregatta *f*; **boat·swain** ['bəusn] Bootsmann *m*; '**boat-train** Schiffszug *m*.

bob [bɔb] **1.** Bommel *f*, Quaste *f*; Pendellinse *f*; Ruck *m*; Knicks *m*; (Haar)Schopf *m*; *sl.* Schilling *m*; = ~*bed hair*; **2.** *v/t.* klopfen; stoßen; *Haar* stutzen; ~*bed hair* Bubikopf *m*; *v/i.* springen, tanzen; knicksen; ~ *for* schnappen nach.

bob·bin ['bɔbin] Spule *f* (*a.* ⚡); *Spitzen-*Klöppel *m*; Zugschnur *f*; '~**-lace** Klöppelspitze *f*.

bob·ble *Am.* F ['bɔbl] Schnitzer *m*, Fehler *m*.

bob·by *sl.* ['bɔbi] Polizist *m*; '~**-pin** Haarklemme *f*; '~**-socks** *pl.* Söckchen *n/pl.*; ~**-sox·er** *Am.sl.* ['~sɔksə] Backfisch *m*.

bob·cat *zo.* ['bɔbkæt] Rotluchs *m*.

bob·o·link *orn.* ['bɔbəliŋk] Reisstärling *m*.

bob·sled ['bɔbsled], **bob·sleigh** ['bɔbslei] Bob(sleigh) *m* (*Mannschaftsrennschlitten*).

bob·tail ['bɔbteil] (Pferd *n od.* Hund *m* mit) Stutzschwanz *m*; *the rag-tag and* ~ Krethi u. Plethi *pl*.

bob·white *orn.* ['bɔb'wait] Virginische Wachtel *f*.

bode [bəud] prophezeien (*well* Gutes *n*, *ill* Übles *n*).

bod·ice ['bɔdis] Leibchen *n*, Mieder *n*; Taille *f am Kleid*.

bod·i·ly ['bɔdili] **1.** *adj.* körperlich; ~ *injury* Körperverletzung *f*; **2.** *adv.* ganz u. gar; persönlich.

bod·kin ['bɔdkin] Ahle *f*; Durchziehnadel; Haarnadel *f*; *sit* ~ eingepfercht sitzen.

bod·y ['bɔdi] **1.** Körper *m*, Leib *m*; Rumpf *m*; Leichnam *m*; Person *f*; Körperschaft *f*; Hauptteil *m*; *mot.* Karosserie *f*; (Hut)Stumpen *m*; ⚔ Truppenkörper *m*; *fig.* Masse *f*; *in a* ~ zusammen, geschlossen; **2.** ~ *forth* verkörpern; '~**·guard** Leibwache *f*.

Boer ['bəuə] **1.** Bure *m*; **2.** Buren..., burisch.

bof·fin *sl.* ['bɔfin] Wissenschaftler *m*, Experte *m*.

bog [bɔg] **1.** Sumpf *m*, Moor *n*; Morast *m*; **2.** im Schlamm versenken; *be od. get* ~*ged down* steckenbleiben.

bog·gle ['bɔgl] stutzen, schwanken, unschlüssig sein; pfuschen.

bog·gy ['bɔgi] sumpfig.
bo·gie ['bəugi] 🚃 Drehschemel *m*; *a.* = *bogy*.
bo·gus ['bəugəs] falsch, Schwindel...
bo·gy ['bəugi] Kobold *m*; Popanz *m*, Schreckgespenst *n*; *the ~ (man)* der Schwarze Mann.
Bo·he·mi·an [bəu'hi:mjən] **1.** böhmisch; **2.** Böhme *m*, Böhmin *f*; Zigeuner(in); *fig.* Bohemien *m*.
boil [bɔil] **1.** kochen, sieden (*a. fig.*); (sich) kondensieren; **2.** Sieden *n*; Beule *f*, Geschwür *n*; Furunkel *m*; '**boil·er** Sieder *m*; (Dampf-)Kessel *m*, Boiler *m*; '**boil·ing** siedend; Siede...
bois·ter·ous □ ['bɔistərəs] ungestüm; heftig, laut; lärmend; '**bois·ter·ous·ness** Ungestüm *n*.
bold □ [bəuld] kühn, keck; *b.s.* dreist; steil (*Küste*); deutlich; *typ.* fett; *make (so) ~ (as) to do* sich erkühnen zu tun; '**bold·ness** Kühnheit *f etc.*; *b.s.* Dreistigkeit *f*.
bole [bəul] starker Baumstamm *m*.
bo·ler·o [bə'lɛərəu] Bolero *m* (*Tanz*); ['bɔlərəu] Bolero *m* (*Damenjacke*).
boll ⚘ [bəul] Samenkapsel *f*.
bol·lard ['bɔləd] ⚓ Poller *m*; Verkehrsinsellampe *f*.
bo·lo·ney *sl.* [bə'ləuni] Quatsch *m*.
Bol·she·vism ['bɔlʃivizəm] Bolschewismus *m*; '**Bol·she·vist** **1.** Bolschewist(in); **2.** bolschewistisch.
bol·ster ['bəulstə] **1.** Kopfkeil *m*; Unterlage *f* (*a.* ⊕); **2.** *mst ~ up* polstern; (unter)stützen.
bolt [bəult] **1.** Bolzen *m*; *Tür-, Schloß- etc.* Riegel *m*; Blitzstrahl *m*; Ausreißen *n*, Durchgehen *n*; *~ upright* kerzengerade; **2.** *v/t.* verbolzen; verriegeln; F hinunterschlingen; *v/i.* eilen, stürzen; durchgehen (*Pferd u. fig.*); *Am. pol.* abtrünnig werden; sieben; '**bolt·er** Ausreißer(in), Durchgänger(in); Beutelsieb *n*.
bolt-hole ['bəulthəul] Schlupfloch *n*.
bomb [bɔm] **1.** *bsd.* ⚔ Bombe *f*; **2.** mit Bomben belegen, bombardieren; *~ed out* ausgebombt; *~ up Flugzeug* mit Bomben beladen.
bom·bard [bɔm'bɑ:d] beschießen; bombardieren (*a. fig. u. phys.*); **bom'bard·ment** Bombardement *n*; Beschießung *f*, Beschuß *m*.
bom·bast ['bɔmbæst] Bombast *m*, Schwulst *m*; **bom'bas·tic, bom'bas·ti·cal** □ bombastisch, schwülstig.
bomb-bay ['bɔmbei] Bombenschacht *m*.
bomb·er ✈ ['bɔmə] Bomber *m*.
bomb...: '**~-proof** **1.** bombensicher; **2.** Bunker *m*; '**~·shell** *fig.* Bombe *f*; '**~-sight** ⚔ Bombenzielgerät *n*.
bo·nan·za *Am.* F [bəu'nænzə] **1.** *fig.* Goldgrube *f*; **2.** sehr einträglich; Groß...
bon·bon ['bɔnbɔn] Bonbon *m*, *n*.
bond [bɔnd] **1.** Band *n* (*a. fig.*); Fessel *f* (*a. fig.*); Bündnis *n*; Schuldschein *m*; ⚕ Obligation *f*; *in ~* ⚕ unter Zollverschluß; **2.** verpfänden; ⚕ unter Zollverschluß legen; *~ed port* Zollhafen *m*; *~ed warehouse* Zollspeicher *m*; '**bond·age** Leibeigenschaft *f*, Hörigkeit *f*; Knechtschaft *f* (*a. fig.*); '**bond-hold·er** Inhaber *m* von Obligationen; '**bond(s)·man** Leibeigene *m*; '**bond(s)·wom·an** Leibeigene *f*, Hörige *f*.
bone [bəun] **1.** Knochen *m*, Bein *n*; Gräte *f*; *~s pl. a.* Gebeine *n/pl.*; Kastagnetten *f/pl.*; Würfel *m/pl.*; *~ of contention* Zankapfel *m*; *feel in one's ~s* in den Knochen spüren; sicher sein; *have a ~ to pick with* F ein Hühnchen zu rupfen haben mit; *make no ~s about* F nicht lange fackeln mit; **2.** ausbeinen, entgräten; *a. ~ up* F büffeln, fest lernen; **3.** knöchern; Knochen...; **boned** ...knochig; '**bone-'dry** knochentrocken; '**bone-dust** Knochenmehl *n*; '**bone-head** *sl.* Dummkopf *m*; '**bon·er** *Am. sl.* Schnitzer *m*, grober Fehler *m*; '**bone-set·ter** Heilgehilfe *m*; '**bone-shak·er** altes Fahrrad *n*; Klapperkasten *m*.
bon·fire ['bɔnfaiə] Freudenfeuer *n*; (Reisig-, Kartoffel- *etc.*) Feuer *n*.
bon·net ['bɔnit] **1.** Haube *f*, Schute(nhut *m*) *f*; Schottenmütze *f*; ⊕ (Motor)Haube *f*; *Schornstein- etc.* Kappe *f*, Haube *f*; ⚓ Bonnett *n*; **2.** mit e-r Mütze *etc.* bedekken.
bon·ny *bsd. schott.* ['bɔni] hübsch; drall; rosig; munter.
bo·nus ⚕ ['bəunəs] Prämie *f*; Extradividende *f*; Gratifikation *f*; Gewinnanteil *m*; Zulage *f*.
bon·y ['bəuni] knöchern; Knochen...; knochig; grätig.

boo [bu:] (nieder)brüllen, (aus)pfeifen.

boob *Am.* [bu:b] Simpel *m*, Dummkopf *m*.

boo·by ['bu:bi] Tölpel *m* (*a. orn.*); ~ *prize* Trostpreis *m*; '**~-trap** Minenfalle *f*; grober Scherz *m*.

boog·ie-woog·ie ['bu:giwu:gi] Boogie-Woogie *m*.

boo·hoo F [bu:'hu:] plärren.

book [buk] **1.** Buch *n*; Heft *n*; Liste *f*; Block *m Fahrkarten etc.*; *the* 2 die Bibel; *stand in the* ~*s at* ✝ zu Buche stehen mit; *be in s.o.'s good* (*bad*) ~*s fig.* bei j-m gut (schlecht) angeschrieben sein; *bring s.o. to* ~ von j-m Rechenschaft verlangen; **2.** buchen; einschreiben, -tragen; *Eintritts-, Fahrkarte* lösen; *e-n Platz etc.* bestellen; *Gepäck* aufgeben; F *j.* vormerken; ~ *through* e-e durchgehende Fahrkarte lösen; '**~·bind·er** Buchbinder *m*; '**~·case** Bücherschrank *m*; '**~-end** Bücherstütze *f*; **book·ie** ['buki] F *Sport*: Buchmacher *m*; '**book·ing-clerk** Schalterbeamte *m*; '**book·ing-of·fice** Fahrkartenausgabe *f*, -schalter *m*; *thea.* Kasse *f*; '**book·ish** □ gelehrt; '**book-keep·er** Buchhalter *m*; '**book-keep·ing** Buchführung *f*; **book·let** ['~lit] Büchlein *n*; Broschüre *f*.

book...: '**~-mak·er** Buchmacher *m*; '**~-mark(·er)** Lesezeichen *n*; '**~-plate** Exlibris *n*; '**~·sell·er** Buchhändler *m*; '**~·shop** Buchhandlung *f*; '**~-stall** Bücher(verkaufs)-stand *m*; '**~·worm** Bücherwurm *m* (*a. fig.*).

boom[1] ⚓ [bu:m] Baum *m*; Ausleger *m*; Spiere *f*.

boom[2] [~] **1.** ✝ Aufschwung *m*, Hochkonjunktur *f*, Hausse *f*; Reklamerummel *m*; ~ *and bust* wirtschaftliches Hoch *n* und Tief *n*; **2.** in die Höhe treiben *od.* gehen; für *et.* Reklame machen.

boom[3] [~] **1.** brummen; brausen; dröhnen; **2.** Donnern *n*.

boom·e·rang ['bu:məræŋ] Bumerang *m* (*a. fig.*).

boon[1] [bu:n] Gefallen *m*; Segen *m*, Wohltat *f*.

boon[2] [~] freundlich, munter; ~ *companion* Zechkumpan *m*.

boor *fig.* [buə] Bauer *m*, Lümmel *m*, Flegel *m*.

boor·ish □ ['buəriʃ] bäuerisch, lümmel-, flegelhaft; '**boor·ish·ness** flegelhaftes Wesen *n*.

boost [bu:st] heben; in die Höhe treiben; nachhelfen (*dat.*), Auftrieb geben (*dat.*); verstärken (*a.* ⚡); Reklame machen; ~ *business* die Wirtschaft ankurbeln; '**boost·er** Verstärkung *f*, Zusatz *m*; ~ *rocket* Startrakete *f*.

boot[1] [bu:t]: *to* ~ obendrein.

boot[2] [~] Stiefel *m*; Kofferraum *m*; *the* ~ *is on the other leg* es ist genau umgekehrt; *give s.o. the* ~ j. entlassen *od.* hinauswerfen; '**~·black** *Am.* = *shoeblack*; '**boot·ed** gestiefelt; **boot·ee** ['bu:ti:] *Damen-Halbstiefel m*.

booth [bu:ð] (Markt-, Schau)Bude *f*; Wahlzelle *f*; *Am.* Fernsprechzelle *f*.

boot...: '**~·jack** Stiefelknecht *m*; '**~·lace** Schnürsenkel *m*; '**~·leg** *bsd. Am.* illegal (*hergestellt, transportiert, verkauft*); Geheim...; Schmuggel...; '**~·leg·ger** Alkoholschmuggler *m*; *weitS.* Schieber *m*.

boot·less *poet.* ['bu:tlis] nutzlos.

boots [bu:ts] Hausdiener *m* (*Hotel*).

boot-tree ['bu:ttri:] Leisten *m*.

boo·ty ['bu:ti] Beute *f*, Raub *m*.

booze P [bu:z] **1.** saufen; **2.** Sauferei *f*; '**booz·y** P besoffen.

bop [bɔp] = *bebop*.

bo-peep [bəu'pi:p] Guck-guck-[Spiel *n*.]

bo·rax ⚗ ['bɔ:ræks] Borax *m*.

bor·der ['bɔ:də] **1.** Rand *m*, Bord *m*, Saum *m*; Grenze *f e-s Landes*; Einfassung *f*; Leiste *f*; (Schmal-)Beet *n*, Rabatte *f*; ~ *state* Randstaat *m*; **2.** begrenzen, einfassen, besetzen; grenzen (*upon* an *acc.*); '**bor·der·er** Grenzbewohner *m*; '**bor·der·land** *mst fig.* Grenzgebiet *n*; '**bor·der·line 1.** Grenzlinie *f*; **2.** zweifelhaft, an der Grenze, Grenz...

bore[1] [bɔ:] **1.** Bohrloch *n*; Bohrung *f e-r Feuerwaffe*, Seele *f*; Kaliber *n*; *et.* Langweiliges *od.* Stumpfsinniges; langweiliger Mensch *m*; **2.** bohren; langweilen; belästigen, *j-m* lästig sein.

bore[2] [~] Springflut *f*.

bore[3] [~] *pret. von bear*[2].

bo·re·al ['bɔ:riəl] nördlich, Nord...

bore·dom ['bɔ:dəm] Langweiligkeit *f*, Langeweile *f*, Stumpfsinn *m*.

bor·er ['bɔːrə] Bohrer *m*.
bo·ric ac·id ⚗ ['bɔːrik'æsid] Borsäure *f*.
bor·ing ['bɔːriŋ] Bohr...; langweilig.
born [bɔːn] *p.p. von bear²* geboren.
borne [bɔːn] *p.p. von bear²* getragen.
bo·ron ⚗ ['bɔːrɔn] Bor *n*.
bor·ough ['bʌrə] Stadt *f od.* Stadtteil *m mit Parlamentsvertretung*; *Am. a.* Wahlbezirk *m* von New York City; *municipal* ~ Stadtgemeinde *f*; *parliamentary* ~ städtischer Wahlkreis *m*.
bor·row ['bɔrəu] borgen, aus-, entleihen; '**bor·row·er** Entleiher(in); Kreditnehmer(in); '**bor·row·ing** Anleihe *f*; *gr.* Lehnwort *n*, -form *f*.
Bor·stal train·ing ['bɔːstl'treiniŋ] Fürsorgeerziehung *f*.
bos·cage ['bɔskidʒ] Gebüsch *n*.
bosh F [bɔʃ] Blödsinn *m*, Quatsch *m*.
bos·om ['buzəm] Busen *m*; Brust *f*; *fig.* Schoß *m*, Herz *n*, Inneres *n*; ~-*-friend* Busenfreund(in).
boss¹ [bɔs] **1.** Buckel *m*, Knopf *m*; Schlußstein *m*; **2.** bossieren, treiben.
boss² F [~] **1.** Boß *m*, Chef *m*; (Partei)Bonze *m*; **2.** leiten; *sl.* kommandieren.
boss·y ['bɔsi] gebuckelt; *Am.* F herrisch, tyrannisch.
Bos·ton ['bɔstən] *langsamer Walzer*.
bo·tan·ic, bo·tan·i·cal □ [bə'tænik(əl)] botanisch; Pflanzen...; **bot·a·nist** ['bɔtənist] Botaniker(in); **bot·a·nize** ['~naiz] botanisieren; '**bot·a·ny** Botanik *f*.
botch [bɔtʃ] **1.** Flicken *m*; Flickwerk *n*, -wort *n*; **2.** (zs.-)flicken; verpfuschen; '**botch·er** Flicker(in); *fig. contp.* (Flick)Schuster *m*.
both [bəuθ] beide(s); ~ ... *and* sowohl ... als (auch); ~ *of them* alle beide.
both·er F ['bɔðə] **1.** Plage *f*; **2.** (sich) plagen, (sich) quälen, (sich) aufregen, (sich) beunruhigen, (sich) Sorgen machen; ~ *it!* zum Henker damit!; **both·er'a·tion** F Plage *f*; ~! zum Henker!; **both·er·some** ['~səm] ärgerlich, lästig.
bot·tle ['bɔtl] **1.** Flasche *f*; Bund *n* (*Heu*); **2.** auf Flaschen ziehen; ~ *up* ⚔ einschließen; *fig. Zorn etc.* zurückhalten, unterdrücken; ~*d beer* Flaschenbier *n*; '**~-green** flaschengrün; '**~-neck** *fig.* Engpaß *m*, Enge *f*; Schwierigkeit *f*; '**~-nose** Schnapsnase *f*.
bot·tom ['bɔtəm] **1.** Boden *m*; Grund *m*; Grundfläche *f*, Sohle *f*, Fuß *m*, Ende *n*; *Stuhl*-Sitz *m*; unterster Platz *m in e-r Reihe etc.*; hinterster Teil *m e-s Gartens etc.*; Ankergrund *m*; Schiffsboden *m*; F Hintern *m*; *fig.* Grund *m der Seele*, Wesen *n*, Kern *m*; *at the* ~ am untersten Ende, ganz unten; *fig. a. at* ~ im Grunde; *get to the* ~ *of a matter* e-r Sache auf den Grund gehen *od.* kommen; *jealousy is at the* ~ *of it* Eifersucht steckt dahinter; *knock the* ~ *out of an argument* ein Argument entkräften; **2.** grundlegend, Grund...; letzt; **3.** mit e-m Boden versehen; gründen (*upon* auf *acc.*); ergründen; '**bot·tom·less** bodenlos; '**bot·tom·ry** ⚓ Bodmerei *f*.
bou·doir ['buːdwɑː] Boudoir *n*.
bough [bau] Ast *m*, Zweig *m*.
bought [bɔːt] *pret. u. p.p. von buy*.
bouil·lon ['buːjɔ̃ːŋ] Kraftbrühe *f*, Bouillon *f*.
boul·der ['bəuldə] Geröllblock *m*; Findlingsblock *m*.
bou·le·vard ['buːlvɑː] Boulevard *m*.
bounce [bauns] **1.** *plötzlicher* Sprung *m*; Auf-, Rückprall *m*; F Aufschneiderei *f*; Auftrieb *m*, Schwung *m*; **2.** (hoch)springen; hüpfen; schnellen; F platzen (*Scheck*); F aufschneiden; F auszanken; ~ *in* (*out*) hinein- (hinaus)stürmen; ~ *s.o. out of s.th.* j. aus et. hinausdrängen; **3.** bums!, plauz!; '**bounc·er** F Mordskerl *m*, -weib *n*, -ding *n*; *Am. sl.* Rausschmeißer *m*; unverschämte Lüge *f*; '**bounc·ing** F Mords...; stramm, drall.
bound¹ [baund] **1.** *pret. u. p.p. von bind*; **2.** *adj.* verpflichtet; *be* ~ *to do* tun müssen, sicher tun werden; *I will be* ~ ich bürge dafür; *s. bind*.
bound² [~] bestimmt, unterwegs (*for* nach).
bound³ [~] **1.** Grenze *f*, Schranke *f*; *within the* ~*s of reason* in den Grenzen der Vernunft; *out of* ~*s* Zutritt verboten (*to* für); **2.** begrenzen; beschränken.
bound⁴ [~] **1.** Sprung *m*; **2.** (hoch-)springen; an-, abprallen.
bound·a·ry ['baundəri] Grenze *f*; ~ *line* Grenzlinie *f*.

boun·den ['baundən]: *my ~ duty* meine Pflicht u. Schuldigkeit.
bound·less □ ['baundlis] end-, grenzenlos, unbegrenzt.
boun·te·ous □ ['bauntiəs], **boun·ti·ful** □ ['~tiful] freigebig; reichlich.
boun·ty ['baunti] Freigebigkeit *f*, Großmut *f*; *milde* Gabe *f*, Spende *f* *bsd. des Königs*; ✝ Prämie *f*.
bou·quet [bu:'kei] Bukett *n*; Strauß *m*; Blume *f des Weines*.
bour·geois[1] ['buəʒwɑ:] **1.** Bourgeois *m*; Spießbürger *m*; **2.** bourgeois; spießbürgerlich.
bour·geois[2] *typ.* [bə:'dʒɔis] Borgis *f*.
bour·geoi·sie [buəʒwɑ:'zi:] Bourgeoisie *f*.
bourn(**e**) *poet.* [buən] Grenze *f*.
bout [baut] Mal *n*; *Fecht*-Gang *m*; *Tanz*-Tour *f*; *Krankheits*-Anfall *m*; Kraftprobe *f*; Gelage *n*.
bou·tique [bu:'ti:k] Modegeschäft *n*.
bo·vine ['bəuvain] rinderartig; träge, stur, dumm.
bov·ril ['bɔvril] Fleischextrakt *m*.
bow[1] [bau] **1.** Verbeugung *f*; **2.** *v/i.* sich beugen; sich verbeugen, sich verneigen (*to* vor *dat.*); *~ing acquaintance* bloße Grußbekanntschaft *f*; *v/t.* biegen; *mst fig.* beugen; *~ s.o. in* (*out*) j. mit tiefen Verbeugungen empfangen (hinausführen).
bow[2] ⚓ [~] Bug *m*.
bow[3] [bəu] **1.** Bogen *m*; Bügel *m*; *gebundene* Schleife *f*, Knoten *m*; **2.** ♪ den Bogen führen; geigen.
bowd·ler·ize ['baudləraiz] *Text* von anstößigen Stellen reinigen.
bow·els ['bauəlz] *pl.* Eingeweide *n*; *das* Innere; *fig.* Herz *n*.
bow·er ['bauə] Laube *f*; *poet.* (Schlaf)Gemach *n*; ⚓ Buganker *m*.
bow·ie-knife ['bəuinaif] langes Jagdmesser *n*.
bow·ing ♪ ['bəuiŋ] Bogenführung *f*.
bowl[1] [bəul] Schale *f*, Napf *m*, Schüssel *f*; Bowle *f*; *Pfeifen*-Kopf *m*; Höhlung *f e-s Löffels etc.*
bowl[2] [~] **1.** Kugel *f*; *~s pl.* Bowlingspiel *n*; **2.** *v/t. Ball etc.* werfen; *~ out* hinauswerfen; *~ over* umwerfen (*a. fig.*); *v/i.* rollen; kegeln; '**bowl·er** *Kricket*: Werfer *m*; *a. ~ hat* Melone *f* (*steifer Filzhut*).
bowl-fire ⚡ ['bəulfaiə] Heizsonne *f*.
bow·line ⚓ ['bəulin] Bulin(e) *f*.
bowl·ing ['bəuliŋ] Bowling(spiel) *n*; *~* **green** Rasenplatz *m* zum Bowlingspiel.
bow...: *~*·**man** ['bəumən] Bogenschütze *m*; '*~*·**sprit** ⚓ Bugspriet *n*; '*~*·**string** Bogensehne *f*.
bow-wow! ['bau'wau] wauwau!
box[1] [bɔks] **1.** Buchsbaum *m*; Büchse *f*, Dose *f*; Schachtel *f*, Kiste *f*, Kasten *m*; Koffer *m*; ⊕ Gehäuse *n*; *thea.* Loge *f*; Häuschen *n*; Abteilung *f*; Bank *f der Geschworenen*; *a. ~ seat* Kutschbock *m*; Box *f im Pferdestall*; **2.** in Kästen *etc.* tun *od.* einschließen; *a. ~ up fig.* einpferchen.
box[2] [~] **1.** boxen; *~ s.o.'s ear* j. ohrfeigen; **2.** *~ on the ear* Ohrfeige *f*; '*~*-**calf** Boxkalf *n* (*Kalbleder*); '*~*-**car** *bsd. Am.* geschlossener Güterwagen *m*; '**box·er** Boxer *m*.
Box·ing-Day ['bɔksiŋdei] zweiter Weihnachtsfeiertag *m*.
box...: '*~*-**keep·er** Logenschließer (-in); '*~*-**num·ber** Chiffre *f* (*in Zeitungsanzeigen*); '*~*-**of·fice** Theaterkasse *f*.
boy [bɔi] **1.** Junge *m*, junger Mann *m*; Bursche *m* (*a. Diener*); **2.** Knaben...; jung, jugendlich; *~-friend* Freund *m* (*eines Mädchens*); *~ scout* Pfadfinder *m*.
boy·cott ['bɔikət] **1.** boykottieren; **2.** Boykott *m*.
boy·hood ['bɔihud] Knabenalter *n*, Kindheit *f*.
boy·ish □ ['bɔiiʃ] Knaben..., knaben-, jungenhaft; kindisch.
bra F [brɑ:] = *brassière*.
brace [breis] **1.** ⊕ Strebe *f*, Stütze *f*, Anker *m*; Stützbalken *m*; Bohrwinde *f*; Klammer *f*, *a. typ.* Akkolade *f*; *hunt.* Paar *n* (*Wild, Geflügel*); ⚓ Brasse *f*; *~s pl.* Tragbänder *n/pl.*; Hosenträger *m/pl.*; **2.** stützen; versteifen; verankern; (an)spannen; ⚓ brassen; *fig.* stärken, erfrischen.
brace·let ['breislit] Armband *n*.
brac·ing ['breisiŋ] kräftigend, erfrischend (*Klima etc.*).
brack·en ⚘ ['brækən] Farnkraut *n*.
brack·et ['brækit] **1.** △ Kragstein *m*, Konsole *f*; Winkelstütze *f*; *typ.* Klammer *f*; *Leuchter-*, *Gas*-Arm *m*; ⚓ Klampe *f*; *lower income ~* niedrige Einkommensstufe *f*; **2.** einklammern; *fig.* gleichstellen.

brack·ish ['brækiʃ] brackig, salzig.
bract ⚘ [brækt] Deckblatt *n*.
brad [bræd] Drahtstift *m*.
brae *schott.* [brei] (Ab)Hang *m*.
brag [bræg] **1.** Prahlerei *f*; **2.** prahlen (*of, about* mit).
brag·gart ['brægət] **1.** Prahler *m*; **2.** □ prahlerisch.
Brahm·an ['brɑːmən], *mst* **Brahmin** ['~min] **1.** Brahmane *m*; **2.** brahmanisch.
braid [breid] **1.** *Haar*-Flechte *f*; Borte *f*; Litze *f*; ⚔ Tresse *f*; **2.** flechten; mit Borte *etc.* besetzen.
brail ⚓ [breil] Geitau *n*.
braille [breil] Blindenschrift *f*.
brain [brein] **1.** Gehirn *n*, Hirn *n*; **~s** *pl. fig.* Kopf *m*, Köpfchen *n*, Verstand *m*; *have s.th. on the* ~ nur Gedanken für etwas haben; *pick od. suck s.o.'s* ~ F j-m die Würmer aus der Nase ziehen, j-s Ideen stehlen; *turn s.o.'s* ~ j. eingebildet machen; **2.** *j-m* den Schädel einschlagen; **~ drain** Abwanderung *f* der Intelligenz; **brained** ...köpfig.
brain...: '**~-fag** geistige Erschöpfung *f*; '**~-fe·ver** Gehirnentzündung *f*; '**~·less** hirnlos; *fig.* unbesonnen; '**~-pan** Hirnschale *f*; '**~-storm·ing** Ideen-Konferenz *f*; **brain(s) trust** *Am.* Expertenrat *m*, Beratergruppe *f* (*mst pol.*).
brain...: '**~-twist·er** Denkaufgabe *f*; harte Nuß *f*; '**~-wash·ing** Gehirnwäsche *f*; '**~-wave** F Geistesblitz *m*, genialer Einfall *m*; '**~-work** Kopfarbeit *f*; '**brain·y** gescheit.
braise [breiz] *Küche*: schmoren, dünsten.
brake[1] [breik] Farnkraut *n*; Dikkicht *n*, Unterholz *n*.
brake[2] [~] **1.** ⊕ Bremse *f* (*a. fig.*); Kremser *m*; Wagen *m zum Einfahren der Pferde*; ~ *pedal* Bremspedal *n*; **2.** bremsen; **brake(s)·man** 🚂 ['~(s)mən] Bremser *m*; *Am.* Schaffner *m*.
bram·ble ⚘ ['bræmbl] Brombeerstrauch *m*; '**bram·bly** dornig.
bran [bræn] Kleie *f*.
branch [brɑːntʃ] **1.** Zweig *m*, Ast *m*; Arm *m*; Fach *n*; Dezernat *n*; Linie *f des Stammbaums*; Abkömmling *m*; Teil *m*; *a. local* ~ Zweigstelle *f*, Filiale *f*; Ortsgruppe *f*; *chief of* ~ Dezernent *m*; **2.** *a.* ~ *out* (sich) verzweigen; *a.* ~ *off* abzweigen; '**branch·ing** ⚡ Abzweigung *f*; '**branch-line** 🚂 Nebenlinie *f*; **branch of·fice** Zweigstelle *f*, Filiale *f*; '**branch·y** zweigig.
brand [brænd] **1.** (Feuer)Brand *m*; ⚘ Brand *m*; Brandzeichen *n*, -mal *n*; *a.* **~ing iron** Brand-, Brenneisen *n*; Marke *f*; Sorte *f*; Fabrikzeichen *n*; *poet.* Schwert *n*; **2.** einbrennen; mit e-m Brandzeichen versehen; brandmarken.
bran·dish ['brændiʃ] schwingen.
bran(d)·new ['bræn(d)'njuː] nagelneu.
bran·dy ['brændi] Kognak *m*; Weinbrand *m*; Branntwein *m*; Schnaps *m*; '**~-ball** Kognakbohne *f*.
brant *orn.* [brænt] Wildgans *f*.
brass [brɑːs] Messing *n*; F (Kupfer-) Geld *n*; *fig.* Unverschämtheit *f*; *the* ~ ♪ die Blechbläser *m/pl.*; ~ *band* Blaskapelle *f*; ~ *hat* ⚔ *sl.* Stabsoffizier *m*, hohes Tier *n*; ~ *knuckles pl. Am.* Schlagring *m*; ~ *tacks pl. sl.* die Hauptsache; *get down to* ~ *tacks* zur Sache kommen.
bras·sard ['bræsɑːd] Armbinde *f*.
bras·se·rie [brɑːsə'riː] Restaurant *n* (mit Bierausschank).
bras·sière ['bræsiə] Büstenhalter *m*.
bras·sy ['brɑːsi] messingartig; *fig.* unverschämt.
brat F [bræt] *contp.* Balg *m*, Range *f*.
bra·va·do [brə'vɑːdəu], *pl.* **~(e)s** herausforderndes Benehmen *n*.
brave [breiv] **1.** □ brav, tapfer, mutig, kühn; großartig, prächtig; **2.** trotzen; mutig begegnen (*dat.*); **3.** indianischer Krieger *m*; '**braver·y** Tapferkeit *f*; Pracht *f*.
bra·vo ['brɑː'vəu] bravo!
brawl [brɔːl] **1.** Krakeel *m*, Krawall *m*; **2.** krakeelen, Krawall machen, lärmen; zanken; '**brawl·er** Krakeeler(in).
brawn [brɔːn] *Art* Sülze *f*; Muskeln *m/pl.*; *fig.* Muskelkraft *f*; '**brawni·ness** Muskelkraft *f*; '**brawn·y** muskulös.
bray[1] [brei] **1.** Eselsschrei *m*; Schmettern *n*, Dröhnen *n*; **2.** schreien (*Esel*); schmettern; dröhnen.
bray[2] [~] (zer)stoßen, kleinreiben.
braze ⊕ [breiz] hartlöten.
bra·zen □ ['breizn] **1.** bronzen; metallisch; *a.* **~-faced** unverschämt; **2.** ~ *it out* es kaltschnäuzig durch-

stehen; ˈ**bra·zen·ness** Unverschämtheit *f*.

bra·zier [ˈbreizjə] Kupferschmied *m*; Kohlenpfanne *f*.

Bra·zil·ian [brəˈziljən] **1.** brasil(ian)isch; **2.** Brasili(an)er(in).

Bra·zil-nut [brəˈzil ˈnʌt] Paranuß *f*.

breach [bri:tʃ] **1.** Bruch *m*; *fig.* Verletzung *f*; ⚔ Bresche *f*; ~ *of contract* Vertragsbruch *m*; ~ *of duty* Verletzung *f* der Amtspflicht; ~ *of peace* Friedensbruch *m*; **2.** eine Bresche schlagen in (*acc.*); durchbrechen.

bread [bred] Brot *n* (*a. Lebensunterhalt*); ~ *and butter* Butterbrot *n*; *take the* ~ *out of s.o.'s mouth* j-m sein Brot nehmen; *know which side one's* ~ *is buttered* s-n Vorteil (er)kennen; ˈ**~-bas·ket** Brotkorb *m*; ˈ**~-crumb 1.** Brotkrume *f*; **2.** panieren; ˈ**~-fruit** ⚘ Brotfrucht *f*; ˈ**~-grains** *pl.* Brotgetreide *n*; ˈ**~-line** Schlange *f* von Bedürftigen (*an die Lebensmittel verteilt werden*).

breadth [bredθ] Breite *f*, Weite *f*; Bahn *f* (*Stoff*); *fig.* Größe *f*; Großzügigkeit *f*.

bread-win·ner [ˈbredwinə] Ernährer *m e-r Familie*.

break [breik] **1.** Bruch *m*; Lücke *f*; Pause *f*, Unterbrechung *f*; Wechsel *m*, Umschwung *m*; *typ.* Absatz *m*; ⚚ *Am.* (Preis)Rückgang *m*; Kremser *m*; Wagen *m zum Einfahren der Pferde*; Anbruch *m* (*of day* des Tages); *Billard*: Serie *f*; *a bad* ~ F e-e Dummheit *f*; Pech *n*; *a lucky* ~ Glück *n*; *give s.o. a* ~ F j-m e-e Chance geben; **2.** (*irr.*) *v/t.* (zer)brechen; unterbrechen; ⚡ ab-, ausschalten; übertreten; abrichten; *Bank* sprengen; *Brief*, *Tür* erbrechen; zerschlagen; zerreißen; *Stück* abbrechen; *Vorrat* anbrechen; *Nachricht* schonend mitteilen; ⚒ umbrechen; ruinieren; ~ *down* niederbrechen, niederschlagen; ~ *in* einbrechen; abrichten, einfahren, zureiten; gewöhnen (*to* an *acc.*); ~ *up* entzwei-, zerbrechen; auflösen; entlassen; *Schule* schließen; *v/i.* (zer)brechen; bersten; sich brechen (*Wellen*); aus-, losbrechen; anbrechen; aufbrechen; hervorbrechen; umschlagen (*Wetter*); ~ *away* sich losreißen; abfallen; sich zerteilen; ~ *down* zs.-brechen; steckenbleiben; e-e Panne haben; versagen; durchfallen (*beim Examen*); ~ *into a run* sich in Lauf setzen; ~ *up* schließen (*Schule*); *s. a. broken*; ˈ**break·a·ble** zerbrechlich; ˈ**break·age** Zerbrechen *n*; Bruch *m*; Bruchstelle *f*; ˈ**break-down** Zs.-bruch *m*; Maschinenschaden *m*; *mot.* Panne *f*; *nervous* ~ Nervenzusammenbruch *m*; ˈ**break·er** Brecher(in) *etc.* (*s. break 2*); **~s** *pl.* Brandung *f*.

break...: **~·fast** [ˈbrekfəst] **1.** Frühstück *n*; *have* ~ = **2.** frühstücken; **~·neck** [ˈbreiknek] halsbrecherisch; ˈ**~-out** Ausbruch *m*; ˈ**~-through** ⚔ Durchbruch *m*; ˈ**~-ˈup** Verfall *m*; Auflösung *f*; Schulschluß *m*; (Wetter)Umschlag *m*; ˈ**~·wa·ter** Wellenbrecher *m*.

bream *ichth.* [bri:m] Brassen *m*.

breast [brest] **1.** Brust *f*; Busen *m*; Herz *n*; *make a clean* ~ *of s.th.* et. offen gestehen; **2.** ankämpfen gegen; trotzen (*dat.*); ˈ**breast·ed** ...brüstig.

breast...: ˈ**~-pin** Busennadel *f*; ˈ**~·plate** Brustharnisch *m*; ˈ**~-stroke** Brustschwimmen *n*; ˈ**~-work** ⚔ Brustwehr *f*.

breath [breθ] Atem *m*; Atemzug *m*; Hauch *m*; *under od. below one's* ~ flüsternd; *out of* ~ atemlos, außer Atem; *waste one's* ~ s-e Worte verschwenden; **breathe** [bri:ð] *v/i.* atmen; Atem holen; *fig.* leben; *v/t.* (aus-, ein)atmen; hauchen; leise äußern; verschnaufen lassen; ˈ**breath·er** Atemübung *f*; Atempause *f*; Strapaze *f*.

breath·ing [ˈbri:ðiŋ] **1.** lebenstreu (*Porträt*); **2.** Atmen *n*; Hauch *m*; ˈ**~-space**, ˈ**~-time** (Atem)Pause *f*.

breath·less □ [ˈbreθlis] atemlos; ˈ**breath·less·ness** Atemlosigkeit *f*.

breath-tak·ing [ˈbreθteikiŋ] atemberaubend.

bred [bred] *pret. u. p.p. von* **breed** [2.]

breech ⊕ [bri:tʃ] Verschluß *m am Gewehr od. Geschütz*; **breech·es** [ˈbritʃiz] *pl.* Knie-, Reithosen *f/pl.*; F Hosen *f/pl.*; *she wears the* ~ sie hat die Hosen an; ˈ**breech·es-buoy** ⚓ Hosenboje *f*; **breech-load·er** [ˈbri:tʃləudə] Hinterlader *m*.

breed [bri:d] **1.** Brut *f*, Zucht *f*; Rasse *f*; Herkunft *f*; Art *f*, Schlag *m*; **2.** (*irr.*) *v/t.* erzeugen; auf-,

erziehen; züchten; *v/i.* sich fortpflanzen; sich vermehren; '**breed·er** Erzeuger(in); Züchter(in); *phys.* Brutreaktor *m*; '**breed·ing** Erziehung *f*; Bildung *f*; Zucht *f von Tieren*; ~ *ground* Brutstätte *f*.
breeze[1] [bri:z] **1.** Brise *f*, leichter Wind *m*; F Streit *m*; **2.** ~ *in* F hereingeschneit kommen.
breeze[2] ⊕ [~] Kohlenlösche *f*; ~ *block* Leichtbaustein *m*; ~ *concrete* Leichtbeton *m*.
breez·y ['bri:zi] windig, luftig; frisch, flott, lebhaft.
Bren gun ⚔ ['bren'gʌn] leichtes Maschinengewehr *n*.
brent-goose *orn.* ['brent'gu:s] Ringelgans *f*.
breth·ren *eccl.* ['breðrin] *pl.* Brüder *m/pl.*
breve [bri:v] Kürzezeichen *n* (*über Vokalen*).
bre·vet ⚔ ['brevit] Brevet *n* (*höherer Rang ohne entsprechenden Sold*); ~ *rank* Titularrang *m*; ~ *major* Hauptmann *m* im Rang e-s Majors.
bre·vi·ar·y *eccl.* ['bri:vjəri] Brevier *n*.
brev·i·ty ['breviti] Kürze *f*.
brew [bru:] **1.** *v/t. u. v/i.* brauen; zubereiten; *fig.* anzetteln; *v/i.* sich zs.-brauen, im Anzug sein (*Sturm, Gewitter*); **2.** Gebräu *n*; '**brew·age** *lit.* Gebräu *n*; '**brew·er** Brauer *m*; '**brew·er·y** Brauerei *f*.
bri·ar ['braiə] = *brier*[1] *u. brier*[2].
brib·a·ble ['braibəbl] bestechlich; **bribe 1.** Bestechung(sgeld *n*, -sgeschenk *n*) *f*; **2.** bestechen, verlocken (*to* zu); '**brib·er** Bestecher(in); '**brib·er·y** Bestechung *f*.
brick [brik] **1.** Back-, Ziegelstein *m*; (Bau)Klotz *m*; *a regular* ~ F ein Prachtkerl *m*; *drop a* ~ F ins Fettnäpfchen treten; *make* ~*s without straw* et. Schwieriges versuchen; **2.** mit Backsteinen mauern; '~**·bat** Ziegelbrocken *m*; '~**-kiln** Ziegelofen *m*; '~**·lay·er** Maurer *m*; '~**-works** *sg.* Ziegelei *f*.
brid·al ['braidl] **1.** □ bräutlich; Braut...; ~ *procession* Brautzug *m*; **2.** *mst poet.* Hochzeit *f*.
bride [braid] Braut *f* (*am Hochzeitstage, oft auch kurz vorher oder nachher*), Neuvermählte *f*; '~**·groom** Bräutigam *m*, Neuvermählte *m*; '**brides·maid** Brautjungfer *f*; **brides·man** ['~zmən] Brautführer *m*.
bride·well ['braidwəl] Arbeitshaus *n*.
bridge[1] [bridʒ] **1.** Brücke *f* (*a.* ⚓); Steg *m* (*der Violine*); **2.** eine Brücke schlagen über (*acc.*); *fig.* überbrücken.
bridge[2] [~] Bridge *n* (*Kartenspiel*).
bridge...: '~**-head** Brückenkopf *m*; '~**-work** Brücke *f* (*Zahnersatz*).
bri·dle ['braidl] **1.** Zaum *m*; Zügel *m*; **2.** *v/t.* (auf)zäumen; zügeln; *v/i. a.* ~ *up* den Kopf aufwerfen; '~**-path,** '~**-road** Reitweg *m*.
bri·doon [bri'du:n] Trense *f*.
brief [bri:f] **1.** □ kurz, knapp, bündig; flüchtig; **2.** Auftrag *m* und schriftliche Instruktion *f* an den plädierenden Anwalt; *weitS.* Mandat *n*; *päpstliches* Breve *n*; ⚔, ✈ Einsatzbesprechung *f*, Befehlsausgabe *f*; *hold a* ~ *for* einstehen für; *take a* ~ ⚖ e-e Sache übernehmen; **3.** ⚖ *Anwalt, a.* ⚔ beauftragen und informieren; '~**-bag,** '~**-case** Aktenmappe *f*; '**brief·ness** Kürze *f*.
bri·er[1] ⚘ ['braiə] Dorn-, Hagebuttenstrauch *m*, wilde Rose *f*.
bri·er[2] [~] *a.* ~ *pipe* Bruyèrepfeife *f*.
brig ⚓ [brig] Brigg *f*.
bri·gade ⚔ [bri'geid] **1.** Brigade *f*; **2.** zu einer Brigade vereinigen; **brig·a·dier** [brigə'diə] Brigadekommandeur *m*, -general *m*.
brig·and ['brigənd] Brigant *m*; '**brig·and·age** Brigantentum *n*; Räuberei *f*.
bright □ [brait] hell, leuchtend, glänzend, klar; blank; heiter; lebhaft; gescheit, klug, aufgeweckt; '**bright·en** *v/t.* auf-, erhellen; polieren; aufheitern; *v/i. a.* ~ *up* sich aufhellen; '**bright·ness** Helligkeit *f*; Glanz *m*, Helle *f*; Klarheit *f*; Heiterkeit *f*; Aufgewecktheit *f*.
brill *ichth.* [brill] Glattbutt *m*.
bril·liance, bril·lian·cy ['briljəns(i)] Glanz *m*; *fig.* Intelligenz *f*; '**bril·liant 1.** □ glänzend, strahlend; prächtig; brillant; ausgezeichnet; hochbegabt; **2.** Brillant *m*.
brim [brim] **1.** Rand *m*; Krempe *f*; **2.** bis zum Rande füllen *od.* voll sein; ~ *over* überfließen (*a. fig.*), über den Rand treten; '~'**ful,** '~-'**full** ganz voll; '~**·less** ohne Rand.

brim·stone ['brimstən] Schwefel *m*; **~ but·ter·fly** *zo.* Zitronenfalter *m*.
brin·dle(d) ['brindl(d)] scheckig.
brine [brain] **1.** Salzwasser *n*, Sole *f*; *poet.* Meer *n*; **2.** (ein)salzen.
bring [briŋ] (*irr.*) bringen; tragen; *j.* veranlassen; *Klage* erheben; *Grund etc.* vorbringen; ~ *about*, ~ *to pass* zustande bringen, herbeiführen; ~ *along* mitbringen; ~ *down Preise* herabsetzen; ~ *down the house thea.* stürmischen Beifall ernten; ~ *forth* hervorbringen; gebären; ~ *forward* fördern; anführen, zitieren; ✝ übertragen; ~ *home to j.* überzeugen; *j-m et.* klarmachen *od.* nahebringen; ~ *in* (hin)einbringen; *Gewinn* bringen; ~ *in guilty* für schuldig erklären; ~ *off* zustande bringen; durchführen; ~ *on* herbeiführen; ~ *out* in die Gesellschaft einführen; herausbringen, veröffentlichen; vorbringen; ~ *round* wieder zu sich bringen; ~ *s.o. to do* j. dahin bringen, daß er tut; ~ *o.s. to do* es fertigbringen zu tun; ~ *to* ⚓ beidrehen; ~ *s.o. to himself* j. wieder zu sich bringen; ~ *under* unterwerfen; ~ *up* herauf-, *fig.* vorbringen; zur Sprache bringen; auf-, erziehen; erbrechen, ausspeien; innehalten lassen; *bsd.* ⚓ die Reise beenden.
bring·er ['briŋə] Überbringer(in).
brink [briŋk] Rand *m*.
brin·y ['braini] salzig.
bri·quette [bri'ket] Brikett *n*.
brisk [brisk] **1.** □ lebhaft, munter, lebendig; frisch (drauflosgehend); rasch, flink; belebend, frisch; **2.** *mst* ~ *up* (sich) beleben.
bris·ket ['briskit] Bruststück *n e-s Tieres.*
brisk·ness ['brisknis] Lebhaftig-[keit *f*.]
bris·tle ['brisl] **1.** Borste *f*; **2.** *oft* ~ *up* (sich) sträuben; hochfahren, zornig *od.* borstig werden (*with* vor *dat.*); ~ *with fig.* starren *od.* strotzen von; '**bris·tled**, '**bris·tly** gesträubt; borstig, struppig.
Bri·tan·nic [bri'tænik] britannisch.
Brit·ish ['britiʃ] britisch; *the* ~ *pl.* die Briten *pl.*; '**Brit·ish·er** *bsd. Am.* Einwohner(in) Großbritanniens.
Brit·on *hist., poet.* ['britn] Brite *m*.
brit·tle ['britl] zerbrechlich, spröde; *fig.* reizbar; '**brit·tle·ness** Sprödigkeit *f etc.*
broach [brəutʃ] **1.** Bratspieß *m*; ⊕ Stecheisen *n*; Räumnadel *f*; **2.** *Faß* anzapfen, anstechen; vorbringen; *Thema* anschneiden.
broad □ [brɔːd] breit; weit; hell (*Tag*); deutlich (*Wink etc.*); (zu) frei, derb (*Witz*); allgemein; weitherzig, liberal; breit (*Aussprache*); '**~-axe** ⊕ Breitbeil *n*, Zimmeraxt *f*; '**~'brimmed** breitrandig; '**~·cast** **1.** ✓ breitwürfig; *fig.* weitverbreitet; **2.** (*irr. cast*) *v/t.* ✓ breitwürfig säen; *fig.* weit verbreiten; *Radio*: senden, übertragen; *v/i.* senden; ~*ing station* Rundfunkstation *f*; **3.** Rundfunk(sendung *f*) *m*; '**~·cast·er** Rundfunksprecher(in); '**~·cloth** feiner Wollstoff *m*; '**broad·en** (sich) verbreitern; (sich) erweitern; '**broad'mind·ed** weitherzig, großzügig; '**broad·ness** Plumpheit *f*, Gemeinheit *f der Sprache.*
broad...: '**~·sheet** Flugblatt *n*; '**~-side** ⚓ Breitseite *f* (*a.* ⚔ *u. fig.*); *a.* = *broadsheet*; '**~·sword** Pallasch *m*.
bro·cade [brəu'keid] Brokat *m*; **bro'cad·ed** brokaten, aus Brokat.
broc·co·li ⚘ ['brɔkəli] Brokkoli *pl.*, Spargelkohl *m*.
bro·chure [brəu'ʃjuə] Broschüre *f*.
brogue [brəug] derber Schuh *m*; (*bsd.* irische) Mundart *f*.
broi·der ['brɔidə] = *embroider.*
broil [brɔil] **1.** Lärm *m*, Streit *m*; **2.** auf dem Rost braten; *fig.* in der Sonne braten; *fig.* kochen; ~*ing* glühend heiß; '**broil·er** Bratrost *m*; Brathühnchen *n*.
broke [brəuk] **1.** *pret. von break* 2; **2.** *sl.* pleite, ohne einen Pfennig.
bro·ken ['brəukən] *p.p. von break* 2; ~ *health* zerrüttete Gesundheit *f*; ~ *home* gestörte häusliche Verhältnisse *n/pl.*; ~ *stones pl.* Steinschlag *m*, Schotter *m*; ~ *time* Verdienstausfall *m*; *speak* ~ *English* gebrochen Englisch sprechen; '**~-'heart·ed** mit gebrochenem Herzen; '**bro·ken·ly** gebrochen; mit Unterbrechungen; ruckweise; '**bro·ken-'wind·ed** *vet.* kurzatmig.
bro·ker ['brəukə] Zwangsversteigerer *m*; ✝ Makler *m*; Agent *m*; '**bro·ker·age** ✝ Maklergeschäft *n*; Maklergebühr *f*.
bro·king ✝ ['brəukiŋ] Maklergeschäft *n*.

bro·mide ['brəumaid] ⚗ Bromid *n*; *sl.* Binsenwahrheit *f*; **bro·mine** ⚗ ['~mi:n] Brom *n*.
bron·chi·al *anat.* ['brɔŋkjəl] Bronchial...; **bron·chi·tis** ⚕ [brɔŋ'kaitis] Bronchitis *f*.
bron·co ['brɔŋkəu] (halb)wildes Pferd *n*; **~-bust·er** *sl.* ['~bʌstə] Zureiter *m*.
Bronx cheer *Am.* ['brɔŋks'tʃiə] *verächtliches* Zischen *n*.
bronze [brɔnz] **1.** Bronze *f*; **2.** bronzen, Bronze...; **3.** bronzieren; *fig.* bräunen; **♀ Age** Bronzezeit *f*.
brooch [brəutʃ] Brosche *f*; Spange *f*.
brood [bru:d] **1.** Brut *f*; Schwarm *m*; *attr.* Zucht..., *z. B.* ~ *hen*, ~ *sow*, *etc.* Zuchthenne *f*, -sau *f etc.*; **2.** brüten (*a. fig.*); nachdenken; '**brood·er** *Am.* Brutkasten *m*.
brook¹ [bruk] Bach *m*.
brook² *rhet.* [~] *mst verneint: et.* vertragen; *the matter ~s no delay* die Sache gestattet keinen Aufschub.
brook·let ['bruklit] Bächlein *n*.
broom ⚘ [bru:m] Ginster *m*; [brum] Besen *m*; **~·stick** ['brumstik] Besenstiel *m*.
broth [brɔθ] Fleisch-, Kraftbrühe *f*.
broth·el ['brɔθl] Bordell *n*.
broth·er ['brʌðə] Bruder *m*; ~(s) *and sister(s)* Geschwister *pl.*; **~·hood** ['~hud] Bruderschaft *f*; '**~-in-law** Schwager *m*; '**broth·er·ly** brüderlich.
brougham ['bru:əm] Brougham *m* (*zweisitziger Wagen*).
brought [brɔ:t] *pret. u. p.p. von bring*; *~-in capital* Geschäftseinlage *f*.
brow [brau] (Augen)Braue *f*; Stirn *f*; Kante *f e-s Steilhanges*; Abhang *m*; Vorsprung *m*; '**~·beat** (*irr. beat*) einschüchtern; tyrannisieren.
brown [braun] **1.** braun; ~ *bread* Schwarzbrot *n*; ~ *paper* Packpapier *n*; *be in a ~ study* in Gedanken versunken sein; **2.** Braun *n*; **3.** (sich) bräunen; *~ed off sl.* gelangweilt; restlos bedient; **brown·ie** ['~ni] Heinzelmännchen *n*; Pfadfinderin *f* (*8—11 Jahre alt*); '**brown·ish** bräunlich; '**brown·ness** Bräune *f* (*Farbe*); '**brown·stone** *Am.* **1.** rotbrauner Sandstein *m*; **2.** wohlhabend.
browse [brauz] **1.** Grasen *n*; *fig.* Schmökern *n*; **2.** grasen, weiden; *fig.* naschen (*on* von); schmökern.
Bru·in ['bru:in] Braun *m*, Petz *m* (*der Bär*).
bruise [bru:z] **1.** Quetschung *f*, blauer Fleck *m*; **2.** *v/t.* (zer)quetschen; *Malz* schroten; *v/i.* blaue Flecke bekommen; '**bruis·er** *sl.* Boxer *m*.
brunch ['brʌntʃ] ausgedehntes, spätes Frühstück *n*.
bru·nette [bru:'net] **1.** Brünette *f*; **2.** brünett.
brunt [brʌnt] Hauptstoß *m*, (volle) Wucht *f*; *das* Schwerste; *bear the ~* die Hauptlast tragen.
brush [brʌʃ] **1.** Bürste *f*; großer Pinsel *m*; Rute *f des Fuchses*; ⚡ Strahlenbündel *n*; Scharmützel *n*; Unterholz *n*, Gestrüpp *n*; *give a ~* abbürsten; *have a ~ with s.o.* mit j-m aneinandergeraten; **2.** *v/t.* (ab-, aus)bürsten, abkehren; streifen (*leicht berühren*); *~ aside fig.* beiseite schieben; *~ away*, *~ off et.* abbürsten; *~ down j.* abbürsten; *~ up* wieder aufbürsten, *fig.* auffrischen; *v/i.* bürsten; *a. ~ away*, *~ off* (davon)stürzen, (davon)eilen; *~ against s.o.* j. streifen; gegen j. laufen; *~ by od. past* vorbeisausen, -rennen (an *dat.*); '**~·wood** Gestrüpp *n*, Unterholz *n*.
brusque □ [brusk] brüsk, barsch, schroff.
Brus·sels sprouts ⚘ ['brʌsl'sprauts] *pl.* Rosenkohl *m*.
bru·tal □ ['bru:tl] viehisch; brutal, roh, gemein; **bru·tal·i·ty** [~'tæliti] Brutalität *f*, Roheit *f*; **bru·tal·ize** ['~təlaiz] zum Tier machen; brutal behandeln; **brute 1.** tierisch, viehisch; unvernünftig, dumm; gefühllos, roh; **2.** (unvernünftiges) Vieh *n* (*a. fig. roher Mensch*); F Untier *n*, Scheusal *n*; '**brut·ish** □ = *brute 1*; '**brut·ish·ness** Roheit *f*; Dummheit *f*.
bub·ble ['bʌbl] **1.** Blase *f*; *fig.* Seifenblase *f*; Schwindel *m*; **2.** sieden; sprudeln; '**bub·bly 1.** sprudelnd, schäumend; **2.** *co.* Schampus *m*, Sekt *m*.
buc·ca·neer [bʌkə'niə] **1.** Seeräuber *m*; **2.** Seeräuberei treiben.
buck [bʌk] **1.** *zo.* (*bsd.* Reh)Bock *m*; Rammler *m* (*Hase*); Stutzer *m*; *Am. sl.* Dollar *m*; *pass the ~* F die

Verantwortung von sich abschieben; **2.** bocken; *Am.* F dagegen sein; angehen gegen; ~ *up* F sich zs.-reißen; sich beeilen; aufmuntern, in Schwung bringen.

bucket ['bʌkit] **1.** Eimer *m*, Kübel *m*; *a mere drop in the* ~ ein Tropfen auf den heißen Stein; **2.** F *Pferd* abjagen; (dahin)rasen; **~·ful** ['~ful] Eimervoll *m*; ~ **seat** *mot.* Schalensitz *m*; '**~-shop** Winkelbörse *f*.

buck·le ['bʌkl] **1.** Schnalle *f*, Spange *f*; **2.** *v/t.* (an-, auf-, um-, zu)schnallen; *v/i.* ⊕ sich (ver)biegen; ~ *to a task* sich ernsthaft an eine Aufgabe machen; '**buck·ler** Schild *m*.

buck·ram ['bʌkrəm] Steifleinen *n*; *fig.* Steifheit *f*.

buck...: '**~·shot** *hunt.* Rehposten *m*; '**~·skin** Wildleder *n*; Buckskin *m* (*Stoff*); '**~·wheat** ♀ Buchweizen *m*.

bud [bʌd] **1.** Knospe *f*, Auge *n*; *fig.* Keim *m*; *Am.* Debütantin *f*; *in* ~ in der Knospe; *nip in the* ~ *fig.* im Keim ersticken; **2.** *v/t.* okulieren; *v/i.* knospen, sprossen; ~*ding lawyer etc.* angehender Jurist *m etc.*

Bud·dhism ['budizəm] Buddhismus *m*; '**Bud·dhist** Buddhist(in).

bud·dy *Am.* F ['bʌdi] Kumpel *m*, Kamerad *m*.

budge [bʌdʒ] *v/i.* sich (von der Stelle) rühren; *v/t.* bewegen.

budg·et ['bʌdʒit] Budget *n*, Staatshaushalt *m*, Haushaltsplan *m*; *mst fig.* Vorrat *m*, Menge *f*; *draft* ~ Haushaltsplan *m*; *open the* ~ das Budget vorlegen; '**budg·et·ar·y** Budget...

buff [bʌf] **1.** Ochsenleder *n*; Lederfarbe *f*; bloße Haut *f*; *in (one's)* ~ nackt; **2.** lederfarben, blaßgelb.

buf·fa·lo *zo.* ['bʌfələu], *pl.* **buf·fa·loes** ['~z] Büffel *m*.

buff·er ['bʌfə] 🚂 Puffer *m*; *a.* ~ *stop* Prellbock *m*; *old* ~ *sl.* alter Kauz *m*; ~ *state* Pufferstaat *m*.

buf·fet¹ ['bʌfit] **1.** Puff *m*, Stoß *m*, Schlag *m*; **2.** puffen, schlagen; ankämpfen gegen; kämpfen (*with* mit).

buf·fet² ['bufei] Büfett *n*; Schanktisch *m*, Theke *f*; Tisch *m* mit Speisen und Getränken; Erfrischungsraum *m*; ~ *car* 🚂 Erfrischungswagen *m*.

buf·foon [bə'fu:n] Possenreißer *m*; **buf'foon·er·y** Possenreißerei *f*; Possen *f/pl.*

bug [bʌg] Wanze *f*; *Am.* Käfer *m*, Insekt *n*; Bazillus *m*; *Am. sl.* Defekt *m*, Fehler *m*; *big* ~ *sl.* hohes Tier *n*; **~·a·boo** ['~əbu:], '**~·bear** Schreckbild *n*, Popanz *m*; '**bug·gy** **1.** verwanzt; **2.** leichter Einspänner *m*.

bu·gle¹ ['bju:gl] Wald-, Signalhorn *n*.

bu·gle² [~] schwarze Glasperle *f*.

bu·gler ⚔ ['bju:glə] Hornist *m*.

buhl [bu:l] Einlege-, Boulearbeit *f*.

build [bild] **1.** (*irr.*) bauen; errichten; *fig.* bauen, sich verlassen (*on, upon* auf *acc.*); ~ *in* einbauen; ~ *up* ver-, zubauen; *be* ~*ing* im Bau sein; **2.** Bauart *f*; Schnitt *m*; '**build·er** Erbauer *m*, Baumeister *m*, -unternehmer *m*; '**build·ing** Erbauen *n*; Bau *m*, Bauwerk *n*, Gebäude *n*; ~ *contractor* Bauunternehmer *m*; ~ *craftsman* Bauhandwerker *m*; ~ *site* Baustelle *f*; ~ *society* Baugenossenschaft *f*; ~ *trade* Baugewerbe *n*; '**build-up** Aufbau *m*; Reklame *f*.

built [bilt] **1.** *pret. u. p.p. von build* **1**; **2.** *adj.* ...gebaut; von ... Bau(art); '**~-'in** eingebaut, Einbau...; '**~-'up a·re·a** bebautes Gelände *n*.

bulb [bʌlb] ♀ Zwiebel *f*, Knolle *f*; Kugel *f des Thermometers etc.*; (Glüh)Birne *f*; '**bulb·ous** ♀ knollig.

Bul·gar ['bʌlgɑ:] Bulgare *m*, Bulgarin *f*; **Bul·gar·i·an** [~'gɛəriən] **1.** bulgarisch; **2.** Bulgare *m*, Bulgarin *f*.

bulge [bʌldʒ] **1.** (Aus)Bauchung *f*; Anschwellung *f*; Beule *f*; Vorsprung *m*; **2.** sich (aus)bauchen; (an-, auf)schwellen; hervorquellen.

bulk [bʌlk] Umfang *m*, Größe *f*; Masse *f*; Hauptteil *m*, -masse *f*; ⚓ Ladung *f*; *in* ~ lose; in großer Menge; ~ *buying* Großeinkauf *m*; ~ *goods pl.* lose Waren *f/pl.*; '**~·head** ⚓ Schott *n*; '**bulk·i·ness** (großer) Umfang *m*; '**bulk·y** (sehr) umfangreich, dick; unhandlich; 🖂 sperrig.

bull¹ [bul] **1.** Bulle *m*, Stier *m*; ✝ *sl.* Haussier *m*; *a* ~ *in a china shop* ein Elefant im Porzellanladen; *take the* ~ *by the horns* den Stier bei den Hörnern packen; ~ *session Am. sl.* Herrengesellschaft *f*; **2.** ✝ *sl.* auf Hausse spekulieren; *die Kurse* treiben.

bull² [~] *päpstliche* Bulle *f*.

bull³ [~] Schnitzer *m*, grober Fehler *m*; *oft Irish* ~ Quatsch *m*, Unsinn *m*.
bull-bait·ing ['bulbeitiŋ] Stierhetze *f*.
bull·dog ['buldɔg] Bulldogge *f*; F *univ.* Helfer *m* des *Proctor*.
bull·doze *Am.* F ['buldəuz] terrorisieren; '**bull·doz·er** Planierraupe *f*, Bulldozer *m*.
bul·let ['bulit] Kugel *f*, Geschoß *n* *e-r Handfeuerwaffe*.
bul·le·tin ['bulitin] Tagesbericht *m*; Bekanntmachungsblatt *n*; ~ *board Am.* Schwarzes Brett *n* (*für Anschläge*).
bull...: '~**·fight** Stierkampf *m*; '~**-finch** *orn.* Dompfaff *m*; Hecke *f*; '~**·frog** *zo.* Ochsenfrosch *m*.
bul·lion ['buljən] Gold-, Silberbarren *m*; ungemünztes Gold *n od.* Silber *n*; Gold-, Silberlitze *f*.
bull·ock ['bulək] Ochse *m*.
bull·pen *Am.* ['bul'pen] F *Untersuchungs*-Haftraum *m*; *Baseball*: Platz *m* zum Üben u. Warmlaufen.
bull's-eye ['bulzai] ⚓ Bullauge *n*; *das* Schwarze, Zentrum *n e-r Schießscheibe*; Pfefferminzbonbon *m*; ~ *pane* Butzenscheibe *f*.
bully¹ ['buli] **1.** brutaler Kerl *m*, Kameradenschinder *m*; Maulheld *m*; Tyrann *m*; Zuhälter *m*; **2.** lärmend, prahlerisch; *bsd. Am.* F prima (*a. int.*); **3.** einschüchtern; tyrannisieren, schikanieren, piesacken.
bul·ly² [~] *a.* ~ *beef* Rinderpökelfleisch *n*.
bul·rush ⚘ ['bulrʌʃ] *große* Binse *f*.
bul·wark ['bulwək] *mst fig.* Bollwerk *n*; ⚓ Schanzkleid *n*.
bum¹ V [bʌm] Hintern *m*.
bum² *Am.* F [~] **1.** Nichtstuer *m*, Vagabund *m*; *be od. go on the* ~ kaputt sein *od.* gehen; trampen; **2.** nassauern, organisieren; **3.** armselig, schlecht.
bum·ble-bee ['bʌmblbi:] Hummel *f*.
bum·boat ['bʌmbəut] Proviantboot *n*.
bump [bʌmp] **1.** Schlag *m*, Stoß *m*; Beule *f*; *fig.* Sinn *m*, Talent *n* (*of* für, zu); **2.** stoßen; rumpeln, holpern (*Wagen*); *Wettrudern*: überholen; ~ *into s.o.* F j. anrempeln; ~ *into s.th.* F et. rammen, mit et. zs.-stoßen; ~ *off* abmurksen, umlegen.
bump·er ['bʌmpə] volles Glas *n* (*Wein*); F *et.* Riesiges *n*; *mot.* Stoßstange *f*; ~ *crop* Rekordernte *f*; ~ *house thea.* volles Haus *n*.
bump·kin ['bʌmpkin] Tölpel *m*.
bump·tious □ F ['bʌmpʃəs] aufgeblasen; arrogant.
bump·y ['bʌmpi] holperig; ✈ böig.
bun [bʌn] Rosinenbrötchen *n*; (Haar)Knoten *m*.
bu·na ['bu:nə] Buna *m* (*Kautschuk*).
bunch [bʌntʃ] **1.** Bund *n*, Bündel *n*; Büschel *n*; Haufen *m* (*Menge*); ~ *of flowers* Blumenstrauß *m*; ~ *of grapes* Weintraube *f*; **2.** (zs.-)bündeln; bauschen; '**bunch·y** büschelig; bauschig.
bun·combe ['bʌŋkəm] Blödsinn *m*; Mumpitz *m*.
bun·dle ['bʌndl] **1.** Bündel *n*, Bund *n*; **2.** *v/t. a.* ~ *up* (zs.-)bündeln; ~ *away*, ~ *off* F wegjagen; *v/i.* ~ *off* sich packen.
bung [bʌŋ] **1.** Spund *m*; **2.** (zu-)spunden; ~*ed up* verstopft (*Nase*).
bun·ga·low ['bʌŋgələu] Bungalow *m* (*einstöckiges Haus*).
bung-hole ['bʌŋhəul] Spundloch *n*.
bun·gle ['bʌŋgl] **1.** Pfuscherei *f*; **2.** (ver)pfuschen; '**bun·gler** Pfuscher (-in); '**bun·gling 1.** □ ungeschickt, stümperhaft; **2.** Pfuscherei *f*.
bun·ion ⚕ ['bʌnjən] entzündeter Fußballen *m*.
bunk¹ *sl.* [bʌŋk] Geschwätz *n*, Quatsch *m*.
bunk² [~] Schlafkoje *f*.
bunk·er ⚓ ['bʌŋkə] **1.** Bunker *m* (*Kohlenbehälter*); **2.** bunkern; *be* ~*ed fig.* in e-e Klemme geraten.
bun·kum ['bʌŋkəm] = *buncombe*.
bun·ny ['bʌni] Kaninchen *n*.
bun·sen ['bunsn]: ~ *burner* Bunsenbrenner *m*.
bunt *Am.* [bʌnt] *Baseball*: Stoppballschlag *m*.
bun·ting¹ *orn.* ['bʌntiŋ] Ammer *f*.
bun·ting² [~] Flaggen(tuch *n*) *f/pl*.
buoy ⚓ [bɔi] **1.** Boje *f*; **2.** *Fahrwasser* betonnen; *mst* ~ *up* schwimmend erhalten; *fig.* aufrechterhalten; emporheben.
buoy·an·cy ['bɔiənsi] Schwimm-, *fig.* Spannkraft *f*; ✈ *u. fig.* Auftrieb *m*; '**buoy·ant** □ schwimmfähig; hebend; *fig.* spannkräftig; *fig.* heiter; ✝ steigend.
bur ⚘ [bə:] Klette *f* (*a. fig.*).
Bur·ber·ry ['bə:bəri] *wasserdichter Stoff od. Mantel.*

bur·bot *ichth.* ['bə:bət] Quappe *f.*
bur·den¹ ['bə:dn] **1.** Last *f*, Bürde *f* (*on* für); ⚖ Auflage *f*; ⚓ Ladung *f*; ⚓ Tragfähigkeit *f*; **2.** beladen; belasten (*a. fig.*).
bur·den² [~] Kehrreim *m*, Refrain *m.*
bur·den·some ['bə:dnsəm] lästig; drückend.
bur·dock ♀ ['bə:dɔk] Klette *f* [(*Pflanze*).]
bu·reau ['bjuərəu], *pl. a.* **bu·reaux** ['~z] Büro *n*, Geschäfts-, Amtszimmer *n*; Schreibpult *n*; *Am.* Kommode *f*; **bu·reauc·ra·cy** [~'rɔkrəsi] Bürokratie *f*; **bu·reau·crat** ['bjuərəukræt] Bürokrat *m*; **bu·reau'crat·ic** (~*ally*) bürokratisch; **bu·reauc·ra·tize** [bjuə'rɔkrətaiz] bürokratisieren.
bu·rette ⚗ [bjuə'ret] Meßröhre *f.*
burg *Am.* F [bə:g] Stadt *f.*
bur·gee ⚓ ['bə:dʒi:] Stander *m.*
bur·geon *lit.* ['bə:dʒən] **1.** Knospe *f*; Keim *m*; **2.** knospen, sprießen.
bur·gess ['bə:dʒis] stimmberechtigter Bürger *m*; *hist.* Abgeordnete *m.*
burgh *schott.* ['bʌrə] Burgflecken *m*; **bur·gher** *hist.* ['bə:gə] Bürger *m* (*bsd. e-r holländischen od. deutschen Stadt*).
bur·glar ['bə:glə] *nächtlicher* Einbrecher *m*; **bur·glar·i·ous** □ [bə:'glɛəriəs] einbrecherisch; **bur·gla·ry** ['~gləri] *nächtlicher* Einbruch (-diebstahl) *m*; '**bur·gle** einbrechen (in *acc.*).
bur·go·mas·ter ['bə:gəumɑ:stə] Bürgermeister *m* (*e-r holländischen od. flämischen Stadt*).
bur·gun·dy ['bə:gəndi] Burgunder *m* (*Wein*).
bur·i·al ['beriəl] Begräbnis *n*; '~-**ground** Begräbnisplatz *m*, Friedhof *m*; ~ **serv·ice** Trauerfeier *f.*
bu·rin ⊕ ['bjuərin] Grabstichel *m.*
burke [bə:k] *et.* vertuschen.
burl [bə:l] Noppe *f im Tuch.*
bur·lap ['bə:læp] Sackleinwand *f.*
bur·lesque [bə:'lesk] **1.** burlesk, possenhaft; **2.** Burleske *f*, *n*, Posse *f*; **3.** burlesk behandeln; parodieren.
bur·ly ['bə:li] stämmig, kräftig.
Bur·mese [bə:'mi:z] **1.** birmanisch; **2.** Birmane *m*, Birmanin *f*; Birmanisch *n.*
burn [bə:n] **1.** Brandwunde *f*; Brandmal *n*; **2.** (*irr.*) *v/t. u. v/i.* (ver-, an)brennen; '**burn·er** Brenner *m*; '**burn·ing** □ brennend, glühend; heiß; Brenn...
bur·nish ['bə:niʃ] polieren, glätten; '**bur·nish·er** Polierer(in); Polierstahl *m.*
burnt [bə:nt] *pret. u. p.p. von burn* 2; ~ *almond* gebrannte Mandel *f*; ~ *offering* Brandopfer *n.*
burp *Am. sl.* [bə:p] **1.** Rülpser *m*; **2.** rülpsen, aufstoßen.
burr [bə:] **1.** Schwirrton *m* (*von Maschinen*); Zäpfchen-R *n*; **2.** (das R) guttural aussprechen; '~-**drill** ⚕ Drillbohrer *m.*
bur·ro F ['burəu] Packesel *m.*
bur·row ['bʌrəu] **1.** Höhle *f*, Bau *m*; **2.** (sich ein)graben; *fig.* sich vergraben; *in Geheimnisse* eindringen.
bur·sar ['bə:sə] Quästor *m* (*an Universitäten*); Stipendiat *m.*
bur·sa·ry ['bə:səri] Quästur *f*; Stipendium *n.*
burst [bə:st] **1.** Bersten *n*; Krach *m*; Riß *m*; Bruch *m*; Explosion *f*; *fig.* Ausbruch *m*, Anfall *m*; **2.** (*irr.*) *v/i.* bersten, platzen (*a. fig.*); zerspringen; brechen; ♀ aufspringen; aufgehen (*Geschwür*); explodieren; ~ *from* sich losreißen von; ~ *forth*, ~ *out* hervorbrechen; ~ *into flame* (*leaf*) aufflammen (-blühen); ~ *into tears* in Tränen ausbrechen; ~ *out laughing* in Gelächter ausbrechen; ~ *upon s.o.* sich j-m plötzlich zeigen; *v/t.* (zer)sprengen.
bur·then ⚓ ['bə:ðən] = *burden.*
bur·y ['beri] begraben, beerdigen; verbergen; vergraben; *be buried in thought* in Gedanken vertieft sein; '**bur·y·ing-ground** Begräbnisplatz *m.*
bus F [bʌs] **1.** (Omni)Bus *m*; *miss the* ~ *sl.* den Anschluß verpassen; ~ *boy Am.* Kellnerlehrling *m*, Pikkolo *m*; **2.** *v/t. u. v/i.* (*Kinder*) mit dem Bus (*in die Schule*) fahren.
bus·by ⚔ ['bʌzbi] Bärenmütze *f.*
bush [buʃ] Busch *m*; Gebüsch *n*; ⊕ Buchse *f*; **bush·el** ['buʃl] Scheffel *m* (*36,35 Liter*); große Menge *f*; *hide one's light under a* ~ sein Licht unter den Scheffel stellen; **bush league** *Am. Baseball*: untere Spielklasse *f*; '**bush·man** Buschmann *m*; '**bush-rang·er** Buschklepper *m*, Strauchdieb *m.*
bush·y ['buʃi] buschig.
busi·ness ['biznis] Geschäft *n* (*Unternehmen*); Beschäftigung *f*; Beruf *m*, Gewerbe *n*; Angelegenheit *f*,

Sache *f*; Aufgabe *f*; ⚜ Handel *m*; Geschäft(slokal) *n mit allem Zubehör*; ~ *of the day* Tagesordnung *f*; ~ *research* Konjunkturforschung *f*; *on* ~ geschäftlich; *no admittance except on* ~ Zutritt für Unbefugte verboten; *have no* ~ *to inf.* nicht befugt sein zu *inf.*; *mind one's own* ~ sich um seine eignen Angelegenheiten kümmern; *send s.o. about his* ~ j. kurz abfertigen; ~ **end** F wesentlicher Teil *m e-r Sache*; ~ **hours** *pl.* Geschäftszeit *f*; '~**-like** kaufmännisch, geschäftsmäßig; sachlich; '~**·man** Geschäftsmann *m*; ~ **tour**, ~ **trip** Geschäftsreise *f*.
bus·ker ['bʌskə] Straßenmusikant *m*.
bus·kin ['bʌskin] Halbstiefel *m*; *Altertum*: Kothurn *m*.
bus·man ['bʌsmən] Busfahrer *m*; ~*'s holiday* im Beruf verbrachter Urlaub *m*; '**bus-stop** Bushaltestelle *f*.
bust¹ [bʌst] Büste *f*.
bust² *Am.* F [~] Bankrott *m*; Saufpartie *f*.
bus·tard *orn.* ['bʌstəd] Trappe *f*.
bus·tle ['bʌsl] **1.** Geschäftigkeit *f*; geschäftiges Treiben *n*, Getriebe *n*, Hast *f*; Turnüre *f*; **2.** *v/i.* sich tummeln; (umher)wirtschaften; hasten; *v/t.* hetzen, jagen (*a. fig.*); '**bus·tler** rühriger Mensch *m*; '**bus·tling** □ geschäftig, rührig.
bust-up F ['bʌstʌp] Zusammenbruch *m*; Krach *m* (*Streit*).
bus·y ['bizi] **1.** □ beschäftigt (*with* mit); geschäftig, emsig, fleißig, eifrig, tätig (*at* bei, an *dat.*); lebhaft; belebt, verkehrsreich; *teleph.* besetzt; *be* ~ (viel) zu tun haben; ~ *packing* mit Packen beschäftigt; **2.** (*mst* ~ *o.s.* sich) beschäftigen (*with, in, at, about, ger.* mit); '~**-bod·y** G(e)schaftlhuber *m*; '**bus·y·ness** Geschäftigkeit *f*, Emsigkeit *f*.
but [bʌt; bət] **1.** *cj.* aber, jedoch, sondern; *a.* ~ *that* wenn nicht; indessen, nichtsdestoweniger; **2.** *prp.* außer; *the last* ~ *one* der vor- *od.* zweitletzte; *the next* ~ *one* der übernächste; ~ *for* wenn nicht ... gewesen wäre; ohne; **3.** *nach Negation*: der (die *od.* das) nicht; *there is no one* ~ *knows* es gibt niemand, der nicht wüßte; **4.** *adv.* nur; ~ *just* soeben, eben erst; ~ *now* erst jetzt; *all* ~ fast, nahe daran; *nothing* ~ nichts als; *I cannot* ~ *inf.* ich kann nicht umhin zu *inf.*, ich kann nur *inf.*; **5.** Aber *n*, Einwendung *f*.
butch·er ['butʃə] **1.** Schlächter *m*, Fleischer *m*, Metzger *m*; *fig.* Mörder *m*; **2.** (*fig.* ab-, hin)schlachten; '**butch·er·y** Schlächterei *f* (*a. fig.*); Schlachthaus *n*; ~ *business* Metzgerhandwerk *n*.
but·ler ['bʌtlə] Butler *m*; Kellermeister *m*.
butt¹ [bʌt] **1.** Stoß *m mit den Hörnern*; *a.* ~ *end* dickes Ende *n e-s Baumes etc.*; Stummel *m*, Kippe *f*; *Gewehr*-Kolben *m*; ⊕ Balkenende *n*; Kugelfang *m*; *the* ~*s pl.* Schießstand *m*; *fig.* (End)Ziel *n*; *fig.* Zielscheibe *f*; **2.** (mit dem Kopf) stoßen; ~ *in* F herein-, hineinplatzen.
butt² [~] Stückfaß *n*.
butte *Am. geol.* [bju:t] Restberg *m*.
but·ter ['bʌtə] **1.** Butter *f*; F Schöntuerei *f*, Schmeichelei *f*; *as if* ~ *would not melt in his mouth* als ob er nicht bis drei zählen könnte; **2.** mit Butter bestreichen *od.* anrichten; '~**·cup** Butterblume *f*, Hahnenfuß *m*; '~**-fin·gered** ungeschickt im Gebrauch der Hände, tolpatschig; '~**-fin·gers** *sg.* Tolpatsch *m*; '~**·fly** Schmetterling *m* (*a. fig.*); '~**·milk** Buttermilch *f*; '**but·ter·y** **1.** butter(art)ig; Butter...; **2.** Speisekammer *f*.
but·tock ['bʌtək], *mst* '**but·tocks** *pl.* Hintern *m*.
but·ton ['bʌtn] **1.** Knopf *m*; ⚘ Knospe *f*; ~*s sg.* F Hotelpage *m*; **2.** *oft* ~ *up Kleid* zuknöpfen; einknöpfen, *fig.* verschließen; Knöpfe nähen *od.* anbringen an; '~**·hole** **1.** Knopfloch *n*; Knopflochsträußchen *n*; **2.** Knopflöcher nähen in; *j.* beim Knopf festhalten; '~**-hook** Stiefelknöpfer *m*; '~**·wood** ⚘ Platane *f*.
but·tress ['bʌtris] **1.** Strebepfeiler *m*; *fig.* Stütze *f*; **2.** ~ *up* abstützen; *fig. Argument etc.* unterstützen.
bux·om ['bʌksəm] drall, stramm.
buy [bai] (*irr.*) *v/t.* (an-, ein)kaufen (*from* bei); *fig.* einbringen; erkaufen; *order to* ~ Kaufauftrag *m*; '**buy·er** Käufer(in); Abnehmer(in); Einkäufer(in); '**buy·ing** Kauf...
buzz [bʌz] **1.** Gesumm *n*; Gesurr(e) *n*; Geflüster *n*; ~ *saw Am.* Kreissäge *f*; **2.** *v/i.* summen; surren; ~ *about* herumschwirren, -eilen;

v/t. anderes Flugzeug durch Anfliegen belästigen; F schmeißen.
buz·zard *orn.* ['bʌzəd] Bussard *m.*
buzz·er ⚡ ['bʌzə] Summer *m*; Sirene *f.*
by [bai] **1.** *prp. Raum*: bei; an, neben; *Richtung*: durch, über, via; an (*dat.*) entlang *od.* vorbei; *Zeit*: an, bei; spätestens bis, bis zu; *Urheberschaft, Ursache*: von, durch (*Passiv*); *Mittel, Werkzeug*: (ver)mittels, durch, mit; *Art u. Weise*: bei; *Schwur*: bei; *Maß*: um, bei; *Richtschnur*: gemäß, bei; *North ~ East* Nord zu Ost; *side ~ side* Seite an Seite; *~ day* bei Tage; *~ now* jetzt (schon); *~ the time (that)* bis; *a play ~ Shaw* ein Stück von Shaw; *~ lamplight* bei Lampenlicht; *~ the dozen* dutzendweise; *~ far* bei weitem; *50 feet ~ 20* fünfzig Fuß lang und zwanzig breit; *~ half* um die Hälfte; *~ o.s.* allein; für sich; aus eigner Kraft, aus sich; *~ land* zu Lande; *~ rail* per Bahn; *day ~ day* Tag für Tag; *~ twos* zu zweien; **2.** *adv.* dabei; vorbei; beiseite; *~ and ~* nächstens, bald; nach und nach; *~ the ~* nebenbei bemerkt; *close ~* dicht dabei; *go ~* vorbeigehen; *~ and large* im großen und ganzen; **3.** *adj.* Neben...; Seiten...
bye [bai] *Kricket*: *Lauf, ohne den Ball geschlagen zu haben*; *Tennis*: Überzählige *m, f*; *be od. draw a ~* rasten (müssen).
bye-bye F ['bai'bai] Wiedersehen!; ['baibai] *Kindersprache*: Heia *f* (*Bett*).
by...: '**~-e·lec·tion** Nachwahl *f*; '**~·gone** **1.** vergangen, früher; **2.** *~s pl.* Vergangene *n*; *let ~s be ~s* laß(t) die Vergangenheit ruhen; '**~-law** Ortsstatut *n*; *~s pl.* Satzung *f*, Statuten *n/pl.*; '**~-line** *Am.* Verfasserangabe *f zu e-m Artikel*; '**~-name** Bei-, Spitzname *m*; '**~-pass** **1.** Umgehungsstraße *f*; **2.** umgehen, -fahren; *Verkehr* umleiten; '**~-path** Seitenpfad *m*; '**~-play** *thea.* Nebenhandlung *f*; stummes Spiel *n*; '**~-prod·uct** Nebenprodukt *n.*
byre ['baiə] Kuhstall *m.*
by-road ['bairəud] Seitenweg *m*, -straße *f.*
By·ron·ic [bai'rɔnik] (*~ally*) byronisch.
by...: '**~·stand·er** Zuschauer *m*; '**~-street** Neben-, Seitenstraße *f*; '**~-way** Seiten-, *b.s.* Schleichweg *m*; '**~-word** Sprichwort *n*; Inbegriff *m*; *be a ~ for* sprichwörtlich bekannt sein wegen.
By·zan·tine [bi'zæntain] **1.** byzantinisch; **2.** Byzantiner(in).

C

cab [kæb] **1.** Droschke *f*, Mietwagen *m*, Taxi *n*; 🚂 Führerstand *m*; **2.** *~ it* F mit e-r Droschke *od.* e-m Taxi fahren.
ca·bal [kə'bæl] **1.** Kabale *f* (*Ränke*); Clique *f*; **2.** intrigieren.
cab·a·ret ['kæbərei] Kabarett *n.*
cab·bage ['kæbidʒ] Kohl(kopf) *m*; *~ butterfly* Kohlweißling *m*; *~ lettuce* Kopfsalat *m.*
cab·ba·lis·tic, cab·ba·lis·ti·cal □ [kæbə'listik(əl)] kabbalistisch.
cab·by F ['kæbi] Droschkenkutscher *m*, Taxifahrer *m.*
cab·in ['kæbin] **1.** Hütte *f*; ⚓ Kajüte *f*; Kabine *f*; Kammer *f*; **2.** einpferchen; '**~-boy** ⚓ Offiziersbursche *m*; Stewardhelfer *m*; **~ class** ⚓ Kabinenklasse *f*, 2. Klasse *f*; **~ cruis·er** ⚓ Kabinenkreuzer *m.*
cab·i·net ['kæbinit] Kabinett *n*, Ministerrat *m*; Schrank *m*, Vitrine *f*; (Radio)Gehäuse *n*; *phot.* Kabinettformat *n*; *♀ Council* Kabinettssitzung *f*; '**~-mak·er** Kunsttischler *m.*
ca·ble ['keibl] **1.** ⚓ *u. tel.* Kabel *n*; ⚓ Trosse *f*, Ankertau *n*, -kette *f*; Telegramm *n*; *buried ~* Erdkabel *n*; **2.** *tel.* telegraphieren, kabeln; '**~-car** Standseilbahn(wagen *m*) *f*; **~·gram** ['~græm] Kabeltelegramm

n; '~-**stitch·ed** mit Kreuzstichstickerei.
cab·man ['kæbmən] Droschkenkutscher *m*, Taxifahrer *m*.
ca·boo·dle *sl.* [kə'buːdl]: *the whole* ~ der ganze Kram; die ganze Sippschaft.
ca·boose [kə'buːs] ⚓ Kombüse *f*; *Am.* 🚂 Eisenbahnerwagen *m am Güterzug*.
cab·ri·o·let *bsd. mot.* [kæbriə'lei] Kabriolett *n*, offener Wagen *m*.
cab-stand ['kæbstænd] (Kraft-)Droschkenhalteplatz *m*, Taxistand *m*.
ca'can·ny ⊕ [kɑː'kæni] die Arbeitsleistung bremsen.
ca·ca·o [kə'kɑːəu] Kakaobaum *m*; Kakaobohne *f*.
cache [kæʃ] **1.** unterirdisches Depot *n*; geheimes Lager *n*; **2.** verbergen.
cack·le ['kækl] **1.** Gegacker *n*, Geschnatter *n*; *fig.* Geschwätz *n*; **2.** gackern, schnattern; *fig.* schwatzen; '**cack·ler** gackerndes Huhn *n*; *fig.* Schwätzer(in).
ca·coph·o·ny [kæ'kɔfəni] Kakophonie *f* (*Mißklang*).
cac·tus ⚘ ['kæktəs] Kaktus *m*.
cad F [kæd] Prolet *m*; übler Charakter *m*.
ca·das·tre [kə'dæstə] Grundbuch *n*.
ca·dav·er·ous □ [kə'dævərəs] leichenhaft; leichenblaß.
cad·die ['kædi] Golfjunge *m*, Caddie *m*.
cad·dis *zo.* ['kædis] Larve *f* der Köcherfliege.
cad·dish F □ ['kædiʃ] proletenhaft; gemein, schurkisch.
cad·dy ['kædi] Teebüchse *f*; = *caddie*.
ca·dence ['keidəns] ♪ Kadenz *f*; Tonfall *m*; Rhythmus *m*.
ca·det [kə'det] Kadett *m*; ~ *corps* Jugendkompanie *f e-r Schule*.
cadge [kædʒ] (er)betteln; schnorren; '**cadg·er** Schmarotzer *m*; Schnorrer *m*.
ca·di ['kɑːdi] Kadi *m* (*Richter im Orient*).
cad·mi·um ⚗ ['kædmiəm] Kadmium *n*.
cad·re ['kɑːdə] Rahmen *m*; ⚔ Kader *m*.
ca·du·cous ⚘ *u. zo.* [kə'djuːkəs] abfallend.
cae·cum *anat.* ['siːkəm] Blinddarm *m*.
Cae·sar ['siːzə] Cäsar *m*; **Cae·sar·i·an** [siː'zɛəriən] cäsarisch.
cae·su·ra [siː'zjuərə] Zäsur *f*.
ca·fé ['kæfei] Café *n*; Restaurant *n*.
caf·e·te·ri·a [kæfi'tiəriə] Restaurant *n* mit Selbstbedienung.
caf·e·to·ri·um *Am.* [kæfi'tɔːriəm] Kantinen- und Festsaal *m*.
caf·fe·ine ['kæfiːn] Koffein *n*.
cage [keidʒ] **1.** Käfig *m* (*a. fig.*); Kriegsgefangenenlager *n*; ⚒ Förderkorb *m*; **2.** einsperren.
cage·y □ *bsd. Am.* F ['keidʒi] gerissen, raffiniert.
cairn [kɛən] Steinhaufen *m*.
cais·son [kə'suːn] ⚔ Munitionswagen *m*; *Wasserbau*: Senkkasten *m*.
cai·tiff ['keitif] Lump *m*, Schurke *m*.
ca·jole [kə'dʒəul] *j-m* schöntun, schmeicheln; *j.* beschwatzen (*into* zu); **ca'jol·er** Schmeichler(in); **ca'jol·er·y** Schöntuerei *f*; Schmeichelei *f*.
cake [keik] **1.** Kuchen *m*; Stück *n Seife etc.*; ~*s and ale* Lustbarkeit *f*; *a piece of* ~ *sl.* ein Kinderspiel *n*; *like hot* ~*s* wie warme Semmeln; **2.** zs.-backen; überziehen (*with* mit).
cal·a·bash ['kæləbæʃ] Kalebasse *f* (*Flaschenkürbis*).
cal·a·mine *min.* ['kæləmain] Galmei *m*.
ca·lam·i·tous □ [kə'læmitəs] elend; katastrophal; **ca'lam·i·ty** Elend *n*, Unglück *n*, Unheil *n*; Katastrophe *f*; **ca'lam·i·ty-howl·er** Schwarzseher *m*; **ca'lam·i·ty-howl·ing** *bsd. Am.* Schwarzseherei *f*.
cal·car·e·ous [kæl'kɛəriəs] kalkartig, -reich, kalkig; Kalk...
cal·ce·o·la·ri·a ⚘ [kælsiə'lɛəriə] Pantoffelblume *f*.
cal·ci·fi·ca·tion [kælsifi'keiʃən] Verkalkung *f*; **cal·ci·fy** ['~fai] (sich) verkalken; **cal·ci·na·tion** ⚗ [kælsi'neiʃən] Kalzinierung *f*, Brennen *n*; **cal·cine** ⚗ ['kælsain] kalzinieren, brennen; '**cal·cite** *min.* Kalzit *m*; **cal·ci·um** ⚗ ['~siəm] Kalzium *n*; **cal·ci·um car·bide** ⚗ Karbid *n*.
cal·cu·la·ble ['kælkjuləbl] berechenbar; **cal·cu·late** ['~leit] *v/t.* kalkulieren; be-, aus-, errechnen; ~*d* berechnet (*for* auf *acc.*); *v/i.* rechnen, vertrauen (*on, upon* auf *acc.*); F *Am.* vermuten; *calculating machine* Rechenmaschine *f*; **cal-**

cu'la·tion Kalkulation *f*, Berechnung *f etc.*; **cal·cu·lus** ['⁓ləs] ⚕ Differential- u. Integralrechnen *n*; ⚕ Stein *m*.
cal·dron ['kɔːldrən] Kessel *m*.
cal·en·dar ['kælində] **1.** Kalender *m*; Liste *f*; **2.** registrieren.
cal·en·der ⊕ [⁓] **1.** Kalander *m*, Tuchpresse *f*; **2.** kalandern, pressen.
cal·ends ['kælindz]: *on the Greek* ⁓ am St. Nimmerleinstag.
calf [kɑːf], *pl.* **calves** [kɑːvz] Kalb *n* (*a. fig.*); *a.* ⁓*-leather* Kalbleder *n*; Lederband *m*; *anat.* Wade *f*; *in* ⁓, *with* ⁓ trächtig; ⁓ *love* F Jugendliebe *f*; '⁓**-skin** Kalbfell *n*.
cal·i·brate ⊕ ['kælibreit] kalibrieren; **cal·i·bre** ['⁓bə] Kaliber *n* (*Rohrweite*; *fig. Art*; *Gewicht*).
cal·i·co ✝ ['kælikəu] Kaliko *m*, (bedruckter) Kattun *m*.
Cal·i·for·nian [kæli'fɔːnjən] **1.** kalifornisch; **2.** Kalifornier(in).
ca·liph ['kælif] Kalif *m*; **cal·iph·ate** ['⁓eit] Kalifat *n*.
calk [kɔːk] **1.** (durch)pausen; ⚓ kalfatern (*abdichten*); scharf beschlagen; **2.** Gleitschutzbeschlag *m*, Stollen *m am Hufeisen*; **calk·in** ['kælkin] *s. calk* 2.
call [kɔːl] **1.** Ruf *m*; *teleph.* Anruf *m*, Gespräch *n*; *fig.* Ruf *m*, Berufung *f* (*to* in *ein Amt*; auf *e-n Lehrstuhl*); Appell *m*; Signal *n*; *thea.* Hervorruf *m*; Lockruf *m*; (innere) Berufung *f*; Forderung *f*; F Anlaß *m*; *kurzer* Besuch *m*; Nachfrage *f* (*for* nach); Kündigung *f v. Geldern*; ⁓ *money* ✝ täglich kündbares Geld *n*; *port of* ⁓ Anlaufhafen *m*; *on* ⁓ ✝ auf Abruf; **2.** *v/t.* (herbei)rufen; (an-)rufen; *Versammlung* (ein)berufen; *Am. Baseball*: *Spiel* abbrechen; *fig.* berufen (*to* in *ein Amt*); nennen; kommen lassen; wecken; *Aufmerksamkeit* lenken (*to* auf *acc.*); *be* ⁓*ed* heißen; ⁓ *s.o. names* j. beschimpfen *od.* beleidigen; ⁓ *s.o. down Am. sl.* j. anpfeifen; ⁓ *forth* hervorrufen; *Kraft* aufbieten; ⁓ *in Geld* kündigen, aufrufen; *j.* hinzuziehen; ⁓ *out Arbeiter* zum Streik auffordern; ⁓ *over Namen* verlesen; ⁓ *up* aufrufen; *teleph.* anrufen; *v/i.* rufen; *teleph.* (an)rufen; vorsprechen (*at* an *e-m Ort*; *on s.o.* bei j-m); ⁓ *at a port* e-n Hafen anlaufen; ⁓ *for* rufen nach; *thea.* herausrufen; *et.* fordern, verlangen; *j. od. et.* abholen; *to be (left till)* ⁓*ed for* postlagernd; ⁓ *on* e-n Besuch machen bei *j-m*; sich an *j.* wenden (*for* wegen); *j.* berufen, auffordern, aufrufen (*to inf.* zu *inf.*); ⁓ *to j-m* zurufen; ⁓ *upon s.* ⁓ *on*; '**call·a·ble** kündbar (*Geld*); '**call-box** Fernsprechzelle *f*; '**call·er** Rufer(in); Besucher(in); *teleph.* Anrufer(in); '⁓**-girl** Callgirl *n* (*Prostituierte*).
cal·li·graph·ic [kæli'græfik] (⁓*ally*) kalligraphisch; **cal·lig·ra·phy** [kə'ligrəfi] Kalligraphie *f* (*Schönschreibekunst*).
call·ing ['kɔːliŋ] Rufen *n*; Berufung *f*; Beruf *m*; ⁓ *card Am.* Visitenkarte *f*.
cal·li·pers ['kælipəz] *pl.* Tasterzirkel *m*.
cal·lis·then·ics [kælis'θeniks] *mst sg.* Freiübungen *f/pl.*
call-of·fice ['kɔːlɔfis] Fernsprechstelle *f*.
cal·los·i·ty [kæ'lɔsiti] Verhärtung *f*, Schwiele *f*; *fig.* Dickfelligkeit *f*; Indifferenz *f*; '**cal·lous** □ schwielig; *fig.* dickfellig, herzlos; indifferent.
cal·low ['kæləu] nackt (*ungefiedert*); noch nicht flügge (*fig. unerfahren*).
call-up ['kɔːlʌp] Einberufung *f*.
calm [kɑːm] **1.** □ still, ruhig (*a. fig.*); **2.** Stille *f*, Ruhe *f* (*a. fig.*); ⚓ Windstille *f*, Flaute *f*; **3.** (⁓ *down* sich) beruhigen; besänftigen; '**calmness** Stille *f*; (Gemüts)Ruhe *f*.
Cal·or gas ['kælə'gæs] Propangas *n*.
ca·lor·ic *phys.* [kə'lɔrik] Wärme *f*; ⁓*-engine* Heißluftmaschine *f*; **cal·o·rie** *phys.* ['kæləri] Kalorie *f*, Wärmeeinheit *f*; **cal·o·rif·ic** [kælə'rifik] Wärme erzeugend, erhitzend.
cal·trop ⚘ ['kæltrəp] Wegedistel *f*.
ca·lum·ni·ate [kə'lʌmnieit] verleumden; **ca·lum·ni'a·tion** Verleumdung *f*; **ca'lum·ni·a·tor** Verleumder(in); **ca'lum·ni·ous** □ verleumderisch; **cal·um·ny** ['kæləmni] Verleumdung *f*.
Cal·va·ry ['kælvəri] Kalvarienberg *m*, Kreuzigungsgruppe *f*.
calve [kɑːv] kalben; **calves** [kɑːvz] *pl. von calf*.
Cal·vin·ism ['kælvinizəm] Kalvinismus *m*.
ca·lyp·so [kə'lipsəu] Calypso *m* (*Tanz etc.*).

ca·lyx ⚘ *u. zo.* ['keiliks], *pl.* **cal·y·ces** ['~lisi:z] Kelch *m.*
cam ⊕ [kæm] Nocken *m*, Daumen *m*; ~ *gear* Nockensteuerung *f.*
cam·ber ⊕ ['kæmbə] **1.** Wölbung *f*; Krümmung *f*; **2.** wölben.
cam·bric ['keimbrik] Batist *m.*
came [keim] *pret. v. come.*
cam·el *zo. u.* ⚓ ['kæməl] Kamel *n.*
ca·mel·li·a ⚘ [kə'mi:ljə] Kamelie *f.*
cam·e·o ['kæmiəu] Kamee *f.*
cam·er·a ['kæmərə] Kamera *f*, Photoapparat *m*; *in* ~ ⚖ unter Ausschluß der Öffentlichkeit.
cami-knick·ers ['kæmi'nikəz] *pl.* Hemdhose *f.*
cam·i·on ['kæmiən] niedriger LKW *m.*
cam·o·mile ⚘ ['kæməumail] Kamille *f*; ~ *tea* Kamillentee *m.*
cam·ou·flage ⚔ ['kæmuflɑ:ʒ] **1.** Tarnung *f*; **2.** tarnen.
camp [kæmp] **1.** Lager *n*; ⚔ Feldlager *n*; ~ *bed* Feldbett *n*; ~ *chair*, ~ *stool* Feldstuhl *m*; **2.** kampieren, lagern; ~ *out* zelten.
cam·paign [kæm'pein] **1.** Feldzug *m*; *pol. u. fig.* Kampagne *f*, Schlacht *f*; *election* ~ Wahlkampf *m*; **2.** einen Feldzug mitmachen *od.* unternehmen; **cam'paign·er** Feldzugsteilnehmer *m*; *old* ~ F alter Praktikus *m.*
camp·er ['kæmpə] Lager-, Zeltbewohner(in).
cam·phor ['kæmfə] Kampfer *m*; **cam·phor·at·ed** ['~reitid] Kampfer...
camp·ing ['kæmpiŋ] Camping *n*, Zelten *n.*
cam·pus *Am.* ['kæmpəs] Universitätsgelände *n.*
cam·shaft ⊕ ['kæmʃɑ:ft] Nockenwelle *f.*
can[1] [kæn] (*irr.*) *v/aux.* kann *etc.*
can[2] [~] **1.** Kanne *f*; *Am.* (Konserven)Büchse *f*; **2.** *Am.* in Büchsen konservieren, eindosen.
Ca·na·di·an [kə'neidjən] **1.** kanadisch; **2.** Kanadier(in).
ca·nal [kə'næl] Kanal *m*; *anat.* Gang *m*, Röhre *f*; ~-*boat* Lastkahn *m*; **ca·nal·i·za·tion** [kænəlai'zeiʃən] Kanalisation *f*, Kanalbau *m*; '**ca·nal·ize** kanalisieren.
can·a·pé ['kænəpei] Appetithappen *m.*
ca·nard [kæ'nɑ:d] (Zeitungs)Ente *f.*
ca·nar·y [kə'nɛəri] *a.* ~-*bird* Kanarienvogel *m.*
can·cel ['kænsəl] (durch)streichen; entwerten; absagen; ~ *out* (sich) aufheben; ⅍ sich heben; *be* ~*led* ausfallen; **can·cel'la·tion** Streichung *f*; Entwertung *f*; Aufhebung *f*; Absage *f.*
can·cer *ast.*, ⚕ ['kænsə] Krebs *m*; '**can·cer·ous** krebsartig.
can·did □ ['kændid] aufrichtig; offen.
can·di·da·cy ['kændidəsi] Kandidatur *f*; **can·di·date** ['kændidit] Kandidat *m* (*for* für), Bewerber *m* (*for* um); **can·di·da·ture** ['~tʃə] Kandidatur *f.*
can·died ['kændid] kandiert; *fig.* schmeichelhaft.
can·dle ['kændl] Licht *n*, Kerze *f*; ~ *power* Lichtstärke *f*; *hold a* ~ *to fig.* herankommen an, den Vergleich aushalten mit; *not worth the* ~ nicht der Mühe wert; *burn the* ~ *at both ends* mit s-n Kräften Raubbau treiben; '~**·light** Kerzenlicht *n*; **Can·dle·mas** *eccl.* ['~məs] Lichtmeß *f*; '**can·dle·stick** Leuchter *m.*
can·dour ['kændə] Unparteilichkeit *f*; Aufrichtigkeit *f*; Offenheit *f.*
can·dy ['kændi] **1.** Kandis(zucker) *m*; *Am.* Süßigkeiten *f/pl.*, Bonbons *m/pl.*; **2.** *v/t.* kandieren; *v/i.* kristallisieren.
cane [kein] **1.** ⚘ Rohr *n*; Peddigrohr *n*; (Rohr)Stock *m*; **2.** aus Rohr flechten; prügeln; ~ **sug·ar** Rohrzucker *m.*
ca·nine **1.** ['keinain] Hunds..., Hunde...; **2.** ['kænain] *a.* ~ *tooth* Eckzahn *m.*
can·ing ['keiniŋ] Tracht *f* Prügel.
can·is·ter ['kænistə] Blechbüchse *f*; Kanister *m.*
can·ker ['kæŋkə] **1.** ⚕ Krebs *m*; ⚘ Brand *m*; *fig.* Krebsschaden *m*; **2.** anfressen; '**can·kered** *fig.* giftig (*boshaft*); '**can·ker·ous** krebsartig.
canned *Am.* [kænd] Büchsen..., eingemacht.
can·ner·y *Am.* ['kænəri] Konservenfabrik *f.*
can·ni·bal ['kænibəl] **1.** Kannibale *m*, Menschenfresser *m*; **2.** kannibalisch; Kannibalen...; '**can·ni·bal·ism** Kannibalismus *m*; '**can·ni·bal·ize** *Auto etc.* ausschlachten.
can·non ['kænən] **1.** ⚔ Kanone *f*;

Artillerie *f*; *Billard*: Karambolage *f*; **2.** karambolieren (*fig.* *against, with* mit); **can·non·ade** [~'neid] Kanonade *f*; '**can·non-fod·der** Kanonenfutter *n*.
can·not ['kænɔt] kann nicht.
can·ny □ *schott.* ['kæni] vorsichtig; sanft, ruhig.
ca·noe [kə'nu:] **1.** Kanu *n*; Paddelboot *n*; **2.** paddeln.
can·on ['kænən] Kanon *m* (*Regel*; *Richtschnur*; *Gesamtheit echter Schriften*; *Verzeichnis der Heiligen*; *Kettengesang*; *Schriftgrad*); Kanoniker *m*, Domherr *m*; ~ *law* kanonisches Recht *n*, Kirchenrecht *n*.
ca·ñon ['kænjən] = *canyon*.
can·on·ess ['kænənis] Stiftsdame *f*;
can·on·i·za·tion [~nai'zeiʃən] Heiligsprechung *f*; '**can·on·ize** heiligsprechen; '**can·on·ry** Kanonikat *n*.
ca·noo·dle *sl.* [kə'nu:dl] knutschen.
can·o·py ['kænəpi] **1.** Baldachin *m* (*a. fig.*); *fig.* Dach *n*; ⩓ Überdachung *f*; ✈ Kabinendach *n*; **2.** (mit einem Baldachin) überdachen.
cant[1] [kænt] **1.** Schrägung *f*; schräge Lage *f*; Stoß *m*, Ruck *m*; **2.** (sich) auf die Seite legen *od.* werfen; kanten; ~ *over* umkippen.
cant[2] [~] **1.** Zunftsprache *f*, *besondere* Ausdrucksweise *f*; Gewäsch *n*; scheinheiliges Gerede *n*; Scheinheiligkeit *f*; *thieves'* ~ Diebessprache *f*; **2.** zunftmäßig *od.* scheinheilig reden.
can't F [kɑ:nt] = *cannot*.
Can·tab F ['kæntæb] (Student *m*) von Cambridge.
can·ta·loup ⚘ ['kæntəlu:p] Zuckermelone *f*.
can·tan·ker·ous F □ [kən'tæŋkərəs] zänkisch, mürrisch; rechthaberisch.
can·teen [kæn'ti:n] ⚔ Feldflasche *f*; *Kasernen-*, *Betriebs- etc.* Kantine *f*; ⚔ Kochgeschirr *n*; *Tafel*-Silberkasten *m*.
can·ter ['kæntə] **1.** kurzer Galopp *m*, Kanter *m*; **2.** in kurzem Galopp reiten, kantern.
can·ter·bur·y ['kæntəbəri] Notenständer *m*; 2 *bell* ⚘ Glockenblume *f*.
can·thar·i·des ⚕ [kæn'θæridi:z] *pl.*, *mst sg.* Kanthariden *f/pl.* (*spanische Fliegen*).
can·ti·cle ['kæntikl] Lobgesang *m*; 2*s pl. Bibel*: *das* Hohelied.
can·ti·le·ver ⩓ ['kæntili:və] Konsole *f*; freitragender Arm *m*; ~ **bridge** Auslegerbrücke *f*.
can·to ['kæntəu] Gesang *m* (*Abteilung e-s Gedichtes*).
can·ton **1.** ['kæntɔn] Kanton *m*, Bezirk *m*; **2.** ⚔ [kən'tu:n] (sich) einquartieren; '**can·ton·ment** ⚔ Quartier *n*, Ortsunterkunft *f*.
can·vas ['kænvəs] Segeltuch *n*; Zelt(e *pl.*) *n*; Zeltbahn *f*; *Wagen*-Plane *f*; Segel *n/pl.*; *paint.* Leinwand *f*, *weitS.* Gemälde *n*.
can·vass [~] **1.** (Stimmen)Werbung *f*; *Am. a.* Wahlnachprüfung *f*; **2.** *v/t.* erörtern; *Wahlkreis od. Wähler* bearbeiten (*a. fig.*); *v/i.* (Stimmen, *a.* Kunden) werben; '**can·vass·er** Stimmen-, Kundenwerber(in); *Am. a.* Wahlprüfer *m*.
can·yon ['kænjən] Cañon *m*, Felsschlucht *f*.
caou·tchouc ['kautʃuk] Kautschuk *m*, *n*.
cap [kæp] **1.** Kappe *f*; Mütze *f*; Haube *f*; *univ.* Barett *n*; ⊕, ⚘ *etc.* Kappe *f*, Haube *f*; ⊕ Aufsatz *m*; Zündhütchen *n*; ~ *and bells* Schellenkappe *f*; ~ *and gown* Barett *n* und Talar *m* (*akademische Tracht*); ~ *in hand fig.* demütig, unterwürfig; *set one's* ~ *at s.o.* nach j-m angeln (*Frau*); **2.** mit einer Kappe *etc.* versehen; *fig.* krönen; F übertreffen, -trumpfen; die Mütze abnehmen (*to s.o.* vor j-m).
ca·pa·bil·i·ty [keipə'biliti] *körperliche od. geistige* Fähigkeit *f*; '**ca·pa·ble** □ fähig, imstande (*of* zu); tüchtig.
ca·pa·cious □ [kə'peiʃəs] geräumig, umfassend; **ca·pac·i·tate** [kə'pæsiteit] befähigen; **ca'pac·i·ty** **1.** Inhalt *m*; Kapazität *f*, Aufnahme-, Ladefähigkeit *f*; *geistige* (*od.* ⊕ Leistungs)Fähigkeit *f* (*for ger.* zu *inf.*); *amtliche etc.* Stellung *f*; *disposing* ~ Geschäftsfähigkeit *f*; *full to* ~ voll besetzt; *legal* ~ Rechtsfähigkeit *f*; *in my* ~ *as* in meiner Eigenschaft als; **2.** *attr.* Höchst...; zahlreich; *thea.* voll.
cap-à-pie [kæpə'pi:] von Kopf bis Fuß.
ca·par·i·son *lit.* [kə'pærisn] Schabracke *f*; *fig.* Putz *m*.
cape[1] [keip] Kap *n*, Vorgebirge *n*.
cape[2] [~] Cape *n*, Umhang *m*.

caper[1] ⚘ ['keipə] Kaper *f*.
ca·per[2] [~] **1.** Kapriole *f* (*a. fig.* = *toller Streich*), Luftsprung *m*; *cut* ~*s* = **2.** Kapriolen *od.* Sprünge machen.
ca·pi·as ⚖ ['keipiæs]: *writ of* ~ Haftbefehl *m*.
cap·il·lar·i·ty *phys.* [kæpi'læriti] Kapillarität *f*; **cap·il·lar·y** [kə'piləri] **1.** Kapillar...; haarfein; **2.** *anat.* Kapillargefäß *n*.
cap·i·tal ['kæpitl] **1.** □ Kapital...; todeswürdig, Todes...; verhängnisvoll; hauptsächlich, Haupt...; vortrefflich, F famos; ~ *crime* Kapitalverbrechen *n*; ~ *punishment* Todesstrafe *f*; **2.** Hauptstadt *f*; Kapital *n*; *a.* ~ *letter typ.* Majuskel *f*, Großbuchstabe *m*; ⚠ Kapitell *n*; **cap·i·tal·ism** ['~təlizəm] Kapitalismus *m*; '**cap·i·tal·ist** Kapitalist(in); **cap·i·tal'is·tic** kapitalistisch; **cap·i·tal·i·za·tion** [kəpitəlai'zeiʃən] Kapitalisierung *f*; **cap'i·tal·ize** kapitalisieren; groß schreiben.
cap·i·ta·tion [kæpi'teiʃən] *a.* ~ *tax* Kopfsteuer *f*; Zahlung *f* pro Kopf.
Cap·i·tol ['kæpitl] Kapitol *n* (*Jupitertempel in Rom u. Sitz des Kongresses in Washington*).
ca·pit·u·late [kə'pitjuleit] kapitulieren (*to* vor *dat.*), sich ergeben; **ca·pit·u'la·tion** Kapitulation *f*, Übergabe *f*.
ca·pon ['keipən] Kapaun *m*.
ca·price [kə'pri:s] Kaprice *f*, Laune *f*; ♪ Capriccio *n*; **ca·pri·cious** □ [kə'priʃəs] kapriziös; launisch, launenhaft; **ca'pri·cious·ness** Launenhaftigkeit *f*.
Cap·ri·corn *ast.* ['kæprikɔ:n] Steinbock *m*.
cap·ri·ole ['kæpriəul] Kapriole *f* (*Luftsprung*).
cap·size ⚓ ['kæpsaiz] **1.** *v/i.* kentern; *fig.* sich überschlagen; *v/t.* zum Kentern bringen; **2.** Kentern *n*.
cap·stan ⚓ ['kæpstən] Gangspill *n*.
cap·su·lar ['kæpsjulə] kapselförmig; Kapsel...; **cap·sule** ⚘ *u.* ⚕ ['kæpsju:l] Kapsel *f*.
cap·tain ['kæptin] Führer *m*; Heerführer *m*, Feldherr *m*; *Sport*: Spiel-, Mannschaftsführer *m*; ⚓ Kapitän *m*; ⚔ Hauptmann *m*; ~ *of industry* Industriekapitän *m*; **cap·tain·cy, cap·tain·ship** ['~si, '~ʃip] Führung *f*; Kapitäns-, Hauptmannsstelle *f*, -rang *m*.
cap·tion ['kæpʃən] **1.** Überschrift *f*; Titel *m*; *Film*: Untertitel *m*; **2.** *v/t. Am.* mit Überschrift *od.* Titel *etc.* versehen.
cap·tious □ ['kæpʃəs] krittelig; spitzfindig.
cap·ti·vate *fig.* ['kæptiveit] gefangennehmen, fesseln; **cap·ti'va·tion** Fesselung *f*; '**cap·tive 1.** gefangen, gefesselt; ~ *balloon* Fesselballon *m*; **2.** Gefangene *m*, *f* (*a. fig.*); **cap·tiv·i·ty** [~'tiviti] Gefangenschaft *f*.
cap·tor ['kæptə] Fänger *m*; ⚓ Kaper *m*; **cap·ture** ['~tʃə] **1.** Eroberung *f*; Gefangennahme *f*; ⚓ Kapern *n*; **2.** (ein)fangen; gefangennehmen; erobern; erbeuten; ⚓ kapern, aufbringen.
Cap·u·chin *eccl.* ['kæpjuʃin] Kapuziner *m*.
car [kɑ:] Auto *n*, Wagen *m*; (Eisenbahn-, Straßenbahn)Wagen *m*; Ballonkorb *m*; Luftschiffgondel *f*; Kabine *f e-s Aufzugs*.
car·a·cole ['kærəkəul] *Reitkunst*: **1.** Schwenkung *f*; **2.** schwenken.
ca·rafe [kə'ræf] Karaffe *f*.
car·a·mel ['kærəmel] Karamel *m*; Karamelle *f*.
car·a·pace *zo.* ['kærəpeis] Rückenschild *m*.
car·at ['kærət] Karat *n* (*Gewicht*).
car·a·van ['kærəvæn] Karawane *f*; Wohnwagen *m*; **car·a'van·se·rai** [~sərai] Karawanserei *f*.
car·a·way ⚘ ['kærəwei] Kümmel *m*.
car·bide ⚗ ['kɑ:baid] Karbid *n*.
car·bine ['kɑ:bain] Karabiner *m*.
car·bo·hy·drate ⚗ ['kɑ:bəu'haidreit] Kohlehydrat *n*.
car·bol·ic ac·id ⚗ [kɑ:'bɔlik'æsid] Karbolsäure *f*.
car·bon ['kɑ:bən] ⚗ Kohlenstoff *m*; ⚡ Kohlestift *m*; *a.* ~ *paper* Kohlepapier *n*; ~ *copy* Durchschlag *m von Maschinenschrift*; ~ *dioxide* Kohlendioxyd *n*; ~ *monoxide* Kohlenmonoxyd *n*; **car·bo·na·ceous** [~bəu'neiʃəs] kohlenstoffhaltig; **car·bon·ate** ['~bənit] kohlensaures Salz *n*; **car·bon·ic** [~'bɔnik] Kohlen...; ~ *acid* Kohlensäure *f*; **car·bon·if·er·ous** *geol.* [~bə'nifərəs] kohleführend (*Schicht*); **car·bon·i·za·tion** [~bənai'zeiʃən] Verkohlung *f*; '**car·bon·ize** verkohlen.

car·bo·run·dum [kɑːbəˈrʌndəm] Karborund *n* (*Schleifmittel*).
car·boy [ˈkɑːbɔi] Säureballon *m*.
car·bun·cle [ˈkɑːbʌŋkl] *min.* Karfunkel *m*; ⚕ Karbunkel *m*.
car·bu·ret ⚗ [ˈkɑːbjuret] vergasen; ˈ**car·bu·ret·ter**, *mst* ˈ**car·bu·ret·tor** *mot.* Vergaser *m*.
car·case, *mst* **car·cass** [ˈkɑːkəs] (Tier)Kadaver *m*; *Fleischerei*: Rumpf *m*; *fig.* Gerippe *n*.
card[1] ⊕ [kɑːd] **1.** Wollkratze *f*, Karde *f*; **2.** *Wolle* karden, kämmen.
card[2] [~] Karte *f*; (Post-, Visiten-, Spiel)Karte *f*; *house of ~s* Kartenhaus *n*; *queer ~* F komischer Kauz *m*; *have a ~ up one's sleeve* et. in petto haben.
car·dan ⊕ [ˈkɑːdən]: *~ joint* Kardangelenk *n*; *~ shaft* Kardanwelle *f*.
card...: ˈ**~·board** Kartonpapier *n*; Pappe *f*; *~ box* Pappkarton *m*.
car·di·ac ⚕ [ˈkɑːdiæk] **1.** Herz...; **2.** Herzmittel *n*.
car·di·gan [ˈkɑːdigən] Strickjacke *f*.
car·di·nal □ [ˈkɑːdinl] **1.** Kardinal..., Haupt...; hochrot; *~ number* Grundzahl *f*; **2.** Kardinal *m* (*a. orn.*); **car·di·nal·ate** [ˈ~nəleit] Kardinalswürde *f*.
card...: ˈ**~-in·dex** Kartei *f*; ˈ**~-sharp·er** Falschspieler *m*.
care [kɛə] **1.** Sorge *f*; Sorgfalt *f*, Acht(samkeit) *f*; Obhut *f*, Pflege *f*; *medical ~* ärztliche Behandlung *f*; *~ of the mouth* Mundpflege *f*; *~ of the nails* Nagelpflege *f*; *~ of* (*abbr. c/o*) ... per Adresse, bei ...; *take ~ (of o.s.)* sich in acht nehmen; *take ~ of* aufpassen *od.* acht(geb)en auf (*acc.*); verantwortlich sein für; *with ~!* Vorsicht! (*Aufschrift*); **2.** Lust *od.* Interesse haben (*to inf.* zu *inf.*); *~ for* sorgen für, sich kümmern um; *mst verneint*: sich etwas machen aus, mögen; *I don't ~ (if I do)!* F meinetwegen!; *I don't ~ what he said* es ist mir egal, was er gesagt hat; *I couldn't ~ less* F es ist mir völlig schnuppe; *well ~d-for* gepflegt.
ca·reen ⚓ [kəˈriːn] kielholen.
ca·reer [kəˈriə] **1.** Karriere *f*; Laufbahn *f*, Beruf *m*; Lauf *m*; *~ diplomat* Berufsdiplomat *m*; **2.** rasen, rennen; **caˈreer·ist** Karrieremacher *m*, Streber *m*.
care·free [ˈkɛəfriː] sorgenfrei, sorglos.
care·ful □ [ˈkɛəful] besorgt (*for* um), achtsam (*of* auf *acc.*); sorgsam, vorsichtig; sorgfältig, gewissenhaft; *be ~ to inf.* darauf bedacht sein zu *inf.*; nicht vergessen zu *inf.*; ˈ**care·ful·ness** Sorgsamkeit *f*; Vorsicht *f*; Sorgfalt *f*.
care·less □ [ˈkɛəlis] sorglos; unbekümmert (*of* um); unsorgfältig, nachlässig; unachtsam; unbedacht, unbesonnen, leichtsinnig, unvorsichtig; ˈ**care·less·ness** Sorglosigkeit *f*; Nachlässigkeit *f*.
ca·ress [kəˈres] **1.** Liebkosung *f*; **2.** liebkosen; *fig.* schmeicheln.
care·tak·er [ˈkɛəteikə] Wärter(in); (Haus)Verwalter(in); *~ government* geschäftsführende Regierung *f*.
care-worn [ˈkɛəwɔːn] abgehärmt.
car·fare *Am.* [ˈkɑːfɛə] Fahrgeld *n*.
car-ferry [ˈkɑːferi] Autofährschiff *n*; *a. car-air-ferry* Autoluftfähre *f*.
car·go ⚓ [ˈkɑːgəu] Ladung *f*, Fracht *f*; *mixed od. general ~* Stückgut *n*; *shifting ~* lose Ladung *f*.
car·i·bou *zo.* [ˈkæribuː] Karibu *m*.
car·i·ca·ture [kærikəˈtjuə] **1.** Karikatur *f*; **2.** karikieren; **car·i·caˈtur·ist** Karikaturist *m*.
car·i·es ⚕ [ˈkɛəriiːz] Karies *f*; Knochenfraß *m*; Zahnfäule *f*.
car·il·lon [kæˈriljən] Glockenspiel *n*.
car·i·ous [ˈkɛəriəs] kariös, angefault.
car·load [ˈkɑːləud] Wagenladung *f*; F Menge *f*.
car·man [ˈkɑːmən] Fuhrmann *m*.
car·mine [ˈkɑːmain] Karmin(rot) *n*.
car·nage [ˈkɑːnidʒ] Blutbad *n*; ˈ**car·nal** □ fleischlich; sinnlich, geschlechtlich; **car·nal·i·ty** [~ˈnæliti] Fleischeslust *f*; Sinnlichkeit *f*;
car·na·tion [~ˈneiʃən] **1.** Fleischton *m*, Blaßrot *n*; ⚘ Nelke *f*; **2.** blaßrot.
car·ni·val [ˈkɑːnivəl] Karneval *m*, Fasching *m*.
car·ni·vore [ˈkɑːnivɔː] Fleischfresser *m*; **car·niv·o·rous** [~ˈnivərəs] fleischfressend.
car·ol [ˈkærəl] **1.** Weihnachtslied *n*; **2.** Weihnachtslieder singen.
ca·rot·id *anat.* [kəˈrɔtid] *a. ~ artery* Karotis *f* (*Halsschlagader*).
ca·rouse [kəˈrauz] **1.** *a.* **caˈrous·al** (Trink)Gelage *n*; **2.** zechen.
carp[1] [kɑːp] Karpfen *m*.

carp² [~] kritteln, nörgeln; ~ *at* kritteln an (*dat.*), bekritteln.
car·pen·ter ['kɑːpintə] **1.** Zimmermann *m*; **2.** zimmern; '**car·pen·try** Zimmerhandwerk *n*.
car·pet ['kɑːpit] **1.** Teppich *m* (*a. fig.*); *bring on the* ~ aufs Tapet bringen; ~ *dance* zwangloses Tänzchen *n*; **2.** mit e-m Teppich belegen; F zur Rede stellen; '**~-bag** Reisetasche *f*; '**~-bag·ger** politischer Abenteurer *m*; '**car·pet·ing** Teppichstoff *m*.
car·pet...: '**~-'knight** Salonlöwe *m*; '**~-sweep·er** Teppichkehrmaschine *f*.
car·riage ['kæridʒ] Beförderung *f*, Transport *m*; Fracht *f*; Wagen *m* (*a.* ⊕); Kutsche *f*; ⚔ Lafette *f*; Fuhr-, Frachtlohn *m*; (Körper-)Haltung *f*, Gang *m*; Benehmen *n*; Aus-, Durchführung *f*; ~ *free*, ~ *paid* frachtfrei; '**car·riage·a·ble** befahrbar (*Weg*).
car·riage...: '**~-drive** Anfahrt *f* (*vor e-m Hause*); '**~-way** Fahrbahn *f*; *dual* ~ doppelte Fahrbahn *f*.
car·ri·er ['kæriə] Fuhrmann *m*; Spediteur *m*; Träger *m* (*a.* ⚕ = *Keim*); Gepäckträger *m am Fahrrad*; '**~-pi·geon** Brieftaube *f*.
car·ri·on ['kæriən] **1.** Aas *n*; Unrat *m*; **2.** Aas...
car·rot ['kærət] Mohrrübe *f*, Möhre *f*, Karotte *f*; '**car·rot·y** F rot (-blond).
car·ry ['kæri] **1.** *v/t. wohin* bringen, führen, tragen, fahren, befördern; (bei sich) haben; *Ansicht* durchsetzen; *Gewinn*, *Preis* davontragen; *Zahlen* übertragen; *Ernte*, *Zinsen* tragen; ⚓ *Segel* führen; *Mauer etc.* weiterführen; *Benehmen* fortsetzen; *Antrag*, *Kandidaten* durchbringen; ⚔ *Festung etc.* erobern; *be carried* angenommen werden, durchgehen (*Antrag*); durchkommen (*Kandidat*); ~ *the day* den Sieg davontragen; ~ *away* wegtragen; fortreißen (*a. fig.*); ~ *everything before one* alles mit sich fortreißen; ~ *forward od. over* ✝ vor-, übertragen; ~ *on* fortsetzen, weiterführen; *Geschäft*, *Prozeß etc.* betreiben, führen; ~ *out*, ~ *through* durchführen; ~ *out* ⚖ *Strafe* vollstrecken; *v/i.* tragen; *weit etc.* tragen (*Gewehr*); ~ *on* F sich haben; weitermachen; ~*ing capacity* Tragfähigkeit *f*; **2.** Trag-, Schußweite *f*.
cart [kɑːt] **1.** Karren *m*; *bsd. in Zssgn*: Wagen *m*; ~ *grease* Wagenschmiere *f*; *put the* ~ *before the horse fig.* das Pferd beim Schwanz aufzäumen; *in the* ~ *sl.* in der Patsche; **2.** karren, fahren; '**cart·age** Fahren *n*; Fuhrlohn *m*; Rollgeld *n*.
car·tel [kɑː'tel] Kartell *n*, Zweckverband *m*; ⚔ (Abkommen *n* über den) Austausch *m* von Gefangenen.
cart·er ['kɑːtə] Fuhrmann *m*.
car·ti·lage ['kɑːtilidʒ] Knorpel *m*; **car·ti·lag·i·nous** [~'lædʒinəs] knorpelig.
cart-load ['kɑːtləud] Fuhre *f*.
car·tog·ra·pher [kɑː'tɔgrəfə] Kartograph *m*; **car'tog·ra·phy** Kartographie *f*.
car·ton ['kɑːtən] Karton *m*.
car·toon [kɑː'tuːn] **1.** *paint.* Karton *m*; ⊕ Musterzeichnung *f*; Karikatur *f*; Zeichentrickfilm *m*; **2.** karikieren; **car'toon·ist** Karikaturist *m*.
car·touche ▲ [kɑː'tuːʃ] Kartusche *f*.
car·tridge ['kɑːtridʒ] Patrone *f*; '**~-pa·per** Zeichenpapier *n*.
cart-wheel ['kɑːtwiːl] Wagenrad *n*; *Am.* Silberdollar *m*; *turn* ~*s* radschlagen.
cart·wright ['kɑːtrait] Stellmacher *m*.
carve [kɑːv] *Fleisch* vorschneiden, zerlegen; (*in*) *Holz* schnitzen; (*in*) *Stein* meißeln; sich *e-n Weg* bahnen; '**carv·er** (Bild)Schnitzer *m*; Vorschneider *m*; Vorlegemesser *n*; ~*s pl.* Vorlegebesteck *n*; '**carv·ing** **1.** Schnitzerei *f*; **2.** Schnitz...; Vorlege...
cas·cade [kæs'keid] Kaskade *f* (*kleiner Wasserfall*).
case¹ [keis] **1.** Behälter *m*; Kiste *f*; Futteral *n*, Etui *n*, Tasche *f*; Gehäuse *n*; Schachtel *f*; Scheide *f*; Kapsel *f*; Fach *n*; Necessaire *n*; *Patronen*-Hülse *f*; *typ.* Setzkasten *m*; **2.** (ein)stecken; ver-, umkleiden (*with* mit).
case² [~] Fall *m* (*a.* ⚕, ⚖); ⚕ *a.* Kranke *m*, *f*; *Am.* F komischer Kauz *m*; ⚖ *a.* Rechtsgrund *m*, Schriftsatz *m*; Hauptargument *n*; Sache *f*, Angelegenheit *f*; *a* ~ *for* gewichtige Gründe für; *make out one's* ~ seine Argumente vorbringen; *have a strong* ~ das Recht auf

seiner Seite haben; *as the ~ may be* je nachdem; *in ~* im Falle, falls, für den Fall, daß; *in any ~* jedenfalls.
case-hard·en ⊕ ['keisha:dn] hartgießen; *~ed fig.* hartgesotten.
case his·to·ry ['keishistəri] Vorgeschichte *f*; Krankengeschichte *f*.
ca·se·in ⚗ ['keisi:in] Käsestoff *m*.
case·mate ⚔ ['keismeit] Kasematte *f*.
case·ment ['keismənt] Fensterflügel *m*; *~ window* Flügelfenster *n*.
case-shot ⚔ ['keisʃɔt] Kartätsche *f*.
cash [kæʃ] **1.** Bargeld *n*, Kasse *f*; *~ down, for ~* gegen bar; *in ~* bar, netto Kasse; *be in (out of) ~* bei (nicht bei) Kasse sein; *~ and carry* Barzahlung *f* und Selbstabholung *f* (im Großhandel); *~ payment* Barzahlung *f*; *~ on delivery* Lieferung *f* gegen bar; (per) Nachnahme *f*; *~ price* Kassenpreis *m*; *~ register* Registrierkasse *f*; **2.** einkassieren, -lösen; **'~-book** Kassabuch *n*; **'~-cheque** Barscheck *m*; **cash·ier 1.** [kæ'ʃiə] Kassierer(in); **2.** [kə'ʃiə] ⚔ kassieren (*entlassen*); **cash·less** ['kæʃlis] bargeldlos.
cash·mere [kæʃ'miə] Kaschmir *m* (*feiner Wollstoff*).
cas·ing ['keisiŋ] Überzug *m*, Gehäuse *n*, Futteral *n*; △ Verkleidung *f*; *~ paper* Packpapier *n*.
ca·si·no [kə'si:nəu] Kasino *n*.
cask [ka:sk] Faß *n*.
cas·ket ['ka:skit] Kassette *f*, (Schmuck)Kästchen *n*; *Am.* Sarg *m*.
Cas·pi·an Sea ['kæspiən'si:] *das* Kaspische Meer, *der* Kaspisee.
casque [kæsk] Helm *m*.
cas·sa·tion [kæ'seiʃən] Kassation *f*.
cas·sa·va ⚘ [kə'sa:və] Maniokstrauch *m*.
cas·se·role ['kæsərəul] Kasserolle *f*, Tiegel *m*.
cas·si·a ⚘ ['kæsiə] Kassia *f*; *Art* Zimt *m*.
cas·sock ['kæsək] Soutane *f*, Priesterrock *m*.
cas·so·war·y *orn.* ['kæsəwɛəri] Kasuar *m*; *New Holland ~* Emu *m*.
cast [ka:st] **1.** Wurf *m*; Wurfweite *f*; ⊕ Guß(form *f*) *m*; Abguß *m*, -druck *m*; Schattierung *f*, Anflug *m*; Form *f*, Art *f*, Zuschnitt *m*; ⚓ Auswerfen *n von Senkblei, Netz etc.*; *thea.* (Rollen)Besetzung *f*; ✝ Aufrechnung *f*; **2.** (*irr.*) *v/t.* (ab-, aus-, hin-, um-, weg)werfen; *zo. Haut etc.* abwerfen; *Zähne etc.* verlieren; *Anker, fig. Blick, Licht, Schatten etc.* werfen; verwerfen, ausmustern; gestalten; *Metall* gießen; *a. ~ up* aus-, zs.-rechnen; *thea. Rolle* besetzen; *Rolle* übertragen (*to dat.*); *be ~ in costs* ⚖ zu den Kosten verurteilt werden; *be ~ in a lawsuit* ⚖ e-n Prozeß verlieren; *~ lots (for)* losen (um); *~ in one's lot with s.o.* j-s Los teilen; *~ one's skin* sich häuten; *~ s.th. in s.o.'s teeth* j-m et. vorwerfen; *~ away* wegwerfen; *be ~ away* ⚓ verschlagen werden; *~ down* niederwerfen; *die Augen* niederschlagen; *be ~ down* niedergeschlagen sein; *~ up* aufwerfen; erbrechen; *~ up (accounts)* ✝ zs.-rechnen; *v/i.* sich gießen lassen; ⊕ sich (ver)werfen; *~ about for* sinnen auf (*acc.*); sich *et.* überlegen; *~ off* ⚓ loswerfen.
cas·ta·net [kæstə'net] Kastagnette *f*.
cast·a·way ['ka:stəwei] **1.** verworfen; ⚓ schiffbrüchig; **2.** Verworfene *m, f*; Schiffbrüchige *m, f* (*a. fig.*), Gestrandete *m, f*.
caste [ka:st] Kaste *f* (*a. fig.*); *~ feeling* Kastengeist *m*.
cas·tel·lan ['kæstələn] Kastellan *m*; **cas·tel·lat·ed** ['kæsteleitid] mit Zinnen (versehen); burgenreich.
cas·ter ['ka:stə] = *castor*[2].
cas·ti·gate ['kæstigeit] züchtigen; *fig.* geißeln; **cas·ti'ga·tion** Züchtigung *f*; *fig.* Geißelung *f*.
cast·ing ['ka:stiŋ] **1.** Wurf...; entscheidend (*Stimme*); **2.** Werfen *n etc.*; *~s pl.* Gußwaren *f/pl.*
cast i·ron ['ka:st'aiən] Gußeisen *n*; **'cast-'i·ron** gußeisern.
cas·tle ['ka:sl] **1.** Burg *f*, Schloß *n*; *Schach*: Turm *m*; *~s in the air, ~s in Spain* Luftschlösser *n/pl.*; **2.** *Schach*: rochieren.
cast-off ['ka:st'ɔf] Verstoßene *m, f*; Abgelegte *n*.
cas·tor[1] *pharm.* ['ka:stə]: *~ oil* Rizinusöl *n*.
cas·tor[2] [~] Laufrolle *f unter Möbeln*; (Salz-, Zucker- *etc.*)Streuer *m*; *~ sugar* Streuzucker *m*.
cas·trate [kæs'treit] kastrieren; **cas'tra·tion** Kastrierung *f*; Verstümmelung *f*.
cast steel ['ka:st'sti:l] Gußstahl *m*; **'cast-'steel** aus Gußstahl.

cas·u·al □ ['kæʒjuəl] zufällig; gelegentlich; beiläufig; F lässig; ~ *labourer* Gelegenheitsarbeiter *m*; '**cas·u·al·ty** Unfall *m*; *casualties pl.* ⚔ Verluste *m/pl.*
cas·u·ist ['kæzjuist] Kasuist *m*; '**cas·u·ist·ry** Kasuistik *f.*
cat [kæt] **1.** Katze *f*; *Am. sl.* Jazzfanatiker *m*; *wait for the* ~ *to jump, see which way the* ~ *jumps* sehen, wie der Hase läuft; *not room to swing a* ~ kaum Platz zum Umdrehen; ~ *burglar* Fassadenkletterer *m*, Einsteigdieb *m*; **2.** P kotzen.
cat·a·clysm ['kætəklizəm] Sintflut *f*; Katastrophe *f.*
cat·a·comb ['kætəku:m] Katakombe *f.*
cat·a·logue, *Am. a.* **cat·a·log** ['kætəlɔg] **1.** Katalog *m*; Liste *f*; (*Am. univ.* Vorlesungs)Verzeichnis *n*; **2.** katalogisieren.
cat·a·pult ['kætəpʌlt] Schleuder *f*; ✈ Katapult *m, n.*
cat·a·ract ['kætərækt] Katarakt *m*, Wasserfall *m*; ⚕ grauer Star *m.*
ca·tarrh [kə'tɑ:] Katarrh *m*; F *bsd.* Schnupfen *m*; **ca·tarrh·al** [kə'tɑ:rəl] katarrhalisch; Schnupfen...
ca·tas·tro·phe [kə'tæstrəfi] Katastrophe *f*; **cat·a·stroph·ic** [kætə'strɔfik] (~*ally*) katastrophal.
ca·taw·ba *Am.* ⚘ [kə'tɔ:bə] Catawba-Rebe *f.*
cat·bird *zo.* ['kætbə:d] Spottdrossel *f.*
cat·call ['kætkɔ:l] **1.** *thea. etc.* (gellender) Pfiff *m*; **2.** auspfeifen.
catch [kætʃ] **1.** Fang *m*; Beute *f*, *fig.* Vorteil *m*; ♪ Rundgesang *m*; Kniff *m*; ⊕ Haken *m* (*a. fig. e-r Sache*), Griff *m*, Schnapper *m*, Klinke *f*; *s.* ~*word*; **2.** (*irr.*) *v/t.* fassen, *oft* F kriegen; fangen, ergreifen; abfassen, ertappen; *Blick etc.* auffangen, erhaschen; *Zug etc.* erreichen; bekommen, erhalten; sich *Krankheit* zuziehen, holen; angesteckt werden (von); *Feuer* fangen; *Atem* anhalten; *Schlag* versetzen, *mit e-m Schlag* treffen; *fig.* erfassen, verstehen; ~ *it* F es (*Prügel, Schelte*) kriegen; ~ *in the act* auf frischer Tat ertappen; ~ *me!* da kannst du lange warten!, das fällt mir nicht ein!; ~ (*a*) *cold* sich erkälten; ~ *s.o.'s eye* j-m ins Auge fallen; ~ *the Speaker's eye* (*im engl. Parlament*) das Wort erhalten; ~ *up* auffangen; F *j.* unterbrechen; einholen; *v/i.* sich verfangen, hängenbleiben; fassen, einschnappen (*Schloß etc.*); ~ *at* fassen *od.* greifen nach; ~ *on* F Anklang finden; *Am.* kapieren; ~ *up with j.* einholen; '~**·all** *Am.* Platz *m od.* Behälter *m* für alles mögliche (*a. fig. u. attr.*); '~**-as-'catch-'can** *Sport*: Freistilringen *n*; '**catch·er** Fänger(in); '**catch·ing** packend; ♪ eingängig; ⚕ ansteckend; '**catch-line** Schlagzeile *f*; '**catch·ment ba·sin** Einzugsgebiet *n e-s Stromes*; Staubecken *n*, -see *m.*
catch...: '~**·pen·ny** ✝ Lock..., Schleuder...; '~**-phrase** Schlagwort *n*; '~**·pole** Büttel *m*; '~**·word** Schlagwort *n*; *thea.*, *typ.* Stichwort *n*; '**catch·y** F *fig.* packend; verfänglich.
cat·e·chism ['kætikizəm] Katechismus *m*; **cat·e·chize** ['~kaiz] katechisieren; **cat·e·chu·men** [~'kju:men] Konfirmand *m.*
cat·e·gor·i·cal □ [kæti'gɔrikəl] kategorisch; **cat·e·go·ry** ['~gəri] Kategorie *f*, Klasse *f*, Gruppe *f.*
ca·ter ['keitə]: ~ *for* Lebensmittel liefern für; *fig.* sorgen für; befriedigen; '**ca·ter·er** (Lebensmittel)Lieferant *m*; Gastwirt *m*, Hotelier *m*; '**ca·ter·ing** Verpflegung *f.*
cat·er·waul ['kætəwɔ:l] miauen.
cat·fish ['kætfiʃ] Katzenfisch *m*, Wels *m.*
cat·gut ['kætgʌt] Darmsaite *f.*
ca·thar·sis [kə'θɑ:sis] seelische Läuterung *f*; ⚕ Abführen *n*; **ca'thar·tic** [~tik] reinigend, läuternd.
ca·the·dral [kə'θi:drəl] **1.** Dom *m*, Kathedrale *f*; **2.** Dom...
Cath·er·ine-wheel ['kæθərinwi:l] ⩓ Fensterrose *f*; *Feuerwerk*: Feuerrad *n.*
cath·ode ⚡ ['kæθəud] **1.** Kathode *f*; **2.** Kathoden...; ~ **ray** Kathodenstrahl *m.*
cath·o·lic ['kæθəlik] **1.** (~*ally*) katholisch; **2.** Katholik(in); **ca·thol·i·cism** [kə'θɔlisizəm] Katholizismus *m.*
cat·kin ⚘ ['kætkin] (Blüten)Kätzchen *n.*
cat·like ['kætlaik] katzenartig; '**cat·nip** ⚘ Katzenminze *f.*

cat-o'-nine-tails ['kætə'nainteilz] neunschwänzige Katze *f* (*Peitsche*).
cat's-paw *fig.* ['kætspɔ:] (willenloses) Werkzeug *n.*
cat·tish *fig.* ['kætiʃ] falsch, hinterlistig, boshaft.
cat·tle ['kætl] Vieh *n*; '**~-breed·ing** Viehzucht *f*; **~·man** ['~mən] Viehzüchter *m*; Viehknecht *m*; '**~-plague** Rinderpest *f*; '**~-rus·tler** *Am.* Viehdieb *m*; '**~-show** Viehschau *f*, -ausstellung *f*.
cat·ty ['kæti] = *cattish.*
Cau·ca·sian [kɔ:'keizjən] **1.** kaukasisch; **2.** Kaukasier(in).
cau·cus ['kɔ:kəs] Wahlvorbereitung *f*, -ausschuß *m*; *contp.* Klüngel (-wirtschaft *f*) *m*; *Am. pol.* Parteitagung *f*.
cau·dal ['kɔ:dl] Schwanz...; **cau·date** ['~deit] geschwänzt.
caught [kɔ:t] *pret. u. p.p von catch* [2.]
caul·dron ['kɔ:ldrən] Kessel *m.*
cau·li·flow·er ⚘ ['kɔliflauə] Blumenkohl *m.*
caulk ⚓ [kɔ:k] kalfatern (*abdichten*); '**caulk·er** Kalfaterer *m.*
caus·al □ ['kɔ:zəl] kausal, ursächlich; **cau·sal·i·ty** [~'zæliti] Kausalität *f*, Ursächlichkeit *f*; '**caus·a·tive** verursachend (*of acc.*); **cause 1.** Ursache *f*, Grund *m*; ⚖ Klage (-grund *m*) *f*; Prozeß *m*; Angelegenheit *f*, Sache *f*; *make common ~ with* gemeinsame Sache machen mit; **2.** verursachen, veranlassen; '**cause·less** □ grundlos.
cause·way ['kɔ:zwei], *a.* **cau·sey** ['~zei] Damm *m im Sumpfgelände.*
caus·tic ['kɔ:stik] **1.** Ätzmittel *n*; **2.** (*~ally*) ätzend; *fig.* scharf, beißend.
cau·ter·i·za·tion ⚕ [kɔ:tərai'zeiʃən] Ausbrennen *n*; '**cau·ter·ize** (aus-) brennen, beizen; '**cau·ter·y** Brenneisen *n.*
cau·tion ['kɔ:ʃən] **1.** Vorsicht *f*; Warnung *f*; *tadelnde* Verwarnung *f*; ⚖ Rechtsbelehrung *f*; F ulkige Nummer *f*; *~ money* Kaution *f*, Haftsumme *f*; **2.** warnen (*against* vor *dat.*); *tadelnd* verwarnen; ⚖ belehren; **cau·tion·ar·y** ['~ʃnəri] warnend.
cau·tious □ ['kɔ:ʃəs] behutsam, vorsichtig; '**cau·tious·ness** Behutsamkeit *f*, Vorsicht *f*.
cav·al·cade [kævəl'keid] Kavalkade *f*, Reiterzug *m*, -trupp *m.*
cav·a·lier [kævə'liə] **1.** Kavalier *m*; Reiter *m*; **2.** □ hochmütig.
cav·al·ry ⚔ ['kævəlri] Kavallerie *f*, Reiterei *f*.
cave [keiv] **1.** Höhle *f*; *attr.* Höhlen...; **2.** *~ in v/i.* einstürzen; klein beigeben; *v/t.* F einschlagen, -drücken.
ca·ve·at ⚖ ['keiviæt] Einspruch *m.*
cave-dweller ['keivdwelə], **cave-man** ['~mæn] Höhlenmensch *m.*
cav·en·dish ['kævəndiʃ] Plattentabak *m.*
cav·ern ['kævən] Höhle *f*; '**cav·ern·ous** voller Höhlen; *fig.* hohl.
cav·i·ar(e) ['kævia:] Kaviar *m*; *~ to the general* Kaviar fürs Volk.
cav·il ['kævil] **1.** Krittelei *f*; **2.** kritteln (*at, about* an *dat.*); '**cav·il·ler** Krittler(in).
cav·i·ty ['kæviti] Höhlung *f*, Höhle *f*; Loch *n.*
ca·vort *Am.* F [kə'vɔ:t] sich aufbäumen, umherspringen.
caw [kɔ:] **1.** krächzen; **2.** Krächzen *n.*
cay·enne [kei'en] *a. ~ pepper* ['keien] Cayennepfeffer *m.*
cay·man *zo.* ['keimən] Kaiman *m.*
cease [si:s] *v/i.* (*from*) aufhören (mit), ablassen (von); *v/t.* aufhören mit, (⚔ *Feuer*) einstellen; '**~-'fire** ⚔ Feuereinstellung *f*, Waffenruhe *f*; '**cease·less** □ unaufhörlich.
ce·dar ⚘ ['si:də] Zeder(nholz *n*) *f*.
cede [si:d] abtreten, überlassen.
ce·dil·la [si'dilə] Cedille *f*.
ceil [si:l] *Zimmer* mit e-r Decke versehen; *Decke* verschalen; '**ceil·ing** (Zimmer)Decke *f*; ✈ Gipfelhöhe *f*; *fig.* Höchstgrenze *f*; *~ lighting* Deckenbeleuchtung *f*; *~ price* Höchstpreis *m.*
cel·an·dine ⚘ ['selәndain] Schell-, Schöllkraut *n.*
cel·a·nese [selə'ni:z] Celanese *f* [(*Kunstseide*).]
cel·e·brate ['selibreit] feiern (*fig.* = *rühmen*); *eccl.* zelebrieren; '**cel·e·brat·ed** gefeiert, berühmt (*for* wegen); **cel·e'bra·tion** Feier *f*; *eccl.* Zelebrierung *f*; *in ~ of* zur Feier (*gen.*); '**cel·e·bra·tor** Lobpreiser *m.*
ce·leb·ri·ty [si'lebriti] Berühmtheit *f*.
ce·ler·i·ty [si'leriti] Geschwindigkeit *f*.
cel·er·y ⚘ ['seləri] Sellerie *m, f*.
ce·les·tial □ [si'lestjəl] himmlisch; Himmel(s)...

cel·i·ba·cy ['selibəsi] Zölibat *n*, *m*, Ehelosigkeit *f*; **cel·i·bate** ['~bit] **1.** unverheiratet; **2.** Junggeselle *m*.
cell [sel] *allg.* Zelle *f*; ⚡ Element *n*.
cel·lar ['selə] **1.** Keller *m*; **2.** einkellern; '**cel·lar·age** Keller(ei *f*) *m/pl.*; Kellermiete *f*; **cel·lar·et** [~'ret] Flaschenständer *m*.
...celled [seld] ...zellig.
cel·list ♪ ['tʃelist] Cellist(in); **cel·lo** ['~ləu] Cello *n*.
cel·lo·phane ['seləufein] Cellophan *n*.
cel·lu·lar ['seljulə] zellig; **cel·lule** ['~ju:l] kleine Zelle *f*; **cel·lu·loid** ['~julɔid] Zelluloid *n*; **cel·lu·lose** ['~julәus] Zellstoff *m*, Zellulose *f*.
Celt [kelt] Kelte *m*, Keltin *f*; '**Celt·ic** keltisch.
ce·ment [si'ment] **1.** Zement *m*; Kitt *m* (*a. fig.*); **2.** zementieren; (ver)kitten (*a. fig.*); **ce·men·ta·tion** [si:men'teiʃən] Zementieren *n*.
cem·e·ter·y ['semitri] Friedhof *m*.
cen·o·taph ['senəutɑ:f] Ehrengrabmal *n*.
cense [sens] beräuchern; '**cen·ser** Weihrauchfaß *n*.
cen·sor ['sensə] **1.** Zensor *m*; **2.** zensieren; **cen·so·ri·ous** □ [sen'sɔ:riəs] kritisch; kritt(e)lig, tadelsüchtig; **cen·sor·ship** ['~səʃip] *amtliche* Zensur *f*; Zensoramt *n*.
cen·sur·a·ble □ ['senʃərəbl] tadelnswert; '**cen·sure 1.** Tadel *m*; Verweis *m*; **2.** tadeln.
cen·sus ['sensəs] Volkszählung *f*; '**~-pa·per** Erhebungsbogen *m*.
cent [sent] Hundert *n*; *Am.* Cent *m*, $^1/_{100}$ Dollar *m*; *per* ~ Prozent *n*.
cen·taur ['sentɔ:] Kentaur *m*.
cen·tau·ry ⚘ ['sentɔ:ri] Flockenblume *f*.
cen·te·nar·i·an [senti'nεəriən] **1.** hundertjährig; **2.** Hundertjährige *m*, *f*; **cen·te·nar·y** [sen'ti:nəri] *s. centennial*.
cen·ten·ni·al [sen'tenjəl] hundertjährig(es Jubiläum *n*).
cen·tes·i·mal □ [sen'tesiməl] hundertteilig.
cen·ti... ['senti]: '**~·grade** hundertgradig; *degrees* ~ Grad Celsius; ~ *thermometer* Celsiusthermometer *n*; '**~·gramme** Zentigramm *n*; '**~·me·tre** Zentimeter *n*, *m*; **~·pede** *zo.* ['~pi:d] Hundertfüßer *m*.

cen·tral ['sentrəl] **1.** □ zentral (gelegen); Zentral...; Mittel...; bedeutendst, Haupt...; ~ *heating* Zentralheizung *f*; ♀ *Powers pl.* Mittelmächte *f/pl.*; ~ *office*, ⚡ ~ *station* Zentrale *f*; **2.** *teleph.* Amt *n*; **cen·tral·i·za·tion** [~lai'zeiʃən] Zentralisation *f*; '**cen·tral·ize** zentralisieren.
cen·tre, *Am.* **cen·ter** ['sentə] **1.** Zentrum *n* (*a.* ⚔, *pol.*), Mittelpunkt *m*, Mitte *f*; ~ *forward Fußball*: Mittelstürmer *m*; ~ *half* Mittelläufer *m*; ~ *of gravity* Schwerpunkt *m*; **2.** zentral; **3.** (sich) konzentrieren; zentralisieren; zentrieren; '**~-bit** ⊕ Zentrumsbohrer *m*; '**~-board** Schwert *n e-s Segelboots*.
cen·tric, **cen·tri·cal** □ ['sentrik(əl)] zentrisch, zentral; **cen·trif·u·gal** □ [sen'trifjugəl] zentrifugal; **cen·'trip·e·tal** □ [~pitl] zentripetal.
cen·tu·ple ['sentjupl] **1.** □ hundertfältig; **2.** verhundertfachen.
cen·tu·ri·on [sen'tjuəriən] *Rom*: Zenturio *m*.
cen·tu·ry ['sentʃuri] Jahrhundert *n*.
ce·ram·ic [si'ræmik] keramisch; **ce'ram·ics** *pl.* Keramik *f*, Töpferkunst *f*.
ce·re·al ['siəriəl] **1.** Getreide...; **2.** *mst* ~*s pl.* Getreide(pflanze *f*) *n*; *bsd. Am.* (Frühstücks)Nahrung *f aus Weizen, Mais etc.*
cer·e·bral *anat.* ['seribrəl] Gehirn...
cere·cloth ['siəklɔθ] Leichentuch *n*.
cer·e·mo·ni·al [seri'məunjəl] **1.** □ *a.* **cer·e'mo·ni·ous** □ zeremoniell; förmlich, formell, feierlich; **2.** Zeremoniell *n*; **cer·e·mo·ny** ['seriməni] Zeremonie *f*; Feierlichkeit *f*; Förmlichkeit(en *pl.*) *f*; *Master of Ceremonies* Zeremonienmeister *m*; Conférencier *m*; *stand on* ~ förmlich sein; *without* ~ ohne Umstände, ohne weiteres.
cert *sl.* [sə:t] todsichere Sache *f*.
cer·tain □ ['sə:tn] sicher, gewiß; zuverlässig; bestimmt (*festgesetzt*); gewisse(r, -s); *for* ~ bestimmt, mit Sicherheit; *make* ~ sich vergewissern; '**cer·tain·ly** sicherlich, selbstverständlich, bestimmt; '**cer·tain·ty** Sicherheit *f*, Gewißheit *f*; Zuverlässigkeit *f*.
cer·tes † ['sə:tiz] sicherlich, gewißlich.
cer·tif·i·cate 1. [sə'tifikit] Zeugnis *n*,

Schein *m*, Bescheinigung *f*; ~ *of birth* (*death*, *marriage*) Geburts- (Sterbe-, Heirats)urkunde *f*; ~ *of employment* Beschäftigungsnachweis *m*, Arbeitsbescheinigung *f*; *medical* ~ ärztliches Attest *n*; **2.** [sə'tifikeit] mit e-m Zeugnis versehen, bescheinigen; ~*d* staatlich anerkannt; **cer·ti·fi·ca·tion** [sə:tifi'keiʃən] Bescheinigung *f*; **cer·ti·fy** ['~fai] *et.* bescheinigen; bezeugen; amtlich für geisteskrank erklären; *this is to* ~ hiermit wird bescheinigt; *certified cheque als gedeckt* bestätigter Scheck *m*; *s. accountant*; **cer·ti·tude** ['~tju:d] Gewißheit *f*.

ce·ru·le·an [si'ru:ljən] azur-, tiefblau.

cer·vi·cal [sə:'vaikəl] Hals..., Nakken...

ces·sa·tion [se'seiʃən] Aufhören *n*, Einstellung *f*.

ces·sion ['seʃən] Abtretung *f*, Überlassung *f*.

cess·pit ['sespit], **cess·pool** ['sespu:l] Senkgrube *f*.

ce·ta·cean [si'teiʃjən] **1.** Walfisch *m*; **2.** *a.* **ce'ta·ceous** Wal...

chafe [tʃeif] *v/t.* reiben; wundreiben; aufbringen, erzürnen; *v/i.* sich scheuern (*against* an *dat.*); sich wundreiben; toben, wüten.

chaff [tʃɑ:f] **1.** Spreu *f*; Häcksel *n*; Plunder *m*; F Neckerei *f*; **2.** zu Häcksel schneiden; F necken; '**~-cut·ter** Häckselbank *f*.

chaf·fer ['tʃæfə] feilschen.

chaf·finch ['tʃæfintʃ] Buchfink *m*.

chaf·ing-dish ['tʃeifiŋdiʃ] Wärmeschüssel *f*, -pfanne *f*.

cha·grin ['ʃægrin] **1.** Ärger *m*; **2.** ärgern.

chain [tʃein] **1.** Kette *f*; Reihe *f*; *fig.* Fessel *f*; **2.** (an)ketten; *fig.* fesseln; ~ **re·ac·tion** Kettenreaktion *f*; '**~-smoker** Kettenraucher(in); '**~-store** Filialbetrieb *m*.

chair [tʃɛə] **1.** Stuhl *m*; *Am. a.* elektrischer Stuhl *m*; Sitz *m*; *a. professorial* ~ Lehrstuhl *m*; Vorsitz *m*; ~*!* zur Ordnung!; *be in the* ~, *take the* ~ den Vorsitz führen; **2.** zum (zur) Vorsitzenden machen; im Triumph umhertragen; '**~-lift** Sessellift *m*; **~·man** ['~mən] Vorsitzende *m*; Präsident *m*; '**~·man·ship** Vorsitz *m*; '**~·wom·an** Vorsitzende *f*, Präsidentin *f*.

chaise [ʃeiz] Chaise *f*, Halbkutsche *f*.

chal·ice ['tʃælis] (Abendmahls-) Kelch *m*.

chalk [tʃɔ:k] **1.** Kreide *f*; *red* ~ Rötel *m*; *by a long* ~ F bei weitem; **2.** mit Kreide (be)zeichnen; *mst* ~ *up* ankreiden; ~ *out* entwerfen; *fig. Weg* vorzeichnen; '**chalk·y** kreidig.

chal·lenge ['tʃælindʒ] **1.** Herausforderung *f*, Kampfansage *f*; Aufforderung *f*; ⚔ Anruf *m*; *bsd.* ⚖ Ablehnung *f*; ~ *prize Sport*: Wanderpreis *m*; **2.** (*a. fig. Aufmerksamkeit etc.*) herausfordern; anrufen; ablehnen (*bsd.* ⚖); anzweifeln; '**chal·leng·er** Herausforderer *m*.

cha·lyb·e·ate [kə'libiit] stahlhaltig.

cham·ber ['tʃeimbə] *parl.*, *zo.*, ⚘, ⊕ Kammer *f*; ~*s pl.* Junggesellenwohnung *f*; Geschäftsräume *m/pl.*; ♀ *of Commerce* Handelskammer *f*; **cham·ber·lain** ['~lin] Kämmerer *m*, Kammerdiener *m*; '**~·maid** Zimmermädchen *n*; '**~-mu·sic** Kammermusik *f*; '**~-pot** Nachtgeschirr *n*.

cham·bray *Am.* ['ʃæmbrei] bunter Baumwollstoff *m*.

cha·me·le·on *zo.* [kə'mi:ljən] Chamäleon *n*.

cham·fer ⚠ ['tʃæmfə] **1.** Auskehlung *f*; **2.** auskehlen.

cham·ois ['ʃæmwɑ:] **1.** *zo.* Gemse *f*; *a.* ~ *leather* Wildleder *n*; **2.** chamois(farben) (*gelblichbraun*).

champ[1] [tʃæmp] (geräuschvoll) kauen, mampfen; *fig.* ungeduldig werden *od.* sein.

champ[2] F [~] *s. champion 1.*

cham·pagne [ʃæm'pein] Champagner *m*, Sekt *m*.

cham·paign ['tʃæmpein] flaches Land *n*.

cham·pi·on ['tʃæmpjən] **1.** Vorkämpfer *m*, Verfechter *m*, Verteidiger *m*; *Sport*: Meister *m*, Sieger *m*; **2.** verteidigen; verfechten, kämpfen für; stützen; **3.** großartig; '**cham·pi·on·ship** Meisterschaft *f*.

chance [tʃɑ:ns] **1.** Zufall *m*; Schicksal *n*; Glück(sfall *m*) *n*; Chance *f*; Aussicht *f* (*of* auf *acc.*); (günstige) Gelegenheit *f*; Möglichkeit *f*; Wahrscheinlichkeit *f*; *by* ~ zufällig; *take a* ~, *take one's* ~ es darauf ankommen lassen; *take no* ~ nichts riskieren (wollen); **2.** Zufalls..., zufällig; gelegentlich; **3.** *v/i.* (zufällig) geschehen; sich ereignen; *I ~d to be there* ich war zufällig da; *~ upon* stoßen auf (*acc.*); *v/t.* F wagen, es ankommen lassen auf (*acc.*).

chan·cel ⚠ ['tʃɑːnsəl] hoher Chor *m*; '**chan·cel·ler·y** (Botschafts-, Konsulats)Kanzlei *f*; '**chan·cel·lor** Kanzler *m*; *s. exchequer*; '**chan·cel·lor·ship** Kanzleramt *n*.

chan·cer·y ['tʃɑːnsəri] Kanzleigericht *n*; *in ~ fig.* in der Klemme.

chanc·y F ['tʃɑːnsi] gewagt.

chan·de·lier [ʃændi'liə] Lüster *m*.

chan·dler ['tʃɑːndlə] Krämer *m*, Händler *m*; '**chan·dler·y** Kramladen *m*; Krämerwaren *f/pl.*

change [tʃeindʒ] **1.** Veränderung *f*, Wechsel *m*, Abwechslung *f*, Umstellung *f*; Tausch *m*; Wechselgeld *n*; Kleingeld *n*; ⁀ Börse *f*; *for a ~* zur Abwechslung; *give ~ for* herausgeben auf (*acc.*); **2.** *v/t.* (ver)ändern; um-, verwandeln; (aus)wechseln, (aus-, ver)tauschen (*for* gegen); *~ over Industrie etc.* umstellen; *I've ~d my mind* ich habe es mir anders überlegt; *v/i.* sich ändern, wechseln; sich umziehen; *~ into second gear mot.* in den 2. Gang schalten; *a. ~ trains* umsteigen; **change·a'bil·i·ty** Veränderlichkeit *f*; '**change·a·ble** □ veränderlich; wankelmütig; launisch; '**change-gear** ⊕ Wechselgetriebe *n*; '**change·less** □ unveränderlich; **change·ling** ['~liŋ] Wechselbalg *m*; '**change-'o·ver** Umstellung *f*; '**chang·ing** Wechsel *m*; Veränderung *f*; ⚔ Wachablösung *f*.

chan·nel ['tʃænl] **1.** Kanal *m*; Flußbett *n*; Rinne *f*; Furche *f*; Gosse *f*; *fig.* Weg *m*, Kanal *m*; *by the official ~s* auf dem Dienstwege; **2.** furchen; aushöhlen.

chant [tʃɑːnt] **1.** Kirchengesang *m*; *fig.* Singsang *m*; **2.** singen; **chan·ti·cleer** *poet.* [tʃænti'kliə] Hahn *m*; **chan·try** *eccl.* ['tʃɑːntri] Messe(-kapelle) *f*; **chan·ty** ['~ti] Matrosenlied *n*, Shanty *n*.

cha·os ['keiɔs] Chaos *n*, Durcheinander *n*; **cha'ot·ic** (*~ally*) chaotisch.

chap¹ [tʃæp] **1.** Riß *m*, Sprung *m*; **2.** rissig machen *od.* werden.

chap² [~] Kinnbacken *m* (*bsd. von Tieren*).

chap³ F [~] Bursche *m*, Kerl *m*, Junge *m*; '**~-book** Volksbuch *n*.

chap·el ['tʃæpəl] Kapelle *f*; Gottesdienst *m*; *typ.* Betrieb *m*, Betriebsversammlung *f*.

chap·er·on ['ʃæpərəun] **1.** Anstandsdame *f*; **2.** (als Anstandsdame) begleiten.

chap-fall·en ['tʃæpfɔːlən] entmutigt.

chap·lain ['tʃæplin] Kaplan *m*; '**chap·lain·cy** Kaplanstelle *f*.

chap·let ['tʃæplit] Kranz *m* (*aus Blumen etc.*); *eccl.* Rosenkranz *m*.

chap·man ['tʃæpmən] Hausierer *m*.

chap·py □ ['tʃæpi] rissig.

chap·ter ['tʃæptə] *Buch-*, *Dom-*, *Ordens-*Kapitel *n*; *Am.* Orts-, Untergruppe *f e-r Vereinigung*.

char¹ *ichth.* [tʃɑː] Saibling *m*, Rotforelle *f*.

char² [~] verkohlen.

char³ [~] **1.** reinemachen, putzen; **2.** = *charwoman*.

char-à-banc ['ʃærəbæŋ] Gesellschaftswagen *m*, Kremser *m*.

char·ac·ter ['kæriktə] Charakter *m*; Merkmal *n*; Schrift(zeichen *n*) *f*; (ausgeprägte) Sinnesart *f*; Art *f*, Beschaffenheit *f*; (ausgeprägte) Persönlichkeit *f*; Figur *f*, Gestalt *f*; F *a.* Original *n*; *thea.*, *Roman*: Person *f*; Rang *m*, Würde *f*; Leumund *m*, (*bsd.* guter) Ruf *m*; Zeugnis *n e-s Angestellten*; **char·ac·ter'is·tic** **1.** (*~ally*) charakteristisch, kennzeichnend, bezeichnend (*of* für); **2.** Kennzeichen *n*, Merkmal *n*, Wesenszug *m*; **char·ac·ter·i·za·tion** [~rai'zeiʃən] Charakteristik *f*; '**char·ac·ter·ize** charakterisieren; kennzeichnen; schildern.

cha·rade [ʃə'rɑːd] Scharade *f*, Silbenrätsel *n*.

char·coal ['tʃɑːkəul] Holzkohle *f*; '**~-burn·er** Köhler *m*.

chard ⚘ ['tʃɑːd] Mangold *m*.

chare [tʃɛə] **1.** Hausarbeiten übernehmen, reinemachen (*in od.* bei); **2.** *mst ~s pl.* (tägliche) Hausarbeit *f*, -reinigung *f*.

charge [tʃɑːdʒ] **1.** Ladung *f e-r Feuerwaffe*; *fig.* Last *f*, Belastung *f* (*on* für); Verwahrung *f*, Obhut *f*, Pflege *f*; Pflegebefohlene *m*, *f*, Schützling *m*; Mündel *m*, *f*, *n*;

anvertrautes Gut *n*; Amt *n*, Stelle *f*; Auftrag *m*, Befehl *m*; ⚔ Angriff *m*; Ermahnung *f*; ⚖, *eccl.* Belehrung *f*; Beschuldigung *f*, Anklage *f*; ⚒ Beschickung *f*; in Rechnung gestellter Betrag *m*, Preis *m*; Gebühr *f*; Forderung *f*; ~s *pl.* Kosten *pl.*, Spesen *pl.*; *be in* ~ *of* mit *et.* beauftragt sein; für *et.* sorgen; für *et.* verantwortlich sein; *et.* leiten; *be in the* ~ *of s.o.* in j-s Obhut sein; *take* ~ *of* die Verantwortung übernehmen für; sich kümmern um (*acc.*); *free of* ~ kostenlos; **2.** *v/t. Gewehr etc.* laden; beladen, belasten; beauftragen (*with* mit); *j-m et.* einschärfen, (an)befehlen, auferlegen; ermahnen; beschuldigen, anklagen (*with gen.*); zuschreiben, zur Last legen (*on, upon dat.*); *bsd.* fordern, verlangen (*s.o. a price* e-n Preis von j-m); *Preis, Ware* an-, berechnen, in Rechnung stellen (*to dat.*); ⚒ beschicken; *mit der blanken Waffe* angreifen (*a. v/i.*); behaupten; ~ *s.o. with the duty of ger.* es j-m zur Pflicht machen zu *inf.*; ˈ**charge·a·ble** □ zu belasten(d) (*with* mit); zur Last fallend, anzurechnen(d) (*to dat.*); zur Last zu legen(d) (*on dat.*); zahlbar; strafbar.

char·gé d'af·faires *pol.* [ˈʃɑːʒeidæˈfɛə] Geschäftsträger *m*.

charg·er [ˈtʃɑːdʒə] *poet.* Schlachtroß *n*; ⚔ Dienstpferd *n*.

char·i·ot *poet. od. hist.* [ˈtʃæriət] Streit-, Triumphwagen *m*; **char·i·ot·eer** [~ˈtiə] Wagenlenker *m*.

char·i·ta·ble □ [ˈtʃæritəbl] wohltätig, mild(tätig); mild (*nachsichtig*); ~ *society* Wohltätigkeitsverein *m*; ˈ**char·i·ta·ble·ness** Mildtätigkeit *f*; Milde *f*.

char·i·ty [ˈtʃæriti] Nächstenliebe *f*; Wohltätigkeit *f*; Güte *f*; Milde *f*, Nachsicht *f*; milde Gabe *f*; Wohlfahrtseinrichtung *f*; *sister of* ~ Barmherzige Schwester *f*; ~ *begins at home* die Nächstenliebe beginnt zu Hause; ˈ**~-ˈchild** Armenkind *n*; ˈ**~-ˈschool** Armenschule *f*.

cha·ri·va·ri [ˈʃɑːriˈvɑːri] Stimmengewirr *n*; Durcheinander *n*.

char·la·tan [ˈʃɑːlətən] Scharlatan *m*, Marktschreier *m*; ˈ**char·la·tan·ry** Scharlatanerie *f*, Marktschreierei *f*.

char·lock ⚘ [ˈtʃɑːlɔk] Ackersenf *m*, Hederich *m*.

char·lotte [ˈʃɑːlət] *Küche*: Apfelpudding *m*.

charm [tʃɑːm] **1.** Zauber *m*; *fig.* Reiz *m*; **2.** bezaubern; *fig.* entzücken; ~ *away etc.* weg- *etc.* zaubern; ~*ed a.* gefeit (*Leben*); ˈ**charm·er** *fig.* Zauberin *f*, Schöne *f*; ˈ**charm·ing** □ bezaubernd, reizend, entzückend.

char·nel-house [ˈtʃɑːnlhaus] Bein-, Leichenhaus *n*.

chart [tʃɑːt] **1.** ⚓ Seekarte *f*; Tabelle *f*; **2.** auf einer Karte einzeichnen, vermessen.

char·ter [ˈtʃɑːtə] **1.** Urkunde *f*; Freibrief *m* (*a. fig.* = *Vorrecht*); Patent *n*; ⚓ Schiffsmiete *f*, Frachtvertrag *m*; *mst* ~*-party* Chartepartie *f*; **2.** privilegieren, *j-m* e-n Freibrief ausstellen; chartern, mieten; *s. accountant*.

char·wom·an [ˈtʃɑːwumən] Putz-, Reinemachefrau *f*.

char·y □ [ˈtʃɛəri] (*of*) vorsichtig (in *dat.*); sparsam *od.* zurückhaltend (mit).

chase[1] [tʃeis] **1.** Jagd *f*; Verfolgung *f*; Jagdrevier *n*; gejagtes Wild *n* (*a. fig.*) *od.* Schiff *n*; *beasts of* ~ jagdbares Wild *n*; *give* ~ *to* nachjagen (*dat.*); **2.** jagen, hetzen (*a. fig.*); Jagd machen auf (*acc.*); *j-m* nachjagen; vertreiben, verfolgen.

chase[2] [~] ziselieren.

chase[3] *typ.* [~] Setzrahmen *m*.

chas·er[1] [ˈtʃeisə] Jäger(in); Verfolger(in); ✈ Jagdflugzeug *n*; ⚓ Jagdgeschütz *n*.

chas·er[2] [~] Ziseleur *m*.

chasm [ˈkæzəm] Kluft *f*, Abgrund *m* (*a. fig.*), Spalt *m*; Lücke *f*.

chas·sis *mot.* [ˈʃæsi], *pl.* **chas·sis** [ˈʃæsiz] Fahrgestell *n*.

chaste □ [tʃeist] keusch, rein, unschuldig; schlicht (*Stil*).

chas·ten [ˈtʃeisn] züchtigen; reinigen, läutern; mäßigen.

chas·tise [tʃæsˈtaiz] züchtigen; **chas·tise·ment** [ˈ~tizmənt] Züchtigung *f*.

chas·ti·ty [ˈtʃæstiti] Keuschheit *f*; *fig.* Reinheit *f*.

chas·u·ble *eccl.* [ˈtʃæzjubl] Meßgewand *n*.

chat [tʃæt] **1.** Geplauder *n*, Plauderei *f*; **2.** plaudern.

châ·teau ['ʃætəu] Schloß *n*, Landhaus *n in Frankreich*.
chat·tels ['tʃætlz] *pl. mst goods and* ~ Hab *n* und Gut *n*; Vermögen *n*.
chat·ter ['tʃætə] **1.** plappern, schwatzen; schnattern; klappern; **2.** Geplapper *n etc.*; '~**·box** F Plaudertasche *f*; '**chat·ter·er** Schwätzer (-in).
chat·ty ['tʃæti] gesprächig.
chauf·feur ['ʃəufə] Chauffeur *m*, Fahrer *m*; **chauf·feuse** [~'fə:z] Chauffeurin *f*.
chau·vin·ism ['ʃəuvinizəm] Chauvinismus *m*; '**chau·vin·ist** Chauvinist(in); **chau·vin'is·tic** (~*ally*) chauvinistisch.
chaw *sl.* [tʃɔ:] kauen; ~ *up Am. sl. mst fig.* fix und fertig machen (*vernichten*); '~-'**ba·con** Bauerntölpel *m*.
cheap □ [tʃi:p] billig; *fig. a.* gemein; *feel* ~ F sich elend fühlen; sich schäbig vorkommen; *hold* ~ niedrig einschätzen; *on the* ~ F billig; *make o.s.* ~ seinen guten Ruf ruinieren; ♀ *Jack* Hausierer *m*; '**cheap·en** (sich) verbilligen; *fig.* herabsetzen; '**cheap·skate** *Am. sl.* Knicker *m*.
cheat ['tʃi:t] **1.** Betrug *m*, Schwindel *m*; Betrüger(in); **2.** betrügen, prellen ([*out*] *of s.th.* um et.); '**cheat·ing** Betrügerei *f*.
check [tʃek] **1.** Schach(stellung *f*) *n*; Hemmnis *n*, Hindernis *n* (*on* für); ⚔ Schlappe *f*; Zwang *m*, Aufsicht *f*; Kontrolle *f*, Untersuchung *f* (*on gen.*); Kontroll-, Garderobe-, Spielmarke *f*; *Am. Gepäck*-Schein *m*; *Am.* ✝ = *cheque*; *Am.* Rechnung *f im Restaurant*; karierter Stoff *m*; ~ *pattern* Karomuster *n*; *pass od. hand in one's* ~*s Am.* F sterben, abkratzen; *keep s.o. in* ~ j. in Schach halten; **2.** Schach bieten (*dat.*); *Am.* Scheck ausschreiben, einlösen; hemmen, aufhalten, *fig.* zügeln; kontrollieren; nach-, überprüfen; in der Garderobe abgeben; *bsd. Am.* stimmen *nach Kontrolle*; ~ *in Am.* in e-m Hotel absteigen; ~ *one's baggage Am.* sein Gepäck aufgeben; ~ *up* genau prüfen, nachprüfen, -rechnen, -schlagen; ~ *out* Hotel nach Bezahlung der Rechnung verlassen; **checked** kariert; '**check·er** Aufsichtsbeamte *m*; ~*s pl. Am.* Damespiel *n*; = *chequer*; '**check·ered** kariert; '**check·ing** Hemmung *f*; Kontrolle *f*; *attr.* Kontroll...; '**check-mate** **1.** Schachmatt *n*; **2.** matt setzen (*mst fig.*); '**check-point** Kontrollpunkt *m*; '**check·room** *Am.* Garderobe *f*; Gepäckaufbewahrung *f*; '**check-up** *Am.* scharfe Kontrolle *f*.
Ched·dar ['tʃedə] Cheddarkäse *m*.
cheek [tʃi:k] **1.** Backe *f*, Wange *f*; F Unverschämtheit *f*; ⊕ Backe *f*, Seitenteil *n*; *s. jowl*; **2.** F unverschämt werden gegen; '**cheek-bone** Backenknochen *m*; '**cheek·ed** ...wangig; '**cheek·y** F frech, dreist.
cheep [tʃi:p] piepen.
cheer [tʃiə] **1.** (*engS.* frohe) Stimmung *f*, Fröhlichkeit *f*; Hoch(ruf *m*) *n*; Beifall(sruf) *m*, Hurra *n*; Speisen *f/pl.*, Mahl *n*; *be of good* ~ guter Dinge sein; *three* ~*s!* dreimal hoch!; **2.** *v/t. a.* ~ *up* aufheitern, trösten; mit Beifall begrüßen, *j-m* zujubeln; *a.* ~ *on* anspornen, ermutigen; *v/i.* hoch rufen; jauchzen, jubeln; *a.* ~ *up* Mut fassen; '**cheer·ful** □ heiter, fröhlich; '**cheer·ful·ness**, '**cheer·i·ness** Heiterkeit *f*; '**cheer·ing** Beifallsrufen *n*; **cheer·i·o** ['~ri'əu] F mach's gut!, Tschüs!; prosit!; '**cheer·less** □ freudlos; '**cheer·y** □ heiter, froh.
cheese [tʃi:z] Käse *m*; *sl. das* einzig Wahre; '~**-cake** Käsekuchen *m*; *sl.* Pin-up-Girl *n*; '~**-cloth** Seihtuch *n*; '~**·mon·ger** Käsehändler *m*; '~**-par·ing** **1.** Käserinde *f*; *fig.* Knickerei *f*; **2.** knickerig.
chees·y ['tʃi:zi] käsig.
chee·tah *zo.* ['tʃi:tə] Jagdleopard *m*.
chef [ʃef] Küchenchef *m*.
chei·ro·man·cy ['kaiərəumænsi] Chiromantie *f* (*Handlesekunst*).
chem·i·cal ['kemikəl] **1.** □ chemisch; **2.** '**chem·i·cals** *pl.* Chemikalien *pl.*
che·mise [ʃə'mi:z] *Frauen*-Hemd *n*.
chem·ist ['kemist] Chemiker(in); Apotheker(in); Drogist(in); ~'*s shop* Apotheke *f*; Drogerie *f*; '**chem·is·try** Chemie *f*.
chem·i·ty·py ⊕ ['kemitaipi] Chemigraphie *f*.
chem·o·ther·a·py ⚕ [keməu'θerəpi] Chemotherapie *f*.
cheque ✝ [tʃek] Scheck *m*; *not nego-*

tiable ~, *crossed* ~ Verrechnungsscheck *m*; '~**-book** Scheckbuch *n*.
chequer ['tʃekə] **1.** *mst* ~*s pl.* Karomuster *n*; **2.** karieren; '**chequered** kariert; *fig.* bunt.
cher·ish ['tʃeriʃ] hegen, pflegen; schätzen; festhalten an (*dat.*).
che·root [ʃə'ru:t] Stumpen *m* (*Zigarre*).
cher·ry ['tʃeri] **1.** Kirsche *f*; **2.** Kirsch...; kirschrot.
cher·ub ['tʃerəb] Cherub *m*; **che·ru·bic** [~'ru:bik] engelhaft.
cher·vil ⚘ ['tʃə:vil] Kerbel *m*.
chess [tʃes] Schach(spiel) *n*; '~**-board** Schachbrett *n*; '~**·man** Schachfigur *f*.
chest [tʃest] Kiste *f*, Kasten *m*; Truhe *f*; *anat.* Brustkasten *m*; ~ *of drawers* Kommode *f*; ~ *note* Brustton *m*; *get s.th. off one's* ~ sich et. von der Seele schaffen; '**chest·ed** ...brüstig.
ches·ter·field ['tʃestəfi:ld] einreihiger Mantel *m*; Polstersofa *n*.
chest·nut ['tʃesnʌt] **1.** Kastanie *f*; Kastanienbraun *n*; F alter Witz *m*; **2.** kastanienbraun.
che·val-glass [ʃə'vælglɑ:s] Ankleidespiegel *m*.
chev·a·lier [ʃevə'liə] Ritter *m*.
chev·i·ot ['tʃeviət] Cheviot *m* (*Tuchart*).
chev·ron ⚔ ['ʃevrən] Armwinkel *m*.
chev·y F ['tʃevi] **1.** Hetzjagd *f*; Barlaufspiel *n*; **2.** hetzen, jagen.
chew [tʃu:] kauen; sinnen (*on, upon, over* über *acc.*); ~ *the fat od. rag sl.* die Sache durchkauen; '**chew·ing-gum** Kaugummi *m*.
chi·cane [ʃi'kein] **1.** Schikane *f*; **2.** schikanieren; **chi'can·er·y** Schikane *f*; *fig.* Haarspalterei *f*.
chick [tʃik] *s. chicken*.
chick·a·dee *Am. orn.* ['tʃikədi:] Meise *f*.
chick·a·ree *Am. zo.* ['tʃikəri:] rotes Eichhörnchen *n*.
chick·en ['tʃikin] Hühnchen *n*, Küchlein *n*, Küken *n*; '~**-farm·er** Geflügelzüchter *m*; '~**-feed** *Am.* Geflügelfutter *n*; *sl.* Pappenstiel *m*; '~**-heart·ed** furchtsam, feige; '~**-pox** ⚕ Windpocken *f/pl.*; '**chick-pea** ⚘ Kichererbse *f*; '**chick·weed** ⚘ Vogelmiere *f*.
chic·o·ry ['tʃikəri] Zichorie *f*.
chid [tʃid] *pret. u. p.p.*, '**chid·den** *p.p. von chide*.
chide *lit.* [tʃaid] (*irr.*) schelten.
chief [tʃi:f] **1.** □ oberst; Ober..., Haupt...; hauptsächlich; ~ *clerk* Bürovorsteher *m*; **2.** Oberhaupt *n*, Haupt *n*, Chef *m*; Häuptling *m*; ...*-in-*~ Ober...; **chief·tain** ['~tən] Häuptling *m*; Anführer *m*.
chif·fon ['ʃifɔn] Chiffon *m* (*Seidenstoff*); **chif·fo·nier** [ʃifə'niə] Chiffonière *f* (*Schrank*).
chil·blain ['tʃilblein] Frostbeule *f*.
child [tʃaild], *pl.* **chil·dren** ['tʃildrən] Kind *n*; *be a good* ~ artig sein; *from a* ~ von Kindheit an; *with* ~ schwanger; ~*'s play fig.* Kinderspiel *n*; '~**·bed** Kindbett *n*; '~**·birth** Niederkunft *f*; '**child·hood** Kindheit *f*; *second* ~ Greisenalter *n*; '**child·ish** □ kindlich; *b.s.* kindisch; '**child·ish·ness** Kindlichkeit *f*; *b.s.* kindisches Wesen *n*; '**child·less** kinderlos; '**child·like** *fig.* kindlich; **chil·dren** ['tʃildrən] *pl. von child*; **child wel·fare** Jugendfürsorge *f*.
chil·i *Am.* ⚘ ['tʃili] Paprika(schote *f*) *m*.
Chil·i·an ['tʃiliən] **1.** Chilene *m*, Chilenin *f*; **2.** chilenisch.
chill [tʃil] **1.** *lit.* eisig, frostig; **2.** Frost *m*, Kälte *f* (*a. fig.*); ⚕ Fieberfrost *m*; Erkältung *f*; *take the* ~ *off a liquid* e-e Flüssigkeit anwärmen; **3.** *v/t.* erkalten lassen; erstarren lassen; (*bsd. fig.* ab)kühlen; *metall.* abschrecken; ~*ed meat* Kühlfleisch *n*; *v/i.* erkalten; erstarren; '**chill·ness**, '**chill·i·ness** Kälte *f*; '**chill·y** kalt, frostig, kühl; fröstelnd.
chime [tʃaim] **1.** Glockenspiel *n*; Geläut *n*; *fig.* Einklang *m*; **2.** läuten; *fig.* übereinstimmen, harmonieren; ~ *in* einfallen, -stimmen.
chi·me·ra [kai'miərə] Schimäre *f*, Hirngespinst *n*; **chi·mer·i·cal** □ [~'merikəl] schimärisch, phantastisch.
chim·ney ['tʃimni] Schornstein *m*; Kamin *m* (*a. mount.*); Rauchfang *m*; (Lampen)Zylinder *m*; '~**-piece** Kaminsims *m*; '~**-pot** Schornsteinkappe *f*; F *fig.* Angströhre *f*, Zylinder(hut) *m*; '~**-stalk** Schornsteinkasten *m auf dem Dach*; Fabrikschornstein *m*; '~**-sweep(·er)** Schornsteinfeger *m*.

chim·pan·zee *zo.* [tʃimpən'ziː] Schimpanse *m.*
chin[1] [tʃin] **1.** Kinn *n*; *take it on the ~ Am.* F es standhaft ertragen; *keep one's ~ up* F den Nacken steifhalten; **2.** *Am.* e-n Klimmzug machen.
chin[2] *sl.* [~] schwatzen, quasseln.
chi·na ['tʃainə] Porzellan *n*; '**⁀·man** Chinese *m.*
chine [tʃain] Rückgrat *n*; *Küche*: Kammstück *n*; Grat *m*, Kamm *m.*
Chi·nese ['tʃai'niːz] **1.** chinesisch; **2.** Chinese(n *pl.*) *m*, Chinesin *f*; Chinesisch *n.*
chink[1] [tʃiŋk] Ritz *m*, Ritze *f*, Spalt *m*, Spalte *f.*
chink[2] [~] **1.** (*bsd. Geld-*)Klang *m*; **2.** klimpern (*mit Geld*).
chintz [tʃints] Chintz *m*, Möbelkattun *m.*
chip [tʃip] **1.** Schnitzel *n*, Stückchen *n*; Splitter *m*; Span *m*; angeschlagene Stelle *f in Glas etc.*; Spielmarke *f*; *have a ~ on one's shoulder* aggressiv sein; *~s pl.* Pommes frites *pl.*; **2.** *v/t.* (ab)schnitzeln; an-, abschlagen; abschilfern (*a. v/i.*); *v/i.* abbröckeln; *~ in* F unterbrechen; sich einmischen; *Am.* F aushelfen; **chip·muck** ['~mʌk], **chip·munk** ['~mʌŋk] nordamerikanisches gestreiftes Eichhörnchen *n*; '**chip·py** dürr; F verkatert.
chi·rop·o·dist [ki'rɔpədist] Fußpfleger(in); **chi'rop·o·dy** Fußpflege *f*; **chi·ro·prac·tor** ⚕ [kairəu'præktə] Chiropraktiker *m.*
chirp [tʃəːp] **1.** zirpen; zwitschern; **2.** Gezirp *n*; '**chirp·y** F munter.
chirr [tʃəː] zirpen.
chir·rup ['tʃirəp] **1.** Zwitschern *n*; **2.** zwitschern.
chis·el ['tʃizl] **1.** Meißel *m*; **2.** meißeln; F (be)mogeln; '**chis·el·er** Nassauer *m.*
chit [tʃit] Kindchen *n*; *a ~ of a girl* ein junges Ding *n.*
chit-chat ['tʃittʃæt] Geplauder *n.*
chiv·al·rous □ ['ʃivəlrəs] ritterlich; '**chiv·al·ry** Ritterschaft *f*, Rittertum *n*; Ritterlichkeit *f.*
chive ⚘ [tʃaiv] Schnittlauch *m.*
chiv·y F ['tʃivi] = *chevy.*
chlo·ral ⚗ ['klɔːrəl] Chloral *n*; **chlo·ride** ['~aid] Chlorverbindung *f*; *~ of lime* Chlorkalk *m*; **chlo·rin·ate** ['~ineit] *Wasser* chloren; **chlo·rine** ['~iːn] Chlor *n*; **chlo·ro·form** ['klɔrəfɔːm] **1.** Chloroform *n*; **2.** chloroformieren; **chlor·o·phyl(l)** ['~əfil] Chlorophyll *n*, Blattgrün *n.*
choc-ice ['tʃɔkais] Eis *n* mit Schokoladeüberzug.
chock ⊕ [tʃɔk] **1.** Keil *m*; **2.** festkeilen; '**~-a-'block** verklemmt (*with* mit); '**~-'full** übervoll.
choc·o·late ['tʃɔkəlit] Schokolade *f*; *~ cream* Praliné *n.*
choice [tʃɔis] **1.** Wahl *f*; Auswahl *f*; *have one's ~* die Wahl haben; *make od. take one's ~* s-e Wahl treffen; *multiple ~* Auswahlantwort(form) *f*; **2.** □ auserlesen, vorzüglich; ausgesucht; *~ fruit* Edelobst *n.*
choir ['kwaiə] (Kirchen-, Sänger-) Chor *m.*
choke [tʃəuk] **1.** *v/t.* (er)würgen, (*a. v/i.*) ersticken (*a. fig.*); ⊕ würgen (*verengen*); ⚡ (ab)drosseln; *mst ~ up* (ver)stopfen; *mst ~ down* hinunterwürgen; *~ off* F abschütteln; abbringen (*from* von); **2.** Erstickungsanfall *m*; ⊕ Würgung *f*; *mot.* Choke *m*, Starterklappe *f*; *~ coil* ⚡ Drosselspule *f*; '**~-bore** ⊕ (Flinte *f* mit) Würgebohrung *f*; '**~-damp** ⚒ Schwaden *m*; '**chok·er** *co.* steifer Kragen *m*; Krawattenschal *m*; enge Halskette *f*; '**chok·y** erstickend.
chol·er·a ⚕ ['kɔlərə] Cholera *f*, '**chol·er·ic** cholerisch, jähzornig.
choose [tʃuːz] (*irr.*) (aus)wählen; *~ to inf.* vorziehen zu *inf.*, lieber wollen; '**choos·y** wählerisch.
chop[1] [tʃɔp] **1.** Hieb *m* (*at* nach); Kotelett *n*; *~s pl.* Maul *n*, Rachen *m* (*a. fig.*); ⊕ Backen *f/pl.*; *~s and changes pl.* Wechselfälle *m/pl.*; **2.** *v/t.* hauen, hacken; *oft ~ up* zerhacken; austauschen; *v/i.* wechseln; *~ about* umschlagen (*Wind u. fig.*); *~ and change* schwanken.
chop[2] ✝ [~] Marke *f*; *first ~* erste Sorte *f*; *attr.* erster Güte.
chop-chop *sl.* ['tʃɔp'tʃɔp] schnell.
chop-house ['tʃɔphaus] Speisehaus *n*; '**chop·per** Hackmesser *n*; '**chop·ping** Hack...; '**chop·py** unstet; unruhig (*See*); böig (*Wind*); = *chappy*; '**chop·stick** Eßstäbchen *n der Chinesen*; **chop-su·ey** [~'suːi] Chop Suey *n* (*chinesisches Gericht*).
cho·ral □ ['kɔːrəl] chormäßig; Chor...; **cho·ral(e)** ♪ [kɔ'rɑːl] Choral *m.*
chord [kɔːd] ♪, *poet. od. fig.* Saite *f*;

♪ Sehne *f*; ♩ Akkord *m*; *anat.* Strang *m*, Band *n*.

chore *bsd. Am.* [tʃɔː] = *chare* 2.

chor·ine [ˈkɔːriːn] *s. chorus-girl.*

chor·is·ter [ˈkɔristə] Chorist *m*, Sängerknabe *m*; *Am. a.* Leiter *m* des Kirchenchores.

cho·rus [ˈkɔːrəs] **1.** Chor *m*; Kehrreim *m*; **2.** im Chor singen *od.* sprechen; ˈ**~-girl** Revuegirl *n*.

chose [tʃouz] *pret.*, ˈ**cho·sen** *p.p. von choose.*

chough *orn.* [tʃʌf] Dohle *f*.

chouse F [tʃaus] **1.** Prellerei *f*; **2.** prellen.

chow *Am. sl.* [tʃau] Essen *n*.

chow·der *Am.* [ˈtʃaudə] *Mischgericht aus Fischen, Muscheln etc.*

chrism [ˈkrizəm] Salböl *n*; Ölung *f*.

Christ [kraist] Christus *m*.

chris·ten [ˈkrisn] taufen; **Chris·ten·dom** [ˈ~dəm] Christenheit *f*; ˈ**chris·ten·ing** **1.** Tauf...; **2.** Taufe *f*.

Chris·tian [ˈkristjən] **1.** □ christlich; ~ *name* Vor-, Taufname *m*; ~ *Science* Christliche Wissenschaft *f*, Szientismus *m*; **2.** Christ(in); **Chris·ti·an·i·ty** [~tiˈæniti] Christentum *n*; **Chris·tian·ize** [ˈ~tjənaiz] zum Christentum bekehren.

Christ·mas [ˈkrisməs] **1.** Weihnachten *n*; **2.** Weihnachts...; ~ *Day* erster Weihnachtsfeiertag *m*; ~ *Eve* Heiliger Abend *m*; ˈ**~-box** Weihnachtsgeschenk *n* (*für Bedienstete*); ˈ**~-tree** Weihnachtsbaum *m*.

chro·mat·ic *phys.*, ♩ [krəuˈmætik] (*~ally*) chromatisch; Farben...; **chroˈmat·ics** *pl. u. sg.* Farbenlehre *f*.

chrome ⚗ [krəum] Chrom *n* (*Farbe*); **chro·mi·um** [ˈ~jəm] Chrom *n* (*Metall*); ˈ**chro·mi·um-ˈplat·ed** verchromt; **chro·mo·lith·o·graph** [ˈ~əuˈliθəugrɑːf] farbiger Steindruck *m*.

chron·ic [ˈkrɔnik] (*~ally*) chronisch (*mst* ⚕), dauernd; P ekelhaft; **chron·i·cle** [ˈ~l] **1.** Chronik *f*; **2.** aufzeichnen; ˈ**chron·i·cler** Chronist *m*.

chron·o·log·i·cal □ [krɔnəˈlɔdʒikəl] chronologisch; *~ly* in chronologischer Reihenfolge; **chro·nol·o·gy** [krəˈnɔlədʒi] Zeitrechnung *f*; Zeitfolge *f*.

chro·nom·e·ter [krəˈnɔmitə] Chronometer *n*, *m*.

chrys·a·lis [ˈkrisəlis] *Insekten-Puppe f*.

chrys·an·the·mum ⚘ [kriˈsænθəməm] Chrysantheme *f*.

chub *ichth.* [tʃʌb] Döbel *m*; ˈ**chub·by** F rundlich; dick; pausbäckig; plump (*a. fig.*).

chuck[1] [tʃʌk] **1.** Glucken *n*; *my ~!* mein Täubchen!; **2.** glucken; **3.** put, put! (*Lockruf für Hühner*).

chuck[2] F [~] **1.** schmeißen, werfen; ~ *out* ’rausschmeißen; ~ *under the chin* unters Kinn fassen; ~ *it! sl.* hör auf damit!; **2.** Hinauswurf *m*.

chuck[3] ⊕ [~] (Spann)Futter *n*.

chuck·er-out *sl.* [ˈtʃʌkərˈaut] Rausschmeißer *m*.

chuck·le [ˈtʃʌkl] in sich hineinlachen.

chug [tʃʌg] tuckern (*Motor etc.*).

chum F [tʃʌm] **1.** (Stuben)Kamerad *m*; Busenfreund *m*; *be great ~s* dicke Freunde sein; **2.** zs.-wohnen.

chump F [tʃʌmp] Holzklotz *m*; dickes Ende *n*; (Dumm)Kopf *m*; *off one's ~* P blödsinnig.

chunk F [tʃʌŋk] Klotz *m*, Runken *m*; ˈ**chunk·y** klotzig, stämmig.

church [tʃəːtʃ] **1.** Kirche *f*; *attr.* Kirch(en)...; *♀ of England* englische Staatskirche *f*; ~ *rate* Kirchensteuer *f*; ~ *service* Gottesdienst *m*; **2.** *be ~ed* zum ersten Mal wieder in die Kirche gehen (*Wöchnerin*); ˈ**~-go·er** Kirchgänger(in); ˈ**church·ing** Aussegnung *f e-r Wöchnerin*; ˈ**church·man** Mitglied *n* der Kirche; ˈ**churchˈward·en** Kirchenvorsteher *m*; Tabakspfeife *f aus Ton*; ˈ**churchˈyard** Kirchhof *m*.

churl [tʃəːl] Grobian *m*, Flegel *m*; Geizhals *m*, Knicker *m*; ˈ**churl·ish** □ grob, roh, flegelhaft; knickerig.

churn [tʃəːn] **1.** Butterfaß *n*; Milchsammeleimer *m*; **2.** buttern; aufwühlen.

chute [ʃuːt] Stromschnelle *f*; Gleit-, Rutschbahn *f*; Fallschirm *m*.

chut·ney [ˈtʃʌtni] Chutney *n* (*Gewürz*).

chyle [kail] Chylus *m* (*Milchsaft*).

chyme [kaim] Chymus *m* (*Speisebrei*).

ci·ca·da *zo.* [siˈkɑːdə] Zikade *f*.

cic·a·trice [ˈsikətris] Narbe *f*; **cic·a·tri·za·tion** [~traiˈzeiʃən] Vernarbung *f*; ˈ**cic·a·trize** vernarben.

ci·ce·ro·ne [tʃitʃəˈrəuni] Cicerone *m*, Fremdenführer *m*.

Cic·e·ro·ni·an [sisəˈrəunjən] ciceron(ian)isch.
ci·der [ˈsaidə] Apfelwein *m.*
ci·gar [siˈgɑː] Zigarre *f*; **ciˈgar-case** Zigarrentasche *f*; **ciˈgar-cut·ter** Zigarrenabschneider *m.*
cig·a·rette [sigəˈret] Zigarette *f*; **cig·aˈrette-case** Zigarettenetui *n.*
ci·gar-hold·er [siˈgɑːhəuldə] Zigarrenspitze *f*; **ciˈgar-tip** *abgeschnittene* Zigarrenspitze *f.*
cil·i·a [ˈsiliə] *pl.* (Augen)Wimpern *f/pl.*; **cil·i·ar·y** [ˈsiliəri] Wimper...
cinch *Am. sl.* [sintʃ] sichere Sache *f.*
cin·cho·na ⚘ [siŋˈkəunə] Chinarindenbaum *m.*
cinc·ture [ˈsiŋktʃə] Gürtel *m*, Gurt *m.*
cin·der [ˈsində] Schlacke *f*; ~*s pl.* Asche *f*; **Cin·der·el·la** [~ˈrelə] Aschenbrödel *n*; **ˈcin·der-track** *Sport*: Aschenbahn *f.*
cin·e-cam·er·a [ˈsinikæmərə] Filmkamera *f.*
cin·e·ma [ˈsinəmə] Kino *n*; Film *m* (*als Kunstform*); **cin·e·mat·o·graph** [~ˈmætəgrɑːf] **1.** Filmprojektor *m*; *attr.* Kino...; **2.** (ver)filmen; **cin·e·mat·o·graph·ic** [~mætəˈgræfik] (~*ally*) kinematographisch.
cin·er·ar·y [ˈsinərəri] Aschen...
cin·na·bar [ˈsinəbɑː] Zinnober *m.*
cin·na·mon [ˈsinəmən] Zimt *m*, Kaneel *m*; Zimtbraun *n.*
cinque [siŋk] Fünf *f auf Würfeln*; ~ **foil** ⚘ Fingerkraut *n.*
ci·pher [ˈsaifə] **1.** Ziffer *f*; Null *f* (*a. fig.*); Geheimschrift *f*, Chiffre *f*; *in* ~ chiffriert; **2.** chiffrieren; (aus-)rechnen.
cir·ca [ˈsəːkə] um (*vor Jahreszahlen*).
cir·cle [ˈsəːkl] **1.** Kreis *m*; *Bekannten-, Gesellschafts-, Wirkungs-*Kreis *m*; Kreislauf *m*; *thea.* Rang *m*; Ring *m*, Reif *m*; **2.** Kreise ziehen; (um)kreisen; *fig.* die Runde machen; **cir·clet** [ˈ~klit] kleiner Kreis *m*; Reif *m.*
circs F [səːks] = *circumstances.*
cir·cuit [ˈsəːkit] Kreislauf *m*; ⚡ Stromkreis *m*; Rundreise *f bsd. der Richter des High Court in der Provinz*; Gerichtsbezirk *m*; ✈ Rundflug *m*; *short* ~ ⚡ Kurzschluß *m*; ~ *breaker* ⚡ Aus-, Selbstschalter *m*; *make a* ~ *of* e-n Rundgang machen durch; **cir·cu·i·tous** □ [səːˈkjuːitəs] weitschweifig; ~ *route* Umweg *m.*
cir·cu·lar [ˈsəːkjulə] **1.** □ kreisförmig, rund; Kreis...; Rundreise...; ~ *letter* Rundschreiben *n*; ~ *note* Kreditbrief *m*; ~ *railway* Ringbahn *f*; ~ *saw* Kreissäge *f*; ~ *skirt* Glockenrock *m*; **2.** Rundschreiben *n*; Laufzettel *m*; **ˈcir·cu·lar·ize** durch Rundschreiben benachrichtigen.
cir·cu·late [ˈsəːkjuleit] *v/i.* umlaufen, zirkulieren; *v/t.* in Umlauf setzen; verbreiten; ✝ *Wechsel* girieren; **ˈcir·cu·lat·ing:** ~ *decimal* periodischer Dezimalbruch *m*; ~ *library* Leihbücherei *f*; ~ *medium* Tauschmittel *n*; **cir·cuˈla·tion** Zirkulation *f*, Kreislauf *m*; *fig.* Umlauf *m*; Verbreitung *f*; *Zeitungs-*Auflage *f.*
cir·cum... [ˈsəːkəm] (her)um; **cir·cum·cise** ⚕, *eccl.* [~ˈsaiz] beschneiden; **cir·cum·ci·sion** [~ˈsiʒən] Beschneidung *f*; **cir·cum·fer·ence** [səˈkʌmfərəns] (Kreis)Umfang *m*; Peripherie *f*; **cir·cum·flex** [ˈsəːkəmfleks] *gr.* Zirkumflex *m*; **cir·cum·ja·cent** [~ˈdʒeisənt] umliegend; **cir·cum·lo·cu·tion** [~ləˈkjuːʃən] Umständlichkeit *f*; Weitschweifigkeit *f*; **cir·cum·loc·u·to·ry** [~ˈlɔkjutəri] weitschweifig; **cir·cumˈnav·i·gate** umsegeln; **cir·cumˈnav·i·ga·tor** (Welt)Umsegler *m*; **cir·cum·scribe** ⩕ [ˈ~skraib] umschreiben; *fig.* begrenzen; **cir·cum·scrip·tion** ⩕ [~ˈskripʃən] Umschreibung *f*; *fig.* Begrenzung *f*; Umschrift *f e-r Münze*; **cir·cum·spect** □ [ˈ~spekt] um-, vorsichtig; **cir·cum·spec·tion** [~ˈspekʃən] Um-, Vorsicht *f*; **cir·cum·stance** [ˈ~stəns] Umstand *m*, Sachverhalt *m*; Einzelheit *f*; Umständlichkeit *f*; ~*s pl.* Verhältnisse *n/pl.*; *in od. under the* ~*s* unter diesen Umständen; **ˈcir·cum·stanced** in e-r ... Lage; *poorly* ~ in ärmlichen Verhältnissen; **cir·cum·stan·tial** [~ˈstænʃəl] □ umständlich; ~ *evidence* ⚖ Indizienbeweis *m*; **cir·cum·stan·ti·al·i·ty** [ˈ~stænʃiˈæliti] Umständlichkeit *f*; **cir·cum·vent** [~ˈvent] überlisten; vereiteln.
cir·cus [ˈsəːkəs] Zirkus *m*; (runder) Platz *m* (*bsd. in Namen*).
cir·rus [ˈsirəs], *pl.* **cir·ri** [ˈ~rai] Zirrus-, Federwolke *f.*
cis·sy [ˈsisi] = *sissy.*

cis·tern [ˈsistən] Zisterne *f*; Wasserbehälter *m*, -kasten *m*.
cit·a·del [ˈsitədl] Zitadelle *f*.
ci·ta·tion [saiˈteiʃən] Vorladung *f*; Anführung *f*, Zitat *n*; *Am. öffentliche* Ehrung *f*; **cite** zitieren; vorladen; anführen.
cit·i·zen [ˈsitizn] Bürger(in); Staatsangehörige *m*, *f*; Städter(in); ⚔ Zivilist *m*; **cit·i·zen·ship** [ˈ~ʃip] Bürgerrecht *n*; Staatsangehörigkeit *f*.
cit·ric ac·id [ˈsitrikˈæsid] Zitronensäure *f*; **cit·ron** [ˈ~rən] Zitrone *f*; **cit·rus** [ˈ~rəs] Zitrusfrucht *f*.
cit·y [ˈsiti] **1.** Stadt *f*; *the* 2 *London*: die City, die Altstadt; das Geschäftsviertel; **2.** städtisch, Stadt...; 2 *article* Börsen-, Handelsbericht *m*; ~ *editor Am.* Lokalredakteur *m*; ~ *hall Am.* Rathaus *n*; ~ *manager Am.* Stadtdirektor *m*; ~ *state* Stadtstaat *m*.
civ·ic [ˈsivik] (staats)bürgerlich; Bürger...; städtisch; ~ *rights pl.* bürgerliche Ehrenrechte *n/pl.*; ˈ**civ·ics** *sg.* Staatsbürgerkunde *f*.
civ·il □ [ˈsivl] bürgerlich, Bürger...; zivil, Zivil...; ⚖ zivilrechtlich; höflich; ~ *defence* Zivilverteidigung *f*, Luftschutz *m*; ~ *war* Bürgerkrieg *m*; 2 *Servant* Verwaltungsbeamte *m*; 2 *Service* Verwaltungs-, Staatsdienst *m*, öffentlicher Dienst *m*; **ci·vil·ian** ⚔ [siˈviljən] Zivilist *m*; ~ *population* Zivilbevölkerung *f*; **ciˈvil·i·ty** Höflichkeit *f*; **civ·i·li·za·tion** [~laiˈzeiʃən] Zivilisation *f*, Kultur *f*; ˈ**civ·i·lize** zivilisieren; ~*d nation* Kulturnation *f*.
civ·vies *sl.* [ˈsiviz] *pl.* Zivil(klamotten *f/pl.*) *n*; ˈ**civ·vy street** *sl.* Zivilleben *n*.
clack [klæk] **1.** Geklapper *n*; *fig.* Geplapper *n*, Geschwätz *n*; ⊕ (Ventil-)Klappe *f*; **2.** klappern; *fig.* schwatzen.
clad *lit.* [klæd] *pret. u. p.p von clothe*; *hills* ~ *in verdure poet.* begrünte Hügel *m/pl.*
claim [kleim] **1.** Anspruch *m*; Anrecht *n* (*to* auf *acc.*); Forderung *f*; ⚖ Klagebegehren *n*; ⚒ Mutung *f*; *bsd. Am.* selbstabgestecktes Stück Land *n zum Siedeln*; *lay* ~ *to* Anspruch erheben auf (*acc.*); *put in a* ~ *for* als Eigentum beanspruchen; **2.** beanspruchen, in Anspruch nehmen; fordern; behaupten; sich berufen auf (*acc.*); ~ *to be* sich ausgeben für; ˈ**claim·a·ble** zu beanspruchen(d); ˈ**claim·ant** Beanspruchеr *m*; ⚖ Kläger *m*.
clair·voy·ance [klɛəˈvɔiəns] Hellsichtigkeit *f* (*a. fig.*); **clairˈvoy·ant**(e) Hellseher(in).
clam *zo.* [klæm] Venusmuschel *f*.
cla·mant *lit.* [ˈkleimənt] lärmend, laut.
clam·ber [ˈklæmbə] klimmen, klettern.
clam·mi·ness [ˈklæminis] feuchte Kälte *f*; ˈ**clam·my** □ feuchtkalt, klamm.
clam·or·ous □ [ˈklæmərəs] lärmend, schreiend; ˈ**clam·our 1.** Geschrei *n*, Lärm *m*; Tumult *m*; **2.** schreien (*for* nach).
clamp[1] ⊕ [klæmp] **1.** Klammer *f*; Klampe *f*; **2.** verklammern; befestigen.
clamp[2] [~] (Kartoffel- *etc.*)Miete *f*.
clan [klæn] Clan *m*, schottischer Stamm(verband) *m*; *fig.* Sippschaft *f*.
clan·des·tine □ [klænˈdestin] heimlich; Geheim...
clang [klæŋ] **1.** Klang *m*, Geklirr *n*; **2.** schallen; klirren (lassen); **clang·or·ous** [ˈ~gərəs] klirrend; gellend; ˈ**clang·o(u)r** = *clang*.
clank [klæŋk] **1.** Gerassel *n*, Geklirr *n*; **2.** rasseln, klirren (mit).
clan·nish [ˈklæniʃ] Sippen...
clap [klæp] **1.** (Hände)Klatschen *n*; Schlag *m*, Klaps *m*; **2.** klappen (mit); klatschen (*one's hands* in die Hände); *j-m* Beifall klatschen; *j-m auf die Schulter* klopfen; aufhalsen (*on dat.*); ~ *eyes on s.o.* j. erblicken, sehen; ˈ~**·board** Schalbrett *n*; ˈ~**-net** Schlagnetz *n zum Vogelfang*; ˈ**clap·per** Klapper *f*; Klöppel *m e-r Glocke*; ˈ**clap·trap 1.** Effekthascherei *f*; Klimbim *m*; **2.** auf Beifall berechnet.
clar·et [ˈklærət] roter Bordeaux *m*; *allg.* Rotwein *m*; Weinrot *n*; *sl.* Blut *n*.
clar·i·fi·ca·tion [klærifiˈkeiʃən] (Ab)Klärung *f*; **clar·i·fy** [ˈ~fai] *v/t.* (ab)klären; *fig.* klären; *v/i.* sich klären.
clar·i·net [klæriˈnet], **clar·i·o·net** [~əˈnet] Klarinette *f*.
clar·i·on [ˈklæriən] lauter Ruf *m*.
clar·i·ty [ˈklæriti] Klarheit *f*.

clash [klæʃ] **1.** Geklirr *n*; Zs.-stoß *m*; Widerstreit *m*; **2.** klirren, rasseln (mit); zs.-stoßen; widerstreiten (*with dat.*).
clasp [klɑːsp] **1.** Haken *m*, Klammer *f*; Schnalle *f*; (*a. Ordens*)Spange *f*; *Buch*-Schloß *n*; *fig.* Umklammerung *f*; Umarmung *f*; Händedruck *m*; **2.** *v/t.* an-, zuhaken; umklammern; umfassen; ergreifen; *die Hände* falten; ~ *s.o.'s hand* j-m die Hand drücken; *v/i.* festhalten; '**~-knife** Klapp-, Taschenmesser *n*.
class [klɑːs] **1.** Klasse *f*; Stand *m*; (Unterrichts)Stunde *f*; Kursus *m*; *Am. univ.* Jahrgang *m*; *attr.* F Klasse...; erstklassig; **2.** (in Klassen) einteilen, einordnen, -reihen; ~ *with* gleichstellen mit; '**~-'conscious** klassenbewußt; '**~-fel·low** Klassenkamerad *m*, Mitschüler *m*.
clas·sic ['klæsik] **1.** Klassiker *m*; **~s** *pl.* die alten Sprachen *f/pl.*; klassische Philologie *f*; **2.** = '**clas·si·cal** □ klassisch.
clas·si·fi·ca·tion [klæsifi'keiʃən] Klassifizierung *f*, Einteilung *f*; Rubrik *f*; **clas·si·fy** ['~fai] klassifizieren, (in Klassen) einteilen, einstufen.
class...: '**~-mate** *s. class-fellow*; '**~·room** Klassenzimmer *n*; '**~-warfare** Klassenkampf *m*.
clat·ter ['klætə] **1.** Geklapper *n*, Getrappel *n*; Geplapper *n*; **2.** klappern, rasseln (mit); plappern.
clause [klɔːz] Klausel *f*, Bestimmung *f*; *gr.* Satz *m*; *subordinate* ~ Nebensatz *m*.
claus·tral ['klɔːstrəl] klösterlich.
clav·i·cle ['klævikl] Schlüsselbein *n*.
claw [klɔː] **1.** Klaue *f* (*a.* ⊕), Kralle *f*; Pfote *f*; *Krebs*-Schere *f*; **2.** (zer-)kratzen; (um)krallen; **clawed** mit (...) Klauen.
clay [klei] Ton *m*, Lehm *m*; *fig.* Erde *f*, Staub *m*; ~ *pigeon*, ~ *bird* Tontaube *f zum Übungsschießen*; **clay·ey** ['kleii] tonig.
clean [kliːn] **1.** *adj.* □ rein; sauber; *fig.* fehlerfrei; glatt (*Bruch*); geschickt; **2.** *adv.* rein, völlig; **3.** reinigen, säubern (*of* von); sich waschen lassen (*Stoff etc.*); *be* **~ed** *out* F pleite sein; ~ *up* gründlich reinigen; aufräumen; '**clean·er** Reiniger *m*; Putzfrau *f*; *mst* **~s** *pl.* (chemische) Reinigung *f*; *send to the* **~s** in die Reinigung geben, reinigen lassen; '**clean·ing** Reinigung *f*; *attr.* Reinigungs...; ~ *woman* Reinemache-, Putzfrau *f*; **clean·li·ness** ['klenlinis] Reinlichkeit *f*; **clean·ly** **1.** *adv.* ['kliːnli] rein *etc.*; **2.** *adj.* ['klenli] reinlich; **clean·ness** ['kliːnnis] Reinheit *f*; Sauberkeit *f*; **cleanse** [klenz] reinigen; säubern.
clean-up ['kliːn'ʌp] Aufräumung *f*; *pol.* Säuberungsaktion *f*; *Am. sl.* Profit *m*.
clear [kliə] **1.** □ *mst* klar (*durchsichtig*; *deutlich*; *verständlich*; *scharf* [*Geist etc.*]; *sicher*, *gewiß*; *einwandfrei*); *oft* hell, rein (*Ton, Licht etc.*); *fig.* rein (*from* von *Verdacht etc.*); frei (*unbehindert*; *of* von); ganz, voll; ✝ rein, netto; ~ *of* frei *od.* fern *od.* los von; *as* ~ *as day* sonnenklar; *get* ~ *of* loskommen von; **2.** *in the* ~ ⚠ im Lichten; **3.** *v/t. a.* ~ *up* er-, aufhellen, *fig. a.* aufklären; klären; reinigen, säubern (*of*, *from* von); *Wald* lichten, roden; *a.* ~ *away*, ~ *off* wegräumen; *Hindernis* nehmen; *Rechnung* ins reine bringen, bezahlen; ✝ *s.* ~ *off*; ✝ (aus-)klarieren, verzollen; ⚖ lossprechen; befreien; rechtfertigen (*from* von); ✝ als Reingewinn erzielen; ~ *off* ✝ räumen; ~ *a port* aus einem Hafen auslaufen; ~ *a ship for action* ein Schiff klar zum Gefecht machen; ~ *one's throat* sich räuspern; *v/i. a.* ~ *up* sich aufhellen; *a.* ~ *off* sich verziehen (*Wolken etc.*); ~ *out* F verschwinden; ~ *through e-n Ort* passieren; '**clear·ance** Aufklärung *f*; Freilegung *f*; Räumung *f*; ✝ Abrechnung *f*; ⚓, ✝ Verzollung *f*, Klarierung *f*; Zollschein *m*; ⊕ Spielraum *m*, lichter Raum *m*; ~ *sale* Räumungsausverkauf *m*; '**clear-'cut** ganz klar; '**clear·ing** Aufklärung *f etc. s. clear 3*; Rodung *f*, Lichtung *f*, Schneise *f*; ✝ Ab-, Verrechnung *f*; ~ *arrangement* Abrechnungsverkehr *m*; ~ *bank* Girobank *f*; ♀ *House* Ab-, Verrechnungsstelle *f*; Abrechnungsbörse *f in London*; **~-hospital** Feldlazarett *n*; '**clear·ness** Klarheit *f*, Deutlichkeit *f*; Reinheit *f*.
cleat [kliːt] ⚓ Klampe *f*; Keil *m*; Pflock *m*.
cleav·age ['kliːvidʒ] Spaltung *f* (*a. fig.*); *min.* Spaltbarkeit *f*.

cleave[1] [kliːv] (*irr.*) (sich) spalten; *Wasser, Luft* (zer)teilen; *in a cleft stick* in der Klemme; *cleft palate* ⚕ Wolfsrachen *m*; *show the cloven hoof* sein wahres Gesicht zeigen.
cleave[2] [~] *fig.* festhalten (*to* an *dat.*); treu bleiben (*dat.*); ~ *together* zusammenhalten.
cleav·er [ˈkliːvə] Spaltende *m*; Hackmesser *n*.
cleek [kliːk] Haken *m*; Golfstock *m*.
clef ♪ [klef] Schlüssel *m*.
cleft [kleft] **1.** Spalte *f*; Sprung *m*; Riß *m*; **2.** *pret. u. p.p. von cleave*[1].
clem·a·tis ⚘ [ˈklemətis] Waldrebe *f*, Klematis *f*.
clem·en·cy [ˈklemənsi] Milde *f*; ˈ**clem·ent** ☐ mild.
clench [klentʃ] *Lippen etc.* fest zs.-pressen; *Zähne* zs.-beißen; *Faust* ballen; festhalten; = *clinch*.
clere·sto·ry ⚠ [ˈkliəstəri] Lichtgaden *m e-r Kirche*.
cler·gy [ˈkləːdʒi] Geistlichkeit *f*, Klerus *m*; ˈ**~·man, cler·ic** [ˈklerik] Geistliche *m*.
cler·i·cal [ˈklerikəl] **1.** ☐ geistlich; Schreib(er)...; ~ *error* Schreibfehler *m*; ~ *work* Büroarbeit *f*; **2.** Geistliche *m*; *pol.* Klerikale *m*.
clerk [klɑːk] (Büro)Schreiber *m*, Büroangestellte *m*; Sekretär *m*; ⚚ kaufmännischer Angestellter *m*, Handlungsgehilfe *m*, Kommis *m*; *bsd. Am.* Verkäufer(in) *im Laden*; *eccl.* Küster *m*.
clev·er ☐ [ˈklevə] klug, gescheit; geschickt; ˈ**clev·er·ness** Geschicklichkeit *f*; Klugheit *f*.
clew [kluː] Knäuel *m*, *n*; *s. clue*.
cli·ché [ˈkliːʃei] stehende Redensart *f*, übliche Phrase *f*, Schlagwort *n*, Klischee *n*.
click [klik] **1.** Klicken *n*, Knipsen *n*, Ticken *n*, Knacken *n*; ⊕ Sperrhaken *m*, -klinke *f*; **2.** klicken, ticken, knacken; zu-, einschnappen; tadellos klappen; *sl.* sich auf den ersten Blick ineinander verlieben; Glück haben.
cli·ent [ˈklaiənt] Klient(in); Kunde *m*, Kundin *f*; **cli·en·tèle** [kliːɑ̃ːnˈteil] Klientel *f*, Kundschaft *f*.
cliff [klif] Klippe *f*; Felsen *m*; (Steil)Abhang *m*.
cli·mate [ˈklaimit] Klima *n*; **cli·mat·ic** [~ˈmætik] (*~ally*) klimatisch.
cli·max [ˈklaimæks] **1.** Steigerung *f*; Gipfel *m*, Höhepunkt *m*; **2.** auf e-n Höhepunkt bringen; e-n Höhepunkt erreichen.
climb [klaim] **1.** (er)klettern, (er-)klimmen, (er)steigen; **2.** Kletterei *f*; Kletterpartie *f*; ˈ**climb·er** Kletterer *m*, Bergsteiger(in); *fig.* Streber(in); ⚘ Kletterpflanze *f*; ˈ**climb·ing** Klettern *n*; *attr.* Kletter...; ˈ**climb·ing-i·ron** Steigeisen *n*.
clinch [klintʃ] **1.** ⊕ Vernietung *f*; *fig.* Festhalten *n*; *Boxen*: Umklammerung *f*, Clinch *m*; **2.** *v/t.* um-, vernieten; *Beweis* verstärken, *Handel* festmachen; entscheiden; *s. clench*; *v/i.* festhalten; ˈ**clinch·er** ⊕ Krampe *f*; F treffende Antwort *f*, Trumpf *m*.
cling [kliŋ] (*irr.*) (*to*) festhalten (an *dat.*), sich (an)klammern (an *acc.*); sich (an)schmiegen (an *acc.*); *j-m* anhängen; sich heften *od.* hängen (an *acc.*); ˈ**cling·ing** enganliegend (*Kleid*); anhänglich.
clin·ic [ˈklinik] Klinik *f*; klinisches Praktikum *n*; ˈ**clin·i·cal** ☐ klinisch; ~ *thermometer* Fieberthermometer *n*.
clink[1] *sl.* [kliŋk] Kittchen *n*, Gefängnis *n*.
clink[2] [~] **1.** Klingen *n*; Geklirr *n*; **2.** klingen, klirren (lassen); klimpern mit; mit den Gläsern anstoßen; ˈ**clink·er** Klinkerstein *m*; Schlacke *f*; *sl.* Prachtkerl *m*, -stück *n*; ˈ**clin·ker-built** ⚓ klinkergebaut; ˈ**clink·ing** *sl.* fabelhaft, F blendend.
clip[1] [klip] **1.** Schur *f*; *at one ~ Am.* F auf einmal, auf e-n Schlag; **2.** ab-, aus-, beschneiden; *Schafe etc.* scheren; *Silben* verschlucken; *Fahrkarte* lochen; ~ *s.o.'s ear sl.* j-m e-e knallen.
clip[2] [~] **1.** (Büro-, Heft)Klammer *f*; Spange *f*; **2.** zs.-klammern.
clip·per [ˈklipə] Klipper *m*; ⚓ Schnellsegler *m*; schnelles Pferd *n*; *sl.* Prachtstück *n*; (*a. pair of*) *~s pl.* Haarschneide-, Schermaschine *f*; ˈ**clip·pings** *pl.* Abfälle *m/pl.*; Schnitzel *n/pl.*; *Zeitungs- etc.* Ausschnitte *m/pl.*
clique [kliːk] Clique *f*, Sippschaft *f*.
cloak [kləuk] **1.** Umhang *m*, Mantel *m*; *fig.* Deckmantel *m*; **2.** *fig.* be-

mänteln, verhüllen; '**~-room** Garderobe(nraum *m*) *f*; Toilette *f*; 🚂 Gepäckaufbewahrung *f*.

clock [klɔk] **1.** *Schlag-*, *Wand-*, *Turm-*Uhr *f*; Zwickel *m am Strumpf*; *Sport sl.* Stoppuhr *f*; *put the ~ back fig.* die Uhr zurückdrehen; **2.** *v/t. Sport sl. Rennen* mit der Stoppuhr messen; *v/i. ~ in (out)* Arbeitsantritt (Arbeitsschluß) stechen lassen (*Fabrikarbeiter*); '**~wise** im Uhrzeigersinn; '**~-work** Federwerk *n*; *~ train* Eisenbahn *f* zum Aufziehen; *like ~* wie am Schnürchen.

clod [klɔd] Erdkloß *m*; Klumpen *m*; *a. ~-hopper* (Bauern)Tölpel *m*.

clog [klɔg] **1.** Klotz *m*; *fig.* Hindernis *n*; Holzschuh *m*; Überschuh *m*; **2.** belasten; *fig.* hemmen; (sich) verstopfen; '**clog·gy** klumpig.

clois·ter ['klɔistə] **1.** Kreuzgang *m*; Kloster *n*; **2.** (in ein Kloster) einschließen.

close 1. [kləuz] Schluß *m*, Ende *n*; Abschluß *m*; [kləus] Einfriedung *f*, Hof *m*; **2.** [kləuz] *v/t.* (ab-, ein-, ver-, zu)schließen; zumachen; beschließen; *~ down Betrieb* schließen, stillegen; *~ one's eyes to* die Augen schließen vor (*dat.*); *v/i.* (sich) schließen; abschließen; enden; zuheilen; handgemein werden (*with* mit); *~ in* hereinbrechen (*Nacht*); kürzer werden (*Tage*); *~ on (prp.)* sich schließen um, umschließen, umfassen; *~ up* ⚔ aufschließen; *closing time Geschäfts- etc.* Schluß *m*, Feierabend *m*; Polizeistunde *f*; **3.** □ [kləus] geschlossen; verborgen; verschwiegen; knapp, eng; eng anliegend (*Kleid etc.*); begrenzt, geschlossen (*Gesellschaft*); nah, eng; bündig (*Stil etc.*); dicht; gedrängt (*Schrift etc.*); schwül, dumpf; knickerig; genau (*Aufmerksamkeit etc.*); eingehend (*Prüfung*); fest (*Griff*); fast gleich (*Wettkampf*); *~ by*, *~ to* dicht bei *od.* daneben, ganz in der Nähe; *~ fight*, *~ combat*, *~ quarters pl.* Handgemenge *n*, Nahkampf *m*; *~ prisoner* streng bewachter Gefangener *m*; *~ season*, *~ time hunt.* Schonzeit *f*; *sail ~ to the wind* ⚓ hart am Wind segeln; *fig.* sich hart an der Grenze des Erlaubten bewegen; *a ~ shave* ein knappes Entrinnen; '**~-'cropped**, '**~-'cut** kurz geschnitten (*Haar*, *Gras etc.*).

closed [kləuzd] geschlossen; *~* **book** *fig.* Buch *n* mit sieben Siegeln; *~* **circuit** geschlossener Stromkreis *m*; **~-circuit television** Kabelgebundenes Fernsehen *n*; *~* **shop** Unternehmen *n* mit Gewerkschaftszwang.

close...: '**~-'fist·ed** knickerig; '**~-'fit·ting** eng anliegend; '**~-'grained** feinkörnig (*Holz*); '**~-'hauled** ⚓ hart am Wind; '**~-meshed** engmaschig; '**close·ness** Genauigkeit *f*, Geschlossenheit *f etc.* (*s. close 3*).

clos·et ['klɔzit] **1.** *bsd. Am.* Abstell-, Vorratsraum *m*; (Wand)Schrank *m*; Kabinett *n*, Geheimzimmer *n*; *s. water-~*; **2.** *be ~ed with* mit *j-m* e-e geheime Beratung haben.

clos·ing ['kləuziŋ]: *~ date* Schlußtermin *m*.

close-up ['kləusʌp] *Film*: Groß-, Nahaufnahme *f*.

clo·sure ['kləuʒə] **1.** Verschluß *m*; *parl.* (Antrag *m* auf) Schluß *m e-r Debatte*; *apply the ~* Schluß der Debatte beantragen; die Debatte schließen; **2.** *Debatte etc.* schließen.

clot [klɔt] **1.** Klümpchen *n*; **2.** zu Klümpchen gerinnen (lassen).

cloth [klɔθ] Stoff *m*, Tuch *n*; Tischtuch *n*; Kleidung *f*, Tracht *f bsd. der Geistlichen*; *the ~* F der geistliche Stand *m*; *lay the ~* den Tisch decken; *bound in ~* in Leinen gebunden; *~ binding* Leinenband *m*.

clothe [kləuð] (*irr.*) (an-, be)kleiden; *fig.* be-, einkleiden.

clothes [kləuðz] *pl.* Kleider *n/pl.*; Kleidung *f*; Anzug *m*; Wäsche *f*; '**~-bas·ket** Waschkorb *m*; '**~-line** Wäscheleine *f*; '**~-peg** Kleiderhaken *m*; Wäscheklammer *f*; '**~·pin** *bsd. Am.* Wäscheklammer *f*; '**~-press** Kleider-, Wäscheschrank *m*.

cloth·ier ['kləuðiə] Tuch-, Kleiderhändler *m*.

cloth·ing ['kləuðiŋ] Kleidung *f*.

cloud [klaud] **1.** Wolke *f* (*a. fig.*); dunkler Fleck *m*, Trübung *f*; Schatten *m*; *be under a ~* in Ungnade sein; *in the ~s* geistesabwesend; **2.** (sich) be-, umwölken, trüben (*a. fig.*); *~ed* gewölkt (*Bernstein*); geädert (*Holz etc.*); moiriert (*Seide*); '**~-burst** Wolkenbruch *m*; '**cloud·less** □ wolkenlos; '**cloud·y**

□ wolkig; Wolken...; trüb; unklar.
clough [klʌf] Schlucht *f.*
clout [klaut] **1.** F *j-m* e-e Kopfnuß geben; **2.** Flicken *m*, Lappen *m*; F Kopfnuß *f.*
clove[1] [kləuv] (Gewürz)Nelke *f.*
clove[2] [~] (Knoblauch)Zehe *f.*
clove[3] [~] *pret. von cleave*[1]; ˈ**cloven 1.** *p.p. von cleave*[1]; **2.** *adj.* gespalten; Spalt...
clo·ver ⚘ [ˈkləuvə] Klee *m*; *live od. be in* ~ im Wohlstand leben; ˈ**~-leaf** *Autobahn*: Kleeblatt(kreuzung *f*) *n.*
clown [klaun] Hanswurst *m*, Clown *m*; *lit.* Bauer *m*, Tölpel *m*; ˈ**clownish** □ bäurisch; plump; clownhaft.
cloy [klɔi] übersättigen, -laden; anekeln.
club [klʌb] **1.** Keule *f*; (Gummi-)Knüppel *m*; Klub *m*, Verein *m*; ~*s pl. Karten*: Treff *n*, Kreuz *n*, Eicheln *f/pl.*; **2.** *v/t.* mit e-r Keule *od.* dem Gewehrkolben schlagen; ~ *together Geld* zs.-legen; *v/i. mst* ~ *together* sich zs.-tun; ˈ**club·a·ble** klub-, gesellschaftsfähig; ˈ**club-ˈfoot** Klumpfuß *m*; ˈ**club-ˈhouse** Klub-, Vereinshaus *n*; ˈ**club-ˈlaw** Faustrecht *n.*
cluck [klʌk] glucken (*Henne*).
clue *fig.* [kluː] Anhaltspunkt *m*, Fingerzeig *m*, Hinweis *m.*
clump [klʌmp] **1.** Klumpen *m*; (Baum)Gruppe *f*; *mst* ~ *sole* Doppelsohle *f*; **2.** trampeln; zs.-drängen; mit Doppelsohlen versehen; in Gruppen pflanzen.
clum·si·ness [ˈklʌmzinis] Unbeholfenheit *f etc.*; ˈ**clum·sy** □ unbeholfen, ungeschickt, schwerfällig; plump.
clung [klʌŋ] *pret. u. p.p. von cling.*
clus·ter [ˈklʌstə] **1.** ⚘ Traube *f*; Büschel *m*, *n*; Haufen *m*, Schwarm *m*, Gruppe *f*; **2.** büschelweise wachsen; (sich) zs.-drängen.
clutch[1] [klʌtʃ] **1.** Griff *m*; ⊕ Kupplung *f*; *in his* ~*es* in seinen Krallen; ~ *pedal mot.* Kupplungspedal *n*; **2.** (er)greifen, packen; greifen (*at* nach).
clutch[2] [~] Gelege *n*, Brut *f.*
clut·ter [ˈklʌtə] **1.** Wirrwarr *m*, Durcheinander *n*; **2.** ~ *up* durcheinanderbringen, in Unordnung bringen; vollstopfen.
clys·ter [ˈklistə] Klistier *n.*
co... [kəu] *Wortelement*: mit, gemeinsam, Ko...
coach [kəutʃ] **1.** Kutsche *f*; 🚃 Wagen *m*; Reisebus *m*; *univ.* Einpauker *m*; *Sport*: Trainer *m*; **2.** in e-r Kutsche fahren; (ein)pauken; trainieren; ˈ**~·man** Kutscher *m.*
co·ad·ju·tor *bsd. eccl.* [kəuˈædʒutə] Gehilfe *m*, Koadjutor *m.*
co·ag·u·late [kəuˈægjuleit] gerinnen (lassen); **co·ag·u·ˈla·tion** Gerinnen *n.*
coal [kəul] **1.** (Stein)Kohle *f*; *coll.* Kohlen *pl.*; *carry* ~*s to Newcastle* Eulen nach Athen tragen; *haul od. call s.o. over the* ~*s fig.* j-m die Hölle heiß machen; **2.** ⚓ (be-)kohlen; ~*ing station* Kohlenstation *f*; ˈ**~-ˈdust** Kohlenstaub *m.*
co·a·lesce [kəuəˈles] zs.-wachsen, sich vereinigen; **co·aˈles·cence** Zs.-wachsen *n*; Vereinigung *f.*
coal...: ˈ**~-field** Kohlenrevier *n*; ˈ**~-gas** Leuchtgas *n.*
co·a·li·tion [kəuəˈliʃən] Verbindung *f*; Bund *m*, Koalition *f.*
coal...: ˈ**~-mine**, ˈ**~-pit** Kohlengrube *f*, -bergwerk *n*; ˈ**~-scut·tle** Kohleneimer *m.*
coarse □ [kɔːs] grob; *fig.* roh; ungeschliffen; ˈ**coarse·ness** Grob-, Derbheit *f.*
coast [kəust] **1.** Küste *f*; *bsd. Am.* Rodelbahn *f*, (Rodel)Abfahrt *f*; **2.** die Küste entlangfahren; im Freilauf fahren; rodeln; ˈ**coast·al** Küsten...
coast·er [ˈkəustə] *Am.* Rodelschlitten *m*; ⚓ Küstenfahrer *m*; Untersetzer *m für Gläser*; ~ **brake** *Am.* Rücktrittbremse *f.*
coast-guard [ˈkəustgɑːd] Küstenwache *f*; ˈ**coast·ing** Küstenfahrt *f*; Rodeln *n*; ~ *trade* Küstenschiffahrt *f*; ˈ**coast-line** Küste(nlinie) *f.*
coat [kəut] **1.** Jackett *n*, Jacke *f*, Rock *m*; Mantel *m*; Haare *n/pl.*, Pelz *m*, Gefieder *n*; Überzug *m*, Schicht *f*; Anstrich *m*; ~ *of mail* Panzerhemd *n*; ~ *of arms* Wappen (-schild *m*) *n*; *cut the* ~ *according to the cloth* sich nach der Decke strecken; *turn one's* ~ sein Mäntelchen nach dem Wind hängen; **2.** bedecken; überziehen; anstreichen; ˈ**~-hang·er** Kleiderbügel

m; ˈ**coat·ing** Überzug *m*, Anstrich *m*; Bewurf *m*; Mantelstoff *m*.

coax [kəuks] schmeicheln (*dat.*); beschwatzen (*into* zu); ~ *s.o. out of s.th.* j-m et. abschwatzen.

cob [kɔb] kleines starkes Pferd *n*; männlicher Schwan *m*; Klumpen *m*; *Am.* Maiskolben *m*; = ~-*nut*.

co·balt *min.* [kəuˈbɔːlt] Kobalt *n*.

cob·ble [ˈkɔbl] **1.** Kopf-, Pflasterstein *m*; ~*s pl.* = *cob-coal*; **2.** flikken; ˈ**cob·bler** Schuhmacher *m*; Stümper *m*; *eisgekühltes Mischgetränk*; ˈ**cob·ble-stone** Pflasterstein *m*.

cob...: ˈ**~-coal** Nuß-, Stückkohle *f*; ˈ**~·loaf** rundes Brot *n*; ˈ**~-nut** *Art* Haselnuß *f*.

co·bra *zo.* [ˈkəubrə] Kobra *f*.

cob·web [ˈkɔbweb] Spinnwebe *f*.

co·caine *pharm.* [kəˈkein] Kokain *n*.

coch·i·neal [ˈkɔtʃiniːl] Koschenille *f*.

cock [kɔk] **1.** Hahn *m*; *Vogel-*Männchen *n*; ⊕ Hahn *m am Faß und Gewehr*; Anführer *m*; *kleiner* Heuhaufen *m*; **2.** *oft* ~ *up* aufrichten; *die Ohren* spitzen; *Gewehrhahn* spannen; *den Hut* aufs Ohr setzen; ~ *one's eye* (*at s.o.* j-m zu)zwinkern.

cock·ade [kɔˈkeid] Kokarde *f*.

cock-a-doo·dle-doo [ˈkɔkəduːdlˈduː] Kikeriki *n od. m*.

cock-a-hoop [ˈkɔkəˈhuːp] frohlockend.

Cock·aigne [kɔˈkein] Schlaraffenland *n*.

cock-and-bull sto·ry [ˈkɔkəndˈbulˈstɔːri] Räubergeschichte *f*.

cock·a·too [kɔkəˈtuː] Kakadu *m*.

cock-a·trice [ˈkɔkətrais] Basilisk *m* (*a. fig.*).

cock·boat ⚓ [ˈkɔkbəut] Jolle *f*.

cock·chaf·er [ˈkɔktʃeifə] Maikäfer *m*.

cock-crow(·**ing**) [ˈkɔkkrəu(iŋ)] Hahnenschrei *m*; Tagesanbruch *m*.

cocked hat [ˈkɔktˈhæt] Zwei-, Dreispitz *m*; *knock into a* ~ zu Brei schlagen.

cock·er[1] [ˈkɔkə]: ~ *up* aufpäppeln.

cock·er[2] *hunt.* [~] Cockerspaniel *m*.

cock...: ˈ**~-eyed** *sl.* schieläugig; *Am.* blau (*betrunken*); ˈ**~-fight**(·**ing**) Hahnenkampf *m*; ˈ**~-ˈhorse** Steckenpferd *n*.

cock·le[1] ♀ [ˈkɔkl] Kornrade *f*.

cock·le[2] [~] **1.** *zo.* Herzmuschel *f*; Falte *f*; *warm od. delight the* ~*s of one's heart* dem Herzen wohltun; **2.** (sich) kräuseln, falten.

cock·ney [ˈkɔkni] waschechter Londoner *m*; ˈ**cock·ney·ism** Cockneyausdruck *m*.

cock·pit [ˈkɔkpit] Kampfplatz *m* für Hähne; ⚓ Raumdeck *n*; ✈ Führerraum *m*, Kanzel *f*.

cock·roach *zo.* [ˈkɔkrəutʃ] Schabe *f*.

cocks·comb [ˈkɔkskəum] Hahnenkamm *m* (*a.* ♀); ˈ**cock-ˈsure** F absolut sicher; überheblich; ˈ**cock·tail** Cocktail *m* (*Mischgetränk*; *Früchte*); ˈ**cock·y** ☐ F selbstbewußt; naseweis; frech.

co·co [ˈkəukəu] Kokospalme *f*.

co·coa [ˈkəukəu] Kakao *m*.

co·co·nut [ˈkəukənʌt] Kokosnuß *f*.

co·coon [kəˈkuːn] Kokon *m der Seidenraupe*.

cod *ichth.* [kɔd] Kabeljau *m*, Dorsch *m*; *dried* ~ Stockfisch *m*; *cured* ~ Klippfisch *m*.

cod·dle [ˈkɔdl] verhätscheln, verwöhnen; ~ *up* aufpäppeln.

code [kəud] **1.** Gesetzbuch *n*; (Ehren)Kodex *m*; Code *m*; Schlüssel *m*; **2.** *tel.* chiffrieren.

co·de·ine ⚗ [ˈkəudiːn] Kodein *n*.

co·dex [ˈkəudeks], *pl.* **co·di·ces** [ˈ~disiːz] Kodex *m*, Handschrift *f*.

cod·fish [ˈkɔdfiʃ] = *cod*.

codg·er F [ˈkɔdʒə] komischer Kauz *m*.

co·di·ces [ˈkəudisiːz] *pl. von codex*.

cod·i·cil [ˈkɔdisil] Kodizill *n*; **cod·i·fiˈca·tion** Kodifikation *f*; **cod·i·fy** [ˈ~fai] kodifizieren.

cod·ling [ˈkɔdliŋ] ♀ Kochapfel *m*; *ichth.* junger Kabeljau *m*.

cod-liv·er oil [ˈkɔdlivərˈɔil] Lebertran *m*.

co-ed *Am.* F [ˈkəuˈed] Schülerin *f* e-r Koedukationsschule, *allg.* Studentin *f*.

co-ed·u·ca·tion [ˈkəuedjuːˈkeiʃən] Koedukation *f* (*gemeinsamer Schulbesuch beider Geschlechter*).

co·ef·fi·cient [kəuiˈfiʃənt] **1.** mitwirkend; **2.** Koeffizient *m*.

co·erce [kəuˈəːs] zwingen; *et.* erzwingen; **coˈer·ci·ble** zu (er)zwingen(d); **coˈer·cion** [~ʃən] Zwang *m*; Zwangsherrschaft *f*; *under* ~ unter Zwang, in e-r Zwangslage; **coˈer·cive** [~siv] ☐ Zwangs...

co·e·val ☐ [kəuˈiːvəl] gleichzeitig; gleichalterig.

co·ex·ist ['kəuig'zist] gleichzeitig bestehen; '**co·ex'ist·ence** Koexistenz *f*; Nebeneinander *n*; '**co-ex'ist·ent** gleichzeitig (existierend).
cof·fee ['kɔfi] Kaffee *m*; '**~-bean** Kaffeebohne *f*; '**~-grounds** *pl.* Kaffeegrund *m*, -satz *m*; '**~-house** Kaffeehaus *n*; Café *n*; '**~-pot** Kaffeekanne *f*; '**~-room** Speisesaal *m e-s Hotels*; '**~-set** Kaffeeservice *n*.
cof·fer ['kɔfə] (Geld)Kasten *m*; ⚠ Deckenkassette *f*; *~s pl.* Schatz (-kammer *f*) *m*, Tresor *m*; *a.* *~-dam* Senkkasten *m*, Caisson *m*.
cof·fin ['kɔfin] **1.** Sarg *m*; **2.** einsargen.
cog ⊕ [kɔg] *Rad*-Zahn *m*.
co·gen·cy ['kəudʒənsi] zwingende Kraft *f*; '**co·gent** □ zwingend.
cogged ⊕ [kɔgd] gezahnt, Zahn...
cog·i·tate ['kɔdʒiteit] *v/i.* nachdenken; *v/t.* (er)sinnen; **cog·i'ta-tion** Nachdenken *n*.
co·gnac ['kɔnjæk] Kognak *m*.
cog·nate ['kɔgneit] **1.** verwandt; **2.** Blutsverwandte *m, f*.
cog·ni·tion [kɔg'niʃən] Erkenntnis *f*.
cog·ni·za·ble ['kɔgnizəbl] erkennbar; ⚖ abzuurteilen(d); '**cog·ni-zance** Kenntnis *f*; Erkenntnis *f* (⚖ *n*); Gerichtsbarkeit *f*, Zuständigkeit *f*; Abzeichen *n*; '**cog·ni·zant** Kenntnis habend (*of* von); zuständig.
cog·no·men [kɔg'nəumen] Zuname *m*; Bei-, Spitzname *m*.
cog-wheel ⊕ ['kɔgwi:l] Zahnrad *n*.
co·hab·it [kəu'hæbit] in wilder Ehe leben; **co·hab·i'ta·tion** wilde Ehe *f*.
co·heir ['kəu'ɛə] Miterbe *m*; **co-heir·ess** ['kəu'ɛəris] Miterbin *f*.
co·here [kəu'hiə] zs.-hängen; **co-'her·ence, co'her·en·cy** Zs.-hang *m*; **co'her·ent** □ zs.-hängend; klar, verständlich; **co'her·er** *Radio*: Fritter *m*.
co·he·sion [kəu'hi:ʒən] Kohäsion *f*; **co'he·sive** [~siv] (fest) zs.-hängend.
co·hort ['kəuhɔ:t] Kohorte *f*; Schar *f*.
coif [kɔif] Haube *f*.
coif·feur [kwɑ:'fə:] Friseur *m*; **coif·fure** [~'fjuə] **1.** Frisur *f*; **2.** frisieren.
coign of van·tage [kɔinəv'vɑ:ntidʒ] guter Beobachtungsposten *m*.
coil [kɔil] **1.** *oft ~ up* aufwickeln; (sich) zs.-rollen; sich winden; **2.** Rolle *f*, Spirale *f*; Wicklung *f*; ⚡ Spule *f*; Windung *f*; ⊕ (Rohr-) Schlange *f*.
coin [kɔin] **1.** Münze *f*, Geldstück *n*; *pay s.o. back in his own ~* j-m mit gleicher Münze heimzahlen; **2.** prägen (*a. fig.*); münzen; *be ~ing money* Geld wie Heu verdienen; '**coin·age** Prägung *f*, Prägen *n* (*a. fig.*); Geld *n*, Münze *f*; Münzsystem *n*; '**coin-box tel·e·phone** Münzfernsprecher *m*.
co·in·cide [kəuin'said] zs.-treffen, -fallen; *fig.* übereinstimmen; **co-in·ci·dence** [kəu'insidəns] Zs.-treffen *n*, -fallen *n*; *fig.* Übereinstimmung *f*; *mere ~* bloßer Zufall *m*; **co'in·ci·dent** □ zs.-fallend; *fig.* übereinstimmend.
coin·er ['kɔinə] Münzer *m*, Präger *m*; *bsd.* Falschmünzer *m*.
coir ['kɔiə] Kokosbast *m*.
coke [kəuk] **1.** Koks *m* (*a. sl.* = *Kokain*); *Am.* F Coca-Cola *f*; **2.** verkoken.
co·ker·nut ['kəukənʌt] = *coco-nut*.
col·an·der ['kʌləndə] *Küche*: Durchschlag *m*, Sieb *n*.
cold [kəuld] **1.** □ kalt (*a. fig.*); *throw ~ water on* die Begeisterung für *et.* dämpfen; *give s.o. the ~ shoulder* = *~-shoulder*; *have ~ feet* F kalte Füße (*Angst*) haben; **2.** Kälte *f*, Frost *m*; Erkältung *f*; *oft ~ in the head* Schnupfen *m*; *be left in the ~* vernachlässigt *od.* im Stich gelassen werden; '**~-'blood·ed** kaltblütig (*a. fig.*); '**~-'heart·ed** kalt-, hartherzig; '**cold·ness** Kälte *f*.
cold...: '**~-shoul·der** *j-m* die kalte Schulter zeigen, *j.* kühl behandeln, links liegen lassen; **~ steel** blanke Waffe *f*; '**~-'stor·age** Kühlhaus (-lagerung *f*) *n*; *attr.* Kühl(haus)...; '**~-'store** kühl lagern; **~ war** kalter Krieg *m*.
cole ⚘ [kəul] *mst in Zssgn* Kohl *m*.
cole-seed ⚘ ['kəulsi:d] Rübsamen *m*.
cole·slaw *Am.* ['kəulslɔ:] Krautsalat *m*.
col·ic ⚕ ['kɔlik] Kolik *f*.
col·lab·o·rate [kə'læbəreit] zs.-arbeiten; **col·lab·o'ra·tion** Zs.-, Mitarbeit *f*; *in ~ with* gemeinsam mit; **col·lab·o'ra·tion·ist** *pol.* Kollaborateur *m*; **col'lab·o·ra·tor** Mitarbeiter *m*.

col·lapse [kəˈlæps] **1.** zs.-, einfallen; zs.-brechen; **2.** Zs.-bruch *m*; **colˈlaps·i·ble** zs.-klappbar; ~ *boat* Faltboot *n*.

col·lar [ˈkɔlə] **1.** Kragen *m*; Halsband *n*; Halskette *f*; Kum(me)t *n*; ⊕ Lager *n*, Pfanne *f*; **2.** beim Kragen packen; *Fleisch* zs.-rollen; **ˈ~-bone** Schlüsselbein *n*; **ˈ~-stud** Kragenknopf *m*.

col·late [kɔˈleit] *Texte etc.* vergleichen, kollationieren.

col·lat·er·al [kɔˈlætərəl] **1.** □ parallel laufend; Seiten..., Neben...; indirekt; **2.** Seitenverwandte *m, f*.

col·la·tion [kɔˈleiʃən] Vergleichung *f von Texten*; Imbiß *m*.

col·league [ˈkɔliːg] Kollege *m*, Kollegin *f*.

col·lect 1. [ˈkɔlekt] Kollekte *f* (*Altargebet*); **2.** [kəˈlekt] *v/t.* (ein-, auf)sammeln; *Gedanken etc.* sammeln; *Geld* einziehen, einkassieren; abholen; ~ *one's wits* s-e Gedanken sammeln; ~*ing business* Inkassogeschäft *n*; *v/i.* sich (ver)sammeln; **colˈlect·ed** □ *fig.* gefaßt; **colˈlect·ed·ness** *fig.* Fassung *f*; **colˈlec·tion** Sammlung *f*; Kollekte *f*; Einziehung *f*, Inkasso *n*; *forcible* ~ Zwangsbeitreibung *f*; **colˈlec·tive** gesammelt; Sammel...; Kollektiv...; ~ *bargaining* Tarifverhandlungen *f/pl.*; **colˈlec·tive·ly** insgesamt, im ganzen; gemeinschaftlich; **colˈlec·tiv·ism** *pol.* Kollektivismus *m*; **colˈlec·tiv·ize** in Gemeineigentum überführen, verstaatlichen; **colˈlector** Sammler *m*; *Steuer*-Einnehmer *m*, Erheber *m*; 🚂 Fahrkartenabnehmer *m*; ⚡ Stromabnehmer *m*.

col·leen *ir.* [kɔˈliːn] Mädchen *n*.

col·lege [ˈkɔlidʒ] College *n* (*Teil e-r Universität*); höhere Schule *f od.* Lehranstalt *f*; Hochschule *f*; Akademie *f*; Kollegium *n*; **col·le·gi·an** [kəˈliːdʒjən] Student *m*; höherer Schüler *m*; **colˈle·giate** [~dʒiit] Schul..., College...

col·lide [kəˈlaid] (*with*) kollidieren (mit); zs.-stoßen (mit); *fig.* widerstreiten (*dat.*).

col·lie [ˈkɔli] Collie *m*, schottischer Schäferhund *m*.

col·lier [ˈkɔliə] Bergmann *m*; ⚓ Kohlenschiff *n*; **col·lier·y** [ˈkɔljəri] Kohlenbergwerk *n*.

col·li·sion [kəˈliʒən] Kollision *f*; Zs.-stoß *m*; *fig.* Widerstreit *m*.

col·lo·ca·tion [kɔləuˈkeiʃən] Anordnung *f*.

col·lo·di·on [kəˈləudjən] Kollodium *n*.

col·logue [kəˈləug] sich vertraulich besprechen.

col·lo·qui·al □ [kəˈləukwiəl] umgangssprachlich, familiär; **colˈlo·qui·al·ism** Ausdruck *m* der Umgangssprache.

col·lo·quy [ˈkɔləkwi] Gespräch *n*.

col·lude [kəˈluːd] im heimlichen Einverständnis sein; **colˈlu·sion** [~ʒən] heimliches Einverständnis *n*; ⚖ Verdunkelung *f*.

co·lon [ˈkəulən] *typ.* Kolon *n*, Doppelpunkt *m*; *anat.* Dickdarm *m*.

colo·nel ⚔ [ˈkəːnl] Oberst *m*; **ˈcolo·nel·cy** Rang *m* e-s Obersten.

co·lo·ni·al [kəˈləunjəl] Kolonial...; **coˈlo·ni·al·ism** *pol.* Kolonialismus *m*; **col·o·nist** [ˈkɔlənist] Kolonist *m*, Ansiedler *m*; **col·o·ni·za·tion** [kɔlənaiˈzeiʃən] Kolonisation *f*, Besiedelung *f*; **ˈcol·o·nize** kolonisieren; (sich) ansiedeln; *Land* besiedeln.

col·on·nade [kɔləˈneid] Säulengang *m*, Kolonnade *f*.

col·o·ny [ˈkɔləni] Kolonie *f*; Siedlung *f*.

col·o·pho·ny [kɔˈlɔfəni] Kolophonium *n*, Geigenharz *n*.

Col·o·ra·do bee·tle [kɔləˈrɑːdəuˈbiːtl] Kartoffelkäfer *m*.

co·los·sal □ [kəˈlɔsl] kolossal; **coˈlos·sus** [~səs] Koloß *m*, Riese *m*.

col·our, *Am.* **col·or** [ˈkʌlə] **1.** Farbe *f*; Gesichts-, Hautfarbe *f*; *fig.* Färbung *f*; Anschein *m*; Vorwand *m*; ~*s pl.* ⚔ Fahne *f*, Flagge *f*; *local* ~ Lokalkolorit *n*; **2.** *v/t.* färben; anstreichen; kolorieren; *fig.* beschönigen; *v/i.* sich färben; sich verfärben, erröten; **ˈcol·o(u)r·a·ble** □ trügerisch; **col·o(u)rˈa·tion** Färbung *f*; Farbgebung *f*.

col·o(u)r...: ˈ~-bar Rassenschranke *f*; **ˈ~-blind** farbenblind; **ˈcol·o(u)red** gefärbt, farbig, bunt; ~ *film* Farbfilm *m*; ~ *pencil* Farbstift *m*; ~ *(wo)man* Farbige *m* (*f*); **col·o(u)r·ful** [ˈ~ful] farbenprächtig, -freudig, bunt; lebhaft; **ˈcol·o(u)r·ing 1.** färbend; ~ *matter* Farbstoff *m*; **2.** Färbung *f*; Farbgebung *f*,

Ton *m*; *fig.* Beschönigung *f*; 'col·o(u)r·ist Kolorist *m*; 'col·o(u)r·less □ farblos; 'col·o(u)r line *bsd. Am.* Rassenschranke *f*; 'col·o(u)r scheme Farbenzs.-stellung *f*; 'col·o(u)r wash farbige Tünche *f*.

colt [kəult] Hengstfüllen *n*; *fig.* Neuling *m*; 'colts·foot ⚘ Huflattich *m*.

col·um·bine ⚘ ['kɔləmbain] Akelei *f*.

col·umn ['kɔləm] Säule *f*; Pfeiler *m*; *typ.* Spalte *f*; ⚔ Kolonne *f*; **co·lum·nar** [kə'lʌmnə] säulenartig, -förmig; **col·um·nist** ['kɔləmnist] *Am.* Kolumnist *m* (*Journalist, für den stets e-e bestimmte Spalte reserviert ist*).

col·za ⚘ ['kɔlzə] Raps *m*.

co·ma ['kəumə] ⚕ Koma *n*, tiefe Bewußtlosigkeit *f*; ⚘ Schopf *m*, Haarbüschel *n*.

comb [kəum] **1.** Kamm *m* (*a. von Hahn u. Woge*); ⊕ Hechel *f*; *s. curry-*~; *s. honey*~; **2.** *v/t.* kämmen; striegeln; *Flachs* hecheln; ~ *out fig.* (aus)sieben; *v/i.* sich brechen (*Welle*).

com·bat ['kɔmbət] **1.** Kampf *m*, Streit *m*; *single* ~ Zweikampf *m*; **2.** (be)kämpfen; '**com·bat·ant** Kämpfer *m*; '**com·bat·ive** □ streitbar, -süchtig; Kampf...

comb·er ['kəumə] ⊕ Krempelmaschine *f*; ⚓ Schaumwelle *f*.

com·bin·a·ble [kəm'bainəbl] verbindungsfähig; **com·bi·na·tion** [kɔmbi'neiʃən] Verbindung *f* (*engS.* ⚗); Vereinigung *f*; Zs.-arbeit *f*; *mst* ~*s pl.* Hemdhose *f*; Motorrad *n* mit Beiwagen; ~ *lock* Kombinationsschloß *n* (*mit Zahlen od. Buchstaben*); **com·bine 1.** [kəm'bain] (sich) verbinden *od.* -einigen; kombinieren; **2.** ['kɔmbain] ✝ Ring *m*, Interessengemeinschaft *f*; *a.* ~ *harvester* Mähdrescher *m*.

com·bus·ti·ble [kəm'bʌstəbl] **1.** brennbar; leicht entzündbar; **2.** ~*s pl.* Brennmaterial *n*; *mot.* Treibstoff *m*; **com·bus·tion** [~'bʌstʃən] Verbrennung *f*; ~ *engine* Verbrennungsmotor *m*.

come [kʌm] (*irr.*) kommen; *to* ~ künftig, kommend; *how* ~? F wieso denn?; ~ *about* sich zutragen; zustandekommen; ~ *across* auf *j. od. et.* stoßen; *j-m* zufällig begegnen; ~ *along* sich beeilen; mitkommen; ~ *at* erlangen, erreichen; *j-m od. der Wahrheit etc.* beikommen; ~ *by* vorbeikommen; zu *et.* kommen, *et.* bekommen; ~ *down* herunterkommen (*a. fig.*); zs.-stürzen; ~ *down upon s.o.* j. zurechtweisen; ~ *down upon s.o. for £10* von j-m £10 verlangen; ~ *down with* herausrücken mit *Geld*; *Am.* F erkranken an; ~ *for* abholen; ~ *in* hereinkommen; eintreten; ⚓ einlaufen; aufkommen, Mode werden; zur Macht *od.* ins Amt *etc.* kommen; ~ *in!* herein!; ~ *in for* bekommen; ~ *off* davonkommen; abgehen (*Knopf*), ausfallen (*Haare etc.*); stattfinden; gelingen; ~ *on* herankommen; wachsen; vorankommen, Fortschritte machen; ~ *on!* komm her!; los!; vorwärts!; ~ *out* herauskommen; erscheinen; ausfallen; ~ *out right* stimmen (*Rechnung*); ~ *round* vorbeikommen (*bsd. zu Besuch*); wiederkehren; zu sich kommen; *fig.* einlenken; zustimmen; ~ *to adv.* dazukommen; = ~ *to o.s.*; ⚓ beidrehen; *prp.* betragen, sich belaufen auf (*acc.*); ~ *to o.s. od. to one's senses* wieder zu sich kommen; ~ *to anchor* vor Anker gehen; ~ *to know* kennenlernen; ~ *up* herauf-, heraus-, herankommen; aufgehen, keimen; aufkommen; sich erheben (*Frage*); ~ *up against fig.* aufstehen gegen; ~ *up for (active) consideration* (ernsthaft) erwogen werden; ~ *up to* entsprechen (*dat.*); es *j-m* gleichtun; *Stand, Maß* erreichen; ~ *up with j.* einholen; ~ *upon* stoßen auf (*acc.*); über *j.* kommen (*Gefühl etc.*); überfallen; ~-'**at·a·ble** F erreichbar; zugänglich; '~-**back** Wiederkehr *f*, Wiederhochkommen *n*, Comeback *n*; *Am. sl.* schlagfertige Antwort *f*.

co·me·di·an [kə'mi:djən] Schauspieler(in); Komiker(in); Lustspieldichter *m*.

com·e·dy ['kɔmidi] Komödie *f*, Lustspiel *n*.

come·li·ness ['kʌmlinis] Anmut *f*; '**come·ly** anmutig, hübsch.

com·er ['kʌmə] (An)Kommende *m, f*.

co·mes·ti·ble [kə'mestibl] *mst* ~*s pl.* Eßware(n *pl.*) *f*.

com·et ['kɔmit] Komet *m*.

com·fort ['kʌmfət] **1.** Bequemlichkeit *f*, Komfort *m*; Behaglichkeit *f*; Trost *m*; *fig.* Beistand *m*; Labsal *n*, Erquickung *f*; **2.** trösten; erquicken; beleben; **'com·fort·a·ble** □ behaglich; angenehm; bequem, komfortabel; tröstlich; *I am* ~ mir ist behaglich, ich sitze *etc.* bequem; **'com·fort·er** Tröster *m*; wollenes Halstuch *n*; Schnuller *m*; *Am.* Steppdecke *f*; **'com·fort·less** □ unbehaglich; trostlos; **'com·fort sta·tion** *Am.* Bedürfnisanstalt *f*.

com·frey ⚘ ['kʌmfri] Schwarzwurz(el) *f*.

com·fy □ F ['kʌmfi] = *comfortable*.

com·ic ['kɔmik] (~*ally*) komisch; Lustspiel...; *fig. mst* **'com·i·cal** □ lustig, drollig; ~ *journal*, ~ *paper* Witzblatt *n*; **'com·ics** *pl.* Comics *pl.* (*primitive Bildserien*).

Com·in·form ['kɔminfɔːm] *pol.* Kominform *n*.

com·ing ['kʌmiŋ] **1.** kommend; künftig; ~, *Sir!* sofort, der Herr!; **2.** Kommen *n*, Ankunft *f*.

Com·in·tern *pol.* ['kɔmintəːn] Komintern *f*.

com·i·ty ['kɔmiti]: ~ *of nations* gutes Einvernehmen *n* der Nationen.

com·ma ['kɔmə] Komma *n*.

com·mand [kə'mɑːnd] **1.** Herrschaft *f*, Beherrschung *f* (*a. fig. e-r Sprache etc.*); Befehl *m*; Königlicher Erlaß *m* (*mst Cmd.*); ⚔ Kommando *n* (*in jedem Sinne*); *at od. by* ~ *of* auf Befehl (*gen.*); *have* ~ *of* beherrschen; *be* (*have*) *at* ~ zur Verfügung stehen (haben); *be in* ~ *of* ⚔ befehligen; **2.** befehlen, gebieten; *Truppe*, *Schiff* befehligen, ⚔ kommandieren; verfügen über (*acc.*); beherrschen; ⚔ bestreichen; beherrschen (*überschauen*); **com·man·dant** ⚔ [kɔmən'dænt] Kommandant *m*, Befehlshaber *m e-r Festung*; **com·man·deer** [~'diə] ⚔ zum Militärdienst zwingen; requirieren; **com·mand·er** ⚔ [kə'mɑːndə] Kommandeur *m*, Befehlshaber *m e-r Truppenabteilung*; ⚓ Fregattenkapitän *m*; *Ordens*-Komtur *m*; **com'mand·er-in-'chief** Oberbefehlshaber *m*; **com'mand·ing** Herrscher...; beherrschend; *fig.* hervorragend; ~ *point* strategischer Punkt *m*; **com'mand·ment** Gebot *n*; **com'man·do** ⚔ [~dəu] Kommando(truppe *f*) *n*; **com'mand per·form·ance** *thea.* Aufführung *f* auf königlichen Wunsch.

com·mem·o·rate [kə'meməreit] gedenken (*gen.*), feiern; erinnern an (*acc.*); **com·mem·o'ra·tion** Gedächtnisfeier *f*; **com'mem·o·ra·tive** □ [~rətiv] erinnernd (*of* an *acc.*); Gedächtnis..., Erinnerungs...

com·mence [kə'mens] anfangen, beginnen; ⚖ anhängig machen; **com'mence·ment** Anfang *m*, Beginn *m*; feierliche Verleihung *f* akademischer Grade.

com·mend [kə'mend] empfehlen; loben; anvertrauen; ~ *me to* ... F da lobe ich mir ...; **com'mend·a·ble** □ empfehlenswert; lobenswert; **com·men·da·tion** [kɔmen'deiʃən] Empfehlung *f*, Lob *n*; **com'mend·a·to·ry** [~dətəri] empfehlend; Empfehlungs...

com·men·su·ra·ble □ [kə'menʃərəbl] vergleichbar (*with*, *to* mit); **com'men·su·rate** □ [~rit] (*with*, *to*) angemessen (*dat.*), entsprechend (*dat.*).

com·ment ['kɔmənt] **1.** Kommentar *m*; Erläuterung *f*; An-, Bemerkung *f*; Stellungnahme *f* (*on* zu); Kritik *f*; **2.** (*upon*) erläutern, kommentieren (*acc.*); sich auslassen (über *acc.*); kritische Bemerkungen machen (über *acc.*); **'com·men·tar·y** Kommentar *m*; **com·men·ta·tor** ['~teitə] Kommentator *m*; Erklärer *m*; *Radio*: Berichterstatter *m*.

com·merce ['kɔməːs] Handel *m*; Verkehr *m*; Umgang *m*; *Chamber of* ♀ Handelskammer *f*; **com·mer·cial** □ [kə'məːʃəl] **1.** kaufmännisch; Handels..., Geschäfts...; gewerbsmäßig; ~ *traveller* Handlungsreisende *m*; **2.** P = ~ *traveller*; *bsd. Am. Radio*: kommerzielle Sendung *f*; **com'mer·cial·ism** Handelsgeist *m*; **com'mer·cial·ize** in den Handel bringen; ein Geschäft machen aus, kommerzialisieren; **com'mer·cial tel·e·vi·sion** kommerzielles Fernsehen *n*.

com·mie F ['kɔmi] Kommunist *m*.

com·min·gle [kɔ'miŋgl] zusammenmischen.

com·mis·er·ate [kə'mizəreit] bemitleiden; **com·mis·er·a·tion** [~'reiʃən] Mitleid *n* (*for* mit).

com·mis·sar *pol.* [kɔmiˈsɑː] Kommissar *m.*
com·mis·sar·i·at [kɔmiˈsɛəriət] Kommissariat *n*; ⚔ Intendantur *f*; **com·mis·sar·y** [ˈ~səri] Kommissar *m*; ⚔ Intendanturbeamte *m.*
com·mis·sion [kəˈmiʃən] **1.** Auftrag *m*; Übertragung *f von Macht etc.* (*to s.o.* auf j.); Begehung *f e-s Verbrechens*; Provision *f*; Kommission *f*, Ausschuß *m*; (Offiziers)Patent *n*; Bestallung *f*; ⚓ Bereitschaft *f*; ~ *sale* Kommissionsverkauf *m*; *on* ~ in Kommission; **2.** beauftragen; bevollmächtigen; ⚔ bestallen; ⚓ in Dienst stellen; **com·mis·sion·aire** [~ˈnɛə] Portier *m*; **comˈmis·sion·er** Bevollmächtigte *m*, *f*; Beauftragte *m*, *f*; Kommissar *m.*
com·mit [kəˈmit] anvertrauen; übergeben, (*parl.* e-r Kommission) überweisen; *Verbrechen etc.* begehen; bloßstellen; ~ (*o.s.* sich) festlegen (*to* auf *acc.*); (sich) verpflichten (*to* zu); ~ (*to prison*) in Untersuchungshaft nehmen; ~ *for trial* zur Aburteilung überweisen; **comˈmit·ment** Überweisung *f* (*parl.* an eine Kommission); Verhängung *f* der Haft; Bindung *f*, Verpflichtung *f*; **comˈmit·tal** = *commitment*; Verübung *f*, Begehung *f*; ~ *order* Haftanordnung *f*; **comˈmit·tee** [~ti] Komitee *n*, Ausschuß *m.*
com·mode [kəˈməud] Kommode *f*; Nachtstuhl *m*; **comˈmo·di·ous** □ [~djəs] geräumig; **com·mod·i·ty** [kəˈmɔditi] Ware *f* (*mst pl.*), Gebrauchsartikel *m*; ~ *value* Sachwert *m.*
com·mo·dore ⚓ [ˈkɔmədɔː] Kommodore *m*, Geschwaderführer *m.*
com·mon [ˈkɔmən] **1.** □ (all)gemein; gewöhnlich; gemeinschaftlich, gemeinsam; öffentlich; gemein (*niedrig*); *of* ~ *gender gr.* beiderlei Geschlechts; ~ *noun* Gattungsname *m*; ⁀ *Council* Gemeinderat *m*; *Book of* ⁀ *Prayer das* anglikanische Gebetbuch; ~ *weal* Gemeinwohl *n*; *in* ~ gemeinsam (*with* mit); *in* ~ *with fig.* genau wie; **2.** Gemeindewiese *f*; **com·mon·al·ty** [ˈ~nlti] *das* gemeine Volk; **ˈcom·mon·er** Bürger *m*, Gemeine *m*, Nichtadlige *m*; Mitglied *n* des Unterhauses.
com·mon...: ~ **law** Gewohnheitsrecht *n*; ⁀ **Mar·ket** Gemeinsamer Markt *m*; **ˈ~·place 1.** Gemeinplatz *m*; **2.** gewöhnlich, alltäglich; Alltags...; abgedroschen.
com·mons [ˈkɔmənz] *pl. das* gemeine Volk; gemeinschaftliche Kost *f*; *short* ~ schmale Kost *f*; *mst House of* ⁀ Unterhaus *n.*
com·mon...: ~ **sense** gesunder Menschenverstand *m*; **ˈ~·wealth** Gemeinwesen *n*, Staat *m*; *bsd.* Republik *f*, Freistaat *m*; *the British* ⁀ das Commonwealth; *the* ⁀ *of Australia* der Australische Staatenbund.
com·mo·tion [kəˈməuʃən] Erschütterung *f*; Aufruhr *m*; Aufregung *f*; Aufsehen *n.*
com·mu·nal □ [ˈkɔmjunl] gemeinschaftlich; Gemeinschafts...; innerhalb der Gemeinde; Kommunal..., Gemeinde...; **com·mu·nal·ize** [ˈ~nəlaiz] kommunalisieren; eingemeinden.
com·mune 1. [kəˈmjuːn] sich vertraulich besprechen, zu Rate gehen; **2.** [ˈkɔmjuːn] Gemeinde *f*, Kommune *f.*
com·mu·ni·ca·bil·i·ty [kəmjuːnikəˈbiliti] Mitteilbarkeit *f*; **comˈmu·ni·ca·ble** □ mitteilbar; **comˈmu·ni·cant** Kommunikant(in); **comˈmu·ni·cate** [~keit] *v/t.* mitteilen; *v/i.* das Abendmahl nehmen, kommunizieren; in Verbindung stehen, sich in Verbindung setzen (*with* mit); **com·mu·niˈca·tion** Mitteilung *f*; Verständigung *f*; Verbindung *f*; *be in* ~ *with* in Verbindung stehen mit; ~ *cord* 🚃 Notbremse *f*; **comˈmu·ni·ca·tive** □ [~kətiv] mitteilsam, gesprächig; **comˈmu·ni·ca·tor** [~keitə] Mitteilende *m*, *f*; *tel.* Zeichengeber *m*; 🚃 Notbremse *f.*
com·mun·ion [kəmˈjuːnjən] Gemeinschaft *f*; Kirchen-, Glaubensgemeinschaft *f*; *eccl.* Abendmahl *n.*
com·mu·ni·qué [kəˈmjuːnikei] Kommuniqué *n*, amtliche Verlautbarung *f.*
com·mu·nism [ˈkɔmjunizəm] Kommunismus *m*; **ˈcom·mu·nist 1.** Kommunist(in); **2.** = **com·muˈnis·tic** (*~ally*) kommunistisch.
com·mu·nity [kəˈmjuːniti] Gemeinschaft *f*; Gemeinde *f*; Gemeinwesen *n*; *the* ~ der Staat; ~

ownership öffentliches Eigentum *n*; ~ *service* Gemeinschaftsdienst *m*; ~ *spirit* Gemeinschaftsgeist *m*; ~ *of interests* Interessengemeinschaft *f*; ~ **cen·tre** Gemeinschaftshaus *n*; ~ **chest** *Am.* Wohlfahrtsfonds *m*.

com·mut·a·ble [kəˈmjuːtəbl] ablösbar; umwandelbar; **com·mu·ta·tion** [kɔmjuːˈteiʃən] Vertauschung *f*; Umwandlung *f* (*for, into* in *acc.*); Ablösung *f*; Strafmilderung *f*; ~ *ticket Am.* Zeitkarte *f*; **com·mu·ta·tive** [kəˈmjuːtətiv] wechselseitig; Tausch...; **com·mu·ta·tor** ⚡ [ˈkɔmjuːteitə] Stromwender *m*; **com·mute** [kəˈmjuːt] (*for, into*) *Verpflichtung* ablösen (durch); *Strafe* (mildernd) umwandeln (in *acc.*); *Zahlung* umwandeln (in *acc.*); *Am.* pendeln, (täglich) hin- u. herfahren; **comˈmut·er** *Am.* Pendler *m*.

com·pact 1. [ˈkɔmpækt] Vertrag *m*; Kompaktpuder *m*; **2.** [kəmˈpækt] dicht, fest; knapp, bündig; **3.** [~] fest verbinden; **comˈpact·ness** Dichtigkeit *f*, Festigkeit *f*.

com·pan·ion [kəmˈpænjən] Gefährte *m*, Gefährtin *f*; Kamerad(in); Gesellschafter(in); ✝ Kompagnon *m*; ⚓ Kajütskappe *f*; Handbuch *n*; ~ *in arms* Waffenbruder *m*; **comˈpan·ion·a·ble** □ gesellig; **comˈpan·ion·ate** [~nit]: ~ *marriage* Kameradschaftsehe *f*; **comˈpan·ion·ship** Gesellschaft *f*; Genossenschaft *f*.

com·pa·ny [ˈkʌmpəni] Gesellschaft *f*; ✝ *u.* ⚔ Kompanie *f*; Handelsgesellschaft *f*; Genossenschaft *f*, Innung *f*; ⚓ Mannschaft *f*; *thea.* Truppe *f*; *be good* (*bad*) ~ ein guter (schlechter) Gesellschafter sein; *bear s.o.* ~ j-m Gesellschaft leisten; *have* ~ Gäste haben; *keep* ~ *with* verkehren mit.

com·pa·ra·ble □ [ˈkɔmpərəbl] vergleichbar; **com·par·a·tive** [kəmˈpærətiv] **1.** □ vergleichend; verhältnismäßig; ~ *degree* = **2.** *gr.* Komparativ *m*; **comˈpar·a·tive·ly** ziemlich; vergleichsweise; **com·pare** [~ˈpɛə] **1.** *beyond* ~, *without* ~, *past* ~ unvergleichlich; **2.** *v/t.* vergleichen (*with* mit); gleichstellen (*to* mit); *gr.* steigern; (*as*) ~*d with* im Vergleich zu; *v/i.* sich vergleichen (lassen); **com·par·i·son** [~ˈpærisn] Vergleich *m*; *gr.* Steigerung *f*; *in* ~ *with* im Vergleich zu.

com·part·ment[kəmˈpɑːtmənt]Abteilung *f*; ⚠ Fach *n*, Feld *n*; 🚃 (Wagen)Abteil *n*.

com·pass [ˈkʌmpəs] **1.** Bereich *m*; ♪ Umfang *m*; Kompaß *m*; (*oft pair of*) ~*es pl.* Zirkel *m*; **2.** herumgehen um; einschließen; *Zweck* erreichen; planen; anstiften.

com·pas·sion [kəmˈpæʃən] Mitleid *n*, -gefühl *n*; *have* ~ *on* Mitleid haben mit; **comˈpas·sion·ate** □ [~nit] mitleidig; *on* ~ *grounds* aus Mitleid.

com·pat·i·bil·i·ty [kəmpætəˈbiliti] Vereinbarkeit *f*, Verträglichkeit *f*; **comˈpat·i·ble** □ vereinbar, verträglich; schicklich, passend.

com·pa·tri·ot [kəmˈpætriət] Landsmann *m*.

com·peer [kɔmˈpiə] (Standes)Genosse *m*, Genossin *f*.

com·pel [kəmˈpel] *j.* zwingen, nötigen; *et.* erzwingen, zu *et.* zwingen.

com·pen·di·ous □ [kəmˈpendiəs] kurz(gefaßt), gedrängt; **comˈpen·di·ous·ness** Kürze *f*, Gedrängtheit *f*.

com·pen·di·um [kəmˈpendiəm] Kompendium *n*, Abriß *m*.

com·pen·sate [ˈkɔmpenseit] *v/t. j.* entschädigen (*for* für; *with* mit; *by* durch); *et.* ersetzen; ausgleichen; ⊕ kompensieren; *v/i.* ~ *for* Ersatz leisten für, entschädigen für; *et.* ausgleichen, wettmachen; **compenˈsa·tion** Ersatz *m*; Entschädigung *f*; Ausgleich(ung *f*) *m*; *Am.* Vergütung *f* (= *Gehalt*); ⊕ Kompensation *f*; **comˈpen·sa·tive** [~sətiv], **comˈpen·sa·to·ry** ausgleichend.

com·père [ˈkɔmpɛə] **1.** Conférencier *m*; **2.** ansagen (bei).

com·pete [kəmˈpiːt] sich (mit)bewerben (*for* um); konkurrieren (*with* mit); ~ *with s.o.* j-m Konkurrenz machen.

com·pe·tence, com·pe·ten·cy [ˈkɔmpitəns(i)] Kompetenz *f*, Befugnis *f*, Zuständigkeit *f*; Auskommen *n*; **ˈcom·pe·tent** □ hinreichend; (leistungs)fähig; kompetent; fachkundig; berechtigt, zuständig.

com·pe·ti·tion [kɔmpiˈtiʃən] Wettbewerb *m*, -streit *m*; ✝ Konkurrenz *f*; *rifle* ~ Preisschießen *n*; **com·pet·i·tive** □ [kəmˈpetitiv] wetteifernd; Konkurrenz...; **comˈpet·i·tor** Mitbewerber(in); Konkurrent(in).

com·pi·la·tion [kɔmpiˈleiʃən] Zs.-stellung *f*, Kompilation *f*; **com·pile** [kəmˈpail] zs.-tragen, -stellen (*from* aus); sammeln.

com·pla·cence, com·pla·cen·cy [kəmˈpleisns(i)] Selbstzufriedenheit *f*; **comˈpla·cent** □ selbstzufrieden, selbstgefällig.

com·plain [kəmˈplein] (sich be)klagen, sich beschweren (*about*, *of* über *acc.*; *that* daß; *to* bei); reklamieren; **comˈplain·ant** Kläger(in); **comˈplain·er** Klagende *m*; Beschwerdeführer(in); **comˈplaint** Klage *f*, Beschwerde *f*; Reklamation *f*; ⚕ Leiden *n*.

com·plai·sance [kəmˈpleizəns] Gefälligkeit *f*; Entgegenkommen *n*; Höflichkeit *f*; **comˈplai·sant** □ gefällig; entgegenkommend; höflich.

com·ple·ment [ˈkɔmplimənt] **1.** Ergänzung *f* (*a. gr.*); volle Anzahl *f od.* Stärke *f*; Å Komplement *n*; **2.** ergänzen; **com·pleˈmen·tal, com·pleˈmen·ta·ry** ergänzend (*to acc.*); Ergänzungs...; Komplementär...

com·plete [kəmˈpliːt] **1.** □ vollständig, ganz; völlig, vollkommen; **2.** vervollständigen; -kommnen; ergänzen; vollenden, abschließen; **comˈplete·ness** Vollständigkeit *f*; **comˈple·tion** Vervollständigung *f*; -kommnung *f*; Vollendung *f*, Abschluß *m*; Erfüllung *f*; Ergänzung *f*.

com·plex [ˈkɔmpleks] **1.** □ zs.-gesetzt; *fig.* kompliziert, verwickelt; ~ *sentence gr.* Satzgefüge *n*; **2.** Gesamtheit *f*, (*engS. seelischer*) Komplex *m*; **com·plex·ion** [kəmˈplekʃən] Aussehen *n*; Charakter *m*, Zug *m*; Gesichtsfarbe *f*, Teint *m*; **comˈplex·i·ty** Kompliziert-, Verwickeltheit *f*; Verwick(e)lung *f*.

com·pli·ance [kəmˈplaiəns] Einwilligung *f*; Willfährigkeit *f*; Einverständnis *n* (*with* mit); *in* ~ *with* gemäß; **comˈpli·ant** □ willfährig; gefällig.

com·pli·cate [ˈkɔmplikeit] komplizieren, erschweren; **ˈcom·pli·cat·ed** kompliziert, schwierig, verwickelt; **com·pliˈca·tion** Verwick(e)lung *f*; ⚕ Komplikation *f*.

com·plic·i·ty [kəmˈplisiti] Mitschuld *f* (*in* an *dat.*).

com·pli·ment 1. [ˈkɔmplimənt] Kompliment *n*, Lob *n*; Schmeichelei *f*; Gruß *m*; **2.** [ˈ~ment] *v/t.* (*on*) beglückwünschen (zu); *j-m* Komplimente machen (über *acc.*); **com·pliˈmen·ta·ry** höflich; Höflichkeits...; ~ *dinner* Festessen *n*; ~ *ticket* Freikarte *f*.

com·ply [kəmˈplai] sich fügen; nachkommen, entsprechen, willfahren (*with dat.*); einwilligen; ~ *with the rules* die Vorschriften befolgen.

com·po·nent [kəmˈpəunənt] **1.** Bestandteil *m*; **2.** e-n Teil bildend; ~ *part* = ~ *1*.

com·port [kəmˈpɔːt] übereinstimmen (*with* mit); ~ *o.s.* sich betragen.

com·pose [kəmˈpəuz] zs.-setzen; komponieren, verfassen; schriftstellern; zurechtlegen, ordnen; *Streit* beilegen; *Gemüt* beruhigen; *typ.* setzen; **comˈposed**, *adv.* **comˈpos·ed·ly** [~zidli] ruhig, gesetzt, gelassen; **comˈpos·er** Komponist (-in); Verfasser(in); **comˈpos·ing 1.** beruhigend; **2.** Zs.-setzen *n*; Komponieren *n*; Dichten *n*; ~ *machine* Setzmaschine *f*; ~ *room* Setzerei *f*; **com·pos·ite** [ˈkɔmpəzit] **1.** zs.-gesetzt; **2.** *konkr.* Zs.-setzung *f*; ♣ Komposite *f*; **com·poˈsi·tion** Zs.-setzung *f*; Abfassung *f*; ⌂, ♪, *paint.* Komposition *f*; (Schrift)Satz *m*; (Schul)Aufsatz *m*; ⚖ Vergleich *m*; **com·pos·i·tor** [kəmˈpɔzitə] (Schrift)Setzer *m*; **com·post** [ˈkɔmpɔst] **1.** Kompost *m*; **2.** kompostieren; **com·po·sure** [kəmˈpəuʒə] Fassung *f*, Gemütsruhe *f*, Gelassenheit *f*.

com·pote [ˈkɔmpɔt] Kompott *n*.

com·pound[1] **1.** [ˈkɔmpaund] zs.-gesetzt; ~ *fracture* ⚕ komplizierter Bruch *m*; ~ *interest* Zinseszinsen *m/pl.*; **2.** [~] Zs.-setzung *f*, Verbindung *f*; *a.* ~ *word gr.* Kompositum *n*; **3.** [kəmˈpaund] *v/t.* zs.-setzen; *Streit* beilegen; *v/i.* sich einigen; ⚖ sich vergleichen, akkordieren (*for* über *acc.*).

com·pound[2] [ˈkɔmpaund] eingezäuntes Gelände *n*.

com·pre·hend [kɔmpriˈhend] umfassen; begreifen, verstehen.

com·pre·hen·si·ble □ [kɔmpriˈhensəbl] verständlich; **com·pre'hen·sion** Verständnis *n*; Fassungskraft *f*; Umfang *m*; **com·pre'hen·sive** □ umfassend; ~ *school* Gesamtschule *f*; **com·pre'hen·sive·ness** Umfassende *n*.

com·press **1.** [kəm'pres] zs.-drücken, -pressen; **2.** ['kɔmpres] ⚕ Kompresse *f*; **com·pressed** [kəm'prest] komprimiert; ~ *air* Preß-, Druckluft *f*; **com'press·i·ble** komprimierbar; **com·pres·sion** [~'preʃən] Zs.-drücken *n*; *phys.* Verdichtung *f*, Kompression *f*; ⊕ Druck *m*; **com'pres·sor** [~sə] ⊕ Kompressor *m*.

com·prise [kəm'praiz] umfassen, einschließen, enthalten.

com·pro·mise ['kɔmprəmaiz] **1.** Kompromiß *n*, *m*; Vergleich *m*; **2.** *v/t.* *Streit* beilegen; bloßstellen, kompromittieren; *v/i.* sich vergleichen, ein(en) Kompromiß schließen (*on* über *acc.*).

comp·trol·ler [kən'trəulə] Rechnungsprüfer *m*.

com·pul·sion [kəm'pʌlʃən] Zwang *m*; **com'pul·so·ry** [~səri] obligatorisch; zwangsmäßig, Zwangs...; Pflicht...; ~ *military service* Wehrpflicht *f*; ~ *subject* Pflichtfach *n*.

com·punc·tion [kəm'pʌŋkʃən] Gewissensbisse *m/pl.*; Reue *f*; Bedenken *n*.

com·put·a·ble [kəm'pju:təbl] berechen-, zählbar; **com·pu·ta·tion** [kɔmpju:'teiʃən] Rechnung *f*; Berechnung *f*; **com·pu'ta·tor** = *computer*; **com·pute** [kəm'pju:t] (be-, er)rechnen; schätzen (*at* auf *acc.*); **com'put·er** Elektronenrechner *m*.

com·rade ['kɔmrid] Kamerad *m*; Genosse *m*; **'com·rade·ship** Kameradschaft *f*.

con[1] [kɔn] fleißig studieren, auswendig lernen.

con[2] ⚓ [~] *Schiff* leiten, steuern.

con[3] [~] *abbr.* = *contra* wider; *pro and* ~ für und wider; *the pros and* ~*s* die Gründe für und wider.

con[4] *Am. sl.* [~] **1.** *in Zssgn s. confidence man*; **2.** 'reinlegen (*betrügen*).

con·cat·e·nate [kɔn'kætineit] *mst fig.* verketten; **con·cat·e'na·tion** Verkettung *f* (*a. fig.*).

con·cave □ ['kɔn'keiv] konkav; Hohl...; **con·cav·i·ty** [~'kæviti] Konkavität *f*; Höhlung *f*; Hohlrundung *f*.

con·ceal [kən'si:l] verbergen; *fig.* verhehlen, -heimlichen, -schweigen, -bergen (*from s.o.* vor j-m); **con'ceal·ment** Verbergung *f etc.*; Verborgenheit *f*; *a. place of* ~ Versteck *n*.

con·cede [kən'si:d] zugestehen; einräumen; gewähren; nachgeben; **con'ced·ed·ly** zugestandenermaßen.

con·ceit [kən'si:t] Einbildung *f*, Selbstüberschätzung *f*; spitzfindiger Gedanke *m*; übertriebenes sprachliches Bild *n*; *out of* ~ *with* unzufrieden mit; **con'ceit·ed** □ eingebildet, eitel, dünkelhaft; **con'ceit·ed·ness** Dünkel *m*.

con·ceiv·a·ble □ [kən'si:vəbl] denkbar; begreiflich; **con'ceive** *v/i.* empfangen (*schwanger werden*); sich denken (*of acc.*); *v/t.* *Kind* empfangen; sich (aus)denken, sich vorstellen; erdenken, ersinnen; *Abneigung* fassen; ~*d in* ... ausgedrückt in ... (*dat.*).

con·cen·trate ['kɔnsəntreit] **1.** (sich) zs.-ziehen, (sich) konzentrieren (*a. fig.*); verdichten; ⚗ sättigen; **2.** Konzentrat *n* (*angereicherter Stoff*); **con·cen'tra·tion** Konzentration *f*, Zs.-ziehung *f*, Zs.-fassung *f*; ⚗ Sättigung *f*; ~ *camp* Konzentrationslager *n*; **con'cen·tre, con'cen·ter** [~tə] (sich) konzentrieren, (sich) vereinigen; **con'cen·tric** (~*ally*) konzentrisch.

con·cept ['kɔnsept] Begriff *m*, Vorstellung *f*; **con·cep·tion** [kən'sepʃən] Begreifen *n*; Vorstellung *f*, Begriff *m*, Idee *f*; *biol.* Empfängnis *f*.

con·cern [kən'sə:n] **1.** Angelegenheit *f*, Sache *f*, Anliegen *n*; Interesse *n* (*in* an *dat.*; *for* für); Unruhe *f*, Sorge *f*; Beziehung *f* (*with* zu); ✝ Geschäft *n*, (industrielles) Unternehmen *n*; F Ding *n*; **2.** betreffen, angehen, interessieren; ~ *o.s. with* sich befassen mit; ~ *o.s. about od. for* sich kümmern um; *be* ~*ed in* Betracht kommen; *be* ~*ed that* sich Sorgen darüber machen, daß; *I am* ~*ed to inf.* es kommt mir darauf an zu *inf.*; *be* ~*ed with* sich befassen mit, behandeln; **con'cerned** □ interessiert, beteiligt (*in* an *dat.*);

bekümmert, betroffen (*at, about, for* um, wegen); *those* ~ die Beteiligten; **con'cern·ing** *prp.* betreffend, betreffs, in betreff, über, wegen, hinsichtlich.
con·cert 1. ['kɔnsət] Konzert *n*; ['~sə:t] Einverständnis *n*; **2.** [kən'sə:t] ein Einverständnis schaffen, verabreden; *Kräfte* zs.-fassen; **con'cert·ed** gemeinsam, gemeinschaftlich; ♪ mehrstimmig; **con·cer·ti·na** ♪ [kɔnsə'ti:nə] *Art* Ziehharmonika *f*; **con·cer·to** ♪ [kən'ʃtə:təu] (Solo-) Konzert *n*.
con·ces·sion [kən'seʃən] Zugeständnis *n*; Erlaubnis *f*, Genehmigung *f*; zugewiesenes Land *n*; **con·ces·sion·aire** [~'nɛə] Konzessionär *m*.
con·ces·sive □ [kən'sesiv] einräumend.
conch [kɔŋk] *große* Seemuschel *f*.
con·cil·i·ate [kən'silieit] aus-, versöhnen; ausgleichen; in Einklang bringen; *Liebe etc.* gewinnen; **con·cil·i'a·tion** Aus-, Versöhnung *f*; Ausgleich *m*; **con'cil·i·a·tor** Vermittler *m*; **con'cil i·a·to·ry** [~ətəri] versöhnend, vermittelnd; ~ *proposal* Vorschlag *m* zur Güte.
con·cin·ni·ty [kən'siniti] Feinheit *f*, Eleganz *f des Stils*.
con·cise □ [kən'sais] kurz, bündig, knapp; **con'cise·ness** Kürze *f*.
con·clave ['kɔnkleiv] Konklave *n*.
con·clude [kən'klu:d] schließen, beschließen (*beendigen; das Ende bilden*); *Brief, Geschäft etc.* abschließen; folgern; beschließen, sich entscheiden (*to inf.* zu *inf.*); *to be* ~*d* Schluß folgt; **con'clud·ing** Schluß...
con·clu·sion [kən'klu:ʒən] Schluß *m*, Ende *n*; Abschluß *m e-s Vertrags etc.*; Schluß *m*, Folgerung *f*; Beschluß *m*; *in* ~ schließlich; *try* ~*s with* sich messen mit; **con'clu·sive** [~siv] □ beweiskräftig, schlüssig; überzeugend; endgültig.
con·coct [kən'kɔkt] zs.-brauen; *fig.* aussinnen, -hecken; **con'coc·tion** Zs.-brauen *n*; Gebräu *n*; *fig.* Erfindung *f*.
con·com·i·tance, con·com·i·tan·cy [kən'kɔmitəns(i)] Zs.-bestehen *n*, Gleichzeitigkeit *f*; **con'com·i·tant 1.** □ begleitend; **2.** begleitender Umstand *m*.
con·cord ['kɔŋkɔ:d] Eintracht *f*; Übereinstimmung *f* (*a. gr.*); ♪ Harmonie *f*, Zs.-klang *m*; **con·cord·ance** [kən'kɔ:dəns] Übereinstimmung *f*; *eccl.* Konkordanz *f*; **con'cord·ant** □ übereinstimmend; einstimmig; ♪ harmonisch; **con'cor·dat** *eccl.* [~dæt] Konkordat *n*.
con·course ['kɔŋkɔ:s] Zusammen-, Auflauf *m*; Menge *f*; *Am.* Bahnhofs-, Schalterhalle *f*.
con·crete 1. □ ['kɔnkri:t] konkret; Beton...; **2.** [~] Beton *m*; *phls., gr.* Konkretum *n*; *in the* ~ im konkreten Falle; **3.** [kən'kri:t] *zu e-r Masse* verbinden; ['kɔnkri:t] betonieren; ~ **noun** *gr.* Konkretum *n*; **con·cre·tion** [kən'kri:ʃən] Zs.-wachsung *f*; Festwerden *n*, Verhärtung *f*.
con·cu·bi·nage [kɔn'kju:binidʒ] Konkubinat *n*; **con·cu·bine** ['kɔŋkjubain] Konkubine *f*.
con·cu·pis·cence [kən'kju:pisəns] Sinnenlust *f*, Begierde *f*; **con'cu·pis·cent** lüstern; sinnlich.
con·cur [kən'kə:] zs.-treffen, -wirken; übereinstimmen (*with* mit; *in* in *dat.*); mitwirken (*to* zu); **con·cur·rence** [~'kʌrəns] Zusammentreffen *n*; Übereinstimmung *f*; Einverständnis *n*; Mitwirkung *f*; *in* ~ *with* gemeinschaftlich mit; **con'cur·rent** □ zs.-treffend *etc.* (*s. concur*); gleichzeitig.
con·cus·sion [kən'kʌʃən]: ~ *of the brain* Gehirnerschütterung *f*.
con·demn [kən'dem] verdammen; verurteilen (*to* zu) (*a. fig.*); (als untauglich) verwerfen; *Kranke* aufgeben; für verfallen erklären, beschlagnahmen; *his looks* ~ *him* s-e Augen verraten ihn; ~*ed cell* Zelle *f* für die zum Tode Verurteilten; **con'dem·na·ble** [~nəbl] verdammenswert, verwerflich; **con·dem·na·tion** [kɔndem'neiʃən] Verurteilung *f*; Verdammung *f*; Verwerfung *f*; **con·dem·na·to·ry** □ [kən'demnətəri] verurteilend.
con·den·sa·ble [kən'densəbl] verdichtbar; **con·den·sa·tion** [kɔnden'seiʃən] Verdichtung *f*; **con·dense** [kən'dens] (sich) verdichten; ⊕ kondensieren; abkürzen, zs.-drängen; **con'dens·er** Verdichter *m*; ⚡, ⊕ Kondensator *m*.
con·de·scend [kɔndi'send] sich herablassen; geruhen; **con·de'scend-**

ing □ herablassend; **con·de'scen·sion** Herablassung *f*.

con·dign □ [kən'dain] angemessen; gehörig.

con·di·ment ['kɔndimənt] Würze *f*.

con·di·tion [kən'diʃən] **1.** Zustand *m*; Stand *m*, Stellung *f*; Bedingung *f*; Kondition *f*; Lage *f*; Befinden *n*; ~*s pl.* Verhältnisse *n/pl.*, Umstände *m/pl.*, Lage *f*; *on ~ that* unter der Bedingung, daß; *out of ~* in schlechter Verfassung; **2.** bedingen; ausmachen, vereinbaren; in e-n bestimmten Zustand bringen, regulieren; **con'di·tion·al** □ bedingt (*on, upon* durch); Bedingungs..., Konditional...; ~ (*mood*) *gr.* Konditionalis *m*; **con·di·tion·al·i·ty** [~'næliti] Bedingtheit *f*; **con'di·tion·al·ly** [~əli] bedingungsweise; **con'di·tioned** bedingt; (*mst in Zssgn*) beschaffen; geartet; **con'di·tioned re·flex** *psych.* bedingter Reflex *m*.

con·dole [kən'dəul] kondolieren, sein Beileid bezeigen (*with s.o.* j-m); **con'do·lence** Beileid *n*.

con'do·min·i·um ['kɔndə'miniəm] Kondominium *n* (*gemeinsame Herrschaft*).

con·do·na·tion [kɔndəu'neiʃən] Verzeihung *f*; **con·done** [kən'dəun] *Vergehen* verzeihen.

con·dor *orn.* ['kɔndɔː] Kondor *m*.

con·duce [kən'djuːs] führen, dienen (*to* zu); **con'du·cive** dienlich, förderlich (*to dat.*).

con·duct **1.** ['kɔndʌkt] Führung *f*, Leitung *f*; Verhalten *n*, Betragen *n*; Verwaltung *f*; **2.** [kən'dʌkt] führen, geleiten; durchführen; ♪ dirigieren; verwalten; *Tätigkeit* ausüben; *phys.* leiten; ~ *o.s.* sich (auf)führen *od.* benehmen; **con·duct·i·bil·i·ty** [kəndʌkti'biliti] *phys.* Leitfähigkeit *f*; **con'duct·i·ble** [~təbl] *phys.* leitfähig; leitend; **con'duct·ing** Leitungs...; **con'duc·tion** Leitung *f*; **con'duc·tive** □ [~tiv] *phys.* leitend; **con·duc·tiv·i·ty** [kɔndʌk'tiviti] *phys.* Leitfähigkeit *f*; **con·duc·tor** [kən'dʌktə] Führer *m*; Leiter *m* (*a. phys.*); Schaffner *m*; ♪ Dirigent *m*; ⚡ Leiter *m*; Blitzableiter *m*; **con'duc·tress** Schaffnerin *f*.

con·duit ['kɔndit] Leitungsröhre *f*; Kanal *m*; ['~djuit] ⚡ Isolierrohr *n*.

cone [kəun] Kegel *m*; ♀ Zapfen *m*.

co·ney ['kəuni] Kaninchen *n*.

con·fab F ['kɔnfæb] **1.** = **con·fab·u·late** [kən'fæbjuleit] plaudern; **2.** = **con·fab·u'la·tion** Geplauder *n*.

con·fec·tion [kən'fekʃən] *Schneiderei*: Konfektionsartikel *m*; Konfekt *n*; **con·fec·tion·er** [~'fekʃnə] Konditor *m*; **con'fec·tion·er·y** Konfekt *n*; Konditorei *f*; *bsd. Am.* Süßwarengeschäft *n*.

con·fed·er·a·cy [kən'fedərəsi] Bündnis *n*, Bundesgenossenschaft *f*; Komplott *n*; *the* ♀ *Am.* die Konföderation *der 11 Südstaaten 1860 bis 1861*; **con'fed·er·ate** **1.** [~rit] verbündet; **2.** [~rit] Bundesgenosse *m*, Verbündete *m*; Mitschuldige *m*; **3.** [~reit] (sich) verbünden; **con·fed·er'a·tion** Bund *m*, Bündnis *n*; Staatenbund *m*.

con·fer [kən'fəː] *v/t.* übertragen, verleihen, erteilen; *Gunst* erweisen (*alle: on dat.*); *v/i.* sich besprechen, sich beraten, Rücksprache nehmen (*with* mit; *about, upon* über *acc.*); **con·fer·ence** ['kɔnfərəns] Konferenz *f*, Besprechung *f*, Beratung *f*; Verhandlung *f*.

con·fess [kən'fes] bekennen, gestehen; beichten; *eccl.* *j-m* die Beichte abnehmen; ~ *to* sich bekennen zu; **con'fess·ed·ly** [~sidli] zugestandenermaßen; **con'fes·sion** [~ʃən] Geständnis *n*; Bekenntnis *n*; *eccl.* Beichte *f*; **con'fes·sion·al** [~ʃənl] **1.** konfessionell; **2.** Beichtstuhl *m*; **con'fes·sor** [~sə] Bekenner *m*; *eccl.* Beichtvater *m*.

con·fet·ti [kən'fetiː] *pl.* Konfetti *pl.*

con·fi·dant [kɔnfi'dænt] Vertraute *m*; **con·fi'dante** [~] Vertraute *f*.

con·fide [kən'faid] anvertrauen (*to s.o.* j-m); vertrauen, sich verlassen (*in* auf *acc.*).

con·fi·dence ['kɔnfidəns] Vertrauen *n* (*in* auf *acc.*); Zuversicht *f*; Zutrauen *n*; vertrauliche Mitteilung *f*; ~ **game** = *confidence trick*; ~ **man** Schwindler *m*, Hochstapler *m*; ~ **trick** Bauernfängerei *f*; **'con·fi·dent** □ vertrauend (*of* auf *acc.*); vertrauensvoll; überzeugt, zuversichtlich; **con·fi·den·tial** □ [~'denʃəl] vertraulich; vertraut; ~ *clerk* Privatsekretär *m*.

con·fig·u·ra·tion [kənfigju'reiʃən] Gestalt(ung) *f*.

con·fine 1. ['kɔnfain] *mst* ~*s pl.* Grenze *f*; **2.** [kən'fain] begrenzen; ein-, beschränken (*to* auf *acc.*); einsperren; *be* ~*d to bed* das Bett hüten müssen; *be* ~*d* (*of*) entbunden werden (von), niederkommen (mit); **con'fine·ment** Einsperrung *f*; Haft *f*; Beschränkung *f*; Entbindung *f*.

con·firm [kən'fə:m] (be)kräftigen; bestätigen; aufrechterhalten; *eccl.* konfirmieren, firmen; **con·fir·ma·tion** [kɔnfə'meiʃən] Bestätigung *f*; Konfirmation *f*, Firmung *f*; **con·firm·a·tive** □ [kən'fə:mətiv], **con'firm·a·to·ry** [~təri] bestätigend; **con'firmed** fest, bestimmt; chronisch (*bsd.* ⚕); unheilbar.

con·fis·cate ['kɔnfiskeit] einziehen, beschlagnahmen, konfiszieren; **con·fis'ca·tion** Beschlagnahme *f*; **con'fis·ca·to·ry** [~kətəri] konfiszierend.

con·fla·gra·tion [kɔnflə'greiʃən] großer Brand *m*, Feuersbrunst *f*.

con·flict 1. ['kɔnflikt] Konflikt *m*; Zs.-stoß *m*; Kampf *m*, Zwist *m*, Streit *m*; *fig.* Widerstreit *m*; **2.** [kən'flikt] (*with*) sich im Konflikt befinden (mit); nicht übereinstimmen (mit).

con·flu·ence ['kɔnfluəns], **con·flux** ['~flʌks] Zs.-fluß *m*; Zulauf *m*, Zs.-strömen *n von Menschen*; **con·flu·ent** ['~fluənt] **1.** zs.-fließend, zs.-laufend; **2.** Zu-, Nebenfluß *m*.

con·form [kən'fɔ:m] *v/t.* anpassen; *v/i.* ~ *to* sich fügen in (*acc.*), sich richten nach, sich anpassen an (*acc.*); ~ *with* entsprechen (*dat.*); **con'form·a·ble** □ (*to*) übereinstimmend (mit); entsprechend (*dat.*); nachgiebig (*dat.*); **con·for·ma·tion** [kɔnfɔ:'meiʃən] Bau *m*, Gestalt *f*; **con·form·ist** [kən'fɔ:mist] Anhänger *m* der anglikanischen Staatskirche; **con'form·i·ty** Übereinstimmung *f*; *in* ~ *with* in Übereinstimmung *od.* übereinstimmend mit; gemäß.

con·found [kən'faund] vermengen; verwechseln; *j.* verwirren; *et.* vereiteln; ~ *it!* F verdammt!; ~ *you!* F zum Henker mit dir!; **con'found·ed** □ F verdammt.

con·fra·ter·ni·ty [kɔnfrə'tə:niti] Brüderschaft *f*.

con·front [kən'frʌnt] gegenüberstellen (*with dat.*); entgegentreten (*dat.*); entgegensehen (*dat.*); gegenüberstehen, gegenübertreten (*dat.*); *find o.s.* ~*ed with* sich ... (*dat.*) gegenübersehen; **con·fron·ta·tion** [kɔnfrʌn'teiʃən] Gegenüberstellung *f*.

con·fuse [kən'fju:z] vermischen (*a. fig.*); verwechseln; verwirren, durcheinanderbringen; bestürzt machen; **con'fused** □ verwirrt, bestürzt; verworren; **con'fu·sion** [~ʒən] Verwirrung *f*; Bestürzung *f*; Verwechslung *f*; Durcheinander *n*.

con·fut·a·ble [kən'fju:təbl] widerlegbar; **con·fu·ta·tion** [kɔnfju:'teiʃən] Widerlegung *f*; **con·fute** [kən'fju:t] widerlegen.

congé ['kɔ̃:nʒei] Entlassung *f*; *give s.o. his* ~ j. ohne weitere Umstände entlassen.

con·geal [kən'dʒi:l] erstarren (lassen) (*a. fig.*); gefrieren (lassen); gerinnen (lassen); **con'geal·a·ble** gefrier-, gerinnbar.

con·ge·la·tion [kɔndʒi'leiʃən] Gefrieren *n*, Gerinnen *n*; Erstarren *n*.

con·gen·ial □ [kən'dʒi:njəl] (geistes)verwandt, kongenial (*with dat.*); zusagend (*to dat.*); **con·ge·ni·al·i·ty** [~ni'æliti] Geistesverwandtschaft *f*.

con·gen·i·tal [kɔn'dʒenitl] angeboren; **con'gen·i·tal·ly** [~təli] von Geburt an.

con·ger (**eel**) *ichth.* ['kɔŋgə(r'i:l)] Meeraal *m*.

con·gest [kən'dʒest] (⚕ mit Blut) überfüllen; **con'ges·tion** (Blut-)Andrang *m*, Stauung *f*, Überfüllung *f*; ~ *of population* Übervölkerung *f*; *traffic* ~ Verkehrsstockung *f*.

con·glom·er·ate 1. [kən'glɔmərit] zusammengeballt; **2.** [~] Konglomerat *n*, (An)Häufung *f*; **3.** [~reit] (sich) zs.-ballen; **con·glom·er'a·tion** Anhäufung *f*, Konglomerat *n*.

con·grat·u·late [kən'grætjuleit] beglückwünschen; gratulieren (*s.o. on od. upon s.th.* j-m zu et.); **con·grat·u'la·tion** Glückwunsch *m*; **con'grat·u·la·tor** Gratulant *m*; **con'grat·u·la·to·ry** Glückwunsch...

con·gre·gate ['kɔŋgrigeit] (sich) (ver)sammeln; **con·gre'ga·tion** *eccl.* Gemeinde *f*; **con·gre'ga·tion·al** [~ʃənl] kirchengemeindlich; *eccl.* unabhängig.

con·gress ['kɔŋgres] Kongreß *m*; °~ *Am. pol.* Kongreß *m* (*Senat u. Repräsentantenhaus*); **con·gres·sion·al** [~'greʃənl] Kongreß...; **'Con·gress·man, 'Con·gress·wom·an** *Am. pol.* Mitglied *n* des Repräsentantenhauses.

con·gru·ence, con·gru·en·cy ['kɔŋgruəns(i)] = *congruity*; A̸ Kongruenz *f*; **'con·gru·ent** = *congruous*; A̸ kongruent; **con·gru·i·ty** [~'gru:iti] Übereinstimmung *f*; Angemessenheit *f*, Geeignetheit *f*; Folgerichtigkeit *f*; **con·gru·ous** □ ['~gruəs] angemessen (*to* für); übereinstimmend (*to*, *mst with* mit); folgerichtig.

con·ic, con·i·cal □ ['kɔnik(əl)] konisch, kegelförmig; Kegel...; ~ *section* A̸ Kegelschnitt *m*.

co·ni·fer ['kəunifə] Nadelholzbaum *m*; **co'nif·er·ous** zapfentragend.

con·jec·tur·al □ [kən'dʒektʃərəl] mutmaßlich; **con'jec·ture 1.** Mutmaßung *f*, Vermutung *f*; **2.** mutmaßen, vermuten.

con·join [kən'dʒɔin] (sich) verbinden; **con·joint** ['kɔndʒɔint] verbunden; **'con·joint·ly** gemeinschaftlich.

con·ju·gal □ ['kɔndʒugəl] ehelich; Ehe...; **con·ju·gate 1.** ['~geit] *v/t.* konjugieren; *v/i. biol.* sich paaren (*Zellen*); **2.** ['~git] ⚘ gepaart; **con·ju·ga·tion** [~'geiʃən] Konjugation *f*.

con·junct □ [kən'dʒʌŋkt] verbunden; **con'junc·tion** Verbindung *f*; *ast., gr.* Konjunktion *f*; Zs.-treffen *n*; **con·junc·ti·va** *anat.* [kɔndʒʌŋk'taivə] Bindehaut *f*; **con·junc·tive** [kən'dʒʌŋktiv] verbindend; ~ *mood* Konjunktiv *m*; **con'junc·tive·ly** in Verbindung, zusammen; **con·junc·ti·vi·tis** ⚕ [~'vaitis] Bindehautentzündung *f*; **con'junc·ture** [~tʃə] Zs.-treffen *n* (*von Umständen*); Krise *f*.

con·ju·ra·tion [kɔndʒuə'reiʃən] Beschwörung *f*; **con·jure** [kən'dʒuə] *v/t.* beschwören, inständig bitten; ['kʌndʒə] *v/t.* beschwören, rufen; *et. wohin* zaubern; ~ *up* heraufbeschwören; *v/i.* zaubern; **'con·jur·er, 'con·jur·or** Zauberer *m*, Zauberin *f*; Taschenspieler(in); **'con·jur·ing-trick** Zauberkunststück *n*.

conk F [kɔŋk] versagen, F streiken (*Mechanismus etc.*).

con·nate ['kɔneit] angeboren; ⚘ *u. anat.* verwachsen; **con·nat·u·ral** [kə'nætʃrəl] gleicher Natur (*to* wie); angeboren.

con·nect [kə'nekt] (sich) verbinden; ⚡ schalten; **con'nect·ed** □ verbunden; zs.-hängend (*Rede etc.*); *be* ~ *with* in Verbindung stehen mit *j-m*, beteiligt sein bei *od.* an *et.* (*dat.*); *be well* ~ gute Beziehungen haben; **con'nect·ing** Verbindungs...; Binde...; Anschluß...; ~ *rod* Pleuelstange *f*; **con'nec·tion** *s. connexion*; **con'nec·tive** □ verbindend; ~ *tissue anat.* Bindegewebe *n*.

con·nex·ion [kə'nekʃən] Verbindung *f*; ⚡ Schaltung *f*; *Bahn- etc.* Verbindung *f*, Anschluß *m* (*a.* ⚡); Zs.-hang *m*; Verwandtschaft *f*; Verwandte *m, f*; Vereinigung *f von Personen*; ☤ Kundschaft *f*; ~*s pl.* (gute) Beziehungen *f/pl.*

conn·ing-tow·er ⚓ ['kɔniŋtauə] Kommandoturm *m*.

con·niv·ance [kə'naivəns] stillschweigende Duldung *f* (*at, in, with gen.*); **con'nive:** ~ *at* ein Auge zudrücken bei, *et.* stillschweigend dulden.

con·nois·seur [kɔnə'sə:] (*of od. in wine, etc.* Wein- *etc.*) Kenner(in).

con·no·ta·tion [kɔnəu'teiʃən] Begriffsinhalt *m*; (Neben)Bedeutung *f*; **con'note** andeuten, (zugleich) bedeuten.

con·nu·bi·al □ [kə'nju:bjəl] ehelich; Ehe...; verheiratet.

con·quer ['kɔŋkə] erobern; *fig.* erringen; überwinden; (be)siegen; **'con·quer·or** Eroberer *m*; Sieger *m*; F Entscheidungsspiel *n*.

con·quest ['kɔŋkwest] Eroberung *f*; Errungenschaft *f*.

con·san·guin·e·ous [kɔnsæŋ'gwiniəs] blutsverwandt; **con·san'guin·i·ty** Blutsverwandtschaft *f*.

con·science ['kɔnʃəns] Gewissen *n*; *in all* ~ F wahrhaftig, sicherlich; *have the* ~ *to do* so unverschämt sein zu tun; ~ *money* Reugeld *n*, freiwillige Zahlung *f*; **'con·science·less** gewissenlos.

con·sci·en·tious □ [kɔnʃi'enʃəs] gewissenhaft; Gewissens...; ~ *objector* Kriegsdienstverweigerer *m* aus Gewissensgründen; **con·sci'en·tious·ness** Gewissenhaftigkeit *f*.

con·scious □ ['kɔnʃəs] bewußt; *be* ~ *of* sich bewußt sein (*gen.*; *that* daß); **'con·scious·ness** Bewußtsein *n*.

con·script ⚔ **1.** [kən'skript] einberufen; **2.** ['kɔnskript] einberufen, eingezogen; **3.** [~] Dienstpflichtige *m*, Rekrut *m*; **con·scrip·tion** ⚔ [kən'skripʃən] Einberufung *f*; *industrial* ~ Arbeitsverpflichtung *f*.

con·se·crate ['kɔnsikreit] weihen, einsegnen; heiligen; widmen; **con·se'cra·tion** Weihung *f*, Einsegnung *f*; Heiligung *f*; **'con·se·cra·tor** Weihende *m*.

con·sec·u·tive [kən'sekjutiv] aufeinanderfolgend; fortlaufend (*Nummer*); *gr.* konsekutiv; **con'sec·u·tive·ly** nacheinander, fortlaufend.

con·sen·sus [kən'sensəs] allseitige Zu- *od.* Übereinstimmung *f*.

con·sent [kən'sent] **1.** (*to*) Zustimmung *f* (zu), Einwilligung *f* (in *acc.*); *age of* ~ Mündigkeitsalter *n*; *with one* ~ einstimmig; **2.** (*to*) einwilligen (in *acc.*), zustimmen (*dat.*); **con·sen·tient** [~'senʃənt] zustimmend.

con·se·quence ['kɔnsikwəns] Folge *f*, Konsequenz *f*; Wirkung *f*, Einfluß *m* (*to* auf *acc.*); Bedeutung *f* (*to* für); *in* ~ *of* infolge (*gen.*); **'con·se·quent 1.** folgend; *be* ~ *on* die Folge sein von; **2.** Folge(rung) *f*, Schluß *m*; **con·se·quen·tial** □ [~'kwenʃəl] (er)folgend (*on, upon* aus); folgerecht; wichtigtuend; **con·se·quent·ly** ['~kwəntli] folglich, daher.

con·ser·va·tion [kɔnsə:'veiʃən] Erhaltung *f*; **con·serv·a·tism** [kən'sə:vətizəm] Konservatismus *m*; **con'serv·a·tive** □ **1.** erhaltend (*of acc.*); *pol.* konservativ; vorsichtig (*Schätzung*); **2.** Konservative *m*; **con'ser·va·toire** [~twɑ:] ♪ Konservatorium *n*; **con'ser·va·tor** Konservator *m*; **con'serv·a·to·ry** [~tri] Treib-, Gewächshaus *n*; ♪ Konservatorium *n*; **con'serve** erhalten.

con·sid·er [kən'sidə] *v/t.* *geistig* betrachten; erwägen, bedenken; überlegen; beraten; *et.* in Betracht ziehen; Rücksicht nehmen auf (*acc.*); berücksichtigen; ansehen als; halten für, erachten als; meinen, glauben; *v/i.* überlegen; *all things ~ed* wenn man alles in Betracht zieht; **con'sid·er·a·ble** □ ansehnlich, beträchtlich, erheblich; **con'sid·er·a·bly** bedeutend, ziemlich, (sehr) viel; **con'sid·er·ate** [~rit] □ rücksichtsvoll; **con·sid·er·a·tion** [~'reiʃən] Betrachtung *f*, Erwägung *f*, Überlegung *f*; Rücksicht *f*; Berücksichtigung *f*; wichtiger Umstand *m*; Entschädigung *f*, Vergütung *f*; Entgelt *n*, Gegenleistung *f*; ☤ Prämie *f*; *be under* ~ erwogen werden; in Betracht kommen; *take into* ~ in Erwägung *od.* Betracht ziehen; *money is no* ~ auf Geld kommt es nicht an; *on no* ~ unter keinen Umständen; **con'sid·er·ing** □ **1.** *prp.* in Anbetracht (*gen.*); **2.** *adv.* F den Umständen entsprechend.

con·sign [kən'sain] übergeben, -liefern; anvertrauen; ☤ konsignieren; **con·sig·na·tion** [kɔnsai'neiʃən], **con·sign·ment** [kən'sainmənt] (Über)Sendung *f*; ☤ Konsignation *f*; **con·sign·ee** [kɔnsai'ni:] (Waren)Empfänger *m*; **con·sign·er, con·sign·or** [kən'sainə] (Waren)Absender *m*; Verfrachter *m*.

con·sist [kən'sist] bestehen (*of* aus; *in* in *dat.*); in Einklang stehen (*with* mit); **con'sist·ence, con'sist·en·cy** Festigkeit(sgrad *m*) *f*, Konsistenz *f*, Beschaffenheit *f*; Übereinstimmung *f*; Folgerichtigkeit *f*, Konsequenz *f*; **con'sist·ent** □ übereinstimmend, vereinbar (*with* mit); folgerichtig, konsequent; *~ly a.* durchweg; **con'sis·to·ry** *eccl.* Konsistorium *n*.

con·sol·a·ble [kən'səuləbl] tröstbar, zu trösten(d); **con·so·la·tion** [kɔnsə'leiʃən] Trost *m*.

con·sole 1. [kən'səul] trösten; **2.** ['kɔnsəul] Konsole *f*; ⚠ Krag-, Tragstein *m*; ~ *table* Wandtischchen *n*.

con·sol·er [kən'səulə] Tröster(in).

con·sol·i·date [kən'sɔlideit] festigen; *fig.* vereinigen; *Schuld* konsolidieren, fundieren; zs.-legen; *~d annuities* = *consols*; **con·sol·i·'da·tion** Festigung *f*; Konsolidierung *f*; Vereinigung *f*; Zs.-legung *f*.

con·sols [kən'sɔlz] *pl.* Konsols *m/pl.*, konsolidierte Staatsanleihen *f/pl.*

con·so·nance ['kɔnsənəns] Konsonanz *f*; Übereinstimmung *f*; **'con·so·nant 1.** □ ♪ konsonierend; übereinstimmend (*with, to* mit); **2.** *gr.* Konsonant *m*.

con·sort 1. ['kɔnsɔ:t] Gemahl(in); Geleitschiff *n*; **2.** [kən'sɔ:t] (*with*) sich gesellen (zu), umgehen (mit); passen (zu).

con·spec·tus [kən'spektəs] Übersicht *f*; Abriß *m*.

con·spic·u·ous □ [kən'spikjuəs] *deutlich* sichtbar; auffallend; *fig.* hervorragend; *be ~ by one's absence* durch Abwesenheit glänzen; *make o.s. ~* sich auffällig benehmen.

con·spir·a·cy [kən'spirəsi] Verschwörung *f*; **con'spir·a·tor** [~tə] Verschwörer *m*; **con'spir·a·tress** Verschwörerin *f*; **con·spire** [kən'spaiə] sich verschwören; zs.-wirken.

con·sta·ble ['kʌnstəbl] Polizist *m*, Schutzmann *m*; **con·stab·u·lar·y** [kən'stæbjuləri] Polizei(truppe) *f*.

con·stan·cy ['kɔnstənsi] Standhaftigkeit *f*; Beständigkeit *f*; Unveränderlichkeit *f*; Bestand *m*, Dauer *f*; **'con·stant 1.** □ konstant, beständig, fest; unveränderlich, gleich; bleibend; fortwährend, dauernd; treu, getreu; **2.** ⩘ Konstante *f*.

con·stel·la·tion *ast.* [kɔnstə'leiʃən] Sternbild *n*.

con·ster·na·tion [kɔnstə:'neiʃən] Bestürzung *f*.

con·sti·pate ⚕ ['kɔnstipeit] verstopfen; **con·sti'pa·tion** ⚕ Verstopfung *f*.

con·stit·u·en·cy [kən'stitjuənsi] Wählerschaft *f*; Wahlkreis *m*; F Kunden-, Abonnentenkreis *m*; **con'stit·u·ent 1.** wesentlich; Grund..., Bestand...; konstituierend; **2.** wesentlicher Bestandteil *m*; Wähler *m*; Vollmachtgeber *m* (*a.* ⚖).

con·sti·tute ['kɔnstitju:t] ein-, errichten; einsetzen, ernennen; zs.-setzen, bilden, ausmachen; *~ s.o. judge* j. als Richter einsetzen, *fig.* zum Richter machen; **con·sti'tu·tion** Ein-, Errichtung *f*; Bildung *f*, Zs.-setzung *f*; Konstitution *f*, Körperbau *m*; Verfassung *f*, Konstitution *f*, Satzung *f*; **con·sti'tu·tion·al** [~ʃənl] **1.** □ konstitutionell; körperlich bedingt; natürlich; verfassungsmäßig; *~ law* Verfassungsrecht *n*; **2.** F Spaziergang *m bsd. zur Verdauung*; **con·sti'tu·tion·al·ist** [~ʃnəlist] Anhänger(in) der konstitutionellen Regierungsform; **con·sti·tu·tive** □ ['kɔnstitju:tiv] wesentlich.

con·strain [kən'strein] zwingen; *et.* erzwingen; **con·straint** [~'streint] Zwang *m*; ⚖ Nötigung *f*.

con·strict [kən'strikt] zs.-ziehen, -schnüren; verengen; **con'stric·tion** Zs.-ziehung *f etc.*; **con'stric·tor** *anat.* Schließmuskel *m*; *zo. a. boa ~* Riesenschlange *f*, Boa *f*.

con·strin·gent [kən'strindʒənt] zs.-ziehend.

con·struct [kən'strʌkt] konstruieren, bauen, errichten; *fig.* bilden, erdenken; **con'struc·tion** Konstruktion *f*; Bau *m*, Gebäude *n*; Auslegung *f*; Sinn *m*; *under ~* im Bau; **con'struc·tive** aufbauend, schöpferisch, konstruktiv, positiv; Bau..., Konstruktions...; gefolgert, angenommen; **con'struc·tor** Erbauer *m*, Konstrukteur *m*.

con·strue [kən'stru:] *gr.* konstruieren; auslegen, auffassen; Wort für Wort übersetzen.

con·sue·tu·di·nar·y [kɔnswi'tju:dinəri] gewohnheitsmäßig; Gewohnheits...

con·sul ['kɔnsəl] Konsul *m*; *~ general* Generalkonsul *m*; **con·su·lar** ['kɔnsjulə] konsularisch; Konsular...; **con·su·late** ['~lit] Konsulat *n* (*a. Gebäude*); *~ general* Generalkonsulat *n*; **con·sul·ship** ['kɔnsəlʃip] Konsulat *n*.

con·sult [kən'sʌlt] *v/t.* konsultieren, um Rat fragen, zu Rate ziehen; befragen; in *e-m Buch* nachschlagen; berücksichtigen; *~ing engineer* technischer Berater *m*; *~ing physician* fachärztlicher Berater *m*; *v/i.* sich beraten; **con'sult·ant** (ärztliche *etc.*) Autorität *f*; **con·sul·ta·tion** [kɔnsəl'teiʃən] Konsultation *f*, Beratung *f*; Rücksprache *f*; Konferenz *f*; *~ hour* Sprechstunde *f*;

con·sult·a·tive [kənˈsʌltətiv] beratend.
con·sum·a·ble [kənˈsjuːməbl] verzehrbar; **conˈsume** *v/t.* verzehren (*a. fig.*); verbrauchen; vergeuden; zerstören; *v/i.* sich verzehren; **conˈsum·er** Konsument *m*, Verbraucher *m*; Abnehmer *m*; ~ *goods pl.* Verbrauchsgüter *n/pl.*
con·sum·mate **1.** □ [kənˈsʌmit] vollendet; **2.** [ˈkɔnsəmeit] vollenden, vervollständigen; *Ehe* vollziehen; **con·sum·ma·tion** [~ˈmeiʃən] Vollendung *f*; Vollziehung *f*; Ende *n*; *fig.* Ziel *n*.
con·sump·tion [kənˈsʌmpʃən] Verbrauch *m*, Konsum *m*; ⚕ Auszehrung *f*, Schwindsucht *f*; **conˈsump·tive** □ verzehrend; schwindsüchtig.
con·tact **1.** [ˈkɔntækt] Berührung *f*; Fühlung(nahme) *f*; ⚡ Kontakt *m*; *make* (*break*) ~ den Kontakt herstellen (unterbrechen); **2.** [kənˈtækt] Fühlung nehmen mit; ~ **lens·es** [ˈkɔntæktˈlensiz] *pl.* Haft-, Kontaktschalen *f/pl.*
con·ta·gion ⚕ [kənˈteidʒən] Ansteckung *f*; Verseuchung *f*; Seuche *f* (*a. fig.*); **conˈta·gious** □ ansteckend; verseuchend.
con·tain [kənˈtein] (ent)halten, (um)fassen; ⚔ *den Feind* festhalten; *fig.* in Schach halten; ~ *o.s.* an sich halten, sich mäßigen; **conˈtain·er** Behälter *m*; **conˈtain·ment** Festhalten *n etc.*; *pol.* Eindämmung *f*.
con·tam·i·nate [kənˈtæmineit] verunreinigen; *fig.* anstecken, vergiften; verseuchen; **con·tam·iˈna·tion** Verunreinigung *f etc.*, (radioaktive) Verseuchung *f*; *gr.* Kontamination *f*.
con·temn *lit.* [kənˈtem] verachten.
con·tem·plate [ˈkɔntempleit] *fig.* betrachten; beabsichtigen; **contemˈpla·tion** Betrachtung *f*; Nachsinnen *n*; *have in* ~ beabsichtigen; **ˈcon·tem·pla·tive** □ nachdenklich; beschaulich.
con·tem·po·ra·ne·ous □ [kəntempəˈreinjəs] gleichzeitig; ~ *performance* ⚖ Erfüllung *f* Zug um Zug; **conˈtem·po·rar·y** **1.** zeitgenössisch; gleichzeitig; **2.** Zeitgenosse *m*, Zeitgenossin *f*; Altersgenosse *m*, Altersgenossin *f*.
con·tempt [kənˈtempt] Verachtung *f*; Verächtlichkeit *f*; ~ *of court* Mißachtung *f* des Gerichts; Nichterscheinen *n* vor Gericht; *hold in* ~ verachten; *in* ~ *of* in Mißachtung (*gen.*); **conˈtempt·i·ble** □ verächtlich; zu verachten(d); **conˈtemp·tu·ous** □ [~tjuəs] geringschätzig (*of* gegen); verachtungsvoll; verächtlich.
con·tend [kənˈtend] *v/i.* streiten, ringen (*for* um); *v/t.* behaupten.
con·tent [kənˈtent] **1.** zufrieden; *parl.* einverstanden; *not* ~ dagegen; **2.** befriedigen, zufriedenstellen; ~ *o.s.* sich begnügen (*with* mit); **3.** Zufriedenheit *f*; *to one's heart's* ~ nach Herzenslust; [ˈkɔntent] Umfang *m*; *innerer* Gehalt *m*; ~*s pl.* Inhalt *m*; *table of* ~*s* Inhaltsverzeichnis *n*; **con·tent·ed** □ [kənˈtentid] zufrieden.
con·ten·tion [kənˈtenʃən] (Wort-) Streit *m*; Wetteifer *m*; Behauptung *f*; **conˈten·tious** □ streitsüchtig; streitig.
con·tent·ment [kənˈtentmənt] Zufriedenheit *f*, Genügsamkeit *f*.
con·test **1.** [ˈkɔntest] Streit *m*; Wettkampf *m*, -bewerb *m*; **2.** [kənˈtest] (be)streiten; anfechten; um *et.* streiten; ~ *a borough* sich um das Mandat e-s Wahlkreises bewerben; ~ *s.o.'s right to do s.th.* j-m das Recht streitig machen, et. zu tun; **conˈtest·a·ble** bestreit-, anfechtbar, streitig; **conˈtest·ant** streitende Partei *f*; Herausforderer *m*; **conˈtest·ed** umstritten.
con·text [ˈkɔntekst] Zusammenhang *m*, Kontext *m*; **con·tex·tu·al** □ [kənˈtekstjuəl] dem Zs.-hang entsprechend; aus dem Zs.-hang sich ergebend; **conˈtex·ture** [~tʃə] Gewebe *n*, Bau *m*, Struktur *f*.
con·ti·gu·i·ty [kɔntiˈgjuːiti] Berührung *f*; Nähe *f*; **con·tig·u·ous** □ [kənˈtigjuəs] anstoßend (*to* an *acc.*); benachbart.
con·ti·nence [ˈkɔntinəns] Enthaltsamkeit *f*; Mäßigung *f*; **ˈcon·ti·nent** **1.** □ enthaltsam; mäßig; **2.** Kontinent *m*, Erdteil *m*; Festland *n*; **con·ti·nen·tal** [~ˈnentl] **1.** □ kontinental; Kontinental...; **2.** Kontinentaleuropäer(in).
con·tin·gen·cy [kənˈtindʒənsi] Zufälligkeit *f*; Zufall *m*; Möglichkeit *f*; unvorhergesehener Fall *m*; **con-**

'tin·gen·cies *pl.* unvorhergesehene Ausgaben *f/pl.*; **con'tin·gent 1.** □ zufällig; *unter Umständen* möglich (*to* bei), eventuell; ~ *on* abhängig von; **2.** ⚔ *Truppen*-Kontingent *n.*

con·tin·u·al □ [kən'tinjuəl] fortwährend, unaufhörlich, dauernd, ständig; **con'tin·u·ance** Fortdauer *f*, Dauer *f*; Bleiben *n*; Anhalten *n*; **con·tin·u'a·tion** Fortsetzung *f*; Fortdauer *f*; ✝ Prolongation *f*; ~ *school* Fortbildungsschule *f*; **con'tin·ue** [~nju:] *v/t.* fortsetzen; fortführen, verlängern; beibehalten; ~ *reading* weiter lesen; *to be* ~*d* Fortsetzung folgt; *v/i.* sich fortsetzen, fortdauern; (ver)bleiben, beharren; fortfahren; ~ (*in*) *a business* ein Geschäft fortführen; **con·ti·nu·i·ty** [kɔnti'nju:iti] Kontinuität *f*; Stetigkeit *f*; *Film*: Drehbuch *n*; *Radio*: verbindende Worte *n/pl.*; ~ *girl* Skriptgirl *n*; **con·tin·u·ous** □ [kən'tinjuəs] ununterbrochen, fortlaufend, durchgehend; ~ *current* ⚡ Gleichstrom *m.*

con·tort [kən'tɔ:t] verdrehen; verzerren; **con'tor·tion** Verdrehung *f*; Verzerrung *f*; **con'tor·tion·ist** [~ʃnist] Schlangenmensch *m.*

con·tour ['kɔntuə] Umriß *m*, Kontur *f*; ~ **line** *surv.* Höhenschichtlinie *f*; ~ **map** Höhenlinienkarte *f.*

con·tra ['kɔntrə] wider; *per* ~ ✝ als Gegenleistung.

con·tra·band ['kɔntrəbænd] **1.** Schmuggel...; **2.** Schmuggelware *f*; Schleichhandel *m*; Konterbande *f.*

con·tra·cep·tion [kɔntrə'sepʃən] Empfängnisverhütung *f*; **con·tra'cep·tive** empfängnisverhütend(es Mittel *n*).

con·tract 1. [kən'trækt] *v/t.* zs.-ziehen; *Gewohnheit* annehmen; *Krankheit* sich zuziehen; *Schulden* machen; *Heirat etc.* (ab)schließen; *v/i.* sich zs.-ziehen, einschrumpfen; e-n Vertrag schließen (*for* auf *acc.*); sich vertraglich verpflichten (*to* zu); ~ *for* (aus)bedingen; ~*ing party* vertragschließende Partei *f*; **2.** ['kɔntrækt] Kontrakt *m*, Vertrag *m*; *by* ~ vertraglich; *under* ~ in Auftrag gegeben (*Bau*); **con·tract·ed** □ [kən'træktid] zs.-gezogen *etc.*; *fig.* beschränkt; ~ *form gr.* Kurzform *f*; **con·tract·i'bil·i·ty** Zs.-ziehbarkeit *f*; **con'tract·i·ble** zs.-ziehbar; **con'trac·tile** [~tail] zs.-ziehend; zs.-ziehbar; ✈ einziehbar (*Fahrwerk*); **con'trac·tion** Zs.-ziehung *f*; *gr.* Kurzform *f*; **con'trac·tor** Unternehmer *m* (*for e-s Baues etc.*); Lieferant *m*; *anat.* Schließmuskel *m*; **con'trac·tu·al** [~tjuəl] vertraglich, vertragsmäßig; Vertrags...

con·tra·dict [kɔntrə'dikt] widersprechen (*dat.*); **con·tra'dic·tion** Widerspruch *m*; **con·tra'dic·tious** □ zum Widerspruch neigend; streitsüchtig; **con·tra'dic·to·ry** [~təri] □ (sich) widersprechend.

con·tra·dis·tinc·tion [kɔntrədis'tiŋkʃən] Gegensatz *m*; **con·tra·dis'tin·guish** [~gwiʃ] unterscheiden.

con·trap·tion *sl.* [kən'træpʃən] (komisches) Ding(s) *n*, Apparat *m.*

con·tra·ri·e·ty [kɔntrə'raiəti] Widerspruch *m*; Widrigkeit *f des Wetters etc.*; **con·tra·ri·ly** ['~trərili] entgegen, zuwider; '**con·tra·ri·ness** Gegensätzlichkeit *f*; Widerstand *m*, -spenstigkeit *f*; **con·tra·ri·wise** ['~waiz] entgegengesetzt; umgekehrt; '**con·tra·ry 1.** entgegengesetzt (*a. adv.*); ungünstig, widrig; F [kən'trɛəri] widerspenstig, eigensinnig; ~ *to prp.* zuwider (*dat.*), gegen (*acc.*); entgegen (*dat.*); **2.** Gegenteil *n*; *on the* ~ im Gegenteil; *to the* ~ dagegen.

con·trast 1. ['kɔntrɑ:st] Kontrast *m*, Gegensatz *m*; *in* ~ *to* im Gegensatz zu; *by* ~ als Gegensatz (hierzu); **2.** [kən'trɑ:st] *v/t.* gegenüberstellen; (*with dat.*); vergleichen; sich abheben von; *v/i.* sich unterscheiden, abstechen (*with* von).

con·tra·vene [kɔntrə'vi:n] zuwiderhandeln (*dat.*); übertreten; im Widerspruch stehen zu; bestreiten; **con·tra·ven·tion** [~'venʃən] Zuwiderhandlung *f*; Übertretung *f*; Verstoß *m* (*of* gegen).

con·trib·ute [kən'tribju:t] *v/t.* beitragen, beisteuern; einbringen; *v/i.* beitragen, mitwirken (*to* an *dat.*, bei); **con·tri·bu·tion** [kɔntri'bju:ʃən] Mitwirkung *f*; Beitrag *m*; eingebrachtes Gut *n*; Einlage *f*; ⚔ Kontribution *f*, Kriegssteuer *f*; **con·trib·u·tor** [kən'tribjutə] Beitragende *m*; Mitarbeiter(in) (*to a newspaper* an e-r Zeitung); **con'trib·u·to·ry** beitragend (*to* zu).

con·trite □ ['kɔntrait] zerknirscht, reuevoll; **con·tri·tion** [kən'triʃən] Zerknirschung *f*.

con·triv·ance [kən'traivəns] Erfindung *f*; Plan *m*; Vorrichtung *f*; Kunstgriff *m*; Scharfsinn *m*, Findigkeit *f*; **con'trive** *v/t*. ersinnen; ausdenken; planen; zuwegebringen; *v/i*. fertig werden, auskommen; es möglich machen, es fertig bringen (*to inf.* zu *inf.*); **con'triv·er** Erfinder(in); erfinderischer Kopf *m*; *she is a good* ~ sie ist eine gute Hausfrau.

con·trol [kən'trəul] **1.** Kontrolle *f*, Aufsicht *f*; Überwachung *f*; Beherrschung *f*; Befehl *m*; Zwang *m*; Macht *f*, Gewalt *f*, Herrschaft *f*; (Nach)Prüfung *f*; Zwangsbewirtschaftung *f*, -wirtschaft *f*; ⚖ Verfügungsgewalt *f*; Kontrollvorrichtung *f*, Regler *m*, Steuerung *f*; *attr.* Kontroll...; ~ *surfaces pl.* ✈ Leitwerk *n*; *foreign* ~ Überfremdung *f*; *remote od. distant* ~ Fernsteuerung *f*; ~ *board* ⊕ Schaltbrett *n*; ~ *column* ✈ Steuerknüppel *m*; ~ *knob* Bedienungsknopf *m*; ~ *valve Radio*: Steuerröhre *f*; *be in* ~ die Aufsicht führen (*of* über *acc.*); *put s.o. in* ~ j-m die Aufsicht übertragen (*of* über *acc.*); **2.** kontrollieren; einschränken; beaufsichtigen; überwachen; beherrschen; (nach)prüfen; *Waren* bewirtschaften; ⊕ regeln; ✈ steuern; **con'trol·la·ble** kontrollierbar; lenkbar; **con'troller** Kontrolleur *m*, Aufseher *m*; Leiter *m*, Geschäftsführer *m*; Rechnungsprüfer *m*.

con·tro·ver·sial □ [kɔntrə'və:ʃəl] umstritten; streitsüchtig; polemisch; **con·tro·ver·sy** ['~və:si] Streit *m*; Streitfrage *f*; **con·tro·vert** ['~və:t] bestreiten; *j-m* widersprechen; **con·tro'vert·i·ble** □ bestreitbar.

con·tu·ma·cious □ [kɔntju'meiʃəs] widerspenstig; ⚖ ungehorsam; **con·tu·ma·cy** ['kɔntjuməsi] Widerspenstigkeit *f*; ⚖ absichtliches Nichterscheinen *n*.

con·tu·me·li·ous □ [kɔntju:'mi:ljəs] frech, beleidigend; **con·tu·me·ly** ['kɔntju:mli] Beschimpfung *f*; Schmach *f*.

con·tuse ⚕ [kən'tju:z] quetschen; **con'tu·sion** [~ʒən] Quetschung *f*.

co·nun·drum [kə'nʌndrəm] Scherzrätsel *n*.

con·ur·ba·tion [kɔnə:'beiʃən] Ballungsraum *m*, Gruppe *f* zs.-gewachsener Städte.

con·va·lesce [kɔnvə'les] genesen; **con·va'les·cence** Genesung *f*; **con·va'les·cent** **1.** □ genesend; Genesungs...; **2.** Genesende *m*, *f*.

con·vec·tion *phys.* [kən'vekʃən] Fortpflanzung *f*, Übertragung *f*; **con'vec·tor** Konvektor *m* (*Heizkörper*).

con·vene [kən'vi:n] (sich) versammeln; zs.-rufen; *Versammlung* (ein)berufen; ⚖ vorladen.

con·ven·ience [kən'vi:njəns] Bequemlichkeit *f*, Annehmlichkeit *f*; Angemessenheit *f*; Vorteil *m*; Klosett *n*; *at your earliest* ~ möglichst bald; *make a* ~ *of s.o.* j. ausnutzen; *marriage of* ~ Vernunftehe *f*; **con'ven·ient** □ bequem, angenehm; passend (*to, for* für); brauchbar.

con·vent ['kɔnvənt] (*bsd.* Nonnen-) Kloster *n*; **con·ven·ti·cle** [kən'ventikl] Versammlung *f*; Konventikel *n* (*bsd. v. non-conformists*); **con'ven·tion** Versammlung *f*; Konvent *m*; Konvention *f*, Übereinkommen *n*, Vertrag *m*; Herkommen *n*; **con'ven·tion·al** [~ʃənl] vertraglich; herkömmlich, konventionell; ~ *weapons pl.* konventionelle Waffen *f/pl.*; **con'ven·tion·al·ism** [~ʃnəlizəm] Festhalten *n* am Herkömmlichen; *das* Herkömmliche; **con·ven·tion·al·i·ty** [~ʃə'næliti] Herkömmlichkeit *f*; **con'ven·tu·al** [~tjuəl] □ Kloster..., klösterlich.

con·verge [kən'və:dʒ] konvergieren, zs.-laufen (lassen); **con'ver·gence, con'ver·gen·cy** Konvergenz *f*; **con'ver·gent, con'verg·ing** konvergierend.

con·vers·a·ble [kən'və:səbl] umgänglich; gesprächig; **con'ver·sant** (*with*) vertraut (mit); bewandert (in *dat.*); **con·ver·sa·tion** [~və'seiʃən] Gespräch *n*, Unterhaltung *f*; **conver'sa·tion·al** [~ʃənl] Unterhaltungs...; gesprächig; umgangssprachlich; **con·verse** **1.** □ ['kɔnvə:s] umgekehrt; **2.** [~] Gespräch *n*; *vertrauter* Umgang *m*; ₰, *phls.* Kehrsatz *m*; Umkehrung *f*; **3.** [kən'və:s] sich unterhalten (*with* mit); **con'ver·sion** Um-, Verwandlung *f*;

⊕, ⚡ Umformung *f*; *phls.* Umkehrung *f*; *eccl.* Bekehrung *f* (*to* zu); *pol.* Meinungswechsel *m*, Übertritt *m*; ⚕ Konvertierung *f*; Umstellung *f e-r Währung, e-s Betriebs etc.*

con·vert 1. ['kɔnvəːt] Bekehrte *m, f*, Konvertit *m*; **2.** [kən'vəːt] (sich) um- *od.* verwandeln; ⊕, ⚡ umformen; *eccl.* bekehren; verwenden (*to* zu); *e-n Satz* umkehren; ⚕ konvertieren; *Betrieb, Währung etc.* umstellen; große Wohnung in kleinere Wohnungen umbauen, aufteilen; **con'vert·er** Bekehrer(in); ⊕, ⚡ Umformer *m*; **con·vert·i·bil·i·ty** [~ə'biliti] Umwandelbarkeit *f*; ⚕ Konvertierbarkeit *f*; **con'vert·i·ble 1.** □ um-, verwandelbar; ⚕ konvertierbar; **2.** *mot.* Kabrio(-lett) *n*.

con·vex □ ['kɔn'veks] konvex; **con'vex·i·ty** Konvexheit *f*.

con·vey [kən'vei] befördern, bringen, schaffen, tragen; übermitteln; vermitteln, mitteilen; *phys.* leiten; ausdrücken; sagen; ⚖ übertragen; **con'vey·ance** Transport *m*, Beförderung *f*; Spedition *f*; Übermittlung *f*; Transportmittel *n*; Fuhrwerk *n*; ⚖ Übertragung *f*; ⚡ Leitung *f*; *public* ~ öffentliches Verkehrsmittel *n*; **con'vey·anc·er** Notar *m für Übertragungen von Grundeigentum*; **con'vey·or** ⊕ *a.* ~ *belt* Förderband *n*.

con·vict 1. ['kɔnvikt] Zuchthäusler *m*, Sträfling *m*; **2.** [kən'vikt] überführen (*of gen.*); ⚖ für schuldig erklären (*of gen.*); **con'vic·tion** ⚖ Überführung *f*, Schuldigerklärung *f*, Verurteilung *f*; Überzeugung *f* (*of* von); *previous* ~ Vorstrafe *f*.

con·vince [kən'vins] überzeugen (*of* von); **con'vinc·ing** überzeugend.

con·viv·i·al [kən'viviəl] Fest...; festlich; gesellig; **con·viv·i·al·i·ty** [~'æliti] Geselligkeit *f*; festliche Stimmung *f*.

con·vo·ca·tion [kɔnvəu'keiʃən] Einberufung *f*; Versammlung *f*.

con·voke [kən'vəuk] einberufen.

con·vo·lu·tion [kɔnvə'luːʃən] Zs.-wicklung *f*; Windung *f*.

con·vol·vu·lus ⚘ [kən'vɔlvjuləs] Winde *f*.

con·voy ['kɔnvɔi] **1.** Geleit *n*; Geleitzug *m*; (Geleit)Schutz *m*; **2.** geleiten.

con·vulse *fig.* [kən'vʌls] erschüttern; *be* ~*d with laughter* sich biegen vor Lachen; **con'vul·sion** Zuckung *f*, Krampf *m*; ~*s of laughter* Lachkrampf *m*; **con'vul·sive** □ krampfhaft, -artig; konvulsiv.

co·ny ['kəuni] Kaninchen *n*.

coo [kuː] girren, gurren.

cook [kuk] **1.** Koch *m*; Köchin *f*; **2.** kochen; *fig.* zs.-brauen; sich kochen lassen; F *Bericht etc.* zurechtstutzen, frisieren; '**~·book** *Am.* Kochbuch *n*; '**cook·er** Kocher *m*; Kochapfel *m*, -birne *f*; F Erfinder *m*; '**cook·er·y** Kochen *n*; Kochkunst *f*; ~ *book* Kochbuch *n*; '**cook-house** Lagerküche *f*; ⚓ Kombüse *f*; **cook·ie** *Am.* ['~i] Plätzchen *n*; '**cook·ing** Kochen *n*; Küche *f* (*Kochweise*); **cook·y** ['~i] = *cookie*.

cool [kuːl] **1.** □ kühl (*a. Gefühl*), frisch; *fig.* kaltblütig, gelassen; *b. s.* unverfroren; *a* ~ *thousand pounds* F die Kleinigkeit von tausend Pfund; **2.** Kühle *f*; **3.** (sich) abkühlen; *let him* ~ *his heels* laß ihn warten; '**cool·er** (Wein)Kühler *m*; *sl.* Gefängnis(zelle *f*) *n*; '**cool-'head·ed** mit kühlem Kopf, besonnen.

coo·lie ['kuːli] Lastträger *m*, Kuli *m*.

cool·ing ⊕ ['kuːliŋ] Kühlung *f*; *attr.* Kühl...; '**cool·ness** Kühle *f*, Kälte *f* (*a. fig.*); Kaltblütigkeit *f*.

coomb [kuːm] Talmulde *f*.

coon *Am.* F [kuːn] *zo.* Waschbär *m*; Neger *m*; (schlauer) Bursche *m*; *a gone* ~ ein hoffnungsloser Fall *m*; ~ *song* Negerlied *n*.

coop [kuːp] **1.** Hühnerkorb *m*; **2.** ~ *up od. in* einsperren.

co-op F ['kəuɔp] = *co-operative (store)* Konsum *m*.

coop·er ['kuːpə] Böttcher *m*; Küfer *m*; '**coop·er·age** Böttcherei *f*.

co-op·er·ate [kəu'ɔpəreit] mitwirken; zs.-arbeiten; **co-op·er'a·tion** Mitwirkung *f*; Zs.-arbeit *f*; **co-'op·er·a·tive** [~rətiv] **1.** zs.-wirkend; genossenschaftlich; ~ *society* Konsumverein *m*; ~ *store* Konsum(vereinsladen) *m*; **2.** = ~ *store*; **co-'op·er·a·tor** [~reitə] Mitarbeiter *m*; Konsumvereinsmitglied *n*.

co-opt [kəu'ɔpt] hinzuwählen; **co-op'ta·tion** Zuwahl *f*.

co-or·di·nate 1. □ [kəu'ɔːdinit] gleich-, beigeordnet; **2.** [~neit] ko-

ordinieren, gleichordnen, -schalten; aufeinander einstellen *od.* abstimmen; **co-or·di'na·tion** Gleichordnung *f*, -stellung *f*, -schaltung *f*.
coot [ku:t] Wasserhuhn *n*; F Tölpel *m*; **coot·ie** ⚔ *sl.* ['~i] (Kleider-) Laus *f*.
cop *sl.* [kɔp] **1.** erwischen; ~ *it* es kriegen; **2.** Polyp *m* (*Polizist*); Gefangennahme *f*.
co·pal ['kəupəl] Kopal(harz *n*) *m*.
co·part·ner ['kəu'pɑ:tnə] Teilhaber *m*; **'co'part·ner·ship** Genossenschaft *f*; Teilhaberschaft *f*; Gewinnbeteiligung *f* der Arbeitnehmer.
cope[1] [kəup] **1.** Chorrock *m*; *fig.* Decke *f*; Gewölbe *n des Himmels*; **2.** decken, überwölben.
cope[2] [~]: ~ *with* sich messen mit, fertig werden mit.
Co·per·ni·can [kəu'pə:nikən] kopernikanisch.
cope·stone ['kəupstəun] *mst. fig.* Schlußstein *m*.
co-pi·lot [kəu'pailət] Kopilot *m*.
cop·ing ⚠ ['kəupiŋ] (Mauer-) Kappe *f*; **'~-stone** *fig.* Krönung *f*.
co·pi·ous □ ['kəupjəs] reich(lich); weitschweifig; **'co·pi·ous·ness** Fülle *f*; Weitläufigkeit *f*.
cop·per[1] ['kɔpə] **1.** Kupfer *n*; Kupfermünze *f*; Kupfergeld *n*; Kupfergeschirr *n*; **2.** kupfern; Kupfer...; **3.** verkupfern.
cop·per[2] *sl.* [~] Polyp *m* (*Polizist*).
cop·per·as ⚗ ['kɔpərəs] Vitriol *n*.
cop·per...: ~ **beech** ⚘ Blutbuche *f*; **'~·plate** Kupferstich(platte *f*) *m*; *like* ~ wie gestochen (*Schrift*); **'~-smith** Kupferschmied *m*.
cop·pice ['kɔpis], **copse** [kɔps] Unterholz *n*, Dickicht *n*.
cop·u·late *zo.* ['kɔpjuleit] sich paaren; **cop·u'la·tion** Paarung *f*; **cop·u·la·tive** ['~lətiv] **1.** verbindend; **2.** *gr.* Kopula *f*, Bindewort *n*.
cop·y ['kɔpi] **1.** Kopie *f*; Nachbildung *f*; Abschrift *f*; Durchschlag *m*; Vorlage *f*; Muster *n*; Exemplar *n e-s Buches*; *Zeitungs-*Nummer *f*; druckfertiges Manuskript *n*; Zeitungsstoff *m*; *fair od. clean* ~ Reinschrift *f*; *rough od. foul* ~ Entwurf *m*, Konzept *n*; **2.** kopieren; abschreiben; nachbilden, nachahmen; ~ *fair* ins reine schreiben; *~ing stand phot.* Kopierrahmen *m*; **'~-book** (Schön)Schreibheft *n*; **'~-hold** Lehnbesitz *m*; Lehngut *n*; **'cop·y·ing-ink** Kopiertinte *f*; **'cop·y·ing-press** Kopierpresse *f*; **'cop·y·ist** Abschreiber *m*; Nachahmer *m*; **'cop·y·right** Verlags-, Urheberrecht *n*, Copyright *n*; *attr.* verlags-, urheberrechtlich.
co·quet [kɔ'ket] kokettieren; **co·quet·ry** ['~kitri] Gefallsucht *f*; **co·quette** [~'ket] Kokette *f*; **co'quet·tish** □ kokett.
cor·a·cle ['kɔrəkl] Boot *n* aus überzogenem Weidengeflecht.
cor·al ['kɔrəl] **1.** Koralle *f*; Kinderklapper *f* mit Beißkoralle; **2.** *a.* **cor·al·line** ['~lain] Korallen...; korallenartig, -rot.
cor·bel ⚠ ['kɔ:bəl] Kragstein *m*.
cord [kɔ:d] **1.** Schnur *f*, Strick *m*, Seil *n*; Kabel *n*; Klafter *f Holz*; *fig.* Fessel *f*; *anat.* Strang *m*, Band *n*; = *corduroy*; **2.** (zu)schnüren, binden; **'cord·ed** gerippt (*Stoff*); **'cord·age** Tauwerk *n*.
cor·dial ['kɔ:djəl] **1.** □ herzlich, aufrichtig; herzstärkend; **2.** Herzstärkung *f*; (Magen)Likör *m*; **cor·dial·i·ty** [~di'æliti] Herzlichkeit *f*.
cord-mak·er ['kɔ:dmeikə] Seiler *m*.
cor·don ['kɔ:dn] **1.** ⚠ Mauerkranz *m*; ⚔ Kordon *m*, Postenkette *f*; Polizeikordon *m*; Ordensband *n*; **2.** ~ *off* abriegeln, -sperren (*Polizei*).
cor·do·van ['kɔ:dəvən] Korduan (-leder *n*) *m*.
cor·du·roy ['kɔ:dərɔi] Kord(samt) *m* (*gerippter Stoff*); *~s pl.* Kordhosen *f/pl.*; ~ *road* Knüppeldamm *m*.
core [kɔ:] **1.** ⚘ Kernhaus *n*; *fig.* Innerste *n*; Herz *n*; Kern *m*; Eiterpfropf *m e-s Geschwürs*; **2.** entkernen; **'cor·er** Fruchtentkerner *m*.
co-re·li·gion·ist ['kəuri'lidʒənist] Glaubensgenosse *m*, Glaubensgenossin *f*.
Co·rin·thi·an [kə'rinθiən] korinthisch.
cork [kɔ:k] **1.** Kork *m*; **2.** (ver-) korken, *fig. a.* ~ *up* verschließen; **'cork·age** Ver-, Entkorken *n*; Korkengeld *n*; **'corked** korkig, nach dem Kork schmeckend; **'cork·er** *sl.* Prachtkerl *m*; prima *od.* pfundige Sache *f*; *das* Entscheidende; **'cork·ing** *Am.* F fabelhaft, prima.
cork...: **'~-jack·et** Schwimmweste *f*;

'~-screw 1. Kork(en)zieher *m*; 2. spiralig; 3. sich schrauben; '~-tree ⚘ Korkeiche *f*; 'cork·y korkig; F lebhaft.

cor·mo·rant *orn.* ['kɔːmərənt] Scharbe *f*, Kormoran *m*.

corn[1] [kɔːn] **1.** Korn *n*; Getreide *n*; *a. Indian* ~ *Am.* Mais *m*; *Am. in Zssgn* ~ *bread* Maisbrot *n*; **2.** einpökeln; ~*ed beef* Corned Beef *n*, Büchsenfleisch *n*.

corn[2] ⚕ [~] Hühnerauge *n*.

corn...: '**~-chan·dler** Korn-, Samenhändler *m*; '**~-cob** *Am.* Maiskolben *m*.

cor·ne·a *anat.* ['kɔːniə] Hornhaut *f des Auges*.

cor·nel ⚘ ['kɔːnəl] Kornelkirsche *f*.

cor·nel·ian *min.* [kɔː'niːljən] Karneol *m*.

cor·ne·ous ['kɔːniəs] hornartig.

cor·ner ['kɔːnə] **1.** Ecke *f*, Winkel *m*; Kurve *f*; *fig.* Enge *f*, Klemme *f*; ⚚ spekulativer Aufkauf *m*; ⚚ (Aufkäufer)Ring *m*; ~ *kick* Eckball *m*; **2.** in die Ecke (*fig.* Enge) treiben; ⚚ aufkaufen; '**cor·nered** ...eckig.

corner...: '**~-house** Eckhaus *n*; '**~-stone** Eck-, *fig.* Grundstein *m*.

cor·net ['kɔːnit] ♪ (kleines) Horn *n*; *Spitz*-Tüte *f*; Schwesternhaube *f*.

corn...: '**~-ex·change** Getreidebörse *f*; '**~-field** Korn-, *Am.* Maisfeld *n*; ~ **flakes** *pl.* Corn-flakes *pl.*; '**~-flour** = *corn-starch*; '**~-flow·er** Kornblume *f*.

cor·nice ['kɔːnis] ⚠ Karnies *n*, Gesims *n*; *Schnee*-Wächte *f*.

Cor·nish ['kɔːniʃ] kornisch; aus Cornwall.

corn...: '**~-juice** *Am. sl.* Maisschnaps *m*; ~ **pone** *Am.* Maisbrot *n*; '**~-pop·py** ⚘ Klatschmohn *m*; '**~-stalk** Getreidehalm *m*; *Am.* Maisstengel *m*; '**~-starch** *Am.* Maismehl *n*.

cor·nu·co·pi·a *poet.* [kɔːnju'kəupjə] Füllhorn *n*.

corn·y ['kɔːni] kornreich; körnig; *sl.* abgedroschen, altmodisch; *bsd. Am.* ♪ schmalzig (*sehr sentimental*).

co·rol·la ⚘ [kə'rɔlə] Blumenkrone *f*; **cor'ol·la·ry** Folgesatz *m*; *fig.* Folge *f*.

co·ro·na [kə'rəunə], *pl.* **co'ro·nae** [~niː] *ast.* Korona *f*; ⚠ Kranzleiste *f*; **co'ro·nal** *anat.* Scheitel..., Stirn...; **cor·o·na·tion** [kɔrə'neiʃən] Krönung *f*; '**cor·o·ner** Leichenbeschauer *m* u. Untersuchungsrichter *m*; **cor·o·net** ['~nit] Adelskrone *f*.

cor·po·ral ['kɔːpərəl] **1.** □ körperlich; **2.** ⚔ Korporal *m*; Unteroffizier *m*; **cor·po·rate** ['~rit] □ vereinigt; körperschaftlich; gemeinsam, Gemeinschafts...; ~ *body* juristische Person *f*; **cor·po·ra·tion** [~'reiʃən] Korporation *f*, Körperschaft *f*, Zunft *f*; Stadtverwaltung *f*; *Am.* Aktiengesellschaft *f*; F Schmerbauch *m*; ~ *tax* Körperschaftssteuer *f*; **cor·po·ra·tive** ['~rətiv] korporativ; **cor·po·re·al** □ [~'pɔːriəl] körperlich; materiell; **cor·po·re·i·ty** [~pə'riːiti] Körperlichkeit *f*.

corps [kɔː], *pl.* **corps** [kɔːz] Korps *n*.

corpse [kɔːps] Leichnam *m*.

cor·pu·lence, cor·pu·len·cy ['kɔːpjuləns(i)] Beleibtheit *f*, Korpulenz *f*; '**cor·pu·lent** beleibt, korpulent.

cor·pus ['kɔːpəs], *pl.* **cor·po·ra** ['~pərə] Körper *m*; Sammlung *f von Gesetzen etc.*; ♀ *Christi* ['kristi] *Day* Fronleichnamstag *m*; **cor·pus·cle** ['kɔːpʌsl] Teilchen *n*, Korpuskel *n*.

cor·ral *bsd. Am.* [kɔː'rɑːl] **1.** Umzäunung *f*, Pferch *m* (*a. fig.*); Wagenburg *f*; **2.** zs.-pferchen, *fig.* einsperren; e-e Wagenburg bilden.

cor·rect [kə'rekt] **1.** *adj.* □ korrekt, richtig; *be* ~ richtig sein, stimmen; **2.** *v/t.* korrigieren, berichtigen, verbessern; zurechtweisen; strafen; *Mißbrauch* abstellen; ⚗ mildern; **cor'rec·tion** Berichtigung *f*, Verbesserung *f*; Verweis *m*; Strafe *f*; ⚗ Milderung *f*; Korrektur *f*; *house of* ~ Besserungsanstalt *f*, Zuchthaus *n*; *I speak under* ~ ich lasse mich gern korrigieren; **cor'rect·i·tude** [~titjuːd] Korrektheit *f*; **cor'rec·tive 1.** verbessernd; ⚗ mildernd; **2.** Besserungsmittel *n*; **cor'rec·tor** Verbesserer *m*, Berichtiger *m*; *typ.* Korrektor *m*; Milderungsmittel *n*.

cor·re·late ['kɔrileit] **1.** in Wechselbeziehung stehen *od.* bringen; **2.** Korrelat *n*; **cor·re'la·tion** Wechselbeziehung *f*; **cor·rel·a·tive** □ [~'relətiv] in Wechselbeziehung (stehend).

cor·re·spond [kɔris'pɔnd] (*with, to*) entsprechen (*dat.*), übereinstimmen (mit); in Briefwechsel stehen, korrespondieren (*with* mit); **cor·re'spond·ence** Übereinstimmung *f*; Briefwechsel *m*, Korrespondenz *f*; Briefe *m/pl.*; Verbindung *f*; **cor·re'spond·ent 1.** □ entsprechend; **2.** Briefschreiber(in); Korrespondent(in); Geschäftsfreund *m*; *my* ~*s* Leute, mit denen ich im Briefwechsel stehe; **cor·re'spond·ing** entsprechend; korrespondierend (*Akademiemitglied*).

cor·ri·dor ['kɔridɔː] Korridor *m*; Gang *m*, Flur *m*; ~ *train* D-Zug *m*.

cor·ri·gi·ble □ ['kɔridʒəbl] verbesserlich, zu verbessern(d).

cor·rob·o·rant [kə'rɔbərənt] **1.** stärkend; bestätigend; **2.** Stärkungsmittel *n*; Bestätigung *f*; **cor'rob·o·rate** [~reit] stärken; bestätigen; **cor·rob·o'ra·tion** Bestätigung *f*; **cor'rob·o·ra·tive** [~rətiv] bestätigend.

cor·rode [kə'rəud] zerfressen, angreifen, korrodieren, wegätzen; **cor'ro·dent 1.** ätzend; **2.** Ätzmittel *n*; **cor'ro·sion** [~ʒən] Ätzen *n*, Zerfressen *n*; ⊕ Korrosion *f*; Rost *m*; **cor'ro·sive** [~siv] **1.** □ zerfressend, ätzend; *fig.* nagend; **2.** Ätzmittel *n*; **cor'ro·sive·ness** ätzende Schärfe *f*.

cor·ru·gate ['kɔrugeit] runzeln; ⊕ riefen; ~*d cardboard* Wellpappe *f*; ~*d iron* Wellblech *n*.

cor·rupt [kə'rʌpt] **1.** □ verdorben, faul; verderbt (*a. Text etc.*); bestechlich, bestochen; ~ *practices pl. pol.* Bestechungsmanöver *n/pl.*; **2.** *v/t.* verderben; bestechen; anstecken; *v/i.* (ver)faulen, verderben; **cor'rupt·er** Verderber(in); Bestecher(in); **cor·rupt·i·bil·i·ty** [~tə'biliti] Verderbbarkeit *f*; Bestechlichkeit *f*; **cor'rupt·i·ble** □ verderblich; bestechlich; **cor'rup·tion** Verderbnis *f*, Verdorbenheit *f* (*a. fig.*); Fäulnis *f*; Verderbtheit *f e-s Textes*; Bestechung *f*; **cor'rup·tive** □ verderbend.

cor·sage [kɔː'sɑːʒ] Taille *f*, Mieder *n*; *Am.* Ansteckblume(n *pl.*) *f*.

cor·sair ['kɔːsɛə] Seeräuber(schiff *n*) *m*, Korsar *m*.

corse [kɔːs] *poet.* = *corpse*.

cors(e)·let ['kɔːslit] Brustschild *m*.

cor·set ['kɔːsit] Korsett *n*; **'cor·set·ed** geschnürt.

cor·tège [kɔː'teiʒ] Gefolge *n*; Prozession *f*.

cor·tex ⚘, *zo.*, *anat.* ['kɔːteks], *pl.* **cor·ti·ces** ['~tisiːz] Rinde *f*.

cor·ti·cal ['kɔːtikəl] rindig; *fig.* äußerlich.

co·run·dum *min.* [kə'rʌndəm] Korund *m*.

cor·us·cate ['kɔrəskeit] (auf)blitzen, funkeln.

cor·vette ⚓ [kɔː'vet] Korvette *f*.

cor·vine ['kɔːvain] raben-, krähenartig; Raben...; Krähen...

cosh *sl.* [kɔʃ] **1.** Knüppel *m*, Totschläger *m*; **2.** mit einem Knüppel schlagen; **'~-boy** *sl.* jugendlicher Straßenräuber *m*.

cosh·er ['kɔʃə] (ver)hätscheln.

co-sig·na·to·ry ['kəu'signətəri] **1.** mitunterzeichnend; **2.** Mitunterzeichner *m*.

co·sine ⩚ ['kəusain] Kosinus *m*.

co·si·ness ['kəuzinis] Behaglichkeit *f*.

cos·met·ic [kɔz'metik] **1.** kosmetisch, verschönernd; **2.** Schönheitsmittel *n*; Kosmetik *f*; **cos·me·ti·cian** [kɔzme'tiʃən] Kosmetiker (-in).

cos·mic, cos·mi·cal □ ['kɔzmik(əl)] kosmisch; Welt(en)...; *cosmic rays pl.* kosmische Strahlung *f*.

cos·mo·naut ['kɔzmənɔːt] Weltraumfahrer *m*, Kosmonaut *m*.

cos·mo·pol·i·tan [kɔzməu'pɔlitən], **cos·mop·o·lite** [~'mɔpəlait] **1.** kosmopolitisch; **2.** Weltbürger(in).

cos·mos ['kɔzmɔs] Kosmos *m*, Universum *n*.

Cos·sack ['kɔsæk] Kosak *m*.

cos·set ['kɔsit] **1.** Nesthäkchen *n*; **2.** (ver)hätscheln.

cost [kɔst] **1.** Preis *m*; Kosten *pl.*; Schaden *m*, Nachteil *m*; ~*s pl.* Gerichtskosten *pl.*; Spesen *pl.*; *first od. prime* ~ Anschaffungskosten *pl.*; ~ *of living* Lebenshaltungskosten *pl.*; *at all* ~*s* um jeden Preis; *to my* ~ zu meinem Schaden; *as I know to my* ~ wie ich aus eigner Erfahrung weiß; **2.** (*irr.*) kosten; ✝ die Selbstkosten *e-r Ware etc.* berechnen; ~ *dearly* teuer zu stehen kommen.

cos·ter F ['kɔstə] = **'~·mon·ger** Höker(in) mit Handwagen.

cost·ing ['kɔstiŋ] Kostenberechnung *f*; Herstellungskosten *pl.*

cos·tive □ ['kɔstiv] hartleibig.

cost·li·ness ['kɔstlinis] Kostspieligkeit *f*; Kostbarkeit *f*; '**cost·ly** kostbar; kostspielig, teuer.

cost-price ✝ ['kɔstprais] Selbstkosten-, Einkaufspreis *m*.

cos·tume ['kɔstju:m] Kostüm *n*; Kleidung *f*; Tracht *f*; **cos'tum·i·er** [~miə] Kostümier *m*; Kostümverleiher *m*.

co·sy ['kəuzi] **1.** □ behaglich, gemütlich; **2.** = *tea-cosy*.

cot [kɔt] Feldbett *n*; ⚓ Hängematte *f* mit Rahmen; Kinderbett *n*.

cote [kəut] Stall *m*, Schuppen *m*.

co·te·rie ['kəutəri] Klüngel *m*, Clique *f*; Zirkel *m*, Kreis *m*, Gruppe *f*.

cot·tage ['kɔtidʒ] Hütte *f*; kleines Landhaus *n*, Sommerhaus *n*; ~ *cheese Am.* Quarkkäse *m*; ~ *piano* Pianino *n*; '**cot·tag·er** Häusler *m*; Hüttenbewohner *m*; *Am.* Sommergast *m*.

cot·ter ⊕ ['kɔtə] Querkeil *m*; Splint *m*.

cot·ton ['kɔtn] **1.** Baumwolle *f*; ✝ Kattun *m*; *Näh*-Garn *n*; **2.** baumwollen; Baumwoll...; ~ *wool* Watte *f*; **3.** F sich vertragen, sympathisieren (*with* mit); sich anschließen (*to s.o.* an j.); ~ *to s.th.* sich befreunden mit et.; ~ *up* sich anfreunden (*with, to* mit *j-m*); '**~-grass** Wollgras *n*; '**~-seed** ⚘ Baumwollsamen *m*; '**~-wood** ⚘ *e-e* amerikanische Pappel *f*; '**cot·ton·y** baumwollartig.

cot·y·le·don ⚘ [kɔti'li:dən] Keimblatt *n*.

couch [kautʃ] **1.** Lager *n*; Couch *f*, Sofa *n*, Liege *f*; Schicht *f*; **2.** *v/t.* *Lanze* einlegen; *Meinung etc.* ausdrücken; *Schriftsatz etc.* abfassen; *den Star* stechen; *v/i.* sich (nieder-)legen; versteckt liegen; kauern; '**~-grass** ⚘ Quecke *f*.

cou·gar *zo.* ['ku:gə] Kugar *m*, Puma *m*.

cough [kɔf] **1.** Husten *m*; **2.** (aus-)husten; ~ *down* durch Husten zum Schweigen bringen; ~ *up* aushusten; *sl.* herausrücken mit.

could [kud] *pret. von can.*

couldn't ['kudnt] = *could not.*

cou·lee *Am.* ['ku:li] (trockenes) Bachbett *n*.

coul·ter ['kəultə] Pflugeisen *n*.

coun·cil ['kaunsl] Rat(sversammlung *f*) *m*; **coun·ci(l)·lor** ['~silə] Ratsmitglied *n*, Ratsherr *m*, Stadtrat *m*.

coun·sel ['kaunsəl] **1.** Beratung *f*; Rat(schlag) *m*; ⚖ Anwalt *m*; ~ *for the defence* Verteidiger *m*; ~ *for the prosecution* Anklagevertreter *m*; *keep one's (own)* ~ s-e Gedanken für sich behalten; *take* ~ *with* sich Rat holen bei; **2.** *j.* beraten; *j-m* raten (*to* zu); zu *et.* raten; **coun·se(l)·lor** ['~slə] Ratgeber(in); Anwalt *m*; *s. counci(l)lor.*

count[1] [kaunt] **1.** Rechnung *f*; Zahl *f*; ⚖ Anklagepunkt *m*; *Boxen*: Auszählen *n*; *a.* ~*-out parl.* Vertagung *f* wegen Beschlußunfähigkeit; Berücksichtigung *f*, Notiz *f*; *lose* ~ die Übersicht verlieren (*of* über *acc.*); *take no* ~ *of what s.o. says* sich nicht darum kümmern, was j. sagt; **2.** *v/t.* zählen; rechnen; mit(ein)rechnen; *fig.* schätzen, halten für; *be* ~*ed out Boxen*: ausgezählt werden; *v/i.* zählen; rechnen (*fig. on, upon* auf *acc.*); gelten (*for little* wenig).

count[2] [~] *nichtbritischer* Graf *m*.

count·a·ble ['kauntəbl] zählbar.

count-down ['kauntdaun] Startvorbereitungen *f/pl.*, Countdown *m* (*beim Raketenstart*).

coun·te·nance ['kauntinəns] **1.** Gesicht(sausdruck *m*) *n*, Miene *f*; Fassung *f*, (Gemüts)Ruhe *f*; Ermutigung *f*, Unterstützung *f*; *put s.o. out of* ~ j. aus der Fassung bringen; **2.** begünstigen, unterstützen; gutheißen.

count·er[1] ['kauntə] Zähler *m*, Zählapparat *m*; Spielmarke *f*, Zahlpfennig *m*; Laden-, Zahltisch *m*; Schalter *m*.

coun·ter[2] [~] **1.** (*to dat.*) entgegen; zuwider; Gegen...; **2.** Gegenschlag *m* (*to* gegen); **3.** Gegenmaßnahmen treffen; *Boxen*: kontern.

coun·ter·act [kauntə'rækt] zuwiderhandeln (*dat.*); **coun·ter'ac·tion** Gegenwirkung *f*; Widerstand *m*.

coun·ter-at·tack ['kauntərətæk] Gegenangriff *m*.

coun·ter·bal·ance **1.** ['kauntəbæləns] Gegengewicht *n*; **2.** [~'bæləns] das Gegengewicht halten (*dat.*), aufwiegen; ✝ ausgleichen, ausbalancieren.

coun·ter·blast ['kauntəbla:st] kräftige Entgegnung *f*.

coun·ter·charge ['kauntətʃɑːdʒ] Gegenklage *f*.
coun·ter·check ['kauntətʃek] Gegenstoß *m*; Hindernis *n*.
coun·ter-claim ⚖ ['kauntəkleim] Gegenforderung *f*.
coun·ter-clock·wise ['kauntə'klɔkwaiz] entgegen dem Uhrzeigersinn.
coun·ter-cur·rent ['kauntə'kʌrənt] Gegenstrom *m*.
coun·ter-es·pi·o·nage ['kauntər-espiə'nɑːʒ] Spionageabwehr *f*.
coun·ter·feit ['kauntəfit] **1.** □ nachgemacht; falsch, unecht; verstellt; **2.** Nachahmung *f*; Nachdruck *m*; Fälschung *f*; Falschgeld *n*; **3.** nachmachen; nachdrucken; fälschen; heucheln; sich verstellen; '**coun·ter·feit·er** Nachahmer(in); Fälscher(in); Falschmünzer *m*; Nachdrucker *m*; Heuchler(in).
coun·ter·foil ['kauntəfɔil] Kontrollblatt *n*, -abschnitt *m*.
coun·ter·fort ⚠ ['kauntəfɔːt] Strebepfeiler *m*.
coun·ter-ir·ri·tant ⚕ [kauntər-'iritənt] Gegen(reiz)mittel *n*.
coun·ter-jump·er F ['kauntədʒʌmpə] Ladenschwengel *m*.
coun·ter·mand [kauntə'mɑːnd] **1.** Gegenbefehl *m*; Widerruf *m*; **2.** widerrufen; abbestellen.
coun·ter·march ['kauntəmɑːtʃ] **1.** Rückmarsch *m*; **2.** zurückmarschieren.
coun·ter·mark ['kauntəmɑːk] Gegenzeichen *n*.
coun·ter·mine **1.** ['kauntəmain] Gegenmine *f*; **2.** [~'main] Gegenminen legen (gegen) (*a. fig.*).
coun·ter-move ['kauntəmuːv] *fig.* Gegenzug *m*, -maßnahme *f*.
coun·ter-or·der ['kauntərɔːdə] Gegenbefehl *m*.
coun·ter·pane ['kauntəpein] Bett-, Steppdecke *f*.
coun·ter·part ['kauntəpɑːt] Gegenstück *n*; Duplikat *n*.
coun·ter·point ♪ ['kauntəpɔint] Kontrapunkt *m*.
coun·ter·poise ['kauntəpɔiz] **1.** Gegengewicht *n*; **2.** das Gleichgewicht halten (*dat.*) (*a. fig.*), ausbalancieren.
coun·ter-rev·o·lu·tion ['kauntərevəluːʃən] Konter-, Gegenrevolution *f*.
coun·ter·scarp ⚔ ['kauntəskɑːp] äußere Grabenböschung *f*.
coun·ter·shaft ⊕ ['kauntəʃɑːft] Vorgelegewelle *f*.
coun·ter·sign ['kauntəsain] **1.** Gegenzeichen *n*; ⚔ Losung(swort *n*) *f*; **2.** gegenzeichnen.
coun·ter·sink ⊕ ['kauntəsiŋk] (aus-) fräsen; *Schraubenkopf etc.* versenken.
coun·ter-stroke ['kauntəstrəuk] Gegenstoß *m*.
coun·ter-ten·or ♪ ['kauntə'tenə] Altstimme *f*; Falsettstimme *f*.
coun·ter·vail ['kauntəveil] aufwiegen; ersetzen.
coun·ter·weight ['kauntəweit] Gegengewicht *n* (*to* gegen).
count·ess ['kauntis] Gräfin *f*.
count·ing-house ['kauntiŋhaus] Kontor *n*.
count·less ['kauntlis] zahllos.
coun·tri·fied ['kʌntrifaid] ländlich; bäurisch.
coun·try ['kʌntri] **1.** Land *n*; Gegend *f*; Heimatland *n*; *appeal od. go to the* ~ Neuwahlen ausschreiben; **2.** Land..., ländlich; Lands...; ~ **club** Klubhaus *n* auf dem Land; '~**-dance** englischer Volks-, Reihentanz *m*; ~ **gen·tle·man** Landedelmann *m*; Gutsherr *m*; '~-'**house** Landhaus *n*, -sitz *m*; '~**·man** Landmann *m* (*Bauer*); Landsmann *m*; '~**-side** Land *n im Gegensatz zur Stadt*; Gegend *f*; Land(bevölkerung *f*) *n*; '~**·wom·an** Landfrau *f*; Landsmännin *f*.
coun·ty ['kaunti] Grafschaft *f*, Kreis *m*; ~ **coun·cil** Grafschaftsrat *m*; ~ **seat** *Am.* = ~ **town** Kreisstadt *f*.
coup [kuː] Schlag *m*, Streich *m*; ~ *d'état* Staatsstreich *m*.
cou·pé ['kuːpei] *mot.* Coupé *n*.
cou·ple ['kʌpl] **1.** Paar *n*; Koppel *f*; *a* ~ *of* zwei; F ein paar; **2.** (ver-) koppeln; ⊕ kuppeln; *Radio*: koppeln; (sich) ehelich verbinden; (sich) paaren; ~ *back* rückkoppeln; '**cou·pler** *Radio*: Koppler *m*; '**cou·ple-skat·ing** *Sport*: Paarlaufen *n*; **cou·plet** ['kʌplit] Verspaar *n*.
cou·pling ⊕ ['kʌpliŋ] Kupplung *f*; *Radio*: Kopplung *f*; *attr.* Kupplungs..., Kopplungs...
cou·pon ['kuːpɔn] Coupon *m*; Abschnitt *m*; Bezugschein *m*; Ra-

battmarke *f*; Abonnement(karte *f*) *n*; Rundreiseheft *n*.
cour·age [ˈkʌridʒ] Mut *m*, Tapferkeit *f*; *take od. muster up od. pluck up* ~ Mut fassen; **cou·ra·geous** □ [kəˈreidʒəs] mutig, beherzt, tapfer.
cour·i·er [ˈkuriə] Kurier *m*, (Eil-) Bote *m*; Reiseleiter(in).
course [kɔːs] **1.** Lauf *m*, Gang *m*; Weg *m*; ⚓ Kurs *m*; ⚓ Fahrt *f*; Richtung *f*; Lebensbahn *f*; Gewohnheit *f*; Wettrennen *n*; Rennbahn *f*; Gang *m* (*Speisen*); Lehrgang *m*, Kursus *m*; *univ.* Vorlesung *f*; Ordnung *f*, Folge *f*; Verfahren *n*; ⚕ (Geld)Kurs *m*; *in due* ~ zur gegebenen *od.* rechten Zeit; *of* ~ natürlich, selbstverständlich; *matter of* ~ Selbstverständlichkeit *f*; ~ *of exchange* Wechselkurs *m*; *stay the* ~ durchhalten; **2.** *v/t.* hetzen; jagen; *v/i.* rennen.
cours·er *poet.* [ˈkɔːsə] Renner *m*, schnelles Pferd *n*.
cours·ing [ˈkɔːsiŋ] Hetzjagd *f*.
court [kɔːt] **1.** Hof(raum) *m*; Hof *m e-s Fürsten*; Hofgesellschaft *f*; Hof *m*, Aufwartung *f*; Gericht(shof *m*) *n*; *at* ~ bei Hofe; *pay (one's)* ~ *j-m* den Hof machen; **2.** den Hof machen, huldigen (*dat.*); werben um *j.*; *Unheil* heraufbeschwören; ˈ**~-card** Bildkarte *f beim Kartenspiel*; ~ **cir·cu·lar** Hofnachrichten *f/pl.*; ˈ**~-day** Gerichtstag *m*; **cour·te·ous** □ [ˈkəːtjəs] höflich, artig; **cour·te·san**, *a.* **cour·te·zan** [kɔːtiˈzæn] Kurtisane *f*; **cour·te·sy** [ˈkəːtisi] Höflichkeit *f*; Gefälligkeit *f*; **court-guide** [ˈkɔːtgaid] Verzeichnis *n* der hoffähigen Personen; **court-house** [ˈkɔːthaus] Gerichtsgebäude *n*; *Am. a.* Amtshaus *n e-s Kreises*; **cour·ti·er** [ˈkɔːtjə] Höfling *m*; ˈ**court·li·ness** feiner Ton *m*, Höflichkeit *f*; ˈ**court·ly** höfisch; Hof...; höflich, artig.
court...: ˈ**~-ˈmar·tial** ⚔ **1.** Kriegsgericht *n*; **2.** vor ein Kriegsgericht stellen; ˈ**~-ˈplas·ter** Heftpflaster *n*; ˈ**~·room** Gerichtssaal *m*; ˈ**~·ship** Werbung *f*; ˈ**~·yard** Hof *m*.
cous·in [ˈkʌzn] Vetter *m*, Cousin *m*; Base *f*, Cousine *f*; *first* ~, ~ *german* leiblicher Vetter *m*; **cous·in·hood** [ˈ~hud], ˈ**cous·in·ship** Vetter(n)-schaft *f*; ˈ**cous·in·ly** vetterlich.
cove[1] [kəuv] **1.** Bucht *f*; *fig.* Obdach *n*; △ Wölbung *f*; **2.** überwölben.
cove[2] P [~] Kerl *m*.
cov·e·nant [ˈkʌvənənt] **1.** ⚖ Vertrag *m*; *Bibel*: Bund *m*; **2.** *v/t.* geloben; (aus)bedingen; *v/i.* übereinkommen (*with s.o. for s.th.* mit j-m um et.).
Cov·en·try [ˈkɔvəntri]: *send s.o. to* ~ j. gesellschaftlich boykottieren.
cov·er [ˈkʌvə] **1.** Decke *f*; Deckel *m*; Umschlag *m*; Futteral *n*; Hülle *f*; Deckung *f*; Schutz *m*; Dickicht *n*; Deckmantel *m*; Decke *f*, Mantel *m* (*Bereifung*); Gedeck *n*; *a.* ~ *address* Deckadresse *f*; ~ *charge* Kosten *pl.* für das Gedeck; *under separate* ~ gesondert, mit getrennter Post; **2.** (be-, zu)decken; einschlagen, -wickeln (*with* in *acc.*); verbergen, verdecken; schützen; durchlaufen, zurücklegen; ⚕ decken; *mit Schußwaffe* zielen nach; *Gelände* bestreichen (*Geschütz*); umfassen, einschließen; *fig.* erfassen; *Zeitung*: berichten über (*acc.*), behandeln; *~ed button* bezogener Knopf *m*; *~ed court Tennis*: Halle *f*; *~ed wire* umsponnener Draht *m*; ˈ**cov·er·age** Berichterstattung *f* (*of* über *acc.*); ˈ**cov·er girl** Titelbildschönheit *f*; ˈ**cov·er·ing** Decke *f*; Futteral *n*; *Bett*-Bezug *m*; Überzug *m*; Bekleidung *f*; Bedachung *f*; *floor* ~ Fußbodenbelag *m*; **cov·er·let** [ˈ~lit] Bettdecke *f*.
co·v·ert 1. [ˈkʌvət] □ heimlich, versteckt; ⚖ verheiratet; **2.** [ˈkʌvə] Schutz *m*; Versteck *n*; Dickicht *n*.
cov·et [ˈkʌvit] heftig begehren, sich gelüsten lassen nach; ˈ**cov·et·ous** □ (be)gierig, lüstern (*of* nach); habsüchtig; ˈ**cov·et·ous·ness** Gier *f*; Habsucht *f*.
cov·ey [ˈkʌvi] Volk *n Feldhühner*.
cov·ing △ [ˈkəuviŋ] Überhang *m*, Vorsprung *m*.
cow[1] [kau] Kuh *f*.
cow[2] [~] einschüchtern, ducken.
cow·ard [ˈkauəd] **1.** □ feig; **2.** Feigling *m*; **cow·ard·ice** [ˈ~dis], ˈ**cow·ard·li·ness** Feigheit *f*; ˈ**cow·ard·ly** feig(e).
cow·boy [ˈkaubɔi] Cowboy *m* (*berittener Rinderhirt*); ˈ**cow-catch·er** 🚂 *Am.* Schienenräumer *m*.
cow·er [ˈkauə] (nieder)kauern; *fig.* sich ducken (*from* vor *dat.*).

cow·herd ['kauhə:d] Kuh-, Rinderhirt *m*; '**cow·hide 1.** Kuhhaut *f*; Kuh-, Rindsleder *n*; Ochsenziemer *m*; **2.** peitschen; '**cow-house** Kuhstall *m*.
cowl [kaul] Mönchskutte *f*; Kapuze *f*; Schornsteinkappe *f*.
cow...: '**~·man** Melker *m*; *Am.* Viehzüchter *m*; '**~-'pars·ley** ♀ Wiesenkerbel *m*; '**~-'pars·nip** ♀ Bärenklau *m*; '**~-pox** Kuhpocken *f/pl.*; '**~-punch·er** *Am.* F Rinderhirt *m*.
cow·rie ['kauri] Kauri(muschel) *f*.
cow...: '**~-shed** Kuhstall *m*; '**~·slip** ♀ Schlüsselblume *f*.
cox F [kɔks] **1.** = *coxswain*; **2.** steuern.
cox·comb ['kɔkskəum] Narr *m*; Narrenkappe *f*; **cox'comb·i·cal** □ närrisch.
cox·swain ['kɔkswein, ⚓ 'kɔksn] Bootsführer *m*, Steuermann *m*.
coy [kɔi] □ schüchtern; spröde; '**coy·ness** Sprödigkeit *f*.
coy·ote *zo.* ['kɔiəut] Steppenwolf *m*.
coy·pu *zo.* ['kɔipu:] Nutria *f*, Biberratte *f*.
coz·en *lit.* ['kʌzn] prellen; '**coz·en·age** Prellerei *f*.
co·zy ['kəuzi] = *cosy*.
crab[1] [kræb] Krabbe *f*, Taschenkrebs *m*; *ast.* Krebs *m*; ⊕ Winde *f*; Laufkatze *f*; *catch a ~* e-n Krebs fangen (*mit dem Ruder im Wasser steckenbleiben*).
crab[2] [~] **1.** ♀ Holzapfel *m*; F Querkopf *m*; Meckerer *m*; Tadel *m*; **2.** meckern über; '**crab·bed** □ verdrießlich; herb; verworren, kraus.
crab-louse ['kræblaus] Filzlaus *f*.
crack [kræk] **1.** Knall *m*, Krach *m*; Riß *m*, Sprung *m*; F derber Schlag *m*; *Sport sl.* Kanone *f*; Versuch *m*; Witz *m*; *in a ~* im Nu; *have a ~ at s.th.* et. versuchen, e-n Versuch mit et. machen; **2.** F erstklassig; **3.** krach!; **4.** *v/t.* (ver)sprengen; knallen mit *et.*; *Nuß* (auf)knacken; *Ei* aufschlagen; ⚗ *Öl* kracken, spalten; *~ a bottle* e-r Flasche den Hals brechen; *~ a joke* e-n Witz reißen; *~ up* F groß herausstellen; *v/i.* platzen, springen, bersten, rissig werden; e-n Sprung bekommen; knallen; umschlagen (*Stimme*); *~ down on sl.* scharf vorgehen gegen; *~ a crib sl.* in ein Haus einbrechen; *get ~ing* mit der Arbeit anfangen; '**~-brained** verrückt; '**~-down** *sl.* Razzia *f*, Blitzmaßnahme(n *pl.*) *f*; '**cracked** rissig, geborsten; F verrückt; '**cracker** Knallbonbon *m*; Schwärmer *m*; Lüge *f*; *Am.* Keks *m*; Kräcker *m*; Zwieback *m*; Zs.-bruch *m*; '**crack·er-bar·rel** *Am.* F *attr.* Biertisch...; '**crack·er-jack** *Am.* F prima (*Sache od. Person*); '**crack·ers** F verrückt; '**crack-jaw** Zungenbrecher *m*;
crack·le ['krækl] knattern, knistern; '**crack·ling** *braune* Kruste *f* des Schweinebratens; Geknister *n*;
crack·nel ['~nl] Brezel *f*; '**cracksman** *sl.* Einbrecher *m*; '**crack-up** Zs.-stoß *m*; ✈ Bruchlandung *f*; '**crack·y** = *cracked*.
cra·dle ['kreidl] **1.** Wiege *f* (*a. fig.*); Kindheit *f*; ⚓ Stapelschlitten *m*; *teleph.* Gabel *f*; **2.** (ein)wiegen.
craft [krɑ:ft] Handwerk *n*, Gewerbe *n* (*a. coll.* = *Handwerker*); Fahrzeug *n*, *coll.* Fahrzeuge *n/pl.*, *bsd.* Schiffe *n/pl.*; Gerissenheit *f*, Raffinesse *f*; *the gentle ~* die edle Kunst des Angelns; '**craft·i·ness** Verschmitztheit *f*; '**crafts·man** (Kunst)Handwerker *m*; '**crafts·man·ship** handwerkliches Können *n*; '**craft·y** □ gerissen, raffiniert.
crag [kræg] Klippe *f*, Felsspitze *f*; '**crag·gy** felsig; uneben; '**cragsman** Felsgeher *m*, Kletterer *m*.
crake *orn.* [kreik] Schnarre *f*.
cram [kræm] **1.** (voll)stopfen; *Geflügel* mästen, nudeln; (sich) mit Speisen vollstopfen; (ein)pauken; **2.** Einpauken *n*; '**~-'full** vollgestopft; '**cram·mer** Einpauker *m*.
cramp [kræmp] **1.** Krampf *m*; ⊕ Klammer *f*, Krampe *f*; *fig.* Fessel *f*; **2.** ⊕ verklammern; einengen, *fig.* hemmen; '**cramped** verkrampft; krampfhaft; eng, beengt; schwer leserlich; '**cramp-frame** ⊕ Schraubzwinge *f*; '**cramp-i·ron** Eisenklammer *f*.
cram·pon ['kræmpən] Steigeisen *n*.
cran·ber·ry ♀ ['krænbəri] Preiselbeere *f*.
crane [krein] **1.** Kranich *m*; ⊕ Kran *m*; **2.** (den Hals) vorstrecken, sich (aus)recken; ⊕ hochwinden; *~ at* zaudern vor (*dat.*); '**crane·fly** *zo.* Schnake *f*; '**crane's-bill** ♀ Storchschnabel *m*.

cra·ni·um *anat.* ['kreinjəm] Schädel *m.*
crank [kræŋk] **1.** ⊕ verdreht, verbogen; wacklig; ⚓ rank; munter; **2.** Kurbel *f*; Schwengel *m*; Wortspiel *n*; Schrulle *f*, Laune *f*; komischer Kauz *m*, Fanatiker *m*; *starting* ~ *mot.* Andrehkurbel *f*; *fresh air* ~ Frischluftfanatiker *m*; **3.** *v/t.* ~ *off Film* kurbeln; ~ *up mot.* ankurbeln (*a. v/i.*); '**~-case** Kurbelgehäuse *n*; '**crank·i·ness** Verschrobenheit *f*; '**crank-shaft** ⊕ Kurbelwelle *f*; '**crank·y** wacklig; launisch; verschroben, verdreht.
cran·nied ['krænid] rissig; '**cran·ny** Riß *m*, Ritze *f*, Spalt *m*.
crape [kreip] **1.** Krepp *m*, Flor *m*; **2.** kräuseln.
craps *Am.* [kræps] *pl. ein Würfelspiel.*
crap·u·lence ['kræpjuləns] Trunkenheit *f*; F Katzenjammer *m*.
crash[1] [kræʃ] **1.** Krach *m* (*a.* ✝); ✈ Absturz *m*; **2.** krachen; in *od.* auf *et.* fahren, fliegen, fallen, stürzen *etc.*; einstürzen; ✈ abstürzen, Bruch machen; **3.** *Am.* F blitzschnell ausgeführt.
crash[2] [~] grober Drillich *m*.
crash...: '**~-dive** ⚓ **1.** Schnelltauchen *n*; **2.** schnelltauchen; '**~-hel·met** Sturzhelm *m*; '**~-land** ✈ bruchlanden; '**~-land·ing** ✈ Bruchlandung *f*.
crass *lit.* [kræs] derb, kraß.
crate [kreit] Lattenkiste *f für Porzellan, Fahrräder etc.*; *sl.* Kiste *f* (*Flugzeug*).
cra·ter ['kreitə] Krater *m*; (Granat- *etc.*)Trichter *m*.
cra·vat [krə'væt] Krawatte *f*.
crave [kreiv] *v/t.* dringend bitten *od.* flehen um; *v/i.* sich sehnen (*for* nach).
cra·ven ['kreivən] **1.** feig; **2.** Feigling *m*.
crav·ing ['kreiviŋ] heftige Begierde *f*, Sehnsucht *f* (*for* nach).
craw [krɔ:] Kropf *m der Vögel.*
craw·fish ['krɔ:fiʃ] **1.** Krebs *m*; **2.** *Am.* F kneifen, sich drücken.
crawl [krɔ:l] **1.** Kriechen *n*; Kraul *m*; **2.** kriechen; schleichen; wimmeln (*with* von); kribbeln; *Schwimmen*: kraulen; *it makes one's flesh* ~ man bekommt e-e Gänsehaut davon; '**crawl·er** *fig.* Kriecher(in); Gewürm *n*; Laus *f*; Raupenschlepper *m*; ~*s pl.* Krabbelanzug *m*.
cray·fish ['kreifiʃ] Flußkrebs *m*.
cray·on ['kreiən] **1.** Zeichenstift *m*, *bsd.* Farb-, Pastellstift *m*; Pastell (-gemälde) *n*; *blue* ~, *red* ~ Blau-, Rotstift *m*; **2.** zeichnen, skizzieren.
craze [kreiz] Verrücktheit *f* (*for* nach); übertriebene Begeisterung *f*, Fimmel *m* (*for* für); *be the* ~ Mode sein; '**crazed** verrückt (*with* vor *dat.*); '**cra·zi·ness** Verrücktheit *f*; '**cra·zy** □ verrückt (*for, about* nach; *with* vor *dat.*); wahnsinnig; wild begeistert; baufällig; zs.-gestückelt, Flicken...; Mosaik...
creak [kri:k] **1.** Knarren *n*; **2.** knarren; '**creak·y** □ knarrend.
cream [kri:m] **1.** Rahm *m*, Sahne *f*; Creme(speise) *f*; *fig.* Creme *f*, Auslese *f*; *das* Beste; *cold* ~ Cold Cream *n*; ~ *of tartar* gereinigter Weinstein *m*; **2.** abrahmen; *fig.* den Rahm abschöpfen von *et.*; mit Sahne vermengen; '**cream·er·y** Molkerei *f*; Milchgeschäft *n*; '**cream·y** sahnig.
crease [kri:s] **1.** Falte *f*, Kniff *m*; Bügelfalte *f*; Eselsohr *n* (*Buch*); *Kricket*: (Mal)Linie *f*; **2.** (sich) falten, (sich) kniffen.
cre·ate [kri:'eit] (er)schaffen; *thea.* kreieren, gestalten; verursachen, hervorrufen; erzeugen; ernennen, machen zu; **cre'a·tion** Schöpfung *f*; Ernennung *f*; **cre'a·tive** schaffend, schöpferisch; **cre'a·tor** Schöpfer *m*; **cre'a·tress** Schöpferin *f*; **crea·ture** ['~tʃə] Geschöpf *n*, Wesen *n*; Kreatur *f* (*a. contp.*); ~ *comforts pl. die* leiblichen Genüsse *m/pl.*
crèche [kreiʃ] Kinderhort *m*.
cre·dence ['kri:dəns] Glaube *m*; *give* ~ *to* Glauben schenken (*dat.*); *letter of* ~ Empfehlungsschreiben *n*;
cre·den·tials [kri'denʃəlz] *pl.* Beglaubigungsschreiben *n*; schriftliche Unterlagen *f/pl.*
cred·i·bil·i·ty [kredi'biliti] Glaubwürdigkeit *f*; **cred·i·ble** □ ['kredəbl] glaubwürdig; glaubhaft.
cred·it ['kredit] **1.** Glaube *m*; Ruf *m*, Ansehen *n*; Glaubwürdigkeit *f*; Guthaben *n*; ✝ Kredit *n*; ✝ Borg *m*, Kredit *m*; Einfluß *m*; Verdienst *n*, Ehre *f*; *Am. Schule*: (Anrechnungs)Punkt *m*; ~ *note* ✝ Gutschriftsanzeige *f*; *do s.o.* ~ j-m Ehre

machen; *get* ~ *for s.th.* et. angerechnet bekommen; *give s.o.* ~ *for s.th.* j-m et. hoch *od.* als Verdienst anrechnen; *put od. place od. pass to s.o.'s* ~ j-m gutschreiben; **2.** *j-m* glauben; *j-m* trauen; ✝ *Summe* kreditieren, gutschreiben; ~ *s.o. with s.th.* j-m et. zutrauen; **'cred·it·a·ble** □ achtbar; ehrenvoll (*to* für); **'cred·i·tor** Gläubiger *m.*

cred·it...: ~ squeeze ✝ Kreditrestriktionen *f/pl.*; ~ **ti·tles** *pl. die Namen von Regisseur, Produzent etc. im Vorspann e-s Films.*

cre·du·li·ty [kri'dju:liti] Leichtgläubigkeit *f*; **cred·u·lous** □ ['kredjuləs] leichtgläubig.

creed [kri:d] Glaubensbekenntnis *n.*

creek [kri:k] Bucht *f*; *Am.* Bach *m.*

creel [kri:l] Fischkorb *m* aus Weidengeflecht.

creep [kri:p] **1.** (*irr.*) kriechen; *fig.* (sich ein)schleichen; kribbeln; *it makes my flesh* ~ ich bekomme e-e Gänsehaut davon; **2.** Kriechen *n*; ~*s pl.* Schauder *m*, Gruseln *n*; *it gave me the* ~*s* es überlief mich kalt; **'creep·er** Kriecher(in); Kriechtier *n*; ⚘ Schling-, Kletterpflanze *f*; **'creep·y** kriechend; fröstelnd; gruselig.

creese [kri:s] Kris *m* (*malaiischer Dolch*).

cre·mate [kri'meit] *Leichen* verbrennen; **cre'ma·tion** (Leichen-) Verbrennung *f*; **crem·a·to·ri·um** [kremə'tɔ:riəm], *bsd. Am.* **cre·ma·to·ry** ['~təri] Krematorium *n.*

cren·el·(l)at·ed ['krenileitid] mit Zinnen *od.* Schießscharten (versehen).

cre·ole ['kri:əul] **1.** Kreole *m*, Kreolin *f*; **2.** kreolisch.

cre·o·sote ⚗ ['kriəsəut] Kreosot *n.*

crêpe [kreip] Krepp *m*; ~ **pa·per** Kreppapier *n*; ~ **rub·ber** Kreppgummi *m.*

crep·i·tate ['krepiteit] knistern; rasseln; **crep·i'ta·tion** Knistern *n*; Knirschen *n*; Rasseln *n.*

crept [krept] *pret. u. p.p von creep.*

cre·pus·cu·lar [kri'pʌskjulə] dämmerig; Dämmerungs...

cres·cen·do ♪ [kri'ʃendəu] Krescendo *n* (*a. fig.*).

cres·cent ['kresnt] **1.** zunehmend; halbmondförmig; **2.** Halbmond *m* (*a. halbmondförmig gebaute Häuserreihe*); Hörnchen *n* (*Gebäck*); ♀ *City Am.* New Orleans.

cress ⚘ [kres] Kresse *f.*

cres·set ['kresit] Leuchtfeuer *n.*

crest [krest] Kamm *m des Hahnes, e-r Woge*; Schopf *m der Vögel*; Mähne *f*; Federbusch *m*; Helm (-busch, -schmuck) *m*; *Berg*-Kamm *m*, Gipfel *m*; *Heraldik*: Helmzier *f*; *family* ~ Familienwappen *n*; **'crest·ed** mit einem Kamm *etc.*; ~ *lark* Haubenlerche *f*; ~ *note-paper* Briefpapier *n* mit Familienwappen; **'crest·fall·en** niedergeschlagen.

cre·ta·ceous [kri'teiʃəs] kreidig.

cre·tin ['kretin] Kretin *m*; **'cre·tin·ous** kretinhaft.

cre·tonne [kre'tɔn] Kretonne *f, m* (*Gewebe*).

cre·vasse [kri'væs] (Gletscher-) Spalte *f*; *Am.* Deichbruch *m.*

crev·ice ['krevis] Riß *m*, Spalte *f.*

crew[1] [kru:] Schar *f*, *b.s.* Bande *f*; Gruppe *f von Arbeitern*; ⚓, ✈ Mannschaft *f*, Besatzung *f.*

crew[2] [~] *pret. von crow 2.*

crew·el ✝ ['kru:il] Stickwolle *f.*

crib [krib] **1.** Krippe *f*; Kinderbettstelle *f*; F *Schule*: Klatsche *f*; F Plagiat *n*; *bsd. Am.* Behälter *m für Mais etc.*; *crack a* ~ *sl.* in ein Haus einbrechen; **2.** einsperren; F mausen; F abschreiben; **'crib·bage** Cribbage(karten)spiel *n*; **crib·ble** ['~bl] grobes Sieb *n*; **crib-bit·er** ['kribbaitə] Krippensetzer *m.*

crick [krik] **1.** Krampf *m*; ~ *in the neck* steifer Hals *m*; **2.** verrenken.

crick·et[1] *zo.* ['krikit] Grille *f*, Heimchen *n.*

crick·et[2] [~] **1.** Kricket *n*; *not* ~ F nicht fair; **2.** Kricket spielen; **'crick·et·er** Kricketspieler *m.*

cri·er ['kraiə] Schreier(in); Ausrufer *m.*

crime [kraim] Verbrechen *n.*

Cri·me·an War [krai'miən'wɔ:] Krimkrieg *m.*

crim·i·nal ['kriminl] **1.** verbrecherisch; Kriminal..., Straf...; **2.** Verbrecher(in); **crim·i·nal·i·ty** [~'næliti] Strafbarkeit *f*; Verbrechertum *n*; **crim·i·nate** *lit.* ['~neit] beschuldigen, anklagen; **crim·i'na·tion** *lit.* Beschuldigung *f*, Anklage *f.*

crimp[1] ⚓, ⚔ [krimp] **1.** Werber *m*; **2.** anwerben, pressen.

crimp[2] [~] **1.** kräuseln; **2.** ~ *cut* Krüllschnitt *m* (*Tabak*).

crim·son ['krimzn] **1.** karmesin; **2.** Karmesin(rot) *n*; **3.** *v/t.* karmesinrot färben; *v/i.* rot werden.
cringe [krindʒ] **1.** sich ducken; *fig.* (zu Kreuze) kriechen (*to* vor *dat.*); **2.** *fig.* Kriecherei *f.*
crin·kle ['kriŋkl] **1.** Windung *f*; Falte *f*; **2.** (sich) winden; (sich) falten; *Haar* kräuseln.
crin·o·line ['krinəliːn] Reifrock *m.*
crip·ple ['kripl] **1.** Krüppel *m*; Lahme *m, f*; **2.** verkrüppeln; *fig.* lähmen.
cri·sis ['kraisis], *pl.* **cri·ses** ['~siːz] Krisis *f*, Krise *f*, Wende-, Höhepunkt *m.*
crisp [krisp] **1.** kraus; knusperig; frisch (*Luft*); klar (*Kontur, Ton*); lebendig (*Stil*); steif (*Papier*); **2.** (sich) kräuseln; knusperig machen *od.* werden, braun rösten; **3.** *a. potato ~s pl.* Kartoffelchips *pl.*
criss·cross ['kriskrɔs] **1.** Kreuzzeichen *n*; Gewirr *n* von Linien; **2.** kreuz und quer (laufend); **3.** (durch)kreuzen.
cri·te·ri·on [krai'tiəriən], *pl.* **cri'te·ri·a** [~ə] Kennzeichen *n*, Prüfstein *m*, Kriterium *n*, Maßstab *m.*
crit·ic ['kritik] Kritiker(in); Kunstrichter(in); Krittler(in); '**crit·i·cal** □ kritisch; bedenklich; *be ~ of* kritisch gegenüberstehen (*dat.*); **crit·i·cism** ['~sizəm] Kritik *f* (*of* an *dat.*); **crit·i·cize** ['~saiz] kritisieren; beurteilen; tadeln; **critique** [kri'tiːk] kritischer Essay *m*; *die* Kritik.
croak [krəuk] **1.** krächzen; quaken; *fig.* unken; F abkratzen (*sterben*); *sl.* abmurksen (*töten*); **2.** Krächzen *n*; Quaken *n*; '**croak·er** *fig.* Schwarzseher *m*, Unke *f*; '**croak·y** □ krächzend.
Cro·at ['krəuət] Kroat(in).
cro·chet ['krəuʃei] **1.** Häkelei *f*; **2.** häkeln.
crock [krɔk] **1.** irdener Topf *m*; Topfscherbe *f*; F Klepper *m* (*altes Pferd*); F Ruine *f* (*kranker Mensch*); F Klapperkasten *m*, alter Schlitten *m* (*Auto*); **2.** *mst ~ up sl.* zs.-brechen; '**crock·er·y** Töpferware *f*; Geschirr *n*
croc·o·dile ['krɔkədail] *zo.* Krokodil *n*; F Zweierreihe *f* von Schulmädchen; *~ tears pl. fig.* Krokodilstränen *f/pl.*
cro·cus ⚘ ['krəukəs] Krokus *m.*
Croe·sus *fig.* ['kriːsəs] Krösus *m* (*Reicher*).
croft ['krɔft] kleines, eingefriedetes Feld *n*; kleiner Bauernhof *m*; '**croft·er** Kleinbauer *m.*
crom·lech ['krɔmlek] Kromlech *m*, druidischer Steinkreis *m.*
crone F [krəun] altes Weib *n.*
cro·ny F ['krəuni] Spezi *m*, Kumpan *m*, alter Freund *m.*
crook [kruk] **1.** Krümmung *f*; Haken *m* (*a. fig.*); Hirtenstab *m*; Krummstab *m*; *sl.* Schieber *m*, Gauner *m*; *on the ~* auf krummen Wegen; **2.** (sich) krümmen; (sich) (ver)biegen; **crook·ed** [~kt] krumm, gekrümmt; ['~kid] □ *fig.* krumm, bucklig; unehrlich; F ergaunert.
croon [kruːn] summen; schmalzig singen; '**croon·er** sentimentaler Schlagersänger *m*, Schnulzensänger *m.*
crop [krɔp] **1.** Kropf *m*; Peitschenstiel *m*; Reitpeitsche *f*; Ernte *f*, Getreide *n*, Feldfrucht *f*; (Ernte-)Ertrag *m*, *fig.* Ausbeute *f*; kurzer Haarschnitt *m*; Menge *f*; **2.** (ab-, be)schneiden; stutzen; (ab)ernten; (ab)weiden; *Acker* bebauen; (Frucht) tragen; *~ up* auftauchen; '**~-dust·ing** Sprühen *n des Getreides zur Schädlingsbekämpfung*; '**~-eared** stutzohrig; '**crop·per** Stutzende *m etc.* (*s. crop* 2); Kropftaube *f*; F schwerer Sturz *m*; (Frucht)Träger *m*; *Am. sl.* Pächter *m*; *come a ~* F stürzen; *fig.* Pech haben.
cro·quet ['krəukei] **1.** Krocket(spiel) *n*; **2.** krockieren.
cro·quette [krɔ'ket] *Küche*: Krokette *f.*
cro·sier ['krəuʒə] Bischofsstab *m.*
cross [krɔs] **1.** Kreuz *n* (*fig. Leiden*); (Ordens)Kreuz *n*; Kreuzung *f von Rassen*; *sl.* Unehrlichkeit *f*; **2.** □ sich kreuzend; quer (liegend, laufend *etc.*); F ärgerlich, verdrießlich, böse (*with, at* auf *acc.*); entgegengesetzt; wechselseitig; Kreuz..., Quer...; widerwärtig; *sl.* unehrlich; **3.** *v/t.* kreuzen, durchstreichen; *fig.* durchkreuzen; überqueren, über (*acc.*) gehen, fahren, setzen; in den Weg kommen (*dat.*); *fig.* in die Quere kommen (*dat.*); *~ o.s.* sich

bekreuzigen; ~ *out Wort* ausstreichen; *keep one's fingers ~ed* den Daumen halten; *v/i.* sich kreuzen; ~ *over* hinübergehen; **'~-bar** *Fußball*: Torlatte *f*; **'~-beam** Querbalken *m*; **'~-bench** *parl.* Bank *f* der Parteilosen; **'~·bones** *pl.* zwei gekreuzte Knochen *m/pl. unter e-m Totenkopf*; **~-bow** ['krɔsbəu] Armbrust *f*; **'~-breed** (Rassen)Kreuzung *f*, Mischrasse *f*; Mischling *m*; **'~-'bun** Kreuzbrötchen *n*; **'~-'coun·try** querfeldein; Gelände...; Überland...; **'~-cut saw** Schrotsäge *f*; **'~-ex·am·i'na·tion** Kreuzverhör *n*; **'~-ex'amine** ins Kreuzverhör nehmen; **'~-eyed** schielend; ~ **fire** Kreuzfeuer *n* (*a. fig.*); **'~-grained** gegen die Faser (geschnitten); *fig.* widerhaarig; **'cross·ing** (Weg-, Schienen)Kreuzung *f*; Übergang *m*; Überfahrt *f*; Hindernis *n*; **'cross-legged** mit übereinandergeschlagenen Beinen; **'cross·ness** Verdrießlichkeit *f*.

cross...: **'~-patch** F übellaunige Person *f*; ~ **pur·pos·es** *pl.* Widerspruch *m*; *be at* ~ einander mißverstehen; das Entgegengesetzte wollen; ~ **ref·er·ence** Querverweis *m*; **'~-road** Querstraße *f*; **'~-roads** *pl. od. sg.* (Straßen)Kreuzung *f*; *fig.* Scheideweg *m*; **'~-'section** Querschnitt *m*; **'~-stitch** Kreuzstich *m*; **'~·wise** kreuzweise; **'~·word puz·zle** Kreuzworträtsel *n*.

crotch [krɔtʃ] Haken *m*; Gabel(ung) *f*; **crotch·et** ['~it] Haken *m*; ♪ Viertelnote *f*; wunderlicher Einfall *m*; **'crotch·et·y** F wunderlich.

cro·ton ⚘ ['krəutən] Kroton *m*.

crouch [krautʃ] **1.** sich ducken (*to* vor *dat.*) (*a. fig.*); **2.** Hockstellung *f*.

croup[1] [kru:p] Kruppe *f des Pferdes*.

croup[2] ⚕ [~] Krup(p) *m* (*Kinderkrankheit*).

crou·pi·er ['kru:piə] Croupier *m*.

crow [krəu] **1.** Krähe *f*; Krähen *n*; *eat* ~ *Am.* F zu Kreuze kriechen; *have a* ~ *to pick with* ein Hühnchen zu rupfen haben mit; *in a* ~ *line, as the* ~ *flies* schnurgerade, (in der) Luftlinie; **2.** (*irr.*) krähen; *fig.* triumphieren (*over* über *acc.*); **'~-bar** Brecheisen *n*, -stange *f*.

crowd [kraud] **1.** Haufen *m*, Menge *f*; Masse *f* (*a. gemeines Volk*); Gedränge *n*; F Gesellschaft *f*, Bande *f*, Truppe *f*; **2.** (sich) drängen; (über-) füllen, vollstopfen (*with* mit); wimmeln; bedrängen; eilen; ~ *out* verdrängen; ~ *on sail* ⚓ alle Segel beisetzen; **'crowd·ed** übervölkert, -füllt, -laufen.

crow·foot ⚘ ['krəufut] Hahnenfuß *m*.

crown [kraun] **1.** *mst* Krone *f* (*des Königs*; *Ehre, Ruhm*; *Vollendung*; *Fünfschillingstück*; *e-s Zahnes*); Kranz *m*; Gipfel *m*; Scheitel *m*; Kopf *m e-s Hutes*; **2.** krönen (*king* zum König; *a. fig.*); *Zahn* überkronen; *to* ~ *all* zu guter Letzt, zu allem Überfluß; **'crown·ing** *fig.* höchst; letzt; **'crown-jew·els** *pl.* Kronjuwelen *n/pl.*, -schatz *m*.

crow's... [krəuz]: **'~-feet** *pl.* Krähenfüße *m/pl.* (*Fältchen um die Augen*); **'~-nest** ⚓ Krähennest *n* (*Mastkorb*).

cru·cial □ ['kru:ʃəl] entscheidend; kritisch; **cru·ci·ble** ['kru:sibl] Schmelztiegel *m*; *fig.* Feuerprobe *f*; **cru·ci·fix** ['~fiks] Kruzifix *n*; **cru·ci·fix·ion** [~'fikʃən] Kreuzigung *f*; **'cru·ci·form** kreuzförmig; **cru·ci·fy** ['~fai] kreuzigen (*a. fig.*).

crude □ [kru:d] roh (*unbearbeitet*; *ungekocht*; *unreif*; *unverdaut*; *unfein*); Roh... (*oil, steel etc.*); grell (*Licht etc.*); **'crude·ness, cru·di·ty** ['~diti] roher Zustand *m*; Roheit *f*; Unreife *f* (*a. fig.*).

cru·el □ ['kruəl] grausam; hart; *fig.* blutig; **'cru·el·ty** Grausamkeit *f*.

cru·et ['kru:it] (Essig-, Öl)Fläschchen *n*; **'~-stand** Gewürzständer *m*.

cruise ⚓ [kru:z] **1.** Kreuz-, Vergnügungsfahrt *f*; **2.** kreuzen; *cruising speed* Reisegeschwindigkeit *f*; **'cruis·er** ⚓ Kreuzer *m*; Jacht *f*; Segler *m*; *Am.* Funkstreifenwagen *m*; ~ *weight Boxen*: Halbschwergewicht *n*.

crumb [krʌm] **1.** Krume *f*, Brosame *f*; Brocken *m* (*a. fig.*); **2.** *Fleisch* panieren; = **crum·ble** ['~bl] (zer)krümeln, (-)bröckeln; *fig.* zugrunde gehen; **'crum·bling, 'crum·bly** bröckelig; **crumb·y** ['krʌmi] krumig.

crump *sl.* [krʌmp] Krachen *n*; ⚔ dicker Brocken *m*.

crum·pet ['krʌmpit] *lockerer* Teekuchen *m*; *sl.* Birne *f* (*Kopf*); *be off one's* ~ e-e weiche Birne haben.

crum·ple [ˈkrʌmpl] *v/t.* zerknüllen, -knittern; *fig.* vernichten; *v/i.* zerknüllt werden; sich knüllen.
crunch [krʌntʃ] (zer)kauen; zermalmen; knirschen.
crup·per [ˈkrʌpə] Schwanzriemen *m*; Kruppe *f*.
cru·ral *anat.* [ˈkruərəl] Schenkel...
cru·sade [kruːˈseid] **1.** Kreuzzug *m* (*a. fig.*); **2.** e-n Kreuzzug unternehmen; **cruˈsad·er** Kreuzfahrer *m*.
crush [krʌʃ] **1.** Druck *m*; Gedränge *n*; F große Gesellschaft *f*; (Frucht-)Saft *m*; *have a ~ sl.* verknallt sein (*on* in); **2.** *v/t.* (zer)quetschen, (-)drükken; zermalmen; *fig.* vernichten; *Flasche* leeren; *~ out fig.* zertreten; *v/i.* zs.-gequetscht werden; sich drängen; *Am. sl.* flirten; **~ bar·ri·er** Absperrgitter *n*; **ˈcrush·er** Brechmaschine *f*; F *et.* Überwältigendes *n*, Schlag *m*; **ˈcrush-room** *thea.* Foyer *n*.
crust [krʌst] **1.** Kruste *f*, Rinde *f*; *Am. sl.* Frechheit *f*; **2.** ver-, überkrusten; verharschen.
crus·ta·cean *zo.* [krʌsˈteiʃjən] Krusten-, Krebstier *n*.
crust·ed [ˈkrʌstid] abgelagert (*Wein*); eingewurzelt (*Sitte*); *~ snow* Harsch(schnee) *m*; **ˈcrust·y** □ krustig; mürrisch.
crutch [krʌtʃ] Krücke *f*; **crutched** an Krücken gehend; Krück...
crux [krʌks] *fig.* Kreuz *n*, Haken *m*, harte Nuß *f*.
cry [krai] **1.** Schrei *m*; Geschrei *n*; Ruf *m*; Weinen *n*; Gebell *n*; *a far ~ from ... to* ein weiter Weg von ... bis; *fig.* ein großer Unterschied zwischen ... und; *within ~ (of)* in Rufweite (von); **2.** schreien; (aus-)rufen; weinen; *~ for* verlangen nach; *~ off* plötzlich absagen; *~ out* aufschreien; sich beschweren (*against* über *acc.*); *~ up* rühmen; *Preise* hochtreiben; **ˈ~-ba·by** kleiner Schreihals *m*; Heulsuse *f*; **ˈcry·ing** *fig.* himmelschreiend; dringend.
crypt [kript] Krypta *f*, Gruft *f*; **ˈcryp·tic** verborgen, geheim; **cryp·to-** [ˈ~təu] *Wortelement*: verborgen, geheim, verkappt.
crys·tal [ˈkristl] **1.** Kristall *m*; Kristall(glas) *n*; *bsd. Am.* Uhrglas *n*; **2.** kristallen; kristallklar; **ˈ~-gaz·ing** Hellsehen *n*; **crys·tal·line** [ˈ~təlain] kristallen; Kristall...; **crys·tal·liˈza·tion** Kristallisation *f*; **ˈcrys·tal·lize** kristallisieren; *~d* kandiert (*Frucht*).
cub [kʌb] **1.** Junge *n von Bären etc.*; Bengel *m*, Flegel *m*; Anfänger *m*; **2.** (Junge) werfen; **ˈcub·bing** Jagd *f* auf Jungfüchse.
cu·bage [ˈkjuːbidʒ] Kubikinhalt *m*.
cub·by-hole [ˈkʌbihəul] behagliches Kämmerchen *n*.
cube ⚘ [kjuːb] **1.** Würfel *m*, Kubus *m*; Kubikzahl *f*; **2.** in die dritte Potenz erheben; *~ root* Kubikwurzel *f*; **ˈcu·bic**, **ˈcu·bi·cal** □ würfelförmig; kubisch; Kubik...
cu·bi·cle [ˈkjuːbikl] Schlafkammer *f*.
cu·bit [ˈkjuːbit] Elle *f* (*Maß*).
cub·hood [ˈkʌbhud] Flegeljahre *n/pl*.
cuck·old [ˈkʌkəuld] **1.** Hahnrei *m*; **2.** zum Hahnrei machen.
cuck·oo [ˈkukuː] **1.** Kuckuck *m*; **2.** *sl.* plemplem (*verrückt*).
cu·cum·ber [ˈkjuːkʌmbə] Gurke *f*; *as cool as a ~ fig.* eiskalt, gelassen.
cu·cur·bit [kjuˈkəːbit] Kürbis *m*.
cud [kʌd] wiedergekäutes Futter *n*; *chew the ~* wiederkäuen; *fig.* überlegen.
cud·dle [ˈkʌdl] **1.** F Liebkosung *f*; **2.** *v/t.* (ver)hätscheln; *v/i.* sich zs.-kuscheln.
cudg·el [ˈkʌdʒəl] **1.** Knüttel *m*; *take up the ~s for* Partei ergreifen für; **2.** (ver)prügeln; *~ one's brains* sich den Kopf zerbrechen (*about* über *acc.*; *for* um).
cue [kjuː] *Billard*-Queue *n*; *bsd. thea.* Stichwort *n*; Wink *m*; *take the ~ from s.o.* sich nach j-m richten.
cuff¹ [kʌf] **1.** (Faust)Schlag *m*; **2.** knuffen, schlagen.
cuff² [~] Manschette *f*; Handschelle *f*; (Ärmel-, *Am. a.* Hosen)Aufschlag *m*; **ˈ~-links** *pl.* Manschettenknöpfe *m/pl*.
cui·rass [kwiˈræs] Küraß *m*.
cui·sine [kwiːˈziːn] Küche *f* (*Art zu kochen*).
cul-de-sac [ˈkuldəˈsæk] Sackgasse *f*.
cu·li·nar·y [ˈkʌlinəri] kulinarisch.
cull *lit.* [kʌl] auslesen, -suchen; pflücken.
cul·len·der [ˈkʌlində] = *colander*.
culm [kʌlm] Kohlengrus *m*.
cul·mi·nate [ˈkʌlmineit] *ast.* kulminieren; *fig.* gipfeln, den Höhepunkt

erreichen; **cul·mi'na·tion** *ast.* Kulmination *f*; *fig.* Höhepunkt *m*.
cul·pa·bil·i·ty [kʌlpə'biliti] Strafbarkeit *f*; **'cul·pa·ble** □ tadelnswert; strafbar; schuldhaft.
cul·prit ['kʌlprit] Angeklagte *m, f*; Schuldige *m, f*, Missetäter(in).
cult [kʌlt] Kult(us) *m*.
cul·ti·va·ble ['kʌltivəbl] kulturfähig; ⚒ anbaufähig.
cul·ti·vate ['kʌltiveit] kultivieren; urbar machen; an-, bebauen; *fig.* ausbilden; *Fertigkeit* üben, betreiben; *Geschmack etc.* pflegen; **'cul·ti·vat·ed** *fig.* gepflegt, kultiviert, gebildet; **cul·ti'va·tion** (An-, Acker)Bau *m*; Ausbildung *f*; Übung *f e-r Kunst etc.*; Pflege *f*, Zucht *f*; **'cul·ti·va·tor** Landwirt *m*; Züchter *m*; Kultivator *m* (*Maschine*).
cul·tur·al □ ['kʌltʃərəl] kulturell; Kultur...
cul·ture ['kʌltʃə] Kultur *f*; Pflege *f*; Zucht *f*; **'cul·tured** kultiviert; gebildet; **'cul·ture-me·di·um** *biol.* künstlicher Nährboden *m*; **'culture-pearl** Zuchtperle *f*.
cul·vert ['kʌlvət] Abzugskanal *m*.
cum·ber ['kʌmbə] überladen; belasten; **~some** ['~səm], **cumbrous** □ ['~brəs] beschwerlich, lästig; schwerfällig; 🚂 sperrig, Sperr...
cum·in ⚘ ['kʌmin] Kümmel *m*.
cu·mu·la·tive □ ['kju:mjulətiv] (an-, auf)häufend; kumulativ; Zusatz...; sich steigernd; **cu·mu·lus** ['~ləs], *pl.* **cu·mu·li** ['~lai] Haufenwolke *f*, Kumulus *m*.
cu·ne·i·form ['kju:niifɔ:m] keilförmig; Keil(schrift)...
cun·ning ['kʌniŋ] **1.** □ schlau, listig, verschmitzt; gescheit; *Am.* reizend; **2.** List *f*, Schlauheit *f*.
cup [kʌp] **1.** Becher *m*, Schale *f*, Tasse *f* (*a. als Maß*); Kelch *m* (*a.* ⚘ *u. fig.*); *Sport*: Pokal *m*; **2.** schröpfen; *die Hand* wölben; **~board** ['kʌbəd] (Speise-, Silber- *etc.*) Schrank *m*; ~ *love fig.* Liebe *f* aus Berechnung; **~-ful** ['~ful] Tasse *f* (*als Maß*).
Cu·pid ['kju:pid] Cupido *m*, Amor *m*.
cu·pid·i·ty [kju:'piditi] Habgier *f*.
cu·po·la ['kju:pələ] Kuppel *f*; ⚔, ⚓ Panzerturm *m*.
cup·ping-glass ⚕ ['kʌpiŋglɑ:s] Schröpfkopf *m*.
cu·pre·ous *min.* ['kju:priəs] kupfern; **cu·pric** ['~prik] Kupfer...
cur [kə:] Köter *m*; Schurke *m*, Halunke *m*.
cur·a·bil·i·ty [kjuərə'biliti] Heilbarkeit *f*; **'cur·a·ble** heilbar.
cur·a·çao [kjuərə'səu] Curaçao *m* (*Likör*).
cu·ra·cy ['kjuərəsi] Unterpfarre *f*; **cu·rate** ['~rit] Hilfsgeistliche *m*, Unterpfarrer *m*; **cu·ra·tor** [~'reitə] Kurator *m*.
curb [kə:b] **1.** Kinnkette *f*; Kandare *f*; *fig.* Zaum *m*, Zügel *m*; *a.* ~*stone* steinerne Einfassung *f*; *bsd.* Bordschwelle *f*, Randstein *m*; **2.** an die Kandare nehmen; *fig.* zügeln, im Zaume halten; **'~-'market** *Am. Börse*: Freiverkehr *m*; **'~-roof** Mansardendach *n*.
curd [kə:d] **1.** Quark *m*; **2.** *mst* **cur·dle** ['~dl] gerinnen (lassen).
cure [kjuə] **1.** Kur *f*; Heilmittel *n*; ~ *of souls* Seelsorge *f*; **2.** heilen; einlegen, pökeln; räuchern; *Heu* trocknen.
cur·few ['kə:fju:] Abendglocke *f*; -läuten *n*; *pol.* Ausgehverbot *n*.
cu·ri·a *eccl.* ['kjuəriə] Kurie *f*.
cu·rie *phys.* ['kjuəri] Curie *n* (*Maßeinheit der Radioaktivität*).
cu·ri·o ['kjuəriəu] Rarität *f*; **cu·ri·os·i·ty** [~'ɔsiti] Neugier *f*; Rarität *f*, Seltenheit *f*; Seltsamkeit *f*; **'cu·ri·ous** □ neugierig; genau; seltsam, merkwürdig.
curl [kə:l] **1.** *Haar*-Locke *f*; Kräuselung *f*; ~*-paper* Lockenwickel *m aus Papier*; **2.** (sich) kräuseln; (sich) locken; (sich) ringeln.
cur·lew *orn.* ['kə:lju:] Brachvogel *m*.
curl·ing ['kə:liŋ] *Sport*: Eiskegeln *n*; **'~-i·ron, '~-tongs** *pl.* Brenneisen *n*, -schere *f*; **'curl·y** gekräuselt; lockig; Locken...
cur·mudg·eon [kə:'mʌdʒən] Geizhals *m*, Knicker *m*.
cur·rant ['kʌrənt] Johannisbeere *f*; *a. dried* ~ Korinthe *f*.
cur·ren·cy ['kʌrənsi] Umlauf *m*, Verbreitung *f*; ⚕ Lauffrist *f*; Kurs *m*, Währung *f*; *fig.* Geltung *f*; **'cur·rent 1.** □ umlaufend; ⚕ kursierend, gangbar (*Geld*); allgemein (bekannt); laufend (*Monat, Jahr*); gegenwärtig; ~ *events pl.* Tagesereignisse *n/pl.*; ~ *account* ⚕ Girokonto *n*; **2.** Strom *m* (*a.* ⚡); Strö-

mung *f* (*a. fig.*); *Luft*-Zug *m*; ~ *impulse* ⚡ Stromstoß *m*; ~ *junction* elektrischer Anschluß *m*.
cur·ric·u·lum [kəˈrikjuləm], *pl.* **curˈric·u·la** [~lə] Lehr-, Stundenplan *m*; Pensum *n*; ~ **vi·tae** [ˈvaiti:] Lebenslauf *m*.
cur·ri·er [ˈkʌriə] Lederzurichter *m*.
cur·rish □ [ˈkə:riʃ] *fig.* hündisch; bissig.
cur·ry¹ [ˈkʌri] **1.** Curry *m, n*; ~-*powder* Currypulver *n* (*Gewürz*); **2.** mit Curry würzen.
cur·ry² [~] *Leder* zurichten; *Pferd* striegeln; *j.* durchprügeln; ~ *favour with* sich einzuschmeicheln versuchen bei; ˈ~-**comb** Striegel *m*.
curse [kə:s] **1.** Fluch *m*; **2.** (ver-) fluchen; strafen (*with* mit); **curs·ed** □ [ˈkə:sid] verflucht.
cur·sive [ˈkə:siv] Kursiv…; Schreib…
cur·so·ry □ [ˈkə:səri] flüchtig, oberflächlich; kursorisch.
curt □ [kə:t] kurz, knapp; barsch.
cur·tail [kə:ˈteil] beschneiden (*a. fig.*); *fig.* beschränken; kürzen (*of* um); **curˈtail·ment** Kürzung *f*.
cur·tain [ˈkə:tn] **1.** Vorhang *m*; Gardine *f*; *fig.* Schleier *m*; ⚔ Zwischenwall *m*; *draw a* ~ *over s.th. fig.* et. begraben; **2.** verhängen, verschleiern; ~ *off* durch e-n Vorhang abtrennen; ˈ~-**call** *thea.* Hervorruf *m* (*e-s Schauspielers*); ˈ~-**fire** ⚔ Sperrfeuer *n*; ˈ~-**lec·ture** F Gardinenpredigt *f*; ˈ~-**rais·er** *thea. u. fig.* Vorspiel *n*.
curt·s(e)y [ˈkə:tsi] **1.** Knicks *m*; *drop a* ~ e-n Knicks machen; **2.** knicksen (*to* vor).
cur·va·ture [ˈkə:vətʃə] Krümmung *f*; ~ *of the spine* Rückgratverkrümmung *f*.
curve [kə:v] **1.** Kurve *f*; Krümmung *f*; *Am. Baseball*: Effetball *m*; **2.** (sich) krümmen; (sich) biegen.
cush·ion [ˈkuʃən] **1.** Kissen *n*; Polster *n*; *Billard*-Bande *f*; **2.** mit Kissen versehen; polstern; *fig.* unterdrücken; ⊕ abfedern.
cush·y *sl.* [ˈkuʃi] leicht, bequem.
cusp [kʌsp] Spitze *f*; Scheitelpunkt *m*; Horn *n des Mondes*.
cus·pi·dor *Am.* [ˈkʌspidɔ:] Spucknapf *m*; Speitüte *f*.
cuss *Am.* F [kʌs] **1.** Nichtsnutz *m*, *co.* Kerl *m*; **2.** fluchen; **cuss·ed** [ˈkʌsid] verflucht; widerborstig.
cus·tard [ˈkʌstəd] Eierspeise *f*; ˈ~-**pow·der** Puddingpulver *n*.
cus·to·di·an [kʌsˈtəudjən] Hüter *m*; Verwalter *m*; Treuhänder *m*; **cus·to·dy** [ˈ~tədi] Haft *f*; (Ob)Hut *f*; Betreuung *f*; Verwaltung *f*; Schutz *m*.
cus·tom [ˈkʌstəm] Gewohnheit *f*, Brauch *m*; Sitte *f*; ⚖ Gewohnheitsrecht *n*; ✝ Kundschaft *f*; ~*s pl.* Zoll *m*; ˈ**cus·tom·ar·y** □ gewöhnlich, üblich; ˈ**cus·tom·er** Kunde *m*, Kundin *f*; F Bursche *m*; ˈ**cus·tom-house** Zollamt *n*; ~ *officer* Zollbeamte *m*; ˈ**cus·tom-ˈmade** *Am.* nach Maß gearbeitet; ˈ**cus·toms clear·ance** Zollabfertigung *f*.
cut [kʌt] **1.** Schnitt *m*; Hieb *m*; Stich *m*; (Schnitt)Wunde *f*; Ab-, Einschnitt *m*; Durchstich *m*; Graben *m*; Beschneidung *f*; Kürzung *f*; Abstrich *m*; Ausschnitt *m*; *mst short-cut* Wegabkürzung *f*; *Holz*-Schnitt *m*; *Kupfer*-Stich *m*; *Kleider*-Schnitt *m*; Schnitte *f*, Scheibe *f von Braten etc.*; *fig.* Schneiden *n* (*Nichtkennenwollen*); ⚡ (Strom-) Sperre *f*; *iro.* Stück(chen) *n* (*verletzende Handlung*); *Karten*-Abheben *n*; *cold* ~*s pl. Küche*: kalter Aufschnitt *m*; *give s.o. the* ~ (*direct*) F j. schneiden; **2.** (*irr.*) *v/t.* schneiden; schnitzen; gravieren; ab-, an-, auf-, aus-, be-, durch-, zer-, zuschneiden; ⚓ kappen; *Karten* abheben; F sich drücken von; *j. beim Begegnen* schneiden; ~ *one's finger* sich in den Finger schneiden; ~ *teeth* zahnen; ~ *a figure* F eine Figur machen; ~ *and come again* in Hülle und Fülle; ~ *it fine* F es knapp machen, keinen (*zeitlichen*) Spielraum lassen; ~ *short j.* unterbrechen; *to* ~ *a long story short* um es kurz zu sagen; ~ *and run* F auskneifen; ~ *back* einschränken; ~ *down* fällen; *Getreide* mähen; *Umfang* beschneiden; *Preis* drücken; ~ *off* abschneiden (*a. fig.*); ausschließen (*from* von); *teleph.* trennen; ~ *out* ausschneiden; *Am. Vieh* aussondern *aus der Herde*; *fig. j.* ausstechen; aufhören mit, einstellen; ⚡ ausschalten; *Radio*: abstellen; *be* ~ *out for* das Zeug zu *e-r Sache* haben; *have one's work* ~ *out* (*for*

one) genug zu tun haben; ~ *it out!* *sl.* hör auf!; ~ *up* zer-, aufschneiden; zerlegen; *fig.* heruntermachen, -reißen; *v/i.* ~ *in* sich einschieben; **3.** geschnitten *etc.*; *sl.* betrunken; ~ *flowers pl.* Schnittblumen *f/pl.*; ~ *glass* geschliffenes Glas *n*, Kristall *n*; ~ *and dry od. dried* fix und fertig.

cu·ta·ne·ous [kjuːˈteinjəs] Haut...

cut-a·way [ˈkʌtəwei] *a.* ~ *coat* Cut (-away) *m.*

cut-back [ˈkʌtbæk] *Film*: Rückblende *f.*

cute □ F [kjuːt] klug, schlau; *Am.* F reizend, nett.

cu·ti·cle *anat.*, ⚘ [ˈkjuːtikl] Oberhaut *f*; ~ *scissors pl.* Hautschere *f.*

cut-in [ˈkʌtin] *Film*: Zwischentitel *m.*

cut·lass [ˈkʌtləs] ⚓ Entermesser *n*; Hirschfänger *m.*

cut·ler [ˈkʌtlə] Messerschmied *m*; ˈ**cut·ler·y** Messerschmiedearbeit *f*; Messerschmiedewaren *f/pl.*; Stahlwaren *f/pl.*; Besteck(e *pl.*) *n.*

cut·let [ˈkʌtlit] Kotelett *n*; Schnitzel *n.*

cut...: ˈ**~-off** *Am.* Abkürzung *f* (*Straße, Weg*) (*a. attr.*); ˈ**~-out** *mot.* Auspuffklappe *f*; ⚡ Sicherung *f*; Ausschalter *m*; *Am.* Ausschneidebogen *m*, -bild *n*; ˈ**~-purse** Taschendieb *m*; ˈ**cut·ter** Schneidende *m, f*; Schnitzer *m*; Zuschneider(in); *Film*: Cutter *m*, Schnittmeister *m*; ⚒ Hauer *m*; ⊕ Schneidezeug *n*, -maschine *f*; ⚓ Kutter *m*; *Am.* leichter Schlitten *m*; ˈ**cut-throat** **1.** Halsabschneider *m*; Meuchelmörder *m*; **2.** halsabschneiderisch; mörderisch; ˈ**cut·ting** **1.** □ schneidend; scharf; ⊕ Schneid..., Fräs...; ~ *edge* Schneide *f*; ~ *nippers pl.* Kneifzange *f*; **2.** Schneiden *n*; 🚂 *etc.* Einschnitt *m*, Durchstich *m*; ⚘ Steckling *m*; *Zeitungs*-Ausschnitt *m*; ~*s pl.* Schnipsel *n/pl.*; ⊕ Schneidspäne *m/pl.*

cut·tle *ichth.* [ˈkʌtl] = ~*-fish*; ˈ**~-bone** Schale *f* des Tintenfischs; ˈ**~-fish** Tintenfisch *m.*

cy·a·nide ⚗ [ˈsaiənaid] Zyan *n*; ~ *of potassium* Zyankali *n.*

cy·ber·net·ics [saibəːˈnetiks] *sg.* Kybernetik *f.*

cyc·la·men ⚘ [ˈsikləmən] Alpenveilchen *n.*

cy·cle [ˈsaikl] **1.** Zyklus *m*; Kreis (-lauf) *m*; Periode *f*; ⊕ Arbeitsgang *m*; ⚕ Konjunkturzyklus *m*; Fahrrad *n*; *four-~ engine mot.* Viertaktmotor *m*; **2.** radfahren; ˈ**cy·clic**, ˈ**cy·cli·cal** □ zyklisch; ⚕ konjunkturell; Konjunktur...; **cy·cling** [ˈsaikliŋ] **1.** Radfahren *n*; **2.** Rad...; ˈ**cy·clist** Radfahrer(in).

cy·clone [ˈsaikləun] Zyklon *m*, Wirbelsturm *m*; **cy·clon·ic** [~ˈklɔnik] wirbelsturmartig.

cy·clo·pae·di·a [saikləuˈpiːdjə] Konversationslexikon *n.*

Cy·clo·pean [saiˈkləupjən] zyklopisch, riesig.

cy·clo·style [ˈsaikləustail] Vervielfältigungsapparat *m*; **cy·clo·tron** *phys.* [ˈsaiklətrɔn] Zyklotron *n.*

cyg·net [ˈsignit] junger Schwan *m.*

cyl·in·der [ˈsilində] Zylinder *m*, Walze *f*; Trommel *f*; **cyˈlin·dric**, **cyˈlin·dri·cal** □ [~drik(əl)] zylindrisch.

cym·bal ♪ [ˈsimbl] Zimbel *f*, Becken *n.*

cyn·ic [ˈsinik] **1.** *a.* ˈ**cyn·i·cal** □ zynisch, spöttisch; **2.** Zyniker *m*, Spötter *m*; **cyn·i·cism** [ˈ~sizəm] Zynismus *m.*

cy·no·sure *fig.* [ˈsinəzjuə] Gegenstand *m* der Bewunderung, Mittelpunkt *m* des Interesses.

cy·press ⚘ [ˈsaipris] Zypresse *f.*

Cyp·rian [ˈsipriən], **Cyp·ri·ot** [ˈsipriət] **1.** Zypriot(in); **2.** zyprisch.

cyst [sist] Blase *f*; ⚕ Sackgeschwulst *f*, Zyste *f*; ˈ**cyst·ic** Blasen...; **cys·ti·tis** ⚕ [sisˈtaitis] Blasenentzündung *f.*

Czar [zɑː] Zar *m.*

Czech [tʃek] **1.** Tscheche *m*, Tschechin *f*; **2.** tschechisch.

Czech·o-Slo·vak [ˈtʃekəuˈsləuvæk] **1.** tschechoslowakisch; **2.** Tschechoslowake *m*, Tschechoslowakin *f.*

D

'd F = *had; would.*

dab [dæb] **1.** Klaps *m*; Betupfen *n*; Tupfen *m*, Klecks *m*; *ichth.* Butt *m*; Kenner *m*; *be a ~ (hand) at s.th.* sich auf et. verstehen; **2.** klapsen; (be-)tupfen; *Farbe etc.* auftragen; *typ.* abklatschen, klischieren.

dab·ble ['dæbl] bespritzen; plätschern; (hinein)pfuschen (*in* in *acc.*); sich ein wenig befassen (*in* mit); '**dab·bler** Amateur(in); Pfuscher(in).

dace *ichth.* [deis] *Art* Weißfisch *m*.

dac·tyl *poet.* ['dæktil] Daktylus *m* (*Versfuß*).

dad F [dæd], **dad·dy** F ['~di] Papa *m*, Vati *m*.

dad·dy-long·legs F *zo.* ['dædi'lɔŋlegz] Schnake *f*.

daf·fo·dil ⚘ ['dæfədil] gelbe Narzisse *f*, Osterglocke *f*.

daft F [dɑːft] blöde, doof.

dag·ger ['dægə] Dolch *m*; *be at ~s drawn* auf Kriegsfuß stehen.

dag·gle ['dægl] beschmuddeln.

da·go *Am. sl.* ['deigəu] *contp.* = *Spanier, Portugiese, Italiener.*

dahl·ia ⚘ ['deiljə] Dahlie *f*.

Dail Eir·eann [dail'ɛərən] Abgeordnetenkammer *f des irischen Parlaments.*

dai·ly ['deili] **1.** täglich; **2.** Tageszeitung *f*; Tag(es)mädchen *n*.

dain·ti·ness ['deintinis] Leckerhaftigkeit *f*; Verwöhntheit *f*; Zartheit *f*, Feinheit *f*; '**dain·ty** □ **1.** lecker, delikat; zart, fein; wählerisch, verwöhnt; **2.** Leckerbissen *m*; Delikatesse *f*.

dair·y ['dɛəri] Molkerei *f*, Milchwirtschaft *f*; Milchgeschäft *n*; ~ **cat·tle** Milchvieh *n*; '**~-farm** Meierei *f*; Molkerei *f* und Käserei *f*; '**~·maid** Milch-, Kuhmagd *f*; '**~·man** Milchhändler *m*.

da·is ['deiis] Estrade *f*.

dai·sy ['deizi] **1.** Gänseblümchen *n*; **2.** F reizend, lieb.

dale [deil] Tal *n*.

dal·li·ance ['dæliəns] Trödelei *f*; Schäkerei *f*; '**dal·ly** schäkern; vertrödeln.

dam¹ [dæm] Mutter *f von Tieren.*

dam² [~] **1.** Deich *m*, Damm *m*; Wehr *n*; Talsperre *f*; **2.** (ab)dämmen (*a. fig.*); ~ *in* eindeichen.

dam·age ['dæmidʒ] **1.** Schaden *m*; *~s pl.* ⚖ Schadenersatz *m*; **2.** (be-)schädigen; '**dam·age·a·ble** leicht zu beschädigen(d).

dam·a·scene ['dæməsiːn] **1.** damaszenisch, Damaszener...; **2.** damaszieren; **dam·ask** ['dæməsk] **1.** Damast *m*; Damaszenerstahl *m*; Rosenrot *n*; **2.** damasten; rosenrot; **3.** *Stahl* damaszieren; *Stoff* damastartig weben.

dame [deim] Dame *f* (*bsd. als Titel*); *sl.* Frau *f*, Mädchen *n*.

damn [dæm] **1.** verdammen; verurteilen; *thea.* ablehnen; ~ *it!* verwünscht!, verdammt!; **2.** Fluch *m*; *fig.* Pfifferling *m*; *I don't care a ~!* ich schere mich den Teufel darum!; **dam·na·ble** □ ['dæmnəbl] verdammenswert; abscheulich; **dam'na·tion** Verdammnis *f*, Verdammung *f*; **dam·na·to·ry** □ ['~nətəri] verdammend; **damned** [dæmd] *adj. u. adv.* verdammt (*a.* = *sehr*); **damn·ing** ['dæmiŋ] schwer belastend.

Dam·o·cles ['dæməkliːz]: *sword of ~* Damoklesschwert *n*.

damp [dæmp] **1.** feucht, dunstig; **2.** Feuchtigkeit *f*, Dunst *m*; *fig.* Gedrücktheit *f*, Lähmung *f*; ⚒ Schwaden *m*; *cast a ~ over* e-n Schatten werfen auf (*acc.*); **3.** *a.* '**damp·en** an-, befeuchten; *Feuer, Eifer etc.* dämpfen; *fig.* niederdrükken; '**damp·er** Dämpfer *m* (♪ *u. fig.*); Ofenklappe *f*; '**damp·ish** etwas feucht; '**damp-proof** feuchtigkeitsbeständig.

dam·sel † ['dæmzəl] junges Mädchen *n*.

dam·son ⚘ ['dæmzən] Damaszenerpflaume *f*; ~ *cheese* Pflaumenmus *n*.

dance [dɑːns] **1.** Tanz *m*; Ball *m*; *lead s.o. a ~* j-m Scherereien machen; **2.** tanzen (lassen); aufwallen; '**~-band** Tanzkapelle *f*; '**~-hall** Ballsaal *m*; '**~-hos·tess** Taxigirl *n*; '**danc·er** Tänzer(in).

danc·ing ['dɑːnsiŋ] Tanzen *n*; *attr.* Tanz...; '**~-girl** Tänzerin *f*; '**~-les·son** Tanzstunde *f*; '**~-room** Tanzsaal *m*.

dan·de·li·on ⚘ ['dændilaiən] Löwenzahn *m*.
dan·der *sl*. ['dændə] gereizte Stimmung *f*; get s.o.'s ~ up j. auf die Palme bringen.
dan·dle ['dændl] *Kind auf den Armen od. Knien* wiegen.
dan·druff ['dændrʌf] Kopfschuppen *f/pl*.
dan·dy ['dændi] **1.** Dandy *m*, Stutzer *m*; F prima Sache *f*; **2.** *bsd. Am.* F Klasse, prima, erstklassig; **dan·dy·ish** ['~diiʃ] stutzerhaft; '**dan·dy·ism** stutzerhaftes Wesen *n*.
Dane [dein] Däne *m*, Dänin *f*.
dan·ger ['deindʒə] Gefahr *f*; '**~-list**: be on the ~ F in Lebensgefahr sein; **~ mon·ey** Gefahrenzulage *f*; '**dan·ger·ous** □ gefährlich; '**dan·ger-sig·nal** 🚂 Notsignal *n*.
dan·gle ['dæŋgl] baumeln (lassen); schlenkern (mit); *fig*. schwanken; ~ about, after, round s.o. j-m nachlaufen; '**dan·gler** Schürzenjäger *m*.
Dan·ish ['deiniʃ] dänisch.
dank [dæŋk] dunstig, feucht.
Da·nu·bi·an [dæ'nju:bjən] Donau...
daph·ne ['dæfni] ⚘ Seidelbast *m*; Lorbeer *m*.
dap·per □ F ['dæpə] nett, fein; behend, gewandt.
dap·ple ['dæpl] sprenkeln, scheckig machen; '**dap·pled** scheckig; gesprenkelt; '**dap·ple-'grey** Apfelschimmel *m*.
dare [dɛə] *v/i*. es wagen, sich (ge-) trauen, sich unterstehen; I ~ say ich darf wohl sagen; freilich; das glaube ich wohl; *v/t. et.* wagen; *j.* herausfordern; *j-m* trotzen; '**~-dev·il** Draufgänger *m*, Wagehals *m*; '**dar·ing** □ **1.** verwegen, kühn; **2.** Verwegenheit *f*, Kühnheit *f*.
dark [dɑ:k] **1.** □ *mst* dunkel, finster; brünett; schwer verständlich; geheim(nisvoll); trüb(selig); **2.** Dunkel(heit *f*) *n*; before (after) ~ vor (nach) Einbruch der Dunkelheit; leap in the ~ Sprung *m* ins Ungewisse; ♀ **A·ges** *pl. das* frühe Mittelalter; '**dark·en** (sich) verdunkeln; (sich) verfinstern; *fig*. verdüstern; verwirren; never ~ s.o.'s door nie mehr j-s Schwelle betreten; **dark horse** Außenseiter *m*; *fig*. unbeschriebenes Blatt *n*; '**dark·ish** schwärzlich; **dark·ling** ['~liŋ] dunkel (werdend); '**dark·ness** Dunkelheit *f*, Finsternis *f*; '**~·room** Dunkelkammer *f*; **dark·some** ['~səm] *poet*. = dark 1; '**dark·y** F Schwarze *m, f* (*Neger*).
dar·ling ['dɑ:liŋ] **1.** Liebling *m*; **2.** Lieblings...; geliebt.
darn[1] *sl*. [dɑ:n] = damn.
darn[2] [~] **1.** Stopfnaht *f*; Stopfstelle *f*; **2.** stopfen; ausbessern; '**darn·er** Stopfpilz *m*.
darn·ing ['dɑ:niŋ] Stopferei *f*; '**~-cot·ton** Stopfgarn *n*; '**~-nee·dle** Stopfnadel *f*.
dart [dɑ:t] **1.** Wurfspieß *m*, -pfeil *m*, -speer *m*; Satz *m*, Sprung *m*; ~s *pl*. Wurfpfeilspiel *n*; **2.** *v/t*. werfen, schleudern; *v/i. fig*. schießen, (sich) stürzen (at auf *acc*.).
Dar·win·ism ['dɑ:winizəm] Darwinismus *m*.
dash [dæʃ] **1.** Schlag *m*, (Zs.-)Stoß *m*; Klatschen *n*; *fig*. Schwung *m*; Vorstoß *m*, Ansturm *m* (for auf *acc*.); *fig*. Anflug *m*; Prise *f Salz etc*.; Schuß *m Rum etc*.; *Feder*-Strich *m* (*a*. ♪, *tel*.); *typ*. Gedankenstrich *m*; cut a ~ eine gute Figur machen; at a ~ schnell; **2.** *v/t*. schlagen, werfen, schleudern; *mst* ~ to pieces zerschmettern; *Hoffnung* vernichten; (be)spritzen; vermengen; verwirren; ~ down, ~ off *Brief etc*. hinhauen; ~ it! *sl*. verdammt!; *v/i*. stoßen, schlagen; stürzen; stürmen; jagen; rasen; ~ off davonjagen; ~ through durchbrechen, -waten; ~ up heranjagen; '**~-board** *mot*. Armaturenbrett *n*; Spritzbrett *n* (*am Pferdewagen*); '**dash·er** F elegante Erscheinung *f*; '**dash·ing** □ schneidig, forsch; F flott, fesch.
das·tard ['dæstəd] heimtückischer Kerl *m*; '**das·tard·ly** heimtückisch; feig.
da·ta ['deitə] *pl., Am. a. sg*. Angaben *f/pl*.; Tatsachen *f/pl*.; Unterlagen *f/pl*.; Daten *n/pl*.; personal ~ Personalangaben *f/pl*.; **~ pro·cess·ing** *Computer*: Datenverarbeitung *f*.
date[1] [deit] Dattel *f*.
date[2] [~] **1.** Datum *n*; Zeit *f*; ⚖, ✝ Termin *m*; *bsd. Am.* F Verabredung *f*; Freund(in); make a ~ sich verabreden; out of ~ veraltet, unmodern; to ~ bis heute; up to ~ zeitgemäß, modern; auf der Höhe (der Zeit); **2.** datieren; *bsd. Am.* F sich verabreden; ~ back to, ~ from herrühren von, stammen aus, zurück-

gehen auf; *that is ~d* das ist überholt; '**~-block** Abreißkalender *m*; '**~less** ohne Datum; '**~-line** Datumsgrenze *f*; '**~-stamp** Datums-, Poststempel *m*.

da·tive ['deitiv] *a.* ~ *case* Dativ *m*.

da·tum ['deitəm] Angabe *f*; Einzelheit *f*; gegebene Größe *f od.* Tatsache *f*.

daub [dɔːb] **1.** Schmiererei *f*, Sudelei *f*; **2.** (be)schmieren; *paint.* sudeln; **daub·(st)er** ['~(st)ə] Sudler *m*, Farbenkleckser *m*.

daugh·ter ['dɔːtə] Tochter *f*; **~-in-law** ['dɔːtərinlɔː] Schwiegertochter *f*; '**daugh·ter·ly** töchterlich.

daunt [dɔːnt] entmutigen, schrekken; *nothing ~ed* unerschrocken; '**~less** furchtlos, unerschrocken.

dau·phin ['dɔːfin] Dauphin *m* (*ältester Sohn des französischen Königs*).

dav·en·port ['dævnpɔːt] Schreibschrank *m*, Sekretär *m*; Doppelbettcouch *f*, Wiener Bank *f*.

dav·it ⚓ ['dævit] Davit *m*, Bootskran *m*.

da·vy[1] ⚒ ['deivi] *a.* *~-lamp* Sicherheitslampe *f*.

da·vy[2] *sl.* [~] Eid *m*; *take one's ~* schwören.

daw *orn.* [dɔː] Dohle *f*.

daw·dle F ['dɔːdl] (ver)trödeln; bummeln; '**daw·dler** F Tagedieb *m*; *fig.* Schlafmütze *f*.

dawn [dɔːn] **1.** Morgendämmerung *f*; *fig.* Anfang *m*, Anbruch *m*, Erwachen *n*; **2.** dämmern, tagen; *it ~ed upon him* es wurde ihm langsam klar.

day [dei] Tag *m*; *oft ~s pl.* (*bsd.* Lebens)Zeit *f*; Zeiten *pl.*; ~ *off* (dienst)freier Tag *m*; *carry od. win the ~* den Sieg davontragen; *the other ~* neulich; *this ~ week* heute in acht Tagen; heute vor acht Tagen; *let's call it a ~* machen wir Schluß für heute!; *pass the time of ~ with s.o.* j-m guten Tag sagen; '**~book** ✝ Journal *n*; '**~-boy** Tagesschüler *m*, Externe *m*; '**~-break** Tagesanbruch *m*; '**~-dream** **1.** Wachtraum *m*; **2.** (mit offenen Augen) träumen; '**~-fly** Eintagsfliege *f*; '**~-'la·bo(u)r·er** Tagelöhner *m*; '**~light** Tageslicht *n*; *~-saving time* Sommerzeit *f*; '**~-long** den ganzen Tag (dauernd); '**~-'nur·se·ry** Kindergarten *m*; '**~-star** Morgenstern *m*; '**~-time** Tageszeit *f*; '**~-to-'day** täglich; dauernd.

daze [deiz] verwirren; betäuben; **dazed** benommen.

daz·zle ['dæzl] blenden; ⚓ tarnen.

D-Day ['diːdei] Tag *m* der Invasion (*6. 6. 1944*).

dea·con ['diːkən] Diakon(us) *m*; '**dea·con·ess** Diakonissin *f*; '**dea·con·ry** Diakonat *n*.

dead [ded] **1.** tot, gestorben; unempfindlich (*to* für); öde; still (*Wasser*, ✝); matt (*Farben, Gold etc.*); blind (*Fenster etc.*); glanzlos (*Augen*); erloschen (*Feuer*); schal (*Getränk*); tief (*Schlaf*); totliegend (*Kapital etc.*); ⚡ stromlos; völlig, gänzlich; genau; ~ *bargain* spottbillige Ware *f*; *at a ~ bargain* zu e-m Spottpreis; ~ *calm* Wind-, *fig.* Totenstille *f*; ~ *centre*, ~ *point* toter Punkt *m*; ~ *heat* totes Rennen *n*; ~ *letter fig.* toter Buchstabe *m* (*nicht mehr beachtetes Gesetz*); unzustellbarer Brief *m*; ~ *load* Leer-, Eigengewicht *n*; ~ *loss* Totalverlust *m*; ~ *march* Trauermarsch *m*; ~ *set* entschlossener Angriff *m*; *a ~ shot* ein Meisterschütze *m*; ~ *wall* blinde Mauer *f*; ~ *water* stehendes Wasser *n*; Kielwasser *n*; ~ *weight* totes Gewicht *n*; *fig.* schwere Last *f*; ~ *wood* Reisig *n*; *Am.* Plunder *m*; **2.** *adv.* gänzlich, völlig, total; durchaus; genau, (haar)scharf; ~ *against* gerade *od.* ganz und gar (ent)gegen; ~ *asleep* in tiefem Schlaf; ~ *drunk* total betrunken; ~ *sure* todsicher; ~ *tired* todmüde; **3.** *the ~* der Tote; die Toten *pl.*; Totenstille *f*; *in the ~ of winter* im tiefsten Winter; *in the ~ of night* mitten in der Nacht; '**~-a'live** halbtot; zum Sterben langweilig; '**~-'beat** **1.** todmüde; **2.** *Am. sl.* Schnorrer *m*, Herumtreiber *m*; '**dead·en** abstumpfen (*to* gegen); *fig.* (er)töten; (ab)schwächen; dämpfen; ⊕ mattieren.

dead...: ~ **end** Sackgasse *f* (*a. fig.*); '**~-end** ohne Ausgang; *fig.* ausweglos, zu nichts führend; ~ *kids pl.* Straßenkinder *n/pl.*; ~ *street* Sackgasse *f*; '**~-head** blinder Passagier *m*; Freikarteninhaber *m*; '**~-line** *Am.* Sperrlinie *f im Gefängnis*;

Schlußtermin *m*; Stichtag *m*; '~-**lock** Stillstand *m*, Stockung *f*; *fig.* toter Punkt *m*; '**dead·ly** tödlich; ~ *pale* totenblaß; ~ *enemy* Todfeind *m*; ~ *sin* Todsünde *f*; '**dead·ness** Erstarrung *f*; Unempfindlichkeit *f* (*to* gegen); Schalheit *f*, Mattheit *f*; ⚓ Flaute *f*.
dead...: '~-'**net·tle** Taubnessel *f*; '~-'**pan** *Am. sl.* ausdruckslos (*Gesicht*).
deaf □ [def] taub (*to* gegen, für); ~ *and dumb* taubstumm; *turn a* ~ *ear* sich taub stellen (*to* gegen); '**deaf·en** taub machen; betäuben; '**deaf-'mute** Taubstumme *m*, *f*; '**deaf·ness** Taubheit *f*.
deal[1] [di:l] Brett *n*, Diele *f*; Fichtenholz *n*.
deal[2] [~] **1.** Teil *m*; Menge *f*; Kartengeben *n*; F Geschäft *n*; *Am. mst b. s.* Abmachung *f*; *a good* ~ ziemlich viel; *a great* ~ sehr viel; *give a square* ~ *to* gerecht werden (*dat.*); **2.** (*irr.*) *v/t.* (aus-, ver-, zu-) teilen; *Karten* geben; *e-n Schlag* versetzen (*at s.o.* j-m); *v/i.* handeln (*in* mit *e-r Ware*); verfahren; verkehren; ~ *with* sich befassen mit, behandeln; *have* ~*t with s.o.* fertig sein mit j-m; '**deal·er** Händler *m* (*in* mit *e-r Ware*); Kartengeber *m*; *plain* ~ ehrlicher Mensch *m*; *sharp* ~ gerissener Kerl *m*; '**deal·ing** *mst* ~*s pl.* Handlungsweise *f*; Verfahren *n*; Umgang *m*, (*bsd.* Geschäfts)Verkehr *m*.
dealt [delt] *pret. u. p.p. von deal*[2] 2.
dean [di:n] Dekan *m*; '**dean·er·y** Dekanat *n*.
dear [diə] **1.** □ teuer; lieb; **2.** Liebling *m*; herziges Geschöpf *n*; **3.** F *o(h)* ~!, ~ *me!* du meine Güte!; ach herrje!; '**dear·ness** Teuerkeit *f*, Wert *m*; **dearth** [də:θ] Teuerung *f*; Mangel *m*; **dear·y** F ['diəri] Liebling *m*, Schatz *m*.
death [deθ] Tod *m*; ~*s pl.* Todesfälle *m/pl.*; ~ *penalty* Todesstrafe *f*; *tired to* ~ todmüde; '~-**bed** Sterbebett *n*; '~-**blow** Todesstreich *m*, -stoß *m*; '~-**du·ty** Erbschaftssteuer *f*; '~·**less** unsterblich; '~·**like** totenähnlich; '**death·ly** tödlich; '**death-rate** Sterblichkeitsziffer *f*; '**death-roll** ⚔ Gefallenenliste *f*; '**death's-head** Totenkopf *m*; '**death-trap** Todesstrecke *f*, -kurve *f etc.*; *fig.* Mausefalle *f*; '**death-war·rant** Todesurteil *n*.
dé·bâ·cle [dei'bɑ:kl] Zs.-bruch *m*, Katastrophe *f*.
de·bar [di'bɑ:] ausschließen (*from* von); *j.* hindern (*from* an *dat.*); *et.* verhindern.
de·bar·ka·tion [di:bɑ:'keiʃən] Ausschiffung *f*.
de·base [di'beis] verschlechtern; erniedrigen; verfälschen; **de'base·ment** Verschlechterung *f etc.*
de·bat·a·ble □ [di'beitəbl] strittig; umstritten; **de'bate 1.** Erörterung *f*, Debatte *f*; **2.** debattieren; erörtern; beraten; überlegen ([*on*] *s.th.* etwas, *with o.s.* bei sich); **de'bat·er** Diskussionsredner *m*; geschickter Disputant *m*.
de·bauch [di'bɔ:tʃ] **1.** Ausschweifung *f*; **2.** verderben; verführen; **deb·au·chee** [debɔ:'tʃi:] Wüstling *m*; **de·bauch·er·y** [di'bɔ:tʃəri] Ausschweifung *f*.
de·ben·ture [di'bentʃə] Schuldschein *m*; Rückzollschein *m*.
de·bil·i·tate [di'biliteit] schwächen; entkräften; **de·bil·i'ta·tion** Schwächung *f*; **de'bil·i·ty** Schwäche *f*.
deb·it ⚓ ['debit] **1.** Debet *n*, Schuld *f*; *to one's* ~ zu j-s Lasten; **2.** *j.* belasten; *Summe* zu Lasten schreiben (*against od. to s.o.* j-m).
deb·o·nair [debə'nɛə] heiter, fröhlich.
de·bouch [di'bautʃ] hervorbrechen, -kommen; sich ergießen.
de·bris ['deibri:] Trümmer *n/pl.*, Schutt *m*.
debt [det] Schuld *f*; *active* ~ ausstehende Forderung *f*; *owe s.o. a* ~ *of gratitude* j-m Dank schulden; *pay the* ~ *of nature*, *pay one's* ~ *to nature* der Natur s-n Tribut entrichten (*sterben*); '**debt·or** Schuldner(in).
de·bunk F ['di:'bʌŋk] *fig.* vom Podest stoßen, den Nimbus nehmen (*dat.*).
de·bus [di:'bʌs] abladen; aussteigen (lassen).
dé·but ['deibu:] Debüt *n*; **dé·bu·tante** ['debju:tɑ:nt] Debütantin *f*.
dec·ade ['dekəid] Dekade *f*; Jahrzehnt *n*.
de·ca·dence ['dekədəns] Dekadenz *f*, Verfall *m*; '**de·ca·dent** verfallend, morsch, dekadent.
dec·a·log(ue) ['dekəlɔg] Dekalog *m*, *die* Zehn Gebote *n/pl.*

de·camp [di'kæmp] aufbrechen; ausreißen, sich aus dem Staube machen; **de'camp·ment** Aufbruch *m.*
de·cant [di'kænt] abgießen; umfüllen; **de'cant·er** Karaffe *f.*
de·cap [di:'kæp] *Bombe etc.* entschärfen.
de·cap·i·tate [di'kæpiteit] enthaupten; *Am.* absägen (*entlassen*); **de·cap·i'ta·tion** Enthauptung *f.*
de·car·bon·ize *mot.* [di:'kɑ:bənaiz] von Verbrennungsrückständen säubern.
de·car·tel·i·za·tion [di:kɑ:təlai'zaiʃən] Entflechtung *f von Kartellen.*
de·cath·lon [di'kæθlɔn] *Sport*: Zehnkampf *m.*
de·cay [di'kei] **1.** Verfall *m*; Fäulnis *f*; Verwesung *f*; **2.** verfallen; *fig.* schwinden; (ver)faulen; verwesen; *~ed with age* altersschwach.
de·cease *bsd.* ⚖ [di'si:s] **1.** Ableben *n*; **2.** sterben; *the ~d* der (die) Verstorbene.
de·ceit [di'si:t] Täuschung *f*; Betrug *m*; **de'ceit·ful** □ [~ful] (be-) trügerisch; hinterlistig; **de'ceit·ful·ness** Hinterlist *f.*
de·ceiv·a·ble [di'si:vəbl] leicht zu betrügen(d); **de'ceive** betrügen; täuschen; verleiten (*into* zu); *be ~d* sich täuschen; **de'ceiv·er** Betrüger(in).
de·cel·er·ate [di:'seləreit] (sich) verlangsamen.
De·cem·ber [di'sembə] Dezember *m.*
de·cen·cy ['di:snsi] Anstand *m*; **'de·cen·cies** *pl.* Anstandsformen *f/pl.*
de·cen·ni·al [di'senjəl] zehnjährig; **de'cen·ni·um** [~jəm] Dezennium *n*, Jahrzehnt *n.*
de·cent □ ['di:snt] anständig, ordentlich; F annehmbar, nett.
de·cen·tral·i·za·tion [di:sentrəlai'zeiʃən] Dezentralisierung *f*; **de'cen·tral·ize** dezentralisieren.
de·cep·tion [di'sepʃən] Täuschung *f*, Betrug *m*; Trugbild *n*; **de'cep·tive** □ täuschend, (be)trügerisch.
dec·i·bel *phys.* ['desibel] Dezibel *n.*
de·cide [di'said] (sich) entscheiden (*in favour of, on, upon* für); bestimmen; zu dem Schluß kommen; beschließen; sich entschließen; **de'cid·ed** □ entschieden; bestimmt; entschlossen; **de'cid·er** *Sport*: Entscheidungskampf *m.*
de·cid·u·ous ⚘, *zo.* □ [di'sidjuəs] *jährlich* ab-, ausfallend; *~ tree* Laubbaum *m.*
dec·i·mal ['desiməl] **1.** Dezimal...; *~ point* Komma *n* (*in England*: Punkt *m*) *im Dezimalbruch*; *~ system* Dezimalsystem *n*; *go ~* das Dezimalsystem einführen; **2.** Dezimalbruch *m*; **dec·i·mate** ['~meit] dezimieren; **dec·i'ma·tion** Dezimierung *f.*
de·ci·pher [di'saifə] entziffern; entschlüsseln; **de'ci·pher·a·ble** [~rəbl] entzifferbar; **de'ci·pher·ment** Entzifferung *f.*
de·ci·sion [di'siʒən] Entscheidung *f*; ⚖ Urteil *n*; Beschluß *m*; Entschluß *m*; Entschlossenheit *f*; *take a ~* e-e Entscheidung treffen; e-n Entschluß fassen; **de·ci·sive** □ [di'saisiv] entscheidend; ausschlaggebend; entschieden.
de·civ·i·lize [di:'sivilaiz] entzivilisieren.
deck [dek] **1.** ⚓ Deck *n*, Verdeck *n*; *bsd. Am. ein* Spiel *n* Karten; *on ~* auf Deck; *Am.* F bereit, auf dem Posten; **2.** *lit.* zieren, schmücken; ⚓ mit e-m Deck versehen; **'~-chair** Liegestuhl *m*; **'~-hand** ⚓ Matrose *m.*
deck·le-edged ['dekl'edʒd] mit Büttenrand (*Papier*).
de·claim [di'kleim] deklamieren; eifern (*against* gegen).
dec·la·ma·tion [deklə'meiʃən] Deklamation *f*; öffentliche Rede *f*; **de·clam·a·to·ry** [di'klæmətəri] deklamatorisch.
de·clar·a·ble [di'klɛərəbl] steuer-, zollpflichtig; **dec·la·ra·tion** [deklə'reiʃən] Erklärung *f*; Zollerklärung *f*; *make a ~* e-e Erklärung abgeben; **de·clar·a·to·ry** [di'klɛərətəri] erklärend; ausdrücklich; **de'clare** *v/t.* erklären, kundtun; behaupten; *Zollpflichtiges* deklarieren; *~ o.s.* sich erklären; *~ off* rückgängig machen; *v/i.* sich erklären, sich aussprechen; *well, I ~!* F na aber!; **de'clared** □ ausgesprochen, erklärt.
de·class·i·fy ['di:'klæsifai] die Geheimhaltungspflicht aufheben für, *Information* freigeben.
de·clen·sion [di'klenʃən] Abfall *m*

(*Neigung*); Verfall *m*; *gr.* Deklination *f*.
de·clin·a·ble [di'klainəbl] deklinierbar; **dec·li·na·tion** [dekli'neiʃən] Neigung *f*; Abweichung *f*; *ast.*, *phys.* Deklination *f*; **de·cline** [di'klain] **1.** Abnahme *f*; *fig.* Niedergang *m*; Verfall *m*; ⚕ Abzehrung *f*; **2.** *v/t.* neigen, biegen; *gr.* deklinieren; ablehnen; *v/i.* sich neigen; abnehmen; verfallen.
de·cliv·i·ty [di'kliviti] Abhang *m*; **de'cliv·i·tous** abschüssig.
de·clutch *mot.* ['di:'klʌtʃ] auskuppeln.
de·coct [di'kɔkt] absieden; **de'coc·tion** Abkochung *f*; *bsd. pharm.* Dekokt *n*.
de·code *tel.* ['di:'kəud] entschlüsseln.
dé·colle·té(e) [dei'kɔltei] dekolletiert.
de·col·o(u)r·ize [di:'kʌləraiz] entfärben, bleichen.
de·com·pose [di:kəm'pəuz] zerlegen; (sich) zersetzen; verwesen; **de·com·po·si·tion** [di:kɔmpə'ziʃən] Zerlegung *f etc.*
de·con·tam·i·nate ['di:kən'tæmineit] entgiften; '**de·con·tam·i'na·tion** Entgiftung *f*; ~ *squad* Entgiftungstrupp *m*.
de·con·trol ['di:kən'trəul] **1.** die Zwangswirtschaft aufheben; *Waren, Handel* freigeben; **2.** Aufhebung *f* der Zwangswirtschaft.
dé·cor *thea.* ['deikɔ:] Bühnenbild *n*, Ausstattung *f*.
dec·o·rate ['dekəreit] (ver)zieren; schmücken; *mit e-m Orden* dekorieren; **dec·o'ra·tion** Verzierung *f*; Schmuck *m*; Orden(sauszeichnung *f*) *m*; ♀ *Day Am.* Heldengedenktag *m*; **dec·o·ra·tive** ['dekərətiv] Zier..., Schmuck...; **dec·o·ra·tor** ['~reitə] Dekorateur *m*, Maler *m*, Anstreicher *m*.
dec·o·rous □ ['dekərəs] anständig.
de·cor·ti·cate [di'kɔ:tikeit] entrinden; abschälen.
de·co·rum [di'kɔ:rəm] Anstand *m*.
de·coy [di'kɔi] **1.** Entenfang *m*, -falle *f*; *a.* ~ *bird*, ~ *duck* Lockvogel *m* (*a. fig.*); Köder *m*; **2.** ködern, locken.
de·crease **1.** ['di:kri:s] Abnahme *f*; *on the* ~ im Abnehmen (begriffen); **2.** [di:'kri:s] (sich) vermindern; abnehmen, zurückgehen.
de·cree [di'kri:] **1.** Dekret *n*, Verordnung *f*, Erlaß *m*; ⚖ Entscheid *m*; Ratschluß *m Gottes*; Fügung *f des Schicksals*; **2.** beschließen; verordnen, verfügen; ~ **ni·si** ⚖ [~'naisai] vorläufiges Scheidungsurteil *n*.
dec·re·ment ['dekrimənt] Abnahme *f*.
de·crep·it [di'krepit] altersschwach; **de'crep·i·tude** [~tju:d] Altersschwäche *f*.
de·cres·cent [di'kresnt] abnehmend (*Mond*).
de·cry [di'krai] in Verruf bringen; heruntermachen.
dec·u·ple ['dekjupl] **1.** zehnfach; **2.** Zehnfache *n*; **3.** verzehnfachen.
ded·i·cate ['dedikeit] widmen; (ein-) weihen; **ded·i'ca·tion** Widmung *f*; Zueignung *f*; Hingabe *f*; Einweihung *f*; '**ded·i·ca·tor** Widmende *m, f*; **ded·i·ca·to·ry** ['~kətəri] Widmungs..., Zueignungs...
de·duce [di'dju:s] ab-, herleiten; folgern; **de'duc·i·ble** herleitbar.
de·duct [di'dʌkt] abziehen; **de'duc·tion** Abzug *m*; ✝ Rabatt *m*; Schlußfolgerung *f*; **de'duc·tive** folgernd, deduktiv.
deed [di:d] **1.** Tat *f*; Helden-, Großtat *f*; Urkunde *f*, Dokument *n*; **2.** *Am.* urkundlich übertragen (*to* auf *acc.*).
deem [di:m] *v/t.* halten für; *v/i.* denken, urteilen (*of* über *acc.*).
deep [di:p] **1.** □ tief; gründlich; schlau; scharfsinnig; innig; vertieft (*in* in *acc.*); dunkel (*a. fig.*); verborgen; ~ *hit Boxen*: Tiefschlag *m*; *in* ~ *water(s) fig.* in Schwierigkeiten; **2.** Tiefe *f*; *poet.* Meer *n*; '**~-'breath·ing** Atemübungen *f/pl.*; '**deep·en** (sich) vertiefen; dunkler machen *od.* werden (*Farben*); (sich) verstärken (*Kummer etc.*).
deep...: '**~-'freeze** **1.** tiefkühlen; **2.** Tiefkühlfach *n*, -truhe *f*; '**~-'laid** sorgfältig geplant u. geheimgehalten; '**deep·ness** Tiefe *f*.
deep...: '**~-'root·ed** tiefwurzelnd; '**~-sea** Tiefsee...; '**~-'seat·ed** tiefsitzend, tief eingewurzelt; '**~-set** tiefliegend (*Augen*).
deer [diə] Rotwild *n*; Hirsch *m*; Reh *n*; '**~-lick** Salzlecke *f*; '**~-shot** Rehposten *m*; '**~-skin** Hirsch-, Rehleder *n*; '**~-stalk·er** Pirschjäger *m*; '**~-stalk·ing** Pirsch(jagd) *f*.

de·face [di'feis] entstellen, verunstalten; ausstreichen; **de'face·ment** Entstellung *f etc.*
de fac·to [di:'fæktəu] tatsächlich, De-facto-...; de facto.
de·fal·ca·tion [di:fæl'keiʃən] Unterschlagung *f*, Veruntreuung *f*; *das* unterschlagene Geld.
def·a·ma·tion [defə'meiʃən] Verleumdung *f*; **de·fam·a·to·ry** [di'fæmətəri] verleumderisch; Schmäh...; **de·fame** [di'feim] verleumden; verunglimpfen; **de'fam·er** Verleumder(in).
de·fault [di'fɔ:lt] **1.** Nichterscheinen *n vor Gericht*; Säumigkeit *f im Zahlen*; Verzug *m*; *judgement by* ~ ⚖ Versäumnisurteil *n*; *in* ~ *of which* in Ermangelung dessen; widrigenfalls; *make* ~ nicht erscheinen; nicht zahlen; **2.** s-n Verbindlichkeiten nicht nachkommen; im Verzug sein (*with* mit); ⚖ wegen Nichterscheinens verurteilen; **de'fault·er** zum Termin Nichterscheinende *m, f*; säumiger Zahler *m*; ⚔ Delinquent *m*.
de·fea·sance [di'fi:zəns] Annullierung *f*.
de·feat [di'fi:t] **1.** Niederlage *f*; Besiegung *f*; Vereitelung *f*; **2.** ⚔ schlagen, besiegen; vereiteln, vernichten; *parl.* zu Fall bringen; **de'feat·ist** Defätist *m*.
de·fect [di'fekt] Mangel *m*; Fehler *m*; **de'fec·tion** Abfall *m* (*from* von); Treubruch *m*; **de'fec·tive** □ mangelhaft; unvollständig (*a. gr.*); schadhaft, fehlerhaft; ermangelnd (*in gen.*).
de·fence, *Am.* **de·fense** [di'fens] Verteidigung *f*; Schutzmaßnahme *f*; *witness for the* ~ Entlastungszeuge *m*; **de'fence·less** schutzlos, wehrlos; ⚔ unverteidigt.
de·fend [di'fend] verteidigen (*against* gegen); schützen (*from* vor *dat.*); **de'fen·dant** ⚖ Beklagte *m, f*; **de'fend·er** Verteidiger(in).
de·fen·si·ble [di'fensəbl] zu verteidigen(d), haltbar; vertretbar; **de'fen·sive 1.** □ verteidigend; Verteidigungs...; Schutz...; **2.** Defensive *f*; *be on the* ~ sich in der Defensive befinden; *act od. stand on the* ~ sich defensiv verhalten.
de·fer[1] [di'fə:] auf-, verschieben; *Am.* ⚔ zurückstellen; *payment on* ~*red terms* Ratenzahlung *f*.
de·fer[2] [~] (*to*) sich fügen (in *acc.*); sich beugen (vor *dat.*); nachgeben (*dat.*); **def·er·ence** ['defərəns] Ehrerbietung *f*; Nachgiebigkeit *f*; *in* ~ *to, out of* ~ *to* aus Rücksicht gegen; **def·er·en·tial** □ [~'renʃəl] ehrerbietig.
de·fer·ment [di'fə:mənt] Aufschub *m*; *Am.* ⚔ Zurückstellung *f*.
de·fi·ance [di'faiəns] Herausforderung *f*; *bid* ~ *to* Trotz bieten (*dat.*); *in* ~ *of j-m* zum Hohn; **de'fi·ant** □ herausfordernd; trotzig.
de·fi·cien·cy [di'fiʃənsi] Unzulänglichkeit *f*; Mangel *m*; = *deficit*; **de'fi·cient** mangelhaft; unzureichend; *be* ~ *in* Mangel haben an (*dat.*).
def·i·cit ['defisit] Defizit *n*, Fehlbetrag *m*.
de·fi·er [di'faiə] Herausforderer *m*; Verächter *m*.
de·file[1] **1.** ['di:fail] Engpaß *m*, Hohlweg *m*; **2.** [di'fail] defilieren, vorbeiziehen.
de·file[2] [di'fail] beschmutzen, verunreinigen; beflecken, schänden; entweihen; **de'file·ment** Befleckung *f etc.*
de·fin·a·ble [di'fainəbl] bestimm-, erklär-, definierbar; **de'fine** definieren; erklären; genau bestimmen; **def·i·nite** ['definit] □ bestimmt; deutlich; genau; **def·i'ni·tion** Definition *f*; (Begriffs-)Bestimmung *f*; Erklärung *f*; *opt.* Schärfe *f*; **de·fin·i·tive** □ [di'finitiv] bestimmt; entscheidend; endgültig.
de·flate [di'fleit] Luft ablassen aus *Ballon etc.*; die Inflation beseitigen; **de'fla·tion** Entleerung *f*; Deflation *f e-r Währung*; **de'fla·tion·a·ry** Deflations...
de·flect [di'flekt] ablenken; abweichen; **de·flec·tion**, *mst* **de·flex·ion** [di'flekʃən] Ablenkung *f*; Abweichung *f*.
de·flow·er [di:'flauə] entjungfern; *fig.* schänden.
de·form [di'fɔ:m] entstellen, verunstalten; ~*ed* verwachsen; **de·for·ma·tion** [di:fɔ:'meiʃən] Entstellung *f*; **de·form·i·ty** [di'fɔ:miti] Häßlichkeit *f*; Auswuchs *m* (*a. fig.*); Mißgestalt *f*.
de·fraud [di'frɔ:d] betrügen (*of* um).
de·fray [di'frei] *Kosten* tragen *od.* bestreiten.

de·freez·er *mot.* [di:ˈfri:zə] Frostschutzscheibe *f.*
de·frost·er *mot.* [ˈdi:ˈfrɔstə] Entfroster *m.*
deft □ [deft] gewandt, flink.
de·funct [diˈfʌŋkt] **1.** verstorben; *fig.* veraltet; **2.** Verstorbene *m, f.*
de·fy [diˈfai] herausfordern; trotzen, sich widersetzen (*dat.*); mißachten.
de·gen·er·a·cy [diˈdʒenərəsi] Entartung *f*; Verkommenheit *f*; **deˈgen·er·ate 1.** [~reit] aus-, entarten; **2.** □ [~rit] entartet; **de·gen·er·a·tion** [~ˈreiʃən] Entartung *f*; **deˈgen·er·a·tive** [~rətiv] Entartungs...
deg·ra·da·tion [degrəˈdeiʃən] Degradierung *f*; Absetzung *f*; **de·grade** [diˈgreid] *v/t.* degradieren; absetzen; herabwürdigen; erniedrigen; demütigen; *fig.* verringern; *v/i.* entarten.
de·gree [diˈgri:] Grad *m* (*a. geogr., gr.,* ℞, *phys., univ.*); Verwandtschaftsgrad *m*; *fig.* Stufe *f*, Schritt *m* (*to* zu); Rang *m*, Stand *m*; *by* ~*s* allmählich, nach u. nach; *in no* ~ in keiner Weise; *in some* ~ einigermaßen; *to a* ~ F außerordentlich, ziemlich; *take one's* ~ sein Abschlußexamen machen.
de·hu·man·ize [di:ˈhju:mənaiz] entmenschlichen.
de·hy·drat·ed [di:ˈhaidreitid] Trokken...; ~ *eggs pl.* Trockenei *n*; ~ *potatoes pl.* Trockenkartoffeln *f/pl.*; ~ *vegetables pl.* Trockengemüse *n.*
de-ice ✈ [ˈdi:ˈais] enteisen; **deˈic·er** Enteisungsanlage *f.*
de·i·fi·ca·tion [di:ifiˈkeiʃən] Vergötterung *f*; Vergöttlichung *f*; **de·i·fy** [ˈdi:ifai] vergöttern; vergöttlichen.
deign [dein] geruhen; gewähren.
de·ism [ˈdi:izəm] Deismus *m*; **ˈde·ist** Deist(in); **deˈis·tic, deˈis·ti·cal** □ deistisch.
de·i·ty [ˈdi:iti] Gottheit *f.*
de·ject [diˈdʒekt] entmutigen; **deˈject·ed** □ niedergeschlagen; **deˈject·ed·ness, deˈjec·tion** Niedergeschlagenheit *f.*
de ju·re [di:ˈdʒuəri] rechtmäßig, De-jure-...; de jure.
de·lay [diˈlei] **1.** Aufschub *m*, Verzug *m*; Verzögerung *f*, Verspätung *f*; **2.** *v/t.* aufschieben; verzögern; aufhalten; hinhalten; *v/i.* zögern; Zeit verlieren.
de·le *typ.* [ˈdi:li:] **1.** Tilgungszeichen *n*; **2.** tilgen.
de·lec·ta·ble *oft iro.* □ [diˈlektəbl] ergötzlich; **de·lec·ta·tion** [di:lekˈteiʃən] Ergötzung *f.*
del·e·ga·cy [ˈdeligəsi] Abordnung *f*; **del·e·gate 1.** [ˈ~geit] delegieren; abordnen; übertragen (*to s.o.* j-m); **2.** [ˈ~git] Abgeordnete *m, f*, Delegierte *m, f*; Referent *m*; **del·e·ga·tion** [~ˈgeiʃən] Abordnung *f*; *Am. parl. die* Kongreßabgeordneten *m/pl.* e-s Staates; Überweisung *f.*
de·lete [diˈli:t] streichen, tilgen; **del·e·te·ri·ous** □ [deliˈtiəriəs] schädlich; **de·le·tion** [diˈli:ʃən] Streichung *f.*
delf(t) [delf(t)] Delfter Steingut *n.*
de·lib·er·ate 1. [diˈlibəreit] *v/t.* überlegen, erwägen; *v/i.* nachdenken; beraten (*on* über *acc.*); **2.** □ [~rit] bedachtsam, besonnen; wohlüberlegt; bewußt, absichtlich, vorsätzlich; **deˈlib·er·ate·ness** Bedachtsamkeit *f*; **de·lib·er·a·tion** [~ˈreiʃən] Überlegung *f*; Beratung *f*; Bedächtigkeit *f*; **deˈlib·er·a·tive** □ [~rətiv] überlegend; beratend.
del·i·ca·cy [ˈdelikəsi] Wohlgeschmack *m*; Leckerbissen *m*; Feinheit *f*, Zartheit *f* (*a. fig.*); Schwächlichkeit *f*; Mißlichkeit *f*; Zartgefühl *n*, Feinfühligkeit *f*; **del·i·cate** [ˈ~kit] □ schmackhaft; lecker; zart (*a. fig.*); fein; schwach; mißlich, heikel; empfindlich; zartfühlend, feinfühlig; wählerisch, verwöhnt; **del·i·ca·tes·sen** [delikəˈtesn] Feinkost(geschäft *n*) *f.*
de·li·cious [diˈliʃəs] köstlich.
de·light [diˈlait] **1.** Lust *f*, Freude *f*, Wonne *f*, Entzücken *n*; *take* ~ *in* sich ein Vergnügen aus *et.* machen; **2.** entzücken; (sich) erfreuen (*in* an *dat.*); ~ *to inf.* Freude daran finden zu *inf.*; **deˈlight·ful** □ [~ful] reizend, entzückend.
de·lim·it [di:ˈlimit], **de·lim·i·tate** [diˈlimiteit] abgrenzen; **de·lim·iˈta·tion** Abgrenzung *f.*
de·lin·e·ate [diˈlinieit] entwerfen; zeichnen; schildern; **de·lin·eˈa·tion** Entwurf *m*; Schilderung *f*; **deˈlin·e·a·tor** Schilderer *m.*
de·lin·quen·cy [diˈliŋkwənsi] Vergehen *n*; Kriminalität *f*; Pflicht-

vergessenheit *f*; **de'lin·quent 1.** straffällig; pflichtvergessen; **2.** Verbrecher(in).
del·i·quesce [deli'kwes] zergehen.
de·lir·i·ous □ [di'liriəs] irre, wahnsinnig; rasend (*with* vor *dat.*); **de'lir·i·ous·ness** Wahnsinn *m*; **de'lir·i·um** [~əm] Delirium *n*, Fieberwahn *m*; Verzückung *f*; ~ *tremens* [~əm 'tri:menz] Säuferwahnsinn *m*.
de·liv·er [di'livə] befreien, retten (*from* von, aus); *a.* ~ *up* über-, ausliefern; *Botschaft* ausrichten; *Meinung* äußern; *Rede etc.* vortragen, halten; ⚕ entbinden (*of* von); *Waren etc.* abgeben, liefern; ✉ zustellen, austragen; *Schlag* führen; *Ball* werfen; **de'liv·er·a·ble** zu (über)liefern(d); **de'liv·er·ance** Befreiung *f*; (Meinungs)Äußerung *f*, Ausführung *f*; **de'liv·er·er** Befreier(in); Überbringer(in); **de'liv·er·y** ⚕ Entbindung *f*; Lieferung *f*, Ablieferung *f*; ✉ Austragen *n*, Zustellung *f*; Übergabe *f e-r Urkunde*; Vortrag *m*; *Kricket*: Wurf *m*; *special* ~ Zustellung *f* durch Eilboten; *on* ~ *of* bei Lieferung von; **de'liv·er·y-note** Lieferschein *m*; **de'liv·er·y-truck, de'liv·er·y-van** Lieferwagen *m*.
dell [del] kleines Tal *n*.
de·louse ['di:'laus] entlausen; **de'lous·ing cen·tre** Entlausungsanstalt *f*.
del·ta ['deltə] Delta *n*.
de·lude [di'lu:d] täuschen; verleiten (*into* zu).
del·uge ['delju:dʒ] **1.** Überschwemmung *f*; *fig.* Flut *f*; ♀ Sintflut *f*; **2.** überfluten, -schwemmen (*with* mit).
de·lu·sion [di'lu:ʒən] Täuschung *f*, Verblendung *f*; Wahn *m*; **de'lu·sive** [~siv] □, **de'lu·so·ry** [~səri] (be)trügerisch; täuschend.
delve [delv] graben; suchen, forschen.
dem·a·gog·ic, dem·a·gog·i·cal [demə'gɔgik(əl)] demagogisch; **dem·a·gogue** ['~gɔg] Demagoge *m*; **'dem·a·gog·y** Demagogie *f*.
de·mand [di'mɑ:nd] **1.** Verlangen *n*; Forderung *f* (*on* an *acc.*); Bedarf *m* (*for* an *dat.*); ⚚ Nachfrage *f* (*for* nach); ⚖ Rechtsanspruch *m* (*on* an *acc.*); *in* ~ begehrt, gesucht, gefragt; *on* ~ auf Verlangen; **2.** verlangen, fordern (*of* von); erfordern; ⚖ beanspruchen; fragen (nach); ~ **note** Zahlungsaufforderung *f*.
de·mar·ca·tion [di:mɑ:'keiʃən] Abgrenzung *f*; *mst line of* ~ Demarkations-, Grenzlinie *f*.
dé·marche *pol.* ['deimɑ:ʃ] Démarche *f*, diplomatischer Schritt *m*.
de·mean[1] [di'mi:n] *mst* ~ *o.s.* sich erniedrigen.
de·mean[2] [~]: ~ *o.s.* sich benehmen; **de'mean·o(u)r** Benehmen *n*.
de·ment·ed [di'mentid] wahnsinnig.
de·mer·it [di:'merit] Unwürdigkeit *f*; Mangel *m*, Fehler *m*, Nachteil *m*.
de·mesne [di'mein] (Land-, Grund-) Besitz *m*; Domäne *f*; *fig.* Gebiet *n*.
demi... ['demi] Halb..., halb...
dem·i·god ['demigɔd] Halbgott *m*; **'dem·i·john** große Korbflasche *f*, Glasballon *m*.
de·mil·i·ta·ri·za·tion ['di:militərai'zeiʃən] Entmilitarisierung *f*; **'de'mil·i·ta·rize** entmilitarisieren.
dem·i·mon·daine ['demimɔn'dein] Halbweltdame *f*; **dem·i·monde** ['~'mɔ̃:nd] Halbwelt *f*.
de·mise [di'maiz] **1.** Ableben *n*; *Besitz*-Übertragung *f*; **2.** übertragen; vermachen.
de·mist *mot.* [di:'mist] *Scheiben* beschlagfrei machen; **de'mist·er** Entfroster *m*.
demo F ['deməu] Demonstration *f*.
de·mob *sl.* [di:'mɔb] = *demobilize*; **de·mo·bi·li·za·tion** ['di:məubilai'zeiʃən] Demobilisierung *f*; **de'mo·bi·lize** demobilisieren.
de·moc·ra·cy [di'mɔkrəsi] Demokratie *f*; **dem·o·crat** ['deməkræt] Demokrat(in); **dem·o'crat·ic, dem·o'crat·i·cal** □ demokratisch; **de·moc·ra·tize** [di'mɔkrətaiz] demokratisieren.
dé·mo·dé [dei'məudei] altmodisch.
de·mog·ra·phy [di:'mɔgrəfi] Demographie *f*.
de·mol·ish [di'mɔliʃ] nieder-, abreißen; *fig.* zerstören; herunterreißen; F verputzen (*essen*); **dem·o·li·tion** [demə'liʃən] Niederreißen *n*; Abbruch *m*; Zerstörung *f*.
de·mon ['di:mən] Dämon *m*, böser Geist *m*; *he is a* ~ *for work* F er ist von der Arbeit besessen; **de·mo·ni·ac** [di'məuniæk] **1.** *a.* **de·mo·ni·a·cal** □ [di:məu'naiəkəl] dämonisch; teuflisch; **2.** Besessene *m*,

f; **de·mon·ic** [diːˈmɔnik] dämonisch; übernatürlich.

de·mon·stra·ble □ [ˈdemənstrəbl] nachweislich; **dem·on·strate** [ˈ~streit] demonstrieren, zeigen, vorführen, anschaulich darstellen, dartun; beweisen (*from* aus); **dem·onˈstra·tion** Demonstration *f*; anschauliche Darstellung *f*; Beweis *m*; Äußerung *f*, Bezeigung *f von Gefühlen*; *pol.* Kundgebung *f*; ⚔ Scheinmanöver *n*; **de·mon·stra·tive** [diˈmɔnstrətiv] **1.** □ anschaulich darstellend *od.* zeigend (*of acc.*); überzeugend; demonstrativ; *gr.* hinweisend; ausdrucksvoll; auffällig, überschwenglich; **2.** *gr.* hinweisendes Fürwort *n*; **dem·on·stra·tor** [ˈdemənstreitə] Erklärer *m*; *anat.* Prosektor *m*; *pol.* Demonstrant *m*.

de·mor·al·i·za·tion [dimɔrəlaiˈzeiʃən] Sittenverfall *m*; **deˈmor·al·ize** demoralisiesen; entmutigen.

de·mote *Am.* [diːˈməut] degradieren; *Schule*: zurückversetzen; **deˈmo·tion** Degradierung *f etc.*

de·mur [diˈməː] **1.** Einwendung *f*, Widerrede *f*; **2.** Einwendungen erheben (*to* gegen).

de·mure □ [diˈmjuə] ernst, gesetzt; zimperlich; prüde; **deˈmure·ness** Gesetztheit *f*; Zimperlichkeit *f*.

de·mur·rage ⚓, 🚃 [diˈmʌridʒ] Überliegezeit *f*; Liegegeld *n*; **deˈmur·rer** ⚖ Einwand *m*.

den [den] Höhle *f*; Grube *f*; *sl.* Bude *f*.

de·na·tion·al·ize [diːˈnæʃnəlaiz] reprivatisieren, entstaatlichen.

de·na·ture ⚗ [diːˈneitʃə] denaturieren.

de·na·zi·fi·ca·tion [ˈdiːnɑːtsifiˈkeiʃən] Entnazifizierung *f*; **deˈna·zi·fy** [~fai] entnazifizieren.

de·ni·a·ble [diˈnaiəbl] abzuleugnen(d); **deˈni·al** Leugnen *n*; Verleugnung *f*; Verneinung *f*; abschlägige Antwort *f*.

de·ni·er[1] [diˈnaiə] Verneiner(in), Leugner(in); Verweigerer(in).

de·nier[2] [ˈdeniei] Denier *n* (*Feinheitsmaß für Seide und Chemiefasern*).

den·i·grate [ˈdənigreit] (*fig.* an-) schwärzen.

den·im [ˈdenim] Baumwolldrillich *m*.

den·i·zen [ˈdenizn] Bewohner *m*.

de·nom·i·nate [diˈnɔmineit] (be-) nennen; **de·nom·iˈna·tion** Benennung *f*; Klasse *f*; Sekte *f*; Konfession *f*; Nennwert *m*; **de·nom·i·na·tion·al** [~ˈneiʃənl] Sekten..., konfessionell; ~ *school* Bekenntnisschule *f*; **deˈnom·i·na·tive** [~nətiv] benennend; **deˈnom·i·na·tor** ⅍ [~neitə] Nenner *m*; *common* ~ gemeinsamer Nenner *m* (*a. fig.*).

de·no·ta·tion [diːnəuˈteiʃən] Bezeichnung *f*; Bedeutung *f*; **de·no·ta·tive** [diˈnəutətiv] bezeichnend; bedeutend (*of acc.*); **deˈnote** bezeichnen; bedeuten.

de·nounce [diˈnauns] anzeigen, denunzieren; brandmarken, anprangern; *Vertrag* kündigen; **deˈnounce·ment** öffentliche Anklage *f*; Brandmarkung *f*.

dense □ [dens] dicht, dick (*Nebel*); gedrängt; beschränkt, schwer von Begriff; **ˈdense·ness** Dichtigkeit *f*; *fig.* Beschränktheit *f*; **ˈden·si·ty** Dichtigkeit *f*; *phys.* Dichte *f*.

dent [dent] **1.** Beule *f*, Einbeulung *f*; **2.** ver-, einbeulen.

den·tal [ˈdentl] **1.** Zahn...; ~ *surgeon* Zahnarzt *m*; **2.** Dental(laut) *m*; **den·tate** [ˈ~teit] ⚘ gezähnt; **den·ti·frice** [ˈ~tifris] Zahnpulver *n*, -paste *f*; **ˈden·tist** Zahnarzt *m*; **ˈden·tist·ry** Zahnheilkunde *f*; **denˈti·tion** Zahnen *n*; **den·ture** [ˈ~tʃə] (künstliches) Gebiß *n*.

den·u·da·tion [diːnjuːˈdeiʃən] Entblößung *f*; *geol.* Abtragung *f*; **de·nude** [diˈnjuːd] (*of*) entblößen (*gen.*); *fig.* berauben (*gen.*).

de·nun·ci·a·tion [dinʌnsiˈeiʃən] Anzeige *f*, Denunziation *f*; Kündigung *f*; **deˈnun·ci·a·tor** Denunziant *m*; **deˈnun·ci·a·to·ry** [~ətəri] denunzierend; brandmarkend.

de·ny [diˈnai] verneinen, leugnen; verleugnen; bestreiten; verweigern, versagen, abschlagen; *j.* abweisen; ~ *o.s. s.th.* sich et. versagen; ~ *o.s.* (*to a visitor*) sich verleugnen lassen.

de·o·dor·ant [diˈəudərənt] desodorierendes Mittel *n*; **deˈo·dor·ize** geruchlos machen, desodorieren; **deˈo·dor·iz·er** desodorierendes Mittel *n*; Luftreiniger *m*.

de·part [diˈpɑːt] *v/i.* abreisen, abfahren, absegeln (*for* nach); F scheiden (*from* von); abstehen, (ab-)

weichen, abgehen (*from* von); verscheiden; *the* ~*ed* der *od.* die Verstorbene; die Verstorbenen *pl.*; *v/t.* ~ *this life* aus diesem Leben scheiden; **de'part·ment** Abteilung *f*; Bezirk *m*, Ressort *n*; ✝ Branche *f*; *Am.* Ministerium *n*; *State* ♀ Außenministerium *n*; ~ *store* Kauf-, Warenhaus *n*; **de·part·men·tal** [di:pa:t'mentl] Abteilungs...; Fach...; **de·par·ture** [di'pa:tʃə] Abreise *f*, 🚂, ⚓ Abfahrt *f*; Weggang *m*; Abweichung *f*, Abwendung *f* (*from* von); *a new* ~ eine neue Richtung *f*, ein neuer Weg *m*, et. Neues *n*; ~ *platform* Abfahrtsbahnsteig *m*.

de·pend [di'pend] abhängen (*on, upon* von); angewiesen sein, sich verlassen (*on, upon* auf *acc.*); ⚖ schweben; *it* ~*s* F es kommt (ganz) darauf an; **de'pend·a·ble** zuverlässig; **de'pend·ant** Abhängige *m, f*, Diener *m*, Anhänger *m*; (Familien)Angehörige *m, f*; **de'pend·ence** Abhängigkeit *f* (*upon* von); Bedingtheit *f* (*on* durch); Vertrauen *n* (*on* auf *acc.*); **de'pend·en·cy** Schutzgebiet *n*; **de'pend·ent** **1.** □ (*on*) abhängig (von); angewiesen (auf *acc.*); bedingt (durch); bauend (auf *acc.*); **2.** *s. dependant*.

de·pict [di'pikt] darstellen; schildern.

de·pil·a·to·ry [de'pilətəri] **1.** enthaarend; **2.** Enthaarungsmittel *n*.

de·plane [di:'plein] aus dem Flugzeug aussteigen.

de·plete [di'pli:t] (ent)leeren; *fig.* erschöpfen; **de'ple·tion** Entleerung *f etc.*; **de'ple·tive** entleerend.

de·plor·a·ble □ [di'plɔ:rəbl] beklagenswert; kläglich; jämmerlich; **de'plore** beklagen, bedauern.

de·ploy ⚔ [di'plɔi] (sich) entwickeln, ausschwärmen; **de'ploy·ment** Aufmarsch *m*, Entwickeln *n* *von Truppen*.

de·po·nent [di'pəunənt] ⚖ vereidigter Zeuge *m*; *gr.* Deponens *n*.

de·pop·u·late [di:'pɔpjuleit] (sich) entvölkern; **de·pop·u'la·tion** Entvölkerung *f*.

de·port [di'pɔ:t] *Ausländer* abschieben; verbannen; ~ *o.s.* sich benehmen; **de·por·ta·tion** [di:pɔ:'teiʃən] Deportation *f*, Verbannung *f*; **de·port'ee** Deportierte *m, f*; **de·port·ment** [di'pɔ:tmənt] Verhalten *n*, Benehmen *n*.

de·pos·a·ble [di'pəuzəbl] absetzbar; **de'pose** absetzen; ⚖ (eidlich) aussagen (*to s.th.* et., *that* daß).

de·pos·it [di'pɔzit] **1.** *geol.* Ablagerung *f* (*a.* ⚕), Lager *n*; ⚗ Niederschlag *m*; ✝ Depot *n*; *Bank*-Einlage *f*; Pfand *n*; ✝ Anzahlung *f*; Hinterlegung *f*; *attr.* Depositen...; **2.** (nieder-, ab-, hin)legen; *Geld* einzahlen; hinterlegen, deponieren; (sich) absetzen *od.* -lagern; **de'pos·i·ta·ry** Verwahrer *m*; **dep·o·si·tion** [depə'ziʃən] Ablagerung *f*; eidliche Zeugenaussage *f*; Absetzung *f* (*from* von); *eccl.* Kreuzesabnahme *f*; **de·pos·i·tor** [di'pɔzitə] Hinterleger *m*, Einzahler *m*; **de'pos·i·to·ry** Verwahrungsort *m*; Niederlage *f*; *fig.* Fundgrube *f*.

de·pot ['depəu] Depot *n*; Niederlage *f*; Lager(haus) *n*; Sammelplatz *m*; *Am.* Bahnhof *m*.

dep·ra·va·tion [deprə'veiʃən] = *depravity*; **de·prave** [di'preiv] *sittlich* verderben; **de'praved** *sittlich* verdorben, verkommen; **de·prav·i·ty** [di'præviti] Verderbtheit *f*.

dep·re·cate ['diprikeit] mißbilligen; ablehnen; verurteilen; **dep·re'ca·tion** Mißbilligung *f*; Ablehnung *f*; **dep·re·ca·to·ry** ['~kətəri] mißbilligend; ablehnend.

de·pre·ci·ate [di'pri:ʃieit] herabsetzen; *fig.* geringschätzen; im Wert *od.* Preis herabsetzen *od.* (*v/i.*) sinken, entwerten; **de·pre·ci'a·tion** Herabsetzung *f*; Geringschätzung *f*; Entwertung *f*; ✝ Abschreibung *f*; **de'pre·ci·a·to·ry** [~ʃjətəri] herabsetzend, geringschätzig.

dep·re·da·tion [depri'deiʃən] Plünderung *f*; ~*s pl.* Verheerungen *f/pl.*; **'dep·re·da·tor** Plünderer *m*; **dep·re·da·to·ry** [di'predətəri] verheerend.

de·press [di'pres] niederdrücken; *den Handel* drücken, *Preise* senken, drücken; *Stimme* senken; *fig.* bedrücken; **de'pressed** *fig.* niedergeschlagen; **de·pres·sion** [di'preʃən] Depression *f*; Senkung *f*; Niedergeschlagenheit *f*; ✝ Flaute *f*, Wirtschaftskrise *f*; ⚕ Abspannung *f*; Schwäche *f*; ⊕, *phys.*, *ast.* Sinken *n*; *geogr.* Senke *f*; *meteor.* Tief *n*.

dep·ri·va·tion [depri'veiʃən] Beraubung *f*; *eccl.* Amtsenthebung *f*; Verlust *m*; **de·pri·ve** [di'praiv] berauben; ~ *s.o. of s.th.* j-m et. nehmen *od.* entziehen; ausschließen (*of* von); *eccl.* absetzen.

depth [depθ] Tiefe *f* (*a. fig.*); *attr.* Tiefen...; ~ *bomb*, ~ *charge* Unterwasserbombe *f*; ~ *of focus phot.* Schärfentiefe *f*; *go beyond one's* ~ den Boden unter den Füßen verlieren; *be out of one's* ~ *fig.* unsicher sein, schwimmen.

dep·u·ta·tion [depju:'teiʃən] Abordnung *f*; **de·pute** [di'pju:t] abordnen, deputieren; **dep·u·tize** ['depjutaiz] abordnen; ~ *for j.* vertreten; '**dep·u·ty 1.** Abgeordnete *m, f*; ⚖ Stellvertreter *m*, Beauftragte *m, f*; **2.** Vize...; Stellvertreter *m* des ...

de·rac·i·nate [di'ræsineit] entwurzeln.

de·rail 🚃 [di'reil] *v/i.* entgleisen; *v/t.* zum Entgleisen bringen; **de'rail·ment** Entgleisung *f*.

de·range [di'reindʒ] in Unordnung bringen; stören; zerrütten; (*mentally*) ~*d* geistesgestört; *a* ~*d stomach* e-e Magenverstimmung *f*; **de'range·ment** Unordnung *f*; Zerrüttung *f*; Geistesgestörtheit *f*.

de·rate [di:'reit] die Steuern herabsetzen (für *j.*).

de·ra·tion ['di:'ræʃən] freigeben, die Rationierung von ... aufheben.

Der·by ['dɑ:bi] *Sport*: Derby(-rennen) *n*; '**der·by** *Am.* Melone *f* (*steifer Hut*).

der·e·lict ['derilikt] **1.** verlassen, herrenlos; *bsd. Am.* nachlässig, säumig; **2.** herrenloses Gut *n*; Wrack *n*; **der·e'lic·tion** Aufgeben *n*; Verlassen *n*; Vernachlässigung *f*; ~ *of duty* Pflichtvergessenheit *f*.

de·ride [di'raid] verlachen, verspotten; **de'rid·er** Spötter(in).

de ri·gueur [dəri'gə:] unerläßlich.

de·ri·sion [di'riʒən] Verspottung *f*; Hohn *m*; Spott *m*; Gespött *n*; **de·ri·sive** □ [di'raisiv], **de'ri·so·ry** [~səri] spöttisch; lächerlich (klein).

de·riv·a·ble □ [di'raivəbl] her-, ableitbar; **der·i·va·tion** [deri'veiʃən] Ableitung *f*; Herkunft *f*, Ursprung *m*; **de·riv·a·tive** [di'rivətiv] **1.** □ abgeleitet; **2.** Ableitung *f* (*Wort etc.*); **de·rive** [di'raiv] ab-, herleiten (*from* von); *Nutzen etc.* ziehen (*from* aus); ~ *from, be* ~*d from* stammen von *od.* aus.

der·ma·tol·o·gist [də:mə'tɔlədʒist] Hautarzt *m*, Dermatologe *m*; **der·ma'tol·o·gy** Dermatologie *f*.

der·o·gate ['derəugeit] Abbruch tun (*from dat.*), schmälern (*from acc.*); **der·o'ga·tion** Beeinträchtigung *f* (*from gen.*); Herabwürdigung *f*; **de·rog·a·to·ry** □ [di'rɔgətəri] (*to*) beeinträchtigend (*acc.*); nachteilig (*dat.*, für); herabwürdigend (*acc.*).

der·rick ['derik] ⊕ Drehkran *m*; ⚓ Ladebaum *m*; ⚒ Bohrturm *m*.

der·ring-do ['deriŋ'du:] Verwegenheit *f*.

derv [də:v] Dieseltreibstoff *m*.

der·vish ['də:viʃ] Derwisch *m*.

de·scale ['di:'skeil] den Kesselstein entfernen von.

des·cant [dis'kænt] sich verbreiten *od.* auslassen (*upon* über *ein Thema*).

de·scend [di'send] herab-, hinabsteigen, -fließen, herabkommen; absteigen; ⚒ einfahren; fallen, sinken; ✈ niedergehen; ~ (*up*)*on* herfallen über (*acc.*); einfallen in (*acc.*); hereinbrechen über (*acc.*); ~ *to* durch Erbschaft zufallen (*dat.*); sich hergeben zu *et. Niedrigem*; ~ *from, be* ~*ed from* abstammen von; **de'scend·ant** Nachkomme *m*, Abkömmling *m*.

de·scent [di'sent] Herabsteigen *n*; Abstieg *m*; *Fallschirm*-Absprung *m*; ⚒ Einfahrt *f*; Fallen *n*, Sinken *n*; Gefälle *n*; *feindlicher* Einfall *m*, Landung *f*; Abstammung *f*, Geschlecht *n*; Abhang *m*; ⚖ Heimfall *m e-r Erbschaft etc.*

de·scrib·a·ble [dis'kraibəbl] zu beschreiben(d); **de'scribe** beschreiben, schildern.

de·scrip·tion [di'skripʃən] Beschreibung *f*, Schilderung *f*; F Art *f*; **de'scrip·tive** □ beschreibend; darstellend; schildernd.

de·scry [dis'krai] sehen, erspähen; wahrnehmen.

des·e·crate ['desikreit] entweihen, schänden; **des·e'cra·tion** Entweihung *f*, Schändung *f*.

de·seg·re·gate *Am.* ['di:'segrigeit] die Rassenschranke (zwischen Weißen und Negern) aufheben in; '**de·seg·re'ga·tion** Aufhebung *f* der Rassentrennung.

des·ert¹ [ˈdezət] **1.** verlassen; wüst, öde; Wüsten...; **2.** Wüste *f.*
de·sert² [diˈzəːt] *v/t.* verlassen; *fig.* im Stich lassen; untreu werden (*dat.*); *v/i.* ausreißen; desertieren.
de·sert³ [diˈzəːt] *mst* ~*s pl.* Verdienst *n*; verdienter Lohn *m*, verdiente Strafe *f.*
de·sert·er [diˈzəːtə] Fahnenflüchtige *m*, Deserteur *m*; **deˈser·tion** Verlassen *n*; ⚖ böswilliges Verlassen *n*; Fahnenflucht *f*; Einsamkeit *f.*
de·serve [diˈzəːv] verdienen; sich verdient machen (*of* um); **deˈserv·ed·ly** [~vidli] nach Verdienst; **deˈserv·ing** verdienend (*of acc.*), würdig (*of gen.*); verdienstvoll.
des·ha·bille [ˈdezæbiːl] = *dishabille*.
des·ic·cate [ˈdesikeit] (aus)trocknen; **des·icˈca·tion** Austrocknung *f*; **ˈdes·ic·ca·tor** Trockenapparat *m.*
de·sid·er·ate [diˈzidəreit] bedürfen (*gen.*); wünschen; erfordern; **de·sid·er·a·tum** [~ˈreitəm] Erwünschte *n*; Bedürfnis *n*; Erfordernis *n.*
de·sign [diˈzain] **1.** Plan *m*; Entwurf *m*, Riß *m*; *b. s.* Anschlag *m*; Vorhaben *n*, Absicht *f*; Zeichnung *f*, Muster *n*; ⊕ Konstruktion *f*, Ausführung *f*; *by* ~ mit Absicht; *with the* ~ in der Absicht; *protection of* ~*s*, *copyright in* ~*s* Musterschutz *m*; **2.** ersinnen; zeichnen, entwerfen (*a. fig.*); planen; beabsichtigen; bestimmen (*for* zu); ~*ed to inf.* dazu bestimmt *od.* darauf abgestellt zu *inf.*
des·ig·nate 1. [ˈdezigneit] bezeichnen (*as* als); ernennen, bestimmen (*for* zu); **2.** [ˈ~nit] *nachgestellt* vorläufig ernannt, designiert; **des·ig·na·tion** [~ˈneiʃən] Bezeichnung *f*; Bestimmung *f*, Ernennung *f.*
de·sign·ed·ly [diˈzainidli] absichtlich; **deˈsign·er** (Muster)Zeichner (-in); Konstrukteur *m*; *fig.* Ränkeschmied *m*; **deˈsign·ing** ränkevoll.
de·sir·a·bil·i·ty [dizaiərəˈbiliti] Erwünschtheit *f*; **deˈsir·a·ble** □ wünschenswert; angenehm; **de·sire** [diˈzaiə] **1.** Wunsch *m*; Verlangen *n* (*for* nach; *to inf.* zu *inf.*); *at s.o.'s* ~ auf j-s Wunsch *etc.*; **2.** verlangen, wünschen; *what do you* ~ *me to do?* was soll ich tun?; **de·sir·ous** □ [diˈzaiərəs] begierig (*of* nach; *to do* zu tun).
de·sist [diˈzist] abstehen, ablassen (*from* von).
desk [desk] Pult *n*; Schreibtisch *m.*
des·o·late 1. [ˈdesəleit] verwüsten, -heeren; **2.** □ [ˈ~lit] einsam, verlassen; öde; trostlos; **des·o·la·tion** [~ˈleiʃən] Verwüstung *f*; Einöde *f*; Verlassenheit *f.*
de·spair [disˈpɛə] **1.** Verzweiflung *f*; **2.** verzweifeln (*of* an *dat.*); **deˈspair·ing** □ verzweifelt.
des·patch [disˈpætʃ] = *dispatch*.
des·per·a·do [despəˈrɑːdəu] Desperado *m*, Bandit *m.*
des·per·ate □ [ˈdespərit] *adj. u. adv.* verzweifelt; zu allem fähig; hoffnungslos; F schrecklich; **des·per·a·tion** [~ˈreiʃən] Verzweiflung *f*; Raserei *f.*
des·pi·ca·ble □ [ˈdespikəbl] verächtlich; jämmerlich.
de·spise [disˈpaiz] verachten; verschmähen.
de·spite [disˈpait] **1.** Verachtung *f*; Trotz *m*; Bosheit *f*, Tücke *f*; *in* ~ *of j-m* zum Trotz, trotz; **2.** *prp. a.* ~ *of* trotz, ungeachtet; **deˈspite·ful** □ *poet.* [~ful] boshaft; tückisch.
de·spoil [disˈpɔil] berauben (*of gen.*), plündern; **deˈspoil·ment** Beraubung *f*, Plünderung *f.*
de·spond [disˈpɔnd] verzagen, verzweifeln (*of* an *dat.*); **deˈspond·en·cy** Verzagtheit *f*; **deˈspond·ent** □, **deˈspond·ing** □ verzagt, kleinmütig, mutlos.
des·pot [ˈdespɔt] Despot *m*, Tyrann *m*; **desˈpot·ic** (~*ally*) despotisch; **des·pot·ism** [ˈ~pətizəm] Despotismus *m.*
des·qua·ma·tion [deskwəˈmeiʃən] Abschuppung *f der Haut.*
des·sert [diˈzəːt] Nachtisch *m*, Dessert *n*; *Am.* (Süß)Speise *f*; ~ *powder* Puddingpulver *n*; **desˈsert-spoon** Dessertlöffel *m.*
des·ti·na·tion [destiˈneiʃən] Bestimmung(sort *m*) *f*; Ziel *n*; **des·tine** [ˈ~tin] bestimmen (*to*, *for* zu); *be* ~*d to do* tun sollen; **ˈdes·ti·ny** Schicksal *n*; Los *n*; höhere Fügung *f.*
des·ti·tute □ [ˈdestitjuːt] mittellos, notleidend; entblößt (*of* von); **des·tiˈtu·tion** Mangel *m* (*of* an *dat.*); bittere Not *f.*
de·stroy [disˈtrɔi] zerstören, vernichten; töten; unschädlich machen; ~*ing angel* Würgeengel *m*;

de'stroy·er Zerstörer(in), Vernichter(in); ⚓ Zerstörer *m*.
de·struct·i·bil·i·ty [distrʌkti'biliti] Zerstörbarkeit *f*; **de'struct·i·ble** [~təbl] zerstörbar; **de'struc·tion** Zerstörung *f*, Vernichtung *f*; Tötung *f*; Untergang *m*; **de'struc·tive** □ zerstörend; vernichtend (*of, to acc.*); zerstörerisch; rein negativ, destruktiv; **de'struc·tive·ness** zerstörende Gewalt *f*; Zerstörungswut *f*; **de'struc·tor** (Müll)Verbrennungsofen *m*.
des·ue·tude [di'sju:itju:d] Ungebräuchlichkeit *f*; *fall into* ~ außer Gebrauch kommen.
des·ul·to·ri·ness ['desəltərinis] Planlosigkeit *f*, Sprunghaftigkeit *f*; Oberflächlichkeit *f*; **'des·ul·to·ry** □ unstet, sprunghaft; planlos; oberflächlich.
de·tach [di'tætʃ] losmachen, (los-) trennen, (ab)lösen; absondern; ⚔ (ab)kommandieren; **de'tach·a·ble** abnehm-, abtrenn-, ablösbar; **de'tached** einzeln; freistehend (*Haus*); unbeeinflußt, objektiv (*Urteil*); unbeschwert (*Gemütsart*); **de'tach·ment** Loslösung *f*; Trennung *f*; Absonderung *f*; ⚔ Abteilung *f*; Objektivität *f*; Unbeschwertheit *f*.
de·tail ['di:teil] **1.** Einzelheit *f*; genaue *od.* eingehende Darstellung *f od.* Schilderung *f*; ⚔ Kommando *n* (*Abteilung*); ~*s pl.* (nähere) Einzelheiten *f/pl.*, Nähere *n*; *in* ~ ausführlich; *go into* ~*s* auf (die) Einzelheiten eingehen; **2.** genau *od.* eingehend darstellen *od.* schildern *od.* erzählen; ⚔ abkommandieren; **'detailed** eingehend, ausführlich.
de·tain [di'tein] zurück-, auf-, abhalten; ⚖ vorenthalten; *j.* in Haft behalten; **de·tain'ee** Häftling *m*; **de'tain·er** Vorenthaltung *f*; ⚖ Haftverlängerungsbefehl *m*.
de·tect [di'tekt] entdecken; (auf-) finden; **de'tect·a·ble** entdeckbar; **de'tec·tion** Ent-, Aufdeckung *f*; **de'tec·tive 1.** Detektiv..., Kriminal...; ~ *force* Kriminalpolizei *f*; ~ *story*, ~ *novel* Kriminalroman *m*; **2.** Geheimpolizist *m*, Detektiv *m*; **de'tec·tor** Aufdecker *m*; Anzeigevorrichtung *f*; *Radio*: Detektor *m*.
de·tent ⊕ [di'tent] Sperrklinke *f*.
dé·tente *pol.* [dei'tɑ̃:t] Entspannung *f*.
de·ten·tion [di'tenʃən] Vorenthaltung *f*; Zurück-, Abhaltung *f*; Haft *f*; *Schule*: Arrest *m*.
de·ter [di'tə:] abschrecken (*from* von).
de·ter·gent [di'tə:dʒənt] **1.** reinigend; **2.** Reinigungsmittel *n*.
de·te·ri·o·rate [di'tiəriəreit] (sich) verschlechtern; an Wert verlieren; entarten; **de·te·ri·o'ra·tion** Verschlechterung *f*; Entartung *f*.
de·ter·ment [di'tə:mənt] Abschreckungsmittel *n*.
de·ter·mi·na·ble □ [di'tə:minəbl] bestimmbar; **de'ter·mi·nant 1.** bestimmend; **2.** Bestimmende *n*; **de'ter·mi·nate** □ [~nit] bestimmt; entschieden; festgesetzt; **de·ter·mi·na·tion** [~'neiʃən] Bestimmung *f*; Entschlossenheit *f*, Bestimmtheit *f*; Entscheidung *f*; Entschluß *m*; **de'ter·mi·na·tive** [~nətiv] bestimmend; einschränkend; entscheidend; **de'ter·mine** *v/t.* bestimmen; entscheiden; veranlassen (*to inf.* zu *inf.*); *bsd.* ⚖ *Strafe* festsetzen; beendigen; *be* ~*d* entschlossen sein; *v/i.* sich entschließen (*on* zu *et.*; *to inf.*, *on ger.* zu *inf.*); **de'ter·mined** entschlossen.
de·ter·rent [di'terənt] **1.** abschreckend; **2.** Abschreckungsmittel *n*; *nuclear* ~ *pol.* atomare Abschreckung *f*.
de·test [di'test] verabscheuen; **de'test·a·ble** □ abscheulich; **de·tes·ta·tion** [di:tes'teiʃən] Verabscheuung *f*; Abscheu *m* (*of* vor *dat.*); *he is my* ~ er ist mir ein Greuel.
de·throne [di'θrəun] entthronen; **de'throne·ment** Entthronung *f*.
det·o·nate ['detəuneit] detonieren, explodieren (lassen); **'det·o·nat·ing** Knall..., Zünd...; ~ *cap* Zündhütchen *n*; **det·o'na·tion** Detonation *f*; Explosion *f*; Knall *m*; **'det·o·na·tor** 🚂 Knallsignal *n*; ⚔ Zünder *m*; Sprengkapsel *f*.
de·tour ['di:tuə], **dé·tour** ['deituə] Umweg *m*; Umleitung *f*.
de·tract [di'trækt]: ~ *from s.th.* et. beeinträchtigen, schmälern; **de'trac·tion** Verleumdung *f*; Herabsetzung *f*; **de'trac·tive** verleumderisch; **de'trac·tor** Verleumder *m*.
de·train [di:'trein] *v/t. Truppen* ausladen; *v/i.* aussteigen.
de·trib·al·i·za·tion [di:traibəlai'zei-

ʃən] Auflösung *f* des Stammesverbands; **de'trib·al·ize** aus dem Stammesverband herauslösen.
det·ri·ment ['detrimənt] Nachteil *m*, Schaden *m* (*to* für); **det·ri·men·tal** □ [~'mentl] schädlich, nachteilig (*to* für).
de·tri·tus *geol.* [di'traitəs] Geröll *n.*
de·tune [di'tju:n] *Radio*: verstimmen.
deuce [dju:s] Zwei *f im Spiel*; *Tennis*: Einstand *m*; F Teufel *m*; *the ~!* zum Teufel!; (*the*) *~ a one* nicht einer; **deu·ced** F [dju:st] verteufelt.
de·val·u·a·tion [di:vælju'eiʃən] Abwertung *f*; **de·val·ue** ['di:'vælju:] abwerten.
dev·as·tate ['devəsteit] verwüsten, verheeren; **dev·as'ta·tion** Verwüstung *f*, Verheerung *f*.
de·vel·op [di'veləp] (sich) entwickeln; (sich) entfalten; (sich) erweitern; *phot.* entwickeln; *Baugelände* erschließen; ausbauen; *Am.* (sich) zeigen, bekannt werden; **de'vel·op·er** *phot.* Entwickler *m*; **de'vel·op·ing** *phot.* Entwickeln *n*; *attr.* Entwicklungs...; **de'vel·op·ment** Entwicklung *f*, Entfaltung *f*; Erweiterung *f*; Ausbau *m*.
de·vi·ate ['di:vieit] abweichen (*from* von); **de·vi'a·tion** Abweichung *f*; Ablenkung *f der Magnetnadel*; **de·vi'a·tion·ism** *pol.* Abweichen *n* von der Parteilinie; **de·vi'a·tion·ist** *pol.* Abweichler *m*.
de·vice [di'vais] Plan *m*; Einfall *m*; Kunstgriff *m*, Kniff *m*; Erfindung *f*; Vorrichtung *f*; Muster *n*; Wappenbild *n*, Wahlspruch *m*; *leave s.o. to his own ~s* j. sich selbst überlassen.
dev·il ['devl] **1.** Teufel *m* (*a. fig.*); Teufelskerl *m*; ⚖ Hilfsanwalt *m*; *fig.* Handlanger *m*; Laufbursche *m*; ⊕ Wolf *m*; *Küche*: gepfeffertes Gericht *n*; *the ~!* zum Teufel!; *between the ~ and the deep sea* in der Klemme; **2.** *v/t.* stark gepfeffert braten; ⊕ *im Wolf* zerkleinern; *Am.* plagen, quälen; *v/i.* als Hilfsanwalt arbeiten; **'dev·il·ish** □ teuflisch; F verteufelt; **'dev·il-may-'care** sorglos; verwegen; **'dev·il·ment** Teufelei *f*, Unfug *m*, Dummheiten *f/pl.*; **'dev·il·(t)ry** Teufelei *f*; Teufelskunst *f*.
de·vi·ous □ ['di:vjəs] abgelegen; abwegig (*a. fig.*); unredlich; *~ step* Fehltritt *m*.
de·vis·a·ble [di'vaizəbl] erdenkbar; **de'vise 1.** ⚖ Vermachen *n*; Vermächtnis *n*; **2.** erdenken, ersinnen; ⚖ vermachen; **dev·i·see** ⚖ [devi'zi:] Vermächtnisnehmer *m*; **de·vis·er** [di'vaizə] Erfinder(in); **de·vi·sor** ⚖ [devi'zɔ:] Erblasser *m*.
de·vi·tal·ize [di:'vaitəlaiz] die Lebenskraft nehmen (*dat.*); entkräften.
de·void [di'vɔid] (*of*) bar (*gen.*), ohne, ...los.
dev·o·lu·tion [di:və'lu:ʃən] ⚖ Heimfall *m*; *parl.* Überweisung *f*; Verlauf *m*; *biol.* Entartung *f*; **de·volve** [di'vɔlv] (*upon, to*) *v/t.* abwälzen (auf *acc.*); *j-m* übertragen; *v/i.* übergehen (auf *acc.*); zufallen (*dat.*).
de·vote [di'vəut] weihen, widmen; hingeben; **de'vot·ed** □ ergeben; zärtlich; **dev·o·tee** [devəu'ti:] Verehrer(in); Frömmler(in); **de·vo·tion** [di'vəuʃən] Ergebenheit *f* (*to s.o.* für j.); Hingabe *f*, Hingebung *f* (an *acc.*); Frömmigkeit *f*; *~s pl.* Andacht *f*; **de'vo·tion·al** □ [~ʃənl] andächtig, fromm.
de·vour [di'vauə] verschlingen (*a. fig.*); *~ed with* verzehrt von *Neugier etc.*; **de'vour·ing** □ verzehrend.
de·vout □ [di'vaut] andächtig, fromm; innig; **de'vout·ness** Frömmigkeit *f etc.*
dew [dju:] **1.** Tau *m*; **2.** tauen; **'~-drop** Tautropfen *m*; **'~·lap** Wamme *f e-s Rindes*; **'dew-pond** Tau(sammel)teich *m*; **'dew·y** tauig, betaut; taufrisch.
dex·ter ['dekstə] recht, rechts (-seitig).
dex·ter·i·ty [deks'teriti] Gewandtheit *f*; **dex·ter·ous** □ ['~tərəs] gewandt, flink, geschickt.
di·a·be·tes [daiə'bi:ti:z] Zuckerkrankheit *f*, Diabetes *m*.
di·a·bol·ic, di·a·bol·i·cal □ [daiə'bɔlik(əl)] teuflisch.
di·a·dem ['daiədem] Diadem *n*.
di·ag·nose ['daiəgnəuz] diagnostizieren, erkennen; **di·ag'no·sis** [~sis], *pl.* **di·ag'no·ses** [~si:z] Diagnose *f*.
di·ag·o·nal [dai'ægənl] **1.** □ diagonal; **2.** Diagonale *f*; Diagonal *m*, schräggeripptes Gewebe *n*.
di·a·gram ['daiəgræm] Diagramm

n; graphische Darstellung *f*; Schema *n*, Plan *m*; **di·a·gram·mat·ic** [daiəgrə'mætik] (*~ally*) schematisch.
di·al ['daiəl] **1.** Sonnenuhr *f*; Zifferblatt *n*; Skala *f*; *teleph.* Wähl(er)-scheibe *f*; *Radio*: Skalenscheibe *f*; *~ light* Skalenbeleuchtung *f*; **2.** *teleph.* wählen.
di·a·lect ['daiəlekt] Mundart *f*, Dialekt *m*; **di·a'lec·tic, di·a'lec·ti·cal** □ dialektisch; **di·a'lec·tic(s)** *sg.* Dialektik *f*.
di·a·logue, *Am. a.* **di·a·log** ['daiəlɔg] Dialog *m*, Gespräch *n*; *~ track Film*: Sprechband *n*.
di·al...: **'~-sys·tem** *teleph.* Wählsystem *n*; **'~-tone** *teleph.* Amtszeichen *n*.
di·am·e·ter [dai'æmitə] Durchmesser *m*.
di·a·met·ri·cal □ [daiə'metrikəl] diametrisch; diametral *od.* genau entgegengesetzt.
di·a·mond ['daiəmənd] **1.** Diament *m*; Rhombus *m*; *Am. Baseball*: Spielfeld *n*; *Karten*: Karo *n*; *~ cut ~* Wurst wider Wurst; *he is a rough ~* er hat e-e rauhe Schale, aber e-n guten Kern; **2.** Diamant(en)...; Karo...; kariert; rautenförmig; **'~-'cut·ter** Diamentenschleifer *m*; **~ wed·ding** diamantene Hochzeit *f*.
di·a·pa·son ♪ [daiə'peisn] Zs.-klang *m*; Tonfülle *f*; Mensur *f der Orgel*; *Stimm*-Umfang *m* (*a. fig.*).
di·a·per ['daiəpə] **1.** rautenförmig gemusterte Leinwand *f*; *Am.* Windel *f*; **2.** *Stoff* rautenförmig mustern; *Am. Baby* trockenlegen.
di·aph·a·nous [dai'æfənəs] durchscheinend.
di·a·phragm ['daiəfræm] Zwerchfell *n*; ⊕ Scheidewand *f*; *opt.* Blende *f*; *teleph.* Membran(e) *f*.
di·a·rist ['daiərist] Tagebuchschreiber(in); **'di·a·rize** Tagebuch führen.
di·ar·rhoe·a ⚕ [daiə'riə] Durchfall *m*.
di·a·ry ['daiəri] Tagebuch *n*; Taschenkalender *m*.
Di·as·po·ra [dai'æspərə] Diaspora *f*, (christliche *od.* jüdische) religiöse Minderheit *f*.
di·a·ther·my ⚕ ['daiəθə:mi] Diathermie *f*.
di·a·tribe ['daiətraib] Schmähschrift *f*; Schmähung *f*.
dib·ble ['dibl] **1.** Pflanz-, Setzstock *m*; **2.** *Pflanzen* stecken.
dibs *sl.* [dibz] *pl.* Moneten *pl.*
dice [dais] **1.** *pl. von die*[2] Würfel *m/pl.*; **2.** würfeln; in Würfel schneiden; **'~-box** Würfelbecher *m*; **'dic·er** Würfelspieler(in).
dick[1] *Am. sl.* [dik] Detektiv *m*, Kriminalbeamte *m*.
dick[2] *sl.* [~] Erklärung *f*; *take one's ~* schwören.
dick·ens F ['dikinz] Teufel *m*.
dick·er *Am.* ['dikə] (ver)schachern, feilschen.
dick·(e)y ['diki] **1.** *sl.* schlecht, schlimm, mau; **2.** F Notsitz *m*; Hemdenbrust *f*; *a. ~-bird* Piepvögelchen *n*.
dic·tate 1. ['dikteit] Diktat *n*, Vorschrift *f*; Gebot *n*; **2.** [dik'teit] diktieren; *fig.* vorschreiben; **dic'ta·tion** Diktat *n* (*Diktieren*; *Niederschrift*); = *dictate 1*; **dic'ta·tor** Diktator *m*; **dic·ta·to·ri·al** □ [diktə'tɔ:riəl] diktatorisch; **dic·ta·tor·ship** [dik'teitəʃip] Diktatur *f*.
dic·tion ['dikʃən] Ausdruck(sweise *f*) *m*, Diktion *f*, Stil *m*; **dic·tion·ar·y** ['~ri] Wörterbuch *n*.
dict·um ['diktəm], *pl.* **dic·ta** ['~tə] (Aus)Spruch *m*; geflügeltes Wort *n*.
did [did] *pret. von do.*
di·dac·tic [di'dæktik] (*~ally*) didaktisch, (be)lehrend; Lehr...
did·dle *sl.* ['didl] übers Ohr hauen, betrügen.
didn't ['didnt] = *did not*; *s. do.*
die[1] [dai] (*p.pr. dying*) sterben, umkommen (*of* an *dat.*, *from* vor *dat.*); untergehen; absterben; F schmachten, sich sehnen (*for* nach; *to inf.* danach, zu *inf.*); *~ away* ersterben, sich legen (*Wind*); verklingen (*Ton*); sich verlieren (*Farbe*); verlöschen (*Licht*); *~ down* ersterben; (dahin-)schwinden; erlöschen; *~ off* absterben; *~ out* aussterben; *~ hard* ein zähes Leben haben; nicht tot zu kriegen sein; *never say ~!* nur nicht verzweifeln!
die[2] [~], *pl.* **dice** [dais] Würfel *m*; *pl.* **dies** [daiz] ⊕ Preßform *f*, Gesenk *n*; *Münz*-Stempel *m*; Kubus *m*; *lower ~* Matrize *f*; *upper ~* Patrize *f*; *as straight as a ~* kerzengerade; *the ~ is cast* die Würfel sind gefallen.
die...: **'~-a'way** schmachtend; **'~-**

-cast·ing ⊕ Spritzguß *m*; '**~-hard** Unentwegte *m*, Reaktionär *m*.
di·e·lec·tric [daii'lektrik] dielektrisch.
Die·sel en·gine ['di:zl'endʒin] Dieselmotor *m*.
die-sink·er ['daisiŋkə] Stempelschneider *m*; Werkzeugmacher *m*.
die-stock ⊕ ['daistɔk] Schneidkluppe *f*.
di·et ['daiət] **1.** Diät *f*; Nahrung *f*, Ernährung *f*, Kost *f*; Reichstag *m*, Landtag *m*; **2.** *v/t.* Diät vorschreiben (*dat.*); beköstigen; *v/i.* diät leben; '**di·e·tar·y 1.** Diätregel *f*; Ration *f*; **2.** diätisch; **di·e·tet·ics** [daii'tetiks] *sg.* Diätkunde *f*; **di·e·ti·cian, di·e·ti·tian** [~'tiʃən] Diätspezialist *m*.
dif·fer ['difə] sich unterscheiden; andrer Meinung sein (*with, from* als); abweichen (*from* von); *they agreed to ~* sie gaben es auf, einander zu überzeugen; **dif·fer·ence** ['difrəns] Unterschied *m*, Verschiedenheit *f*; ℞ *u.* ⚕ Differenz *f*; Meinungsverschiedenheit *f*; Streit(igkeit *f*) *m*; *split the ~* auf halbem Wege einander entgegenkommen; '**dif·fer·ent** □ verschieden (*from, to* von); anders, andere(r, -s) (*from* als); **dif·fer·en·ti·a** [difə'renʃiə] charakteristisches Merkmal *n*; **dif·fer'en·tial** [~əl] **1.** unterscheidend; Differential...; *~ calculus* Differentialrechnung *f*; **2.** *mot.* Differential-, Ausgleichsgetriebe *n*; **dif·fer'en·ti·ate** [~ʃieit] (sich) unterscheiden; **dif·fer·en·ti'a·tion** Differenzierung *f*.
dif·fi·cult □ ['difikəlt] schwierig (*a. Charakter etc.*); schwer; beschwerlich; '**dif·fi·cul·ty** Schwierigkeit *f*; *difficulties pl. a.* Verlegenheit *f* (*for* um).
dif·fi·dence ['difidəns] Mangel *m* an Selbstvertrauen, Schüchternheit *f*; '**dif·fi·dent** □ ohne Selbstvertrauen, schüchtern.
dif·frac·tion *phys.* [di'frækʃən] Diffraktion *f*, Beugung *f*.
dif·fuse 1. [di'fju:z] *fig.* verbreiten; ⚗ (sich) durchdringen; **2.** □ [~s] weitverbreitet, zerstreut, diffus (*bsd. Licht*); weitschweifig, breit; **dif'fused** [~zd] zerstreut (*Licht*); **dif'fu·sion** [~ʒən] Verbreitung *f*; ⚗, *phys.* Durchdringung *f*; **dif'fu·sive** □ [~siv] sich verbreitend; weitschweifig.
dig [dig] **1.** (*irr.*) (um-, aus)graben; wühlen (in *dat.*); F stoßen, puffen; *~ for* graben nach; *~ in* (sich) eingraben, schuften; *~ into* sich vergraben in (*acc.*); *~ up* ausgraben; **2.** Ausgrabungsstelle *f*, Grabung *f*; F Stoß *m*, Puff *m*; *~s pl.* F Bude *f*, Einzelzimmer *n*.
di·gest 1. [di'dʒest] ordnen; verdauen (*a. fig.* = *überdenken*; *verwinden*); *v/i.* verdaut werden; **2.** ['daidʒest] Abriß *m*, Übersicht *f*; Auslese *f*, -wahl *f*; ⚖ Gesetzessammlung *f*; **di·gest·i·bil·i·ty** [didʒestə'biliti] Verdaulichkeit *f*; **di'gest·i·ble** verdaulich; **di'ges·tion** Verdauung *f*; **di'ges·tive** Verdauungsmittel *n*.
dig·ger ['digə] (*bsd.* Gold)Gräber *m*; *sl.* Australier *m*; **dig·gings** F ['~giŋz] *pl.* Bude *f* (*Wohnung*); *Am.* Goldmine(n *pl.*) *f*.
dig·it ['didʒit] Finger(breite *f*) *m*; ℞ Ziffer *f*; Stelle *f*; '**dig·it·al** Finger...
dig·ni·fied ['dignifaid] würdevoll; würdig; **dig·ni·fy** ['~fai] Würde verleihen (*dat.*); (be)ehren; *fig.* adeln; hochtrabend benennen.
dig·ni·tar·y *bsd. eccl.* ['dignitəri] Würdenträger *m*; '**dig·ni·ty** Würde *f*; *stand (up)on one's ~* formell sein.
di·graph *gr.* ['daigra:f] Digraph *m* (*2 Buchstaben, die e-n Laut bilden*).
di·gress [dai'gres] abschweifen; **di'gres·sion** Abschweifung *f*; **di'gres·sive** □ abschweifend.
dike [daik] **1.** Deich *m*; Damm *m*; Graben *m*; **2.** eindeichen; eindämmen.
di·lap·i·date [di'læpideit] verfallen (lassen); **di'lap·i·dat·ed** verfallen, baufällig; schäbig; **di·lap·i'da·tion** Verfall *m*; Baufälligkeit *f*.
di·lat·a·bil·i·ty *phys.* [daileitə'biliti] (Aus)Dehnungsvermögen *n*; **di'lat·a·ble** (aus)dehnbar; **dil·a'ta·tion** Ausdehnung *f*, Erweiterung *f*; **di'late** (sich) ausdehnen; *Augen, Nüstern* weit öffnen; *~ upon* sich weitläufig über *et.* verbreiten; **di'la·tion** = *dilatation*; **dil·a·to·ri·ness** ['dilətərinis] Saumseligkeit *f*; '**dil·a·to·ry** □ aufschiebend, hinhaltend, saumselig.

di·lem·ma [di'lemə] Dilemma *n*; *fig*. Verlegenheit *f*, Klemme *f*.
dil·et·tan·te, *pl*. **dil·et·tan·ti** [dili'tænti, *pl*. ~'tænti:] Dilettant(in).
dil·i·gence ['dilidʒəns] Fleiß *m*; '**dil·i·gent** □ fleißig, emsig.
dill ⚘ [dil] Dill *m*.
dil·ly-dal·ly F ['dilidæli] (die Zeit ver)trödeln.
dil·u·ent ['diljuənt] verdünnend(es Mittel *n*); **di·lute** [dai'lju:t] **1.** (mit Wasser) verdünnen; *fig*. verwässern; **2.** verdünnt; *fig*. verwässert; **di'lu·tion** Verdünnung *f*; *fig*. Verwässerung *f*.
di·lu·vi·al [dai'lu:vjəl], **di'lu·vi·an** *geol*. diluvial.
dim [dim] **1.** □ trüb; dunkel; matt; F schwer von Begriff; **2.** (sich) verdunkeln; *mot*., *Film*: abblenden; (sich) trüben, matt werden.
dime *Am*. [daim] Zehncentstück *n*; ~ *novel* Groschenroman *m*; ~ *store* Einheitspreisgeschäft *n*.
di·men·sion [di'menʃən] Dimension *f*, Abmessung *f*; ~*s pl*. *a*. Ausmaß *n*.
di·min·ish [di'miniʃ] (sich) vermindern *od*. -ringern *od*. -jüngen; abnehmen; **dim·i·nu·tion** [dimi'nju:ʃən] Verminderung *f*; Abnahme *f* (*in* an *dat*.); ⚠ Verjüngung *f*; **di'min·u·tive** [~njutiv] **1.** □ *gr*. verkleinernd; winzig; **2.** Verkleinerungsform *f*, Diminutiv *n*.
dim·ness ['dimnis] Dunkelheit *f*; Mattheit *f*.
dim·ple ['dimpl] **1.** Grübchen *n*; **2.** Grübchen bekommen; (sich) kräuseln; '**dim·pled** mit Grübchen.
din [din] **1.** Getöse *n*, Lärm *m*; **2.** (durch Lärm) betäuben; lärmen; dröhnen; ~ *s.th. into s.o.('s ears)* j-m dauernd et. (vor)predigen.
dine [dain] (zu Mittag) essen; bewirten; (Mittagsgäste) fassen (*Saal*); ~ *out* zum Essen ausgehen; '**din·er** Speisende *m*, *f*; (Mittags)Gast *m*; 🚃 *bsd*. *Am*. Speisewagen *m*; '**din·er-'out** j., der (oft) auswärts ißt; **di·nette** [dai'net] Eßnische *f in der Küche*.
ding [diŋ] klingen; beständig wiederholen; **~-dong** ['~'dɔŋ] **1.** bim bam; **2.** Klingklang *m*; **3.** unentschieden (*Rennen*); heiß (*Kampf*).
din·gey, **din·ghy** ['diŋgi] Dingi *n* (*kleines Boot*); *rubber* ~ Schlauchboot *n*.
din·gle ['diŋgl] Waldschlucht *f*.
din·gus *Am*. *sl*. ['diŋgəs] Dingsbums *n*.
din·gy □ ['dindʒi] schmutzig; schmierig; schmuddelig; schäbig.
din·ing... ['dainiŋ]: '**~-'al·cove** Eßnische *f*; '**~-car** 🚃 Speisewagen *m*; '**~-room** Eß-, Speisezimmer *n*.
dink·ey *Am*. ['diŋki] *kleine* Rangierlok *f*.
dink·y F ['diŋki] niedlich; nett.
din·ner ['dinə] Mittagessen *n*; Diner *n*, Festessen *n*; '**~-jack·et** Smoking *m*; '**~-pail** *Am*. Essenträger *m* (*Gerät*); '**~-par·ty** Tischgesellschaft *f*; '**~-serv·ice**, '**~-set** Tafelgeschirr *n*.
di·no·saur *zo*. ['dainəusɔ:] Dinosaurier *m*.
dint [dint] **1.** Strieme *f*, Beule *f*; *by* ~ *of* kraft, vermöge (*gen*.); **2.** ver-, einbeulen.
di·o·ce·san *eccl*. [dai'ɔsisən] **1.** Diözesan...; **2.** Diözesanbischof *m*; **di·o·cese** ['daiəsis] Diözese *f*.
di·op·tric *opt*. [dai'ɔptrik] **1.** dioptrisch; **2.** Dioptrie *f* (*Lichtbrechungseinheit*).
di·ox·ide ⚗ [dai'ɔksaid] Dioxyd *n*.
dip [dip] **1.** *v/t*. (ein)tauchen; senken, ⚓ *Flagge* dippen; *Stoff* (auf-) färben; schöpfen (*out of*, *from* aus); *mot*. abblenden; *v/i*. (unter)tauchen, untersinken; sich neigen; sich senken; *geol*. einfallen; ~ *into* in *den Geldbeutel* greifen; e-n flüchtigen Blick werfen in (*acc*.); **2.** Eintauchen *n*; Desinfektionsbad *n für Schafe*; F kurzes Bad *n*; Senkung *f*, Neigung *f*; Dippen *n der Flagge*.
diph·the·ri·a [dif'θiəriə] Diphtherie *f*.
diph·thong ['difθɔŋ] Diphthong *m*, Doppellaut *m*.
di·plo·ma [di'pləumə] Diplom *n*; **di'plo·ma·cy** Diplomatie *f*; Verhandlungsgeschick *n*; **di'plo·maed** [~məd] diplomiert; Diplom...; **dip·lo·mat** ['dipləmæt] Diplomat(in); **dip·lo'mat·ic**, **dip·lo'mat·i·cal** □ diplomatisch; **dip·lo'mat·ics** *sg*. Diplomatik *f*; **di·plo·ma·tist** [di'pləumətist] Diplomat(in).
dip·per ['dipə] Schöpfkelle *f*; *Am*. *Big* ♀ *ast*. *der* Große Bär; '**dip·py** *sl*. verrückt.

dip·so·ma·ni·a [dipsəuˈmeinjə] Trunksucht *f*; **dip·soˈma·ni·ac** [~niæk] Trunksüchtige *m, f*.
dip-stick [ˈdipstik] (*bsd. mot.* Öl-) Meßstab *m*.
dire [ˈdaiə] gräßlich, schrecklich.
di·rect [diˈrekt] **1.** □ direkt; gerade; unmittelbar; offen, aufrichtig; deutlich; glatt, genau; ~ *current* Gleichstrom *m*; ~ *hit* Volltreffer *m*; ~ *speech* direkte Rede *f*; ~ *tax* direkte Steuer *f*; ~ *train* durchgehender Zug *m*; **2.** *adv.* geradeswegs; = ~*ly* **1**; **3.** richten (*to, towards, at* nach, auf *acc.*, gegen); lenken, steuern; leiten, führen, anordnen; *j.* anweisen; *j.* weisen (*to* nach; an *j.*); *Brief* adressieren; ~ *to* zuleiten (*dat.*); **diˈrec·tion** Richtung *f*; Gegend *f*; Lenkung *f*; Leitung *f*, Führung *f*; Anordnung *f*; Anweisung *f*; Adresse *f*; Direktion *f*, Vorstand *m*; **diˈrec·tion·al** [~ʃənl] *Radio*: Peil..., Richt...; **diˈrec·tion-find·er** *Radio*: (Funk)Peiler *m*; Peil(funk)-empfänger *m*; **diˈrec·tion-find·ing** *Radio*: Funkortung *f*; *attr.* (Funk-) Peil...; ~ *set* Peilgerät *n*; ~ *station* Funkpeilstelle *f*; **diˈrec·tion in·di·ca·tor** *mot.* Fahrtrichtungsanzeiger *m*; ✈ Kursweiser *m*; **diˈrec·tive** richtungweisend; leitend; anweisend; **diˈrect·ly** **1.** *adv.* unmittelbar; sofort, gleich; **2.** *cj.* sobald (als); **diˈrect·ness** gerade Richtung *f*; *fig.* Geradheit *f*.
di·rec·tor [diˈrektə] Direktor *m*; *Film*: Regisseur *m*; Mitglied *n* des Aufsichtsrats; *board of* ~*s* Aufsichtsrat *m*; **diˈrec·to·rate** [~rit] Direktorium *n*, Direktion *f*; *a.* **diˈrec·tor·ship** Direktorat *n*; **diˈrec·to·ry** Adreßbuch *n*; *telephone* ~ Telephonbuch.
di·rec·tress [diˈrektris] Vorsteherin *f*, Direktorin *f*.
dire·ful □ [ˈdaiəful] schrecklich.
dirge [dəːdʒ] Grabgesang *m*; Klage (-lied *n*) *f*.
dir·i·gi·ble [ˈdiridʒəbl] **1.** lenkbar; **2.** lenkbares Luftschiff *n*.
dirk [dəːk] **1.** Dolchmesser *n*; **2.** erdolchen.
dirt [dəːt] Schmutz *m*; *fig. contp.* Dreck *m*; (lockere) Erde *f*; *treat s.o. like* ~ j. wie den letzten Dreck behandeln; *fling od. throw* ~ *at s.o.* j. mit Schmutz bewerfen; **ˈ~-ˈcheap** F spottbillig; **ˈ~-track** *Sport*: Aschenbahn *f*; **ˈdirt·y** **1.** □ schmutzig (*a. fig.*); **2.** beschmutzen; besudeln.
dis·a·bil·i·ty [disəˈbiliti] Unvermögen *n*; (Dienst-, Rechts)Unfähigkeit *f*.
dis·a·ble [disˈeibl] (*bsd.* dienst-, kampf)unfähig *od.* unbrauchbar machen; **disˈa·bled** dienst-, kampfunfähig; invalide, körperbehindert; kriegsversehrt, -beschädigt; **disˈa·ble·ment** Invalidität *f*; Kampfunfähigkeit *f*.
dis·a·buse [disəˈbjuːz] e-s Bessern belehren (*of* über *acc.*).
dis·ac·cord [disəˈkɔːd] nicht übereinstimmen (*with* mit).
dis·ac·cus·tom [ˈdisəˈkʌstəm]: ~ *s.o. to s.th.* j-m et. abgewöhnen.
dis·ad·van·tage [disədˈvɑːntidʒ] Nachteil *m*; Schaden *m*; *sell to* ~ mit Verlust verkaufen; **dis·ad·van·ta·geous** □ [disædvɑːnˈteidʒəs] nachteilig, ungünstig.
dis·af·fect·ed □ [disəˈfektid] (*to, towards*) abgeneigt (gegen); unzufrieden (mit); **dis·afˈfec·tion** Abneigung *f*; Unzufriedenheit *f*.
dis·af·firm ⚖ [disəˈfəːm] umstoßen.
dis·af·for·est [disəˈfɔrist] abholzen.
dis·a·gree [disəˈgriː] nicht übereinstimmen, nicht einverstanden sein (*with* mit); uneinig sein (*on* über *acc.*); *Antrag etc.* ablehnen (*to, with acc.*); nicht bekommen (*with s.o.* j-m); **dis·a·gree·a·ble** □ [~ˈgriəbl] unangenehm (*a. fig.*); **dis·a·gree·ment** [~ˈgriːmənt] Verschiedenheit *f*; Unstimmigkeit *f*; Meinungsverschiedenheit *f*; Verstimmung *f*.
dis·al·low [ˈdisəˈlau] nicht erlauben; ablehnen; nicht gelten lassen.
dis·ap·pear [disəˈpiə] verschwinden; **dis·ap·pear·ance** [~ˈpiərəns] Verschwinden *n*.
dis·ap·point [disəˈpɔint] enttäuschen; vereiteln; *j.* im Stich lassen; **dis·apˈpoint·ment** Enttäuschung *f*; Vereitelung *f*; ~ *in love* unglückliche Liebe *f*.
dis·ap·pro·ba·tion [disæprəuˈbeiʃən] Mißbilligung *f*.
dis·ap·prov·al [disəˈpruːvl] Mißbilligung *f*; **dis·apˈprove** mißbilligen (*of et.*).
dis·arm [disˈɑːm] *v/t.* entwaffnen

(*a. fig.*); *v/i.* abrüsten; **dis'ar·ma·ment** Entwaffnung *f*; Abrüstung *f*.
dis·ar·range ['disə'reindʒ] in Unordnung bringen, verwirren; **dis·ar'range·ment** Verwirrung *f*, Unordnung *f*.
dis·ar·ray ['disə'rei] **1.** Unordnung *f*; **2.** in Unordnung bringen.
dis·as·sem·bly ⊕ [disə'sembli] Auseinandernehmen *n*.
dis·as·ter [di'zɑ:stə] Unglück(sfall *m*) *n*, Unheil *n*, Katastrophe *f*; **dis'as·trous** □ unheilvoll, unglücklich; verheerend, katastrophal.
dis·a·vow ['disə'vau] (ab)leugnen; nicht gutheißen; **dis·a'vow·al** Ableugnung *f*; Nichtanerkennung *f*.
dis·band [dis'bænd] *Truppen* entlassen; (sich) auflösen; **dis'band·ment** Auflösung *f*.
dis·bar [dis'bɑ:] vom Anwaltsamt ausschließen.
dis·be·lief ['disbi'li:f] Unglaube *m*, Zweifel *m* (*in* an *dat.*); **dis·be·lieve** ['disbi'li:v] nicht glauben, bezweifeln; **'dis·be'liev·er** Ungläubige *m*, *f*, Zweifler(in).
dis·bud [dis'bʌd] überschüssige Knospen entfernen von.
dis·bur·den [dis'bə:dn] entlasten; befreien (*of* von *e-r Last*); *Herz* erleichtern; entladen (*a. fig.*).
dis·burse [dis'bə:s] auszahlen; verauslagen; **dis'burse·ment** Auszahlung *f*; Verauslagung *f*.
disc [disk] = *disk*.
dis·card **1.** [dis'kɑ:d] *Karten* weglegen, abwerfen; *Kleid*, *Vorurteil etc.* ablegen; aufgeben; entlassen; **2.** ['diskɑ:d] *Karten*: Abwerfen *n*; *bsd. Am.* Abfall(haufen) *m*.
dis·cern [di'sə:n] unterscheiden; erkennen; wahrnehmen; beurteilen; **dis'cern·i·ble** □ unterscheidbar; erkennbar; sichtbar; **dis'cern·ing** **1.** □ kritisch, scharfsichtig; **2.** Einsicht *f*; Scharfblick *m*; **dis'cern·ment** Einsicht *f*; Scharfsinn *m*.
dis·charge [dis'tʃɑ:dʒ] **1.** *v/t.* ent-, ab-, ausladen; ⚓ löschen; ⚡ entladen; entlasten, entbinden; abfeuern; verwalten, *Amt* versehen; *Pflicht etc.* erfüllen; *Zorn etc.* auslassen; ausströmen lassen; *Schuld* abtragen, tilgen; *Rechnung* quittieren; *Wechsel* einlösen; entlassen, abdanken; freisprechen; *v/i.* sich entladen; sich ergießen; eitern; **2.** Entladung *f* (*a.* ⚡); ⚓ Löschen *n*; Abfeuern *n*; Salve *f*; Ausströmen *n*; Ausfluß *m*, Eiter(ung *f*) *m*; Entlassung *f*; Entlastung *f*; Bezahlung *f*; Quittung *f*; Verwaltung *f*; Erfüllung *f e-r Pflicht*; **dis'charg·er** Entlader *m* (*a. phys.*).
dis·ci·ple [di'saipl] Schüler *m*; Jünger *m*; **dis'ci·ple·ship** Jüngerschaft *f*.
dis·ci·pli·nar·i·an [disipli'nɛəriən] strenger Lehrer *m od.* Vorgesetzter *m*; *he is a poor* ~ er kann keine Disziplin halten; **'dis·ci·pli·nar·y** erzieherisch; disziplinar, Disziplinar...; **'dis·ci·pline** **1.** Disziplin *f*, Zucht *f*; Erziehung *f*; (Studien-)Fach *n*, Wissenschaft *f*; Züchtigung *f*; **2.** an Disziplin gewöhnen; erziehen; schulen; strafen.
dis·claim [dis'kleim] (ab)leugnen; ablehnen; verzichten auf (*acc.*); **dis'claim·er** Verzicht(leistung *f*) *m*; Dementi *n*.
dis·close [dis'kləuz] aufdecken; erschließen, offenbaren, eröffnen, enthüllen; **dis'clo·sure** [~ʒə] Enthüllung *f etc.*
dis·col·o(u)r [dis'kʌlə] (sich) verfärben; **dis·col·o(u)r'a·tion** Verfärbung *f*.
dis·com·fit [dis'kʌmfit] *in die Flucht* schlagen; vereiteln; aus der Fassung bringen; **dis'com·fi·ture** [~tʃə] Niederlage *f*; Verwirrung *f*; Vereitelung *f*.
dis·com·fort [dis'kʌmfət] **1.** Unbehagen *n*; **2.** *j-m* Unbehagen verursachen.
dis·com·pose [diskəm'pəuz] beunruhigen; **dis·com'po·sure** [~ʒə] Beunruhigung *f*, Erregung *f*.
dis·con·cert [diskən'sə:t] aus der Fassung bringen; vereiteln.
dis·con·nect ['diskə'nekt] trennen (*from, with* von); ⊕ abstellen; auskuppeln; ⚡ Netzstecker ziehen; **'dis·con'nect·ed** □ zs.-hanglos; **'dis·con'nec·tion** Trennung *f*; ⊕ Auskuppelung *f etc.*
dis·con·so·late □ [dis'kɔnsəlit] untröstlich.
dis·con·tent ['diskən'tent] **1.** ⤡ = ~*ed*; **2.** Unzufriedenheit *f*; **'dis·con'tent·ed** □ mißvergnügt, unzufrieden.
dis·con·tin·u·ance [diskən'tinjuəns] Unterbrechung *f*; Aufhören *n*, Auf-

gabe *f*; '**dis·con'tin·ue** [~nju:] aufgeben, aufhören mit; *Zeitung* abbestellen; '**dis·con'tin·u·ous** □ [~njuəs] unzusammenhängend, mit Unterbrechungen, unterbrochen.

dis·cord ['diskɔ:d], **dis'cord·ance** Uneinigkeit *f*; ♪ Mißklang *m*; **dis'cord·ant** □ verschieden, abweichend (*to, from, with* von); uneinig; ♪ mißtönend, -klingend.

dis·count ['diskaunt] **1.** ⚕ Diskont *m*, Skonto *m*; Abzug *m* (*a. fig.*), Rabatt *m*; *at a* ~ unter Pari; *fig.* nicht gefragt; **2.** ⚕ diskontieren; abrechnen, abziehen (*a. fig.*); *fig.* absehen von; *Nachricht* mit Vorsicht aufnehmen; beeinträchtigen; **dis'count·a·ble** diskontierbar; **dis'coun·te·nance** [~tinəns] (offen) mißbilligen; entmutigen.

dis·cour·age [dis'kʌridʒ] entmutigen; *j.* abschrecken (*from* von); abschrecken von *et.*; **dis'cour·age·ment** Entmutigung *f*; Schwierigkeit *f*.

dis·course [dis'kɔ:s] **1.** Rede *f*; Abhandlung *f*; Predigt *f*; **2.** (*on, upon, about*) reden, sprechen (über *acc.*); e-n Vortrag halten (über *acc.*), *et.* abhandeln.

dis·cour·te·ous □ [dis'kə:tjəs] unhöflich; **dis'cour·te·sy** [~tisi] Unhöflichkeit *f*.

dis·cov·er [dis'kʌvə] entdecken; ausfindig machen; **dis'cov·er·a·ble** □ entdeckbar, auffindbar; ersichtlich; **dis'cov·er·er** Entdecker(in); **dis'cov·er·y** Entdeckung *f*.

dis·cred·it [dis'kredit] **1.** schlechter Ruf *m*, Mißkredit *m*; Unglaubwürdigkeit *f*; **2.** nicht glauben; diskreditieren, in Mißkredit bringen; **dis'cred·it·a·ble** □ entehrend, schimpflich (*to* für).

dis·creet □ [dis'kri:t] besonnen, vorsichtig; klug; verschwiegen; diskret, taktvoll.

dis·crep·an·cy [dis'krepənsi] Verschiedenheit *f*, Widerspruch *m*, Diskrepanz *f*; Unstimmigkeit *f*; Zwiespalt *m*.

dis·crete □ [dis'kri:t] abgesondert, getrennt.

dis·cre·tion [dis'kreʃən] Besonnenheit *f*, Klugheit *f*; Diskretion *f*, Takt(gefühl *n*) *m*; Verschwiegenheit *f*; Verfügungsfreiheit *f*, Belieben *n*; *banker's* ~ Bankgeheimnis *n*; *at one's* ~ nach *od.* in j-s Belieben; *age od. years of* ~ Strafmündigkeit *f* (*14 Jahre*); *surrender at* ~ sich auf Gnade und Ungnade ergeben; **dis'cre·tion·ar·y** [~ʃnəri] willkürlich; unumschränkt.

dis·crim·i·nate [dis'krimineit] unterscheiden; ~ *against* benachteiligen; **dis'crim·i·nat·ing** □ unterscheidend; scharfsinnig; urteilsfähig; **dis·crim·i'na·tion** Unterscheidung *f*; unterschiedliche (*bsd.* nachteilige) Behandlung *f*; Urteilskraft *f*; **dis'crim·i·na·tive** [~nətiv] □ diskriminierend; **dis'crim·i·na·to·ry law** Ausnahmegesetz *n*.

dis·cur·sive □ [dis'kə:siv] weitschweifig; sprunghaft, abschweifend; *phls.* schließend; Urteils...

dis·cus ['diskəs] *Sport*: Diskus *m*.

dis·cuss [dis'kʌs] diskutieren, erörtern, besprechen; untersuchen; *co. Essen od. Getränk* sich zu Gemüte führen; **dis'cuss·i·ble** diskutabel; **dis'cus·sion** Diskussion *f*, Erörterung *f*, Aussprache *f*.

dis·dain [dis'dein] **1.** Geringschätzung *f*, Verachtung *f*; **2.** geringschätzen, verachten; verschmähen; **dis'dain·ful** □ [~ful] verachtend (*of acc.*); geringschätzig.

dis·ease [di'zi:z] Krankheit *f*; Leiden *n*; **dis'eased** krank.

dis·em·bark ['disim'bɑ:k] ausschiffen, landen, an Land gehen; **dis·em·bar·ka·tion** [disəmbɑ:'keiʃən] Ausschiffung *f*.

dis·em·bar·rass ['disim'bærəs] frei-, losmachen (*of* von).

dis·em·bod·y [disim'bɔdi] entkörpern; *Truppen* auflösen.

dis·em·bogue [disim'bəug] (sich) ergießen.

dis·em·bow·el [disim'bauəl] ausweiden.

dis·em·broil [disim'brɔil] entwirren.

dis·en·chant ['disin'tʃɑ:nt] desillusionieren, ernüchtern.

dis·en·cum·ber ['disin'kʌmbə] entlasten, freimachen (*of, from,* von).

dis·en·gage ['disin'geidʒ] (sich) freimachen, (sich) lösen; ⊕ loskuppeln; ausschalten; '**dis·en'gaged** frei; '**dis·en'gage·ment** Freimachung *f*; Ungebundenheit *f*; Entlobung *f*.

dis·en·tan·gle ['disin'tæŋgl] entwirren; *fig.* freimachen (*from* von); '**dis·en'tan·gle·ment** Entwirrung *f*.

dis·en·tomb [disinˈtu:m] ausgraben.

dis·e·qui·lib·ri·um [ˈdisekwiˈlibriəm] Unausgeglichenheit *f*.

dis·es·tab·lish [ˈdisisˈtæbliʃ] *Kirche* entstaatlichen; **dis·esˈtab·lish·ment** Entstaatlichung *f*.

dis·fa·vo(u)r [ˈdisˈfeivə] **1.** Mißfallen *n*, Ungnade *f*, Unwillen *m*; **2.** nicht mögen; ungnädig behandeln; mißbilligen.

dis·fig·ure [disˈfigə] entstellen, verunstalten; **disˈfig·ure·ment** Entstellung *f*.

dis·fran·chise [ˈdisˈfræntʃaiz] *j-m* das Wahlrecht *od. e-r Stadt* die bürgerlichen Freiheiten nehmen; **dis·fran·chise·ment** [disˈfræntʃizmənt] Entziehung *f* des Wahl- *od.* Bürgerrechts.

dis·frock [disˈfrɔk] *j-m* das Priesteramt entziehen.

dis·gorge [disˈgɔ:dʒ] ausspeien; von sich geben; wieder herausgeben; *a. ~ o.s.* sich ergießen.

dis·grace [disˈgreis] **1.** Ungnade *f*; Schande *f*; **2.** in Ungnade fallen lassen; *j.* entehren, schänden; *be ~d* in Ungnade fallen; **disˈgrace·ful** □ [~ful] schimpflich; schändlich.

dis·grun·tled [disˈgrʌntld] verdrossen (*at* über *acc.*).

dis·guise [disˈgaiz] **1.** verkleiden; *Stimme* verstellen; verhehlen; **2.** Verkleidung *f*; Verstellung *f*; Maske *f*; *blessing in ~* Glück im Unglück.

dis·gust [disˈgʌst] **1.** (*at, for*) Ekel *m*, Abscheu *m, f* (vor *dat.*); Widerwille *m* (gegen); **2.** anekeln; *~ed with* angewidert durch; **disˈgust·ing** □ ekelhaft, widerwärtig.

dish [diʃ] **1.** Schüssel *f*, Platte *f*; Gericht *n* (*Speise*); *the ~es pl.* das Geschirr; *standing ~ fig.* ständiges Thema *n*; **2.** anrichten; *mst ~ up* auftischen (*a. fig.*); *sl. j.* erledigen; hereinlegen; *et.* vermasseln.

dis·ha·bille [disæˈbi:l] Negligé *n*; *in ~* nachlässig gekleidet; im Negligé.

dish-cloth [ˈdiʃklɔθ] Geschirrspültuch *n*.

dis·heart·en [disˈhɑ:tn] entmutigen.

di·shev·el(l)ed [diˈʃevəld] zerzaust (*Haar*); *fig.* liederlich.

dis·hon·est □ [disˈɔnist] unehrlich, unredlich; **disˈhon·est·y** Unredlichkeit *f*.

dis·hon·o(u)r [disˈɔnə] **1.** Unehre *f*, Schande *f*; **2.** entehren; schänden; Schande machen (*dat.*); *Wechsel* nicht honorieren; **disˈhon·o(u)r·a·ble** □ entehrend, schimpflich; ehrlos.

dish...: **ˈ~-pan** *Am.* Spülschüssel *f*; **ˈ~·rag** *Am.* = *dish-cloth*; **ˈ~-wash·er** Tellerwäscher *m*; Geschirrspülmaschine *f*; **ˈ~·wa·ter** Spülwasser *n*.

dis·il·lu·sion [disiˈlu:ʒən] **1.** Ernüchterung *f*, Enttäuschung *f*; **2.** ernüchtern, enttäuschen; **dis·ilˈlu·sion·ment** = *disillusion 1.*

dis·in·cen·tive [disinˈsentiv] Entmutigung *f*.

dis·in·cli·na·tion [disinkliˈneiʃən] Abneigung *f* (*for, to* gegen); **dis·in·cline** [ˈ~ˈklain] abgeneigt machen; **ˈdis·inˈclined** abgeneigt (*for, to* gegen).

dis·in·fect [disinˈfekt] desinfizieren; **dis·inˈfect·ant** Desinfektionsmittel *n*; **dis·inˈfec·tion** Desinfektion *f*.

dis·in·fla·tion [disinˈfleiʃən] Rückgang *m* der Inflation.

dis·in·gen·u·ous □ [disinˈdʒenjuəs] unaufrichtig; falsch.

dis·in·her·it [ˈdisinˈherit] enterben; **dis·inˈher·it·ance** Enterbung *f*.

dis·in·te·grate [disˈintigreit] (sich) (in seine Bestandteile) auflösen; (sich) zersetzen; aufschließen; **dis·in·teˈgra·tion** Auflösung *f etc.*

dis·in·ter [ˈdisinˈtə:] wieder ausgraben.

dis·in·ter·est·ed □ [disˈintristid] uneigennützig, selbstlos.

dis·join [disˈdʒɔin] trennen; **dis·joint** [~ˈdʒɔint] in Unordnung bringen; (ab)trennen; auseinandernehmen; **disˈjoint·ed** unzusammenhängend (*Rede*).

dis·junc·tion [disˈdʒʌŋkʃən] Trennung *f*; **disˈjunc·tive** □ [~tiv] trennend; *gr.* disjunktiv.

disk [disk] Scheibe *f*; Platte *f*; Schallplatte *f*; **~ brake** *mot.* Scheibenbremse *f*; **~ clutch** *mot.* Scheibenkupplung *f*; **ˈ~-har·row** Scheibenegge *f*; **~ jock·ey** *sl.* Ansager *m* e-r Schallplattensendung.

dis·like [disˈlaik] **1.** Abneigung *f*; Widerwille *m* (*for, of, to* gegen); **2.** nicht mögen, nicht lieben, nicht leiden können; *~d* unbeliebt.

dis·lo·cate [ˈdisləukeit] aus den Fugen bringen; verrücken; verrenken; verlagern; *fig.* verwirren; **dis·lo'ca·tion** Verrenkung *f*; Verlagerung *f*; Verlegung *f* (*bsd.* ⚔); *geol.* Verwerfung *f*; *fig.* Verwirrung *f*.

dis·lodge [dis'lɔdʒ] vertreiben, verjagen; umquartieren.

dis·loy·al □ ['dis'lɔiəl] treulos; **'dis'loy·al·ty** Treulosigkeit *f*.

dis·mal ['dizməl] **1.** □ *fig.* trüb(-selig), traurig, düster; öde; trostlos, elend; schaurig; **2.** *the* ~*s pl.* F der Trübsinn.

dis·man·tle [dis'mæntl] abbrechen, niederreißen; *Festung* schleifen; ⚓ abtakeln; *Haus* (aus)räumen; *Mechanismus etc.* auseinandernehmen; *Industriewerk* demontieren; **dis'man·tling** Demontage *f*.

dis·mast ⚓ [dis'mɑ:st] entmasten.

dis·may [dis'mei] **1.** Furcht *f*, Schrecken *m*, Bestürzung *f*; **2.** *v/t.* erschrecken.

dis·mem·ber [dis'membə] zergliedern, zerstückeln; **dis'mem·ber·ment** Zergliederung *f*, -stückelung *f*.

dis·miss [dis'mis] *v/t.* entlassen, wegschicken; abtun (*as* als); ablehnen; *Thema etc.* fallen lassen; ⚖ abweisen; *be* ~*ed the service* aus dem Dienst entlassen werden; *v/i.* ⚔ wegtreten; **dis'miss·al** Entlassung *f*; Aufgabe *f*; ⚖ Abweisung *f*.

dis·mount ['dis'maunt] *v/t.* vom Pferde werfen; *Geschütz* demontieren; ⊕ abmontieren, auseinandernehmen; *v/i.* absteigen.

dis·o·be·di·ence [disə'bi:djəns] Ungehorsam *m*; **dis·o'be·di·ent** □ ungehorsam (*to* gegen); **'dis·o'bey** nicht gehorchen (*dat.*), ungehorsam sein (gegen).

dis·o·blige ['disə'blaidʒ] ungefällig sein gegen; kränken; **'dis·o'blig·ing** □ ungefällig; unhöflich; **'dis·o'blig·ing·ness** Ungefälligkeit *f*.

dis·or·der [dis'ɔ:də] **1.** Unordnung *f*; Aufruhr *m*, Unruhe *f*; ⚕ Störung *f*, Krankheit *f*; *mental* ~ Geistesstörung *f*; **2.** in Unordnung bringen; stören; zerrütten; **dis'or·dered** □ unordentlich; verdorben (*Magen*); zerrüttet; **dis'or·der·ly** unordentlich; ordnungswidrig; unruhig, aufrührerisch; liederlich.

dis·or·gan·i·za·tion [disɔ:gənai'zeiʃən] Auflösung *f*, Zerrüttung *f*; **dis'or·gan·ize** zerrütten; in Unordnung bringen.

dis·or·i·en·tate [dis'ɔ:rienteit] irremachen; *he was* ~*d* er hatte die Orientierung verloren.

dis·own [dis'əun] nicht anerkennen, verleugnen; ablehnen.

dis·par·age [dis'pæridʒ] verächtlich machen, verunglimpfen, herabsetzen; **dis'par·age·ment** Herabsetzung *f*, Verunglimpfung *f*; Schande *f*; **dis'par·ag·ing** □ verächtlich.

dis·pa·rate ['dispərit] **1.** □ ungleichartig, (ganz) verschieden; **2.** ~*s pl.* unvereinbare Dinge *n/pl.*; **dis·par·i·ty** [dis'pæriti] Ungleichheit *f*.

dis·part [dis'pɑ:t] (sich) trennen; (sich) spalten; ⊕ kalibrieren.

dis·pas·sion·ate □ [dis'pæʃnit] leidenschaftslos; gelassen; unparteiisch.

dis·patch [dis'pætʃ] **1.** (schnelle) Erledigung *f*; (schnelle) Absendung *f*, Abfertigung *f*; Versand *m*; Eile *f*; Depesche *f*; *mentioned in* ~*es* im Kriegsbericht rühmend erwähnt; *happy* ~ Harakiri *n*; **2.** (schnell) abmachen, erledigen (*a.* = *töten*); abfertigen; absenden; **dis'patch-box** Dokumententasche *f*; **dis'patch-goods** *pl.* Eilgut *n*; **dis'patch-rider** ⚔ Meldereiter *m*, -fahrer *m*.

dis·pel [dis'pel] vertreiben, zerstreuen (*a. fig.*).

dis·pen·sa·ble [dis'pensəbl] erläßlich; entbehrlich; **dis'pen·sa·ry** Apotheke *f*; Ambulanz *f für Unbemittelte*; **dis·pen·sa·tion** [dispen'seiʃən] Austeilung *f*; Dispensation *f*, Befreiung *f* (*with* von); *göttliche* Fügung *f*.

dis·pense [dis'pens] *v/t.* austeilen, spenden; *Recht* sprechen; *Arzneien* nach Vorschrift bereiten und ausgeben; ~ *from* befreien *od.* entbinden von; *e-r Arbeit etc.* entheben; *v/i.* ~ *with et.* unnötig machen; fertig werden ohne, verzichten auf (*acc.*); **dis'pens·er** Austeiler(in); Apotheker(in).

dis·per·sal [dis'pə:səl] = *dispersion*; **dis'perse** (sich) zerstreuen; verstreuen, -breiten; auseinandergehen; **dis'per·sion** Zerstreuung *f* (*a. opt.*); Streuung *f*; Verbreitung *f*; ♀ *eccl.* Diaspora *f*.

dis·pir·it [di'spirit] entmutigen; **dis'pir·it·ed** □ mutlos.
dis·place [dis'pleis] verrücken, verschieben; absetzen; ersetzen; verdrängen; *~d person* Verschleppte *m*, *f*; **dis'place·ment** Verrückung *f etc.*; Ersatz *m*; (*bsd.* Wasser)Verdrängung *f*.
dis·play [dis'plei] **1.** Entfaltung *f*; Aufwand *m*; Schaustellung *f*; (Schaufenster)Auslage *f*; Prunk *m*; **2.** entfalten, an den Tag legen; zur Schau stellen; ausstellen, -breiten; zeigen; hervorheben.
dis·please [dis'pli:z] *j-m* mißfallen; *fig.* verletzen; **dis'pleased** □ ungehalten (*at*, *with* über *acc.*); **dis'pleas·ing** □ mißfällig, unangenehm; **dis·pleas·ure** [~'pleʒə] Mißfallen *n*, -vergnügen *n*; Verdruß *m* (*at*, *over* über *acc.*).
dis·port [dis'pɔ:t]: *~ o.s.* sich (lustig) tummeln, herumtollen.
dis·pos·a·ble [dis'pəuzəbl] verfügbar; **dis'pos·al** Anordnung *f*; Verfügung(srecht *n*) *f* (*of* über *acc.*); Beseitigung *f*; Veräußerung *f*, Verkauf *m*; Übergabe *f*; *at one's ~* zu j-s Verfügung; **dis'pose** *v/t.* (an-) ordnen, einrichten, verteilen; geneigt machen, veranlassen (*for* zu *et.*, *to inf.* zu *inf.*); *v/i. ~ of* verfügen über (*acc.*); erledigen; verwenden; gebrauchen; veräußern; vermachen; unterbringen, versorgen; beseitigen; verzehren; **dis'posed** □ geneigt (*for*, *to* zu); ...gesinnt; *well* (*ill*) *~ towards s.o.* j-m wohl-(übel)gesinnt; **dis·po·si·tion** [~pə'ziʃən] Disposition *f*; Anordnung *f*; *fig.* Neigung *f*, Hang *m*; Sinnesart *f*; Verfügung *f* (*of* über *acc.*); *make ~s* Anordnungen treffen.
dis·pos·sess ['dispə'zes] (*of*) vertreiben (aus); berauben (*gen.*); *j.* enteignen; *fig.* freimachen (von); **dis·pos·ses·sion** [~'seʃən] Vertreibung *f etc.*
dis·praise [dis'preiz] **1.** Tadel *m*; **2.** tadeln; geringschätzen.
dis·proof ['dis'pru:f] Widerlegung *f*.
dis·pro·por·tion [disprə'pɔ:ʃən] Mißverhältnis *n*; **dis·pro'por·tion·ate** □ [~ʃnit] unverhältnismäßig, unproportioniert, ungleichmäßig; **dis·pro'por·tion·ate·ness** Mißverhältnis *n*; **'dis·pro'por·tioned** [~ʃənd] = *disproportionate*.
dis·prove [dis'pru:v] widerlegen.
dis·pu·ta·ble [dis'pju:təbl] strittig, fraglich; **dis'pu·tant** Disputant *m*; **dis·pu'ta·tion** Disputation *f*; **dis·pu'ta·tious** □ streitsüchtig; **dis'pute 1.** Streit(igkeit *f*) *m*; Auseinandersetzung *f*; Rechtsstreit *m*; *in ~* streitig; *beyond* (*all*) *~*, *past ~* unstreitig, zweifellos; **2.** *v/t.* bestreiten, anfechten, in Zweifel ziehen; streiten um, streitig machen; *v/i.* streiten (*about* um).
dis·qual·i·fi·ca·tion [diskwɔlifi'keiʃən] Unfähig-, Untauglichkeit(serklärung) *f*; *Sport*: Ausschluß *m*, Disqualifikation *f*; Nachteil *m*; **dis'qual·i·fy** [~fai] unfähig *od.* untauglich machen *od.* erklären (*for* zu); *Sport*: ausschließen, disqualifizieren.
dis·qui·et [dis'kwaiət] **1.** Unruhe *f*, Sorge *f*; **2.** beunruhigen; **dis·qui·e·tude** [~'kwaiitju:d] Unruhe *f*.
dis·qui·si·tion [diskwi'ziʃən] Untersuchung *f*; Abhandlung *f* (*on* über *acc.*).
dis·re·gard ['disri'gɑ:d] **1.** Nicht(be)achtung *f*, Mißachtung *f*; **2.** unbeachtet lassen; mißachten, nicht beachten.
dis·rel·ish [dis'reliʃ] **1.** Ekel *m*; Widerwille *m* (*for* gegen); **2.** Widerwillen haben gegen.
dis·re·pair ['disri'pɛə] Baufälligkeit *f*; *fall into ~* in Verfall geraten.
dis·rep·u·ta·ble □ [dis'repjutəbl] schimpflich; verrufen; **dis·re·pute** ['~ri'pju:t] übler Ruf *m*; Schande *f*.
dis·re·spect ['disris'pekt] Nichtachtung *f*; Respektlosigkeit *f*; **dis·re'spect·ful** [~ful] □ respektlos; unhöflich.
dis·robe ['dis'rəub] (sich) entkleiden.
dis·root [dis'ru:t] entwurzeln.
dis·rupt [dis'rʌpt] zerreißen; spalten; **dis'rup·tion** Zerbrechen *n*; Spaltung *f*, Zusammenbruch *m*.
dis·sat·is·fac·tion ['dissætis'fækʃən] Unzufriedenheit *f*; **dis·sat·is·fac·to·ry** ['~'fæktəri] unbefriedigend; **'dis'sat·is·fied** [~faid] unzufrieden; **'dis'sat·is·fy** [~fai] nicht befriedigen; unzufrieden machen; *j-m* mißfallen.
dis·sect [di'sekt] zerlegen; *anat.* sezieren; *fig.* zergliedern; **dis'sec·tion** Zerlegung *f*; *anat.* Sektion *f*; *fig.* Zergliederung *f*.

dis·sem·ble [di'sembl] *v/t.* verhehlen, verbergen; nicht beachten; *v/i.* sich verstellen, heucheln.

dis·sem·i·nate [di'semineit] ausstreuen; verbreiten; **dis·sem·i'na·tion** Ausstreuung *f etc.*

dis·sen·sion [di'senʃən] Zwietracht *f*, Streit *m*, Uneinigkeit *f*.

dis·sent [di'sent] **1.** abweichende Meinung *f*; Nichtzugehörigkeit *f* zur Landeskirche; **2.** (*from*) anderer Meinung sein (als), nicht übereinstimmen (mit); abweichen (von); nicht der Landeskirche angehören; **dis'sent·er** Andersdenkende *m, f*; Dissenter *m*, nicht der Landeskirche Angehörende *m, f*; **dis'sen·tient** [~ʃiənt] **1.** andersdenkend; **2.** Andersdenkende *m, f*.

dis·ser·ta·tion [disəː'teiʃən] Abhandlung *f*, Dissertation *f* (*on* über *acc.*).

dis·serv·ice ['dis'səːvis] (*to*) schlechter Dienst *m* (an *dat.*); Nachteil *m* (für).

dis·sev·er [dis'sevə] (zer)teilen, trennen; **dis'sev·er·ance, dis'sev·er·ment** Trennung *f*.

dis·si·dence ['disidəns] Uneinigkeit *f*; **'dis·si·dent 1.** uneinig; **2.** Andersdenkende *m, f*; *eccl.* Dissident(in), Dissenter *m*.

dis·sim·i·lar □ ['di'similə] unähnlich (*to, from dat.*); verschieden (*to* von); **dis·sim·i·lar·i·ty** [~'læriti] Unähnlichkeit *f*; Verschiedenheit *f* (*to* von).

dis·sim·u·late [di'simjuleit] = *dissemble*; **dis·sim·u'lation** Verstellung *f*, Heuchelei *f*.

dis·si·pate ['disipeit] (sich) zerstreuen; verschwenden; ein ausschweifendes Leben führen; **'dis·si·pat·ed** ausschweifend, zügellos; **dis·si'pa·tion** Zerstreuung *f*; Verschwendung *f*; ausschweifendes Leben *n*.

dis·so·ci·ate [di'səuʃieit] trennen; zersetzen; ~ *o.s.* sich distanzieren, abrücken (*from* von); **dis·so·ci·a·tion** [~si'eiʃən] Trennung *f etc.*; *psych.* Bewußtseinsspaltung *f*.

dis·sol·u·bil·i·ty [disɔlju'biliti] Auflösbarkeit *f*; Trennbarkeit *f*; **dis'sol·u·ble** [~jubl] (auf)lösbar; trennbar.

dis·so·lute □ ['disəluːt] liederlich, ausschweifend; **dis·so'lu·tion** Auflösung *f*; Zerstörung *f*; Tod *m*.

dis·solv·a·ble [di'zɔlvəbl] (auf)lösbar; **dis'solve 1.** *v/t.* auflösen (*a. fig.*); lösen; schmelzen; *v/i.* sich auflösen; *fig.* vergehen; **2.** *Am. Film*: *langsames* Überblenden *n*; **dis'solv·ent 1.** (auf)lösend; zersetzend; **2.** Lösungsmittel *n*.

dis·so·nance ['disənəns] ♪ Mißklang *m*; Uneinigkeit *f*; **'dis·so·nant** ♪ mißtönend; *fig.* abweichend (*from, to* von).

dis·suade [di'sweid] *j-m* abraten (*from* von); **dis'sua·sion** [~ʒən] Abraten *n*; **dis'sua·sive** [~siv] □ abratend.

dis·taff ['distɑːf] Spinnrocken *m*; *fig. das* Reich der Frau; ~ *side* weibliche Linie *f e-r Familie.*

dis·tance ['distəns] **1.** Abstand *m*, Entfernung *f* (*örtlich, zeitlich, fig.*); Ferne *f*; Strecke *f*; Zurückhaltung *f*; *at a* ~ von weitem; in e-r gewissen Entfernung; weit weg; *in the* ~ in der Ferne; *a great* ~ *away* weit weg; *striking* ~ Wirkungsweite *f*; *keep one's* ~ Abstand halten; *keep s.o. at a* ~ j-m gegenüber reserviert sein; **2.** hinter sich lassen (*a. fig.*); **'dis·tant** □ entfernt; fern; zurückhaltend; Fern...; ~ *control* Fernsteuerung *f*.

dis·taste ['dis'teist] Widerwille *m* (*for* vor *od.* gegen); *fig.* Abneigung *f* (*for* gegen); **dis'taste·ful** □ [~ful] widerwärtig; ärgerlich.

dis·tem·per¹ [dis'tempə] **1.** Temperamalerei *f*, -farbe *f*; **2.** mit Temperafarben (an)malen; streichen.

dis·tem·per² [~] Krankheit *f* (*bsd. von Tieren*); (Hunde)Staupe *f*; *politische* Unruhe *f*; **dis'tem·pered** zerrüttet; krank.

dis·tend [dis'tend] (sich) ausdehnen; (auf)blähen; (sich) weiten; **dis'ten·sion** Ausdehnung *f*.

dis·tich ['distik] Distichon *n* (*Verspaar*).

dis·til(l) [dis'til] herabtröpfeln (lassen); ⚗ destillieren (*a. fig.*), ausziehen; *Branntwein* brennen; **dis·til·late** ['~lit] Destillat *n*; **dis·til·la·tion** [~'leiʃən] Destillierung *f*; **dis'till·er** Branntweinbrenner *m*, Destillateur *m*; **dis'till·er·y** Branntweinbrennerei *f*.

dis·tinct □ [dis'tiŋkt] verschieden; getrennt; deutlich, klar; **dis'tinc·tion** Unterscheidung *f*; Unterschied *m*; Auszeichnung *f*; Rang *m*, Würde *f*; Absonderung *f*; *das* Individuelle; *draw a* ~ *between* e-n Unterschied machen zwischen; *have the* ~ *of ger.* den Vorzug haben zu *inf.*; **dis'tinc·tive** □ unterscheidend, besonder; apart; kennzeichnend, bezeichnend (*of* für); **dis'tinct·ness** Verschiedenheit *f*; Deutlichkeit *f*.

dis·tin·guish [dis'tiŋgwiʃ] unterscheiden; auszeichnen; **dis'tin·guish·a·ble** unterscheidbar; **dis'tin·guished** berühmt, ausgezeichnet, hervorragend; vornehm.

dis·tort [dis'tɔ:t] verdrehen (*a. fig.*); verzerren, -ziehen; ~*ing mirror* Zerrspiegel *m*; **dis'tor·tion** (Wort-) Verdrehung *f*; Verzerrung *f*.

dis·tract [dis'trækt] ablenken, zerstreuen; beunruhigen; verwirren; verrückt machen; **dis'tract·ed** □ verwirrt; von Sinnen, außer sich (*with* vor *dat.*); **dis'tract·ing** □ wahnsinnig machend; **dis'trac·tion** Zerstreutheit *f*; Verwirrung *f*; Raserei *f*, Wahnsinn *m*; Zerstreuung *f*.

dis·train [dis'trein] pfänden (*on, upon acc.*); **dis'train·a·ble** pfändbar; **dis·traint** [~'treint] Pfändung *f*.

dis·traught [dis'trɔ:t] verstört, verwirrt, bestürzt.

dis·tress [dis'tres] **1.** Qual *f*; Elend *n*, Not *f*, Bedrängnis *f*; Erschöpfung *f*; = *distraint*; ~ *rocket* ⚓ Notsignal *n*; **2.** in Not bringen; quälen; erschöpfen; **dis'tressed** notleidend; bedrängt; bekümmert (*for* um); ~ *area* Notstandsgebiet *n*; **dis'tress·ful** □ [~ful] *lit.* qualvoll; gequält, unglücklich; **dis'tress·ing** □ qualvoll; erschütternd.

dis·trib·ut·a·ble [dis'tribjutəbl] verteilbar; **dis'trib·ute** [~ju:t] verteilen (*among* unter *acc.*, *to* an *acc.*); *Ware* vertreiben; einteilen; verbreiten; *typ. Schrift* ablegen; **dis·tri'bu·tion** Verteilung *f*; *Waren*-Vertrieb *m*; *Film*-Verleih *m*; Verbreitung *f*; Einteilung *f*; **dis'trib·u·tive** aus-, zu-, verteilend; *gr.* distributiv; **dis'trib·u·tive·ly** im einzelnen, gesondert; **dis'trib·u·tor** Verteiler *m* (*bsd.* ⊕); ✝ Vertreiber *m*, Vertriebsstelle *f*; *Film*-Verleiher *m*.

dis·trict ['distrikt] Distrikt *m*, Bezirk *m*, Kreis *m*; Landstrich *m*, Gegend *f*.

dis·trust [dis'trʌst] **1.** Mißtrauen *n*, Argwohn *m* (*of* gegen); **2.** mißtrauen (*dat.*); **dis'trust·ful** □ [~ful] mißtrauisch; ~ (*of* o.s.) schüchtern.

dis·turb [dis'tə:b] beunruhigen; stören; verwirren; **dis'turb·ance** Störung *f*; Unruhe *f*; Aufruhr *m*; ~ *of the peace* ⚖ öffentliche Ruhestörung *f*; **dis'turb·er** Störenfried *m*, Unruhestifter *m*.

dis·un·ion ['dis'ju:njən] Trennung *f*; Uneinigkeit *f*; **dis·u·nite** ['~'nait] (sich) trennen; (sich) entzweien.

dis·use 1. ['dis'ju:s] Nichtgebrauch *m*; *fall into* ~ außer Gebrauch kommen; **2.** ['dis'ju:z] nicht mehr gebrauchen.

di·syl·lab·ic ['disi'læbik] (~*ally*) zweisilbig; **di·syl·la·ble** [di'siləbl] zweisilbiges Wort *n*.

ditch [ditʃ] **1.** Graben *m*; *die in the last* ~ bis zum letzten Blutstropfen kämpfen; **2.** *v/t.* mit Gräben versehen; in den Graben fahren; *v/i.* graben, Gräben machen *od.* ausbessern; *Am. sl.* im Stich lassen; notlanden auf dem Wasser; **'ditch·er** Grabbagger *m*.

dith·er F ['diðə] bibbern (*zittern*); zaudern, schwanken.

dith·y·ramb ['diθiræmb] Dithyrambe *f*; begeistertes Lob *n*.

dit·to ['ditəu] dito, desgleichen; (*suit of*) ~*s* Anzug *m* aus gleichem Stoff.

dit·ty ['diti] Liedchen *n*.

di·ur·nal □ [dai'ə:nl] täglich.

di·va·ga·tion [daivə'geiʃən] Abschweifung *f*.

di·van [di'væn] Diwan *m*; ~**-bed** [*oft* 'daivænbed] Bettcouch *f*, Liege *f*.

di·var·i·cate [dai'værikeit] sich gabeln; abzweigen.

dive [daiv] **1.** (unter)tauchen; *vom Sprungbrett* springen; ✈ e-n Sturzflug machen; F sich ducken; stürzen; ~ *into* tief eindringen in (*acc.*); in (*acc.*) hineinlangen; **2.** *Schwimmen*: Springen *n*; (Kopf)Sprung *m* (*a. fig.*); Sturzflug *m*; Kellerlokal *n*;

Am. F Kaschemme *f*; '~**-bomb** im Sturzflug bombardieren; '**div·er** Taucher *m*; Kunstspringer(in).

di·verge [dai'vəːdʒ] divergieren, auseinanderlaufen; abweichen; **di'ver·gence, di'ver·gen·cy** Divergenz *f*; Abweichung *f*; **di'ver·gent** □ divergierend; (voneinander) abweichend.

di·vers ['daivəːz] mehrere.

di·verse □ [dai'vəːs] *dem Wesen nach* verschieden; ungleich(artig); mannigfaltig; **di·ver·si·fi·ca·tion** [~fi'keiʃən] Veränderung *f*, Abwechslung *f*; **di'ver·si·fy** [~fai] verschieden machen; Abwechslung bringen in (*acc.*); **di·ver·sion** [dai'vəːʃən] Ablenkung *f*; Ablenkungsmanöver *n*; Zerstreuung *f*, Zeitvertreib *m*; Umleitung *f*; **di'ver·sion·a·ry** ⚔ Ablenkungs...; **di'ver·si·ty** [~siti] Verschiedenheit *f*; Mannigfaltigkeit *f*.

di·vert [dai'vəːt] ablenken; *j.* zerstreuen; unterhalten; *Verkehr* umleiten.

di·vest [dai'vest] entkleiden; *fig.* berauben; ~ *o.s. of* verzichten auf (*acc.*); **di'vest·ment** Entkleidung *f*; Beraubung *f*.

di·vide [di'vaid] **1.** *v/t. oft* ~ *up* teilen; trennen; verteilen (*among* unter *acc.*); einteilen; entzweien; ♈ dividieren (*by* durch); ~ *the house parl.* das Haus abstimmen lassen; *v/i.* sich teilen *etc.*; ♈ teilbar sein (*by* durch); aufgehen (*into* in); *parl.* abstimmen; **2.** Wasserscheide *f*; **div·i·dend** ['dividend] ✝ Dividende *f*, Gewinnanteil *m*; ♈ Dividend *m*; '**div·i·dend-war·rant** ✝ Dividendenschein *m*; **di·vi·ders** [di'vaidəz] *pl.* Stechzirkel *m*; **di'vid·ing** Trennungs...; ~ *ridge* Wasserscheide *f*.

div·i·na·tion [divi'neiʃən] Weissagung *f*; Ahnung *f*; **di·vine** [di'vain] **1.** □ göttlich (*a. fig.*); ~ *service* Gottesdienst *m*; **2.** Geistliche *m*; **3.** weissagen; ahnen; **di'vin·er** Wahrsager(in); Rutengänger(in).

div·ing ['daiviŋ] *Schwimmen*: Kunstspringen *n*; *attr.* Taucher...; '~**-bell** Taucherglocke *f*; '~**-board** Sprungbrett *n*; '~**-dress,** '~**-suit** Taucheranzug *m*.

di·vin·ing-rod [di'vainiŋrɔd] Wünschelrute *f*; **di·vin·i·ty** [di'viniti] Gottheit *f*; Göttlichkeit *f*; Theologie *f*.

di·vis·i·bil·i·ty [divizi'biliti] Teilbarkeit *f*; **di'vis·i·ble** □ [~zəbl] teilbar; **di'vi·sion** [~ʒən] (Ein-, Ver)Teilung *f*; Spaltung *f*, Uneinigkeit *f*; Trennung(slinie) *f*; Teil *m*, Abteilung *f*; Bezirk *m*; ⚔, ♈ Division *f*; *parl.* Hammelsprung *m*; ~ *bell* Abstimmungsglocke *f*; ~ *of labo(u)r* Arbeitsteilung *f*; **di'vi·sion·al** [~ʒənl] (Ab)Teilungs...; ⚔ Divisions...; **di·vi·sive** [di'vaisiv] auf Trennung abzielend; **di'vi·sor** ♈ [~zə] Teiler *m*, Divisor *m*.

di·vorce [di'vɔːs] **1.** (Ehe)Scheidung *f*; *fig.* Scheidung *f*, Trennung *f*; **2.** *Ehe* scheiden (*a. fig.*); sich scheiden lassen von; **di·vor·cee** [diːvɔː'siː] Geschiedene *m*, *f*; **di·vorc·er** [di'vɔːsə] der die Ehescheidung veranlassende Teil.

di·vulge [dai'vʌldʒ] ausplaudern; verbreiten, bekanntmachen.

dix·ie ⚔ *sl.* ['diksi] Kochgeschirr *n*; Feldkessel *m*; ♀ *Am.* die Südstaaten *pl.*; ♀*crat Am. pol. opponierender* Südstaatendemokrat *m*.

diz·zi·ness ['dizinis] Schwindel *m*; '**diz·zy 1.** □ schwind(e)lig (*Person*); Schwindel erregend (*Sache*); verwirrt; **2.** schwindelig machen.

do [duː] (*irr.*) (*s. a. done*) **1.** *v/t.* tun, machen; an-, verfertigen; ausführen, vollbringen; *Strecke* zurücklegen; (fertig)machen; verrichten; (zu)bereiten, kochen; *e-n Gefallen etc.* erweisen; *Rolle, Stück* spielen; F übers Ohr hauen, prellen; ~ *London* F London besichtigen; ~ *s.o.* F j. versorgen, beköstigen; *what is to be done?* was ist zu tun *od.* zu machen?; ~ *the polite, etc.* den Höflichen *etc.* spielen; *have done reading* fertig sein mit Lesen; ~ *a room* ein Zimmer aufräumen; ~ (*over*) *again* noch einmal machen; ~ *down* F unterkriegen; ~ *in* F um die Ecke bringen; ~ *into* übersetzen, -tragen in; ~ *out* ausfegen; ~ *over mit Farbe etc.* überstreichen, -ziehen; ~ *up* zs.-legen; instandsetzen, reparieren, renovieren; einpacken; F kaputt machen (*gänzlich ermüden*); **2.** *v/i.* tun, handeln; sich benehmen; sich befinden; dem

Zweck entsprechen, genügen; tauglich sein, passen; *that will* ~ das genügt; *that won't* ~ das geht nicht; das reicht nicht; *how* ~ *you* ~? guten Tag!, Wie geht's?; ~ *well* s-e Sache gut machen; gute Geschäfte machen; gut fahren; ~ *badly* schlechte Geschäfte machen; *have done!* hör auf!; ~ *away with* abschaffen; ~ *for j-m* den Haushalt führen; ~ *with* auskommen mit; *I could* ~ *with* ... ich könnte ... brauchen *od.* vertragen; *have done with* fertig sein mit, erledigt haben; ~ *without* fertig werden ohne, entbehren können, verzichten auf (*acc.*); **3.** *v/aux. Frage*: ~ *you know him* kennen Sie ihn?; *Verneinung mit not*: *I* ~ *not know him* ich kenne ihn nicht; *emphatisch, verstärkend*: *I* ~ *feel better* ich fühle mich wirklich besser; ~ *come and see me* besuche mich doch einmal; ~ *be quick* beeile dich doch; *für ein vorausgegangenes Verb*: ~ *you like London* — *I do* gefällt Ihnen London? — Ja; *you write better than I* ~ Sie schreiben besser als ich; *I take a bath every day.* — *So* ~ *I* ich nehme täglich ein Bad. — Ich auch; **4.** F Schwindel *m*; große Sache *f*, Fest *n*, Party *f*.

doc F [dɔk] = *doctor*.

doc·ile [ˈdəusail] gelehrig; fügsam; **do·cil·i·ty** [~ˈsiliti] Gelehrigkeit *f*; Fügsamkeit *f*.

dock¹ [dɔk] stutzen; *fig.* kürzen (*of* um).

dock² ⚘ [~] Ampfer *m*.

dock³ [~] **1.** ⚓ Dock *n*; Hafenbecken *n*; *bsd. Am.* Kai *m*, Pier *m*, *f*; ⚖ Anklagebank *f*; *dry* ~, *graving* ~ Trockendock *n*; *floating* ~ Schwimmdock *n*; *wet* ~ Schleusenhafen *m*; **2.** ⚓ docken; **ˈ~-dues** *pl.* Dock-, Hafengebühren *f/pl.*; **ˈdock·er** Dock-, Hafenarbeiter *m*.

dock·et [ˈdɔkit] **1.** Aktenschwanz *m*; Inhaltsvermerk *m*; Bestellschein *m*; Etikett *n*; Adreßzettel *m*; Gerichtskalender *m*; **2.** mit Aktenschwanz *etc.* versehen.

dock·yard [ˈdɔkjɑːd] Werft *f*.

doc·tor [ˈdɔktə] **1.** Doktor *m*; Arzt *m*; **2.** F verarzten; zurechtflicken; (*a.* ~ *up* zurecht)doktern (*fälschen*); **doc·tor·ate** [ˈ~rit] Doktorwürde *f*.

doc·tri·naire [dɔktriˈnɛə] **1.** Doktrinär *m*, Prinzipienreiter *m*; **2.** doktrinär, schulmeisterlich; **doc·tri·nal** □ [~ˈtrainl] die Lehre betreffend, lehrmäßig; **doc·trine** [ˈ~trin] Lehre *f*, Doktrin *f*; Dogma *n*.

doc·u·ment 1. [ˈdɔkjumənt] Dokument *n*, Urkunde *f*, Schriftstück *n*; **2.** [ˈ~ment] beurkunden; mit Urkunden versehen *od.* belegen, dokumentieren; **doc·uˈmen·ta·ry 1.** □ urkundlich; ~ *film* = **2.** Kultur-, Dokumentarfilm *m*; **doc·u·menˈta·tion** Benutzung *f* von Urkunden.

dod·der [ˈdɔdə] **1.** ⚘ Flachsseide *f*; **2.** schlottern, schwanken.

dodge [dɔdʒ] **1.** Sprung *m* zur Seite; Schlich *m*, Kniff *m*, Winkelzug *m*; **2.** *v/t.* ausweichen (*dat.*); zum besten haben; *v/i.* ausweichen, zur Seite springen; sich drücken vor; Winkelzüge machen; schlüpfen; **dod·gem** F [ˈdɔdʒəm] Autoskooter *m auf dem Jahrmarkt*; **ˈdodg·er** Schieber(in); *Am.* Hand-, Reklamezettel *m*; *Am.* Maisbrot *n*, -kuchen *m*.

do·do *orn.* [ˈdəudəu] Dodo *m* (*ausgestorben*).

doe [dəu] Hindin *f*; Reh *n*; Häsin *f*.

do·er [ˈduːə] Täter(in), Handelnde *m*, *f*.

does [dʌz] *er, sie, es* tut (*s. do*).

doe·skin [ˈdəuskin] Rehleder *n*; Doeskin *n* (*Gewebe*).

doesnˈt F [ˈdʌznt] = *does not* (*s. do*).

dog [dɔg] **1.** Hund *m*; Rüde *m* (*männlicher Hund od. Fuchs*); ⊕ Feuerbock *m*; Haken *m*, Klammer *f*; Klaue *f*; ⚒ Förderwagen *m*; F Kerl *m*; *Am.* F Angabe *f* (*Prahlerei*); *go to the* ~*s* vor die Hunde gehen, auf den Hund kommen; **2.** sich an *j-s* Fersen heften, *j-m* nachspüren; **ˈ~-bis·cuit** Hundekuchen *m*; **ˈ~-cart** leichter Jagdwagen *m*; **ˈ~-cheap** spottbillig; **ˈ~-days** *pl.* Hundstage *m/pl.*

doge [dəudʒ] Doge *m*.

dog...: **ˈ~-eared** = *dog's-eared*; **ˈ~-fight** F Luftkampf *m*; **ˈ~-fish** *zo.* Hundshai *m*.

dog·ged □ [ˈdɔgid] verbissen.

dog·ger·el [ˈdɔgərəl] *a.* ~ *rhymes pl.* Knüttelverse *m/pl.*

dog·gish [ˈdɔgiʃ] hündisch; knurrig; **dog·go** *sl.* [ˈdɔgəu]: *lie* ~ sich nicht rühren; **ˈdog·gy 1.** Hündchen *n*; **2.** hundefreundlich; Hunde...; *Am.* F *äußerlich* aufgemacht; ˈ**dog--ˈLat·in** Küchenlatein *n*; ˈ**~-like** hündisch.

do·gie *Am.* [ˈdəugi] *mutterloses Kälbchen n.*

dog·ma [ˈdɔgmə] Dogma *n*, Lehr-, Glaubenssatz *m*; Glaubenslehre *f*; **dog·mat·ic, dog·mat·i·cal** □ [~ˈmætik(əl)] dogmatisch, lehrhaft; bestimmt; selbstherrlich; **dogˈmat·ics** *sg.* Dogmatik *f*; **dog·ma·tism** [ˈ~mətizəm] Bestimmtheit *f*, Selbstherrlichkeit *f*; Dogmatismus *m*; ˈ**dog·ma·tist** Dogmatiker *m*; dreister Behaupter *m*; **dog·ma·tize** [ˈ~mətaiz] seine Meinung als maßgeblich hinstellen.

dog's-bod·y *sl.* [ˈdɔgzbɔdi] Sklave *m*, Arbeitstier *n*, Kuli *m*; ˈ**dog's--ear** Eselsohr *n im Buch*; ˈ**dog's--eared** mit Eselsohren.

dog...: ˈ**~-ˈtired** hundemüde; ˈ**~-tooth** ⚠ Zahnornament *n*; ˈ**~·trot** leichter Trab *m*; ˈ**~-watch** ⚓ Spaltwache *f*, Plattfuß *m*; ˈ**~·wood** ⚘ Hartriegel *m*.

doi·ly [ˈdɔili] Tellerdeckchen *n*.

do·ing [ˈduːiŋ] **1.** *p.pr. von do 1*; *nothing ~* nichts zu machen; ✝ kein Geschäft; **2.** Tun *n*, Tat *f*; *~s pl.* Dinge *n/pl.*, Begebenheiten *f/pl.*; Treiben *n*; Betragen *n*.

doit [dɔit] Deut *m*, Heller *m*.

dol·drums [ˈdɔldrəmz] *pl.* Niedergeschlagenheit *f*; ⚓ Kalmen(zone *f*) *f/pl.*

dole [dəul] **1.** (milde) Spende *f*; F Arbeitslosenunterstützung *f*; *be od. go on the ~* stempeln gehen; **2.** *mst ~ out* verteilen.

dole·ful □ [ˈdəulful] trübselig, traurig; ˈ**dole·ful·ness** Traurigkeit *f*, Trübseligkeit *f*; Kummer *m*.

doll [dɔl] **1.** Puppe *f* (*a. fig.*); **2.** *~ up* F sich aufdonnern.

dol·lar [ˈdɔlə] Dollar *m*.

dol·lop F [ˈdɔləp] Klumpen *m*.

doll·y [ˈdɔli] Püppchen *n*; Transportkarren *m*; Kamerawagen *m*.

dol·o·mite *min.* [ˈdɔləmait] Dolomit *m*.

dol·o(u)r *mst poet., co.* [ˈdəulə] Leid *n*, Schmerz *m*; **dol·o·rous** [ˈdɔlərəs] schmerzhaft; trübselig, traurig.

dol·phin *ichth.* [ˈdɔlfin] Delphin *m*.

dolt [dəult] Tölpel *m*; ˈ**dolt·ish** □ tölpelhaft.

do·main [dəuˈmein] Domäne *f*; *fig.* Gebiet *n*, Bereich *m*.

dome [dəum] Dom *m*; Kuppel *f*; ⊕ Deckel *m*; **domed** gewölbt.

Domes·day Book [ˈduːmzdeiˈbuk] Reichsgrundbuch *n Englands*.

do·mes·tic [dəuˈmestik] **1.** (*~ally*) häuslich; Haus..., Privat...; inländisch; einheimisch; Innen...; zahm; *~ animal* Haustier *n*; *~ coal* Hausbrandkohle *f*; *~ science* Hauswirtschaftskunde *f*; **2.** *a. ~ servant* Hausangestellte *f*; *~s pl.* Haushaltsartikel *m/pl.*; **doˈmes·ti·cate** [~keit] häuslich *od.* heimisch machen; zähmen; **do·mes·tiˈca·tion** Eingewöhnung *f*; Zähmung *f*; **do·mes·tic·i·ty** [~ˈtisiti] Häuslichkeit *f*.

dom·i·cile [ˈdɔmisail] **1.** *bsd.* ⚖ Wohnsitz *m*; Zahlungsort *m*; **2.** ✝ *Wechsel* domizilieren; ˈ**dom·i·ciled** ansässig, wohnhaft; **dom·i·cil·i·ar·y** [~ˈsiljəri] Haus...; *~ visit* Haussuchung *f*; ⚕ Hausbesuch *m*.

dom·i·nance [ˈdɔminəns] Herrschaft *f*; ˈ**dom·i·nant** **1.** (vor-)herrschend; emporragend; **2.** ♪ Dominante *f*; **dom·i·nate** [ˈ~neit] (be)herrschen; **dom·iˈna·tion** Herrschaft *f*; ˈ**dom·i·na·tor** Herrscher *m*; **dom·i·neer** [dɔmiˈniə] (despotisch) herrschen; *~ over* tyrannisieren; **dom·iˈneer·ing** □ tyrannisch, herrisch; überheblich.

do·min·i·cal [dəˈminikəl] Sonntags...; *~ prayer* Vaterunser *n*.

Do·min·i·can [dəˈminikən] Dominikaner *m*.

do·min·ion [dəˈminjən] Herrschaft *f*; *oft ~s pl.* Gebiet *n* (*a. fig.*); ♀ Dominion *n* (*im Brit. Commonwealth*).

dom·i·no [ˈdɔminəu] Domino *m*; Maskenkostüm *n*; **dom·i·noes** [ˈ~z] *pl.* Domino(spiel) *n*.

don¹ *univ.* [dɔn] Universitätslehrer *m*.

don² [~] *Kleidungsstück* anziehen.

do·nate *Am.* [dəuˈneit] schenken; spenden; **doˈna·tion, don·a·tive** [ˈ~nətiv] Schenkung *f*, Stiftung *f*; Gabe *f*.

done [dʌn] **1.** *p.p. von do*; *be ~ oft* geschehen; **2.** *adj.* abgemacht; *a. ~ up* erschöpft; fertig; *well ~* gar gekocht; durchgebraten; *he is ~ for*

es ist aus mit ihm; **3.** *int.* abgemacht!
do·nee ⚖ [dəu'ni:] Beschenkte *m, f.*
don·jon ['dɔndʒən] Bergfried *m.*
don·key ['dɔŋki] Esel *m*; *attr.* Hilfs...; '**~-en·gine** Hilfsmotor *m*; Rangierlokomotive *f.*
don·na ['dɔnə] Dame *f*, Frau *f*; Donna *f.*
do·nor ['dəunə] Schenker *m*, (Blut-)Spender *m*; Geber *m.*
do-noth·ing F ['du:nʌθiŋ] **1.** Faulenzer(in); **2.** faul.
don't [dəunt] **1.** = *do not*; *~!* nicht (doch)!; **2.** Verbot *n.*
doom [du:m] **1.** *mst b. s.* Schicksal *n*, Verhängnis *n*; Jüngstes Gericht *n*; **2.** verurteilen, verdammen; **dooms·day** ['du:mzdei] Jüngster Tag *m.*
door [dɔ:] Tür *f*, Tor *n*; *next ~ (to)* nebenan; *fig.* nicht weit (von); *two ~s off* zwei Häuser weiter; *(with)in ~s* zu Hause; *out of ~s* im Freien, draußen; *show s.o. the ~* j-m die Tür weisen; *turn out of ~s* hinauswerfen; *lay s.th. to od. at s.o.'s ~* j-m et. zur Last legen; '**~-bell** Türklingel *f*; '**~-case**, '**~-frame** Türrahmen *m*; '**~-han·dle** Türgriff *m*; '**~-keep·er**, '**~·man** Pförtner *m*, Portier *m*; '**~-mat** Fußabstreifer *m*; '**~-nail** Türnagel *m*; *dead as a ~* mausetot; '**~-post** Türpfosten *m*; '**~-plate** Türschild *n*; '**~-step** Haustürstufe *f*; Türschwelle *f*; '**~·way** Türöffnung *f*, -eingang *m*; Torweg *m*; '**~·yard** *Am.* Vorhof *m*, -garten *m.*
dope [dəup] **1.** Schmiere *f*; *bsd.* ✈ Lack *m*, Firnis *m*; Nervenreizmittel *n*; Rauschgift *n*; *Am. sl.* Geheimtip *m*, -information(en *pl.*) *f*; Tölpel *m*, Depp *m*; Schwindel *m*; **2.** lackieren, firnissen; *Sport*: dopen, künstlich anreizen, aufpulvern; *Am. sl.* herauskriegen, -tüfteln; '**dope·y** *Am. sl.* doof, belämmert.
Dor·ic ['dɔrik] dorisch; *~ order* dorische Säulenordnung *f.*
dorm F [dɔ:m] = *dormitory.*
dor·mant ['dɔ:mənt] *mst fig.* schlafend, ruhend; latent; unbenutzt, tot; *~ partner* stiller Teilhaber *m.*
dor·mer(-win·dow) ['dɔ:mə('windəu)] Dachfenster *n.*
dor·mi·to·ry ['dɔ:mitri] Schlafsaal *m*; *bsd. Am.* Studentenwohnheim *n.*
dor·mouse ['dɔ:maus], *pl.* **dor·mice** ['dɔ:mais] Haselmaus *f.*
dor·sal □ ['dɔ:səl] dorsal, am Rükken; Rücken...
do·ry ⚓ ['dɔ:ri] Dory *n*, flaches Boot *n.*
dose [dəus] **1.** Dosis *f*, Portion *f*; **2.** *a. ~ with* eine Dosis geben (*dat.*); *Wein etc.* verfälschen.
doss-house *sl.* ['dɔshaus] Penne *f* (*Herberge*).
dos·si·er ['dɔsiei] Dossier *m, n*, Akten(bündel *n*) *f/pl.*
dost † [dʌst, dəst] *du* tust (*s. do*).
dot [dɔt] **1.** Punkt *m*, Tüpfelchen *n*; Fleck *m*; Knirps *m*; *on the ~* mit dem Glockenschlag; **2.** punktieren, tüpfeln; *a. ~ about fig.* verstreuen; hier und da hinsetzen *od.* -stellen; über *e-e Fläche* verstreut sein; *~ted with* übersät mit.
dot·age ['dəutidʒ] Altersschwachsinn *m*; Affenliebe *f*; **do·tard** ['~təd] kindischer Greis *m*; alter Narr *m*; **dote** [dəut] kindisch sein, faseln; vernarrt sein (*on, upon* in *acc.*).
doth † [dʌθ, dəθ] *er, sie, es* tut (*s. do*).
dot·ing ['dəutiŋ] □ kindisch; vernarrt (*on* in *acc.*).
dot·ty *sl.* ['dɔti] verdreht, verrückt.
dou·ble □ ['dʌbl] **1.** doppelt; gepaart; zu zweien; gekrümmt; zweideutig; falsch; gefüllt (*Blume*); **2.** Doppelte *n*; Doppelgänger(in); Ebenbild *n*; Haken *m e-s Flußlaufs, Hasen*; *Tennis*: Doppel(spiel) *n*; ⚔ Laufschritt *m*; Winkelzug *m*; **3.** *v/t.* verdoppeln; *a. ~ up* zs.-legen, -falten; *die Faust* ballen; um *et.* herumgehen, *et.* umfahren, -segeln; *~d up* zs.-gekrümmt; *be ~d up with* sich biegen *od.* krümmen vor *Schmerzen etc. v/i.* sich verdoppeln; *a. ~ back* e-n Haken schlagen (*Hase*); ⚔ Laufschritt machen; *Karten*: Kontra geben; *~ up* sich krümmen *od.* biegen; sich falten *od.* rollen lassen; '**~-bar·relled** doppelläufig, Doppel... (*Gewehr*); *fig.* zweideutig; *~ name* Doppelname *m*; '**~-'bass** ♪ Kontrabaß *m*; '**~-bed·ded** mit Doppelbett *od.* zwei Betten; '**~-'breast·ed** zweireihig (*Jackett*); '**~-'cross** *sl. Partner* betrügen; '**~-**

-ˈ**deal·er** Achselträger *m*, Betrüger *m*; ˈ~-ˈ**deal·ing** Doppelzüngigkeit *f*; ˈ~-ˈ**deck·er** Doppeldecker *m* (*Autobus, Schiff*); ˈ~-ˈ**dyed** *fig.* eingefleischt; ˈ~-ˈ**edged** zweischneidig (*a. fig.*); ˈ~-ˈ**en·try** ⚕ doppelte Buchführung *f*; ˈ~-**faced** unaufrichtig; ˈ~-ˈ**fea·ture** *Am.* Doppelprogramm *n im Kino*; ˈ~-ˈ**head·er** *Am. Baseball*: Doppelspiel *n*; ˈ~-ˈ**line** 🚂 Doppelgleis *n*; ˈ**dou·ble·ness** Doppelte *n*; *fig.* Zweideutigkeit *f*, Falschheit *f*; ˈ**dou·ble-ˈpark** *Am.* in zweiter Reihe parken; ˈ**dou·ble-ˈquick** ⚔ (im) Geschwindschritt *m*.

dou·blet [ˈdʌblit] Dublette *f*; Doppel-, Nebenform *f*, -stück *n*; *hist.* Wams *n*, Jacke *f*; ~*s pl.* Pasch *m beim Würfeln.*

dou·ble...: ˈ~-**talk** doppelzüngiges Gerede *n*; ˈ~-**time** *sl.* übers Ohr hauen; ˈ~-ˈ**track** zweigleisig.

doub·ling [ˈdʌbliŋ] Verdoppelung *f*; Falte *f*; Umsegelung *f*; ˈ**doub·ly** doppelt.

doubt [daut] **1.** *v/i.* zweifeln; Bedenken tragen; *v/t.* bezweifeln; mißtrauen (*dat.*); **2.** Zweifel *m*; Ungewißheit *f*; Bedenken *n*; *no* ~ ohne Zweifel, zweifellos; ˈ**doubt·er** Zweifler(in); **doubt·ful** □ [ˈ~ful] zweifelhaft (*unschlüssig*; *ungewiß*; *verdächtig*); *be* ~ im Zweifel sein; ˈ**doubt·ful·ness** Zweifelhaftigkeit *f*; ˈ**doubt·less** ohne Zweifel, zweifellos.

douche [du:ʃ] **1.** Dusche *f*; ⚕ Irrigator *m*; **2.** duschen; spülen.

dough [dəu] Teig *m*; *sl.* Moneten *pl.*; ˈ~·**boy** *Am.* F Landser *m*; ˈ~·**nut** Krapfen *m*, (Berliner) Pfannkuchen *m*.

dough·ty *co.* [ˈdauti] mannhaft, beherzt.

dough·y [ˈdəui] teigig (*a. fig.*); klitschig, nicht durchgebacken.

dour *schott.* [ˈduə] starr; stur; streng.

douse [daus] *s. dowse.*

dove [dʌv] Taube *f*; *fig.* Täubchen *n*; ˈ~-**col·o(u)red** taubengrau; ~-**cot(e)** [ˈ~kɔt] Taubenschlag *m*; ˈ~·**tail** ⊕ **1.** Schwalbenschwanz *m*; **2.** *v/t.* verschwalben; *v/i. fig.* genau zs.-passen.

dow·a·ger [ˈdauədʒə] Witwe *f* (*von Stande*).

dow·dy F [ˈdaudi] **1.** unelegant (gekleidet); schlampig; **2.** Schlampe *f*.

dow·el ⊕ [ˈdauəl] Dübel *m*, Holzpflock *m*.

dow·er [ˈdauə] **1.** Wittum *n*; *mst fig.* Mitgift *f*; **2.** ausstatten.

down[1] [daun] Daune *f*; Flaum *m*.

down[2] [~] = *dune*; ~*s pl.* kahles Hügelland *n*, Höhenrücken *m*.

down[3] [~] **1.** *adv.* nieder; her-, hinunter, -ab; abwärts; unten; ~ *and out fig.* erledigt, kaputt; *be* ~ gefallen sein (*Preis*); *be* ~ *upon* F über *j-n* herfallen; streng sein mit; ~ *in the country* auf dem Lande; ~ *under* F in Australien; **2.** *prp.* her-, hinab, her-, hinunter; ~ *the river* flußabwärts; ~ (*the*) *wind* mit dem Wind; **3.** *int.* nieder!; **4.** *adj.* ~ *train* Zug *m* von London nach außerhalb; **5.** F *v/t.* niederwerfen; herunterholen; ~ *tools* die Arbeit niederlegen; **6.** *s. up 4*; ˈ~·**cast** niedergeschlagen; ˈ~-ˈ**draft**, ˈ~-ˈ**draught** Fallstrom *m*, Abwind *m*; ~-ˈ**East·er** *Am.* Neuengländer *m bsd. aus Maine*; ˈ~·**fall** Fall *m*, Sturz *m*; Verfall *m*; ˈ~·**grade** niedriger einstufen; ˈ~-ˈ**heart·ed** niedergeschlagen; gedrückt; ˈ~-ˈ**hill** **1.** bergab; **2.** abschüssig; ˈ~·**pour** Regenguß *m*; ˈ~**right** □ **1.** *adv.* geradezu, durchaus, völlig; **2.** *adj.* offen, ehrlich; plump (*Benehmen*); richtig, glatt (*Lüge, Unsinn etc.*); ˈ~·**right·ness** Geradheit *f*, Offenheit *f*; ˈ~ˈ**stairs** **1.** unten *im Hause*; die Treppe hinunter, nach unten; **2.** unten befindlich, untere(r, -s); ˈ~ˈ**stream** stromabwärts (gelegen *od.* gerichtet); ˈ~**stroke** Grundstrich *m beim Schreiben*; ⊕ Kolbenniedergang *m*; ˈ~ˈ**town** *bsd. Am.* Hauptgeschäftsviertel *n*; ˈ~·**trod·den** unterdrückt; ~·**ward** [ˈ~wəd] **1.** sich senkend, abschüssig (*a. fig.*); **2.** *a.* ~*s* abwärts; ˈ~·**wash** ✈ Abwind *m*.

down·y [ˈdauni] flaumig; *sl.* gerissen (*schlau*).

dow·ry [ˈdauəri] Mitgift *f* (*a. fig.*).

dowse [ˈdauz] **1.** gießen über (*acc.*); begießen; auslöschen; **2.** mit der Wünschelrute suchen; ˈ**dows·er** Rutengänger(in); ˈ**dows·ing-rod** Wünschelrute *f*.

doze [dəuz] **1.** schlummern, (~ *away* ver)dösen; **2.** Schläfchen *n*.

doz·en [ˈdʌzn] Dutzend *n*; *talk nineteen to the* ~ wie ein Wasserfall reden.

drab [dræb] **1.** gelblichgrau; *fig.* eintönig; **2.** Gelblichgrau *n*; graugelber Stoff *m*; *fig.* Eintönigkeit *f*; Schlampe *f*; Hure *f*, Dirne *f*.

drachm [dræm] Drachme *f* (*Gewicht*); = **drach·ma** ['drækmə] Drachme *f* (*Münze*).

draff [dræf] Bodensatz *m*; Abhub *m*.

draft [drɑ:ft] **1.** Entwurf *m*, Konzept *n*, Skizze *f*; ⚚ Tratte *f*; Abhebung *f*; ⚔ (Sonder)Kommando *n*; Einberufung *f*; = *draught*; ~ *agreement* Vertragsentwurf *m*; **2.** entwerfen; aufsetzen, abfassen; ⚔ abkommandieren; *Am.* einziehen, einberufen; **draft'ee** ⚔ *Am.* Dienstpflichtige *m*; **'drafts·man** (technischer) Zeichner *m*; Verfasser *m*, Entwerfer *m*.

drag [dræg] **1.** Schleppnetz *n*; Schleife *f für Lasten*; Egge *f*; Hemmschuh *m* (*a. fig.*); Blockwagen *m für Holz etc.*; **2.** *v/t.* schleppen, schleifen, ziehen, zerren; ⚒ eggen; *Rad* hemmen; = *dredge* 2; ~ *along* mitschleppen; ~ *out Leben* hinschleppen; ~ *one's feet* sich Zeit lassen, es nicht eilig haben; ~ *up a child* ein Kind lieblos u. ohne Erziehung aufwachsen lassen; *v/i.* (sich) schleppen, schleifen; (mit einem Schleppnetz) fischen (*for* nach); ⚚ flau gehen.

drag·gle ['drægl] durch den Schmutz ziehen; **'~-tail** Schlampe *f*.

drag·o·man ['drægəumən] Dolmetscher *m*, Dragoman *m*.

drag·on ['drægən] Drache *m*; **'~-fly** Wasserjungfer *f*, Libelle *f*.

dra·goon [drə'gu:n] **1.** Dragoner *m*; *fig.* Rohling *m*; **2.** zwingen (*into ger.* zu *inf.*).

drain [drein] **1.** Abfluß *m*, Abzug(sgraben *m*, -rohr *n*) *m*; Rinne *f*; F Schluck *m*, Tropfen *m*; Inanspruchnahme *f* (*on gen.*); ~*s pl.* Kanalisation *f*; **2.** *v/t.* entwässern, drainieren, trockenlegen; *Glas* leeren; *a.* ~ *off* abziehen, -leiten; verzehren; berauben (*of gen.*); *v/i.* ablaufen; **'drain·age** Abfluß *m*; Kanalisation *f*; Entwässerung(sanlage) *f*; **'drain·ing 1.** Abzugs...; **2.** Trockenlegung *f*; ~*s pl.* Abzugsröhren *f/pl.*; **'drain·ing-board** Ablaufbrett *n*; **'drain-pipe** Abflußrohr *n*.

drake [dreik] Enterich *m*.

dram [dræm] Drachme *f* (*Gewicht*); Schluck *m*; Schnaps *m*.

dra·ma ['drɑ:mə] Drama *n*, Schauspiel *n*; **dra·mat·ic** [drə'mætik] (~*ally*) dramatisch; Theater...; **dra'mat·ics** *mst sg.* Theater *n*; **dram·a·tist** ['dræmətist] Dramatiker *m*; **dram·a·tis per·so·nae** ['drɑ:mətis pə:'səunai] *pl. die* Personen *f/pl.* der Handlung; **dram·a·tize** ['dræmətaiz] dramatisieren; **dram·a·tur·gy** ['~tə:dʒi] Dramaturgie *f*.

drank [dræŋk] *pret. von drink* 2.

drape [dreip] drapieren, behängen; in Falten ordnen; **'drap·er** Tuchhändler *m*; **'dra·per·y** Tuchhandel *m*; Tuchwaren *f/pl.*; Draperie *f*; Faltenwurf *m*.

dras·tic ['dræstik] (~*ally*) drastisch.

draught [drɑ:ft] Zug *m* (*Ziehen*; *Fischzug*; *Zugluft*; *Schluck*); ⚓ Tiefgang *m*; ~*s pl.* Damespiel *n*; *s. draft*; ~ *beer* Faßbier *n*; *at a* ~ auf einen Zug; **'~-board** Damebrett *n*; **'~-horse** Zugpferd *n*; **'draughts·man** Damestein *m*; = *draftsman*; **'draught·y** zugig.

draw [drɔ:] **1.** (*irr.*) ziehen; an-, auf-, ein-, zuziehen; sich zs.-ziehen; in die Länge ziehen, dehnen; nach sich ziehen; herausziehen, -locken; entnehmen; *Geld* abheben; *Ware etc.* beziehen; anlocken, anziehen; abzapfen; ausfischen; *Geflügel* ausnehmen; *Zinsen* bringen; zeichnen; entwerfen; *Urkunde* abfassen; *Kampf etc.* unentschieden lassen; unentschieden spielen; ⚓ Tiefgang von ... haben; *e-n Seufzer* ausstoßen; *Luft* schöpfen; ~ *away* wegnehmen, entwenden; ~ *down* senken; ~ *forth* hervorziehen; ~ *near* heranrücken, sich nähern; ~ *on* herbeiführen, veranlassen; ~ *out* in die Länge ziehen; *j.* ausholen; ~ *up* aufsetzen, ab-, verfassen; entwerfen; *Truppen etc.* aufstellen; vorfahren; halten; ~ (*up*)*on* ⚚ (e-n Wechsel) ziehen auf (*acc.*); *fig.* in Anspruch nehmen, angreifen; **2.** Zug *m* (*Ziehen*); *Lotterie*: Ziehung *f*; Los *n*; *Sport*: unentschiedenes Spiel *n*; F Zugkraft *f*, -stück *n*, -artikel *m*; F Anzapfung *f*; **'~·back** Beeinträchtigung *f* (*from gen.*); Nachteil *m*, Schattenseite *f*; Hindernis *n*; ⚚ Rückzoll *m*; *Am.* Rückzahlung *f*; **'~·bridge** Zugbrücke *f*; **draw'ee** ⚚

Bezogene *m*; Trassat *m*; '**draw·er** Ziehende *m*; Zeichner *m*; ✝ Aussteller *m*, Trassant *m*; [*mst* drɔ:] Schublade *f*; (*pair of*) ~*s pl.* Unterhose *f*; Schlüpfer *m*; *mst chest of* ~*s* Kommode *f*.

draw·ing ['drɔ:iŋ] Ziehen *n*; Zeichnen *n*; Ziehung *f* (*Lotterie*); Zeichnung *f*; ✝ Trassierung *f*; *out of* ~ verzeichnet; ~ *instruments pl.* Reißzeug *n*; '~-**ac'count** Girokonto *n*; '~-**board** Zeichen-, Reißbrett *n*; '~-**pen** Reißfeder *f*; '~-**pin** Reißzwecke *f*; '~-**room** Gesellschaftszimmer *n*, Salon *m*; *bei Hofe*: großer Empfang *m*.

drawl [drɔ:l] **1.** *a.* ~ *out* gedehnt *od.* schleppend sprechen; **2.** gedehnte Sprechweise *f*.

drawn [drɔ:n] **1.** *p.p.* *von draw 1*; **2.** *adj.* unentschieden; verzerrt.

draw-well ['drɔ:wel] Ziehbrunnen *m*.

dray [drei] *a.* ~-*cart* Roll-, *bsd.* Bierwagen *m*; '~**man** Roll-, Bierkutscher *m*.

dread [dred] **1.** Furcht *f*; Schrecken *m*; **2.** (sich) fürchten (vor), Angst haben (vor); **dread·ful** □ ['~ful] **1.** schrecklich; furchtbar; schauerlich; **2.** *penny* ~ billiger Schauerroman *m*; **dread·nought** ['~nɔ:t] dicker Flaus(ch) *m*; ⚓ Schlachtschiff *n*.

dream [dri:m] **1.** Traum *m*; **2.** (*irr.*) träumen (*of* von); ~ *away* verträumen; '**dream·er** Träumer(in); '**dream-land** Traumwelt *f*; '**dream-like** traumhaft; '**dream--read·er** Traumdeuter(in); **dreamt** [dremt] *pret. u. p.p von dream 2*; '**dream·y** □ träumerisch; verträumt; traumhaft.

drear *poet.* [driə] = *dreary*.

drear·i·ness ['driərinis] Traurigkeit *f*; Öde *f*; '**drear·y** □ traurig; öde; düster; langweilig.

dredge[1] [dredʒ] **1.** Schleppnetz *n*; Bagger(maschine *f*) *m*; **2.** *a.* ~ *up*, ~ *out* (mit dem Schleppnetz) fischen; (aus)baggern.

dredge[2] [~] (be)streuen.

dredg·er[1] ['dredʒə] Schleppnetzfischer *m*; Bagger(maschine *f*) *m*.

dredg·er[2] [~] (Mehl)Streubüchse *f*.

dregs [dregz] *pl.* Bodensatz *m*, Hefe *f*; Abschaum *m*; *drink od. drain to the* ~ bis zur Neige leeren.

drench [drentʃ] **1.** Arzneitrank *m*; (Regen)Guß *m*; **2.** *e-m Tier* Arznei einflößen; durchnässen, *fig.* baden; '**drench·er** F (Regen)Guß *m*.

dress [dres] **1.** (Damen)Kleid *n*; Kleidung *f*; *fig.* Gewand *n*; *full* ~ Gala *f*; **2.** an-, ein-, zurichten; ⚔ (sich) richten; zurechtmachen; (sich) anziehen *od.* ankleiden; putzen; dekorieren; *Wunde* verbinden; *Weinstock* beschneiden; frisieren; ✓ düngen; ~ *s.o. down* j. ausschimpfen; j. durchprügeln; ~ *it thea.* Kostümprobe abhalten; ~ *up* sich herausputzen; sich verkleiden; '~-'**cir·cle** *thea.* erster Rang *m*; '~-'**coat** Frack *m*; '**dress·er** Anrichter(in); Ankleider(in); Assistenzarzt *m*; Dekorateur *m*; Anrichte *f*; *Am.* Frisierkommode *f*; Küchenschrank *m*.

dress·ing ['dresiŋ] An-, Zurichten *n*; Ankleiden *n*; Behandeln *n e-r Wunde*; Verband *m*; Appretur *f*; *Küche*: Zutat *f*; ✓ Dünger *m*; Tracht *f* Prügel; ~*s pl.* Verbandzeug *n*; ~ *down* Standpauke *f*; '~-**case** Reisenecessaire *n*; Verbandskasten *m*; '~-**glass** Toilettenspiegel *m*; '~-**gown** Morgenrock *m*; '~-**jack·et** Frisiermantel *m*; ~ **room** Umkleidezimmer *n*; Garderobe *f*; '~-**ta·ble** Frisierkommode *f*.

dress...: '~**mak·er** (Damen)Schneiderin *f*; '~-**pa·rade** Modenschau *f*; ⚔ Parade *f* in Galauniform; ~ **re-hears·al** Generalprobe *f*; '~-**shield** Schweißblatt *n*; '~-'**shirt** Frackhemd *n*; '~-'**suit** Frackanzug *m*; '**dress·y** F putzsüchtig; geschniegelt; modisch.

drew [dru:] *pret. von draw 1*.

drib·ble ['dribl] tröpfeln, träufeln (lassen); geifern, sabbern; *Fußball*: dribbeln.

drib·let ['driblit] Kleinigkeit *f*.

dried [draid] Dörr...; Trocken...; ~ *fruit* Dörrobst *n*.

dri·er ['draiə] Trockner *m*, Trockenapparat *m*; Trockenmittel *n*.

drift [drift] **1.** (Dahin)Treiben *n*; ⚓ Drift *f*, Abtrift *f*; *fig.* Lauf *m*; *fig.* Hang *m*, Neigung *f*; Zweck *m*; Inhalt *m*, Sinn *m*; Gestöber *n* (*Schnee*); Guß *m* (*Regen*); (Schnee-, Sand)Wehe *f*; *geol.* Geschiebe *n*; ⚒ Strecke *f*; **2.** *v/t.* (zs.-)treiben, (zs.-)wehen; *v/i.* getrieben werden, (dahin)treiben; sich anhäufen; '~-

-ice Treibeis *n*; '~-net Treibnetz *n*; '~-wood Treibholz *n*.
drill[1] [dril] **1.** Drillbohrer *m*; Furche *f*; ⸸ Drill-, Sämaschine *f*; ⚔ Exerzieren *n*, Übung *f*, Drill *m* (*a. fig.*); ~ *ground* Exerzierplatz *m*; **2.** drillen, bohren; ⚔ (ein)exerzieren (*a. fig.*); einüben; ⸸ in Rillen säen.
drill[2], **drill·ing** [dril, '~iŋ] Drillich *m*.
drink [driŋk] **1.** Trank *m*, Trunk *m*; (geistiges) Getränk *n*; *in* ~ betrunken; **2.** (*irr.*) trinken; ~ *s.o.'s health* auf j-s Wohl *od.* Gesundheit trinken; ~ *away* vertrinken; ~ *in* einsaugen; ~ *to* trinken auf (*acc.*); ~ *off od. out od. up* austrinken; aufsaugen; '**drink·a·ble** trinkbar; '**drink·er** Trinker *m*; Säufer *m*.
drink·ing ['driŋkiŋ] Trinken *n*, Zechen *n*; '~**-bout** Trinkgelage *n*; '~**-foun·tain** Trinkbrunnen *m*; '~**-song** Trinklied *n*; '~**-wa·ter** Trinkwasser *n*.
drip [drip] **1.** Tröpfeln *n*; Traufe *f*; **2.** tröpfeln (lassen); triefen; ~*ping wet* triefnaß; '~-'**dry shirt** bügelfreies Hemd *n*; '**drip·ping** Bratenfett *n*; ~*s pl.* herabtröpfelnde Flüssigkeit *f*; ~ *pan* Bratpfanne *f*.
drive [draiv] **1.** (Spazier)Fahrt *f*; Auffahrt *f*, Fahrweg *m*; *Tennis etc.*: Treibschlag *m*, Flachball *m*; *mot.* Antrieb *m*; *fig.* (Auf)Trieb *m*, Schwung *m*; Drang *m* (*for* nach); Unternehmen *n*, Bewegung *f*, Feldzug *m*, Rummel *m*, Treiben *n*; Treibjagd *f*; *Am.* Sammelaktion *f*; **2.** (*irr.*) *v/t.* (an-, ein)treiben; *Geschäft* betreiben; fahren, lenken; zwingen (*to, into* zu); *oft* ~ *away* vertreiben; *v/i.* treiben (*a.* ⚓ *u. hunt.*); *im Wagen* fahren; eilen, jagen; ~ *at s.th.* hinzielen auf et.; et. wollen; ~ *on* weiterfahren; ~ *up to* vorfahren bei.
drive-in *Am.* ['draivin] **1.** *mst attr.* Auto...; ~ *cinema* Autokino *n*; **2.** Autokino *n*; Autorestaurant *n*.
driv·el ['drivl] **1.** geifern; faseln; **2.** Geifer *m*; Faselei *f*.
driv·en ['drivn] *p.p. von drive 2.*
driv·er ['draivə] Treiber *m*; Fahrer *m*, Chauffeur *m*; 🚂 Führer *m*; † Kutscher *m*; ⊕ Mitnehmer *m*; Treibrad *n*; '**drive·way** *Am.* Fahrweg *m*; Einfahrt *f*.
driv·ing ['draiviŋ] Treiben *n etc.*; *attr.* Treib...; Antriebs...; Fahr...; '~**-belt** Treibriemen *m*; '~**-gear** Triebwerk *n*; ~ **li·cence** Führerschein *m*; ~ **mir·ror** Rückspiegel *m*; ~ **school** Fahrschule *f*; '~**-wheel** Treibrad *n*.
driz·zle ['drizl] **1.** Sprühregen *m*; **2.** sprühen, nieseln; '**drizz·ly** regnerisch.
droll [drəul] (*adv. drolly*) drollig; '**droll·er·y** Drolligkeit *f*.
drom·e·dar·y *zo.* ['drʌmədəri] Dromedar *n*.
drone[1] [drəun] **1.** *zo.* Drohne *f*; *fig.* Faulenzer *m*; **2.** faulenzen.
drone[2] [~] **1.** Summen *n*, Dröhnen *n*; ♪ Baßpfeife *f*; **2.** summen; dröhnen.
drool [dru:l] **1.** sabbern; **2.** *Am.* F dummes Geschwätz *n*.
droop [dru:p] *v/t.* sinken lassen; *v/i.* schlaff (herab)hängen; den Kopf hängen lassen; (ver)welken; schwinden; '**droop·ing** □ matt; mutlos.
drop [drɔp] **1.** Tropfen *m*; Drops *m*, Fruchtbonbon *m*; Sinken *n*, Fall *m*; Falltür *f*; *thea.* Vorhang *m*; *get od. have the* ~ *on Am.* überlegen sein (*dat.*), zuvorkommen (*dat.*); ~ *light* Hängelicht *n*; *in* ~*s*, ~ *by* ~ tropfenweise (*a. fig.*); **2.** *v/t.* tropfen lassen; herunterlassen; *Anker* (aus-) werfen; *Bomben* abwerfen; *Brief* einwerfen; *Tränen etc.* vergießen; *Gegenstand, Wort, Thema etc.* fallen lassen; *Fahrgast* absetzen; *Gesicht, Stimme* senken; *Knicks* machen; ~ *s.o. a few lines* j-m ein paar Zeilen schreiben; ~ *it!* F laß das!; *v/i.* tröpfeln, lecken (*Faß*); (herab)fallen; aufhören; um-, hinsinken; sterben; ~ *behind* zurückbleiben; ~ *in* unerwartet kommen *od.* vorsprechen (*at, on, upon* bei); ~ *off* allmählich fortgehen; einschlafen; abfallen; ~ *out* aus-, wegfallen; nicht mehr mitmachen; sich wegstehlen; '**drop·ping** Tröpfeln *n*; ~*s pl.* Mist *m*; '**drop-scene** *thea.* Vorhang *m*; Schluß(szene *f*) *m*.
drop·si·cal □ ['drɔpsikəl] wassersüchtig; '**drop·sy** Wassersucht *f*.
dross [drɔs] Schlacke *f*; Unrat *m*.
drought [draut], **drouth** [drauθ] Trockenheit *f*, Dürre *f*; '**drought·y**, '**drouth·y** trocken, dürr.
drove [drəuv] **1.** Trift *f Rinder*;

Herde *f* (*a. fig.*); **2.** *pret. von drive* 2; ˈ**dro·ver** Viehtreiber *m*, -händler *m*.
drown [draun] *v/t.* ertränken; überschwemmen; *fig.* übertäuben; übertönen; ersticken; *be* ~*ed* ertrinken; *v/i.* ertrinken.
drowse [drauz] schlummern, schläfrig sein *od.* machen; ˈ**drow·si·ness** Schläfrigkeit *f*; ˈ**drow·sy** schläfrig; einschläfernd.
drub [drʌb] (ver)prügeln; trommeln auf (*dat.*); ˈ**drub·bing** Tracht *f* Prügel.
drudge [drʌdʒ] **1.** *fig.* Sklave *m*, Packesel *m*, Kuli *m*; **2.** sich (ab-) placken; ˈ**drudg·er·y** Plackerei *f*.
drug [drʌg] **1.** Droge *f*, Arznei (-mittel *n*) *f*, Medikament *n*; Rauschgift *n*; ~ *on the market* unverkäufliche Ware *f*; **2.** mit (schädlichen) Zutaten versetzen; viel Arznei eingeben (*dat.*); Rauschgifte *od.* Schlafmittel geben (*dat.*) *od.* nehmen; ˈ**drug·gist** Drogist *m*; Apotheker *m*; ˈ**drug·store** *Am.* Drugstore *m*.
dru·id *hist.* [ˈdruːid] Druide *m*.
drum [drʌm] **1.** Trommel *f* (*a.* ⊕); *anat.* Trommelhöhle *f*; **2.** trommeln; ˈ~**·fire** ⚔ Trommelfeuer *n*; ˈ~**·head** Trommelfell *n*; ~ *court-martial* ⚔ Standgericht *n*; ˈ~-ˈ**ma·jor** ⚔ Tambourmajor *m*; ˈ**drum·mer** Trommler *m*; *bsd. Am.* F Handlungsreisende *m*, Vertreter *m*; ˈ**drum·stick** Trommelstock *m*; Unterschenkel *m von Geflügel*.
drunk [drʌŋk] **1.** *p.p von drink* 2; **2.** *pred.* (be)trunken; *get* ~ sich betrinken; **drunk·ard** [ˈ~əd] Trinker *m*, Trunkenbold *m*; ˈ**drunk·en** *attr.* (be)trunken; trunksüchtig; ˈ**drunk·en·ness** Trunkenheit *f*; Trunksucht *f*.
drupe ⚘ [druːp] Steinfrucht *f*.
dry [drai] **1.** □ *allg.* trocken; dürr; uninteressant, nüchtern; kühl; derb (*Witz*); herb (*Wein*); nicht milchend (*Kuh*); F durstig; F antialkoholisch; ~ *cell* Trockenelement *n*; ~ *goods pl.* F *Am.* Kurzwaren *f/pl.*; **2.** *Am.* F Alkoholgegner *m*; **3.** (ab-) trocknen; dörren; ~ *up* austrocknen; verdunsten; ~ *up!* F sei still!
dry·ad [ˈdraiəd] Waldnymphe *f*.
dry...: ~ **bat·ter·y** Trockenbatterie *f*; ~ **bulb ther·mom·e·ter** *das trockene Thermometer e-s Psychrometers*; ˈ~-ˈ**clean** chemisch reinigen; ˈ~-ˈ**clean·ing** chemische Reinigung *f*.
dry·er [ˈdraiə] = *drier*.
dry...: ˈ~-ˈ**nurse 1.** Kinderfrau *f*; **2.** bemuttern; betreuen; ˈ~-ˈ**rot** Trockenfäule *f*; *fig.* Verfall *m*; ˈ~ˈ**shod** trockenen Fußes; ˈ~-ˈ**wall·ing** Trockenmauern *n*.
du·al □ [ˈdjuːəl] zweifach, doppelt; Doppel...; ˈ**du·al·ism** Dualismus *m*.
dub [dʌb] zum Ritter schlagen; titulieren; ernennen zu; *Leder* (ein-) fetten; ˈ**dub·bing** Lederfett *n*.
du·bi·e·ty [djuːˈbaiəti] Fragwürdigkeit *f*; zweifelhafte Sache *f*.
du·bi·ous □ [ˈdjuːbjəs] zweifelhaft; *be* ~ im Zweifel sein (*of, about, over* über *acc.*); ˈ**du·bi·ous·ness** Ungewißheit *f*.
du·cal [ˈdjuːkəl] herzoglich.
duc·at [ˈdʌkət] Dukaten *m*.
duch·ess [ˈdʌtʃis] Herzogin *f*.
duch·y [ˈdʌtʃi] Herzogtum *n*.
duck[1] [dʌk] Ente *f*; *Am. sl.* Kerl *m*.
duck[2] [~] **1.** Verbeugung *f*; Neigen *n* des Kopfes; Ducken *n*; **2.** (unter-) tauchen; (sich) ducken; *Am. j-m* ausweichen, F sich verziehen.
duck[3] F [~] Liebling *m*, Püppchen *n*.
duck[4] [~] (Segel)Leinen *n*.
duck...: ˈ~**-bill** *zo.* Schnabeltier *n*; ˈ~**-boards** *pl.* Lattenrost *m*.
duck·ling [ˈdʌkliŋ] Entchen *n*.
duck·weed ⚘ [ˈdʌkwiːd] Wasserlinse *f*.
duck·y F [ˈdʌki] **1.** = *duck*[3]; **2.** lieb, nett.
duct [dʌkt] Gang *m*; Röhre *f*.
duc·tile □ [ˈdʌktail] dehnbar; fügsam; geschmeidig; **duc·til·i·ty** [~ˈtiliti] Dehnbarkeit *f*.
dud *sl.* [dʌd] **1.** Blindgänger *m*; *fig.* Versager *m*; ~*s pl.* Lumpen *m/pl.* (*Kleider*); **2.** verfehlt; falsch.
dude *Am.* [djuːd] Geck *m*; ~ *ranch* Vergnügungsfarm *f für Feriengäste aus der Großstadt*.
dudg·eon [ˈdʌdʒən] Groll *m*; *in high* ~ kochend vor Wut.
due [djuː] **1.** schuldig; gebührend; angemessen; gehörig; fällig; *in* ~ *time* zur rechten *od.* gegebenen Zeit; *the train is* ~ *at* ... der Zug ist fällig *od.* kommt an um ...; *in* ~ *course* zu seiner Zeit; *be* ~ *to j-m* gebühren; zu verdanken sein; herrühren *od.*

kommen von; *be* ~ *to inf.* sollen; müssen; *Am.* im Begriff sein zu; *fall* ~ ⚕ fällig werden; ~ *date* Fälligkeitstermin *m*; **2.** *adv.* ⚓ gerade; ~ *east* genau nach Osten; **3.** Gebührende *n*, Schuldigkeit *f*; Recht *n*, Anspruch *m*; Lohn *m*; *mst* ~*s pl.* Abgabe(n *pl.*) *f*, Gebühr(en *pl.*) *f*; (Mitglieds)Beitrag *m*.
du·el [ˈdju:əl] **1.** Duell *n*, Zweikampf *m*; **2.** sich duellieren; ˈ**du·el·list** Duellant *m*.
du·et(**·to**) [dju:ˈet(əu)] Duett *n*.
duf·fel [ˈdʌfəl] Düffel *m*, grober Wollstoff *m*; ~ *coat* Dufflecoat *m*.
duff·er F [ˈdʌfə] Dummkopf *m*.
dug [dʌg] **1.** *pret. u. p.p. von dig*; **2.** Zitze *f*; ˈ~**-out** ⚔ Unterstand *m*; Einbaum *m*; *sl.* wiedereingestellter Offizier *m*; *Am. Baseball*: überdachte Spielerbank *f*.
duke [dju:k] Herzog *m*; ˈ**duke·dom** Herzogtum *n*; Herzogswürde *f*.
dul·cet [ˈdʌlsit] wohlklingend, lieblich; ˈ**dul·ci·mer** ♪ [ˈ~simə] Hackbrett *n*, Zimbel *f*.
dull [dʌl] **1.** □ dumm; träg, schwerfällig; stumpfsinnig; matt (*Auge, Farbe etc.*); schwach (*Gehör*); langweilig, fad(e); teilnahmslos; stumpf; dumpf (*Schmerz, Kopf*); trüb (*z.B. Wetter*); flau (*Handel*); ⚓ windstill; **2.** stumpf machen; *fig.* abstumpfen; (sich) trüben; **dull·ard** [ˈ~əd] Dummkopf *m*; ˈ**dull·ness** Stumpfsinn *m*; Dummheit *f*; Schwerfälligkeit *f*; Mattheit *f*; Langweiligkeit *f*; Teilnahmslosigkeit *f*; Trübheit *f*; Flauheit *f*.
du·ly [ˈdju:li] *s. due*; gehörig; ordnungsgemäß; richtig; pünktlich.
dumb □ [dʌm] stumm; sprachlos *vor Staunen etc.*; *Am.* F doof, blöd; *deaf and* ~ taubstumm; *s. show* 2; *strike* ~ die Sprache verschlagen; ˈ~**-bell** Hantel *f*; *Am. sl.* Dussel *m*; ~ˈ**found** F zum Schweigen bringen; ~*ed* sprachlos; ˈ**dumb·ness** Stummheit *f*; ˈ**dumb-ˈwait·er** Drehtisch *m*; *Am.* Speiseaufzug *m*.
dum·my [ˈdʌmi] Attrappe *f*; *fig.* Kulisse *f*; Schein *m*, Schwindel *m*; *fig.* Strohmann *m*; Statist *m*; (Kleider)Puppe *f*; Schnuller *m*; *attr.* Schein...; Schwindel...; ~ *whist* Whist *n* mit Strohmann.
dump [dʌmp] **1.** auskippen; *Schutt etc.* abladen; *Last* abwerfen (*a. fig.*); *Waren* zu Schleuderpreisen ausführen; hinplumpsen; **2.** Klumpen *m*; Plumps *m*; Abfall-, Schutthaufen *m*; Schuttabladestelle *f*; ⚔ Munitionslager *n*; = ~*ing*; ˈ**dump·ing** ⚕ Schleuderausfuhr *f*, Dumping *n*; ˈ**dump·ing-ground** (Schutt)Abladeplatz *m*; ˈ**dump·ling** Kloß *m*; F Dickerchen *n*, Mops *m*; ˈ**dumps** F *pl.*: (*down*) *in the* ~ niedergeschlagen, verdrießlich; ˈ**dump·y** untersetzt.
dun[1] [dʌn] **1.** fahl(braun); falb; **2.** Falbe *m* (*Pferd*).
dun[2] [~] **1.** ungestümer Mahner *m od.* Gläubiger *m*; **2.** mahnen, drängen; ~*ning letter* Mahnbrief *m*.
dunce [dʌns], **dun·der·head** [ˈdʌndəhed] Dummkopf *m*.
dune [dju:n] Düne *f*.
dung [dʌŋ] **1.** Mist *m*, Dung *m*; **2.** düngen.
dun·ga·rees [dʌŋgəˈri:z] *pl.* Overall *m aus grobem Kattun.*
dun·geon [ˈdʌndʒən] Kerker *m*, Verlies *n*.
dung·hill [ˈdʌŋhil] Misthaufen *m*.
dunk [dʌŋk] (ein)tunken.
du·o [ˈdju:əu] Duett *n*.
du·o·dec·i·mal [dju:əuˈdesiməl] zwölfteilig; Duodezimal...; **du·o-ˈdec·i·mo** [~məu] *typ.* Duodez *n*; *fig.* Knirps *m*.
du·o·de·nal *anat.* [dju:əuˈdi:nl] Zwölffingerdarm...; **du·oˈde·num** [~nəm] Zwölffingerdarm *m*.
dupe [dju:p] **1.** Gimpel *m*, Angeführte *m, f*; **2.** anführen, täuschen; ˈ**dup·er·y** Prellerei *f*.
du·plex [ˈdju:pleks] **1.** Doppel...; *tel.* Gegensprech..., Duplex...; **2.** *Am.* Zweifamilienhaus *n*.
du·pli·cate **1.** [ˈdju:plikit] doppelt; **2.** [ˈ~kit] Duplikat *n*, Doppel *n*; *in* ~ doppelt; **3.** [ˈ~keit] verdoppeln; doppelt ausfertigen; **du·pliˈca·tion** Verdoppelung *f*;ˈ **du·pli·ca·tor** Vervielfältigungsapparat *m*; **du·plic·i·ty** [dju:ˈplisiti] Zweiheit *f*; Doppelzüngigkeit *f*.
du·ra·bil·i·ty [djuərəˈbiliti] Dauerhaftigkeit *f*; ˈ**du·ra·ble** □ dauerhaft; ˈ**dur·ance** † Haft *f*; **du·ra·tion** [~ˈreiʃən] Dauer *f*.
du·ress ⚖ [djuəˈres] Zwang *m*, Nötigung *f*; Freiheitsberaubung *f*.
du·ring [ˈdjuəriŋ] *prp.* während.
durst [də:st] *pret. von dare.*

dusk [dʌsk] Halbdunkel *n*, (Abend-) Dämmerung *f*; ˈ**dusk·y** □ dämmerig, düster (*a. fig.*); dunkel; schwärzlich.

dust [dʌst] **1.** Staub *m*; **2.** abstauben; bestreuen; ˈ**~-bin** Mülleimer *m*; ˈ**~-bowl** *Am.* Sandstaub- *u.* Dürregebiet *n im Westen der USA*; ˈ**~-cart** Müllwagen *m*; ˈ**~-cloak**, ˈ**~-coat** Staubmantel *m*; ˈ**dust·er** Staublappen *m*, -wedel *m*; *Am.* Staubmantel *m*; ˈ**dust·i·ness** Staubigkeit *f*; ˈ**dust·ing** *sl.* Tracht *f* Prügel; ˈ**dust-**ˈ**jack·et** *Am.* Schutzumschlag *m e-s Buches*; ˈ**~·man** Müllabfuhrmann *m*; Sandmann *m*; ˈ**~·pan** Müllschaufel *f*; ˈ**dust-**ˈ**up** Lärm *m*, Tumult *m*; ˈ**dust·y** □ staubig.

Dutch [dʌtʃ] **1.** holländisch; *hist. u. Am. sl.* deutsch; ~ *treat Am.* F getrennte Rechnung *f*; **2.** Holländisch *n*; *the* ~ *pl.* die Holländer *pl.*; *double* ~ Kauderwelsch *n*; ~ **auc·tion** (Auktion *f* mit) Abschlag *m*; ~ **courage** angetrunkener Mut *m*; ˈ**~·man** Holländer *m*; *hist. u. Am. sl.* Deutsche *m*; ˈ**~·wom·an** Holländerin *f*.

du·te·ous [ˈdjuːtjəs] = *dutiful*; **du·ti·a·ble** [ˈ~tjəbl] zoll-, steuerpflichtig; **du·ti·ful** □ [ˈ~tiful] pflichtbewußt; gehorsam; ehrerbietig.

du·ty [ˈdjuːti] Pflicht *f*, Schuldigkeit *f* (*to* gegenüber *dat.*); Ehrerbietung *f*; Abgabe *f*, Zoll *m*; Dienst *m*; *on* ~ im Dienst; *off* ~ dienstfrei; ~ *call* Anstandsbesuch *m*; *in* ~ *bound* pflichtschuldig; *do* ~ *for* vertreten; *fig.* dienen als; ˈ**~-**ˈ**free** zollfrei.

dwarf [dwɔːf] **1.** Zwerg *m*; **2.** in der Entwicklung hindern; klein erscheinen lassen; verkleinern; *~ed* verkümmert; ˈ**dwarf·ish** □ zwerghaft; ˈ**dwarf·ish·ness** Winzigkeit *f*.

dwell [dwel] (*irr.*) wohnen; verweilen (*on, upon* bei); ~ (*up*)*on* bestehen auf; ˈ**dwell·er** Bewohner *m*; ˈ**dwell·ing** Wohnung *f*; ˈ**dwelling-house** Wohnhaus *n*; ˈ**dwelling-place** Wohnsitz *m*.

dwelt [dwelt] *pret. u. p.p. von dwell*.

dwin·dle [ˈdwindl] (dahin)schwinden, abnehmen; zs.-schrumpfen; ˈ**dwin·dling** Schwund *m*.

dye [dai] **1.** Farbe *f*; *of deepest* ~ *fig.* schlimmster Art; **2.** färben; ˈ**dy·er** Färber *m*; ˈ**dye-stuff** Färbemittel *n*; Farbstoff *m*; ˈ**dye-works** *pl., oft sg.* Färberei *f*.

dy·ing □ [ˈdaiiŋ] (*s. die*¹) **1.** sterbend; Sterbe...; *lie* ~ im Sterben liegen; **2.** Sterben *n etc.*

dyke [daik] = *dike*.

dy·nam·ic [daiˈnæmik] **1.** *a.* **dy**ˈ**nam·i·cal** □ dynamisch, kraftgeladen; **2.** Triebkraft *f*; **dy**ˈ**nam·ics** *mst sg.* Dynamik *f*; **dy·na·mite** [ˈdainəmait] **1.** Dynamit *n*; **2.** mit Dynamit sprengen; ˈ**dy·na·mit·er** Sprengstoffattentäter *m*; **dy·na·mo** [ˈ~məu] Dynamomaschine *f*.

dy·nas·tic [diˈnæstik] (*~ally*) dynastisch; **dy·nas·ty** [ˈdinəsti] Dynastie *f*, Herrscherhaus *n*.

dyne *phys.* [dain] Dyn *n* (*Krafteinheit*).

dys·en·ter·y ⚕ [ˈdisntri] Ruhr *f*.

dys·pep·sia ⚕ [disˈpepsiə] Verdauungsstörung *f*; **dys**ˈ**pep·tic** [~tik] **1.** (*~ally*) an Verdauungsstörung leidend, magenkrank; **2.** Magenkranke *m, f*.

E

each [iːtʃ] jede(r, -s); ~ *other* einander, sich; *they cost a shilling* ~ sie kosten je einen Schilling.

ea·ger □ [ˈiːgə] (be)gierig (*about, after, for* auf *acc.*, nach), gespannt; *fig.* eifrig; heftig (*Begierde*); ˈ**ea·ger·ness** Begierde *f*; Eifer *m*.

ea·gle [ˈiːgl] Adler *m*; Zehndollarstück *n*; ˈ**~-**ˈ**eyed** scharfsichtig; **ea·glet** [ˈ~lit] junger Adler *m*.

ea·gre [ˈeigə] Springflut *f*.

ear¹ [iə] Ähre *f*.

ear² [~] Ohr *n*, Gehör *n*; Öhr *n*, Henkel *m*; *be all ~s* ganz Ohr sein; *keep an* ~ *to the ground bsd. Am.* aufpassen, was die Leute sagen *od.*

denken; *up to the ~s fig.* bis über die Ohren *in Arbeit*; *set by the ~s* gegeneinander aufhetzen; **~-ache** ['iəreik] Ohrenschmerz(en *pl.*) *m*; **~-deaf·en·ing** ['~defniŋ] ohrenbetäubend; '**~-drum** Trommelfell *n*.

earl [əːl] *britischer* Graf *m*; ♀ *Marshal* Oberzeremonienmeister *m*; '**earl·dom** Grafenstand *m*.

ear·li·ness ['əːlinis] Frühzeitigkeit *f*.

ear·ly ['əːli] früh(zeitig); Früh...; Anfangs...; erst; bald(ig); *~ life* Jugendzeit *f*; *as ~ as* schon in (*dat.*); *earlier on* früher.

ear-mark ['iəmaːk] **1.** Ohrenzeichen *n bei Tieren*; *fig.* Kennzeichen *n*; **2.** an den Ohren zeichnen; *fig.* (kenn)zeichnen; *für e-n Zweck* bereitlegen, bestimmen.

earn [əːn] verdienen; erwerben; einbringen (*for dat.*); *~ed income* Arbeitseinkommen *n*.

ear·nest[1] ['əːnist] *a. ~-money* Handgeld *n*, Anzahlung *f*; Pfand *n*; *fig.* Vorgeschmack *m*, Probe *f*; Beweis *m*.

ear·nest[2] [~] **1.** □ ernst; eifrig; ernstlich; aufrichtig; ernstgemeint; **2.** Ernst *m*; *be in ~* es ernst meinen; '**ear·nest·ness** Ernst(lichkeit *f*) *m*; Eifer *m*.

earn·ings ['əːniŋz] *pl.* Verdienst *m*, Lohn *m*, Einkommen *n*.

ear...: '**~-phones** *pl. Radio*: Kopfhörer *m*; '**~·piece** *teleph.* Hörmuschel *f*; '**~-pierc·ing** ohrenzerreißend; '**~-ring** Ohrring *m*; '**~·shot** Hörweite *f*; '**~-split·ting** ohrenzerreißend.

earth [əːθ] **1.** Erde *f*; Land *n*; Boden *m*; *Fuchs- etc.* Bau *m*; *a. ~-connection Radio*: Erdung *f*, Erdschluß *m*; **2.** *v/t.* ⚡ erden; *~ up* mit Erde bedecken, anhäufeln; '**earth·en** irden; '**earth·en·ware** **1.** Töpferware *f*, Steingut *n*; **2.** irden; '**earth·ing** ⚡ Erdung *f*; '**earth·li·ness** *das* Irdische; Weltlichkeit *f*; '**earth·ly** irdisch; F denkbar; *no ~ ...* gar kein ...; '**earth·quake** Erdbeben *n*; '**earth·worm** Regenwurm *m*; *fig.* Erdenwurm *m*; '**earth·y** erdig; irdisch; *fig.* sinnlich, roh.

ear...: '**~-trum·pet** Hörrohr *n*; '**~-wax** Ohrenschmalz *n*; '**~·wig** Ohrwurm *m*.

ease [iːz] **1.** Gemütlichkeit *f*, Bequemlichkeit *f*, Behagen *n*; Ruhe *f*; Gemächlichkeit *f*; Erleichterung *f*; Ungezwungenheit *f*; Leichtigkeit *f*; *at ~* bequem, behaglich, zwanglos, ungezwungen; *be od. feel at one's ~* sich wohlfühlen; *ill at ~* unbehaglich; *stand at ~!* ⚔ rührt euch!; *take one's ~* es sich bequem machen; *with ~* mit Leichtigkeit; *live at ~* in guten Verhältnissen leben; **2.** erleichtern; *Schmerz* lindern; beruhigen; bequem(er) machen; lockern, *Tau etc.* nachlassen; befreien (*of* von); sich entspannen (*Lage*); *~ nature* ein Bedürfnis verrichten, sich erleichtern; **ease·ful** □ ['~ful] behaglich; beruhigend; müßig.

ea·sel ['iːzl] Staffelei *f*.

eas·i·ly ['iːzili] leicht, mit Leichtigkeit; sicher, bei weitem; '**eas·i·ness** Bequemlichkeit *f*, Gemächlichkeit *f*; Leichtigkeit *f*; Ungezwungenheit *f*; *~ of belief* Leichtgläubigkeit *f*.

east [iːst] **1.** Ost(en *m*); Orient *m*; *the* ♀ *Am.* die Oststaaten *pl. der USA*; **2.** Ost...; östlich; ostwärts.

East·er ['iːstə] Ostern *n od. pl.*; *attr.* Oster...; *~ egg* Osterei *n*.

east·er·ly ['iːstəli] östlich; Ost...; nach Osten; **east·ern** ['~tən] = *easterly*; orientalisch; '**east·ern·er** Ostländer(in); Orientale *m*, Orientalin *f*; ♀ *Am.* Oststaatler(in); **east·ern·most** ['~məust] östlichst.

East In·di·a·man ⚓ *hist.* [iːst'indjəmən] Ostindienfahrer *m* (*Schiff*).

east·ing ⚓ ['iːstiŋ] zurückgelegter östlicher Kurs *m*; Ostrichtung *f*.

east·ward(s) ['iːstwəd(z)] ostwärts.

eas·y ['iːzi] **1.** □ leicht; bequem, behaglich; frei von Schmerzen; unbesorgt, ruhig; willig; ungezwungen; bequem (*Kleid*); ⚕ flau, lustlos; *in ~ circumstances* wohlhabend; *on ~ street* in guten Verhältnissen; *on ~ terms* ⚕ zu günstigen Bedingungen; *make o.s. ~* es sich bequem machen; *take it ~* sich Zeit lassen; es sich leicht machen; *take it ~!* nur keine Aufregung!; sachte!; **2.** kurze Pause *f*; '**~-'chair** Lehnstuhl *m*, Klubsessel *m*; '**~-go·ing** *fig.* bequem, lässig; leichtlebig.

eat [iːt] **1.** (*irr.*) *v/t.* essen; fressen; zerfressen; verzehren; *~ up* aufessen; auffressen; verzehren (*a. fig.*); *v/i.* essen; schmecken; **2.** *~s pl. Am. sl.* Essen *n*, Eßwaren *f/pl.*; **'eat·a·ble** eßbar; **'eat·a·bles** *pl.* Eßwaren *f/pl.*; **'eat·en** *p.p. von eat 1*; **'eat·er** Esser(in); *be a great (poor) ~* ein starker (schwacher) Esser sein; **'eat·ing** Essen *n*; **'eat·ing-house** Speisehaus *n*.

eau-de-Co·logne ['əudəkə'ləun] Kölnischwasser *n*.

eaves [iːvz] *pl.* Dachvorsprung *m*, Dachüberstand *m*; Traufe *f*; **'~-drop** (er)lauschen; horchen; **'~-drop·per** Horcher(in).

ebb [eb] **1.** Ebbe *f*; *fig.* Abnahme *f*; Verfall *m*; *at a low ~* heruntergekommen; **2.** verebben; *fig.* abnehmen, sinken; **'~-'tide** Ebbe *f* (*a. fig.*).

eb·on *poet.* ['ebən] aus Ebenholz; schwarz wie Ebenholz; **eb·on·ite** ['~nait] Hartgummi *m*; **'eb·on·y** Ebenholz *n*.

e·bri·e·ty [iː'braiəti] Trunkenheit *f*.

e·bul·li·ent [i'bʌljənt] überschäumend, -schwenglich; *fig.* sprudelnd (*with* vor); **eb·ul·li·tion** [ebə'liʃən] Überschäumen *n*; Aufbrausen *n*.

ec·cen·tric [ik'sentrik] **1.** *a.* **ec'cen·tri·cal** □ exzentrisch; *fig.* überspannt; **2.** ⊕ Exzentrik *f*; Sonderling *m*; **ec·cen·tric·i·ty** [eksen'trisiti] Exzentrizität *f*; *fig.* Überspanntheit *f*.

ec·cle·si·as·tic [ikliːzi'æstik] Geistliche *m*; **ec·cle·si'as·ti·cal** □ geistlich, kirchlich.

ech·e·lon ⚔ ['eʃələn] **1.** Staffel(aufstellung) *f*; **2.** staffeln.

e·chi·nus *zo.* [e'kainəs] Seeigel *m*.

ech·o ['ekəu] **1.** Echo *n*; **2.** widerhallen; *Ton* zurückwerfen; *fig.* echoen, nachsprechen; **'~-sound·er** Echolot *n*.

e·clat ['eiklɑː] Eklat *m*; allgemeiner Beifall *m*; glänzender Erfolg *m*.

ec·lec·tic [ek'lektik] **1.** eklektisch, auswählend; **2.** Eklektiker *m*; **ec'lec·ti·cism** [~sizəm] Eklektizismus *m*.

e·clipse [i'klips] **1.** Verfinsterung *f*; Verdunkelung *f* (*a. fig.*); Finsternis *f* (*a. fig.*); *in ~* im Sinken; **2.** (sich) verfinstern, verdunkeln (*a. fig.*); **e'clip·tic** *ast.* [~tik] Ekliptik *f*, Sonnenbahn *f*.

ec·logue ['eklɔg] Ekloge *f*, Hirtengedicht *n*.

e·col·o·gy [iː'kɔlədʒi] Ökologie *f*.

e·co·nom·ic [iːkə'nɔmik], **e·co'nom·i·cal** □ ökonomisch, haushälterisch; (volks- *etc.*) wirtschaftlich; sparsam; Wirtschafts...; **e·co'nom·ics** *sg.* Nationalökonomie *f*, Volkswirtschaft(slehre) *f*; **e·con·o·mist** [iː'kɔnəmist] Haushälter *m*; Volkswirt *m*; **e'con·o·mize** sparsam wirtschaften mit; (ein)sparen (*in, on* an *dat.*, *with* mit); **e'con·o·my** Haushaltung *f*, Wirtschaft *f*; Wirtschaftlichkeit *f*, Sparsamkeit *f*; Einsparung *f*; System *n*; *economies pl.* Ersparnisse *f/pl.*; Sparmaßnahmen *f/pl.*; *political ~* Volkswirtschaft(slehre) *f*.

ec·sta·size ['ekstəsaiz] außer sich bringen (*od. v/i.* geraten), verzücken; **'ec·sta·sy** Ekstase *f*, Verzückung *f*; *go into ~* in Verzückung geraten; **ec·stat·ic** [eks'tætik] (*~ally*) verzückt; *~ fit* Verzückung *f*.

ec·ze·ma ⚕ ['eksimə] Ekzem *n*, Ausschlag *m*.

e·da·cious [i'deiʃəs] gefräßig.

ed·dy ['edi] **1.** Wirbel *m*, Strudel *m*; **2.** wirbeln, strudeln.

e·den·tate *zo.* [i'denteit] zahnlos.

edge [edʒ] **1.** Schneide *f*, Schärfe *f*; Rand *m*; (scharfe) Kante *f*; *Tisch*-Ecke *f*; Rand *m*, Saum *m*; Grat *m*; *Buch*-Schnitt *m*; Schärfe *f*, Heftigkeit *f*; *be on ~* nervös sein; *have the ~ on s.o. sl.* j-m über sein; *put an ~ on* schärfen; *lay on ~* hochkantig legen; *set s.o.'s teeth on ~* j-m auf die Nerven gehen; **2.** schärfen; (um)säumen, einfassen; (sich) schieben *od.* drängen; rücken; **edged** scharf; ...schneidig; ...kantig.

edge...: **'~less** stumpf; **'~-tool** Schneidewerkzeug *n*; **'~ways, ~wise** ['~waiz] seitwärts; von der Seite; *get a word in ~* zu Wort kommen.

edg·ing ['edʒiŋ] Schärfen *n*; Rand *m*, Borte *f*, Einfassung *f*, Besatz *m*; **'~-shears** *pl.* Grasschere *f*.

edg·y ['edʒi] scharf; F kratzbürstig, nervös.

ed·i·ble ['edibl] eßbar; **'ed·i·bles** *pl.* Eßwaren *f/pl.*

e·dict ['iːdikt] Edikt *n*, Verordnung *f*.

ed·i·fi·ca·tion *fig.* [edifi'keiʃən] Erbauung *f*; **ed·i·fice** ['~fis] Gebäude *n* (*a. fig.*); **ed·i·fy** *fig.* ['~fai] erbauen; '**ed·i·fy·ing** □ erbaulich.

ed·it ['edit] *Text* herausgeben, redigieren; *Zeitung* als Herausgeber leiten; **e·di·tion** [i'diʃən] Ausgabe *f* *e-s Buches*; Auflage *f*; **ed·i·tor** ['editə] Herausgeber *m*; Schriftleiter *m*, Chefredakteur *m*; **ed·i·to·ri·al** [~'tɔ:riəl] **1.** Redaktions...; **2.** Leitartikel *m*; **ed·i·tor·ship** ['~təʃip] Schriftleitung *f*, Redaktion *f*; Amt *n* e-s Herausgebers.

ed·u·cate ['edju:keit] erziehen; unterrichten, (aus)bilden; **ed·u'ca·tion** Erziehung *f*; Ausbildung *f*; Bildung *f*; Erziehungs-, Schulwesen *n*; *Ministry of* ♀ Unterrichtsministerium *n*; **ed·u·ca·tion·al** □ [~'keiʃənl], **ed·u·ca·tive** ['~kətiv] erzieherisch; Erziehungs...; Bildungs...; erziehlich; *educational film* Lehrfilm *m*; **ed·u·ca·tion(·al)·ist** [~'keiʃn(əl)ist] Pädagoge *m*, Schulmann *m*; '**ed·u·ca·tor** Erzieher *m*.

e·duce [i'dju:s] entwickeln; *fig.* ableiten; ⚗ darstellen.

e·duc·tion [i'dʌkʃən] Entwicklung *f*; Ableitung *f*; ⊕ Abzug *m*; **e'duc·tion-pipe** Abzugsröhre *f*.

eel [i:l] Aal *m*.

e'en [i:n] = *even*.

e'er [ɛə] = *ever*.

ee·rie, ee·ry ['iəri] unheimlich.

ef·face [i'feis] auslöschen; *fig.* tilgen; *fig.* in den Schatten stellen; **ef'face·a·ble** auslöschbar; **ef'face·ment** Auslöschung *f*; Tilgung *f*.

ef·fect [i'fekt] **1.** Wirkung *f*; Folge *f*; Inhalt *m*; Eindruck *m*, Effekt *m*; ⚖ Rechtswirksamkeit *f*; ⊕ Effekt *m*, Leistung *f*; ~*s pl.* Effekten *pl.*; Habseligkeiten *f/pl.*; ✝ Guthaben *n*; *bring to* ~, *carry into* ~ verwirklichen, bewerkstelligen; *take* ~, *be of* ~ Wirkung haben (*on* auf *acc.*); in Kraft treten; *of no* ~ vergeblich; *in* ~ in der Tat; in Kraft; *to the* ~ des Inhalts; *to this* ~ in diesem Sinn; **2.** bewirken, ausführen; *be* ~*ed* erfolgen; **ef'fec·tive 1.** □ wirkend; (⚖ rechts)wirksam; effekt-, wirkungs-, eindrucksvoll; ⚔, ⚓ dienst-, kampffähig; wirklich vorhanden; ⊕ nutzbar; ~ *capacity* ⊕ Nutzleistung *f*; ~ *date* Tag *m* des Inkrafttretens; ~ *range* Wirkungsbereich *m*; ~ *use* Einsatz *m*; **2.** ⚔ *mst* ~*s pl.* Effektivbestand *m*; **ef'fec·tive·ness** Wirksamkeit *f*; **ef'fec·tu·al** [~tʃuəl] wirksam, kräftig; **ef'fec·tu·ate** [~tjueit] bewerkstelligen.

ef·fem·i·na·cy [i'feminəsi] Verweichlichung *f*; **ef'fem·i·nate** [~nit] □ verweichlicht; weibisch.

ef·fer·vesce [efə'ves] (auf)brausen, (auf)schäumen; *fig.* überschäumen; **ef·fer'ves·cence** Aufbrausen *n etc.*; **ef·fer'ves·cent** sprudelnd, schäumend; ~ *powder* Brausepulver *n*.

ef·fete [e'fi:t] verbraucht; entkräftet.

ef·fi·ca·cious □ [efi'keiʃəs] wirksam; **ef·fi·ca·cy** ['~kəsi] Wirksamkeit *f*, Kraft *f*.

ef·fi·cien·cy [i'fiʃənsi] Leistungsfähigkeit *f*, Tüchtigkeit *f*; ⊕ Wirkungsgrad *m*; (Nutz)Leistung *f*; Wirksamkeit *f*; ~ *expert* Rationalisierungsfachmann *m*; **ef'fi·cient** □ wirksam; leistungsfähig, tüchtig.

ef·fi·gy ['efidʒi] Bild(nis) *n*; *burn s.o. in* ~ j. in effigie *od.* im Bild verbrennen.

ef·flo·resce [eflɔ:'res] ⚘ (auf)blühen (*a. fig.*); ⚗ beschlagen, auswittern; **ef·flo'res·cence** Blütezeit *f*; ⚗ Beschlag *m*; **ef·flo'res·cent** beschlagend, auswitternd.

ef·flu·ence ['efluəns] Ausfließen *n*, Ausfluß *m*; '**ef·flu·ent 1.** ausfließend; **2.** Ausfluß *m*.

ef·flux ['eflʌks] Ausströmen *n*; Ausfluß *m*.

ef·fort ['efət] Anstrengung *f*, Bemühung *f* (*at* um); Mühe *f*; F Leistung *f*; '**ef·fort·less** □ mühelos.

ef·fron·ter·y [i'frʌntəri] Frechheit *f*, Unverschämtheit *f*.

ef·ful·gence [e'fʌldʒəns] Glanz *m*; **ef'ful·gent** □ strahlend, glänzend.

ef·fuse [e'fju:z] aus-, vergießen; **ef·fu·sion** [i'fju:ʒən] Ausgießung *f*; Erguß *m* (*a. fig.*); **ef'fu·sive** □ [~siv] überschwenglich; **ef'fu·sive·ness** Überschwenglichkeit *f*.

eft *zo.* [eft] Sumpfeidechse *f*.

egg[1] [eg] *mst* ~ *on* drängen, auf-, anreizen, anstacheln.

egg[2] [~] Ei *n*; *in the* ~ im Anfangsstadium; *bad* ~ F schlechter Kerl *m*; *put all one's* ~*s in one basket* alles auf eine Karte setzen; *as sure as* ~*s is* ~*s* F todsicher; '~**-cup** Eierbecher *m*; '~**-flip** Eierflip *m*; '~-

head Intellektuelle *m*; '~**-nog** = egg-*flip*; '~**-plant** ⚘ Aubergine *f*, Eierfrucht *f*; '~**-shell** Eierschale *f*; '~**-whisk** Schneebesen *m*.

eg·lan·tine ⚘ ['egləntain] Heckenrose *f*.

e·go ['egəu] *das* Ich; '**e·go·ism** Egoismus *m*, Selbstsucht *f*; '**e·go·ist** Egoist(in); **e·go'is·tic, e·go'is·ti·cal** □ egoistisch, selbstsüchtig; **e·go·tism** ['~tizəm] Selbstgefälligkeit *f*, Eigendünkel *m*; '**e·go·tist** Egotist *m*, selbstgefälliger Mensch *m*; **e·go'tis·tic, e·go'tis·ti·cal** □ nur von sich redend; selbstgefällig.

e·gre·gious *iro.* □ [i'gri:dʒəs] großartig; ungeheuer, unerhört.

e·gress ['i:gres] Ausgang *m*; Ausfluß *m*; *fig.* Ausweg *m*.

e·gret ['i:gret] *orn.* kleiner weißer Reiher *m*; Federbusch *m*.

E·gyp·tian [i'dʒipʃən] **1.** ägyptisch; **2.** Ägypter(in).

eh [ei] wie?; nicht wahr?; ei!; sieh da!

ei·der ['aidə] *a.* ~*-duck orn.* Eiderente *f*; ~ *down* Eiderdaunen *f/pl.*; Daunendecke *f*.

eight [eit] **1.** acht; **2.** Acht *f*; ⚓ Achter *m*; *behind the* ~ *ball Am.* in der (die) Klemme; **eight·een** ['ei'ti:n] achtzehn; '**eight'eenth** [~θ] achtzehnt; '**eight·fold** achtfach; **eighth** [eitθ] **1.** achte(r, -s); **2.** Achtel *n*; '**eighth·ly** achtens; **eight-'hour day** Achtstundentag *m*; **eight·i·eth** ['~iiθ] achtzigste(r, -s); '**eight·some** [~səm] schottischer Tanz *m für 8 Tänzer*; '**eight·y** achtzig.

eis·tedd·fod [ais'teðvɔd] wallisisches Sängerfest *n*, Eisteddfod *n*.

ei·ther ['aiðə] **1.** *adj. u. pron.* einer *von beiden*; beide; jeder *von zweien*; **2.** *cj.* ~ ... *or* entweder ... oder; *not* (...) ~ auch nicht.

e·jac·u·late [i'dʒækjuleit] *Worte* ausstoßen; **e·jac·u'la·tion** Ausruf *m*; Stoßgebet *n*; Ausstoßen *n*.

e·ject [i:'dʒekt] ausstoßen; vertreiben (*from* von); ausweisen; *e-s Amtes* entsetzen; **e'jec·tion** Ausstoßung *f*, Vertreibung *f*; Ausweisung *f*; **e'ject·ment** ⚖ Vertreibung *f*; **e'jec·tor** ⊕ Auswerfer *m*; ~*-seat* ✈ Schleudersitz *m*.

eke [i:k]: ~ *out* ergänzen; verlängern (*with* durch); sich mit *et.* durchhelfen; ~ *out a miserable existence* sich kümmerlich durchschlagen.

el *Am.* F [el] = *elevated railroad*.

e·lab·o·rate 1. □ [i'læbərit] sorgfältig ausgearbeitet; kunstvoll; vollendet; kompliziert; reich verziert; **2.** [~reit] sorgfältig ausarbeiten; herausarbeiten; **e'lab·o·rate·ness** [~ritnis], **e·lab·o·ra·tion** [~'reiʃən] sorgfältige Ausarbeitung *f*.

e·lapse [i'læps] verfließen, -streichen.

e·las·tic [i'læstik] **1.** (~*ally*) elastisch, dehnbar (*a. fig.*); geschmeidig; spannkräftig; **2.** Gummiband *n*; **e·las·tic·i·ty** [elæs'tisiti] Elastizität *f*, Dehnbarkeit *f*; *fig.* Spannkraft *f*.

e·late [i'leit] (er)heben, ermutigen, froh erregen; stolz machen; **e'lat·ed** in gehobener Stimmung, freudig erregt (*at* über *acc.*; *with* durch); **e'la·tion** gehobene Stimmung *f*.

el·bow ['elbəu] **1.** Ellbogen *m*; Krümmung *f*, Biegung *f*; ⊕ Knie *n*, Winkel *m*; *at one's* ~ nahe, bei der Hand; *out at* ~*s* am Ellbogen zerrissen; *fig.* heruntergekommen; **2.** mit dem Ellbogen (weg)stoßen; ~ *one's way through* sich durchdrängen; ~ *out* verdrängen; '~**-'chair** Lehnstuhl *m*; '~**-grease** F Armschmalz *n* (*Kraftanstrengung*); '~**-room** Spielraum *m*.

eld·er¹ ['eldə] **1.** älter; **2.** der *od.* die Ältere; (Kirchen)Älteste *m*; *my* ~*s pl.* ältere Leute als ich.

el·der² ⚘ [~] Holunder *m*.

eld·er·ly ['eldəli] ältlich; älter.

eld·est ['eldist] ältest; *the* ~ *born* der Erstgeborene.

e·lect [i'lekt] **1.** (aus)gewählt; *eccl.* auserwählt; *bride* ~ Verlobte *f*; **2.** (aus-, er)wählen; (er)wählen; *eccl.* auserwählen; vorziehen, sich entschließen (*to do* zu tun); **3.** *the* ~ *pl. eccl.* die Auserwählten *pl.*; **e'lec·tion** Wahl *f*; **e·lec·tion·eer** [~ʃə'niə] Wahlpropaganda machen; **e·lec·tion'eer·ing** Wahlpropaganda *f*; **e'lec·tive 1.** □ wählend; gewählt; Wahl...; *Am.* fakultativ; **2.** *Am.* Wahlfach *n*; **e'lec·tive·ly** durch Wahl; **e'lec·tor** Wähler *m*; *Am.* Wahlmann *m*; *hist.* Kurfürst *m*; **e'lec·tor·al** Wahl..., Wähler...; kurfürstlich; ~ *address* Wahlrede *f*; ~ *college Am.* Wahlmänner *m/pl.*;

~ *roll* Wählerliste *f*; **e'lec·tor·ate** [~tərit] Wähler(schaft *f*) *m/pl.*; Kurwürde *f*; Kurfürstentum *n*; **e'lec·tress** *hist.* Kurfürstin *f*; Wählerin *f*.

e·lec·tric [i'lektrik], **e'lec·tri·cal** □ elektrisch; Elektro...; *fig.* elektrisierend, faszinierend; **e'lec·tri·cal en·gi·neer** Elektrotechniker *m*.

e·lec·tric...: ~ **blue** stahlblau; ~ **chair** elektrischer Stuhl *m für Hinrichtungen.*

e·lec·tri·cian [ilek'triʃən] Elektriker *m*, Elektrotechniker *m*; **e·lec'tric·i·ty** [~siti] Elektrizität *f*; **e·lec·tri·fi'ca·tion** Elektrifizierung *f*; **e'lec·tri·fy** [~fai], **e'lec·trize** elektrifizieren; elektrisieren (*a. fig.*); begeistern.

e·lec·tro [i'lektrəu] Elektro...; **e'lec·tro·cute** [~trəkju:t] auf dem elektrischen Stuhl hinrichten; durch elektrischen Strom töten; **e·lec·tro'cu·tion** Hinrichtung *f od.* Tod *m* durch elektrischen Strom; **e'lec·trode** [~trəud] Elektrode *f*; **e'lec·tro-dy'nam·ics** *mst sg.* Elektrodynamik *f*; **e·lec·tro·lier** [~'liə] elektrischer Kronleuchter *m*; **e'lec·tro·lyse** [~laiz] elektrisch zersetzen; **e·lec·trol·y·sis** [ilek'trɔlisis] Elektrolyse *f*; **e·lec·tro·lyte** [i'lektrəulait] Elektrolyt *m*; **e·lec·tro·lyt·ic** [~'litik] elektrolytisch; **e'lec·tro'mag·net** Elektromagnet *m*; **e'lec·tro'met·al·lur·gy** Elektrometallurgie *f*; **e'lec·tro'mo·tive** elektromotorisch; **e'lec·tro'mo·tor** Elektromotor *m*.

e·lec·tron [i'lektrɔn] Elektron *n*; *attr.* Elektronen...; **e·lec'tron·ic** Elektronen...; **e·lec'tron·ics** *sg.* Elektronenphysik *f*, Elektronik *f*.

e·lec·tro·plate [i'lektrəupleit] **1.** galvanisch versilbern; **2.** galvanisch versilberte Gegenstände *m/pl.*; **e'lec·tro·type** galvanischer Druck *m*; Elektrotype *f*.

el·ee·mos·y·nar·y [elii:'mɔsinəri] Almosen..., Wohltätigkeits...

el·e·gance ['eligəns] Eleganz *f*, Vornehmheit *f*, Gepflegtheit *f*, Anmut *f*; **'el·e·gant** □ elegant, vornehm, gepflegt; anmutig; geschmackvoll; *Am.* erstklassig.

el·e·gi·ac [eli'dʒaiək] **1.** elegisch; **2.** elegischer Vers *m*.

el·e·gy ['elidʒi] Elegie *f* (*Klagelied*).

el·e·ment ['elimənt] Element *n*, Urstoff *m*; (Grund)Bestandteil *m*; (Lebens)Element *n*; ⚡ Element *n*; Umstand *m*; Naturkraft *f*; *fig.* Körnchen *n*; ~*s pl.* Anfangsgründe *m/pl.*; **el·e·men·tal** [~'mentl] □ elementar; gewaltig; wesentlich; **el·e'men·ta·ry** □ elementar, einfach; Anfangs...; ~ *school* Volks-, Grundschule *f*; *elementaries pl.* Anfangsgründe *m/pl.*, Elemente *n/pl.*

el·e·phant ['elifənt] Elefant *m*; *white* ~ nutzloses Wertstück *n*; **el·e·phan·tine** [~'fæntain] Elefanten...; elefantenhaft; plump.

el·e·vate ['eliveit] erhöhen; *fig.* erheben; **'el·e·vat·ed 1.** hoch, erhaben; F angeheitert; ~ *railroad* = **2.** *Am.* F Hochbahn *f*; **el·e'va·tion** Erhebung *f*, Erhöhung *f* (*a. fig.*); Höhe *f*; Erhabenheit *f*; Hoheit *f*; *ast.* Höhe *f*; ⊕ Aufriß *m*; **'el·e·va·tor** ⊕ Hebe-, Förderwerk *n*, Aufzug *m*; *Am.* Fahrstuhl *m*; ✈ Höhenruder *n*; (*grain*) ~ *Am.* Getreidespeicher *m*; *bucket* ~ ⊕ Becherwerk *n*.

e·lev·en [i'levn] **1.** elf; **2.** Elf *f*; ~-**'plus ex·am·i·na·tion** Aufnahmeprüfung *f* in die höhere Schule; **e'lev·enth** [~θ] elfte(r, -s); *at the* ~ *hour* in letzter Minute.

elf [elf], *pl.* **elves** [elvs] Elf(e *f*) *m*, Kobold *m*; Zwerg *m*; **elf·in** ['~in] elfisch; Elfen...; **'elf·ish** elfengleich; boshaft.

e·lic·it [i'lisit] hervorlocken, herausholen.

e·lide *gr.* [i'laid] elidieren, auslassen.

el·i·gi·bil·i·ty [elidʒə'biliti] Eignung *f*; Vorzug *m*; **'el·i·gi·ble** □ geeignet, annehmbar; passend; akzeptabel, in Frage kommend.

e·lim·i·nate [i'limineit] aussondern, ausscheiden (*bsd.* ⚗, ♈, ⚗); ausmerzen; **e·lim·i'na·tion** Aussonderung *f*; Ausscheidung *f*.

e·li·sion *gr.* [i'liʒən] Elision *f*, Auslassung *f*.

é·lite [ei'li:t] Elite *f*, Auslese *f*; Oberschicht *f*.

e·lix·ir [i'liksə] Elixier *n*.

E·liz·a·be·than [ilizə'bi:θən] **1.** elisabethanisch; **2.** Elisabethaner(in).

elk *zo.* [elk] Elch *m*.

ell *hist.* [el] Elle *f*.

el·lipse ♈ [i'lips] Ellipse *f*; **el'lip·sis** [~sis], *pl.* **el'lip·ses** *gr.* [~si:z],

Ellipse *f*, Auslassung *f*; **el'lip·tic, el'lip·ti·cal** □ [~tik(əl)] elliptisch.
elm ⚘ [elm] Ulme *f*, Rüster *f*.
el·o·cu·tion [elə'kju:ʃən] Vortrag(skunst *f*, -sweise *f*) *m*; **el·o'cu·tion·ar·y** [~ʃnəri] rednerisch; **el·o'cu·tion·ist** Vortragskünstler *m*; Sprecherzieher *m*.
e·lon·gate ['i:lɔŋgeit] verlängern; **e·lon'ga·tion** Verlängerung *f*; *ast.* Elongation *f*, Winkelabstand *m*.
e·lope [i'ləup] (dem Gatten) entlaufen, durchgehen; **e'lope·ment** Entlaufen *n*.
el·o·quence ['eləukwəns] Beredsamkeit *f*; **'el·o·quent** □ beredt, redegewandt.
else [els] sonst, andere(r, -s), weiter; *all* ~ alles andere; *anyone* ~ irgendein anderer; *what* ~? was sonst?; *or* ~ oder aber; **'else'where** anderswo(hin).
e·lu·ci·date [i'lu:sideit] aufklären, erläutern; **e·lu·ci'da·tion** Aufklärung *f*, Erläuterung *f*; **e'lu·ci·da·to·ry** aufklärend, erläuternd.
e·lude [i'lu:d] geschickt umgehen; ausweichen, sich entziehen (*dat.*).
e·lu·sion [i'lu:ʒən] Umgehung *f*; Ausflucht *f*; Ausweichen *n*; **e'lu·sive** [~siv] nicht zu fassen(d); **e'lu·sive·ness** (listiges) Ausweichen *n*; **e'lu·so·ry** trügerisch.
elves [elvz] *pl. von elf*.
E·lys·ian [i'liziən] elysisch, himmlisch; **E'lys·ium** [~iəm] Elysium *n*.
em [em] *typ.* Geviert *n*.
e·ma·ci·ate [i'meiʃieit] abzehren, ausmergeln; **e·ma·ci·a·tion** [imeisi'eiʃən] Abzehrung *f*.
em·a·nate ['eməneit] ausströmen; ausgehen (*from* von); **em·a'na·tion** Ausströmung *f*; *fig.* Ausstrahlung *f*; *phys.* Emanation *f*.
e·man·ci·pate [i'mænsipeit] emanzipieren, befreien; **e·man·ci'pa·tion** Emanzipation *f*, Befreiung *f*; **e'man·ci·pa·tor** Befreier *m*.
e·mas·cu·late 1. [i'mæskjuleit] entmannen; verweichlichen; *Text* verstümmeln; **2.** [~lit] entmannt; weibisch; **e·mas·cu·la·tion** [~'leiʃən] Entmannung *f*; Verweichlichung *f*; *Text*-Verstümmelung *f*.
em·balm [im'bɑ:m] (ein)balsamieren; vor Vergessenheit bewahren; *be* ~*ed in* fortleben in (*dat.*); **em'balm·ment** Einbalsamierung *f*.
em·bank [im'bæŋk] eindämmen; **em'bank·ment** Eindämmung *f*; Deich *m*; (Bahn)Damm *m*; Uferstraße *f*, Kai *m*.
em·bar·go [em'bɑ:gəu] **1.** Embargo *n*; (Hafen-, Handels)Sperre *f*, Beschlagnahme *f*; **2.** *Hafen, Handel* sperren; *Schiff etc.* beschlagnahmen.
em·bark [im'bɑ:k] (sich) einschiffen, verladen (*for* nach); *Geld* anlegen; sich einlassen (*in, on, upon* in, auf *acc.*); **em·bar·ka·tion** [embɑ:'keiʃən] Einschiffung *f*, Verladung *f*.
em·bar·rass [im'bærəs] (be)hindern; verwirren, in Verlegenheit bringen; in e-e unangenehme Lage bringen; erschweren, verwickeln; ~*ed* verlegen, betreten; in (Geld-) Verlegenheit; **em'bar·rass·ing** □ unangenehm; unbequem; peinlich; **em'bar·rass·ment** (Geld)Verlegenheit *f*; Verwirrung *f*; Schwierigkeit *f*.
em·bas·sy ['embəsi] Botschaft *f*; Gesandtschaft *f*.
em·bat·tle [im'bætl] in Schlachtordnung aufstellen; mit Zinnen versehen.
em·bed [im'bed] (ein)betten, lagern.
em·bel·lish [im'beliʃ] verschönern; *Geschichte* ausschmücken; **em'bel·lish·ment** Verschönerung *f*; Schmuck *m*; Ausschmückung *f*.
em·ber-days ['embədeiz] *pl.* Quatember *m* (*die vier Fastenzeiten*).
em·bers ['embəz] *pl.* glühende Asche *f*; *fig.* Funken *m/pl.*
em·bez·zle [im'bezl] veruntreuen, unterschlagen; **em'bez·zle·ment** Veruntreuung *f*, Unterschlagung *f*; **em'bez·zler** Veruntreuer *m*.
em·bit·ter [im'bitə] verbittern; verschlimmern; erbittern.
em·bla·zon [im'bleizən] mit e-m Wappenbild bemalen; *fig.* verherrlichen; **em'bla·zon·ry** Wappenmalerei *f*.
em·blem ['embləm] Sinnbild *n*, Emblem *n*, Symbol *n*; Wahrzeichen *n*; **em·blem·at·ic, em·blem·at·i·cal** □ [embli'mætik(əl)] sinnbildlich, symbolisch.
em·bod·i·ment [im'bɔdimənt] Verkörperung *f*; **em'bod·y** verkörpern; vereinigen; *Land* einverleiben (*in dat.*).

em·bold·en [im'bəuldən] ermutigen.
em·bo·lism ⚕ ['embəlizəm] Embolie *f.*
em·bos·om [im'buzəm] ins Herz schließen; *~ed with* umgeben von.
em·boss [im'bɔs] bossieren; *mit dem Hammer* treiben; **em'bossed** getrieben, erhaben gearbeitet; *~ note-paper* geprägtes Briefpapier *n.*
em·bow·el [im'bauəl] ausweiden.
em·brace [im'breis] **1.** (sich) umarmen; umschließen; umfassen, einschließen; *Gelegenheit, Beruf* ergreifen; *Angebot* annehmen; in sich aufnehmen; **2.** Umarmung *f.*
em·bra·sure [im'breiʒə] Leibung *f*; Schießscharte *f.*
em·bro·cate ['embrəukeit] einreiben; **em·bro'ca·tion** Einreibung *f*, Liniment *n.*
em·broi·der [im'brɔidə] sticken; *fig.* ausschmücken; **em'broi·der·y** Stickerei *f*; *fig.* Ausschmückung *f.*
em·broil [im'brɔil] (in Streit) verwickeln; verwirren; **em'broil·ment** Verwirrung *f.*
em·bry·o ['embriəu] Embryo *m*, Fruchtkeim *m*; *in ~* im Werden; **em·bry·on·ic** [~'ɔnik] embryonal, (noch) unentwickelt (*a. fig.*).
em·bus [im'bʌs] (auf Kraftfahrzeuge) verladen *od.* steigen.
e·mend [i:'mend] *Text* verbessern, korrigieren; **e·men'da·tion** Verbesserung *f*; **'e·men·da·tor** (Text-) Verbesserer *m*; **e'mend·a·to·ry** [~dətəri] verbessernd.
em·er·ald ['emərəld] **1.** Smaragd *m*; **2.** smaragdgrün.
e·merge [i'mə:dʒ] auftauchen (*a. fig.*); zum Vorschein kommen; hervorgehen (als; *from* aus); sich erheben (*into* zu); sich ergeben *od.* zeigen; **e'mer·gence** Auftauchen *n.*
e·mer·gen·cy [i'mə:dʒənsi] unerwartetes Ereignis *n*; Notfall *m*; dringende Not *f*; *~* **brake** Notbremse *f*; *~* **call** Notruf *m*; *~* **decree** Notverordnung *f*; *~* **ex·it** Notausgang *m*; *~* **land·ing** ✈ Notlandung *f*; *~* **man** *Sport*: Ersatzmann *m.*
e·mer·gent [i'mə:dʒənt] auftauchend, entstehend; *~ countries pl.* junge Staaten *m/pl.*, Entwicklungsländer *n/pl.*
e·mer·sion [i'mə:ʃən] Auftauchen *n*; *ast.* Austritt *m.*
em·er·y ['eməri] Schmirgel *m*; **'~-cloth** Schmirgelleinen *n*; **'~-pa·per** Schmirgelpapier *n.*
e·met·ic [i'metik] **1.** erbrechenerregend; Brech...; **2.** Brechmittel *n.*
em·i·grant ['emigrənt] **1.** auswandernd; **2.** Auswanderer *m*; **em·i·grate** ['~greit] auswandern; **em·i'gra·tion** Auswanderung *f*; **em·i·gra·to·ry** ['~greitəri] Auswanderungs...
em·i·nence ['eminəns] Anhöhe *f*; Auszeichnung *f*, Ruhm *m*; hohe Stellung *f*; ♀ Eminenz *f* (*Titel*); **'em·i·nent** □ *fig.* ausgezeichnet (*in, for* durch), bedeutend, hervorragend; **'em·i·nent·ly** in hohem Maße, ganz besonders.
e·mir [e'miə] Emir *m*; **e·mir·ate** [e'miərit] Emirat *n.*
em·is·sar·y ['emisəri] Sendbote *m*, Emissär *m*; **e·mis·sion** [i'miʃən] Aussenden *n*; *phys.* Ausströmen *n*; *fig.* Ausfluß *m*; ⚕ Emission *f.*
e·mit [i'mit] von sich geben; aussenden, -strömen; ⚕ ausgeben, in Umlauf setzen.
e·mol·u·ment [i'mɔljumənt] Vergütung *f*; *~s pl.* Einkünfte *pl.*, Bezüge *pl.*
e·mo·tion [i'məuʃən] (Gemüts-) Bewegung *f*; Gefühl(sregung *f*) *n*; Erregung *f*; Rührung *f*; **e'mo·tion·al** [~ʃənl] □ gefühlsmäßig; Gefühls...; gefühlvoll, gefühlsbetont, emotional; **e·mo·tion·al·i·ty** [~ʃə'næliti] gefühlvolles Wesen *n*; **e'mo·tion·less** gefühllos, kühl; **e'mo·tive** gefühlsmäßig.
em·pan·el [im'pænl] in die (*bsd.* Geschworenen)Liste eintragen.
em·pa·thy *psych.* ['empəθi] Einfühlung(svermögen *n*) *f.*
em·per·or ['empərə] Kaiser *m.*
em·pha·sis ['emfəsis], *pl.* **em·pha·ses** ['~si:z] Nachdruck *m*, Betonung *f*, Ton *m*; **em·pha·size** ['~saiz] nachdrücklich betonen; hervorheben; **em·phat·ic** [im'fætik] (*~ally*) nachdrücklich; ausgesprochen; *be ~ that* betonen, daß.
em·pire ['empaiə] (Kaiser)Reich *n*; Herrschaft *f*; *the British* ♀ das britische Weltreich.
em·pir·ic [em'pirik] **1.** Empiriker *m*; Quacksalber *m*; **2.** *mst* **em'pir·i·cal** □ erfahrungsmäßig, empirisch; quacksalberisch; **em'pir-**

i·cism [⁓sizəm] Empirismus *m*; **em'pir·i·cist** Empiriker *m*.
em·place·ment ⚔ [im'pleismənt] Instellungbringen *n*; Geschützstand *m*.
em·plane [im'plein] in ein Flugzeug steigen *od.* verladen.
em·ploy [im'plɔi] **1.** beschäftigen, anstellen; an-, verwenden, gebrauchen; **2.** Dienst(e *pl.*) *m*, Beschäftigung *f*; *in the ⁓ of* angestellt bei; **em·ploy·é** *m*, **em·ploy·ée** *f* [ɔm'plɔiei], **em·ploy·ee** [emplɔi'iː] Angestellte *m*, *f*; Arbeitnehmer(in); **em·ploy·er** [im'plɔiə] Arbeitgeber *m*, Dienstherr *m*; ✝ Auftraggeber *m*; **em'ploy·ment** Beschäftigung *f*; Geschäft *n*; Beruf *m*, (An)Stellung *f*, Arbeit *f*; *⁓ agency* Stellenvermittlungsbüro *n*; *place of ⁓* Arbeitsstätte *f*; 2 *Exchange* Arbeitsamt *n*.
em·po·ri·um [em'pɔːriəm] Handels-, Umschlagplatz *m*; Warenhaus *n*; Laden *m*.
em·pow·er [im'pauə] ermächtigen; befähigen.
em·press ['empris] Kaiserin *f*.
emp·ti·ness ['emptinis] Leere *f*, Leerheit *f*; Hohlheit *f*; **'emp·ty** **1.** □ leer; *fig.* hohl; F hungrig; **2.** (sich) (aus-, ent)leeren; sich ergießen; **3.** leerer Behälter *m*; *empties pl.* ✝ Leergut *n*.
em·pur·ple [im'pəːpl] purpurrot färben.
e·mu *orn.* ['iːmjuː] Emu *m*, Kasuar *m*.
em·u·late ['emjuleit] wetteifern mit; nacheifern, es gleichtun (*dat.*); **em·u'la·tion** Wetteifer *m*; **em·u·la·tive** ['⁓lətiv] nacheifernd (*of dat.*); **em·u·la·tor** ['⁓leitə] Nacheiferer *m*; **'em·u·lous** □ (*of*) nacheifernd (*dat.*); eifersüchtig (auf *acc.*).
e·mul·sion ⚗ [i'mʌlʃən] Emulsion *f*.
en·a·ble [i'neibl] befähigen, in den Stand setzen, es *j-m* ermöglichen (*to inf.* zu *inf.*); ermächtigen.
en·act [i'nækt] verfügen, verordnen; *Gesetz* erlassen; *thea.* spielen; *be ⁓ed* sich abspielen; **en'act·ment** gesetzliche Verfügung *f*; Erlassen *n e-s Gesetzes*.
en·am·el [i'næməl] **1.** Email(le *f*) *n*, (*bsd.* Zahn)Schmelz *m*; Glasur *f*; **2.** emaillieren; glasieren; *poet.* (bunt) schmücken.
en·am·o(u)r [i'næmə] verliebt machen; *be ⁓ed of* verliebt sein in (*acc.*).
en·cage [in'keidʒ] einsperren.
en·camp ⚔ [in'kæmp] (sich) lagern, das Lager aufschlagen; **en'camp·ment** Lager(n) *n*.
en·case [in'keis] einschließen; umgeben; (um)hüllen; **en'case·ment** Gehäuse *n*; Hülle *f*.
en·cash·ment ✝ [in'kæʃmənt] Inkasso *n*, Einkassierung *f*.
en·caus·tic [en'kɔːstik] **1.** enkaustisch; **2.** Enkaustik *f* (*antike Maltechnik*).
en·ceph·a·li·tis ⚕ [enkefə'laitis] Gehirnentzündung *f*, Enzephalitis *f*.
en·chain [in'tʃein] anketten; fesseln.
en·chant [in'tʃɑːnt] bezaubern; *fig.* entzücken; **en'chant·er** Zauberer *m*; **en'chant·ment** Ver-, Bezauberung *f*; Zauber *m*; **en'chant·ress** Zauberin *f*.
en·chase [in'tʃeis] ziselieren; *Edelstein* fassen; *fig.* schmücken.
en·cir·cle [in'səːkl] einkreisen; umfassen, -geben; **en'cir·cle·ment** Umfassung *f*; *pol.* Einkreisung *f*.
en·close [in'kləuz] einzäunen; einfassen; einschließen; beilegen, beifügen; **en'clo·sure** [⁓ʒə] Einzäunung *f*; eingehegtes Grundstück *n*; Bei-, Anlage *f zu e-m Brief*.
en·co·mi·ast [en'kəumiæst] Lobredner *m*; **en'co·mi·um** [⁓mjəm] Lobrede *f*.
en·com·pass [in'kʌmpəs] umgeben.
en·core [ɔŋ'kɔː] **1.** noch einmal!; da capo!; **2.** *v/i.* da capo rufen; *v/t.* nochmals verlangen; *j.* um e-e Zugabe bitten; **3.** Dakaporuf *m*; Wiederholung *f*; Zugabe *f*.
en·coun·ter [in'kauntə] **1.** Zs.-treffen *n*; Begegnung *f*; Gefecht *n*; **2.** (plötzlich) begegnen (*dat.*), treffen; entgegentreten (*dat.*); auf *Schwierigkeiten etc.* stoßen, mit *j-m* zs.-stoßen.
en·cour·age [in'kʌridʒ] ermutigen, unterstützen, fördern; **en'cour·age·ment** Ermutigung *f*; Unterstützung *f*, Förderung *f*; **en'cour·ag·er** Förderer *m*.
en·croach [in'krəutʃ] eingreifen, -dringen (*on, upon* in *acc.*); beeinträchtigen (*on acc.*); *⁓ upon s.o.'s kindness* j-s Güte mißbrauchen;

en'croach·ment Ein-, Übergriff *m* (*on, upon* in, auf *acc.*).
en·crust [in'krʌst] (sich) überkrusten; ⊕ inkrustieren.
en·cum·ber [in'kʌmbə] belasten; beladen; beschweren; (be)hindern, versperren; **en'cum·brance** Last *f*; *fig.* Hindernis *n*; Hypothekenschuld *f*; Schuldenlast *f*; *without* ~ ohne (Familien)Anhang.
en·cyc·li·cal *eccl.* [en'siklikəl] (päpstliche) Enzyklika *f*.
en·cy·clo·p(a)e·di·a [ensaikləu'pi:djə] Enzyklopädie *f*, Konversationslexikon *n*; **en·cy·clo'p(a)e·dic** enzyklopädisch.
end [end] **1.** Ende *n*; Ziel *n*, (End-) Zweck *m*; Folge *f*; Endchen *n*; *be at an* ~ zu Ende sein; *no* ~ *of* unendlich viel(e), unzählige, sehr groß *etc.*; *have s.th. at one's fingers'* ~*s* et. beherrschen; *in the* ~ am Ende, auf die Dauer; *on* ~ aufrecht; hintereinander; ununterbrochen; *stand on* ~ zu Berge stehen; *to the* ~ *that* damit; *to no* ~ vergebens; *to this* ~ zu dem Zweck; *come to an* ~ zu Ende gehen; *go off the deep* ~ *fig.* in die Luft gehen; *make an* ~ *of, put an* ~ *to e-r Sache* ein Ende machen; *make both* ~*s meet* (mit dem Geld) gerade auskommen, sich nach der Decke strecken; **2.** enden, beend(ig)en.
en·dan·ger [in'deindʒə] gefährden.
en·dear [in'diə] teuer machen; **en'dear·ing** reizend; zärtlich; **en'dear·ment** Liebkosung *f*, Zärtlichkeit *f*.
en·deav·o(u)r [in'devə] **1.** Bestreben *n*, Bemühen *n*, Bemühung *f*, Anstrengung *f*; **2.** sich bemühen, bestrebt sein; streben (*after* nach).
en·dem·ic ⚕ [en'demik] **1.** *a.* **en'dem·i·cal** □ endemisch; einheimisch; **2.** endemische Krankheit *f*.
end·ing ['endiŋ] Ende *n*; Schluß *m*; *gr.* Endung *f*.
en·dive ⚘ ['endiv] Endivie *f*.
end·less □ ['endlis] endlos, unendlich; ⊕ ohne Ende.
en·dorse [in'dɔ:s] ✝ indossieren, girieren, überweisen; mit e-m Vermerk (*on* auf der Rückseite *e-r Urkunde*) versehen; gutheißen; beipflichten (*dat.*); *endorsing ink* Stempelfarbe *f*; **en·dor·see** [endɔ:'si:] Indossat *m*; **en·dorse·ment** [in'dɔ:smənt] Aufschrift *f*; Bestätigung *f*; ✝ Indossament *n*, Giro *n*; **en'dors·er** Indossant *m*, Girant *m*.
en·do·sperm ⚘ ['endəuspə:m] Endosperm *n*, Nährgewebe *n des Samens*.
en·dow [in'dau] ausstatten, begaben; *Kirche etc.* dotieren; **en'dow·ment** Ausstattung *f*, Stiftung *f*, Dotation *f*; Begabung *f*.
en·due *mst fig.* [in'dju:] bekleiden, versehen, ausstatten (*with* mit).
en·dur·a·ble [in'djuərəbl] erträglich; **en'dur·ance** Dauer *f*; Ertragen *n*, Aushalten *n*; Ausdauer *f*; Geduld *f*; *past* ~ unerträglich; ~ *flight* Dauerflug *m*; ~ *run* Dauerlauf *m*; **en'dure** (aus)dauern; aushalten; ertragen; **en'dur·ing** dauernd, dauerhaft.
end·way(s) ['endwei(z)], **end·wise** ['~waiz] mit dem Ende nach vorn; gerade, aufrecht.
en·e·ma ⚕ ['enimə] Einlauf *m*; Klistierspritze *f*.
en·e·my ['enimi] **1.** Feind *m*; *the* ♀ der Teufel, der böse Feind; **2.** feindlich.
en·er·get·ic [enə'dʒetik] (~*ally*) energisch, tatkräftig; wirksam; **'en·er·gize** ⚡ erregen; **'en·er·gy** Energie *f*, Kraft *f* (*a. phys.*); Willens-, Tatkraft *f*; Wirksamkeit *f*; Nachdruck *m*.
en·er·vate ['enə:veit] entnerven, schwächen; **en·er'va·tion** Entnervung *f*, Schwächung *f*; Schwäche *f*.
en·fee·ble [in'fi:bl] schwächen; **en'fee·ble·ment** Schwächung *f*.
en·feoff [in'fef] belehnen; **en'feoff·ment** Belehnung *f*; Lehnsbrief *m*.
en·fi·lade ⚔ [enfi'leid] **1.** Längsbestreichung *f*; **2.** bestreichen.
en·fold [in'fəuld] einhüllen; umfassen.
en·force [in'fɔ:s] erzwingen (*upon s.o.* von j-m); durchsetzen (*upon s.o.* bei j-m); aufzwingen (*upon s.o.* j-m); bestehen auf (*dat.*); zur Geltung bringen, durchführen; **en'force·a·ble** erzwingbar; vollstreckbar; **en'force·ment** Erzwingung *f*; Geltendmachung *f*; Durchführung *f*.
en·fran·chise [in'fræntʃaiz] das Wahlrecht verleihen (*dat.*); *Sklaven* befreien; **en'fran·chise·ment** [~-

tʃizmənt] Verleihung *f* des Wahlrechts; Freilassung *f*.
en·gage [inˈgeidʒ] *v/t.* ein-, anstellen; verpflichten; mieten; in Anspruch nehmen; ⚔ angreifen; *be* ~*d* verlobt sein (*to* mit); beschäftigt sein (*in* mit); besetzt sein; ~ *the clutch* einkuppeln; *v/i.* sich verpflichten, versprechen, garantieren; sich beschäftigen (*in* mit); ⚔ angreifen; ⊕ greifen (*Zahnräder*); **enˈgage·ment** Verpflichtung *f*; Verlobung *f*; Verabredung *f*; Stellung *f*, Beschäftigung *f*; ⚔ Gefecht *n*, Kampf *m*; ⊕ Einrücken *n e-s Ganges etc.*; **en·gage·ment ring** Verlobungsring *m*.
en·gag·ing *fig.* □ [inˈgeidʒiŋ] gewinnend, einnehmend.
en·gen·der *fig.* [inˈdʒendə] erzeugen, hervorbringen, -rufen.
en·gine [ˈendʒin] Maschine *f*, Motor *m*; 🚂 Lokomotive *f*; Feuerspritze *f*; *fig.* Mittel *n*, Werkzeug *n*; **ˈen·gined** ...motorig; **ˈen·gine-driv·er** Lokomotivführer *m*.
en·gi·neer [endʒiˈniə] **1.** Ingenieur *m*, Techniker *m*; Maschinenbauer *m*; ⚔ Pionier *m*; ⚓ Maschinist *m*; *Am.* Lokomotivführer *m*; **2.** Ingenieur sein; bauen; F deichseln; **en·giˈneer·ing** Maschinenbau *m*; Ingenieurwesen *n*; F Manipulation *f*; *attr.* technisch; Ingenieur...
en·gine...: **ˈ~-fit·ter** Maschinenschlosser *m*; **ˈ~man** Maschinist *m*; Lokomotivführer *m*.
en·gird [inˈgəːd] (*irr. gird*) umgürten; *fig.* umgeben.
Eng·lish [ˈiŋgliʃ] **1.** englisch; **2.** Englisch *n*; *the* ~ *pl.* die Engländer *pl.*; *in plain* ~ *fig.* unverblümt; *the Queen's* (*King's*) ~ korrektes Englisch *n*; **ˈ~man** Engländer *m*; **ˈ~wom·an** Engländerin *f*.
en·gorge [inˈgɔːdʒ] gierig verschlingen; überfüllen.
en·graft [inˈgrɑːft] pfropfen; *fig.* einprägen (in *dat.*); (ein)pfropfen (*into* in *acc.*); aufpfropfen (*on dat.*).
en·grain [inˈgrein] tief färben; *fig.* (unauslöschlich) einprägen; **enˈgrained** eingefleischt, unverbesserlich; eingewurzelt.
en·grave [inˈgreiv] gravieren, stechen; einmeißeln; *fig.* einprägen; **enˈgrav·er** Graveur *m*, Stecher *m*; ~ *on copper* Kupferstecher *m*; **enˈgrav·ing** Gravieren *n etc.*; (Kupfer-, Stahl)Stich *m*; Holzschnitt *m*.
en·gross [inˈgrəus] an sich ziehen; ganz in Anspruch nehmen; ins reine schreiben; *Unterhaltung* völlig an sich reißen; ~*ed in* vertieft in, beschäftigt mit; ~*ing* fesselnd; ~*ing hand* Kanzleischrift *f*; **enˈgross·ment** Anhäufung *f von Besitz*; Inanspruchnahme *f* (*of, with* durch); Urkunde *f*.
en·gulf [inˈgʌlf] *fig.* verschlingen (*Abgrund*); (in e-n Abgrund) stürzen.
en·hance [inˈhɑːns] steigern, vergrößern, erhöhen; **enˈhance·ment** Steigerung *f*, Vergrößerung *f*, Erhöhung *f*.
e·nig·ma [iˈnigmə] Rätsel *n*; **e·nig·mat·ic, e·nig·mat·i·cal** □ [enigˈmætik(əl)] rätselhaft.
en·join [inˈdʒɔin] auferlegen, anbefehlen (*on, upon s.o.* j-m).
en·joy [inˈdʒɔi] sich erfreuen an (*dat.*), sich freuen über (*acc.*); Gefallen finden an (*dat.*), Freude haben an (*dat.*); genießen; *did you* ~ *it?* hat es Ihnen gefallen?; ~ *o.s.* sich gut unterhalten *od.* amüsieren; *I* ~ *my dinner* es schmeckt mir; **enˈjoy·a·ble** genußreich, erfreulich; angenehm; **enˈjoy·ment** Genuß *m*, Vergnügen *n*, Freude *f*.
en·kin·dle [inˈkindl] entzünden, entflammen (*a. fig.*).
en·lace [inˈleis] umschlingen.
en·large [inˈlɑːdʒ] *v/t.* erweitern, ausdehnen; vergrößern (*a. phot.*); *v/i.* sich erweitern *etc.*; *fig.* sich verbreiten (*on, upon* über *acc.*); **enˈlarge·ment** Erweiterung *f*, Ausdehnung *f*; Vergrößerung *f*; **enˈlarg·er** *phot.* Vergrößerungsgerät *n*.
en·light·en [inˈlaitn] *fig.* erleuchten; *j.* aufklären, belehren; **enˈlight·en·ment** Aufklärung *f*.
en·list [inˈlist] *v/t. Soldaten* anwerben; gewinnen (*in* für); ~*ed man* ⚔ Soldat *m*; *v/i.* sich anwerben lassen, sich freiwillig melden; ~ *in* eintreten für; **enˈlist·ment** ⚔ (An-)Werbung *f*; *fig.* Gewinnung *f*.
en·liv·en [inˈlaivn] beleben; *fig.* ankurbeln.
en·mesh [inˈmeʃ] umgarnen.
en·mi·ty [ˈenmiti] Feindschaft *f*.

en·no·ble [i'nəubl] adeln (*a. fig.*); veredeln.
e·nor·mi·ty [i'nɔːmiti] Ungeheuerlichkeit *f*; **e'nor·mous** □ ungeheuer, gewaltig, riesig.
e·nough [i'nʌf] genug; *sure* ~! freilich!, gewiß!; *well* ~ recht wohl; ziemlich gut; *be kind* ~ *to inf.* so freundlich sein zu *inf.*
en·plane [in'plein] = *emplane.*
en·quire [in'kwaiə] = *inquire.*
en·rage [in'reidʒ] wütend machen; **en'raged** wütend (*at* über *acc.*).
en·rap·ture [in'ræptʃə] entzücken.
en·rich [in'ritʃ] bereichern; anreichern; verzieren; **en'rich·ment** Bereicherung *f*; Verzierung *f*.
en·rol(l) [in'rəul] *in e-e Liste* eintragen; ⚔ anwerben; *in e-n Verein etc.* aufnehmen; protokollieren; aufzeichnen; ~ (*o.s.*) sich einschreiben lassen; sich anwerben lassen; **en'rol(l)·ment** Eintragung *f etc.*; Verzeichnis *n*; Stärke *f*, Schüler-, Studenten-, Teilnehmerzahl *f*.
en·san·guined [in'sæŋgwind] blutbefleckt.
en·sconce [in'skɔns] verbergen; *mst* ~ *o.s.* F es sich bequem machen.
en·sem·ble [ɑ̃ːn'sɑ̃ːmbl] Gesamteindruck *m*; *thea.*, ♪ Ensemble *n*; *Kleider*: Komplet *n*, Ensemble *n*.
en·shrine [in'ʃrain] einschließen, (als Heiligtum) verwahren.
en·shroud [in'ʃraud] einhüllen.
en·sign ['ensain] Fahne *f*, Flagge *f*; Abzeichen *n*; ⚓ *Am.* ['ensn] Leutnant *m* zur See.
en·si·lage ['ensilidʒ] **1.** Silospeicherung *f*, -futter *n*; **2.** = **en·sile** [in'sail] in e-m Silo einlagern.
en·slave [in'sleiv] zum Sklaven machen (*to gen.*); versklaven, knechten; **en'slave·ment** Versklavung *f*, Knechtung *f*; **en'slav·er** Unterjocher *m* (*bsd. fig.*).
en·snare [in'snɛə] in e-r Schlinge fangen; *fig.* verführen.
en·sue [in'sjuː] folgen, sich ergeben (*from, on* aus); (nach)folgen.
en·sure [in'ʃuə] sichern, sicherstellen (*against, from* gegen); garantieren.
en·tab·la·ture ⚠ [en'tæblətʃə] Säulengebälk *n*.
en·tail [in'teil] **1.** zur Folge haben, mit sich bringen; als unveräußerliches Gut vererben; **2.** (Übertragung *f* als) unveräußerliches Gut *n*.
en·tan·gle [in'tæŋgl] (in ein Netz *etc.*) verwickeln (*a. fig.*); *fig.* verstricken; verworren machen; **en'tan·gle·ment** Verwicklung *f*; ⚔ *Draht*-Verhau *m*.
en·tente [ɑ̃ːn'tɑ̃ːnt] Bündnis *n*.
en·ter ['entə] *v/t.* (ein)treten in (*acc.*); betreten; einsteigen, -fahren *etc.* in (*acc.*); eindringen in (*acc.*); in *die Debatte* eingreifen; hineinbringen; einschreiben, eintragen, ⚕ buchen; *Protest* einbringen; einstellen, aufnehmen; melden; *Tier* abrichten; *it* ~*ed his head* es kam ihm in den Sinn; ~ *s.o. at school* j. zur Schule anmelden; ~ *up* ⚕ buchen; *v/i.* eintreten; sich einschreiben; *Sport*: melden, nennen (*for* zu); aufgenommen werden; ~ *Macbeth thea.* Macbeth tritt auf; ~ *into* hineingehen, hereinkommen *etc.* in (*acc.*); *Unterhaltung etc.* anfangen; *fig.* eingehen auf *e-n Vorschlag*; *fig. Bündnis etc.* eingehen; *Thema* anschneiden; ~ (*up*)*on* betreten; eintreten in *ein Amt, Lebensjahr*; sich einlassen auf *ein Unternehmen, Thema etc.*; ⚖ Besitz *e-r Sache* antreten.
en·ter·ic ⚕ [en'terik] Darm...; **en·ter·i·tis** [~tə'raitis] Darmkatarrh *m*.
en·ter·prise ['entəpraiz] Unternehmung *f*, -nehmen *n*; Betrieb *m*; Unternehmertum *n*; Unternehmungsgeist *m*, -lust *f*; **'en·ter·pris·ing** □ unternehmend; unternehmungslustig; kühn.
en·ter·tain [entə'tein] unterhalten; bewirten; in Erwägung ziehen; *Meinung etc.* hegen; eingehen auf (*acc.*); *they* ~ *a great deal* sie geben oft Gesellschaften; ~ *s.o. to supper* j. zum Abendessen einladen; **en·ter'tain·er** Gastgeber *m*, Wirt *m*; Unterhaltungskünstler *m*; **en·ter'tain·ing** □ unterhaltend, amüsant; **en·ter'tain·ment** Unterhaltung *f*; Aufnahme *f*, Bewirtung *f*; Fest *n*, Gesellschaft *f*; ~ *tax* Vergnügungssteuer *f*.
en·thral(l) [in'θrɔːl] *fig.* bezaubern, fesseln.
en·throne [in'θrəun] auf den Thron setzen; **en'throne·ment, en·thron·i·za·tion** [enθrəunai'zeiʃən] Einsetzung *f* (als Herrscher).
en·thuse F [in'θjuːz]: ~ *over* schwärmen von, sich begeistern für.

en·thu·si·asm [in'θju:ziæzəm] Begeisterung *f*; **en'thu·si·ast** [~æst] Schwärmer(in) (*for, of* für); **en·thu·si'as·tic** (*~ally*) begeistert (*at, about* von).
en·tice [in'tais] (ver)locken; **en'tice·ment** Verlockung *f*, Reiz *m*; **en'tic·er** Verführer(in); **en'tic·ing** □ verführerisch, verlockend.
en·tire □ [in'taiə] ganz, unversehrt; vollständig; ungeteilt, voll; vollzählig; nicht kastriert (*Pferd etc.*); **en'tire·ly** völlig, durchaus; lediglich; **en'tire·ness** Vollständigkeit *f*; Unversehrtheit *f*; **en'tire·ty** Gesamtheit *f*.
en·ti·tle [in'taitl] betiteln; berechtigen (*to* zu); *be ~d to* Anspruch haben auf (*acc.*).
en·ti·ty ['entiti] Wesen(heit *f*) *n*; Dasein *n*; *legal ~* juristische Person *f*.
en·tomb [in'tu:m] begraben; **en'tomb·ment** Begräbnis *n*.
en·to·mol·o·gy *zo.* [entə'mɔlədʒi] Insektenkunde *f*.
entr'acte *thea.* ['ɔntrækt] Zwischenspiel *n*.
en·trails ['entreilz] *pl.* Eingeweide *n/pl.*; Innere *n*.
en·train ⚔ [in'trein] in e-n Eisenbahnzug verladen *od.* steigen.
en·trance¹ ['entrəns] Ein-, Zutritt *m*; Einfahrt *f*, Eingang *m*, Einzug *m*; Antritt *m* (*into od. upon office* des Amtes); Eintrittsgeld *n*; *thea.* Auftritt *m*; Einlaß *m*; Eingang *m*, *Hafen*-Einfahrt *f*.
en·trance² [in'trɑ:ns] entzücken, hinreißen.
en·trance... ['entrəns]: *~* **ex·am·i·na·tion** Aufnahmeprüfung *f*; *~* **fee,** *~* **mon·ey** Eintritt(sgeld *n*) *m*.
en·trant ['entrənt] (neu) Eintretende *m*; *Sport*: Teilnehmer *m*.
en·trap [in'træp] (ein)fangen; bestricken; verleiten (*into, to* zu).
en·treat [in'tri:t] (inständig) bitten, ersuchen; *et.* erbitten (*of* von); **en'treat·y** (dringende) Bitte *f*, Gesuch *n*.
en·trée ['ɔntrei] Zutritt *m*; Entrée *n*, Zwischengericht *n*.
en·trench [in'trentʃ] ⚔ verschanzen; *fig.* einwurzeln; **en'trench·ment** Verschanzung *f*.
en·tre·pre·neur [ɔntrəprə'nə:] Unternehmer *m*.
en·trust [in'trʌst] anvertrauen (*s.th. to s.o.* j-m et.); betrauen (*s.o. with s.th.* j. mit et.).
en·try ['entri] Eintritt *m*; Eingang *m*, Einzug *m*; ⚖ Besitzantritt *m* (*on, upon gen.*); Eintragung *f*, Notiz *f*; Zolldeklaration *f*; *gebuchter* Posten *m*; Eingang *m von Geldern etc.*; *Sport*: Nennung(sliste) *f*, Meldung *f*; Eingang(stür *f etc.*) *m*; *~ permit* Einreisegenehmigung *f*; *make an ~ of s.th.* et. buchen; *book-keeping by double (single) ~* doppelte (einfache) Buchführung *f*.
en·twine [in'twain], **en·twist** [in'twist] (um)winden; verflechten.
e·nu·mer·ate [i'nju:məreit] aufzählen; **e·nu·mer'a·tion** Aufzählung *f*.
e·nun·ci·ate [i'nʌnsieit] verkünden; *Lehrsatz etc.* aufstellen; aussprechen; **e·nun·ci'a·tion** Aufstellung *f*; Aussprache *f*; Ausdrucksweise *f*.
en·vel·op [in'veləp] einhüllen; einwickeln; umhüllen, -geben; ⚔ einkreisen; **en·ve·lope** ['envələup], *Am. a.* **en·vel·op** [in'veləp] Briefumschlag *m*; (Ballon)Hülle *f*; **en·vel·op·ment** [in'veləpmənt] Umhüllung *f*.
en·ven·om [in'venəm] vergiften; *fig. a.* verschärfen.
en·vi·a·ble □ ['enviəbl] beneidenswert; **'en·vi·er** Neider(in); **'en·vi·ous** □ neidisch (*of* auf *acc.*).
en·vi·ron [in'vaiərən] umringen, umgeben; **en'vi·ron·ment** Umgebung *f e-r Person*; **en·vi·rons** ['envirənz] *pl.* Umgebung *f e-r Stadt*.
en·vis·age [in'vizidʒ] *e-r Gefahr* ins Auge sehen; *Ziel* ins Auge fassen; sich *et.* vorstellen, betrachten.
en·voy¹ ['envɔi] Gesandte *m*; Bote *m*.
en·voy² [~] Schlußstrophe *f*.
en·vy ['envi] **1.** Neid *m* (*of s.o.* auf j.; *of od. at s.th.* über, auf et.); *his car is the ~ of his friends* um s-n Wagen beneiden ihn s-e Freunde; **2.** beneiden (*s.o. s.th.* j. um et.).
en·wrap [in'ræp] einwickeln, -hüllen.
en·zyme *biol.* ['enzaim] Enzym *n*.
e·on ['i:ən] = *aeon*.
ep·au·let(te) ['epəulet] Epaulette *f*, Achsel-, Schulterstück *n*.

e·pergne [iˈpəːn] Tafelaufsatz *m.*
e·phem·er·a *zo.* [iˈfemərə], **eˈphem·er·on** [~rɔn] *pl. a.* **eˈphem·er·a** [~rə] Eintagsfliege *f*; **eˈphem·er·al** kurzlebig; vergänglich.
ep·ic [ˈepik] **1.** □ episch; **2.** Epos *n.*
ep·i·cure [ˈepikjuə] Feinschmecker *m*, Genießer *m*, Epikureer *m*; **ep·i·cu·re·an** [~ˈriːən] **1.** genußsüchtig, epikureisch; **2.** = *epicure.*
ep·i·dem·ic [epiˈdemik] **1.** (*~ally*) epidemisch, seuchenartig; *~ disease* = **2.** Seuche *f*, Epidemie *f.*
ep·i·der·mis *anat.* [epiˈdəːmis] Oberhaut *f.*
ep·i·di·a·scope [epiˈdaiəskəup] Epidiaskop *n*, Bildwerfer *m.*
ep·i·gram [ˈepigræm] Epigramm *n*; **ep·i·gram·mat·ic, ep·i·gram·mat·i·cal** □ [~grəˈmætik(əl)] epigrammatisch.
ep·i·lep·sy ⚕ [ˈepilepsi] Epilepsie *f*; **ep·iˈlep·tic** ⚕ **1.** epileptisch; **2.** Epileptiker(in).
ep·i·logue [ˈepilɔg] Nachwort *n.*
E·piph·a·ny [iˈpifəni] Dreikönigsfest *n*, -tag *m.*
e·pis·co·pa·cy [iˈpiskəpəsi] bischöfliche Verfassung *f*; **eˈpis·co·pal** bischöflich; **e·pis·co·pa·li·an** [~kəuˈpeiljən] Anhänger *m* der Episkopalkirche; **eˈpis·co·pate** [~kəupit] Episkopat *n*, Bischofswürde *f*; Bistum *n.*
ep·i·sode [ˈepisəud] Episode *f*; Ereignis *n*; **ep·i·sod·ic, ep·i·sod·i·cal** □ [~ˈsɔdik(əl)] episodisch.
e·pis·tle [iˈpisl] Epistel *f*, Sendschreiben *n*; **eˈpis·to·lar·y** [~tələri] brieflich; Brief...
ep·i·taph [ˈepitaːf] Grabschrift *f.*
ep·i·thet [ˈepiθet] Beiwort *n*; Beiname *m*; Attribut *n*; Epitheton *n.*
e·pit·o·me [iˈpitəmi] Auszug *m*, Abriß *m*; Inhaltsangabe *f*; **eˈpit·o·mize** e-n Auszug machen *od.* geben von; (zs.-)drängen.
ep·och [ˈiːpɔk] Epoche *f*; **ˈ~-mak·ing** epochemachend.
Ep·som salts [ˈepsəmˈsɔːlts] *pl.* Bittersalz *n.*
eq·ua·bil·i·ty [ekwəˈbiliti] Gleichförmigkeit *f*; Gleichmut *m*; **ˈeq·ua·ble** □ gleichförmig, -mäßig; *fig.* gleichmütig.
e·qual [ˈiːkwəl] **1.** □ gleich, gleichmäßig, -förmig; gleichberechtigt; angemessen; ebenbürtig; *~ to* fähig zu; gewachsen (*dat.*); **2.** Gleiche *m*; *my ~s pl.* meinesgleichen; **3.** gleichen, gleichkommen (*dat.*); *not to be ~led* seinesgleichen nicht haben; **e·qual·i·ty** [iːˈkwɔliti] Gleichheit *f*; Gleichberechtigung *f*; **e·qual·i·za·tion** [iːkwəlaiˈzeiʃən] Gleichmachung *f*; Ausgleich *m*; **ˈe·qual·ize** *v/t.* gleichmachen (*to, with dat.*); *v/i. Sport*: ausgleichen.
e·qua·nim·i·ty [ekwəˈnimiti] Gleichmut *m.*
e·quate [iˈkweit] gleichsetzen, -stellen (*to, with dat.*); **eˈqua·tion** Ausgleich *m*; ✗ Gleichung *f*; **eˈqua·tor** Äquator *m*; **e·qua·to·ri·al** □ [ekwəˈtɔːriəl] äquatorial.
eq·uer·ry [iˈkweri] Stallmeister *m.*
e·ques·tri·an [iˈkwestriən] **1.** Reit..., Reiter...; **2.** (Kunst)Reiter *m.*
e·qui·dis·tant [ˈiːkwiˈdistənt] gleich weit entfernt.
e·qui·lat·er·al □ [ˈiːkwiˈlætərəl] gleichseitig.
e·qui·li·brate [iːkwiˈlaibreit] *v/t.* ins Gleichgewicht bringen; im Gleichgewicht halten; *v/i.* im Gleichgewicht sein; **e·quil·i·brist** [iːˈkwilibrist] Seiltänzer *m*; **e·quiˈlib·ri·um** [~əm] Gleichgewicht *n*; Ausgleich *m.*
e·quine *zo.* [ˈiːkwain] pferdeartig; Pferde...
e·qui·noc·tial [iːkwiˈnɔkʃəl] Äquinoktial...; **e·qui·nox** [ˈ~nɔks] Tagundnachtgleiche *f.*
e·quip [iˈkwip] ausrüsten; ausstatten; einrichten; **eq·ui·page** [ˈekwipidʒ] Ausrüstung *f*; Equipage *f*, Kutsche *f*; **e·quip·ment** [iˈkwipmənt] Ausrüstung *f*, -stattung *f*; Einrichtung *f*; Gerätschaften *f/pl.*; *fig.* Rüstzeug *n.*
e·qui·poise [ˈekwipɔiz] **1.** Gleichgewicht *n*; Gegengewicht *n*; **2.** aufwiegen; im Gleichgewicht halten.
eq·ui·ta·ble □ [ˈekwitəbl] billig, gerecht; **ˈeq·ui·ty** Billigkeit *f*; ⚖ Billigkeitsrecht *n*; ***equities*** *pl.* Aktien *f/pl.*
e·quiv·a·lence [iˈkwivələns] Gleichwertigkeit *f*; **eˈquiv·a·lent** **1.** gleichwertig; gleichbedeutend (*to* mit); **2.** Äquivalent *n*, Gegenwert *m*; Gegenstück *n*, *genaue* Entsprechung *f.*
e·quiv·o·cal □ [iˈkwivəkəl] zweideutig, zweifelhaft; **eˈquiv·o·cal-**

ness Zweideutigkeit *f*; **e'quiv·o·cate** [~keit] zweideutig reden; **e·quiv·o'ca·tion** Zweideutigkeit *f*; Wortverdrehung *f*.
eq·ui·voque, eq·ui·voke ['ekwivəuk] Wortspiel *n*; Zweideutigkeit *f*.
e·ra ['iərə] Ära *f*, Zeitrechnung *f*; Zeitalter *n*.
e·rad·i·cate [i'rædikeit] ausrotten; **e·rad·i'ca·tion** Ausrottung *f*.
e·rase [i'reiz] auskratzen; ausradieren, -streichen; auslöschen (*a. fig.*); **e'ras·er** Radiermesser *n*, -gummi *m*; **e'ra·sure** [~ʒə] Ausradieren *n*; radierte Stelle *f*.
ere *poet.* [ɛə] **1.** *cj.* ehe, bevor; **2.** *prp.* vor; ~ *this* schon früher; ~ *long* bald; ~ *now* vormals.
e·rect [i'rekt] **1.** □ aufrecht; zu Berge stehend (*Haare*); **2.** aufrichten; *Denkmal etc.* errichten; *Theorie etc.* aufstellen; **e'rect·ing** Montage *f*; **e'rec·tion** Auf-, Errichtung *f*; Gebäude *n*; **e'rect·ness** Geradheit *f*, aufrechte Haltung *f*; **e'rec·tor** Errichter *m*, Erbauer *m*.
er·e·mite ['erimait] Einsiedler *m*; **er·e·mit·ic** [~'mitik] einsiedlerisch.
erg *phys.* [ə:g] Erg *n* (*Arbeitseinheit*).
er·got ⚘ ['ə:gət] Mutterkorn *n*.
er·mine ['ə:min] *zo.* Hermelin *n*; Hermelin(pelz) *m*; *fig.* Richterwürde *f*.
e·rode [i'rəud] zer-, wegfressen; erodieren.
e·ro·sion [i'rəuʒən] Zerfressung *f*, ⚕, *geol.* Erosion *f*; **e'ro·sive** [~siv] zerfressend.
e·rot·ic [i'rɔtik] **1.** erotisch; **2.** erotisches Gedicht *n*; **e'rot·i·cism** [~sizəm] Erotik *f*.
err [ə:] (sich) irren; fehlen, sündigen.
er·rand ['erənd] Botengang *m*, Auftrag *m*; *fool's* ~ Metzgergang *m*, vergebliches Bemühen *n*; *go (on)* ~*s* Botengänge machen; '~**-boy** Laufbursche *m*.
er·rant □ ['erənt] irrend; *s. knight-*~; '**er·rant·ry** Umherschweifen *n*; Irrfahrt *f e-s Ritters*.
er·rat·ic [i'rætik] (~*ally*) wandernd; regellos; unberechenbar; ~ *fever* Wechselfieber *n*; **er·ra·tum** [e'rɑ:təm], *pl.* **er'ra·ta** [~tə] Druckfehler *m*.
er·ro·ne·ous □ [i'rəunjəs] irrig.
er·ror ['erə] Irrtum *m*, Fehler *m*; ~ *of judgement* Fehlschluß *m*; ~*s excepted* Irrtümer vorbehalten.
Erse [ə:s] **1.** gälisch; irisch; **2.** Gälisch *n*; Irisch *n*.
erst·while ['ə:stwail] früher, ehedem; ehemalig.
e·ruc·ta·tion [i:rʌk'teiʃən] Aufstoßen *n*, Rülpsen *n*; Ausbruch *m*.
er·u·dite □ ['eru:dait] gelehrt; **er·u·di·tion** [~'diʃən] Gelehrsamkeit *f*.
e·rupt [i'rʌpt] ausbrechen (*Vulkan*); durchbrechen (*Zähne*); **e'rup·tion** Ausbruch *m e-s Vulkans* (*a. fig.*); ⚕ Hautausschlag *m*; **e'rup·tive** ausbrechend; eruptiv; Eruptiv...
er·y·sip·e·las ⚕ [eri'sipiləs] Erysipel *n*, (Wund)Rose *f*.
es·ca·la·tion *pol.* [eskə'leiʃən] Eskalation *f*, Hochschrauben *n* der Vergeltungsschläge.
es·ca·la·tor ['eskəleitə] Rolltreppe *f*.
es·ca·pade [eskə'peid] toller Streich *m*, Eskapade *f*; *fig.* Seitensprung *m*; **es·cape** [is'keip] **1.** *v/t.* entschlüpfen, entgehen (*dat.*); umgehen; *j-m* entfallen; *v/i.* entkommen, entrinnen (*from dat.*); ausbrechen; entweichen (*Gas etc.*); **2.** Entrinnen *n*, Flucht *f*; Rettung *f*; Entweichen *n*; (Mittel *n* der) Entspannung *f*; *attr.* Abfluß...; Auslaß...; *have a narrow* ~ mit knapper Not davon- *od.* entkommen; **es·ca·pee** [eskei'pi:] Ausbrecher *m*, Flüchtling *m*; **es·cape·ment** ⊕ [is'keipmənt] Hemmung *f an der Uhr*; **es'cap·ism** Eskapismus *m*, Wirklichkeitsflucht *f*; **es'cap·ist** **1.** j., der die Wirklichkeit flieht; **2.** Illusions...
es·carp [is'kɑ:p] **1.** *a.* **es'carp·ment** Böschung *f*, Abdachung *f*; **2.** böschen, abdachen.
es·cheat ⚖ [is'tʃi:t] **1.** Heimfall *m an den Staat etc.*; **2.** *v/i.* heimfallen; *v/t.* konfiszieren.
es·chew [is'tʃu:] scheuen, (ver-)meiden.
es·cort **1.** ['eskɔ:t] Eskorte *f*; Geleit *n* (*a. fig.*); Begleitung *f*; **2.** [is'kɔ:t] eskortieren, geleiten.
es·cri·toire [eskri:'twɑ:] Schreibpult *n*.
es·cu·lent ['eskjulənt] **1.** eßbar; **2.** Nahrungsmittel *n*.
es·cutch·eon [is'kʌtʃən] Wappenschild *m*, *n*; Namenschild *n*.

Es·ki·mo ['eskiməu] Eskimo *m*.
e·soph·a·gus [iː'sɔfəgəs] = *oesophagus*.
es·o·ter·ic [esəu'terik] esoterisch, nur für Eingeweihte.
es·pal·ier ⚘ [is'pæljə] Spalier *n*; Spalierbaum *m*.
es·pe·cial [is'peʃəl] besonder; vorzüglich; **es'pe·cial·ly** besonders.
Es·per·an·to [espə'ræntəu] Esperanto *n*.
es·pi·al [is'paiəl] Spähen *n*.
es·pi·o·nage [espiə'nɑːʒ] Spionage *f*.
es·pla·nade [esplə'neid] Esplanade *f*; Promenade *f*.
es·pous·al [is'pauzəl] Eintreten *n* (*of* für); **es'pouse** heiraten; sich *e-r Sache* annehmen.
es·pres·so [es'presəu] Espresso *m* (*Kaffee*); ~ **bar**, ~ **ca·fé** Espresso (-bar *f*) *n*.
es·py [is'pai] erspähen, erblicken.
es·quire [is'kwaiə] Landedelmann *m*, Gutsbesitzer *m*; *auf Briefen*: *John Smith Esq.* Herrn John Smith.
es·say 1. [e'sei] versuchen; probieren; **2.** ['esei] Versuch *m* (*at* mit), Probe *f*; Aufsatz *m*, kurze Abhandlung *f*, Essay *m*; **'es·say·ist** Essayist *m*.
es·sence ['esns] Geist *m*, Wesen *n* *e-r Sache*; Extrakt *m*; Essenz *f*;
es·sen·tial [i'senʃəl] **1.** □ (*to*) wesentlich (für); wichtig (für); ~ *likeness* Wesensgleichheit *f*; ~ *oil* ätherisches Öl *n*; **2.** *das* Wesentliche, Hauptsache *f*; Grundzug *m*; **es'sen·tial·ly** im Grunde genommen.
es·tab·lish [is'tæbliʃ] festsetzen; errichten, gründen; einrichten, -führen; *Beamten etc.* einsetzen; *Kinder* versorgen; nachweisen; ~ *o.s.* sich niederlassen *od.* etablieren; *Ƨed Church* Staatskirche *f*; *~ed merchant* selbständiger Kaufmann *m*; **es'tab·lish·ment** Festsetzung *f*; Gründung *f*; Er-, Einrichtung *f*; (*bsd. großer*) Haushalt *m*; Anstalt *f*; Firma *f*; *das* Establishment, *die* herrschenden Kreise *m/pl.*; ⚔, ⚓ *Mannschafts*-Bestand *m*; *military* ~ stehendes Heer *n*.
es·tate [is'teit] Grundstück *n*; Landsitz *m*; Grundbesitz *m*, Gut *n*; Besitz *m*, Vermögen *n*; (Konkurs-) Masse *f*, Nachlaß *m*; Stand *m*, Klasse *f*; *personal* ~ bewegliches Eigentum *n*; *real* ~ Liegenschaften *f/pl.*; *housing* ~ Wohnsiedlung *f*; *industrial* ~ Industriegebiet *n*; ~ **a·gent** Grundstücks-, Häusermakler *m*; ~ **car** Kombiwagen *m*; ~ **du·ty** Nachlaßsteuer *f*.
es·teem [is'tiːm] **1.** Achtung *f*, Ansehen *n* (*with* bei); **2.** (hoch)achten, (hoch)schätzen; erachten für.
es·ter ⚗ ['estə] Ester *m*.
es·thet·ic [iːs'θetik] = *aesthetic*.
Es·tho·ni·an [es'təunjən] **1.** Este *m*, Estin *f*; Estländisch *n*; **2.** estnisch.
es·ti·ma·ble ['estiməbl] achtens-, schätzenswert.
es·ti·mate 1. ['estimeit] (ab)schätzen; veranschlagen (*at* auf *acc.*); **2.** ['~mit] Schätzung *f*; (Vor)Anschlag *m*, Überschlag *m*; *the Ƨs pl. parl.* der Haushaltsplan, das Budget; **es·ti·ma·tion** [~'meiʃən] Schätzung *f*; Urteil *n*, Meinung *f*; Achtung *f*; **'es·ti·ma·tor** Abschätzer *m*.
es·trade [es'trɑːd] Estrade *f*, erhöhter Platz *m*.
es·trange [is'treindʒ] entfremden (*from s.o.* j-m); **es'trange·ment** Entfremdung *f*.
es·tu·ar·y ['estjuəri] Trichtermündung *f*.
et·cet·er·as [it'setrəz] *pl.* Kleinigkeiten *f/pl.*
etch [etʃ] ätzen, radieren; **'etch·ing** Radierung *f*; Kupferstich *m*.
e·ter·nal □ [iː'təːnl] immerwährend, unaufhörlich, ewig; **e'ter·nal·ize** [~nəlaiz] verewigen; **e'ter·ni·ty** Ewigkeit *f*; **e'ter·nize** [~naiz] verewigen.
e·ther ['iːθə] Äther *m* (*a.* ⚗);
e·the·re·al □ [iː'θiəriəl] ätherisch (*a. fig.*); **'e·ther·ize** mit Äther betäuben, narkotisieren.
eth·i·cal □ ['eθikəl] sittlich, ethisch; **'eth·ics** *mst sg.* Sittenlehre *f*, Ethik *f*.
E·thi·o·pi·an [iːθi'əupjən] **1.** äthiopisch; **2.** Äthiopier(in).
eth·nic ['eθnik] ethnisch, völkisch.
eth·nog·ra·phy [eθ'nɔgrəfi] Ethnographie *f*, (beschreibende) Völkerkunde *f*; **eth'nol·o·gy** [~lədʒi] Ethnologie *f*, (vergleichende) Völkerkunde *f*.
eth·yl ⚗ ['eθil; ⚗ 'iːθail] Äthyl *n*;
eth·yl·ene ['eθiliːn] Äthylen *n*, Kohlenwasserstoffgas *n*.
e·ti·o·late ['iːtiəuleit] etiolieren,

durch Lichtmangel bleichen, vergeilen; *fig.* schwächen.
e·ti·ol·o·gy ⚕ [iːtiˈɔlədʒi] Ätiologie *f*, Ursachenforschung *f*.
et·i·quette [ˈetiket] Etikette *f*.
E·ton crop [ˈiːtnˈkrɔp] Herrenschnitt *m* (*Damenfrisur*).
E·trus·can [iˈtrʌskən] **1.** etruskisch; **2.** Etrusker(in); Etruskisch *n*.
et·y·mo·log·i·cal □ [etiməˈlɔdʒikl] etymologisch; **et·y·mol·o·gy** [~ˈmɔlədʒi] Etymologie *f*, Wortableitung *f*.
eu·ca·lyp·tus ⚘ [juːkəˈliptəs] Eukalyptus *m*.
Eu·cha·rist [ˈjuːkərist] Abendmahl *n*.
Eu·clid ⩕ [ˈjuːklid] euklidische Geometrie *f*.
eu·gen·ic [juːˈdʒenik] (*~ally*) eugenisch; **euˈgen·ics** *sg.* Eugenik *f*, Erbgesundheitslehre *f*.
eu·lo·gist [ˈjuːlədʒist] Lobredner *m*; **eu·lo·gize** [ˈ~dʒaiz] loben; **eu·lo·gy** [ˈ~dʒi] Lob(rede *f*) *n*.
eu·nuch [ˈjuːnək] Eunuch *m*.
eu·phe·mism [ˈjuːfimizəm] Euphemismus *m*, beschönigender Ausdruck *m*; **eu·pheˈmis·tic, eu·pheˈmis·ti·cal** □ beschönigend.
eu·phon·ic, eu·phon·i·cal □ [juːˈfɔnik(əl)] wohlklingend; **eu·pho·ny** [ˈjuːfəni] Wohlklang *m*.
eu·phor·ia [juːˈfɔːriə] Euphorie *f*, Wohlbefinden *n*.
eu·phu·ism [ˈjuːfjuːizəm] gezierte Ausdrucksweise *f*, Schwulst *m*.
Eur·a·sian [juəˈreiʒjən] **1.** Eurasier (-in); **2.** eurasisch.
eu·re·ka [juəˈriːkə] heureka (*ich hab's gefunden*).
Eu·ro·pe·an [juərəˈpiːən] **1.** europäisch; **2.** Europäer(in).
Eu·ro·vi·sion [juərəˈviʒən] europäische Fernsehringsendung *f*, Eurovision *f*.
eu·tha·na·si·a [juːθəˈneizjə] Euthanasie *f* (*leichter Tod*; *Sterbehilfe*).
e·vac·u·ate [iˈvækjueit] entleeren; evakuieren; *Land etc.* räumen; *Bewohner* aussiedeln; ⚕ abführen;
e·vac·uˈa·tion Entleerung *f*; Evakuierung *f*; **e·vac·uˈee** Evakuierte *m, f*.
e·vade [iˈveid] (geschickt) ausweichen (*dat.*); umgehen, sich drücken um.
e·val·u·ate *bsd.* ⩕ [iˈvæljueit] zahlenmäßig bestimmen, auswerten; berechnen; **e·val·uˈa·tion** Auswertung *f*; Berechnung *f*.
ev·a·nesce [iːvəˈnes] (ver)schwinden; **ev·aˈnes·cence** (Dahin-) Schwinden *n*; **ev·aˈnes·cent** □ (ver)schwindend.
e·van·gel·ic, e·van·gel·i·cal □ [iːvænˈdʒelik(əl)] evangelisch; **e·van·ge·list** [iˈvændʒilist] Evangelist *m*; **eˈvan·ge·lize** *j-m* das Evangelium predigen; bekehren.
e·vap·o·rate [iˈvæpəreit] verdunsten, verdampfen (lassen); *fig.* verschwinden, sich verflüchtigen; *~ed milk* Kondensmilch *f*; **e·vap·oˈra·tion** Verdunstung *f*, Verdampfung *f*.
e·va·sion [iˈveiʒən] Umgehung *f*; Ausflucht *f*; **eˈva·sive** □ [~siv] ausweichend (*of dat.*); *be ~ fig.* ausweichen.
eve [iːv] Vorabend *m*; Vortag *m*; *poet.* Abend *m*; *on the ~ of* unmittelbar vor (*dat.*), am Vorabend (*gen.*).
e·ven[1] [ˈiːvən] **1.** *adj.* □ eben, gerade, gleich; gleichmäßig, -förmig; ausgeglichen; ruhig; glatt; gerade (*Zahl*); unparteiisch; *make ~ with the ground* dem Boden gleichmachen; *be ~ with s.o.* mit j-m quitt sein; *get ~ with s.o. fig.* mit j-m abrechnen; *odd or ~* gerade oder ungerade; *of ~ date* ⚖ gleichen Datums; *break ~* F ohne Gewinn u. Verlust abschließen; **2.** *adv.* gerade, eben; selbst, sogar, auch; *vor comp.* noch; *not ~* nicht einmal; *~ though, ~ if* selbst wenn, wenn auch; **3.** ebnen, glätten; gleichstellen (*to dat.*).
e·ven[2] *poet.* [~] Abend *m*.
e·ven-hand·ed [ˈiːvənˈhændid] unparteiisch.
eve·ning [ˈiːvniŋ] Abend *m*; *~ dress* Gesellschaftsanzug *m*, Frack *m*, Smoking *m*; Abendkleid *n*.
e·ven·ness [ˈiːvənnis] Ebenheit *f*; Geradheit *f*; Gleichmäßigkeit *f*; Unparteilichkeit *f*; Seelenruhe *f*.
e·ven·song [ˈiːvənsɔŋ] Abendgottesdienst *m*.
e·vent [iˈvent] Ereignis *n*, Vorfall *m*, Begebenheit *f*; *fig.* Ausgang *m*; sportliche Veranstaltung *f*; (Programm)Nummer *f*; *athletic ~s pl.* Leichtathletikwettkämpfe *m/pl.*;

table of ~s Festprogramm *n*; *at all ~s* auf alle Fälle; *in any ~* sowieso; *in the ~ of* im Falle (*gen.*).

e·ven-tem·pered [ˈiːvəntempəd] ausgeglichen; gelassen.

e·vent·ful [iˈventful] ereignisreich.

e·ven·tide *poet.* [ˈiːvəntaid] Abend *m.*

e·ven·tu·al □ [iˈventʃuəl] etwaig, möglich; schließlich; *~ly* am Ende; schließlich, endlich; **e·ven·tu·al·i·ty** [~tjuˈæliti] Möglichkeit *f*; **eˈven·tu·ate** [~tjueit] endigen; die Folge sein.

ev·er [ˈevə] je, jemals; immer, immer wieder; *~ so* noch so (sehr); *as soon as ~ I can* sobald ich nur irgend kann; *~ after*, *~ since* von der Zeit an; *~ and anon* von Zeit zu Zeit; *for ~*, *for ~ and ~*, *for ~ and a day* für immer, auf ewig; *liberty for ~!* es lebe die Freiheit!; *~ so much* F recht viel; *for ~ so much* um alles in der Welt; *I wonder who ~* ich möchte wissen, wer nur ...; *the best ~* F der beste, den es je gegeben hat; *yours ~* stets Dein ... (*Briefschluß*); **ˈ~·glade** *Am.* sumpfiges Grasland *n*; **ˈ~·green 1.** immergrün; **2.** immergrüne Pflanze *f*; **~ˈlast·ing 1.** □ ewig; dauerhaft **2.** Ewigkeit *f*; ⚘ Immortelle *f*; **ˈ~ˈmore** immerfort; stets.

ev·er·y [ˈevri] jede(r, -s); alle(s); *~ bit as much* genau so viel; *~ now and then* dann und wann; *~ one of them* jeder von ihnen, alle ausnahmslos; *~ other day* einen Tag um den andern; jeden zweiten Tag; *~ twenty years* alle zwanzig Jahre; *her ~ movement* jede ihrer Bewegungen; **ˈ~·bod·y** jeder(mann); **ˈ~·day** Alltags...; **ˈ~·one** jeder (-mann); **ˈ~·thing** alles; **ˈ~·way** in jeder Hinsicht; **ˈ~·where** überall.

e·vict [iˈvikt] exmittieren; ausweisen; **eˈvic·tion** Exmittierung *f*; Ausweisung *f.*

ev·i·dence [ˈevidəns] **1.** Beweis (-stück *n*, -material *n*) *m*, Befund *m*; ⚖ Zeugnis *n*; Zeuge *m*; *in ~* als Beweis; deutlich sichtbar, zu sehen; *furnish ~ of*, *be ~ of et.* beweisen; *give ~*, *bear ~* Zeugnis ablegen (*of* von; *for* für; *against* gegen); **2.** beweisen; zeigen; **ˈev·i·dent** □ augenscheinlich, offenbar, -sichtlich, klar; **ev·i·den·tial** □ [~ˈdenʃəl] als Beweis dienend.

e·vil [ˈiːvl] **1.** □ übel, schlimm; schlecht; *moralisch mst* böse; *the ~ eye* der böse Blick; *the ♀ One* der Böse (*Teufel*); **2.** Übel *n*, Böse *n*; **ˈ~-ˈdo·er** Übeltäter(in); **ˈ~-ˈmind·ed** übelgesinnt, boshaft.

e·vince [iˈvins] zeigen, bekunden.

e·vis·cer·ate [iˈvisəreit] ausweiden.

ev·o·ca·tion [evəuˈkeiʃən] (Geister-) Beschwörung *f*; **e·voc·a·tive** [iˈvɔkətiv] beschwörend, wachrufend.

e·voke [iˈvəuk] (herauf)beschwören, wachrufen; hervorrufen.

ev·o·lu·tion [iːvəˈluːʃən] Entwicklung *f*; ⅌ Wurzelziehen *n*; ⚔ Entfaltung *f* e-r Formation; **ev·oˈlu·tion·a·ry** [~ʃnəri] Entwicklungs..., Evolutions...

e·volve [iˈvɔlv] (sich) entfalten, (sich) entwickeln; herausarbeiten.

ewe [juː] Mutterschaf *n.*

ew·er [ˈjuːə] Wasserkanne *f*, -krug *m.*

ex [eks] **1.** ⚕ ab *Fabrik etc.*; *Börse*: ohne; aus; **2.** *vor su.* ehemalig, früher; *ex-minister* Ex-Minister *m.*

ex·ac·er·bate [eksˈæsəːbeit] verschlimmern; verschärfen; erbittern.

ex·act [igˈzækt] **1.** □ genau; pünktlich; tatsächlich; **2.** *Zahlung* eintreiben; fordern; **exˈact·ing** streng, genau; anspruchsvoll; **exˈac·tion** Eintreibung *f*; (ungebührliche) Forderung *f*; Erpressung *f*; **exˈact·i·tude** [~titjuːd] Genauigkeit *f*; Pünktlichkeit *f*; **exˈact·ly** genau; *Antwort*: ganz recht; *not ~* nicht gerade; **exˈact·ness** = *exactitude.*

ex·ag·ger·ate [igˈzædʒəreit] übertreiben; **ex·ag·gerˈa·tion** Übertreibung *f.*

ex·alt [igˈzɔːlt] erhöhen, erheben; verherrlichen, in den höchsten Tönen loben; **ex·al·ta·tion** [egzɔːlˈteiʃən] Erhöhung *f*, Erhebung *f*; Höhe *f*; Verzücktheit *f*; **ex·alt·ed** [igˈzɔːltid] erhaben, hoch; verzückt.

ex·am *Schul-sl.* [igˈzæm] Examen *n.*

ex·am·i·na·tion [igzæmiˈneiʃən] Examen *n*, Prüfung *f*; Untersuchung *f*; Vernehmung *f*; **exˈam·ine** untersuchen (*a. ~ into s.th.* et.); prüfen, examinieren; verhören; **ex·am·iˈnee** Prüfling *m*; **exˈam·in·er** Prüfer *m*; Untersucher *m.*

ex·am·ple [ig'za:mpl] Beispiel *n*; Vorbild *n*, Muster *n*; *beyond* ~ beispiellos; *for* ~ zum Beispiel; *make an* ~ *of* ein Exempel statuieren an *j-m*; *set an* ~ ein Beispiel geben.
ex·as·per·ate [ig'za:spəreit] erbittern; (ver)ärgern; (auf)reizen; verschlimmern; **ex·as·per'a·tion** Erbitterung *f*, Ärger *m* (*of* über *acc.*).
ex·ca·vate ['ekskəveit] ausgraben, -heben, -schachten; **ex·ca'va·tion** Ausgrabung *f etc.*; Höhle *f*; **'ex·ca·va·tor** Trockenbagger *m*; Erdarbeiter *m*.
ex·ceed [ik'si:d] überschreiten, hinausgehen über (*acc.*); übertreffen (*in* an, in *dat.*); zu weit gehen; **ex'ceed·ing** übermäßig; **ex'ceed·ing·ly** außerordentlich, überaus.
ex·cel [ik'sel] *v/t.* übertreffen; *v/i.* sich auszeichnen (*in, at* in *dat.*); **ex·cel·lence** ['eksələns] Vortrefflichkeit *f*; hervorragende Leistung *f*; Vorzug *m*; **'Ex·cel·len·cy** Exzellenz *f* (*Titel*); **'ex·cel·lent** □ vortrefflich, ausgezeichnet, hervorragend.
ex·cept [ik'sept] **1.** ausnehmen, -schließen; Einwendungen machen; *present company* ~*ed* die Anwesenden ausgenommen; **2.** *cj.* außer, es sei denn, daß; **3.** *prp.* ausgenommen, außer; ~ *for* abgesehen von; **ex'cept·ing** *prp.* ausgenommen; **ex'cep·tion** Ausnahme *f*; Einwendung *f* (*to* gegen); *take* ~ *to* Anstoß nehmen an (*dat.*); **ex'cep·tion·a·ble** [~ʃnəbl] anstößig; **ex'cep·tion·al** außergewöhnlich; **ex'cep·tion·al·ly** ausnahmsweise.
ex·cerpt 1. [ek'sə:pt] *Schriftstelle* ausziehen, exzerpieren (*from* aus); **2.** ['eksə:pt] Auszug *m*, Exzerpt *n* (*from* aus).
ex·cess [ik'ses] Übermaß *n*; Überschuß *m*; Unmäßigkeit *f*, Ausschweifung *f*, Exzeß *m*; *attr.* Mehr...; *in* ~ *of* mehr als; *carry to* ~ *et.* übertreiben; ~ *fare* Zuschlag *m*; ~ *luggage* Übergewicht *n* (*Gepäck*); ~ *postage* Nachgebühr *f*; ~ *profit* Mehrgewinn *m*; **ex'ces·sive** □ übermäßig, übertrieben.
ex·change [iks'tʃeindʒ] **1.** (aus-, ein-, um)tauschen (*for* gegen); (aus-, um)wechseln; wert sein (*for acc.*); **2.** (Aus-, Um)Tausch *m*; (*bsd.* Geld)Wechsel *m*; *a. bill of* ~ Wechsel *m*; *a.* ♀ Börse *f*; Fernsprechamt *n*; *a. foreign* ~*s pl.* Devisen *f/pl.*; *in* ~ *for* (als Entgelt) für, gegen; *account of* ~ Wechselkonto *n*; ~ *control* Devisenbewirtschaftung *f*; ~ *list* Kurszettel *m*; *par of* ~ Wechselpari *n*; (*rate of*) ~ Wechselkurs *m*; **ex'change·a·ble** austauschbar (*for* gegen); ~ *value* Tauschwert *m*.
ex·cheq·uer [iks'tʃekə] Schatzamt *n*; Staatskasse *f*; *Chancellor of the* ♀ *britischer* Schatzkanzler *m*, Finanzminister *m*; ~ *bond* Schatzanweisung *f*.
ex·cise[1] [ek'saiz] **1.** indirekte Steuer *f*, Verbrauchssteuer *f*; **2.** besteuern.
ex·cise[2] [~] (her)ausschneiden; **ex·ci·sion** [ek'siʒən] Ausschneidung *f*.
ex·cit·a·bil·i·ty [iksaitə'biliti] Reizbarkeit *f*; **ex'cit·a·ble** reizbar; **ex·cit·ant** ['eksitənt] Reizmittel *n*; **ex·ci·ta·tion** [~'teiʃən] An-, Erregung *f*; Reizung *f*; **ex·cite** [ik'sait] erregen; anregen; reizen; ~*d* aufgeregt; *get* ~*d* sich aufregen; **ex'cite·ment** Auf-, Erregung *f*; Anreizung *f*; **ex'cit·er** Erreger *m*; Reizmittel *n*; **ex'cit·ing** aufregend; erregend; spannend.
ex·claim [iks'kleim] ausrufen; eifern (*against* gegen).
ex·cla·ma·tion [eksklə'meiʃən] Ausruf(ung *f*) *m*; ~*s pl.* Geschrei *n*; *note of* ~, *point of* ~, ~ *mark* Ausrufezeichen *n*; **ex·clam·a·to·ry** □ [~'klæmətəri] Ausrufe...; eifernd.
ex·clude [iks'klu:d] ausschließen.
ex·clu·sion [iks'klu:ʒən] Ausschließung *f*, Ausschluß *m*; *to the* ~ *of* unter Ausschluß (*gen.*); **ex'clu·sive** □ [~siv] ausschließend (*of acc.*); ausschließlich; sich abschließend, exklusiv; ~ *of* ohne.
ex·cog·i·tate [eks'kɔdʒiteit] ausdenken, -hecken; **ex·cog·i'ta·tion** Ausdenken *n*, Erfindung *f*.
ex·com·mu·ni·cate [ekskə'mju:nikeit] exkommunizieren; **'ex·com·mu·ni'ca·tion** Kirchenbann *m*, Exkommunikation *f*.
ex·con·vict ['eks'kɔnvikt] ehemaliger Häftling *m*.
ex·co·ri·ate [eks'kɔ:rieit] die Haut abziehen (*dat.*); *Haut* wund reiben; *fig.* heftig kritisieren.
ex·cre·ment ['ekskrimənt] Exkrement *n*, Kot *m*.

ex·cres·cence [iks'kresns] Auswuchs *m*; **ex'cres·cent** auswachsend; überflüssig.
ex·crete [eks'kri:t] absondern, ausscheiden; **ex'cre·tion** Absonderung *f etc.*; **ex'cre·tive, ex'cre·to·ry** [\~təri] Absonderungs... *etc.*
ex·cru·ci·ate [iks'kru:ʃieit] martern, quälen; **ex'cru·ci·at·ing** □ qualvoll.
ex·cul·pate ['ekskʌlpeit] entschuldigen; rechtfertigen; freisprechen (*from* von); **ex·cul'pa·tion** Entschuldigung *f etc.*
ex·cur·sion [iks'kə:ʃən] Ausflug *m*; Abstecher *m*; \~ *train* Sonderzug *m*; **ex'cur·sion·ist** [\~ʃnist] Ausflügler *m*.
ex·cur·sive □ [eks'kə:siv] abschweifend.
ex·cus·a·ble □ [iks'kju:zəbl] entschuldbar; **ex'cuse 1.** entschuldigen; \~ *s.o. s.th.* j-m et. erlassen; *be* \~*d from s.th.* et. erlassen bekommen; \~ *me* entschuldigen Sie bitte; **2.** [iks'kju:s] Entschuldigung *f*.
ex·e·at ['eksiæt] *Schule etc.*: Urlaub *m*.
ex·e·cra·ble □ ['eksikrəbl] abscheulich; **ex·e·crate** ['\~kreit] verwünschen; verabscheuen; **ex·e'cra·tion** Verwünschung *f*; Abscheu *m*.
ex·e·cu·tant ♪ [ig'zekjutənt] Vortragende *m, f*; **ex·e·cute** ['eksikju:t] ausführen, vollziehen; ♪ vortragen; hinrichten; ⚖ vollziehen, rechtsgültig machen; *Testament* vollstrecken; **ex·e'cu·tion** Aus-, Durchführung *f*, Vollziehung *f*; Ausfertigung *f e-r Urkunde*; Vollstreckung *f e-s Testaments*; Zwangsvollstreckung *f*; Hinrichtung *f*; ♪ Vortrag *m*; Technik *f*; *a man of* \~ ein tatkräftiger Mensch *m*; *take out an* \~ *against j.* auspfänden lassen; *do* \~ Wirkung tun; *put od. carry a plan into* \~ e-n Plan ausführen *od.* verwirklichen; **ex·e·cu·tion·er** [\~'kju:ʃnə] Scharfrichter *m*; **ex·ec·u·tive** [ig'zekjutiv] **1.** □ ausübend, vollziehend; \~ *committee* Vorstand *m*; \~ *editor* Chefredakteur *m*; **2.** vollziehende Gewalt *f*, Exekutive *f*; Organ(e *pl.*) *n e-s Verbandes etc.*; *Am.* Staats-Präsident *m*; ✝ leitender Angestellter *m*; Geschäftsführer *m*; **ex'ec·u·tor** (Testaments)Vollstrecker *m*; **ex'ec·u·to·ry** vollziehend; Ausführungs...; ⚖ Vollstreckungs...; **ex'ec·u·trix** [\~triks] (Testaments-) Vollstreckerin *f*.
ex·e·ge·sis [eksi'dʒi:sis] Exegese *f*, Auslegung *f bsd. der Bibel*.
ex·em·plar [ig'zemplə] Muster *n*; **ex'em·pla·ri·ness** Musterhaftigkeit *f*; **ex'em·pla·ry** vorbildlich; Muster...; exemplarisch.
ex·em·pli·fi·ca·tion [igzemplifi'keiʃən] Erläuterung *f durch Beispiele*; Veranschaulichung *f*; ⚖ Abschrift *f*; **ex'em·pli·fy** [\~fai] durch Beispiele belegen; veranschaulichen; ⚖ e-e beglaubigte Abschrift machen von.
ex·empt [ig'zempt] **1.** befreit, frei (*from* von); bevorrechtet; **2.** ausnehmen, befreien (*from* von); **ex'emp·tion** Befreiung *f*, Freiheit *f* (*from* von).
ex·e·quies ['eksikwiz] *pl.* Leichenbegängnis *n*.
ex·er·cise ['eksəsaiz] **1.** Übung *f*; Ausübung *f e-r Kunst*; körperliche Bewegung *f*, Leibesübung *f*; Übungsarbeit *f*; *take* \~ sich Bewegung machen; \~*s pl. Am.* Feierlichkeit(en *pl.*) *f*; ⚔ Manöver *n*; **2.** *v/t. Körper etc.* üben; *Macht etc.* ausüben; Bewegung machen (*dat.*); exerzieren; beunruhigen; *v/i.* üben; sich Bewegung machen.
ex·ert [ig'zə:t] anwenden; *Einfluß etc.* ausüben; \~ *o.s.* sich anstrengen *od.* bemühen; **ex'er·tion** Ausübung *f*; Anstrengung *f*, Bemühung *f*.
ex·e·unt *thea.* ['eksiʌnt] (sie gehen) ab.
ex·fo·li·ate [eks'fəulieit] (sich) abblättern.
ex·ha·la·tion [ekshə'leiʃən] Ausdünstung *f*, -atmung *f*; Dunst *m*; Ausbruch *m*; **ex·hale** [\~'heil] ausdünsten, -atmen; *Leben etc.* aushauchen; *Gefühlen* Luft machen.
ex·haust [ig'zɔ:st] **1.** erschöpfen (*a. fig.*); entleeren (*of gen.*); *Luft* auspumpen; **2.** ⊕ Abgas *n*, -dampf *m*; Auspuff *m*; \~ *box* Auspufftopf *m*; \~ *pipe* Auspuffrohr *n*; **ex'haust·ed** erschöpft (*a. fig.*); vergriffen (*Auflage*); **ex'haust·i·ble** erschöpflich; **ex'haust·ing** □ anstrengend, mühselig; ⊕ Auspump...; **ex'haus·tion** [\~tʃən] Erschöpfung *f*; **ex'haus·tive** □ = *exhausting*; erschöpfend.

ex·hib·it [ig'zibit] **1.** ausstellen; zeigen, darlegen, an den Tag legen, aufweisen; vorführen; ⚖ vorlegen; **2.** Ausstellungsstück *n*; Eingabe *f*; Beweisstück *n*; *on* ~ ausgestellt; **ex·hi·bi·tion** [eksi'biʃən] Ausstellung *f*; Darlegung *f*; Zurschaustellung *f*, Vorführung *f*; Stipendium *n*; *make an* ~ *of o.s.* sich zum Gespött machen; *on* ~ ausgestellt; **ex·hi'bi·tion·er** [~ʃnə] Stipendiat *m*; **ex·hi'bi·tion·ism** *psych.* Exhibitionismus *m*; **ex·hi'bi·tion·ist** Exhibitionist *m*.

ex·hil·a·rate [ig'ziləreit] erheitern; **ex·hil·a'ra·tion** Erheiterung *f*.

ex·hort [ig'zɔ:t] ermahnen; **ex·hor·ta·tion** [egzɔ:'teiʃən] Ermahnung *f*.

ex·hu·ma·tion [ekshju:'meiʃən] Exhumierung *f*; **ex'hume** *Leiche* exhumieren.

ex·i·gence, ex·i·gen·cy ['eksidʒəns (-i)] dringende Not *f*, kritische Lage *f*; Erfordernis *n*; **'ex·i·gent** dringlich; anspruchsvoll; *be* ~ *of* erfordern.

ex·ile ['eksail] **1.** Verbannung *f*, Exil *n*; Verbannte *m, f*; **2.** verbannen (*from* aus, von).

ex·ist [ig'zist] existieren, dasein, vorhanden sein; leben; bestehen; **ex'ist·ence** Existenz *f*, Dasein *n*, Vorhandensein *n*; Leben *n*; *be in* ~ existieren, bestehen; *in* ~ = **ex'ist·ent** vorhanden; lebend; **ex·is·ten·tial·ism** *phls.* [egzis'tenʃəlizəm] Existenzphilosophie *f*.

ex·it ['eksit] **1.** Abgang *m*; Tod *m*; Ausgang *m*; *make one's* ~ abtreten; ~ *permit* Ausreisegenehmigung *f*; **2.** *thea.* (geht) ab.

ex·o·dus ['eksədəs] Auszug *m aus Ägypten*; *fig.* Aus-, Abwanderung *f*, Massenflucht *f*; ♀ Exodus *m*, Zweites Buch *n* Mose.

ex of·fi·ci·o [eksə'fiʃiəu] amtlich; von Amts wegen.

ex·on·er·ate [ig'zɔnəreit] *fig.* entlasten, entbinden, befreien (*from* von); rechtfertigen; **ex·on·er'a·tion** Entlastung *f*, Befreiung *f*.

ex·or·bi·tance, ex·or·bi·tan·cy [ig'zɔ:bitəns(i)] Übermaß *n*; **ex'or·bi·tant** □ maßlos, übermäßig.

ex·or·cism ['eksɔ:sizəm] Geisterbeschwörung *f*; **'ex·or·cist** Geisterbeschwörer *m*; **ex·or·cize** ['~saiz] *Geister* beschwören, bannen, austreiben (*from* aus); befreien (*of* von).

ex·ot·ic [ig'zɔtik] ausländisch; exotisch; fremdländisch.

ex·pand [iks'pænd] (sich) ausbreiten; (sich) ausdehnen; (sich) erweitern (*into* zu); größer machen *od.* werden; *Abkürzungen* (voll) ausschreiben; freundlich *od.* heiter werden; **ex'pand·er** Expander *m*; **ex·panse** [iks'pæns] Ausdehnung *f*; Weite *f*; Breite *f*; weite Fläche *f*; **ex·pan·si·bil·i·ty** [~sə'biliti] Ausdehnbarkeit *f*; **ex'pan·si·ble** ausdehnbar; **ex'pan·sion** Ausdehnung *f*; *pol.* Expansion *f*; Weite *f*, Raum *m*; **ex'pan·sive** □ Expansions...; ausdehnungsfähig; ausgedehnt, weit; *fig.* mitteilsam; **ex'pan·sive·ness** Ausdehnungsfähigkeit *f*; Weite *f*, Breite *f*; Mitteilsamkeit *f*.

ex·pa·ti·ate [eks'peiʃieit] sich weitläufig auslassen (*on* über *acc.*); **ex·pa·ti'a·tion** weitläufige Erörterung *f*; Gerede *n*.

ex·pa·tri·ate [eks'pætrieit] **1.** ausbürgern; ~ *o.s.* auswandern; **2.** im Ausland Lebende *m, f*; **ex·pa·tri'a·tion** Ausbürgerung *f*.

ex·pect [iks'pekt] erwarten (*of, from et.* von *j-m*); F annehmen, denken, vermuten, glauben; **ex'pect·an·cy** Erwartung *f*; Anwartschaft *f*; **ex'pect·ant 1.** erwartend (*of acc.*); *be* ~ ein Kind erwarten; ~ *mother* werdende Mutter *f*; **2.** Anwärter *m*; **ex·pec·ta·tion** [ekspek'teiʃən] Erwartung *f*; Aussicht *f*; Wahrscheinlichkeit *f*; *contrary to* ~ wider Erwarten; *beyond* ~ über Erwarten; *on od. in* ~ *of* in Erwartung (*gen.*); ~ *of life* Lebenserwartung *f*; **ex'pect·ing** = *expectant*.

ex·pec·to·rate [eks'pektəreit] aushusten, -werfen (*Schleim etc.*); **ex·pec·to'ra·tion** Auswurf *m*.

ex·pe·di·ence, ex·pe·di·en·cy [iks'pi:djəns(i)] Zweckmäßigkeit *f etc.*; *schlaue* Berechnung *f*; **ex'pe·di·ent 1.** □ zweckmäßig, ratsam; nützlich; berechnend; **2.** (Hilfs)Mittel *n*; (Not)Behelf *m*; **ex·pe·dite** ['ekspidait] beschleunigen; (be)fördern; ausführen; **ex·pe·di·tion** [~'diʃən] Eile *f*; ⚔ Feldzug *m*; (Forschungs-)Reise *f*, Fahrt *f*, Expedition *f*; Unternehmung *f*; **ex·pe'di·tion·ar·y** [~ʃnəri] Expeditions...; **ex·pe'di-**

tious □ schnell, geschwind, eilig, flink.

ex·pel [iks'pel] (hin)ausstoßen; vertreiben, -jagen (*from* von, aus); ausschließen; ~ *from school* von der Schule verweisen.

ex·pend [iks'pend] *Geld* ausgeben; *Mühe, Zeit* auf-, verwenden (*on, in* auf *acc.*); verbrauchen; **ex'pend·a·ble** verwend-, verbrauchbar; Verbrauchs...; **ex'pend·i·ture** [~ditʃə] Verausgabung *f*, Ausgabe *f*; Aufwand *m* (*of* an); Verbrauch *m*; Aufwendungen *f/pl.*, Ausgaben *f/pl.*; **ex·pense** [iks'pens] Ausgabe *f*; (Kosten)Aufwand *m*; Kosten *pl.*; ~*s pl.* Unkosten *pl.*, Auslagen *f/pl.*; *at my* ~ auf meine Kosten; *at the* ~ *of* auf Kosten (*gen.*); *at any* ~ um jeden Preis; *at great* ~ mit großen Kosten; *go to the* ~ *of* Geld ausgeben für; *put s.o. to great* ~ j. viel Geld kosten, j-m große Unkosten verursachen; **ex'pense ac·count** Spesenrechnung *f*; **ex'pen·sive** □ kostspielig, teuer.

ex·pe·ri·ence [iks'piəriəns] **1.** Erfahrung *f*; Erlebnis *n*; **2.** erfahren, erleben; *Verlust etc.* erleiden; **ex'pe·ri·enced** erfahren, erprobt.

ex·per·i·ment 1. [iks'perimənt] Versuch *m*, Experiment *n*; **2.** [~ment] experimentieren, Versuche anstellen (*on, with* mit); **ex·pe·ri·men·tal** □ [eksperi'mentl] Experimental...; Versuchs...; erfahrungsmäßig; **ex·per·i·men'ta·tion** Experimentieren *n*; **ex·per·i·ment·er** [iks'perimentə] Experimentierer (-in).

ex·pert ['ekspə:t] **1.** □ [*pred.* eks'pə:t] erfahren, geschickt (*at, in* in *dat.*); (sach)kundig, fachmännisch, Fach...; Sachverständigen...; ~ *advice* Rat *m* e-s Fachmanns; **2.** Fachmann *m*; Sachverständige *m, f* (*at, in* in *dat.*); Sachbearbeiter(in); Experte *m*; **ex·per·tise** [~'ti:z] (Sachverständigen)Gutachten *n*; Sachkenntnis *f*; **'ex·pert·ness** Erfahrenheit *f*.

ex·pi·a·ble ['ekspiəbl] sühnbar; **ex·pi·ate** ['~pieit] büßen; sühnen; **ex·pi'a·tion** Sühnung *f*; Sühne *f*; **ex·pi·a·to·ry** ['~piətəri] sühnend (*of acc.*); Sühn...

ex·pi·ra·tion [ekspaiə'reiʃən] Ausatmung *f*; Ablauf *m*, Ende *n*; *at the time of* ~ ⚕ zur Verfallzeit; **ex·pir·a·to·ry** [iks'paiərətəri] Ausatmungs...; **ex'pire** ausatmen; sterben, verscheiden; ablaufen (*Zeit, Vertrag etc.*); ⚕ verfallen, fällig werden; erlöschen (*Feuer, Anspruch etc.*); **ex'pi·ry** Ablauf *m*.

ex·plain [iks'plein] *v/t.* erklären, erläutern; verständlich machen; *Gründe* auseinandersetzen; *v/i.* e-e Erklärung abgeben; ~ *away* wegdiskutieren; **ex'plain·a·ble** erklärbar.

ex·pla·na·tion [eksplə'neiʃən] Erklärung *f*; Erläuterung *f*; **ex·plan·a·to·ry** □ [iks'plænətəri] erklärend.

ex·ple·tive [eks'pli:tiv] **1.** □ ausfüllend; **2.** Füll-, Flickwort *n*; Fluch *m*; Lückenbüßer *m*.

ex·pli·ca·ble ['eksplikəbl] erklärlich; **ex·pli·cate** ['~keit] erklären; *Begriff* entwickeln.

ex·plic·it □ [iks'plisit] ausdrücklich, deutlich; bestimmt; *fig.* offen.

ex·plode [iks'pləud] explodieren (lassen); ausbrechen; platzen (*with* vor); *Theorie* widerlegen; über den Haufen werfen; bloßstellen; **ex'plod·ed view** ⊕ Darstellung *f* in auseinandergezogener Anordnung.

ex·ploit 1. [iks'plɔit] ausbeuten, -nutzen; **2.** ['eksplɔit] Heldentat *f*; **ex·ploi'ta·tion** Ausbeutung *f*, Ausnutzung *f*; Auswertung *f*; *a.* ~ *of soil* Raubbau *m*.

ex·plo·ra·tion [eksplɔ:'reiʃən] Erforschung *f*; **ex'plor·a·to·ry** [~rətəri] Erforschungs...; **ex·plore** [iks'plɔ:] erforschen; untersuchen; **ex'plor·er** (Er)Forscher *m*; Forschungsreisende *m*.

ex·plo·sion [iks'pləuʒən] Explosion *f*; Ausbruch *m*; **ex'plo·sive** [~siv] **1.** □ explosiv; Knall...; **2.** Sprengstoff *m*; *gr.* Verschlußlaut *m*.

ex·po·nent [eks'pəunənt] 𝔄 Exponent *m*; Erklärer *m*; Vertreter *m*.

ex·port 1. [eks'pɔ:t] ausführen, exportieren; **2.** ['ekspɔ:t] Ausfuhr (-artikel *m*) *f*, Export *m*; ~*s pl.* Gesamtausfuhr *f*; Exportgüter *n/pl.*; **ex'port·a·ble** ausführbar; **ex·por'ta·tion** Ausfuhr *f*, Export *m*; **ex'port·er** Exporteur *m*.

ex·po·sé [eks'pəuzei] Exposé *n*.

ex·pose [iks'pəuz] aussetzen; *phot.* belichten; ausstellen; enthüllen, entlarven; bloßstellen; **ex·po·si-**

tion [ekspəu'ziʃən] Ausstellung *f*; Darstellung *f*, Erklärung *f*; **ex'pos·i·tor** Ausleger *m*, Erklärer *m*.
ex·pos·tu·late [iks'pɔstjuleit] protestieren; ~ *with s.o.* j-m Vorhaltungen machen; **ex·pos·tu'la·tion** Vorhaltung *f*; **ex'pos·tu·la·to·ry** [~lətəri] mahnend.
ex·po·sure [iks'pəuʒə] Aussetzen *n*; Ausgesetztsein *n*; Aufdeckung *f*; Enthüllung *f*, Entlarvung *f*; *phot.* Belichtung *f*; Bild *n*; Lage *f e-s Hauses*; ~ *meter* Belichtungsmesser *m*; *death from* ~ Tod *m* durch Erfrieren.
ex·pound [iks'paund] erklären, auslegen.
ex·press [iks'pres] **1.** □ ausdrücklich, deutlich; Expreß..., Eil...; ~ *company Am.* Transportfirma *f*; ~ *highway* Schnell(verkehrs)straße *f*; **2.** Eilbote *m*; *a.* ~ *train* Schnellzug *m*; *by* ~ = **3.** *adv.* durch Eilboten; als Eilgut; **4.** *Gedanken etc.* äußern, ausdrücken, zum Ausdruck bringen; bezeigen, an den Tag legen; auspressen; *be* ~*ed* zum Ausdruck kommen; **ex'press·i·ble** ausdrückbar; **ex·pres·sion** [~'preʃən] Ausdruck *m* (*Sprache, Gesicht,* ♪, *paint.*, ⚘); **ex'pres·sion·ism** *Kunst*: Expressionismus *m*; **ex'pres·sion·less** ausdruckslos; **ex'pres·sive** □ ausdrückend (*of acc.*); ausdrucksvoll; **ex'press·ly** ausdrücklich, eigens; **ex'press·way** *Am.* Autobahn *f*.
ex·pro·pri·ate [eks'prəuprieit] enteignen (*s.th.* et.; *s.o.* j.; *s.o. from s.th.* j-m et.); **ex·pro·pri'a·tion** Enteignung *f*.
ex·pul·sion [iks'pʌlʃən] Vertreibung *f*; **ex'pul·sive** (aus)treibend.
ex·punge [eks'pʌndʒ] tilgen, streichen.
ex·pur·gate ['ekspə:geit] *von Anstößigem* reinigen, säubern; *Anstößiges* ausmerzen; **ex·pur'ga·tion** Reinigung *f etc.*; **ex'pur·ga·to·ry** [~gətəri] reinigend *etc.*
ex·qui·site □ ['ekskwizit] auserlesen, vorzüglich, köstlich; fein (*Gehör etc.*); heftig, scharf, groß; **'ex·qui·site·ness** Vorzüglichkeit *f*; Feinheit *f*; Feinfühligkeit *f*; Heftigkeit *f*.
ex-serv·ice·man ⚔ ['eks'sə:visman] ehemaliger (Front)Soldat *m*.
ex·tant [eks'tænt] (noch) vorhanden.
ex·tem·po·ra·ne·ous □ [ekstempə'reinjəs], **ex·tem·po·rar·y** [iks'tempərəri], **ex·tem·po·re** [eks'tempəri] aus dem Stegreif (vorgetragen); **ex·tem·po·rize** [iks'tempəraiz] aus dem Stegreif reden, vortragen; **ex'tem·po·riz·er** Stegreifredner *m*, -dichter *m*, -spieler *m*, Improvisateur *m*.
ex·tend [iks'tend] *v/t.* ausdehnen; *Hand etc.* ausstrecken; *Gebiet etc.* erweitern; *Frist etc.* verlängern; *Linie, Draht* ziehen; fortsetzen; *fig.* ausbauen; *Kurzschrift* übertragen; *Gunst etc.* erweisen, *Hilfe* gewähren, *Einladung* aussprechen; ⚔ (aus)schwärmen lassen; *Sport*: alles herausholen aus; *he was fully* ~*ed* er gab sein Letztes her; ~*ed order* Schützenlinie *f*; *v/i.* sich erstrecken, reichen (*to* bis); **ex'tend·ed** ausgedehnt, ausgestreckt, verlängert.
ex·ten·si·bil·i·ty [ikstensə'biliti] Ausdehnbarkeit *f*; **ex'ten·si·ble** ausdehnbar; **ex'ten·sion** Ausdehnung *f*; Erweiterung *f* (*a. gr.*); Verlängerung *f*; Aus-, Anbau *m*; *teleph.* Nebenanschluß *m*; ~ *cord* ⚡ Verlängerungsschnur *f*; *University* ⚲ Volkshochschule *f*; **ex'ten·sive** □ ausgedehnt, umfassend; **ex'ten·sive·ness** Ausdehnung *f*, Umfang *m*, Weite *f*.
ex·tent [iks'tent] Ausdehnung *f*, Weite *f*, Größe *f*, Umfang *m*; Grad *m*, Maß *n*; *to the* ~ *of* bis zum Betrage von; *to a certain* ~ gewissermaßen, bis zu e-m gewissen Grade; *to a great* ~ in hohem Maße; *to some* ~ einigermaßen; *to that* ~ so weit; *grant* ~ *for* stunden.
ex·ten·u·ate [eks'tenjueit] abschwächen, mildern, beschönigen; **ex·ten·u'a·tion** Abschwächung *f etc.*
ex·te·ri·or [eks'tiəriə] **1.** □ äußerlich; Außen...; außerhalb (*to gen.*); **2.** Äußere *n*; *Film*: Außenaufnahme *f*.
ex·ter·mi·nate [iks'təmineit] ausrotten, vertilgen; **ex·ter·mi'na·tion** Ausrottung *f*; **ex'ter·mi·na·tor** Vertilger *m*.
ex·ter·nal [eks'tə:nl] **1.** □ äußere (-r, -s), äußerlich; außerhalb (*to gen.*) befindlich; Außen...; **2.** ~*s pl.* Äußere *n*; *fig.* Äußerlichkeiten *f/pl.*
ex·ter·ri·to·ri·al ['eksteri'tɔ:riəl] exterritorial, den Landesgesetzen nicht unterworfen.

ex·tinct [iks'tiŋkt] erloschen (*a. fig.*); ausgestorben; **ex'tinc·tion** (Aus-, Er)Löschen *n* (*a. fig.*); Aussterben *n*.
ex·tin·guish [iks'tiŋgwiʃ] auslöschen, zum Erlöschen bringen; *fig.* in den Schatten stellen; vernichten; *Amt* abschaffen; *Schuld* löschen; *Gegner* zum Schweigen bringen; **ex'tin·guish·er** = *fire-*~.
ex·tir·pate ['ekstəːpeit] ausrotten; ⚕ ausschneiden; **ex·tir'pa·tion** Ausrottung *f*; ⚕ Extirpation *f*.
ex·tol [iks'təul] erheben, preisen; ~ *s.o. to the skies fig.* j. in den Himmel heben.
ex·tort [iks'tɔːt] erpressen (*from* von); abnötigen (*from dat.*); **ex'tor·tion** Erpressung *f*; **ex'tor·tion·ate** [~ʃnit] erpresserisch; **ex'tor·tion·er** Erpresser *m*; Wucherer *m*.
ex·tra ['ekstrə] **1.** Extra...; außer...; Neben...; zusätzlich; besondere(r, -s), Sonder...; ~ *pay* Zulage *f*; **2.** *adv.* besonders; außerdem; **3.** *et.* Zusätzliches *n*; Zuschlag *m*; Extrablatt *n*; *thea.*, *Film*: Statist(in).
ex·tract **1.** ['ekstrækt] Auszug *m* (*a.* ⚗); Ausschnitt *m*; Extrakt *m*; **2.** [iks'trækt] (heraus)ziehen; *Text*, ⚗ ausziehen; ℞ *Wurzel* ziehen; *Geständnis*, *Geld etc.* herauslocken; ab-, herleiten (*from* von); **ex'trac·tion** (Heraus)Ziehen *n*; Herkunft *f*.
ex·tra·dit·a·ble ['ekstrədaitəbl] auslieferbar; '**ex·tra·dite** *Verbrecher* ausliefern (lassen); **ex·tra·di·tion** [~'diʃən] Auslieferung *f*.
ex·tra...: '**~·ju'di·cial** außergerichtlich; '**~'mu·ral** außerhalb der Mauern *od.* der Universität; ~ *student* Gasthörer(in).
ex·tra·ne·ous [eks'treinjəs] unwesentlich (*to* für); fremd.
ex·traor·di·nar·y [iks'trɔːdnri] außerordentlich, -gewöhnlich; besonder, Sonder..., Extra...; ungewöhnlich; *envoy* ~ bevollmächtigter Gesandter *m*.
ex·tra·sen·so·ry per·cep·tion *psych.* ['ekstrə'sensəri pə'sepʃən] anomale Fähigkeit *f* der Sinneswahrnehmung.
ex·tra·ter·ri·to·ri·al ['ekstrəteri'tɔːriəl] = *exterritorial*.
ex·trav·a·gance [iks'trævigəns] Übertriebenheit *f*; Überspanntheit *f*; Verstiegenheit *f*; Verschwendung *f*, Extravaganz *f*; **ex'trav·a·gant** □ übertrieben, -spannt; verstiegen; verschwenderisch, extravagant; **ex·trav·a·gan·za** *thea.* [ekstrævə'gænzə] Ausstattungsstück *n*.
ex·treme [iks'triːm] **1.** □ äußerst; größt, höchst; sehr groß *od.* hoch; sehr streng; außergewöhnlich; ~ *unction eccl.* letzte Ölung *f*; **2.** Äußerste *n*; Extrem *n*; *der* höchste Grad; äußerste Maßnahme *f*; *go to* ~*s* äußerste Maßnahmen ergreifen; *in the* ~ äußerst; **ex'trem·ist** Radikale *m*; **ex·trem·i·ty** [~'tremiti] Äußerste *n*; äußerste Verlegenheit *f*; höchste Not *f*; äußerste Maßnahme *f*; **ex'trem·i·ties** [~z] *pl.* Gliedmaßen *pl.*
ex·tri·cate ['ekstrikeit] herauswinden, -ziehen; befreien; ⚗ entwickeln; **ex·tri'ca·tion** Befreiung *f*; Entwicklung *f*.
ex·trin·sic [eks'trinsik] (~*ally*) äußerlich, nicht gehörend (*to* zu).
ex·tro·vert ['ekstrəuvəːt] extravertierter Typ *m*, nur auf die Außenwelt eingestellter Mensch *m*.
ex·trude [eks'truːd] ausstoßen; verdrängen.
ex·u·ber·ance [ig'zjuːbərəns] Überfluß *m*, Fülle *f*; Überschwenglichkeit *f*; **ex'u·ber·ant** reichlich; üppig (wuchernd); übermäßig; überschwenglich.
ex·u·da·tion [eksjuː'deiʃən] Ausschwitzung *f*; **ex·ude** [ig'zjuːd] ausschwitzen; absondern.
ex·ult [ig'zʌlt] frohlocken (*at od. in s.th.* über et.); triumphieren (*over s.o.* über j.); **ex'ult·ant** frohlockend; **ex·ul·ta·tion** [egzʌl'teiʃən] Frohlocken *n*.
eye [ai] **1.** Auge *n* (*a. fig. u.* ⚘); Blick *m*; Öhr *n*; Öse *f*; *have an* ~ *for* Sinn haben für; *my* ~*s! sl.* au Backe!; *it's all my* ~*! sl.* Quatsch!; *make* ~*s at s.o.* j-m verliebte Blicke zuwerfen; *up to the* ~*s in work* bis über die Ohren in Arbeit; *mind your* ~*!* (sei) vorsichtig!; *with an* ~ *to* mit Rücksicht auf (*acc.*); mit der Absicht zu; **2.** ansehen, betrachten, beäugen; *mit Erstaunen etc.* mustern; '**~·ball** Augapfel *m*; '**~·brow** Augenbraue *f*; '**~-catch·er** Blickfang *m*; **eyed** [aid] ...äugig.
eye...: '**~-glass** Augenglas *n*; Oku-

lar *n*; (*pair of*) ~*es pl.* Kneifer *m*, Zwicker *m*; Brille *f*; '~**·hole** Augenhöhle *f*; Guckloch *n*; '~**·lash** Augenwimper *f*; **eye·let** ['~lit] Schnürloch *n*; Guckloch *n*; Öse *f*.
eye...: '~**·lid** Augenlid *n*; '~**-o·pen·er** überraschende Aufklärung *f*; '~**-piece** *opt.* Okular *n*; '~**·shot** Sehweite *f*; '~**·sight** Augen(licht *n*) *pl.*, Gesicht *n*; Sehkraft *f*; '~**·sore** *fig.* Dorn *m* im Auge; unschöner Anblick *m*; '~**-tooth** Augenzahn *m*; '~**-wash** *sl.* Schwindel *m*, Betrug *m*; '~**-'wit·ness** Augenzeuge *m*, -zeugin *f*.
ey·rie, ey·ry ['aiəri] = *aerie.*

F

Fa·bian ['feibjən] vorsichtig, zögernd; ~ *policy* Verzögerungspolitik *f*.
fa·ble ['feibl] Fabel *f*; Mythen *f/pl.*, Legenden *f/pl.*; Unwahrheit *f*, Lüge *f*.
fab·ric ['fæbrik] Bau *m*, Gebäude *n*; Gefüge *n*, Struktur *f*; Gewebe *n*, Stoff *m*; **fab·ri·cate** ['~keit] fabrizieren (*mst fig.*: *erdichten*; *fälschen*); **fab·ri'ca·tion** Fabrikation *f*; Erfindung *f*, Fälschung *f*; '**fab·ri·ca·tor** Verfertiger *m*; Erfinder *m von Lügen*; Fälscher *m*.
fab·u·list ['fæbjulist] Fabeldichter *m*; '**fab·u·lous** □ legendär; sagen-, fabelhaft.
fa·çade ⚠ [fə'sɑːd] Fassade *f*.
face [feis] **1.** Gesicht *n*; Miene *f*; Anblick *m*; *fig.* Stirn *f*, Unverschämtheit *f*; Oberfläche *f*, Fläche *f*; Vorderseite *f*; rechte Seite *f von Tuch*; Zifferblatt *n*; *in* (*the*) ~ *of* angesichts (*gen.*); trotz (*gen.*); ~ *to* ~ *with* Auge in Auge mit; *save one's* ~ das Gesicht wahren; *lose* ~ das Gesicht verlieren; *on the* ~ *of it* auf den ersten Blick; *set one's* ~ *against* sich gegen *et.* stemmen; **2.** *v/t.* ins Gesicht sehen (*dat.*), ansehen; gegenüberliegen, gegenüberstehen (*dat.*); unter die Augen treten (*dat.*); ins Auge sehen (*dat.*); (hinaus)gehen auf (*acc.*) (*Fenster etc.*); die Stirn bieten (*dat.*); *Kleid etc.* einfassen, besetzen (*with* mit); *Wand* bekleiden; *be* ~*d with* sich ... (*dat.*) gegenübersehen; *v/i.* ~ *about* sich umdrehen; *left* ~! ⚔ links um!; *about* ~! kehrt!; ~ **card** *Karten*: Bildkarte *f*; '~**-cloth** Waschlappen *m*; **faced** mit e-m ... Gesicht; '**face-lift·ing** *Kosmetik*: Gesichtsstraffung *f*; *fig.* Verschönerung *f*; '**fac·er** Schlag *m* ins Gesicht; plötzliche Schwierigkeit *f*.
fac·et ⊕ ['fæsit] Facette *f*; '**fac·et·ed** facettiert.
fa·ce·tious □ [fə'siːʃəs] witzig, drollig, spaßhaft.
face val·ue ['feis'væljuː] ✝ Nennwert *m*; *fig. das* Äußere; *take s.th. at its* ~ et. für bare Münze nehmen.
fa·ci·a ['feiʃə] = *fascia.*
fa·cial ['feiʃəl] **1.** Gesichts...; **2.** Gesichtsmassage *f*.
fac·ile ['fæsail] leicht; gewandt; gefällig; nachgiebig; **fa·cil·i·tate** [fə'siliteit] erleichtern, fördern; **fa·cil·i'ta·tion** Erleichterung *f*, Förderung *f*; **fa'cil·i·ty** Leichtigkeit *f*; Gewandtheit *f*; *facilities pl.* Möglichkeiten *f/pl.*; Gelegenheiten *f/pl.*; Einrichtungen *f/pl.*; Anlagen *f/pl.*
fac·ing ['feisiŋ] ⊕ Verkleidung *f*; ⚔ Wendung *f*; ~*s pl.* Besatz *m*.
fac·sim·i·le [fæk'simili] Faksimile *n*, treue Nachbildung *f*.
fact [fækt] Tatsache *f*; Wirklichkeit *f*; Wahrheit *f*; Tat *f*; ~*s pl.* (*of the case*) Tatbestand *m*; *after* (*before*) *the* ~ nach (vor) begangener Tat; *in* (*point of*) ~, *as a matter of* ~ in der Tat, tatsächlich; *know for a* ~ bestimmt wissen; '~**-find·ing** zur Feststellung des Sachverhalts (dienend).
fac·tion ['fækʃən] Splitterpartei *f*; Clique *f*, Klüngel *m*; Uneinigkeit *f*; '**fac·tion·ist** Parteigänger *m*.
fac·tious □ ['fækʃəs] parteisüchtig;

aufrührerisch; ˈ**fac·tious·ness** Parteisucht *f*.
fac·ti·tious □ [fækˈtiʃəs] nachgemacht, künstlich.
fac·tor [ˈfæktə] ⚘ Faktor *m*; *fig.* Umstand *m*, Moment *n*, Faktor *m*; Agent *m*, Vertreter *m*; Verwalter *m*; ˈ**fac·to·ry** Fabrik *f*.
fac·to·tum [fækˈtəutəm] Faktotum *n*, Mädchen *n* für alles.
fac·tu·al [ˈfæktʃuəl] Tatsachen...; sachlich.
fac·ul·ty [ˈfækəlti] Fähigkeit *f*; Kraft *f*; *fig.* Gabe *f*; Gewandtheit *f*; ⚖ Vorrecht *n*; *univ.* Fakultät *f*.
fad F [fæd] Liebhaberei *f*, Steckenpferd *n*; Laune *f*, Mode *f*; ˈ**fad·dish**, ˈ**fad·dy** launisch; schrullig; ˈ**fad·dist** Fex *m*; Sonderling *m*.
fade [feid] (ver)welken (lassen); verblassen; verschießen; schwinden; verklingen; *Radio*: schwinden; ~ *away*, ~ *out* dahinschwinden; ~ *in* einblenden; ~ *out* ausblenden; ˈ**fade·less** licht-, farbecht; ˈ**fad·ing 1.** □ vergänglich; **2.** *Radio*: (Ton)Schwund *m*, Fading *n*.
fae·ces *physiol.* [ˈfi:si:z] *pl.* Kot *m*.
faer·ie, faer·y [ˈfeiəri] Feen-, Märchenland *n*.
fag F [fæg] **1.** Plackerei *f*; Erschöpfung *f*; *Schüler, der e-m älteren Dienste leisten muß*; *fig.* Packesel *m*; *sl.* Zigarette *f*; **2.** *v/i.* sich placken; *e-m älteren Schüler Dienste* leisten; *v/t.* erschöpfen, mürbe machen; ˈ~-ˈ**end** F (letzter, schäbiger) Rest *m*; Stummel *m*, Kippe *f*.
fag·ot, fag·got [ˈfægət] Reisigbündel *n*; ⊕ Bündel *n* Stahlstäbe.
Fahr·en·heit [ˈfærənhait]: ~ *thermometer* Fahrenheitthermometer *n*.
fail [feil] **1.** *v/i.* versagen, mißlingen, fehlschlagen; versiegen (*Quelle*); stocken, versagen (*Stimme*); nachlassen, abnehmen, schwächer werden (*Kraft etc.*); unterlassen; ermangeln (*in gen.*); bankrott machen; durchfallen (*Kandidat*); *he* ~*ed to do od. in doing* es mißlang ihm zu tun; *he cannot* ~ *to inf.* er muß (einfach) *inf.*; *v/t.* im Stich lassen, verlassen; verfehlen, versäumen; durchfallen lassen; *his heart* ~*ed him* ihm sank der Mut; **2.** *su.*: *without* ~ unfehlbar, ganz gewiß; ˈ**fail·ing 1.** Mangel *m*, Fehler *m*, Schwäche *f*; **2.** *prp.* in Ermangelung (*gen.*); ~ *which* widrigenfalls; **fail·ure** [ˈ~jə] Fehlen *n*, Ausbleiben *n*; Fehlschlag(en *n*) *m*; Mißlingen *n*; Mißerfolg *m*; Versagen *n*; Verfall *m*; Zs.-bruch *m*; Versäumnis *n*; Bankrott *m*; Versager *m* (*Person*).
fain *poet.* [fein] gern.
faint [feint] **1.** □ schwach, matt; zaghaft; undeutlich; **2.** schwach werden; in Ohnmacht fallen, ohnmächtig werden (*with* vor); **3.** Ohnmacht *f*; ˈ~-ˈ**heart·ed** □ verzagt; ˈ~-ˈ**heart·ed·ness** Kleinmut *m*; ˈ**faint·ness** Schwäche *f*, Mattigkeit *f*.
fair[1] [fɛə] **1.** *adj.* gerecht, ehrlich, anständig, fair; recht u. billig; ganz gut, ordentlich; schön (*Wetter*), günstig (*Wind*); reichlich, beträchtlich; blond, hellhäutig; freundlich, höflich; sauber, in Reinschrift; schön (*Frau*); ~ *name* guter Name; *the* ~ *sex* das schöne Geschlecht; **2.** *adv.* gerecht, ehrlich, anständig, fair; in Reinschrift; direkt; *write s.th. out* ~ et. ins reine schreiben; ~ *in the face* mitten ins Gesicht.
fair[2] [~] (Jahr)Markt *m*, Messe *f*.
fair-haired [ˈfɛəˈhɛəd] blond.
fair·ly [ˈfɛəli] *s. fair*[1]; erträglich, leidlich; ziemlich; völlig, gänzlich; ˈ**fair·ness** Schönheit *f*; Blondheit *f*; Gerechtigkeit *f*; Redlichkeit *f*; Billigkeit *f*; ˈ**fair-**ˈ**spo·ken** höflich; ˈ**fair·way** ⚓ Fahrwasser *n*; ˈ**fair-weath·er friend** Freund *m* im Glück.
fair·y [ˈfɛəri] **1.** feenhaft; Feen...; Zauber...; **2.** Fee *f*; Zauberin *f*; Elf(e *f*) *m*; ˈ**Fair·y·land** Feen-, Märchenland *n*; ˈ**fair·y·like** feenhaft; ˈ**fair·y-tale** Märchen *n*.
faith [feiθ] Glaube(n) *m*; Vertrauen *n*; Treue *f*, Redlichkeit *f*; *gegebenes* Wort *n*; *have* ~ *in s.th.* an et. glauben; *in good* ~ in gutem Glauben; ˈ~-**cure** = *faith-healing*; **faith·ful** □ [ˈ~ful] treu; gewissenhaft, ehrlich; zuverlässig; wahrheitsgetreu; *the* ~ *pl.* die Gläubigen *pl.*; *yours* ~*ly* ... Ihr ergebener ...; hochachtungsvoll ...; ˈ**faith·ful·ness** Treue *f*; Ehrlichkeit *f*; ˈ**faith-heal·ing** Gesundbeten *n*; ˈ**faith·less** □ treulos; ungläubig; ˈ**faith·less·ness** Treulosigkeit *f*.
fake *sl.* [feik] **1.** Schwindel *m*; Fäl-

schung *f*; *Am. a.* ˈ**fak·er** Schwindler *m*; **2.** *a.* ~ *up* zurechtmachen, fälschen.
fal·con [ˈfɔːlkən] Falke *m*; ˈ**falcon·er** Falkner *m*; ˈ**fal·con·ry** Falkenbeize *f*; Falknerei *f*.
fall [fɔːl] **1.** Fall(en *n*) *m*; Sturz *m*; Verfall *m*; Einsturz *m*; (Blätter-, Schnee- *etc.*) Fall *m*; *bsd. Am.* Herbst *m*; Sinken *n der Preise etc.*, Kurssturz *m*, Baisse *f*; Fällen *n von Holz*; Gefälle *n*; *mst* ~*s pl.* Wasserfall *m*; Senkung *f*, Abhang *m*; ⚓ Fall *n*; *the* ♀ (*of Man*) der Sündenfall *m*; *have a* ~ fallen, stürzen; **2.** (*irr.*) fallen; ab-, einfallen; abnehmen; sinken (*Mut etc.*); heruntergehen (*Preise*); *fig.* (herab-) stürzen; sich legen (*Wind*); (*mit Prädikatsnomen*) werden; *in e-n Zustand* verfallen; geworfen werden (*Tiere*); münden (*into* in *acc.*); *his countenance fell* er machte ein langes Gesicht; ~ *asleep* einschlafen; ~ *away* schwinden; abfallen; ~ *back* zurückweichen; ~ *back (up)on* zurückkommen auf (*acc.*); ~ *behind* zurückbleiben (*in* mit); ~ *between two stools* sich zwischen zwei Stühle setzen; ~ *down* niederfallen; einstürzen; F Pech haben; ~ *due* fällig werden; ~ *for* F hereinfallen auf (*acc.*), auf den Leim gehen; ~ *from* abfallen von; ~ *ill od. sick* krank werden; ~ *in* einfallen; ⚔ (sich) formieren, antreten; ablaufen (*Pacht etc.*); fällig werden (*Schuld etc.*); ~ *in with* stoßen auf (*acc.*); übereinstimmen mit *e-r Ansicht*; ~ *in love with* sich verlieben in (*acc.*); ~ *into* verfallen in; geraten in (*acc.*); ~ *into line with* übereinstimmen mit, sich *j-m* anschließen; ~ *off* abfallen (*a. fig.*, *from* von); nachlassen; ~ *on* (*prp.*) über *j.* herfallen; ~ *out* zanken; sich zerstreiten (*with* mit); sich zutragen; ⚔ wegtreten; ~ *short* knapp werden (*of* an *dat.*); ~ *short of* nicht erreichen, zurückbleiben hinter (*dat.*); ~ *to* zufallen (*Tür*); zugreifen (*beim Essen*); anfangen, sich machen an (*acc.*); ~ *under* unter *e-e Zahl etc.* fallen.
fal·la·cious □ [fəˈleiʃəs] trügerisch; irreführend; irrig.
fal·la·cy [ˈfæləsi] Trugschluß *m*; Irrtum *m*; Täuschung *f*.
fall·en [ˈfɔːlən] *p.p. von fall 2.*
fall guy *Am. sl.* [ˈfɔːlˈgai] *der* Lackierte, *der* Dumme.
fal·li·bil·i·ty [fæliˈbiliti] Fehlbarkeit *f*; **fal·li·ble** □ [ˈfæləbl] fehlbar.
fall·ing [ˈfɔːliŋ] Fallen *n*; ~ **off** Abfall *m*; Abnahme *f*; ~ **sick·ness** Fallsucht *f*; ~ **star** Sternschnuppe *f*.
fal·low [ˈfæləu] **1.** *zo.* falb; ↗ brach (-liegend); **2.** Brachland *n*; ˈ~**-deer** *zo.* Damwild *n*; ˈ**fal·low·ness** Brachliegen *n*.
false □ [fɔːls] falsch, unwahr; unrichtig; treulos (*to* gegen); unecht; Fehl...; ~ *imprisonment* Freiheitsberaubung *f*; ~ *key* Nachschlüssel *m*; *play s.o.* ~ falsches Spiel mit j-m treiben; **false·hood** [ˈ~hud] Falschheit *f*; Unwahrheit *f*, Lüge *f*; ˈ**false·ness** Falschheit *f der Gesinnung*; Verrat *m*.
fal·set·to ♪ [fɔːlˈsetəu] Fistelstimme *f*, Falsett *n*.
fal·si·fi·ca·tion [ˈfɔːlsifiˈkeiʃən] Verfälschung *f*; Fälschung *f*; **fal·si·fi·er** [ˈ~faiə] Fälscher(in); **fal·si·fy** [ˈ~fai] (ver)fälschen; als falsch nachweisen; **fal·si·ty** [ˈ~ti] Falschheit *f*, Unrichtigkeit *f*.
fal·ter [ˈfɔːltə] schwanken; *fig.* stokken (*Ton, Stimme*); stammeln; *fig.* zaudern.
fame [feim] Ruf *m*, Ruhm *m*; **famed** berühmt (*for* wegen).
fa·mil·iar [fəˈmiljə] **1.** □ vertraut (*to dat.*); intim; bekannt (*with* mit); gewohnt; ungezwungen, vertraulich, familiär; *be* ~ *with* gut kennen; **2.** Vertraute *m*; **fa·mil·i·ar·i·ty** [~liˈæriti] Vertrautheit *f*; *familiarities pl.* (plumpe) Vertraulichkeit *f*; **fa·mil·iar·i·za·tion** [~ljəraiˈzeiʃən] Gewöhnung *f* (*with* an *acc.*); **faˈmil·iar·ize** vertraut machen, bekannt machen.
fam·i·ly [ˈfæmili] **1.** Familie *f*; **2.** Familien..., Haus...; *in the* ~ *way* F in anderen Umständen; ~ *allowance* Kinderzulage *f*; ~ *doctor* Hausarzt *m*; ~ *man* Hausvater *m*; ~ *planning* Familienplanung *f*; ~ *tree* Stammbaum *m*.
fam·ine [ˈfæmin] Hungersnot *f*; Mangel *m* (*of* an *dat.*); Not *f*.
fam·ish [ˈfæmiʃ] aushungern; verhungern (lassen); darben.

fa·mous □ ['feiməs] berühmt (*for* wegen); F famos, ausgezeichnet.
fan[1] [fæn] **1.** Fächer *m*; Ventilator *m*; ⚓ (Schrauben)Flügel *m*; **2.** (an-)fächeln; an-, *fig.* entfachen; ~ *out* ⚔ ausschwärmen.
fan[2] F [~] *Sport- etc.* Fanatiker *m*, Liebhaber *m*, Fan *m*; *Radio*: Bastler *m*; ...narr *m*, ...fex *m*.
fa·nat·ic [fə'nætik] **1.** *a.* **fa'nat·i·cal** □ fanatisch; **2.** Fanatiker(in), Eiferer *m*; **fa'nat·i·cism** [~sizəm] Fanatismus *m*.
fan·ci·er ['fænsiə] *Vogel- etc.* Liebhaber(in); Züchter(in).
fan·ci·ful □ ['fænsiful] phantastisch; **'fan·ci·ful·ness** Phantasterei *f*.
fan·cy ['fænsi] **1.** *spielerische* Phantasie *f*; Einbildung(skraft) *f*; Schrulle *f*; Neigung *f*, Vorliebe *f*; Liebhaberei *f*; *the* ~ die (*Sport-, Tier- etc.*)Liebhaberwelt *f*; *take a* ~ *to* Gefallen finden an (*dat.*), e-e Neigung fassen zu; **2.** Phantasie...; Liebhaber...; Luxus...; Mode...; ~ *apron* Tändelschürze *f*; ~ *articles pl.* Modeartikel *m/pl.*; ~ *dress* Maskenkostüm *n*; ~*-dress ball* Maskenball *m*; ~ *fair Art* Wohltätigkeitsbasar *m*; ~ *goods pl.* Galanteriewaren *f/pl.*; ~ *man sl.* Zuhälter *m*; ~ *price* Liebhaberpreis *m*, Phantasiepreis *m*; **3.** sich einbilden, sich vorstellen; Gefallen finden an (*dat.*), gern haben; (aus Liebhaberei) züchten; *just* ~! denken Sie nur!; **'~-work** feine Handarbeit *f*, Stickerei *f*.
fane *poet.* [fein] Tempel *m*.
fan·fare ['fænfεə] Fanfare *f*; Tusch *m*; **fan·fa·ron·ade** [~færə'nɑːd] Großsprecherei *f*, Prahlerei *f*.
fang [fæŋ] Fangzahn *m*; Giftzahn *m*; Zahnwurzel *f*; ⊕ Klaue *f*; Dorn *m*.
fan·ner ⊕ ['fænə] Gebläse *n*.
fan·tail *zo.* ['fænteil] Pfauentaube *f*.
fan·ta·sia ♪ [fæn'teizjə] Phantasie *f*; **fan·tas·tic** [~'tæstik] (*~ally*) phantastisch; **fan·ta·sy** ['~təsi] Phantasie *f*, Einbildung *f*, Hirngespinst *n*.
far [fɑː] *adj.* fern, entfernt; weit; *adv.* fern; weit; (sehr) viel; ~ *better* weit *od.* viel besser; ~ *the best* weitaus der beste; *as* ~ *as* bis; *by* ~ bei weitem; ~ *from ger.* weit davon entfernt zu *inf.*; *in so* ~ *as* insofern als; ~ *and near*, ~ *and wide* weit u. breit; **~-a·way** ['fɑːrəwei] weit entfernt, fern.
farce *thea.* [fɑːs] Posse *f*, Farce *f*, Schwank *m*; **far·ci·cal** □ ['~sikəl] possenhaft.
fare [fεə] **1.** Fahrgeld *n*; Fahrgast *m*; Verpflegung *f*, Kost *f*; **2.** *j-m* (er)gehen; *gut* leben; *how did you* ~? wie ist es Ihnen ergangen?; ~ *well!* lebe(n Sie) wohl!; ~ *stage* Teilstrecke *f*; **'~'well** **1.** lebe(n Sie) wohl!; **2.** Abschied *m*, Lebewohl *n*; **3.** Abschieds...; ~ *party* Abschiedsfeier *f*.
far... [fɑː]: **'~-'fetched** *fig.* weithergeholt, gesucht; **'~-'flung** weit (ausgedehnt); *fig.* weitgespannt; **~ gone** F fertig (*todkrank, betrunken etc.*).
far·i·na·ceous [færi'neiʃəs] mehlig; stärkehaltig.
farm [fɑːm] **1.** Bauernhof *m*, -gut *n*, Gehöft *n*, Farm *f*; Züchterei *f*; *chicken* ~ Hühnerfarm *f*; **2.** pachten; *a.* ~ *out* verpachten, *Land* bewirtschaften, bebauen; *Kinder* in (bezahlte) Pflege nehmen; **'farm·er** Landwirt *m*, Bauer *m*; Pächter *m*; **'farm·hand** Landarbeiter(in); **'farm-house** Bauern-, Gutshaus *n*; **'farm·ing** **1.** Acker...; landwirtschaftlich; Land...; **2.** Landwirtschaft *f*; **farm·stead** ['~sted] Bauernhof *m*, Gehöft *n*; **'farm·yard** Wirtschaftshof *m e-s Bauernguts*.
far·o ['fεərəu] Pharo *n* (*Kartenspiel*).
far-off ['fɑːr'ɔːf] entfernt, fern, abgelegen.
far·ra·go [fə'rɑːgəu] Mischmasch *m*.
far-reach·ing ['fɑː'riːtʃiŋ] weitreichend.
far·ri·er ['færiə] Hufschmied *m*.
far·row ['færəu] **1.** Wurf *m* Ferkel; **2.** (Ferkel) werfen, ferkeln.
far-see·ing ['fɑː'siːiŋ], **'far-'sight·ed** *fig.* weitblickend.
far·ther ['fɑːðə], **far·thest** ['~ðist] *comp. u. sup. von far.*
far·thing ['fɑːðiŋ] Farthing *m* ($^1/_4$ *Penny*; *abgeschafft seit 1961*); *not worth a* ~ keinen (roten) Heller wert.
fas·ci·a *mot.* ['feiʃə] Armaturenbrett *n*.
fas·ci·nate ['fæsineit] bezaubern, faszinieren; **fas·ci'na·tion** Be-

zauberung *f*; Zauber *m*, Reiz *m*, Faszination *f*.

fas·cine [fæ'si:n] Faschine *f* (*Reisigbündel*).

Fas·cism *pol.* ['fæʃizəm] Faschismus *m*; '**fas·cist** Faschist(in); **fa'scis·tic** (*~ally*) faschistisch.

fash·ion ['fæʃən] **1.** Mode *f*; Art *f*, Weise *f*; feine Lebensart *f*; Form *f*; Schnitt *m*; *rank and ~ die* vornehme Welt; *in* (*out of*) *~* (un)modern; *set the ~* tonangebend sein; **2.** gestalten, formen; *Kleid* machen; **fash·ion·a·ble** □ ['fæʃnəbl] Mode...; modern, elegant; fein; '**fash·ion·a·ble·ness** Modernität *f*, *das* Moderne, Eleganz *f*; '**fash·ion--pa'rade** Mode(n)schau *f*; '**fash·ion-plate** Modebild *n*.

fast¹ [fɑ:st] fest (*a. Schlaf etc.*); schnell; *phot.* lichtstark; treu (*Freund*); waschecht (*Farbe*); leichtlebig, flott; *~ to light* lichtecht; *~ train* Schnellzug *m*; *my watch is ~* meine Uhr geht vor.

fast² [~] **1.** Fasten *n*; **2.** fasten; '**~-day** Fasttag *m*.

fas·ten ['fɑ:sn] *v/t.* befestigen (*to* an *dat.*); anheften, -hängen (*to* an *acc.*); festmachen; fest zumachen; zubinden; *Augen etc.* heften (*on, upon* auf *acc.*); *v/i.* schließen (*Tür*); *~ upon fig.* sich heften *od.* klammern an (*acc.*); '**fas·ten·er** Befestiger *m*; Verschluß *m*; Musterklammer *f*; *a.* '**fas·ten·ing** Schließe *f*; *patent ~* Druckknopf *m am Kleid*.

fas·tid·i·ous □ [fəs'tidiəs] anspruchsvoll, heikel, eigen (*im Essen*), wählerisch, verwöhnt; **fas'tid·i·ous·ness** wählerisches Wesen *n*, Verwöhntheit *f*.

fast·ness ['fɑ:stnis] Festigkeit *f*; Schnelligkeit *f*; Leichtlebigkeit *f*; ⚔ Feste *f*, fester Platz *m*.

fat [fæt] **1.** □ fett (*a. Boden*); dick; fettig; **2.** Fett *n*; *live on the ~ of the land* in Saus und Braus leben; *the ~ is in the fire* der Teufel ist los; **3.** fett machen *od.* werden; mästen.

fa·tal □ ['feitl] verhängnisvoll (*to* für); Schicksals...; tödlich; *~ accident* tödlicher Unfall *m*; **fa·tal·ism** ['~təlizm] Fatalismus *m* (*Glaube an ein vorherbestimmtes Schicksal*); '**fa·tal·ist** Fatalist(in); **fa·tal·i·ty** [fə'tæliti] Verhängnis *n*; *das* Verhängnisvolle; Tödlichkeit *f*; Unglücks-, Todesfall *m*.

fate [feit] Schicksal *n*; Verhängnis *n*; Verderben *n*; *the* 2*s pl.* die Parzen *f/pl.*; '**fat·ed** vom Schicksal verhängt; dem Schicksal verfallen; **fate·ful** □ ['~ful] verhängnisvoll, schicksalhaft.

fa·ther ['fɑ:ðə] **1.** Vater *m*; **2.** der Urheber sein von; die Vater- *od.* Urheberschaft von ... anerkennen; die Vaterschaft von (*Kind*) *od.* Urheberschaft von (*et.*) *j-m* zuschreiben; *to ~ an article on s.o.* j. als Autor e-s Artikels hinstellen; **fa·ther·hood** ['~hud] Vaterschaft *f*; '**fa·ther-in-law** Schwiegervater *m*; '**fa·ther·land** Vaterland *n*; '**fa·ther·less** vaterlos; '**fa·ther·ly** väterlich.

fath·om ['fæðəm] **1.** Klafter *f* (*Maß*); ⚓ Faden *m*; **2.** sondieren; ⚓ loten; *fig.* ergründen; '**fath·om·less** unergründlich.

fa·tigue [fə'ti:g] **1.** Ermüdung *f*; Strapaze *f*; ⚔ Arbeitsdienst *m*; *~s pl.* ⚔ Arbeitsanzug *m*; **2.** ermüden; strapazieren; **fa'tigue--par·ty** ⚔ Arbeitskommando *n*.

fat·ling ['fætliŋ] junges Mastvieh *n*; '**fat·ness** Fettigkeit *f*; Fettheit *f*; '**fat·ten** fett machen *od.* werden; mästen; *Boden* düngen; '**fat·ty** **1.** fettig; Fett...; *~ degeneration* Verfettung *f*; **2.** F Dickerchen *n*.

fa·tu·i·ty [fə'tju:iti] Albernheit *f*; **fat·u·ous** □ ['fætjuəs] albern.

fau·cet *bsd. Am.* ['fɔ:sit] (Zapf-) Hahn *m*.

faugh [fɔ:] pfui!

fault [fɔ:lt] Fehler *m* (*a. Tennis*); Defekt *m* (*a.* ⚡, ⊕); ⊕ Störung *f*; Vergehen *n*, Versehen *n*; Schuld *f*; *geol.* Verwerfung *f*; *find ~ with* et. auszusetzen haben an (*dat.*); *be at ~* auf falscher Fährte sein; *to a ~ fig.* übermäßig, zu (sehr); '**~-find·er** Besserwisser *m*, Nörgler *m*; '**~-find·ing** **1.** krittelnd, nörgelnd; **2.** Nörgelei *f*, Krittelei *f*; '**fault·i·ness** Fehlerhaftigkeit *f*; '**fault·less** □ fehlerfrei, tadellos; '**faults·man** *teleph.* Störungssucher *m*; '**fault·y** □ fehlerhaft, mangelhaft.

faun [fɔ:n] Faun *m*.

faun·a ['fɔ:nə] Fauna *f*, Tierwelt *f*.

fa·vo(u)r ['feivə] **1.** Gunst(bezeigung) *f*; Gefallen *m*; Begünstigung *f*; Bandschleife *f als Abzeichen*; *in ~ of* zugunsten von *od. gen.*; *I am (not) in ~ of it* ich bin (nicht) dafür; *under ~ of night* unter dem Schutz der Nacht; *do s.o. a ~* j-m e-n Gefallen tun; **2.** begünstigen; beehren (*with* mit); *j-m* nachgeraten, -schlagen; **fa·vo(u)r·a·ble** □ [ˈ~vərəbl] (*to*) günstig (für); gewogen (*dat.*); vorteilhaft (für); ˈ**fa·vo(u)r·a·ble·ness** Gunst *f*; **fa·vo(u)red** [ˈ~vəd] begünstigt; *most-~ nation clause* Meistbegünstigungsklausel *f*; **fa·vo(u)r·ite** [ˈ~vərit] **1.** Lieblings-...; **2.** Günstling *m*; Liebling *m*; *Sport*: Favorit *m*; ˈ**fa·vo(u)r·it·ism** Günstlingswirtschaft *f*; Favoritentum *n*.

fawn[1] [fɔːn] **1.** *zo.* (Dam)Kitz *n*; Rehbraun *n*; **2.** (Kitze) setzen.

fawn[2] [~] schwänzeln (*Hund*); *fig.* kriechen (*upon* vor *dat.*); ˈ**fawn·er** Kriecher *m*; ˈ**fawn·ing** kriecherisch.

fay *poet.* [fei] Fee *f*.

faze *bsd. Am.* F [feiz] *j.* durcheinanderbringen.

fe·al·ty [ˈfiːəlti] (Lehns)Treue *f*.

fear [fiə] **1.** Furcht *f* (*of* vor *dat.*); Befürchtung *f*; Grund *m* zur Furcht; *through od. from ~ of* aus Angst vor (*dat.*); *for ~ of doing* um nicht zu tun; *in ~ of one's life* um sein Leben besorgt; **2.** (be)fürchten; scheuen; sich fürchten (vor *dat.*); Angst haben; **fear·ful** □ [ˈ~ful] furchtsam (*of* vor *dat.*); furchtbar; *be ~ that* Angst haben, daß; ˈ**fear·ful·ness** Furchtsamkeit *f*; Furchtbarkeit *f*; ˈ**fear·less** □ furchtlos (*of* vor *dat.*); ˈ**fear·less·ness** Furchtlosigkeit *f*.

fea·si·bil·i·ty [fiːzəˈbiliti] Durchführbarkeit *f*; ˈ**fea·si·ble** durch-, ausführbar.

feast [fiːst] **1.** Fest *n*; Feiertag *m*; Festmahl *n*, Schmaus *m*; **2.** *v/t.* festlich bewirten; *~ one's eyes on* seine Augen weiden an (*dat.*); *v/i.* sich ergötzen (*upon* an *dat.*); schmausen (*on* von).

feat [fiːt] (Helden)Tat *f*; Kunststück *n*; Leistung *f*.

feath·er [ˈfeðə] **1.** Feder *f*; *a. ~s pl.* Gefieder *n*; *show the white ~* F sich feige zeigen; *that is a ~ in his cap* er kann sich et. darauf zugute tun; *in high ~* in gehobener Stimmung; **2.** mit Federn versehen *od.* schmücken; ⚓ *die Riemen* platt werfen; *~ one's nest* sich warm betten; ˈ**~-bed 1.** (*Feder*)Unterbett *n*; **2.** verwöhnen, verpäppeln; *j-m* das Leben leicht machen (*z. B. durch Subventionen*); ˈ**~-brained,** ˈ**~-head·ed** unbesonnen; albern; ˈ**feath·ered** be-, gefiedert; ˈ**feath·er-edge** ⊕ scharfe Kante *f*; ˈ**feath·er·ing** Gefieder *n*; Federbesatz *m*; ˈ**feath·er·stitch** *Stickerei*: Grätenstich *m*; ˈ**feath·er-weight** *Boxen*: Federgewicht *n*; ˈ**feath·er·y** feder(art)ig; federleicht.

fea·ture [ˈfiːtʃə] **1.** (Gesichts-, Grund-, Haupt-, Charakter)Zug *m*; Gesichtsteil *m*; (charakteristisches) Merkmal *n*, Besonderheit *f*; Hauptfilm *m*; *Radio*: Feature *n*; *Am.* Bericht *m*, Artikel *m*; *~s pl.* Gesicht *n*; Gepräge *n*; Charakter *m*; **2.** kennzeichnen; sich auszeichnen durch; groß aufziehen; *Film*: (in der Hauptrolle) darstellen, gestalten; die Hauptrolle spielen in (*dat.*); *a film featuring N. N.* ein Film mit N. N. in der Hauptrolle; **~ film** Haupt-, Spielfilm *m*; ˈ**fea·ture·less** ohne besondere Züge; eintönig.

feb·ri·fuge [ˈfebrifjuːdʒ] Fiebermittel *n*.

fe·brile [ˈfiːbrail] fieberhaft.

Feb·ru·ar·y [ˈfebruəri] Februar *m*.

feck·less [ˈfeklis] unfähig.

fe·cun·date [ˈfiːkəndeit] befruchten; **fe·cunˈda·tion** Befruchtung *f*; **fe·cun·di·ty** [fiˈkʌnditi] Fruchtbarkeit *f*.

fed [fed] *pret. u. p.p. von feed* 2.

fed·er·al [ˈfedərəl] Bundes...; ˈ**fed·er·al·ism** Föderalismus *m*; ˈ**fed·er·al·ist** Föderalist *m*; ˈ**fed·er·al·ize** (sich) verbünden; (sich) zu einem Staatenbund vereinigen; **fed·er·ate 1.** [ˈ~reit] (sich) zu einem Bunde vereinigen; **2.** [ˈ~rit] verbündet; Bundes...; **fed·er·a·tion** [~ˈreiʃən] (Staaten)Bund *m*, Föderation *f*; *beruflicher etc.* Verband *m*; **fed·er·a·tive** [ˈ~rətiv] föderativ.

fee [fiː] **1.** Gebühr *f*; Schulgeld *n*; Honorar *n*; Gehalt *n*; Trinkgeld *n*; Entgelt *n*; Lohn *m*; Lehen *n*; Besitz *m*; *~ simple* Eigengut *n*; **2.** bezahlen; honorieren; *j-m* ein Trinkgeld geben.

fee·ble□ [ˈfiːbl] schwach; **ˈ~-ˈmind·ed** geistesschwach; **ˈfee·ble·ness** Schwäche *f*.
feed [fiːd] **1.** Futter *n*; Nahrung *f*; F Mahlzeit *f*; Futterration *f*; Fütterung *f*; ⊕ Vorschub *m*; ⊕ Zuführung *f*, Speisung *f*, (*a.* ⚔) Ladung *f*; *attr.* Speise...; **2.** (*irr.*) *v/t.* füttern; speisen, (er)nähren; *Auge* weiden (*with* an *dat.*); *Hoffnung etc.* nähren; als Nahrung dienen (*dat.*); *Maschine* speisen; *Material etc.* zuführen; ~ *o.s.* selbst *od.* alleine essen; ~ *off od. down* abweiden; ~ *up* mästen; *be fed up with et. od. j.* satt haben; *well fed* wohlgenährt; *v/i.* fressen; essen, leben, sich nähren (*upon* von); **ˈ~·back 1.** *Radio*: Rückkoppelung *f*; **2.** rückkoppeln; **ˈfeed·er** Fütterer *m*; *Am.* Viehmäster *m*; Esser(in); Fresser(in); Saugflasche *f*; (Kinder)Lätzchen *n*; ⊕ Zuführungsvorrichtung *f*, Speiseleitung *f*; Zuflußgraben *m*; **ˈfeed·er line** 🚂 Zubringerlinie *f*; **ˈfeed·er road** Zubringer(straße *f*) *m*; **ˈfeed·ing** Fütterung *f*; Mästung *f*; Fressen *n*, Essen *n*; *attr.* Futter...; ⊕ Speise...; *high* ~ Wohlleben *n*; ~ *crane* 🚂 Wasserkran *m*; **ˈfeed·ing-bottle** Saugflasche *f*; **ˈfeed·ing-stuff** Futtermittel *n*.
feel [fiːl] **1.** (*irr.*) *v/t.* fühlen; befühlen; empfinden, spüren; glauben; halten für; ⚔ erkunden; *v/i.* fühlen, empfinden; sich fühlen (*P.*); sich anfühlen (*S.*); ~ *bad about s.th.* et. bedauern; ~ *cold* frieren; *I* ~ *like doing* ich habe Lust zu tun, ich möchte am liebsten tun; ~ *for* mit *j-m* fühlen; nach *et.* fühlen; **2.** Gefühl(ssinn *m*) *n*; Empfindung *f*; **ˈfeel·er** Fühler *m* (*a. fig.*); *zo.* Fühlhorn *n*; ⚔ Kundschafter *m*; **ˈfeel·ing 1.** □ fühlend; gefühlvoll; mitfühlend; tief empfunden, lebhaft; **2.** Gefühl *n*; Meinung *f*; Erregung *f*; *good* ~ Entgegenkommen *n*.
feet [fiːt] *pl. von foot.*
feign [fein] heucheln; ~ *illness* Krankheit vortäuschen; ~ *to do* vorgeben zu tun; ~ *o.s. mad* sich wahnsinnig stellen; **feigned** vorgeblich; Schein...; **feign·ed·ly** [ˈ~idli] zum Schein.
feint [feint] **1.** Verstellung *f*; Finte *f* (*a.* ⚔); **2.** ein Täuschungsmanöver machen.
feld·spar *min.* [ˈfeldspɑː] Feldspat *m*.
fe·lic·i·tate [fiˈlisiteit] beglückwünschen (*on* zu); **fe·lic·iˈta·tion** Glückwunsch *m*; **feˈlic·i·tous** □ glücklich (gewählt), treffend; **feˈlic·i·ty** Glück(seligkeit *f*) *n*; glücklicher Einfall *m*.
fe·line [ˈfiːlain] katzenartig, Katzen...
fell[1] [fel] **1.** *pret. von fall* 2; **2.** niederschlagen; fällen; umsäumen.
fell[2] *poet.* [~] grausam, grimmig.
fell[3] [~] Fell *n*; (Haar)Schopf *m*.
fel·loe [ˈfeləu] (Rad)Felge *f*.
fel·low [ˈfeləu] Gefährte *m*, Gefährtin *f*, Kamerad(in); Gleiche *m*, *f u. n*; Gegenstück *n*; *univ.* Fellow *m*, Mitglied *n e-s College*; F Kerl *m*, Bursche *m*, Mensch *m*; *attr.* Mit...; Neben...; *a* ~ F eine(r), man; *old* ~ F alter Junge *m*; *the* ~ *of a glove* der andere Handschuh; *be* ~*s* zs.-gehören; *he has not his* ~ er hat nicht seinesgleichen; **ˈ~-ˈbe·ings** *pl.* Mitmenschen *m/pl.*; **ˈ~-ˈcit·i·zen** Mitbürger *m*; **ˈ~-ˈcoun·try·man** Landsmann *m*; **ˈ~-ˈcrea·ture** Mitgeschöpf *n*; Mitmensch *m*; **ˈ~-ˈfeel·ing** Mitgefühl *n*; **ˈ~-ˈpas·sen·ger** Mitreisende *m*, *f*; **ˈ~·ship** Gemeinschaft *f*; Gesellschaft *f*; *a. good* ~ Kameradschaft *f*; Mitgliedschaft *f*; *univ.* Stelle *f od.* Einkommen *n* e-s Fellows; ~ **sol·dier** (Kriegs-) Kamerad *m*; **ˈ~-ˈstu·dent** Studienkamerad *m*; **ˈ~-ˈtrav·el·ler** Mitreisende *m*, *f*; *pol.* Mitläufer *m*.
fel·ly [ˈfeli] (Rad)Felge *f*.
fel·on [ˈfelən] ⚖ Verbrecher *m*; ⚕ Nagelgeschwür *n*; **fe·lo·ni·ous** □ ⚖ [fiˈləunjəs] verbrecherisch; mit böser Absicht; **fel·o·ny** ⚖ [ˈfeləni] Kapitalverbrechen *n*.
fel·spar [ˈfelspɑː] = *feldspar*.
felt[1] [felt] *pret. u. p.p. von feel 1.*
felt[2] [~] **1.** Filz *m*; **2.** (be)filzen; (sich) verfilzen.
fe·male [ˈfiːmeil] **1.** weiblich; ~ *child* Mädchen *n*; ~ *screw* Schraubenmutter *f*; **2.** Weib *n*; Weibchen *n von Tieren.*
fem·i·nine □ [ˈfeminin] weiblich (*a. gr.*); *contp.* weibisch; **fem·iˈnin·i·ty** Weiblichkeit *f*; weibliches *od. contp.* weibisches Wesen *n*; **ˈfem·i·nism** Frauenrechtlertum *n*;

ˈfem·i·nist Frauenrechtler(in); **fem·i·nize** [ˈ~naiz] weiblich (*contp.* weibisch) machen *od.* werden.
fe·mur *anat.* [ˈfiːmə] Oberschenkelknochen *m.*
fen [fen] Fenn *n*, Moor *n*; Marsch *f.*
fence [fens] **1.** Einzäunung *f*, Hecke *f*, Zaun *m*, Staket *n*; Hürde *f*; Fechtkunst *f*; *sl.* Hehler(nest *n*) *m*; *sit on the ~* abwarten; **2.** *v/t. a. ~ in* einhegen, ein-, umzäunen; schützen (*from* vor *dat.*); *v/i.* fechten; *fig.* ausweichen (*with dat.*); *Sport*: e-e Hürde nehmen; *sl.* hehlen; ˈ**fence·less** offen; schutzlos.
fenc·ing [ˈfensiŋ] Einhegung *f*, -fried(ig)ung *f*; Zaunmaterial *n*; Fechten *n*; *attr.* Fecht...; ˈ**~-foil** Florett *n*; ˈ**~-mas·ter** Fechtmeister *m.*
fend [fend]: *~ off* abwehren; *~ for* sorgen für; ˈ**fend·er** Schutzvorrichtung *f*; Schutzblech *n*; Kamingitter *n*, -vorsetzer *m*; Stoßfänger *m*, Puffer *m*; ⚓ Fender *m.*
Fe·ni·an [ˈfiːnjən] **1.** fenisch; **2.** Fenier *m* (*Mitglied e-r irischen Unabhängigkeitspartei in USA*).
fen·nel ⚘ [ˈfenl] Fenchel *m.*
fen·ny [ˈfeni] moorig; Moor...
feoff [fef] Leh(e)n *n*; **feoff·ee** [feˈfiː] Belehnte *m*; ˈ**feoff·ment** Belehnung *f*; **feof·for** [feˈfɔː] Lehnsherr *m.*
fer·ment 1. [ˈfəːmənt] Gärung(smittel *n*) *f*; Ferment *n*; **2.** [fəːˈment] gären; in Gärung bringen (*a. fig.*); **ferˈment·a·ble** gärungsfähig; **fer·menˈta·tion** Gärung *f* (*a. fig.*); Unruhe *f*; **ferˈment·a·tive** [~tətiv] Gärung erregend.
fern ⚘ [fəːn] Farn(kraut *n*) *m.*
fe·ro·cious □ [fəˈrəuʃəs] wild; grausam; **fe·roc·i·ty** [fəˈrɔsiti] Wildheit *f*; Grausamkeit *f.*
fer·ret [ˈferit] **1.** *zo.* Frettchen *n*; *fig.* Spürhund *m*; **2.** *hunt.* frettieren; (umher)stöbern; *~ out* aufstöbern; herausjagen; aufspüren.
fer·ric ⚗ [ˈferik] Eisen...; **fer·rif·er·ous** [feˈrifərəs], **fer·ru·gi·nous** [feˈruːdʒinəs] eisenhaltig; **fer·ro·-con·crete** ⊕ [ˈferəuˈkɔŋkriːt] Eisenbeton *m*; **fer·rous** ⚗ [ˈferəs] Eisen...
fer·rule [ˈferuːl] Zwinge *f.*
fer·ry [ˈferi] **1.** Fähre *f*; **2.** übersetzen; ˈ**~-boat** Fährboot *n*, Fähre *f*; ˈ**fer·ry·man** Fährmann *m.*
fer·tile □ [ˈfəːtail] fruchtbar; reich (*of, in* an *dat.*) (*a. fig.*); **fer·til·i·ty** [fəːˈtiliti] Fruchtbarkeit *f* (*a. fig.*); **fer·ti·li·za·tion** [~laiˈzeiʃən] Befruchtung *f*; (künstliche) Düngung *f*; ˈ**fer·ti·lize** fruchtbar machen; *bsd. biol.* befruchten; düngen; ˈ**fer·ti·liz·er** Düngemittel *n*, (Kunst-) Dünger *m.*
fer·ule [ˈferuːl] Lineal *n zur Züchtigung*; *fig.* Rute *f.*
fer·ven·cy [ˈfəːvənsi] *mst fig.* Glut *f*; Inbrunst *f*; ˈ**fer·vent** □ heiß; *fig.* inbrünstig, glühend.
fer·vid □ [ˈfəːvid] = *fervent.*
fer·vo(u)r [ˈfəːvə] Glut *f*; Inbrunst *f.*
fes·tal □ [ˈfestl] festlich.
fes·ter [ˈfestə] **1.** eitern (lassen); verfaulen; **2.** Geschwür *n.*
fes·ti·val [ˈfestəvəl] Fest *n*; Feier *f*; Festspiele *n/pl.*; **fes·tive** □ [ˈ~tiv] festlich; **fesˈtiv·i·ty** Festlichkeit *f*; festliche Stimmung *f.*
fes·toon [fesˈtuːn] **1.** Girlande *f*; **2.** mit Girlanden schmücken.
fetch [fetʃ] holen; *Preis* erzielen, bringen; F reizen, fesseln; F *Schlag* versetzen; *Seufzer* ausstoßen; *~ and carry for s.o.* j-s Diener sein; *~ up Verlust* einholen; ausspeien; zum Stehen kommen; ˈ**fetch·ing** F □ bezaubernd, reizend.
fête [feit] **1.** Fest(lichkeit *f*) *n*; *a. ~-day* Namenstag *m*; **2.** feiern.
fet·id □ [ˈfetid] stinkend.
fe·tish [ˈfiːtiʃ] Fetisch *m* (*a. fig.*).
fet·lock [ˈfetlɔk] Köte *f*, Fesse (-gelenk *n*) *f des Pferdes.*
fet·ter [ˈfetə] **1.** Fessel *f*; **2.** fesseln; *fig.* zügeln.
fet·tle [ˈfetl] Form *f*, Verfassung *f*; *in fine ~* in Form.
feud [fjuːd] Fehde *f*; Leh(e)n *n*; **feu·dal** □ [ˈ~dl] lehnbar; Lehns...; **feu·dal·ism** [ˈ~dəlizəm] Lehnswesen *n*, Feudalismus *m*; **feu·dal·i·ty** [~ˈdæliti] Lehnbarkeit *f*; Lehnsverfassung *f*; **feu·da·to·ry** [ˈ~dətəri] **1.** lehnspflichtig; **2.** Lehnsmann *m.*
fe·ver [ˈfiːvə] Fieber *n*; *fig.* Erregung *f*; ˈ**fe·vered** *bsd. fig.* fiebernd; ˈ**fe·ver·ish** □ fieberig; *fig.* fieberhaft, aufgeregt.
few [fjuː] wenige; *a ~* einige, ein

paar; *quite a ~, a good ~* e-e ganze Menge; *the ~* die Minderheit.
fi·an·cé(**e** *f*) [fi'ɑ̃:nsei] Verlobte *m, f.*
fi·as·co [fi'æskəu] Reinfall *m*, Mißerfolg *m*, Fiasko *n.*
fi·at ['faiæt] Machtspruch *m*, Befehl *m*; *~ money Am.* Papiergeld *n* (*ohne Deckung*).
fib F [fib] **1.** Flunkerei *f*, Schwindelei *f*; **2.** schwindeln, flunkern; '**fib·ber** Flunkerer *m.*
fi·bre ['faibə] Fiber *f*, Faser *f*; Struktur *f*; Charakter(eigenschaft *f*) *m*; '**~·board** Hartfaserplatte *f*; '**~·glass** Glaswolle *f*; **fi·brin** ['~brin] Fibrin *n*, Blutfaserstoff *m*; '**fi·brous** □ faserig; *~ material* Spinnstoff *m.*
fib·u·la *anat.* ['fibjulə] Wadenbein *n.*
fick·le ['fikl] wankelmütig; unbeständig; '**fick·le·ness** Wankelmut *m*; Unbeständigkeit *f.*
fic·tion ['fikʃən] Erdichtung *f*; ⚖ Fiktion *f*; Roman-, Unterhaltungsliteratur *f*, erzählende Literatur *f*; **fic·tion·al** □ ['~ʃənl] erdichtet; Roman...
fic·ti·tious □ [fik'tiʃəs] unecht; erdichtet, erfunden, fiktiv; (nur) angenommen; Roman...; '**fic·tive** unecht, erfunden.
fid·dle ['fidl] **1.** Geige *f*, Fiedel *f*; **2.** *v/i.* fiedeln; tändeln; *v/t. sl. Steuererklärung etc.* frisieren; *~ away* vergeuden; **fid·dle·de·dee** ['~di'di:] Unsinn *m*; **fid·dle-fad·dle** F ['~fædl] **1.** Lappalie *f*; *~!* Unsinn!; **2.** vertrödeln; '**fid·dler** Geiger(in); Spielmann *m*; *sl.* Steuerhinterzieher *m*; '**fid·dle·stick** Geigenbogen *m*; *~s!* dummes Zeug!; '**fid·dling** läppisch, trivial.
fi·del·i·ty [fi'deliti] Treue *f* (*to* zu, gegen); Genauigkeit *f.*
fidg·et F ['fidʒit] **1.** *oft ~s pl.* nervöse Unruhe *f*; Zappelphilipp *m*; *have the ~s* kein Sitzfleisch haben; **2.** nervös machen *od.* sein; (umher)zappeln; '**fidg·et·y** nervös, unruhig, kribbelig.
fi·du·ci·ar·y [fi'dju:ʃjəri] **1.** anvertraut; Vertrauens...; ⚕ ungedeckt; **2.** Verwahrer *m*, Treuhänder *m.*
fie [fai] pfui!
fief [fi:f] Leh(e)n *n.*
field [fi:ld] **1.** Feld *n*; Wiese *f*; Schlachtfeld *n*; Spielfeld *n*, Spielplatz *m*; Arbeitsfeld *n*, Gebiet *n*; Bereich *m*; *Sport*: Feld *n*, Teilnehmer *m/pl.*; Besetzung *f*; *hold the ~* das Feld behaupten; *take the ~* ins Feld rücken; **2.** *Kricket*: *Ball* fangen u. zurückgeben; Fänger sein; '**~-day** ⚔ Felddienstübung *f*; Parade *f*; *fig.* großer Tag *m*; *Am.* (Schul)Sportfest *n*; *Am.* Exkursionstag *m*; '**field·er** *Kricket*: Fänger *m.*
field...: *~* **e·vents** *pl.* Sprung- u. Wurfwettkämpfe *m/pl.*; '**~·fare** Wacholderdrossel *f*; '**~-glass·es** *pl.* Feldstecher *m*; '**~-gun** ⚔ Feldgeschütz *n*; '**~-'hos·pi·tal** ⚔ Feldlazarett *n*; '**~-'mar·shal** Feldmarschall *m*; '**~-of·fi·cer** Stabsoffizier *m*; '**~-sports** *pl.* Jagen *n* u. Fischen *n.*
fiend [fi:nd] böser Feind *m*, Teufel *m*; Unhold *m*; *Frischluft- etc.* Fanatiker *m*; '**fiend·ish** □ teuflisch, boshaft.
fierce □ [fiəs] wild; grimmig; hitzig; heftig; '**fierce·ness** Wildheit *f*; Grimm *m*; Ungestüm *n.*
fi·er·i·ness ['faiərinis] Hitze *f*, Feuer *n*; '**fi·er·y** □ feurig, glühend; hitzig; feuergefährlich; Feuer...
fife [faif] **1.** Querpfeife *f*; **2.** auf der Querpfeife blasen; '**fif·er** Pfeifer *m.*
fif·teen ['fif'ti:n] fünfzehn; '**fif·'teenth** [~θ] fünfzehnte(r, -s); **fifth** [fifθ] **1.** fünfte(r, -s); **2.** Fünftel *n*; **fifth col·umn** *pol.* Fünfte Kolonne *f*; '**fifth·ly** fünftens; **fif·ti·eth** ['~tiiθ] **1.** fünfzigste(r, -s); **2.** Fünfzigstel *n*; '**fif·ty** fünfzig; '**fif·ty-'fif·ty** F zu gleichen Teilen, halb und halb; *go ~* halbe halbe machen.
fig[1] [fig] Feige *f*; *a ~ for ...!* zum Teufel mit ...!; *I don't care a ~ for him* ich mache mir gar nichts aus ihm.
fig[2] [~] **1.** F Zustand *m*, Form *f*; *in full ~* in vollem Wichs; **2.** *~ out* F herausputzen.
fight [fait] **1.** Kampf *m*; Faustkampf *m*; Schlägerei *f*; Kampflust *f*, -geist *m*; Gefecht *n*; *make a ~ for* kämpfen für *od.* um; *put up a good ~* sich wacker schlagen; *show ~* sich zur Wehr setzen; **2.** (*irr.*) *v/t.* bekämpfen, sich schlagen mit, kämpfen mit *od.* gegen; verfechten; erkämpfen; ⚔ (im Kampf) führen; *~ off* abwehren; *~ one's way* sich durchschlagen; *v/i.* sich schlagen,

kämpfen, fechten; ~ *against s.th.* et. bekämpfen, gegen et. ankämpfen; ~ *back* zurückschlagen; ~ *shy of j-m* aus dem Wege gehen; '**fight·er** Kämpfer *m*, Fechter *m*, Streiter *m*; ⚔ Jagdflugzeug *n*; ~ *pilot* Jagdflieger *m*; '**fight·ing** Kampf *m*, Gefecht *n*; *attr.* Kampf-...; ~ *chance* Erfolgschance *f bei großer Anstrengung.*

fig·ment ['figmənt] reine Erfindung *f*.

fig-tree ['figtriː] Feigenbaum *m*.

fig·u·rant(**e** *f*) ['figjurənt; (~'rɑ̃ːnt)] Ballettänzer(in); Statist(in).

fig·u·ra·tion [figju'reiʃən] Gestaltung *f*; **fig·ur·a·tive** □ ['~rətiv] bildlich, figürlich, übertragen; bilderreich.

fig·ure ['figə] **1.** Figur *f* (*a.* ♞), Gestalt *f*; Zahl *f*, Ziffer *f*; Preis *m*; ~ *of speech* Redefigur *f*, bildlicher Ausdruck *m*; *what's the ~?* was kostet es?; *at a high ~* zu e-m hohen Preis; *be good at ~s* gut im Rechnen sein; **2.** *v/t.* abbilden, darstellen; *a.* ~ *to o.s.* sich et. vorstellen; mit Zahlen bezeichnen; ~ *up od. out* berechnen; ~ *out* sich *et.* ausmalen *od.* ausdenken; verstehen; *v/i.* erscheinen, e-e Rolle spielen (*as* als); ~ *on Am. et.* überdenken, rechnen auf *od.* mit; ~ *out at* sich beziffern auf (*acc.*); '**~-head** ⚓ Galionsfigur *f*; *fig.* Aushängeschild *n*; '**~-skating** Eiskunstlauf *m*.

fig·u·rine ['figjuriːn] Statuette *f*.

fil·a·ment ['filəmənt] Faden *m*, Faser *f*; ⚘ Staubfaden *m*; ⚡ Glüh-, Heizfaden *m*.

fil·a·ture ['filətʃə] Seidenspinnerei *f*.

fil·bert ⚘ ['filbəːt] Haselnuß *f*.

filch [filtʃ] stibitzen (*from dat.*).

file[1] [fail] **1.** Akte *f*, Ordner *m*; Reihe *f*; ⚔ Rotte *f*; *on ~* bei den Akten; aktenkundig; **2.** *v/t.* aufreihen; *Briefe etc.* einordnen; zu den Akten nehmen, ablegen; *Klage etc.* einreichen; *v/i.* ⚔ hintereinander marschieren; ~ *in* (*out*) hintereinander hereinkommen (hinausgehen).

file[2] [~] **1.** Feile *f*; **2.** feilen.

fil·i·al □ ['filjəl] kindlich, Kindes...; **fil·i·a·tion** [fili'eiʃən] Kindschaft *f*; Abstammung *f*; Abzweigung *f*, Zweig *m*.

fil·i·bus·ter ['filibʌstə] **1.** *Am.* Obstruktion(spolitiker *m*) *f*; **2.** *Am.* Obstruktion treiben.

fil·i·gree ['filigriː] Filigran(arbeit *f*) *n*.

fil·ings ['failiŋz] *pl.* Feilspäne *m/pl*.

fill [fil] **1.** (sich) füllen; voll werden; an-, aus-, erfüllen; (voll)stopfen; *Zahn* plombieren; *Stelle etc.* bekleiden, einnehmen, ausfüllen, innehaben; *Am.* Auftrag ausführen; ~ *in Lücke, Scheck etc.* ausfüllen; einsetzen; ~ *out* sich füllen; stärker werden; ~ *up* ausfüllen; zuschütten; sich füllen; **2.** Fülle *f*, Genüge *f*; Füllung *f*; *eat* (*drink*) *one's ~* sich satt essen (trinken) (*of* an *dat.*).

fill·er ['filə] Füller *m*; Trichter *m*.

fil·let ['filit] **1.** Haarband *n*; Lendenbraten *m*, Filet *n*; Roulade *f*; Band *n*, Leiste *f* (*bsd.* △); *tel.* Papierstreifen *m*; **2.** mit e-m Haarband *etc.* schmücken.

fill·ing ['filiŋ] Füllung *f*; ~ **sta·tion** *Am.* Tankstelle *f*.

fil·lip ['filip] **1.** Schnippchen *n mit dem Finger*; Nasenstüber *m*; Anregung *f*; **2.** einen Nasenstüber geben (*dat.*); antreiben.

fil·ly ['fili] (Stuten)Füllen *n*; *fig.* wilde Hummel *f*.

film [film] Häutchen *n*; Schicht *f*, Überzug *m*; Membran(e) *f*; *Zahn- etc.* Belag *m*; *phot. u. thea.* Film *m*; Trübung *f des Auges*; Nebelschleier *m*; Fädchen *n*; *take od. shoot a ~* e-n Film drehen; **2.** (sich) mit einem Häutchen überziehen; verschleiern; (ver)filmen; '**film·y** □ häutig; trüb; hauchdünn.

fil·ter ['filtə] **1.** Filter *m*; **2.** filtrieren; durchsickern; ~ *in mot.* sich einordnen; '**fil·ter·ing** Filtrier...; '**fil·ter tip** Filtermundstück *n e-r Zigarette.*

filth [filθ] Schmutz *m*; *bsd. fig.* Unflat *m*; '**filth·y** □ schmutzig; unflätig.

fil·trate ['filtreit] filtrieren; **fil'tra·tion** Filtrierung *f*.

fin [fin] Flosse *f* (*sl. Hand*); ✈ Steuerflosse *f*; *mot.* Kühlrippe *f*.

fi·nal ['fainl] **1.** □ letzt, endlich; schließlich; End...; endgültig, entscheidend; *gr.* Absichts...; **2.** *a.* ~*s pl.* Schlußprüfung *f*; *Sport*: Schlußrunde *f*; **fi·na·le** [fi'nɑːli] Finale *n*, Schluß(satz *m*, -szene *f*) *m*; **fi·nal·ist** ['fainəlist] *Sport*: Schlußrundenteilnehmer *m*; **fi·nal·i·ty** [~'næliti] Endgültigkeit *f*.

fi·nance [fai'næns] **1.** Finanzwesen *n*; ~*s pl.* Finanzen *pl.*, Vermögenslage *f*; **2.** *v/t.* finanzieren; *v/i.* Geldgeschäfte machen; **fi'nan·cial** □ [~ʃəl] finanziell; **fin'an·cier** [~siə] Finanzier *m*; Geldgeber *m*.
finch *orn.* [fintʃ] Fink *m*.
find [faind] **1.** (*irr.*) finden; (an)treffen; auf-, herausfinden; ⚖ *schuldig etc.* befinden, erklären; liefern, stellen; versorgen (*in* mit); ~ *o.s.* sich (be)finden; seine Fähigkeiten erkennen; *all found* freie Station; ~ *out* herausfinden; ertappen; *I cannot* ~ *it in my heart* ich kann es nicht übers Herz bringen; **2.** Fund *m*; **'find·er** Finder(in); *opt.* Sucher *m*; **'find·ing** Entdeckung *f*; *a.* ~*s pl.* Befund *m*; ⚖ Wahrspruch *m*, Urteil *n*.
fine[1] □ [fain] **1.** schön; fein; verfeinert; rein; spitz, dünn, scharf; geziert; vornehm; *you are a* ~ *fellow! iro.* du bist mir ein sauberer Kerl!; ~ *arts pl.* schöne Künste *f/pl.*; **2.** *adv.* gut, bestens; *cut* ~ *Preis, Zeit* zu knapp berechnen; **3.** *meteor.* Schönwetter *n*; **4.** (sich) klären (*bsd. Bier*); ~ *away*, ~ *down*, ~ *off* abschleifen; zuspitzen.
fine[2] [~] **1.** Geldstrafe *f*; Abstandssumme *f*; *in* ~ kurzum; **2.** zu e-r Geldstrafe verurteilen; ~ *s.o. 5 sh.* j. zu 5 Schilling Geldstrafe verurteilen.
fine-draw ['fain'drɔ:] kunststopfen.
fine·ness ['fainnis] Feinheit *f etc.* (*s. fine*[1]); Feingehalt *m*; Reinheit *f*.
fin·er·y ['fainəri] Glanz *m*; Putz *m*, Staat *m*; ⊕ Frischofen *m*.
fi·nesse [fi'nes] Finesse *f*, Schlauheit *f*, Spitzfindigkeit *f*.
fin·ger ['fiŋgə] **1.** Finger *m*; *have a* ~ *in the pie* die Hand im Spiel haben; *s. end 1*; **2.** befingern, betasten, (herum)fingern an (*dat.*); ♪ mit Fingersatz versehen; spielen; üben; **'~-al·pha·bet** Fingeralphabet *n*; **'~-board** ♪ Griffbrett *n*; **'~-bowl** Fingerschale *f*; **'fin·gered** ...fingerig; **'fin·ger·ing** Betasten *n*; ♪ Fingersatz *m*; Strumpfwolle *f*.
fin·ger...: **'~-lan·guage** Zeichensprache *f*; **'~-mark** Fingerabdruck *m*; **'~-nail** Fingernagel *m*; **'~-plate** Türschoner *m*; **'~-post** Wegweiser *m*; **'~-print 1.** Fingerabdruck *m*; **2.** *j-s* Fingerabdruck nehmen; **'~-stall** Fingerling *m*.
fin·i·cal □ ['finikəl], **fin·ick·ing** ['~iŋ], **fin·i·kin** ['~kin] geziert; wählerisch; knifflig.
fin·ish ['finiʃ] **1.** *v/t.* beenden, vollenden; fertigstellen; abschließen; *a.* ~ *off*, ~ *up* vervollkommnen; ⊕ fertig(bearbeit)en; ⊕ appretieren; aufhören mit; erledigen; ~*ed goods pl.* Fertigwaren *f/pl.*; ~*ing touch* letzter Schliff *m*; *v/i.* enden, aufhören; *have* ~*ed* fertig sein; **2.** Vollendung *f*, letzte Hand *f*; Schluß *m*; Entscheidung *f*; ⊕ Appretur *f*; **'fin·ish·er** Fertigsteller *m*; ⊕ Appretierer *m*; entscheidender Schlag *m*.
fi·nite □ ['fainait] endlich, begrenzt; ~ *verb gr.* Verbum *n* finitum; **'fi·nite·ness** Endlichkeit *f*.
fink *Am. sl.* [fiŋk] Streikbrecher *m*.
Finn [fin] Finne *m*, Finnin *f*.
Finn·ish ['finiʃ] **1.** finnisch; **2.** Finnisch *n*.
fin·ny ['fini] mit Flossen (versehen).
fiord [fjɔ:d] Fjord *m*.
fir [fə:] (Weiß)Tanne *f*; *Scotch* ~ Föhre *f*, Kiefer *f*; **'~-cone** Tannenzapfen *m*.
fire ['faiə] **1.** Feuer *n*, Brand *m*; Glanz *m*; Glut *f*, Heftigkeit *f*; *on* ~ in Feuer, in Brand, in Flammen; *lay a* ~ ein Feuer anlegen; *set* ~ *to* in Brand stecken, anzünden; **2.** *v/t.* an-, entzünden; *fig.* anfeuern; *a.* ~ *off* abfeuern; *Ziegel etc.* brennen; röten; F 'rausschmeißen (*entlassen*); ~ *up* anfeuern, -heizen; *v/i.* Feuer fangen (*a. fig.*); feuern (*at, upon* auf *acc.*); sich röten; ~ *away!* F schieß los!; ~ *up* auffahren (*at* über *acc.*); **'~-a·larm** Feuermelder *m*; **'~-arms** *pl.* Schuß-, Feuerwaffen *f/pl.*; **'~-ball** Meteor *m*; Feuerball *m e-r Atomexplosion*; **'~-bomb** Brandbombe *f*; **'~-box** ⊕ Feuerbüchse *f*; **'~-brand** Feuerbrand *m*; *fig.* Aufwiegler *m*; **'~-break** Schneise *f*; Brandmauer *f*; **'~-brick** feuerfester Stein *m*; **'~-bri·gade** Feuerwehr *f*; **'~-bug** *Am.* F Brandstifter *m*; **'~-clay** feuerfester Ton *m*; **'~-con·trol** ⚔ Feuerleitung *f*; **'~-crack·er** Frosch *m* (*Feuerwerkskörper*); **'~-damp** ⚒ schlagendes Wetter *n*; **'~-de·part·ment** *Am.* Feuerwehr *f*; **'~-dog** Feuerbock *m*;

ˈ~-eat·er Raufbold *m*, Kampfhahn *m*; ˈ~-en·gine ⊕ (Feuer)Spritze *f*; ˈ~-es·cape Rettungsgerät *n*, -tuch *n*, -leiter *f*; Nottreppe *f*; ˈ~-ex·tin·guish·er Feuerlöscher *m*; ˈ~-fly Leuchtkäfer *m*; ˈ~-guard Kamingitter *n*; Brandwache *f*; ˈ~-in·sur·ance Feuerversicherung *f*; ˈ~-i·rons *pl.* Kamingerät *n*; ˈ~-light·er Kohlenanzünder *m*; ˈ~·man Feuerwehrmann *m*; Heizer *m*; ˈ~-of·fice Feuerversicherungsanstalt *f*; ˈ~-place Feuerstelle *f*; Feuerherd *m*; Kamin *m*; ˈ~-pow·er ⚔ Feuerkraft *f*; ˈ~-plug Hydrant *m*; ˈ~·proof feuerfest; ˈ~-screen Ofenschirm *m*; ˈ~·side **1.** Kamin *m*; Häuslichkeit *f*; **2.** häuslich; ˈ~-sta·tion Feuerwache *f*; ˈ~·wood Brennholz *n*; ˈ~·work(s *pl. fig.*) Feuerwerk *n*.

fir·ing [ˈfaiəriŋ] Heizung *f*; Feuerung *f*; ⚔ Feuern *n*; ˈ~-line ⚔ vorderster Graben *m*; ˈ~-par·ty, ~ squad ⚔ Exekutionskommando *n*.

fir·kin [ˈfəːkin] Viertelfaß *n*; (Butter- *etc.*)Fäßchen *n*.

firm [fəːm] **1.** □ fest; derb; standhaft; entschlossen; **2.** Firma *f*.

fir·ma·ment [ˈfəːməmənt] Firmament *n*, Himmelsgewölbe *n*.

firm·ness [ˈfəːmnis] Festigkeit *f*, Entschlossenheit *f*.

first [fəːst] **1.** *adj.* erste(r, -s); beste (-r, -s); *at ~ hand* aus erster Hand, direkt; *at ~ sight* auf den ersten Blick; **2.** *adv.* erstens; zuerst; *at ~* zuerst, anfangs; *~ of all* an erster Stelle; zu allererst; *~ and last* alles in allem; **3.** Erste *m*, *f u. n*; *~ of exchange* ⚕ Primawechsel *m*; *from the ~* von Anfang an; *go ~* vorangehen; 🚂 erster Klasse fahren; ˈ~-ˈaid post Unfallstation *f*; ˈ~-born erstgeboren; ~ class 1. Klasse *f* (*e-s Verkehrsmittels*); ˈ~-ˈclass erstklassig, prima; ˈ~-fruits *pl.* Erstlinge *m/pl.*; Erstlingswerk *n*; ˈ~-ˈhand aus erster Hand, direkt; ˈ**first·ly** erstlich; erstens.

first...: ~ **name** Vorname *m*; Beiname *m*; ~ **pa·pers** *pl. Am. vorläufige* Einbürgerungspapiere *n/pl.*; ˈ~-ˈrate ersten Ranges; = *first-class*.

firth [fəːθ] Förde *f*; (Flut)Mündung *f*.

fis·cal [ˈfiskəl] fiskalisch; Finanz...

fish [fiʃ] **1.** Fisch *m*; *coll.* Fische *m/pl.*; 🚂 (Schienen)Lasche *f*; F Kerl *m*; *odd ~* komischer Kauz *m*; *have other ~ to fry* Wichtigeres zu tun haben; *a pretty kettle of ~* ein hübsches Durcheinander *n*; **2.** fischen; angeln; haschen (*for* nach); 🚂 verlaschen; *~ out* herausholen; *~ in troubled waters* im trüben fischen; ˈ~-bone Gräte *f*.

fish·er [ˈfiʃə], **fish·er·man** [ˈ~mən] Fischer *m*; ˈ**fish·er·y** Fischerei *f*.

fish-hatch·er·y [ˈfiʃhætʃəri] Fischzuchtanstalt *f*.

fish-hook [ˈfiʃhuk] Angelhaken *m*.

fish·ing [ˈfiʃiŋ] Fischen *n*, Angeln *n*; ˈ~-boat Fischerboot *n*; ˈ~-line Angelschnur *f*; ˈ~-rod Angelrute *f*; ˈ~-tack·le Angelgerät *n*.

fish...: ˈ~-liv·er oil Lebertran *m*; ˈ~·mon·ger Fischhändler *m*; ˈ~-wife Fischweib *n*; ˈ**fish·y** fisch(art)ig; fischreich; trüb (*Auge*); F verdächtig, faul.

fis·sion [ˈfiʃən] Spaltung *f*; *s. atomic*; **fis·sure** [ˈfiʃə] **1.** Spalt *m*, Riß *m*; **2.** spalten.

fist [fist] Faust *f*; F Klaue *f* (*Hand*; *Handschrift*); **fist·i·cuffs** [ˈ~ikʌfs] *pl.* Faustschläge *m/pl.*

fis·tu·la ⚕ [ˈfistjulə] Fistel *f*.

fit[1] [fit] **1.** □ geeignet, passend (*for* für); schicklich, tauglich; fähig; *Sport*: in (guter) Form, auf der Höhe, fit; bereit (*to* zu); *it is not ~* es ziemt sich nicht; *~ as a fiddle* quietschvergnügt; kerngesund; **2.** *v/t.* passen für *od. dat.*; anpassen, passend machen; befähigen; geeignet machen (*for, to* für, zu); ⊕ *a. ~ in* einpassen; *a. ~ on* anprobieren; versehen, ausstatten (*with* mit); *~ out* ausrüsten; *~ up* einrichten, ausstatten; montieren; *v/i.* passen; sich eignen; sich schicken *od.* gehören; sitzen (*Kleid*); **3.** Sitz *m e-s Kleides*; *it is a bad ~* es sitzt schlecht.

fit[2] [~] Anfall *m*; Ausbruch *m e-r Krankheit*; Anwandlung *f*; *by ~s and starts* ruckweise; dann und wann; *give s.o. a ~* j. hochbringen; j-m e-n Schock versetzen.

fitch·ew *zo.* [ˈfitʃuː] Iltis *m*.

fit·ful □ [ˈfitful] ruck-, krampfartig; *fig.* unstet, unregelmäßig, launenhaft; ˈ**fit·ment** Einrichtungsgegenstand *m*; *~s pl.* Einrichtung *f*; ˈ**fit-**

ness Schicklichkeit *f*; Tauglichkeit *f*, Eignung *f*; '**fit-out** Ausstattung *f*; '**fit·ter** Monteur *m*; Einrichter *m*; Installateur *m*; Zuschneider *m*; '**fit·ting 1.** □ passend, geeignet, angemessen; schicklich; **2.** Montage *f*; Anprobe *f*; *~s pl.* Einrichtung *f e-s Hauses etc.*; Armaturen *f/pl.*; Beleuchtungskörper *m/pl.*; '**fit-up** F provisorische Bühne *f*; *a. ~ company* Wanderbühne *f*.

five [faiv] **1.** fünf; **2.** Fünf *f*; *~s sg.* Wandball(spiel *n*) *m*; '**five·fold** fünffach; **fiv·er** F ['~və] Fünfpfundnote *f*.

fix [fiks] **1.** befestigen, anheften; *phot. etc., j. mit den Augen* fixieren; *Augen etc.* heften, richten (*on* auf *acc.*); fesseln; fest werden lassen; aufstellen, unterbringen; bestimmen, festsetzen; anberaumen; *bsd. Am.* F (her)richten, *Bett etc.* machen; *~ o.s.* sich niederlassen; *~ up* in Ordnung bringen, arrangieren; unterbringen; *v/i.* fest werden; *~ on* sich entschließen für; **2.** F Klemme *f*, Patsche *f*, Verlegenheit *f*; **fix'a·tion** Fixierung *f*; **fix·a·tive** ['~ətiv], **fix·a·ture** ['~ətʃə] Fixiermittel *n*; **fixed** fest (*a.* ⚗); bestimmt (*Summe etc.*); starr (*Blick*); **fixed i·de·a** *psych.* fixe Idee *f*; **fix·ed·ly** ['fiksidli] bestimmt; ständig; starr; '**fix·ed·ness** Festigkeit *f* (*a. fig.*); **fixed star** Fixstern *m*; '**fix·er** *phot.* Fixierbad *n*; '**fix·ing** Befestigen *n etc.*; *~s pl. Am.* Zubehör *n*, Extraausrüstung *f*, -sachen *f/pl.*; Garnierung *f*; '**fix·i·ty** Festigkeit *f*; **fix·ture** ['~tʃə] fest angebrachtes Zubehörteil *n*, feste Anlage *f*; Inventarstück *n* (*a. fig. Person*); *Sport: zeitlich festgesetzte* Veranstaltung *f*; *~s pl.* Einrichtungsstücke *n/pl.*, festes Inventar *n*, Zubehör *n*; *lighting ~* Beleuchtungskörper *m*.

fizz [fiz] **1.** zischen, sprudeln; **2.** Zischen *n*; F Schampus *m* (*Sekt*); **fiz·zle** ['fizl] **1.** zischen, sprühen; *mst ~ out* verpuffen; mißglücken; **2.** Zischen *n*; Fiasko *n*, Pleite *f*.

flab·ber·gast F ['flæbəgɑːst] verblüffen; *be ~ed* baff *od.* platt sein.

flab·by □ ['flæbi] schlaff, schlapp.

flac·cid □ ['flæksid] schlaff, schlapp.

flag¹ [flæg] **1.** Flagge *f*; Fahne *f*; Fähnchen *n*; *black ~* Seeräuberflagge *f*; **2.** beflaggen; durch Flaggen signalisieren.

flag² [~] **1.** Fliese *f*; **2.** mit Fliesen belegen.

flag³ ⚘ [~] Schwertlilie *f*.

flag⁴ [~] ermatten; mutlos werden.

flag-cap·tain ⚓ ['flæg'kæptin] Kommandant *m* e-s Flaggschiffs.

flag-day ['flægdei] Opfertag *m*; *Am. Flag Day* Tag *m* des Sternenbanners (*14. Juni*).

flag·el·lant ['flædʒilənt] Flagellant *m*; **flag·el·late** ['~dʒeleit] geißeln; **flag·el'la·tion** Geißelung *f*.

flag·eo·let ♪ [flædʒəu'let] Flageolett *n*.

fla·gi·tious □ [flə'dʒiʃəs] abscheulich, schändlich, kriminell.

flag·on ['flægən] (Deckel)Kanne *f*; Bocksbeutel *m*.

flag·post ['flægpəust] Fahnenstange *f*.

fla·grant □ ['fleigrənt] abscheulich; berüchtigt; offenkundig.

flag...: '**~-ship** Flaggschiff *n*; '**~-staff** Fahnenstange *f*, -mast *m*; ⚓ Flaggenstock *m*; '**~-stone** (Stein-) Fliese *f*.

flail ⚒ [fleil] Dreschflegel *m*.

flair [flɛə] Spürsinn *m*, feine Nase *f*.

flake [fleik] **1.** Flocke *f*; Schicht *f*; **2.** (sich) flocken; abblättern; '**flak·y** flockig, schuppig.

flam F [flæm] Schwindel *m*, fauler Zauber *m*.

flam·beau ['flæmbəu] Fackel *f*.

flame [fleim] **1.** Flamme *f*, Feuer *n*; *fig.* Hitze *f*, Leidenschaft *f*; Geliebte *m, f*; **2.** flammen, lodern (*a. fig.*); *~ out*, *~ up* aufflammen; '**flam·ing** flammend, glühend, zündend (*a. fig.*).

fla·min·go *orn.* [flə'miŋgəu] Flamingo *m*.

flan [flæn] Obstkuchen *m*.

flange ⊕ [flændʒ] Flansch *m*.

flank [flæŋk] **1.** Flanke *f*; Weiche *f der Tiere*; **2.** flankieren.

flan·nel ['flænl] Flanell *m*; Waschlappen *m*; **flan·nel·ette** [~'et] Baumwollflanell *m*; '**flan·nels** *pl.* Flanellunterwäsche *f*, -anzug *m*, -hose *f*.

flap [flæp] **1.** (Ohr)Läppchen *n*; Rockschoß *m*; *Hut*-Krempe *f*; Klappe *f*; Lasche *f*; Klaps *m*; (Flügel)Schlag *m*; **2.** *v/t.* klatschen(d schlagen), klapsen (mit); *v/i.* lose

herabhängen; flattern; '**flap·jack** Pfannkuchen *m*; '**flap·per** Flosse *f*; Fliegenklatsche *f*; Klapper *f*; *sl.* Backfisch *m*; = *flap 1.*
flare [flɛə] **1.** flackern; sich nach außen erweitern, sich bauschen; ~ *up* aufflammen; *fig.* aufbrausen; **2.** flackerndes Licht *n*; Lichtsignal *n*, Leuchtkugel *f*; '**~-'up** Aufflackern *n*; *fig.* Aufbrausen *n*.
flash [flæʃ] **1.** aufgedonnert; unecht, falsch; Gauner...; **2.** Blitz *m*; *fig.* Aufblitzen *n*, Auflodern *n*; *bsd. Am. Zeitung*: kurze Meldung *f*; *in a* ~ im Nu, sofort; ~ *of wit* Geistesblitz *m*; ~ *in the pan* Schlag *m* ins Wasser; **3.** blitzen; aufblitzen, auflodern (lassen); *Licht, Blick etc.* werfen; flitzen; funken, telegraphieren; *it* ~*ed on me* mir kam plötzlich der Gedanke; '**~-back** *Film*: Rückblende *f*; '**~-light** *phot.* Blitzlicht *n*; Blinklicht *n*; Taschenlampe *f*; '**~-point** Flammpunkt *m*; '**flash·y** □ auffallend; aufdringlich, grell.
flask [flɑːsk] Taschen-, Reiseflasche *f*; ⚗ Kolben *m*.
flat [flæt] **1.** □ flach, platt; schal, matt; ✝ flau; klar; glatt (*Lüge etc.*); ♪ um e-n Halbton erniedrigt (*Note*); *Börse*: ohne Zinsenberechnung; ~ *price* Einheitspreis *m*; *fall* ~ danebengehen; *sing* ~ zu tief singen; **2.** Fläche *f*, Ebene *f*; Flachland *n*; Untiefe *f*; flache Seite *f e-s Schwertes*; (Etagen-, Miet)Wohnung *f*; ⚓ Prahm *m*; ♪ B *n*; F Schwachkopf *m*, Simpel *m*; *mot. sl.* Plattfuß *m* (*luftleerer Reifen*); '**~-boat** ⚓ Prahm *m*; '**~-foot** Plattfuß *m*; *Am. sl.* Polyp *m* (*Polizist*); '**~-'foot·ed** plattfüßig; *Am.* F geradeheraus, kompromißlos; '**~-i·ron** Bügeleisen *n*; '**flat·ness** Flachheit *f*; *fig.* Plattheit *f*; ✝ Flauheit *f*; '**flat·ten** (sich) ab-, verflachen; ~ *out* flach *od.* eben werden; *Flugzeug* abfangen.
flat·ter ['flætə] schmeicheln (*dat.*); '**flat·ter·er** Schmeichler(in); '**flat·ter·ing** schmeichelhaft; '**flat·ter·y** Schmeichelei *f*.
flat·u·lence, flat·u·len·cy ['flætjuləns(i)] Blähung *f*; Aufgeblähtheit *f*; '**flat·u·lent** □ blähend; aufgebläht.
flaunt [flɔːnt] prunken (mit); offen zeigen; prangen.
fla·vo(u)r ['fleivə] **1.** Geschmack *m*; Aroma *n*; Blume *f des Weines*; *fig.* Beigeschmack *m*; Würze *f*; **2.** würzen; '**fla·vo(u)red** mit ...geschmack; '**fla·vo(u)r·ing** Gewürz *n*; '**fla·vo(u)r·less** geschmacklos, fad.
flaw [flɔː] **1.** Sprung *m*, Riß *m*; Fleck *m*; (⚖ Form-, ⊕ Fabrikations)Fehler *m*; Makel *m*, Defekt *m*; ⚓ Bö *f*; **2.** zerbrechen; *fig.* beschädigen; '**flaw·less** □ ohne Sprünge *etc.*; fehler-, makellos.
flax ⚘ [flæks] Flachs *m*, Lein *m*; '**flax·en**, '**flax·y** flachsen; flachsfarben, -blond.
flay [flei] die Haut abziehen (*dat.*), schinden; *fig. j-m* das Fell über die Ohren ziehen; '**flay·er** Schinder *m*.
flea [fliː] Floh *m*; '**~·bane** ⚘ Flohkraut *n*; '**~-bite** Flohstich *m*; *fig.* Bagatelle *f*, kleine Unannehmlichkeit *f*.
fleck [flek] **1.** Fleck *m*; **2.** sprenkeln.
flec·tion ['flekʃən] *s. flexion*.
fled [fled] *pret. u. p.p. von flee*.
fledge [fledʒ] *v/i.* flügge werden; *v/t.* befiedern; **fledg(e)·ling** ['~liŋ] Küken *n* (*a. fig.*); Grünschnabel *m*.
flee [fliː] (*irr.*) fliehen (*from* von; vor *dat.*); *a.* ~ *from* meiden.
fleece [fliːs] **1.** Vlies *n*; Schäfchenwolke *f*; **2.** scheren; prellen, schröpfen (*of* um); '**fleec·y** wollig, flockig.
fleer [fliə] **1.** Hohn(lachen *n*) *m*; **2.** höhnen, hohnlachen (*at* über *acc.*).
fleet [fliːt] **1.** □ *poet.* schnell; flüchtig; **2.** Flotte *f*; (Wagen)Park *m*; ♀ *Street* die (Londoner) Presse *f*; **3.** dahineilen; fliehen; '**fleet·ing** □ flüchtig, vergänglich.
Flem·ing ['flemiŋ] Flame *m*, Flamin *f*; '**Flem·ish 1.** flämisch; **2.** Flämisch *n*.
flesh [fleʃ] **1.** (Muskel)Fleisch *n*; Fruchtfleisch *n*; *fig.* Fleisch(eslust *f*) *n*; *make s.o.'s* ~ *creep* j. gruselig machen; **2.** Blut kosten lassen (*a. fig.*); '**~-brush** Frottierbürste *f*; '**flesh·ings** *pl.* fleischfarbenes Trikot *n*; '**flesh·ly** fleischlich; sinnlich; irdisch; '**flesh·y** fleischig; fett.
flew [fluː] *pret. von fly*[1] 2.
flex ⚡ [fleks] Litze *f*; Kabel *n*; **flex·i·bil·i·ty** [~ə'biliti] Biegsamkeit *f* (*a. fig.*); '**flex·i·ble** □ biegsam; lenksam; anpassungsfähig, flexibel;

flex·ion ['flekʃən] Biegung *f*; *gr.* Flexion *f*, Beugung *f*; **flex·or** ['~ksə] Beugemuskel *m*; **flex·ure** ['flekʃə] Biegung *f*, Krümmung *f*.
flib·ber·ti·gib·bet ['flibəti'dʒibit] Klatschbase *f*; Irrwisch *m*.
flick [flik] **1.** schnippen; schnellen (*at* nach); **2.** leichter Hieb *m od.* Schlag *m*.
flick·er ['flikə] **1.** flackern; flattern; flimmern; **2.** Flackern *n etc.*; *Am.* Buntspecht *m*.
flick-knife ['fliknaif] Schnappmesser *n*.
fli·er ['flaiə] *s. flyer.*
flight [flait] Flucht *f*; Flug *m* (*a. fig.*); Schwarm *m*; ✈, ⚔ Kette *f*; *a.* ~ *of stairs* Treppe(nflucht) *f*; *put to* ~ in die Flucht schlagen; *take (to)* ~ die Flucht ergreifen; '**~-com'mand·er** Flugkapitän *m*; '**~-deck** ⚓ Flugdeck *n*; '**~-lieu'ten·ant** Fliegerhauptmann *m*; '**flight·y** □ flüchtig, fahrig; leichtsinnig; flatterhaft.
flim·sy ['flimzi] **1.** dünn, locker; nichtig, schwach; fadenscheinig (*Entschuldigung*); **2.** Durchschlagpapier *n*; *sl.* Banknote *f*; Telegramm *n*.
flinch [flintʃ] zurückweichen, -schrecken (*from* vor *dat.*); zucken.
fling [fliŋ] **1.** Wurf *m*; Schlag *m des Pferdes*; *fig.* Hieb *m* (*at* gegen); *have one's* ~ sich austoben; *have a* ~ *at* sich versuchen an (*dat.*); sich lustig machen über (*acc.*), *j.* verhöhnen; **2.** (*irr.*) *v/i.* eilen, stürzen; ausschlagen (*Pferd*); *a.* ~ *out fig.* toben; *v/t.* werfen, schleudern; ~ *o.s.* sich stürzen; ~ *away* wegwerfen; verschleudern; fahren lassen; ~ *forth* herausschleudern, ausstoßen; ~ *open* aufreißen.
flint [flint] Kiesel *m*; Feuerstein *m*; '**flint·y** kieselhaltig; *fig.* hart.
flip [flip] **1.** Klaps *m*; Ruck *m*; ✈ *sl.* Vergnügungsflug *m*, Spritztour *f*; Flip *m* (*alkoholisches Heißgetränk*); **2.** schnippen; knipsen; klapsen; (umher)flitzen.
flip-flap ['flipflæp] Purzelbaum *m*; Luftschaukel *f*.
flip·pan·cy ['flipənsi] Leichtfertigkeit *f etc.*; '**flip·pant** □ leichtfertig; schnippisch; frivol.
flip·per ['flipə] Flosse *f e-r Schildkröte etc.*; Schwimmflosse *f*.
flirt [flə:t] **1.** Ruck *m*; Kokette *f*; Weiberheld *m*, Filou *m*; **2.** flirten, kokettieren; = *flip* 2; **flir'ta·tion** Liebelei *f*, Flirt(en *n*) *m*; **flir'ta·tious** kokett.
flit [flit] huschen, flitzen; wandern; umziehen.
flitch [flitʃ] Speckseite *f*.
flit·ter ['flitə] flattern.
fliv·ver *Am.* F ['flivə] **1.** Nuckelpinne *f* (*billiges Auto*); **2.** mißlingen.
float [fləut] **1.** Schwimmer *m an Angel, Netz u.* ⊕; Floß *n*; *thea.* Rampenlicht *n*; Plattformwagen *m*; Fest(zugs)wagen *m*; **2.** *v/t.* überfluten (*mst fig.*); flößen; tragen (*Wasser*); *Schiff* flott machen, *fig.* in Gang bringen; ✝ gründen; verbreiten; *v/i.* obenauf schwimmen, treiben; schweben; umlaufen; '**float·a·ble** schwimmfähig, flößbar; '**float·age** Schwimmkraft *f*; **float'a·tion** *s. flotation*; '**float·ing** schwimmend, treibend; schwebend (*Schuld*); ~ *bridge* Schiffbrücke *f*; ~ *capital* Umlaufskapital *n*; ~ *ice* Treibeis *n*; ~ *kidney* Wanderniere *f*; ~ *light* Feuerschiff *n*; '**float-plane** Schwimmerflugzeug *n*.
flock[1] [flɔk] **1.** Herde *f* (*a. fig.*); Schar *f*, Haufe(n) *m*; Flug *m Vögel*; **2.** sich scharen; zs.-strömen.
flock[2] [~] (*bsd.* Woll)Flocke *f*.
floe [fləu] schwimmendes Eisfeld *n*; Eisscholle *f*.
flog [flɔg] peitschen; prügeln; ~ *a dead horse* seine Mühe verschwenden, sich umsonst anstrengen; '**flog·ging** Prügeln *n*; Prügelstrafe *f*.
flood [flʌd] **1.** *a.* ~*-tide* Flut *f*; Überschwemmung *f*; Hochwasser *n*; *the* ♀ die Sintflut; **2.** überfluten, -schwemmen; '**~-dis·as·ter** Hochwasserkatastrophe *f*; '**~-gate** Schleusentor *n*; '**~·light 1.** Scheinwerfer-, Flutlicht *n*; **2.** (mit Scheinwerfern) anstrahlen.
floor [flɔ:] **1.** (Fuß)Boden *m*; Stockwerk *n*; ⚒ Tenne *f*; *parl.* Sitzungssaal *m*; *sl.* Börse *f*; ~ *leader Am.* Fraktionsvorsitzende *m*; ~ *price* Mindestpreis *m*; ~ *show Tanz- etc.* Darbietung(en *pl.*) *f in Nachtklubs etc.*; *hold the* ~ *parl.* e-e Rede halten; *be kept on the* ~ zur Debatte stehen; *take the* ~ das Wort ergreifen; **2.** mit e-m Boden ver-

sehen, dielen; zu Boden schlagen; verblüffen; '~-**cloth** Aufwisch-, Putzlappen *m*; '**floor·er** zu Boden werfender Schlag *m*; '**floor·ing** Dielung *f*; Fußboden(belag) *m*; '**floor-lamp** Stehlampe *f*; '**floor--walk·er** *Am.* Aufsicht *f im Kaufhaus*; '**floor-wax** Bohnerwachs *n*.
flop F [flɔp] **1.** (mit den Flügeln) schlagen; (hin)plumpsen (lassen); baumeln; *Krempe* herunterschlagen; *sl.* versagen; **2.** Plumps *m*; Reinfall *m*; Versager *m*; ~ *house Am. sl.* Penne *f*; **3.** plumps; '**flop·py** schlapp; schludrig.
flo·ra ['flɔːrə] Flora *f*, Pflanzenwelt *f*; '**flo·ral** Blüten...; Blumen...; ~ *design* Blumenmuster *n*.
flo·res·cence[flɔː'resns]Blüte(zeit) *f*.
flor·id □ ['flɔrid] blühend; *fig.* blumig; überladen; '**flor·id·ness** lebhafte Farbe *f*; blumiger Stil *m*; Überladenheit *f*.
flor·in ['flɔrin] Gulden *m*; Zweischillingstück *n*.
flo·rist ['flɔrist] Blumenhändler *m*, -züchter *m*.
floss [flɔs] Kokonseide *f*; ~ *silk* Florettseide *f*; '**floss·y** florettseiden.
flo·ta·tion [fləu'teiʃən] Schwimmen *n*; Schweben *n*; Ingangbringen *n*; ⚜ Gründung *f*.
flo·til·la ⚓ [fləu'tilə] Flottille *f*.
flot·sam ⚖ ['flɔtsəm] (treibendes) Wrackgut *n*.
flounce[1] [flauns] **1.** Volant *m*, Falbel *f*; **2.** mit Falbeln *etc.* besetzen.
flounce[2] [~] stürzen, stürmen; plumpsen; hopsen; zappeln.
floun·der[1] *ichth.* ['flaundə] Flunder *f*.
floun·der[2] [~] sich (ab)mühen, sich quälen; sich mühsam bewegen.
flour ['flauə] **1.** feines Mehl *n*; **2.** mit Mehl bestreuen.
flour·ish ['flʌriʃ] **1.** Schnörkel *m*; *Rede*-Floskel *f*; Schwingen *n*; ♪ Verzierung *f*; Trompetenstoß *m*, Tusch *m*; **2.** *v/i.* blühen, gedeihen; seine Blütezeit haben; leben; Schnörkel *etc.* machen; *v/t. Schwert etc.* schwingen; *Fahne* schwenken.
flout [flaut] *v/t.* verspotten; ignorieren; *v/i.* spotten (*at* über *acc.*).
flow [fləu] **1.** Fluß *m*; Erguß *m*; Schwall *m*; Überfluß *m*; Flut *f*; ~ *of spirits* heitere Laune *f*; **2.** fließen, fluten, strömen; überfließen (*with* von); wallen (*Haar etc.*); hereinkommen, steigen (*Flut*); ~ *from* herrühren von.
flow·er ['flauə] **1.** Blume *f*; Blüte *f* (*fig. Auslese*); Zierde *f*; *say it with* ~*s* durch die Blume sprechen; **2.** blühen; **flow·er·et** ['~rit] Blümchen *n*; (Blumenkohl)Röschen *n*; '**flow·er·i·ness** Blumenreichtum *m* (*a. fig.*); '**flow·er-pot** Blumentopf *m*; '**flow·er·y** blumig.
flown [fləun] *p.p. v. fly*[1] 2.
flu F [fluː] = *influenza*.
flub·dub *Am. sl.* ['flʌbdʌb] Geschwätz *n*.
fluc·tu·ate ['flʌktjueit] schwanken; fluktuieren; **fluc·tu'a·tion** Schwanken *n*; ~*s pl.* Schwankungen *f/pl.*
flue [fluː] Kaminrohr *n*; Heizrohr *n*; (Feuerungs)Zug *m*; Rauchfang *m*; Staubflocke(n *pl.*) *f*; = *flu*.
flu·en·cy ['fluːənsi] Fluß *m der Rede*, Geläufigkeit *f*; '**flu·ent** □ fließend, geläufig (*Rede*).
fluff [flʌf] **1.** Flaum *m*; Staub-, Federflocke *f*; *fig.* Schnitzer *m*, Fehler *m*; **2.** *Kissen* aufschütteln; *Federn* aufplustern (*Vogel*); '**fluff·y** flaumig; locker, flockig; *sl.* angeheitert.
flu·id ['fluːid] **1.** flüssig; *fig.* nicht fixiert; **2.** *konkr.* Flüssigkeit *f*; **flu'id·i·ty** Flüssigkeit *f* (*Zustand*).
fluke [fluːk] Ankerschaufel *f*; F Dusel *m* (*Glück*).
flume [fluːm] Kanal *m*.
flum·mer·y ['flʌməri] *Küche*: Flammeri *m*; fades Geschwätz *n*.
flum·mox F ['flʌməks] verblüffen, verwirren.
flung [flʌŋ] *pret. u. p.p. von fling* 2.
flunk *Am.* F [flʌŋk] durchfallen *im Examen*, durchfallen lassen; sich drücken.
flunk·(e)y ['flʌŋki] Lakai *m*; Bedientenseele *f*; '**flunk·ey·ism** Lakaienwesen *n*.
flu·o·res·cence *phys.* [fluə'resns] Fluoreszenz *f*; **flu·or'es·cent** fluoreszierend; ~ *lamp* Leuchtstofflampe *f*.
flur·ry ['flʌri] **1.** Nervosität *f*, Unwirschheit *f*; Bö *f*; (Schnee)Schauer *m*; **2.** nervös *od.* unwirsch machen.
flush [flʌʃ] **1.** ⊕ in gleicher Ebene; reichlich; (über)voll; **2.** Erröten *n*; Übermut *m*, Rausch *m*; Fülle *f*;

Wachstum *n*; *fig.* Blüte *f*; Spülung *f*; *Karten*: Flöte *f*; **3.** über-, durchfluten; (aus)spülen; strömen; sprießen (lassen); erröten (lassen); übermütig machen; aufjagen.

flus·ter [ˈflʌstə] **1.** Aufregung *f*; **2.** *v/t.* durcheinanderbringen, aufregen, nervös machen; *v/i.* aufgeregt *od.* nervös sein.

flute [fluːt] **1.** ♪ Flöte *f*; ⚠ *Säulen-*Auskehlung *f*; *Plissee- etc.* Falte *f*; **2.** (auf der) Flöte spielen; *fig.* flöten; auskehlen, riefeln; fälteln; **ˈflut·ist** Flötist(in).

flut·ter [ˈflʌtə] **1.** Flattern *n*; Erregung *f*, Unruhe *f*; F Spekulation *f*; *have a ~* sein Glück (*im Spiel etc.*) probieren; **2.** *v/t.* flattern lassen; aufregen; *v/i.* flattern; zittern; sich unruhig hin- u. herbewegen.

flux [flʌks] *fig.* Fluß *m*, Strom *m*; ⚕ Ausfluß *m*; beständiger Wechsel *m*; *~ and reflux* Flut *f* und Ebbe *f*.

fly¹ [flai] **1.** Fliege *f*; Flug *m*; *Am. Baseball*: hochgeschlagener Ball *m*; Droschke *f*; Unruh *f der Uhr*; *flies pl. thea.* Soffitten *f/pl.*; **2.** (*irr.*) fliegen (lassen); eilen, entfliehen (*Zeit*); eilen, stürzen; *Flugzeug* fliegen; *Flagge* hissen; = *flee*; *~ the Channel* über den Kanal fliegen; *~ high* hoch hinauswollen; *~ at* herfallen über (*acc.*); *~ in the face of* sich nicht scheren um; trotzen (*dat.*); *~ into a passion od. rage* in Zorn geraten; *~ off* davonfliegen; *~ blind od. on instruments* blindfliegen; *~ out at* ausfällig werden gegen; *~ open* auffliegen (*Tür*); *send s.o. ~ing* j. fortjagen.

fly² *sl.* [~] auf Draht; mit allen Wassern gewaschen.

fly...: **ˈ~-blow 1.** Fliegenschmutz *m*; **2.** Eier ablegen (auf); *fig.* beschmutzen; **ˈ~-blown** fliegenbeschmutzt; *fig.* schmutzig; wenig vertrauenerweckend; **ˈ~-catch·er** Fliegenfänger *m*; *orn.* Fliegenschnäpper *m*.

fly·er [ˈflaiə] Flieger *m* (*bsd.* ✈); Renner *m*; Sprung *m* mit Anlauf; Flüchtling *m*; *take a ~ Am.* F Vermögen riskieren; *~s pl.* ⚠ Freitreppe *f*.

fly-flap [ˈflaiflæp] Fliegenklatsche *f*.

fly·ing [ˈflaiiŋ] fliegend; schnell; Flug...; *~ boat* Flugboot *n*; *~ buttress* ⚠ Strebebogen *m*; *~ deck* Landedeck *n*; *~ field* Flugplatz *m*; *~ jump* Sprung *m* mit Anlauf; *~ machine* Flugzeug *n*; *~ school* Fliegerschule *f*; *~ squad* Überfallkommando *n*; *~ start* fliegender Start *m*; *~ visit* flüchtiger Besuch *m*; **ˈ~-of·fi·cer** Oberleutnant *m* der RAF.

fly...: **ˈ~-leaf** *typ.* Vorsatzblatt *n*; **ˈ~-o·ver** (Straßen)Überführung *f*; ✈ = **ˈ~-past** Luftparade *f*; **ˈ~-weight** *Boxen*: Fliegengewicht *n*; **ˈ~-wheel** Schwungrad *n*.

foal [fəul] **1.** Fohlen *n*; *in ~, with ~* trächtig **2.** fohlen.

foam [fəum] **1.** Schaum *m*; **2.** schäumen; **ˈ~-rub·ber** Schaumgummi *n*, *m*; **ˈfoam·y** schaumig.

fob¹ [fɔb] Uhrtasche *f in der Hose*; Chatelaine *f* (*Uhranhänger*).

fob² [~]: *~ off fig. j.* abspeisen (*with* mit); *et.* aufschwatzen (*on dat.*).

fo·cal [ˈfəukəl] den Brennpunkt betreffend, fokal; *~ length*, *~ distance phot.* Brennweite *f*; *~-plane shutter phot.* Schlitzverschluß *m*.

fo'c'sle [ˈfəuksl] = *forecastle*.

fo·cus [ˈfəukəs] **1.** *pl. a.* **fo·ci** [ˈfəusai] Brennpunkt *m*; *fig. a.* Herd *m*, Mittel-, Schwerpunkt *m*; **2.** (sich) im Brennpunkt vereinigen; *opt.* einstellen (*a. fig.*); *Aufmerksamkeit* konzentrieren (*on, upon* auf *acc.*); **ˈfo·cus·(s)ing screen** *phot.* Mattscheibe *f*.

fod·der [ˈfɔdə] **1.** (Trocken)Futter *n*; **2.** füttern.

foe *poet.* [fəu] Feind *m*, Gegner *m*; **ˈ~·man** † Feind *m*.

foe·tus ⚕ [ˈfiːtəs] Fötus *m*, Leibesfrucht *f*.

fog [fɔg] **1.** (dichter) Nebel *m*; *fig.* Umnebelung *f*; *phot.* Schleier *m*; **2.** *mst fig.* umnebeln; *phot.* verschleiern; **ˈ~-bank** Nebelbank *f*; **ˈ~-bound** ⚓ durch Nebel behindert.

fo·gey F [ˈfəugi]: *old ~* komischer alter Kauz *m*.

fog·gy □ [ˈfɔgi] neb(e)lig; *fig.* nebelhaft; **ˈfog-horn** Nebelhorn *n*; **ˈfog-sig·nal** 🚂 Nebelsignal *n*.

fo·gy *Am.* [ˈfəugi] = *fogey*.

foi·ble *fig.* [ˈfɔibl] Schwäche *f*, schwache Seite *f*.

foil¹ [fɔil] Folie *f*; Spiegelbelag *m*; *fig.* Hintergrund *m*.

foil² [~] **1.** vereiteln; durchkreuzen;

j-m e-n Strich durch die Rechnung machen; **2.** *fenc.* Florett *n.*
foist [fɔist]: ~ *s.th.* (*off*) *on s.o.* j-m et. andrehen *od.* aufschwatzen.
fold[1] [fəuld] **1.** Schafhürde *f*; *fig.* Herde *f*; **2.** einpferchen.
fold[2] [~] **1.** Falte *f*; Falz *m*, Kniff *m*, Bruch *m*; **2.** ...fach, ...fältig; **3.** *v/t.* falten; falzen; kniffen; *Arme* kreuzen; *a.* ~ *up* einwickeln; ~ *down* umkniffen; ~ *in one's arms* in die Arme schließen; ~ *up* zs.-legen; *v/i.* sich falten; sich zs.-klappen lassen; *Am.* F eingehen; ~ *up* F zusammenbrechen; Schluß machen; '**fold·er** Mappe *f*, Schnellhefter *m*; Faltprospekt *m.*
fold·ing ['fəuldiŋ] zs.-legbar; Klapp...; '**~-bed** Feldbett *n*; '**~-boat** Faltboot *n*; '**~-door**(**s** *pl.*) Flügeltür *f*; '**~-screen** spanische Wand *f*; '**~-seat** Klappsitz *m.*
fo·li·age ['fəuliidʒ] Laub(werk) *n.*
fo·li·o ['fəuliəu] Folio *n*; Foliant *m*; Mappe *f.*
folk [fəuk] *pl.* Leute *pl.*; ~*s pl.* F *m-e etc.* Leute *pl.* (*Angehörige*); '**~-dance** Volkstanz *m*; **~·lore** ['~lɔ:] Volkskunde *f*, -sagen *f/pl.*; Folklore *f*; '**~-song** Volkslied *n.*
fol·low ['fɔləu] folgen (*dat.*); folgen auf (*acc.*); be-, nach-, verfolgen; *s-m Vergnügen, Beruf etc.* nachgehen; *to* ~ hinterher, als Nachspeise; *it* ~*s that* es folgt daraus, daß; ~ *out* weiter verfolgen; ~ *the sea* Seemann sein; ~ *up* (weiter-) verfolgen; '**fol·low·er** Nachfolger (-in); Verfolger(in); Anhänger(in), Gefolgsmann *m*, Jünger *m*; F Verehrer *m* (*e-s Dienstmädchens*); '**fol·low·ing 1.** Anhängerschaft *f*, Gefolge *n*; *the* ~ das Folgende; **2.** ~ *wind* Rückenwind *m.*
fol·ly ['fɔli] Torheit *f*; Narrheit *f.*
fo·ment [fəu'ment] ⚕ bähen; *j-m* warme Umschläge machen; *Unruhe* stiften *od.* schüren; **fo·men'ta·tion** Bähung *f*; warmer Umschlag *m*; Anstiftung *f*; **fo'ment·er** *fig.* Anstifter *m.*
fond □ [fɔnd] zärtlich; vernarrt (*of* in *acc.*); töricht, kühn (*Hoffnung etc.*); *be* ~ *of* gern haben, lieben; *be* ~ *of dancing* gern tanzen.
fon·dant ['fɔndənt] Fondant *m.*
fon·dle ['fɔndl] liebkosen; streicheln; (ver)hätscheln.
fond·ness ['fɔndnis] Zärtlichkeit *f*; Vorliebe *f* (*for* für).
font *eccl.* [fɔnt] Taufstein *m.*
food [fu:d] Speise *f*, Nahrung *f* (*a. fig.*); Essen *n*, Beköstigung *f*; Futter *n*; Lebensmittel *n/pl.*, Eßwaren *f/pl.*; '**~-stuff** Nahrungsmittel *n.*
fool[1] [fu:l] **1.** Narr *m*, Tor *m*, Dummkopf *m*; Betrogene *m*; Hanswurst *m*; *make a* ~ *of s.o.* j. zum besten haben; *make a* ~ *of o.s.* sich lächerlich machen; *I am a* ~ *to him* gegen ihn bin ich ein Waisenknabe; ~*'s paradise* Schlaraffenland *n*; **2.** *Am.* F närrisch, dumm; **3.** *v/t.* narren, aufziehen; zum Narren halten; prellen (*out of* um *et.*); verleiten (*into ger.* zu *inf.*); ~ *away* F vertrödeln; *v/i.* Spaß machen, albern; (herum)spielen; ~ *about* herumalbern; ~ (*a*)*round bsd. Am.* Zeit vertrödeln.
fool[2] [~] Fruchtcreme *f.*
fool·er·y ['fu:ləri] Torheit *f*; '**fool·hard·y** □ tollkühn; '**fool·ish** □ töricht, albern, dumm; '**fool·ish·ness** Torheit *f*; '**fool-proof** ⊕ narrensicher; kinderleicht; **fool·scap** ['fu:lskæp] Kanzleipapier *n*; **fool's-cap** ['fu:lzkæp] Narrenkappe *f.*
foot [fut] **1.** *pl.* **feet** [fi:t] Fuß *m*; Fußende *n*; ⚔ Infanterie *f*; Fuß *m* (= *12 Zoll*); Füßling *m am Strumpf*; *on* ~ zu Fuß; im Gange; *be on one's feet* auf den Beinen sein; *fig.* keine Hilfe brauchen, auf eigenen Füßen stehen; *put one's* ~ *down* fest auftreten; *I have put my* ~ *into it* F ich bin ins Fettnäpfchen getreten; *set on* ~ in Gang bringen; *set* ~ *on* betreten; **2.** *v/t.* Füß(ling)e anstrikken an (*acc.*); *mst* ~ *up Rechnung* addieren; ~ *the bill* F die Zeche bezahlen; *v/i.* ~ *it* zu Fuß gehen; tanzen; '**foot·age** Gesamtlänge *f* (*in Fuß*).
foot...: '**~-and-'mouth dis·ease** Maul- und Klauenseuche *f*; '**~·ball** Fußball(spiel *n*) *m*; '**~·board** Trittbrett *n*; '**~·boy** *Hotel- etc.* Page *m*; '**~-brake** Fußbremse *f*; '**~-bridge** Steg *m.*
foot·ed ['futid] ...füßig; '**foot·er** F Fußball(spiel *n*) *m.*
foot...: '**~·fall** Tritt *m*, Schritt *m*; '**~-gear** Schuhwerk *n*; **♀ Guards**

pl. ⚔ Gardeinfanterie *f*; '~**-hills** *pl.* Vorgebirge *n*; '~**·hold** fester Stand *m*; *fig.* Halt *m*.

foot·ing ['futiŋ] Halt *m*, Stand *m*; Grundlage *f*, Basis *f*; Stellung *f*; fester Fuß *m*; Verhältnis *n*; ⚔ Zustand *m*; Endsumme *f*; *be on a friendly ~ with s.o.* ein gutes Verhältnis zu j-m haben; *upon the same ~ as* auf gleichem Fuße mit; *get a ~* festen Fuß fassen; *lose one's ~* ausgleiten.

foo·tle F ['fu:tl] **1.** albern (sein); **2.** Albernheit *f*; Spielerei *f*.

foot·lights *thea.* ['futlaits] *pl.* Rampenlicht(er *pl.*) *n*; Bühne *f*.

foot·ling ['fu:tliŋ] läppisch, unbedeutend.

foot...: '~**·man** Diener *m*, Lakai *m*; '~**-mark** Fußspur *f*; '~**-note** **1.** Fußnote *f*; **2.** mit Fußnoten versehen; '~**·pad** Straßenräuber *m*; '~**-pas·sen·ger** Fußgänger(in); '~**-path** Fußpfad *m*; '~**·print** Fußstapfe *f*, -spur *f*; '~**-race** Wettlauf *m*; '~**-rule** Zollstock *m*; '~**-slog** *sl.* latschen; '~**-sore** fußkrank; '~**-stalk** ⚘ Stengel *m*, Stiel *m*; '~**-step** Fußstapfe *f*, Spur *f*; Tritt *m*, Schritt *m*; '~**·stool** Fußbank *f*; '~**·wear** = *foot-gear*; '~**·work** *Sport*: Beinarbeit *f*.

fop [fɔp] Geck *m*, Fatzke *m*; '**fop·per·y** Ziererei *f*, Afferei *f*; '**fop·pish** □ geckenhaft, affig.

for [fɔ:; fə; f] **1.** *prp. mst* für; *Sonderfälle*: a) *Zweck, Ziel, Richtung*: zu; nach; *come ~ dinner* zum Essen kommen; *the train ~ London* der Zug nach London; *it is ~ you to decide* es ist an dir zu entscheiden; b) *Wunsch, Erwartung*: *warten, hoffen etc.* auf (*acc.*); *sich sehnen etc.* nach; c) *Grund, Anlaß*: aus, vor (*dat.*), wegen; *were it not ~ that* wenn das nicht wäre; *he is a fool ~ doing that* er ist töricht, daß er das tut; d) *Zeitdauer*: *~ three days* drei Tage (lang); auf drei Tage; seit drei Tagen; e) *Entfernung*: *I walked ~ a mile* ich ging eine Meile (weit); f) *Austausch*: (an)statt; g) *in der Eigenschaft* als; *I ~ one* ich zum Beispiel; *~ sure!* sicher!, gewiß!; h) *nach adj. vor acc. u. inf.*: *it is good ~ us to be here* es ist gut, daß wir hier sind; *the snow was too deep ~ them to go on* der Schnee war zu tief, als daß sie weiter gekonnt hätten; **2.** *cj.* denn.

for·age ['fɔridʒ] **1.** F(o)urage *f*, Futter *n*; **2.** (nach Futter) suchen.

for·as·much [fərəz'mʌtʃ]: *~ as* weil, da, insofern als.

for·ay ['fɔrei] räuberischer Einfall *m*.

for·bade [fə'bæd] *pret. von forbid.*

for·bear[1] ['fɔ:bɛə] Vorfahr *m*.

for·bear[2] [fɔ:'bɛə] (*irr.*) *v/t.* unterlassen; *v/i.* sich enthalten (*from gen.*); Geduld haben; **for'bear·ance** Unterlassung *f*; Geduld *f*, Nachsicht *f*.

for·bid [fə'bid] (*irr.*) verbieten (*s.o. s.th.* j-m et.); hindern; *God ~!* Gott behüte!; **for'bid·den** *p.p. von forbid*; *~ fruit* verbotene Frucht *f*; **for'bid·ding** □ abstoßend.

for·bore, for·borne [fɔ:'bɔ:(n)] *pret. u. p.p. von forbear*[2].

force [fɔ:s] **1.** *mst* Kraft *f*, Stärke *f*, Gewalt *f*; Nachdruck *m*; Gültigkeit *f*; Zwang *m*; Bedeutung *f*; Heer *n*, Truppe *f*; Streitmacht *f*; *the ~* die Polizei; *armed ~s pl.* Streitkräfte *f/pl.*; *by ~* gewaltsam; *come (put) in ~* in Kraft treten (setzen); **2.** zwingen, nötigen; erzwingen (*upon* von); aufzwingen, -drängen (*upon dat.*); forcieren, beschleunigen; *Worten, e-r Frau* Gewalt antun; *Schritt* beschleunigen; *Tür etc.* aufbrechen; erstürmen; *Früchte* künstlich reif machen; *~ back* zurücktreiben; *~ down* ✈ zum Landen zwingen; *~ s.o.'s hand* j. zwingen; *~ on* antreiben; *~ open* aufbrechen; **forced** (*adv.* **forc·ed·ly** ['~idli]) er-, gezwungen; *~ loan* Zwangsanleihe *f*; *~ landing* Notlandung *f*; *~ march* Eilmarsch *m*; *~ sale* Zwangsversteigerung *f*; **force·ful** □ ['~ful] kräftig, wirkungsvoll; eindringlich; '**force-meat** *Küche*: gehacktes Füllsel *n*.

for·ceps ⚕ ['fɔ:seps] *sg. u. pl.* Zange *f*.

force-pump ['fɔ:spʌmp] Druckpumpe *f*.

forc·er ⊕ ['fɔ:sə] Kolben *m*.

for·ci·ble □ ['fɔ:səbl] gewaltsam; Zwangs...; eindringlich; wirksam.

forc·ing-house ['fɔ:siŋhaus] Treibhaus *n*.

ford [fɔ:d] **1.** Furt *f*; **2.** durchwaten; '**ford·a·ble** durchwatbar.

fore [fɔ:] **1.** *adv.* vorn; *~ and aft* ⚓

vorn und hinten; **2.** Vorderteil *m, n*; *to the* ~ greifbar, verfügbar, vorhanden; zur Hand; *bring* (*come*) *to the* ~ zum Vorschein bringen (kommen); **3.** *adj.* vorder; Vorder...; '**~arm**[1] Vorderarm *m*; **~'arm**[2] (sich) wappnen; **~'bode** vorhersagen; ahnen; **~'bod·ing** (böses) Vorzeichen *n*; Ahnung *f*; '**~cast 1.** (*bsd.* Wetter)Vorhersage *f*; **2.** (*irr. cast*) vorhersehen; voraussagen; '**~cas·tle** ⚓ ['fəuksl] Vorderdeck *n*; Logis *n*; **~close** [fɔː'kləuz] ausschließen (*of* von); *Hypothek* für verfallen erklären; **~'clo·sure** [~ʒə] Verfallserklärung *f*; '**~court** Vorhof *m*; **~'date** vorausdatieren; **~'doom** im voraus verurteilen *od.* bestimmen; '**~fa·ther** Vorfahr *m*; '**~fin·ger** Zeigefinger *m*; '**~foot** Vorderfuß *m*; '**~front** Vorderseite *f*; vorderste Reihe *f*; **~'go** (*irr. go*) vorangehen; *~ing* vorhergehend; **~'gone** von vornherein feststehend; ~ *conclusion* Selbstverständlichkeit *f*, ausgemachte Sache *f*; '**~ground** Vordergrund *m*; '**~hand** Vorhand *f*; **~head** ['fɔrid] Stirn *f*.

for·eign ['fɔrin] fremd; ausländisch; auswärtig; ~ *body* Fremdkörper *m*; *~-born* im Ausland geboren; '**for·eign·er** Ausländer(in), Fremde *m, f*; '**for·eign·ness** Fremdheit *f*.

for·eign...: ♀ **Of·fice** Außenministerium *n*; ~ **pol·i·cy** Außenpolitik *f*; ~ **trade** Außenhandel *m*.

fore...: **~'judge** im voraus (ver)urteilen; **~'know** (*irr. know*) vorherwissen; '**~'knowl·edge** Vorherwissen *n*, -sehen *n*; **~land** ['fɔːlənd] Vorgebirge *n*; '**~leg** Vorderbein *n*; '**~lock** Stirnhaar *n*; *take time by the* ~ die Gelegenheit beim Schopfe ergreifen; '**~man** ⚖ Obmann *m*; Vorarbeiter *m*, (Werk-)Meister *m*; ⚒ Steiger *m*; '**~mast** ⚓ Fockmast *m*; '**~most 1.** *adj.* vorderst, erst; **2.** *adv.* zuerst; '**~name** Vorname *m*; '**~noon** Vormittag *m*.

fo·ren·sic [fə'rensik] gerichtlich; Gerichts...

fore...: '**~or'dain** vorherbestimmen; '**~paw** Vorderpfote *f*; '**~run·ner** Vorläufer *m*, -bote *m*; **~sail** ['~seil; ⚓ '~sl] Focksegel *n*; **~'see** (*irr. see*) vorhersehen; **~'see·a·ble** vorauszusehen(d); absehbar (*Zeit*); **~'shad·ow** ankündigen; '**~shore** (Küsten)Vorland *n*, Strand *m*; **~'short·en** in der Verkürzung zeichnen; '**~sight** Voraussicht *f*; Vorsorge *f*; Korn *n am Gewehr*; '**~skin** Vorhaut *f*.

for·est ['fɔrist] **1.** Wald *m* (*a. fig.*), Forst *m*; **2.** beforsten.

fore·stall [fɔː'stɔːl] *et.* vereiteln; *j-m* zuvorkommen.

for·est·er ['fɔristə] Förster *m*; Waldarbeiter *m*; '**for·est·ry** Forstwirtschaft *f*; Waldgebiet *n*.

fore...: '**~taste** Vorgeschmack *m*; **~'tell** (*irr. tell*) voraus-, vorhersagen; vorbedeuten; '**~thought** Vorbedacht *m*.

for·ev·er [fə'revə] für immer; ständig.

fore...: **~'warn** vorher warnen; '**~wom·an** Aufseherin *f*; Vorarbeiterin *f*; '**~word** Vorwort *n*.

for·feit ['fɔːfit] **1.** verwirkt; **2.** Verwirkung *f*; Strafe *f*, Buße *f*; Pfand *n*; ✝ *u. Sport*: Reugeld *n*; *~s pl.* Pfänderspiel *n*; **3.** verwirken; einbüßen; '**for·feit·a·ble** verwirkbar; **for·fei·ture** ['~tʃə] Verwirkung *f*; Verlust *m*.

for·gath·er [fɔː'gæðə] zs.-kommen.

for·gave [fə'geiv] *pret. von forgive.*

forge[1] [fɔːdʒ] **1.** Schmiede *f*; **2.** schmieden (*fig. ersinnen*); *Urkunde etc.* fälschen.

forge[2] [~] *mst* ~ *ahead* sich vor(wärts)arbeiten.

forg·er ['fɔːdʒə] Schmied *m*; Fälscher *m*; '**for·ger·y** Fälschung *f*.

for·get [fə'get] (*irr.*) vergessen; vernachlässigen; *I* ~ F ich habe vergessen, ich weiß nicht mehr; **for'get·ful** □ [~ful] vergeßlich; **for'get·ful·ness** Vergeßlichkeit *f*; **for'get-me-not** ⚘ Vergißmeinnicht *n*.

for·give [fə'giv] (*irr.*) vergeben, verzeihen; *Schuld* erlassen; **for'giv·en** *p.p. von forgive*; **for'give·ness** Verzeihung *f*, -gebung *f*; **for'giv·ing** □ versöhnlich; nachsichtig, mild.

for·go [fɔː'gəu] (*irr. go*) verzichten auf (*acc.*); aufgeben.

for·got [fə'gɔt], **for'got·ten** [~tn] *pret. u. p.p. von forget.*

fork [fɔːk] **1.** Gabel *f*; Gabelung *f*; **2.** (sich) gabeln; **forked** gabelförmig; gegabelt; '**fork-lift** Gabelstapler *m*.

for·lorn [fəˈlɔːn] verloren, verlassen; hoffnungslos; hilflos; ~ *hope* aussichtsloses Unternehmen *n*; ⚔ verlorener Posten *m*, Himmelfahrtskommando *n*.

form [fɔːm] **1.** Form *f*; Gestalt *f*; Formalität *f*; Formular *n*; (Schul-)Bank *f*; (Schul)Klasse *f*; Form *f*, Kondition *f*; geistige Verfassung *f*; *in (good)* ~ *Sport*: in (guter) Form *od.* Verfassung; *good (bad)* ~ gutes (schlechtes) Benehmen *n*; **2.** (sich) formen, (sich) bilden; gestalten; entwerfen, erdenken; ⚔ (sich) aufstellen, formieren; vereinbaren (*into* zu); *Bündnis* schließen; sich *e-e Meinung* bilden.

for·mal □ [ˈfɔːməl] formal; förmlich; formell; äußerlich, scheinbar; **ˈfor·mal·ism** Formalismus *m*; **ˈfor·mal·ist** Formenmensch *m*; **for·mal·i·ty** [fɔːˈmæliti] Förmlichkeit *f*, Formalität *f*; **for·mal·ize** [ˈfɔːməlaiz] in die richtige Form bringen.

for·mat [ˈfɔːmæt] Format *n* (*e-s Buches*).

for·ma·tion [fɔːˈmeiʃən] Bildung *f*, Gestaltung *f*; *bsd.* ⚔ *u. geol.* Formation *f*; ~ *flying* ✈ Fliegen *n* im Verband; **form·a·tive** [ˈfɔːmətiv] formend, bildend; gestaltend; ~ *years pl.* Entwicklungsjahre *n/pl.*

form·er¹ ⊕ [ˈfɔːmə] Former *m* (*a. fig.*).

for·mer² [~] vorig, früher; ehemalig; vorhererwähnt; erstere(r, -s), jene(r, -s); **ˈfor·mer·ly** ehemals, früher, einst.

for·mic [ˈfɔːmik]: ~ *acid* Ameisensäure *f*.

for·mi·da·ble □ [ˈfɔːmidəbl] furchtbar, schrecklich; ungeheuer.

form·less □ [ˈfɔːmlis] formlos.

For·mo·san [fɔːˈməusən] aus Formosa, Formosa...

for·mu·la [ˈfɔːmjulə], *pl. mst* **for·mu·lae** [ˈ~liː] Formel *f*; ⚕ Rezept *n*; **for·mu·lar·y** [ˈ~ləri] **1.** formelhaft; **2.** Formelbuch *n*; **for·mu·late** [ˈ~leit] formulieren; **for·muˈla·tion** Formulierung *f*.

for·ni·ca·tion [fɔːniˈkeiʃən] Unzucht *f*.

for·rad·er F [ˈfɔrədə] (weiter) vorwärts.

for·sake [fəˈseik] (*irr.*) aufgeben; verlassen; **forˈsak·en** *p.p. von forsake*; **for·sook** [~ˈsuk] *pret. von forsake*.

for·sooth *iro.* [fəˈsuːθ] wahrlich.

for·swear [fɔːˈswɛə] (*irr. swear*) abschwören; ~ *o.s.* falsch schwören; **forˈsworn** meineidig.

fort ⚔ [fɔːt] Fort *n*, Festung(swerk *n*) *f*.

forte *fig.* [fɔːt] Stärke *f*, starke Seite *f*.

forth [fɔːθ] *räumlich*: vor(wärts), voran, vorauf; heraus, hinaus, hervor; *in Zeit, Ordnung etc.*: vorwärts, weiter, fort(an); *from this day* ~ von heute an; **~ˈcom·ing** herauskommend, erscheinend; bereit; bevorstehend; F entgegenkommend; *be* ~ zum Vorschein kommen, erscheinen; **ˈ~·right** gerade; geradeheraus; **ˈ~ˈwith** sogleich.

for·ti·eth [ˈfɔːtiiθ] **1.** vierzigste(r, -s); **2.** Vierzigstel *n*.

for·ti·fi·ca·tion [fɔːtifiˈkeiʃən] Befestigung *f*; ⚔ Festungswerk *n*; **for·ti·fy** [~ˈfai] ⚔ befestigen; *fig.* (ver)stärken; **for·ti·tude** [ˈ~tjuːd] Seelenstärke *f*; Tapferkeit *f*, Mut *m*.

fort·night [ˈfɔːtnait] vierzehn Tage; *this day* ~ heute in 14 Tagen; *this* ~ seit 14 Tagen; **ˈfort·night·ly** vierzehntägig, alle 14 Tage (erscheinend).

for·tress [ˈfɔːtris] Festung *f*.

for·tu·i·tous □ [fɔːˈtjuːitəs] zufällig; **forˈtu·i·tous·ness, forˈtu·i·ty** Zufälligkeit *f*, Zufall *m*.

for·tu·nate [ˈfɔːtʃnit] glücklich; **ˈfor·tu·nate·ly** glücklicherweise, zum Glück.

for·tune [ˈfɔːtʃən] Glück *n*; (zukünftiges) Schicksal *n*; Zufall *m*; Vermögen *n*; ♀ Fortuna *f*; *good* ~ Glück *n*; *bad* ~, *ill* ~ Unglück *n*; *marry a* ~ e-e reiche Partie machen; *tell* ~*s* wahrsagen; **ˈ~-hunt·er** Mitgiftjäger *m*; **ˈ~-tel·ler** Wahrsager(in).

for·ty [ˈfɔːti] **1.** vierzig; ~*-niner Am.* F *kalifornischer* Goldsucher *m von 1849*; ~ *winks pl.* F Nickerchen *n*; **2.** Vierzig *f*; *the forties* die vierziger Jahre (*e-s Jahrhunderts*); die Vierziger(jahre) (*Alter*).

fo·rum [ˈfɔːrəm] Forum *n*; Gericht *n*.

for·ward [ˈfɔːwəd] **1.** *adj.* vorder; bereit(willig); fortschrittlich; vorschnell; vorwitzig, keck; frühzeitig; vorgerückt; ✝ Zeit..., Termin...;

~ planning Vorausplanung *f*; **2.** *adv.* vorwärts; nach vorn; ✈ auf Ziel; *from this time ~* von jetzt an; **3.** *Fußball*: Stürmer *m*; **4.** (be)fördern, beschleunigen; (ab-, ver)senden; *please ~* ✉ bitte nachsenden; **'for·ward·er** Spediteur *m*.
for·ward·ing ['fɔːwədiŋ] Versand *m*; Spedition *f*; **~ a·gent** Spediteur *m*.
for·ward·ness ['fɔːwədnis] Bereitwilligkeit *f*; Frühreife *f*; Voreiligkeit *f*; Keckheit *f*; **for·wards** ['fɔːwədz] vorwärts.
fosse [fɔs] ⚔ Graben *m*; *anat.* Höhlung *f*, Grube *f*.
fos·sil ['fɔsl] **1.** fossil, versteinert; *fig.* rückständig; **2.** Fossil *n* (*a. fig.*).
fos·ter ['fɔstə] **1.** *fig.* nähren, pflegen; begünstigen; *~ up* aufziehen; **2.** Pflege...; **'fos·ter·age** Pflege *f*; **'fos·ter-child** Pflegekind *n*; **fos·ter·ling** ['~liŋ] Pflegekind *n*, Schützling *m*.
fought [fɔːt] *pret. u. p.p. von fight 2.*
foul [faul] **1.** □ widerwärtig, ekelhaft; schmutzig (*fig.* = *zotig, gemein*); verschmutzt (*Garten, Gewehr etc.*); schimpfend, Schimpf...; schändlich; unehrlich; falsch, regelwidrig (*Spiel*); ⚓ unklar; faul, verdorben (*Wasser etc.*); übelriechend (*Atem etc.*); schlecht (*Wetter*); widrig (*Wind*); ruchlos (*Tat*); *~ tongue* böse Zunge *f*, loses Maul *n*; *fall ~ of mit dem Gesetz* in Konflikt kommen; ⚓ zs.-stoßen mit; **2.** Zs.-stoß *m*; *Sport*: Foul *n*, Regelverstoß *m*; *through fair and ~* durch dick u. dünn; **3.** be-, verschmutzen; schmutzig werden; (sich) verwikkeln, hemmen, (ver)sperren; ⚓ ansegeln; **~-mouthed** ['~mauðd], **'~-spo·ken** schmutzige Reden führend.
found[1] [faund] *pret. u. p.p. von find 1.*
found[2] [~] (be)gründen (*a. fig.*); stiften.
found[3] ⊕ [~] schmelzen, gießen.
foun·da·tion [faun'deiʃən] Gründung *f*; Stiftung *f*; Fundament *n*; Grund-, Unterlage *f* (*a. fig.*); **~ cream** Make-up-Unterlage *f*; **~ gar·ment** Mieder *n*; **~-stone** Grundstein *m*.
found·er[1] ['faundə] (Be)Gründer (-in), Stifter(in).
found·er[2] ⊕ [~] Schmelzer *m*, Gießer *m*.
found·er[3] [~] *v/i.* ⚓, *fig.* scheitern, untergehen; lahmen (*Pferd*); zs.-fallen; *v/t.* zum Scheitern bringen; lahm machen, zuschanden reiten.
found·ling ['faundliŋ] Findling *m*, Findelkind *n*; **~ hos·pi·tal** Findelhaus *n*.
found·ress ['faundris] Gründerin *f*.
found·ry ⊕ ['faundri] Gießerei *f*.
fount [faunt] *poet.* Quell(e *f*) *m*; *typ.* [*a.* fɔnt] Schriftguß *m*, -satz *m*.
foun·tain ['fauntin] Quelle *f*; Springbrunnen *m*; ⊕ *Flüssigkeits*-Behälter *m*; **'~-'head** Urquell *m* (*a. fig.*); **'~-pen** Füllfederhalter *m*, Füller *m*.
four [fɔː] **1.** vier; **2.** Vier *f*; *Sport*: Vierer *m*; **'~-'flush·er** *Am. sl.* Blender *m*; Hochstapler *m*; **'~·fold** vierfach; **'~-in-'hand** Vierspänner *m*; **'~-part** ♪ vierstimmig; **'~·pence** vier Pence; **'~-ply** vierfach (*Sperrholz, Wolle*); **'~-'post·er** Himmelbett *n*; **'~'score** achtzig; **~·some** ['fɔːsəm] *Golf*: Viererspiel *n*; **'~-'square** viereckig; *fig.* unerschütterlich, fest (*to* gegen); **'~-'stroke** *mot.* Viertakt...
four·teen ['fɔː'tiːn] vierzehn; **'four'teenth** [~θ] **1.** vierzehnte(r, -s); **2.** Vierzehntel *n*; **fourth** [fɔːθ] **1.** vierte(r, -s); **2.** Viertel *n*; **'fourth·ly** viertens; **'four-'wheel·er** Droschke *f*.
fowl [faul] **1.** Geflügel *n*; Huhn *n*; Vogel *m*; **2.** Vögel fangen *od.* schießen; **'fowl·er** Vogelsteller *m*, -jäger *m*.
fowl·ing ['fauliŋ] Vogelfang *m*, -jagd *f*; **'~-piece** Vogelflinte *f*.
fowl-run ['faulrʌn] Hühnerhof *m*, Auslauf *m*.
fox [fɔks] **1.** Fuchs *m*; **2.** überlisten; **'~-brush** Fuchsschwanz *m*; **'~-earth** Fuchsbau *m*; **foxed** stockfleckig.
fox...: **'~·glove** ⚘ Fingerhut *m*; **'~-hole** ⚔ Schützenloch *n*; **'~·hound** Hund *m* zur Fuchsjagd; **'~-hunt** Fuchsjagd *f*; **'~-'ter·ri·er** *zo.* Foxterrier *m*; **'~·trot** Foxtrott *m* (*Tanz*); **'fox·y** fuchsartig; schlau; fuchsig, fuchsrot; stockfleckig.
foy·er *thea.* ['fɔiei] Foyer *n*, Wandelhalle *f*.
fra·cas ['frækɑː], *pl.* **~** ['~z] Spektakel *m*.

frac·tion ['frækʃən] ⅍ Bruch *m*; Bruchstück *n*, -teil *m*; ~ *line* Bruchstrich *m*; **frac·tion·al** ['~ʃənl] □ gebrochen (*Zahl*); Bruch...
frac·tious ['frækʃəs] reizbar, zanksüchtig, unleidlich.
frac·ture ['fræktʃə] **1.** (*bsd.* Knochen)Bruch *m*; **2.** brechen.
frag·ile ['frædʒail] zerbrechlich; *fig.* gebrechlich; **fra·gil·i·ty** [~'dʒiliti] Zer-, Gebrechlichkeit *f*.
frag·ment ['frægmənt] Bruchstück *n*, Fragment *n*; '**frag·men·tar·y** □ bruchstückhaft, fragmentarisch; in Bruchstücken (vorhanden).
fra·grance ['freigrəns] Wohlgeruch *m*, Duft *m*; '**fra·grant** □ wohlriechend, duftend.
frail[1] [freil] Binsen-, Feigenkorb *m*.
frail[2] □ [~] ge-, zerbrechlich; *bsd. moralisch* schwach; '**frail·ty** *fig.* Schwachheit *f*; Schwäche *f*.
frame [freim] **1.** Rahmen *m*; Gerippe *n*; (Brillen)Gestell *n*; Körper *m*; (An)Ordnung *f*, System *n*; ⚓, ✈ Spant *n*; *phot.* (Einzel)Bild *n* (*e-s Films*); ⚘ Frühbeetkasten *m*; ~ *of mind* (Gemüts)Verfassung *f*; **2.** bilden, formen, bauen, machen; entwerfen; (ein)rahmen; sich entwickeln, zu werden versprechen; *a.* ~ *up sl. j.* mit Absicht fälschlich beschuldigen; ~ **aer·i·al** Rahmenantenne *f*; ~ **house** Holzhaus *n*; '**fram·er** Gestalter *m*; Rahmenmacher *m*; '**frame-up** *bsd. Am.* F abgekartetes Spiel *n*; '**frame·work** ⊕ Gerippe *n*; △ Fachwerk *n*; Rahmen *m*; *fig.* Bau *m*; System *n*.
franc [fræŋk] Franc *m*; Franken *m*.
fran·chise ⚖ ['fræntʃaiz] Wahlrecht *n*; Bürgerrecht *n*; *bsd. Am.* Konzession *f*.
Fran·cis·can *eccl.* [fræn'siskən] Franziskaner *m*.
Fran·co- ['fræŋkəu] *in Zssgn* französisch.
fran·gi·ble ['frændʒibl] zerbrechlich.
Frank[1] [fræŋk] Franke *m*.
frank[2] [~] **1.** □ frei(mütig), offen; **2.** *Brief* maschinell frankieren.
frank·furt·er ['fræŋkfətə] Frankfurter Würstchen *n*.
frank·in·cense ['fræŋkinsens] Weihrauch *m*.
frank·ing-ma·chine ['fræŋkiŋməʃi:n] Frankiermaschine *f*.
frank·ness ['fræŋknis] Freimut *m*, Offenheit *f*.
fran·tic ['fræntik] (~*ally*) wahnsinnig, rasend (*with* vor); wütend; verzweifelt.
fra·ter·nal □ [frə'tə:nl] brüderlich; **fra'ter·ni·ty** Brüderlichkeit *f*; Brüderschaft *f*; *univ. Am.* Verbindung *f*; **frat·er·ni·za·tion** [frætənai'zeiʃən] Verbrüderung *f*; '**frat·er·nize** sich verbrüdern.
frat·ri·cide ['freitrisaid] Brudermord *m*; Brudermörder *m*.
fraud [frɔ:d] Betrug *m*; F Schwindel *m*; F Schwindler(in); **fraud·u·lence** ['~juləns] Betrügerei *f*; '**fraud·u·lent** □ betrügerisch.
fraught *poet.* [frɔ:t] beladen; voll (*with* von).
fray[1] [frei] (sich) abnutzen; (sich) durchscheuern; ausfransen.
fray[2] [~] Schlägerei *f*, Streit *m*.
fraz·zle *bsd. Am.* F ['fræzl] **1.** Fetzen *m/pl.*; *beat to a* ~ in Fetzen hauen; **2.** zerfetzen.
freak [fri:k] Einfall *m*, Laune *f*; ~ *of nature* Laune *f* der Natur; Monstrum *n*; '**freak·ish** □ launenhaft; abnorm.
freck·le ['frekl] **1.** Sommersprosse *f*; *fig.* Fleckchen *n*; **2.** sommersprossig machen *od.* werden; (sich) sprenkeln; **freck·led** ['~ld] sommersprossig.
free [fri:] **1.** □ *allg.* frei (*from*, *of* von) (*unabhängig*; *unbehindert*; *ungezwungen*; *unbeschäftigt*; *offen*); kostenlos, unentgeltlich; freigebig (*of* mit); reichlich; freiwillig; lose; ~ *of debt* schuldenfrei; *he is* ~ *to inf.* es steht ihm frei zu *inf.*; ~ *and easy* zwanglos; sorglos; *have a* ~ *hand* freie Hand haben; *give od. allow s.o. a* ~ *hand* j-m freie Hand lassen; *have one's hands* ~ *fig.* ungebunden sein; *make* ~ *with et.* ohne zu fragen benutzen; sich Freiheiten erlauben gegen *j.*; *make* ~ *of* zur Verfügung stellen; *make s.o.* ~ *of the city* j. zum Ehrenbürger machen; *set* ~ freilassen; **2.** befreien (*from*, *of* von); freilassen; *et.* freimachen; ~**boot·er** ['~bu:tə] Freibeuter *m*; '**free·dom** Freiheit *f etc.* (*s. free 1*); Freisein *n* (*from* von); Leichtigkeit *f der Auffassung etc.*; freie Benutzung *f*; ~ *of the city* Ehrenbürgerrecht *n*; ~ *of movement*

Freizügigkeit *f*; ~ *of speech* Redefreiheit *f*.

free...: ~ **en·ter·prise** freie Wirtschaft *f*; ~ **fight** allgemeine Schlägerei *f*; '~**-for-all** allgemeines Geschrei *n*; = *free fight*; '~-'**hand·ed** freigebig, großzügig; '~**·hold** ⚖ freier Grundbesitz *m*; '~**·hold·er** Grundeigentümer *m*; ~ **kick** *Sport*: Freistoß *m*; ~ **la·bo(u)r** nichtorganisierte Arbeiter *m/pl.*; '~-'**lance** **1.** freier Journalist *m*; **2.** als freier Journalist arbeiten; '~-'**list** Liste *f* der zollfreien Waren *od.* der Freikartenempfänger; ~ **liv·er** Schlemmer *m*; '~**·man** freier Mann *m*; Vollbürger *m*; '~**·ma·son** Freimaurer *m*; '~**·ma·son·ry** Freimaurerei *f*; ~ **port** Freihafen *m*; ~ **speech** Redefreiheit *f*; '~-'**spo·ken** freimütig; ~ **state** Freistaat *m*; '~-**-stone** Sandstein *m*; '~-'**think·er** Freidenker(in); '~-'**think·ing**, '~-**-thought** **1.** Freidenkerei *f*; **2.** freidenkerisch; ~ **trade** Freihandel *m*; '~-'**trad·er** Verfechter *m* des Freihandels; '~-'**wheel** **1.** Freilauf *m*; **2.** im Freilauf fahren.

freeze [fri:z] **1.** (*irr.*) *v/i.* (ge)frieren; erstarren; ~ *to death* erfrieren; *v/t.* gefrieren lassen; *Kapital* einfrieren; *Löhne, Preise* stoppen; ~ *out sl. j.* kaltstellen; **2.** Frostperiode *f*; Einfrieren *n*; *wage-*~ Lohnstopp *m*; '**freez·er** Eismaschine *f*; Gefrierautomat *m*, -truhe *f*; 🚂 Kühlwagen *m*; '**freez·ing** □ eisig; ~ *mixture phys.* Kältemischung *f*; ~ *point* Gefrierpunkt *m*.

freight [freit] **1.** Fracht *f*; Frachtgeld *n*; *attr. Am.* Güter...; ~ *out* (*home*) Hin- (Rück)fracht *f*; **2.** be-, verfrachten; beladen; '**freight·age** = *freight 1*; '**freight-car** 🚂 *Am.* Güterwagen *m*; '**freight·er** ⚓ Frachter *m*; ✈ Transportflugzeug *n*; **freight train** *Am.* Güterzug *m*.

French [frentʃ] **1.** französisch; ~ *beans pl.* grüne Bohnen *f/pl.*; ~ *fried potatoes pl.* Pommes frites *pl.*; *take* ~ *leave* heimlich weggehen; ~ *window* Balkon-, Verandatür *f*; **2.** Französisch *n*; *the* ~ *pl.* die Franzosen *pl.*; ~ **horn** ♪ Horn *n*; '~**·man** Franzose *m*; '~**·wom·an** Französin *f*.

fren·zied ['frenzid] wahnsinnig; '**fren·zy** Wahnsinn *m*; Raserei *f*.

fre·quen·cy ['fri:kwənsi] Häufigkeit *f*; ⚡ Frequenz *f*; ~ **mod·u·la·tion** ⚡ Frequenzmodulation *f*; **fre·quent** **1.** □ ['~kwənt] häufig; **2.** [fri'kwent] (oft) besuchen; **fre·quen·ta·tion** [fri:kwen'teiʃən] häufiger Besuch *m*; Verkehr *m* (*of* in *dat.*); **fre·quent·er** [fri'kwentə] regelmäßige Besucher(in), Stammgast *m*.

fres·co ['freskəu], *pl.* **fres·co(e)s** ['~z] Fresko(gemälde) *n*.

fresh [freʃ] **1.** □ *allg.* frisch (*noch unverändert*; *gesund*; *munter*; *spannkräftig*; *kühl*; *ungesalzen*); neu; unerfahren; *Am. sl.* pampig, frech; *break* ~ *ground fig.* Neuland betreten; ~ *water* Süßwasser *n*; **2.** *Morgen-*Kühle *f*; Hochwasser *n*; '**fresh·en** frisch machen *od.* werden; auffrischen; **fresh·et** ['~it] *fig.* Flut *f*; '**fresh-fro·zen** tiefgekühlt; '**fresh·man** *univ.* Student *m* im ersten Jahr; '**fresh·ness** Frische *f*; Neuheit *f*, Unerfahrenheit *f*; '**fresh·wa·ter** Süßwasser...; ~ *college Am.* drittrangiges College *n*.

fret[1] [fret] **1.** Aufregung *f*; Ärger *m*, Verdruß *m*; **2.** zerfressen; (sich) ärgern; (sich) grämen; *Loch* fressen; *Wasser* kräuseln; ~ *away*, ~ *out* aufreiben, verzehren.

fret[2] [~] **1.** △ gebrochener Stab *m*; **2.** gittern; *fig.* bunt machen.

fret[3] [~] ♪ Bund *m*, Griffleiste *f*.

fret·ful □ ['fretful] ärgerlich, verdrießlich, mürrisch; unzufrieden.

fret-saw ['fretsɔ:] Laubsäge *f*.

fret·work ['fretwə:k] (geschnitztes) Gitterwerk *n*; Laubsägearbeit *f*.

fri·a·bil·i·ty [fraiə'biliti] Bröckligkeit *f*; '**fri·a·ble** bröcklig; zerreibbar.

fri·ar [fraiə] (Bettel)Mönch *m*; '**fri·ar·y** Mönchskloster *n*.

frib·ble ['fribl] **1.** (ver)gammeln, (ver)trödeln; **2.** Tagedieb *m*.

fric·as·see [frikə'si:] **1.** Frikassee *n*; **2.** frikassieren.

fric·tion ['frikʃən] Reibung *f* (*a. fig.*); *attr.* = **fric·tion·al** ['~ʃənl] Reibungs...

fridge F [fridʒ] Kühlschrank *m*.

Fri·day ['fraidi] Freitag *m*.

friend [frend] Freund(in); Bekannte *m, f*; ♀ Quäker(in); *his* ~*s pl. oft* seine Bekannten *pl.*; *make* ~*s with* sich anfreunden mit; '**friend·less**

freundlos; '**friend·li·ness** Freundlichkeit *f*; '**friend·ly** freundschaftlich; freundlich (*a. fig.*); befreundet; ≈ *Society* Versicherungsverein *m* auf Gegenseitigkeit; '**friend·ship** Freundschaft *f*.
frieze [fri:z] Fries *m* (*Stoff u.* ⚠).
frig·ate ⚓ ['frigit] Fregatte *f*.
frig(e) F [fridʒ] = *fridge*.
fright [frait] Schreck(en) *m*, Furcht *f*; *fig.* Schreckbild *n*, Vogelscheuche *f*; '**fright·en** erschrecken, in Schrecken versetzen; *be* ~*ed of* F Angst haben vor (*dat.*); **fright·ful** □ ['~ful] schrecklich; '**fright·ful·ness** Schrecklichkeit *f*.
frig·id □ ['fridʒid] kalt, frostig (*a. fig.*); *psych.* frigid; **fri'gid·i·ty** Kälte *f*, Frostigkeit *f*; *psych.* Frigidität *f*.
frill [fril] **1.** Krause *f*, Rüsche *f*; *put on* ~*s* F *fig.* vornehm tun; **2.** kräuseln.
fringe [frindʒ] **1.** Franse *f*; Rand *m*; *a.* ~*s pl.* Ponyfrisur *f*; **2.** mit Fransen besetzen, (um)säumen.
frip·per·y ['fripəri] **1.** Flitterkram *m*, Plunder *m*; **2.** wertlos; Flitter...
Fri·sian ['friziən] **1.** friesisch; **2.** Friese *m*, Friesin *f*; das Friesische.
frisk [frisk] **1.** Hüpfen *n*, Springen *n*; Luftsprung *m*; **2.** hüpfen; *nach Waffen etc.* durchsuchen; '**frisk·i·ness** Munterkeit *f*; '**frisk·y** □ hüpfend; munter, lustig.
frith [friθ] = *firth*.
frit·ter ['fritə] **1.** Pfannkuchen *m*, Krapfen *m*; **2.** ~ *away* verzetteln.
fri·vol ['frivəl] leichtsinnig sein; *Zeit* verplempern; **fri·vol·i·ty** [~'vɔliti] Leichtfertigkeit *f*, Frivolität *f*; **friv·o·lous** □ ['~vələs] nichtig; leichtfertig, leichtsinnig, frivol.
frizz [friz] (sich) kräuseln; *Küche*: brutzeln; **friz·zle** ['~l] *a.* ~ *up* (sich) kräuseln; knusperig braten; brutzeln; '**friz·z(l)y** kraus, gekräuselt.
fro [frou]: *to and* ~ hin und her, auf und ab.
frock [frɔk] *Mönchs*-Kutte *f*; *Frauen*-Kleid *n*; (Kinder)Röckchen *n*; Kittel *m*; '~-'**coat** Gehrock *m*.
frog [frɔg] Frosch *m*; Schnurverschluß *m e-s Mantels*; 🚂 Herzstück *n e-r Weiche*; ⚔ Säbeltasche *f*; '~-**man** Froschmann *m*, Kampfschwimmer *m*; '~-**march** *Gefangenen* an Armen u. Beinen wegtragen.
frol·ic ['frɔlik] **1.** Fröhlichkeit *f*; lustiger Streich *m*, Scherz *m*; Lustbarkeit *f*; **2.** scherzen, spaßen; **frol·ic·some** □ ['~səm] lustig, fröhlich.
from [frɔm, frəm] von; aus, von ... her; von (... an); seit; (entfernt) von; aus, vor, wegen; nach, gemäß; *defend* ~ schützen vor (*dat.*); *draw* ~ *nature* nach der Natur zeichnen; *hide* ~ verbergen vor (*dat.*); ~ *above* von oben herab; ~ *amidst* mitten aus; ~ *before* aus der Zeit vor.
frond ♀ [frɔnd] (Farn-, Palm-) Wedel *m*.
front [frʌnt] **1.** Stirn *f*; Vorderseite *f*; ⚔ Front *f*; Hemdbrust *f*; Strandpromenade *f*; Kühnheit *f*, Frechheit *f*; *poet.* Stirn *f*, Gesicht *n*; *in* ~ vorne; *in* ~ *of räumlich* vor; *come to the* ~ *fig.* sich zeigen, hervortreten; **2.** Vorder...; **3.** *a.* ~ *on*, ~ *towards* die Front haben nach; gegenüberstehen, -liegen (*dat.*), gegenübertreten (*dat.*); '**front·age** ⚠ Vorderfront *f*; '**fron·tal 1.** Stirn...; Front...; Vorder...; **2.** ⚠ Fassade *f*; **front door** Haustür *f*; **fron·tier** ['~tiə] **1.** Grenz...; **2.** Grenze *f* (*bsd. hist. Am. Grenze zum Wilden Westen*); '**fron·tiers·man** Grenzbewohner *m*; *fig.* Pionier *m*; **fron·tis·piece** ['~tispi:s] ⚠ Vorderseite *f*; *typ.* Titelbild *n*; **front·let** ['frʌntlit] Stirnbinde *f*; **front man** *fig.* Aushängeschild *n*; '**front-page** *Zeitung*: Titelseite *f*; '**front-'wheel drive** *mot.* Vorderradantrieb *m*.
frost [frɔst] **1.** Frost *m*; *a. hoar* ~, *white* ~ Reif *m*; F Reinfall *m*; *black* ~ trockener Frost *m*; **2.** (mit Zucker) bestreuen; glasieren; mattieren; durch Frost beschädigen; ~*ed glass* Milchglas *n*; '~-**bite** Erfrierung *f e-s Körperteils*; '**frost·bit·ten** erfroren (*Körperteil*); '**frost-bound** gefroren (*Boden*); '**frost·i·ness** Frost *m*, Kälte *f* (*a. fig.*); '**frost·ing** Zuckerguß *m*; '**frost·y** □ frostig, eisig (*a. fig.*); bereift (*fig. ergraut*).
froth [frɔθ] **1.** Schaum *m*; *fig.* Schaumschlägerei *f*; **2.** schäumen; zu Schaum schlagen; '**froth·i·ness** *das* Schaumige; *fig.* Seichtheit *f*; '**froth·y** □ schaumig; *fig.* seicht; schaumschlägerisch.

fro·ward † ['frəuəd] eigensinnig, widerspenstig.
frown [fraun] **1.** Stirnrunzeln *n*; finsterer Blick *m*; **2.** *v/t.* ~ *down* durch finstere Blicke einschüchtern; *v/i.* die Stirn runzeln; finster blikken; ~ *at*, ~ *(up)on* finster ansehen; ablehnen, mißbilligen.
frowst F [fraust] Mief *m* (*schlechte Luft*); '**frowst·y** □, **frowz·y** ['frauzi] moderig, muffig; schlampig; schmutzig.
froze [frəuz] *pret. von freeze 1*; '**fro-zen 1.** *p.p. von freeze 1*; **2.** *adj.* (eis-) kalt; eingefroren (*Kapital etc.*); ~ *meat* Gefrierfleisch *n*.
fruc·ti·fi·ca·tion [frʌktifi'keiʃən] Befruchtung *f*; **fruc·ti·fy** ['~fai] *v/t.* befruchten; *v/i.* Früchte bringen (*a. fig.*).
fru·gal □ ['fru:gəl] genügsam, mäßig; sparsam; einfach, frugal; **fru-gal·i·ty** [~'gæliti] Mäßigkeit *f*; Sparsamkeit *f*.
fruit [fru:t] **1.** Frucht *f* (*fig.* = *Erfolg*); *coll.* Früchte *f/pl.*, Obst *n*; **2.** Frucht tragen; '**fruit·age** (Frucht-) Tragen *n*; **frui·ta·ri·an** [fru:'tɛəriən] Rohköstler(in); '**fruit-cake** englischer Kuchen *m*; '**fruit·er** Fruchtträger *m* (*Baum*); '**fruit·er-er** Obsthändler *m*; **fruit·ful** □ ['~ful] fruchtbar (*a. fig.*); ergiebig; '**fruit·ful·ness** Fruchtbarkeit *f* (*a. fig.*); **fru·i·tion** [fru:'iʃən] (Voll-) Genuß *m*; Erfüllung *f*, Verwirklichung *f*; **fruit knife** Obstmesser *n*; '**fruit·less** □ unfruchtbar; *fig.* fruchtlos, vergeblich; '**fruit-ma-chine** F Spielautomat *m*; **fruit sal·ad** Obstsalat *m*; '**fruit·y** fruchtig; F deftig, saftig, derb.
frump [frʌmp] *fig.* Vogelscheuche *f*; '**frump·ish**, '**frump·y** altmodisch.
frus·trate [frʌs'treit] vereiteln; enttäuschen; **frus'tra·tion** Vereitelung *f*; Enttäuschung *f*; *psych.* Frustration *f*.
fry [frai] **1.** Gebratene *n*; **2.** Fischbrut *f*; *small* ~ F junges Gemüse *n* (*Kinder*); kleine Leute *pl.*; **3.** braten, backen; *s. egg*; *fried potatoes pl.* Bratkartoffeln *f/pl.*; '**fry·ing-pan** Bratpfanne *f*; *get out of the* ~ *into the fire* vom Regen in die Traufe kommen.
fuch·sia ⚘ ['fju:ʃə] Fuchsia *f*.
fud·dle ['fʌdl] **1.** (sich) berauschen; **2.** Rausch *m*.
fudge F [fʌdʒ] **1.** zurechtpfuschen; schwindeln; **2.** Fälschung *f*; letzte Meldung *f*; Weichkaramelle *f*; ~! Schwindel!; Unsinn!
fu·el ['fjuəl] **1.** Brennmaterial *n*; Betriebs-, *mot.* Kraftstoff *m*; ~ *oil* Heizöl *n*; **2.** mit Brennstoff versehen; *mot.* tanken.
fug [fʌg] **1.** Mief *m*; Staubflocken *f/pl.*; **2.** ein Stubenhocker sein.
fu·ga·cious [fju:'geiʃəs] flüchtig, vergänglich.
fu·gi·tive ['fju:dʒitiv] **1.** flüchtig (*a. fig.*); **2.** Flüchtling *m*.
fu·gle·man ['fju:glmæn] (An-, Wort)Führer *m*.
fugue ♪ [fju:g] Fuge *f*.
ful·crum ['fʌlkrəm] Drehpunkt *m*.
ful·fil(l) [ful'fil] erfüllen; vollziehen; **ful'fill·er** Vollbringer(in); **ful-'fil(l)·ment** Erfüllung *f*.
ful·gent *poet.* ['fʌldʒənt] glänzend.
full[1] [ful] **1.** □ *allg.* voll; Voll...; vollständig, völlig; reif; reichlich; ausführlich; *at* ~ *length* ausführlich; *of* ~ *age* volljährig; ~ *stop gr.* Punkt *m*; ~ *up* besetzt; *house* ~ *thea.* ausverkauft; **2.** *adv.* völlig, ganz; genau, gerade; recht, sehr; **3.** Fülle *f*; Ganze *n*; Höhepunkt *m*; *in* ~ völlig, gänzlich; ausführlich; *pay in* ~ voll bezahlen; *to the* ~ vollständig, bis ins kleinste.
full[2] ⊕ [~] walken.
full...: '**~-'back** *Fußball*: Verteidiger *m*; '**~-'blood·ed** vollblütig, kräftig; reinrassig; '**~-'blown** voll erblüht; '**~'bod·ied** schwer (*Wein*); **~ dress** Gesellschaftsanzug *m*; '**~-dress** formell, Gala...; *Am.* ausführlich; ~ *debate* wichtige Debatte *f*; ~ *rehearsal thea.* Generalprobe *f*.
full·er ⊕ ['fulə] Walker *m*.
full...: '**~-'fledged** *orn.* flügge; voll ausgewachsen, fertig; '**~-'grown** ausgewachsen.
full·ing-mill ⊕ ['fuliŋmil] Walkmühle *f*.
full-length ['ful'leŋθ] in Lebensgröße.
ful(l)·ness ['fulnis] Fülle *f*.
full...: '**~-'page** ganzseitig; '**~-'scale** in Lebensgröße, im Maßstab 1 : 1; total, regelrecht; vollständig; '**~-'time** vollbeschäftigt; hauptberuflich (tätig); ganztägig.

ful·ly ['fuli] voll, völlig, gänzlich; ~ *two hours* ganze zwei Stunden; '~-**-'fash·ioned** mit Paßform (*Damenstrümpfe etc.*).
ful·mar *orn.* ['fulmə] Fulmar *m*, Eissturmvogel *m*.
ful·mi·nate *fig.* ['fʌlmineit] losdonnern, wettern (*against* gegen); **ful·mi'na·tion** Drohung *f*; Wettern *n*.
ful·some □ ['fulsəm] widerlich.
fum·ble ['fʌmbl] herumtappen, -tasten, -fummeln; '**fum·bler** Tolpatsch *m*.
fume [fju:m] **1.** Dunst *m*, Dampf *m*; Rauch *m*, Qualm *m*; *in a* ~ wütend, aufgebracht; **2.** rauchen, dunsten, dampfen; wütend sein.
fu·mi·gate ['fju:migeit] (aus)räuchern, desinfizieren; **fu·mi'ga·tion** (Aus)Räucherung *f*, Desinfektion *f*.
fum·ing □ ['fju:miŋ] aufgebracht, wütend.
fun [fʌn] Scherz *m*, Spaß *m*; *make* ~ *of* sich lustig machen über (*acc.*).
func·tion ['fʌŋkʃən] **1.** Funktion *f*; Beruf *m*; Tätigkeit *f*, Wirksamkeit *f*; *physiol.*, ⚗ Funktion *f*; Aufgabe *f*; Feierlichkeit *f*; **2.** funktionieren, arbeiten; **func·tion·al** □ ['~ʃənl] amtlich; ⚗ funktionell; sachlich; **func·tion·ar·y** ['~ʃnəri] Beamte *m*; Funktionär *m*.
fund [fʌnd] **1.** Fonds *m*, Kapital *n*; ~*s pl.* Staatsschulden *f/pl.*, -papiere *n/pl.*; Geld(er *n/pl.*, -mittel *n/pl.*) *n*; Vorrat *m*, Schatz *m*; *in* ~*s* bei Geld; **2.** *Schuld* fundieren; *Geld* anlegen.
fun·da·men·tal [fʌndə'mentl] **1.** □ grundlegend, -sätzlich; Grund...; **2.** ~*s pl.* Grundlage *f*, -züge *m/pl.*, -begriffe *m/pl.*, -tatsachen *f/pl.*
fu·ner·al ['fju:nərəl] **1.** Beerdigung *f*, Bestattung *f*; **2.** Begräbnis..., Trauer..., Leichen...; ~ *pile* Scheiterhaufen *m*; **fu·ne·re·al** □ [~'niəriəl] Trauer...; düster, traurig.
fun-fair ['fʌnfeə] Rummelplatz *m*.
fun·gous ['fʌŋgəs] pilz-, schwammartig; **fun·gus** ['~gəs], *pl. mst* **fun·gi** ['~gai] ⚘ Schwamm *m*, Pilz *m*; ⚕ Wucherung *f*.
fu·nic·u·lar [fju:'nikjulə] **1.** Seil...; **2.** *a.* ~ *railway* (Draht)Seilbahn *f*.
funk F [fʌŋk] **1.** Mordsangst *f*; Angsthase *m*; **2.** Angst haben; sich drücken (vor); '**funk·y** F feig(e).
fun·nel ['fʌnl] Trichter *m*; Rauchfang *m*; ⚓, 🚂 Schornstein *m*.
fun·nies *Am.* ['fʌniz] *pl.* = *comics.*
fun·ny □ ['fʌni] spaßig, komisch; sonderbar; '~-**bone** Musikantenknochen *m*.
fur [fə:] **1.** Pelz *m*; Belag *m der Zunge*; Kesselstein *m*; ~*s pl.* Pelzwaren *f/pl.*; *make the* ~ *fly* ein großes Theater machen; **2.** mit Pelz kleiden *od.* besetzen *od.* füttern; Kesselstein ansetzen; ~*red* belegt (*Zunge*).
fur·be·low ['fə:biləu] Falbel *f*.
fur·bish ['fə:biʃ] putzen, polieren.
fur·ca·tion [fə:'keiʃən] Gabelung *f*.
fu·ri·ous □ ['fjuəriəs] wütend; wild, rasend.
furl [fə:l] *Segel* festmachen; *Schirm* einrollen; *Fächer* zs.-klappen; *Vorhang* aufziehen.
fur·long ['fə:lɔŋ] Achtelmeile *f*.
fur·lough ['fə:ləu] **1.** Urlaub *m*; **2.** beurlauben (*bsd.* ⚔).
fur·nace ['fə:nis] Schmelz-, Hochofen *m*; (Heiz)Kessel *m*; Feuerung *f*.
fur·nish ['fə:niʃ] versehen, ausstatten (*with* mit); *et.* liefern; *Zimmer* möblieren, einrichten; '**fur·nish·er** Lieferant *m*; Möbelhändler *m*; '**fur·nish·ings** *pl.* Einrichtung(sgegenstände *m/pl.*) *f*.
fur·ni·ture ['fə:nitʃə] Möbel *n/pl.*, Mobiliar *n*, Einrichtung *f*; Ausstattung *f*; ⊕ Zubehör *n*.
fu·ro·re [fjuə'rɔ:ri] Furore *n*; Begeisterung *f*; Aufregung *f*.
fur·ri·er ['fʌriə] Kürschner *m*; '**fur·ri·er·y** Kürschnerei *f*.
fur·row ['fʌrəu] **1.** Furche *f*; Nut *f*; **2.** furchen; auskehlen.
fur·ry ['fə:ri] pelzig; Pelz...
fur·ther ['fə:ðə] **1.** *adj. u. adv.* ferner, weiter; **2.** fördern; '**fur·ther·ance** Förderung *f*, Unterstützung *f*; '**fur·ther·er** Förderer *m*, Förderin *f*; '**fur·ther'more** ferner, überdies, außerdem; '**fur·ther·most** weitest, entferntest; am weitesten.
fur·thest ['fə:ðist] *s. furthermost*; *at (the)* ~ spätestens.
fur·tive □ ['fə:tiv] verstohlen.
fu·ry ['fjuəri] Raserei *f*, Wut *f*; Furie *f*.
furze ⚘ [fə:z] Stechginster *m*.
fuse [fju:z] **1.** schmelzen; verschmelzen; *als Folge e-s Kurz-*

schlusses ausgehen (*Licht*); ⚔ mit Zünder versehen; **2.** ⚡ (Schmelz-)Sicherung *f*; ⚔ Zünder *m*; *time-*~ Zeitzünder *m*.

fu·se·lage ['fju:zilɑ:ʒ] (Flugzeug-)Rumpf *m*.

fu·si·bil·i·ty [fju:zə'biliti] Schmelzbarkeit *f*; **fu·si·ble** ['fju:zəbl] schmelzbar.

fu·sil·ier ⚔ [fju:zi'liə] Füsilier *m*.

fu·sil·lade [fju:zi'leid] Gewehrfeuer *n*.

fu·sion ['fju:ʒən] Schmelzen *n*; Verschmelzung *f*; ~ **bomb** ⚔ Wasserstoffbombe *f*.

fuss F [fʌs] **1.** Lärm *m*; Wesen *n*, Getue *n*; Aufregung *f*; *make a* ~ *about* sich aufregen über (*acc.*); *make a* ~ *of s.o.* viel Wesens um j. machen; **2.** viel Aufhebens machen (*about* um, von); hasten; nervös machen, belästigen; '**fuss·y** □ F *unnötig* geschäftig, viel Aufhebens machend.

fus·tian ✝ ['fʌstiən] Barchent *m*; *fig.* Schwulst *m*.

fust·i·ness ['fʌstinis] Modergeruch *m*; '**fust·y** □ muffig; *fig.* verstaubt.

fu·tile □ ['fju:tail] unnütz; wirkungs-, nutzlos; **fu·til·i·ty** [~'tiliti] Nichtigkeit *f*, Nutzlosigkeit *f*.

fu·ture ['fju:tʃə] **1.** (zu)künftig; ~ *tense gr.* Futur *n*; **2.** Zukunft *f*; ~*s pl.* ✝ Termingeschäfte *n/pl.*; '**fu·tur·ism** *paint.* Futurismus *m*; **fu·tu·ri·ty** [fju:'tjuəriti] Zukunft *f*; zukünftiges Ereignis *n*.

fuzz [fʌz] **1.** feiner Flaum *m*; Fussel *f*; **2.** fusseln, (zer)fasern; '**fuzz·y** □ fusselig, faserig; kraus; verschwommen, trüb.

G

gab F [gæb] Geschwätz *n*; *the gift of the* ~ ein gutes Mundwerk *n*.

gab·ar·dine ['gæbədi:n] Gabardine *m* (*Wollstoff*).

gab·ble ['gæbl] **1.** Geschnatter *n*, Geschwätz *n*; **2.** schnattern, schwatzen; '**gab·bler** Schwätzer (-in); '**gab·by** F geschwätzig.

gab·er·dine ['gæbədi:n] Kaftan *m*; = *gabardine*.

ga·ble ['geibl] Giebel *m*; '**ga·bled** mit Giebel(n); Giebel...

ga·by ['geibi] Trottel *m*.

gad F [gæd]: ~ *about* sich herumtreiben; ⚘ wuchern; '**gad·a·bout** F Herumtreiber *m*, Nichtstuer *m*.

gad·fly *zo.* ['gædflai] Bremse *f*.

gadg·et *sl.* ['gædʒit] Dings *n*, Apparat *m*; Kniff *m*, Pfiff *m*.

Gael·ic ['geilik] Gälisch *n*.

gaff [gæf] Fischhaken *m*; ⚓ Gaffel *f*; *sl.* Tingeltangel *n*, *m*; *blow the* ~ *sl.* alles verraten.

gaffe F [gæf] Dummheit *f* (*Fehler*).

gaf·fer F ['gæfə] Alte *m*; Vorarbeiter *m*.

gag [gæg] **1.** Knebel *m* (*a. fig.*); *parl.* Schluß *m* der Debatte; *thea.* Improvisation *f*; Witz *m*, Trick *m*; Gag *m*; **2.** knebeln; *thea.* improvisieren; *fig.* mundtot machen.

ga·ga *sl.* ['gɑ:gɑ:] senil, verblödet; verrückt.

gage[1] [geidʒ] **1.** Pfand *n*; Fehdehandschuh *m*; **2.** zum Pfand geben.

gage[2] [~] = *gauge*.

gag·gle ['gægl] Schar *f* Gänse; *fig.* Herde *f*.

gai·e·ty ['geiəti] Fröhlichkeit *f*; Lustbarkeit *f*; Heiterkeit *f*.

gai·ly ['geili] *adv. von gay*.

gain [gein] **1.** Gewinn *m* (*bsd.* ✝ ~*s pl.*); **2.** *v/t.* gewinnen; erreichen; bekommen; *v/i.* vorgehen (*Uhr*); ~ *on* Vorteil erlangen über (*acc.*); ~ *in* zunehmen an (*dat.*); '**gain·er** Gewinner(in); **gain·ful** □ ['~ful] einträglich; ~ *employment* Erwerbstätigkeit *f*; ~*ly occupied* erwerbstätig; '**gain·ings** *pl.* Gewinn *m*, Verdienst *m*.

gain·say *lit.* [gein'sei] (*irr. say*) widersprechen (*dat.*); leugnen.

gainst *poet.* [geinst] = *against*.

gait [geit] Gang(art *f*) *m*; Haltung *f*; Schritt *m*.

gai·ter ['geitə] Gamasche *f*.

gal *Am. sl.* [gæl] Mädel *n*.

ga·la ['gɑ:lə] Fest(lichkeit *f*) *n.*
ga·lac·tic *ast.* [gə'læktik] Milchstraßen...
gal·an·tine ['gæləntiːn] Galantine *f* (*Geflügelsülze*).
gal·ax·y ['gæləksi] *ast.* Milchstraße *f*; *fig.* (glänzende) Schar *f.*
gale [geil] Sturm *m* (*a. fig.*); steife Brise *f.*
ga·le·na *min.* [gə'liːnə] Galenit *m,* Bleiglanz *m.*
gall[1] [gɔːl] Galle *f* (*a. fig.*); *bsd. Am. sl.* Frechheit *f.*
gall[2] ⚘ [~] Gallapfel *m.*
gall[3] [~] **1.** wundgeriebene Stelle *f,* Wolf *m*; *fig.* Pein *f*; **2.** wundreiben; peinigen; reizen, ärgern.
gal·lant ['gælənt] **1.** □ stattlich; tapfer; galant; ritterlich; **2.** Kavalier *m*; *b.s.* Galan *m,* Stutzer *m*; **3.** galant sein; '**gal·lant·ry** Tapferkeit *f*; Galanterie *f*; Liebelei *f.*
gal·leon ⚓ ['gæliən] Galeone *f.*
gal·ler·y ['gæləri] Galerie *f*; Empore *f*; ⚒ Stollen *m*; *play to the ~* den Beifall der Menge suchen.
gal·ley ['gæli] ⚓ Galeere *f*; ⚓ Kombüse *f*; *typ.* Schiff *n*; ~ **proof** Korrekturfahne *f*; '**~-slave** Galeerensklave *m.*
Gal·lic ['gælik] gallisch; *co.* französisch; **Gal·li·can** ['~kən] gallikanisch; **gal·li·cism** ['~sizəm] Gallizismus *m,* französische Spracheigenheit *f.*
gal·li·vant [gæli'vænt] sich herumtreiben.
gall-nut ['gɔːlnʌt] Gallapfel *m.*
gal·lon ['gælən] Gallone *f* (*4,54 Liter, Am. 3,78 Liter*).
gal·lop ['gæləp] **1.** Galopp *m*; **2.** galoppieren (lassen).
gal·lows ['gæləuz] *sg.* Galgen *m*; '**~-bird** Galgenvogel *m.*
Gal·lup poll ['gæləp'pəul] Meinungsumfrage *f.*
ga·lore [gə'lɔː] in Menge.
ga·losh [gə'lɔʃ] Galosche *f,* Überschuh *m,* Gummischuh *m.*
ga·lumph [gə'lʌmf] (einher)stolzieren.
gal·van·ic [gæl'vænik] (*~ally*) galvanisch; **gal·va·nism** ['gælvənizəm] Galvanismus *m*; '**gal·va·nize** galvanisieren; anfeuern, stimulieren (*into* zu); **gal·va·no·plas·tic** [~nəu'plæstik] galvanoplastisch.
gam·bit ['gæmbit] *Schach*: Gambit *n*; *fig.* Einleitung *f.*
gam·ble ['gæmbl] (um Geld) spielen; **2.** F Glücksspiel *n* (*mst fig.*); '**gam·bler** Spieler(in); '**gam·bling-den,** '**gam·bling-house** Spielhölle *f.*
gam·boge [gæm'buːʒ] Gummigutt *n.*
gam·bol ['gæmbəl] **1.** Luftsprung *m*; **2.** (fröhlich) hüpfen, tanzen.
game[1] [geim] **1.** Spiel *n*; Scherz *m*; *b.s.* Schlich *m*; Wild *n*; *beat s.o. at his own ~* j. mit s-n eigenen Waffen schlagen; *play the ~* sich an die Spielregeln halten; *fig.* anständig handeln; *be off one's ~* nicht in Form sein; *make ~ of s.o.* sich über j. lustig machen; **2.** F entschlossen; bereit; *die ~* furchtlos in den Tod gehen; **3.** spielen.
game[2] [~] lahm; verkrüppelt.
game...: '**~-cock** Kampfhahn *m*; '**~·keep·er** Wildhüter *m*; '**~-laws** *pl.* Jagdgesetze *n/pl.*; '**~-li·cence** Jagdschein *m*; '**games-mas·ter** Turnlehrer *m*; **game·ster** ['~stə] Spieler(in); '**gam·ing-house** Spielkasino *n.*
gam·ma rays *phys.* ['gæmə'reiz] *pl.* Gammastrahlen *m/pl.*
gam·mon ['gæmən] (geräucherter) Schinken *m*; F Unsinn *m,* Quatsch *m.*
gamp *co.* [gæmp] Regenschirm *m.*
gam·ut ['gæmət] ♪ Tonleiter *f*; *fig.* Skala *f.*
gam·y ['geimi] nach Wild schmeckend; wildreich.
gan·der ['gændə] Gänserich *m.*
gang [gæŋ] **1.** Abteilung *f,* Trupp *m*; Rotte *f*; *b.s.* Bande *f*; **2.** *~ up* sich zs.-rotten *od.* -tun (*against, on* gegen); '**~-board** ⚓ Laufplanke *f*;
gang·er ['gæŋə] Rottenführer *m.*
gan·gli·on ['gæŋliən] *anat.* Ganglion *n,* Nervenknoten *m*; *fig.* Knotenpunkt *m.*
gang-plank ⚓ ['gæŋplæŋk] Laufplanke *f.*
gan·grene ⚕ ['gæŋgriːn] Gangrän *f,* Brand *m.*
gang·ster *Am.* ['gæŋstə] Gangster *m,* Verbrecher *m.*
gang·way ['gæŋwei] (Durch)Gang *m*; ⚓ Fallreep *n*; ⚓ Laufplanke *f.*
gan·net *orn.* ['gænit] Tölpel *m.*
gan·try ['gæntri] 🚂 Signalbrücke *f*; ⚓ Verladebrücke *f*; Gerüst *n.*

gaol [dʒeil], **ˈ~-bird, ˈgaol·er** *s. jail etc.*
gap [gæp] Lücke *f*; *fig.* Kluft *f*; Spalte *f*; Riß *m.*
gape [geip] **1.** gähnen; klaffen; *~ at* angaffen, -starren; **2.** *the ~s pl.* Schnabelsperre *f.*
ga·rage [ˈgærɑːdʒ] **1.** Garage *f*; Autowerkstatt *f*; **2.** *Auto* einstellen.
garb [gɑːb] **1.** Gewand *n*, Tracht *f*; **2.** kleiden.
gar·bage [ˈgɑːbidʒ] Abfall *m*; Schund *m*; *~ can Am.*, *~ pail* Mülleimer *m.*
gar·ble [ˈgɑːbl] verstümmeln; zustutzen; entstellen.
gar·den [ˈgɑːdn] **1.** Garten *m*; *lead s.o. up the ~ path* j. an der Nase herumführen; **2.** Gartenbau treiben; im Garten arbeiten; **ˈgar·den·er** Gärtner(in).
gar·de·nia ⚘ [gɑːˈdiːnjə] Gardenie *f.*
gar·den·ing [ˈgɑːdniŋ] Gartenarbeit *f*; Gärtnerei *f*; **ˈgar·den-par·ty** Gartenfest *n.*
gar·gle [ˈgɑːgl] **1.** gurgeln; **2.** Gurgelwasser *n.*
gar·goyle ⩓ [ˈgɑːgɔil] Wasserspeier *m.*
gar·ish □ [ˈgɛəriʃ] grell, auffallend.
gar·land [ˈgɑːlənd] **1.** Kranz *m*; Girlande *f*; **2.** bekränzen.
gar·lic ⚘ [ˈgɑːlik] Knoblauch *m.*
gar·ment [ˈgɑːmənt] Kleidungsstück *n*; Gewand *n.*
gar·ner [ˈgɑːnə] **1.** Kornspeicher *m*; *fig.* Speicher *m*; **2.** aufspeichern.
gar·net *min.* [ˈgɑːnit] Granat *m.*
gar·nish [ˈgɑːniʃ] garnieren; zieren, schmücken; **ˈgar·nish·ing** Garnierung *f.*
gar·ret [ˈgærit] Dachstube *f.*
gar·ri·son ⚔ [ˈgærisn] **1.** Besatzung *f*; Garnison *f*; **2.** mit einer Besatzung *od.* Garnison belegen; in Garnison legen.
gar·ru·li·ty [gæˈruːliti] Schwatzhaftigkeit *f*; **gar·ru·lous** □ [ˈgærulәs] schwatzhaft, geschwätzig.
gar·ter [ˈgɑːtə] Strumpfband *n*; *Am.* Socken-, Strumpfhalter *m*; *Order of the* ♀ Hosenbandorden *m.*
gas [gæs] **1.** Gas *n*; F leeres Gerede *n*; *Am.* = *gasoline*; *step on the ~* Gas geben; **2.** vergasen; F faseln; **ˈ~-bag** ✈ Gaszelle *f*; F Schwätzer *m*; **ˈ~-brack·et** Gasarm *m*; **ˈ~-burn·er** Gasbrenner *m*; **ˈ~-cham·ber** Gaskammer *f*; **ˈ~-en·gine** Gasmotor *m*; **gas·e·ous** [ˈgeizjəs] gasförmig.
gas...: **ˈ~-fire** Gasofen *m*; **ˈ~-fit·ter** Installateur *m*, Rohrleger *m*; **ˈ~-fit·tings** *pl.* Gasinstallation *f.*
gash [gæʃ] **1.** klaffende Wunde *f*; Hieb *m*; Riß *m*; **2.** tief (ein)schneiden in (*acc.*). [Dichtung *f.*]
gas·ket [ˈgæskit] ⚓ Seising *n*; ⊕
gas...: **ˈ~-light** Gaslicht *n*, Gasbeleuchtung *f*; **ˈ~-mask** Gasmaske *f*; **ˈ~-me·ter** Gasuhr *f*; **gas·o·lene, gas·o·line** *Am. mot.* [ˈgæsəuliːn] Benzin *n*; **gas·om·e·ter** [gæˈsɔmitə] Gasometer *m*, Gasbehälter *m*; **ˈgas-oven** Gasbackofen *m*, Gasherd *m.*
gasp [gɑːsp] **1.** Keuchen *n*; schwerer Atemzug *m*; **2.** keuchen; *a. ~ for breath* nach Luft schnappen.
gas-pok·er [ˈgæsˈpəukə] Gasanzünder *m*; **ˈgas-ˈproof** gassicher; **ˈgas-range** Gasherd *m*; **ˈgas-ring** Gasbrenner *m*, -kocher *m*; **gassed** gasvergiftet; **ˈgas-stove** Gasofen *m*, Gasherd *m*; **ˈgas·sy** Gas...; geschwätzig; **ˈgas-tar** Steinkohlenteer *m.*
gas·tric ⚕ [ˈgæstrik] gastrisch; Magen...; **gas·tri·tis** [gæsˈtraitis] Magenentzündung *f*, Gastritis *f.*
gas·tron·o·my [gæsˈtrɔnəmi] Gastronomie *f*, Kochkunst *f.*
gas-works [ˈgæswəːks] *mst sg.* Gaswerk *n*, -anstalt *f.* [Pistole *f.*]
gat *Am. sl.* [gæt] Revolver *m*,
gate [geit] Tor *n*; Pforte *f*; Gatter *n*; *fig.* Weg *m*; *Sport*: Besucher(zahl *f*) *m/pl.*; = *~-money*; Sperre *f*; **ˈ~-crash·er** *sl.* ungebetener Gast *m*; **ˈ~-house** Pförtnerhaus *n*; **ˈ~-leg(ged) ta·ble** Klapptisch *m*; **ˈ~·man** 🚂 Schrankenwärter *m*; **ˈ~-mon·ey** *Sport*: Eintrittsgeld *n*; **ˈ~-post** Tür-, Torpfosten *m*; *between you and me and the ~* im Vertrauen (gesagt); **ˈ~·way** Torweg *m*, Einfahrt *f*; *fig.* Weg *m*, Tor *n.*
gath·er [ˈgæðə] **1.** *v/t.* (ein-, ver-) sammeln; ernten; pflücken; schließen (*from* aus); zs.-ziehen; *Schneiderei*: einhalten, ankrausen; *s. information*; *~ speed* schneller werden; *v/i.* sich (ver)sammeln; sich vergrößern; *a. ~ to a head* ⚕ *u. fig.* reifen; **2.** *~s pl.* (Kräusel)Falten *f/pl.*; **ˈgath·er·ing** Versammlung *f*; Zs.-kunft *f*; ⚕ Geschwür *n.*

gauche [gəuʃ] linkisch; taktlos; **gau·che·rie** ['~əri:] linkisches *od.* taktloses Benehmen *n.*
gaud·y ['gɔ:di] **1.** □ grell, protzig; **2.** *univ.* jährliches Festmahl *n.*
gauge [geidʒ] **1.** (Normal)Maß *n*; Maßstab *m*; Lehre *f*; 🚂 Spurweite *f*; ⊕ Querschnitt *m*; ⚕ Maschengröße *f bei Strümpfen*; Meßgerät *n*; **2.** eichen; (aus)messen; *fig.* abschätzen; '**gaug·er** Eichmeister *m.*
Gaul [gɔ:l] Gallier *m*; *co.* Franzose *m.*
gaunt □ [gɔ:nt] hager; finster.
gaunt·let¹ ['gɔ:ntlit] Stulp-, *fig.* Fehdehandschuh *m*; *throw down (pick up, take up) the ~* den Fehdehandschuh hinwerfen (aufnehmen).
gaunt·let² [~]: *run the ~* Spießruten laufen.
gauze [gɔ:z] Gaze *f*; *silk ~* Seidenflor *m*; '**gauz·y** gazeartig.
gave [geiv] *pret. von give 1 u. 2.*
gav·el *Am.* ['gævl] Hammer *m des Versammlungsleiters od. Auktionators.*
gawk F [gɔ:k] Tölpel *m*; Schlaks *m*; '**gawk·y** tölpisch; schlaksig.
gay □ [gei] lustig, heiter; bunt, lebhaft, glänzend; ausschweifend; *Am. sl.* frech; **gay·e·ty** ['geiəti] = *gaiety.*
gaze [geiz] **1.** starrer *od.* aufmerksamer Blick *m*; **2.** starren; *~ at, ~ on* aufmerksam anblicken; anstarren, -staunen; '**gaz·er** Gaffer(in).
ga·zelle *zo.* [gə'zel] Gazelle *f.*
ga·zette [gə'zet] **1.** (offizielle) Zeitung *f*; *der* Staatsanzeiger; **2.** amtlich bekanntgeben; **gaz·et·teer** [gæzi'tiə] geographisches Lexikon *n.*
gear [giə] **1.** ⊕ Getriebe *n*; *mot.* Gang *m*; Mechanismus *m*; Gerät *n*, Zeug *n*; Ausrüstung *f*; *in ~* mit eingelegtem Gang; in Betrieb; in Ordnung; *out of ~* ohne Gang, im Leerlauf; außer Betrieb; nicht in Ordnung; *landing-~* ✈ Fahrgestell *n*; *steering-~* ⚓ Ruderanlage *f*; *mot.* Lenkgetriebe *n*; *hunting-~* Jagdausrüstung *f*; **2.** einschalten; ⊕ greifen; *fig.* abstimmen (*to* auf *acc.*); *~ up (down)* über- (unter)setzen; '**~-box** Getriebe(gehäuse) *n*; '**gear·ing** (Zahnrad)Getriebe *n*; Übersetzung *f*; '**gear-le·ver,** *bsd. Am.* '**gear-shift** Schalthebel *m.*
gee [dʒi:] **1.** *Kindersprache*: Hottehü *n (Pferd)*; **2.** *Fuhrmannsruf*: hü! hott!; *Am.* so was!; Donnerwetter!
geese [gi:s] *pl. von goose.*
Gei·ger ['gaigə]: *~ counter* Geigerzähler *m.*
gei·sha ['geiʃə] Geisha *f.*
gel·a·tin(e) [dʒelə'ti:n] Gelatine *f*; **ge·lat·i·nize** [dʒi'lætinaiz] gelatinieren; **ge'lat·i·nous** gallertartig.
geld [geld] (*irr.*) *Tier* verschneiden; '**geld·ing** Wallach *m.*
gel·ig·nite ['dʒelignait] Gelatinedynamit *n.*
gelt [gelt] *pret. u. p.p. von geld.*
gem [dʒem] **1.** Edelstein *m*; Gemme *f*; *fig.* Glanzstück *n*; **2.** mit Edelsteinen besetzen *od.* schmücken.
gen·darme ['ʒɑ̃:ndɑ:m] Gendarm *m*, Landjäger *m.*
gen·der *gr.* ['dʒendə] Geschlecht *n.*
gene *biol.* [dʒi:n] Gen *n.*
gen·e·a·log·i·cal □ [dʒi:njə'lɔdʒikəl] genealogisch; Stamm...; *~ tree* Stammbaum *m*; **gen·e·al·o·gy** [dʒi:ni'ælədʒi] Genealogie *f*; Stammbaum *m.*
gen·er·a ['dʒenərə] *pl. von genus.*
gen·er·al ['dʒenərəl] **1.** □ allgemein; gewöhnlich; Haupt..., General...; *~ election* allgemeine Wahlen *f/pl.*; *as a ~ rule, in ~* im allgemeinen; *~ knowledge* Allgemeinwissen *n*; **2.** ⚔ General *m*; Feldherr *m*; F *a. ~ servant* Mädchen *n* für alles; **gen·er·al·i·ty** [~'ræliti] Allgemeinheit *f*; *die* große Masse; **gen·er·al·i·za·tion** [~rəlai'zeiʃən] Verallgemeinerung *f*; '**gen·er·al·ize** verallgemeinern; '**gen·er·al·ly** im allgemeinen, überhaupt; gewöhnlich; '**gen·er·al·ship** Generalsrang *m*; Feldherrnkunst *f*; Leitung *f.*
gen·er·ate ['dʒenəreit] erzeugen (*a. fig.*); '**gen·er·at·ing sta·tion** Kraftwerk *n*; **gen·er'a·tion** (Er-) Zeugung *f*; Generation *f*, Geschlecht *n*; Menschenalter *n*; **gen·er·a·tive** ['~rətiv] zeugend; Zeugungs...; fruchtbar; **gen·er·a·tor** ['~reitə] Erzeuger *m*; ⊕ Generator *m*; *bsd. Am. mot.* Lichtmaschine *f.*
ge·ner·ic [dʒi'nerik] Gattungs...
gen·er·os·i·ty [dʒenə'rɔsiti] Großmut *f*; Großzügigkeit *f*, Freigebigkeit *f*; '**gen·er·ous** □ großmütig; großzügig, freigebig; reichlich; kräftig, voll (*Wein etc.*).

gen·e·sis [ˈdʒenisis] Entstehung(s-geschichte) *f*; ♀ *Bibel*: Genesis *f*, Erstes Buch *n* Mose; **ge·net·ic** [dʒiˈnetik] (*~ally*) genetisch; Entstehungs...; **geˈnet·ics** *pl.* Vererbungslehre *f*.

gen·ial □ [ˈdʒiːnjəl] freundlich; mild (*Klima*); anregend; gemütlich (*Person*); heiter; **ge·ni·al·i·ty** [~niˈæliti] Freundlichkeit *f*.

ge·nie [ˈdʒiːni] Dschinn *m*, Geist *m* (*in arabischen Märchen*).

ge·ni·i [ˈdʒiːniai] *pl. von genius.*

gen·i·tals [ˈdʒenitlz] *pl.* Geschlechtsteile *m/pl.*

gen·i·tive *gr.* [ˈdʒenitiv] *a. ~ case* Genitiv *m*.

gen·ius [ˈdʒiːnjəs], *pl.* **ge·ni·i** [ˈ~niai] Genius *m*, (Schutz)Geist *m*; *pl.* **gen·ius·es** [ˈ~njəsiz] Genie *n*; Geist *m* (*inneres Wesen*).

gen·o·cide [ˈdʒenəusaid] Völker-, Rassenmord *m*.

Gen·o·ese [dʒenəuˈiːz] **1.** Genuese *m*, Genuesin *f*; **2.** genuesisch.

genre [ʒɑ̃ːŋr] Genre *n*, Stil *m*, Art *f*; *~-painting* Genremalerei *f*.

gent F [dʒent] Herr *m*.

gen·teel □ V *od. iro.* [dʒenˈtiːl] vornehm; fein, elegant.

gen·tian ⚘ [ˈdʒenʃiən] Enzian *m*.

gen·tile [ˈdʒentail] **1.** heidnisch, nichtjüdisch; **2.** Heide *m*, Heidin *f*, Nichtjude *m*.

gen·til·i·ty *mst iro.* [dʒenˈtiliti] Vornehmheit *f*.

gen·tle □ [ˈdʒentl] sanft, mild; fromm, zahm (*Tier*); leise, sacht; lind (*Lüftchen*); ruhig fließend (*Fluß*); geneigt (*Leser*); vornehm; **ˈ~·folk(s** *pl.*) *die* Vornehmen *pl.*; **ˈ~·man** Herr *m*; Gentleman *m*; *gentlemen!* meine Herren!; **ˈ~·man·like, ˈ~·man·ly** gebildet; vornehm; **ˈ~·man's a·gree·ment** Gentleman's Agreement *n*, Kavaliersabkommen *n*; **ˈgen·tle·ness** Milde *f*, Güte *f*; Sanftheit *f*, -mut *f*; **ˈgen·tle·wom·an** Dame *f* von Stand.

gen·try [ˈdʒentri] niederer Adel *m*; gebildete Stände *m/pl.*; *contp.* Leute *pl.*

gen·u·flec·tion, gen·u·flex·ion [dʒenjuːˈflekʃən] Kniebeugung *f*.

gen·u·ine □ [ˈdʒenjuin] echt, wahr; wirklich; aufrichtig, ehrlich.

ge·nus [ˈdʒiːnəs], *pl.* **gen·er·a** [ˈdʒenərə] Geschlecht *n*, Gattung *f*.

ge·o·cen·tric [dʒiːəuˈsentrik] geozentrisch, mit der Erde als Mittelpunkt.

ge·od·e·sy [dʒiːˈɔdisi] Geodäsie *f*.

ge·og·ra·pher [dʒiˈɔgrəfə] Geograph *m*; **ge·o·graph·ic, ge·o·graph·i·cal** □ [~əˈgræfik(əl)] geographisch; **ge·og·ra·phy** [~ˈɔgrəfi] Geographie *f*, Erdkunde *f*.

ge·o·log·ic, ge·o·log·i·cal □ [dʒiəˈlɔdʒik(əl)] geologisch; **ge·ol·o·gist** [~ˈɔlədʒist] Geologe *m*; **geˈol·o·gy** Geologie *f*.

ge·om·e·ter [dʒiˈɔmitə] Geometer *m*; **ge·o·met·ric, ge·o·met·ri·cal** □ [dʒiəˈmetrik(əl)] geometrisch; *geometrical progression* geometrische Reihe *f*; **ge·om·e·try** [~ˈɔmitri] Geometrie *f*.

ge·o·phys·ics [dʒiːəuˈfiziks] *sg.* Geophysik *f*.

ge·o·pol·i·tics [dʒiːəuˈpɔlitiks] *sg.* Geopolitik *f*.

geor·gette [dʒɔːˈdʒet] Georgette *m*, Seidenkrepp *m*.

ge·ra·ni·um ⚘ [dʒiˈreinjəm] Geranie *f*.

ger·i·at·rics ⚕ [dʒeriˈætriks] *pl.* Geriatrie *f*, Lehre *f* von den Alterskrankheiten.

germ [dʒəːm] **1.** Keim *m*; **2.** keimen.

Ger·man[1] [ˈdʒəːmən] **1.** deutsch; **2.** Deutsche *m*, *f*; Deutsch *n*.

ger·man[2] [~]: *brother etc.* ~ leiblicher Bruder *m etc.*; **ger·mane** [dʒəːˈmein] (*to*) verwandt (mit); entsprechend (*dat.*), passend (zu), gehörig (zu).

Ger·man·ic [dʒəːˈmænik] germanisch; **Ger·man·ism** [ˈdʒəːmənizəm] deutsche Spracheigenheit *f*, Germanismus *m*.

germ-car·ri·er [ˈdʒəːmkæriə] Bazillenträger *m*.

ger·mi·cide [ˈdʒəːmisaid] keimtötende Substanz *f*.

ger·mi·nal [ˈdʒəːminl] Keim...; **ger·mi·nate** [ˈ~neit] keimen (lassen); **ger·miˈna·tion** Keimen *n*.

germ...: **ˈ~-proof** keimsicher, -frei; **~ war·fare** ⚔ biologische Kriegführung *f*.

ger·on·tol·o·gy ⚕ [dʒerɔnˈtɔlədʒi] Gerontologie *f*, Lehre *f* von den Altersvorgängen.

ger·ry·man·der *pol.* [ˈdʒerimændə] (Wahl)Schiebung *f*.

ger·und *gr.* [ˈdʒerənd] Gerundium *n*.

ges·ta·tion [dʒes'teiʃən] Trächtigkeit *f bei Tieren*; Schwangerschaft *f*.
ges·tic·u·late [dʒes'tikjuleit] gestikulieren, Gebärden machen; **ges·tic·u'la·tion** Gebärden *f/pl.*, Gestikulieren *n*.
ges·ture ['dʒestʃə] Geste *f*, Gebärde *f*.
get [get] (*irr.*) **1.** *v/t.* erhalten, bekommen, F kriegen; sich verschaffen; besorgen; holen; bringen; erwerben; verdienen; veranlassen; bewegen; ergreifen, fassen; machen, (veran)lassen; *have got* haben; *you have got to obey* F Sie haben zu gehorchen; ~ *one's hair cut* sich die Haare schneiden lassen; ~ *me the book!* besorge mir das Buch!; ~ *by heart* auswendig lernen; ~ *with child* schwängern; ~ *away* wegbringen; ~ *down* hinunterbringen, -schlucken; aufschreiben; ~ *in* hineinbringen; *Wort, Schlag* anbringen; ~ *s.o. in* j. kommen lassen; ~ *off Kleid* ausziehen; *Ware* loswerden; ~ *on* anziehen; ~ *out* herausbringen, -locken; ~ *over* hinüberbringen; *et.* hinter sich bringen; ~ *through* durchbringen; ~ *up* aufstehen lassen; organisieren; aufmachen; einrichten, herrichten, ausstatten; ~ *up steam* Dampf aufmachen; **2.** *v/i.* gelangen, geraten, kommen; sich begeben, gehen; werden; ~ *ready* sich fertig machen; ~ *about* auf den Beinen sein; herumkommen; die Runde machen (*Gerücht etc.*); ~ *abroad* unter die Leute kommen; bekannt werden; ~ *ahead* vorwärtskommen; ~ *along* fort-, weiterkommen; ~ *along with* mit *j-m* auskommen; ~ *around to s.th.* zu et. kommen, Zeit finden für et.; ~ *at* (heran-) kommen an (*acc.*); zu *et.* kommen; ~ *away* weg-, davonkommen; sich fortmachen; ~ *away with s.th.* sich et. (ungestraft) leisten können; ~ *by* vorbei-, durchkommen; ~ *down to* sich auseinandersetzen mit; F herangehen an (*acc.*); gelangen zu; ~ *in* einsteigen; ~ *into* hineinkommen *od.* geraten in (*acc.*); ~ *off* davonkommen, entwischen; aus-, absteigen; ⚓ loskommen; ~ *off with s.o.* j. kennenlernen; ~ *on* gelangen auf (*acc.*); vorwärtskommen; aufsitzen, -steigen; ~ *over* hinwegkommen über (*acc.*); ~ *through* durchkommen (*a. teleph.*); ~ *to hear od. know od. learn* erfahren; ~ *up* aufstehen; hinaufsteigen; steigen (*Preise etc.*); **get-at-·a·ble** [get'ætəbl] zugänglich; erreichbar; **get-a·way** ['getəwei] *Sport*: Ablauf *m*; Entkommen *n*; *make one's* ~ sich aus dem Staub machen; '**get·ter** Zeuger *m* (*von Pferden*); Gewinner *m*; '**get·ting** Gewinn *m*, Erwerb *m*; '**get-up** Aufmachung *f*; *Am.* F Unternehmungsgeist *m*.
gew·gaw ['gju:gɔ:] Spielerei *f*; ~*s pl.* Kinkerlitzchen *n/pl.*
gey·ser ['gaizə] *geogr.* Geysir *m*; ['gi:zə] Boiler *m*, Warmwasserbereiter *m*; (Gas)Badeofen *m*.
ghast·li·ness ['gɑ:stlinis] schreckliches Aussehen *n*; Grausigkeit *f*; '**ghast·ly** gräßlich, grausig; schrecklich, schauderhaft; (toten)bleich; gespenstisch.
gher·kin ['gə:kin] Gewürzgurke *f*.
ghet·to ['getəu] Getto *n*, Judenviertel *n*.
ghost [gəust] Geist *m*, Gespenst *n*; Schatten *m*, Spur *f*; = ~ *writer*; '**ghost·like** geisterhaft; '**ghost·ly** geisterhaft; *eccl.* geistlich; **ghost writ·er** Ghostwriter *m* (*j., der für e-n anderen schreibt*).
ghoul [gu:l] Ghul *m* (*Dämon*); *fig.* Unhold *m*.
gi·ant ['dʒaiənt] **1.** riesig; **2.** Riese *m*; '**gi·ant·ess** Riesin *f*.
gib·ber ['dʒibə] kauderwelschen, schnattern; **gib·ber·ish** ['~riʃ] Kauderwelsch *n*, Geschnatter *n*.
gib·bet ['dʒibit] **1.** Galgen *m*; ⊕ Kranbalken *m*; **2.** aufhängen; *fig.* anprangern.
gib·bon *zo.* ['gibən] Gibbon *m*.
gib·bos·i·ty [gi'bɔsiti] Höcker *m*; Buckel *m*; '**gib·bous** buck(e)lig; gewölbt; dreiviertelvoll (*Mond*).
gibe [dʒaib] **1.** verspotten, aufziehen (*a. at s.o.* j-n); **2.** Spott *m*, Stichelei *f*.
gib·lets ['dʒiblits] *pl.* Gänseklein *n*.
gid·di·ness ['gidinis] Schwindel(gefühl *n*) *m*; Unbeständigkeit *f*; *fig.* Unbesonnenheit *f*, Leichtsinn *m*; '**gid·dy** □ schwind(e)lig; schwindelerregend; *fig.* unbesonnen, leichtfertig, gedankenlos; unbeständig; albern.
gift [gift] **1.** Gabe *f*; Geschenk *n*; Talent *n*; Verleihungsrecht *n*;

Schenkung *f*; ~ *box* Geschenkpakkung *f*; *s. horse*; **2.** (be)schenken; ˈ**gift·ed** begabt.

gig [gig] Gig *n* (*Einspänner*); ⚓ Gig *n*.

gi·gan·tic [dʒaiˈgæntik] (~*ally*) riesenhaft, riesig, gigantisch.

gig·gle [ˈgigl] **1.** kichern; **2.** Gekicher *n*.

gig·o·lo [ˈʒigələu] Gigolo *m*, Eintänzer *m*.

gild [gild] (*irr.*) vergolden; verschönern; ~ *the pill fig.* die bittere Pille versüßen; ~*ed youth* Jeunesse *f* dorée; ˈ**gild·er** Vergolder *m*; ˈ**gild·ing** Vergoldung *f*.

gill¹ [dʒil] Viertelpinte *f*.

gill² [gil] *ichth.* Kieme *f*; *fig.* Doppelkinn *n*; ⚘ *Pilz*-Lamelle *f*.

gill³ [dʒil] Mädchen *n*.

gil·lie [ˈgili] (Jagd)Helfer *m*, Junge *m*.

gilt [gilt] **1.** *pret. u. p.p. von gild*; **2.** Vergoldung *f*; ˈ~**-edged** mit Goldschnitt; ✝ mündelsicher; ✝ *sl.* hochfein, prima.

gim·bal [ˈdʒimbəl] *mst* ~*s pl.* Kardanaufhängung *f*.

gim·crack [ˈdʒimkræk] **1.** Spielerei *f*, Kinkerlitzchen *n*; **2.** wertlos.

gim·let ⊕ [ˈgimlit] Handbohrer *m*.

gim·mick *Am. sl.* [ˈgimik] Trick *m*, Dreh *m*.

gin¹ [dʒin] Gin *m* (*Wacholderschnaps*).

gin² [~] **1.** Falle *f*, Schlinge *f*; ⊕ Entkörnungsmaschine *f*; **2.** mit e-r Schlinge fangen; ⊕ entkörnen.

gin·ger [ˈdʒindʒə] **1.** Ingwer *m*; Lebhaftigkeit *f*, Kraft *f*, Schwung *m*, Energie *f*; **2.** ~ *up* ankurbeln, in Schwung bringen; **3.** hellrot, rötlich-gelb; ~ **ale**, ~ **beer** Ingwerbier *n*; ˈ~**·bread** Leb-, Pfefferkuchen *m*; ˈ**gin·ger·ly** *adj. u. adv.* zimperlich; sacht, behutsam; ˈ**gin·ger-nut** Pfeffernuß *f*.

ging·ham [ˈgiŋəm] Gingham *m* (*Baumwollstoff*).

gip·sy [ˈdʒipsi] Zigeuner(in).

gi·raffe *zo.* [dʒiˈrɑːf] Giraffe *f*.

gird¹ [gəːd] **1.** Spott *m*, Stichelei *f*; **2.** höhnen, sticheln (*at* über *acc.*).

gird² [~] (*irr.*) (um)gürten; umgeben.

gird·er ⊕ [ˈgəːdə] Tragbalken *m*; Träger *m*.

gir·dle [ˈgəːdl] **1.** Gurt *m*, Gürtel *m*; Hüfthalter *m*, -gürtel *m*; **2.** umgürten.

girl [gəːl] Mädchen *n*; ~*-friend* Freundin *f*; ♀ **Guide** Pfadfinderin *f*; **girl·hood** [ˈ~hud] Mädchenzeit *f*; Mädchenjahre *n/pl.*; **girl·ie** [ˈ~i] (kleines) Mädchen *n*; ˈ**girl·ish** □ mädchenhaft; ˈ**girl·ish·ness** Mädchenhaftigkeit *f*; ˈ**girl·y** *Am.* F mit spärlich bekleideten Mädchen (*Magazin, Varieté etc.*).

Giro [ˈdʒaiərəu]: *the* ~ der Postscheckdienst (*in England*).

girt [gəːt] **1.** *pret. u. p.p. von gird*²; **2.** ⊕ Umfang *m*.

girth [gəːθ] (Sattel)Gurt *m*; Umfang *m*.

gist [dʒist] *das* Wesentliche.

git *sl.* [git] = get.

give [giv] **1.** (*irr.*) *v/t.* geben; ab-, übergeben; her-, hingeben; überlassen; *Lied etc.* zum besten geben, vortragen; schenken; gewähren; *Seufzer etc.* von sich geben; *Resultat* ergeben; ~ *attention to* achtgeben auf (*acc.*); ~ *battle* e-e Schlacht liefern; ~ *birth to* zur Welt bringen; ~ *chase to* verfolgen; ~ *credit to* Glauben schenken (*dat.*); ~ *ear to* Gehör schenken (*dat.*); ~ *one's mind to* sich (*dat.*) widmen; ~ *it to s.o.* es j-m geben (*prügeln; die Meinung sagen*); ~ *away* weggeben, verschenken; F verraten; ~ *away the bride* Brautvater sein; ~ *back* zurückgeben; ~ *forth* von sich geben; herausgeben; ~ *in* eingeben, -reichen; ~ *out* ausgeben; verteilen; bekanntmachen; *Duft etc.* ausströmen; ~ *over* übergeben; aufgeben; ~ *up Geschäft, Recht, Kranke* aufgeben; *j.* ausliefern; ~ *o.s. up* sich ergeben (*to dat.*); **2.** *v/i. mst* ~ *in* nachgeben; weichen; ~ *into*, ~ (*up*)*on* hinausgehen auf (*acc.*) (*Fenster etc.*); ~ *out* zu Ende gehen, aufhören, versiegen; versagen; ~ *over* aufhören; **3.** Nachgeben *n*; Elastizität *f*; ~ **and take** [ˈgivənˈteik] (Meinungs)Austausch *m*; Geben und Nehmen *n*; Kompromiß *m*, *n*; ~**-a·way** [ˈ~əwei] Preisgabe *f*; ~ *show*, ~ *program Radio, Fernsehen*: öffentliches Preisraten *n*; ˈ**giv·en** *p.p. von give 1 u. 2*; ~ *to* ergeben (*dat.*); ~ ... wenn man ... als gegeben ansieht; ˈ**giv·er** Geber(in); ~ *of a bill* Wechselaussteller *m*.

giz·zard *orn.* ['gizəd] Muskelmagen *m*; *it sticks in my* ~ es ist mir zuwider.
gla·ci·al □ ['gleisjəl] eisig; Eis...; Gletscher...; ~ *era* Eiszeit *f*; **gla·ci·a·tion** *geol.* [glæsi'eiʃən] Vereisung *f*, Vergletscherung *f*; **gla·cier** ['glæsjə] Gletscher *m*; **gla·cis** ['glæsis] Glacis *n*.
glad □ [glæd] froh, erfreut (*of*, *at* über *acc.*); erfreulich, Freuden...; *give s.o. the* ~ *eye* F j-m schöne Augen machen; ~ *rags pl. sl.* Sonntagsstaat *m*; **glad·den** ['~dn] erfreuen.
glade [gleid] Lichtung *f*; *Am.* sumpfige Niederung *f*.
glad·i·a·tor ['glædieitə] Gladiator *m*.
glad·i·o·lus ⚘ [glædi'əuləs] Gladiole *f*.
glad·ly ['glædli] gerne, mit Freuden; '**glad·ness** Freude *f*, Fröhlichkeit *f*; **glad·some** ['~səm] freudig, fröhlich.
Glad·stone ['glædstən] *a.* ~ *bag* Handkoffer *m*.
glair [glɛə] **1.** Eiweiß *n*; **2.** mit Eiweiß überziehen.
glam·or·ous ['glæmərəs] bezaubernd; **glam·our** ['~mə] **1.** Zauber *m*, Glanz *m*, Reiz *m*; ~ *girl* Reklameschönheit *f*; **2.** bezaubern.
glance [glɑːns] **1.** Schimmer *m*, Blitz *m*; flüchtiger Blick *m*; **2.** hinweggleiten (*over* über *acc.*); blitzen; glänzen; ~ *at* flüchtig ansehen; anspielen auf (*acc.*); *mst* ~ *off* abprallen; ~ *over* flüchtig überblicken.
gland *anat.*, ⚘ [glænd] Drüse *f*; **glan·dered** *vet.* ['~dəd] rotzig; **glan·ders** *vet.* ['~dəz] *sg.* Rotz (-krankheit *f*) *m*; **glan·du·lar** ['~djulə] Drüsen...
glare [glɛə] **1.** grelles Licht *n*; wilder, starrer Blick *m*; **2.** grell leuchten; wild blicken; (*at* an)starren; **glar·ing** □ ['~riŋ] grell (leuchtend); *fig.* grell, hervortretend, kraß.
glass [glɑːs] **1.** Glas *n*; Spiegel *m*; Opernglas *n*; Fernglas *n*; Barometer *n*; (*a pair of*) ~*es pl.* (eine) Brille *f*; **2.** gläsern; Glas...; **3.** verglasen; '**~-blow·er** Glasbläser *m*; '**~-case** Vitrine *f*; Schaukasten *m*; '**~-cut·ter** Glasschleifer *m*; Glaserdiamant *m*; **glass-ful** ['~ful] Glas(voll) *n*; '**glass-house** Treibhaus *n*; ⚔ *sl.* Bau *m*; '**glass·i·ness** *das* Glasige, Spiegelglätte *f*; '**glass·ware** Glas (-waren *f/pl.*) *n*; '**glass·y** gläsern; glasig.
glau·co·ma ⚕ [glɔː'kəumə] Glaukom *n*, grüner Star *m*; '**glau·cous** graugrün.
glaze [gleiz] **1.** Glasur *f*; **2.** *v/t.* verglasen; glasieren; polieren; *v/i.* trübe *od.* glasig werden (*Auge*); ~*d paper* Glanzpapier *n*; ~*d(-in) veranda* Glasveranda *f*; **gla·zier** ['~jə] Glaser *m*; '**glaz·ing** Verglasung *f*; Glasur *f*; '**glaz·y** glasiert; blank; glasig.
gleam [gliːm] **1.** Schimmer *m*, Schein *m*; **2.** schimmern, scheinen.
glean [gliːn] *v/t.* nachlesen, sammeln; *v/i.* Ähren lesen; '**glean·er** Ährenleser(in); *fig.* Sammler(in); '**glean·ings** *pl.* Nachlese *f*.
glebe [gliːb] Pfarrland *n*; *poet.* (Erd)Scholle *f*.
glee [gliː] Fröhlichkeit *f*; mehrstimmiges Lied *n*, Rundgesang *m*; ~ *club* Gesangverein *m*; **glee·ful** □ ['~ful] fröhlich.
glen [glen] Bergschlucht *f*.
glib □ [glib] *fig.* glatt, *bsd.* zungenfertig; '**glib·ness** Zungenfertigkeit *f*.
glide [glaid] **1.** Gleiten *n*; ✈ Gleitflug *m*; *gr.* Gleitlaut *m*; **2.** (dahin-) gleiten (lassen); e-n Gleitflug machen; '**glid·er** Segelflugzeug *n*; ~ *pilot* Segelflieger *m*; '**glid·ing** Gleit-, Segelflug *m*.
glim·mer ['glimə] **1.** Schimmer *m*; *min.* Glimmer *m*; **2.** schimmern.
glimpse [glimps] **1.** flüchtiger Blick *m* (*of* auf *acc.*); Schimmer *m*; flüchtiger Eindruck *m*; **2.** *v/t.* flüchtig erblicken; *v/i.* ~ *at* e-n flüchtigen Blick werfen auf (*acc.*).
glint [glint] **1.** blitzen, glitzern, schimmern; **2.** Lichtschein *m*.
glis·sade *mount.* [gli'sɑːd] **1.** abfahren; rutschen; **2.** Abfahrt *f*.
glis·ten ['glisn], **glis·ter** † ['glistə], **glit·ter** ['glitə] glitzern, glänzen, funkeln; gleißen; '**glit·ter·ing** glänzend, verlockend; ~ *personality* blendende Erscheinung *f*.
gloam·ing ['gləumiŋ] (Abend-) Dämmerung *f*.
gloat [gləut]: ~ (*up*)*on*, ~ *over* sich weiden an (*dat.*), sich hämisch freuen über (*acc.*).

glob·al ['gləubəl] global, (welt)umfassend; Welt..., Gesamt...; **globe** Kugel *f*; Erdkugel *f*, -ball *m*; Globus *m*; '**globe-fish** *ichth.* Kugelfisch *m*; '**globe-trot·ter** Weltenbummler(in); **glo·bose** ['⁓bəus], **glob·u·lar** □ ['glɔbjulə] kugelförmig; **glo·bos·i·ty** [gləu'bɔsiti] Kugelform *f*; **glob·ule** ['glɔbju:l] Kügelchen *n*.

gloom [glu:m] **1.** Düsterkeit *f*, Dunkelheit *f*; Schwermut *f*; Trübsinn *m*; **2.** *v/i.* verdrießlich *od.* schwermütig *od.* trüb sein *od.* blicken; *v/t.* verdunkeln, verdüstern; '**gloom·i·ness** Düsternis *f*; Schwermut *f*; '**gloom·y** □ dunkel, düster; schwermütig; verdrießlich.

Glo·ri·a *eccl.* ['glɔ:riə] Gloria *n*.

glo·ri·fi·ca·tion [glɔ:rifi'keiʃən] Verherrlichung *f*; **glo·ri·fy** ['⁓fai] verherrlichen, verklären; F verschönern, verbessern; '**glo·ri·ous** □ herrlich, köstlich, prächtig; wunderbar; glorreich.

glo·ry ['glɔ:ri] **1.** Ruhm *m*; Glorie *f*, Herrlichkeit *f*, Pracht *f*; Glorienschein *m*; Glanzpunkt *m*; **2.** (*in*) frohlocken (über *acc.*); stolz sein (auf *acc.*).

gloss[1] [glɔs] **1.** Glosse *f*, (erläuternde) Bemerkung *f*; **2.** glossieren; Glossen machen (zu).

gloss[2] [⁓] **1.** Glanz *m*; **2.** Glanz geben (*dat.*); ⁓ *over* beschönigen.

glos·sa·ry ['glɔsəri] Glossar *n*, Wörterbuch *n*.

gloss·i·ness ['glɔsinis] Glanz *m*; '**gloss·y** □ glänzend, blank; ⁓ *periodical* Illustrierte *f*, *bsd.* Modejournal *n*.

glot·tis *anat.* ['glɔtis] Stimmritze *f*.

glove [glʌv] Handschuh *m*; *s. hand 1*; '**glov·er** Handschuhmacher *m*.

glow [gləu] **1.** Glühen *n*; Glut *f*; **2.** glühen.

glow·er ['glauə] finster blicken.

glow-worm ['gləuwə:m] Glühwurm *m*.

gloze [gləuz]: ⁓ *over* beschönigen.

glu·cose ['glu:kəus] Traubenzucker *m*.

glue [glu:] **1.** Leim *m*; **2.** leimen; *fig.* (an)drücken, heften (*to* an, auf *acc.*); '**glue·y** klebrig, leimig.

glum □ [glʌm] mürrisch, verdrießlich.

glut [glʌt] **1.** Überfüllung *f*; Übersättigung *f*; Überfülle *f*; **2.** überfüllen; (über)sättigen.

glu·ten ['glu:tən] Gluten *n*, Kleber *m*; **glu·ti·nous** □ ['⁓tinəs] leimig, klebrig.

glut·ton ['glʌtn] Schlemmer *m*; Unersättliche *m* (*of*, *for*, *at* in *dat.*); *zo.* Vielfraß *m*; '**glut·ton·ous** □ gefräßig; '**glut·ton·y** Gefräßigkeit *f*.

glyc·er·in ['glisərin], **glyc·er·ine** [⁓'ri:n] Glyzerin *n*.

G-man *Am.* F ['dʒi:mæn] FBI-Agent *m*.

gnarl [nɑ:l] Knorren *m*, Ast *m*; **gnarled**, *a.* '**gnarl·y** knorrig.

gnash [næʃ] knirschen (mit).

gnat [næt] (Stech)Mücke *f*.

gnaw [nɔ:] (zer)nagen; (zer)fressen; '**gnaw·er** Nagetier *n*.

gnome [nəum] Erdgeist *m*, Gnom *m*; ['nəumi:] Sinnspruch *m*, Gnome *f*; **gnom·ish** ['nəumiʃ] gnomenhaft.

go [gəu] **1.** (*irr.*) *allg.* gehen (*s. a. going*, *gone*); fahren, reisen; werden; reichen, führen (*to* nach); sich wenden, appellieren (*to* an *acc.*); funktionieren, arbeiten, gehen; kommen, gestellt werden; passen, gehen; *in e-m bestimmten Zustand* sein; (über-)gehen (*to* an *acc.*), zuteil werden (*to dat.*); nötig sein (*to* für), dienen; *ungestraft etc.* ausgehen; weg-, abgehen, verkauft werden; ausgegeben werden (*Geld*); aufgegeben werden; nachlassen (*Augenlicht*); umgehen (*Gerücht etc.*); angenommen werden (*Geld*); kaputtgehen, brechen; *mst im p.p.* sterben; verlaufen; lauten; *ein bestimmtes Geräusch* machen; *in der Verlaufsform u. mit nachfolgendem inf. zur Bildung des Futurs*: werden; ⁓ *bad* verderben; *s. mad*; *s. sick*; *the dog must* ⁓ der Hund muß weg; *the story* ⁓*es* man erzählt sich; *here* ⁓*es! sl.* los!; ⁓ *it sl.* sich daranmachen, drauflosgehen; ⁓ *it! sl.* feste!; *as men*, *etc.* ⁓ wie Männer *etc.* nun einmal sind; *let* ⁓ fahren lassen, loslassen; ⁓ *shares* teilen; ⁓ *to see*, ⁓ *and see* besuchen; *just* ⁓ *and try!* versuch's doch mal!; ⁓ *about* umher-, umgehen; herangehen an *e-e Arbeit*; ⁓ *abroad* auf Reisen gehen; ruchbar werden; ⁓ *ahead* vorwärtsgehen; ⁓ *at* losgehen auf (*acc.*); ⁓ *back* zurückgehen; ⁓ *back from*, F *on* Ver-

sprechen etc. rückgängig machen; ~ *behind* untersuchen, nachprüfen; ~ *between* vermitteln (zwischen); ~ *by* vergehen; vorübergehen; sich richten nach; ~ *by the name of* ... unter dem Namen ... gehen; ~ *down* (hin)untergehen; erliegen (*before dat.*); Glauben finden (*with* bei); ~ *for* gehen nach, holen; gelten für; j. angreifen; ~ *for a walk, etc.* e-n Spaziergang *etc.* machen; ~ *in* hineingehen; ~ *in for* sich widmen (*dat.*), sich befassen mit, sich verlegen auf (*acc.*); ~ *in for an examination* e-e Prüfung machen; ~ *into Rechnen*: gehen in (*acc.*); *e-r Frage etc.* auf den Grund gehen; ~ *off* weggehen; abgehen (*Zug, Waren*); losgehen (*Schuß etc.*); vergehen; sich verschlechtern; einschlafen; sterben; ~ *on* vor sich gehen; vorwärts- *od.* weitergehen; fortfahren; ~ *on!* weiter!; ~ *out* ausgehen; abgehen, abtreten; ~ *over* übergehen *zu e-r Partei*; durchgehen, -sehen, prüfen; ~ *through* durchgehen; ausführen; durchmachen; ~ *through with Aufgabe etc.* durchführen; ~ *to* an *j.* gehen *od.* fallen; sich belaufen auf (*acc.*); ~ *up* hinaufgehen; steigen; entstehen (*Gebäude*); *in Flammen* aufgehen, in die Luft fliegen; zur Universität gehen; ~ *with* passen zu; ~ *without* sich behelfen ohne; entbehren; **2.** F Gang *m*; Mode *f*; Schwung *m*, Schmiß *m*, Schneid *m*; Begeisterung *f*; (unangenehme) Geschichte *f*; Schluck *m*; Happen *m*; ⚕ Anfall *m*; Versuch *m*; *little* ~ *univ. sl.* Vorexamen *n*; *great* ~ Hauptexamen *n*; *on the* ~ auf den Beinen, in Bewegung; im Gange; *it is no* ~ es geht nicht; *is it a* ~? abgemacht?; *in one* ~ auf Anhieb; *have a* ~ *at s.th.* et. in Angriff nehmen, et. versuchen.

goad [gəud] **1.** Stachelstock *m*; *fig.* Stachel *m*; Ansporn *m*; **2.** *fig.* anstacheln.

go-a·head F [ˈgəuəhed] **1.** zielstrebig, rührig; unternehmungslustig; fortschrittlich; **2.** *bsd. Am.* F Unternehmungsgeist *m*, -lust *f*; Erlaubnis *f* zum Weitermachen.

goal [gəul] Mal *n*; Ziel *n* (*a. fig.*); *Fußball*: Tor *n*; ˈ**~-keep·er** *Fußball*: Torwart *m*.

goat [gəut] *zo.* Ziege *f*, Geiß *f*; *get s.o.'s* ~ *sl.* j. hochbringen (*ärgern*); *separate the sheep from the* ~*s fig.* die Schafe von den Böcken scheiden; *play the giddy* ~ sich närrisch benehmen; **goatˈee** Spitzbart *m*; ˈ**goat·ish** ziegenartig; bockig; geil; ˈ**goat·skin** Ziegenleder *n*.

gob [gɔb] V Schleimklumpen *m*; Maul *n*; *Am.* F Blaujacke *f* (*Matrose*); **gob·bet** [ˈgɔbit] Bissen *m*.

gob·ble [ˈgɔbl] *gierig* verschlingen; kollern *wie ein Truthahn*; **gob·ble·dy·gook** *Am. sl.* [ˈgɔbldiguk] Amts-, Berufsjargon *m*, Geschwafel *n*; ˈ**gob·bler** Vielfraß *m*; Truthahn *m*.

go-be·tween [ˈgəubitwiːn] Vermittler(in).

gob·let [ˈgɔblit] Kelchglas *n*; Pokal *m*.

gob·lin [ˈgɔblin] Kobold *m*, Gnom [*m*.]

go-by [ˈgəubai]: *give s.o. the* ~ j. unbeachtet lassen, j. ignorieren.

go-cart [ˈgəukaːt] Laufgestell *n für Kinder*; Sportwagen *m für Kinder*.

god, *eccl.* ♀ [gɔd] Gott *m*; *fig.* Abgott *m*; *the gods pl. thea.* der Olymp; ˈ**god·child** Patenkind *n*; ˈ**god·dess** Göttin *f*; ˈ**god·fa·ther** Pate *m*; ˈ**god·fear·ing** gottesfürchtig; ˈ**god·head** Gottheit *f*; ˈ**god·less** gottlos; ˈ**god·like** gottähnlich; göttlich, erhaben; ˈ**god·li·ness** Frömmigkeit *f*; ˈ**god·ly** gottesfürchtig; fromm; ˈ**god·moth·er** Patin *f*; ˈ**god·send** Geschenk *n* des Himmels, Gottesgabe *f*; ˈ**god-ˈspeed:** *bid od. wish s.o.* ~ j-m glückliche Reise wünschen; j-m guten Erfolg wünschen.

go·er [ˈgəuə] Geher(in), Läufer(in).

gof·fer [ˈgəufə] kräuseln, plissieren.

go-get·ter *Am.* F [ˈgəuˈgetə] Draufgänger *m*, Allerweltskerl *m*.

gog·gle [ˈgɔgl] **1.** glotzen; **2.** ~*s pl.* Schutzbrille *f*; ˈ**~-eyed** glotzäugig.

go·ing [ˈgəuiŋ] **1.** gehen; im Gange (befindlich); vorhanden; *be* ~ *to inf.* im Begriff sein zu *inf.*, gleich *od.* bald *tun* wollen *od.* werden; *keep* ~ in Gang halten; *set* ~ in Gang bringen; *a* ~ *concern* ein gutgehendes Geschäft *n*; ~, ~, *gone!* zum ersten, zum zweiten, zum dritten!; **2.** Gehen *n*, Gang *m*; Vorwärtskommen *n*; Straßenzustand *m*; Geschwindigkeit *f*, Leistung *f*; ˈ**go·ings-ˈon** F *pl.* Vorgänge *m/pl.*; Treiben *n*.

goi·tre ⚕ [ˈgɔitə] Kropf *m*; **goi·trous** [ˈgɔitrəs] Kropf...; mit Kropf (behaftet).
go-kart *mot.* [ˈgəukɑːt] Go-Kart *m* (*Kleinstrennwagen*).
gold [gəuld] **1.** Gold *n*; **2.** golden; ˈ**~-bear·ing** goldhaltig; ˈ**~·brick** **1.** *fig.* Talmi *n*, Schwindel *m*; **2.** sich drücken; ˈ**~·dig·ger** *Am.* Goldgräber *m*; *sl.* Männerausbeuterin *f*; ˈ**gold·en** *mst fig.* golden, goldgelb; ˈ**gold·en·rod** ⚘ Goldrute *f*.
gold···: ˈ**~·finch** *orn.* Stieglitz *m*; ˈ**~·fish** *ichth.* Goldfisch *m*; ˈ**~·mine** Goldbergwerk *n*; *fig.* Goldgrube *f*; **~ plate** goldenes Tafelgeschirr *n*; ˈ**~-rush** Goldrausch *m*; ˈ**~·smith** Goldschmied *m*.
golf [gɔlf] **1.** Golf(spiel) *n*; **2.** Golf spielen; ˈ**~-course** = *golf-links*; ˈ**golf·er** Golfspieler(in); ˈ**golf-links** *pl.* Golfplatz *m*.
gol·li·wog(g) [ˈgɔliwɔg] Negerpuppe *f*; *fig.* Popanz *m*.
go·losh [gəˈlɔʃ] Galosche *f*, Überschuh *m*.
gon·do·la ⚓, ✈ [ˈgɔndələ] Gondel *f*; **gon·do·lier** [~ˈliə] Gondoliere *m*.
gone [gɔn] **1.** *p.p. von* go; **2.** *adj.* fort; dahin; F futsch; vergangen; tot; F hoffnungslos; *be ~!*, *get you ~!* mach, daß du wegkommst!; *~ on s.o. sl.* in j. verknallt; ˈ**gon·er** *sl.* erledigter Mensch *m*.
gong [gɔŋ] Gong *m*.
good [gud] **1.** *allg.* gut; lieb, brav (*Kind*); gültig (*Gesetz*); ⚕ zahlungsfähig; gründlich, gehörig; *the ~ Samaritan* der Barmherzige Samariter; *~ at* geschickt in (*dat.*); *in ~ earnest* in vollem Ernst; **2.** Gute *n*; Wohl *n*, Beste *n*; *~s pl.* Waren *f/pl.*; Güter *n/pl.*; *that's no ~* das nützt nichts; *it is no ~ talking* es ist unnütz zu reden; *for ~* endgültig, für immer; *piece of ~s* F Frauenzimmer *n*, Stück *n*; *~s pl. in process* Halbfabrikate *n/pl.*; **~-bye,** *Am. a.* **~-by** **1.** [gudˈbai] Lebewohl *n*; **2.** [ˈgudˈbai] Auf Wiedersehen!; Lebewohl!; ˈ**~-for-ˈnoth·ing** **1.** nichtsnutzig; **2.** Taugenichts *m*; ♀ **Friday** Karfreitag *m*; ˈ**~ˈhu·mo(u)red** gutmütig; guter Laune, gutgelaunt; ˈ**good·li·ness** Anmut *f*; ˈ**good-ˈlook·ing** gutaussehend, hübsch; ˈ**good·ly** anmutig, hübsch; *fig.* ansehnlich; tüchtig; ˈ**good·man** † (Haus)Vater *m*; Ehemann *m*; ˈ**good-ˈna·tured** gutmütig; ˈ**goodness** Güte *f* (*gute Beschaffenheit*; *Freundlichkeit*); *das* Beste; *in Ausrufen*: mein Gott!, du meine Güte!; *s. gracious*; **goods train** Güterzug *m*; ˈ**good·wife** Hausfrau *f*; ˈ**good-ˈwill** Wohlwollen *n*; freundliche Einstellung *f* (*towards* zu); ⚕ Kundschaft *f*; ⚕ Firmenwert *m*.
good·y[1] [ˈgudi] Bonbon *m*.
good·y[2] [~], *a.* ˈ**good·y-ˈgood·y** **1.** prüde; scheinheilig; **2.** Scheinheilige *m, f*.
goof·y *sl.* [ˈguːfi] doof, blöde.
goon *Am. sl.* [guːn] gedungener Raufbold *m bsd. für Streik*; Dummkopf *m*.
goose [guːs], *pl.* **geese** [giːs] Gans *f* (*a. fig.*); *cook s.o.'s ~* j-m e-n Strich durch die Rechnung machen; *pl.* ˈ**goos·es** Bügeleisen *n*.
goose·ber·ry [ˈguzbəri] Stachelbeere *f*; *play ~* F Anstandswauwau spielen.
goose...: ˈ**~-flesh** Gänsehaut *f*; ˈ**~-herd** Gänsehirt(in); **~ pim·ples** *pl. Am.* = *goose-flesh*; ˈ**~-step** Paradeschritt *m*; ˈ**goos·ey,** ˈ**goos·ie** F Gänschen *n*.
go·pher *bsd. Am.* [ˈgəufə] Erdeichhörnchen *n*; *eine* Ratte *f*.
Gor·di·an [ˈgɔːdjən] gordisch; *~ knot* gordischer Knoten *m*.
gore[1] [gɔː] (geronnenes) Blut *n*.
gore[2] [~] **1.** Keil *m*, Zwickel *m im Kleid etc.*; **2.** durchbohren, aufspießen.
gorge [gɔːdʒ] **1.** Kehle *f*, Schlund *m*; enge (Fels)Schlucht *f*; *my ~ rises* mir wird übel (*at* bei, von); **2.** (ver-)schlingen; (sich) vollstopfen.
gor·geous □ [ˈgɔːdʒəs] prächtig, glänzend; ˈ**gor·geous·ness** Pracht *f*.
go·rilla *zo.* [gəˈrilə] Gorilla *m*.
gor·mand·ize [ˈgɔːməndaiz] schlemmen, fressen, prassen.
gorse ⚘ [gɔːs] Stechginster *m*.
gor·y □ [ˈgɔːri] blutig.
gosh P [gɔʃ] (bei) Gott!, Mensch!
gos·hawk *orn.* [ˈgɔshɔːk] Hühnerhabicht *m*.
gos·ling [ˈgɔzliŋ] Gänschen *n*.
gos·pel [ˈgɔspəl] Evangelium *n* (*a. fig.*); ˈ**gos·pel·(l)er** Wanderprediger *m*.
gos·sa·mer [ˈgɔsəmə] Altweibersommer *m*; feine Gaze *f*.

gos·sip ['gɔsip] **1.** Geschwätz *n*, Klatsch *m*; Plauderei *f*; Klatschbase *f*; **2.** schwatzen, klatschen.
got [gɔt] *pret. u. p.p. von get.*
Goth [gɔθ] *hist.* Gote *m*; *fig.* Barbar *m*, Wandale *m*; '**Goth·ic** gotisch; *fig.* wandalisch, barbarisch.
got·ten *Am.* ['gɔtn] *p.p. von get.*
gouge [gaudʒ] **1.** ⊕ Hohlmeißel *m*; **2.** *mst* ~ *out* ausmeißeln; *Am.* F betrügen.
gou·lash ['gu:læʃ] Gulasch *m*, *n*.
gourd ⚘ ['guəd] Kürbis *m*.
gour·mand ['guəmənd] **1.** gefräßig; **2.** Feinschmecker *m*.
gout ⚕ [gaut] Gicht *f*; '**gout·y** □ gichtisch; gichtkrank; Gicht...
gov·ern ['gʌvən] *v/t.* regieren (*a. gr.*), verwalten; beherrschen (*a. fig.*); lenken, leiten; *v/i.* herrschen; ~*ing body konkr.* Leitung *f*; '**gov·ern·ess** Erzieherin *f*, Gouvernante *f*; '**gov·ern·ment** Regierung *f*; Leitung *f*; Herrschaft *f* (*of* über *acc.*); Regierung(sform) *f*; Verwaltung *f*; Ministerium *n*; Statthalterschaft *f*; *attr.* Staats...; **gov·ern·men·tal** [~'mentl] Regierungs...; '**gov·er·nor** Gouverneur *m*; Direktor *m*, Präsident *m*, Leiter *m*; Kurator *m*; F Alte *m* (*Vater*; *Chef*); *Anrede*: mein Herr!; ⊕ Regulator *m*; **gov·er·nor gen·er·al** Generalgouverneur *m*; '**gov·er·nor·ship** Gouverneursamt *n*.
gown [gaun] **1.** (Frauen)Kleid *n*; Robe *f*, Talar *m*; **2.** kleiden; '**gowns·man** Student *m*; ⚔ Zivilist *m*.
grab F [græb] **1.** grapsen (*at* nach); an sich reißen, packen, schnappen; **2.** plötzlicher Griff *m*, Graps *m*; ⊕ Greifer *m*; ~*-bag Am.* Glückstopf *m*; '**grab·ber** Habsüchtige *m*, Raffke *m*; Straßenräuber *m*.
grace [greis] **1.** Gnade *f*; Gunst *f*; (Gnaden)Frist *f*, Aufschub *m*; Grazie *f*, Anmut *f*; Anstand *m*; Zier(de) *f*; ~*s pl.* Reize *m/pl.*; ♪ Verzierungen *f/pl.*; ♀*s pl. die* Grazien *f/pl.*; *act of* ~ Gnadenakt *m*; *with* (*a*) *good* (*bad*) ~ bereit-(wider)willig; *Your* ♀ Euer Gnaden; *good* ~*s pl.* Gunst *f*; *period of* ~ Karenzzeit *f*; *s. say 1*; **2.** zieren, schmücken; begünstigen, auszeichnen; **grace·ful** □ ['~ful] anmutig, graziös; höflich; taktvoll; '**grace·ful·ness** Grazie *f*, Anmut *f*; '**grace·less** □ gottlos; schamlos; reizlos.
gra·cious □ ['greiʃəs] gnädig, gütig, huldvoll; *good* ~*!*, *goodness* ~*!*, ~ *me!* ach du meine Güte!; '**gra·cious·ness** Gnade *f*.
grack·le *orn.* ['grækl] *ein* Star *m*.
gra·da·tion [grə'deiʃən] Stufengang *m*, Abstufung *f*; *gr.* Ablaut *m*.
grade [greid] **1.** Grad *m*, Rang *m*; Stufe *f*; Qualität *f*; *bsd. Am.* = *gradient*; *Am. Schule*: Klasse *f*, Note *f*; *make the* ~ *Am.* F Erfolg haben; ~ *crossing Am.* schienengleicher Bahnübergang *m*; ~(*d*) *school Am.* Grundschule *f*; **2.** abstufen; einteilen; 🚂 *etc.* planieren; *Vieh* (auf)kreuzen.
gra·di·ent ['greidjənt] 🚂 *etc.* Steigung *f*, Neigung *f*.
grad·u·al □ ['grædʒuəl] stufenweise (fortschreitend), allmählich; '**grad·u·al·ly** nach u. nach; allmählich; **grad·u·ate 1.** ['~djueit] graduieren: mit Gradeinteilung versehen; (sich) abstufen; die Abschlußprüfung machen; promovieren; **2.** ['~dʒuit] Absolvent(in) *e-r Universität etc.*, Graduierte *m*, *f*; **grad·u·a·tion** [~dju'eiʃən] Gradeinteilung *f*; Abschlußprüfung *f*; Promotion *f*.
graft[1] [grɑ:ft] **1.** ✐ Pfropfreis *n*; **2.** ✐ pfropfen (*in*, *upon* auf *acc.*); *fig.*, ⚕ verpflanzen.
graft[2] *Am.* [~] **1.** Bestechung *f*, Korruption *f*, Schiebung(en *pl.*) *f*, Schmiergeld(er *pl.*) *n*; **2.** F Korruptionsgelder einschieben; '**graft·er** F *bsd. pol.* Schieber *m*.
gra·ham ['greiəm]: ~ *bread* Graham-, Weizenschrotbrot *n*.
Grail [greil] *Sage*: Gral *m*.
grain [grein] Korn *n*; Samenkorn *n*; Getreide *n*; Körnchen *n* (*a. fig.*); Gefüge *n*, Struktur *f*; Maserung *f* (*Holz*); Strich *m des Tuches*; *fig.* Natur *f*; Gran *n* (*kleines Gewicht*); *in* ~ echt, gründlich; *dyed in the* ~ in der Wolle gefärbt; *against the* ~ gegen den Strich (*a. fig.*); **grained** in der Wolle gefärbt; gemasert.
gram [græm] = *gramme.*
gra·mer·cy † [grə'mə:si] tausend Dank!
gram·i·na·ceous [greimi'neiʃəs],

gra·min·e·ous [grei'miniəs] grasartig; Gras...
gram·ma·logue ['græməlɔg] *Kurzschrift*: Sigel *n*, Kürzel *n*.
gram·mar ['græmə] Grammatik *f*; **gram·mar·i·an** [grə'mɛəriən] Grammatiker *m*; '**gram·mar-school** höhere Schule *f*, Gymnasium *n*; *Am. a.* Mittelschule *f*; **gram·mat·i·cal** □ [grə'mætikəl] grammati(kali)sch.
gramme [græm] Gramm *n*.
gram·o·phone ['græməfəun] Grammophon *n*; ~ *record* Schallplatte *f*.
gran·a·ry ['grænəri] Kornspeicher *m*.
grand □ [grænd] **1.** *fig.* großartig; erhaben; groß; Groß..., Haupt...; ♀ *Duchess* Großherzogin *f*; ♀ *Duke* Großherzog *m*; ♀ *Old Party Am.* Republikanische Partei *f*; ~ *stand* (Haupt)Tribüne *f*; **2.** *a.* ~ *piano* ♪ Flügel *m*; *Am. sl.* tausend Dollar *m/pl.*; *miniature* ~ Stutzflügel *m*; **gran·dad** F ['grændæd] Opa *m*; **gran·dam**(e) ['~dæm] Mütterchen *n*; '**grand·child** Enkel(in); '**grand-daugh·ter** Enkelin *f*; **gran·dee** [græn'di:] *spanischer* Grande *m*; vornehmer Herr *m*; **gran·deur** ['grændʒə] Größe *f*, Hoheit *f*; Erhabenheit *f*, Würde *f*; '**grand-fa·ther** Großvater *m*; ~*'s clock* hohe Standuhr *f*.
gran·dil·o·quence [græn'diləkwəns] Redeschwulst *m*; **gran'dil·o·quent** □ hochtrabend, schwülstig.
gran·di·ose □ ['grændiəus] grandios, großartig; pompös.
grand·moth·er ['grændmʌθə], F **grand·ma** ['grænmɑ:] Großmutter *f*; '**grand·ness** = *grandeur*.
grand...: '**~pa** ['grænpɑ:] = *grandfather*; '**~par·ents** *pl.* Großeltern *pl.*; **~sire** ['~saiə] † *od. v. Tieren*: Großvater *m*; Ahnherr *m*; '**~son** Enkel *m*.
grange [greindʒ] Farm *f*; kleiner Gutshof *m*; *Am. Name für* Farmerorganisation *f*; '**grang·er** Farmer *m*.
gran·ite ['grænit] Granit *m*; **gra-nit·ic** [~'nitik] granitartig; Granit...
gran·ny F ['græni] Oma *f* (*Großmutter*).
grant [grɑ:nt] **1.** Gewährung *f*; Unterstützung *f*, Zuschuß *m*; Stipendium *n*; ⚖ Übertragung *f*; **2.** gewähren; bewilligen; verleihen; zugestehen; ⚖ übertragen; *take for ~ed* für selbstverständlich halten; *~ing this (to) be so* angenommen, dies wäre so; *God ~ ...!* Gott gebe ...!; **gran'tee** ⚖ Begünstigte *m*; **grant-in-aid** ['grɑ:ntin'eid] Zuschuß *m*, Beihilfe *f*; **grant·or** ⚖ [~'tɔ:] Verleiher *m*.
gran·u·lar ['grænjulə] körnig; **gran-u·late** ['~leit] (sich) körnen; '**gran-u·lat·ed** körnig, gekörnt; ~ *sugar* Kristallzucker *m*; **gran·u'la·tion** Körnung *f*; **gran·ule** ['~ju:l] Körnchen *n*; **gran·u·lous** ['~juləs] körnig.
grape [greip] Weinbeere *f*, -traube *f*; '**~·fruit** ♀ Pampelmuse *f*; '**~-shot** ⚔ Kartätsche *f*; '**~-sug·ar** Traubenzucker *m*; '**~-vine** Rebe *f*; *a.* ~ *telegraph* unterirdisches Nachrichtensystem *n*, Flüsterparolen *f/pl.*
graph [græf] graphische Darstellung *f*; '**graph·ic**, '**graph·i·cal** □ graphisch; Schreib...; anschaulich; *graphic arts pl.* Graphik *f*; **graph-ite** *min.* ['~fait] Graphit *m*; **graph-ol·o·gy** [~'fɔlədʒi] Graphologie *f* (*Handschriftendeutung*); **graph paper** Millimeterpapier *n*.
grap·nel ⚓ ['græpnəl] Enterhaken *m*; Dregganker *m*.
grap·ple ['græpl] **1.** ⚓ Enterhaken *m*; ⊕ Greifer *m*; **2.** entern; packen, fassen; ringen; ~ *with* kämpfen mit; in Angriff nehmen.
grasp [grɑ:sp] **1.** Griff *m*; Bereich *m*; Beherrschung *f*; Fassungskraft *f*; Begriff *m*; **2.** *v/t.* (er)greifen, packen; begreifen; *v/i.* greifen, streben (*at* nach); '**grasp·ing** □ habsüchtig.
grass [grɑ:s] **1.** Gras *n*; Rasen *m*; *at* ~ auf der Weide; *fig.* im Urlaub; *send to* ~ = **2.** auf die Weide treiben; '**~·hop·per** Heuschrecke *f*; '**~-'plot** Rasenplatz *m*; ~ **roots** *pl. Am. die* landwirtschaftlichen Bezirke *m/pl.*; *die* Landbevölkerung; Grundlage *f*, Quelle *f*; '**~-'wid-ow**(**·er**) Strohwitwe(r *m*) *f*; '**grass·y** grasig, grasreich; grasbewachsen.
grate[1] [greit] (Kamin)Gitter *n*; (Feuer)Rost *m*; *fig.* Herd *m*.
grate[2] [~] *v/t.* raspeln, (zer)reiben; mit *den Zähnen* knirschen; *v/i.*

knirschen, knarren; ~ (*up*)*on fig. das Ohr etc.* verletzen.

grate·ful □ [ˈgreitful] dankbar; *von Dingen*: angenehm, willkommen.

grat·er [ˈgreitə] Reibeisen *n*.

grat·i·fi·ca·tion [grætifiˈkeiʃən] Befriedigung *f*; Freude *f*; Genuß *m*; **grat·i·fy** [ˈ~fai] erfreuen; befriedigen; ˈ**grat·i·fy·ing** erfreulich.

grat·ing [ˈgreitiŋ] **1.** □ schrill, unangenehm; **2.** Gitter(werk) *n*.

gra·tis [ˈgreitis] umsonst.

grat·i·tude [ˈgrætitju:d] Dankbarkeit *f*.

gra·tu·i·tous □ [grəˈtju:itəs] unentgeltlich; freiwillig; mutwillig; grundlos; **gra**ˈ**tu·i·ty** Abfindung *f*; Gratifikation *f*; Trinkgeld *n*.

gra·va·men ⚖ [grəˈveimen] (Haupt)Beschwerdepunkt *m*; *das* Belastende.

grave[1] □ [greiv] ernst; (ge)wichtig; gemessen; gesetzt; feierlich; ~ *accent gr.* Gravis *m*.

grave[2] [~] **1.** Grab *n*; **2.** (*irr.*) *mst fig.* (ein)graben; ˈ**~-dig·ger** Totengräber *m*.

grav·el [ˈgrævəl] **1.** Kies *m*; ⚕ Harngrieß *m*; **2.** mit Kies bedecken; F in Verlegenheit bringen, verblüffen; **grav·el·ly** [ˈgrævli] kiesig.

grav·en [ˈgreivən] *p.p von grave*[2] *2.*

grav·er ⊕ [ˈgreivə] Grabstichel *m*.

grave...: ˈ**~·side:** *at his* ~ an seinem Grabe; ˈ**~·stone** Grabstein *m*; ˈ**~·yard** Kirchhof *m*.

grav·ing dock ⚓ [ˈgreiviŋˈdɔk] Trockendock *n*, Kalfaterdock *n*.

grav·i·tate [ˈgræviteit] (hin)neigen (*towards* zu, nach); **grav·i**ˈ**ta·tion** Schwerkraft *f*; *fig.* Hang *m*; **grav·i**ˈ**ta·tion·al pull** [~ʃənlˈpul] Anziehungskraft *f*.

grav·i·ty [ˈgræviti] Schwere *f*; Wichtigkeit *f*; Ernst *m*; Feierlichkeit *f*; Schwerkraft *f*; *centre of* ~ Schwerpunkt *m*; *specific* ~ spezifisches Gewicht *n*.

gra·vy [ˈgreivi] Fleischsaft *m*, Bratensoße *f*; ˈ**~-boat** Saucière *f*, Soßenschüssel *f*.

gray *bsd. Am.* [grei] grau; F nicht ganz legal; **gray·ish** *bsd. Am.* [ˈ~iʃ] gräulich.

graze [greiz] **1.** (ab)weiden; (ab-) grasen; streifen, schrammen; **2.** Schramme *f*.

gra·zier [ˈgreizjə] Viehmäster *m*.

grease 1. [gri:z] (ein)fetten, (be-) schmieren; ~ *s.o.'s palm fig.* j. schmieren; **2.** [gri:s] Fett *n*; Schmiere *f*; ˈ**~-cup** ⊕ Schmierbüchse *f*; ˈ**~-gun** *mot.* Schmierpresse *f*; ˈ**~-proof** fettdicht; **greas·er** *Am. sl.* [ˈgri:zə] *Schimpfwort für* Mexikaner *m*.

greas·y □ [ˈgri:zi] fettig; schmierig.

great □ [greit] **1.** *allg.* groß (*nach Ausdehnung, Dauer, Zahl, Grad*; *fig.* = *tüchtig*; *geschickt*; *eifrig*; *großmütig*; *bedeutend*; *vornehm*; *mächtig*); Groß...; F großartig; Ur...; *s. deal*[2] *1, many*; **2.** *the* ~ *pl.* die Großen *m/pl.*, die Vornehmen *m/pl.*; ~*s pl.* Abschlußexamen *n* für B.A. in Oxford; ˈ**~·coat** (Winter)Mantel *m*; ˈ**~-**ˈ**grand·child** Urenkel(in); ˈ**~-**ˈ**grand·fa·ther** Urgroßvater *m*; ˈ**great·ly** sehr; ˈ**great·ness** Größe *f*; Stärke *f*.

Gre·cian [ˈgri:ʃən] griechisch.

greed [gri:d], ˈ**greed·i·ness** Gier(igkeit) *f*; ˈ**greed·y** □ (be)gierig (*of, for* nach); habgierig; gefräßig.

Greek [gri:k] **1.** griechisch; **2.** Grieche *m*, Griechin *f*; Griechisch *n*; *that is* ~ *to me* das sind mir böhmische Dörfer.

green [gri:n] **1.** □ grün (*a.* = *unreif*; F *unerfahren*); frisch (*Fisch etc.*); (⊕ fabrik)neu; Grün...; **2.** Grün *n*; Jugend(kraft) *f*; Rasen *m*; Wiese *f*; ~*s pl.* frisches Gemüse *n*; ˈ**~·back** *Am.* Dollarnote *f*; **green·er·y** [ˈ~nəri] Grün *n*, Laub *n*.

green...: ~ **fin·gers** *pl.* gärtnerische Begabung *f*; ˈ**~·gage** ⚘ Reineclaude *f*; ˈ**~·gro·cer** Gemüsehändler(in); ˈ**~·gro·cer·y** Gemüsehandlung *f*; ˈ**~·horn** Grünschnabel *m*; ˈ**~·house** Gewächshaus *n*; ˈ**green·ish** grünlich.

Green·land·er [ˈgri:nləndə] Grönländer(in); **Green·land·man** [ˈ~ləndmən] Grönlandfahrer *m*.

green light [ˈgri:nˈlait] grünes Licht *n* (F *fig.* = *Genehmigung*); ˈ**green·ness** Grün *n*; Frische *f*; Unreife *f*.

green...: ˈ**~-room** *thea.* Künstlergarderobe *f*; ˈ**~·sick·ness** ⚕ Bleichsucht *f*; **~·sward** [ˈ~swɔ:d] Rasen *m*.

Green·wich [ˈgrinidʒ]: ~ *time* Greenwicher Zeit *f*.

green·wood [ˈgri:nwud] (belaubter) Wald *m*.

greet [gri:t] (be)grüßen; '**greet·ing** Begrüßung *f*; Gruß *m*.
gre·gar·i·ous [gri'gɛəriəs] in Herden lebend; gesellig.
gre·nade ⚔ [gri'neid] (Hand-, Gewehr)Granate *f*; **gren·a·dier** [grenə'diə] Grenadier *m*.
grew [gru:] *pret. von grow*.
grey [grei] **1.** □ grau; ♀ *Friar* Franziskaner *m*; **2.** Grau *n*; Grauschimmel *m*; **3.** grau machen *od.* werden; '**~·beard** Graubart *m*, alter Mann *m*; **grey·cing** ['~siŋ] Hunderennen *n*.
grey...: '**~-'head·ed** *fig.* altgedient; '**~·hound** Windhund *m*; '**grey·ish** gräulich; **grey mat·ter** *anat.* graue Substanz *f*; *fig.* Grips *m*, Verstand *m*.
grid [grid] *bsd. Radio*: Gitter *n*; *Linien-, Eisenbahn-, Strom- etc.* Netz *n*; *Am. Fußball*: Spielfeld *n*.
grid·dle ['gridl] Backblech *n*.
grid·i·ron ['gridaiən] (Brat)Rost *m*.
grief [gri:f] Gram *m*, Kummer *m*.
griev·ance ['gri:vəns] Beschwerde *f*; Miß-, Übelstand *m*; **grieve** kränken, *j-m* weh tun; sich grämen; '**griev·ous** □ kränkend, schmerzlich; drückend; schlimm; '**griev·ous·ness** *das* Schmerzliche; Druck *m*.
grif·fin ['grifin] *Sage*: Greif *m*.
grig [grig] kleiner Aal *m*; Grille *f*.
grill [gril] **1.** grillen; braten (*a. fig.*); *sl. j.* weichmachen; **2.** Bratrost *m*, Grill *m*; Rostbraten *m*; *a.* ~*-room* Grillroom *m*.
grim □ [grim] grimmig; schrecklich; hart; finster, düster; ~ *facts pl. die* unerbittlichen Tatsachen *f/pl.*; ~ *humour* Galgenhumor *m*.
gri·mace [gri'meis] **1.** Grimasse *f*; **2.** Grimassen machen.
grime [graim] **1.** Schmutz *m*; Ruß *m*; **2.** beschmutzen; '**grim·y** □ schmutzig; rußig.
grin [grin] **1.** Grinsen *n*; **2.** grinsen [(*at* über *acc.*).
grind [graind] **1.** (*irr.*) *v/t.* (zer)reiben; mahlen; wetzen; schleifen; *Leierkasten etc.* drehen; leiern; *fig.* schinden; *sl.* (ein)pauken; mit *den Zähnen* knirschen; ~ *out* herunterleiern; *v/i.* sich mahlen lassen; sich schinden; *sl.* büffeln; **2.** Schinderei *f*; '**grind·er** Schleifer *m*; Backenzahn *m*; Mahlwerk *n*; Leiermann *m*; *sl.* Einpauker *m*; '**grind·ing** Mahl...; Schleif...; '**grind·stone** Schleif-, Mühlstein *m*; *keep s.o.'s nose to the* ~ j. (dauernd) schinden.
grip [grip] **1.** packen, fassen (*a. fig.*); greifen; **2.** Griff *m*; Gewalt *f*; Herrschaft *f* (*of* über *acc.*); ⊕ Greifer *m*; *Am.* = *gripsack*; *get to* ~*s with* sich auseinandersetzen mit.
gripe [graip] **1.** Griff *m*; Gewalt *f*; ~*s pl.* F Bauchgrimmen *n*; *bsd. Am.* Beschwerden *f/pl.* **2.** *v/t.* (er)greifen, packen; drücken, zwicken; *v/i. bsd. Am.* F meckern.
grip·sack *Am.* ['gripsæk] Handtasche *f*, -köfferchen *n*.
gris·ly ['grizli] gräßlich, schrecklich.
grist [grist] Mahlgut *n*; *bring* ~ *to the mill fig.* Gewinn bringen; *all is* ~ *that comes to his mill* er weiß mit allem et. anzufangen. [knorpelig.
gris·tle ['grisl] Knorpel *m*; '**gris·tly**
grit [grit] **1.** Schrot(mehl) *n*; Kies *m*; Sand(stein) *m*; *fig.* Mumm *m*; **2.** knirschen (mit); '**grit·ty** sandig.
griz·zle F ['grizl] quengeln; '**griz·zled** = *grizzly 1*; '**griz·zly 1.** grau (-haarig); ~ *bear* = **2.** Graubär *m*.
groan [grəun] **1.** Stöhnen *n*, Seufzen *n*; Ächzen *n*; Murren *n*; **2.** seufzen, stöhnen (*for* nach).
groat [grəut]: *not worth a* ~ keinen Heller wert. [Grütze *f*.
groats [grəuts] *pl.* (*bsd.* Hafer-)
gro·cer ['grəusə] Lebensmittelhändler *m*; **gro·cer·ies** ['~riz] *pl.* Lebensmittel *n/pl.*; '**gro·cer·y** Lebensmittelgeschäft *n*.
gro·ce·te·ri·a *Am.* [grəusi'tiəriə] Selbstbedienungsladen *m*.
grog [grɔg] Grog *m*; '**grog·gy** betrunken; taumelig; wack(e)lig.
groin [grɔin] **1.** *anat.* Leisten (-gegend *f*) *f/pl.*; ⚠ Grat *m*, Rippe *f*; **2.** mit Kreuzgewölbe bauen.
groom [grum] **1.** Reit-, Stallknecht *m*; = *bridegroom*; **2.** *Pferde* pflegen; *Am. pol. Kandidat* lancieren; *well* ~*ed* gepflegt; elegant; **grooms·man** ['~zmən] Brautführer *m*.
groove [gru:v] **1.** Rinne *f*, Furche *f*, Nut *f*; Rille *f*; *fig.* Gewohnheit *f*, Schablone *f*; ~*s pl.* Züge *m/pl. im Gewehr*; *in the* ~ *fig.* im richtigen Fahrwasser; **2.** nuten, falzen; riefeln; '**groov·y** *Am.* toll, einfach phantastisch.
grope [grəup] (be)tasten; tappen; ~ *one's way* sich vorwärtstasten.
gross [grəus] **1.** □ dick; grob; derb,

roh; üppig (*Wachstum*); dick, feist (*Person*); unanständig; ungeheuerlich; ⚕ Brutto...; **2.** Gros *n* (*12 Dutzend*); *in the* ~ im ganzen, in Bausch und Bogen; ˈ**gross·ness** Dichtheit *f*; Grobheit *f*; Derbheit *f*, Roheit *f*.

gro·tesque □ [grəuˈtesk] grotesk.

grot·to [ˈgrɔtəu], *pl.* ˈ**grot·to**(**e**)**s** Grotte *f*.

grouch *Am.* F [grautʃ] **1.** quengeln, meckern; **2.** Meckerei *f*; schlechte Laune *f*; Meckerer *m*; ˈ**grouch·y** queng(e)lig.

ground[1] [graund] *pret. u. p.p. von grind 1*; ~ *glass* Mattglas *n*; *phot.* Mattscheibe *f*.

ground[2] [~] **1.** *mst* Grund *m*, Boden *m*; Gebiet *n*; *Spiel- etc.* Platz *m*; *Jagd*-Revier *n*; *paint.* Grundierung *f*; *Beweg- etc.* Grund *m*; ⚡ Erde *f*, Erdschluß *m*; ~*s pl.* Grundstück *n*, Park(s *pl.*) *m*, Gärten *m/pl.*; *Kaffee*-Satz *m*; Anfangsgründe *m/pl.*; *on the* ~(*s*) *of* auf Grund (*gen.*); *on the* ~(*s*) *that* mit der Begründung, daß; *fall to the* ~ hinfallen; *fig.* ins Wasser fallen; *give* ~ zurückweichen; *stand od. hold od. keep one's* ~ sich behaupten; **2.** niederlegen; (be-)gründen; *j-m* die Anfangsgründe beibringen; ⊕ grundieren; ⚡ erden; ⚓ auflaufen (lassen); *be* ~*ed* ✈ Startverbot bekommen; *well* ~*ed* mit guter Grundlage; ˈ**ground·age** ⚓ Hafengebühr *f*, Ankergeld *n*.

ground...: ˈ~**-con·nex·ion** ⚡ Erdung *f*; ~ **crew** = *ground-staff*; ~ **floor** Erdgeschoß *n*; ˈ~**-ˈhog** *zo. bsd. Am.* Murmeltier *n*; ˈ~**·less** □ grundlos; **ground·ling** *thea.* [ˈ~liŋ] Gründling *m*, Parterrezuschauer *m*.

ground...: ˈ~**-man** *Sport*: Platzwart *m*; ˈ~**-nut** Erdnuß *f*; ˈ~**-ˈplan** Grundriß *m*; ˈ~**-rent** Grundpacht *f*.

ground·sel ⚘ [ˈgraunsl] Kreuzkraut *n*.

ground...: ~ **speed** ⚓ Geschwindigkeit *f* über Grund; ˈ~**-staff** ✈ Bodenpersonal *n*; ~ **swell** Dünung *f*; ˈ~**-wire** ⚡ Erdleitung *f*; ˈ~**·work** Grundlage *f*, Fundament *n*.

group [gru:p] **1.** Gruppe *f*; Truppe *f*; **2.** (sich) gruppieren.

grouse[1] *orn.* [graus] Schottisches Mohrhuhn *n*.

grouse[2] F [~] meckern, nörgeln.

grove [grəuv] Wäldchen *n*, Hain *m*; Gehölz *n*.

grov·el [ˈgrɔvl] *mst fig.* kriechen; ˈ**grov·el·**(**l**)**er** Kriecher(in); ˈ**grov·el·**(**l**)**ing 1.** kriechend; kriecherisch niedrig; **2.** Kriecherei *f*.

grow [grəu] (*irr.*) *v/i.* wachsen; werden; ~ *out of* herauswachsen aus; entwachsen (*dat.*); *et.* überwinden; kommen von, entstehen aus; ~ (*up*)*on s.o.* j-m ans Herz wachsen; ~ *up* heranwachsen, erwachsen werden; *v/t.* anpflanzen, -bauen, ziehen; *Bart* wachsen lassen; ˈ**grow·er** Bauer *m*, Züchter *m*.

growl [graul] **1.** Knurren *n*, Brummen *n*; **2.** knurren, brummen; ˈ**growl·er** *fig.* Brummbär *m*; *Am. sl.* Bierkrug *m*.

grown [grəun] **1.** *p.p. von grow*; **2.** *adj.* erwachsen; bewachsen; ˈ~**-up 1.** erwachsen; **2.** Erwachsene *m, f*; **growth** [grəuθ] Wachstum *n*; (An)wachsen *n*; Entwicklung *f*; Wuchs *m*; Gewächs *n*, Erzeugnis *n*; *of one's own* ~ selbstgezogen.

groyne [grɔin] Buhne *f*.

grub [grʌb] **1.** Raupe *f*, Larve *f*, Made *f*; *contp.* Prolet *m*; *sl.* Futter *n*; **2.** graben (*for* nach); sich abmühen; *sl.* futtern (*essen*); ~ *up* ausjäten, ausroden; *mst* ~ *out* aufstöbern, ausgraben; ˈ**grub·by** schmierig, schmutzig; madig.

grudge [grʌdʒ] **1.** Groll *m*; **2.** mißgönnen, neiden; ungern geben *od.* tun *etc.*; ~ *no pains* keine Mühe scheuen; ˈ**grudg·er** Neider *m*; ˈ**grudg·ing·ly** widerwillig, ungern.

gru·el [ˈgruəl] Haferschleim *m*; *get od. have one's* ~ *sl.* sein Fett kriegen; ˈ**gru·el·**(**l**)**ing** zermürbend.

grue·some □ [ˈgru:səm] grausig, schauerlich.

gruff [grʌf], ˈ**gruff·y** grob, schroff, barsch; mürrisch; rauh.

grum·ble [ˈgrʌmbl] murren, brummen, nörgeln (*at* über *acc.*); (g)rollen (*Donner*); ˈ**grum·bler** *fig.* Brummbär *m*.

grump·y □ F [ˈgrʌmpi] brummig, knurrig.

Grun·dy·ism [ˈgrʌndiizəm] Engstirnigkeit *f*, engstirniger Konformismus *m*.

grunt [grʌnt] **1.** Grunzen *n*, Grunz-, Knurrlaut *m*; **2.** grunzen; ˈ**grunt·er** Schwein *n*.

guar·an·tee [gærənˈti:] **1.** Bürgschaftsempfänger *m*; Bürge *m*; = *guaranty*; **2.** bürgen für, garantie-

ren; **guar·an·tor** [~'tɔ:] Bürge *m*; '**guar·an·ty** Bürgschaft *f*, Garantie *f*; Gewähr(leistung) *f*.
guard [gɑ:d] **1.** Wacht *f*; ⚔ Wache *f*; Wächter *m*, Wärter *m*; 🚂 Schaffner *m*; Schutz(vorrichtung *f*) *m*; 2s *pl.* ⚔ Garde *f*; *be on* (*off*) *one's* ~ (nicht) auf der Hut sein; *mount* ~ ⚔ auf Wache ziehen; *relieve* ~ ⚔ die Wache ablösen; **2.** *v/t.* bewachen, (be)schützen (*from* vor *dat.*; *against* gegen); (be)hüten; *v/i.* sich hüten (*against* vor *dat.*); '**~-boat** ⚓ Wachboot *n*; '**guard·ed** □ behutsam, vorsichtig; '**guard·house** Wachlokal *n*; Arrestlokal *n*; '**guard·i·an** Hüter *m*, Wächter *m*; ⚖ Vormund *m*; *attr.* Schutz...; ~ *angel* Schutzengel *m*; ~ *of the poor* Armenpfleger(in); '**guard·i·an·ship** Obhut *f*; Vormundschaft *f*; **guards·man** ⚔ ['gɑ:dzmən] Gardist *m*.
gudg·eon ['gʌdʒən] *ichth.* Gründling *m*; *fig.* Einfaltspinsel *m*; ⊕ Bolzen *m*. [2. belohnen.]
guer·don *lit.* ['gə:dən] **1.** Lohn *m*;
guer(r)·ril·la [gə'rilə] Partisan *m*, Guerillakämpfer *m*; ~ *war* Kleinkrieg *m*.
guess [ges] **1.** Vermutung *f*; *at a* ~ schätzungsweise; **2.** *v/t.* vermuten; (er)raten; *v/i.* mutmaßen, raten (*at acc.*); *bsd. Am.* denken, meinen, annehmen; '**guess·work** Mutmaßung *f*.
guest [gest] Gast *m*; *paying* ~ zahlender Gast *m*; '**~-house** (Hotel-) Pension *f*, Fremdenheim *n*; '**~-room** Gast-, Fremdenzimmer *n*.
guf·faw [gʌ'fɔ:] **1.** schallendes Gelächter *n*; **2.** laut (los)lachen.
guid·a·ble ['gaidəbl] lenksam; **guid·ance** ['~dəns] Führung *f*, (An-) Leitung *f*; Orientierung *f*.
guide [gaid] **1.** Führer *m*; *s.* ~*-book*; ⊕ Führung *f*; *attr.* Führungs..., Leit...; **2.** leiten, führen; steuern, lenken; ~*d missile* ⚔ Fernlenkgeschoß *n*, Rakete *f*; '**~-book** Reiseführer *m*; ~ **dog** Blindenhund *m*; '**~-post** Wegweiser *m*; '**~-rope** ✈ Schleppseil *n*.
gui·don ⚔ ['gaidən] Standarte *f*.
guild [gild] Gilde *f*, Zunft *f*, Innung *f*; '**guild·er** Gulden *m*; '**Guild'hall** Rathaus *n* (*London*).
guile [gail] (Arg)List *f*; **guile·ful** □ ['~ful] arglistig; '**guile·less** □ arglos; '**guile·less·ness** Arglosigkeit *f*.
guil·lo·tine [gilə'ti:n] **1.** Guillotine *f*, Fallbeil *n*; ⊕ Papierschneidemaschine *f*; *pol.* Befristung *f* der Debatte; **2.** hinrichten.
guilt [gilt] Schuld *f*; Strafbarkeit *f*; '**guilt·i·ness** Schuld *f*; '**guilt·less** □ schuldlos (*of* an *dat.*); unkundig (*of gen.*); '**guilt·y** □ schuldig; strafbar; *plead* ~ sich schuldig bekennen.
guin·ea ['gini] Guinee *f* (*21 Schilling*); '**~-fowl** Perlhuhn *n*; '**~-pig** Meerschweinchen *n*; *fig.* Versuchskaninchen *n*.
guise [gaiz] *bsd. angenommene* Erscheinung *f*, Gestalt *f*, Maske *f*; Vorwand *m*.
gui·tar ♪ [gi'tɑ:] Gitarre *f*.
gulch *Am.* [gʌlʃ] tiefe Schlucht *f*.
gulf [gʌlf] Meerbusen *m*, Golf *m*; Abgrund *m*, Kluft *f* (*a. fig.*); Strudel *m*.
gull[1] *orn.* [gʌl] Möwe *f*.
gull[2] [~] **1.** Trottel *m*, Tölpel *m*; **2.** übertölpeln; verleiten (*into* zu).
gul·let ['gʌlit] Speiseröhre *f*; Gurgel *f*, Schlund *m*.
gul·li·bil·i·ty [gʌli'biliti] Leichtgläubigkeit *f*; **gul·li·ble** □ ['~ləbl] leichtgläubig.
gul·ly ['gʌli] Schlucht *f e-s Gießbachs*; Abzugskanal *m*; Gully *m*, Sinkkasten *m*.
gulp [gʌlp] **1.** Schluck *m*; Schlucken *n*; **2.** (gierig) schlucken.
gum[1] [gʌm] *a.* ~*s pl.* Zahnfleisch *n*.
gum[2] [~] **1.** Gummi *n*; Klebstoff *m*; Kaugummi *m*; ~*s pl. Am.* Gummischuhe *m/pl.*; **2.** gummieren; zukleben. [geschwür *n*.]
gum·boil ⚕ ['gʌmbɔil] Zahn-
gum·my ['gʌmi] gummiartig; klebrig.
gump·tion F ['gʌmpʃən] Grips *m*, Köpfchen *n*; Schwung *m*, Mumm *m*.
gun [gʌn] **1.** Gewehr *n*; Flinte *f*; Büchse *f*; Geschütz *n*, Kanone *f*; *bsd. Am.* Revolver *m*, Pistole *f*; Schütze *m*; *big od. great* ~ F hohes Tier *n* (*wichtige Person*); *stick to one's* ~ festbleiben, nicht nachgeben; **2.** *Am.* auf die Jagd gehen; '**~boat** ⚓ Kanonenboot *n*; '**~-carriage** ⚔ Lafette *f*; '**~-cot·ton** Schießbaumwolle *f*; '**~-li·cence**

Waffenschein *m*; '~·**man** *bsd. Am.* Gangster *m*, Bandit *m*; '~-**met·al** Rotguß *m*; '**gun·ner** ⚔, ⚓ Kanonier *m*; ✈ Bordschütze *m*; '**gun·ner·y** ⚔ Geschützwesen *n*; Ballistik *f*.

gun·ny ['gʌni] Sackleinwand *f*.

gun...: '~·**pow·der** Schießpulver *n*; ♀ *Plot hist.* Pulververschwörung *f* (*1605*); '~-**room** ⚓ Kadettenmesse *f*; '~-**run·ning** Waffenschmuggel *m*; '~·**shot** Schußweite *f*; Schuß *m*; '~-**shy** schußscheu; '~·**smith** Büchsenmacher *m*; '~-**tur·ret** Geschützturm *m*.

gun·wale ⚓ ['gʌnl] Schandeckel *m*; Dollbord *n*.

gur·gle ['gə:gl] **1.** Gluckern *n*; **2.** gurgeln, gluckern, glucksen.

gush [gʌʃ] **1.** Guß *m*; *fig.* Erguß *m*; **2.** (sich) ergießen, schießen (*from* aus); *fig.* schwärmen; '**gush·er** *fig.* Schwärmer(in); Ölquelle *f*; '**gush·ing** □ überschwenglich, überspannt.

gus·set ['gʌsit] *Schneiderei*: Zwikkel *m*.

gust [gʌst] Windstoß *m*, Bö *f*; Ausbruch *m*, Sturm *m der Leidenschaft*.

gus·ta·to·ry ['gʌstətəri] Geschmacks...

gus·to ['gʌstəu] Geschmack *m* (*for* an *dat.*); Vergnügen *n*.

gus·ty □ ['gʌsti] stürmisch.

gut [gʌt] **1.** Darm *m*; ♪ Darmsaite *f*; ~*s pl.* Eingeweide *n/pl.*, Bauch *m*; *das* Innere; Durchschlagskraft *f*; Mut *m*; **2.** *Fisch* ausnehmen; *fig.* plündern, ausrauben; ausbrennen.

gut·ta-per·cha ['gʌtə'pə:tʃə] Guttapercha *f*.

gut·ter ['gʌtə] **1.** Dachrinne *f*; Gosse *f* (*a. fig.*), Rinnstein *m*; **2.** *v/t.* furchen; auskehlen; *v/i.* rinnen, triefen, tropfen; ~ **press** Schmutzpresse *f*; '~-**snipe** Straßenjunge *m*.

gut·tur·al ['gʌtərəl] **1.** □ Kehl...; kehlig; guttural; **2.** *gr.* Kehllaut *m*.

guy[1] [gai] **1.** F Vogelscheuche *f*; *bsd. Am.* F Kerl *m*, Kumpel *m*; **2.** verulken.

guy[2] [~] Halteseil *n*; ⚓ Gei *f*.

guz·zle ['gʌzl] saufen; fressen.

gym F [dʒim] = *gymnasium, gymnastics*.

gym·kha·na [dʒim'kɑ:nə] *Geschicklichkeitswettkampf, Sportfest*.

gym·na·si·um [dʒim'neizjəm] Turnhalle *f*; **gym·nast** ['~næst] Turner(in); **gym'nas·tic** **1.** (~*ally*) gymnastisch; Turn...; ~ *competition* Wetturnen *n*; **2.** ~*s pl.* Turnen *n*, Gymnastik *f*; '**gym-shoes** *pl.* F Turnschuhe *m/pl.*

gyn·ae·col·o·gist [gaini'kɔlədʒist] Gynäkologe *m*, Frauenarzt *m*; **gyn·ae'col·o·gy** Gynäkologie *f*.

gyp [dʒip] Studentendiener *m in Cambridge u. Durham*; Gauner *m*; Gaunerei *f*; *give s.o.* ~ j-m das Leben sauer machen.

gyp·se·ous ['dʒipsiəs] gipsartig.

gyp·sum *min.* ['dʒipsəm] Gips *m*.

gyp·sy *bsd. Am.* ['dʒipsi] = *gipsy*.

gy·rate [dʒaiə'reit] kreisen; wirbeln; **gy'ra·tion** Kreisbewegung *f*; **gy·ra·to·ry** ['~rətəri] Kreis...; Wirbel...

gy·ro-com·pass *phys.* ['dʒaiərəu'kʌmpəs] Kreiselkompaß *m*; **gy·ro·scope** ['gaiərəskəup] Gyroskop *n* (*Kreiselvorrichtung*); **gy·ro·scop·ic sta·bi·liz·er** [gaiərəs'kɔpik'steibilaizə], **gy·ro'sta·bi·liz·er** Schiffskreisel *m*, Stabilisator *m*.

gyve *poet.* [dʒaiv] **1.** ~*s pl.* Fesseln *f/pl.*; **2.** fesseln.

H

h [eitʃ]: *drop one's h's* ohne H *od.* ungebildet sprechen.

ha [hɑ:] ha!

ha·be·as cor·pus ⚖ ['heibjəs'kɔ:pəs] *a. writ of* ~ Vorführungsbefehl *m*.

hab·er·dash·er ['hæbədæʃə] Kurzwarenhändler *m*; *Am.* Herrenartikelhändler *m*; '**hab·er·dash·er·y** Kurzwaren(geschäft *n*) *f/pl.*; *Am.* Herrenartikel *m/pl.*

ha·bil·i·ments [hə'bilimənts] *pl.* Gewand *n*; Kleider *n/pl.*

hab·it [ˈhæbit] **1.** (An)Gewohnheit *f*; Verfassung *f*; Kleid(ung *f*) *n*; *fall od. get into bad* ~*s* schlechte Gewohnheiten annehmen; *get out of a* ~ e-e Gewohnheit ablegen; *get into the* ~ *of smoking* sich das Rauchen angewöhnen; *be in the* ~ *of ger.* pflegen zu *inf.*; **2.** (an)kleiden; ˈ**hab·it·a·ble** bewohnbar; **hab·i·tat** ⚘, *zo.* [ˈ~tæt] Vorkommen *n*, Stand-, Fundort *m*, Heimat *f*; **hab·iˈta·tion** Wohnen *n*; Wohnung *f*.

ha·bit·u·al □ [həˈbitjuəl] gewohnt, gewöhnlich; Gewohnheits...; **haˈbit·u·ate** [~eit] gewöhnen (*to* an *acc.*); **hab·i·tude** [ˈhæbitju:d] Gewohnheit *f*; **ha·bit·u·é** [həˈbitjuei] ständiger Besucher *m*, Stammgast *m*.

hack[1] [hæk] **1.** Hieb *m*; Einkerbung *f*; *Fußball*: Tritt *m*; **2.** (zer)hacken; *Fußball*: *j.* vor das Schienbein treten; ~*ing cough* kurzer, trockener Husten *m*.

hack[2] [~] **1.** Mietpferd *n*; Arbeitsgaul *m* (*a. fig.*); *a.* ~ *writer* literarischer Tagelöhner *m*; Schreiberling *m*; **2.** Miet(s)...; *fig.* abgedroschen; **3.** abnutzen.

hack·le [ˈhækl] **1.** ⊕ Hechel *f*; *orn.* Nackenfeder(n *pl.*) *f*; *get s.o.'s* ~*s up fig.* j. in Wut bringen; **2.** hecheln; zerhacken.

hack·ney [ˈhækni] (Kutsch)Gaul *m*; Klepper *m*; ~ **car·riage,** ~ **coach** Mietsdroschke *f*; ˈ**hack·neyed** *fig.* abgedroschen.

hack-saw ⊕ [ˈhæksɔ:] Metallsäge *f*.

had [hæd, həd] *pret. u. p.p. von have.*

had·dock *ichth.* [ˈhædək] Schellfisch *m*.

Ha·des [ˈheidi:z] Hades *m*, Unterwelt *f*.

h(a)**e·mal** [ˈhi:məl] Blut...

h(a)**em·a·tite** *min.* [ˈhemətait] Roteisenerz *n*.

h(a)**e·mo...** [ˈhi:məu] Blut...

h(a)**e·mo·glo·bin** ⚕ [hi:məuˈgləubin] Hämoglobin *n*, roter Blutfarbstoff *m*; **h**(a)**e·mo·phil·i·a** [~ˈfiliə] Bluterkrankheit *f*.

h(a)**em·or·rhage** [ˈhemərid3] Blutsturz *m*; **h**(a)**em·or·rhoids** [ˈ~rɔidz] *pl.* Hämorrhoiden *f/pl.*

haft [hɑ:ft] Heft *n*, Stiel *m*.

hag [hæg] (*mst fig.* alte) Hexe *f*.

hag·gard □ [ˈhægəd] wild, verstört; hager; abgehärmt.

hag·gle [ˈhægl] feilschen, schachern.

hag·i·ol·o·gy [hægiˈɔləd3i] Heiligenleben *n/pl.* u. -legenden *f/pl.*

hag·rid·den [ˈhægridn] (vom Alpdruck) gequält.

hah [hɑ:] haha!

ha-ha [hɑ:ˈhɑ:] (in e-m Graben versenkter) Grenzzaun *m*.

hail[1] [heil] **1.** Hagel *m*; **2.** *v/i.* hageln; *v/t.* niederhageln lassen.

hail[2] [~] **1.** anrufen; (be)grüßen; ~ *from* stammen aus; **2.** Anruf *m*; ~! Heil!; *within* ~ in Rufweite; *be* ~*-fellow-well-met with* allzu vertraut sein mit *j-m*.

hail·stone [ˈheilstəun] Hagelkorn *n*; ˈ**hail·storm** Hagelschauer *m*; *fig.* Schauer *m*, Flut *f*.

hair [hɛə] Haar *n*; *keep your* ~ *on! sl.* immer mit der Ruhe!; *not turn a* ~ ganz gelassen bleiben; ~*'s breadth* = ˈ**~-breadth** Haaresbreite *f*; *by od. within* ~ um Haaresbreite; ˈ**~-cut** Haarschnitt *m*; ˈ**~-do** *Am.* Frisur *f*; ˈ**~·dress·er** (*bsd.* Damen)Friseur *m*; ˈ**~-dri·er** Haartrockner *m*, Fön *m*; **haired** behaart; ˈ**hair·i·ness** Haarigkeit *f*, Behaartheit *f*.

hair...: ˈ**~·less** ohne Haare, kahl; ˈ**~·pin** Haarnadel *f*; ~ *bend* Haarnadelkurve *f*; ˈ**~-rais·ing** haarsträubend; ˈ**~-shirt** härenes Hemd *n*; ˈ**~-split·ting** Haarspalterei *f*; ˈ**~-spring** ⊕ Unruhfeder *f*; ˈ**hair·y** haarig.

ha·la·tion *phot.* [həˈleiʃən] Lichthof *m*.

hal·berd ⚔ [ˈhælbə:d] Hellebarde *f*.

hal·cy·on [ˈhælsiən] **1.** Eisvogel *m*; **2.** still, ruhig, friedlich.

hale [heil] gesund, frisch, rüstig; ~ *and hearty* gesund und munter.

half [hɑ:f] **1.** halb; ~ *a crown* eine halbe Krone; *a pound and a* ~ anderthalb Pfund; *not* ~ *sl.* nicht wenig, gehörig, gar nicht schlecht; **2.** *pl.* **halves** [hɑ:vz] Hälfte *f*; *Schule*: Halbjahr *n*; ⚖ Partei *f*; *too clever by* ~ viel zu gescheit; *by halves* nur halb; *go halves* teilen; ˈ**~-ˈback** *Fußball*: Läufer *m*; ˈ**~-ˈbaked** *fig.* unfertig; unausgegoren; ˈ**~-bind·ing** Halbfranzband *m*; ˈ**~-blood** Halbblut *n*; ˈ**~-ˈbound** in Halbfranz gebunden;

'~-bred Halbblut...; '~-breed Halbblut *n*; '~-calf Halbfranzband *m*; '~-caste Halbblut *n*; '~-'crown halbe Krone *f* ($2^1/_2$ *Schilling*); '~-'heart·ed □ lustlos, halbherzig, lau; '~-'hol·i·day halber Feiertag *m*; freier Nachmittag *m*; '~-'hour 1. halbe Stunde *f*; 2. halbstündig, -stündlich; '~-'hour·ly halbstündlich; '~-'length Brustbild *n*; '~-life (pe·ri·od) *phys.* Halbwertszeit *f*; '~-'mast: (*at*) ~ halbmast; '~-'moon Halbmond *m*; '~-'mourn·ing Halbtrauer *f*; '~-'pay Halbsold *m*; ~·pen·ny ['heipni] halber Penny *m* (= $^1/_2$ p = £ $0.00^1/_2$); ~-seas-o·ver F ['hɑ:fsi:z'əuvə] angesäuselt; '~-'time *Sport*: Halbzeit *f*; '~-tone proc·ess ⊕ Rasterverfahren *n*; '~-track Halbkettenantrieb *m*, -fahrzeug *n*; '~-'way auf halbem Wege, halbwegs; ~ *house* Zwischenstation *f*; *fig.* Mittelding *n*; '~-'wit Schwachkopf *m*; '~-'wit·ted einfältig, idiotisch.

hal·i·but *ichth.* ['hælibət] Heilbutt *m*.

hall [hɔ:l] Halle *f*; Saal *m*; Vorsaal *m*, -raum *m*; Flur *m*, Diele *f*; Herren-, Gutshaus *n*; *univ.* Speisesaal *m*; Mahlzeit *f*; ~ *of residence* (Studenten)Wohnheim *n*.

hal·le·lu·jah [hæli'lu:jə] Halleluja(h) *n*.

hall...: '~-mark 1. Feingehaltsstempel *m*; *fig.* Stempel *m* (der Echtheit), Zeichen *n*; 2. (ab)stempeln; '~-'stand Flurgarderobe *f*.

hal·lo(a) [hə'ləu] hallo!, he!

hal·loo [hə'lu:] 1. hallo!; 2. Hallo *n*; 3. *v/i.* (hallo) rufen; *v/t.* anfeuern.

hal·low ['hæləu] heiligen, weihen; **Hal·low·mas** ['~mæs] Allerheiligen(fest) *n*.

hal·lu·ci·na·tion [həlu:si'neiʃən] Halluzination *f*, Sinnestäuschung *f*.

hall·way ['hɔ:lwei] Diele *f*, Flur *m*.

ha·lo ['heiləu] *ast.* Hof *m*; Heiligenschein *m*.

halt [hɔ:lt] 1. Halt *m*; Stillstand *m*; 🚂 Haltestelle *f*; 2. (an)halten; *mst fig.* hinken; schwanken, zögern; stocken; 3. lahm.

hal·ter ['hɔ:ltə] Halfter *m*, *n*; Strick *m* (*zum Hängen*).

halve [hɑ:v] halbieren; **halves** [~z] *pl. von half* 2.

hal·yard ⚓ ['hæljəd] Fall *n*.

ham [hæm] Schenkel *m*; Schinken *m*; *sl.* Funkamateur *m*; *a.* ~ *actor sl.* Schmierenkomödiant *m*.

ham·burg·er *Am.* ['hæmbə:gə] Frikadelle *f*; mit Frikadelle belegtes Brötchen *n*.

ham-hand·ed ['hæmhændid] ungeschickt (mit den Händen).

ham·let ['hæmlit] Weiler *m*, Dörfchen *n*.

ham·mer ['hæmə] 1. Hammer *m*; ~ *and tongs* F wild darauflos; 2. hämmern; behämmern; schlagen; *Börse*: für zahlungsunfähig erklären; ~ *at* eifrig arbeiten an (*dat.*); ~ *out* zurechtschmieden, herausarbeiten.

ham·mock ['hæmək] Hängematte *f*; ~ **chair** Liegestuhl *m*.

ham·per ['hæmpə] 1. Packkorb *m*; Geschenk-, Freßkorb *m*; 2. verstricken, verwickeln; behindern, hemmen.

ham·ster *zo.* ['hæmstə] Hamster *m*.

ham·string ['hæmstriŋ] 1. *anat.* Kniesehne *f*; 2. die Kniesehnen zerschneiden (*dat.*); *fig.* lähmen.

hand [hænd] 1. Hand *f* (*fig.* = *Obhut, Besitz, Gewalt*; *Wirksamkeit*; *Geschicklichkeit*; *Einfluß*); Handschrift *f*; Unterschrift *f*; Handbreit *f*; Seite *f*; *zo.* Vorderfuß *m*; (Uhr)Zeiger *m*; Hilfe *f*; Mann *m*, Arbeiter *m*, Matrose *m*; Kenner *m*; F Kerl *m*; *Karten*: Handkarten *f/pl.*, Blatt *n*; Spieler *m*; *at* ~ bei der Hand; nahe bevorstehend; *be at* ~ zur Verfügung stehen; *at first* ~ aus erster Hand; *at s.o.'s* ~*s* von seiten j-s; *a good* (*poor*) ~ *at* (un)geschickt in (*dat.*); ~ *and glove* ein Herz und eine Seele; *bear a* ~ (schnelle) Hilfe leisten, zugreifen; *by* ~ von Hand; durch Boten (*nicht per Post*); *change* ~*s* den Besitzer wechseln; *have a* ~ *in* beteiligt sein an (*dat.*); *in* ~ in der Hand; unter Kontrolle; in Arbeit; zur Verfügung; vorliegend; ⚕ bar; *lay* ~*s on* Hand an j. legen; *lend a* ~ (mit) anfassen, helfen; *off* ~ aus dem Handgelenk *od.* Stegreif; auf der Stelle; ~*s off!* Hände weg!; *on* ~ in Händen; ⚕ vorrätig, auf Lager; *bsd. Am.* zur Stelle, bereit; *on one's* ~*s* auf dem Halse; *on all* ~*s* auf *od.* von allen Seiten; *on the one* ~ einerseits; *on the other* ~ andererseits; *have one's*

~ *out* aus der Übung sein; *out of* ~ sogleich; ~ *over fist* spielend; *take a* ~ *at* bei *e-m Spiel* mitspielen; *to (one's)* ~ zur Hand, bereit; ~ *to* ~ Mann gegen Mann; *come to* ~ sich bieten; einlaufen (*Briefe*); *you can feed him out of your* ~ *fig.* er frißt aus der Hand; *get the upper* ~ *of* die Oberhand gewinnen über (*acc.*); *put one's* ~ *to* Hand legen an (*acc.*); *he can turn his* ~ *to anything* er ist zu allem zu gebrauchen; ~*s up!* Hände hoch!; *s. high* 1; 2. (~ *about, etc.* herum- *etc.*) reichen; aushändigen, übergeben; ~ *down* der Nachwelt überliefern; vererben; ~ *in* einhändigen, abgeben; *Gesuch* einreichen; hineinhelfen; ~ *out* heraushelfen; ~ *over* aushändigen; '**~-bag** Handtasche *f*; '**~-bar·row** Handkarre *f*; Trage *f*; '**~·bill** Flugblatt *n*, Hand-, Reklamezettel *m*; '**~·book** Handbuch *n*; '**~-brake** ⊕ Handbremse *f*; '**~·cart** Handwagen *m*; '**~·clap** Klatschen *n*; '**~·cuff** 1. Handschelle *f*; 2. *j-m* Handschellen anlegen; '**hand·ed** ...händig; mit ... Händen; **hand·ful** ['~ful] Handvoll *f*; F Plage *f*; F Sorgenkind *n*; '**hand-glass** Handspiegel *m*; Lesclupe *f*.

hand·i·cap ['hændikæp] 1. Handikap *n*; Vorgaberennen *n*, -spiel *n*; (Extra)Belastung *f* (*a. fig.*); 2. (extra) belasten; behindern; *fig. a.* beeinträchtigen.

hand·i·craft ['hændikrɑ:ft] Handwerk *n*; Handfertigkeit *f*; '**hand·i·crafts·man** Handwerker *m*; '**hand·i·ness** Gewandtheit *f*; Handlichkeit *f*; '**hand·i·work** Handarbeit *f*; Werk *n*, Schöpfung *f*.

hand·ker·chief ['hæŋkətʃif] Taschentuch *n*; *dünnes* Halstuch *n*.

han·dle ['hændl] 1. Griff *m*; Stiel *m*; Kurbel *f*; Henkel *m*; Schwengel *m der Pumpe etc.*; *fig.* Handhabe *f*; F Titel *m*; *fly off the* ~ F platzen vor Wut; 2. anfassen; handhaben; behandeln; umgehen mit; '**~-bar** Lenkstange *f e-s Fahrrades*.

hand...: '**~·loom** Handwebstuhl *m*; '**~-lug·gage** Handgepäck *n*; '**~-'made** von Hand gemacht; ~ *paper* handgeschöpftes Büttenpapier *n*; '**~-maid(·en)** *fig.* Magd *f*; '**~-me-downs** *Am.* F *pl.* fertige *od.* getragene Kleider *n/pl.*; '**~-or·gan** Drehorgel *f*; '**~-out** F Almosen *n*; Presseerklärung *f*; '**~-rail** Geländer *n*; '**~·saw** Handsäge *f*, Fuchsschwanz *m*; **hand·sel** ['hænsəl] Neujahrsgeschenk *n*; Handgeld *n*; Vorgeschmack *m*; **hand-shake** ['hændʃeik] Händedruck *m*; **hand·some** □ ['hænsəm] ansehnlich, stattlich; schön, hübsch; anständig, nobel.

hand...: '**~·work** Handarbeit *f* (*keine Maschinenarbeit*); '**~·writ·ing** Handschrift *f*; '**hand·y** □ geschickt; handlich; zur Hand, nahe; ~ *man* Gelegenheitsarbeiter *m*; Faktotum *n*.

hang [hæŋ] 1. (*irr.*) *v/t.* hängen; auf-, einhängen; verhängen (*with* mit); (*pret. u. p.p. mst* ~*ed*) (er-) hängen; hängen lassen; *Tapete* ankleben; *I'll be* ~*ed if ...* F ich lasse mich hängen, wenn ...; ~ *it!* F hol's der Henker!; ~ *fire* auf sich warten lassen; ~ *out* (hin)aushängen; ~ *up* aufhängen; an den Nagel hängen; *fig.* verschieben; *v/i.* hängen (*on* an *dat.*); schweben; sich neigen; ~ *about* herumlungern; sich an *j.* hängen; ~ *back* sich zurückhalten, zögern; ~ *on* sich klammern an (*acc.*); *fig.* hängen an (*dat.*); ~ *by a hair*, ~ *by a single thread fig.* an einem Haar hängen; *let things go* ~ F sich um nichts kümmern; 2. Hang *m*; Fall *m e-r Gardine etc.*; F Wesen *n*; *get the* ~ *of s.th.* F den Dreh von et. 'rauskriegen; *I don't care a* ~ *sl.* es ist mir Wurst.

hang·ar ['hæŋə] Flugzeughalle *f*.

hang·dog ['hæŋdɔg] 1. Galgenstrick *m*; 2. Armesünder...

hang·er ['hæŋə] Aufhänger *m*; Hirschfänger *m*; Waldhang *m*; Kesselhaken *m*; '**~-'on** *contp. fig.* Klette *f*, Schmarotzer *m*.

hang·ing ['hæŋiŋ] Hänge...; ~ *committee Kunst*: Hängekommission *f*; '**hang·ings** *pl. Wand- etc.* Behang *m*; Tapeten *f/pl.*

hang·man ['hæŋmən] Henker *m*.

hang-nail ⚕ ['hæŋneil] Niednagel *m*.

hang·out F ['hæŋ'aut] Aufenthaltsort *m*, Treffpunkt *m*; Bumslokal *n*.

hang-over ['hæŋəuvə] *sl.* Katzenjammer *m*, Kater *m*; *Am.* Überbleibsel *n*.

hank [hæŋk] Docke *f*, Strähne *f*.

han·ker [ˈhæŋkə] sich sehnen, verlangen (*after, for* nach); ˈ**han·ker·ing** Verlangen *n*.

han·kie, han·ky F [ˈhæŋki] Taschentuch *n*.

han·ky-pan·ky F [ˈhæŋkiˈpæŋki] Hokuspokus *m*; Gaunerei *f*.

Han·o·ve·ri·an [hænəuˈviəriən] **1.** hannover(i)sch; **2.** Hannoveraner (-in).

Han·sard [ˈhænsɑːd] amtlicher Parlamentsbericht *m*.

Hanse [hæns]: *the* ~ *hist.* die Hanse; **Han·se·at·ic** [hænsiˈætik] hanseatisch.

han·sel [ˈhænsəl] = *handsel*.

han·som [ˈhænsəm] *a.* ~*-cab* zweirädrige Droschke *f*.

hap ⚒ [hæp] Zufall *m*; Glück *n*; **hapˈhaz·ard 1.** Zufall *m*; *at* ~ aufs Geratewohl; **2.** zufällig; wahllos; ˈ**hap·less** □ unglücklich; ˈ**hap·ly** † zufällig, vielleicht.

ha'p'orth F [ˈheipəθ] = *halfpennyworth*.

hap·pen [ˈhæpən] sich ereignen, geschehen, vorkommen; *he* ~*ed to be at home* er war zufällig zu Hause; ~ *on*, ~ *upon* zufällig treffen auf (*acc.*); ~ *in Am.* F hereingeschneit kommen; ˈ**hap·pen·ing** Ereignis *n*.

hap·pi·ly [ˈhæpili] glücklicherweise.

hap·pi·ness [ˈhæpinis] Glück(seligkeit *f*) *n*; Gewandtheit *f im Ausdruck*.

hap·py □ [ˈhæpi] *allg.* glücklich; glückselig; geschickt, treffend (*Ausdruck*); F angeheitert; ˈ**~-go-ˈluck·y** F unbekümmert.

ha·rangue [həˈræŋ] **1.** Ansprache *f*, Rede *f*; **2.** *v/t.* feierlich anreden; *v/i.* eine Ansprache halten.

har·ass [ˈhærəs] fortwährend belästigen, quälen, beunruhigen.

har·bin·ger [ˈhɑːbindʒə] **1.** Vorbote *m*; **2.** ankündigen.

har·bo(u)r [ˈhɑːbə] **1.** Hafen *m*; Zufluchtsort *m*; **2.** (be)herbergen; Unterschlupf gewähren (*dat.*); *Rachegedanken etc.* hegen; ankern; ˈ**har·bo(u)r·age** Herberge *f*; Zuflucht *f*; **har·bo(u)r dues** ⚓ *pl.* Hafengebühren *f/pl.*

hard [hɑːd] **1.** *adj. allg.* hart; schwer, schwierig; kräftig; schwer (zu ertragend), mühselig; streng; abgehärtet, ausdauernd; fleißig; heftig; *gr.* als Verschlußlaut ausgesprochen (*c u. g*); *bsd. Am.* hochprozentig (*von Alkohol*); *the* ~ *facts pl.* die nackten Tatsachen *f/pl.*; ~ *of hearing* schwerhörig; ~ *to deal with* schwer zu behandeln(d), schwierig; *be* ~ *(up)on s.o.* j-m hart zusetzen; mit j-m streng sein; **2.** *adv.* heftig, stark; fleißig, tüchtig; mit Mühe, mühselig, schwer; ~ *by* nahe bei; ~ *up* in Not *od.* Verlegenheit (*for* um); *be* ~ *put to it* es sich sauer werden lassen; *ride* ~ scharf reiten; **3.** F Zwangsarbeit *f*; ~*s pl.* Nöte *f/pl.*; **~ and fast** starr (*Regel*); ˈ**~-back** Buch *n* mit festem Einband; ˈ**~-ˈbit·ten** verbissen ˈ**~-board** Preßspanplatte(n *pl.*) *f*; ˈ**~-ˈboiled** hartgesotten, kaltschnäuzig; *bsd. Am.* gerissen; **~ cash** Bargeld *n*; klingende Münze *f*; ˈ**~-cov·er** = *hard-back*; **~ cur·ren·cy** harte Währung *f*; ˈ**hard·en** härten; hart machen *od.* werden; (sich) abhärten; *fig.* (sich) verhärten; ✝ sich festigen (*Preise*).

hard...: ˈ**~-ˈfea·tured** mit harten Zügen; ˈ**~-ˈfist·ed** geizig; ˈ**~-ˈhead·ed** nüchtern *od.* praktisch denkend; ˈ**~-ˈheart·ed** □ hartherzig.

har·di·hood [ˈhɑːdihud] Kühnheit *f*; ˈ**har·di·ness** Widerstandsfähigkeit *f*, Härte *f*; ⚒ Kühnheit *f*.

hard·ly [ˈhɑːdli] kaum; streng; mit Mühe; ˈ**hard-ˈmouthed** hartmäulig (*Pferd*); ˈ**hard·ness** Härte *f* (*a. fig.*); Strenge *f*; Schwierigkeit *f*; Not *f*.

hard...: ˈ**~·pan** *Am.* harter Boden *m*, *fig.* Grundlage *f*; ˈ**~-ˈset** in Not; starr; ˈ**~·shell** hartschalig; *fig.* starr; ˈ**hard·ship** Ungemach *n*; Mühsal *f*; Bedrängnis *f*, Not *f*; Härte *f*; ˈ**hard·ware** Eisenwaren *f/pl.*; *Computer*: Maschinenausrüstung *f*; ˈ**hard·wood** Hartholz (-baum *m*) *n*; ˈ**hard-working** fleißig.

har·dy □ [ˈhɑːdi] mutig, kühn; widerstandsfähig, hart; abgehärtet; winterfest (*Pflanze*).

hare [hɛə] Hase *m*; **~ and hounds** Schnitzeljagd *f*; ˈ**~·bell** Glockenblume *f*; ˈ**~-brained** zerfahren, gedankenlos; ˈ**~ˈlip** ⚕ Hasenscharte *f*.

ha·rem [ˈhɛərəm] Harem *m*.

har·i·cot [ˈhærikəu] Hammelragout *n*; *a.* ~ *bean* weiße Bohne *f*.

hark [hɑːk] horchen (*to* auf *acc.*); ~! horch!; ~ *back hunt.* auf der Fährte

zurückgehen; *fig.* zurückkommen (*to* auf *acc.*); '**hark·en** = *hearken*.
har·lot ['hɑːlət] Hure *f*; '**har·lot·ry** Hurerei *f*.
harm [hɑːm] **1.** Schaden *m*; Unrecht *n*, Böse *n*; *out of* ~*'s way* in Sicherheit; **2.** beschädigen, verletzen; schaden, Leid zufügen (*dat.*); **harm·ful** □ ['~ful] schädlich; '**harm·less** □ arg-, harmlos; unschädlich.
har·mon·ic [hɑː'mɔnik] (~*ally*) harmonisch; **har'mon·i·ca** ♪ [~kə] Mundharmonika *f*; **har·mo·ni·ous** □ [hɑː'məunjəs] harmonisch (*a. fig.*); **har·monize** ['hɑːmənaiz] *v/t.* harmonisieren, in Einklang bringen; *v/i.* harmonieren, übereinstimmen; '**har·mo·ny** Harmonie *f*, Übereinstimmung *f*.
har·ness ['hɑːnis] **1.** Harnisch *m*; *Zug*-Geschirr *n*; *die in* ~ in den Sielen sterben; **2.** anschirren; bändigen; *Wasserkraft* nutzbar machen.
harp ♪ [hɑːp] **1.** Harfe *f*; **2.** (auf der) Harfe spielen; ~ *(up)on* herumreiten auf (*dat.*); *be always* ~*ing on the same string* immer die alte Leier anstimmen; '**harp·er**, '**harp·ist** Harfenist(in); Harfner(in).
har·poon [hɑː'puːn] **1.** Harpune *f*; **2.** harpunieren.
harp·si·chord ♪ ['hɑːpsikɔːd] Cembalo *n*.
har·py ['hɑːpi] *Sage*: Harpyie *f*; *fig.* Blutsauger *m*.
har·ri·dan ['hæridən] alte Vettel *f*.
har·ri·er *hunt.* ['hæriə] Hasenhund *m*.
har·row ⚒ ['hærəu] **1.** Egge *f*; **2.** eggen; *fig.* quälen, martern; ~*ing* erschütternd.
har·ry ['hæri] plündern, verheeren; quälen, martern.
harsh □ [hɑːʃ] rauh; herb; grell (*Ton, Farbe etc.*); hart, streng; schroff; barsch; '**harsh·ness** Rauheit *f*; Herbheit *f*; Strenge *f*.
hart *zo.* [hɑːt] Hirsch *m*; **harts·horn** ⚗ ['hɑːtshɔːn] Hirschhorn *n*.
har·um-scar·um F ['hɛərəm'skɛərəm] **1.** zerfahren, fahrig; leichtsinnig; wild; **2.** Springinsfeld *m*; Wirrkopf *m*.
har·vest ['hɑːvist] **1.** Ernte(zeit) *f*; Ertrag *m*; ~ *festival*, ~ *thanksgiving* Erntedankfest *n*; **2.** ernten; *Ernte* einbringen; '**har·vest·er** Schnitter(in); Mähmaschine *f*; '**har·vest-**-'**home** Erntefest *n*.
has [hæz, həz] *er, sie, es* hat; '~**-been** F Ehemalige *m, f, n*; Gestrige *m, f, n*.
hash [hæʃ] **1.** gehacktes Fleisch *n*; *Am.* F Essen *n*, Fraß *m*; *fig.* Mischmasch *m*; *make a* ~ *of* F *et.* verpfuschen; *settle s.o.'s* ~ F es j-m besorgen; **2.** (zer)hacken.
hasp [hɑːsp] **1.** Haspe *f*; Spange *f*; **2.** zuhaken.
has·sock ['hæsək] Grasbüschel *n*, -polster *n*; *eccl.* Kniekissen *n*.
hast † [hæst] *du* hast.
haste [heist] Eile *f*; Hast *f*; *make* ~ (sich be)eilen; *more* ~ *less speed*, *make* ~ *slowly* Eile mit Weile; **has·ten** ['heisn] (sich be)eilen, *j.* antreiben; *et.* beschleunigen; **hast·i·ness** ['heistinis] Hastigkeit *f*, Übereilung *f*; Hitze *f*, Eifer *m*; '**hast·y** □ eilig, hastig; voreilig; hitzig, heftig.
hat [hæt] Hut *m*; *my* ~*! sl.* na, ich danke!; *hang up one's* ~ F sich häuslich niederlassen; *talk through one's* ~ phantasieren, Unsinn reden.
hatch[1] [hætʃ] **1.** Brut *f*, Hecke *f*; Halbtür *f*; ⚓, ✈ Luke *f*; Durchreiche *f*; *under* ~*es* unter Deck; **2.** (aus)brüten (*a. fig.*); aushecken.
hatch[2] [~] schraffieren.
hatch·er·y ['hætʃəri] Brutplatz *m* *bsd. für Fische*.
hatch·et ['hætʃit] Beil *n*; *bury the* ~ das Kriegsbeil begraben; '~**-face** scharfgeschnittenes Gesicht *n*.
hatch·way ⚓ ['hætʃwei] Luke *f*.
hate [heit] **1.** *poet.* Haß *m* (*to, towards* gegen, auf *acc.*); **2.** hassen; nicht mögen; F bedauern; **hate·ful** □ ['~ful] verhaßt; hassenswert; abscheulich; '**hat·er** Hasser(in).
hath † [hæθ] *er, sie, es* hat.
ha·tred ['heitrid] Haß *m*, Groll *m* (*of* gegen).
hat·ter ['hætə] Hutmacher *m*; *as mad as a* ~ völlig verrückt.
haugh·ti·ness ['hɔːtinis] Stolz *m*; Hochmut *m*; '**haugh·ty** □ stolz; hochmütig.
haul [hɔːl] **1.** Ziehen *n*; (Fisch-) Zug *m*; Fang *m*, Beute *f*; *Am.* Transportweg *m*; **2.** ziehen (*at* an *dat.*); ⚓ holen; schleppen; transportieren; ⚒ fördern; umspringen

(*Wind*); ⚓ abdrehen; ~ *down one's flag* die Flagge streichen; *fig.* sich geschlagen geben; ˈ**haul·age** Schleppen *n*; Transport(kosten *pl.*) *m*; ⚒ Förderung *f*; **haul·ier** [ˈ~jə] Transportunternehmer *m*.
haulm [hɔːm] *Pflanzen*-Stengel *m*; *Bohnen- etc.* Stroh *n*.
haunch [hɔːntʃ] Hüfte *f*; Keule *f von Wild.*
haunt [hɔːnt] **1.** Aufenthaltsort *m*; Schlupfwinkel *m*; **2.** oft besuchen; heimsuchen; verfolgen; plagen, beunruhigen; spuken in (*dat.*); *the house is* ~*ed* in dem Hause spukt es; ˈ**haunt·er** häufige Besucher(in), Stammgast *m*.
haut·boy ♪ [ˈəubɔi] Oboe *f*.
hau·teur [əuˈtəː] Hochmut *m*.
Ha·van·a [həˈvænə] *a.* ~ *cigar* Havanna(zigarre) *f*.
have [hæv, həv] **1.** (*irr.*) *v/t.* haben, besitzen; bekommen; *Mahlzeit* einnehmen; lassen; ~ *to do* tun müssen; *I* ~ *my hair cut* ich lasse mir das Haar schneiden; *he had his leg broken* er brach sich das Bein; *I would* ~ *you know* ich möchte, daß Sie wissen; *he will* ~ *it that ...* er behauptet, daß ...; *I had as well ...* es wäre ebenso gut, wenn ich ...; *I had better* (*best*) *go* es wäre besser (am besten), wenn ich ginge; *I had rather go* ich möchte lieber gehen; *let s.o.* ~ *it* es j-m besorgen; ~ *about one* bei *od.* an sich haben; ~ *at him!* auf ihn!; ~ *on* anhaben; *fig.* vorhaben; ~ *it out with* sich auseinandersetzen mit; ~ *s.o. up* F j. ’rankriegen (*verklagen*; *for* wegen); **2.** *v/aux.* haben; sein; ~ *come* gekommen sein; **3.** Besitzende *m*; F Schwindel *m*, Betrug *m*.
ha·ven [ˈheivn] Hafen *m* (*a. fig.*); Zufluchtsort *m*.
have-not [ˈhævnɔt] Habenichts *m*.
haven't [ˈhævnt] = *have not*.
hav·er·sack [ˈhævəsæk] ⚔ Brotbeutel *m*; Rucksack *m*.
hav·ing [ˈhæviŋ] *oft* ~*s pl.* Habe *f*, Besitz *m*.
hav·oc [ˈhævək] Verwüstung *f*, Verheerung *f*; *make* ~ *of*, *play* ~ *with od. among* verwüsten, verheeren; übel zurichten.
haw[1] ⚘ [hɔː] Hagebutte *f*.
haw[2] [~] **1.** sich räuspern; stottern; **2.** Räuspern *n*.
Ha·wai·ian [hɑːˈwaiiən] **1.** hawaiisch; **2.** Hawaiier(in).
haw·finch *orn.* [ˈhɔːfintʃ] Kernbeißer *m*.
haw-haw [ˈhɔːˈhɔː] laut lachen.
hawk[1] [hɔːk] **1.** *orn.* Habicht *m* (*a. fig.*); Falke *m*; **2.** Jagd machen (*at* auf *acc.*).
hawk[2] [~] sich räuspern.
hawk[3] [~] verhökern, hausieren mit; **hawk·er** [ˈhɔːkə] Hausierer *m*, Straßenhändler *m*.
hawk-eyed [ˈhɔːkaid] scharfäugig; ˈ**hawk·ing** Falkenbeize *f*.
hawse ⚓ [hɔːz] *a.* ~*-hole* Klüse *f*.
haw·ser ⚓ [ˈhɔːzə] Kabeltau *n*, Trosse *f*.
haw·thorn ⚘ [ˈhɔːθɔːn] Hagedorn *m*.
hay [hei] **1.** Heu *n*; *make* ~ *of* durcheinanderwerfen; **2.** heuen; ˈ**~-box** *a.* ~ *cooker* Kochkiste *f*; ˈ**~·cock** Heuhaufen *m*; ˈ**~·fe·ver** ⚕ Heuschnupfen *m*; ˈ**~·loft** Heuboden *m*; ˈ**~·mak·er** *sl.* K.-o.-Schlag *m*; ˈ**~·rick** = *haycock*; ˈ**~-seed** *bsd. Am.* F Bauerntölpel *m*; ˈ**~·stack** = *haycock*; ˈ**~·wire:** *go* ~ drunter u. drüber gehen, durcheinandergeraten; überschnappen.
haz·ard [ˈhæzəd] **1.** Zufall *m*; Gefahr *f*, Wagnis *n*; Hasard(spiel) *n*; *run a* ~ et. riskieren; **2.** wagen, aufs Spiel setzen; ˈ**haz·ard·ous** □ gewagt, gefährlich.
haze[1] [heiz] Dunst *m*; *fig.* Unklarheit *f*, Verwirrtheit *f*.
haze[2] ⚓ *u. Am.* [~] schinden; schurigeln.
ha·zel [ˈheizl] **1.** ⚘ Hasel(staude) *f*; **2.** nußbraun; ˈ**~-nut** Haselnuß *f*.
ha·zy □ [ˈheizi] dunstig, diesig; *fig.* nebelhaft, verschwommen; unklar; *be* ~ im unklaren sein.
H-bomb ⚔ [ˈeitʃbɔm] H-Bombe *f*, Wasserstoffbombe *f*.
he [hiː; hi] **1.** er; ~ *who* derjenige, welcher; wer; **2.** *in Zssgn*: ...männchen *n*; ...bock *m*, ...hahn *m*.
head [hed] **1.** *allg.* Kopf *m* (*fig. Verstand, Geist, Wille*); Haupt *n*; *nach Zahlwort*: Mann *m* (*pl.*), Stück *n* (*pl.*); *fig.* Haupt *n*, Führer *m*; Leiter(in), Vorsteher(in); Chef *m*; Direktor *m*; Häuptling *m*; *Nagel-, Noten-, Seiten-, Kohl- etc.* Kopf *m*; Kopfende *n e-s Bettes, Tisches etc.*; Kopfseite *f e-r Münze*; Spitze *f e-s Berges, Geschwürs, Zuges etc.*;

Schaum *m auf Bier*; *Baum*-Krone *f*; Quelle *f*; *Schiffs*-Vorderteil *n*; Vorgebirge *n*; Kopf(haar *n*) *m*; Geweih *n*; Höhe *f*, Krisis *f e-r Krankheit*; Hauptpunkt *m*; Abschnitt *m*, Kapitel *n*; Rubrik *f*; Posten *m in Rechnungen*; Überschrift *f*; ~ *and shoulders above the rest* allen haushoch überlegen; *bring to a* ~ zur Entscheidung *od.* zum Klappen bringen; *come to a* ~ aufbrechen, eitern (*Geschwür*); sich zuspitzen, zur Entscheidung kommen (*Lage etc.*); *gather* ~ überhandnehmen; zu Kräften kommen; *get it into one's* ~ *that* ... es sich in den Kopf setzen, daß; *keep one's* ~ den Kopf nicht verlieren; ~*(s) or tail(s)?* Zahl oder Wappen?; ~ *over heels* Hals über Kopf; *over* ~ *and ears* bis über die Ohren; *I can't make* ~ *or tail of it* ich kann daraus nicht klug werden; *take the* ~ die Führung übernehmen; **2.** erst; vornehmst; Ober...; Haupt...; **3.** *v/t.* (an)führen; an der Spitze von *et.* stehen, leiten; vorausgehen (*dat.*); mit e-m Kopf versehen; *Kapitel* überschreiben; *Fußball*: köpfen; *be* ~*ed* sich *in e-r Richtung* bewegen; ~ *off* ablenken; *v/i.* ⚓ Kurs halten, zusteuern (*for* auf *acc.*); *Am.* entspringen (*Fluß*); **'head·ache** Kopfweh *n*, -schmerz(en *pl.*) *m* (*a. fig.*); **'head·ach·y** an Kopfweh leidend; Kopfweh verursachend; **'head·band** Stirnband *n*; **'head-boy** Schulsprecher *m*; **'head-dress** Kopfputz *m*, -schmuck *m*; Frisur *f*; **'head·ed** ...köpfig; **'head·er** ⚠ Bindestein *m*; F Kopfsprung *m*; **'head-gear** Kopfbedeckung *f*; Zaumzeug *n*; **'head-girl** Schulsprecherin *f*; **'head-hunt·er** Kopfjäger *m*; **'head·i·ness** Ungestüm *n*; Starrsinn *m*; berauschende Wirkung *f*; **'head·ing** Titelkopf *m*, Rubrik *f*; Überschrift *f*, Titel *m*; Briefkopf *m*; *Sport*: Kopfball *m*; **'head·land** Vorgebirge *n*; **'head·less** kopflos (*a. fig.*); ohne Führer.

head...: **'~·light** *mot.* Scheinwerfer (-licht *n*) *m*; **'~·line** Überschrift *f*; Schlagzeile *f*; ~*s pl. Radio*: *das* Wichtigste in Kürze; *he hits the* ~*s* F er liefert Schlagzeilen; **'~·long 1.** *adj.* ungestüm; unbesonnen, übereilt; **2.** *adv.* kopfüber; **'~'man** Vorsteher *m*; Häuptling *m*; Vorarbeiter *m*; **'~'mas·ter** Direktor *m e-r Schule*; **'~'mis·tress** Direktorin *f*; **'~·most** vorderst; **'~-'on** mit dem Kopf(ende) voran; Frontal...; ~ *collision* Frontalzusammenstoß *m*; **'~-phone** *Radio*: Kopfhörer *m*; **'~-piece** Helm *m*; F Grips *m*, Verstand *m*; *typ.* Titelvignette *f*; **'~'quar·ters** *pl.* ⚔ Hauptquartier *n*; Zentral(stell)e *f*; **'~-room** lichte Höhe *f*; **'~-set** *Radio*: Kopfhörer *m/pl.*; **'head-ship** Direktorenstelle *f*; **'heads-man** Scharfrichter *m*.

head...: **'~·stone** Grabstein *m*; **'~-strong** halsstarrig; **'~·wa·ters** *pl.* Quellgebiet *n*; **'~·way** Fortschritt(e *pl.*) *m*; *make* ~ vorwärtskommen, Fortschritte machen; **'~·wind** Gegenwind *m*; **'~·word** Stichwort *n e-s Wörterbuchs*; **'~·work** Kopfarbeit *f*; **'head·y** □ ungestüm; voreilig; heftig; zu Kopf steigend (*Getränk*).

heal [hi:l] heilen (*of* von); ~ *up* zuheilen; **'~-all** Allheilmittel *n*; **'heal·er** Heilpraktiker *m*; Heilmittel *n*; *time is a great* ~ die Zeit heilt alle Wunden; **'heal·ing 1.** □ Heil...; heilsam; heilend; **2.** Heilung *f*.

health [helθ] Gesundheit *f* (*a. beim Zutrinken*); *Ministry of* ♀ Gesundheitsministerium *n*; **health·ful** □ ['~ful] gesund; heilsam; **'health·i·ness** Gesundheit *f*; **'health-re-sort** Kurort *m*; **'health·y** □ gesund.

heap [hi:p] **1.** Haufe(n) *m*; F Menge *f*, Masse *f*; *all of a* ~ auf einen Schlag; *struck od. knocked all of a* ~ sprachlos; **2.** *a.* ~ *up* (auf)häufen; überhäufen.

hear [hiə] (*irr.*) hören; erfahren; an-, zuhören; erhören; *Zeugen* verhören; *Lektion* abhören; ~ *s.o. out* j. ausreden lassen; **heard** [hə:d] *pret. u. p.p. von hear*; **hear·er** ['hiərə] Hörer *m*, Zuhörer(in); **'hear·ing** Gehör *n*; Audienz *f*; ⚖ Verhör *n*; öffentliche Informationssitzung *f*, Anhörung *f*; Hörweite *f*; **heark·en** ['hɑ:kən] horchen; hören (*to* auf *acc.*); **hear·say** ['hiəsei] Hörensagen *n*.

hearse [hə:s] Leichenwagen *m*.

heart [hɑ:t] *allg.* Herz *n* (*fig.* = *Mut, Erbarmen etc.*); Innere *n*; Wesentlichste *n*, Kern *m*; *Karten*: Herz *n*, Coeur *n*; *a. dear* ~ Liebling *m*, Schatz *m*; ~ *and soul* mit Leib und Seele; *at* ~ im Inneren *od.* Herzen; *I have a matter at* ~ et. liegt mir am Herzen; *by* ~ auswendig; *for one's* ~ ums Leben gern; *in good* ~ in gutem Zustand (*Boden*); *in his* ~ (*of* ~*s*) im Grunde seines Herzens; *out of* ~ mutlos; in schlechtem Zustand; *speak from one's* ~ frisch von der Leber weg sprechen; *cut to the* ~ aufs tiefste verletzen; *with all my* ~ von ganzem Herzen; *lose* ~ den Mut verlieren; *take* ~ sich ein Herz fassen; *take od. lay to* ~ sich *et.* zu Herzen nehmen; '**~·ache** Kummer *m*; '**~-beat** Herzschlag *m*; '**~-break** Herzeleid *n*; '**~-break·ing** □ herzzerbrechend, -zerreißend; '**~-bro·ken** gebrochenen Herzens; '**~·burn** Sodbrennen *n*; '**~-burn·ing** Groll *m*, Neid *m*; '**~-com·plaint**, '**~-dis·ease** Herzleiden *n*; '**heart·ed** ...herzig; '**heart·en** ermutigen, ermuntern; '**heart-fail·ure** Herzversagen *n*; '**heart·felt** innig, tief empfunden.

hearth [hɑ:θ] Herd *m* (*a. fig.*); '**~-rug** Kaminvorleger *m*; '**~-stone** Kaminplatte *f*.

heart·i·ness ['hɑ:tinis] Herzlichkeit *f*; Herzhaftigkeit *f etc.* (*s. hearty*); '**heart·less** □ herzlos; '**heart·rend·ing** herzzerreißend.

heart...: '**~'s·ease** ⚘ Stiefmütterchen *n*; '**~-sick** *fig.* krank im Herzen; verzagt; '**~-strings** *pl. fig.* Herz *n*, innerste Gefühle *n/pl.*; ~ **trans·plant** Herzverpflanzung *f*; '**~-whole** nicht verliebt, frei; aufrichtig, herzlich; '**heart·y 1.** □ herzlich; aufrichtig; gesund; kräftig, herzhaft; ~ *eater* tüchtiger Esser *m*; **2.** ⚓ Matrose *m*; *univ.* Sportler *m*.

heat [hi:t] **1.** *allg.* Hitze *f*; Wärme *f* (*bsd. phys.*); Eifer *m*; Zorn *m*; *Sport*: Gang *m*, einzelner Lauf *m*; Läufigkeit *f von Tieren*; *dead* ~ totes *od.* unentschiedenes Rennen *n*; **2.** heizen; (sich) erhitzen *od.* erwärmen (*a. fig.*); heiß werden; '**heat·ed** □ hitzig; '**heat·er** ⊕ Erhitzer *m*; Ofen *m*; '**heat-flash** Hitzestrahlung *f e-r Atombombenexplosion.*

heath [hi:θ] Heide *f*; ⚘ Heidekraut *n*; '**~-cock** Birkhahn *m*.

hea·then ['hi:ðən] **1.** Heide *m*, Heidin *f*; **2.** heidnisch; '**hea·then·dom** Heidentum *n*; '**hea·then·ish** □ *mst fig.* heidnisch; roh; '**hea·then·ism** Heidentum *n*; Roheit *f*.

heath·er ⚘ ['həðə] Heide *f*; Heidekraut *n*; '**~-bell** ⚘ Glockenheide *f*.

heat·ing ['hi:tiŋ] Heizung *f*; *attr.* Heiz...; ~ *battery* Heizbatterie *f*; ~ *pad* Heizkissen *n*.

heat...: ~ **light·ning** *Am.* Wetterleuchten *n*; '**~-stroke** Hitzschlag *m*; '**~-val·ue** Heizwert *m*; '**~-wave** Hitzewelle *f*.

heave [hi:v] **1.** Heben *n*; Schwellen *n der Brust etc.*; Übelkeit *f*; **2.** (*irr.*) *v/t.* heben, hieven; schwellen; *Seufzer* ausstoßen; ~ *the anchor* den Anker lichten; ~ *down* ⚓ kielholen; ~ *out* auswerfen; *v/i.* sich heben und senken, wogen, schwellen (*Brust, Wellen*); sich übergeben wollen; ~ *for breath* keuchen; ~ *in sight* ⚓ in Sicht kommen; ~ *to* ⚓ beidrehen.

heav·en ['hevn] Himmel *m*; ~*s pl. der* sichtbare Himmel; *move* ~ *and earth* Himmel u. Hölle in Bewegung setzen; '**heav·en·ly** himmlisch (*a. fig.*); **heav·en·ward(s)** ['~wəd(z)] himmelwärts.

heav·er ['hi:və] Hebebaum *m*; Ablader *m*.

heav·i·ness ['hevinis] Schwere *f*, Gewicht *n*, Druck *m* (*a. fig.*); Schwerfälligkeit *f*; Schwermut *f*.

heav·y □ ['hevi] *allg.* schwer; schwermütig; schwerfällig; schläfrig; trüb; drückend; heftig (*Regen etc.*); schwer (*Speise*); unwegsam, schmierig (*Straße*); ⚔ schwer(bewaffnet); Schwer...; ~ **cur·rent** ⚡ Starkstrom *m*; '**~-'hand·ed** ungeschickt; '**~-'heart·ed** niedergeschlagen; '**~-'lad·en** schwerbeladen; *fig.* bedrückt; '**~-weight** *Boxen*: Schwergewicht *n*.

heb·dom·a·dal □ [heb'dɔmədl] wöchentlich.

He·bra·ic [hi'breiik] (~*ally*) hebräisch.

He·brew ['hi:bru:] **1.** hebräisch; **2.** Hebräer *m*; Hebräisch *n*.

hec·a·tomb ['hekətu:m] Hekatombe *f* (*Massenopfer*).

heck·le ['hekl] durch Zwischenfragen in die Enge treiben; '**heck·ler** Zwischenrufer *m*, Störenfried *m*.

hec·tic ⚕ ['hektik] **1.** hektisch (*auszehrend*; *schwindsüchtig*; *sl. fieberhaft erregt*); **2.** hektische Röte *f*; *mst* ~ *fever* hektisches Fieber *n*.

hec·tor ['hektə] *v/t.* einschüchtern, anmaßend behandeln; *v/i.* großtun, prahlen, renommieren.

hedge [hedʒ] **1.** Hecke *f*; *fig.* Mauer *f*; **2.** *v/t.* einhegen, einzäunen; umgeben; ~ *off* abzäunen; ~ *up* sperren; ~ *a bet* auf beide Möglichkeiten wetten; *v/i.* sich decken; sich nicht festlegen, ausweichen; '**~·hog** *zo.* Igel *m*; *Am.* Stachelschwein *n*; '**~-hop** *sl.* ✈ tieffliegen; '**~·row** Hecke *f*; '**~-spar·row** *orn.* Heckenbraunelle *f*.

heed [hiːd] **1.** Beachtung *f*, Aufmerksamkeit *f*; *take* ~ *of*, *give od. pay* ~ *to* achtgeben auf (*acc.*), beachten; **2.** beachten, achten auf (*acc.*); **heed·ful** □ ['~ful] achtsam (*of* auf *acc.*); '**heed·less** □ unachtsam; unbekümmert (*of* um).

hee-haw ['hiː'hɔː] **1.** Iah *n* (*Eselsschrei*); *fig.* Gewieher *n*; **2.** iahen; *fig.* wiehern (*laut lachen*).

heel[1] ⚓ [hiːl] (sich) auf die Seite legen, überholen, krängen.

heel[2] [~] **1.** Ferse *f*; Hacken *m*, Absatz *m*; letzter Teil *m*, Ende *n*; *bsd. Am. sl.* Lump *m*; ~*s pl.* F Hinterfüße *m/pl. e-s Tiers*; *at od. on od. upon s.o.'s* ~*s* j-m auf den Fersen *folgen*; *down at* ~ mit schiefgetretenen Absätzen; *fig.* abgerissen, schäbig; schlampig; *take to one's* ~*s*, *show a clean pair of* ~*s* Fersengeld geben, die Beine in die Hand nehmen; *lay s.o. by the* ~*s* j. einsperren; *come to* ~ bei Fuß gehen (*Hund*); gehorchen; **2.** mit e-m Absatz *etc.* versehen; *a.* ~ *out Fußball*: ausfersen; **heeled** *Am.* F finanzstark; '**heel·er** *Am. sl. pol.* Befehlsempfänger *m*.

heel-tap ['hiːltæp] Neige *f im Glas*; *no* ~*!* ausgetrunken!

heft [heft] **1.** Gewicht *n*; *Am.* F Hauptteil *m*; **2.** (hoch-, an)heben; '**heft·y** F stramm, kräftig.

he·gem·o·ny *pol.* [hiː'geməni] Hegemonie *f*, Vorherrschaft *f*.

he·goat ['hiːgəut] Ziegenbock *m*.

heif·er ['hefə] Färse *f* (*junge Kuh*).

heigh [hei] hei!, he(da)!; **~-ho** ['~'həu] ach (jeh)!

height [hait] Höhe *f*; Anhöhe *f*; Höhepunkt *m*, höchster Grad *m*; *what is your* ~*?* wie groß sind Sie?; '**height·en** erhöhen (*a. fig.*), höher machen; vergrößern.

hei·nous □ ['heinəs] abscheulich; verrucht; '**hei·nous·ness** Verruchtheit *f*.

heir [ɛə] Erbe *m*; *be* ~ *to et.* erben; ~ *apparent*, ~ *at law* rechtmäßiger Erbe *m*; ~ *presumptive* mutmaßlicher Erbe *m*; '**heir·dom** Erbfolge *f*; Erbschaft *f*; '**heir·ess** Erbin *f*; '**heir·less** ohne Erben; **heir·loom** ['~luːm] Erbstück *n*.

held [held] *pret. u. p.p. von hold* 2.

hel·i·bus *Am.* F ['helibʌs] Hubschrauber *m als Zubringer zum Flugplatz*.

hel·i·cal ['helikəl] spiralen-, schneckenförmig.

hel·i·cop·ter ['helikɔptə] Hubschrauber *m*.

he·li·o... ['hiːliəu] Sonnen..., Helio...; **he·li·o·graph** ['~əugrɑːf] Heliograph *m*; Spiegeltelegraph *m*; Lichtdruck *m*; **he·li·o·trope** ['heljətrəup] ⚘ Heliotrop *n*, Sonnenwende *f*.

he·li·um ⚗ ['hiːljəm] Helium *n*.

he·lix ['hiːliks], *pl. mst* **hel·i·ces** ['helisiːz] Schneckenlinie *f*; *zo.*, △ Schnecke *f*; *anat.* Ohrleiste *f*.

hell [hel] Hölle *f*; *attr.* Höllen...; *like* ~ höllisch; *oh* ~*!* verdammt!; *go to* ~ zur Hölle fahren; *what the* ~ ...? F was zum Teufel ...?; *a* ~ *of a noise* ein Höllenlärm *m*; *raise* ~ Krach machen; *ride* ~ *for leather* wie der Teufel reiten; '**~-'bent** *Am. sl.* unweigerlich entschlossen; '**~-cat** *fig.* Hexe *f*.

hel·le·bore ⚘ ['helibɔː] Nieswurz *f*.

Hel·lene ['heliːn] Hellene *m*, Grieche *m*; **Hel'len·ic** [he'liːnik] hellenisch, griechisch.

hell·ish □ ['heliʃ] höllisch.

hel·lo [he'ləu] hallo!

helm ⚓ [helm] (Steuer)Ruder *n* (*a. fig.*).

hel·met ['helmit] Helm *m*; '**hel·met·ed** behelmt.

helms·man ⚓ ['helmzmən] Steuermann *m*.

hel·ot *hist.* ['helət] Helot *m*; *fig.* Sklave *m*.

help [help] **1.** *allg.* Hilfe *f*, Beistand *m*; (Hilfs)Mittel *n*; (Dienst)Mädchen *n*; *by the* ~ *of* mit Hilfe (*gen.*);

2. *v/t.* helfen (*dat.*); abhelfen (*dat.*); unterlassen; *bei Tisch* geben, reichen (*s.th.* et.; *s.o. to s.th.* j-m et.); ~ *o.s.* sich bedienen, zulangen; ~ *o.s. to s.th.* sich et. nehmen; *I could not ~ laughing* ich konnte nicht umhin zu lachen; *that cannot be ~ed* da läßt sich nichts ändern; *v/i.* helfen, dienen (*to* zu); **ˈhelp·er** Helfer(in), Gehilfe *m*, Gehilfin *f*; **help·ful** □ [ˈ~ful] behilflich, hilfreich; nützlich; **ˈhelp·ing** (Essens)Portion *f*; **ˈhelp·less** □ hilflos; **ˈhelp·less·ness** Hilflosigkeit *f*; **ˈhelp·mate, help·meet** [ˈ~miːt] Gehilfe *m*, Gehilfin *f*; Gattin *f*.

helter-skel·ter [ˈheltəˈskeltə] holterdiepolter.

helve [helv] Stiel *m*, Griff *m*.

Hel·ve·tian [helˈviːʃjən] **1.** helvetisch; Schweizer...; **2.** Helvetier(in).

hem[1] [hem] **1.** *Kleider*-Saum *m*; **2.** säumen; ~ *in* einschließen.

hem[2] [~] **1.** sich räuspern; **2.** hm!

he-man *sl.* [ˈhiːmæn] richtiger Mann *m*.

hem·i·sphere [ˈhemisfiə] Halbkugel *f*, Hemisphäre *f*.

hem-line [ˈhemlain] Saum *m e-s Kleides*; *lower (raise) the ~* das Kleid *etc.* länger (kürzer) machen.

hem·lock ⚘ [ˈhemlɔk] Schierling *m*; **ˈ~-tree** Schierlingstanne *f*.

he·mo... [ˈhiːməu] *s. haemo...*

hemp [hemp] Hanf *m*; **ˈhemp·en** hanfen, hänfen; Hanf...

hem·stitch [ˈhemstitʃ] **1.** Hohlsaum *m*; **2.** mit Hohlsaum verzieren.

hen [hen] Huhn *n*, Henne *f*; *Vogel*-Weibchen *n*; *~'s egg* Hühnerei *n*.

hen·bane [ˈhenbein] Bilsenkraut *n*.

hence [hens] *oft from ~* von hinnen, weg; hieraus, hiervon; daher, deshalb; von jetzt an; *~!* fort!, hinweg!; *a year ~* heute übers Jahr; **ˈ~ˈforth, ˈ~ˈfor·ward** von nun an, fortan.

hench·man *pol.* [ˈhentʃmən] Gefolgsmann *m*, Handlanger *m*.

hen...: **ˈ~-coop** Hühnerstall *m*; **ˈ~-ˈpar·ty** F Damengesellschaft *f*, Kaffeekränzchen *n*; **ˈ~·pecked** unter dem Pantoffel (stehend); **ˈ~-roost** Hühnerstange *f*.

hep *Am. sl.* [hep]: *be ~ to* kennen, eingeweiht sein in.

he·pat·ic *anat.* [hiˈpætik] Leber...

hep·cat *Am. sl.* [ˈhepkæt] Eingeweihte *m, f*; Jazzfanatiker(in).

hep·ta... [ˈheptə] Sieben...; **hep·ta·gon** [ˈ~gən] Siebeneck *n*.

her [həː, hə] sie, ihr; ihr(e).

her·ald [ˈherəld] **1.** Herold *m*; **2.** (sich) ankündigen; ~ *in* einführen; **he·ral·dic** [heˈrældik] (*~ally*) heraldisch; **her·ald·ry** [ˈherəldri] Wappenkunde *f*, Heraldik *f*.

herb [həːb] Kraut *n*; **her·ba·ceous** [~ˈbeiʃəs] krautartig; **ˈherb·age** Gras *n*; Weide *f*; ⚖ Weiderecht *n*; **ˈherb·al 1.** Kräuter...; **2.** Kräuterbuch *n*; **ˈherb·al·ist** Pflanzenkenner *m*, -sammler *m*; **her·bar·i·um** [~ˈbɛəriəm] Herbarium *n*; **her·biv·o·rous** [~ˈbivərəs] pflanzenfressend; **her·bo·rize** [ˈ~bəraiz] botanisieren.

Her·cu·le·an [həːkjuˈliːən] herkulisch, Herkules...

herd [həːd] **1.** (*bsd.* Rinder)Herde *f* (*a. fig.*); **2.** *v/t. Vieh* hüten; ~ *together* zs.-pferchen; *v/i. a. ~ together* in e-r Herde leben; zs.-hausen; **ˈherd·er, ˈherds·man** Hirt *m*.

here [hiə] hier; hierher; *~'s to ...!* auf das Wohl von ...!

here·a·bout(s) [ˈhiərəbaut(s)] hierherum; **here·aft·er** [hiərˈɑːftə] **1.** künftig; **2.** Zukunft *f*; *das* künftige Leben; **ˈhereˈby** hierdurch, hiermit.

he·red·i·ta·ble [hiˈreditəbl] vererbbar; **her·e·dit·a·ment** ⚖ [heriˈditəmənt] Erbgut *n*; **he·red·i·tar·y** [hiˈreditəri] erblich; Erb...; **heˈred·i·ty** Erblichkeit *f*.

here·in [ˈhiərˈin] hierin; **here·of** [hiərˈɔv] hiervon.

her·e·sy [ˈherəsi] Ketzerei *f*.

her·e·tic [ˈherətik] **1.** Ketzer(in); **2.** = **he·ret·i·cal** □ [hiˈretikəl] ketzerisch.

here·to·fore [ˈhiətuˈfɔː] bis jetzt; ehemals; **here·up·on** [ˈhiərəˈpɔn] hierauf, darauf; **ˈhereˈwith** hiermit.

her·it·a·ble [ˈheritəbl] erbfähig; erblich; **ˈher·it·age** Erbschaft *f*.

her·maph·ro·dite [həːˈmæfrədait] Zwitter *m*, Hermaphrodit *m*.

her·met·ic, her·met·i·cal □ [həːˈmetik(əl)] hermetisch, luftdicht.

her·mit [ˈhəːmit] Einsiedler *m*; **ˈher·mit·age** Einsiedelei *f*.

her·ni·a ⚕ ['hə:njə] Bruch *m*; '**her·ni·al** Bruch...
he·ro ['hiərəu], *pl.* **he·roes** ['~rəuz] Held *m*; **he·ro·ic** [hi'rəuik], **he'ro·i·cal** heroisch; heldenmütig, -haft; Helden...
her·o·in *pharm.* ['herəuin] Heroin *n*.
her·o·ine ['herəuin] Heldin *f*; '**her·o·ism** Heldenmut *m*, -tum *n*.
her·on *orn.* ['herən] Reiher *m*; '**her·on·ry** Reiherhorst *m*.
her·ring *ichth.* ['heriŋ] Hering *m*; '**her·ring-bone** Heringsgräte *f*; Fischgrätenmuster *n*; Fischgrätenstich *m*.
hers [hə:z] der (die, das) ihrige; ihr.
her·self [hə:'self] (sie, ihr) selbst; sich.
Hertz·i·an ⚡ ['hə:tsiən]: ~ *waves* Hertzsche Wellen *f/pl*.
he's ['hi:z] = *he is*; *he has*.
hes·i·tance, hes·i·tan·cy ['hezitəns(i)] Zaudern *n*, Unschlüssigkeit *f*; **hes·i·tate** ['~teit] zögern, zaudern, unschlüssig sein (*about*, *over* über *acc.*); Bedenken tragen (*to inf.* zu *inf.*); **hes·i'ta·tion** Zögern *n*, Zaudern *n*; Unschlüssigkeit *f*; Bedenken *n*.
Hes·sian ['hesiən] **1.** hessisch; **2.** Hesse *m*, Hessin *f*; ♀ Rupfen *m*, Sackleinwand *f*.
het·er·o·dox ['hetərəudɔks] heterodox, irrgläubig; '**het·er·o·dox·y** Irrlehre *f*; **het·er·o·dyne** ['~dain] *Radio*: Überlagerungs...; **het·er·o·ge·ne·i·ty** [~dʒi'ni:iti] Anders-, Ungleichartigkeit *f*; **het·er·o·ge·ne·ous** □ ['~rəu'dʒi:njəs] ungleichartig, heterogen.
hew [hju:] (*irr.*) hauen, hacken; ⊕ behauen; '**hew·er** Hauer *m*; ⚒ Häuer *m*; **hewn** [hju:n] *p.p. von hew*.
hex·a... ['heksə] Sechs...; **hex·a·gon** ['~gən] Sechseck *n*; **hex·ag·o·nal** □ [hek'sægənl] sechseckig; **hex·am·e·ter** [hek'sæmitə] Hexameter *m*.
hey [hei] ei!; hei!; heda!
hey·day ['heidei] **1.** heisa!; oho!; **2.** *fig.* Höhepunkt *m*; Vollkraft *f*, Blüte *f*; Sturm *m der Leidenschaft*.
hi [hai] he!, heda!; hallo!
hi·a·tus [hai'eitəs] Lücke *f*, Spalt *m*, Kluft *f*; *gr.* Hiatus *m*.
hi·ber·nate ['haibəneit] überwintern; Winterschlaf halten; **hi·ber'na·tion** Winterschlaf *m*.
hi·bis·cus ♀ [hi'biskəs] Eibisch *m*.
hic·cup, *a.* **hic·cough** ['hikʌp] **1.** Schlucken *m*, Schluckauf *m*; **2.** schlucken; den Schluckauf haben.
hick F [hik] Bauer(ntölpel) *m*; *attr.* [Bauern...]
hick·o·ry ['hikəri] Hickorynußbaum *m*.
hid [hid] *pret. von hide*[2]; **hid·den** ['hidn] *p.p. von hide*[2].
hide[1] [haid] **1.** Haut *f*, Fell *n*; **2.** F durchprügeln.
hide[2] [~] (*irr.*) (sich) verbergen, verstecken (*from s.o.* vor j-m); verheimlichen; '**hide-and-'seek** Versteckspiel *n*; *play (at)* ~ Versteck(en) spielen.
hide·bound *fig.* ['haidbaund] engherzig, -stirnig, stur.
hid·e·ous □ ['hidiəs] häßlich; abscheulich, scheußlich; schrecklich, gräßlich; '**hid·e·ous·ness** Scheußlichkeit *f*.
hid·ing[1] F ['haidiŋ] Tracht *f* Prügel.
hid·ing[2] [~] Verbergen *n*; *in* ~ verborgen; versteckt; flüchtig; '**~-place** Versteck *n*; Schlupfwinkel *m*.
hie *poet.* [hai] (*p.pr. hying*) eilen.
hi·er·arch·y ['haiərɑ:ki] Hierarchie *f*; Priesterherrschaft *f*; Rangordnung *f*.
hi·er·o·glyph ['haiərəuglif] Hieroglyphe *f*; **hi·er·o'glyph·ic**, *a.* **hi·er·o'glyph·i·cal** □ hieroglyphisch; **hi·er·o'glyph·ics** *pl.* Hieroglyphen *f/pl.* (*Bilderschrift*; *fig. Gekritzel*).
hi-fi *Am.* ['hai'fai] = *high fidelity*.
hig·gle·dy-pig·gle·dy ['higldi'pigldi] wirr durcheinander, kunterbunt.
high [hai] **1.** *adj.* □ (*s. a.* ~*ly*) *allg.* hoch; vornehm; erhaben; gut, edel (*Charakter*); stolz; anmaßend; hochtrabend; angegangen (*Fleisch*); extrem; groß, stark, heftig; üppig, flott (*Leben*); Hoch...; Ober...; ~ *and dry* auf dem trocknen; *be on one's* ~ *horse*, *ride the* ~ *horse* auf dem hohen Roß sitzen; *with a* ~ *hand* arrogant, anmaßend; *in* ~ *spirits* in gehobener Stimmung, guter Laune; *a* ~ *Tory* ein Erzkonservativer *m*; ~ *colo(u)r*, ~ *complexion* rote Gesichtsfarbe *f*; ~ *life die* vornehme Welt; ~ *words pl.* heftige Worte *n/pl.*; ~ *time* höchste

Zeit; **2.** *meteor.* Hoch *n*; *Am.* F = *high school*; ~ *and low* hoch und niedrig; *on* ~ in die *od.* der Höhe; **3.** *adv.* hoch; sehr, mächtig; '**~·ball** *Am.* Whisky *m* mit Soda; '**~-born** hochgeboren; '**~-bred** vornehm erzogen; '**~-brow** F **1.** Intellektuelle *m*, *f*, geistig Anspruchsvolle *m*, *f*; **2.** betont intellektuell; '**~-class** hochwertig; '**~-'col·o(u)red** von lebhafter Farbe; ♀ **Com·mis·sion·er** Hochkommissar *m*; '**~-ex'plo·sive** hochbrisant; Brisanz...; Spreng...; **~-fa·lu·tin(g)** ['~fə'lu:tin, '~fə'lu:tiŋ] **1.** Schwulst *m*; **2.** schwülstig; '**~-fi'del·i·ty** mit höchster Wiedergabetreue, Hi-Fi; '**~·fli·er** = *highflyer*; '**~-flown** überschwenglich; '**~·fly·er** ehrgeiziger Mensch *m*; '**~-grade** erstklassig; '**~-'hand·ed** anmaßend, willkürlich; '**~-'hat** *sl.* **1.** Snob *m*; **2.** von oben herab behandeln; '**~-'heeled** mit hohen Absätzen; '**~·land·er** Hochländer(in); '**~·lands** *pl.* Hochland *n*; '**~-'lev·el** auf hoher Ebene (*Konferenz etc.*); '**~·light** hervorheben; '**~-lights** *pl. fig.* Höhepunkte *m/pl.*; ~ **liv·ing** Wohlleben *n*; '**high·ly** hoch; höchlich; sehr; *speak* ~ *of s.o.* j. loben; ~ *descended* hochgeboren; '**high-'mind·ed** hochgesinnt; '**high-'necked** hochgeschlossen (*Kleid*); '**high·ness** Höhe *f*; *fig.*, *Titel*: Hoheit *f*.

high...: '**~-'pitched** schrill (*Ton*); steil (*Dach*); '**~-'pow·er**: ~ *station* Großkraftwerk *n*; ~ *radio station* Großfunkstation *f*; '**~-'pow·ered** mächtig, einflußreich (*Person*); '**~-'priced** teuer; ~ **road** Landstraße *f*; ~ **school** höhere Schule *f*; '**~-'spir·it·ed** lebhaft, kühn; '**~-'strung** überempfindlich.

hight *poet. od. co.* [hait] genannt.

high...: ~ **tea** frühes Abendessen *n mit Tee u. Fleisch etc.*; '**~-'toned** erhaben; vornehm; ~ **wa·ter** Hochwasser *n*; '**~·way** Landstraße *f*; *fig.* Weg *m*; ~ *code* Straßenverkehrsordnung *f*; '**~·way·man** Straßenräuber *m*.

hi·jack ['haidʒæk] (be-, aus)rauben; '**hi·jack·er** Gauner *m*, Dieb *m*.

hike F [haik] **1.** wandern; **2.** Wanderung *f*; *bsd. Am.* F Anstieg *m*, Erhöhung *f* (*Preis etc.*); '**hik·er** Wanderer *m*.

hi·lar·i·ous □ [hi'lɛəriəs] ausgelassen.

hi·lar·i·ty [hi'læriti] Ausgelassenheit *f*.

Hil·a·ry ['hiləri]: ~ *term* ⚖ *im Januar beginnender Termin*; *univ.* Frühjahrssemester *n*.

hill [hil] Hügel *m*, Berg *m*; **~·bil·ly** *Am.* F ['~bili] Hinterwäldler *m*; ~ **climb** *mot.* Bergrennen *n*; **hill·ock** ['hilək] kleiner Hügel *m*; '**hill·side** Hang *m*; '**hill-top** Bergspitze *f*; '**hill·y** hügelig.

hilt [hilt] Griff *m* (*bsd. am Degen*); *up to the* ~ bis ans Heft; *fig.* völlig, restlos.

him [him] ihn; ihm; den, dem (-jenigen).

him·self [him'self] (er, ihm, ihn, sich) selbst; sich; *of* ~ von selbst; *by* ~ allein, für sich.

hind[1] [haind] Hirschkuh *f*, Hindin *f*.

hind[2] [~] Hinter...; ~ *leg* Hinterbein *n*; ~ *wheels pl.* Hinterräder *n/pl.*

hind·er[1] ['haində] *adj.* hintere(r, -s); Hinter...

hin·der[2] ['hində] *v/t.* hindern (*from* an *dat.*); hemmen, aufhalten.

hind·most ['haindməust] hinterst, letzt.

hin·drance ['hindrəns] Hinderung *f*; Hindernis *n* (*to* für).

Hin·du, *a.* **Hin·doo** ['hin'du:] Hindu *m*.

Hin·du·sta·ni [hindu'stɑ:ni] hindostanisch.

hinge [hindʒ] **1.** Türangel *f*; Scharnier *n*; *fig.* Angelpunkt *m*; *off the* ~*s fig.* aus den Angeln *od.* Fugen; **2.** ~ *upon fig.* abhängen von.

hin·ny ['hini] Maulesel *m*.

hint [hint] **1.** Hinweis *m*, Wink *m*; Anspielung *f*; **2.** andeuten; anspielen (*at* auf *acc.*); zu verstehen geben.

hin·ter·land ['hintəlænd] Hinterland *n*.

hip[1] [hip] Hüfte *f*; *attr.* Hüft...

hip[2] ⚘ [~] Hagebutte *f*.

hip[3] [~]: ~, ~, *hurra(h)!* hipp, hipp, hurra!

hip...: '**~-bath** Sitzbad *n*; '**~-flask** Reiseflasche *f*.

hip·po F ['hipəu] = *hippopotamus.*

hip-pock·et ['hippɔkit] Gesäßtasche *f*.

hip·po·pot·a·mus [hipə'pɔtəməs], *pl. a.* **hip·po'pot·a·mi** [~mai] Nil-, Flußpferd *n*.

hip·py ['hipi] *Art beatnik.*
hip-roof ⚠ ['hipru:f] Walmdach *n.*
hip-shot ['hipʃɔt] lendenlahm.
hire ['haiə] **1.** Miete *f*, Entgelt *m*, *n*, Lohn *m*; *on* ~ mietweise; zu vermieten; **2.** mieten; *j.* anstellen; ~ *out* vermieten; **hire·ling** *contp.* ['~liŋ] **1.** Mietling *m*; **2.** feil, käuflich; '**hire-'pur·chase** Teilzahlungskauf *m*; *by* ~ auf Raten.
hir·sute ['hə:sju:t] haarig; zottig; struppig; rauh.
his [hiz] sein, seine; der, die, das seinige.
hiss [his] **1.** Zischen *n*; Gezisch *n*; **2.** *v/i.* zischen; zischeln; *v/t. a.* ~ *off* auszischen, -pfeifen.
hist [s:t] st!; still!
his·to·ri·an [his'tɔ:riən] Geschichtsschreiber *m*, Historiker *m*; **his·tor·ic, his·tor·i·cal** □ [~'tɔrik(əl)] historisch, geschichtlich; Geschichts...; **his·to·ri·og·ra·pher** [~tɔ:ri'ɔgrəfə] Geschichtsschreiber *m*; **his·to·ry** ['~təri] Geschichte *f*; Werdegang *m*; Vergangenheit *f*; *make* ~ Geschichte machen.
his·tri·on·ic [histri'ɔnik] Schauspieler...; schauspielerisch.
hit [hit] **1.** Schlag *m*, Stoß *m*; *fig.* (Seiten)Hieb *m*; Glücksfall *m*; Treffer *m*; *thea.*, ♪ Schlager *m*; **2.** (*irr.*) schlagen, stoßen; *Ziel, Ton, Ausdruck etc.* treffen; treffen *od.* stoßen auf (*acc.*); *Am.* F ankommen in (*dat.*), erreichen; ~ *s.o. a blow* j-m e-n Schlag versetzen; ~ *at* schlagen nach; ~ *or miss* aufs Geratewohl; ~ *off* F treffend darstellen; ~ *it off with* F sich vertragen mit; ~ *out* um sich schlagen; ~ (*up*)*on* (zufällig) kommen *od.* stoßen *od.* verfallen auf (*acc.*); *he* ~ *his head against a tree* er stieß mit dem Kopf gegen einen Baum; '**~-and-'run driv·er** *mot.* flüchtiger Fahrer *m*.
hitch [hitʃ] **1.** Ruck *m*; ⚓ Stich *m*, Knoten *m*; *fig.* Haken *m*, Hindernis *n*, Störung *f*; **2.** rücken; (sich) festmachen, -haken; hängenbleiben (*on* an *dat.*); rutschen; ~ *up Hosen* hochziehen; *Kinn etc.* aufwerfen; '**~-hike** F per Anhalter fahren.
hith·er *lit.* ['hiðə] hierher; **hith·er·to** ['~'tu:] bisher; **hith·er·ward**(s) ['~wəd(z)] = *hither.*
hive [haiv] **1.** Bienenstock *m*, -korb *m*; Bienenschwarm *m*; *fig.* Schwarm *m*; ~*s pl.* ⚕ Nesselausschlag *m*; **2.** *v/t. Bienen* in e-n Stock bringen; ~ *up* aufspeichern; *v/i.* zs.-wohnen.
ho [həu] holla!; heda!; halt!
hoar [hɔ:] (alters)grau.
hoard [hɔ:d] **1.** Vorrat *m*, Schatz *m*; **2.** *a.* ~ *up* horten, aufhäufen, sammeln; '**hoard·er** Hamsterer *m*.
hoard·ing ['hɔ:diŋ] Bauzaun *m*; Reklamefläche *f*.
hoar·frost ['hɔ:'frɔst] (Rauh)Reif *m*.
hoar·i·ness ['hɔ:rinis] Grauheit *f*.
hoarse □ [hɔ:s] heiser, rauh; '**hoarse·ness** Heiserkeit *f*.
hoar·y ['hɔ:ri] (alters)grau.
hoax [həuks] **1.** Täuschung *f*, Betrug *m*; Falschmeldung *f*; Schwindel *m*, Manöver *n*; **2.** anführen, foppen, zum besten haben.
hob[1] [hɔb] Kamineinsatz *m*; Zielpflock *m bei Wurfspielen.*
hob[2] [~] = *hobgoblin*; *raise* ~ *bsd. Am.* F die Hölle loslassen, Krach schlagen.
hob·ble ['hɔbl] **1.** Hinken *n*, Humpeln *n*; F Klemme *f*, Patsche *f*; **2.** *v/i.* humpeln, hinken (*a. fig.*); *v/t.* an den Füßen fesseln.
hob·ble·de·hoy F ['hɔbldi'hɔi] linkischer Bursche *m*, F Schlaks *m*.
hob·by *fig.* ['hɔbi] Steckenpferd *n*, Hobby *n*, Lieblingsbeschäftigung *f*; '**~-horse** Steckenpferd *n*; Schaukelpferd *n*; Karussellpferd *n*.
hob·gob·lin ['hɔbgɔblin] Kobold *m*.
hob·nail ['hɔbneil] Sohlennagel *m*.
hob·nob ['hɔbnɔb] freundschaftlich verkehren; plaudern; zs. eins trinken.
ho·bo *Am. sl.* ['həubəu] Landstreicher *m*, Tippelbruder *m*.
Hob·son's choice *fig.* ['hɔbsnz 'tʃɔis] keine Wahl *f*.
hock[1] [hɔk] **1.** *zo.* Hachse *f*; Sprunggelenk *n*; **2.** lähmen.
hock[2] [~] Rheinwein *m*.
hock[3] *sl.* [~] **1.** Pfand *n*; Loch *n*, Gefängnis *n*; **2.** verpfänden; '**~-shop** Pfandleihe *f*.
hock·ey ['hɔki] *Sport*: Hockey *n*.
ho·cus ['həukəs] betrügen; narkotisieren; *e-m Getränk* ein Betäubungsmittel zusetzen; **~-po·cus** ['~'pəukəs] Hokuspokus *m*.
hod [hɔd] Mörteltrog *m*.
hodge-podge ['hɔdʒpɔdʒ] = *hotchpotch.*
hod·man ['hɔdmən] Handlanger *m*.

hoe ⚒ [həu] **1.** Hacke *f*; **2.** hacken.
hog [hɔg] **1.** Schwein *n*; *fig.* Schwein(ehund *m*) *n*; *go the whole* ~ *sl.* aufs Ganze gehen; **2.** *v/t. Mähne* stutzen; *v/i. mot.* drauflos rasen; **hogged** stark gekrümmt; '**hog·gish** □ schweinisch; gefräßig; '**hog·gish·ness** Schweinerei *f*; Gefräßigkeit *f*.
hog·ma·nay *schott.* ['hɔgmənei] Silvester *n*.
hogs·head ['hɔgzhed] Oxhoft *n* (*etwa 240 Liter*); großes Faß *n*; '**hog·skin** Schweinsleder *n*; '**hog·wash** Schweinetrank *m*; F Gewäsch *n*.
hoi(c)k [hɔik] *Flugzeug* hochreißen.
hoi pol·loi [hɔi'pɔlɔi] *pl.* die große Masse.
hoist [hɔist] **1.** Aufzug *m*; **2.** hochziehen; *Flagge* hissen.
hoi·ty-toi·ty F ['hɔiti'tɔiti] **1.** arrogant, anmaßend; **2.** holla!
ho·kum *Am. sl.* ['həukəm] Effekthascherei *f*; Kitsch *m*; Humbug *m*.
hold [həuld] **1.** Halten *n*; Halt *m*, Griff *m*; Gewalt *f*, Einfluß *m*; ⚓ Lade-, Frachtraum *m*; *catch, get, lay, take, seize* ~ *of* fassen, ergreifen; Besitz ergreifen von, sich aneignen; *have a* ~ *of od. on* beherrschen; *keep* ~ *of* festhalten; **2.** (*irr.*) *v/t. allg.* halten; festhalten; enthalten, fassen; auf-, zurück-, anhalten; *im Gedächtnis* behalten; *Versammlung etc.* abhalten; (inne-) haben, besitzen; *Ansicht* vertreten; *Gedanken etc.* hegen; halten für, schätzen; glauben; behaupten; ⚖ entscheiden (*that* daß); ~ *a job down* F fest in e-r Stellung sitzen; ~ *one's ground*, ~ *one's own* sich behaupten, standhalten; ~ *the line teleph.* am Apparat bleiben; ~ *water* wasserdicht sein; *fig.* stichhaltig sein; ~ *off* zurück-, abhalten; ✈ abfangen; ~ *on et.* (an s-m Platz fest-) halten; ~ *out* ausstrecken; darbieten; ~ *over* aufschieben; ~ *up* hochhalten; aufrechthalten; (unter-) stützen; *dem Spott etc.* preisgeben; aufhalten; (räuberisch) überfallen; **3.** (*irr.*) *v/i.* (fest)halten; gelten; sich bewähren; standhalten, sich halten; ~ *forth* Reden halten, sich auslassen (*on* über *acc.*); ~ *good od. true* gelten; sich bestätigen; ~ *hard!* F warte(t) mal!; halt!; ~ *in* innehalten; an sich halten; ~ *off* sich fernhalten; ~ *on* ausharren; fortdauern; sich festhalten; *teleph.* am Apparat bleiben; ~ *on!* F warte(t) mal!; halt!; ~ *to* festhalten an (*dat.*); ~ *up* sich (aufrecht) halten; '**hold-all** Reisetasche *f*; '**hold·er** Haltende *m*; Pächter *m*; Halter *m* (*Gerät*); Inhaber(in) (*bsd.* ✝); ~ *of shares* Aktienbesitzer *m*; '**hold·fast** Klammer *f*; Haken *m*; Zwinge *f*; '**hold·ing** Halten *n*; Halt *m*; Pachtgut *n*; Besitz *m*; *small* ~ Kleingrundbesitz *m*; ~ *company* Dachgesellschaft *f*; '**hold·o·ver** *Am.* Überbleibsel *n*, Rest *m*; '**hold-up** bewaffneter Raubüberfall *m*; Stauung *f*, Stokkung *f*.
hole [həul] **1.** Loch *n* (*a. fig.*); Höhle *f*; F *fig.* Klemme *f*; *pick* ~*s in* bekritteln; **2.** aushöhlen; durchlöchern; *Ball* in ein Loch spielen; '**hole-and-**'**cor·ner** heimlich, hintenherum (geschehen).
hol·i·day ['hɔlədi] Feiertag *m*; freier Tag *m*; ~*s pl.* Ferien *pl.*, Urlaub *m*; '~**-mak·er** Ferienreisende *m*, *f*, Urlauber(in).
ho·li·ness ['həulinis] Heiligkeit *f*.
hol·la ['hɔlə] **1.** hallo; **2.** hallo rufen.
hol·land ['hɔlənd] *a. brown* ~ ungebleichte Leinwand *f*; ♀*s sg.* Wacholderschnaps *m*.
hol·ler *Am.* F ['hɔlə] **1.** laut rufen; **2.** Krach *m*.
hol·lo(a) ['hɔləu] = *holla*.
hol·low ['hɔləu] **1.** □ hohl; leer; falsch; **2.** F *adv. a. all* ~ völlig; **3.** Höhle *f*, (Aus)Höhlung *f*; *Land*-Senke *f*; ⊕ Rinne *f*; **4.** aushöhlen; '**hol·low·ness** Hohlheit *f*; *fig.* Falschheit *f*.
hol·ly ♀ ['hɔli] Stechpalme *f*.
hol·ly·hock ♀ ['hɔlihɔk] Stockrose *f*.
holm [həum] Holm *m*, Werder *m*; '~-'**oak** ♀ Steineiche *f*.
hol·o·caust ['hɔləkɔːst] Massenvernichtung *f*; Brandopfer *n*.
hol·ster ['həulstə] Pistolentasche *f*.
ho·ly ['həuli] **1.** heilig; ♀ *Thursday* Gründonnerstag *m*; ~ *water* Weihwasser *n*; ♀ *Week* Karwoche *f*; **2.** ~ *of holies Bibel*: *das* Allerheiligste; '~**-stone** ⚓ Scheuerstein *m*.
hom·age ['hɔmidʒ] Huldigung *f*; *do od. pay od. render* ~ huldigen (*to dat.*).
home [həum] **1.** Heim *n*; Haus *n*,

Wohnung *f*; Heimat *f*; Mal *n*, Ziel *n*; *at* ~ zu Hause, daheim; *make o.s. at* ~ es sich bequem machen; *be not at* ~ *to anyone* niemanden empfangen; **2.** *adj.* heimisch, häuslich, inländisch; wirkungsvoll, tüchtig (*Schlag etc.*); treffend (*Wahrheit*); ♀ *Office* Innenministerium *n*; ♀ *Rule* Selbstregierung *f*; ♀ *Secretary* Innenminister *m*; ~ *trade* Binnenhandel *m*; **3.** *adv.* heim, nach Hause; an die richtige Stelle; gründlich; *be* ~ (wieder) zu Hause sein; *bring od. drive s.th.* ~ *to s.o.* j-m et. klarmachen; j-m et. nachweisen; *come* ~ heimkommen; *come* ~ *to s.o. fig.* j-n nahe berühren; *that comes* ~ *to you* das geht auf Sie; *hit od. strike* ~ *fig.* ins Schwarze treffen; **4.** heimkehren; **'~-'brewed** selbstgebraut; **'~-com·ing** Heimkehr *f*; ♀ **Counties** *pl. die* Grafschaften *f/pl.* um London; ~ **e·co'nom·ics** *mst sg. Am.* Hauswirtschaftslehre *f*; **'~-felt** tief empfunden; **'~-'grown** einheimisch; **'home·less** heimatlos; **'home·like** anheimelnd, gemütlich; **'home·li·ness** Hausbackenheit *f*; Anspruchslosigkeit *f*; *Am.* Reizlosigkeit *f*; **'home·ly** □ *fig.* anheimelnd, häuslich; hausbacken; einfach, schlicht; anspruchslos; *Am.* reizlos.

home...: **'~-'made** selbstgemacht, Hausmacher...; **'~·mak·er** Hausfrau *f* (u. Mutter *f*); **'~·sick:** *be* ~ Heimweh haben; **'~·sick·ness** Heimweh *n*; **'~·spun 1.** selbstgesponnen; *fig.* hausbacken; **2.** rauher Wollstoff *m*; **'~·stead** Heimstätte *f*; Gehöft *n*, Anwesen *n*; ~ **team** *Sport*: Gastgeber *m/pl.*; **~·ward**(**s**) ['~wəd(z)] heimwärts (gerichtet), Heim...; **'~·work** Hausaufgabe(n *pl.*) *f*, Schularbeiten *f/pl.*

hom·i·cide ['hɔmisaid] Totschlag *m*; Mord *m*; Totschläger(in).

hom·i·ly ['hɔmili] (Lehr)Predigt *f*.

hom·ing ['həumiŋ] Heimkehr *f*; ~ *instinct* Heimkehrvermögen *n*; ~ *pigeon* Brieftaube *f*.

hom·i·ny ['hɔmini] Maisbrei *m*.

ho·m(o)e·o·path ['həumjəupæθ] Homöopath(in); **ho·m(o)e·o'path·ic** (*~ally*) homöopathisch; **ho·m(o)e·op·a·thist** [~mi'ɔpəθist] Homöopath *m*; **ho·m(o)e'op·a·thy** Homöopathie *f*.

ho·mo·ge·ne·i·ty [hɔməudʒe'ni:iti] Gleichartigkeit *f*; **ho·mo·ge·ne·ous** □ [~'dʒi:njəs] homogen, gleichartig; **hom·o·graph** ['hɔməugrɑ:f] Homograph *n* (*Wort mit gleicher Schreibung aber anderer Bedeutung*); **ho·mol·o·gous** [hɔ'mɔləgəs] homolog; **ho'mol·o·gy** [~dʒi] Übereinstimmung *f*; **hom·o·nym** ['hɔmənim] Homonym *n* (*Wort mit gleicher Lautung aber anderer Bedeutung*); **hom·o·phone** ['~fəun] = *homonym*; **ho·mo·sex·u·al** ['həuməu'seksjuəl] homosexuell.

hom·y F ['həumi] = *homelike.*

hone ⊕ [həun] **1.** Abziehstein *m*; **2.** *Rasiermesser* abziehen.

hon·est □ ['ɔnist] ehrlich, rechtschaffen; aufrichtig; echt; **'hon·es·ty** Rechtschaffenheit *f*, Ehrlichkeit *f etc.*

hon·ey ['hʌni] Honig *m*; F Liebling *m*, Süße *f*; **'hon·ey-bee** (Honig-)Biene *f*; **'hon·ey·comb 1.** (Honig-)Wabe *f*; **2.** durchlöchern; unterminieren; **hon·eyed** ['hʌnid] honigsüß; **'hon·ey·moon 1.** Flitterwochen *f/pl.*; Hochzeitsreise *f*; **2.** die Flitterwochen verleben; **'hon·ey·suck·le** ⚘ Geißblatt *n*.

honk *mot.* [hɔŋk] **1.** Hupenton *m*; **2.** hupen, tuten.

honk·y-tonk *Am. sl.* ['hɔŋkitɔŋk] Bumslokal *n*, übles Nachtlokal *n*.

hon·o·rar·i·um [ɔnə'rɛəriəm] Honorar *n*; **hon·or·ar·y** ['ɔnərəri] Ehren...; ehrenamtlich.

hon·o(u)r ['ɔnə] **1.** Ehre *f*; Achtung *f*; Würde *f*; *fig.* Zierde *f*; *~s pl.* Auszeichnungen *f/pl.*; *~s degree* Honours-Grad *m*; *Your* ♀ Euer Gnaden; *in* ~ *of s.o.* j-m zu Ehren; *do the ~s of the house* die Honneurs machen; **2.** ehren; beehren; † honorieren, einlösen.

hon·o(u)r·a·ble □ ['ɔnərəbl] ehrenvoll; redlich; ehrbar; ehrenwert; *Right* ♀ Sehr Ehrenwert; **'hon·o(u)r·a·ble·ness** Ehrenhaftigkeit *f*.

hooch *sl.* [hu:tʃ] Fusel *m*.

hood [hud] Kapuze *f*; *mot.* Verdeck *n*; *Am.* (Motor)Haube *f*; ⊕ Kappe *f*; *univ.* Talarüberwurf *m*; **'hood·ed** mit e-r Kapuze *od.* Kappe; *fig.* verhüllt.

hood·lum *Am.* F ['hu:dləm] Strolch *m*; Raufbold *m*; Rowdy *m*.

hoo·doo *bsd. Am.* ['hu:du:] **1.** Un-

glücksbringer *m*; Pech *n* (*Unglück*); **2.** Unglück bringen.
hood·wink ['hudwiŋk] täuschen.
hoo·ey *Am. sl.* ['hu:i] Quatsch *m.*
hoof [hu:f], *pl.* **hoofs** *od.* **hooves** [hu:vz] Huf *m*; Klaue *f*; '~**-beat** Hufschlag *m*; **hoofed** [hu:ft] gehuft, ...hufig.
hook [huk] **1.** (*bsd.* Angel)Haken *m*; Sichel *f*; *~s and eyes* Haken und Ösen; *by ~ or by crook* mit allen Mitteln; *~, line, and sinker* F mit allem Drum und Dran; **2.** *v/t.* (zu-, fest)haken; fangen, angeln (*a. fig.*); *sl.* klauen; *~ it sl.* abhauen; *~ up* anhaken; *v/i. a. ~ on* sich festhaken.
hook·a(h) ['hukə] Wasserpfeife *f.*
hooked [hukt] hakenförmig; '**hook·er** ⚓ Huker *m*; '**hook·ey** = *hooky*; '**hook-up** Bündnis *n*, Übereinkommen *n*; *Radio*: Ringsendung *f*; '**hook·y 1.** hakig; **2.** *play ~ Am. sl.* (die Schule *etc.*) schwänzen.
hoo·li·gan ['hu:ligən] Rowdy *m.*
hoop [hu:p] **1.** *Faß- etc.* Reif(en) *m*; ⊕ Ring *m*; Reifrock *m*; **2.** *Fässer* binden, mit Reifen belegen; '**hoop·er** Küfer *m*, Böttcher *m.*
hoop·ing-cough ['hu:piŋkɔf] Keuchhusten *m.*
hoo·poe *orn.* ['hu:pu:] Wiedehopf *m.*
hoot [hu:t] **1.** Schrei *m*; Geheul *n*; Getute *n*; **2.** *v/i.* heulen; johlen; tuten; *mot.* hupen; *v/t. a. ~ at, ~ out, ~ away* auspfeifen, -zischen; '**hoot·er** Schreier *m*; Sirene *f*, Dampfpfeife *f*; *mot.* Hupe *f.*
Hoov·er ['hu:və] **1.** Staubsauger *m*; **2.** (mit e-m Staubsauger) saugen *od.* reinigen.
hop[1] [hɔp] **1.** ⚘ Hopfen *m*; *~s pl.* Hopfen(früchte *f/pl.*) *m*; *~-picker* Hopfenpflücker *m*; **2.** *v/t. Bier etc.* hopfen; *v/i.* Hopfen pflücken.
hop[2] [~] **1.** Hopser *m*, Sprung *m*; ✈ Etappe *f*; F (*zwanglose*) Tanzveranstaltung *f*, Tanzerei *f*; **2.** hüpfen, springen (über *acc.*); *~ it sl.* verduften; *~ off* ✈ starten.
hope [həup] **1.** Hoffnung *f* (*of* auf *acc.*); *of great ~s* vielversprechend; **2.** hoffen (*for* auf *acc.*); *~ in* vertrauen auf (*acc.*); *~ against ~* verzweifelt hoffen; **hope·ful** □ ['~ful] hoffnungsvoll; *be ~ that* die Hoffnung haben, daß; '**hope·less** □ hoffnungslos; verzweifelt.
hop-o'-my-thumb ['hɔpəmi'θʌm] Knirps *m*, Dreikäsehoch *m.*
hop·per ['hɔpə] ⊕ Mühlentrichter *m*; Floh *m*; Känguruh *n.*
horde [hɔ:d] Horde *f.*
ho·ri·zon [hə'raizn] Horizont *m*; **hor·i·zon·tal** □ [hɔri'zɔntl] horizontal, waag(e)recht; Horizont...
hor·mone ['hɔ:məun] Hormon *n.*
horn [hɔ:n] Horn *n der Tiere, des Mondes*; *zo.* Fühlhorn *n*; Trinkhorn *n*; Schalltrichter *m*; *mot.* Hupe *f*; *draw in one's ~s fig.* sich (*von e-m Unternehmen*) zurückziehen, kein Interesse mehr zeigen; (*stag's*) *~s pl.* Geweih *n*; *~ of plenty* Füllhorn *n*; '~**·beam** ⚘ Hainbuche *f*; ~**·blende** ['~blend] *min.* Hornblende *f*; **horned** ['~id, *in Zssgn* hɔ:nd] gehörnt; Horn...
hor·net *zo.* ['hɔ:nit] Hornisse *f.*
horn·less ['hɔ:nlis] hornlos; '**horn·pipe** *a. sailor's ~ ein* (Seemanns-) Tanz *m*; '**horn·rimmed**: *~ spectacles pl.* Hornbrille *f*; **horn·swog·gle** *Am. sl.* ['~swɔgl] *j.* (he)reinlegen; '**horn·y** □ hornig; schwielig.
ho·rol·o·gy [hɔ'rɔlədʒi] Uhrmacherkunst *f*; **hor·o·scope** ['hɔrəskəup] Horoskop *n*; *cast a ~* das Horoskop stellen.
hor·ri·ble □ ['hɔrəbl] entsetzlich; scheußlich; **hor·rid** □ ['hɔrid] gräßlich, abscheulich; schrecklich; **hor·rif·ic** [hɔ'rifik] entsetzlich; **hor·ri·fy** ['~fai] erschrecken; entsetzen; **hor·ror** ['hɔrə] Entsetzen *n*, Schauder *m*, Abscheu *f*, *m* (*of* vor *dat.*); Schrecken *m*; Greuel *m*; *chamber of ~s* Schreckenskammer *f*; *~ fiction* (*film*) Gruselroman *m* (-film *m*); '**hor·ror-strick·en** starr vor Entsetzen.
horse [hɔ:s] **1.** Pferd *n*, Roß *n*, Gaul *m*; *coll.* Reiterei *f*; ⊕ Bock *m*, Gestell *n*; *look a gift ~ in the mouth fig.* e-m geschenkten Gaul ins Maul schauen; *a ~ of another colo(u)r* et. ganz anderes; (*straight*) *from the ~'s mouth* aus erster Hand; **2.** bespannen; beritten machen; *j.* auf den Rücken nehmen; '~**·back**: *on ~* zu Pferd; *go on ~* reiten; '~**-bean** ⚘ Pferdebohne *f*; '~**-box** Pferdetransportwagen *m*; '~**-break·er** Zureiter *m*; ~ **chest·nut** ⚘ Roßkastanie *f*; '~**-col·lar** Kum(me)t *n*; '~**-deal·er** Pferdehändler *m*; '~**-**

-flesh Pferdefleisch *n*; *coll.* Pferde *n/pl.*; '**~-fly** *zo.* Bremse *f*; ♀ **Guards** *pl.* *englisches* Garde-Kavallerie-Regiment *n*; '**~-hair** Roßhaar *n*; '**~-laugh** F wieherndes Lachen *n*; '**~·man** Reiter *m*; '**~·man·ship** Reitkunst *f*; **~ op·er·a** *Am. drittklassiger* Wildwestfilm *m*; '**~-play** grober Scherz *m*; '**~-pond** Pferdeschwemme *f*, -tränke *f*; '**~·pow·er** Pferdestärke *f*; '**~-race** Pferderennen *n*; '**~-rad·ish** ⚘ Meerrettich *m*; '**~-sense** gesunder Menschenverstand *m*; '**~·shoe** Hufeisen *n*; '**~·whip** Reitgerte *f*; '**~·wom·an** Reiterin *f*.

hors·y ['hɔːsi] pferdenärrisch; Pferde..., Reit..., Jockei...

hor·ta·tive □ ['hɔːtətiv], **hor·ta·to·ry** ['~təri] ermahnend.

hor·ti·cul·tur·al [hɔːti'kʌltʃərəl] Gartenbau...; '**hor·ti·cul·ture** Gartenbau *m*; **hor·ti'cul·tur·ist** Gartenkünstler *m*.

ho·san·na [həu'zænə] Hosianna *n*, Loblied *n*.

hose [həuz] **1.** Schlauch *m*; Strumpfhose *f*; *coll.* Strümpfe *m/pl.*; **2.** mit e-m Schlauch (be)sprengen *od.* waschen.

ho·sier ['həuziə] Strumpfwarenhändler *m*; '**ho·sier·y** Strumpfwaren *f/pl.*; Strumpffabrik *f*.

hos·pice ['hɔspis] Hospiz *n*.

hos·pi·ta·ble □ ['hɔspitəbl] gastfrei, gast(freund)lich; aufgeschlossen (*to dat.*).

hos·pi·tal ['hɔspitl] Hospital *n*, Krankenhaus *n*; ⚔ Lazarett *n*; **hos·pi·tal·i·ty** [~'tæliti] Gastfreundschaft *f*, Gastlichkeit *f*; **hos·pi·tal·ize** ['~təlaiz] ins Krankenhaus einliefern; stationär behandeln; '**hos·pi·tal-train** ⚔ Lazarettzug *m*.

host[1] [həust] Wirt *m* (*a. zo.*, ⚘); Gastgeber *m*; Gastwirt *m*; *reckon without one's ~* die Rechnung ohne den Wirt machen.

host[2] [~] *fig.* Heer *n* (*große Menge*), Unzahl *f*; Schwarm *m*; *Lord of ~s Bibel*: Herr *m* der Heerscharen; *he is a ~ in himself* er leistet so viel wie hundert andere zusammen.

Host[3] *eccl.* [~] Hostie *f*.

hos·tage ['hɔstidʒ] Geisel *m*, *f*.

hos·tel ['hɔstəl] Herberge *f*; *univ.* Studenten(wohn)heim *n*; '**hos·tel·(l)er** Herbergsbenützer *m*; '**hos·tel·ry** ['~ri] Gasthaus *n*, Herberge *f*.

host·ess ['həustis] Wirtin *f*; Gastgeberin *f*; = *air ~*.

hos·tile ['hɔstail] feindlich (gesinnt); **hos·til·i·ty** [~'tiliti] Feindseligkeit *f* (*to* gegen).

hos·tler ['ɔslə] Stallknecht *m*.

hot [hɔt] **1.** □ heiß; scharf; beißend; hitzig, heftig; eifrig; warm (*Speise, Fährte*); *Am. sl.* falsch (*Scheck*); gestohlen; radioaktiv; *~ air* F leeres Geschwätz *n*; *go like ~ cakes* wie warme Semmeln weggehen; *~ stuff sl.* toller Kerl *m*; tolle *od.* heikle Sache *f*; *get into ~ water* in des Teufels Küche kommen; **2.** *mst ~ up* F heiß machen; '**hot·bed** Mistbeet *n*; *fig.* Pflanz-, Brutstätte *f*; '**hot-'blood·ed** heißblütig.

hotch·potch F ['hɔtʃpɔtʃ] Mischmasch *m*; Gemüsesuppe *f*.

hot dog F ['hɔt'dɔg] heißes Würstchen *n*.

ho·tel [həu'tel] Hotel *n*.

hot...: '**~·foot** **1.** eiligst; **2.** F eilen; '**~·head** Hitzkopf *m*; '**~·house** Treibhaus *n*; '**hot·ness** Hitze *f*; Schärfe *f*.

hot...: '**~-plate** Heiz-, Kochplatte *f*; '**~-pot** Irish Stew *n*; '**~-press** *Papier* heiß pressen; *Stoff* dekatieren; **~ rod** *mot. Am. sl.* frisiertes altes Auto *n*; '**~·spur** Heißsporn *m*, Hitzkopf *m*; **~-'wa·ter bot·tle** Wärmflasche *f*.

hough [hɔk] = *hock*[1].

hound [haund] **1.** Jagdhund *m*, *bsd.* Spürhund *m*; *fig.* Hund *m*, Schurke *m*; **2.** jagen, hetzen (*at, on* auf *acc.*).

hour ['auə] Stunde *f*; Zeit *f*, Uhr *f*; *~s pl.* Dienst(stunden *f/pl.*) *m*; *eccl.* Stundengebete *n/pl.*; *s. eleventh*; '**~-glass** Sanduhr *f*; '**~-hand** Stundenzeiger *m*; '**hour·ly** stündlich; ständig.

house **1.** [haus], *pl.* **hous·es** ['hauziz] *allg.* Haus *n* (*a.* ✝, *parl.*, *thea.*); *the* ♀ das Unterhaus *n*; die Börse *f*; *~ and home* Haus und Hof; *keep ~* den Haushalt führen; *on the ~* auf Kosten des Wirts, umsonst; **2.** [hauz] *v/t.* ein-, unterbringen; *v/i.* hausen; **~-a·gent** ['hauseidʒənt] Häusermakler *m*; **~ ar·rest** Hausarrest *m*; '**~-boat** Hausboot *n*; '**~·break·er** Einbrecher *m bei Tage*; Abbrucharbeiter *m*; '**~-flag**

⚓ Reedereiflagge *f*; '~**-fly** Stubenfliege *f*; '~**·hold** Haushalt *m*; *attr.* Haushalts...; Haus...; *King's* ~ königliche Hofhaltung *f*; ~ *troops pl.* Gardetruppen *f/pl.*; ~ *word* fester *od.* geläufiger Begriff *m*; '~**·hold·er** Haushaltsvorstand *m*, Hausherr *m*; '~**·keep·er** Haushälterin *f*; '~**·keep·ing 1.** Haushaltung *f*; **2.** häuslich; '~**·less** obdachlos; '~**·maid** Hausangestellte *f*; '~**·mas·ter** Internatsleiter *m*; ~ **of cards** Kartenhaus *n* (*a. fig.*); ♀ **of God** Gotteshaus *n*; ~ **of ill fame** Freudenhaus *n*; '~**-paint·er** Anstreicher *m*; '~**-phy·si·cian** Krankenhausarzt *m*; '~**-room** Platz *m* im Haus; *give s.o.* ~ j. in sein Haus aufnehmen; '~**-to-'house** Haus...; ~ *collection* Haussammlung *f*; '~**-top** Dach *n*; *proclaim from the* ~*s* öffentlich verkünden; '~**-train·ed** stubenrein (*Tier*); '~**-warm·ing** Einzugsfeier *f*; ~**·wife** ['~waif] Hausfrau *f*; ['hʌzif] Nähtäschchen *n*; ~**·wife·ly** ['hauswaifli] hausfraulich; Haushaltungs...; ~**·wif·er·y** ['~wifəri] Haushaltung *f*; '~**-work** Haus(halts)arbeiten *f/pl.*; '~**-wreck·er** *Am.* Abbruchunternehmer *m*.

hous·ing[1] ['hauziŋ] Unterbringung *f*; Wohnung *f*; ~ *conditions pl.* Wohnverhältnisse *n/pl.*; ~ *estate* Wohnsiedlung *f*; ~ *shortage* Wohnungsnot *f*.

hous·ing[2] [~] Schabracke *f*.

hove [həuv] *pret. u. p.p. von heave* 2.

hov·el ['hɔvəl] Schuppen *m*; Hütte *f*.

hov·er ['hɔvə] schweben; lungern; *fig.* schwanken; ~*ing accent* schwebender Akzent *m*; '~**·craft** Luftkissenfahrzeug *n*.

how [hau] wie; ~ *do you do?* Guten Tag!; ~ *large a room!* was für ein großes Zimmer!; ~ *about ...?* wie steht's mit ...?; ~**·be·it** † F ['~'bi:it] nichtsdestoweniger; ~**-d'ye-do** *sl.* ['~djə'du:] unangenehme Geschichte *f*, Bescherung *f*; ~**'ev·er**, *a.* **how-e'er** [~'ɛə] **1.** *adv.* wie auch (immer); *bei adj. u. adv.*: wenn auch noch so ..., so ... auch; F wie eigentlich?; **2.** *conj.* jedoch, gleichwohl, doch.

how·itz·er ⚔ ['hauitsə] Haubitze *f*.

howl [haul] **1.** heulen, brüllen; **2.** Heulen *n*, Geheul *n*; *Radio*: Pfeifen *n*; '**howl·er** Heuler *m*; *sl.* grober Fehler *m*; '**howl·ing 1.** heulend; F fürchterlich; **2.** Heulen *n*.

how·so·ev·er [hausəu'evə] wie (sehr) auch immer.

hoy [hɔi] **1.** holla!; **2.** ⚓ Leichter *m* (*kleines Küstenfahrzeug*).

hoy·den ['hɔidn] Wildfang *m*, Range *f* (*Mädchen*).

hub [hʌb] (Rad)Nabe *f*; *fig.* Mittel-, Angelpunkt *m*.

hub·ble-bub·ble ['hʌblbʌbl] Geblubber *n*; *Art* Wasserpfeife *f*.

hub·bub ['hʌbʌb] Tumult *m*, Lärm *m*.

hub(·by) F ['hʌb(i)] Männchen *n* (*Ehemann*).

hub·ris ['hju:bris] Hybris *f*, Selbstüberhebung *f*.

huck·a·back ['hʌkəbæk] Drell *m*.

huck·le ['hʌkl] Hüfte *f*; '~**·ber·ry** ⚘ amerikanische Heidelbeere *f*; '~**-bone** Fußknöchel *m*; Hüftknochen *m*.

huck·ster ['hʌkstə] **1.** Höker(in); **2.** (ver)hökern, schachern (mit).

hud·dle ['hʌdl] **1.** *a.* ~ *together* (sich) zs.-drängen, zs.-pressen; ~ (*o.s.*) *up* sich zs.-kauern; **2.** Gewirr *n*, Wirrwarr *m*, Gehudel *n*; *go into a* ~ F Kriegsrat halten.

hue[1] [hju:] Farbe *f*, Färbung *f*.

hue[2] [~]: ~ *and cry* Zetergeschrei *n*; Hetze *f*.

huff [hʌf] **1.** üble Laune *f*; **2.** *v/t.* *grob* anfahren; beleidigen; *e-n Damstein* pusten; *v/i.* wütend werden; schmollen; '**huff·ish** □ übelnehmerisch; '**huff·i·ness**, '**huff·ish·ness** Übelnehmerei *f*; Übellaunigkeit *f*; '**huff·y** □ übelnehmerisch; F eingeschnappt.

hug [hʌg] **1.** Umarmung *f*; **2.** an sich drücken, umarmen; umklammern; *fig.* festhalten an (*dat.*), hegen; sich dicht am *Lande od. Wege* halten; ~ *o.s.* sich beglückwünschen (*on* zu).

huge □ [hju:dʒ] ungeheuer, riesig; '**huge·ness** ungeheure Größe *f*.

hug·ger-mug·ger F ['hʌgəmʌgə] **1.** unordentlich; heimlich; **2.** *v/t.* verheimlichen; *v/i.* Heimlichkeiten haben; **3.** Kuddelmuddel *m*.

Hu·gue·not *hist.* ['hju:gənɔt] Hugenotte *m*, Hugenottin *f*.

hu·la ['hu:lə] Hula(-Hula) *m* (*hawaiischer Tanz*).

hulk ⚓ [hʌlk] Hulk *m*, *f*, (*abgetakeltes*) altes Schiff *n*; *fig.* Klotz *m*; ˈ**hulk·ing** ungeschlacht, klobig.
hull [hʌl] **1.** ⚘ Schale *f*; Hülse *f*; ⚓ Rumpf *m*; ~ *down* weit entfernt; **2.** enthülsen; schälen; ⚓ in den Schiffsrumpf treffen.
hul·la·ba·loo [hʌləbəˈluː] Spektakel *m*, Lärm *m*.
hul·lo [ˈhʌˈləu] hallo (*bsd. teleph.*).
hum [hʌm] **1.** Summen *n*; Brumme(l)n *n*; Gesumm *n*; **2.** hm!; **3.** summen; brumme(l)n; *sl.* stinken; ~ *and haw* verlegen stottern, sich verlegen räuspern; *make things* ~ F Schwung in die Sache bringen.
hu·man [ˈhjuːmən] **1.** □ menschlich; ~*ly* nach menschlichem Ermessen; ~*ly possible* menschenmöglich; ~*ly speaking* nach menschlichen Begriffen; **2.** F Mensch *m*; **hu·mane** □ [hjuːˈmein] human, menschenfreundlich; ~ *killer* Schlachtmaske *f*; ~ *learning* humanistische Bildung *f*; **hu·man·ism** [ˈhjuːmənizəm] Humanismus *m*; ˈ**hu·man·ist** Humanist *m*; **hu·man·i·tar·i·an** [hjuːmæniˈtɛəriən] **1.** Menschenfreund *m*; **2.** menschenfreundlich; **hu**ˈ**man·i·ty** menschliche Natur *f*; Menschheit *f*; Menschlichkeit *f*, Menschenliebe *f*, Humanität *f*; *the humanities pl.* die antiken Sprachen und Literaturen *f/pl.*; die Geisteswissenschaften *f/pl.*; **hu·man·i·za·tion** [hjuːmənaiˈzeiʃən] Humanisierung *f*; ˈ**hu·man·ize** menschlich *od.* gesittet machen *od.* werden; **hu·man·kind** [ˈhjuːmənˈkaind] das Menschengeschlecht, die Menschheit.
hum·ble [ˈhʌmbl] **1.** □ demütig; bescheiden; niedrig, gering; *my* ~ *self* meine Wenigkeit *f*; *your* ~ *servant* Ihr ergebenster Diener *m*; *eat* ~ *pie* zu Kreuze kriechen, sich demütigen; **2.** erniedrigen; demütigen.
hum·ble-bee [ˈhʌmblbiː] Hummel *f*.
hum·ble·ness [ˈhʌmblnis] Demut *f*; Bescheidenheit *f*.
hum·bug [ˈhʌmbʌg] **1.** Schwindel *m*; Unsinn *m*, Humbug *m*; Schwindler *m*; Pfefferminzbonbon *n*; **2.** prellen, (be)schwindeln.
hum·ding·er *Am. sl.* [hʌmˈdiŋə] Mordskerl *m*; Mordssache *f*.
hum·drum [ˈhʌmdrʌm] **1.** eintönig, langweilig; fad; **2.** Alltagseinerlei *n*, Eintönigkeit *f*.
hu·mer·al *anat.* [ˈhjuːmərəl] Schulter...
hu·mid [ˈhjuːmid] feucht, naß; **hu**ˈ**mid·i·ty** Feuchtigkeit *f*.
hu·mil·i·ate [hjuːˈmilieit] erniedrigen, demütigen; **hu·mil·i**ˈ**a·tion** Erniedrigung *f*, Demütigung *f*.
hu·mil·i·ty [hjuːˈmiliti] Demut *f*.
hum·mer [ˈhʌmə] Summer *m* (*bsd. teleph.*); *sl.* Betriebmacher *m*.
hum·ming F [ˈhʌmiŋ] mächtig, gewaltig; ˈ~**-bird** *orn.* Kolibri *m*; ˈ~**-top** Brummkreisel *m*.
hum·mock [ˈhʌmək] *Erd-, Eis-*Buckel *m*; Hügel *m*.
hu·mor·ist [ˈhjuːmərist] Humorist *m*; Spaßmacher *m*, -vogel *m*.
hu·mor·ous □ [ˈhjuːmərəs] humoristisch, humorvoll; spaßig; ˈ**hu·mor·ous·ness** Humor *m*; *das* Spaßige.
hu·mo(u)r [ˈhjuːmə] **1.** Humor *m*; *das* Spaßige; Stimmung *f*, Laune *f*; Körpersaft *m*; *out of* ~ schlecht gelaunt; **2.** *j-m* s-n Willen lassen; eingehen auf (*acc.*); ˈ**hu·mo(u)r·less** humorlos; **hu·mo(u)r·some** □ [ˈ~səm] launisch.
hump [hʌmp] **1.** Höcker *m*, Buckel *m*; *sl.* üble Laune *f*; *give s.o. the* ~ j. verdrießen; **2.** krümmen; ärgern, verdrießen; ~ *o.s. Am. sl.* sich dranhalten; ˈ**hump·back**, ˈ**hump-backed** *s. hunchback*.
humph [mm; hʌmf] hm! (*zum Ausdruck des Zweifels od. der Verachtung*).
Hum·phrey [ˈhʌmfri]: *dine with Duke* ~ kein Mittagessen haben.
hump·ty-dump·ty F [ˈhʌmptiˈdʌmpti] Dickerchen *n*, Stöpsel *m*.
hump·y [ˈhʌmpi] bucklig.
hu·mus [ˈhjuːməs] Humus *m*.
hunch [hʌntʃ] **1.** *s. hump*; großes Stück *n*, Runken *m*; *Am.* F Ahnung *f*, Verdacht *m*; **2.** *a.* ~ *out*, ~ *up* krümmen; ˈ**hunch·back** Bucklige *m*, *f*; ˈ**hunch·backed** bucklig.
hun·dred [ˈhʌndrəd] **1.** hundert; **2.** Hundert *n*; Hundertschaft *f*; Bezirk *m*; **hun·dred·fold** [ˈ~fəuld] hundertfältig; **hun·dredth** [ˈ~θ] **1.** hundertste; **2.** Hundertstel *n*;

ˈ**hun·dred·weight** *englischer* Zentner *m* (*50,8 kg*).
hung [hʌŋ] **1.** *pret. u. p.p. von* *hang* **1**; **2.** *adj.* abgehangen (*Fleisch*).
Hun·gar·i·an [hʌŋˈgɛəriən] **1.** ungarisch; **2.** Ungar(in); Ungarisch *n.*
hun·ger [ˈhʌŋgə] **1.** Hunger *m* (*a. fig.*; *for* nach); **2.** *v/i.* hungern (*for, after* nach); *v/t.* durch Hunger zwingen (*into* zu).
hun·gry □ [ˈhʌŋgri] hungrig (*for* nach); mager (*Boden*); ~ *work* Arbeit, die hungrig macht.
hunk F [hʌŋk] dickes Stück *n*, Runken *m*; ˈ**hun·kers** *pl.* Hinterbacken *f/pl.*
hunks F [hʌŋks] Geizhals *m.*
hunt [hʌnt] **1.** Jagd *f* (*for* auf *acc.*, *fig.* nach); Jagd(revier *n*) *f*; Jagd(-gesellschaft) *f*; **2.** *v/t.* jagen; *Revier* bejagen; *Hund* hetzen; ~ *out od. up* aufstöbern, -spüren; *v/i.* jagen; Jagd machen (*for, after* auf *acc.*); ˈ**hunt·er** Jäger *m*; Jagdpferd *n*; ˈ**hunt·ing** **1.** Jagen *n*; Verfolgung *f*; **2.** Jagd...; ˈ**hunt·ing-box** Jagdhütte *f*; ˈ**hunt·ing-ground** Jagdrevier *n*; ˈ**hunt·ress** Jägerin *f*; ˈ**hunts·man** Jäger *m*; Rüdemann *m* (*Meutenführer*).
hur·dle [ˈhəːdl] Hürde *f* (*a. fig.*); Faschine *f*; ˈ**hur·dler** Hürdenläufer *m*; ˈ**hur·dle-race** Hürdenrennen *n*, -lauf *m.*
hur·dy-gur·dy [ˈhəːdigəːdi] Leierkasten *m.*
hurl [həːl] **1.** Schleudern *n*; **2.** schleudern; *Worte* ausstoßen.
hurl·y-burl·y [ˈhəːlibəːli] Tumult *m*, Aufruhr *m*, Wirrwarr *m.*
hur·ra(h) [huˈrɑː], **hur·ray** [~ˈrei] hurra!
hur·ri·cane [ˈhʌrikən] Hurrikan *m*, Wirbelsturm *m*, Orkan *m*; ~ **lamp** Sturmlaterne *f.*
hur·ried □ [ˈhʌrid] eilig; übereilt.
hur·ry [ˈhʌri] **1.** (große) Eile *f*, Hast *f*; *in a* ~ in Eile; *be in a* ~ es eilig haben; *is there any* ~? ist es eilig?; *not ... in a* ~ F nicht so bald, nicht so leicht; **2.** *v/t.* (an)treiben; drängen; hetzen; *et.* beschleunigen; eilig schicken *od.* bringen; ~ *on*, ~ *up* antreiben; beschleunigen; *v/i.* eilen, hasten; *a.* ~ *up* sich beeilen; ~ *over s.th.* et. eilig erledigen; ˈ~-ˈ**scur·ry** **1.** Unruhe *f*, wilde Hast *f*; **2.** in wilder Hast.
hurt [həːt] **1.** Verletzung *f*; Schaden *m*; **2.** (*irr.*) *v/t.* (*a. fig.*) verletzen; weh tun (*dat.*); schaden (*dat.*); beschädigen; *v/i.* weh tun, schmerzen; F Schaden nehmen; **hurt·ful** □ [ˈ~ful] schädlich (*to* für).
hur·tle [ˈhəːtl] sausen; fegen; (p)rasseln.
hus·band [ˈhʌzbənd] **1.** Ehemann *m*, Gatte *m*; **2.** haushalten mit; verwalten; ˈ**hus·band·man** Landwirt *m*; ˈ**hus·band·ry** Landwirtschaft *f*, Ackerbau *m*; *good etc.* ~ gutes *etc.* Wirtschaften *n.*
hush [hʌʃ] **1.** still; **2.** Stille *f*; **3.** *v/t.* zum Schweigen bringen; beruhigen; *Stimme* dämpfen; ~ *up* vertuschen; *v/i.* still sein; ˈ~-ˈ**hush** streng geheim; ˈ~-**mon·ey** Schweigegeld *n.*
husk [hʌsk] **1.** ⚘ Hülse *f*, Schote *f*; Schale *f* (*a. fig.*); **2.** enthülsen; ˈ**husk·i·ness** Heiserkeit *f*, Rauheit *f.*
husk·y[1] [ˈhʌski] **1.** □ hülsig; trokken; rauh, heiser; F stramm, stämmig, kräftig; **2.** F stämmiger Kerl *m.*
hus·ky[2] [~] Eskimo *m*; Eskimohund *m.*
hus·sar ⚔ [huˈzɑː] Husar *m.*
hus·sy [ˈhʌsi] Flittchen *n*; Range *f.*
hus·tings [ˈhʌstiŋz] *pl.* Wahlkampf *m.*
hus·tle [ˈhʌsl] **1.** *v/t. im Gedränge* stoßen; drängen, treiben; *v/i.* (sich) drängen; eilen; mit Hochdruck arbeiten, sich dranhalten; **2.** (Hoch-)Betrieb *m*; Getriebe *n*; ~ *and bustle* Gedränge *n* und Gehetze *n*; ˈ**hus·tler** rühriger Mensch *m.*
hut [hʌt] **1.** Hütte *f*; ⚔ Baracke *f*; **2.** in Hütten *od.* Baracken unterbringen *od.* hausen.
hutch [hʌtʃ] Kasten *m*; *bsd. Kaninchen*-Stall *m* (*a. fig.*); Trog *m.*
hut·ment ⚔ [ˈhʌtmənt] *a.* ~ *camp* Barackenunterkunft *f*, -lager *n.*
huz·za [huˈzɑː] hussa!, hurra!
huz·zy [ˈhʌzi] = *hussy.*
hy·a·cinth ⚘ [ˈhaiəsinθ] Hyazinthe *f.*
hy·ae·na *zo.* [haiˈiːnə] Hyäne *f.*
hy·brid [ˈhaibrid] **1.** Bastard *m*, Mischling *m*; Kreuzung *f*; **2.** Bastard...; Zwitter...; ˈ**hy·brid·ism** Bastardierung *f*, Kreuzung *f*; **hy**ˈ**brid·i·ty** Bastardnatur *f*; ˈ**hy·brid·ize** bastardieren, kreuzen.
hy·dra [ˈhaidrə] Hydra *f* (*viel-*

köpfige Seeschlange der griechischen Mythologie).

hy·dran·gea ♀ [hai'dreindʒə] Hortensie *f*.

hy·drant ['haidrənt] Hydrant *m*.

hy·drate ⚗ ['haidreit] **1.** Hydrat *n*; **2.** mit Wasser verbinden.

hy·drau·lic [hai'drɔ:lik] **1.** (*~ally*) hydraulich; **2.** *~s sg.* Hydraulik *f*.

hy·dro ['haidrəu] Wasserkuranstalt *f*.

hy·dro... ['haidrəu] Wasser...; '**~'car·bon** Kohlenwasserstoff *m*; '**~'chlo·ric ac·id** Salzsäure *f*; '**~·dy'nam·ics** *sg.* Hydrodynamik *f*; '**~-e'lec·tric** hydroelektrisch; *~ generating station* Wasserkraftwerk *n*; **hy·dro·gen** ⚗ ['haidridʒən] Wasserstoff *m*; **hy·dro·gen·at·ed** [hai'drɔdʒineitid] hydriert; '**hy·dro·gen bomb** Wasserstoffbombe *f*; **hy·drog·e·nous** [hai'drɔdʒinəs] wasserstoffhaltig; **hy'drog·ra·phy** [~grəfi] Hydrographie *f*; **hy·dro·path·ic** ['haidrəu'pæθik] **1.** hydropathisch; **2.** *a. ~ establishment* (Kalt)Wasserheilanstalt *f*; **hy·drop·a·thy** [hai'drɔpəθi] Wasserheilkunde *f*, -kur *f*.

hy·dro...: **~·pho·bi·a** ['haidrəu'fəubjə] Wasserscheu *f*; Tollwut *f*; '**~·plane** (Motor)Gleitboot *n*, Rennboot *n*; Wasserflugzeug *n*; **~·po·nics** [~'pɔnics] *sg.* Wasserkultur *f*; **~'stat·ic** **1.** hydrostatisch; *~ press* hydraulische Presse *f*; **2.** *~s sg.* Hydrostatik *f*.

hy·e·na *zo.* [hai'i:nə] Hyäne *f*.

hy·giene ['haidʒi:n] Hygiene *f*; **hy'gien·ic** (*~ally*) hygienisch; *~s sg.* = *hygiene*.

hy·grom·e·ter [hai'grɔmitə] Feuchtigkeitsmesser *m*.

Hy·men ['haimen] Hymen *m* (*Gott der Ehe*); **hy·me·ne·al** [~'ni:əl] hochzeitlich.

hymn [him] **1.** Hymne *f*; Kirchenlied *n*; **2.** preisen; lobsingen (*dat.*); **hym·nal** ['~nəl] **1.** hymnisch; **2.** *a.* '**hymn-book** Gesangbuch *n*.

hy·per·bo·la ⩘ [hai'pə:bələ] Hyperbel *f*; **hy'per·bo·le** *rhet.* [~bəli] Übertreibung *f*, Hyperbel *f*; **hy·per·bol·ic** ⩘ [~'bɔlik] hyperbolisch; **hy·per'bol·i·cal** □ *rhet.* übertreibend; **hy·per·crit·i·cal** □ ['~'kritikəl] hyperkritisch, allzu scharf; '**hy·per'mar·ket** Verbrauchermarkt *m*; **hy'per·tro·phy** [~trəufi] übermäßiges Wachstum *n*, Hypertrophie *f*.

hy·phen ['haifən] **1.** Bindestrich *m*; **2.** mit Bindestrich schreiben *od.* verbinden; **hy·phen·at·ed** ['~eitid] mit Bindestrich geschrieben; *~ Americans pl.* Bindestrich-, Halb-Amerikaner *m/pl.* (*z. B. German-Americans*).

hyp·no·sis [hip'nəusis], *pl.* **hyp'no·ses** [~si:z] Hypnose *f*.

hyp·not·ic [hip'nɔtik] **1.** (*~ally*) einschläfernd; **2.** Schlafmittel *n*; **hyp·no·tism** ['~nətizəm] Hypnotismus *m*; '**hyp·no·tist** Hypnotiseur *m*; **hyp·no·tize** ['~taiz] hypnotisieren.

hy·po *phot.* ['haipəu] Fixiersalz *n*.

hy·po·chon·dri·a [haipəu'kɔndriə] Schwermut *f*, Hypochondrie *f*; **hy·po'chon·dri·ac** [~driæk] **1.** hypochondrisch; **2.** Hypochonder *m*; **hy·poc·ri·sy** [hi'pɔkrəsi] Heuchelei *f*; **hyp·o·crite** ['hipəkrit] Heuchler (-in); Scheinheilige *m*, *f*; **hyp·o·crit·i·cal** □ [hipəu'kritikəl] heuchlerisch; **hy·po·der·mic** ⚕ [haipəu'də:mik] **1.** subkutan, unter der *od.* die Haut; *~ injection* = **2.** Einspritzung *f* unter die Haut; **hy·pot·e·nuse** ⩘ [hai'pɔtinju:z] Hypotenuse *f*; **hy'poth·e·car·y** [~θikəri] pfandrechtlich, hypothekarisch; **hy'poth·e·cate** [~θikeit] verpfänden; **hy'poth·e·sis** [~θisis], *pl.* **hy'poth·e·ses** [~θisi:z] Hypothese *f*; **hy·po·thet·ic, hy·po·thet·i·cal** □ [haipəu'θetik(əl)] hypothetisch.

hys·sop ♀ ['hisəp] Ysop *m*.

hys·te·ri·a ⚕ [his'tiəriə] Hysterie *f*; **hys·ter·ic,** *mst* **hys·ter·i·cal** □ [his'terik(əl)] hysterisch; **hys'ter·ics** *pl.* hysterischer Anfall *m*, hysterische Anfälle *m/pl.*; *go into ~* hysterisch werden.

I

I [ai] ich.

i·am·bic [ai'æmbik] **1.** iambisch; **2.** *a.* **i'am·bus** [~bəs] Jambus *m.*

i·bex *zo.* ['aibeks] Steinbock *m.*

i·bi·dem [i'baidem] ebenda.

ice [ais] **1.** Eis *n*; (Speise)Eis *n*; *cut no* ~ F nicht von Belang sein, nicht ziehen; **2.** gefrieren machen; *a.* ~ *up* vereisen; *Kuchen* mit Zuckerguß überziehen; in Eis kühlen; '**~-age** Eiszeit *f*; '**~-axe** Eispickel *m*; **~ bag** ⚕ Eisbeutel *m*; **ice·berg** ['~bə:g] Eisberg *m* (*a. fig.*).

ice...: '**~-boat** Eisjacht *f*, Segelschlitten *m*; '**~-bound** eingefroren; '**~-box** Eisschrank *m*; *Am. a.* Kühlschrank *m*; '**~-break·er** ⚓ Eisbrecher *m*; '**~-cap** Eisdecke *f*; '**~-'cream** Speiseeis *n*; '**~-fall** Gletscherbruch *m*, Eiskaskade *f*; '**~-field** (polare) Eisdecke *f*; '**~-floe** Eisscholle *f*; '**~-free** eisfrei; '**~-hock·ey** Eishockey *n*; '**~-house** Eiskeller *m.*

Ice·land·er ['aisləndə] Isländer(in); **Ice·lan·dic** [~'lændik] Isländisch *n.*

ich·thy·ol·o·gy [ikθi'ɔlədʒi] Fischkunde *f.*

i·ci·cle ['aisikl] Eiszapfen *m.*

i·ci·ness ['aisinis] eisige Kälte *f.*

ic·ing ['aisiŋ] Zuckerguß *m*; Vereisung *f.*

i·con ['aikɔn] Ikone *f.*

i·con·o·clast [ai'kɔnəuklæst] Bilderstürmer *m.*

i·cy □ ['aisi] eisig (*a. fig.*); vereist.

I'd [aid] = *I had*; *I would.*

i·de·a [ai'diə] Idee *f*; Begriff *m*, Vorstellung *f*; Gedanke *m*; Meinung *f*; Ahnung *f*; Plan *m*; *form an* ~ *of* sich e-e Vorstellung machen von; **i'de·al 1.** □ ideell, eingebildet; Gedanken..., Ideen...; vorbildlich, ideal; **2.** Musterbild *n*, Ideal *n*; **i'de·al·ism** Idealismus *m*; **i'de·al·ist** Idealist(in); **i·de·al'is·tic** (~*ally*) idealistisch; **i'de·al·ize** [~laiz] idealisieren.

i·den·ti·cal □ [ai'dentikəl] identisch, gleich(bedeutend); **i'den·ti·cal·ness** = *identity*; **i·den·ti·fi'ca·tion** Identifizierung *f*; Ausweis *m*; ~ *card* = *identity card*; ~ *mark mot.* Kennzeichen *n*; **i'den·ti·fy** [~fai] identifizieren; gleichsetzen (*with* mit *od. dat.*); (*die Persönlichkeit j-s, die Gleichheit od. Art e-r Sache*) feststellen; ausweisen; erkennen; **i'den·ti·ty** Identität *f*; Persönlichkeit *f*, Eigenart *f*; ~ *card* Personalausweis *m*, Kennkarte *f*; ~ *disk* ⚔ Erkennungsmarke *f.*

id·e·o·gram ['idiəugræm], '**id·e·o·graph** ['~grɑ:f] *gr.* Schriftzeichen *n*, Ideogramm *n.*

id·e·o·log·i·cal □ [aidiə'lɔdʒikl] ideologisch; **id·e·ol·o·gy** [~'ɔlədʒi] Ideologie *f*; Begriffslehre *f.*

ides [aidz] *pl. die* Iden *pl.*

id·i·o·cy ['idiəsi] Schwach-, Blödsinn *m.*

id·i·om ['idiəm] Idiom *n*; Mundart *f*; Spracheigentümlichkeit *f*; idiomatische Wendung *f*, Redewendung *f*; **id·i·o·mat·ic** [~'mætik] (~*ally*) idiomatisch; spracheigentümlich.

id·i·o·syn·cra·sy [idiə'siŋkrəsi] Idiosynkrasie *f*; persönliche Eigenart *f.*

id·i·ot ['idiət] Idiot(in), Schwach-, Blödsinnige *m, f*; **id·i·ot·ic** [idi'ɔtik] (~*ally*) blödsinnig; idiotisch.

i·dle ['aidl] **1.** □ müßig; untätig; unbenutzt; träg, faul; unnütz, zwecklos; nichtig, eitel; tot (*Kapital*); ~ *hours pl.* Mußestunden *f/pl.*; **2.** *v/t. mst* ~ *away* vertrödeln, müßig hinbringen; *v/i.* faulenzen; ⊕ leerlaufen; '**i·dle·ness** Muße *f*; Trägheit *f*; Nichtigkeit *f*; '**i·dler** Müßiggänger(in).

i·dol ['aidl] Idol *n*, Götzenbild *n*; *fig.* Abgott *m*; **i·dol·a·ter** [ai'dɔlətə] Götzendiener *m*; blinder Verehrer *m*; **i'dol·a·tress** Götzendienerin *f etc.*; **i'dol·a·trous** □ abgöttisch; **i'dol·a·try** Abgötterei *f*, Götzendienst *m*; Vergötterung *f*; **i·dol·ize** ['aidəulaiz] vergöttern.

i·dyll ['idil] Idyll(e *f*) *n*; **i·dyl·lic** [ai'dilik] (~*ally*) idyllisch.

if [if] **1.** wenn, falls; ob; **2.** Wenn *n*; '**if·fy** *Am.* F zweifelhaft.

ig·loo ['iglu:] Iglu *m*, Schneehütte *f.*

ig·ne·ous ['igniəs] feurig.

ig·nit·a·ble [ig'naitəbl] entzündbar; **ig'nite** (sich) entzünden; zünden; ⚗ erhitzen; **ig·ni·tion** [ig'niʃən]

Entzündung *f*; *mot.* Zündung *f*; ⚗ Erhitzung *f*.
ig·no·ble □ [ig'nəubl] unedel; niedrig, gemein.
ig·no·min·i·ous □ [ignəu'miniəs] schändlich, schimpflich; **ig·no·min·y** ['ignəmini] Schmach *f*, Schande *f*.
ig·no·ra·mus F [ignə'reiməs] Ignorant(in); Nichtskönner(in); '**ig·no·rance** Unwissenheit *f*; Unkenntnis *f*; '**ig·no·rant** unwissend; unkundig (*of gen.*); **ig·nore** [ig'nɔ:] ignorieren, nicht beachten, übersehen; ⚖ verwerfen.
i·gua·na *zo.* [i'gwɑ:nə] Leguan *m*.
i·kon ['aikɔn] = *icon*.
i·lex ⚘ ['aileks] Stechpalme *f*.
Il·i·ad ['iliəd] Ilias *f Homers*.
ill [il] **1.** *adj. u. adv.* übel, böse; schlimm, schlecht; krank; *adv.* schwerlich, mit Mühe, kaum; *fall* ~, *be taken* ~ krank werden; *s. ease*; **2.** Übel *n*; Übles *n*, Böses *n*.
I'll [ail] = *I will*.
ill...: '**~-ad'vised** schlecht beraten; unbesonnen, unklug; '**~-af'fect·ed** übelgesinnt (*to dat.*); '**~-'bred** ungebildet, ungezogen, unhöflich; **~ breed·ing** schlechtes Benehmen *n*; '**~-con'di·tioned** in schlechtem Zustand; bösartig; '**~-dis-'posed** übelgesinnt (*to dat.*).
il·le·gal □ [i'li:gəl] ungesetzlich, illegal; **il·le·gal·i·ty** [ili:'gæliti] Ungesetzlichkeit *f*.
il·leg·i·ble □ [i'ledʒəbl] unleserlich.
il·le·git·i·ma·cy [ili'dʒitiməsi] Unrechtmäßigkeit *f*; Unehelichkeit *f*; **il·le'git·i·mate** □ [~mit] illegitim; unrechtmäßig; unlogisch; unehelich.
ill...: '**~-'fat·ed** unglücklich; '**~-'fa·vo(u)red** häßlich; '**~-'got·ten** unrechtmäßig erworben; '**~-'hu·mo(u)red** übellaunig.
il·lib·er·al □ [i'libərəl] engstirnig; intolerant; knauserig; **il·lib·er·al·i·ty** [~'ræliti] Engstirnigkeit *f etc.*
il·lic·it □ [i'lisit] unerlaubt; ~ *trade* Schwarzhandel *m*.
il·lim·it·a·ble □ [i'limitəbl] unbegrenzbar, grenzenlos.
il·lit·er·a·cy [i'litərəsi] Unbildung *f*; Analphabetentum *n*; **il'lit·er·ate** [~rit] **1.** ungelehrt, ungebildet; **2.** Analphabet(in).
ill...: '**~-'judged** unklug, unvernünftig; '**~-'man·nered** ungezogen; mit schlechten Umgangsformen; '**~-'na·tured** □ boshaft, bösartig.
ill·ness ['ilnis] Krankheit *f*.
il·log·i·cal □ [i'lɔdʒikəl] unlogisch.
ill...: **~-o·mened** ['il'əumend] von schlechten Vorzeichen begleitet; Unglücks...; '**~-'starred** unglücklich; '**~-'tem·pered** schlecht gelaunt; '**~-'timed** ungelegen, zur Unzeit (geschehend *etc.*); '**~-'treat** mißhandeln.
il·lume *poet.* [i'lju:m] erleuchten (*a. fig.*).
il·lu·mi·nant [i'lju:minənt] **1.** (er-)leuchtend; **2.** Beleuchtungskörper *m*; **il'lu·mi·nate** [~neit] be-, erleuchten (*a. fig.*); erläutern; aufklären; *festlich* illuminieren; bunt ausmalen; *~d advertising* Lichtreklame *f*; **il'lu·mi·nat·ing** Leucht...; *fig.* aufschlußreich; **il·lu·mi'na·tion** Erleuchtung *f*; Illumination *f*; Erläuterung *f*; Aufklärung *f*; **il'lu·mi·na·tive** [~nətiv] erleuchtend; Leucht...; **il'lu·mi·na·tor** Erleuchter *m*; **il'lu·mine** = *illuminate*.
ill-use ['il'ju:z] mißhandeln.
il·lu·sion [i'lu:ʒən] Illusion *f*, Täuschung *f*, Einbildung *f*; **il'lu·sive** □ [~siv], **il'lu·so·ry** □ [~səri] illusorisch, täuschend.
il·lus·trate ['iləstreit] illustrieren; erläutern; veranschaulichen; bebildern; **il·lus'tra·tion** Erläuterung *f*; Illustration *f*; '**il·lus·tra·tive** □ erläuternd; *be ~ of* erläutern; '**il·lus·tra·tor** Erläuterer *m*; Illustrator *m*.
il·lus·tri·ous □ [i'lʌstriəs] berühmt.
ill will ['il'wil] Feindschaft *f*.
I'm [aim] = *I am*.
im·age ['imidʒ] **1.** Bild *n* (*a. rhet.*); Standbild *n*; Ebenbild *n*; Vorstellung *f*; **2.** abbilden; widerspiegeln; anschaulich schildern; '**im·age·ry** Bilder *n/pl.*; Bildersprache *f*, Metaphorik *f*.
im·ag·i·na·ble □ [i'mædʒinəbl] denkbar; **im'ag·i·nar·y** eingebildet, imaginär; **im·ag·i·na·tion** [~'neiʃən] *schöpferische* Einbildung (-skraft) *f*, Phantasie *f*, Vorstellungskraft *f*, Ideenreichtum *m*; **im'ag·i·na·tive** □ [~nətiv] Einbildungs...; ideen-, einfallsreich;

schöpferisch; **im'ag·ine** sich *et.* einbilden, sich *et.* vorstellen, sich *et.* denken.
im·bal·ance [im'bæləns] Unausgeglichenheit *f* (*bsd. der Zahlungsbilanz*).
im·be·cile □ ['imbisi:l] **1.** schwachsinnig; **2.** Schwachsinnige *m, f*; **im·be·cil·i·ty** [~'siliti] Schwachsinn *m.*
im·bed [im'bed] = *embed.*
im·bibe [im'baib] einsaugen; *fig.* sich zu eigen machen.
im·bro·glio [im'brəuliəu] Verwirrung *f.*
im·brue [im'bru:] beflecken, benetzen (*in, with* mit).
im·bue [im'bju:] (durch)tränken; tief färben; *fig.* erfüllen.
im·i·ta·ble ['imitəbl] nachahmbar; **im·i·tate** ['~teit] nachahmen; nachbilden; ⊕ imitieren; **im·i'ta·tion** Nachahmung *f*; ⊕ Imitation *f*; *attr.* künstlich, Kunst...; ~ *leather* Kunstleder *n*; **im·i·ta·tive** □ ['~tətiv] nachahmend (*of acc.*); ~ *word* lautmalendes Wort *n*; **im·i·ta·tor** ['~teitə] Nachahmer *m.*
im·mac·u·late □ [i'mækjulit] unbefleckt, rein; fehlerlos.
im·ma·nent ['imənənt] immanent, innewohnend.
im·ma·te·ri·al □ [imə'tiəriəl] unkörperlich; unwesentlich (*to* für).
im·ma·ture [imə'tjuə] unreif, unentwickelt; **im·ma'tu·ri·ty** Unreife *f.*
im·meas·ur·a·ble □ [i'meʒərəbl] unermeßlich.
im·me·di·ate □ [i'mi:djət] unmittelbar; unverzüglich, sofortig; **im'me·di·ate·ly** **1.** *adv.* sofort; **2.** *cj.* gleich nachdem.
im·me·mo·ri·al □ [imi'mɔ:riəl] un(vor)denklich; *from time* ~ seit unvordenklichen Zeiten.
im·mense □ [i'mens] unermeßlich; ungeheuer, gewaltig; *sl.* fabelhaft; **im'men·si·ty** Unermeßlichkeit *f.*
im·merse [i'mə:s] (ein-, unter-) tauchen; ~ *o.s. in fig.* sich versenken *od.* vertiefen in (*acc.*); ~*d in* vertieft in *ein Buch*; verwickelt in *Schulden etc.*; **im'mer·sion** (Ein-, Unter-) Tauchen *n*; Einsinken *n*; *fig.* Versenkung *f*; ~ *heater* Heizspirale *f e-s Boilers*; Tauchsieder *m.*
im·mi·grant ['imigrənt] Einwanderer *m*; **im·mi·grate** ['~greit] *v/i.* einwandern; *v/t.* ansiedeln (*into* in *dat.*); **im·mi'gra·tion** Einwanderung *f.*
im·mi·nence ['iminəns] Bevorstehen *n*, Drohen *n*; **'im·mi·nent** □ bevorstehend, drohend.
im·mit·i·ga·ble □ [i'mitigəbl] nicht zu besänftigen(d); unerbittlich.
im·mo·bile [i'məubail] unbeweglich; **im·mo·bil·i·ty** [~'biliti] Unbeweglichkeit *f*; **im'mo·bi·lize** [~bilaiz] unbeweglich machen; festlegen; *Geld* aus dem Verkehr ziehen.
im·mod·er·ate □ [i'mɔdərit] übermäßig, maßlos; **im'mod·er·ate·ness** Maßlosigkeit *f.*
im·mod·est □ [i'mɔdist] unbescheiden; unanständig; **im'mod·es·ty** Unbescheidenheit *f*; Unanständigkeit *f.*
im·mo·late ['iməuleit] opfern; **im·mo'la·tion** Opferung *f*, Opfer *n.*
im·mor·al □ [i'mɔrəl] unmoralisch, unsittlich; **im·mo·ral·i·ty** [imə'ræliti] Unsittlichkeit *f.*
im·mor·tal [i'mɔ:tl] **1.** □ unsterblich; **2.** Unsterbliche *m, f*; **im·mor·tal·i·ty** [~'tæliti] Unsterblichkeit *f*; **im'mor·tal·ize** [~təlaiz] unsterblich machen.
im·mov·a·ble [i'mu:vəbl] **1.** □ unbeweglich; unerschütterlich; **2.** ~*s pl.* Immobilien *pl.*
im·mune [i'mju:n] ⚕ *u. fig.* (*from*) immun, gefeit (gegen); unempfänglich (für); frei (von); **im'mu·ni·ty** Immunität *f*, Freiheit *f* (*from* von *Steuern etc.*); Unempfänglichkeit *f* (*from* für); Vorrecht *n*; **im·mu·nize** ['~naiz] immunisieren.
im·mure [i'mjuə] einkerkern.
im·mu·ta·bil·i·ty [imju:tə'biliti] Unveränderlichkeit *f*; **im'mu·ta·ble** □ unveränderlich.
imp [imp] Teufelchen *n*; Kobold *m*; Schelm *m*, Schlingel *m.*
im·pact ['impækt] (Zs.-)Stoß *m*; Anprall *m*; Einwirkung *f*; *Geschoß*-Aufschlag *m.*
im·pair [im'pεə] schwächen; (ver-) mindern; beeinträchtigen.
im·pale [im'peil] pfählen; aufspießen.
im·pal·pa·ble □ [im'pælpəbl] unfühlbar; *fig.* unfaßbar; sehr fein.
im·pan·el [im'pænl] = *empanel.*

im·part [imˈpɑːt] verleihen; weitergeben; vermitteln; mitteilen.
im·par·tial □ [imˈpɑːʃəl] unparteiisch; **im·par·ti·al·i·ty** [ˈ~ʃiˈæliti] Unparteilichkeit *f*, Objektivität *f*.
im·pass·a·ble □ [imˈpɑːsəbl] ungangbar, unpassierbar.
im·passe [æmˈpɑːs] Sackgasse *f* (*a. fig.*); *fig.* toter Punkt *m*.
im·pas·si·ble □ [imˈpæsibl] unempfindlich, gefühllos (*to* gegen).
im·pas·sion [imˈpæʃən] leidenschaftlich bewegen *od.* erregen; **imˈpas·sioned** leidenschaftlich.
im·pas·sive □ [imˈpæsiv] unempfindlich; teilnahmslos; heiter; **imˈpas·sive·ness** Unempfindlichkeit *f*.
im·pa·tience [imˈpeiʃəns] Ungeduld *f*; Unduldsamkeit *f*; **imˈpa·tient** □ ungeduldig (*at*, *of* über *acc.*); *be ~ of s.th.* et. nicht ertragen können; *~ for* begierig nach.
im·peach [imˈpiːtʃ] anklagen, beschuldigen (*of*, *with gen.*); zur Verantwortung ziehen; anfechten, anzweifeln; **imˈpeach·a·ble** anklagbar; anfechtbar; **imˈpeach·ment** Anzweiflung *f*; Anfechtung *f*; öffentliche Anklage *f*.
im·pec·ca·bil·i·ty [impekəˈbiliti] Sündlosigkeit *f*; Makellosigkeit *f*; **imˈpec·ca·ble** □ sündlos; makellos, einwandfrei.
im·pe·cu·ni·ous [impiˈkjuːnjəs] ohne Geld, mittellos.
im·pede [imˈpiːd] (ver)hindern.
im·ped·i·ment [imˈpedimənt] Hindernis *n* (*to* für); *~ in one's speech* Sprachfehler *m*; **im·ped·i·men·ta** ⚔ [~ˈmentə] *pl.* Gepäck *n*, Troß *m*.
im·pel [imˈpel] (an)treiben; **imˈpel·lent 1.** treibend; **2.** Triebkraft *f*.
im·pend [imˈpend] hängen, schweben (*over* über *dat.*); bevorstehen, drohen; **imˈpend·ence** drohende Nähe *f*; **imˈpend·ent, imˈpend·ing** nahe (bevorstehend); drohend.
im·pen·e·tra·bil·i·ty [impenitrəˈbiliti] Undurchdringlichkeit *f* (*a. fig.*); **imˈpen·e·tra·ble** □ undurchdringlich (*to*, *by* für); *fig.* unergründlich; *fig.* unzugänglich (*to dat.*).
im·pen·i·tence [imˈpenitəns] Unbußfertigkeit *f*, Verstocktheit *f*; **imˈpen·i·tent** □ unbußfertig, verstockt.
im·per·a·tive [imˈperətiv] **1.** □ notwendig, dringend, unbedingt erforderlich; befehlend; gebieterisch; *gr.* imperativisch; *~ mood* = **2.** *gr.* Imperativ *m*.
im·per·cep·ti·ble □ [impəˈseptəbl] unmerklich.
im·per·fect [imˈpəːfikt] **1.** □ unvollkommen; unvollständig; unvollendet; *~ tense* = **2.** *gr.* Imperfekt *n*; **im·per·fec·tion** [~pəˈfekʃən] Unvollkommenheit *f*; *fig.* Schwäche *f*.
im·pe·ri·al [imˈpiəriəl] **1.** □ kaiserlich; Kaiser..., Reichs...; gebietend; großartig; **2.** Fliege *f* (*Bart*); Imperialpapier *n*; **imˈpe·ri·al·ism** Imperialismus *m*, Weltmachtpolitik *f*; **imˈpe·ri·al·ist** Imperialist *m*, Anhänger *m* der Weltmachtpolitik; **im·pe·ri·alˈis·tic** imperialistisch.
im·per·il [imˈperil] gefährden.
im·pe·ri·ous □ [imˈpiəriəs] gebieterisch; anmaßend; dringend.
im·per·ish·a·ble □ [imˈperiʃəbl] unvergänglich.
im·per·ma·nent [imˈpəːmənənt] unbeständig.
im·per·me·a·ble □ [imˈpəːmjəbl] undurchdringlich, -lässig.
im·per·son·al □ [imˈpəːsnl] unpersönlich; **im·per·son·al·i·ty** [~səˈnæliti] Unpersönlichkeit *f*.
im·per·son·ate [imˈpəːsəneit] verkörpern; *thea.* darstellen; **im·per·sonˈa·tion** Verkörperung *f*; *thea.* Darstellung *f*.
im·per·ti·nence [imˈpəːtinəns] Impertinenz *f*, Unverschämtheit *f*, Ungehörigkeit *f*; Nebensächlichkeit *f*; **imˈper·ti·nent** □ impertinent, unverschämt; ungezogen, frech; ungehörig; ⚖ nicht zur Sache gehörig; nebensächlich.
im·per·turb·a·bil·i·ty [ˈimpəːtəːbəˈbiliti] Unerschütterlichkeit *f*; **im·perˈturb·a·ble** □ unerschütterlich.
im·per·vi·ous □ [imˈpəːvjəs] unzugänglich (*to* für) (*a. fig.*); undurchlässig.
im·pe·ti·go ⚕ [impiˈtaigəu] Impetigo *m*, Blasengrind *m*.
im·pet·u·os·i·ty [impetjuˈɔsiti] Ungestüm *m*, *n*; **imˈpet·u·ous** □ ungestüm, heftig; **im·pe·tus** [ˈimpitəs] Antrieb *m*, Anstoß *m* (*a. fig.*).
im·pi·e·ty [imˈpaiəti] Gottlosigkeit *f*; Mangel *m* an Ehrfurcht.

im·pinge [im'pindʒ] (ver)stoßen (*on, upon, against* gegen); ~ *on* übergreifen auf (*acc.*); **im'pinge·ment** Stoß *m*, Anprall *m* (*on, upon* gegen); *fig.* Verstoß *m* (gegen).
im·pi·ous □ ['impiəs] gottlos; pietätlos; frevelhaft.
imp·ish □ ['impiʃ] boshaft; schelmisch.
im·pla·ca·bil·i·ty [implækə'biliti] Unversöhnlichkeit *f*; **im'pla·ca·ble** □ unversöhnlich, unerbittlich.
im·plant [im'plɑ:nt] *mst fig.* einpflanzen (*in* in *acc.*).
im·plau·si·ble [im'plɔ:zəbl] unglaubwürdig.
im·ple·ment 1. ['implimənt] Werkzeug *n*; Gerät *n*; **2.** ['~ment] bewerkstelligen; ausführen; verwirklichen; **im·ple·men'ta·tion** [~men'teiʃən] Ausführung *f*; Verwirklichung *f*.
im·pli·cate ['implikeit] verwickeln, hineinziehen (*in* in *acc.*); mit einbegreifen, in sich schließen; **im·pli'ca·tion** Verwick(e)lung *f*; *stillschweigende* Folgerung *f*; *what are the ~s?* was soll damit gesagt werden?
im·plic·it □ [im'plisit] (stillschweigend) mit eingeschlossen *od.* sich ergebend; unausgesprochen; verblümt; unbedingt, blind (*Glaube etc.*); **im'plic·it·ly** implizite, stillschweigend; unbedingt.
im·plied □ [im'plaid] (stillschweigend) mit inbegriffen; angedeutet.
im·plore [im'plɔ:] (an-, er)flehen; flehentlich bitten; **im'plor·ing** □ [~riŋ] flehentlich.
im·ply [im'plai] einschließen, enthalten, in sich schließen; besagen, bedeuten; andeuten; unterstellen; *do you ~ that...?* wollen Sie damit sagen, daß ...?
im·po·lite □ [impə'lait] unhöflich.
im·pol·i·tic □ [im'pɔlitik] unpolitisch, unklug.
im·pon·der·a·ble [im'pɔndərəbl] **1.** unwägbar; **2.** *~s pl.* unwägbare Dinge *n/pl.*, Imponderabilien *n/pl.*
im·port 1. ['impɔ:t] Bedeutung *f*, Sinn *m*; Wichtigkeit *f*; ⚚ Einfuhr *f*; *~s pl.* Einfuhrwaren *f/pl.*; **2.** [im'pɔ:t] *Waren* einführen; bedeuten; besagen; *j.* betreffen, für *j.* wichtig sein; **im'por·tance** Wichtigkeit *f*; Bedeutung *f*; Einfluß *m*; **im'por·tant** □ wichtig; bedeutend; wichtigtuerisch; **im·por·ta·tion** [~'teiʃən] Einfuhr *f*; Einfuhrwaren *f/pl.*; **im'port·er** Importeur *m*.
im·por·tu·nate □ [im'pɔ:tjunit] lästig, zudringlich; **im'por·tune** [~tju:n] dringend bitten, bestürmen; belästigen; **im·por'tu·ni·ty** Zudringlichkeit *f*.
im·pose [im'pəuz] *v/t.* auf(er)legen, aufbürden, aufdrängen (*on, upon dat.*); *v/i.* ~ *upon j-m* imponieren; *j.* täuschen; *j-s Güte etc.* mißbrauchen; **im'pos·ing** □ imponierend, eindrucksvoll; **im·po·si·tion** [impə'ziʃən] Auflegung *f der Hände*; Beilegung *f e-s Namens*; Auflage *f*, Steuer *f*; *Schule*: Strafarbeit *f*; Betrügerei *f*.
im·pos·si·bil·i·ty [impɔsə'biliti] Unmöglichkeit *f*; **im'pos·si·ble** □ unmöglich.
im·post ['impəust] Abgabe *f*, Steuer *f*; **im·pos·tor** [im'pɔstə] Betrüger *m*; **im'pos·ture** [~tʃə] Betrug *m*.
im·po·tence ['impətəns] Unfähigkeit *f*; Machtlosigkeit *f*; *physiol.* Impotenz *f*; **'im·po·tent** unvermögend, machtlos, schwach; impotent.
im·pound [im'paund] beschlagnahmen; *Vieh* einpferchen.
im·pov·er·ish [im'pɔvəriʃ] arm machen; *Boden* auslaugen.
im·prac·ti·ca·bil·i·ty [impræktikə'biliti] Undurchführbarkeit *f*; Unwegsamkeit *f*; **im'prac·ti·ca·ble** □ undurchführbar; unwegsam.
im·prac·ti·cal [im'præktikəl] unpraktisch; theoretisch; unnütz.
im·pre·cate ['imprikeit] *Böses* herabwünschen (*upon* auf *acc.*); **im·pre'ca·tion** Verwünschung *f*; **im·pre·ca·to·ry** ['~keitəri] Verwünschungs...
im·preg·na·bil·i·ty [impregnə'biliti] Unüberwindlichkeit *f*; **im'preg·na·ble** □ uneinnehmbar; unüberwindlich; **im·preg·nate 1.** ['~neit] schwängern; ⚘ befruchten; ⚗ sättigen, tränken (*a. fig.*); *fig.* durchdringen; ⊕ imprägnieren; **2.** [im'pregnit] geschwängert; durchtränkt; **im·preg·na·tion** [~'neiʃən] Schwängerung *f*; Befruchtung *f*; Sättigung *f*; Imprägnierung *f*.
im·pre·sa·ri·o [impre'sɑ:riəu] Impresario *m*, Manager *m*.

im·pre·scrip·ti·ble [impris'kriptəbl] unverjährbar; unveräußerlich.

im·press 1. ['impres] (Ab-, Ein-) Druck *m*; *fig.* Stempel *m*; **2.** [im'pres] eindrücken, prägen (*on s.th.* od. *s.th. with* auf *acc.*); *Kraft etc.* übertragen (*on, upon* auf *acc.*); *Gedanken etc.* aufzwingen, einprägen (*on dat.*); Eindruck machen auf *j.*, beeindrucken; *j-m* imponieren; *~ s.o. with s.th.* j. mit et. erfüllen; ⚓ *Matrosen* (zum Dienst) pressen; **im'press·i·ble** eindrucksfähig; **im'pres·sion** [~ʃən] Eindruck *m* (*a. fig.*); *typ.* Abdruck *m*, Abzug *m*; Auflage *f*; *be under the ~ that* den Eindruck haben, daß; **im'pres·sion·a·ble** [~ʃnəbl] empfänglich, leicht zu beeindrucken(d), eindrucksfähig; **im'pres·sion·ism** Impressionismus *m*; **im'pres·sion·ist** Impressionist *m*; **im'pres·sion·is·tic** impressionistisch; **im'pres·sive** □ [~siv] eindrucksvoll; **im'press·ment** ⚓ Pressen *n*.

im·print 1. [im'print] aufdrücken, prägen (*on* auf *acc.*); *fig.* einprägen (*on, in dat.*); **2.** ['imprint] Eindruck *m*; Stempel *m* (*a. fig.*); *typ.* Druckvermerk *m*.

im·pris·on [im'prizn] ins Gefängnis werfen, einsperren, -kerkern; **im'pris·on·ment** Einkerkerung *f*; Haft *f*; Gefängnis(strafe *f*) *n*.

im·prob·a·bil·i·ty [imprɔbə'biliti] Unwahrscheinlichkeit *f*; **im'prob·a·ble** □ unwahrscheinlich.

im·pro·bi·ty [im'prəubiti] Unredlichkeit *f*, Unehrlichkeit *f*.

im·promp·tu [im'prɔmptju:] **1.** ♪ Impromptu *n*; **2.** aus dem Stegreif.

im·prop·er □ [im'prɔpə] ungeeignet, unpassend; unzutreffend, falsch; unanständig; *~ fraction* ⅌ unechter Bruch *m*; **im·pro·pri·e·ty** [imprə'praiəti] Ungeeignetheit *f*; Ungehörigkeit *f*; Unrichtigkeit *f*; Unanständigkeit *f*.

im·prov·a·ble □ [im'pru:vəbl] verbesserungsfähig; anbaufähig (*Land*).

im·prove [im'pru:v] *v/t.* verbessern; veredeln; *Gelegenheit etc.* aus-, benutzen; *v/i.* sich (ver)bessern, Fortschritte machen; *~ upon* vervollkommnen; **im'prove·ment** Verbesserung *f*, Vervollkommnung *f*; (Nutz)Anwendung *f*; Ausnutzung *f*; Fortschritt *m* (*on, upon* gegenüber *dat.*); **im'prov·er** Verbesserer *m*; Volontär *m*.

im·prov·i·dence [im'prɔvidəns] Unbedachtsamkeit *f*; **im'prov·i·dent** □ unbedachtsam; leichtsinnig.

im·pro·vi·sa·tion [imprəvai'zeiʃən] Improvisation *f*; **im·pro·vise** ['~vaiz] improvisieren; **'im·pro·vised** behelfsmäßig; Behelfs...

im·pru·dence [im'pru:dəns] Unklugheit *f*; **im'pru·dent** □ unklug.

im·pu·dence ['impjudəns] Unverschämtheit *f*, Frechheit *f*; **'im·pu·dent** □ unverschämt, frech.

im·pugn [im'pju:n] anfechten, bestreiten, bezweifeln; **im'pugn·a·ble** anfechtbar.

im·pulse ['impʌls], **im'pul·sion** Impuls *m*, (An)Stoß *m*; *fig.* (An-) Trieb *m*; **im'pul·sive** □ (an)treibend; *fig.* impulsiv, leicht erregbar; rasch (handelnd); **im'pul·sive·ness** Impulsivität *f*.

im·pu·ni·ty [im'pju:niti] Straflosigkeit *f*; *with ~* ungestraft.

im·pure □ [im'pjuə] unrein (*a. fig.*); unkeusch; **im'pu·ri·ty** [~riti] Unreinheit *f*; Unkeuschheit *f*.

im·put·a·ble [im'pju:təbl] zuzuschreiben(d), beizumessen(d); **im·pu·ta·tion** [~'teiʃən] Beschuldigung *f*; **im'pute** zurechnen, beimessen; zur Last legen.

in [in] **1.** *prp. allg.* in (*dat.*); *engS.*: (*~ the morning, a wound ~ the head, ~ number, ~ size, ~ itself, professor ~ the university*) an (*dat.*); (*~ a field, ~ the street, ~ the country, ~ search of, blind ~ one eye, ~ English*) auf (*dat.*); (*~ this manner, trust ~ s.o.*) auf (*acc.*); (*bust ~ marble, coat ~ velvet*) aus; (*~ Shakespeare, ~ the daytime, ~ crossing the road*) bei; (*engaged ~ reading, written ~ pencil, ~ a word, ~ a few words*) mit; (*~ my opinion, ~ all probability*) nach; (*rejoice ~ s.th.*) über (*acc.*); (*~ the circumstances, ~ the reign of, one ~ ten*) unter (*dat.*); (*cry out ~ alarm*) vor (*dat.*); (*grouped ~ tens, speak ~ reply, ~ s.o.'s defence, ~ excuse, ~ honour of*) zu; *~ 1969* (im Jahr) 1969; *two days ~ three* an zwei von drei Tagen; *there is nothing ~ it* es ist nichts daran; F es kommt nichts dabei heraus; *it is not ~ her* es liegt ihr nicht; *he hasn't it ~ him* er hat nicht das Zeug dazu; *~ that ...* insofern als, weil; *bei Zeit-*

wörtern der Bewegung u. Veränderung: in (*acc.*); **2.** *adv.* drin(nen); herein; hinein; *bei Zeitwörtern oft* ein...; *be* ~ drin(nen) sein (*im Zimmer, Haus*); d(a)ran sein (*an der Macht, am Spiel*); *be* ~ *for et.* zu erwarten haben, dran sein bei; *e-e Prüfung etc.* vor sich haben; *be well* ~ *with* F sich gut mit *j-m* stehen; **3.** *adj.* hereinkommend; Innen...; **4.** *su.*: *the* ~*s pl. parl.* die Regierungspartei; *the* ~*s and outs pl.* alle Winkel u. Ecken *pl.*; alle Einzelheiten *f/pl.*

in·a·bil·i·ty [inə'biliti] Unfähigkeit *f*, Unvermögen *n*.

in·ac·ces·si·bil·i·ty ['inæksesə'biliti] Unzugänglichkeit *f*; **in·ac'ces·si·ble** □ unzugänglich.

in·ac·cu·ra·cy [in'ækjurəsi] Ungenauigkeit *f*; **in'ac·cu·rate** □ [~rit] ungenau; unrichtig.

in·ac·tion [in'ækʃən] Untätigkeit *f*.

in·ac·tive □ [in'æktiv] untätig, ✝ lustlos; ⚗ unwirksam; **in·ac'tiv·i·ty** Untätig-, Lustlosigkeit *f*.

in·ad·e·qua·cy [in'ædikwəsi] Unangemessenheit *f*; Unzulänglichkeit *f*; **in'ad·e·quate** □ [~kwit] unangemessen; unzulänglich.

in·ad·mis·si·bil·i·ty ['inədmisə'biliti] Unzulässigkeit *f*; **in·ad'mis·si·ble** □ unzulässig.

in·ad·vert·ence, **in·ad·vert·en·cy** [inəd'vəːtəns(i)] Unachtsamkeit *f*; Versehen *n*; **in·ad'vert·ent** □ unachtsam; unbeabsichtigt, versehentlich; ~*ly a.* aus Versehen.

in·ad·vis·a·ble □ [inəd'vaizəbl] nicht ratsam, nicht empfehlenswert.

in·al·ien·a·ble □ [in'eiljənəbl] unveräußerlich.

in·al·ter·a·ble □ [in'ɔːltərəbl] unveränderlich.

in·am·o·ra·ta *f* [inæmə'rɑːtə] Geliebte *f*; **in·am·o'ra·to** *m* [~təu] Geliebte *m*, Liebhaber *m*.

in·ane □ [i'nein] *mst fig.* leer; geistlos; albern; fad; unsinnig.

in·an·i·mate □ [in'ænimit] unbeseelt, leblos; *fig.* unbelebt; geistlos, langweilig.

in·a·ni·tion ⚕ [inə'niʃən] Entkräftung *f*.

in·an·i·ty [i'næniti] Leere *f*; Geistlosigkeit *f etc.* (*s. inane*).

in·ap·pli·ca·bil·i·ty ['inæplikə'biliti] Unanwendbarkeit *f*; **in'ap·pli·ca·ble** unanwendbar (*to* auf *acc.*); nicht zu- *od.* betreffend.

in·ap·po·site □ [in'æpəzit] unpassend.

in·ap·pre·ci·a·ble □ [inə'priːʃəbl] unmerklich; unbedeutend.

in·ap·pre·hen·si·ble □ [inæpri'hensəbl] unbegreiflich, unfaßbar.

in·ap·proach·a·ble [inə'prəutʃəbl] unnahbar, unzugänglich.

in·ap·pro·pri·ate □ [inə'prəupriit] unangebracht, unpassend.

in·apt □ [in'æpt] ungeeignet, untauglich; ungeschickt; unpassend; **in'apt·i·tude** [~titjuːd], **in'apt·ness** Ungeeignetheit *f*; Ungeschicktheit *f etc.*

in·ar·tic·u·late □ [inɑː'tikjulit] undeutlich; schwer zu verstehen(d); undeutlich sprechend; *zo.* ungegliedert; **in·ar'tic·u·late·ness** Undeutlichkeit *f der Aussprache*.

in·as·much [inəz'mʌtʃ]: ~ *as* da, weil; insofern als.

in·at·ten·tion [inə'tenʃən] Unaufmerksamkeit *f*; **in·at'ten·tive** □ [~tiv] unaufmerksam (*to* gegen).

in·au·di·ble □ [in'ɔːdəbl] unhörbar.

in·au·gu·ral [i'nɔːgjurəl] **1.** Antritts...; ~ *lecture* Antrittsvorlesung *f*; **2.** Antrittsrede *f*; **in'au·gu·rate** [~reit] (feierlich) einführen, einweihen; beginnen; **in·au·gu'ra·tion** Einführung *f*, Einweihung *f*; ♀ *Day Am.* Amtseinführung *f* des neugewählten Präsidenten der USA.

in·aus·pi·cious □ [inɔːs'piʃəs] ungünstig, unheilvoll.

in·board ⚓ ['inbɔːd] (b)innenbords.

in·born ['in'bɔːn] angeboren.

in·bred ['in'bred] angeboren; durch Inzucht erzeugt.

in·breed·ing ['in'briːdiŋ] Inzucht *f*.

in·cal·cul·a·ble □ [in'kælkjuləbl] unberechenbar; unzählig.

in·can·des·cence ['inkæn'desns] Weißglühen *n*, -glut *f*; '**in·can'des·cent** weißglühend; ~ *light* Glühlicht *n*; ~ *mantle* Glühstrumpf *m*.

in·can·ta·tion [inkæn'teiʃən] Beschwörung *f*; Zauberformel *f*.

in·ca·pa·bil·i·ty [inkeipə'biliti] Unfähigkeit *f*, Untüchtigkeit *f*; Untauglichkeit *f*; **in'ca·pa·ble** □ unfähig, ungeeignet (*of* zu); hilflos (*Betrunkener*); **in·ca·pac·i·tate** [inkə'pæsiteit] unfähig machen (*for, from* zu); außer Gefecht setzen; (ver)hindern; **in·ca'pac·i·ty** Unfähigkeit *f* (*for* für, zu).

in·car·cer·ate [in'kɑːsəreit] einkerkern; **in·car·cer'a·tion** Einkerkerung *f*.

in·car·nate 1. [in'kɑːnit] fleischgeworden; *fig.* verkörpert; **2.** ['inkɑːneit] Fleisch werden lassen; *fig.* verkörpern; **in·car'na·tion** Fleischwerdung *f*; *fig.* Verkörperung *f*.

in·case [in'keis] = *encase*.

in·cau·tious □ [in'kɔːʃəs] unvorsichtig; **in'cau·tious·ness** Unvorsichtigkeit *f*.

in·cen·di·ar·y [in'sendjəri] **1.** brandstifterisch; *fig.* aufwieglerisch; ~ (*bomb*) Brandbombe *f*; **2.** Brandstifter *m*; Aufwiegler *m*.

in·cense[1] ['insens] **1.** Weihrauch *m*; **2.** beweihräuchern; durchduften.

in·cense[2] [in'sens] in Wut bringen, aufbringen (*with* über *acc.*).

in·cen·tive [in'sentiv] **1.** anreizend; **2.** Antrieb *m*, Anreiz *m*.

in·cep·tion [in'sepʃən] Anfang *m*; **in'cep·tive** [~tiv] Anfangs...; *gr.* inchoativ (*den Anfang e-r Handlung bezeichnend*).

in·cer·ti·tude [in'səːtitjuːd] Ungewißheit *f*.

in·ces·sant □ [in'sesnt] unaufhörlich; ohne Unterbrechung.

in·cest ['insest] Blutschande *f*, Inzest *m*; **in·ces·tu·ous** □ [in'sestjuəs] blutschänderisch.

inch [intʃ] Zoll *m* (*2,54 cm*); *fig.* bißchen; ~*es pl. a. Körper*-Größe *f*; *by* ~*es* knapp; allmählich; *every* ~ ganz (u. gar); **inched** ...zöllig.

in·cho·a·tive ['inkəueitiv] anfangend; *gr.* inchoativ.

in·ci·dence ['insidəns] Vorkommen *n*, Auftreten *n*; Wirkung *f*, Einfluß *m*; *angle of* ~ Einfallswinkel *m*; **'in·ci·dent 1.** zs.-hängend (*to* mit); vorkommend (*to* bei), eigen (*to dat.*); **2.** Zufall *m*, Vorfall *m*, Zwischenfall *m*; Ereignis *n*; Nebenumstand *m*; *thea.* Zwischenhandlung *f*; **in·ci·den·tal** □ [~'dentl] zufällig, gelegentlich; Neben..., Zwischen...; *be* ~ *to* gehören zu; ~*ly* nebenbei.

in·cin·er·ate [in'sinəreit] *Leiche* einäschern; *Müll* verbrennen; **in·cin·er'a·tion** Einäscherung *f*; **in'cin·er·a·tor** Verbrennungsofen *m*.

in·cip·i·en·cy [in'sipiənsi] Anfang *m*; **in'cip·i·ent** anfangend; Anfangs...

in·cise [in'saiz] einschneiden; einritzen; **in·ci·sion** [~'siʒən] Einschnitt *m*; ⚕ Schnitt *m*; **in·ci·sive** □ [~'saisiv] (ein)schneidend, scharf; treffend; **in·ci·sor** [~'saizə] Schneidezahn *m*.

in·ci·ta·tion [insai'teiʃən] = *incitement*; **in'cite** anspornen, anregen, anstacheln; anstiften; **in'cite·ment** Anstiftung *f*; Anregung *f*; Ansporn *m*, Antrieb *m*.

in·ci·vil·i·ty [insi'viliti] Unhöflichkeit *f*.

in·clem·en·cy [in'klemənsi] Unfreundlichkeit *f*, Rauheit *f des Wetters*; **in'clem·ent** unfreundlich, rauh.

in·cli·na·tion [inkli'neiʃən] Neigung *f* (*a. fig.*); **in·cline** [~'klain] **1.** *v/i.* sich neigen (*a. fig., Tag etc.*); geneigt sein; ~ *to fig.* zu *et.* neigen; dazu neigen, zu *inf.*; *v/t.* neigen; geneigt machen; ~*d plane* schiefe Ebene *f*; **2.** Neigung *f*, Abhang *m*.

in·close [in'kləuz], **in'clos·ure** [~ʒə] = *enclose, enclosure*.

in·clude [in'kluːd] einschließen; enthalten; mit einbeziehen.

in·clu·sion [in'kluːʒən] Einschließung *f*, Einschluß *m*; **in'clu·sive** [~siv] einschließlich; alles inbegriffen; *be* ~ *of* einschließen; ~ *terms pl.* Pauschalpreis *m*.

in·cog F [in'kɔg], **in'cog·ni·to** [~nitəu] **1.** inkognito, unerkannt; anonym; **2.** Inkognito *n*.

in·co·her·ence, in·co·her·en·cy [inkəu'hiərəns(i)] Zs.-hangslosigkeit *f*; Unvereinbarkeit *f*; Inkonsequenz *f*; **in·co'her·ent** □ unzs.-hängend; inkonsequent.

in·com·bus·ti·ble □ [inkəm'bʌstəbl] unverbrennbar.

in·come ['inkʌm] Einkommen *n*; **'in·com·er** Ankömmling *m*; ⚖ Nachfolger *m*; Eindringling *m*; **in·come-tax** ['inkəmtæks] Einkommensteuer *f*.

in·com·ing ['inkʌmiŋ] **1.** Eintritt *m*; ~*s pl.* Einkünfte *pl.*; **2.** hereinkommend; neu eintretend.

in·com·men·su·ra·bil·i·ty ['inkəmenʃərə'biliti] Unmeßbarkeit *f*; **in·com'men·su·ra·ble** □ unmeßbar; unvergleichbar; **in·com'men-**

su·rate ☐ [~rit] in keinem Verhältnis stehend (*with, to* zu); = *incommensurable*.

in·com·mode [inkə'məud] belästigen; stören; **in·com'mo·di·ous** ☐ [~djəs] unbequem, lästig.

in·com·mu·ni·ca·ble [inkə'mju:nikəbl] ☐ nicht mitteilbar; **in·com·mu·ni·ca·do** *bsd. Am.* [~'kɑ:dəu] ohne Verbindung mit der Außenwelt; **in·com'mu·ni·ca·tive** ☐ [~kətiv] nicht mitteilsam, verschlossen.

in·com·mut·a·ble ☐ [inkə'mju:təbl] unwandelbar.

in·com·pa·ra·ble ☐ [in'kɔmpərəbl] unvergleichlich.

in·com·pat·i·bil·i·ty ['inkəmpætə'biliti] Unvereinbarkeit *f*; Unverträglichkeit *f*; **in·com'pat·i·ble** ☐ unvereinbar; unverträglich (*Mensch*).

in·com·pe·tence, in·com·pe·ten·cy [in'kɔmpitəns(i)] Unfähigkeit *f*; Unzulänglichkeit *f*; Inkompetenz *f*, Unzuständigkeit *f*; **in'com·pe·tent** ☐ untauglich, unfähig; unzuständig, unbefugt.

in·com·plete ☐ [inkəm'pli:t] unvollständig; unvollkommen.

in·com·pre·hen·si·bil·i·ty [inkɔmprihensə'biliti] Unbegreiflichkeit *f*; **in·com·pre'hen·sible** ☐ unbegreiflich; **in·com·pre'hen·sion** Nichtverstehen *n*.

in·com·press·i·ble [inkəm'presəbl] nicht zusammendrückbar.

in·con·ceiv·a·ble ☐ [inkən'si:vəbl] unbegreiflich, unfaßbar.

in·con·clu·sive ☐ [inkən'klu:siv] nicht überzeugend; ergebnislos; **in·con'clu·sive·ness** Mangel *m* an Beweiskraft.

in·con·gru·i·ty [inkɔŋ'gru:iti] Nichtübereinstimmung *f*; Unangemessenheit *f*; Mißverhältnis *n*; **in'con·gru·ous** ☐ [~gruəs] nicht übereinstimmend (*with* mit); unangebracht, unpassend; widersinnig, widerspruchsvoll.

in·con·se·quence [in'kɔnsikwəns] Folgewidrigkeit *f*, Inkonsequenz *f*; **in'con·se·quent** ☐ folgewidrig, inkonsequent; **in·con·se·quen·tial** [~'kwenʃəl] unbedeutend; = *inconsequent*.

in·con·sid·er·a·ble ☐ [inkən'sidərəbl] unbedeutend; **in·con'sid·er·ate** ☐ [~rit] unüberlegt, unbesonnen; rücksichtslos (*towards* gegen); **in·con'sid·er·ate·ness** Unüberlegtheit *f*; Rücksichtslosigkeit *f*.

in·con·sist·en·cy [inkən'sistənsi] Unvereinbarkeit *f*; Inkonsequenz *f* (*gen.*); Unstimmigkeit *f*; **in·con'sist·ent** ☐ unvereinbar; widerspruchsvoll; ungereimt; inkonsequent.

in·con·sol·a·ble ☐ [inkən'səuləbl] untröstlich.

in·con·spic·u·ous ☐ [inkən'spikjuəs] unauffällig, unscheinbar.

in·con·stan·cy [in'kɔnstənsi] Unbeständigkeit *f*; **in'con·stant** ☐ unbeständig; veränderlich.

in·con·test·a·ble ☐ [inkən'testəbl] unbestreitbar, unstreitig.

in·con·ti·nence [in'kɔntinəns] Unenthaltsamkeit *f*; Ausschweifung *f*; ~ *of urine* ⚕ Harnfluß *m*; **in'con·ti·nent** ☐ unenthaltsam; ausschweifend; ~*ly* unverzüglich, sofort.

in·con·tro·vert·i·ble ☐ ['inkɔntrə'və:təbl] unbestreitbar.

in·con·ven·ience [inkən'vi:njəns] **1.** Unbequemlichkeit *f*; Unannehmlichkeit *f*; **2.** belästigen, *j-m* lästig fallen; **in·con'ven·ient** ☐ unbequem; ungelegen; lästig (*to* für *od. dat.*).

in·con·vert·i·bil·i·ty ['inkənvə:tə'biliti] Unverwandelbarkeit *f*; ✝ Nichtkonvertierbarkeit *f*; **in·con'vert·i·ble** ☐ unverwandelbar; ✝ nicht umsetzbar, nicht konvertierbar.

in·con·vin·ci·ble ☐ [inkən'vinsəbl] nicht zu überzeugen(d).

in·cor·po·rate 1. [in'kɔ:pəreit] einverleiben (*into dat.*); (sich) vereinigen, (sich) verbinden; (ver-)mischen; *als Mitglied* aufnehmen; eingemeinden; ⚖ als Körperschaft eintragen; **2.** [in'kɔ:pərit] einverleibt; vereinigt; **in'cor·po·rat·ed** [~reitid] (amtlich) eingetragen; **in·cor·po'ra·tion** Einverleibung *f*; Verbindung *f*; Vermischung *f etc.*

in·cor·po·re·al ☐ [inkɔ:'pɔ:riəl] unkörperlich, nicht stofflich.

in·cor·rect ☐ [inkə'rekt] unrichtig; fehlerhaft; falsch; ungehörig; **in·cor'rect·ness** Unrichtigkeit *f*; Fehlerhaftigkeit *f*.

in·cor·ri·gi·bil·i·ty [inkɔridʒə'biliti] Unverbesserlichkeit *f*; **in'cor·ri·gi·ble** □ unverbesserlich.
in·cor·rupt·i·bil·i·ty ['inkərʌptə'biliti] Unverderblichkeit *f*; Unbestechlichkeit *f*; **in·cor'rupt·i·ble** □ unverderblich; unvergänglich; unbestechlich.
in·crease **1.** [in'kri:s] *v/i.* wachsen, zunehmen (*in* an *dat.*); sich verstärken *od.* vergrößern *od.* vermehren; *v/t.* vermehren, vergrößern; verstärken, erhöhen; **2.** ['inkri:s] Zunahme *f*; Wachstum *n*, Vergrößerung *f etc.*; Anwachsen *n*; Zuwachs *m*; **in'creas·ing·ly** zunehmend, immer (*mit folgendem comp.*); ~ *difficult* immer schwieriger.
in·cred·i·bil·i·ty [inkredi'biliti] Unglaublichkeit *f*; **in'cred·i·ble** □ [~dəbl] unglaublich.
in·cre·du·li·ty [inkri'dju:liti] Unglaube *m*; **in·cred·u·lous** □ [in'kredjuləs] ungläubig, skeptisch.
in·cre·ment ['inkrimənt] Zuwachs *m*, Zunahme *f*; Steigerungsbetrag *m*; Wertzuwachs *m*.
in·crim·i·nate [in'krimineit] beschuldigen; belasten; **in'crim·i·na·to·ry** [~nətəri] belastend.
in·crust [in'krʌst] = *encrust*; **in·crus'ta·tion** Bekrustung *f*; Kruste *f*, Ablagerung *f*; ⊕ Verkleidung *f*, Belag *m*; Kesselstein *m*.
in·cu·bate ['inkjubeit] (aus)brüten; **in·cu'ba·tion** Brüten *n*; *biol.*, ⚕ Entwicklungszeit *f*; **'in·cu·ba·tor** Brutapparat *m*; **in·cu·bus** ['iŋkjubəs] Alp(druck) *m*.
in·cul·cate ['inkʌlkeit] einschärfen (*upon dat.*); **in·cul'ca·tion** Einschärfung *f*.
in·cul·pate ['inkʌlpeit] beschuldigen; anklagen; **in·cul'pa·tion** Beschuldigung *f*, Tadel *m*; **in'cul·pa·to·ry** [~pətəri] tadelnd, beschuldigend; Anklage...
in'cum·ben·cy [in'kʌmbənsi] Obliegenheit *f*; Amtszeit *f*; *eccl.* Pfründenbesitz *m*; **in'cum·bent** **1.** aufliegend; obliegend; *be ~ on s.o.* j-m obliegen; **2.** *eccl.* Pfründeninhaber *m*.
in·cu·nab·u·la [inkju:'næbjulə] *pl.* Inkunabeln *f/pl.*, Wiegendrucke *m/pl.*
in·cur [in'kə:] sich *et.* zuziehen; sich *e-r Gefahr etc.* aussetzen; *Schulden* machen; *Verpflichtung* eingehen; *Verlust* erleiden.
in·cur·a·bil·i·ty [inkjuərə'biliti] Unheilbarkeit *f*; **in'cur·a·ble** **1.** □ unheilbar; **2.** Unheilbare *m, f*.
in·cu·ri·ous □ [in'kjuəriəs] gleichgültig, uninteressiert.
in·cur·sion [in'kə:ʃən] *feindlicher* Einfall *m*, Raubzug *m*; *fig.* Eingriff *m*.
in·cur·va·tion [inkə:'veiʃən] Krümmung *f*; **'in'curve** einwärts krümmen, biegen.
in·debt·ed [in'detid] verschuldet; *fig.* (zu Dank) verpflichtet; **in'debt·ed·ness** Verschuldung *f*; Verpflichtung *f*; Schulden *f/pl.*
in·de·cen·cy [in'di:snsi] Unanständigkeit *f*; **in'de·cent** □ unanständig; ungebührlich; ⚖ unzüchtig.
in·de·ci·pher·a·ble [indi'saifərəbl] unentzifferbar.
in·de·ci·sion [indi'siʒən] Unentschlossenheit *f*; **in·de·ci·sive** □ [~'saisiv] nicht entscheidend; unentschieden, schwankend; unbestimmt.
in·de·clin·a·ble *gr.* [indi'klainəbl] undeklinierbar.
in·dec·o·rous □ [in'dekərəs] unpassend; ungehörig; **in'dec·o·rous·ness** = **in·de·co·rum** [indi'kɔ:rəm] Ungehörigkeit *f*.
in·deed [in'di:d] in der Tat, tatsächlich; wirklich; allerdings; so?; nicht möglich!
in·de·fat·i·ga·ble □ [indi'fætigəbl] unermüdlich.
in·de·fea·si·ble □ [indi'fi:zəbl] unverletzlich; unveräußerlich.
in·de·fect·i·ble □ [indi'fektəbl] unvergänglich; unfehlbar.
in·de·fen·si·ble □ [indi'fensəbl] unhaltbar.
in·de·fin·a·ble □ [indi'fainəbl] unbestimmbar, undefinierbar.
in·def·i·nite □ [in'definit] unbestimmt (*a. gr.*); unbeschränkt; ungenau.
in·del·i·ble □ [in'delibl] unauslöschbar, untilgbar; ~ *ink* Kopiertinte *f*; ~ *pencil* Tintenstift *m*.
in·del·i·ca·cy [in'delikəsi] Unfeinheit *f*; Taktlosigkeit *f*; **in'del·i·cate** □ [~kit] unfein; taktlos.
in·dem·ni·fi·ca·tion [indemnifi'keiʃən] Entschädigung *f*; **in'dem-**

ni·fy [~fai] sicherstellen (*from, against* gegen); *j-m* Straflosigkeit zusichern; entschädigen; **in'dem·ni·ty** Sicherstellung *f*; Straflosigkeit *f*; Entschädigung *f*, Schadenersatz *m*.

in·dent 1. [in'dent] einkerben, auszacken; eindrücken; *Zeile* einrücken; ⚖ *Vertrag* mit Doppel ausfertigen; † bestellen (*upon s.o. for s.th.* et. bei j-m); *~ed coastline* zerklüftete Küste *f*; **2.** ['indent] Einschnitt *m*, Kerbe *f*; Vertiefung *f*; † Auslandsauftrag *m*; ⚔ Requisition *f*; = *indenture*; **in·den'ta·tion** Zähnung *f*; Einschnitt *m*, Auszackung *f*; **in'den·tion** *typ.* Einzug *m*; **in'den·ture** [~tʃə] **1.** Vertrag *m*, Kontrakt *m*; Lehrbrief *m*; (amtliche) Liste *f*; **2.** vertraglich verpflichten.

in·de·pend·ence, in·de·pend·en·cy [indi'pendəns(i)] Unabhängigkeit *f*; Selbständigkeit *f*; hinreichendes Auskommen *n*, Vermögen *n*; *Independence Day Am.* Unabhängigkeitstag *m* (*4. Juli*); **in·de'pend·ent** □ **1.** unabhängig (*of* von); selbständig; *~ means* eigenes Vermögen *n*; **2.** *pol.* Unabhängige *m*.

in·de·scrib·a·ble □ [indis'kraibəbl] unbeschreiblich.

in·de·struct·i·ble □ [indis'trʌktəbl] unzerstörbar.

in·de·ter·mi·na·ble □ [indi'tə:minəbl] unbestimmbar; **in·de'ter·mi·nate** □ [~nit] unbestimmt; **in·de'ter·mi·nate·ness, in·de·ter·mi·na·tion** ['~'neiʃən] Unbestimmtheit *f*.

in·dex ['indeks] **1.** *pl. a.* **in·di·ces** ['indisi:z] Zeiger *m*, Anzeiger *m*; Anzeichen *n*; Zeigefinger *m*; Index *m*, (Inhalts-, Namen-, Sach)Verzeichnis *n*; *eccl.* Verzeichnis *n* der verbotenen Bücher; ℞ Exponent *m*, Kennziffer *f*; *a. ~ number* Richtzahl *f*; **2.** *Buch* mit e-m Index versehen.

In·di·a·man ['indjəmən] ⚓ (Ost-) Indienfahrer *m* (*Schiff*).

In·di·an ['indjən] **1.** indisch; indianisch; **2.** Inder(in); *a. Red ~* Indianer(in); *~* **club** *Turnen*: Keule *f*; *~* **corn** Mais *m*; *~* **file:** *in ~* im Gänsemarsch; *~* **ink** chinesische Tusche *f*; *~* **pud·ding** *Am.* Maismehlpudding *m*; *~* **summer** Altweiber-, Nachsommer *m*.

India...: *~* **paper** Dünndruckpapier *n*; '~'**rub·ber** Radiergummi *m*.

in·di·cate ['indikeit] (an)zeigen; hinweisen auf (*acc.*); andeuten; angezeigt erscheinen lassen; **in·di'ca·tion** Anzeige *f*; Anzeichen *n*; Andeutung *f*; **in·dic·a·tive** □ [in'dikətiv] anzeigend (*of acc.*); *~ mood gr.* Indikativ *m*; **in·di·ca·tor** ['~keitə] Anzeiger *m*; ⊕ Indikator *m*; *tel.* Zeigerapparat *m*; **in'di·ca·to·ry** [~kətəri] (an)zeigend (*of acc.*); Anzeige...

in·di·ces ['indisi:z] *pl. von index.*

in·dict [in'dait] anklagen (*for, on charge of* wegen); **in'dict·a·ble** (an)klagbar; **in'dict·er** Ankläger *m*; **in'dict·ment** Anklage *f*.

in·dif·fer·ence [in'difrəns] Gleichgültigkeit *f* (*to, towards* gegen); **in'dif·fer·ent** □ gleichgültig (*to* gegen); unparteiisch; leidlich, mittelmäßig; (nur) mäßig; unwesentlich; unbedeutend.

in·di·gence ['indidʒəns] Armut *f*.

in·di·gene ['indidʒi:n] Eingeborene *m, f*; **in'dig·e·nous** [~dʒinəs] eingeboren, einheimisch (*to* in *dat.*).

in·di·gent □ ['indidʒənt] arm.

in·di·gest·ed [indi'dʒestid] unverdaut; **in·di'gest·i·ble** □ unverdaulich; **in·di'ges·tion** Verdauungsstörung *f*, Magenverstimmung *f*.

in·dig·nant □ [in'dignənt] entrüstet, empört, ungehalten (*at* über *acc.*); unwillig; **in·dig'na·tion** Entrüstung *f*; Unwille *m* (*with* über *acc.*); *~ meeting* Protestversammlung *f*; **in'dig·ni·ty** [~niti] unwürdige Behandlung *f*, Demütigung *f*; Beschimpfung *f*.

in·di·go ['indigəu] Indigo *m*; *~ blue* indigoblau.

in·di·rect □ [indi'rekt] mittelbar, indirekt; nicht direkt; *gr. a.* abhängig.

in·dis·cern·i·ble [indi'sə:nəbl] nicht wahrnehmbar, unmerklich.

in·dis·ci·pline [in'disiplin] Disziplinlosigkeit *f*.

in·dis·creet □ [indis'kri:t] unbesonnen; unachtsam; indiskret, taktlos; **in·dis·cre·tion** [~'kreʃən] Unachtsamkeit *f*; Unbesonnenheit *f*; Indiskretion *f*, Taktlosigkeit *f*.

in·dis·crim·i·nate □ [indis'krimi-nit] unterschieds-, wahllos; = **in-dis'crim·i·nat·ing** □ [~neitiŋ], **in-dis'crim·i·na·tive** [~nətiv] keinen Unterschied machend; *fig.* blind; **in·dis·crim·i·na·tion** ['~'neiʃən] Wahllosigkeit *f.*

in·dis·pen·sa·ble □ [indis'pensəbl] unentbehrlich, unerläßlich (*Sache*); unabkömmlich (*Person*).

in·dis·pose [indis'pəuz] abgeneigt machen (*towards, from* gegen); untauglich machen (*for s.th., to inf.* für et., zu *inf.*); **in·dis'posed** unpäßlich; (*to*) abgeneigt (gegen), nicht aufgelegt (zu); **in·dis·po·si-tion** [indispə'ziʃən] Abneigung *f* (*to* gegen); Unpäßlichkeit *f.*

in·dis·pu·ta·ble □ ['indis'pju:təbl] unbestreitbar, unstreitig.

in·dis·so·lu·bil·i·ty ['indisɔlju'bi-liti] Unauflösbarkeit *f* (*a. fig.*); **in-dis·so·lu·ble** □ [~'sɔljubl] unauflösbar; *fig.* unlöslich; untrennbar.

in·dis·tinct □ [indis'tiŋkt] undeutlich; unklar; **in·dis'tinct·ness** Undeutlichkeit *f*; Unklarheit *f.*

in·dis·tin·guish·a·ble □ [indis-'tiŋgwiʃəbl] ununterscheidbar.

in·dite [in'dait] *Gedicht etc.* ab-, verfassen; *Schrift* aufsetzen.

in·di·vid·u·al [indi'vidjuəl] **1.** □ persönlich, individuell, charakteristisch; besonder, eigentümlich; Privat...; einzeln; Einzel...; **2.** Individuum *n*, Einzelne *m*; **in·di'vid·u-al·ism** Individualismus *m*; **in·di-'vid·u·al·ist** Individualist *m*; **in-di·vid·u·al·i·ty** [~'æliti] Individualität *f*, Einzelpersönlichkeit *f*; **in·di'vid·u·al·ize** [~əlaiz] individualisieren.

in·di·vis·i·bil·i·ty ['indivizi'biliti] Unteilbarkeit *f*; **in·di'vis·i·ble** □ unteilbar.

In·do... ['indəu] Indo...

in·doc·ile [in'dəusail] ungelehrig; unfügsam; **in·do·cil·i·ty** [~'siliti] Ungelehrigkeit *f.*

in·doc·tri·nate [in'dɔktrineit] unterweisen, schulen; durchdringen (*with* mit).

In·do-Eu·ro·pe·an ['indəujuərə-'pi:ən] Indogermanisch *n.*

in·do·lence ['indələns] Trägheit *f*, Indolenz *f*; **'in·do·lent** □ indolent, träge, lässig; ⚕ schmerzlos.

in·dom·i·ta·ble □ [in'dɔmitəbl] unbezähmbar.

in·door ['indɔ:] im Hause (befindlich); Haus..., Zimmer..., *Sport*: Hallen...; ~ *aerial* Zimmerantenne *f*; ~ *game* Hallenspiel *n*; ~ *swimming-bath* Hallenbad *n*; **'in'doors** zu Hause; im *od.* ins Haus.

in·dorse [in'dɔ:s], **in'dorse·ment**, *etc.* = *endorse, etc.*

in·du·bi·ta·ble □ [in'dju:bitəbl] unzweifelhaft, zweifellos.

in·duce [in'dju:s] veranlassen, *j.* bewegen, dazu bringen, *et.* herbeiführen; ⚡ induzieren; ~*d current* ⚡ Induktionsstrom *m*; **in'duce·ment** Anlaß *m*, Antrieb *m*, Anreiz *m.*

in·duct *eccl.* [in'dʌkt] einführen; **in'duct·ance** ⚡ Induktivität *f*; ~ *coil* Drosselspule *f*; **in'duc·tion** Einführung *f*, Einsetzung *f in Amt, Pfründe*; *phys., phls.* Induktion *f*; **in'duc·tive** □ führend (*to* zu); *phys., phls.* induktiv; Induktions...

in·due [in'dju:] = *endue.*

in·dulge [in'dʌldʒ] nachsichtig sein gegen *j.*, *j-m* nachgeben (*in* in *dat.*); *s-n Wünschen etc.* nachgeben, frönen; ~ *with j.* erfreuen mit; ~ (*o.s.*) *in s.th.* sich et. erlauben *od.* gönnen; sich e-r Sache hin- *od.* ergeben, e-r Sache frönen; **in'dul-gence** Nachsicht *f*; Nachgiebigkeit *f* (*of, in* gegenüber *dat.*); Sichgehenlassen *n*, Zügellosigkeit *f*; Vergünstigung *f*; Stundung *f*; *eccl.* Ablaß *m*; **in'dul·gent** □ nachsichtig, schonend.

in·du·rate ['indjuəreit] (sich) (ver-) härten; **in·du'ra·tion** Verhärtung *f.*

in·dus·tri·al [in'dʌstriəl] **1.** □ gewerbetreibend, gewerblich; industriell; Gewerbe...; Industrie...; ~ *area* Industriebezirk *m*; ~ *estate* Industriegebiet *n e-r Stadt*; ~ *school* Gewerbeschule *f*; **2.** = **in'dus·tri-al·ist** Industrielle *m*; **in'dus·tri-al·ize** [~laiz] industrialisieren; **in-'dus·tri·ous** □ fleißig, arbeitsam.

in·dus·try ['indəstri] Fleiß *m*, Betriebsamkeit *f*, Emsigkeit *f*; Gewerbe *n*; Industrie *f*; *heavy industries pl.* Schwerindustrie *f.*

in·dwell ['in'dwel] (*irr. dwell*) (be-) wohnen; *fig.* innewohnen (*dat.*).

in·e·bri·ate **1.** [i'ni:brieit] betrunken machen; **2.** [~briit] betrunken; **3.** [~briit] Trunkenbold *m*; **in·e-**

bri'a·tion, **in·e·bri·e·ty** [~'braiəti] Trunkenheit *f*.
in·ed·i·ble [in'edibl] ungenießbar.
in·ed·it·ed [in'editid] unveröffentlicht.
in·ef·fa·ble □ [in'efəbl] unaussprechlich.
in·ef·face·a·ble □ [ini'feisəbl] unauslöschlich.
in·ef·fec·tive [ini'fektiv], **in·ef'fec·tu·al** □ [~tʃuəl] unwirksam, fruchtlos; (*bsd.* ⚔ dienst)unfähig.
in·ef·fi·ca·cious □ [inefi'keiʃəs] unwirksam; **in'ef·fi·ca·cy** [~kəsi] Unwirksamkeit *f*, Fruchtlosigkeit *f*.
in·ef·fi·cien·cy [ini'fiʃənsi] (Leistungs)Unfähigkeit *f*; Wirkungslosigkeit *f*; **in·ef'fi·cient** □ unwirksam, wirkungslos; (leistungs-) unfähig.
in·el·e·gance [in'eligəns] Unfeinheit *f*, Geschmacklosigkeit *f*; **in'el·e·gant** □ unelegant, geschmacklos.
in·el·i·gi·bil·i·ty [inelidʒə'biliti] Unwählbarkeit *f*; Ungeeignetheit *f*; **in'el·i·gi·ble** □ nicht wählbar; ungeeignet; *bsd.* ⚔ untauglich.
in·e·luc·ta·ble [ini'lʌktəbl] unentrinnbar.
in·ept □ [i'nept] unpassend; abwegig; albern; **in'ept·i·tude** [~titju:d], **in'ept·ness** Ungeeignetheit *f*; Abwegigkeit *f*; Albernheit *f*.
in·e·qual·i·ty [ini:'kwɔliti] Ungleichheit *f*; Ungleichmäßigkeit *f*; Unebenheit *f*.
in·eq·ui·ta·ble □ [in'ekwitəbl] ungerecht, unbillig; **in'eq·ui·ty** Unbilligkeit *f*, Ungerechtigkeit *f*.
in·e·rad·i·ca·ble □ [ini'rædikəbl] unausrottbar.
in·ert □ [i'nə:t] träge; **in·er·tia** [i'nə:ʃiə], **in'ert·ness** Trägheit *f*.
in·es·cap·a·ble [inis'keipəbl] unentrinnbar; unvermeidlich.
in·es·sen·tial ['ini'senʃəl] unwesentlich (*to* für).
in·es·ti·ma·ble □ [in'estiməbl] unschätzbar.
in·ev·i·ta·ble □ [in'evitəbl] unvermeidlich, nicht zu umgehen(d); **in'ev·i·ta·ble·ness** Unvermeidlichkeit *f*; **in'ev·i·ta·bly** unweigerlich.
in·ex·act □ [inig'zækt] ungenau; **in·ex'act·i·tude** [~titju:d], **in·ex'act·ness** Ungenauigkeit *f*.
in·ex·cus·a·ble □ [iniks'kju:zəbl] unentschuldbar.
in·ex·haust·i·bil·i·ty ['inigzɔ:stə'biliti] Unerschöpflichkeit *f*; **in·ex'haust·i·ble** □ unerschöpflich; unermüdlich.
in·ex·o·ra·bil·i·ty [ineksərə'biliti] Unerbittlichkeit *f*; **in'ex·o·ra·ble** □ unerbittlich.
in·ex·pe·di·en·cy [iniks'pi:djənsi] Unzweckmäßigkeit *f*; **in·ex'pe·di·ent** □ unzweckmäßig, unpassend.
in·ex·pen·sive □ [iniks'pensiv] nicht teuer, billig, preiswert.
in·ex·pe·ri·ence [ineks'piəriəns] Unerfahrenheit *f*; **in·ex'pe·ri·enced** unerfahren.
in·ex·pert □ [in'ekspə:t] unerfahren, ungeübt.
in·ex·pi·a·ble □ [in'ekspiəbl] unsühnbar; unversöhnlich (*Haß etc.*).
in·ex·pli·ca·ble □ [in'eksplikəbl] unerklärlich.
in·ex·press·i·ble □ [iniks'presəbl] unaussprechlich.
in·ex·pres·sive □ [iniks'presiv] ausdruckslos; **in·ex'pres·sive·ness** Ausdruckslosigkeit *f*.
in·ex·tin·guish·able □ [iniks'tiŋgwiʃəbl] unauslöschlich.
in·ex·tri·ca·ble □ [in'ekstrikəbl] unentwirrbar.
in·fal·li·bil·i·ty [infælə'biliti] Unfehlbarkeit *f*; **in'fal·li·ble** □ unfehlbar; untrüglich, sicher.
in·fa·mous □ ['infəməs] ehrlos; schändlich, gemein; verrufen; **'in·fa·my** Ehrlosigkeit *f*; Schande *f*; Niedertracht *f*.
in·fan·cy ['infənsi] Kindheit *f*; ⚖ Minderjährigkeit *f*; *in its* ~ in den Anfängen; **in·fant** ['infənt] **1.** Säugling *m*; (kleines) Kind *n*; Minderjährige *m*, *f*; ~ *school* Kindergarten *m*; **2.** kindlich; jugendlich, jung.
in·fan·ta [in'fæntə] Infantin *f*; **in'fan·te** [~ti] Infant *m*.
in·fan·ti·cide [in'fæntisaid] Kindesmord *m*; Kindesmörder(in); **in·fan·tile** ['infəntail] kindlich; Kindes..., Kinder...; *b. s.* kindisch; ~ *paralysis* Kinderlähmung *f*; **in·fan·tine** ['~tain] = *infantile*.
in·fan·try ⚔ ['infəntri] Infanterie *f*; **'in·fan·try·man** Infanterist *m*.
in·fat·u·ate [in'fætjueit] betören,

verblenden; ~*d* vernarrt (*with* in *acc.*); **in·fat·u'a·tion** Betörung *f*; Vernarrtheit *f* (*for* in *acc.*).

in·fect [in'fekt] anstecken (*a. fig.*); infizieren, verseuchen, verpesten; *become* ~*ed* sich anstecken; **in'fec·tion** Infektion *f*, Ansteckung *f*; **in'fec·tious** □, **in'fec·tive** [~tiv] ansteckend; Ansteckungs...

in·fe·lic·i·tous [infi'lisitəs] unglücklich; ungeschickt; **in·fe'lic·i·ty** Unglück *n*, Elend *n*; ungeschickter Ausdruck *m*.

in·fer [in'fəː] folgern, schließen (*from* aus); **in'fer·a·ble** zu folgern(d), ableitbar; **in·fer·ence** ['infərəns] Folgerung *f*, Schluß *m*; **in·fer·en·tial** □ [~'renʃəl] folgernd; gefolgert; **in·fer'en·tial·ly** durch Folgerung.

in·fe·ri·or [in'fiəriə] **1.** untere(r, -s); untergeordnet, niedriger; geringer; schwächer (*sämtlich*: *to* als); unterlegen (*to dat.*); minderwertig; **2.** Untere *m*, *f*, Geringere *m*, *f*; Untergebene *m*, *f*; **in·fe·ri·or·i·ty** [~ri'ɔriti] geringerer Wert *m od.* Stand *m*; Unterlegenheit *f*; Minderwertigkeit *f*; ~ *complex* Minderwertigkeitskomplex *m*.

in·fer·nal □ [in'fəːnl] höllisch; Höllen...; F entsetzlich; ~ *machine* Höllenmaschine *f*; **in'fer·no** [~nəu] Inferno *n*, Hölle *f*.

in·fer·tile [in'fəːtail] unfruchtbar; **in·fer·til·i·ty** [~'tiliti] Unfruchtbarkeit *f*.

in·fest [in'fest] heimsuchen; verseuchen, plagen; *fig.* überschwemmen; **in·fes'ta·tion** Heimsuchung *f*; Verseuchung *f*.

in·fi·del ['infidəl] **1.** ungläubig; **2.** Ungläubige *m*; **in·fi·del·i·ty** [~'deliti] Unglaube *m*; Untreue *f* (*to* gegen).

in·field ['infiːld] *Sport*: inneres Spielfeld *n*, Innenfeld *n*; Innenfeldspieler *m*.

in·fight·ing ['infaitiŋ] *Boxen*: Nahkampf *m*.

in·fil·trate ['infiltreit] *v/t.* durchdringen; durchtränken; durchsickern lassen; *v/i.* durchsickern, eindringen; **in·fil'tra·tion** Infiltration *f*; Durchsickern *n*.

in·fi·nite □ ['infinit] unendlich, endlos, unbegrenzt; ungeheuer; zahllos; **in·fin·i·tes·i·mal** [~'tesiməl] winzig, unendlich klein; **in'fin·i·tive** *gr. a.* ~ *mood* Infinitiv *m*, Grund-, Nennform *f*; **in'fin·i·tude** [~tjuːd], **in'fin·i·ty** Unendlichkeit *f*; unendliche Größe *f od.* Menge *f*.

in·firm □ [in'fəːm] kraftlos, schwach; gebrechlich; ~ *of purpose* unentschlossen; **in'fir·ma·ry** Krankenhaus *n*; (Kranken)Revier *n*; **in'fir·mi·ty** Schwäche *f* (*a. fig.*); Gebrechen *n*.

in·fix [in'fiks] hineintreiben; einfügen (*in* in *acc.*); *fig.* einprägen.

in·flame [in'fleim] entflammen (*mst fig.*); (sich) entzünden (*a. fig. u.* ⚕).

in·flam·ma·bil·i·ty [inflæmə'biliti] Entzündlichkeit *f*; **in'flam·ma·ble** **1.** □ entzündlich; feuergefährlich; **2.** ~*s pl.* leicht entzündbare Stoffe *m/pl.*; **in·flam·ma·tion** [inflə'meiʃən] Entzündung *f*; **in·flam·ma·to·ry** [in'flæmətəri] entzündlich; aufrührerisch; hetzerisch; Hetz...

in·flate [in'fleit] aufblasen, aufblähen (*a. fig.*); **in'flat·ed** schwülstig; **in'fla·tion** Aufblähung *f*; ⚚ Inflation *f*; *fig.* Aufgeblasenheit *f*; **in'fla·tion·ar·y** ⚚ [~ʃnəri] inflationistisch; Inflations...; ~ *spiral* Lohn-Preis-Spirale *f*.

in·flect [in'flekt] biegen; *gr.* flektieren; **in'flec·tion** = *inflexion*.

in·flex·i·bil·i·ty [infleksə'biliti] Unbiegsamkeit *f*; *fig.* Unbeugsamkeit *f*; **in'flex·i·ble** □ unbiegsam; *fig.* unbeugsam; **in'flex·ion** [~ʃən] Biegung *f*; *gr.* Flexion *f*, Beugung *f*; Modulation *f der Stimme*.

in·flict [in'flikt] auferlegen; zufügen; aufzwingen; *Hieb* versetzen (*alle*: *on, upon s.o.* j-m); *Strafe* verhängen (*on* über *acc.*); **in'flic·tion** Auferlegung *f etc.*; Heimsuchung *f*, Plage *f*.

in·flo·res·cence ⚘ [inflɔː'resns] Aufblühen *n*; Blütenstand *m*.

in·flow ['infləu] = *influx*.

in·flu·ence ['influəns] **1.** Einfluß *m* (*with* bei, *on, upon* auf *acc.*); (Ein-)Wirkung *f* (*on, upon* auf *acc.*); **2.** einwirken auf (*acc.*); beeinflussen; **in·flu·en·tial** □ [~'enʃəl] einflußreich.

in·flu·en·za ⚕ [influ'enzə] Grippe *f*.

in·flux ['inflʌks] Einströmen *n*; *fig.* Zufluß *m*, (Zu)Strom *m*.

in·fold [inˈfəuld] = *enfold.*
in·form [inˈfɔːm] *v/t.* benachrichtigen, in Kenntnis setzen, unterrichten (*of* von, *about* über *acc.*); mitteilen (*s.o. of s.th.* j-m et.); *well* ~*ed* gut unterrichtet; *keep s.o.* ~*ed* j. auf dem laufenden halten; *v/i.* anzeigen, denunzieren (*against s.o.* j.); **inˈfor·mal** □ formlos, zwanglos; formwidrig; **in·for·mal·i·ty** [~ˈmæliti] Formlosigkeit *f etc.*; Formfehler *m*; **inˈform·ant** [~mənt] (Informations)Quelle *f*; Gewährsmann *m*; = *informer*; **in·for·ma·tion** [infəˈmeiʃən] Auskunft *f*; Nachricht *f*, Information *f*; Unterweisung *f*; Kenntnis *f*; ⚖ Anklage *f*; *gather* ~ Erkundigungen einziehen (*about* über *acc.*); **in·form·a·tive** [inˈfɔːmətiv] informatorisch; lehrreich; mitteilsam; **inˈform·er** *a. common* ~ Denunziant *m*; Spitzel *m.*
in·fra [ˈinfrə] unten; *see* ~ siehe unten (*in Büchern*).
in·frac·tion [inˈfrækʃən] Verletzung *f*, Übertretung *f.*
in·fra...: ~ **dig** F [ˈinfrəˈdig] unter j-s Würde; ˈ~-ˈ**red** *phys.* infrarot.
in·fre·quen·cy [inˈfriːkwənsi] Seltenheit *f*; **inˈfre·quent** □ selten.
in·fringe [inˈfrindʒ] *a.* ~ *upon Vertrag etc.* verletzen; *Gesetz* übertreten; **inˈfringe·ment** Übertretung *f*; Verletzung *f.*
in·fu·ri·ate [inˈfjuərieit] wütend machen.
in·fuse [inˈfjuːz] einflößen, eingeben (*into dat.*); ⚗, *pharm.* einweichen; *Tee etc.* aufgießen; **inˈfu·sion** [~ʒən] Aufguß *m*; *fig.* Einflößung *f*; **in·fu·so·ri·a** *zo.* [~ˈzɔːriə] *pl.* Infusorien *n/pl.*; **in·fuˈso·ri·al** Infusorien...
in·gath·er·ing [ˈingæðəriŋ] Einernten *n*; Sammeln *n.*
in·gen·ious □ [inˈdʒiːnjəs] geistreich; sinnreich; erfinderisch; raffiniert; **in·ge·nu·i·ty** [indʒiˈnjuːiti] Scharfsinn *m*; *das* Sinnreiche; **in·gen·u·ous** □ [inˈdʒenjuəs] aufrichtig, offen, freimütig; unbefangen.
in·gle [ˈiŋgl] Kamin(feuer *n*) *m*; ˈ~**·nook** Kaminecke *f.*
in·glo·ri·ous □ [inˈglɔːriəs] ruhmlos; unrühmlich, schimpflich.
in·go·ing [ˈingəuiŋ] **1.** Hineingehen *n*; Antritt *m*; **2.** (hin)eingehend; (neu) eintretend (*Mieter etc.*).
in·got [ˈiŋgət] *Gold- etc.* Barren *m*; ˈ~**-steel** Flußstahl *m.*
in·grain [ˈinˈgrein] in der Wolle gefärbt; *fig. a.* ~*ed* eingewurzelt; *von Personen*: eingefleischt.
in·gra·ti·ate [inˈgreiʃieit]: ~ *o.s.* sich beliebt machen (*with* bei); **in·grat·i·tude** [inˈgrætitjuːd] Undankbarkeit *f.*
in·gre·di·ent [inˈgriːdjənt] Bestandteil *m*; Zutat *f.*
in·gress [ˈingres] Eintritt *m*; Zutritt *m.*
in·grow·ing [ˈingrəuiŋ] nach innen wachsend, eingewachsen.
in·gui·nal *anat.* [ˈiŋgwinl] Leisten...
in·gur·gi·tate [inˈgəːdʒiteit] hinunterschlingen, -schlucken.
in·hab·it [inˈhæbit] bewohnen; **inˈhab·it·a·ble** bewohnbar; **inˈhab·it·an·cy** Aufenthalt *m*; **inˈhab·it·ant** Bewohner(in), Einwohner(in).
in·ha·la·tion [inhəˈleiʃən] Einatmung *f*; ⚕ Inhalation *f*; **in·hale** [inˈheil] einatmen; ⚕ inhalieren; **inˈhal·er** ⚕ Inhalationsapparat *m.*
in·har·mo·ni·ous □ [inhɑːˈməunjəs] unharmonisch.
in·here [inˈhiə] anhaften, innewohnen (*in* in *dat.*); **inˈher·ence, inˈher·en·cy** [~rəns(i)] Anhaften *n*, Innewohnen *n*; **inˈher·ent** □ anhaftend; innewohnend, angeboren, eigen (*in dat.*).
in·her·it [inˈherit] (er)erben; **inˈher·it·a·ble** □ erblich, vererbbar; **inˈher·it·ance** Erbteil *n*, Erbe *n*; Erbschaft *f*; *biol.* Vererbung *f*; **inˈher·i·tor** Erbe *m*; **inˈher·i·tress, inˈher·i·trix** [~triks] Erbin *f.*
in·hib·it [inˈhibit] (ver)hindern; hemmen; verbieten (*s.o. from s.th.* j-m et.); zurückhalten; **in·hi·bi·tion** [~ˈbiʃən] Hemmung *f*; Verbot *n*; **inˈhib·i·to·ry** [~təri] hemmend; verbietend; Hemmungs...
in·hos·pi·ta·ble □ [inˈhɔspitəbl] ungastlich, unwirtlich; **in·hos·pi·tal·i·ty** [ˈ~ˈtæliti] Ungastlich-, Unwirtlichkeit *f.*
in·hu·man □ [inˈhjuːmən] unmenschlich; **in·hu·man·i·ty** [~ˈmæniti] Unmenschlichkeit *f.*
in·hu·ma·tion [inhjuːˈmeiʃən] Beerdigung *f.*
in·hume [inˈhjuːm] beerdigen.

in·im·i·cal □ [i'nimikəl] feindlich; schädlich.
in·im·i·ta·ble □ [i'nimitəbl] unnachahmlich.
in·iq·ui·tous □ [i'nikwitəs] ungerecht; frevelhaft; **in'iq·ui·ty** Ungerechtigkeit *f*; Schlechtigkeit *f*.
in·i·tial [i'niʃəl] **1.** □ Anfangs...; anfänglich; **2.** Anfangsbuchstabe *m*; **3.** mit den Anfangsbuchstaben *e-s Namens* versehen; **in·i·ti·ate 1.** [i'niʃiit] eingeweiht (*in* in *acc.*); Eingeweihte *m*; **2.** [~ʃieit] beginnen; anbahnen; *pol.* zuerst beantragen; einführen, einweihen (*into* in *acc.*); **in·i·ti'a·tion** Einleitung *f*; Einführung *f*, Einweihung *f*; *bsd. Am.* ~ *fee* Aufnahmegebühr *f* (*Vereinigung*); **in'i·ti·a·tive** [~ətiv] **1.** einleitend; **2.** Initiative *f*; einleitender Schritt *m*; Entschlußkraft *f*; Unternehmungsgeist *m*; Volksbegehren *n*; *on one's own* ~ aus eigener Initiative; *take the* ~ die Initiative ergreifen; **in'i·ti·a·tor** [~eitə] Initiator *m*, Anreger *m*, Urheber *m*; **in'i·ti·a·to·ry** [~ətəri] einleitend, -weihend.
in·ject [in'dʒekt] einspritzen (*into* in *acc.*); ausspritzen (*with* mit); **in'jec·tion** Einspritzung *f*; ⚕ Injektion *f*.
in·ju·di·cious □ [indʒu:'diʃəs] unverständig, unklug, unüberlegt.
in·junc·tion [in'dʒʌŋkʃən] gerichtliche Verfügung *f*; ausdrücklicher Befehl *m*.
in·jure ['indʒə] (be)schädigen; schaden, Unrecht tun (*dat.*); verletzen; beleidigen, kränken; **in·ju·ri·ous** □ [in'dʒuəriəs] schädlich, nachteilig; ungerecht; beleidigend; **in·ju·ry** ['indʒəri] Unrecht *n*; Schaden *m*; Verletzung *f*; Beleidigung *f*, Kränkung *f*; Schädigung *f*.
in·jus·tice [in'dʒʌstis] Ungerechtigkeit *f*; Unrecht *n*.
ink [iŋk] **1.** Tinte *f*; *mst printer's* ~ Druckerschwärze *f*; *attr.* Tinten...; **2.** (mit Tinte) schwärzen; beklecksen; ~ *in od. over* nach-, ausziehen.
ink·ling ['iŋkliŋ] Andeutung *f*; dunkle *od.* leise Ahnung *f*.
ink...: '**~-pad** Stempelkissen *n*; '**~-pen·cil** Tintenstift *m*; '**~-pot** Tintenfaß *n*; '**~-stand** Schreibzeug *n*; '**ink·y** tintig; Tinten...; tintenschwarz; tintenfleckig.
in·laid ['inleid] eingelegt; Einlege...; ~ *floor* Parkettfußboden *m*.
in·land 1. ['inlənd] binnenländisch, inländisch; Binnen...; im Inland gelegen; ♀ *Revenue* Steuereinnahmen *f/pl.*; **2.** [~] Innere *n* des Landes, Binnenland *n*; **3.** [in'lænd] landeinwärts; **in·land·er** ['inləndə] Binnenländer(in).
in·lay 1. ['in'lei] (*irr. lay*) einlegen; **2.** ['inlei] Einlage *f*; Einlegearbeit *f*.
in·let ['inlet] Meeresarm *m*, Bucht *f*; ⊕ Einlaß *m*, -gang *m*.
in·mate ['inmeit] Insasse *m*, Insassin *f*, Bewohner(in); Hausgenosse *m*, Hausgenossin *f*.
in·most ['inməust] innerst.
inn [in] Gasthof *m*, -haus *n*, Wirtshaus *n*; ♀*s pl. of Court die vier* Rechtsschulen *f/pl. in London.*
in·nards F ['inədz] *pl.* Eingeweide *n*, Innereien *f/pl.*
in·nate □ ['i'neit] angeboren.
in·ner ['inə] inner, inwendig; geheim; ~ *tube* Schlauch *m e-s Reifens*; *the* ~ *man* die Seele, das Innere; *co.* der Magen; **in·ner·most** ['~məust] innerst; geheimst.
in·ner·vate ['inə:veit] Nervenkraft *f* zuführen (*dat.*), kräftigen.
in·nings ['iniŋz] *sg. Sport*: Dransein *n*; *have one's* ~ am Spiel sein; *fig.* an der Macht sein.
inn·keep·er ['inki:pə] Gastwirt(in).
in·no·cence ['inəsns] Unschuld *f*; Harmlosigkeit *f*; Einfalt *f*; **in·no·cent** ['~snt] **1.** □ unschuldig (*of* an *dat.*); harmlos (*arglos*; *unschädlich*); ~ *of* F ohne; **2.** Unschuldige *m*; Einfältige *m*; Idiot *m*.
in·noc·u·ous □ [i'nɔkjuəs] unschädlich, harmlos.
in·nom·i·nate [i'nɔminit] namenlos, unbenannt.
in·no·vate ['inəuveit] Neuerungen machen; **in·no'va·tion** Neuerung *f*; '**in·no·va·tor** [~tə] Neuerer *m*.
in·nox·ious □ [i'nɔkʃəs] unschädlich.
in·nu·en·do [inju:'endəu] Andeutung *f*, Anspielung *f*, Wink *m*.
in·nu·mer·a·ble □ [i'nju:mərəbl] unzählbar, unzählig.
in·nu·tri·tious [inju:'triʃəs] nicht nahrhaft, ohne Nährwert.
in·ob·serv·ance [inəb'zə:vəns] (*of*) Unachtsamkeit *f* (gegen); Nichtbeachtung *f* (*gen.*).

in·oc·cu·pa·tion ['inɔkju'peiʃən] Beschäftigungslosigkeit *f*.
in·oc·u·late [i'nɔkjuleit] ⚕ *u. fig. j.* impfen (*with* mit, *for* gegen); *et.* einimpfen (*on, into dat.*); ⚘ okulieren; **in·oc·u'la·tion** (Ein)Impfung *f*; Okulieren *n*.
in·o·dor·ous [in'əudərəs] geruchlos.
in·of·fen·sive □ [inə'fensiv] harmlos, gutartig; **in·of'fen·sive·ness** Harmlosigkeit *f*.
in·of·fi·cial [inə'fiʃəl] nichtamtlich, inoffiziell.
in·op·er·a·ble ⚕ [in'ɔpərəbl] inoperabel (*Tumor*).
in·op·er·a·tive [in'ɔpərətiv] unwirksam.
in·op·por·tune □ [in'ɔpətju:n] unangebracht, zur Unzeit.
in·or·di·nate □ [i'nɔ:dinit] regellos; übermäßig; zügellos.
in·or·gan·ic [inɔ:'gænik] unorganisch.
in-pa·tient ['inpeiʃənt] Krankenhauspatient *m*, stationärer Patient*m*.
in·put ⊕ *bsd.* ⚡ ['input] Eingangsenergie *f*.
in·quest ⚖ ['inkwest] Untersuchung *f* (*on* über *acc.*); *coroner's* ~ Gerichtsverhandlung *f* zur Feststellung der Todesursache.
in·qui·e·tude [in'kwaiitju:d] Unruhe *f*.
in·quire [in'kwaiə] fragen, sich erkundigen (*about, after, for* nach; *of* bei *j-m*); ~ *into* untersuchen, erforschen; **in'quir·er** Fragende *m, f*, Frager(in); Untersucher(in); **in'quir·ing** □ forschend; **in'quir·y** Erkundigung *f*, An-, Nachfrage *f*; Untersuchung *f*, Nachforschung *f*; Ermittlung *f*; *make inquiries* Erkundigungen einziehen (*of* bei *j-m*; *on, about* über *acc.*); **in'quir·y-'of·fice** Auskunft(sbüro *n*) *f*.
in·qui·si·tion [inkwi'ziʃən] Untersuchung *f* (*a.* ⚖); ♀ *hist.* Inquisition *f*; **in'quis·i·tive** □ [~tiv] neugierig; wißbegierig; **in'quis·i·tive·ness** Neugier *f*; Wißbegierde *f*; **in'quis·i·tor** Untersucher *m*; *hist.* Inquisitor *m*; **in·quis·i·to·ri·al** □ [~'tɔ:riəl] inquisitorisch, forschend; aufdringlich fragend; neugierig.
in·road ['inrəud] *feindlicher* Einfall *m*; Ein-, Übergriff *m* (*in, on* in, auf *acc.*).
in·rush ['inrʌʃ] Zustrom *m*.
in·sa·lu·bri·ous [insə'lu:briəs] ungesund.
in·sane □ [in'sein] geisteskrank, wahnsinnig; verrückt, unsinnig; ~ *asylum* Irrenanstalt *f*; **in·san·i·tar·y** □ [in'sænitəri] ungesund, unhygienisch; **in'san·i·ty** Wahnsinn *m*.
in·sa·ti·a·bil·i·ty [inseiʃjə'biliti] Unersättlichkeit *f*; **in'sa·ti·a·ble** □, **in'sa·ti·ate** [~ʃiit] unersättlich (*of* nach).
in·scribe [in'skraib] ein-, aufschreiben; beschreiben (*with* mit); beschriften; ✝ eintragen; ⩓ einzeichnen; *fig.* einprägen (*in, on dat.*); *Buch* zueignen (*to dat.*); *~d stock pl.* Namensaktien *f/pl.*
in·scrip·tion [in'skripʃən] In-, Aufschrift *f*; ✝ Eintragung *f*.
in·scru·ta·bil·i·ty [inskru:tə'biliti] Unerforschlichkeit *f*; **in'scru·ta·ble** □ unerforschlich, unergründlich.
in·sect ['insekt] Insekt *n*; **in'sec·ti·cide** [~tisaid] Insektengift *n*; **in·sec·tiv·o·rous** [~'tivərəs] insektenfressend.
in·se·cure □ [insi'kjuə] unsicher; **in·se'cu·ri·ty** [~riti] Unsicherheit*f*; Ungewißheit *f*.
in·sem·i·nate *biol.* [in'semineit] befruchten; *fig.* einpflanzen, einprägen; **in·sem·i'na·tion** Befruchtung *f*.
in·sen·sate [in'senseit] empfindungs-, gefühllos; unvernünftig; **in·sen·si·bil·i·ty** [~sə'biliti] Unempfindlichkeit *f*; Bewußtlosigkeit *f*; Gleichgültigkeit *f* (*of, to* gegen); **in'sen·si·ble** □ unempfindlich (*of, to* für); bewußtlos; unmerklich; gleichgültig; ~ *of od. to s.th.* sich e-r Sache nicht bewußt; **in'sen·si·tive** [~sitiv] unempfindlich (*to* gegen).
in·sen·ti·ent [in'senʃənt] empfindungslos.
in·sep·a·ra·bil·i·ty [insepərə'biliti] Untrennbarkeit *f etc.*; **in'sep·a·ra·ble** □ untrennbar; unzertrennlich.
in·sert 1. [in'sə:t] einsetzen, -führen, -schalten, -fügen; (hinein)stecken; *Münze* einwerfen; *in e-e Zeitung* einrücken, inserieren; **2.** ['insə:t] Bei-, Einlage *f*; **in'ser·tion** Einsetzung *f*, -fügung *f*, -tragung *f*;

Einwurf *m e-r Münze*; Anzeige *f*, Inserat *n*.

in·set ['inset] Einsatz *m*, -lage *f*; Nebenbild *n*.

in·shore ⚓ ['in'ʃɔː] an *od.* nahe der Küste (befindlich); Küsten...

in·side ['in'said] **1.** Innenseite *f*; Innere *n* (F *Magen*); *turn ~ out* umkrempeln; auf den Kopf stellen; **2.** *adj.* inner, inwendig; Innen...; *~ information* Einblick *m in interne Dinge*; *~ left Fußball*: Halblinke *m*; *~ right* Halbrechte *m*; **3.** *adv.* im Innern; *~ of* F innerhalb; **4.** *prp.* innerhalb; **'in'sid·er** Eingeweihte *m, f*.

in·sid·i·ous □ [in'sidiəs] heimtückisch.

in·sight ['insait] Einsicht *f*; *~ into fig.* Einblick *m* in (*acc.*).

in·sig·ni·a [in'signiə] *pl.* Abzeichen *n/pl.*, Insignien *pl.*

in·sig·nif·i·cance, *a.* **in·sig·nif·i·can·cy** [insig'nifikəns(i)] Bedeutungslosigkeit *f*; **in·sig'nif·i·cant** bedeutungslos; unbedeutend.

in·sin·cere □ [insin'siə] unaufrichtig, falsch; **in·sin·cer·i·ty** [~'seriti] Unaufrichtigkeit *f*, Falschheit *f*.

in·sin·u·ate [in'sinjueit] unbemerkt hineinbringen; zu verstehen geben; andeuten; durchblicken lassen; *~ o.s. into* sich einschleichen in (*acc.*); **in'sin·u·at·ing** □ einschmeichelnd; **in·sin·u'a·tion** Einschmeichelung *f*; Anspielung *f*, Andeutung *f*; Wink *m*.

in·sip·id □ [in'sipid] geschmacklos, fad, schal; **in·si'pid·i·ty** Geschmacklosigkeit *f*; Fadheit *f*, Schalheit *f*.

in·sist [in'sist]: *~ on*, *~ upon* bestehen *od.* beharren auf (*dat.*); dringen auf (*acc.*); Gewicht legen auf (*acc.*), halten auf (*acc.*); *et.* betonen; *~ that* darauf bestehen, daß; **in'sist·ence** Bestehen *n* (*on, upon* auf *dat.*); Beharrlichkeit *f*; *at his ~* auf sein Drängen hin; **in'sist·ent** □ beharrend (*on, upon* auf *dat.*); beharrlich; eindringlich.

in·so·bri·e·ty [insəu'braiəti] Unmäßigkeit *f*.

in·so·la·tion [insəu'leiʃən] Sonnenbestrahlung *f*; Sonnenstich *m*.

in·sole ['insəul] Brandsohle *f*; Einlegesohle *f*.

in·so·lence ['insələns] Unverschämtheit *f*; **'in·so·lent** □ unverschämt, frech.

in·sol·u·bil·i·ty [insɔlju'biliti] Unlöslichkeit *f*; **in'sol·u·ble** □ [~jubl] unlöslich; unlösbar.

in·sol·ven·cy [in'sɔlvənsi] Zahlungsunfähigkeit *f*; **in'sol·vent** **1.** zahlungsunfähig; **2.** zahlungsunfähiger Schuldner *m*.

in·som·ni·a [in'sɔmniə] Schlaflosigkeit *f*.

in·so·much [insəu'mʌtʃ]: *~ that* dermaßen *od.* so sehr, daß.

in·spect [in'spekt] untersuchen, prüfen, nachsehen; inspizieren; **in'spec·tion** Prüfung *f*, Untersuchung *f*; Inspektion *f*; *for ~* ✝ zur Ansicht; **in'spec·tor** Aufsichtsbeamte *m*; (Polizei)Inspektor *m*; **in'spec·tor·ate** [~tərit] Aufsichtsbehörde *f*.

in·spi·ra·tion [inspə'reiʃən] Einatmung *f*; Eingebung *f*, Erleuchtung; Inspiration *f*; Begeisterung *f*; **in·spire** [in'spaiə] einatmen; *Leben* einhauchen (*into, in dat.*); *fig.* eingeben (*s.th. in s.o., s.o. with s.th.* j-m et.), erfüllen; *j.* begeistern; **in·spir·it** [in'spirit] beleben; anfeuern.

in·spis·ate [in'spiseit] eindicken, eindampfen.

in·sta·bil·i·ty [instə'biliti] Unstetigkeit *f*; *bsd. fig.* Unbeständigkeit *f*.

in·stall [in'stɔːl] einsetzen (*in* in *ein Amt*); (sich) niederlassen; ⊕ installieren, einbauen, einrichten; **in·stal·la·tion** [instə'leiʃən] Einsetzung *f*, Bestallung *f*; ⊕ Installation *f*, Einrichtung *f*; ⚡ *etc.* Anlage *f*.

in·stal(l)·ment [in'stɔːlmənt] Rate *f*; Abschlagszahlung *f*; (Teil)Lieferung *f*, Faszikel *m* (*e-s Buchs*); Fortsetzung *f*; *by ~s* ratenweise; in Fortsetzungen; *payment by ~s* Ratenzahlung *f*; **~ plan** Teilzahlungssystem *n*.

in·stance ['instəns] **1.** dringende Bitte *f*, Ersuchen *n*; Beispiel *n*; (besonderer) Fall *m*; ⚖ Instanz *f*; *for ~* zum Beispiel; *in the first ~* erstens; *at the ~ of* auf Veranlassung (*gen.*); **2.** *als Beispiel* anführen.

in·stant □ ['instənt] **1.** dringend; unmittelbar, sofortig; gegenwärtig, laufend; *~ coffee* Pulverkaffee *m*; *on the 10th ~* am 10. dieses Monats; **2.** Augenblick *m*; *in an ~*, *on the ~* im Augenblick; augenblicklich; *the*

~ you call sobald du rufst; **in·stan·ta·ne·ous** □ [~ˈteinjəs] augenblicklich, sofortig; gleichzeitig; Augenblicks...; Moment...; ˈ**in·stant·ly** sogleich, sofort.
in·state [inˈsteit] einsetzen (*in* in *acc.*).
in·stead [inˈsted] statt dessen, dafür; *~ of* anstatt, statt; an Stelle von; *~ of going* statt zu gehen.
in·step [ˈinstep] Spann *m*, Rist *m*; *be high in the ~* F die Nase hoch tragen.
in·sti·gate [ˈinstigeit] anstiften; aufhetzen; **in·stiˈga·tion** Anstiftung *f*; *at the ~ of* auf Betreiben *gen.*; ˈ**in·sti·ga·tor** Anstifter *m*, Hetzer *m*.
in·stil(l) [inˈstil] einträufeln; *fig.* einflößen (*into dat.*); **in·stilˈla·tion, inˈstil(l)·ment** Einträufeln *n*; Einflößung *f*.
in·stinct 1. [ˈinstiŋkt] Instinkt *m*, (Natur)Trieb *m*; **2.** [inˈstiŋkt] erfüllt; *~ with life* voller Leben; **inˈstinc·tive** □ instinkt-, triebmäßig; unwillkürlich, instinktiv.
in·sti·tute [ˈinstitju:t] **1.** (gelehrte) Gesellschaft *f*, Institut *n* (*a. das Gebäude*); **2.** *et.* einsetzen, stiften, gründen, einrichten; an-, verordnen; *j.* einsetzen (*to, into* in *ein Amt*); **in·stiˈtu·tion** Einsetzung *f*, Einrichtung *f*; An-, Verordnung *f*; Gesetz *n*, Satzung *f*; Institut(ion *f*) *n*; Gesellschaft *f*; Anstalt *f*; **in·stiˈtu·tion·al** [~ʃənl] Instituts..., Anstalts...; *~ care* Anstaltsfürsorge *f*; **in·stiˈtu·tion·al·ize** [~ʃnəlaiz] institutionalisieren; F in eine Anstalt schicken.
in·struct [inˈstrʌkt] unterrichten, informieren; belehren, unterweisen; *j.* anweisen; **inˈstruc·tion** Vorschrift *f*, Instruktion *f*; Unterweisung *f*, Belehrung *f*; Merkblatt *n*; Auftrag *m*; **inˈstruc·tion·al** [~ʃənl] Lehr...; *~ film* Lehrfilm *m*; **inˈstruc·tive** □ belehrend; lehrreich; **inˈstruc·tor** Lehrer *m*; Ausbilder *m*; *Am. univ.* Dozent *m*; **inˈstruc·tress** Lehrerin *f*.
in·stru·ment [ˈinstrumənt] Instrument *n* (*a.* ♪), Werkzeug *n* (*a. fig.*); Handlanger *m*; ⚖ Urkunde *f*; *~board mot.*, ✈ Armaturenbrett *n*; *fly on ~s* ✈ blindfliegen; **in·stru·men·tal** □ [instruˈmentl] als Werkzeug dienend; dienlich, behilflich, förderlich; ♪ Instrumental...; *be ~ to* zu *e-m Zweck* beitragen; *be ~ in* zu *e-r Tätigkeit* beitragen; **in·struˈmen·tal·ist** ♪ [~təlist] Instrumentalist(in); **in·stru·men·tal·i·ty** [~ˈtæliti] Mitwirkung *f*, Mittel *n*.
in·sub·or·di·nate [insəˈbɔ:dnit] aufsässig; **in·sub·or·di·na·tion** [ˈ~diˈneiʃən] Auflehnung *f*.
in·sub·stan·tial [insəbˈstænʃəl] unwirklich.
in·suf·fer·a·ble □ [inˈsʌfərəbl] unerträglich, unausstehlich (*arrogant*).
in·suf·fi·cien·cy [insəˈfiʃənsi] Unzulänglichkeit *f*; **in·sufˈfi·cient** □ unzulänglich, ungenügend.
in·su·lar □ [ˈinsjulə] insular, Insel...; *fig.* beschränkt, engstirnig; **in·su·lar·i·ty** [~ˈlæriti] insulare Lage *f*; *fig.* insulare Beschränktheit *f*; **in·su·late** [ˈ~leit] zur Insel machen; isolieren (*a.* ⚡); ˈ**in·su·lat·ing** Isolier...; *~ tape* Isolierband *n*; **in·suˈla·tion** Absonderung *f*; Isolierung *f* (*a. phys.*); ˈ**in·su·la·tor** ⚡ Isolator *m*.
in·su·lin ⚕ [ˈinsjulin] Insulin *n*.
in·sult 1. [ˈinsʌlt] Beleidigung *f*; Beschimpfung *f*; **2.** [inˈsʌlt] beleidigen, beschimpfen.
in·su·per·a·bil·i·ty [insju:pərəˈbiliti] Unüberwindlichkeit *f*; **inˈsu·per·a·ble** □ unüberwindlich.
in·sup·port·a·ble □ [insəˈpɔ:təbl] unerträglich, unausstehlich.
in·sup·press·i·ble [insəˈpresəbl] ununterdrückbar.
in·sur·ance [inˈʃuərəns] Versicherung *f*; *attr.* Versicherungs...; *~ performances pl.* Versicherungsleistungen *f/pl.*; *~* **pol·i·cy** Versicherungspolice *f*, -schein *m*; **inˈsur·ant** Versicherungsnehmer *m*; **inˈsure** versichern; **inˈsured** *der od. die* Versicherte; **inˈsur·er** *der* Versicherer.
in·sur·gent [inˈsə:dʒənt] **1.** aufrührerisch; **2.** Aufrührer *m*.
in·sur·mount·a·ble □ [insə:ˈmauntəbl] unübersteigbar; *fig.* unüberwindlich.
in·sur·rec·tion [insəˈrekʃən] Aufstand *m*, Empörung *f*; **in·surˈrec·tion·al** [~ʃənl] aufständisch; **in·surˈrec·tion·ist** [~ʃnist] Aufständische *m*.

in·sus·cep·ti·ble [insəˈseptəbl] unempfänglich (*of*, *to* für).
in·tact [inˈtækt] unberührt; unversehrt; intakt; unangetastet.
in·take [ˈinteik] *Wasser- etc.* Einlaß *m*; (Neu)Aufnahme *f*, Zustrom *m*, -fluß *m*; Neuland *n*.
in·tan·gi·bil·i·ty [intændʒəˈbiliti] Unfühlbarkeit *f*; **inˈtan·gi·ble** □ unfühlbar; unfaßbar (*a. fig.*); unantastbar.
in·te·ger [ˈintidʒə] ⩕ ganze Zahl *f*; *das* Ganze; **in·te·gral** [ˈ~grəl] **1.** □ ganz, vollständig; wesentlich; ⩕ Integral...; **2.** ⩕ Integral *n*; **in·te·grant** [ˈ~grənt] integrierend; **in·te·grate** [ˈ~greit] ergänzen; zs.-tun; einfügen (*into*, *in* in *acc.*); integrieren; **in·teˈgra·tion** *mst pol.* Integration *f*; Eingliederung *f*; **in·teg·ri·ty** [inˈtegriti] Vollständigkeit *f*; Unversehrtheit *f*; Redlichkeit *f*, Integrität *f*.
in·teg·u·ment [inˈtegjumənt] Hülle *f*, Decke *f* (*a.* ⚘, *anat.*).
in·tel·lect [ˈintilekt] Verstand *m*; *konkr. die* Intelligenz; **in·telˈlec·tu·al** [~tjuəl] **1.** □ intellektuell; Verstandes..., geistig; verständig, vernünftig; **2.** Intellektuelle *m*, *f*; **in·tel·lec·tu·al·i·ty** [ˈ~tjuˈæliti] Verstandeskraft *f*.
in·tel·li·gence [inˈtelidʒəns] Intelligenz *f*; Verstand *m*; Einsicht *f*, Verständnis *n*; Nachricht *f*, Auskunft *f*; ~ *department* Nachrichtendienst *m*; **inˈtel·li·genc·er** Nachrichtenagent *m*; Spion *m*.
in·tel·li·gent □ [inˈtelidʒənt] intelligent; klug, gescheit; **in·tel·li·gent·si·a** [~ˈdʒentsiə] Intelligenz *f*, *die* Gebildeten *pl.*; **in·tel·li·gi·bil·i·ty** [~dʒəˈbiliti] Verständlichkeit *f*; **inˈtel·li·gi·ble** □ verständlich (*to* für).
in·tem·per·ance [inˈtempərəns] Unmäßigkeit *f*; Trunksucht *f*; **inˈtem·per·ate** □ [~rit] unmäßig; zügellos; unbeherrscht; trunksüchtig.
in·tend [inˈtend] beabsichtigen, wollen; meinen (*sagen wollen*; *by* mit); ~ *for* bestimmen für *od.* zu; **inˈtend·ant** Verwalter *m*; **inˈtend·ed** **1.** absichtlich; verlobt; ~ *husband* Verlobte *m*; **2.** F *der od. die* Zukünftige *od.* Verlobte.
in·tense □ [inˈtens] intensiv; angespannt, angestrengt; stark, heftig; lebhaft (*Farbe*); eindringlich, leidenschaftlich; **inˈtense·ness** Intensität *f*; Anstrengung *f*, Anspannung *f*; Stärke *f*, Heftigkeit *f*; Lebhaftigkeit *f*.
in·ten·si·fi·ca·tion [intensifiˈkeiʃən] Verstärkung *f* (*a. phot.*); **inˈten·si·fy** [~fai] (sich) verstärken *od.* steigern.
in·ten·sion [inˈtenʃən] Anstrengung *f*; Verstärkung *f*; Stärke *f*; **inˈten·si·ty** = *intenseness*; **inˈten·sive** □ = *intense*; verstärkend; Verstärkungs...
in·tent [inˈtent] **1.** □ gespannt; bedacht, erpicht (*on* auf *acc.*); beschäftigt (*on* mit); aufmerksam; **2.** Absicht *f*, Vorhaben *n*; *to all ~s and purposes* in jeder Hinsicht; durchaus; *with ~ to kill* in der Absicht zu töten; **inˈten·tion** Absicht *f*; Zweck *m*; **inˈten·tion·al** □ [~ʃənl] absichtlich; **inˈten·tioned** ...gesinnt; *well-~* wohlmeinend; **inˈtent·ness** gespannte Aufmerksamkeit *f*; Eifer *m*.
in·ter [inˈtəː] beerdigen, begraben.
in·ter... [ˈintə] zwischen; Zwischen-...; gegenseitig, einander.
in·ter·act **1.** [ˈintərækt] *thea.* Zwischenakt *m*; **2.** [~ˈækt] sich gegenseitig beeinflussen; **in·terˈac·tion** Wechselwirkung *f*.
in·ter·breed [ˈintəːbriːd] (*irr. breed*) (sich) kreuzen (*Tiere etc.*).
in·ter·ca·lar·y [inˈtəːkələri] eingeschaltet; Schalt...; **inˈter·ca·late** [~leit] einschalten; **in·ter·caˈla·tion** Einschaltung *f*.
in·ter·cede [intəːˈsiːd] sich verwenden, Fürbitte einlegen (*with* bei); **in·terˈced·er** Fürsprecher(in).
in·ter·cept [intəːˈsept] ab-, auffangen; *Nachricht* abhören; hemmen, aufhalten; unterbrechen, abschneiden; **in·terˈcep·tion** Abfangen *n etc.*; **in·terˈcep·tor** Geruchsverschluß *m in Abflußrohren*; ✈ Abfangjäger *m*.
in·ter·ces·sion [intəˈseʃən] Verwendung *f*, Fürbitte *f*; **in·ter·ces·sor** [~ˈsesə] Vermittler *m*, Fürsprecher *m*; **in·terˈces·so·ry** fürsprechend.
in·ter·change **1.** [intəːˈtʃeindʒ] *v/t.* austauschen, -wechseln; *v/i.* abwechseln; **2.** [ˈ~ˈtʃeindʒ] Austausch

m; Abwechs(e)lung *f*; **in·ter·'change·a·ble** austauschbar.

in·ter·com ✈, ⚓ F ['intə:kɔm] (Bord)Sprechanlage *f*.

in·ter·com·mu·ni·cate [intə:kə'mju:nikeit] miteinander in Verbindung stehen; **'in·ter·com·mu·ni·'ca·tion** gegenseitige Verbindung *f od.* Verständigung *f*; ~ *system* = *intercom*; **in·ter·com'mun·ion** [~njən] wechselseitiger Verkehr *m*.

in·ter·con·nect ['intə:kə'nekt] untereinander verbinden.

in·ter·con·ti·nen·tal ['intə:kɔnti'nentl] interkontinental, von Kontinent zu Kontinent (reichend).

in·ter·course ['intə:kɔ:s] Verkehr *m*, Umgang *m*.

in·ter·de·pend·ence [intə:di'pendəns] gegenseitige Abhängigkeit *f*; **in·ter·de'pend·ent** voneinander abhängig.

in·ter·dict 1. [intə:'dikt] untersagen, verbieten (*s.th. to s.o.* j-m et.; *s.o. from doing* j-m zu tun); **2.** ['intə:dikt], **in·ter'dic·tion** Verbot *n*; Interdikt *n*.

in·ter·est ['intrist] **1.** Interesse *n*; Anziehungskraft *f*; Bedeutung *f*; Nutzen *m*; ✝ Anteil *m*, Beteiligung *f*, Kapital *n*; Zins(en *pl.*) *m*; ~*s pl.* Interessenten *m/pl.*, Kreise *m/pl.*; *in the* ~ *of* zum Nutzen; für; *be of* ~ *to* von Interesse sein für; *take an* ~ *in* sich interessieren für; *return a blow with* ~ noch heftiger zurückschlagen; *banking* ~*s pl.* Bankkreise *m/pl.*; **2.** *allg.* interessieren; anziehen; angehen; *j-s* Teilnahme erregen (*for s.o.* für j.); *be* ~*ed in* beteiligt sein *od.* Interesse haben an (*dat.*); ~ *o.s. in* sich interessieren für; **'in·ter·est·ed** □ interessiert; beteiligt; eigennützig; **'in·ter·est·ing** □ interessant, fesselnd, anziehend.

in·ter·face ['intə:feis] Berührungspunkt(e *pl.*) *m*, Wechselbeziehung (-en *pl.*) *f*.

in·ter·fere [intə'fiə] sich einmengen *od.* -mischen (*with* in *acc.*); einschreiten; vermitteln (*in* bei, in *dat.*); stören (*with acc.*); aufeinandertreffen; **in·ter'fer·ence** Einmischung *f*, Eingreifen *n*; Beeinträchtigung *f*; *phys.* Interferenz *f*, Störung *f*.

in·ter·flow [intə'fləu] (*irr. flow*) ineinanderfließen.

in·ter·fuse [intə:'fju:z] (sich) vermischen.

in·ter·im ['intərim] **1.** Zwischenzeit *f*; *in the* ~ einstweilen; **2.** vorläufig; Interims...; ~ *report* Zwischenbericht *m*.

in·te·ri·or [in'tiəriə] **1.** □ inner; innerlich; Innen...; binnenländisch; ~ *decorator* Innenarchitekt *m*; Maler *m*, Tapezierer *m*; **2.** Innere *n e-r Sache*; Binnenland *n*; *paint.* Interieur *n*; *phot.* Innenaufnahme *f*; *pol.* innere Angelegenheiten *f/pl.*; *Department of the* ~ *Am.* Innenministerium *n*.

in·ter·ja·cent [intə:'dʒeisənt] dazwischenliegend.

in·ter·ject [intə:'dʒekt] einschieben, -werfen; **in·ter'jec·tion** Interjektion *f*, Ausruf *m*; **in·ter'jec·tion·al** □ [~ʃənl] eingeschoben (*Wort etc.*).

in·ter·lace [intə:'leis] *v/t.* durchflechten, -weben; *v/i.* sich kreuzen.

in·ter·lard [intə:'lɑ:d] *fig.* spicken.

in·ter·leave [intə:'li:v] *Buch mit Papier* durchschießen.

in·ter·line [intə:'lain] zwischen die Zeilen schreiben; *typ.* durchschießen; **in·ter·lin·e·ar** [~'liniə] zwischenzeilig, interlinear; **in·ter·lin·e·a·tion** ['~lini'eiʃən] Zwischenschreiben *n*; Zwischengeschriebene *n*.

in·ter·link [intə:'liŋk] miteinander verbinden.

in·ter·lock [intə:'lɔk] ineinandergreifen; -haken; miteinander verbinden.

in·ter·lo·cu·tion [intə:ləu'kju:ʃən] Unterredung *f*; **in·ter·loc·u·tor** [~'lɔkjutə] Gesprächspartner *m*; **in·ter'loc·u·to·ry** in Gesprächsform; ⚖ Zwischen...

in·ter·lope [intə:'ləup] sich eindrängen; ✝ wilden Handel treiben; **'in·ter·lop·er** Eindringling *m*; ✝ wilder Händler *m*.

in·ter·lude ['intə:lu:d] Zwischenspiel *n*; Zwischenzeit *f*; ~*s of bright weather* zeitweilig schön.

in·ter·mar·riage [intə:'mæridʒ] Mischehe *f*; **'in·ter'mar·ry** untereinander heiraten.

in·ter·med·dle [intə:'medl] sich einmischen (*with, in* in *acc.*); **in·ter·'med·dler** Eindringling *m*; Unberufene *m, f*.

in·ter·me·di·ar·y [intə:'mi:djəri]

1. dazwischen befindlich; vermittelnd; 2. Vermittler *m*; ✝ Zwischenhändler *m*; **in·ter·me·di·ate** □ [ˌ'mi:djət] in der Mitte liegend; Mittel..., Zwischen...; ~ *landing* ✈ Zwischenlandung *f*; ~-*range ballistic missile* Mittelstrekkenrakete *f*; ~ *school Am.* Mittelschule *f*; ~ *stage* Zwischenstadium *n*; ~ *trade* Zwischenhandel *m*.

in·ter·ment [in'tə:mənt] Beerdigung *f*.

in·ter·mez·zo [intə:'metsəu] Intermezzo *n*, Zwischenspiel *n*.

in·ter·mi·na·ble □ [in'tə:minəbl] endlos, unendlich.

in·ter·min·gle [intə:'miŋgl] (sich) vermischen.

in·ter·mis·sion [intə:'miʃən] Aussetzen *n*, Unterbrechung *f*; Pause *f*.

in·ter·mit [intə:'mit] unterbrechen, (*a. v/i.*) aussetzen; **in·ter'mit·tent** 1. □ aussetzend; ~ *fever* = 2. ⚕ Wechselfieber *n*; **in·ter'mit·tent·ly** sprunghaft, ruckweise.

in·ter·mix [intə:'miks] (sich) vermischen; **in·ter'mix·ture** [ˌtʃə] Mischung *f*; Beimischung *f*.

in·tern[1] [in'tə:n] internieren.

in·tern[2] ['intə:n] Assistenzarzt *m*.

in·ter·nal □ [in'tə:nl] inner(lich); inländisch; ~**-com'bus·tion en·gine** Verbrennungsmotor *m*.

in·ter·na·tion·al [intə:'næʃənl] 1. □ international; ~ *law* Völkerrecht *n*; 2. *pol.* ♀ Internationale *f*; **in·ter·na·tion·al·i·ty** [ˌ'næliti] Internationalität *f*; **in·ter'na·tion·al·ize** [ˌnəlaiz] für international erklären.

in·terne ['intə:n] = *intern*[2].

in·ter·ne·cine war [intə:'ni:sain'wɔ:] gegenseitiger Vernichtungskrieg *m*.

in·tern·ee [intə:'ni:] Internierte *m,f*; **in'tern·ment** Internierung *f*; ~ *camp* Internierungslager *n*.

in·ter·pel·late [in'tə:peleit] interpellieren, um Aufschluß ersuchen; **in·ter·pel'la·tion** Anfrage *f*, Interpellation *f*.

in·ter·phone ['intə:fəun] Haustelephon *n*; ✈ *Am.* Bordsprechanlage *f*.

in·ter·plan·e·ta·ry [intə:'plænitəri] interplanetarisch.

in·ter·play ['intə:'plei] Wechselwirkung *f*.

in·ter·po·late [in'tə:pəuleit] einschieben; **in·ter·po'la·tion** Einschaltung *f*, Einschub *m*.

in·ter·pose [intə:'pəuz] *v/t. Veto* einlegen; *Wort* einwerfen; *v/i.* dazwischentreten, einschreiten; vermitteln; **in·ter·po·si·tion** [intə:pə'ziʃən] Eingreifen *n*; Vermittlung *f*.

in·ter·pret [in'tə:prit] auslegen, erklären, interpretieren; dolmetschen; darstellen, wiedergeben; **in·ter·pre'ta·tion** Auslegung *f*; Interpretation *f*; Darstellung *f*; **in'ter·pre·ta·tive** [ˌtətiv] auslegend (*of acc.*); **in'ter·pret·er** Ausleger(in); Dolmetscher(in); Interpret(in).

in·ter·ra·cial [intə:'reiʃjəl] zwischen den Rassen, interrassisch.

in·ter·reg·num [intə'regnəm] Interregnum *n*, Zwischenregierung *f*; Pause *f*.

in·ter·re·la·tion ['intə:ri'leiʃən] Wechselbeziehung *f*.

in·ter·ro·gate [in'terəugeit] (be-, aus)fragen; verhören; **in·ter·ro'ga·tion** (Be-, Aus)Fragen *n*, Verhör(en) *n*; Frage *f*; *note od. mark od. point of* ~ Fragezeichen *n*; **in·ter·rog·a·tive** [intə'rɔgətiv] 1. □ fragend; Frage...; 2. *gr.* Fragewort *n*; **in·ter'rog·a·to·ry** [ˌtəri] 1. fragend; 2. Frage *f*; Verhör *n*.

in·ter·rupt [intə'rʌpt] unterbrechen; **in·ter'rupt·ed·ly** mit Unterbrechungen; **in·ter'rupt·er** ⚡ Unterbrecher *m*; **in·ter'rup·tion** Unterbrechung *f*.

in·ter·sect [intə:'sekt] durchschneiden; (sich) schneiden; **in·ter'sec·tion** Durchschnitt *m*; Schnittpunkt *m*; 🚗 Kreuzung *f*.

in·ter·space ['intə:'speis] Zwischenraum *m*.

in·ter·sperse [intə:'spə:s] einstreuen; untermengen, durchsetzen (*with* mit).

in·ter·state *Am.* ['intə:'steit] zwischenstaatlich.

in·ter·stice [in'tə:stis] Zwischenraum *m*; Lücke *f*, Riß *m*, Spalt *m*; **in·ter·sti·tial** □ [ˌ'stiʃəl] in Zwischenräumen; Zwischen...

in·ter·tri·bal [intə:'traibəl] zwischen den Stämmen.

in·ter·twine [intə:'twain], **in·ter·twist** [ˌ'twist] (sich) verflechten.

in·ter·ur·ban [intər'ə:bən] zwischen Städten, zwischenstädtisch.

in·ter·val ['intəvəl] Zwischenraum *m*; (*a.* Zeit)Abstand *m*; Zwischenzeit *f*, Pause *f*; ♪ Intervall *n*.

in·ter·vene [intə:ˈvi:n] dazwischenkommen, -treten; sich einmischen; einschreiten; intervenieren; vermitteln, dazwischenliegen; **in·ter·ven·tion** [~ˈvenʃən] Dazwischenkommen *n*; Einmischung *f*; Intervention *f*; Vermitt(e)lung *f*; Dazwischenliegen *n*.

in·ter·view [ˈintəvju:] **1.** Zusammenkunft *f*, Unterredung *f*; *bsd. Zeitung*: Interview *n*, Befragung *f*; **2.** interviewen; ˈ**in·ter·view·er** Interviewer *m*.

in·ter·weave [intə:ˈwi:v] (*irr. weave*) verweben (*a. fig.*).

in·tes·ta·cy ⚖ [inˈtestəsi] Fehlen *n* e-s Testaments; **inˈtes·tate** ⚖ [~tit] **1.** ohne Testament; **2.** ohne Testament Verstorbene *m, f*.

in·tes·ti·nal *anat.* [inˈtestinl] Eingeweide..., Darm...; **inˈtes·tine** **1.** inner; einheimisch; **2.** Darm *m*; *~s pl.* Eingeweide *n/pl.*

in·ti·ma·cy [ˈintiməsi] Intimität *f*, Vertraulichkeit *f*; vertrauter Umgang *m*; **in·ti·mate** **1.** [ˈ~meit] bekanntgeben; mitteilen; zu verstehen geben; **2.** □ [ˈ~mit] vertraut, intim; innig, eng; **3.** [ˈ~mit] Vertraute *m, f*; **in·ti·ma·tion** [~ˈmeiʃən] Andeutung *f*, Wink *m*; Ankündigung *f*, Anzeige *f*.

in·tim·i·date [inˈtimideit] einschüchtern; **in·tim·iˈda·tion** Einschüchterung *f*.

in·to [ˈintu, *vor Konsonant* ˈintə] *prp.* in (*acc.*), in ... hinein.

in·tol·er·a·ble □ [inˈtɔlərəbl] unerträglich, unausstehlich; **inˈtol·er·ance** Unduldsamkeit *f*, Intoleranz *f*; **inˈtol·er·ant** □ unduldsam, intolerant.

in·to·na·tion [intəuˈneiʃən] Anstimmung *f*; ♪ Tongebung *f*; *gr.* Intonation *f*, Tonfall *m*; **in·to·nate** [ˈ~neit], **inˈtone** anstimmen; *mit besonderem Tonfall* aussprechen.

in·tox·i·cant [inˈtɔksikənt] **1.** berauschend; **2.** berauschendes Getränk *n*; **inˈtox·i·cate** [~keit] berauschen (*a. fig.*); **in·tox·iˈca·tion** Berauschung *f*; Rausch *m* (*a. fig.*).

in·trac·ta·bil·i·ty [intræktəˈbiliti] Widerspenstigkeit *f*; **inˈtrac·ta·ble** □ unlenksam, störrisch; schwer zu bändigen(d).

in·tra·mu·ral [ˈintrəˈmjuərəl] innerhalb der Mauern (vorkommend *etc.*).

in·tran·si·gent [inˈtrænsidʒənt] unversöhnlich.

in·tran·si·tive [inˈtrænsitiv] **1.** □ intransitiv; **2.** Intransitivum *n*.

in·tra·state *Am.* [intrəˈsteit] innerstaatlich.

in·trench [inˈtrentʃ], **inˈtrench·ment** = *entrench etc.*

in·tre·pid □ [inˈtrepid] unerschrocken; **in·tre·pid·i·ty** [intriˈpiditi] Unerschrockenheit *f*.

in·tri·ca·cy [ˈintrikəsi] Kompliziertheit *f*; Schwierigkeit *f*; Kniffllichkeit *f*; **in·tri·cate** □ [ˈ~kit] verwickelt; kompliziert; verzwickt; schwierig.

in·trigue [inˈtri:g] **1.** Ränkespiel *n*, Intrige *f*; (Liebes)Verhältnis *n*; **2.** *v/i.* Ränke schmieden, intrigieren; ein (Liebes)Verhältnis haben; *v/t.* interessieren; neugierig machen; **inˈtri·guer** Intrigant(in).

in·trin·sic, in·trin·si·cal □ [inˈtrinsik(əl)] inner(lich); wirklich, wahr.

in·tro·duce [intrəˈdju:s] einführen (*a. fig.*); bekannt machen (*to* mit), *Leute* vorstellen; *Buch etc.* einleiten; *Thema* zur Sprache bringen; **in·tro·duc·tion** [~ˈdʌkʃən] Einführung *f*; Einleitung *f*, Vorrede *f*; Vorstellung *f*, Bekanntmachen *n*; *letter of ~* Empfehlungsschreiben *n*; **in·troˈduc·to·ry** [~təri] einleitend, einführend.

in·tro·spect [intrəuˈspekt] sich (innerlich) prüfen; **in·troˈspec·tion** Selbstprüfung *f*; Selbstbetrachtung *f*, Introspektion *f*; **in·troˈspec·tive** □ [~tiv] beschaulich; introspektiv.

in·tro·vert **1.** [intrəuˈvə:t] einwärts kehren; **2.** [ˈintrəuvə:t] introvertierter *od.* nach innen gekehrter Mensch *m*.

in·trude [inˈtru:d] hineinzwängen; eindringen; (sich) eindrängen (*into* in *acc.*); (sich) aufdrängen (*upon s.o.* j-m); stören (*upon acc.*); **inˈtrud·er** Eindringling *m*; Störenfried *m*; *a. ~ aircraft* Störflugzeug *n*.

in·tru·sion [inˈtru:ʒən] Eindringen *n*; Auf-, Zudringlichkeit *f*.

in·tru·sive □ [inˈtru:siv] zudringlich.

in·trust [inˈtrʌst] = *entrust.*

in·tu·i·tion [intju:ˈiʃən] unmittel-

bare Erkenntnis *f*, Intuition *f*; **in'tu·i·tive** □ [~tiv] intuitiv, unmittelbar erkennend.
in·un·date ['inʌndeit] überschwemmen; **in·un'da·tion** Überschwemmung *f*.
in·ure [i'njuə] gewöhnen (*to* an *acc.*); **in'ure·ment** Gewöhnung *f*.
in·u·til·i·ty [inju:'tiliti] Nutzlosigkeit *f*.
in·vade [in'veid] eindringen in, einfallen in (*acc.*), *Land* überfallen; *fig.* befallen; *Recht* verletzen; **in'vad·er** Angreifer *m*; Eindringling *m*.
in·val·id¹ ['invəli:d] **1.** dienstunfähig; kränklich, gebrechlich; **2.** Kranke *m*; ⚔, ⚓ Invalide *m*; **3.** zum Invaliden machen *od.* werden; ⚔, ⚓ als dienstunfähig entlassen.
in·val·id² [in'vælid] (rechts)ungültig; nichtig; **in·val·i·date** [in'vælideit] entkräften; ⚖ ungültig machen; **in·val·i'da·tion** Entkräftung *f*; Ungültigmachen *n*; **in·va·lid·i·ty** [invə'liditi] Invalidität *f*; Ungültigkeit *f*.
in·val·u·a·ble □ [in'væljuəbl] unschätzbar.
in·var·i·a·ble □ [in'vɛəriəbl] unveränderlich; beständig; **in'var·i·a·bly** ausnahmslos, immer, stets.
in·va·sion [in'veiʒən] Einfall *m*, Angriff *m*, Invasion *f*; Überfall *m*; ⚖ Eingriff *m* (*of* in *acc.*); ⚕ Anfall *m*; **in'va·sive** [~siv] angreifend; Angriffs...; eingreifend (*of* in *acc.*); zudringlich.
in·vec·tive [in'vektiv] Schmähung *f*, Schimpfrede *f*, -wort *n*.
in·veigh [in'vei] schimpfen (*against* über, auf *acc.*), herziehen (*against* über *acc.*).
in·vei·gle [in'vi:gl] verleiten, (ver-) locken (*into* zu); **in'vei·gle·ment** Lockung *f*.
in·vent [in'vent] erfinden; ersinnen, erdichten; **in'ven·tion** Erfindung (-sgabe) *f*; Erdichtung *f*, Lüge *f*; **in'ven·tive** □ [~tiv] erfinderisch; **in'ven·tive·ness** Erfindungsgabe *f*; **in'ven·tor** Erfinder(in); **in·ven·to·ry** ['invəntri] **1.** Inventar *n*; Inventur *f*; **2.** inventarisieren.
in·verse □ ['in'və:s] umgekehrt; **in'ver·sion** Umkehrung *f*; *gr.* Inversion *f*.
in·vert 1. [in'və:t] umkehren; umstellen; *~ed commas pl.* Anführungszeichen *n/pl.*; *~ed flight* ✈ Rückenflug *m*; **2.** ['invə:t] Homosexuelle *m*; Lesbierin *f*.
in·ver·te·brate [in'və:tibrit] **1.** wirbellos; *fig.* rückgrat-, haltlos; **2.** wirbelloses Tier *n*; *fig.* rückgratloser Mensch *m*.
in·vest [in'vest] *v/t.* investieren, anlegen (*in* in *dat.*); bekleiden; ausstatten (*with* mit); umgeben (*with* von); ⚔ belagern; *v/i.* *~ in* F kaufen, sich zulegen.
in·ves·ti·gate [in'vestigeit] erforschen; untersuchen; nachforschen; **in·ves·ti'ga·tion** Erforschung *f*; Untersuchung *f*; Nachforschung *f*; **in'ves·ti·ga·tor** [~geitə] Untersuchende *m, f*.
in·ves·ti·ture [in'vestitʃə] Amtseinführung *f*; **in'vest·ment** Kapitalanlage *f*, Investition *f*; ⚔ Einschließung *f*; Amtseinführung *f*; **in'vest·or** Geldgeber *m*.
in·vet·er·a·cy [in'vetərəsi] Unausrottbarkeit *f*, Hartnäckigkeit *f*; **in'vet·er·ate** □ [~rit] eingewurzelt, unausrottbar (*Sache*); eingefleischt (*Person*); hartnäckig.
in·vid·i·ous □ [in'vidiəs] verhaßt, hassenswert; beneidenswert.
in·vig·i·late [in'vidʒileit] die Aufsicht führen (*bei Prüfungen*); **in'vig·i·la·tor** Aufsichtführende *m, f*.
in·vig·or·ate [in'vigəreit] kräftigen, stärken, beleben; **in·vig·or'a·tion** Kräftigung *f*, Stärkung *f*.
in·vin·ci·bil·i·ty [invinsi'biliti] Unüberwindlichkeit *f*; **in'vin·ci·ble** □ unbesiegbar; unüberwindlich.
in·vi·o·la·bil·i·ty [invaiələ'biliti] Unverletzlichkeit *f*; **in'vi·o·la·ble** □ unverletzlich; unverbrüchlich; **in'vi·o·late** [~lit] unverletzt.
in·vis·i·bil·i·ty [invizə'biliti] Unsichtbarkeit *f*; **in'vis·i·ble** □ unsichtbar; *~ mending* Kunststopfen *n*.
in·vi·ta·tion [invi'teiʃən] Einladung *f*, Aufforderung *f*; **in·vite** [in'vait] einladen; auffordern; herausfordern; (an)locken; *et.* erbitten; **in'vit·ing** einladend, verlockend.
in·vo·ca·tion [invəu'keiʃən] Anrufung *f*; **in·voc·a·to·ry** [in'vɔkətəri] anrufend.
in·voice ☨ ['invɔis] **1.** Faktura *f*, Warenrechnung *f*; **2.** fakturieren, in Rechnung stellen.

in·voke [in'vəuk] *Gott, j-s Rat etc.* anrufen; *Geist* herauf-, *Rache etc.* herabbeschwören.

in·vol·un·tar·y □ [in'vɔləntəri] unfreiwillig; unwillkürlich.

in·vo·lute ['invəlu:t] eingerollt; verwickelt; **in·vo'lu·tion** Einrollung *f*; Verwicklung *f*; ⅍ Potenzierung *f*.

in·volve [in'vɔlv] verwickeln, hineinziehen; in sich schließen, enthalten; nach sich ziehen, mit sich bringen; **in'volved** verwickelt, kompliziert; **in'volve·ment** Verwicklung *f*; (*bsd.* Geld)Schwierigkeit *f*.

in·vul·ner·a·bil·i·ty [invʌlnərə'biliti] Unverwundbarkeit *f*; **in'vul·ner·a·ble** □ unverwundbar; *fig.* unanfechtbar.

in·ward ['inwəd] **1.** inner(lich) (*a. fig.*); nach innen gehend; **2.** *adv.* = *inwards*; **3.** *fig.* Innere *n*; ~*s pl.* Eingeweide *n/pl.*; **'in·ward·ly** innerlich (*a. fig.*); **'in·ward·ness** Innere *n*; Innerlichkeit *f*; **in·wards** ['~z] einwärts; nach innen.

i·od·ic ⚗ [ai'ɔdik] Jod...; **i·o·dide** ['aiədaid] Jodid *n*; **i·o·dine** ['~di:n] Jod *n*.

i·o·do·form ⚗ [ai'ɔdəfɔ:m] Jodoform *n*.

i·on *phys.* ['aiən] Ion *n*.

I·o·ni·an [ai'əunjən] **1.** ionisch; **2.** Jonier(in).

I·on·ic[1] [ai'ɔnik] ionisch.

i·oni·c[2] *phys.* [~] Ionen...; **i·on·ize** *phys.* ['aiənaiz] ionisieren.

i·o·ta [ai'əutə] Jota *n*; Körnchen *n*.

I O U ['aiəu'ju:] (= *I owe you*) Schuldschein *m*.

ip·so fac·to ['ipsəu'fæktəu] gerade durch diese Tatsache.

I·ra·ni·an [ai'reinjən] **1.** iranisch; **2.** Iranier(in).

i·ras·ci·bil·i·ty [iræsi'biliti] Reizbarkeit *f*, Jähzorn *m*; **i'ras·ci·ble** □ [~sibl] reizbar, jähzornig.

i·rate [ai'reit] zornig, wütend.

ire *poet.* ['aiə] Zorn *m*.

ire·ful □ ['aiəful] zornig, wütend.

ir·i·des·cence [iri'desns] Schillern *n in Regenbogenfarben*; **ir·i'des·cent** schillernd, irisierend.

i·rid·i·um [ai'ridiəm] Iridium *n* (*Metall*).

i·ris ['aiəris] *anat.* Regenbogenhaut *f*, Iris *f*; ⚘ Schwertlilie *f*; ~ *diaphragm phot.* Irisblende *f*.

I·rish ['aiəriʃ] **1.** irisch, irländisch; **2.** Irisch *n*; *the* ~ *pl.* die Iren *pl.*; **'I·rish·ism** irische Spracheigenheit *f*; **'I·rish·man** Irländer *m*, Ire *m*; **'I·rish·wom·an** Irländerin *f*, Irin *f*.

irk [ə:k] verdrießen.

irk·some □ ['ə:ksəm] lästig, ermüdend.

i·ron ['aiən] **1.** Eisen *n* (*a. fig. u. als Werkzeug od. Waffe*); *a. flat-*~ Bügeleisen *n*; ~*s pl.* Fesseln *f/pl.*; *strike while the* ~ *is hot fig.* das Eisen schmieden, solange es heiß ist; **2.** eisern (*fig. fest, hart, unerschütterlich*); Eisen...; **3.** plätten, bügeln; in Eisen legen; mit Eisen beschlagen; **'~-bound** eisenbeschlagen; felsig; unbeugsam, hart; **'~·clad 1.** gepanzert; **2.** Panzerschiff *n*; ~ **cur·tain** *pol.* eiserner Vorhang *m*; **'i·ron·er** Bügler(in); **'i·ron-found·ry** Eisengießerei *f*; **'i·ron-'heart·ed** *fig.* hartherzig.

i·ron·ic, i·ron·i·cal □ [ai'rɔnik(əl)] ironisch, spöttisch.

i·ron·ing ['aiəniŋ] **1.** Bügeln *n*, Plätten *n*; **2.** *in Zssgn* Plätt..., Bügel...; ~*-board* Bügelbrett *n*.

i·ron...: ~ **lung** ⚕ eiserne Lunge *f*; **'~·mas·ter** Eisenhüttenbesitzer *m*; **'~·mon·ger** Eisenwarenhändler *m*; **'~·mon·ger·y** Eisenwarenhandlung *f*; Eisenwaren *f/pl.*; **'~·mould** Rostfleck *m*; **'♀·sides** *pl.* Reiterei *f* Cromwells; **'~·work** schmiedeeiserne Arbeit *f*; **'~·works** ⊕ *mst sg.* Eisenhütte *f*.

i·ro·ny[1] ['aiəni] eisenartig, -haltig.

i·ro·ny[2] ['aiərəni] Ironie *f*.

ir·ra·di·ance, ir·ra·di·an·cy [i'reidjəns(i)] Strahlen(glanz *m*) *n*; Erleuchtung *f* (*a. fig.*); **ir'ra·di·ant** strahlend (*with* vor *Freude etc.*).

ir·ra·di·ate [i'reidieit] bestrahlen (*a.* ⚕); *fig.* aufklären; strahlen machen (*with* vor *Freude etc.*); **ir·ra·di'a·tion** Strahlen *n*; *phys.* Bestrahlung *f*; *fig.* Erleuchtung *f*.

ir·ra·tion·al □ [i'ræʃənl] unvernünftig; vernunftwidrig; ⅍ irrational; **ir·ra·tion·al·i·ty** [~'næliti] Unvernunft *f*; Vernunftwidrigkeit *f*.

ir·re·claim·a·ble □ [iri'kleiməbl] unverbesserlich.

ir·rec·og·niz·a·ble □ [i'rekəgnaizəbl] nicht (wieder)erkennbar.

ir·rec·on·cil·a·ble □ [i'rekənsailəbl] unversöhnlich; *von Dingen*: unvereinbar.
ir·re·cov·er·a·ble □ [iri'kʌvərəbl] unersetzlich; unwiederbringlich (verloren).
ir·re·deem·a·ble □ [iri'di:məbl] nicht rückkaufbar; nicht tilgbar, unkündbar (*Rente etc.*); nicht einlösbar (*Papiergeld*); unersetzlich; unverbesserlich.
ir·re·duc·i·ble [iri'dju:səbl] nicht reduzierbar; absolut, äußerst; nicht verwandelbar (*into* in *acc.*, *to* zu).
ir·ref·ra·ga·bil·i·ty [irefrəgə'biliti] Unwiderlegbarkeit *f etc.*; **ir'ref·ra·ga·ble** □ unwiderlegbar, unumstößlich.
ir·ref·u·ta·ble □ [i'refjutəbl] unwiderleglich, unwiderlegbar.
ir·reg·u·lar [i'regjulə] **1.** □ unregelmäßig, regelwidrig, irregulär; unordentlich; ungleichmäßig; **2.** ~*s pl.* Freischärler *m/pl.*; **ir·reg·u·lar·i·ty** [~'læriti] Unregelmäßigkeit *f etc.*
ir·rel·a·tive [i'relətiv] ohne Beziehung (*to* auf *acc.*, zu).
ir·rel·e·vance,ir·rel·e·van·cy [i'relivəns(i)] Belanglosigkeit *f*, Unerheblichkeit *f*; **ir'rel·e·vant** □ nicht zur Sache gehörig; unzutreffend; unerheblich, belanglos (*to* für).
ir·re·li·gion [iri'lidʒən] Unglaube *m*; Irreligiosität *f*; **ir·re'li·gious** □ gottlos; irreligiös.
ir·re·me·di·a·ble □ [iri'mi:djəbl] unheilbar; unersetzlich.
ir·re·mis·si·ble □ [iri'misəbl] unerläßlich, unverzeihlich.
ir·re·mov·a·ble □ [iri'mu:vəbl] nicht entfernbar; unabsetzbar.
ir·rep·a·ra·ble □ [i'repərəbl] nicht wieder gutzumachen(d).
ir·re·place·a·ble [iri'pleisəbl] unersetzlich.
ir·re·press·i·ble □ [iri'presəbl] ununterdrückbar; unbezähmbar.
ir·re·proach·a·ble □ [iri'prəutʃəbl] einwandfrei, untadelig; **ir·re'proach·a·ble·ness** Untadel(haft)igkeit *f*.
ir·re·sist·i·bil·i·ty ['irizistə'biliti] Unwiderstehlichkeit *f*; **ir·re'sist·i·ble** □ unwiderstehlich.
ir·res·o·lute □ [i'rezəlu:t] unentschlossen, unschlüssig; **ir'res·o·lute·ness, ir·res·o'lu·tion** Unentschlossenheit *f*.
ir·re·solv·a·ble [iri'zɔlvəbl] unlöslich; nicht auflösbar.
ir·re·spec·tive □ [iri'spektiv] (*of*) rücksichtslos (gegen); ohne Rücksicht (auf *acc.*); unabhängig (von).
ir·re·spon·si·bil·i·ty ['irispɔnsə'biliti] Unverantwortlichkeit *f*; **ir·re'spon·si·ble** □ unverantwortlich; verantwortungslos.
ir·re·triev·a·ble □ [iri'tri:vəbl] unwiederbringlich, unersetzlich; nicht wieder gutzumachen(d).
ir·rev·er·ence [i'revərəns] Respektlosigkeit *f*; **ir'rev·er·ent** □ respekt-, ehrfurchtslos.
ir·re·vers·i·ble □ [iri'və:səbl] nicht umkehrbar; unwiderruflich.
ir·rev·o·ca·bil·i·ty [irevəkə'biliti] Unwiderruflichkeit *f*; Unabänderlichkeit *f*; **ir'rev·o·ca·ble** □ unwiderruflich; unabänderlich, endgültig (*Urteil etc.*).
ir·ri·gate ['irigeit] bewässern; berieseln; ⚕ spülen; **ir·ri'ga·tion** Bewässerung *f*; Berieselung *f etc.*
ir·ri·ta·bil·i·ty [iritə'biliti] Reizbarkeit *f*; **'ir·ri·ta·ble** □ reizbar; **'ir·ri·tant 1.** aufreizend; **2.** Reizmittel *n*; **ir·ri·tate** ['~teit] reizen; ärgern; **'ir·ri·tat·ing** □ aufreizend; ärgerlich (*Sache*); **ir·ri'ta·tion** Reizung *f*; Gereiztheit *f*, Ärger *m*.
ir·rup·tion [i'rʌpʃən] Einbruch *m* (*mst fig.*); *feindlicher* Einfall *m*; **ir'rup·tive** [~tiv] (her)einbrechend.
is [iz] *er, sie, es* ist (*s. be*).
i·sin·glass ['aiziŋglɑ:s] Fischleim *m*; Hausenblase *f*.
Is·lam ['izlɑ:m] Islam *m*.
is·land ['ailənd] Insel *f* (*a. fig.*); Verkehrsinsel *f*; **'is·land·er** Inselbewohner(in).
isle [ail] *poet. od. in festen Zssgn* Insel *f*; **is·let** ['ailit] Inselchen *n*.
ism *mst contp.* ['izəm] Ismus *m*, Theorie *f*, System *n*.
isn't ['iznt] = *is not*.
i·so... ['aisəu] *in Zssgn* gleich..., iso...
i·so·bar *meteor.* ['aisəubɑ:] Isobare *f*, Linie *f* gleichen Luftdrucks.
i·so·late ['aisəleit] absondern; isolieren; **'i·so·lat·ed** abgeschieden; **i·so'la·tion** Isolierung *f*, Absonderung *f*; ~ *ward* Isolierstation *f*; **i·so'la·tion·ist** *Am. pol.* [~ʃnist] Isolationist *m*.

i·sos·ce·les ⚲ [ai'sɔsili:z] gleichschenk(e)lig (*Dreieck*).
i·so·therm *meteor.* ['aisəuθə:m] Isotherme *f*, Linie *f* gleicher Temperatur.
i·so·tope ⚗ ['aisəutəup] Isotop *n.*
i·so·type ['aisəutaip] statistisches Schaubild *n od.* Diagramm *n.*
Is·ra·el·ite ['izriəlait] Israelit(in); '**Is·ra·el·it·ish** israelitisch.
is·sue ['iʃu:] **1.** Herauskommen *n*, -fließen *n*; Abfluß *m*, Abgang *m* (*von Blut*); Ausgang *m*, -weg *m*; (Fluß)Mündung *f*; *mst* ⚖ Nachkommen(schaft *f*) *m/pl.*; *fig.* Ausgang *m*, Ergebnis *n*; ⚖ Streitfrage *f*; Ausgabe *f von Material etc.*, ✝ Emission *f von Banknoten*; Erlaß *m von Befehlen*; Ausgabe *f*, Exemplar *n*; Nummer *f e-r Zeitung*; ~ *in fact* Tatsachenfrage *f*; ~ *in law* Rechtsfrage *f*; *force an* ~ e-e Entscheidung erzwingen; *join* (*the*) ~ (die) Verhandlungen aufnehmen (*on* über *acc.*); *join* ~ *with s.o.* anderer Meinung sein als j.; *be at* ~ uneinig sein; *point at* ~ strittiger Punkt *m*; **2.** *v/i.* herauskommen, -fließen; ausgehen, herkommen, entspringen (*from* von, aus); endigen (*in* in *acc.*); *v/t.* aussenden; von sich geben; *Material etc.* ausgeben, ✝ *Banknoten* emittieren; *Befehl* erlassen; *Buch* herausgeben; *j.* beliefern (*with* mit); '**is·sue·less** ohne Nachkommen.
isth·mus ['isməs] Landenge *f*, Isthmus *m.*
it [it] **1.** es; *nach prp.* da... (*z. B. by it* dadurch; *for it* dafür); *how is* ~ *with ...?* wie steht es mit ...? *s. lord 2, foot 2*; *go* ~ F es wagen; *go* ~*! sl.* los (doch)!, feste!; *we had a very good time of* ~ wir haben uns sehr gut amüsiert; **2.** das gewisse Etwas.
I·tal·ian [i'tæljən] **1.** italienisch; **2.** Italiener(in); Italienisch *n.*
i·tal·ics *typ.* [i'tæliks] *pl.* Kursivschrift *f*; **i'tal·i·cize** [~saiz] in Kursive drucken.
itch [itʃ] **1.** ⚕ Krätze *f*; Jucken *n*; dringendes Verlangen *n* (*for* nach; *to inf.* zu *inf.*); **2.** jucken (*fig.* begierig sein); *I* ~ es juckt mich; *be* ~*ing to inf.* darauf brennen zu *inf.*; *have an* ~*ing palm* raffgierig sein; '**itch·ing** Jucken *n*; *fig.* Gelüste *n*; '**itch·y** krätzig.
i·tem ['aitəm] **1.** desgleichen; **2.** Einzelheit *f*, Punkt *m*; (Rechnungs-)Posten *m*; (Zeitungs)Artikel *m*; **3.** notieren; **i·tem·ize** ['~maiz] einzeln angeben *od.* aufführen.
it·er·ate ['itəreit] wiederholen; **it·er'a·tion** Wiederholung *f*; **it·er·a·tive** □ ['itərətiv] (sich) wiederholend.
i·tin·er·ant □ [i'tinərənt] reisend; umherziehend; Reise..., Wander...; **i·tin·er·ar·y** [ai'tinərəri] **1.** Reiseroute *f*, -plan *m*; Reisebericht *m*; **2.** Reise...; **i·tin·er·ate** [i'tinəreit] (umher)reisen.
its [its] sein(er); dessen, deren.
it's F [its] = *it is, it has.*
it·self [it'self] (es) selbst; sich; *of* ~ von selbst; *in* ~ in sich, an sich; *by* ~ für sich allein, besonders.
I've F [aiv] = *I have.*
i·vied ['aivid] mit Efeu bedeckt.
i·vo·ry ['aivəri] **1.** Elfenbein *n*; **2.** elfenbeinern; Elfenbein...
i·vy ⚘ ['aivi] Efeu *m.*

J

J [dʒei]: ~ *pen* breite (Schreib-)Feder *f.*
jab F [dʒæb] **1.** stechen; stoßen; **2.** Stich *m*, Stoß *m*; *Boxen*: linke Gerade *f*; F Spritze *f*, Injektion *f.*
jab·ber ['dʒæbə] **1.** plappern; quasseln; **2.** Geplapper *n.*
jab·ot ['ʒæbəu] Spitzenbesatz *m*, Jabot *n.*
Jack[1] [dʒæk] Hans *m*; ~ *Frost* der Winter; ~ *and Gill* Hans und Grete; *before one could say* ~ *Robinson* eh man sich's versah.
jack[2] [~] **1.** Hebevorrichtung *f*, *bsd.*

Wagenheber *m*; Malkugel *f beim Bowlsspiel*; ⚓ Gösch *f*, kleine Flagge *f*; *Karten*: Bube *m*; **2.** *a.* ~ *up* aufbocken.

jack·al [ˈdʒækɔ:l] *zo.* Schakal *m*; *fig.* Handlanger *m*.

jack·a·napes [ˈdʒækəneips] Geck *m*, Affe *m*; Naseweis *m*; Schlingel *m*; ˈ**jack·ass** Esel *m*; *fig.* Dummkopf *m*; ˈ**jack·boots** *pl.* Reiterstiefel *m/pl.*; hohe Wasserstiefel *m/pl.*; ˈ**jack·daw** *orn.* Dohle *f*.

jack·et [ˈdʒækit] Jacke *f*; ⊕ Mantel *m*; Schutzumschlag *m e-s Buches*; *dust s.o.'s* ~ F j-m die Jacke voll hauen; *potatoes in their* ~*s* Pellkartoffeln *f/pl.*

jack...: ˈ**~-in-of·fice** Bürokrat *m*; ˈ**~-in-the-box** Schachtelmännchen *n*; ♀ **Ketch** der Henker; ˈ**~-knife** (großes) Klappmesser *n*; ˈ**~-of-ˈall-trades** Hansdampf *m* in allen Gassen; ˈ**~-of-ˈall-work** Faktotum *n*; **~-o'-lan·tern** [ˈdʒækəulæntən] Irrlicht *n*; Kürbislaterne *f*; ˈ**~-plane** Schrupphobel *m*; ˈ**~·pot** *Poker*: Einsatz *m*; *hit the* ~ *Am.* F großes Glück haben; **~ pud·ding** Hanswurst *m*; **~ tar** Teerjacke *f* (*Matrose*); ˈ**~-tow·el** Rollhandtuch *n*.

Jac·o·bin *hist.* [ˈdʒækəubin] Jakobiner *m*; **Jac·o·bite** *hist.* [ˈ~bait] Jakobit *m*.

jade[1] [dʒeid] **1.** (Schind)Mähre *f*; Klepper *m*; *contp.* Frauenzimmer *n*, Weib *n*; **2.** ermüden, abhetzen.

jade[2] *min.* [~] Jade *m*, Nephrit *m*.

jag [dʒæg] **1.** Zacken *m*; *sl.* Sauferei *f*, Sauftour *f*; **2.** zacken; ˈ**jag·ged** □, ˈ**jag·gy** zackig; gekerbt; *bsd. Am. sl. jagged* voll (*betrunken*).

jag·uar *zo.* [ˈdʒægjuə] Jaguar *m*.

jail [dʒeil] **1.** Gefängnis *n*; Kerker *m*; **2.** ins Gefängnis werfen, einsperren; ˈ**~-bird** Galgenvogel *m*.

jail·er [ˈdʒeilə] Gefängniswärter *m*, Kerkermeister *m*.

ja·lop·(p)y *bsd. Am.* F *mot.*, ✈ [dʒəˈlɔpi] Karre *f*, Kiste *f*.

jam[1] [dʒæm] Marmelade *f*.

jam[2] [~] **1.** Gedränge *n*; ⊕ Hemmung *f*; *Radio*: Störung *f*; *traffic* ~ Verkehrsstockung *f*; *be in a* ~ *sl.* in der Klemme sein; ~ *session* improvisiertes Zusammenspielen *n* von Jazzmusikern; **2.** (sich) (fest-, ver-) klemmen; (zs.-)pressen; *Durchgang* versperren; *Radio*: stören; ⊕ stokken; blockieren; ~ *the brakes* mit aller Kraft bremsen.

Ja·mai·ca [dʒəˈmeikə] *a.* ~ *rum* Jamaika-Rum *m*.

jamb [dʒæm] (Tür)Pfosten *m*.

jam·bo·ree [dʒæmbəˈri:] (*bsd.* Pfadfinder)Treffen *n*; *sl.* Lustbarkeit *f*.

jam-jar [ˈdʒæmdʒɑ:] Marmeladenglas *n*.

jan·gle [ˈdʒæŋgl] **1.** schrillen (lassen); laut streiten, keifen; **2.** Mißklang *m*; ˈ**jan·gling** mißtönend, schrill.

jan·i·tor [ˈdʒænitə] Portier *m*, Pförtner *m*; *Am.* Hausmeister *m*.

Jan·u·ar·y [ˈdʒænjuəri] Januar *m*.

Jap F [dʒæp] Japaner *m*.

ja·pan [dʒəˈpæn] **1.** Japanlack *m*; Lackmalerei *f*, -arbeit *f*; **2.** *auf japanische Weise* lackieren.

Jap·a·nese [dʒæpəˈni:z] **1.** japanisch; **2.** Japaner(in); Japanisch *n*; *the* ~ *pl.* die Japaner *pl.*

ja·pan·ner [dʒəˈpænə] Lackierer *m*.

jar[1] [dʒɑ:] Krug *m*; Topf *m*; Glas *n*.

jar[2] [~] **1.** Knarren *n*, Mißton *m*; Streit *m*; mißliche Lage *f*; **2.** knarren, schnarren (lassen); unangenehm berühren, beleidigen (*upon acc.*); erzittern (lassen); streiten; ~ *with* widerstreiten (*dat.*); nicht harmonieren.

jar·gon [ˈdʒɑ:gən] Kauderwelsch *n*; Berufs-, Fachsprache *f*, Jargon *m*.

jas·min(e) ⚘ [ˈdʒæsmin] Jasmin *m*.

jas·per *min.* [ˈdʒæspə] Jaspis *m*.

jaun·dice [ˈdʒɔ:ndis] ⚕ Gelbsucht *f*; *fig.* Scheelsucht *f*, Neid *m*; ˈ**jaun·diced** gelbsüchtig; *fig.* neidisch.

jaunt [dʒɔ:nt] **1.** Ausflug *m*, Spritztour *f*; **2.** e-n Ausflug machen; ˈ**jaun·ti·ness** munteres Wesen *n*; ˈ**jaunt·ing-car** zweirädriger Pferdewagen *m*; ˈ**jaun·ty** □ munter; flott; forsch; keck.

Jav·a·nese [dʒɑ:vəˈni:z] **1.** javanisch; **2.** Javaner(in); Javanisch *n*; *the* ~ *pl.* die Javaner *pl.*

jave·lin [ˈdʒævlin] Wurfspieß *m*; *Sport*: Speer *m*; *throwing the* ~ Speerwerfen *n*.

jaw [dʒɔ:] **1.** Kinnbacken *m*, Kiefer *m*; P Getratsch *n*; ~*s pl.* Rachen *m*; Maul *n*; *Tal- etc.* Enge *f*, Schlund *m*; ⊕ Backen *f/pl. e-r Zange etc.*; F Moralpredigt *f*; **2.** *v/i.* schwatzen; *v/t.* P anschnauzen; e-e Moralpredigt halten (*dat.*); '~-**bone** Kieferknochen *m*; '~-**break·er** F Zungenbrecher *m*.

jay [dʒei] *orn.* Eichelhäher *m*; F Quasselpeter *m*; '~-**walk·er** achtlos die Straße überquerender Fußgänger *m*.

jazz [dʒæz] **1.** Jazz *m*; **2.** F grell, schreiend; **3.** Jazz spielen *od.* tanzen; ~ *up* Leben bringen in (*acc.*); '~-**band** Jazzkapelle *f*; '**jaz·zy** = *jazz* 2.

jeal·ous □ ['dʒeləs] (*of*) eifersüchtig (auf *acc.*); besorgt (um), eifrig bedacht (auf *acc.*); neidisch (auf *acc.*); '**jeal·ous·y** Eifersucht *f*; Eifersüchtelei *f*; Besorgtheit *f*; Neid *m*.

jean [dʒi:n] Köper *m*; ~*s pl.* Arbeitsanzug *m*; Jeans *pl.*, Niethose *f*.

jeep [dʒi:p] Jeep *m*, kleines Mehrzweckfahrzeug *n*.

jeer [dʒiə] **1.** Spott *m*, Spötterei *f*; **2.** *v/i.* höhnen, spotten (*at* über *acc.*); *v/t. j.* verhöhnen; '**jeer·er** Spötter(in); '**jeer·ing** □ spöttisch.

je·june □ [dʒi'dʒu:n] nüchtern, fad, trocken; dürr (*Boden*).

jell F [dʒel] gelieren; zum Gelieren bringen; *fig.* feste Form geben (*dat.*).

jel·ly ['dʒeli] **1.** Gallert(e *f*) *n*; Gelee *n*; **2.** zu Gallert *etc.* machen *od.* werden, gelieren; '~-**fish** *zo.* Qualle *f*.

jem·my ['dʒemi] Brecheisen *n*.

jen·ny ⊕ ['dʒeni] Laufkran *m*; = *spinning*-~.

jeop·ard·ize ['dʒepədaiz] aufs Spiel setzen, gefährden; '**jeop·ard·y** Gefahr *f*.

jer·bo·a *zo.* [dʒə:'bəuə] Wüstenspringmaus *f*.

jer·e·mi·ad [dʒeri'maiəd] Klagelied *n*, Jeremiade *f*.

jerk [dʒə:k] **1.** Ruck *m*, Stoß *m*; (Muskel)Zuckung *f*, (-)Krampf *m*; *by* ~*s* ruckweise; *put a* ~ *in it sl.* tüchtig 'rangehen; *physical* ~*s pl.* F Turnen *n*; **2.** rucken *od.* zerren (an *dat.*); ziehen; schnellen; schleudern; *mit adv. od. prp.* reißen; *Fleisch* an der Luft trocknen.

jer·kin ['dʒə:kin] (Leder)Wams *n*.

jerk·wa·ter *Am.* ['dʒə:kwɔ:tə] **1.** Nebenbahn *f*; **2.** F klein, unbedeutend; '**jerk·y 1.** □ ruck-, sprungartig; hoppelig, holperig; **2.** *Am. luftgetrocknetes* Rindfleisch *n*.

jer·ry *sl.* ['dʒeri] ⚔ ♀ deutscher Soldat *m*; Nachttopf *m*; '~-**build·er** Bauschwindler *m*; '~-**build·ing** unsolide Bauart *f*; '~-**built** unsolide gebaut; ~ *house* Bruchbude *f*; '~-**can** Benzin-, Wasserkanister *m*.

jer·sey ['dʒə:zi] Wollpullover *m*; wollenes Unterhemd *n*; ♀ *zo.* Jerseyrind *n*.

jes·sa·mine ⚘ ['dʒesəmin] Jasmin *m*.

jest [dʒest] **1.** Scherz *m*, Spaß *m*; **2.** scherzen, spaßen; '**jest·er** Spaßmacher *m*; Hofnarr *m*.

Jes·u·it ['dʒezjuit] Jesuit *m*; **Jes·u·'it·ic, Jes·u·'it·i·cal** □ jesuitisch.

jet[1] *min.* [dʒet] Jett *n*, Pechkohle *f*.

jet[2] [~] **1.** (Wasser-, Gas)Strahl *m*; Strahlrohr *n*; ⊕ Düse *f*; Düsenflugzeug *n*; Düsenmotor *m*; ~ *propulsion* Düsenantrieb *m*; ~ *set* reiche Gesellschaftsschicht, die sich an den großen, international bekannten Vergnügungsorten aufhält; **2.** hervorsprudeln.

jet-black ['dʒet'blæk] pechschwarz.

jet...: ~ **en·gine** Düsenmotor *m*; '~-**plane** Düsenflugzeug *n*; '~-**pow·ered** mit Düsenantrieb.

jet·sam ['dʒetsəm] über Bord geworfene Ladung *f*; Strandgut *n*; *flotsam and* ~ *fig.* (menschliches) Strandgut *n*.

jet·ti·son ['dʒetisn] **1.** Überbordwerfen *n*, Notwurf *m*; **2.** über Bord werfen; '**jet·ti·son·a·ble** abwerfbar, Abwurf...

jet·ty ⚓ ['dʒeti] Mole *f*; Pier *m*, *f*.

Jew [dʒu:] Jude *m*; *attr.* Juden...

jew·el ['dʒu:əl] **1.** Juwel *n*, *m* (*a. fig.*), Kleinod *n*; **2.** mit Juwelen schmücken; *Uhr* mit Steinen auslegen; '**jew·el(l)er** Juwelier *m*; '**jew·el·ry**, '**jew·el·ler·y** Juwelen *n/pl.*, Schmuck *m*.

Jew·ess ['dʒu:is] Jüdin *f*; '**Jew·ish** jüdisch; **Jew·ry** ['dʒuəri] Judentum *n*, *die* Juden *pl.*

jib [dʒib] **1.** ⚓ Klüver *m*; ⊕ Kranbalken *m*; *the cut of his* ~ seine äußere Erscheinung; **2.** scheuen, bocken (*Pferd*); *fig.* nicht mehr wollen; ~ *at* keine Lust haben zu; '**jib·ber** scheuendes Pferd *n*; '**jib-'boom** ⚓ Klüverbaum *m*; ~ **door** Tapetentür *f*.

jibe [dʒaib] *Am.* F übereinstimmen; [= *gibe*.]

jif·fy F ['dʒifi] Augenblick *m*; *in a* ~ im Handumdrehen, im Nu, sofort.

jig [dʒig] **1.** Gigue *f* (*Tanz*); ⊕ Ein-

spannvorrichtung *f*; **2.** Gigue tanzen; auf- und abschnellen.
jig·ger ['dʒigə] Floh *m*; Milbe *f*; *Am.* Meßglas *n für Cocktails.*
jig·gered F ['dʒigəd]: *I'm ~ if ...* verdammt will ich sein, wenn ...
jig-saw ['dʒigsɔ:] Laubsäge(maschine) *f*; **~ puz·zle** Zusammensetz-, Puzzlespiel *n*.
jill [dʒil] = *gill*³.
jilt [dʒilt] **1.** Kokette *f*; **2.** *Liebhaber* versetzen.
Jim *Am. sl.* [dʒim]: *~ Crow* Nigger *m*; Rassentrennung *f*.
jim-jams *sl.* ['dʒimdʒæmz] *pl.* Säuferwahnsinn *m*; Tatterich *m*; Gruseln *n*.
jim·my ['dʒimi] Brecheisen *n*.
jin·gle ['dʒiŋgl] **1.** Geklingel *n*; Wortgeklingel *n*; **2.** klingeln *od.* klimpern (mit).
jin·go ['dʒiŋgəu] Chauvinist *m*, Hurrapatriot *m*; *by ~! sl.* Donnerwetter!; '**jin·go·ism** Chauvinismus *m*.
jinks [dʒiŋks] *pl.*: *mst high ~* Ausgelassenheit *f*.
jinn [dʒin] = *genie*.
jinx *sl.* [dʒiŋks] Unglücksbringer *m*.
jit·ney *Am. sl.* ['dʒitni] 5-Cent-Stück *n*; billiger Omnibus *m*.
jit·ter F ['dʒitə] **1.** zittern, bibbern; tanzen; **2.** *~s pl. sl.* Nervosität *f*; *have the ~s* nervös sein, den Tatterich haben; **~·bug** ['~bʌg] **1.** *fig.* Nervenbündel *n*; Swingenthusiast (-in); **2.** wild tanzen; '**jit·ter·y** *sl.* ängstlich, nervös.
jiu-jit·su [dʒu:'dʒitsu:] Jiu-Jitsu *n*.
jive *Am. sl.* [dʒaiv] *heiße* Jazzmusik *f*; Jazzjargon *m*.
Job¹ [dʒəub]: *~'s comforter* schlechter Tröster *m*; *~'s post* Hiobsbotschaft *f*.
job² [dʒɔb] **1.** (Stück *n*) Arbeit *f*; Sache *f*, Aufgabe *f*; Beruf *m*; Beschäftigung *f*, Stellung *f*, Posten *m*; ⚕ Partieware *f*; *contp.* Schiebung *f*; *typ.* Akzidenzarbeit *f*; *by the ~* stückweise; im Akkord; *make a good ~ of it* s-e Sache ordentlich machen; *a bad ~* eine aussichtslose Sache *od.* Lage; *~ lot* Gelegenheitskauf *m*, Ramschware *f*; *~ printer* Akzidenzdrucker *m*; *~ work* Akkordarbeit *f*; **2.** *v/t. Pferd etc.* (ver-) mieten; ⚕ vermitteln; *Amt.* mißbrauchen; *v/i.* Gelegenheitsarbeit machen; im Akkord arbeiten; Maklergeschäfte machen; Amtsmißbrauch treiben.
job·ber ['dʒɔbə] Gelegenheits-, Akkordarbeiter *m*; Makler *m*; Aktienhändler *m*; Schieber *m*; '**job·ber·y** Amtsmißbrauch *m*; *a piece of ~* e-e Schiebung *f*; '**job·bing** Akkordarbeit *f*; Börsenwucher *m*; *s. jobbery*.
jock·ey ['dʒɔki] **1.** Jockei *m*; **2.** prellen, (be)gaunern.
jo·cose □ [dʒəu'kəus] scherzhaft, lustig; **jo'cose·ness** Scherzhaftigkeit *f*.
joc·u·lar ['dʒɔkjulə] scherzhaft; **joc·u·lar·i·ty** [~'læriti] Scherzhaftigkeit *f*.
joc·und □ ['dʒɔkənd] lustig, fröhlich, heiter.
Jodh·purs ['dʒɔdpuəz] *pl.* Reithose *f*.
Joe [dʒəu]: *~ Miller* fader Witz *m*, Kalauer *m*.
jog [dʒɔg] **1.** Stoß(en *n*) *m*; Rütteln *n*; Trott *m*; **2.** *v/t.* (an)stoßen, (auf-) rütteln; stoßen an (*acc.*); *v/i. mst ~ along, ~ on* dahinschlendern, -trotten; zuckeln.
jog·ging ['dʒɔgiŋ] Trimm-Trab *m*, Trablaufen *n*.
jog·gle ['dʒɔgl] **1.** rütteln, (sich) schütteln; ⊕ verzahnen, verschränken; **2.** Rütteln *n*; ⊕ Falz *m*, Nut *f*; Fuge *f*.
jog-trot ['dʒɔg'trɔt] Trott *m*; *fig.* Schlendrian *m*.
John [dʒɔn]: *~ Bull* John Bull *m* (*der Engländer*); *~ Hancock Am.* Friedrich Wilhelm *m* (*Unterschrift*).
join [dʒɔin] **1.** *v/t.* verbinden, zs.-fügen (*to* mit); ⊕ fügen; sich vereinigen mit, sich gesellen zu, stoßen zu, treffen, eintreten in (*acc.*); *~ battle* den Kampf beginnen; *~ company* sich anschließen (*with dat.*); *~ hands* die Hände falten; sich die Hände reichen (*a. fig.*); *v/i.* sich verbinden, sich vereinigen; angrenzen, anstoßen; *~ in* sich *e-r Sache* anschließen, sich beteiligen an (*dat.*), mitmachen bei; mit einstimmen in (*acc.*); *~ up* Soldat werden; *I ~ with you* ich halte es mit Ihnen; **2.** Verbindung(sstelle) *f*; Naht *f*; Fuge *f*.
join·er ['dʒɔinə] Schreiner *m*, Tischler *m*; '**join·er·y** Schreiner-, Tischlerhandwerk *n*, -arbeit *f*.

joint [dʒɔint] **1.** Verbindung *f*, Fuge *f*; Scharnier *n*; Gewinde *n*; *anat.* Gelenk *n*; ⚘ Knoten *m*; Braten *m*, Keule *f*; *Am. sl.* Bumslokal *n*, Spelunke *f*; *put out of ~* verrenken; *out of ~ fig.* aus den Fugen; **2.** □ verbunden, vereint; gemeinsam; Mit...; *~ heir* Miterbe *m*; **3.** zs.-fügen; ⊕ aneinanderpassen; zergliedern, zerlegen; ˈ**joint·ed** gegliedert; mit Gelenken; *~ doll* Gliederpuppe *f*; **joint stock** Aktienkapital *n*; ˈ**joint-stock com·pa·ny** Aktiengesellschaft *f*; **join·ture** ⚖ [ˈ~tʃə] Wittum *n*.

joist [dʒɔist] Querbalken *m*; Profilträger *m*.

joke [dʒəuk] **1.** Scherz *m*, Spaß *m*, Witz *m*; *practical ~* Streich *m*, Schabernack *m*; **2.** *v/i.* scherzen, spaßen; schäkern; *v/t.* necken, aufziehen (*about* mit); ˈ**jok·er** Spaßvogel *m*, -macher *m*; *Karten*: Joker *m*; *Am.* versteckte Klausel *f*; ˈ**jok·y** □ scherzhaft, spaßig.

jol·li·fi·ca·tion F [dʒɔlifiˈkeiʃən] Lustbarkeit *f*; ˈ**jol·li·ness**, ˈ**jol·li·ty** Lustigkeit *f*.

jol·ly [ˈdʒɔli] **1.** □ lustig, fröhlich, vergnügt, fidel; F nett, famos; **2.** F *adv.* sehr, riesig, mächtig; **3.** F *j-m* um den Bart gehen.

jol·ly-boat ⚓ [ˈdʒɔlibəut] Jolle *f*.

jolt [dʒəult] **1.** stoßen, rütteln; holpern; **2.** Stoß *m*; Rütteln *n*; ˈ**jolt·y** rüttelnd; holperig.

Jon·a·than [ˈdʒɔnəθən]: *Brother ~* Bruder *m* Jonathan (*Amerikaner*).

jon·quil ⚘ [ˈdʒɔŋkwil] *e-e* Narzisse *f*.

jo·rum [ˈdʒɔːrəm] großer Humpen *m*; Punsch *m*.

josh *Am. sl.* [dʒɔʃ] **1.** Ulk *m*; **2.** aufziehen, auf die Schippe nehmen.

joss [dʒɔs] chinesisches Idol *n*; ˈ**~-house** chinesischer Tempel *m*.

jos·tle [ˈdʒɔsl] **1.** anrennen; (an-)stoßen; (an)rempeln; **2.** Stoß *m*; Zs.-Stoß *m*.

jot [dʒɔt] **1.** Fünkchen *n*, Körnchen *n*; **2.** *~ down* notieren; ˈ**jot·ter** Notizbuch *n*, -block *m*; ˈ**jot·tings** *pl.* Notizen *f/pl.*

jour·nal [ˈdʒəːnl] Journal *n* (*a.* ✝, ⚓); Tagebuch *n*; Zeitung *f*; Zeitschrift *f*; ⊕ Wellenzapfen *m*; **jour·nal·ese** F [~nəˈliːz] Zeitungsstil *m*; ˈ**jour·nal·ism** Zeitungswesen *n*, Journalismus *m*; ˈ**jour·nal·ist** Journalist (-in); **jour·nalˈis·tic** (*~ally*) journalistisch; ˈ**jour·nal·ize** ✝ (in das Journal) eintragen.

jour·ney [ˈdʒəːni] **1.** Reise *f*; Fahrt *f*, Tour *f*; **2.** reisen, wandern; ˈ**~·man** Geselle *m*; ˈ**~-work** Tagelöhnerarbeit *f*.

joust [dʒaust] **1.** Turnier *n*; **2.** turnieren.

Jove [dʒəuv] Jupiter *m*; *by ~!* bei Gott!

jo·vi·al □ [ˈdʒəuvjəl] heiter, lustig; gemütlich; **jo·vi·al·i·ty** [~viˈæliti] Heiterkeit *f*, Frohsinn *m*.

jowl [dʒaul] Backe *f*; *cheek by ~* dicht nebeneinander.

joy [dʒɔi] Freude *f*; Fröhlichkeit *f*; **joy·ful** □ [ˈ~ful] freudig; erfreut; fröhlich; ˈ**joy·ful·ness** Fröhlichkeit *f*; ˈ**joy·less** □ freudlos; unerfreulich; ˈ**joy·ous** □ freudig, fröhlich; ˈ**joy-ride** *sl.* Spritztour *f od.* Vergnügungsfahrt *f mit e-m gestohlenen Wagen*; ˈ**joy-stick** ✈ *sl.* Steuerknüppel *m*.

ju·bi·lant [ˈdʒuːbilənt] jubilierend, frohlockend; **ju·bi·late** [ˈ~leit] jubeln; **ju·biˈla·tion** Jubel *m*; **ju·bi·lee** [ˈ~liː] Jubiläum *n*.

Ju·da·ism [ˈdʒuːdeiizəm] Judentum *n*.

Ju·das [ˈdʒuːdəs] *fig.* Judas *m*, Verräter *m*; *a.* *~-hole* Guckloch *n*.

judge [dʒʌdʒ] **1.** Richter *m*; Schiedsrichter *m*; Beurteiler(in), Kenner (-in), Sachverständige *m, f*; **2.** *v/i.* urteilen (*from, by* nach; *of* über *acc.*); *v/t.* richten; aburteilen; beurteilen (*by* nach); ansehen als; entscheiden.

judg(e)·ment [ˈdʒʌdʒmənt] Urteil *n*; Urteilsspruch *m*; Urteilskraft *f*, -vermögen *n*; Einsicht *f*; Ansicht *f*, Meinung *f*; *göttliches* (Straf)Gericht *n*; *in my ~* meiner Meinung nach; *pronounce ~* für Recht erkennen; *sit in ~* zu Gericht sitzen; *come to ~* zur Einsicht kommen; *Day of ~*, *~-Day* Jüngster Tag *m*, Jüngstes Gericht *n*.

judge·ship [ˈdʒʌdʒʃip] Richteramt *n*.

ju·di·ca·ture [ˈdʒuːdikətʃə] Gerichtshof *m*; Rechtspflege *f*; Richteramt *n*; Richter *m/pl.*

ju·di·cial □ [dʒuːˈdiʃəl] gerichtlich; Gerichts...; richterlich; kritisch; unparteiisch; *~ murder* Justizmord *m*; *~ system* Gerichtswesen *n*.

ju·di·ci·a·ry [dʒuː'diʃiəri] *die* Richterschaft.
ju·di·cious □ [dʒuː'diʃəs] verständig, klug; **ju'di·cious·ness** Einsicht *f*.
ju·do ['dʒuːdəu] *Sport*: Judo *n*.
jug [dʒʌg] **1.** Krug *m*, Kanne *f*; *sl.* Loch *n* (*Gefängnis*); **2.** dämpfen; *sl.* einlochen; ~*ged hare* Hasenpfeffer *m*.
Jug·ger·naut *fig.* ['dʒʌgənɔːt] Moloch *m*, Götze *m*; Popanz *m*.
jug·gins F ['dʒʌginz] Trottel *m*.
jug·gle ['dʒʌgl] **1.** Trick *m*; Schwindel *m*; **2.** jonglieren (*a. fig.*), Kunststücke machen; *fig.* frisieren, verfälschen; betrügen (*out of* um); **'jug·gler** Jongleur *m*; Taschenspieler(in); **'jug·gler·y** Jonglieren *n*; Taschenspielerei *f*; Betrügerei *f*.
Ju·go·slav ['juːgəu'slaːv] **1.** Jugoslawe *m*, Jugoslawin *f*; **2.** jugoslawisch.
jug·u·lar *anat.* ['dʒʌgjulə] Kehl...; ~ *vein* Halsader *f*; **ju·gu·late** *fig.* ['~leit] abwürgen.
juice [dʒuːs] Saft *m*; *mot. sl.* Sprit *m*, Gas *n*; ⚡ *sl.* Strom *m*; **'juic·i·ness** Saftigkeit *f*; **'juic·y** □ saftig; F interessant; pikant.
ju·jube ['dʒuːdʒuːb] ⚘ Brustbeere *f*; *pharm.* Brustbonbon *m*, *n*.
ju-jut·su [dʒuː'dʒutsuː] Jiu-Jitsu *n*.
juke-box *Am.* F ['dʒuːkbɔks] Musikautomat *m*.
ju·lep ['dʒuːlep] *süßes* (Arznei)Getränk *n*; *bsd. Am. alkoholisches* Eisgetränk *n*.
Ju·ly [dʒuː'lai] Juli *m*.
jum·ble ['dʒʌmbl] **1.** Durcheinander *n*; **2.** *v/t. a.* ~ *up* durcheinanderwerfen; *v/i.* durcheinanderlaufen; **'~-sale** Wohltätigkeitsbasar *m*.
jump [dʒʌmp] **1.** Sprung *m*; sprunghafter Anstieg *m*; ~*s pl.* nervöses Zs.-Fahren *n*; *high* (*long*) ~ Hoch-(Weit)Sprung *m*; *get* (*have*) *the* ~ *on Am.* F zuvorkommen; *give a* ~ e-n Satz machen; zs.-fahren; **2.** *v/i.* springen; stoßen; ~ *at* sich *begierig* stürzen auf (*acc.*); ~ *to conclusions* übereilte Schlüsse ziehen; ~ *on*, ~ *upon* sich auf *j.* stürzen; *fig. j-m* aufs Dach steigen; *v/t.* hinwegspringen *od.* -setzen über (*acc.*); überspringen; springen lassen; mit Gewalt (weg-) nehmen; ~ *the queue* sich vordrängen; **'jump·er** Springer *m*; Jumper *m*; Matrosenbluse *f*; **'jump·ing--'off** Absprung *m*; **'jump·y** nervös; nervös machend.
junc·tion ['dʒʌŋkʃən] Verbindung *f*; Kreuzung *f*; 🚂 Knotenpunkt *m*; ~ *box* ⚡ Abzweigdose *f*; **junc·ture** ['~tʃə] Verbindungspunkt *m*, -stelle *f*; (kritischer) Zeitpunkt *m*; *at this* ~ bei diesem Stand der Dinge.
June [dʒuːn] Juni *m*.
jun·gle ['dʒʌŋgl] Dschungel *m*.
jun·ior ['dʒuːnjə] **1.** jünger (*to* als); Unter...; *Am. univ.* der Unterstufe (angehörend); ~ *high school Am.* Schule mit Klasse 7, 8, 9; ~ *partner* jüngerer Teilhaber *m*, Associé *m*; **2.** Jüngere *m*, *f an Jahren od. im Amt*; Junior *m*; *Am.* (Ober)Schüler *m od.* Student *m* im 3. Jahr; F Kleine *m*; *he is my* ~ *by four years*, *he is four years my* ~ er ist vier Jahre jünger als ich; **jun·ior·i·ty** [dʒuːni'ɔriti] geringeres Alter *n od.* Dienstalter *n*.
ju·ni·per ⚘ ['dʒuːnipə] Wacholder *m*.
junk[1] ⚓ [dʒʌŋk] Dschunke *f*.
junk[2] [~] Plunder *m*, alter Kram *m*.
jun·ket ['dʒʌŋkit] **1.** Sauermilch-, Quarkspeise *f*; *Am.* Party *f*; Picknick *n*; Festessen *n*; Vergnügungsfahrt *f*; **2.** feiern.
jun·ta ['dʒʌntə] (spanische) Junta *f*; **jun·to** ['~təu] Clique *f*.
ju·rid·i·cal □ [dʒuə'ridikəl] rechtlich, gerichtlich; Rechts...
ju·ris·dic·tion [dʒuəris'dikʃən] Rechtsprechung *f*; Gerichtsbarkeit *f*; Gerichtsbezirk *m*; **ju·ris·pru·dence** ['~pruːdəns] Rechtswissenschaft *f*; **'ju·ris·pru·dent** Rechtsgelehrte *m*, Jurist *m*.
ju·rist ['dʒuərist] Jurist *m*.
ju·ror ⚖ ['dʒuərə] Geschworene *m*.
ju·ry ⚖ ['dʒuəri] Geschworenengericht *n*; Preisgericht *n*, Jury *f*; **'ju·ry-box** Geschworenenbank *f*; **'ju·ry·man** Geschworene *m*.
ju·ry-mast ⚓ ['dʒuərimaːst] Notmast *m*.
just [dʒʌst] **1.** *adj.* □ gerecht; rechtschaffen; richtig, wahr; genau; gehörig, recht (*Maß etc.*); ganz; **2.** *adv.* gerade, genau; (so)eben, gerade; gerade noch; nur; ~ *now* eben jetzt, gerade jetzt; ~ *over*

(*below*) ... knapp über (unter) ...; *but* ~ eben erst; ~ *let me see!* laß mal sehen!; *it's* ~ *splendid!* es ist einfach glänzend!

jus·tice [ˈdʒʌstis] Gerechtigkeit *f*, Billigkeit *f*; Richter *m*; Recht *n*; Rechtswesen *n*; Rechtsverfahren *n*; ≈ *of the Peace* Friedensrichter *m*; *court of* ~ Gericht(shof *m*) *n*; *do* ~ *to s.o.* j-m Gerechtigkeit widerfahren lassen; *do o.s.* ~ sein wahres Können zeigen; ˈ**jus·tice·ship** Richteramt *n*.

jus·ti·fi·a·bil·i·ty [dʒʌstifaiəˈbiliti] Entschuldbarkeit *f*; ˈ**jus·ti·fi·a·ble** □ zu rechtfertigen(d).

jus·ti·fi·ca·tion [dʒʌstifiˈkeiʃən] Rechtfertigung *f*; **jus·ti·fi·ca·to·ry** [ˈ~təri] rechtfertigend.

jus·ti·fi·er *typ.* [ˈdʒʌstifaiə] Justierer *m*; ˈ**jus·ti·fy** rechtfertigen; *typ.* justieren.

just·ly [ˈdʒʌstli] mit Recht.

just·ness [ˈdʒʌstnis] Gerechtigkeit *f* etc. (*s. just 1*).

jut [dʒʌt] **1.** *a.* ~ *out* hervor-, herausragen, -stehen; vorspringen; **2.** Vorsprung *m*.

Jute[1] [dʒuːt] Jüte *m*, Jütin *f*.

jute[2] ⚘ [~] Jute *f*.

ju·ve·nes·cence [dʒuːviˈnesns] Verjüngung *f*; Jugend *f*; **ju·veˈnes·cent** jugendlich; **ju·ve·nile** [ˈ~nail] **1.** jung, jugendlich; Jugend...; ≈ *Court* Jugendgericht *n*; ~ *delinquency* Jugendkriminalität *f*; **2.** junger Mensch *m*; **ju·ve·nil·i·ty** [~ˈniliti] Jugendlichkeit *f*; Kinderei *f*.

jux·ta·po·si·tion [dʒʌkstəpəˈziʃən] Nebeneinanderstellung *f*.

K

Ka(f)·fir [ˈkæfə] Kaffer *m*; ~*s pl.* ✝ *sl.* Südafrikanische Bergwerksaktien *f/pl.*

kale [keil] (*bsd.* Kraus-, Grün)Kohl *m*; *Am. sl.* Moos *n* (*Geld*).

ka·lei·do·scope *opt.* [kəˈleidəskəup] Kaleidoskop *n*.

kal·ends [ˈkælendz] = *calends*.

ka·o·lin *min.* [ˈkeiəlin] Kaolin *n*.

ka·pok [ˈkeipɔk] Kapok *m*.

ka·put *sl.* [kæˈpuːt] kaputt, erledigt.

ka·yak [ˈkaiæk] Kajak *m*, *n*; Paddelboot *n*.

keck [kek] würgen; sich ekeln (*at* vor).

kedge ⚓ [kedʒ] **1.** Warpanker *m*; **2.** warpen, verholen.

ked·ge·ree [kedʒəˈriː] Reisgericht *n* mit Fisch und Eiern.

keel ⚓ [kiːl] **1.** Kiel *m*; *on an even* ~ gleichlastig; *fig.* gleichmäßig; **2.** ~ *over* kieloben legen *od.* liegen; umschlagen; kentern; ˈ**keel·age** ⚓ Kielgeld *n*; **keeled** ⚘ gekielt; **keel-haul** ⚓ [ˈ~hɔːl] kielholen; **keel·son** ⚓ [ˈkelsn] Kielschwein *n* (*Kielverstärkung*).

keen[1] □ [kiːn] scharf (*fig. Kälte, Blick, Verstand, Kampf, Kritik, Verhör etc.*); eifrig, begierig; stark, groß (*Appetit etc.*); ~ *on* F scharf *od.* erpicht auf *acc.*; *be* ~ *on hunting* ein leidenschaftlicher Jäger sein.

keen[2] *ir.* [~] Totenklage *f*.

keen-edged [ˈkiːnedʒd] scharfgeschliffen; ˈ**keen·ness** Schärfe *f*; Heftigkeit *f*; Scharfsinn *m*, Feinheit *f*.

keep [kiːp] **1.** *Lebens*-Unterhalt *m*; *hist.* Bergfried *m*; *for* ~*s* F für immer, endgültig; zum Behalten; **2.** (*irr.*) *v/t. allg.* halten; behalten; unterhalten (*ernähren*); *in e-m Zustand* (er)halten; *Versprechen, Gesetz, Regel, Feiertag, Richtung, Verabredung etc.* einhalten; *Fest* (ab-) halten, feiern; *Konto* unterhalten; *Buch, Ware etc.* führen; *Bett etc.* hüten; fest-, aufhalten; (bei)behalten; (auf)bewahren; (be)hüten (*from* vor *dat.*); ~ *s.o. company* j-m Gesellschaft leisten; ~ *company with* verkehren mit; ~ *silence* Schweigen bewahren; ~ *one's temper* sich beherrschen; ~ *time* richtig gehen (*Uhr*); ♪, ⚔ Takt, Schritt halten; ~ *watch* aufpassen; ~ *s.o. waiting* j. warten lassen; ~ *away* fernhalten;

~ *down* niederhalten; *Preise* niedrig halten; ~ *s.o. from* j. abhalten von; ~ *s.th. from s.o.* j-m et. vorenthalten; ~ *in* drinbehalten; *Gefühl etc.* zurückhalten; *Schüler* nachsitzen lassen; *Feuer* unterhalten; ~ *in money* mit Geld versehen; ~ *in view* im Auge behalten; ~ *off* abhalten; ~ *on* (bei)behalten; *Kleid* anbehalten, *Hut* aufbehalten; ~ *out* nicht hereinlassen, ausschließen; ~ *up* aufrechterhalten; *Mut* bewahren; in Ordnung halten; hindern, zu Bett zu gehen; aufbleiben lassen; *Gespräch* in Gang halten; ~ *it up* (es) durchhalten; **3.** *irr. v/i.* sich halten, bleiben; F sich aufhalten; sich halten (*Früchte etc.*); *mit Partizip*: ~ *doing* immer wieder tun; fortwährend tun; weiter tun; ~ *away* sich fernhalten; ~ *clear of* sich frei halten von; ~ *from* sich fernhalten von; ~ *in with* sich gut stehen mit *j-m*; ~ *off* sich fernhalten (von); ~ *on* fortfahren, weitermachen; ~ *on talking* fortfahren zu sprechen, weitersprechen; ~ *on at s.o.* j-m ständig zusetzen; ~ *to* sich halten an (*acc.*), bleiben bei, beibehalten; ~ *up* sich aufrecht(er)halten; ~ *up with* Schritt halten mit; ~ *up with the Joneses* es den Nachbarn gleichtun.

keep·er ['ki:pə] Wärter *m*, Wächter *m*; Aufseher *m*; Verwalter *m*; Inhaber *m*; '**keep·ing** Verwahrung *f*, Aufsicht *f*; Obhut *f*; Gewahrsam *m*; Unterhalt *m*; *be in (out of)* ~ *with* (nicht) übereinstimmen mit; **keepsake** ['~seik] Andenken *n* (*Geschenk etc.*).

keg [keg] Fäßchen *n*.

kelp ⚘ [kelp] *ein* Seetang *m*.

kel·son ⚓ ['kelsn] = *keelson*.

ken [ken] Gesichtskreis *m*.

ken·nel[1] ['kenl] Gosse *f*, Rinnstein *m*.

ken·nel[2] [~] Hundehütte *f*, -zwinger *m*.

kept [kept] *pret. u. p.p. von keep* 2.

kerb [kə:b], '**~·stone** = *curb etc.*

ker·chief ['kə:tʃif] (Kopf-, Hals-) Tuch *n*; '**ker·chiefed** verschleiert.

kerf [kə:f] (Ein)Schnitt *m*.

ker·nel ['kə:nl] Kern *m* (*a. fig.*); Hafer-, Mais- *etc.* -korn *n*.

ker·o·sene ['kerəsi:n] Kerosin *n* (*Brennöl*).

kes·trel *orn.* ['kestrəl] Turmfalke *m*.

ketch ⚓ [ketʃ] Ketsch *f* (*Küstensegler*).

ketch·up ['ketʃəp] (Tomaten)Ketchup *m*.

ket·tle ['ketl] Kessel *m*; '**~·drum** ♪ (Kessel)Pauke *f*.

key [ki:] **1.** Schlüssel *m* (*a. fig.*); Schlußstein *m*; ⊕ Keil *m*, Splint *m*; Schraubenschlüssel *m*; Taste *f an Klavier, Schreibmaschine etc.*; Klappe *f e-r Flöte etc.*; ⚡ Taste *f*, Druckknopf *m*; ♪ Tonart *f*; *fig.* Ton *m*; **2.** ~ *up* ♪ stimmen; erhöhen; *fig.* in erhöhte Spannung versetzen; '**~·board** Klaviatur *f*, Tastatur *f*; '**~-bu·gle** ♪ Klappenhorn *n*; '**~·hole** Schlüsselloch *n*; ~ **in·dus·try** Schlüsselindustrie *f*; '**~-man** Schlüsselfigur *f*; '**~·money** Ablösung *f* (*für e-e Wohnung*); '**~-note** Grundton *m*; '**~·stone** Schlußstein *m*; *fig.* Grundlage *f*.

khak·i ['kɑ:ki] **1.** khaki-, staubfarben; **2.** Khaki (*Farbe*) *n*, (*Stoff*) *m*.

khan[1] [kɑ:n] Khan *m*, *orientalischer* Herrscher *m*.

khan[2] [~] Karawanserei *f*.

kibe [kaib] (offene) Frostbeule *f*.

kib·itz·er *Am.* F ['kibitsə] Kiebitz *m*; Besserwisser *m*.

ki·bosh *sl.* ['kaibɔʃ] Unsinn *m*; *put the* ~ *on s.o.* es j-m besorgen.

kick [kik] **1.** (Fuß)Tritt *m*; Stoß *m*; Rückschlag *m des Gewehres*; Elan *m*, Schwung *m*; F Nervenkitzel *m*; *fig.* Feuer *n*, Kraft *f*, Prozente *n/pl.*; Fußballspieler *m*; *more* ~*s than halfpence* mehr Prügel als Lob; *get the* ~ *sl.* rausfliegen; *get a* ~ *out of* F Spaß finden an (*dat.*); *it's got a* ~ *to it* das hat's in sich; **2.** *v/t.* (mit dem Fuß) stoßen *od.* treten; F *Verehrer* abblitzen lassen; *Fußball*: schießen; ~ *the bucket sl.* ins Gras beißen; ~ *downstairs* die Treppe hinunterwerfen; ~ *one's heels* F sich die Beine in den Leib stehen (*warten müssen*); ~ *out* F hinauswerfen; ~ *up a row od. fuss od. dust* F Radau machen; *v/i.* (hinten) ausschlagen; stoßen (*Gewehr*); sich auflehnen *od.* sträuben (*against, at* gegen); ~ *in with Am. sl. Geld* 'reinbuttern; ~ *off Fußball* anstoßen; '**kick·back** *bsd. Am.* F Rückzahlung *f*; '**kick·er** Schläger *m* (*Pferd*); Fußballspieler *m*; ˈ**kick-ˈoff** *Fußball*; Anstoß *m*; ˈ**kick-shaw** Leckerei *f*; Kinkerlitzchen *n*; ˈ**kick-start·er** Kickstarter *m* (*am Motorrad*); ˈ**kick-ˈup** *sl.* Radau *m*, Krach *m*.

kid [kid] **1.** Zicklein *n*; Ziegenleder *n*; *sl.* Kind *n*; **2.** *sl.* foppen, (an-)pflaumen, (ver)kohlen; ˈ**kid·dy** *sl.* Kind *n*; **kid glove** Glacéhandschuh *m* (*a. fig.*); ˈ**kid-glove** sanft, zart.

kid·nap [ˈkidnæp] *bsd. Kinder* entführen; ˈ**kid·nap·(p)er** Kindesentführer *m*, Kidnapper *m*.

kid·ney [ˈkidni] *anat.* Niere *f*; F Art *f*, Schlag *m*; ~ *bean* ⚘ weiße Bohne *f*.

kike *Am. sl. contp.* [kaik] Jude *m*.

kill [kil] **1.** töten (*a. fig.*), umbringen; schlachten; *fig.* vernichten, morden; erdrücken; *parl.* zu Fall bringen; *fig.* überwältigen; ~ *off* abschlachten; ~ *time* die Zeit totschlagen; **2.** Tötung *f*; Jagdbeute *f*; ˈ**kill·er** Totschläger *m*; Vernichtungsmittel *n*; ˈ**kill·ing 1.** □ mörderisch; unwiderstehlich; F urkomisch; **2.** *Am.* F *finanzieller* Volltreffer *m*; ˈ**kill-joy** Spaßverderber *m*.

kiln [kiln, ⊕ kil] Brenn-, Darrofen *m*; ˈ**~-dry** darren, dörren.

kil·o·cy·cle *phys.* [ˈkiləusaikl] Kilohertz *n*; **kil·o·gram, kil·o·gramme** [ˈ~græm] Kilogramm *n*; **kil·o·me·ter, kil·o·me·tre** [ˈkiləumiːtə] Kilometer *n*; **ki·lo·watt** ⚡ [ˈkiləuwɔt] Kilowatt *n*.

kilt [kilt] **1.** Kilt *m*, Schottenrock *m*; **2.** aufschürzen, plissieren.

ki·mo·no [kiˈməunəu] Kimono *m*; kimonoartiger Morgenrock *m*.

kin [kin] **1.** (Bluts)Verwandtschaft *f*; Sippe *f*; *the next of* ~ die nächsten Verwandten; **2.** verwandt (*to* mit).

kind [kaind] **1.** □ gütig, freundlich (*to* zu, gegen); **2.** Art *f*, Sorte *f*; Gattung *f*, Geschlecht *n*; Art und Weise *f*; Natur *f*; *people of all* ~*s* allerhand Leute; *different in* ~ artverschieden; *pay in* ~ in Waren (*fig.* mit gleicher Münze) zahlen; *I* ~ *of expected it* F ich habe es beinahe *od.* so ziemlich erwartet.

kin·der·gar·ten [ˈkindəgɑːtn] Kindergarten *m*.

kind·heart·ed [ˈkaindˈhɑːtid] gütig, gutherzig.

kin·dle [ˈkindl] anzünden; (sich) entzünden (*a. fig.*).

kind·li·ness [ˈkaindlinis] Freundlichkeit *f*, Güte *f*.

kin·dling [ˈkindliŋ] *a.* ~*s pl.* Holz *n* zum Anfeuern.

kind·ly [ˈkaindli] *adj.* freundlich (*a. adv.*); günstig (*Klima etc.*).

kind·ness [ˈkaindnis] Güte *f*, Freundlichkeit *f*; Gefälligkeit *f*.

kin·dred [ˈkindrid] **1.** verwandt, gleichartig; **2.** Verwandtschaft *f*.

kine † [kain] *pl. von cow*[1].

ki·ne·ma [ˈkinimə] = *cinema*.

kin·e·mat·o·graph [kainiˈmætəugrɑːf] = *cinematograph*.

ki·net·ic [kaiˈnetik] bewegend; kinetisch; **kiˈnet·ics** *sg.* Kinetik *f*.

king [kiŋ] König *m* (*a. fig. u. Schach, Kartenspiel*); *fig.* Magnat *m*; ~*'s evil* ⚕ Skrofulose *f*; *turn* ~*'s evidence* gegen seine Komplizen aussagen; ˈ**king·bird** *orn.* Königsvogel *m*; ˈ**king·craft** Herrscherkunst *f*; ˈ**king·cup** ⚘ Butterblume *f*; Sumpfdotterblume *f*; ˈ**king·dom** Königreich *n*; *bsd.* ⚘, *zo.* Reich *n*, Gebiet *n*; *eccl.* Reich *n Gottes*; ~ *come* F das Jenseits; ˈ**king·fish·er** Eisvogel *m*; **king·let** [ˈ~lit] Duodezfürst *m*; ˈ**king·like** königlich; ˈ**king·li·ness** *das* Königliche, königliches Wesen *n*; ˈ**king·ly** königlich; ˈ**king·pin** Achszapfen *m*; *fig.* Hauptperson *f*; ˈ**king·post** ⚠ Giebelbalken *m*; ˈ**king·ship** Königtum *n*; Königswürde *f*; ˈ**king-size** F überlang, übergroß.

kink [kiŋk] **1.** Schleife *f im Tau etc.*; Knoten *m*; *fig.* Schrulle *f*, Fimmel *m*; *Am.* Betriebsfehler *m*; *have a* ~ F e-n Vogel haben; **2.** (sich) verfitzen; knicken.

kins·folk [ˈkinzfəuk] Verwandten *pl.*; ˈ**kin·ship** Verwandtschaft *f*; ˈ**kins·man** Verwandte *m*; ˈ**kins·wom·an** Verwandte *f*.

ki·osk [ˈkiːɔsk] Kiosk *m*; Telephonzelle *f*.

kip·per [ˈkipə] **1.** Räucherhering *m*, Bückling *m*; *sl.* Mensch *m*, Kerl *m*; **2.** *Fische* leicht räuchern.

kirk [kəːk] (schottische) Kirche *f*.

kir·tle † [ˈkəːtl] kurzer Frauenrock *m*; Wams *n*.

kiss [kis] **1.** Kuß *m*; *fig.* leichte Berührung *f*; **2.** (sich) küssen; ~ *the book* die Bibel küssen *beim Schwören*; ~ *the dust* im Staub kriechen (*sich unterwerfen*); ins Gras beißen; **'~-proof** kußfest.

kit [kit] Ausrüstung *f* (*a.* ⚔ *u. Sport*); Handwerkszeug *n*, Werkzeug *n*; *do-it-yourself* ~ Bausatz *m*, -kasten *m*; **'~-bag** ⚔ Tornister *m*; ⚓ Seesack *m*; Reisetasche *f*.

kitch·en ['kitʃin] Küche *f*; **'kitch·en·er** Küchenherd *m*; **kitch·en·ette** [~'net] Kochnische *f*.

kitch·en...: **'~-'gar·den** Gemüsegarten *m*; **'~-maid** Küchenmädchen *n*; **'~-range** Kochherd *m*.

kite [kait] *orn.* Gabelweihe *f*; *Papier-*Drachen *m*; *fig.* Versuchsballon *m*; † *sl.* Kellerwechsel *m*; ~ *balloon* ⚔ Fesselballon *m*; *fly a* ~ e-n Drachen *od. fig.* Versuchsballon steigen lassen.

kith [kiθ]: ~ *and kin* Freunde und Verwandte *pl.*

kit·ten ['kitn] **1.** Kätzchen *n*; **2.** Junge werfen (*Katze*); **kit·ten·ish** ['kitniʃ] kätzchenhaft.

kit·tle *fig.* ['kitl] kitz(e)lig, heikel.

kit·ty[1] ['kiti] Kätzchen *n*.

kit·ty[2] [~] (gemeinsame) Kasse *f*.

ki·wi *orn.* ['ki:wi:] Kiwi *m*.

Klan *Am.* [klæn] Ku-Klux-Klan *m*; **Klansman** ['klænzmən] Mitglied *n* des Ku-Klux-Klan.

klax·on *mot.* ['klæksn] Hupe *f*.

klep·to·ma·ni·a [kleptəu'meinjə] Kleptomanie *f* (*krankhafter Stehltrieb*); **klep·to'ma·ni·ac** [~niæk] Kleptomane *m*, Kleptomanin *f*.

knack [næk] Kunstgriff *m*, Kniff *m*, Dreh *m*; Geschicklichkeit *f*.

knack·er ['nækə] Abdecker *m*, Schinder *m*; Abbruchunternehmer *m*; **'knack·er·y** Abdeckerei *f*.

knag [næg] Knorren *m*.

knap·sack ['næpsæk] Tornister *m*; Rucksack *m*.

knar [nɑ:] Knorren *m*.

knave [neiv] Schurke *m*; *Karten*: Bube *m*; **'knav·er·y** Gaunerei *f*, Schurkenstreich *m*; **'knav·ish** □ schurkisch.

knead [ni:d] kneten; massieren.

knee [ni:] **1.** Knie *n*; ⊕ Kniestück *n*; *bring s.o. to his* ~*s* j. auf die Knie zwingen; *on the* ~*s of the gods* noch ungewiß, im Schoße der Götter; **2.** *Hose* am Knie ausbeulen; **'~-breech·es** *pl.* Kniehose(n *pl.*) *f*; **'~-cap** Kniescheibe *f*; Knieschützer *m*; **'~-'deep** bis an die Knie (reichend); **'~-joint** Kniegelenk *n*;

kneel [ni:l] (*irr.*) knien (*to* vor *dat.*); **'kneel·er** Kniende *m*, *f*; **'knee-pan** Kniescheibe *f*.

knell [nel] Totenglocke *f*.

knelt [nelt] *pret. u. p.p. von kneel.*

knew [nju:] *pret. von know 1.*

knick·er·bock·ers ['nikəbɔkəz] *pl.* Knickerbocker *pl.*, Kniehosen *f/pl.*; **'knick·ers** F *pl. Damen-*Schlüpfer *m*; = *knickerbockers.*

knick·knack ['niknæk] Spielerei *f*, Nippsache *f*; ~*s pl.* Kinkerlitzchen *n/pl.*

knife [naif] **1.** *pl.* **knives** [naivz] Messer *n*; *get one's* ~ *into s.o. fig.* j. gefressen haben, j-m übelwollen; **2.** schneiden; (er)stechen; **'~-grind·er** Scherenschleifer *m*.

knight [nait] **1.** Ritter *m*; Springer *m im Schach*; **2.** zum Ritter schlagen, adeln; **knight-er·rant** ['~'erənt] fahrender Ritter *m*; **knight·hood** ['~hud] Rittertum *n*; Ritterschaft *f*; **'knight·li·ness** Ritterlichkeit *f*; **'knight·ly** ritterlich.

knit [nit] (*irr.*) stricken; (ver)knüpfen; (sich) eng verbinden; ~ *the brows* die Stirn runzeln; **'knit·ter** Stricker(in); = *knitting-machine*; **'knit·ting 1.** Stricken *n*; Strickzeug *n*; **2.** Strick...; **'knit·ting-ma·chine** Strickmaschine *f*; **'knit·ting-nee·dle** Stricknadel *f*; **'knit·wear** Strickkleidung *f*, Strick-, Wirkwaren *f/pl.*

knives [naivz] *pl. von knife.*

knob [nɔb] Knopf *m*; Buckel *m*; Brocken *m Kohle etc.*; **'knobbed**, **'knob·by** mit einem Knopf *etc.*; knorrig; **'knob-stick** Knotenstock *m*; Streikbrecher *m*.

knock [nɔk] **1.** Schlag *m*; Anklopfen *n*; *mot.* Klopfen *n*; **2.** *v/i.* klopfen (*a. mot.*); pochen; stoßen; schlagen; ~ *about* F sich herumtreiben; ~ *off sl.* abhauen; Schluß *od.* Feierabend machen; ~ *under* sich ergeben; *v/t.* klopfen, stoßen, schlagen; *Am. sl.* bekritteln, schlechtmachen; ~ *about* herumstoßen, übel zurichten; ~ *down* niederschlagen; zu Boden werfen; *Auktion*: zuschlagen; ⊕ auseinandernehmen; *be* ~*ed down* überfahren werden; ~ *off* abschlagen; aufhören mit; F zs.-hauen (*schnell erledigen*); *Summe* abziehen; ~ *out Boxen*: k.o. schlagen; ~ *up* (durch Klopfen) wecken; erschöpfen; **~·a·bout** ['~əbaut] **1.** lärmend; unstet; Strapazier... (*Kleidung*); *thea.* Clown..., Radau...; **2.** Radaustück *n*; '**~-'down** niederschmetternd; äußerst (*Preis*); '**knock·er** Klopfende *m*; Türklopfer *m*; *Am. sl.* Kritikaster *m*; '**knock-'kneed** X-beinig; *fig.* hinkend; '**~-out** *Boxen*: Knockout *m*, K.o. *m*; *sl.* tolle Sache *f od.* Person *f*.

knoll[1] [nəul] kleiner Erdhügel *m*.

knoll[2] [~] (*bsd.* zu Grabe) läuten.

knot [nɔt] **1.** Knoten *m*; Knorren *m*, Ast(knoten) *m*; ⚓ Knoten *m*, Seemeile *f*; ⚘ Knospe *f*; Schleife *f*, (Achsel)Band *n*; Schwierigkeit *f*; **2.** (ver)knoten, (ver)knüpfen (*a. fig.*); *Stirn* runzeln; verwickeln; '**knot·hole** Astloch *n*; '**knot·tiness** *das* Knotige; Schwierigkeit *f*; '**knot·ty** knotig, knorrig; *fig.* verwickelt; '**knot·work** Knüpfarbeit *f*.

knout [naut] **1.** Knute *f*; **2.** *j-m* die Knute geben.

know [nəu] **1.** (*irr.*) wissen; kennen; erkennen; erfahren; ~ *French* Französisch können; *come to* ~ erfahren; *get to* ~ kennenlernen; ~ *one's business*, ~ *the ropes*, ~ *a thing or two*, ~ *what's what* sich auskennen, Erfahrung haben; *do you* ~ *how to play chess?* können Sie Schach spielen?; *you ought to* ~ *better than to do that* Sie sollten so klug sein, das nicht zu tun; *I don't* ~ *one from the other* ich kann den einen nicht vom andern unterscheiden; *you* ~ *am Ende des Satzes*: nämlich; **2.** *be in the* ~ F Bescheid wissen (*of* über *acc.*), im Bilde sein; '**know·a·ble** (er)kennbar; '**know-all** **1.** allwissend; **2.** Alleswisser *m*; '**know-how** praktische Erfahrung *f*; Know-how *n*; '**know·ing** **1.** □ erfahren; klug; schlau; verständnisvoll; wissentlich; F schick; **2.** Wissen *n*; '**knowing·ly** wissentlich; bewußt, absichtlich; **knowl·edge** ['nɔlidʒ] Kenntnis(se *f/pl.*) *f*; Wissen *n*; *to my* ~ meines Wissens; '**knowledge·a·ble** F gut informiert; kenntnisreich, klug; aufgeschlossen;

known [nəun] *p.p. von know 1*; *come to be* ~ bekannt werden; *make* ~ bekanntmachen; *make o.s.* ~ sich bekannt machen, sich vorstellen.

knuck·le ['nʌkl] **1.** *a.* '**~-bone** Knöchel *m*; Kniestück *n vom Kalb etc.*; **2.** ~ *down*, ~ *under* nachgeben; '**~-dust·er** Schlagring *m*.

ko·a·la *zo.* [kəu'ɑːlə] Koala *m*.

Ko·ran [kɔ'rɑːn] Koran *m*.

Ko·re·an [kə'riən] **1.** Koreaner(in); **2.** koreanisch.

kosh·er ['kəuʃə] koscher(e Nahrungsmittel *n/pl.*).

ko·tow ['kəu'tau] **1.** Kotau *m* (*demütige Ehrenerweisung*); **2.** Kotau machen, *fig.* kriechen (*to* vor *dat.*).

Krem·lin ['kremlin] *der* Kreml.

ku·dos *co.* ['kjuːdɔs] Ruhm *m*.

Ku-Klux-Klan *Am.* ['kjuː'klʌks'klæn] Ku-Klux-Klan *m* (*Geheimbund in den USA*).

L

la ♪ [lɑː] la *n* (*Solmisationssilbe*).

lab F [læb] = *laboratory*.

la·bel ['leibl] **1.** Zettel *m*, Etikett *n*; Aufschrift *f*; Schildchen *n*; Bezeichnung *f*; △ Kranzleiste *f*; **2.** etikettieren, beschriften; ☤ mit Preis auszeichnen; *fig.* abstempeln (*as* als).

la·bi·al ['leibjəl] **1.** Lippen..., labial; **2.** Lippenlaut *m*, Labial *m*.

lab·o·ra·to·ry [lə'bɔrətəri] Laboratorium *n*; ~ *assistant* Laborant(in).

la·bo·ri·ous □ [lə'bɔːriəs] mühsam, -selig, anstrengend; arbeitsam; schwerfällig (*Stil*).

la·bo(u)r ['leibə] **1.** Arbeit *f*; Mühe

f, Anstrengung *f*; (Geburts)Wehen *f/pl.*; Arbeiter *m/pl.*, Arbeitskräfte *f/pl.*; Arbeiterschaft *f*; *Ministry of* ♀ Arbeitsministerium *n*; *hard* ~ Zwangsarbeit *f*; **2.** Arbeiter...; Arbeits...; **3.** *v/i.* arbeiten; sich abmühen; sich mühsam (vorwärts-) bewegen; ~ *under* leiden unter (*dat.*), zu kämpfen haben mit; *v/t.* ausarbeiten; ausführlich eingehen auf (*acc.*); ~ **camp** Arbeitslager *n*; **'la·bo(u)red** schwerfällig, steif (*Stil*); mühsam (*Atem etc.*); **'la·bo(u)r·er** *ungelernter* Arbeiter *m*; **La·bo(u)r Ex·change** Arbeitsamt *n*; **'la·bo(u)r·ing** arbeitend; Arbeits...; ~ *breath* schwerer Atem *m*; **la·bo(u)r·ite** ['~rait] Mitglied *n od.* Anhänger *m* der Labour Party; **La·bour Par·ty** *pol.* Labour Party *f*; **'la·bo(u)r-sav·ing** arbeitssparend; **la·bor un·ion** *Am.* Gewerkschaft *f*.

Lab·ra·dor ['læbrədɔ:]: ~ *dog zo.* Neufundländer *m*.

la·bur·num ⚘ [lə'bə:nəm] Goldregen *m*.

lab·y·rinth ['læbərinθ] Labyrinth *n*; **lab·y'rin·thi·an** [~θiən], *mst* **lab·y'rin·thine** [~θain] labyrinthisch.

lac [læk] (Gummi)Lack *m*; Lak *n*; *a* ~ *of rupees* 100 000 Rupien.

lace [leis] **1.** Spitze *f*; Borte *f*, Tresse *f*; Schnur *f*; Schnürband *n*; **2.** (zu)schnüren; mit Spitze *etc.* besetzen; *Schnur* durch-, einziehen; *Getränk* mischen, versetzen (*with* mit *Spirituosen*); ~ (*into*) *s.o.* j. verprügeln.

lac·er·ate 1. ['læsəreit] auf-, zerreißen, zerfleischen; *fig.* quälen; **2.** ['~rit] zerrissen; **lac·er·a·tion** [~'reiʃən] Zerreißen *n*; Riß *m*.

lach·es ⚖ ['leitʃiz] Fahrlässigkeit *f*, Versäumnis *n*.

lach·ry·mal ['lækriməl] Tränen...; **lach·ry·mose** ['~məus] weinerlich; tränenreich.

lack [læk] **1.** Fehlen *n*, Mangel *m*; **2.** *v/t.* ermangeln (*gen.*); *he* ~*s money* es fehlt ihm an Geld; *v/i. be* ~*ing* fehlen, mangeln; *he is* ~*ing in courage* es fehlt ihm an Mut.

lack·a·dai·si·cal □ [lækə'deizikəl] gelangweilt, gleichgültig, uninteressiert.

lack·ey ['læki] **1.** Lakai *m* (*a. fig.*); **2.** *j-s* Lakai sein.

lack·ing ['lækiŋ] *s. lack 1.*

lack·land ['læklænd] **1.** ohne Land; besitzlos; **2.** Habenichts *m*; **lack-lus·tre**, *Am.* **lack-lus·ter** ['~lʌstə] glanzlos, matt.

la·con·ic [lə'kɔnik] (~*ally*) lakonisch, wortkarg, kurz u. prägnant.

lac·quer ['lækə] **1.** Lack *m*; **2.** lakkieren; ~*ed* Lack...

lac·quey ['læki] = *lackey*.

la·crosse [lə'krɔs] *Sport*: Lacrosse *n* (*Ballspiel*).

lac·ta·tion [læk'teiʃən] Säugen *n*, Stillen *n*.

lac·tic ['læktik] Milch...; ~ *acid* Milchsäure *f*.

la·cu·na [lə'kju:nə] Lücke *f*.

lac·y ['leisi] spitzenartig; Spitzen...

lad [læd] Bursche *m*, Junge *m*.

lad·der ['lædə] **1.** Leiter *f* (*a. fig.*); ⚓ Strickleiter *f*, *a.* Treppe *f*; Laufmasche *f im Strumpf*; **2.** e-e Laufmasche bekommen; **'~-proof** maschenfest (*Strumpf etc.*).

lad·die ['lædi] Bürschlein *n*.

lade [leid] (*irr.*) = *load*; **'lad·en 1.** *p.p. von lade*; **2.** *adj.* beladen.

la-di-da ['lɑ:di'dɑ:] **1.** Fatzke *m*, Affe *m*; **2.** affig, geckenhaft.

la·ding ['leidiŋ] Ladung *f*, Fracht *f*.

la·dle ['leidl] **1.** Schöpflöffel *m*, Kelle *f*; **2.** ~ *out Suppe* austeilen; *fig.* ver-, austeilen.

la·dy ['leidi] Dame *f*; Lady *f*, Herrin *f*; *Ladies sg.* Damentoilette *f*; *Ladies and Gentlemen!* meine Damen u. Herren!; ♀ *Day* Mariä Verkündigung *f* (*25. März*); ~ *doctor* Ärztin *f*; ~*'s maid* Zofe *f*; ~*'s od. ladies' man* Weiberheld *m*; **'~-bird** Marienkäfer *m*; **'~-in-'wait·ing** Hofdame *f*; **'~-kill·er** Herzensbrecher *m*; **'~like** damenhaft; *contp.* weibisch; **'~-love** Geliebte *f*; ~ **of the bed·cham·ber** Hofdame *f*; **'~ship:** *her* ~ die gnädige Frau; *Your* ♀ gnädige Frau, Euer Gnaden.

lag[1] [læg] **1.** zögern; *a.* ~ *behind* zurückbleiben; **2.** Verzögerung *f*.

lag[2] *sl.* [~] **1.** Zuchthäusler *m*; **2.** ins Zuchthaus bringen.

lag[3] [~] *Wasserrohr etc.* isolieren.

la·ger (**beer**) ['lɑ:gə('biə)] Lagerbier *n*.

lag·gard ['lægəd] Nachzügler *m*; Trödler *m*, Bummler *m*.

la·goon [lə'gu:n] Lagune *f*.

la·ic ['leiik] **1.** *a.* '**la·i·cal** □ weltlich; Laien...; **2.** Laie *m*; **la·i·cize** ['~saiz] verweltlichen.
laid [leid] *pret. u. p.p. von lay*[4] 2; ~ *up* bettlägerig (*with* infolge).
lain [lein] *p.p. von lie*[2] 2.
lair [lɛə] Lager *n e-s wilden Tieres.*
laird *schott.* [lɛəd] Gutsherr *m.*
la·i·ty ['leiiti] Laien *m/pl.*
lake[1] [leik] See *m.*
lake[2] [~] rote Pigmentfarbe *f.*
lake-dwel·lings ['leikdweliŋz] *pl.* Pfahlbauten *m/pl.*
lam *sl.* [læm] abhauen, verduften; ~ *into s.o.* j. verdreschen, j. vermöbeln.
la·ma ['lɑːmə] Lama *m*, buddhistischer Mönch *m*; '**la·ma·se·ry** ['~səri] Lamakloster *n.*
lamb [læm] **1.** Lamm *n*; Lammfleisch *n*; **2.** lammen.
lam·baste *sl.* [læm'beist] vermöbeln; zs.-stauchen (*abkanzeln*).
lam·bent ['læmbənt] leckend; züngelnd (*Flamme*); funkelnd, sprühend.
lamb·kin ['læmkin] Lämmchen *n*; '**lamb·like** lammfromm; '**lamb·skin** Lammfell *n.*
lame [leim] **1.** □ lahm (*a. fig.* = *mangelhaft*); **2.** lähmen; '**lame·ness** Lahmheit *f.*
la·ment [lə'ment] **1.** Wehklage *f*; **2.** (be)klagen; trauern (*for* um); **lam·en·ta·ble** □ ['læməntəbl] beklagenswert; kläglich, jämmerlich; **lam·en'ta·tion** Wehklage *f.*
lam·i·na ['læminə], *pl.* **lam·i·nae** ['~niː] Plättchen *n*; ⚡, ⚘ Lamelle *f*; '**lam·i·nar** in Plättchen; **lam·i·nate** ['~neit] auswalzen; aufspalten; schichten; belegen; ~*d glass* Verbundglas *n.*
lamp [læmp] Lampe *f*; *fig.* Leuchte *f*; '~**·black** Ruß *m*; '~**-chim·ney** Lampenzylinder *m*; '~**·light** Lampenlicht *n*; '~**·light·er** Laternenanzünder *m*; '~**-oil** Petroleum *n.*
lam·poon [læm'puːn] **1.** Schmähschrift *f*; **2.** schmähen.
lamp-post ['læmppəust] Laternenpfahl *m.*
lam·prey *ichth.* ['læmpri] Neunauge *n.*
lamp·shade ['læmpʃeid] Lampenschirm *m.*
lance [lɑːns] **1.** Lanze *f*; Speer *m*; **2.** aufschneiden (*a.* ⚕); '~**-'cor·po·ral** ⚔ Gefreite *m*; **lan·ce·o·late** ⚘ ['lænsiəlit] lanzettförmig; **lanc·er** ⚔ ['lɑːnsə] Ulan *m*; ~*s pl.* Lanciers *m/pl.* (*englischer Tanz*).
lan·cet ['lɑːnsit] Lanzette *f*; ~ **arch** ⌂ Spitzbogen *m*; ~ **win·dow** Spitzbogenfenster *n.*
land [lænd] **1.** *das* feste Land; Land *n*; Grund und Boden *m*; Gut *n*, Grundstück *n*; *by* ~ auf dem Landweg; ~*s pl.* Ländereien *f/pl.*; *see how the* ~ *lies* sehen, wie die Sache steht *od.* wie der Hase läuft; **2.** landen; ⚓ löschen; *Hieb* anbringen, versetzen; *Preis* gewinnen; '~**-a·gent** Grundstücksmakler *m*; Gutsverwalter *m.*
lan·dau ['lændɔː] Landauer *m* (*Pferdewagen*).
land·ed ['lændid] grundbesitzend; Land..., Grund...
land...: '~**·fall** ⚓ Landkennung *f*; '~**-forc·es** *pl.* Landstreitkräfte *f/pl.*; '~**-grab·ber** Landraffer *m*; '~**-hold·er** Grundbesitzer(in).
land·ing ['lændiŋ] Landung *f*; Treppenabsatz *m*; Anlegestelle *f*; '~**-craft** ⚓, ⚔ Landungsboot *n*; '~**-field** ✈ Landebahn *f*; '~**-gear** ✈ Fahrgestell *n*; '~**-net** Hamen *m*; '~**-par·ty** ⚔ Landungstrupp *m*; '~**-stage** ⚓ Landungsbrücke *f*; '~**-strip** = *landing-field.*
land·la·dy ['lænleidi] Vermieterin *f*, Wirtin *f.*
land·less ['lændlis] ohne Grundbesitz.
land...: '~**·locked** landumschlossen; '~**·lop·er** Landstreicher *m*; ~**·lord** ['lænlɔːd] Vermieter *m*, Wirt *m*; Haus-, Grundbesitzer *m*; ~**-lub·ber** ⚓ *contp.* ['lændlʌbə] Landratte *f*; '~**·mark** *bsd.* ⚓ Landmarke *f*; Grenz-, Markstein *m* (*a. fig.*); Wendepunkt *m*; Wahrzeichen *n*; '~**-own·er** Grundbesitzer(in); '~**-plane** Landflugzeug *n*; ~**·scape** ['lænskeip] Landschaft *f*; Landschaftsmalerei *f*; ~**·slide** ['lændslaid] Erdrutsch *m* (*a. pol.*); *a Democratic* ~ ein Erdrutsch zugunsten der Demokraten; '~**·slip** *konkr.* Erdrutsch *m*; ~**s·man** ⚓ ['~zmən] Landratte *f*; '~**-sur·vey·or** Landmesser *m*; '~**-tax** Grundsteuer *f*; ~**·ward** ['~wəd] landwärts (gelegen).
lane [lein] Feldweg *m*; Gasse *f*; Spalier *n*; *mot.* Fahrbahn *f*, Spur *f.*

lang syne *schott.* ['læŋ'sain] längst vergangen(e Zeit *f*).
lan·guage ['læŋgwidʒ] Sprache *f*; Worte *n/pl.*; *bad* ~ häßliche Worte *n/pl.*; *strong* ~ Kraftausdrücke *m/pl.*
lan·guid □ ['læŋgwid] matt, schlaff; teilnahmslos; träg (*Strom etc.*); ⚕ flau; '**lan·guid·ness** Mattigkeit *f*; Flauheit *f*.
lan·guish ['læŋgwiʃ] matt werden; schmachten (*for* nach); dahinsiechen; ⚕ darniederliegen; '**lan·guish·ing** □ schmachtend; ⚕ flau.
lan·guor ['læŋgə] Mattigkeit *f*; Schlaffheit *f*; Schmachten *n*; Stille *f*; '**lan·guor·ous** □ matt; schlaff; drückend.
lank □ [læŋk] schmächtig, dünn; schlaff (*Börse*); schlicht, glatt (*Haar*); '**lank·y** □ schlaksig.
lan·o·lin ['lænəuli:n] Lanolin *n*, Wollfett *n*.
lan·tern ['læntən] Laterne *f* (*a.* △); *dark* ~ Blendlaterne *f*; '**~-jawed** hohlwangig; '**~-slide** Dia(positiv) *n*, Lichtbild *n*; ~ *lecture* Lichtbildervortrag *m*.
lan·yard ⚓ ['lænjəd] Taljereep *n*.
lap[1] [læp] **1.** Schoß *m* (*a. fig.*); ⊕ übergreifende Kante *f*; Vorstoß *m*; *Garn*-Windung *f*; *Sport*: Runde *f*; **2.** übereinanderlegen, umschlagen; (ein)hüllen (*in* in *acc.*).
lap[2] [~] **1.** Lecken *n*; Schluck *m*; Anschlagen *n*, Plätschern *n von Wellen*; **2.** (auf)lecken; schlürfen; verschlingen; plätschern (gegen) (*Wellen*).
lap-dog ['læpdɔg] Schoßhund *m*.
la·pel [lə'pel] Aufschlag *m am Rock*.
lap·i·dar·y ['læpidəri] **1.** Stein...; Lapidar...; **2.** Steinschneider *m*.
lap·is laz·u·li [læpis'læzjulai] Lapislazuli *m*, Lasurstein *m*.
lapse [læps] **1.** Dahingleiten *n*; Verlauf *m der Zeit*; Verfallen *n* (*into* in *acc.*); ⚖ Verfall *m*; Fehltritt *m*, Versehen *n*; **2.** fallen, gleiten; verfließen (*Zeit*); *moralisch* fallen; verfallen (*into* in *acc.*); fehlen; ⚖ verfallen; erlöschen.
lap-strap ✈ ['læpstræp] Beckengurt *m*.
lap·wing *orn.* ['læpwiŋ] Kiebitz *m*.
lar·ce·ny ⚖ ['lɑ:səni] Diebstahl *m*.
larch ♀ [lɑ:tʃ] Lärche *f*.
lard [lɑ:d] **1.** (Schweine)Schmalz *n*; **2.** spicken (*a. fig.*); '**lard·er** Speisekammer *f*; '**lard·ing-nee·dle**, '**lard·ing-pin** Spicknadel *f*.
large □ [lɑ:dʒ] groß; weit, umfassend; reichlich; weitherzig; flott, schwungvoll; *at* ~ auf freiem Fuße; ausführlich; in seiner *od.* ihrer Gesamtheit, im allgemeinen; wahllos; *talk at* ~ in den Tag hineinreden; *in* ~ im großen; '**large·ly** zum großen Teil, weitgehend; großzügig, reichlich; '**large·ness** Größe *f* (*a. fig.*); Weite *f*; '**large-'mind·ed** weitherzig; '**large-'scale** Groß-...; '**large-'sized** groß(formatig).
lar·gess(e) † [lɑ:'dʒes] Freigebigkeit *f*; Schenkung *f*.
lar·go ♪ ['lɑ:gəu] **1.** Largo *n*; **2.** largo, sehr langsam.
lar·i·at *Am.* ['læriət] Lasso *n*, *m*.
lark[1] *orn.* [lɑ:k] Lerche *f*.
lark[2] [~] **1.** Streich *m*, Jux *m*; **2.** tolle Streiche machen; **lark·some** ['səm] = *larky*.
lark·spur ♀ ['lɑ:kspə:] Rittersporn *m*.
lark·y F ['lɑ:ki] zu Streichen aufgelegt; scherzhaft.
lar·va *zo.* ['lɑ:və], *pl.* **lar·vae** ['~vi:] Larve *f*, Puppe *f*; **lar·val** ['~vəl] Larven...
lar·yn·gi·tis ⚕ [lærin'dʒaitis] Kehlkopfentzündung *f*; **lar·ynx** ['læriŋks] Kehlkopf *m*.
las·civ·ious □ [lə'siviəs] lüstern.
lash [læʃ] **1.** Peitschenschnur *f*; (Peitschen)Hieb *m*; Geißel *f*, Rute *f*; Wimper *f*; *the* ~ Auspeitschen *n*; die Prügelstrafe; **2.** peitschen; peitschen gegen *et.* (*Wogen etc.*); *fig.* geißeln; schlagen (*at* nach); anbinden (*to* an *acc.*); ~ *out* um sich schlagen; ausschlagen (*Pferd*); *fig.* losbrechen; '**lash·er** Wehr *n*; '**lash·ing** Prügel *pl.*; ~*s pl.* F Unmenge *f*.
lass [læs] Mädchen *n*; Liebste *f*;
las·sie ['læsi] Mädelchen *n*.
las·si·tude ['læsitju:d] Mattigkeit *f*, Abgespanntheit *f*, Desinteresse *n*.
las·so ['læsəu] **1.** Lasso *n*, *m*; **2.** mit dem Lasso fangen.
last[1] [lɑ:st] **1.** *adj.* letzt; vorig; äußerst, höchst; geringst; ~ *but one* vorletzt; ~ *night* gestern abend; **2.** Letzte *m*; Ende *n*; *my* ~ mein letzter Brief *m*; mein Jüngster *m*; *at* ~ zuletzt; schließlich, endlich; *at long* ~ zu guter Letzt; *breathe one's* ~ den letzten Atemzug tun; **3.** *adv.*

zuletzt; ~, *but not least* nicht zuletzt.

last² [~] dauern, währen; halten (*Farbe etc.*); ausreichen (*Vorräte etc.*); ausdauern (*bei Rennen etc.*).

last³ [~] *Schuhmacher*-Leisten *m*; *stick to one's* ~ bei s-m Leisten bleiben.

last·ing ['lɑːstiŋ] **1.** □ dauerhaft; beständig; **2.** dauerhafter Stoff *m*.

last·ly ['lɑːstli] zuletzt, schließlich.

latch [lætʃ] **1.** Klinke *f*, Drücker *m*; Schnapp-, Druckschloß *n*; *on the* ~ (nur) eingeklinkt; **2.** ein-, zuklinken, zugehen (*Tür*); '**~-key** Hausschlüssel *m*.

late [leit] spät; zu spät, verspätet; (kürzlich) verstorben, selig; ehemalig; jüngst; *at* (*the*) *~st* spätestens; *as ~ as yesterday* erst *od.* noch gestern; *of* ~ letzthin, neulich; *of ~ years* seit einigen Jahren; *~r on* später; *be* ~ (zu) spät kommen; 🚂 Verspätung haben; *keep ~ hours* spät aufbleiben; spät heimkommen; '**~-com·er** Nachzügler *m*.

la·teen ⚓ [lə'tiːn]: ~ *sail* Lateinsegel *n*.

late·ly ['leitli] in letzter Zeit, vor kurzem, unlängst, letzthin, neulich, kürzlich.

la·ten·cy ['leitənsi] Verborgenheit *f*, Gebundenheit *f*, Latenz *f*.

late·ness ['leitnis] Verspätung *f*; späte Zeit *f*.

la·tent □ ['leitənt] verborgen, gebunden (*Wärme etc.*), latent.

lat·er·al □ ['lætərəl] seitlich; Seiten...

la·tex ⚘ ['leiteks] Milchsaft *n bsd.* [*des Gummibaums.*]

lath [lɑːθ] **1.** Latte *f*; **2.** belatten.

lathe [leið] Drehbank *f*; Lade *f am Webstuhl.*

lath·er ['lɑːðə, 'læðə] **1.** (*bsd.* Seifen)Schaum *m*; **2.** *v/t.* einseifen; P verdreschen; *v/i.* schäumen.

Lat·in ['lætin] **1.** lateinisch; **2.** Latein *n*; ~ **A·mer·i·ca** Lateinamerika *n*; '**Lat·in·ism** Latinismus *m*; '**Lat·in·ize** latinisieren; ins Lateinische übersetzen.

lat·i·tude ['lætitjuːd] Breite *f* (*a. geogr., ast.*); *fig.* Umfang *m*, Weite *f*; Spielraum *m*; *~s pl.* Breiten *pl.* (*Gegenden*); **lat·i'tu·di·nal** [~dinl] Breiten...; **lat·i·tu·di·nar·i·an** ['~di'nɛəriən] **1.** frei(sinnig); **2.** Freidenker *m*.

la·trine [lə'triːn] Latrine *f*.

lat·ter ['lætə] neuer; *der, die, das* letztere; *poet.* später, Spät...; ~ *end* Ende *n*; '**~-day** aus neuester Zeit; ~ *saints eccl. die* Heiligen *pl.* der letzten Tage (*Mormonen*); '**lat·ter·ly** neuerdings.

lat·tice ['lætis] **1.** *a.* *~-work* Gitter *n*; **2.** (ver)gittern.

Lat·vi·an ['lætviən] **1.** lettisch; **2.** Lette *m*, Lettin *f*; Lettisch *n*.

laud [lɔːd] loben, preisen; '**laud·a·ble** □ lobenswert, löblich; **lau'da·tion** Lob *n*; **laud·a·to·ry** □ ['~dətəri] lobend, preisend (*of acc.*).

laugh [lɑːf] **1.** Gelächter *n*, Lachen *n*; *have a* ~ lachen; *raise a* ~ Gelächter erregen; **2.** lachen (*at* über *acc.*); ~ *at s.o.* j. auslachen; ~ *off* lachend hinweggehen über (*acc.*); ~ *out of j.* durch Lachen abbringen von; *you will ~ on the wrong side od. on the other side of your mouth od. face* dir wird das Lachen noch vergehen; *he ~s best who ~s last* wer zuletzt lacht, lacht am besten; *s. sleeve*; '**laugh·a·ble** □ lächerlich; '**laugh·er** Lacher(in); '**laugh·ing** **1.** Lachen *n*; **2.** □ lachend; *it is no ~ matter* es ist nicht zum Lachen; '**laugh·ing-gas** Lachgas *n*; '**laugh·ing-stock** Gegenstand *m* des Gelächters; **laugh·ter** ['~tə] Gelächter *n*, Lachen *n*.

launch [lɔːntʃ] **1.** ⚓ Stapellauf *m*; Barkasse *f*; Ausflugsdampfer *m*; **2.** *v/t.* vom Stapel lassen; *Boot* aussetzen; schleudern (*a. fig.*); *Schläge* versetzen; *Rakete* starten, abschießen; *fig.* in Gang bringen; lancieren; *v/i.* ~ *out* loslegen; ~ *(out) into* sich stürzen in (*acc.*); sich ergehen in (*dat.*); '**launch·ing-pad** (Raketen)Abschußrampe *f*; '**launch·ing-tube** ⚓, ⚔ Torpedorohr *n*.

laun·der ['lɔːndə] waschen (u. bügeln); sich waschen (lassen); **laun·der·ette** [lɔːndə'ret] Selbstbedienungswaschsalon *m*.

laun·dress ['lɔːndris] Wäscherin *f*; '**laun·dry** Waschanstalt *f*; Wäsche *f*; '**laun·dry-man** Wäscher *m*; (Aus)Fahrer *m* einer Wäscherei.

lau·re·ate ['lɔːriit] **1.** lorbeergekrönt; **2.** *the* 2, *the Poet* 2 der Hofdichter.

lau·rel ⚘ ['lɔrəl] Lorbeer *m*; *win ~s*

fig. Lorbeeren ernten; '**lau·relled** lorbeerumkränzt.
lav F [læv] Klo *n.*
la·va ['lɑːvə] Lava *f.*
lav·a·to·ry ['lævətəri] Waschraum *m*; Toilette *f*; *public* ~ Bedürfnisanstalt *f.*
lave *mst poet.* [leiv] (sich) waschen, baden; bespülen.
lav·en·der ⚘ ['lævində] Lavendel *m.*
lav·ish ['læviʃ] **1.** □ freigebig, verschwenderisch (*of* mit; *in* in *dat.*); **2.** verschwenden; '**lav·ish·ness** Verschwendung *f.*
law [lɔː] Gesetz *n*; Vorschrift *f*, (*bsd.* Spiel)Regel *f*; ⚖ Gesetze *n/pl.*, Recht *n*; Rechtswissenschaft *f*; Juristenberuf *m*; Gericht(sverfahren) *n*; *at* ~ gesetzlich; *be a* ~ *unto o.s.* sich über Konventionen hinwegsetzen; *go to* ~ vor Gericht gehen; *have the* ~ *of s.o.* j. gerichtlich belangen; *...-in-law* Schwieger...; *necessity knows no* ~ Not kennt kein Gebot; *lay down the* ~ den Ton angeben; *practise* ~ als Rechtsanwalt praktizieren; '**~-a·bid·ing** ⚖ gesetzestreu, friedlich; '**~-break·er** Gesetzesübertreter *m*; '**~·court** Gericht(shof *m*) *n*; **law·ful** □ ['~ful] gesetzlich; rechtmäßig; gültig (*Urkunde etc.*); '**law-giv·er** Gesetzgeber *m*; '**law·less** □ gesetzlos; ungesetzlich; zügellos; '**law-mak·er** Gesetzgeber *m.*
lawn[1] [lɔːn] Batist *m.*
lawn[2] [~] Rasen(platz) *m*; '**~-mow·er** Rasenmäher *m*; '**~-sprin·kler** Rasensprenger *m*; '**~-'ten·nis** (Lawn-)Tennis *n.*
law·suit ['lɔːsjuːt] Prozeß *m*; **law·yer** ['~jə] Jurist *m*; (Rechts)Anwalt *m.*
lax □ [læks] lax; locker; lose, schlaff (*a. fig.*); lasch, lässig; **lax·a·tive** ['~ətiv] **1.** abführend; **2.** Abführmittel *n*; '**lax·i·ty**, **lax·ness** Laxheit *f etc.*
lay[1] [lei] *pret. von lie*[2] 2.
lay[2] [~] Ballade *f*; *poet.* Lied *n.*
lay[3] [~] weltlich; Laien...
lay[4] [~] **1.** Lage *f*, Richtung *f*; *sl.* Unternehmen *n*, Beschäftigung *f*; **2.** (*irr.*) *v/t.* legen; nieder-, umlegen; *Geister* bannen; stellen, setzen; *Tisch* decken; löschen, dämpfen, stillen; besänftigen; vorlegen; *Summe* wetten; *Wette* eingehen; ~ *aside* beiseite legen; aufgeben; ~ *bare* bloßlegen, aufdecken; ~ *before s.o.* j-m vorlegen; ~ *by* beiseite legen; ~ *down* niederlegen; *Hoffnung* aufgeben; *Weg etc.* bauen; *Grundsatz* festlegen, aufstellen; ~ *s.o. (fast) by the heels* j. dingfest machen; ~ *in* einlagern, sich eindecken mit; ~ *low* niederwerfen; ~ *off* ablegen; (zeitweilig) entlassen; *Am. sl.* aufhören mit *et. od. j.*; ~ *on Farbe* auftragen; *Steuer* auferlegen; *Schläge* versetzen; *Wasserleitung* legen; ~ *it on (thick) fig.* (dick) auftragen; ~ *open* darlegen; ~ *(o.s.) open to s.th.* (sich) e-r Sache aussetzen; ~ *out* ausbreiten, -legen; *Garten, Geld etc.* (gut) anlegen; ~ *o.s. out* sich einrichten (*for* für); ~ *s.o. under an obligation od. a necessity* j. zwingen; ~ *up Geld, Vorräte* hinlegen, aufbewahren; *Kenntnisse* sammeln; *Land* brachliegen lassen; ⚓ auflegen; *be laid up* ans Bett gefesselt sein; ~ *with* belegen mit; *v/i.* (Eier) legen; *a.* ~ *a wager* wetten; ~ *about one* um sich schlagen; ~ *into s.o. sl.* j. verdreschen; ~ *(it) on* F zuschlagen.
lay·a·bout *sl.* ['leiəbaut] Strolch *m*, Stromer *m*; '**lay-by** Park-, Rastplatz *m an e-r Fernstraße.*
lay·er 1. ['leiə] Leger *m*; Lage *f*, Schicht *f*; ⚘ Ableger *m*; **2.** ⚘ ['lɛə] absenken.
lay·ette [lei'et] Babyausstattung *f.*
lay-fig·ure ['lei'figə] Gliederpuppe *f.*
lay·man ['leimən] Laie *m.*
lay...: '**~-off** Arbeitsunterbrechung *f*; '**~-out** Anlage *f*; Entwurf *m*; Aufmachung *f.*
laz·a·ret, *mst* **laz·a·ret·to** [læzə'ret(əu)] Aussätzigenspital *n.*
laze F [leiz] faulenzen, bummeln; '**laz·i·ness** Faulheit *f*; '**la·zy** träg, faul; '**la·zy-bones** Faulpelz *m.*
lea *poet.* [liː] Au(e) *f*, Flur *f.*
leach [liːtʃ] auslaugen; durchsickern lassen.
lead[1] [led] **1.** Blei *n*; ⚓ Lot *n*, Senkblei *n*; *typ.* Durchschuß *m*; ~*s pl.* Bleiplatten *f/pl.*; Bleidach *n*; ~ *pencil* Bleistift *m*; *swing the* ~ *sl.* sich drücken; **2.** verbleien; *typ.* durchschießen.
lead[2] [liːd] **1.** Führung *f*, Leitung *f*; Beispiel *n*; Vorsprung *m*; *thea.*

Hauptrolle *f*; Hauptdarsteller(in); *Karten*: Vorhand *f*; ⚡ Leitung *f*; *Hunde*-Leine *f*; Mühlkanal *m*; *it's my* ~ *Karten*: ich spiele aus; *take the* ~ die Leitung übernehmen; vorangehen; **2.** (*irr.*) *v/t.* (an)führen, leiten; dazu bringen, bewegen (*to* zu); *Karte* ausspielen; ~ *on* (ver-) locken; *v/i.* vorangehen; Anführer sein; ~ *off* den Anfang machen; *Sport*: anspielen; ~ *up to* überleiten zu.

lead·en ['ledn] bleiern (*a. fig.*); Blei...

lead·er ['li:də] (An)Führer(in), Leiter(in); ⚖ erster Anwalt *m*; Erste *m*; Leitpferd *n*; Leitartikel *m*; *Film*: Startband *n*; ⚘ Leit-, Haupttrieb *m*; *anat.* Sehne *f*; **lead·er·ette** [~'ret] *kurzer* Leitartikel *m*; '**lead·er·ship** Führerschaft *f*; Führungsqualitäten *f/pl.*

lead-in ⚡ ['li:din] Antennenzuleitung *f*.

lead·ing ['li:diŋ] **1.** leitend; Leit...; Haupt...; ~ *article* Leitartikel *m*; ⚕ Lockartikel *m*, Schlager *m*; ~ *case* ⚖ Präzedenzfall *m*; ~ *man thea.* Hauptdarsteller *m*, erster Liebhaber *m*; ~ *lady* Hauptdarstellerin *f*, erste Liebhaberin *f*; ~ *question* Suggestivfrage *f*; **2.** Leitung *f*, Führung *f*; '**~-strings** *pl.* Gängelband *n*.

lead... [led]: ~ **poi·son·ing** Bleivergiftung *f*; '**~-works** *mst sg.* Bleihütte *f*.

leaf [li:f], *pl.* **leaves** [li:vz] Blatt *n*; *Tür- etc.* Flügel *m*; *Tisch*-Klappe *f*, Platte *f*; *in* ~ belaubt; *come into* ~ ausschlagen, Blätter bekommen; '**leaf·age** Laub(werk) *n*; '**leaf-bud** Blattknospe *f*; '**leaf·less** blätterlos; **leaf·let** ['~lit] Blättchen *n*; Flug-, Merk-, Faltblatt *n*; Prospekt *m*; '**leaf·y** belaubt; Laub...

league[1] [li:g] **1.** Liga *f* (*a. hist. u. Sport*); Bund *m*; ♀ *of Nations* Völkerbund *m*; **2.** (sich) verbünden.

league[2] *mst poet.* [~] Meile *f* (*4,8 km*).

leak [li:k] **1.** Leck *n*, Loch *n*; **2.** leck sein, lecken; tropfen (*Wasserhahn*); ~ *out* auslaufen; *fig.* durchsickern; '**leak·age** Lecken *n*; ⚕ Leckage *f*; *fig.* Verlust *m*; Durchsickern *n*; '**leak·y** leck; undicht.

lean[1] [li:n] **1.** mager; **2.** mageres Fleisch *n*.

lean[2] [~] **1.** (*irr.*) (sich) (an)lehnen (*against* an *acc.*); (sich) stützen (*on, upon* auf *acc.*); (sich) (hin)neigen (*to* zu); **2.** (*fig. a.* '**lean·ing**) Neigung *f*.

lean·ness ['li:nnis] Magerkeit *f*.

leant [lent] *pret. u. p.p. von lean*[2] *1.*

lean-to ['li:ntu:] Anbau *m*.

leap [li:p] **1.** Sprung *m*; *by* ~*s* (*and bounds*) sprunghaft, rapide; **2.** (*irr.*) *v/i.* springen, hüpfen; *fig.* hervorschießen; *he* ~*t at the opportunity* er stürzte sich auf die Gelegenheit; *v/t.* überspringen; '**~-frog 1.** Bockspringen *n*; **2.** bockspringen; **leapt** [lept] *pret. u. p.p. von leap 2*; '**leap-year** Schaltjahr *n*.

learn [lə:n] (*irr.*) lernen; erfahren, hören; V beibringen; ~ *from* ersehen aus; **learn·ed** □ ['~nid] gelehrt; '**learn·er** Anfänger(in); '**learn·ing** Lernen *n*; Gelehrsamkeit *f*; **learnt** [lə:nt] *pret. u. p.p. von learn.*

lease [li:s] **1.** Verpachtung *f*, -mietung *f*; Pacht *f*, Miete *f*; Pacht-, Mietvertrag *m*; *let (out) on* ~ verpachten; *a new* ~ *of life* neues Leben *n*; **2.** (ver)pachten, (-)mieten; '**~·hold 1.** Pacht(ung) *f*; **2.** Pacht...; '**~·hold·er** Pächter *m*.

leash [li:ʃ] **1.** Koppelleine *f*; Koppel *f* (= *3 Hunde etc.*); *hold in* ~ *fig.* im Zaum halten; *strain at the* ~ *fig.* kaum zu halten sein; **2.** koppeln.

least [li:st] **1.** *adj.* kleinst, geringst; wenigst, mindest; **2.** *adv. a.* ~ *of all* am wenigsten; *at (the)* ~ wenigstens; zum mindesten; *at the very* ~ allermindestens; *not in the* ~ nicht im geringsten; *to say the* ~ gelinde gesagt.

leath·er ['leðə] **1.** Leder *n* (*fig. Haut*); F Leder(ball *m*) *n*; ~*s pl.* Lederhosen *f/pl.*; Ledergamaschen *f/pl.*; **2.** ledern; Leder...; **3.** mit Leder beziehen; versohlen (*prügeln*); **leath·er·ette** [~'ret] Kunstleder *n*; **leath·ern** ['leðən] ledern; '**leath·er·neck** ⚔ *Am. sl.* Ledernacken *m*, Marineinfanterist *m*; '**leath·er·y** ledern, zäh.

leave [li:v] **1.** Erlaubnis *f*; *a.* ~ *of absence* Urlaub *m*; Abschied *m*; *by your* ~ mit Verlaub; *take one's* ~ Abschied nehmen, (weg)gehen; *take* ~ *of* sich verabschieden von; *take* ~ *of one's senses* den Verstand verlieren; **2.** (*irr.*) *v/t.* (ver)lassen; hinterlassen (*vermachen*); zurück-, hinterlassen; übriglassen; überlassen, anheimstellen; *be left* (übrig)bleiben; ~ *it at that* es dabei bewenden lassen; *s. call*; ~ *behind j.* hinter sich lassen; *Spur etc.* hinterlassen; *et.* stehen *od.* liegen lassen; zurücklassen; ~ *off* aufhören (mit); *Gewohnheit* aufgeben; Kleid ablegen; ~ *s.o. to himself od. to his own devices* j. sich selbst überlassen; ~ *s.o. od. s.th. alone* j. *od.* et. in Ruhe lassen; *be (nicely) left* F (schön) in der Patsche sitzen; ~ *go of s.th.* et. loslassen; *v/i.* ablassen; weggehen; abgehen, abreisen (*for* nach).

leav·en ['levn] **1.** Sauerteig *m* (*a. fig.*), Hefe *f*; **2.** säuern; *fig.* durchsetzen; '**leav·en·ing** Gärungsmittel *n*.

leaves [li:vz] *pl. von leaf*; *oft* Laub *n*.

leav·ings ['li:viŋz] *pl.* Überbleibsel *n/pl.*, (Speise)Reste *m/pl.*

lech·er ['letʃə] Wüstling *m*; '**lech·er·ous** wollüstig; '**lech·er·y** Wollust *f*. [Chorpult *n*.]

lec·tern *eccl.* ['lektə:n] Lese-,

lec·ture ['lektʃə] **1.** Vorlesung *f*, Vortrag *m* (*on* über *acc.*; *to* vor *dat.*); Strafpredigt *f*; *s. curtain*; *read s.o. a* ~ j. abkanzeln; ~ *room* Hörsaal *m*; Vortragsraum *m*; **2.** *v/i.* Vorlesungen *od.* Vorträge halten, lesen (*on* über *acc.*); *v/t.* abkanzeln; '**lec·tur·er** Vortragende *m*; *univ.* Dozent(in); *eccl.* Hilfsprediger *m*; '**lec·ture·ship** Dozentur *f*; Hilfspredigeramt *n*.

led [led] *pret. u. p.p. von lead*² 2.

ledge [ledʒ] Leiste *f*; Sims *m*, *n*; Riff *n*.

ledg·er ['ledʒə] † Hauptbuch *n*; ⊕ Querbalken *m am Gerüst*; *a.* ~ *line* ♪ Hilfslinie *f*.

lee ⚓ [li:] Lee(seite) *f*.

leech [li:tʃ] *zo.* Blutegel *m*; *fig.* Blutsauger *m*.

leek ⚘ [li:k] Lauch *m*, Porree *m*.

leer [liə] **1.** (lüsterner *od.* finsterer) Seitenblick *m*; **2.** schielen (*at* nach); '**leer·y** □ *sl.* argwöhnisch.

lees [li:z] *pl.* Bodensatz *m*, Hefe *f*.

lee·ward ⚓ ['li:wəd] leewärts.

lee·way ⚓ ['li:wei] Abtrift *f*; *make* ~ abtreiben; *fig.* zurückbleiben; *make up* ~ *fig.* Versäumtes nachholen.

left¹ [left] *pret. u. p.p. von leave 2.*

left² [~] **1.** *adj.* linke(r, -s); **2.** *adv.* links; **3.** Linke *f*; '**~-hand** linke(r, -s); mit der linken Hand; '**~-'hand·ed** □ linkshändig; *fig.* linkisch; zur linken Hand (*Ehe*); fragwürdig (*Kompliment*); ⊕ linksgängig.

left...: '**~-'lug·gage of·fice** Gepäckaufbewahrung(sstelle) *f*; '**~-o·vers** *pl.* Speisereste *m/pl.*

left-wing ['left'wiŋ] *pol.* Links..., des linken Flügels.

leg [leg] Bein *n*; *Hammel- etc.* Keule *f*; (Stiefel)Schaft *m*; ⩓ Schenkel *m*; Etappe *f*, Teilstrecke *f bsd. e-r Flugreise*; *give s.o. a* ~ *up* j-m (hin)aufhelfen; *fig.* j-m unter die Arme greifen; *be on one's last* ~*s* F auf dem letzten Loch pfeifen; *pull s.o.'s* ~ j. auf den Arm nehmen (*hänseln*); *not have a* ~ *to stand on fig.* der *od.* jeglicher Grundlage entbehren.

leg·a·cy ['legəsi] Vermächtnis *n*; '**~-hunt·er** Erbschleicher(in).

le·gal □ ['li:gəl] gesetzlich, legal; rechtsgültig; rechtlich, juristisch; Rechts...; ~ *capacity* Geschäftsfähigkeit *f*; ~ *entity* juristische Person *f*; ~ *remedy* Rechtsmittel *n*; ~ *status* Rechtsstellung *f*; *s. tender*; **le·gal·i·ty** [li:'gæliti] Gesetzlichkeit *f*, Legalität *f*; **le·gal·i·za·tion** [li:gəlai'zeiʃən] Legalisierung *f*; '**le·gal·ize** legalisieren, rechtskräftig machen; beurkunden.

leg·ate ['legit] *päpstlicher* Legat *m*.

leg·a·tee ⚖ [legə'ti:] Vermächtnisnehmer *m*, Erbe *m*.

le·ga·tion [li'geiʃən] Gesandtschaft *f*.

leg-bail ['leg'beil]: *give* ~ Fersengeld geben.

leg·end ['ledʒənd] Legende *f*, Sage *f*; Inschrift *f*; Text *m zu e-r Illustration*; '**leg·end·ar·y** legendär, sagenhaft.

leg·er·de·main ['ledʒədə'mein] Taschenspielerei *f*, Kunststück *n*.

legged [legd] ...beinig; '**leg·gings** *pl.* Gamaschen *f/pl.*; '**leg·gy** langbeinig.

leg·horn [le'gɔ:n] italienischer Strohhut *m*; Leghorn *n* (*Hühnerrasse*).

leg·i·bil·i·ty [ledʒi'biliti] Leserlichkeit *f*; **leg·i·ble** ['ledʒəbl] □ leserlich.

le·gion ['li:dʒən] Legion *f* (*a. fig.*);

ˈle·gion·ar·y 1. Legions...; 2. Legionär *m*.
leg·is·late [ˈledʒisleit] Gesetze geben *od.* erlassen; **leg·isˈla·tion** Gesetzgebung *f*; **leg·is·la·tive** □ [ˈ~lətiv] gesetzgebend; Gesetzgebungs...; **leg·is·la·tor** [ˈ~leitə] Gesetzgeber *m*; **leg·is·la·ture** [ˈ~leitʃə] Legislatur *f*, Gesetzgebung *f*; gesetzgebende Körperschaft *f*.
le·git·i·ma·cy [liˈdʒitiməsi] Rechtmäßigkeit *f*, Legitimität *f*; Ehelichkeit *f*; **leˈgit·i·mate 1.** □ [~mit] legitim, rechtmäßig; berechtigt, zu rechtfertigen(d); ehelich; **2.** [~meit] legitimieren, für rechtmäßig erklären, rechtfertigen; **le·git·iˈma·tion** Legitimierung *f*; Legitimation *f*, Ausweis *m*; **leˈgit·i·ma·tize** [~mətaiz], **leˈgit·i·mize** = *legitimate 2.*
leg·ume [ˈlegjuːm] Hülsenfrucht *f*; **leˈgu·mi·nous** [~minəs] Hülsenfrucht...
lei·sure [ˈleʒə] **1.** Muße *f*, Freizeit *f*; *be at ~* Muße haben; *at your ~* wenn es Ihnen paßt; **2.** müßig; Muße...; **ˈlei·sured** unbeschäftigt; *the ~ classes* die begüterten Klassen; **ˈlei·sure·ly** *adj. u. adv.* gemächlich.
lem·on [ˈlemən] Zitrone *f*; Zitronenbaum *m*; **lem·on·ade** [~ˈneid] Zitronenlimonade *f*; **ˈlem·on-ˈsquash** Zitronenwasser *n*; **ˈlem·on-squeez·er** Zitronenpresse *f*.
lend [lend] (*irr.*) (ver-, aus)leihen; *Hilfe* leisten, gewähren, *~ a hand* helfen; *~ o.s. to* sich hergeben zu (*Person*); sich eignen zu *od.* für (*Sache*); *~ing library* Leihbücherei *f*; **ˈlend·er** (Ver)Leiher(in); **ˈLend-ˈLease Act** Leih-Pacht-Gesetz *n* (*1941*).
length [leŋθ] Länge *f*; Strecke *f*; (Zeit)Dauer *f*; *at ~* endlich, zuletzt; *at (great) ~* (sehr) ausführlich; *go all ~s* aufs Ganze gehen; *go (to) great ~s* sehr weit gehen; *he goes the ~ of saying* er geht so weit zu sagen; **ˈlength·en** (sich) verlängern, (sich) ausdehnen; **ˈlength·ways, ˈlength·wise** der Länge nach, längs; **ˈlength·y** □ sehr lang; weitschweifig.
le·ni·ence, le·ni·en·cy [ˈliːnjəns(i)] = *lenity*; **ˈle·ni·ent** □ mild, nachsichtig; **ˈlen·i·tive** ⚕ **1.** lindernd; **2.** linderndes Mittel *n*; **len·i·ty** [ˈleniti] Milde *f*, Nachsicht *f*.
lens [lenz] *Glas*-Linse *f*; *phot.* Objektiv *n*; *~ system phot.* Optik *f*.
lent[1] [lent] *pret. u. p.p. von lend.*
Lent[2] [~] Fasten *pl.*, Fastenzeit *f*.
Lent·en [ˈlentən] Fasten..., fastenmäßig.
len·tic·u·lar □ [lenˈtikjulə] linsenförmig; Linsen...
len·til ♀ [ˈlentil] Linse *f*.
leop·ard [ˈlepəd] Leopard *m*.
lep·er [ˈlepə] Aussätzige *m, f*.
lep·re·chaun *ir.* [ˈleprəkɔːn] Kobold *m*.
lep·ro·sy ⚕ [ˈleprəsi] Aussatz *m*, Lepra *f*; **ˈlep·rous** aussätzig.
Les·bian [ˈlezbiən] Lesbierin *f*; **ˈLes·bian·ism** weibliche Homosexualität *f*.
lese-maj·es·ty ⚖ [ˈliːzˈmædʒisti] Majestätsbeleidigung *f*; Hochverrat *m*.
le·sion [ˈliːʒən] Verletzung *f*, Wunde *f*.
less [les] *adj. u. adv.* kleiner, geringer; weniger (*a.* ℞); *prp.* ℞ minus; ⚚ abzüglich; *no ~ than* ebenso gut wie; *no ~ a p. than* kein Geringerer als; *none the ~* dennoch, trotzdem, nichtsdestoweniger.
...less [lis] ...los, un...
les·see [leˈsiː] Pächter *m*, Mieter *m*.
less·en [ˈlesn] *v/t.* vermindern, verringern, verkleinern, schmälern (*a. fig.*); *v/i.* kleiner werden, abnehmen.
less·er [ˈlesə] kleiner; geringer.
les·son [ˈlesn] Lektion *f*; Aufgabe *f*; (Unterrichts)Stunde *f*; Lehre *f*; *eccl.* Lesung *f*; *~s pl.* Unterricht *m*; *teach s.o. a ~* j-m e-e Lektion erteilen; j-m e-e Lehre sein.
les·sor [leˈsɔː] Verpächter *m*, -mieter *m*.
lest [lest] damit nicht, daß nicht; aus Furcht, daß.
let[1] [let] (*irr.*) *v/t.* lassen, zulassen, gestatten; vermieten, verpachten; *~ alone* nicht anrühren; zufrieden *od.* in Ruhe lassen; *adv.* geschweige denn; *~ be* in Ruhe lassen; *~ down j.* im Stich lassen, versetzen; *~ s.o. down gently* j. glimpflich behandeln; *~ drive at s.o.* auf j. losschlagen *od.* losfeuern; *~ fly* losdrücken; *fig.* vom Stapel lassen;

~ *go* loslassen; *Anker* fallen lassen; ~ *it go at that* es dabei bewenden lassen; ~ *o.s. in for* sich auf *et.* einlassen; ~ *into* einweihen in (*acc.*), wissen lassen; ~ *loose* loslassen; ~ *off* abschießen; *Witz* loslassen; *j.* laufen lassen; *s. steam*; ~ *out* hinauslassen; ausplaudern; vermieten; *Arbeit* vergeben; *v/i.* sich vermieten (*at, for* für); ~ *on* F es verraten, plaudern; ~ *out at* treten, schlagen; *fig.* ausfällig werden gegenüber *j-m*; ~ *up* aufhören.

let² [~] *a.* ~ *ball Tennis*: Netzball *m*; *without* ~ *or hindrance* unbehindert.

le·thal □ ['li:θəl] tödlich; Todes...

le·thar·gic, le·thar·gi·cal □ [le'θɑ:dʒik(əl)] lethargisch (*a. fig.*); **leth·ar·gy** ['leθədʒi] Lethargie *f*; Schlafsucht *f*; *fig.* Teilnahmslosigkeit *f*.

Le·the ['li:θi:] Lethe *f* (*Fluß des Vergessens im Hades*).

let·ter ['letə] **1.** Buchstabe *m*; Type *f*; Brief *m*; buchstäblicher Sinn *m*; ~*s pl.* Literatur *f*, Wissenschaft *f*; *by* ~ brieflich; *man of* ~*s* Literat *m*; *to the* ~ buchstäblich; **2.** mit Buchstaben versehen, zeichnen; *Buch* betiteln; '**~-bal·ance** Briefwaage *f*; '**~-box** Briefkasten *m*; '**~-card** Kartenbrief *m*; '**~-car·ri·er** *Am.* Briefträger *m*; '**~-case** Brieftasche *f*; '**~-cov·er** Briefumschlag *m*; '**let·tered** (literarisch) gebildet; '**let·ter-file** Briefordner *m*; '**letter-found·er** Schriftgießer *m*; **letter·gram** ['~græm] Brieftelegramm *n*; '**let·ter·head** (gedruckter) Briefkopf *m*; Kopfpapier *n*; '**let·ter·ing** Beschriftung *f*.

let·ter...: '**~less** ungebildet; '**~-o·pen·er** Brieföffner *m*; '**~-'per·fect** *theat.* rollensicher; '**~press** *typ.* Druck *m*, Text *m*; ~ *printing* Hoch-, Buchdruck *m*; '**~-press** Kopierpresse *f*; '**~-weight** Briefbeschwerer *m*.

let·tuce ⚘ ['letis] (Kopf)Salat *m*.

leu·co... ['lju:kəu] weiß; **leu·co·cyte** ['~sait] weißes Blutkörperchen *n*, Leukozyte *f*; **leu·k(a)e·mi·a** ⚕ [lju:'ki:miə] Leukämie *f*.

le·vant¹ [li'vænt] durchbrennen.

le·vant² [~] Levante *f*; **le·vant·ine** ['levəntain] **1.** Levantiner(in); **2.** levantinisch.

lev·ee¹ *hist.* ['levi] Lever *n*, Morgenempfang *m*.

lev·ee² *Am.* [~] Ufer-, Schutzdamm *m*.

lev·el ['levl] **1.** waagerecht, eben, gleich; ausgeglichen; *my* ~ *best* mein möglichstes; ~ *crossing* 🚂 schienengleicher Übergang *m*; ~ *stress gr.* schwebende Betonung *f*; **2.** ebene Fläche *f*; (gleiche) Höhe *f*, Niveau *n*, Stufe *f*, Stand *m*; Ebene *f*; *fig.* Richtschnur *f*, Maßstab *m*; Wasserwaage *f*, Libelle *f*; ~ *of the sea* Meeresspiegel *m*; *on a* ~ *with* in *od.* auf gleicher Höhe mit (*a. fig.*); *dead* ~ gerade Ebene *f*; *fig.* Eintönigkeit *f*; *on the* ~ F offen, aufrichtig, fair; **3.** *v/t.* gleichmachen, ebnen; *surv.* nivellieren; *fig.* anpassen; richten, zielen mit (*at* auf *acc.*, nach); ~ *with the ground* dem Boden gleichmachen; ~ *down* erniedrigen; ~ *up* erhöhen; *v/i.* ~ *at*, ~ *against* zielen auf (*acc.*); ~ *off* heruntergehen (*Preis*); '**~-'head·ed** vernünftig; '**lev·el·(l)er** *surv.* Nivellierer *m*; *fig.* Gleichmacher *m*; '**lev·el·(l)ing** Nivellier...

le·ver ['li:və] **1.** Hebel *m*; Hebestange *f*; **2.** (mit e-m Hebel) bewegen, hebeln; '**le·ver·age** Hebelkraft *f*.

lev·er·et ['levərit] Häschen *n*.

le·ver-watch ['li:vəwɔtʃ] Ankeruhr *f*.

le·vi·a·than [li'vaiəθən] Leviathan *m*; Ungetüm *n*.

lev·i·tate ['leviteit] *Spiritismus*: schweben (lassen).

Le·vite ['li:vait] *Bibel*: Levit *m*.

lev·i·ty ['leviti] Leichtfertigkeit *f*.

lev·y ['levi] **1.** Erhebung *f von Steuern*; ⚔ Aushebung *f*; Aufgebot *n*; *capital* ~ Kapitalabgabe *f*; **2.** *Steuern* erheben, auferlegen; *Truppen* ausheben; *Krieg* führen (*on, against* gegen); beschlagnahmen; *Beschlagnahme* durchführen.

lewd □ [lu:d] liederlich, unzüchtig; '**lewd·ness** Unzüchtigkeit *f*.

lex·i·cal □ ['leksikəl] lexikalisch.

lex·i·cog·ra·pher [leksi'kɔgrəfə] Lexikograph *m*, Verfasser *m* e-s Wörterbuchs; **lex·i·co·graph·i·cal** □ [~kəu'græfikəl] lexikographisch; **lex·i·cog·ra·phy** [~'kɔgrəfi] Lexikographie *f*; **lex·i·con** ['~kən] *bsd. griechisches od. hebräisches* Wörterbuch *n*.

li·a·bil·i·ty [laiə'biliti] Verantwortlichkeit *f*; ⚖ Haftpflicht *f*; Verpflichtung *f*; Unterworfensein *n*; *fig.* Hang *m*, Neigung *f*; *liabilities pl.* Verbindlichkeiten *f/pl.*, ⚕ Passiva *pl.*
li·a·ble □ ['laiəbl] verantwortlich (*for* für); ⚖ haftpflichtig; verpflichtet (*to* zu); unterliegend, ausgesetzt (*to dat.*); in Gefahr (*to inf.* zu *inf.*); neigend (*to* zu); *be ~ to* neigen *od.* geneigt sein zu; leicht *et. tun* können; *~ to duty* zollpflichtig; *~ to punishment* straffällig, -bar.
li·ai·son [li:'eizɔ̃:ŋ] Liebschaft *f*, Liaison *f*; [li:'eizən] ⚔ Verbindung *f*; Zs.-arbeit *f*; *~ officer* Verbindungsoffizier *m*.
li·ar ['laiə] Lügner(in).
li·ba·tion [lai'beiʃən] Trankopfer *n*.
li·bel ['laibəl] **1.** Schmähschrift *f*; Verleumdung *f*; Hohn *m* (*on* auf *acc.*); ⚖ Klageschrift *f*; **2.** schmähen; verunglimpfen; ⚖ schriftlich klagen gegen; '**li·bel·(l)ous** □ verleumderisch; Schmäh...
lib·er·al ['libərəl] **1.** □ liberal (*a. pol.*), freigebig, großzügig (*of* mit); reichlich; unbefangen; frei; freisinnig; **2.** Liberale *m*; '**lib·er·al·ism** Liberalismus *m*; **lib·er·al·i·ty** [~'ræliti] Freigebigkeit *f*; Freisinnigkeit *f*; Vorurteilslosigkeit *f*.
lib·er·ate ['libəreit] befreien (*from* von); *Sklaven* freilassen; **lib·er'a·tion** Befreiung *f*; '**lib·er·a·tor** Befreier *m*.
lib·er·tine ['libə:tain] **1.** Wüstling *m*; **2.** liederlich; **lib·er·tin·ism** ['libətinizəm] Liederlichkeit *f*, Zügellosigkeit *f*.
lib·er·ty ['libəti] Freiheit *f*; Vorrecht *n*; *take liberties* sich Freiheiten erlauben; *be at ~* frei sein; *be at ~ to do* tun dürfen; *~ of conscience* Gewissensfreiheit *f*; *~ of speech* Redefreiheit *f*; *~ of the press* Pressefreiheit *f*.
li·bid·i·nous □ [li'bidinəs] wollüstig, unzüchtig; libidinös.
li·brar·i·an [lai'brɛəriən] Bibliothekar(in); **li·brar·y** ['laibrəri] Bücherei *f*, Bibliothek *f*.
li·bret·to ♪ [li'bretəu] Libretto *n*, Text(buch *n*) *m*.
lice [lais] *pl. von louse.*
li·cence ['laisəns] Lizenz *f*; Erlaubnis *f*, Genehmigung *f*; Konzession *f*; (*bsd.* dichterische) Freiheit *f*; Zügellosigkeit *f*; *driving ~* Führerschein *m*.
li·cense [~] **1.** = *licence*; **2.** lizenzieren, berechtigen, konzessionieren, *et.* genehmigen; *Buch etc.* zensieren; *licensing hours pl.* Ausschankstunden *f/pl.*; **li·cen·see** [~'si:] Lizenznehmer *m*, Konzessionsinhaber *m*; '**li·cens·er** Lizenzgeber *m*; Zensor *m*.
li·cen·ti·ate *univ.* [lai'senʃiit] Lizentiat *m*.
li·cen·tious □ [lai'senʃəs] unzüchtig; ausschweifend.
li·chen ♀ *u.* ⚕ ['laiken] Flechte *f*.
lich·gate ['litʃgeit] = *lychgate*.
lick [lik] **1.** Lecken *n*; *Am.* Salzlecke *f*; *sl.* Schlag *m*; F Tempo *n*; **2.** lecken; belecken; F verdreschen; übertreffen, schlagen; *~ the dust* im Staub kriechen; fallen; geschlagen werden; *~ into shape* zurechtbiegen, -stutzen, in die richtige Form bringen; '**lick·er** Lecker *m*; ⊕ Öler *m*; '**lick·er·ish** lecker (-haft); lüstern (*after* nach); '**lick·ing** Lecken *n*; F Dresche *f*; '**lick·spit·tle** Speichellecker *m*.
lic·o·rice ♀ ['likəris] Lakritze *f*.
lid [lid] Deckel *m* (*sl. Hut*); (Augen-) Lid *n*; *put the ~ on it* F das Maß vollmachen.
li·do ['li:dəu] Strandbad *n*.
lie[1] [lai] **1.** Lüge *f*; *give s.o. the ~* j. Lügen strafen; *tell a ~* lügen; *white ~* Notlüge *f*; **2.** lügen.
lie[2] [~] **1.** Lage *f*; *the ~ of the land* die Lage der Dinge, die Sachlage; **2.** (*irr.*) liegen; ⚖ zulässig sein; *~ by* still-, brachliegen; *~ down* sich niederlegen; *take it lying down* nicht mucken, es über sich ergehen lassen; *as far as in me ~s* nach Kräften, soweit es in meinen Kräften steht; *~ in* (*adv.*) in den Wochen liegen; länger liegen bleiben; (*prp.*) liegen in *od.* an (*dat.*); *~ in wait for j-m* auflauern; *~ over* ⚕ nicht zur Verfallzeit bezahlt werden; aufgeschoben werden; *~ to* ⚓ beiliegen; *~ under e-r Sache* unterworfen sein, unterliegen (*dat.*); unter *Verdacht etc.* stehen; *~ up* ruhen; das Bett hüten; *it ~s with you* es liegt bei dir; *let sleeping dogs ~ fig.* daran rühren wir lieber nicht.

lie-a·bed ['laiəbed] Langschläfer (-in); **lie-'down** Nickerchen *n*, Schläfchen *n*.
lief *lit.* [li:f] gern; **'lief·er** lieber.
liege *hist.* [li:dʒ] **1.** lehnspflichtig; **2.** *a.* *~man* Lehnsmann *m*; *a.* *~ lord* Lehnsherr *m*.
lie-in [lai'in]: *have a ~* sich gründlich ausschlafen.
li·en ⚖ ['liən] Pfandrecht *n*.
lieu [lju:]: *in ~ of* (an)statt.
lieu·ten·an·cy [lef'tenənsi, ⚓ le'tenənsi] Leutnantsstelle *f*; Statthalterschaft *f*; *die* Leutnants *m/pl*.
lieu·ten·ant [lef'tenənt, ⚓ le'tenənt] Leutnant *m*; Statthalter *m*; Stellvertreter *m*; **'~-'colo·nel** Oberstleutnant *m*; **'~-com'mand·er** Korvettenkapitän *m*; **'~-'gen·er·al** Generalleutnant *m*; **'~-'gov·er·nor** Vizegouverneur *m*.
life [laif], *pl.* **lives** [laivz] Leben *n*; Menschenleben *n*; Lebensbeschreibung *f*; *~ and limb* Leib u. Leben; *for ~* auf Lebenszeit, lebenslänglich; *for one's ~, for dear ~* ums (liebe) Leben; *to the ~* naturgetreu (*Bild*); *~ sentence* lebenslängliche Zuchthausstrafe *f*; *have the time of one's ~* die schönste Zeit seines Lebens haben; **'~-an·nu·i·ty** Leibrente *f*; **'~-as·sur·ance** Lebensversicherung *f*; **'~-belt** Rettungsgürtel *m*; **'~-blood** Herzblut *n*; **'~-boat** Rettungsboot *n*; **'~-buoy** Rettungsboje *f*; **'~-giv·ing** lebenspendend; **'~-guard** Leibwache *f*; Rettungsschwimmer *m*, Bademeister *m am Strand*; **'~-'in·ter·est** lebenslängliche Nutznießung *f* (*in* aus); **'~-jack·et** ⚓ Schwimmweste *f*; **'~·less** □ leblos; kraftlos, matt (*a. fig.*); **'~·less·ness** Leblosigkeit *f etc.*; **'~·like** lebenswahr, naturgetreu; **'~-line** Rettungsleine *f*; **'~-long** lebenslänglich; **'~-pre·serv·er** *Am.* Schwimmgürtel *m*; Bleistock *m*, Totschläger *m*.
lif·er *sl.* ['laifə] lebenslängliche Zuchthausstrafe *f*.
life...: **'~-sav·er** *Australien*: Rettungsschwimmer *m*; **'~-'size(d)** lebensgroß; **'~-strings** *pl.* Lebensfaden *m*; **'~·time** Lebenszeit *f*; **'~-'work** Lebenswerk *n*.
lift [lift] **1.** Heben *n*, ⊕ Hub *m*; *phys.*, ✈ Auftrieb *m*; *fig.* Erhebung *f*; Aufzug *m*, Fahrstuhl *m*; *give s.o. a ~* j-m helfen; j. (im Auto) mitnehmen; **2.** *v/t.* (*a. fig. Maßnahme etc.* auf)heben; hoch-, anheben; *oft ~ up Augen, Stimme etc.* erheben (*a. fig.*); beseitigen; abnehmen; *sl.* klauen, stehlen; *v/i.* sich heben; **'~-at·tend·ant, '~-boy** Fahrstuhlführer *m*; **'lift·er** *der, die, das* Hebende; Dieb *m*; **'lift·ing** ⊕ Hebe...; Hub...; *~ power* ✈ Auftrieb *m*; **'lift-off** Start *m*, Abheben *n* (*Hubschrauber, Rakete*).
lig·a·ment *anat.* ['ligəmənt] Band *n*.
lig·a·ture ['ligətʃuə] **1.** Binde *f*; ⚕ Verband *m*; ♪, *typ.* Ligatur *f*; **2.** (ab)binden.
light¹ [lait] **1.** Licht *n* (*a. fig.*); Fenster *n*; Aspekt *m*, Gesichtspunkt *m*; Feuer *n*; Glanz *m*; *fig.* Leuchte *f*; *~s pl.* Fähigkeiten *f/pl.*; *a box of ~s* eine Schachtel Streichhölzer; *in the ~ of* im Lichte (*gen.*), angesichts (*gen.*); *bring (come) to ~* an den Tag bringen (kommen); *will you give me a ~* darf ich Sie um Feuer bitten; *put a ~ to* anzünden; *see the ~* das Licht der Welt erblicken; *fig.* verstehen, begreifen; **2.** licht, hell; blond; **3.** (*irr.*) *v/t. oft ~ up* be-, erleuchten; anzünden; *j-m* leuchten; *v/i. mst ~ up* aufleuchten; *~ out Am. sl. schnell* losziehen, abhauen.
light² [~] **1.** □ *adj. u. adv.* leicht (*a. Speisen, Stoffe, Regen, Truppen, Gang, Münzen, Charakter, Kenntnisse etc.*); *~ current* ⚡ Schwachstrom *m*; *make ~ of et.* leicht nehmen; **2.** *su.* = *lights*; **3.** *~ on, ~ upon* stoßen auf (*acc.*), geraten an (*acc.*); zufällig kommen zu; sich niederlassen auf (*dat.*) (*Vogel*); fallen auf (*acc.*).
light-col·o(u)red ['laitkʌləd] hell (*Kleid etc.*).
light·en¹ ['laitn] erleuchten, erhellen; sich erhellen; blitzen.
light·en² [~] leichter machen *od.* werden, (sich) erleichtern (*a. fig.*).
light·er¹ ['laitə] Anzünder *m*; (Taschen)Feuerzeug *n*.
light·er² ⚓ [~] L(e)ichter *m* (*leichtes Entladungsschiff*).
light...: **'~-fin·gered** geschickt; langfingerig, diebisch; **'~-hand·ed** e-e leichte Hand habend; mit leichter Hand (gemacht); *fig.* geschickt in der Menschenführung;

'~-**hand·ed·ness** Geschick *n*, leichte Hand *f*; '~-'**head·ed** wirr im Kopfe; leichtsinnig; '~-'**heart·ed** □ leichtherzig; fröhlich; '~-**house** Leuchtturm *m*.
light·ing ['laitiŋ] Beleuchtung *f*; Anzünden *n*; ~ *up* Aufblenden *n*.
light·ly ['laitli] *adv*. leicht; leichtsinnig, -fertig; heiter; '**light**'**mind·ed** leichtsinnig; '**light·ness** Leichtigkeit *f*; Leichtsinn *m*, -fertigkeit *f*.
light·ning ['laitniŋ] Blitz *m*; *like* ~, *with* ~ *speed* blitzschnell; '~-**ar·'rest·er** Blitzschutzsicherung *f*; ~ **bug** *Am*. Leuchtkäfer *m*; '~-**con·duc·tor**, '~-**rod** Blitzableiter *m*.
lights [laits] *pl*. Lunge *f von Tieren*.
light·ship ['laitʃip] Feuerschiff *n*.
light·some ['laitsəm] anmutig; lustig, fröhlich; leichtfertig.
light-weight ['laitweit] *Sport*: Leichtgewicht *n*.
lig·ne·ous ['ligniəs] holzig; holzartig; **lig·nite** ['lignait] Braunkohle *f*.
lik·a·ble ['laikəbl] liebenswert, sympathisch, angenehm.
like [laik] **1.** *adj. u. adv*. gleich; ähnlich; wie; ~ *a man* wie ein Mann; *such* ~ dergleichen; *feel* ~ F sich aufgelegt fühlen zu *et*., Lust haben auf *et*.; *s. look*; *something* ~ ... so etwa ...; ~ *that* so; *what is he* ~? wie sieht er aus?; wie ist er?; *that's more* ~ *it* das läßt sich eher hören; **2.** Gleiche *m, f, n*; ~*s pl*. Neigungen *f/pl*.; *his* ~ seinesgleichen; *the* ~ der-, desgleichen; *the* ~(*s*) *of* F eine(r) wie, solche wie; **3.** gut leiden können, mögen, gern haben; ~ *best* am liebsten haben; *how do you* ~ *London?* wie gefällt Ihnen London?, wie finden Sie London?; *I should* ~ *to know* ich möchte wissen.
like·a·ble ['laikəbl] = *likable*.
like·li·hood ['laiklihud] Wahrscheinlichkeit *f*; '**like·ly** wahrscheinlich; geeignet, richtig; aussichtsreich; *as* ~ *as not* sehr wahrscheinlich; *he is* ~ *to die* er wird wahrscheinlich sterben.
like-mind·ed ['laik'maindid] gleichgesinnt; '**lik·en** vergleichen (*to* mit); '**like·ness** Ähnlichkeit *f*; Abbild *n*; Gestalt *f*; *have one's* ~ *taken* sich malen *od*. photographieren lassen; '**like·wise** gleich-, ebenfalls.
lik·ing ['laikiŋ] (*for*) Neigung *f* (für, zu), Gefallen *n* (an *dat*.); *to s.o.'s* ~ nach j-s Geschmack.
li·lac ['lailək] **1.** lila; **2.** ⚘ spanischer Flieder *m*.
Lil·li·pu·tian [lili'pju:ʃjən] **1.** Liliputaner *m*; **2.** winzig, liliputanerhaft.
lilt [lilt] **1.** trällern; **2.** rhythmische Weise *f*; Schwung *m*.
lil·y ⚘ ['lili] Lilie *f*; ~ *of the valley* Maiglöckchen *n*; '~-'**liv·ered** feige; '~-**white** schneeweiß.
limb[1] [lim] *Körper*-Glied *n*; ⚘ Ast *m*; F Range *f*; *out on a* ~ F in e-r gefährlichen Lage.
limb[2] *ast*., ⚘ [~] Rand *m*.
limbed [limd] ...gliederig.
lim·ber[1] ['limbə] **1.** ⚔ Protze *f*; **2.** *mst* ~ *up* aufprotzen.
lim·ber[2] [~] **1.** biegsam, geschmeidig; **2.** ~ *up* (sich) geschmeidig machen, (sich) lockern.
lim·bo ['limbəu] Vorhölle *f*; *sl*. Gefängnis *n*; Rumpelkammer *f*; *fig*. Vergessenheit *f*.
lime[1] [laim] **1.** Kalk *m*; Vogelleim *m*; **2.** mit Kalk düngen; *Rute* leimen (*a. fig*.).
lime[2] ⚘ [~] Linde *f*.
lime[3] ⚘ [~] Limone *f*; '~-**juice** Limonensaft *m*.
lime...: '~-**kiln** Kalkofen *m*; '~-**light** Kalklicht *n*; Bühnenlicht *n*; *fig*. Mittelpunkt *m* des öffentlichen Interesses.
lim·er·ick ['limərik] Limerick *m* (*absurdes Gedicht*).
lime...: '~**stone** Kalkstein *m*; '~-**tree** ⚘ Linde(nbaum *m*) *f*; '~-**twig** Leimrute *f*.
lim·it ['limit] **1.** Grenze *f*; *in* (*off*) ~*s* Zutritt gestattet (verboten) (*to* für); *that is the* ~! F das ist der Gipfel!; das ist (doch) die Höhe!; *go the* ~ *Am*. F bis zum Äußersten gehen; **2.** begrenzen; beschränken (*to* auf *acc*.); **lim·i'ta·tion** Begrenzung *f*, Beschränkung *f*; *fig*. Grenze *f*; ⚖ Verjährung *f*; '**lim·it·ed** **1.** beschränkt, begrenzt (*to* auf *acc*.); ~ (*liability*) *company* Gesellschaft *f* mit beschränkter Haftung; ~ *in time* befristet; **2.** Schnellzug *m*, -bus *m mit Platzkarten*; '**lim·it·less** □ grenzen-, schrankenlos.
limn † [lim] (ab)malen; schildern.
lim·ou·sine ['limu:zi:n] Limousine

f mit Trennwand *zwischen Fahrer u. Passagieren.*
limp[1] [limp] **1.** hinken (*a. fig.*), humpeln; sich mühsam bewegen; **2.** Hinken *n.*
limp[2] [~] schlaff; weich.
lim·pet ['limpit] *zo.* Napfschnecke *f*; *fig.* j. der sein Amt nicht abgeben will; *fig.* Klette *f*; ~ **mine** ⚓, ⚔ Haftmine *f.*
lim·pid □ ['limpid] klar, durchsichtig, hell, rein; '**lim·pid·ness** Klarheit *f*, Reinheit *f.*
lim·y ['laimi] kalkig.
lin·age ['lainidʒ] Zeilenzahl *f*; Zeilenhonorar *n.*
linch·pin ['lintʃpin] Vorstecker *m am Wagenrad.*
lin·den ⚘ ['lindən] Linde *f.*
line[1] [lain] **1.** Linie *f*; Reihe *f*; Zeile *f*; Vers *m*; Strich *m*; Falte *f*, Furche *f*; (Menschen)Schlange *f*; Folge *f*; Verkehrsgesellschaft *f*; (Eisenbahn-, Autobus-, Schiffahrts)Linie *f*; Strecke *f*; *teleph.* Leitung *f*; Branche *f*, Fach *n*, Sparte *f*; Leine *f*, Schnur *f*; Äquator *m*; Grenze *f*; Richtung *f*; *fig.* Richtschnur *f*; Maßnahme *f*, Methode *f*; † Ware *f*, Artikel *m*, Sorte *f*; ⚔ Linie(ntruppe) *f*; Front *f*; ~*s pl.* Richtlinien *f/pl.*, Grundsätze *m/pl.*; Grundlage *f*; *Trau- etc.* Schein *m*; *thea.* Rolle *f*; ~ *of battle* Gefechtslinie *f*; ~ *of business* Geschäftszweig *m*, Fach *n*; ~ *of conduct* Lebensweise *f*; *ship of the* ~ Linienschiff *n*; *hard* ~*s* hartes Los *n*, Pech *n*; *all down the* ~ auf der ganzen Linie; *in* ~ *with* in Übereinstimmung mit; *that is not in my* ~ das schlägt nicht in mein Fach; *stand in* ~ Schlange stehen; *fall into* ~ *with s.o.* sich j-m anschließen; *draw the* ~ *fig.* nicht mehr mitmachen; *party* ~ *pol.* Parteilinie *f*; *party* ~, *shared* ~ *teleph.* Gemeinschaftsanschluß *m*; *toe the* ~ *pol.* sich der (Partei)Disziplin beugen; *hold the* ~ *tel.* am Apparat bleiben; **2.** *v/t.* liniieren; *fig.* furchen; aufstellen; *Weg etc.* umsäumen, einfassen; ~ *the streets* die Straßen säumen; ~ *out* entwerfen; ~ *through* durchstreichen; *v/i.* ~ *up* sich auf- *od.* anstellen.
line[2] [~] *Kleid etc.* füttern; sich *die Taschen etc.* füllen.
lin·e·age ['liniidʒ] Abstammung *f*; Familie *f*; Stammbaum *m*; **lin·e·al** □ ['~əl] gerade, direkt (*Nachkomme etc.*); **lin·e·a·ment** ['~əmənt] (Gesichts)Zug *m*; **lin·e·ar** ['~ə] linear, geradlinig; Längen...
line·man ['lainmən] Telegraphenarbeiter *m*, Störungssucher *m*; *Am.* = *linesman.*
lin·en ['linin] **1.** Leinen *n*, Leinwand *f*; Wäsche *f*; *wash one's dirty* ~ *in public fig.* s-e schmutzige Wäsche vor allen Leuten waschen; **2.** leinen; '~**-clos·et**, '~**-cup·board** Wäscheschrank *m*; '~**-drap·er** Weißwarenhändler *m*, Wäschegeschäft *n.*
lin·er ['lainə] Linienschiff *n*, Passagierdampfer *m*; Verkehrsflugzeug *n*; Zeilenschinder *m*; **lines·man** ['lainzmən] *Sport*: Linienrichter *m*; '**line-up** Reihe *f*; Verbindung *f*; *Sport*: Aufstellung *f.*
ling[1] *ichth.* [liŋ] Leng(fisch) *m.*
ling[2] ⚘ [~] Heidekraut *n.*
lin·ger ['liŋgə] zögern, säumen; (ver)weilen; sich aufhalten (*over, upon* bei); sich hinziehen (*Krankheit*); dahinsiechen (*Kranker*); nachklingen (*Ton*); ~ *at*, ~ *about* sich herumdrücken an *od.* bei (*dat.*).
lin·ge·rie ['læ̃:nʒəri:] Damenunterwäsche *f.*
lin·ger·ing ['liŋgəriŋ] □ zögernd; bleibend; schleichend (*Krankheit etc.*); in Resten vorhanden.
lin·go ['liŋgəu] Kauderwelsch *n.*
lin·gua fran·ca ['liŋgwə'fræŋkə] Verkehrssprache *f.*
lin·gual ['liŋgwəl] Zungen...
lin·guist ['liŋgwist] Linguist(in); Sprachenkenner(in); **lin'guis·tic** (~*ally*) sprachwissenschaftlich, linguistisch; **lin'guis·tics** *sg.* Sprachwissenschaft *f*, Linguistik *f.*
lin·i·ment ⚕ ['linimənt] Liniment *n*, Einreibemittel *n.*
lin·ing ['lainiŋ] Futter *n e-s Kleides*; Besatz *m*; *fig.* Saum *m*; Verkleidung *f e-r Wand etc.*; *every cloud has a silver* ~ jedes Unglück hat auch sein Gutes.
link[1] [liŋk] **1.** *Ketten*-Glied *n*, Gelenk *n*; Manschettenknopf *m*; *fig.* Bindeglied *n*, Band *n*; **2.** (sich) verketten, (sich) verbinden.
link[2] *hist.* [~] Fackel *f.*

link·man [ˈliŋkmən] Fackelträger *m.*
links [liŋks] *pl.* Dünen *f/pl.*; *a. golf-~* Golfplatz *m.*
lin·net *orn.* [ˈlinit] Hänfling *m.*
li·no [ˈlainəu] = *linoleum*; **ˈ~-cut** Linolschnitt *m.*
li·no·leum [liˈnəuljəm] Linoleum *n.*
lin·o·type *typ.* [ˈlainəutaip] Linotype *f*, Zeilensetz- und -gieß-maschine *f.*
lin·seed [ˈlinsi:d] Leinsamen *m*; *~ oil* Leinöl *n.*
lin·sey-wool·sey [ˈlinziˈwulzi] Halbwollzeug *n.*
lint ⚕ [lint] Scharpie *f.*
lin·tel △ [ˈlintl] Oberschwelle *f*; Fenstersturz *m.*
li·on [ˈlaiən] Löwe *m* (*a. ast. u. fig.*); *fig.* Größe *f*, Berühmtheit *f*; *the ~'s share* der Löwenanteil; **ˈli·on·ess** Löwin *f*; **ˈli·on-heart·ed** tapfer; **ˈ~-hunt·er** *fig.* Prominentenjäger (-in); **ˈli·on·ize** *j.* als Zelebrität herumreichen, *j.* feiern.
lip [lip] Lippe *f* (*a.* ⚘); Rand *m e-r Tasse, Wunde*; *sl.* Unverschämtheit *f*; *curl one's ~* die Lippen verächtlich schürzen; *none of your ~!* keine Unverschämtheiten!; **ˈ~-serv·ice** Lippendienst *m*; **ˈ~·stick** Lippenstift *m.*
liq·ue·fac·tion [likwiˈfækʃən] Verflüssigung *f*; **liq·ue·fi·a·ble** [ˈ~faiəbl] schmelzbar; **ˈliq·ue·fy** (sich) verflüssigen; schmelzen; **liq·ues·cent** [liˈkwesnt] sich (leicht) verflüssigend.
li·queur [liˈkjuə] Likör *m.*
liq·uid [ˈlikwid] **1.** □ flüssig, fließend; ⚚ liquid; klar (*Augen, Luft etc.*); **2.** Flüssigkeit *f*; *gr.* Liquida *f.*
liq·ui·date [ˈlikwideit] ⚚ liquidieren; *Schulden* tilgen; **liq·uiˈda·tion** Abwicklung *f*, Liquidation *f*; **ˈliq·ui·da·tor** Liquidator *m.*
liq·uor [ˈlikə] **1.** Flüssigkeit *f*; Alkohol *m*, alkoholisches Getränk *n*; *in ~, the worse for ~* betrunken; **2.** *a. ~ up sl.* einen heben.
liq·uo·rice ⚘ [ˈlikəris] Lakritze *f.*
li·ra [ˈliərə], *pl.* **li·re** [ˈ~ri] Lira *f* (*italienische Währungseinheit*).
lisp [lisp] **1.** Lispeln *n*; **2.** lispeln.
lis·som(e) [ˈlisəm] geschmeidig, wendig.
list[1] [list] **1.** Liste *f*, Verzeichnis *n*; Rand *m*, Leiste *f*; Webkante *f*; **2.** *v/t.* (in e-e Liste) eintragen; verzeichnen, aufführen; katalogisieren; *v/i.* sich *als Soldat* anwerben lassen.
list[2] ⚓ [~] **1.** Schlagseite *f*; **2.** Schlagseite haben.
list·en [ˈlisn] (*to*) hören, horchen (auf *acc.*); anhören (*acc.*); zuhören (*dat.*); lauschen (*dat.*); folgen (*dat.*); *~ in teleph., Radio*: (mit)hören; *~ in to Radio*: hören; **ˈlis·ten·er** Horcher(in), (Zu)Hörer(in).
lis·ten·ing [ˈlisniŋ] Horch...; *~ apparatus* Horchgerät *n*; **ˈ~-post** Horchposten *m.*
list·less □ [ˈlistlis] gleichgültig; lust-, teilnahmslos; **ˈlist·less·ness** Lustlosigkeit *f.*
lists [lists] *pl.* Schranken *f/pl.*, Kampfplatz *m*; *enter the ~s fig.* in die Schranken treten.
lit [lit] **1.** *pret. u. p.p. von light*[1] *3*; **2.** *~ up sl.* beschwipst.
lit·a·ny *eccl.* [ˈlitəni] Litanei *f.*
li·ter *Am.* [ˈli:tə] = *litre.*
lit·er·a·cy [ˈlitərəsi] Fähigkeit *f* zu lesen u. zu schreiben; **ˈlit·er·al 1.** □ Buchstaben...; buchstäblich; am Buchstaben klebend; wörtlich; *fig.* nüchtern, prosaisch; **2.** *a. ~ error* Druckfehler *m*; **ˈlit·er·al·ism, ˈlit·er·al·ness** Buchstabenglaube *m.*
lit·er·ar·y □ [ˈlitərəri] literarisch; Literatur...; Schrift..., Buch...; *~ man* Schriftsteller *m*; literarisch Interessierte *m*; **lit·er·ate** [ˈ~rit] **1.** des Lesens u. Schreibens kundig; gebildet; literarisch; **2.** Gebildete *m*; **lit·e·ra·ti** [litəˈrɑ:ti:] *pl.* Literaten *m/pl.*, *die* Gelehrten *m/pl.*; **lit·eˈra·tim** [~tim] buchstäblich; **lit·er·a·ture** [ˈlitəritʃə] Literatur *f*, Schrifttum *n.*
lithe(·some) [ˈlaið(səm)] geschmeidig, wendig.
lith·o·graph [ˈliθəugrɑ:f] **1.** Lithographie *f*, Steindruck *m* (*Bild od. Druck*); **2.** lithographieren; **li·thog·ra·pher** [liˈθɔgrəfə] Lithograph *m*; **lith·o·graph·ic** [liθəuˈgræfik] (*~ally*) lithographisch; **li·thog·ra·phy** [liˈθɔgrəfi] Lithographie *f*, Steindruck *m.*
Lith·u·a·ni·an [liθju:ˈeinjən] **1.** litauisch; **2.** Litauer(in); Litauisch *n.*
lit·i·gant ⚖ [ˈlitigənt] **1.** streitend; **2.** (streitende) Partei *f*; **lit·i·gate** [ˈ~geit] prozessieren *od.* streiten (um); **lit·iˈga·tion** Prozeß *m*; **li·ti·gious** □ [liˈtidʒəs] streitsüchtig; ⚖ streitig, strittig.

lit·mus ⚗ ['litməs] Lackmus *m*; '**~-pa·per** Lackmuspapier *n*.

li·to·tes *rhet.* ['laitəuti:z] Litotes *f* (*Bejahung durch doppelte Verneinung*).

li·tre ['li:tə] Liter *n*, *m*.

lit·ter ['litə] **1.** Sänfte *f*; Tragbahre *f*; Streu *f*; Abfall *m*; Wust *m*; Unordnung *f*; Wurf *m junger Tiere*; **2.** *Junge* werfen; ~ *down e-m Tier* streuen; ver-, bestreuen; ~ *up Zimmer* in Unordnung bringen; '**~-bas·ket**, '**~-bin** Abfallkorb *m*.

lit·tle ['litl] **1.** *adj.* klein; kurz (*Zeit*); gering(fügig); wenig; kleinlich; *a ~ one* ein Kleines (*Kind*); *a ~ house* ein Häuschen; *my ~ Mary* F mein Magen; *his ~ ways* seine komische Art; *~ people* Heinzelmännchen *n/pl.*; **2.** *adv.* wenig; *a ~ red* schwachrot; **3.** Wenige *n*, Kleinigkeit *f*; *~ by ~*, *by ~ and ~* nach und nach; *for a ~* für ein Weilchen; *not a ~* nicht wenig; '**~-go** F *univ.* Vorexamen *n*; '**lit·tle·ness** Kleinheit *f*; Geringfügigkeit *f*; Kleinigkeit *f*.

lit·to·ral ['litərəl] **1.** Küsten...; **2.** Küstengebiet *n*.

lit·ur·gy *eccl.* ['litə:dʒi] Liturgie *f*.

liv·a·ble ['livəbl] F wohnlich (*Haus etc.*); erträglich (*Leben*); *mst ~-with* F umgänglich (*Person*).

live 1. [liv] *allg.* leben; wohnen; fortleben, -dauern, bestehen; sich (er)nähren, leben (*on* von); *Leben* führen; *~ to see* erleben; *~ s.th. down* et. durch guten Lebenswandel vergessen machen; *~ in (out)* im (außer) Hause wohnen (*Hausangestellte*); *~ through* durchmachen, -stehen, überleben; *~ up to s-m Ruf* gerecht werden, *s-n Grundsätzen* gemäß leben; *Versprechen* halten; *~ and learn* man lernt nie aus; *~ and let ~* leben u. leben lassen; **2.** [laiv] lebendig; richtig; aktuell; glühend, brennend (*Kohle etc.*); ⚔ scharf (*Munition*); ⚡ stromführend; *Radio*: Direkt...; Original...; *~ wire fig.* energiegeladener Mensch *m*; *~ broadcast* Direktübertragung *f*; **live·a·ble** ['livəbl] *s. livable*; **lived** ...lebig; **live·li·hood** ['laivlihud] Unterhalt *m*; '**live·li·ness** Lebhaftigkeit *f*; **live·long** ['livlɔŋ]: *the ~ day poet.* den lieben langen Tag; **live·ly** ['laivli] lebhaft; lebendig; aufregend; schnell; bewegt; *make things ~ for s.o.* j. in Atem halten, j-m einheizen.

liv·en ['laivn] *mst ~ up* F sich beleben, munter werden.

liv·er[1] ['livə] Lebende *m*; *fast ~* Lebemann *m*; *good ~* Schlemmer *m*.

liv·er[2] [~] Leber *f*; '**liv·er·ish** F leberleidend; mürrisch.

liv·er·y[1] ['livəri] = *liverish*.

liv·er·y[2] [~] Livree *f*; (Amts)Tracht *f*; *fig.* Kleid *n*; = *~-stable*; **~ com·pa·ny** (Handels)Zunft *f* der *City of London*; '**~·man** Zunftmitglied *n* der *City of London*; '**~-sta·ble** Mietstall *m*.

lives [laivz] *pl. von life*; '**live-stock** Vieh(bestand *m*) *n*; '**live-weight** Lebendgewicht *n*.

liv·id ['livid] bläulich; fahl; wütend, wild; **li'vid·i·ty** Fahlheit *f*.

liv·ing ['liviŋ] **1.** □ lebend(ig); *the ~ image of* das genaue Ebenbild *gen.*; *the ~ theatre* die Bühne, das Theater (*im Ggs. zu Film u. Fernsehen*); *the ~ pl.* die Lebenden *pl.*; *in ~ memory* seit Menschengedenken; **2.** Leben *n*; Wohnen *n*; Lebensweise *f*; Lebensunterhalt *m*; *eccl.* Pfründe *f*; '**~-room** Wohnzimmer *n*; '**~-space** Lebensraum *m*.

Li·vo·ni·an [li'vəunjən] **1.** livländisch; **2.** Livländer(in).

liz·ard ['lizəd] Eidechse *f*.

Liz·zie *Am. co.* ['lizi] billiges kleines Auto *n*; alte Kiste *f*.

lla·ma ['lɑ:mə] Lama(wolle *f*) *n*.

Lloyd's [lɔidz] Lloyd's (*Gemeinschaft von Seeversicherern in London*); *A 1 at ~* erstklassig.

lo † [ləu] siehe!

loach *ichth.* [ləutʃ] Schmerle *f*.

load [ləud] **1.** Last *f* (*a. fig.*); Ladung *f*; ⊕ (Arbeits)Belastung *f*, Leistung *f*; *~s of* F e-e Menge; **2.** *Güter, Gewehr, Kamera etc.* laden; beladen; beschweren (*a. fig.*); *fig.* überhäufen (*with* mit); *den Magen* überladen; *~ test* Belastungsprobe *f*; *~ed* bleibeschwert (*Stock*); *~ed dice pl.* falsche Würfel *m/pl.*; *~ the dice against s.o. fig.* j. ins Unrecht setzen; j-s Chancen verringern; zu j-s Ungunsten sprechen; '**load·er** (Ver)Lader *m*; (Gewehr-) Lader *m*; '**load·ing 1.** Lade...; **2.** Laden *n*; Ladung *f*, Fracht *f*; '**load-line** ⚓ Ladelinie *f*; '**load·stone** Magnet(eisenstein) *m*.

loaf[1] [ləuf], *pl.* **loaves** [ləuvz] *Brot-*Laib *m*; *Zucker-*Hut *m*; *Fleisch-*, *Fisch-*Kloß *m*; *sl.* Kopf *m*, Verstand *m*; *use your* ~ streng deinen Grips an.

loaf[2] [~] herumlungern, bummeln; '**loaf·er** Müßiggänger *m*, Faulenzer *m*, Bummler *m*.

loaf-sug·ar ['ləufʃugə] Würfelzucker *m*.

loam [ləum] Lehm *m*, Mutterboden *m*, Ackerkrume *f*; '**loam·y** lehmig.

loan [ləun] **1.** Anleihe *f*, Darlehen *n*; Leihen *n*; Leihgabe *f*; *on* ~ leihweise; *ask for the* ~ *of s.th.* et. leihweise erbitten; *put out to* ~ verleihen; **2.** *bsd. Am.* ausleihen.

loath [ləuθ] abgeneigt; *be* ~ *for s.o. to do s.th.* dagegen sein, daß j. et. tut; *nothing* ~ durchaus nicht abgeneigt.

loathe [ləuð] sich ekeln vor (*dat.*); verabscheuen; nicht mögen; '**loath·ing** Ekel *m*; Abscheu *m*; **loath·some** □ ['~səm] ekelhaft; verhaßt; '**loath·some·ness** Ekelhaftigkeit *f*.

loaves [louvz] *pl. von loaf*[1].

lob [lɔb] *Tennis*: **1.** Hochschlag *m*; **2.** *Ball* hochschlagen.

lob·by ['lɔbi] **1.** Vorhalle *f*, Vestibül *n*; *parl.* Wandelgang *m*; *thea.* Foyer *n*; *parl.* Lobby *f*, Interessenvertreter *m/pl.*; **2.** *v/i. parl.* s-n Einfluß geltend machen; *v/t. Gesetz etc.* mit Hilfe der Lobby durchbringen; '**lob·by·ist** *parl.* Lobbyist *m*, Interessenvertreter *m*.

lobe *anat.*, ⚘ [ləub] Lappen *m*; ~ *of the ear* Ohrläppchen *n*.

lo·be·lia ⚘ [ləu'bi:ljə] Lobelie *f*.

lob·ster ['lɔbstə] Hummer *m*.

lo·cal □ ['ləukəl] **1.** örtlich; Orts...; lokal; am Ort befindlich; *s. branch*; ~ *call teleph.* Ortsgespräch *n*; ~ *colour* Lokalkolorit *n*; ~ *government* Gemeindeverwaltung *f*; **2.** *Zeitung*: Lokalnachricht *f*; *a.* ~ *train* 🚂 Vorortzug *m*; F Wirtshaus *n* (am Ort); ~*s pl.* Ortsbewohner *m/pl.*; **lo·cale** [ləu'kɑ:l] Schauplatz *m e-s Ereignisses*; **lo·cal·ism** ['~kəlizəm] Lokalpatriotismus *m*; Provinzialismus *m*; **lo·cal·i·ty** [~'kæliti] Örtlichkeit *f*; Lage *f*; **lo·cal·ize** ['~kəlaiz] lokalisieren.

lo·cate [ləu'keit] *v/t.* versetzen, -legen, unterbringen; ausfindig machen; *Am.* an-, festlegen; *be* ~*d* gelegen sein; wohnen; *v/i.* sich niederlassen; **lo'ca·tion** Standort *m*; Lage *f*; Niederlassung *f*; ⚖ Vermietung *f*; *Am.* Anweisung *f* von Land; angewiesenes Land *n*; Ort *m*; Eingeborenenviertel *n bsd. in Südafrika*; *Film*: Gelände *n* für Außenaufnahmen; *on* ~ auf Außenaufnahme.

loch *schott.* [lɔx] See *m*; Bucht *f*.

lock[1] [lɔk] **1.** *Tür-*, *Gewehr- etc.* Schloß *n*; Schleuse(nkammer) *f*; ⊕ Sperrvorrichtung *f*; Gedränge *n*, Stauung *f von Wagen*; ~, *stock and barrel* völlig, gänzlich, mit allem Drum u. Dran; **2.** (ver)schließen (*a. fig.*), absperren; ein Schloß haben, sich verschließen lassen; ⊕ blockieren, sperren, greifen; umschließen, umfassen, ineinander verschlingen; ~ *s.th. away* et. wegschließen; ~ *s.o. in* j. einsperren; ~ *s.o. out* j. aussperren; ~ *up* wegschließen; abschließen; einsperren; *in e-e Irrenanstalt* einliefern; *Geld* fest anlegen.

lock[2] [~] Locke *f*; Wolldecke *f*; ~*s pl. co.* Haare *n/pl.*

lock·age ['lɔkidʒ] Schleusengeld *n*; Schleusen(anlage *f*) *f/pl.*; '**lock·er** Schrank *m*, Kasten *m*; *go to Davy Jones's* ~ ertrinken; **lock·et** ['lɔkit] Medaillon *n*.

lock...: '**~-gates** *pl.* Schleusentore *n/pl.*; '**~-jaw** Kaumuskelkrampf *m*; '**~-keep·er** Schleusenwärter *m*; '**~-nut** ⊕ Gegenmutter *f*; '**~-out** Aussperrung *f von Arbeitern*; '**~-smith** Schlosser *m*; '**~-stich** Steppstich *m*; '**~-up** **1.** Haftzelle *f*; ✝ zinslose (Kapital)Anlage *f*; **2.** verschließbar.

lo·co *Am. sl.* ['ləukəu] verrückt.

lo·co·mo·tion [ləukə'məuʃən] Fortbewegung(sfähigkeit) *f*; **lo·co·mo·tive** ['~tiv] **1.** (sich) fortbewegend; beweglich; **2.** *a.* ~ *engine* Lokomotive *f*.

lo·cust ['ləukəst] Heuschrecke *f*; *a.* ~*-tree* ⚘ unechte Akazie *f*.

lo·cu·tion [ləu'kju:ʃən] Ausdruck *m*, Redensart *f*.

lode ⚒ [ləud] Erzgang *m*; '**~star** Leitstern *m* (*a. fig.*); Polarstern *m*; '**~stone** Magnet(eisenstein) *m*.

lodge [lɔdʒ] **1.** (*bsd.* Jagd)Hütte *f*, Häuschen *n*; (Forst-, Park-, Pförtner)Haus *n*; Portierloge *f*; *Frei-*

maurer-Loge *f*; **2.** *v/t.* beherbergen, (*bsd.* als Mieter) aufnehmen; unterbringen; *Geld* hinterlegen; *Klage* einreichen; *Kugel* hineinschießen, *Hieb* versetzen; *Korn* umlegen; *v/i.* (*bsd.* zur Miete) wohnen; logieren; steckenbleiben; **'lodge·ment** *s. lodgment*; **'lodg·er** (Unter)Mieter (-in); **'lodg·ing** Unterkunft *f*; ~*s pl.* möbliertes Zimmer *n*; Wohnung *f*; **'lodg·ing-house** Fremdenheim *n*; **'lodg·ment** ⚖ Einreichung *f*; Deponierung *f*; Anhäufung *f*.

lo·ess ['ləuis] Löß *m*.

loft [lɔft] (Dach)Boden *m*; Empore *f*, Chor *m*, *n*; **'loft·i·ness** Höhe *f*, Erhabenheit *f* (*a. fig.*); Hochmut *m*; **'loft·y** □ sehr hoch; erhaben; stolz, hochmütig.

log [lɔg] Klotz *m*; Block *m*; *gefällter* Baumstamm *m*; ⚓ Log *n*; = *log--book*.

lo·gan·ber·ry ⚘ ['ləugənbəri] Loganbeere *f* (*Kreuzung zwischen Brombeere u. Himbeere*).

log·a·rithm ✎ ['lɔgəriθm] Logarithmus *m*.

log...: **'~-book** ⚓ Log-, *mot.* Fahrten-, ✈ Bordbuch *n*; ~ **cab·in** Blockhaus *n*; **logged** (mit Wasser) vollgesogen; **log·ger·head** ['lɔgəhed]: *be at* ~*s* sich in den Haaren liegen.

log·gia ['lɔdʒə] Loggia *f*.

log·ging ['lɔgiŋ] Holzfällen *n*; ~ *camp* Holzfällerlager *n*; **log house, log hut** Blockhaus *n*.

log·ic ['lɔdʒik] Logik *f*; **'log·i·cal** □ logisch; **lo·gi·cian** [ləu'dʒiʃən] Logiker *m*.

lo·gis·tics ⚔ [ləu'dʒistiks] *oft sg.* Logistik *f* (*Nachschubwesen*).

log·roll *bsd. pol.* ['lɔgrəul] (sich gegenseitig) in die Tasche arbeiten.

log·wood ['lɔgwud] Kampescheholz *n*.

loin [lɔin] Lende *f*; *Fleischerei*: Lenden-, Nierenstück *n*; *gird up one's* ~*s* s-e Lenden gürten, sich reisefertig machen; **'~-cloth** Lendenschurz *m*.

loi·ter ['lɔitə] trödeln, bummeln; (herum)lungern; schlendern; ~ *away* vertrödeln; **'loi·ter·er** Trödler(in), Bummler(in); Faulenzer (-in).

loll [lɔl] (sich) lehnen, (sich) hinstrecken, (sich) rekeln; ~ *about* herumlungern; ~ *out* heraushängen (lassen) (*Zunge*).

lol·li·pop F ['lɔlipɔp] Lutscher *m* (*Bonbon am Stiel*).

lol·lop F ['lɔləp] latschen.

Lom·bard ['lɔmbəd] Lombarde *m*; ~ *Street Londoner Geldmarkt.*

Lon·don·er ['lʌndənə] Londoner *m*.

lone [ləun] einsam; **lone·li·ness** ['~linis] Einsamkeit *f*; **'lone·ly** □, **lone·some** □ ['~səm] einsam.

long[1] [lɔŋ] **1.** Länge *f*; *before* ~ binnen kurzem; *for* ~ lange; *take* ~ lange brauchen *od.* dauern; *the* ~ *and the short of it* die ganze Geschichte; **2.** *adj.* lang; langfristig; langsam; *at* ~ *date* ✝ langfristig; *in the* ~ *run* am Ende; auf die Dauer; *be* ~ lange dauern *od.* brauchen; *take* ~ *views* weit vorausblicken; **3.** *adv.* lang; lange; *as* ~ *ago as 1900* schon 1900; *so* ~*!* bis dann! (*auf Wiedersehen*); ~*er* länger; mehr; *no* ~*er ago than* erst (nach) ...

long[2] [~] sich sehnen (*for* nach).

long...: **'~·boat** ⚓ Großboot *n*; **~-bow** ['~bəu] *hist.* Langbogen *m*; *draw the* ~ *fig.* aufschneiden, übertreiben; **'~-'dated** langfristig; **'~-'dis·tance** Fern..., Weit...; ~ *flight* Langstreckenflug *m*; ~ *race* Langstreckenlauf *m*; **'~-drawn-'out**, *a.* **'~-'drawn** in die Länge gezogen; lang(atmig); **lon·gev·i·ty** [lɔn'dʒeviti] Langlebigkeit *f*; langes Leben *n*; **long firm** Schwindelfirma *f*; **'long·hair** F konservativer Musiker *m*, Gegner *m* der Swingmusik; Intellektuelle *m*, *f*; **'long-haired** F betont intellektuell; **'long·hand** *gewöhnliche* Schreibschrift *f*; **'long-'head·ed** *fig.* schlau, klug.

long·ing ['lɔŋiŋ] **1.** □ sehnsüchtig; **2.** Sehnsucht *f*; Verlangen *n*.

long·ish ['lɔŋiʃ] länglich, ziemlich lang.

lon·gi·tude *geogr.* ['lɔndʒitju:d] Länge *f*; **lon·gi'tu·di·nal** □ [~dinl] Längen...; der Länge nach.

long...: **'~-'lived** langlebig; **'~-'range** weittragend; auf lange Sicht; ⚔ Fernkampf...; ✈ Langstrecken...; **'~-shore-man** Hafenarbeiter *m*; **'~-shot** *Film*: Fernaufnahme *f*; **'~-'sight·ed** weitsichtig, -blickend; **'~-'stand·ing** seit langer Zeit bestehend, alt; **'~-'suf·fer·ing**

1. langmütig; 2. Langmut *f*; '~-'**term** langfristig; ~ **waves** *pl.* ⚡ Langwellen *f/pl.*; '~**ways** der Länge nach; '~-'**wind·ed** □ langatmig.

loo[1] [lu:] Lu *n* (*ein Kartenspiel*).

loo[2] F [~] Klo *n* (*Toilette*).

loo·fah ⚘ ['lu:fɑ:] Luffaschwamm *m.*

look [luk] **1.** Blick *m*; *oft* ~*s pl.* Aussehen *n*; *new* ~ neueste Mode *f*; *have a* ~ *at s.th.* sich et. ansehen; *I don't like the* ~ *of it* es gefällt mir nicht; **2.** *v/i.* sehen, blicken (*at, on* auf *acc.*, nach); zusehen, *daß od. wie ...*; nachsehen, *wer etc. ...*; *krank etc.* aussehen; *nach e-r Richtung* liegen; *it* ~*s like rain* es sieht nach Regen aus; *he* ~*s like winning* es sieht so aus, als ob er gewinnt; ~ *about* sich umsehen (*for* nach); ~ *after* sehen nach, sich kümmern um; versorgen; nachsehen, -blikken; ~ *at* ansehen; *not much to* ~ *at* nicht sehr ansehnlich; ~ *down on* verachten; ~ *for* erwarten; suchen; ~ *forward to* sich freuen auf (*acc.*); ~ *in als Besucher* herein-, hineinschauen (*on* bei); ~ *into* prüfen; erforschen; ~ *on* zuschauen; betrachten (*as* als); gelegen sein zu, liegen zu, gehen auf (*Zimmer*); ~ *out* sich vorsehen, aufpassen; ~ *out for* sich umsehen nach; sich in acht nehmen vor (*dat.*); ~ *over s.th.* et. genau ansehen *od.* inspizieren; et. durchsehen; et. übersehen; ~ *round* sich umsehen; ~ *through* durchsehen; durchlesen; herausblicken aus; ~ *to* im Auge haben, achtgeben auf (*acc.*); sich verlassen auf (*acc.*); ~ *to s.o. to inf.* von j-m erwarten, daß er ...; ~ *up* aufblicken; steigen (*Aktien*), sich bessern; ~ (*up*)*on fig.* ansehen, betrachten (*as* als), halten (*as* für); *v/t.* ~ *s.o. in the face* j-m ins Gesicht sehen; ~ *one's age* so alt aussehen, wie man ist; ~ *disdain* verächtlich blicken; ~ *over et.* durchsehen; *j.* mustern; ~ *up et.* nachschlagen; F *j.* aufsuchen.

look·er-on ['lukər'ɔn] Zuschauer (-in).

look-in ['luk'in] kurzer Besuch *m*; F Chance *f.*

look·ing-glass ['lukiŋglɑ:s] Spiegel *m.*

look-out ['luk'aut] Ausguck *m*; Ausblick *m*, -sicht *f* (*a. fig.*); *be on the* ~ Ausschau halten; auf der Hut sein; *that is my* ~ das ist meine Sache; '**look-o·ver** Durchsicht *f*; *give s.th. a* ~ e-n prüfenden Blick auf et. werfen.

loom[1] [lu:m] Webstuhl *m.*

loom[2] [~] undeutlich zu sehen sein, sich abzeichnen; ~ *large fig.* von großer Bedeutung sein *od.* scheinen.

loon[1] *schott.* [lu:n] Lümmel *m*; Bursche *m*; Dummkopf *m.*

loon[2] *orn.* [~] Taucher *m.*

loop [lu:p] **1.** Schlinge *f*, Schleife *f*, Schlaufe *f*, Öse *f*; ~ *aerial Radio*: Rahmenantenne *f*; **2.** *v/t.* in Schleifen legen; schlingen; ~ *up Kleid, Haar* aufstecken; ~ *the* ~ ✈ e-n Looping drehen; *v/i.* e-e Schleife machen; sich winden; '~-**hole** Guckloch *n*; Schlupfloch *n* (*a. fig.*); ⚔ Schießscharte *f*; Sehschlitz *m*; '~-**line** 🚂 *u. tel.* Schleife *f.*

loose [lu:s] **1.** □ *allg.* lose, locker; schlaff; weit; frei; unzs.-hängend; ungenau, nachlässig; liederlich; ~ *connection* ⚡ Wackelkontakt *m*; *at a* ~ *end* beschäftigungslos; *play fast and* ~ *with* Schindluder treiben mit; es nicht so genau nehmen mit; **2.** *v/t. Knoten, Zunge, Schuß* lösen; *a.* ~ *off* aufbinden; *Griff* lockern; ~ *one's hold on s.th.* et. loslassen *od.* fahren lassen; *v/i.* schießen; **3.** *give* (*a*) ~ *to* freien Lauf lassen (*dat.*); '~-**leaf** Loseblatt...; ~ *book*, ~ *ledger* Loseblattbuch *n*; **loos·en** ['lu:sn] (sich) lösen, (sich) lockern; '**loose·ness** Lockerkeit *f*; Ungenauigkeit *f*; Liederlichkeit *f*; ⚕ Durchfall *m.*

loot [lu:t] **1.** plündern; erbeuten; **2.** Beute *f.*

lop[1] [lɔp] *Baum* beschneiden; stutzen; *mst* ~ *away*, ~ *off* abhauen.

lop[2] [~] schlaff herunterhängen (lassen).

lope [ləup] **1.** (daher)trotten; **2.** Trott *m*, Lauf *m.*

lop...: '~-**ears** *pl.* Hängeohren *n/pl.*; '~-'**sid·ed** schief; einseitig.

lo·qua·cious [ləu'kweiʃəs] geschwätzig; **lo·quac·i·ty** [ləu'kwæsiti] Schwatzhaftigkeit *f.*

lo·ran ✈ ['lɔ:rən] Loran *n*, Fernbereichs-Navigationssystem *n.*

lord [lɔ:d] **1.** Herr *m*; Gebieter *m*; Magnat *m*; Lord *m*; *the* ♀ der Herr (*Gott*); *my* ~ Mylord, Euer Gnaden;

the ♀*'s Prayer* das Vaterunser; *the* ♀*'s Supper* das Abendmahl; **2.** ~ *it* den Herrn spielen; ~ *it over* herrschen über (*acc.*); ˈ**lord·li·ness** Würde *f*; *b.s.* Hochmut *m*; ˈ**lordling** Herrchen *n*; ˈ**lord·ly** vornehm, edel; großartig; hochmütig, arrogant; ˈ**lord·ship** Lordschaft *f*, Herrlichkeit *f* (*Titel*).

lore [lɔː] Lehre *f*, Kunde *f*.

lor·gnette [lɔːˈnjet] Stielbrille *f*.

lor·ry [ˈlɔri] Last(kraft)wagen *m*, Lkw *m*; 🚂 Lore *f*, Lori *f*.

lose [luːz] (*irr.*) *v/t.* verlieren; einbüßen; vergeuden; *Zug, Gelegenheit* verpassen, versäumen; *j.* um *et.* bringen; *Leiden etc.* loswerden; *Gewicht* abnehmen; ~ *o.s.* sich verlieren; sich verirren; ~ *sight of* aus den Augen verlieren; *v/i.* verlieren, Verlust(e) haben; nachgehen (*Uhr*); ˈ**los·er** Verlierer(in); *come off a* ~ den kürzeren ziehen; ˈ**los·ing 1.** verlustbringend; Verlust...; **2.** ~*s pl.* Verluste *m/pl.* im Spiel.

loss [lɔs] Verlust *m*; Schaden *m*; *at a* ~ in Verlegenheit; außerstande (*to inf.* zu *inf.*); *be at a* ~ *for words* keine Worte finden; *be at a* ~ *what to say* nicht wissen, was man sagen soll; ˈ~**-lead·er** ✝ Zugartikel *m*, Schlager *m*.

lost [lɔst] *pret. u. p.p. von lose*; *be* ~ verlorengehen; verschwunden sein; *fig.* versunken sein; *this won't be* ~ *on me* das werde ich mir merken; *be* ~ *upon s.o.* keinen Eindruck machen auf j.; ˈ~-ˈ**prop·er·ty office** Fundbüro *n*.

lot [lɔt] **1.** Los *n*; *fig.* Schicksal *n*; Anteil *m*; ✝ Partie *f*; Posten *m*; F Menge *f*, Haufen *m*, Masse *f*; Bauplatz *m*, Parzelle *f*, Stück *n* Land; *Am. Film*: Ateliergelände *n*; *a* ~ *of people* F eine Menge Leute; *draw* ~*s* losen (*for* um); *fall to s.o.'s* ~ j-m zufallen; *throw in one's* ~ *with* sich auf Gedeih und Verderb verbinden mit; *he is feeling a* ~ *better* F er fühlt sich sehr viel wohler; **2.** durch das Los verteilen; zuteilen.

loth [louθ] = *loath*.

lo·tion [ˈləuʃən] (Haut-, Schönheits)Wasser *n*, Emulsion *f*.

lot·ter·y [ˈlɔtəri] Lotterie *f*.

lo·tus ⚘ [ˈləutəs] Lotos *m* (*a. Frucht der Sage*); ˈ~**-eater** Lotosesser *m*; Träumer *m*, Genußmensch *m*.

loud □ [laud] laut (*a. adv.*); schreiend; grell; ˈ~-ˈ**hail·er** ⚓ Megaphon *n*; ˈ**loud·ness** Lautheit *f*; Lärm *m*; Auffallende *n*; *Radio*: Lautstärke *f*; ˈ**loud-**ˈ**speak·er** Lautsprecher *m*.

lough *irisch* [lɔk] See *m*; Bucht *f*.

lounge [laundʒ] **1.** sich rekeln; faulenzen, herumlungern; **2.** Bummel *m*; Wohnzimmer *n*, -diele *f*; Gesellschaftsraum *m e-s Hotels*; *thea.* Foyer *n*; Chaiselongue *f*; ˈ~-ˈ**chair** Klubsessel *m*; ˈ~**-liz·ard** *sl.* Salonlöwe *m*; Gigolo *m*; ˈ**loung·er** Faulenzer(in); ˈ**lounge-**ˈ**suit** Straßenanzug *m*.

lour [ˈlauə] finster blicken *od.* aussehen; die Stirn runzeln; **lour·ing** □ [ˈ~riŋ] trüb, finster.

louse 1. [laus], *pl.* **lice** [lais] Laus *f*; **2.** [lauz] lausen; **lous·y** [ˈlauzi] verlaust; lausig; Lause...; ~ *with money sl.* stinkreich.

lout [laut] Tölpel *m*, Lümmel *m*; **lout·ish** tölpelhaft.

lov·a·ble □ [ˈlʌvəbl] liebenswürdig, -wert.

love [lʌv] **1.** Liebe *f* (*of, a. for, to, towards* zu); Liebschaft *f*, Angebetete *f*; Liebling *m* (*als Anrede*); F goldiges Ding *n* (*Person od. Sache*); liebe Grüße *m/pl.*; ♀ Liebesgott *m*; ~*s pl.* Amoretten *f/pl.*; *Sport*: nichts, null; *attr.* Liebes...; *a* ~ *of a book* F ein allerliebstes Buch; *for the* ~ *of God* um Gottes willen; *play for* ~ um nichts spielen; *four (to)* ~ vier zu null; *give od. send one's* ~ *to s.o.* j. freundlichst grüßen lassen; *in* ~ *with* verliebt in (*acc.*); *fall in* ~ *with* sich verlieben in; *make* ~ *to* werben um; *neither for* ~ *nor money* weder für Geld noch für gute Worte; **2.** lieben; gern haben; ~ *to do* gern tun; ˈ~**-af·fair** Liebschaft *f*; ˈ~**-bird** Sperlingspapagei *m*; ˈ~**-child** Kind *n* der Liebe; ˈ**love·less** lieblos; ˈ**love-let·ter** Liebesbrief *m*; ˈ**love·li·ness** Lieblichkeit *f*; ˈ**love-lock** Schmachtlocke *f*; **love·lorn** [ˈ~lɔːn] unglücklich verliebt; ˈ**love·ly** lieblich; entzückend, reizend; ˈ**love-mak·ing** Lieben *n*; Liebeswerben *n*; ˈ**love-match** Liebesheirat *f*; ˈ**love-phil·tre,** ˈ**love-po·tion** Liebestrank *m*; ˈ**lov·er** Liebhaber *m*; *fig.* Verehrer(in), Liebhaber(in); ~*s pl.* Liebende *pl.*;

pair of ~s Liebespaar *n*; '**love·set** *Sport*: Nullpartie *f*; '**love·sick** liebeskrank; '**love-to·ken** Liebespfand *n*.
lov·ing □ ['lʌviŋ] liebevoll; '~-'**kind·ness** (Herzens)Güte *f*.
low[1] (□ ⚒) [ləu] **1.** niedrig; tief; seicht; gering; kärglich; leise; *fig.* niedergeschlagen; schwach (⚕ *Puls etc.*); gemein, erbärmlich, schlecht; *~est bid* Mindestgebot *n*; *be brought ~* gedemütigt werden; *lay ~* niederwerfen; *lie ~* ausgestreckt liegen; sich verborgen halten; **2.** *meteor.* Tief(druckgebiet) *n*; *bsd. Am.* Tiefstand *m*, -punkt *m*.
low[2] [~] **1.** brüllen, muhen (*Rind*); **2.** Brüllen *n*.
low...: '~-'**born** von niedriger Geburt; '~-'**bred** ungebildet, ohne Manieren; '~-**brow 1.** geistig anspruchslos, spießig; **2.** Spießer *m*, Banause *m*; '~-'**browed** mit niederem Eingang, düster (*Gebäude etc.*); = *low-brow 1*; ~ **co·me·di·an** *mst fig.* Hanswurst *m*; ~ **com·e·dy** Posse *f*, Schwank *m*; ~ **coun·try** Tiefland *n*; '~-**down 1.** F niederträchtig, gemein; **2.** *sl. die* eigentliche Wahrheit *f*, *die* Hintergründe *m/pl*.
low·er[1] ['ləuə] **1.** niedriger *etc.* (*s. low*[1]); nieder(e), unter(e); Unter...; *~ case typ.* Kleinbuchstaben *m/pl*. **2.** *v/t.* nieder-, herab-, herunterlassen; senken; *die Augen* niederschlagen; erniedrigen; abschwächen; *Preise* herunter-, herabsetzen; *~ one's voice* leiser sprechen; *v/i.* fallen, sinken.
low·er[2] ['lauə] *s. lour*.
low·er·most ['ləuəməust] niedrigst; am niedrigsten; '**low·land** Tiefland *n*; '**low·land·er** Tieflandbewohner(in); **Low Lat·in** *gr.* Vulgärlatein *n*; '**low·li·ness** Demut *f*; Niedrigkeit *f*; '**low·ly** *adj. u. adv.* niedrig, tief; gering; demütig, bescheiden, gering; '**low-'necked** tief ausgeschnitten (*Kleid*); '**low·ness** Niedrigkeit *f*; Kärglichkeit *f*; ♪ Tiefe *f*; *~ of spirits* Niedergeschlagenheit *f*; **low pres·sure** ⊕ Nieder-, Unterdruck *m*; *meteor.* Tiefdruck *m*; '**low-'spir·it·ed** niedergeschlagen; **low wa·ter** Niedrigwasser *n*, tiefste Ebbe *f*; *in ~ fig.* knapp bei Kasse.
loy·al □ ['lɔiəl] loyal, treu; '**loy·al·ist** Regierungstreue *m*; '**loy·al·ty** Treue *f*, Loyalität *f*.
loz·enge ['lɔzindʒ] Raute *f*; *pharm.* Pastille *f*; Tablette *f*; (Brust)Bonbon *m*, *n*.
£.s.d. F ['eles'di:] Geld *n*.
lub·ber ['lʌbə] Tölpel *m*, Stoffel *m*; '**lub·ber·ly** plump, tölpelhaft.
lu·bri·cant ['lu:brikənt] Schmiermittel *n*; **lu·bri·cate** ['~keit] schmieren; **lu·bri'ca·tion** Schmieren *n*, ⊕ Ölung *f*; '**lu·bri·ca·tor** ⊕ Schmierbüchse *f*; **lu'bric·i·ty** [~siti] ⊕ Schmierfähigkeit *f*; *fig.* Schlüpfrigkeit *f*.
lu·cerne ⚘ [lu:'sə:n] Luzerne *f*.
lu·cid □ ['lu:sid] *mst poet.* leuchtend, hell; klar, deutlich; *~ interval* ⚕ lichter Augenblick *m*; **lu'cid·i·ty**, '**lu·cid·ness** Klarheit *f*.
Lu·ci·fer ['lu:sifə] Satan *m*, Luzifer *m*; Morgenstern *m*.
luck [lʌk] Glück(sfall *m*) *n*; Geschick *n*; *good ~* Glück *n*; *bad ~*, *hard ~*, *ill ~* Unglück *n*, Pech *n*; *be down on one's ~* F Pech haben; *worse ~* unglücklicherweise; '**luck·i·ly** glücklicherweise, zum Glück; '**luck·i·ness** Glück *n*; '**luck·less** unglücklich; '**luck·y** □ glücklich; glückbringend; Glücks...; *be ~* Glück haben; '**luck·y-bag**, '**luck·y-dip** Glücksbeutel *m*.
lu·cra·tive □ ['lu:krətiv] einträglich, lukrativ; **lu·cre** ['lu:kə] Gewinn(sucht *f*) *m*.
lu·cu·bra·tion [lu:kju:'breiʃən] mühsames Studium *n*; *mst ~s pl.* gelehrte Arbeit *f*.
lu·di·crous □ ['lu:dikrəs] lächerlich, albern.
luff ⚓ [lʌf] **1.** Luv *f*; Luvseite *f*; **2.** *a. ~ up* anluven.
lug[1] [lʌg] **1.** zerren, schleppen; *~ in fig.* an den Haaren herbeiziehen; **2.** Henkel *m*, Öhr *n*.
lug[2] [~] = *lugsail*.
luge [lu:ʒ] **1.** Rodelschlitten *m*; **2.** rodeln.
lug·gage ['lʌgidʒ] Gepäck *n*; '~-**car·ri·er** Gepäckträger *m am Fahrrad*; '~-**of·fice** 🚂 Gepäckschalter *m*; '~-**rack** Gepäcknetz *n*; '~-**tick·et** Gepäckschein *m*; '~-**van** 🚂 Gepäck-, Packwagen *m*.
lug·ger ⚓ ['lʌgə] Logger *m*, Lugger *m*.

lug·sail ⚓ [ˈlʌgseil, ⚓ ˈlʌgsl] Lugger-, Sturmsegel *n*.
lu·gu·bri·ous □ [luːˈguːbriəs] traurig, kläglich, düster, finster.
luke·warm [ˈluːkwɔːm] lau (*a. fig.*); ˈ**luke·warm·ness** Lauheit *f*.
lull [lʌl] **1.** *v/t.* einlullen; beruhigen; *v/i.* sich beruhigen; sich legen (*Wind*); **2.** Ruhepause *f*.
lull·a·by [ˈlʌləbai] Wiegenlied *n*.
lum·ba·go ⚕ [lʌmˈbeigəu] Hexenschuß *m*, Lumbago *f*.
lum·ber [ˈlʌmbə] **1.** Bau-, Nutzholz *n*; Gerümpel *n*, Plunder *m*; **2.** *v/t. a.* ~ *up* vollstopfen; *v/i.* rumpeln, poltern; sich (dahin)schleppen; ˈ**lum·ber·er**, ˈ**lum·ber·man** Holzfäller *m*, -arbeiter *m*; ˈ**lum·ber·ing** schwerfällig; ˈ**lum·ber·jack** Holzfäller *m*; ˈ**lum·ber-mill** Sägewerk *n*; ˈ**lum·ber-room** Rumpelkammer *f*; ˈ**lum·ber-yard** Holzplatz *m*, -lager *n*.
lu·mi·nar·y [ˈluːminəri] Himmelskörper *m*; Leuchtkörper *m*; *fig.* Leuchte *f*, Koryphäe *m*, *f*; **lu·mi·nos·i·ty** [~ˈnɔsiti] Helle *f*, Glanz *m*; ˈ**lu·mi·nous** □ leuchtend; Licht...; *fig.* lichtvoll; klar; ~ *dial* Leuchtzifferblatt *n*; ~ *paint* Leuchtfarbe *f*.
lump [lʌmp] **1.** Klumpen *m*; *fig.* Klotz *m*; Beule *f*; Stück *n Zucker etc.*; *in the* ~ in Bausch und Bogen; ~ *sugar* Würfelzucker *m*; ~ *sum* Pauschalsumme *f*; *have a* ~ *in the throat fig.* e-n Kloß im Hals haben; **2.** *v/t.* zs.-stecken, -werfen, -fassen (*into, in* zu); *fig.* hinnehmen; *if you don't like it you can* ~ *it* du mußt dich damit abfinden; ~ *together* in einen Topf werfen; *v/i.* Klumpen bilden; ˈ**lump·ish** schwerfällig; dumm; ˈ**lump·y** □ klumpig; unruhig (*Wasser*).
lu·na·cy [ˈluːnəsi] Irr-, Wahnsinn *m*.
lu·nar [ˈluːnə] Mond...; ~ *caustic* ⚗ Höllenstein *m*; ~ **mod·ule** Mondfähre *f*.
lu·na·tic [ˈluːnətik] **1.** irr-, wahnsinnig; **2.** Irre *m*, *f*; Wahnsinnige *m*, *f*; Geistesgestörte *m*, *f*; ~ **a·sy·lum** Irrenhaus *n*, -anstalt *f*; ~ **fringe** *die* Extremen *pl.*, *die* Hundertfünfzigprozentigen *pl*.
lunch [lʌntʃ] **1.** Lunch *n*, Mittagessen *n*; zweites Frühstück *n*; **2.** zu Mittag essen; *j-m* ein Mittagessen geben; **lunch·eon** [ˈ~tʃən] = *lunch 1*; ˈ**lunch-hour** Mittagszeit *f*, -pause *f*.
lu·nettes [luːˈnets] *pl.* Taucherbrille *f*.
lung [lʌŋ] Lunge(nflügel *m*) *f*; *the* ~*s pl.* die Lunge *f*.
lunge [lʌndʒ] **1.** *fenc.* Ausfall *m*; **2.** *v/i.* ausfallen (*at* gegen); (dahin-) stürmen; *v/t.* stoßen.
lung·er *sl.* [ˈlʌŋə] Lungenkranke *m*, *f*; ˈ**lung-pow·er** Stimmkraft *f*.
lu·pin(e) ⚘ [ˈluːpin] Lupine *f*.
lurch[1] [ləːtʃ] **1.** ⚓ Überholen *n*; *fig.* Taumeln *n*; **2.** ⚓ überholen, schlingern; *fig.* taumeln, torkeln.
lurch[2] [~]: *leave in the* ~ im Stich lassen.
lurch·er [ˈləːtʃə] Spürhund *m*.
lure [ljuə] **1.** Köder *m*; *fig.* Lockung *f*; **2.** ködern, (an)locken.
lu·rid [ˈljuərid] gespenstisch, unheimlich; düster, finster.
lurk [ləːk] lauern; versteckt liegen; ˈ**lurk·ing-place** Schlupfwinkel *m*.
lus·cious □ [ˈlʌʃəs] köstlich; üppig; sehr süß; *b.s.* süßlich, widerlich; ˈ**lus·cious·ness** Süße *f*; Üppigkeit *f*.
lush [lʌʃ] üppig, saftig (*Pflanze*).
lust *lit.* [lʌst] **1.** (sinnliche) Begierde *f*; Wollust *f*; *fig.* Gier *f*, Sucht *f*; **2.** *I* ~ es gelüstet mich (*after, for* nach); **lust·ful** □ [ˈ~ful] lüstern.
lust·i·ness [ˈlʌstinis] Rüstigkeit *f*.
lus·tre [ˈlʌstə] Glanz *m*; Lüster *m*, Kronleuchter *m*; ˈ**lus·tre·less** glanzlos.
lus·trous □ [ˈlʌstrəs] glänzend.
lust·y □ [ˈlʌsti] rüstig; *fig.* lebhaft; kräftig.
lu·ta·nist [ˈluːtənist] Lautenspieler (-in), Lautenist(in).
lute[1] ♪ [luːt] Laute *f*.
lute[2] [~] **1.** Kitt *m*; **2.** verkitten.
Lu·ther·an [ˈluːθərən] **1.** lutherisch; **2.** Lutheraner(in); ˈ**Lu·ther·an·ism** Luthertum *n*.
lut·ist [ˈluːtist] = *lutanist*.
lux·ate [ˈlʌkseit] verrenken.
lux·u·ri·ance [lʌgˈzjuəriəns] Üppigkeit *f*; **luxˈu·ri·ant** □ üppig; **luxˈu·ri·ate** [~rieit] schwelgen (*fig. in* in *dat.*); **luxˈu·ri·ous** □ luxuriös, üppig, verschwenderisch; F feudal; **luxˈu·ri·ous·ness** Verschwendung *f*; **lux·u·ry** [ˈlʌkʃəri] Luxus *m*,

Üppigkeit *f*; Luxusartikel *m*; Genußmittel *n*.

ly·ce·um [laiˈsiəm] Vortragsraum *m*; *bsd. Am.* Volkshochschule *f*.

lych·gate [ˈlitʃgeit] überdachtes Friedhofstor *n*.

lye [lai] Lauge *f*.

ly·ing [ˈlaiiŋ] **1.** *p.pr. von lie¹ 2 u. lie² 2*; **2.** *adj.* lügnerisch; **ˈ~-ˈin** Wochenbett *n*; ~ *hospital* Entbindungsanstalt *f*, -heim *n*.

lymph [limf] ⚕ Lymphe *f*; *poet.* Quellwasser *n*; **lym·phat·ic** [~ˈfætik] **1.** (~*ally*) lymphatisch, Lymph...; *fig.* schwerfällig, langsam; **2.** Lymphgefäß *n*.

lynch [lintʃ] lynchen; **ˈ~-law** Lynchjustiz *f*.

lynx *zo.* [liŋks] Luchs *m*; **ˈ~-eyed** *fig.* luchsäugig, mit Luchsaugen.

lyre [laiə] Lyra *f*, Leier *f*; **ˈ~-bird** *orn.* Leierschwanz *m*.

lyr·ic [ˈlirik] **1.** lyrisch; liedhaft; **2.** lyrisches Gedicht *n*; ~*s pl.* (Lied-)Text *m* (*bsd. e-s Musicals*); Lyrik *f*; **ˈlyr·i·cal** □ lyrisch, gefühlvoll; schwärmerisch, begeistert.

ly·sol *pharm.* [ˈlaisɔl] Lysol *n*.

M

ma F [mɑː] Mama *f*.

ma'am [mæm] Majestät *f* (*Anrede für die Königin*); Hoheit *f* (*Anrede für Prinzessinnen*); [məm] F gnä' Frau *f* (*von Dienstboten verwendete Anrede*).

mac F [mæk] = *mackintosh*.

ma·ca·bre [məˈkɑːbr] grausig, makaber; *danse* ~ Totentanz *m*.

mac·ad·am [məˈkædəm] Schotter (-straße *f*) *m*; **macˈad·am·ize** makadamisieren, beschottern.

mac·a·ro·ni [mækəˈrəuni] Makkaroni *pl*.

mac·a·roon [mækəˈruːn] Makrone *f*.

mace¹ [meis] *hist.* Streitkolben *m*; Amtsstab *m*.

mace² [~] Muskatblüte *f*.

Mac·e·do·ni·an [mæsiˈdəunjən] **1.** Mazedonier(in); **2.** mazedonisch.

mac·er·ate [ˈmæsəreit] *durch Flüssigkeit* erweichen; auslaugen, ausmergeln; kasteien; **mac·erˈa·tion** Einweichung *f etc.*

Mach *phys.* [mæk]: ~ *number* Machsche Zahl *f*, Machzahl *f*; ~ *two* Mach 2 (*doppelte Schallgeschwindigkeit*).

ma·che·te [məˈtʃeiti] Machete *m*, *f*, Buschmesser *n*.

Mach·i·a·vel·li·an [mækiəˈveliən] machiavellistisch.

mach·i·na·tion [mækiˈneiʃən] Anschlag *m*; ~*s pl.* Machenschaften *f/pl.*, Ränke *pl.*; **mach·i·na·tor** [ˈ~tə] Ränkeschmied *m*; **ma·chine** [məˈʃiːn] **1.** Maschine *f*; Maschinerie *f*, Mechanismus *m* (*fig. Organisation*); **2.** maschinell herstellen *od.* (be)arbeiten; **maˈchine-gun** ⚔ Maschinengewehr *n*; **maˈchine-made** maschinell hergestellt; **maˈchin·er·y** Maschinen *f/pl.*; Maschinerie *f*, Mechanismus *m*; **maˈchine-shop** Maschinenhalle *f*; **maˈchine-tool** Werkzeugmaschine *f*; **maˈchin·ist** Maschinist *m*; Maschinennäherin *f*.

mack F [mæk] = *mackintosh*.

mack·er·el *ichth.* [ˈmækrəl] Makrele *f*.

mack·i·naw *Am.* [ˈmækinɔː] Stutzer *m* (*Kleidungsstück*).

mac(k)·in·tosh [ˈmækintɔʃ] Regenmantel *m*.

mac·ro... [ˈmækrəu] groß..., lang...; **~·cosm** [ˈ~kɔzəm] Makrokosmos *m*.

mad □ [mæd] wahnsinnig, verrückt (*with* vor); *bsd. von Tieren*: toll; *fig.* toll, wild (*on, about, after, for* nach; *at, about* über *acc.*); F wütend, böse; *go* ~ verrückt werden; *drive* ~ verrückt machen.

mad·am [ˈmædəm] gnädige Frau *f*, gnädiges Fräulein *n* (*Anrede*); *she's a bit of a* ~ F sie kommandiert e-n gerne herum.

Ma·dame [ˈmædəm] Frau *f* (*vor dem Namen e-r verheirateten Ausländerin*).

mad·cap ['mædkæp] **1.** toll; **2.** Tollkopf *m*; Wildfang *m*; **mad·den** ['mædn] toll *od.* rasend machen; *it is ~ing* es ist zum Verrücktwerden.
mad·der ⚘, ⊕ ['mædə] Krapp *m.*
made [meid] *pret. u. p.p. von make 1.*
made-up ['meid'ʌp] zurechtgemacht; erfunden; fertig; *~ clothes pl.* Konfektion *f*; *~ of* bestehend aus.
mad·house ['mædhaus] Toll-, Irrenhaus *n*; '**mad·man** Wahnsinnige *m*, Irre *m*, Verrückte *m*; '**mad·ness** Wahnsinn *m*; *vet.* Tollwut *f*; Tollheit *f*; *Am.* Wut *f* (*at* über *acc.*).
ma·don·na [mə'dɔnə] Madonna *f*, Madonnendarstellung *f*; *~* **li·ly** ⚘ weiße Lilie *f.*
mad·ri·gal ♪ ['mædrigəl] Madrigal *n.*
mad·wom·an ['mædwumən] Wahnsinnige *f.*
mael-strom ['meilstrəum] Mahlstrom *m* (*Strudel*).
ma·es·tro [mɑ:'estrəu] Maestro *m*, Meister *m.*
maf·fick ['mæfik] wild *od.* lärmend feiern.
mag·a·zine [mægə'zi:n] Magazin *n*; Vorratsraum *m*; ⚔ Munitionslager *n*; Patronenbehälter *m*; Zeitschrift *f.*
mag·da·len ['mægdəlin] reuige Sünderin *f.*
ma·gen·ta ⚗ [mə'dʒentə] Magenta (-rot) *n* (*Färbemittel*).
mag·got ['mægət] Made *f*; *fig.* Grille *f*; '**mag·got·y** madig; grillenhaft.
Ma·gi ['meidʒai] *pl. die drei* Weisen *m/pl.* aus dem Morgenlande.
mag·ic ['mædʒik] **1.** *a.* '**mag·i·cal** □ magisch; zauberhaft; Zauber...; **2.** Magie *f*, Zauberei *f*; *fig.* Zauber *m*; **ma·gi·cian** [mə'dʒiʃən] Zauberer *m*, Magier *m*; **mag·ic lan·tern** Laterna magica *f.*
mag·is·te·ri·al □ [mædʒis'tiəriəl] obrigkeitlich; behördlich; maßgebend, autoritativ; *b. s.* herrisch; **mag·is·tra·cy** ['~trəsi] Richteramt *n*; die Richter *m/pl.*; **mag·is·trate** ['~treit] (Polizei-, Friedens)Richter *m.*
mag·na·nim·i·ty [mægnə'nimiti] Großmut *f*; **mag·nan·i·mous** □ [~'nænimәs] großmütig.
mag·nate ['mægneit] Magnat *m.*
mag·ne·sia ⚗ [mæg'ni:ʃə] Magnesia *f*; **mag'ne·si·um** ⚗ [~zjəm] Magnesium *n.*
mag·net ['mægnit] Magnet *m*; **mag·net·ic** [~'netik] (*~ally*) magnetisch; *~ tape* Tonband *n*; **mag·net·ism** ['~nitizəm] Magnetismus *m*; **mag·net·i·za·tion** [~nitai'zeiʃən] Magnetisierung *f*; '**mag·net·ize** magnetisieren; '**mag·net·iz·er** Magnetiseur *m*; **mag·ne·to** [mæg'ni:təu] *mot.* Magnetzünder *m.*
mag·nif·i·cat *eccl.* [mæg'nifikæt] Magnifikat *n*; *fig.* Lobgesang *m.*
mag·nif·i·cence [mæg'nifisns] Pracht *f*, Herrlichkeit *f*; **mag'nif·i·cent** prächtig, prachtvoll, herrlich; **mag·ni·fi·er** ['~faiə] Vergrößerungsglas *n*; '**mag·ni·fy** vergrößern (*a. fig.*); *~ing glass* Vergrößerungsglas *n*, Lupe *f*; **mag·nil·o·quence** [mæg'niləukwəns] Großsprecherei *f*; **mag'nil·o·quent** großsprecherisch; **mag·ni·tude** ['~tju:d] Größe *f*; Wichtigkeit *f*; *star of the first ~* Stern *m* erster Größe.
mag·no·lia ⚘ [mæg'nəuljə] Magnolie *f.*
mag·pie *orn.* ['mægpai] Elster *f*; *fig.* Klatschbase *f.*
Magyar ['mægjɑ:] **1.** Madjar(in); **2.** madjarisch.
mahl·stick *paint.* ['mɔ:lstik] Malstock *m.*
ma·hog·a·ny [mə'hɔgəni] Mahagoni(holz) *n.*
maid [meid] *lit.* Mädchen *n*; † Jungfrau *f*; (Dienst)Mädchen *n*; *old ~* alte Jungfer *f*; *~ of hono(u)r* Ehren-, Hofdame *f*; *Am. erste* Brautjungfer *f.*
maid·en ['meidn] **1.** *prov. od. co.* = *maid*; **2.** jungfräulich; unverheiratet; *fig.* Jungfern..., Erstlings...; *~ name* Mädchenname *m e-r Frau*; *~ speech* Jungfernrede *f*; '**~·hair** ⚘ Frauenhaar *n*; '**~·head** Jungfräulichkeit *f*; '**~·hood** Mädchenjahre *n/pl.*; '**~·like,** '**maid·en·ly** jungfräulich, mädchenhaft.
maid-of-all-work ['meidəv'ɔ:lwə:k] Mädchen *n* für alles; '**maid-serv·ant** Dienstmädchen *n.*
mail[1] *hist.* [meil] (Ketten)Panzer *m.*
mail[2] [~] **1.** Post(dienst *m*) *f*; Post

(-sendung) *f*; **2.** *bsd. Am.* aufgeben, mit der Post schicken; ˈ**mail·a·ble** *Am.* postversandfähig.

mail...: ˈ**~-bag** Briefträger-, Posttasche *f*; Postsack *m*; ˈ**~-box** *bsd. Am.* Briefkasten *m*; **~ car·ri·er** *Am.* Briefträger *m*; ˈ**~-coach** Postkutsche *f*; ˈ**~·man** *bsd. Am.* Briefträger *m*; ˈ**~-or·der firm**, *bsd. Am.* ˈ**~-or·der house** Versandhaus *n*; ˈ**~-train** Postzug *m*.

maim [meim] verstümmeln.

main [mein] **1.** Haupt..., hauptsächlich; *~ chance* materieller Vorteil *m*; *~ station teleph.* Hauptanschluß *m*; *by ~ force* mit voller Kraft; *~ plane unit* ✈ Tragwerk *n*; **2.** Hauptrohr *n*, -leitung *f*; Wasserleitung *f*; *poet.* Meer *n*; *~s pl.* ⚡ (Strom)Netz *n*; *~s aerial* Netzantenne *f*; *~s set* Netzempfänger *m*; *in the ~* in der Hauptsache, im wesentlichen; *s. might 1*; ˈ**~·land** Festland *n*; ˈ**main·ly** hauptsächlich.

main...: **~·mast** [ˈ~mɑːst, ⚓ ˈ~məst] Großmast *m*; **~·sail** [ˈ~seil, ⚓ ˈ~sl] Großsegel *n*; ˈ**~·spring** Uhrfeder *f*; *fig.* Haupttriebfeder *f*; ˈ**~·stay** ⚓ Großstag *n*; *fig.* Hauptstütze *f*; **2 Street** *Am.* Hauptstraße *f*; Kleinstadtbewohner *m/pl.*

main·tain [meinˈtein] (aufrecht)erhalten; beibehalten; *Meinung etc.* (unter)stützen; *Familie, Gespräch, Briefwechsel, Weg etc.* unterhalten; *Stellung, Preis etc.* behaupten; *~ that* behaupten, daß; **mainˈtain·a·ble** haltbar; **mainˈtain·er** Versorger(in); Verfechter(in).

main·te·nance [ˈmeintənəns] Erhaltung *f*; Unterhalt *m*; Behauptung *f*; Instandhaltung *f*.

main·top ⚓ [ˈmeintɔp] Großmars *m*.

mai·son·(n)ette [meizəˈnet] Einfamilienhaus *n*; zweistöckige Mietswohnung *f*.

maize ⚘ [meiz] Mais *m*.

ma·jes·tic [məˈdʒestik] (*~ally*) majestätisch; **maj·es·ty** [ˈmædʒisti] Majestät *f*; Würde *f*, Hoheit *f*.

ma·jor [ˈmeidʒə] **1.** größer; bedeutend(er), wichtig(er); mündig, volljährig; ♪ Dur *n*; *A ~* A-Dur *n*; *~ third* große Terz *f*; *~ key* Dur-Tonart *f*; *~ league Am. Baseball*: Oberliga *f* **2.** Major *m*; Mündige *m*, *f*, Volljährige *m*, *f*; *hinter Eigennamen*: der Ältere; *phls.* Obersatz *m*; *Am. univ.* Hauptfach *n*; **3.** *Am.* als Hauptfach studieren, sich spezialisieren *auf e-m Gebiet*; ˈ**~-ˈgen·er·al** Generalmajor *m*; **ma·jor·i·ty** [məˈdʒɔriti] Mehrheit *f*, Majorität *f*; Mehrzahl *f*; Mündigkeit *f*, Volljährigkeit *f*; Majorsstelle *f*, -rang *m*; *join the ~* sich zu seinen Vätern versammeln; ˈ**ma·jor road** Vorfahrtsstraße *f*.

make [meik] **1.** (*irr.*) *v/t. allg.* machen; herstellen, anfertigen, fabrizieren; schaffen; bilden; hervorbringen; (er)bauen; ergeben; (veran)lassen; machen *od.* ernennen zu; gewinnen, verdienen; sich erweisen als, abgeben; *Regel* aufstellen; *Verlust* (er)leiden; *Freundschaft, Frieden* schließen; *e-e Rede* halten; *~ believe that* so tun als ob, vorgeben zu; *~ the best of it* das Beste daraus machen, es möglichst gut ausnützen; sich damit abfinden; *~ capital out of* Kapital schlagen aus; *~ do with* sich behelfen mit, auskommen mit; *~ good ein Unrecht etc.* wieder gutmachen; *et.* ersetzen; *Wort* halten; wahr machen; glücklich bewerkstelligen; *~ it* F es schaffen; *~ (the) land* ⚓ Land sichten; *~ or mar s.o.* j-s Glück oder Unglück sein; *do you ~ one of us?* machen Sie mit?; *~ port* ⚓ den Hafen anlaufen; *~ shift* sich behelfen; *~ way* vorwärtskommen; *~ way for* vor *j-m* zurücktreten (*a. fig.*); *~ into* verarbeiten zu; *~ out* ausfindig machen; ausmachen, erkennen; verstehen; entziffern; beweisen; zu erkennen geben; hinstellen als; *Rechnung etc.* ausstellen, ausfertigen; vervollständigen; *~ over* übertragen; *~ up* ergänzen; vervollständigen; zs.-setzen, -stellen, -bringen *etc.*; bilden, ausmachen; ⚕ ausgleichen; *Streit* beilegen; verfertigen; zurechtmachen, schminken; erfinden; = *~ up for* (*v/i.*); *~ up one's mind* sich schlüssig werden, sich entschließen (*to inf.* zu *inf.*); sich abfinden (*to, for* mit *et.*); **2.** (*irr.*) *v/i.* sich *in e-r Richtung* bewegen; eintreten (*Flut*); *~ as if* sich stellen als ob; *~ after* nachjagen (*dat.*); *~ against* schaden (*dat.*); sprechen gegen; *~ at* auf *j.* losgehen; *~ away* sich davonmachen; ~ *away with* beseitigen; umbringen; *Geld* vertun; ~ *for* zugehen auf (*acc.*); sich aufmachen *od.* begeben nach; sprechen für, fördern; ~ *off* sich fortmachen, verschwinden; ~ *up* sich zurechtmachen, sich schminken; ~ *up for* nach-, aufholen; wieder gutmachen; für *et.* entschädigen; *Verlust* wieder einholen; ~ *up to s.o.* sich an j. heranmachen; sich mit j-m versöhnen; **3.** Mach-, Bauart *f*; Bau *m des Körpers*; Form *f*, Fasson *f*, Schnitt *m*; Fabrikat *n*, Erzeugnis *n*; Marke *f*, Typ *m*; ⚡ Schließen *n e-s Stromkreises*; *of poor* ~ minderwertig; *on the* ~ *sl.* auf Profit *od.* s-n Vorteil aus; '**~-be·lieve** **1.** Spiegelfechterei *f*; Schein *m*, Vorwand *m*, Verstellung *f*; **2.** vorgeblich, scheinbar; '**mak·er** Hersteller *m*, Erzeuger *m*; ♀ Schöpfer *m* (*Gott*).

make...: '**~·shift** **1.** Notbehelf *m*; **2.** behelfsmäßig; Behelfs..., Not...; '**~-up** Umbruch *m*, typographische Anordnung *f*; *fig.* Beschaffenheit *f*, Charakter *m*, Natur *f*; Schminke *f*, Make-up *n*; '**~·weight** Zugabe *f zum Gewicht*; *fig.* Lückenbüßer *m*.

mak·ing ['meikiŋ] Machen *n etc.*; Herstellung *f*; ~*s pl.* F Verdienst *m*; *in the* ~ im Werden; *that was the* ~ *of him* das machte ihn zu dem, was er ist; *have the* ~*s of* das Zeug haben zu.

mal·a·chite *min.* ['mæləkait] Malachit *m*.

mal·ad·just·ed *psych.* ['mælə'dʒʌstid] s-r Umwelt entfremdet, schlecht angepaßt; '**mal·ad'just·ment** mangelhafte Anpassung *f*.

mal·ad·min·is·tra·tion ['mælədminis'treiʃən] schlechte Verwaltung *f*, Mißwirtschaft *f*.

mal·a·droit ['mælə'drɔit] ungeschickt.

mal·a·dy ['mælədi] Krankheit *f*.

ma·laise [mæ'leiz] Unbehagen *n*, Unwohlsein *n*.

mal·a·prop·ism ['mæləprɔpizəm] Wortverwechslung *f*; **mal·a·pro·pos** ['~'æprəpəu] **1.** *adj.* ungelegen; **2.** *adv.* zur unrechten Zeit; **3.** et. Unangebrachtes *n*.

ma·lar·i·a ⚕ [mə'lɛəriə] Malaria *f*, Sumpffieber *n*; **ma'lar·i·al** malariaverseucht; Malaria...

Ma·lay [mə'lei] **1.** Malaie *m*, Malaiin *f*; **2.** malaiisch.

mal·con·tent ['mælkəntent] **1.** unzufrieden; **2.** Unzufriedene *m*, *f*.

male [meil] **1.** männlich; ~ *child* Knabe *m*; ~ *screw* Schraube(nspindel) *f*; **2.** Mann *m*; Männchen *n der Tiere*.

mal·e·dic·tion [mæli'dikʃən] Fluch *m*, Verwünschung *f*.

mal·e·fac·tor ['mælifæktə] Übeltäter *m*.

ma·lef·i·cence [mə'lefisns] Schädlichkeit *f*; **ma'lef·i·cent** schädlich.

ma·lev·o·lence [mə'levələns] Böswilligkeit *f*; **ma'lev·o·lent** □ böswillig (*to* gegen).

mal·for·ma·tion ['mælfɔ:'meiʃən] Mißbildung *f*.

mal·ice ['mælis] Bosheit *f*; Groll *m*; ⚖ böse Absicht *f*.

ma·li·cious □ [mə'liʃəs] boshaft, heimtückisch; ⚖ böswillig; **ma'li·cious·ness** Bosheit *f*.

ma·lign [mə'lain] **1.** □ schädlich; ⚕ bösartig; **2.** verleumden, beschimpfen; **ma·lig·nan·cy** [mə'lignənsi] Bosheit *f*; ⚕ Bösartigkeit *f*; **ma'lig·nant** □ **1.** boshaft, böswillig; ⚕ bösartig; **2.** Übelgesinnte *m*; **ma'lig·ni·ty** Bosheit *f*; Schadenfreude *f*; *bsd.* ⚕ Bösartigkeit *f*.

ma·lin·ger [mə'liŋgə] simulieren; **ma'lin·ger·er** Simulant *m*.

mall [mɔ:l] Promenade *f*; Mittelstreifen *m e-r Autobahn*.

mal·lard *orn.* ['mæləd] Stockente *f*.

mal·le·a·ble ['mæliəbl] hämmerbar, verformbar; *fig.* geschmeidig, anpassungsfähig.

mal·let ['mælit] Holzhammer *m*, Schlegel *m*; *Sport*: Schlagholz *n*.

mal·low ⚘ ['mæləu] Malve *f*.

malm·sey ['mɑ:mzi] Malvasier (-wein) *m*.

mal·nu·tri·tion ['mælnju:'triʃən] Unterernährung *f*.

mal·o·dor·ous □ [mæ'ləudərəs] übelriechend.

mal·prac·tice ['mæl'præktis] Übeltat *f*; ⚕ falsche Behandlung *f*; ⚖ Amtsmißbrauch *m*.

malt [mɔ:lt] **1.** Malz *n*; ~ *liquor* gegorener Malztrank *m*, *bsd.* Bier *n*; **2.** malzen; zu Malz machen; mit Malz versetzen.

Mal·tese ['mɔ:l'ti:z] **1.** maltesisch; **2.** Malteser(in).

mal·treat [mæl'tri:t] schlecht behandeln; mißhandeln; **mal'treat·ment** Mißhandlung *f.*

malt·ster ['mɔ:ltstə] Mälzer *m.*

mal·ver·sa·tion [mælvə:'seiʃən] Veruntreuung *f*; Amtsmißbrauch *m.*

ma·ma, mam·ma [mə'mɑ:] Mama *f.*

mam·mal ['mæməl] Säugetier *n*; **mam·ma·li·an** [mə'meiljən] Säugetier...

mam·mon ['mæmən] Mammon *m.*

mam·moth ['mæməθ] **1.** *zo.* Mammut *n*; **2.** riesig, ungeheuer.

mam·my F ['mæmi] Mami *f*; *Am.* farbiges Kindermädchen *n.*

man [mæn, *in Zssgn* ... mən] **1.** *pl.* **men** [men] Mann *m* (*a.* ⚔); Mensch(en *pl.*) *m*; Menschheit *f*; Diener *m*; Untertan *m*; *Schach*: Figur *f*; Damestein *m*; *attr.* männlich; *to a* ~, *to the last* ~ bis auf den letzen Mann; ~ *on leave* ⚔ Urlauber *m*; *be one's own* ~ sein eigener Herr sein; **2.** ⚔, ⚓ bemannen, besetzen; ~ *o.s.* sich ermannen.

man·a·cle ['mænəkl] **1.** Handfessel *f*; **2.** fesseln.

man·age ['mænidʒ] *v/t.* handhaben; behandeln; *Geschäft etc.* verwalten, führen, leiten; *Menschen, Tiere* leiten, lenken; *j.* herumbringen; mit *j-m* fertig werden; *et.* fertigbringen, möglich machen; ~ *to inf.* es fertigbringen zu *inf.*; *v/i.* die Aufsicht haben, die Geschäfte führen; es schaffen; auskommen, sich behelfen (*with* mit; *without* ohne); **'man·age·a·ble** □ handlich; lenksam; **'man·age·ment** Handhabung *f*; Verwaltung *f*, Leitung *f*, Direktion *f*, Geschäftsführung *f*; geschickte Behandlung *f*; Kunst (-griff *m*) *f*; **'man·ag·er** Verwalter *m*, Leiter *m*, Vorsteher *m*, Direktor *m*, Regisseur *m*, Unternehmer *m*, Impresario *m*, Manager *m*; *good* (*bad*) ~ guter (schlechter) Haushälter *m*; **'man·ag·er·ess** Leiterin *f*, Vorsteherin *f*, Direktorin *f*; **man·a·ge·ri·al** □ [~ə'dʒiəriəl] geschäftsführend, leitend, Direktions...

man·ag·ing ['mænidʒiŋ] geschäftsführend; Betriebs...; sparsam; ~ *clerk* Geschäftsführer *m*, Prokurist *m.*

man-at-arms ['mænət'ɑ:mz] Gewappnete *m.*

Man·ches·ter ['mæntʃistə]: ~ *goods pl.* Baumwollwaren *f/pl.*

Man·chu [mæn'tʃu:], **Man·chu·ri·an** [~'tʃuəriən] **1.** mandschurisch; **2.** Mandschu *m*; *das* Mandschurische.

man·da·mus ⚖ [mæn'deiməs] Befehl *m e-s höheren Gerichtes an ein niederes.*

man·da·rin ['mændərin] Mandarin *m*; *das* Mandarinische (*chines. Gebildetensprache*); *a.* **'man·da·rine** ⚘ Mandarine *f.*

man·da·tar·y ⚖ ['mændətəri] Mandatar *m* (*Bevollmächtigter*); **mandate** ['~deit] **1.** Mandat *n*; Befehl *m*; Auftrag *m*; Vollmacht *f*; **2.** unter ein Mandat stellen; **man'da·tor** Mandant *m* (*Vollmachterteiler*); **man·da·to·ry** ['~dətəri] **1.** befehlend; *Am.* obligatorisch; **2.** Mandatar(staat) *m.*

man·di·ble *anat.* ['mændibl] Kinnbacken *m*, Kiefer *m.*

man·do·lin ♪ ['mændəlin] Mandoline *f.*

man·drag·o·ra [mæn'drægərə], **man·drake** ⚘ ['~dreik] Alraun(e *f*) *m.*

man·drel ⊕ ['mændril] Dorn *m.*

man·drill *zo.* [~] Mandrill *m.*

mane [mein] Mähne *f*; **maned** mit einer Mähne.

man-eat·er ['mæni:tə] Menschenfresser *m.*

ma·nes ['mɑ:neiz] *pl.* Manen *pl.* (*Geister der Toten*).

ma·neu·ver [mə'nu:və] = *manoeuvre.*

man·ful □ ['mænful] mannhaft; **'man·ful·ness** Mannhaftigkeit *f.*

man·ga·nese ⚗ [mæŋgə'ni:z] Mangan *n*; **man·gan·ic** [~'gænik] manganhaltig; Mangan...

mange *vet.* [meindʒ] Räude *f.*

man·gel(-wur·zel) ['mæŋgl('wə:zl)] = *mangold.*

man·ger ['meindʒə] Krippe *f*; *dog in the* ~ F Neidhammel *m.*

man·gle[1] ['mæŋgl] **1.** Wringmaschine *f*; Wäschemangel *f*; **2.** mange(l)n; wringen.

man·gle[2] [~] zerstückeln, zerfleischen; *fig.* verstümmeln; **'man·gler** Fleischwolf *m.*

man·go ⚘ ['mæŋgəu] Mangopflaume *f*; -baum *m.*

man·gold ⚘ [ˈmæŋgəld] Mangold *m.*
man·grove ⚘ [ˈmæŋgrəuv] Mangrove *f.*
man·gy [ˈmeindʒi] räudig; schäbig.
man...: ˈ**~-han·dle** durch Menschenkraft bewegen; *sl.* rauh anpacken *od.* behandeln; ˈ**~-hat·er** Menschenfeind(in); ˈ**~·hole** ⊕ Mann-, Einsteigloch *n*; ˈ**~·hood** Mannesalter *n*; Männlichkeit *f*; Männer *m/pl.*; Menschentum *n*; ˈ**~-ˈhour** Arbeitsstunde *f* pro Mann.
ma·ni·a [ˈmeinjə] Wahnsinn *m*; Sucht *f*, Manie *f*; *in Zssgn*: ...sucht *f*; ...trieb *m*; ...narrheit *f*; **ma·ni·ac** [ˈ~niæk] **1.** Wahnsinnige *m*; **2.** *a.* **ma·ni·a·cal** □ [məˈnaiəkəl] wahnsinnig.
man·i·cure [ˈmænikjuə] **1.** Maniküre *f*; **2.** maniküren; ˈ**~-case** Maniküreetui *n*; **man·i·cur·ist** [ˈ~rist] Maniküre *f* (*Person*).
man·i·fest [ˈmænifest] **1.** □ offenbar, -kundig, augenscheinlich; **2.** ⚓ Ladungsverzeichnis *n*; **3.** *v/t.* offenbaren; zeigen, kundtun; *v/i.* e-e Kundgebung veranstalten; **man·i·fesˈta·tion** Offenbarung *f*; Kundgebung *f*; **man·iˈfes·to** [~təu] Manifest *n* (*öffentliche Erklärung*).
mani·fold □ [ˈmænifəuld] **1.** mannigfaltig; zahlreich; **2.** vervielfältigen; **3.** ⊕ Rohrverzweigung *f*; *intake ~ mot.* Einlaßkrümmer *m*; **~ writ·er** Vervielfältigungsgerät *n.*
man·i·kin [ˈmænikin] Männlein *n*; Gliederpuppe *f.*
Ma·nil·(l)a [məˈnilə] *a. ~ cheroot* Manilazigarre *f*; *a. ~ hemp* Manilahanf *m*; *~ paper* Packpapier *n.*
ma·nip·u·late [məˈnipjuleit] (geschickt) handhaben *od.* behandeln; zurechtmachen; **ma·nip·uˈla·tion** Manipulation *f*, Handhabung *f*, Behandlung *f*, Verfahren *n*; (künstliche) Beeinflussung *f*; Kniff *m*; **maˈnip·u·la·tive** [~lətiv] Handhabungs...; **maˈnip·u·la·tor** [~leitə] Handhaber *m*; *phys.* Manipulator *m.*
man·kind [mænˈkaind] Menschheit *f*; [ˈ~] Männerwelt *f*; ˈ**man·like** = *manly*; *mannish*; ˈ**man·li·ness** Männlich-, Mannhaftigkeit *f*; ˈ**man·ly** männlich; mannhaft.
man·na [ˈmænə] Manna *n, f.*
man·ne·quin [ˈmænikin] Mannequin *n, m*, Vorführdame *f*; *~ parade* Modenschau *f.*
man·ner [ˈmænə] (Art *f* u.) Weise *f*; Art *f*, Gattung *f*; *paint. etc.* Manier *f*, Stil *m*; *~s pl.* Manieren *f/pl.*; Umgangsformen *f/pl.*; Benehmen *n*; *no ~ of doubt* gar kein Zweifel; *in a ~* gewissermaßen; *in such a ~ that* derartig, daß; ˈ**man·nered** ...gesittet, ...geartet; manieriert, gekünstelt; ˈ**man·ner·ism** Manieriertheit *f*, Künstelei *f*; Manierismus *m*; ˈ**man·ner·li·ness** Manierlichkeit *f*, gute Lebensart *f*; ˈ**man·ner·ly** gesittet, manierlich.
man·nish [ˈmæniʃ] männlich (*Frau*).
ma·noeu·vra·ble, *Am. a.* **ma·neu·ver·a·ble** [məˈnu:vrəbl] manövrierfähig; **maˈnoeu·vre**, *Am. a.* **maˈneu·ver** [~və] **1.** Manöver *n* (*a. fig.*); *~s pl.* F *fig.* Mätzchen *pl.*; **2.** manövrieren (lassen).
man-of-war [ˈmænəvˈwɔ:] Kriegsschiff *n.*
ma·nom·e·ter *phys.*, ⊕ [məˈnɔmitə] Manometer *n*, Druckmesser *m.*
man·or [ˈmænə] (Ritter)Gut *n*; *lord of the ~* Gutsherr *m*; ˈ**~-house** Herrschaftshaus *n*, Herrensitz *m*; Schloß *n*; **ma·no·ri·al** [məˈnɔ:riəl] herrschaftlich; Ritterguts...
man·pow·er [ˈmænpauə] Menschenpotential *n*; Arbeitskräfte *f/pl.*
manse *schott.* [mæns] Pfarrhaus *n.*
man·serv·ant [ˈmænsə:vənt] Diener *m.*
man·sion [ˈmænʃən] herrschaftliches Wohnhaus *n*; *~s pl.* Häuserblock *m.*
man·slaugh·ter [ˈmænslɔ:tə] Totschlag *m*, fahrlässige Tötung *f.*
man·tel·piece [ˈmæntlpi:s], ˈ**man·tel·shelf** Kaminsims *m*, -platte *f.*
man·til·la [mænˈtilə] Mantille *f.*
man·tle [ˈmæntl] **1.** Mantel *m* (*a. anat.*, ⚠, *zo.*); *fig.* Schleier *m*, Hülle *f*; *a. incandescent ~* Glühstrumpf *m*; **2.** *v/t.* verhüllen; *fig.* bemänteln; *~ on* überziehen; *v/i.* sich röten (*Gesicht*); *~ with* sich überziehen mit.
man·trap [ˈmæntræp] Fußangel *f.*
man·u·al [ˈmænjuəl] **1.** □ Hand...; mit der Hand (gemacht); *~ exercises pl.* ⚔ Griffeüben *n*; *~ training* Werkunterricht *m*; **2.** Handbuch *n*, Leitfaden *m*; Manual *n der Orgel.*

man·u·fac·to·ry [mænju'fæktəri] Fabrik *f.*

man·u·fac·ture [mænju'fæktʃə] **1.** Fabrikation *f*, Herstellung *f*; Fabrikat *n*; **2.** fabrizieren, herstellen; verarbeiten (*into* zu); *fig.* erfinden; *~d goods pl.* Fabrik-, Fertig-, Manufakturwaren *f/pl.*; **man·u'fac·tur·er** Fabrikant *m*, Hersteller *m*; **man·u'fac·tur·ing** Fabrik...; Gewerbe...; Industrie...

ma·nure [mə'njuə] **1.** Dünger *m*; **2.** düngen.

man·u·script ['mænjuskript] **1.** Manuskript *n*; Handschrift *f*; **2.** handschriftlich.

Manx [mæŋks] **1.** von der Insel Man; **2.** *die* Bewohner *m/pl.* der Insel Man.

man·y ['meni] **1.** viele; *~ a* manche(r, -s); *~ a one* manch eine(r, -s); *as ~ as* nicht weniger als; *one too ~* einer zuviel; überflüssig; *be one too ~ for s.o.* j-m überlegen sein; **2.** Menge *f*; *a great ~*, *a good ~* e-e ziemliche Menge, ziemlich viele, sehr viele; '**~-'sid·ed** vielseitig.

map [mæp] **1.** (Land-, *a.* Himmels-) Karte *f*; *off the ~* F nicht vorhanden *od.* da, erledigt; *on the ~* F noch vorhanden, da; **2.** aufzeichnen, eintragen; kartographisch erfassen; *~ out* planen; einteilen.

ma·ple ♀ ['meipl] Ahorn *m.*

map·per ['mæpə] Kartograph *m.*

ma·quis ['mæki:] *der* Maquis, *die* französische Widerstandsbewegung.

mar [mɑ:] beeinträchtigen; stören, verderben.

mar·a·bou *orn.* ['mærəbu:] Marabu *m.*

mar·a·schi·no [mærə'ski:nəu] Maraschino(likör) *m.*

Mar·a·thon ['mærəθən] *a. ~ race* Langstrecken-, Marathonlauf *m.*

ma·raud [mə'rɔ:d] plündern; **ma'raud·er** Plünderer *m*, Marodeur *m.*

mar·ble ['mɑ:bl] **1.** Marmor *m*; Marmorbildwerk *n*; Murmel *f*; **2.** marmorn; *fig.* hart; **3.** marmorieren.

mar·cel [mɑ:'sel] **1.** *a. ~ wave* Ondulationswelle *f*; **2.** ondulieren.

March[1] [mɑ:tʃ] März *m.*

march[2] [~] **1.** Marsch *m*; Fortschritt *m*; Gang *m der Ereignisse etc.*; *~ past* ⚔ Vorbei-, Parademarsch *m*; *steal a ~ on s.o.* j-m zuvorkommen; **2.** marschieren (lassen), ziehen; gehen, schreiten; *fig.* vorwärtsschreiten; *~ off* ⚔ *Gefangene* abführen; *~ past* vorbeimarschieren.

march[3] [~] **1.** *mst ~es pl. hist.* Mark *f*, Grenzgebiet *n*; **2.** grenzen (*with* an *acc.*).

march·ing ['mɑ:tʃiŋ] Marsch...; *~ order* Marschausrüstung *f*; *~ orders pl.* Marschbefehl *m*; *in heavy ~ order* feldmarschmäßig.

mar·chion·ess ['mɑ:ʃənis] Marquise *f.*

march·pane ['mɑ:tʃpein] Marzipan *n*, *m.*

mare [mɛə] Stute *f*; *~'s nest fig.* Schwindel *m*; (Zeitungs)Ente *f.*

mar·ga·rine [mɑ:dʒə'ri:n], F *a.* **marge** [mɑ:dʒ] Margarine *f.*

mar·gin ['mɑ:dʒin] Rand *m*; Grenze *f*; Spielraum *m*; *a. ~ of profit* Verdienst-, Gewinn-, Handelsspanne *f*, Marge *f*; *~ of safety* Sicherheitsfaktor *m*; '**mar·gin·al** □ am Rande (befindlich); Rand...; *~ note* Randbemerkung *f.*

mar·grave ['mɑ:greiv] Markgraf *m*; **mar·gra·vine** ['~grəvi:n] Markgräfin *f.*

mar·gue·rite ♀ [mɑ:gə'ri:t] Gänseblümchen *n*; Marguerite *f.*

Ma·ri·a [mə'raiə]: *Black ~* F grüne Minna *f.*

mar·i·gold ♀ ['mærigəuld] Dotterblume *f.*

mar·i·jua·na [mæri'hwɑ:nə] Marihuana *n* (*Rauschgift*).

ma·ri·nade [mæri'neid] **1.** Marinade *f*; marinierter Fisch *m*; **2.** = **ma·ri·nate** [~'neit] marinieren.

ma·rine [mə'ri:n] **1.** See..., Marine...; Schiffs...; **2.** Marineinfanterist *m*; Marine *f*; *paint.* Seestück *n*; *tell that to the ~s!* mach das einem anderen weis!; **mar·i·ner** *poet. od.* ⚖ ['mærinə] Seemann *m.*

mar·i·o·nette [mæriə'net] Marionette *f.*

mar·i·tal □ ['mæritl] ehelich, Ehe..., Gatten...; *~ status* Familienstand *m.*

mar·i·time ['mæritaim] an der See liegend *od.* lebend, See...; Küsten-...; Schiffahrt(s)...; *~ power* Seemacht *f.*

mar·jo·ram ♀ ['mɑ:dʒərəm] Majoran *m.*

mark[1] [mɑ:k] Mark *f* (*Geldstück*).

mark[2] [~] **1.** Marke *f*, Merkmal *n*, Zeichen *n*; ✝ Preiszettel *m*, Auszeichnung *f an Waren*; Fabrik-, Schutzmarke *f*; (Brand)Mal *n*; Narbe *f*; Kratzer *m*, Fleck(en) *m*; Zeichen *n*, Kreuz *n* (*als Unterschrift*); Norm *f*, Standard *m*; *Schule*: Zensur *f*, Note *f*, Punkt *m*; *Sport*: Startlinie *f*; Ziel *n*; *vet.* Kennung *f*; *a man of* ~ ein Mann von Bedeutung; *up to the* ~ *fig.* auf der Höhe; den Erwartungen entsprechend; *hit the* ~ ins Schwarze treffen; *miss the* ~ vorbeischießen; *beside the* ~, *wide of the* ~ den Kern der Sache verfehlend; unrichtig; **2.** *v/t.* (be)zeichnen; *Waren* auszeichnen; *Stand e-s Spiels* anschreiben; kundtun; kennzeichnen, markieren; beachten, aufpassen auf (*acc.*); sich *et.* merken; ~ *down* (im Preis) herabsetzen; *j.* vormerken; ~ *off* abtrennen; ~ *out* bezeichnen; abstecken; vormerken; ~ *time* ⚔ auf der Stelle treten (*a. fig.*); **3.** *v/i.* achtgeben; ~! Achtung!; **marked** auffallend; merklich; ausgeprägt, markant; **mark·ed·ly** ['mɑ:kidli] ausgesprochen; '**mark·er** *Billard*: Markör *m*; Lesezeichen *n*.

mar·ket ['mɑ:kit] **1.** Markt *m*; Marktplatz *m*; Handel *m*; Absatz *m von Waren*; *in the* ~ am Markt; *come into the* ~ auf den Markt kommen, zum Verkauf angeboten werden; *play the* ~ *Am. sl.* an der Börse spekulieren; **2.** *v/t.* auf den Markt bringen, verkaufen; *v/i.* auf den Markt gehen; einkaufen; '**mar·ket·a·ble** □ ✝ marktfähig, -gängig, verkäuflich; **mar·ket·eer** [~'tiə]: *black* ~ Schwarzhändler *m*; '**mar·ket-gar·den** (Gemüse)Gärtnerei *f*; '**mar·ket·ing** Marketing *n*, Absatzpolitik *f*; Marktbesuch *m*; '**mar·ket-place** Marktplatz *m*; '**mar·ket-town** Markt(flecken) *m*; '**mar·ket-value** Markt-, Kurswert *m*.

mark·ing ['mɑ:kiŋ] Bezeichnung *f*, Markierung *f*; Musterung *f*, Zeichnung *f*; '**~-ink** Wäschetinte *f*.

marks·man ['mɑ:ksmən] (guter) Schütze *m*; '**marks·man·ship** Schießkunst *f*.

marl [mɑ:l] **1.** *min.* Mergel *m*; **2.** ⚒ mergeln.

mar·ma·lade ['mɑ:məleid] Orangenmarmelade *f*.

mar·mo·re·al □ *poet. u. rhet.* [mɑ:'mɔ:riəl] marmorn.

mar·mot *zo.* ['mɑ:mət] Murmeltier *n*.

ma·roon[1] [mə'ru:n] kastanienbraun.

ma·roon[2] [~] *auf e-r einsamen Insel* aussetzen.

ma·roon[3] [~] Leuchtrakete *f*.

mar·plot ['mɑ:plɔt] Störenfried *m*.

marque ⚓ [mɑ:k]: *letter(s pl.) of* ~ Kaperbrief *m*.

mar·quee [mɑ:'ki:] (großes) Zelt *n*.

mar·quess, *mst* **mar·quis** ['mɑ:kwis] Marquis *m* (*englischer Adelstitel*).

mar·que·try ['mɑ:kitri] Einlegearbeit *f*.

mar·riage ['mæridʒ] Heirat *f*, Ehe *f*; Ehestand *m*; Hochzeit *f*; *civil* ~ standesamtliche Trauung *f*; *by* ~ angeheiratet; *related by* ~ verschwägert; *take in* ~ zum Mann (zur Frau) nehmen; '**mar·riage·a·ble** heiratsfähig.

mar·riage...: ~ **ar·ti·cles** *pl.* Ehevertrag *m*; ~ **lines** *pl.* Trauschein *m*; ~ **por·tion** Mitgift *f*.

mar·ried ['mærid] verheiratet; ehelich; Ehe...; ~ *couple* Ehepaar *n*.

mar·row ['mærəu] Mark *n*; *fig.* Kern *m*, Beste *n*; *vegetable* ~ ⚘ Markkürbis *m*; '**~·bone** Markknochen *m*; ~*s pl. co.* Knie *n/pl.*; '**mar·row·y** markig.

mar·ry ['mæri] *v/t.* heiraten; verheiraten (*a. fig.*), vermählen (*to* mit); *eccl.* trauen; *v/i. a. get married* (sich ver)heiraten.

marsh [mɑ:ʃ] **1.** Sumpf *m*, Morast *m*, Marsch *f*; **2.** Sumpf...; ~ *fever* Sumpffieber *n*; ~ *gas* Sumpfgas *n*.

mar·shal ['mɑ:ʃəl] **1.** Marschall *m*; *hist.* Hofmarschall *m*; Zeremonienmeister *m*, Festordner *m*; *Am.* Bezirkspolizeichef *m*; Leiter *m* der Feuerwehr; **2.** ordnen; führen; zs.-stellen; **mar·shal·ling-yard** ['~ʃliŋjɑ:d] Verschiebebahnhof *m*; '**mar·shal·ship** Marschallamt *n*.

marsh mal·low ['mɑ:ʃmælou] ⚘ Eibisch *m*, Althee *f*; *Art* türkischer Honig *m*; **marsh mar·i·gold** Sumpfdotterblume *f*; '**marsh·y** sumpfig.

mar·su·pi·al *zo.* [mɑːˈsjuːpjəl] **1.** Beutel...; Beuteltier...; **2.** Beuteltier *n.*
mart [mɑːt] Markt *m*; Auktionsraum *m.*
mar·ten *zo.* [ˈmɑːtin] Marder *m.*
mar·tial □ [ˈmɑːʃəl] kriegerisch; Kriegs...; ~ *law* Kriegs-, Standrecht *n*; *state of* ~ *law* Belagerungszustand *m*; ~ *music* Militärmusik *f.*
Mar·tian [ˈmɑːʃjən] **1.** Marsbewohner *m*; **2.** Mars...
mar·tin[1] [ˈmɑːtin] Mauerschwalbe *f.*
Mar·tin[2] [~]: *St.* ~*'s summer* Altweibersommer *m.*
mar·ti·net [mɑːtiˈnet] Zuchtmeister *m*; Leuteschinder *m.*
mar·ti·ni [mɑːˈtiːni] Martini *m* (*Cocktail*).
Mar·tin·mas [ˈmɑːtinməs] Martinstag *m* (*11. November*).
mar·tyr [ˈmɑːtə] **1.** Märtyrer(in); **2.** zum Märtyrer machen; (zu Tode) martern; ˈ**mar·tyr·dom** Märtyrertum *n*; ˈ**mar·tyr·ize** quälen; opfern.
mar·vel [ˈmɑːvəl] **1.** Wunder *n*; **2.** sich wundern (*at* über *acc.*).
mar·vel·(l)ous □ [ˈmɑːvələs] wunderbar, erstaunlich; ˈ**mar·vel·(l)ous·ness** *das* Wunderbare.
Marx·ian [ˈmɑːksjən] **1.** Marxist *m*; **2.** marxistisch; ˈ**Marx·ism** Marxismus *m*; ˈ**Marx·ist** = *Marxian.*
mar·zi·pan [mɑːziˈpæn] Marzipan *n*, *m.*
mas·ca·ra [mæsˈkɑːrə] Wimperntusche *f.*
mas·cot [ˈmæskət] Maskottchen *n*, Talisman *m*, Glücksbringer(in); *radiator* ~ *mot.* Kühlerfigur *f.*
mas·cu·line [ˈmæskjulin] **1.** □ männlich; mannhaft; **2.** *gr.* Maskulinum *n.*
mash [mæʃ] **1.** Gemisch *n*; *Brauerei*: Maische *f*; ↗ Mengfutter *n*; **2.** mischen; zerdrücken, -quetschen; (ein)maischen; *sl. j-m* den Kopf verdrehen; ~*ed potatoes pl.* Kartoffelbrei *m*; *be* ~*ed on sl.* verschossen (*verliebt*) sein in (*acc.*); ˈ**mash·er** Maischapparat *m*; *sl.* Geck *m*; Schwerenöter *m*, Schürzenjäger *m.*
mash·ie [ˈmæʃi] Mashie *m* (*Golfschläger*).
mask [mɑːsk] **1.** Maske *f*; Larve *f*; *s. masque*; **2.** maskieren; *fig.* verbergen, verdecken; tarnen; **masked** maskiert; Masken...; ~ *ball* Maskenball *m*; ˈ**mask·er** Maske *f* (*Person*).
ma·so·chism *psych.* [ˈmæzəukizəm] Masochismus *m.*
ma·son [ˈmeisn] Steinmetz *m*; Maurer *m*; Freimaurer *m*; **ma·son·ic** [məˈsɔnik] freimaurerisch; **ma·son·ry** [ˈmeisnri] Mauerwerk *n.*
masque [mɑːsk] Maskenspiel *n*;
mas·quer·ade [mæskəˈreid] **1.** Maskenball *m*; Verkleidung *f*, Maskerade *f*; **2.** *fig.* sich maskieren.
mass[1] *eccl.* [mæs] Messe *f*; *High* ~ Hochamt *n*; *Low* ~ stille Messe *f.*
mass[2] [~] **1.** Masse *f*; Menge *f*; *the* ~*es pl.* die breite Masse; *in the* ~ im ganzen; **2.** (sich) (an)häufen; (sich) (an)sammeln.
mas·sa·cre [ˈmæsəkə] **1.** Blutbad *n*, Gemetzel *n*; **2.** niedermetzeln.
mas·sage [ˈmæsɑːʒ] **1.** Massage *f*; ~ (*suction*) *roller* Punktroller *m*; **2.** massieren.
mass com·mu·ni·ca·tions [ˈmæskəmjuːniˈkeiʃənz] *pl.* = *mass media.*
mas·seur [mæˈsəː] Masseur *m*;
mas·seuse [mæˈsəːz] Masseuse *f.*
mas·sif [ˈmæsiːf] (Gebirgs)Massiv *n.*
mas·sive □ [ˈmæsiv] massiv; schwer; gediegen; mächtig; ˈ**mas·sive·ness** *das* Massive, *das* Schwere; Gediegenheit *f.*
mass...: ~ **me·di·a** *pl.* Massenmedien *n/pl.*; ~ **meet·ing** Massenversammlung *f*, -veranstaltung *f*; ˈ~**-pro·duce** serienmäßig herstellen; ~ **pro·duc·tion** Massen-, Serienproduktion *f.*
mas·sy [ˈmæsi] massig; schwer; derb.
mast[1] ⚓ [mɑːst] **1.** Mast *m*; **2.** bemasten.
mast[2] [~] Mast(futter *n*) *f.*
mas·ter[1] [ˈmɑːstə] **1.** Meister *m in Handwerk, Kunst etc. u. fig.*; Herr *m* (*a. fig.*); Gebieter *m*; Lehrer *m*; Kapitän *m e-s Handelsschiffs*; *Anrede*: (junger) Herr *m*; *univ.* Rektor *m e-s College*; ~ *of Arts* Magister *m* Artium; ~ *of Ceremonies* Conférencier *m*; *be one's own* ~ sein eigener Herr sein; **2.** Meister...; *fig.* leitend, führend; Haupt...; **3.** Herr sein *od.* werden über (*acc.*); *Sprache etc.* meistern, beherrschen.
mas·ter[2] ⚓ [~] ...master *m*; *three-*~ Dreimaster *m.*

mas·ter-at-arms ⚓ ['mɑːstərət'ɑːmz] Schiffsprofos *m*; **mas·ter build·er** Baumeister *m*; **mas·ter·ful** □ ['~ful] herrisch, gebieterisch; meisterhaft; '**mas·ter-key** Hauptschlüssel *m*; '**mas·ter·less** herrenlos; unbändig; '**mas·ter·ly** meisterhaft.

mas·ter...: '**~·piece** Meisterstück *n*; '**~·ship** Meisterschaft *f*; Herrschaft *f*; Vorsteher-, Lehramt *n*; '**~-stroke** Meister-, Glanzstück *n*; '**mas·ter·y** Herrschaft *f*, Gewalt *f*; Vorrang *m*; Oberhand *f*; Meisterschaft *f*; Beherrschung *f e-r Sprache etc.*

mast-head ['mɑːsthed] Mars *m*, Mastkorb *m*.

mas·tic ['mæstik] Mastix(harz *n*) *m*.

mas·ti·cate ['mæstikeit] kauen; **mas·ti'ca·tion** Kauen *n*.

mas·tiff ['mæstif] englische Dogge *f*.

mas·to·don *zo.* ['mæstədɔn] Mastodon *n*.

mas·toid ⚕ ['mæstɔid] Warzenfortsatz *m hinter der Ohrmuschel.*

mat[1] [mæt] **1.** Matte *f*; Deckchen *n*; Unterlage *f*; **2.** mit Matten belegen; *fig.* bedecken; (sich) verflechten; (sich) verfilzen.

mat[2] ⊕ [~] mattiert, matt.

match[1] [mætʃ] Streichholz *n*.

match[2] [~] **1.** *der od. die od. das* Gleiche *od.* Passende; Partie *f*; Wettspiel *n*, -kampf *m*; Heirat *f*; *be a ~ for j-m* gewachsen sein; *meet one's ~* seinen Meister finden; **2.** *v/t.* passend machen, anpassen; vergleichen (*with* mit); passen zu, entsprechen (*dat.*); et. Gleiches *od.* Passendes finden *od.* geben zu; es aufnehmen mit; *well ~ed* zs.-passend; *v/i.* zs.-passen; *~ with* passen zu; *to ~* dazu passend.

match-box ['mætʃbɔks] Streichholzschachtel *f*.

match·et ['mætʃet] = *machete.*

match·less □ ['mætʃlis] unvergleichlich, ohnegleichen; '**match-mak·er** Ehestifter(in).

match·wood ['mætʃwud] Kleinholz *n*, Splitter *m/pl.*

mate[1] [meit] *Schach*: matt (setzen).

mate[2] [~] **1.** Gefährte *m*, Gefährtin *f*, Genosse *m*, Genossin *f*, Kamerad (-in); Gatte *m*, Gattin *f*; Männchen *n*, Weibchen *n von Tieren*; Gehilfe *m*, Gehilfin *f*; ⚓ Maat *m*; **2.** (sich) verheiraten; *zo.* (sich) paaren; '**mate·less** ohne Gefährten.

ma·ter *sl.* ['meitə] Mutter *f*.

ma·te·ri·al [mə'tiəriəl] **1.** □ materiell; stofflich; körperlich; materialistisch; wesentlich (*to* für); **2.** Material *n*, Stoff *m*; *coll. od. ~s pl.* Materialien *n/pl.*; Bestandteile *m/pl.*; *working ~* Werkstoff *m*; *writing ~s pl.* Schreibzeug *n*; **ma'te·ri·al·ism** Materialismus *m*; **ma'te·ri·al·ist** Materialist(in); **ma·te·ri·al'is·tic** (*~ally*) materialistisch; **ma·te·ri·al·i·ty** [~ri'æliti] Stofflichkeit *f etc.*; **ma·te·ri·al·i·za·tion** [~riəlai'zeiʃən] Materialisierung *f*; **ma'te·ri·al·ize** (sich) materialisieren; (sich) verkörperlichen; (sich) verwirklichen.

ma·ter·nal □ [mə'təːnl] mütterlich; Mutter...; mütterlicherseits; **ma'ter·ni·ty** [~niti] Mutterschaft *f*; Mütterlichkeit *f*; *mst ~ hospital* Entbindungsanstalt *f*; *~ dress* Umstandskleid *n*.

mat·ey ['meiti] vertraulich, kameradschaftlich.

math·e·mat·i·cal □ [mæθi'mætikəl] mathematisch; **math·e·ma·ti·cian** [~mə'tiʃən] Mathematiker *m*; **math·e·mat·ics** [~'mætiks] *mst sg.* Mathematik *f*.

maths F [mæθs] = *mathematics.*

mat·ie ['meiti] Matjeshering *m*.

mat·in ['mætin] **1.** *poet.* Morgen..., früh; **2.** *~s pl. eccl.* Morgengebet *n*; *poet.* Morgenlied *n der Vögel.*

mat·i·née ['mætinei] Nachmittagsvorstellung *f*; Matinee *f*.

ma·tri·arch ['meitriɑːk] Stammesmutter *f*; '**ma·tri·ar·chy** Matriarchat *n*, Mutterrecht *n*; **ma·tri·cide** ['~said] Muttermord *m*; Muttermörder(in).

ma·tric·u·late [mə'trikjuleit] (sich) immatrikulieren (lassen); **ma·tric·u'la·tion** Immatrikulation *f*.

mat·ri·mo·ni·al □ [mætri'məunjəl] ehelich; Ehe...; **mat·ri·mo·ny** ['~məni] Ehe(stand *m*) *f*.

ma·trix ['meitriks] *fig.* Nährboden *m*; *geol.* Mutterboden *m*; Grundmasse *f*, umgebendes Gestein *n*; ⊕ *a.* ['mætriks] Matrize *f*, Gießform *f*.

ma·tron ['meitrən] Matrone *f*, verheiratete Frau *f*; Hausmutter *f e-s Internats etc.*; Oberin *f in e-m Kran-*

kenhaus etc.; ˈ**ma·tron·ize** bemuttern; ˈ**ma·tron·ly** matronenhaft; *fig.* gesetzt.

mat·ter [ˈmætə] **1.** Materie *f*, Stoff *m*; ⚕ Eiter *m*; Gegenstand *m*; Inhalt *m*; Ursache *f*; Sache *f*, Angelegenheit *f*, Geschäft *n*; *typ.* Satz *m*; *~s pl.* die Umstände *m/pl.*, die Lage *f*; *postal ~* Postsachen *f/pl.*; *printed ~* Drucksache *f*; *in the ~ of* hinsichtlich (*gen.*); *what's the ~?* was gibt es?; was ist los?; *what's the ~ with you?* was fehlt Ihnen?; *no ~* es hat nichts zu sagen; *no ~ who* gleichgültig wer; *~ of course* Selbstverständlichkeit *f*; *as a ~ of course* selbstverständlich; *for that ~, for the ~ of that* was dies betrifft; *~ of fact* Tatsache *f*; *as a ~ of fact* tatsächlich, in der Tat; in Wirklichkeit; *~ in hand* vorliegende Sache *f*; *that is a hanging ~* das kann dich *etc.* den Hals kosten; *no laughing ~* nichts zum Lachen; **2.** von Bedeutung sein, darauf ankommen (*to* für); ins Gewicht fallen; *they ~* auf sie kommt es an; *it does not ~* es macht nichts; ˈ**~-of-ˈcourse** selbstverständlich; ˈ**~-of-ˈfact** tatsächlich; sachlich, nüchtern.

mat·ting [ˈmætiŋ] Mattenstoff *m*; -belag *m*.

mat·tock [ˈmætək] (Breit)Hacke *f*.

mat·tress [ˈmætris] Matratze *f*.

ma·ture [məˈtjuə] **1.** □ reif; reiflich (*Überlegungen etc.*); ⚓ fällig (*Wechsel*); **2.** reifen; zur Reife bringen; ⚓ fällig werden; **maˈtu·ri·ty** Reife *f*; ⚓ Fälligkeit *f*; Verfall(frist *f*) *m*.

ma·tu·ti·nal □ [mætjuːˈtainl] morgendlich; Morgen...

maud·lin □ [ˈmɔːdlin] sentimental, rührselig.

maul [mɔːl] schwer beschädigen; mißhandeln; *fig.* heruntermachen; *~ about* roh umgehen mit.

maul·stick *paint.* [ˈmɔːlstik] Malstock *m*.

maun·der [ˈmɔːndə] ziellos handeln, gammeln; faseln.

Maun·dy Thurs·day [ˈmɔːndiˈθəːzdi] Gründonnerstag *m*.

mau·so·le·um [mɔːsəˈliəm] Mausoleum *n*.

mauve [məuv] **1.** Malvenfarbe *f*; **2.** hellviolett.

mav·er·ick *Am.* [ˈmævərik] herrenloses Vieh *n* ohne Brandzeichen; *pol. u. fig.* Einzelgänger *m*.

maw [mɔː] *Tier-*Magen *m*; Rachen *m*.

mawk·ish □ [ˈmɔːkiʃ] rührselig, sentimental; ˈ**mawk·ish·ness** Rührseligkeit *f*, Sentimentalität *f*.

maw·worm [ˈmɔːwəːm] Spulwurm *m*.

max·il·lar·y [mækˈsiləri] Kiefer...

max·im [ˈmæksim] Maxime *f*, Grundsatz *m*; **max·i·mum** [ˈ~məm] **1.** Maximum *n*, Höchstmaß *n*, -stand *m*, -betrag *m*; **2.** Höchst..., Maximal...; *~ wages pl.* Spitzenlohn *m*.

May[1] [mei] Mai *m*; ♀ ⚘ Weißdornblüte *f*.

may[2] [~] *v/aux.* (*irr.*) mag, kann, darf.

may·be [ˈmeibiː] vielleicht.

may-bee·tle *zo.* [ˈmeibiːtl], ˈ**may-bug** Maikäfer *m*.

May Day [ˈmeidei] der 1. Mai.

may·fly *zo.* [ˈmeiflai] Eintagsfliege *f*.

may·hap † [ˈmeihæp] vielleicht.

may·on·naise [meiəˈneiz] Mayonnaise *f*.

may·or [mɛə] Bürgermeister *m*; ˈ**may·or·al** bürgermeisterlich; ˈ**may·or·al·ty** Bürgermeisteramt *n*, -würde *f*; ˈ**may·or·ess** Bürgermeisterin *f*.

may·pole [ˈmeipəul] Maibaum *m*.

maze [meiz] Irrgarten *m*, Labyrinth *n*; *fig. a.* Wirrnis *f*; *be ~d, be in a ~* bestürzt *od.* verlegen sein; ˈ**ma·zy** □ labyrinthisch; wirr, verworren.

Mc·Coy *Am. sl.* [məˈkɔi]: *the real ~* der wahre Jakob, das Richtige.

me [miː, mi] mich; mir; F ich.

mead[1] [miːd] Met *m*.

mead[2] *poet.* [~] = *meadow*.

mead·ow [ˈmedəu] Wiese *f*; ˈ**~-ˈsaf·fron** ⚘ Herbstzeitlose *f*; ˈ**mead·ow·y** wiesenartig, -reich.

mea·ger, mea·gre □ [ˈmiːgə] mager, dürr (*a. fig.*); dürftig; ˈ**mea·ger·ness**, ˈ**mea·gre·ness** Magerkeit *f*; Dürre *f*; Dürftigkeit *f*.

meal[1] [miːl] Mahl *n*; Mahlzeit *f*.

meal[2] [~] *grobes* Mehl *n*; **meal·ies** [ˈ~iz] *pl. Süd-Afrika*: Mais *m*.

meal·time [ˈmiːltaim] Essenszeit *f*.

meal·y [ˈmiːli] mehlig; ˈ**~-mouthed** duckmäuserig; zimperlich.

mean[1] □ [miːn] gemein, niedrig, gering; armselig; niederträchtig; schäbig; knauserig; kleinlich.

mean² [~] **1.** mittel, mittler, mittelmäßig; Durchschnitts...; *in the ~ time* = *~time*; **2.** Mitte *f*; Mittelmäßigkeit *f*; ⚖ Mittel *n*; *~s pl.* (Geld)Mittel *n/pl.*, Vermögen *n*; (Vermögens)Verhältnisse *n/pl.*; (*a. sg.*) Mittel *n*, Weg *m zu e-m Zweck*, Möglichkeit *f*; *by all ~s* jedenfalls; ganz gewiß; *by no ~s* keineswegs; *by this ~s* hierdurch; *by ~s of* mit Hilfe (*gen.*), durch; *by some ~s or other* auf irgendeine Weise; *~s test* Ermittlung *f* der Vermögensverhältnisse.

mean³ [~] (*irr.*) meinen; (ge)denken, beabsichtigen, vorhaben; bestimmen (*for* zu); sagen wollen (*by* mit); bedeuten, heißen; *~ well* (*ill*) es gut (schlecht) meinen (*by, a. to* mit).

me·an·der [mi'ændə] **1.** Windung *f*, Krümmung *f*; *~s pl. a.* Schlängelweg *m*; **2.** sich schlängeln.

mean·ing ['mi:niŋ] **1.** □ bedeutsam; *well ~* wohlmeinend, -wollend; **2.** Sinn *m*, Bedeutung *f*; ✎ Absicht *f*; '**mean·ing·less** bedeutungslos; sinnlos; ausdruckslos (*Züge*).

mean·ness ['mi:nnis] Gemeinheit *f*, Niedrigkeit *f etc.* (*s. mean¹*).

meant [ment] *pret. u. p.p. von mean³*.

mean·time ['mi:n'taim], **mean·while** ['mi:n'wail] mittlerweile, inzwischen, unterdessen.

mea·sles ['mi:zlz] *pl.* ⚕ Masern *pl.*; *vet.* Finnen *f/pl.*; *German ~* Röteln *pl.*; '**mea·sly** finnig; fleckig; *sl.* armselig.

meas·ur·a·ble □ ['meʒərəbl] meßbar.

meas·ure ['meʒə] **1.** Maß *n*; ♪ Takt *m*; Maßnahme *f*, -regel *f*; *~ of capacity* Hohlmaß *n*; *beyond ~* über alle Maßen; *in some ~* gewissermaßen; *in a great ~* großenteils; *made to ~* nach Maß gemacht; *for good ~* gut gemessen; *set ~s to* Grenzen setzen (*dat.*); *take s.o.'s ~* j. taxieren, j. abschätzen; *take ~s* Maßnahmen ergreifen; **2.** messen; ab-, aus-, vermessen; *j-m* Maß nehmen (*for* zu); *~ up Am.* heranreichen (*to* an); '**mea·sure·less** □ unermeßlich; '**meas·ure·ment** (Ab)Messung *f*; Maß *n*; ⚓ Tonnengehalt *m*.

meas·ur·ing ['meʒəriŋ] messend; Meß...

meat [mi:t] Fleisch *n* (*a. von Früchten*); † *od. prov.* Speise *f*; *fig.* (innerer) Gehalt *m*; *butcher's ~* Schlachtfleisch *n*; *fresh ~* Frischfleisch *n*; *preserved ~* Fleischkonserve *f*; *roast ~* Braten *m*; '**~-fly** *zo.* Schmeißfliege *f*; **~ pie** Fleischpastete *f*; '**~-safe** Fliegen-, Speiseschrank *m*; **~ tea** Tee *m* mit kalter Küche; '**meat·y** fleischig; *fig.* gehaltvoll.

mec·ca·no [mi'kɑ:nəu] Stabilbaukasten *m*.

me·chan·ic [mi'kænik] Handwerker *m*; Mechaniker *m*; **me'chan·i·cal** □ mechanisch; Maschinen...; *~ engineering* Maschinenbau(kunde *f*) *m*; **mech·a·ni·cian** [mekə'niʃən] Mechaniker *m*; Monteur *m*; **me·chan·ics** [mi'kæniks] *mst sg.* Mechanik *f*.

mech·a·nism ['mekənizəm] Mechanismus *m*; '**mech·a·nize** mechanisieren; ⚔ motorisieren.

med·al ['medl] Medaille *f*, Denkmünze *f*; Orden *m*, Auszeichnung *f*; '**med·al(l)ed** medaillengeschmückt; **me·dal·lion** [mi'dæljən] Medaillon *n*; Schaumünze *f*; **med·al·(l)ist** ['medlist] Medaillenschneider *m*; Münzkenner *m*; Medaillenträger (-in).

med·dle ['medl] (*with, in*) sich einmischen (in *acc.*); sich abgeben (mit); '**med·dler** Eindringling *m*, Unberufene *m*; **med·dle·some** ['~səm] □ zudringlich; vorwitzig.

me·di·a ['mi:djə] *pl. von medium*.

me·di·ae·val [medi'i:vəl] = *medieval*.

me·di·al □ ['mi:djəl], '**me·di·an** Mittel..., in der Mitte (stehend *od.* befindlich).

me·di·ate 1. □ ['mi:diit] mittelbar; **2.** ['mi:dieit] vermitteln; **me·di'a·tion** Vermittlung *f*; '**me·di·a·tor** Vermittler *m*; *eccl.* Mittler *m*; **me·di·a·to·ri·al** □ [~ə'tɔ:riəl], **me·di·a·to·ry** ['~ətəri] vermittelnd; Mittler...; **me·di·a·trix** ['~eitriks] Vermittlerin *f*.

med·i·cal □ ['medikəl] medizinisch, ärztlich; *~ board* Gesundheitsbehörde *f*; *~ certificate* Krankenschein *m*, Attest *n*; *~ evidence* ärztliches Gutachten *n*; *~ jurisprudence* Gerichtsmedizin *f*; *~ man* Arzt *m*,

Mediziner *m*; ~ *officer* Amtsarzt *m*; ~ *specialist* Facharzt *m*; ~ *student* Medizinstudent *m*; ♀ *Superintendent* Chefarzt *m*; ~ *ward* innere Abteilung *f e-s Krankenhauses*; **me'dic·a·ment** Heilmittel *n*.

med·i·cate ['medikeit] medizinisch behandeln; mit Arzneistoff versetzen; **med·i'ca·tion** Beimischung *f* von Arzneistoffen; medizinische Behandlung *f*; **med·i·ca·tive** ['~kətiv] heilend.

me·dic·i·nal □ [me'disinl] medizinisch; heilend, heilsam; als Arznei (dienend).

med·i·cine ['medsin] Medizin *f*; Arznei *f*; Heilkunde *f*; **'~-ball** *Sport*: Medizinball *m*; **'~-chest** Hausapotheke *f*; **'~-man** Medizinmann *m*.

med·i·co F *co.* ['medikəu] Medikus *m* (*Arzt*).

me·di·e·val □ [medi'i:vəl] mittelalterlich.

me·di·o·cre [mi:di'əukə] mittelmäßig; **me·di·oc·ri·ty** [~'ɔkriti] Mittelmäßigkeit *f*; kleiner Geist *m*.

med·i·tate ['mediteit] *v/i.* nachdenken (*on* über *acc.*), überlegen; *v/t.* sinnen auf (*acc.*); erwägen, planen; **med·i'ta·tion** Nachdenken *n*, -sinnen *n*; *innere* Betrachtung *f*; **med·i·ta·tive** □ ['~tətiv] nachdenklich, meditativ.

Med·i·ter·ra·ne·an [meditə'reinjən] Mittelmeer *n*.

me·di·um ['mi:djəm] **1.** *pl. a.* **me·di·a** ['~djə] Mitte *f*; Mittelweg *m*; Mittel *n*; Vermittlung *f*; vermittelnder Stoff *m*; *phys. u. Spiritismus*: Medium *n*; *biol.* Nährboden *m*; *Lebens*-Element *n*; **2.** mittel, mittlere(r, -s); *Zensur*: genügend; Mittel..., Durchschnitts...; **'~-sized** mittelgroß.

med·lar ⚘ ['medlə] Mispel *f*.

med·ley ['medli] Gemisch *n*; *contp.* Mischmasch *m*; ♪ Potpourri *n*.

me·dul·la [me'dʌlə] Mark *n*; **med'ul·lar·y** Mark...; markig.

me·du·sa *zo.* [mi'dju:zə] Meduse *f*, Qualle *f*.

meed *poet.* [mi:d] Lohn *m*.

meek □ [mi:k] sanft(mütig); demütig; bescheiden; **'meek·ness** Sanftmut *f*; Demut *f*.

meer·schaum ['miəʃəm] Meerschaum(pfeife *f*) *m*.

meet[1] [mi:t] passend; schicklich.

meet[2] [~] **1.** (*irr.*) *v/t.* treffen; begegnen (*dat.*); kennenlernen; abholen *vom Bahnhof etc.*; stoßen auf *den Gegner*; *e-r Meinung etc.* entgegenkommen; *Wunsch, Nachfrage* befriedigen, *e-m Wunsch* gerecht werden, *e-r Verpflichtung* nachkommen; *der Not* steuern; ~ *s.o. half-way fig.* j-m auf halbem Weg entgegenkommen; *come od. go od. run to* ~ *s.o.* j-m entgegenkommen *od.* -gehen *od.* -laufen; *they are well met* sie passen zueinander; ~ *one's death* den Tod finden; ~ *the eye* (*ear*) zu sehen (hören) sein; ~ *s.o.'s eye* j-s Blick erwidern; *v/i.* sich treffen, einander begegnen; feindlich zs.-stoßen, handgemein werden; sich versammeln; ~ *with* stoßen auf (*acc.*); erfahren, erleiden, betroffen werden von; ~ *with an accident* verunglücken; *make both ends* ~ mit seinen Einkünften auskommen, sich einrichten; **2.** *Sport*: (Zs.-) Treffen *n*.

meet·ing ['mi:tiŋ] Begegnung *f*; (Zs.-)Treffen *n*, Zs.-kunft *f*, Versammlung *f*; Sitzung *f*, Tagung *f*; **'~-house** Versammlungshaus *n*; Andachtshaus *n*, Kirche *f bsd. der Quäker*; **'~-place** Sammelplatz *m*.

meg·a·cy·cle ⚡ ['megəsaikl] Megahertz *n*; **meg·a·fog** ['~fɔg] sehr lautes Nebelsignal *n*; **meg·a·lith** ['~liθ] Megalith *m*, großer Steinblock *m*; **meg·a·lo·ma·ni·a** ['~ləu'meinjə] Größenwahn *m*; **meg·a·phone** ['~fəun] Megaphon *n*, Sprachrohr *n*; **meg·a·ton** ['~tʌn] Megatonne *f* (*Sprengwirkung von 1 Million t Trinitrotoluol*).

me·grim ['mi:grim] Migräne *f*; Grille *f*, Schrulle *f*; ~*s pl.* Schwermut *f*.

mel·an·chol·ic [mələn'kɔlik] melancholisch; **mel·an·chol·y** ['~kəli] **1.** Melancholie *f*, Schwermut *f*; **2.** melancholisch; schwermütig; düster.

mé·lange [mei'lɑ̃:nʒ] Mischung *f*, Gemisch *n*.

mê·lée ['melei] Handgemenge *n*; Tumult *m*.

mel·io·rate ['mi:ljəreit] (sich) verbessern.

mel·lif·lu·ent [me'lifluənt], *mst* **mel'lif·lu·ous** honigsüß.

mel·low ['meləu] **1.** □ mürbe, reif, weich; *fig.* gereift (*Urteil etc.*); mild; *fig.* weich, sanft, zart (*Ton, Farbe, Licht*); *sl.* angeheitert; **2.** reifen (lassen); weich machen *od.* werden; (sich) mildern; **'mel·low·ness** Reife *f*, Mürbheit *f*; Milde *f*; Sanftheit *f*, Weichheit *f*.

me·lo·di·ous □ [mi'ləudjəs] melodisch, wohlklingend; **me'lo·di·ous·ness** Wohlklang *m*; **mel·o·dist** ['melədist] Liederkomponist *m*, -sänger *m*; **'mel·o·dize** melodisch machen; *Lied etc.* vertonen; **mel·o·dra·ma** ['meləudrɑːmə] Melodrama *n*; Volksstück *n*; **me·lo·dra'mat·ic** melodramatisch; **mel·o·dy** ['melədi] Melodie *f*; Lied *n*.

mel·on ⚘ ['melən] Melone *f*.

melt [melt] (zer)schmelzen, zergehen (lassen); *fig.* zerfließen; *Gefühl* erweichen; ~ *away* dahinschmelzen; *fig.* (dahin)schwinden; ~ *down* einschmelzen; ~ *into tears* in Tränen zerfließen.

melt·ing □ ['meltiŋ] schmelzend; Schmelz...; *fig.* weich; schmachtend; **'~-point** Schmelzpunkt *m*; **'~-pot** Schmelztiegel *m* (*a. fig.*).

mem·ber ['membə] Mitglied *n*; *parl.* Abgeordnete *m, f*; Glied *n*; *make a* ~ eingliedern (*of* in *acc.*); **'mem·ber·ship** Mitgliedschaft *f*; Mitgliederzahl *f*; ~ *fee* Mitgliedsbeitrag *m*.

mem·brane ['membrein] Membran(e) *f*, Häutchen *n*; **mem'bra·nous, mem'bra·ne·ous** [~jəs] häutig.

me·men·to [mi'mentəu] Erinnerungszeichen *n*, Andenken *n*.

mem·o ['meməu] = *memorandum*.

mem·oir ['memwɑː] Denkschrift *f*; ~*s pl.* Memoiren *n/pl.*; Lebenserinnerungen *f/pl.*

mem·o·ra·ble □ ['memərəbl] denkwürdig.

mem·o·ran·dum [memə'rændəm] Notiz *f*; *pol.* Note *f*, Memorandum *n*; Schriftsatz *m*; (*mst* innerbetriebliche) Mitteilung *f*.

me·mo·ri·al [mi'mɔːriəl] **1.** Gedächtnis..., Gedenk...; **2.** Denkmal *n*; Denkschrift *f*; Eingabe *f*; Gesuch *n*; **me'mo·ri·al·ist** Bittsteller(in); **me'mo·ri·al·ize** ein Gesuch einreichen an (*acc.*).

mem·o·rize ['meməraiz] auswendig lernen, memorieren.

mem·o·ry ['meməri] Gedächtnis *n*; Erinnerung(svermögen *n*) *f*; Andenken *n*; *commit to* ~ dem Gedächtnis einprägen; *beyond* (*within*) *the* ~ *of man* vor (seit) Menschengedenken; *in* ~ *of* zum Andenken an (*acc.*).

men [men] *pl. von man*; Männer *m/pl.*; Menschen *m/pl.*; Mannschaft *f*.

men·ace ['menəs] **1.** (be)drohen; **2.** Gefahr *f*; Drohung *f*.

me·nag·er·ie [mi'nædʒəri] Menagerie *f*.

mend [mend] **1.** *v/t.* (ver)bessern; ausbessern, flicken; besser machen; *den Schritt* beschleunigen; ~ *the fire* (Kohlen *etc.*) nachlegen; ~ *one's ways* sich *moralisch* bessern; *v/i.* sich bessern; genesen; **2.** Flicken *m*; *on the* ~ auf dem Wege der Besserung.

men·da·cious □ [men'deiʃəs] lügnerisch, verlogen; **men·dac·i·ty** [~'dæsiti] Verlogenheit *f*; Unwahrheit *f*.

mend·er ['mendə] Ausbesserer *m*.

men·di·can·cy ['mendikənsi] Bettelei *f*; **'men·di·cant** **1.** bettelnd; Bettel...; **2.** Bettler *m*; Bettelmönch *m*; **men'dic·i·ty** [~siti] Bettelei *f*.

men·folk F ['menfəuk] *die* Männer *pl.*

men·hir ['menhiə] Druidenstein *m*.

me·ni·al *contp.* ['miːnjəl] **1.** □ knechtisch, niedrig; **2.** Knecht *m*; Lakai *m*.

men·in·gi·tis ⚕ [menin'dʒaitis] Hirnhautentzündung *f*, Meningitis *f*.

men·ses ['mensiːz] *pl.* Menses *pl.* (*s. menstruation*); **men·stru·al** ['~struəl] monatlich; Menstruations...; **men·stru'a·tion** Menstruation *f*, monatliche Regel *f*, Periode *f*.

men·su·ra·ble ['menʃurəbl] meßbar; **men·su·ra·tion** [~sjuə'reiʃən] Meßkunst *f*.

men·tal □ ['mentl] geistig; Geistes...; seelisch; ~ *arithmetic* Kopfrechnen *n*; ~ *institution* Nervenheilanstalt *f*; ~*ly ill* geisteskrank; **men·tal·i·ty** [~'tæliti] Mentalität *f*, Geisteshaltung *f*, Denkart *f*.

men·thol *pharm.* [ˈmenθɔl] Menthol *n.*
men·tion [ˈmenʃən] **1.** Erwähnung *f*; **2.** erwähnen; *don't ~ it!* bitte!; *not to ~ ..., without ~ing ...* ganz zu schweigen von ...; **men·tion·a·ble** [ˈ~ʃnəbl] erwähnenswert.
men·tor [ˈmentɔː] Mentor *m.*
men·u [ˈmenjuː] Speisenfolge *f*, Menü *n*; Speisekarte *f.*
Meph·is·to·phe·le·an [mefistəˈfiːljən] mephistophelisch, teuflisch.
mer·can·tile [ˈməːkəntail] kaufmännisch; Handels...; *~ marine* Handelsmarine *f.*
mer·ce·nar·y [ˈməːsinəri] **1.** □ feil, käuflich; gedungen; gewinnsüchtig; **2.** ⚔ Söldner *m.*
mer·cer [ˈməːsə] Seidenwaren-, Stoffhändler *m*; ˈ**mer·cer·y** Seidenwaren *f/pl.*, Stoffe *m/pl.*; Stoffgeschäft *n.*
mer·cer·ize [ˈməːsəraiz] *Baumwolle* merzerisieren (*veredeln*).
mer·chan·dise [ˈməːtʃəndaiz] Ware(n *pl.*) *f.*
mer·chant [ˈməːtʃənt] **1.** Kaufmann *m*; *Am.* Kleinhändler *m*, Händler *m*; **2.** Handels..., Kaufmanns...; *law ~* Handelsrecht *n*; ˈ**mer·chant·a·ble** marktfähig; ˈ**mer·chant·man, mer·chant ship** Handelsschiff *n.*
mer·ci·ful □ [ˈməːsiful] barmherzig; gnädig (*Gott, Strafe*); ˈ**mer·ci·ful·ness** Barmherzigkeit *f*, Gnade *f.*
mer·ci·less □ [ˈməːsilis] unbarmherzig, erbarmungslos; ˈ**mer·ci·less·ness** Erbarmungslosigkeit *f.*
mer·cu·ri·al [məːˈkjuəriəl] Merkur...; ⚗ Quecksilber...; *fig.* quecksilbrig; unbeständig, launisch.
Mer·cu·ry [ˈməːkjuri] Merkur *m*; *fig.* Bote *m*; ☿ ⚗ Quecksilber *n.*
mer·cy [ˈməːsi] Barmherzigkeit *f*; Gnade *f*; *be at s.o.'s ~* in j-s Gewalt sein; *at the ~ of the waves* den Wellen preisgegeben; *have ~ upon* sich erbarmen (*gen.*); *it is a ~ that ...* es ist ein wahrer Segen, daß ...; *~ killing* Gnadentod *m.*
mere[1] [miə] Teich *m*, Weiher *m.*
mere[2] [~] rein, lauter; bloß; *~(st) nonsense* rein(st)er Unsinn *m*; *~ words pl.* bloße Worte *n/pl.*; ˈ**mere·ly** nur, rein, bloß, lediglich, allein.
mer·e·tri·cious □ [meriˈtriʃəs] hurerisch; *fig.* aufdringlich; kitschig.
merge [məːdʒ] *v/t.* (*in*) verschmelzen (mit); einverleiben (*dat.*); *v/i.* (*in*) verschmelzen (mit), aufgehen (in *dat.*); ˈ**merg·er** Verschmelzung *f*; ⚕ Fusion *f.*
me·rid·i·an [məˈridiən] **1.** mittägig; Mittags...; *fig.* höchst; **2.** *geogr.* Meridian *m*; Mittag *m*; *fig.* Gipfel *m*; **meˈrid·i·o·nal** □ mittägig, südlich.
me·ringue [məˈræŋ] Baiser *n*, Meringe *f.*
me·ri·no [məˈriːnəu] Merinoschaf *n*; Merinowolle *f*; Merino *m* (*Stoff*).
mer·it [ˈmerit] **1.** Verdienst *n*; Wert *m*; Vorzug *m*; Bedeutung *f*; *~s pl. bsd.* ⚖ Hauptpunkte *m/pl.*, Wesen *n e-r Sache*; *on the ~s of the case* nach wesentlichen Gesichtspunkten; *on its (own) ~s* für sich allein, an sich; *make a ~ of* als Verdienst ansehen; **2.** *fig.* verdienen; **mer·i·to·ri·ous** □ [~ˈtɔːriəs] verdienstvoll, lobenswert.
mer·maid [ˈməːmeid] Seejungfer *f*, Nixe *f*; **mer·man** [ˈ~mæn] Wassermann *m*; Triton *m.*
mer·ri·ment [ˈmerimənt] Lustigkeit *f*; Belustigung *f*, Lustbarkeit *f.*
mer·ry □ [ˈmeri] lustig, fröhlich; scherzhaft, ergötzlich; *make ~* vergnügt *od.* lustig sein; **~-an·drew** [ˈ~ˈændruː] Hanswurst *m*; ˈ**~-go-round** Karussell *n*; ˈ**~-mak·ing** Lustbarkeit *f*, Fest *n*; ˈ**~·thought** Gabelbein *n e-s Huhns.*
me·sa *geogr.* [ˈmeisə] Tafelberg *m*, kleines Plateau *n.*
mé·sal·li·ance [meˈzæliəns] Mesalliance *f*, Mißheirat *f.*
me·seems † [miˈsiːmz] es scheint mir.
mes·en·ter·y *anat.* [ˈmesəntəri] Gekröse *n.*
mesh [meʃ] **1.** Masche *f*; *fig. oft ~es pl.* Netz *n*; *be in ~* ⊕ (ineinander-)greifen; **2.** in e-m Netz fangen; ⊕ (ineinander)greifen; **meshed** ...-maschig; ˈ**mesh-work** Netzwerk *n*; Gespinst *n.*
mes·mer·ism [ˈmezmərizəm] Mesmerismus *m*; ˈ**mes·mer·ize** magnetisieren.
mess[1] [mes] **1.** Wirrwarr *m*; Unordnung *f*, Durcheinander *n*; Schmutz *m*; F Manscherei *f*, P Schweinerei *f*;

F Schlamassel *m*; Klemme *f*; *make a* ~ *of* verpfuschen, P versauen; **2.** *v/t. a.* ~ *up* in Unordnung bringen; verpfuschen, verderben; *v/i.* ~ *about* herummanschen, -murksen.
mess² [~] **1.** Gericht *n*, Portion *f*; ⚔ Kasino *n*, Messe *f*; ⚓ Back *f*; **2.** zusammen speisen.
mes·sage [ˈmesidʒ] Botschaft *f*, Sendung *f*; Meldung *f*, Mitteilung *f*; *go on a* ~ e-e Besorgung machen.
mes·sen·ger [ˈmesindʒə] Bote *m*; ~ *boy* Botenjunge *m*, Kurier *m*.
Mes·sieurs, *mst* **Messrs.** [ˈmesəz] (die) Herren *m/pl.*; Firma *f*.
mess·ing al·low·ance ⚔ [ˈmesiŋəˈlauəns] Verpflegungsgeld *n*.
mess...: ˈ**~-jacket** ⚔ kurze Uniformjacke *f*; ˈ**~-mate** ⚔, ⚓ Tischgenosse *m*; ˈ**~-room** Kasino *n*; ˈ**~-tin** Kochgeschirr *n*.
mes·suage ⚖ [ˈmeswidʒ] Anwesen *n*.
met [met] *pret. u. p.p. von meet*² *1*.
met·a·bol·ic [metəˈbɔlik] Stoffwechsel...; **me·tab·o·lism** *physiol.* [meˈtæbəlizəm] Stoffwechsel *m*.
met·age [ˈmi:tidʒ] Meß-, Wägegeld *n*.
met·al [ˈmetl] **1.** Metall *n*; *Wegebau*: Beschotterung *f*, Schotter *m*; *~s pl.* F Schienen *f/pl.*, Geleise *n*; **2.** beschottern; **me·tal·lic** [miˈtælik] (*~ally*) metallisch; Metall...; **met·al·lif·er·ous** [metəˈlifərəs] metallhaltig; **met·al·line** [ˈ~lain] metallen; ˈ**met·al·lize** metallisieren; **met·al·log·ra·phy** [~ˈlɔgrəfi] Metallographie *f*; **met·al·loid** [ˈ~lɔid] **1.** metallartig; **2.** Nichtmetall *n*; **met·al·lur·gic, met·al·lur·gi·cal** □ [~ˈlə:dʒik(əl)] metallurgisch; **met·al·lur·gy** [meˈtælədʒi] Metallurgie *f*, Hüttenkunde *f*.
met·a·mor·phose [metəˈmɔ:fəuz] verwandeln, umgestalten; **met·aˈmor·pho·sis** [~fəsis], *pl.* **met·aˈmor·pho·ses** [~fəsi:z] Verwandlung *f*, Metamorphose *f*.
met·a·phor [ˈmetəfə] Metapher *f*, bildlicher Ausdruck *m*; **met·a·phor·ic**, *mst* **met·a·phor·i·cal** □ [~ˈfɔrik(əl)] bildlich, übertragen, metaphorisch.
met·a·phys·ic [metəˈfizik] **1.** *mst* **met·aˈphys·i·cal** □ metaphysisch; **2. met·aˈphys·ics** *oft sg.* Metaphysik *f*.
mete [mi:t] messen; *mst* ~ *out* zumessen.
me·te·or [ˈmi:tjə] Meteor *m*, *n* (*a. fig.*); **me·te·or·ic** [mi:tiˈɔrik] meteorisch; Meteor...; **me·te·or·ite** [ˈmi:tjərait] Meteorstein *m*, Meteorit *m*; **me·te·or·o·log·i·cal** □ [mi:tjərəˈlɔdʒikəl] meteorologisch; **me·te·or·ol·o·gist** [~ˈrɔlədʒist] Meteorologe *m*; **me·te·orˈol·o·gy** Meteorologie *f*, Wetterkunde *f*.
me·ter [ˈmi:tə] Messer *m*, Meßinstrument *n*, Zähler *m*.
me·thinks † [miˈθiŋks] (*pret. methought*) mich dünkt.
meth·od [ˈmeθəd] Methode *f*; Art u. Weise *f*; Verfahren *n*; Ordnung *f*, System *n*; **me·thod·ic**, *mst* **me·thod·i·cal** □ [miˈθɔdik(əl)] methodisch; **Meth·od·ism** *eccl.* [ˈmeθədizəm] Methodismus *m*; ˈ**Meth·od·ist** *eccl.* Methodist *m*; ˈ**meth·od·ize** methodisch ordnen.
me·thought † [miˈθɔ:t] *pret. von methinks*.
meth·yl ⚗ [ˈmeθil] Methyl *n*, **meth·yl·at·ed spir·it** [ˈmeθileitidˈspirit] vergällter Spiritus *m*; **meth·yl·ene** [ˈmeθili:n] Methylen *n*.
me·tic·u·lous □ [miˈtikjuləs] peinlich genau, äußerst gewissenhaft.
me·tre [ˈmi:tə] Versmaß *n*, Metrum *n*; Meter *n*, *m*.
met·ric [ˈmetrik] (*~ally*) metrisch; ~ *system* Dezimalsystem *n*; ˈ**met·ri·cal** □ metrisch; Vers...; messend; Maß...; ˈ**met·rics** *pl. u. sg.* Metrik *f*, Verslehre *f*.
Met·ro F [ˈmetrəu] Metro *f*, Stadtbahn *f*, U-Bahn *f*; ˈ**~·land** F *die* Außenbezirke *m/pl.*, *die* Vororte *m/pl. Londons*.
me·trop·o·lis [miˈtrɔpəlis] Hauptstadt *f*, Metropole *f*; **met·ro·pol·i·tan** [metrəˈpɔlitən] **1.** hauptstädtisch; ♀ *Railway* Stadtbahn *f*; **2.** Erzbischof *m*; Metropolit *m*.
met·tle [ˈmetl] Feuereifer *m*, Mut *m*; *be on one's* ~ sein Bestes tun; *put s.o. on his* ~ j. anspornen, sein möglichstes zu leisten; *a horse full of* ~ ein feuriges Pferd *n*; ˈ**met·tled, met·tle·some** [ˈ~səm] hitzig, feurig, mutig.
mew¹ *orn.* [mju:] Möwe *f*.
mew² [~] **1.** Miau *n*; **2.** miauen.
mew³ [~] *mst* ~ *up* einsperren, einschließen.

mewl [mju:l] wimmern, F mauzen.
mews [mju:z] *hist.* königlicher Marstall *m*; Stallung *f*; *daraus entstandene* Garagen *f/pl. od.* Wohnhäuser *n/pl.*
Mex·i·can [ˈmeksikən] **1.** mexikanisch; **2.** Mexikaner(in).
mez·za·nine [ˈmetsəni:n] Zwischenstock *m*, Mezzanin *n*.
mi·aow [mi:ˈau] **1.** Miau *n*; **2.** miauen.
mi·as·ma [miˈæzmə], *pl. a.* **miˈas·ma·ta** [~tə] schädliche Ausdünstung *f*; Ansteckungsstoff *m*; **miˈas·mal** □ miasmatisch.
miaul [miˈɔ:l] miauen; mauzen.
mi·ca *min.* [ˈmaikə] Glimmer *m*; **mi·ca·ce·ous** [~ˈkeiʃəs] glimmerartig; Glimmer...
mice [mais] *pl. von mouse.*
Mich·ael·mas [ˈmiklməs] Michaelis(tag *m*) *n* (*29. September*).
mi·cro... [ˈmaikrəu] klein..., Klein...
mi·crobe [ˈmaikrəub] Mikrobe *f*, Bakterie *f*; **miˈcro·bi·al** [~bjəl] mikrobisch.
mi·cro·cosm [ˈmaikrəukɔzəm] Mikrokosmos *m*; **mi·cro·film** [ˈ~film] **1.** Mikrofilm *m*; **2.** auf Mikrofilm aufnehmen.
mi·crom·e·ter [maiˈkrɔmitə] Mikrometer *n, m*; **mi·cro·phone** [ˈmaikrəfəun] Mikrophon *n*; **mi·cro·scope** [ˈ~skəup] Mikroskop *n*; **mi·cro·scop·ic, mi·cro·scop·i·cal** □ [~sˈkɔpik(əl)] mikroskopisch; Mikroskop...; winzig; äußerst genau *od.* fein; **mi·cro·wave** ⚡ [ˈmaikrəuweiv] Mikrowelle *f*, Dezimeterwelle *f*.
mid [mid] *s. middle* 2; Mitt...; *poet.* = *amid* inmitten *etc.*; *in ~ air* mitten in der Luft; *in ~ winter* mitten im Winter; **ˈ~·day 1.** Mittag *m*; **2.** mittägig; Mittags...
mid·den [ˈmidn] Misthaufen *m*; Müllgrube *f*.
mid·dle [ˈmidl] **1.** Mitte *f*; Hüften *f/pl.*; *~s pl.* ⚕ Mittelsorte *f*; **2.** mittlere(r, -s); Mittel...; *♀ Ages pl.* Mittelalter *n*; *~ class*(*es pl.*) Mittelstand *m*; **ˈ~-ˈaged** von mittlerem Alter; **ˈ~-ˈclass** Mittelstands...; **~ distance** *paint.* Mittelgrund *m*; **~ King·dom** *das* Reich der Mitte; **ˈ~·man** Mittelsmann *m*; ⚕ Zwischenhändler *m*; **ˈ~·most** mittelste(r, -s); **~ name** 2. Vorname *m*; **ˈ~-of-the-ˈroad** *pol.* Extreme meidend, gemäßigt; **ˈ~-ˈsized** mittelgroß; **ˈ~-weight** *Boxen*: Mittelgewicht *n*.
mid·dling [ˈmidliŋ] **1.** *adj.* mittelmäßig; leidlich; Mittel...; Durchschnitts...; **2.** *adv. a. ~ly* ziemlich, leidlich; **3.** *~s pl.* ⚕ Mittelsorte *f*.
mid·dy F [ˈmidi] = *midshipman.*
midge [midʒ] Mücke *f*; **midg·et** [ˈmidʒit] Zwerg *m*, Knirps *m*.
mid·land [ˈmidlənd] **1.** binnenländisch; **2.** *the ♀s pl.* Mittelengland *n*; **ˈmid-ˈmorn·ing break** große (Vormittags)Pause *f*; **ˈmid·most** mittelste(r, -s); **ˈmid·night 1.** Mitternacht *f*; **2.** mitternächtlich; Mitternachts...; **mid·riff** [ˈ~rif] Zwerchfell *n*; **ˈmid·ship·man** Seekadett *m*; Leutnant *m* zur See; *Am.* Oberfähnrich *m* zur See; **ˈmid·ships** ⚓ mittschiffs; **midst** [midst] **1.** Mitte *f*; *in the ~ of* inmitten (*gen.*); *in our ~* (mitten) unter uns; **2.** *prp. poet. s. amidst* inmitten *etc.*; **ˈmid·stream 1.** Strom-, Flußmitte *f*; **2.** *adv.* in der Flußmitte; **ˈmid·sum·mer** Sommersonnenwende *f*; Hochsommer *m*; *♀ Day* Johannistag *m*; **ˈmidˈway 1.** halber Weg *m*; *Am.* Schaubudenstraße *f*, Rummelplatz *m*; **2.** *adj.* in der Mitte befindlich; **3.** *adv.* auf halbem Wege; **ˈmid·wife** Hebamme *f*; **mid·wife·ry** [ˈ~wifəri] Geburtshilfe *f*; **ˈmid-ˈwin·ter** Wintersonnenwende *f*; Mitte *f* des Winters.
mien *lit.* [mi:n] Miene *f*.
miff F [mif] Verstimmung *f*.
might [mait] **1.** Macht *f*, Gewalt *f*, Kraft *f*; *with ~ and main* mit aller Gewalt; **2.** *pret. von may*; **might·i·ness** [ˈ~tinis] Macht *f*, Gewalt *f*; **ˈmight·y** □ **1.** *adj.* mächtig, gewaltig; F riesig; **2.** F *adv.* sehr, mächtig.
mi·gnon·ette ♀ [minjəˈnet] Reseda *f*.
mi·graine [ˈmi:grein] Migräne *f*.
mi·grant [ˈmaigrənt] **1.** = *migratory*; **2.** *a. ~ bird* Zugvogel *m*.
mi·grate [maiˈgreit] (fort)ziehen; (aus)wandern; **miˈgra·tion** Wanderung *f*; Zug *m*; **mi·gra·to·ry** [ˈ~grətəri] wandernd; Zug...; nomadisch.
mike *sl.* [maik] Mikrophon *n*.
mil [mil] Tausend *n*; $^1/_{1000}$ Zoll *m*.

mil·age ['mailidʒ] = *mileage*.
Mil·an·ese [milə'ni:z] **1.** mailändisch; **2.** Mailänder(in).
milch [miltʃ] milchgebend, melkbar; Milch...; ~ *cow* Milchkuh *f*.
mild □ [maild] mild, sanft; gelind; *to put it* ~*ly* gelinde gesagt.
mil·dew ['mildju:] **1.** Mehltau *m*, Brand *m im Getreide*; Moder-, Stockflecke *m/pl.*; **2.** mit Mehltau überziehen, brandig machen *od.* werden.
mild·ness ['maildnis] Milde *f*.
mile [mail] Meile *f* (*1609,33 m*).
mile·age ['mailidʒ] Laufzeit *f in Meilen*, Meilenstand *m e-s Autos*; Kilometergeld *n*.
mil·er ['mailə] *Sport*: Meilenläufer *m*.
mile·stone ['mailstəun] Meilenstein *m* (*a. fig.*).
mil·foil ⚘ ['milfɔil] Schafgarbe *f*.
mi·lieu ['mi:ljə:] Umwelt *f*, Milieu *n*.
mil·i·tan·cy ['militənsi] Kriegszustand *m*; '**mil·i·tant** □ streitend, kriegführend; kämpferisch, militant, aggressiv; **mil·i·ta·rism** ['~-tərizəm] Militarismus *m*; '**mil·i·ta·rist** Militarist *m*; '**mil·i·tar·y 1.** □ militärisch; Kriegs...; ~ *college* Kriegsschule *f*; ♀ *Government* Militärregierung *f*; ~ *map* Generalstabskarte *f*; **2.** *das* Militär *n*; **mil·i·tate** ['~teit]: ~ *in favour of* (*against*) sprechen für (gegen); **mi·li·tia** [mi'liʃə] Miliz *f*, Land-, Bürgerwehr *f*; **mi'li·tia·man** Milizsoldat *m*.
milk [milk] **1.** Milch *f*; *the* ~ *of human kindness* die Milch der frommen Denkungsart; *it's no use crying over spilt* ~ geschehen ist geschehen; ~ *and water fig.* Gewäsch *n*; **2.** *v/t.* melken; *fig.* schröpfen; ⚡ *u. tel.* anzapfen; *v/i.* Milch geben; '**milk-and-'wa·ter** weichlich; empfindsam; '**milk-bar** Milchbar *f*; '**milk-churn** Milchkanne *f*; '**milk·er** Melker(in); Milchkuh *f*; '**milk·ing-ma'chine** Melkmaschine *f*.
milk...: '~**maid** Milch-, Kuhmagd *f*; '~**man** Milchmann *m*; '~**-pow·der** Milchpulver *n*, Trokkenmilch *f*; '~**-'shake** Milchmischgetränk *n*; '~**sop** Weichling *m*; '~**-weed** ⚘ Wolfsmilch *f*; '~**-white** milchweiß; '**milk·y** milchig; Milch...; *fig.* weichlich; ♀ *Way* Milchstraße *f*.
mill[1] [mil] **1.** Mühle *f*; Fabrik *f*; Spinnerei *f*; Prägewerk *n*; *sl.* Keilerei *f*; *go through the* ~ *fig.* e-e harte Schule durchmachen; **2.** mahlen; ⊕ fräsen; *Geld* prägen; *Münze* rändeln; *Tuch* walken; *Ei* quirlen; (rund)herumlaufen; *sl.* durchwalken.
mill[2] *Am.* [~] ein tausendstel Dollar *m* (= $^1/_{10}$ *cent*).
mill·board ['milbɔ:d] starker Pappdeckel *m*; '**mill·dam** Mühlwehr *n*.
mil·le·nar·i·an [mili'nεəriən], **mil·len·ni·al** [mi'leniəl] tausendjährig; **mil·le·nar·y** ['~nəri] **1.** aus 1000 (Jahren) bestehend; **2.** Jahrtausend (-feier *f*) *n*; **mil'len·ni·um** [~niəm] Jahrtausend *n*; *das* Tausendjährige Reich Christi.
mil·le·pede *zo.* ['milipi:d] Tausendfüßer *m*.
mill·er ['milə] Müller *m*; ⊕ Fräsmaschine *f*.
mil·les·i·mal [mi'lesiməl] tausendste(r, -s); tausendfach.
mil·let ⚘ ['milit] Hirse *f*.
mill...: '~**-girl** Fabrik-, *bsd.* Spinnereiarbeiterin *f*; '~**-hand** Fabrikarbeiter *m*.
mil·li·ard ['miljɑ:d] Milliarde *f*.
mil·li·gram ['miligræm] Milligramm *n*.
mil·li·me·tre ['milimi:tə] Millimeter *n*.
mil·li·ner ['milinə] Putzmacherin *f*, Modistin *f*; '**mil·li·ner·y** Modewaren(geschäft *n*) *pl*.
mill·ing ['miliŋ] Mahlen *n etc.*; ~ *cutter* ⊕ Fräser *m*; ~ *machine* Fräsmaschine *f*; ~ *product* Mühlen-, Walzprodukt *n*.
mil·lion ['miljən] Million *f*; **mil·lion·aire** [~'nεə] Millionär(in); **mil·lionth** ['miljənθ] **1.** millionste (-r, -s); **2.** Millionstel *n*.
mill...: '~**-pond** Mühlteich *m*; '~**-race** Mühlgerinne *n*; '~**stone** Mühlstein *m*; *see through a* ~ F das Gras wachsen hören; '~**-wheel** Mühlrad *n*; '~**wright** Mühlenbauer *m*.
mi·lord [mi'lɔ:d] Lord *m*; reicher Engländer *m*.
milt[1] [milt] Milch *f der Fische*.
milt[2] ⚕ [~] Milz *f*.

milt·er *ichth.* ['miltə] Milch(n)er *m.*
mime [maim] **1.** Mime *m*; **2.** mimen, spielen.
mim·e·o·graph ['mimiəgrɑːf] **1.** Vervielfältigungsgerät *n*; **2.** vervielfältigen.
mi·met·ic [mi'metik] nachahmend.
mim·ic ['mimik] **1.** mimisch, nachahmend; nachgeahmt, Schein...; **2.** Mime *m*, Schauspieler *m*; **3.** nachahmen, nachäffen; '**mim·ic·ry** (possenhafte) Nachahmung *f*; *zo.* Angleichung *f*, Mimikry *f.*
mi·mo·sa ♀ [mi'məuzə] Mimose *f.*
min·a·ret ['minəret] Minarett *n.*
min·a·to·ry ['minətəri] drohend.
mince [mins] **1.** *v/t.* zerhacken, kleinschneiden; *he does not ~ matters* er nimmt kein Blatt vor den Mund; *~ one's words* geziert sprechen; *v/i.* sich zieren; **2.** *a. ~d meat* Hackfleisch *n*; '**~·meat** Pastetenfüllung *f* (*Rosinen, Talg, Zucker, Zitrone etc.*) *e-s mince-pie*; *make ~ of* in Stücke reißen; '**~-'pie** (mit *mincemeat* gefüllte) Pastete *f*; '**minc·er** Fleischwolf *m.*
minc·ing □ ['minsiŋ] affektiert; geziert; '**~-ma·chine** = *mincer.*
mind [maind] **1.** Sinn *m*, Gemüt *n*; Geist *m*, Verstand *m*; Meinung *f*; Absicht *f*; Neigung *f*, Lust *f*, Wille *m*; Gedächtnis *n*; Achtsamkeit *f*, Sorge *f*; *to my ~* meiner Ansicht nach, meines Erachtens; nach meinem Sinn; *~'s eye* geistiges Auge *n*; *out of one's ~, not in one's right ~* von Sinnen; *since time out of ~* seit unvordenklichen Zeiten; *change one's ~* sich anders besinnen; *bear s.th. in ~* (immer) an et. denken; *have (half) a ~ to* (beinahe) Lust haben zu; *have s.th. on one's ~* et. auf dem Herzen haben; *have in ~* im Sinne haben; *(not) know one's own ~* (nicht) wissen, was man will; *make up one's ~* sich entschließen; *make up one's ~ to s.th.* sich mit et. abfinden; *put s.o. in ~ of* j. erinnern an (*acc.*); *speak one's ~* offen s-e Meinung sagen; **2.** merken *od.* achten auf (*acc.*); beachten; sich kümmern um; etwas (einzuwenden) haben gegen, *et.* nicht mögen; *~!* gib acht!; *never ~!* mach dir nichts daraus!; macht nichts!; *~ the step!* Achtung, Stufe!; *I don't ~ (it)* ich habe nichts dagegen; *do you ~ if I smoke?* stört es Sie, wenn ich rauche?; *would you ~ taking off your hat?* würden Sie so freundlich sein, den Hut abzunehmen?; *~ your own business!* kümmern Sie sich um Ihre Angelegenheiten!; '**mind·ed** gesonnen, gewillt; ...gesinnt; '**mind·er** Wärter *m*; **mind·ful** ['~ful] (*of*) eingedenk (*gen.*); achtsam (auf *acc.*); '**mind·ful·ness** Achtsamkeit *f*; '**mind·less** □ geistlos, unvernünftig; achtlos; unbekümmert (*of* um), ungeachtet (*of gen.*).
mine[1] [main] **1.** der (die, das) meinige; mein; **2.** die Mein(ig)en *pl.*
mine[2] [~] **1.** Bergwerk *n*, Grube *f*; *fig.* Fundgrube *f*; ⚔ Mine *f*; **2.** *v/i.* graben, minieren; *v/t.* graben; ⚒ fördern; ⚔ unterminieren; ⚔ verminen; '**~·field** ⚔ Minenfeld *n*; ⚒ Grubengelände *n*; '**~·lay·er** ⚓, ⚔ Minenleger *m*; '**min·er** Bergmann *m*; *bsd.* ⚔ Minierer *m*; ⚓ Minenleger *m*; *~s' association* Knappschaft *f.*
min·er·al ['minərəl] **1.** Mineral *n*; *~s pl., ~ water* Mineralwasser *n*; **2.** mineralisch; '**min·er·al·ize** vererzen; versteinern; **min·er·al·o·gist** [~'rælədʒist] Mineraloge *m*; **min·er'al·o·gy** Mineralogie *f.*
mine·sweep·er ⚓ ['mainswiːpə] Minensucher *m.*
min·gle ['miŋgl] mischen; vermischen; sich mischen *od.* mengen (*with* unter).
min·gy F ['mindʒi] knickerig.
min·i·a·ture ['minjətʃə] **1.** Miniatur(gemälde *n*) *f*; **2.** in Miniatur; Miniatur...; Klein...; *~ camera* Kleinbildkamera *f.*
min·i·kin ['minikin] **1.** winzig; geziert; **2.** Knirps *m.*
min·im ['minim] ♪ halbe Note *f*; Tropfen *m* (*kleinste Flüssigkeitsmenge*); Knirps *m*; '**min·i·mize** möglichst klein machen; *fig.* verringern, bagatellisieren; **min·i·mum** ['~məm] **1.** Minimum *n*; Mindestmaß *n*, -stand *m*, -betrag *m*; **2.** Minimal..., Mindest...
min·ing ['mainiŋ] **1.** Berg(bau)...; Gruben...; ⚕ Montan...; ⚔, ⚓ Minen...; **2.** Bergbau *m.*
min·ion ['minjən] Günstling *m*; *fig.* Lakai *m*; *typ.* Kolonelschrift *f*; *~s of the law das* Auge des Gesetzes.

min·is·ter [ˈministə] **1.** Diener *m*; *fig.* Werkzeug *n*; Geistliche *m*, Pfarrer *m*; *pol.* Minister *m*; Gesandte *m*; **2.** *v/t.* darreichen, spenden; *v/i.* dienen, aufwarten; dienen, behilflich sein (*to s.th.* e-r Sache); Gottesdienst halten; **min·is·te·ri·al** □ [⁓ˈtiəriəl] *pol.* ministeriell, Ministerial...; Regierungs...; *eccl.* geistlich.
min·is·trant [ˈministrənt] **1.** dienend; **2.** *eccl.* Ministrant *m*; **min·isˈtra·tion** Dienst *m*, Amt *n* (*bsd. eccl.*); ˈ**min·is·try** geistliches Amt *n*; *pol.* Ministerium *n*; Regierung *f*, Kabinett *n*.
min·i·ver [ˈminivə] Grauwerk *n*, Feh *n* (*Pelz*).
mink *zo.* [miŋk] Nerz *m*.
min·now *ichth.* [ˈminəu] Elritze *f*.
mi·nor [ˈmainə] **1.** kleiner, geringer, weniger bedeutend; Unter...; ♪ Moll...; *A* ⁓ a-Moll *n*; ⁓ *third* kleine Terz *f*; ⁓ *key* Moll-Tonart *f*; **2.** Minderjährige *m*, *f*; *nach Eigennamen*: der Jüngere; *phls.* Untersatz *m*; *Am. univ.* Nebenfach *n*; **mi·nor·i·ty** [maiˈnɔriti] Minderheit *f*; Unmündigkeit *f*.
min·ster [ˈminstə] Münster *n*.
min·strel [ˈminstrəl] Spielmann *m*, Minnesänger *m*; ⁓*s pl.* Negersänger *m/pl.*; **min·strel·sy** [ˈ⁓si] Spielmannsdichtung *f*; Spielleute *pl*.
mint[1] ⚘ [mint] Minze *f*; ⁓ *sauce* (saure) Minzsoße *f*.
mint[2] [⁓] **1.** Münze *f*, Münzstätte *f*; *fig.* Gold-, Fundgrube *f*; *a* ⁓ *of money* e-e Menge Geld; **2.** einwandfrei, unbeschädigt (*Buch etc.*); **3.** münzen, prägen; ˈ**mint·age** Prägung *f*; geprägtes Geld *n*; Münzgebühr *f*.
min·u·et ♪ [minjuˈet] Menuett *n*.
mi·nus [ˈmainəs] **1.** *prp.* weniger; F ohne; **2.** *adj.* negativ; **2.** Minus (-zeichen) *n*; Mangel *m*.
mi·nute[1] [maiˈnju:t] □ sehr klein, winzig; unbedeutend; sehr genau, sorgfältig.
min·ute[2] [ˈminit] **1.** Minute *f*; *fig.* Augenblick *m*; kurzer Entwurf *m*; Notiz *f*; ⁓*s pl.* Protokoll *n*; *in a* ⁓ gleich, sofort; *to the* ⁓ auf die Minute; *the* ⁓ (*that*) sobald; **2.** protokollieren; entwerfen; aufzeichnen; ˈ**min·ute-hand** Minutenzeiger *m*.
min·ute·ly[1] [ˈminitli] *adv.* jede Minute.
mi·nute·ly[2] [maiˈnju:tli] peinlich genau; **miˈnute·ness** Kleinheit *f*; Genauigkeit *f*.
mi·nu·ti·a [maiˈnju:ʃiə], *pl.* **miˈnu·ti·ae** [⁓ʃii:] Einzelheit *f*.
minx [miŋks] dreistes Mädchen *n*, Racker *m*.
mir·a·cle [ˈmirəkl] Wunder *n*; *to a* ⁓ wundervoll; ⁓ *play* Mirakel(spiel) *n*; **mi·rac·u·lous** □ [miˈrækjuləs] wunderbar; übernatürlich; **miˈrac·u·lous·ness** *das* Wunderbare.
mi·rage [ˈmirɑ:ʒ] Luftspiegelung *f*, Fata Morgana *f* (*a. fig.*).
mire [ˈmaiə] **1.** Sumpf *m*, Kot *m*, Schlamm *m*, Dreck *m*; *be in the* ⁓ in der Patsche sitzen; *drag s.o. through the* ⁓ j. in den Schmutz ziehen; **2.** mit Schlamm *od.* Schmutz bedecken; *fig.* j. in Schwierigkeiten bringen; *his car was* ⁓*d* sein Auto blieb im Schlamm stecken.
mirk [mə:k] dunkel, düster.
mir·ror [ˈmirə] **1.** Spiegel *m*; **2.** (wider)spiegeln (*a. fig.*).
mirth [mə:θ] Fröhlichkeit *f*, Freude *f*; **mirth·ful** □ [ˈ⁓ful] fröhlich; ˈ**mirth·less** □ freudlos.
mir·y [ˈmaiəri] kotig.
mis... [mis] miß..., übel, falsch.
mis·ad·ven·ture [ˈmisədˈventʃə] Mißgeschick *n*, Unfall *m*.
mis·al·li·ance [ˈmisəˈlaiəns] Mißheirat *f*, Mesalliance *f*.
mis·an·thrope [ˈmizənθrəup] Menschenfeind *m*; **mis·an·throp·ic, mis·an·throp·i·cal** □ [⁓ˈθrɔpik(əl)] menschenfeindlich; **mis·an·thro·pist** [miˈzænθrəpist] Menschenfeind *m*; **misˈan·thro·py** Menschenhaß *m*.
mis·ap·pli·ca·tion [ˈmisæpliˈkeiʃən] falsche Anwendung *f*, Mißbrauch *m*; **mis·ap·ply** [ˈ⁓əˈplai] falsch anwenden, mißbrauchen.
mis·ap·pre·hend [ˈmisæpriˈhend] mißverstehen; ˈ**mis·ap·preˈhen·sion** Mißverständnis *n*.
mis·ap·pro·pri·ate [ˈmisəˈprəuprieit] sich *et.* widerrechtlich aneignen, unterschlagen, veruntreuen; ˈ**mis·ap·pro·priˈa·tion** widerrechtliche Aneignung *f*, Unterschlagung *f*, Veruntreuung *f*.
mis·be·come [ˈmisbiˈkʌm] sich nicht schicken für; ˈ**mis·beˈcom·ing** unschicklich.

mis·be·got(·ten) ['misbigɔt(n)] unehelich gezeugt; scheußlich.
mis·be·have ['misbi'heiv] sich schlecht benehmen; '**mis·be'hav·io(u)r** [~jə] schlechtes Benehmen *n.*
mis·be·lief ['misbi'li:f] Irrglaube *m*; **mis·be·lieve** ['~'li:v] irrgläubig sein; '**mis·be'liev·er** Irrgläubige *m, f.*
mis·cal·cu·late ['mis'kælkjuleit] falsch (be)rechnen; sich verrechnen; '**mis·cal·cu'la·tion** falsche (Be)Rechnung *f*; Rechenfehler *m.*
mis·call ['mis'kɔ:l] fälschlich nennen.
mis·car·riage [mis'kæridʒ] Mißlingen *n*; Verlust *m von Briefen*; Fehlgeburt *f*; ~ *of justice* Fehlspruch *m*; **mis'car·ry** mißlingen, fehlschlagen; verlorengehen (*Brief*); fehlgebären.
mis·cast *thea.* [mis'kɑ:st] (*irr. cast*) *e-m Schauspieler* die falsche Rolle geben; *Stück* fehlbesetzen.
mis·ce·ge·na·tion [misidʒi'neiʃən] Rassenmischung *f.*
mis·cel·la·ne·ous □ [misi'leinjəs] ge-, vermischt; vielseitig; **mis·cel'la·ne·ous·ness** Gemischtheit *f*; Mannigfaltigkeit *f.*
mis·cel·la·ny [mi'seləni] Gemisch *n*; Sammelband *m*; **mis'cel·la·nies** *pl.* vermischte Schriften *f/pl.*
mis·chance [mis'tʃɑ:ns] unglücklicher Zufall *m*; Unfall *m.*
mis·chief ['mistʃif] Schaden *m*, Unheil *n*; Unfug *m*, Mutwille *m*, Übermut *m*; F Racker *m*, Schelm *m* (*Kind*); *make* ~ *between* Unfrieden stiften zwischen; *get into* ~ Unfug treiben; *what etc. the* ~ ...? was *etc.* zum Teufel ...?; '**~-mak·er** Unheilstifter(in).
mis·chie·vous □ ['mistʃivəs] schädlich; schadenfroh; mutwillig; '**mis·chie·vous·ness** Schädlichkeit *f*; Schadenfreude *f*; Mutwille *m.*
mis·con·ceive ['miskən'si:v] falsch auffassen *od.* verstehen; **mis·con·cep·tion** ['~'sepʃən] falsche Auffassung *f*, Mißverständnis *n.*
mis·con·duct 1. [mis'kɔndʌkt] schlechtes Benehmen *n*; Fehltritt *m*, Ehebruch *m*; schlechte Verwaltung *f*; **2.** ['~kən'dʌkt] schlecht verwalten; ~ *o.s.* sich schlecht benehmen; e-n Fehltritt begehen.
mis·con·struc·tion ['miskən'strʌkʃən] Mißdeutung *f*; **mis·con·strue** ['~'stru:] mißdeuten.
mis·count ['mis'kaunt] **1.** falsch rechnen *od.* zählen; sich verrechnen; **2.** falsche Rechnung *f od.* Zählung *f.*
mis·cre·ant ['miskriənt] **1.** Schurke *m*; **2.** abscheulich, gemein.
mis·cre·a·ted ['miskri'eitid] monströs, unförmig.
mis·date [mis'deit] **1.** falsches Datum *n*; **2.** falsch datieren.
mis·deal ['mis'di:l] (*irr. deal*) *Karten*: vergeben.
mis·deed ['mis'di:d] Un-, Missetat *f.*
mis·de·mean·ant ⚖ [misdi'mi:nənt] Übeltäter *m*; **mis·de'mean·o(u)r** ⚖ [~nə] Vergehen *n.*
mis·di·rect ['misdi'rekt] irreleiten; an die falsche Adresse richten; '**mis·di'rec·tion** Irreleitung *f*; falsche Adressierung *f.*
mis·do·ing ['mis'du:iŋ] *mst* ~*s pl.* Vergehen *n.*
mise-en-scène *thea.* ['mi:zɑ̃:n'sein] Inszenierung *f.*
mi·ser ['maizə] Geizhals *m.*
mis·er·a·ble □ ['mizərəbl] elend; unglücklich, erbärmlich; '**mis·er·a·ble·ness** Elend *n.*
mi·ser·ly ['maizəli] geizig, filzig.
mis·er·y ['mizəri] Elend *n*, Not *f*, Trübsal *f*, Jammer *m*; Leid *n*; F Elendsgestalt *f.*
mis·fea·sance ⚖ [mis'fi:zəns] Mißbrauch *m* der Amtsgewalt.
mis·fire ['mis'faiə] **1.** Versager *m beim Schießen*; *mot.* Fehlzündung *f*; **2.** versagen; fehlzünden; *fig.* danebengehen.
mis·fit ['misfit] schlecht passendes Stück *n* (*Kleid, Stiefel etc.*); Einzelgänger *m*, Eigenbrötler *m.*
mis·for·tune [mis'fɔ:tʃən] Unglück (-sfall *m*) *n*; Mißgeschick *n.*
mis·give [mis'giv] (*irr. give*) Böses ahnen lassen; *my heart misgave me* mir ahnte Böses; **mis'giv·ing** böse Ahnung *f*, Befürchtung *f.*
mis·gov·ern ['mis'gʌvən] schlecht regieren; '**mis'gov·ern·ment** schlechte Regierung *f.*
mis·guide ['mis'gaid] irreleiten; '**mis'guid·ed** irre-, fehlgeleitet.
mis·han·dle ['mis'hændl] mißhandeln; falsch handhaben.
mis·hap ['mishæp] Unfall *m*; Unglück *n*; Mißgeschick *n*; Panne *f.*

mish·mash [ˈmiʃmæʃ] Mischmasch *m.*
mis·in·form [ˈmisinˈfɔːm] falsch unterrichten; ˈ**mis·in·forˈma·tion** falscher Bericht *m*, falsche Auskunft *f.*
mis·in·ter·pret [ˈmisinˈtəːprit] mißdeuten, falsch auslegen; ˈ**mis·in·ter·preˈta·tion** falsche Auslegung *f.*
mis·judge [ˈmisˈdʒʌdʒ] falsch (be-)urteilen *od.* einschätzen; sich verschätzen (in); ˈ**misˈjudg(e)·ment** falsche Beurteilung *f*; falsches Urteil *n.*
mis·lay [misˈlei] (*irr. lay*) verlegen.
mis·lead [misˈliːd] (*irr. lead*) irreführen; verleiten; **misˈlead·ing** irreführend.
mis·man·age [ˈmisˈmænidʒ] schlecht verwalten; ˈ**misˈman·age·ment** schlechte Verwaltung *f*; Mißwirtschaft *f.*
mis·name [ˈmisˈneim] beschimpfen; fälschlich nennen.
mis·no·mer [ˈmisˈnəumə] falsche Benennung *f od.* Bezeichnung *f.*
mi·sog·a·mist [miˈsɔgəmist] Ehefeind *m.*
mi·sog·y·nist [maiˈsɔdʒinist] Weiberfeind *m*; **miˈsog·y·ny** Weiberhaß *m.*
mis·place [ˈmisˈpleis] falsch stellen, verstellen; verlegen; übel anbringen.
mis·print 1. [misˈprint] verdrucken; **2.** [ˈmisˈprint] Druckfehler *m.*
mis·pro·nounce [ˈmisprəˈnauns] falsch aussprechen; **mis·pro·nun·ci·a·tion** [ˈ~prənʌnsiˈeiʃən] falsche Aussprache *f.*
mis·quo·ta·tion [ˈmiskwəuˈteiʃən] falsches Zitat *n*; ˈ**misˈquote** falsch anführen *od.* zitieren.
mis·read [ˈmisˈriːd] (*irr. read*) falsch lesen *od.* deuten.
mis·rep·re·sent [ˈmisrepriˈzent] falsch darstellen, verdrehen; ˈ**mis·rep·re·senˈta·tion** falsche Darstellung *f*, Verdrehung *f.*
mis·rule [ˈmisˈruːl] **1.** Unordnung *f*; Tumult *m*; schlechte Regierung *f*; **2.** schlecht regieren.
miss[1] [mis] *mst* ♀ Fräulein *n*; junges Mädchen *n*, Backfisch *m.*
miss[2] [~] **1.** Verlust *m*; Fehlschuß *m*, -stoß *m*, -wurf *m*, -schlag *m*; **2.** *v/t.* (ver)missen; *Weg, Ziel* verfehlen; *Gelegenheit etc.* verpassen, sich entgehen lassen; auslassen; übersehen, -hören; versäumen; ~ *fire* versagen; ~ *one's footing* ausgleiten; ~ *one's hold* fehlgreifen; ~ *out* auslassen; *v/i.* fehlen (*nicht treffen*); fehlgehen.
mis·sal *eccl.* [ˈmisəl] Meßbuch *n.*
mis·shap·en [ˈmisˈʃeipən] verunstaltet; mißgestaltet.
mis·sile [ˈmisail] (Wurf)Geschoß *n*; Rakete *f.*
miss·ing [ˈmisiŋ] fehlend, abwesend; *bsd.* ⚔ vermißt; verschollen; *be* ~ fehlen, vermißt werden.
mis·sion [ˈmiʃən] Sendung *f*; Auftrag *m*; Berufung *f*, Lebensziel *n*; Gesandtschaft *f*; *eccl., pol.* Mission *f*; **mis·sion·ar·y** [ˈmiʃnəri] **1.** Missionar *m*; **2.** Missions...
mis·sis F [ˈmisiz] Frau *f.*
mis·sive [ˈmisiv] Sendschreiben *n.*
mis·spell [ˈmisˈspel] (*irr. spell*) falsch buchstabieren *od.* schreiben.
mis·spend [ˈmisˈspend] (*irr. spend*) falsch verwenden, vergeuden.
mis·state [ˈmisˈsteit] falsch angeben; ˈ**misˈstate·ment** falsche Angabe *f.*
mis·sus F [ˈmisəz] Frau *f.*
miss·y F [ˈmisi] kleines Fräulein *n.*
mist [mist] **1.** Nebel *m*; *in a* ~ irre, verdutzt; **2.** (um)nebeln; sich trüben; beschlagen.
mis·tak·a·ble [misˈteikəbl] leicht mißzuverstehend *od.* zu verkennend; **misˈtake 1.** (*irr. take*) *v/t.* sich irren in (*dat.*), verkennen; falsch auffassen, mißverstehen; verwechseln (*for* mit), fälschlich halten (*for* für); *be* ~*n* sich irren; *v/i.* ⚒ sich irren; **2.** Irrtum *m*; Versehen *n*; Fehler *m*; *by* ~ aus Versehen; *and no* ~ F ganz gewiß; **misˈtak·en** □ irrig, falsch (verstanden); ~ *identity* Personenverwechslung *f.*
mis·ter [ˈmistə] (*abbr.* **Mr.**) Herr *m.*
mis·time [ˈmisˈtaim] zur unrechten Zeit tun *od.* sagen; ˈ**misˈtimed** unzeitig.
mist·i·ness [ˈmistinis] Nebligkeit *f*; *fig.* Unklarheit *f.*
mis·tle·toe ⚘ [ˈmisltəu] Mistel *f.*
mis·trans·late [ˈmistrænsˈleit] falsch übersetzen; ˈ**mis·transˈla·tion** falsche Übersetzung *f.*
mis·tress [ˈmistris] Herrin *f*; Haus-

frau *f*; Lehrerin *f*; Geliebte *f*, Mätresse *f*; Meisterin *f in e-r Kunst etc.*
mis·tri·al ⚖ ['mis'traiəl] ungültiges Verfahren *n*.
mis·trust ['mis'trʌst] **1.** mißtrauen (*dat.*); **2.** Mißtrauen *n*; '**mis'trust·ful** □ [~ful] mißtrauisch.
mist·y □ ['misti] neb(e)lig; *fig.* unklar.
mis·un·der·stand ['misʌndə'stænd] (*irr. stand*) mißverstehen; '**mis·un·der'stand·ing** Mißverständnis *n*.
mis·us·age [mis'ju:zidʒ] Mißbrauch *m*; Mißhandlung *f*.
mis·use 1. ['mis'ju:z] mißbrauchen; mißhandeln; **2.** ['~'ju:s] Mißbrauch *m*.
mite[1] *zo.* [mait] Milbe *f*.
mite[2] [~] Heller *m*; Scherflein *n*; *a ~ (of a child)* ein Wurm *m* (von Kind).
mit·i·gate ['mitigeit] mildern, lindern (*a. fig.*); **mit·i'ga·tion** Milderung *f*, Linderung *f*.
mi·tre, mi·ter ['maitə] **1.** Mitra *f*, Bischofsmütze *f*, -würde *f*; ⊕ Gehrung *f*; **2.** mit der Bischofswürde bekleiden; ⊕ auf Gehrung verbinden; '**mi·tre-wheel** ⊕ Kegelrad *n*.
mitt [mit] Baseball-Handschuh *m*; F Boxhandschuh *m*; = *mitten*.
mit·ten ['mitn] Fausthandschuh *m*; Halbhandschuh *m* (*ohne Finger*); *Am. sl.* Tatze *f* (*Hand*); *get the ~* F einen Korb bekommen.
mix [miks] **1.** (sich) (ver)mischen, mengen; *~ in society* in der Gesellschaft verkehren; *~ed* gemischt (*fig. zweifelhaft*); *~ed marriage* Mischehe *f*; *~ed pickles pl.* Mixed Pickles *pl.* (*Essiggemüse*); *~ up* vermengen; verwechseln; *be ~ed up with* in *e-e Angelegenheit* verwickelt sein; *~ with* verkehren mit; **2.** (back- *od.* kochfertige) Mischung *f*; '**mix·er** Mischer *m*; (Bar)Mixer *m*; *Radio*: Toningenieur *m*; *Küche*: Mixer *m*; *good (bad) ~* (wenig) umgänglicher Mensch *m*; **mix·ture** ['~tʃə] Mischung *f*, Gemisch *n* (*a. fig.*), Mixtur *f*; '**mix-'up** Durcheinander *n*.
miz·en, miz·zen ⚓ ['mizn] Besan *m*; *attr.* Besan..., Kreuz...
miz·zle F ['mizl] nieseln; jammern, klagen; verwirren.

mne·mon·ic [ni:'mɔnik] **1.** (*~ally*) mnemotechnisch; Gedächtnis...; **2. mne'mon·ics** *pl.* Gedächtniskunst *f*.
mo *co. od.* V [məu] = *moment*.
moan [məun] **1.** Stöhnen *n*; **2.** stöhnen.
moat [məut] Burg-, Stadtgraben *m*; '**moat·ed** von e-m Wassergraben umgeben.
mob [mɔb] **1.** Pöbel *m*, Mob *m*; Pöbelhaufen *m*; **2.** anpöbeln; '**mob·bish** pöbelhaft.
mob-cap ['mɔbkæp] Morgenhaube *f*.
mo·bile ['məubail] **1.** beweglich; ⚔ mobil; **2.** Mobile *n*; **mo·bil·i·ty** [~'biliti] Beweglichkeit *f*; **mo·bi·li·za·tion** ⚔ [~bilai'zeiʃən] Mobilmachung *f*; '**mo·bi·lize** ⚔ mobil machen.
mob-law ['mɔblɔ:] Lynchjustiz *f*.
mob·oc·ra·cy [mɔ'bɔkrəsi] Pöbelherrschaft *f*; **mob·ster** ['mɔbstə] Bandenmitglied *n*.
moc·ca·sin ['mɔkəsin] weiches Leder *n*; Mokassin *m* (*Schuh*).
mo·cha ['mɔkə] Mokka(kaffee) *m*.
mock [mɔk] **1.** Hohn *m*, Spott *m*; **2.** Schein..., falsch, nachgemacht; *~ fight* Scheingefecht *n*; **3.** *v/t.* verhöhnen, verspotten; nachmachen; täuschen; vereiteln; *v/i.* spotten (*at* über *acc.*); '**mock·er** Spötter(in); '**mock·er·y** Spötterei *f*, Gespött *n*; Hohn *m*; Äfferei *f*; '**mock-he'ro·ic** komisch-heroisch; '**mock·ing 1.** Gespött *n*; Hohn *m*; **2.** □ spöttisch; '**mock·ing-bird** Spottdrossel *f*.
mock...: '**~-king** Schattenkönig *m*; '**~-'tur·tle soup** falsche Schildkrötensuppe *f*; '**~-up** Nachbildung *f*, Modell *n*.
mod·al □ ['məudl] *bsd. gr.* modal; **mo·dal·i·ty** [~'dæliti] Modalität *f*.
mode [məud] (Art *f* u.) Weise *f*; (Erscheinungs)Form *f*; Sitte *f*, Mode *f*; *gr.* Modus *m*.
mod·el ['mɔdl] **1.** Modell *n*; Muster *n*; *fig.* Vorbild *n*; Vorführdame *f*; *attr.* Muster..., musterhaft, vorbildlich; *act as a ~* Modell stehen (*to dat.*); *~ aircraft* Flug(zeug)modell *n*; **2.** modellieren; abformen; *fig.* modeln, bilden (*after, on, upon* nach); **mod·el·(l)er** ['mɔdlə] Modellierer *m*.
mod·er·ate 1. □ ['mɔdərit] mäßig;

gemäßigt, mittelmäßig; **2.** ['~reit] (sich) mäßigen, mildern; **mod·er·ate·ness** ['mɔdəritnis] Mäßigkeit *f*; Mittelmäßigkeit *f*; **mod·er·a·tion** [~'reiʃən] Mäßigung *f*; Mäßigkeit *f*; *in ~* mit Maß; ♀*s pl. univ.* erste öffentliche Prüfung *f in Oxford*; '**mod·er·a·tor** Mittelsmann *m*; *univ.* Examinator *m*; *phys.* Moderator *m*; Diskussionsleiter *m*.

mod·ern ['mɔdən] **1.** modern, neu (-zeitlich); *~ languages pl.* neuere Sprachen *f/pl.*; **2.** *the ~s pl.* die Modernen *pl.*; '**mod·ern·ism** moderne (Geistes)Richtung *f*; '**mod·ern·ist** Modernist *m*, Anhänger *m* der Moderne; **mod·ern'is·tic** modernistisch; **mo·der·ni·ty** [mɔ'dəːniti] Modernität *f*; **mod·ern·ize** ['mɔdənaiz] (sich) modernisieren.

mod·est □ ['mɔdist] bescheiden; anständig; anspruchslos; mäßig; '**mod·es·ty** Bescheidenheit *f*.

mod·i·cum ['mɔdikəm] geringe Menge *f*, Wenige *n*, Quentchen *n*.

mod·i·fi·a·ble ['mɔdifaiəbl] änderungsfähig; **mod·i·fi·ca·tion** [~fi'keiʃən] Ab-, Veränderung *f*; Einschränkung *f*; **mod·i·fy** ['~fai] modifizieren, (ab)ändern; *gr.* umlauten; näher bestimmen; einschränken, mildern.

mod·ish ['məudiʃ] modisch, modern.

mo·diste [məu'diːst] Modistin *f*; Damenschneiderin *f*.

mod·u·late ['mɔdjuleit] modulieren; einstellen; *Radio*: (aus)steuern; **mod·u'la·tion** Modulation *f*; '**mod·u·la·tor** Regler *m*; *~ of tonality Film*: Tonblende *f*; **mod·ule** ['~djuːl] Modul *m* (*a.* ⚠); Maßeinheit *f*; *s. lunar ~*; **mod·u·lus** *phys.* ['~djuləs] Modul *m*.

Mo·gul [məu'gʌl]: *the Great od. Grand ~* der Großmogul.

mo·hair ['məuhɛə] Angorahaar *n*; Mohair(stoff) *m*.

Mo·ham·med·an [məu'hæmidən] **1.** Mohammedaner(in); **2.** mohammedanisch.

moi·e·ty ['mɔiəti] Hälfte *f*; Teil *m*.

moil [mɔil] sich schinden.

moire [mwɑː] Moiré *m*, Wasserglanz *m auf Stoffen*; Moiréstoff *m*.

moi·ré ['mwɑːrei] geflammt (*Stoff*).

moist [mɔist] feucht, naß; **mois·ten** ['mɔisn] *v/t.* an-, befeuchten; *v/i.* feucht werden; **moist·ness** ['mɔistnis], **mois·ture** ['~tʃə] Feuchtigkeit *f*.

moke *sl.* [məuk] Esel *m*.

mo·lar ['məulə] *a. ~ tooth* Backenzahn *m*.

mo·las·ses [məu'læsiz] Melasse *f*; [Sirup *m*.]

mold [məuld], '**mold·board** *etc. s. mould etc.*

mole[1] *zo.* [məul] Maulwurf *m*.

mole[2] [~] Muttermal *n*.

mole[3] [~] Mole *f*, Hafendamm *m*.

mo·lec·u·lar [məu'lekjulə] Molekular...; **mol·e·cule** *phys.* ['mɔlikjuːl] Molekül *n*.

mole·hill ['məulhil] Maulwurfshaufen *m*; *make a mountain out of a ~* aus e-r Mücke e-n Elefanten machen; '**mole-skin** Maulwurfsfell *n*; Moleskin *m*, Englischleder *n*.

mo·lest [məu'lest] belästigen; **mo·les·ta·tion** [~'teiʃən] Belästigung *f*.

moll F [mɔl] Gangsterbraut *f*; Nutte *f* (*Prostituierte*).

mol·li·fy ['mɔlifai] besänftigen.

mol·lusc *zo.* ['mɔləsk] Molluske *f*, Weichtier *n*; **mol·lus·cous** [mɔ'lʌskəs] molluskenartig, -haft; '**mol·lusk** = *mollusc*.

mol·ly·cod·dle ['mɔlikɔdl] **1.** Weichling *m*, Muttersöhnchen *n*; **2.** verzärteln.

mo·loch ['məulɔk] Moloch *m*.

mol·ten ['məultən] geschmolzen.

mo·lyb·den·um ⚗ [mɔ'libdinəm] Molybdän *n*.

mo·ment ['məumənt] Augenblick *m*, Moment *m*; Bedeutung *f*; = *~um*; *at od. for the ~* augenblicklich; *to the ~* pünktlich; genau; '**mo·men·tar·y** □ augenblicklich, vorübergehend; stet, ständig (*Angst etc.*); '**mo·ment·ly** *adv.* jeden Augenblick; **mo·men·tous** □ [məu'mentəs] (ge)wichtig, bedeutend; **mo'mentum** *phys.* [~təm] Moment *n*, Impuls *m*; Triebkraft *f*; *fig.* Wucht *f*, Schwung *m*.

mon·a·chism ['mɔnekizəm] Mönchtum *n*.

mon·ad *phls.* ['mɔnæd] Monade *f*.

mon·arch ['mɔnək] Monarch(in), Herrscher(in); **mo·nar·chic, mo·nar·chi·cal** □ [mɔ'nɑːkik(əl)] monarchisch; '**mon·arch·ism** ['mɔnəkizəm] Monarchismus *m*; '**mon·arch·ist** Monarchist *m*; '**mon·arch·y** Monarchie *f*.

mon·as·ter·y [ˈmɔnəstəri] (Mönchs-) Kloster *n*; **mo·nas·tic, mo·nas·ti·cal** □ [məˈnæstik(əl)] klösterlich; Mönchs...; **moˈnas·ti·cism** [⁓sizəm] Mönchtum *n*, mönchisches Leben *n*.

mon·au·ral [mɔnˈɔːrəl] monaural, nicht stereophon.

Mon·day [ˈmʌndi] Montag *m*.

mon·e·tar·y [ˈmʌnitəri] Geld...; ⁓ *reform* Währungsreform *f*.

mon·ey [ˈmʌni] Geld *n*; *ready* ⁓ Bargeld *n*; *out of* ⁓ nicht bei Kasse; ⁓ *down* in bar; *get one's* ⁓*'s worth* et. für sein Geld bekommen; *marry* ⁓ sich reich verheiraten; *make* ⁓ Geld verdienen (*by* an *dat.*, bei); ˈ**⁓-box** Sparbüchse *f*; ˈ**⁓-chang·er** (Geld-)Wechsler *m*; **mon·eyed** [ˈmʌnid] vermögend; in Geld bestehend.

mon·ey...: ˈ**⁓-grub·ber** Geldraffer *m*; ˈ**⁓-lend·er** Geldverleiher *m*; ˈ**⁓-mar·ket** Geldmarkt *m*; ˈ**⁓-or·der** Postanweisung *f*; ˈ**⁓-spin·ner** F (gute) Einnahmequelle *f*.

mon·ger [ˈmʌŋgə] ...händler *m*, ...krämer *m*.

Mon·gol [ˈmɔŋgɔl], **Mon·go·lian** [⁓ˈgəuljən] **1.** mongolisch; **2.** Mongole *m*, Mongolin *f*.

mon·grel [ˈmʌŋgrəl] **1.** Mischling *m*, Bastard *m*; **2.** Bastard...

mo·ni·tion [məuˈniʃən] Mahnung *f*, Warnung *f*; **mon·i·tor** [ˈmɔnitə] Ermahner *m*; (Klassen)Ordner *m*; ⚓ *Art* Panzerschiff *n*, Monitor *m*; *Radio*: Überwacher *m* der Auslandssendungen; Überwachungsgerät *n*; ˈ**mon·i·to·ry** ermahnend; warnend; Mahn...

monk [mʌŋk] Mönch *m*; ˈ**monk·er·y** *bsd. contp.* Mönchswesen *n*, Mönchtum *n*.

mon·key [ˈmʌŋki] **1.** Affe *m* (*a. fig.*); ⊕ Rammblock *m*; *sl.* 500 Pfund Sterling; ⁓*'s allowance sl.* mehr Schläge als Brot; *put s.o.'s* ⁓ *up* F j. auf die Palme bringen; ⁓ *business Am sl.* fauler Zauber *m*; **2.** F (herum)albern; ⁓ *about with* herummurksen an (*dat.*); ˈ**⁓-en·gine** Rammaschine *f*; ˈ**⁓-jack·et** ⚓ Munkijacke *f*, Bordjackett *n*. ˈ**⁓-nut** ⚘ Erdnuß *f*; ˈ**⁓-puz·zle** ⚘ Schuppentanne *f*; ˈ**⁓-wrench** ⊕ Engländer *m* (*Schraubenschlüssel*); *throw a* ⁓ *in s.th. Am. sl.* et. über den Haufen werfen.

monk·hood [ˈmʌŋkhud] Mönchswesen *n*, Mönchtum *n*; ˈ**monk·ish** *mst contp.* mönchisch.

mono... [ˈmɔnəu] ein(fach)...; **mo·no·chrome** *paint.* [ˈmɔnəkrəum] **1.** monochrom; **2.** monochrome Malerei *f*; **mon·o·cle** [ˈmɔnɔkl] Monokel *n*; **mo·no·cot·y·le·don** ⚘ [ˈmɔnəukɔtiˈliːdən] Einkeimblättrige *f*; **mo·noc·u·lar** [mɔˈnɔkjulə] einäugig; für ein Auge; **moˈnog·a·my** [⁓gəmi] Einehe *f*, Monogamie *f*; **mon·o·gram** [ˈmɔnəgræm] Monogramm *n*; **mon·o·graph** [ˈ⁓grɑːf] Monographie *f*; **mon·o·lith** [ˈmɔnəuliθ] Monolith *m*; **mon·o·logue** [ˈmɔnəlɔg] Monolog *m*, Selbstgespräch *n*; **mon·o·ma·ni·a** [ˈmɔnəuˈmeinjə] fixe Idee *f*, Monomanie *f*; ˈ**mon·oˈma·ni·ac** [⁓niæk] Monomane *m*, von e-r fixen Idee Besessener *m*; **mon·o·plane** ✈ [ˈmɔnəuplein] Eindecker *m*; **mo·nop·o·list** [məˈnɔpəlist] Monopolist *m*; **moˈnop·o·lize** [⁓laiz] monopolisieren; *fig.* an sich reißen; **moˈnop·o·ly** Monopol *n* (*of* auf *acc.*); **mon·o·syl·lab·ic** [ˈmɔnəusiˈlæbik] (⁓*ally*) einsilbig; **mon·o·syl·la·ble** [ˈmɔnəsiləbl] einsilbiges Wort *n*; **mon·o·the·ism** [ˈmɔnəuθiːizəm] Monotheismus *m* (*Glaube an e-n einzigen Gott*); **mon·o·tone** [ˈmɔnətəun] **1.** gleichbleibender Ton *m*; *in* ⁓ eintönig; **2.** herleiern; **mo·not·o·nous** □ [məˈnɔtnəs] monoton, eintönig, -förmig; **moˈnot·o·ny** Monotonie *f*; Eintönigkeit *f*, -förmigkeit *f*; **Mon·o·type** *typ.* [ˈmɔnəutaip] Monotype *f* (*Setzmaschine für Einzelbuchstaben*); **mon·ox·ide** ⚗ [mɔˈnɔksaid] Monoxyd *n*.

mon·sieur [məˈsjəː] Monsieur *m*, Herr *m*.

mon·soon [mɔnˈsuːn] Monsun *m*.

mon·ster [ˈmɔnstə] Ungeheuer *n* (*a. fig.*); Monstrum *n*, Mißbildung *f*; *attr.* Riesen...

mon·strance *eccl.* [ˈmɔnstrəns] Monstranz *f*.

mon·stros·i·ty [mɔnsˈtrɔsiti] Ungeheuer(lichkeit *f*) *n*; ˈ**mon·strous** □ ungeheuer(lich); gräßlich.

mon·tage [mɔnˈtɑːʒ] *Film-, Photo-*Montage *f*.

month [mʌnθ] Monat *m*; *this day* ⁓ heute in e-m Monat; ˈ**month·ly 1.** monatlich; ⁓ *season ticket* Monatskarte *f*; **2.** Monatsschrift *f*.

mon·u·ment ['mɔnjumənt] Denkmal *n*; **mon·u·men·tal** □ [~'mentl] monumental; Denkmal...; Gedächtnis..., Gedenk...; großartig; riesig.
moo [mu:] **1.** muhen; **2.** Muhen *n*.
mooch F [mu:tʃ]: ~ *about* herumlungern; herumlatschen.
mood[1] *gr.* [mu:d] Modus *m*.
mood[2] [~] Stimmung *f*, Laune *f*.
mood·i·ness ['mu:dinis] üble Laune *f*; '**mood·y** □ launisch; schwermütig; übellaunig.
moon [mu:n] **1.** Mond *m*; *poet.* Monat *m*; *once in a blue* ~ F alle Jubeljahre einmal; **2.** *mst* ~ *about* F herumdösen; '**moon·beam** Mondstrahl *m*; '**moon·less** mondlos; '**moon·light** Mondlicht *n*, -schein *m*; '**moon·lit** mondhell.
moon...: '**~shine** Schwindel *m*, Unsinn *m*; geschmuggelter *od.* schwarz gebrannter Alkohol *m*; '**~shin·er** *Am.* F Schwarzbrenner *m*; Alkoholschmuggler *m*; '**~struck** mondsüchtig; '**moon·y** □ Mond...; mondförmig; mondhell; F träumerisch, dösig; *sl.* beschwipst.
Moor[1] [muə] Maure *m*; Mohr *m*.
moor[2] [~] Ödland *n*, *bsd.* Heideland *n*; † *od. prov.* Moor *n*, Sumpf *m*.
moor[3] ⚓ [~] festmachen, (sich) vertäuen; **moor·age** ['muəridʒ] Ankerplatz *m*.
moor·fowl ['muəfaul], '**moor-game** ['~geim] Moorhuhn *n*.
moor·ing-mast ['muəriŋmɑ:st] Ankermast *m für Luftschiffe*.
moo·rings ⚓ ['muəriŋz] *pl.* Vertäuungen *f/pl.*; Ankerplatz *m*.
Moor·ish ['muəriʃ] maurisch.
moor·land ['muələnd] Heidemoor *n*.
moose *zo.* [mu:s] *a.* ~*-deer* amerikanischer Elch *m*.
moot [mu:t] **1.** ~ *case*, ~ *point* Streitpunkt *m*; **2.** diskutieren.
mop [mɔp] **1.** Mop *m*; (Haar)Wust *m*, (Haar)Schopf *m*; **2.** auf-, abwischen; ~ *up Feuchtigkeit* auf-, abtrocknen; *sl.* wegschnappen; *sl.* aufräumen mit; ~ *the floor with s.o.* j. in Grund u. Boden schlagen.
mope [məup] **1.** Trübsalbläser(in); *the* ~*s pl.* Trübsinn *m*, das heulende Elend; **2.** *v/i.* Trübsal blasen, den Kopf hängen lassen.
mo·ped ['məuped] Moped *n*.
mop·ing □ ['məupiŋ], '**mop·ish** □ kopfhängerisch, niedergeschlagen; verdrießlich.
mo·raine *geol.* [mɔ'rein] Moräne *f*.
mor·al ['mɔrəl] **1.** □ Moral...; moralisch, sittlich (gut); **2.** Moral *f*, Nutzanwendung *f*; ~*s pl.* Moral *f*, sittliches Verhalten *n*, Sitten *f/pl.*;
mo·rale [mɔ'rɑ:l] *bsd.* ⚔ Moral *f*, Selbstzucht *f*, innerer Halt *m*; (Arbeits-, Kampf)Geist *m*; **mor·al·ist** ['mɔrəlist] Moralist *m*, Sittenlehrer *m*; **mo·ral·i·ty** [mə'ræliti] Sittenlehre *f*; Sittlichkeit *f*, Moral *f*; *contp.* Sittenpredigt *f*; *hist. thea.* Moralität *f*; **mor·al·ize** ['mɔrəlaiz] *v/i.* moralisieren (*upon* über *acc.*); *v/t.* moralisch machen.
mo·rass [mə'ræs] Morast *m*, Sumpf *m*.
mor·bid □ ['mɔ:bid] krankhaft; **mor'bid·i·ty**, '**mor·bid·ness** Krankhaftigkeit *f*; Krankheitsziffer *f*.
mor·dant ['mɔ:dənt] **1.** beißend; **2.** Beize *f*, Beizmittel *n*.
more [mɔ:] **1.** *adj.* mehr; **2.** *adv.* mehr; noch (dazu); wieder; *once* ~ noch einmal; *two* ~ noch zwei; *so much* ~, *all the* ~ um so mehr; *no* ~ nicht mehr; ~ *and* ~ immer mehr; **3.** Mehr *n*.
mo·rel ⚘ [mɔ'rel] Morchel *f*.
mo·rel·lo ⚘ [mə'reləu] *a.* ~ *cherry* Morelle *f*, schwarze Sauerweichsel *f*.
more·o·ver [mɔ:'rəuvə] außerdem, überdies, weiter, ferner.
Mo·resque [mɔ'resk] **1.** maurisch; **2.** Arabeske *f*.
mor·ga·nat·ic [mɔ:gə'nætik] (~*ally*) morganatisch, zur linken Hand (getraut).
morgue [mɔ:g] Leichenhaus *n*; Archiv *n*.
mor·i·bund ['mɔribʌnd] im Sterben (liegend), dem Tode geweiht.
Mor·mon ['mɔ:mən] Mormone *m*, Mormonin *f*.
morn *poet.* [mɔ:n] Morgen *m*.
morn·ing ['mɔ:niŋ] **1.** Morgen *m*; Vormittag *m*; *in the* ~, *during the* ~ am Morgen, morgens; *this* ~ heute morgen; *tomorrow* ~ morgen früh; **2.** früh; Morgen...; ~ **coat** Cut(-away) *m*; ~ **dress** Besuchsanzug *m*; Stresemann *m*; '~-'**glo·ry** ⚘ Prunkwinde *f*; ~ **per·form·ance** Matinee *f*.
Mo·roc·can [mə'rɔkən] marokkanisch.

mo·roc·co [məˈrɔkəu] *a.* ~ *leather* Maroquin *m*, Saffian *m*.
mo·ron [ˈmɔːrɔn] Schwachsinnige *m, f*.
mo·rose □ [məˈrəus] mürrisch; **moˈrose·ness** Grämlichkeit *f*.
mor·phi·a [ˈmɔːfjə], **mor·phine** [ˈmɔːfiːn] Morphium *n*.
mor·pho·lo·gy *biol.*, *gr.* [mɔːˈfɔlədʒi] Morphologie *f*, Formenlehre *f*.
mor·row [ˈmɔrəu] *mst poet.* Morgen *n*, folgende Tag *m*; *the* ~ *of* der Tag *od.* die Zeit nach.
Morse [mɔːs] *a.* ~ *code* Morsealphabet *n*.
mor·sel [ˈmɔːsəl] Bissen *m*; Bißchen *n*, Stückchen *n*.
mor·tal [ˈmɔːtl] **1.** □ sterblich; tödlich; Tod(es)...; menschlich; F fürchterlich, gewaltig; F (zum Sterben) langweilig; **2.** Sterbliche *m, f*; **mor·tal·i·ty** [mɔːˈtæliti] Sterblichkeit *f*; Sterblichkeitsziffer *f*.
mor·tar [ˈmɔːtə] **1.** Mörser *m* (*a.* ⚔); Mörtel *m*; **2.** mörteln, mit Mörtel verbinden; ˈ**~-board** Mörtelbrett *n*; *univ.* Barett *n*.
mort·gage [ˈmɔːgidʒ] **1.** Verpfändung *f*; Pfandgut *n*, Hypothek *f*; *a.* ~*-deed* Pfandbrief *m*; **2.** verpfänden; **mort·ga·gee** [mɔːgəˈdʒiː] Hypothekengläubiger *m*; **mort·ga·gor** [~ˈdʒɔː] Hypothekenschuldner *m*.
mor·tice [ˈmɔːtis] = *mortise*.
mor·ti·cian *Am.* [mɔːˈtiʃən] Leichenbestatter *m*.
mor·ti·fi·ca·tion [mɔːtifiˈkeiʃən] ⚕ kalter Brand *m*; Kasteiung *f*; Demütigung *f*; Kränkung *f*; Ärger *m*.
mor·ti·fy [ˈmɔːtifai] *v/t.* ertöten; kasteien; demütigen; ärgern, kränken; *v/i.* ⚕ brandig werden.
mor·tise ⊕ [ˈmɔːtis] **1.** Zapfenloch *n*, Nut *f*; **2.** mit e-m Zapfen versehen; verzapfen.
mor·tu·ar·y [ˈmɔːtjuəri] **1.** Leichen..., Begräbnis...; **2.** Leichenhalle *f*.
mo·sa·ic[1] [məuˈzeiik] Mosaik *n*.
Mo·sa·ic[2] [~] mosaisch.
mo·selle [məuˈzel] Moselwein *m*.
Mos·lem [ˈmɔzlem] **1.** muselmanisch; **2.** Moslem *m*, Muselman *m*.
mosque [mɔsk] Moschee *f*.
mos·qui·to *zo.* [məsˈkiːtəu], *pl.* **mosˈqui·toes** [~z] Stechmücke *f*, Moskito *m*; **mosˈqui·to-craft** ⚓ Schnellboot *n*; **mosˈqui·to-net** Moskitonetz *n*.
moss [mɔs] ⚘ Moos *n*; (Torf-)Moor *n*; ˈ**moss·i·ness** *das* Moosige; Moosüberzug *m*; ˈ**moss·y** moosig; bemoost.
most [məust] **1.** *adj.* □ meist; größt; *for the* ~ *part* meistens; **2.** *adv.* meist, am meisten; höchst, äußerst; **3.** das meiste; die meisten; Höchste *n*, Äußerste *n*; *at (the)* ~ höchstens; *make the* ~ *of* möglichst ausnutzen; möglichst gut darstellen.
...most [məust, məst] *Bezeichnung des sup.*
most·ly [ˈməustli] meistens, größtenteils, hauptsächlich.
mote [məut] (Sonnen)Stäubchen *n*; *the* ~ *in another's eye* der Splitter im Auge des anderen.
mo·tel [məuˈtel] Motel *n*.
mo·tet ♪ [məuˈtet] Motette *f*.
moth [mɔθ] Motte *f*; ˈ**~-ball** Mottenkugel *f*; *in* ~*s fig.* eingemottet; ˈ**~-eat·en** mottenzerfressen.
moth·er [ˈmʌðə] **1.** Mutter *f*; **2.** hervorbringen; bemuttern; ~ **coun·try** Vaterland *n*; Mutterland *n*; **moth·er·hood** [ˈ~hud] Mutterschaft *f*; ˈ**moth·er-in-law** Schwiegermutter *f*; ˈ**moth·er·less** mutterlos; ˈ**moth·er·li·ness** Mütterlichkeit *f*; ˈ**moth·er·ly** mütterlich.
moth·er...: ˈ**~-of-ˈpearl** Perlmutter *f*; ~ **ship** Mutterschiff *n*; ~ **tongue** Muttersprache *f*.
moth-proof [ˈmɔθpruːf] **1.** mottensicher, -echt; **2.** mottensicher machen; ˈ**moth·y** vermottet.
mo·tif [məuˈtiːf] (Leit)Motiv *n*.
mo·tion [ˈməuʃən] **1.** Bewegung *f*, Gang *m* (*a.* ⊕); *parl.* Antrag *m*; ⚕ Stuhlgang *m*; *bring forward a* ~ e-n Antrag stellen; *agree upon a* ~ e-n Antrag annehmen; *go through the* ~*s* et. nachlässig *od.* unaufrichtig tun; *set in* ~ in Gang bringen; **2.** *v/t.* durch Gebärden auffordern *od.* andeuten; *j. wohin* winken; *v/i.* winken; ˈ**mo·tion·less** bewegungs-, reglos; **motion pic·ture** Film *m*; **mo·tion stud·y** Arbeitsstudie *f*.
mo·ti·vate [ˈməutiveit] motivieren, begründen; **mo·tiˈva·tion** Motivierung *f*.
mo·tive [ˈməutiv] **1.** Bewegungs..., bewegend; ~ *power* Antriebskraft *f*; **2.** Beweggrund *m*, Motiv *n*; **3.** veranlassen; ˈ**mo·tive·less** grundlos.

mo·tiv·i·ty [məu'tiviti] Bewegungskraft *f*.
mot·ley ['mɔtli] (bunt)scheckig.
mo·tor ['məutə] **1.** Motor *m*; treibende Kraft *f*; Automobil *n*; ⚕ Muskel *m*; **2.** motorisch, bewegend; Motor...; Kraft...; Auto...; ~ *nerve* motorischer Nerv *m*; **3.** (im) Auto fahren; '**~-as·sist·ed** mit Hilfsmotor; '**~-bi·cy·cle,** '**~-bike** = *motor-cycle*; '**~-boat** Motorboot *n*; '**~-'bus** Autobus *m*; **~·cade** *Am.* ['~keid] Autokolonne *f*; '**~-car** Auto(mobil) *n*, (Kraft)Wagen *m*; '**~-coach** Reisebus *m*; '**~-cy·cle** Motorrad *n*; '**~-cy·clist** Motorradfahrer *m*; **mo·to·ri·al** [məu'tɔ:riəl] bewegend, Bewegungs..., motorisch; **mo·tor·ing** ['məutəriŋ] Autofahren *n*; '**mo·tor·ist** Auto-, Kraftfahrer(in); **mo·tor·i·za·tion** [~rai'zeiʃən] Motorisierung *f*; '**mo·tor·ize** motorisieren; '**mo·tor-launch** Motorbarkasse *f*; '**mo·tor·less** motorlos.
mo·tor...: '**~·man** Wagenführer *m*; '**~-plough** Motorpflug *m*; '**~-road,** '**~·way** Autobahn *f*.
mot·tle ['mɔtl] flecken, sprenkeln; '**mot·tled** gefleckt, gesprenkelt.
mot·to ['mɔtəu], *pl.* **mot·toes** ['~z] Wahl-, Sinnspruch *m*, Motto *n*.
mo(u)ld[1] [məuld] Damm-, Gartenerde *f*; Schimmel *m*, Moder *m*.
mo(u)ld[2] [~] **1.** (Guß)Form *f* (*a. fig.*); Schablone *f*; Abdruck *m*; Art *f*, Schlag *m*; **2.** formen; gießen (*on, upon* nach *e-m Muster*).
mo(u)ld-board ['məuldbɔ:d] Formbrett *n der Maurer*.
mo(u)ld·er[1] ['məuldə] Former(in), Bildner(in).
mo(u)lder[2] [~] *a.* ~ *away* zerbröckeln, zerfallen.
mo(u)ld·i·ness ['məuldinis] *das* Schimm(e)lige, Moder *m*.
mo(u)ld·ing ['məuldiŋ] Formen *n*; ⚠ Gesims *n*; Fries *m*; *attr.* Form...; Modellier...
mo(u)ld·y ['məuldi] schimm(e)lig, dumpfig, mod(e)rig.
moult [məult] **1.** Mauser *f*; **2.** (*fig.* sich) mausern; haaren.
mound [maund] Erdwall *m*; *burial-*~ Grabhügel *m*.
mount [maunt] **1.** Berg *m* (*poet. außer in geogr. Eigennamen*); Karton *m*, Papier *n zum Aufziehen von Bildern*; Reitpferd *n*; **2.** *v/i.* (empor-) steigen; aufsteigen (*Reiter*); *mst* ~ *up* anwachsen; *v/t.* be-, ersteigen; *Pferd* besteigen, reiten; beritten machen; montieren; ⊕ beschlagen; *Zeichnung etc.* aufziehen, -kleben; *Edelstein* fassen; *thea.* in Szene setzen; *~ed* beritten; *s. guard 1.*
moun·tain ['mauntin] **1.** Berg *m*; *~s pl.* Gebirge *n*; **2.** Berg..., Gebirgs...; ~ **ash** ♀ Eberesche *f*; ~ **chain** Bergkette *f*; ~ **dew** F schottischer Whisky *m*; **moun·tain·eer** [~ti'niə] Bergbewohner(in); Bergsteiger(in); **moun·tain'eer·ing** Bergsteigen *n*, Alpinismus *m*; '**moun·tain·ous** bergig, gebirgig; berghoch; **mountain sick·ness** Berg-, Höhenkrankheit *f*.
moun·te·bank ['mauntibæŋk] Marktschreier *m*, Scharlatan *m*.
mount·ing ⊕ ['mauntiŋ] Montage *f*; Beschlag *m*.
mourn [mɔ:n] (be)trauern; '**mourner** Leidtragende *m, f*; *~'s bench Am.* = *anxious bench*; **mournful** □ ['~ful] Trauer...; traurig; '**mourn·ful·ness** Traurigkeit *f*.
mourn·ing ['mɔ:niŋ] **1.** □ trauernd; Trauer...; **2.** Trauer *f*; Trauerkleidung *f*; '**~-band** Trauerflor *m*; '**~-bor·der,** '**~-edge** Trauerrand *m*; '**~-pa·per** Briefpapier *n* mit Trauerrand.
mouse 1. [maus], *pl.* **mice** [mais] Maus *f*; **2.** [mauz] mausen; **mouser** ['mauzə] Mäusefänger *m*; '**mouse-trap** Mausefalle *f*.
mousse [mu:s] gefrorene Schaumspeise *f*.
mous·tache [məs'tɑ:ʃ] Schnurrbart *m*.
mouth 1. [mauθ], *pl.* **mouths** [mauðz] Mund *m*; Maul *n*; Mündung *f e-s Flusses, e-r Flasche etc.*; Mundstück *n e-s Horns etc.*; Loch *n*, Öffnung *f e-s Ofens, Sackes etc.*; Grimasse *f*; *down in the* ~ niedergeschlagen; *laugh on the wrong side of one's* ~ jammern; enttäuscht sein; **2.** [mauð] mit vollem Munde aussprechen; laut und affektiert reden; in den Mund nehmen; **mouth·ful** ['mauθful] Mundvoll *m*, Happen *m*.
mouth...: '**~-or·gan** Mundharmonika *f*; '**~·piece** Mundstück *n*; ⊕ Schalltrichter *m*, Sprechmuschel *f*; *fig.* Sprachrohr *n*; '**~-wash** Mundwasser *n*.

mov(e)·a·ble ['mu:vəbl] **1.** beweglich; **2.** ~*s pl.* Mobilien *pl.*; '**mov(e)·a·ble·ness** Beweglichkeit *f.*
move [mu:v] **1.** *v/t. allg.* bewegen; in Bewegung setzen; (weg)rücken; antreiben; *Leidenschaft* erregen; *seelisch* rühren, ergreifen; *Antrag* einbringen, beantragen; ~ *on* zum Weitergehen veranlassen; ~ *heaven and earth* Himmel und Hölle in Bewegung setzen; *v/i.* sich (fort-) bewegen; sich regen; sich rühren; aufbrechen, abmarschieren; *Schach etc.*: ziehen; *a.* ~ *house* (um)ziehen (*die Wohnung wechseln*); ~ *for s.th.* et. beantragen; ~ *in* einziehen; ~ *on* weitergehen; ~ *out* ausziehen; **2.** Bewegung *f*; *Schach etc.*: Zug *m*; *fig.* Schritt *m*, Maßnahme *f*; *on the* ~ in Bewegung; *get a* ~ *on* F sich beeilen; *make a* ~ sich (von der Stelle) rühren; die Tafel aufheben; '**move·ment** Bewegung *f*; ♪ Tempo *n*; ♪ Satz *m*; ⊕ (Geh)Werk *n*; ⚕ Stuhlgang *m*; '**mov·er** Bewegende *m*, *n*; Anreger(in), Urheber(in); Antragsteller(in); Triebkraft *f.*
mov·ie F ['mu:vi] Film...; Kino...; ~*s pl.* Film *m*; Kino *n.*
mov·ing □ ['mu:viŋ] bewegend; beweglich; *fig.* rührend; ~ *staircase* Rolltreppe *f.*
mow[1] [mau] Heu-, Strohhaufen *m*; Heuboden *m.*
mow[2] [məu] (*irr.*) mähen; '**mow·er** Mäher(in), Schnitter(in); Mähmaschine *f*; '**mow·ing** Mähen *n*; Mahd *f*; '**mow·ing-ma·chine** Mähmaschine *f*; **mown** *p.p. von mow*[2].
much [mʌtʃ] *adj.* viel; *adv.* sehr; weit, bei weitem; fast; *as* ~ *more, as* ~ *again* noch einmal soviel; *as* ~ *as* soviel wie; *not so* ~ *as* nicht einmal; *nothing* ~ nichts Bedeutendes; ~ *less* geschweige denn; ~ *as I would like* so gern ich möchte; *I thought as* ~ das dachte ich mir; *make* ~ *of* verstehen; Bedeutung beimessen; viel Wesens machen von; *I am not* ~ *of a dancer* ich bin kein großer Tänzer; (*not*) *up to* ~ (nicht) viel wert; *this od. that* ~ soviel; '**much·ness** F Menge *f*; *much of a* ~ so ziemlich dasselbe.
mu·ci·lage ['mju:silidʒ] (Pflanzen-) Schleim *m*; ⚕ Klebstoff *m*; **mu·ci·lag·i·nous** [~'lædʒinəs] schleimig; klebrig.
muck [mʌk] **1.** Mist *m* (F *a. fig.*); F Dreck *m* (*a. fig.*); *make a* ~ *of s.th.* et. schmutzig machen; et. verpfuschen; **2.** düngen; *mst* ~ *up* beschmutzen; ~ *s.th. up* et. in Unordnung bringen; et. verpfuschen; ~ *about sl.* herumtrödeln; '**muck·er** *sl.* schwerer Sturz *m*; *come od. go a* ~ *bsd. fig.* reinfallen; **muck-rake** ['~reik] **1.** Mistgabel; = ~*r*; **2.** im Schmutz wühlen; '**muck·rak·er** *Am.* Korruptionsschnüffler *m*, Skandalmacher *m*; '**muck·y** schmutzig, dreckig.
mu·cous *physiol.* ['mju:kəs] schleimig; ~ *membrane* Schleimhaut *f.*
mu·cus ['mju:kəs] (Nasen)Schleim *m.*
mud [mʌd] Schlamm *m*; Kot *m*; Schmutz *m*; Lehm *m*; '**mud-bath** Moorbad *n*; '**mud·di·ness** Schlammigkeit *f*; **mud·dle** ['mʌdl] **1.** *v/t.* verwirren, in Unordnung bringen; *a.* ~ *up*, ~ *together* verwechseln, durcheinanderbringen; F benebeln; *v/i.* stümpern; ~ *through* F sich durchwursteln; **2.** Verwirrung *f*; Wirrwarr *m*; F Wurstelei *f*; *get into a* ~ in Schwierigkeiten geraten; '**mud·dle-head·ed** wirrköpfig; '**mud·dy** **1.** □ schlammig; trüb (*Wasser etc.*); schmutzig; verworren; **2.** trüben; beschmutzen.
mud...: '~**guard** Kotflügel *m*; '~**lark** F Dreckspatz *m*; '~**-sling·ing** F Beschmutzung *f*, Verleumdung *f.*
muff[1] [mʌf] **1.** F Tolpatsch *m*; Stümper *m*; Stümperei *f*; **2.** (ver-) pfuschen; verpatzen; *Ball* entschlüpfen lassen.
muff[2] [~] Muff *m.*
muf·fin ['mʌfin] Muffin *n* (*heißes Teegebäck*); **muf·fin·eer** [~'niə] Salz-, Zuckerstreuer *m.*
muf·fle ['mʌfl] **1.** ⊕ Muffel *f*; **2.** *oft* ~ *up* ein-, umhüllen; *Stimme etc.* dämpfen; *Ruder* umwickeln; '**muf·fler** Halstuch *n*; Boxhandschuh *m*; ♪ Dämpfer *m*; *mot.* Auspufftopf *m.*
muf·ti ['mʌfti] Mufti *m*; *bsd.* ⚔ Zivilkleidung *f*; *in* ~ in Zivil.
mug [mʌg] **1.** Krug *m*; Becher *m*; *sl.* Schnauze *f*, Fresse *f*, Visage *f*; Trottel *m*; Büffler *m*, Streber *m*; *a* ~*'s game* ein undankbares Geschäft *n*; **2.** ~ *up et.* ochsen.
mug·gy ['mʌgi] schwül.
mug·wort ⚘ ['mʌgwə:t] Beifuß *m.*

mug·wump *Am. iro.* ['mʌgwʌmp] großes Tier *n* (*Person*); *pol.* Unabhängige *m.*
mu·lat·to [mju:'lætəu] Mulatte *m*, Mulattin *f.*
mul·ber·ry ['mʌlbəri] Maulbeere *f.*
mulch [mʌltʃ] **1.** Torfmull *m*; **2.** mit Torfmull abdecken.
mulct [mʌlkt] **1.** ⚖ Geldstrafe *f*; **2.** mit e-r Geldstrafe belegen; bestrafen (*in* mit); berauben (*of gen.*).
mule [mju:l] Maultier *n*, -esel *m*; Bastard *m*; sturer Kerl *m*; flache Pantolette *f*; = '**~-jenny** Mule(spinn)maschine *f*; **mu·le·teer** [~li'tiə] Maultiertreiber *m*; '**mule-track** Saumpfad *m.*
mul·ish □ ['mju:liʃ] störrisch.
mull¹ ✝ [mʌl] Mull *m.*
mull² F [~]: ~ *over* hin und her überlegen.
mulled [mʌld]: ~ *ale* Warmbier *n*; ~ *wine* Glühwein *m.*
mul·le(i)n ⚘ ['mʌlin] Wollkraut *n*, Königskerze *f.*
mul·let *ichth.* ['mʌlit] Meeräsche *f.*
mul·li·gan *Am.* F ['mʌligən] Eintopf *m aus Resten*; **mul·li·ga·taw·ny** [mʌligə'tɔ:ni] *a.* ~ *soup* Currysuppe *f.*
mul·li·grubs *sl.* ['mʌligrʌbz] *pl.* Bauchweh *n*; miese Laune *f.*
mul·lion ⚠ ['mʌliən] **1.** Fensterpfosten *m*; **2.** durch Pfosten abteilen.
mul·ti·far·i·ous □ [mʌlti'fɛəriəs] mannigfaltig; **mul·ti·form** ['~fɔ:m] vielförmig; **mul·ti·lat·er·al** □ ['~'lætərəl] vielseitig; **mul·ti-mil·lion·aire** ['~miljə'nɛə] Multimillionär *m*; **mul·ti·ple** ['mʌltipl] **1.** vielfach, mannigfaltig; ~ *firm*, ~ *shop* Firma *f* mit Zweigniederlassungen (in verschiedenen Orten); ~ *switchboard* ⚡ Vielfachumschalter *m*; **2.** Vielfache *n*; **mul·ti·plex** ['~pleks] vielfach; **mul·ti·pli·cand** Ᾱ [~pli'kænd] Multiplikand(us) *m*; **mul·ti·pli·ca·tion** [~pli'keiʃən] Vervielfältigung *f*, Vermehrung *f*; Multiplikation *f*; *compound* (*simple*) ~ Großes (Kleines) Einmaleins *n*; ~ *table* Einmaleins *n*; **mul·ti·plic·i·ty** [~'plisiti] Vielfältigkeit *f*; Menge *f*; **mul·ti·pli·er** [~'plaiə] Multiplikator *m*; Vermehrer(in); **mul·ti·ply** ['~plai] (sich) vervielfältigen; multiplizieren; sich vermehren; **mul·ti·tude** ['~tju:d] Vielheit *f*, Menge *f*; *der* große Haufe, Pöbel *m*; **mul·ti·tu·di·nous** [~'tju:dinəs] □ zahlreich; vielfach.
mum¹ [mʌm] **1.** still; **2.** st!, still!; **3.** Mummenschanz treiben; maskiert herumlaufen.
mum² F [~] Mama *f.*
mum·ble ['mʌmbl] murmeln; mummeln (*mühsam essen*).
Mum·bo Jum·bo ['mʌmbəu'dʒʌmbəu] Idol *n*; Hokuspokus *m.*
mum·mer *contp.* ['mʌmə] Komödiant *m*; '**mum·mer·y** *contp.* Mummenschanz *m*, Maskerade *f*; Hokuspokus *m.*
mum·mied ['mʌmid] mumienhaft.
mum·mi·fi·ca·tion [mʌmifi'keiʃən] Mumifizierung *f*; **mum·mi·fy** ['~fai] mumifizieren; als Mumie aufbewahren.
mum·my¹ ['mʌmi] Mumie *f*; *beat to a* ~ F zu Brei schlagen.
mum·my² F [~] Mami *f*, Mutti *f.*
mump [mʌmp] betteln; schmollen; '**mump·ish** verdrießlich; **mumps** [mʌmps] *sg.* ⚕ Ziegenpeter *m*, Mumps *m*; üble Laune *f.*
munch [mʌntʃ] mit vollen Backen kauen, mampfen.
mun·dane □ ['mʌndein] weltlich; Welt...; irdisch.
mu·nic·i·pal □ [mju:'nisipl] städtisch, Gemeinde..., Stadt...; **mu·nic·i·pal·i·ty** [~'pæliti] Stadtbezirk *m*; *konkr.* Stadtverwaltung *f.*
mu·nif·i·cence [mju:'nifisns] Freigebigkeit *f*; **mu'nif·i·cent** □ freigebig.
mu·ni·ments ['mju:nimənts] *pl.* Urkunden *f/pl.*
mu·ni·tion [mju:'niʃən] **1.** Munitions...; **2.** ~*s pl.* Kriegsmaterial *n*, Munition *f.*
mu·ral ['mjuərəl] **1.** Mauer...; **2.** Wandgemälde *n.*
mur·der ['mə:də] **1.** Mord *m*; **2.** (er)morden; *fig.* verhunzen; '**mur·der·er** Mörder *m*; '**mur·der·ess** Mörderin *f*; '**mur·der·ous** □ mörderisch; *fig.* blutig.
mure [mjuə] *mst* ~ *up* einsperren.
mu·ri·at·ic ac·id ⚗ [mjuəri'ætik'æsid] Salzsäure *f.*
murk·y □ ['mə:ki] dunkel, trübe.
mur·mur ['mə:mə] **1.** Gemurmel *n*; Rauschen *n*; Murren *n*; **2.** murmeln; murren (*against*, *at* über *acc.*); '**mur·mur·ous** □ murmelnd.

mur·phy *sl.* ['mə:fi] Kartoffel *f.*
mur·rain ['mʌrin] Viehseuche *f*, Maul- und Klauenseuche *f.*
mus·ca·dine ['mʌskədin], **mus·cat** ['~kət], **mus·ca·tel** [~kə'tel] Muskatellerwein *m*, -traube *f.*
mus·cle ['mʌsl] **1.** Muskel *m*; **2.** ~ *in Am. sl.* sich rücksichtslos eindrängen; '~**-bound** mit Muskelkater; *be* ~ Muskelkater haben; **mus·cu·lar** □ ['~kjulə] Muskel...; muskulös.
Muse¹ [mju:z] Muse *f.*
muse² [~] (nach)sinnen, grübeln (*on, upon* über *acc.*); '**mus·er** Träumer(in).
mu·se·um [mju:'ziəm] Museum *n.*
mush [mʌʃ] Brei *m*, Mus *n*; *Am.* Polenta *f*, Maisbrei *m.*
mush·room ['mʌʃrum] **1.** Pilz *m*, *bsd.* Champignon *m*; *fig.* Emporkömmling *m*; **2.** Pilz...; *fig.* plötzlich emporgeschossen; **3.** rasch wachsen, zunehmen; ~ *up* in die Höhe schießen; ~ *out* sich rasch ausbreiten; *go* ~*ing* Pilze sammeln.
mu·sic ['mju:zik] Musik *f* (*a. fig.*), Tonkunst *f*; Musikstück *n*; Noten *f/pl.*; *set to* ~ vertonen; *face the* ~ F die Sache ausbaden; '**mu·si·cal** **1.** □ musikalisch; Musik...; wohlklingend; ~ *box* Spieldose *f*; ~ *clock* Spieluhr *f*; ~ *instrument* Musikinstrument *n*; **2.** *a.* ~ *comedy* Musical *n* (*musikalisches Lustspiel*).
mu·sic...: '~**-book** Notenheft *n*; '~**-box** *Am.* Spieldose *f*; '~**-hall** Varieté(theater) *n.*
mu·si·cian [mju:'ziʃən] Musiker (-in); Musikant(in); *be a good* ~ gut spielen; musikalisch sein.
mu·sic...: '~**-pa·per** Notenpapier *n*; '~**-stand** Notenständer *m*, -pult *n*; '~**-stool** Klavierstuhl *m.*
musk [mʌsk] Moschus *m*, Bisam *m*; ⚘ Bisampflanze *f*; = '~**-'deer** *zo.* Moschustier *n.*
mus·ket ['mʌskit] Muskete *f*, Flinte *f*; **mus·ket·eer** *hist.* [~'tiə] Musketier *m*; **mus·ket·ry** ⚔ ['~ri] Schießunterricht *m.*
musk...: '~**-rat** *zo.* Bisamratte *f*; '~**-rose** ⚘ Moschusrose *f*; '**musk·y** nach Moschus riechend; Moschus...
Mus·lim ['mʌslim] *s. Moslem.*
mus·lin ✝ ['mʌzlin] Musselin *m.*
mus·quash ['mʌskwɔʃ] Bisamratte *f*; Bisampelz *m.*
muss *bsd. Am.* F [mʌs] **1.** Durcheinander *n*; **2.** in Unordnung bringen.
mus·sel ['mʌsl] (Mies)Muschel *f.*
Mus·sul·man ['mʌslmən] **1.** Muselman(n) *m*; **2.** muselmanisch.
must¹ [mʌst, məst] **1.** *v/aux.* (*irr.*) muß(te) *etc.*; *I* ~ *not* ich darf nicht; **2.** Muß *n*, zwingende Notwendigkeit *f*; *this book is a* ~ dieses Buch muß man lesen.
must² [mʌst] Most *m.*
must³ [~] Schimmel *m*, Moder *m.*
mus·tache *Am.* [məs'tɑ:ʃ], **mus·ta·chio** *Am.* [məs'tɑ:ʃi:əu] *s. moustache.*
mus·tang ['mʌstæŋ] Mustang *m* (*halbwildes Pferd*).
mus·tard ['mʌstəd] Senf *m*; ~ **gas** ⚔ Senfgas *n*, Gelbkreuz *n*; ~ **plaster** ⚕ Senfpflaster *n.*
mus·ter ['mʌstə] **1.** ⚔ Musterung *f*, Parade *f*; *mst* ~ *roll* ⚔ Stammrolle *f*; *fig.* Heerschau *f*, Aufgebot *n*; *pass* ~ *fig.* durchgehen, Zustimmung finden; **2.** *v/t.* ⚔ mustern; aufbieten, -bringen, zs.-bringen (*fig. mst* ~ *up*); ~ *in* einstellen; *v/i.* sich sammeln.
mus·ti·ness ['mʌstinis] Modrig-, Muffigkeit *f*; '**mus·ty** modrig, muffig.
mu·ta·bil·i·ty [mju:tə'biliti] Veränderlichkeit *f*; Wankelmütigkeit *f*; '**mu·ta·ble** □ veränderlich; wankelmütig; **mu·ta·tion** [~'teiʃən] Veränderung *f*; *gr.* Umlaut *m.*
mute [mju:t] **1.** □ stumm; **2.** Stumme *m*; Statist *m*; ♪ Dämpfer *m*; *gr.* Verschlußlaut *m*; **3.** *bsd.* ♪ dämpfen.
mu·ti·late ['mju:tileit] verstümmeln (*a. fig.*); **mu·ti'la·tion** Verstümmelung *f.*
mu·ti·neer [mju:ti'niə] Meuterer *m*; '**mu·ti·nous** □ meuterisch; '**mu·ti·ny** **1.** Meuterei *f*; **2.** meutern.
mutt *sl.* [mʌt] Dussel *m.*
mut·ter ['mʌtə] **1.** Gemurmel *n*; **2.** murmeln; murren.
mut·ton ['mʌtn] Hammelfleisch *n*; *leg of* ~ Hammelkeule *f*; '~**-'chop** Hammelkotelett *n.*
mu·tu·al □ ['mju:tʃuəl] gegenseitig, wechselseitig; gemeinsam; ~ *insurance* Versicherung *f* auf Gegenseitigkeit; **mu·tu·al·i·ty** [~tju'æliti] Gegenseitigkeit *f.*
muz·zle ['mʌzl] **1.** Maul *n*, Schnauze *f*; Mündung *f e-r Feuerwaffe*;

Maulkorb *m*; **2.** e-n Maulkorb anlegen (*dat.*); *fig.* den Mund stopfen (*dat.*); knebeln; '**~-load·er** ⚔ Vorderlader *m*.
muz·zy □ ['mʌzi] stumpfsinnig; wirr, duselig.
my [mai] mein.
my·al·gi·a ⚕ [mai'ældʒiə] Muskelrheumatismus *m*.
my·col·o·gy [mai'kɔlədʒi] Pilzkunde *f*, Mykologie *f*.
my·ope ⚕ ['maiəup] Kurzsichtige *m*, *f*; **my·o·pi·a** [mai'əupjə] Kurzsichtigkeit *f*; **my·op·ic** [~'ɔpik] **1.** (*~ally*) kurzsichtig; **2.** Kurzsichtige *m*, *f*.
myr·i·ad ['miriəd] **1.** Myriade *f*; Unzahl *f*; **2.** unzählig, zahllos.
myr·mi·don ['mə:midən] *contp.* Helfershelfer *m*; Scherge *m*.
myrrh ⚘ [mə:] Myrrhe *f*.
myr·tle ⚘ ['mə:tl] Myrte *f*.
my·self [mai'self] ich selbst; mir; mich.
mys·te·ri·ous □ [mis'tiəriəs] geheimnisvoll, rätselhaft, mysteriös; **mys'te·ri·ous·ness** *das* Geheimnisvolle.
mys·ter·y ['mistəri] Mysterium *n*; Geheimnis *n*, Rätsel *n*; Geheimlehre *f*; *a.* ~ *play hist.* Mysterienspiel *n*; '**~-ship** U-Bootfalle *f*.
mys·tic ['mistik] **1.** *a.* '**mys·ti·cal** □ mystisch, geheimnisvoll; sinnbildlich; **2.** Mystiker *m*; **mys·ti·cism** ['~sizəm] Mystizismus *m*; **mys·ti·fi·ca·tion** [~fi'keiʃən] Irreführung *f*; **mys·ti·fy** ['~fai] mystifizieren, täuschen, hinters Licht führen; verblüffen.
mys·tique [mis'ti:k] Nimbus *m*; Geheimwissenschaft *f*.
myth [miθ] Mythe *f*, Mythos *m*, Sage *f*; **myth·ic, myth·i·cal** □ ['~ik(əl)] mythisch.
myth·o·log·ic, myth·o·log·i·cal □ [miθə'lɔdʒik(əl)] mythologisch; **my·thol·o·gy** [mi'θɔlədʒi] Mythologie *f*, Sagenkunde *f*.
myx·o·ma·to·sis [miksəumə'təusis] Myxomatose *f* (*Viruskrankheit der Kaninchen*).

N

nab *sl.* [næb] schnappen, erwischen.
na·bob ['neibɔb] Nabob *m*, Krösus *m* (*sehr reicher Mann*).
na·celle ✈ [næ'sel] Motorgehäuse *n*; Motorgondel *f e-s Luftschiffes*.
na·cre ['neikə] Perlmutter *f*; **na·cre·ous** ['~kriəs] perlmutterartig; Perlmutter...
na·dir ['neidiə] *ast.* Nadir *m* (*Fußpunkt*); *fig.* tiefster Stand *m*.
nag[1] F [næg] *kleiner* Klepper *m*.
nag[2] [~] nörgeln, quengeln; bekritteln; quälen.
Nai·ad ['naiæd] Najade *f* (*Quellnymphe*).
nail [neil] **1.** (Finger-, Zehen)Nagel *m*; ⊕ Nagel *m*; *zo.* Kralle *f*, Klaue *f*; *fight tooth and* ~ bis zum Äußersten kämpfen; *on the* ~ sofort; *hit the* (*right*) ~ *on the head* den Nagel auf den Kopf treffen; *as hard as* ~*s* eisern, unbarmherzig; fit, in Form; **2.** (an-, fest)nageln; *Augen etc.* heften (*to* auf *acc.*); F abfassen; ~ *down* an-, fest-, zunageln; ~ *s.o. down to fig.* j. festnageln auf (*acc.*); ~ *to the counter et.* als Lüge entlarven; '**~-brush** Nagelbürste *f*; '**nail·ing** *sl. oft* ~ *good* fabelhaft; '**nail-scis·sors** *pl.* Nagelschere *f*; '**nail-var·nish** Nagellack *m*.
nain·sook ['neinsuk] feines Baumwollgewebe *n*.
na·ïve □ [nɑ:'i:v], **na·ive** □ [neiv], unbefangen; ungekünstelt; **na·ïve·te** [nɑ:'i:vtei], **na·ive·ty** ['neivti] Naivität *f*.
na·ked □ ['neikid] nackt, bloß; kahl; *fig.* unverhüllt; *poet.* schutzlos; ausgesetzt; '**na·ked·ness** Nacktheit *f*, Blöße *f etc.*
nam·by-pam·by ['næmbi'pæmbi] **1.** abgeschmackt, fad; **2.** Fadheit *f*.
name [neim] **1.** Name *m*; Ruf *m*; bloßes Wort *n*; *of od. by the* ~ *of* ... namens ..., ... mit Namen; *call s.o.*

~s j. beschimpfen; *not have a penny to one's* ~ keinen Pfennig besitzen; *know s.o. by* ~ j. dem Namen nach kennen; **2.** (be)nennen; erwähnen; ernennen; '**~-day** Namenstag *m*; '**name·less** □ namenlos; unbekannt; unbeschreiblich; '**name·ly** (*abbr. viz.*) nämlich; '**name-part** Titelrolle *f*; '**name-plate** Namen-, Tür-, Firmenschild *n*; '**name-sake** Namensvetter *m*.

nan·cy *sl.* ['nænsi] Weichling *m*; Homosexuelle *m*.

nan·keen [næŋ'ki:n] Nanking *m* (*Stoff*); ~*s pl.* Nankinghose *f*.

nan·ny ['næni] Kindermädchen *n*; '**~-goat** Ziege *f*.

nap[1] [næp] *Tuch*-Noppe *f*; Haar (-seite *f*) *n des Tuches*.

nap[2] [~] **1.** Schläfchen *n*; *have od. take a* ~ ein Nickerchen machen; **2.** schlummern; *catch s.o.* ~*ping* j-n überrumpeln.

nap[3] [~]: *go* ~ *Karten*: alles auf e-e Karte setzen.

na·palm ['neipa:m]: ~ *bomb* ⚔ Napalmbombe *f*.

nape [neip] *mst* ~ *of the neck* Genick *n*.

naph·tha ⚗ ['næfθə] Naphtha *n, f*.

nap·kin ['næpkin] Serviette *f*; Windel *f*; Monatsbinde *f*; '**~-ring** Serviettenring *m*.

Na·po·le·on·ic [nəpəuli'ɔnik] napoleonisch.

na·poo(h) *sl.* [na:'pu:] aus; futsch, alles alle.

nap·py F ['næpi] Windel *f*.

nar·cis·sism *psych.* [na:'sisizm] Narzißmus *m*; **nar·ciss·us** ⚘ [~'sisəs] Narzisse *f*.

nar·co·sis ⚕ [na:'kəusis] Narkose *f*.

nar·cot·ic [na:'kɔtik] **1.** (~*ally*) narkotisch; **2.** Betäubungsmittel *n*; **nar·co·tize** ['na:kətaiz] narkotisieren.

nard [na:d] Narde(nsalbe) *f*.

nark[1] *sl.* [na:k] Polizeispitzel *m*.

nark[2] F [~] verärgern.

nar·rate [næ'reit] erzählen; **nar'ration** Erzählung *f*; **nar·ra·tive** ['nærətiv] **1.** □ erzählend; **2.** Erzählung *f*; **nar·ra·tor** [næ'reitə] Erzähler *m*.

nar·row ['nærəu] **1.** □ eng, schmal, beschränkt; knapp (*Mehrheit, Entkommen*); engherzig; *s. escape*; **2.** ~*s pl.* Engpaß *m*; Meerenge *f*; **3.** *v/t.* verengen; beschränken; einbeengen; *Maschen* abnehmen; *v/i.* sich verengen; '**~-'chest·ed** eng-, schmalbrüstig; '**~-gauge** 🚂 schmalspurig; '**~-'mind·ed** □ engherzig; '**nar·row·ness** Enge *f*; Beschränktheit *f* (*a. fig.*); Engherzigkeit *f*.

nar·whal *zo.* ['na:wəl] See-Einhorn *n*.

nar·y *Am.* ['nɛəri] kein.

na·sal ['neizəl] **1.** □ nasal; Nasen...; näselnd; **2.** Nasallaut *m*; **na·sal·i·ty** [~'zæliti] Nasalität *f*; **na·sal·ize** ['~zəlaiz] durch die Nase sprechen, näseln; *gr.* nasalieren.

nas·cent ['næsnt] werdend, entstehend, wachsend.

nas·ti·ness ['na:stinis] Schmutz *m*; Unflätigkeit *f*.

nas·tur·tium ⚘ [nəs'tə:ʃəm] Kapuzinerkresse *f*.

nas·ty ['na:sti] □ schmutzig; garstig; eklig; widerlich, häßlich; unflätig; ungemütlich.

na·tal ['neitl] Geburts...; **na·tal·i·ty** [nə'tæliti] Geburtenziffer *f*.

na·ta·tion [nə'teiʃən] Schwimmen *n*; **na·ta·to·ri·al** [nætə'tɔ:riəl] Schwimm...

na·tion ['neiʃən] Nation *f*, Volk *n*.

na·tion·al ['næʃənl] **1.** □ national; Volks..., Staats...; **2.** Staatsangehörige *m, f*; **na·tion·al·ism** ['næʃnəlizəm] Nationalismus *m*; '**na·tion·al·ist** **1.** Nationalist(in); **2.** = **na·tion·al'is·tic** nationalistisch; **na·tion·al·i·ty** [næʃə'næliti] Nationalität *f*; Nationalcharakter *m*; Nationalgefühl *n*; Staatsangehörigkeit *f*; **na·tion·al·i·za·tion** [næʃnəlai'zeiʃən] Verstaatlichung *f*; '**na·tion·al·ize** naturalisieren, einbürgern; verstaatlichen; zu e-r Nation machen.

na·tion·hood ['neiʃənhud] nationale Selbständigkeit *f*; **na·tion-wide** ['~waid] die ganze Nation umfassend.

na·tive ['neitiv] **1.** □ angeboren, natürlich; heimatlich, Heimat...; Landes...; eingeboren; einheimisch (*to in dat.*); gediegen (*Metall*); ~ *land* Vaterland *n*; ~ *language* Muttersprache *f*; **2.** Eingeborene *m, f*; Einheimische *m, f*; einheimisches Tier *n*; einheimische Pflanze *f*; (*bsd.* gezüchtete) britische Auster *f*; *a* ~ *of Ireland* ein gebürtiger Ire *m*;

'~-born (im Lande) geboren, einheimisch.
na·tiv·i·ty ['nəˈtiviti] Geburt *f*; Nativität *f*, Horoskop *n*; ♀ **Play** Krippenspiel *n*.
na·tron ⚗ ['neitrən] Natron *n*.
nat·ter F ['nætə] plaudern.
nat·ty □ ['næti] schmuck, nett, fein; flink, geschickt.
na·tu·ral ['nætʃrəl] **1.** □ natürlich; *engS.* angeboren; ungezwungen; unehelich (*Kind*); ~ *history* Naturgeschichte *f*; ~ *note* ♪ Note *f* ohne Vorzeichen; ~ *philosopher* Naturforscher *m*; ~ *philosophy* Physik *f*, Naturlehre *f*; ~ *science* Naturkunde *f*; **2.** Idiot(in); ♪ Auflösungszeichen *n*; '**nat·u·ral·ism** Naturalismus *m*; '**nat·u·ral·ist** Naturalist *m*; Naturforscher *m*, -freund *m*; Tierhändler *m*; Präparator *m*; **nat·u·ral·i·za·tion** [~laiˈzeiʃən] Naturalisierung *f*; '**nat·u·ral·ize** naturalisieren, einbürgern; ♀, *zo.* eingewöhnen; '**nat·u·ral·ness** Natürlichkeit *f*; **na·tu·ral se·lec·tion** *biol.* natürliche Zuchtwahl *f*.
na·ture ['neitʃə] Natur *f*; *engS.* Beschaffenheit *f*; Art *f*; Wesen(sart *f*) *n*; '**na·tured** ...geartet, ...artig.
naught [nɔːt] Null *f*; † nichts; *bring* (*come*) *to* ~ zunichte machen (werden); *set at* ~ für nichts achten;
naugh·ti·ness ['~tinis] Ungezogenheit *f*, Unartigkeit *f*; '**naugh·ty** □ unartig, ungezogen; ungehörig; unanständig.
nau·se·a ['nɔːsjə] Seekrankheit *f*; Übelkeit *f*; *fig.* Ekel *m*; **nau·se·ate** ['nɔːsieit] *v/i.* Ekel empfinden (*at* vor *dat.*); *v/t.* verabscheuen; *be* ~*d* sich ekeln; **nau·seous** □ ['nɔːsjəs] ekelhaft.
nau·ti·cal □ ['nɔːtikəl] nautisch; See..., Schiffs...; ~ *mile* Seemeile *f*.
naut·i·lus *zo.* ['nɔːtiləs] Nautilus *m*, Perlboot *n* (*Seetier*).
na·val □ ['neivəl] See..., Schiffs..., Marine...; ~ *base* Flottenstützpunkt *m*; ~ *staff* Admiralstab *m*.
nave[1] ⛪ [neiv] (Kirchen)Schiff *n*.
nave[2] [~] *Rad*-Nabe *f*.
na·vel ['neivəl] Nabel *m*; *fig.* Mitte *f*; ~ **or·ange** Navelorange *f*.
nav·i·ga·ble □ ['nævigəbl] schiff-, fahrbar; lenkbar (*Luftschiff*); **nav·i·gate** ['~geit] *v/i.* schiffen, (zu Schiff) fahren; *v/t. See etc.* befahren; *Schiff etc.* steuern; **nav·i'ga·tion** Schiffahrt *f*; Navigation *f* (*Schiffsführung*); '**nav·i·ga·tor** Seefahrer *m*; Steuermann *m*; Luftschiffer *m*.
nav·vy ['nævi] Erdarbeiter *m*.
na·vy ['neivi] Marine *f*, Kriegsflotte *f*; '~-'**blue** marineblau.
nay [nei] **1.** † *od. prov.* nein; nein vielmehr; **2.** Nein *n bei Abstimmung*.
Naz·a·rene [næzəˈriːn] Nazarener *m*.
naze [neiz] Landspitze *f*.
Na·zi ['nɑːtsi] **1.** Nazi *m*; **2.** Nazi..., nazistisch.
neap [niːp] *a.* ~-*tide* Nippflut *f*; '**neaped:** *be* ~ ⚓ bei Ebbe auf Grund kommen.
Ne·a·pol·i·tan [niəˈpɔlitən] **1.** neapolitanisch; **2.** Neapolitaner(in).
near [niə] **1.** *adj.* nahe; gerade (*Weg*); nahe verwandt; vertraut; genau (*z.B. Übersetzung*); knapp (*Entkommen etc.*); knauserig; link *vom Reiter etc.*; ~ *at hand* dicht dabei; *a* ~ *thing* ein knappes Entkommen; **2.** *adv.* nahe; **3.** *prp.* nahe (*dat.*), nahe bei *od.* an; **4.** sich nähern (*dat.*); **near·by** ['~bai] in der Nähe (gelegen); nah; '**near·ly** nahe; fast, beinahe; genau; *not* ~ bei weitem nicht; '**near·ness** Nähe *f*; nahe Verwandtschaft *f*; Genauigkeit *f*; '**near-'sight·ed** kurzsichtig.
neat[1] □ [niːt] nett, geschmackvoll; zierlich, niedlich; geschickt; ordentlich; sorgfältig; sauber; rein, unverdünnt; treffend, bündig (*Stil*).
neat[2] ⚒ [~] Rind(vieh) *n*.
neat·ness ['niːtnis] Nettigkeit *f*; Sauberkeit *f*; Zierlichkeit *f*.
neat...: '~'**s-foot oil** Klauenfett *n*; '~'**s-leath·er** Rindsleder *n*; '~'**s--tongue** Rinderzunge *f*.
neb·u·la *ast.* ['nebjulə] Nebel(fleck) *m*; '**neb·u·lar** Nebel(fleck)..., Nebular...; **neb·u·los·i·ty** [~'lɔsiti] Nebligkeit *f*; Nebel *m*; '**neb·u·lous** □ neblig; nebelhaft (*a. fig.*).
ne·ces·sa·ri·ly ['nesisərili] notwendigerweise, unbedingt; '**nec·es·sar·y** □ **1.** notwendig; unvermeidlich; gezwungen; **2.** *mst necessaries pl.* Bedürfnisse *n/pl.*; ✝ Bedarfsartikel *m/pl.*; **ne·ces·si·tate** [niˈsesiteit] *et.* erfordern, notwendig machen; zwingen; **ne'ces·si·tous** bedürftig; **ne'ces·si·ty** Notwendigkeit *f*; Bedürfnis *n*; Zwang *m*; *mst* ne-

cessities pl. Not *f*, Armut *f*; *of* ~ notgedrungen.

neck [nek] **1.** Hals *m*; Nacken *m*, Genick *n*; Halsstück *n vom Hammel*; *Flaschen- etc.* Hals *m*; Ausschnitt *m* (*Kleid*); *break the ~ of a task* das Schwierigste e-r Aufgabe hinter sich bringen; *~ and ~* Kopf an Kopf; Seite an Seite; *~ and crop* F mit Haut und Haaren; *~ or nothing* F alles oder nichts; auf Leben und Tod; *get it in the ~ sl.* eins aufs Dach bekommen; **2.** *sl.* sich abknutschen; '**~·band** Halsbund *m*; '**~·cloth** Krawattenschal *m*; **neck·er·chief** ['nekətʃif] Halstuch *n*; **neck·lace** ['~lis], **neck·let** ['~lit] Halskette *f*; '**neck·tie** Krawatte *f*; '**neck·wear** ✝ Krawatten und Kragen *pl.*

ne·crol·o·gy [ne'krɔlədʒi] Totenregister *n*; Nachruf *m*; **nec·ro·man·cy** ['nekrəumænsi] Nekromantie *f*, Schwarze Kunst *f*, Zauberei *f*.

nec·tar ['nektə] Nektar *m*; **nec·tar·ine** ['~rin] *e-e Pfirsichsorte*.

née [nei] *bei Frauennamen*: geborene.

need [ni:d] **1.** Not *f*; Notwendigkeit *f*; Bedürfnis *n* (*for* nach); Mangel *m*; Bedarf *m* (*of* an *dat.*); *one's own ~s pl.* Eigenbedarf *m*; *if ~ be* nötigenfalls; *be od. stand in ~ of* brauchen, benötigen; **2.** nötig haben, brauchen, benötigen; bedürfen (*gen.*); müssen; **need·ful** ['~ful] **1.** □ notwendig; **2.** F *das* Nötige (*bsd. Geld*); '**need·i·ness** Dürftigkeit *f*, Armut *f*.

nee·dle ['ni:dl] **1.** Nadel *f*; Zeiger *m*; **2.** (*mit e-r Nadel*) nähen; *bsd. Am.* irritieren; anstacheln; F *Getränk durch Alkoholzusatz* schärfen; *~ one's way through* sich durchschlängeln durch; '**~-case** Nadelbüchse *f*; '**~-gun** Zündnadelgewehr *n*.

need·less □ ['ni:dlis] unnötig; '**need·less·ly** unnötig(erweise); '**need·less·ness** Unnötigkeit *f*.

nee·dle...: '**~·wom·an** Näherin *f*; '**~·work** Handarbeit *f*.

needs [ni:dz] notwendigerweise, notgedrungen, durchaus; '**need·y** □ bedürftig, arm, notleidend.

ne'er [nɛə] = *never*; **~-do-well** ['~du:wel] Tunichtgut *m*.

ne·far·i·ous □ [ni'fɛəriəs] ruchlos, schändlich.

ne·gate [ni'geit] verneinen; **ne'ga·tion** Verneinung *f*; Nichts *n*; **neg·a·tive** ['negətiv] **1.** □ negativ; verneinend; **2.** Verneinung *f*; *phot.* Negativ *n*; **3.** *a. answer in the ~* verneinen, negieren; ablehnen; widerlegen; unwirksam machen.

neg·lect [ni'glekt] **1.** Vernachlässigung *f*; Nachlässigkeit *f*; Verwahrlosung *f*; **2.** vernachlässigen; *eine Gelegenheit* versäumen; **neg'lect·ful** □ [~ful] nachlässig; achtlos (*of* auf *acc.*).

nég·li·gé, neg·li·gee ['negli:ʒei] Negligé *n* (*Hauskleidung*; *Morgenmantel*).

neg·li·gence ['neglidʒəns] Nach-, ⚖ Fahrlässigkeit *f*; '**neg·li·gent** □ nach-, fahrlässig; *~ of* gleichgültig gegen.

neg·li·gi·ble ['neglidʒəbl] nebensächlich; geringfügig, unbedeutend.

ne·go·ti·a·bil·i·ty [nigəuʃjə'biliti] Verkäuflichkeit *f*; **ne'go·ti·a·ble** □ verkäuflich, umsetzbar; börsenfähig; begebbar (*Wechsel*); zu nehmen(d) (*Hindernis*); passierbar (*Straße*); *not ~* nur zur Verrechnung; **ne'go·ti·ate** [~ʃieit] *v/t.* verhandeln (über *acc.*); zustande bringen; *Hindernis, Kurve* nehmen; bewältigen; *Wechsel* begeben; *v/i.* unterhandeln; **ne·go·ti'a·tion** Begebung *f e-s Wechsels, e-r Anleihe*; Unterhandlung *f*; Bewältigung *f*; *under ~* zur Verhandlung stehend; **ne'go·ti·a·tor** Unterhändler *m*.

ne·gress ['ni:gris] Negerin *f*; **ne·gro** ['ni:grəu], *pl.* **ne·groes** ['~z] Neger *m*; **ne·groid** ['ni:grɔid] negroid, negerähnlich.

ne·gus ['ni:gəs] Glühwein *m*.

neigh [nei] **1.** Wiehern *n*; **2.** wiehern.

neigh·bo(u)r ['neibə] **1.** Nachbar(in); Nächste *m, f*; **2.** angrenzen an (*acc.*); **neigh·bo(u)r·hood** ['~hud] Nachbarschaft *f*; Umgebung *f*; *in the ~ of* in der Umgebung von; *fig.* F um ... herum; '**neigh·bo(u)r·ing** benachbart, angrenzend; '**neigh·bo(u)r·li·ness** gutnachbarliches Verhalten *n*; '**neigh·bo(u)r·ly** nachbarlich, freundlich.

nei·ther ['naiðə] **1.** *adj. od. pron.* keiner (von beiden); **2.** *adv. ~ ... nor ...* weder ... noch ...; *not ... ~* auch nicht.

nem·e·sis ['nemisis] Nemesis *f*, strafende Gerechtigkeit *f*.
ne·o·lith·ic [ni:əu'liθik] jungsteinzeitlich, neolithisch.
ne·ol·o·gism [ni:'ɔlədʒizəm] Neologismus *m*, Wortneubildung *f*.
ne·on ['ni:ən] Neon *n*; ~ **light** Neonlicht *n*; ~ **sign** Leuchtreklame *f*.
neph·ew ['nevju:] Neffe *m*.
ne·phri·tis ⚕ [ne'fraitis] Nierenentzündung *f*.
nep·o·tism ['nepətizəm] Nepotismus *m*, Vetternwirtschaft *f*.
Nep·tune ['neptju:n] Neptun *m* (*Meergott*; *Planet*).
Ne·re·id ['niəriid] Nereide *f*.
nerve [nə:v] **1.** Nerv *m*; Sehne *f*; *Blatt*-Rippe *f*; Kraft *f*, Mut *m*; Dreistigkeit *f*; *get on s.o.'s* ~*s* j-m auf die Nerven gehen; **2.** kräftigen; ermutigen (*for* zu); '**~-cell** Nervenzelle *f*; '**~-cen·tre**, *Am.* '**~-cen·ter** Nervenzentrum *n*; **nerved** ⚘ gerippt; ...nervig; '**nerve·less** □ kraftlos; '**nerve-rack·ing** nervenaufreibend.
nerv·ine ⚕ ['nə:vi:n] **1.** nervenstärkend; **2.** nervenstärkendes Mittel *n*.
nerv·ous □ ['nə:vəs] Nerven...; nervig, kräftig; nervös, reizbar; ängstlich; aufgeregt; '**nerv·ous·ness** Nervosität *f*.
nerv·y *sl.* ['nə:vi] dreist; auf die Nerven gehend; nervös.
nes·ci·ence ['nesiəns] Unwissenheit *f*; '**nes·ci·ent** unwissend (*of* in *dat.*).
ness [nes] Vorgebirge *n*.
nest [nest] **1.** Nest *n* (*a. fig.*); Schlupfwinkel *m*; Satz *m ineinanderpassender Dinge*; **2.** nisten; '**nest·ed** eingenistet; '**nest-egg** Nestei *n*; *fig.* Spar-, Notgroschen *m*; '**nest·er** nistender Vogel *m*; Siedler *m*; '**nes·tle** ['nesl] *v/i.* nisten; sich einnisten; sich (an-)schmiegen (*to* an *acc.*); *v/t.* schmiegen; **nest·ling** ['nestliŋ] Nestling *m*.
net[1] [net] **1.** Netz *n* (*a. fig.*); Tüll *m*, Musselin *m*; **2.** mit e-m Netz fangen *od.* umgeben (*a. fig.*).
net[2] [~] **1.** netto, rein; Rein...; **2.** netto einbringen.
net·ball ['netbɔ:l] Netzball *m*; *Art* Korbball(spiel *n*) *m*.
neth·er ['neðə] nieder; Unter...; '**~·most** (zu)unterst.
net·ting ['netiŋ] Netzstricken *n*, Filetarbeit *f*; Netzwerk *n*.
net·tle ['netl] **1.** ⚘ Nessel *f*; **2.** ⚒ mit Nesseln brennen; *fig.* ärgern; '**~-rash** ⚕ Nesselfieber *n*.
net·work ['netwə:k] (Straßen-, Kanal- *etc.*)Netz *n*; *Radio*: Sendergruppe *f*.
neu·ral ⚕ ['njuərəl] Nerven...
neu·ral·gia ⚕ [njuə'rældʒə] Nervenschmerz *m*, Neuralgie *f*; **neu·ras·the·ni·a** ⚕ [njuərəs'θi:njə] Neurasthenie *f*, Nervenschwäche *f*; **neu·ras·then·ic** [~'θenik] **1.** neurasthenisch; **2.** Neurastheniker(in); **neu·ri·tis** ⚕ [njuə'raitis] Nervenentzündung *f*; **neu·rol·o·gist** [~'rɔlədʒist] Neurologe *m*; **neu'rol·o·gy** Neurologie *f*; **neu·ro·path·ic** ⚕ [~rəu'pæθik] **1.** nervenleidend; **2.** Nervenleidende *m*; **neu·ro·sis** ⚕ [~'rəusis] Neurose *f*; **neu·rot·ic** [~'rɔtik] **1.** neurotisch; Nerven...; **2.** Neurotiker(in); Nervenmittel *n*.
neu·ter ['nju:tə] **1.** geschlechtslos; *gr.* sächlich; intransitiv; **2.** geschlechtsloses Tier *n*; *gr.* Neutrum *n*.
neu·tral ['nju:trəl] **1.** □ neutral (*a.* ⚙); unparteiisch, parteilos, unbeteiligt; **2.** Neutrale *m*, *f*; Null (-punkt *m*) *f*; Leerlauf(stellung *f*) *m*; **neu·tral·i·ty** [~'træliti] Neutralität *f*; **neu·tral·i·za·tion** [~trəlai'zeiʃən] Neutralisierung *f* (*a.* ⚙); '**neu·tral·ize** neutralisieren (*a.* ⚙); unwirksam machen.
neu·tron *phys.* ['nju:trɔn] Neutron *n*.
né·vé *mount.* ['nevei] Firn(feld *n*) *m*.
nev·er ['nevə] nie(mals); durchaus nicht, gar nicht; ~ *so* (auch) noch so; *on the* ~-~ *sl.* auf Stottern (*Raten*); *the* 2-2 (*Land*) der (australische) Busch; '**nev·er'more** nimmermehr, nie wieder; **nev·er·the·less** [~ðə'les] nichtsdestoweniger.
new [nju:] neu (*a. adv.*); frisch; modern; unerfahren; '**~·born** **1.** neugeboren; **2.** Neugeborene *n*; '**new-'com·er** Ankömmling *m*, Fremde *m*; Neuling *m*; **New Eng·land·er** Neuengländer(in); **new-fan·gled** ['~fæŋgld] neuerungssüchtig; neu(modisch); **new look** neue Mode *f*; neues Äußeres *n*; '**new·ly** neulich, kürzlich, jüngst; neu; '**newly-weds** *pl. die* Neuver-

mählten *pl.*; ˈ**new·ness** Neuheit *f*; Unerfahrenheit *f*.

news [nju:z] *sg.* Neuigkeit(en *pl.*) *f*, Nachricht(en *pl.*) *f*; *what's the* ~? was gibt's Neues?; *he is much in the* ~ F alle Zeitungen schreiben über ihn; ˈ**~-a·gen·cy** Nachrichtenbüro *n*; ˈ**~-a·gent** Zeitungshändler *m*; ˈ**~-boy** Zeitungsausträger *m*; ˈ**~-butch·er** *Am. sl.* Zeitungsverkäufer *m*; ˈ**~-cast** *Radio*: Nachrichten *pl.*; **~ cin·e·ma** Aktualitätenkino *n*; ˈ**~-letter** Rundschreiben *n*; ˈ**~-mon·ger** Neuigkeitskrämer *m*; ˈ**~·pa·per 1.** Zeitung *f*; **2.** Zeitungs...; ˈ**~-print** Zeitungspapier *n*; ˈ**~-reel** *Film*: Wochenschau *f*; ˈ**~-room** Zeitschriftenlesesaal *m*; *Am. Zeitung*: Redaktionsabteilung *f für Nachrichten*; ˈ**~-stall,** *Am.* ˈ**~·stand** Zeitungsstand *m*; ˈ**~-ven·dor** Zeitungsverkäufer *m*; **news·y** [ˈnju:zi] F voller Nachrichten.

newt *zo.* [nju:t] Wassermolch *m*.

New World [ˈnju:ˈwə:ld] *die* Neue Welt (*Amerika*); ˈ**new-world** neuweltlich.

new year [ˈnju:ˈjə:] Neujahr *n*; *~'s day* Neujahrstag *m*; *~'s eve* Silvester(abend *m*) *n*; *~'s gift* Neujahrsgeschenk *n*.

next [nekst] **1.** *adj.* nächst; nächst (-folgend); *~ but one der* übernächste; *~ door* nebenan; *~ door to fig.* (schon) beinahe; *the ~ of kin* der (*pl.* die) nächste(n) Verwandte(n) *od.* Angehörige(n); *~ to* nächst (*dat.*); *~ to nothing* fast gar nichts; *what ~?* was denn noch?; **2.** *adv.* zunächst, gleich darauf, dann; demnächst, nächstens.

nib [nib] (Schreib)Feder *f aus Stahl od. Gold*.

nib·ble [ˈnibl] *v/t.* knabbern an (*dat.*); benagen, anknabbern; *v/i.* *~ at* nagen *od.* knabbern an (*dat.*); *fig.* (herum)kritteln an (*dat.*); *fig.* spielen mit.

nib·lick [ˈniblik] *ein* Golfschläger *m*.

nice □ [nais] fein (*Beobachtung, Sinn; Urteil; Unterschied; Waage etc.*); wählerisch (*about* in *dat.*); peinlich (genau); heikel; nett; niedlich; hübsch, schön; *~ and warm* hübsch warm; ˈ**nice·ly** F (sehr) gut; ˈ**nice·ness** Feinheit *f*; Genauigkeit *f*; Nettigkeit *f*; **nice·ty** [ˈ~siti] Feinheit *f*, Schärfe *f*; Genauigkeit *f*; Spitzfindigkeit *f*; *to a ~* bis aufs Haar; *stand upon niceties* es allzu genau nehmen.

niche [nitʃ] Nische *f*; *fig. der rechte* Platz.

Nick[1] [nik]: *Old ~* der Teufel.

nick[2] [~] **1.** Kerbe *f*; *sl.* Kittchen *n*; *in the (very) ~ of time* gerade zur rechten Zeit; **2.** (ein)kerben; *sl.* schnappen (*erwischen*).

nick·el [ˈnikl] **1.** *min.* Nickel *m* (*Am. a. Fünfcentstück*); *~-in-the-slot machine Am.* Warenautomat *m*; **2.** vernickeln.

nick·el·o·de·on *Am.* [niklˈəudjən] Kintopp *n*; Musikautomat *m*.

nick-nack [ˈniknæk] = *knickknack*.

nick·name [ˈnikneim] **1.** Spitzname *m*; **2.** e-n Spitznamen geben (*dat.*).

nic·o·tine [ˈnikəti:n] Nikotin *n*.

nid-nod [ˈnidnɔd] nicken.

niece [ni:s] Nichte *f*.

niff *sl.* [nif] Mief *m*, Gestank *m*.

niffed F [nift] eingeschnappt (*beleidigt*).

niff·y *sl.* [ˈnifi] stinkend.

nif·ty *Am.* [ˈnifti] **1.** elegant; sauber (*hervorragend*); *sl.* stinkend; **2.** treffende Bemerkung *f*.

nig·gard [ˈnigəd] **1.** Knicker *m*, Geizhals *m*; **2.** □ karg, geizig; ˈ**nig·gard·li·ness** Knickerei *f*, Geiz *m*; ˈ**nig·gard·ly** *adj. u. adv.* geizig, knauserig; karg.

nig·ger F *mst contp.* [ˈnigə] Nigger *m* (*Neger*); *that's the ~ in the woodpile Am. sl.* da liegt der Hund begraben.

nig·gle [ˈnigl] (s-e Zeit für Kleinigkeiten ver)trödeln; ˈ**nig·gling** kleinlich; peinlich genau.

nigh † *od. prov.* [nai] = *near*.

night [nait] Nacht *f*; Abend *m*; *by ~, in the ~, at ~* nachts, bei Nacht; *~ out* freier Abend *m*; *make a ~ of it* die Nacht durchmachen; ˈ**~-bell** Nachtglocke *f*; ˈ**~-bird** Nacht(raub)vogel *m*; *fig.* Nachtschwärmer *m*; ˈ**~·cap** Nachtmütze *f*; Schlummertrunk *m*; ˈ**~-club** Nachtlokal *n*; ˈ**~-dress** Damennachthemd *n*; ˈ**~·fall** Einbruch *m* der Nacht; ˈ**~-gown** = *night-dress*; **night·in·gale** *orn.* [ˈ~iŋgeil] Nachtigall *f*; ˈ**night·ly** Nacht..., nächtlich; jede Nacht.

night...: ˈ**~·mare** Alptraum *m*, Alpdruck *m*; böser Traum *m*; ˈ**~-**

-school Abendschule *f*; '~-shade ⚘ Nachtschatten *m*; *deadly* ~ Tollkirsche *f*; '~-shirt Herrennachthemd *n*; '~-spot *Am.* Nachtlokal *n*; '~-stop Aufenthalt *m* mit Übernachtung; '~-stop e-n Nachtaufenthalt haben; '~-time Nacht(zeit) *f*; '~-walk·er Nacht-, Schlafwandler(in); '~-'watch Nachtwache *f*; '~-'watch·man Nachtwächter *m*; '~-work Nachtarbeit *f*; '**night·y** F Damen- *od.* Kindernachthemd *n*.

ni·hil·ism ['naiilizəm] Nihilismus *m*; '**ni·hil·ist** Nihilist(in).

nil [nil] *bsd. Sport*: nichts, null.

nim·ble □ ['nimbl] flink, behend, gewandt; '**nim·ble·ness** Behendigkeit *f*.

nim·bus ['nimbəs] Nimbus *m*, Heiligenschein *m*; Regenwolke *f*.

nim·i·ny-pim·i·ny ['nimini'pimini] zimperlich, geziert.

Nim·rod ['nimrɔd] Nimrod *m* (*großer Jäger*).

nin·com·poop F ['ninkəmpu:p] Einfaltspinsel *m*, Trottel *m*.

nine [nain] **1.** neun; ~ *days' wonder* Tagesgespräch *n*; **2.** Neun *f*; *dressed up to the* ~*s* F aufgedonnert; '~**fold** neunfach; '~**pins** *pl.* Kegel *m/pl.*; Kegelspiel *n*; **nine·teen** ['~'ti:n] neunzehn; *talk* ~ *to the dozen* unaufhörlich reden; '**nine-'teenth** neunzehnte(r, -s); **nine-tieth** ['~tiiθ] **1.** neunzigste(r, -s); **2.** Neunzigstel *n*; '**nine·ty** neunzig.

nin·ny F ['nini] Dummkopf *m*.

ninth [nainθ] **1.** neunte(r, -s); **2.** Neuntel *n*; ♪ None *f*; '**ninth·ly** neuntens.

nip[1] [nip] **1.** Kniff *m*, Kneifen *n*; ⚘ Frostbrand *m*; scharfer Frost *m*; **2.** kneifen, zwicken; schneiden (*Kälte*); *durch Frost* beschädigen, vernichten; *sl.* flitzen, huschen, eilen; ~ *in the bud* im Keim ersticken.

nip[2] [~] **1.** Schlückchen *n*; **2.** nippen.

nip·per ['nipə] F Bengel *m*, Stift *m*; Krebsschere *f*; (*a pair of*) ~*s pl.* (eine) (Kneif)Zange *f*; (ein) Kneifer *m*.

nip·ple ['nipl] Brustwarze *f*; Saughütchen *n*; ⊕ Nippel *m*.

nip·py F ['nipi] **1.** bitter kalt; behende, flink; **2.** Kellnerin *f*.

nir·va·na [niə'vɑ:nə] Nirwana *n*.

Ni·sei *Am.* ['ni'sei] (*a. pl.*) Japaner *m*, *geboren in den USA*.

Nis·sen hut ['nisn'hʌt] Nissenhütte *f*, Wellblechbaracke *f*.

nit [nit] Niß *f* (*Ei der Laus etc.*).

ni·trate ⚗ ['naitreit] Nitrat *n*, salpetersaures Salz *n*.

ni·tre, ni·ter ⚗ ['naitə] Salpeter *m*.

ni·tric ac·id ⚗ ['naitrik'æsid] Salpetersäure *f*.

ni·tro·chalk ['nautrəu'tʃɔ:k] *ein* Rasendünger *m*.

ni·tro·gen ⚗ ['naitrədʒən] Stickstoff *m*; **ni·trog·e·nous** [~'trɔdʒinəs] stickstoffhaltig.

ni·tro·glyc·er·ine ⚗ ['naitrəuglisə'ri:n] Nitroglyzerin *n*.

ni·trous ⚗ ['naitrəs] salpetrig.

nit·wit F ['nitwit] Schwachkopf *m*; '**nit·wit·ted** F schwachsinnig.

nix [niks] Nix *m*; **nix·ie** ['~i] Nixe *f*.

no [nou] **1.** *adj.* kein; *in* ~ *time* im Nu; ~ *man's land* Niemandsland *n*; ~ *one* keiner, niemand; **2.** *adv.* nein; *beim comp.* nicht; **3.** Nein *n*; *noes pl.* Stimmen *f/pl.* dagegen.

nob[1] *sl.* [nɔb] Dez *m* (*Kopf*); ⊕ Knopf *m*.

nob[2] *sl.* [~] feiner Pinkel *m*.

nob·ble *sl.* ['nɔbl] *j.* (he)rumkriegen; *et.* mopsen (*stehlen*).

nob·by *sl.* ['nɔbi] nobel, schick, schnieke.

no·bil·i·ar·y [nəu'biliəri] Adels...

no·bil·i·ty [nəu'biliti] Adel *m* (*a. fig.*); Würde *f*.

no·ble ['nəubl] **1.** □ adlig; edel, vornehm; prächtig; vortrefflich; Edel... (*Gas, Metall etc.*); **2.** Adlige *m, f*; '~**man** Edelmann *m*, Adlige *m*; '~-'**mind·ed** edelgesinnt; '**no·ble-ness** Adel *m*; Würde *f*; '**no·ble-wom·an** Edelfrau *f*.

no·bod·y ['nəubədi] **1.** niemand; **2.** unbedeutende Persönlichkeit *f*.

nock [nɔk] Kerbe *f*.

noc·tur·nal [nɔk'tə:nl] Nacht...

noc·turne ['nɔktə:n] Nachtszene *f*; ♪ Notturno *n*.

nod [nɔd] **1.** *v/i.* nicken; schlafen; sich neigen; ~*ding acquaintance* oberflächliche Bekanntschaft *f*; ~ *off* einnicken; *v/t. Haupt* neigen; ~ *out* *j.* hinauswinken; **2.** Nicken *n*; Wink *m*.

nod·dle F ['nɔdl] Birne *f* (*Kopf*).

node [nəud] Knoten *m* (*a.* ⚘ *u. ast.*); ⚕ Überbein *n*.

nod·u·lar ['nɔdjulə] knotenartig.
nod·ule ['nɔdju:l] Knötchen *n.*
No·el [nəu'el] Weihnacht *f.*
nog [nɔg] Holznagel *m*; Holzblock *m*; **nog·gin** ['nɔgin] kleiner (hölzerner) Krug *m*; '**nog·ging** ⚠ Riegelmauer *f.*
no·how F ['nəuhau] in keiner Weise; nicht in Ordnung.
noil [nɔil] *Tuchmacherei*: Kämmling *m*, Kurzwolle *f.*
noise [nɔiz] **1.** Lärm *m*; Geräusch *n*; Geschrei *n*, Aufsehen *n*; *big* ~ *bsd. Am.* F großes Tier (*Person*) *n*; **2.** ~ *abroad* in der Öffentlichkeit bekanntmachen; ausschreien.
noise·less □ ['nɔizlis] geräuschlos; '**noise·less·ness** Geräuschlosigkeit *f.*
nois·i·ness ['nɔizinis] Geräusch *n*, Getöse *n.*
noi·some ['nɔisəm] schädlich, ungesund; widerlich; '**noi·some·ness** Schädlichkeit *f*; Ekelhaftigkeit *f.*
nois·y □ ['nɔizi] geräuschvoll, lärmend; aufdringlich (*Farbe*).
no·mad ['nəuməd] Nomade *m*, Nomadin *f*; **no·mad·ic** [~'mædik] (*~ally*) nomadisch; **no·mad·ize** ['~mədaiz] nomadisieren.
nom de plume ['nɔ̃:mdə'plu:m] Pseudonym *n*, Schriftstellername *m.*
no·men·cla·ture [nəu'menklətʃə] Nomenklatur *f*; *systematische* Benennung *f*; Fachsprache *f*; Namensverzeichnis *n.*
nom·i·nal □ ['nɔminl] nominell; (nur) dem Namen nach (vorhanden); namentlich; Namen...; ~ *value* Nennwert *m*; **nom·i·nate** ['~neit] ernennen; zur Wahl vorschlagen; **nom·i'na·tion** Ernennung *f*; Vorschlagsrecht *n*; *in* ~ vorgeschlagen; **nom·i·na·tive** *gr.* ['~nətiv] *a.* ~ *case* Nominativ *m*; **nom·i·na·tor** ['~neitə] Ernenner *m*; **nom·i·nee** [~'ni:] *zu e-m Amt etc.* Vorgeschlagener *m*, Kandidat (-in).
non [nɔn] *in Zssgn*: nicht, un..., Nicht...
non-ac·cept·ance ['nɔnək'septəns] Nichtannahme *f.*
non·age ['nəunidʒ] Minderjährigkeit *f.*
non·a·ge·nar·i·an [nəunədʒi'nɛəriən] Neunzigjährige *m*, *f.*
non-ag·gres·sion ['nɔnə'greʃən]: ~ *pact* Nichtangriffspakt *m.*
non-al·co·hol·ic ['nɔnælkə'hɔlik] alkoholfrei.
non-a·lign·ment *pol.* [nɔnə'lainmənt] Blockfreiheit *f.*
non-ap·pear·ance ⚖ ['nɔnə'piərəns] Nichterscheinen *n.*
non-at·tend·ance ⚖ ['nɔnə'tendəns] Ausbleiben *n*, Nichterscheinen *n.*
nonce [nɔns]: *for the* ~ nur für diesen Fall.
non·cha·lance ['nɔnʃələns] Lässigkeit *f*; '**non·cha·lant** □ lässig.
non·com ⚔ F [nɔn'kɔm] Unteroffizier *m.*
non-com·mis·sioned ['nɔnkə'miʃənd] nicht bevollmächtigt; ohne Bestallung; ~ *officer* ⚔ Unteroffizier *m.*
non-com·mit·tal ['nɔnkə'mitl] unverbindlich, nichtssagend.
non-com·pli·ance ['nɔnkəm'plaiəns] Zuwiderhandlung *f*, Verstoß *m* (*with* gegen).
non com·pos men·tis ⚖ [nɔn'kɔmpɔs'mentis] unzurechnungsfähig.
non-con·duc·tor ⚡ ['nɔnkəndʌktə] Nichtleiter *m.*
non·con·form·ist ['nɔnkən'fɔ:mist] Dissident(in), Freikirchler(in); **non·con'form·i·ty** Mangel *m* an Übereinstimmung; *eccl.* Dissidententum *n.*
non-con·ten·tious ⚖ ['nɔnkən'tenʃəs] nicht strittig.
non-de·liv·er·y ['nɔndi'livəri] Nichtauslieferung *f*, Nichterfüllung *f.*
non-de·nom·i·na·tion·al school ['nɔndinɔmi'neiʃənl'sku:l] Simultanschule *f.*
non·de·script ['nɔndiskript] **1.** unbestimmbar; schwer zu beschreibend; **2.** schwer zu beschreibende Person *f.*
none [nʌn] **1.** keine(r, -s); nichts; **2.** keineswegs, gar nicht; ~ *the less* nichtsdestoweniger.
non·en·ti·ty [nɔ'nentiti] Nichtsein *n*; Unding *n*; Nichts *n*; *fig.* Null *f.*
non-es·sen·tial ['nɔni'senʃəl] **1.** unwesentlich; **2.** Unwesentlichkeit *f.*
non-ex·ist·ence ['nɔnig'zistəns] Nicht(da)sein *n*; '**non·ex'ist·ent** nicht vorhanden, nicht existierend.
non-fic·tion ['nɔn'fikʃən] Sachbücher *n/pl.*
non-ha·la·tion *phot.* ['nɔnhə'leiʃən] lichthoffrei.

non-in·ter·fer·ence ['nɔnintə'fiərəns], **non-in·ter·ven·tion** ['nɔnintə'venʃən] Nichteinmischung *f.*
non-lad·der·ing ['nɔn'lædəriŋ] maschenfest.
non-mem·ber ['nɔn'membə]Nichtmitglied *n.*
non-ob·serv·ance ['nɔnəb'zə:vəns] Nichtbeobachtung *f.*
non·pa·reil [nɔnpə'rel] Unvergleichliche *m, f, n*; *typ.* Nonpareille (-schrift) *f.*
non-par·ti·san [nɔn'pɑ:tizæn] überparteilich.
non-par·ty *pol.* ['nɔn'pɑ:ti] parteilos.
non-pay·ment ['nɔn'peimənt] Nichtzahlung *f.*
non-per·form·ance ⚖ ['nɔnpə'fɔ:məns] Nichterfüllung *f.*
non·plus ['nɔn'plʌs] **1.** Verlegenheit *f*; *at a* ~ ratlos; **2.** in Verlegenheit bringen; ~*sed* ratlos, verdutzt.
non-pro·lif·er·a·tion ['nɔnprəulifə'reiʃən] Nichtweiterverbreitung *f* (*von Atomwaffen*).
non-res·i·dent ['nɔn'rezidənt] nicht am Platze wohnend.
non·sense ['nɔnsəns] Unsinn *m*; **non·sen·si·cal** □ [~'sensikəl] unsinnig, albern.
non-skid ['nɔn'skid] rutschfest, -sicher (*Reifen etc.*).
non-smok·er ['nɔn'sməukə] Nichtraucher *m.*
non-stop ['nɔn'stɔp] 🚂 durchgehend; ✈ ohne Zwischenlandung; Ohnehalt...; Nonstop...
non·such ['nʌnsʌtʃ] Unvergleichliche *m, f, n.*
non·suit ⚖ ['nɔn'sju:t] Abweisung *f einer Klage.*
non-U F ['nɔnju:] unkultiviert.
non-un·ion [nɔn'ju:njən] nicht organisiert (*Arbeiter*).
noo·dle[1] F ['nu:dl] Dummkopf *m.*
noo·dle[2] [~] Nudel *f.*
nook [nuk] Ecke *f*, Winkel *m.*
noon [nu:n] **1.** Mittag *m*; **2.** mittägig; Mittags...; '**~·day**, '**~·tide** = *noon.*
noose [nu:s] **1.** Schlinge *f*; **2.** (mit der Schlinge) fangen; schlingen.
nope *Am.* F [nəup] nein!
nor [nɔ:] *nach neither*: noch; *am Satzanfang*: auch nicht; ~ *do I* ich auch nicht.
Nor·folk jack·et ['nɔ:fək'dʒækit] Herrenjackett *n* mit Gürtel.
norm [nɔ:m] Norm *f*; Regel *f*; Muster *n*; Maßstab *m*; '**nor·mal** □ **1.** normal, regelrecht, üblich; ⩘ senkrecht; ~ *school* Pädagogische Hochschule *f*; **2.** Normalstand *m*; ⩘ Senkrechte *f*; '**nor·mal·ize** normalisieren; normen.
Nor·man ['nɔ:mən] **1.** Normanne *m*; **2.** normannisch.
Norse [nɔ:s] **1.** norwegisch; **2.** Norwegisch *n*; '**Norse·man** Nordländer *m*; Norweger *m.*
north [nɔ:θ] **1.** Nord(en) *m*; **2.** nördlich; Nord...; '**~-'east 1.** Nordost *m*; **2.** *a.* **~-'east·ern** nordöstlich; **north·er·ly** ['~ðəli] nördlich; **north·ern** ['~ðən] nördlich; Nord...; '**north·ern·er** Nordländer(in); ♀ *Am.* Nordstaatler; '**north·ern·most** nördlichst; **north·ing** ⚓ ['~θiŋ] Weg *m*, *ast.* Distanz *f* nach Nord; '**North·man** Nordländer *m*, Skandinavier *m*; Wikinger *m*; **north·ward**(**·ly**) ['~wəd(li)] *adj. u. adv.*, **north·wards** ['~wədz] *adv.* nördlich; nordwärts.
north...: '**~-'west 1.** Nordwest *m*; **2.** *a.* '**~-'west·ern**, '**~-'west·er·ly** nordwestlich.
Nor·we·gian [nɔ:'wi:dʒən] **1.** norwegisch; **2.** Norweger(in).
nose [nəuz] **1.** Nase *f*; Spitze *f*; Mündung *f e-s Rohres*; Schnauze *f*, Tülle *f*; *cut off one's ~ to spite one's face* sich ins eigene Fleisch schneiden; *pay through the ~* sich übervorteilen lassen, zuviel bezahlen; *poke od. push od. thrust one's ~ into s.th.* s-e Nase in et. (hinein)stecken; *turn one's ~ up at* die Nase rümpfen über; *put s.o.'s ~ out of joint* j-m e-n Strich durch die Rechnung machen; j-m die Freundin *etc.* ausspannen; **2.** *v/t. a.* ~ *out* riechen, wittern; ~ *one's way* vorsichtig fahren; *v/i.* schnüffeln (*after*, *for* nach); '**~-bag** Futterbeutel *m*; '**~-band** Nasenriemen *m*; **nosed** ...nasig.
nose...: '**~-dive** ✈ Sturzflug *m*; '**~-gay** Blumenstrauß *m*; '**~-heav·y** ✈ kopflastig; '**~-o·ver** ✈ Überschlagen *n beim Landen*; '**~·ring** Nasenring *m.*
nos·ing ⚠ ['nəuziŋ] Ausladung *f*, Kante *f.*
nos·tal·gi·a [nɔs'tældʒiə] Heimweh *n*, Sehnsucht *f*; **nos'tal·gic** [~dʒik] Heimweh...; heimwehkrank.

nos·tril ['nɔstril] Nasenloch *n*, Nüster *f*.
nos·trum ['nɔstrəm] Geheimmittel *n*; Patentlösung *f*.
nos·y ['nəuzi] **1.** duftend; *b. s.* muffig; F neugierig; ♀ *Parker* = **2.** neugieriger Kerl *m*.
not [nɔt] nicht.
no·ta·bil·i·ty [nəutə'biliti] wichtige Persönlichkeit *f*; hervorragende Eigenschaft *f*; '**no·ta·ble 1.** □ bemerkenswert; namhaft; bedeutend; angesehen; hausfraulich tüchtig, fleißig; **2.** angesehene Person *f*, Standesperson *f*; '**no·ta·bly** ganz besonders.
no·tar·i·al □ [nəu'tɛəriəl] Notariats-...; notariell (beglaubigt); **no·ta·ry** ['nəutəri] *oft public* ~ Notar *m*.
no·ta·tion [nəu'teiʃən] Bezeichnung *f* (*bsd.* ⚗ *u.* ♪); Zeichensystem *n*.
notch [nɔtʃ] **1.** Kerbe *f*, Einschnitt *m*; ⊕ Nut(e) *f*; *Am.* Engpaß *m*, Hohlweg *m*; **2.** einkerben; nuten.
note [nəut] **1.** Zeichen *n*, Merkmal *n*; Brandmal *n*; (Satz)Zeichen *n*; Notiz *f*, Aufzeichnung *f*; Anmerkung *f*; Briefchen *n*; (*bsd.* Schuld-) Schein *m*, Zettel *m*; ♪, *pol.*, ✝ Note *f*; ♪ Taste *f*; Ton *m*; Klang *m*; Bedeutung *f*, Ruf *m*; Beachtung *f*; *take* ~*s of* sich Notizen machen über (*acc.*); *strike the right* ~ den rechten Ton treffen; *strike od. sound a false* ~ sich im Ton vergreifen; **2.** be(ob)achten; besonders erwähnen; merken, zur Kenntnis nehmen; *a.* ~ *down* notieren, aufschreiben; mit Anmerkungen versehen; *Wechsel* protestieren; '~**book** Notizbuch *n*; Heft *n*; '**not·ed** bekannt, berühmt; berüchtigt (*for* wegen); ~*ly* deutlich; besonders; '**note-pa·per** Briefpapier *n*; '**note·wor·thy** bemerkens-, beachtenswert.
noth·ing ['nʌθiŋ] **1.** nichts; Nichts *n*; Null *f*; *for* ~ umsonst; *good for* ~ untauglich; *bring* (*come*) *to* ~ zunichte machen (werden); *go for* ~ umsonst sein (*Mühe etc.*); *make* ~ *of* sich nichts machen aus; *I can make* ~ *of it* ich kann damit nichts anfangen; *think* ~ *of et.* als normal betrachten; **2.** *adv.* durchaus nicht; '**noth·ing·ness** Nichts *n*; Nichtigkeit *f*.
no·tice ['nəutis] **1.** Notiz *f*, Nachricht *f*, Anzeige *f*; Bekanntmachung *f*; Kenntnis *f*; Kündigung *f*; Warnung *f*; Aufmerksamkeit *f*, Beachtung *f*, Notiz *f*; (Buch-) Besprechung *f*; *at short* ~ kurzfristig; *give* ~ *that* bekanntgeben, daß, *give a week's* ~ j-m acht Tage vorher kündigen; *take* ~ *of* Notiz nehmen von, Beachtung schenken (*dat.*); *without* ~ fristlos; ~ *of departure* Abmeldung *f*; **2.** bemerken, beobachten; feststellen; beachten; erwähnen; F mit Aufmerksamkeit behandeln; *Buch* besprechen; '**notice·a·ble** □ wahrnehmbar; bemerkenswert; beachtlich; '**no·tice-board** Anschlagbrett *n*; Schwarzes Brett *n*.
no·ti·fi·a·ble ['nəutifaiəbl] meldepflichtig; **no·ti·fi·ca·tion** [~fi'keiʃən] Anzeige *f*; Meldung *f*; Bekanntmachung *f*; Ankündigung *f*.
no·ti·fy ['nəutifai] *et.* anzeigen, melden; bekanntmachen; *j.* benachrichtigen.
no·tion ['nəuʃən] Begriff *m*, Vorstellung *f*, Idee *f*; Meinung *f*, Ansicht *f*; Absicht *f*; ~*s pl. Am.* Kurzwaren *f/pl.*; *kleine* Gebrauchsartikel *m/pl.*; *have no* ~ *of* keine Ahnung haben von; '**no·tion·al** □ begrifflich; nur in der Vorstellung vorhanden; grillenhaft; ausgefallen.
no·to·ri·e·ty [nəutə'raiəti] Allbekanntheit *f*; allbekannte Sache *f od.* Person *f*; **no·to·ri·ous** □ [~'tɔ:riəs] all-, stadt-, weltbekannt; notorisch; *b. s.* berüchtigt (*for* wegen).
not·with·stand·ing [nɔtwiθ'stændiŋ] **1.** *prp.* ungeachtet, trotz (*gen.*); **2.** *adv.* trotzdem, dennoch; **3.** *cj.* ~ *that* obgleich.
nou·gat ['nu:gɑ:] Nougat *m*.
nought *bsd.* ⚗ [nɔ:t] Null *f*, Nichts *n*.
noun *gr.* [naun] Substantiv *n*, Hauptwort *n*.
nour·ish ['nʌriʃ] (er)nähren; *fig.* nähren, hegen; '**nour·ish·ing** nahrhaft; '**nour·ish·ment** Ernährung *f*, Nahrung(smittel *n*) *f*.
nous [naus] Vernunft *f*; gesunder Menschenverstand *m*.
nov·el ['nɔvəl] **1.** neu; ungewöhnlich; **2.** Roman *m*; *short* ~ = **nov·el·ette** [nɔvə'let] kurzer Roman *m*; '**nov·el·ist** Romanschriftsteller(in), Romancier *m*; **nov·el·ty** ['nɔvəlti] Neuheit *f*.

No·vem·ber [nəu'vembə] November *m.*
nov·ice ['nɔvis] Neuling *m*, Anfänger *m*; *eccl.* Novize *m, f.*
no·vi·ci·ate, no·vi·ti·ate [nəu'viʃiit] Lehr(lings)zeit *f*; Noviziat *n.*
now [nau] **1.** nun, jetzt; eben; nun (aber); *by* ~ mittlerweile, jetzt; *just* ~ soeben; *before* ~ schon früher; ~ *and again*, ~ *and then* dann u. wann, hin u. wieder, manchmal; **2.** *cj. a.* ~ *that* nun da; **3.** Jetzt *n.*
now·a·day ['nauədei] heutig; **now·a·days** ['~z] heutzutage.
no·way(s) F ['nəuwei(z)] keineswegs.
no·where ['nəuwɛə] nirgends.
no·wise ['nəuwaiz] keineswegs; in keiner Weise.
nox·ious □ ['nɔkʃəs] schädlich.
noz·zle ['nɔzl] ⊕ Düse *f*; Tülle *f.*
nu·ance [nju:'ɑ̃:ns] Nuance *f*, Schattierung *f.*
nub [nʌb] Knubbe(n *m*) *f*; *Am.* F springende Punkt *m in e-r Sache.*
nu·bile ['nju:bail] heiratsfähig.
nu·cle·ar ['nju:kliə] Kern..., Nuklear..., Atom...; ~ *disintegration* Kernzerfall *m*; ~ *physics sg.* Kernphysik *f*; ~ *pile* Atomsäule *f*; ~ *research* (Atom)Kernforschung *f*; **nu·cle·on** *phys.* ['~kliɔn] Nukleon *n*; **nu·cle·us** ['~kliəs], *pl. a.* **nu·cle·i** ['~kliai] Kern *m.*
nude [nju:d] **1.** nackt; **2.** nackter Körper *m*; *paint.* Akt *m*; *study from the* ~ Aktstudie *f.*
nudge F [nʌdʒ] **1.** *j.* heimlich anstoßen; **2.** Rippenstoß *m.*
nud·ism ['nju:dizəm] Freikörper-, Nacktkultur *f*; '**nud·ist** Anhänger (-in) der Freikörperkultur; '**nu·di·ty** Nacktheit *f*; nackte Figur *f.*
nu·ga·to·ry ['nju:gətəri] albern, kindisch; unwirksam.
nug·get ['nʌgit] (*bsd.* Gold)Klumpen *m.*
nui·sance ['nju:sns] Mißstand *m*; Ärgernis *n*; Unfug *m*; *fig.* Last *f*, Plage *f* (*a. Person*); Quälgeist *m*; *what a* ~! wie ärgerlich!; *commit no* ~! dieser Ort darf nicht verunreinigt werden!; *make o.s. od. be a* ~ lästig fallen.
null [nʌl] ⚖ *u. fig.* nichtig; nichtssagend (*Gesicht*); ~ *and void* null u. nichtig; **nul·li·fi·ca·tion** [nʌlifi'keiʃən] Ungültigkeitserklärung *f*; **nul·li·fy** ['~fai] zunichte machen; aufheben, ungültig machen; '**nul·li·ty** Nichtigkeit *f*, Ungültigkeit *f*; Nichts *n*; *fig.* Null *f.*
numb [nʌm] **1.** starr (*with* vor *Kälte etc.*); taub (*empfindungslos*); **2.** starr *od.* taub machen; ~*ed* erstarrt.
num·ber ['nʌmbə] **1.** Nummer *f*; Zahl *f* (*a. gr.*); Anzahl *f*; Heft *n*, Lieferung *f*, Nummer *f e-s Werkes*; ~*s pl. poet.* Verse *m/pl.*; ♪ Weise(n *pl.*) *f*; *without* ~ zahllos; *in* ~ an der Zahl; **2.** zählen; numerieren; ~ *among*, ~ *in*, ~ *with* rechnen zu *od.* unter (*acc.*); '**num·ber·less** zahllos; **num·ber one** F die eigene Person *f*, das liebe Ich; *look after* ~ den eigenen Vorteil wahren; '**num·ber-plate** *mot.* Nummernschild *n.*
numb·ness ['nʌmnis] Erstarrung *f*, Betäubung *f*; Starr-, Taubheit *f.*
nu·mer·a·ble ['nju:mərəbl] zählbar; '**nu·mer·al 1.** Zahl...; **2.** Zahlzeichen *n*, Ziffer *f*; Zahlwort *n*; **nu·mer'a·tion** Zählen *n*; Zählung *f*; Numerierung *f*; '**nu·mer·a·tor** ✗ Zähler *m e-s Bruches.*
nu·mer·i·cal □ [nju:'merikəl] numerisch, zahlenmäßig; Zahl...
nu·mer·ous □ ['nju:mərəs] zahlreich; '**nu·mer·ous·ness** große Zahl *f.*
nu·mis·mat·ic [nju:miz'mætik] (~*ally*) numismatisch; Münz...; **nu·mis'mat·ics** *mst sg.* Numismatik *f*, Münzkunde *f*; **nu'mis·ma·tist** [~mətist] Numismatiker *m.*
num·skull F ['nʌmskʌl] Dummkopf *m.*
nun [nʌn] Nonne *f*; *orn.* Blaumeise *f.*
nun·ci·a·ture *eccl.* ['nʌnʃjətʃə] Nuntiatur *f*; **nun·ci·o** *eccl.* ['~ʃiəu] Nuntius *m.*
nun·ner·y ['nʌnəri] Nonnenkloster *n.*
nup·tial ['nʌpʃəl] **1.** Hochzeits..., Ehe..., Braut...; **2.** ~*s pl.* Hochzeit *f.*
nurse [nə:s] **1.** Kindermädchen *n*, Säuglingsschwester *f*; *a. wet* ~ Amme *f*; (Kranken)Pflegerin *f*, (Kranken)Schwester *f*; *at* ~ in Pflege; *put out to* ~ in Pflege geben; **2.** stillen, nähren, säugen; auf-, großziehen; pflegen, warten; hätscheln, liebkosen; ~ *a cold* e-e Erkältung auskurieren; '**~-maid** Kindermädchen *n.*
nurs·er·y ['nə:sri] Kinderzimmer *n*;

♂ Baumschule *f*; *fig.* Pflegestätte *f*; ~ *school* Kindergarten *m*; '~**man** Kunstgärtner *m*; '~**-rhymes** *pl.* Kinderlieder *n/pl.*, -reime *m/pl.*; ~ **slopes** *pl. Ski*: Idiotenhügel *m/pl.*

nurs·ing ['nə:siŋ] Stillen *n*; (Kranken)Pflege *f*; '~**-bot·tle** Saugflasche *f*; '~**-home** Privatklinik *f*.

nurs·ling ['nə:sliŋ] Säugling *m*, Pflegling *m*; Liebling *m*; Hätschelkind *n*.

nur·ture ['nə:tʃə] **1.** Pflege *f*; Erziehung *f*; **2.** *a.* ~ *up* aufziehen; *fig.* nähren.

nut [nʌt] **1.** Nuß *f*; ⊕ (Schrauben-) Mutter *f*; *sl.* Birne *f* (*Kopf*); Verrückte *m*; ~*s pl.* Nußkohle *f*; *that is* ~*s to od. for him sl.* das ist was für ihn; *be* ~*s on sl.* verrückt sein nach; *drive* ~*s sl.* verrückt machen; *go* ~*s sl.* verrückt werden; **2.** *go* ~*ting* in die Nüsse gehen.

nu·ta·tion *ast.* [nju:'teiʃən] Schwanken *n der Erdachse.*

nut·crack·er ['nʌtkrækə], *mst (a pair of)* ~*s pl.* (ein) Nußknacker *m*; '**nut-gall** Gallapfel *m*; **nut·meg** ['~meg] Muskatnuß *f*.

nu·tri·a ['nju:triə] Nutria(fell *n*) *f*.

nu·tri·ent ['nju:triənt] **1.** Ernährungs...; **2.** Nährstoff *m*; '**nu·tri·ment** Nahrung *f*, Futter *n*.

nu·tri·tion [nju:'triʃən] Ernährung *f*; Nahrung *f*; **nu'tri·tious** □ nährend, nahrhaft; Ernährungs...; **nu'tri·tious·ness** Nahrhaftigkeit *f*.

nu·tri·tive □ ['nju:tritiv] = *nutritious*.

nut·shell ['nʌtʃel] Nußschale *f*; *in a* ~ in aller Kürze; '**nut·ting** *s. nut* 2; **nut·ty** ['nʌti] nußreich; nußartig; *sl.* verrückt (*on* nach).

nuz·zle ['nʌzl] mit der Schnauze wühlen *od.* stoßen; *a.* ~ *o.s.* sich (an)schmiegen.

ny·lon ['nailɔn] Nylon *n* (*Kunstfaser*); ~*s pl.* Nylonstrümpfe *m/pl.*

nymph [nimf] Nymphe *f*.

O

o [əu] **1.** oh!; ach!; **2.** (*in Telephonnummern*) Null *f*.

oaf [əuf] Dummkopf *m*; Tölpel *m*; '**oaf·ish** dumm.

oak [əuk] **1.** *su.* Eiche *f*; Eichentür *f*; *s. sport*; **2.** *adj.* eichen; '~**-ap·ple**, '~**-gall** Gallapfel *m*; '**oak·en** *adj.* eichen.

oa·kum ['əukəm] Werg *n*.

oar [ɔ:] **1.** Ruder *n*, Riemen *m*; F Ruderer *m*; *pull a good* ~ ein guter Ruderer sein; *put in one's* ~ F sich einmischen; *rest on one's* ~*s* ausspannen, sich ausruhen; **2.** rudern; **oared** [ɔ:d] mit Rudern; ...rud(e)rig; **oars·man** ['ɔ:zmən] Ruderer *m*; '**oars·man·ship** Gewandtheit *f* im Rudern; '**oars·wom·an** Ruderin *f*.

o·a·sis [əu'eisis], *pl.* **o'a·ses** [~si:z] Oase *f* (*a. fig.*).

oast [əust] Hopfendarre *f*.

oat [əut] *mst* ~*s pl.* Hafer *m*; *feel one's* ~*s Am.* F groß in Form sein; sich wichtig vorkommen; *sow one's wild* ~*s* sich austoben; '**oat·en** Hafer...

oath [əuθ], *pl.* **oaths** [əuðz] Eid *m*; Schwur *m*; *b. s.* Fluch *m*; *administer od. tender an* ~ *to s.o.*, *put s.o. to od. on his* ~ j. schwören lassen; *bind by* ~ eidlich verpflichten; *on* ~ eidlich, unter Eid; *take od. make od. swear an* ~ e-n Eid leisten *od.* ablegen, schwören (*on, to* auf *acc.*).

oat·meal ['əutmi:l] Haferflocken *f/pl.*; -mehl *n*.

ob·du·ra·cy ['ɔbdjurəsi] Verstocktheit *f*; **ob·du·rate** □ ['~rit] verstockt.

o·be·di·ence [ə'bi:djəns] Gehorsam *m*; *in* ~ *to* gemäß (*dat.*), gehorchend (*dat.*); **o'be·di·ent** □ gehorsam.

o·bei·sance [əu'beisəns] Ehrerbietung *f*; Verbeugung *f*; *do od. make od. pay* ~ huldigen.

ob·e·lisk ['ɔbilisk] Obelisk *m*; *typ.* Kreuz(zeichen) *n*.

o·bese □ [əu'bi:s] fettleibig; **o'bese·ness, o'bes·i·ty** Fettleibigkeit *f*.

o·bey [əˈbei] gehorchen (*dat.*); *Befehl etc.* befolgen, Folge leisten (*dat.*).
ob·fus·cate *fig.* [ˈɔbfʌskeit] verwirren; verdunkeln.
o·bit·u·ar·y [əˈbitjuəri] **1.** Totenliste *f*; Todesanzeige *f*; Nachruf *m*; **2.** Todes...; ~ *notice* Todesanzeige *f*.
ob·ject 1. [ˈɔbdʒikt] Gegenstand *m*; Ziel *n*, *fig.* Zweck *m*; *gr.* Objekt *n*; komische *od.* erbärmliche Sache *f od.* Person *f*; *what an ~ you look!* wie komisch du aussiehst!; *salary no ~* Gehalt Nebensache; **2.** [əbˈdʒekt] *v/t.* einwenden (*to* gegen); *v/i.* et. dagegen haben (*to ger.* daß); Einspruch erheben, protestieren (*to* gegen); **~-glass** *opt.* [ˈɔbdʒiktglɑːs] Objektiv *n*.
ob·jec·tion [əbˈdʒekʃən] Einwand *m*; *there is no ~* (*to it*) es ist nichts (dagegen) einzuwenden; **obˈjec·tion·a·ble** □ [~ʃnəbl] nicht einwandfrei; unangenehm.
ob·jec·tive [ɔbˈdʒektiv] **1.** □ objektiv, sachlich; **2.** (⚔ Operations-) Ziel *n*; *opt.* Objektiv *n*; *a. ~ case gr.* Objektsfall *m*; **obˈjec·tive·ness, ob·jecˈtiv·i·ty** Objektivität *f*, Sachlichkeit *f*.
ob·ject...: **ˈ~-lens** *opt.* Objektiv *n*; **ˈ~·less** □ gegenstandslos, zwecklos; **ˈ~-les·son** Anschauungsunterricht *m*; *fig.* praktisches Beispiel *n*; **ˈ~-teach·ing** Anschauungsunterricht *m*; **ob·jec·tor** [əbˈdʒektə] Gegner *m*; *s. conscientious*.
ob·jur·gate [ˈɔbdʒəːgeit] schelten; **ob·jurˈga·tion** Tadel *m*; **obˈjur·ga·to·ry** [~gətəri] scheltend.
ob·late □ [ˈɔbleit] (an den Polen) abgeplattet; **ˈob·late·ness** Abplattung *f*.
ob·la·tion [əuˈbleiʃen] Opfer(gabe *f*) *n*.
ob·li·gate *fig.* [ˈɔbligeit] binden, verpflichten; **ob·liˈga·tion** Verpflichtung *f*, Verbindlichkeit *f*; Schuldverschreibung *f*, Obligation *f*; *be under (an) ~ to s.o.* j-m zu Dank verpflichtet sein; *be under ~ to inf.* die Verpflichtung haben, zu *inf.*; **ob·lig·a·to·ry** □ [ˈ~gətəri] verpflichtend; verbindlich (*on* für).
o·blige [əˈblaidʒ] *v/t.* (zu Dank) verpflichten; nötigen, zwingen; ~ *s.o.* j-m e-n Gefallen tun; ~ *the company with* die Gesellschaft mit *e-m Lied etc.* erfreuen; *be ~d* müssen; *much ~d* sehr verbunden; danke bestens; *v/i.* ~ *with a song etc.* F ein Lied *etc.* zum besten geben; *please ~ with an early reply* um baldige Antwort wird gebeten; **ob·li·gee** [ɔbliˈdʒiː] Gläubiger *m*; **o·blig·ing** □ [əˈblaidʒiŋ] verbindlich, hilfsbereit, gefällig; **oˈblig·ing·ness** Zuvorkommenheit *f*; **ob·li·gor** [ɔbliˈgɔː] Schuldner *m*.
ob·lique □ [əˈbliːk] schief, schräg; mittelbar, versteckt; unaufrichtig; *gr.* abhängig (*Rede*); ~ *case* abhängiger Fall *m*; **obˈlique·ness, ob·liq·ui·ty** [əˈblikwiti] Schiefheit *f*; schiefe Richtung *f*; Verirrung *f*.
ob·lit·er·ate [əˈblitəreit] auslöschen, tilgen (*a. fig.*); *Schrift* ausstreichen; *Briefmarken* entwerten; **ob·lit·erˈa·tion** Auslöschen *n*; Tilgung *f*, Vernichtung *f*.
ob·liv·i·on [əˈbliviən] Vergessen *n*; Vergessenheit *f*; *pol.* Amnestie *f*; **obˈliv·i·ous** □ vergeßlich; *be ~ of et.* vergessen; *be ~ to et.* nicht beachten.
ob·long [ˈɔblɔŋ] **1.** länglich; rechteckig; **2.** Rechteck *n*.
ob·lo·quy [ˈɔbləkwi] Schmähung *f*; Vorwurf *m*; Schande *f*.
ob·nox·ious □ [əbˈnɔkʃəs] anstößig; widerwärtig, verhaßt; **obˈnox·ious·ness** Anstößigkeit *f*; Verhaßtheit *f*.
o·boe ♪ [ˈəubəu] Oboe *f*.
ob·scene □ [ɔbˈsiːn] obszön, unanständig, unzüchtig; zotig; **obˈscen·i·ty** [~niti] Obszönität *f*, Unanständigkeit *f*; Zote *f*.
ob·scu·ra·tion [ɔbskjuəˈreiʃən] Verdunkelung *f*; **ob·scure** [əbˈskjuə] **1.** □ dunkel (*a. fig.*); unbekannt, unbedeutend; verborgen; **2.** verdunkeln; verdecken; verbergen; **obˈscu·ri·ty** Dunkelheit *f* (*a. fig.*); Unbekanntheit *f*; Niedrigkeit *f der Geburt*.
ob·se·quies [ˈɔbsikwiz] *pl.* Leichenbegängnis *n*, Trauerfeier *f*.
ob·se·qui·ous □ [əbˈsiːkwiəs] unterwürfig (*to* gegen); knechtisch; **obˈse·qui·ous·ness** Unterwürfigkeit *f*.
ob·serv·a·ble □ [əbˈzəːvəbl] bemerkbar; bemerkenswert; **obˈserv·ance** Befolgung *f*, Einhaltung *f von Gesetzen etc.*; Brauch *m*, Sitte *f*; *eccl.* Observanz *f*; **obˈserv·ant** □

beobachtend (*of acc.*); achtsam, aufmerksam (*of* auf *acc.*); *be* ~ *of the rules* die Regeln beachten; **ob·ser·va·tion** [ɔbzəːˈveiʃən] Beobachtung *f*; Bemerkung *f*; *attr.* Beobachtungs...; Aussichts...; ~ *car* 🚃 Aussichtswagen *m*; ~ *platform* Aussichtsterrasse *f*; **ob·serv·a·to·ry** [əbˈzəːvətri] Observatorium *n*, Sternwarte *f*; Wetterwarte *f*; **obˈserve** *v/t.* beobachten; *fig.* beachten; *Regel etc.* ein-, innehalten; acht(geb)en auf (*acc.*); bemerken (*wahrnehmen*; *sagen*); *v/i.* sich äußern (*on* über *acc.*); **obˈserv·er** Beobachter(in).

ob·sess [əbˈses] heimsuchen, quälen; ~*ed by od. with* besessen von; **ob·ses·sion** [əbˈseʃən] Besessenheit *f*, fixe Idee *f*.

ob·sid·i·an *min.* [ɔbˈsidiən] Obsidian *m*.

ob·so·les·cence [ɔbsəuˈlesns] Veralten *n*; **ob·soˈles·cent** veraltend.

ob·so·lete [ˈɔbsəliːt] veraltet; altmodisch; *biol.* zurückgeblieben.

ob·sta·cle [ˈɔbstəkl] Hindernis *n*; ~ **race** Hindernisrennen *n*.

ob·stet·ric [ɔbˈstetrik], **obˈstet·ri·cal** ⚕ Entbindungs..., geburtshilflich; **ob·ste·tri·cian** [~ˈtriʃən] Geburtshelfer *m*; **obˈstet·rics** [~triks] *mst sg.* Geburtshilfe *f*.

ob·sti·na·cy [ˈɔbstinəsi] Hartnäckigkeit *f*; Starr-, Eigensinn *m*; **ob·sti·nate** □ [ˈ~nit] halsstarrig; eigensinnig; hartnäckig (*fig. Krankheit*).

ob·strep·er·ous □ [əbˈstrepərəs] lärmend; ungebärdig.

ob·struct [əbˈstrʌkt] *v/t.* verstopfen, versperren; hindern; *v/i.* Obstruktion treiben; **obˈstruc·tion** Verstopfung *f*; Hemmung *f*; *parl.* Obstruktion *f*; Hindernis *n*; **obˈstruc·tive** □ [~tiv] hinderlich (*of* für).

ob·tain [əbˈtein] *v/t.* erlangen, erhalten, erreichen, bekommen; *Preis* erzielen; *v/i.* sich erhalten (haben), bestehen; **obˈtain·a·ble** erlangbar; ✝ erhältlich; **obˈtain·ment** Erlangung *f*.

ob·trude [əbˈtruːd] (sich) aufdrängen (*on dat.*); **obˈtru·sion** [~ʒən] Aufdrängen *n*; Aufdringlichkeit *f*; **obˈtru·sive** □ [~siv] aufdringlich.

ob·tu·rate [ˈɔbtjuəreit] verstopfen; abdichten; **ˈob·tu·ra·tor** Abdichtung(smittel *n*) *f*.

ob·tuse □ [əbˈtjuːs] stumpf (*a.* ⩓ *Winkel*); *fig.* stumpf(sinnig); schwerfällig; **obˈtuse·ness** Stumpfheit *f* (*a. fig.*).

ob·verse [ˈɔbvəːs] Vorderseite *f*; Bildseite *f e-r Münze*; *fig.* Gegenstück *n*.

ob·vi·ate *fig.* [ˈɔbvieit] begegnen, vorbeugen (*dat.*); aus dem Weg räumen.

ob·vi·ous □ [ˈɔbviəs] offensichtlich, augenfällig, einleuchtend, klar; **ˈob·vi·ous·ness** Offensichtlichkeit *f*.

oc·ca·sion [əˈkeiʒən] **1.** Gelegenheit *f*; Anlaß *m*; Grund *m*; Veranlassung *f*; F (festliches) Ereignis *n*; *on* ~ gelegentlich; *on the* ~ *of* anläßlich (*gen.*); **2.** verursachen, veranlassen; **ocˈca·sion·al** □ [~ʒənl] gelegentlich; Gelegenheits...; zufällig; **ocˈca·sion·al·ly** [~ʒnəli] gelegentlich, ab u. zu, dann u. wann, manchmal.

oc·ci·dent *poet. u. rhet.* [ˈɔksidənt] Westen *m*; Abendland *n*; Okzident *m*; **oc·ci·den·tal** □ [~ˈdentl] abendländisch, westlich.

oc·cult □ [ɔˈkʌlt] geheim, verborgen; magisch, okkult; **oc·culˈta·tion** *ast.* Verfinsterung *f*; **oc·cult·ism** [ˈɔkəltizəm] Geheimwissenschaft *f*, Okkultismus *m*; **ˈoc·cult·ist** Okkultist(in); **oc·cult·ness** [ɔˈkʌltnis] Verborgenheit *f*.

oc·cu·pan·cy [ˈɔkjupənsi] Besitz(-ergreifung *f*) *m*; Einzug *m* (*of* in *e-e Wohnung*); **ˈoc·cu·pant** Besitzergreifer(in); Inhaber(in); Bewohner(in); **oc·cuˈpa·tion** Besitz(ergreifung *f*) *m*; ⚔ Besetzung *f*; Beruf *m*; Beschäftigung *f*; Zeitvertreib *m*; **oc·cuˈpa·tion·al** [~ʃənl] Berufs...; ~ *therapy* Beschäftigungstherapie *f*; **oc·cu·pi·er** [ˈɔkjupeiə] *s. occupant*; **oc·cu·py** [ˈ~pai] einnehmen, in Besitz nehmen; ⚔ besetzen; besitzen; *Amt* bekleiden, innehaben; *Raum* einnehmen; *Wohnung* beziehen; bewohnen; *Zeit* in Anspruch nehmen; beschäftigen; ~ *o.s. od. be occupied with od. in* sich beschäftigen mit, arbeiten an (*dat.*).

oc·cur [əˈkəː] vorkommen; sich finden; sich ereignen, geschehen; *it* ~*red to me* es fiel mir ein; **oc·cur·rence** [əˈkʌrəns] Vorkommen *n*; Vorfall *m*, Ereignis *n*, Geschehnis *n*.

o·cean [ˈəuʃən] Ozean *m*, Meer *n*; ~

liner Ozeandampfer *m*; *~s of time* F massenhaft Zeit; **'~-go·ing** Übersee...; seetüchtig; **o·ce·an·ic** [əuʃi'ænik] Meeres..., See...
o·chre *min.* ['əukə] Ocker *m*.
o'clock [ə'klɔk] Uhr (*bei Zeitangaben*); *five ~* fünf Uhr.
oc·ta·gon ['ɔktəgən] Achteck *n*; **oc·tag·o·nal** [ɔk'tægənl] achteckig.
oc·tane ⚗ ['ɔktein] Oktan *n*; *~ rating mot.* Oktanzahl *f*.
oc·tave ♪ ['ɔktiv] Oktave *f*; **oc·ta·vo** [ɔk'teivəu] Oktav(format *n*, -band *m*) *n*; **oc·tet(te)** [ɔk'tet] ♪ Oktett *n*; *die beiden Quartette e-s Sonetts*.
Oc·to·ber [ɔk'təubə] Oktober *m*.
oc·to·ge·nar·i·an [ɔktəudʒi'nɛəriən] **1.** achtzigjährig; **2.** Achtzigjährige *m, f*.
oc·to·pus *zo.* ['ɔktəpəs] Polyp *m* (*a. fig.*).
oc·to·roon [ɔktə'ru:n] Achtelneger (-in).
oc·u·lar □ ['ɔkjulə] Augen...; *~ demonstration, ~ proof* sichtbarer Beweis *m*; **'oc·u·list** Augenarzt *m*.
odd □ [ɔd] ungerade (*Zahl*); einzeln (*Handschuh etc.*), vereinzelt; und einige *od.* etwas darüber; überzählig; gelegentlich, Gelegenheits...; seltsam, sonderbar, merkwürdig, komisch; *40 ~* einige 40; *12 pounds ~* über 12 Pfund; *~ jobs pl.* Gelegenheitsarbeiten *f/pl.*; *at ~ times* dann und wann; *~ man out* Übriggebliebene *m*, Überzählige *m*; Außenseiter *m*; *s. odds*; **'odd·i·ty** Seltsamkeit *f*; F Original *n* (*Person*); **'odd·ments** *pl.* Überbleibsel *n/pl.*, Reste *m/pl.*; Krimskrams *m*; † Einzelstücke *n/pl.*; **odds** [ɔdz] *pl. oft sg.* (Gewinn)Chancen *f/pl.*; Wahrscheinlichkeit *f*; Vorteil *m*; Vorgabe *f*, Handikap *n*; Verschiedenheit *f*; Unterschied *m*; Streit *m*; *the ~ are against you* du bist im Nachteil; *the ~ are that* es ist sehr wahrscheinlich, daß; *be at ~ with s.o.* mit j-m im Streit sein; nicht übereinstimmen mit j-m; *~ and ends* Reste *m/pl.*, Krimskrams *m*; *it makes no ~* es spielt keine Rolle, es macht nichts aus; *what's the ~?* was tut's?
ode [əud] Ode *f* (*Gedicht*).
o·di·ous □ ['əudjəs] verhaßt, abscheulich; widerlich, ekelhaft; **o·di·um** ['əudjəm] Haß *m*; Vorwurf *m*; Schande *f*; Odium *n*.
o·dom·e·ter *mot.* [o'dɔmitə] Kilometerzähler *m*.
o·don·to·lo·gy ⚕ [ɔdɔn'tɔlədʒi] Zahnheilkunde *f*.
o·dor·if·er·ous □ [əudə'rifərəs], **'o·dor·ous** □ wohlriechend, duftend.
o·do(u)r ['əudə] Geruch *m*; Wohlgeruch *m*, Duft *m*; *fig.* Ruf *m*; **'o·dor·less** geruchlos. [(*a. fig.*).]
O·dys·sey ['ɔdisi] Odyssee *f Homers*
oe·col·o·gy [i:'kɔlədʒi] *s. ecology*.
oec·u·men·i·cal *eccl.* □ [i:kju:'menikəl] ökumenisch.
oe·de·ma ⚕ [i:'di:mə] Ödem *n*.
o'er [əuə] = *over*. [Speiseröhre *f*.]
oe·soph·a·gus *anat.* [i:'sɔfəgəs]
of [ɔv, *schwache Formen* əv, v] *prp. allg.* von; *Bezeichnung des Genitivs*; *Ort*: bei (*the battle of Quebec*); *räumlicher Abstand*: von (*north of*); *Herkunft*: von, aus (*of good family*); *Trennung, Befreiung*: von (*rid ~, cure ~ s.th.*); *gen.* (*robbed ~ one's purse*); um (*cheat ~ s.th.*); *Teil*: von, *gen.* (*the best ~ my friends*); *Stoff*: aus, von (*a dress ~ silk*); *Eigenschaft*: von, mit (*a man ~ honour, ~ means*); *Urheber, Art u. Weise*: von; *~ o.s.* von selbst; *Ursache, Grund*: von, an (*dat.*) (*die ~*); aus (*~ charity*); vor (*dat.*) (*afraid ~*); auf (*acc.*) (*proud ~*); über (*acc.*) (*ashamed ~*); nach (*smell ~ roses*); *Beziehung*: hinsichtlich, in betreff (*quick ~ eye*); *Ziel*: nach (*desirous ~*); *Thema*: von, über (*acc.*) (*speak ~ s.th.*); an (*acc.*) (*think ~ s.th.*); *deutsch unausgedrückt*: *Apposition* (*the city ~ London*); *Maß* (*a glass ~ wine*); *this world ~ ours* diese unsere Welt; *~ an evening* F abends.
off [ɔ:f, ɔf] **1.** *adv. mst in Zssg mit vb*: weg, ab; herunter; aus (*vorbei*); *Raum*: weg (*3 miles ~*); *Zeit*: hin (*3 months ~*); *~ and on* ab u. an, ab u. zu; hin u. her; *be ~* fort sein, weg sein; *engS.*: (weg)gehen, (ab-)fahren; weg müssen; zu sein (*Hahn etc.*); aus sein; ausverkauft sein; *be ~ with s.o.* mit j-m auseinander sein; *right ~, straight ~* sofort; *have one's shoes etc. ~* seine *od.* die Schuhe *etc.* aus(gezogen) haben; *well etc. ~* gut *etc.* daran; **2.** *prp.* von ... (weg, ab, herunter); frei von, ohne; abseits von, unweit (*gen.*), neben; ⚓ auf der Höhe von; *a street ~ the*

Strand e-e Nebenstraße des Strand; *be* ~ *duty* (dienst)frei haben; *be* ~ *smoking* das Rauchen aufgegeben haben; ~ *the point* nicht zur Sache gehörend; *be* ~ *one's feed sl.* keinen Hunger haben; ~ *one's head sl.* verrückt; **3.** *adj.* entfernt(er); abseits liegend; Seiten..., Neben...; ab(-), los(gegangen); *bei Pferd, Wagen*: rechte(r, -s); arbeits-, dienstfrei; ab, unwohl; nicht frisch; *Kricket*: abseitig; ~ *chance* schwache Möglichkeit *f*; ~ *shade* ♣ Fehlfarbe *f*; **4.** *int.* weg!, fort!, raus!

of·fal ['ɔfəl] Abfall *m*; Schund *m*; ~*s pl. Fleischerei*: Innereien *f/pl.*

off-beat F ['ɔf'bi:t] ungewöhnlich, ausgefallen.

of·fence [ə'fens] Angriff *m*; Beleidigung *f*, Kränkung *f*; Ärgernis *n*, Anstoß *m*; Verstoß *m*, Vergehen *n*; *no* ~! nichts für ungut!; *give* ~ Anstoß *od.* Ärgernis erregen; *take* ~ Anstoß nehmen (*at* an *dat.*).

of·fend [ə'fend] *v/t.* beleidigen, verletzen; ärgern; *v/i.* verstoßen, sich vergehen (*against* gegen); **of'fend·er** Übel-, Missetäter(in); Straffällige *m, f*; *first* ~ noch nicht Vorbestrafte *m, f*.

of·fense [ə'fens] = *offence*.

of·fen·sive [ə'fensiv] **1.** □ anstößig; widerlich, ekelhaft; Offensiv..., Angriffs...; **2.** Offensive *f*.

of·fer ['ɔfə] **1.** Angebot *n*, Anerbieten *n*; ~ *of marriage* Heiratsantrag *m*; *on* ~ zu verkaufen, verkäuflich; **2.** *v/t.* anbieten; *Preis, Möglichkeit etc.* bieten; *Gebet, Opfer* darbringen; versuchen; zeigen; *Widerstand* leisten; *v/i.* sich bieten; '**of·fer·ing** Opfer *n*; Anerbieten *n*, Angebot *n*; Antrag *m*.

of·fer·to·ry *eccl.* ['ɔfətəri] Kollekte *f*.

off-face ['ɔ:f'feis] randlos (*Damenhut*).

off-hand ['ɔ:f'hænd] aus dem Handgelenk *od.* Stegreif, unvorbereitet; ungezwungen, frei, lässig.

of·fice ['ɔfis] Büro *n*, Kontor *n*; Geschäftsstelle *f*; Ministerium *n*; Amt *n*, Pflicht *f*; ~*s pl.* Hilfe *f*; ~*s pl.* Nebenräume *m/pl. e-s Hauses*; *booking* ~ Schalter *m*; *box* ~ (Theater-, *etc.*) Kasse *f*; *Divine* ♀ Gottesdienst *m*; '~**-bear·er** Amtsträger *m*; '~**-block** Bürohaus *n*; '~**-boy** Laufbursche *m*.

of·fi·cer ['ɔfisə] Beamte *m*; ⚔ Offizier *m*; '**of·fi·cered:** ~ *by* geführt *od.* befehligt von.

of·fi·cial □ [ə'fiʃəl] **1.** offiziell, amtlich; Amts...; ⚕ = *officinal*; **2.** Beamte *m*; Sachbearbeiter *m*; **of'fi·cial·dom** Beamtentum *n*; Bürokratismus *m*; **of·fi·cial·ese** [~'li:z] Amts-, Behördensprache *f*; **of'fi·cial·ism** = *officialdom*.

of·fi·ci·ate [ə'fiʃieit] amtieren.

of·fic·i·nal [ɔfi'sainl] offizinell, als Arznei (anerkannt).

of·fi·cious □ [ə'fiʃəs] aufdringlich, übereifrig; offiziös, halbamtlich.

off·ing ⚓ ['ɔfiŋ] offene See *f*, Seeraum *m*; *in the* ~ *fig.* in (Aus)Sicht; '**off·ish** F reserviert, steif.

off...: '~**-li·cence** Schankrecht *n* über die Straße; '~**-print** Sonderdruck *m*; '~**-scour·ings** *pl.*, '~**-scum** Kehricht *m*; Abschaum *m*; '~**set 1.** ⚠ Absatz *m e-r Mauer etc.*; ⊕ Biegung *f e-s Rohrs*; *typ.* Offsetdruck *m*; *s. offshoot*; *s. set-off*; **2.** ausgleichen; '~**shoot** Sproß *m*; Ausläufer *m*; '~**-shore** küstennah; ablandig (*Wind etc.*); ~ *purchases pl. pol.* Off-Shore-Käufe *m/pl.*; '~**-'side** *Sport*: abseits; '~**spring** Abkömmling *m*; Nachkommenschaft *f*; Ergebnis *n*; '~**-the-'rec·ord** inoffiziell, vertraulich (*Mitteilung*); '~**-time** Freizeit *f*, freie Zeit *f*.

oft *poet.* [ɔft] oft.

of·ten ['ɔfn] oft(mals), häufig; *as* ~ *as* jedesmal wenn; *as* ~ *as not, more* ~ *than not* sehr oft *od.* häufig; *every so* ~ von Zeit zu Zeit; '**of·ten·times,** '**oft-times** † oft.

o·gee ⚠ ['əudʒi:] S-Bogen *m*; Kehlleiste *f*.

o·gi·val [əu'dʒaivəl] Spitzbogen...; '**o·give** ⚠ Spitzbogen *m*; Gratrippe *f e-s Gewölbes*.

o·gle ['əugl] liebäugeln (mit).

o·gre ['əugə] Menschenfresser *m* (*im Märchen*); **o·gress** ['əugris] Menschenfresserin *f*.

oh [əu] oh!; ach!

ohm ⚡ [əum] Ohm *n* (*Einheit des Widerstands*).

o·ho [əu'həu] aha!; haha!

oil [ɔil] **1.** Öl *n*; Erdöl *n*, Petroleum *n*; *burn the midnight* ~ bis spät in die Nacht hinein arbeiten; *smell of* ~ nach Schweiß riechen (*Werk*); *pour* ~ *on the flame*(*s*) Öl ins Feuer gießen; *pour* ~ *on the* (*troubled*) *waters* Öl auf die Wogen gießen; *strike* ~ Erdöl finden; *fig.* plötzlich reich werden; *paint in* ~*s* in Öl malen; **2.** ölen; schmieren (*a. fig.*); ~ *s.o.'s palm* j. schmieren; **'~-burn·er** Schiff *n* mit Dieselantrieb; Dieselmotor *m*; Ölofen *m*; **'~-cake** Ölkuchen *m* (*Viehfutter*); **'~-can** Ölkännchen *n*; **'~-cloth** Linoleum *n*; Wachstuch *n*; **'~-col·o(u)r** Ölfarbe *f*; **'oil·er** = *oil-can*; *oil-tanker*; **'oil-field** Ölfeld *n*; **'oil·i·ness** Öligkeit *f* (*a. fig.*); Fettigkeit *f*, Schmierigkeit *f*; **'oil-man** Ölmann *m*, -händler *m*; Ölproduzent *m*; Farbenhändler *m*; **'oil-paint·ing** Ölmalerei *f*; Ölgemälde *n*; **'oil-pa·per** Ölpapier *n*; **'oil-skin** Ölleinwand *f*; ~*s pl.* Ölzeug *n*; **'oil-tank·er** Öltanker *m*; Tankwagen *m*; **'oil--well** Ölquelle *f*; **'oil·y** □ ölig (*a. fig.*); fettig, schmierig; *fig.* aalglatt.

oint·ment ['ɔintmənt] Salbe *f*.

O.K., o·kay ['əu'kei] **1.** richtig, stimmt!; gut, in Ordnung; **2.** annehmen, gutheißen.

old [əuld] alt; altbekannt; althergebracht; erfahren; F oll; *sl.* (*zur Verstärkung*) toll; *the* ~ die Alten; *young and* ~ jung und alt; ~ *age* das Alter; *the* ~ *man* der Alte (*Vater, Gatte, Kapitän*); ~ *man als Anrede*: alter Freund, mein Lieber; *the* ~ *woman* die Alte (*Gattin*); *the* ~ *country* die alte Heimat; *an* ~ *boy* ein ehemaliger Schüler; *a high* ~ *time sl.* e-e tolle Zeit; *the* ~ *one, the* ~ *gentleman,* ~ *Harry od. Scratch* der Teufel; *days of* ~ alte Zeiten; **'~-age** Alters...; **'~-'clothes·man** Trödler *m*; **'old·en** † *od. poet.* alt, früher; *in the* ~ *days* in alten *od.* früheren Zeiten.

old...: '~-'fash·ioned 1. altmodisch; altväterlich; altklug (*Kind*); mißbilligend (*Blick*); **2.** *Am. ein Cocktail mit Whisky*; **'~-'fo·g(e)y·ish** altmodisch, verknöchert; **♀ Glo·ry** Sternenbanner *n*; **'old·ish** ältlich; **'old-'maid·ish** pingelig; umständlich; altjüngferlich; **old·ster** ['~stə] alter Knabe *m*; **'old-time** alt(ertümlich); **'old-'tim·er** alter Hase *m*; **'old-'wom·an·ish** altweiberhaft; **'old-world** altmodisch, altertümlich; altweltlich.

o·le·ag·i·nous [əuli'ædʒinəs] ölig; Öl...

o·le·an·der ⚘ [əuli'ændə] Oleander *m*.

ol·fac·to·ry *anat.* [ɔl'fæktəri] Geruchs...

ol·i·garch·y ['ɔligɑ:ki] Oligarchie *f*.

ol·ive ['ɔliv] ⚘ Olive *f*; Olivgrün *n*; **'~-branch** Ölzweig *m*; **'~-tree** Ölbaum *m*.

O·lym·pi·ad [əu'limpiæd] Olympiade *f*; **O'lym·pi·an** [~piən] olympisch, göttlich; **O'lym·pic games** *pl.* Olympische Spiele *n/pl.*

om·e·let, om·e·lette ['ɔmlit] Eierkuchen *m*, Omelett *n*.

o·men ['əumen] Omen *n*, Vorzeichen *n*, Vorbedeutung *f*.

om·i·nous □ ['ɔminəs] unheilvoll; ~ *of disaster* unheilverkündend.

o·mis·si·ble [əu'misibl] auszulassen(d); **o·mis·sion** [ə'miʃən] Unterlassung *f*; Aus-, Weglassung *f* (*from* aus); *sin of* ~ Unterlassungssünde *f*.

o·mit [əu'mit] unterlassen, versäumen (*a. to inf.* zu *inf.*); auslassen, übergehen.

om·ni·bus ['ɔmnibəs] **1.** † Omnibus *m*; **2.** allumfassend; Sammel...; ~ *volume* Sammelband *m*.

om·nip·o·tence [ɔm'nipətəns] Allmacht *f*; **om'nip·o·tent** □ allmächtig.

om·ni·pres·ence ['ɔmni'prezəns] Allgegenwart *f*; **'om·ni'pres·ent** □ allgegenwärtig.

om·nis·cience [ɔm'nisiəns] Allwissenheit *f*; **om'nis·cient** □ allwissend.

om·niv·o·rous [ɔm'nivərəs] alles fressend *od. fig.* verschlingend.

on [ɔn] **1.** *prp. mst* auf; *engS. festgemacht od. unmittelbar* an (~ *the wall, chain, Thames*); *beschäftigt* bei, an (*be* ~ *the Stock Exchange*); *Richtung, Ziel*: auf ... (los), nach ... (hin) (*march* ~ *London*); *Grund*: auf ... (hin) (~ *his authority*); *Zeit*: an (~ *Friday,* ~ *the 1st of April*); (gleich) nach, bei (~ *his arrival*); *Thema*: über (*acc.*) (*talk* ~ *a subject*); *siehe die mit on verbundenen Wörter*; *get* ~ *a train bsd. Am.* in e-n Zug einsteigen; *turn one's back* ~ *s.o.* j-m den Rücken kehren; ~ *these conditions* unter diesen Bedingungen; ~ *this model* nach diesem Muster; ~ *hearing it* als ich *etc.* es hörte; **2.** *adv.* darauf; *bsd. Kleidung*: auf (*keep* *one's hat* ~), an (*have a coat* ~); voran, -aus, -wärts; weiter (*and so* ~); ~ *and* ~ immer weiter; ~ *to* ... auf (*acc.*) ... hinauf *od.* hinaus; *from that day* ~ von dem Tage an; *be* ~ (mit) dabei sein; im Gange sein, vor sich gehen; *thea.* gegeben werden; *what is* ~ *tonight?* Was gibt es heute abend?; d(a)ran (*an der Reihe*) sein; auf sein (*Hahn etc.*); an sein (*Licht, Wasser etc.*); *be a bit* ~ *sl.* e-n Schwips haben (*angetrunken sein*); **3.** *int.* drauf!, ran!

once [wʌns] **1.** *adv.* einmal; einst (-mals); *at* ~ (so)gleich, sofort; zugleich, auf einmal; *all at* ~ auf einmal; ~ *again* noch einmal; ~ *for all* ein für allemal; *for* ~ für diesmal (*ausnahmsweise*); ~ *in a while* dann u. wann; *this* ~ dieses eine Mal; ~ *more* noch einmal; *im Märchen*: ~ *upon a time there was* ... es war einmal ...; **2.** *cj. a.* ~ *that* sobald, wenn erst einmal.

once-o·ver *Am.* F [ˈwʌnsəuvə] *kurze* Musterung *f.*

on-com·ing [ˈɔnkʌmiŋ] **1.** kommend, (heran)nahend; entgegenkommend; **2.** Nahen *n*, Kommen *n.*

one [wʌn] **1.** ein; einzig; eine(r), ein; eins; man; *his* ~ *care* seine einzige Sorge; ~ *day* eines Tages; ~ *of these days* dieser Tage; ~ *Mr. Miller* ein gewisser Herr Miller; *s. any, every, no; take* ~*'s walk* s-n Spaziergang machen; *a large dog and a little* ~ ein großer Hund und ein kleiner; *for* ~ *thing* auf alle Fälle; ~ *and the same* ein und derselbe *etc.*; **2.** Einer *m*, Eins *f*; *the little* ~*s pl.* die Kleinen *n/pl.*, die Kinder *n/pl.*; ~ *another* einander; *at* ~ einig; ~ *by* ~, ~ *after another* einzeln, einer nach dem andern; *it is all* ~ (*to me*) es ist (mir) ganz einerlei; *I for* ~ ich für meinen Teil; ~ *with another* im Durchschnitt; ˈ**~-armed** einarmig; ~ *bandit* Spielautomat *m*; ˈ**~-ˈeyed** einäugig; *fig.* beschränkt; ˈ**~-ˈhorse** einspännig; *fig. sl.* armselig, zweitrangig; ~ *town* Nest *n*; ˈ**~-iˈdea'd** in e-e einzige Idee verrannt; ˈ**one·ness** Einheit *f*; Identität *f*; Einigkeit *f.*

on·er·ous □ [ˈɔnərəs] lästig, beschwerlich.

one...: **~ˈself** (man) selbst, sich; *by* ~ aus eigener Kraft, von selbst; allein; ˈ**~-ˈsid·ed** □ einseitig; ˈ**~-time** einstig; ˈ**~-ˈtrack** eingleisig; *have a* ~ *mind* immer nur dasselbe im Kopf haben, monoman sein; ˈ**~-way:** ~ *street* Einbahnstraße *f.*

on·fall [ˈɔnfɔːl] Angriff *m.*

on·go·ings [ˈɔngəuiŋz] *pl.* Vorgänge *m/pl.*

on·ion [ˈʌnjən] Zwiebel *f*; *off one's* ~ *sl.* übergeschnappt.

on·look·er [ˈɔnlukə] Zuschauer(in).

on·ly [ˈəunli] **1.** *adj.* einzig; **2.** *adv.* nur; bloß; erst; ~ *yesterday* erst gestern; ~ *just* eben erst, gerade, kaum; ~ *think!* denken Sie nur!; **3.** *cj.* ~ (*that*) nur daß.

on·o·mat·o·poe·ia [ɔnəumætəuˈpiːə] Lautmalerei *f.*

on·rush [ˈɔnrʌʃ] Ansturm *m.*

on·set [ˈɔnset], **on·slaught** [ˈɔnslɔːt] Angriff *m*; *bsd. fig.* Anfall *m*; Anfang *m.*

on·to [ˈɔntu, ˈɔntə] auf (*acc.*).

on·tol·o·gy *phls.* [ɔnˈtɔlədʒi] Ontologie *f*, Seinslehre *f.*

o·nus *fig.* [ˈəunəs] (*ohne pl.*) Last *f.*

on·ward [ˈɔnwəd] **1.** *adj.* vorwärts-, fortschreitend; **2.** *a.* ~*s adv.* vorwärts, weiter.

on·yx *min.* [ˈɔniks] Onyx *m.*

oo·dles *sl.* [ˈuːdlz] *pl.* Unmengen *f/pl.* (*of* von).

oof *sl.* [uːf] Moneten *pl.* (*Geld*).

oomph *sl.* [uːmf] *das* (gewisse) Etwas; Verve *f*; Sex Appeal *m.*

ooze [uːz] **1.** Schlamm *m*; Schlick *m*; ⊕ Lohbrühe *f*; **2.** (durch)sickern (lassen); ausströmen, ausschwitzen; ~ *away* schwinden.

oo·zy □ [ˈuːzi] schlammig; feucht.

o·pac·i·ty [əuˈpæsiti] Undurchsichtigkeit *f*; *fig.* Stumpfheit *f.*

o·pal *min.* [ˈəupəl] Opal *m*; **o·pal·es·cent** [~ˈlesnt] opalisierend.

o·paque □ [əuˈpeik] undurchsichtig; *fig.* dunkel; stumpf(sinnig).

ope *poet.* [əup] = *open.*

o·pen [ˈəupən] **1.** □ *allg.* offen; geöffnet, auf; frei (*Feld etc.*); öffentlich; offenstehend, unentschieden; aufrichtig, freimütig; ausgesetzt, zugänglich (*to dat.*); nicht abgeschlossen (*Konto*); aufgeschlossen (*to* gegenüber); mild, frostfrei (*Wetter*); *with* ~ *arms* begeistert, herzlich; *with* ~ *hands* großzügig; *the* ~ *door* die Politik der offenen Tür; *keep* ~ *house* ein gastfreies *od.* offenes Haus haben; *lay o.s.* ~ *to* sich (*dat.*) aussetzen; ~ *letter* offener Brief *m*; ~ *season* Jagd-, Fischzeit *f*; **2.** *in the* ~ (*air*) im Freien; *come out into the* ~ *fig.* an die Öffentlichkeit treten; **3.** *v/t.* öffnen, aufmachen; *Buch* aufschlagen; eröffnen (*zugänglich machen*; *beginnen*; *mitteilen*); *Verhandlungen etc.* anknüpfen; *Konto* eröffnen; ~ *up* Land erschließen; (*Brunnen*) bohren; (*Straße*) bauen; *v/i.* sich öffnen, sich auftun, aufgehen; aufmachen, öffnen, geöffnet sein (*Laden etc.*); anfangen, beginnen; ~ *into* führen in (*acc.*) (*Tür etc.*); ~ *on to* hinausgehen auf (*acc.*) (*Fenster etc.*); ~ *out* sich ausbreiten; **ˈ~-ˈair** im Freien (stattfindend), Freilicht..., Frei(luft)...; **ˈ~-ˈarmed** herzlich, warm; **o·pen·er** [ˈəupnə] (Er)Öffner(in); (Dosen)Öffner *m*; **ˈo·pen-ˈeyed** wach; mit offenen Augen; aufmerksam; überrascht; **ˈo·pen-ˈhand·ed** freigebig, großzügig; **ˈo·pen-ˈheart·ed** offen(herzig), aufrichtig; **o·pen·ing** [ˈəupniŋ] **1.** Öffnung *f* (*a. konkr.*); Eröffnung *f*; Gelegenheit *f*, Aussicht *f*; **2.** Eröffnungs...; **ˈo·pen-ˈmind·ed** *fig.* aufgeschlossen; **ˈo·pen--ˈmouthed** gierig; verdutzt; **o·pen·ness** [ˈəupnnis] Offenheit *f*; Milde *f des Wetters*.

open...: ~ **or·der** ⚔ geöffnete Ordnung *f*; ~ **shop** Betrieb *m* ohne Gewerkschaftszwang; ~ **vow·el** offener Vokal *m*; ~ **work** Durchbruchsarbeit *f*.

op·er·a [ˈɔpərə] Oper *f*; **ˈ~-cloak** Theatermantel *m*; **ˈ~-glass**(**es** *pl.*) Opernglas *n*; **ˈ~-hat** Klapphut *m*; **ˈ~-house** Opernhaus *n*.

op·er·ate [ˈɔpəreit] *v/t.* (ein)wirken; ⚕, ⚕, ⚔ operieren; *bsd. Am.* in Gang bringen; ⊕ handhaben, bedienen; *Unternehmen* leiten; *v/i.* sich auswirken; *be operating* in Betrieb sein, funktionieren, arbeiten; **op·er·at·ic** [~ˈrætik] opernhaft; ~ *singer* Opernsänger(in); **op·er·at·ing** [ˈɔpəreitiŋ] Operations...; ~ *expenses pl.* Betriebsunkosten *pl.*; ~ *instructions pl.* Bedienungsvorschriften *f/pl.*; ~ *theatre* Operationssaal *m mit Zuschauergalerie*; **op·erˈa·tion** Wirkung *f*; Wirksamkeit *f*; Tätigkeit *f*; ✝ Transaktion *f*; ⚕, ⚔, ✝ Operation *f*; *be in* ~ in Kraft sein; *come into* ~ in Kraft treten; **op·erˈa·tion·al** [~ʃənl] Betriebs..., Arbeits...; Operations...; einsatzfähig; **op·er·a·tive** [ˈɔpərətiv] **1.** □ wirksam, tätig; praktisch; ⚕ operativ; **2.** Arbeiter *m*; **op·er·a·tor** [ˈ~reitə] Wirkende *m*, *f*, *n*; ⚕ Operateur *m*; *Film*: Vorführer *m*; Telephonist(in); ⊕ Maschinist *m*; ✝ Spekulant *m*; Unternehmer *m*.

op·er·et·ta [ɔpəˈretə] Operette *f*.

oph·thal·mi·a ⚕ [ɔfˈθælmiə] Augenentzündung *f*; **ophˈthal·mic** Augen...; augenkrank; ~ *hospital* Augenklinik *f*.

o·pi·ate *pharm.* [ˈəupiit] **1.** Schlafmittel *n*; **2.** einschläfernd.

o·pine [əuˈpain] meinen; **o·pin·ion** [əˈpinjən] Meinung *f*; Ansicht *f*; Stellungnahme *f*; Gutachten *n*; (gute) Meinung *f*; *the* (*public*) ~ die öffentliche Meinung; *counsel's* ~ Rechtsgutachten *n*; *I am of the* ~ *that* ich bin der Meinung, daß; *in my* ~ meines Erachtens; **oˈpin·ion·at·ed** [~eitid] starr-, eigensinnig.

o·pi·um *pharm.* [ˈəupjəm] Opium *n*.

o·pos·sum *zo.* [əˈpɔsəm] Opossum *n*, Beutelratte *f*.

op·po·nent [əˈpəunənt] **1.** Gegner *m*; **2.** gegnerisch.

op·por·tune □ [ˈɔpətju:n] günstig; passend; rechtzeitig; **ˈop·por·tun·ism** Opportunismus *m*; **ˈop·por·tun·ist** Opportunist(in); **op·porˈtu·ni·ty** (günstige) Gelegenheit *f*, Möglichkeit *f*.

op·pose [əˈpəuz] entgegen-, gegenüberstellen; bekämpfen; sich widersetzen (*dat.*); entgegentreten (*dat.*); **opˈposed** entgegengesetzt; feindlich; *be* ~ *to* gegen ... sein; **op·po·site** [ˈɔpəzit] **1.** □ gegenüberliegend ([*to*] *s.th. dat.*); entgegengesetzt; ~ *number* Gegenspieler(in); Kollege *m*, Kollegin *f*; **2.** *prp. u. adv.* gegenüber; **3.** Gegenteil *n*, -satz *m*; **op·poˈsi·tion** Gegenüberstehen *n*; Widerstand *m*; (*to* gegen); Gegensatz *m*; Widerspruch *m*, -streit *m*; ✝ Konkurrenz *f*; *parl. u. ast.* Opposition *f*.

op·press [əˈpres] be-, unter-, niederdrücken; **op·pres·sion** [əˈpreʃən] Unterdrückung *f*; Druck *m*; Bedrängnis *f*, Not *f*; Bedrücktheit *f*; **opˈpres·sive** □ [~siv] (be)drükkend; gewaltsam; **opˈpres·sive-**

ness Druck *m*; Schwüle *f*; **op'pres·sor** Unterdrücker *m*.
op·pro·bri·ous □ [ə'prəubriəs] schimpfend, schmähend; **op'pro·bri·um** [~briəm] Schimpf *m*; Schande *f*.
op·pugn [ɔ'pju:n] bestreiten.
opt [ɔpt] optieren (*for* für); **op·ta·tive** *gr.* ['ɔptətiv] Wunschform *f*, Optativ *m*.
op·tic ['ɔptik] Augen..., Seh...; = **'op·ti·cal** □ optisch; **op'ti·cian** [~ʃən] Optiker *m*; **'op·tics** *sg.* Optik *f*.
op·ti·mism ['ɔptimizəm] Optimismus *m*; **'op·ti·mist** Optimist(in); **op·ti'mis·tic** (*~ally*) optimistisch.
op·ti·mum ['ɔptiməm] **1.** Optimum *n*, *das* Beste; **2.** optimal, günstigst, best.
op·tion ['ɔpʃən] Wahl *f*; Wahlfreiheit *f*; ⚕ Vorkaufsrecht *n*, Option *f*; **op·tion·al** □ ['ɔpʃənl] freigestellt, wahlfrei.
op·u·lence ['ɔpjuləns] Reichtum *m*; **'op·u·lent** □ (sehr) reich; üppig, verschwenderisch, opulent.
o·pus ['əupəs] Werk *n*, Opus *n*; *magnum ~* Hauptwerk *n*.
or [ɔ:] oder; *either* ... *~* entweder ... oder; *~ else* sonst, wo nicht; *two ~ three* zwei bis drei; *~ so* (*nachgestellt*) ungefähr, etwa.
or·a·cle ['ɔrəkl] Orakel *n*; *work the ~* F hinter den Kulissen arbeiten; **o·rac·u·lar** [ɔ'rækjulə] orakelhaft (*fig. rätselhaft, dunkel*); Orakel...
o·ral □ ['ɔ:rəl] mündlich; Mund...
o·rang ['ɔ:rəŋ] = *orang-outang*.
or·ange ['ɔrindʒ] **1.** Orange *f*, Apfelsine *f*; Orangenbaum *m*; Orangefarbe *f*; **2.** orange(farben); **or·ange·ade** ['~'eid] Orangenlimonade *f*; **or·ange·ry** ['~əri] Orangerie *f*.
o·rang-ou·tang *zo.* ['ɔ:rəŋ'u:tæŋ] Orang-Utan *m*.
o·ra·tion [ɔ:'reiʃən] *förmliche* Rede *f*; **or·a·tor** ['ɔrətə] Redner *m*; **or·a·tor·i·cal** □ [~'tɔrikəl] rednerisch; **or·a·to·ri·o** ♪ [~'tɔ:riəu] Oratorium *n*; **or·a·to·ry** ['~təri] Redekunst *f*, Beredsamkeit *f*, Rhetorik *f*; *eccl.* Kapelle *f*.
orb [ɔ:b] Ball *m*; *fig.* Himmelskörper *m*; *poet.* Augapfel *m*; **or·bic·u·lar** □ [ɔ:'bikjulə] kugelförmig, rund; **or·bit** ['ɔ:bit] **1.** Planetenbahn *f*; Kreis-, Umlaufbahn *f*; Auge(nhöhle *f*) *n*; **2.** sich in e-r Umlaufbahn bewegen.
or·chard ['ɔ:tʃəd] Obstgarten *m*.
or·ches·tra ♪ ['ɔ:kistrə] Orchester *n*; *~ pit thea.* Orchesterraum *m*; **or·ches·tral** [ɔ:'kestrəl] Orchester...; **or·ches·trate** ♪ ['ɔ:kistreit] instrumentieren.
or·chid ⚘ ['ɔ:kid] Orchidee *f*; **or·chis** ⚘ ['ɔ:kis] Knabenkraut *n*.
or·dain [ɔ:'dein] an-, verordnen; bestimmen; *Priester* ordinieren.
or·deal [ɔ:'di:l] Gottesurteil *n*; *fig.* Feuerprobe *f*, schwere Prüfung *f*.
or·der ['ɔ:də] **1.** Ordnung *f*; Anordnung *f*; Reihenfolge *f*; Befehl *m*; Regel *f*, Vorschrift *f*; ⚕ Order *f*, Bestellung *f*, Auftrag *m*; Zahlungsanweisung *f*; Klasse *f*, Stand *m*, Rang *m*; Orden *m* (*a. eccl.*); *by ~* im Auftrag; *~ of the day* Tagesordnung *f*; ⚔ Tagesbefehl *m*; *take* (*holy*) *~s* in den geistlichen Stand treten; *put in ~* in Ordnung bringen; *in ~ to* ... um zu ...; *in ~ that* damit; *on the ~s of* auf Befehl von; *on ~* ⚕ bestellt; *make to ~* auf Bestellung anfertigen; *rise to ~* zur Geschäftsordnung sprechen; *standing ~s pl. parl.* Geschäftsordnung *f*; **2.** (an)ordnen, einrichten; verordnen; befehlen; ⚕ bestellen, kommen lassen; beordern, schicken; *~ arms!* Gewehr ab!; *~ about* herumkommandieren; *~ down* (*up*) herunter- (herauf)kommen lassen; **'~-book** ⚕ Auftragsbuch *n*; **'or·dered** geordnet; ordentlich; **'or·der·li·ness** Regelmäßigkeit *f*; Ordnung *f*; Ordentlichkeit *f*; **'or·der·ly 1.** ordentlich; ruhig, gesittet; methodisch; ⚔ diensttuend, Ordonnanz...; *~ officer* Ordonnanzoffizier *m*, Offizier *m* vom Dienst; *~ room* Geschäftszimmer *n*; **2.** ⚔ Ordonnanz *f*; Bursche *m*; Krankenpfleger *m*.
or·di·nal ['ɔ:dinl] **1.** Ordnungs...; **2.** *a. ~ number* Ordnungszahl *f*.
or·di·nance ['ɔ:dinəns] Verordnung *f*; vorgeschriebener Brauch *m*.
or·di·nar·y ['ɔ:dnri] **1.** □ gewöhnlich, üblich; *~ debts pl.* ⚕ Buchschulden *f/pl.*; *~ seaman* Leichtmatrose *m*; *s. share*; **2.** *das* Gewöhnliche; Gasthaus *n*; Tagesgericht *n*; ordentlicher Richter *m*; *in ~* ordentlich; Leib..., Hof...
or·di·nate ⩘ ['ɔ:dnit] Ordinate *f*.

or·di·na·tion [ɔːdiˈneiʃən] Ordination *f*, (Priester)Weihe *f*.
ord·nance ⚔, ⚓ [ˈɔːdnəns] Artillerie *f*, Geschütze *n/pl.*; Feldzeugwesen *n*; ~ *map* Generalstabskarte *f*; ~ *survey* amtliche Landesvermessung *f*; ~*-survey map* Meßtischblatt *n*.
or·dure [ˈɔːdjuə] Kot *m*, Schmutz *m*.
ore [ɔː] Erz *n*; *poet.* Metall *n*.
or·gan [ˈɔːgən] ♪ Orgel *f*; Organ *n* (*Körperteil*; *fig. Werkzeug*; *Stimme*; *Partei- etc. Blatt*).
or·gan·die, or·gan·dy [ˈɔːgəndi] Organdy *m* (*Baumwollgewebe*).
or·gan-grind·er [ˈɔːgəngraində] Leierkastenmann *m*; **or·gan·ic** [ɔːˈgænik] (~*ally*) organisch; **or·gan·ism** [ˈɔːgənizəm] Organismus *m*; ˈ**or·gan·ist** Organist *m*; **or·gan·i·za·tion** [~naiˈzeiʃən] Organisation *f*; Einrichtung *f*; Bau *m*; Verein(igung *f*) *m*; ˈ**or·gan·ize** organisieren, einrichten; ˈ**or·gan·iz·er** Organisator(in).
or·gy [ˈɔːdʒi] Orgie *f*.
o·ri·el ⌂ [ˈɔːriəl] Erker *m*.
o·ri·ent 1. [ˈɔːriənt] aufgehend; östlich; glänzend (*Perle*); **2.** [~] Osten *m*; Orient *m*, Morgenland *n*; **3.** [ˈ~ent] orientieren; **o·ri·en·tal** [~ˈentl] **1.** □ östlich; orientalisch; morgenländisch; **2.** Orientale *m*, Orientalin *f*; **o·ri·en·tate** [ˈɔːrienteit] orientieren; **o·ri·enˈta·tion** Orientierung *f*.
or·i·fice [ˈɔrifis] Mündung *f*, Öffnung *f*.
or·i·gin [ˈɔridʒin] Ursprung *m*; Anfang *m*; Herkunft *f*.
o·rig·i·nal [əˈridʒənl] **1.** □ ursprünglich; originell; Ur...; Original...; ✝ Stamm...; *s. share*; ~ *capital* Stammkapital *n*; ~ *sin* Erbsünde *f*; **2.** Original *n* (*a. Person*), Urbild *n*, -schrift *f*; **o·rig·i·nal·i·ty** [~ˈnæliti] Originalität *f*; **o·rig·i·nal·ly** [əˈridʒnəli] originell; ursprünglich, zuerst, anfangs, anfänglich.
o·rig·i·nate [əˈridʒineit] *v/t.* hervorbringen, schaffen, ins Leben rufen; *v/i.* entstehen (*from, in s.th.* aus et.; *with, from s.o.* bei j-m, durch j.); **o·rig·iˈna·tion** Schaffung *f*, Veranlassung *f*; Entstehung *f*; Ursprung *m*; **oˈrig·i·na·tive** □ [~tiv] schöpferisch; **oˈrig·i·na·tor** Urheber *m*.
o·ri·ole *orn.* [ˈɔːriəul] Goldamsel *f*.
o·ri·son [ˈɔrizən] Gebet *n*.
or·mo·lu [ˈɔːməuluː] Malergold *n*.
or·na·ment 1. [ˈɔːnəmənt] Verzierung *f*, Ornament *n*; *fig.* Zierde *f*; **2.** [ˈ~ment] verzieren; schmücken; **or·naˈmen·tal** □ ornamental, zierend; schmückend; Zier...; **or·na·menˈta·tion** Ausschmückung *f*, Verzierung *f*.
or·nate □ [ɔːˈneit] reich verziert; überladen.
or·ni·tho·log·i·cal □ [ɔːniθəˈlɔdʒikl] ornithologisch; **or·ni·thol·o·gist** [~ˈθɔlədʒist] Ornithologe *m*; **or·niˈthol·o·gy** Ornithologie *f*, Vogelkunde *f*.
o·ro·tund [ˈɔrəutʌnd] volltönend; bombastisch.
or·phan [ˈɔːfən] **1.** Waise(nkind *n*) *f*; **2.** *a.* ~*ed* verwaist; ˈ**or·phan·age** Waisenhaus *n*.
or·rer·y [ˈɔrəri] Planetarium *n*.
or·tho·dox □ [ˈɔːθədɔks] orthodox; rechtgläubig; üblich; anerkannt; ˈ**or·tho·dox·y** Rechtgläubigkeit *f*.
or·tho·graph·ic, or·tho·graph·i·cal □ [ɔːθəuˈgræfik(əl)] orthographisch; **or·thog·ra·phy** [ɔːˈθɔgrəfi] Rechtschreibung *f*, Orthographie *f*.
or·tho·pae·dic [ɔːθəuˈpiːdik] (~*ally*) orthopädisch; **or·thoˈpae·dist** Orthopäde *m*; ˈ**or·tho·pae·dy** Orthopädie *f*.
or·to·lan *orn.* [ˈɔːtələn] Ortolan *m*, Gartenammer *f*.
Os·car [ˈɔskə] Oscar *m* (*amerikanischer Filmpreis*).
os·cil·late [ˈɔsileit] schwingen; *fig.* schwanken; **os·cilˈla·tion** Schwingung *f*; **os·cil·la·to·ry** [ˈ~lətəri] schwingend; **os·cil·lo·graph** [ɔˈsiləugrɑːf] Oszillograph *m*.
os·cu·late *co.* [ˈɔskjuleit] (sich) küssen; sich berühren (mit).
o·sier ⚘ [ˈəuʒə] Korbweide *f*.
os·mo·sis *phys.* [ɔzˈməusis] Osmose *f*.
os·prey [ˈɔspri] Seeadler *m*; ✝ Reiherfeder *f*.
os·se·ous [ˈɔsiəs] Knochen...; knochig; **os·si·fi·ca·tion** [ɔsifiˈkeiʃən] Verknöcherung *f*; **os·si·fy** [ˈ~fai] verknöchern; **os·su·ar·y** [ˈɔsjuəri] Beinhaus *n*.
os·ten·si·ble □ [ɔsˈtensəbl] vor-, angeblich; scheinbar.
os·ten·ta·tion [ɔstenˈteiʃən] Zur-

schaustellung *f*; Protzerei *f*; **os·ten·'ta·tious** □ ostentativ, prahlend, prahlerisch, großtuerisch.
os·te·ol·o·gy *anat.* [ɔsti'ɔlədʒi] Osteologie *f*, Knochenlehre *f*; **os·te·o·path** ['ɔstiəpæθ] Osteopath *m*.
ost·ler ['ɔslə] Stallknecht *m*.
os·tra·cism ['ɔstrəsizəm] Scherbengericht *n*; Verbannung *f*, Ächtung *f*; **os·tra·cize** ['~saiz] verbannen; ächten.
os·trich *orn.* ['ɔstritʃ] Strauß *m*.
oth·er ['ʌðə] andere(r, -s) (*than, from* als); *the ~ day* neulich; *the ~ morning* neulich morgens; *every ~ day* einen Tag um den andern; *each ~* einander; *somebody or ~* irgendeiner, einer oder der andere; '**~·wise** anders; sonst.
o·ti·ose □ ['əuʃiəus] müßig; zwecklos.
ot·ter *zo.* ['ɔtə] Otter *m*; Otterpelz *m*.
Ot·to·man ['ɔtəumən] **1.** ottomanisch, türkisch; **2.** ♀ Ottomane *f* (*Sofa*).
ought [ɔ:t] **1.** = *aught*; **2.** *v/aux.* (*irr.*) sollte; *I ~ to do it* ich sollte es eigentlich tun; *you ~ to have done it* Sie hätten es tun sollen.
ounce[1] [auns] Unze *f* (= *28,35 g*); *by the ~* nach (dem) Gewicht.
ounce[2] *zo.* [~] Schneeleopard *m*.
our ['auə] unser; **ours** ['auəz] **1.** der (die, das) unsrige; unsere(r, -s); *pred.* unser; **2.** die Unsrigen; **our'selves** wir selbst; uns (selbst).
oust [aust] verdrängen, vertreiben, hinauswerfen; *e-s Amtes* entheben.
out [aut] **1.** *adv.* aus; hinaus, heraus; draußen; außerhalb; (bis) zu Ende (*z.B. hear ~*); *be ~* nicht zu Hause sein; ausgeliehen sein; aus der Mode sein; streiken (*Arbeiter*); aus (= *zu Ende*) sein; aus der Übung sein; heraus sein (*Blüte, neues Buch, Geheimnis, verrenktes Glied etc.*); draußen *od.* F 'raus sein (*nicht mehr an der Macht od. am Spiel*); ungenau *od.* nicht richtig sein; im Irrtum sein; *be ~ for s.th. od. to do s.th. sl.* auf et. aus sein; darauf aus sein, et. zu tun; *she is not ~ yet* sie ist noch nicht in die Gesellschaft eingeführt; *be ~ with* böse sein mit; *~ and ~* durch u. durch; *~ and about* wieder auf den Beinen; *~ and away* bei weitem; *s. elbow*; *have it ~ with s.o.* sich mit j-m aussprechen; sich zs.-raufen; *voyage ~* Ausreise *f*; *way ~* Ausgang *m*; *her day ~* ihr freier Tag; *~ with him!* hinaus mit ihm!; **2.** *typ.* Auslassung *f*, Leiche *f*; *Am.* F Ausweg *m*; *the ~s pl. parl.* die Opposition; *Sport*: die nicht am Schlag befindliche Partei; **3.** auswärtig (*Wettspiel*); ✝ übernormal, Über... (*Größe*); **4.** *prp.* *~ of* aus, aus ... heraus; außerhalb; außer; aus, von; nicht gemäß, zuwider; *s. date, drawing, laugh, money*; **5.** F 'rausschmeißen; *Boxen*: niederschlagen.
out...: **~-and-~** ['autnd'aut] absolut, völlig, Erz...; '**~-and-'out·er** Extremist *m*, Radikale *m*; '**~·back** **1.** entlegen, dünn besiedelt; **2.** die entlegenen Gebiete *n/pl. Australiens*; **~'bal·ance** schwerer wiegen als; **~'bid** (*irr. bid*) überbieten; '**~·board** Außenbord...; **~'brave** an Kühnheit übertreffen; Trotz bieten (*dat.*); '**~·break** Ausbruch *m*; '**~·build·ing** Nebengebäude *n*; '**~·burst** Ausbruch *m*; '**~·cast** **1.** ausgestoßen; **2.** Ausgestoßene *m, f*; '**~·caste** Kastenlose *m, f*, Ausgestoßene *m, f*; **~'class** *Sport*: *j-m* weit überlegen sein; *be ~ed* deklassiert werden; '**~·come** Ergebnis *n*, Folge *f*; '**~·crop** Zutagetreten *n*; *geol.* Schichtenkopf *m*; '**~·cry** Aufschrei *m*, Schrei *m* der Entrüstung; **~-'dat·ed** (zeitlich) überholt; **~'distance** überholen, hinter sich lassen; **~'do** (*irr. do*) übertreffen, -bieten; '**~·door** *adj.*, '**~'doors** *adv.* Außen...; draußen, außer dem Hause (*a. parl.*); im Freien; *outdoor dress* Straßenkleidung *f*.
out·er ['autə] äußer, Außen...; *~ garments pl.* Oberbekleidung *f*; '**~·most** äußerst.
out...: **~'face** Trotz bieten (*dat.*); außer Fassung bringen; '**~·fall** Ausfluß *m*, Mündung *f*; '**~·fit** Ausrüstung *f*, Ausstattung *f*; *Am.* Haufen *m*, Trupp *m*, (Arbeits)Gruppe *f*; '**~·fit·ter** Ausrüstungslieferant *m*; Herrenausstatter *m*; **~'flank** ⚔ überflügeln; '**~·flow** Ausfluß *m*; **~'gen·er·al** überlisten; **~'go** **1.** (*irr. go*) schneller gehen als; *fig.* übertreffen; **2.** ['~] Ausgaben *f/pl.*; **~'go·ing** **1.** weg-, abgehend; **2.** Ausgehen *n*; *~s pl.* Ausgaben *f/pl.*; **~'grow** (*irr. grow*) *j-m* über den Kopf wachsen; herauswachsen aus; *fig.*

entwachsen (*dat.*); '~·**growth** Schößling *m*; Auswuchs *m*; (natürliche) Folge *f*; Erzeugnis *n*; '~-**house** Nebengebäude *n*; Schuppen *m*; *Am.* Außenabort *m*.

out·ing ['autiŋ] Ausflug *m*, Tour *f*; *Rudern u. Pferderennen*: Training *n*.

out...: ~'**land·ish** ausländisch; fremdartig; seltsam (anmutend); unkultiviert; ~'**last** überdauern; '~·**law 1.** Geächtete *m, f*, Verfemte *m, f*; **2.** ächten; '~·**law·ry** Ächtung *f*; Verbrechertum *n*; '~·**lay** *Geld*-Auslage(n *pl.*) *f*; '~·**let** Auslaß *m*; Ausgang *m*; Aus-, Abfluß *m*; *fig.* Ventil *n*; ☤ Absatzgebiet *n*; ⚡ Steckdose *f*; '~·**line 1.** Umriß *m*; Überblick *m*; Plan *m*, Skizze *f*; Abriß *m*; ~*s pl.* Grundzüge *m/pl.*; **2.** umreißen; skizzieren; ~*d* scharf abgehoben; ~'**live** überleben; '~-**look** Aussicht *f*, Ausblick *m* (*a. fig.*); Auffassung *f*; Weltanschauung *f*; Standpunkt *m*; *pol.* Zielsetzung *f*; '~·**ly·ing** entlegen; ~·**ma'noeu·vre** ausmanövrieren; '~'**march** schneller marschieren als; ~'**match** weit übertreffen; ~'**mod·ed** unmodern, überholt, veraltet; '~·**most** äußerst; ~'**num·ber** an Zahl übertreffen; '~-**of-'door**(s) = *outdoor*(s); '~-**of-the-'way** entlegen; *fig.* ausgefallen; '~-**of-'work pay** Erwerbslosenunterstützung *f*; ~'**pace** überholen; '~-**pa·tient** ambulant Behandelte *m, f*; ~'**play** schlagen; '~-**post** Vorposten *m*; '~·**pour·ing** Erguß *m* (*a. fig.*); '~·**put** Produktion *f*, Ertrag *m*; (Produktions-) Leistung *f*; Ausbeute *f*; Ausstoß *m*.

out·rage ['autreidʒ] **1.** Gewalttätigkeit *f*; Gewalttat *f* (*on* gegen); Attentat *n* (*on* auf *acc.*); gröbliche Beleidigung *f* (*on gen.*); **2.** gröblich beleidigen *od.* verletzen; Gewalt antun (*dat.*), schänden; **out'ra·geous** □ abscheulich; heftig; empörend; beschimpfend; zügellos.

out...: ~'**range** an Reichweite übertreffen; ~'**rank** in den Schatten stellen, übertreffen.

ou·tré ['u:trei] outriert, ausgefallen.

out...: ~'**reach** weiter reichen als; '~-**re·lief** Hauspflege *f für Arme*; ~'**ride** (*irr. ride*) schneller reiten als; ⚓ *Sturm* abreiten; '~·**rid·er** Vorreiter *m*; '~·**rig·ger** ⚓ Ausleger (-boot *n*) *m*; ~·**right** [*adj.* 'autrait, *adv.* aut'rait] gerade heraus; gänzlich, völlig, glatt; auf der Stelle; ~'**ri·val** übertreffen, -bieten; ~'**run** (*irr. run*) schneller laufen als; hinausgehen über (*acc.*); '~·**run·ner** Vorreiter *m*; Beipferd *n*; '~·**set** Anfang *m*; Aufbruch *m zur Reise*; ~'**shine** (*irr. shine*) überstrahlen; '~'**side 1.** Äußere *n*; Außenseite *f*; *fig. das* Äußerste; *at the* ~ höchstens; **2.** äußer; Außen...; außenstehend; äußerst (*Preis*); ~ *right Sport*: Rechtsaußen *m*; ~ *left* Linksaußen *m*; **3.** (dr)außen; nach (dr)außen; ~ *of* = **4.** *prp.* außerhalb; über ... hinaus; '~'**sid·er** Außenseiter *m*, -stehende *m*; '~·**size** ☤ Übergröße *f*; '~·**skirts** *pl.* Außenbezirke *m/pl.*, Peripherie *f*; (Stadt)Rand *m*; ~'**smart** *Am.* F übervorteilen; ~'**spoken** □ freimütig; '~'**spread** ausgestreckt, ausgebreitet; ~'**stand·ing** hervorragend (*a. fig.*); hervorstechend, auffallend; ausstehend (*Schuld*); offenstehend (*Frage*); ~'**stay** länger bleiben als; ~ *one's welcome* länger als erwünscht bleiben; ~'**stretched** = *outspread*; ~'**strip** überholen (*a. fig.*); aus dem Felde schlagen, überflügeln; '~-**turn** Ertrag *m*; ~'**vie** sich gegenseitig zu überbieten suchen; ~'**vote** überstimmen.

out·ward ['autwəd] **1.** äußer, äußerlich; nach (dr)außen gerichtet; **2.** *adv. mst* '**out·wards** auswärts, nach (dr)außen; '**out·ward·ly** äußerlich; an der Oberfläche; '**out·ward·ness** Äußerlichkeit *f*; äußere Form *f*.

out...: ~'**wear** (*irr. wear*) überdauern; abnutzen; erschöpfen; ~'**weigh** überwiegen; ~'**wit** überlisten; '~·**work** ⚔ Außenwerk *n*; ⊕ Heimarbeit *f*; '~·**work·er** Heimarbeiter(in); '~·**worn** erschöpft; *fig.* abgegriffen; überholt.

ou·zel *orn.* ['u:zl] Drossel *f*.

o·val ['əuvəl] **1.** oval; **2.** Oval *n*.

o·va·ry ['əuvəri] *anat.* Eierstock *m*; ⚘ Fruchtknoten *m*.

o·va·tion [əu'veiʃən] Ovation *f*, Huldigung *f*.

ov·en ['ʌvn] Backofen *m*; '~·**bird** *orn. Am.* Goldkopf-Waldsänger *m*.

o·ver ['əuvə] **1.** *adv.* über; hin-, herüber; drüben; vorbei, vorüber; allzusehr; übermäßig; darüber, mehr;

von Anfang bis zu Ende; noch einmal; ~ *and above* neben, zusätzlich zu; (*all*) ~ *again* noch einmal (von vorn); ~ *against* gegenüber (*dat.*); *all* ~ über und über; ganz u. gar; ~ *and* ~ *again* immer wieder; *fifty times* ~ fünfzigmal hintereinander; *read* ~ durchlesen; **2.** *prp.* über; *all* ~ *the town* durch die ganze *od.* in der ganzen Stadt; ~ *night* über Nacht; ~ *a glass of wine* bei e-m Glas Wein; ~ *the way* gegenüber.

o·ver...: ˈ~ˈ**act** übertreiben; ˈ~·**all 1.** Arbeitsanzug *m*, -kittel *m*; Overall *m*; Kittel(schürze *f*) *m*; ~*s pl.* Überziehhosen *f/pl.*; **2.** allumfassend, gesamt, Gesamt...; ~ˈ**arch** überwölben; ~ˈ**awe** einschüchtern; ~ˈ**bal·ance 1.** Übergewicht *n*, Mehr *n*; **2.** umkippen, das Gleichgewicht verlieren; überwiegen; ~ˈ**bear** (*irr. bear*) überwältigen; ~ˈ**bear·ing** □ anmaßend; ~ˈ**bid** (*irr. bid*) überbieten; ˈ~ˈ**blown** am Verblühen; ˈ~·**board** ⚓ über Bord; ˈ~ˈ**brim** überfließen; ~ˈ**bur·den** überladen; ˈ~·**cast 1.** bewölkt; *fig.* traurig; **2.** Bewölkung *f*; ˈ~-ˈ**charge 1.** überladen; überfordern; **2.** Überladung *f*; Überforderung *f*; ~ˈ**cloud** be-, überwölken, trüben; ˈ~·**coat** Mantel *m*; ~ˈ**come** (*irr. come*) überwinden, -wältigen; besiegen; ˈ~-ˈ**con·fi·dent** □ allzu vertrauend (*of* auf *acc.*); zu selbstsicher; vermessen; ~ˈ**crowd** überfüllen; ~ˈ**do** (*irr. do*) zu viel tun; übertreiben, zu weit treiben; zu sehr kochen *od.* braten; überanstrengen; ~·**done** [~ˈdʌn] übertrieben; überanstrengt; [ˈ~ˈdʌn] übergar; ˈ~·**draft** ⚕ überzogener Betrag *m*; ˈ~ˈ**draw** (*irr. draw*) übertreiben; ⚕ *Konto* überziehen; ˈ~ˈ**dress** (sich) zu sehr herausputzen; ˈ~·**drive** *mot.* Overdrive *m*, Schnellgang *m*; ˈ~ˈ**due** fällig; 🚂, ⚕ überfällig; ˈ~ˈ**eat** (*irr. eat*): ~ *o.s.* sich überessen; ˈ~ˈ**es·ti·mate** überschätzen; ˈ~·**ex**ˈ**pose** *phot.* überbelichten; ˈ~-**ex**ˈ**po·sure** *phot.* Überbelichtung *f*; ˈ~·**fa**ˈ**tigue 1.** übermüden; **2.** Übermüdung *f*; ˈ~ˈ**feed** (*irr. feed*) überfüttern; ~·**flow 1.** [~ˈfləu] (*irr. flow*) *v/t.* überfluten; *v/i.* überfließen; **2.** [ˈ~fləu] Überfluß *m*; Überschwemmung *f*; Überfüllung *f*; ˈ~·**freight** Überfracht *f*; ˈ~**ground** über der Erde (befindlich); ˈ~ˈ**grow** (*irr. grow*) überwuchern; zu sehr wachsen; ˈ~·**growth** übermäßiges Wachstum *n*; ˈ~·**hand** *Sport*: Überhand...; Hand-über-Hand-...; ~·**hang 1.** [ˈ~ˈhæŋ] (*irr. hang*) *v/t.* über (*acc.*) hängen; *v/i.* überhängen; *fig.* drohen; **2.** [ˈ~hæŋ] Überhang *m*; ~ˈ**haul** überholen (*gründlich nachsehen*; *einholen*); ~·**head 1.** [~ˈhed] *adv.* (dr)oben; **2.** [ˈ~hed] *adj.* ⚕ allgemein (*Unkosten*); ~ *railway* Hochbahn *f*; ~ *wire* ⚡ Oberleitung *f*; **3.** [ˈ~hed]: ~*s pl.* ⚕ allgemeine Unkosten *pl.*; ~ˈ**hear** (*irr. hear*) be-, erlauschen; zufällig hören; ˈ~ˈ**heat** überhitzen; ˈ~ˈ**is·sue** zu viel *Banknoten etc.* ausgeben; ~ˈ**joy** entzücken; ˈ~·**land** Überland...; ~ˈ**lap** *v/t.* übergreifen auf (*acc.*); überragen; überschneiden; *v/i.* ineinandergreifen, überlappen; ~·**lay 1.** [~ˈlei] (*irr. lay*) belegen; ⊕ überlagern; **2.** [ˈ~lei] Auflage *f*; Deckchen *n*; ~ *mattress* Auflagematratze *f*; ˈ~ˈ**leaf** umseitig; ˈ~ˈ**leap** (*irr. leap*) springen über (*acc.*); ~ *o.s. fig.* über das Ziel hinausschießen; ~·**load 1.** [ˈ~ˈləud] überladen; **2.** [ˈ~ləud] Überbelastung *f*; ~ˈ**look** *Fehler etc.* übersehen; überblicken; beaufsichtigen; hinwegsehen über (*acc.*); ˈ~·**lord** Ober(lehns)herr *m*; ˈ~·**man·tel** Kaminaufsatz *m*; ~ˈ**mas·ter** überwältigen; ~ˈ**match** *j-m* weit überlegen sein; ˈ~ˈ**much** zu viel; ˈ~ˈ**night 1.** am Vorabend; über Nacht; **2.** Nacht...; nächtlich; Übernachtungs...; ˈ~·**pass** Überführung *f*; ˈ~ˈ**pay** (*irr. pay*) zu viel bezahlen; ~ˈ**peo·pled** übervölkert; ˈ~·**plus** Überschuß *m*; ~ˈ**pow·er** überwältigen; ˈ~ˈ**print** überdrukken; ˈ~·**pro**ˈ**duc·tion** Überproduktion *f*; ˈ~ˈ**rate** überschätzen; ~ˈ**reach** übervorteilen; ~ *o.s.* sich übernehmen; ~ˈ**ride** (*irr. ride*) *fig.* sich hinwegsetzen über (*acc.*); umstoßen; ~ˈ**rid·ing** ausschlaggebend; ~ˈ**rule** überstimmen; ⚖ verwerfen; ~ˈ**run** (*irr. run*) überrennen; überziehen; überlaufen; bedecken; *Zeit* überschreiten; *typ.* umbrechen; ˈ~ˈ**sea 1.** *a.* ~*s* überseeisch; Übersee...; **2.** ~*s* in *od.* nach Übersee; ˈ~ˈ**see** (*irr. see*) beaufsichtigen;

ˈ~·se·er Aufseher *m*; ~ˈ**set** (*irr.* set) umstoßen; *fig.* zerrütten; ˈ~·**sew** (*irr.* sew) überwendlich nähen; ~ˈ**shad·ow** überschatten, verdunkeln; ˈ~·**shoe** Überschuh *m*; ˈ~ˈ**shoot** (*irr.* shoot) über *ein Ziel* hinausschießen; ~ o.s. zu weit gehen; ˈ~ˈ**shot** oberschlächtig (*Wasserrad*); ˈ~·**sight** Versehen *n*; ˈ~·**sim·pli·fiˈca·tion** allzu große Vereinfachung *f*; ˈ~ˈ**sleep** (*irr.* sleep) *a.* ~ o.s. verschlafen; ˈ~·**sleeve** Ärmelschoner *m*; ˈ~·**spill** (*bsd.* Bevölkerungs-) Überschuß *m*; ˈ~ˈ**state** übertreiben; ˈ~ˈ**state·ment** Übertreibung *f*; ˈ~ˈ**step** überschreiten; ˈ~ˈ**stock** überfüllen; ~·**strain** **1.** [ˈ~ˈstrein] (sich) überanstrengen; *fig.* übertreiben; **2.** [ˈ~strein] Überanstrengung *f*; ~·**strung** [ˈ~ˈstrʌŋ] überreizt; [ˈ~strʌŋ] kreuzsaitig (*Klavier*); ˈ~·**subˈscribe** *Anleihe* überzeichnen; ˈ~·**supˈply** Überangebot *n*.

o·vert [ˈəuvəːt] offen(kundig).

over...: ˈ~ˈ**take** (*irr.* take) einholen; *et.* auf-, nachholen; *j.* überraschen; ˈ~ˈ**tax** zu hoch besteuern; *fig.* überschätzen; übermäßig in Anspruch nehmen; ~·**throw** **1.** [~ˈθrəu] (*irr.* throw) (um)stürzen (*a. fig.*); vernichten, besiegen; **2.** [ˈ~θrəu] Sturz *m*; Vernichtung *f*; ⚔ Niederlage *f*; ˈ~·**time** Überstunden *f/pl.*; ˈ~ˈ**tire** übermüden; ˈ~·**tone** ♪ Oberton *m*; ˈ~ˈ**top** überragen; ˈ~·**trump** übertrumpfen.

over·ture [ˈəuvətjue] ♪ Ouvertüre *f*, Vorspiel *n*; Vorschlag *m*, Antrag *m*.

o·ver...: ~·**turn** **1.** [ˈ~təːn] Umsturz *m*; **2.** [~ˈtəːn] umstürzen, -werfen; kentern (lassen); ˈ~ˈ**val·ue** zu hoch einschätzen; überschätzen; ~ˈ**ween·ing** eingebildet; ~·**weight** **1.** [ˈ~weit] Übergewicht *n*; **2.** [ˈ~ˈweit] überladen, -lasten; ~ˈ**whelm** überhäufen, -schütten (*a. fig.*); überwältigen (*a. fig.*); erdrücken; ˈ~ˈ**wise** □ überklug; ~·**work** **1.** [ˈ~wəːk] übermäßige Arbeit *f*; Überarbeitung *f*; **2.** [~ˈwəːk] (*irr.* work) sich überarbeiten; schinden, überanstrengen; ˈ~ˈ**wrought** überarbeitet; überreizt.

o·vi·duct ⚕ [ˈəuvidʌkt] Eileiter *m*; **o·vi·form** [ˈ~fɔːm] eiförmig; **oˈvip·a·rous** *zo.* [~pərəs] eierlegend; **o·vule** *biol.* [ˈəuvjuːl] Ovulum *n*, kleines Ei *n*; **o·vum** *biol.* [ˈəuvəm], *pl.* **o·va** [ˈəuvə] Ovum *n*, Ei(zelle *f*) *n*.

owe [əu] *Geld, Dank etc.* schulden, schuldig sein; verdanken; *Sport:* vorgeben; ~ s.o. a grudge Groll gegen j. hegen.

ow·ing [ˈəuiŋ] schuldig; ~ to infolge (*gen.*), wegen (*gen.*), dank (*dat.*); be ~ to herkommen von, zu verdanken *od.* zuzuschreiben sein (*dat.*).

owl *orn.* [aul] Eule *f*; **owl·et** [ˈaulit] (junge) Eule *f*; ˈ**owl·ish** □ eulenhaft, -artig.

own [əun] **1.** eigen; wirklich, richtig; einzig, innig geliebt; my ~ self ich selbst; ~ brother to s.o. j-s rechter Bruder; she makes her ~ clothes sie näht ihre Kleider selbst; **2.** my ~ mein Eigentum *n*; meine Angehörigen *pl.*; a house of one's ~ ein eigenes Haus *n*; come into one's ~ zu s-m Recht kommen; get one's ~ back F sich rächen; sich sein Recht holen; hold one's ~ standhalten; sich behaupten; on one's ~ F selbständig; von sich aus, auf eigene Faust; allein; **3.** besitzen; zugeben, zugestehen; anerkennen; sich bekennen (to zu); ~ up (to) F bekennen.

own·er [ˈəunə] Eigentümer(in), Inhaber(in); ˈ~-ˈ**driv·er** Herrenfahrer *m*; ˈ~·**less** herrenlos; ˈ~-ˈ**oc·cu·pied** vom Eigentümer bewohnt (*Haus*); ˈ**own·er·ship** Eigentum(srecht) *n*, Besitz(recht *n*) *m*.

ox [ɔks], *pl.* **ox·en** [ˈɔksən] Ochs *m*, Ochse *m*; Rind *n*.

ox·al·ic ac·id ⚗ [ɔkˈsælikˈæsid] Oxal-, Kleesäure *f*.

Ox·bridge [ˈɔksbridʒ] (die Universitäten *f/pl.*) Oxford und Cambridge.

ox-cart [ˈɔkskɑːt] Ochsenkarren *m*; **ox·en** [ˈɔksən] *pl. von* ox; ˈ**ox-eye** ⚘ Gänseblümchen *n*.

Ox·ford shoes [ˈɔksfədˈʃuːz] *pl.* Halbschuhe *m/pl.*

ox·i·da·tion ⚗ [ɔksiˈdeiʃən] Oxydation *f*, Oxydierung *f*; **ox·ide** [ˈɔksaid] Oxyd *n*; **ox·i·dize** [ˈɔksidaiz] oxydieren.

ox·lip ⚘ [ˈɔkslip] hohe Schlüsselblume *f*.

Ox·o·ni·an [ɔkˈsəunjən] **1.** Oxforder,

Oxford...; **2.** Student *m od.* Absolvent *m* der Universität Oxford.
ox·y·gen ⚗ [ˈɔksidʒən] Sauerstoff *m*; **ox·y·gen·ate** [ɔkˈsidʒineit] mit Sauerstoff versetzen *od.* behandeln.
ox·y·hy·dro·gen ⚗ [ˈɔksiˈhaidridʒən] Knallgas *n.*
o·yer ⚖ [ˈɔiə] Verhör *n.*
o·yez [əuˈjes] hört (zu)!; Ruhe!
oys·ter [ˈɔistə] Auster *f*; *attr.* Austern...; ˈ**~-bed** Austernbank *f.*
o·zone ⚗ [ˈəuzəun] Ozon *n*; **o·zon·ic** [əuˈzɔnik] ozonhaltig; Ozon...

P

P [piː]: *mind one's Ps and Qs* sich sehr in acht nehmen.
pa F [pɑː] Papa *m.*
pab·u·lum [ˈpæbjuləm] Nahrung *f.*
pace [peis] **1.** Schritt *m* (*a. als Maß*); Gang(art *f*) *m*; Paßgang *m*; Geschwindigkeit *f*, Tempo *n*; *keep ~ with* Schritt halten *od.* mitkommen mit; *put s.o. through his ~s* j. auf Herz u. Nieren prüfen; *set the ~* das Tempo bestimmen, Schrittmacher sein; **2.** *v/t.* abschreiten; *Sport*: Schrittmacher sein für; *v/i.* (einher)schreiten; (im) Paß gehen; **paced 1.** ... schreitend; **2.** *Sport*: mit Schrittmachern; ˈ**pace-mak·er** *Sport*: Schrittmacher *m*; ˈ**pac·er** Schreitende *m*; Fußgänger *m*; = *pace-maker.*
pach·y·derm *zo.* [ˈpækidəːm] Dickhäuter *m.*
pa·cif·ic [pəˈsifik] **1.** (*~ally*) friedlich; *the* ♀ *Ocean* = **2.** *the* ♀ der Pazifik, der Pazifische *od.* Stille Ozean; **pac·i·fi·ca·tion** [pæsifiˈkeiʃən] Befriedung *f*; Beruhigung *f.*
pac·i·fi·er [ˈpæsifaiə] Friedensstifter *m*; *Am.* Schnuller *m*; ˈ**pac·i·fism** Pazifismus *m*; ˈ**pac·i·fist** Pazifist(in).
pac·i·fy [ˈpæsifai] besänftigen, beruhigen; *Land* befrieden.
pack [pæk] **1.** Pack *m, n*; Packen *m*; Paket *n*; Ballen *m*; Spiel *n Karten*; Meute *f Hunde*, Rudel *n Wölfe*; Rotte *f*, Bande *f*; Packung *f* (*a.* ⚕); *a. ~-ice* Packeis *n*; *a ~ of nonsense* lauter Unsinn *m*; **2.** *v/t.* packen; *oft ~ up* zs.-, verpacken; einpacken (*a.* ⚕); *a. ~ off* fortjagen; parteiisch zs.-setzen; *Am.* F (bei sich) tragen (*als Gepäck, Ausrüstung*); bepacken, vollstopfen; ⊕ dichten; *v/i. a. ~ up* packen; sich packen (lassen) (*Ware*); *send s.o. ~ing* j. fortjagen; *~ up* F aufhören; ˈ**pack·age** Pack *m*, Ballen *m*; *bsd. Am.* Paket *n*; Pakkung *f*; Frachtstück *n*; Verpakkung *f*; Verhandlungspaket *n*; ˈ**pack·aged tour** Pauschalreise *f*; ˈ**pack-an·i·mal** Tragtier *n*; ˈ**pack·er** Packer(in); *Am.* Konservenfabrikant *m*; **pack·et** [ˈpækit] Paket *n*; Päckchen *n*; Packung *f*, Schachtel *f*; *a. ~-boat* Postschiff *n*, Paketboot *n*; *catch a ~ sl.* schwer verwundet werden; ˈ**pack-horse** Packpferd *n*; Saumtier *n*; *fig.* Packesel *m.*
pack·ing [ˈpækiŋ] Packen *n*; Verpackung *f*; Packmaterial *n*; ⊕ Dichtung *f*; *attr.* Pack...; ˈ**~-box** 🚂 Stopfbüchse *f*; **~ house** *Am.* (*bsd.* Fleisch)Konservenfabrik *f.*
pack·thread [ˈpækθred] Bindfaden *m*, Packzwirn *m.*
pact [pækt] Vertrag *m*, Pakt *m.*
pad[1] *sl.* [pæd] *a. ~ it, ~ along* tippeln.
pad[2] [~] **1.** Polster *n*; *Sport*: Beinschutz *m*; Schreibblock *m*; Stempelkissen *n*; *hunt.* Pfote *f*; (Abschuß)Rampe *f*; **2.** (aus)polstern; wattieren; *~ out fig.* auffüllen; *~ded cell* Gummizelle *f*; ˈ**pad·ding** Auspolstern *n*; Polsterung *f*, Wattierung *f*; *fig.* Lückenbüßer *m.*
pad·dle [ˈpædl] **1.** Paddel(ruder) *n*; ⚓ (Rad)Schaufel *f*; **2.** rudern, *bsd.* paddeln; planschen; *paddling pool* Planschbecken *n*; *~ one's own canoe* sich selbst durchschlagen; ˈ**~-box** ⚓ Radkasten *m*; ˈ**~-steam·er** ⚓ Raddampfer *m*; ˈ**~-wheel** Schaufelrad *n.*
pad·dock [ˈpædək] (Pferde)Koppel *f*; *Sport*: Sattelplatz *m.*

pad·dy[1] ⚘ ['pædi] Reis *m* in Hülsen.
pad·dy[2] F [~] Wutanfall *m*.
pad·lock ['pædlɔk] Vorhängeschloß *n*.
pad·re F ⚔ ['pɑːdri] Kaplan *m*, Geistliche *m*.
pae·an ['piːən] Dank-, Lob-, Freudengesang *m*.
paed·er·as·ty ['pedəræsti] Päderastie *f*, Knabenliebe *f*.
pae·di·a·tri·cian [piːdiə'triʃən] Kinderarzt *m*; **pae·di·at·rics** [~'ætriks] *sg*. Kinderheilkunde *f*.
pa·gan ['peigən] **1.** heidnisch; **2.** Heide *m*, Heidin *f*; '**pa·gan·ism** Heidentum *n*.
page[1] [peidʒ] **1.** Page *m*; Edelknabe *m*; junger Diener *m*; Hotelpage *m*; *Am*. Amtsdiener *m*; **2.** *Am*. (durch e-n Pagen) holen lassen.
page[2] [~] **1.** *Buch*-Seite *f*; *fig*. Blatt *n*; **2.** paginieren.
pag·eant ['pædʒənt] historisches Schau- *od*. Festspiel *n*; festlicher Umzug *m*; '**pag·eant·ry** Prunk *m*, Gepränge *n*.
pag·i·nate ['pædʒineit] *s*. *page*[2] 2; **pag·i'na·tion** Paginierung *f*.
pa·go·da [pə'gəudə] Pagode *f*.
paid [peid] *pret*. *u*. *p.p*. *von pay* 2.
pail [peil] Eimer *m*.
pail·lasse ['pæliæs] Strohsack *m*.
pain [pein] **1.** Pein *f*, Schmerz *m*; Kummer *m*; Strafe *f*; ~*s pl*. Leiden *n/pl*.; Mühe *f*; Wehen *f/pl*.; *on od. under* ~ *of death* bei Todesstrafe; *be in* ~ leiden; *be at* ~*s*, *take* ~*s* sich Mühe geben; **2.** *j-m* weh tun, *j*. schmerzen; **pain·ful** □ ['~ful] schmerzhaft, schmerzlich; peinlich; mühevoll; '**pain-kill·er** schmerzstillendes Mittel *n*; '**pain·less** □ schmerzlos; '**pains·tak·ing** **1.** □ arbeitsam; sorgfältig; **2.** Sorgfalt *f*.
paint [peint] **1.** Farbe *f*; Schminke *f*; Anstrich *m*; *wet* ~*!* frisch gestrichen!; **2.** (be)malen; anstreichen; (sich) schminken; *fig*. malen, schildern; ~ *out* übermalen; '**~-box** Malkasten *m*; '**~-brush** Malerpinsel *m*.
paint·er[1] ['peintə] Maler(in).
paint·er[2] ⚓ [~] Fangleine *f*.
paint·ing ['peintiŋ] Malen *n*; Malerei *f*; Gemälde *n*.
pair [pɛə] **1.** Paar *n*; Gespann *n*; Partner *m*; Gegenstück *n*; *a* ~ *of scissors* eine Schere *f*; *in* ~*s* paarweise; **2.** (sich) paaren; zs.-passen; *a*. ~ *off* paarweise weggehen; ~ *off with* F heiraten.
pa·ja·mas [pə'dʒɑːməz] = *pyjamas*.
Pa·kis·ta·ni [pɑːkis'tɑːni] **1.** Pakistaner(in); **2.** pakistanisch.
pal *sl*. [pæl] **1.** Kamerad *m*, Kumpel *m*; **2.** ~ *up with s.o.* sich mit j-m anfreunden.
pal·ace ['pælis] Palast *m*.
pal·ae·o- ['pæliəu] Alt..., Früh..., Ur..., Vor...; **pal·ae·o·lith·ic** [~əu'liθik] altsteinzeitlich; **pal·ae·on·tol·o·gy** [~ɔn'tɔlədʒi] Paläontologie *f*.
pal·at·a·ble □ ['pælətəbl] schmackhaft (*a*. *fig*.); '**pal·at·a·ble·ness** Schmackhaftigkeit *f*.
pal·a·tal ['pælətl] **1.** Gaumen...; **2.** *gr*. Gaumenlaut *m*, Palatal *m*.
pal·ate ['pælit] Gaumen *m*; Geschmack *m* (*a*. *fig*.).
pa·la·tial □ [pə'leiʃəl] palastartig.
pa·lat·i·nate [pə'lætinit] Pfalzgrafschaft *f*; *the* ♀ die Pfalz.
pal·a·tine ['pælətain] pfälzisch; Pfalz...; *Count* ♀ Pfalzgraf *m*.
pa·lav·er [pə'lɑːvə] **1.** Unterredung *f*; Geschwätz *n*, Palaver *n*; *sl*. Geschäft *n*; **2.** (be)schwatzen; schmeicheln (*dat*.).
pale[1] [peil] **1.** □ blaß, bleich; fahl; ~ *ale* helles Bier *n*; **2.** *v/t*. bleich machen, bleichen; *v/i*. bleich werden, (er)bleichen.
pale[2] [~] Pfahl *m*; *die* Grenzen (des Erlaubten).
pale-face ['peilfeis] Bleichgesicht *n*.
pale·ness ['peilnis] Blässe *f*.
pa·le·o- ['pæliəu] *s*. *palaeo-*.
pal·ette *paint*. ['pælit] Palette *f*; '**~-knife** Streichmesser *n*.
pal·frey ['pɔːlfri] Zelter *m*.
pal·imp·sest ['pælimpsest] Palimpsest *m*, *n* (*zweimal beschriebenes Pergament*).
pal·ing ['peiliŋ] Pfahlzaun *m*.
pal·i·sade [pæli'seid] **1.** Palisade *f*; Staket *n*; ~*s pl*. *Am*. Steilufer *n*; **2.** umpfählen.
pall[1] [pɔːl] **1.** Bahrtuch *n*; *fig*. Decke *f*, Wolke *f*; **2.** einhüllen.
pall[2] [~] schal werden, den Reiz verlieren (*upon s.o.* für j.).
pal·la·di·um [pə'leidjəm] Palladium *n*; Hort *m*, Schutz *m*.
pal·let ['pælit] Strohsack *m*.
pal·liasse ['pæliæs] = *paillasse*.

pal·li·ate ['pælieit] bemänteln; beschönigen; lindern; **pal·li'a·tion** Bemäntelung *f*; Beschönigung *f*; Linderung *f*; **pal·li·a·tive** ['~ətiv] **1.** bemäntelnd; lindernd; **2.** Linderungsmittel *n*; *fig.* Bemäntelung *f*.

pal·lid □ ['pælid] blaß; **'pal·lid-ness, pal·lor** ['pælə] Blässe *f*.

palm [pɑːm] **1.** Handfläche *f*; Handbreite *f* (*als Maß*); Schaufel *f des Ankers, Hirschgeweihes*; ⚘ Palme *f* (*fig. Sieg*); *have an itching* ~ bestechlich sein; **2.** betasten; in der Hand verbergen; ~ *s.th. off upon s.o.* j-m et. andrehen; **pal·mer** ['pɑːmə] Pilger *m*; **'palm·ist** Handleser(in); **'palm·is·try** Handlesekunst *f*; **'palm-oil** Palmöl *n*; *co.* Schmiergeld(er *pl.*) *n*; **'palm-tree** Palme *f*; **'palm·y** glücklich, blühend.

pal·pa·ble ['pælpəbl] □ fühlbar; *fig.* handgreiflich, klar, eindeutig, augenfällig.

pal·pi·tate ['pælpiteit] schlagen, pochen (*Herz*); zittern; **pal·pi'ta-tion** Herzklopfen *n*.

pal·sy ['pɔːlzi] **1.** Lähmung *f*; *fig.* Ohnmacht *f*; **2.** *fig.* lähmen.

pal·ter ['pɔːltə] sein Spiel treiben (*with* mit).

pal·tri·ness ['pɔːltrinis] Erbärmlichkeit *f*; **'pal·try** □ erbärmlich; armselig; schäbig; wertlos.

pam·pas ['pæmpəz] *pl. die* Pampas *pl.*

pam·per ['pæmpə] verzärteln.

pam·phlet ['pæmflit] Flugschrift *f*, Broschüre *f*; **pam·phlet·eer** [~'tiə] Pamphletist *m*.

pan [pæn] **1.** Pfanne *f*; Tiegel *m*; **2.** *v/t. Gold etc.* waschen; *Kamera* schwenken; *Am.* F heruntermachen (*scharf kritisieren*); *v/i.* schwenken (*Kamera*); ~ *out* sich bezahlt machen.

pan... [~] all..., gesamt...; All...; Gesamt...; pan..., Pan...

pan·a·ce·a [pænə'siə] Allheilmittel *n*.

pan·cake ['pænkeik] Pfannkuchen *m*; ~ *landing* ✈ Bumslandung *f*.

pan·cre·as ⚕ ['pæŋkriəs] Bauchspeicheldrüse *f*.

pan·de·mo·ni·um *fig.* [pændi'məunjəm] Hölle(nlärm *m*) *f*.

pan·der ['pændə] **1.** Vorschub leisten (*to dat.*); kuppeln; **2.** Kuppler (-in).

pane [pein] (Fenster)Scheibe *f*; ⊕ Fach *n*, Feld *n*.

pan·e·gyr·ic [pæni'dʒirik] Lobrede *f*; **pan·e'gyr·ist** Lobredner *m*.

pan·el ['pænl] **1.** ⚠ Fach *n*, Feld *n*; Füllung *f e-r Tür etc.*; *paint.* Holztafel *f*; Einsatz *m am Kleid*; ⚖ Geschworenenliste *f*; *die* Geschworenen *m/pl.*; Ausschuß *m*; Diskussionsteilnehmer *m/pl.*, -redner *m/pl.*; Verzeichnis *n* der Kassenärzte; **2.** täfeln; in Felder einteilen; **'~-doc·tor** Kassenarzt *m*; **'pan·el-ist** Diskussionsteilnehmer *m*; **'pan-el·(l)ing** Täfelung *f*.

pang [pæŋ] plötzlicher Schmerz *m*, Weh *n*; *fig.* Angst *f*, Qual *f*.

pan·go·lin *zo.* [pæŋ'gəulin] Schuppentier *n*.

pan·han·dle ['pænhændl] **1.** Pfannenstiel *m*; *Am.* schmaler Fortsatz *m e-s Staatsgebiets*; **2.** *Am.* F betteln; **'pan·han·dler** *Am.* F Bettler *m*.

pan·ic ['pænik] **1.** panisch; **2.** Panik *f*, panischer Schrecken *m*; ~ *buying* Angstkäufe *m/pl.*; **3.** *pret. u. p.p.* **'pan·icked** Angst bekommen; **'pan·ick·y** F beunruhigend; unruhig (*at* über *acc.*); **'pan·ic--mon·ger** Bangemacher(in); **'pan-ic-strick·en** von panischer Angst erfüllt.

pan·nier ['pæniə] (Trag)Korb *m*.

pan·ni·kin ['pænikin] Kännchen *n*; Pfännchen *n*.

pan·o·ply ['pænəpli] volle Rüstung *f*; *fig.* Anordnung *f*, Reihe *f*.

pan·o·ra·ma [pænə'rɑːmə] Panorama *n*, Rundblick *m*; **pan·o-ram·ic** [~'ræmik] (*~ally*) panoramahaft; umfassend.

pan·sy ['pænzi] ⚘ Stiefmütterchen *n*; *a.* *~-boy* Weichling *m*; Homosexuelle *m*.

pant [pænt] *v/i.* schnappen (*for breath* nach Luft); keuchen, schnaufen; klopfen (*Herz*); verlangen, lechzen (*for, after* nach); *v/t.* ~ *out* (hervor)keuchen.

pan·ta·loon [pæntə'luːn] Hanswurst *m*; *~s pl. co. od. Am. für pants.*

pan·tech·ni·con [pæn'teknikən] *a.* ~ *van* Möbelwagen *m*.

pan·the·ism ['pænθiizm] Pantheismus *m*; **pan·the'is·tic** (*~ally*) pantheistisch.

pan·ther *zo.* ['pænθə] Panther *m*.

pant·ies F ['pæntiz] *pl.* Damenschlüpfer *m*; Kinderhöschen *n*.
pan·tile ['pæntail] Dachpfanne *f*.
pan·to F ['pæntəu] = *pantomime*.
pan·to·graph ⊕ ['pæntəugrɑ:f] Storchschnabel *m*.
pan·to·mime ['pæntəmaim] Pantomime *f*; revueartiges Märchenspiel *n*; **pan·to·mim·ic** [~'mimik] (*~ally*) pantomimisch.
pan·try ['pæntri] Speise-, Vorratskammer *f*; Geschirr- und Wäschekammer *f*.
pants [pænts] *pl.* Hose *f*; ✝ lange Unterhose *f*.
pant·y ['pænti] **hose** Strumpfhose *f*.
pap [pæp] Brei *m*.
pa·pa [pə'pɑ:] Papa *m*.
pa·pa·cy ['peipəsi] Papsttum *n*.
pa·pal □ ['peipəl] päpstlich.
pa·per ['peipə] **1.** Papier *n*; Zeitung *f*; Prüfungsaufgabe *f*; Vortrag *m*, Aufsatz *m*; *a.* ~ *money* Papiergeld *n*; *~s pl.* (Ausweis)Papiere *n/pl.*; *send in one's ~s* zurücktreten; **2.** tapezieren; **'~·back** Taschenbuch *n*, Paperback *n*; **~ bag** Tüte *f*; **'~-chase** Schnitzeljagd *f*; **'~-clip** Büroklammer *f*; **~ cred·it** ✝ Wechselkredit *m*; **'~-fast·en·er** Musterklammer *f*; **'~-hang·er** Tapezierer *m*; **'~-hang·ings** *pl.* Tapeten *f/pl.*; **'~-mill** Papierfabrik *f*; **'~-weight** Briefbeschwerer *m*; **'pa·per·y** papierartig, -dünn.
pa·pier mâ·ché ['pæpjei'mɑ:ʃei] Papiermaché *n*.
pa·pist *contp.* ['peipist] Papist *m*, Katholik *m*.
pap·py ['pæpi] breiig.
pap·ri·ka ['pæprikə] Paprika *m*.
pa·py·rus [pə'paiərəs] Papyrus *m*.
par [pɑ:] ✝ Nennwert *m*, Pari *n*; *above* (*below*) ~ über (unter) Pari; *at* ~ zum Nennwert; *be on a ~ with* gleich, ebenbürtig sein (*dat.*).
par·a·ble ['pærəbl] Parabel *f*, Gleichnis *n*.
pa·rab·o·la A [pə'ræbələ] Parabel *f*;
par·a·bol·ic, par·a·bol·i·cal □ [pærə'bɔlik(əl)] in Gleichnissen; A parabolisch.
par·a·chute ['pærəʃu:t] Fallschirm *m*; **'par·a·chut·ist** Fallschirmspringer(in).
pa·rade [pə'reid] **1.** ⚔ (Truppen-)Parade *f*; Appell *m*; *eccl.* Prozession *f*; Zurschaustellung *f*; Promenade *f*; (Um)Zug *m*; Modenschau *f*; *programme ~ Radio*: Programmvorschau *f*; *make a ~ of s.th.* et. zur Schau stellen; **2.** ⚔ antreten (lassen); vorbeimarschieren (lassen); zur Schau stellen; **pa'rade-ground** ⚔ Exerzier-, Paradeplatz *m*.
par·a·digm *gr.* ['pærədaim] Paradigma *n*, (Muster)Beispiel *n*.
par·a·dise ['pærədais] Paradies *n*.
par·a·dis·i·ac [pærə'disiæk] paradiesisch.
par·a·dox ['pærədɔks] Paradox(on) *n*; **par·a'dox·i·cal** □ paradox, widersinnig.
par·af·fin ⚗ ['pærəfin] Paraffin *n*.
par·a·gon ['pærəgən] Vorbild *n*; Muster *n*; Ausbund *m*.
par·a·graph ['pærəgrɑ:f] Absatz *m*, Abschnitt *m*; Paragraph(zeichen *n*) *m*; kurze Zeitungsnotiz *f*.
par·a·keet *orn.* ['pærəki:t] Sittich *m*.
par·al·lel ['pærəlel] **1.** parallel, gleichlaufend; *fig.* entsprechend; **2.** Parallele *f* (*a. fig.*); Breitengrad *m*; Gegenstück *n*; Vergleich *m*; *without* (*a*) ~ ohnegleichen; **3.** vergleichen; entsprechen; gleichen; parallel laufen (mit); **~ bars** *pl.* *Sport*: Barren *m*; **'par·al·lel·ism** Parallelismus *m*; **par·al'lel·o·gram** A [~ləugræm] Parallelogramm *n*.
par·a·lyse ['pærəlaiz] lähmen; *fig.* unwirksam machen; **pa·ral·y·sis** ⚕ [pə'rælisis] Paralyse *f*, Lähmung *f*;
par·a·lyt·ic [pærə'litik] **1.** (*~ally*) paralytisch; gelähmt; **2.** Gelähmte *m*, *f*.
par·a·mil·i·tar·y ['pærə'militəri] halbmilitärisch.
par·a·mount ['pærəmaunt] oberst, höchst, hervorragend, überragend; größer, höher stehend (*to* als).
par·a·mour *rhet.* ['pærəmuə] Geliebte *m*, *f*; Buhle *m*, *f*.
par·a·pet ['pærəpit] ⚔ Brustwehr *f*; Brüstung *f*; Geländer *n*.
par·a·pher·na·li·a [pærəfə'neiljə] *pl.* Ausrüstung *f*; Zubehör *n*, *m*; Drum u. Dran *n*.
par·a·phrase ['pærəfreiz] **1.** Paraphrase *f*, Umschreibung *f*; **2.** paraphrasieren, umschreiben.
par·a·site ['pærəsait] Parasit *m*, Schmarotzer *m*; **par·a·sit·ic, par·a·sit·i·cal** □ [~'sitik(əl)] schmarotzerhaft, parasitisch.
par·a·sol [pærə'sɔl] Sonnenschirm *m*.

par·a·troop·er ['pærətru:pə] ⚔ Fallschirmjäger *m*; '**par·a·troops** *pl.* Luftlandetruppen *f/pl.*
par·a·ty·phoid ⚕ ['pærə'taifɔid] Paratyphus *m.* [braten, schmoren.]
par·boil ['pɑ:bɔil] ankochen; *fig.*
par·cel ['pɑ:sl] **1.** Paket *n*, Päckchen *n*; ⚘ Partie *f*; *contp.* Haufe(n) *m*; (Land)Parzelle *f*; **2.** ~ *out* (in Stükke) teilen, *Land* parzellieren; ~ **post** Paketpost *f.*
parch [pɑ:tʃ] rösten, (aus)dörren; ~*ing heat* sengende Hitze *f.*
parch·ment ['pɑ:tʃmənt] Pergament *n.*
pard *sl.* [pɑ:d] Partner *m.*
par·don ['pɑ:dn] **1.** Verzeihung *f*; ⚖ Begnadigung *f*; *eccl.* Ablaß *m*; *I beg your* ~ (ich bitte um) Verzeihung!; wie bitte?; **2.** verzeihen (*s.o.* j-m; *s.th.* et.); *j.* begnadigen; '**par·don·a·ble** □ verzeihlich; '**par·don·er** *hist.* Ablaßkrämer *m.*
pare [pɛə] *Fingernägel etc.* (be-) schneiden; *Äpfel etc.* schälen; ~ *away*, ~ *down fig.* beschneiden.
par·ent ['pɛərənt] **1.** Vater *m*, Mutter *f*; Elternteil *m*; *fig.* Ursache *f*; ~*s pl.* Eltern *pl.*; **2.** *fig.* Mutter...; Stamm...; Ursprungs...; '**par·ent·age** Herkunft *f*; Elternschaft *f*; **pa·ren·tal** □ [pə'rentl] elterlich.
pa·ren·the·sis [pə'renθisis], *pl.* **pa·'ren·the·ses** [~si:z] Parenthese *f*, Einschaltung *f*; *typ.* (runde) Klammer *f*; **par·en·the·tic, par·en·thet·i·cal** □ [pærən'θetik(əl)] eingeschaltet, beiläufig.
par·ent·hood ['pɛərənthud] Elternschaft *f*; '**par·ent·less** elternlos.
pa·ri·ah ['pæriə] Paria *m*, Rechtlose *m, f.*
pa·ri·e·tal [pə'raiitl] Wand...; ~ *bone anat.* Scheitelbein *n.*
par·ing ['pɛəriŋ] Schälen *n*, Abschneiden *n*; ~*s pl.* Schalen *f/pl.*, Schnipsel *m/pl.*; '~**-knife** ⊕ Schälmesser *n*; Schustermesser *n.*
par·ish ['pæriʃ] **1.** Kirchspiel *n*, Gemeinde *f*; *go on the* ~ der Gemeinde zur Last fallen; **2.** Pfarr...; Gemeinde...; ~ *clerk* Küster *m*; ~ *council* Gemeinderat *m*; ~ *register* Kirchenbuch *n*; **pa·rish·ion·er** [pə'riʃənə] Pfarrkind *n*, Gemeindeglied *n.*
Pa·ri·sian [pə'rizjən] **1.** *adj.* Pariser; **2.** Pariser(in).
par·i·ty ['pæriti] Gleichheit *f*; *Börse*: Parität *f.*
park [pɑ:k] **1.** Park *m* (*a.* ⚔), Anlagen *f/pl.*; Naturschutzgebiet *n*; *mst car-*~ Parkplatz *m*; **2.** *mot.* parken, abstellen.
par·ka ['pɑ:kə] Anorak *m*, Schneehemd *n.*
park·ing *mot.* ['pɑ:kiŋ] Parken *n*; ~ **lot** Parkplatz *m*; ~ **me·ter** Parkuhr *f.*
par·ky *sl.* ['pɑ:ki] kalt; frisch.
par·lance ['pɑ:ləns] Ausdrucksweise *f*, Sprache *f.*
par·ley ['pɑ:li] **1.** Unterhandlung *f*, Konferenz *f*; **2.** *v/i.* unterhandeln; sich besprechen; *v/t.* parlieren (*sprechen*).
par·lia·ment ['pɑ:ləmənt] Parlament *n*; **par·lia·men·tar·i·an** [~men'tɛəriən] Parlamentarier(in); **par·lia·men·ta·ry** □ [~'mentəri] parlamentarisch; Parlaments...
par·lo(u)r ['pɑ:lə] Wohnzimmer *n*; Empfangs-, Sprechzimmer *n*; *beauty* ~ *bsd. Am.* Schönheitssalon *m*; ~ *car* 🚃 *Am.* Salonwagen *m*; '~**-maid** Stubenmädchen *n.*
pa·ro·chi·al □ [pə'rəukjəl] parochial; Pfarr...; Gemeinde...; *fig.* engstirnig, beschränkt; ~ *politics pl.* Kirchturmpolitik *f.*
par·o·dist ['pærədist] Parodist(in); '**par·o·dy** **1.** Parodie *f*; **2.** parodieren.
pa·role [pə'rəul] **1.** ⚔ Parole *f*, Kennwort *n*; Ehrenwort *n*; *put on* ~ = *3*; **2.** ⚖ mündlich; **3.** ⚖ *bsd. Am.* bedingt freilassen.
par·ox·ysm ['pærəksizəm] Paroxysmus *m*, Anfall *m.*
par·quet ['pɑ:kei] Parkett(fußboden *m*) *n*; *Am. thea.* Parkett *n*; **par·quet·ed** ['pɑ:kitid] Parkett...; '**par·quet·ry** Parkett(ierung *f*) *n.*
par·ri·cide ['pærisaid] Vater-, Muttermörder(in); Vater-, Muttermord *m.*
par·rot ['pærət] **1.** *orn.* Papagei *m* (*a. fig.*); **2.** wie ein Papagei (nach-) plappern.
par·ry *fenc.* ['pæri] **1.** Parade *f*; **2.** abwehren, parieren (*a. fig.*).
parse [pɑ:z] grammatisch zerlegen, analysieren.
Par·see [pɑ:'si] Parse *m*, Parsin *f.*
par·si·mo·ni·ous □ [pɑ:si'məunjəs] sparsam, karg; *b.s.* knauserig; **par-**

si'mo·ni·ous·ness, par·si·mo·ny ['~məni] Sparsamkeit *f*; Knauserigkeit *f*.

pars·ley ♀ ['pɑ:sli] Petersilie *f*.

pars·nip ♀ ['pɑ:snip] Pastinake *f*.

par·son ['pɑ:sn] Pfarrer *m*, Pastor *m*; Geistliche *m*; **'par·son·age** Pfarrei *f*; Pfarrhaus *n*.

part [pɑ:t] **1.** Teil *m*, *n*; Stück *n*; Anteil *m* (*of, in* an *dat.*); Seite *f*, Partei *f*; Pflicht *f*, Amt *n*; Rolle *f* (*thea. u. fig.*); Lieferung *f e-s Buches*; ♪ *Einzel*-Stimme *f*; Körperteil *m*; † *geistige* Anlagen *f/pl.*; ~*s pl.* Gegend *f*; ~ *of speech gr.* Wortart *f*; ~ *and parcel of* untrennbar von; *a man of* ~*s* ein fähiger Mensch *m*; *have neither* ~ *nor lot in* nicht das geringste zu tun haben mit; *in foreign* ~*s* im Ausland; *play a* ~ *fig.* schauspielern; *take* ~ *in s.th.* an e-r Sache teilnehmen; *take in good* (*bad*) ~ gut (übel) aufnehmen; *for my* (*own*) ~ was mich betrifft; meinerseits; *for the most* ~ meistenteils; *in* ~ teilweise; Abschlags...; *do one's* ~ das Seinige tun; *on the* ~ *of* von seiten (*gen.*); *on my* ~ meinerseits; **2.** *adv.* teils, zum Teil; **3.** *v/t.* (zer)teilen; trennen; *Haar* scheiteln; ~ *company* sich trennen (*with* von); *v/i.* sich trennen; scheiden (*from* von); ~ *with* sich trennen von; aufgeben.

par·take [pɑ:'teik] (*irr. take*) teilnehmen, -haben (*in od. of s.th.* an e-r Sache); ~ *of* mitessen *od.* -trinken von; *Mahlzeit* einnehmen; grenzen an (*acc.*); etwas an sich haben von; **par'tak·er** Teilnehmer(in), -haber (-in) (*of* an *dat.*).

par·terre [pɑ:'tɛə] Ziergarten *m*; *thea.* Parterre *n*.

Par·thian ['pɑ:θjən] parthisch.

par·tial □ ['pɑ:ʃl] Teil...; teilweise; partiell; parteiisch; eingenommen (*to* von, für); **par·ti·al·i·ty** [pɑ:ʃi'æliti] Parteilichkeit *f*; Vorliebe *f* (*to, for* für).

par·tic·i·pant [pɑ:'tisipənt] Teilnehmer(in); **par'tic·i·pate** [~peit] teilhaben *od.* -nehmen (*in* an *dat.*); **par·tic·i'pa·tion** Teilnahme *f*; **par·ti·cip·i·al** □ [~'sipiəl] *gr.* partizipial; **par·ti·ci·ple** ['~sipl] *gr.* Partizip(ium) *n*, Mittelwort *n*.

par·ti·cle ['pɑ:tikl] Teilchen *n*; *fig.* Fünkchen *n*; *gr.* Partikel *f*.

par·ti-col·oured ['pɑ:tikʌləd] bunt.

par·tic·u·lar [pə'tikjulə] **1.** □ *mst* besonder; einzeln; Sonder...; sonderbar; genau, ausführlich; genau, eigen; wählerisch (*in, about, as to* in *dat.*); **2.** Einzelheit *f*; einzelner Punkt *m*, Umstand *m*; ~*s pl.* nähere Umstände *m/pl.*, *das* Nähere; *in* ~ insbesondere; **par·tic·u·lar·i·ty** [~'læriti] Besonderheit *f*; Ausführlichkeit *f*; Eigenheit *f*; **par'tic·u·lar·ize** [~ləraiz] einzeln *od.* ausführlich angeben; **par'tic·u·lar·ly** besonders.

part·ing ['pɑ:tiŋ] **1.** Trennung *f*; Teilung *f*; Abschied *m*; *Haar*-Scheitel *m*; ~ *of the ways bsd. fig.* Scheideweg *m*; **2.** Abschieds..., Scheide...

par·ti·san [pɑ:ti'zæn] **1.** Parteigänger(in); ⚔ Partisan *m*; **2.** Partei...; **par·ti'san·ship** Parteigängertum *n*.

par·ti·tion [pɑ:'tiʃən] **1.** Teilung *f*; Scheidewand *f*; Verschlag *m*, Fach *n*; ~ *wall* Zwischenwand *f*, -mauer *f*; **2.** teilen; ~ *off* abteilen, -trennen.

par·ti·tive □ ['pɑ:titiv] partitiv.

part·ly ['pɑ:tli] teilweise, zum Teil.

part·ner ['pɑ:tnə] **1.** Partner(in), Gefährte *m*, Gefährtin *f*; Tänzer (-in); ⚕ Kompagnon *m*, Teilhaber (-in); Gatte *m*, Gattin *f*; **2.** zs.-bringen; sich zs.-tun mit, zs.-arbeiten mit; **'part·ner·ship** Teilhaberschaft *f*; ⚕ Handelsgesellschaft *f*; Partnerschaft *f*; *enter into* ~ *with* sich assoziieren mit.

part...: **'~-own·er** Miteigentümer (-in); **'~-pay·ment** Teilzahlung *f*.

par·tridge *orn.* ['pɑ:tridʒ] Rebhuhn *n*.

part...: **'~-song** mehrstimmiges Lied *n*; **'~-time 1.** *adj.* Teilzeit..., Halbtags...; **2.** *adv.* halbtags.

par·ty ['pɑ:ti] Partei *f* (*pol.*, ⚖); Parteisystem *n*; ⚔ Trupp *m*, Kommando *n*; Party *f*, Gesellschaft *f*; Gruppe *f*; Teilnehmer *m*, Beteiligte *m*; *co.* Type *f*, Individuum *n*; *s. line*[1] *1.*

par·ve·nu ['pɑ:vənju:] Emporkömmling *m*, Parvenu *m*.

pas·chal ['pɑ:skəl] Passah..., Oster...

pa·sha ['pɑ:ʃə] Pascha *m*.

pass [pɑ:s] **1.** Paß *m*, Ausweis *m*; Passierschein *m*; Bestehen *n e-s Examens*; *univ.* gewöhnlicher Grad *m*; Zustand *m*, (kritische) Lage *f*; *Fußball*: Paß *m*; Bestreichung *f*,

Strich *m*; *fenc.* Ausfall *m*, Stoß *m*; *sl.* Annäherungsversuch *m*; (Gebirgs)Paß *m*, Durchgang *m*; *Karten*: Passen *n*; *free* ~ Freikarte *f*; *hold the* ~ *fig.* die Stellung halten; **2.** *v/i.* passieren, vorgehen, geschehen; hingenommen werden, hingehen; *Karten*: passen; gehen, kommen, fahren; vorbeigehen, -kommen, -fahren; vorübergehen, vergehen (*Zeit*); sich verwandeln; angenommen werden (*Banknoten*); bekannt sein; vergehen; aussterben; *a.* ~ *away* sterben; verscheiden; durchkommen (*Gesetz*; *Prüfling*); ~ *for* gelten als; ~ *off* vonstatten gehen; ~ *out* F ohnmächtig werden; *come to* ~ geschehen; *bring to* ~ bewirken; **3.** *v/t.* vorbeigehen, -kommen, -fahren an (*dat.*); passieren; kommen *od.* fahren durch; verbringen; reichen, geben; *Bemerkung* machen, von sich geben; *Banknoten* in Umlauf bringen; *Gesetz* durchbringen, annehmen; *Prüfling* durchkommen lassen; *Prüfung* bestehen; (hinaus-) gehen über (*acc.*); *Urteil* abgeben; *Meinung* äußern; bewegen; streichen mit; *Ball* zuspielen; *Truppen* vorbeimarschieren lassen; ~ *s.o.* (*s.th.*) *by* j. (et.) übergehen; ~ *off* ablenken von; ~ *s.o.* (*s.th.*) *off as* j. (et.) ausgeben als; ~ *over* übergehen, übersehen; *it* ~*es my comprehension* es geht über m-n Verstand; ~ *one's hand across one's forehead* mit der Hand über die Stirn streichen; ~ *s.th. round s.th.* et. um et. legen; ~ *water* Wasser lassen; ~ *one's word* sein Ehrenwort geben; '**pass·a·ble** passierbar; gangbar, gültig (*Geld*); □ erträglich, leidlich, passabel.

pas·sage ['pæsidʒ] Durchgang *m*, -fahrt *f*; Überfahrt *f*; (See-, Flug-) Reise *f*; Durchreise *f*; Korridor *m*, Flur *m*, Gang *m*; Weg *m*; Annahme *f e-s Gesetzes*; ♪ Passage *f*; *Text*-Stelle *f*; ~*s pl.* Beziehungen *f/pl.*; ~ *of od. at arms* Waffengang *m*; *bird of* ~ Zugvogel *m*; '~**·way** Durchgang *m*; Korridor *m*.

pass-book ✝ ['pɑːsbuk] Sparbuch *n*.

pas·sé(**e**) ['pɑːsei] vergangen, veraltet; verblüht; passé.

pas·sen·ger ['pæsindʒə] Passagier *m*, Fahr-, Fluggast *m*, Reisende *m*, *f*.

passe-par·tout ['pæspɑːtuː] Passepartout *n* (*Hauptschlüssel*; *phot. Wechselrahmen*).

pass·er-by, *pl.* **pass·ers-by** ['pɑːsə(z)'bai] Vorübergehende *m*, *f*, Passant(in).

pas·sim ['pæsim] passim, an vielen Stellen *e-s Buchs*.

pass·ing ['pɑːsiŋ] **1.** Vorbei-, Vorübergehen *n*; Dahinschwinden *n*; Annahme *f e-s Gesetzes*; Hinscheiden *n*; *in* ~ beiläufig; **2.** vorübergehend, flüchtig; '~**-bell** Totenglocke *f*.

pas·sion ['pæʃən] Leidenschaft *f* (*Gemütserregung*; *heftige Liebe*; *Liebhaberei*); (Gefühls)Ausbruch *m*; Zorn *m*; ♀ Leiden *n* (Christi), Passion *f*; *be in a* ~ zornig sein; *in* ~ ⚖ im Affekt; ♀ *Week* Karwoche *f*; Woche *f* vor der Karwoche; **pas·sion·ate** □ ['~ʃənit] leidenschaftlich; '**pas·sion-flow·er** ⚘ Passionsblume *f*; '**pas·sion·less** □ leidenschaftslos; '**pas·sion-play** Passionsspiel *n*.

pas·sive □ ['pæsiv] passiv (*a. gr.*); teilnahmslos; untätig; '**pas·sive·ness, pas'siv·i·ty** Passivität *f*; Teilnahmslosigkeit *f*.

pass-key ['pɑːskiː] Hauptschlüssel *m*, Nachschlüssel *m*, Drücker *m*.

Pass·o·ver ['pɑːsəuvə] Passah(fest) *n*; Osterlamm *n*.

pass·port ['pɑːspɔːt] (Reise)Paß *m*.

pass·word ⚔ ['pɑːswəːd] Losung *f*.

past [pɑːst] **1.** *adj.* vergangen; letzt; *gr.* Vergangenheits...; ~ *master* Altmeister *m*; *for some time* ~ seit einiger Zeit; **2.** *adv.* vorbei; *rush* ~ vorbeieilen; **3.** *prp.* nach, über; über ... (*acc.*) hinaus; an (*dat.*) vorbei; *half* ~ *two* halb drei; *it is* ~ *comprehension* es geht über alle Begriffe; ~ *cure* unheilbar; ~ *endurance* unerträglich; ~ *hope* hoffnungslos; **4.** Vergangenheit *f*.

paste [peist] **1.** Teig *m*; Kleister *m*; Paste *f*; unechter Stein *m*; **2.** kleistern, kleben; bekleben; '~**·board** Pappe *f*; *sl.* Karte *f*; *attr.* Papp...; aus Pappe.

pas·tel [pæs'tel] ⚘ Färberwaid *m*; *paint.* Pastellstift *m*; Pastell(bild) *n*; **pas·tel·(l)ist** ['~təlist] Pastellmaler (-in).

pas·tern *vet.* ['pæstəːn] Fessel *f*.

paste-up ['peistʌp] Photomontage *f*; Zs.-stellung *f*.

pas·teur·ize ['pæstəraiz] pasteurisieren, keimfrei machen.
pas·tille ['pæstəl] Pastille *f.*
pas·time ['pɑːstaim] Zeitvertreib *m*, Kurzweil *f.*
pas·tor ['pɑːstə] Pastor *m*; Seelsorger *m*; '**pas·to·ral** **1.** □ Hirten...; pastoral; ~ *staff* Krummstab *m*; **2.** Hirtengedicht *n*; Pastorale *n*, *f*; *paint.* Idyll *n*; *eccl.* Hirtenbrief *m.*
pas·try ['peistri] Tortengebäck *n*, Konditorwaren *f/pl.*; Pasteten *f/pl.*; '**~-cook** Pastetenbäcker *m*, Konditor *m.*
pas·tur·age ['pɑːstjuridʒ] Weiden *n*; Weide(land *n*) *f.*
pas·ture ['pɑːstʃə] **1.** Weide(gras *n*) *f*; Futter *n*; ~ *ground* Weideland *n*; **2.** *v/t.* weiden (*a. v/i.*); abweiden.
past·y **1.** ['peisti] teigig; bleich; **2.** ['pæsti] (Fleisch)Pastete *f.*
pat [pæt] **1.** leichter Schlag *m*, Klaps *m*; Portion *f Butter*; **2.** tätscheln; klopfen; leicht schlagen; **3.** gelegen, gerade recht; bereit, bei der Hand; *stand* ~ festbleiben.
patch [pætʃ] **1.** Fleck *m*; Flicken *m*; Stück *n* Land; Stelle *f*; ⚕ Pflaster *n*; ⚕ Augenklappe *f*; *Nebel*-Feld *n*; Schönheitspflästerchen *n*; *strike a bad* ~ e-e Pechsträhne haben; ~ *pocket* aufgesetzte Tasche *f*; **2.** flicken; ~ *up* zs.-flicken; *fig.* zs.-stoppeln.
patch·work ['pætʃwəːk] Flickwerk *n*; '**patch·y** voller Flicken; *fig.* zs.-gestoppelt; ungleichmäßig.
pate F [peit] Schädel *m.*
pat·ent ['peitənt, 'pætənt] **1.** offenkundig; patentiert; Patent...; *letters* ~ ['pætənt] *pl.* Freibrief *m*; ~ *article* Markenartikel *m*; ~ *leather* Lackleder *n*; **2.** Patent *n*; Privileg(ium) *n*, Freibrief *m*; ~ *pending* ⚖ Patent angemeldet; ~ *agent* Patentanwalt *m*; ~ *office* Patentamt *n*; **3.** patentieren (lassen); **pat·ent·ee** [peitən'tiː] Patentinhaber *m.*
pa·ter·nal □ [pə'təːnl] väterlich; **pa'ter·ni·ty** Vaterschaft *f.*
path [pɑːθ], *pl.* **paths** [pɑːðz] Pfad *m*; Weg *m*; *Sport*: Bahn *f.*
pa·thet·ic [pə'θetik] (~*ally*) rührend, ergreifend; bemitleidenswert.
path·less ['pɑːθlis] unwegsam.
path·o·log·i·cal □ [pæθə'lɔdʒikəl] pathologisch; **pa·thol·o·gy** [pə'θɔlədʒi] Krankheitslehre *f*, Pathologie *f.*
pa·thos ['peiθɔs] Pathos *n.*
path·way ['pɑːθwei] Pfad *m*, Weg *m.*
path·y *Am.* ⚕ *contp.* ['pæθi] Behandlung(sart) *f.*
pa·tience ['peiʃəns] Geduld *f*; Ausdauer *f*; Patience *f* (*Kartenspiel*); *be out of* ~ *with, have no* ~ *with* es nicht (mehr) aushalten können mit; '**pa·tient** **1.** □ geduldig; *be* ~ *of* ertragen; *fig.* zulassen; **2.** Patient(-in), Kranke *m*, *f.*
pa·ti·o *Am.* ['pætiəu] Innenhof *m*, Patio *m.*
pa·tri·arch ['peitriɑːk] Patriarch *m*; **pa·tri'ar·chal** □ patriarchalisch.
pa·tri·cian [pə'triʃən] **1.** patrizisch; **2.** Patrizier(in).
pat·ri·mo·ny ['pætriməni] väterliches Erbteil *n.*
pa·tri·ot ['pætriət] Patriot(in); **pa·tri·ot·eer** [~ə'tiə] Hurrapatriot *m*; **pa·tri·ot·ic** [~'ɔtik] (~*ally*) patriotisch; **pa·tri·ot·ism** ['~ətizəm] Patriotismus *m*, Vaterlandsliebe *f.*
pa·trol ⚔ [pə'trəul] **1.** Patrouille *f*, Streife *f*; Spähtrupp *m*; ~ *wagon* *Am.* Polizeigefangenenwagen *m*; **2.** (ab)patrouillieren; **~·man** [pə'trəulmæn] patrouillierender Polizist *m*; Pannenhelfer *m e-s Automobilclubs.*
pa·tron ['peitrən] Patron *m*, Schutzherr *m*; Schutzheilige *m*, *f*; Gönner *m*; Kunde *m*; **pa·tron·age** ['pætrənidʒ] Gönnerschaft *f*; Kundschaft *f*; Schutz *m*; Patronatsrecht *n*; gönnerhaftes Wesen *n*; **pa·tron·ess** ['peitrənis] Patronin *f etc.* (*s. patron*); **pa·tron·ize** ['pætrənaiz] beschützen; begünstigen; Kunde sein bei; gönnerhaft behandeln; '**pa·tron·iz·er** Beschützer(in), Gönner(in).
pat·ter ['pætə] **1.** *v/i.* platschen; trappeln; *v/t.* (her)plappern; **2.** Platschen *n*; Getrappel *n*; Geplapper *n*; Jargon *m*, Rotwelsch *n.*
pat·tern ['pætən] **1.** Muster *n* (*a. fig.*); Modell *n*; Schablone *f*; Schnittmuster *n*; *fig.* Form *f*; Vorbild *n*; *by* ~ *post* als Muster ohne Wert; **2.** formen (*after, on* nach); mustern; '**~-mak·er** ⊕ Modellbauer *m.*
pat·ty ['pæti] Pastetchen *n.*
pau·ci·ty ['pɔːsiti] Wenigkeit *f.*

Paul·ine ['pɔːlain] paulinisch.
paunch [pɔːntʃ] Wanst *m*; '**paunch·y** dickbauchig.
pau·per ['pɔːpə] **1.** Arme *m*, *f*, Fürsorgeempfänger(in); **2.** Armen...; '**pau·per·ism** Massenarmut *f*; '**pau·per·ize** arm machen.
pause [pɔːz] **1.** Pause *f*, Unterbrechung *f*; ♪ Fermate *f*; *give* ~ *to s.o.* j-m zu denken geben; **2.** pausieren, innehalten; stehen bleiben; verweilen (*upon* bei).
pave [peiv] pflastern; *fig. Weg* bahnen; '**pave·ment** Bürgersteig *m*, Gehweg *m*; Pflaster *n*; ~ *artist* Pflastermaler *m*.
pa·vil·ion [pə'viljən] Pavillon *m*; Zelt *n*; Gartenhaus *n*.
pav·ing-stone ['peiviŋstəun] Pflasterstein *m*.
paw [pɔː] **1.** Pfote *f*, Tatze *f*; **2.** *v/t.* mit den Pfoten berühren *od.* schlagen; F befingern; rauh behandeln; *v/i.* scharren.
pawn[1] [pɔːn] Bauer *m im Schach*; *fig.* (willenloses) Werkzeug *n*.
pawn[2] [~] **1.** Pfand *n*; *in* ~, *at* ~ verpfändet; **2.** verpfänden, versetzen; '**~·bro·ker** Pfandleiher *m*; **pawn'ee** Pfandinhaber(in); '**pawn·er** Verpfänder *m*; '**pawn·shop** Leihhaus *n*; '**pawn-tick·et** Pfandschein *m*.
pay [pei] **1.** Bezahlung *f*; Sold *m*, Lohn *m*; *fig.* Belohnung *f*; **2.** (*irr.*) *v/t.* (be)zahlen; (be)lohnen; sich lohnen *für j.*; *Ehre etc.* erweisen; *Besuch* abstatten; ~ *attention od. heed to* achtgeben auf (*acc.*); ~ *away*, ~ *out* ⚓ *Tau* ablaufen lassen; ~ *down* bar bezahlen; ~ *off j.* bezahlen u. entlassen; *j.* voll auszahlen; ~ *s.o. out for s.th.* j-m et. heimzahlen; ~ *up* voll bezahlen; ~ *one's way* ohne Verlust arbeiten; *put paid to s.th.* F et. erledigen; *v/i.* zahlen; sich lohnen *od.* rentieren; sich bezahlt machen; ~ *for* (für) *et.* bezahlen; (für) *et.* büßen; '**pay·a·ble** zahlbar; fällig; ⚒, ☤ rentabel; '**pay-as-you-'earn** Lohnsteuerabzug *m*; '**pay-day** Zahltag *m*; **pay dirt** *Am.* goldhaltige Erde *f*; **pay'ee** ☤ Zahlungsempfänger *m*; Wechselnehmer *m*; '**pay-en·ve·lope** Lohntüte *f*; '**pay·er** Zahler *m*; ☤ Trassat *m*, Bezogene *m*; '**pay·ing** lohnend, rentabel; Zahl(ungs)..., Kassen...; ~ *concern* lohnendes Geschäft *n*; '**pay-load** Nutzlast *f*; '**pay·mas·ter** ⚔, ⚓ Zahlmeister *m*; '**pay·ment** (Be)Zahlung *f*; Lohn *m*, Sold *m*; Belohnung *f*; *additional* ~ Nachzahlung *f*; *on* ~ *of* gegen Zahlung von.
pay...: '**~-off** Abrechnung *f* (*a. fig.*); *Am.* F Gipfelpunkt *m*; '**~-of·fice** Lohnbüro *n*; '**~-pack·et** Lohntüte *f*; '**~-roll** Lohnliste *f*; '**~·station** *Am.* öffentlicher Fernsprecher *m*.
pea ⚘ [piː] Erbse *f*.
peace [piːs] Friede(n) *m*, Ruhe *f*; *the* (*King's*) ~ Landfrieden *m*; *be at* ~ in Frieden leben; *break the* ~ die öffentliche Ruhe stören; *keep the* ~ Ruhe halten; '**peace·a·ble** □ friedfertig, -liebend, friedlich; '**peace-break·er** Ruhestörer *m*; **peace·ful** □ ['~ful] friedlich; ruhig, ungestört; '**peace·mak·er** Friedensstifter(in).
peach[1] [piːtʃ] ⚘ Pfirsich(baum) *m*; *sl.* süßer Käfer *m*; *fig.* Gedicht *n*.
peach[2] *sl.* [~]: ~ (*up*)*on Mittäter* verpfeifen; *Schule*: verpetzen.
pea-chick ['piːtʃik] junger Pfau *m*.
peach·y ['piːtʃi] pfirsichähnlich, -farben; *sl.* famos, toll.
pea·cock ['piːkɔk] Pfau(hahn) *m*; Pfauenauge *n* (*Schmetterling*); '**pea-fowl** Pfau *m*; '**pea'hen** Pfauhenne *f*.
pea-jack·et ⚓ ['piːdʒækit] Bordjacke *f*.
peak [piːk] **1.** Spitze *f*; Gipfel *m*; *Mützen*-Schirm *m*; *attr.* Spitzen..., Höchst...; ~ *hour* Hauptverkehrs-, Stoßzeit *f*; ~ *load* Spitzenbelastung *f*; ~ *power etc.* Spitzenleistung *f etc.*; **2.** F spitz aussehen, kränkeln; **peaked** [piːkt] spitz; ~ *cap* Schirmmütze *f*; '**peak·y** spitz(ig); F spitz (aussehend) (*Gesicht*).
peal [piːl] **1.** Geläut *n*; Glockenspiel *n*; Dröhnen *n*; ~*s pl. of laughter* schallendes Gelächter *n*; **2.** *v/t.* erschallen lassen; laut verkünden; *v/i.* erschallen; dröhnen, krachen.
pea·nut ['pinʌt] Erdnuß *f*; *fig.* Kleinigkeit *f*.
pear ⚘ [pɛə] Birne *f*.
pearl [pəːl] **1.** Perle *f* (*a. fig.*); *typ.* Perlschrift *f*; *attr.* Perl(en)...; **2.** tropfen, perlen; nach Perlmuscheln tauchen; '**pearl·y** perlenartig; perlenreich.
pear-tree ['pɛətriː] Birnbaum *m*.

peas·ant ['pezənt] **1.** Bauer *m*; **2.** bäuerlich; '**peas·ant·ry** Landvolk *n*.
pease [pi:z] Erbse(n *pl.*) *f*.
pea-shoot·er ['pi:ʃu:tə] Blasrohr *n*.
pea soup ['pi:'su:p] Erbsensuppe *f*; '**pea-'soup·er** F dicker, gelber Nebel *m*.
peat [pi:t] Torf *m*; '**~-bog** Torf-[moor *n*.]
peb·ble ['pebl] Kiesel(stein) *m*; *Art* Achat *m*; '**peb·bly** kieselig.
pe·can ⚘ [pi'kæn] Pekanhickory *m*.
pec·ca·ble ['pekəbl] sündhaft.
peck[1] [pek] Viertelscheffel *m* (*9,087 Liter*); *fig*. Menge *f*.
peck[2] [~] picken, hacken (*at* nach); *~ at one's food* im Essen umherstochern; '**peck·er** *sl*. Zinken *m* (*Nase*); *keep one's ~ up* nicht den Mut verlieren; '**peck·ish** F hungrig.
pec·to·ral ['pektərəl] **1.** Brust...; **2.** Brustschild *n*; Brustmittel *n*.
pec·tin ['pektin] Pektin *n*.
pec·u·late ['pekjuleit] unterschlagen; **pec·u'la·tion** Unterschlagung *f*; '**pec·u·la·tor** Veruntreuer *m*.
pe·cul·iar □ [pi'kju:ljə] eigen(tümlich); besonder; seltsam, merkwürdig; **pe·cu·li·ar·i·ty** [~li'æriti] Eigenheit *f*; Eigentümlichkeit *f*.
pe·cu·ni·ar·y [pi'kju:njəri] geldlich; Geld...; pekuniär.
ped·a·gog·ic, ped·a·gog·i·cal □ [pedə'gɔdʒik(əl)] pädagogisch; Erziehungs...; **ped·a'gog·ics** *mst sg*. Pädagogik *f*; **ped·a·gogue** ['~gɔg] Pädagoge *m*; Lehrer *m*, Schulmann *m*; **ped·a·go·gy** ['~gɔdʒi] Pädagogik *f*.
ped·al ['pedl] **1.** Pedal *n*; **2.** Fuß...; **3.** *Radfahren*: fahren, treten.
ped·ant ['pedənt] Pedant(in); **pe·dan·tic** [pi'dæntik] (*~ally*) pedantisch; **ped·ant·ry** ['pedəntri] Pedanterie *f*.
ped·dle ['pedl] hausieren (mit); tändeln, spielen; '**ped·dling** geringfügig; '**ped·dler** *Am*. = *pedlar*.
ped·es·tal ['pedistl] Sockel *m* (*a. fig.*); Säulenfuß *m*; **pe·des·tri·an** [pi'destriən] **1.** Fuß...; zu Fuß; prosaisch, nüchtern; **2.** Fußgänger (-in); *~ crossing* Fußgängerüberweg *m*.
ped·i·cab ['pedikæb] Fahrradrikscha *f*.
ped·i·cure ['pedikjuə] Fußpflege *f*; Fußpfleger(in).
ped·i·gree ['pedigri:] **1.** Stammbaum *m*; **2.** *~d* mit Stammbaum; reinrassig.
ped·i·ment ⩓ ['pedimənt] (Zier-) Giebel *m*.
ped·lar ['pedlə] Hausierer *m*; '**ped·lar·y** Hausierware *f*.
pe·dom·e·ter [pi'dɔmitə] Schrittmesser *m*.
peek [pi:k] **1.** spähen, gucken, lugen; **2.** flüchtiger Blick *m*; **peek·a·boo** ['pi:kəbu:] Guck-Guck-Spiel *n*.
peel [pi:l] **1.** *Zitronen- etc.* Schale *f*; Rinde *f*; **2.** *a. ~ off v/t.* (ab)schälen; *Kleid* abstreifen; *v/i.* sich (ab-) schälen; *sl.* sich entblättern (*auskleiden*).
peel·er *sl.* † ['pi:lə] Polyp *m* (*Polizist*).
peel·ing ['pi:liŋ] *lose* Schale *f*.
peep[1] [pi:p] **1.** Piepen *n*; **2.** piepen.
peep[2] [~] **1.** verstohlener Blick *m*; Anbruch *m des Tages*; **2.** (verstohlen) gucken, lugen; *a. ~ out* (hervor)gucken (*a. fig.*); *~ at* angucken; '**peep·er** Gucker *m* (*sl. Auge*); '**peep-hole** Guckloch *n*; '**peep--show** Guckkasten *m*.
peer[1] [piə] spähen, lugen; prüfend blicken; *~ at* an-, begucken.
peer[2] [~] Gleiche *m*; Pair *m*, Mitglied *n* des Hochadels; '**peer·age** Pairswürde *f*; Pairs *m/pl.*; '**peer·ess** Gemahlin *f* e-s Pairs; '**peer·less** □ unvergleichlich.
peeved F [pi:vd] eingeschnappt.
pee·vish □ ['pi:viʃ] verdrießlich, grämlich, mürrisch; '**pee·vish·ness** Verdrießlichkeit *f*.
pee·wit ['pi:wit] = *pewit*.
peg [peg] **1.** Stöpsel *m*, Dübel *m*, Pflock *m*; *Kleider*-Haken *m*; ♪ Wirbel *m*; *Wäsche*-Klammer *f*; *fig.* Aufhänger *m*; (Zelt)Hering *m*; Whisky *m* mit Soda; *take s.o. down a ~ or two* j. demütigen; *be a round ~ in a square hole* an der falschen Stelle stehen; **2.** festpflöcken; *a. ~ out Grenze* abstecken; *Löhne, Preise* festlegen, halten; *~ away, ~ along* F darauflosarbeiten; *~ out sl.* abkratzen.
peg-top ['pegtɔp] Kreisel *m*.
peign·oir ['peinwɑ:] Frisiermantel *m*, Morgenrock *m e-r Dame*.
pe·jo·ra·tive ['pi:dʒərətiv, pi'dʒɔrətiv] verschlechternd, herabsetzend.
pelf *contp.* [pelf] Mammon *m*.

pel·i·can *orn.* ['pelikən] Pelikan *m.*
pel·let ['pelit] Kügelchen *n*; Pille *f*; Schrotkorn *n.*
pel·li·cle ['pelikl] Häutchen *n.*
pell-mell ['pel'mel] **1.** durcheinander; **2.** Durcheinander *n.*
pel·lu·cid [pe'lju:sid] durchsichtig.
Pel·o·pon·ne·sian [peləpə'ni:ʃən] peloponnesisch.
pelt[1] [pelt] Fell *n*; ⚕ *rohe* Haut *f.*
pelt[2] [~] **1.** *v/t. mit Steinen etc.* bewerfen, bombardieren; *v/i.* niederprasseln (*Regen*); **2.** Wurf *m*, Schlag *m*; Prasseln *n*; *at full ~* in voller Geschwindigkeit.
pelt·ry ['peltri] Rohpelze *m/pl.*, Rauchwaren *f/pl.*
pel·vis *anat.* ['pelvis] Becken *n.*
pem·mi·can ['pemikən] Pemmikan *m* (*Dörrfleisch*).
pen[1] [pen] **1.** (Schreib)Feder *f*; Federhalter *m*; **2.** schreiben, abfassen.
pen[2] [~] **1.** Hürde *f*; ⚓ U-Boot-Bunker *m*; *a. play-~* (Kinder)Ställchen *n*, Laufgitter *n*; **2.** (*irr.*) *oft ~ up, ~ in* einpferchen.
pe·nal □ ['pi:nl] Straf...; strafbar; *~ code* Strafgesetzbuch *n*; *~ servitude* Zuchthausstrafe *f*; **pe·nal·ize** ['pi:nəlaiz] mit Strafe belegen; *fig.* belasten; *e-m Spieler* e-n Strafpunkt geben; **pen·al·ty** ['penlti] Strafe *f*, Buße *f*; *Sport*: Strafpunkt *m*; *~ area Fußball*: Strafraum *m*; *~ kick* Strafstoß *m*; *under ~ of* bei Strafe von.
pen·ance ['penəns] Buße *f.*
pen...: **'~-and-'ink draw·ing** Federzeichnung *f.*
pence [pens] *pl. von penny.*
pen·cil ['pensl] **1.** Bleistift *m*; **2.** zeichnen; (mit Bleistift) anzeichnen *od.* anstreichen; *die Augenbrauen* nachziehen; **'~-sharp·en·er** Bleistiftspitzer *m.*
pend·ant ['pendənt] Anhänger *m* (*Schmuckstück*); Wimpel *m*; Gegenstück *n*, Pendant *n.*
pend·ent [~] hängend; schwebend.
pend·ing ['pendiŋ] **1.** ⚖ schwebend, noch unentschieden; **2.** *prp.* während; bis zu.
pen·du·lous ['pendjuləs] frei hängend; pendelnd; **pen·du·lum** ['~ləm] Pendel *n.*
pen·e·tra·bil·i·ty [penitrə'biliti] Durchdringbarkeit *f*; **'pen·e·tra·ble** □ durchdringbar; **pen·e·tra·li·a** [~'treiljə] Innerste *n*, Allerheiligste *n*; **pen·e·trate** ['~treit] *v/t.* durchdringen (*with* mit); ergründen; durchschauen; eindringen in (*acc.*); *v/i.* eindringen; vordringen (*to* bis zu); **pen·e'tra·tion** Durch-, Eindringen *n*; Scharfsinn *m*; **pen·e·tra·tive** □ ['~trətiv] durchdringend (*a. fig.*); eindringlich; scharfsinnig; *~ effect* Durchschlagskraft *f.*
pen-friend ['penfrend] Brieffreund (-in).
pen·guin *orn.* ['peŋgwin] Pinguin *m.*
pen·hold·er ['penhəuldə] Federhalter *m.*
pen·i·cil·lin *pharm.* [peni'silin] Penicillin *n.*
pen·in·su·la [pi'ninsjulə] Halbinsel *f*; **pen'in·su·lar** Halbinsel...; halbinselförmig.
pen·i·tence ['penitəns] Bußfertigkeit *f*, Buße *f*, Reue *f*; **'pen·i·tent** **1.** □ reuig, bußfertig; **2.** Bußfertige *m, f*; Büßer(in); **pen·i·ten·tial** □ [~'tenʃəl] bußfertig; Buß...; **pen·i·ten·tia·ry** [~'tenʃəri] Besserungsanstalt *f*; *Am.* Zuchthaus *n.*
pen·knife ['pennaif] Taschenmesser *n.*
pen·man ['penmən] Schönschreiber *m*; Schriftsteller *m*; *he is a poor ~* s-e Schrift ist schlecht; **'pen·man·ship** Schreibkunst *f*; Stil *m.*
pen-name ['penneim] Schriftstellername *m*, Pseudonym *n.*
pen·nant ['penənt] ⚓ Wimpel *m*; *bsd. Am.* Siegerwimpel *m*; *fig.* Meisterschaft *f* (*Sport*).
pen·ni·less □ ['penilis] ohne Geld, mittellos, ganz arm.
pen·non ['penən] ⚔ *Lanzen*-Fähnlein *n*; Wimpel *m.*
pen·ny ['peni], *pl. bei Zssgn* **pence** [pens] (englischer) Penny *m* (= *1 p* = *£ 0.01*); *Am.* Centstück *n*; Kleinigkeit *f*; *oft* Groschen *m*; *a pretty ~* e-e hübsche Summe *f*; *in for a ~, in for a pound* wer A sagt, muß auch B sagen; *turn an honest ~* sich auf ehrliche Weise durchschlagen; *~ wise and pound foolish* im Kleinen sparsam, im Großen verschwenderisch; **'~-a-'lin·er** Zeilenschinder *m*; **'~-'dread·ful** Groschenroman *m*; Revolverblatt *n*; **'~·weight** *englisches* Pennygewicht *n* ($1^1/_2$ *Gramm*); **~·worth** ['penəθ]

Pennywert *m*, für einen Penny; *a ~ of tobacco* für einen Penny Tabak.
pen·sion ['penʃən] **1.** Pension *f*, Rente *f*, Ruhegehalt *n*; ['pɑ̃:ŋsiɔ̃:ŋ] Pension *f*, Fremdenheim *n*; **2.** *oft ~ off* pensionieren; '**pen·sion·ar·y,** '**pen·sion·er** Ruhegehaltsempfänger(in), Pensionär(in); *contp.* Mietling *m*.
pen·sive □ ['pensiv] gedankenvoll; nachdenklich; ernst; '**pen·sive·ness** Nachdenklichkeit *f*; Ernst *m*.
pent [pent] *pret. u. p.p. von pen*² 2; '**~-'up** aufgestaut (*Zorn etc.*).
pen·ta·gon ['pentəgən] Fünfeck *n*; *the* ♀ das Pentagon (*amerikanisches Verteidigungsministerium*); **pen·tag·o·nal** [~'tægənl] fünfeckig.
pen·tath·lon [pen'tæθlɔn] *Sport*: Fünfkampf *m*.
Pen·te·cost ['pentikɔst] Pfingsten *n od. pl.*; **pen·te'cos·tal** pfingstlich; Pfingst...
pent·house ['penthaus] Wetter-, Schutzdach *n*; Dachwohnung *f auf e-m Hochhaus*.
pe·num·bra [pi'nʌmbrə] Halbschatten *m*.
pe·nu·ri·ous □ [pi'njuəriəs] geizig; karg; **pe'nu·ri·ous·ness** Geiz *m*; Kargheit *f*.
pen·u·ry ['penjuri] Armut *f*; Mangel *m*.
pe·o·ny ⚘ ['piəni] Pfingstrose *f*.
peo·ple ['pi:pl] **1.** a) *coll.* die Leute *pl.*, man; Volk *n*; *my ~* m-e Angehörigen *pl.*, m-e Familie *f*; b) Volk *n*, Nation *f*; *the ~s pl. of Asia* die Völker *n/pl.* Asiens; **2.** bevölkern.
pep *sl.* [pep] **1.** Schmiß *m*; Schwung *m*; **2.** *~ up* aufmöbeln.
pep·per ['pepə] **1.** Pfeffer *m*; **2.** pfeffern; '**~-box** Pfefferstreuer *m*; '**~-corn** Pfefferkorn *n*; '**~·mint** ⚘ Pfefferminze *f*; Pfefferminz(bonbon) *n*; '**pep·per·y** □ pfefferig; *fig.* hitzig.
per [pə:, pə] per, durch, für; laut; je.
per·ad·ven·ture *rhet.* [pərəd'ventʃə] **1.** vielleicht, etwa; **2.** Vielleicht *n*; *beyond ~, without ~* ohne Zweifel.
per·am·bu·late [pə'ræmbjuleit] (durch)wandern; *Grenzen etc.* be-, abgehen; bereisen; **per·am·bu'la·tion** Durchwanderung *f*; Besichtigungsreise *f*; **per·am·bu·la·tor** ['præmbjuleitə] Kinderwagen *m*.
per·cale [pə'keil] Perkal *m* (*Baumwollgewebe*).
per cap·i·ta [pə'kæpitə] pro Kopf.
per·ceive [pə'si:v] (be)merken, wahrnehmen; empfinden; erkennen.
per cent, *a.* **per·cent** [pə'sent] Prozent *n*; **per'cent·age** Prozent-, Hundertsatz *m*; Prozente *n/pl.*; *fig.* Teil *m*.
per·cep·ti·ble □ [pə'septəbl] wahrnehmbar; **per'cep·tion** Wahrnehmung(svermögen *n*) *f*; Erkenntnis *f*; Auffassung(skraft) *f*; **per'cep·tive** □ [~tiv] wahrnehmend; Wahrnehmungs...; **per'cep·tive·ness, per·cep'tiv·i·ty** Wahrnehmungsvermögen *n*.
perch¹ *ichth.* [pə:tʃ] Barsch *m*.
perch² [~] **1.** Rute *f* (*Längenmaß = 5,029 m*); (Sitz)Stange *f für Vögel*; F *fig.* Thron *m*; **2.** (sich) setzen; sitzen; *~ed fig.* thronend, hoch *auf et.* gelegen.
per·chance [pə'tʃɑ:ns] zufällig; vielleicht.
per·cip·i·ent [pə'sipiənt] **1.** wahrnehmend; **2.** Wahrnehmende *m*.
per·co·late ['pə:kəleit] durchtropfen, -sickern (lassen); '**per·co·la·tor** Perkolator *m*, Kaffeemaschine *f*.
per·cus·sion [pə:'kʌʃən] Schlag *m*; Erschütterung *f*; ⚕ Beklopfen *n*; *~ cap* Zündhütchen *n*; *~ instruments pl.* ♪ Schlagzeug *n*; **per'cus·sive** [~siv] Schlag...
per·di·tion [pə:'diʃən] Verderben *n*.
per·e·gri·nate ['perigrineit] (durch-) wandern; **per·e·gri'na·tion** Wanderschaft *f*; Wanderung *f*.
per·emp·to·ri·ness [pə'remptərinis] Bestimmtheit *f*; *b.s.* rechthaberische Art *f*; **per'emp·to·ry** □ bestimmt, entschieden; zwingend; *b.s.* rechthaberisch.
per·en·ni·al [pə'renjəl] **1.** □ dauernd; immerwährend; ⚘ perennierend; **2.** ⚘ perennierende Pflanze *f*.
per·fect 1. ['pə:fikt] □ vollkommen (*a. moralisch*); vollendet, perfekt; gänzlich, völlig; **2.** [~] *a. ~ tense gr.* Perfekt(um) *n*; **3.** [pə'fekt] vervollkommnen; vollenden; **per'fec·tion** Vervollkommnung *f*, Vollendung *f*, Perfektion *f*; Vollkommenheit *f*; *fig.* Gipfel *m*; **per'fec·tion·ist** Perfektionist(in) (*a. phls.*).
per·fid·i·ous □ [pə:'fidiəs] treulos

(*to* gegen), verräterisch; **per'fid·i·ous·ness, 'per·fi·dy** Treulosigkeit *f*, Falschheit *f*.
per·fo·rate ['pə:fəreit] durchbohren, durchlöchern; lochen; **per·fo'ra·tion** Durchbohrung *f*, Durchlöcherung *f*; Lochung *f*; Loch *n*; **'per·fo·ra·tor** Locher *m* (*Gerät*).
per·force [pə'fɔ:s] notgedrungen.
per·form [pə'fɔ:m] verrichten, leisten; durch-, ausführen, vollziehen; *Pflicht etc.* erfüllen; *thea.*, ♪ aufführen, spielen (*a. v/i.*), vortragen; **per'form·ance** Verrichtung *f*; Erfüllung *f*; *thea.* Aufführung *f*, Vorstellung *f*; Vortrag *m*; ⊕ Leistung *f* (*a. fig.*); Werk *n*, Tat *f*; **per'form·er** Vollzieher(in); Schauspieler(in); Darsteller(in); Künstler(in); **per'form·ing** dressiert (*Tier*).
per·fume 1. ['pə:fju:m] Wohlgeruch *m*, Duft *m*; Parfüm *n*; **2.** [pə'fju:m] durchduften; parfümieren; **per'fum·er** Parfümeur *m*; **per'fum·er·y** Parfümerie *f* (*Geschäft*); Parfümeriewaren *f/pl.*
per·func·to·ry □ [pə'fʌŋktəri] nachlässig; mechanisch, schablonenhaft; oberflächlich; interesselos.
per·haps [pə'hæps, præps] vielleicht.
per·i·gee *ast.* ['peridʒi:] Erdnähe *f*.
per·il ['peril] **1.** Gefahr *f*; *at my* ~ auf meine Gefahr; **2.** gefährden; **'per·il·ous** □ gefährlich.
pe·ri·od ['piəriəd] Periode *f*; Zeitabschnitt *m*, -raum *m*, -dauer *f*; *gr.* Punkt *m*; Periode *f*, langer Satz *m*; (Unterrichts)Stunde *f*; ~*s pl.* ⚕ Periode *f*; ~ *furniture* Stilmöbel *n/pl.*; **per·i·od·ic** [~'ɔdik] periodisch; **pe·ri'od·i·cal 1.** □ periodisch; **2.** Zeitschrift *f*.
per·i·pa·tet·ic [peripə'tetik] (~*ally*) (umher)wandernd.
pe·riph·er·y [pə'rifəri] Peripherie *f*.
pe·riph·ra·sis [pə'rifrəsis], *pl.* **pe'riph·ra·ses** [~si:z] Umschreibung *f*; **per·i·phras·tic** [peri'fræstik] (~*ally*) umschreibend.
per·i·scope ⚓, ⚔ ['periskəup] Periskop *n*, Sehrohr *n*.
per·ish ['periʃ] umkommen, zugrunde gehen; kaputt machen; *be* ~*ed with* umkommen vor *Kälte etc.*; **'per·ish·a·ble 1.** □ vergänglich; leicht verderblich (*Eßwaren etc.*); **2.** ~*s pl.* leicht verderbliche Waren *f/pl.*; **'per·ish·ing** □ vernichtend, tödlich; F scheußlich.
per·i·style ['peristail] Säulengang *m*.
per·i·wig ['periwig] Perücke *f*.
per·i·win·kle[1] ⚘ ['periwiŋkl] Immergrün *n*.
per·i·win·kle[2] *zo.* [~] (eßbare) Uferschnecke *f*.
per·jure ['pə:dʒə]: ~ *o.s.* falsch schwören; **'per·jured** meineidig; **'per·jur·er** Meineidige *m*; **'per·ju·ry** Meineid *m*.
perk[1] F [pə:k] = *percolate*.
perk[2] F [~] **1.** *mst* ~ *up v/i.* selbstbewußt auftreten, die Nase hoch tragen; sich recken; sich wieder erholen; zu Kräften *od.* in Stimmung kommen; *v/t.* recken, aufrichten; **2.** = ~*y*; **perk·i·ness** ['~inis] Keckheit *f*.
perks F [pə:ks] *pl.* = *perquisites*.
perk·y □ ['pə:ki] keck, dreist; flott, forsch.
perm F [pə:m] **1.** Dauerwelle *f*; **2.** *j-m* Dauerwellen machen.
per·ma·nence ['pə:mənəns] Dauer *f*, Ständigkeit *f*; **'per·ma·nen·cy** *s. permanence*; etwas Bleibendes *n*; Dauerstellung *f*; **'per·ma·nent** □ dauernd, bleibend, ständig, anhaltend; dauerhaft; fest, Dauer... (*Stellung*); ~ *wave* Dauerwelle *f*; ~ *way* 🚂 Bahnkörper *m*.
per·me·a·bil·i·ty [pə:mjə'biliti] Durchdringbarkeit *f*; **'per·me·a·ble** □ durchdringbar, durchlässig (*to* für); **per·me·ate** ['~mieit] *v/t.* durchdringen; *v/i.* eindringen (*into* in *acc.*); sich verbreiten (*among* unter *dat.*).
per·mis·si·ble □ [pə'misəbl] zulässig; **per·mis·sion** [pə'miʃən] Erlaubnis *f*, Genehmigung *f*; **per'mis·sive** □ [~siv] gestattend; ⚖ fakultativ; ~ **society** tabufreie Gesellschaft *f*.
per·mit 1. [pə'mit] *a.* ~ *of* erlauben, gestatten; *weather* ~*ting* bei günstiger Witterung; **2.** ['pə:mit] Erlaubnis *f*, Genehmigung *f*; Erlaubnis-, Passierschein *m*.
per·ni·cious □ [pə:'niʃəs] verderblich; ⚕ perniziös, bösartig.
per·nick·et·y F [pə'nikiti] umständlich, pedantisch; heikel.
per·o·ra·tion [perə'reiʃən] Redeschluß *m*.
per·ox·ide ⚗ [pə'rɔksaid]: ~ *of hydrogen* Wasserstoffsuperoxyd *n*.

per·pen·dic·u·lar [pəːpən'dikjulə] **1.** □ senkrecht; aufrecht; steil; ~ *style* ⚠ englische Spätgotik *f*; **2.** Senkrechte *f*; Perpendikel *n*, *m*.
per·pe·trate ['pəːpitreit] *Verbrechen etc.* begehen, verüben; F *Witz etc.* verbrechen; **per·pe'tra·tion** Verübung *f*; '**per·pe·tra·tor** Täter *m*.
per·pet·u·al □ [pə'petʃuəl] fortwährend, ewig; lebenslänglich; **per'pet·u·ate** [~eit] verewigen; **per·pet·u'a·tion** Verewigung *f*; **per·pe·tu·i·ty** [pəːpi'tjuːiti] Ewigkeit *f*; lebenslängliche Rente *f*; *in* ~ auf ewig.
per·plex [pə'pleks] verwirren, verblüffen; verkomplizieren; **per'plexed** □ verwirrt, bestürzt, verdutzt; kompliziert; **per'plex·i·ty** Verwirrung *f*; Verlegenheit *f*; Verworrenheit *f*.
per·qui·sites ['pəːkwizits] *pl.* Nebenverdienst *m*, Sporteln *f/pl*.
per·se·cute ['pəːsikjuːt] verfolgen; drangsalieren; **per·se'cu·tion** Verfolgung *f*; Drangsalierung *f*; ~ *mania* Verfolgungswahn *m*; **per·se·cu·tor** ['~tə] Verfolger *m*.
per·se·ver·ance [pəːsi'viərəns] Beharrlichkeit *f*, Ausdauer *f*; **per·se·vere** [~'viə] beharren (*in* bei); aushalten (*with* bei); festhalten (*in* an *dat.*); **per·se'ver·ing** □ beharrlich, standhaft.
Per·sian ['pəːʃən] **1.** persisch; **2.** Perser(in); Persisch *n*.
per·sim·mon ⚘ [pəː'simən] Dattelpflaume *f*, Persimone *f*.
per·sist [pə'sist] beharren, bestehen (*in* auf *dat.*); fortdauern, anhalten; (bestehen) bleiben; **per'sist·ence, per'sist·en·cy** Beharrlichkeit *f*; Fortdauer *f*; **per'sist·ent** □ beharrlich; hartnäckig.
per·son ['pəːsn] Person *f* (*a. gr.*); Persönlichkeit *f*; *thea.* Rolle *f*; Körper *m*; *in* ~ in eigener Person, persönlich; '**per·son·a·ble** ansehnlich; '**per·son·age** Persönlichkeit *f*; *thea.* Charakter *m*; '**per·son·al 1.** □ persönlich (*a. gr.*); Personal...; Privat...; eigen; ~ *property od. estate* ⚖ *s. personalty*; **2.** *Zeitung*: Familienanzeige *f*, Persönliches *n*; **per·son·al·i·ty** [pəːsə'næliti] Persönlichkeit *f*; *personalities pl.* persönliche Bemerkungen *f/pl.*; **per·son·al·ty** ['pəːsnlti] ⚖ persönliches *od.* bewegliches Eigentum *n*; **per·son·ate** ['~səneit] vor-, darstellen; sich ausgeben für; **per·son'a·tion** Vor-, Darstellung *f*; Verkörperung *f*; **per·son·i·fi·ca·tion** [pəːsɔnifi'keiʃən] Verkörperung *f*; **per·son·i·fy** [pəː'sɔnifai] personifizieren; verkörpern; **per·son·nel** [pəːsə'nel] Personal *n*; Belegschaft *f*.
per·spec·tive [pə'spektiv] **1.** □ perspektivisch; **2.** Perspektive *f*; Ausblick *m*, Fernsicht *f*.
per·spex ['pəːspeks] Plexiglas *n*.
per·spi·ca·cious □ [pəːspi'keiʃəs] scharfsichtig, -sinnig; **per·spi·cac·i·ty** [~'kæsiti] Scharfblick *m*, -sinn *m*; **per·spi·cu·i·ty** [~'kjuiti] Klarheit *f*, Deutlichkeit *f*; **per·spic·u·ous** [pə'spikjuəs] □ klar, deutlich.
per·spi·ra·tion [pəːspə'reiʃən] Schwitzen *n*; Schweiß *m*; **per·spire** [pəs'paiə] (aus)schwitzen.
per·suade [pə'sweid] überreden, bereden (*to inf.*, *into ger.* zu *inf.*); überzeugen (*of* von; *that* daß); **per'suad·er** *sl.* Überredungsmittel *n*.
per·sua·sion [pə'sweiʒən] Überredung *f*; Überzeugung *f*; Glaube *m*; F *co.* Gattung *f*.
per·sua·sive □ [pə'sweisiv] überredend, -zeugend; **per'sua·sive·ness** Überzeugungskraft *f*.
pert □ [pəːt] keck, vorlaut, naseweis.
per·tain [pəː'tein] (*to*) gehören (*dat. od.* zu); sich für *j.* gehören (*geziemen*); betreffen (*acc.*).
per·ti·na·cious □ [pəːti'neiʃəs] hartnäckig, zäh; **per·ti·nac·i·ty** [~'næsiti] Hartnäckig-, Zähigkeit *f*.
per·ti·nence, per·ti·nen·cy ['pəːtinəns(i)] Sachdienlichkeit *f*, Gemäßheit *f*; '**per·ti·nent** □ sachdienlich, -gemäß; zur Sache gehörig; *be* ~ *to* Bezug haben auf (*acc.*).
pert·ness ['pəːtnis] Keckheit *f*.
per·turb [pə'təːb] beunruhigen; stören; **per·tur·ba·tion** [pəːtəː'beiʃən] Beunruhigung *f*; Störung *f*.
pe·ruke [pə'ruːk] Perücke *f*.
pe·rus·al [pə'ruːzəl] sorgfältiges Durchlesen *n*, Durchsicht *f*; Prüfung *f*; **pe'ruse** sorgfältig durchlesen; *fig.* durchgehen, prüfen.
Pe·ru·vi·an [pə'ruːvjən] **1.** peruanisch; ~ *bark* ⚘ Chinarinde *f*; **2.** Peruaner(in).
per·vade [pəː'veid] durchdringen,

-ziehen, erfüllen; **per'va·sion** [~ʒən] Durchdringung *f*; **per'va·sive** [~siv] durchdringend.
per·verse □ [pə'və:s] verkehrt; ⚕ pervers; eigensinnig, bockig; vertrackt (*Sache*); **per'verse·ness** = *perversity*; **per'ver·sion** Verdrehung *f*; Abkehr *f vom Guten etc.*; **per'ver·si·ty** Verkehrtheit *f*; ⚕ Perversität *f*; Verderbtheit *f*; Eigensinn *m*; **per'ver·sive** verderblich (*of* für).
per·vert **1.** [pə'və:t] verdrehen; verführen; **2.** ['pə:və:t] ⚕ perverser Mensch *m*; **per'vert·er** [pə'və:tə] Verdreher(in); Verführer(in).
per·vi·ous ['pə:vjəs] zugänglich (*a. fig.*); durchlässig (*to* für).
pes·ky □ *sl.* ['peski] verflixt.
pes·si·mism ['pesimizəm] Pessimismus *m*; **'pes·si·mist** Pessimist(in), Schwarzseher(in); **pes·si'mis·tic** (*~ally*) pessimistisch.
pest [pest] *fig.* Pest *f*; Plage *f*; Schädling *m*; **'pes·ter** belästigen; plagen; quälen.
pest·i·cide ['pestisaid] Schädlingsbekämpfungsmittel *n*; **pes'tif·er·ous** □ [~fərəs] krankheitserregend; verderblich; **pes·ti·lence** ['~ləns] Seuche *f*, *bsd.* Pest *f*; **'pes·ti·lent** gefährlich; *co.* verdammt; **pes·ti·len·tial** □ [~'lenʃəl] pestartig; verderbenbringend; verdammt.
pes·tle ['pesl] **1.** Mörserkeule *f*, Stößel *m*; **2.** zerstoßen.
pet[1] [pet] Ärger *m*, üble Laune *f*; *in a ~* übelgelaunt.
pet[2] [~] **1.** zahmes Tier *n*; Liebling *m*, Schoßkind *n*; **2.** Lieblings...; zahm; *~ dog* Schoßhund *m*; *~ name* Kosename *m*; *it is my ~ aversion* es ist mir ein Greuel; **3.** (ver)hätscheln; F knutschen; *petting party* Knutscherei *f*.
pet·al ⚘ ['petl] Blumenblatt *n*.
pe·tard [pe'tɑ:d] Schwärmer *m* (*Feuerwerk*).
pe·ter ['pi:tə]: *~ out* zu Ende gehen; im Sande verlaufen.
pet·i·ole ⚘ ['petiəul] (Blatt)Stiel *m*.
pet·it ['peti] klein, geringfügig; **pe·tite** [pə'ti:t] klein, zierlich (*Frau*).
pe·ti·tion [pi'tiʃən] **1.** Bitte *f*; Bittschrift *f*, Eingabe *f*, Gesuch *n*; *~ in bankruptcy* ⚖ Konkursantrag *m*; *~ for divorce* ⚖ Scheidungsklage *f*; **2.** bitten, ersuchen (*for* um; *to inf.* zu *inf.*); eine Bittschrift *etc.* einreichen (*s.o.* an j.; *for* um); **pe'ti·tion·er** [~ʃnə] Bittsteller(in).
pet·rel *orn.* ['petrəl] Sturmvogel *m*.
pet·ri·fac·tion *geol.* [petri'fækʃən] Versteinerung *f*.
pet·ri·fy ['petrifai] versteinern.
pet·rol *mot.* ['petrəl] Benzin *n*; Treibstoff *m*; *~ engine* Benzinmotor *m*; *~ station* Tankstelle *f*; *~ tank* Benzintank *m*.
pe·tro·le·um [pi'trəuljəm] Petroleum *n*, Erdöl *n*; *~ jelly* Vaseline *f*.
pe·trol·o·gy *geol.* [pe'trɔlədʒi] Gesteinskunde *f*.
pet·ti·coat ['petikəut] Unterrock *m*.
pet·ti·fog·ger ['petifɔgə] Winkeladvokat *m*; **'pet·ti·fog·ging** kleinlich, pedantisch.
pet·ti·ness ['petinis] Geringfügigkeit *f*.
pet·tish □ ['petiʃ] launisch, verdrießlich; **'pet·tish·ness** Verdrießlichkeit *f*.
pet·ty □ ['peti] klein, geringfügig; Klein...; *~ cash* ✝ kleine Summen *f/pl.*; *~ officer* ⚓ Maat *m*; *~ sessions pl.* ⚖ Bagatellgericht *n*.
pet·u·lance ['petjuləns] *s. pettishness*; **'pet·u·lant** *s. pettish*.
pew [pju:] Kirchensitz *m*; -stuhl *m*.
pe·wit *orn.* ['pi:wit] Lachmöwe *f*; Kiebitz *m*.
pew·ter ['pju:tə] Zinn *n*; Zinngefäße *n/pl.*; **'pew·ter·er** Zinngießer *m*.
pha·e·ton *hist.* ['feitn] Phaethon *m* (*Wagen*).
pha·lanx ['fælæŋks] Phalanx *f*.
phan·tasm ['fæntæzəm] Trugbild *n*; **phan·tas·ma·go·ri·a** [~mə'gɔ:riə] Gaukelbild *n*, Phantasmagorie *f*.
phan·tom ['fæntəm] **1.** Phantom *n*, Trugbild *n*; Gespenst *n*; Hirngespinst *n*; **2.** Gespenster...
Phar·i·sa·ic, **Phar·i·sa·i·cal** □ [færi'seiik(əl)] pharisäisch, scheinheilig.
Phar·i·see ['færisi:] Pharisäer *m*.
phar·ma·ceu·ti·cal □ [fɑ:mə'sju:tikəl] pharmazeutisch; **phar·ma·cist** ['~sist] Pharmazeut *m*, Apotheker *m*; **phar·ma·col·o·gy** [~'kɔlədʒi] Arzneimittellehre *f*; **'phar·ma·cy** Pharmazie *f*; Apotheke *f*.

phar·ynx *anat.* ['færiŋks] Rachenhöhle *f.*
phase [feiz] Phase *f,* (Entwicklungs)Stufe *f,* Stadium *n;* **phased** in Phasen.
pheas·ant *orn.* ['feznt] Fasan *m;* '**pheas·ant·ry** Fasanerie *f.*
phe·nom·e·nal □ [fi'nɔminl] phänomenal; außergewöhnlich; **phe'nom·e·non** [~nən], *pl.* **phe'nom·e·na** [~nə] Phänomen *n,* Erscheinung *f; fig.* Wunder *n.*
phew [fju:] puh!
phi·al ['faiəl] Phiole *f,* Fläschchen *n.*
Phi Be·ta Kap·pa *Am.* ['fai 'bi:tə 'kæpə] *e-e* Studentenverbindung *f.*
phi·lan·der [fi'lændə] flirten.
phil·an·throp·ic [filən'θrɔpik] (*~ally*) menschenfreundlich; **phi·lan·thro·pist** [fi'lænθrəpist] Menschenfreund(in); **phi'lan·thro·py** Menschenliebe *f.*
phi·lat·e·list [fi'lætəlist] Briefmarkensammler(in); **phi'lat·e·ly** Briefmarkensammeln *n;* Philatelie *f.*
phi·lip·pic [fi'lipik] Philippika *f,* Standpauke *f,* Strafpredigt *f.*
Phi·lis·tine ['filistain] Philister *m* (*a. fig.*).
phil·o·log·i·cal □ [filə'lɔdʒikəl] sprachwissenschaftlich, philologisch; **phi·lol·o·gist** [fi'lɔlədʒist] Philologe *m,* Philologin *f;* Sprachforscher(in); **phi'lol·o·gy** Philologie *f,* Sprachwissenschaft *f.*
phi·los·o·pher [fi'lɔsəfə] Philosoph *m; ~s' stone* Stein *m* der Weisen; **phil·o·soph·ic, phil·o·soph·i·cal** [filə'sɔfik(əl)] philosophisch; **phi·los·o·phize** [fi'lɔsəfaiz] philosophieren; **phi'los·o·phy** Philosophie *f.*
phil·tre, phil·ter ['filtə] Liebestrank *m.*
phiz F *co.* [fiz] Visage *f,* Gesicht *n.*
phle·bi·tis ⚕ [fli'baitis] Venenentzündung *f.*
phlegm [flem] Schleim *m;* Phlegma *n;* **phleg·mat·ic** [fleg'mætik] (*~ally*) phlegmatisch.
phoe·be *orn.* ['fi:bi] Tyrannvogel *m.*
Phoe·ni·cian [fi'niʃiən] **1.** phönizisch; **2.** Phönizier(in).
phoe·nix *myth.* ['fi:niks] Phönix *m.*
phone[1] F [fəun] Telefon *n.*
phone[2] [~] (Einzel)Laut *m.*
pho·neme ['fəuni:m] Phonem *n;* **pho'nem·ic** phonemisch.
pho·net·ic [fəu'netik] (*~ally*) phonetisch; *~ spelling* phonetische Schreibung *f* (*z.B. thru für through*); *~ transcription* Lautschrift *f;* **pho·ne·ti·cian** [~ni'tiʃən] Phonetiker *m;* **pho·net·ics** [~'netiks] *sg.* Phonetik *f,* Laut(bildungs)lehre *f.*
pho·ney *sl.* ['fəuni] unecht; falsch; Schein...
pho·no·graph *Am.* ['fəunəgra:f] Plattenspieler *m;* Grammophon *n.*
pho·nol·o·gy [fəu'nɔlədʒi] Phonologie *f,* Lautlehre *f.*
pho·ny *Am. sl.* ['fəuni] **1.** Fälschung *f;* Schwindler *m;* **2.** = *phoney.*
phos·phate ⚗ ['fɔsfeit] Phosphat *n.*
phos·pho·resce [fɔsfə'res] phosphoreszieren; **phos·pho'res·cent** phosphoreszierend; **phos·phor·ic** ⚗ [~'fɔrik] Phosphor...; **phos·pho·rous** ⚗ ['~fərəs] phosphorig; **phos·pho·rus** ⚗ ['~fərəs] Phosphor *m.*
pho·to F ['fəutəu] Photo *n;* **~-en'grav·ing** Lichtdruck(verfahren *n*) *m;* '**~-'finish** *Am.* Entscheidung *f* durch Zielphotographie; '**~-flash** Blitzlicht *n,* -lampe *f;* **~·gen·ic** [fəutəu'dʒenik] photogen; **~-gram·me·try** [~'græmitri] Meßbildverfahren *n.*
pho·to·graph ['fəutəgra:f] **1.** Photographie *f,* Lichtbild *n,* Aufnahme *f; take a ~* e-e Aufnahme machen; **2.** photographieren; **pho·tog·ra·pher** [fə'tɔgrəfə] Photograph(in); **pho·to·graph·ic** [fəutə'græfik] (*~ally*) photographisch; *~ print* Lichtpause *f;* **pho·tog·raphy** [fə'tɔgrəfi] Photographie *f.*
pho·to·gra·vure [fəutəgrə'vjuə] Lichtkupferätzung *f,* Kupfertiefdruck *m;* **pho·tom·e·ter** [~'tɔmitə] Belichtungsmesser *m;* **pho·to-play** ['~təplei] Filmdrama *n;* **photo·stat** ['~təustæt] Photokopiergerät *n;* Photokopie *f;* **pho·to·te·leg·ra·phy** [~təti'legrəfi] Bildtelegraphie *f;* **pho·to·type** ['~təutaip] Lichtpause *f.*
phrase [freiz] **1.** (Rede)Wendung *f,* Redensart *f,* Ausdruck *m;* Schlagwort *n;* ♪ Satz *m;* **2.** ausdrücken; formulieren; '**~-mon·ger** Phrasendrescher *m;* **phra·se·ol·o·gy** [~i'ɔlədʒi] Ausdrucksweise *f;* Phraseologie *f;* '**phras·ing** Formulierung *f.*

phre·net·ic [fri'netik] (*~ally*) toll, rasend, frenetisch.
phre·nol·o·gy [fri'nɔlədʒi] Schädellehre *f.*
phthis·i·cal ⚕ ['θaisikəl] schwindsüchtig; **phthi·sis** ['~sis] Schwindsucht *f.*
phut *sl.* [fʌt]: *go ~* futschgehen.
phys·ic F ['fizik] **1.** Arznei *f*; **2.** *j.* verarzten; '**phys·i·cal** □ physisch; körperlich; physikalisch; *~ condition* Gesundheitszustand *m*; *~ culture* Körperpflege *f*; *~ education, ~ training* Leibeserziehung *f*; **phy·si·cian** [fi'ziʃən] Arzt *m*; **phys·i·cist** ['~sist] Physiker *m*; **phys·ics** ['fiziks] *sg.* Physik *f.*
phys·i·og·no·my [fizi'ɔnəmi] Physiognomie *f*; Gesichtsausdruck *m*; **phys·i·o·log·i·cal** [~ə'lɔdʒikəl] physiologisch; **phys·i·ol·o·gist** [~'ɔlədʒist] Physiologe *m*; **phys·i·'ol·o·gy** Physiologie *f.*
phy·sique [fi'zi:k] Körperbau *m.*
pi·an·ist ['piənist] Pianist(in), Klavierspieler(in).
pi·a·no[1] ♪ ['pjɑ:nəu] piano.
pi·an·o[2] ['pjænəu] *a.* **pi·an·o·for·te** [~'fɔ:ti] Klavier *n*; *grand piano* Flügel *m.*
pi·az·za [pi'ætsə] Piazza *f*, (Markt-)Platz *m*; *Am.* große Veranda *f.*
pi·broch ['pi:brɔk] Dudelsackvariationen *f/pl.*
pic·a·resque [pikə'resk] pikaresk; *~ novel* Schelmenroman *m.*
pic·a·yune *Am.* [pikə'ju:n] **1.** *mst fig.* Pfennig *m*; Null *f*; Lappalie *f*; **2.** unbedeutend, schäbig.
pic·ca·nin·ny *co.* ['pikənini] **1.** *bsd. Neger*-Kind *n*, Gör *n*; **2.** kindlich.
pick [pik] **1.** Auswahl *f*, -lese *f*; *das* Beste; = *pickaxe*; **2.** auf-, wegnehmen; (*Blumen, Früchte*) pflükken; *in den Zähnen* stochern; *in der Nase* bohren; *Knochen* abnagen; *Schloß* knacken; *Streit* suchen; auswählen, -suchen; (auf)picken; im Essen herumstochern; *~ s.o.'s pocket* j-m die Tasche ausräumen; *~ one's way* vorsichtig gehen; *~ one's words* sich gewählt *od.* vorsichtig ausdrücken; *~ at* herumnörgeln an (*dat.*); *~ off* abnehmen, -machen; abschießen; *~ on* verfallen auf, auswählen; *~ out* auswählen; herausfinden, -suchen, ausfindig machen; *Melodie* nach Gehör spielen; *~ over Früchte etc.* auslesen; *~ up* aufreißen, -brechen; aufnehmen, -heben; sich *e-e Fremdsprache* aneignen; aufgreifen; auflesen; erfassen; auffangen, -schnappen; *j.* (im Auto) mitnehmen; *j.* abholen; *Täter* ergreifen; *Gesundheit* wiedererlangen; gesund werden, sich erholen *~ o.s. up* wieder hochkommen; *~ up speed* auf Touren kommen; *~ up with* kennenlernen; **~-a-back** ['~əbæk] huckepack; '**~·axe** Spitzhacke *f*; '**pick·er** Pflücker(in), Leser(in), Zupfer(in); Pflückmaschine *f.*
pick·er·el *ichth.* ['pikərəl] junger Hecht *m.*
pick·et ['pikit] **1.** Pfahl *m*; Pflock *m*; ⚔ Feldwache *f*; Streikposten *m*; **2.** *v/t.* einpfählen; an e-n Pfahl binden; ⚔ als Feldwache aufstellen; mit Streikposten besetzen; *v/i.* Streikposten stehen.
pick·ing ['pikiŋ] Picken *n*, Pflücken *n etc.* (*s. pick*); Abfall *m*; *mst ~s pl.* (unehrlicher) Nebengewinn *m.*
pick·le ['pikl] **1.** Pökel *m*, Salzlake *f*; Eingepökelte *n*, Pickles *pl.*; F Wildfang *m*; F mißliche Lage *f*; *s. mix*; **2.** (ein)pökeln; *~d herring* Salzhering *m.*
pick...: '**~·lock** Dietrich *m*; Einbrecher *m*; '**~-me-up** F (Magen-)Stärkung *f*; '**~·pock·et** Taschendieb *m*; '**~-up** Ansteigen *n*; Tonabnehmer *m am Plattenspieler*; *a. ~ in prices* ✝ Hausse *f*; Kleinlieferwagen *m*; Pritschenwagen *m*; Beschleunigung *f*; *sl.* Straßenbekanntschaft *f*; *~ dinner* Essen *n* aus (Fleisch)Resten.
pic·nic ['piknik] **1.** Picknick *n*; *fig.* Kinderspiel *n*; **2.** picknicken.
pic·to·ri·al [pik'tɔ:riəl] **1.** □ Maler-...; malerisch; illustriert; *~ advertising* Bildreklame *f*; **2.** Illustrierte *f.*
pic·ture ['piktʃə] **1.** Bild *n*, Gemälde *n*; Ebenbild *n*; Verkörperung *f*; *et.* Bildschönes *n*; *~s pl.* F Kino *n*; *put s.o. in the ~* j. ins Bild setzen, j. informieren; **2.** malen; schildern; illustrieren; sich *et.* vorstellen *od.* ausmalen; '**~-book** Bilderbuch *n*; '**~-gal·ler·y** Gemäldegalerie *f*; '**~-go·er** Kinobesucher(in); **~ post-card** Ansichtskarte *f.*

pic·tur·esque □ [piktʃə'resk] malerisch; **pic·tur'esque·ness** *das* Malerische.
pidg·in ['pidʒin]: ~ *English* Pidgin-Englisch *n*; *that's not my* ~ F das geht mich nichts an.
pie[1] [pai] Pastete *f*, Obsttorte *f*, -kuchen *m*; *typ.* Zwiebelfische *m/pl.*; *s. finger 1.*
pie[2] *orn.* [~] Elster *f*.
pie·bald ['paibɔːld] gescheckt; buntscheckig.
piece [piːs] **1.** Stück *n* (*a. Teil, Kunstwerk, Münze*); Geschütz *n*; Gewehr *n*; Teil *n e-s Services*; (*Schach- etc.*)Figur *f*; *a* ~ *of advice* ein Rat *m*; *a* ~ *of news* e-e Neuigkeit; ~ *by* ~ eines nach dem anderen; *of a* ~ gleichmäßig; *be of a* ~ *with* im Einklang stehen mit; *give s.o. a* ~ *of one's mind* j-m gründlich die Meinung sagen; *take to* ~*s* zerlegen; **2.** *a.* ~ *up* flicken, ausbessern; ~ *together* zs.-stellen, -setzen, -stücken, -flicken; ~ *out* ausfüllen; **'~-goods** *pl.* Meterware *f*; **'~·meal** stückweise; **'~-work** Akkordarbeit *f*.
pied [paid] scheckig, bunt.
pie·plant *Am.* ['paiplɑːnt] Rhabarber *m*.
pier [piə] Pfeiler *m*; Wellenbrecher *m*; Pier *m, f*, Hafendamm *m*, Mole *f*, Landungsbrücke *f*; **'pier·age** ⚓ Kaigeld *n*.
pierce [piəs] *v/t.* durchbohren; *Ohr* durchdringen; eindringen *in Geheimnisse etc.*; *v/i.* eindringen (*a. fig.*); **'pierc·ing** □ durchdringend (*a. fig.*).
pier-glass ['piəglɑːs] Pfeilerspiegel [*m.*]
pi·e·tism ['paiətizəm] Pietismus *m*.
pi·e·ty ['paiəti] Frömmigkeit *f*; Pietät *f*.
pif·fle *sl.* ['pifl] **1.** Quatsch *m*; Kitsch *m*; **2.** quatschen.
pig [pig] **1.** Ferkel *n*; Schwein *n*; *metall.* Roheisenbarren *m*, Massel *f*, Mulde *f*; *buy a* ~ *in a poke* die Katze im Sack kaufen; **2.** ferkeln; F zs.-gepfercht leben.
pi·geon ['pidʒin] Taube *f*; *sl.* Gimpel *m*; **'~-'breast·ed** hühnerbrüstig; **'~-hole 1.** *Brief- etc.* Fach *n*; **2.** in ein Fach legen, aufheben; einordnen; (vorläufig) beiseitelegen; **'pi·geon·ry** Taubenschlag *m*.
pig·ger·y ['pigəri] Schweinezucht *f*.
pig·gish □ ['pigiʃ] schweinisch.
pig·gy ['pigi] **1.** Schweinchen *n*; ~ *bank* Sparschwein *n*; **2.** gierig.
pig·head·ed ['pig'hedid] dickköpfig.
pig-i·ron ['pigaiən] Roheisen *n*.
pig·ment ['pigmənt] Pigment *n*.
pig·my ['pigmi] = *pygmy*.
pig...: **'~·nut** Erdnuß *f*; **'~·skin** Schweinsleder *n*; **~·sty** ['~stai] Schweinestall *m*, Koben *m*; **'~·tail** (Haar)Zopf *m*; **'~·wash** Schweinetrank *m*.
pike [paik] ⚔ Pike *f*; Spitze *f*; *ichth.* Hecht *m*; Schlagbaum *m*; gebührenpflichtige Straße *f*; **'pik·er** *Am. sl.* Geizhals *m*; *fig.* kleiner Mann *m*; **'pike·staff:** *as plain as a* ~ sonnenklar.
pil·chard *ichth.* ['piltʃəd] Sardine *f*.
pile[1] [pail] **1.** Haufen *m*; Stoß *m*, Stapel *m*; Scheiterhaufen *m*; großes Gebäude *n*; ⚡ Batterie *f*; *atomic* ~ Atommeiler *m*, Reaktor *m*; **2.** *oft* ~ *up*, ~ *on* auf-, anhäufen, aufschichten; (auf)stapeln, auftürmen.
pile[2] [~] Pfahl *m*.
pile[3] [~] Haar *n*; Noppe *f*; Flor *m des Samtes*.
pile-driv·er ⊕ ['paildraivə] Ramme *f*; **'pile-dwell·ing** Pfahlbau *m*.
piles ⚕ [pailz] *pl.* Hämorrhoiden *f/pl.*
pil·fer ['pilfə] stehlen, klauen.
pil·grim ['pilgrim] Pilger *m*, Wallfahrer *m*; ♀ *Fathers pl.* Pilgerväter *m/pl.* (*puritanische Einwanderer nach Amerika*); **'pil·grim·age** Pilgerfahrt *f*.
pill [pil] Pille *f*, Tablette *f*.
pil·lage ['pilidʒ] **1.** Plünderung *f*; **2.** plündern.
pil·lar ['pilə] Pfeiler *m*, Ständer *m*; Säule *f* (*a. fig.*); **'~-box** Briefkasten *m*; **'pil·lared** mit Pfeilern; säulenförmig.
pil·lion ['piljən] Sattelkissen *n*; *mot.* Soziussitz *m*; *ride* ~ auf dem Soziussitz (mit)fahren.
pil·lo·ry ['piləri] **1.** Pranger *m*; *in the* ~ am Pranger; **2.** an den Pranger stellen; *fig.* anprangern.
pil·low ['piləu] **1.** (Kopf)Kissen *n*; ⊕ (Zapfen)Lager *n*; **2.** betten, stützen (*on* auf *acc.*); **'~-case**, **'~-slip** (Kissen)Bezug *m*.
pi·lot ['pailət] **1.** ⚓ Lotse *m*; ✈

Pilot *m*, Flugzeugführer *m*; *fig.* Führer *m*; ~ *instructor* Fluglehrer *m*; ~ *officer* Fliegerleutnant *m*; ~ *pupil* Flugschüler *m*; **2.** Versuchs...; ~ *plant* Versuchsanlage *f*; **3.** lotsen, steuern; ˈ**pi·lot·age** Lotsen(geld) *n*; Führung(skunst) *f*; ˈ**pi·lot--balˈloon** Versuchsballon *m*; ˈ**pi-lot-light** Zündflamme *f e-s Gasgeräts.*

pi·men·to [piˈmentəu] Piment *m*, *n*, Nelkenpfeffer *m*.

pimp [pimp] **1.** Kuppler(in), Zuhälter *m*; **2.** kuppeln.

pim·ple [ˈpimpl] Pickel *m*, Pustel *f*; ˈ**pim·pled**, ˈ**pim·ply** pickelig, finnig.

pin [pin] **1.** (Steck)Nadel *f*; (Krawatten-, Hut- *etc.*)Nadel *f*; Bolzen *m*; Pflock *m*; Kegel *m*; Reißnagel *m*; ♪ Wirbel *m*; ~*s pl. sl.* Stelzen *f/pl.* (*Beine*); **2.** (an)heften; befestigen; *a.* ~ *down sl. fig.* festnageln, fassen; ~ *one's hopes on* seine Hoffnung setzen auf (*acc.*).

pin·a·fore [ˈpinəfɔː] Lätzchen *n*; Kinder-, Frauenschürze *f*.

pin·cers [ˈpinsəz] *pl.* (*a pair of* ~ eine) Kneifzange *f*.

pinch [pintʃ] **1.** Kniff *m*; Prise *f* (*Tabak etc.*); Druck *m*, Not *f*; *at a* ~ notfalls; **2.** *v/t.* kneifen, zwicken, klemmen; F klauen (*stehlen*); *sl.* kassieren, festnehmen; *be* ~*ed for money* knapp bei Kasse sein; *v/i.* drücken; in Not sein; knausern; **pinched** zs.-gedrückt, schmal; *fig.* zs.-geschnurrt; dünn.

pinch·beck [ˈpintʃbek] **1.** ⊕ Tombak *m*; Talmi *n* (*a. fig.*); **2.** Talmi...

pinch-hit *Am.* [ˈpintʃhit] (*irr. hit*) einspringen (*for* für *j.*).

pin·cush·ion [ˈpinkuʃən] Nadelkissen *n*.

pine¹ ⚘ [pain] Kiefer *f*, Föhre *f*.

pine² [~] sich abhärmen; sich sehnen, schmachten (*for*, *after* nach); ~ *away* sich verzehren.

pine...: ˈ~**·ap·ple** ⚘ Ananas *f*; ˈ~**-cone** Kienapfel *m*; ˈ**pin·er·y** Treibhaus *n* für Ananas; Kiefernpflanzung *f*; ˈ~**-tree** = *pine*¹.

pin-feath·er [ˈpinfeðə] Stoppelfeder *f*.

ping [piŋ] schwirren, pfeifen.

ping-pong [ˈpiŋpɔŋ] Tischtennis *n*.

pin·ion [ˈpinjən] **1.** Flügelspitze *f*; *poet.* Schwinge *f*; *a.* ~*-feather* Schwungfeder *f*; ⊕ Ritzel *n* (*Antriebsrad*); **2.** die Flügel beschneiden (*dat.*); *fig.* fesseln.

pink¹ [piŋk] **1.** ⚘ Nelke *f*; Blaßrot *n*, Rosa *n*; Gipfel *m*, höchster Grad *m*; *in the* ~ *sl.* in bester Verfassung; **2.** rosa(farben).

pink² [~] durchstechen; auszacken.

pink³ *mot.* [~] klopfen, klingeln.

pink·ish [ˈpiŋkiʃ] blaßrosa.

pin·nace ⚓ [ˈpinis] Pinasse *f*.

pin·na·cle [ˈpinəkl] ⩓ Zinne *f*, Spitztürmchen *n*; (Berg)Spitze *f*; *fig.* Gipfel *m*.

pin·nate ⚘ [ˈpineit] gefiedert.

pi·noc(h)·le *Am.* [ˈpiːnʌkl] Binokel *n* (*Kartenspiel*).

pin...: ˈ~**·prick** *fig.* Nadelstich *m*; ˈ~**-stripe** Nadelstreifen *m* (*Stoff*).

pint [paint] Pinte *f* (*0,57 od. Am. 0,47 Liter*).

pin-up [ˈpinʌp] Pin-up-girl *n*.

pi·o·neer [paiəˈniə] **1.** Pionier *m* (*a.* ⚔), Bahnbrecher *m*, Vorkämpfer *m*; **2.** *Weg* bahnen; den Weg bahnen (für).

pi·ous □ [ˈpaiəs] fromm, religiös; pflichtgetreu.

pip¹ [pip] *vet.* Pips *m*; *sl.* miese Laune *f*; *have the* ~ nicht auf dem Damm sein; *it gives me the* ~ es geht mir auf die Nerven.

pip² [~] Obstkern *m*; Auge *n auf Würfeln etc.*; ⚔ Stern *m* (*Rangabzeichen*).

pip³ *sl.* [~] zunichte machen; durchfallen (lassen); abknallen; ~ *out* eingehen (*sterben*).

pip⁴ [~] Ton *m* (*Zeitzeichen etc.*).

pipe [paip] **1.** Rohr *n*, Röhre *f*; ♪ (Orgel)Pfeife *f*, Flöte *f*; ⚓ Bootsmannspfeife *f*, -pfiff *m*; Lied *n e-s Vogels*; Luftröhre *f*; (Tabaks)Pfeife *f*; Pipe *f* (*Weinfaß* = *470 l*); **2.** pfeifen; quieken; durch Röhren leiten; mit Röhren versehen; *Schneiderei*: paspeln; ~ *one's eye* F weinen; ~ *down* F den Mund halten; ~ *up* F loslegen; ˈ~**·clay 1.** Pfeifenton *m*; **2.** mit Pfeifenton weißen; ˈ~**-lay·er** Rohrleger *m*; *Am. pol.* Drahtzieher *m*; ˈ~**·line** Ölleitung *f*, Pipeline *f*; ˈ**pip·er** Pfeifer *m*; *pay the* ~ F die Zeche bezahlen.

pip·ing [ˈpaipiŋ] **1.** pfeifend; schrill (*Stimme*); fröhlich (*Zeit*); ~ *hot* siedend heiß; **2.** Rohrnetz *n*, -system *n*; *coll.* Rohr *n*; *Schneide-*

rei: Paspel *m*, *f*, Biese *f*; Zuckerguß *m*.
pip·pin ⚘ ['pipin] Pippinapfel *m*.
pip-squeak *sl.* ['pipskwi:k] Knülch *m*, Würstchen *n*.
pi·quan·cy ['pi:kənsi] Pikantheit *f*; '**pi·quant** □ pikant.
pique [pi:k] **1.** Groll *m*; **2.** *Zorn od. Neugier* reizen; ~ *o.s. upon* sich etwas zugute tun auf (*acc.*).
pi·ra·cy ['paiərəsi] Seeräuberei *f*; Raubdruck *m von Büchern*; **pi·rate** ['~rit] **1.** Seeräuber(schiff *n*) *m*; Raubdrucker *m*; *wireless* ~, *radio* ~, ~ *listener* Schwarzhörer(in); **2.** unerlaubt nachdrucken; **pi·rat·i·cal** □ [pai'rætikl] (see)räuberisch.
pis·ci·cul·ture ['pisikʌltʃə] Fischzucht *f*.
pish [piʃ] pfui!; pah!
piss V [pis] **1.** Pisse *f*; **2.** (be)pissen.
pis·til ⚘ ['pistil] Stempel *m*, Griffel *m*; **pis·til·late** ['~lit] mit Stempel(n), weiblich.
pis·tol ['pistl] Pistole *f*.
pis·ton ⊕ ['pistən] Kolben *m*; '**~-rod** Kolbenstange *f*; '**~-stroke** Kolbenhub *m*.
pit [pit] **1.** Grube *f* (*a.* ⚒, *anat.*); ↗ Miete *f*; *thea.* Parterre *n*; Pockennarbe *f*; (Tier)Falle *f*; *Autorennen*: Box *f*; *Am. Börse*: Maklerstand *m*; *the* ~ die Hölle; **2.** mit Narben bedecken; ~ *against s-e Kraft etc.* messen mit; ~*ted with smallpox* pockennarbig.
pit-a-pat ['pitə'pæt] ticktack.
pitch[1] [pitʃ] **1.** Pech *n*; **2.** (ver-)pichen; ⚓ teeren.
pitch[2] [~] **1.** Stand(platz) *m e-s Straßenhändlers etc.*; ♪ Tonhöhe *f*; Grad *m*, Stufe *f*; Steigung *f*, Neigung *f e-s Daches*; *Kricket*: *Feld zwischen den Dreistäben*; Wurf *m*; ⚓ Stampfen *n*; **2.** *v/t.* werfen; schleudern; *Heu etc.* aufladen; feststecken; *Zelt etc.* aufschlagen, aufstellen; ♪ *Grundton* angeben; ♪ stimmen (*a. fig.*); ~*ed battle* regelrechte *od.* offene (Feld-)Schlacht *f*; ~ *one's hopes too high* s-e Hoffnungen zu hoch stecken; *v/i.* ⚔ (sich) lagern; fallen; ⚓ stampfen; ~ *upon* verfallen auf (*acc.*); ~ *into* F herfallen über (*acc.*).
pitch...: '**~-and-'toss** Kopf oder Schrift (*Spiel*); '**~-'black**, '**~-'dark** pechschwarz.

pitch·er ['pitʃə] (Ball)Werfer *m*; Krug *m*.
pitch·fork ['pitʃfɔ:k] **1.** Heu-, Mistgabel *f*; ♪ Stimmgabel *f*; **2.** mit der Heugabel werfen; zwängen, drängen (*into* in *e-e Lage*).
pitch-pine ⚘ ['pitʃpain] Pechkiefer *f*.
pitch·y ['pitʃi] pechartig.
pit-coal ⚒ ['pitkəul] Steinkohle *f*.
pit·e·ous □ *rhet.* ['pitiəs] traurig; kläglich.
pit·fall ['pitfɔ:l] Fallgrube *f*, Falle *f*.
pith [piθ] Mark *n*; *fig.* Kern *m*; Kraft *f*; Gewicht *n*.
pith·y □ ['piθi] markig, kernig; prägnant, inhaltsreich.
pit·i·a·ble □ ['pitiəbl] erbärmlich.
pit·i·ful □ ['pitiful] mitleidig; mitleiderregend; erbärmlich, jämmerlich, kläglich (*a. contp.*).
pit·i·less □ ['pitilis] unbarmherzig.
pit·man ['pitmən] Bergmann *m*.
pit·tance ['pitəns] Hungerlohn *m*; (kleines) bißchen.
pi·tu·i·tar·y [pi'tju:itəri] Schleim...; ~ *gland* Hypophyse *f*.
pit·y ['piti] **1.** Mitleid *n* (*on* mit); *for* ~*'s sake!* um Gottes willen!; *it is a* ~ es ist schade; *it is a thousand pities* es ist jammerschade; **2.** bemitleiden; *I* ~ *him* er tut mir leid.
piv·ot ['pivət] **1.** ⊕ Zapfen *m*; (Tür)Angel *f*; *fig.* Dreh-, Angelpunkt *m*; ⚔ Flügelmann *m*; **2.** sich drehen (*on*, *upon* um); **piv·o·tal** ['~tl] den Angelpunkt bildend; Kardinal...
pix·i·lat·ed *Am.* ['piksəleitid] verdreht; irritiert.
pla·ca·bil·i·ty [plækə'biliti] Versöhnlichkeit *f*; '**pla·ca·ble** □ versöhnlich.
pla·card ['plækɑ:d] **1.** Plakat *n*, Anschlag *m*; **2.** anschlagen; mit Anschlagzetteln bekleben.
pla·cate [plə'keit] versöhnlich stimmen.
place [pleis] **1.** Platz *m*; Ort *m*; Stadt *f*; Stelle *f*; Stätte *f*; Stellung *f*; Rang *m*; Aufgabe *f*; Anwesen *n*, Haus *n*, Wohnung *f*; ~ *of delivery* Erfüllungsort *m*; ~ *of employment* Arbeitsplatz *m*; *give* ~ *to j-m* Platz machen; *in* (*out of*) ~ (nicht) am rechten Ort; *fig.* (fehl) am Platz; *in* ~ *of* anstatt (*gen.*); *in his* ~ an seiner Stelle; *in the first* ~ an erster Stelle; zunächst (einmal); **2.** stellen, legen,

setzen; *j.* anstellen; ⚔ *Posten* aufstellen; *Geld* anlegen; *Person* unterbringen (*identifizieren*); *Bestellung* aufgeben, *Auftrag* erteilen; *be* ~*d Sport*: sich placieren; '~**-name** Ortsname *m*; '**plac·er** Leger(in); Ordner(in); Preisträger(in).

plac·id □ ['plæsid] mild, sanft; ruhig; **pla'cid·i·ty** Sanftheit *f*; Ruhe *f*.

plack·et ['plækit] Schlitz *m am* [*Damenrock*]

pla·gi·a·rism ['pleidʒjərizəm] Plagiat *n*; '**pla·gi·a·rist** Plagiator *m*, Abschreiber *m*; '**pla·gi·a·rize** abschreiben, plagiieren.

plague [pleig] **1.** Plage *f*; Seuche *f*; Pest *f*; **2.** plagen, quälen; '~**-spot** *mst fig.* Pestbeule *f*.

pla·guy ['pleigi] widerwärtig; F verwünscht, verdammt.

plaice *ichth.* [pleis] Scholle *f*.

plaid [plæd] *schottisches* Plaid (-tuch) *n*.

plain [plein] **1.** □ flach, eben; klar, offenbar; deutlich; rein (*Wahrheit*); einfach, schlicht; unscheinbar (*Gesicht*); offen, ehrlich; unumwunden; einfarbig; ~ *fare* Hausmannskost *f*; ~ *knitting* Rechtsstrickerei *f*; ~ *sewing* Weißnäherei *f*; **2.** *adv.* klar, deutlich; **3.** Ebene *f*, Fläche *f*; *bsd Am. attr.* Prärie...; '~**-clothes man** Geheimpolizist *m*; ~ **deal·ing** ehrliche Handlungsweise *f*; '**plain·ness** Einfachheit *f*, Offenheit *f*; Klarheit *f*; **plain sail·ing** *fig.* einfache *od.* klare Sache *f*.

plains·man ['pleinzmən] Flachlandbewohner *m*; *Am.* Präriebewohner *m*.

plaint ⚖ [pleint] Klage(schrift) *f*; **plain·tiff** ['~tif] ⚖ Kläger(in); '**plain·tive** □ traurig, klagend.

plait [plæt] **1.** *Haar- etc.* Flechte *f*; Zopf *m*; = *pleat 1*; **2.** flechten; = *pleat* 2.

plan [plæn] **1.** Plan *m*; Entwurf *m*; (Grund)Riß *m*; **2.** e-n Plan entwerfen von *od.* zu; *fig.* planen, vorhaben; ~*ned economy* Planwirtschaft *f*; ~*ning board* Planungsamt *n*.

plane[1] [plein] **1.** flach, eben; **2.** ⩤ Ebene *f*, Fläche *f*; ✈ Tragfläche *f*; Flugzeug *n*; *fig.* Stufe *f*; ⊕ Hobel *m*; *elevating* (*depressing*) ~*s pl.* ✈ Höhen- (Flächen)steuer *n*; **3.** ebnen, glätten; (ab)hobeln; ✈ fliegen; gleiten.

plane[2] ⚘ [~] *a.* ~*-tree* Platane *f*.

plan·et *ast.* ['plænit] Planet *m*.

plane-ta·ble *surv.* ['pleinteibl] Meßtisch *m*.

plan·e·tar·i·um [plæni'tɛəriəm] Planetarium *n*; **plan·e·tar·y** ['~təri] planetarisch; Planeten...; *fig.* umherirrend.

pla·nim·e·try ⩤ [plæ'nimitri] Planimetrie *f*.

plan·ish ⊕ ['plæniʃ] glätten; polieren.

plank [plæŋk] **1.** Planke *f*, Bohle *f*, Diele *f*, Brett *n*; *Am. parl.* Programmpunkt *m*; **2.** dielen; verschalen; ~ *down od. out sl., Am.* F *Geld* auf den Tisch legen; ~ **bed** Pritsche *f im Gefängnis*; '**plank·ing** Verschalung *f*; Planken *f/pl.*

plank·ton *biol.* ['plæŋktən] Plankton *n*.

plant [plɑːnt] **1.** Pflanze *f*; (Betriebs)Anlage *f*; Betriebsmaterial *n*; Fabrik *f*, Werk *n*; *sl.* Falle *f*, Schwindel *m*; **2.** (an-, ein)pflanzen (*a. fig.*); ~ *o.s.* sich aufpflanzen, (auf)stellen, (auf)setzen; anlegen, errichten, gründen; ansiedeln; *sl. Schlag* verpassen; *Land* bepflanzen; *Land* besiedeln; ~ *s.o. on s.th. sl.* j-m et. andrehen.

plan·tain[1] ⚘ ['plæntin] Wegerich *m*.

plan·tain[2] ⚘ [~] Pisang *m*; Banane *f*.

plan·ta·tion [plæn'teiʃən] Pflanzung *f*; Plantage *f*; Ansiedlung *f*; **plant·er** ['plɑːntə] Pflanzer *m*; Pflanzmaschine *f*; '**plant-louse** Blattlaus *f*.

plaque [plɑːk] (Schmuck)Platte *f*; Agraffe *f*, Schnalle *f*; Gedenktafel *f*.

plash [plæʃ] **1.** Platschen *n*; Pfütze *f*; **2.** platsch!; **3.** platschen, plätschern.

plash·y ['plæʃi] pfützig; sumpfig; feucht.

plas·ma *biol.* ['plæzmə] Plasma *n*.

plas·ter ['plɑːstə] **1.** *pharm.* Pflaster *n*; ⊕ Mörtel *m*, Putz *m*; *mst* ~ *of Paris* Gipsmörtel *m*, Stuck *m*; ~ *cast* Gipsabdruck *m*; **2.** bepflastern; (über)tünchen, gipsen; bedecken; '**plas·ter·er** Stukkateur *m*; '**plas·ter·ing** Verputz *m*; Stuck *m*; Gipsen *n*.

plas·tic ['plæstik] **1.** (~*ally*) plastisch; Plastik...; formbar; ~ *art* Bildhauerkunst *f*; **2.** Plastik(material) *n*, Kunststoff *m*; **plas·ti·cine** ['~tisiːn] Plastilin *n*; **plas·tic·i·ty** [~'tisiti]

Plastizität *f*, Formbarkeit *f*; '**plastics** = *plastic* 2.
plat [plæt] *s. plait*; *s. plot*[1].
plate [pleit] **1.** *allg.* Platte *f* (*a. phot.*, *typ.*); *Bild*-Tafel *f*; *Namen-*, *Tür-*Schild *n*; *Kupfer- etc.* Stich *m*; Silber(geschirr, -besteck) *n*; (Eß-)Teller *m*; Preis *m bei Rennen*; *Am. Baseball*: (Schlag)Mal *n*; *a. dental* ~ Gaumenplatte *f*; *Radio*: Anode *f e-r Röhre*; ⊕ Grobblech *n*; **2.** plattieren, versilbern; ⚔, ⚓ panzern.
pla·teau *geogr.* ['plætəu] Hochebene *f*, Plateau *n*.
plate-bas·ket ['pleitbɑːskit] Besteckkorb *m*; **plate·ful** ['~ful] Teller(voll) *m*.
plate...: '~**-glass** Spiegelglas *n*; '~**-lay·er** 🚂 Streckenarbeiter *m*.
plat·en ['plætən] *typ.* Drucktiegel *m*; (Schreibmaschinen)Walze *f*.
plat·er ['pleitə] ⊕ Plattierer *m*; *Sport*: minderwertiges Rennpferd *n*.
plat·form ['plætfɔːm] Plattform *f*; *geogr.* Hochebene *f*; 🚂 Bahnsteig *m*; *Am. bsd.* Plattform *f* am Wagenende; Podium *n*, Rednerbühne *f*; *pol.* Parteiprogramm *n*; *bsd. Am. pol.* Aktionsprogramm *n im Wahlkampf*.
plat·i·num *min.* ['plætinəm] Platin *n*.
plat·i·tude *fig.* ['plætitjuːd] Plattheit *f*.
pla·toon ⚔ [plə'tuːn] Zug *m*.
plat·ter ['plætə] Servierplatte *f*.
plau·dit ['plɔːdit] *mst* ~*s pl.* Beifallklatschen *n*.
plau·si·bil·i·ty [plɔːzə'biliti] Glaubwürdigkeit *f*; Einnehmende *n*.
plau·si·ble □ ['plɔːzəbl] glaubhaft, einleuchtend, plausibel; einnehmend.
play [plei] **1.** Spiel *n*; *thea.* Schauspiel *n*, (Theater)Stück *n*; Spielerei *f*; ⊕ Spiel *n*, Gang *m*; Spielraum *m* (*a. fig.*); *fair* (*foul*) ~ (un)ehrliches Spiel *n*; ~ *on words* Wortspiel *n*; *bring into* ~ in Gang *od.* zur Anwendung bringen; *make great* ~ *with* groß angeben mit; **2.** *v/i.* spielen (*a. fig.*); mitspielen; tändeln; ⊕ laufen; ~ *fast and loose with* Schindluder treiben mit; ~ *at cards* Karten spielen; ~ *for time* Zeit zu gewinnen suchen; ~ *up* loslegen; ~ *upon* einwirken auf (*acc.*); *v/t.* spielen (gegen); *thea.* spielen, darstellen; ~ *off fig.* ausspielen (*against each other* gegeneinander); ~*ed out* erledigt, abgetan; '~**-act·ing** Theaterspielen *n*; *fig.* Schauspielern *n*, Verstellung *f*; '~**-bill** Theaterzettel *m*; '~**-book** *thea.* Textbuch *n*; '~**-boy** Playboy *m*; '**play·er** Spieler(in); Schauspieler(in); '**play·er-pi·an·o** elektrisches Klavier *n*; '**play·fel·low** Spielkamerad(in); **play·ful** □ ['~ful] spielerisch, scherzhaft; '**play·ful·ness** Mutwille *m*.
play...: '~**·go·er** Theaterbesucher (-in); '~**·ground** Spiel-, Tummelplatz *m*; Schulhof *m*; '~**·house** Schauspielhaus *n*; *Am.* Miniaturhaus *n für Kinder*.
play·ing...: '~**-card** Spielkarte *f*; '~**-field** Sport-, Spielplatz *m*.
play...: '~**·mate** *s. playfellow*; '~**-off** *Sport*: Entscheidungsspiel *n*; '~**-thing** Spielzeug *n* (*a. fig.*); '~**-wright** Bühnenautor *m*, Dramatiker *m*.
pla·za ['plɑːzə] (Markt)Platz *m in Spanien*.
plea [pliː] ⚖ Einrede *f*; Ausrede *f*, Vorwand *m*; Befürwortung *f*; Gesuch *n*; Bitte *f*; *make a* ~ Einspruch erheben; *on the* ~ *of od. that* unter dem Vorwand (*gen.*) *od.* daß.
plead [pliːd] *v/i.* vor Gericht reden, plädieren; ~ *for* für *j.* sprechen, bitten; sich einsetzen für; *s. guilty*; *v/t. Sache* vertreten, verteidigen; als Beweis anführen, geltend machen; sich entschuldigen mit; '**plead·a·ble** rechtsgültig; triftig; '**plead·er** ⚖ Sachwalter *m*; Verteidiger *m*; '**plead·ing** ⚖ Schriftsatz *m*; ~*s pl.* Prozeßakten *f/pl.*; Verhandlung(en *pl.*) *f*.
pleas·ant □ ['pleznt] angenehm; vergnüglich; nett; erfreulich; freundlich; '**pleas·ant·ness** Annehmlichkeit *f*; '**pleas·ant·ry** Lustigkeit *f*; Scherz *m*, Spaß *m*.
please [pliːz] *v/i.* gefallen; belieben; *if you* ~ *iro.* stellen Sie sich vor; ~ *come in!* bitte, treten Sie ein!; *v/t. j-m* gefallen, angenehm sein; befriedigen; zufriedenstellen; ~ *yourself* tun Sie, was Ihnen gefällt; *be* ~*d to do* sich freuen, *et.* zu tun; *et.* gerne tun; *be* ~*d with* Vergnügen haben an (*dat.*); **pleased** erfreut, zufrieden.
pleas·ing □ ['pliːziŋ] angenehm, gefällig.

pleas·ur·a·ble □ ['pleʒərəbl] angenehm, vergnüglich.
pleas·ure ['pleʒə] **1.** Vergnügen *n*, Freude *f*; Belieben *n*; *attr.* Vergnügungs...; *at* ~ nach Belieben; *give s.o.* ~ j-m Vergnügen *od.* Freude machen; *take* ~ *in* Vergnügen finden an (*dat.*); **2.** (sich) erfreuen; '**~-ground** (Vergnügungs)Park *m*.
pleat [pliːt] **1.** Plisseefalte *f*; **2.** fälteln, plissieren.
ple·be·ian [pli'biːən] **1.** plebejisch; **2.** Plebejer(in).
pleb·i·scite ['plebisit] Volksentscheid *m*.
pledge [pledʒ] **1.** Pfand *n*; Zutrinken *n*; Gelübde *n*, Gelöbnis *n*, Versprechen *n*; *put in* ~ verpfänden; *take out of* ~ *Pfand* auslösen; **2.** verpfänden; *j-m* zutrinken; *he* ~*d himself* er gelobte; **pledg'ee** Pfandnehmer *m*; '**pledg·er** Verpfänder *m*.
Ple·iad ['plaiəd], *pl.* **Ple·ia·des** ['~diːz] Siebengestirn *n*.
ple·na·ry ['pliːnəri] vollständig; Voll...
plen·i·po·ten·ti·ar·y [plenipəu'tenʃəri] **1.** bevollmächtigt; **2.** Bevollmächtigte *m*.
plen·i·tude ['plenitjuːd] Fülle *f*.
plen·te·ous □ *poet.* ['plentjəs] voll, reichlich; '**plen·te·ous·ness** Fülle *f*.
plen·ti·ful □ ['plentiful] reichlich.
plen·ty ['plenti] **1.** Fülle *f*, Überfluß *m*; ~ *of* viel, eine Menge, reichlich; *horn of* ~ Füllhorn *n*; **2.** F reichlich.
ple·o·nasm ['pliːənæzəm] Pleonasmus *m*.
pleth·o·ra ['pleθərə] Blutandrang *m*; **ple·thor·ic** [ple'θɔrik] (~*ally*) vollblütig; *fig.* dick.
pleu·ri·sy ⚕ ['pluərisi] Brustfellentzündung *f*.
pli·a·bil·i·ty [plaiə'biliti] Biegsamkeit *f*.
pli·a·ble □ ['plaiəbl] biegsam; *fig.* geschmeidig, nachgiebig.
pli·an·cy ['plaiənsi] Biegsamkeit *f*.
pli·ant □ ['plaiənt] = *pliable*.
pli·ers ['plaiəz] *pl.* (*a pair of* ~ eine) (Draht-, Kombi)Zange *f*.
plight[1] [plait] **1.** *Ehre, Wort* verpfänden; verloben; **2.** Gelöbnis *n*.
plight[2] [~] Zustand *m*, (Not)Lage *f*.
plinth ⚠ [plinθ] Säulenplatte *f*.
plod [plɔd] *a.* ~ *along*, ~ *on* sich dahinschleppen; sich plagen, schuften; '**plod·ding** □ arbeitsam; schwerfällig.
plop [plɔp] **1.** plumps!; **2.** Plumps *m*; **3.** plumpsen.
plot[1] [plɔt] Stück(chen) *n*, Fleckchen *n Land*; Platz *m*; Parzelle *f*.
plot[2] [~] **1.** Plan *m*; Komplott *n*, Verschwörung *f*, Anschlag *m*; Intrige *f*; Handlung *f e-s Dramas etc.*; **2.** *v/t. a.* ~ *down* aufzeichnen; *in e-e Landkarte etc.* einzeichnen, -tragen; *b.s.* planen, anzetteln; *v/i.* sich verschwören, intrigieren; '**plot·ter** Anstifter(in); Verschwörer(in).
plough [plau] **1.** Pflug *m*; ⊕ Falzhobel *m*; *univ. sl.* Durchfall *m*; *the* ♀ *ast.* der Große Wagen; **2.** pflügen; furchen (*a. fig.*); ~ *back Gewinn* wieder in das Geschäft stecken; *be* ~*ed univ. sl.* durchfallen; '**~·man** Pflüger *m*; '**~·share** Pflugschar *f*.
plov·er ['plʌvə] *orn.* Regenpfeifer *m*; Strandläufer *m*; F Kiebitz *m*.
plow [plau], '**plow·man** *bsd. Am.* = *plough etc.*
pluck [plʌk] **1.** Mut *m*, Schneid *m*; Innereien *f/pl.*; Zug *m*, Ruck *m*; **2.** pflücken; *Vogel* rupfen; zerren, zupfen; reißen (*from* von); *sl. j.* rupfen, ausplündern; *univ. sl.* durchfallen lassen; ~ *at* zerren an; ~ *up courage* Mut fassen.
pluck·y F □ ['plʌki] mutig, schneidig.
plug [plʌg] **1.** Pflock *m*; Dübel *m*; Stöpsel *m*; ⚡ Stecker *m*; *Zahn*-Plombe *f*; Priem *m* (*Tabak*); Klosettspülvorrichtung *f*; *Feuer*-Hydrant *m*; *Am. Radio*: Reklamehinweis *m*; alter Gaul *m*; ~ *socket* Steckdose *f*; **2.** *v/t.* zu-, verstopfen; *Zahn* plombieren; stöpseln; *sl. j-m* eins auswischen; *Am.* F *im Rundfunk etc.* Reklame machen für *et.*; ~ *in* ⚡ einstöpseln; *v/i. sl.* schuften; '**plug-'ug·ly** *Am. sl.* Schläger *m* (*Person*).
plum [plʌm] Pflaume *f*, Zwetsch(g)e *f*; Rosine *f* (*a. fig.* = *das Beste*); *sl.* £ 100 000.
plum·age ['pluːmidʒ] Gefieder *n*.
plumb [plʌm] **1.** lotrecht; gerade; richtig; **2.** (Blei)Lot *n*; Senkblei *n*; **3.** *v/t.* lotrecht machen; loten; (*a. fig.*) sondieren; F Rohre legen in (*dat.*); *v/i.* F als Rohrleger arbeiten; **plum·ba·go** [~'beigəu] Graphit *m*; **plumb·er** ['plʌmə] Klempner *m*, Installateur *m*; **plum·bic** ['plʌm-

bik] ⚗ Blei...; **plumb·ing** ['~miŋ] Klempnerarbeit *f*; Rohrleitungen *f/pl.*; '**plumb-line** ⊕ Lotleine *f*, Senkschnur *f*; '**plumb-rule** Lot-, Senkwaage *f*.

plume [plu:m] **1.** *Schmuck*-Feder *f*; Federbusch *m*; **2.** *die Federn* putzen; mit Federn schmücken; ~ *o.s. on* sich brüsten mit.

plum·met ['plʌmit] (Blei)Lot *n*; Senkblei *n*.

plum·my F ['plʌmi] prima.

plump[1] [plʌmp] **1.** drall, prall, mollig, dick; **2.** prall machen *od.* werden.

plump[2] [~] **1.** (schwer) fallen, (hin-) plumpsen (lassen); *parl.* seine Stimme ungeteilt geben (*for dat.*); **2.** Plumps *m*; **3.** F *adv.* plumps; geradewegs; rundweg; **4.** F □ glatt, offen (*Absage etc.*), plump (*Lüge*).

plump·er ['plʌmpə] *parl.* ungeteilte Wahlstimme *f*; *sl.* plumpe Lüge *f*.

plump·ness ['plʌmpnis] Prallheit *f*, Beleibtheit *f*; F Offenheit *f e-r Antwort etc.*

plum-pud·ding ['plʌm'pudiŋ] Plumpudding *m*.

plum·y ['plu:mi] gefiedert; federartig.

plun·der ['plʌndə] **1.** Plünderung *f*; Raub *m*, Beute *f*; **2.** plündern; '**plun·der·er** Plünderer *m*; Räuber *m*.

plunge [plʌndʒ] **1.** (Unter)Tauchen *n*; Sturz *m*; (Kopf)Sprung *m*; Ausschlagen *n e-s Pferdes etc.*; *make od. take the* ~ den entscheidenden Schritt tun; **2.** *v/t.* tauchen, stürzen (*into* in *acc.*); *Schwert etc.* stoßen; *v/i.* (unter)tauchen; sich stürzen (*into* in *acc.*); ausschlagen (*Pferd*); ⚓ stampfen.

plung·er ['plʌndʒə] (Pumpen)Kolben *m*; *sl.* Spekulant *m*.

plunk [plʌŋk] *v/t. Saite* zupfen; *et.* hinplumpsen lassen, hinwerfen; *v/i.* (hin)plumpsen, fallen.

plu·per·fect *gr.* ['plu:'pə:fikt] Plusquamperfekt(um) *n*.

plu·ral *gr.* ['pluərəl] Mehrzahl *f*, Plural *m*; **plu·ral·i·ty** [~'ræliti] Vielheit *f*, Mehrheit *f*; Mehrzahl *f*; ~ *of wives* Vielweiberei *f*.

plus [plʌs] **1.** *prp.* plus, und; **2.** *adj.* positiv; **3.** Plus *n*; Mehr *n*; **~-fours** F ['~'fɔ:z] *pl.* Golfhose(n *pl.*) *f*; Knickerbocker *pl.*

plush [plʌʃ] Plüsch *m*.

plush·y ['plʌʃi] plüschartig; *sl.* feudal, luxuriös.

plu·toc·ra·cy [plu:'tɔkrəsi] Plutokratie *f* (*Geldherrschaft*); **plu·to·crat** ['~təukræt] Plutokrat *m*.

plu·to·ni·um ⚗ [plu:'təunjəm] Plutonium *n*.

plu·vi·al ['plu:viəl], '**plu·vi·ous** regnerisch; Regen...; **plu·vi·om·e·ter** [~'ɔmitə] Regenmesser *m*.

ply [plai] **1.** Lage *f Tuch od. Holz*; Strähne *f*; *fig.* Neigung *f*, Gewohnheit *f*; **2.** *v/t.* fleißig anwenden, handhaben; *j-m* zusetzen (*mit Fragen etc.*), *j.* überhäufen; ~ *a trade* ein Gewerbe betreiben; *v/i. regelmäßig* fahren *od.* verkehren.

ply-wood ['plaiwud] Sperrholz *n*.

pneu·mat·ic [nju:'mætik] **1.** (*~ally*) Luft...; pneumatisch; ~ *hammer* Preßlufthammer *m*; ~ *tire* Luftreifen *m*; **2.** Luftreifen *m*.

pneu·mo·ni·a ⚕ [nju:'məunjə] Lungenentzündung *f*.

poach[1] [pəutʃ] wildern.

poach[2] [~] *a.* ~ *up Erde* zertreten, aufwühlen.

poach[3] [~]: *~ed eggs pl.* verlorene Eier *n/pl.*

poach·er ['pəutʃə] Wilddieb *m*.

po·chette [pɔ'ʃet] Handtäschchen *n*.

pock ⚕ [pɔk] Pocke *f*, Blatter *f*.

pock·et ['pɔkit] **1.** Tasche *f*; *geol.* Nest *n*; Sack *m Wolle, Hopfen*; ✈ *Luft*-Loch *n*; **2.** einstecken (*a. fig.*); *Am. pol. Gesetzesvorlage* nicht unterschreiben, Veto einlegen gegen (*v. Präsidenten*); *Gefühl* unterdrücken; **3.** Taschen...; ~ *lighter* Taschenfeuerzeug *n*; ~ *lamp* Taschenlampe *f*; '**~-book** Notizbuch *n*; Brieftasche *f*; *Am.* Geldbeutel *m*; Damenhandtasche *f*.

pod [pɔd] **1.** ♀ Hülse *f*, Schale *f*, Schote *f*; *sl.* Bauch *m*; **2.** Schoten ansetzen; *Erbsen etc.* enthülsen.

po·dag·ra ⚕ ['pɔdəgrə] Podagra *n* (*Fußgicht*).

podg·y F ['pɔdʒi] quabbelig.

po·di·um ['pəudiəm] Podium *n*.

po·em ['pəuim] Gedicht *n*.

po·e·sy ['pəuizi] Poesie *f*.

po·et ['pəuit] Dichter *m*; **po·et·as·ter** [~'tæstə] Dichterling *m*; '**po·et·ess** Dichterin *f*; **po'et·ic, po·et·i·cal** □ [pəu'etikəl] poetisch, dichterisch; **po'et·ics** *pl.* Poetik *f*;

po·et·ize ['~itaiz] dichten; in Verse bringen; '**po·et·ry** Dichtkunst *f*, Poesie *f*; Dichtung *f*, *coll.* Dichtungen *f/pl.*, Gedichte *n/pl.*

poign·an·cy ['pɔinənsi] Schärfe *f*; *fig.* Eindringlichkeit *f*; '**poign·ant** □ scharf, beißend; *fig.* eindringlich.

point [pɔint] **1.** Spitze *f*; Pointe *f e-s Witzes etc.*; Landspitze *f*, -vorsprung *m*; *s.* ~-*lace*; Radiernadel *f*; *gr.*, ⚕, *phys. etc.* Punkt *m*; Fleck *m*, Stelle *f*; Stehen *n des Jagdhundes*; (Geweih)Ende *n*; ⚡ Kontakt *m*; ⚓ Kompaßstrich *m*; Auge *n auf Karten, Würfeln*; Grad *m* (*a. ast.*), Stufe *f*; (springender) Punkt *m*, Frage *f*, Sache *f*; Zweck *m*, Sinn *m*; Wirksamkeit *f*, Gewicht *n*; Anliegen *n*; Kernfrage *f*, -punkt *m*; *fig. hervorstechende* Eigenschaft *f*; ~*s pl.* 🚂 Weichen *f/pl.*; ~ *of view* Stand-, Gesichtspunkt *m*; *the* ~ *is that* ... die Sache ist die, daß ...; *there is no* ~ *in ger.* es hat keinen Zweck, zu *inf.*; *make a* ~ *of s.th.* auf et. achten; *make the* ~ *that* die Feststellung machen, daß; *stretch a* ~ fünf gerade sein lassen; *in* ~ *of* in Hinsicht auf (*acc.*); *in* ~ *of fact* tatsächlich; *off od. beyond the* ~ nicht zur Sache (gehörig); *differ on many* ~*s* in vielen Punkten abweichen; *he was on the* ~ *of coming* er war im Begriff *od.* nahe daran zu kommen; *win on* ~*s Boxen*: nach Punkten siegen; *to the* ~ zur Sache (gehörig); *stick to the* ~ bei der Sache bleiben; **2.** *v/t.* (zu)spitzen; richten, stellen; *oft* ~ *out* (auf-) zeigen, hinweisen auf (*acc.*); ausführen; punktieren; ~ *at Waffe etc.* richten auf (*acc.*); *v/i.* stehen (*Jagdhund*); ~ *at* zeigen *od.* weisen auf (*acc.*); ~ *to* nach *e-r Richtung* weisen; '**~-'blank** gerade; Kernschuß...; unumwunden; rundweg; ~ *shot* Fleckschuß *m*; '**~-du·ty** (*bsd.* Verkehrs)Postendienst *m*; '**point·ed** □ spitz; *fig.* scharf, beißend; '**point·ed·ness** Spitze *f*; Schärfe *f*; '**point·er** Zeiger *m*; Zeigestock *m*; Vorsteh-, Hühnerhund *m*; F Tip *m*; '**point-'lace** genähte Spitzen *f/pl.*; '**point·less** stumpf; witzlos; zwecklos, sinnlos; '**point-po'lice·man** Verkehrspolizist *m*; '**points·man** 🚂 Weichensteller *m*; Verkehrspolizist *m*; '**point-to-'point race** Geländejagdrennen *n*.

poise [pɔiz] **1.** Gleichgewicht *n*; Schwebe *f*; Haltung *f*; Gelassenheit *f*; **2.** *v/t.* im Gleichgewicht halten; ins Gleichgewicht bringen; *Kopf etc. besonders* tragen, halten; *be* ~*d* = *v/i.* schweben.

poi·son ['pɔizn] **1.** Gift *n*; **2.** vergiften; '**poi·son·er** Vergifter(in); Giftmischer(in); '**poi·son·ous** □ giftig (*a. fig.*); Gift...; F ekelhaft.

poke [pəuk] **1.** Stoß *m*, Puff *m*; **2.** *v/t.* stoßen; *a.* ~ *up Feuer* schüren; stecken; ~ *fun at* sich über *j.* lustig machen; *v/i.* stoßen (*at* nach); stochern; stöbern (*into* in *dat.*).

pok·er[1] ['pəukə] Feuerhaken *m*.

po·ker[2] [~] Poker(spiel) *n*; ~ *face fig.* Pokergesicht *n*.

pok·er-work ['pəukəwə:k] Brandmalerei *f*.

pok·y ['pəuki] klein, eng, winzig; schäbig; erbärmlich.

po·lar ['pəulə] polar; Polar...; ~ *bear* Eisbär *m*; **po·lar·i·ty** *phys.* [pəu'læriti] Polarität *f*; **po·lar·i·za·tion** *phys.* [~lərai'zeiʃən] Polarisation *f*; '**po·lar·ize** *phys.* polarisieren.

Pole[1] [pəul] Pole *m*, Polin *f*.

pole[2] [~] Pol *m* (*geogr., ast., phys., fig.*).

pole[3] [~] **1.** Stange *f*, Mast *m*; Pfosten *m*, Pfahl *m*; Deichsel *f*; (Meß-) Rute *f* (*5,029 Meter*); (Sprung-) Stab *m*; **2.** *Bohnen etc.* stängen; staken; '**~-ax(e)** ⚔ Streitaxt *f*; ⚓ Enterbeil *n*; Schlachtbeil *n*; '**~-cat** *zo.* Iltis *m*; *Am.* Skunk *m*; **~ jump** = *pole vault*.

po·lem·ic [pɔ'lemik] **1.** *a.* **po'lem·i·cal** □ polemisch; feindselig; Streit...; **2.** Polemiker *m*; **po'lem·ics** *pl.* Polemik *f*.

pole-star ['pəulstɑ:] Polarstern *m*; *fig.* Leitstern *m*.

pole-vault ['pəulvɔ:lt] Stabhochsprung *m.*

po·lice [pə'li:s] **1.** Polizei *f*; *two* ~ zwei Polizisten *m/pl.*; ~ *dossier* polizeiliches Führungszeugnis *n*; **2.** überwachen; **po'lice·man** Polizist *m*; **po'lice-of·fice** Polizeipräsidium *n*; **po'lice-of·fi·cer** Polizeibeamte *m*, Polizist *m*; **po'lice-sta·tion** Polizeiwache *f*; **po'lice-sur'veil·lance** Polizeiaufsicht *f*; **po'lice-trap** Autofalle *f*; **po'lice-wom·an** Polizistin *f*, Polizeibeamtin *f*.

pol·i·cy[1] ['pɔlisi] Politik *f*; (Welt-) Klugheit *f*; geschicktes Verhalten *n*.
pol·i·cy[2] [~] Police *f*; *Am.* Zahlenlotto *n*.
po·li·o(·my·e·li·tis) ['pəuliəu(maiə'laitis)] spinale Kinderlähmung *f*.
Pol·ish[1] ['pəuliʃ] polnisch.
pol·ish[2] ['pɔliʃ] **1.** Politur *f*; Schuhcreme *f*; *fig.* Umgangsformen *f/pl.*, Schliff *m*; **2.** *v/t.* polieren, glätten; bohnern; *fig.* verfeinern; ~ *off* verputzen (*essen*); hinhauen (*schnell erledigen*); ~ *up* aufpolieren, auffrischen; *v/i.* glänzend werden; '**polish·ing 1.** Politur *f*; **2.** Glanz..., Putz...
po·lite □ [pə'lait] artig, höflich; fein; **po'lite·ness** Höflichkeit *f*.
pol·i·tic □ ['pɔlitik] politisch; schlau, weltklug; *body* ~ Staatskörper *m*; **po·lit·i·cal** □ [pə'litikəl] politisch; staatlich; Staats...; **pol·i·ti·cian** [pɔli'tiʃən] Staatsmann *m*, Politiker *m*; *contp.* Intrigant *m*; **pol·i·tics** ['~tiks] *sg.* Staatswissenschaft *f*, Politik *f*; politische Überzeugung *f*.
pol·i·ty ['pɔliti] Verfassung *f*; Regierung(sform) *f*; Staatswesen *n*.
pol·ka ['pɔlkə] Polka *f*; ~ **dot** *Am.* Punktmuster *n auf Stoff*.
poll[1] [pəul] **1.** Wählerliste *f*; Stimmenzählung *f*; Abstimmung *f*; Wahl *f*; Stimmenzahl *f*; Umfrage *f*; *co.* Kopf *m*; *go to the ~s* zur Wahl gehen; **2.** *v/t.* *Stimmen* erhalten; = *pollard 2*; *v/i.* wählen; ~ *for* stimmen für.
poll[2] [pɔl] Papagei *m*.
pol·lard ['pɔləd] **1.** gekappter Baum *m*; hornloses Tier *n*; Kleie(nmehl *n*) *f*; **2.** kappen, stutzen.
poll-book ['pəulbuk] Wählerliste *f*.
pol·len ⚘ ['pɔlin] Blütenstaub *m*; **pol·li·na·tion** [pɔli'neiʃən] Bestäubung *f*.
poll·ing...: '**~-booth** Wahlzelle *f*; '**~-dis·trict** Wahlbezirk *m*; '**~-place** Wahlort *m*; '**~-sta·tion** Wahllokal *n*.
poll-tax ['pəultæks] Kopfsteuer *f*.
pol·lute [pə'lu:t] beschmutzen, beflecken (*a. fig.*); entweihen; **pol'lu·tion** Verunreinigung *f*; Befleckung *f*; Entweihung *f*.
po·lo ['pəuləu] *Sport*: Polo *n*.
po·lo·ny [pə'ləuni] grobe Zervelatwurst *f*.
pol·troon [pɔl'tru:n] Feigling *m*; **pol'troon·er·y** Feigheit *f*.
po·lyg·a·my [pɔ'ligəmi] Vielweiberei *f*; **pol·y·glot** ['~glɔt] vielsprachig; **pol·y·gon** ['~gən] Vieleck *n*; **po'lyg·o·nal** [~gənl] vieleckig; **pol·y·phon·ic** ♪ [~'fɔnik] polyphon; **pol·yp** *zo.* ['pɔlip], **pol·y·pus** ⚕ ['~pəs] Polyp *m*; **pol·y·syl·lab·ic** ['~si'læbik] vielsilbig; **pol·y·syl·lable** ['~siləbl] vielsilbiges Wort *n*; **pol·y·tech·nic** [~'teknik] polytechnisch(e Schule *f*); **pol·y·the·ism** ['~θi:izəm] Polytheismus *m*, Vielgötterei *f*.
po·made [pə'mɑ:d] Pomade *f*.
pome·gran·ate ⚘ ['pɔmgrænit] Granatapfel *m*.
Pom·er·a·nian [pɔmə'reinjən] **1.** pommer(i)sch; **2.** Pommer(in); *a.* ~ *dog* Spitz *m*.
pom·mel ['pʌml] **1.** *Degen-*, *Sattel-*, *Turm-*Knopf *m*, Knauf *m*; **2.** knuffen, schlagen.
pomp [pɔmp] Pomp *m*, Gepränge *n*.
pompom ['pɔmpɔm] (Flak-) Schnellfeuergeschütz *n*.
pom·pos·i·ty [pɔm'pɔsiti] Prunk *m*; Pomphaftigkeit *f*; '**pomp·ous** □ prunkvoll; hochtrabend; pompös.
pon·cho ['pɔntʃəu] Poncho *m*, (Regen)Umhang *m*.
pond [pɔnd] Teich *m*, Weiher *m*.
pon·der ['pɔndə] *v/t.* erwägen, überlegen; *v/i.* nachdenken (*on*, *over* über *acc.*); **pon·der·a·bil·i·ty** [~rə'biliti] Wägbarkeit *f*; '**pon·der·a·ble** wägbar; **pon·der·os·i·ty** [~'rɔsiti] Schwere *f*, Gewichtigkeit *f*, Schwerfälligkeit *f*; '**pon·der·ous** □ schwer, gewichtig; schwerfällig; '**pon·der·ous·ness** = *ponderosity*.
pone [pəun] Maisbrot *n*.
pon·iard ['pɔnjəd] Dolch *m*.
pon·tiff ['pɔntif] Hohepriester *m*; Papst *m*; **pon'tif·i·cal** □ oberpriesterlich; päpstlich; **pon'tif·i·cate** [~kit] Pontifikat *n*.
pon·toon ⚔ [pɔn'tu:n] Ponton *m*; **pon'toon-bridge** Schiffsbrücke *f*.
po·ny ['pəuni] Pony *n*, Pferdchen *n*; *sl.* £ 25; '**~-'en·gine** 🚂 Rangierlokomotive *f*; '**~-tail** Pferdeschwanz *m* (*Frisur*).
pooch *Am. sl.* [pu:tʃ] Köter *m*.
poo·dle ['pu:dl] Pudel *m*.
pooh [pu:] pah!

pooh-pooh [pu:ˈpu:] geringschätzig behandeln.

pool[1] [pu:l] Teich *m*, Tümpel *m*; Pfütze *f*, Lache *f*; (Schwimm)Bekken *n*.

pool[2] [~] **1.** (Spiel)Einsatz *m*; *Billard*: Poulespiel *n*; ⚚ Ring *m*, Kartell *n*; gemeinsame Kasse *f*; ~ *room* Billardzimmer *n*; *Am.* Wettannahmestelle *f*; **2.** ⚚ zu einem Ring vereinigen; *Gelder* zs.-legen.

poop ⚓ [pu:p] **1.** Heck *n*; Achterhütte *f*; **2.** *das Schiff* von hinten treffen (*Woge*).

poor □ [puə] arm; armselig, gering; dürftig, dürr, mager (*Boden*); schlecht (*Ernte*); unruhig, schlecht (*Nacht etc.*); *the* ~ die Armen *pl.*; ~ *me!* ich Armer!; ~ *health* schwache Gesundheit *f*; ˈ**~-box** Armenkasse *f*; ˈ**~-house** Armenhaus *n*; ˈ**~-law** ⚖ Armenrecht *n*; ˈ**poor·ly** **1.** *adj. pred.* unpäßlich; **2.** *adv.* dürftig; *he is* ~ *off* es geht ihm schlecht; ˈ**poor·ness** Armut *f*; Armseligkeit *f*, Dürftigkeit *f*; ˈ**poor-rate** Armensteuer *f*; ˈ**poor-ˈspir·it·ed** verzagt, feig.

pop[1] [pɔp] **1.** Puff *m*, Knall *m*; F Sprudel *m*; Schampus *m* (*Sekt*); *in* ~ *sl.* verpfändet; **2.** *v/t.* knallen lassen; *Am.* *Mais* rösten; schnell *wohin* tun, stecken, gießen; ~ *the question to a lady* e-r Dame e-n Heiratsantrag machen; *v/i.* puffen, knallen; *mit adv.* huschen; ~ *in* hereinplatzen; ~ *up* plötzlich auftauchen; **3.** plötzlich; **4.** puff!

pop[2] F [~] **1.** populär, beliebt; **2.** Schlager *m*; volkstümliche Musik *f*.

pop[3] *Am.* F [pɔp] Papa *m*, alter Herr *m*.

pop-corn *bsd. Am.* [ˈpɔpkɔ:n] Puffmais *m*.

pope [pəup] Papst *m*; ˈ**pope·dom** Papsttum *n*; ˈ**pop·er·y** *contp.* Papismus *m*.

pop-eyed [ˈpɔpaid] glotzäugig.

pop·gun [ˈpɔpgʌn] Knallbüchse *f*.

pop·in·jay [ˈpɔpindʒei] Geck *m*.

pop·ish □ [ˈpəupiʃ] papistisch.

pop·lar ⚘ [ˈpɔplə] Pappel *f*.

pop·lin [ˈpɔplin] Popelin *m*.

pop·pet [ˈpɔpit] ⚓ Schlittenständer *m*; ⊕ *Drehbank*-Docke *f*; *s. puppet*.

pop·py ⚘ [ˈpɔpi] Mohn *m*; ˈ**~·cock** *Am.* F Quatsch *m*.

pop·u·lace [ˈpɔpjuləs] Pöbel *m*.

pop·u·lar □ [ˈpɔpjulə] volkstümlich, populär; beliebt; Volks...; ~ *front* Volksfront *f*; **pop·u·lar·i·ty** [~ˈlæriti] Popularität *f*, Volkstümlichkeit *f*, Beliebtheit *f*; **pop·u·lar·ize** [ˈ~ləraiz] popularisieren; volkstümlich machen; gemeinverständlich darstellen; ˈ**pop·u·lar·ly** im Volk(smund).

pop·u·late [ˈpɔpjuleit] bevölkern; **pop·uˈla·tion** Bevölkerung *f*; Einwohnerzahl *f*.

pop·u·lous □ [ˈpɔpjuləs] volkreich, dicht besiedelt.

por·ce·lain [ˈpɔ:slin] Porzellan *n*.

porch [pɔ:tʃ] Vorhalle *f*, Portal *n*; überdachter Hauseingang *m*; *Am.* Veranda *f*.

por·cu·pine *zo.* [ˈpɔ:kjupain] Stachelschwein *n*.

pore[1] [pɔ:] Pore *f*.

pore[2] [~] eifrig studieren (*over acc.*); grübeln, brüten (*over, on, upon* über *dat.*).

pork [pɔ:k] Schweinefleisch *n*; ˈ**~-bar·rel** *Am. sl. politisch berechnete* Geldzuwendung *f der Regierung*; ˈ**~-butch·er** Schweinemetzger *m*; ˈ**pork·er** (Mast-)Schwein *n*; ˈ**pork·y** **1.** F fett, dick; **2.** *Am.* F = *porcupine*.

por·nog·ra·phy [pɔ:ˈnɔgrəfi] Pornographie *f*, Schmutzliteratur *f*.

po·ros·i·ty [pɔ:ˈrɔsiti], **po·rous·ness** [ˈpɔ:rəsnis] Porosität *f*.

po·rous □ [ˈpɔ:rəs] porös.

por·phy·ry *min.* [ˈpɔ:firi] Porphyr *m*.

por·poise *ichth.* [ˈpɔ:pəs] Meerschwein *n*, Tümmler *m*.

por·ridge [ˈpɔridʒ] Porridge *m*, *n*, Hafer(flocken)brei *m*; **por·rin·ger** [ˈpɔrindʒə] Suppennapf *m*.

port[1] [pɔ:t] Hafen *m*; ~ *of call* Anlaufhafen *m*; ~ *of destination* Bestimmungshafen *m*; ~ *of trans-shipment* Umschlaghafen *m*.

port[2] ⚓ [~] (Pfort-, Lade)Luke *f*.

port[3] [~] **1.** ⚔ *das Gewehr* schräg vor der Brust halten; **2.** Haltung *f*, Benehmen *n*.

port[4] ⚓ [~] **1.** Backbord *n*; **2.** *das Steuer* links halten.

port[5] [~] Portwein *m*.

port·a·ble [ˈpɔ:təbl] tragbar; ~ *radio set* Kofferradio *n*; ~ *typewriter* Reiseschreibmaschine *f*.

por·tage [ˈpɔ:tidʒ] (*bsd.* Trage-) Transport *m*; *s. porterage*.

por·tal ['pɔːtl] Portal *n*, Haupttor *n*; *fig.* Pforte *f*; '**por·tal-to-'por·tal pay** Lohn *m* für die Zeit zu und von der Arbeitsstätte (*innerhalb der Fabrik etc.*).
port·cul·lis ⚔ [pɔːt'kʌlis] Fallgatter *n*.
por·tend [pɔː'tend] vorbedeuten.
por·tent ['pɔːtent] (*bsd.* üble) Vorbedeutung *f*; Vorzeichen *n*; Wunder *n*; **por'ten·tous** □ [~təs] unheilvoll; wunderbar; unheimlich (*a. co.*).
por·ter¹ ['pɔːtə] Pförtner *m*.
por·ter² [~] (Gepäck- *etc.*) Träger *m*; Porterbier *n*; '**por·ter·age** Tragen *n*; Trägerlohn *m*; Zustellungsgebühr *f*; '**por·ter-house** Bier-, Speisehaus *n*; *a.* ~ *steak bsd. gutes* Beefsteak *n*.
port·fire ['pɔːtfaiə] Lunte *f*.
port·fo·li·o [pɔːt'fəuljəu] (Akten-) Mappe *f*; (Minister)Portefeuille *n*.
port-hole ⚓ ['pɔːthəul] = *port*².
por·ti·co ⚠ ['pɔːtikəu] Säulenhalle *f*.
por·tière ['pɔːtiɛə] Portière *f*, Türvorhang *m*.
por·tion ['pɔːʃən] **1.** Teil *m*; Anteil *m*; Portion *f Essen*; Erbteil *n*; Heiratsgut *n*, Aussteuer *f*; Los *n*, Schicksal *n*; **2.** teilen; ausstatten; '**por·tion·less** ohne Aussteuer.
port·li·ness ['pɔːtlinis] Stattlichkeit *f*, Würde *f*; '**port·ly** stattlich.
port·man·teau [pɔːt'mæntəu] Handkoffer *m*; † Mantelsack *m*; ~ *word gr.* Schachtelwort *n*.
por·trait ['pɔːtrit] Porträt *n*, Bildnis *n*; '**por·trait·ist** Porträtmaler *m*; **por·trai·ture** ['~tʃə] = *portrait*; Porträtmalerei *f*.
por·tray [pɔː'trei] (ab)malen, porträtieren; schildern; **por'tray·al** Porträtieren *n*; Schilderung *f*.
Por·tu·guese [pɔːtju'giːz] **1.** portugiesisch; **2.** Portugiese *m*, Portugiesin *f*; Portugiesisch *n*.
pose [pəuz] **1.** Pose *f*; **2.** (sich) in Positur stellen; auftreten, sich hinstellen (*as* als); *Frage* aufwerfen; '**pos·er** schwierige Frage *f*; Poseur *m*.
posh *sl.* [pɔʃ] schick, pikfein, erstklassig.
po·si·tion [pə'ziʃən] Lage *f*, Stellung *f* (*a. fig.*); Rang *m*; Stand *m*; *fig.* Standpunkt *m*; ⚔, *ast.*, ⚓ Position *f*; ~ *light* Positionslicht *n*; *be in a* ~ *to do* in der Lage sein zu tun.
pos·i·tive ['pɔzətiv] **1.** □ bestimmt, ausdrücklich; positiv; feststehend, sicher; vollkommen; unbedingt; ⚕, *phls.*, *phys.*, *phot.*, ⚡ positiv; überzeugt, sicher; rechthaberisch, eigensinnig; **2.** *das* Bestimmte; Positiv (*gr. m*; *phot. n*); '**pos·i·tive·ness** Bestimmtheit *f etc.*
pos·se ['pɔsi] (Polizei- *etc.*)Aufgebot *n*; Haufen *m*, Schar *f*.
pos·sess [pə'zes] besitzen; beherrschen; *fig.* erfüllen (*with* mit); ~*ed* besessen; ~*ed of* im Besitz *e-r Sache*; ~*o.s. of et.* in Besitz nehmen, sich *e-r Sache* bemächtigen; **pos·ses·sion** [pə'zeʃən] Besitz *m*; *fig.* Besessenheit *f*; ~*s pl.* Besitz(tum *n*) *m*; Besitzungen *f/pl.*; Habe *f*, Eigentum *n*; *in* ~ *of* im Besitz *e-r Sache*; **pos'ses·sive** *gr.* [~siv] **1.** □ besitzanzeigend; ~ *case* Genitiv *m*; **2.** besitzanzeigendes Fürwort *n*; Genitiv *m*; **pos'ses·sor** Besitzer *m*; **pos'ses·so·ry** Besitz...
pos·set ['pɔsit] heiße Milch *f* mit Bier *od.* Wein.
pos·si·bil·i·ty [pɔsə'biliti] Möglichkeit *f*; '**pos·si·ble** □ **1.** möglich; **2.** *Sport*: Höchstleistung *f*; '**pos·si·bly** möglicherweise, vielleicht; *if I* ~ *can* wenn ich irgend kann; *how can I* ~ *do it?* wie kann ich es nur *od.* bloß machen?; *I cannot* ~ *do it* ich kann es unmöglich tun.
pos·sum F ['pɔsəm] = *opossum*; *play* ~ krank spielen.
post¹ [pəust] **1.** Pfosten *m*, Pfahl *m*; **2.** *mst* ~ *up Plakat* anschlagen.
post² [~] **1.** ⚔, ✝ Posten *m*; ⚔ Standort *m*; Stelle *f*, Amt *n*, Posten *m*; 📯 Post *f* (*Postamt*, *-zustellung*, *-sendung*); Briefpapier *n*; *at one's* ~ ⚔ auf (s-m) Posten; *by* ~ mit der Post; **2.** *v/t. Soldaten etc.* aufstellen, postieren; ✝ eintragen, verbuchen; *oft* ~ *up* ✝ *die Bücher* in Ordnung bringen; zur Post geben; per Post senden; *keep s.o.* ~*ed up* j. auf dem laufenden halten; *v/i.* (dahin)eilen.
post³ ⚔ [~] Signal *n*; *last* ~ Zapfenstreich *m*.
post·age ['pəustidʒ] Porto *n*, Postgebühr *f*; ~ *due* Nachgebühr *f*; ~ **stamp** Briefmarke *f*.
post·al □ ['pəustəl] **1.** postalisch; Post...; ~ *order* Postanweisung *f*;

<u>♀</u> *Union* Weltpostverein *m*; **2.** *a.* ~ *card Am.* Postkarte *f.*
post·card ['pəustkɑːd] Postkarte *f.*
post·date ['pəust'deit] vorausdatieren.
post·er ['pəustə] Plakat *n*, Anschlag *m*; *a. bill-*~ Plakatankleber *m.*
poste res·tante ['pəust 'restɑ̃ːnt] **1.** postlagernd; **2.** Schalter *m* für postlagernde Sendungen.
pos·te·ri·or F [pɔs'tiəriə] **1.** □ später (*to* als); hinter; Hinter...; **2.** *a.* ~*s pl.* Hintern *m.*
pos·ter·i·ty [pɔs'teriti] Nachwelt *f*; Nachkommenschaft *f.*
pos·tern ['pəustəːn] Hintertür *f.*
post-free ['pəust'friː] portofrei.
post-grad·u·ate ['pəust'grædjuit] **1.** nach beendigter Studienzeit; **2.** Graduierte *m*, *der s-e Studien fortsetzt*; Doktorand(in).
post-haste ['pəust'heist] eilig(st).
post·hu·mous □ ['pɔstjuməs] nachgeboren; hinterlassen; post(h)um.
pos·til·(l)ion [pəs'tiljən] Postillion *m.*
post...: '~**·man** Briefträger *m*, Postbote *m*; '~**·mark 1.** Poststempel *m*; **2.** abstempeln; '~**·mas·ter** Postamtsvorsteher *m*; ♀ *General* Postminister *m.*
post me·rid·i·em ['pəust mə'ridiem] nachmittägig; Nachmittags...; **post-mor·tem** ['~'mɔːtem] **1.** nach dem Tode; **2.** *a.* ~ *examination* Autopsie *f.*
post...: '~**-of·fice**, *mst* ~ **of·fice** Postamt *n*; *Am. ein Kußspiel*; *general* ~ Hauptpost(amt *n*) *f*; ~ *box* Post(schließ)fach *n*; ~ *order* Postanweisung *f*; ~ *savings-bank* Postsparkasse *f*; '~**-paid** franko.
post·pone [pəust'pəun] ver-, aufschieben; *j. od. et.* unterordnen; **post'pone·ment** Aufschub *m.*
post·pran·di·al □ *co.* [pəust'prændiəl] nach Tisch (stattfindend).
post·script ['pəusskript] Nachschrift *f*, Postskriptum *n.*
pos·tu·lant ['pɔstjulənt] Bewerber *m*, Antragsteller *m*; **pos·tu·late 1.** ['~lit] Postulat *n*, Forderung *f*; **2.** ['~leit] fordern; (als gegeben) voraussetzen; **pos·tu'la·tion** Gesuch *n*; Annahme *f.*
pos·ture ['pɔstʃə] **1.** Stellung *f*, Haltung *f des Körpers*; **2.** *v/t.* zurechtstellen; *v/i.* sich zurechtstellen; posieren.
post-war ['pəust'wɔː] Nachkriegs...
po·sy ['pəuzi] Motto *n*, Sinnspruch *m*; Blumenstrauß *m.*
pot [pɔt] **1.** Topf *m*; Tiegel *m*; F *Sport*: Silberpokal *m*; *Am. sl.* Marihuana *n*; *a* ~ *of money* F ein Sack voll *m* Geld; *big* ~ F hohes Tier *n*; **2.** in e-n Topf tun; *Pflanze* eintopfen; *Fleisch* einlegen; F schießen, erlegen.
po·ta·ble ['pəutəbl] trinkbar.
pot·ash ⚗ ['pɔtæʃ] Pottasche *f.*
po·tas·si·um ⚗ [pə'tæsjəm] Kalium *n.*
po·ta·tion [pəu'teiʃən] *mst* ~*s pl.* Trinken *n*, Zecherei *f*; Trunk *m.*
po·ta·to [pə'teitəu], *pl.* **po'ta·toes** [~z] Kartoffel *f*; ~ **bee·tle** *zo.* Kartoffelkäfer *m.*
pot...: '~**-bel·ly** Schmerbauch *m*; '~**-boil·er** Brotarbeit *f*; Routinewerk *n*; '~**-boy** Bierkellner *m.*
po·ten·cy ['pəutənsi] Macht *f*; Stärke *f*; '**po·tent** □ mächtig; stark; überzeugend; **po·ten·tate** ['~teit] Machthaber *m*, Potentat *m*; **po·ten·tial** [pəu'tenʃəl] **1.** potentiell; möglich; in der Anlage vorhanden; *phys.* gebunden; **2.** *a.* ~ *mood gr.* Potentialis *m*, Möglichkeitsform *f*; ⚡ Spannung *f*; Leistungsfähigkeit *f*, Potential *n*, Kraftvorrat *m*; **po·ten·ti·al·i·ty** [~ʃi'æliti] Potentialität *f*; (Entwicklungs)Möglichkeit *f.*
poth·er ['pɔðə] **1.** Aufregung *f*; Lärm *m*; **2.** (sich) aufregen.
pot...: '~**-herb** Küchenkraut *n*; '~**-hole** *mot.* Schlagloch *n*; *geol.* Gletschertopf *m*; '~**-hook** Kesselhaken *m*; Schnörkel *m*; ~*s pl.* Gekritzel *n*; '~**-house** Kneipe *f.*
po·tion ['pəuʃən] (Arznei- *etc.*) Trank *m.*
pot-luck ['pɔt'lʌk]: *take* ~ vorliebnehmen mit dem, was es gibt.
pot·tage ['pɔtidʒ] dicke Suppe *f.*
pot·ter¹ ['pɔtə]: ~ *about* herumwerkeln, -hantieren; ~ *away* vertrödeln.
pot·ter² [~] Töpfer *m*; ~'*s wheel* Töpferscheibe *f*; '**pot·ter·y** Töpferei *f*; Töpferware(n *pl.*) *f.*
pot·ty *sl.* ['pɔti] lächerlich, unbedeutend; verrückt.
pouch [pautʃ] **1.** Tasche *f*; Beutel *m* (*a. zo.*); Tabaksbeutel *m*; Patronentasche *f*; **2.** einstecken; (sich) beuteln; **pouched** Beutel...

poul·ter·er [ˈpəultərə] Geflügelhändler *m.*
poul·tice ⚕ [ˈpəultis] Breiumschlag *m*, Packung *f.*
poul·try [ˈpəultri] Geflügel *n.*
pounce [pauns] **1.** Stoß *m*, Sprung *m*; **2.** (herab)stoßen (*Raubvogel*), sich stürzen (*on, upon* auf *acc.*).
pound[1] [paund] Pfund *n* (*abbr. lb.* = *453,6 g*); ~ (*sterling*) Pfund Sterling (*abbr.* £ = *100 pence*).
pound[2] [~] **1.** Pfandstall *m*; Tierasyl *n*; **2.** einpferchen.
pound[3] [~] (zer)stoßen; stampfen; donnern; hämmern, schlagen; *sl. Börse*: drücken; ~ *away* drauflosarbeiten.
pound·age [ˈpaundidʒ] Provision *f od.* Prozentsatz *m* per Pfund.
pound·er [ˈpaundə] ...pfünder *m.*
pour [pɔː] *v/t.* gießen, schütten; ~ *out Getränk* eingießen; *fig. sein Herz* ausschütten; *v/i.* sich ergießen, strömen; ~ *with rain* in Strömen gießen; *it never rains but it* ~*s fig.* ein Unglück kommt selten allein.
pout [paut] **1.** Schmollen *n*; **2.** *v/t. Lippen* aufwerfen; *v/i.* schmollen; hervorstehen (*Lippen*); ˈ**pout·er** *zo.* Kropftaube *f.*
pov·er·ty [ˈpɔvəti] Armut *f*; ˈ~-**-strick·en** verarmt; arm(selig), dürftig.
pow·der [ˈpaudə] **1.** Pulver *n*; Staub *m*; Puder *m*; **2.** pulverisieren; (sich) pudern; bepudern, bestreuen; ˈ~**-box** Puderdose *f*; ˈ~**-puff** Puderquaste *f*; ˈ**pow·der·y** pulverig; überpulvert.
pow·er [ˈpauə] Kraft *f* (*a.* ⊕, ⚡), Vermögen *n*; Fähigkeit *f*; Macht *f*, Gewalt *f*; ⚖ Vollmacht *f*; ℞ Potenz *f*; F Masse *f*; *in* ~ an der Macht, im Amt; ˈ~**-cur·rent** Starkstrom *m*; ˈ~**-dive** ✈ Vollgassturzflug *m*; **pow·er·ful** [ˈ~ful] □ mächtig, kräftig; einflußreich; wirksam; ˈ**pow·er-house** = *power-station*; ˈ**pow·er·less** machtlos, kraftlos; **pow·er line** ⚡ Starkstromleitung *f*; **pow·er plant** = *power-station*; **pow·er pol·i·tics** *sg.* Machtpolitik *f*; ˈ**pow·er-sta·tion** Kraftwerk *n.*
pow·wow [ˈpauwau] Medizinmann *m*; *Am.* lärmende Versammlung *f*; F Palaver *n.*
pox V [pɔks] Syphilis *f.*
pra(a)m ⚓ [prɑːm] Prahm *m.*
prac·ti·ca·bil·i·ty [præktikəˈbiliti] Durchführbarkeit *f*; ˈ**prac·ti·ca·ble** □ tunlich, durch-, ausführbar; gangbar (*Weg*); brauchbar; ˈ**prac·ti·cal** □ praktisch; erfahren, geschickt; tatsächlich, wirklich; eigentlich; sachlich; ~ *joke* Schabernack *m*, Streich *m*; ~ *chemistry* angewandte Chemie *f*; **prac·ti·cal·i·ty** [~ˈkæliti] *das* Praktische; Sachlichkeit *f*; **prac·ti·cal·ly** [ˈ~kəli] praktisch, so gut wie.
prac·tice [ˈpræktis] **1.** Praxis *f* (*a. des Arztes u. Anwalts*); Übung *f*; Gewohnheit *f*; Brauch *m*; Praktik *f*; *out of* ~ außer Übung; *put into* ~ in die Praxis umsetzen; *sharp* ~ unsaubere Geschäfte *n/pl.*; **2.** *Am.* = *practise.*
prac·tise [~] *v/t.* in die Praxis umsetzen; *Beruf* ausüben; *Geschäft etc.* betreiben; *et.* auf *e-m Instrument* üben; *j.* schulen; *v/i.* (sich) üben, Übungen machen; *Sport*: trainieren; ♪ üben; praktizieren; ~ *upon j-s Schwäche* ausnutzen; ˈ**prac·tised** geübt (*Person*).
prac·ti·tion·er [prækˈtiʃnə] Praktiker *m*; Rechtsanwalt *m*; *a. general* ~ praktischer Arzt *m.*
prae·tor [ˈpriːtə] *römischer* Prätor *m.*
prag·mat·ic [prægˈmætik] (~*ally*) pragmatisch, praktisch, sachlich; geschäftig; vorwitzig; rechthaberisch.
prai·rie *Am.* [ˈprɛəri] Grasebene *f*; Prärie *f*; ~ *schooner Am.* Planwagen *m der Kolonialzeit.*
praise [preiz] **1.** Preis *m*, Lob *n*; **2.** loben, preisen.
praise·wor·thy [ˈpreizwəːði] □ lobenswert.
pram F [præm] Kinderwagen *m.*
prance [prɑːns] sich bäumen; tänzeln (*Pferd*); paradieren; einherstolzieren.
pran·di·al □ [ˈprændiəl] auf die Mahlzeit bezüglich; Tafel..., Tisch...
prank [præŋk] **1.** Possen *m*, Streich *m*; **2.** ~ *out* (heraus)putzen.
prate [preit] **1.** Geschwätz *n*; **2.** schwatzen, plappern; ˈ**prat·er** Schwätzer(in).
prat·tle [ˈprætl] = *prate.*
prawn *zo.* [prɔːn] Steingarnele *f.*

pray [prei] *v/i.* beten (*to* zu; *for* um; für); bitten (*for* um); *v/t. j.* inständig bitten, ersuchen (*for* um); *et.* erbitten; ~ *tell me* bitte sagen Sie mir.
prayer [prεə] Gebet *n*; Bitte *f*; *oft* ~*s pl.* Andacht *f*; *Lord's* ~ Vaterunser *n*; *Book of Common* ♀ Gebetbuch *n* der anglikanischen Kirche; '~**-book** Gebetbuch *n*.
pre... [pri:, pri] vor(her)...; Vor...; früher.
preach [pri:tʃ] predigen, *Predigt* halten; '**preach·er** Prediger(in); '**preach·ing** Predigen *n*; Lehre *f*; '**preach·ment** Salbaderei *f*.
pre·am·ble [pri:'æmbl] Einleitung *f*, Präambel *f*.
preb·end *eccl.* ['prebənd] Präbende *f*, Pfründe *f*; '**pre·ben·dar·y** Pfründner *m*; Domherr *m*.
pre·car·i·ous □ [pri'kεəriəs] unsicher, prekär; **pre'car·i·ous·ness** Unsicherheit *f*.
pre·cau·tion [pri'kɔ:ʃən] Vorsicht(smaßregel) *f*; **pre'cau·tion·ar·y** [~ʃnəri] vorbeugend; Warnungs..., Vorsichts...
pre·cede [pri:'si:d] voraus-, vorangehen (*dat.*); *fig.* vorgehen (*dat.*); einführen, -leiten; **pre'ced·ence, pre'ced·en·cy** Vorhergehen *n*; Vortritt *m*, Vorrang *m*; **prec·e·dent** ['presidənt] Präzedenzfall *m*; **pre·ced·ing** [pri:'si:diŋ] vorhergehend.
pre·cen·tor *eccl.* [pri:'sentə] Vorsänger *m*, Kantor *m*.
pre·cept ['pri:sept] Vorschrift *f*, Regel *f*; ⚖ Verordnung *f*; **pre·cep·tor** [pri'septə] Lehrer *m*; **pre'cep·tress** [~tris] Lehrerin *f*.
pre·cinct ['pri:siŋkt] Bezirk *m*; *bsd. Am.* Wahlbezirk *m*, -kreis *m*; ~*s pl.* Nachbarschaft *f*, Umgebung *f*; Bereich *m*; Grenze *f*; *pedestrian* ~ Fußgängerzone *f*.
pre·cious ['preʃəs] **1.** □ kostbar (*a. iro.*); edel (*Steine etc.*); geschraubt, affektiert (*Sprache*); F arg, beträchtlich, schön; **2.** F *adv.* recht, äußerst; '**pre·cious·ness** Kostbarkeit *f*.
prec·i·pice ['presipis] Abgrund *m*; **pre·cip·i·tance, pre·cip·i·tan·cy** [pri'sipitəns(i)] Hast *f*, Übereilung *f*; **pre'cip·i·tate 1.** [~teit] (herab)stürzen; ⚗ fällen; beschleunigen; überstürzen; **2.** [~tit] □ hastig, voreilig; übereilt, schleunig; **3.** ⚗ [~tit] Niederschlag *m*; **pre·cip·i·ta·tion** [~'teiʃən] Sturz *m*; Hast *f*; ⚗ Niederschlag(en *n*) *m*; **pre'cip·i·tous** □ steil, jäh, abschüssig.
pré·cis ['preisi:] gedrängte Übersicht *f*, Zs.-fassung *f*.
pre·cise □ [pri'sais] genau; pedantisch; ~*ly!* ganz recht!; **pre'cise·ness** Genauigkeit *f*.
pre·ci·sion [pri'siʒən] Genauigkeit *f*; Präzision *f*; *attr.* Präzisions...
pre·clude [pri'klu:d] ausschließen; vorbeugen (*dat.*); ~ *s.o. from ger.* j. daran hindern, zu *inf*.
pre·co·cious □ [pri'kəuʃəs] frühreif; altklug; **pre'co·cious·ness, pre·coc·i·ty** [pri'kɔsiti] Frühreife *f*.
pre·con·ceive ['pri:kən'si:v] vorher ausdenken; ~*d* vorgefaßt (*Meinung*).
pre·con·cep·tion ['pri:kən'sepʃən] vorgefaßte Meinung *f*.
pre·con·cert·ed ['pri:kən'sə:tid] verabredet; *b. s.* abgekartet.
pre·cur·sor [pri:'kə:sə] Vorläufer *m*, Vorbote *m*; **pre'cur·so·ry** vorausgehend; vorbereitend.
pre·date ['pri:'deit] vordatieren.
pred·a·to·ry ['predətəri] räuberisch.
pre·de·cease ['pri:di'si:s] früher sterben als.
pre·de·ces·sor ['pri:disesə] Vorgänger *m*.
pre·des·ti·nate [pri:'destineit] vorherbestimmen; **pre·des·ti'na·tion** Vorherbestimmung *f*; *eccl.* Gnadenwahl *f*, Prädestination *f*; **pre'des·tined** auserkoren.
pre·de·ter·mine ['pri:di'tə:min] vorher festsetzen; vorherbestimmen.
pred·i·ca·ble ['predikəbl] aussagbar.
pre·dic·a·ment [pri'dikəmənt] *phls.* Kategorie *f*; (mißliche) Lage *f*.
pred·i·cate 1. ['predikeit] aussagen; **2.** ['~kit] *gr.* Prädikat *n*, Satzaussage *f*; **pred·i·ca·tion** [~'keiʃən] Aussage *f*; **pred·i·ca·tive** [pri'dikətiv] □ aussagend; *gr.* prädikativ.
pre·dict [pri'dikt] vorhersagen; **pre·dic·tion** [~'dikʃən] Prophezeiung *f*, Vorhersage *f*.
pre·di·lec·tion [pri:di'lekʃən] Vorliebe *f* (*for* für).
pre·dis·pose ['pri:dis'pəuz] vorher geneigt *od.* empfänglich machen

(*to* für); **pre·dis·po·si·tion** ['~dispə'ziʃən] Geneigtheit *f*; *bsd.* ⚕ Anfälligkeit *f* (*to* für).
pre·dom·i·nance [pri'dɔminəns] Vorherrschen *n*, Vorherrschaft *f*; Übergewicht *n*; Vormacht(stellung) *f*; **pre'dom·i·nant** □ vorherrschend, über-, vorwiegend; **pre'dom·i·nate** [~neit] die Oberhand haben (*over* über *acc.*); vorherrschen.
pre-em·i·nence [pri:'eminəns] Hervorragen *n*; Vorrang *m*; **pre'em·i·nent** □ hervorragend.
pre-emp·tion [pri:'empʃən] Vorkauf(srecht *n*) *m*.
preen [pri:n] *das Gefieder* putzen; ~ *o.s. on fig.* sich et. einbilden auf (*acc.*).
pre-en·gage [pri:in'geidʒ] vorher verpflichten *od.* bestellen; **pre-en'gage·ment** frühere Verpflichtung *f*.
pre-ex·ist ['pri:ig'zist] vorher dasein; '**pre-ex'ist·ence** früheres Vorhandensein *n*; '**pre-ex'ist·ent** vorher vorhanden.
pre·fab ['pri:fæb] **1.** zs.-setzbar; Fertig...; **2.** Fertighaus *n*; '**pre'fab·ri·cate** [~rikeit] vorfabrizieren.
pref·ace ['prefis] **1.** Vorrede *f*, -wort *n*, Einleitung *f*; **2.** einleiten.
pref·a·to·ry □ ['prefətəri] einleitend.
pre·fect ['pri:fekt] Präfekt *m*; *Schule*: Vertrauensschüler *m*.
pre·fer [pri'fə:] vorziehen; *Gesuch etc.* vorbringen; *Klage* einreichen (*to* bei); befördern; *s. share 1*; *I should ~ you not to go* es wäre mir lieber, wenn du nicht gingst; **pref·er·a·ble** □ ['prefərəbl] (*to*) vorzuziehen(d) (*dat.*); vorzüglicher (als); '**pref·er·a·bly** vorzugsweise; lieber; besser; '**pref·er·ence** Vorliebe *f*; *bsd.* ✝ Vorzug *m*; *Zoll*: Meistbegünstigung *f*; *s. share 1*; **pref·er·en·tial** □ [~'renʃəl] bevorzugt; Vorzugs...; **pref·er'en·tial·ly** vorzugsweise; **pre·fer·ment** [pri'fə:mənt] Beförderung *f*; höheres Amt *n*.
pre·fix 1. ['pri:fiks] Präfix *n*, Vorsilbe *f*; **2.** [pri:'fiks] vorsetzen; vorausgehen lassen.
preg·nan·cy ['pregnənsi] Schwangerschaft *f*; *fig.* Fruchtbarkeit *f*; Bedeutungsreichtum *m*; '**preg·nant** □ schwanger; trächtig (*Tier*); *fig.* fruchtbar, inhaltvoll.
pre-heat ⊕ ['pri:'hi:t] vorwärmen.
pre·hen·sile [pri'hensail] Greif...
pre·his·tor·ic ['pri:his'tɔrik] vorgeschichtlich.
pre-ig·ni·tion *mot.* ['pri:ig'niʃən] Frühzündung *f*.
pre·judge ['pri:'dʒʌdʒ] vorher (ver-) urteilen.
prej·u·dice ['predʒudis] **1.** Voreingenommenheit *f*; Vorurteil *n*; vorgefaßte Meinung *f*; Schaden *m*; *without ~ to* unbeschadet (*gen.*); **2.** einnehmen; benachteiligen; *e-r Sache* Abbruch tun; *~d* (vor)eingenommen.
prej·u·di·cial □ [predʒu'diʃəl] nachteilig, schädlich (*to* für).
prel·a·cy ['preləsi] Prälaten(würde *f*) *m/pl.*
prel·ate ['prelit] Prälat *m*.
pre·lec·tion [pri'lekʃən] Vorlesung *f*; **pre'lec·tor** Vorleser *m*.
pre·lim F [pri'lim] Vorexamen *n*.
pre·lim·i·nar·y [pri'liminəri] **1.** □ vorläufig; einleitend; Vor...; **2.** Einleitung *f*; **pre'lim·i·na·ries** [~riz] *pl.* Vorbereitungen *f/pl.*, Vorverhandlungen *f/pl.*
prel·ude ['prelju:d] **1.** ♪ Vorspiel *n*; Einleitung *f*; **2.** ♪ präludieren; einleiten.
pre·ma·ture □ [premə'tjuə] *fig.* frühreif; vorzeitig; vorschnell; verfrüht; *~ delivery* Frühgeburt *f*; **pre·ma'ture·ness, pre·ma'tu·ri·ty** [~riti] *fig.* Frühreife *f*; Vorzeitigkeit *f*; Voreiligkeit *f*.
pre·med·i·tate [pri:'mediteit] vorher überlegen; *~d murder* ⚖ vorsätzlicher Mord *m*; **pre·med·i'ta·tion** Vorbedacht *m*.
pre·mi·er ['premjə] **1.** erst; **2.** Premierminister *m*.
prem·ière ['premiɛə] Uraufführung *f*.
pre·mi·er·ship ['premjəʃip] Amt *n od.* Würde *f* des Premierministers.
prem·ise 1. ['premis] Prämisse *f*, Vordersatz *m*; *~s pl.* (Gebäude *n/pl.* mit) Grundstück *n*, Anwesen *n*; Lokal *n*; *licensed ~s pl.* Schankstätte *f*; *on the ~s* an Ort und Stelle, im Hause *od.* Lokal; **2. pre·mise** [pri'maiz] vorausschicken.
pre·mi·um ['pri:mjəm] Prämie *f*,

Preis *m*; Anzahlung *f*; ✝ Agio *n*; Versicherungsprämie *f*; Lehrgeld *n*; Anzahlung *f auf Mieten*; Super(benzin) *n*; *at a* ~ über pari; sehr gesucht.

pre·mo·ni·tion [priːməˈniʃən] Warnung *f*; (Vor)Ahnung *f*; **pre·mon·i·to·ry** □ [priˈmɔnitəri] warnend.

pre-na·tal [ˈpriːˈneitl] vor der Geburt (eintretend).

pre·oc·cu·pan·cy *fig.* [priːˈɔkjupənsi] Vertieftsein *n* (*in* in *acc.*); **pre·oc·cu·pa·tion** [~ˈpeiʃən] vorherige Besitznahme *f*; Vorurteil *n*; Haupttätigkeit *f*; Beschäftigtsein *n* (*with* mit); **preˈoc·cu·pied** [~paid] in Gedanken verloren; **preˈoc·cu·py** [~pai] vorher in Besitz nehmen; ausschließlich beschäftigen; in Anspruch nehmen.

pre·or·dain [ˈpriːɔːˈdein] vorher bestimmen.

prep F [prep] = *preparation*, *preparatory school*.

pre·paid [ˈpriːˈpeid] vorausbezahlt; frankiert.

prep·a·ra·tion [prepəˈreiʃən] Vorbereitung *f*; Zubereitung *f*; **pre·par·a·tive** [priˈpærətiv] Vorbereitung *f*; **preˈpar·a·to·ry** [~təri] □ vorbereitend, Vorbereitungs...; ~ *school* Vorschule *f*; ~ *to* vor (*dat.*).

pre·pare [priˈpɛə] *v/t.* vorbereiten; zurechtmachen, herrichten; *Speise etc.* (zu)bereiten; (aus)rüsten; *v/i.* sich vorbereiten; sich anschicken; **preˈpared** □ bereit; ~ *for* gefaßt auf (*acc.*); **preˈpared·ness** Bereitschaft *f*; Gefaßtsein *n* (*for* auf *acc.*).

pre·pay [ˈpriːˈpei] (*irr. pay*) vorausbezahlen; frankieren; **ˈpreˈpay·ment** Vorausbezahlung *f*; Frankierung *f*.

pre·pense □ [priˈpens] vorbedacht; *with malice* ~ in böswilliger Absicht.

pre·pon·der·ance [priˈpɔndərəns] Übergewicht *n*; **preˈpon·der·ant** □ überwiegend; **preˈpon·der·ate** [~reit] überwiegen.

prep·o·si·tion *gr.* [prepəˈziʃən] Präposition *f*, Verhältniswort *n*; **prep·oˈsi·tion·al** □ [~ʃənl] präpositional.

pre·pos·sess [priːpəˈzes] günstig stimmen, einnehmen; **pre·posˈsess·ing** □ einnehmend, anziehend; **pre·pos·ses·sion** [~ˈzeʃən] Voreingenommenheit *f*; Vorurteil *n*.

pre·pos·ter·ous[priˈpɔstərəs] widersinnig, albern; grotesk.

pre·puce *anat.* [ˈpriːpjuːs] Vorhaut *f*.

pre·req·ui·site [ˈpriːˈrekwizit] Vorbedingung *f*, Voraussetzung *f*.

pre·rog·a·tive [priˈrɔgətiv] Vorrecht *n*, Prärogativ *n*.

pres·age [ˈpresidʒ] **1.** Vorbedeutung *f*; Ahnung *f*; **2.** vorbedeuten; ahnen; prophezeien.

pres·by·ter [ˈprezbitə] Kirchenälteste *m*; **Pres·by·te·ri·an** [~ˈtiəriən] **1.** presbyterianisch; **2.** Presbyterianer(in); **pres·by·ter·y** *eccl.* [ˈ~təri] Presbyterium *n*; *katholisches* Pfarrhaus *n*.

pre·sci·ence [ˈpresiəns] Vorherwissen *n*, Voraussicht *f*; **ˈpre·sci·ent** vorherwissend.

pre·scribe [prisˈkraib] *v/t.* vorschreiben; ⚕ verschreiben, verordnen; *v/i.* etwas verschreiben (*for dat.*); ⚖ verjähren.

pre·script [ˈpriːskript] Vorschrift *f*; **pre·scrip·tion** [prisˈkripʃən] Vorschrift *f*, Verordnung *f*; ⚕ Rezept *n*; ⚖ Verjährung *f*; **preˈscrip·tive** □ [~tiv] Verjährungs...; verjährt.

pres·ence [ˈprezns] Gegenwart *f*; Anwesenheit *f*; Vorhandensein *n*; (äußere) Erscheinung *f*; (Geister-) Erscheinung *f*; ~ *of mind* Geistesgegenwart *f*; **ˈ~-cham·ber** Audienzzimmer *n*.

pres·ent[1] [ˈpreznt] **1.** □ gegenwärtig; anwesend, vorhanden; jetzig; heutig; laufend (*Jahr etc.*); vorliegend (*Fall etc.*); ~ *tense gr.* Präsens *n*; ~ *company* die Anwesenden *pl.*; ~ *value* Gegenwartswert *m*; ~! hier!; **2.** Gegenwart *f*; *gr. a.* Präsens *n*; *by the* ~ ✝, *by these* ~*s* ⚖ hiermit, -durch; *at* ~ jetzt; *for the* ~ für jetzt, einstweilen.

pre·sent[2] [priˈzent] (dar)bieten; darstellen, zeigen; *j.* vorstellen; *Wechsel* vorzeigen; *Kandidaten* vorschlagen; ⚔ präsentieren; (über)reichen; verleihen; vorlegen; *et.* schenken; *j.* beschenken (*with* mit); ~ *o.s.* sich einfinden; sich melden; ~ *one's compliments to s.o.* sich j-m empfehlen.

pres·ent[3] [ˈpreznt] Geschenk *n*; *make s.o. a* ~ *of s.th.* j-m et. zum Geschenk machen.

pre·sent·a·ble [priˈzentəbl] präsentabel; *is this suit* ~? kann man sich mit diesem Anzug sehen lassen?

pres·en·ta·tion [prezən'teiʃən] Dar-, Vorstellung *f*; Vorschlag(srecht *n*) *m*; Ein-, Überreichung *f*; Schenkung *f*; Vorzeigung *f e-s Wechsels*; ~ *copy* Frei- *od.* Widmungsexemplar *n*.
pres·ent-day ['prezentdei] gegenwärtig, modern, Gegenwarts...
pre·sen·ti·ment [pri'zentimənt] Vorgefühl *n*, Ahnung *f*.
pres·ent·ly ['prezntli] sogleich, bald (darauf), alsbald; *Am.* zur Zeit.
pre·sent·ment [pri'zentmənt] *s. presentation*; ⚖ Anklage *f* von Amts wegen; *thea.* Vorstellung *f*.
pres·er·va·tion [prezə:'veiʃən] Bewahrung *f*, Erhaltung *f*; *in good* ~ gut erhalten; **pre·serv·a·tive** [pri'zə:vətiv] **1.** bewahrend; **2.** Schutz-, Konservierungsmittel *n*.
pre·serve [pri'zə:v] **1.** bewahren, behüten (*from* vor *dat.*); erhalten, konservieren; *Obst etc.* einmachen; *Wild* hegen; (bei)behalten; **2.** *hunt. oft* ~*s pl.* Gehege *n* (*a. fig.*); *fig.* Reich *n*; *mst* ~*s pl.* Eingemachte *n*; **pre'serv·er** Bewahrer(in), Retter (-in); Erhalter(in); *hunt.* Heger *m*; Konservierungsmittel *n*; Einkochapparat *m*.
pre·side [pri'zaid] präsidieren, den Vorsitz führen (*over* bei); ~ *over an assembly* e-e Versammlung leiten.
pres·i·den·cy ['prezidənsi] Vorsitz *m*; Oberaufsicht *f*; Präsidentschaft *f*; '**pres·i·dent** Präsident *m*, Vorsitzende *m*; *Am.* ✝ Direktor *m*; **pres·i·den·tial** [~'denʃəl] Präsidenten...
press [pres] **1.** Druck *m der Hand*; (Wein- *etc.*)Presse *f*; *die* Presse (*Zeitungen*); Druckerei *f*; Verlag *m*; Druck(en *n*) *m*; *a. printing-*~ Drukkerpresse *f*; Menge *f*; *fig.* Druck *m*, Last *f*, Andrang *m*; Schrank *m*; ~ *of sail* ⚓ Segelpreß *m*; **2.** *v/t.* pressen (*a.* ⚔), drücken; auspressen; bügeln; (be)drängen; *fig.* drängen; dringen auf (*acc.*); *Rat etc.* aufdrängen (*on dat.*); belasten, lasten auf (*dat.*); ~ *the button* auf den Knopf drücken; ~ *the point that* besonders betonen, daß; *be* ~*ed for time* es eilig haben; *v/i.* drücken; (sich) drängen; ~ *for* sich eifrig bemühen um; ~ *on* vorwärtsdrängen, weitereilen; ~ (*up*)*on* eindringen auf (*acc.*); in *j.* dringen; '~**-a·gen·cy** Nachrichtenbüro *n*; ~ **a·gent** Reklameagent *m*; '~**-but·ton** Druckknopf *m*; '~**-cor·rec·tor** *typ.* Korrektor *m*; '~**-cut·ting** Zeitungsausschnitt *m*; '**press·er** Presser *m*; Drucker *m*; '**press·ing 1.** □ pressend; dringend; Preß...; **2.** Plattenpressung *f*; '**press·man** Mann *m* der Presse; '**press-mark** Bibliotheksnummer *f e-s Buches*; **pres·sure** ['preʃə] Druck *m* (*a. fig.*); Drang *m*; Drangsal *f*; **pres·sure cook·er** Dampfkochtopf *m*; '**pres·sure-gauge** ⊕ Druckmesser *m*; **pres·sur·ize** ['~raiz] unter Druck setzen; '**press-work** *typ.* Druckarbeit *f*.
pres·ti·dig·i·ta·tion ['prestididʒi'teiʃən] Taschenspielerei *f*.
pres·tige [pres'ti:ʒ] Prestige *n*, Ansehen *n*, Geltung *f*.
pres·to ['prestəu] schnell.
pre-stressed ['pri:'strest]: ~ *concrete* Spannbeton *m*.
pre·sum·a·ble □ [pri'zju:məbl] mutmaßlich, vermutlich; **pre'sume** *v/t. als wahr* annehmen; vermuten, mutmaßen; voraussetzen; *v/i.* vermuten; sich erdreisten, wagen (*to inf.* zu *inf.*); anmaßend sein; ~ (*up*)*on* pochen auf, ausnutzen, mißbrauchen; **pre'sum·ed·ly** [~idli] mutmaßlich; **pre'sum·ing** □ anmaßend.
pre·sump·tion [pri'zʌmpʃən] Mutmaßung *f*; Wahrscheinlichkeit *f*; Anmaßung *f*, Dünkel *m*; Voraussetzung *f*; **pre'sump·tive** □ [~tiv] mutmaßlich; **pre'sump·tu·ous** □ [~tjuəs] überheblich; vermessen.
pre·sup·pose [pri:sə'pəuz] voraussetzen; **pre·sup·po·si·tion** [pri:sʌpə'ziʃən] Voraussetzung *f*.
pre·tence, *Am.* **pre·tense** [pri'tens] Vortäuschung *f*; Vorwand *m*; Schein *m*, Verstellung *f*; *false* ~ Vorspiegelung *f* falscher Tatsachen; *make* ~ vorgeben, den Anschein erwecken.
pre·tend [pri'tend] vorgeben; vortäuschen; heucheln; Anspruch erheben (*to* auf *acc.*); ~ *to be ill* so tun, als ob man krank sei; **pre'tend·ed** □ angeblich; **pre'tend·er** Beansprucher *m*; (Thron)Bewerber *m*, Prätendent *m*; Heuchler *m*, Schauspieler *m*.

pre·ten·sion [pri'tenʃən] Anspruch *m* (*to* auf *acc.*); Anmaßung *f.*
pre·ten·tious [pri'tenʃəs] anmaßend; **pre'ten·tious·ness** Anmaßung *f.*
pret·er·it(e) *gr.* ['pretərit] Präteritum *n*, Vergangenheit(sform) *f.*
pre·ter·mis·sion [pri:tə'miʃən] Übergehung *f*; Unterlassung *f.*
pre·ter·nat·u·ral □ [pri:tə'nætʃrəl] außergewöhnlich, abnorm.
pre·text ['pri:tekst] Vorwand *m.*
pret·ti·fy ['pritifai] verniedlichen.
pret·ti·ness ['pritinis] Niedlichkeit *f*; Geziertheit *f des Ausdrucks.*
pret·ty ['priti] **1.** □ hübsch, niedlich; nett; F beträchtlich, schön; *a ~ penny* F e-e hübsche Summe, e-e Menge Geld; *my ~!* mein Herzchen!; **2.** *adv.* ziemlich; ganz schön.
pre·vail [pri'veil] die Oberhand haben *od.* gewinnen (*over, against* über *acc.*); sich durchsetzen; (vor-)herrschen; maßgebend *od.* ausschlaggebend sein; *~ (up)on s.o. to do* j. dazu bewegen, *et.* zu tun; **pre'vail·ing** □ (vor)herrschend.
prev·a·lence ['prevələns] Vorherrschen *n*, Verbreitung *f*; **'prev·a·lent** □ vorherrschend, weit verbreitet.
pre·var·i·cate [pri'værikeit] Ausflüchte machen; **pre·var·i'ca·tion** Ausflucht *f.*
pre·vent [pri'vent] *et.* verhüten, verhindern, *e-r Sache* vorbeugen; *j.* hindern (*from* an *dat.*); *j.* abhalten (*from* von); **pre'vent·a·ble** verhütbar; **pre'vent·a·tive** [~tətiv] = *preventive*; **pre'ven·tion** Verhinderung *f*; Verhütung *f*; **pre'ven·tive 1.** □ vorbeugend (*of dat.*); *~ detention* Sicherheitsverwahrung *f*; **2.** Schutzmittel *n* (*of* gegen).
pre·view ['pri:'vju:] Vorschau *f*; Vorbesichtigung *f e-r Ausstellung*; *thea., Film*: Probeaufführung *f.*
pre·vi·ous □ ['pri:vjəs] vorhergehend; früher; Vor...; F voreilig; *~ conviction* Vorstrafe *f*; *~ to* vor (*dat.*); **'pre·vi·ous·ly** vorher, früher.
pre·vi·sion [pri:'viʒən] Voraussicht *f.*
pre-war ['pri:'wɔ:] Vorkriegs...
prey [prei] **1.** Raub *m*, Beute *f*; *beast (bird) of ~* Raubtier *n* (-vogel *m*); *be a ~ to* geplagt werden von; **2.** Beute machen; *~ on, ~ upon* rauben, plündern; fressen; *fig.* nagen an (*dat.*).
price [prais] **1.** Preis *m*; Lohn *m*; *at any ~* um jeden Preis; **2.** mit Preisen versehen; die Preise festsetzen (für); (ab)schätzen; **'price·less** unschätzbar; unbezahlbar.
prick [prik] Stich *m e-s Insekts etc.*; Stachel *m* (*a. fig.*); **2.** *v/t.* (durch-) stechen; prickeln auf *od.* in (*dat.*); *a. ~ out* (aus)stechen, lochen, *Muster* punktieren; *~ out* ⚘ (aus-) pflanzen; *~ up one's ears* die Ohren spitzen; *v/i.* stechen; prickeln; *~ up* sich aufrichten, sich recken; **'prick·er** Pfriem *m*; **prick·le** ['~l] Stachel *m*, Dorn *m*; **'prick·ly** stachelig; *~ heat* ⚕ Hitzpickel *m/pl.*; *~ pear* ⚘ Feigendistel *f* (*ein Kaktus*).
pride [praid] **1.** Stolz *m*; Genugtuung *f*; Hochmut *m*; Blüte *f*, Höhe *f der Saison etc.*; *~ of place* Ehrenplatz *m*; Standesdünkel *m*; *take (a) ~ in* stolz sein auf (*acc.*); **2.** *~ o.s. (up)on* sich brüsten mit, sich etwas einbilden, stolz sein (auf *acc.*), sich rühmen (*gen.*).
priest [pri:st] Priester *m*, Geistliche *m*; **'~craft** Pfaffenlist *f*; **'priest·ess** Priesterin *f*; **priest·hood** ['~hud] Priesteramt *n*; Priesterschaft *f*; **'priest·ly** priesterlich; **'priest--rid·den** von Priestern beherrscht.
prig [prig] Tugendbold *m*, selbstgerechter Mensch *m*; Pedant *m*; **'prig·gish** □ selbstgerecht, -gefällig.
prim □ [prim] steif; spröde, zimperlich.
pri·ma·cy ['praiməsi] Vorrang *m*; **pri·mal** ['praiməl] erst, ursprünglich; wichtigst, Haupt...; **pri·ma·ri·ly** ['~rili] in erster Linie; **'pri·ma·ry** □ **1.** ursprünglich; frühest; hauptsächlich; Ur..., Anfangs..., Grund..., Haupt...; Elementar...; höchst (*Wichtigkeit*); ⚡, ⚕ Primär...; **2.** *a. ~ meeting Am.* Wahlversammlung *f*; *s. share*; **'pri·ma·ry school** Volks-, Grundschule *f*; **pri·mate** *eccl.* ['~mit] Primas *m.*
prime [praim] **1.** □ erste(r, -s); Haupt...; vorzüglich(st); erstklassig, prima; *~ cost* Gestehungs-, Selbstkosten *pl.*; ♀ *Minister* Pre-

mierminister *m*; ~ *number* Primzahl *f*; **2.** *fig.* Blüte(zeit) *f*; Vollkraft *f*; *das* Beste, Kern *m*; höchste Vollkommenheit *f*; **3.** *v/t.* vorbereiten; *Pumpe* anlassen; instruieren; F vollaufen lassen; *paint.* grundieren.

prim·er[1] ['praimə] Fibel *f*, Elementarbuch *n*; *typ.* ['primə]: *great* ~ Tertia(schrift) *f*; *long* ~ Korpus *f*.

prim·er[2] ['praimə] Grundierer *m*; Zündvorrichtung *f*.

pri·me·val [prai'mi:vəl] uranfänglich; Ur...

prim·ing ['praimiŋ] *paint.* Grundierung *f*; ⚔ Zündung *f*; Zündmasse *f*; *attr.* Zünd...; Pulver...

prim·i·tive ['primitiv] **1.** □ erst, ursprünglich; Stamm...; Grund...; einfach, primitiv; **2.** *gr.* Stammwort *n*; '**prim·i·tive·ness** Ursprünglichkeit *f*; Primitivität *f*.

prim·ness ['primnis] Steifheit *f*; Sprödigkeit *f*; Zimperlichkeit *f*.

pri·mo·gen·i·ture [praiməu'dʒenitʃə] Erstgeburt(srecht *n*) *f*.

pri·mor·di·al □ [prai'mɔ:djəl] uranfänglich.

prim·rose ⚘ ['primrəuz] Primel *f*; ~ *path od. way fig.* Rosenpfad *m des Vergnügens*; *take the* ~ *path* das Leben genießen.

prince [prins] Fürst *m*; Prinz *m*; ♀ **Con·sort** Prinzgemahl *m*; '**prince·ly** fürstlich; königlich; **prin·cess** [prin'ses, *vor npr.* 'prinses] Fürstin *f*; Prinzessin *f*.

prin·ci·pal ['prinsəpəl] **1.** □ erst, hauptsächlich(st); Haupt...; *gr.* ~ *parts pl.* Stammformen *f/pl. des vb.*; **2.** Hauptperson *f*; Vorsteher *m*; *bsd. Am.* (Schul)Direktor *m*, Rektor *m*; ⚖ Prinzipal *m*, Chef *m*; Auftraggeber *m*; Hauptschuldige *m*; Kapital *n*; **prin·ci·pal·i·ty** [prinsi'pæliti] Fürstentum *n*.

prin·ci·ple ['prinsəpl] Prinzip *n*, Grundsatz *m*; Grund *m*, Ursprung *m*; ⚗ (Grund)Bestandteil *m*; *in* ~ im Prinzip; *on* ~ grundsätzlich, aus Prinzip.

prink F [priŋk] (sich) putzen.

print [print] **1.** Druck *m*; (Fuß-) Spur *f*; (Finger- *etc.*)Abdruck *m*; bedruckter Kattun *m*, Druckstoff *m*; Stich *m*; *phot.* Abzug *m*; *Am.* Zeitungsdrucksache *f*; *out of* ~ vergriffen; *in cold* ~ schwarz auf weiß; **2.** *v/t.* drucken; ab-, auf-, bedrucken; *phot.* kopieren; *fig.* einprägen (*on dat.*); ~*ed form* Vordruck *m*; *v/i.* drucken; in Druckbuchstaben schreiben; '**print·er** (Buch)Drucker *m*; ~*'s devil* Setzerjunge *m*; ~*'s flower* Vignette *f*; ~*'s ink* Druckerschwärze *f*.

print·ing ['printiŋ] Druck *m*; Drucken *n*; *phot.* Abziehen *n*, Kopieren *n*; '**~-frame** *phot.* Kopierrahmen *m*; '**~-ink** Druckerschwärze *f*; '**~-of·fice** (Buch-) Druckerei *f*; '**~-press** Druckerpresse *f*.

pri·or ['praiə] **1.** früher, älter (*to* als); **2.** *adv.* ~ *to* vor (*dat.*); **3.** *eccl.* Prior *m*; '**pri·or·ess** *eccl.* Priorin *f*; **pri·or·i·ty** [~'ɔriti] Priorität *f*; Vorrang *m*, Vorzugsrecht *n*; Vorfahrtsrecht *n* (*to, over* vor *dat.*); *s. share 1*; **pri·o·ry** *eccl.* ['~əri] Priorei *f*.

prism ['prizəm] Prisma *n*; ~ *binoculars pl.* Prismen(fern)glas *n*;

pris·mat·ic [~'mætik] (~*ally*) prismatisch.

pris·on ['prizn] **1.** Gefängnis *n*; **2.** *poet.* einkerkern; '**pris·on·er** Gefangene *m, f*, Häftling *m*; ⚖ Angeklagte *m, f*; *be a* ~ *to fig.* gefesselt sein an (*acc.*); *take s.o.* ~ j. gefangennehmen; ~*'s bars*, ~*'s base* Barlauf(spiel *n*) *m*.

pris·sy *Am.* F ['prisi] zimperlich, etepetete.

pris·tine ['pristain] ursprünglich, urtümlich; unverdorben.

prith·ee † ['priði:] bitte.

pri·va·cy ['praivəsi] Zurückgezogenheit *f*; Privatleben *n*; Heimlichkeit *f*; Geheimhaltung *f*.

pri·vate ['praivit] **1.** □ privat; Privat...; eigen, persönlich; ohne (Regierungs)Amt *od.* Rang; nichtöffentlich; außeramtlich; vertraulich; geheim; ~ *company* offene Handelsgesellschaft *f*; ~ *member* Parlamentsmitglied *n* ohne Regierungsamt; ~ *theatre* Liebhabertheater *n*; ~ *view* Besichtigung *f* durch geladene Gäste; *at* ~ *sale* unter der Hand; **2.** ⚔ (gewöhnlicher) Soldat *m*; ~*s pl.*, *mst* ~ *parts pl.* Geschlechtsteile *m/pl.*; *in* ~ privatim; im geheimen.

pri·va·teer ⚓ [praivə'tiə] Freibeuter *m*, Kaperschiff *n*; Kaperer *m*; **pri·va'teer·ing** Kaperei *f*; *attr.* Kaper...

pri·va·tion [praiˈveiʃən] Mangel *m*, Entbehrung *f*.
pri·va·tive □ [ˈprivətiv] beraubend; verneinend (*a. gr.*).
priv·et ⚘ [ˈprivit] Liguster *m*.
priv·i·lege [ˈprivilidʒ] **1.** Privileg *n*, Vorrecht *n*; **2.** privilegieren, bevorrecht(ig)en.
priv·i·ty ⚖ [ˈpriviti] Mitwisserschaft *f*; Interessengemeinschaft *f*.
priv·y [ˈprivi] **1.** □ ~ *to* eingeweiht in (*acc.*); ⚖ mitbeteiligt an (*dat.*); ♀ *Council* Staatsrat *m*; ♀ *Councillor* Geheimer Rat *m*; ~ *parts pl.* Geschlechtsteile *m/pl.*; ~ *purse* Privatschatulle *f*; ♀ *Seal* Geheimsiegel *n*; *Lord* ♀ *Seal* Geheimsiegelbewahrer *m*; **2.** ⚖ Mitinteressent *m* (*to* an *dat.*); Abtritt *m*, Latrine *f*.
prize[1] [praiz] **1.** Preis *m*, Prämie *f*; ⚓ Beute *f*, Prise *f*; (Lotterie)Gewinn *m*; Vorteil *m*; *first* ~ *Lotterie*: *das* Große Los; **2.** preisgekrönt, Preis...; ⚓ Prisen...; ~ *competition* Preisausschreiben *n*; **3.** (hoch-)schätzen; ⚓ aufbringen, kapern.
prize[2] [~] **1.** *a.* ~ *open* aufbrechen (*öffnen*); **2.** Hebel *m*.
prize...: ˈ**~fight·er** Berufsboxer *m*; ˈ**~-list** Gewinnliste *f*; ˈ**~·man** = *prize-winner*; ˈ**~-ring** *Boxen*: Ring *m*; ˈ**~-winner** Preisträger *m*.
pro [prəu] für; *s. con*[3].
prob·a·bil·i·ty [prɔbəˈbiliti] Wahrscheinlichkeit *f*; ˈ**prob·a·ble** □ wahrscheinlich.
pro·bate ⚖ [ˈprəubit] gerichtliche Testamentsbestätigung *f*.
pro·ba·tion [prəˈbeiʃən] Probe *f*, Probezeit *f*, *bsd.* ⚖ Bewährungsfrist *f*; ⚖ bedingte Strafaussetzung *f*; ~ *officer* Bewährungshelfer *m*; *on* ~ auf Probe; ⚖ mit Bewährungsfrist; **proˈba·tion·ar·y:** ~ *period* ⚖ Bewährungsfrist *f*; **proˈba·tion·er** Probeanwärter(in); Lernschwester *f*; ⚖ Verurteilte *m*, *f* mit Bewährungsfrist.
pro·ba·tive ⚖ [ˈprəubətiv]: ~ *force* Beweiskraft *f*.
probe [prəub] **1.** ⚕ Sonde *f*; *fig.* Untersuchung *f*; *lunar* ~ Mondsonde *f*; **2.** *a.* ~ *into* sondieren; untersuchen; ˈ**~-scis·sors** *pl.* Wundschere *f*.
prob·i·ty [ˈprəubiti] Redlichkeit *f*.
prob·lem [ˈprɔbləm] Problem *n*; schwierige Frage *f*; ♗ Aufgabe *f*; *do a* ~ e-e Aufgabe lösen; **prob·lem·at·ic, prob·lem·at·i·cal** □ [~bliˈmætik(əl)] problematisch, zweifelhaft.
pro·bos·cis [prəuˈbɔsis] Rüssel *m*.
pro·ce·dur·al [prəˈsiːdʒərəl] Verfahrens...; **proˈce·dure** Verfahren *n*; Handlungsweise *f*; Vorgehen *n*.
pro·ceed [prəˈsiːd] weitergehen (*a. fig.*); fortfahren (*with* mit, in *dat.*); vor sich gehen; vorgehen (*handeln*; ⚖ *against* gegen); *univ.* promovieren; ~ *from* von *od.* aus *et.* kommen; ausgehen von; ~ *on one's journey* s-e Reise fortsetzen; ~ *to* zu *et.* schreiten *od.* übergehen; **proˈceed·ing** Vorgehen *n*, Verfahren *n*; Handlung *f*; ~*s pl.* ⚖ Verfahren *n*; Verhandlungen *f/pl.*, (Tätigkeits-)Bericht *m e-r Körperschaft etc.*; *take* ~*s against* gerichtlich vorgehen gegen; **pro·ceeds** [ˈprəusiːdz] *pl.* Einnahmen *f/pl.*, Ertrag *m*, Gewinn *m* (*from* aus).
proc·ess [ˈprəuses] **1.** Fortschreiten *n*, -gang *m*; Vorgang *m*; Verlauf *m der Zeit*; ⚖, ⚗ Prozeß *m*, Verfahren *n*; Arbeitsgang *m*; *anat.*, ⚘ Fortsatz *m*; *in* ~ im Gange; *in* ~ *of construction* im Bau (befindlich); **2.** gerichtlich belangen; ⊕ behandeln, bearbeiten; ~ *into* verarbeiten zu; ~*ed cheese* Käsezubereitung *f*; ˈ**pro·cess·ing** ⊕ Veredelung *f*, Verarbeitung *f*; **pro·ces·sion** [prəˈseʃən] Prozession *f*, Umzug *m*; **proˈces·sion·ar·y** [~ʃnəri] Prozessions...
pro·claim [prəˈkleim] proklamieren, öffentlich verkünden; erklären; ausrufen; verraten (als).
proc·la·ma·tion [prɔkləˈmeiʃən] Proklamation *f*, Verkündung *f*; Bekanntmachung *f*; Erklärung *f*.
pro·cliv·i·ty [prəˈkliviti] Neigung *f*; Anlage *f* (*to* zu).
pro·con·sul [prəuˈkɔnsəl] Prokonsul *m*.
pro·cras·ti·nate [prəuˈkræstineit] zaudern; **pro·cras·tiˈna·tion** Zaudern *n*.
pro·cre·ate [ˈprəukrieit] (er)zeugen; **pro·creˈa·tion** Zeugung *f*; ˈ**pro·cre·a·tive** zeugungsfähig; Zeugungs...
proc·tor [ˈprɔktə] ⚖ Anwalt *m*, Sachwalter *m*; *univ.* Proktor *m*, Disziplinarbeamte *m*.

pro·cum·bent [prəu'kʌmbənt] (nieder)liegend.
pro·cur·a·ble [prə'kjuərəbl] beschaffbar, erhältlich.
proc·u·ra·tion [prɔkjuə'reiʃən] Stellvertretung *f*; Vollmacht *f*; ⚕ Prokura *f*; *by* ~ per Prokura; '**proc·u·ra·tor** Bevollmächtigte *m*.
pro·cure [prə'kjuə] *v/t.* beschaffen; verschaffen, besorgen (*s.o. s.th.*, *s.th. for s.o.* j-m et.); *v/i.* kuppeln; **pro'cure·ment** Beschaffung *f*; Vermittlung *f*; **pro'cur·er** Beschaffer(in); Kuppler(in); **pro'cur·ess** Kupplerin *f*.
prod [prɔd] **1.** Stich *m*; Stoß *m*; *fig.* Ansporn *m*; **2.** stechen; stoßen; *fig.* anstacheln.
prod·i·gal □ ['prɔdigəl] **1.** verschwenderisch (*of* mit); *the* ~ *son* der verlorene Sohn; **2.** Verschwender(in); **prod·i·gal·i·ty** [~'gæliti] Verschwendung *f*.
pro·di·gious □ [prə'didʒəs] erstaunlich, ungeheuer; wunderbar; **prod·i·gy** ['prɔdidʒi] Wunder *n* (*a. fig.*); Ungeheuer *n*; *oft infant* ~ Wunderkind *n*.
prod·uce[1] ['prɔdju:s] (Natur)Erzeugnis(se *pl.*) *n*, Produkt *n*, Ertrag *m*.
pro·duce[2] [prə'dju:s] vorbringen, -führen, -legen, -zeigen; *Zeugen etc.* beibringen; hervorbringen, -holen, -ziehen; *Waren, Früchte etc.* produzieren, erzeugen; herstellen; *Zinsen etc.* (ein)bringen; ⩘ verlängern; *Film etc.* herausbringen; **pro'duc·er** Erzeuger *m*, Hersteller *m*; *Film*: Produzent *m*, Produktionsleiter *m*; *thea.* Regisseur *m*; *Radio*: Spiel-, Sendeleiter *m*; (Gas)Generator *m*; **pro'duc·i·ble** erzeugbar; vorführbar; **pro'duc·ing** Produktions...; Herstellungs...
prod·uct ['prɔdʌkt] Produkt *n* (*a.* ⩘), Erzeugnis *n*; **pro·duc·tion** [prə'dʌkʃən] Hervorbringung *f*; Vorlegung *f*, Beibringung *f*; Produktion *f*, Erzeugung *f*; *thea.* Inszenierung *f*; Erzeugnis *n*, Produkt *n*; ~ **line** Fließband *n*; **pro'duc·tive** □ hervorbringend (*of acc.*); schöpferisch; produktiv, erzeugend; schaffend; ertragreich, ergiebig; fruchtbar; **pro'duc·tive·ness, pro·duc·tiv·i·ty** [prɔdʌk'tiviti] Produktivität *f*.
prof *Am.* F [prɔf] Professor *m*.
prof·a·na·tion [prɔfə'neiʃən] Entweihung *f*; **pro·fane** [prə'fein] **1.** □ profan; weltlich; uneingeweiht; gottlos, lästerlich; **2.** entweihen, profanieren; **pro·fan·i·ty** [~'fæniti] Gott-, Ruchlosigkeit *f*; Fluchen *n*.
pro·fess [prə'fes] bekennen, erklären; sich bekennen zu; *Reue etc.* bekunden; *Beruf* ausüben, betreiben; lehren; **pro'fessed** □ erklärt, ausgesprochen; an-, vorgeblich; Berufs...; **pro'fess·ed·ly** [~sidli] erklärtermaßen.
pro·fes·sion [prə'feʃən] Bekenntnis *n*; Erklärung *f*; Beruf *m*, Stand *m*; **pro'fes·sion·al** [~ʃənl] **1.** □ Berufs..., beruflich; Amts...; berufsmäßig; freiberuflich; ~ *men pl.* Akademiker *m/pl.* **2.** Fachmann *m*; Berufskünstler *m*, -spieler *m etc.*, *bsd. Sport*: Profi *m*, Professional *m*; **pro'fes·sion·al·ism** [~ʃnəlizm] *Sport*: Berufsspielertum *n*.
pro·fes·sor [prə'fesə] Professor *m*; **pro'fes·sor·ship** Professur *f*.
prof·fer ['prɔfə] **1.** anbieten; **2.** Anerbieten *n*.
pro·fi·cien·cy [prə'fiʃənsi] Tüchtigkeit *f*; **pro'fi·cient 1.** □ tüchtig; geübt, bewandert (*in, at* in *dat.*); **2.** Meister *m* (*in* in *dat.*).
pro·file ['prəufail] Profil *n*, Seitenansicht *f*; ⚠ Profil *n*, Durchschnitt *m*; *fig.* Querschnitt *m*; Kurzbiographie *f*.
prof·it ['prɔfit] **1.** Vorteil *m*, Nutzen *m*, Gewinn *m*, Profit *m*, Ertrag *m*; **2.** *v/t. j-m* Nutzen bringen; *v/i.* ~ *by* Nutzen ziehen aus; profitieren von; *Gelegenheit* aus-, benutzen; '**prof·it·a·ble** □ nützlich, vorteilhaft, einträglich, gewinnbringend; '**prof·it·a·ble·ness** Nützlichkeit *f*; Einträglichkeit *f*; **prof·it·eer** [~'tiə] **1.** Schiebergeschäfte machen; **2.** Profitmacher *m*, Schieber *m*; *war* ~ Kriegsgewinnler *m*; **prof·it'eer·ing** Schiebergeschäfte *n/pl.*; '**prof·it·less** □ nutzlos; nichts einbringend; **prof·it-shar·ing** ['~ʃεəriŋ] Gewinnbeteiligung *f*.
prof·li·ga·cy ['prɔfligəsi] Liederlichkeit *f*; Verschwendung *f*; **prof·li·gate** ['~git] **1.** □ verworfen; liederlich; verschwenderisch; **2.** liederlicher Mensch *m*.
pro·found □ [prə'faund] tief; tief-

gründig, gründlich; *fig.* dunkel; **pro'found·ness, pro·fun·di·ty** [~'fʌnditi] Tiefe *f* (*a. fig.*).
pro·fuse □ [prə'fjuːs] verschwenderisch (*in, of* mit); übermäßig, -reich; reich(haltig); **pro'fuseness, pro·fu·sion** [~'fjuːʒən] Verschwendung *f*; *fig.* Überfluß *m*.
prog *sl. univ.* [prɔg] Proktor *m*.
pro·gen·i·tor [prəu'dʒenitə] Vorfahr *m*, Ahn *m*; **pro'gen·i·tress** [~tris] Ahne *f*; **prog·e·ny** ['prɔdʒini] Nachkommen(schaft *f*) *m/pl.*; Brut *f*; *fig.* Produkt *n*.
prog·no·sis ⚕ [prɔg'nəusis], *pl.* **prog'no·ses** [~siːz] Prognose *f*.
prog·nos·tic [prəg'nɔstik] **1.** voraussagend (*of acc.*); **2.** Vorzeichen *n*; **prog'nos·ti·cate** [~keit] voraus-, vorhersagen; **prog·nos·ti'ca·tion** Vorhersage *f*.
pro·gram, *mst* **pro·gramme** ['prəugræm] Programm *n*; *Radio*: *a.* Sendung *f*.
prog·ress[1] ['prəugres] Fortschreiten *n*; Vorrücken *n* (*a.* ⚔); Fortgang *m*, Lauf *m*; Weiterentwicklung *f*; Fortschritt(e *pl.*) *m*; Rundreise *f e-s Fürsten*; *in* ~ im Gang.
pro·gress[2] [prə'gres] fortschreiten, vorankommen, Fortschritte machen; **pro'gres·sion** [~ʃən] Fortschreiten *n*; ⅍ Progression *f*; **pro'gres·sion·ist** [~ʃnist], **pro'gressist** [~sist] *pol.* Fortschrittler *m*; **pro'gres·sive 1.** □ fortschreitend; zunehmend; progressiv; *pol.* fortschrittlich; ~ *form gr.* Verlaufsform *f*; **2.** *pol.* Fortschrittler *m*.
pro·hib·it [prə'hibit] verbieten (*s.th.* et.; *s.o. from ger.* j-m zu *inf.*); verhindern; **pro·hi·bi·tion** [prəui'biʃən] Verbot *n*; Prohibition *f*, Alkoholverbot *n*; **pro·hi'bi·tion·ist** [~ʃnist] Schutzzöllner *m*; *bsd. Am.* Alkoholgegner *m*; **pro·hib·i·tive** □ [prə'hibitiv] verbietend; Prohibitiv...; unerschwinglich (*Preis*); ~ *duty* Sperrzoll *m*.
proj·ect ['prɔdʒekt] Projekt *n*; Vorhaben *n*, Plan *m*.
pro·ject [prə'dʒekt] *v/t.* planen, entwerfen, projektieren; werfen, schleudern; ⅍ projizieren; ~ *o.s. into* sich versetzen in (*acc.*); *v/i.* vorspringen; **pro·jec·tile 1.** ['prɔdʒiktail] Projektil *n*, Geschoß *n*; **2.** [prəu'dʒektail] Wurf...; **projec·tion** [prə'dʒekʃən] Werfen *n*, Wurf *m*; Entwurf *m*; Vortreiben *n*; Fortsatz *m*, Vorsprung *m*; ⅍, *ast.*, *phot.* Projektion *f*; Widerspiegelung *f* (*a. fig.*); ~ *room Film*: Vorführraum *m*; **pro'jec·tion·ist** [~ʃnist] Filmvorführer *m*; **pro'jec·tor** Plänemacher *m*; ☤ Gründer *m*; *opt.* Projektionsapparat *m*, Bildwerfer *m*, Projektor *m*.
pro·le·tar·i·an [prəuli'tɛəriən] **1.** proletarisch; **2.** Proletarier(in); **pro·le'tar·i·at,** *mst* **pro·le'tar·i·ate** [~riət] Proletariat *n*.
pro·lif·ic [prəu'lifik] (~*ally*) fruchtbar; *fig.* reich (*of, in* an *dat.*).
pro·lix □ ['prəuliks] weitschweifig; **pro'lix·i·ty** Weitschweifigkeit *f*.
pro·logue, *Am. a.* **pro·log** ['prəulɔg] Prolog *m*; Einleitung *f*; ~ *to fig.* Auftakt *m od.* Vorspiel *n* zu.
pro·long [prəu'lɔŋ] verlängern; ☤ prolongieren; **pro·lon·ga·tion** [~'geiʃən] Verlängerung *f*.
prom F [prɔm] = *promenade concert*.
prom·e·nade [prɔmi'nɑːd] **1.** Promenade *f*; Spaziergang *m*; Spazierweg *m*; **2.** promenieren (auf, in *dat.*); spazierenführen; ~ **con·cert** Promenadenkonzert *n*.
prom·i·nence ['prɔminəns] Hervorragen *n* (*a. fig.*); *konkr.* Erhebung *f*, Vorsprung *m*; Berühmtheit *f*; **'prom·i·nent** □ hervorragend (*a. fig.*); *fig.* prominent.
prom·is·cu·i·ty [prɔmis'kjuːiti] Verworrenheit *f*; Durcheinander *n*; Wahllosigkeit *f*; Promiskuität *f*; **pro·mis·cu·ous** □ [prə'miskjuəs] unordentlich, verworren; gemeinsam; unterschiedslos.
prom·ise ['prɔmis] **1.** Versprechen *n*; Verheißung *f*; *fig.* Aussicht *f* (*of* auf *acc.*); *of great* ~ vielversprechend; **2.** *v/t.* versprechen; *I* ~ *you* F ich versichere Ihnen; *v/i.* Hoffnungen erwecken; **'prom·ising** □ vielversprechend, verheißungsvoll; **prom·is·so·ry** ['~səri] versprechend; ~ *note* ☤ Eigen-, Solawechsel *m*.
prom·on·to·ry ['prɔməntri] Vorgebirge *n*.
pro·mote [prə'məut] *et.* fördern; *j.* befördern; *bsd. Am. Schule*: versetzen; *parl.* unterstützen; ☤ gründen; *bsd. Am. Verkauf durch Wer-*

bung steigern; **pro'mot·er** Förderer *m*; ✝ Gründer *m*; Veranstalter *m von Boxkämpfen etc.*; **pro'mo·tion** Förderung *f*; Beförderung *f*; ✝ Gründung *f*.

prompt [prɔmpt] **1.** □ schnell; bereit(willig); unverzüglich, prompt, umgehend, sofortig; pünktlich; **2.** *adv.* pünktlich; **3.** *j.* (an)treiben, bewegen (*to* zu); *et.* veranlassen; *Gedanken* eingeben; *j-m* vorsagen, einhelfen, *thea.* soufflieren; **4.** ✝ Ziel *n*; *thea.* Stichwort *n*; **'~-box** *thea.* Souffleurkasten *m*; **'prompt·er** Anreger(in); Eingeber(in); *thea.* Souffleur *m*, Souffleuse *f*; **promp·ti·tude** ['~titju:d], **'prompt·ness** Schnelligkeit *f*; Bereitschaft *f*.

pro·mul·gate ['prɔməlgeit] verkünden, verbreiten; **pro·mul'ga·tion** Bekanntmachung *f*, Verbreitung *f*.

prone □ [prəun] mit dem Gesicht nach unten (liegend); hingestreckt; vornüber geneigt; abschüssig; ~ *to* *fig.* geneigt *od.* neigend zu; anfällig für; **'prone·ness** Neigung *f* (*to* zu).

prong [prɔŋ] Zinke *f e-r Gabel*; Spitze *f*; Heu-, Mistgabel *f*; **pronged** zinkig, zackig.

pro·nom·i·nal □ *gr.* [prəu'nɔminl] pronominal.

pro·noun *gr.* ['prəunaun] Fürwort *n*, Pronomen *n*.

pro·nounce [prə'nauns] *v/t.* aussprechen; verkünden; behaupten; erklären für; *v/i.* sich erklären (*on* über *acc.*); **pro'nounced** □ [*adv.* ~idli] ausgesprochen; entschieden; **pro'nounce·ment** Erklärung *f*.

pro·nounc·ing [prə'naunsiŋ] Aussprache... [gleich.]

pron·to *Am.* F ['prɔntəu] sofort,

pro·nun·ci·a·tion [prənʌnsi'eiʃən] Aussprache *f*.

proof [pru:f] **1.** Beweis *m*; Probe *f*, Versuch *m*; *typ.* Korrekturbogen *m*; *typ.*, *phot.* Probeabzug *m*; ⚗ Normalstärke *f alkoholischer Getränke*; *in* ~ *of* zum *od.* als Beweis (*gen.*); **2.** fest (*against*, *to* gegen); sicher; undurchlässig; *in Zssgn*: ...fest, ...dicht, ...sicher; *fig.* gefeit (*against* gegen); **3.** undurchlässig machen, wasserdicht machen, imprägnieren; **'~-read·er** *typ.* Korrektor *m*; **'~-sheet** *typ.* Korrekturbogen *m*; **'~-spir·it** ⚗ Normalweingeist *m*.

prop [prɔp] **1.** Stütze *f* (*a. fig.*); Stützbalken *m*; *pit-~s pl.* Grubenhölzer *n/pl.*; **2.** *a.* ~ *up* (unter)stützen.

prop·a·gan·da [prɔpə'gændə] Propaganda *f*; **prop·a'gan·dist** Propagandist(in); **prop·a·gate** ['~geit] (sich) fortpflanzen; *fig.* aus-, verbreiten; **prop·a'ga·tion** Fortpflanzung *f*; Verbreitung *f*; **'prop·a·ga·tor** Fortpflanzer *m*; Verbreiter *m*.

pro·pel [prə'pel] (vorwärts-, an-) treiben; **pro'pel·lant** Treibstoff *m*; **pro'pel·lent** treibende Kraft *f*; Treibstoff *m*; **pro'pel·ler** Propeller *m*, (Schiffs-, Luft)Schraube *f*; ~ *shaft* Kardanwelle *f*; **pro'pel·ling** Trieb...; ~ *pencil* Drehbleistift *m*.

prop·er □ ['prɔpə] eigen; (*oft nach dem su.*) eigentlich; eigentümlich (*to dat.*); passend, geeignet (*for* für); angemessen; genau; anständig; ordentlich; F richtig; ~ *name* Eigenname *m*; **'prop·er·ty** Eigentum *n*, Besitztum *n*; Vermögen *n*; Eigenschaft *f*; ⚖ Eigentumsrecht *n*; *properties pl. thea.* Requisiten *n/pl.*; **'prop·er·ty-man** *thea.* Requisiteur *m*; **'prop·er·ty-tax** Vermögenssteuer *f*.

proph·e·cy ['prɔfisi] Prophezeiung *f*; **proph·e·sy** ['~sai] prophezeien; weissagen; voraussagen.

proph·et ['prɔfit] Prophet *m*; Vorkämpfer *m*; **'proph·et·ess** Prophetin *f*; **pro·phet·ic, pro·phet·i·cal** □ [prə'fetik(əl)] prophetisch.

pro·phy·lac·tic ⚕ [prɔfi'læktik] (*~ally*) vorbeugend(es Mittel *n*).

pro·pin·qui·ty [prə'piŋkwiti] Nähe *f*; nahe Verwandtschaft *f*.

pro·pi·ti·ate [prə'piʃieit] günstig stimmen; versöhnen; **pro·pi·ti'a·tion** Versöhnung *f*; Sühne *f*; **pro'pi·ti·a·tor** [~ʃieitə] Versöhner *m*; **pro'pi·ti·a·to·ry** □ [~ʃiətəri] versöhnend; Sühn(e)...

pro·pi·tious □ [prə'piʃəs] gnädig; günstig; **pro'pi·tious·ness** Gnade *f*; Gunst *f* (*a. des Klimas*).

pro·por·tion [prə'pɔ:ʃən] **1.** Verhältnis *n*; Gleichmaß *n*; 𝔄, ⚗ Proportion *f*; Anteil *m*; Teil *m*; *~s pl.* (Aus)Maße *n/pl.*; **2.** in ein Verhältnis bringen (*to* zu); **pro'por·tion·al 1.** □ proportional, verhältnismäßig; *s. proportionate*; **2.** 𝔄 Proportionale *f*; **pro'por·tion·ate** □

[~ʃnit] angemessen; im richtigen Verhältnis (stehend) (*to* zu); **pro'por·tioned** ...proportioniert.

pro·pos·al [prə'pəuzəl] Vorschlag *m*, (*a.* Heirats)Antrag *m*; Angebot *n*; Plan *m*; **pro'pose** *v/t.* vorschlagen; e-n Toast ausbringen auf (*acc.*); ~ *to o.s.* sich vornehmen; ~ *a motion* e-n Antrag einbringen; *v/i.* beabsichtigen; e-n Heiratsantrag machen (*to j-m*); **pro'pos·er** Antragsteller (-in); **pro·po·si·tion** [prɔpə'ziʃən] Vorschlag *m*, Antrag *m*; Behauptung *f*; *phls.*, ⩓ (Lehr)Satz *m*; Frage *f*, Problem *n*; *sl.* Geschäft *n*; Sache *f*.

pro·pound [prə'paund] *Frage etc.* vorlegen; vorschlagen.

pro·pri·e·tar·y [prə'praiətəri] **1.** e-m Besitzer gehörig; gesetzlich geschützt (*bsd. Arzneimittel*); Besitz(er)...; ~ *name* Markenbezeichnung *f*; **2.** Eigentümer *m/pl.*; **pro'pri·e·tor** Eigentümer *m*, Besitzer *m*; **pro'pri·e·tress** Eigentümerin *f*, Besitzerin *f*; **pro'pri·e·ty** Richtigkeit *f*; Schicklichkeit *f*; *the proprieties pl.* die Anstandsformen *f/pl.*

props F *thea.* [prɔps] *pl.* Requisiten *n/pl.*

pro·pul·sion ⊕ [prə'pʌlʃən] Antrieb *m*; **pro'pul·sive** [~siv] (vorwärts)treibend; Trieb...

pro·rate *Am.* [prəu'reit] anteilmäßig verteilen.

pro·ro·ga·tion *parl.* [prəurə'geiʃən] Vertagung *f*; **pro·rogue** *parl.* [prə'rəug] (sich) vertagen.

pro·sa·ic [prəu'zeiik] (*~ally*) *fig.* prosaisch, nüchtern, trocken.

pro·scribe [prəus'kraib] ächten.

pro·scrip·tion [prəus'kripʃən] Ächtung *f*; Acht *f*; Verbannung *f*.

prose [prəuz] **1.** Prosa *f*; **2.** prosaisch; Prosa...; **3.** langweilig erzählen.

pros·e·cute ['prɔsikju:t] *e-n Plan etc.* verfolgen; *Gewerbe etc.* betreiben; ⚖ gerichtlich verfolgen, belangen; verklagen (*for* wegen); **pros·e'cu·tion** Verfolgung *f e-s Plans etc.*; Fortsetzung *f*; Betreiben *n e-s Gewerbes etc.*; ⚖ gerichtliche Verfolgung *f*; *witness for the* ~ Belastungszeuge *m*; **'pros·e·cu·tor** ⚖ Kläger *m*; Anklagevertreter *m*; *public* ~ Staatsanwalt *m*.

pros·e·lyte *eccl.* ['prɔsilait] Proselyt(in); **pros·e·lyt·ism** ['~litizəm] Proselytentum *n*; Bekehrungseifer *m*; **'pros·e·lyt·ize** (*v/t. j.* zum) Proselyten machen.

pros·er ['prəuzə] langweiliger Erzähler *m*.

pros·o·dy ['prɔsədi] Verslehre *f*.

pros·pect 1. ['prɔspekt] Aussicht *f* (*a. fig.*); Anblick *m*, Ansicht *f*; ⚕ *bsd. Am.* Interessent *m*, möglicher Kunde *m*; *have in* ~ in Aussicht haben; *hold out a* ~ *of s.th.* et. in Aussicht stellen; **2.** [prəs'pekt] ⚒ schürfen (*for* nach); bohren (*for* nach *Öl*); **pro'spec·tive** □ vorausblickend; voraussichtlich; ~ *buyer* Kauflustige *m*; **pros'pec·tor** ⚒ Prospektor *m*, Schürfer *m*; Gold-, Ölsucher *m*; **pro'spec·tus** [~təs] (Werbe)Prospekt *m*.

pros·per ['prɔspə] *v/i.* Erfolg haben, gedeihen, florieren, blühen; *v/t.* begünstigen, segnen; **pros·per·i·ty** [~'periti] Gedeihen *n*; Wohlfahrt *f*, -stand *m*; Glück *n*; *fig.* Blüte *f*; **pros·per·ous** □ ['~pərəs] glücklich, gedeihlich; wohlhabend; *fig.* blühend; günstig (*Wind etc.*).

pros·ti·tute ['prɔstitju:t] **1.** Prostituierte *f*, Dirne *f*; **2.** zur Dirne machen; (öffentlich der Schande) preisgeben, feilbieten (*a. fig.*); **pros·ti'tu·tion** Prostitution *f*, gewerbsmäßige Unzucht *f*; Dirnenwesen *n*; *fig.* Entehrung *f*, Schändung *f*.

pros·trate 1. ['prɔstreit] hingestreckt; erschöpft; daniederliegend; demütig; gebrochen; **2.** [prɔs'treit] niederwerfen; *fig.* niederschmettern; entkräften; **pros'tra·tion** Niederwerfung *f*; Fußfall *m*; *fig.* Demütigung *f*; Entkräftung *f*.

pros·y □ *fig.* ['prəuzi] prosaisch; langweilig.

pro·tag·o·nist [prəu'tægənist] *thea.* Träger(in) der Handlung; Hauptfigur *f*; *fig.* Vorkämpfer(in).

pro·tect [prə'tekt] schützen (*from* vor *dat.*); beschützen; ⚕ *Wechsel* einlösen; **pro'tec·tion** Schutz *m*; Wirtschaftsschutz *m*, Schutzzoll *m*; **pro'tec·tion·ist 1.** Schutzzöllner *m*; **2.** protektionistisch; **pro'tec·tive** schützend; Schutz...; ~ *custody* Schutzhaft *f*; ~ *duty* Schutzzoll *m*; **pro'tec·tor** Schützer *m* (*a. Vorrichtung*); Schutz-, Schirmherr *m*;

hist. Protektor *m*; **pro'tec·tor·ate** [⁓tərit] Protektorat *n*; **pro'tec·to·ry** Fürsorgeanstalt *f*; **pro'tec·tress** Beschützerin *f*, Schutz-, Schirmherrin *f*.

pro·té·gé ['prəuteʒei] Protégé *m*, Schützling *m*.

pro·te·in ⚗ ['prəuti:n] Protein *n* [(*Eiweißstoff*).]

pro·test 1. ['prəutest] Protest *m*; Ein-, Widerspruch *m*; *in* ⁓ *against* aus Protest gegen; *enter od. make a* ⁓ Einspruch erheben; **2.** [prə'test] *v/t.* beteuern; *Wechsel* protestieren; reklamieren; *v/i.* protestieren, sich verwahren, Einspruch erheben (*against* gegen).

Prot·es·tant ['prɔtistənt] **1.** protestantisch; **2.** Protestant(in); '**Prot·es·tant·ism** Protestantismus *m*.

prot·es·ta·tion [prəutes'teiʃən] Beteuerung *f*; Verwahrung *f*.

pro·to·col ['prəutəkɔl] **1.** Protokoll *n*; **2.** protokollieren.

pro·ton *phys.* ['prəutɔn] Proton *n* (*positiv geladenes Elementarteilchen*).

pro·to·plasm *biol.* ['prəutəuplæzəm] Protoplasma *n*.

pro·to·type ['prəutəutaip] Urbild *n*; Prototyp *m*, Modell *n*.

pro·tract [prə'trækt] in die Länge *od.* hinziehen; **pro'trac·tion** Hinziehen *n*; Hinausschieben *n*; **pro'trac·tor** ⚒ Winkelmesser *m*.

pro·trude [prə'tru:d] (sich) (her-) vorstrecken; (her)vorstehen, -treten; **pro'tru·sion** [⁓ʒən] Vorstrecken *n*; (Her)Vorstehen *n*, -treten *n*.

pro·tu·ber·ance [prə'tju:bərəns] Hervortreten *n*; Auswuchs *m*, Höcker *m*; **pro'tu·ber·ant** hervorstehend.

proud □ [praud] stolz (*of* auf *acc.*; *to inf.* zu *inf.*); ⁓ *flesh* ⚕ wildes Fleisch *n*; *do s.o.* ⁓ F j-m große Ehre erweisen.

prov·a·ble □ ['pru:vəbl] be-, nachweisbar; **prove** *v/t.* beweisen; er-, nachweisen; prüfen; erproben; erleben, erfahren; *v/i.* sich herausstellen (als), sich erweisen (als); ausfallen; ⁓ *true* (*false*) sich (nicht) bestätigen, sich als richtig (falsch) herausstellen; *he has* ⁓*d to be the heir* es hat sich herausgestellt, daß er der Erbe ist; **prov·en** ['⁓vən] erwiesen; bewährt.

prov·e·nance ['prɔvinəns] Herkunft *f e-r Sache*.

prov·en·der ['prɔvində] *Vieh*-Futter *n* (F *co. a. von Menschen*).

pro·verb ['prɔvə:b] Sprichwort *n*; *be a* ⁓ sprichwörtlich *od. b.s.* berüchtigt sein (*for* wegen); **pro·ver·bi·al** □ [prə'və:bjəl] sprichwörtlich.

pro·vide [prə'vaid] *v/t.* besorgen, beschaffen, liefern; bereitstellen; *j.* versehen, versorgen, ausstatten (*with* mit); ⚖ vorsehen, festsetzen; ⁓*d school* Gemeindeschule *f*; *v/i.* sorgen (*for* für); vorsorgen (*against* gegen; *for* für); ⁓ *for Maßnahmen etc.* vorsehen; *Gelder etc.* bereitstellen; ⁓*d* (*that*) vorausgesetzt, daß; sofern.

prov·i·dence ['prɔvidəns] Vorsehung *f*; Voraussicht *f*; Vorsorge *f*; '**prov·i·dent** □ vorausblickend; vorsorglich; haushälterisch; **prov·i·den·tial** □ [⁓'denʃəl] durch die *göttliche* Vorsehung bewirkt; glücklich.

pro·vid·er [prə'vaide] Ernährer *m der Familie*; Lieferant *m*.

prov·ince ['prɔvins] Provinz *f*; *fig.* Gebiet *n*, Fach *n*; Amt *n*, Aufgabe *f*.

pro·vin·cial [prə'vinʃəl] **1.** provinziell; Provinz...; ländlich, kleinstädtisch; **2.** Provinzbewohner(in); *contp.* Provinzler(in); **pro'vin·cial·ism** Provinzialismus *m*; Provinzlertum *n*.

pro·vi·sion [prə'viʒən] **1.** Beschaffung *f*, Bereitstellung *f*; Vorsorge *f*; ⚖ Bestimmung *f*; Vorkehrung *f*, Maßnahme *f*; Vorrat *m*, Lager *n*; ⁓*s pl.* Proviant *m*, Lebensmittel *n/pl.*; *make* ⁓ *for* Vorkehrungen treffen für, sorgen für; ⁓ *merchant* Lebensmittelhändler *m*; **2.** verproviantieren; **pro'vi·sion·al** [⁓ʒənl] □ vorläufig, provisorisch.

pro·vi·so [prə'vaizəu] Vorbehalt *m*; Klausel *f*; **pro'vi·so·ry** [⁓zəri] provisorisch.

prov·o·ca·tion [prɔvə'keiʃən] Herausforderung *f*; **pro·voc·a·tive** [prə'vɔkətiv] **1.** herausfordernd; (auf)reizend (*of* zu); **2.** Reiz(mittel *n*) *m*.

pro·voke [prə'vəuk] auf-, anreizen; herausfordern, provozieren; hervorrufen; **pro'vok·ing** □ herausfordernd; empörend.

prov·ost ['prɔvəst] Leiter *m e-s*

College; *schott.* Bürgermeister *m*; ⚔ [prəˈvəu] ~ *marshal* Kommandeur *m* der Militärpolizei.
prow ⚓ [prau] Bug *m*, Schiffsschnabel *m*.
prow·ess [ˈprauis] Tapferkeit *f*.
prowl [praul] **1.** *v/i.* umherstreifen; *v/t.* durchstreifen; **2.** Umherstreifen *n*; ~ **car** *Am.* Streifenwagen *m der Polizei.*
prox·i·mate □ [ˈprɔksimit] nächst, unmittelbar; **proxˈim·i·ty** Nähe *f*; **prox·i·mo** [ˈ~məu] ✝ (des) nächsten Monats.
prox·y [ˈprɔksi] Stellvertreter *m*; Stellvertretung *f*; Vollmacht *f*; *by* ~ in Vertretung.
prude [pru:d] Prüde *f*, Spröde *f*, Zimperliese *f*.
pru·dence [ˈpru:dəns] Klugheit *f*, Vorsicht *f*; ˈ**pru·dent** □ klug, vorsichtig; **pru·den·tial** □ [~ˈdenʃəl] klug; Klugheits...; vorsichtig.
prud·er·y [ˈpru:dəri] Prüderie *f*, Sprödigkeit *f*, Zimperlichkeit *f*; ˈ**prud·ish** □ prüde, zimperlich.
prune[1] [pru:n] Backpflaume *f*.
prune[2] [~] *Baum* beschneiden (*a. fig.*); *a.* ~ *away*, ~ *off* wegschneiden.
prun·ing...: ˈ**~-hook**, ˈ**~-knife** Gartenmesser *n*; ˈ**~-saw** Baumsäge *f*.
pru·ri·ence, pru·ri·en·cy [ˈpruəriəns(i)] Lüsternheit *f*, Laszivität *f*; ˈ**pru·ri·ent** □ geil (*a.* ⚘), lüstern, lasziv.
Prus·sian [ˈprʌʃən] **1.** preußisch; ~ *blue* Preußisch-, Berlinerblau *n*; **2.** Preuße *m*, Preußin *f*.
prus·sic ac·id ⚗ [ˈprʌsikˈæsid] Blausäure *f*.
pry[1] [prai] **1.** ~ *open* aufbrechen; ~ *up* hochheben; **2.** Hebelbewegung *f*.
pry[2] [~] neugierig gucken; ~ *into* s-e Nase stecken in (*acc.*); ˈ**pry·ing** □ neugierig.
psalm [sɑ:m] Psalm *m*; ˈ**psalm·ist** Psalmist *m*; **psal·mo·dy** [ˈsælmədi] Psalmengesang *m*.
Psal·ter [ˈsɔ:ltə] Psalter *m*.
pseu·do... [ˈpsju:dəu] Pseudo..., falsch; **pseu·do·nym** [ˈ~dənim] Pseudonym *n*, Deckname *m*; **pseu·don·y·mous** □ [~ˈdɔniməs] pseudonym.
pshaw [pʃɔ:] pah!
pso·ri·a·sis ⚕ [psɔˈraiəsis] Schuppenflechte *f*.
psy·che [ˈsaiki:] Psyche *f*, Seele *f*; Mentalität *f*.
psy·chi·a·trist [saiˈkaiətrist] Psychiater *m*; **psyˈchi·a·try** Psychiatrie *f*.
psy·chic, psy·chi·cal □ [ˈsaikik(əl)] psychisch, seelisch; ˈ**psy·chics** *sg.* Seelenforschung *f*, -kunde *f*.
psy·cho-a·nal·y·sis [saikəuəˈnæləsis] Psychoanalyse *f*; **psy·cho-an·a·lyst** [~ˈænəlist] Psychoanalytiker (-in).
psy·cho·log·i·cal □ [saikəˈlɔdʒikəl] psychologisch; **psy·chol·o·gist** [saiˈkɔlədʒist] Psychologe *m*, Psychologin *f*; **psyˈchol·o·gy** Psychologie *f* (*Seelenkunde*).
psy·cho·path [ˈsaikəupæθ] Psychopath(in).
psy·cho·sis [saiˈkəusis] Psychose *f*, Seelenstörung *f*.
psy·cho·ther·a·py [ˈsaikəuˈθerəpi] Psychotherapie *f*.
pto·maine ⚗ [ˈtəumein] Ptomain *n* (*Leichengift*).
pub F [pʌb] Kneipe *f*, Wirtschaft *f*.
pu·ber·ty [ˈpju:bəti] Geschlechtsreife *f*, Pubertät *f*.
pu·bes·cence [pju:ˈbesns] Geschlechtsreife *f*; **puˈbes·cent** geschlechtsreif werdend; ⚘ flaumhaarig.
pub·lic [ˈpʌblik] **1.** □ öffentlich; staatlich, Staats...; allbekannt; ~ *address system* öffentliche Lautsprecheranlage *f*; ~ *man* Mann *m* der Öffentlichkeit; ~ *spirit* Gemeinsinn *m*; *s. utility*; *works*; **2.** *sg. u. pl.* Publikum *n*; Öffentlichkeit *f*, Welt *f*, Leute *pl.*; Leserschaft *f*; F Kneipe *f*; *in* ~ öffentlich; **pub·li·can** [ˈ~kən] Gastwirt *m*; *hist.* Zöllner *m*; **pub·li·ca·tion** [~ˈkeiʃən] Bekanntmachung *f*; Veröffentlichung *f e-s Werkes*; Verlagswerk *n*; *monthly* ~ Monatsschrift *f*; ˈ**pub·lic house** Wirtshaus *n*; **pub·li·cist** [ˈ~sist] Publizist *m*, Tagesschriftsteller *m*; **pubˈlic·i·ty** [~siti] Öffentlichkeit *f*; Reklame *f*, Propaganda *f*, Werbung *f*; Publicity *f*; ~ *agent* Werbe-, Reklameagent *m*; **pub·li·cize** [ˈ~saiz] bekanntmachen; werben für.
pub·lic...: ~ **li·bra·ry** Volksbücherei *f*; ˈ**~-ˈpri·vate** gemischtwirtschaftlich; ~ **re·la·tions** *pl.* Verhältnis *n* zur Öffentlichkeit; Öffentlichkeitsarbeit *f*, Public Relations *pl.*; ~ **school** Public School *f*, Internatsschule *f*; ˈ**~-ˈspir·it·ed** □ sozial gesinnt.

pub·lish [ˈpʌbliʃ] bekanntmachen, veröffentlichen; *Buch etc.* herausgeben, verlegen; ˈ**pub·lish·er** Herausgeber *m*, Verleger *m*; *Am.* Besitzer *m* eines Zeitungsverlags; ~s *pl.* Verlag(sanstalt *f*) *m*; ˈ**pub·lish·ing** Herausgabe *f*; Verlag *m*; *attr.* Verlags...; ~ *house* Verlag *m*.

puce [pju:s] braunrot.

puck [pʌk] Puck *m*, Kobold *m*; *Eishockey*: Puck *m*, Scheibe *f*.

puck·a [ˈpʌkə] echt; solide.

puck·er [ˈpʌkə] **1.** Bausch *m*; Falte *f*; **2.** *a.* ~ *up* falten; Falten werfen; runzeln.

puck·ish □ [ˈpʌkiʃ] koboldhaft.

pud·ding [ˈpudiŋ] Pudding *m*; Süßspeise *f*; Auflauf *m*; Wurst *f*; *black* ~ Blutwurst *f*; ˈ**~-face** Mondgesicht *n*.

pud·dle [ˈpʌdl] **1.** Pfütze *f*; ⊕ Lehmschlag *m*; **2.** *v/t.* ⊕ mit Lehmschlag dichtmachen; *Stahl* puddeln; zementieren; *v/i.* man(t)schen; ˈ**pud·dler** ⊕ Puddler *m*; ˈ**pud·dling-fur·nace** ⊕ Puddelofen *m*.

pu·den·cy [ˈpju:dənsi] Verschämtheit *f*; ˈ**pu·dent** verschämt.

pudg·y F [ˈpʌdʒi] dicklich.

pueb·lo [puˈebləu] Pueblo *m*, Dorf *n*.

pu·er·ile □ [ˈpjuərail] knabenhaft, kindisch; **pu·er·il·i·ty** [~ˈriliti] Knabenhaftigkeit *f*; Kinderei *f*.

puff [pʌf] **1.** Hauch *m*; Windstoß *m*; Zug *m beim Rauchen*; (Dampf-, Rauch)Wölkchen *n*; *Bäckerei*: Windbeutel *m*; Puffe *f* (*als Besatz etc.*); Puderquaste *f*; (aufdringliche) Reklame *f*; **2.** *v/t.* (von sich) blasen, pusten; *a.* ~ *at Pfeife etc.* paffen; *oft* ~ *out*, ~ *up* aufblasen, -blähen (*a. fig.*); außer Atem bringen; anpreisen; ~ *up Preise* hochtreiben; ~*ed up fig.* aufgeblasen, eingebildet; ~*ed eyes pl.* geschwollene Augen *n/pl.*; ~*ed sleeve* Puffärmel *m*; *v/i.* puffen; pusten, keuchen; ˈ**~-box** Puderdose *f*; ˈ**puff·er** Marktschreier *m*; Preistreiber *m*; ˈ**puff·er·y** Marktschreierei *f*; ˈ**puff·i·ness** Dickheit *f*; ˈ**puff·ing** Marktschreierei *f*; Preistreiberei *f*; **puff paste** Blätterteig *m*; ˈ**puff·y** böig (*Wind*); kurzatmig; geschwollen; dick; bauschig (*Ärmel*).

pug [pʌg], ˈ**~-dog** Mops *m*.

pu·gil·ism [ˈpju:dʒilizəm] Faustkampf *m*; ˈ**pu·gil·ist** Boxer *m*.

pug·na·cious [pʌgˈneiʃəs] kämpferisch; kampflustig; streitsüchtig; **pug·nac·i·ty** [~ˈnæsiti] Kampflust *f*; Streitsucht *f*.

pug-nose [ˈpʌgnəuz] Stupsnase *f*.

puis·ne ⚖ [ˈpju:ni] jünger *an Rang*; Unter...

pu·is·sant [ˈpju:isnt] mächtig, einflußreich.

puke [pju:k] (sich) erbrechen.

pule [pju:l] piepsen; wimmern.

pull [pul] **1.** Zug *m*; Ruck *m*; Anziehung(skraft) *f*; *typ.* Abzug *m*; Ruderfahrt *f*, -partie *f*; Griff *m*, Schwengel *m*; Vorteil *m* (*of* über *acc.*); *sl.* heimlicher Einfluß *m* (*with* auf *acc.*), Beziehungen *f/pl.* (*with* zu); ~ *at the bottle sl.* Zug *m* aus der Flasche; ~ *fastener* Reißverschluß *m*; **2.** *v/t.* ziehen; zerren; rupfen, reißen; zupfen; ziehen *etc.* an (*dat.*); *Obst* pflücken; *Rennsport*: *Pferd* zügeln, pullen; *typ. Fahne* abziehen; ⚓ rudern; ~ *one's weight* sein volles Teil leisten; sich ins Zeug legen; ~ *about* hin- u. herzerren; ~ *down* ab-, niederreißen; ~ *in Ausgaben* kürzen; *sl.* festnehmen; ~ *off* schaffen, zustande bringen; ~ *round* wiederherstellen; ~ *through j.* durchbringen; ~ *o.s. together* sich zs.-nehmen; ~ *up Wagen* anhalten; *v/i.* ziehen (*at* an *dat.*); zerren, reißen; ⚓ rudern, pullen; fahren, sich bewegen; ~ *in* einfahren (*Zug*); ~ *out* her-, hinausfahren; ausscheren; ~ *round* sich erholen; ~ *through* sich erholen; durchkommen; ~ *together* zs.-arbeiten; ~ *up* (an)halten; vorfahren; bremsen; ~ *up with*, ~ *up to* einholen; ˈ**pull·er** Zieher *m*, Reißer *m*; Schlager *m*, Zugartikel *m*.

pul·let [ˈpulit] Hühnchen *n*.

pul·ley ⊕ [ˈpuli] Rolle *f*, Flasche *f*; Riemenscheibe *f*; *a. set of* ~s Flaschenzug *m*.

pull-in [ˈpulin] = *pull-up*.

Pull·man car 🚃 [ˈpulmənˈkɑ:] Pullmanwagen *m* (*Salon- u. Schlafwagen*).

pull...: ˈ**~-o·ver** Pullover *m*; ˈ**~-up** Halteplatz *m*, Raststätte *f*.

pul·mo·nar·y *anat.* [ˈpʌlmənəri] Lungen...

pulp [pʌlp] **1.** Brei *m*; *Frucht-*,

Zahn-Mark *n*; ⊕ Papierbrei *m*, Pulpe *f*; *a.* ~ *magazine Am.* Schundillustrierte *f*; **2.** breiig machen *od.* werden; *Papier* einstampfen.
pul·pit ['pulpit] Kanzel *f*.
pulp·y □ ['pʌlpi] breiig; fleischig.
pul·sate [pʌl'seit] pulsieren; pochen, schlagen; **pul·sa·tile** ♪ ['~sətail] Schlag...; **pul·sa·tion** [~'seiʃən] Pulsieren *n etc.*; Pulsschlag *m*.
pulse[1] [pʌls] **1.** Puls(schlag) *m*; **2.** pulsieren; pochen, schlagen.
pulse[2] [~] Hülsenfrüchte *f/pl*.
pul·ver·i·za·tion [pʌlvərai'zeiʃən] Pulverisierung *f etc.*; '**pul·ver·ize** *v/t.* pulverisieren, zu Staub machen; *fig.* zermalmen; *v/i.* zu Staub werden; '**pul·ver·iz·er** Zerstäuber *m.*
pu·ma *zo.* ['pju:mə] Puma *m*.
pum·ice ['pʌmis], *a.* ~-*stone* Bimsstein *m*.
pum·mel ['pʌml] mit den Fäusten bearbeiten.
pump[1] [pʌmp] **1.** Pumpe *f*; *attr.* Pumpen...; **2.** pumpen; F *j.* aushorchen, -horchen; *sl. j.* auspumpen (*erschöpfen*).
pump[2] [~] Pumps *m* (*Damenschuh*).
pump·kin ⚘ ['pʌmpkin] Kürbis *m*.
pump-room ['pʌmprum] Trinkhalle *f in Badeorten*.
pun [pʌn] **1.** Wortspiel *n*; **2.** ein Wortspiel machen.
Punch[1] [pʌntʃ] Hanswurst *m*, Kasperle *n*, *m*; ~ *and Judy show* ['dʒu:di] Kasperletheater *n*.
punch[2] [~] **1.** ⊕ Punze(n *m*) *f*, Locheisen *n*, Locher *m*; Dorn *m*; Lochzange *f*; **2.** punzen, durchbohren, -schlagen; lochen.
punch[3] [~] **1.** (Faust)Schlag *m*; F Schlagkraft *f*; *fig.* Energie *f*, Schwung *m*; **2.** knuffen, puffen; *Am. Vieh* treiben, hüten.
punch[4] [~] Punsch *m*.
pun·cheon ['pʌntʃən] Stützpfosten *m*; Puncheon *n* (*Faß von ca. 320 l*).
punch·er ['pʌntʃə] Locheisen *n*, Locher *m*; F Schläger *m*; *Am.* Cowboy *m*; '**punch·ing-ball** Punchingball *m der Boxer*.
punc·til·i·o [pʌŋk'tiliəu] heikler *od.* kitzliger Punkt *m*; = *punctiliousness*; **punc·til·i·ous** [~'tiliəs] peinlich (genau), spitzfindig; förmlich; **punc'til·i·ous·ness** peinliche Genauigkeit *f*; Förmlichkeit *f*.
punc·tu·al □ ['pʌŋktjuəl] pünktlich; **punc·tu·al·i·ty** [~'æliti] Pünktlichkeit *f*.
punc·tu·ate ['pʌŋktjueit] (inter-) punktieren; *fig.* unterbrechen; **punc·tu'a·tion** Interpunktion *f*.
punc·ture ['pʌŋktʃə] **1.** Punktur *f*, Stich *m*; *mot. etc.* Reifenpanne *f*; **2.** (durch)stechen; platzen (*Reifen*).
pun·dit ['pʌndit] Pandit *m*, gelehrter Brahmane *m*; F gelehrtes Haus *n*; Koryphäe *m*, *f*.
pun·gen·cy ['pʌndʒənsi] Schärfe *f* (*a. fig.*); '**pun·gent** stechend, beißend, scharf.
pun·ish ['pʌniʃ] (be)strafen; *j-m* hart zusetzen; *e-r Speise* tüchtig zusprechen; '**pun·ish·a·ble** □ strafbar; '**pun·ish·er** Bestrafer(in); '**pun·ish·ment** Strafe *f*, Bestrafung *f*; Schaden *m*.
pu·ni·tive ['pju:nitiv] strafend; Straf...
punk[1] *Am.* [pʌŋk] **1.** Zunderholz *n*; Zündmasse *f*; F Mist *m*, Käse *m*; **2.** *sl.* miserabel, nichts wert.
punk[2] [pʌŋk] Anhänger *m* des *punk rock* (*der auch durch schockierende Kleidung auffällt*); ~ **rock** *s. Art pop music mit gesucht schockierender Wirkung*.
pun·ster ['pʌnstə] Wortspielmacher *m*.
punt[1] ⚓ [pʌnt] **1.** Punt *n*, Stakkahn *m*; **2.** staken.
punt[2] [~] *Spiel*: setzen.
pu·ny □ ['pju:ni] winzig; schwächlich.
pup [pʌp] **1.** = *puppy*; **2.** (Junge) werfen.
pu·pa *zo.* ['pju:pə] Puppe *f*.
pu·pil ['pju:pl] *anat.* Pupille *f*; Schüler(in), Zögling *m*; Mündel *n*;
pu·pil·(l)age ['~pilidʒ] Schüler-, Lehrjahre *n/pl.*; Unmündigkeit *f*.
pup·pet ['pʌpit] Marionette *f* (*a. fig.*); '**~-show** Marionettentheater *n*, Puppenspiel *n*.
pup·py ['pʌpi] Welpe *m*, junger Hund *m*; *fig.* Laffe *m*, Schnösel *m*.
pur·blind ['pə:blaind] halbblind; *fig.* kurzsichtig.
pur·chase ['pə:tʃəs] **1.** (An-, Ein-) Kauf *m*; Erwerb(ung *f*) *m*; Anschaffung *f*; ⊕ Hebevorrichtung *f*; Halt *m*; *fig.* Ansatzpunkt *m*; *make ~s* Einkäufe machen; *at twenty years'* ~ zum Zwanzigfachen des Jahresertrags; *his life is not worth an hour's* ~ er hat keine Stunde mehr zu leben; **2.** kaufen; er-

werben; *fig.* erkaufen; anschaffen; ⊕ aufwinden; ˈ**pur·chas·er** Käufer(in); Abnehmer(in).
pure □ [pjuə] *allg.* rein; *engS.* lauter; echt; gediegen; theoretisch (*Physik etc.*); ˈ**~-bred** *Am.* reinrassig; **pu·rée** [ˈpjuərei] pürierte Gemüsesuppe *f*; Pürée *n*; ˈ**pure·ness** Reinheit *f*.
pur·ga·tion [pəːˈgeiʃən] *mst fig.* Reinigung *f*; ⚕ Abführen *n*; **pur·ga·tive** ⚕ [ˈ~gətiv] **1.** abführend; **2.** Abführmittel *n*; ˈ**pur·ga·to·ry** *eccl.* Fegefeuer *n*.
purge [pəːdʒ] **1.** ⚕ Abführmittel *n*; *pol.* Säuberung(saktion) *f*; **2.** *mst fig.* reinigen (of, from von); *pol.* säubern; läutern; ⚕ abführen.
pu·ri·fi·ca·tion [pjuərifiˈkeiʃən] Reinigung *f*; **pu·ri·fi·er** [ˈ~faiə] Reiniger *m* (*bsd. Gerät*); **pu·ri·fy** [ˈ~fai] reinigen (of, from von); ⊕ *u. fig.* läutern.
Pu·ri·tan [ˈpjuəritən] **1.** Puritaner (-in); **2.** puritanisch; **pu·ri·tan·ic** [~ˈtænik] (~ally) puritanisch; **Pu·ri·tan·ism** [ˈ~tənizəm] Puritanismus *m*.
pu·ri·ty [ˈpjuəriti] Reinheit *f* (*a. fig.*).
purl[1] [pəːl] Golddraht *m*; Zäckchen (-borte *f*) *n*; Häkelkante *f*.
purl[2] [~] **1.** Murmeln *n des Baches*; **2.** murmeln.
purl·er F [ˈpəːlə] schwerer Sturz *m*; come a ~ der Länge nach hinfallen.
pur·lieus [ˈpəːljuːz] *pl.* Umgebung *f*.
pur·loin [pəːˈlɔin] entwenden; **pur·ˈloin·er** Dieb *m*.
pur·ple [ˈpəːpl] **1.** purpurn, purpurrot; ~ passage Glanzstelle *f*; **2.** Purpur *m*; **3.** (sich) purpurn färben; ˈ**pur·plish** purpurartig.
pur·port [ˈpəːpət] **1.** Sinn *m*; Inhalt *m*; **2.** besagen; beabsichtigen; vorgeben.
pur·pose [ˈpəːpəs] **1.** Vorsatz *m*; Absicht *f*, Zweck *m*; Wirkung *f*; Entschlußkraft *f*; for the ~ of um zu; on ~ absichtlich; to the ~ zur Sache (gehörig), zweckdienlich; to no ~ vergebens, umsonst, sinn-, zwecklos; **2.** vorhaben, beabsichtigen, bezwecken; **pur·pose·ful** □ [ˈ~ful] zweckmäßig; absichtlich; zielbewußt; ˈ**pur·pose·less** □ zwecklos; ziellos; ˈ**pur·pose·ly** *adv.* vorsätzlich.
purr [pəː] **1.** schnurren (*Katze*); brummen (*Motor*); **2.** Schnurren *n*, Brummen *n*.
purse [pəːs] **1.** Geldbeutel *m*, Börse *f*, Portemonnaie *n*; Geld *n*; Fonds *m*; Geldpreis *m*; public ~ Staatssäckel *m*; **2.** *oft* ~ up *Mund* spitzen; *Stirn* runzeln; *Augen* zs.-kneifen; ˈ**~-proud** protzig; ˈ**purs·er** ⚓ Proviant-, Zahlmeister *m*; ˈ**purse-strings:** hold the ~ das Geld verwalten.
pur·si·ness [ˈpəːsinis] Kurzatmigkeit *f*.
purs·lane ⚘ [ˈpəːslin] Portulak *m*.
pur·su·ance [pəˈsjuːəns] Verfolgung *f*; in ~ of zufolge (*dat.*), im Verfolg (*gen.*); **purˈsu·ant** □: ~ to zufolge, gemäß, entsprechend.
pur·sue [pəˈsjuː] *v/t.* verfolgen (*a. fig.*); streben nach; *e-m Beruf etc.* nachgehen; fortsetzen; *v/i.* fortfahren; ~ after *j.* verfolgen; **pur·ˈsu·er** Verfolger(in); **pur·suit** [pəˈsjuːt] Verfolgung *f*; Streben *n* (of nach); *mst* ~s *pl.* Beschäftigung *f*, Studien *n/pl.*, Arbeiten *f/pl.*; ~ plane Jagdflugzeug *n*; **pur·sui·vant** [ˈpəːsivənt] Unterherold *m*; Gefolgsmann *m*.
pur·sy[1] [ˈpəːsi] kurzatmig; fett, dick.
pur·sy[2] [~] zusammengekniffen (*Mund etc.*); faltig; protzig.
pu·ru·lent □ [ˈpjuərulənt] eitrig.
pur·vey [pəːˈvei] *v/t. Lebensmittel* liefern; *v/i.* ~ for beliefern, versorgen; **purˈvey·ance** Lieferung *f*; **purˈvey·or** Lieferant *m*; *bsd.* Lebensmittelhändler *m*.
pur·view [ˈpəːvjuː] Wirkungskreis *m*, Bereich *m*; Gesichtskreis *m*.
pus [pʌs] Eiter *m*.
push [puʃ] **1.** (An-, Vor)Stoß *m*; Schub *m*; Druck *m*; Notfall *m*; Energie *f*; Unternehmungsgeist *m*; Elan *m*, Schwung *m*; Anstrengung *f*; at a ~ im Notfall; when it comes to the ~ wenn es darauf ankommt; get the ~ *sl.* 'rausfliegen; give s.o. the ~ *sl. j.* 'rausschmeißen; **2.** *v/t.* stoßen, treiben; schieben; drängen; *Knopf* drücken; *fig.* drängen, antreiben; *a.* ~ through durchführen; *Anspruch etc.* zur Geltung bringen, durchdrücken; vorwärtsbringen, fördern; ~ s.th. on s.o. j-m et. aufdrängen; ~ one's way sich durch- *od.* vordrängen; be ~ed for time

(*money*) in Zeit- (Geld)not sein; *v/i.* stoßen; schieben; (sich) drängen; ~ *along*, ~ *on*, ~ *forward* weitermachen, -gehen, -fahren *etc.*; ~ *off* abstoßen (*Boot*); F sich auf den Weg machen; '**~-ball** Push-, Stoßball *m*; '**~-bike** Fahrrad *n*; '**~-button** ⚡ Druckknopf *m*; '**push·er** Streber(in); Flugzeug *n* mit Druckschraube; *Am.* 🚂 Hilfslokomotive *f*; **push·ful** □ ['~ful], '**push·ing** □ rührig, strebsam; *b.s.* zudringlich; '**push-off** Anfang *m*; '**~-o·ver** *bsd. Am.* Kinderspiel *n*; leicht zu beeinflussender Mensch *m*.

pu·sil·la·nim·i·ty [pju:silə'nimiti] Kleinmut *m*; **pu·sil·lan·i·mous** □ [~'lænimәs] kleinmütig.

puss [pus] Kätzchen *n*, Katze *f* (*a. fig.* = *Mädchen*); '**puss·y** ♀ (Weiden)Kätzchen *n*; *a.* ~*-cat* Mieze *f*, Kätzchen *n*; '**puss·y·foot** *Am.* F **1.** Leisetreter *m*, Schleicher *m*; **2.** F leisetreten, sich zurückhalten.

pus·tule ⚕ ['pʌstju:l] Pustel *f*.

put [put] (*irr.*) **1.** *v/t.* setzen, legen, stellen, stecken, tun, machen (*on* auf *acc.*, *to* an *acc.*); *fig. j. wohin* setzen; *den Fall* setzen; *Frage* stellen, vorlegen; werfen, schleudern; ausdrücken, sagen; (ab)schätzen (*at* auf *acc.*); ~ *about Gerücht etc.* verbreiten; ⚓ wenden; *j.* in Verlegenheit bringen; ~ *across sl.* drehen, schaukeln; schmackhaft machen; weismachen; ~ *away* weglegen, -stecken; auf die Seite legen; F in e-e Anstalt bringen; *sl.* verputzen; aufgeben; ~ *back* zurückstellen, -schieben; *Uhr* zurückstellen; *fig.* zurückwerfen; ~ *by Geld* zurücklegen; beiseite schieben; ~ *down* niederlegen, -setzen, -werfen, -schlagen; absetzen, aussteigen lassen; niederschreiben; *j.* notieren, vormerken (*for* für); zuschreiben (*to dat.*), schieben (*to* auf *acc.*); schätzen (*at* auf *acc.*), ansehen (*as*, *for* als); zum Schweigen bringen; unterdrücken; demütigen; *Vorräte* einlagern; ~ *forth Kräfte* aufbieten; *Knospen etc.* treiben; aufbieten; ~ *forward e-e Meinung etc.* vorbringen; *als Kandidat etc.* vorschlagen, aufstellen; *Uhrzeiger* vorstellen; ~ *o.s. forward* sich hervortun; ~ *in* hinein-, hereinst(r)ecken; *Anspruch* erheben, geltend machen; *Gesuch* einreichen; *Urkunde* vorlegen; einsetzen, anstellen; *gutes Wort* einlegen; *Bemerkung* einwerfen; *Schlag* anbringen; F *Zeit* verbringen; ~ *in an hour's work* e-e Stunde arbeiten; ~ *off* auf-, verschieben; vertrösten, abspeisen; ablenken, abbringen; hindern; *fig.* ablegen; ~ *on Kleid* anziehen; *Hut* aufsetzen; *Charakter etc.* annehmen; hinzufügen; ✝ aufschlagen (*to* auf *e-n Preis*); an-, einschalten; vergrößern, verstärken; *Uhr* vorstellen; *Ersatzmann*, *Sonderzug etc.* einsetzen; *he is* ~*ting it on* er gibt an; ~ *it on thick* dick auftragen; ~ *on airs* sich aufspielen; ~ *on weight* zunehmen; ~ *out* ausmachen, (-)löschen; verrenken; (her)ausstrecken; hinauswerfen; aus der Fassung bringen, durcheinanderbringen, verwirren; *j-m* Ungelegenheiten bereiten; *Kraft* aufbieten; *Arbeit* vergeben, außer Haus geben; *Geld* ausleihen; produzieren; ~ *out of action* außer Gefecht *od.* Betrieb setzen; ~ *over e-m Film etc.* zum Erfolg verhelfen; ~ *o.s. over* Anklang finden; ~ *right* in Ordnung bringen; ~ *through teleph.* verbinden (*to* mit); F durchführen; ~ *s.o. through it* F j. durch die Mühle drehen (*gründlich prüfen*); ~ *to* hinzufügen; *be* (*hard*) ~ *to it* Schwierigkeiten haben; ~ *to expense j-m* Unkosten machen; ~ *to death* hinrichten; ~ *to the rack od. torture* auf die Folter spannen; ~ *together* zs.-setzen; zs.-zählen; ~ *up* aufstellen *etc.*; errichten, bauen; *Hände* er-, hochheben; *Fahne*, *Segel* hissen; *Haar* hochstecken; *Waren* anbieten; *Miete* erhöhen; verpacken; *Widerstand* leisten; *Kampf* liefern; (als Kandidaten) vorschlagen; *Geld* beisteuern; wegpacken; *Wild* aufjagen; *Gäste* unterbringen; *Bekanntmachung* anschlagen; *Eheaufgebot* verkünden; ~ *s.o. up to s.th.* j. über et. informieren; j. zu et. anregen *od.* anstiften; **2.** *v/i.*: ~ *off*, ~ *out*, ~ *to sea* ⚓ auslaufen; ~ *in* ⚓ einlaufen; ~ *up at* einkehren, absteigen in (*dat.*); ~ *up for* sich bewerben um; sich als Kandidat aufstellen lassen für; ~ *up with* sich ge-

fallen lassen; sich abfinden mit, hinnehmen.
pu·ta·tive ['pju:tətiv] vermeintlich; mutmaßlich.
put·log ⊕ ['pʌtlɔg] Gerüsthebel *m.*
pu·tre·fac·tion [pju:tri'fækʃən] Fäulnis *f;* **pu·tre'fac·tive** [~tiv] Fäulnis erregend; faulig.
pu·tre·fy ['pju:trifai] (ver)faulen.
pu·tres·cence [pju:'tresns] Fäulnis *f;* **pu'tres·cent** faulend.
pu·trid □ ['pju:trid] faul, verdorben; *sl.* scheußlich, saumäßig; **pu'trid·i·ty** Fäulnis *f.*
putt [pʌt] *Golf:* **1.** putten, leicht schlagen; **2.** Putten *n,* leichter Schlag *m.*
put·tee ['pʌti] Wickelgamasche *f.*
putt·er ['pʌtə] *Golf:* Putter *m.*
put·ty ['pʌti] **1.** *a. glaziers'* ~ Glaserkitt *m; a. plasterers'* ~ Kalkkitt *m; a. jewellers'* ~ Zinnasche *f;* **2.** kitten.
put-up job ['put'ʌp'dʒɔb] abgekartetes Spiel *n.*
puz·zle ['pʌzl] **1.** schwierige Aufgabe *f,* Rätsel *n;* Verlegenheit *f,* Verwirrung *f;* Puzzle-, Geduldspiel *n;* **2.** *v/t.* verwirren, irre machen, in Verlegenheit bringen; *j-m* Kopfzerbrechen machen; ~ *out* austüfteln; ~ *one's brains* = *v/i.* sich den Kopf zerbrechen (*over* über *acc.*); '**~-head·ed** konfus; '**puz·zler** schwierige Frage *f.*
pyg·m(a)e·an [pig'mi:ən] pygmäisch, zwerghaft; **pyg·my** ['pigmi] Pygmäe *m; fig.* Zwerg *m; attr.* Zwerg...; zwerghaft.
py·ja·mas [pə'dʒɑ:məz] *pl.* Schlafanzug *m,* Pyjama *m.*
py·lon ['pailən] Hochspannungsmast *m.*
py·lo·rus *anat.* [pai'lɔ:rəs] Pförtner *m.*
py·or·rh(o)e·a ⚕ [paiə'riə] Paradentose *f.*
pyr·a·mid ['pirəmid] Pyramide *f;* **py·ram·i·dal** □ [pi'ræmidl] pyramidal.
pyre ['paiə] Scheiterhaufen *m.*
py·ri·tes [pai'raiti:z]: *copper* ~ Kupferkies *m; iron* ~ Pyrit *m,* Eisenkies *m.*
py·ro... ['paiərəu] Feuer..., Brand-..., Wärme..., Glut...; **py·rog·ra·phy** [pai'rɔgrəfi] Brandmalerei *f;* **py·ro·tech·nic, py·ro·tech·ni·cal** [pairəu'teknik(əl)] pyrotechnisch, Feuerwerks...; **py·ro'tech·nics** *pl.* Feuerwerkerei *f; fig.* Feuerwerk *n;* **py·ro'tech·nist** Feuerwerker *m.*
Pyr·rhic vic·to·ry ['pirik'viktəri] Pyrrhussieg *m.*
Py·thag·o·re·an [paiθægə'ri:ən] **1.** pythagoreisch; **2.** Pythagoreer *m.*
Pyth·i·an ['piθiən] pythisch.
py·thon ['paiθən] Python-, Riesenschlange *f.*
pyx [piks] *eccl.* Monstranz *f;* Büchse *f* mit Probemünzen.

Q

Q-boat ⚓ ['kju:bout] U-Bootfalle *f.*
quack[1] [kwæk] **1.** Quaken *n;* **2.** quaken.
quack[2] [~] **1.** Scharlatan *m;* Quacksalber *m;* Kurpfuscher *m;* Marktschreier *m;* **2.** quacksalberisch; Quacksalber...; **3.** quacksalbern (an *dat.*); **quack·er·y** ['~əri] Quacksalberei *f;* Marktschreierei *f.*
quad [kwɔd] = *quadrangle, quadrat.*
quad·ra·ge·nar·i·an [kwɔdrədʒi'nεəriən] **1.** vierzigjährig; **2.** Vierzigjährige *m, f.*
quad·ran·gle ['kwɔdræŋgl] Viereck *n;* Innenhof *m e-s College.*
quad·rant ['kwɔdrənt] Quadrant *m; bsd.* ⩓ Viertelkreis *m.*
quad·rat *typ.* ['kwɔdræt] (großer) Ausschluß *m;* **quad·rat·ic** ⩓ [kwə'drætik] **1.** quadratisch; **2.** quadratische Gleichung *f;* **quad·ra·ture** ['kwɔdrətʃə] Quadratur *f.*
quad·ren·ni·al □ [kwɔ'drenjəl] vierjährig; vierjährlich.
quad·ri·lat·er·al ⩓ [kwɔdri'lætərəl] **1.** vierseitig; **2.** Viereck *n.*
qua·drille [kwə'dril] Quadrille *f.*

quad·ri·par·tite [kwɔdri'pɑːtait] vierteilig; Vierer...
quad·ru·ped ['kwɔdruped] **1.** Vierfüßer *m*; **2.** *a.* **quad·ru·pe·dal** [kwɔ'druːpidl] vierfüßig; **quad·ru·ple** ['kwɔdrupl] **1.** □ vierfach; *a.* ~ *to*, ~ *of* viermal so groß wie; **2.** Vierfache *n*; **3.** (sich) vervierfachen; **quad·ru·pli·cate 1.** [kwɔ'druːplikit] vierfach(e Ausfertigung *f*); **2.** [~keit] vervierfachen.
quaff [kwɑːf] zechen; ~ *off* in langen Zügen trinken.
quag [kwæg] = ~*mire*; '**quag·gy** sumpfig, moorig; **quag·mire** ['~maiə] Sumpf(land *n*) *m*, Moor *n*.
quail¹ *orn.* [kweil] Wachtel *f*.
quail² [~] verzagen; beben.
quaint □ [kweint] anheimelnd; malerisch; putzig; seltsam, wunderlich; '**quaint·ness** Seltsamkeit *f*.
quake [kweik] **1.** beben, zittern (*with*, *for* vor *dat.*); **2.** Erdbeben *n*.
Quak·er ['kweikə] Quäker *m*.
qual·i·fi·ca·tion [kwɔlifi'keiʃən] (erforderliche) Befähigung *f*; Einschränkung *f*; *gr.* nähere Bestimmung *f*; **qual·i·fied** ['~faid] befähigt; geeignet; eingeschränkt; bedingt; **qual·i·fy** ['~fai] *v/t.* befähigen; (be)nennen; *gr.* näher bestimmen; einschränken, mäßigen; mildern; *Getränk* verdünnen; *v/i.* seine Befähigung nachweisen; sich qualifizieren; *qualifying examination* Eignungsprüfung *f*; **qual·i·ta·tive** □ ['~tətiv] qualitativ; '**qual·i·ty** Eigenschaft *f*, Beschaffenheit *f*; Qualität *f*, Güte *f*; Fähigkeit *f*, Talent *n*; vornehmer Stand *m*.
qualm [kwɑːm] Übelkeit(sanfall *m*) *f*; Zweifel *m*; Bedenken *n*; '**qualmish** □ übel, unwohl.
quan·da·ry ['kwɔndəri] verzwickte Lage *f*, Verlegenheit *f*.
quan·go ['kwæŋgəu] *in Großbritannien*: unabhängige Kommission, unabhängiger Ausschuß.
quan·ti·ta·tive □ ['kwɔntitətiv] quantitativ; '**quan·ti·ty** Quantität *f*, Menge *f*; Anzahl *f*; großer Teil *m*; ⚡ Größe *f*; (Silben)Zeitmaß *n*; ~ *surveyor* Bausachverständige *m*.
quan·tum ['kwɔntəm] Menge *f*, Größe *f*, Quantum *n*; Anteil *m*; ~ *theory phys.* Quantentheorie *f*.
quar·an·tine ['kwɔrəntiːn] **1.** Quarantäne *f*; **2.** unter Quarantäne stellen.
quar·rel ['kwɔrəl] **1.** Zank *m*, Streit *m*; **2.** (sich) zanken, streiten; **quar·rel·some** ['~səm] □ zänkisch; streitsüchtig.
quar·ry¹ ['kwɔri] **1.** Steinbruch *m*; *fig.* Fundgrube *f*; **2.** *Steine* brechen; *fig.* zs.-tragen; stöbern (*for* nach).
quar·ry² [~] (Jagd)Beute *f*.
quar·ry·man ['kwɔrimən] Steinbrucharbeiter *m*.
quart [kwɔːt] Quart *n* (*1,136 l*); *fenc.* [kɑːt] Quart(e) *f*.
quar·ter ['kwɔːtə] **1.** Viertel *n*, vierter Teil *m*; *bsd.* Viertelstunde *f*; Vierteljahr *n*, Quartal *n*; Viertelzentner *m*; *Am.* 25 Cent; Keule *f*, Viertel *n e-s geschlachteten Tieres*; Mondviertel *n*; Stadtviertel *n*, -teil *m*; ⚓ Achterschiff *n*; (Himmels-)Richtung *f*, Gegend *f*; ⚓ Posten *m*; ⚔ Gnade *f*, Pardon *m*; *fig.* Schonung *f*, Nachsicht *f*; *fig.* Stelle *f*, Seite *f*; ~*s pl.* Quartier *n* (*a.* ⚔), Unterkunft *f*; *fig.* Kreise *m/pl.*; *live in close* ~*s* beengt wohnen; *at close* ~*s* dicht aufeinander; *come to close* ~*s* handgemein werden; **2.** vierteln, vierteilen; beherbergen; ⚔ einquartieren; '~**-back** *Am. Sport*: *wichtigster Spieler der Angriffsformation*; '~**-deck** Achterdeck *n*; Offiziere *m/pl.*; '**quar·ter·ly 1.** vierteljährlich; Vierteljahrs...; **2.** Vierteljahrsschrift *f*; '**quar·ter·mas·ter** ⚔ Quartiermeister *m*; **quar·tern** ['~tən] Viertel(pinte *f*) *n*; Vierpfundbrot *n*; '**quar·ter·staff** Stange *f als Waffe*.
quar·tet(te) ♪ [kwɔː'tet] Quartett *n*.
quar·to ['kwɔːtəu] Quart(format) *n*.
quartz *min.* [kwɔːts] Quarz *m*; **quartz·ite** ['~ait] Quarzit *m*.
quash ⚖ [kwɔʃ] aufheben, verwerfen; unterdrücken.
qua·si ['kwɑːziː] gleichsam, sozusagen; Quasi..., Schein...
qua·ter·na·ry [kwə'təːnəri] aus vier bestehend; *geol.* Quartär...
qua·ver ['kweivə] **1.** Zittern *n*; ♪ Triller *m*; ♪ Achtelnote *f*; **2.** mit zitternder Stimme sprechen *od.* singen; trillern; '**qua·ver·y** zitternd.
quay [kiː] Kai *m*; Uferstraße *f*; **quay·age** ['~idʒ] Kaigeld *n*.
quea·si·ness ['kwiːzinis] Empfindlichkeit *f*; Übelkeit *f*; Ekel *m*; '**quea·sy** □ empfindlich (*Magen*,

Gewissen); heikel, mäkelig; ekelhaft; *I feel* ~ mir ist übel.

queen [kwi:n] **1.** Königin *f*; ~ *bee* Bienenkönigin *f*; ~*'s metal* Weißmetall *n*; ~*'s ware* gelbes Steingut *n*; **2.** *Schach*: in e-e Dame verwandeln *od.* verwandelt werden; ~ *it* die Dame spielen; **'queen·like, 'queen·ly** wie eine Königin, königlich.

queer [kwiə] **1.** sonderbar, seltsam; wunderlich; komisch, unwohl; homosexuell; **2.** ~ *s.o.'s pitch sl.* j-m e-n Strich durch die Rechnung machen; **3.** Homosexuelle *m*.

quell *rhet.* [kwel] bezwingen; unterdrücken.

quench [kwentʃ] *fig. Durst etc.* löschen, stillen, kühlen; *Aufruhr* unterdrücken; *rhet.* (aus)löschen; **'quench·er** F Trunk *m*, Schluck *m*; **'quench·less** □ unauslöschlich.

que·rist ['kwiərist] Fragesteller (-in).

quern [kwə:n] Handmühle *f*.

quer·u·lous □ ['kweruləs] quengelig, mürrisch, verdrossen.

que·ry ['kwiəri] **1.** (*mst abbr. qu.*) bitte!, sage mir; **2.** Frage(zeichen *n*) *f*; **3.** (be)fragen; (be-, an)zweifeln.

quest [kwest] **1.** Suche(n *n*) *f*, Nachforschen *n*; *in* ~ *of* auf der Suche nach; **2.** suchen, forschen.

ques·tion ['kwestʃən] **1.** Frage *f*; Problem *n*; Untersuchung *f*; Streitfrage *f*; Zweifel *m*; Sache *f*, Angelegenheit *f*; ~! *parl.* zur Sache!; *beyond (all)* ~ ohne Frage, fraglos; *in* ~ fraglich; *come into* ~ in Frage kommen; *call in* ~ anzweifeln; *beg the* ~ die in Frage gestellte Sache als erwiesen ansehen; *the* ~ *is* ... es handelt sich darum ...; *that is out of the* ~ das steht außer *od.* kommt nicht in Frage; *there is no* ~ *of od. of ger.* es ist nicht die Rede von *od.* davon, daß; **2.** befragen; bezweifeln; verhören; **'ques·tion·a·ble** □ fraglich, zweifelhaft; bedenklich, fragwürdig; **'ques·tion·a·ble·ness** Zweifelhaftigkeit *f*; Fragwürdigkeit *f*; **'ques·tion·er** Fragende *m*, *f*, Fragesteller(in); **ques·tion·naire** [kwestiə'nɛə] Fragebogen *m*.

queue [kju:] **1.** Reihe *f von Personen od. Wagen*, Schlange *f*; Zopf *m*; **2.** *mst* ~ *up* (in e-r Reihe) anstehen, Schlange stehen.

quib·ble ['kwibl] **1.** Wortspiel *n*; Spitzfindigkeit *f*; Ausflucht *f*; **2.** *fig.* ausweichen; witzeln; **'quib·bler** Wortklauber *m*, Sophist *m*.

quick [kwik] **1.** schnell, rasch; voreilig; lebhaft; gescheit; beweglich; lebendig; scharf (*Gehör etc.*); ~ *march* ⚔ Eil-, Geschwindmarsch *m*; **2.** lebendes Fleisch *n*; *the* ~ *pl.* die Lebenden *m/pl.*; *to the* ~ (bis) ins Fleisch; *fig.* (bis) ins Herz, tief; *cut s.o. to the* ~ j. aufs empfindlichste kränken; **3.** *s.* ~*ly*; **'~-change ac·tor** Verwandlungskünstler *m*; **'quick·en** *v/t.* beleben; beschleunigen; *v/i.* aufleben; sich regen; **'quick-fir·ing** ⚔ Schnellfeuer...; **quick·ie** ['~i] billiger Kurzfilm *m*; **'quick·lime** ungelöschter Kalk *m*; **'quick·ly** schnell, rasch; **'quick-match** Zündschnur *f*; **'quick-mo·tion pic·ture** *Film*: Zeitrafferaufnahme *f*; **'quick·ness** Lebhaftigkeit *f*; Schnelligkeit *f*; Voreiligkeit *f*; Schärfe *f des Verstandes etc.*

quick...: **'~·sand** Treibsand *m*; **'~·set** ⚘ Setzling *m*; Hagedorn *m*; *a.* ~ *hedge* lebende Hecke *f*; **'~-'sight·ed** scharfsichtig; **'~·sil·ver** *min.* Quecksilber *n*; **'~·step** Quickstep *m* (*Tanzschritt*); ⚔ Geschwindschritt *m*; **'~-'wit·ted** schlagfertig.

quid[1] [kwid] Priem *m* (*Kautabak*).

quid[2] *sl.* [~] *Pfund Sterling.*

quid·di·ty *phls.* ['kwiditi] Wesen *n e-r Sache*; Spitzfindigkeit *f*.

quid pro quo ['kwid prəu 'kwəu] Gegenleistung *f*; Äquivalent *n*.

qui·es·cence [kwai'esns] Ruhe *f*, Stille *f*; **qui'es·cent** □ ruhend; *fig.* ruhig, still.

qui·et ['kwaiət] **1.** □ ruhig, still; **2.** Ruhe *f*; *on the* ~ (*sl.*: *on the q.t.* ['kju:'ti:]) unter der Hand, im stillen; im Vertrauen; **3.** *a.* ~ *down* (sich) beruhigen; **'qui·et·en** = *quiet 3*; **qui·et·ism** ['kwaiitizəm] *eccl.* Quietismus *m*; **'qui·et·ist** Quietist *m*; **qui·et·ness** ['kwaiətnis], **qui·e·tude** ['kwaiitju:d] Ruhe *f*, Stille *f*.

qui·e·tus [kwai'i:təs] Endquittung *f*; Ende *n*, Tod *m*; Todesstoß *m*.

quill [kwil] **1.** Federkiel *m*; *fig.* Feder *f*; Stachel *m des Igels etc.*;

2. rund fälteln; '~-driv·er Federfuchser *m*; 'quill·ing Krause *f*, Rüsche *f*; 'quill-pen Gänsefeder *f zum Schreiben*.
quilt [kwilt] **1.** Steppdecke *f*; **2.** steppen; '**quilt·ing** Steppen *n*; gesteppte Arbeit *f*; Pikee *m*.
quince ⚘ [kwins] Quitte *f*.
qui·nine *pharm.* [kwi'ni:n, *bsd. Am.* 'kwainain] Chinin *n*.
quin·qua·ge·nar·i·an [kwiŋkwədʒi'nɛəriən] **1.** fünfzigjährig; **2.** Fünfzigjährige *m, f*.
quin·quen·ni·al □ [kwiŋ'kweniəl] fünfjährig; fünfjährlich.
quins F [kwinz] *pl.* Fünflinge *pl.*
quin·sy ⚕ ['kwinzi] Mandelentzündung *f*.
quin·tal ['kwintl] (Doppel)Zentner *m*.
quint·es·sence [kwin'tesns] Quintessenz *f*, Kern *m*, Inbegriff *m*.
quin·tu·ple ['kwintjupl] **1.** fünffach; **2.** (sich) verfünffachen; **quin·tu·plets** ['~plits] *pl.* Fünflinge *pl.*
quip [kwip] Stich(elei *f*) *m*; Witz (-wort *n*) *m*; Spitzfindigkeit *f*.
quire ['kwaiə] Buch *n Papier*; *Buchbinderei*: Lage *f*.
quirk [kwə:k] Spitzfindigkeit *f*; Witz(elei *f*) *m*; Kniff *m*; Schnörkel *m*; ⚠ Hohlkehle *f*.
quis·ling ['kwizliŋ] Quisling *m*, Kollaborateur *m*.
quit [kwit] **1.** *v/t.* verlassen; aufgeben, verzichten auf (*acc.*); *Am.* aufhören; vergelten; *Schuld* tilgen; *v/i.* ausziehen (*Mieter*); weggehen; aufhören; **2.** quitt; frei (*of* von), los.
quite [kwait] ganz, gänzlich; recht; durchaus; ~ *a lot* e-e ziemliche *od.* ganze Menge; ~ *(so)!*, ~ *that!* ganz recht!, genau!; ~ *the thing* F große Mode *f*; genau das Richtige.
quits [kwits] quitt (*with* mit); *cry* ~ genug haben.
quit·tance ['kwitəns] Quittung *f*.
quit·ter *Am.* F ['kwitə] Drückeberger *m*.
quiv·er¹ ['kwivə] **1.** Zittern *n*, Beben *n*; **2.** zittern, beben.
quiv·er² [~] Köcher *m*.
quix·ot·ic [kwik'sɔtik] donquichotisch, weltfremd, überspannt.
quiz [kwiz] **1.** Prüfung *f*, Test *m*; Quiz *n*, Frage- u. Antwortspiel *n*; belustigter Blick *m*; **2.** (aus)fragen, prüfen; necken, foppen; anstarren, beäugen; '**quiz·zi·cal** □ spöttisch; komisch.
quod *sl.* [kwɔd] Loch *n* (*Gefängnis*).
quoin [kɔin] Ecke *f*; *typ.* Keil *m*.
quoit [kɔit] Wurfring *m*; ~*s pl.* Wurfringspiel *n*.
quon·dam ['kwɔndæm] ehemalig.
quon·set *Am.* ['kwɔnsit] *a.* ~ *hut* Wellblechbaracke *f*.
quo·rum *parl.* ['kwɔ:rəm] beschlußfähige Mitgliederzahl *f*; *have a* ~, *form a* ~ beschlußfähig sein.
quo·ta ['kwəutə] Quote *f*, Anteil *m*, Kontingent *n*.
quot·a·ble ['kwəutəbl] zitierbar.
quo·ta·tion [kwəu'teiʃən] Anführung *f*, Zitat *n*; ⚚ Preisnotierung *f*; Kostenvoranschlag *m*; *familiar* ~*s pl.* geflügelte Worte *n/pl.*; **quo'ta·tion-marks** *pl.* Anführungszeichen *n/pl.*
quote [kwəut] anführen, zitieren; angeben; ⚚ berechnen, notieren (*at* mit).
quoth † [kwəuθ]: ~ *I*, ~ *he* sagte ich, sagte er.
quo·tid·i·an [kwɔ'tidiən] (all)täglich.
quo·tient ⅍ ['kwəuʃənt] Quotient *m*.

R

r [ɑ:]: *the three R's* (= *reading, writing, arithmetic*) Lesen *n*, Schreiben *n* u. Rechnen *n*.
rab·bet ⊕ ['ræbit] **1.** Falz *m*, Fuge *f*, Nut *f*; **2.** (ein)falzen, (ein)fügen, fugen.
rab·bi ['ræbai] Rabbiner *m*.
rab·bit ['ræbit] Kaninchen *n*; '~-**fe·ver** Hasenpest *f*.
rab·ble ['ræbl] Pöbel(haufen) *m*; '~-**rous·er** Demagoge *m*.
rab·id □ ['ræbid] tollwütig (*Tier*);

fig. wild, rasend, wütend; ˈ**rab·id·ness** Tollheit *f.*
ra·bies *vet.* [ˈreibiːz] Tollwut *f.*
rac·coon [rəˈkuːn] = *racoon.*
race¹ [reis] Geschlecht *n*, Stamm *m*; Volk *n*; Rasse *f*, Schlag *m.*
race² [~] Rennen *n*; Lauf *m* (*a. fig.*); Wettlauf *m*, -rennen *n*; Strömung *f*, Strom *m*; **~s** *pl.* Pferderennen *n*; **2.** rennen; *weitS.* rasen; um die Wette laufen (mit); rasen mit; *Gesetz* durchpeitschen; *Motor im Leerlauf* hochjagen; ˈ**~-course** Rennbahn *f*, -strecke *f.*
race-ha·tred [ˈreisˈheitrid] Rassenhaß *m.*
race-horse [ˈreishɔːs] Rennpferd *n.*
rac·er [ˈreisə] Rennpferd *n*; Rennboot *n*; Rennwagen *m.*
ra·cial [ˈreiʃəl] Rassen...; ˈ**ra·cial·ism** Rassenbewußtsein *n*, -haß *m.*
rac·i·ness [ˈreisinis] Lebhaftigkeit *f*; Urwüchsigkeit *f.*
rac·ing [ˈreisiŋ] Rennsport *m*; *attr.* Renn...; ~ *car* Rennwagen *m.*
rack¹ [ræk] **1.** Gerüst *n*, Gestell *n*; Kleiderständer *m*; Gepäcknetz *n*; Raufe *f*, Futtergestell *n*; ⊕ Zahnstange *f*; Folter(bank) *f*; **2.** recken, strecken; foltern, martern, quälen (*a. fig.*); ausnutzen; auf *od.* in das Gestell *etc.* tun; ~ *one's brains* sich den Kopf zermartern.
rack² [~] **1.** ziehende Wolkenmasse *f*; **2.** ziehen (*Wolken*).
rack³ [~]: *go to ~ and ruin* ganz und gar zugrunde gehen.
rack⁴ [~] *a.* ~ *off Wein* abfüllen.
rack·et¹ [ˈrækit] *Tennis etc.*: Schläger *m*, Rakett *n*; **~s** *pl.* Rakettspiel *n.*
rack·et² [~] **1.** Lärm *m*, Krach *m*; *fig.* Getriebe *n*, Trubel *m*; *Am.* F Schwindel(geschäft *n*) *m*; Strapaze *f*, Nervenprobe *f*; *stand the ~* es durchstehen; die Folgen tragen; **2.** lärmen; sich amüsieren; **rack·et·eer** *bsd. Am. sl.* [~ˈtiə] Erpresser *m*; **rack·etˈeer·ing** *bsd. Am.* Erpresserwesen *n*; ˈ**rack·et·y** ausgelassen.
rack-rail·way [ˈrækreilwei] Zahnradbahn *f.*
rack-rent ♣[ˈrækrent] **1.** Wuchermiete *f*, -pacht *f*; **2.** *j-m e-e* Wuchermiete abverlangen.
ra·coon *zo.* [rəˈkuːn] Waschbär *m.*
rac·y □ [ˈreisi] kraftvoll, lebendig; stark; würzig (*Geruch etc.*); urwüchsig.

ra·dar [ˈreidə] Radar(gerät) *n.*
rad·dle [ˈrædl] **1.** Rötel *m*; **2.** rot bemalen.
ra·di·al □ [ˈreidjəl] radial, strahlenförmig; ~ *engine* Sternmotor *m.*
ra·di·ance, ra·di·an·cy [ˈreidjəns(i)] Strahlen *n*; ˈ**ra·di·ant** □ strahlend, leuchtend (*a. fig.*); Strahlungs...
ra·di·ate 1. [ˈreidieit] (aus)strahlen; strahlenförmig ausgehen; **2.** [ˈ~it] strahl(enförm)ig; Strahl(en)...; **ra·diˈa·tion** (Aus)Strahlung *f*; **ra·di·a·tor** [ˈ~eitə] Heizkörper *m*; *mot.* Kühler *m.*
rad·i·cal [ˈrædikəl] **1.** □ Wurzel..., Stamm..., Grund...; grundlegend; gründlich; eingewurzelt; radikal (*a. pol.*); ~ *sign* ⅍ Wurzelzeichen *n*; **2.** *gr.* Wurzelbuchstabe *m*, -wort *n*; ⚗ Grundstoff *m*; *bsd. pol.* Radikale *m*; ˈ**rad·i·cal·ism** Radikalismus *m.*
ra·di·o [ˈreidiəu] **1.** Radio *n*, Rundfunk *m*; Funkspruch *m*; Rundfunk-, Radiogerät *n*; Funkgerät *n*; *~-car* Funkstreifenwagen *m*; ~ *drama*, ~ *play* Hörspiel *n*; ~ *engineering* Funktechnik *f*; ~ *set* Radiogerät *n*; **2.** funken; (drahtlos) senden; ˈ**~-ˈac·tive** radioaktiv; ˈ**~-acˈtiv·i·ty** Radioaktivität *f*; **ra·di·o·gram** [ˈ~græm] Funktelegramm *n*; Röntgenaufnahme *f*; = **ra·di·o-gram·o·phone** [ˈ~ˈgræməfəun] Phonosuper *m*, Radiogerät *n* mit Plattenspieler; **ra·di·o·graph** [ˈ~grɑːf] **1.** Röntgenbild *n*; **2.** ein Röntgenbild machen von; ˈ**ra·di·o-loˈca·tion** Funkortung *f*; **ra·di·ol·o·gy** *phys.* [reidiˈɔlədʒi] Strahlenlehre *f*; -forschung *f*; **ra·di·o-tel·e·gram** [ˈreidiəuˈteligræm] Funktelegramm *n*; ˈ**ra·di·o-ˈther·a·py** Strahlen-, Röntgentherapie *f.*
rad·ish ♀ [ˈrædiʃ] Rettich *m*; *a. red ~* Radieschen *n.*
ra·di·um [ˈreidjəm] Radium *n.*
ra·di·us [ˈreidjəs], *pl.* **ra·di·i** [ˈ~diai] Radius *m*; ⅍ Halbmesser *m*; *anat.*, *a.* ⊕ Speiche *f*; ♀ Strahl *m*; *fig.* Umkreis *m.*
raff·ish [ˈræfiʃ] liederlich.
raf·fle [ˈræfl] **1.** Tombola *f*, Verlosung *f*; **2.** verlosen.
raft [rɑːft] **1.** Floß *n*; **2.** flößen; ˈ**raft·er** ⊕ (Dach)Sparren *m*; ˈ**rafts·man** Flößer *m.*
rag¹ [ræg] Lumpen *m*; Fetzen *m*; Lappen *m*; *contp.* Käseblatt *n.*

rag² *sl.* [~] **1.** Unfug treiben (mit); *j.* aufziehen; *j.* beschimpfen; herumtollen, Radau machen; **2.** Unfug *m*; Radau *m*.
rag·a·muf·fin [ˈrægəmʌfin] Lumpenkerl *m*; Gassenjunge *m*.
rag...: ˈ**~-bag** Lumpensack *m*; ˈ**~-book** unzerreißbares Bilderbuch *n*.
rage [reidʒ] **1.** Wut *f*, Zorn *m*; Sucht *f*, Gier *f* (*for* nach); Manie *f*; Begeisterung *f*, Ekstase *f*; *it is all the ~* es ist allgemein Mode, alles ist wild danach; **2.** wüten, rasen, toben.
rag-fair [ˈrægfɛə] Trödelmarkt *m*.
rag·ged □ [ˈrægid] rauh; zottig; zackig; unregelmäßig; zerlumpt.
rag·man [ˈrægmən] Lumpensammler *m*.
ra·gout [ˈrægu:] Ragout *n*.
rag...: ˈ**~-tag** *mst ~ and bobtail* Pack *n*, Pöbel *m*; Krethi u. Plethi *pl.*; ˈ**~·time** ♪ Ragtime *m* (*Jazzstil*).
raid [reid] **1.** (feindlicher) Überfall *m*, Streifzug *m*; (Luft)Angriff *m*; Razzia *f*; **2.** einbrechen in *acc.*, e-n Überfall machen auf *acc.*; überfallen; plündern; ˈ**raid·er** Stoßtruppteilnehmer *m*.
rail¹ [reil] **1.** *a.* *~s pl.* Geländer *n*; Stange *f*; 🚂 Schiene *f*; *fig.* Eisenbahn *f*; *off the ~s* entgleist; *fig.* in Unordnung; *by ~* per Bahn; **2.** *a.* *~ in*, *~ off* mit e-m Geländer umgeben.
rail² [~] schimpfen (*at, against* auf [*acc.*]).
rail³ *orn.* [~] Ralle *f*.
rail-car [ˈreilkɑ:] Triebwagen *m*.
rail·ing [ˈreiliŋ] *a.* *~s pl.* Geländer *n*, Gitter *n*; Reling *f*; Staket *n*.
rail·lery [ˈreiləri] Spötterei *f*.
rail·road *Am.* [ˈreilrəud] **1.** Eisenbahn *f*; **2.** *Gesetz, Maßnahme* durchpeitschen.
rail·way [ˈreilwei] Eisenbahn *f*; ˈ**~·man** Eisenbahner *m*.
rai·ment *rhet.* [ˈreimənt] Kleidung *f*.
rain [rein] **1.** Regen *m*; **2.** regnen; **~·bow** [ˈ~bəu] Regenbogen *m*; ˈ**~-coat** *Am.* Regenmantel *m*; ˈ**~-drop** Regentropfen *m*; ˈ**~·fall** Niederschlagsmenge *f*; Regenschauer *m*; **~·ga(u)ge** [ˈ~geidʒ] Regenmesser *m*; ˈ**~-proof** **1.** regen-, wasserdicht; **2.** Regenmantel *m*; ˈ**rain·y** □ regnerisch; Regen...; *a ~ day fig.* Notzeiten *f/pl.*

raise [reiz] *oft ~ up* heben; auf-, erheben; auf-, errichten; erhöhen (*a. fig.*); *Geld* aufbringen; *Anleihe* aufnehmen; *Heer* aufstellen; *Steuern, Stimme, Geschrei, Anspruch, Einwand, Frage etc.* erheben; verursachen, hervorrufen; erwecken, erregen, in Bewegung setzen; anstiften, aufwiegeln; *Tiere* züchten; *Pflanzen* ziehen; *Getreide* (an)bauen; *Geister* beschwören; *Belagerung* aufheben; ˈ**rais·er** Züchter *m*; Gründer *m*.
rai·sin [ˈreizn] Rosine *f*.
ra·ja(h) [ˈrɑ:dʒə] Radscha *m* (*indischer Fürst*).
rake¹ [reik] **1.** Rechen *m*, Harke *f*; **2.** *v/t.* (glatt-, zs.-)harken; *mst ~ together* zs.-scharren; *a. ~ up*, *~ over fig.* durchstöbern; ⚔, ⚓ beharken, (mit Feuer) bestreichen; überblicken; *~ off*, *~ away* wegräumen; *v/i.* harken, herumstöbern (*for* nach); ˈ**~-off** *Am. sl.* Schwindelprofit *m*.
rake² ⚓ [~] **1.** Hang *m*; **2.** überhängen (lassen).
rake³ [~] Wüstling *m*; Lebemann *m*.
rak·ish [ˈreikiʃ] **1.** flott, schnittig; **2.** □ liederlich, ausschweifend; verwegen; salopp.
ral·ly¹ [ˈræli] **1.** Sammeln *n*; Tagung *f*, Treffen *n*; Massenversammlung *f*; Erholung *f*; *Tennis*: Ballwechsel *m*; *mot.* Rallye *f*, Sternfahrt *f*; **2.** (sich ver)sammeln; sich erholen.
ral·ly² [~] *j.* aufziehen, necken.
ram [ræm] **1.** *zo.*, *ast.* Widder *m*; ⚔ *hist.* Sturmbock *m*; ⊕, ⚓ Ramme *f*; **2.** (fest)rammen; ⚓ rammen; *~ up* verrammeln.
ram·ble [ˈræmbl] **1.** Streifzug *m*; **2.** umherstreifen; abschweifen; ˈ**ram·bler** Wanderer *m*; ⚘ Kletterrose *f*; ˈ**ram·bling** **1.** □ umherschweifend; abschweifend, unstet; weitläufig; unzusammenhängend; **2.** Umherschweifen *n*.
ram·i·fi·ca·tion [ræmifiˈkeiʃən] Verzweigung *f*; **ram·i·fy** [ˈ~fai] (sich) verzweigen.
ram·jet [ˈræmdʒet] *a. ~ engine* Staustrahltriebwerk *n*.
ram·mer ⊕ [ˈræmə] Ramme *f*.
ramp¹ *sl.* [ræmp] Schwindel(manöver *n*) *m*; Geldschneiderei *f*.
ramp² [~] **1.** Rampe *f*; **2.** sich zum Sprunge erheben; toben; **ram-**

page *co.* [ræm'peidʒ] **1.** toben, tollen; **2.** *be on the ~* sich austoben;
ramp·an·cy ['~pənsi] Wuchern *n*; Zügellosigkeit *f*; **'ramp·ant** □ wuchernd; *fig.* zügellos; *Heraldik u.* ⚠ steigend.
ram·part ['ræmpɑ:t] Wall *m* (*a. fig.*).
ram·rod ['ræmrɔd] Ladestock *m*.
ram·shack·le ['ræmʃækl] baufällig, wackelig, klapperig.
ran [ræn] *pret. von run 1.*
ranch [rɑ:ntʃ] Ranch *f*, Viehfarm *f*; **'ranch·er, 'ranch·man** Rancher *m*, Viehzüchter *m*; Farmer *m*.
ran·cid □ ['rænsid] ranzig; **ran'cid·i·ty, 'ran·cid·ness** Ranzigkeit *f*.
ran·cor·ous □ ['ræŋkərəs] voller Groll, boshaft.
ran·co(u)r ['ræŋkə] Groll *m*, Haß *m*.
ran·dom ['rændəm] **1.** *at ~* aufs Geratewohl, blindlings; **2.** ziel-, wahllos; zufällig; *~ shot* Schuß *m* ins Blaue.
rang [ræŋ] *pret. von ring² 2.*
range [reindʒ] **1.** Reihe *f*; (Berg-) Kette *f*; ✝ Kollektion *f*; Sortiment *n*; Herd *m*; Raum *m*; Umfang *m*, Bereich *m*; Spielraum *m*; Reichweite *f*; Schuß-, Tragweite *f*; (ausgedehnte) Fläche *f*; Weide- *od.* Jagdgebiet *n*; *take the ~* die Entfernung schätzen; **2.** *v/t.* (ein)reihen, ordnen; *ein Gebiet etc.* durchstreifen, -laufen; ⚓ längs *et.* fahren; *v/i.* in e-r Reihe *od.* Linie stehen; sich (auf)stellen; (umher)streifen; sich erstrecken, reichen; e-e Reichweite haben (*over* von); *~ along* entlang fahren; **'~-find·er** Entfernungsmesser *m*; **'rang·er** Förster *m*; Aufseher *m* e-s Parks; ⚔ Nahkampfspezialist *m*; **'rang·y** ausgedehnt; gebirgig; schlank.
rank¹ [ræŋk] **1.** Reihe *f*, Linie *f*; ⚔ Glied *n*; Klasse *f*; Rang *m*, Stand *m*; *the ~s pl.*, *the ~ and file* die Mannschaften *f/pl.*; *fig.* die große Masse; *join the ~s* in das Heer eintreten; *rise from the ~s* von der Pike auf dienen; **2.** *v/t.* (ein)reihen, ordnen; rechnen (*with* zu); *v/i.* sich reihen, sich ordnen; gehören, sich rechnen, gerechnet werden (*with* zu; *among* unter *acc.*); e-e Stelle einnehmen, rangieren (*above* über *dat.*; *next to* hinter *dat.*); *~ as* gelten als.
rank² □ [~] üppig, geil (*Pflanze*); fett (*Boden*); ranzig, stinkend; verderbt; *b.s.* kraß.
rank·er ['ræŋkə] aus dem Mannschaftsstand hervorgegangener Offizier *m*.
ran·kle *fig.* ['ræŋkl] nagen, fressen.
rank·ness ['ræŋknis] Üppigkeit *f des Wachstums*; Ranzigkeit *f*.
ran·sack ['rænsæk] durchwühlen, -stöbern, -suchen; ausrauben.
ran·som ['rænsəm] **1.** Lösegeld *n*; Auslösung *f*; *eccl.* Erlösung *f*; **2.** loskaufen, auslösen; erlösen.
rant [rænt] **1.** Wortschwall *m*, Schwulst *m*; **2.** Phrasen dreschen; mit Pathos vortragen; **'rant·er** Phrasendrescher *m*.
ra·nun·cu·lus ⚘ [rə'nʌŋkjuləs] Ranunkel *f*, Hahnenfuß *m*.
rap¹ [ræp] **1.** Klaps *m*; Klopfen *n*; **2.** schlagen, klopfen (*at* an *acc.*); *~ s.o.'s fingers od. knuckles fig.* j-m auf die Finger klopfen; *~ out* herauspoltern.
rap² *fig.* [~] Heller *m*, Deut *m*.
ra·pa·cious □ [rə'peiʃəs] raubgierig; Raub...; habgierig; **ra·pac·i·ty** [rə'pæsiti] Raub-, Habgier *f*.
rape¹ [reip] **1.** Raub *m*; Entführung *f*; ⚖ Notzucht *f*, Vergewaltigung *f*; *~ and murder* Lustmord *m*; **2.** rauben; vergewaltigen.
rape² ⚘ [~] Raps *m*; **'~-oil** Raps-, Rüböl *n*; **'~·seed** Rübsamen *m*.
rap·id ['ræpid] **1.** □ schnell, rasch, reißend, rapid(e); Schnell...; steil, jäh; *phot.* lichtstark (*Objektiv*); hochempfindlich (*Film*); *~ fire* Schnellfeuer *n*; **2.** *~s pl.* Stromschnelle(n *pl.*) *f*; **ra·pid·i·ty** [rə'piditi] Schnelligkeit *f*.
ra·pi·er *fenc.* ['reipjə] Rapier *n*.
rap·ine *rhet.* ['ræpain] Raub *m*.
rap·proche·ment *pol.* [ræ'prɔʃmɑ̃:ŋ] Wiederannäherung *f*.
rapt [ræpt] *fig.* hingerissen, entzückt (*with* vor *dat.*); versunken (*in* in *acc.*).
rap·ture ['ræptʃə] *a. ~s pl.* Entzücken *n*; Begeisterung *f*; Taumel *m*; *in ~s* entzückt; *go into ~s* in Entzücken geraten; **'rap·tur·ous** □ entzückt; leidenschaftlich.
rare □ [rɛə] selten (*a. fig. ungewöhnlich*; *hervorragend*; *köstlich*); vereinzelt; *phys. etc.* dünn.
rare·bit ['rɛəbit]: *Welsh ~* geröstete Käseschnitte *f*.

rar·e·fac·tion *phys.* [rɛəri'fækʃən] Verdünnung *f*; **rar·e·fy** ['~fai] (sich) verdünnen; verfeinern; '**rare·ness**, '**rar·i·ty** Seltenheit *f*; Dünnheit *f*; Kostbarkeit *f*.

ras·cal ['rɑːskəl] Schuft *m*, Schurke *m*; Schelm *m*; **ras·cal·i·ty** [~'kæliti] Schurkerei *f*; **ras·cal·ly** *adj. u. adv.* ['~kəli] schuftig; erbärmlich.

rash[1] □ [ræʃ] hastig, vorschnell; unbesonnen; waghalsig.

rash[2] ⚕ [~] Hautausschlag *m*.

rash·er ['ræʃə] Speckschnitte *f*.

rash·ness ['ræʃnis] Voreiligkeit *f*; Unbesonnenheit *f*.

rasp [rɑːsp] **1.** Raspel *f*; **2.** raspeln; *j-m* weh(e) tun; kratzen; krächzen.

rasp·ber·ry ✿ ['rɑːzbəri] Himbeere *f*.

rasp·er ['rɑːspə] Raspler *m*; Kratzeisen *n*.

rasp·ing ['rɑːspiŋ] Raspeln *n*; *~s pl.* Raspelspäne *m/pl*.

rat [ræt] **1.** *zo.* Ratte *f*; *pol.* Überläufer *m*; *sl.* Streikbrecher *m*; *smell a ~* Lunte *od.* den Braten riechen; *~s! sl.* quatsch!; **2.** Ratten fangen; *pol.* überlaufen.

rat·a·ble □ ['reitəbl] steuerpflichtig.

ratch ⊕ [rætʃ] Sperrstange *f*; *Uhrmacherei*: Auslösung *f*.

ratch·et ⊕ ['rætʃit] Sperrklinke *f*; '**~-wheel** Sperrad *n*.

rate[1] [reit] **1.** Verhältnis *n*, Maß *n*, Satz *m*; Rate *f*; Preis *m*, Gebühr *f*; Taxe *f*; (Gemeinde)Abgabe *f*, Steuer *f*; Grad *m*, Rang *m*; *bsd.* ⚓ Klasse *f*; Geschwindigkeit *f*, Gang *m*; *at the ~ of* im Verhältnis von; zum Satz von; mit einer Geschwindigkeit von; *at a cheap ~* † zu billigem Preis; *at any ~* auf jeden Fall; *~ of exchange* (Umrechnungs-) Kurs *m*; *~ of interest* Zinsfuß *m*; *~ of taxation* Steuersatz *m*; **2.** (ein-) schätzen, taxieren (*at* auf *acc.*); besteuern.

rate[2] [~] *v/t.* ausschelten (*for, about* wegen); *v/i.* schelten (*at* auf, über *acc.*).

rate-pay·er ['reitpeiə] (Gemeinde-) Steuerzahler *m*.

rath·er ['rɑːðə] eher, lieber; vielmehr; besser gesagt; ziemlich; *~!* [*a.* 'rɑː'ðəː] F na gewiß!, und ob!; *I had od. would ~ do* ich möchte lieber tun; *I ~ expected it* ich habe es eigentlich erwartet.

rat·i·fi·ca·tion [rætifi'keiʃən] Bestätigung *f*; **rat·i·fy** ['~fai] bestätigen, ratifizieren.

rat·ing[1] ['reitiŋ] Schätzung *f*; Steuersatz *m*; ⚓ Dienstgrad *m*; ⚓ (Segel)Klasse *f*; Matrose *m*.

rat·ing[2] [~] Schelte(n *n*) *f*.

ra·tio ['reiʃiəu] Verhältnis *n*.

ra·tion ['ræʃən] **1.** Ration *f*; Zuteilung *f*; *~ card (book)* Lebensmittelkarte(n *pl.*) *f*; **2.** rationieren; einschränken.

ra·tion·al □ ['ræʃənl] vernunftgemäß; vernünftig, rational (*a.* ⅍); **ra·tion·al·ism** ['ræʃnəlizəm] Rationalismus *m*; '**ra·tion·al·ist** Rationalist *m*; **ra·tion·al·i·ty** [ræʃə'næliti] Vernunft(mäßigkeit) *f*; **ra·tion·al·i·za·tion** [ræʃnəlai'zeiʃən] Rationalisierung *f*; wirtschaftliche Vereinfachung *f*; '**ra·tion·al·ize** rationalisieren; wirtschaftlich vereinfachen.

rat race ['rætreis] sinnlose Hetze *f*; rücksichtsloses Aufstiegsstreben *n*; Prestigesucht *f*.

rat-tat ['ræt'tæt] Pochen *n*.

rat·ten ['rætn] *v/t.* sabotieren; *v/i.* Sabotage treiben; '**rat·ten·ing** Sabotage *f*.

rat·tle ['rætl] **1.** Gerassel *n*; Geklapper *n*; Geplauder *n*, Geplapper *n*; Klapper *f*, Rassel *f*; (Todes)Röcheln *n*; **2.** *v/i.* rasseln, rattern; klappern; plappern; röcheln; *v/t.* rasseln mit; jagen; erschüttern; F nervös machen; *~ off od. out* her(unter)rasseln, -schnurren; '**~-brain**, '**~-pate** Hohl-, Wirrkopf *m*; '**~-brained**, '**~-pat·ed** hohl-, wirrköpfig; '**rat·tler** Lärmmacher *m*; Schwätzer *m*; *sl.* Mordskerl *m*, -ding *n*; *Am.* F = '**rat·tle·snake** Klapperschlange *f*; '**rat·tle·trap** **1.** klapperig; **2.** Klapperkasten *m* (*Fahrzeug*).

rat·tling □ ['rætliŋ] rasselnd; F lebhaft, schneidig; *adv.* sehr, äußerst; *at a ~ pace* in rasendem Tempo.

rat·ty *sl.* ['ræti] nervös, gereizt.

rau·cous □ ['rɔːkəs] heiser, rauh.

rav·age ['rævidʒ] **1.** Verwüstung *f*; **2.** *v/t.* verwüsten, verheeren; *v/i.* Verheerungen anrichten.

rave [reiv] rasen, toben; phantasieren; schwärmen (*about, of* von).

rav·el ['rævəl] *v/t.* verwickeln; *a. ~ out* entflechten, auftrennen; *v/i. a. ~ out* ausfasern, aufgehen.

ra·ven[1] ['reivn] Rabe *m*.
rav·en[2] ['rævn] **1.** *s. ravin*; **2.** rauben; gierig sein; verschlingen; **rav·en·ous** □ ['rævənəs] gefräßig; heißhungrig; '**rav·en·ous·ness** Raubgier *f*; Gefräßigkeit *f*; Heißhunger *m*.
rav·in *rhet.* ['rævin] Raubgier *f*; Beute *f*.
ra·vine [rə'vi:n] Schlucht *f*; Hohlweg *m*.
rav·ings ['reiviŋz] *pl*. Delirien *n/pl.*; irres Gerede *n*.
rav·ish ['ræviʃ] entzücken, hinreißen; vergewaltigen; *rhet.* rauben, entreißen; '**rav·ish·er** Schänder *m*; '**rav·ish·ing** □ hinreißend; entzückend; '**rav·ish·ment** Schändung *f*; Entzücken *n*.
raw □ [rɔ:] **1.** roh (*ungekocht*; *unbearbeitet*); Roh...; wund; rauh (*Wetter*); ungeübt, unerfahren; ~ *material* Rohmaterial *n*; *he got a* ~ *deal sl.* man hat ihm übel mitgespielt; **2.** wunde *od.* empfindliche Stelle *f* (*bsd. fig.*); '**~-boned** hager, knochig; '**~·hide** Rohleder *n*; '**raw·ness** Roheit *f*; Rauhigkeit *f*; Unerfahrenheit *f*.
ray[1] [rei] **1.** Strahl *m* (*a.* ⚘); *fig.* Schimmer *m*; **2.** ausstrahlen.
ray[2] *ichth.* [~] Rochen *m*.
ray·less ['reilis] strahlenlos.
ray·on ['reiɔn] Kunstseide *f*.
raze [reiz] *Haus etc.* abreißen; *Festung* schleifen; ~ *to the ground* dem Erdboden gleichmachen.
ra·zor ['reizə] Rasiermesser *n*, -apparat *m*; '**~-blade** Rasierklinge *f*; '**~-'edge** *fig. des* Messers Schneide *f*, kritische Lage *f*; '**~-strop** Streichriemen *m*.
razz *Am. sl.* [ræz] aufziehen.
raz·zi·a ['ræziə] Beute-, Raubzug *m*.
raz·zle-daz·zle *sl.* ['ræzldæzl] Durcheinander *n*; Schwindel *m*; Tamtam *n*; Sauftour *f*.
re ⚖, ✝ [ri:] betrifft, bezüglich.
re... [~] wieder...; zurück...; neu...; um...
reach [ri:tʃ] **1.** Ausstrecken *n*; Griff *m*; Reichweite *f*; Fassungskraft *f*, Horizont *m*; Flußabschnitt *m*, -strecke *f*; *beyond* ~, *out of* ~ unerreichbar; *within easy* ~ leicht erreichbar; **2.** *v/i. a.* ~ *out* (mit der Hand) reichen, langen, greifen; reichen, sich erstrecken (*to* bis); *v/t.* (hin-, her)reichen, (-)langen; *oft* ~ *out* ausstrecken; erreichen.
reach-me-downs F ['ri:tʃmi'daunz] *pl.* Kleider *n/pl.* von der Stange.
re·act [ri:'ækt] reagieren (*to* auf *acc.*); (ein)wirken (*on*, *upon* auf *acc.*); sich auflehnen (*against* gegen).
re·ac·tion [ri'ækʃən] Reaktion *f* (*to* auf *acc.*), Rückwirkung *f* (*upon* auf *acc.*); *pol.* Rückschritt *m*; **re'ac·tion·ar·y** *bsd. pol.* [~ʃnəri] **1.** reaktionär; **2.** Reaktionär *m*.
re·ac·tive □ [ri:'æktiv] rück-, gegenwirkend; **re'ac·tor** *phys.* Reaktor *m*, Umwandlungsanlage *f*.
read 1. [ri:d] (*irr.*) *v/t.* lesen (*a. fig.*); deuten; (an)zeigen (*Thermometer etc.*); ~ *off* ablesen; ~ *out* laut (vor-)lesen; zu Ende lesen; ~ *to s.o.* j-m vorlesen; *v/i.* lesen; studieren; sich *gut etc.* lesen; *so u. so* lauten; **2.** [red] *pret. u. p.p. von* **1**; **3.** [red] *adj.* belesen, bewandert (*in* in *dat.*).
read·a·ble □ ['ri:dəbl] lesbar; leserlich; lesenswert.
re-ad·dress ['ri:ə'dres] umadressieren.
read·er ['ri:də] Leser(in); Vorleser (-in); *typ.* Korrektor *m*; *univ.* Dozent *m* (*in* für); Lesebuch *n*; '**read·er·ship** Vorleseramt *n*; *univ.* Dozentenstelle *f*.
read·i·ly ['redili] *adv.* bereit, gleich, leicht; gern; '**read·i·ness** Bereitschaft *f*; Bereitwilligkeit *f*; Schnelligkeit *f*; Raschheit *f*; Fertigkeit *f*; ~ *of mind od. wit* Geistesgegenwart *f*.
read·ing ['ri:diŋ] Lesen *n*; Lesung *f* (*a. parl.*); Stand *m des Thermometers etc.*; Belesenheit *f*; Lektüre *f*; Lesart *f*, Version *f*; Auffassung *f*; *attr.* Lese...; '**~-room** Lesesaal *m*, -zimmer *n*.
re·ad·just ['ri:ə'dʒʌst] wieder in Ordnung bringen; wieder anpassen; *pol. etc.* neu orientieren; '**re·ad'just·ment** Wiederanpassung *f*; Neuordnung *f*.
re·ad·mis·sion ['ri:əd'miʃən] Wiederzulassung *f*.
re·ad·mit ['ri:əd'mit] wieder zulassen; '**re·ad'mit·tance** Wiederzulassung *f*.
read·y ['redi] **1.** *adj.* □ bereit, fertig; bereitwillig, geneigt; schnell bei der Hand; im Begriff (*to inf.* zu *inf.*);

schnell; gewandt (*at, in* in *dat.*); bequem, leicht; gleich zur Hand, nahe; ✝ bar; ⚓ klar; ~ *reckoner* Rechentabelle *f*; ~ *for action* gefechtsbereit; ~ *for take-off* ✈ startbereit; ~ *for use* gebrauchsfertig; ~ *to serve* tafelfertig; *make od. get* ~ (sich) fertig machen; **2.** *adv.* fertig; *readier* schneller; *readiest* am schnellsten; **3.** *su. at the* ~ schußfertig; '**~-'made** fertig, Konfektions... (*Kleidung*); *fig.* schematisch, alltäglich; '**~-to-'wear** Konfektions...

re·af·firm ['ri:ə'fə:m] nochmals versichern.

re·a·gent ⚗ [ri:'eidʒənt] Reagens *n.*

re·al □ [riəl] wirklich, tatsächlich, real; echt; ~ **es·tate** Grundbesitz *m*, Immobilien *f/pl.*

re·a·lign ['ri:ə'lain] politisch neuordnen; '**re·a'lign·ment** politische Neuordnung *f.*

re·a·lism ['riəlizəm] Realismus *m*; '**re·al·ist 1.** Realist *m*; **2.** = **re·al·'is·tic** (*~ally*) realistisch; sachlich; wirklichkeitsnah; **re·al·i·ty** [ri'æliti] Wirklichkeit *f*; **re·al·iz·a·ble** □ ['riəlaizəbl] zu verwirklichen(d); verwertbar; **re·al·i'za·tion** Verwirklichung *f*; Vergegenwärtigung *f*, Erkenntnis *f*; ✝ Verwertung *f*, Realisierung *f*; '**re·al·ize** merken, sich klarmachen, sich im klaren sein über *acc.*, erkennen, sich vergegenwärtigen; verwirklichen, in die Tat umsetzen; ✝ realisieren, zu Geld machen; *Gewinn* erzielen; '**re·al·ly** wirklich, in der Tat.

realm [relm] Königreich *n*; *fig.* Reich *n*; *Peer of the* ~ Mitglied *n* des Oberhauses.

re·al·tor *Am.* ['riəltə] Grundstücksmakler *m*; '**re·al·ty** ⚖ Grundeigentum *n.*

ream[1] [ri:m] Ries *n* (*Papier*).

ream[2] ⊕ [~] *Loch* erweitern; ⊕ *mst* ~ *out* nachbohren; '**ream·er** Reibahle *f.*

re·an·i·mate ['ri:'ænimeit] wiederbeleben; '**re·an·i'ma·tion** Wiederbelebung *f.*

reap [ri:p] *Korn* schneiden; *Feld* mähen; *fig.* ernten; '**reap·er** Schnitter(in); Mähmaschine *f*; '**reap·ing** Ernten *n*; '**reap·ing-hook** Sichel *f*; '**reap·ing-ma·chine** Mähmaschine *f.*

re·ap·pear ['ri:ə'piə] wieder erscheinen; '**re·ap'pear·ance** Wiedererscheinen *n.*

re·ap·pli·ca·tion ['ri:æpli'keiʃən] wiederholte Anwendung *f.*

re·ap·point ['ri:ə'pɔint] wiederanstellen, -ernennen.

re·ap·prais·al ['ri:ə'preizəl] Neubeurteilung *f.*

rear[1] [riə] *v/t.* auf-, großziehen; züchten; *rhet.* errichten; *v/i.* sich aufrichten.

rear[2] [~] **1.** Rück-, Hinterseite *f*; Hintergrund *m*; *mot.*, ⚓ Heck *n*; ⚔ Nachhut *f*; hinterer Teil *m*; *at the* ~ *of, in (the)* ~ *of* hinter (*dat.*); *from the* ~ von hinten; **2.** Hinter..., Rück..., Nach...; ~ *wheel drive* Hinterradantrieb *m*; '**~-'ad·mi·ral** ⚓ Konteradmiral *m*; '**~-guard** ⚔ Nachhut *f*; '**~-lamp** *mot.* Schlußlicht *n.*

re-arm ['ri:'ɑ:m] aufrüsten; '**re--'ar·ma·ment** Aufrüstung *f.*

rear·most ['riəməust] hinterst.

re·ar·range ['ri:ə'reindʒ] neu ordnen.

rear·ward ['riəwəd] **1.** *adj.* rückwärtig; **2.** *adv. a.* ~*s* rückwärts.

re·as·cend ['ri:ə'send] wieder aufsteigen.

rea·son ['ri:zn] **1.** Vernunft *f*; Verstand *m*; Recht *n*, Billigkeit *f*; Ursache *f*, Grund *m*; *by* ~ *of* wegen; *for this* ~ aus diesem Grund; *listen to* ~ Vernunft annehmen; *it stands to* ~ *that* ... es leuchtet ein, daß; **2.** *v/i.* logisch *od.* vernünftig denken; schließen; urteilen; argumentieren; *v/t. a.* ~ *out* durchdenken; ~ *away* wegdisputieren; ~ *s.o. into (out of) s.th.* j-m et. ein- (aus)reden; ~*ed* (wohl)durchdacht; '**rea·son·a·ble** □ vernünftig; billig; mäßig; angemessen; leidlich; '**rea·son·a·bly** ziemlich, leidlich; '**rea·son·er** Denker(in); '**rea·son·ing** Urteilen *n*; Schluß *m*; Beweisführung *f*; *attr.* Denk..., Urteils...

re·as·semble ['ri:ə'sembl] (sich) wieder versammeln.

re·as·sert ['ri:ə'sə:t] wieder behaupten.

re·as·sur·ance [ri:ə'ʃuərəns] wiederholte Versicherung *f*; Beruhigung *f*; **re·as'sure** wieder versichern; (wieder) beruhigen.

re·a·wak·en [ri:ə'weikən] wieder erwecken; wieder erwachen.

re·bap·tize ['ri:bæp'taiz] wiedertaufen.
re·bate[1] ✝ ['ri:beit] Rabatt *m*, Abzug *m*; Rückzahlung *f*.
re·bate[2] ⊕ ['ræbit] **1.** Falz *m*, Nut *f*; **2.** (ein)falzen.
reb·el 1. ['rebl] Rebell *m*; Empörer *m*, Aufrührer *m*; **2.** [~] aufrührerisch, rebellisch; *fig.* aufsässig, widerspenstig; **3.** [ri'bel] rebellieren, sich empören, sich auflehnen; **re'bel·lion** [~jən] Aufruhr *m*, -lehnung *f*, Rebellion *f*, Empörung *f*; **re'bel·lious** = *rebel* 2.
re·birth ['ri:'bə:θ] Wiedergeburt *f*.
re·bound [ri'baund] **1.** zurückprallen; **2.** Rückprall *m*, -schlag *m*.
re·buff [ri'bʌf] **1.** Zurück-, Abweisung *f*; **2.** zurück-, abweisen.
re·build ['ri:'bild] (*irr. build*) wieder (auf)bauen.
re·buke [ri'bju:k] **1.** Tadel *m*, Rüge *f*; **2.** tadeln, rügen.
re·bus ['ri:bəs] Rebus *m*, *n*, Bilderrätsel *n*.
re·but [ri'bʌt] zurückweisen; widerlegen; **re'but·tal** Zurückweisung *f*.
re·cal·ci·trant [ri'kælsitrənt] widerspenstig.
re·call [ri'kɔ:l] **1.** Zurückrufung *f*; Abberufung *f*; Widerruf *m*; *beyond* ~, *past* ~ unwiderruflich; **2.** zurückrufen (*fig. to s.o.'s mind* j-m ins Gedächtnis); abberufen; *Ware* abrufen; (sich) erinnern an (*acc.*); *Gefühl* wieder wachrufen; widerrufen; ✝ *Kapital etc.* kündigen; ~ *that* daran erinnern, daß; *until* ~*ed* bis auf Widerruf.
re·cant [ri'kænt] (als irrig) widerrufen; **re·can·ta·tion** [ri:kæn'teiʃən] Widerruf(ung *f*) *m*.
re·cap[1] F ['ri:kæp] = *recapitulate*; *recapitulation*.
re·cap[2] *Am.* ['ri:'kæp] *Reifen* besohlen.
re·ca·pit·u·late [ri:kə'pitjuleit] kurz wiederholen, zs.-fassen; **'re·ca·pit·u'la·tion** kurze Wiederholung *f*.
re·cap·ture ['ri:'kæptʃə] **1.** Wiedererlangung *f*, -ergreifung *f*; *fig.* Wiederhervorholen *n*; **2.** wiedererlangen; wieder ergreifen; zurückerobern.
re·cast ['ri:ka:st] **1.** (*irr. cast*) ⊕ umgießen; umformen, neu gestalten; neu berechnen; *thea.* neu besetzen; **2.** Umformung *f etc.*
re·cede [ri:'si:d] zurücktreten, -weichen; ✝ zurückgehen; *receding* fliehend (*Kinn, Stirn*).
re·ceipt [ri'si:t] **1.** Empfang *m e-s Briefes etc.*; Eingang *m von Waren*; ✝ Empfangsschein *m*, Quittung *f*; (Koch)Rezept *n*; ~*s pl.* Einnahmen *f/pl.*; **2.** quittieren.
re·ceiv·a·ble [ri'si:vəbl] annehmbar; ✝ noch zu fordern(d), ausstehend; **re'ceive** *v/t. Besuch, Radio etc.* empfangen, erhalten, bekommen; *Eid etc.* abnehmen; *als Gast etc.* aufnehmen; annehmen, anerkennen; *v/i.* empfangen; **re'ceived** anerkannt; allgemein üblich; **re'ceiv·er** Empfänger *m* (*a. tel. u. Radio*); *teleph.* Hörer *m*; *a.* ~ *of stolen goods* Hehler *m*; *Steuer- etc.* Einnehmer *m*; *a. official* ~ ⚖ Masseverwalter *m*; *phys.*, ⚗ Rezipient *m*; **re'ceiv·er·ship** ⚖ Konkursverwaltung *f*; **re'ceiv·ing** Annahme *f*; *Radio*: Empfang *m*; Hehlerei *f*; ~ *set* Rundfunkempfänger *m*.
re·cen·cy ['ri:snsi] Neuheit *f*.
re·cen·sion [ri'senʃən] Durchsicht *f*, Prüfung *f e-s Textes*.
re·cent □ ['ri:snt] neu; frisch; modern; jüngst; *in* ~ *years* in den letzten Jahren; **'re·cent·ly** neulich, kürzlich, vor kurzem, unlängst; **'re·cent·ness** Neuheit *f*.
re·cep·ta·cle [ri'septəkl] Behälter *m*; *a. floral* ~ ⚘ Fruchtboden *m*.
re·cep·tion [ri'sepʃən] Aufnahme *f* (*a. fig.*), (*a.* Radio)Empfang *m*; Annahme *f*; **re'cep·tion·ist** Empfangsdame *f*, -herr *m*; **re'cep·tion-room** Gesellschaftszimmer *n*.
re·cep·tive □ [ri'septiv] empfänglich, aufnahmefähig (*of* für); **re·cep'tiv·i·ty** Empfänglichkeit *f*.
re·cess [ri'ses] **1.** Unterbrechung *f*, Pause *f*; *bsd. parl.* Ferien *pl.*; (entlegener) Winkel *m*; Nische *f*, Vertiefung *f*; ~*es pl. fig.* Tiefe(n *pl.*) *f*; **2.** zurücksetzen; ausbuchten.
re·ces·sion [ri'seʃən] Zurückziehen *n*, -treten *n*; ✝ Konjunkturrückgang *m*, rückläufige Bewegung *f*; **re'ces·sion·al** [~ʃənl] **1.** *eccl.* Schluß...; *parl.* Ferien...; **2.** *eccl.* Schlußgesang *m*; **re'ces·sive** [~siv] zurücktretend; rezessiv.
re·chris·ten ['ri:'krisn] umtaufen.
re·cid·i·vist [ri'sidivist] Rückfällige *m*.
rec·ipe ['resipi] Rezept *n*.

re·cip·i·ent [ri'sipiənt] Empfänger (-in).

re·cip·ro·cal [ri'siprəkəl] **1.** wechsel-, gegenseitig; ⅌, *gr.*, *phls.* reziprok; **2.** ⅌ reziproker Wert *m*; **re'cip·ro·cate** [~keit] *v/i.* sich revanchieren, sich erkenntlich zeigen; ⊕ sich hin- und herbewegen; *reciprocating engine* Kolbenmotor *m*; *v/t.* *Glückwünsche etc.* austauschen, erwidern; **re·cip·ro'ca·tion** Hinundherbewegung *f*; Wechselwirkung *f*; Austausch *m*, Erwiderung *f*; **rec·i·proc·i·ty** [resi'prɔsiti] Gegenseitigkeit *f*.

re·cit·al [ri'saitl] Bericht *m*; Erzählung *f*; ⚖ Darlegung *f* des Sachverhalts; ♪ (Solo)Vortrag *m*, Konzert *n*; **rec·i·ta·tion** [resi'teiʃən] Hersagen *n*; Vortrag *m*, Rezitation *f*; **rec·i·ta·tive** ♪ [~tə'tiːv] **1.** rezitativartig; **2.** Rezitativ *n* (*Sprechgesang*); **re·cite** [ri'sait] vortragen, rezitieren; deklamieren; aufsagen; berichten; **re'cit·er** Vortragskünstler(in); Vortragsbuch *n*.

reck *poet.* [rek] sich kümmern (*of* um), fragen (*of* nach).

reck·less □ ['reklis] unbekümmert (*of* um); rücksichtslos; leichtsinnig, sorglos; **'reck·less·ness** Unbekümmertheit *f*; Rücksichtslosigkeit *f*; Leichtsinn *m*.

reck·on ['rekən] *v/t.* rechnen, zählen; *a.* ~ *for*, ~ *as* schätzen, halten für, ansehen als; ~ *up* zs.-rechnen, -zählen; *v/i.* rechnen; meinen, denken, vermuten; ~ (*up*)*on* rechnen, sich verlassen auf (*acc.*); ~ *with* rechnen mit *Tatsachen etc.*; **reck·on·er** ['reknə] Rechner(in); **'reck·on·ing** Rechnen *n*; (Ab)Rechnung *f*; Berechnung *f*; *be out in od. of one's* ~ *fig.* sich verrechnen *od.* verrechnet haben.

re·claim [ri'kleim] wiedergewinnen; *j.* bessern; bekehren; zähmen; zivilisieren; *Land* urbar machen; ⊕ aus Altmaterial gewinnen; zurückfordern; **re'claim·a·ble** verbesserungsfähig.

rec·la·ma·tion [reklə'meiʃən] Besserung *f*; Urbarmachung *f*; Zurückforderung *f*; Einspruch *m*.

re·cline [ri'klain] (sich) (zurück-) lehnen; ~ *upon fig.* sich stützen auf (*acc.*); **re·clin·ing chair** Lehnstuhl *m*.

re·cluse [ri'kluːs] **1.** zurückgezogen, einsiedlerisch; **2.** Einsiedler(in).

rec·og·ni·tion [rekəg'niʃən] Anerkennung *f*; (Wieder)Erkennen *n*; **rec·og·niz·a·ble** □ ['~naizəbl] erkennbar; **re·cog·ni·zance** ⚖ [ri'kɔgnizəns] schriftliche Verpflichtung *f*; Kaution *f*; **rec·og·nize** ['rekəgnaiz] anerkennen; (wieder-) erkennen; *auf der Straße* grüßen.

re·coil [ri'kɔil] **1.** zurückprallen; **2.** Rückstoß *m*, -lauf *m*.

rec·ol·lect[1] [rekə'lekt] sich erinnern (*gen.*) *od.* an (*acc.*).

re·col·lect[2] ['riːkə'lekt] wieder sammeln; ~ *o.s.* sich fassen.

rec·ol·lec·tion [rekə'lekʃən] Erinnerung *f* (*of* an *acc.*); Gedächtnis *n*.

re·com·mence ['riːkə'mens] wieder beginnen.

rec·om·mend [rekə'mend] empfehlen; **rec·om'mend·a·ble** empfehlenswert; **rec·om·men'da·tion** Empfehlung *f*; Vorschlag *m*; **rec·om'mend·a·to·ry** [~dətəri] empfehlend; Empfehlungs...

re·com·mis·sion ['riːkə'miʃən] wieder an- *od.* einstellen.

re·com·mit ['riːkə'mit] *parl.* *an e-n Ausschuß* zurückverweisen; ~ *to prison* wieder verhaften.

rec·om·pense ['rekəmpens] **1.** Belohnung *f*, Vergeltung *f*; Entgelt *n*, Ersatz *m*; **2.** *j. od. et.* belohnen, *et.* vergelten; *j.* entschädigen; *et.* ersetzen, wiedergutmachen.

re·com·pose ['riːkəm'pəuz] neu zs.-setzen; wieder beruhigen.

rec·on·cil·a·ble ['rekənsailəbl] versöhnbar; vereinbar; **'rec·on·cile** versöhnen; in Einklang bringen (*with*, *to* mit); *Streit* schlichten; ~ *o.s. to* sich aussöhnen mit; sich abfinden mit; **'rec·on·cil·er** Versöhner(in); **rec·on·cil·i·a·tion** [~sili'eiʃən] Versöhnung *f*; Aussöhnung *f*.

re·con·dite □ *fig.* [ri'kɔndait] tief, dunkel; entlegen, ausgefallen.

re·con·di·tion ['riːkən'diʃən] wieder herrichten; ⊕ überholen.

re·con·nais·sance ['ri'kɔnisəns] ⚔ Aufklärung *f*, Erkundung *f*; *fig.* Übersicht *f*; ~ **car** ⚔ Panzerspähwagen *m*.

rec·on·noi·ter, rec·on·noi·tre ⚔ [rekə'nɔitə] erkunden, auskundschaften.

re·con·quer ['ri:'kɔŋkə] wiedererobern; **'re'con·quest** [~kwest] Wiedereroberung *f*.
re·con·sid·er ['ri:kən'sidə] wieder erwägen; **'re·con·sid·er'a·tion** nochmalige Erwägung *f*.
re·con·sti·tute ['ri:'kɔnstitju:t] wiederherstellen; **'re·con·sti'tu·tion** Wiederherstellung *f*.
re·con·struct ['ri:kəns'trʌkt] wiederaufbauen; *fig.* rekonstruieren; **'re·con'struc·tion** Wiederaufbau *m*, -herstellung *f*.
re·con·ver·sion ['ri:kən'və:ʃən] Umstellung *f auf Friedensproduktion*; **'re·con'vert** umstellen.
rec·ord[1] ['rekɔ:d] Aufzeichnung *f*; ⚖ Protokoll *n*; Akte *f*; schriftlicher Bericht *m*; Urkunde *f* (*a. fig.*); persönliche Vergangenheit *f*, Ruf *m*, Leumund *m* (*bsd. pol.*); Verzeichnis *n*; Wiedergabe *f*; Schallplatte *f*; *Sport*: Rekord *m*, Höchstleistung *f*; ~ *time* Rekordzeit *f*; *it is on* ~ es steht fest; *place on* ~ schriftlich niederlegen; *beat od. break the* ~ den Rekord brechen; *set up od. establish a* ~ e-n Rekord aufstellen; ♀ *Office* Staatsarchiv *n*; *off the* ~ inoffiziell.
re·cord[2] [ri'kɔ:d] auf-, verzeichnen, eintragen; festhalten; **re'cord·er** Registrator *m*; Stadtrichter *m*; Aufnahme-, *bsd.* Tonbandgerät *n*; ♪ Blockflöte *f*; **re'cord·ing** *Radio*: Aufzeichnung *f*, Aufnahme *f*; **'rec-ord-play·er** Plattenspieler *m*.
re·count[1] [ri'kaunt] (eingehend) erzählen.
re-count[2] ['ri:'kaunt] **1.** nachzählen; **2.** Nachzählung *f*.
re·coup [ri'ku:p] *j.* schadlos halten (für); *et.* wieder einbringen.
re·course [ri'kɔ:s] Zuflucht *f*; *have* ~ *to* s-e Zuflucht nehmen zu.
re·cov·er[1] [ri'kʌvə] *v/t.* wiedererlangen, -finden, -gewinnen; wiedererobern; wieder einbringen, wiedergutmachen; *Schulden etc.* eintreiben; *be* ~*ed* wiederhergestellt sein (*Kranker*); *v/i.* sich erholen; wieder zu sich kommen; *a.* ~ *o.s.* sich fangen; ⚖ (*in one's suit* s-n Prozeß) gewinnen.
re-cov·er[2] ['ri:kʌvə] wiederbedeken; *Schirm etc.* neu beziehen.
re·cov·er·a·ble [ri'kʌvərəbl] wiedererlangbar; eintreibbar; wiederherstellbar; **re'cov·er·y** Wiedererlangung *f*; Wiederherstellung *f*; Genesung *f*, Erholung *f*.
rec·re·ant ['rekriənt] **1.** □ feig; abtrünnig; **2.** Feigling *m*; Abtrünnige *m*.
rec·re·ate ['rekrieit] *v/t.* auf-, erfrischen; erquicken; erheitern; *v/i. a.* ~ *o.s.* sich erholen; **rec·re'a·tion** Erholung *f*; Erholungspause *f*; Erheiterung *f*; ~ *ground* Sport-, Spielplatz *m*; **'rec·re·a·tive** erquickend; erheiternd.
re·crim·i·nate [ri'krimineit] Gegenbeschuldigungen vorbringen; **re·crim·i'na·tion** Gegenbeschuldigung *f*; Gegenklage *f*.
re·cross ['ri:'krɔs] wieder überqueren.
re·cru·desce [ri:kru:'des] wieder aufbrechen (*Wunde*); wieder ausbrechen (*Krankheit*); **re·cru'des·cence** Wiederauf-, Wiederausbrechen *n*.
re·cruit [ri'kru:t] **1.** Rekrut *m*; *fig.* Neuling *m*; **2.** *v/t.* erneuern, ergänzen; rekrutieren; *Rekruten* ausheben, einziehen, anwerben; *Gesundheit* wiederherstellen; *v/i.* sich erholen; ⚔ Rekruten ausheben, werben; **re'cruit·ment** Rekrutierung *f*; Erholung *f*.
rec·tan·gle ['rektæŋgl] Rechteck *n*; **rec'tan·gu·lar** □ [~gjulə] rechteckig, -winklig.
rec·ti·fi·a·ble ['rektifaiəbl] zu berichtigen(d); **rec·ti·fi·ca·tion** [~fi'keiʃən] Berichtigung *f*; Verbesserung *f*; ⚗, ⚗ Rektifikation *f*; **rec·ti·fi·er** ['~faiə] Berichtiger *m*; ⚗ *etc.* Rektifizierer *m*; *Radio*: Gleichrichter *m*; **rec·ti·fy** ['~fai] berichtigen; verbessern; ⚗, ⚗ rektifizieren; ⚡, *Radio*: gleichrichten; **rec·ti·lin·e·al** [rekti'linjəl], **rec·ti'lin·e·ar** □ [~njə] geradlinig; **rec·ti·tude** ['rektitju:d] Geradheit *f*; Redlichkeit *f*, Aufrichtigkeit *f*.
rec·tor ['rektə] Pfarrer *m*; *univ.* Rektor *m*; (Schul)Direktor *m*; **rec·tor·ate** ['~rit], **'rec·tor·ship** Rektorat *n*; **'rec·to·ry** Pfarre *f*; Pfarrhaus *n*.
rec·tum *anat.* ['rektəm] Mastdarm *m*.
re·cum·bent □ [ri'kʌmbənt] lehnend, liegend; ruhend.
re·cu·per·ate [ri'kju:pəreit] sich er-

holen; **re·cu·per'a·tion** Erholung *f*; **re'cu·per·a·tive** [~rətiv] wiederherstellend.

re·cur [ri'kəː] *in Gedanken od. Worten* zurückkehren (*to* zu), -kommen (*to* auf *acc.*); wiederkehren, -kommen, sich wieder einstellen (*Gedanke etc.*); (periodisch) wiederkehren; ~ *to s.o.'s mind* j-m wieder ins Gedächtnis kommen, j-m wieder einfallen; *~ring decimal* periodischer Dezimalbruch *m*; **re·cur·rence** [ri'kʌrəns] Wieder-, Rückkehr *f*; ~ *to* Zurückkommen *n* auf (*acc.*); **re'cur·rent** □ wiederkehrend; *anat.* rückläufig; ~ *fever* Rückfallfieber *n*.

re·curve [riː'kəːv] (sich) zurückbiegen.

rec·u·sant ['rekjuzənt] widerspenstig.

red [red] **1.** rot (*engS. pol.*); ♀ *Cross* Rotes Kreuz *n*; ~ *currant* Johannisbeere *f*; ~ *deer* Rotwild *n*; ~ *ensign* britische Handelsflagge *f*; ~ *heat* Rotglut *f*; ~ *herring* Bückling *m*; *draw a ~ herring across the trail* e-n Ablenkungsversuch machen; ~ *lead* Mennige *f*; *paint the town ~ sl.* auf die Pauke hauen; **2.** Rot *n*; *bsd. pol.* Rote *m*; *bsd. Am.* F roter Heller *m*; *see ~* rot sehen, wild werden; *be in the ~ Am.* F in Schulden stecken.

re·dact [ri'dækt] abfassen; herausgeben; **re'dac·tion** Redaktion *f*, Fassung *f*; Neuausgabe *f*.

red·breast ['redbrest] *a. robin ~* Rotkehlchen *n*; **'Red·brick** die Provinzuniversitäten *f/pl.*; **'red·cap** Militärpolizist *m*; *Am.* Gepäckträger *m*; **red·den** ['redn] (sich) röten; erröten; **'red·dish** rötlich; **red·dle** ['~l] Rötel *m*.

re·dec·o·rate ['riː'dekəreit] *Zimmer* renovieren (lassen); **'re·dec·o'ra·tion** Renovierung *f*.

re·deem [ri'diːm] zurück-, loskaufen; aus-, ablösen; *Pfand, Versprechen* einlösen; ✝ amortisieren; büßen, wiedergutmachen; *Zeit* wieder einbringen; ersetzen, entschädigen für; erlösen; bewahren (*from* vor *dat.*); **re'deem·a·ble** ablösbar; tilgbar; ✝ kündbar; wiedergutzumachen(d); wiedererlangbar; **Re'deem·er** Erlöser *m*, Heiland *m*.

re·de·liv·er ['riːdi'livə] wieder ab-, ausliefern; wieder befreien.

re·demp·tion [ri'dempʃən] Rückkauf *m*; Auslösung *f*; ✝ Amortisation *f*; Wiedergutmachung *f*; Erlösung *f*; **re'demp·tion·er** *hist.* Amerikaeinwanderer *m*, der s-e Überfahrt abdiente; **re'demp·tive** erlösend.

re·de·ploy ['riːdi'plɔi] umgruppieren.

red...: **'~faced** mit rotem Kopf; **'~haired** rothaarig; **'~-'hand·ed:** *catch s.o. ~* j. auf frischer Tat ertappen; **'~head** Rotschopf *m*; Hitzkopf *m*; **'~-'head·ed** rothaarig; **'~-'hot** rotglühend; *fig.* hitzig.

re·dif·fu·sion ['riːdi'fjuːʒən] Übernahme *f* e-s Radio- *od.* Fernsehprogramms.

Red In·di·an [re'dindjən] Indianer (-in).

red·in·te·grate [re'dintigreit] wiederherstellen, erneuern; **red·in·te'gra·tion** Wiederherstellung *f*.

re·di·rect ['riːdi'rekt] *Brief* umadressieren, nachsenden.

re·dis·count [riː'diskaunt] **1.** rediskontieren; **2.** Rediskont(ierung *f*) *m*.

re·dis·cov·er ['riːdis'kʌvə] wieder-entdecken.

re·dis·trib·ute ['riːdis'tribjuːt] neu verteilen.

red-let·ter day ['red'letə'dei] Fest-, *fig.* Freuden-, Glückstag *m*.

red-light dis·trict ['redlait'distrikt] Bordellviertel *n*.

red·ness ['rednis] Röte *f*.

re·do ['riː'du] (*irr. do*) neu machen.

red·o·lence ['redəuləns] Duft *m*; **'red·o·lent** duftend (*of* nach); *be ~ of fig.* gemahnen an.

re·dou·ble [ri'dʌbl] (sich) verdoppeln.

re·doubt ⚔ [ri'daut] Redoute *f*; **re'doubt·a·ble** *rhet.* fürchterlich.

re·dound [ri'daund]: ~ *to* beitragen, gereichen, führen zu; ~ *(up)on* zurückfallen auf (*acc.*).

re·draft ['riː'drɑːft] **1.** neuer Entwurf *m*; ✝ Rückwechsel *m*; **2.** neu entwerfen.

re·dress [ri'dres] **1.** Abhilfe *f*; Wiedergutmachung *f*; ⚖ Entschädigung *f*; *legal ~* Rechtshilfe *f*; **2.** abhelfen (*dat.*); wiedergutmachen.

red...: **ˈ~·skin** Rothaut *f* (*Indianer*); **ˈ~·start** *orn.* Rotschwänzchen *n*; **~ tape, ~-tap·ism** [ˈ~ˈteipizəm] Bürokratismus *m*, Amtsschimmel *m*; **ˈ~-ˈtap·ist** Bürokrat *m*, Aktenmensch *m*.

re·duce [riˈdjuːs] *fig.* zurückführen, bringen (*to* auf, in *acc.*, zu); verwandeln (*to* in *acc.*); verringern, -mindern; verkleinern; einschränken; *Preise* herabsetzen; *fig.* herunterbringen; bezwingen; zwingen (*to* zu); ⚗, ⛏ reduzieren; ⚕ einrenken; ✝ *Konten* abstimmen; F e-e Abmagerungskur machen; ~ *to writing* schriftlich niederlegen; **reˈduc·i·ble** zurückführbar, reduzierbar (*to* auf *acc.*); **re·duc·tion** [riˈdʌkʃən] Reduktion *f*; *fig.* Zurückführung *f*; Verwandlung *f*; Herabsetzung *f*, (Preis)Nachlaß *m*, Rabatt *m*; Verminderung *f*; Verkleinerung *f e-s Bildes etc.*; Bezwingung *f*; ⚕ Einrenkung *f*.

re·dun·dance, re·dun·dan·cy [riˈdʌndəns(i)] Überfülle *f*, Überfluß *m*; Arbeitslosigkeit *f*; **reˈdun·dant** □ überflüssig, -zählig; arbeitslos; übermäßig; üppig; weitschweifig.

re·du·pli·cate [riˈdjuːplikeit] verdoppeln; wiederholen; **re·du·pliˈca·tion** Verdoppelung *f*.

red·wood [ˈredwud] Rotholz *n*, Redwood *n*.

re·dye [ˈriːˈdai] (wieder)auffärben.

re·ech·o [riːˈekəu] widerhallen.

reed [riːd] Ried *n*, Schilfrohr *n*; Rohrflöte *f*; *the ~s pl.* ♪ die Rohrblattinstrumente *n/pl*.

re·ed·it [ˈriːˈedit] neu herausgeben.

re·ed·u·ca·tion [ˈriːedjuˈkeiʃən] Umschulung *f*, Umerziehung *f*.

reed·y [ˈriːdi] schilfreich; lang aufgeschossen; schrill; piepsend (*Stimme*).

reef¹ [riːf] (Felsen)Riff *n*.

reef² ⚓ [~] **1.** Reff *n*; **2.** reffen.

reef·er¹ [ˈriːfə] Seemannsjacke *f*.

reef·er² *Am. sl.* [~] Marihuana-Zigarette *f*.

reek [riːk] **1.** Rauch *m*, Dampf *m*; Dunst *m*; **2.** rauchen, dampfen (*with* von); dunsten, *unangenehm* riechen (*of* nach); **ˈreek·y** rauchig; dunstig.

reel [riːl] **1.** Haspel *f*; (Garn-, Film)Rolle *f*, Spule *f*; *schottischer Tanz*; **2.** *v/t.* haspeln; wickeln, spulen; ~ *off* abhaspeln, herunterleiern; *v/i.* wirbeln; schwanken; taumeln.

re-e·lect [ˈriːiˈlekt] wiederwählen; **ˈre-eˈlec·tion** Wiederwahl *f*.

re-el·i·gi·ble [ˈriːˈelidʒəbl] wiederwählbar.

re-en·act [ˈriːiˈnækt] wieder in Kraft setzen; *thea.* neu inszenieren; wiederholen.

re-en·force [ˈriːinˈfɔːs] *etc.* = *reinforce etc.*

re-en·gage [ˈriːinˈgeidʒ] *j.* wieder ein-, anstellen.

re-en·list ⚔ [ˈriːinˈlist] wieder eintreten, weiter dienen.

re-en·ter [ˈriːˈentə] wieder eintreten (in *acc.*); **ˈre-ˈent·er·ing, re·en·trant** [riːˈentrənt] einspringend (*Winkel*).

re-es·tab·lish [ˈriːisˈtæbliʃ] wiederherstellen; **ˈre-esˈtab·lish·ment** Wiederherstellung *f*.

reeve¹ ⚓ [riːv] einscheren.

reeve² [~] Vogt *m*, Statthalter *m*; Aufseher *m*.

re-ex·am·i·na·tion [ˈriːigzæmiˈneiʃən] nochmalige Prüfung *f*; **ˈre-exˈam·ine** nochmals prüfen.

re-ex·change [ˈriːiksˈtʃeindʒ] Rücktausch *m*; ✝ Rückwechsel *m*.

re·fec·tion [riˈfekʃən] Erfrischung *f*; **reˈfec·to·ry** [~təri] Refektorium *n*, Speisesaal *m*.

re·fer [riˈfəː]: ~ *to* verweisen, überweisen an (*acc.*); sich beziehen, anspielen auf (*acc.*); sprechen von, erwähnen (*acc.*); gelten für (*od. dat.*); befragen (*acc.*), nachschlagen in (*dat.*); zurückführen auf (*acc.*), zuschreiben (*dat.*); **reˈfer·a·ble:** ~ *to* zu beziehen(d) auf (*acc.*); zuzuschreiben(d) (*dat.*); **ref·er·ee** [refəˈriː] Schiedsrichter *m*; *Boxen*: Ringrichter *m*; *parl. etc.* Referent *m*, Sachbearbeiter *m*; **ref·er·ence** [ˈrefrəns] Referenz *f*, Empfehlung *f*, Zeugnis *n*; Bezugnahme *f*, Verweisung *f* (*to* auf *acc.*); Anspielung *f*; Beziehung *f*; Auskunft(geber *m*) *f*; *in od. with ~ to* in betreff, hinsichtlich (*gen.*), in bezug auf (*acc.*); *terms pl. of ~* Richtlinien *f/pl.*; Zuständigkeitsbereich *m*; *work of ~*, *~ book* Nachschlagewerk *n*; *~ library* Handbibliothek *f*; *~ number* Aktenzeichen *n*; *make ~ to* erwähnen; eingehen auf (*acc.*).

ref·er·en·dum [refə'rendəm] Volksentscheid *m*.
re·fill ['ri:fil] **1.** Nachfüllung *f*; Ersatzfüllung *f*, -mine *f*, -batterie *f*; **2.** (sich) wieder füllen, auffüllen.
re·fine [ri'fain] verfeinern, veredeln (*a.* ⊕ *u. fig.*); ⊕ raffinieren, (*a. fig.*) läutern; *v/i.* sich verfeinern *od.* veredeln *od.* läutern; klügeln, tüfteln (*on, upon* an *dat.*); ~ (*up*)*on et.* verfeinern, verbessern; **re'fine·ment** Verfeinerung *f*, Veredlung *f*; Läuterung *f*; Feinheit *f*, Bildung *f*; Klügelei *f*, Spitzfindigkeit *f*; **re'fin·er** Verfeinerer *m*; ⊕ Raffineur *m*; Klügler(in); **re'fin·er·y** ⊕ Raffinerie *f*; *metall.* (Eisen)Hütte *f*.
re·fit ⚓ ['ri:'fit] **1.** *v/t.* ausbessern; neu ausrüsten; *v/i.* ausgebessert werden; **2.** Ausbesserung *f*.
re·flect [ri'flekt] *v/t.* zurückwerfen, reflektieren; zurückstrahlen, widerspiegeln (*a. fig.*); zum Ausdruck bringen; *v/i.* ~ (*up*)*on* nachdenken über (*acc.*); überlegen (*acc.*); sich abfällig äußern über (*acc.*); ein schlechtes Licht werfen auf (*acc.*); **re'flec·tion** Rückstrahlung *f*, Reflexion *f*, (Wider)Spiegelung *f*; Reflex *m*; Spiegelbild *n*; Überlegung *f*; Gedanke *m*; abfällige Bemerkung *f*; Makel *m*; **re'flec·tive** □ reflektierend; nachdenklich; **re'flec·tor** Reflektor *m*; Scheinwerfer *m*; Rückstrahler *m*.
re·flex ['ri:fleks] **1.** zurückgebogen; Reflex...; **2.** Widerschein *m*, (*a. physiol.*) Reflex *m*; **re·flex·ion** [ri'flekʃən] = *reflection*; **re·flex·ive** □ [ri'fleksiv] zurückwirkend; *gr.* reflexiv, rückbezüglich.
ref·lu·ent ['refluənt] zurückflutend.
re·flux ['ri:flʌks] Rückfluß *m*; Ebbe *f*.
re·for·est·a·tion ['ri:fɔris'teiʃən] [Aufforstung *f*.]
re·form¹ [ri'fɔ:m] **1.** Verbesserung *f*, Reform *f*; **2.** verbessern, reformieren; (sich) bessern.
re-form² ['ri:'fɔ:m] (sich) neu bilden; ⚔ sich wieder formieren.
ref·or·ma·tion [refə'meiʃən] Umgestaltung *f*; Besserung *f*; ♀ *eccl.* Reformation *f*; **re·form·a·to·ry** [ri'fɔ:mətəri] **1.** bessernd; **2.** Besserungsanstalt *f*; **re'formed** ge-, verbessert; *eccl.* reformiert; **re'form·er** Reformator *m*; **re'form·ist** reformistisch.
re·found ['ri:faund] umgießen.
re·fract [ri'frækt] *Strahlen* brechen; ~*ing telescope* Refraktor *m*; **re'frac·tion** Strahlenbrechung *f*; **re'frac·tive** *opt.* Brechungs...; **re'frac·tor** *opt.* Refraktor *m*; **re'frac·to·ri·ness** Widerspenstigkeit *f*; Hartnäckigkeit *f*; ⚗ Strengflüssigkeit *f*; **re'frac·to·ry** **1.** □ widerspenstig; aufsässig; hartnäckig; ⊕ feuerfest; ⚗ strengflüssig; **2.** ⊕ feuerfester Baustoff *m*.
re·frain¹ [ri'frein] sich enthalten (*from gen.*), unterlassen (*from acc.*).
re·frain² [~] Kehrreim *m*, Refrain *m*.
re·fran·gi·ble *phys.* [ri'frændʒəbl] brechbar.
re·fresh [ri'freʃ] (sich) erfrischen, auffrischen; **re'fresh·er** F Erfrischung *f*; *fig.* Auffrischung *f*; ⚖ Nachschuß *m*; ~ *course* Auffrischungs-, Fortbildungskurs *m*; **re'fresh·ment** Erfrischung *f*, Erquickung *f*; ~ *room* Erfrischungsraum *m*.
re·frig·er·ant [ri'fridʒərənt] **1.** kühlend; **2.** Kühlmittel *n*, -trank *m*; **re'frig·er·ate** [~reit] kühlen; **re'frig·er·at·ing** Kühl...; Eis...; **re·frig·er'a·tion** Abkühlung *f*; **re'frig·er·a·tor** Kühlschrank *m*, -raum *m*; ~ *lorry* Kühlwagen *m*.
re·fu·el [ri:'fjuəl] tanken.
ref·uge ['refju:dʒ] Zuflucht(sstätte) *f*; *a. street-*~ Verkehrsinsel *f*; *mount.* (Schutz)Hütte *f*; *take* ~ *in* s-e Zuflucht nehmen zu; **ref·u·gee** [~'dʒi:] Flüchtling *m*; ~ *camp* Flüchtlingslager *n*.
re·ful·gence [ri'fʌldʒəns] Glanz *m*; **re'ful·gent** □ strahlend.
re·fund **1.** [ri:'fʌnd] zurückzahlen; **2.** ['ri:fʌnd] Rückzahlung *f*.
re·fur·bish ['ri:'fə:biʃ] aufpolieren.
re·fur·nish ['ri:'fə:niʃ] neu möblieren.
re·fus·al [ri'fju:zəl] abschlägige Antwort *f*; Weigerung *f*; Verweigerung *f*; Vorkaufsrecht *n* (*of* auf *acc.*).
re·fuse¹ [ri'fju:z] *v/t.* abschlagen, verweigern; ab-, zurückweisen, ablehnen; scheuen vor (*dat.*); *v/t.* sich weigern; scheuen (*Pferd*).
ref·use² ['refju:s] Ausschuß *m*; Abfall *m*, Müll *m*; *fig.* Auswurf *m*.
ref·u·ta·ble □ ['refjutəbl] widerlegbar; **ref·uta·tion** [refju:'teiʃən]

Widerlegung *f*; **re·fute** [ri'fju:t] widerlegen.

re·gain [ri'gein] wiedergewinnen.

re·gal □ ['ri:gəl] königlich; Königs...

re·gale [ri'geil] *v/t.* festlich bewirten; erfreuen; *v/i.* schwelgen (*on* in *dat.*).

re·ga·li·a [ri'geiljə] *pl.* (Krönungs-) Insignien *pl.*

re·gard [ri'gɑ:d] **1.** *fester* Blick *m*; (Hoch)Achtung *f*, Rücksicht *f*; Beziehung *f*; ~*s pl.* Grüße *m/pl.*, Empfehlungen *f/pl.*; *have* ~ *to* Rücksicht nehmen auf (*acc.*); berücksichtigen; sich beziehen auf (*acc.*); *with* ~ *to* in Hinsicht auf (*acc.*); *with kind* ~*s* mit herzlichen Grüßen; **2.** ansehen (*as* als); (be)achten; betrachten; betreffen; *as* ~*s* ... was ... anbetrifft; **re'gard·ful** □ [~ful] rücksichtsvoll (*of* gegen); **re'gard·ing** hinsichtlich, betreffs (*gen.*); **re'gard·less** □ unbekümmert, sorglos; achtlos; ~ *of* ohne Rücksicht auf (*acc.*); unbeschadet (*gen.*).

re·gat·ta [ri'gætə] Regatta *f*.

re·gen·cy ['ri:dʒənsi] Regentschaft *f*.

re·gen·er·ate 1. [ri'dʒenəreit] (sich) erneuern; (sich) regenerieren; (sich) neu bilden; (sich) bessern; **2.** [~rit] wiedergeboren; **re·gen·er·a·tion** [~'reiʃən] Erneuerung *f*, *bsd. biol.* Neubildung *f*; *fig.* Wiedergeburt *f*; **re'gen·er·a·tive** [~rətiv] *Radio*: Rückkoppelungs...

re·gent ['ri:dʒənt] **1.** herrschend; **2.** Regent *m*; **'re·gent·ship** Regentschaft *f*.

reg·i·cide ['redʒisaid] Königsmord *m*; Königsmörder *m*.

ré·gime, re·gime [rei'ʒi:m] Regime *n*, Regierungsform *f*; herrschendes System *n*; = *regimen*.

reg·i·men ['redʒimen] Diätvorschriften *f/pl.*; Therapie *f*; *gr.* Rektion *f*; = *régime*.

reg·i·ment ['redʒimənt] **1.** ⚔ Regiment *n*; *fig.* Schar *f*; **2.** ['~ment] reglementieren; organisieren; **reg·i·men·tal** [~'mentl] ⚔ Regiments...; **reg·i·men·tal·ly** [~'mentəli] regimentsweise; **reg·i'men·tals** ⚔ *pl.* Uniform *f*; **reg·i·men'ta·tion** Reglementierung *f*; Organisierung *f*.

re·gion ['ri:dʒən] Gegend *f*, Gebiet *n*, Region *f*; *fig.* Bereich *m*; **re·gion·al** ['~dʒənl] **1.** □ örtlich; Orts...; *Radio*: ~ *station* = **2.** Regionalsender *m*.

reg·is·ter ['redʒistə] **1.** Register *n*, Verzeichnis *n*; ⊕ Schieber *m*, Ventil *n*; ♪ Register *n*, Stimmumfang *m*; Zählwerk *n*; *cash* ~ Registrierkasse *f*; *parish* ~ Kirchenbuch *n*; **2.** registrieren *od.* eintragen (lassen); (an)zeigen, auf-, verzeichnen; *Sendung* einschreiben (lassen), *Gepäck* aufgeben, sich *polizeilich* melden; **'reg·is·tered** eingetragen; eingeschrieben (*Brief*); gesetzlich geschützt; ~ *design* Gebrauchsmuster *n*.

reg·is·trar [redʒis'trɑ:] Registrator *m*; Standesbeamte *m*; **reg·is·tra·tion** [~'treiʃən] Registrierung *f*, Eintragung *f*; ~ *fee* Anmeldegebühr *f*; **'reg·is·try** Eintragung *f*; Registratur *f*; Register *n*; ~ *office* Standesamt *n*; *servants'* ~ Stellenvermittlungsbüro *n*.

reg·nant ['regnənt] regierend.

re·gress ['ri:gres] Rückkehr *f*; *fig.* Rückgang *m*; **re·gres·sion** [ri'greʃən] Rückkehr *f*; *fig.* Rückgang *m*; *psych.* Regression *f*; **re'gres·sive** □ [~siv] rückläufig; rückwirkend.

re·gret [ri'gret] **1.** Bedauern *n* (*at* über *acc.*); Schmerz *m*, Trauer *f* (*for* um); **2.** bedauern; bereuen; nachtrauern (*dat.*); *schmerzlich* vermissen; **re'gret·ful** □ [~ful] bedauernd; ~*ly* mit Bedauern; **re'gret·ta·ble** □ bedauerlich.

reg·u·lar ['regjulə] **1.** □ regelmäßig; regelrecht, richtig; ordentlich; pünktlich; ⚔ regulär; *eccl.* Ordens...; **2.** *eccl.* Ordensgeistliche *m*; ⚔ aktiver Soldat *m*; F Stammgast *m*, -kunde *m*; **reg·u·lar·i·ty** [~'læriti] Regelmäßigkeit *f*; Richtigkeit *f*, Ordnung *f*.

reg·u·late ['regjuleit] regeln, ordnen; regulieren, stellen; **'reg·u·lat·ing** ⊕ Regulier..., Stell...; **reg·u'la·tion 1.** Regulierung *f*; Vorschrift *f*, Bestimmung *f*; Verordnung *f*; Regel *f*; *contrary to* ~*s* ordnungswidrig; **2.** vorschriftsmäßig; ⚔ Kommiß...; **reg·u·la·tive** □ ['~lətiv] regelnd; **reg·u·la·tor** ['~leitə] Regulierer *m*, Ordner *m*; ⊕ Regulator *m* (*a. Uhr*).

re·gur·gi·tate [ri:'gə:dʒiteit] *v/t.*

wieder ausströmen; *Essen* erbrechen; *v/i.* zurückfließen.
re·ha·bil·i·tate [riːə'biliteit] *Haus* renovieren; *Stadtviertel* sanieren; *ins Berufsleben* wiedereingliedern; rehabilitieren; **'re·ha·bil·i'ta·tion** Sanierung *f*; Wiedereingliederung *f*; Rehabilitierung *f*.
re·hash *fig.* ['riː'hæʃ] **1.** wieder durchkauen *od.* aufwärmen; **2.** Aufguß *m*.
re·hears·al [ri'həːsəl] *thea.*, ♪ Probe *f*; Wiederholung *f*; **re'hearse** *thea.* proben, einstudieren; wiederholen; aufsagen.
re·heat [riː'hiːt] wieder erhitzen.
reign [rein] **1.** Regierung *f*; *fig.* Herrschaft *f*; **2.** herrschen, regieren.
re·im·burse [riːim'bəːs] *j.* entschädigen; *Kosten* (wieder)erstatten; † decken; **re·im'burse·ment** Wiedererstattung *f*; Dekkung *f*; Entschädigung *f*.
rein [rein] **1.** Zügel *m*; *give* ~ *to* die Zügel schießen lassen (*dat.*); **2.** ~ *in*, ~ *up*, ~ *back* zügeln.
rein·deer *zo.* ['reindiə] Ren(tier) *n*.
re·in·force [riːin'fɔːs] **1.** verstärken; ~*d concrete* ⊕ Stahlbeton *m*; **2.** ⊕ Verstärkung *f*; **re·in'force·ment** Verstärkung *f*; Armierung *f* (*Beton*); ~*s pl.* ⚔ Verstärkungen *f/pl.*
re·in·stall ['riːin'stɔːl] wieder einsetzen; **'re·in'stal(l)·ment** Wiedereinsetzung *f*.
re·in·state ['riːin'steit] wieder einsetzen; wieder instandsetzen; **'re·in'state·ment** Wiedereinsetzung *f*; Wiederinstandsetzung *f*.
re·in·sur·ance ['riːn'ʃuərəns] Rückversicherung *f*; **re·in·sure** ['~'ʃuə] rückversichern.
re·in·vest ['riːin'vest] wieder investieren *od.* anlegen.
re·is·sue ['riː'isjuː] **1.** wieder ausgeben; **2.** Wiederausgabe *f*.
re·it·er·ate [riː'itəreit] (dauernd) wiederholen; **re·it·er'a·tion** Wiederholung *f*.
re·ject [ri'dʒekt] ver-, wegwerfen; *als wertlos* ausscheiden; ablehnen, ausschlagen; zurückweisen; **re'jec·tion** Verwerfung *f*; Ablehnung *f*; Zurückweisung *f*; Ausscheidung *f*; ~*s pl.* Ausschußwaren *f/pl.*; **re·jec·tor cir·cuit** *Radio*: Sperrkreis *m*.
re·jig ['riː'dʒig] *Fabrik* maschinell neu ausstatten.
re·joice [ri'dʒɔis] *v/t.* erfreuen; *rejoiced at od. by* erfreut über (*acc.*); *v/i.* sich freuen (*at*, *in* über *acc.*); **re'joic·ing** **1.** □ freudig; **2.** *oft* ~*s pl.* Freude *f*; Freudenfest *n*.
re·join[1] ['riː'dʒɔin] (sich) wieder vereinigen (*to*, *with* mit); wieder zurückkehren zu; *j.* wieder treffen.
re·join[2] [ri'dʒɔin] erwidern; **re'join·der** Erwiderung *f*.
re·ju·ve·nate [ri'dʒuːvineit] verjüngen; **re·ju·ve'na·tion** Verjüngung *f*.
re·kin·dle ['riː'kindl] (sich) wieder entzünden.
re·lapse [ri'læps] **1.** Rückfall *m*; **2.** zurückfallen, rückfällig werden.
re·late [ri'leit] *v/t.* berichten, erzählen; in Verbindung bringen (*to*, *with* mit); *v/i.* sich beziehen (*to* auf *acc.*), betreffen (*to acc.*); **re'lat·ed** verwandt (*to* mit); **re'lat·er** Erzähler(in).
re·la·tion [ri'leiʃən] Bericht *m*; Erzählung *f*; Beziehung *f* (*with* zu); Verhältnis *n* (*to* zu *j-m*); Verwandtschaft *f*; Verwandte *m*, *f*; *in* ~ *to* in bezug auf (*acc.*); **re'la·tion·ship** Verwandtschaft *f*; Beziehung *f*.
rel·a·tive ['relətiv] **1.** □ sich beziehend, bezüglich (*to gen.*); *gr.* relativ; bezüglich; verhältnismäßig; entsprechend; jeweilig; **2.** *gr.* Relativpronomen *n*; Verwandte *m*, *f*; **'rel·a·tive·ly** relativ, verhältnismäßig; **rel·a'tiv·i·ty** Relativität *f*.
re·lax [ri'læks] *v/t.* lockern; mildern; nachlassen in *e-r Bemühung etc.*; entspannen; *v/i.* nachlassen; ausspannen, -ruhen, sich entspannen; milder *od.* freundlicher werden; **re·lax'a·tion** Lockerung *f*; Nachlassen *n*; Entspannung *f*, Erholung *f*; **re'laxed** entspannt; zwanglos.
re·lay[1] [ri'lei] **1.** frisches Gespann *n*; Ablösung(smannschaft) *f*; ['riː'lei] ⚡ Relais *n*; *Radio*: Übertragung *f*; ~ *race Sport*: Stafettenlauf *m*; **2.** *Radio*: übertragen.
re·lay[2] ['riː'lei] (*irr. lay*) *Kabel etc.* neu verlegen.
re·lease [ri'liːs] **1.** Freilassung *f*; *fig.* Befreiung *f*; Freigabe *f*; *Film*: *oft first* ~ Uraufführung *f*; ⚖ Verzichtleistung *f*; ⊕, *phot.* Auslöser

m; **2.** frei-, loslassen, erlösen (*from* von); freigeben, entlassen; *Recht* aufgeben, übertragen; *Film* uraufführen; ⊕ auslösen.

rel·e·gate [ˈreligeit] verbannen; verweisen (*to* an *acc.*); **rel·eˈga·tion** Verbannung *f*; Verweisung *f*.

re·lent [riˈlent] sich erweichen lassen; **reˈlent·less** □ unbarmherzig.

rel·e·vance, rel·e·van·cy [ˈrelivəns(i)] Erheblichkeit *f*; Bedeutung *f* (*to* für); **ˈrel·e·vant** sachdienlich; zutreffend; wichtig, erheblich (*to* für); entsprechend (*to dat.*).

re·li·a·bil·i·ty [rilaiəˈbiliti] Zuverlässigkeit *f*; **reˈli·a·ble** □ zuverlässig.

re·li·ance [riˈlaiəns] Vertrauen *n*, Zutrauen *n*; Verlaß *m* (*on* auf *acc.*); *fig.* Stütze *f*; **reˈli·ant** vertrauensvoll.

rel·ic [ˈrelik] Überrest *m*, -bleibsel *n*; Reliquie *f*; **rel·ict** [ˈrelikt] Witwe *f*.

re·lief [riˈli:f] Erleichterung *f*; Trost *m*; (angenehme) Unterbrechung *f*; Unterstützung *f*; ⚔ Ablösung *f*; ⚔ Entsatz *m*; Beistand *m*; Hilfe *f*; ⚖ Abhilfe *f*; ⚠ *etc.* Relief *n*, erhabene Arbeit *f*; *be on* ~ Unterstützung beziehen; *poor* ~ Armenpflege *f*; ~ *work* Hilfswerk *n*; ~ *works pl.* Notstandsarbeiten *f/pl.*; *stand out in* ~ *against* sich abheben gegen.

re·lieve [riˈli:v] erleichtern; mildern, lindern; *Arme etc.* unterstützen; ⚔ ablösen; ⚔ entsetzen; ⚖ (ab)helfen (*dat.*); befreien (*of* von); entheben (*of gen.*); hervortreten lassen; (angenehm) unterbrechen; ~ *nature*, ~ *o.s.* s-e Notdurft verrichten.

re·lie·vo [riˈli:vəu] Relief *n*.

re·li·gion [riˈlidʒən] Religion *f*; Ordensleben *n*; *fig.* Ehrensache *f*.

re·li·gious □ [riˈlidʒəs] Religions...; religiös; fromm; *eccl.* Ordens...; gewissenhaft; **reˈli·gious·ness** Religiosität *f*.

re·lin·quish [riˈliŋkwiʃ] aufgeben; verzichten auf (*acc.*); *et.* loslassen; **reˈlin·quish·ment** Aufgeben *n*; Verzicht *m* (*of* auf *acc.*).

rel·i·quar·y [ˈrelikwəri] Reliquienschrein *m*.

rel·ish [ˈreliʃ] **1.** Geschmack *m*; Beigeschmack *m*; *fig.* Kostprobe *f*; Würze *f*; Behagen *n*, Genuß *m*; **2.** *v/t.* gern essen; Geschmack finden an (*dat.*); schmackhaft machen; *did you* ~ *your dinner?* hat Ihnen das Essen geschmeckt?; *v/i.* schmecken (*of* nach).

re·luc·tance [riˈlʌktəns] Widerstreben *n*; *bsd. phys.* Widerstand *m*; **reˈluc·tant** □ widerstrebend, -willig; zögernd; *be* ~ *to do* sich sträuben zu tun, ungern tun.

re·load [ˈri:ˈləud] wieder laden.

re·lo·ca·tion [ˈri:ləuˈkeiʃən] Umsiedlung *f*.

re·ly [riˈlai]: ~ (*up*)*on* sich verlassen auf (*acc.*), bauen *od.* vertrauen auf (*acc.*).

re·main [riˈmein] **1.** (ver)bleiben; zurück-, übrigbleiben; **2.** ~*s pl.* Überbleibsel *n/pl.*, -reste *m/pl.*; sterbliche Reste *m/pl.*; **reˈmain·der** [~də] Rest *m*; *Buchhandel*: Restauflage *f*; ⚖ Anwartschaft *f*.

re·mand [riˈmɑ:nd] **1.** (⚖ in die Untersuchungshaft) zurückschicken; **2.** (Zurücksendung *f* in die) Untersuchungshaft *f*; *be on* ~ sich in Untersuchungshaft befinden; *prisoner on* ~ Untersuchungsgefangene *m, f*; ~ **home** Jugendstrafanstalt *f*.

re·mark [riˈmɑ:k] **1.** Beachtung *f*; Bemerkung *f*; *pass a* ~ e-e Bemerkung machen; **2.** *v/t.* bemerken (*beobachten*; *äußern*); *v/i.* e-e Bemerkung machen, sich äußern (*upon* über *acc.*); **reˈmark·a·ble** □ bemerkenswert; ungewöhnlich; **reˈmark·a·ble·ness** Merkwürdigkeit *f*.

re·mar·riage [ˈri:ˈmæridʒ] Wiederverheiratung *f*; **ˈreˈmar·ry** (sich) wieder verheiraten; wieder heiraten.

re·me·di·a·ble □ [riˈmi:djəbl] heil-, abstellbar; **re·me·di·al** □ [riˈmi:djəl] heilend; abhelfend.

rem·e·dy [ˈremidi] **1.** (Heil-, Hilfs-, Gegen-, Rechts)Mittel *n*; (Ab-)Hilfe *f*; **2.** heilen; abhelfen (*dat.*).

re·mem·ber [riˈmembə] sich erinnern an (*acc.*); denken an (*acc.*); beherzigen; *im Brief*: *j.* empfehlen; *j.* bedenken (*mit e-m Geschenk*); ~ *me to him!* grüßen Sie ihn von mir!; **reˈmem·brance** Erinnerung *f*; Gedächtnis *n*; Andenken *n*; ~*s* *pl.* Empfehlungen *f/pl.*, Grüße *m/pl.*

re·mil·i·ta·rize ['ri:'militəraiz] remilitarisieren.

re·mind [ri'maind] erinnern (*of* an *acc.*); *~ me to answer that letter* erinnere mich daran, den Brief zu beantworten; **re'mind·er** Mahnung *f*; Wink *m*.

rem·i·nis·cence [remi'nisns] Erinnerung *f*; **rem·i'nis·cent** □ (sich) erinnernd (*of* an *acc.*); Erinnerungs...; *be ~ of* erinnern an (*acc.*).

re·miss □ [ri'mis] schlaff, (nach-) lässig; **re'mis·si·ble** (er)läßlich; **re'mis·sion** Vergebung *f von Sünden*; Erlassung *f von Schulden*; Nachlassen *n*, Abnahme *f*; *~ of fees* Gebührenerlaß *m*; **re'miss·ness** (Nach)Lässigkeit *f*.

re·mit [ri'mit] *v/t.* *Sünden* vergeben; *Schuld etc.* erlassen; nachlassen in (*dat.*); abstehen von; überweisen; ⚖ zurückverweisen; übersenden; *v/i.* nachlassen; **re'mit·tance** (*bsd.* Geld)Sendung *f*; Überweisung *f*; ✝ Wechselsendung *f*, Rimesse *f*; **re·mit'tee** Empfänger *m*; **re'mit·tent** nachlassend, remittierend(es Fieber *n*); **re'mit·ter** (Geld)Sender *m*, ✝ Remittent *m*.

rem·nant ['remnənt] Überrest *m*; (Stoff)Rest *m*; *~ sale* Resteverkauf *m*.

re·mod·el ['ri:'mɔdl] umbilden.

re·mon·strance [ri'mɔnstrəns] Vorstellung *f*, Einwendung *f*; **re'mon·strant** Einsprucherhebende *m*; **re·mon·strate** ['remənstreit] Vorstellungen machen (*on* über *acc.*; *with s.o.* j-m); einwenden (*that* daß).

re·morse [ri'mɔ:s] Gewissensbisse *m/pl.*; **re'morse·ful** □ [~ful] reuevoll; **re'morse·less** □ hart(herzig), unbarmherzig.

re·mote □ [ri'məut] fern, entfernt, entlegen, abgelegen; *~ control* Fernsteuerung *f*; **re'mote·ness** Entfernung *f*, Ferne *f*, Entlegenheit *f*.

re·mount 1. [ri:'maunt] *v/t.* wieder besteigen; ⚔ mit frischen Pferden versehen; neu rahmen; *v/i.* wieder aufsteigen; **2.** ['ri:maunt] frisches Reitpferd *n*; ⚔ Remonte *f*.

re·mov·a·ble [ri'mu:vəbl] abnehmbar; abstellbar (*Übel*); absetzbar; **re'mov·al** [~vəl] Entfernen *n*; Wegräumen *n*; Beseitigung *f*; Umzug *m*; Entlassung *f* (*from office* aus dem Amt); *~ service* Möbelspedition *f*; *~ van* Möbelwagen *m*; **re'move 1.** *v/t.* entfernen; wegräumen, -rücken; weg-, abnehmen; beseitigen; entlassen (*from office* aus dem Dienst); *v/i.* (aus-, um-, ver)ziehen; **2.** Entfernung *f*, Abstand *m*; Stufe *f*, Grad *m*; *Schule*: Versetzung *f*; Abteilung *f e-r Klasse*; *get one's ~* versetzt werden; **re'mov·er** (Möbel)Spediteur *m*.

re·mu·ner·ate [ri'mju:nəreit] (be-) lohnen; entschädigen; **re·mu·ner'a·tion** Be-, Entlohnung *f*; **re'mu·ner·a·tive** □ [~rətiv] lohnend.

Ren·ais·sance [ri'neisəns] Renaissance *f*.

re·nal *anat.* ['ri:nl] Nieren...

re·name ['ri:'neim] umbenennen; neu benennen.

re·nas·cence [ri'næsns] Wiedergeburt *f*; Renaissance *f*; **re'nas·cent** wieder wachsend.

rend [rend] (*irr.*) (zer)reißen.

ren·der ['rendə] wieder-, zurückgeben; *Dienst, Gehorsam etc.* leisten; *Aufmerksamkeit, Ehre etc.* erweisen; *Dank* abstatten; übersetzen (*into* in *acc.*); ♪ vortragen; *künstlerisch* wiedergeben; darstellen, interpretieren; *Grund* angeben; ✝ *Rechnung* überreichen; übergeben; machen (zu); *Fett* auslassen; **'ren·der·ing** Wiedergabe *f*; Interpretation *f*; Übersetzung *f etc.*

ren·dez·vous ['rɔndivu:] Treffpunkt *m*; Stelldichein *n*.

ren·di·tion [ren'diʃən] Wiedergabe *f*.

ren·e·gade ['renigeid] Renegat(in), Abtrünnige *m*, *f*.

re·new [ri'nju:] erneuern; **re'new·al** Erneuerung *f*.

ren·net ['renit] Lab *n*.

re·nom·i·nate [ri:'nɔmineit] wieder (als Kandidaten) aufstellen.

re·nounce [ri'nauns] *v/t.* entsagen (*dat.*); verzichten auf (*acc.*); verleugnen; *v/i.* *Karten*: nicht bedienen.

ren·o·vate ['renəuveit] erneuern, renovieren; **ren·o'va·tion** Erneuerung *f*, Renovierung *f*; **'ren·o·va·tor** (Er)Neuerer *m*.

re·nown [ri'naun] Ruhm *m*, Ansehen *n*; **re'nowned** berühmt, namhaft.
rent[1] [rent] **1.** *pret. u. p.p. von* rend; **2.** Riß *m*; Spalte *f*.
rent[2] [~] **1.** Miete *f*; Pacht *f*; **2.** (ver-)mieten, (ver)pachten; vermietet werden; **'rent·a·ble** (ver)mietbar; **'rent·al** (Einkommen *n* aus) Miete *f od.* Pacht *f*; ~ value Miet-, Pachtwert *m*; **'rent-charge** Erbzins *m*; **'rent·er** Mieter *m*, Pächter *m*; Filmverleih(er) *m*; **'rent-'free** miet-, pachtfrei.
re·nun·ci·a·tion [rinʌnsi'eiʃən] Entsagung *f*; Verzicht *m* (of auf *acc.*).
re·o·pen ['riː'əupən] *v/t.* wieder (er)öffnen; *v/i.* (sich) wieder öffnen; wieder beginnen.
re·or·ga·ni·za·tion ['riːɔːgənai'zeiʃən] Neugestaltung *f*; ⚕ Sanierung *f*; **'re'or·gan·ize** reorganisieren, neugestalten; ⚕ sanieren.
rep[1] [rep] Rips *m* (*Stoff*).
rep[2] *sl.* [~] Wüstling *m*.
rep[3] F [~] Repertoiretheater *n*.
re·pack ['riː'pæk] umpacken.
re·paint ['riː'peint] neu anstreichen.
re·pair[1] [ri'pɛə] **1.** Ausbesserung *f*, Reparatur *f*; ~s *pl.* Instandsetzungsarbeiten *f/pl.*; ~ shop Reparaturwerkstatt *f*; in good ~ in gutem baulichen Zustand, gut erhalten; out of ~ baufällig; **2.** reparieren, ausbessern; erneuern; wiedergutmachen.
re·pair[2] [~]: ~ to sich begeben nach.
rep·a·ra·ble ['repərəbl] wiedergutzumachen(d); **rep·a'ra·tion** Ersatz *m*; Entschädigung *f*; *pol.* Wiedergutmachungsleistung *f*; *pol.* make ~s *pol.* Reparationen leisten.
rep·ar·tee [repɑː'tiː] schlagfertige Antwort *f*; Schlagfertigkeit *f*; be good at ~ schlagfertig sein.
re·par·ti·tion ['riːpɑː'tiʃən] (Neu-)Verteilung *f*.
re·pass ['riː'pɑːs] *v/i.* zurückgehen; *v/t.* wieder vorbeigehen an (*dat.*).
re·past [ri'pɑːst] Mahl(zeit *f*) *n*.
re·pa·tri·ate **1.** [riː'pætrieit] in die Heimat zurückführen; **2.** [~it] Heimkehrer *m*; **re·pa·tri·a·tion** ['~'eiʃən] Rückführung *f* in die Heimat.
re·pay (*irr.* pay) [riː'pei] *et.* zurückzahlen; *fig.* erwidern; *et.* vergelten, lohnen; *j.* entschädigen; ['riː'pei] nochmals (be)zahlen; **re'pay·a·ble** rückzahlbar; **re'payment** Rückzahlung *f*.
re·peal [ri'piːl] **1.** Aufhebung *f von Gesetzen*; **2.** aufheben, widerrufen.
re·peat [ri'piːt] **1.** *v/t.* wiederholen; her-, aufsagen; nachliefern; ~ an order for s.th. et. nachbestellen; *v/i.* sich wiederholen; repetieren (*Uhr, Gewehr*); aufstoßen (*Essen*); **2.** Wiederholung *f*; oft ~ order Nachbestellung *f*; ♪ Wiederholungszeichen *n*; **re'peat·ed** □ wiederholt; **re'peat·er** Wiederholer(in); periodischer Dezimalbruch *m*; Repetieruhr *f*, -gewehr *n*; *tel.* Übertrager *m*.
re·pel [ri'pel] zurückstoßen, -treiben, -weisen; *fig.* abstoßen; **re'pel·lent** zurück-, abstoßend.
re·pent [ri'pent] *a.* ~ of bereuen.
re·pent·ance [ri'pentəns] Reue *f*; **re'pent·ant** reuig.
re·peo·ple ['riː'piːpl] wiederbevölkern.
re·per·cus·sion [riːpəː'kʌʃən] Rückprall *m*; *fig.* Rückwirkung *f*; Widerhall *m*.
rep·er·toire *thea. etc.* ['repətwɑː] Repertoire *n*.
rep·er·to·ry ['repətəri] *thea.* Repertoire *n*; *fig.* Fundgrube *f*.
rep·e·ti·tion [repi'tiʃən] Wiederholung *f*; Aufsagen *n*; Stück *n* zum Aufsagen; Nachbildung *f*; ~ order ⚕ Nachbestellung *f*.
re·pine [ri'pain] unzufrieden sein, murren (at über *acc.*); **re'pin·ing** □ mürrisch, unzufrieden.
re·place [ri'pleis] wieder hinstellen *od.* einsetzen; ersetzen; an *j-s* Stelle treten; **re'place·ment** Ersatz *m*; Vertretung *f*.
re·plant ['riː'plɑːnt] umpflanzen.
re·plen·ish [ri'pleniʃ] wieder auffüllen; **re'plen·ish·ment** Auffüllung *f*; Ergänzung *f*.
re·plete [ri'pliːt] angefüllt, voll (with von); **re'ple·tion** Überfülle *f*.
rep·li·ca ['replikə] *paint. etc.* Nachbildung *f*, Kopie *f*; *fig.* Ab-, Ebenbild *n*.
rep·li·ca·tion [repli'keiʃən] ⚖ Replik *f*; Echo *n*; Nachbildung *f*.
re·ply [ri'plai] **1.** antworten, erwidern (to auf *acc.*); **2.** Antwort *f*, Erwiderung *f*; ~ postcard Postkarte *f* mit Rückantwort.
re·port [ri'pɔːt] **1.** Bericht *m* (on

über *acc.*); Gerücht *n*; *guter* Ruf *m*; Knall *m*; *school* ~ (Schul)Zeugnis *n*; **2.** *v/t.* berichten (über *acc.*), melden; anzeigen; *v/i.* Bericht erstatten, berichten (*on, upon* über *acc.*); sich melden (*to* bei); **re'port·er** Berichterstatter(in), Reporter(in).

re·pose [ri'pəuz] **1.** *allg.* Ruhe *f* (*a. fig.*); **2.** *v/t.* ausruhen; (aus-) ruhen lassen; *j-m* Ruhe gewähren; ~ *trust etc. in* Vertrauen *etc.* setzen auf (*acc.*); *v/i. a.* ~ *o.s.* (sich) ausruhen; ruhen, schlafen; beruhen (*on* auf *dat.*); **re·pos·i·to·ry** [ri'pɔzitəri] Verwahrungsort *m*; Niederlage *f*; Warenlager *n*; *fig.* Fundgrube *f*.

rep·re·hend [repri'hend] tadeln; **rep·re'hen·si·ble** □ [~səbl] tadelnswert; **rep·re'hen·sion** Verweis *m*.

rep·re·sent [repri'zent] darstellen; verkörpern; *thea. Stück* aufführen; schildern; bezeichnen (*as* als); angeben (*that* daß); *j-m et.* vorhalten; *j. od. j-s Sache* vertreten; **rep·re·sen'ta·tion** Darstellung *f*; Schilderung *f*; *thea.* Aufführung *f*; Vorstellung *f*, Begriff *m*; ⚖, *pol.* Vertretung *f*; **rep·re'sent·a·tive** □ [~tətiv] **1.** dar-, vorstellend (*of acc.*); vorbildlich, Muster...; (stell)vertretend; repräsentativ; typisch, bezeichnend (*of* für); ~ *government* parlamentarische Regierung *f*; **2.** Vertreter(in); *House of* ~*s Am. parl.* Repräsentantenhaus *n*.

re·press [ri'pres] unterdrücken; *psych.* verdrängen; **re'pres·sion** Unterdrückung *f*; Verdrängung *f*; Hemmung *f*; **re'pres·sive** □ unterdrückend.

re·prieve [ri'pri:v] **1.** (Gnaden-) Frist *f*; Aufschub *m*; **2.** *j-m* Aufschub *od.* e-e Gnadenfrist gewähren.

rep·ri·mand ['reprimɑ:nd] **1.** Verweis *m*; **2.** *j-m* e-n Verweis geben.

re·print ['ri:print] **1.** neu drucken; **2.** Neudruck *m*.

re·pris·al [ri'praizəl] Wiedervergeltung, Repressalie *f*.

re·proach [ri'prəutʃ] **1.** Vorwurf *m*; Schande *f*; **2.** vorwerfen (*s.o. with s.th.* j-m et.); *j-m* Vorwürfe machen; ein Vorwurf sein für; **re'proach·ful** □ [~ful] vorwurfsvoll.

rep·ro·bate ['reprəubeit] **1.** verkommen, verderbt; **2.** verkommenes Subjekt *n*; **3.** mißbilligen; verdammen; **rep·ro'ba·tion** Mißbilligung *f*; Verurteilung *f*.

re·pro·duce [ri:prə'dju:s] wiedererzeugen; (sich) fortpflanzen; *Glied* neu bilden; *bildlich etc.* wiedergeben, nachbilden, reproduzieren; **re·pro·duc·tion** [~'dʌkʃən] Wiedererzeugung *f* (*a. physiol.*); Fortpflanzung *f*; Nachbildung *f*, Reproduktion *f*; **re·pro'duc·tive** □ sich vermehrend; Fortpflanzungs...

re·proof[1] [ri'pru:f] Vorwurf *m*, Tadel *m*; Verweis *m*.

re·proof[2] ['ri:'pru:f] *Regenmantel etc.* neu imprägnieren.

re·prov·al [ri'pru:vəl] Tadel *m*, Rüge *f*; **re'prove** tadeln, rügen.

rep·tile ['reptail] **1.** Reptil *n*, Kriechtier *n*; *fig.* Kriecher(in); **2.** kriechend.

re·pub·lic [ri'pʌblik] Republik *f*; **re'pub·li·can** **1.** republikanisch; **2.** Republikaner(in); **re'pub·li·can·ism** republikanische Gesinnung *f od.* Regierungsform *f*.

re·pub·li·ca·tion ['ri:pʌbli'keiʃən] Wiederveröffentlichung *f*; Neuausgabe *f*.

re·pub·lish ['ri:'pʌbliʃ] wieder veröffentlichen.

re·pu·di·ate [ri'pju:dieit] nicht anerkennen; *als unberechtigt* verwerfen, ab-, zurückweisen; verstoßen; **re·pu·di'a·tion** Verwerfung *f*, Zurückweisung *f*; Nichtanerkennung *f*; Verstoßung *f*.

re·pug·nance [ri'pʌgnəns] Abneigung *f*, Widerwille *m* (*to* gegen); **re'pug·nant** □ abstoßend; widerwärtig.

re·pulse [ri'pʌls] **1.** Zurücktreiben *n*; *fig.* Zurückweisung *f*; **2.** zurücktreiben; *fig.* zurückweisen; **re'pulsion** *phys.* Abstoßung *f*; *fig.* Widerwille *m*; Abneigung *f*; **re'pul·sive** □ *phys. u. fig.* abstoßend; widerwärtig.

re·pur·chase [ri'pə:tʃəs] **1.** Rückkauf *m*; **2.** zurückkaufen.

rep·u·ta·ble □ ['repjutəbl] achtbar; ehrbar, anständig; **rep·u·ta·tion** [repju:'teiʃən] (*bsd.* guter) Ruf *m*, Ansehen *n*; **re·pute** [ri'pju:t] **1.** Ruf *m*, Ansehen *n*; *by* ~ dem Rufe nach; **2.** halten für; *be* ~*d to be od. as* gelten für; *be well* (*ill*) ~*d* in gutem (schlechtem) Ruf stehen; **re'put·ed** vermeintlich; angeblich; landesüblich (*Maß etc.*); **re'put·ed·ly** angeblich.

re·quest [ri'kwest] **1.** Gesuch *n*, Bitte *f*; Ersuchen *n*; ⚕ Nachfrage *f*; *at s.o.'s* ~ auf j-s Bitte; *by* ~, *on* ~ auf Wunsch; *in* (*great*) ~ (sehr) gesucht, begehrt; ~ *stop* Bedarfshaltestelle *f*; (*musical*) ~ *programme* Wunschkonzert *n*; **2.** um *et.* bitten *od.* ersuchen; *j.* bitten (*to inf.* zu *inf.*); *et.* erbitten.

re·qui·em ['rekwiem] Totenmesse *f*, Requiem *n*.

re·quire [ri'kwaiə] *et.* verlangen, fordern (*of* von *j-m*); brauchen, erfordern; ~ (*of*) *s.o. to inf.* j. auffordern zu *inf.*; **re'quired** erforderlich; **re'quire·ment** (*fig.* An)Forderung *f*; Erfordernis *n*.

req·ui·site ['rekwizit] **1.** erforderlich; **2.** Erfordernis *n*; Gebrauchsartikel *m*; *toilet* ~*s pl.* Toilettenartikel *m/pl.*; **req·ui'si·tion 1.** Ersuchen *n*; ⚔ Requisition *f*; **2.** verlangen; ⚔ requirieren, beschlagnahmen; in Anspruch nehmen.

re·quit·al [ri'kwaitl] Vergeltung *f*.

re·quite [ri'kwait] *et. j-m* vergelten; *et.* erwidern.

re-read ['ri:'ri:d] (*irr. read*) nochmals (durch)lesen.

re·scind [ri'sind] aufheben; zurücktreten von.

re·scis·sion [ri'siʒən] Aufhebung *f*.

re·script ['ri:skript] Erlaß *m*.

res·cue ['reskju:] **1.** Rettung *f*; (⚖ gewaltsame) Befreiung; **2.** retten; (⚖ gewaltsam) befreien; **'res·cu·er** Befreier(in); Retter(in).

re·search [ri'sə:tʃ] Forschung *f*; Untersuchung *f*; Nachforschung *f*; **re'search·er** Forscher *m*.

re·seat ['ri:'si:t] (sich) wieder setzen; mit neuen Sitzen versehen.

re·se·da ['residə] Reseda(grün) *n*.

re·sell ['ri:'sel] (*irr. sell*) wieder verkaufen; **'re'sell·er** Wiederverkäufer *m*.

re·sem·blance [ri'zembləns] Ähnlichkeit *f* (*to* mit); *bear* ~ *to* Ähnlichkeit haben mit; **re'sem·ble** [~bl] gleichen, ähneln, ähnlich sein (*dat.*).

re·sent [ri'zent] sich ärgern über (*acc.*); übelnehmen; **re'sent·ful** □ [~ful] empfindlich; grollend; ~ *of* ärgerlich über *od.* auf (*acc.*); **re'sent·ment** Ärger *m*; Verstimmung *f*; Empfindlichkeit *f*, Groll *m*, Unwille *m*.

res·er·va·tion [rezə'veiʃən] Vorbehalt *m*; *Am.* Indianerreservation *f*; Vorbestellung *f*, Reservierung *f von Zimmern etc.*

re·serve [ri'zə:v] **1.** Vorrat *m*; ⚕ Rücklage *f*; Reserve *f* (*a. fig.*, ⚔); Zurückhaltung *f*, Verschlossenheit *f*; Vorsicht *f*; Vorbehalt *m*; *Sport*: Ersatzmann *m*; Reservat *n*, Schutzgebiet *n*; *in* ~ in Reserve, vorrätig; *with certain* ~*s* mit gewissen Einschränkungen; **2.** aufbewahren, -sparen, reservieren; vorbehalten; zurückstellen, -legen; *Platz* belegen, vormerken, vorbestellen; **re'served** □ *fig.* zurückhaltend, reserviert.

re·serv·ist ⚔ [ri'zə:vist] Reservist *m*.

res·er·voir ['rezəvwɑ:] Behälter *m für Wasser etc.*; Sammel-, Staubecken *n*; *fig.* Reservoir *n*.

re·set ['ri:'set] (*irr. set*) wieder einfassen; *typ.* neu setzen.

re·set·tle ['ri:'setl] neuordnen; umsiedeln; **'re'set·tle·ment** Neuordnung *f*; Umsiedlung *f*.

re·ship ['ri:'ʃip] wieder verschiffen.

re·shuf·fle ['ri:'ʃʌfl] **1.** umgruppieren; umbilden; **2.** Umgruppierung *f etc.*

re·side [ri'zaid] wohnen; (orts)ansässig sein; ~ *in* innewohnen (*dat.*); liegen in (*dat.*); **res·i·dence** ['rezidəns] Wohnen *n*; Ortsansässigkeit *f*; (Wohn)Sitz *m*; Residenz *f*; (herrschaftliches) Wohnhaus *n*; ~ *permit* Aufenthaltsgenehmigung *f*; **'res·i·dent 1.** wohnhaft; ortsansässig; im Dienstgebäude wohnend (*Lehrer etc.*); **2.** Ortsansässige *m*, Einwohner *m*; Ministerresident *m* (*Gesandter*); **res·i·den·tial** [~'denʃəl] Wohn...; herrschaftlich.

re·sid·u·al [ri'zidjuəl] übrigbleibend; **re'sid·u·ar·y** restlich, übrig (-geblieben); **res·i·due** ['rezidju:] Rest *m*; Rückstand *m*; ⚖ Reinnachlaß *m*; **re·sid·u·um** [ri'zidjuəm] *bsd.* ⚗ Rückstand *m*; Bodensatz *m* (*a. fig.*); ℞ Rest *m*.

re·sign [ri'zain] *v/t.* aufgeben, verzichten auf (*acc.*); *Amt* niederlegen; überlassen; ~ *o.s. to* sich ergeben in (*acc.*), sich abfinden mit; *v/i. vom Amt* zurücktreten; resignieren; **res·ig·na·tion** [rezigˈneiʃən] Amtsniederlegung *f*, Rücktritt *m*; Ergebung *f*; Entlassungsgesuch *n*; **re·signed** □ [riˈzaind] ergeben, resigniert.

re·sil·i·ence [riˈziliəns] Elastizität *f*, *fig.* Spannkraft *f*; **reˈsil·i·ent** elastisch, *fig.* spannkräftig.

res·in [ˈrezin] **1.** Harz *n*; **2.** harzen; **ˈres·in·ous** harzig.

re·sist [riˈzist] widerstehen (*dat.*); sich widersetzen (*dat.*); **reˈsist·ance** Widerstand *m* (*a. phys.*, ⚡; *to* gegen); *line of least* ~ Weg *m* des geringsten Widerstands; *attr.* Widerstands...; **reˈsist·ant** widerstehend; widerstandsfähig; **reˈsis·tor** ⚡ Widerstand *m*.

re·sole [ˈriːˈsəul] neu besohlen.

res·o·lute □ [ˈrezəluːt] entschlossen; **ˈres·o·lute·ness** Entschlossenheit *f*.

res·o·lu·tion [rezəˈluːʃən] *phys.*, ⩓, ♪ Auflösung *f*; *fig.* Lösung *f*; Entschluß *m*; Entschlossenheit *f*; *parl.* Resolution *f*, Beschluß(fassung *f*) *m*; Entschließung *f*.

re·solv·a·ble [riˈzɔlvəbl] auflösbar.

re·solve [riˈzɔlv] **1.** *v/t.* auflösen (*into* in *acc.*; *a.* ⚗, ⩓, ♪); *fig. Frage etc.* lösen; *Zweifel etc.* beheben; entscheiden; *the House* ~*s itself into a committee parl.* das Haus konstituiert sich als Ausschuß; *v/i. a.* ~ *o.s.* sich auflösen; beschließen; ~ *(up)on* sich entschließen zu; **2.** Entschluß *m*; Beschluß *m*; *lit.* Entschlossenheit *f*; **reˈsolved** □ entschlossen.

res·o·nance [ˈreznəns] Resonanz *f*; Nach-, Widerhall *m*; **ˈres·o·nant** □ nach-, widerhallend; volltönend.

re·sorp·tion *physiol.* [riˈsɔːpʃən] Aufsaugung *f*, Resorption *f*.

re·sort [riˈzɔːt] **1.** Zuflucht *f*; Besuch *m*, Zustrom *m*; Aufenthalt(sort) *m*; Erholungsort *m*; *health* ~ Kurort *m*; *seaside* ~ Seebad *n*; *summer* ~ Sommerfrische *f*; *in the last* ~ letzten Endes; **2.** ~ *to* sich begeben zu *od.* nach; *Ort* oft besuchen; seine Zuflucht nehmen zu; zurückgreifen auf (*acc.*).

re·sound [riˈzaund] widerhallen (lassen) (*with* von).

re·source [riˈsɔːs] *natürlicher* Reichtum *m*; Hilfsquelle *f*, -mittel *n*; Mittel *n*, Zuflucht *f*; Fähigkeit *f*, sich zu helfen; Findigkeit *f*; Zeitvertreib *m*, Entspannung *f*, Unterhaltung *f*; **reˈsource·ful** □ [~ful] reich an Hilfsquellen; findig; **reˈsource·ful·ness** Reichtum *m*; Findigkeit *f*.

re·spect [risˈpekt] **1.** Rücksicht *f* (*to*, *of* auf *acc.*); Hinsicht *f*, Beziehung *f*; Achtung *f*, Ehrerbietung *f* (*for* vor *dat.*); ~*s pl.* Empfehlungen *f/pl.*; *with* ~ *to* in bezug auf (*acc.*), was ... anbetrifft; *in* ~ *of* in Anbetracht (*gen.*); *pay one's* ~*s on s.o.* j-m seine Aufwartung machen; **2.** *v/t.* hochachten; achten, Rücksicht nehmen auf (*acc.*); betreffen; **re·spect·a·ˈbil·i·ty** Achtbarkeit *f*; Ehrbarkeit *f*; Ansehnlichkeit *f*; † Solidität *f*; *respectabilities pl.* Anstandsregeln *f/pl.*; **reˈspect·a·ble** □ achtbar; ehrbar; ansehnlich; achtenswert; anständig; *bsd.* † solid; **reˈspect·ful** □ [~ful] respektvoll; ehrerbietig, höflich; *Yours* ~*ly* hochachtungsvoll; **reˈspect·ful·ness** Ehrerbietung *f*; **reˈspect·ing** in betreff, hinsichtlich (*gen.*); **reˈspec·tive** □ jedem einzeln zukommend; jeweilig; *we went to our* ~ *places* wir gingen jeder an seinen Platz; **reˈspec·tive·ly** beziehungsweise, je.

res·pi·ra·tion [respəˈreiʃən] Atmung *f*; Atemzug *m*.

res·pi·ra·tor [ˈrespəreitə] Atemfilter *m*; Gasmaske *f*; ⚕ Atemgerät *n*; **re·spir·a·to·ry** [risˈpaiərətəri] Atmungs...

re·spire [risˈpaiə] atmen; aufatmen.

res·pite [ˈrespait] **1.** ⚖ Frist *f*; Aufschub *m*; Stundung *f*; **2.** *Urteilsvollstreckung* aufschieben; *j-m* e-e Frist gewähren.

re·splend·ence, **re·splend·en·cy** [risˈplendəns(i)] Glanz *m*; *fig.* Pracht *f*; **reˈsplend·ent** □ glänzend.

re·spond [riˈspɔnd] *bsd. feierlich* antworten, erwidern; ~ *to* reagieren auf (*acc.*), empfänglich sein für; **reˈspond·ent** **1.** ⚖ beklagt; ~ *to* empfänglich für; **2.** ⚖ Beklagte *m*, *f*.

re·sponse [risˈpɔns] Antwort *f*, Erwiderung *f*; *fig.* Widerhall *m*, Reaktion *f* (*to* auf *acc.*).

re·spon·si·bil·i·ty [rispɔnsəˈbiliti] Verantwortlichkeit *f*, Verantwortung *f* (*for*, *of* für); Vertrauenswürdigkeit *f*, ✝ Zahlungsfähigkeit *f*; **re'spon·si·ble** verantwortlich; verantwortungsvoll (*Amt*); haftbar; vertrauenswürdig, ✝ zahlungsfähig; *be ~ for a. et.* verschulden; schuld sein an (*dat.*); **re'spon·sive** □ antwortend; Antwort...; verständnisvoll; empfänglich (*to* für).

rest[1] [rest] **1.** Ruhe *f*; Rast *f*; Schlaf *m*; *fig.* Tod *m*; Auflage *f*, Stütze *f*; ♩ Pause *f*; *at ~* in Ruhe, ruhig; **2.** *v/i.* ruhen; rasten; schlafen; (sich) lehnen, sich stützen (*on* auf *acc.*); *~ (up)on fig.* beruhen auf (*dat.*); *it ~s with you* es obliegt Ihnen; *v/t.* (aus)ruhen (lassen); stützen (*on, upon* auf *acc.*).

rest[2] [~] **1.** Rest *m*; *das* übrige, *die* übrigen; ✝ Reserve(fonds *m*) *f*; *for the ~* im übrigen; **2.** *in e-m Zustand* bleiben; *~ assured* sei versichert.

re·state ['ri:'steit] neu formulieren.

re·stau·rant ['restərɔ̃:ŋ] Restaurant *n*, Gaststätte *f*; '**~-car** Speisewagen *m*.

rest-cure ⚕ ['restkjuə] Liegekur *f*.

rest·ful ['restful] ruhig, geruhsam.

res·ting-place ['restiŋpleis] Ruheplatz *m*, -stätte *f*.

res·ti·tu·tion [resti'tju:ʃən] Wiederherstellung *f*; Rückerstattung *f*; *make ~* Ersatz leisten (*of* für).

res·tive □ ['restiv] widerspenstig, störrisch; '**res·tive·ness** Widerspenstigkeit *f*.

rest·less ['restlis] ruhelos; rastlos; unruhig; '**rest·less·ness** Ruhelosigkeit *f*; Rastlosigkeit *f*; Unruhe *f*.

re·stock ['ri:'stɔk] *Vorrat* wieder auffüllen.

res·to·ra·tion [restə'reiʃən] Wiederherstellung *f*; Wiedereinsetzung *f* (*to* in *ein Amt*); Rekonstruktion *f*, Nachbildung *f*; **re·stor·a·tive** □ [ris'tɔrətiv] stärkend(es Mittel *n*).

re·store [ris'tɔ:] wiederherstellen; wiedereinsetzen (*to* in *acc.*); wiedergeben, ersetzen; *~ s.o. to liberty* j-m die Freiheit schenken; *~ to health od. life* wieder gesund *od.* lebendig machen; **re'stor·er** Wiederhersteller(in); *hair ~* Haarwuchsmittel *n*.

re·strain [ris'trein] zurückhalten (*from* von); in Schranken halten; unterdrücken; einsperren; **re'strained** beherrscht; **re·straint** [~'treint] Zurückhaltung *f* (*a. fig.*); Beschränkung *f*, Zwang *m*; Zwangshaft *f*.

re·strict [ris'trikt] be-, einschränken; **re'stric·tion** Be-, Einschränkung *f* (*of, on gen.*); Vorbehalt *m*; Restriktion *f*; **re'stric·tive** □ be-, einschränkend.

rest room *Am.* Toilette *f*.

re·sult [ri'zʌlt] **1.** Ergebnis *n*, Folge *f*, Resultat *n*; **2.** folgen, sich ergeben (*from* aus); *~ in* hinauslaufen auf (*acc.*), enden in (*dat.*), zur Folge haben; **re'sult·ant 1.** sich ergebend; **2.** ⊕ Resultante *f*.

ré·su·mé ['rezju:mei] Resümee *n*, Zs.-fassung *f*.

re·sume [ri'zju:m] wiedernehmen, -erlangen, -aufnehmen, -anfangen; zs.-fassen; fortfahren; **re·sump·tion** [ri'zʌmpʃən] Zurücknahme *f*; Wiederaufnahme *f*.

re·sur·face ['ri:'sə:fis] *v/t. Straße* mit neuem Belag versehen; *v/i.* wieder auftauchen (*U-Boot*).

re·sur·gence [ri'sə:dʒəns] Wiederemporkommen *n*; **re'sur·gent** sich wiedererhebend, wieder aufkommend.

res·ur·rect [rezə'rekt] wiedererwekken; wiederaufleben lassen; F ausgraben; **res·ur'rec·tion** (Wieder-) Auferstehung *f*; Wiederaufleben *n*; **res·ur'rec·tion·ist** [~ʃnist], **res·ur'rec·tion-man** [~ʃənmən] Leichenräuber *m*.

re·sus·ci·tate [ri'sʌsiteit] *v/t.* wiedererwecken, -beleben; *v/i.* wieder aufleben; **re·sus·ci'ta·tion** Wiedererweckung *f*.

re·tail 1. ['ri:teil] Einzelhandel *m*, Detailgeschäft *n*; *by ~* im Einzelverkauf; *~ price* Einzelhandelspreis *m*; **2.** [~] Einzelhandels..., Detail...; **3.** [~] *adv. s. by ~*; **4.** [ri:'teil] *v/t.* im kleinen verkaufen; haarklein (weiter)erzählen; *v/i.* verkauft werden (*at* zu); **re'tail·er** Einzelhändler *m*.

re·tain [ri'tein] behalten (*a. im Gedächtnis*); bewahren; zurück-, festhalten; *Brauch etc.* beibehalten; *Anwalt* nehmen; **re'tain·er** *hist.* Gefolgsmann *m*; *old ~* altes Faktotum *n*; **re'tain·ing fee** Vorschuß *m für e-n Anwalt*.

re·take ['ri:'teik] (*irr. take*) wiedernehmen.

re·tal·i·ate [ri'tælieit] *v/t. Unrecht*

vergelten; *v/i.* sich rächen, Vergeltung üben (*on, upon* an *dat.*); **re·tal·i'a·tion** Vergeltung *f*; **re'tal·i·a·to·ry** [\~ətəri] Vergeltungs...
re·tard [ri'tɑːd] verzögern; aufhalten; verspäten; *\~ed ignition mot.* Spätzündung *f*; *mentally \~ed* geistig zurückgeblieben; **re·tar·da·tion** [riːtɑː'deiʃən] Verzögerung *f*, -spätung *f*.
retch [retʃ] würgen (*beim Erbrechen*).
re·tell ['riː'tel] (*irr. tell*) nochmals erzählen, nacherzählen.
re·ten·tion [ri'tenʃən] Zurück-, Behalten *n*; ⚕ Verhaltung *f*; Beibehaltung *f von Sitten*; **re'ten·tive** □ zurück-, behaltend (*of acc.*); gut (*Gedächtnis*).
re·think ['riːθiŋk] (*irr. think*) neu durchdenken.
ret·i·cence ['retisəns] Verschwiegenheit *f* (*of* in *dat.*); **'ret·i·cent** verschwiegen; schweigsam; zurückhaltend.
ret·i·cle ['retikl] Fadenkreuz *n*.
re·tic·u·late □ [ri'tikjulit], **re'tic·u·lat·ed** □ [\~leitid] netzartig; Netz...; **ret·i·cule** ['retikjuːl] Damenhandtasche *f*; = *reticle*.
ret·i·na *anat.* ['retinə] Netzhaut *f*.
ret·i·nue ['retinjuː] Gefolge *n*.
re·tire [ri'taiə] *v/t.* zurückziehen; in den Ruhestand versetzen, pensionieren; *v/i.* sich zurückziehen; zurück-, abtreten; in den Ruhestand treten; *a. \~ to bed* zu Bett gehen; **re'tired** □ zurückgezogen; im Ruhestand (lebend); entlegen (*Ort*); *\~ pay* Pension *f*, Ruhegehalt *n*; **re'tire·ment** Sichzurückziehen *n*; Aus-, Rücktritt *m*; Ruhestand *m*; Zurückgezogenheit *f*; **re'tir·ing** □ zurückhaltend; schüchtern; *\~ pension* Ruhegehalt *n*.
re·tort [ri'tɔːt] **1.** Erwiderung *f*; schlagfertige Antwort *f*; ⚗ Retorte *f*; **2.** *v/t. Beleidigung etc.* zurückgeben (*on, upon dat.*); *v/i.* (scharf *od.* treffend) erwidern.
re·touch ['riː'tʌtʃ] *et.* überarbeiten; *phot.* retuschieren.
re·trace [ri'treis] zurückverfolgen; *\~ one's steps* zurückgehen.
re·tract [ri'trækt] (sich) zurückziehen; ⊕ einziehen; widerrufen, zurücknehmen; **re'tract·a·ble** einziehbar (✈ *Fahrgestell*); **re·trac'ta·tion** Widerruf *m*; Zurücknahme *f*; **re'trac·tion** Zurückziehen *n*.
re·trans·late ['riːtræns'leit] (zu-) rückübersetzen; **'re·trans'la·tion** Rückübersetzung *f*.
re·tread ['riː'tred] **1.** *Reifen* runderneuern; **2.** runderneuerter Reifen *m*.
re·treat [ri'triːt] **1.** Rückzug *m*; Zurückgezogenheit *f*; Zuflucht(sort *m*) *f*; Schlupfwinkel *m*; ⚔ Zapfenstreich *m*; *beat a \~ fig.* es aufgeben; **2.** sich zurückziehen; *fig.* zurücktreten.
re·trench [ri'trentʃ] *v/t.* einschränken; kürzen, beschneiden; *Wort etc.* streichen; ⚔ verschanzen; *v/i.* sich einschränken; **re'trench·ment** Kürzung *f*; Einschränkung *f*; ⚔ (innere) Verteidigungsstellung *f*.
re·tri·al ⚖ ['riː'traiəl] Wiederaufnahme(verfahren *n*) *f*.
ret·ri·bu·tion [retri'bjuːʃən] Vergeltung *f*; **re·trib·u·tive** □ [ri'tribjutiv] vergeltend; Vergeltungs...
re·triev·a·ble [ri'triːvəbl] ersetzlich; **re'triev·al** Wiedergewinnung *f*; *beyond \~, past \~* unwiederbringlich (verloren).
re·trieve [ri'triːv] wiederbekommen; wiederherstellen; wiedergutmachen; *hunt.* apportieren; **re'triev·er** *hunt.* Apportierhund *m*.
ret·ro... ['retrəu] (zu)rück...; **\~'ac·tive** rückwirkend; **\~'cede** zurückgehen; wieder abtreten; **\~'ces·sion** Zurückweichen *n*; Wiederabtretung *f*; **\~·gra'da·tion** *ast.* rückläufige Bewegung *f*; Zurückgehen *n*; *fig.* Niedergang *m*; **'\~·grade** **1.** rückläufig; **2.** zurückgehen (*a. fig.*).
ret·ro·gres·sion [retrəu'greʃən] Rück-, Niedergang *m*; **ret·ro·spect** ['\~spekt] Rückblick *m*; *in \~* rückschauend; **ret·ro'spec·tion** Rückblick *m*; Erinnerung *f*; **ret·ro'spec·tive** □ zurückblickend; rückwirkend; *\~ view* Rückblick *m*.
re·trous·sé [rə'truːsei]: *\~ nose* Stupsnase *f*.
re·try ⚖ ['riː'trai] *Prozeß* wiederaufnehmen; neu verhandeln gegen *j*.
re·turn [ri'təːn] **1.** Rückkehr *f*; Wiederkehr *f*; *parl.* Wiederwahl *f*; *oft \~s pl.* Gewinn *m*, Ertrag *m*; (Kapital)Umsatz *m*; ⚕ Rückfall *m*; Rückgabe *f*, -zahlung *f*; Vergeltung

f; Erwiderung *f*; Gegenleistung *f*; Dank *m*; *amtlicher* Bericht *m*; (Bank)Ausweis *m*; Steuererklärung *f*; ⚠ Seitenflügel *m*; F Rückfahrkarte *f*; ~s *pl.* statistische Aufstellungen *f/pl.*; *many happy* ~s *of the day* herzliche Glückwünsche zum heutigen Tage; *election* ~s *pl.* Wahlergebnis *n*; *in* ~ dafür; *in* ~ *for* (als Gegenleistung) für; *by* ~ (*of post*) postwendend; ~ *match* Rückspiel *n*; ~ *ticket* Rückfahrkarte *f*; ~ *visit* Gegenbesuch *m*; *attr.* Rück...; **2.** *v/i.* zurückkehren; wiederkehren; ~ *to fig.* zurückkehren zu *e-m Thema etc.*; zurückfallen in *e-e Gewohnheit etc.*; *j-m* wieder zufallen; *v/t.* zurückgeben; zurücktun (*to* in *acc.*); zurückzahlen; zurücksenden; *Dank* abstatten; *Rede, Schlag, Gruß, Liebe etc.* erwidern; ⚖ *Urteil* aussprechen; *amtlich* berichten, melden, angeben; *ins Parlament* wählen; *Gewinn* abwerfen; *Karte* nachspielen; ~ *guilty* ⚖ schuldig sprechen; **re'turn·a·ble** zurückzugeben(d); **re'turn·er** Zurücksendende *m*, -zahlende *m*; **re'turn·ing-of·fi·cer** Wahlkommissar *m*.

re·u·ni·fi·ca·tion *pol.* [ˈriːjuːnifiˈkeiʃən] Wiedervereinigung *f*.

re·un·ion [ˈriːˈjuːnjən] Wiedervereinigung *f*; Treffen *n*, Zs.-kunft *f*; **re·u·nite** [ˈriːjuːˈnait] (sich) wieder vereinigen.

rev *mot.* F [rev] **1.** Umdrehung *f*; **2.** (sich) drehen; ~ *up* auf Touren kommen *od.* bringen.

re·val·or·i·za·tion [ˈriːvæləraiˈzeiʃən], **re·val·u·a·tion** [ˈriːvæljuˈeiʃən] Auf-, Neuwertung *f*; **'re'val·or·ize** [~əraiz], **re·val·ue** [ˈriːˈvæljuː] aufwerten, neu bewerten.

re·vamp ⊕ [ˈriːˈvæmp] vorschuhen; *Am.* F aufmöbeln; erneuern.

re·veal [riˈviːl] enthüllen; offenbaren; zeigen; **re'veal·ing** aufschlußreich.

re·veil·le ⚔ [riˈvæli] Reveille *f*.

rev·el [ˈrevl] **1.** Lustbarkeit *f*; lärmende Festlichkeit *f*; Gelage *n*; Rummel *m*; **2.** ausgelassen sein; schwelgen (*in* in *dat.*); sich ergötzen (*in* an *dat.*).

rev·e·la·tion [reviˈleiʃən] Enthüllung *f*; Offenbarung *f*.

rev·el·(l)er [ˈrevlə] Feiernde *m*, *f*; (Nacht)Schwärmer *m*; Zechbruder *m*; **'rev·el·ry** laute Lustbarkeit *f*, Rummel *m*, Orgie *f*.

re·venge [riˈvendʒ] **1.** Rache *f*, Vergeltung *f*; Revanche *f bei Spielen*; **2.** *et.*, *a. j.* rächen (*on*, *upon* an *dat.*); ~ *o.s. on*, *be* ~*d on* sich rächen an (*dat.*); **re'venge·ful** □ [~ful] rachsüchtig; **re'venge·ful·ness** Rachsucht *f*; **re'veng·er** Rächer(in).

rev·e·nue [ˈrevinjuː] Einkommen *n*; ~*s pl.* Einkünfte *pl.*; ~ *board*, ~ *office* Finanzamt *n*; ~ *cutter* Zollkutter *m*; ~ *officer* Zollbeamte *m*; ~ *stamp* Banderole *f*.

re·ver·ber·ate [riˈvəːbəreit] *v/t.* zurückwerfen, -strahlen; *v/i.* zurückstrahlen; widerhallen; **re·ver·ber·'a·tion** Zurückwerfen *n*; Widerhall(en *n*) *m*; **re'ver·ber·a·tor** Scheinwerfer *m*.

re·vere [riˈviə] (ver)ehren; **rev·er·ence** [ˈrevərəns] **1.** Verehrung *f*; Ehrfurcht *f*; *Your* ♀ † *od. co.* Euer Ehrwürden; **2.** (ver)ehren; **'rev·er·end 1.** ehrwürdig; *Right* ♀ hochwürdig; **2.** Geistliche *m*.

rev·er·ent □ [ˈrevərənt], **rev·er·en·tial** □ [~ˈrenʃəl] ehrerbietig, ehrfurchtsvoll.

rev·er·ie [ˈrevəri] Träumerei *f*.

re·ver·sal [riˈvəːsəl] Umkehrung *f*; Umschwung *m*; ⚖ Umstoßung *f*; ⊕ Umsteuerung *f*; **re'verse 1.** Gegenteil *n*; Rück-, Kehrseite *f*; Schlappe *f*; Rückschlag *m*; *in* ~ im umgekehrten Sinne; ⚔ im Rücken; **2.** □ umgekehrt; Rück(wärts)...; ~ (*gear*) *mot.* Rückwärtsgang *m*; ~ *side* linke *Stoff*-Seite *f*; **3.** umkehren, umdrehen; *Urteil etc.* umstoßen; ⊕ umsteuern; **re'vers·i·ble** umkehrbar; umsteuerbar; doppelseitig (*Stoff, Mantel*); **re'vers·ing** ⊕ Umsteuerungs...

re·ver·sion [riˈvəːʃən] Umkehrung *f*; Rückkehr *f*; ⚖ Heimfall *m*; Anwartschaft *f* (*of* auf *acc.*); *biol.* Rückartung *f*; **re'ver·sion·ar·y** ⚖ [~ʃnəri] anwartschaftlich; **re'ver·sion·er** ⚖ [~ʃənə] Anwärter *m*.

re·vert [riˈvəːt] umkehren; zurückkommen, -gehen (*to* auf *acc.*); *fig.* zurückfallen (*to* in *acc.*); *biol.* zurückarten (*to* zu); ⚖ heimfallen; *Blick* wenden.

rev·er·y [ˈrevəri] = *reverie*.

re·vet·ment ⊕ [ri'vetmənt] Verkleidung *f*, Futtermauer *f*.
re·view [ri'vju:] **1.** Nachprüfung *f*; ⚔, ⚓ Parade *f*, Truppen-, Flottenschau *f*; Rückblick *m*; Überblick *m*; Besprechung *f*, Rezension *f e-s Buches*; Zeitschrift *f*; *pass s.th. in* ~ et. Revue passieren lassen; *year under* ~ Berichtsjahr *n*; **2.** *v/t.* wieder durchsehen; (über-, nach-) prüfen; zurückblicken auf (*acc.*); überblicken; ⚔, ⚓ besichtigen; *kritisch* besprechen, rezensieren; *v/i.* Rezensionen schreiben; **re'view·er** Rezensent *m*; *~'s copy* Rezensionsexemplar *n*.
re·vile [ri'vail] schmähen, beschimpfen (*for* wegen).
re·vis·al [ri'vaizl] Revision *f*.
re·vise [ri'vaiz] **1.** *Buch etc.* überarbeiten, durchsehen; überprüfen, revidieren; **2.** *typ.* Korrekturabzug *m*; = *revision*; **re'vis·er** Bearbeiter *m*; *typ.* Korrektor *m*.
re·vi·sion [ri'viʒən] Revision *f*, nochmalige Durchsicht *f*; Überarbeitung *f*.
re·vis·it ['ri:'vizit] wieder besuchen.
re·vi·so·ry [ri'vaizəri] Revisions...
re·vi·tal·ize ['ri:'vaitəlaiz] neu beleben.
re·viv·al [ri'vaivəl] Wiederbelebung *f*; Wiederaufleben *n*, -aufblühen *n*, neue Blüte *f*; Erneuerung *f*; *fig.* Erweckung *f*; **re'vive** *v/t.* wiederbeleben, wieder aufleben lassen; erneuern, wieder einführen; *v/i.* wieder aufleben, -blühen; **re'viv·er** Wiederbeleber(in); Auffrischung(smittel *n*) *f*; **re·viv·i·fy** [ri:'vivifai] wiederbeleben.
rev·o·ca·ble □ ['revəkəbl] widerruflich; **rev·o·ca·tion** [~'keiʃən] Widerruf *m*; Aufhebung *f*.
re·voke [ri'vəuk] *v/t.* widerrufen, zurücknehmen, einziehen *v/i. Karten*: nicht bedienen.
re·volt [ri'vəult] **1.** Revolte *f*, Empörung *f*, Aufruhr *m*, -stand *m*; **2.** *v/i.* sich empören (*a. fig.*); abfallen (*from* von); *v/t. fig.* empören, abstoßen; **re'volt·ing** abstoßend.
rev·o·lu·tion [revə'lu:ʃən] Umwälzung *f*, Umdrehung *f*; *pol.* Revolution *f*; *~s per minute mot.* Drehzahl *f*; **rev·o'lu·tion·ary** [~ʃnəri] **1.** revolutionär; umwälzend; **2.** *a.* **rev·o'lu·tion·ist** Revolutionär(in); **rev·o'lu·tion·ize** revolutionieren; aufwiegeln; umgestalten; umwälzen.
re·volve [ri'vɔlv] *v/i.* sich drehen (*about, round* um); *v/t.* umdrehen; *fig.* erwägen; **re'volv·er** Revolver *m*; **re'volv·ing** sich drehend; Dreh... (*-tür, -bleistift, -bühne*).
re·vue *thea.* [ri'vju:] Revue *f*; Kabarett *n*.
re·vul·sion [ri'vʌlʃən] *fig.* Umschwung *m*; ⚕ Ableitung *f*; **re'vul·sive** ⚕ [~siv] **1.** □ ableitend; **2.** ableitendes Mittel *n*.
re·ward [ri'wɔ:d] **1.** Belohnung *f*; Lohn *m*; Vergeltung *f*; **2.** belohnen; vergelten.
re·word ['ri:'wə:d] neu formulieren.
re·write ['ri:'rait] (*irr. write*) nochmals *od.* neu schreiben, umschreiben.
rhap·so·dist ['ræpsədist] Rhapsode *m*; **'rhap·so·dize** begeistert reden; **'rhap·so·dy** Rhapsodie *f*; *fig.* Schwärmerei *f*; Wortschwall *m*.
rhe·o·stat ⚡ ['ri:əustæt] Rheostat *m*, Regelwiderstand *m*.
rhet·o·ric ['retərik] Rhetorik *f*; **rhe·tor·i·cal** □ [ri'tɔrikəl] rhetorisch; **rhet·o·ri·cian** [retə'riʃən] guter Redner *m*; *contp.* Phrasendrescher *m*.
rheu·mat·ic ⚕ [ru:'mætik] **1.** (*~ally*) rheumatisch; ~ *fever* Gelenkrheumatismus *m*; **2.** Rheumatiker (-in); *~s* F *pl.* = **rheu·ma·tism** ⚕ ['ru:mətizəm] Rheumatismus *m*.
rhi·no[1] *sl.* ['rainəu] Moneten *pl.*
rhi·no[2] F [~] = **rhi·noc·er·os** *zo.* [rai'nɔsərəs] Rhinozeros *n*, Nashorn *n*.
rhomb, rhom·bus ⚹ ['rɔm(bəs)] Rhombus *m*, Raute *f*.
rhu·barb ⚘ ['ru:bɑ:b] Rhabarber *m*.
rhyme [raim] **1.** Reim *m* (*to* auf *acc.*); Vers *m*; *without ~ or reason* ohne Sinn u. Verstand; **2.** (sich) reimen; **'rhyme·less** □ reimlos; **'rhym·er, rhyme·ster** ['~stə] Verseschmied *m*.
rhythm ['riðəm] Rhythmus *m*; **rhyth·mic, rhyth·mi·cal** □ ['riðmik(əl)] rhythmisch.
Ri·al·to *Am.* [ri'æltəu] Theaterviertel *n e-r Stadt*.
rib [rib] **1.** Rippe *f*; **2.** *Stoff etc.* rippen; *Am. sl.* aufziehen, necken.
rib·ald ['ribəld] **1.** lästerlich; un-

flätig; **2.** Lästermaul *n*; Zotenreißer *m*; '**rib·ald·ry** Zoten *f/pl.*; derbe Späße *m/pl.*

rib·and ⊕ ['ribənd] Band *n*.

ribbed [ribd] ...rippig.

rib·bon ['ribən] Band *n*; Ordensband *n*; Farbband *n der Schreibmaschine*; Streifen *m*; ~*s pl.* Fetzen *m/pl.*; Zügel *m/pl.*; ~ *building*, ~ *development* Bebauung *f* entlang e-r Ausfallstraße; '**rib·boned** bebändert; streifig.

rice [rais] Reis *m*.

rich □ [ritʃ] reich (*in* an *dat.*); reichlich; prächtig, kostbar; ergiebig, fruchtbar; voll (*Ton*); fett, schwer (*Speise*); kräftig (*Wein*, *Geruch*); satt (*Farbe*); F prächtig, köstlich (*Scherz etc.*); *mot.* fett (*Gemisch*); *the* ~ *pl.* die Reichen *pl.*; **rich·es** ['~iz] *pl.* Reichtum *m*, Reichtümer *m/pl.*; '**rich·ness** Reichtum *m*; Fülle *f*.

rick[1] ✓ [rik] **1.** (Heu)Schober *m*; **2.** in Schobern aufsetzen.

rick[2] [~] = *wrick*.

rick·ets ⚕ ['rikits] *sg. od. pl.* Rachitis *f*; '**rick·et·y** rachitisch; gebrechlich, wackelig.

rick·shaw ['rikʃɔː] Rikscha *f*.

rid [rid] (*irr.*) befreien, frei machen (*of* von); *get* ~ *of* loswerden; '**rid·dance** Befreiung *f*; *he is a good* ~ es ist gut, daß man ihn los ist.

rid·den ['ridn] *p.p. von ride* 2; *in Zssgn*: bedrückt *od.* geplagt von ...

rid·dle[1] ['ridl] **1.** Rätsel *n*; **2.** enträtseln; ~ *me* rate mal.

rid·dle[2] [~] **1.** grobes Sieb *n*; **2.** sieben; durchlöchern.

rid·dling □ ['ridliŋ] rätselhaft.

ride [raid] **1.** Ritt *m*; Fahrt *f*; Reitweg *m*; Schneise *f*; *go for a* ~ ausfahren; -reiten; **2.** (*irr.*) *v/i.* reiten; rittlings sitzen; *bsd. auf dem Fahrrad od. mit e-m öffentlichen Verkehrsmittel* fahren; getragen werden, treiben, *fig.* schweben; ruhen; liegen; ~ *at anchor* vor Anker liegen; ~ *for a fall* wild drauflosreiten; *fig.* ins Unglück rennen; *v/t. ein Pferd etc.* reiten; rittlings sitzen auf (*dat.*); *Land etc.* durchreiten; reiten lassen; ~ *s.o. down* j. niederreiten; j. einholen; ~ (*on*) *a bicycle* radfahren; ~ *out* ⚓ *Sturm* gut überstehen (*a. fig.*); '**rid·er** Reiter(in); Fahrende *m*; Beiblatt *n*; Anhängsel *n*, (Zusatz)Klausel *f*; ⊕ Laufgewicht *n*, Reiter *m*.

ridge [ridʒ] **1.** (Gebirgs)Kamm *m*, Grat *m*; △ First *m*; ✓ Rain *m*; **2.** (sich) furchen; '~**-pole** Firstbalken *m*, -stange *f*.

rid·i·cule ['ridikjuːl] **1.** Hohn *m*, Spott *m*; *hold s.o. up to* ~ j. der Lächerlichkeit preisgeben; **2.** lächerlich machen; bespötteln; **ri'dic·u·lous** [~juləs] lächerlich; **ri'dic·u·lous·ness** Lächerlichkeit *f*.

rid·ing ['raidiŋ] **1.** Reiten *n*; **2.** Reit...; '~**-breech·es** *pl.* Reithose *f*; '~**-hab·it** Reitkleid *n*.

rife □ [raif] häufig; vorherrschend; ~ *with* voll von.

riff-raff ['rifræf] Gesindel *n*, Pöbel *m*.

ri·fle[1] ['raifl] (aus)plündern.

ri·fle[2] [~] **1.** *gezogenes* Gewehr *n*, Büchse *f*; ~*s pl.* ⚔ Schützen *m/pl.*; **2.** *Gewehrlauf* ziehen; '~**·man** ⚔ Jäger *m*; Schütze *m*; '~**-range** Schießstand *m*; Schußweite *f*.

ri·fling ⊕ ['raifliŋ] Züge *m/pl. im Gewehr*.

rift [rift] Riß *m*, Sprung *m*; Spalte *f*.

rig[1] [rig] **1.** *Markt etc.* manipulieren; **2.** Schwindelmanöver *n*.

rig[2] [~] **1.** ⚓ Takelung *f*, Takelage *f*; F Aufmachung *f*, -zug *m*, Kluft *f*; **2.** auftakeln; ~ *s.o. out* j. versorgen *od.* ausrüsten (*with* mit); j. herausputzen, herrichten, kleiden; ~ *s.th. up* et. (behelfsmäßig) zs.-bauen; et. zs.-basteln; '**rig·ger** ⚓ Takler *m*; ✈ Monteur *m*; '**rig·ging** ⚓ Takelage *f*; ✈ Verspannung *f*.

right [rait] **1.** □ recht; richtig; gesund, wohl; recht (*Ggs. left*); ~ *angle* ∡ rechter Winkel *m*; *be* ~ recht *od.* richtig sein; recht haben; *be* ~ *to inf.* recht daran tun zu *inf.*; *all* ~! alles in Ordnung!; ganz recht!, sehr wohl!; *on the* ~ *side of 50* noch nicht 50 Jahre alt; *get s.th.* ~ et. in Ordnung bringen; et. richtig verstehen; *put od. set* ~ in Ordnung bringen; richtigstellen, berichtigen; **2.** *adv.* recht, richtig; (nach) rechts; gerade; direkt, stracks; ganz (und gar); *in Titeln*: hoch, sehr; ✎ recht (*sehr*); ~ *away* schnurstracks; sogleich; los!; ~ *on* geradeaus, -zu; **3.** Recht *n*, Anspruch *m* (*to* auf *acc.*, *of ger.* darauf zu *inf.*); Rechte *f* (*Hand*; *Seite*, *a. parl.*); *Boxen*: Rechte *m*; *the* ~*s of man* die Menschenrechte *n/pl.*; *in* ~ *of his mother* von seiten s-r Mutter; *in one's own* ~ aus eigenem Recht; *the* ~*s and wrongs pl.* der wahre Sachverhalt; *by* ~*(s)* von Rechts wegen; *by* ~ *of* kraft, auf Grund (*gen.*); *set od. put to* ~*s* wieder in Ordnung bringen; *on od. to the* ~ rechts; **4.** *j-m* Rechte verschaffen; *et.* in Ordnung bringen; ⚓ (sich) aufrichten; **~-an·gled** ⟁ [ˈ~ˈæŋgld] rechtwinklig; ˈ**~-down** regelrecht, ausgemacht; wirklich; **right·eous** □ [ˈ~ʃəs] gerecht, rechtschaffen; ˈ**right·eous·ness** Rechtschaffenheit *f*; **right·ful** □ [ˈ~ful] recht(mäßig); gerecht; ˈ**right-hand** recht (*Handschuh*, *Seite*); ˈ**right-ˈhand·ed** rechtshändig; ⊕ rechtsläufig; ˈ**right·ly** richtig; mit Recht; ˈ**rightˈmind·ed** rechtschaffen; ˈ**right·ness** Richtigkeit *f*; Rechtlichkeit *f*; **right of way** Wegerecht *n*; Vorfahrt(srecht *n*) *f*.

rig·id □ [ˈridʒid] starr; *fig. a.* streng, hart, unbeugsam; **riˈgid·i·ty** Starrheit *f*; Strenge *f*, Härte *f*.

rig·ma·role [ˈrigmərəul] Geschwätz *n*, Salbaderei *f*.

rig·or [ˈraigɔː] Fieberfrost *m*; ~ *mortis* [ˈmɔːtis] Leichenstarre *f*; **rig·or·ous** □ [ˈrigərəs] streng, rigoros.

rig·o(u)r [ˈrigə] Strenge *f*, Härte *f*; ~*s pl.* Unbilden *pl. des Klimas etc.*

rile F [rail] ärgern, wurmen.

rill *poet.* [ril] Bächlein *n*.

rim [rim] **1.** Felge *f*; Radkranz *m*; Rand *m*; **2.** rändern; einfassen.

rime[1] [raim] Reim *m*.

rime[2] *poet.* [~] Rauhreif *m*; ˈ**rim·y** bereift.

rind [raind] Rinde *f*, Schale *f*; *Speck*-Schwarte *f*.

ring[1] [riŋ] **1.** Ring *m* (*a. Boxring*, *Manege*, *Kartell*); Kreis *m*; Buchmacher(stand *m*) *m/pl.*; *make* ~*s round s.o.* F viel schneller sein als j.; **2.** beringen; mit e-m (Nasen)Ring versehen; *mst* ~ *in*, ~ *round*, ~ *about* umringen.

ring[2] [~] **1.** Klang *m*; Geläut(e) *n*; Klingeln *n*; Rufzeichen *n*; Anruf *m*; *give s.o. a* ~ j. anrufen; **2.** (*irr.*) *v/i.* läuten; klingen (*Münze*, *Stimme*, *Ohr etc.*); *oft* ~ *out* erschallen (*with* von); ~ *again* widerhallen; ~ *off teleph.* das Gespräch beenden, den Hörer auflegen; *the bell* ~*s* es klingelt; *v/t.* klingen lassen; läuten; ~ *the bell* klingeln; F Erfolg haben; ~ *a bell* F an et. erinnern; ~ *s.o. up* j. *od.* bei j-m anrufen; ˈ**ring·er** Glöckner *m*; ˈ**ring·ing** □ klingend; laut; ˈ**ring·lead·er** Rädelsführer *m*; **ring·let** [ˈ~lit] (Ringel)Locke *f*; ˈ**ring·worm** ⚕ Ringelflechte *f*.

rink [riŋk] (*a.* künstliche) Eisbahn *f*; Rollschuhbahn *f*.

rinse [rins] **1.** *oft* ~ *out* (aus)spülen; **2.** = ˈ**rins·ing** Spülen *n*; Spülung *f*; ~*s pl.* Spülicht *n*.

ri·ot [ˈraiət] **1.** Krawall *m*, Tumult *m*; Aufruhr *m*; Orgie *f* (*a. fig.*); *fig.* Bombenerfolg *m*; *run* ~ durchgehen; (sich aus)toben; **2.** Krawall machen, in Aufruhr sein; toben; schwelgen (*in* in *dat.*); ˈ**ri·ot·er** Aufrührer(in); Randalierer *m*; ˈ**ri·ot·ous** □ aufrührerisch; lärmend; liederlich (*Leben*).

rip[1] [rip] **1.** Riß *m*; **2.** *v/t. Naht etc.* (auf)trennen; (zer)reißen; ~ *up* aufschlitzen, -reißen; *v/i.* reißen; (dahin)sausen.

rip[2] F [~] Schindmähre *f*; Taugenichts *m*.

rip-cord [ˈripkɔːd] Reißleine *f am Fallschirm*.

ripe □ [raip] reif; ˈ**rip·en** reifen; ˈ**ripe·ness** Reife *f*.

ri·poste [riˈpəust] **1.** *fenc.* Gegenstoß *m*, -hieb *m* (*a. fig.*); **2.** erwidern.

rip·per [ˈripə] Trennmesser *n*, -säge *f*, -maschine *f*; *sl.* Prachtkerl *m*; -stück *n*; ˈ**rip·ping** □ *sl.* fabelhaft, blendend, glänzend.

rip·ple [ˈripl] **1.** kleine Welle *f*; Kräuselung *f*; Geriesel *n*; **2.** (sich) kräuseln; rieseln.

rise [raiz] **1.** (An-, Auf)Steigen *n*; Anwachsen *n*; Anschwellen *n des Wassers*, *der Stimme*; (Preis-, Gehalts)Erhöhung *f*; *fig.* Aufstieg *m*; ⚒ Aufgang *m der Sonne*; Steigung *f*, Anhöhe *f*; Erhöhung *f* (*a. fig.*); Zuwachs *m*; Ursprung *m*, Anfang *m*; *give* ~ *to* verursachen, hervorrufen; *take (one's)* ~ entstehen; entspringen; **2.** (*irr.*) sich erheben, aufstehen; aufbrechen, die Sitzung schließen; in die Höhe gehen, steigen; aufsteigen (*a. fig.*, *Erinnerung etc.*) (*on, upon* vor *j-s Geist etc.*); auferstehen; aufgehen (*Sonne, Samen*); anschwellen, wachsen; sich empören (*against, on* gegen); entspringen (*Fluß*); ~ *to* sich *e-r Lage* gewachsen zeigen; ~ *to the bait* nach dem Köder schnappen; **ris·en** ['rizn] *p.p. von rise* 2; '**ris·er** Aufstehende *m*; Steigung *f e-r Stufe*; *early* ~ Frühaufsteher(in).

ris·i·bil·i·ty [rizi'biliti] Neigung *f* zu lachen; **ris·i·ble** □ ['~ibl] Lach...; zum Lachen aufgelegt.

ris·ing ['raiziŋ] **1.** (Auf)Steigen *n*; Steigung *f*; *ast.* Aufgang *m*; Aufbruch *m e-r Versammlung*; Aufstand *m*; **2.** heranwachsend (*Generation*).

risk [risk] **1.** Gefahr *f*, Wagnis *n*; ✝ Risiko *n*; *at the* ~ *of ger.* auf die Gefahr hin, zu *inf.*; *run the* ~ das Risiko eingehen, Gefahr laufen; **2.** wagen, riskieren, aufs Spiel setzen; '**risk·y** □ gefährlich, gewagt.

ris·sole ['risəul] *Küche*: Frikadelle *f*.

rite [rait] Ritus *m*, *feierlicher* Brauch *m*; **rit·u·al** ['ritʃuəl] **1.** □ rituell, feierlich; **2.** Ritual *n*.

ri·val ['raivəl] **1.** Nebenbuhler(in); Rivale *m*, Rivalin *f*; **2.** rivalisierend; ✝ Konkurrenz...; **3.** wetteifern *od.* rivalisieren (mit); '**ri·val·ry** Rivalität *f*; Wetteifer *m*.

rive [raiv] (*irr.*) (sich) spalten.

riv·en ['rivn] *p.p. von rive*.

riv·er ['rivə] Fluß *m*; Strom *m* (*a. fig.*); *sell s.o. down the* ~ *fig.* j. verraten; '**~-horse** Flußpferd *n*; '**~side** (Fluß)Ufer *n*; *attr.* am Wasser (gelegen).

riv·et ['rivit] **1.** ⊕ Niet(e *f*) *m*; **2.** (ver)nieten; *fig.* heften (*to* an *acc.*; *on, upon* auf *acc.*); fesseln.

riv·u·let ['rivjulit] Bach *m*, Flüßchen *n*.

roach *ichth.* [rəutʃ] Plötze *f*.

road [rəud] Straße *f* (*a. fig.*), Weg *m*; *Am.* = *railroad*; *mst* ~*s pl.* ⚓ Reede *f*; *take the* ~ aufbrechen; *main* ~ Haupt(verkehrs)straße *f*; '**~bed** Straßenunterbau *m*; 🚂 Bahnkörper *m*; '**~-block** Straßensperre *f*; '**~-hog** *mot.* Verkehrsrowdy *m*; '**~-mend·er** Straßenarbeiter *m*; '**~-race** Straßenrennen *n*; '**~-sense** *mot.* Fahrverstand *m*; '**~side** Straßenrand *m*; '**~stead** ⚓ Reede *f*; **road·ster** ['~stə] Roadster *m*, offener Sportwagen *m*; '**road·way** Fahrbahn *f*.

roam [rəum] *v/i.* umherstreifen, wandern; *v/t.* durchstreifen; '**roam·er** Herumtreiber(in); Wanderer *m*.

roan [rəun] **1.** rötlichgrau; **2.** Rotschimmel *m*; ⊕ Schafleder *n*.

roar [rɔː] **1.** brüllen (*a. fig. überlaut sprechen, lachen*); brausen, tosen, donnern; **2.** Gebrüll *n*; Brausen *n*; Krachen *n*, Getöse *n*; brüllendes Gelächter *n*; **roar·ing** ['~riŋ] **1.** = *roar* 2; **2.** □ brüllend; lärmend; stürmisch; schwunghaft; *be in* ~ *health* vor Gesundheit strotzen.

roast [rəust] **1.** rösten, braten; backen; *sl.* j. verkohlen (*hänseln*); **2.** geröstet; gebraten; ~ *beef* Rinderbraten *m*; ~ *meat* Braten *m*; **3.** *rule the* ~ das Regiment führen; '**roast·er** Röster *m*; Kaffeeröstmaschine *f*; Spanferkel *n*; '**roast·ing-jack** Bratenwender *m*.

rob [rɔb] (be)rauben; (aus)plündern; '**rob·ber** Räuber *m*; '**rob·ber·y** Raub(überfall) *m*; Räuberei *f*.

robe [rəub] **1.** (Amts)Robe *f*, Talar *m*; Staatskleid *n*; *poet.* Gewand *n*; Kleid *n*; *Am.* Morgenrock *m*; ~*s pl.* Amtstracht *f*; *gentlemen of the* ~ Juristen *m/pl.*; **2.** kleiden; *j-m* die Robe *etc.* anlegen; *fig.* schmücken.

rob·in *orn.* ['rɔbin] Rotkehlchen *n*.

ro·bot ['rəubɔt] **1.** Roboter *m*; Automat *m*; automatisches Verkehrszeichen *n*; **2.** automatisch, mechanisch.

ro·bust □ [rəu'bʌst] robust, derb, kräftig; widerstandsfähig; **ro'bust·ness** Robustheit *f*, Derbheit *f*, Kraft *f*.

rock[1] [rɔk] Fels(en) *m*; Klippe *f*; Gestein *n*; Zuckerstange *f*; *get down to* ~ *bottom* der Sache auf den Grund gehen; ~ *crystal* Bergkristall *m*; ~ *salt* Steinsalz *n*.

rock[2] [~] *v/t.* schaukeln; (ein)wiegen; rütteln; *fig.* erschüttern; *v/i.* schaukeln, (sch)wanken.

rock-bot·tom F ['rɔk'bɔtəm] allerniedrigst (*Preis*).

rock·er ['rɔkə] *Wiegen- etc.* Kufe *f*; *Am.* Schaukelstuhl *m*; Rocker *m*, Halbstarke *m*.

rock·er·y ['rɔkəri] Steingarten *m.*
rock·et[1] ['rɔkit] **1.** Rakete *f*; ~ *plane* Raketenflugzeug *n*; ~ *propulsion* Raketenantrieb *m*; **2.** F in die Höhe schießen (*Preise*).
rock·et[2] ⚘ [~] Rauke *f*, Senfkohl *m*; Nachtviole *f.*
rock·et-pow·ered ['rɔkitpauəd] mit Raketenantrieb; **rock·et·ry** ['~ri] Raketentechnik *f.*
rock...: '**~·fall** Steinschlag *m*; '**~-gar·den** Steingarten *m.*
rock·ing... ['rɔkiŋ]: '**~-chair** Schaukelstuhl *m*; '**~-horse** Schaukelpferd *n.*
rock·y ['rɔki] felsig; Felsen...; F wackelig.
ro·co·co [rəu'kəukəu] Rokoko *n.*
rod [rɔd] Rute *f*; Stab *m*; ⊕ Stange *f*; Meßrute *f* (= $5^1/_2$ *yards*); *Am. sl.* Pistole *f*; *have a ~ in pickle for s.o.* mit j-m noch ein Hühnchen zu rupfen haben.
rode [rəud] *pret. von ride* 2.
ro·dent ['rəudənt] Nagetier *n.*
ro·de·o *Am.* [rəu'deiəu] Rodeo *m*; Zusammentreiben *n von Vieh*; Cowboy-Turnier *n.*
rod·o·mon·tade [rɔdəmɔn'teid] Aufschneiderei *f*, Prahlerei *f.*
roe[1] [rəu] *a. hard ~* Rogen *m*; *soft ~* Milch *f.*
roe[2] [~] Reh *n*; '**~·buck** Rehbock *m.*
ro·ga·tion *eccl.* [rəu'geiʃən] (Für-)Bitte *f*; ~ *Sunday* Sonntag Rogate *m.*
rogue [rəug] Schurke *m*; Schelm *m*, Spitzbube *m*; ~*s' gallery* Verbrecheralbum *n*; '**ro·guer·y** Schurkerei *f*; Schelmerei *f*; '**ro·guish** □ schurkisch; schelmisch.
roist·er ['rɔistə] krakeelen; '**roist·er·er** Krakeeler *m.*
role, rôle *thea.* [rəul] Rolle *f* (*a. fig.*).
roll [rəul] **1.** Rolle *f*; ⊕ Walze *f*; Brötchen *n*, Semmel *f*; Rolle *f*, Verzeichnis *n*, Liste *f*; Urkunde *f*; (Donner)Rollen *n*; (Trommel)Wirbel *m*; ⚓ Schlingern *n*; **2.** *v/t.* rollen; wälzen; walzen, strecken; *Zigarette* drehen; rollend (aus-)sprechen; ~ *up* aufrollen; einwickeln; ~*ed gold* Walzgold *n*, Dublee *n*; *v/i.* rollen (*a. Donner etc.*); sich wälzen; *bsd. ast.* sich drehen; wirbeln (*Trommel*); ⚓ schlingern; *be ~ing in money* im Geld schwimmen; ~ *up* vorfahren (*Wagen*); aufkreuzen; '**~-call** Namensaufruf *m*, ⚔ Appell *m*; '**roll·er** Rolle *f*, Walze *f*; Sturzwelle *f*; *mst ~ bandage* Rollbinde *f*; ~ *coaster Am.* Achterbahn *f*; ~ *skate* Rollschuh *m*; ~ *towel* Rollhandtuch *n*; '**roll-film** *phot.* Rollfilm *m.*
rol·lick·ing ['rɔlikiŋ] ausgelassen, übermütig.
roll·ing ['rəuliŋ] **1.** rollend; Roll..., Walz...; well(enförm)ig; **2.** Rollen *n*, Walzen *n*; ~ *mill* ⊕ Walzwerk *n*; ~ *press typ.* Rotationspresse *f*; '**~-stock** 🚃 rollendes Material *n.*
roll-on ['rəulɔn] *a.* ~ *belt* Gummischlüpfer *m*, Hüftformer *m.*
roll-top desk ['rəultɔp'desk] Rollpult *n.*
ro·ly-po·ly ['rəuli'pəuli] **1.** Rollkuchen *m*; **2.** rund und dick.
Ro·man ['rəumən] **1.** römisch; **2.** Römer(in); *mst* ♀ *typ.* Antiqua (-schrift) *f.*
ro·mance[1] [rəu'mæns] **1.** (Ritter-, Vers)Roman *m*; Abenteuer-, Liebesroman *m*; Romanze *f* (*a. fig.*); *fig.* Märchen *n*; Romantik *f*; **2.** *fig.* aufschneiden.
Ro·mance[2] [rəu'mæns]: ~ *languages pl.* romanische Sprachen *f/pl.*
ro·manc·er [rəu'mænsə] Romanschreiber *m*; Aufschneider *m.*
Ro·man·esque [rəumə'nesk] romanisch(er Baustil *m*).
Ro·man·ic [rəu'mænik] romanisch; *bsd.* ~ *peoples pl.* Romanen *m/pl.*
ro·man·tic [rəu'mæntik] **1.** (~*ally*) romantisch; **2.** = **ro'man·ti·cist** [~tisist] Romantiker *m*; **ro'man·ti·cism** Romantik *f.*
Rom·ish *mst contp.* ['rəumiʃ] römisch(-katholisch).
romp [rɔmp] **1.** Range *f*, Wildfang *m*; Balgerei *f*; **2.** sich balgen, toben, tollen; '**romp·er**(*s pl.*) Spielanzug *m e-s Kindes.*
ron·do ♪ ['rɔndəu] Rondo *n.*
rood [ru:d] Kruzifix *n*; Viertelmorgen *m* (*10,117 Ar*); '**~-loft** ⚠ Chorbühne *f.*
roof [ru:f] **1.** Dach *n*; ~ *of the mouth* Gaumen *m*; **2.** *a.* ~ *over* überdachen; '**roof·ing** **1.** Bedachung *f*; Dachwerk *n*; **2.** Dach...; ~ *felt* Dachpappe *f*; '**roof-tree** Firstbalken *m.*
rook[1] [ruk] **1.** *orn.* Saatkrähe *f*; *fig.* Bauernfänger *m*; **2.** betrügen.
rook[2] [~] *Schach*: Turm *m.*

rook·er·y ['rukəri] Krähenhorst *m*; *fig.* Brutstätte *f*; Nistplatz *m*.
rook·ie *sl.* ['ruki] ⚔ Rekrut *m*; *fig.* Neuling *m*, Anfänger *m*.
room [rum] Raum *m*; Platz *m*; Zimmer *n*; Spielraum *m*, Möglichkeit *f*; *~s pl.* Wohnung *f*; *in my ~* an meiner Stelle; *make ~* Platz machen; **...roomed** ...zimmerig; '**room·er** *bsd. Am.* Untermieter *m*; '**room·ing-house** *bsd. Am.* Miets-, Logierhaus *n*; '**room-mate** Stubenkamerad *m*; '**room·y** □ geräumig.
roost [ru:st] **1.** Schlafplatz *m e-s Vogels*; Hühnerstange *f*; Hühnerstall *m*; **2.** sich (zum Schlaf) niederhocken; *fig.* übernachten; '**roost·er** Haushahn *m*.
root[1] [ru:t] **1.** Wurzel *f* (*a. fig., anat.*, ℞, *gr.*); *~ and branch* völlig, mit Stumpf u. Stiel; *take od. strike ~* Wurzel fassen *od.* schlagen; *~ idea* Grundgedanke *m*; **2.** (ein)wurzeln; *~ out* ausrotten; '**root·ed** eingewurzelt; wurzelnd (*in* in *dat.*).
root[2] [~] *v/t. a. ~ up* auf-, umwühlen; *~ out od. up* ausgraben, aufstöbern; *v/i.* wühlen; *~ for Am. sl.* Stimmung machen für *j.*; '**root·er** *Am. sl.* Schreier *m*, Fanatiker *m für et.*
root·let ['ru:tlit] Wurzelfaser *f*.
rope [rəup] **1.** Tau *n*, Seil *n*; Strang *m*, Strick *m* (*bsd. zum Hängen*); Schnur *f Perlen etc.*; *on the ~* am Seil, angeseilt; *be at the end of one's ~* F mit s-m Latein zu Ende sein; *know the ~s* sich auskennen; *learn the ~s* sich einarbeiten; **2.** *v/t.* mit e-m Seil befestigen; *mst ~ in, ~ off, ~ out* absperren; *mount.* anseilen; *~ down* abseilen; *v/i.* Fäden ziehen (*Sirup etc.*); '**~-danc·er** Seiltänzer (-in); '**~-lad·der** Strickleiter *f*; '**~-mak·er** Seiler *m*; '**rop·er·y** Seilerei *f*; '**rope-walk** Seilerbahn *f*; '**rope-way** Seilbahn *f*.
rop·i·ness ['rəupinis] Klebrigkeit *f*.
rop·y ['rəupi] klebrig, zähflüssig.
ro·sa·ry ['rəuzəri] *eccl.* Rosenkranz *m*; Rosengarten *m*, -beet *n*.
rose[1] [rəuz] ⚘ Rose *f*; (Gießkannen)Brause *f*; Rosenrot *n*.
rose[2] [~] *pret. von rise* 2.
rose...: '**~bud** Rosenknospe *f*; *Am.* hübsches Mädchen *n*; Debütantin *f*; '**~-col·o(u)red** rosarot (*a. fig.*); rosig.
ro·se·ate ['rəuziit] rosig.
rose·mar·y ⚘ ['rəuzməri] Rosmarin *m*.
ro·se·ry ['rəuzəri] Rosenbeet *n*.
ro·sette [rəu'zet] Rosette *f*.
rose·wood ['rəuzwud] Rosenholz *n*.
ros·in ['rɔzin] **1.** (Geigen)Harz *n*, Kolophonium *n*; **2.** harzen.
ros·ter ⚔ ['rəustə] Diensttabelle *f*.
ros·trum ['rɔstrəm] Rednertribüne *f*.
ros·y □ ['rəuzi] rosig.
rot [rɔt] **1.** Fäulnis *f*, Fäule *f*; *sl.* Quatsch *m*; **2.** *v/t.* faulen lassen; *sl. Plan etc.* vermurksen; Quatsch machen mit *j-m*; *v/i.* verfaulen, vermodern.
ro·ta·ry ['rəutəri] drehend; Rotations...; *~ press typ.* Rotations(druck)presse *f*; **ro·tate** [rəu'teit] (sich) drehen, rotieren, (ab)wechseln; **ro'ta·tion** Umdrehung *f*; Kreislauf *m*; Abwechs(e)lung *f*; *~ of crops* ✓ Fruchtfolge *f*, -wechsel *m*; **ro·ta·to·ry** ['~tətəri] *s. rotary*; abwechselnd.
rote [rəut]: *by ~* auswendig.
ro·tor ['rəutə] ⊕ Rotor *m*; ⚡ Läufer *m*; ✈ Rotor *m*, Drehflügel *m des Hubschraubers*.
rot·ten □ ['rɔtn] verfault, faul(ig); verderbt, verdorben; modrig; morsch (*alle a. fig.*); *sl.* saumäßig, dreckig; '**rot·ten·ness** Fäulnis *f*; Morschheit *f*.
rot·ter *sl.* ['rɔtə] Schweinehund *m*.
ro·tund □ [rəu'tʌnd] rund; voll (*Stimme*); hochtrabend; **ro'tun·da** ⌂ [~də] Rundbau *m*; **ro'tun·di·ty** Rundheit *f*.
rouge [ru:ʒ] **1.** Rouge *n*; Silberputzmittel *n*; **2.** Rouge auflegen (auf).
rough [rʌf] **1.** □ rauh; roh; grob (*alle a. fig.*); holperig; stürmisch; *fig.* ungehobelt; herb (*Wein etc.*); ungefähr (*Schätzung*); *~ and ready* grob(gearbeitet); (Not)Behelfs...; *fig.* grobschlächtig; *~ copy* roher Entwurf *m*; *cut up ~* F massiv werden; **2.** Rauhe *n*, Grobe *n*; Lümmel *m*, Strolch *m*; **3.** (an-, auf)rauhen; *Hufeisen* schärfen; *~ it* sich mühsam durchschlagen; '**rough·age** grobe Nahrung *f*, Grobfutter *n*; '**rough-and-'tum·ble 1.** wild, unordentlich; heftig; **2.** Schlägerei *f*; '**rough·cast 1.** ⌂ Rauhputz *m*; **2.** unfertig; **3.** ⌂ berappen; roh

entwerfen; 'rough·en rauh machen *od.* werden.

rough...: '~-'**hewn** roh behauen; flüchtig; ungehobelt; '~-**house** *sl.* **1.** Radau *m*; Keilerei *f*; **2.** rauhbeinig gegen *j.* sein; Radau machen; '~-**neck** *Am. sl.* Rabauke *m*; '**rough·ness** Rauheit *f*; Roheit *f*; Grobheit *f*; '**rough-rid·er** Zureiter *m*; verwegener Reiter *m*; '**rough·shod:** *ride* ~ *over* rücksichtslos behandeln.

rou·lette [ru:'let] Roulett *n*.

Rou·ma·nian [ru:'meinjən] = *Rumanian.*

round [raund] **1.** □ rund (*a. Zahl, Summe*); voll (*Stimme etc.*); flott, scharf (*Gangart*); abgerundet (*Stil*); unverblümt (*Antwort etc.*); derb (*Fluch etc.*); ~ *game* Gesellschaftsspiel *n*; ~ *hand* Rundschrift *f*; ~ *table* Konferenztisch *m*; ~ *trip* Rundreise *f*, Hin- und Rückfahrt *f*; **2.** *adv.* rund-, ringsum(her); *a.* ~ *about* in der Runde; *all* ~ ringsum; *fig.* durch die Bank, ohne Unterschied; *all the year* ~ das ganze Jahr hindurch; *10 inches* ~ 10 Zoll im Umfang; **3.** *prp.* um ... herum; *go* ~ *the house* im Haus herumgehen; ~ *about 2 o'clock* etwa um 2 Uhr; **4.** Rund *n*, Kreis *m*; Rundgang *m*, Runde *f*; Kreislauf *m*; (Leiter-)Sprosse *f*; ♪ Rundgesang *m*, Kanon *m*; Rundtanz *m*; ⚔ Ronde *f*; Lage *f Bier etc.*; ⚔, *a. fig. Lach-, Beifalls-*Salve *f*; *100* ~*s* ⚔ 100 Schuß; **5.** *v/t.* runden; herumgehen, -fahren *od.* -segeln um; umfahren, -schiffen; ~ *off* abrunden; ~ *up* einkreisen; *j.* stellen; *Vieh* zs.-treiben; *v/i.* sich runden; sich umdrehen.

round·a·bout ['raundəbaut] **1.** umschweifig; umwegig; **2.** Umweg *m*; Umschweife *pl.*; Karussell *n*; Kreisverkehr *m*.

roun·del ['raundl] Rondell *n*;

roun·de·ly ['~dilei] Rundgesang *m*.

round·ers ['raundəz] *pl.* Schlagballspiel *n*; '**round·head** *hist.* Rundkopf *m*, Puritaner *m*; '**round·ish** rundlich; '**round·ness** Rundheit *f*; Rundung *f*; Unverblümtheit *f e-r Antwort etc.*; **rounds-man** ✝ ['~zmən] Austräger *m*; '**round-the--clock** ununterbrochen, 24-stündig; '**round-ta·ble con·fer·ence** Konferenz *f* am runden Tisch; '**round--up** Einkreisung *f*; Razzia *f*; Zs.-fassung *f*; Zs.-treiben *n*.

roup *vet.* [ru:p] Darre *f der Hühner.*

rouse [rauz] *v/t. a.* ~ *up* wecken; ermuntern, aufrütteln; *Wild* aufjagen; (auf)reizen; ~ *o.s.* sich aufraffen; *v/i.* aufwachen; '**rous·ing** brausend (*Beifall etc.*).

roust·a·bout *Am.* ['raustə'baut] ungelernter (*mst* Hafen)Arbeiter *m*.

rout[1] [raut] Rotte *f*; † große Gesellschaft *f*.

rout[2] [~] **1.** wilde Flucht *f*; Vernichtung *f*; *put to* ~ = **2.** vernichtend schlagen.

rout[3] [~] = *root*[2].

route [ru:t, ⚔ *a.* raut] Weg *m*; (Reise)Route *f*; Strecke *f*; ⚔ Marschroute *f*; *en* ~ unterwegs; '~-**march** Übungsmarsch *m*.

rou·tine [ru:'ti:n] **1.** Routine *f*; Schablone *f*; **2.** schablonenmäßig; üblich, laufend.

rove [rəuv] umherstreifen, umherwandern; '**rov·er** Wanderer *m*; Herumstreicher *m*; Seeräuber *m*; älterer Pfadfinder *m*.

row[1] [rəu] Reihe *f*; Häuser-, *thea.* Sitzreihe *f*; *a hard* ~ *to hoe* e-e schwierige Sache *f*.

row[2] [~] **1.** rudern; **2.** Ruderfahrt *f*, -partie *f*.

row[3] F [rau] **1.** Spektakel *m*; Krawall *m*, Krach *m*; Schlägerei *f*; *what's the* ~? was ist denn los?; **2.** ausschimpfen; zanken (*with* mit).

row·an ♀ ['rauən] Eberesche *f*.

row-boat ['rəubout] Ruderboot *n*.

row·dy ['raudi] **1.** Raufbold *m*, Strolch *m*, Rowdy *m*; **2.** gewalttätig; flegelhaft.

row·el ['rauəl] **1.** Spornrädchen *n*; **2.** spornen.

row·er ['rəuə] Ruderer(in *f*) *m*.

row·ing-boat ['rəuiŋbəut] Ruderboot *n*.

row·lock ['rɔlək] Ruderklampe *f*.

roy·al ['rɔiəl] **1.** □ königlich; prächtig; ~ *stag* Kapitalhirsch *m*; **2.** ⚓ Oberbramsegel *n*; '**roy·al·ism** Königstreue *f*; '**roy·al·ist 1.** Royalist *m*, Königstreue *m*; **2.** königstreu; '**roy·al·ty** Königtum *n*, -reich *n*, Königswürde *f*; königliche Persönlichkeit *f*; königliches Vorrecht *n*; vom König verliehenes Verfügungsrecht *n*; Ertragsanteil *m*, Tantieme *f e-s Autors etc.*

rub [rʌb] **1.** Reiben *n*; Schwierigkeit *f*; *fig.* Hieb *m*, Stich *m*; Unannehmlichkeit *f*; *there is the ~* das ist der Haken; **2.** *v/t.* reiben; (ab-)wischen, scheuern; (wund)scheuern; schleifen; *~ down* abreiben; *Pferd* striegeln; *~ in* einreiben; *fig.* betonen, herumreiten auf; *~ off* abreiben; abschleifen; *~ out* auslöschen; -radieren; *~ up* auffrischen; *Farbe etc.* verreiben; *v/i.* sich reiben (*against, on* an *dat.*); *~ along, ~ on, ~ through fig.* sich durchschlagen.

rub·ber ['rʌbə] Gummi *n, m*; Kautschuk *m*; Radiergummi *m*; Masseur *m*; Wischtuch *n*; ⊕ Polierkissen *n*, -tuch *n*; *Bridge, Whist*: Robber *m*; *~s pl.* Gummi-, Überschuhe *m/pl.*; *attr.* Gummi...; *~ check Am. sl.* geplatzter Scheck *m*; *~ solution* Gummilösung *f*; **'~neck** *Am. sl.* **1.** Gaffer(in); **2.** sich den Hals verrenken; mithören; **~ stamp 1.** Gummistempel *m*; **2.** *Am.* F *fig.* Nachbeter *m*; **'~-'stamp** automatisch gutheißen.

rub·bish ['rʌbiʃ] Schutt *m*; Abfall *m*; Kehricht *m*; *fig.* Schund *m*; Unsinn *m*; **'rub·bish·y** *fig.* wertlos; unsinnig.

rub·ble ['rʌbl] Schutt *m*.

rube *Am. sl.* [ru:b] Bauernlümmel *m*.

ru·be·fa·cient ⚕ [ru:bi'feiʃjənt] hautrötend.

ru·bi·cund ['ru:bikənd] rötlich, rot.

ru·bric ['ru:brik] Rubrik *f*; *eccl.* liturgische Vorschrift *f*; **ru·bri·cate** ['~keit] rot bezeichnen.

ru·by ['ru:bi] **1.** *min.* Rubin *m*; Rubinrot *n*; *typ.* Pariser Schrift *f*; **2.** rubinrot.

ruck [rʌk] *Rennsport*: *the ~* das Feld; *the (common) ~ fig.* der Haufe(n) *m*.

ruck(·le) ['rʌk(l)] *a. ~ up* (sich) falten *od.* zerknittern.

ruck·sack ['ruksæk] Rucksack *m*.

ruc·tion *sl.* ['rʌkʃən] Krawall *m*, Krach *m*.

rud·der ⚓ ['rʌdə] (Steuer)Ruder *n*; ✈ Seitenruder *n*.

rud·di·ness ['rʌdinis] Röte *f*; **'rud·dy** rot, rötlich; frisch (*Gesichtsfarbe*); rotbäckig; *sl.* verflixt.

rude □ [ru:d] unhöflich; unanständig; grob, heftig, unsanft; ungebildet; einfach, kunstlos; robust; roh; **'rude·ness** Unhöflichkeit *f*, Unanständigkeit *f etc.*

ru·di·ment *biol.* ['ru:dimənt] Ansatz *m* (*of* zu *e-m Organ*; *a. fig.*); *~s pl.* Anfangsgründe *m/pl.*; **ru·di·men·ta·ry** [~'mentəri] rudimentär.

rue[1] ⚘ [ru:] Raute *f*.

rue[2] [~] bereuen, beklagen.

rue·ful □ ['ru:ful] reuig; traurig, kläglich; **'rue·ful·ness** Traurigkeit *f*, Gram *m*.

ruff[1] [rʌf] (Hals-, Papier)Krause *f*.

ruff[2] [~] *Whist*: **1.** Trumpfen *n*; **2.** trumpfen.

ruf·fi·an ['rʌfjən] Rohling *m*; Raufbold *m*; Schurke *m*; **'ruf·fi·an·ly** roh, wüst.

ruf·fle ['rʌfl] **1.** Rüsche *f*, Krause *f*; Kräuseln *n des Wassers*; *fig.* Unruhe *f*; *~ collar* Rüschenkragen *m*; **2.** *v/t.* kräuseln; zerwühlen, -drücken, -zausen; *fig.* aus der Ruhe bringen; *gute Laune etc.* stören; *v/i.* die Ruhe verlieren.

rug [rʌg] (Woll-, Reise)Decke *f*; Vorleger *m*, Brücke *f* (*kleiner Teppich*).

Rug·by ['rʌgbi] *a. ~ football* Rugby *n* (*Ballspiel*).

rug·ged □ ['rʌgid] rauh (*a. fig.*); uneben; zackig; zerklüftet; gefurcht (*Gesicht*); **'rug·ged·ness** Rauheit *f etc.*

rug·ger F ['rʌgə] = *Rugby*.

ru·in ['ru:in] **1.** Ruin *m*, Zs.-bruch *m*; Untergang *m*; Verfall *m*; *mst ~s pl.* Ruine(*n pl.*) *f*; *lay in ~s* in Trümmer legen; **2.** ruinieren; zugrunde richten; zerstören; verderben; **ru·in'a·tion** Zerstörung *f*; F Verderben *n*, Untergang *m*; **'ru·in·ous** □ ruinenhaft, verfallen; baufällig; verderblich, ruinös.

rule [ru:l] **1.** Regel *f*; *eccl.* Ordensregel *f*; Vorschrift *f*; ⚖ Verfügung *f*; *a. standing ~* Satzung *f*; Herrschaft *f*; Lineal *n*; ⊕ Zollstock *m*; *as a ~* in der Regel; *~(s) of court* Prozeßordnung *f*; *~(s) of the road* Straßenverkehrsordnung *f*; *~ of three* ⅌ Regeldetri *f*; *~ of thumb* Faustregel *f*; *make it a ~* es sich zur Regel machen; *work to ~* genau nach Vorschrift arbeiten (*als Streikmittel*); **2.** *v/t.* regeln; leiten; *a. ~ over* beherrschen; entscheiden, verfügen; *Papier* liniieren; *~ out* ausschließen; *v/i.* herrschen, regieren; ✝ stehen, notieren (*Preise*); **'rul·er** Herrscher(in); Lineal *n*;

ˈ**rul·ing 1.** *bsd.* ⚖ Verfügung *f*; **2.** ~ *price* ⚓ Tagespreis *m.*
rum[1] [rʌm] Rum *m*; *Am.* Alkohol *m.*
rum[2] *sl.* □ [~] ulkig, komisch.
Ru·ma·nian [ruːˈmeinjən] **1.** rumänisch; **2.** Rumäne *m*, Rumänin *f*; Rumänisch *n.*
rum·ble[1] [ˈrʌmbl] **1.** Rumpeln *n*; Poltern *n*; (G)Rollen *n*; *Am. a.* ~*-seat mot.* Notsitz *m*; *Am.* F Fehde *f* zwischen Gangsterbanden; **2.** rumpeln, rasseln, poltern; grollen (*Donner*).
rum·ble[2] *sl.* [~] *et.* ’rauskriegen.
ru·mi·nant [ˈruːminənt] **1.** wiederkäuend; **2.** Wiederkäuer *m*; **ru·mi·nate** [ˈ~neit] wiederkäuen; *fig.* nachsinnen; **ru·miˈna·tion** Wiederkäuen *n*; Nachdenken *n.*
rum·mage [ˈrʌmidʒ] **1.** Durchsuchung *f*; Ramsch *m*, Ausschuß *m*, Restwaren *f/pl.*; ~ *sale* Wohltätigkeitsbazar *m*; **2.** *v/t.* (durch)suchen, (-)stöbern, (-)wühlen; *v/i.* wühlen.
rum·mer [ˈrʌmə] Römer *m* (*Trinkglas*).
rum·my[1] *sl.* □ [ˈrʌmi] = *rum*[2].
rum·my[2] [~] Rommé *n* (*Kartenspiel*).
ru·mo(u)r [ˈruːmə] **1.** Gerücht *n*; **2.** (als Gerücht) verbreiten; *it is* ~*ed* es geht das Gerücht; ˈ**~-mon·ger** Gerüchteverbreiter *m.*
rump *anat.* [rʌmp] Steiß *m*; *orn.* Bürzel *m*; Rumpf *m*, Rest *m.*
rum·ple [ˈrʌmpl] zerknittern; zerren, (zer)zausen.
rump·steak [ˈrʌmpsteik] *Küche*: Rumpsteak *n.*
rum·pus F [ˈrʌmpəs] Krawall *m.*
rum-run·ner *Am.* [ˈrʌmrʌnə] Alkoholschmuggler *m.*
run [rʌn] **1.** (*irr.*) *v/i. allg.* laufen (*Mensch, Tier; a. Kerze, Gefäß, Augen etc.*; = *fließen*; *verfließen*; *verkehren* [*Zug etc.*]; *im Gang sein*; ⚖ *in Kraft sein*; *thea. gegeben werden*; *sich erstrecken*; *eitern*); rennen (*Mensch, Tier*); eilen; zerlaufen (*Farbe etc.*); umlaufen, -gehen (*Gerücht etc.*); lauten (*Text*); gehen (*Melodie*); sich stellen (*Preis*); ~ *across s.o.* j-m in die Arme laufen; ~ *after* hinter *j-m* herlaufen *od.* -sein; ~ *away* davonlaufen, durchgehen (*a. fig.*); ~ *down* hinunterlaufen; ablaufen (*Uhr etc.*); *fig.* herunterkommen; ~ *dry* aus-, vertrocknen; ~ *for* laufen nach, sich bemühen um; *parl.* kandidieren für; ~ *high* hochgehen; ~ *in* hineinlaufen; *that* ~*s in the blood* (*family*) das liegt im Blut (in der Familie); ~ *into* laufen *od.* rennen in (*acc.*); geraten *od.* (sich) stürzen in (*acc.*); werden zu; ~ *into s.o.* j-m in die Arme laufen; ~ *low* zur Neige gehen; ~ *mad* verrückt werden; ~ *off* weglaufen; ~ *on* fortlaufen, fortgesetzt werden; fortfahren; weiterreden; ~ *out* (hin-) auslaufen; zu Ende gehen; *I have* ~ *out of tobacco* der Tabak ist mir ausgegangen; ~ *over* hinüberlaufen; überlaufen (*Gefäß*); ~ *short* knapp werden, zu Ende gehen; ~ *through* laufen durch; durchmachen, erleben; durchlesen, -gehen; *Vermögen* durchbringen; ~ *to* sich belaufen auf (*acc.*); sich entwickeln zu; F sich *et.* leisten; reichen *od.* langen zu (*Geldmittel*); ~ *up* hinauflaufen; emporschießen; ~ *up to* sich belaufen auf (*acc.*); ~ (*up*)*on* losgehen auf (*acc.*); sich beschäftigen mit, betreffen; ~ *with* triefen von; in *Tränen* schwimmen; **2.** (*irr.*) *v/t. Strecke* durchlaufen; *Rennen* austragen; *Weg* einschlagen; laufen lassen; *Züge etc.* verkehren lassen; *Augen, Hand etc.* gleiten lassen; *Nadel etc.* stecken, stoßen; (vorwärts)treiben; transportieren, fahren, bringen; *Flut* ergießen; *Gold etc.* führen (*Fluß*); *Eisen etc.* schmelzen; *Kugeln* gießen; *Geschäft* betreiben, leiten; *hunt.* verfolgen, hetzen; um die Wette rennen mit; *Waren* schmuggeln; lose nähen, heften; ~ *the blockade* die Blockade brechen; ~ *down* niederrennen, -segeln; abhetzen; *j.* einholen; zur Strecke bringen; *fig.* schlecht machen; herunterwirtschaften; *be* ~ *down* abgearbeitet *od.* erschöpft sein; ~ *errands* Botengänge machen; ~ *hard j.* bedrängen; ~ *in mot.* einfahren; F einbuchten; ~ *into* hineinstoßen in (*acc.*); hinreißen *od.* bringen zu; fahren an (*acc.*); ~ *off* ablaufen lassen; ~ *out* hinausstoßen, -schieben, -jagen; ~ *over j.* überfahren; *Text* überfliegen; ~ *s.o. through j.* durchbohren; ~ *up Fahne etc.* aufziehen; *Preis* hochtreiben; *Neubau* hochziehen; *Rechnung etc.* auf-

laufen lassen; **3.** Laufen *n*, Rennen *n*, Lauf *m* (*bsd. im Sport*); Verlauf *m*, Gang *m*, Fortgang *m*; Fahrt *f e-s Schiffes*; Reise *f*, Ausflug *m*; ✝ Andrang *m*; ✝ stürmische Nachfrage *f* (*on, upon* nach); *Am.* kleiner Wasserlauf *m*; *bsd. Am.* Laufmasche *f*; ♪ Lauf *m*; *Vieh*-Trift *f*; *Mühle*: Mahlgang *m*; freie Benutzung *f*; Art *f*, Schlag *m*; ✝ Sorte *f*; *the common* ~ die übliche Art, die große Masse; *have a* ~ *of 20 nights thea.* 20mal nacheinander gegeben werden; *have the* ~ *of s.th.* et. frei zur Verfügung haben; *be in the* ~ *od.* ~*ning bei e-r Wahl* in Frage kommen; *in the long* ~ auf die Dauer, am Ende; *in the short* ~ fürs nächste; *on the* ~ auf den Beinen; auf der Flucht.

run·a·bout *mot.* [ˈrʌnəbaut] kleiner [(Sport)Wagen *m.*]

run·a·way [ˈrʌnəwei] **1.** Ausreißer *m*; Durchgänger *m* (*Pferd*); **2.** entlaufen, -kommen; **3.** flüchtig.

rune [ruːn] Rune *f*.

rung[1] [rʌŋ] *p.p. von ring*[2] 2.

rung[2] [~] (Leiter)Sprosse *f* (*a. fig.*).

run·ic [ˈruːnik] runisch; Runen...

run-in [ˈrʌnˈin] *Sport*: Einlauf *m*; F Krach *m*, Zs.-stoß *m* (*Streit*).

run·let [ˈrʌnlit], **run·nel** [ˈrʌnl] Rinnsal *n*; Rinnstein *m*.

run·ner [ˈrʌnə] Renner *m*, Läufer *m*; Bote *m*; ⚔ Meldegänger *m*; (Schlitten)Kufe *f*; Schieber *m am Schirm*; ⚘ Ausläufer *m*; *gun-*~ Waffenschmuggler *m*; ˈ~-ˈ**up** *Sport*: Zweitbeste *m*.

run·ning [ˈrʌniŋ] **1.** laufend; fließend (*Wasser*); *two days* ~ zwei Tage nacheinander; ~ *hand* Kurrentschrift *f*; ~ *start* fliegender Start *m*; ~ *stitch* Stielstich *m*; **2.** Laufen *n*, Rennen *n*; ˈ~**-board** *mot.*, 🚂 *etc.* Trittbrett *n*.

runt [rʌnt] *zo.* Zwergrind *n*; *fig.* Zwerg *m*.

run·way [ˈrʌnwei] ✈ Rollbahn *f*; *hunt.* Wechsel *m*; Holzrutsche *f*; ~ *watching* Ansitzjagd *f*.

ru·pee [ruːˈpiː] Rupie *f*.

rup·ture [ˈrʌptʃə] **1.** Bruch *m* (*a.* ⚕); **2.** brechen; sprengen.

ru·ral □ [ˈruərəl] ländlich; Land...; ˈ**ru·ral·ize** verländlichen.

ruse [ruːz] List *f*, Kniff *m*.

rush[1] ⚘ [rʌʃ] Binse *f*; *fig. mit Verneinung*: Pfifferling *m*, Deut *m*.

rush[2] [~] **1.** Jagen *n*, Hetzen *n*, Stürmen *n*; (An)Sturm *m*; Andrang *m*; Hochbetrieb *m*; ✝ stürmische Nachfrage *f* (*for* nach); *Wasser- etc.* Flut *f*; ⚡ (Strom)Stoß *m*; ~ *hour(s pl.)* Hauptverkehrszeit *f*; ~ *order* ✝ eiliger Auftrag *m*; **2.** *v/i.* stürzen, jagen, hetzen, stürmen, schießen, sausen, eilen; ~ *at* sich stürzen auf (*acc.*); ~ *into extremes* ins Extrem verfallen; ~ *into print* et. überstürzt veröffentlichen; *v/t.* jagen, hetzen; drängen; ⚔ *u. fig.* stürmen; *Arbeit etc.* herunterhasten; *sl. j.* neppen (£ *5* um fünf Pfund); ~ *s.o. off his feet* j. überfahren; ~ *through parl.* durchpeitschen; ˈ**rush·ing** □ stürmisch.

rush·y [ˈrʌʃi] binsenbestanden; [Binsen...]

rusk [rʌsk] *Art* Zwieback *m*.

rus·set [ˈrʌsit] **1.** rostbraun; **2.** Rostbraun *n*; grober Stoff *m*.

Rus·sia (leath·er) [ˈrʌʃə(ˈleðə)] Juchten(leder) *n*; ˈ**Rus·sian 1.** russisch; **2.** Russe *m*, Russin *f*; Russisch *n*.

rust [rʌst] **1.** Rost *m*; **2.** (ver-, ein-) rosten (lassen) (*a. fig.*).

rus·tic [ˈrʌstik] **1.** (~*ally*) ländlich (*a. fig.*); Land...; *fig.* bäurisch; roh (gearbeitet); **2.** Landmann *m*; **rus·ti·cate** [ˈ~keit] *v/t.* zeitweilig von der Universität verweisen; *v/i.* auf dem Lande leben; **rus·tiˈca·tion** Landleben *n*; *univ.* zeitweilige Verweisung *f*; **rus·tic·i·ty** [~ˈtisiti] Ländlichkeit *f*; bäurisches Wesen *n*.

rus·tle [ˈrʌsl] **1.** rascheln (mit *od.* in *dat.*); rauschen; *Am.* F sich ranhalten; *Vieh* stehlen; ~ *up* auftreiben; **2.** Rascheln *n*.

rust...: ˈ~**less** rostfrei; ˈ~**-ˈproof**, ˈ~**-reˈsist·ant** rostbeständig; ˈ**rusty** rostig; eingerostet (*a. fig.*); verschossen (*Stoff*); rostfarben.

rut[1] *hunt.* [rʌt] **1.** Brunft *f*; **2.** brunften.

rut[2] [~] Wagenspur *f*; *bsd. fig.* ausgefahrenes Geleise *n*.

ruth·less □ [ˈruːθlis] unbarmherzig; rücksichts-, skrupellos; ˈ**ruth·less·ness** Unbarmherzigkeit *f*; Rücksichts-, Skrupellosigkeit *f*.

rut·ted [ˈrʌtid] ausgefahren (*Weg*).

rut·ting *hunt.* [ˈrʌtiŋ] brunftig; Brunft...; ~ *season* Brunftzeit *f*.

rut·ty [ˈrʌti] ausgefahren (*Weg*).

rye ⚘ [rai] Roggen *m*.

S

sab·bath ['sæbəθ] Sabbat *m.*
sab·bat·i·cal □ [sə'bætikəl] Sabbat...; ~ *year univ.* Ferienjahr *n e-s Professors.*
sa·ble ['seibl] **1.** Zobel(pelz) *m*; Schwarz *n*; **2.** *lit.* schwarz; düster.
sab·o·tage ['sæbətɑ:ʒ] **1.** Sabotage *f*; **2.** sabotieren.
sa·bre ['seibə] **1.** Säbel *m*; **2.** mit dem Säbel niedermachen.
sac *anat., zo.* [sæk] Sack *m*, Beutel *m.*
sac·cha·rin ⚗ ['sækərin] Sacharin *n*; Süßstoff *m*; **sac·cha·rine** ['~rain] Zucker...; Süßstoff...; *fig.* zuckersüß; süßlich.
sac·er·do·tal □ [sæsə'dəutl] priesterlich; Priester...
sack[1] [sæk] **1.** Sack *m*; *Am.* Tüte *f*; Sackkleid *n*; Sakko *m*; *give (get) the* ~ F entlassen (werden); den Laufpaß geben (bekommen); **2.** einsacken; F *j.* rausschmeißen; *j-m* den Laufpaß geben.
sack[2] [~] **1.** Plünderung *f*; **2.** plündern.
sack[3] [~] heller Südwein *m.*
sack·cloth ['sækklɔ:θ], **'sack·ing** Sackleinwand *f.*
sac·ra·ment *eccl.* ['sækrəmənt] Sakrament *n*; **sac·ra·men·tal** □ [~'mentl] sakramental.
sa·cred □ ['seikrid] heilig; geistlich (*Dichtung, Musik*); **'sa·cred·ness** Heiligkeit *f.*
sac·ri·fice ['sækrifais] **1.** Opfer *n*; *at a* ~ ☤ mit Verlust; **2.** opfern; ☤ mit Verlust verkaufen.
sac·ri·fi·cial [sækri'fiʃəl] Opfer...; ☤ Schleuder...
sac·ri·lege ['sækrilidʒ] Kirchenraub *m*, -schändung *f*; Sakrileg *n*; **sac·ri·le·gious** □ [~'lidʒəs] sakrilegisch, frevelhaft.
sa·crist, sac·ris·tan *eccl.* ['sækrist(ən)] Sakristan *m*, Kirchendiener *m.*
sac·ris·ty *eccl.* ['sækristi] Sakristei *f.*
sad □ [sæd] traurig, betrübt; jämmerlich, kläglich; schlimm, arg; dunkel, düster (*Farbe*).
sad·den ['sædn] (sich) betrüben.
sad·dle ['sædl] **1.** Sattel *m*; *break to the* ~ einreiten; **2.** satteln; *fig.* belasten; aufbürden (*upon dat.*); **'~-backed** hohlrückig (*Pferd*); **'~-bag** Satteltasche *f*; **'~-cloth** Satteldecke *f*; **'sad·dler** Sattler *m*; **'sad·dler·y** Sattlerei *f*; Sattelzeug *n.*
sad·ism ['seidizəm] Sadismus *m.*
sad·ness ['sædnis] Traurigkeit *f*, Trauer *f*, Schwermut *f.*
sa·fa·ri [sə'fɑ:ri] Safari *f.*
safe [seif] **1.** □ *allg.* sicher; heil, unversehrt; gefahrlos; außer Gefahr; zuverlässig; *to be on the* ~ *side* um ganz sicher zu gehen; **2.** Safe *m*, Geldschrank *m*; Speiseschrank *m*; ~ *deposit* Stahlkammer *f*; **'~-blow·er** *Am.* Geldschrankknacker *m*; ~ **con·duct** freies Geleit *n*; Geleitbrief *m*; **'~·guard 1.** Schutz *m*, Sicherung *f*; **2.** sichern; schützen (*against* vor *dat.*); *~ing duty* Schutzzoll *m*; **'safe·ness** Sicherheit *f.*
safe·ty ['seifti] Sicherheit *f*; ~ **belt** *mot.* Sicherheitsgurt *m*; ~ **cur·tain** *thea.* eiserner Vorhang *m*; ~ **is·land** Verkehrsinsel *f*; **'~-lock** Sicherheitsschloß *n*; **'~-pin** Sicherheitsnadel *f*; ~ **ra·zor** Rasierapparat *m.*
saf·fron ['sæfrən] **1.** Safran *m*; Safrangelb *n*; **2.** safrangelb.
sag [sæg] **1.** durchsacken; ⊕ durchhängen; ⚓ (ab)sacken (*a. fig.*); **2.** Durchsacken *n etc.*; ⊕ Durchhang *m.*
sa·ga ['sɑ:gə] Saga *f* (*Erzählung*).
sa·ga·cious □ [sə'geiʃəs] scharfsinnig, klug.
sa·gac·i·ty [sə'gæsiti] Scharfsinn *m.*
sag·a·more ['sægəmɔ:] Indianerhäuptling *m.*
sage[1] [seidʒ] **1.** □ klug, weise; **2.** Weise *m.*
sage[2] ⚘ [~] Salbei *f.*
sage·brush ⚘ ['seidʒbrʌʃ] nordamerikanischer Beifuß *m.*
sa·go ['seigəu] Sago *m.*
sa·hib ['sɑ:hib] Herr *m*, Sahib *m.*
said [sed] *pret. u. p.p. von say 1.*
sail [seil] **1.** Segel *n*; Fahrt *f*; Windmühlenflügel *m*; (Segel)Schiff(e *pl.*) *n*; *set* ~ in See stechen; **2.** *v/i.* (ab-)segeln, fahren (*for* nach); *fig.* schweben; *v/t.* befahren; *Schiff* führen; **'~-boat** Segelboot *n*; **'~-cloth** Segeltuch *n*; **'sail·er** Segler *m* (*Schiff*); **'sail·ing-ship, 'sail·ing-ves·sel** Segelschiff *n*; **'sail·or** Seemann *m*, Matrose *m*;

~*'s knot* Schifferknoten *m*; *be a good (bad)* ~ (nicht) seefest sein; **'sail-plane** Segelflugzeug *n*.
saint [seint] **1.** Heilige *m, f*; [*vor npr.* snt] Sankt...; **2.** heiligsprechen; **'saint·ed** heilig; selig (*verstorben*); **'saint·li·ness** Heiligkeit *f*; **'saint·ly** *adj.* heilig, fromm.
saith † *od. poet.* [seθ] *3. sg. Präsens von say.*
sake [seik]: *for the* ~ *of* um ... (*gen.*) willen; *for my* ~ meinetwegen, mir zuliebe; *for God's* ~ um Gottes willen.
sal ⚗ [sæl] Salz *n*; ~ *ammoniac* Salmiak *m*; ~ *volatile* Riechsalz *n*.
sal·a·ble ['seiləbl] verkäuflich.
sa·la·cious □ [sə'leiʃəs] geil; zotig.
sal·ad ['sæləd] Salat *m*.
sal·a·man·der ['sæləmændə] *zo.* Salamander *m*; Schüreisen *n*.
sa·la·mi [sə'lɑːmiː] Salami(wurst) *f*.
sal·a·ried ['sælərid] besoldet; Gehalts...; **'sal·a·ry 1.** Besoldung *f*; Gehalt *n*; **2.** besolden; **'sal·a·ry-earn·er** Gehaltsempfänger *m*.
sale [seil] Verkauf *m*; Absatz *m*; Ausverkauf *m*; Auktion *f*; *for* ~, *on* ~ zum Verkauf, zu verkaufen(d), verkäuflich; *by private* ~ unter der Hand; **'sale·a·ble** verkäuflich, gangbar.
sales... [seilz]: **'~·man** Verkäufer *m*; **'~·man·ship** Geschäftstüchtigkeit *f*; ~ **re·sist·ance** Kaufunlust *f*; **'~·wom·an** Verkäuferin *f*.
sa·li·ence ['seiljəns] Vorspringen *n*; Vorsprung *m*; **'sa·li·ent 1.** □ vorspringend; *fig.* hervorragend, -tretend; Haupt...; **2.** vorstehende Ecke *f*, Vorsprung *m*; ⚔ (Front)Keil *m*.
sa·line 1. ['seilain] salzig; Salz...; **2.** [sə'lain] Saline *f*; ⚕ Salzlösung *f*.
sa·li·va *physiol.* [sə'laivə] Speichel *m*; **sal·i·var·y** ['sælivəri] Speichel...; **sal·i'va·tion** Speichelfluß *m*.
sal·low¹ ⚘ ['sæləu] Salweide *f*.
sal·low² [~] blaß; gelblich; **'sal·low·ness** Blässe *f*; gelbliche Farbe *f*.
sal·ly ['sæli] **1.** ⚔ Ausbruch *m*; witziger Einfall *m*; **2.** ⚔ *a.* ~ *out* ausbrechen; ~ *forth*, ~ *out* sich aufmachen.
sal·ma·gun·di [sælmə'gʌndi] Ragout *n*; *fig.* Mischmasch *m*.
salm·on ['sæmən] **1.** Lachs *m*, Salm *m*; Lachsfarbe *f*; **2.** lachsfarben.
sal·on ['sælɔ̃ːŋ] literarischer Salon *m*; Kunstausstellung *f*.
sa·loon [sə'luːn] Salon *m*; (Gesellschafts)Saal *m*; erste Klasse *f auf Schiffen*; *Am.* Kneipe *f*; = **sa'loon-car** 🚃 Salonwagen *m*; *mot.* Limousine *f*.
salt [sɔːlt] **1.** Salz *n* (*a. fig.*); *fig.* Würze *f*; *old* ~ alter Seebär *m*; *with a grain of* ~ cum grano salis, mit Vorbehalt; **2.** salzig; gesalzen (*a. fig.*); Salz...; Pökel...; **3.** (ein)salzen, pökeln; **'~-cel·lar** Salzfäßchen *n*; **'salt·ed** gesalzen; *sl.* gewiegt, gerieben; **salt·pe·tre** ['~piːtə] Salpeter *m*; **'salt-wa·ter** Salzwasser...; **'salt-works** *sg.* Salzwerk *n*, Saline *f*; **'salt·y** salzig; pikant.
sa·lu·bri·ous □ [sə'luːbriəs] heilsam, gesund; **sa·lu·bri·ty** [sə'luːbriti], **sal·u·tar·i·ness** ['sæljutərinis] Heilsamkeit *f*, Bekömmlichkeit *f*; **sal·u·tar·y** □ ['sæljutəri] = *salubrious*.
sal·u·ta·tion [sæljuː'teiʃən] Gruß *m*, Begrüßung *f*; Anrede *f*; **sa·lu·ta·to·ry** [səl'juːtətəri] grüßend; Begrüßungs...; **sa·lute** [sə'luːt] **1.** Gruß *m*; *co.* Kuß *m*; ⚔ Salut *m*; **2.** (be)grüßen; ⚔ salutieren.
sal·vage ['sælvidʒ] **1.** Bergung *f*; Bergungsgut *n*; Bergegeld *n*; **2.** bergen.
sal·va·tion [sæl'veiʃən] Erlösung *f*; (Seelen)Heil *n*; *fig.* Rettung *f*; ♀ *Army* Heilsarmee *f*; **sal'va·tion·ist** Mitglied *n* der Heilsarmee.
salve¹ [sælv] retten, bergen.
salve² [sɑːv] **1.** Salbe *f*; *fig.* Balsam *m*; **2.** *mst fig.* (ein)salben; beruhigen.
sal·ver ['sælvə] Präsentierteller *m*.
sal·vo ['sælvəu] Vorbehalt *m*; *pl.* **sal·voes** ['~z] ⚔ Salve *f* (*fig. Beifall*); ~ *release* ✈ Massenabwurf *m*; **sal·vor** ⚓ ['~və] Berger *m*.
Sa·mar·i·tan [sə'mæritn] **1.** samaritisch; **2.** Samariter(in).
same [seim]: *the* ~ der-, die-, dasselbe; *all the* ~ gleichwohl, dennoch, trotzdem; *it is all the* ~ *to me* es ist mir (ganz) gleich *od.* einerlei; **'same·ness** Gleichheit *f*; Identität *f*; Eintönigkeit *f*.
Sa·mo·an [sə'məuən] **1.** samoanisch; **2.** Samoaner(in).

samp *Am.* [sæmp] grobgemahlener Mais *m.*
sam·ple ['sɑːmpl] **1.** *bsd.* ✝ Probe *f*, Muster *n*; Exemplar *n*; **2.** eine Probe zeigen *od.* nehmen von; bemustern; (aus)probieren; '**sampler** Sticktuch *n.*
san·a·tive ['sænətiv] heilend, heilsam; **san·a·to·ri·um** [~'tɔːriəm] (*bsd.* Lungen)Sanatorium *n*; Luftkurort *m*; **san·a·to·ry** ['~təri] heilsam.
sanc·ti·fi·ca·tion [sæŋktifi'keiʃən] Heiligung *f*; Weihung *f*; **sanc·ti·fy** ['~fai] heiligen; weihen; **sanc·ti·mo·ni·ous** □ [~'məunjəs] scheinheilig; **sanc·tion** ['sæŋkʃən] **1.** Sanktion *f*; Bestätigung *f*; Genehmigung *f*; Zwangsmaßnahme *f*; **2.** bestätigen, gutheißen, genehmigen; **sanc·ti·ty** ['~titi] Heiligkeit *f*; **sanc·tu·ar·y** ['~tjuəri] Heiligtum *n*; *das* Allerheiligste; Asyl *n*, Freistätte *f*; **sanc·tum** ['~təm] Heiligtum *n*; F Privatgemach *n.*
sand [sænd] **1.** Sand *m*; *~s pl.* Sand(-massen *f/pl.*) *m*; Sandwüste *f*; Sandbank *f*; *his ~s are running out* s-e Tage sind gezählt; **2.** mit Sand bestreuen.
san·dal[1] ['sændl] Sandale *f.*
san·dal[2] [~], '**~·wood** Sandelholz *n.*
sand...: '**~·bag** Sandsack *m*; '**~·bank** Sandbank *f*; '**~·blast** ⊕ Sandstrahlgebläse *n*; '**~·boy:** *as jolly as a ~* kreuzfidel; '**~-glass** Sanduhr *f*; '**~-hill** Sanddüne *f*; '**~·pa·per** **1.** Sand-, Schmirgelpapier *n*; **2.** (ab)schmirgeln; '**~-pip·er** *orn.* Flußuferläufer *m*; '**~-shoes** Strandschuhe *m/pl.*; '**~·stone** Sandstein *m.*
sand·wich ['sænwidʒ] **1.** Sandwich *n*; **2.** *a. ~ in* einlegen, -klemmen; '**~-man** Plakatträger *m.*
sand·y ['sændi] sandig; Sand...; sandfarben; strohblond (*Haar*).
sane [sein] geistig gesund *od.* normal; vernünftig (*Antwort etc.*).
San·for·ize ['sænfəraiz] *Stoff* sanforisieren (*gegen Einlaufen behandeln*).
sang [sæŋ] *pret. von sing.*
san·gui·nary □ ['sæŋgwinəri] blutdürstig; blutig; **san·guine** ['~gwin] sanguinisch, leichtblütig; zuversichtlich; vollblütig; **san·guin·e·ous** [~'gwiniəs] Blut...; *s. sanguine.*
san·i·tari·an [sæni'tɛəriən] Gesundheitsapostel *m*; **san·i·ta·ri·um** [sæni'tɛəriəm] *Am. für sanatorium*; **san·i·tar·y** □ ['~təri] Gesundheits...; gesundheitlich; ⊕ Sanitär...; *~ towel* Damenbinde *f.*
san·i·ta·tion [sæni'teiʃən] Sanierung *f*; Gesundheitspflege *f*; sanitäre Einrichtung *f od.* Anlage *f*; '**san·i·ty** geistige Gesundheit *f*; gesunder Verstand *m.*
sank [sæŋk] *pret. von sink 1.*
sans *lit.* [sænz] ohne.
San·skrit ['sænskrit] Sanskrit *n.*
San·ta Claus [sæntə'klɔːz] Weihnachtsmann *m*, St. Nikolaus *m.*
sap[1] [sæp] ⚘ Saft *m*; *fig.* Lebenskraft *f*, Mark *n*; *sl.* Trottel *m.*
sap[2] [~] **1.** ⚔ Sappe *f*; Laufgraben *m*; Büffler *m*; Büffelei *f*; **2.** *v/i.* sappieren; *sl.* ochsen, büffeln; *v/t.* untergraben (*a. fig.*); unterminieren, schwächen.
sap·id ['sæpid] schmackhaft; **sa·pid·i·ty** [sə'piditi] Schmackhaftigkeit *f.*
sa·pi·ence *mst iro.* ['seipjəns] Weisheit *f*; '**sa·pi·ent** *mst iro.* □ weise.
sap·less ['sæplis] saft-, kraftlos.
sap·ling ['sæpliŋ] junger Baum *m*; *fig.* Grünschnabel *m.*
sap·o·na·ceous ⚗ *od. co.* [sæpəu'neiʃəs] seifig.
sap·per ⚔ ['sæpə] Sappeur *m*; Pionier *m.*
sap·phire *min.* ['sæfaiə] Saphir *m.*
sap·pi·ness ['sæpinis] Saftigkeit *f.*
sap·py ['sæpi] saftig; *fig.* kraftvoll; *sl.* trottelhaft.
Sar·a·cen ['særəsn] Sarazene *m.*
sar·casm ['sɑːkæzəm] bitterer Spott *m*, Sarkasmus *m*; **sar·cas·tic, sar·cas·ti·cal** □ [sɑː'kæstik(əl)] beißend, bissig, sarkastisch.
sar·coph·a·gus, *pl.* **sar'coph·a·gi** [sɑː'kɔfəgəs, ~gai] Sarkophag *m.*
sar·dine *ichth.* [sɑː'diːn] Sardine *f.*
Sar·din·i·an [sɑː'dinjən] **1.** sardinisch; **2.** Sardinier(in).
sar·don·ic [sɑː'dɔnik] (*~ally*) sardonisch, verächtlich, zynisch.
sar·to·ri·al [sɑː'tɔːriəl] Schneider...; Kleider...
sash[1] [sæʃ] Fensterrahmen *m* e-s *Schiebefensters.*
sash[2] [~] Schärpe *f.*
sash-window ['sæʃwindəu] Schiebefenster *n.*
sas·sa·fras ⚘ ['sæsəfræs] Sassafras(-baum) *m.*
sat [sæt] *pret. u. p.p. von sit.*

Sa·tan ['seitən] Satan *m*.
sa·tan·ic [sə'tænik] (*~ally*) satanisch, teuflisch.
satch·el ['sætʃəl] Schulmappe *f*.
sate [seit] = *satiate*.
sa·teen [sæ'ti:n] Satin *m*.
sat·el·lite ['sætəlait] (*a*. künstlicher) Satellit *m*, Trabant *m*; Satellitenstaat *m*.
sa·ti·ate ['seiʃieit] (über)sättigen, **sa·ti'a·tion** Sättigung *f*; **sa·ti·e·ty** [sə'taiəti] Sattheit *f*; Überdruß *m*.
sat·in ['sætin] Seidensatin *m*, Atlas *m* (*Stoff*); **sat·i·net(te)** [~'net] Halbatlas *m*.
sat·ire ['sætaiə] Satire *f*; **sa·tir·ic, sa·tir·i·cal** □ [sə'tirik(əl)] satirisch; **sat·i·rist** ['sætərist] Satiriker *m*; **'sat·i·rize** verspotten.
sat·is·fac·tion [sætis'fækʃən] Befriedigung *f*; Genugtuung *f*, Satisfaktion *f*; Zufriedenheit *f*; Sühne *f*; Gewißheit *f*.
sat·is·fac·to·ri·ness [sætis'fæktərinis] *das* Befriedigende; **sat·is'fac·to·ry** □ befriedigend, zufriedenstellend.
sat·is·fied □ ['sætisfaid] zufrieden; überzeugt (*that* daß); **sat·is·fy** ['~fai] *allg*. befriedigen; *e-r Bedingung etc*., *j-m* genügen; zufriedenstellen; überzeugen (*of* von); *Zweifel* beheben.
sa·trap ['sætrəp] Satrap *m*.
sat·u·rate ⚗ *u. fig*. ['sætʃəreit] sättigen; **sat·u'ra·tion** Sättigung *f*.
Sat·ur·day ['sætədi] Sonnabend *m*, Samstag *m*.
Sat·urn ['sætən] Saturn *m*; **sat·ur·nine** ['~nain] melancholisch.
sat·yr ['sætə] Satyr *m*.
sauce [sɔ:s] **1.** (*oft kalte*) Soße *f*; *Am*. Kompott *n*; *fig*. Würze *f*; F Frechheit *f*; **2.** würzen; F frech werden zu *j-m*; **'~-boat** Soßenschüssel *f*; **'~pan** Kochtopf *m*; Kasserolle *f*; **'sauc·er** Untertasse *f*; Untersatz *m e-s Blumentopfs*.
sau·ci·ness F ['sɔ:sinis] Frechheit *f*.
sau·cy □ F ['sɔ:si] keck, frech; dreist, unverschämt.
saun·ter ['sɔ:ntə] **1.** Schlendern *n*; Bummel *m*; **2.** (umher)schlendern; bummeln; **'saun·ter·er** Bummler (-in).
sau·ri·an *zo*. ['sɔ:riən] Saurier *m*.
sau·sage ['sɔsidʒ] Wurst *f*.
sau·té ['səutei] sauté, sautiert (*in wenig Fett schnell gebraten*).
sav·age ['sævidʒ] **1.** □ wild; roh, grausam; unbebaut, wüst; F wütend; **2.** Wilde *m*; *fig*. Barbar *m*; **3.** anfallen (*Tier*); **'sav·age·ness, 'sav·age·ry** Wildheit *f*; Barbarei *f*.
sa·van·na(h) [sə'vænə] Savanne *f*.
sav·ant ['sævənt] Gelehrte *m*.
save [seiv] **1.** *v/t*. retten; *Schiff etc*. bergen; erlösen; erhalten; bewahren (*from* vor *dat*.); (er)sparen; schonen; *v/i*. sparen; sparsam leben; **2.** *prp. u. cj*. außer, ausgenommen; *~ for* bis auf (*acc*.); *~ that* nur daß.
sav·e·loy ['sævilɔi] Zervelatwurst *f*.
sav·er ['seivə] Retter(in); Sparer(in); sparsames Gerät *n*.
sav·ing ['seiviŋ] **1.** □ sparsam; ⚖ *~ clause* Vorbehalt(sklausel *f*) *m*; **2.** Rettung *f*; *~s pl*. Ersparnisse *f/pl*.
sav·ings... ['seiviŋz]: **'~-bank** Sparkasse *f*; **'~-de·pos·it** Spareinlage *f*.
sav·io(u)r ['seivjə] Retter *m*, Erlöser *m*; *Saviour* Heiland *m*.
sa·vo(u)r ['seivə] **1.** Geschmack *m*; *fig*. Beigeschmack *m*; **2.** *v/i*. *fig*. schmecken, riechen (*of* nach); *v/t*. *fig*. schmecken *od*. riechen nach; auskosten; **sa·vo(u)r·i·ness** ['~rinis] Wohlgeschmack *m*; Wohlgeruch *m*; **'sa·vo(u)r·less** geschmack-, geruchlos.
sa·vo(u)r·y[1] □ ['seivəri] schmackhaft; appetitlich; wohlriechend; pikant(e Vor- *od*. Nachspeise *f*).
sa·vo(u)r·y[2] ⚘ [~] Bohnenkraut *n*.
sa·voy [sə'vɔi] Wirsingkohl *m*.
sav·vy *sl*. ['sævi] **1.** kapieren; **2.** Grips *m* (*Verstand*).
saw[1] [sɔ:] *pret. von* see.
saw[2] [~] Spruch *m*, Redensart *f*.
saw[3] [~] **1.** Säge *f*; **2.** (*irr*.) sägen; **'~dust** Sägespäne *m/pl*.; **'~-horse** Sägebock *m*; **'~-mill** Sägewerk *n*; **sawn** [sɔ:n] *p.p. von saw*[3] 2; **saw·yer** ['~jə] Säger *m*.
Sax·on ['sæksn] **1.** sächsisch; germanisch; **2.** Sachse *m*, Sächsin *f*.
sax·o·phone ♪ ['sæksəfəun] Saxophon *n*.
say [sei] **1.** (*irr*.) sagen; hersagen; berichten; *~ grace* das Tischgebet sprechen; *~ mass* die Messe lesen; *that is to ~* das heißt; *do you ~ so?* meinen Sie wirklich?; *you don't ~ so!* was Sie nicht sagen!; *I ~* sag(en

Sie) mal; ich muß schon sagen; *unübersetzt am Anfang der Rede*; *he is said to be* ... es heißt, daß er... ist, er soll ... sein; *no sooner said than done* gesagt, getan; **2.** Rede *f*, Wort *n*; *it is my ~ now* jetzt ist die Reihe zu reden an mir; *let him have his ~* laßt ihn zu Wort kommen; *have a od. some (no) ~ in s.th.* etwas (nichts) zu sagen haben bei et.; **ˈsay·ing** Rede *f*; Redensart *f*, Ausspruch *m*; *it goes without ~* es versteht sich von selbst.

scab [skæb] Schorf *m*; Räude *f*; *sl.* Streikbrecher *m*.

scab·bard [ˈskæbəd] *Säbel*-Scheide *f*.

scab·by □ [ˈskæbi] schorfig; räudig.

sca·bi·es ⚕ [ˈskeibii:z] Krätze *f*.

sca·bi·ous ⚘ [ˈskeibjəs] Skabiose *f*.

sca·brous [ˈskeibrəs] heikel; anstößig.

scaf·fold [ˈskæfəld] (Bau)Gerüst *n*; Schafott *n*; **ˈscaf·fold·ing** (Bau)Gerüst *n*; Rüstmaterial *n*.

scald [skɔ:ld] **1.** Verbrühung *f*; **2.** verbrühen; *a. ~ out* auskochen; *Milch* abkochen.

scale[1] [skeil] **1.** Schuppe *f*; Kesselstein *m*; Zahnstein *m*; *remove the ~s from s.o.'s eyes* j-m die Augen öffnen; **2.** *v/t.* abschuppen, -lösen, -schaben; ⊕ *Kesselstein* abklopfen; *Zähne* vom Zahnstein reinigen; *v/i. oft ~ off* sich (ab)schuppen, abblättern.

scale[2] [~] **1.** Waagschale *f*; *(a pair of) ~s pl.* (eine) Waage *f*; *~s pl. ast.* Waage *f*; **2.** wiegen.

scale[3] [~] **1.** Stufenleiter *f*; ♪ Tonleiter *f*; Skala *f*; Gradeinteilung *f*; Maßstab *m*; *fig.* Ausmaß *n*; *on a large ~* im großen; **2.** ersteigen, erklimmen; *~ up (down)* maßstabgetreu vergrößern (verkleinern).

scaled [skeild] schuppig.

scale·less [ˈskeillis] schuppenlos.

scal·ing-lad·der [ˈskeiliŋlædə] ⚔ Sturmleiter *f*; Feuerleiter *f*.

scal·lion ⚘ [ˈskæljən] Schalotte *f*.

scal·lop [ˈskɔləp] **1.** *zo.* Kammmuschel *f*; Ausbogung *f*; ⊕ Langette *f*; **2.** ausbogen; langettieren.

scalp [skælp] **1.** Kopfhaut *f*; Skalp *m*; **2.** skalpieren.

scal·pel ⚕ [ˈskælpəl] Skalpell *n*.

scal·y [ˈskeili] schuppig; voll Kesselstein.

scamp [skæmp] **1.** Taugenichts *m*; **2.** pfuschen; **ˈscamp·er 1.** (umher-)tollen; hetzen; **2.** *fig.* Hetzjagd *f*; Galopp(tour *f*) *m*.

scan [skæn] *v/t. Verse* skandieren; absuchen; *fig.* überfliegen; *Fernsehen*: abtasten; *v/i.* sich skandieren lassen.

scan·dal [ˈskændl] Skandal *m*; Ärgernis *n*; Schande *f*; Klatsch *m*; **ˈscan·dal·ize** *j-m* Ärgernis geben; *be ~d at od. by* Anstoß nehmen an (*dat.*); **ˈscan·dal-mon·ger** Klatschbase *f*; **scan·dal·ous** □ [ˈ~dələs] skandalös, Ärgernis erregend, anstößig; schimpflich; klatschhaft; **ˈscan·dal·ous·ness** Anstößigkeit *f etc.*

Scan·di·na·vi·an [skændiˈneivjən] **1.** skandinavisch; **2.** Skandinavier (-in).

scant *lit.* [skænt] **1.** knapp, kärglich; **2.** knausern mit, sparen an.

scant·i·ness [ˈskæntinis] Knappheit *f*; Kärglichkeit *f*.

scant·ling [ˈskæntliŋ] Sparren *m*; kleines Brett *n*.

scant·y □ [ˈskænti] knapp; spärlich; kärglich, dürftig.

scape·goat [ˈskeipgəut] Sündenbock *m*, Prügelknabe *m*.

scape·grace [ˈskeipgreis] Taugenichts *m*.

scap·u·lar [ˈskæpjulə] **1.** *anat.* Schulterblatt...; **2.** *eccl.* Skapulier *n*.

scar[1] [skɑ:] **1.** Narbe *f*; Schramme *f*; *fig.* (Schand)Fleck *m*, Makel *m*; **2.** *v/t.* schrammen; *v/i.* vernarben.

scar[2] [~] Klippe *f*; Steilhang *m*.

scar·ab *zo.* [ˈskærəb] Skarabäus *m*; (Mist)Käfer *m*.

scarce [skɛəs] knapp; rar; selten; Mangel...; *make o.s. ~* F sich rar machen; **ˈscarce·ly** kaum; fast nicht; **ˈscar·ci·ty** Mangel *m*; Knappheit *f* (*of* an *dat.*); Teuerung *f*.

scare [skɛə] **1.** er-, aufschrecken; *a. ~ away* verscheuchen; *~d* verstört; ängstlich; **2.** Panik *f*; **ˈ~·crow** Vogelscheuche *f* (*a. fig.*); Schreckbild *n*; **ˈ~·head** *Am.* große, sensationelle Schlagzeile *f*; **ˈ~·mon·ger** Miesmacher(in).

scarf[1] [skɑ:f], *pl. a.* **scarves** [skɑ:vz] Schal *m*; Halstuch *n*; Kopftuch *n*; Krawatte *f*; ⚔ Schärpe *f*.

scarf[2] ⊕ [~] **1.** Laschung *f*, Lasche *f*; **2.** (ver)laschen.

scarf...: **'~-pin** Krawattennadel *f*; **'~-skin** Oberhaut *f*.
scar·i·fi·ca·tion [skɛərifi'keiʃən] ⚕ Einritzung *f*; Verriß *m* (*heftige Kritik*); **scar·i·fy** ['~fai] (ein)ritzen; *fig.* herunter-, verreißen (*Kritiker*); ⚒ lockern.
scar·la·ti·na ⚕ [skɑːlə'tiːnə] Scharlach *m*.
scar·let ['skɑːlit] **1.** Scharlach(rot *n*, -tuch *n*) *m*; **2.** scharlachrot; ~ *fever* ⚕ Scharlach *m*; ~ *runner* ⚘ Feuerbohne *f*.
scarp [skɑːp] **1.** abböschen; ~*ed* steil; **2.** Böschung *f*.
scarred [skɑːd] narbig.
scarves [skɑːvz] *pl. von scarf*[1].
scar·y F ['skɛəri] erschreckend.
scath·ing *fig.* ['skeiðiŋ] vernichtend; verletzend.
scat·ter ['skætə] (sich) zerstreuen; ausstreuen; (sich) verbreiten; bestreuen; ~*ed* verstreut; **'~-brain** Wirrkopf *m*; **'~-brained** wirr, konfus.
scav·enge ['skævindʒ] (die Straßen) kehren; **'scav·en·ger** Straßenkehrer *m*.
sce·nar·i·o [si'nɑːriəu] *Film*: Drehbuch *n*; **sce·nar·ist** ['siːnərist] Drehbuchautor(in).
scene [siːn] Szene *f*; Auftritt *m e-s Dramas* (*a. fig.*); Bühne(nbild *n*) *f*; Schauplatz *m*; ~*s pl.* Kulissen *f/pl.*; **'~-paint·er** Bühnenmaler *m*; **scen·er·y** ['~əri] Szenerie *f*; Bühnenausstattung *f*; Landschaft *f*.
sce·nic, sce·ni·cal □ ['siːnik(əl)] szenisch, Bühnen...; landschaftlich; *scenic railway* Miniaturbahn *f*.
scent [sent] **1.** (Wohl)Geruch *m*; Duft *m*; Parfüm *n*; *hunt.* Witterung(svermögen *n*) *f*; *hunt.* Fährte *f*; **2.** wittern; durchduften; parfümieren; **'scent·ed** wohlriechend; **'scent·less** geruchlos.
scep·tic ['skeptik] Skeptiker(in), Zweifler(in); **'scep·ti·cal** □ skeptisch (*about* mit Bezug auf *acc.*), zweiflerisch, zweifelnd; **scep·ti·cism** ['~sizəm] Skeptizismus *m*.
scep·tre ['septə] Zepter *n*.
sched·ule ['ʃedjuːl, *Am.* 'skedjul] **1.** Verzeichnis *n*; Tabelle *f*; ⚖ Anhang *m*; *bsd. Am.* Fahrplan *m*; *on* ~ fahrplanmäßig; **2.** auf-, verzeichnen; festsetzen; ⚖ anhängen (*to dat.*); ~*d for* vorgesehen für.
scheme [skiːm] **1.** Schema *n*; Zs.-stellung *f*; Plan *m*, Entwurf *m*; **2.** *v/t.* planen; *v/i.* Pläne machen; *b.s.* Ränke schmieden; **'schem·er** Plänemacher *m*; Intrigant *m*.
schism ['sizəm] Schisma *n*, Kirchenspaltung *f*; *fig.* Riß *m*; **schis·mat·ic** [siz'mætik] **1.** *a.* **schis'mat·i·cal** □ schismatisch; **2.** Abtrünnige *m*, Schismatiker *m*.
schist *min.* [ʃist] Schiefer *m*.
schi·zo·phre·nia *psych.* [skitsəu'friːnjə] Schizophrenie *f*.
schol·ar ['skɔlə] Gelehrte *m*; *univ.* Stipendiat *m*; † Schüler(in); *he is an apt* ~ er hat e-e gute Auffassungsgabe; **'schol·ar·ly** *adj.* gelehrtenhaft; gelehrt; wissenschaftlich; **'schol·ar·ship** Gelehrsamkeit *f*; Wissenschaftlichkeit *f*; *univ.* Stipendium *n*.
scho·las·tic [skə'læstik] **1.** (~*ally*) scholastisch; schulmäßig; Schul...; **2.** Scholastiker *m*; **scho·las·ti·cism** [skə'læstisizəm] Scholastik *f*.
school[1] [skuːl] = *shoal*[1] *1.*
school[2] [~] **1.** Schule *f* (*a. fig.*); *univ.* Fakultät *f*; Disziplin *f*; Hochschule *f*; *at* ~ auf *od.* in der Schule; *put to* ~ einschulen; **2.** schulen, erziehen; **'~·boy** Schüler *m*; **'~·fel·low** Mitschüler(in); **'~·girl** Schülerin *f*; **'~·house** Schulhaus *n*; **'school·ing** (Schul)Ausbildung *f*; Schulgeld *n*.
school...: **'~-leav·ing age** Schulentlassungsalter *n*; **'~·man** Scholastiker *m*; **'~·mas·ter** Lehrer *m* (*bsd. e-r höheren Schule*); **'~·mate** Mitschüler(in); **'~·mis·tress** Lehrerin *f* (*bsd. e-r höheren Schule*); **'~-teach·er** (*bsd.* Volksschul)Lehrer (-in).
schoon·er ['skuːnə] ⚓ Schoner *m*; *Am.* großes Bierglas *n*; = *prairie-*~.
sci·at·i·ca ⚕ [sai'ætikə] Ischias *f*.
sci·ence ['saiəns] Wissenschaft *f*; Naturwissenschaft(en *pl.*) *f*; Technik *f*.
sci·en·tif·ic [saiən'tifik] (~*ally*) (*engS.* natur)wissenschaftlich; *Sport*: kunstgerecht.
sci·en·tist ['saiəntist] (*bsd.* Natur-) Wissenschaftler *m*.
scim·i·tar ['simitə] Krummsäbel *m*.
scin·til·late ['sintileit] funkeln; **scin·til'la·tion** Funkeln *n*.

sci·on ['saiən] ⸙ Pfropfreis *n*; *fig.* Sprößling *m*.
scis·sion ['siʒən] Spalten *n*, Schnitt *m*; **scis·sors** ['sizəz] *pl.* (*a pair of* ~ eine) Schere *f*.
scle·ro·sis ⚕ [skliə'rəusis] Sklerose *f*.
scoff [skɔf] **1.** Spott *m*; **2.** höhnen, spotten (*at* über *acc.*); '**scoff·er** Spötter(in).
scold [skəuld] **1.** zänkisches Weib *n*; **2.** (aus)schelten, schimpfen; '**scold·ing** Schelte(n *n*) *f*.
scol·lop ['skɔləp] = *scallop*.
sconce[1] [skɔns] Wandleuchter *m*; Klavierleuchter *m*.
sconce[2] *univ. sl.* [~] *zu e-r Strafe* verdonnern.
scon(e) [skɔn] Brötchen *n aus Rührteig*.
scoop [sku:p] **1.** Schaufel *f*, Schippe *f*; Schöpfeimer *m*, -kelle *f*; ⚕ Spatel *m*; F Coup *m*, gutes Geschäft *n*; F Exklusivmeldung *f*; **2.** *mst* ~ *out* (aus)schaufeln; aushöhlen; *sl. Gewinn* scheffeln.
scoot·er ['sku:tə] (Kinder)Roller *m*; Motorroller *m*; Schnellboot *n*.
scope [skəup] Bereich *m*; *geistiger* Gesichtskreis *m*, Reichweite *f*; Umfang *m*; Gebiet *n*; Spielraum *m*; *have free* ~ freie Hand haben.
scorch [skɔ:tʃ] *v/t.* versengen, -brennen; *v/t.* F (dahin)rasen; '**scorch·er** F sengend heißer Tag *m*; wilder Fahrer *m*, Raser *m*.
score [skɔ:] **1.** Kerbe *f*; Zeche *f*, Rechnung *f*; 20 Stück; *Sport*: Punktzahl *f*; (Tor)Stand *m*; Grund *m*, Ursache *f*; ♪ Partitur *f*, *weitS.* Musik *f*; *sl.* schlagfertige Entgegnung *f*; ~*s of* eine Menge (von), viele; *four* ~ achtzig; *run up* ~*s* Schulden machen; *on the* ~ *of* wegen; **2.** *v/t.* (ein)kerben; *a.* ~ *up Zeche, Punktzahl u. fig.* anschreiben, verzeichnen; *Sport*: Punkte machen; gewinnen (*a. fig.*); ♪ in Partitur setzen, instrumentieren; *Am.* F *scharfe* Kritik üben an; *v/i.* gerechnet werden; *Sport*: Punkte machen, gewinnen; *Fußball*: ein Tor schießen; *Karten*: zählen; *sl.* Schwein haben; ~ *off s.o.* F j-m e-e Abfuhr erteilen; '**scor·er** Anschreiber(in); *Fußball*: Torschütze *m*.
sco·ri·a, *pl.* **sco·ri·ae** ⊕ ['skɔ:riə, '~rii:] Schlacke *f*.
scorn [skɔ:n] **1.** Verachtung *f*; Spott *m*; *laugh s.o. to* ~ j. verspotten; **2.** verachten; verschmähen, von sich weisen; '**scorn·er** Verächter(in); Spötter(in); **scorn·ful** □ ['~ful] verächtlich.
scor·pi·on *zo.* ['skɔ:pjən] Skorpion *m*.
Scot[1] [skɔt] Schotte *m*.
scot[2] [~]: *pay* ~ *and lot* sich an den Kosten beteiligen.
Scotch[1] [skɔtʃ] **1.** schottisch; **2.** Schottisch *n*; *the* ~ *pl.* die Schotten *m/pl.*
scotch[2] [~] (nur) verwunden.
Scotch·man ['skɔtʃmən] Schotte *m*.
scot-free ['skɔt'fri:] straflos.
Scots [skɔts] = *Scotch*[1]; '**Scots·man** = *Scotchman*.
Scot·tish ['skɔtiʃ] schottisch (*bsd. in gewählter Sprache u. in Schottland*).
scoun·drel ['skaundrəl] Schurke *m*; '**scoun·drel·ly** *adj.* schurkisch.
scour[1] ['skauə] scheuern; reinigen; sich *ein Bett* graben.
scour[2] [~] *v/i.* eilen; jagen; ~ *about* (suchend) umherstreifen; *v/t.* durchstreifen, absuchen.
scourge [skə:dʒ] **1.** Geißel *f* (*a. fig.*); **2.** geißeln.
scout[1] [skaut] **1.** Späher *m*, Kundschafter *m*; ⚓ Aufklärungsfahrzeug *n*; ✈ Aufklärer *m*; *univ.* Aufwärter *m*; *mot.* Mitglied *n* der Straßenwacht; (*Boy*) ♀ Pfadfinder *m*; ~ *party* ⚔ Spähtrupp *m*; **2.** (aus-) kundschaften, spähen.
scout[2] [~] verächtlich zurückweisen.
scout·mas·ter ['skautmɑ:stə] Pfadfinderführer *m*.
scow ⚓ [skau] Schute *f*, Flachboot *n*.
scowl [skaul] **1.** finsteres Gesicht *n*; **2.** finster blicken.
scrab·ble ['skræbl] (be)kritzeln; scharren; krabbeln.
scrag [skræg] **1.** *fig.* Gerippe *n* (*dürrer Mensch etc.*); *a.* ~*-end* (*of mutton* Hammel)Hals *m*; **2.** *sl.* (er)würgen; '**scrag·gi·ness** Magerkeit *f*; '**scrag·gy** □ dürr.
scram *sl.* [skræm] verdufte!
scram·ble ['skræmbl] **1.** klettern; sich reißen *od.* balgen (*for* um); ~*d eggs pl.* Rührei *n*; **2.** Kletterei *f*; Balgerei *f*, Kampf *m*.
scrap [skræp] **1.** Stückchen *n*, Brokken *m*; (Zeitungs)Ausschnitt *m*, Bild *n zum Einkleben*; Altmaterial *n*;

Schrott *m*; ~s *pl.* Reste *m/pl.*; ~ *of paper* Fetzen *m* Papier (*a. fig.*); **2.** zum alten Eisen werfen; ausrangieren; verschrotten; '**~-book** Sammelalbum *n*.

scrape [skreip] **1.** Kratzen *n*, Scharren *n*; Kratzfuß *m*; Not *f*, Klemme *f*; **2.** *v/t.* schrap(p)en; (ab)schaben; (ab)kratzen; ~ *together*, ~ *up* zs.-scharren, -kratzen; ~ *acquaintance with* sich mit *j-m* anfreunden; *v/i.* kratzen; scharren; Kratzfüße machen; '**scrap·er** Kratzer *m*; Schab-, Kratzeisen *n*, Kratze *f*; '**scrap·ing** Scharren *n*; ~s *pl.* Abschabsel *n/pl.*; Zs.-gekratzte *n*; *fig.* Spargroschen *m/pl.*

scrap...: '**~-heap** Abfall-, Schrotthaufen *m*; '**~-i·ron** Alteisen *n*, Schrott *m*; '**scrap·py** □ zs.-gestoppelt; bruchstückartig.

scratch [skrætʃ] **1.** Ritz *m*; Riß *m*, Schramme *f*; *Sport*: Startlinie *f*; Gekritzel *n der Feder*; *come up to* ~ s-n Mann stellen, durchhalten; *up to* ~ auf der Höhe; *start from* ~ *fig.* von vorne anfangen; **2.** zs.-gewürfelt; *Rennsport*: ohne Vorgabe; **3.** *v/t.* (zer)kratzen; (zer)schrammen; *parl. u. Sport*: streichen; ~ *out* auskratzen; ausradieren; ausstreichen; ~ *the surface fig.* an der Oberfläche bleiben; *v/i.* kratzen; *Sport*: streichen (*Meldung zurückziehen*); '**scratch·y** kratzig; kritz(e)lig; *Sport*: unausgeglichen.

scrawl [skrɔːl] **1.** kritzeln; **2.** Gekritzel *n*.

scraw·ny *Am.* F ['skrɔːni] dürr.

scream [skriːm] **1.** Schrei *m*; Gekreisch *n*; *he is a* ~ F er ist zum Schreien (komisch); **2.** schreien, kreischen; '**scream·ing** □ kreischend; F zum Totlachen, zum Schreien (komisch).

scree [skriː] Geröll(halde *f*) *n*.

screech [skriːtʃ] = *scream*; '**~-owl** *orn.* Käuzchen *n*.

screed [skriːd] Tirade *f*; langatmiges Schreiben *n*.

screen [skriːn] **1.** Wandschirm *m*, spanische Wand *f*; Ofenschirm *m*; Schutzschirm *m*; ⚠ Lettner *m*; *fig.* Schleier *m*; (Film)Leinwand *f*; *der* Film; Sandsieb *n*; (Fliegen)Gitter *n*; **2.** schirmen; (be)schützen; ⚔ verschleiern, tarnen; auf der Leinwand zeigen; verfilmen; (durch-) sieben; sortieren; *fig.* durchleuchten; ~ **play** Drehbuch *n*; Fernsehfilm *m*.

screev·er ['skriːvə] Pflastermaler *m*.

screw [skruː] **1.** Schraube *f* (*a. fig. u.* ⚓); ✈ Propeller *m*, Luftschraube *f*; Tütchen *n Tabak etc.*; *he has a* ~ *loose* F bei ihm ist e-e Schraube locker; **2.** (fest)schrauben; *fig.* drücken, bedrängen, pressen; ver-, umdrehen; ~ *round* ganz herumdrehen; ~ *up* festschrauben; hochschrauben; ~ *up one's courage* Mut fassen; '**~·ball** *Am. sl.* Spinner *m*, komischer Kauz *m*; '**~·driv·er** Schraubenzieher *m*; '**~·jack** Wagenheber *m*; '**~-pro'pel·ler** Schiffsschraube *f*.

scrib·ble ['skribl] **1.** Gekritzel *n*; **2.** kritzeln; ~ *over* bekritzeln; '**scrib·bler** Schmierer *m*; Skribent *m*; '**scrib·bling-block** Schmierblock *m*.

scribe [skraib] Schreiber *m*; Kopist *m*; *Bibel*: Schriftgelehrte *m*.

scrim [skrim] leichter Leinenstoff *m*.

scrim·mage ['skrimidʒ] Handgemenge *n*; Getümmel *n*; *Rugby*: Gedränge *n*.

scrimp [skrimp], '**scrimp·y** = *skimp etc.*

scrip ✝ [skrip] Interimsschein(e *pl.*) *m*; Besatzungsgeld *n*.

script [skript] Schrift(art) *f*; Schreibschrift *f*; Manuskript *n*; *Film*: Drehbuch *n*; ~s *pl.* (schriftliche) Prüfungsarbeiten *f/pl.*; ~-*writer* Rundfunkautor *m*.

Scrip·tur·al ['skriptʃərəl] biblisch; **Scrip·ture** ['~tʃə] *mst the Holy* ~s *pl.* die Heilige Schrift.

scrof·u·la ⚕ ['skrɔfjulə] Skrofeln *f/pl.*; '**scrof·u·lous** □ skrofulös.

scroll [skrəul] Schriftrolle *f*, Liste *f*; ⚠ Schnecke *f*; Schnörkel *m*.

scro·tum ['skrəutəm] Hodensack *m*.

scrounge F [skraundʒ] organisieren, sich aneignen.

scrub[1] [skrʌb] Gestrüpp *n*, Busch (-werk *n*) *m*; Knirps *m*, Zwerg *m*.

scrub[2] [~] **1.** schrubben, scheuern; **2.** *Am. Sport*: zweite (Spieler-) Garnitur *f*.

scrub·bing-brush ['skrʌbiŋbrʌʃ] Scheuerbürste *f*; Schrubber *m*.

scrub·by ['skrʌbi] struppig; schäbig, armselig.

scruff [skrʌf]: ~ *of the neck* Genick *n.*
scrum [skrʌm], '**scrum·mage** = *scrimmage.*
scrump·tious *sl.* ['skrʌmpʃəs] fabelhaft, prima.
scrunch [skrʌntʃ] *v/t.* zermalmen; *v/i.* knirschen.
scrup·le ['skru:pl] **1.** Skrupel *n* (= *20 Gran = 1,296 Gramm*); Skrupel *m*; Zweifel *m*, Bedenken *n*; *make no ~ to do* keine Bedenken haben, zu tun; **2.** Bedenken haben; **scru·pu·lous** □ ['~pjuləs] (allzu) bedenklich (*about* in *dat.*); gewissenhaft, peinlich; ängstlich.
scru·ti·neer [skru:ti'niə] Wahlprüfer *m*; '**scru·ti·nize** (genau) prüfen; '**scru·ti·ny** Forschen *n*; forschender Blick *m*; genaue (*bsd.* Wahl)Prüfung *f.*
scud [skʌd] **1.** (Dahin)Jagen *n*; (dahintreibende) Wolkenfetzen *m/pl.*; Bö *f*; **2.** eilen, jagen; ⚓ lenzen.
scuff [skʌf] schlurfen, schlorren.
scuf·fle ['skʌfl] **1.** Balgerei *f*, Rauferei *f*; **2.** sich balgen, raufen.
scull ⚓ [skʌl] **1.** kurzes Ruder *n*; **2.** rudern, skullen.
scul·ler·y ['skʌləri] Spülküche *f*; ~ *maid* Scheuermagd *f*; **scul·lion** † ['skʌljən] Küchenjunge *m.*
sculp·tor ['skʌlptə] Bildhauer *m.*
sculp·ture ['skʌlptʃə] **1.** Plastik *f*, Bildhauerei *f*, Skulptur *f*; **2.** (heraus)meißeln, formen.
scum [skʌm] (*fig.* Ab)Schaum *m.*
scup·per ⚓ ['skʌpə] Speigatt *n.*
scurf [skə:f] (Haut-, *bsd.* Kopf-) Schuppen *f/pl.*; '**scurf·y** □ schuppig.
scur·ril·i·ty [skʌ'riliti] Gemeinheit *f*, Pöbelhaftigkeit *f*, Unflätigkeit *f*; '**scur·ril·ous** gemein, pöbelhaft; unflätig.
scur·ry ['skʌri] **1.** *v/i.* hasten, rennen; *v/t.* jagen; **2.** Hasten *n.*
scur·vy[1] ⚕ ['skə:vi] Skorbut *m.*
scur·vy[2] [~] (hunds)gemein.
scut [skʌt] kurzer Schwanz *m.*
scutch·eon ['skʌtʃən] = *escutcheon.*
scut·tle[1] ['skʌtl] Kohlenbehälter *m.*
scut·tle[2] [~] **1.** ⚓ Springluke *f*; **2.** *Schiff* anbohren, (selbst) versenken.
scut·tle[3] [~] **1.** Drückebergerei *f*; **2.** eilen; *fig.* sich drücken.
scythe ⚒ [saið] **1.** Sense *f*; **2.** (ab-) mähen.
sea [si:] See *f*; Meer *n* (*a. fig.*); hohe Welle *f*; *at ~* auf See; *fig.* ratlos; *by the ~* am Meer; *go to ~* zur See gehen; *s. put* 2; '**~·board** Küste(ngebiet *n*) *f*; **~ cap·tain** Schiffskapitän *m*; **~ coast** Küste *f*; '**~-dog** alter Seebär *m*; *elisabethanischer* Seeheld *m*; = *seal*[1]; '**~·far·ing** seefahrend; **~food** *Am.* eßbare Meerestiere *n/pl.*; '**~·go·ing** Hochsee..., Ozean...; '**~-gull** (See)Möve *f.*
seal[1] *zo.* [si:l] Seehund *m*, Robbe *f.*
seal[2] [~] **1.** Siegel *n*, Petschaft *n*; Stempel *m*; Bestätigung *f*, Versicherung *f*; *great ~, broad ~* großes Staatssiegel *n*; **2.** versiegeln; *fig.* besiegeln; *~ off fig.* abschließen; *~ up* (fest) verschließen; ⊕ abdichten.
seal·er ['si:lə] Robbenfänger *m.*
sea-lev·el ['si:levl] Meeresspiegel *m.*
seal·ing ['si:liŋ] Robbenfang *m.*
seal·ing-wax ['si:liŋwæks] Siegellack *m.*
seal·skin ['si:lskin] Seehundsfell *n.*
seam [si:m] **1.** Saum *m*, Naht *f*; ⊕ Fuge *f*; *geol.* Flöz *n*; Narbe *f*; *burst at the ~s* aus den Nähten platzen (*a. fig.*); **2.** schrammen; furchen.
sea·man ['si:mən] Seemann *m*, Matrose *m*; '**sea·man·ship** Seemannskunst *f.*
sea-mew ['si:mju:] Sturmmöwe *f.*
seam·less □ ['si:mlis] nahtlos.
seam·stress ['semstris] Näherin *f.*
seam·y ['si:mi] narbig; *~ side fig.* Schattenseite *f.*
sea...: '**~-piece** *paint.* Seestück *n*; '**~·plane** Wasserflugzeug *n*; '**~·port** Seehafen *m*; Hafenstadt *f*; '**~-pow·er** Seemacht *f.*
sear [siə] **1.** dürr, welk; **2.** austrocknen; versengen; ⚕ brennen; *fig.* verhärten.
search [sə:tʃ] **1.** Suchen *n*, Forschen *n* (*for* nach); Unter-, Durchsuchung *f*; *in ~ of* auf der Suche nach; **2.** *v/t.* durch-, untersuchen; ⚕ sondieren; *Gewissen etc.* prüfen, erforschen; durchdringen (*Kälte, Geschoß etc.*); *~ out* ausfindig machen; *v/i.* suchen, forschen (*for* nach); *~ into* ergründen; '**search·er** (Unter)Sucher *m*; Erforscher *m*; '**search·ing** □ forschend, prüfend (*Blick*); eingehend (*Prüfung etc.*); '**search-light** (Such)Scheinwerfer

m; ˈ**search-war·rant** ⚖ Haussuchungsbefehl *m*.

sea...: ˈ**~-rov·er** Seeräuber(schiff *n*) *m*; **~-scape** [ˈsiːskeip] *s. sea-piece*; ˈ**~-ser·pent** Seeschlange *f*; ˈ**~-ˈshore** Seeküste *f*; ˈ**~·sick** seekrank; ˈ**~·sick·ness** Seekrankheit *f*; ˈ**~ˈside** Strand *m*, Küste *f*; *~ place, ~ resort* Seebad *n*; *go to the ~* an die See gehen.

sea·son [ˈsiːzn] **1.** Jahreszeit *f*; (rechte) Zeit *f*; Hauptzeit *f*, Saison *f*; F = *~-ticket*; *height of the ~* Hochsaison *f*; *in (good od. due) ~* zur rechten Zeit; *cherries are in ~* jetzt ist die Kirschenzeit; *out of ~* außer der Zeit; zur Unzeit, ungelegen; *for a ~* eine Zeitlang; *with the compliments of the ~* mit den besten Wünschen zum Fest; **2.** *v/t.* reifen (lassen); würzen; abhärten (*to* gegen); *v/i.* ablagern (*Bauholz etc.*); ˈ**sea·son·a·ble** □ zeitgemäß, passend; **sea·son·al** □ [ˈsiːzənl] von der Jahreszeit *od.* (*bsd.* ✝) Saison abhängig; Saison...; saisonbedingt; ˈ**sea·son·ing** Würze *f*; ˈ**sea·son-tick·et** 🚂 Zeitkarte *f*; *thea.* Abonnement *n*.

seat [siːt] **1.** Sitz *m* (*a. fig.*); Sessel *m*, Stuhl *m*, Bank *f*; (Sitz)Platz *m*; Wohnsitz *m*; Landsitz *m*; Gesäß *n*; Schauplatz *m*; **2.** (hin)setzen; *Würdenträger* einsetzen; fassen, Sitzplätze haben für; mit e-m neuen Sitz versehen; *~ o.s.* sich setzen; *be ~ed* sitzen; sich setzen; s-n Sitz haben (*in* in *dat.*); liegen (*Ort*); ˈ**~-belt** ✈ Sicherheitsgurt *m*; ˈ**seat·ed** sitzend; ...sitzig; ˈ**seat·er** *bsd. mot.*, ✈ ...sitzer *m*.

sea-ur·chin [ˈsiːˈəːtʃin] Seeigel *m*; **sea·ward** [ˈ~wəd] *adj.* seewärts gerichtet; *adv. a.* **sea·wards** [ˈ~wədz] seewärts.

sea...: ˈ**~·weed** ⚘ (See)Tang *m*; ˈ**~·wor·thy** seetüchtig.

se·ba·ceous *physiol.* [siˈbeiʃəs] Fett..., Talg...

se·cant ⅄ [ˈsiːkənt] **1.** schneidend; **2.** Sekante *f*.

séc·a·teur ✂ [sekəˈtəː] *mst (a pair of) ~s pl.* (eine) Baumschere *f*.

se·cede [siˈsiːd] sich trennen, sich lossagen, abfallen; **seˈced·er** Abtrünnige *m*.

se·ces·sion [siˈseʃən] Lossagung *f*; Spaltung *f*; Abfall *m*; **seˈces·sion·ist** [~ʃnist] Abtrünnige *m*; Sezessionist *m*.

se·clude [siˈkluːd] abschließen, absondern; **seˈclud·ed** einsam; zurückgezogen; abgelegen; **seˈclu·sion** [~ʒən] Abgeschlossen-, Abgeschiedenheit *f*.

sec·ond[1] [ˈsekənd] **1.** □ zweite(r, -s); nächste(r, -s); geringer (*to* als); *he is ~ to none* er steht keinem nach; *on ~ thoughts* bei genauerer Überlegung; **2.** Zweite *m*, *f*, *n*; Sekundant *m*; Beistand *m*; Sekunde *f*; *~s pl.* ✝ zweite Sorte *f*; *~ of exchange* ✝ Sekundawechsel *m*; **3.** sekundieren, beistehen (*dat.*); unterstützen.

se·cond[2] ⚔ [siˈkɔnd] *Offizier* abkommandieren.

sec·ond·ar·i·ness [ˈsekəndərinis] *das* Sekundäre, Zweitrangigkeit *f*; ˈ**sec·ond·ar·y** □ sekundär; in zweiter Linie kommend, untergeordnet; Neben...; Hilfs...; Sekundär...; **sec·ond·ar·y school** höhere Schule *f*; weiterführende Schule *f*; ˈ**sec·ond-ˈbest** zweitbest; *come off ~* F den kürzeren ziehen; ˈ**sec·ond-ˈclass** zweitklassig, -rangig; 🚂 zweiter Klasse; ˈ**sec·ond·er** Unterstützer *m* (*bsd. parl.*); **sec·ond-hand 1.** [ˈsekəndˈhænd] aus zweiter Hand; *schon* gebraucht; antiquarisch; *~ bookseller* Antiquar *m*; *~ bookshop* Antiquariat *n*; **2.** [ˈsekəndhænd] Sekundenzeiger *m*; ˈ**sec·ond·ly** zweitens; ˈ**sec·ond-ˈrate** zweiten Ranges; zweitklassig; ✝ *~ quality* zweite Wahl *f*.

se·cre·cy [ˈsiːkrisi] Heimlichkeit *f*; Verschwiegenheit *f*; **se·cret** [ˈsiːkrit] **1.** □ geheim; Geheim...; verschwiegen; verborgen; *~ agent* Geheimagent *m*; **2.** Geheimnis *n*; *in ~* insgeheim; *be in the ~, be taken into the ~* eingeweiht sein.

sec·re·tar·i·at(**e**) [sekrəˈtɛəriət] Sekretariat *n*.

sec·re·tar·y [ˈsekrətri] Schriftführer *m*; Sekretär(in); *♀ of State* Staatssekretär *m*, Minister *m*; *Am.* Außenminister *m*; ˈ**sec·re·tar·y·ship** Sekretariat *n*, Schriftführeramt *n*.

se·crete [siˈkriːt] verbergen; *physiol.* absondern, ausscheiden; **seˈcre·tion** *physiol.* Absonderung *f*, Sekretion *f*; Sekret *n*; **seˈcre·tive** *fig.* verschlossen; geheimtuerisch.

sect [sekt] Sekte *f*; **sec·tar·i·an**

[~ˈtɛəriən] **1.** sektiererisch; **2.** Sektierer(in).
sec·tion [ˈsekʃən] ⚕ Sektion *f*, Zerlegung *f*; *mikroskopischer* Schnitt *m*; ⚒ Schnitt *m*; ⚠ Durchschnitt *m*; Teil *m*; Abschnitt *m*, Paragraph *m*; *typ.* Absatz *m*; *s.* *~-mark*; Sektion *f*, Abteilung *f*; Gruppe *f*; *shopping* (*residential*) ~ Einkaufs- (Wohn-) viertel *n*; **sec·tion·al** [ˈ~ʃənl] Durchschnitts...; Teil...; Abschnitts...; Abteilungs...; ⊕ zs.-setzbar; partikularistisch, Lokal...; ˈ**sec·tion·al·ism** Gruppenegoismus *m*; ˈ**sec·tion-mark** Paragraph(enzeichen *n*) *m*.
sec·tor [ˈsektə] (Kreis)Sektor *m*; ⚔ Abschnitt *m*.
sec·u·lar □ [ˈsekjulə] säkular; hundertjährig; weltlich; **sec·u·lar·i·ty** [~ˈlæriti] Weltlichkeit *f*; **sec·u·lar·ize** [ˈ~ləraiz] säkularisieren; *geistliche Güter* einziehen; verweltlichen.
se·cure [siˈkjuə] **1.** □ sicher (*of gen.*; *against, from* vor *dat.*); **2.** sichern; schützen (*from, against* vor *dat.*); *j., et.* sicherstellen; festmachen; sich *et.* sichern *od.* verschaffen; verwahren.
se·cu·ri·ty [siˈkjuəriti] Sicherheit *f*; Sorglosigkeit *f*; Gewißheit *f*; Schutz *m*; Bürgschaft *f*, Kaution *f*; **se**ˈ**cu·ri·ties** *pl.* Wertpapiere *n/pl.*; *public* ~ Staatspapiere *n/pl.*
se·dan [siˈdæn] Limousine *f*; *a.* *~-chair* Sänfte *f*.
se·date □ [siˈdeit] gesetzt; ruhig; **se**ˈ**date·ness** Gesetztheit *f*, Ruhe *f*.
sed·a·tive *mst* ⚕ [ˈsedətiv] **1.** beruhigend; **2.** Beruhigungsmittel *n*.
sed·en·tar·i·ness [ˈsedntərinis] sitzende Lebensweise *f*; Seßhaftigkeit *f*; ˈ**sed·en·tar·y** □ sitzend; seßhaft.
sedge ⚘ [sedʒ] Riedgras *n*, Segge *f*.
sed·i·ment [ˈsedimənt] (Boden-)Satz *m*, Niederschlag *m*; *geol.* Ablagerung *f*, Sediment *n*; **sed·i·men·ta·ry** [~ˈmentəri] *geol.* sedimentär; Ablagerungs...
se·di·tion [siˈdiʃən] Aufruhr *m*.
se·di·tious □ [siˈdiʃəs] aufrührerisch.
se·duce [siˈdjuːs] verführen; **se**ˈ**duc·er** Verführer(in); **se·duc·tion** [~ˈdʌkʃən] Verführung *f*; **se**ˈ**duc·tive** □ verführerisch.
sed·u·lous □ [ˈsedjuləs] emsig.
see[1] [siː] (*irr.*) *v/i.* sehen; *fig.* einsehen; *I ~* ich verstehe; *~ about s.th.* sich um et. kümmern; *~ through s.o. od. s.th.* j. *od.* et. durchschauen; *~ to* sorgen für, achten auf (*acc.*); *~ for yourself!* Überzeugen Sie sich selbst!; *v/t.* sehen; ansehen, beobachten; einsehen, begreifen; sorgen (*daß et. geschieht*); *Patienten* besuchen; *Arzt* aufsuchen; *~ s.th. done* dafür sorgen, daß et. geschieht; *go to ~ s.o.* j. besuchen; *~ s.o. home* j. nach Hause bringen *od.* begleiten; *~ off Besuch etc.* wegbringen; *~ out Besuch* hinausbegleiten; *et.* zu Ende erleben; *~ over s.th.* et. besichtigen; *~ s.th. through* et. durchhalten *od.* -fechten; *~ s.o. through* j-m durchhelfen; *live to ~* erleben.
see[2] [~] (Erz)Bischofssitz *m*; *Holy* ♀ *der* Heilige Stuhl.
seed [siːd] **1.** Same(n) *m*, Saat(gut *n*) *f*; (Obst)Kern *m*; Keim *m* (*a. fig.*); *go od. run to ~* in Samen schießen; *fig.* herunterkommen; **2.** *v/t.* (be)säen; *Obst* entkernen; *Sport*: *Spieler* setzen; *v/i.* in Samen schießen; ˈ**~·bed** = *seed-plot*; ˈ**seed·i·ness** Schäbigkeit *f*; F Katzenjammer *m*; ˈ**seed·less** kernlos (*Obst*); ˈ**seed·ling** ⚒ Sämling *m*; ˈ**seed-plot** ⚒ Samenbeet *n*; *fig.* Brutstätte *f*; **seeds·man** [ˈ~zmən] Samenhändler *m*; ˈ**seed·y** schäbig; F unwohl, elend.
see·ing [ˈsiːiŋ] **1.** Sehen *n*; *worth ~* sehenswert; **2.** *cj.* *~ that* da ja; angesichts der Tatsache, daß.
seek [siːk] (*irr.*) *a.* *~ after, ~ for* suchen (nach); begehren (nach); streben *od.* trachten nach; ˈ**seek·er** Suchende *m, f*; Sucher(in).
seem [siːm] scheinen, erscheinen; ˈ**seem·ing** **1.** □ anscheinend; scheinbar; **2.** Anschein *m*; ˈ**seem·li·ness** Anstand *m*, Schicklichkeit *f*; ˈ**seem·ly** geziemend, schicklich.
seen [siːn] *p.p. von* see[1].
seep [siːp] durchsickern, tropfen, lecken; ˈ**seep·age** Durchsickern *n*, Tropfen *n*, Lecken *n*.
seer [ˈsiːə] Seher(in), Prophet(in).
see·saw [ˈsiːsɔː] **1.** Wippen *n*; Wippe *f*, Wippschaukel *f*; **2.** wippen; *fig.* schwanken.
seethe [siːð] sieden, kochen.

seg·ment ['segmənt] Abschnitt *m*; *bsd.* ⩘ Segment *n*.
seg·re·gate ['segrigeit] absondern, trennen; **seg·re'ga·tion** Absonderung *f*; Rassentrennung *f*.
seine [sein] *Fischerei*: Schlagnetz *n*.
sei·sin ⚖ ['si:zin] Besitz *m*.
seis·mo·graph ['saizməgrɑ:f] Erdbebenmesser *m*, Seismograph *m*.
seize [si:z] *v/t*. ergreifen, fassen, packen; sich *et*. aneignen, sich *e-r Sache* bemächtigen; mit Beschlag belegen; *mit dem Verstand* erfassen; ⚓ (bei)zeisen; *v/i*. ⊕ sich festfressen; ~ *upon* sich *e-r Sache od. j-s* bemächtigen; '**seiz·ing** Ergreifen *n etc.*; *mst* ~*s pl*. ⚓ Bändsel *n*; **sei·zure** ['~ʒə] Ergreifung *f*; ⚖ Beschlagnahme *f*; ⚕ plötzlicher Anfall *m*.
sel·dom ['seldəm] *adv*. selten.
se·lect [si'lekt] **1.** auswählen, -lesen, -suchen; **2.** auserwählt; erlesen; exklusiv (*Verein etc.*); **se'lec·tion** Auswahl *f*, -lese *f*; *zo.*, ⚘ Zuchtwahl *f*; *a. musical* ~ Potpourri *n*; **se'lec·tive** □ auswählend; Auswahl...; *Radio*: trennscharf; **se·lec'tiv·i·ty** *Radio*: Trennschärfe *f*; **se'lect·man** *Am.* Stadtrat *m in den Neuenglandstaaten*; **se'lec·tor** Auswählende *m*, *f*; *Radio*: Sucher *m*.
self [self] **1.** *pron.* selbst; ✝ *od.* F = *myself etc.*; **2.** *adj.* ⚘ einfarbig; **3.** *pl.* **selves** [selvz] Selbst *n*, Ich *n*; Persönlichkeit *f*; *my poor* ~ meine Wenigkeit; '**~-a'base·ment** Selbsterniedrigung *f*; '**~-'act·ing** selbsttätig; '**~-'cen·tred**, *Am.* '**~-'cen·tered** egozentrisch, ichbezogen; '**~-'col·o(u)red** einfarbig; '**~-com'mand** Selbstbeherrschung *f*; '**~-con'ceit** Eigendünkel *m*; '**~-con'ceit·ed** dünkelhaft; '**~-'con·fi·dence** Selbstvertrauen *n*; '**~-'con·scious** befangen, gehemmt; '**~-'con·scious·ness** Befangenheit *f*; '**~-con'tained** (in sich) abgeschlossen; verschlossen (*Charakter*); ~ *country* Selbstversorgerland *n*; ~ *house* Einfamilienhaus *n*; '**~-con'trol** Selbstbeherrschung *f*; '**~-de'fence** Selbstverteidigung *f*; *in* ~ in (der) Notwehr; '**~-de'ni·al** Selbstverleugnung *f*; '**~-de·ter·mi'na·tion** Selbstbestimmung *f*; '**~-em'ployed** selbständig (*Handwerker etc.*); '**~-'ev·i·dent** selbstverständlich; '**~-'gov·ern·ment** Selbstverwaltung *f*, Autonomie *f*; '**~-in'dul·gent** genießerisch, bequem; '**~-'in·ter·est** Eigennutz *m*; '**self·ish** □ selbstsüchtig; '**self·ish·ness** Selbstsucht *f*.
self...: '**~-'made** selbstgemacht; ~ *man* j., der durch eigene Kraft et. geworden ist, Selfmademan *m*; '**~-pos'ses·sion** Selbstbeherrschung *f*; '**~-pre·ser'va·tion** Selbsterhaltung *f*; '**~-re'gard** Eigennutz *m*; '**~-re'li·ance** Selbstsicherheit *f*; '**~-re'li·ant** selbstsicher; '**~-re'spect** Selbstachtung *f*; '**~-re'spect·ing:** *every* ~ *nation* jede Nation, die etwas auf sich hält; '**~-'right·eous** selbstgerecht; '**~-'sac·ri·fice** Selbstaufopferung *f*; '**~-same** *lit.* ebenderselbe; '**~-'seek·ing** eigennützig; '**~-'serv·ice res·tau·rant** Selbstbedienungsrestaurant *n*; '**~-'start·er** *mot.* Anlasser *m*; '**~-suf'fi·cien·cy** Selbstversorgung *f*; Selbstgenügsamkeit *f*; '**~-sup'pli·er** Selbstversorger(in); '**~-sup'port·ing** selbständig; (wirtschaftlich) unabhängig; '**~-'will** Eigenwille *m*; '**~-'willed** eigenwillig.
sell [sel] **1.** (*irr.*) *v/t*. verkaufen (*a. fig.*); *Am.* F anpreisen, beibringen; ~ (*out*) F *j*. reinlegen; ~ *off* ✝ ausverkaufen; ~ *up j*. auspfänden; *v/i*. handeln; sich verkaufen, gehen (*Ware*); ~ *off*, ~ *out* ✝ ausverkaufen; **2.** F Schwindel *m*; Reinfall *m*; '**sell·er** Verkäufer *m*; *good etc.* ~ gut *etc.* gehende Ware *f*.
selt·zer ['seltsə] *a.* ~ *water* Selterswasser *n*.
sel·vage, sel·vedge ⊕ ['selvidʒ] Salband *n*, Webekante *f*.
selves [selvz] *pl. von self 3.*
se·man·tics [si'mæntiks] *sg.* Wortbedeutungslehre *f*, Semantik *f*.
sem·a·phore ['seməfɔ:] **1.** Zeichentelegraph *m*; ⚔ (*bsd.* Flaggen-) Winken *n*; 🚂 Signalmast *m*; **2.** (*bsd.* durch Winkzeichen) signalisieren.
sem·blance ['sembləns] Anschein *m*; Gestalt *f*.
se·mes·ter *univ.* [si'mestə] Semester *n*.
sem·i... ['semi] halb...; Halb...; '**~·breve** ♪ ganze Note *f*; '**~·cir·cle** Halbkreis *m*; '**~'cir·cu·lar** halbkreisförmig; '**~'co·lon** Strichpunkt

m, Semikolon *n*; '**~-de'tached house** Doppelhaus(hälfte *f*) *n*; '**~-'fi·nal** *Sport*: Vorschlußrunde *f*; Halbfinale *n*; '**~-man·u'fac·tured** halbfertig.

sem·i·nal ['si:minl] Samen...; Keim...; *fig.* keimtragend.

sem·i·nar·y ['seminəri] (Priester-) Seminar *n*; *fig.* Schule *f*.

sem·i-of·fi·cial ['semiə'fiʃəl] halbamtlich.

sem·i·qua·ver ♪ ['semikweivə] Sechzehntel(note *f*) *n*.

Sem·ite ['si:mait] Semit(in); **Se·mit·ic** [si'mitik] semitisch.

sem·i·tone ♪ ['semitəun] Halbton *m*.

sem·i·vow·el ['semivauəl] Halbvokal *m*.

sem·o·li·na [semə'li:nə] Grieß *m*.

semp'stress ['sempstris] Näherin *f*.

sen [sen] Sen *m* (*japanische Münze*).

sen·ate ['senit] Senat *m*.

sen·a·tor ['senətə] Senator *m*; **sen·a·to·ri·al** □ [~'tɔ:riəl] senatorisch.

send [send] (*irr.*) senden, schicken; (*mit adj. od. p.pr.*) machen; *Ball etc.* werfen; *Kugel wohin* schießen; *s. pack* 2; ~ *for* kommen lassen, holen (lassen); ~ *forth* aussenden; von sich geben; *fig.* veröffentlichen; ~ *in* einsenden; einreichen; ~ *in one's name* sich melden lassen; ~ *off* wegschicken; absenden; aussenden; ~ *up* hinaufsenden; *fig.* in die Höhe treiben; ~ *word* mitteilen, Nachricht geben; '**send·er** (Ab)Sender(in); *tel.* Sender *m*; '**send-'off** Abschied(sfeier *f*) *m*.

sen·e·schal ['seniʃəl] Seneschall *m*, Majordomus *m*.

se·nile ['si:nail] greisenhaft, senil; **se·nil·i·ty** [si'niliti] Greisenalter *n*.

sen·ior ['si:njə] **1.** älter (*to* als); dienstälter; Ober...; ~ *partner* ✝ Chef *m*; **2.** Ältere *m*; Dienstältere *m*; Senior *m*; *he is my* ~ *by a year, he is a year my* ~ er ist ein Jahr älter als ich; **sen·ior·i·ty** [si:ni'ɔriti] höheres (Dienst)Alter *n*.

sen·sa·tion [sen'seiʃən] (Sinnes-) Empfindung *f*, Gefühl *n*; Eindruck *m*; Aufsehen *n*; Sensation *f*; **sen'sa·tion·al** □ [~ʃənl] Empfindungs...; aufregend, sensationell; **sen'sa·tion·al·ism** [~ʃnəlizəm] Effekthascherei *f*, Sensationslust *f*.

sense [sens] **1.** *allg.* Sinn *m* (*of* für); Empfindung *f*, Gefühl *n*; Verstand *m*; Bedeutung *f*; Ansicht *f*; *in* (*out of*) *one's* ~*s* bei (von) Sinnen; *bring s.o. to his* ~*s* j. zur Vernunft bringen; *make* ~ Sinn haben (*Sache*); *talk* ~ vernünftig reden; **2.** spüren.

sense·less □ ['senslis] sinnlos, unsinnig; bewußtlos; gefühllos; '**sense·less·ness** Sinnlosigkeit *f*; Bewußt-, Gefühllosigkeit *f*.

sen·si·bil·i·ty [sensi'biliti] Sensibilität *f*, Empfindungsvermögen *n*; Empfindlichkeit *f* (*to*, *a. of* für); *sensibilities pl.* Empfindsamkeit *f*, Zartgefühl *n*.

sen·si·ble □ ['sensəbl] verständig, vernünftig, klug; empfänglich (*of* für); fühlbar; *be* ~ *of* sich *e-r Sache* bewußt sein; *et.* empfinden; '**sen·si·ble·ness** Fühlbarkeit *f*; Vernünftigkeit *f*.

sen·si·tive □ ['sensitiv] empfindlich (*to* für); empfindungsfähig; Empfindungs...; feinfühlend; leicht verletzt; *phot.* lichtempfindlich; '**sen·si·tive·ness, sen·si'tiv·i·ty** Empfindlichkeit *f* (*to* für).

sen·si·tize *phot.* ['sensitaiz] lichtempfindlich machen.

sen·so·ri·al [sen'sɔ:riəl], **sen·so·ry** ['~səri] Empfindungs...; Sinnes...

sen·su·al □ ['sensjuəl] sinnlich; '**sen·su·al·ism** Sinnlichkeit *f*; '**sen·su·al·ist** sinnlicher Mensch *m*; **sen·su·al·i·ty** [~'æliti] Sinnlichkeit *f*.

sen·su·ous □ ['sensjuəs] sinnlich (*die Sinne betreffend*); sinnenfreudig.

sent [sent] *pret. u. p.p. von send.*

sen·tence ['sentəns] **1.** ⚖ Richterspruch *m*, Urteil *n*; *gr.* Satz *m*; *serve one's* ~ s-e Strafe absitzen; *s. life*; **2.** das Urteil fällen über (*acc.*); verurteilen (*to* zu).

sen·ten·tious □ [sen'tenʃəs] sententiös; salbungsvoll; salbaderisch.

sen·tient ['senʃənt] empfindend.

sen·ti·ment ['sentimənt] (seelische) Empfindung *f*, Gefühl *n*; Meinung *f*, Ansicht *f*; *s.* ~*ality*; **sen·ti·men·tal** □ [~'mentl] empfindsam, gefühlvoll; sentimental, rührselig; ~ *value* Liebhaberwert *m*; **sen·ti·men·tal·ist** [~'mentəlist] Gefühlsmensch *m*; **sen·ti·men·tal·i·ty** [~men'tæliti] Sentimentalität *f*; Empfindsamkeit *f*; Rührseligkeit *f*.

sen·ti·nel ['sentinl], **sen·try** ['sentri] ⚔ Schildwache *f*, Posten *m*.
sen·try...: '**~-box** Schilderhaus *n*; '**~-go** Postengang *m*.
se·pal ⚘ ['sepəl] Kelchblatt *n*.
sep·a·ra·bil·i·ty [sepərə'biliti] Trennbarkeit *f*; '**sep·a·ra·ble** □ trennbar; **sep·a·rate 1.** □ ['seprit] (ab)getrennt, gesondert, besonder, separat, für sich; ~ *property* ⚖ Gütertrennung *f*; **2.** ['~əreit] (sich) trennen; (sich) absondern; (sich) scheiden; **sep·a'ra·tion** Trennung *f*, Scheidung *f*; **sep·a·ra·tist** ['~ərətist] *eccl.* Sektierer *m*; *pol.* Separatist *m*; **sep·a·ra·tor** ⊕ ['~əreitə] Scheider *m*; (Milch-)Zentrifuge *f*.
se·pi·a *paint.* ['si:pjə] Sepia *f*.
sep·sis ⚕ ['sepsis] Sepsis *f*, Blutvergiftung *f*.
Sep·tem·ber [sep'tembə] September *m*.
sep·ten·ni·al □ [sep'tenjəl] siebenjährig.
sep·tic ⚕ ['septik] septisch.
sep·tu·a·ge·nar·i·an [septjuedʒi'nɛəriən] Siebzigjährige *m*, *f*.
se·pul·chral [si'pʌlkrəl] Grab...; Toten...; *fig.* düster; **sep·ul·chre** ['sepəlkə] **1.** Grab(stätte *f*) *n*; **2.** begraben; **sep·ul·ture** ['~tʃə] Begräbnis *n*.
se·quel ['si:kwəl] Folge *f*; Nachspiel *n*; (Roman)Fortsetzung *f*; *in the* ~ in der Folge.
se·quence ['si:kwəns] Aufeinander-, Reihenfolge *f*; *Film*: Szene *f*; ~ *of tenses gr.* Zeitenfolge *f*; '**se·quent** aufeinanderfolgend.
se·ques·ter [si'kwestə] *s. sequestrate*; ~ *o.s.* sich zurückziehen (*from* von); ~*ed* zurückgezogen; einsam.
se·ques·trate ⚖ [si'kwestreit] *Eigentum* einziehen; beschlagnahmen; **se·ques·tra·tion** [si:kwes'treiʃən] Absonderung *f*; ⚖ Beschlagnahme *f*; '**se·ques·tra·tor** ⚖ Zwangsverwalter *m*.
se·quoi·a ⚘ [si'kwɔiə] Mammut-[baum *m*.]
se·ragl·io [se'rɑ:liəu] Serail *n*.
ser·aph ['serəf], *pl. a.* **ser·a·phim** ['~fim] Seraph *m*; **se·raph·ic** [se'ræfik] (~*ally*) seraphisch; engelgleich; verzückt.
Serb, Ser·bi·an ['sə:b(jən)] **1.** serbisch; **2.** Serbe *m*, Serbin *f*; Serbisch *n*.

sere *poet.* [siə] dürr, welk.
ser·e·nade [seri'neid] **1.** ♪ Serenade *f*, Ständchen *n*; **2.** ein Ständchen bringen (*dat.*).
se·rene □ [si'ri:n] klar, heiter; ruhig; **se·ren·i·ty** [si'reniti] Heiterkeit *f*; Ruhe *f*.
serf [sə:f] Leibeigene *m*, *f*, Hörige *m*, *f*; *fig.* Sklave *m*; '**serf·age**, '**serf·dom** Leibeigenschaft *f*.
serge [sə:dʒ] Serge *f* (*Stoff*).
ser·geant ⚔ ['sɑ:dʒənt] Feldwebel *m*, Wachtmeister *f*; Polizeisergeant *m*; '**~-'ma·jor** ⚔ Hauptfeldwebel *m*.
se·ri·al □ ['siəriəl] **1.** fortlaufend, reihenweise, Serien...; Fortsetzungs...; ~*ly* reihen-, lieferungsweise; **2.** Fortsetzungsroman *m*.
se·ries ['siəri:z] *sg. u. pl.* Reihe *f* (*a.* ♣); Serie *f*; Folge *f*; *biol.* Gruppe *f*; *in* ~ ⚡ in Reihe geschaltet.
se·ri·ous □ ['siəriəs] *allg.* ernst (*aufrichtig*; *eifrig*; *schwerwiegend*; *beträchtlich*; *bedenklich*; *gefährlich*); ernsthaft, -lich; *be* ~ es im Ernst meinen; '**se·ri·ous·ness** Ernst *m*; Ernsthaftigkeit *f*.
ser·jeant *parl.* ['sɑ:dʒənt]: ♀*-at-arms* Ordnungsbeamte *m*.
ser·mon ['sə:mən] Predigt *f*; *iro.* Strafpredigt *f*; '**ser·mon·ize** *v/i.* predigen; *v/t.* abkanzeln.
se·rol·o·gy ⚕ [siə'rɔlədʒi] Serologie *f*, (Blut)Serumkunde *f*.
se·rous ['siərəs] serös.
ser·pent ['sə:pənt] Schlange *f*; **ser·pen·tine** ['~tain] **1.** Schlangen...; schlangengleich (*bsd. fig.*); schlangenförmig; gewunden; **2.** *min.* Serpentin *m*.
ser·rate ['serit], **ser·rat·ed** [se'reitid] gezackt; **ser'ra·tion** Auszackung *f*.
ser·ried ['serid] dichtgedrängt.
se·rum ['siərəm] Serum *n* (*physiol.* *Blutwasser*; ⚕ *Impfstoff*).
serv·ant ['sə:vənt] Diener(in); *a. domestic* ~ Dienstbote *m*, Bedienstete *m*, *f*; '**~-girl** Dienstmädchen *n*.
serve 1. [sə:v] *v/t.* dienen (*dat.*); bedienen (*with* mit); *j-m* aufwarten; *Amt* verwalten; *Speisen* reichen; *a.* ~ *up Speisen* auftragen; *schlecht etc.* behandeln; helfen, nützen, dienlich sein (*dat.*); *Zweck* erfüllen; *Tennis*: aufschlagen; (*it*) ~*s him*

right (das) geschieht ihm recht; *s. sentence 1*; ~ *out et.* austeilen; F es *j-m* besorgen; ~ *a writ on s.o.*, ~ *s.o. with a writ* ⚖ j-m e-n Gerichtsbefehl zustellen; *v/i.* dienen (*a.* ⚔); aufwarten, servieren; nützen, passen, zweckmäßig sein; dienen (*as*, *for* als, zu); ~ *at table* servieren; **2.** *Tennis*: Aufschlag *m*; ˈ**serv·er** *Tennis*: Aufschläger *m*; *eccl.* Meßdiener *m*.

serv·ice [ˈsəːvis] **1.** Dienst *m*; Aufwartung *f*; Bedienung *f*; Gefälligkeit *f*; ⚚ Dienst *m* am Kunden; *a. divine* ~ Gottesdienst *m*; Betrieb *m*; Verkehr *m*; Nutzen *m*; Gang *m von Speisen*; Service *n*, Tafelgerät *n*; ⚓ Bekleidung *f e-s Taues*; ⚖ Zustellung *f*; *Tennis*: Aufschlag *m*; *be at s.o.'s* ~ j-m zu Diensten stehen; **2.** betreuen; *j-m* Hilfe leisten; ⊕ warten, pflegen; ˈ**serv·ice·a·ble** □ dienlich, nützlich; benutzbar, betriebsfähig; strapazierfähig; ˈ**serv·ice·a·ble·ness** Dienlichkeit *f*.

serv·ice...: ˈ**~-ball** *Tennis*: Aufschlag(ball) *m*; **~ flat** Etagenwohnung *f* mit Bedienung; ˈ**~-line** *Tennis*: Aufschlaglinie *f*; **~ pipe** ⊕ Zweig-, Anschlußrohr *n*; **~ station** Tankstelle *f*; Werkstatt *f*.

ser·vile □ [ˈsəːvail] sklavisch (*a. fig.*); unterwürfig; kriecherisch; **ser·vil·i·ty** [~ˈviliti] Unterwürfigkeit *f*, Kriecherei *f*.

serv·ing [ˈsəːviŋ] Portion *f*.

ser·vi·tude [ˈsəːvitjuːd] Knechtschaft *f*; Sklaverei *f*; ⚖ Servitut *n*; *s. penal*.

ser·vo-brake *mot.* [ˈsəːvəubreik] Servobremse *f*.

ses·a·me ⚘ *u. fig.* [ˈsesəmi] Sesam *m*.

ses·sion [ˈseʃən] (*a.* Gerichts)Sitzung *f*; *be in* ~ tagen; **ses·sion·al** [ˈseʃənl] Sitzungs...

set [set] **1.** (*irr.*) *v/t.* setzen; stellen; legen; zurechtmachen *od.* -stellen, (ein)richten, ordnen; bringen; pflanzen; *Aufgabe*, *Wecker* stellen; *Hund* hetzen (*at*, *on* auf *acc.*); *Messer* abziehen; *Säge* schränken; *Edelstein* fassen; *Zeit* festsetzen; gerinnen *od.* erstarren lassen; *Haar* legen; ⚕ *Knochenbruch* einrichten; ~ *s.o. laughing* j. zum Lachen bringen; ~ *an example* ein Beispiel geben; ~ *the fashion* in der Mode bestimmend sein; ~ *sail* Segel setzen; abfahren; ~ *one's teeth* die Zähne zs.-beißen; ~ *against* gegenüberstellen (*dat.*); *s. apart*; ~ *aside* beiseite setzen; auf die Seite legen, reservieren; *fig.* verwerfen; ~ *at defiance j-m* Trotz bieten; ~ *at ease* beruhigen; ~ *at liberty* in Freiheit setzen; ~ *at rest* beruhigen; *Frage* entscheiden; ~ *store by* Wert legen auf (*acc.*); ~ *down* niedersetzen; absetzen (*aus e-m Wagen etc.*); aufschreiben; zuschreiben (*to s.o.* j-m); ~ *forth* dartun, -legen; ~ *off* hervorheben, -treten lassen; auf-, anrechnen (*against* gegen); ausgleichen; ~ *on* setzen auf (*acc.*); anstiften; ~ *out* auslegen, zeigen; auseinandersetzen, darlegen; pflanzen; ~ *up* auf-, er-, einrichten; *Meinung etc.* aufstellen; *e-n Schrei* ausstoßen; *j-m* aufhelfen; *j.* etablieren; *Geschäft etc.* anfangen; ~ *up in type typ.* setzen; **2.** (*irr.*) *v/i.* untergehen (*Sonne etc.*); gerinnen, fest werden; fließen, laufen (*Flut etc.*); *hunt.* (vor)stehen; sitzen (*Kleid etc.*); ~ *about s.th.* sich an et. machen; ~ *about s.o.* F über j. herfallen; ~ *forth* aufbrechen; ~ *forward* sich auf den Weg machen; ~ *in* beginnen, einsetzen; ~ *off* sich in Bewegung setzen; sich aufmachen, aufbrechen; fahren (*for* nach); ~ (*up*)*on* anfangen; angreifen; ~ *out* abreisen, aufbrechen; *fig.* ausgehen (*from* von); ~ *to* sich daran machen, anfangen; ~ *up* sich niederlassen (*as* als); ~ *up for* sich ausgeben für; sich aufspielen als; **3.** fest; starr, unbeweglich; festgesetzt, bestimmt; regelmäßig; vorgeschrieben; formell; ~ (*up*)*on* versessen auf (*acc.*), entschlossen zu; ~ *with* besetzt mit; ~ *fair Barometer*: beständig; *hard* ~ in großer Not; ~ *piece* Gruppenbild *n*; ~ *speech* wohlüberlegte Rede *f*; **4.** Reihe *f*, Folge *f*, Serie *f*, Sammlung *f*, Satz *m zs.-gehöriger Dinge*; Garnitur *f*; Besteck *n*; Service *n*; (Radio)Gerät *n*; ⚚ Kollektion *f*; Gesellschaft *f*; Sippschaft *f*, Rotte *f*; ⚘ Setzling *m*; *Tennis*: Satz *m*; Neigung *f*; Richtung *f*; Schnitt *m e-s Kleides etc.*; *poet.* Untergang *m der Sonne*; *thea.* Bühnenausstattung *f*; *make a dead* ~ *at fig.* über *j.* her-

fallen; es auf *e-n Mann* abgesehen haben (*Frau*).
set·back ['setbæk] *fig.* Rückschlag *m*; ⚠ Mauervorsprung *m*; '**set-down** Dämpfer *m*; '**set-'off** Kontrast *m*; Schmuck *m*; ⚕ *u.* ⚖ Gegenrechnung *f*, -forderung *f*; *fig.* Ausgleich *m*.
set·tee [se'tiː] *kleines* Sofa *n*.
set·ter ['setə] Setzer(in); *hunt.* Setter *m* (*Vorstehhund*).
set the·o·ry ✗ Mengenlehre *f*.
set·ting ['setiŋ] Setzen *n etc.* (*s.* set *1 u.* 2); Erstarren *n*; Gerinnen *n*; *ast.* Untergang *m*; Richtung *f des Windes etc.*; Fassung *f e-s Edelsteins*; Umgebung *f*, Lage *f*; *thea.* Ausstattung *f*; *fig.* Umrahmung *f*; ♪ Komposition *f*; '**~-lo·tion** (Haar-) Fixativ *n*.
set·tle ['setl] **1.** Sitzbank *f*; **2.** *v/t.* (fest)setzen; *Kind etc.* versorgen, ausstatten; *j.* etablieren; regeln; *Geschäft* abschließen, abmachen, erledigen; *Frage* entscheiden; *Rechnung* begleichen; ordnen; beruhigen; *Streit* beilegen; *Rente* aussetzen (on s.o. j-m); ansiedeln; *Land* besiedeln; *v/i. oft* ~ down, *a.* ~ o.s. sich niederlassen; sich ansiedeln; *a.* ~ in sich (wohnlich) einrichten; sich setzen (*a. Haus, Boden*); ⚓ wegsacken; nachlassen, sich legen (*Wut etc.*); beständig werden (*Wetter*); sich entschließen (on für, zu); sich begnügen (with mit); it is settling for a frost es wird Frost geben; ~ down to sich widmen (*dat.*).
set·tled ['setld] fest, bestimmt; entschieden; beständig (*Wind etc.*); (*auf Rechnung*) bezahlt.
set·tle·ment ['setlmənt] Regelung *f*; Erledigung *f*; Klärung *f*; Schlichtung *f*; Übereinkunft *f*; Niederlassung *f*; (Be)Siedlung *f*; ⚖ (Eigentums)Übertragung *f*; ⚕ Ausgleich(ung *f*) *m*; Mission *f*; soziales Hilfswerk *n*.
set·tler ['setlə] Siedler *m*; entscheidender Schlag *m*.
set·tling ['setliŋ] Festsetzung *f etc.* (*s.* settle 2); ⚕ Abrechnung *f*.
set...: '**~-'to** Kampf *m*; Schlägerei *f*; '**~-up** F Aufbau *m*, Einrichtung *f*.
sev·en ['sevn] **1.** sieben; **2.** Sieben *f*; '**sev·en·fold** siebenfach; **sev·en·teen** ['~'tiːn] siebzehn; **sev·enth** ['sevnθ] **1.** □ siebente(r, -s); **2.** Siebentel *n*; ♪ Septime *f*; **se·ven·ti·eth** ['~tiiθ] siebzigste(r, -s); '**sev·en·ty** **1.** siebzig; **2.** Siebzig *f*.
sev·er ['sevə] (sich) trennen; (auf-) lösen; zerreißen.
sev·er·al □ ['sevrəl] mehrere, verschiedene; einige; einzeln; besonder; getrennt; joint and ~ ⚖ solidarisch; '**sev·er·al·ly** besonders, einzeln.
sev·er·ance ['sevərəns] Trennung *f*.
se·vere □ [si'viə] streng; rauh (*Wetter*); hart (*Winter*); scharf (*Tadel*); ernst (*Mühe*); heftig (*Schmerz etc.*); herb (*Stil, Schönheit etc.*); schlimm, schwer (*Unfall, Verlust, Wunde*); **se·ver·i·ty** [si'veriti] Strenge *f*, Härte *f*; Schwere *f*; Ernst *m*.
sew [səu] (*irr.*) nähen; *Buch* heften; ~ up zu-, vernähen.
sew·age ['sjuːidʒ] Abwasser *n*; ~ farm Rieselfelder *n/pl.*
sew·er[1] ['səuə] Näherin *f*.
sew·er[2] ['sjuə] Abwasserkanal *m*; '**sew·er·age** Kanalisation *f*.
sew·ing ['səuiŋ] **1.** Nähen *n*; Näherei *f*; **2.** Näh...
sewn [səun] *p.p. von* sew.
sex [seks] *natürliches* Geschlecht *n*; *attr.* Geschlechts...; ~ appeal erotische Anziehungskraft *f*, Sex-Appeal *m*; ~ education sexuelle Aufklärung *f*, Sexualerziehung *f*.
sex·a·ge·nar·i·an [seksədʒi'nɛəriən] Sechzigjährige *m, f*; **sex·en·ni·al** □ [sek'senjəl] sechsjährig; sechsjährlich; **sex·tant** ['sekstənt] Sextant *m*.
sex·ton ['sekstən] Küster *m*, *zugleich* Totengräber *m*.
sex·tu·ple ['sekstjupl] sechsfach.
sex·u·al □ ['seksjuəl] sexuell; Sexual...; geschlechtlich; Geschlechts...; ~ desire Geschlechtstrieb *m*; ~ intercourse Geschlechtsverkehr *m*; **sex·u·al·i·ty** [~'æliti] Sexualität *f*.
shab·bi·ness ['ʃæbinis] Schäbigkeit *f*; '**shab·by** □ schäbig; gemein.
shack *bsd. Am.* [ʃæk] Hütte *f*, Bude *f*.
shack·le ['ʃækl] **1.** Fessel *f* (*fig. mst* ~s *pl.*); ⚓, ⊕ Schäkel *m* (*Kettenglied*); **2.** fesseln.
shad *ichth.* [ʃæd] Alse *f*.
shade [ʃeid] **1.** Schatten *m*, Dunkel *n* (*a. fig.*); *Lampen- etc.* Schirm *m*; Schattierung *f*; *Am.* Rouleau *n*; *fig.*

Spur *f*, Kleinigkeit *f*; **2.** beschatten; verdunkeln (*a. fig.*); *Licht* abschirmen; schützen (*from* gegen *Licht etc.*); *paint.* schattieren; ~ *away*, ~ *off* allmählich übergehen (lassen) (*into* in *acc.*); ˈ**shad·ing** *paint.* Schattierung *f*; *fig.* Nuance *f*.

shad·ow [ˈʃædəu] **1.** Schatten *m* (*a. fig.*); Phantom *n*; Spur *f*, Kleinigkeit *f*; **2.** beschatten; *mst* ~ *forth*, ~ *out* andeuten; versinnbildlichen; *j.* beschatten, überwachen; ˈ**shad·ow·y** schattig; dunkel; schattenhaft; wesenlos.

shad·y [ˈʃeidi] schattenspendend; schattig; dunkel; F zweifelhaft; *on the* ~ *side of forty* F über die Vierzig hinaus.

shaft [ʃɑːft] Schaft *m*; Stiel *m*; Pfeil *m* (*a. fig.*); *poet.* Strahl *m*; ⊕ Welle *f*, Spindel *f*; Deichsel *f*; ⚒ Schacht *m*.

shag [ʃæg] Krüllschnitt *m* (*Tabak*).

shag·gy [ˈʃægi] zottig.

sha·green [ʃæˈgriːn] Chagrin(leder[n]) *m*.

Shah [ʃɑː] Schah *m*.

shake [ʃeik] **1.** (*irr.*) *v/t.* schütteln, rütteln; erschüttern; ~ *down* herunterschütteln; *Stroh etc.* hinschütten; zs.-rütteln; ~ *hands* sich die Hände geben *od.* schütteln; ~ *up Bett* aufschütteln; *fig.* aufrütteln; *v/i.* zittern, beben, wanken, wackeln (*with* vor *dat.*); ♪ trillern; ~ *down* sich einleben; **2.** Schütteln *n*; Erschütterung *f*; Beben *n*; ♪ Triller *m*; F Augenblick *m*; ~ *of the hand* Händedruck *m*; *no great* ~*s* F nichts Besonderes; ˈ~ˈ**down** Notlager *n*; *Am. sl.* Erpressung *f*; ~ *cruise* ⚓ Probefahrt *f*; ˈ~**-hands** Händedruck *m*; ˈ**shak·en 1.** *p.p. von shake* **1**; **2.** *adj.* erschüttert; ˈ**shak·er** Schüttler(in); Mix-, Mischbecher *m*.

shake-up F [ˈʃeikˈʌp] Aufrüttelung *f*; Umgruppierung *f*.

shak·i·ness [ˈʃeikinis] Wackligkeit *f*; Gebrechlichkeit *f*; ˈ**shak·y** □ *mst* wacklig (*a. fig.*); *engS.* (sch)wankend; zitternd, zitterig.

shale *geol.* [ʃeil] Schiefer *m*.

shall [ʃæl] (*irr.*) *v/aux.* soll; werde.

shal·lot ⚘ [ʃəˈlɔt] Schalotte *f*.

shal·low [ˈʃæləu] **1.** seicht; flach; *fig.* oberflächlich; **2.** Untiefe *f*; **3.** (sich) verflachen; ˈ**shal·low·ness** Seichtigkeit *f* (*a. fig.*).

shalt † [ʃælt] *du* sollst.

sham [ʃæm] **1.** falsch, unecht; Schein...; **2.** Trug *m*, leerer Schein *m*; Lüge *f*, Täuschung *f*; Schwindler(in); **3.** *v/t.* (er)heucheln, vortäuschen; *v/i.* sich verstellen; simulieren; ~ *ill* sich krank stellen.

sham·ble [ˈʃæmbl] watscheln.

sham·bles *fig.* [ˈʃæmblz] *sg.* Schlacht-, Trümmerfeld *n*.

sham·bling □ [ˈʃæmbliŋ] wackelig.

shame [ʃeim] **1.** Scham *f*; Schande *f*; ~!, *for* ~!, ~ *on you!* pfui!, schäme dich!; *cry* ~ *upon s.o.* pfui über j. rufen; *put to* ~ beschämen; **2.** beschämen, schamrot machen; schänden; *j-m* Schande machen.

shame·faced □ [ˈʃeimfeist] schamhaft, schüchtern; ˈ**shame·faced·ness** Schamhaftigkeit *f*.

shame·ful □ [ˈʃeimful] schändlich, schmachvoll, beschämend; ˈ**shame·ful·ness** Schändlichkeit *f*.

shame·less □ [ˈʃeimlis] schamlos; ˈ**shame·less·ness** Schamlosigkeit *f*.

sham·my [ˈʃæmi] Wildleder *n*.

sham·poo [ʃæmˈpuː] **1.** Shampoo *n*, Haarwaschmittel *n*; Haarwäsche *f*; **2.** *Haare* schamponieren, waschen.

sham·rock [ˈʃæmrɔk] ⚘ weißer Feldklee *m*; Kleeblatt *n* (*irisches Nationalzeichen*).

shang·hai ⚓ *sl.* [ʃæŋˈhai] schanghaien (*gewaltsam heuern*).

shank [ʃæŋk] (Unter)Schenkel *m*; ⚘ Stiel *m*; ⚓ (Anker)Schaft *m*; *go on* ♀*'s mare od. pony* auf Schusters Rappen reiten; **shanked** ...schenkelig.

shan't [ʃɑːnt] = *shall not.*

shan·tung [ʃænˈtʌŋ] Schantungseide *f*.

shan·ty [ˈʃænti] Hütte *f*, Bude *f*; = *chanty.*

shape [ʃeip] **1.** Gestalt *f*, Form *f*; Art *f*; *in bad* ~ in schlechtem Zustand; **2.** *v/t.* bilden, formen, gestalten; anpassen (*to dat.*); ~ *one's course for* Kurs nehmen auf (*acc.*); *v/i.* sich entwickeln, sich anlassen; **shaped** ...förmig; ˈ**shape·less** formlos; unförmig; ˈ**shape·li·ness** schöne Form *f*; ˈ**shape·ly** wohlgestaltet, hübsch, schön.

share [ʃɛə] **1.** Teil *m*, Anteil *m*; Beitrag *m*, Kontingent *n*; ⚚ Anteilschein *m*, Aktie *f*; ⚒ Kux *m*; *original* ~, *ordinary* ~, *primary* ~ ⚚

Stammaktie *f*; *preference* ~, *preferred* ~, *priority* ~ ⚕ Vorzugsaktie *f*; *have a* ~ *in* teilhaben an (*dat.*); *go* ~*s* teilen (*with s.o.* mit j-m; *in s.th.* et.); ~ *and* ~ *alike* zu gleichen Teilen; **2.** *v/t.* teilen (*among* unter *acc.*; *with* mit); teilhaben an (*dat.*); *v/i.* teilhaben (*in* an *dat.*); **ˈ~·crop·per** *Am. kleiner* Farmpächter *m*; **ˈ~·hold·er** ⚕ Aktionär (-in); **ˈshar·er** Teiler(in); Teilhaber(in).

shark [ʃɑːk] *ichth.* Hai(fisch) *m*; *fig.* Gauner *m*; *Am. sl.* Kanone *f* (*Experte*).

sharp [ʃɑːp] **1.** □ *allg.* scharf (*a. fig.*); spitz; schneidend, stechend (*Schmerz*); herb (*Wein*); schrill (*Schrei*); hitzig (*Temperament*); schnell, flott; pfiffig, schlau, gewitzt, *b.s.* gerissen; ♪ um e-n halben Ton erhöht; *F* ~ Fis *n*; **2.** *adv.* ♪ (einen halben Ton) zu hoch; F pünktlich; *look* ~! (mach) schnell!; **3.** ♪ Kreuz *n*; durch ein Kreuz erhöhte Note *f*; F Gauner *m*; **ˈsharp·en** (ver)schärfen; *Bleistift* spitzen; *Appetit* anregen; ♪ erhöhen; **ˈsharp·en·er** *Messer*-Schärfer *m*; *Bleistift*-Spitzer *m*; **ˈsharp·er** Gauner *m*; **ˈsharp·ness** Schärfe *f* (*a. fig.*); Strenge *f*, Härte *f*; *fig.* Heftigkeit *f e-s Schmerzes*; Scharfsinn *m*; Pfiffigkeit *f*.

sharp...: **ˈ~-ˈset** hungrig; erpicht (*on* auf *acc.*); **ˈ~-shoot·er** Scharfschütze *m*; **ˈ~-ˈsight·ed** scharfsichtig; **ˈ~-ˈwit·ted** scharfsinnig.

shat·ter [ˈʃætə] zerschmettern, -brechen, -schlagen, -trümmern (*a. fig.*); *Nerven etc.* zerrütten.

shave [ʃeiv] **1.** (*irr.*) *v/t.* rasieren; *bsd. Holz* (ab)schälen; haarscharf vorbeigehen *od.* -fahren *od.* -kommen an (*dat.*); *v/i.* sich rasieren; ~ *through* durchschlüpfen; **2.** Rasieren *n*, Rasur *f*; *have a* ~ sich rasieren (lassen); *by a* ~ um ein Haar; *a close* ~, *a narrow* ~ ein Entkommen *n* mit knapper Not; **ˈshav·en** *p.p. von shave 1*; *a* ~ *head* ein geschorener Kopf *m*; **ˈshav·er** Barbier *m*; *young* ~ F Grünschnabel *m*.

Sha·vi·an [ˈʃeivjən] Shawsch, charakteristisch für G. B. Shaw.

shav·ing [ˈʃeiviŋ] **1.** Rasieren *n*; ~*s pl.* (*bsd.* Hobel)Späne *m/pl.*, Schnitzel *n/pl.*; **2.** Rasier..., Barbier...; **ˈ~-brush** Rasierpinsel *m*.

shawl [ʃɔːl] Schal *m*, Kopftuch *n*.

shawm ♪ [ʃɔːm] Schalmei *f*.

shay † *od.* F [ʃei] Chaise *f*, Kutsche *f*.

she [ʃiː, ʃi] **1.** sie; **2.** Weib *n*, Sie *f*; **she-...** Weibchen *n von Tieren*.

sheaf [ʃiːf], *pl.* **sheaves** [ʃiːvz] Garbe *f*; Bündel *n*.

shear [ʃiə] **1.** (*irr.*) scheren, abschneiden; *fig.* rupfen; **2.** (*a pair of*) ~*s pl.* (eine) *große* Schere *f*; **ˈshear·er** (Schaf)Scherer *m*; Schnitter *m*; **ˈshear·ing** Scheren *n*, Schur *f*; ~*s pl.* Scherwolle *f*.

sheath [ʃiːθ], *pl.* **sheaths** [ʃiːðz] Scheide *f* (*a.* ⚘ *u. anat.*); *zo.* Flügeldecke *f*; **sheathe** [ʃiːð] (in die Scheide) stecken; einhüllen; ⊕ bekleiden, beschlagen; **ˈsheath·ing** ⊕ Bekleidung *f*, Beschlag *m*.

sheave ⊕ [ʃiːv] Scheibe *f*, Rolle *f*.

sheaves [ʃiːvz] *pl. von sheaf*.

she·bang *Am. sl.* [ʃəˈbæŋ] Bruchbude *f*; *the whole* ~ der ganze Laden.

shed[1] [ʃed] (*irr.*) ausgießen; *Blut, Tränen etc.* vergießen; *Licht, Frieden etc.* verbreiten (*upon* über *acc.*); *Blätter, Zähne etc.* abwerfen.

shed[2] [~] Schuppen *m*; Stall *m*; Flugzeughalle *f*.

sheen [ʃiːn] Glanz *m* (*bsd. von Stoffen*); **ˈsheen·y** glänzend.

sheep [ʃiːp] Schaf *n*; *coll.* Schafe *pl.*; Schafleder *n*; **ˈ~-cot** = *sheep-fold*; **ˈ~-dog** Schäferhund *m*; **ˈ~-fold** Schafhürde *f*; **ˈsheep·ish** □ blöd(e), einfältig; **ˈsheep·ish·ness** Blödigkeit *f*.

sheep...: **ˈ~·man** *Am.* Schafzüchter *m*; **ˈ~-run** = *sheep-walk*; **ˈ~·skin** Schaffell *n*; Schafleder *n*; *Am.* Diplom *n*; **ˈ~-walk** Schafweide *f*.

sheer[1] [ʃiə] *adj. u. adv.* rein, lauter; gänzlich, völlig, glatt; steil; senkrecht; direkt.

sheer[2] [~] **1.** ⚓ gieren, scheren (*vom Kurs abweichen*); ~ *off fig.* sich davonmachen; **2.** ⚓ Ausscheren *n*.

sheet [ʃiːt] **1.** Bett-, Leintuch *n*, Laken *n*; (*Glas-, Metall- etc.*)Platte *f*; Blatt *n*, Bogen *m Papier*; weite Fläche *f* (*von Wasser etc.*); ⚓ Schot(e) *f*; *the rain came down in* ~*s* es regnete in Strömen; ~ *iron* Eisenblech *n*; **2.** einhüllen; **ˈ~-anchor** ⚓ Notanker *m* (*a. fig.*);

'**sheet·ing** Leinwand *f* zu Bettüchern; '**sheet-light·ning** Flächenblitz *m*, Wetterleuchten *n*.
sheik(h) [ʃeik] Scheich *m*.
shelf [ʃelf], *pl.* **shelves** [ʃelvz] Brett *n*, Regal *n*, Fach *n*, Sims *m*; Riff *n*, Sandbank *f*; *on the ~ fig.* ausrangiert, abgetan; *get on the ~ fig.* sitzenbleiben (*Mädchen*).
shell [ʃel] **1.** Schale *f*, Hülse *f*; Muschel *f*; Schneckenhaus *n*; ⊕ Gehäuse *n*; Gerippe *n e-s Hauses*; ⚔ Bombe *f*, Granate *f*; Renn(ruder)boot *n*; **2.** schälen, enthülsen; ⚔ bombardieren; *~ out sl. Geld* herausrücken.
shel·lac [ʃə'læk] Schellack *m*.
shell-cra·ter ['ʃelkreitə] Granattrichter *m*; **shelled** [ʃeld] ...schalig.
shell...: '**~-fire** Granatfeuer *n*; '**~-fish** Schalentier *n*; '**~-proof** bombensicher; '**~-shock** Kriegsneurose *f*.
shel·ter ['ʃeltə] **1.** Schuppen *m*; Schutz-, Obdach *n*; *fig.* Schutz *m*, Schirm *m*; **2.** *v/t.* (be)schützen; (be)schirmen; Zuflucht gewähren (*dat.*); *v/i.* Schutz suchen; '**shel·ter·less** schutzlos.
shelve[1] [ʃelv] mit Brettern *od.* Regalen versehen; auf ein Brett stellen; *fig.* zu den Akten legen; *fig.* außer Dienst stellen; *fig.* beiseite lassen, weglassen; F links liegen lassen.
shelve[2] [~] sich allmählich neigen.
shelves [ʃelvz] *pl. von shelf.*
shelv·ing ['ʃelviŋ] **1.** Regal(e *pl.*) *n*; **2.** schräg.
she·nan·i·gan *Am.* F [ʃi'nænigən] Gaunerei *f*; Humbug *m*.
shep·herd ['ʃepəd] **1.** Schäfer *m*, Hirt *m*; **2.** (be)hüten; leiten, bugsieren; '**shep·herd·ess** Schäferin *f*.
sher·bet ['ʃə:bət] Sorbett *m*, *n* (*Fruchtgetränk*); Brauselimonade *f*.
sher·iff ['ʃerif] Sheriff *m*.
sher·ry ['ʃeri] Sherry *m*.
shew ✎ [ʃəu] = *show.*
shib·bo·leth ['ʃibəleθ] Erkennungszeichen *n*; Schlagwort *n*; überholte Anschauung *f*.
shield [ʃi:ld] **1.** (Schutz)Schild *m*; Wappenschild *m*, *n*; **2.** (be)schirmen, schützen (*from* vor *dat.*, gegen); '**shield·less** schild-, schutzlos.
shift [ʃift] **1.** Veränderung *f*, -schiebung *f*, Wechsel *m*; Notbehelf *m*; List *f*, Kniff *m*; Ausflucht *f*; (Arbeits)Schicht *f*; *make ~* es möglich machen (*to inf.* zu *inf.*); sich behelfen (*with* mit; *without* ohne); sich durchschlagen; **2.** *v/t.* (ver-, weg)schieben; ⚓ wenden, umlegen; umladen; *Platz, Szene etc.* verlegen, verändern, verlagern; *Betrieb etc.* umstellen (*to* auf *acc.*); *mot. Gang* schalten; *v/i.* den Ort verändern; sich verlagern; umspringen (*Wind*); ⚓ überschießen (*Ballast*); sich behelfen; *~ for o.s.* für sich sorgen; sich selbst helfen; '**shift·ing** □ veränderlich; *~ sands pl.* Flugsand *m*; '**shift·less** □ hilflos; *fig.* ungewandt; faul; '**shift·y** □ schlau, verschlagen, gerissen; unzuverlässig.
shil·ling ['ʃiliŋ] *engl.* Schilling *m*; *cut off with a ~* enterben.
shil·ly-shal·ly ['ʃiliʃæli] unentschlossen (sein).
shim·mer ['ʃimə] flimmern, schimmern.
shin [ʃin] **1.** *a. ~-bone* Schienbein *n*; **2.** *~ up* hinaufklettern.
shin·dy F ['ʃindi] Radau *m*, Krach *m*.
shine [ʃain] **1.** Schein *m*; Glanz *m*; *give one's shoes a ~* s-e Schuhe polieren; *rain or ~* bei jedem Wetter; **2.** (*irr.*) scheinen; leuchten; *fig.* glänzen, strahlen; blank putzen.
shin·gle[1] ['ʃiŋgl] **1.** Schindel *f*; Herrenschnitt *m* (*Damenfrisur*); *Am.* F (Aushänge)Schild *n*; **2.** mit Schindeln decken; *Haar* kurz schneiden.
shin·gle[2] *coll.* [~] Strandkiesel *m/pl.*; Strand *m*.
shin·gles ⚕ ['ʃiŋglz] *pl.* Gürtelrose *f*.
shin·gly ['ʃiŋgli] kies(el)ig, Kies...
shin·y □ ['ʃaini] blank, glänzend.
ship [ʃip] **1.** Schiff *n*; *Am.* F Flugzeug *n*; *~'s company* Schiffsbesatzung *f*; **2.** *v/t.* an Bord nehmen *od.* bringen; verschiffen, versenden; (ver)schicken; transportieren; *Matrosen* heuern; *~ the oars* die Riemen einlegen; *~ a sea* e-e Sturzsee bekommen; *v/i.* sich anheuern lassen; sich einschiffen; '**~-board:** *on ~* ⚓ an Bord; '**~-brok·er** Schiffsmakler *m*; -händler *m*; '**~-build·er** Schiffbauer *m*, Schiff-

baumeister *m*; '~-**build·ing** Schiffbau *m*; '~-**ca·nal** Schiffahrtskanal *m*; '~-**chan·dler** Schiffslieferant *m*; '~-**chan·dler·y** Schiffsproviant *m*; '~·**load** Schiffsladung *f*; '**ship·ment** Verschiffung *f*, Verladung *f*; Versand *m*; Schiffsladung *f*; '**ship·own·er** Reeder *m*; '**ship·per** Verschiffer *m*, Verlader *m*.

ship·ping ['ʃipiŋ] **1.** Verschiffung *f*; Schiffe *n/pl.*, Flotte *f e-s Landes*; **2.** Schiffs...; Verschiffungs..., Verlade...; '~-**a·gent** Reedereivertreter *m*, Schiffsagent *m*; '~-**of·fice** Heuerbüro *n*.

ship...: '~·**shape** sauber, ordentlich; '~-**way** Helling *f*; '~·**wreck** **1.** Schiffbruch *m*; **2.** scheitern (lassen); *be* ~*ed* Schiffbruch erleiden, scheitern; '~·**wrecked** schiffbrüchig; '~·**wright** Schiffbauer *m*; Schiffszimmermann *m*; '~·**yard** Schiffswerft *f*.

shire ['ʃaiə, *in Zssgn* ...ʃiə] Grafschaft *f*; ~ *horse* schweres Zugpferd *n*.

shirk [ʃə:k] sich drücken (um *e-e Aufgabe*); '**shirk·er** Drückeberger *m*.

shirt [ʃə:t] Herrenhemd *n*; *a.* ~-*waist Am.* Hemdbluse *f*; *keep one's* ~ *on sl.* sich nicht aufregen; '**shirt·ing** ✝ Hemdenstoff; '**shirt--sleeve** **1.** Hemdsärmel *m*; **2.** hemdsärmelig, informell; ~ *diplomacy bsd. Am.* offene Diplomatie *f*; '**shirt·y** *sl.* aus dem Häuschen, wütend.

shiv·er[1] ['ʃivə] **1.** Splitter *m*; *break to* ~*s* = **2.** *v/t. u. v/i.* zersplittern.

shiv·er[2] [~] **1.** Schauer *m*; *the* ~*s pl.* das Fieber; *it gives me the* ~*s* es läuft mir kalt über den Rücken; **2.** schau(d)ern; (er)zittern; frösteln; ~*ing fit* Fieberschauer *m*, Schüttelfrost *m*; '**shiv·er·y** fröstelnd.

shoal[1] [ʃəul] **1.** Schwarm *m*, Schar *f* (*Fische*; *a. fig.*); **2.** sich scharen.

shoal[2] [~] **1.** Untiefe *f*; **2.** flacher *od.* seichter werden; **3.** = '**shoal·y** seicht, flach.

shock[1] ⸙ [ʃɔk] Garbenhaufen *m*, Mandel *f*.

shock[2] [~] **1.** Stoß *m*; Anstoß *m*, Ärgernis *n*; Erschütterung *f*, Schlag *m*; ⚕ (Nerven)Schock *m*; **2.** *fig.* verletzen, empören, schokkieren, Anstoß erregen bei; *Nervensystem* erschüttern.

shock[3] [~] (*of hair* Haar)Schopf *m*.

shock...: '~-**ab·sorb·er** *mot.* Stoßdämpfer *m*; '~-**bri·gade** Stoßbrigade *f*; ~ **ther·a·py**, ~ **treat·ment** Schocktherapie *f*.

shock·er *sl.* ['ʃɔkə] Schauerroman *m*.

shock·ing □ ['ʃɔkiŋ] anstößig; verletzend, empörend; haarsträubend.

shod [ʃɔd] *pret. u. p.p. von shoe* 2.

shod·dy ['ʃɔdi] **1.** Reißwolle *f*; *fig.* Schund *m*, Kitsch *m*; **2.** unecht, falsch; minderwertig; kitschig.

shoe [ʃu:] **1.** Schuh *m*; Hufeisen *n*; Beschlag *m*; Hemmschuh *m*; **2.** (*irr.*) beschuhen; beschlagen; '~·**black** Schuhputzer *m*; '~·**black·ing** Schuhwichse *f*; '~·**horn** Schuhanzieher *m*; '~-**lace** Schnürsenkel *m*; '~·**mak·er** Schuhmacher *m*; '~-**string** Schnürsenkel *m*; *on a* ~ F mit ein paar Groschen.

shone [ʃɔn] *pret. u. p.p. von shine* 2.

shoo [ʃu:] *Vögel* scheuchen.

shook [ʃuk] *pret. von shake* 1.

shoot [ʃu:t] **1.** *fig.* Schuß *m* (*schnelle Bewegung*); ⸙ Schößling *m*; Jagd *f*; Rutsche *f*; Stromschnelle *f*; **2.** (*irr.*) *v/t.* schießen; abschießen, abfeuern; werfen, stoßen; *Film* aufnehmen, drehen; durchschießen; *fig.* unter *e-r Brücke etc.* hindurch-, über *et.* hinwegschießen; ⚘ treiben; *Riegel* vorschieben; *Müll, Karren* ausschütten; *Faß* schroten; ⚕ (ein)spritzen; *v/i.* schießen (*at* nach); stechen (*Schmerz, Glied*); fliegen, daherschießen; stürzen; fallen; *a.* ~ *forth* sprossen, ausschlagen; ⚓ überschießen (*Ballast*); ~ *ahead* vorwärtsschießen; ~ *ahead of* überholen, hinter sich lassen; ~ *up* emporschnellen; '**shoot·er** Schütze *m*.

shoot·ing ['ʃu:tiŋ] **1.** Schießen *n*; Schießerei *f*; Jagd *f*; Jagdrecht *n*; *Film*: Dreharbeiten *f/pl.*; **2.** stechend (*Schmerz*); '~-**box** Jagdhäuschen *n*; '~-**brake** Jagdwagen *m*; Kombiwagen *m*; '~-**gal·ler·y** Schießstand *m*, -bude *f*; '~-**range** Schießplatz *m*; ~ **star** Sternschnuppe *f*; '~-**war** heißer Krieg *m*.

shop [ʃɔp] **1.** Laden *m*, Geschäft *n*; Werkstatt *f*, Betrieb *m*; *set up* ~ ein Geschäft eröffnen; *talk* ~ fachsimpeln; **2.** *mst go* ~*ping* einkaufen gehen; ˈ**~-as·sist·ant** Verkäufer (-in); ˈ**~·keep·er** Ladeninhaber (-in); Krämer *m*; ˈ**~·lift·er** Ladendieb *m*; ˈ**~·man** Ladengehilfe *m*; ˈ**shop·per** Käufer(in); ˈ**shop·ping** Einkaufen *n*; Einkaufs...; ~ *centre*, *Am.* ~ *center* Einkaufszentrum *n*.

shop...: ˈ**~-soiled** angestaubt (*Ware*); ˈ**~-ˈstew·ard** Betriebsobmann *m der Gewerkschaft*; ˈ**~-walk·er** Aufsichtsherr *m*, -dame *f in großen Geschäften*; ˈ**~-ˈwin·dow** Schaufenster *n*.

shore[1] [ʃɔː] Küste *f*, Gestade *n*, Ufer *n*; Strand *m*; *on* ~ an Land.

shore[2] [~] **1.** Stütze *f*, Strebe *f*; **2.** ~ *up* (ab)stützen.

shore...: ˈ**~·line** Küstenlinie *f*; ˈ**~·ward** [ˈ~wəd] küstenwärts (gelegen).

shorn [ʃɔːn] *p.p. von shear 1*; ~ *of e-r Sache* beraubt.

short [ʃɔːt] **1.** kurz; klein (*Figur*); knapp; mürbe (*Gebäck*); brüchig (*Metall*); kurz angebunden, wortkarg; ⚕ kurzfristig; *s. circuit*; ~ *wave Radio*: Kurzwelle *f*; *in* ~ kurz(um); ~ *of* knapp an (*dat.*), ohne; abgesehen von; *nothing* ~ *of* nichts als; geradezu; ~ *of London* kurz vor London; ~ *of lying* ehe ich lüge; *come od. fall* ~ *of* nicht erreichen, es fehlen lassen an (*dat.*); unter *dat.* bleiben; *cut* ~ plötzlich unterbrechen; *fall od. run* ~ ausgehen (*Vorräte*); *stop* ~ *of* innehalten vor (*dat.*); **2.** *gr.* kurzer Vokal *m*, kurze Silbe *f*; Kurzfilm *m*; ⚡ Kurzschluß *m*; *s. shorts*; ~-*circuit*; ˈ**short·age** Fehlbetrag *m*; Gewichtsverlust *m*, Abgang *m*; Mangel *m*, Knappheit *f*.

short...: ˈ**~·cake** Mürbekuchen *m*; ˈ**~-ˈcir·cuit** ⚡ kurzschließen; **~-ˈcom·ing** Unzulänglichkeit *f*; Fehler *m*; Mangel *m*; **~ cut** Abkürzungsweg *m*; ˈ**~-ˈdat·ed** ⚕ auf kurze Sicht; ˈ**short·en** *v/t.* ab-, verkürzen; *v/i.* kürzer werden; ˈ**short·en·ing** Backfett *n*.

short...: ˈ**~·fall** Fehlbetrag *m*; ˈ**~·hand** Kurzschrift *f*, Stenographie *f*; ~ *typist* Stenotypistin *f*; ˈ**~-ˈhand·ed** knapp an Arbeitskräften; ˈ**~-ˈlived** kurzlebig, von kurzer Dauer; ˈ**short·ly** *adv.* kurz; in Kürze, bald; ˈ**short·ness** Kürze *f*; Mangel *m*.

shorts [ʃɔːts] *pl.* Shorts *pl.*, kurze Hose *f*.

short...: ˈ**~-ˈsight·ed** kurzsichtig; ˈ**~-ˈtem·pered** aufbrausend, reizbar; ˈ**~-term** kurzfristig; ˈ**~-wave** *Radio*: Kurzwellen...; ˈ**~-ˈwind·ed** kurzatmig.

shot[1] [ʃɔt] **1.** *pret. u. p.p. von shoot 2*; **2.** *adj.* schillernd (*Seide*).

shot[2] [~] Schuß *m*; Geschoß *n*, Kugel *f*; *a. small* ~ Schrot *n*; *pl. mst* ~ Schrotkorn *n*; Schütze *m*; *Sport*: Stoß *m*, Schlag *m*, Wurf *m*; *phot., Film*: Aufnahme *f*; ⚕ Einspritzung *f*, Spritze *f*; *sl.* Schuß *m Rum etc.*; *have a* ~ *at et.* versuchen; *not by a long* ~ F noch lange nicht; *within (out of)* ~ in (außer) Schußweite; *like a* ~ F wie aus der Pistole geschossen; *big* ~ F großes Tier *n*; Bonze *m*; *make a bad* ~ fehlschießen; (*fig. falsch raten*); ˈ**~·gun** Schrotflinte *f*; ~ *marriage Am.* F Mußheirat *f*; ˈ**~-proof** kugelfest.

shot·ten her·ring [ˈʃɔtnˈheriŋ] Hohlhering *m*.

should [ʃud] *pret. von shall.*

shoul·der [ˈʃəuldə] **1.** Schulter *f* (*a. von Tieren*; *fig. Vorsprung*); Achsel *f*; *give s.o. the cold* ~ j. über die Achsel ansehen; *put one's* ~ *to the wheel* sich tüchtig ins Zeug legen; *rub* ~*s with* in Berührung kommen mit; ~ *to* ~ Schulter an Schulter; **2.** auf die Schulter (*fig.* auf sich) nehmen; ⚔ schultern; drängen; ~ *one's way* sich e-n Weg bahnen; ˈ**~-blade** *anat.* Schulterblatt *n*; ˈ**~-strap** Träger *m am Kleid*; ⚔ Schulter-, Achselstück *n*.

shout [ʃaut] **1.** lauter Schrei *m od.* Ruf *m*; Geschrei *n*; **2.** laut schreien *od.* rufen; jauchzen.

shove [ʃʌv] **1.** Schub *m*, Stoß *m*; **2.** schieben, stoßen.

shov·el [ˈʃʌvl] **1.** Schaufel *f*; **2.** schaufeln; ˈ**~-board** Beilketafel *f*; Beilkespiel *n*.

show [ʃəu] **1.** (*irr.*) *v/t.* zeigen; ausstellen; *Gnade etc.* erweisen; *Gründe* angeben; beweisen; ~ *forth* darlegen; ~ *in* hereinführen; ~ *off* zur Geltung bringen; ~ *out* hinausgeleiten; ~ *round* herumführen; ~ *up* hinaufführen; bloßstellen, entlarven; *v/i. a.* ~ *up* sich zeigen, erscheinen; zu sehen sein; ~ *off* angeben, prahlen, sich aufspielen;

2. Schau(stellung) *f*; Ausstellung *f*; Auf-, Vorführung *f*; Anschein *m*, Anblick *m*; *sl.* Sache *f*, Geschichte *f*; ~ *of hands* Handzeichen *n bei Abstimmungen*; *dumb* ~ Pantomime *f*, Gebärdenspiel *n*; *on* ~ zu besichtigen; *run the* ~ *sl.* den Laden schmeißen; ~ **busi·ness** Unterhaltungsindustrie *f*; Schaugeschäft *n*; '**~-card** Geschäftsanzeige *f*; '**~-case** Schaukasten *m*, Vitrine *f*; '**~-down** Aufdecken *n* der Karten (*a. fig.*); *fig.* Kraftprobe *f*.

show·er ['ʃauə] **1.** (Regen-, Hagel-) Schauer *m*; Dusche *f*; *fig.* Fülle *f*, Menge *f*; **2.** herabschütten (*a. fig.*); übergießen, -schütten (*with* mit); sich ergießen; **~-bath** ['~bɑːθ] Brausebad *n*, Dusche *f*; '**show·er·y** regnerisch; Regen...

show·i·ness ['ʃəuinis] Gepränge *n*; Auffälligkeit *f*; '**show·man** Zirkus-, Varietéunternehmer *m*; j., der sich *od.* et. in Szene zu setzen versteht; '**show·man·ship** Kunst *f*, sich *od.* et. in Szene zu setzen; **shown** [ʃəun] *p.p. von show 1*; '**show-place** Sehenswürdigkeit *f*; '**show-room** Ausstellungsraum *m*; '**show-win·dow** Schaufenster *n*; '**show·y** □ prächtig; prunkhaft; auffällig.

shrank [ʃræŋk] *pret. von shrink*.

shrap·nel ⚔ ['ʃræpnl] Schrapnell *n*.

shred [ʃred] **1.** Stückchen *n*; Schnitz(el *n*) *m*; Fetzen *m* (*a. fig.*); **2.** (*irr.*) (zer)schnitzeln; zerfetzen; ausfasern; *~ded wheat* fertige Frühstücksnahrung *f* aus Weizen.

shrew [ʃruː] zänkisches Weib *n*; *a.* *~-mouse zo.* Spitzmaus *f*.

shrewd □ [ʃruːd] scharfsinnig, klug, schlau; '**shrewd·ness** Scharfsinn *m*, Schlauheit *f*.

shrew·ish □ ['ʃruːiʃ] zänkisch.

shriek [ʃriːk] **1.** (Angst)Schrei *m*; Gekreisch *n*; *fig.* Pfeifen *n*; **2.** kreischen, schreien.

shrike *orn.* [ʃraik] Würger *m*.

shrill [ʃril] **1.** □ schrill, gellend; **2.** schrillen, gellen; schreien.

shrimp *zo.* [ʃrimp] Garnele *f*, Krabbe *f*; *fig.* Knirps *m*.

shrine [ʃrain] (Reliquien)Schrein *m*; Altar *m*.

shrink [ʃriŋk] (*irr.*) *v/i.* (ein-, zs.-) schrumpfen; einlaufen (*Stoff*); sich zurückziehen; *a.* ~ *back* zurückschrecken (*from, at* vor *dat.*); *v/t.* einschrumpfen lassen; ⊕ Stoff krump(f)en, einlaufen lassen; '**shrink·age** Einlaufen *n*, Zs.-schrumpfen *n*; Schrumpfung *f*; *fig.* Verminderung *f*.

shriv·el ['ʃrivl] *a.* ~ *up* einschrumpfen (lassen); *fig.* vergehen (lassen).

shroud[1] [ʃraud] **1.** Leichentuch *n*, Totenhemd *n*; *fig.* Gewand *n*, Umhüllung *f*; **2.** in ein Leichentuch einhüllen; *fig.* hüllen.

shroud[2] ⚓ [~] Want(tau *n*) *f*; *mst* *~s pl.* Wanten *f/pl.*

Shrove·tide ['ʃrəuvtaid] Fastnachtszeit *f*; **Shrove Tues·day** Fastnachtsdienstag *m*.

shrub [ʃrʌb] Staude *f*, Strauch *m*; Busch *m*; '**shrub·ber·y** Strauchpflanzung *f*; Gebüsch *n*; '**shrub·by** strauch(art)ig.

shrug [ʃrʌg] **1.** (die Achseln) zucken; ~ *s.th. off* et. abtun; **2.** Achselzucken *n*.

shrunk [ʃrʌŋk] *p.p. von shrink*; '**shrunk·en** *adj.* (ein)geschrumpft; eingefallen (*Wangen*).

shuck *Am.* [ʃʌk] **1.** Hülse *f*, Schote *f*; *~s!* F Quatsch!; **2.** enthülsen, -schoten.

shud·der ['ʃʌdə] **1.** schaudern; (er-)beben; **2.** Schauder *m*; Erbeben *n*.

shuf·fle ['ʃʌfl] **1.** *v/t.* schieben; *Karten* mischen; ~ *away* wegpraktizieren; ~ *off* von sich schieben; abstreifen; *v/i.* schieben, stoßen; *Karten*: mischen; schlurren, schlurfen; sich herauszureden suchen, Ausflüchte machen; ~ *through one's work* s-e Arbeit flüchtig tun, pfuschen; **2.** Schieben *n*; Mischen *n der Karten*; Schlurfen *n*; *pol.* Umbesetzung *f*; Schiebung *f*; '**shuffler** Mischer *m*; Ausflüchtemacher *m*, Schwindler *m*; '**shuf·fling** □ schleppend (*Gang*); ausweichend; unredlich.

shun [ʃʌn] (ver)meiden.

shunt [ʃʌnt] **1.** 🚂 Rangieren *n*; 🚂 Weiche *f*; ⚡ Nebenschluß *m*; **2.** 🚂 rangieren, verschieben *od.* (*v/i.*) verschoben werden; ⚡ nebenschließen; *fig.* ver-, aufschieben; '**shunt·er** 🚂 Rangierer *m*; '**shunt·ing sta·tion** 🚂 Verschiebe-, Rangierbahnhof *m*.

shut [ʃʌt] (*irr.*) *v/t.* (ver)schließen, zumachen; *~one's eyes to* die Augen verschließen vor; ~ *down Betrieb* schließen, stillegen; ~ *in* einschließen; *Finger etc.* einklemmen in (*acc.*); ~ *out* ausschließen; ~ *up* ein-, verschließen; einsperren; ~ *up shop* das Geschäft schließen; *v/i.* sich schließen, zugehen; ~ *up!* F halt den Mund!; '~·**down** Betriebsschließung *f*, Stillegung *f*; '~·**out** *Sport*: Zu-Null-Niederlage *f*; '**shut·ter** Fensterladen *m*; *phot.* Verschluß *m*; *put up the* ~*s* den Laden dicht machen, schließen; *rolling* ~ Rolladen *m*.

shut·tle ['ʃʌtl] **1.** Weberschiff *n*; Schiffchen *n der Nähmaschine*; 🚃 *etc.* Pendelverkehr *m*; ~ *train* Pendelzug *m*; **2.** *Verkehr*: pendeln; '~·**cock** Federball(spiel *n*) *m*.

shy¹ [ʃai] **1.** □ scheu; schüchtern; *be od. fight* ~ *of* sich scheuen *od.* hüten vor (*dat.*); **2.** (zurück)scheuen (*at* vor *dat.*).

shy² F [~] **1.** werfen; **2.** Wurf *m*; Hieb *m*; *have a* ~ *at* e-n Versuch machen mit.

shy·ness ['ʃainis] Schüchternheit *f*; Scheu *f*.

shy·ster *bsd. Am. sl.* ['ʃaistə] gerissener Kerl *m*; Winkeladvokat *m*.

Si·a·mese [saiə'mi:z] **1.** siamesisch; **2.** Siamese *m*, Siamesin *f*; Siamesisch *n*.

Si·be·ri·an [sai'biəriən] **1.** sibirisch; **2.** Sibirier(in).

sib·i·lant ['sibilənt] **1.** □ zischend; **2.** *gr.* Zischlaut *m*.

sib·yl ['sibil] Sibylle *f*, Seherin *f*; Wahrsagerin *f*; **sib'yl·line** [~lain] sibyllinisch.

Si·cil·ian [si'siljən] **1.** sizilianisch; **2.** Sizilianer(in).

sick [sik] krank (*of* an *dat.*; *with* vor *dat.*); (zum Erbrechen) übel, unwohl; überdrüssig (*of gen.*); *be* ~ *for* sich sehnen nach; *be* ~ *of* genug haben von; *go* ~, *report* ~ sich krank melden; '~-**bed** Krankenbett *n*; '~-**ben·e·fit** Krankengeld *n*; '**sick·en** *v/i.* krank werden; kränkeln; ~ *at* sich ekeln vor (*dat.*); ~ *of* (*ger.*) es müde *od.* überdrüssig werden zu (*inf.*); *v/t.* krank machen; anekeln.

sick·le ['sikl] Sichel *f*.

sick-leave ['sikli:v] Krankheitsurlaub *m*; '**sick·li·ness** Kränklichkeit *f*; Ungesundheit *f des Klimas etc.*; '**sick·ly** kränklich; schwächlich; bleich, blaß; ungesund (*Klima etc.*); widerlich (*Geruch etc.*); matt (*Lächeln etc.*); '**sick·ness** Krankheit *f*; Übelkeit *f*.

side [said] **1.** *allg.* Seite *f*; Ufer *n*, Rand *m*; Flanke *f e-s Berges*; Partei *f*; ~ *by* ~ Seite an Seite, nebeneinander; *fig.* daneben; *by one's* ~ zur Seite; ~ *by* ~ *with* neben; *at od. by s.o.'s* ~ an j-s Seite; *put on* ~ F angeben; **2.** Seiten...; Neben...; **3.** Partei ergreifen (*with* für); '~-**arms** *pl.* ⚔ Seitengewehre *n/pl.*; '~·**board** Anrichte(tisch *m*) *f*; Sideboard *n*; '~-**car** *mot.* Beiwagen *m*; '**sid·ed** ...seitig.

side...: '~-**face** Seitenansicht *f*, Profil *n*; ~ **is·sue** Nebenfrage *f*, Randproblem *n*; '~-**light** Seiten-, *fig.* Streiflicht *n*; '~-**line** 🚃 Nebenbahn *f*; Nebenbeschäftigung *f*; '~·**long** **1.** *adv.* seitwärts; **2.** *adj.* seitlich; Seiten...; *fig.* versteckt (*Lächeln etc.*).

si·de·re·al *ast.* [sai'diəriəl] siderisch, Stern(en)...

side...: '~-**sad·dle** Damensattel *m*; '~-**slip** ✈ seitlich abrutschen; *mot.* schleudern; **sides·man** ['~zmən] Kirchendiener *m*.

side...: '~-**split·ting** zwerchfellerschütternd; '~-**step** **1.** Schritt *m* zur Seite; **2.** beiseite treten; *e-r Sache* ausweichen; '~-**stroke** Seitenschwimmen *n*; '~-**track** **1.** 🚃 Nebengleis *n*; **2.** auf ein Nebengleis schieben; *bsd. Am. fig.* zur Seite schieben; '~-**walk** *bsd. Am.* Bürgersteig *m*, Gehweg *m*; **side·ward** ['~wəd] **1.** *adj.* seitlich; **2.** *adv.* = **side·wards** ['~wədz], '**side·ways**, '**side·wise** seitwärts.

sid·ing 🚃 ['saidiŋ] Ausweichstelle *f*; Nebengleis *n*.

si·dle ['saidl] seitwärts *od.* mit der Seite voran gehen.

siege [si:dʒ] Belagerung *f*; *lay* ~ *to* belagern.

si·er·ra ['siərə] Sierra *f*, Gebirgskette *f*.

sieve [siv] **1.** Sieb *n*; **2.** (durch-)sieben.

sift [sift] sieben; *fig.* sichten; prüfen.

sift·er ['siftə] Sieber(in); Sichter (-in); Sieb *n*.

sigh [sai] **1.** Seufzer *m*; **2.** seufzen; sich sehnen (*for, after* nach).

sight [sait] **1.** Sehvermögen *n*, -kraft *f*; *fig.* Auge *n*; Ansicht *f*, Anblick *m*; Schauspiel *n*; Visier *n am Gewehr*; Sicht *f*; F Masse *f*, Menge *f* (*sehr viel*); ~*s pl.* Sehenswürdigkeiten *f/pl.*; *second* ~ zweites Gesicht *n*, Hellsehen *n*; *at od. on* ~ beim Anblick; ♪ vom Blatt; ⚕ nach Sicht; *catch* ~ *of* erblicken, zu Gesicht bekommen; *lose* ~ *of* aus den Augen verlieren; *within* ~ in Sicht; *out of* ~ aus den Augen; außer Sicht; *take* ~ visieren; *not by a long* ~ bei weitem nicht; *know by* ~ vom Sehen kennen; **2.** *v/t.* sichten; anvisieren; *v/i.* visieren; ˈ**sight·ed** ...sichtig; ˈ**sight·ing-line** Visierlinie *f*; ˈ**sight·less** blind; ˈ**sight·li·ness** Ansehnlich-, Stattlichkeit *f*; ˈ**sight·ly** ansehnlich, stattlich.

sight...: ˈ**~-see·ing** Besuchen *n* von Sehenswürdigkeiten; ˈ**~-se·er** Tourist(in); ˈ**~-sing·ing** ♪ (Vom)Blattsingen *n*.

sign [sain] **1.** (Kenn-, Vor)Zeichen *n*; Wink *m*; (Aushänge)Schild *n*; *in* ~ *of* zum Zeichen (*gen.*); **2.** *v/i.* winken, Zeichen geben; ~ *on* (*off*) *Radio*: (*mit e-r Melodie*) den Beginn (das Ende) e-r Sendung ankündigen; *v/t.* (unter)zeichnen, unterschreiben; ~ *on* (*v/i.* sich) vertraglich verpflichten.

sig·nal [ˈsignl] **1.** Signal *n*; Zeichen *n*; ~*s pl.* ⚔ Fernmeldetruppe *f*; *busy* ~ *teleph.* Besetztzeichen *n*; **2.** □ bemerkenswert, außerordentlich; **3.** signalisieren; *j-m* Zeichen geben; melden; anzeigen; ˈ**~-box** 🚂 Stellwerk *n*; **sig·nal·ize** [ˈ~nəlaiz] bemerkenswert machen, auszeichnen; = *signal 3.*

sig·na·to·ry [ˈsignətəri] **1.** Unterzeichner *m*, Signatar *m*; **2.** unterzeichnend; *powers* ~ *to an agreement* Signatarmächte *f/pl.* e-s Abkommens.

sig·na·ture [ˈsignitʃə] Signatur (*a. typ.*, ♪, ⚕); Unterschrift *f*; ~ *tune Radio*: Kennmelodie *f*.

sign·board [ˈsainbɔːd] (Aushänge-) Schild *n*; ˈ**sign·er** Unterzeichner (-in).

sig·net [ˈsignit] Siegel *n*; ˈ**~-ring** [Siegelring *m*.]

sig·nif·i·cance, sig·nif·i·can·cy [sigˈnifikəns(i)] Bedeutung *f*; Wichtigkeit *f*; **sigˈnif·i·cant** □ bedeutsam; bezeichnend (*of* für); **sig·ni·fiˈca·tion** Bedeutung *f*; **sigˈnif·i·ca·tive** [~kətiv] bezeichnend (*of* für); bedeutsam.

sig·ni·fy [ˈsignifai] bezeichnen, andeuten; kundgeben; bedeuten; *it does not* ~ es hat nichts auf sich.

si·gnor [ˈsiːnjɔː] Signor *m*, Herr *m*; **siˈgnor·a** [~rə] Signora *f*, Frau *f*; **si·gno·ri·na** [~ˈriːnə] Signorina *f*, Fräulein *n*.

sign...: ˈ**~-paint·er** Schildermaler *m*; ˈ**~-post** Wegweiser *m*.

si·lage [ˈsailidʒ] Silofutter *n*.

si·lence [ˈsailəns] **1.** (Still)Schweigen *n*; Stille *f*, Ruhe *f*; ~! Ruhe!; *put od. reduce to* ~ = **2.** zum Schweigen bringen; ˈ**si·lenc·er** ⊕ Schalldämpfer *m*; *mot.* Auspufftopf *m*.

si·lent □ [ˈsailənt] still; schweigend; schweigsam; stumm (*Buchstabe*); ~ *film* Stummfilm *m*; ~ *partner bsd. Am.* ⚕ stiller Teilhaber *m*.

Si·le·sian [saiˈliːzjən] **1.** schlesisch; **2.** Schlesier(in).

sil·hou·ette [siluːˈet] **1.** Silhouette *f*; Schattenriß *m*; **2.** *be* ~*d against* sich abheben gegen.

sil·i·ca ⚗ [ˈsilikə] Kieselerde *f*; Silikat *n*; **sil·i·cat·ed** [ˈ~keitid] kieselsauer; **siˈli·ceous** [~ʃəs] kieselartig; **sil·i·con** [ˈ~kən] Silizium *n*; **sil·i·cone** [ˈ~kəun] Silikon *n*; **sil·i·co·sis** ⚕ [~ˈkəusis] Staublunge *f*.

silk [silk] **1.** Seide *f*; ⚖ Seidentalar *m*; Kronanwalt *m*; *take* ~ Kronanwalt werden; **2.** Seiden...; **silk·en** □ seiden; *s. silky*; ˈ**silk·i·ness** Seidenartigkeit *f*; ˈ**silk-ˈstock·ing** *Am.* vornehm; ˈ**~-worm** Seidenraupe *f*; ˈ**silk·y** □ seid(enart)ig; seidenweich.

sill [sil] Schwelle *f*; Fensterbrett *n*.

sil·li·ness [ˈsilinis] Albernheit *f*.

sil·ly □ [ˈsili] albern, töricht, dumm; ~ *season* Sauregurkenzeit *f*.

si·lo [ˈsailəu] Futtersilo *m*.

silt [silt] **1.** Schlamm *m*; **2.** *mst* ~ *up* verschlammen.

sil·ver [ˈsilvə] **1.** Silber *n* (*a. Silbergeld, -gerät u. fig.*); **2.** silbern; Silber...; **3.** versilbern; silberig *od.* silberweiß werden (lassen); ˈ**~-ˈplate** ⊕ versilbern; ˈ**~·ware** *Am.* Tafelsilber *n*; ˈ**sil·ver·y** silberig; silberglänzend; *zo. u.* ⚘ Silber...; silberhell (*Stimme*).

sim·i·lar □ [ˈsimilə] ähnlich, gleich; **sim·i·lar·i·ty** [~ˈlæriti] Ähnlichkeit *f.*
sim·i·le [ˈsimili] Gleichnis *n.*
si·mil·i·tude [siˈmilitjuːd] Gestalt *f*; Ebenbild *n*; Gleichnis *n.*
sim·mer [ˈsimə] sieden, brodeln (lassen); *fig.* gären (*Gefühl, Aufstand*); ~ *down* ruhig(er) werden.
Si·mon [ˈsaimən] Simon *m*; *the real* ~ *Pure* F der wahre Jakob; *simple* ~ F Einfaltspinsel *m*; **si·mo·ny** [ˈ~ni] Simonie *f*, Ämterkauf *m.*
si·moom *meteor.* [siˈmuːm] Samum *m.*
sim·per [ˈsimpə] **1.** einfältiges Lächeln *n*; **2.** einfältig lächeln.
sim·ple □ [ˈsimpl] einfach; schlicht; einfältig; arglos; ˈ**~-ˈheart·ed**, ˈ**~-ˈmind·ed** arglos, naiv; **sim·ple·ton** [ˈ~tən] Einfaltspinsel *m.*
sim·plic·i·ty [simˈplisiti] Einfachheit *f*; Klarheit *f*, Schlichtheit *f*; Einfalt *f*; **sim·pli·fi·ca·tion** [~fiˈkeiʃən] Vereinfachung *f*; **sim·pli·fy** [ˈ~fai] vereinfachen.
sim·ply [ˈsimpli] *adv.* einfach *etc.* (*s. simple*); bloß, nur; schlechthin.
sim·u·late [ˈsimjuleit] vortäuschen; (er)heucheln; *j-s* Aussehen annehmen, sich tarnen als; **sim·uˈla·tion** Vortäuschung *f*; Heuchelei *f*; ˈ**sim·u·la·tor** Simulator *m*, Übungsgerät *n.*
si·mul·ta·ne·i·ty [siməltəˈniəti] Gleichzeitigkeit *f.*
si·mul·ta·ne·ous □ [siməlˈteinjəs] gleichzeitig; **si·mulˈta·ne·ous·ness** Gleichzeitigkeit *f.*
sin [sin] **1.** Sünde *f*; **2.** sündigen.
since [sins] **1.** *prp.* seit; **2.** *adv.* seitdem; *long* ~ schon lange; *how long* ~? seit wann?; *a short time* ~ vor kurzem; **3.** *cj.* seit(dem); da (ja), weil.
sin·cere □ [sinˈsiə] aufrichtig; *Yours* ~*ly* Ihr ergebener; **sin·cer·i·ty** [~ˈseriti] Aufrichtigkeit *f.*
sine ⩓ [sain] Sinus *m.*
si·ne·cure [ˈsainikjuə] Sinekure *f*, Pfründe *f.*
sin·ew [ˈsinjuː] Sehne *f*; *fig. mst* ~*s pl.* Nerven(kraft *f*) *m/pl.*; Seele *f*; ˈ**sin·ew·y** sehnig; nervig, stark.
sin·ful □ [ˈsinful] sündig, sündhaft, böse; ˈ**sin·ful·ness** Sündhaftigkeit *f.*
sing [siŋ] (*irr.*) singen (*fig.* = *dichten*); *j., et.* besingen; summen (*Kessel*); klingen (*Ohr*); ~ *out* F laut rufen, schreien; ~ *small*, ~ *another song od. tune* kleinlaut werden, klein beigeben.
singe [sindʒ] (ver)sengen.
sing·er [ˈsiŋə] Sänger(in).
sing·ing [ˈsiŋiŋ] Gesang *m*, Singen *n*; ~ *bird* Singvogel *m.*
sin·gle [ˈsiŋgl] **1.** □ einzig; einzeln; Einzel...; einfach; ledig, unverheiratet; ~ *bill* ✝ Solawechsel *m*; ~ *combat* Zweikampf *m*; *bookkeeping by* ~ *entry* einfache Buchführung *f*; ~ *file* Gänsemarsch *m*; **2.** *Tennis*: Einzel(spiel) *n*; einfache Fahrkarte *f*; **3.** ~ *out* auswählen, -suchen; ˈ**~-ˈbreast·ed** einreihig (*Jacke etc.*); ˈ**~-ˈen·gin·ed** ✈ einmotorig (*Flugzeug*); ˈ**~-ˈhand·ed** eigenhändig, allein; ˈ**~-ˈheart·ed** □, ˈ**~-ˈmind·ed** □ aufrichtig, grundehrlich; zielstrebig; ˈ**~-ˈline** eingleisig; ˈ**sin·gle-ˈseat·er** Einsitzer *m*; ˈ**sin·gle·stick** Stockrapier *n*; **sin·glet** [ˈsiŋglit] Unterhemd *n*; **sin·gle·ton** [ˈ~tən] *Karten*: Singleton *m* (*einzige Karte e-r Farbe*); ˈ**sin·gle-ˈtrack** eingleisig; ˈ**sin·gly** einzeln, allein.
sing·song [ˈsiŋsɔŋ] Singsang *m.*
sin·gu·lar [ˈsiŋgjulə] **1.** □ einzigartig, ungewöhnlich; eigenartig; sonderbar; *gr.* singularisch; **2.** *gr. a.* ~ *number* Singular *m*, Einzahl *f*; **sin·gu·lar·i·ty** [~ˈlæriti] Einzigartigkeit *f*; Sonderbarkeit *f.*
Sin·ha·lese [siŋhəˈliːz] **1.** singhalesisch; **2.** Singhalese *m*, Singhalesin *f.*
sin·is·ter □ [ˈsinistə] unheilvoll; unheimlich, finster.
sink [siŋk] **1.** (*irr.*) *v/i.* sinken; nieder-, unter-, versinken; sich senken; eindringen (*into* in *acc.*); erliegen (*beneath, under* unter *dat.*); *v/t.* (ver)senken; ⚒ abteufen; *Brunnen* bohren; *Schuld* abtragen; *Geld* festlegen; *et.* weglassen; *Namen, Anspruch* aufgeben; *Streit* beilegen; **2.** Senkgrube *f*; Ausguß *m in Küchen*; *fig.* Pfuhl *m*; ˈ**sink·er** ⚒ Schachtarbeiter *m*; Senkblei *n*; ˈ**sink·ing** Sinken *n etc.*; ⚕ Schwäche(gefühl *n*) *f*; ~ *fund* (Schulden-) Tilgungsfonds *m.*
sin·less [ˈsinlis] sündenlos, -frei.

sin·ner ['sinə] Sünder(in).
Sinn Fein ['ʃin'fein] Sinn Fein *m* (*irische Partei*).
Sin·o... ['sinəu] chinesisch; China...; Chinesen...
sin·u·os·i·ty [sinju'ɔsiti] Windung *f*, Krümmung *f*; '**sin·u·ous** □ gewunden, krumm (*a. fig.*).
si·nus *anat.* ['sainəs] Nebenhöhle *f*; **si·nus·i·tis** [~'saitis] (Neben)Höhlenentzündung *f*.
Sioux [su:], *pl.* ~ [su:z] Sioux(indianer) *m*.
sip [sip] **1.** Schlückchen *n*; **2.** schlürfen; nippen; langsam trinken.
si·phon ['saifən] **1.** (Saug)Heber *m*, Siphon(flasche *f*) *m*; **2.** saugen.
sir [sə:] Herr *m* (*als Anrede*); ♀ Sir *m* (*Titel e-s baronet od. knight*).
sire ['saiə] *mst poet.* Vater *m*; Vorfahr *m*, Ahnherr *m*; *zo.* Vater(tier *n*) *m*; † Herr *m*, Gebieter *m*.
si·ren ['saiərən] Sirene *f*.
sir·loin ['sə:lɔin] Lendenstück *n*.
sir·rah *contp.* † ['sirə] Bursche *m*.
sir·up ['sirəp] Sirup *m*.
sis F [sis] *Kurzform für sister.*
sis·al ['saisəl] Sisal *m*.
sis·kin *orn.* ['siskin] Zeisig *m*.
sis·sy *Am.* ['sisi] Weichling *m*.
sis·ter ['sistə] Schwester *f*; (Ordens)Schwester *f*; Oberschwester *f im Krankenhaus*; ~ *of charity od. mercy* Barmherzige Schwester *f*; **sis·ter·hood** ['~hud] Schwesternschaft *f*; '**sis·ter-in-law** Schwägerin *f*; '**sis·ter·ly** schwesterlich.
sit [sit] (*irr.*) *v/i.* sitzen; Sitzung halten, tagen; ~ *down* sich setzen; ~ (*up*)*on* untersuchen; F *j-m* aufs Dach steigen; ~ *up* aufrecht sitzen; aufbleiben; sich aufrichten; *make s.o.* ~ *up* j. aufrütteln; j. aufhorchen lassen; *v/t.* sitzen auf (*dat.*); ~ *a horse well* gut zu Pferde sitzen; ~ *s.th. out* e-r Sache bis zu Ende beiwohnen; ~ *s.o. out* länger bleiben *od.* aushalten als j.; '**~-down strike** Sitzstreik *m*.
site [sait] **1.** Lage *f*; (Bau)Platz *m*; **2.** legen.
sit·ter ['sitə] Sitzende *m*, *f*; Bruthenne *f*; *sl.* sichere Sache *f*; '**~-'in** Babysitter *m*.
sit·ting ['sitiŋ] Sitzung *f*; *at one* ~ in einem Zug; '**~-room** Wohnzimmer *n*.
sit·u·ate ['sitjueit] *in e-e Lage* versetzen; '**sit·u·at·ed** gelegen; *be* ~ liegen, gelegen sein; *thus* ~ in dieser Lage; **sit·u'a·tion** Lage *f*; Stellung *f*, Stelle *f*.
six [siks] **1.** sechs; **2.** Sechs *f*; *be at ~es and sevens* in Verwirrung sein; '**~·fold** sechsfach; '**~·pence** Sixpence(stück *n*) *m*; **six·teen** ['~'ti:n] sechzehn; **six·teenth** ['~'ti:nθ] **1.** sechzehnte(r, -s); **2.** Sechzehntel *n*; **sixth** [~θ] **1.** sechste(r, -s); **2.** Sechstel *n*; '**sixth·ly** sechstens; **six·ti·eth** ['~tiəθ] sechzigste(r, -s); '**six·ty** **1.** sechzig; **2.** Sechzig *f*.
siz·a·ble □ ['saizəbl] ziemlich groß.
size[1] [saiz] **1.** Größe *f*, Umfang *m*; Format *n*; *Schuh- etc.* Nummer *f*; **2.** nach der Größe ordnen; ~ *up* F *j.* abschätzen; **sized** von ... Größe.
size[2] [~] **1.** Leim *m*; **2.** leimen.
size·a·ble □ ['saizəbl] = *sizable*.
siz·zle ['sizl] zischen; knistern; brutzeln; *sizzling hot* glühend heiß.
skate [skeit] **1.** Schlittschuh *m*; *~board* Skateboard *n*, Rollerbrett *n* (*Sportgerät*); *roller-~* Rollschuh *m*; **2.** Schlittschuh *od.* Rollschuh laufen; '**skat·er** Schlittschuh-, Rollschuhläufer(in); '**skat·ing-rink** Eisbahn *f*; Rollschuhbahn *f*.
ske·dad·dle F [ski'dædl] türmen, ausreißen, abhauen.
skein [skein] Strähne *f Garn etc.*
skel·e·ton ['skelitn] **1.** Skelett *n*; Gerippe *n*; Gestell *n e-s Schirms etc.*; *Sport*: Skeleton *m* (*Schlitten*); ⚔ Stammtruppe *f*; **2.** Skelett...; im Entwurf, skizziert; ⚔ Stamm...; ~ *key* Nachschlüssel *m*, Dietrich *m*.
skep·tic ['skeptik] = *sceptic*.
sketch [sketʃ] **1.** Skizze *f*; Entwurf *m*; Auf-, Umriß *m*; **2.** skizzieren, entwerfen; '**sketch·y** □ skizzenhaft.
skew [skju:] schief; schräg.
skew·er ['skuə] **1.** Speiler *m*, Fleischspieß *m*; **2.** aufspeilern.
ski [ski:] **1.** *pl. a.* ~ Schi *m*, Ski *m*; **2.** Schi *od.* Ski laufen.
skid [skid] **1.** Hemmschuh *m*, Bremsklotz *m*; ✈ (Gleit)Kufe *f*; Rutschen *n*; *mot.* Schleudern *n*; **2.** *v/t.* hemmen; *v/i.* ausrutschen, gleiten; *mot.* schleudern; ✈ abrutschen.
ski·er ['ski:ə] Schiläufer(in), Skiläufer(in).
skiff ⚓ [skif] Nachen *m*; Skiff *n* (*Rennboot*).

ski·ing ['skiːiŋ] Schilauf(en *n*) *m*, Skilauf(en *n*) *m*; '**ski-jump** Skisprung *m*, Schisprung *m*; Sprungschanze *f*; '**ski-jump·ing** Skispringen *n*, Schispringen *n*.

skil·ful □ ['skilful] geschickt, gewandt; kundig; '**skil·ful·ness**, **skill** [skil] Geschicklichkeit *f*, Fertigkeit *f*.

skilled [skild] geschickt; gelernt; ~ *worker* Facharbeiter *m*.

skil·let ['skilit] Tiegel *m*, Kasserolle *f*.

skill·ful ['skilful] *etc. Am. für skilful.*

skim [skim] **1.** *a.* ~ *off* abschöpfen; *Milch* abrahmen; dahingleiten über (*acc.*); überfliegen (*flüchtig lesen*); ~ *through* durchblättern; **2.** ~ *milk* Magermilch *f*; '**skim·mer** Schaumlöffel *m*.

skimp [skimp] *j.* knapp halten; sparen (mit *et.*); '**skimp·y** □ knapp, dürftig.

skin [skin] **1.** Haut *f* (*a.* ⚓); Fell *n*; Pelz *m*; *Ballon*-Hülle *f*; Schale *f*, Hülse *f*; *Wein- etc.* Schlauch *m*; *by od. with the* ~ *of one's teeth* mit knapper Not; *have a thick* (*thin*) ~ ein dickes Fell haben (empfindlich sein); **2.** *v/t.* (ent)häuten; abbalgen; schälen; F betrügen (*of* um); ~ *off* F *Strumpf etc.* abstreifen; *keep one's eyes* ~*ned* F die Augen offenhalten; *v/i. a.* ~ *over* zuheilen; '~-'**deep** (nur) oberflächlich; '~-**div·ing** Sporttauchen *n*; '~·**flint** Knicker *m*; '~-**graft·ing** ⚕ Hauttransplantation *f*; '**skin·ner** Kürschner *m*; '**skin·ny** häutig; mager; F knickerig.

skip [skip] **1.** Sprung *m*; ⚒ Förderkorb *m*; **2.** *v/i.* hüpfen, springen; seilhüpfen; *v/t. a.* ~ *over* überspringen; '~-**jack** Stehaufmännchen *n*; *zo.* Springkäfer *m*.

skip·per[1] ['skipə] Hüpfer(in).

skip·per[2] [~] ⚓ Schiffer *m*, Kapitän *m*; F *Sport*: Mannschaftsführer *m*.

skip·ping-rope ['skipiŋrəup] Springseil *n*.

skir·mish ⚔ ['skəːmiʃ] **1.** Scharmützel *n*; **2.** plänkeln; '**skir·mish·er** Plänkler *m*.

skirt [skəːt] **1.** (Damen)Rock *m*; (Rock-, Hemd)Schoß *m*; *oft* ~*s pl.* Rand *m*, Saum *m*; **2.** *v/t.* umsäumen; *v/t. u. v/i. a.* ~ *along* (sich) entlangziehen (an *dat.*); entlangfahren; '**skirt·ing-board** Fuß-, Scheuerleiste *f*.

skit[1] [skit] Stichelei *f*, Hieb *m* (*at* gegen); Satire *f* (*on, upon* auf *acc.*).

skit[2] F [~] Haufen *m*, Masse *f*.

skit·tish □ ['skitiʃ] ungebärdig (*bsd. Pferd*); ausgelassen; mutwillig.

skit·tle ['skitl] Kegel *m*; *play* (*at*) ~*s* Kegel schieben; '~-**al·ley** Kegelbahn *f*.

skiv·vy F *contp.* ['skivi] Besen *m* (*Dienstmädchen*).

skul·dug·er·y *Am.* F [skʌl'dʌgəri] Gemeinheit *f*, Schuftigkeit *f*.

skulk [skʌlk] schleichen; sich verstecken; lauern; sich um *et.* drükken; '**skulk·er** Drückeberger *m*.

skull [skʌl] Schädel *m*; ~ *and cross-bones* Totenkopf *m*; *have a thick* ~ dumm sein.

skunk [skʌŋk] *zo.* Stinktier *n*; Skunk *m* (*Pelz*); F Schuft *m*.

sky [skai] *oft skies pl.* Himmel *m*; Himmelsstrich *m*; *praise to the skies fig.* in den Himmel heben; '~-'**blue** himmelblau; '~·**jack** im Flugzeug entführen; '~·**lark 1.** *orn.* Feldlerche *f*; **2.** Ulk treiben; '~·**light** Oberlicht *n*; Dachfenster *n*; '~·**line** Horizont(linie *f*) *m*; Silhouette *f*; '~·**rock·et** F steil ansteigen, emporschnellen; '~'**scrap·er** Wolkenkratzer *m*, Hochhaus *n*; **sky·ward**(**s**) ['~wəd(z)] himmelwärts; '**sky-writ·ing** ✈ Himmelsschrift *f*.

slab [slæb] Platte *f*, Tafel *f*; Scheibe *f*; Streifen *m*; Fliese *f*; ⊕ Holzschwarte *f*.

slack [slæk] **1.** schlaff; lose, locker; (nach)lässig; ✝ flau; ~ *water* ⚓ Stillwasser *n*; **2.** ⚓ Lose *n* (*loses Tauende*); ✝ Flaute *f*; Kohlengrus *m*; *s.* ~*s*; **3.** = ~*en*; = *slake*; F trödeln; '**slack·en** schlaff machen *od.* werden; verringern; *Tau etc.* nachlassen (*a. v/i.*); (sich) lockern; (sich) entspannen; (sich) verlangsamen; '**slack·er** F Drückeberger *m*; Faulenzer *m*; '**slack·ness** Schlaffheit *f etc.*; **slacks** *pl.* Damenhose *f*.

slag [slæg] Schlacke *f*; '**slag·gy** schlackig; '**slag-heap** Schlackenhalde *f*.

slain [slein] *p.p. von slay.*

slake [sleik] *Durst, Kalk* löschen; *Sehnsucht etc.* stillen.

sla·lom ['sleiləm] *Sport:* Slalom *m*, Torlauf *m*.
slam [slæm] **1.** Zuschlagen *n*; Knall *m*; *Bridge, Whist:* Schlemm *m*; **2.** *Tür etc.* zuschlagen, -knallen; *et. auf den Tisch etc.* knallen.
slan·der ['slɑ:ndə] **1.** Verleumdung *f*; **2.** verleumden; '**slan·der·er** Verleumder(in); '**slan·der·ous** □ verleumderisch.
slang [slæŋ] **1.** Slang *m, n*; Berufssprache *f*; lässige Umgangssprache *f*; **2.** *j.* wüst beschimpfen; '**slang·y** □ Slang...; vulgär.
slant [slɑ:nt] **1.** schräge Fläche *f*; Abhang *m*; Neigung *f*; *Am.* F Einstellung *f*; Sicht *f*; **2.** *v/t.* schräg legen; *v/i.* schräg liegen, sich neigen; '**slant·ing** □ *adj.*, '**slant·wise** *adv.* schief, schräg.
slap [slæp] **1.** Klaps *m*, Schlag *m*; *~ in the face* Ohrfeige *f* (*a. fig.*); **2.** klapsen; schlagen; klatschen; **3.** direkt, geradewegs, stracks; '**~-'bang** Knall u. Fall; '**~·dash** hastig, übereilt, ungestüm; *adv. a.* Hals über Kopf; '**~·jack** *Am. Art* Pfannkuchen *m*; '**~·stick** *thea.* (Narren)Pritsche *f*; *a. ~ comedy* Posse *f*, Burleske *f*; '**~-up** F piekfein, erstklassig.
slash [slæʃ] **1.** Hieb *m*; Schnitt *m*; Schlitz *m in e-m Kleid*; **2.** *v/t.* (auf-)schlitzen; einschlagen auf (*acc.*); peitschen; Schlitze machen in (*acc.*); *fig.* geißeln, *Buch etc.* verreißen (*Kritiker*); F *Gehalt* drastisch kürzen; *v/i.* schlagen, hauen (*at* nach); '**slash·ing** □ scharf, vernichtend (*Kritik*).
slat [slæt] Lamelle *f e-r Jalousie.*
slate [sleit] **1.** Schiefer *m*; Schiefertafel *f*; *bsd. Am.* Kandidatenliste *f*; *start with a clean ~* e-n neuen Anfang machen; **2.** mit Schiefer dekken; heftig kritisieren; *Am.* F *für e-n Posten* vorschlagen; '**~-'pen·cil** Schieferstift *m*, Griffel *m*; '**slat·er** Schieferdecker *m*; '**slat·ing** heftige Kritik *f*.
slat·tern ['slætə:n] Schlampe *f*; '**slat·tern·ly** schlampig.
slat·y □ ['sleiti] schieferig.
slaugh·ter ['slɔ:tə] **1.** Schlachten *n von Vieh*; *fig.* Hinschlachten *n*, Morden *n*; Gemetzel *n*, Blutbad *n*; **2.** Schlacht...; **3.** schlachten; niedermetzeln; '**slaugh·ter·er** Schlächter *m*; Mörder *m*; '**slaugh·ter-house** Schlachthaus *n*; '**slaugh·ter·ous** □ *rhet.* mörderisch.
Slav [slɑ:v] **1.** Slawe *m*, Slawin *f*; **2.** slawisch.
slave [sleiv] **1.** Sklave *m*, Sklavin *f* (*a. fig.*); **2.** sich placken, schuften.
slav·er[1] ['sleivə] Sklavenschiff *n*; Sklavenhändler *m*.
slav·er[2] ['slævə] **1.** Geifer *m*, Sabber *m*; **2.** (be)geifern, (be)sabbern (*a. fig.*).
slav·er·y ['sleivəri] Sklaverei *f*; Plackerei *f*, Schinderei *f*.
slav·ey *sl.* ['slævi] dienstbarer Geist *m*.
Slav·ic ['slɑ:vik] **1.** slawisch; **2.** Slawisch *n*.
slav·ish □ ['sleiviʃ] sklavisch; '**slav·ish·ness** sklavisches Wesen *n*.
slaw [slɔ:] Krautsalat *m*.
slay *rhet.* [slei] (*irr.*) erschlagen; töten; '**slay·er** Mörder *m*.
sled [sled] = *sledge*[1].
sledge[1] [sledʒ] **1.** Schlitten *m*; **2.** Schlitten fahren; mit Schlitten befördern.
sledge[2] [~] *a. ~-hammer* Schmiedehammer *m*.
sleek [sli:k] **1.** □ glatt, geschmeidig (*Haut etc.*; *a. fig.*); **2.** glätten; '**sleek·ness** Glattheit *f*; Glätte *f*.
sleep [sli:p] **1.** (*irr.*) *v/i.* schlafen; stehen (*Kreisel*); *~ (up)on od. over et.* beschlafen; *v/t. j.* für die Nacht unterbringen; *~ away Zeit* verschlafen; *~ off s-n Rausch etc.* ausschlafen; **2.** Schlaf *m*; *go to ~* einschlafen; '**sleep·er** Schläfer(in); 🚃 Schwelle *f*; Schlafwagen *m*; *be a light ~* e-n leichten Schlaf haben; '**sleep·i·ness** Schläfrigkeit *f*.
sleep·ing ['sli:piŋ] schlafend; Schlaf...; '**~-bag** Schlafsack *m*; ♀ **Beau·ty** Dornröschen *n*; '**~-car**, '**~-'car·riage** 🚃 Schlafwagen *m*; '**~-draught** Schlaftrunk *m*; **~ part·ner** ✝ stiller Teilhaber *m*; '**~'sick·ness** Schlafkrankheit *f*.
sleep·less □ ['sli:plis] schlaflos; ruhelos; '**sleep·less·ness** Schlaflosigkeit *f*.
sleep·walk·er ['sli:pwɔ:kə] Nachtwandler(in).
sleep·y □ ['sli:pi] schläfrig; verschlafen (*a. Ort*); '**~·head** F *fig.* Schlafmütze *f*.
sleet [sli:t] **1.** Schloßen *f/pl.*,

Graupelregen *m*; **2.** graupeln; ˈ**sleet·y** graupelig; Graupel...
sleeve [sli:v] **1.** Ärmel *m*; ⊕ Muffe *f*; *attr.* Muffen...; *have something up one's* ~ etwas in Bereitschaft halten; etwas im Schilde führen; *laugh in one's* ~ sich ins Fäustchen lachen; **2.** Ärmel einsetzen in (*acc.*); **sleeved** ...ärmelig; ˈ**sleeve·less** ärmellos, ohne Ärmel; ˈ**sleeve--link** Manschettenknopf *m*.
sleigh [slei] **1.** (*bsd.* Pferde)Schlitten *m*; **2.** im Schlitten fahren *od.* befördern.
sleight [slait]: ~ *of hand* Taschenspielerei *f*; Kunststück *n*.
slen·der □ [ˈslendə] schlank, dünn; schmächtig; gering, schwach; dürftig; ˈ**slen·der·ness** Schlankheit *f etc.*
slept [slept] *pret. u. p.p. von sleep 1.*
sleuth [slu:θ], ˈ**~-hound** Blut-, Spürhund *m* (*mst fig. Detektiv*).
slew[1] [slu:] *pret. von slay.*
slew[2] [~] *a.* ~ *round* (sich) drehen.
slice [slais] **1.** Schnitte *f*, Scheibe *f*, Stück *n*; Teil *m*; *Küche*: Wender *m*; Fischheber *m*; **2.** in Scheiben zerschneiden; *a.* ~ *off* (in Scheiben) abschneiden.
slick F [slik] **1.** *adj.* glatt, glitschig; *fig.* raffiniert; **2.** *adv.* direkt, genau; **3.** *a.* ~ *paper Am. sl.* vornehme Zeitschrift *f*; ˈ**slick·er** *Am.* F Regenmantel *m*; gerissener Kerl *m*.
slid [slid] *pret. u. p.p. von slide 1.*
slide [slaid] **1.** (*irr.*) *v/i.* gleiten; rutschen; schlittern; ausgleiten; hineinschlittern (*into* in *acc.*); *let things* ~ die Dinge laufen lassen; *v/t.* gleiten lassen; **2.** Gleiten *n*; Rutsche *f*; ⊕ Schieber *m*; Diapositiv *n*; *a. land* ~ Erdrutsch *m*; ˈ**slid·er** Gleitende *m*; Schieber *m*; ˈ**slide-rule** Rechenschieber *m*.
slid·ing [ˈslaidiŋ] **1.** Gleiten *n*; **2.** gleitend; Schiebe...; ~ *roof* Schiebedach *n*; ~ *rule* Rechenschieber *m*; ~ *scale* gleitende (Lohn- *od.* Preis)Skala *f*; ~ *seat* Rollsitz *m im Ruderboot.*
slight [slait] **1.** □ schmächtig; schwach; leicht; gering(fügig), unbedeutend; **2.** Nichtachtung *f*, Geringschätzung *f*; **3.** geringschätzig behandeln; unbeachtet lassen; ˈ**slight·ing** □ geringschätzig; ˈ**slight·ly** etwas, ein wenig; ˈ**slight-ness** Dünnheit *f*; Schwäche *f*; Geringfügigkeit *f*.
slim [slim] **1.** □ schlank; dünn; schmächtig; dürftig; *sl.* schlau, gerissen; **2.** e-e Schlankheitskur machen.
slime [slaim] Schlamm *m*; Schleim *m*.
slim·i·ness [ˈslaiminis] schlammige *od.* schleimige Beschaffenheit *f*.
slim·ness [ˈslimnis] Schlankheit *f*.
slim·y □ [ˈslaimi] schlammig; schleimig (*a. fig.*).
sling [sliŋ] **1.** Schleuder *f*; Tragriemen *m*; ✝ Schlinge *f*, Binde *f*; Wurf *m*; **2.** (*irr.*) schleudern; auf-, umhängen; *a.* ~ *up* hochziehen.
slink [sliŋk] (*irr.*) schleichen; sich *wohin* stehlen.
slip [slip] **1.** *v/i.* schlüpfen, gleiten, rutschen; ausgleiten; ausrutschen; *oft* ~ *away* entschlüpfen; sich versehen; *v/t.* schlüpfen *od.* gleiten lassen; loslassen; entschlüpfen, -gleiten (*dat.*); ~ *in Bemerkung* dazwischenwerfen; ~ *into* hineinstecken *od.* -schieben in (*acc.*); ~ *on* (*off*) *Kleid etc.* über-, (ab-) streifen; **2.** (Aus)Gleiten *n*, (Aus-) Rutschen *n*; Fehltritt *m* (*a. fig.*); Versehen *n*; (Flüchtigkeits)Fehler *m*; Verstoß *m*; Streifen *m*; *a.* ~ *of paper* Zettel *m*; ↙ Steckreis *n*; *fig.* Sproß *m*; Unterkleid *n*; ~*s pl. od.* ~*way* ⚓ Helling *f*; (Kissen)Überzug *m*; ~*s pl.* Badehose *f*; *a* ~ *of a girl* ein schmächtiges junges Mädchen *n*; ~ *of the pen* Schreibfehler *m*; *it was a* ~ *of the tongue* ich habe mich (er hat sich) versprochen; *give s.o. the* ~ j-m entwischen; ˈ**~-knot** Laufknoten *m*; Schleife *f*; ˈ**~-on** loser Mantel *m*; ˈ**slip·per** Pantoffel *m*, Hausschuh *m*; ˈ**slip-per·y** □ schlüpfrig; *fig.* aalglatt; ˈ**slip-road** (Autobahn)Einfahrt *f*, (-)Ausfahrt *f*; **slip·shod** [ˈ~ʃɔd] schlampig, nachlässig; **slip·slop** [ˈ~ˈslɔp] labberiges Zeug *n* (*fig. Gewäsch*); ˈ**slip-stream** ✈ Luftschraubenstrahl *m*, Nachstrom *m*; ˈ**slip-up** F Fehler *m*.
slit [slit] **1.** Schlitz *m*, Spalte *f*; **2.** (*irr.*) (auf-, zer)splittern.
slob·ber [ˈslɔbə] **1.** Sabber *m*; Gesabber *n*; **2.** (be)sabbern; ˈ**slob-ber·y** sabberig; matschig.
sloe ⚘ [sləu] Schlehe *f*; Schwarzdorn *m*.

slog F [slɔg] **1.** hauen; schuften; **2.** Hieb *m.*
slo·gan ['sləugən] *fig.* Schlagwort *n*, Losung *f*; (Werbe)Slogan *m.*
sloop ⚓ [slu:p] Schaluppe *f.*
slop[1] [slɔp] **1.** Pfütze *f*; ~s *pl.* Spülicht *n*; Krankenspeise *f*; **2.** *a.* ~ *over v/t.* verschütten; *v/i.* überlaufen (*a. fig.*).
slop[2] [~]: ~s *pl.* billige Konfektionskleidung *f*; ⚓ Kleidung *f* u. Bettzeug *n.*
slop-ba·sin ['slɔpbeisn] Gefäß *n* für Teereste.
slope [sləup] **1.** (Ab)Hang *m*; Neigung *f*; **2.** *v/t.* schräg *od.* schief machen *od.* legen; neigen; ⊕ abschrägen; ~ *arms!* ⚔ Gewehr über!; *v/i.* schräg verlaufen; abfallen, sich neigen; ~ *off*, *a. do a* ~ *sl.* abhauen, türmen; '**slop·ing** □ schräg.
slop-pail ['slɔppeil] Spül-, Ausgußeimer *m*; '**slop·py** □ naß, schmutzig; wässerig; schlampig; labberig (*Nahrung*); rührselig.
slop-shop ['slɔpʃɔp] Laden *m* mit billiger Konfektionsware.
slosh [slɔʃ] *v/i.* im Matsch herumpatschen; *v/t. sl. j.* verhauen.
slot [slɔt] *hunt.* Fährte *f*; Schlitz *m am Automaten etc.*; ⊕ Nut *f.*
sloth [sləuθ] Faulheit *f*; *zo.* Faultier *n*; **sloth·ful** □ ['~ful] faul, träg.
slot-ma·chine ['slɔtməʃi:n] (Waren- *od.* Spiel)Automat *m.*
slouch [slautʃ] **1.** faul herumhängen; herumlatschen; **2.** schlaffe Haltung *f*; latschiger Gang *m*; ~ *hat* Schlapphut *m.*
slough[1] [slau] Sumpf(loch *n*) *m.*
slough[2] [slʌf] **1.** *zo.* abgeworfene Haut *f*; ⚕ Schorf *m*; **2.** *v/i.* sich ablösen (*Schorf etc.*); sich häuten (*Schlange etc.*); *v/t. Haut etc.* abwerfen.
slough·y ['slaui] sumpfig.
Slo·vak ['sləuvæk] **1.** Slowake *m*, Slowakin *f*; **2.** = **Slo'va·ki·an** slowakisch.
slov·en ['slʌvn] unordentlicher Mensch *m*; Schlampe *f*; '**slov·en·li·ness** Schlampigkeit *f*; '**slov·en·ly** liederlich, schlampig.
slow [sləu] **1.** □ langsam (*of* in *dat.*); nachgehend (*Uhr*); schwerfällig; lässig; schleichend (*Fieber*); langweilig; *Sport*: schwer (*die Bewegung hemmend*); be ~ *to do s.th.* nicht schnell et. tun; *my watch is ten minutes* ~ meine Uhr geht 10 Minuten nach; **2.** *adv.* langsam; **3.** *oft* ~ *down*, ~ *up*, ~ *off v/t.* verlangsamen; *v/i.* langsam(er) werden *od.* gehen *od.* fahren; '**~-coach** Langweiler *m*; altmodischer Mensch *m*; '**~·match** Lunte *f*; '**~-'mo·tion film** Zeitlupenaufnahme *f*; '**slow·ness** Langsamkeit *f*; '**slow·worm** *zo.* Blindschleiche *f.*
sludge [slʌdʒ] Schlamm *m*; Matsch *m.*
slue [slu:] = *slew*[2].
slug[1] [slʌg] Stück *n* Rohmetall; *typ.* Zeilensatz *m.*
slug[2] *zo.* [~] Wegschnecke *f.*
slug[3] [~] *Am. für slog 1.*
slug·gard ['slʌgəd] Faulenzer(in); '**slug·gish** □ träge, faul.
sluice [slu:s] **1.** Schleuse *f*; **2.** ausströmen (lassen); ausspülen; waschen; '**~-'gate** Schleusentor *n*; '**~-'way** Schleusenkanal *m.*
slum [slʌm] schmutzige Gasse *f*; ~s *pl.* Elendsviertel *n*, Slums *pl.*
slum·ber ['slʌmbə] **1.** *a.* ~s *pl.* Schlummer *m*; **2.** schlummern.
slum·brous, **slum·ber·ous** □ ['slʌmbrəs, '~bərəs] einschläfernd; schläfrig.
slump [slʌmp] *Börse*: **1.** fallen, stürzen; **2.** (Kurs-, Preis)Sturz *m*; Wirtschaftskrise *f.*
slung [slʌŋ] *pret. u. p.p. von sling 2.*
slunk [slʌŋk] *pret. u. p.p. von slink.*
slur [slə:] **1.** Fleck *m*; *fig.* Tadel *m*, Vorwurf *m*; ♪ Bindezeichen *n*; **2.** *v/t. oft* ~ *over* hinweggehen über, übergehen; ♪ *Töne* binden; *Silben etc.* verschleifen.
slush [slʌʃ] Schlamm *m*; Matsch *m*; Gefühlsduselei *f*; F Kitsch *m*; '**slush·y** matschig; F kitschig.
slut [slʌt] Schlampe *f*; Nutte *f*; '**slut·tish** schlampig.
sly □ [slai] schlau, verschmitzt; hinterlistig, tückisch; *on the* ~ heimlich; '**~·boots** F Schlauberger *m*; '**sly·ness** Schläue *f*; Verschmitztheit *f*; Hinterlist *f.*
smack[1] [smæk] **1.** (Bei)Geschmack *m*; Prise *f Salz etc.*; *fig.* Spur *f*; **2.** schmecken (*of* nach); e-n Beigeschmack haben (*of* von).
smack[2] [~] **1.** Schmatz(kuß) *m*;

Schlag *m*, Klatsch *m*, Klaps *m*; **2.** klatschen, knallen (mit); schmatzen (mit *den Lippen*); *j-m* e-n Klaps geben; **3.** *int.* klatsch!
smack[3] ⚓ [~] Schmack(e) *f*.
smack·er *Am. sl.* ['smækə] Dollar *m*.
small [smɔːl] **1.** *allg.* klein; gering, unbedeutend; *fig.* kleinlich; niedrig; wenig; ~ *eater* schlechter Esser *m*; *feel* ~, *look* ~ sich gedemütigt fühlen; *the* ~ *hours pl.* die frühen Morgenstunden *f/pl.*; *in a* ~ *way* bescheiden; **2.** dünner Teil *m*; ~*s pl.* F Leib- und Tischwäsche *f*; ~ *of the back anat.* Kreuz *n*; '**~-arms** *pl.* Handfeuerwaffen *f/pl.*; ~ **beer** Dünnbier *n*; *think no* ~ *of o.s.* F sich hübsch was einbilden; *be* ~ unbedeutend sein; ~ **change** Kleingeld *n*; *fig.* triviale Bemerkungen *f/pl.*; Geplätscher *n*; '**~'hold·er** Kleinbauer *m*; '**~'hold·ing** bäuerlicher Kleinbetrieb *m*; '**small·ish** ziemlich klein; '**small·ness** Kleinheit *f*.
small...: '**~·pox** *pl.* ⚕ Pocken *f/pl.*; ~ **talk** Plauderei *f*; '**~·time** *Am.* F unbedeutend, drittklassig.
smalt ⊕ [smɔːlt] Schmalte *f*.
smarm·y F ['smɑːmi] schmierig (*schmeichelnd*).
smart [smɑːt] **1.** □ scharf; heftig (*Schmerz, Kampf*); munter, flink; geschickt; gerissen; sauber; schmuck, elegant, fein, adrett, schick; forsch, patent; ~ *aleck Am.* Neunmalkluge *m*; **2.** Schmerz *m*; **3.** schmerzen; leiden; *you shall* ~ *for it* das sollst du büßen; '**smart·en** *mst* ~ *up* herausputzen; '**smart--mon·ey** Schmerzensgeld *n*; '**smart·ness** Klugheit *f*; Schärfe *f*, Heftigkeit *f*; Gewandtheit *f*; Gerissenheit *f*; Schick *m*, Eleganz *f*.
smash [smæʃ] **1.** *v/t. oft* ~ *up* zertrümmern, zerschmettern, zerschlagen; ~ *in* einschlagen; *fig.* vernichten; schmettern; *v/i.* zerschmettern, *fig.* zs.-brechen; (dahin)stürzen; *oft* ~ *up* Bankrott machen; **2.** Zerschmettern *n*; Krach *m*; Zs.-bruch *m* (*a.* ✝); *Tennis*: Schmetterball *m*; '**~-and--'grab raid** Schaufenstereinbruch *m*; '**smash·er** *sl.* schwerer Schlag *m*, vernichtende Kritik *f*; '**smash--up** Zs.-stoß *m*; Zs.-bruch *m*.
smat·ter·ing ['smætəriŋ] oberflächliche Kenntnis *f*.
smear [smiə] **1.** beschmieren, bestreichen; einschmieren; *Schrift* verschmieren; *Fett etc.* schmieren (*on* auf *acc.*); *fig.* besudeln, beschmutzen; ~(*ing*) *campaign* Verleumdungskampagne *f*; **2.** Schmiere *f*; Fleck *m*.
smell [smel] **1.** Geruch *m*; **2.** (*irr.*) riechen (an *dat.*, *a.* ~ *at*; *of* nach *et.*); '**smell·ing-salt** Riechsalz *n*; '**smell·y** übelriechend.
smelt[1] [smelt] *pret. u. p.p. von smell* 2.
smelt[2] *ichth.* [~] Stint *m*.
smelt[3] [~] schmelzen; '**smelt·er** Schmelzer *m*; '**smelt·ing-'fur·nace** Schmelzofen *m*.
smile [smail] **1.** Lächeln *n*; **2.** lächeln (*at* über *acc.*); ~ *on*, ~ *at j-m* zulächeln.
smirch *rhet.* [smɔːtʃ] beschmieren; *fig.* besudeln.
smirk [smɔːk] **1.** grinsen; **2.** Grinsen *n*.
smite [smait] (*irr.*) *poet. od. co.* schlagen; vernichten; heimsuchen; *schwer* treffen; quälen (*Gewissen*); ~ *upon bsd. fig.* an *das Ohr etc.* schlagen.
smith [smiθ] Schmied *m*.
smith·er·eens F ['smiðə'riːnz] *pl.* kleine Stücke *n/pl.*, Splitter *m/pl.*, Fetzen *m/pl.*; *smash to* ~ in Stücke hauen.
smith·y ['smiði] Schmiede *f*.
smit·ten ['smitn] **1.** *p.p. von smite*; **2.** ergriffen; betroffen; *fig.* hingerissen (*with* von).
smock [smɔk] **1.** fälteln; **2.** *a.* ~-*frock* Arbeitskittel *m*, Bluse *f*; '**smock·ing** Smokarbeit *f*.
smog [smɔg] Smog *m*, Gemisch *n* von Nebel und Rauch.
smoke [sməuk] **1.** Rauch *m*; Qualm *m*; ⚔ (Tarn)Nebel *m*; F Rauchen *n e-r Zigarre etc.*; F Zigarre *f*, Zigarette *f*, Tabak *m*; *have a* ~ (eine) rauchen; **2.** *v/i.* rauchen; dampfen; *v/t. Tabak* rauchen; (aus)räuchern; ⚔ einnebeln; '**~-bomb** Nebel-, Rauchbombe *f*; '**~-dried** geräuchert; '**smoke·less** □ rauchlos; '**smok·er** Raucher *m*; Räucherer *m*; 🚃 Raucherwagen *m*, -abteil *n*; '**smoke-screen** ⚔ Rauch-, Nebelvorhang *m*; '**smoke-stack** 🚃 *u.* ⚓ Schornstein *m*.

smok·ing ['sməukiŋ] **1.** Rauchen *n*; *no* ~*!* Rauchen verboten!; **2.** Rauch(er)...; Räucher...; '**~-com·part·ment** 🚂 Raucher(abteil *n*) *m*; '**~-room** Rauchzimmer *n*.

smok·y □ ['sməuki] rauchig; verräuchert.

smol·der *Am.* ['sməuldə] = *smoulder*.

smooth [smu:ð] **1.** □ glatt; *fig.* fließend; sanft, mild; schmeichlerisch; **2.** *oft* ~ *out*, ~ *down* glätten; ebnen (*a. fig.*); plätten; *a.* ~ *down* mildern; *a.* ~ *over*, ~ *away Schwierigkeit etc.* wegräumen; ~ *down* sich glätten; '**smooth·ing 1.** Glätten *n*; **2.** Glätt..., Plätt...; ~ *iron* Bügeleisen *n*; ~ *plane* Schlichthobel *m*; '**smooth·ness** Glätte *f* (*a. fig.*).

smote [sməut] *pret. von smite*.

smoth·er ['smʌðə] **1.** Qualm *m*; **2.** *a.* ~ *up* ersticken (*a. fig.*).

smoul·der ['sməuldə] glimmen, schwelen.

smudge [smʌdʒ] **1.** *v/t.* beschmutzen; (be)schmieren; *v/i.* schmieren; schmutzen; **2.** Schmutzfleck *m*; '**smudg·y** □ schmutzig, schmierig.

smug [smʌg] selbstzufrieden, selbstgefällig.

smug·gle ['smʌgl] schmuggeln; '**smug·gler** Schmuggler(in); '**smug·gling** Schmuggel(ei *f*) *m*.

smut [smʌt] **1.** Schmutz *m*; Ruß (-fleck) *m*; Zoten *f/pl.*; ⚘ *Getreide-*Brand *m*; **2.** beschmutzen; ⚘ brandig machen.

smutch [smʌtʃ] **1.** schwarz machen; beflecken; **2.** schwarzer Fleck *m*.

smut·ty □ ['smʌti] schmutzig; rußig; zotig, obszön; ⚘ brandig.

snack [snæk] Imbiß *m*; '**~-bar**, '**~-coun·ter** Snackbar *f*, Imbißstube *f*.

snaf·fle[1] ['snæfl] Trense *f*.

snaf·fle[2] *sl.* [~] klauen (*stehlen*).

snaf·fle-bit ['snæflbit] Trensengebiß *n*.

sna·fu *Am. sl.* ⚔ [snæ'fu:] **1.** total drunter und drüber; **2.** tolles Durcheinander *n*.

snag [snæg] Aststumpf *m*; Zahnstumpf *m*, Raffzahn *m*; *fig.* Haken *m* (*Schwierigkeit*); *Am.* Baumstamm *m in Flüssen*; **snag·ged** ['~gid], '**snag·gy** ästig; knorrig.

snail *zo.* [sneil] Schnecke *f*.

snake *zo.* [sneik] Schlange *f* (*a. fig.*); '**~-charm·er** Schlangenbeschwörer *m*; '**~-weed** ⚘ Natterwurz *f*.

snak·y □ ['sneiki] schlangengleich, -artig; Schlangen...; *fig.* hinterhältig.

snap [snæp] **1.** Schnappen *n*, Biß *m*; Knack(s) *m*, Krach *m*, Knall *m*; *fig.* Schwung *m*, Schmiß *m*; Schnappschloß *n*; *phot.* Schnappschuß *m*; Plätzchen *n*, Keks *m*, *n*; *cold* ~ Kältewelle *f*; **2.** *v/i.* schnappen (*at* nach); zuschnappen (*Schloß*); knacken; (zer)springen, reißen; (*at s.o.* j. an)schnauzen; ~ *into it Am. sl.* mach schnell, Tempo!; ~ *out of it Am. sl.* hör auf damit; komm, komm!; *v/t.* (er)schnappen; (zu)schnappen lassen; *phot.* knipsen; zerknicken, -brechen; ~ *one's fingers at s.o.* mit Verachtung auf j. herabblicken; ~ *out Wort* hervorstoßen; ~ *up et.* wegschnappen; *j.* anschnauzen; *j-m* ins Wort fallen; **3.** knacks!; schwapp!; '**~-drag·on** ⚘ Löwenmaul *n*; Rosinenfischen *n aus brennendem Branntwein* (*Spiel*); '**~-fas·ten·er** Druckknopf *m am Kleid*; '**snap·pish** □ bissig, beißend; schnippisch; '**snap·pish·ness** bissiges *od.* schnippisches Wesen *n*; '**snap·py** = *snappish*; F flott, forsch; *make it* ~*!* F mach mal fix!; '**snap·shot 1.** Schnappschuß *m*, Photo *n*, Momentaufnahme *f*; **2.** Momentaufnahmen machen (von).

snare [snɛə] **1.** Schlinge *f*; **2.** (mit e-r Schlinge) fangen; *fig.* umgarnen.

snarl [snɑ:l] **1.** knurren; murren; verfitzen; **2.** Knurren *n*; Gewirr *n*.

snatch [snætʃ] **1.** schneller Griff *m*; Ruck *m*; Stückchen *n*; Augenblick *m*; *by* ~*es* in Absätzen, ruckweise; **2.** schnappen; ergreifen; an sich reißen; nehmen, bekommen; ~ *at* greifen nach; ~ *from s.o.* j-m entreißen.

sneak [sni:k] **1.** *v/i.* (sich *wohin*) schleichen; F petzen; *v/t.* F stibitzen; **2.** Schleicher *m*; F Petzer *m*; '**sneak·ers** *pl.* F leichte Segeltuchschuhe *m/pl.*; '**sneak·ing** □ schleichend; heimlich, still (*Gefühl*).

sneer [sniə] **1.** Hohnlächeln *n*; Spott *m*; **2.** hohnlächeln; spotten, spötteln (*at* über *acc.*); '**sneer·er** Spötter(in); '**sneer·ing** □ höhnisch.

sneeze [sni:z] **1.** niesen; *not to be ~d at* F nicht zu verachten; **2.** Niesen *n.*
snick·er ['snikə] kichern; wiehern.
sniff [snif] **1.** *v/i.* schnüffeln, schnuppern (*at* an *dat.*); die Nase rümpfen (*at* über *acc.*); *v/t.* riechen; **2.** Schnüffeln *n*; Naserümpfen *n*; Nasevoll *f*; '**sniff·y** F hochnäsig, verächtlich; übelriechend.
snig·ger ['snigə] kichern (*at* über *acc.*).
snip [snip] **1.** Schnitt *m*; Schnippel *m*, Schnipsel *n*; **2.** schnippe(l)n, schnipseln; *Fahrkarte* knipsen.
snipe [snaip] **1.** *orn.* Bekassine *f*, (Sumpf)Schnepfe *f*; *coll.* Schnepfen *pl.*; **2.** ⚔ aus dem Hinterhalt (ab)schießen; '**snip·er** ⚔ Scharf-, *b.s.* Heckenschütze *m.*
snip·pets ['snipits] *pl.* Schnipsel *n/pl.*; *fig.* Bruchstücke *n/pl.*
snitch *sl.* [snitʃ]: ~ *on s.o.* j. verpetzen (*verraten*).
sniv·el ['snivl] aus der Nase triefen; schluchzen; plärren; '**sniv·el·(l)ing** triefnasig; wehleidig; jämmerlich.
snob [snɔb] Großtuer *m*; Snob *m*; '**snob·ber·y** Vornehmtuerei *f*; Snobismus *m*; '**snob·bish** □ vornehm tuend; snobistisch.
snook·er ['snu:kə] **1.** *Art* Billardspiel *n*; **2.** *be ~ed* F in die Enge getrieben sein.
snoop *Am. sl.* [snu:p] **1.** *fig.* (umher-) schnüffeln (*upon* in *dat.*); **2.** Schnüffelei *f*; Schnüffler *m.*
snoot·y F ['snu:ti] hochnäsig.
snooze F [snu:z] **1.** Schläfchen *n*; **2.** dösen; ein Nickerchen machen.
snore [snɔ:] **1.** Schnarchen *n*; **2.** schnarchen.
snor·kel ⚓ ['snɔ:kəl] Schnorchel *m.*
snort [snɔ:t] **1.** Schnauben *n*, Schnaufen *n*; **2.** schnauben, schnaufen.
snot P [snɔt] Rotz *m*; '**snot·ty** P rotzig; *fig.* gemein.
snout [snaut] Schnauze *f*; Rüssel *m.*
snow [snəu] **1.** Schnee *m*; **2.** (be-) schneien; *be ~ed under with fig.* erdrückt werden von; *~ed in od. up* eingeschneit; '**~·ball 1.** Schneeball *m*; **2.** (sich) mit Schneebällen bewerfen; '**~-bound** eingeschneit; '**~-capped**, '**~-clad**, '**~-cov·ered** schneebedeckt; '**~-drift** Schneewehe *f*; '**~·drop** ⚘ Schneeglöckchen *n*; '**~·fall** Schneefall *m*; '**~·flake** Schneeflocke *f*; '**~-gog·gles** *pl.* (*a pair of* eine) Schneebrille *f*; '**~-line** Schneegrenze *f*; '**~-plough**, *Am.* '**~·plow** Schneepflug *m*; '**~-shoe** Schneeschuh *m*; '**~·storm** Schneesturm *m*; '**~-'white** schneeweiß; '**snow·y** □ schneeig; schneebedeckt, beschneit; schneeweiß.
snub [snʌb] **1.** schelten, anfahren; **2.** Verweis *m*; **snub nose** Stupsnase *f*; '**snub-nosed** stupsnasig.
snuff [snʌf] **1.** Schnuppe *f e-r Kerze*; Schnupftabak *m*; *up to ~* F gerissen; *give s.o. ~* F j-m Saures geben; **2.** *a. take ~* schnupfen; *Kerze* putzen; '**~-box** Schnupftabaksdose *f*; '**snuff·ers** *pl.* Lichtputzschere *f*; **snuf·fle** ['~fl] schnüffeln; schnauben; näseln; '**snuff·y** mit Schnupftabak beschmutzt; schnupftabakartig; F *fig.* verschnupft.
snug □ [snʌg] geborgen; behaglich, gemütlich; eng anliegend (*Kleid*); '**snug·ger·y** gemütliches Zimmer *n*, warmes Nest *n*; **snug·gle** ['~gl] *a. ~ up* (sich) schmiegen *od.* kuscheln (*to* an, *in* in *acc.*).
so [səu] so; deshalb; also, so ... denn; *I hope ~* ich hoffe (es); *are you tired? ~ I am* bist du müde? ja; *you are tired, ~ am I* du bist müde, ich auch; *a mile or ~* etwa eine Meile; *~ as to ...* so daß ...; um zu ...; *~ far* bisher; *~ far as I know* soviel ich weiß.
soak [səuk] **1.** *v/t.* einweichen; durchnässen; (durch)tränken; vollsaugen; *sl. j.* schröpfen; *~ up od. in* auf-, einsaugen; *v/i.* weichen; durchsickern (*into, in* in *acc.*); F saufen; **2.** Einweichen *n*; Durchweichung *f*; = '**soak·er** F Regenguß *m*; Sauferei *f.*
so-and-so ['səuənsəu] so und so; *Mr.* ♀ Herr *m* Soundso.
soap [səup] **1.** Seife *f*; *soft ~* Schmierseife *f*; **2.** (ein)seifen; '**~-box** Seifenkiste *f*; *fig.* (Redner-) Plattform *f*; *~ orator* Volksredner *m*; *~ race* Seifenkistenrennen *n*; '**~-dish** Seifenschale *f*; '**~-bub·ble** Seifenblase; '**~-op·er·a** *Am.* rührseliges Hör- *od.* Fernsehspiel *n in Fortsetzungen*; '**~-suds** *pl., a. sg.* Seifenlauge *f*; '**soap·y** □ seifig; *fig.* ölig, unterwürfig.

soar [sɔː] sich erheben; sich aufschwingen (*a. fig.*); schweben; ✈ segelfliegen, gleiten.
sob [sɔb] **1.** Schluchzen *n*; **2.** schluchzen.
so·ber ['səubə] **1.** □ nüchtern (*a. fig. mäßig; sachlich denkend; unauffällig*); **2.** *oft* ~ *down* ernüchtern; nüchtern werden; **'so·ber·ness, so·bri·e·ty** [~'braiəti] Nüchternheit *f*.
sob-stuff F ['sɔbstʌf] Gefühlsduselei *f*.
so-called ['səu'kɔːld] sogenannt.
soc·cer F ['sɔkə] Fußball *m* (*Spiel; im Ggs. zu Rugby*).
so·cia·bil·i·ty [səuʃə'biliti] Geselligkeit *f*; **'so·cia·ble** □ **1.** gesellig; Gesellschafts...; gemütlich; **2.** Kremser *m*; Plaudersofa *n*; geselliges Beisammensein *n*.
so·cial ['səuʃəl] **1.** □ gesellschaftlich; gesellig; sozial; Sozial...; ~ *activities pl.* gesellschaftliche Veranstaltungen *f/pl.*; ~ *insurance* Sozialversicherung *f*; ~ *services pl.* Sozialeinrichtungen *f/pl.*; **2.** geselliges Beisammensein *n*; **'so·cial·ism** Sozialismus *m*; **'so·cial·ist 1.** Sozialist(in); **2.** *a.* **so·cial·'is·tic** sozialistisch; **so·cial·ite** F ['~lait] Angehörige *m, f* der oberen Zehntausend; **'so·cial·ize** sozialisieren; verstaatlichen.
so·ci·e·ty [sə'saiəti] Gesellschaft *f*; Verein *m*, Klub *m*; *secret* ~ Geheimbund *m*.
so·ci·o·log·i·cal □ [sousjə'lɔdʒikəl] soziologisch; **so·ci·ol·o·gist** [~si'ɔlədʒist] Soziologe *m*; **so·ci'ol·o·gy** Sozialwissenschaft *f*, Soziologie *f*.
sock[1] [sɔk] Socke *f*; Einlegesohle *f*.
sock[2] *sl.* [~] **1.** Keile *f*, Senge *f* (*Prügel*); *give s.o.* ~*s* = **2.** *j.* versohlen.
sock·er F ['sɔkə] = *soccer*.
sock·et ['sɔkit] (Augen-, Zahn-) Höhle *f*; (Gelenk)Pfanne *f*; ⊕ Muffe *f*; ⚡ Fassung *f*; Steckdose *f*.
so·cle ['sɔkl] Sockel *m*; Untersatz *m*.
sod [sɔd] **1.** Grasnarbe *f*; Rasen (-stück *n*) *m*; **2.** mit Rasen belegen.
so·da ⚗ ['səudə] Soda *f*; **'~-foun·tain** Siphon *m*; Erfrischungshalle *f*, Eisdiele *f*; **'~-wa·ter** Soda-, Mineralwasser *n*.
sod·den ['sɔdn] durchweicht; teigig (*Brot*); *durch Trinken* verblödet.
so·di·um ⚗ ['səudjəm] Natrium *n*.
so·ev·er [səu'evə] ... auch immer.
so·fa ['səufə] Sofa *n*.
sof·fit ⚠ ['sɔfit] Untersicht *f*, Leibung *f*.
soft [sɔft] **1.** □ *allg.* weich; *engS.* mild; sanft; sacht, leise, leicht; zart, zärtlich; weichlich; F einfältig; ~ *drink* F alkoholfreies Getränk *n*; *a* ~ *thing sl.* e-e ruhige Sache (*einträgliches Geschäft*); *s. soap 1*; **2.** *adv.* weich; **3.** F Trottel *m*; **'~-'boiled** weich (*Ei*).
soft·en ['sɔfn] weich machen (*a. fig.*); (sich) erweichen; mildern; *Ton, Farbe* dämpfen; ⊕ enthärten; **'soft·en·er** Weichmacher *m*; Wasserenthärtungsanlage *f*; **soft-head·ed** ['sɔft'hedid] blöd(e), schwachsinnig; **'soft-'heart·ed** weichherzig, gutmütig; **'soft·ness** Weichheit *f*; Sanftmut *f*; Milde *f*; **'soft-'ped·al** ♪ mit dem Pianopedal spielen; *fig.* abschwächen; **'soft-'saw·der 1.** *j-m* schmeicheln; **2.** Schmeichelei *f*; **'soft-'soap** *j-m* schmeicheln, um den Bart gehen; **'soft·ware** Programmausrüstung *f*; **'soft·y** F Trottel *m*.
sog·gy ['sɔgi] durchnäßt, -weicht; feucht.
so·ho ['səu'həu] holla!
soil[1] [sɔil] Boden *m*, Erde *f*.
soil[2] [~] **1.** Fleck *m*; Schmutz *m*; **2.** (be)schmutzen; (be)flecken; **'soil-pipe** Fallrohr *n am Klosett*.
so·journ ['sɔdʒəːn] **1.** Aufenthalt *m*; **2.** sich aufhalten; **'so·journ·er** Fremde *m*, Gast *m*.
sol ♪ [sɔl] Sol *n* (*Solmisationssilbe*).
sol·ace ['sɔləs] **1.** Trost *m*; **2.** trösten.
so·lar ['səulə] Sonnen...
sold [səuld] *pret. u. p.p. von sell 1.*
sol·der ⊕ ['sɔldə] **1.** Lötmetall *n*; **2.** löten; **'sol·der·ing-i·ron** Lötkolben *m*.
sol·dier ['səuldʒə] **1.** Soldat *m*; **2.** Soldat sein; *go* ~*ing* Soldat werden; **'sol·dier·like, 'sol·dier·ly** soldatisch; Soldaten...; **'sol·dier·ship** soldatische Tüchtigkeit *f*; **'sol·dier·y** Militär *n*; *contp.* Soldateska *f*.
sole[1] □ [səul] alleinig, einzig; ~ *agent* Alleinvertreter *m*.
sole[2] [~] **1.** Sohle *f*; **2.** besohlen.
sole[3] *ichth.* [~] Seezunge *f*.
sol·e·cism ['sɔlisizəm] Sprachschnitzer *m*; Verstoß *m*, Fauxpas *m*.

sol·emn □ ['sɔləm] feierlich; ernst; **so·lem·ni·ty** [sə'lemniti] Feierlichkeit *f*; Steifheit *f*; **sol·em·ni·za·tion** ['sɔləmnai'zeiʃən] Feier *f*; **'sol·em·nize** feiern; feierlich vollziehen.

so·lic·it [sə'lisit] (dringend) bitten (*s.o. j.*; *s.th.* um et.; *s.o. for s.th. od. s.th. of s.o.* j. um et.); ansprechen, belästigen; **so·lic·i'ta·tion** Ansuchen *n*; dringende Bitte *f*; **so'lic·i·tor** ⚖ Anwalt *m*, Rechtsbeistand *m*; *Am.* Agent *m*, Werber *m*; ♀ *General* Kronanwalt *m*; **so'lic·it·ous** □ besorgt, in Sorge (*about, for* um); ~ *of* begierig nach; ~ *to inf.* bestrebt zu *inf.*; **so'lic·i·tude** [~tju:d] Sorge *f*, Besorgnis *f*; Bemühung *f*.

sol·id ['sɔlid] **1.** □ fest; dauerhaft, haltbar; derb, kräftig; massiv, gediegen; ⩘ körperlich, Raum...; *fig.* gediegen, zuverlässig; *bsd.* ✝ solid; triftig (*Grund*); solidarisch; einmütig, einstimmig; *a* ~ *hour* eine geschlagene *od.* volle Stunde; ~ *geometry* ⩘ Stereometrie *f*; ~ *leather* Kernleder *n*; **2.** (fester) Körper *m*; **sol·i·dar·i·ty** [~'dæriti] Solidarität *f*; **so'lid·i·fy** [~difai] (sich) verdichten; fest machen *od.* werden; **so'lid·i·ty** Festigkeit *f*, Solidität *f*; Gediegenheit *f*; Zuverlässigkeit *f*; Triftigkeit *f*.

so·lil·o·quize [sə'liləkwaiz] Selbstgespräche führen; **so'lil·o·quy** Selbstgespräch *n*, Monolog *m*.

sol·i·taire [sɔli'tɛə] Solitär *m*, einzeln gefaßter Edelstein *m*; Patience *f* (*Spiel*); **sol·i·tar·y** □ ['~təri] einsam; einzeln; einsiedlerisch; ~ *confinement* Einzelhaft *f*; **sol·i·tude** ['~tju:d] Einsamkeit *f*; Verlassenheit *f*; Öde *f*.

so·lo ['səuləu] ♪ *u. Kartenspiel*: Solo *n*; ✈ Alleinflug *m*; **'so·lo·ist** Solist (-in).

sol·stice ['sɔlstis] Sonnenwende *f*.

sol·u·bil·i·ty [sɔlju'biliti] Löslichkeit *f*; Auflösbarkeit *f*; **sol·u·ble** ['~bl] löslich; (auf)lösbar.

so·lu·tion [sə'lu:ʃən] (Auf)Lösung *f* (*a.* ⩘ *u.* ⚗); ⊕ Gummilösung *f*.

solv·a·ble ['sɔlvəbl] auflösbar; **solve** *Aufgabe, Zweifel etc.* lösen; **sol·ven·cy** ✝ ['~vənsi] Zahlungsfähigkeit *f*; **'sol·vent 1.** (auf)lösend; ✝ zahlungsfähig; **2.** Lösungsmittel *n*.

som·bre, *Am.* **som·ber** □ ['sɔmbə] düster, trübe, dunkel (*a. fig.*).

some [sʌm, səm] **1.** *pron. u. adj.* irgendein; ein gewisser; etwas; einige, manche *pl.*; ~ *bread* (etwas) Brot; ~ *few* einige wenige, ein paar; ~ *20 miles* etwa 20 Meilen; *in* ~ *degree, to* ~ *extent* in gewissem Grade, einigermaßen; *this is* ~ *speech!* das ist mal 'ne Rede!; **2.** *adv.* etwas; *Am.* F prima; **'~·bod·y** jemand; **'~·day** eines Tages; **'~·one** jemand; **'~·how** irgendwie; ~ *or other* so oder so.

som·er·sault ['sʌməsɔ:lt] Salto *m*; Rolle *f*, Purzelbaum *m*; *turn a* ~ e-n Purzelbaum schlagen.

some...: ~·thing ['sʌmθiŋ] (irgend) etwas; *that is* ~ das ist doch etwas; ~ *like* so etwas wie, so ungefähr; **'~·time 1.** einmal, dereinst; **2.** ehemalig; **'~·times** zuweilen, manchmal; **'~·what** etwas, ziemlich; **'~·where** irgendwo(hin); **'~·while** gelegentlich, eine Weile.

som·nam·bu·lism [sɔm'næmbjulizəm] Nachtwandeln *n*; **som'nam·bu·list** Nachtwandler(in).

som·nif·er·ous □ [sɔm'nifərəs] einschläfernd.

som·no·lence ['sɔmnələns] Schläfrigkeit *f*; **'som·no·lent** schläfrig; einschläfernd.

son [sʌn] Sohn *m*.

so·na·ta ♪ [sə'nɑ:tə] Sonate *f*.

song [sɔŋ] Gesang *m*; Lied *n*; Gedicht *n*; *for a mere od. an old* ~ für e-n Pappenstiel; *nothing to make a* ~ *about* F nichts Besonderes; **'~-bird** Singvogel *m*; **'~-book** Liederbuch *n*; **'~-hit** Schlager *m*; **song·ster** ['~stə] Singvogel *m*; Sänger *m*; **song·stress** ['~stris] Sängerin *f*.

son·ic ['sɔnik] Schall...; ~ **bang** Knall *m* beim Durchbrechen der Schallmauer; ~ **bar·ri·er** Schallgrenze *f*, -mauer *f*.

son-in-law, *pl.* **sons-in-law** ['sʌn(z)inlɔ:] Schwiegersohn *m*.

son·net ['sɔnit] Sonett *n*.

son·ny F ['sʌni] Kleiner *m* (*Anrede*).

so·no·rous □ [sə'nɔ:rəs] klangvoll, vollklingend, sonor; **so'no·rous·ness** Klang-, Tonfülle *f*.

soon [su:n] bald; früh; gern; *as od. so* ~ *as* sobald wie; **'soon·er** eher; früher; lieber; *no* ~ ... *than* kaum ...

als; *no ~ said than done* gesagt, getan.

soot [sut] **1.** Ruß *m*; **2.** be-, verrußen.

sooth [su:θ]: *in ~* in Wahrheit, fürwahr; **soothe** [su:ð] beruhigen, besänftigen; mildern; **sooth·say·er** ['su:θseiə] Wahrsager(in).

soot·y □ ['suti] rußig.

sop [sɔp] **1.** eingeweichter Brocken *m*; *fig.* Besänftigungsmittel *n*, Bestechung *f*; **2.** eintunken; durchweichen; *~ up Wasser* aufnehmen, -wischen.

soph·ism ['sɔfizəm] Sophismus *m*; Trugschluß *m*.

soph·ist ['sɔfist] Sophist *m*; **so·phis·tic, so·phis·ti·cal** □ [sə'fistik(əl)] sophistisch; **so'phis·ti·cate** [~keit] verdrehen; verfälschen; **so'phis·ti·cat·ed** kultiviert, raffiniert; intellektuell; hochgestochen, blasiert; hochentwickelt, kompliziert; **so·phis·ti'ca·tion** Spitzfindigkeit *f*; Verfälschung *f*; Intellektualismus *m*; Kompliziertheit *f*; **soph·ist·ry** ['sɔfistri] Sophisterei *f*, Spitzfindigkeit *f*.

soph·o·more *Am.* ['sɔfəmɔ:] Student *m* im zweiten Jahre.

so·po·rif·ic [sɔpə'rifik] **1.** (*~ally*) einschläfernd; **2.** Schlafmittel *n*.

sop·ping ['sɔpiŋ] *a.* ~ *wet* patschnaß; **'sop·py** durchweicht; F rührselig; fad.

so·pran·o ♪ [sə'prɑ:nəu] Sopran *m*.

sor·cer·er ['sɔ:sərə] Zauberer *m*; **'sor·cer·ess** Zauberin *f*; Hexe *f*; **'sor·cer·y** Zauberei *f*.

sor·did □ ['sɔ:did] schmutzig, schäbig (*bsd. fig.*); **'sor·did·ness** Schmutzigkeit *f*.

sore [sɔ:] **1.** □ schlimm, entzündet; wund; weh; empfindlich; schmerzend; *fig.* schlimm, arg; *~ throat* Halsweh *n*, -entzündung *f*; **2.** wunde Stelle *f*, Schaden *m* (*a. fig.*); **'sore·head** *Am.* F mürrischer *od.* enttäuschter Mensch *m*; **'sore·ly** *adv.* heftig; äußerst, sehr; **'sore·ness** Empfindlichkeit *f*.

so·ror·i·ty [sə'rɔriti] Schwesternschaft *f*; *Am. univ.* Studentinnenverbindung *f*.

sor·rel¹ ['sɔrəl] **1.** rötlichbraun (*bsd. Pferd*); **2.** Fuchs *m* (*Pferd*).

sor·rel² ⚘ [~] Sauerampfer *m*.

sor·row ['sɔrəu] **1.** Sorge *f*; Kummer *m*, Leid *n*; Trauer *f*; **2.** trauern; sich grämen; **sor·row·ful** □ ['sɔrəful] traurig, betrübt; elend.

sor·ry □ ['sɔri] betrübt, bekümmert; traurig, erbärmlich; (*I am*) (*so*) *~!* es tut mir (sehr) leid, (ich) bedaure!; Verzeihung!; *I am ~ for him* er tut mir leid; ich bemitleide ihn; *we are ~ to say* wir müssen leider sagen; wir bedauern, sagen zu müssen.

sort [sɔ:t] **1.** Sorte *f*, Gattung *f*, Art *f*; Weise *f*; *what ~ of* was für; *of a ~, of ~s* so was wie; *~ of* F gewissermaßen; *out of ~s* F unpäßlich; verdrießlich; *a good ~* ein guter Kerl; (*a*) *~ of peace* so etwas wie ein Frieden; **2.** sortieren; ⚕ assortieren; aussuchen; *~ out* (aus-) sondern.

sor·tie ⚔ ['sɔ:ti:] Ausfall *m*; ✈ Einsatz *m*.

sot [sɔt] Trunkenbold *m*.

sot·tish □ ['sɔtiʃ] versoffen.

sou [su:] Sou *m* (*französische Münze*); *fig.* Heller *m*.

souf·flé ['su:flei] Soufflé *n*, Auflauf *m*.

sough [sau] **1.** Sausen *n*, Rauschen *n*; **2.** rauschen (*bsd. Wind*).

sought [sɔ:t] *pret. u. p.p. von seek*; **'~-'aft·er** gesucht, begehrt.

soul [səul] Seele *f* (*a. fig.*); **'~-de·stroy·ing** geisttötend; **'soul·less** □ seelenlos.

sound¹ □ [saund] *allg.* gesund (*a. fig.*); ganz (*unbeschädigt*); vernünftig; tüchtig, gründlich; fest (*Schlaf*); derb (*Schlag etc.*); ⚕ sicher; ⚖ gültig.

sound² [~] **1.** Ton *m*, Schall *m*, Laut *m*, Klang *m*; **2.** *v/i.* tönen, klingen; ertönen, erklingen; erschallen; *v/t.* erschallen lassen, ertönen lassen; (aus)sprechen; *~ the charge* ⚔ zum Angriff blasen.

sound³ [~] Sund *m*, Meerenge *f*; Fischblase *f*.

sound⁴ [~] **1.** ⚕ Sonde *f*; **2.** ⚕ sondieren (*a. fig.*); ⚓ loten; ⚕ abhorchen; *~ s.o. out* j. ausholen, -horchen.

sound...: **'~-box** Schalldose *f*; **~ broad·cast·ing** Tonrundfunk *m*; **~ ef·fects** *pl.* Klang-, Toneffekte *m/pl.*; **'~-film** Tonfilm *m*.

sound·ing ⚓ ['saundiŋ] Lotung *f*; *~s pl.* lotbare Wassertiefe *f*.

sound·ing-board ['saundiŋbɔːd] Resonanz-, Schallboden *m.*
sound·less □ ['saundlis] lautlos.
sound·ness ['saundnis] Gesundheit *f* (*a. fig.*).
sound...: '**~-proof,** '**~-tight** schalldicht; '**~-track** *Film*: Tonspur *f*; '**~-wave** Schallwelle *f.*
soup[1] [suːp] Suppe *f.*
soup[2] *Am. sl.* [~] **1.** Pferdestärke *f*; **2.** ~ *up Motor* frisieren (*Leistung erhöhen*).
sour ['sauə] **1.** □ sauer; *fig.* bitter; *fig.* sauer(töpfisch), mürrisch; **2.** *v/t.* säuern; *fig.* ver-, erbittern; *v/i.* sauer (*fig.* bitter) werden.
source [sɔːs] Quelle *f*; Ursprung *m.*
sour·ish □ ['sauəriʃ] säuerlich; '**sour·ness** Säure *f*; *fig.* Bitterkeit *f.*
souse [saus] **1.** eintauchen; (mit Wasser) begießen; *Fisch etc.* einlegen, -pökeln; **2.** Plumps *m*; **soused** *sl.* besoffen.
sou·tane *eccl.* [suː'tɑːn] Soutane *f.*
south [sauθ] **1.** Süden *m*; *to the* ~ *of* südlich von; **2.** Süd...; südlich, südwärts.
south-east ['sauθ'iːst] **1.** Südosten *m*; **2.** *a.* **south-'east·ern** südöstlich.
south·er·ly ['sʌðəli], **south·ern** ['~ən] südlich; Süd...; '**south·ern·er** Südländer(in); *Am.* Südstaatler(in).
south·ern·most ['sʌðənməust] südlichst.
south·ing ['sauðiŋ] ⚓ (zurückgelegter) südlicher Kurs *m*; *ast.* Kulmination(szeit) *f.*
south...: '**~·land** Süden *m*; '**~·paw** *Am. Baseball*: Linkshänder *m*; ♀ **Pole** Südpol *m.*
south·ward(s) ['sauθwəd(z)] *adv.* südwärts, nach Süden.
south...: '**~-'west** **1.** Südwesten *m*; **2.** *a.* **~-'west·er·ly, ~-'west·ern** südwestlich; **~-'west·er** Südwestwind *m*; = **sou'west·er** ⚓ [sau'westə] Südwester *m* (*wasserdichter Ölhut*).
sou·ve·nir ['suːvəniə] Andenken *n* (*of* an *acc.*).
sov·er·eign ['sɔvrin] **1.** □ höchst; unübertrefflich; hochwirksam (*Arznei*); unumschränkt, souverän; **2.** Landesherr(in), Herrscher(in), Souverän *m*; Sovereign *m* (*20-Schilling-Stück*); **sov·er·eign·ty** ['~rənti] Oberherrschaft *f*, Landeshoheit *f*, Souveränität *f.*
so·vi·et ['səuviət] Sowjet *m.*
sow[1] [sau] *zo.* Sau *f*, (Mutter-)Schwein *n*; ⊕ Sau *f*, Massel *f.*
sow[2] [səu] (*irr.*) (aus)säen, ausstreuen; *Land* besäen, bestreuen; '**sow·er** Sämann *m*; Sämaschine *f*; *fig.* Verbreiter(in); **sown** [səun] *p.p. von sow*[2].
so·ya ♀ ['sɔiə] Soja *f*; ~ *bean* Sojabohne *f.*
soz·zled *sl.* ['sɔzld] besoffen.
spa [spɑː] Heilbad *n*; Kurort *m.*
space [speis] **1.** Weltraum *m*; Platz *m*; Zwischenraum *m*; Zeitraum *m*; *typ.* Spatium *n*; **2.** *a.* ~ *out* in Abständen anordnen, verteilen; *typ.* sperren; gesperrt drucken; '**~-craft,** '**~-ship** Raumschiff; '**~-suit** Raumanzug *m*; '**~-'time** Zeit-Raum *m*, vierte Dimension *f.*
spa·cious □ ['speiʃəs] geräumig; weit, umfassend; '**spa·cious·ness** Weite *f*, Weiträumigkeit *f.*
spade [speid] **1.** Spaten *m*; *call a* ~ *a* ~ das Kind beim rechten Namen nennen; *mst* ~*s pl. Karten*: Pik *n*, Schippe *f*; **2.** graben; '**~-work** mühevolle Vorarbeit *f.*
spa·ghet·ti [spə'geti] Spaghetti *pl.*
spake † *od. poet.* [speik] *pret. von speak.*
span[1] [spæn] **1.** (*a.* Zeit)Spanne *f*; △ Spannung *f*, Spannweite *f*; *Am.* Gespann *n*; **2.** (um-, über)spannen, überwölben; (aus)messen.
span[2] [~] *pret. von spin 1.*
span·gle ['spæŋgl] **1.** Flitter *m*; **2.** (mit Flitter) besetzen; *fig.* übersäen.
Span·iard ['spænjəd] Spanier(in).
span·iel ['spænjəl] Spaniel *m.*
Span·ish ['spæniʃ] **1.** spanisch; **2.** Spanisch *n*; *the* ~ *pl.* die Spanier *pl.*
spank F [spæŋk] **1.** *v/t.* verhauen, -sohlen; *v/t.* ~ *along* dahineilen; **2.** Klaps *m*, Schlag *m*; '**spank·er** ⚓ Gieksegel *n*; '**spank·ing 1.** □ tüchtig; schnell, scharf; F toll; **2.** F Haue *f*, Tracht *f* Prügel.
span·ner ⊕ ['spænə] Schraubenschlüssel *m*; *throw a* ~ *into the works fig.* querschießen.
spar[1] [spɑː] ⚓ Spiere *f*; ✈ Holm *m.*
spar[2] [~] *Boxen*: sparren; Scheinhiebe machen (*at* nach); *fig.* sich

streiten; kämpfen (*Hähne*); *~ring partner Boxen*: Sparringspartner *m*.
spar[3] *min*. [~] Spat *m*.
spare [spɛə] **1.** □ spärlich, kärglich, sparsam; mager; überzählig; überschüssig; Ersatz...; Reserve...; *~ hours pl*. Mußestunden *f/pl*.; *~ room* Gastzimmer *n*; *~ time* Freizeit *f*; **2.** ⊕ Ersatzteil *n*, *m*; **3.** *v/t*. (ver-) schonen; erübrigen; entbehren; (übrig) haben für; (er)sparen; sparen mit; *enough and to ~* mehr als genug; *v/i*. sparen, sparsam sein; Schonung üben; '**spare·ness** Dürftigkeit *f*; Magerkeit *f*; **spare part** Ersatzteil *n*, *m*; '**spare·rib** *Fleischerei*: Rippe(n)speer *m*, *n*.
spar·ing □ ['spɛəriŋ] sparsam (*in*, *of* mit); knapp, dürftig; '**spar·ing·ness** Sparsamkeit *f*.
spark[1] [spɑːk] **1.** Funke(n) *m* (*a. fig.*); **2.** *v/i*. Funken sprühen; *v/t*. *~ s.th. off* et. auslösen.
spark[2] [~] flotter Kerl *m*; Galan *m*.
spark·ing-plug *mot*. ['spɑːkiŋplʌg] Zündkerze *f*.
spar·kle ['spɑːkl] **1.** Funke(n) *m*; Funkeln *n*; *fig*. sprühendes Wesen *n*; **2.** funkeln; blitzen; sprühen (*Witz*); perlen, moussieren (*Wein*), schäumen; *sparkling wine* Schaumwein *m*; **spar·klet** ['~klit] Fünkchen *n* (*a. fig.*).
spark-plug *mot*. ['spɑːkplʌg] Zündkerze *f*.
spar·row *orn*. ['spærəu] Sperling *m*, Spatz *m*; '**~-hawk** *orn*. Sperber *m*.
sparse □ [spɑːs] spärlich, dünn.
Spar·tan ['spɑːtən] **1.** spartanisch; **2.** Spartaner(in).
spasm ⚕ ['spæzəm] Krampf *m* (*a. fig.*); **spas·mod·ic**, **spas·mod·i·cal** □ [~'mɔdik(əl)] krampfhaft, -artig, spasmodisch; *fig*. sprunghaft, unregelmäßig.
spat[1] [spæt] Schaltierlaich *m*.
spat[2] [~] (Schuh)Gamasche *f*.
spat[3] [~] *pret. u. p.p. von spit*[2] 2.
spatch-cock ['spætʃkɔk] *Bemerkung etc*. einstreuen, -fügen.
spate [speit] Hochwasser *n*; *fig*. Flut *f*; *be in ~* Hochwasser führen.
spa·tial □ ['speiʃəl] räumlich, Raum...
spat·ter ['spætə] **1.** (be)spritzen; klatschen, prasseln; **2.** Schauer *m* (*a. fig.*).
spat·u·la ['spætjulə] Spatel *m*.
spav·in *vet*. ['spævin] Spat *m*.
spawn [spɔːn] **1.** Laich *m*; *fig. mst contp*. Brut *f*; **2.** laichen; *contp*. aushecken; '**spawn·er** Rog(e)ner *m* (*weibl. Fisch*); '**spawn·ing** **1.** Laichen *n*; **2.** Laich...; Brut...
speak [spiːk] (*irr.*) *v/i*. sprechen; reden; ♪ erklingen; *~ing! teleph*. am Apparat!; *Brown ~ing!* hier Brown!; *~ out* laut sprechen; offen reden; *~ to j. od*. mit *j-m* sprechen; *~ up* kein Blatt vor den Mund nehmen; *~ up!* (sprich) lauter!; *~ up against* auftreten gegen; *that ~s well for him* das spricht sehr für ihn; *v/t*. sprechen; *Gedanken etc*. aussprechen, äußern; verkünden; '**~-eas·y** *Am. sl*. Flüsterkneipe *f* (*ohne Konzession*); '**speak·er** Sprecher(in); Redner(in); *parl*. Sprecher *m*, Vorsitzende *m*.
speak·ing ['spiːkiŋ] sprechend; sprechend ähnlich (*Bild*); *be on ~ terms with* oberflächlich bekannt sein mit; '**~-trum·pet** Sprachrohr *n*.
spear [spiə] **1.** Speer *m*, Spieß *m*; Lanze *f*; **2.** (auf)spießen; '**~-head** **1.** Speerspitze *f*; *fig*. (Angriffs-) Spitze *f*, Vortrupp *m*; **2.** *Angriff* beginnen.
spec ✝ *sl*. [spek] Spekulation *f*.
spe·cial ['speʃəl] **1.** □ besonder; Sonder...; speziell; extra; Spezial...; **2.** *a. ~ constable* Hilfspolizist *m*; *a. ~ edition* Sonderausgabe *f*; *a. ~ train* Sonderzug *m*; *Am*. Sonderangebot *n* (*in e-m Geschäft*); *Am*. (Tages)Spezialität *f* (*in e-m Restaurant*); '**spe·cial·ist** Spezialist *m*; Fachmann *m*; ⚕ Facharzt *m*; **spe·ci·al·i·ty** [speʃi'æliti] Besonderheit *f*; Spezialfach *n*; ✝ Spezialität *f*; **spe·cial·i·za·tion** [speʃəlai'zeiʃən] Spezialisierung *f*; '**spe·cial·ize** *v/t*. besonders *od*. einzeln anführen; besonders ausbilden; *v/i*. sich spezialisieren (*in* in *dat.*, auf *acc.*), sich besonders verlegen auf (*acc.*); **spe·cial·ty** ['~ti] *s. speciality*; ⚖ besiegelter Vertrag *m*.
spe·cie ['spiːʃiː] Metallgeld *n*, Hartgeld *n*; '**spe·cies** *pl. u. sg*. Art *f*, Spezies *f*.
spe·cif·ic [spi'sifik] **1.** (*~ally*) spezifisch, eigen(tümlich); besonder; bestimmt; *~ gravity phys*. spezifisches

Gewicht *n*; ~ *name* Artname *m*; **2.** ⚕ spezifisches Mittel *n*.

spec·i·fi·ca·tion [spesifiˈkeiʃən] Spezifizierung *f*; ⚖ Patentschrift *f*; ~*s pl.* nähere Angaben *f/pl.*; (technische) Beschreibung *f*; **spec·i·fy** [ˈ~fai] spezifizieren, einzeln angeben *od.* (be)nennen.

spec·i·men [ˈspesimin] Probe *f*, Muster *n*, Exemplar *n*.

spe·cious □ [ˈspi:ʃəs] *äußerlich* blendend, bestechend; trügerisch; Schein...; ˈ**spe·cious·ness** trügerischer Schein *m*.

speck [spek] **1.** Fleck *m*; Stückchen *n*; **2.** flecken, sprenkeln; **speck·le** [ˈ~kl] **1.** Fleckchen *n*; **2.** *s. speck* 2.

specs F [speks] *pl.* Brille *f*.

spec·ta·cle [ˈspektəkl] Schauspiel *n*; Anblick *m*; (*a pair of*) ~*s pl.* (eine) Brille *f*; ˈ**spec·ta·cled** bebrillt.

spec·tac·u·lar □ [spekˈtækjulə] **1.** eindrucksvoll; auffallend, spektakulär; **2.** *Am.* F Galarevue *f*.

spec·ta·tor [spekˈteitə] Zuschauer *m*.

spec·tral □ [ˈspektrəl] gespenstisch; *opt.* Spektral...; **spec·tre** [ˈ~tə] Gespenst *n*; **spec·tro·scope** *opt.* [ˈ~trəskəup] Spektroskop *n*; **spec·trum** *opt.* [ˈ~trəm] Spektrum *n*.

spec·u·late [ˈspekjuleit] grübeln, nachsinnen (*on, upon* über *acc.*); ✝ spekulieren; **spec·uˈla·tion** theoretische Betrachtung *f*; Grübelei *f*; ✝ Spekulation *f*; **spec·u·la·tive** □ [ˈ~lətiv] spekulativ, grüblerisch; theoretisch; ✝ spekulierend; **spec·u·la·tor** [ˈ~leitə] Denker *m*; ✝ Spekulant *m*.

spec·u·lum ⚕, *opt.* [ˈspekjuləm] (Metall)Spiegel *m*; Spekulum *n*.

sped [sped] *pret. u. p.p. von speed* 2.

speech [spi:tʃ] Sprache *f*; Rede, Ansprache *f*; *make a* ~ e-e Rede halten; ˈ**~-day** *Schule*: (Jahres-) Schlußfeier *f*; **speech·i·fy** *contp.* [ˈ~ifai] viel Worte machen; ˈ**speech·less** □ sprachlos.

speed [spi:d] **1.** Geschwindigkeit *f*; Schnelligkeit *f*; Eile *f*; ⊕ Drehzahl *f*; *phot.* Lichtempfindlichkeit *f*; **2.** (*irr.*) *v/i.* schnell fahren, rasen; ~ *up* (*pret. u. p.p.* ~*ed*) die Geschwindigkeit erhöhen; *v/t. j-m* Glück verleihen; befördern; ~ *up* (*pret. u. p.p.* ~*ed*) beschleunigen; ˈ**~-boat** Rennboot *n*; ˈ**~-cop** motorisierter Verkehrspolizist *m*; ˈ**~-in·di·ca·tor** = *speedometer*; ˈ**~-lim·it** Geschwindigkeitsbegrenzung *f*; **speed·om·e·ter** *mot.* [spiˈdɔmitə] Geschwindigkeitsmesser *m*, Tachometer *n*; ˈ**speed·way** Motorradrennbahn *f*; *bsd. Am.* Schnellstraße *f*; ˈ**speed·well** ⚘ Ehrenpreis *n, m*; ˈ**speed·y** □ schnell, rasch.

spell[1] [spel] **1.** (Arbeits)Zeit *f*, ⊕ Schicht *f*; Weilchen *n*, Bißchen *n*; Periode *f*; **2.** abwechseln mit *j-m* (*at* bei).

spell[2] [~] **1.** Zauber(spruch) *m*; **2.** (*irr.*) buchstabieren; richtig schreiben; bedeuten; ~ *out* entziffern; ˈ**~·bind·er** *Am.* fesselnder Redner *m*; ˈ**~·bound** *fig.* (fest)gebannt, verzaubert; ˈ**spell·er:** *he is a bad* ~ er kann nicht richtig schreiben.

spell·ing [ˈspeliŋ] Rechtschreibung *f*; ˈ**~-book** Fibel *f*.

spelt[1] [spelt] *pret. u. p.p. von spell*[2] 2.

spelt[2] ⚘ [~] Spelt *m*, Dinkel(weizen) [*m.*]

spel·ter [ˈspeltə] Zink *n*.

spen·cer [ˈspensə] Spenzer *m* (*Jäckchen*).

spend [spend] (*irr.*) *v/t.* verwenden (*on, upon* für, auf *acc.*); *Geld etc.* ausgeben (*on* für); verbrauchen, *b.s.* verschwenden; *Zeit* verbringen; (*bsd.* ~ *o.s.* sich) erschöpfen; ~ *the night* übernachten; *v/i.* Geld ausgeben; ˈ**spend·er** Verschwender (-in).

spend-thrift [ˈspendθrift] **1.** Verschwender(in); **2.** verschwenderisch.

spent [spent] **1.** *pret. u. p.p. von spend*; **2.** *adj.* erschöpft, entkräftet, matt.

sperm [spə:m] *menschlicher u. tierischer* Same(n) *m*; **sper·ma·ce·ti** [~məˈseti] Walrat *m, n*; **sper·ma·to·zo·on** *biol.* [~ətəuˈzəuɔn] Spermatozoon *n*, Spermium *n*.

spew [spju:] (sich) erbrechen.

sphere [sfiə] Kugel *f*; Erd-, Himmelskugel *f*; *fig.* Sphäre *f*, (Wirkungs)Kreis *m*; Bereich *m*; Gebiet *n*; **spher·i·cal** □ [ˈsferikəl] sphärisch; kugelförmig.

sphinc·ter *anat.* [ˈsfiŋktə] Schließmuskel *m*.

sphinx [sfiŋks] Sphinx *f* (*a. fig.*).

spice [spais] **1.** Gewürz(e *pl.*) *n*; *fig.* Würze *f*; Beigeschmack *m*; Anflug *m*; **2.** würzen; ˈ**spic·er·y** Gewürze *n/pl.*

spic·i·ness ['spaisinis] Würzigkeit *f*; *fig.* Pikantheit *f*.
spick and span ['spikən'spæn] frisch u. sauber; schmuck; funkelnagelneu.
spic·y □ ['spaisi] gewürzreich, würzig; *fig.* pikant.
spi·der *zo.* ['spaidə] Spinne *f*; '**spi·der·y** spinnengleich.
spiel *Am. sl.* [spi:l] Gequassel *n*.
spiff·y *sl.* ['spifi] schick; toll.
spig·ot ['spigət] (Faß)Zapfen *m*; Hahn *m*.
spike [spaik] **1.** Stift *m*; Spitze *f*; Dorn *m*; Stachel *m*; *Sport*: Laufdorn *m*; *mot.* Spike *m*; ⚘ Ähre *f*; **2.** festnageln; ⚔ *Geschütz* vernageln; mit *eisernen* Stacheln versehen; **spike·nard** ['~nɑ:d] Lavendel-, Nardenöl *n*; '**spik·y** □ spitzig.
spill[1] [spil] **1.** (*irr.*) *v/t.* verschütten; *Blut* vergießen; F *Reiter etc.* abwerfen; *weitS.* schleudern; *v/i.* verschüttet werden; überlaufen; **2.** F Sturz *m vom Pferd etc.*
spill[2] [~] Fidibus *m*.
spill·o·ver ['spiləuvə] Bevölkerungsüberschuß *m*.
spill·way ['spilwei] Abflußkanal *m*.
spilt [spilt] *pret. u. p.p. von spill*[1] *1*; *cry over ~ milk* über etwas jammern, was doch nicht zu ändern ist.
spin [spin] **1.** (*irr.*) *v/t.* spinnen (*a. fig.*); wirbeln, (herum)drehen; *Münze* hochwerfen; sich *et.* ausdenken; erzählen; *~ s.th. out* et. in die Länge ziehen; *v/i.* spinnen; *a. ~ round* sich drehen, herumwirbeln; ✈ trudeln; *~ along* dahinsausen; *send s.o. (s.th.) ~ning* j. (et.) schleudern; **2.** Wirbeln *n*, Drehung *f*; Spritztour *f*; ✈ Trudeln *n*.
spin·ach ⚘ ['spinidʒ] Spinat *m*.
spi·nal ['spainl] Rückgrat...; *~ column* Wirbelsäule *f*; *~ cord*, *~ marrow* Rückenmark *n*; *~ curvature* Rückgratverkrümmung *f*.
spin·dle ['spindl] Spindel *f*; '**spin·dly** spindeldürr.
spin-dri·er ['spindraiə] Wäscheschleuder *f*.
spin-drift ['spindrift] Gischt *m*.
spine [spain] Rückgrat *n*; Dorn *m*; (Gebirgs)Grat *m*; (Buch)Rücken *m*; '**spine·less** rückgratlos (*a. fig.*).
spin·et ♪ [spi'net] Spinett *n*.
spin·na·ker ⚓ ['spinəkə] Spinnaker *m*, Dreiecksegel *n*.
spin·ner ['spinə] Spinner(in); Spinnmaschine *f*; **spin·ner·et** *zo.* ['spinəret] Spinndrüse *f*.
spin·ning...: **~-jenny** ⊕ ['spiniŋ-'dʒeni] Feinspinnmaschine *f*; '**~-mill** Spinnerei *f*; '**~-wheel** Spinnrad *n*.
spin·ster ['spinstə] unverheiratete Frau *f*; *engS.* alte Jungfer *f*; *nach dem Namen*: ledig.
spin·y ['spaini] dornig.
spi·ra·cle ['spaiərəkl] Luftloch *n*.
spi·rae·a ⚘ [spai'riə] Spierstaude *f*.
spi·ral ['spaiərəl] **1.** □ spiralig; Spiral...; schnecken-, schraubenförmig; **2.** Spirale *f*; *fig.* Wirbel *m*, Welle *f*; **3.** sich spiralförmig bewegen; sich schrauben; wirbeln.
spire ['spaiə] Turmspitze *f*; *Berg-*, *Baum- etc.* Spitze *f*; Spitzturm *m*.
spir·it ['spirit] **1.** *allg.* Geist *m*; Sinn *m*; Temperament *n*, Leben *n*; Mut *m*; Gesinnung *f*; ⚗ Spiritus *m*; Sprit *m*, Benzin *n*; *~s pl.* Stimmung *f*, Laune *f*; geistige Getränke *n/pl.*, Spirituosen *pl.*; *~ of wine* Weingeist *m*; *in (high) ~s* in gehobener Stimmung, gut aufgelegt; *in low ~s* in gedrückter Stimmung, schlecht aufgelegt; **2.** *~ away*, *~ off* verschwinden lassen, wegzaubern; *~ up* aufmuntern.
spir·it·ed □ ['spiritid] geistvoll; lebhaft, lebendig, temperamentvoll; mutig; ...gesinnt; ...gestimmt; '**spir·it·ed·ness** Lebhaftigkeit *f*; Mut *m*.
spir·it·ism ['spiritizəm] Spiritismus *m*; '**spir·it·ist** Spiritist(in).
spir·it·less □ ['spiritlis] geistlos; temperament-, lustlos; mutlos.
spir·it-lev·el ['spiritlevl] Wasserwaage *f*.
spir·it·u·al □ ['spiritjuəl] geistig; geistlich; geistvoll; '**spir·it·u·al·ism** Spiritualismus *m*; Spiritismus *m*; **spir·it·u·al·i·ty** [~'æliti] Geistigkeit *f*; geistige Natur *f*; **spir·it·u·al·ize** ['~əlaiz] ver-, durchgeistigen.
spir·it·u·el(le) [spiritju'el] geistreich, -sprühend.
spir·it·u·ous ['spiritjuəs] alkoholisch.
spirt [spə:t] **1.** (hervor)spritzen, (hervor)schießen (lassen); **2.** (Wasser- *etc.*)Strahl *m*.
spit[1] [spit] **1.** Bratspieß *m*; Landzunge *f*; **2.** aufspießen.

spit² [~] **1.** Speichel *m*, Spucke *f*; *be the very ~ of s.o.* F j-m wie aus dem Gesicht geschnitten sein; **2.** (*irr.*) *v/i.* spucken; fauchen (*Katze*); sprühen (*fein regnen*); *~ at* anspucken; *~ upon* bespucken; *v/t.* (*mst ~ out* aus)spucken; *~ it out!* F heraus mit der Sprache!
spit³ [~] Spatenstich *m.*
spite [spait] **1.** Bosheit *f*; Groll *m*; *in ~ of* trotz (*gen.*); **2.** ärgern; kränken.
spite·ful □ ['spaitful] boshaft, gehässig; '**spite·ful·ness** Bosheit *f.*
spit·fire ['spitfaiə] Hitzkopf *m*; Kratzbürste *f.*
spit·tle ['spitl] Speichel *m*, Spucke *f.*
spit·toon [spi'tu:n] Spucknapf *m.*
spiv *sl.* [spiv] Schieber *m.*
splash [splæʃ] **1.** Spritzfleck *m*; P(l)atschen *n*; *make a ~* F Aufsehen erregen; **2.** (be)spritzen; p(l)atschen; planschen; *Farbe etc.* (hin-) klecksen, (auf)klatschen; *~ one's money about sl.* mit Geld um sich werfen; '**~-board** Spritzbrett *n*; '**~·down** Wasserung(sstelle) *f e-s Raumfahrzeugs*; '**splash·y** □ platschend; matschig; klecksig.
splay [splei] **1.** Ausschrägung *f*; **2.** auswärts gebogen; **3.** ausschrägen; ausgeprägt sein; '**~-foot** Spreizfuß *m.*
spleen [spli:n] *anat.* Milz *f*; üble Laune *f*, Ärger *m*; **spleen·ful** ['~ful], '**spleen·y** ärgerlich, launisch.
splen·did □ ['splendid] glänzend, prächtig, herrlich, großartig, wunderbar; **splen·dif·er·ous** F [~'difərəs] = *splendid*; '**splen·do(u)r** Glanz *m*, Pracht *f*, Herrlichkeit *f.*
sple·net·ic [spli'netik] **1.** *a.* **sple'net·i·cal** □ ärgerlich; launisch; **2.** Hypochonder *m.*
splice [splais] **1.** Verspleißung *f*; ⚓ Spleiß *m*; **2.** (ver)spleißen; ⚓ splissen; ⊕ einfalzen; *sl.* verheiraten.
splint ⚕ [splint] **1.** Schiene *f*; **2.** schienen; '**~-bone** *anat.* Wadenbein *n.*
splin·ter ['splintə] **1.** Splitter *m*; **2.** (zer)splittern; '**splin·ter-proof** splittersicher.
split [split] **1.** Spalt *m*, Riß *m*; *fig.* Spaltung *f*; *~s pl.* Grätsche *f*; Spagat *m*; **2.** gespalten; **3.** (*irr.*) *v/t.* (zer)spalten; zerreißen; platzen lassen; (sich) *et.* teilen; *~ hairs* Haarspalterei treiben; *~ one's sides with laughter* sich vor Lachen biegen, sich totlachen; *~ up* aufspalten; platzen; *fig.* sich entzweien; *~ on sl. j.* hochgehen lassen (*verraten*); '**split·ting** sehr heftig; F rasend (schnell).
splotch [splɔtʃ] Fleck *m*, Klecks *m.*
splurge [splə:dʒ] Angabe *f*, Getue *n.*
splut·ter ['splʌtə] *s. sputter*; ✈ kotzen (*Motor*).
spoil [spɔil] **1.** *oft ~s pl.* Beute *f*, Raub *m*; *fig.* Ausbeute *f*; Schutt *m*; **2.** (*irr.*) *v/t.* (be)rauben; plündern; verderben; verwöhnen, *Kind* verziehen; *v/i.* verderben; *~ing for a fight* streitlustig; '**spoil·er** Räuber *m*; Verderber *m*; **spoils·man** *Am. pol.* ['~zmən] Postenjäger *m*; '**spoil--sport** Spielverderber(in); **spoils sys·tem** *Am. pol.* Futterkrippensystem *n.*
spoilt [spɔilt] *pret. u. p.p. von spoil* 2.
spoke¹ [spəuk] *pret. von speak.*
spoke² [~] Speiche *f*; (Leiter-) Sprosse *f*; ⚓ Spake *f.*
spo·ken ['spəukən] *p.p. von speak.*
spokes·man ['spəuksmən] Wortführer *m*, Sprecher *m.*
spo·li·a·tion [spəuli'eiʃən] Beraubung *f*, Plünderung *f.*
spon·dee ['spɔndi:] Spondeus *m.*
sponge [spʌndʒ] **1.** Schwamm *m*; *throw up the ~ Boxen u. fig.* sich geschlagen geben; **2.** *v/t.* mit e-m Schwamm (ab)wischen *od.* reiben; *~ up* aufsaugen; *v/i.* schmarotzen (*on* bei); '**~-'cake** Biskuitkuchen *m*; '**spong·er** Schmarotzer(in).
spon·gi·ness ['spʌndʒinis] Schwammigkeit *f*; '**spon·gy** schwammig; porös.
spon·sor ['spɔnsə] **1.** Taufzeuge *m*, Pate *m*; Bürge *m*; Förderer *m*, Gönner *m*; Auftraggeber *m* für Werbesendung; **2.** Pate stehen bei; aus der Taufe heben; finanzieren; fördern; '**spon·sor·ship** Paten-, Gönnerschaft *f.*
spon·ta·ne·i·ty [spɔntə'ni:iti] Freiwilligkeit *f*; Unmittelbarkeit *f*; Spontaneität *f*; Selbstentstehung *f*, Selbstentwick(e)lung *f*; **spon·ta·ne·ous** □ [~'teinjəs] freiwillig, von selbst (entstanden); Selbst...; spontan; unwillkürlich; unmittelbar;

unüberlegt; ⚘ wild wachsend; ~ *combustion* Selbstverbrennung *f*; ~ *generation* Urzeugung *f*.
spoof *sl.* [spu:f] **1.** *j.* verkohlen; **2.** Mumpitz *m*; Schwindel *m*.
spook [spu:k] Spuk *m*; '**spook·y** geisterhaft, Spuk...
spool [spu:l] **1.** Spule *f*; **2.** spulen.
spoon [spu:n] **1.** Löffel *m*; *sl.* verliebter Narr *m*; *be* ~*s on sl.* verschossen sein in *j.*; **2.** löffeln; *sl.* schmusen; '**~-drift** Gischt *m*, *f*; '**spoon·er·ism** Schüttelreim *m*; '**spoon-fed** *fig.* hochgepäppelt; verhätschelt, verwöhnt; **spoon·ful** ['~ful] Löffel(voll) *m*; '**spoon-meat** (Kinder-, Kranken)Brei *m*; '**spoon·y** □ F verschossen (*on* in *acc.*).
spoor *hunt.* [spuə] Spur *f*, Fährte *f*.
spo·rad·ic [spə'rædik] (~*ally*) sporadisch, verstreut.
spore ⚘ [spɔ:] Spore *f*, Keimkorn *n*.
sport [spɔ:t] **1.** Sport *m*; Spiel *n*; *fig.* Spielball *m*; Unterhaltung *f*; Scherz *m*; ~*s pl. allg.* Sport *m*; Sportfest *n*; *a. good* ~ feiner Kerl *m*; *make* ~ *of* sich lustig machen über (*acc.*); **2.** *v/i.* sich belustigen; spielen, scherzen; *v/t.* F protzen mit; ~ *one's oak* die Tür verschlossen halten; '**sport·ing** □ Sport...; Jagd...; sportlich; ~ *chance* knappe Chance *f*; '**spor·tive** □ lustig; scherzhaft; '**sports-car** *mot.* Sportwagen *m*; '**sports-coat**, '**sports-jack·et** Sportsakko *m*; '**sports·man** Sportler *m*; Weidmann *m*; '**sports·man·like** sportlich; anständig, fair; weidmännisch; '**sports·man·ship** Sportlichkeit *f*; *fig.* faires Benehmen *n*; '**sports-wear** Sportkleidung *f*; '**sports·wom·an** Sportlerin *f*.
spot [spɔt] **1.** *allg.* Fleck *m*; Tupfen *m*; Makel *m*; Stelle *f*; Platz *m*; Leberfleck *m*, Pickel *m*; Tropfen *m*; ~*s pl.* ✝ Lokowaren *f/pl.*; *a* ~ *of* F etwas, ein bißchen; *on the* ~ auf der Stelle; sofort, sogleich; *be on the* ~ zur Stelle sein; **2.** ✝ sofort lieferbar *od.* zahlbar; Loko...; **3.** *v/t.* (be-) flecken, sprenkeln; ausfindig machen; (genau) erkennen; *v/i.* fleckig werden; F regnen; '**spot·less** □ fleckenlos; '**spot·less·ness** Unbeflecktheit *f*; '**spot·light** *thea.* Scheinwerfer(licht *n*) *m*; *mot.* Suchscheinwerfer *m*; *in the* ~ *fig.* im Brennpunkt des Interesses; '**spot·ted** gefleckt, getupft; ~ *fever* ⚕ Fleckfieber *n*; '**spot·ter** Beobachter *m* (*bsd. zur Luftraumsicherung*); *Am.* Kontrolleur *m bsd. e-r Verkehrsgesellschaft*; '**spot·ti·ness** Fleckigkeit *f*; '**spot·ty** fleckig, sprenklig.
spouse [spauz] Gatte *m*; Gattin *f*.
spout [spaut] **1.** Tülle *f*, Schnauze *f*; Strahlrohr *n*; ⚠ Wasserspeier *m*; (Wasser)Strahl *m*; **2.** (aus)spritzen; F salbadern.
sprain [sprein] **1.** Verstauchung *f*; **2.** verstauchen.
sprang [spræŋ] *pret. von spring* 2.
sprat *ichth.* [spræt] Sprotte *f*.
sprawl [sprɔ:l] *v/i.* ausgestreckt daliegen, sich rekeln (*a. fig.*); ⚘ wuchern; *fig.* sich ausdehnen; *v/t.* ~ *out* ausstrecken.
spray[1] [sprei] Zweig(verzierung *f*) *m*.
spray[2] [~] **1.** zerstäubte Flüssigkeit *f*; Sprühregen *m*; Gischt *m*; Spray *m*; = ~*er*; **2.** *Flüssigkeit* zerstäuben; *et.* besprühen; spritzen; '**spray·er** Zerstäuber *m* (*Gerät*).
spread [spred] **1.** (*irr.*) *v/t. a.* ~ *out* ausbreiten; (aus)dehnen; *Gerücht, Krankheit etc.* verbreiten; (be-) decken, belegen, überziehen; *Butter etc.* aufstreichen; *Brot etc.* bestreichen; ~ *the table* den Tisch decken; *v/i.* sich aus-, verbreiten; **2.** ~ *eagle* fliegender Adler *m als Abzeichen*; **3.** Aus-, Verbreitung *f*; Spannweite *f*; Weite *f*; Fläche *f*; *Am.* Decke *f*; Brotaufstrich *m*; F Festschmaus *m*; '**~-ea·gle** F bombastisch; hurrapatriotisch; '**spread·er** Aus-, Verbreiter(in); '**spread·ing** ausgebreitet, weit.
spree F [spri:] Spaß *m*, Jux *m*; Zechgelage *n*; Orgie *f*; (*Kauf- etc.*)Welle *f*; *go on a* ~ e-e Sauftour machen.
sprig [sprig] **1.** Sproß *m*, Reis *n* (*a. fig.*); Zweigverzierung *f*; ⊕ Zwecke *f*, Stift *m*; **2.** mit Stiften befestigen; ~*ged* geblümt (*Stoff*).
spright·li·ness ['spraitlinis] Lebendigkeit *f*; '**spright·ly** lebhaft, munter.
spring [spriŋ] **1.** Sprung *m*; Satz *m*; (Sprung)Feder *f*; Feder-, Sprungkraft *f*, Elastizität *f*; Triebfeder *f*; Springquell *m*, Quelle *f*; *fig.* Ursprung *m*; Frühling *m*; **2.** (*irr.*) *v/t.*

springen lassen; (zer)sprengen; plötzlich herauskommen mit *et.*; *Wild* aufjagen; ~ *a leak* ⚓ leck werden; ~ *s.th. on s.o.* j. mit et. überraschen; *v/i.* springen; entspringen, entstehen (*from* aus, von); ⚘ sprießen; ~ *up* aufspringen; aufkommen (*Ideen etc.*); aus dem Boden schießen; ~ *into existence* plötzlich entstehen; '**~-'bal·ance** Federwaage *f*; '**~-board** Sprungbrett *n*.

springe *hunt.* [sprindʒ] Schlinge *f*.

spring gun ['spriŋgʌn] Selbstschuß *m*; '**spring·i·ness** Elastizität *f*; **spring mat·tress** Sprungfedermatratze *f*; **spring tide** Springflut *f*; '**spring·tide,** '**spring·time** Frühling(szeit *f*) *m*; '**spring·y** □ federnd, elastisch.

sprin·kle ['spriŋkl] *v/t.* (be)streuen; (be)sprengen; *v/i.* sprühen (*Regen*); '**sprin·kler** Berieselungsanlage *f*; Rasensprenger *m*; *eccl.* Weihwedel *m*; '**sprin·kling** Sprühregen *m*; *a* ~ *of fig.* ein wenig, ein paar.

sprint [sprint] *Sport*: **1.** sprinten; spurten; **2.** Sprint *m*; Kurzstreckenlauf *m*; Endspurt *m*; '**sprint·er** Sprinter *m*, Kurzstreckenläufer *m*.

sprit ⚓ [sprit] Spriet *n*.

sprite [sprait] Geist *m*, Kobold *m*.

sprit·sail ⚓ ['spritsl] Sprietsegel *n*.

sprock·et-wheel ⊕ ['sprɔkitwi:l] Kettenrad *n*.

sprout [spraut] **1.** sprießen, wachsen (lassen); **2.** ⚘ Sproß *m*; *a. Brussels* ~*s pl.* Rosenkohl *m*.

spruce[1] □ [spru:s] **1.** schmuck, sauber; **2.** (sich) fein machen.

spruce[2] ⚘ [~] *a.* ~ *fir* Fichte *f*, Rottanne *f*.

sprung [sprʌŋ] *pret.* (✎) *u. p.p. von spring 2.*

spry [sprai] munter, flink.

spud [spʌd] Jätmesser *n*; F Kartoffel *f*.

spume *lit.* [spju:m] Schaum *m*; '**spu·mous,** '**spum·y** □ schaumig.

spun [spʌn] *pret. u. p.p. von spin 1.*

spunk [spʌŋk] Zunder *m*; F Feuer *n*, Mumm *m*; '**spunk·y** mutig.

spur [spə:] **1.** Sporn *m* (*a. zo.*, ⚘); *fig.* Ansporn *m*; Vorsprung *m*, Ausläufer *m e-s Berges*; *on the* ~ *of the moment* der Eingebung des Augenblicks folgend; spornstreichs; *put od. set* ~*s to dem Pferd* die Sporen geben; *fig. j.* (an)spornen; *win one's* ~*s* sich die Sporen verdienen; ~ *gear* ⊕ Stirnrad *n*; **2.** *a.* ~ *on* (an)spornen (*a. fig.*); *poet.* sprengen, eilen.

spurge ⚘ [spə:dʒ] Wolfsmilch *f*.

spu·ri·ous □ ['spjuəriəs] unecht, gefälscht; '**spu·ri·ous·ness** Unechtheit *f*.

spurn [spə:n] verschmähen, verächtlich zurückweisen.

spurred [spə:d] gespornt.

spurt [spə:t] **1.** alle s-e Kräfte zs.-nehmen; *Sport*: spurten; *s. spirt*; **2.** plötzliche Anstrengung *f*, Ruck *m*; *Sport*: Spurt *m*; *s. spirt*.

sput·nik ['sputnik] Sputnik *m*, Satellit *m*.

sput·ter ['spʌtə] **1.** Gesprudel *n*; **2.** *v/i.* sprudeln; spritzen; (*at s.o.* j. an)blubbern; *v/t. a.* ~ *out* hervorsprudeln.

spy [spai] **1.** Späher(in); Spion(in); **2.** (er)spähen; erblicken; spionieren; ~ (*up*)*on s.o.* j-m nachspionieren; '**~·glass** kleines Fernrohr *n*; '**~·hole** Guckloch *n*.

squab [skwɔb] Jungvogel *m*, *bsd.* ungefiederte Taube *f*.

squab·ble ['skwɔbl] **1.** Zank *m*, Zwist *m*, Kabbelei *f*; **2.** (sich) zanken; '**squab·bler** Zänker(in).

squad [skwɔd] Rotte *f*, Trupp *m*; **squad·ron** ['~rən] ⚔ Schwadron *f*; ✈ Staffel *f*; ⚓ Geschwader *n*.

squal·id □ ['skwɔlid] schmutzig, armselig.

squall[1] [skwɔ:l] **1.** Schrei *m*; ~*s pl.* Geschrei *n*; **2.** schreien.

squall[2] ⚓ [~] Bö *f*; '**squall·y** ⚓ böig, stürmisch.

squa·lor ['skwɔlə] Schmutz *m*.

squa·mous ['skweiməs] schuppig.

squan·der ['skwɔndə] verschwenden; '**~'ma·ni·a** Verschwendungssucht *f*.

square [skwεə] **1.** □ viereckig; quadratisch; senkrecht; im rechten Winkel (*to, with* zu); passend, stimmend; in Ordnung; direkt, unzweideutig, glatt; quitt, gleich (*with* mit); F ehrlich, redlich, offen; *Am.* F altmodisch, spießig; ~ *measure* Flächenmaß *n*; ~ *mile* Quadratmeile *f*; (*take a*) ~ *root* ⅌ Quadratwurzel *f* (ziehen); ~ *sail* ⚓ Rahsegel *n*; **2.** Quadrat *n* (*a. e-r Zahl*); Viereck *n*; Feld *n* (*Schachbrett etc.*); ⩓ Säulenplatte *f*; ⚔ Karree *n*; *öffentlicher* Platz *m*; Winkelmaß *n*;

Am. F altmodischer Spießer *m*; **3.** *v/t.* viereckig machen; ⚓ quadrieren; einrichten (*with* nach), anpassen (*dat.*); ✝ begleichen, ausgleichen; bestechen; *v/i.* (*with*) passen (zu); übereinstimmen (mit); im Einklang stehen (mit); '~-'**built** vierschrötig; ~ **dance** Quadrille *f*; '~-'**rigged** ⚓ mit Rahen getakelt; '~-**toes** F *sg.* Pedant *m.*

squash[1] [skwɔʃ] **1.** Gedränge *n*; Fruchtsaft *m*; Platsch(en *n*) *m*; Squasch *n* (*ein Rakettspiel*); *mst* ~-*hat* Schlapphut *m*; **2.** (zer-, zs.-)quetschen; drücken, pressen; *fig.* erdrücken; F mundtot machen.

squash[2] ⚘ [~] Kürbis *m.*

squat [skwɔt] **1.** kauernd; untersetzt; **2.** hocken, kauern; '**squatter** *bsd. Am.* Siedler *m* ohne Rechtstitel; *Australien*: Schafzüchter *m.*

squaw [skwɔ:] (Indianer)Frau *f*, Squaw *f.*

squawk [skwɔ:k] **1.** kreischen, schreien; **2.** Gekreisch *n*, Geschrei *n.*

squeak [skwi:k] **1.** quieken, quietschen; *sl.* pfeifen, petzen; **2.** Gequieke *n etc.*; *a narrow* ~ F ein knappes Entrinnen *n*; '**squeak·y** □ quiekend *etc.*

squeal [skwi:l] quäken; gell schreien; *s. squeak.*

squeam·ish □ ['skwi:miʃ] empfindlich; mäkelig; Übelkeit empfindend; heikel; penibel; '**squeam·ish·ness** Überempfindlichkeit *f.*

squee·gee ['skwi:'dʒi:] Scheibenreiniger *m* mit Gummilippe; *phot.* Rollenquetscher *m.*

squeez·a·ble ['skwi:zəbl] gefügig.

squeeze [skwi:z] **1.** (sich) drücken, (sich) pressen, (sich) quetschen; auspressen; *fig.* (be)drängen, quälen; **2.** Druck *m* (*a. fig.*); kräftiger Händedruck *m*; Gedränge *n*; '**squeez·er** Presse *f.*

squelch F [skweltʃ] platschen; zermalmen.

squib [skwib] Schwärmer *m*, Frosch *m*; Spottgedicht *n.*

squid *zo.* [skwid] Tintenfisch *m.*

squif·fy *sl.* ['skwifi] beschwipst.

squill ⚘ [skwil] Meerzwiebel *f.*

squint [skwint] **1.** schielen; **2.** Schielen *n*; F flüchtiger *od.* schiefer Blick *m*; '~-**eyed** schielend; *fig.* scheel, böse.

squire ['skwaiə] **1.** Gutsbesitzer *m*; (Land)Junker *m*; *Am.* F (Friedens-) Richter *m*; *hist.* Schildknappe *m*; *co.* Kavalier *m*; Frauenheld *m*; **2.** *e-e Dame* begleiten.

squir(e)·arch·y ['skwaiərɑ:ki] Junkertum *n*; Junkerherrschaft *f.*

squirm F [skwə:m] sich winden.

squir·rel *zo.* ['skwirəl] Eichhörnchen *n.*

squirt [skwə:t] **1.** Spritze *f*; Strahl *m*; F Wichtigtuer *m*; **2.** spritzen.

squish F [skwiʃ] Marmelade *f.*

stab [stæb] **1.** Stich *m*; ~ *in the back fig.* verleumderischer Angriff *m*; **2.** *v/t.* (er)stechen; *v/i.* stechen (*at* nach).

sta·bil·i·ty [stə'biliti] Stabilität *f*; Standfestig-, Beständig-, Stetigkeit *f*; ✈ dynamisches Gleichgewicht *n.*

sta·bi·li·za·tion [steibilai'zeiʃən] Stabilisierung *f.*

sta·bi·lize ['steibilaiz] stabilisieren (*a.* ✈); '**sta·bi·liz·er** ✈, ⚓ Stabilisator *m.*

sta·ble[1] □ ['steibl] stabil; (stand-) fest; dauerhaft; beständig; stetig.

sta·ble[2] [~] **1.** Stall *m*; **2.** einstallen.

sta·bling ['steibliŋ] Stallung *f.*

stac·ca·to ♪ [stə'kɑ:təu] stakkato.

stack [stæk] **1.** ✓ (Heu-, Stroh-, Getreide)Schober *m*; Stapel *m*, Stoß *m*; Schornsteinreihe *f*; ⚔ Gewehrpyramide *f*; Regal *n*; ~*s pl. bsd. Am.* Hauptmagazin *n e-r Bibliothek*; F Haufen *m*, Menge *f*; **2.** aufstapeln; aufstellen.

sta·di·um ['steidjəm] *Sport*: Stadion *n*, Sportplatz *m*, Kampfbahn *f.*

staff [stɑ:f] **1.** Stab *m*, Stock *m*; Stütze *f*; ⚔ Stab *m*; Personal *n*; Belegschaft *f*; Beamten-, Lehrkörper *m*; ♪ *pl.* **staves** [steivz] Notensystem *n*; **2.** (mit Personal, Beamten *od.* Lehrern) besetzen; ~ **man·a·ger** Personalchef *m.*

stag [stæg] *zo.* Hirsch *m*; F Herr *m* ohne Dame; ✝ Konzertzeichner *m an der Börse.*

stage [steidʒ] **1.** Bühne *f*, Theater *n*; *fig.* Schauplatz *m*; Stufe *f*, Stadium *n*; Teilstrecke *f*, Etappe *f*; Gerüst *n*, Gestell *n*; *go on the* ~ zur Bühne gehen; **2.** *v/t.* inszenieren; *v/i.* für die Bühne geeignet sein; '~**box**

Proszeniumsloge *f*; '~-**coach** Postkutsche *f*; '~-**craft** dramatisches Talent *n*; Theatererfahrung *f*; ~ **di·rec·tion** Bühnenanweisung *f*; ~ **fright** Lampenfieber *n*; ~ **man·ag·er** Regisseur *m*; '**stag·er:** *old* ~ alter Hase *m*; '**stage·y** = *stagy*.

stag·ger ['stægə] **1.** *v/i.* (sch)wanken, taumeln; *fig.* stutzen; *v/t.* wankend machen; ⊕ *u. weitS.* staffeln; **2.** Schwanken *n*, Wanken *n*; ⊕ *u. weitS.* Staffelung *f*; ~*s pl. vet.* Koller *m*.

stag·nan·cy ['stægnənsi] Stockung *f*; '**stag·nant** □ stehend (*Wasser*); stagnierend; stockend; träg; ⚕ still; **stag·nate** [~'neit] stagnieren; stocken; **stag'na·tion** Stockung *f*.

stag-par·ty F ['stægpɑ:ti] Herrengesellschaft *f*.

stag·y □ ['steidʒi] theatralisch.

staid □ [steid] gesetzt, ruhig; '**staid·ness** Gesetztheit *f*.

stain [stein] **1.** Fleck(en) *m* (*a. fig.*); (Holz)Beize *f*; **2.** fleckig machen; *fig.* beflecken, beschmutzen; ⊕ beizen, färben; ~*ed glass* buntes Glas *n*; '**stain·less** □ ungefleckt; *fig.* fleckenlos; ⊕ rostfrei, nichtrostend (*Stahl*).

stair [stɛə] Stufe *f*; ~*s pl.* Treppe *f*, Stiege *f*; '~-**car·pet** Treppenläufer *m*; '~**case** Treppe(nhaus *n*) *f*; '~-**rod** Läuferstange *f*; '~**way** = *staircase*.

stake [steik] **1.** Pfahl *m*; Marterpfahl *m*; (Spiel)Einsatz *m* (*a. fig.*); ~*s pl. Pferderennen*: Preis *m*, Einlage *f*; Rennen *n*; *pull up* ~*s Am.* F abhauen; *be at* ~ auf dem Spiele stehen; *place one's* ~ *on* setzen auf (*acc.*); **2.** (um)pfählen; aufs Spiel setzen; *Geld etc.* setzen; ~ *out*, ~ *off* abstecken.

stal·ac·tite ['stæləktait] Stalaktit *m*, hängender Tropfstein *m*; **stal·ag·mite** ['stæləgmait] Stalagmit *m*, stehender Tropfstein *m*.

stale[1] □ [steil] alt (*Ggs. frisch*); schal, abgestanden (*Wasser, Neuigkeit*); altbacken (*Brot*); verbraucht (*Luft, Kraft*); fad (*Geruch*); alt (*Witz*); überanstrengt.

stale[2] [~] **1.** stellen, harnen (*Pferd etc.*); **2.** Harn *m*.

stale·mate ['steil'meit] **1.** *Schach*: Patt *n*; *fig.* Stillstand *m*; **2.** patt setzen; *fig.* zum Stillstand bringen.

stalk[1] [stɔ:k] Stengel *m*, Stiel *m*; Halm *m*.

stalk[2] [~] **1.** *v/i.* einherschreiten; (einher)stolzieren; *hunt.* pirschen; *v/t.* beschleichen; **2.** *hunt.* Pirsch *f*; '**stalk·er** Pirschjäger *m*; '**stalk·ing-horse** *fig.* Deckmantel *m*.

stall [stɔ:l] **1.** (Pferde)Box *f*; (Verkaufs)Stand *m*, Marktbude *f*; *thea.* Sperrsitz *m*; *eccl.* Chorstuhl *m*; **2.** *v/t.* einstallen; ✈ überziehen; *Motor* abwürgen; *v/i. mot.* aussetzen; ✈ durchsacken; *fig.* Ausflüchte machen; '~-**feed·ing** Stallfütterung *f*.

stal·lion ['stæljən] Hengst *m*.

stal·wart ['stɔ:lwət] **1.** □ stramm; handfest; **2.** *pol.* Unentwegte *m*.

sta·men ⚘ ['steimen] Staubfaden *m*, -gefäß *n*; **stam·i·na** ['stæminə] Ausdauer *f*, Widerstandsfähigkeit *f*, Vitalität *f*; **stam·i·nate** ⚘ ['~nit] mit Staubfäden.

stam·mer ['stæmə] **1.** stottern, stammeln; **2.** Stottern *n*; '**stam·mer·er** Stotter(in).

stamp [stæmp] **1.** (Auf)Stampfen *n*; ⊕ Stampfe(r *m*) *f*; Stempel *m* (*a. fig.*); (Brief)Marke *f*; Gepräge *n* (*a. fig.*); Art *f*, Schlag *m*; **2.** *v/t.* stampfen; prägen; stanzen; (ab-) stempeln (*a. fig.*); *Brief* frankieren; ~ *on the memory* dem Gedächtnis einprägen; ~ *out* zertreten; *fig.* niederschlagen; *v/i.* (auf)stampfen; '~-**al·bum** Briefmarkenalbum *n*; '~-**col·lec·tor** Briefmarkensammler *m*; '~-**deal·er** Briefmarkenhändler *m*; '~-**du·ty** Stempelgebühr *f*.

stam·pede [stæm'pi:d] **1.** Panik *f*, wilde Flucht *f*; **2.** durchgehen; in Panik versetzen.

stamp·er ['stæmpə] Stampfer *m*; Stempel *m*; '**stamp(·ing)-mill** *metall.* Pochwerk *n*.

stance [stæns] *Golf etc.*: Stellung *f*, Haltung *f*.

stanch [stɑ:ntʃ] **1.** hemmen; stillen; **2.** *adj.* = *staunch 1*; **stan·chion** ['stɑ:nʃən] Stütze *f*, Pfosten *m*.

stand [stænd] **1.** (*irr.*) *v/i. allg.* stehen; sich befinden; bestehen, beharren; *mst* ~ *still* stillstehen, stehenbleiben; bestehen (bleiben); ~ *against* bestehen gegen, *j-m* widerstehen; ~ *aside* abseits stehen; beiseite treten; ~ *back*, ~ *clear* zurücktreten; ~ *by* dabeistehen, dabei sein; *fig.* (fest) stehen zu; helfen;

bereitstehen; ~ *for* sich bewerben um *ein Amt*, kandidieren für *e-n Sitz im Parlament*; bedeuten; eintreten für; vertreten; F sich *et.* gefallen lassen; ~ *in* einspringen (*for* für); ⚓ landwärts anliegen; ~ *in with* sich gut stellen mit; sich mit *j-m* beteiligen (*in* an *dat.*); ~ *off* abstehen; sich entfernt halten; zurücktreten (von); ⚓ seewärts anliegen; ~ *off!* weg da!; ~ *on* (*fig.* be-) stehen auf (*dat.*); ~ *out* hervorstehen; *fig.* deutlich hervortreten, sich abheben (*against* gegen); sich fernhalten; standhalten (*against* gegen); bestehen (*for* auf *dat.*); ⚓ nach See zu liegen; ~ *over für später* stehen *od.* liegen bleiben; *j.* beaufsichtigen; ~ *pat Am.* F stur bleiben; ~ *to* bleiben bei, beharren bei; *s. reason*; ~ *to!* ⚔ an die Gewehre!; ~ *up* aufstehen; sich erheben (*a. fig.*); ~ *up for* eintreten für; ~ *up to* sich zur Wehr setzen gegen; standhalten (*dat.*); ~ *upon* (*fig.* be-) stehen auf (*dat.*); *v/t.* (hin)stellen; aushalten, (v)ertragen; über sich ergehen lassen; *s. ground*; ~ *s.o. a dinner* F j-m ein Mittagessen spendieren; *s. treat*; **2.** Stand *m*; Standplatz *m*; Bude *f*; Standpunkt *m*; Stellung *f*; Stillstand *m*; Ständer *m*, Gestell *n*; Tribüne *f für Zuschauer*; *bsd. Am.* Zeugenstand *m*; *make a od. one's ~ against* standhalten (*dat.*).

stand·ard ['stændəd] **1.** Standarte *f*, Fahne *f*; Standard *m*, Norm *f*, Regel *f*, Maßstab *m*; Niveau *n*, Grad *m*; Stufe *f*, Klasse *f der Grundschule*; Münzfuß *m*; Währung *f*; Ständer *m*, Mast *m*; senkrechtes Rohr *n*; ⚘ Hochstamm *m*; ~ *lamp* Stehlampe *f*; ~ *of living* Lebenshaltung *f*, -standard *m*; **2.** maßgebend; Muster..., Normal...; Einheits...; '**~-bear·er** *bsd. fig.* Bannerträger *m*, Vorkämpfer *m*; '**~-ga(u)ge** 🚂 normalspurig; **stand·ard·i·za·tion** [~ai'zeiʃən] Norm(ier)ung *f*; '**stand·ard·ize** norm(ier)en, festsetzen, vorschreiben; vereinheitlichen.

stand-by ['stændbai] Beistand *m*.

stand·ee [stæn'di:] Stehende *m*; *Am.* Stehplatzinhaber *m*.

stand·er-by ['stændə'bai] Dabeistehende *m*, Zuschauer(in).

stand-in ['stænd'in] *Film*: Double *n*.

stand·ing ['stændiŋ] **1.** □ stehend; fest; (be)ständig; ~ *jump* Sprung *m* aus dem Stand; ~ *committee pol.* ständiger Ausschuß *m*; ~ *orders pl. parl.* Geschäftsordnung *f*; **2.** Stehen *n*, Stellung *f*, Rang *m*; Ruf *m* (*Ansehen*); Dauer *f*; *of long* ~ alt; '**~-room** Stehplatz *m*.

stand...: '**~·off** *Am.* Unentschieden *n*; Gegengewicht *n*; '**~-'off·ish** zurückhaltend; **~'pat·ter** *Am.* F *pol.* sture Konservative *m*; '**~-pipe** Standrohr *n*; '**~·point** Standpunkt *m*; '**~·still** Stillstand *m*; *be at a* ~ stillstehen; *come to a* ~ zum Stehen kommen; '**~-up:** ~ *collar* Stehkragen *m*; ~ *fight* regelrechter Kampf *m*; ~ *supper* kaltes Büfett (*im Stehen eingenommen*).

stank [stæŋk] *pret. von stink 2.*

stan·nic ⚗ ['stænik] Zinn...

stan·za ['stænzə] Stanze *f*; Strophe *f*.

sta·ple[1] ['steipl] **1.** Haupterzeugnis *n*; *fig.* Hauptgegenstand *m*; Stapel *m* (*Faserwuchs der Wolle etc.*); **2.** Haupt...

sta·ple[2] [~] Haspe *f*, Krampe *f*; Heftklammer *f*.

sta·pler ['steiplə] (Büro)Heftmaschine *f*.

star [stɑ:] **1.** *allg.* Stern *m* (*fig.* *Schicksal*); *thea.* Star *m*; *2s and Stripes pl. Am.* Sternenbanner *n*; **2.** besternen; *thea.* die Hauptrolle spielen; ~ (*it*) glänzen; *thea.* gastieren; *~ring* mit ... in der Hauptrolle.

star·board ⚓ ['stɑ:bəd] **1.** Steuerbord *n*; **2.** *Ruder* steuerbord legen.

starch [stɑ:tʃ] **1.** (Wäsche)Stärke *f*; *fig.* Steifheit *f*; ~ *flour* Stärkemehl *n*; **2.** stärken; *~ed fig.* steif; '**starch·i·ness** Steifheit *f*; '**starch·y** □ steif; stärkehaltig.

stare [stɛə] **1.** Starren *n*; Staunen *n*; starrer Blick *m*; **2.** große Augen machen; (*at* an)starren, (an)staunen.

star·fish *zo.* ['stɑ:fiʃ] Seestern *m*.

star·ing □ ['stɛəriŋ] starr (*Blick*); auffallend; grell.

stark [stɑ:k] starr; völlig; ~ *naked* splitternackt.

star·light ['stɑ:lait] Sternenlicht *n*.

star·ling[1] *orn.* ['stɑ:liŋ] Star *m*.

star·ling[2] [~] Eisbrecher *m e-r Brücke*.

star·lit ['stɑ:lit] sternenklar.

star·ry ['stɑːri] gestirnt; Stern(en)...
star-span·gled ['stɑːspæŋgld] sternenbesät; *Star-Spangled Banner Am.* Sternenbanner *n.*
start [stɑːt] **1.** Auffahren *n*, Stutzen *n*; Ruck *m*; *Sport*: Start *m*; Aufbruch *m*; Anfang *m*; *fig.* Vorsprung *m*; *get the ~ of s.o.* j-m zuvorkommen; *give a ~* zs.-, auffahren; *s. fit*²; **2.** *v/i.* aufspringen, auffahren; stutzen (*at* vor *dat.*, bei); *Sport*: starten; abgehen, abfahren; aufbrechen, abreisen, sich aufmachen (*for* nach); *fig. von e-m Gedanken* ausgehen; anfangen (*on* mit *e-r Arbeit*; *doing* zu tun); *to ~ with* zunächst; *v/t.* in Gang bringen; *Maschine* anlassen; *Sport*: starten (lassen); *Wild* aufjagen; *fig.* anfangen; veranlassen (*doing* zu tun); *Geschäft* gründen, errichten; *Frage* aufwerfen.
start·er ['stɑːtə] *Sport*: Starter *m*; Läufer *m*, Rennteilnehmer *m*; *mot.* Anlasser *m.*
start·ing-point ['stɑːtiŋpɔint] Ausgangspunkt *m.*
star·tle ['stɑːtl] (er-, auf)schrecken; '**star·tling** □ bestürzend, überraschend, aufsehenerregend.
star·va·tion [stɑː'veiʃən] (Ver-)Hungern *n*, Hungertod *m*; *attr.* Hunger...; **starve** verhungern (lassen); *fig.* verkümmern (lassen); **starve·ling** ['~liŋ] **1.** Hungerleider *m*; *fig.* Kümmerling *m*; **2.** verhungert; *fig.* verkümmert.
state [steit] **1.** Zustand *m*; Stand *m*; Pomp *m*, Staat *m*; *pol. mst* 2 Staat *m*; *~ of life* Lebensstellung *f*; *in ~* feierlich; *get into a ~* F sich aufregen; **2.** angeben; darlegen, -stellen; feststellen; melden; *e-e Regel etc.* aufstellen; **~ a·part·ment** Prunkzimmer *n*; **~ coach** Staatskarosse *f*; '**~·craft** *pol.* Staatskunst *f*; 2 **De·part·ment** *Am. pol.* Außenministerium *n*; '**state·less** staatenlos; '**state·li·ness** Stattlichkeit *f*; Würde *f*; Pracht *f*; '**state·ly** stattlich; prächtig; erhaben; '**state·ment** Angabe *f*; Aussage *f*; Erklärung *f*; Darlegung *f*, Darstellung *f*; Feststellung *f*; Aufstellung *f*, ✝ (*of account* Konto)Auszug *m*; ⊕, ✝ Tarif *m*; '**state·room** Prunk-, Staatszimmer *n*; ⚓ Einzelkabine *f*; '**state·side** *Am.* F USA...; *go ~* heimkehren.
states·man ['steitsmən] Staatsmann *m*; '**states·man·like** staatsmännisch; '**states·man·ship** Staatskunst *f.*
stat·ic ['stætik] statisch, Ruhe...; '**stat·ics** *pl. od. sg.* Statik *f*; *nur pl. Radio*: atmosphärische Störungen *f/pl.*
sta·tion ['steiʃən] **1.** Stand(ort) *m*; Stelle *f*; Stellung *f*; ⚔, ⚓, 🚂 Station *f*; Bahnhof *m*; (Rundfunk-, Fernseh)Sender *m*; Rang *m*, Stand *m*; ⚒ Beruf *m*, Geschäft *n*; **2.** aufstellen, postieren, stationieren; **sta·tion·ar·y** □ ['~ʃnəri] stillstehend; feststehend, stationär; *~ engine* Standmotor *m*; '**sta·tion·er** Schreibwarenhändler *m*; *2s' Hall* Buchhändlerbörse *f in London*; '**sta·tion·er·y** Schreib- und Papierwaren *f/pl.*; **sta·tion-mas·ter** ['~ʃənmɑːstə] 🚂 Stationsvorsteher *m*; **sta·tion wag·on** *Am. mot.* Kombiwagen *m.*
stat·ism *pol.* ['steitizəm] staatlicher Dirigismus *m*, Planwirtschaft *f*; '**stat·ist** Anhänger *m* der Planwirtschaft.
sta·tis·ti·cal □ [stə'tistikəl] statistisch; **stat·is·ti·cian** [stætis'tiʃən] Statistiker *m*; **sta'tis·tics** *pl.* (*als Wissenschaft sg.*) Statistik *f*; *vital ~* Bevölkerungsstatistik *f*; F weibliche Körpermaße *f/pl.*
stat·u·ar·y ['stætjuəri] **1.** Bildhauer..., Statuen...; **2.** Bildhauerei *f*; Bildhauer *m*; **stat·ue** ['~tʃuː] Standbild *n*, Plastik *f*, Statue *f*; **stat·u·esque** □ [~tju'esk] statuenhaft; **stat·u·ette** [~tju'et] Statuette *f.*
stat·ure ['stætʃə] Statur *f*, Wuchs *m*, Gestalt *f.*
sta·tus ['steitəs] Zustand *m*; Stellung *f*, Rang *m*, Stand *m*; Status *m*; *~ symbol, symbol of ~* Statussymbol *n.*
stat·ute ['stætjuːt] Statut *n*, Satzung *f*; (Landes)Gesetz *n*; '**~-book** Gesetzessammlung *f*; **~ law** Gesetzesrecht *n*; **~ mile** Meile *f* (*1,609 km*).
stat·u·to·ry □ ['stætjutəri] gesetzlich.
staunch [stɔːntʃ] **1.** □ fest; zuverlässig, standhaft; treu; **2.** hemmen, stillen.
stave [steiv] **1.** Faßdaube *f*; Strophe *f*; **2.** (*irr.*) *mst ~ in* (*dat.*) den Boden

einschlagen; ~ *off* abwehren; aufschieben.

staves ♪ [steivz] *pl. von staff 1.*

stay [stei] **1.** ⚓ Stag *n*; Stütztau *n*; *fig.* Stütze *f*; Aufschaub *m*, Frist *f*; Aufenthalt *m*; ~*s pl.* † Korsett *n*; **2.** bleiben; wohnen; (sich) aufhalten; Ausdauer haben; hemmen, (*dat.*) Einhalt gebieten; aufschieben; *Hunger* vorläufig stillen; stützen; ~ *in* zu Hause bleiben; nachsitzen; ~ *for* warten auf (*acc.*); ~ (*for*) *supper* zum Abendessen bleiben; ~ *put* F an Ort und Stelle bleiben; ~ *up* aufbleiben; ~ *the course* (bis zum Ende) durchhalten; ~*ing power* Ausdauer *f*; '**~-at-home** Stubenhocker *m*; '**~-'down strike** Sitzstreik *m der Bergleute*; '**stay·er** *Sport*: Steher *m*; *be a good* ~ Stehvermögen haben.

stead [sted] Stelle *f*, Statt *f*; *in his* ~ an seiner Stelle, statt seiner; *stand s.o. in good* ~ j-m zustatten kommen.

stead·fast □ ['stedfəst] fest, unerschütterlich; standhaft; unverwandt (*Blick*); '**stead·fast·ness** Festigkeit *f*, Standhaftigkeit *f*.

stead·i·ness ['stedinis] Festigkeit *f*.

stead·y ['stedi] **1.** □ (be)ständig; stetig; sicher; fest; ruhig; gleichmäßig; ✝ fest; unerschütterlich; zuverlässig; **2.** stetig *od.* sicher machen *od.* werden; (sich) festigen; stützen; (sich) beruhigen; halten; **3.** *Am.* F feste Freundin *f*.

steak [steik] (Beef)Steak *n*; Fischfilet *n*.

steal [sti:l] **1.** (*irr.*) *v/t.* stehlen (*a. fig.*); ~ *a march on s.o.* j-m zuvorkommen; *v/i.* sich stehlen *od.* schleichen; ~ *into* sich einschleichen in (*acc.*); **2.** *Am.* Korruptionsgeschäft *n*.

stealth [stelθ] Heimlichkeit *f*; *by* ~ heimlich; '**stealth·i·ness** Heimlichkeit *f*; '**stealth·y** □ verstohlen, heimlich.

steam [sti:m] **1.** Dampf *m*; Dunst *m*; *let off* ~ ⊕ Dampf ablassen; *fig.* sich Luft machen; **2.** Dampf...; **3.** *v/i.* dampfen; ~ *up* beschlagen (*Glas*); *v/t.* ausdünsten; mit Dampf behandeln, dämpfen; '**~-boat** Dampfschiff *n*; '**~-boil·er** Dampfkessel *m*; **steamed** beschlagen (*Fenster*); '**steam-en·gine** Dampfmaschine *f*; '**steam·er** ⚓ Dampfer *m*; ⊕ Dämpfer *m*; '**steam·i·ness** Dunstigkeit *f*.

steam...: '**~-roller 1.** Dampfwalze *f*; **2.** *fig.* niederwalzen; '**~-ship** = *steamboat*; ~ **tug** ⚓ Schleppdampfer *m*; '**steam·y** □ dampfig; dampfend; dunstig.

ste·a·rin ⚗ ['stiərin] Stearin *n*.

steed *rhet.* [sti:d] (Streit)Roß *n*.

steel [sti:l] **1.** Stahl *m*; Wetzstahl *m*; **2.** stählern; Stahl...; **3.** (ver)stählen; '**~-clad** stahlgepanzert; ~ **en·grav·ing** Stahlstich *m*; '**~-'plat·ed** gepanzert; '**~-works** *sg.* Stahlwerk *n*; '**steel·y** *mst fig.* stählern; '**steel·yard** Laufgewichtswaage *f*.

steep[1] [sti:p] **1.** steil, jäh; F toll, stark (*unerhört*); **2.** *poet.* jäher Abhang *m*.

steep[2] [~] einweichen; einlegen; eintauchen; tränken; *fig.* versenken (*in* in *acc.*).

steep·en ['sti:pən] steiler machen [*od.* werden.]

stee·ple ['sti:pl] Kirchturm *m*; '**~-chase** Hindernisrennen *n*; '**~·jack** Turm-, Schornsteinarbeiter *m*.

steep·ness ['sti:pnis] Steilheit *f*.

steer[1] [stiə] junger Ochse *m*.

steer[2] [~] steuern; ~ *clear of fig.* vermeiden; '**steer·a·ble** lenkbar.

steer·age ⚓ ['stiəridʒ] Steuerung *f*; Zwischendeck *n*; '**~-way** ⚓ Steuerfähigkeit *f*, -fahrt *f*.

steer·ing... ['stiəriŋ]: ~ **col·umn** *mot.* Lenksäule *f*; '**~-gear** ⚓ Ruderanlage *f*; '**~-wheel** Steuerrad *n*.

steers·man ⚓ ['stiəzmən] Rudergänger *m*.

stein [stain] Maßkrug *m*.

stel·lar ['stelə] Stern(en)...

stem[1] [stem] **1.** (Baum-, Wort-) Stamm *m*; Stiel *m*; Stengel *m*; **2.** abstielen; *Am.* (ab)stammen (*from* von).

stem[2] [~] **1.** ⚓ Vordersteven *m*; **2.** *v/t.* sich stemmen *od.* ankämpfen gegen; *v/i. Schilauf*: stemmfahren; ~(*ming*) *turn* Stemmbogen *m*.

stench [stentʃ] Gestank *m*.

sten·cil ['stensl] **1.** Schablone *f*; Matrize *f*; **2.** schablonieren; hektographieren.

ste·nog·ra·pher [ste'nɔgrəfə] Stenograph(in); **sten·o·graph·ic** [~nə'græfik] (~*ally*) stenographisch; **ste·nog·ra·phy** [~'nɔgrəfi] Stenographie *f*, Kurzschrift *f*.

step[1] [step] **1.** Schritt *m*, Tritt *m*; *fig.* (kurze) Strecke *f*; Fußstapfe *f*; (Treppen)Stufe *f*; Trittbrett *n*; (*a pair of*) *~s pl.* (eine) Trittleiter *f*; *in ~ with* in gleichem Schritt mit; *take ~s* Schritte unternehmen; **2.** *v/i.* schreiten; treten, gehen; *~ in fig.* einschreiten; *~ on it! sl.* mach fix!; *~ out* ausschreiten, sich beeilen; *v/t. ~ out, ~ off* abschreiten; *~ up* in die Höhe bringen, ankurbeln.

step[2] [~] *in Zssgn* Stief...; **'~·fa·ther** Stiefvater *m*; **'~·moth·er** Stiefmutter *f*.

steppe [step] Steppe *f*.

step·ping-stone ['stepiŋstəun] Trittstein *m*; *fig.* Sprungbrett *n*.

ster·e·o ['stiəriəu] **1.** *typ.* Klischee *n*; **2.** ♪ Stereo...

ster·e·o... ['stiəriə]: **~·phon·ic** [~'fɔnik] stereophonisch, Stereo...; **'~·scope** Stereoskop *n*; **'~·type** **1.** Stereotype *f*; **2.** stereotypieren; *~d* stereotyp.

ster·ile ['sterail] steril; unfruchtbar; keimfrei; **ste·ril·i·ty** [~'riliti] Unfruchtbarkeit *f*; **ster·il·i·za·tion** [sterilai'zeiʃən] Sterilisierung *f*; **'ster·i·lize** sterilisieren; unfruchtbar machen; entkeimen.

ster·ling ['stə:liŋ] vollwertig, echt; gediegen; ✝ Sterling...; *pound ~* Pfund *n* Sterling; **~ a·re·a** Sterlingblock *m*.

stern[1] □ [stə:n] ernst; finster; streng, hart.

stern[2] ⚓ [~] Heck *n*, Spiegel *m*.

stern·ness ['stə:nnis] Ernst *m*; Strenge *f*.

stern-post ⚓ ['stə:npəust] Hintersteven *m*.

ster·num *anat.* ['stə:nəm] Brustbein *n*.

steth·o·scope ⚕ ['steθəskəup] Stethoskop *n* (*Hörrohr*).

ste·ve·dore ⚓ ['sti:vidɔ:] Schauermann *m*, Stauer *m*.

stew [stju:] **1.** schmoren, dämpfen; **2.** Schmorgericht *n*; F Aufregung *f*.

stew·ard ['stjuəd] Verwalter *m*; Haushofmeister *m*; ⚓ Steward *m*; (Fest)Ordner *m*; **stew·ard·ess** ⚓, ✈ Stewardeß *f*.

stew...: **'~-pan, '~-pot** Schmorpfanne *f*, -topf *m*.

stick[1] [stik] **1.** Stock *m*; Stecken *m*; Stab *m*; (*Besen- etc.*)Stiel *m*; Stange *f Siegellack etc.*; F Klotz *m* (*unbeholfener Mensch*); *~s pl.* Kleinholz *n*; *the ~s pl. Am.* F hinterste Provinz *f*; **2.** ⸙ mit Stöcken stützen.

stick[2] [~] (*irr.*) *v/i.* stecken (bleiben); haften; kleben (*to* an *dat.*); *fig.* sich stoßen (*at* an *dat.*); *~ at nothing* vor nichts zurückschrecken; *~ out, ~ up* hervorragen, -stehen; F standhalten; F bestehen (*for* auf *dat.*); *~ to* bleiben bei, festhalten an (*dat.*); *~ up for s.o.* j-m die Stange halten; *v/t.* (ab)stechen; (an)stecken, (an)heften; (an)kleben; F aushalten, ertragen; *~ it on sl.* unverschämte Preise verlangen; *~ out* herausstrecken; *~ it out* F durchhalten, nicht nachgeben; *~ up sl. Bank etc.* überfallen; **'stick·er** Klebezettel *m*; **'stick·i·ness** Klebrigkeit *f*; **'stick·ing-plas·ter** Heftpflaster *n*; **'stick-in-the-mud** **1.** rückschrittlich; **2.** Rückschrittler *m*; Spießer *m*.

stick·le ['stikl] Partei nehmen; **'stick·le·back** *ichth.* Stichling *m*; **'stick·ler** Eiferer *m*, Verfechter *m* (*for gen.*).

stick-up ['stikʌp] *a. ~ collar* F Stehkragen *m*; *sl.* Raubüberfall *m*.

stick·y □ ['stiki] kleb(e)rig; schmierig, schmutzig; zäh; *come to a ~ end sl.* ein schlimmes Ende nehmen; *be ~ about doing* F *et.* ungern tun.

stiff □ [stif] steif; starr; hartnäckig; hart, mühsam; stark (*Getränk*); *be bored ~* F zu Tode gelangweilt sein; *keep a ~ upper lip* die Ohren steifhalten; **'stiff·en** (sich) steifen; (sich) versteifen (*bsd.* ✝); erstarren (lassen); *fig.* stärken; **'stiff·en·er** steife Einlage *f*; **'stiff-'necked** halsstarrig.

sti·fle[1] *vet.* ['staifl] Kniegelenk *n*.

sti·fle[2] [~] ersticken (*a. fig.*).

stig·ma ['stigmə] (Brand-, Schand-)Mal *n*; Stigma *n*; ⚕ Symptom *n*; ⚘ Narbe *f*; **stig·ma·tize** ['~taiz] brandmarken.

stile [stail] Zauntritt *m*, -übergang *m*; ⊕ Seitenpfosten *m e-r Tür etc.*

sti·let·to [sti'letəu] Stilett *n*.

still[1] [stil] **1.** *adj.* still; *~ wine* Stillwein *m*; **2.** Photographie *f* (*im Gegensatz zum Film*); **3.** *adv.* noch immer; *bei comp.* noch; **4.** *cj.* doch, dennoch, trotzdem; **5.** stillen; beruhigen.

still[2] [~] Destillierapparat *m*.

still...: **'~-born** totgeboren; **'~-**

-hunt pirschen; **'~-hunt·ing** Pirschjagd *f*; **~ life** Stilleben *n*; **'still·ness** Stille *f*, Ruhe *f*.
still-room ['stilrum] Vorratskammer *f*.
still·y *poet.* ['stili] still, ruhig.
stilt [stilt] Stelze *f*; **'stilt·ed** gespreizt, hochtrabend, geschraubt.
stim·u·lant ['stimjulənt] **1.** ⚕ stimulierend; **2.** ⚕ Reizmittel *n*; Genußmittel *n*; Anreiz *m*; **stim·u·late** ['~leit] (an)reizen; anregen; **stim·u'la·tion** Reizung *f*, Antrieb *m*; **stim·u·la·tive** ['~lətiv] (an)reizend; **stim·u·lus** ['~ləs] Antrieb *m* (*to* zu); Reizmittel *n*.
sting [stiŋ] **1.** Stachel *m von Insekten*; Stich *m*, Biß *m*; *fig.* Schärfe *f*; Antrieb *m*; **2.** (*irr.*) stechen; *fig.* schmerzen; peinigen; (an)treiben; *be stung sl.* geneppt werden (*for* um); **'sting·er** F schmerzhafter Schlag *m*.
stin·gi·ness ['stindʒinis] Geiz *m*; Kargheit *f*.
sting(·ing)-net·tle ⚘ ['stiŋ(iŋ)netl] Brennessel *f*.
stin·gy □ ['stindʒi] geizig; knapp, karg.
stink [stiŋk] **1.** Gestank *m*; **2.** (*irr.*) *v/i.* stinken (*of* nach; *sl. a. fig.*); *v/t.* verstänkern.
stint [stint] **1.** Einschränkung *f*; *zugewiesene* Arbeit *f*; **2.** kargen *od.* knausern mit; einschränken; *j.* knapp halten.
sti·pend ['staipend] Gehalt *n* (*bsd. e-s Pfarrers*); **sti'pen·di·ar·y** [~djəri] **1.** besoldet; **2.** Polizeirichter *m*.
stip·ple *paint.* ['stipl] punktieren.
stip·u·late ['stipjuleit] *a. ~ for* zur Bedingung machen, ausbedingen, festsetzen; **stip·u'la·tion** Abmachung *f*; Festsetzung *f*; Klausel *f*, Bedingung *f*.
stir[1] [stəː] **1.** Regung *f*; Bewegung *f*; Rühren *n*; Aufregung *f*; Aufsehen *n*; **2.** *v/t.* (um)rühren, bewegen; (an)schüren; aufregen; *~ up* aufrühren; reizen, aufhetzen; *v/i.* sich rühren *od.* regen.
stir[2] *sl.* [~] Kittchen *n* (*Gefängnis*).
stir·ring ['stəːriŋ] auf-, erregend; bewegt.
stir·rup ['stirəp] Steigbügel *m*.
stitch [stitʃ] **1.** Stich *m*; Masche *f*; Seitenstechen *n*; *not have a dry ~ on one* keinen trockenen Faden am Leibe haben; *a ~ in time saves nine* gleich getan ist viel gespart; **2.** nähen; heften; *Buchbinderei*: heften, broschieren.
stoat *zo.* [stəut] Hermelin *n*.
stock [stɔk] **1.** (Baum)Strunk *m*; Pfropfunterlage *f*; Griff *m*, Schaft *m e-s Gerätes*, Kolben *m e-s Gewehrs*; Stamm *m*, Geschlecht *n*, Her-, Abkunft *f*; Roh-, Grundstoff *m*; Suppenstock *m*, (Fleisch-, Gemüse)Brühe *f*; Vorrat *m*, (Waren)Lager *n*; (Wissens)Schatz *m*; *a. live ~* Vieh(bestand *m*) *n*; *hist.* Halsbinde *f*; ⚘ Levkoje *f*; ⚚ (Stamm-, Anleihe)Kapital *n*; *~s pl.* Effekten *pl.*, Aktien *f/pl.*; Staatspapiere *n/pl.*; *~s pl.* ⚓ Stapel *m*; *~s pl. hist.* Stock *m* (*für Gefangene*); *in* (*out of*) *~* (nicht) vorrätig; *take ~* ⚚ Inventur machen; *take ~ of fig.* sich klarwerden über (*acc.*), *et.* abschätzen; **2.** auf Lager, vorrätig; Lager...; *bsd. thea.* stehend, ständig; gängig; Standard...; stereotyp; *~ play* Repertoirestück *n*; **3.** versehen, versorgen; *Waren* führen; vorrätig haben.
stock·ade [stɔ'keid] **1.** Einpfählung *f*, Staket *n*; **2.** einpfählen.
stock...: **'~-breed·er** Viehzüchter *m*; **'~-brok·er** Börsenmakler *m*; **'~-car** Viehwagen *m*; **~ com·pa·ny** *thea.* ständiges Ensemble *n*; **~ exchange** Börse *f*; **'~-farm·er** Viehzüchter *m*; **'~·hold·er** Aktionär *m*.
stock·i·net [stɔki'net] Trikot *n*.
stock·ing ['stɔkiŋ] Strumpf *m*.
stock·ist ⚚ ['stɔkist] Lagerhalter *m*.
stock...: **'~-in-'trade** Werk-, Rüstzeug *n*; **'~·job·ber** Börsenmakler *m*; **~ mar·ket** Börse *f*; **'~·pil·ing** (staatliche) Vorratshaltung *f*; **'~-'still** unbeweglich, mäuschenstill; **'~·tak·ing** Inventur *f*.
stock·y ['stɔki] untersetzt, stämmig.
stock·yard ['stɔkjaːd] Viehhof *m*.
stodge *sl.* [stɔdʒ] (sich) vollstopfen; **'stodg·y** □ schwer, unverdaulich; *fig.* schwerfällig; langweilig.
sto·gy, sto·gie *Am.* ['stəugi] billige Zigarre *f*.
sto·ic ['stəuik] **1.** stoisch; **2.** Stoiker *m*; **'sto·i·cal** □ *fig.* stoisch; **sto·i·cism** ['~sizəm] Stoizismus *m*; Gleichmut *m*, Gelassenheit *f*.
stoke [stəuk] *Feuer* (an)schüren;

heizen, feuern; '~·**hold**, '~·**hole** ⚓ Heizraum *m*; '**stok·er** Heizer *m*.

stole[1] [stəul] Stola *f*.

stole[2] [~] *pret.*, '**sto·len** *p.p. von steal 1.*

stol·id □ ['stɔlid] unerschütterlich, gleichmütig; stur; **sto'lid·i·ty** Unerschütterlichkeit *f*, Gleichmut *m*; Sturheit *f*.

stom·ach ['stʌmək] **1.** Magen *m*; Leib *m*, Bauch *m*; *fig.* Neigung *f*, Lust *f* (*for* zu); **2.** verdauen, -tragen; *fig.* ertragen; '~-**ache** Magen-, Bauchschmerzen *m/pl.*; **sto·mach·ic** [stəu'mækik] **1.** (~*ally*) Magen...; magenstärkend; **2.** magenstärkendes Mittel *n*.

stomp *Am.* [stɔmp] (auf)stampfen.

stone [stəun] **1.** Stein *m*; (Obst-)Kern *m*; *a. precious* ~ Edelstein *m*; *Gewichtseinheit von 6,35 kg*; **2.** steinern; Stein...; **3.** steinigen; *Obst* entsteinen; ♀ **Age** *die* Steinzeit; '~-'**blind** stockblind; '~-'**cold** eiskalt; '~·**crop** ⚘ Mauerpfeffer *m*; '~-'**dead** mausetot; '~-'**deaf** stocktaub; '~-**fruit** ⚘ Steinfrucht *f*; '~-**ma·son** Steinmetz *m*; '~-**pit** Steinbruch *m*; '~·**wall·ing** *Sport*: Mauern *n*; *pol.* Obstruktionspolitik *f*; '~·**ware** Steinzeug *n*; '~·**work** Steinmetzarbeit *f*.

ston·i·ness ['stəuninis] Härte *f*.

ston·y ['stəuni] steinig; *fig.* steinern; *a.* ~-*broke sl.* völlig pleite.

stood [stud] *pret. u. p.p. von stand.*

stooge *sl.* [stu:dʒ] **1.** *thea.* Stichwortgeber *m*; *fig.* Handlanger *m*; Prügelknabe *m*; **2.** den Dummen machen.

stool [stu:l] Schemel *m*, Hocker *m*; ⚕ Stuhlgang *m*; ⚘ Wurzelstock *m*; ⚘ Wurzelschößling *m*; '~-**pi·geon** *bsd. Am.* Spitzel *m*, Lockvogel *m*.

stoop [stu:p] **1.** *v/i.* sich bücken; sich erniedrigen *od.* herablassen; krumm gehen; *v/t. Kopf* neigen; **2.** gebeugte Haltung *f*; *Am.* Vorplatz *m*, Veranda *f*.

stop [stɔp] **1.** *v/t.* anhalten; hindern (*from* an *dat.*); aufhören (mit); *a.* ~ *up* (ver)stopfen; *Zahn* füllen, plombieren; *Weg* versperren; *Scheck* sperren; *Zahlung* einstellen; *Lohn* einbehalten; ♪ *Saite, Ton* greifen; *v/i.* stehenbleiben; aufhören; halten; F bleiben; ~ *dead*, ~ *short* plötzlich *od.* unvermittelt anhalten; ~ *at home* F zu Hause bleiben; ~ *over* haltmachen, die Reise unterbrechen; ~ *up late* F lange aufbleiben; **2.** Halt *m*, Einhalt *m*; Pause *f*; Hemmung *f*; ⊕ Anschlag *m*; Aufhören *n*, Ende *n*; Haltestelle *f*; *mst full* ~ *gr.* Punkt *m*; ♪ Klappe *f*; ♪ Griff *m*; *gr.* Verschlußlaut *m*; '~·**cock** ⊕ Absperrhahn *m*; '~·**gap** Notbehelf *m*, Lückenbüßer *m*; '~·**o·ver** Aufenthalt *m*, Fahrtunterbrechung *f*; ✈ Zwischenlandung *f*; '**stop·page** Verstopfung *f*; (Arbeits- Betriebs-, Zahlungs)Einstellung *f*; Sperrung *f*; (Lohn)Abzug *m*; Aufenthalt *m*; ⊕ Hemmung *f*; Betriebsstörung *f*; (Verkehrs)Stockung *f*; '**stop·per** **1.** Stöpsel *m*; ⊕ Hemmer *m*; ~ *circuit* ⚡ Sperrkreis *m*; **2.** (zu-)stöpseln; '**stop·ping** Zahnfüllung *f*, Plombe *f*; '**stop-press** (Spalte *f* für) neueste Nachrichten *f/pl.*; '**stop-watch** Stoppuhr *f*.

stor·age ['stɔ:ridʒ] Lagerung *f*, Aufbewahrung *f*; ⚡ Speicherung *f*; Lagergeld *n*; ~ *battery* Akkumulator *m*.

store [stɔ:] **1.** Vorrat *m*; *a.* ~*s pl. fig.* Fülle *f*; Lagerhaus *n*; *Am.* Laden *m*; ~*s pl.* Kauf-, Warenhaus *n*; ~*s pl.* ⚔, ⚓ Militär-, Schiffsbedarf *m*; *in* ~ vorrätig, auf Lager; *be in* ~ *for* auf *j.* warten; *have in* ~ *for* bereit halten für; *set od. put great* ~ *by* Gewicht legen auf (*acc.*); **2.** *a.* ~ *up* (auf)speichern; unterbringen; verstauen; (ein)lagern; versehen, versorgen (*with* mit); '~·**house** Lagerhaus *n*; *mst fig.* Schatzkammer *f*; '~·**keep·er** Lagerverwalter *m*; *Am.* Ladenbesitzer *m*; '~-**room** Vorratskammer *f*.

sto·rey(**ed**) ['stɔ:ri(d)] *s. story*[2], *storied*[2].

sto·ried[1] ['stɔ:rid] in Geschichten *od.* Sagen gefeiert.

sto·ried[2] [~] mit ... Stockwerken; [...stöckig.]

stork [stɔ:k] Storch *m*.

storm [stɔ:m] **1.** Sturm *m* (*a.* ⚔); Gewitter *n*; Unwetter *n*; *take by* ~ im Sturm nehmen; **2.** stürmen (*a.* ⚔); toben, wüten (*at* gegen, über *acc.*); '**storm·y** □ stürmisch.

sto·ry[1] ['stɔ:ri] Geschichte *f*; Erzählung *f*; Märchen *n*; Darstellung *f*; Handlung *f e-r Dichtung*; F Lüge *f*; *short* ~ Erzählung *f*.

sto·ry² [~] Stock(werk *n*) *m*, Geschoß *n*.

sto·ry-tell·er [ˈstɔːritelə] (Märchen)Erzähler(in); F Lügner(in).

stout [staut] **1.** □ stark, kräftig, stämmig; derb; dick; tapfer; **2.** Starkbier *n*; ˈ~ˈ**heart·ed** beherzt; ˈ**stout·ness** Stärke *f*; Mut *m*, Mannhaftigkeit *f*; *Sport*: Ausdauer *f*.

stove [stəuv] **1.** Ofen *m*; Herd *m*; ✐ Treibhaus *n*; **2.** trocknen; (durch Hitze) desinfizieren; **3.** *pret. u. p.p. von stave* 2; ˈ~·**pipe** Ofenrohr *n*; *Am.* F Zylinder(hut) *m*.

stow [stəu] (ver)stauen, packen; ˈ**stow·age** Stauen *n*, Packen *n*; ⚓ Stauraum *m*; ˈ**stow·a·way** ⚓ blinder Passagier *m*.

stra·bis·mus ⚕ [strəˈbizməs] Schielen *n*.

strad·dle [ˈstrædl] (die Beine) spreizen; rittlings sitzen auf (*dat.*); mit gespreizten Beinen stehen über (*dat.*); ⚔ eingabeln; *Am. fig.* es mit beiden Parteien halten; schwanken.

strafe [strɑːf] (be)strafen; ⚔ bombardieren; ✈ mit Bordwaffen beschießen.

strag·gle [ˈstrægl] verstreut *od.* einzeln liegen; umherstreifen; bummeln; *fig.* abschweifen; ⚘ wuchern; ˈ**strag·gler** Umherstreifer *m*; ⚔ Nachzügler *m*; ˈ**strag·gling** □ weitläufig, lose.

straight [streit] **1.** *adj.* gerade; *fig.* aufrichtig, ehrlich; glatt (*Haar*); *Am.* pur, unverdünnt; *Am. pol.* hundertprozentig; *put* ~ in Ordnung bringen; **2.** *Rennsport*: (Ziel-) Gerade *f*; **3.** *adv.* gerade(wegs); geradeaus; direkt; sofort, stracks; ~ *away* sofort; ~ *out* rundheraus; ˈ**straight·en** geradmachen *od.* -werden; ~ *out* in Ordnung bringen; entwirren; **straight**ˈ**for·ward** □ gerade; ehrlich, redlich; ˈ**straight·way** sofort, unverzüglich.

strain¹ [strein] **1.** ⊕ (verformende) Spannung *f*, Dehnung *f*; Anspannung *f*, (Über)Anstrengung *f*; starke Inanspruchnahme *f* (*on gen.*); Druck *m* (*on* auf *acc.*); ⚕ Zerrung *f*; Ton *m*; *mst* ~*s pl.* ♪ Weise *f*; Art und Weise *f*; Hang *m* (*of* zu); *put a great* ~ *on* starke Anforderungen stellen an (*acc.*); **2.** *v/t.* (an)spannen; anstrengen (*a. fig.*); überspannen, -anstrengen; ⊕ beanspruchen; ⚕ zerren; durchseihen, -drücken, -pressen; *v/i.* sich spannen; sich anstrengen; sich abmühen (*after* um); zerren (*at* an *dat.*).

strain² [~] Abstammung *f*, Geschlecht *n*; Art *f*.

strain·er [ˈstreinə] Durchschlag *m*; Seihtuch *n*; Filter *m*; Sieb *n*.

strait [streit] **1.** (*in Eigennamen* 2*s pl.*) Meerenge *f*, Straße *f*; ~*s pl.* Klemme *f*, Not *f*; **2.** ~ *jacket* Zwangsjacke *f*; ˈ**strait·en** beschränken; ~*ed* dürftig; in Not (*for* um); **strait-laced** [ˈ~leist] engherzig, prüde; ˈ**strait·ness** Enge *f*; Beschränktheit *f*; Not *f*.

strand¹ [strænd] **1.** Strand *m*; **2.** *v/t.* auf den Strand setzen; *fig.* stranden lassen; ~*ed* gestrandet (*a. fig.*); *mot.* steckengeblieben; *v/i.* stranden.

strand² [~] Ducht *f e-s Taus*; (Haar)Strähne *f*; *fig.* Ader *f*.

strange □ [streindʒ] fremd (*a. fig.*); seltsam, befremdend, sonderbar, merkwürdig; ˈ**strange·ness** Fremdheit *f*; Seltsamkeit *f*; ˈ**stran·ger** Fremde *m*, Unbekannte *m*; Neuling *m* (*to* in *dat.*).

stran·gle [ˈstræŋgl] erwürgen; *fig.* unterdrücken; ˈ~·**hold** Würgegriff *m*.

stran·gu·late ⚕ [ˈstræŋgjuleit] abschnüren; strangulieren, erwürgen; **stran·gu**ˈ**la·tion** Erwürgung *f*; ⚕ Abschnürung *f*.

strap [stræp] **1.** Riemen *m*; Gurt *m*; Band *n*; **2.** an-, festschnallen; mit Riemen peitschen; ˈ~·**hang·er** F stehender Fahrgast *m*; ˈ**strap·less** trägerlos (*Kleid*); ˈ**strap·ping 1.** drall (*Mädchen*); stramm, stämmig; **2.** ⚕ Heftpflasterverband *m*.

stra·ta [ˈstrɑːtə] *pl. von stratum*.

strat·a·gem [ˈstrætidʒəm] (Kriegs-) List *f*.

stra·te·gic [strəˈtiːdʒik] (~*ally*) strategisch; **strat·e·gist** [ˈstrætidʒist] Stratege *m*; ˈ**strat·e·gy** Kriegskunst *f*, Strategie *f*.

strat·i·fy [ˈstrætifai] schichten.

stra·to·cruis·er ✈ [ˈstrætəukruːzə] Stratosphärenflugzeug *n*.

strat·o·sphere *phys.* [ˈstrætəusfiə] Stratosphäre *f*.

stra·tum *geol.* ['strɑːtəm], *pl.* **strata** ['~tə] Schicht *f* (*a. fig.*), Lage *f*.
straw [strɔː] **1.** Stroh *n*; Strohhalm *m* (*a. fig.*); *I don't care a ~* ich mache mir gar nichts daraus; *a man of ~ fig.* ein Strohmann *m*; **2.** Stroh...; *~ vote Am. pol.* Probeabstimmung *f*; '**~·ber·ry** Erdbeere *f*; '**straw·y** strohig.
stray [strei] **1.** irregehen; sich verirren; abirren (*from* von; *a. fig.*); umherschweifen; **2.** *a. ~ed* verirrt; vereinzelt; **3.** verirrtes Tier *n*; *~s pl.* ⚡ atmosphärische Störungen *f/pl.*
streak [striːk] **1.** Strich *m*, Streifen *m*; *fig.* Ader *f*, Spur *f*; kurze Periode *f*; *~ of lightning* Blitzstrahl *m*; **2.** streifen; jagen; '**streak·y** □ streifig; durchwachsen (*Speck etc.*).
stream [striːm] **1.** Wasserlauf *m*; Bach *m*; Strom *m*; Strömung *f*; *Schule*: (Leistungs)Zug *m*; *go with the ~ fig.* mit dem Strom schwimmen; **2.** *v/i.* strömen; überströmen (*Augen*); triefen (*Schirm etc.*); flattern (*Flagge, Haar*); *v/t.* strömen lassen; ausströmen; '**stream·er** Wimpel *m*; (fliegendes) Band *n*; Papierschlange *f*; Lichtstrahl *m beim Nordlicht*; *Zeitung*: Schlagzeile *f*;
stream·let ['~lit] Bächlein *n*.
stream·line ['striːmlain] **1.** Stromlinie *f*; **2.** stromlinienförmig machen; *fig.* modernisieren.
street [striːt] Straße *f*; *not in the same ~ with* F nicht zu vergleichen mit; '**~-car** *bsd. Am.* Straßenbahnwagen *m*; '**~·walk·er** Straßendirne *f*.
strength [streŋθ] Stärke *f*, Kraft *f* (*a. fig.*); ⚔, ⚓ (Ist)Stärke *f*; *on the ~ of* auf (*acc.*) hin, auf Grund *od.* kraft (*gen.*); '**strength·en** *v/t.* stärken, kräftigen; bestärken; *v/i.* erstarken.
stren·u·ous □ ['strenjuəs] rührig, emsig; eifrig; anstrengend; '**stren·u·ous·ness** Eifer *m*, Emsigkeit *f*.
stress [stres] **1.** Druck *m*; Nachdruck *m*; Betonung *f*; Schwergewicht *n*; Ton *m*; ⊕ Spannung *f*, Beanspruchung *f*; *psych.* Stress *m*; *lay ~ (up)on* Nachdruck legen auf (*acc.*), betonen; **2.** betonen; ⊕ spannen, beanspruchen.
stretch [stretʃ] **1.** *v/t.* strecken; (aus)dehnen; *mst ~ out die Hand etc.* ausstrecken; (an)spannen; *fig.* überspannen; *v/i.* sich (er)strecken; sich dehnen (lassen) (*into* [bis] zu); *fig.* aufschneiden; *a. ~ one's powers* sich bis zum äußersten anstrengen; **2.** Strecken *n*; Dehnung *f*; Spannung *f*; Anspannung *f*; Übertreibung *f*; Überschreitung *f*; Strecke *f*, Fläche *f*; *at a ~* in e-m Zug, hintereinander, ohne Unterbrechung; *on the ~* (an)gespannt; '**stretch·er** Tragbahre *f*; Streckvorrichtung *f*; Stemmbrett *n im Boot*; '**stretch·er-bear·er** Krankenträger *m*.
strew [struː] (*irr.*) (be)streuen;
strewn [struːn] *p.p. von strew.*
stri·ate ['straiit], **stri·at·ed** [~'eitid] gerieft.
strick·en ['strikən] ge-, betroffen, befallen, heimgesucht (*with* von); *~ in age* bejahrt.
strict [strikt] streng; genau; *~ly speaking* streng genommen; '**strict·ness** Genauigkeit *f*; Strenge *f*;
stric·ture ['~tʃə] *oft ~s pl.* kritische Bemerkung *f*, scharfe Kritik *f*; ⚕ Verengung *f*.
strid·den ['stridn] *p.p. von stride 1.*
stride [straid] **1.** (*irr.*) *v/t.* über-, durchschreiten; *v/i. a. ~ out* ausschreiten; **2.** (weiter) Schritt *m*; *get into one's ~* richtig in Schwung kommen.
stri·dent □ ['straidənt] knarrend, kreischend; grell (*Stimme*).
strife *lit.* [straif] Streit *m*, Hader *m*.
strike [straik] **1.** Ausstand *m*, Streik *m*; (Öl-, Erz)Fund *m*; *fig.* Treffer *m*; ⚔ (Luft)Angriff *m auf ein Einzelziel*; *Am. Baseball*: Verlustpunkt *m bei Schlagfehler etc.*; *be on ~* streiken; *go on ~* in den Ausstand treten; **2.** (*irr.*) *v/t.* treffen, stoßen; schlagen; prägen; gegen *od.* auf *et.* (*acc.*) schlagen *od.* stoßen; stoßen auf (*acc.*), (auf)finden; *Wort, Flagge, Segel* streichen; *Zelt* abbrechen; *Schlag* führen, tun; *Ton* anschlagen; auffallen (*dat.*); ergreifen; *Handel* abschließen; *Streichholz, Licht* anzünden; *Wurzel* schlagen; *j. blind, sprachlos etc.* machen; *s. attitude*; *~ a balance* die Bilanz *od.* den Saldo ziehen; *~ oil* Erdöl finden; F Glück haben; *~ off* ausstreichen; *~ out Plan etc.* entwerfen; ausstreichen; *~ through* durchstreichen; *~ up* anstimmen;

Freundschaft schließen; *v/i.* schlagen (*at* nach); ⚓ auf Grund stoßen, auflaufen; ⚓, ⚔ die Flagge streichen; die Arbeit einstellen, streiken; schlagen (*Uhr*); einschlagen (*Blitz*); angehen (*Streichholz*); Wurzel schlagen; *in e-r Richtung* gehen; ~ *home* (richtig, *fig.* empfindlich) treffen; ~ *in* nach innen schlagen; sich einmischen; ~ *into* verfallen in (*acc.*); ~ *up* einsetzen (*Orchester etc.*); ~ *upon the ear* das Ohr treffen; '**~-bound** durch Streik lahmgelegt; '**~-breaker** Streikbrecher *m*; '**~-pay** Streikgeld *n*; '**strik·er** Schläger(in); Streikende *m, f*; ⊕ Schlagbolzen *m*.
strik·ing □ ['straikiŋ] Schlag...; auffallend; eindrucksvoll; treffend; ausständig, streikend.
string [striŋ] **1.** Schnur *f*; Bindfaden *m*; Band *n*; Gängelband *n*; *Am.* F Bedingung *f*; Haken *m*; (Bogen)Sehne *f*; ♀ Faser *f*, (Blatt-) Rippe *f*; ♪ Saite *f*; Reihe *f*, Kette *f*; Schar *f*; ~*s pl.* ♪ Saiteninstrumente *n/pl.*, Streicher *m/pl.*; *harp on the same* ~ auf ein u. derselben Sache herumreiten; *have two ~s to one's bow* zwei Eisen im Feuer haben; *pull the ~s* der Drahtzieher sein; *there are ~s attached to it* F die Sache hat e-n Haken; **2.** (*irr.*) *Bogen* spannen; *Perlen etc.* aufreihen; *Geige etc.* besaiten (*a. fig.*), bespannen; *grüne Bohnen* abziehen; *Am. sl. j.* verkohlen; ~ *up* F aufknüpfen, -hängen; *be strung up* angespannt *od.* erregt sein; ~ **bag** Einkaufsnetz *n*; ~ **band** ♪ Streichorchester *n*; ~ **cor·re·spon·dent** *Am.* freier Mitarbeiter *m e-r Zeitung*; **stringed** ♪ Saiten...; ...-saitig.
strin·gen·cy ['strindʒənsi] Strenge *f*, Schärfe *f*; bindende *od.* zwingende Kraft *f*; ✝ Knappheit *f*; '**strin·gent** □ streng, scharf; bindend, zwingend; starr, fest; ✝ knapp (*Geld*).
string·er ['striŋə] = *string correspondent*.
string·y ['striŋi] faserig; zäh.
strip [strip] **1.** *v/t.* entkleiden (*a. fig.*; *of gen.*), *j.* ausziehen; *Rinde etc.* abziehen; *fig.* entblößen, berauben (*of gen.*); ⊕ auseinandernehmen; ⚓ abtakeln; *a.* ~ *off Kleid etc.* ausziehen, abstreifen; *v/i.* F sich ausziehen; **2.** *schmaler* Streifen *m*; ~ **car·toon** = *comics*.
stripe [straip] *andersfarbiger* Streifen *m*; ⚔ Tresse *f*; **striped** gestreift.
strip-light·ing ['striplaitiŋ] Neonbeleuchtung *f*.
strip·ling ['stripliŋ] Bürschchen *n*.
strip-tease ['stripti:z] Striptease *n* (*Entkleidungsnummer*).
strive [straiv] (*irr.*) streben (*after, for* nach), sich bemühen (um); ringen (*against* gegen, *for* um); **striv·en** ['strivn] *p.p. von strive*.
strode [strəud] *pret. von stride* **1**.
stroke [strəuk] **1.** Schlag *m*; Streich *m*, Hieb *m*; Stoß *m*; ⚕ Schlaganfall *m*; ⊕ (Kolben)Hub *m*; (Pinsel-, Feder)Strich *m* (*a. fig.*); Schlag *m der Uhr*; *Rudern*: Schlagmann *m*; ~ *of genius* genialer Einfall *m*; ~ *of luck* glücklicher Zufall *m*; **2.** streiche(l)n; *Boot* als Schlagmann rudern.
stroll [strəul] **1.** schlendern, bummeln; spazierengehen; umherziehen; **2.** Bummel *m*; Spaziergang *m*; '**stroll·er** Bummler(in), Spaziergänger(in); *Am.* (Falt)Sportwagen *m*.
strong □ [strɔŋ] *allg.* stark; kräftig, kraftvoll; *fig.* tüchtig; energisch, eifrig; fest (*Überzeugung*); stark (*an Zahl*; *Getränk, Geruch, Geschmack*); schwer (*Zigarre, Speise etc.*); *gr.* stark (*ablautend*); *s. language*; *feel* ~(*ly*) *about* sich aufregen über (*acc.*); s-e besondere Meinung haben über; *be going* ~ F s-n Mann stehen; (noch) rüstig sein; '**~-box** Stahlkassette *f*; '**~-hold** Festung *f*; *fig.* Bollwerk *n*, Hochburg *f*; '**~-'mind·ed** willensstark; '**~-room** Stahlkammer *f*; '**~-'willed** eigenwillig; dickköpfig.
strop [strɔp] **1.** Streichriemen *m*; ⚓ Stropp *n*; **2.** *Messer* abziehen.
stro·phe ['strəufi] Strophe *f*.
strove [strəuv] *pret. von strive*.
struck [strʌk] *pret. u. p.p. von strike* 2.
struc·tur·al □ ['strʌktʃərəl] baulich; Bau...; organisch; strukturell; '**struc·ture** Bau(werk *n*) *m*; Struktur *f*, Gefüge *n*; Gebilde *n*.
strug·gle ['strʌgl] **1.** kämpfen, ringen (*for* um); sich (ab)mühen;

sich quälen; sich sträuben; zappeln; **2.** Kampf *m*; Ringen *n* (*for* um); Anstrengung *f*; ˈ**strug·gler** Kämpfer(in).
strum [strʌm] **1.** klimpern; **2.** Geklimper *n*.
strum·pet † [ˈstrʌmpit] Hure *f*, Dirne *f*.
strung [strʌŋ] *pret. u. p.p. von string* 2.
strut [strʌt] **1.** *v/i.* stolzieren; *v/t.* ⊕ verstreben, abstützen; **2.** Stolzieren *n*; ⊕ Strebe(balken *m*) *f*; Stütze *f*.
strych·nine ⚗ [ˈstrikniːn] Strychnin *n*.
stub [stʌb] **1.** (Baum)Stumpf *m*; Stummel *m*; *Am.* Kontrollabschnitt *m*; **2.** *mst* ~ *up* ausroden; *Land* roden; sich *den Fuß* stoßen; ~ *out Zigarette* ausdrücken.
stub·ble [ˈstʌbl] Stoppel(n *pl.*) *f*.
stub·bly [ˈstʌbli] stopp(e)lig.
stub·born □ [ˈstʌbən] eigensinnig; widerspenstig; halsstarrig, stur; hartnäckig (*a. Widerstand*); unerbittlich (*Tatsachen*); ˈ**stub·born·ness** Halsstarrigkeit *f etc.*
stub·by [ˈstʌbi] stummelhaft.
stuc·co [ˈstʌkəu] **1.** Stuck *m*; **2.** mit Stuck verzieren, stuckieren.
stuck [stʌk] *pret. u. p.p. von stick*²; ~ *on Am.* F verschossen in *j.*; ˈ~-ˈ**up** F hochnäsig.
stud¹ [stʌd] **1.** (Wand)Pfosten *m*; Beschlagnagel *m*, Buckel *m*, Knauf *m*; *herausnehmbarer* Kragenknopf *m*; **2.** beschlagen; besetzen.
stud² [~] Gestüt *n*; ˈ~-**book** Gestütbuch *n*.
stud·ding ⚠ [ˈstʌdiŋ] Fachwerk *n*.
stu·dent [ˈstjuːdənt] Student(in); Studierende *m, f*; Forscher(in); Gelehrte *m, f*; Büchermensch *m*; ˈ**stu·dent·ship** Stipendium *n*.
stud·ied □ [ˈstʌdid] einstudiert (*Pose*); gesucht (*Stil*); gewollt (*Kränkung*).
stu·di·o [ˈstjuːdiəu] Atelier *n*; Studio *n*; *Radio*: Aufnahme-, Senderaum *m*.
stu·di·ous □ [ˈstjuːdjəs] fleißig; bedacht (*of* auf *acc.*); bemüht (*to inf.* zu *inf.*); geflissentlich; ˈ**stu·di·ous·ness** Fleiß *m*, Eifer *m*, Beflissenheit *f*.
stud·y [ˈstʌdi] **1.** Studium *n*; Studier-, Arbeitszimmer *n*; *paint. etc.* Studie *f*; *be in a brown* ~ versunken *od.* geistesabwesend sein; **2.** *v/i.* studieren (*for acc.*); *v/t.* studieren (*a. fig.*); sich *et.* genau ansehen; sich bemühen um; einstudieren.
stuff [stʌf] **1.** Stoff *m*; Zeug *n* (*a. contp.*); † Wollstoff *m*; *fig.* Unsinn *m*; **2.** *v/t.* stopfen (*into* in *acc.*); voll-, ausstopfen; ~ *up* verstopfen; ~*ed shirt Am. sl.* Fatzke *m*; *v/i.* sich vollstopfen; ˈ**stuff·ing** Füllung *f*; ⊕ Polsterung *f*; Füllsel *n*; ˈ**stuff·y** □ dumpf(ig), muffig, stickig (*Luft etc.*); F verschnupft, verärgert; F etepetete.
stul·ti·fi·ca·tion [stʌltifiˈkeiʃən] Veralberung *f*, Blamage *f*; **stul·ti·fy** [ˈ~fai] lächerlich machen, blamieren; *et.* hinfällig machen.
stum·ble [ˈstʌmbl] **1.** Stolpern *n*; Versehen *n*; Fehltritt *m*; **2.** stolpern; straucheln (*a. fig.*); ~ *upon* stoßen auf (*acc.*); ˈ**stum·bling-block** *fig.* Stein *m* des Anstoßes.
stump [stʌmp] **1.** Stumpf *m*, Stummel *m*; *Zeichnen*: Wischer *m*; *Kricket*: Torstab *m*; F Wahlpropaganda *f*; ~*s pl.* F Stelzen *f/pl.* (*Beine*); *stir one's* ~*s* F sich beeilen; **2.** *v/t. Kricket*: *Schläger* abwerfen; F verblüffen; *Am.* F herausfordern; ~ *up sl.* berappen (*zahlen*); ~ *the country* als Wahlredner im Land herumziehen; ~*ed for* verlegen um; *v/i.* (daher)stapfen, stelzen; ˈ~-ˈ**or·a·tor** Wahl-, Volksredner *m*; ˈ**stump·y** □ gedrungen (*Körperbau*); plump.
stun [stʌn] betäuben (*a. fig.*); ~*ned fig.* verdutzt, sprachlos.
stung [stʌŋ] *pret. u. p.p. von sting* 2.
stunk [stʌŋk] *pret. u. p.p. von stink* 2.
stun·ner F [ˈstʌnə] Bombenkerl *m*; Mordsding *n*; ˈ**stun·ning** □ F toll, famos.
stunt¹ F [stʌnt] **1.** Kraft-, Kunststück *n*; (Reklame)Trick *m*; Sensation *f*; Schlager *m*; ✈ Kunstflug *m*; **2.** kunstfliegen.
stunt² [~] im Wachstum hindern; ˈ**stunt·ed** verkümmert.
stupe ⚕ [stjuːp] **1.** heißer Umschlag *m*; **2.** heiße Umschläge legen auf (*acc.*).
stu·pe·fac·tion [stjuːpiˈfækʃən] Betäubung *f*; Verblüffung *f*; **stu·pe-**

fy ['~fai] *fig.* betäuben; verblüffen; verdummen.
stu·pen·dous □ [stju:'pendəs] erstaunlich.
stu·pid □ ['stju:pid] dumm, einfältig, stumpfsinnig; blöd (*langweilig*); **stu'pid·i·ty** Dummheit *f etc.*
stu·por ['stju:pə] Erstarrung *f*, Betäubung *f*.
stur·di·ness ['stə:dinis] Derbheit *f*; Handfestigkeit *f*; '**stur·dy** derb, kräftig, stark; stämmig; stramm; handfest.
stur·geon *ichth.* ['stə:dʒən] Stör *m*.
stut·ter ['stʌtə] **1.** stottern; **2.** Stottern *n*; '**stut·ter·er** Stotterer *m*.
sty[1] [stai] Schweinestall *m*, Koben *m*.
sty[2] [~] Gerstenkorn *n am Auge*.
style [stail] **1.** Griffel *m* (*a.* ⚘); Stichel *m*; Sonde *f*; Stil *m*; *Schneiderei*: Machart *f*; Betitelung *f*; Zeitrechnung *f*; *in* ~ vornehm; *under the* ~ *of* ... ⚕ unter der Firma ...; **2.** (be)nennen, betiteln.
styl·ish □ ['stailiʃ] stilvoll; stilgerecht, elegant; '**styl·ish·ness** Eleganz *f*.
styl·ist ['stailist] Stilist(in).
sty·lo F ['stailəu], **sty·lo·graph** ['~grɑ:f] Tintenkuli *m*.
styp·tic ['stiptik] blutstillend(es Mittel *n*).
sua·sion ['sweiʒən] Überredung *f*.
suave □ [swɑ:v] verbindlich (*Wesen etc.*); mild (*Wein etc.*); '**suav·i·ty** Verbindlichkeit *f*; Milde *f*.
sub F [sʌb] *abbr. für subordinate* 2; *subscription*; *substitute* 2; *submarine* 2.
sub... [~] *mst* Unter...; unter...; Neben...; Hilfs...; ein wenig ...; fast ...
sub·ac·id ['sʌb'æsid] säuerlich; *fig.* bissig.
sub·al·tern ['sʌbltən] Untergebene *m*; ⚔ Subalternoffizier *m*.
sub·a·tom·ic ['sʌbə'tɔmik] subatomisch, innerhalb des Atoms.
sub·com·mit·tee ['sʌbkəmiti] Unterausschuß *m*.
sub·con·scious □ ['sʌb'kɔnʃəs] unterbewußt.
sub·con·tract [sʌb'kɔntrækt] Nebenvertrag *m*.
sub·cu·ta·ne·ous □ ['sʌbkju:teinjəs] subkutan, unter der *od.* die Haut.
sub·deb *Am.* F [sʌb'deb] Backfisch *m*, junges Mädchen *n*.
sub·di·vide [sʌbdi'vaid] (sich) unterteilen; **sub·di·vi·sion** ['~viʒən] Unterteilung *f*; Unterabteilung *f*.
sub·due [səb'dju:] unterwerfen; bezwingen; bändigen; unterdrücken, verdrängen; *Licht etc.* dämpfen.
sub·head(·ing) ['sʌbhed(iŋ)] Untertitel *m*.
sub·ja·cent [sʌb'dʒeisənt] darunter *od.* tiefer liegend.
sub·ject ['sʌbdʒikt] **1.** unterworfen (*to dat.*); untergeben, abhängig; *pred.* untertan; unterliegend (*to dat.*); *be* ~ *to* neigen zu; ~ *to a fee od. duty* gebührenpflichtig; **2.** *adv.* ~ *to* vorbehaltlich (*gen.*); ~ *to change without notice* Änderungen vorbehalten; ~ *to this* mit diesem Vorbehalt; **3.** Untertan *m*, Staatsangehörige *m*; *phls., gr.* Subjekt *n*; *a.* ~ *matter* Thema *n*, Gegenstand *m*; ♪ Satz *m*, Thema *n*; *paint.* Sujet *n*; Vorgang *m* (*Akte*); Anlaß *m*; (Lehr-, Studien)Fach *n*; **4.** [səb'dʒekt] unterwerfen; ~ *to e-r Prüfung etc.* unterziehen; *e-r Gefahr etc.* aussetzen; **sub'jec·tion** Unterwerfung *f*; **sub'jec·tive** □ subjektiv.
sub·join ['sʌb'dʒɔin] noch beifügen.
sub·ju·gate ['sʌbdʒugeit] unterjochen; **sub·ju'ga·tion** Unterjochung *f*.
sub·junc·tive *gr.* [səb'dʒʌŋktiv] *a.* ~ *mood* Konjunktiv *m*.
sub·lease ['sʌb'li:s], **sub·let** ['~'let] (*irr. let*) untervermieten, -verpachten.
sub·li·mate ⚗ **1.** ['sʌblimit] Sublimat *n*; **2.** ['~meit] sublimieren; **sub·li'ma·tion** Sublimierung *f*;
sub·lime [sə'blaim] **1.** □ erhaben, sublim; großartig; **2.** *the* ~ das Erhabene; **3.** ⚗ sublimieren; *fig.* läutern; **sub·lim·i·ty** [sə'blimiti] Erhabenheit *f*.
sub·ma·chine gun ['sʌbmə'ʃi:ngʌn] Maschinenpistole *f*.
sub·ma·rine [sʌbmə'ri:n] **1.** unterseeisch; Untersee...; **2.** ⚓ Unterseeboot *n*.
sub·merge [səb'mə:dʒ] untertauchen (*a. v/i.*); überschwemmen; **sub·mers·i·bil·i·ty** [~sə'biliti] Tauchfähigkeit *f*; **sub'mer·sion** Untertauchen *n*; Überschwemmung *f*.
sub·mis·sion [səb'miʃən] Unter-

werfung *f* (*to* unter *acc.*); Unterbreitung *f*, Vorlage *f*; **sub'mis·sive** □ unterwürfig.
sub·mit [səb'mit] *v/t.* unterwerfen; anheimstellen; vorlegen, unterbreiten, einreichen; *bsd. parl.* ergebenst bemerken; *v/i. a.* ~ *o.s.* sich unterwerfen *od.* unterordnen (*to dat.*); sich *e-r Operation* unterziehen; *fig.* sich fügen *od.* ergeben (*to* in *acc.*).
sub·or·di·nate 1. □ [sə'bɔːdnit] untergeordnet; untergeben; ~ *clause gr.* Nebensatz *m*; **2.** [~] Untergebene *m*; **3.** [sə'bɔːdineit] unterordnen; **sub·or·di'na·tion** Unterordnung *f* (*to* unter *acc.*).
sub·orn ⚖ [sʌ'bɔːn] verleiten, anstiften (*to* zu); **sub·or'na·tion** Anstiftung *f*, Verleitung *f*.
sub·p(o)e·na ⚖ [səb'piːnə] **1.** Vorladung *f*; **2.** vorladen.
sub·scribe [səb'skraib] *Geld* stiften (*to* für); *Summe* zeichnen; *s-n Namen* setzen (*to* unter *acc.*), unterschreiben mit; ~ *to Zeitung etc.* abonnieren; *e-r Meinung* zustimmen, *et.* unterschreiben; **sub'scrib·er** (Unter)Zeichner(in) (*to, for gen.*); Abonnent(in); *teleph.* Teilnehmer(in).
sub·scrip·tion [səb'skripʃən] Unterzeichnung *f etc.*; gezeichnete Summe *f*; Abonnement *n*.
sub·sec·tion ['sʌbsekʃən] Unterabteilung *f*.
sub·se·quence ['sʌbsikwəns] späteres Eintreten *n*; **'sub·se·quent** □ folgend; später (*to* als); ~*ly* hinterher; in der Folge, anschließend.
sub·serve [səb'səːv] dienen (*dat.*); befördern; **sub'ser·vi·ence** [~vjəns] Dienlichkeit *f*; Unterwürfigkeit *f*; **sub'ser·vi·ent** □ dienlich; dienstbar; unterwürfig.
sub·side [səb'said] sinken, sich senken; sich setzen (*Haus etc.*); sich legen (*nachlassen*); ~ *into* verfallen in (*acc.*); **sub·sid·ence** ['sʌbsidəns] Senkung *f*; Abflauen *n*; **sub·sid·i·ar·y** [səb'sidjəri] **1.** □ Hilfs...; Neben...; als Hilfe dienend (*to* für); *be* ~ *to* ergänzen, unterstützen; **2.** Filiale *f*; *a.* ~ *company* Tochtergesellschaft *f*; **sub·si·dize** ['sʌbsidaiz] mit Geld unterstützen; subventionieren; **'sub·si·dy** Beihilfe *f*, Zuschuß *m*; Subvention *f*.
sub·sist [səb'sist] *v/i.* bestehen; leben (*on* von *e-r Nahrung*; *by* von *e-m Beruf*); *v/t.* er-, unterhalten; **sub'sist·ence** Dasein *n*; (Lebens-) Unterhalt *m*; ~ *wage* Minimallohn *m*.
sub·soil ['sʌbsɔil] Untergrund *m*.
sub·son·ic [sʌb'sɔnik] Unterschall...
sub·stance ['sʌbstəns] Substanz *f*; Wesen *n*; *fig.* Hauptsache *f*; Inhalt *m*; Kern *m*; Wirklichkeit *f*; Stoff *m*; Vermögen *n*.
sub·stan·tial □ [səb'stænʃəl] wesentlich; wirklich; nahrhaft, kräftig; stark; solid; vermögend; namhaft (*Summe*); **sub·stan·ti·al·i·ty** [~ʃi'æliti] Wesenheit *f*; Wirklichkeit *f*; Gediegenheit *f*; Wesentlichkeit *f*.
sub·stan·ti·ate [səb'stænʃieit] beweisen, begründen, dartun.
sub·stan·ti·val □ *gr.* [sʌbstən'taivəl] substantivisch; **sub·stan·tive** ['~tiv] **1.** □ selbständig; *gr.* substantivisch; wirklich; fest; **2.** *gr.* Substantiv *n*, Hauptwort *n*.
sub·sti·tute ['sʌbstitjuːt] **1.** an die Stelle setzen *od.* treten (*for* von); *b.s.* unterschieben (*for* statt); **2.** Stellvertreter *m*; Ersatzmann *m*; Ersatz *m*; **sub·sti'tu·tion** Einsetzung *f*, *mst b.s.* Unterschiebung *f*; Stellvertretung *f*; Ersatz *m*.
sub·stra·tum ['sʌb'strɑːtəm] Substrat *n*; Grundlage *f*; ⊕, *geol.* Unterlage *f*; Substanz *f*.
sub·struc·ture ['sʌbstrʌktʃə] Unterbau *m*.
sub·ten·ant ['sʌb'tenənt] Untermieter *m*, Unterpächter *m*.
sub·ter·fuge ['sʌbtəfjuːdʒ] Ausflucht *f*.
sub·ter·ra·ne·an □ [sʌbtə'reinjən] unterirdisch.
sub·til·ize ['sʌtilaiz] *v/t.* verfeinern; überspitzen; *v/i.* klügeln.
sub·ti·tle ['sʌbtaitl] Untertitel *m*.
sub·tle □ ['sʌtl] fein(sinnig); subtil scharfsinnig; spitzfindig; ingeniös; **'sub·tle·ty** Feinheit *f*; Spitzfindigkeit *f*.
sub·to·pia [sʌb'təupiə] zersiedelte *od.* urbanisierte Landschaft *f*.
sub·tract [səb'trækt] abziehen, subtrahieren; **sub'trac·tion** Abziehen *n*, Subtraktion *f*.
sub·urb ['sʌbəːb] Vorstadt *f*, -ort *m*; **sub·ur·ban** [sə'bəːbən] vor-

städtisch; Vorstadt..., -ort...; *contp.* spießbürgerlich; **Sub'ur·bia** [~bjə] *die* Vorstädte *f/pl.*; *das* Leben in den Vorstädten.

sub·trop·i·cal ['sʌb'trɔpikəl] subtropisch.

sub·ven·tion [səb'venʃən] **1.** Subvention *f*, Zuschuß *m*, Beihilfe *f*; Unterstützung *f*; **2.** subventionieren.

sub·ver·sion [sʌb'və:ʃən] Umsturz *m*; **sub'ver·sive** umstürzend, zerstörend (*of acc.*); subversiv.

sub·vert [sʌb'və:t] umstürzen; *Regierung* stürzen; untergraben.

sub·way ['sʌbwei] (*bsd.* Fußgänger-) Unterführung *f*; *Am.* Untergrundbahn *f*.

suc·ceed [sək'si:d] Erfolg haben (*Person od. Sache*); glücken, gelingen (*Sache*); (nach)folgen (*dat.*); ~ *to* auf *dem Thron* folgen; *Amt* übernehmen; *Gut etc.* erben; *he* ~*s in ger.* es gelingt ihm, zu *inf.*

suc·cess [sək'ses] Erfolg *m*; glückliches Ergebnis *n*; Glanzleistung *f*; *he was a great* ~ er hatte großen Erfolg; **suc'cess·ful** □ [~ful] erfolgreich; glücklich; *be* ~ Erfolg *od.* Glück haben; **suc·ces·sion** [~'seʃən] (Nach-, Erb-, Reihen)Folge *f*; Nachkommenschaft *f*; ~ *to the throne* Thronfolge *f*; *in* ~ nacheinander; ~ *duty* Erbschaftssteuer *f*; **suc'ces·sive** □ aufeinanderfolgend; **suc'ces·sor** Nachfolger(in); ~ *to the throne* Thronfolger *m*.

suc·cinct □ [sək'siŋkt] bündig, kurz.

suc·co·ry ⚘ ['sʌkəri] Zichorie *f*.

suc·co(u)r ['sʌkə] **1.** Hilfe *f*, Beistand *m*; ⚔ Entsatz *m*; **2.** helfen (*dat.*); beistehen (*dat.*); ⚔ entsetzen.

suc·cu·lence ['sʌkjuləns] Saftigkeit *f*; **'suc·cu·lent** □ saftig, wohlschmeckend (*Frucht*); fleischig (*Blatt, Stiel*).

suc·cumb [sə'kʌm] unter-, erliegen.

such [sʌtʃ] **1.** *adj.* solch; derartig; so groß; ~ *a man* ein solcher Mann; *s. another*; *no* ~ *thing* nichts dergleichen; ~ *as* die, welche; ~ *and* ~ der und der, die und die; ~ *is life* so ist nun mal das Leben; **2.** *pron.* (ein) solch(er, -es), (eine) solche, *pl.* solche; der, die, das; **'such·like** dergleichen.

suck [sʌk] **1.** (ein)saugen; saugen an (*dat.*); aussaugen; lutschen; ~ *up to* *Schul-sl.* sich anbiedern *od.* einschmeicheln bei; ~ *s.o.'s brains* j. ausholen; **2.** Saugen *n*; *give* ~ säugen; **'suck·er** Saugorgan *n*; ⊕ Pumpenschuh *m*; ⚘ Wurzelsproß *m*; *Am.* Einfaltspinsel *m*; **'suck·ing** saugend; Saug...; ~ *pig* Spanferkel *n*; **suck·le** ['~l] säugen, nähren, stillen; **'suck·ling** Säugling *m*.

suc·tion ['sʌkʃən] **1.** Saugen *n*; Ansaugen *n*; Sog *m*; **2.** Saug...; ~ *cleaner*, ~ *sweeper* Staubsauger *m*.

sud·den □ ['sʌdn] plötzlich; *on a* ~, (*all*) *of a* ~ (ganz) plötzlich; **'sud·den·ness** Plötzlichkeit *f*.

su·dor·if·ic [sju:də'rifik] schweißtreibend(es Mittel *n*).

suds [sʌdz] *pl.* Seifenlauge *f*; Seifenschaum *m*; **'suds·y** *Am.* schaumig, seifig.

sue [sju:] *v/t.* verklagen; ~ *out* auf dem Rechtsweg erwirken; *v/i.* nachsuchen (*for* um); klagen (*for* auf *acc.*).

suède [sweid] feines Wildleder *n*.

su·et ['sjuit] Nierenfett *n*; Talg *m*; **'su·et·y** talgig.

suf·fer ['sʌfə] *v/i.* leiden (*from* an *dat.*); *v/t.* erdulden, erleiden; dulden, (zu)lassen; **'suf·fer·ance** Duldung *f*; *on* ~ nur geduldet(erweise); **'suf·fer·er** Leidende *m, f*; Dulder (-in); **'suf·fer·ing** Leiden *n*.

suf·fice [sə'fais] genügen, (aus-) reichen; ~ *it to say* es sei nur gesagt.

suf·fi·cien·cy [sə'fiʃənsi] Hinlänglichkeit *f*; auskömmliches Vermögen *n*; *a* ~ *of money* genug Geld; **suf'fi·cient** □ genügend, ausreichend, genug; *be* ~ genügen.

suf·fix *gr.* ['sʌfiks] **1.** anhängen; **2.** Nachsilbe *f*, Suffix *n*.

suf·fo·cate ['sʌfəkeit] ersticken; **suf·fo'ca·tion** Erstickung *f*; **suf·fo·ca·tive** □ ['~kətiv] erstickend.

suf·fra·gan *eccl.* ['sʌfrəgən] Weihbischof *m*; **'suf·frage** (Wahl-) Stimme *f*; Abstimmung *f*; Wahl-, Stimmrecht *n*; **suf·fra·gette** [~ə'dʒet] Frauenrechtlerin *f*, Suffragette *f*.

suf·fuse [sə'fju:z] übergießen; überziehen; **suf'fu·sion** [~ʒən] Übergießung *f*; Überzug *m*.

sug·ar ['ʃugə] **1.** Zucker *m*; **2.** zuckern; **'~-ba·sin** Zuckerdose *f*; **'~-beet** Zuckerrübe *f*; **'~-bowl** *Am.*

Zuckerdose *f*; '~**-cane** Zuckerrohr *n*; '~**-coat** überzuckern, versüßen; '~**-loaf** Zuckerhut *m*; '~**-plum** Bonbon *n*; '~**-tongs** *pl.* (*a pair of* eine) Zuckerzange *f*; '**sug·ar·y** zuckerig; zuckersüß.

sug·gest [sə'dʒest] vorschlagen, anregen; nahelegen; vorbringen; *Gedanken* eingeben; andeuten; denken lassen an (*acc.*); **sug'ges·tion** Anregung *f*; Wink *m*, Rat *m*, Vorschlag *m*; Suggestion *f*; Eingebung *f*; Andeutung *f*.

sug·ges·tive □ [sə'dʒestiv] anregend (*of* zu); andeutend (*of acc.*); gehaltvoll; vielsagend; zweideutig (*Witz etc.*); **sug'ges·tive·ness** Gedankenreichtum *m*; Zweideutigkeit *f*.

su·i·cid·al □ [sjui'saidl] selbstmörderisch; **su·i·cide** ['~said] **1.** Selbstmord *m*; Selbstmörder(in); **2.** *Am.* Selbstmord begehen.

suit [sju:t] **1.** (Herren)Anzug *m*; (Damen)Kostüm *n*; Anliegen *n*, Bitte *f*; (Heirats)Antrag *m*; *Karten*: Farbe *f*; ⚖ Prozeß *m*; *follow* ~ Farbe bekennen; dasselbe tun; **2.** *v/t. j-m* passen, zusagen, recht sein, entsprechen, zuträglich sein, bekommen; *j.* kleiden, *j-m* stehen, passen zu (*Kleidungsstück etc.*); ~ *oneself* tun, was e-m beliebt; ~ *s.th. to* et. anpassen (*dat.*); *be* ~*ed* geeignet sein (*for* für), passen (*to* zu); *v/i.* passen; **suit·a'bil·i·ty** Eignung *f*; '**suit·a·ble** □ passend, geeignet (*to, for* für); entsprechend; '**suit·a·ble·ness** = *suitability*; '**suit·case** Handkoffer *m*; **suite** [swi:t] Gefolge *n*; (Reihen)Folge *f*; ♪ Suite *f*; *a.* ~ *of rooms* Zimmerflucht *f*; Garnitur *f*, (Zimmer-) Einrichtung *f*; **suit·ing** ✝ ['sju:tiŋ] Anzugstoff *m*; '**suit·or** Freier *m*; ⚖ Kläger(in), Prozessierende *m, f*.

sulk [sʌlk] **1.** *a. be in the* ~*s* schmollen, bocken; **2. sulks** *pl.*, '**sulk·i·ness** üble Laune *f*, Bockigkeit *f*; '**sulk·y 1.** □ verdrießlich; mürrisch, launisch; schmollend, bokkig; **2.** *Sport*: Traberwagen *m*, Sulky *n*.

sul·len □ ['sʌlən] verdrossen, finster, mürrisch; widerspenstig; trotzig; '**sul·len·ness** Verdrießlichkeit *f*.

sul·ly *mst fig.* ['sʌli] beflecken.

sul·pha ['sʌlfə] *pl.* = *sulphonamides.*

sul·phate ⚗ ['sʌlfeit] schwefelsaures Salz *n*, Sulfat *n*; **sul·phide** ⚗ ['~faid] Schwefelverbindung *f*, Sulfid *n*.

sul·pho·na·mides ⚕ [sʌl'fɔnəmaidz] *pl.* Sulfonamide *pl.*

sul·phur ⚗ ['sʌlfə] **1.** Schwefel *m*; **2.** schwefeln; **sul·phu·re·ous** [sʌl'fjuəriəs] schwef(e)lig; **sul·phu·ret·ted hy·dro·gen** ['~fjuretid'haidridʒən] Schwefelwasserstoff *m*; **sul·phu·ric** [~'fjuərik] Schwefel...; ~ *acid* Schwefelsäure *f*; '**sul·phu·rize** ⊕ schwefeln, vulkanisieren; **sul·phur·ous** ['~fərəs] Schwefel..., schwefelhaltig.

sul·tan ['sʌltən] Sultan *m*; **sul·tan·a** [sʌl'tɑ:nə] Sultanin *f*; [səl'tɑ:nə] Sultanine *f*.

sul·tri·ness ['sʌltrinis] Schwüle *f*; '**sul·try** □ schwül; *fig.* heftig, hitzig.

sum [sʌm] **1.** Summe *f*; Betrag *m*; *fig.* Inbegriff *m*, Inhalt *m*; Rechenaufgabe *f*; *do* ~*s* rechnen; *in* ~ mit e-m Wort; **2.** *mst* ~ *up* zs.-rechnen, -zählen; *fig.* zs.-fassen, resümieren.

su·mac(h) ♀ ['su:mæk] Sumach *m*, Färberbaum *m*.

sum·ma·rize ['sʌməraiz] (kurz) zs.-fassen; '**sum·mar·y 1.** □ summarisch, kurz (zs.-gefaßt); ⚖ Schnell...; **2.** (kurze) Inhaltsangabe *f*, Auszug *m*.

sum·mer[1] ['sʌmə] **1.** Sommer *m*; ~ *resort* Sommerfrische *f*; **2.** den Sommer verbringen; '~**-house** (Garten)Laube *f*.

sum·mer[2] △ [~] Trägerbalken *m*; Oberschwelle *f*.

sum·mer·like ['sʌməlaik], '**summer·ly** sommerlich.

summer...: '~**-school** Ferienkurs *m*; '~**-time** Sommer(szeit *f*) *m*; '~**-'time** Sommerzeit *f* (*um 1 Std. vorgerückt*); '**sum·mer·y** sommerlich.

sum·mit ['sʌmit] Gipfel *m* (*a. fig.*).

sum·mon ['sʌmən] auffordern; (be)rufen, einberufen; ⚖ vorladen; *fig. mst* ~ *up* aufbieten; '**sum·mon·er** Bote *m*; **sum·mons** ['~z] Aufforderung *f* (*a.* ⚔ *zur Übergabe*); (gerichtliche) Vorladung *f*.

sump *mot.* [sʌmp] Ölwanne *f*.

sump·ter ['sʌmptə] *a.* '**~-horse,** '**~-mule** † Saumtier *n.*
sump·tu·ar·y ['sʌmptjuəri] Aufwand(s)..., Luxus...
sump·tu·ous □ ['sʌmptjuəs] kostbar, prächtig, luxuriös; '**sump·tu·ous·ness** Pracht *f.*
sun [sʌn] **1.** Sonne *f*; **2.** (sich) sonnen; '**~·baked** von der Sonne getrocknet; '**~-bath** Sonnenbad *n*; '**~-bathe** sonnenbaden; '**~·beam** Sonnenstrahl *m* (*a. fig.*); '**~-blind** Markise *f*; '**~·burn** Sonnenbräune *f*; Sonnenbrand *m*; '**~·burnt** sonn(en)verbrannt.
sun·dae ['sʌndi] Früchte-Eisbecher *m.*
Sun·day ['sʌndi] Sonntag *m*; **~ school** Sonntagsschule *f.*
sun·der *poet.* ['sʌndə] (sich) trennen.
sun-di·al ['sʌndaiəl] Sonnenuhr *f.*
sun·down ['sʌndaun] Sonnenuntergang *m.*
sun·dry ['sʌndri] **1.** verschiedene; **2. sun·dries** *pl. bsd.* ✝ ['~driz] Verschiedenes *n*; Extraausgaben *f/pl.*
sun·flow·er ⚘ ['sʌnflauə] Sonnenblume *f.*
sung [sʌŋ] *pret. u. p.p. von sing.*
sun...: '**~-glass·es** *pl.* (*a pair of* eine) Sonnenbrille *f*; '**~-god** Sonnengott *m*; '**~-hel·met** Tropenhelm *m.*
sunk [sʌŋk] *pret. u. p.p. von sink 1.*
sunk·en ['sʌŋkən] **1.** ⚒ *p.p. von sink 1*; **2.** *adj.* versunken; *fig.* eingefallen (*Wangen etc.*); tiefliegend (*Augen*); ⊕ versenkt.
sun-lamp ['sʌnlæmp] ⚕ künstliche Höhensonne *f*; *Film*: Jupiterlampe *f.*
sun·less ['sʌnlis] sonnen-, lichtlos, dunkel; '**sun·light** Sonnenlicht *n*; '**sun·lit** sonnenbeschienen.
sun·ni·ness ['sʌninis] Sonnigkeit *f* (*a. fig.*); '**sun·ny** □ sonnig (*a. fig.*).
sun...: '**~·rise** Sonnenaufgang *m*; '**~·room** Glasveranda *f*; '**~·set** Sonnenuntergang *m*; '**~·shade** Sonnenschirm *m*; '**~·shine** Sonnenschein *m*; **~** *roof mot.* Schiebedach *n*; '**~·shin·y** sonnig; heiter; '**~-spot** *ast.* Sonnenfleck *m*; '**~-stroke** ⚕ Sonnenstich *m*; '**~-up** Sonnenaufgang *m.*
sup¹ [sʌp] *v/i.* zu Abend essen (*off od. on s.th.* et.).
sup² [~] **1.** schlückchenweise trinken, nippen; löffeln; **2.** Schlückchen *n*; *neither bite nor ~* nichts zu essen u. zu trinken.
su·per¹ ['sju:pə] **1.** *thea. sl.* Statist (-in); **2.** F erstklassig, super, prima; Riesen...
su·per² [~] Über...; über...; Ober..., ober...; Groß...
su·per...: **~·a'bound** im Überfluß vorhanden sein; Überfluß haben (*in, with* an *dat.*); **~·a'bun·dant** □ überreichlich; überschwenglich; **~-'add** noch hinzufügen; **~·an·nu·ate** [~'rænjueit] pensionieren; **~d** überaltert; ausgedient; veraltet (*Sache*); **~·an·nu'a·tion** Pensionierung *f*; Ruhegehalt *n*; **~** *fund* Pensionsfonds *m.*
su·perb □ [sju:'pə:b] prächtig; herrlich.
su·per...: '**~·car·go** ⚓ Ladungsaufseher *m*; '**~·charg·er** *mot.* Gebläse *n*, Kompressor *m*; **su·per·cil·i·ous** □ [~'siliəs] hochmütig; **su·per'cil·i·ous·ness** Hochmut *m*; **su·per-'dread·nought** Großkampfschiff *n*; **su·per·er·o·ga·tion** [~rero'geiʃən] Mehrleistung *f*; **su·per·e·rog·a·to·ry** □ [~re'rɔgətəri] über das Pflichtmaß hinausgehend; **su·per·fi·cial** □ [~'fiʃəl] oberflächlich; **su·per·fi·ci·al·i·ty** [~fiʃi'æliti] Oberflächlichkeit *f*; **su·per·fi·ci·es** [~'fiʃi:z] Oberfläche *f*; '**su·per'fine** extrafein; **su·per·flu·i·ty** [~'flu:iti] Überfluß *m* (*of* an *dat.*); **su'per·flu·ous** □ [~fluəs] überflüssig; **su·per'heat** ⊕ überhitzen; **su·per·het** ['~'het] *Radio*: Überlagerungsempfänger *m*, Super(het) *m.*
su·per...: **~'hu·man** □ übermenschlich; **~·im·pose** ['~rim'pəuz] darauf-, darüberlegen; **~·in·duce** ['~rin'dju:s] noch hinzufügen (*on, upon* zu); **~·in·tend** [~rin'tend] die Oberaufsicht haben über (*acc.*); überwachen; **~·in'tend·ence** Oberaufsicht *f*; **~·in'tend·ent** **1.** Leiter *m*, Direktor *m*; (Ober)Aufseher *m*, Inspektor *m*; **2.** aufsichtführend.
su·pe·ri·or [sju:'piəriə] **1.** □ ober; höher(stehend); vorgesetzt; besser, hochwertiger; überlegen (*to dat.*); vorzüglich; **~** *officer* höherer Beamter *m od.* Offizier *m*; **2.** Höherstehende *m*, *bsd.* Vorgesetzte *m*;

eccl. Obere *m*, Superior *m*; *mst lady* ~ Oberin *f*; **su·pe·ri·or·i·ty** [~'ɔriti] Überlegenheit *f*.

su·per·la·tive [sju:'pə:lətiv] **1.** □ höchst; überragend; *gr.* superlativisch; **2.** *a.* ~ *degree gr.* Superlativ *m*; **su·per·man** ['sju:pəmæn] Übermensch *m*; **'su·per·mar·ket** Supermarkt *m*; **su·per·nal** [sju:'pə:nl] überirdisch, himmlisch; **su·per·nat·u·ral** □ [sju:pə'nætʃrəl] übernatürlich; **su·per·nu·mer·ar·y** [~'nju:mərəri] **1.** überzählig; **2.** Überzählige *m, f*; *thea.* Statist(in); **'su·per'pose** obenauf legen; überlagern; **'su·per·po'si·tion** Auflagerung *f*; *geol.* Schichtung *f*; **'su·per'scribe** überschreiben; adressieren; **su·per·scrip·tion** [~'skripʃən] Über-, Aufschrift *f*; **su·per·sede** [~'si:d] ersetzen; verdrängen; absetzen; *fig.* überholen; **su·per'ses·sion** Ersetzung *f*, Ablösung *f*; **su·per·son·ic** *phys.* [~'sɔnik] Überschall...; **su·per·sti·tion** [~'stiʃən] Aberglaube *m*; **su·per·sti·tious** □ [~'stiʃəs] abergläubisch; **su·per·struc·ture** ['~strʌktʃə] Oberbau *m*; **su·per·vene** [~'vi:n] noch hinzukommen (*on, upon* zu); unerwartet eintreten; **su·per·ven·tion** [~'venʃən] Hinzukommen *n*; **su·per·vise** ['~vaiz] beaufsichtigen, überwachen; **su·per·vi·sion** [~'viʒən] (Ober)Aufsicht *f*; Beaufsichtigung *f*, Überwachung *f*; **su·per·vi·sor** ['~vaizə] Aufseher *m*, Inspektor *m*; *univ.* Tutor *m*.

su·pine **1.** *gr.* ['sju:pain] Supinum *n*; **2.** □ [~'pain] auf dem Rücken liegend; zurückgelehnt; lässig, gleichgültig; **su'pine·ness** Lässigkeit *f*, Gleichgültigkeit *f*.

sup·per ['sʌpə] Abendessen *n*; *the (Lord's)* ≈ das Heilige Abendmahl.

sup·plant [sə'plɑ:nt] verdrängen; *fig.* ausstechen; ersetzen.

sup·ple ['sʌpl] **1.** □ biegsam, geschmeidig; **2.** geschmeidig machen.

sup·ple·ment **1.** ['sʌplimənt] Supplement *n*, Ergänzung *f*; Nachtrag *m*; (Zeitungs- *etc.*)Beilage *f*; **2.** ['~ment] ergänzen; **sup·ple'men·tal** □, **sup·ple'men·ta·ry** Ergänzungs...; nachträglich; Nachtrags...; ~ *order* Nachbestellung *f*.

sup·ple·ness ['sʌplnis] Biegsamkeit *f*; Schmiegsamkeit *f* (*a. fig.*).

sup·pli·ant ['sʌpliənt] **1.** □ demütig bittend, flehend; **2.** Bittsteller(in).

sup·pli·cate ['sʌplikeit] demütig bitten, anflehen; **sup·pli'ca·tion** demütige Bitte *f*; **sup·pli·ca·to·ry** ['~kətəri] flehend; Bitt...

sup·pli·er [sə'plaiə] Versorger(in); ✝ Lieferant(in).

sup·ply [sə'plai] **1.** liefern; *e-m Mangel* abhelfen; *e-e Stelle* ausfüllen, vertreten; ausstatten, versehen, versorgen (*with* mit); ergänzen; **2.** Lieferung *f*; Versorgung *f*; Zufuhr *f*; Menge *f*; Vorrat *m*; Bedarf *m*; ✝ Angebot *n* (*Ggs. demand*); (Stell-)Vertretung *f*; *mst supplies pl.* ✝ Versorgungsgüter *n/pl.*; *parl.* Etat *m*, Budget *n*; ⚔ Nachschub *m*; *in short* ~ knapp, schwer zu haben; *on* ~ in Vertretung; *Committee of* ≈ *parl.* Haushaltsausschuß *m*.

sup·port [sə'pɔ:t] **1.** Stütze *f* (*a. fig.*); Hilfe *f*; Fußstütze *f*, Einlage *f*; ⊕ Träger *m*, Halter *m*; Unterstützung *f*; Lebensunterhalt *m*; **2.** (unter)stützen (*a. fig.*); *sich, e-e Familie etc.* unterhalten, ernähren; *Debatte etc.* aufrechterhalten; *e-e Sache* verteidigen; *Meinung, Würde* behaupten; (v)ertragen; ~*ing actor* Nebendarsteller *m*; ~*ing programme Film*: Beiprogramm *n*; **sup'port·a·ble** □ erträglich; aufrechtzuerhalten(d), haltbar; **sup'port·er** Unterstützer(in); Anhänger(in); Helfer(in).

sup·pose [sə'pəuz] annehmen; voraussetzen; vermuten; *he is* ~*d to do* man erwartet *od.* verlangt von ihm, daß er tut; er soll tun; ~ *od. supposing (that)* ... angenommen (daß) ...; ~ *we go* gehen wir; wie wär's, wenn wir gingen; *he is rich, I* ~ er wird wohl reich sein.

sup·posed □ [sə'pəuzd] vermeintlich; **sup'pos·ed·ly** [~idli] vermutlich.

sup·pos·ing [sə'pəuziŋ] angenommen, falls.

sup·po·si·tion [sʌpə'ziʃən] Voraussetzung *f*; Annahme *f*; Vermutung *f*; **sup·pos·i·ti·tious** □ [səpɔzi'tiʃəs] untergeschoben; **sup'pos·i·to·ry** ⚕ [~təri] Zäpfchen *n*, Suppositorium *n*.

sup·press [sə'pres] unterdrücken;

sup·pres·sion [sə'preʃən] Unterdrückung *f*; **sup'pres·sive** □ [~siv] unterdrückend; **sup'pres·sor** ⚡ Entstörungselement *n*.
sup·pu·rate ['sʌpjuəreit] eitern; **sup·pu'ra·tion** Eiterung *f*.
su·pra·na·tion·al ['sju:prə'næʃənl] überstaatlich.
su·prem·a·cy [sju'preməsi] Obergewalt *f*, -hoheit *f*; Überlegenheit *f*; Vorrang *m*; **su·preme** □ [sju:'pri:m] höchst; oberst; Ober...; größt; kritisch (*Zeitpunkt*).
sur·charge [sə:'tʃɑ:dʒ] **1.** überladen; e-n Strafzuschlag erheben von *j-m*; **2.** ['~] Überladung *f*; (Straf)Zuschlag *m*; Strafporto *n*; Überdruck *m auf Briefmarken*.
surd ⅍ [sə:d] irrational(e Zahl *f*).
sure □ [ʃuə] *allg.* sicher, gewiß, bestimmt; *to be ~!*, F *~ enough!*, *Am.* *~!* sicher(lich)!, natürlich!; *I'm ~ I don't know* ich weiß wirklich nicht; *he is ~ to return* er wird sicher(lich) zurückkommen; *make ~* sich vergewissern; sich versichern (*of gen.*); **'~-foot·ed** sicher auf den Füßen; **'sure·ly** sicherlich; **'sure·ness** Sicherheit *f*; **'sure·ty** Bürge *m*.
surf [sə:f] Brandung *f*.
sur·face ['sə:fis] **1.** Oberfläche *f*; Fläche(ninhalt *m*) *f*; ✈ Tragfläche *f*; *control ~* ✈ Steuerfläche *f*; *below the ~* ⚒ unter Tage; **2.** auftauchen (*U-Boot*); **'~·man** 🚂 Streckenarbeiter *m*.
surf...: **'~-board** Wellenreiterbrett *n*; **'~-boat** Brandungsboot *n*.
sur·feit ['sə:fit] **1.** Übersättigung *f*, Ekel *m*; **2.** (sich) überladen, -sättigen (*on*, *fig. with* mit).
surf-rid·ing ['sə:fraidiŋ] *Sport*: Wellenreiten *n*.
surge [sə:dʒ] **1.** Woge *f*; Brandung *f*; **2.** wogen, branden.
sur·geon ['sə:dʒən] Chirurg *m*, Operateur *m*; ⚔ Stabs-, ⚓ Schiffsarzt *m*; **sur·ger·y** ['sə:dʒəri] Chirurgie *f*; chirurgische Behandlung *f*; Sprechzimmer *n*; *~ hours pl.* Sprechstunden *f/pl*.
sur·gi·cal □ ['sə:dʒikəl] chirurgisch; Operations...
sur·li·ness ['sə:linis] mürrisches Wesen *n*, Unfreundlichkeit *f*; Bärbeißigkeit *f*; **'sur·ly** □ unfreundlich; bärbeißig; zäh (*Boden*).

sur·mise 1. ['sə:maiz] Vermutung *f*; Argwohn *m*; **2.** [sə:'maiz] vermuten; argwöhnen.
sur·mount [sə:'maunt] übersteigen; überragen; *fig.* überwinden; *~ed by od. with* überragt *od.* überdeckt von; **sur'mount·a·ble** übersteigbar, überwindlich.
sur·name ['sə:neim] **1.** Zu-, Nach-, Familienname *m*; **2.** *j-m* den Zunamen ... geben; *~d* mit Zunamen.
sur·pass *fig.* [sə:'pɑ:s] übersteigen, -treffen; *~ed by* überragt von; **sur'pass·ing** □ unübertrefflich, außerordentlich.
sur·plice *eccl.* ['sə:pləs] Chorhemd *n*.
sur·plus ['sə:pləs] **1.** Überschuß *m*, Mehr *n*; **2.** überschüssig; Über...; Mehr...; *~ population* Bevölkerungsüberschuß *m*; **'sur·plus·age** = *surplus 1*; etwas Überflüssiges *n*.
sur·prise [sə'praiz] **1.** Überraschung *f*; ⚔ Überrump(e)lung *f*; *take by ~* überrumpeln; **2.** Überraschungs...; überraschend; **3.** überraschen; ⚔ überrumpeln; **sur'pris·ing** □ überraschend.
sur·re·al·ism [sə'riəlizəm] *Kunst*: Surrealismus *m*; **sur're·al·ist** Surrealist *m*.
sur·ren·der [sə'rendə] **1.** Übergabe *f*, Ergebung *f*; Kapitulation *f*; Aufgeben *n*; **2.** *v/t.* übergeben, ausliefern; *Besitz* aufgeben; *v/i. a. ~ o.s.* sich ergeben.
sur·rep·ti·tious □ [sʌrəp'tiʃəs] erschlichen; heimlich; unecht.
sur·ro·gate ['sʌrogit] Stellvertreter *m bsd. e-s Bischofs*.
sur·round [sə'raund] umgeben; ⚔ umzingeln; **sur'round·ing** umliegend; **sur'round·ings** *pl.* Umgebung *f*; Umwelt *f*.
sur·tax ['sə:tæks] (Einkommen-)Steuerzuschlag *m*.
sur·veil·lance [sə:'veiləns] Überwachung *f*.
sur·vey 1. [sə:'vei] überblicken; besichtigen; mustern; begutachten; *surv.* vermessen; **2.** ['~] Überblick *m* (*a. fig.*); Besichtigung *f*; Gutachten *n*; Umfrage *f*; *surv.* Vermessung *f*, Aufnahme *f*; **sur'vey·or** Aufseher *m*; Inspektor *m*; Land-, Feldmesser *m*, Geometer *m*; Gutachter *m*; *Board of* ≈*s* Baupolizei *f*.
sur·viv·al [sə'vaivəl] Über-, Fortleben *n*; Überbleibsel *n*; **sur'vive**

v/t. überleben; *v/i.* noch (*od.* fort-) leben; am Leben bleiben; bestehen bleiben; **sur'vi·vor** Überlebende *m, f.*

sus·cep·ti·bil·i·ty [səseptə'biliti] Empfänglichkeit *f* (*to* für); *oft susceptibilities pl.* Empfindlichkeit *f*, empfindliche Stelle *f*; **sus'cep·ti·ble** □, **sus'cep·tive** empfänglich (*to* für); empfindlich (gegen); *be* ~ *of* zulassen (*Sache*).

sus·pect 1. [səs'pekt] (be)argwöhnen; im Verdacht haben, verdächtigen; zweifeln an (*dat.*); vermuten, befürchten; **2.** ['sʌspekt] Verdächtige *m, f*; **3.** = **sus'pect·ed** verdächtig.

sus·pend [səs'pend] (auf)hängen; aufschieben; unentschieden lassen; *Tätigkeit, Zahlung* einstellen; *Urteil* aussetzen; *Beamten, Gesetz* suspendieren; *Sportler* sperren; *~ed* schwebend; *~ed animation* Scheintod *m*; **sus'pend·er** Strumpf-, Sockenhalter *m*; *~s pl. Am.* Hosenträger *m.*

sus·pense [səs'pens] Ungewißheit *f*; Unentschiedenheit *f*; Spannung *f*; ~ *account* ⚕ vorläufiges Konto *n*; **sus·pen·sion** [~'penʃən] Aufhängung *f*; Aufschub *m*; Einstellung *f e-r Tätigkeit etc.*; Suspendierung *f*, Amtsenthebung *f*; einstweilige Aufhebung *f e-s Gesetzes*; *Sport*: Sperre *f*; **sus·pen·sion bridge** Hängebrücke *f*; **sus'pen·sive** □ aufschiebend; **sus·pen·so·ry** [~'pensəri] Hänge...; aufschiebend; ~ *bandage* ⚕ Suspensorium *n.*

sus·pi·cion [səs'piʃən] Verdacht *m*; Argwohn *m*; Ahnung *f*; *fig.* Spur *f*; **sus'pi·cious** □ argwöhnisch, mißtrauisch; verdächtig; **sus'pi·cious·ness** mißtrauisches Wesen *n od.* Gefühl *n*; Verdächtigkeit *f.*

sus·tain [səs'tein] stützen; *fig.* aufrecht erhalten; aushalten; *Verlust, Schaden* erleiden; ♪ aushalten; ⚖ anerkennen; *thea. e-r Rolle* gerecht werden (*Schauspieler*); **sus'tain·a·ble** haltbar (*Anklage*); **sus'tained** anhaltend; ununterbrochen.

sus·te·nance ['sʌstinəns] (Lebens-) Unterhalt *m*; Nahrung *f*; Nährwert *m.*

sut·ler ⚔ ['sʌtlə] Marketender *m.*

su·ture ['su:tʃə] **1.** ♀, *anat.*, ⚕ Naht *f*; **2.** nähen.

su·ze·rain ['su:zərein] Oberlehnsherr *m.*

svelte [svelt] schlank (*Frau*).

swab [swɔb] **1.** Aufwischmop *m*; ⚓ Schwabber *m*; ⚕ Tupfer *m*; Abstrich *m*; **2.** *a.* ~ *down* aufwischen; ⚓ schwabbern.

Swa·bi·an ['sweibjən] **1.** Schwabe *m*, Schwäbin *f*; Schwäbisch *n*; **2.** schwäbisch.

swad·dle ['swɔdl] *Baby* wickeln; **'swad·dling-clothes** *pl. mst fig.* Windeln *f/pl.*

swag·ger ['swægə] **1.** (umher)stolzieren; großtun, aufschneiden; **2.** F elegant; **3.** Großtuerei *f*; **'~-cane** ⚔ Ausgehstöckchen *n.*

swain *poet. od.* † [swein] (Bauern-) Bursche *m*; Schäfer *m*; *co.* Liebhaber *m.*

swale *Am.* [sweil] Mulde *f*, Niederung *f.*

swal·low[1] *orn.* ['swɔləu] Schwalbe *f.*

swal·low[2] [~] **1.** Schlund *m*; Schluck *m*; **2.** *v/t.* (*fig. mst* ~ *up*) (hinunter-, ver)schlucken; *fig. Ansicht etc.* begierig aufnehmen; *Behauptung* zurücknehmen; *v/i.* schlucken.

swam [swæm] *pret. von swim 1.*

swamp [swɔmp] **1.** Sumpf *m*, Morast *m*; **2.** überschwemmen (*a. fig.*); ⚓ zum Sinken bringen; *fig.* überhäufen; **'swamp·y** sumpfig.

swan [swɔn] Schwan *m.*

swank *sl.* [swæŋk] **1.** Angabe *f*, Protzerei *f*; **2.** angeben, protzen; **'swank·y** protzig, angeberisch, snobistisch.

swan-neck ['swɔnnek] Schwanenhals *m*; **'swan·ner·y** Schwanenteich *m*; **'swan-song** Schwanengesang *m.*

swap F [swɔp] (ver-, aus)tauschen.

sward [swɔ:d] Rasen *m.*

sware † [swɛə] *pret. von swear.*

swarm[1] [swɔ:m] **1.** Schwarm *m*; Haufe(n) *m*, Gewimmel *n*; **2.** schwärmen; wimmeln (*with* von).

swarm[2] [~]: ~ *up* hochklettern an (*dat.*).

swarth·i·ness ['swɔ:θinis] dunkle Gesichtsfarbe *f*; **'swarth·y** □ schwärzlich; dunkelfarbig, -häutig.

swash [swɔʃ] **1.** *v/i.* plan(t)schen; prahlen; *v/t.* (be)spritzen; **2.** Pla(n)tschen *n*, Klatschen *n des*

Wassers; **~·buck·ler** ['~bʌklə] großmäuliger Draufgänger *m*.
swas·ti·ka ['swɔstikə] Hakenkreuz *n*.
swat [swɔt] **1.** *Fliege etc.* klatschen; **2.** Schlag *m*.
swath ⸙ [swɔ:θ] Schwade(n *m*) *f*.
swathe [sweið] **1.** Wickelband *n*; Binde *f*; *s. swath*; **2.** (ein)wickeln, einhüllen.
sway [swei] **1.** Schaukeln *n*; Wiegen *n*; Einfluß *m*; Macht *f*, Herrschaft *f*; **2.** *v/t.* schaukeln; wiegen; beeinflussen; beherrschen; *v/i.* schaukeln; sich wiegen; schwanken.
swear [swɛə] **1.** (*irr.*) *v/i.* schwören (*by* bei, F auf *j. od. et.*); beschwören (*to s.th.* et.); fluchen (*at* auf *acc.*); *v/t.* (be)schwören; *~ s.o. in* j. vereidigen; **2.** *a. ~-word* F Fluch *m*.
sweat [swet] **1.** Schweiß *m*; *old ~ sl.* alter Hase *m*; *by the ~ of one's brow* im Schweiße s-s Angesichts; **2.** (*irr.*) *v/i.* schwitzen; *v/t.* (aus-) schwitzen; in Schweiß bringen; *Arbeiter* ausbeuten; ⊕ *Kabel* schweißen; '**sweat·ed** für Hungerlöhne hergestellt; '**sweat·er** Sweater *m*, Pullover *m*; Trainingsjacke *f*; Leuteschinder *m*; '**sweat-shop** Ausbeutungsbetrieb *m*; **sweat suit** Trainingsanzug *m*; '**sweat·y** schweißig; verschwitzt.
Swede [swi:d] Schwede *m*, Schwedin *f*; **Swed·ish** ['swi:diʃ] **1.** schwedisch; **2.** Schwedisch *n*.
sweep [swi:p] **1.** (*irr.*) *v/t.* fegen, kehren; *fig.* (*mst mit adv.*) reißen, jagen, treiben; streifen; bestreichen (*a.* ⚔); schleppen, hinter sich herziehen; *v/i.* fegen, kehren; *fig.* (*mst mit adv.*) (dahin)fegen, eilen, stürmen, schießen, sausen; (majestätisch) (dahin)rauschen; sich erstrecken, streichen; *be swept off one's feet fig.* hingerissen sein; **2.** Fegen *n*, Kehren *n*; *fig.* Dahinfegen *n*, Stürmen *n*; Schwung *m*; ♪ Tusch *m*; glänzender Sieg *m*; Schwenkung *f*; Krümmung *f*; Bogen *m*; Fläche *f*; Spielraum *m*, Bereich *m*; Schornsteinfeger *m*; Auffahrt *f vor e-m Hause*; langes Ruder *n*; (Pumpen)Schwengel *m*; *make a clean ~* (*of*) reinen Tisch machen (mit); hinauswerfen; '**sweep·er** (Straßen)Feger *m*; Kehrmaschine *f*; '**sweep·ing** □ ausgedehnt; umfassend; weitgehend (*Behauptung etc.*); schwungvoll; durchgreifend; '**sweep·ings** *pl.* Kehricht *m*; **sweep·stakes** ['~steiks] *pl.* (*bsd.* Pferde)Toto *n*.
sweet [swi:t] **1.** □ süß; lieblich, hold; freundlich, lieb(enswürdig); leicht, bequem; frisch; duftend; *have a ~ tooth* ein Leckermaul sein; **2.** Liebling *m*; Süßigkeit *f*, Bonbon *n*; Nachtisch *m*; *~s pl.* Freuden *f/pl.*; '**~·bread** (*bsd.* Kalbs)Bries *n*; '**~-'bri·ar** ⚘ Weinrose *f*; '**sweet·en** (ver)süßen; *fig.* angenehm machen; mildern; '**sweet·heart** Liebling *m*, Liebchen *n*, Liebste *m*, *f*; Freund (-in); '**sweet·ish** süßlich; '**sweet-meat** Bonbon *m*, *n*; kandierte Frucht *f*; '**sweet·ness** Süßigkeit *f*; Lieblichkeit *f*; Annehmlichkeit *f*; Freundlichkeit *f*; Frische *f*; **sweet pea** ⚘ Gartenwicke *f*; '**sweet·shop** Süßwarengeschäft *n*; '**sweet-'wil-liam** ⚘ Studentennelke *f*.
swell [swel] **1.** (*irr.*) *v/i.* (an-, auf-) schwellen (*into* zu) (*a. fig.*); sich blähen (*Segel*); sich (aus)bauchen; *v/t.* (an)schwellen lassen; aufblähen; vergrößern, erhöhen; **2.** F flott, elegant; feudal; *sl.* prima; **3.** *bsd.* ♪ Anschwellen *n*; Schwellung *f*, Ausbauchung; ⚓ Dünung *f*; Anhöhe *f*; F feudaler Herr *m*, feudale Dame *f*; '**swell·ing** **1.** Anschwellen *n*; Geschwulst *f*; **2.** □ schwellend; schwülstig (*Stil etc.*).
swel·ter ['sweltə] sehr heiß sein; vor Hitze umkommen; schwitzen.
swept [swept] *pret. u. p.p. von sweep 1.*
swerve [swə:v] *v/i.* sich seitwärts wenden; abweichen; plötzlich ab- *od.* ausbiegen (*Wagen*); *v/t.* ablenken; *Sport*: *Ball* schneiden.
swift **1.** □ schnell, eilig, geschwind, flink; **2.** *orn.* Turmschwalbe *f*; '**swift·ness** Schnelligkeit *f*.
swig F [swig] **1.** (tüchtiger) Schluck *m*; **2.** schlucken; saufen.
swill [swil] **1.** Spülicht *n* (*a. fig.*); Schweinetrank *m*; *contp.* Gesöff *n*; **2.** spülen; saufen.
swim [swim] **1.** (*irr.*) *v/i.* schwimmen; schweben; *my head ~s* mir schwindelt; *v/t.* durchschwimmen; schwimmen lassen; schwemmen; **2.** Schwimmen *n*; *be in the ~* auf dem laufenden *od.* eingeweiht sein; '**swim·mer** Schwimmer(in).

swim·ming ['swimiŋ] **1.** Schwimmen *n*; **2.** Schwimm...; '**~-bath** (*bsd.* Hallen)Schwimmbad *n*; '**~-cos·tume** Badeanzug *m*; '**swim·ming·ly** *adv.* leicht, glatt; '**swim·ming-pool** Frei-, Schwimmbad *n*; '**swim-suit** Badeanzug *m*.
swin·dle ['swindl] **1.** *v/t.* beschwindeln (*out of* um *et.*); *v/i.* schwindeln; **2.** Schwindel *m*; '**swin·dler** Schwindler(in).
swine *nur rhet., zo. od. fig. contp.* [swain], *pl.* ~ Schwein *n*; '**swine-herd** Schweinehirt *m*.
swing [swiŋ] **1.** (*irr.*) *v/i.* schwingen, schwanken; F baumeln, gehängt werden; (sich) schaukeln; schwenken; sich drehen, ⚓ schwaien; ~ *into motion* in Gang kommen; *v/t.* schwingen, (herum)schwenken; schaukeln; **2.** Schwingen *n*; Schwung *m*; Schaukel *f*; freier Lauf *m*; Spielraum *m* (*a. fig.*); ♪ Swing *m*; *Boxen*: Schwinger *m*; *in full* ~ in vollem Gange; *go with a* ~ Schwung haben; wie am Schnürchen gehen; **3.** Schwing...; ~ **bridge** Drehbrücke *f*; ~ **door** Drehtür *f*.
swinge·ing □ F ['swindʒiŋ] riesig, mächtig.
swing·ing □ ['swiŋiŋ] schwingend; Schwing...; schwungvoll.
swin·gle ⊕ ['swiŋgl] **1.** *Flachs* schwingen; **2.** Flachsschwinge *f*; '**~·tree** Ortscheit *n*.
swin·ish □ ['swainiʃ] schweinisch.
swipe [swaip] **1.** aus vollem Arm schlagen; *sl.* klauen; **2.** kräftiger Schlag *m*; ~*s pl.* Dünnbier *n*.
swirl [swə:l] **1.** (herum)wirbeln, strudeln; **2.** Wirbel *m*, Strudel *m*.
swish [swiʃ] **1.** sausen (lassen); zischen (*Sense*); rascheln; peitschen; **2.** Sausen *n etc.*; **3.** F forsch.
Swiss [swis] **1.** schweizerisch, Schweizer; **2.** Schweizer(in); *the* ~ *pl.* die Schweizer *m/pl.*
switch [switʃ] **1.** Gerte *f*; 🚂 Weiche *f*; ⚡ Schalter *m*; falscher Zopf *m*; **2.** peitschen; 🚂 rangieren; ⚡ (um-) schalten; *fig.* wechseln, überleiten; ~ *on* (*off*) ⚡ ein- (aus)schalten; '**~-back** Berg- und Talbahn *f*; '**~-board** ⚡ Schaltbrett *n*, -tafel *f*; ~ **box** ⚡ Schaltkasten *m*.
swiv·el ⊕ ['swivl] Drehring *m*; Spannschloß *n*; *attr.* Dreh...
swol·len ['swəulən] *p.p. von swell 1.*
swoon [swu:n] **1.** Ohnmacht *f*; **2.** in Ohnmacht fallen.
swoop [swu:p] **1.** ~ *down on od. upon* (herab)stoßen (auf *acc.*) (*Raubvogel*); überfallen; **2.** Stoß *m*.
swop F [swɔp] (ver-, aus)tauschen.
sword F [sɔ:d] Schwert *n*, Degen *m*; Säbel *m*; '**~-cane** Stockdegen *m*; '**~-play** Fechten *n*; *fig.* Wortgefecht *n*.
swords·man ['sɔ:dzmən] Fechter *m*; '**swords·man·ship** Fechtkunst *f*.
swore [swɔ:] *pret. von swear 1.*
sworn [swɔ:n] **1.** *p.p. von swear 1*; **2.** ⚖ gerichtlich vereidigt; ~ *expert* ⚖ gerichtlich vereidigter Sachverständiger *m*.
swot *Schul-sl.* [swɔt] **1.** Paukerei *f*; Streber *m*; **2.** pauken, büffeln.
swum [swʌm] *p.p. von swim 1.*
swung [swʌŋ] *pret. u. p.p. von swing 1.*
syb·a·rite ['sibərait] Weichling *m*, Genüßling *m*.
syc·a·more ⚘ ['sikəmɔ:] Bergahorn *m*; *Am.* Platane *f*.
syc·o·phant ['sikəfənt] Kriecher *m*, Speichellecker *m*, Schmarotzer *m*; **syc·o·phan·tic** [~'fæntik] (~*ally*) kriecherisch.
syl·lab·ic [si'læbik] (~*ally*) silbenmäßig; Silben...; **syl·la·ble** ['siləbl] Silbe *f*.
syl·la·bus ['siləbəs] Auszug *m*, Abriß *m*; (*bsd.* Vorlesungs)Verzeichnis *n*; (*bsd.* Lehr-, Unterrichts)Plan *m*.
syl·lo·gism *phls.* ['silədʒizəm] Syllogismus *m*, Vernunftschluß *m*.
sylph [silf] Sylphe *f*, Luftgeist *m*.
syl·van ['silvən] waldig, Wald...
sym·bi·o·sis *biol.* [simbi'əusis] Symbiose *f* (*Zusammenleben artverschiedener Lebewesen*).
sym·bol ['simbəl] Symbol *n*, Sinnbild *n*; **sym·bol·ic, sym·bol·i·cal** □ [~'bɔlik(l)] symbolisch, sinnbildlich; **sym·bol·ism** ['~bəlizəm] Symbolik *f*; '**sym·bol·ize** sinnbildlich darstellen, symbolisieren, versinnbildlichen.
sym·met·ri·cal □ [si'metrikəl] symmetrisch, ebenmäßig; **sym·me·try** ['simitri] Symmetrie *f*, Ebenmaß *n*.
sym·pa·thet·ic [simpə'θetik] (~*ally*) ein-, mitfühlend; geistesverwandt; sympathisch; sympathetisch (*Nerv*,

Tinte); ~ *strike* Sympathiestreik *m*; ˈ**sym·pa·thize** sympathisieren, mitfühlen, empfinden; wohlwollend gegenüberstehen (*with dat.*); übereinstimmen; ˈ**sym·pa·thiz·er** Anhänger(in); **sym·pa·thy** [ˈ~θi] Sympathie *f*, Mitgefühl *n*.
sym·phon·ic ♪ [simˈfɔnik] symphonisch; **sym·pho·ny** ♪ [ˈ~fəni] Symphonie *f*.
sym·po·sium [simˈpəuzjəm] Symposion *n*, Sammlung *f* von Beiträgen.
symp·tom [ˈsimptəm] Symptom *n*, (An)Zeichen *n*; **symp·to·mat·ic** [~ˈmætik] (*~ally*) symptomatisch; bezeichnend (*of* für).
syn·a·gogue [ˈsinəgɔg] Synagoge *f*.
syn·chro·flash *phot.* [ˈsiŋkrəuflæʃ] Synchronblitzlicht *n*.
syn·chro-mesh gear *mot.* [ˈsiŋkrəumeʃˈgiə] Synchrongetriebe *n*.
syn·chro·nism [ˈsiŋkrənizəm] Gleichzeitigkeit *f*; ˈ**syn·chro·nize** *v/i.* gleichzeitig sein, zeitlich zs.-fallen; *v/t.* als gleichzeitig zs.-stellen; *Uhren*, *Tonfilm* synchronisieren; ˈ**syn·chro·nous** □ gleichzeitig; gleichlaufend.
syn·chro·tron *phys.* [ˈsiŋkrəutrɔn] Synchrotron *n*, Beschleuniger *m*.
syn·co·pate [ˈsiŋkəpeit] verkürzen, synkopieren; **syn·co·pe** [ˈ~pi] Synkope *f*.
syn·dic [ˈsindik] Syndikus *m*; **syn·di·cate 1.** [ˈ~kit] Syndikat *n*; **2.** [ˈ~keit] zu e-m Syndikat verbinden; ˈ**syn·di·cat·ed** syndikalisiert, in mehreren Zeitungen erscheinend.
syn·od *eccl.* [ˈsinəd] Synode *f*; **syn·od·al** [ˈ~dəl], **syn·od·ic, syn·od·i·cal** □ *eccl.* [siˈnɔdik(l)] synodal.
syn·o·nym [ˈsinənim] Synonym *n*, sinnverwandtes Wort *n*; **syn·on·y·mous** □ [siˈnɔniməs] sinnverwandt.
syn·op·sis [siˈnɔpsis], *pl.* **synˈop·ses** [~si:z] *zs.-fassende* Übersicht *f*; Synopse *f*.
syn·op·tic, syn·op·ti·cal □ [siˈnɔptik(əl)] synoptisch, übersichtlich.
syn·tac·tic, syn·tac·ti·cal □ *gr.* [sinˈtæktik(əl)] syntaktisch; **syn·tax** *gr.* [ˈsintæks] Syntax *f*, Satzlehre *f*.
syn·the·sis [ˈsinθisis], *pl.* **syn·the·ses** [ˈ~si:z] Synthese *f*, Verbindung *f*; **syn·the·size** ⊕ [ˈ~saiz] künstlich herstellen.
syn·thet·ic, syn·thet·i·cal □ [sinˈθetik(əl)] synthetisch; künstlich, Kunst...
syn·to·nize [ˈsintənaiz] *Radio*: abstimmen; ˈ**syn·to·ny** Abstimmung *f*.
syph·i·lis ⚕ [ˈsifilis] Syphilis *f*.
syph·i·lit·ic ⚕ [sifiˈlitik] syphilitisch.
sy·phon [ˈsaifən] = *siphon*.
Syr·i·an [ˈsiriən] **1.** syrisch; **2.** Syr(i)er(in).
sy·rin·ga ⚘ [siˈriŋgə] Flieder *m*.
syr·inge [ˈsirindʒ] **1.** Spritze *f*; **2.** (be-, ein-, aus)spritzen.
syr·up [ˈsirəp] Sirup *m*.
sys·tem [ˈsistim] System *n*; Organismus *m*, Körper *m*; Plan *m*, Ordnung *f*; **sys·tem·at·ic** [~ˈmætik] (*~ally*) systematisch, planmäßig; folgerichtig.

T

T [ti:]: *to a* ~ F haargenau.
tab [tæb] Streifen *m*; Schildchen *n*, Anhänger *m*; Schlaufe *f*, Aufhänger *m*; (Kartei)Reiter *m*; F Rechnung *f*, Konto *n*; *keep a ~ on*, *keep ~s on* Buch führen über; *fig.* im Auge behalten.
tab·ard [ˈtæbəd] Heroldsrock *m*.
tab·by [ˈtæbi], *a.* ˈ**~-cat** getigerte Katze *f*.
tab·er·nac·le [ˈtæbə:nækl] Tabernakel *n*; Stiftshütte *f*.
ta·ble [ˈteibl] **1.** Tisch *m*, Tafel *f*; Tisch-, Tafelrunde *f*; Tabelle *f*, Verzeichnis *n*; *Bibel*: Gesetzestafel *f*; *s. ~-land*; *at ~* bei Tisch; *lay s.th. on the ~ parl.* et. zurückstellen; *turn the ~s* den Spieß umdrehen (*on* gegen); **2.** auf den Tisch legen; tabellarisch anord-

nen; *parl.* zurückstellen, ruhen lassen.

tab·leau [ˈtæbləu], *pl.* **tab·leaux** [ˈtæbləuz] lebendes Bild *n*.

ta·ble...: **ˈ~-cloth** Tischtuch *n*; **ˈ~-land** Tafelland *n*, Hochebene *f*; **ˈ~-lin·en** Tischwäsche *f*; **ˈ~-spoon** Eßlöffel *m*; **ˈ~·spoon·ful** Eßlöffel (-voll) *m*.

tab·let [ˈtæblit] Täfelchen *n*; (Gedenk)Tafel *f*; (Notiz-, Schreib-, Zeichen)Block *m*; Stück *n Seife*; *pharm.* Tablette *f*.

ta·ble...: **ˈ~-talk** Tischgespräch(e *pl.*) *n*; **ˈ~-ten·nis** Tischtennis *n*; **ˈ~-top** Tischplatte *f*.

tab·loid [ˈtæblɔid] Revolverblatt *n*.

ta·boo [təˈbuː] **1.** tabu, unantastbar, verboten; **2.** Tabu *n*; Verbot *n*; **3.** verbieten; für tabu erklären.

ta·bor ♪ [ˈteibə] Tamburin *n*.

tab·u·lar □ [ˈtæbjulə] tafelförmig, tabellarisch; **tab·u·late** [ˈ~leit] tabellarisch ordnen; **tab·uˈla·tion** tabellarische Anordnung *f*.

tac·it □ [ˈtæsit] stillschweigend; **tac·i·turn** □ [ˈ~təːn] schweigsam; **tac·iˈtur·ni·ty** Schweigsamkeit *f*.

tack [tæk] **1.** Stift *m*, Zwecke *f*; *Näherei*: Heftstich *m*; ⚓ Halse *f*; Gang *m beim Lavieren*; *fig.* Kurs *m*, Weg *m*; ⚓ Essen *n*; *on the wrong* ~ auf dem Holzweg; **2.** *v/t.* (an)heften; *fig.* (an)hängen (*to, on* an *acc.*); *v/i.* ⚓ wenden, über Stag gehen; *fig.* lavieren.

tack·le [ˈtækl] **1.** Gerät *n*; ⚓ Takel-, Tauwerk *n*; ⚓ Talje *f*; ⊕ Flaschenzug *m*; **2.** (an)packen; in Angriff nehmen; fertig werden mit; *j.* angehen (*for* um).

tack·y [ˈtæki] klebrig; *Am.* F schäbig.

tact [tækt] Takt *m*, Feingefühl *n*; **tact·ful** [ˈ~ful] taktvoll.

tac·ti·cal □ ⚔ [ˈtæktikəl] taktisch; **tac·ti·cian** [~ˈtiʃən] Taktiker *m*; **tac·tics** [ˈ~iks] *pl.*, *a. sg.* Taktik *f*.

tac·tile [ˈtæktail] taktil, Tast...

tact·less □ [ˈtæktlis] taktlos.

tad·pole *zo.* [ˈtædpəul] Kaulquappe *f*.

taf·fe·ta [ˈtæfitə] Taft *m*.

taf·fy *Am.* [ˈtæfi] = *toffee*; F Schmus *m*, Schmeichelei *f*.

tag [tæg] **1.** (Schnürsenkel)Stift *m*; Schildchen *n*, Etikett *n*; Redensart *f*, Zitat *n*; Zusatz *m*; loses Ende *n*; Fangen *n* (*Kinderspiel*); **2.** etikettieren, auszeichnen; anhängen (*to, on to* an *acc.*); ~ *after* hinter (*dat.*) herlaufen; ~ *together* aneinanderreihen.

tail [teil] **1.** Schwanz *m*; Schweif *m*; hinteres Ende *n*, Schluß *m*; ~*s pl.* Rückseite *f e-r Münze*; F Frack *m*; *from the* ~ *of one's eye* aus den Augenwinkeln; *turn* ~ davonlaufen; ~*s up* in Hochstimmung; **2.** ~ *after s.o.* j-m nachlaufen; ~ *s.o. Am.* j. beschatten; ~ *off*, ~ *away* abflauen, sich verlieren; zögernd enden; sich auseinanderziehen; **ˈ~-board** *mot.* Ladeklappe *f*; **ˈ~-ˈcoat** Frack *m*; **tailed** geschwänzt; **ˈ~-ˈend** hinteres Ende *n*, Schluß *m*; **ˈtail·less** schwanzlos; **ˈtail-light** Rück-, Schlußlicht *n*.

tai·lor [ˈteilə] **1.** Schneider *m*; **2.** schneidern; ~*ed suit* Maßanzug *m*; **ˈ~-made** vom Schneider gearbeitet, Schneider...; ~ *costume* Schneiderkostüm *n*.

tail...: **ˈ~·piece** *typ.* Schlußvignette *f*; **ˈ~-spin** ✈ (Ab)Trudeln *n*.

taint [teint] **1.** Flecken *m*, Makel *m*; Ansteckung *f*; Verderbnis *f*; **2.** *v/t.* beflecken; verderben, vergiften; ⚕ anstecken; *v/i.* verderben.

take [teik] **1.** (*irr.*) *v/t.* nehmen; an-, ab-, auf-, ein-, fest-, hin-, wegnehmen; (weg)bringen; *Speise* (zu sich) nehmen; *Mahlzeit* einnehmen; *Maßnahme, Gelegenheit* ergreifen; *Aufgabe etc.* übernehmen; *Eid, Gelübde, Examen* ablegen; *phot.* aufnehmen; *et. gut etc.* aufnehmen; *Beleidigung* hinnehmen; fassen, ergreifen; *Fisch etc.* fangen; sich *e-e Krankheit* holen; gewinnen; erfordern; brauchen; *gewisse Zeit* dauern; F verstehen; auffassen, auslegen; halten, ansehen (*for* für); *the devil* ~ *it!* hol's der Teufel!; *I* ~ *it that* ich nehme an, daß; ~ *breath* verschnaufen; ~ *comfort* sich trösten; ~ *compassion on* Mitleid empfinden mit; sich erbarmen (*gen.*); *s. consideration*; ~ *counsel* beraten; *s. decision*; ~ *a drive* e-e Fahrt machen; *s. effect*; *s. exercise*; ~ *fire* Feuer fangen; ~ *in hand* unternehmen; *s. heart*; ~ *a hedge* über e-e Hecke setzen; ~ *hold of* ergreifen; ~ *it* F es kriegen; *s. liberty*; *s. note*; *s. notice*; ~ *pity on* Mitleid haben mit; ~ *place* stattfinden; spielen (*Handlung*); ~ *s.o.'s place* an j-s Stelle treten; ~ *a rest* (eine) Rast machen; *s. rise*; ~ *a seat* Platz nehmen; ~ *a walk* e-n Spaziergang machen; ~ *my word for it* verlaß dich drauf; ~ *about* herumführen; ~ *along* mitnehmen; ~ *down Gerüst etc.* abnehmen; herunternehmen; einreißen; *j.* demütigen; *j-m* e-n Dämpfer geben; niederschreiben, notieren; ~ *for* halten für, ansehen als; ~ *from j-m* wegnehmen; abziehen von; ~ *in* einnehmen; *Segel* bergen; einnähen, enger machen; *Zeitung* halten; aufnehmen (*als Gast etc.*); *Arbeit* übernehmen; einschließen; verstehen; erfassen, geistig aufnehmen; überblicken; F *j.* 'reinlegen; ~ *off* ab-, wegnehmen; *Kleid* ausziehen, *Hut* absetzen; *Steuer* aufheben; fortführen, wegholen; F nachäffen; *be* ~*n off* 🚂 nicht mehr verkehren; ~ *on* an-, übernehmen; *Arbeiter etc.* einstellen; *Fahrgäste* zusteigen lassen; ~ *out* heraus-, entnehmen; *Fleck* entfernen; *Kind* spazieren-, ausführen; *Patent etc.* sich geben lassen; *Entscheid etc.* erwirken; *Versicherung* abschließen; ~ *it out of s.o. fig.* j. mitnehmen, j. strapazieren; es j-m austreiben; ~ *over* übernehmen; ~ *to* mitnehmen nach; ~ *to pieces* auseinandernehmen, zerlegen (*a. fig.*); ~ *up* aufnehmen, -heben; *Waffen etc.* ergreifen; sich *e-r Sache* annehmen; *Tätigkeit* aufnehmen; sich befassen mit, sich verlegen auf; *j.* protegieren; aufreißen, -brechen; *Wechsel* akzeptieren; *Aktien* zeichnen; festnehmen, aufgreifen, verhaften; *Raum, Zeit* wegnehmen, in Anspruch nehmen; *Wohnsitz* aufschlagen; *j.* unterbrechen, korrigieren; *et.* unterbreiten (*with dat.*); *be* ~*n up with fig.* angetan sein von; ~ *upon o.s.* auf sich nehmen; **2.** (*irr.*) *v/i.* wirken, ein-, anschlagen; Eindruck machen; gefallen, ziehen (*Theaterstück, Ware etc.*); Feuer fangen; sich *gut etc.* photographieren lassen; ~ *after* j-m nachschlagen; ~ *from* abziehen von; Abbruch tun (*dat.*); ~ *off* abspringen; ✈ aufsteigen; starten; ~ *on* F Anklang finden; ~ *over* die Amtsgewalt übernehmen; ~ *to* sich begeben nach; liebgewinnen; *fig.* sich verlegen auf (*acc.*); Zuflucht nehmen zu; sich zuwenden (*dat.*); sich ergeben (*dat.*); ~ *to ger.* dazu übergehen zu *inf.*; ~ *up* F sich bessern (*Wetter*); ~ *up with* sich anfreunden mit; *that won't* ~ *with me* das verfängt bei mir nicht; **3.** Fang *m*; *Geld*-Einnahme *f*; *Film*: Szene(naufnahme) *f*.

take...: '**~-home pay** Nettogehalt *n*, -lohn *m*; '**~-'in** F Reinfall *m*; '**taken** *p.p. von take*; *be* ~ besetzt sein; *be* ~ *with* entzückt sein von; *be* ~ *ill* krank werden; '**take-off** Nachahmung *f*, Karikatur *f*; Absprung *m*; ✈ Start *m*; '**tak·er** Nehmer(in).

tak·ing ['teikiŋ] **1.** □ F anziehend, fesselnd, einnehmend; **2.** Nehmen *n etc.*; F Aufregung *f*; ~*s pl.* ✝ Einnahmen *f/pl.*

talc *min.* [tælk] Talk *m*; **tal·cum** ['~kəm] = *talc*.

tale [teil] Erzählung *f*, Geschichte *f*; Märchen *n*, Sage *f*; *it tells its own* ~ es spricht für sich selbst; '**~·bear·er** Zuträger(in).

tal·ent ['tælənt] Talent *n*, Begabung *f*, Anlage *f*; '**tal·ent·ed** talentvoll, talentiert, begabt.

ta·les ⚖ ['teili:z] *pl.* Hilfs-, Ersatzgeschworenen *pl.*

tal·is·man ['tælizmən] Talisman *m.*

talk [tɔ:k] **1.** Gespräch *n*; Unterredung *f*; Plauderei *f*; Vortrag *m*; Geschwätz *n*; *give a* ~ e-n Vortrag halten; *have a* ~ sich unterhalten; **2.** sprechen, reden (von *et.*); plaudern; ~ *to s.o.* F j-m die Meinung sagen; **talk·a·tive** □ ['~ətiv] gesprächig, geschwätzig, redselig; **talk·ee-talk·ee** F ['tɔ:ki'tɔ:ki] Geschwätz *n*, Kauderwelsch *n*; '**talk·er** Schwätzer(in); Sprechende *m, f*; *he is a good* ~ er kann (gut) reden; **talk·ie** F ['~i] Tonfilm *m*; '**talk·ing** Geplauder *n*; **talk·ing-to** F ['~tu:] Standpauke *f* (*Schelte*).

tall [tɔ:l] groß, lang, hoch (*Mensch, Baum etc.*); F übertrieben, unglaublich; *that's a* ~ *order* F das ist ein bißchen viel verlangt; '**tall·boy** Aufsatzkommode *f*; '**tall·ness** Größe *f*, Länge *f*, Höhe *f*.

tal·low ['tæləu] *ausgelassener* Talg *m*; '**tal·low·y** talgig.

tal·ly ['tæli] **1.** Kerbholz *n*; Gegenstück *n* (*of* zu); Kennzeichen *n*; Kupon *m*; **2.** übereinstimmen.

tal·ly-ho ['tæli'həu] **1.** hallo!; **2.** *hunt.* Weidruf *m*; **3.** hallo rufen.
tal·on *orn.* ['tælən] Kralle *f*, Klaue *f*.
ta·lus[1] ['teiləs] Böschung *f*; *geol.* Schuttkegel *m*.
ta·lus[2] *anat.* [~] Sprungbein *n*.
tam·a·ble ['teiməbl] zähmbar.
tam·a·rind ⚘ ['tæmərind] Tamarinde(nfrucht) *f*.
tam·a·risk ⚘ ['tæmərisk] Tamariske *f*.
tam·bour ['tæmbuə] **1.** Stickrahmen *m*; ⚠ Säulentrommel *f*; **2.** (auf dem Rahmen) sticken; **tam·bou·rine** ♩ [~bə'ri:n] Tamburin *n*.
tame [teim] **1.** □ zahm; folgsam; harmlos; lahm, fad(e); **2.** (be)zähmen, bändigen; '**tame·ness** Zahmheit *f*; '**tam·er** Zähmer(in), Bändiger(in).
Tam·ma·ny *Am.* ['tæməni] New Yorker Demokraten-Vereinigung *f*.
tam-o'-shan·ter [tæmə'ʃæntə] Baskenmütze *f*.
tamp [tæmp] ⚒ *Bohrloch* verdämmen; ⊕ *Lehm etc.* feststampfen.
tam·per ['tæmpə]: ~ *with* sich (unbefugt) zu schaffen machen mit; intrigieren mit *j-m*; *j.* zu bestechen suchen; *Urkunde* fälschen.
tam·pon ⚕ ['tæmpən] Tampon *m*.
tan [tæn] **1.** Lohe *f*; Lohfarbe *f*; (Sonnen)Bräune *f*; **2.** lohfarben; **3.** gerben; bräunen; F *j-m* das Fell gerben (*prügeln*).
tan·dem ['tændem] Tandem *n*; ~ *connexion* ⚡ Serienschaltung *f*.
tang[1] [tæŋ] Angel *f*, Heftzapfen *m e-s Messers etc.*; *fig.* besonderer Bei-, Nachgeschmack *m*.
tang[2] [~] **1.** *scharfer* Klang *m*; Schrillen *n*; **2.** *scharf* klingen (lassen); schrillen (lassen).
tan·gent ⩘ ['tændʒənt] Tangente *f*; *go* (*a. fly*) *off at a* ~ vom Thema abkommen; **tan·gen·tial** □ ⩘ [~'dʒenʃəl] Tangential...
tan·ger·ine ⚘ [tændʒə'ri:n] Mandarine *f*.
tan·gi·bil·i·ty [tændʒi'biliti] Fühlbarkeit *f*; **tan·gi·ble** □ ['~dʒəbl] fühlbar, greifbar (*a. fig.*); klar.
tan·gle ['tæŋgl] **1.** Gewirr *n*; Verwicklung *f*; **2.** (sich) verwirren, verwickeln.
tan·go ['tæŋgəu] Tango *m* (*Tanz*).
tank [tæŋk] **1.** Zisterne *f*, Wasserbehälter *m*; ⊕, ⚔ Tank *m*; **2.** tanken; '**tank·age** Fassungsvermögen *n* e-s Tanks.
tank·ard ['tæŋkəd] Kanne *f*, *bsd.* (Bier)Krug *m*.
tank-car 🚃 ['tæŋkkɑ:] Kesselwagen *m*; '**tank·er** Tanker *m*, Tankschiff *n*.
tan·ner[1] ['tænə] Gerber *m*.
tan·ner[2] *sl.* [~] Sixpence(stück *n*) *pl*.
tan·ner·y ['tænəri] Gerberei *f*.
tan·nic ac·id ⚗ ['tænik'æsid] Gerbsäure *f*.
tan·nin ⚗ ['tænin] Tannin *n*.
tan·ta·lize ['tæntəlaiz] quälen, peinigen.
tan·ta·mount ['tæntəmaunt] von gleichem Wert (*to* wie); gleichbedeutend (*to* mit).
tan·trum F ['tæntrəm] Rappel *m*, Koller *m*.
tap[1] [tæp] **1.** leichtes Klopfen *n*; **2.** pochen, klopfen; tippen (auf, an, gegen *acc.*).
tap[2] [~] **1.** (Wasser-, Gas-, Zapf-) Hahn *m*; Zapfen *m*; Wasserleitung *f*; F Sorte *f*, Marke *f e-s Getränkes*; ⊕ Gewindebohrer *m*; F *s.* ~*-room*; *on* ~ frisch vom Faß (*Bier*); *fig.* verfügbar; **2.** an-, abzapfen; ~ *the wire(s)* ⚡ Strom stehlen; *teleph.* mithören.
tap-dance ['tæpdɑ:ns] Stepptanz *m*.
tape [teip] schmales Band *n*; *Sport*: Zielband *n*; Tonband *n*; *tel.* Papierstreifen *m*; *red* ~ Bürokratismus *m*; '**~-meas·ure** Bandmaß *n*; **tape re·cord·er** Tonbandgerät *n*; **tape re·cord·ing** Tonbandaufnahme *f*.
ta·per [teipə] **1.** dünne Wachskerze *f*; **2.** *adj.* spitz (zulaufend); schlank (*Finger*); **3.** *v/i.* spitz zulaufen; ~*ing* = ~ 2; *v/t.* zuspitzen.
tap·es·tried ['tæpistrid] gobelingeschmückt; '**tap·es·try** Gobelin *m*, Wandteppich *m*.
tape·worm ['teipwə:m] Bandwurm *m*.
tap·i·o·ca [tæpi'əukə] Tapioka *f*.
ta·pir *zo.* ['teipə] Tapir *m*.
tap·pet ⊕ ['tæpit] Stößel *m*; Daumen *m*, Nocken *m*.
tap-room ['tæprum] Schankstube *f*.
tap-root ⚘ ['tæpru:t] Pfahlwurzel *f*.
taps *Am.* ⚔ [tæps] *pl.* Zapfenstreich *m*.
tap·ster ['tæpstə] Schankkellner *m*.
tar [tɑ:] **1.** Teer *m*; *Jack* ♀ F Teerjacke *f*, Matrose *m*; **2.** teeren.

ta·ran·tu·la *zo.* [tə'ræntjulə] Tarantel *f.*
tar-board ['tɑ:bɔ:d] Teerpappe *f.*
tar·di·ness ['tɑ:dinis] Langsamkeit *f*; '**tar·dy** □ langsam; spät.
tare[1] ⚘ [tɛə] *mst* ~*s pl.* Wicke *f.*
tare[2] ✝ [~] **1.** Tara *f*; **2.** tarieren.
tar·get ['tɑ:git] (Schieß)Scheibe *f*; *fig.* Ziel(scheibe *f*) *n*; Ziel(leistung *f*) *n*; Soll *n*; ~ *practice* Scheibenschießen *n.*
tar·iff ['tærif] (*bsd.* Zoll)Tarif *m.*
tar·mac ['tɑ:mæk] Asphalt *m als Straßenbelag.*
tarn [tɑ:n] Bergsee *m.*
tar·nish ['tɑ:niʃ] **1.** *v/t.* ⊕ trüb *od.* blind machen; *fig.* trüben; *v/i.* trüb werden, anlaufen; **2.** Trübung *f*; Belag *m.*
tar·pau·lin [tɑ:'pɔ:lin] ⚓ Persenning *f*; Plane *f*, Wagendecke *f.*
tar·ry[1] *lit.* ['tæri] säumen, zögern; weilen.
tar·ry[2] ['tɑ:ri] teerig.
tart [tɑ:t] **1.** □ sauer, herb; *fig.* scharf, schroff; **2.** (Obst)Torte *f*; *sl.* Nutte *f*, Dirne *f.*
tar·tan ['tɑ:tən] Tartan *m*; Schottentuch *n*; Schottenmuster *n*; ~ *plaid* Schottenplaid *n.*
Tar·tar[1] ['tɑ:tə] Tatar *m*; *fig.* Hitzkopf *m*; *catch a* ~ an den Unrechten kommen.
tar·tar[2] [~] ⚗ Weinstein *m*; Zahnstein *m.*
task [tɑ:sk] **1.** Aufgabe *f*; *aufgegebene* Arbeit *f*; Tagewerk *n*, Geschäft *n*; *take to* ~ (*for*) zur Rede stellen (wegen); **2.** beschäftigen; in Anspruch nehmen; **task force** ⚔ Kampfgruppe *f für Sonderoperation*; '**task·mas·ter** (strenger) Arbeitgeber *m*; ⊕ Anweiser *m.*
tas·sel ['tæsəl] **1.** Troddel *f*, Quaste *f*; **2.** mit Troddeln schmücken.
taste [teist] **1.** Geschmack *m*; (Kost)Probe *f* (*of gen.*, von); Neigung *f*, Lust *f* (*for* zu); *to* ~ nach Belieben; **2.** *v/t.* kosten, schmecken; versuchen; genießen; erleben; *v/i.* kosten (*of* von, *a. acc.*); schmecken (*of* nach); **taste·ful** □ [~'ful] geschmackvoll.
taste·less □ ['teistlis] geschmacklos; '**taste·less·ness** Geschmacklosigkeit *f.*
tas·ter ['teistə] (Tee-, Wein- *etc.*) Schmecker *m*, Koster *m*, Prüfer *m.*
tast·y □ F ['teisti] schmackhaft.
tat[1] [tæt] *s. tit*[1].
tat[2] [~] Frivolitäten (*Spitzen*) anfertigen.
ta-ta ['tæ'tɑ:] F *Kindersprache u. co.* adda (*adieu*).
tat·ter ['tætə] **1.** zerfetzen; **2.** ~*s pl.* Fetzen *m/pl.*; **tat·ter·de·mal·ion** [~də'meiljən] zerlumpter Kerl *m.*
tat·tle ['tætl] **1.** schwatzen, plaudern; *b.s.* tratschen; **2.** Geschwätz *n*; *b.s.* Tratsch *m*; '**tat·tler** Plauderer(in), Schwätzer(in).
tat·too[1] [tə'tu:] **1.** ⚔ Zapfenstreich *m*; *beat the devil's* ~ *fig.* mit den Fingern trommeln; **2.** *fig.* trommeln.
tat·too[2] [~] **1.** tätowieren; **2.** Tätowierung *f.*
taught [tɔ:t] *pret. u. p.p. von teach.*
taunt [tɔ:nt] **1.** Stichelei *f*, Spott *m*; **2.** verhöhnen, spotten; ~ *s.o. with s.th.* j-m et. vorwerfen; '**taunt·ing** □ spöttisch, höhnisch.
taut [tɔ:t] ⚓ steif, straff; schmuck; '**taut·en** (sich) straffen.
tau·tol·o·gy [tɔ:'tɔlədʒi] Tautologie *f.*
tav·ern ['tævən] Schenke *f*, Taverne *f.*
taw[1] ⊕ [tɔ:] weißgerben.
taw[2] [~] Murmel(spiel *n*) *m*, *f.*
taw·dri·ness ['tɔ:drinis] Flitterhaftigkeit *f*, Kitsch *m*; '**taw·dry** □ flitterhaft, billig (aufgeputzt); kitschig.
taw·ny ['tɔ:ni] lohfarben.
tax [tæks] **1.** Steuer *f*, Abgabe *f* (*on* auf *acc.*); *fig.* Inanspruchnahme *f* (*on, upon gen.*); ~ *evasion* Steuerhinterziehung *f*; **2.** besteuern; *fig.* stark in Anspruch nehmen; ⚖ *Kosten* schätzen; auf e-e harte Probe stellen; *j.* zur Rede stellen; mit *j-m* ins Gericht gehen; ~ *s.o. with s.th.* j. e-r Sache beschuldigen; '**tax·a·ble** □ steuerbar; **tax'a·tion** Besteuerung *f*; Steuer(n *pl.*) *f*; *bsd.* ⚖ Schätzung *f*; '**tax-col·lec·tor** Steuereinnehmer *m.*
tax·i F ['tæksi] **1.** = '~**-cab** Taxi *n*, (Auto)Droschke *f*; **2.** mit e-m Taxi fahren; ✈ rollen; '~**-danc·er** Eintänzer *m*; Taxigirl *n*; '~**-driv·er** Taxichauffeur *m*; '~**·me·ter** Taxameter *m* (*Fahrpreisanzeiger*).
tax·pay·er ['tækspeiə] Steuerzahler *m.*
tea [ti:] Tee *m*; *high* ~, *meat* ~

frühes Abendbrot *n* mit Tee; '**~-cad·dy** Teedose *f*.
teach [tiːtʃ] (*irr.*) lehren, unterrichten, *j-m et.* beibringen; '**teach·a·ble** □ gelehrig; lehrbar; '**teach·er** Lehrer(in); '**teach·er-'train·ing col·lege** Lehrerbildungsanstalt *f*; '**teach-'in** (politische) Diskussion *f* (*mst als Großveranstaltung*); '**teach·ing** Unterrichten *n*; *~s pl. die* Lehren *pl.*
tea...: '**~-co·sy** Teewärmer *m*; '**~·cup** Teetasse *f*; *storm in a ~ fig.* Sturm *m* im Wasserglas; '**~-gown** Nachmittagskleid *n*.
teak ⚘ [tiːk] Teakbaum *m*, -holz *n*.
tea-ket·tle ['tiːketl] Wasserkessel *m*.
team [tiːm] Team *n*, Arbeitsgruppe *f*; Gespann *n*; *bsd. Sport*: Mannschaft *f*; ~ **spir·it** Gemeinschafts-, Korpsgeist *m*; **team·ster** ['~stə] Gespannführer *m*; *Am.* Lkw-Fahrer *m*; '**team-work** Zusammenarbeit *f*, Teamwork *n* (*a. Sport*); *thea.* Zusammenspiel *n*.
tea·pot ['tiːpɔt] Teekanne *f*.
tear[1] [tɛə] **1.** (*irr.*) *v/t.* zerren, reißen; zerreißen; *Loch* reißen; *v/i.* (zer)reißen; F *mit adv. od. prep.* rasen, stürmen; **2.** Riß *m*; *s. wear*.
tear[2] [tiə] Träne *f*.
tear·ful □ ['tiəful] tränenreich.
tear-gas ['tiəgæs] Tränengas *n*.
tear·ing *fig.* ['tɛəriŋ] rasend.
tear·less □ ['tiəlis] tränenlos.
tea·room ['tiːrum] Tearoom *m*, Teestube *f*, Café *n*.
tease [tiːz] **1.** *Wolle etc.* kämmen, zupfen; *Tuch* rauhen; *fig.* necken, hänseln; **2.** Necker *m*; Quälgeist *m*;
tea·sel ⚘ ['tiːzl] Karde(ndistel) *f*; ⊕ Karde *f*, Krempel *f*; '**teas·er** F *fig.* harte Nuß *f*.
tea...: '**~-spoon** Teelöffel *m*; '**~-spoon·ful** Teelöffel(voll) *m*; '**~-strain·er** Teesieb *n*.
teat [tiːt] Zitze *f*, Brustwarze *f*; (Gummi)Sauger *m*.
tea...: '**~-things** *pl.* Teegeschirr *n*; '**~-urn** Teemaschine *f*.
tech·nic ['teknik] *a. ~s pl. od. sg.* = *technique*; '**tech·ni·cal** □ technisch; gewerblich, Gewerbe... (*Schule etc.*); fachlich, Fach... (*Ausdruck etc.*); **tech·ni·cal·i·ty** [~'kæliti] technische Eigentümlichkeit *f*; Fachausdruck *m*; **tech'ni·cian** [~ʃən] Techniker(in).
tech·ni·col·or ['teknikʌlə] Technikolor...; **2.** Technikolor(verfahren) *n*.
tech·nique [tek'niːk] Technik *f*; Methode *f*; Art *f* der Ausführung; mechanische Fertigkeit *f*.
tech·no·cra·cy [tek'nɔkrəsi] Technokratie *f*.
tech·nol·o·gy [tek'nɔlədʒi] Technologie *f*; Gewerbekunde *f*; *school of ~* Technische Hochschule *f*.
tech·y ['tetʃi] = *testy*.
ted·der *Am.* ['tedə] Heuwendemaschine *f*.
ted·dy boy F ['tedibɔi] Halbstarke *m*.
te·di·ous □ ['tiːdjəs] langweilig, ermüdend; weitschweifig; '**te·di·ous·ness** Langweiligkeit *f*; Weitschweifigkeit *f*.
te·di·um ['tiːdjəm] Lang(e)weile *f*; Langweiligkeit *f*.
tee [tiː] **1.** *Sport*: Mal *n*, Ziel *n*; *Golfspiel*: Abschlagmal *n*; **2.** *~ off* das Spiel eröffnen.
teem [tiːm] wimmeln; strotzen (*beide*: *with* von).
teen-ag·er ['tiːneidʒə] Jugendliche *m*, *f* von 13 bis 19 Jahren, Teenager *m*.
teens [tiːnz] *pl.* Lebensjahre *n/pl.* von 13 bis 19; *in one's ~* noch nicht 20 Jahre alt.
tee·ny F ['tiːni] *Kindersprache*: winzig.
tee·ter F ['tiːtə] wanken.
teeth [tiːθ] *pl. von tooth*.
teethe [tiːð] zahnen; *teething troubles pl.* Beschwerden *f/pl.* beim Zahnen.
tee·to·tal [tiː'təutl] abstinent, Abstinenzler...; **tee'to·tal·(l)er** Abstinenzler(in), Antialkoholiker(in).
tee·to·tum ['tiːtəu'tʌm] Drehwürfel *m*.
tel·au·to·gram [te'lɔːtəgræm] Bildtelegramm *n*; **tel'aut·o·graph** [~grɑːf] Bildbriefsender *m*.
tel·e·cast ['telikɑːst] **1.** Fernsehsendung *f*; **2.** im Fernsehen übertragen.
tel·e·course *Am.* F ['telikɔːs] Fernsehlehrgang *m*.
tel·e·gram ['teligræm] Telegramm *n*.
tel·e·graph ['teligrɑːf] **1.** Telegraph *m*; **2.** Telegraphen...; Telegramm...; **3.** telegraphieren; **tel·e·graph·ic** [~'græfik] (*~ally*) tele-

graphisch; telegrammäßig (*Stil*); **te·leg·ra·phist** [ti'legrəfist] Telegraphist(in); **te'leg·ra·phy** Telegraphie *f*.
te·lep·a·thy [ti'lepəθi] Telepathie *f*, Gedankenübertragung *f*.
tel·e·phone ['telifəun] **1.** Telephon *n*, Fernsprecher *m*; *by* ~ telephonisch; *be on the* ~ Telephonanschluß haben; am Telefon sein; **2.** telephonieren; *j*. anrufen; ~ **booth** Telephonzelle *f*; **tel·e·phon·ic** [~'fɔnik] (~*ally*) telephonisch; Fernsprech...; **te·leph·o·nist** [ti'lefənist] Telephonist(in); **te'leph·o·ny** Fernsprechwesen *n*.
tel·e·pho·to *phot*. ['teli'fəutəu] *a*. ~ *lens* Teleobjektiv *n*.
tel·e·print·er ['teliprintə] Fernschreiber *m*.
tel·e·scope ['teliskəup] **1.** *opt*. Teleskop *n*, Fernrohr *n*; **2.** (sich) ineinanderschieben; **tel·e·scop·ic** [~'kɔpik] teleskopisch; ~ *sight* Zielfernrohr *n*.
tel·e·typ·er ['teli'taipə] Fernschreiber *m*.
tel·e·vise ['telivaiz] im Fernsehen übertragen; **tel·e·vi·sion** ['~viʒən] Fernsehen *n*; *attr*. Fernseh...; *watch* ~ fernsehen; ~ *set* Fernsehapparat *m*; **tel·e·vi·sor** ['~vaizə] Fernsehapparat *m*.
tell [tel] (*irr*.) *v/t*. (*bsd. Stimmen*) zählen; sagen, berichten, erzählen, unterscheiden; erkennen; ~ *s.o. to do s.th*. j-m sagen, er solle et. tun; j. et. tun heißen; *I have been told* mir ist gesagt worden; ~ *off* abzählen; auswählen (*for s.th*. zu et.; *to do* um zu tun); F heruntermachen, abkanzeln; ~ *the world sl*. hinausposaunen; *v/i*. erzählen (*of, about* von); (aus)plaudern (*on, of* über *acc*.); Wirkung tun, sich auswirken; sitzen (*Hieb etc*.); sich geltend machen; '**tell·er** Zähler *m*; Erzähler *m*; Kassierer *m*; '**tell·ing** □ wirkungsvoll; wirksam; **tell·tale** ['~teil] **1.** verräterisch; kennzeichnend; *fig*. sprechend (*Ähnlichkeit*); **2.** Zuträger(in), Klatschbase *f*; ⊕ Anzeiger *m*; ~ *clock* Kontrolluhr *f*.
tel·ly F ['teli] Fernsehen *n*; Fernseher *m*.
tel·pher ['telfə] Hängebahn(wagen *m*) *f*.
te·mer·i·ty [ti'meriti] Unbesonnenheit *f*, Verwegenheit *f*.
tem·per ['tempə] **1.** mäßigen, mildern; ♪ temperieren; *Farbe, Kalk* anmachen; *Stahl* anlassen, vergüten; **2.** ⊕ gehörige Mischung *f*; *metall*. Härte(grad *m*) *f*; (Gemüts-)Ruhe *f*, Gleichmut *m*; Temperament *n*, Wesen(sart *f*) *n*, Natur *f*; Stimmung *f*, Laune *f*; Gereiztheit *f*, Wut *f*; *hot* ~ Jähzorn *m*; *lose one's* ~ wütend werden; **tem·per·a·ment** ['~rəmənt] Temperament *n*, (Gemüts)Art *f*; **tem·per·a·men·tal** □ [~'mentl] anlagebedingt; launisch; '**tem·per·ance** **1.** Mäßigkeit *f*; Enthaltsamkeit *f*; **2.** alkoholfrei (*Gasthaus*); Enthaltsamkeits...; **tem·per·ate** □ ['~rit] gemäßigt; zurückhaltend; maßvoll; mäßig *im Essen etc*.; ~ *zone* gemäßigte Zone *f*; **tem·per·a·ture** ['tempritʃə] Temperatur *f*; *have od. run a* ~ Fieber haben; **tem·pered** ['tempəd] ...geartet; ...mütig; ...gelaunt; *hot-*~ jähzornig.
tem·pest ['tempist] Sturm *m*; Gewitter *n*; **tem·pes·tu·ous** □ [~'pestjuəs] stürmisch; ungestüm.
Tem·plar ['templə] *hist*. Tempelherr *m*; 2 *univ*. Student *m* der Rechte am Londoner *Temple*.
tem·ple[1] ['templ] Tempel *m*, Kirche *f*; 2 *Rechtsinstitut u. Rechtskollegien in London*.
tem·ple[2] *anat*. [~] Schläfe *f*.
tem·po ['tempəu] Geschwindigkeit *f*, Tempo *n*.
tem·po·ral □ ['tempərəl] zeitlich, weltlich; **tem·po·ral·i·ties** [~'rælitiz] *pl*. weltliche Güter *n/pl*.; Temporalien *n/pl*.; **tem·po·ra·ri·ness** ['~rərinis] zeitweilige Dauer *f*; '**tem·po·rar·y** □ zeitweilig; vorläufig; vorübergehend; ~ *bridge* Notbrücke *f*; ~ *work* Gelegenheitsarbeit *f*; '**tem·po·rize** Zeit zu gewinnen suchen; auf Zeit spielen.
tempt [tempt] *j*. versuchen; verleiten; verlocken; *be* ~*ed* versucht sein; **temp'ta·tion** Versuchung *f*; Reiz *m*; '**tempt·er** Versucher *m*; '**tempt·ing** □ verführerisch; '**tempt·ress** Versucherin *f*.
ten [ten] **1.** zehn; **2.** Zehn *f*.
ten·a·ble ['tenəbl] haltbar (*Theorie etc*.); verliehen (*Amt*).
te·na·cious □ [ti'neiʃəs] zäh; fest-

haltend (*of* an *dat.*); treu (*Gedächtnis*); *fig.* beharrlich (*of* in *dat.*); **te·nac·i·ty** [ti'næsiti] Zähigkeit *f*; Festhalten *n* (*of* an *dat.*); Treue *f des Gedächtnisses.*

ten·an·cy ['tenənsi] Pachtbesitz *m.*

ten·ant ['tenənt] **1.** Pächter *m*; Mieter *m*; *fig.* Bewohner *m*, Insasse *m*; ~ *right* Mietrecht *n*; **2.** bewohnen; '**ten·ant·ry** Pächter *m/pl.*; Mieter *m/pl.*

tench *ichth.* [tenʃ] Schleie *f.*

tend1 [tend] **1.** gerichtet sein (*towards* nach, auf *acc.*), hinstreben (zu); abzielen (*to* auf *acc.*); neigen, den Hang haben (*to* zu); ~ *from* wegstreben von; ~ *upwards* sich nach oben bewegen (*Preise*).

tend2 [~] *Kranke* pflegen; *Vieh* hüten; *Maschine etc.* bedienen; '**tend·ance** Pflege *f*; Bedienung *f.*

tend·en·cy ['tendənsi] Richtung *f*; Neigung *f*; Tendenz *f*; Zweck *m*; **ten·den·tious** [~'denʃəs] tendenziös, zweckbestimmt, einseitig.

ten·der1 □ ['tendə] zart; weich; empfindlich; heikel (*Thema*); zärtlich; schwächlich.

ten·der2 [~] **1.** (*bsd.* Zahlungs-) Angebot *n*; ⚕ (Lieferungs)Angebot *n*, Offerte *f*, Ausschreibung *f*; Kostenanschlag *m*; *legal* ~ gesetzliches Zahlungsmittel *n*; **2.** *v/t.* anbieten; *Entlassung* einreichen; *v/i.* ein Angebot machen.

ten·der3 [~] Wärter *m*; 🚂, ⚓ Tender *m.*

ten·der·foot *Am.* F ['tendəfut] Anfänger *m*, Neuling *m*; **ten·der·loin** ['~lɔin] *bsd. Am.* Filet *n*; *Am.* berüchtigtes Viertel *n*; '**ten·der·ness** Zartheit *f*; Zärtlichkeit *f.*

ten·don *anat.* ['tendən] Flechse *f*, Sehne *f.*

ten·dril ⚘ ['tendril] Ranke *f.*

ten·e·ment ['tenimənt] Wohnhaus *n*; (*bsd.* Miet)Wohnung *f*; ⚖ *jeder beständige Besitz m*; ~ *house* Mietshaus *n.*

ten·et ['ti:net] Grund-, Lehrsatz *m.*

ten·fold ['tenfəuld] zehnfach.

ten·nis ['tenis] Tennis(spiel) *n*; '**~-court** Tennisplatz *m.*

ten·on ⊕ ['tenən] Zapfen *m*; '**~-saw** ⊕ Fuchsschwanz *m.*

ten·or ['tenə] Fortgang *m*, Verlauf *m*; Inhalt *m*; ♪ Tenor *m.*

tense1 *gr.* [tens] Zeit(form) *f*, Tempus *n.*

tense2 □ [~] gespannt (*a. fig.*); straff; '**tense·ness** Gespanntheit *f*; **ten·sile** ['tensail] dehnbar; Dehnungs...; ~ *strength* Zugfestigkeit *f*; **ten·sion** ['~ʃən] Spannung *f*; *high* ~ ⚡ Hochspannung *f*; ~ *test* Zerreißprobe *f.*

tent1 [tent] Zelt *n*; *pitch one's* ~*s* s-e Zelte aufschlagen (*a. fig.*).

tent2 [~] Tintowein *m.*

ten·ta·cle *zo.* ['tentəkl] Fühler *m*; Fangarm *m e-s Polypen.*

ten·ta·tive ['tentətiv] **1.** □ versuchend; Versuchs...; ~*ly* versuchsweise; **2.** Versuch *m.*

ten·ter ['tentə] Spannrahmen *m*; '**~·hook** Spannhaken *m*; *be on* ~*s fig.* auf die Folter gespannt sein.

tenth [tenθ] **1.** zehnte(r, -s); **2.** Zehntel *n*; '**tenth·ly** zehntens.

tent-peg ['tentpeg] Zeltpflock *m*, Hering *m.*

ten·u·ous □ ['tenjuəs] dünn; zart; fein; dürftig.

ten·ure ['tenjuə] Besitz(art *f*, -dauer *f*, -anspruch *m*) *m*; ~ *of office* Amtszeit *f.*

te·pee ['ti:pi:] Indianerzelt *n.*

tep·id □ ['tepid] lau(warm); **te'pid·i·ty**, '**tep·id·ness** Lauheit *f.*

ter·cen·te·nar·y [tə:sen'ti:nəri], **ter·cen·ten·ni·al** [~'tenjəl] **1.** dreihundertjährig; **2.** Dreihundertjahrfeier *f.*

ter·gi·ver·sa·tion [tə:dʒivə:'seiʃən] völlige Kehrtwendung *f*; Ausflucht *f*; Zweideutigkeit.

term [tə:m] **1.** (bestimmte) Zeit *f*, Frist *f*, Termin *m*; Zahltag *m*; Amtszeit *f*; ⚖ Sitzungsperiode *f*; Semester *n*, Quartal *n*, Trimester *n an Universitäten, Schulen*; ⅍, *phls.* Glied *n*; (Fach)Ausdruck *m*, Wort *n*, Bezeichnung *f*; Begriff *m*; ~*s pl.* Bedingungen *f/pl.*; Honorar *n*; Preise *m/pl.*; Verhältnis *n*, Beziehungen *f/pl.*; *in* ~*s of praise* in lobenden Worten; *be on good* (*bad*) ~*s with* gut (schlecht) *od.* auf gutem (schlechtem) Fuße stehen mit; *come to* ~*s, make* ~*s* sich einigen; **2.** (be)nennen; bezeichnen (als).

ter·ma·gant ['tə:məgənt] **1.** □ zanksüchtig; **2.** Zankteufel *m* (*Weib*).

ter·mi·na·ble □ ['tə:minəbl] begrenzt; befristet; **ter·mi·nal** ['~nl] **1.** □ End...; letzt; ⚘ gipfelständig; Termin...; ~*ly* terminweise; **2.** End-

stück *n*, -teil *m*; ⚡ Pol *m*; ⚡ Klemme *f*; 🚂 *etc.* Endstation *f*; **ter·mi·nate** ['~neit] *v/t.* begrenzen; beendigen; *v/i.* endigen; **ter·mi'na·tion** Beendigung *f*; Ende *n*; *gr.* Endung *f*.
ter·mi·nol·o·gy [tə:mi'nɔlədʒi] Terminologie *f*, Fachsprache *f*.
ter·mi·nus ['tə:minəs], *pl.* **ter·mi·ni** ['~nai] Endpunkt *m*; 🚂 Endstation *f*.
ter·mite *zo.* ['tə:mait] Termite *f*.
tern *orn.* [tə:n] Seeschwalbe *f*.
ter·na·ry ['tə:nəri] aus je drei bestehend, dreifältig.
ter·race ['terəs] Terrasse *f*; Häuserreihe *f in Städten*; '**ter·raced** terrassenförmig; flach (*Dach*); ~ *house* Reihenhaus *n*.
ter·rain ['terein] Gelände *n*, Terrain *n*.
ter·ra-cot·ta ['terə'kɔtə] Terrakotta *f*.
ter·res·tri·al □ [ti'restriəl] irdisch; Erd...; *bsd. zo.*, ♀ Land...
ter·ri·ble □ ['terəbl] schrecklich; '**ter·ri·ble·ness** Schrecklichkeit *f*.
ter·ri·er *zo.* ['teriə] Terrier *m*.
ter·rif·ic [tə'rifik] (~*ally*) fürchterlich, furchtbar, schrecklich; F ungeheuer, großartig, toll; **ter·ri·fy** ['terifai] *v/t.* erschrecken.
ter·ri·to·ri·al [teri'tɔ:riəl] **1.** □ territorial; Land...; Bezirks...; ~ *waters pl.* Hoheitsgewässer *n/pl.*; ♀ *Army*, ♀ *Force* Territorialarmee *f*; **2.** ⚔ Angehöriger *m* der Territorialarmee; **ter·ri·to·ry** ['~təri] Gebiet *n*; Territorium *n*.
ter·ror ['terə] Schrecken *m*, Entsetzen *n*, Furcht *f*; '**ter·ror·ism** Schreckensherrschaft *f*; '**ter·ror·ize** terrorisieren.
terse □ [tə:s] knapp; kurz u. bündig; prägnant; '**terse·ness** Knappheit *f*.
ter·tian ⚕ ['tə:ʃən] dreitägig(es Fieber *n*); '**ter·ti·ar·y** tertiär.
tes·sel·ate ['tesileit] mosaikartig zs.-setzen; ~*d pavement* Mosaikfußboden *m*.
test [test] **1.** Probe *f*; Untersuchung *f*; (Eignungs)Prüfung *f*; Test *m*; *fig.* Prüfstein *m*; ⚗ Reagens *n*; *put to the* ~ auf die Probe stellen; **2.** probieren, prüfen, testen.
tes·ta·ceous *zo.* [tes'teiʃəs] hartschalig; Schal...
tes·ta·ment *Bibel*, ⚖ ['testəmənt] Testament *n*; **tes·ta·men·ta·ry** [~'mentəri] testamentarisch.
tes·ta·tor [tes'teitə] Erblasser *m*.
tes·ta·trix [tes'teitriks] Erblasserin *f*.
test case ['test'keis] Muster-, Schulbeispiel *n*; Präzedenzfall *m*.
tes·ter[1] ['testə] Betthimmel *m*.
test·er[2] [~] Prüfer *m* (*a. Gerät*).
tes·ti·cle *anat.* ['testikl] Hode *f*.
tes·ti·fi·er ['testifaiə] Zeuge *m*, Zeugin *f* (*to* für); **tes·ti·fy** ['~fai] *v/t.* bezeugen (*a. fig.*); *v/i.* zeugen (*to* für); (als Zeuge) aussagen (*on* über *acc.*).
tes·ti·mo·ni·al [testi'məunjəl] (Führungs)Zeugnis *n*; Zeichen *n* der Anerkennung; **tes·ti·mo·ny** ['~məni] Zeugnis *n* (*Zeugenaussage*; *Beweis*) (*to* für).
tes·ti·ness ['testinis] Gereiztheit *f*.
test...: '**~-match** *Kricket*: internationaler Vergleichskampf *m*; '**~-pa·per** ⚗ Reagenzpapier *n*; '**~-pi·lot** ✈ Testpilot *m*; '**~-print** *phot.* Probeabzug *m*; '**~-tube** ⚗ Reagenzglas *n*.
tes·ty □ ['testi], **tetch·y** □ ['tetʃi] reizbar, gereizt, heftig, kribbelig.
teth·er ['teðə] **1.** Haltestrick *m*; *fig.* Spielraum *m*; *at the end of one's* ~ *fig.* am Ende s-r Kraft; **2.** anbinden.
tet·ra·gon 𝔸 ['tetrəgən] Viereck *n*; **te·trag·o·nal** [~'trægənl] viereckig.
tet·ter ⚕ ['tetə] Flechte *f*.
Teu·ton ['tju:tən] Germane *m*, Teutone *m*; **Teu·ton·ic** [~'tɔnik] germanisch, teutonisch.
text [tekst] Text *m*; Bibelstelle *f*; Bibelspruch *m*; '**~·book** Leitfaden *m*, Lehrbuch *n*.
tex·tile ['tekstail] **1.** Textil..., Web...; **2.** ~*s pl.* Webwaren *f/pl.*, Textilien *pl.*
tex·tu·al □ ['tekstjuəl] Text...; textlich; textgemäß.
tex·ture ['tekstʃə] Gewebe *n*; Gefüge *n*; Struktur *f*.
than [ðæn, ðən] *nach comp.*: als.
thane *hist.* [θein] Than *m*, Lehensmann *m*.
thank [θæŋk] **1.** danken (*dat.*); ~ *you*, *bei Ablehnung no*, ~ *you* danke; *I will thank you for* ich wäre Ihnen dankbar für; ~ *you for nothing iro.* ich danke dafür; **2.** ~*s pl.* Dank *m*; ~*s!* vielen Dank!; danke (schön)!;

give ~*s* das Tischgebet sprechen; ~*s to* dank (*dat.*); **thank·ful** □ [ˈ~ful] dankbar; ˈ**thank·less** □ undankbar; **thanks·giv·ing** [ˈ~s-giviŋ] Danksagung *f*; Dankfest *n*; ♀ (*Day*) *bsd. Am.* (Ernte)Dankfest *n* (*letzter Donnerstag im November*); ˈ**thank·wor·thy** dankenswert.

that [ðæt, ðət] **1.** *pron.* (*pl. those*) jene(r, -s); der *od.* die *od.* das(jenige); der, die, das, welche(r, -s); *so* ~'*s* ~! damit basta!; ... *and* ~ und zwar; *at* ~ zudem, noch dazu; **2.** *cj.* daß; damit; weil.

thatch [θætʃ] **1.** Dachstroh *n*; Strohdach *n*; **2.** mit Stroh decken.

thaw [θɔː] **1.** Tauwetter *n*; (Auf-) Tauen *n*; **2.** (auf)tauen.

the [ðiː; *vor Vokal* ði, *vor Konson.* ðə] **1.** *Artikel*: der, die, das; **2.** *adv.* ~ ... ~ je ... desto, um so.

the·a·tre, *Am.* **the.a.ter** [ˈθiətə] Theater *n*; *fig.* (Kriegs)Schauplatz *m*; ˈ**~-go·er** Theaterbesucher(in); **the·at·ric, the·at·ri·cal** □ [θi-ˈætrik(əl)] Theater...; bühnenmäßig; theatralisch; **theˈat·ri·cals** *pl.* Theater-, *bsd.* Liebhaberaufführungen *f/pl.*

The·ban [ˈθiːbən] **1.** thebanisch; **2.** Thebaner(in).

thee † *od. lit.* [ðiː] dich; dir.

theft [θeft] Diebstahl *m*.

their [ðɛə] ihr(e); **theirs** [~z] der, die, das ihrige *od.* ihre.

the·ism [ˈθiːizəm] Theismus *m*.

them [ðem, ðəm] sie (*acc. pl.*); ihnen.

theme [θiːm] Thema *n* (*a.* ♪); ⚒ Aufgabe *f*, Aufsatz *m*; *gr.* Stamm *m*; ~ **song** Hauptmelodie *f e-s Musicals etc.*

them·selves [ðəmˈselvz] sie (*acc. pl.*) selbst; sich selbst.

then [ðen] **1.** *adv.* dann, alsdann; damals; da; *by* ~ bis dahin; inzwischen; *every now and* ~ alle Augenblicke; *there and* ~ sogleich; *now* ~ nun denn; **2.** *cj.* denn, also, folglich; **3.** *adj.* damalig.

thence *lit.* [ðens] daher; von da.

thence·forth [ˈðensˈfɔːθ], **thence-for·ward** [ˈ~ˈfɔːwəd] seitdem, von da an.

the·oc·ra·cy [θiˈɔkrəsi] Theokratie *f*; **the·o·crat·ic** [θiəˈkrætik] (~*ally*) theokratisch.

the·o·lo·gi·an [θiəˈləudʒjən] Theologe *m*; **the·o·log·i·cal** □ [~ˈlɔdʒikəl] theologisch; **the·ol·o·gy** [θiˈɔlədʒi] Theologie *f*.

the·o·rem [ˈθiərəm] Lehrsatz *m*; **the·o·ret·ic, the·o·ret·i·cal** □ [~ˈretik(əl)] theoretisch; ˈ**the·o·rist** Theoretiker *m*; ˈ**the·o·rize** theoretisieren; ˈ**the·o·ry** Theorie *f*.

the·os·o·phy [θiˈɔsəfi] Theosophie *f*.

ther·a·peu·tic [θerəˈpjuːtik] **1.** therapeutisch; **2.** ~*s mst sg.* Therapeutik *f* (*praktische Heilkunde*); ˈ**ther·a·py** Therapie *f* (*Heilverfahren*); ˈ**ther·a·pist** Therapeut (-in); *mental* ~ Psychotherapeut (-in).

there [ðɛə] **1.** *adv.* da, dort; darin; dorthin; ~ *is*, ~ *are* [ðəˈriz, ðəˈrɑː] es gibt, es ist, es sind; ~'*s* [ðɛəz] *a good fellow!* so bist du lieb!; sei doch lieb!; ~ *you are!* da hast du es!; **2.** *int.* na!

there...: ˈ**~·a·bout**(**s**) da herum; so ungefähr ...; **~ˈaft·er** danach; ˈ**~ˈby** dadurch, damit; dabei; **~ˈfor** dafür; ˈ**~·fore** darum, deswegen; deshalb, daher; **~ˈfrom** davon; **~ˈin** darin; **~ˈof** davon; dessen, deren; **~ˈon** darauf, dazu; **~ˈto** dazu; ˈ**~·upˈon** darauf(hin); **~ˈwith** damit; **~·withˈal** überdies; damit.

ther·mal □ [ˈθəːməl] **1.** Thermal... (*Bad etc.*); *phys.* Wärme...; ~ *value* Heizwert *m*; **2.** Thermik *f*, Aufwind *m*; ˈ**ther·mic** (~*ally*) thermisch; Hitze...; **therm·i·on·ic** [~ˈɔnik] *Radio*: ~ *valve* Elektronen-, Glühkathodenröhre *f*.

ther·mo-e·lec·tric cou·ple *phys.* [ˈθəːməuiˈlektrikˈkʌpl] Thermoelement *n*; **ther·mom·e·ter** [θəˈmɔmitə] Thermometer *n*; **ther-mo·met·ric, ther·mo·met·ri·cal** □ [θəːməuˈmetrik(əl)] thermometrisch; **ther·mo·pile** *phys.* [ˈ~məupail] Thermosäule *f*; **Ther·mos** [ˈ~mɔs] *a.* ~ *flask*, ~ *bottle* Thermosflasche *f*; **ther·mo·stat** [ˈ~məstæt] Thermostat *m* (*automatischer Wärmeregler*).

the·sau·rus [θiˈsɔːrəs] Thesaurus *m*; Wörterbuch *n*; Sammlung *f*.

these [ðiːz] (*pl. von this*) diese; ~ *three years* seit drei Jahren.

the·sis [ˈθiːsis], *pl.* **the·ses** [ˈ~siːz] Leitsatz *m*, These *f*; Dissertation *f*.

they [ðei] sie (*pl.*); ~ *who* die (-jenigen), welche.

thick [θik] **1.** □ *allg.* dick; dicht (*Nebel, Haar etc.*); trüb (*Flüssigkeit*); legiert (*Suppe*); heiser, belegt (*Stimme*); dumm; *oft as* ~ *as thieves* F *pred.* dick befreundet; ~ *with* dicht besetzt mit; *that's a bit* ~! *sl.* das ist ein bißchen stark!; **2.** dickster Teil *m*; *fig.* Brennpunkt *m*; *in the* ~ *of* mitten in (*dat.*); '**thick·en** *v/t.* dick(er) machen, verdicken; verstärken; *Küche*: legieren; *v/i.* dick(er) *od.* dicht(er) werden; sich verdichten; sich trüben; sich verstärken; **thick·et** ['θikit] Dickicht *n*; '**thick-'head·ed** dumm; '**thick·ness** Dicke *f*; Dichtigkeit *f*; Heiserkeit *f*, Belegschaft *f*; ⊕, ⚒ Lage *f*, Schicht *f*; '**thick-'set** dicht (gepflanzt); untersetzt; '**thick-'skinned** *fig.* dickfellig.

thief [θi:f], *pl.* **thieves** [θi:vz] Dieb (-in); **thieve** [θi:v] stehlen; '**thiev·er·y** Dieberei *f*.

thiev·ish □ ['θi:viʃ] diebisch; verstohlen; '**thiev·ish·ness** diebisches Wesen *n*, Spitzbüberei *f*.

thigh [θai] (Ober)Schenkel *m*.

thim·ble ['θimbl] Fingerhut *m*; **thim·ble·ful** ['~ful] Fingerhut (-voll) *m*.

thin [θin] **1.** □ *allg.* dünn; leicht; mager; spärlich, dürftig; schwach; fadenscheinig (*bsd. fig.*); *he had a* ~ *time* F es ging ihm dreckig *od.* miserabel; **2.** *v/t.* verdünnen; *Wald, Schlachtreihe etc.* lichten; *Bevölkerung* dezimieren; *v/i.* dünn werden; abnehmen; sich lichten.

thine † *od. poet.* [ðain] dein; der, die, das deinige *od.* deine.

thing [θiŋ] Ding *n*; Sache *f*; Wesen *n*, Geschöpf *n*; ~*s pl.* Sachen *f/pl.* (*Kleider, Gepäck, Geräte etc.*); die Dinge *n/pl.* (*Umstände*); *such a* ~ so etwas; *the* ~ F das Richtige; richtig; die Hauptsache *f*; *the* ~ *is* die Frage ist; *know a* ~ *or two* F Bescheid wissen, Erfahrung haben; *of all* ~*s* vor allen Dingen; ~*s are going better* es geht jetzt besser; *I don't feel quite the* ~ F ich bin nicht so ganz auf Deck.

thing·um(·a)·bob F ['θiŋəm(i)bɔb], **thing·um·my** F ['~əmi] Dingsda *m, f, n.*

think [θiŋk] (*irr.*) *v/i.* denken (*of* an *acc.*); nachdenken (*about, over* über *acc.*); sich besinnen (*of* auf *acc.*); meinen, glauben; gedenken (*to inf.* zu *inf.*); *v/t.* denken; sich *et.* denken; halten für; ~ *much etc. of* viel *etc.* halten von; ~ *out* (sich) *et.* ausdenken; ~ *s.th. over* (sich) et. überlegen, über et. nachdenken; '**think·a·ble** denkbar; '**think·er** Denker(in); '**think·ing** denkend; Denk...

thin·ness ['θinnis] Dünne *f*.

third [θə:d] **1.** dritte(r, -s); ~ *degree* Folterverhör *n*; **2.** Drittel *n*; ♪ Terz *f*; '**third·ly** drittens; '**third-'rate** drittklassig.

thirst [θə:st] **1.** Durst *m* (*a. fig.*); **2.** dürsten (*for, after* nach); '**thirst·y** □ durstig (*a. fig.*); dürr (*Boden etc.*); F Durst machend (*Arbeit*).

thir·teen ['θə:'ti:n] dreizehn; '**thir-'teenth** [~θ] dreizehnte(r, -s); **thir·ti·eth** ['θə:tiiθ] dreißigste(r, -s); '**thir·ty** dreißig; *the thirties pl.* die Dreißigerjahre *pl. des Lebens*; die dreißiger Jahre *pl. e-s Jahrhunderts.*

this [ðis] (*pl. these*) diese(r, -s); ⚒ laufend; *in* ~ *country* hierzulande; ~ *morning* heute morgen; ~ *day week* heute in acht Tagen.

this·tle ⚘ ['θisl] Distel *f*; '**~-down** Distelwolle *f*.

thith·er(·ward) † *od. poet.* ['ðiðə (-wəd)] dorthin.

tho' [ðəu] = *though.*

thole ⚓ [θəul] Dolle *f*, Ruderpflock *m*; '**~-pin** *fig.* Angelpunkt *m*.

thong [θɔŋ] (Leder-, Peitschen-) Riemen *m*.

tho·rax *anat.* ['θɔ:ræks] Brust(korb *m*, -kasten *m*) *f*, Thorax *m*.

thorn ⚘ [θɔ:n] Dorn *m*; '**thorn·y** dornig, stach(e)lig; beschwerlich, dornenvoll.

thor·ough □ ['θʌrə] vollkommen; vollständig; vollendet; gründlich; eingehend; ~*ly a.* durchaus; '**~-'bass** ♪ Generalbaß *m*; '**~bred** **1.** Vollblut...; gründlich; **2.** Vollblüter *m*; '**~fare** Durchgang *m*, -fahrt *f*; Hauptverkehrsstraße *f*; '**~go·ing** gründlich; tatkräftig; '**thor·ough·ness** Vollständigkeit *f*; Gründlichkeit *f*; '**thor·ough-paced** vollendet; ausgemacht.

those [ðəuz] (*pl. von that 1*) jene, die; diejenigen; *are ~ your parents?* sind das Ihre Eltern?
thou †, *Bibel, poet.* [ðau] du.
though [ðəu] obgleich, obwohl, wenn auch; zwar; (*mst am Satzende*) aber, doch; freilich; *as ~* als ob.
thought [θɔːt] **1.** *pret. u. p.p. von think*; **2.** Gedanke *m*; (Nach-) Denken *n*; *give ~ to* sich Gedanken machen über (*acc.*); *on second ~s* nach nochmaliger Überlegung; *take ~ for* Sorge tragen für.
thought·ful □ [ˈθɔːtful] gedankenvoll, nachdenklich; besorgt (*of* um); rücksichtsvoll (*of* gegen); ˈ**thought·ful·ness** Nachdenklichkeit *f*; Rücksichtnahme *f*; Besorgtheit *f*.
thought·less □ [ˈθɔːtlis] gedankenlos; unbesonnen; rücksichtslos (*of* gegen); ˈ**thought·less·ness** Gedankenlosigkeit *f*; Rücksichtslosigkeit *f*.
thought-read·ing [ˈθɔːtriːdiŋ] Gedankenlesen *n*.
thou·sand [ˈθauzənd] **1.** tausend; **2.** Tausend *n*; **thou·sandth** [ˈ~-zəntθ] **1.** tausendste(r, -s); **2.** Tausendstel *n*.
Thra·cian [ˈθreiʃjən] **1.** Thrakier (-in); **2.** thrakisch.
thral(l)·dom [ˈθrɔːldəm] Knechtschaft *f*.
thrall [θrɔːl] Sklave *m*.
thrash [θræʃ] *v/t.* (ver)dreschen, (ver)prügeln; F schlagen, besiegen; *v/i.* dreschen; (hin u. her) schlagen; ⚓ sich vorwärtsquälen; = *thresh*; ˈ**thrash·er** = *thresher*; ˈ**thrash·ing** Dresche *f*, Tracht *f* Prügel; = *threshing*.
thread [θred] **1.** Faden *m* (*a. fig.*); Zwirn *m*, Garn *n*; (Schrauben-) Gewinde *n*; **2.** einfädeln; aufreihen; sich durchwinden durch; durchziehen; ˈ**~·bare** fadenscheinig (*a. fig.*); ˈ**thread·y** fadenartig; fadendünn.
threat [θret] Drohung *f*; ˈ**threat·en** *v/t. j.* bedrohen, *j-m* drohen; *et.* androhen; *v/i.* drohen; ˈ**threat·en·ing** bedrohlich.
three [θriː] **1.** drei; **2.** Drei *f*; ˈ**~-ˈcol·our** Dreifarben...; ˈ**~·fold** dreifach; **~·pence** [ˈθrepəns] Dreipence(stück *n*) *m/pl.*; ˈ**~·pen·ny** Dreipence...; *fig.* gering; **~-phase cur·rent** ⚡ [ˈθriːfeizˈkʌrənt] Drehstrom *m*; ˈ**~ˈscore** sechzig.
thresh [θreʃ] *Korn* (aus)dreschen; = *thrash*; *~ out fig. Angelegenheit* gründlich erörtern.
thresh·er [ˈθreʃə] Drescher *m*; Dreschmaschine *f*.
thresh·ing [ˈθreʃiŋ] Dreschen *n*; ˈ**~-floor** (Dresch)Tenne *f*; ˈ**~-ma·chine** Dreschmaschine *f*.
thresh·old [ˈθreʃhəuld] Schwelle *f*.
threw [θruː] *pret. von throw 1*.
thrice ✎ [θrais] dreimal.
thrift, **thrift·i·ness** [θrift, ˈ~inis] Sparsamkeit *f*, Wirtschaftlichkeit *f*; Sparsinn *m*; ˈ**thrift·less** □ verschwenderisch; ˈ**thrift·y** □ sparsam; *poet.* gedeihend.
thrill [θril] **1.** *v/t.* durchdringen, -schauern; *fig.* packen, aufwühlen; aufregen; *v/i.* (er)beben (*with* vor); **2.** Schauer *m*; Beben *n*; aufregendes Erlebnis *n*; Sensation *f*; ˈ**thrill·er** F Reißer *m*, Thriller *m*, Schauerroman *m*, -drama *n*; ˈ**thrill·ing** aufwühlend, packend; aufregend; spannend; sensationell.
thrive [θraiv] (*irr.*) gedeihen, geraten; *fig.* blühen; Glück haben; **thriv·en** [ˈθrivn] *p.p. von thrive*; **thriv·ing** □ [ˈθraiviŋ] gedeihend, blühend, erfolgreich.
thro' [θruː] *abbr. für through*.
throat [θrəut] *allg.* Kehle *f*; Gurgel *f*; Hals *m*; Schlund *m*; *clear one's ~* sich räuspern; ˈ**throat·y** □ kehlig; heiser.
throb [θrɔb] **1.** pochen, schlagen, klopfen (*Herz etc.*); pulsieren; **2.** Pochen *n*, Schlagen *n*; Pulsschlag *m*.
throe [θrəu] Schmerz *m*; *~s pl.* Geburtswehen *f/pl.* (*mst fig.*).
throm·bo·sis ⚕ [θrɔmˈbəusis] Thrombose *f*.
throne [θrəun] **1.** Thron *m*; **2.** *v/t.* auf den Thron setzen; *v/i.* thronen.
throng [θrɔŋ] **1.** Gedränge *n*; Menge *f*, Schar *f*; **2.** sich drängen (in *dat.*, *a. acc.*); anfüllen mit.
thros·tle *orn.* [ˈθrɔsl] Drossel *f*.
throt·tle [ˈθrɔtl] **1.** erdrosseln; ⊕ (ab)drosseln; **2.** = ˈ**~-valve** ⊕ Drosselklappe *f*.
through [θruː] **1.** durch; **2.** Durchgangs...; durchgehend (*Zug etc.*); **~ˈout 1.** *prp.* überall in (*dat.*); während; *~ the year* das ganze

Jahr hindurch; **2.** durch u. durch, ganz u. gar, durchweg.

throve [θrəuv] *pret. von thrive.*

throw [θrəu] **1.** (*irr.*) *v/t. allg.* werfen, schleudern; *Wasser* gießen; *Reiter* abwerfen; ⊕ *Seide* zwirnen; *Brücke* schlagen; *Töpferei*: formen, drehen; *Am.* F *Wettspiel, Boxkampf etc.* absichtlich verlieren; ~ *at* werfen nach; ~ *away* wegwerfen; vergeuden; verwerfen; ~ *in* hineinwerfen; *Wort etc.* einwerfen; mit in den Kauf geben; ~ *off* abwerfen; *Kleid etc., Scham* ablegen; ~ *out* (hin)auswerfen; *bsd. parl.* verwerfen; *e-n Wink* geben; ⊕ ausschalten; ~ *over* aufgeben, fallen lassen; ~ *up* in die Höhe werfen; erbrechen; *Amt, Karten etc.* hinwerfen; *s. sponge*; *v/i.* werfen; würfeln; ~ *off* (die Jagd) beginnen; **2.** Wurf *m*; ⊕ (Kolben)Hub *m*; '**~-back** *bsd. biol.* Atavismus *m*; **thrown** [θrəun] *p.p. von throw*; '**throw-'off** Aufbruch *m* (zur Jagd); *weitS.* Beginn *m.*

thru *Am.* [θru:] = *through.*

thrum[1] [θrʌm] *Weberei*: Trumm *m*, Saum *m*; Franse *f*; loser Faden *m*, Fussel *f.*

thrum[2] [~] klimpern (auf *dat.*).

thrush[1] *orn.* [θrʌʃ] Drossel *f.*

thrush[2] [~] ⚕ Mundschwamm *m*; *vet.* Strahlfäule *f.*

thrust [θrʌst] **1.** Stoß *m*; ⚔ *u. fig.* Vorstoß *m*; ⊕ Druck *m*, Schub *m*; **2.** (*irr.*) *v/t.* stoßen; ~ *o.s. into* sich drängen in (*acc.*); ~ *out* (her-, hin-) ausstoßen; *Zunge* herausstrecken; ~ *upon s.o.* j-m aufdrängen; *v/i.* stoßen (*at* nach).

thud [θʌd] **1.** dumpf aufschlagen, bumsen; **2.** dumpfer (Auf)Schlag *m*, Bums *m*, Plumps *m.*

thug [θʌg] (Gewalt)Verbrecher *m*, Gangster *m*; Rowdy *m.*

thumb [θʌm] **1.** Daumen *m*; *Tom* ≈ Däumling *m im Märchen*; **2.** *Buch etc.* abgreifen; ~ *one's nose at s.o.* j-m e-e lange Nase machen; ~ *a lift* per Anhalter fahren; '**~-print** Daumenabdruck *m*; '**~screw** Daumenschraube *f*; ⊕ Flügelschraube *f*; '**~-stall** Däumling *m* (*Schutzhülle*); '**~tack** *Am.* Reißnagel *m.*

thump [θʌmp] **1.** Bums *m*; Puff *m*; **2.** *v/t.* bumsen *od.* pochen auf (*acc.*) *od.* gegen; knuffen, puffen; *v/i.* (auf)bumsen; '**thump·er** *sl.* Mordsding *n*; '**thump·ing** *sl.* kolossal.

thun·der ['θʌndə] **1.** Donner *m* (*fig. oft* ~*s pl.*); **2.** donnern; '**~bolt** Blitz *m* (*u.* Donner *m*); '**~clap** Donnerschlag *m*; '**~cloud** Gewitterwolke *f*; '**thun·der·er** *myth.* Donnerer *m* (*Jupiter*).

thun·der...: '**~head** schwere Gewitterwolke(n *pl.*) *f* (*a. fig.*); '**thun·der·ing** *sl.* kolossal; '**thun·der·ous** □ *fig.* donnernd; gewitterschwül; gewaltig; '**thun·der·storm** Gewitter *n*; '**thun·der·struck** wie vom Donner gerührt; '**thun·der·y** gewitterschwül.

Thu·rin·gi·an [θjuə'rindʒiən] **1.** thüringisch; **2.** Thüringer(in).

Thurs·day ['θə:zdi] Donnerstag *m.*

thus [ðʌs] so, auf diese Weise; also, somit.

thwack [θwæk] = *whack.*

thwart [θwɔ:t] **1.** durchkreuzen; hintertreiben; *j-m* entgegenarbeiten; **2.** Ducht *f*, Ruderbank *f.*

thy *Bibel, poet.* [ðai] dein(e).

thyme ⚘ [taim] Thymian *m.*

thy·roid *anat.* ['θairɔid] **1.** Schilddrüsen...; ~ *extract* Schilddrüsenextrakt *m*; ~ *gland* = **2.** Schilddrüse *f.*

thy·self *Bibel, poet.* [ðai'self] du selbst; dir, dich (selbst).

ti·ar·a [ti'ɑ:rə] Tiara *f* (*Papstkrone*); Stirnreif *m*, Diadem *n.*

tib·i·a *anat.* ['tibiə] Schienbein *n.*

tic ⚕ [tik] nervöser (Gesichts-) Krampf *m.*

tick[1] *zo.* [~] Zecke *f.*

tick[2] [~] (Inlett)Überzug *m.*

tick[3] F [~]: *on* ~ auf Pump.

tick[4] [~] **1.** Ticken *n*; F Augenblick *m*; Vermerkhäkchen *n*; *to the* ~ mit dem Glockenschlag; **2.** *v/i.* ticken; ~ *over mot.* leerlaufen; *v/t.* anmerken, anhaken; ~ *off* abhaken; *sl. j.* heruntermachen, zs.-stauchen.

tick·er ['tikə] Börsentelegraph *m*; F Uhr *f*; '**~-tape** *coll.* Luftschlangen *f/pl.*

tick·et ['tikit] **1.** Fahrkarte *f*, -schein *m*; Flugkarte *f*; Eintrittskarte *f*; (Straf)Zettel *m*, (Preis- *etc.*) Schildchen *n*; *pol.* (Wahl-, Kandidaten)Liste *f*; *the* ~ F das Richtige; ~ *of leave* ⚖ Freilassung *f* auf Bewährung; **2.** mit e-m Zettel *etc.* versehen, kennzeichnen; '**~-col-**

lec·tor Bahnsteigschaffner *m*; '**~-in·spec·tor** Fahrkartenkontrolleur *m*; '**~-ma·chine** Fahrkartenautomat *m*; '**~-of·fice,** '**~-win·dow** *bsd. Am.* Fahrkartenschalter *m*; '**~-punch** Lochzange *f*.

tick·ing ['tikiŋ] (Inlett)Drell *m*.

tick·le ['tikl] kitzeln (*a. fig.*); '**tick·ler** schwierige Situation *f*; *a.* ~ *coil* Rückkopplungsspule *f*; '**tick·lish** □ kitzlig; heikel.

tid·al □ ['taidl] Gezeiten...; Flut...; ~ *wave* Flutwelle *f* (*a. fig.*).

tid·bit ['tidbit] = *titbit*.

tid·dly-winks ['tidliwiŋks] Floh(hüpf)spiel *n*.

tide [taid] **1.** Gezeit(en *pl.*) *f* (*a. fig.*); (*low* ~) Ebbe und (*high* ~) Flut *f*; *fig.* Strom *m*, Flut *f*; *in Zssgn*: *rechte* Zeit *f*; *turn of the* ~ Flut-, *fig.* Glückswechsel *m*; **2.** mit dem Strom treiben; ~ *over fig.* hinwegkommen *od.* -helfen über (*acc.*).

ti·di·ness ['taidinis] Sauberkeit *f*.

ti·dings ['taidiŋz] *pl. od. sg.* Neuigkeiten *f/pl.*, Nachrichten *f/pl.*

ti·dy ['taidi] **1.** ordentlich, sauber, reinlich; F ganz schön, beträchtlich (*Summe*); **2.** Behälter *m*; Abfallkorb *m*; **3.** *a.* ~ *up* zurechtmachen; ordnen; *Zimmer etc.* aufräumen, in Ordnung bringen.

tie [tai] **1.** Band *n* (*a. fig.*); Schleife *f*; Halstuch *n*, Krawatte *f*, Schlips *m*; Bindung *f* (*bsd.* ♪); ⚓ Anker *m*; *fig.* Fessel *f*, Verpflichtung *f*; *Sport*: Unentschieden *n*; *parl.* Stimmengleichheit *f*; *Sport*: Entscheidungsspiel *n*; 🚂 *Am.* Schwelle *f*; **2.** *v/t. allg.* binden (*a.* ♪); verbinden; ⚓ verankern; ~ *down fig.* binden (*to* an *e-e Pflicht etc.*); ~ *up* zu-, an-, ver-, zs.-binden; *v/i. Sport*: unentschieden spielen (*with* gegen).

tier [tiə] Reihe *f*; *thea.* Sitzreihe *f*, Rang *m*.

tierce [tiəs] *fenc.*, *Kartenspiel*: Terz *f*.

tie-up ['taiʌp] (Ver)Bindung *f*; ⚕ Fusion *f*; Stockung *f*; Stillstand *m*; *bsd. Am.* Streik *m*.

tiff F [tif] **1.** *kleine* Meinungsverschiedenheit *f*; **2.** schmollen.

tif·fin ['tifin] Mittagessen *n*.

ti·ger ['taigə] Tiger *m*; *Am.* F Beifallsgebrüll *n*; *three cheers and a* ~! hoch, hoch, hoch und nochmals hoch!; '**ti·ger·ish** □ *fig.* tigerhaft; Tiger...

tight □ [tait] dicht (*bsd. in Zssgn*); fest *gebaut od. gefügt*; eng; knapp (sitzend) (*Jacke etc.*); straff (*Seil etc.*), prall (*Backen etc.*); knapp (*bsd.* ⚕ *Geld*); F beschwipst; *be in a* ~ *place od. corner* F in der Klemme sein; *hold* ~ festhalten; *it is a* ~ *fit* es paßt knapp; '**tight·en** *a.* ~ *up* (sich) zs.-ziehen; *Schraube, Zügel etc.* anziehen; *Gürtel* enger schnallen; *Feder* spannen; (sich) straffen; '**~-'fist·ed** knick(e)rig; '**~-laced** fest geschnürt; engherzig, prüde; '**~-lipped** verschwiegen; verkniffen; '**tight·ness** Festigkeit *f*, Dichtigkeit *f etc.*; '**tight-rope** gespanntes Seil *n*; **tights** [~s] *pl.* Trikot *n der Akrobaten etc.*; Strumpfhose *f*; '**tight·wad** *sl.* Knauser *m*, Knicker *m*.

ti·gress ['taigris] Tigerin *f*.

tile [tail] **1.** (Dach)Ziegel *m*; Kachel *f*; Fliese *f*; *sl.* Deckel *m* (*Hut*); *he has a* ~ *loose sl.* bei ihm ist e-e Schraube locker; **2.** mit Ziegeln *etc.* decken; kacheln; '**~-lay·er,** '**til·er** Dachdecker *m*.

till[1] [til] Laden(tisch)kasse *f*.

till[2] [~] **1.** *prp.* bis (zu); **2.** *cj.* bis.

till[3] ⸙ [~] bestellen, beackern, bebauen; '**till·age** (Land)Bestellung *f*, Beackerung *f*; Ackerbau *m*; Ackerland *n*.

till·er[1] ['tilə] Bauer *m*, Pflüger *m*.

till·er[2] ⚓ [~] Ruderpinne *f*.

tilt[1] [tilt] Plane *f*.

tilt[2] [~] **1.** Neigung *f*, schiefe Lage *f*; Stoß *m*; Lanzenbrechen *n* (*a. fig.*); *on the* ~ auf der Kippe; (*at*) *full* ~ mit voller Geschwindigkeit; *have a* ~ *at s.o.* mit j-m e-e Lanze brechen; **2.** *v/t.* kippen; *v/i.* kippen; Lanzen brechen (*a. fig.*); stechen (*at* nach); ~ *against* anrennen gegen; '**tilt·ing** Kipp...; Turnier...

tilth [tilθ] Bebauungstiefe *f*; Ackerland *n*.

tim·bal ♪ ['timbəl] (Kessel)Pauke *f*.

tim·ber ['timbə] **1.** (Bau-, Nutz-)Holz *n*; Baum(bestand) *m*; ⚓ Inholz *n*; **2.** zimmern; ~*ed* holzgezimmert; Fachwerk...; bewaldet; '**~-line** Baumgrenze *f*; '**~-work** Gebälk *n*, Holzwerk *n*; '**~-yard** Zimmerplatz *m*.

time [taim] **1.** Zeit *f*; Mal *n*; Takt *m*; Zeitmaß *n*, Tempo *n*; ~! *parl.* Schluß!; ~ *and again* immer wieder;

at ~*s* zu Zeiten; *at a* ~, *at the same* ~ zugleich; *at one* ~ einstmals; *before one's* ~ verfrüht; *behind one's* ~ verspätet; *behind the* ~*s* hinter der Zeit zurück; *by that* ~ zu der Zeit; bis dahin; unterdessen; *do* ~ F *im Gefängnis* sitzen; *for the* ~ *being* für den Augenblick, einstweilen; zunächst; *have a good* ~ es gut haben; sich amüsieren; *in (good)* ~ zur rechten Zeit; *in no* ~ im Nu; *in a month's* ~ nach e-m Monat; *s. mean² 1*; *on* ~ rechtzeitig; *out of* ~ zur Unzeit; aus dem Takt *od.* Schritt; *beat the* ~ Takt schlagen; *s. keep*; **2.** *v/t.* die Zeit bestimmen für; zeitlich abpassen *od.* einrichten; den richtigen Zeitpunkt wählen für; ♪ den Takt angeben für; *a. take the* ~ *of* die Zeit(dauer) *e-s Rennens etc.* messen; regeln (*to* nach); *Uhr* stellen; *the train is* ~*d to leave at 7* der Zug soll um 7 abfahren; *v/i.* Takt halten (*to* mit); zs.-stimmen (*with* mit); '**~-bar·gain** Termingeschäft *n*; '**~-ex·po·sure** *phot.* Zeitaufnahme *f*; '**~-hon·o(u)red** altehrwürdig; '**~-keep·er** Zeitmesser *m*, *bsd.* Uhr *f*; (Arbeits)Zeitnehmer *m*; '**~-lag** zeitliche Verzögerung *f*; '**~-'lim·it** Befristung *f*; '**time·ly** (recht)zeitig; aktuell, zeitgemäß; '**time·piece** Uhr *f*; '**tim·er** *Sport*: Zeitnehmer *m*; *phot.* Zeitauslöser *m*.

time...: **~-serv·er** ['taimsə:və] Achselträger *m*, Opportunist *m*; '**~-sheet** Anwesenheitsliste *f*; Stempel-, Kontrollkarte *f*; '**~-sig·nal** *bsd. Radio*: Zeitzeichen *n*; '**~-ta·ble** Terminkalender *m*; 🚂 Fahrplan *m*; *Schule*: Stundenplan *m*.

tim·id □ ['timid] furchtsam, ängstlich; schüchtern; **ti'mid·i·ty** Furchtsamkeit *f*; Schüchternheit *f*.

tim·ing ['taimiŋ] Wahl *f* des Zeitpunkts.

tim·or·ous □ ['timərəs] = *timid*.

tin [tin] **1.** Zinn *n*; Weißblech *n*; (Blech-, Konserven)Büchse *f*, (-)Dose *f*; *sl.* Piepen *pl.* (*Geld*); **2.** zinnern; Zinn...; Blech...; blechern (*a. fig. contp.*); ~ *solder* Lötzinn *n*; **3.** verzinnen; in Büchsen einmachen, eindosen; ~*ned meat* Dosenfleisch *n*.

tinc·ture ['tiŋktʃə] **1.** Farbe *f*; *fig.* Anstrich *m*; *pharm.* Tinktur *f*; **2.** färben, e-n Anstrich geben (*dat.*).

tin·der ['tində] Zunder *m*.

tine [tain] Zinke *f*; Zacke *f*; (Geweih)Sprosse *f*.

tin·foil ['tin'fɔil] Stanniol *n*.

ting F [tiŋ] = *tinkle*.

tinge [tindʒ] **1.** Farbe *f*, Färbung *f*; *fig.* Anflug *m*, Spur *f*; **2.** färben; *fig.* e-n Anstrich geben (*dat.*); *be* ~*d with* etwas von ... an sich haben.

tin·gle ['tiŋgl] klingen; prickeln, kribbeln; flirren; surren.

tin...: **~god** F Götze *m*, Idol *n*; **~hat** *sl.* Stahlhelm *m*.

tink·er ['tiŋkə] **1.** Kesselflicker *m*; **2.** *v/t.* zs.-flicken; *v/i.* (herum)pfuschen (*at* an *dat.*); (*up* zurecht-) basteln.

tin·kle ['tiŋkl] **1.** klingeln (mit); **2.** Geklingel *n*.

tin·man ['tinmən] Klempner *m*; '**tin·ny** blechern (*Klang*); '**tin-o·pen·er** Dosenöffner *m*; '**tin-plate** Weißblech *n*.

tin·sel ['tinsl] **1.** Flitter *m*; Rauschgold *n*; Lametta *f*; *fig.* Flitter(werk *n*) *m*; **2.** Flitter...; flitterhaft; **3.** mit Flitterwerk verzieren.

tint [tint] **1.** *hellgetönte* Farbe *f*; (Farb)Ton *m*, Schattierung *f*; **2.** färben; (ab)tönen; ~*ed paper* Tonpapier *n*.

tin·tin·nab·u·la·tion ['tintinæbju'leiʃən] Geklingel *n*.

tin·ware ['tinwɛə] Blechwaren *f/pl.*

ti·ny □ ['taini] winzig, klein.

tip [tip] **1.** Spitze *f*; Mundstück *n e-r Zigarette*; Trinkgeld *n*; Tip *m*, Wink *m*, Fingerzeig *m*; leichter Schlag *m od.* Stoß *m*; Schuttabladeplatz *m*; *give s.th. a* ~ et. kippen; **2.** *v/t.* mit e-r Spitze versehen; beschlagen; (um)kippen; *j-m* ein Trinkgeld geben; *a.* ~ *off j-m* e-n Wink geben; *v/i.* (um)kippen; '**~-cart** Kippkarren *m*; '**~-off** Wink *m*.

tip·pet ['tipit] Pelerine *f*.

tip·ple ['tipl] **1.** zechen, picheln; **2.** Getränk *n*; '**tip·pler** Zechbruder *m*.

tip·si·ness ['tipsinis] Trunkenheit *f*.

tip·staff ['tipstɑ:f] Gerichtsdiener *m*.

tip·ster ['tipstə] (Wett)Berater *m*.

tip·sy ['tipsi] angeheitert; wack(e)lig.

tip·toe ['tiptəu] **1.** auf Zehenspitzen gehen; **2.** *on* ~ auf Zehenspitzen.

tip·top F ['tip'tɔp] **1.** höchster Punkt *m*; **2.** höchst, vorzüglich; fein.

tip-up seat *thea.* [ˈtipʌpˈsi:t] Klappsitz *m.*
ti·rade [taiˈreid] Tirade *f,* Wortschwall *m.*
tire[1] [ˈtaiə] (Rad-, Auto)Reifen *m.*
tire[2] [~] ermüden, müde machen *od.* werden (*of ger.* zu *inf.*).
tired □ [ˈtaiəd] müde (*fig. of gen.*); verbraucht; ˈ**tired·ness** Müdigkeit *f.*
tire·less □ [ˈtaiəlis] unermüdlich.
tire·some □ [ˈtaiəsəm] ermüdend; langweilig, unangenehm, lästig.
ti·ro [ˈtaiərəu] Anfänger *m.*
'tis [tiz] = *it is.*
tis·sue [ˈtiʃu:] Gewebe *n*; ⚘ (durchwirkter) Schleierstoff *m*; ˈ**~-ˈpa·per** Seidenpapier *n.*
tit[1] [tit]: ~ *for tat* wie du mir, so ich dir; Wurst wider Wurst.
tit[2] *Am.* [~] = *teat.*
tit[3] *orn.* [~] Meise *f.*
Ti·tan [ˈtaitən] Titan(e) *m*; ˈ**Ti·tan·ess** Titanin *f*; **ti·ta·nic** [~ˈtænik] (*~ally*) titanisch, titanenhaft.
ti·ta·ni·um ⚗ [taiˈteinjəm] Titan *n.*
tit·bit [ˈtitbit] Leckerbissen *m.*
tithe [taið] Zehnt(e) *m*; *mst fig.* Zehntel *n.*
tit·il·late [ˈtitileit] kitzeln; **tit·ilˈla·tion** Kitzel(n *n*) *m.*
tit·i·vate F [ˈtitiveit] (sich) schön- *od.* zurechtmachen.
ti·tle [ˈtaitl] **1.** (Buch-, Ehren)Titel *m*; Überschrift *f*; (*bsd.* Rechts-) Anspruch *m* (*to* auf *acc.*); **2.** betiteln; (be)nennen; *~d bsd.* ad(e)lig; ˈ**~-deed** ⚖ Besitztitel *m*; ˈ**~-hold·er** *bsd. Sport*: Titelinhaber(in); ˈ**~-page** Titelseite *f*; ˈ**~-role** Titelrolle *f.*
tit·mouse *orn.* [ˈtitmaus], *pl.* **tit·mice** [ˈ~mais] Meise *f.*
ti·trate ⚗ [ˈtitreit] titrieren; **tiˈtra·tion** Titrieren *n.*
tit·ter [ˈtitə] **1.** kichern; **2.** Kichern *n.*
tit·tle [ˈtitl] Pünktchen *n*; *fig.* Tüttelchen *n*; *to a* ~ bis aufs Tüpfelchen; ˈ**~-tat·tle 1.** Schnickschnack *m* (*leeres Geschwätz*); **2.** schnickschnacken.
tit·u·lar □ [ˈtitjulə] Titular...; dem Namen nach.
to [tu:; *im Satz mst* tu, *vor Konsonant* tə] **1.** *zur Bezeichnung des Infinitivs*: zu; **2.** *prp.* zu (*a. adv.*); *Richtung, Ziel*: zu, gegen, nach, an, in, auf; *Vergleich*: gegen; *Gemäßheit*: nach; *Grenze*: bis zu (*od.* an *acc.*, in *acc.*, nach, auf *acc.*); *zeitlich*: bis zu, bis an (*acc.*); *Absicht*: um zu; *Zweck, Ende, Wirkung*: zu, für; *zur Bildung des* (*betonten*) *Dativs*: ~ *me*, ~ *you etc.* mir, Ihnen *etc.*; *he gave it* ~ *his friend* er gab es seinem Freund; *it happened* ~ *me* es geschah mir; *Beziehung, Zugehörigkeit*: *alive* ~ *s.th.* empfänglich für et.; *cousin* ~ Vetter des *Königs etc. od.* der *Frau N. od.* von *N.*; *heir* ~ Erbe des *etc.*; *secretary* ~ Sekretär des *etc.*; *Verkürzung e-s Nebensatzes*: *I weep* ~ *think of it* ich weine, wenn ich daran denke; *here's* ~ *you!* auf Ihr Wohl!, Prosit!; ~ *and fro* hin und her.
toad *zo.* [təud] Kröte *f*; ˈ**~·stool** (größerer Blätter)Pilz *m*; Giftpilz *m.*
toad·y [ˈtəudi] **1.** Speichellecker *m*; **2.** vor *j-m* kriechen *od.* scharwenzeln; ˈ**toad·y·ism** Speichelleckerei *f.*
toast [təust] **1.** Toast *m,* geröstetes Brot *n*; Trinkspruch *m*; **2.** toasten, rösten; *fig.* wärmen; trinken auf (*acc.*); ˈ**toast·er** Toaster *m,* Brotröster *m.*
to·bac·co [təˈbækəu] Tabak *m*; **to·ˈbac·co·nist** [~kənist] Tabakhändler *m.*
to·bog·gan [təˈbɔgən] **1.** Toboggan *m*; Rodelschlitten *m*; **2.** rodeln.
toc·sin [ˈtɔksin] Sturmglocke *f.*
to·day [təˈdei] heute.
tod·dle [ˈtɔdl] watscheln; zotteln; tappen; unsicher gehen; ˈ**tod·dler** Taps *m,* unsicher gehendes Baby *n.*
tod·dy [ˈtɔdi] *Art* Grog *m.*
to-do F [təˈdu:] Lärm *m,* Aufheben *n.*
toe [təu] **1.** Zehe *f*; Spitze *f*; *from top to* ~ von Kopf bis Fuß; *on one's ~s fig.* auf Draht; **2.** mit den Zehen berühren; *Schuh* bekappen; ~ *the line Sport*: zum Start antreten; *pol.* sich der Parteidisziplin unterwerfen.
toed [təud] ...zehig.
toff P [tɔf] feiner Pinkel *m* (*Stutzer*).
tof·fee, tof·fy [ˈtɔfi] Sahnebonbon *m, n,* Toffee *n.*
tog F [tɔg] **1.** anziehen; **2.** *s. togs.*
to·ga [ˈtəugə] Toga *f.*
to·geth·er [təˈgeðə] *örtlich*: zusammen; *zeitlich*: zugleich; nacheinander, ohne Unterbrechung.
tog·gle ⚓ *u.* ⊕ [ˈtɔgl] **1.** Knebel *m*; **2.** (fest)knebeln.

togs F [tɔgz] *pl.* Kluft *f* (*Kleidung*).
toil [tɔil] **1.** schwere Arbeit *f*, Mühe *f*, Plackerei *f*; **2.** sich plagen, schwer arbeiten, sich abmühen; sich mühsam bewegen.
toil·er *fig.* [ˈtɔilə] Arbeitspferd *n*.
toi·let [ˈtɔilit] Toilette *f* (*Ankleiden*; *Anzug*; *Kleid*; *Badezimmer*, *Klosett*); *make one's* ~ Toilette machen; ˈ**~-pa·per** Toilettenpapier *n*; ˈ**~-set** Toilettengarnitur *f*; ˈ**~-ta·ble** Frisiertoilette *f*.
toils [tɔilz] *pl.* Schlingen *f/pl.*, Netz *n*.
toil·some □ [ˈtɔilsəm] mühsam.
toil-worn [ˈtɔilwɔːn] abgearbeitet.
to·ken [ˈtəukən] Zeichen *n*; Andenken *n*, Geschenk *n*; ~ *money* Ersatz-, Notgeld *n*; *in* ~ *of* zum Zeichen (*gen.*).
told [təuld] *pret. u. p.p. von tell*; *all* ~ alles in allem.
tol·er·a·ble □ [ˈtɔlərəbl] erträglich; leidlich; ˈ**tol·er·ance** Duldung *f*; Duldsamkeit *f*, Toleranz *f*; ˈ**tol·er·ant** □ duldsam (*of* gegen); **tol·er·ate** [ˈ~reit] dulden; ertragen; **tol·erˈa·tion** Duldung *f*.
toll[1] [təul] Zoll *m* (*a. fig.*); Wege-, Brücken-, Marktgeld *n*; *fig.* Tribut *m*; ~ *call teleph.* Ferngespräch *n*; ~ *of the road die* Verkehrsopfer *n/pl.*; ˈ**~-bar**, ˈ**~-gate** Schlagbaum *m*.
toll[2] [~] läuten (*bsd. Totenglocke*).
tom·a·hawk [ˈtɔməhɔːk] **1.** Kriegsbeil *n*, Streitaxt *f der Indianer*; **2.** mit der Streitaxt töten *od.* schlagen.
to·ma·to ⚘ [təˈmɑːtəu, *Am.* təˈmeitəu], *pl.* **toˈma·toes** Tomate *f*.
tomb [tuːm] Grab(mal) *n*.
tom·boy [ˈtɔmbɔi] Range *f*, Wildfang *m* (*Mädchen*).
tomb·stone [ˈtuːmstəun] Grabstein *m*.
tom·cat [ˈtɔmˈkæt] Kater *m*.
tome [təum] Band *m*, Buch *n*.
tom·fool [ˈtɔmˈfuːl] **1.** Hansnarr *m*; **2.** den Hansnarren spielen; **tomˈfool·er·y** Narretei *f*, Albernheit *f*.
tom·my *sl.* [ˈtɔmi] Tommy *m* (*britischer Soldat*); Fressalien *pl.*; ~ *gun* Maschinenpistole *f*; ~ *rot* richtiger Quatsch *m*.
to·mor·row [təˈmɔrəu] morgen.
tom·tom [ˈtɔmtɔm] Tamtam *n*.
ton [tʌn] Tonne *f* (*Gewichtseinheit*); ~*s pl.* F Massen *f/pl.*
to·nal·i·ty [təuˈnæliti] Tonart *f*; *paint.* Tönung *f*.
tone [təun] **1.** Ton *m beim Sprechen* (*a.* ⚕, ♪, *paint.*, *fig.*); Klang *m*, Laut *m*; *out of* ~ verstimmt; **2.** *v/t.* e-n Ton *od.* e-e Färbung geben (*dat.*); stimmen; *paint.* abtönen; *phot.* tonen; ~ *down* abschwächen, mildern; *v/i.* stimmen (*with* zu) (*bsd. Farbe*); ~ *down* sich mildern.
tongs [tɔŋz] *pl.* (*a pair of* eine) Zange *f*.
tongue [tʌŋ] *allg.* Zunge *f*; *fig.* Sprache *f*; Landzunge *f*; Zunge *f der Waage etc.*; (Schuh)Lasche *f*; *hold one's* ~ den Mund halten; *speak with one's* ~ *in one's cheek* es nicht ernst meinen, unaufrichtig sein; ˈ**tongue·less** ohne Zunge; *fig.* stumm; ˈ**tongue-tied** zungenlahm; *fig.* sprachlos; schweigsam; ˈ**tongue-twist·er** Zungenbrecher *m*.
ton·ic [ˈtɔnik] **1.** (~*ally*) ♪ tonisch; ⚕ tonisch, die Spannkraft erhöhend; stärkend; ~ *chord* ♪ Grundakkord *m*; **2.** ♪ Grundton *m*, Tonika *f*; ⚕ Stärkungsmittel *n*, Tonikum *n*.
to·night [təˈnait] heute abend *od.* nacht.
ton·ing so·lu·tion *phot.* [ˈtəuniŋ səˈluːʃən] Tonbad *n*.
ton·nage ⚓ [ˈtʌnidʒ] Tonnengehalt *m*, Tonnage *f*; Lastigkeit *f*; Tonnengeld *n*.
ton·sil *anat.* [ˈtɔnsl] Mandel *f*; **ton·sil·li·tis** [~siˈlaitis] Mandelentzündung *f*.
ton·sure [ˈtɔnʃə] **1.** Tonsur *f*; **2.** tonsurieren, scheren.
ton·y *Am. sl.* [ˈtəuni] schick.
too [tuː] zu, allzu; auch, noch dazu.
took [tuk] *pret. von take*.
tool [tuːl] **1.** Werkzeug *n* (*a. fig.*), Instrument *n*, Gerät *n*; **2.** mit e-m Werkzeug (be)arbeiten; ˈ**~-bag**, ˈ**~-kit** Werkzeugtasche *f*.
toot [tuːt] **1.** blasen, tuten; **2.** Tuten *n*.
tooth [tuːθ], *pl.* **teeth** [tiːθ] Zahn *m*; ~ *and nail* mit aller Kraft; *cast s.th. in s.o.'s teeth* j-m et. vorwerfen; ˈ**~ache** Zahnweh *n*; ˈ**~-brush** Zahnbürste *f*; **toothed** mit (...) Zähnen; Zahn...; ˈ**tooth·ing** ⊕ (Ver)Zahnung *f*; ˈ**tooth·less** □

zahnlos; ˈ**tooth-paste** Zahnpasta *f*; ˈ**tooth·pick** Zahnstocher *m*.
tooth·some □ [ˈtuːθsəm] schmackhaft.
too·tle [ˈtuːtl] tuten; dudeln; schwatzen.
top[1] [tɔp] **1.** oberstes Ende *n*; Oberteil *n*; Gipfel *m*, Spitze *f*; Wipfel *m*, Krone *f*; (Haus)Giebel *m*; Kopf *m e-r Seite*; *fig.* Gipfel *m* (*höchster Grad*); Oberfläche *f des Wassers*; (Bett)Himmel *m*; *mot. Am.* Verdeck *n*; ⚓ Mars *m*; Scheitel *m*; Haupt *n*, Erste *m*; Stulpe *f e-s Stiefels*; *at the* ~ obenan; *at the* ~ *of* oben an *od.* auf (*dat.*); *at the* ~ *of one's speed* in höchster Eile; *at the* ~ *of one's voice* aus voller Kehle, so laut man kann; *on* ~ obenauf; dazu noch; *on* ~ *of* oben auf (*dat.*); **2.** ober(er, -e, -es); oberst; Haupt...; *the* ~ *right corner* die rechte obere Ecke; **3.** oben bedecken, krönen; *fig.* übertragen, -treffen; vorangehen in (*dat.*); als erste(r) stehen auf *e-r Liste*; ⸙ stutzen, kappen; ~ *up* auffüllen.
top[2] [~] Kreisel *m*; *sleep like a* ~ wie ein Murmeltier schlafen.
to·paz *min.* [ˈtəupæz] Topas *m*.
top...: ˈ**~-ˈboots** *pl.* Stulpenstiefel *m/pl.*; Langschäfter *m/pl.*; **~ dog** *sl. der* Überlegene, *der* Herr.
to·pee [ˈtəupi] Tropenhelm *m*.
top·er [ˈtəupə] Zecher *m*.
top...: ˈ**~·flight** F prima, erstklassig; **~·gal·lant** ⚓ [~ˈgælənt, ⚓ təˈgælənt] **1.** Bram...; **2.** *a.* ~ *sail* Bramsegel *n*; **~ hat** Zylinderhut *m*; ˈ**~-ˈheav·y** kopflastig; ˈ**~-ˈhole** *sl.* ganz groß (*erstklassig*).
top·ic [ˈtɔpik] Gegenstand *m*, Thema *n*; ˈ**top·i·cal** □ örtlich, lokal (*a.* ⚕); aktuell.
top...: ˈ**~·knot** Haarknoten *m*; *orn.* Haube *f*; ˈ**~·mast** ⚓ Marsstenge *f*; ˈ**~·most** höchst, oberst; ˈ**~-ˈnotch** F prima, erstklassig.
to·pog·ra·pher [təˈpɔgrəfə] Topograph *m*; **top·o·graph·ic, top·o·graph·i·cal** □ [tɔpəˈgræfik(əl)] topographisch; **to·pog·ra·phy** [təˈpɔgrəfi] Topographie *f*, Ortsbeschreibung *f*.
top·per F [ˈtɔpə] Zylinder *m*; ˈ**top·ping** F prima, toll, fabelhaft.
top·ple [ˈtɔpl] *mst* ~ *over*, ~ *down* (um)kippen, umfallen.
top·sail ⚓ [ˈtɔpsl] Marssegel *n*.
top·sy·tur·vy □ [ˈtɔpsiˈtəːvi] auf den Kopf gestellt; das Unterste zuoberst; drunter und drüber.
toque [təuk] Toque *f* (*Damenhut*).
tor [tɔː] Felsturm *m*.
torch [tɔːtʃ] Fackel *f*; *a. electric* ~ Taschenlampe *f*; ˈ**~·light** Fackelschein *m*; ~ *procession* Fackelzug *m*.
tore [tɔː] *pret. von tear*[1] *1.*
tor·ment **1.** [ˈtɔːmənt] Qual *f*, Folter *f*, Pein *f*, Marter *f*; **2.** [tɔːˈment] peinigen, foltern, martern, quälen; **torˈmen·tor** Quälgeist *m*, Folterer *m*, Peiniger *m*.
torn [tɔːn] *p.p. von tear*[1] *1.*
tor·na·do [tɔːˈneidəu], *pl.* **torˈna·does** [~z] Wirbelsturm *m*, Tornado *m*.
tor·pe·do [tɔːˈpiːdəu], *pl.* **torˈpe·does** [~z] **1.** ⚓, ✈ Torpedo *m*; *a. toy* ~ Knallerbse *f*; *a.* ~*-fish ichth.* Zitterrochen *m*; **2.** ⚓ torpedieren (*a. fig.*); **~-boat** ⚓ Torpedoboot *n*; **~-tube** Torpedorohr *n*.
tor·pid □ [ˈtɔːpid] starr, erstarrt; *fig.* stumpf, apathisch; träg, schlaff; **torˈpid·i·ty,** ˈ**tor·pid·ness, tor·por** [ˈtɔːpə] Erstarrung *f*, Betäubung *f*.
torque ⊕ [tɔːk] Drehmoment *n*.
tor·rent [ˈtɔrənt] Sturz-, Gießbach *m*; (reißender) Strom *m* (*a. fig.*); **tor·ren·tial** □ [tɔˈrenʃəl] gießbachartig; Gießbach...; strömend; *fig.* ungestüm.
tor·rid [ˈtɔrid] dörrend; brennend heiß; ~ *zone* heiße Zone *f*.
tor·sion [ˈtɔːʃən] Drehung *f*; **tor·sion·al** [ˈ~ʃənl] Drehungs...
tor·so [ˈtɔːsəu] Torso *m*; Rumpf *m*; Bruchstück *n*.
tort ⚖ [tɔːt] Unrecht *n*.
tor·toise *zo.* [ˈtɔːtəs] Schildkröte *f*; **~-shell** [ˈtɔːtəʃel] Schildpatt *n*.
tor·tu·os·i·ty [tɔːtjuˈɔsiti] Gewundenheit *f*; Windung *f*; ˈ**tor·tu·ous** □ gewunden (*a. fig.*); *fig.* krumm.
tor·ture [ˈtɔːtʃə] **1.** Folter *f*, Marter *f*, Tortur *f*, Qual *f*; **2.** foltern, martern; ˈ**tor·tur·er** Folterer *m*; Peiniger *m*.
To·ry [ˈtɔːri] **1.** Tory *m* (*engl. Konservativer*); **2.** konservativ; Tory...; ˈ**To·ry·ism** Torytum *n*.
tosh *sl.* [tɔʃ] Quatsch *m*.
toss [tɔs] **1.** Werfen *n*, Wurf *m*; Zurückwerfen *n des Kopfes*; Hochwerfen *n e-r Münze etc.*; *win the* ~

beim Losen gewinnen; **2.** *v/t. a.* ~ *about* hin und her werfen; schütteln; (*in Verbindung mit adv.*) werfen; *a.* ~ *up* hochwerfen; ~ *off Getränk* hinunterstürzen; *Arbeit* hinhauen; ~ *the oars* ⚓ die Riemen pieken; *v/i.* sich hin und her werfen; geschüttelt werden; *a.* ~ *up* losen (*for* um); '**~-up** Losen *n mit e-r Münze*; *fig.* et. Zweifelhaftes *n*; *it's a* ~ es ist fraglich.

tot[1] F [tɔt] Knirps *m* (*kleines Kind*); Schlückchen *n*.

tot[2] F [~] **1.** (Gesamt)Summe *f*; **2.** ~ *up* zs.-zählen; sich belaufen (*to* auf *acc.*).

to·tal ['təutl] **1.** □ ganz, gänzlich; total; gesamt, Gesamt...; **2.** Gesamtbetrag *m*, -summe *f*; **3.** insgesamt betragen, sich belaufen auf (*acc.*); summieren; **to·tal·i·tar·i·an** [~tæli'tɛəriən] totalitär; **to·tal·i·'tar·i·an·ism** Totalitarismus *m*; **to'tal·i·ty** Gesamtheit *f*; Vollständigkeit *f*; **to·tal·i·zator** ['~təlaizeitə] Totalisator *m*; **to·tal·ize** ['~təlaiz] zs.-zählen.

tote F [təut] (mit sich) schleppen, tragen.

to·tem ['təutəm] Totem *n*; '**~-pole** Totempfahl *m*.

tot·ter ['tɔtə] wanken, wackeln; '**tot·ter·ing** □, '**tot·ter·y** wack(e)lig.

touch [tʌtʃ] **1.** *v/t.* be-, anrühren; (an)stoßen, stoßen an (*acc.*); betreffen; *fig.* rühren; erreichen; spielen, *Saiten* rühren; *Ton* anschlagen; färben; ~ *one's hat to s.o.* j. grüßen; ~ *bottom* auf Grund kommen; *fig.* den Tiefstpunkt erreichen; ~ *the spot* F gerade das Rechte sein; den Finger auf die Wunde legen; ~ *s.o. for sl.* j. anbetteln um; *a bit* ~*ed fig.* ein bißchen verrückt; ~ *off* skizzieren; *Geschütz* abfeuern; *fig.* auslösen; ~ *up* auffrischen; *phot.* retuschieren; *v/i.* sich berühren; ~ *at* ⚓ anlegen bei *od.* in (*dat.*), berühren; ~ (*up*)*on fig.* berühren; (kurz) erwähnen, betreffen; **2.** Berührung *f*; Gefühl(ssinn *m*) *n*; Anfall *m von Krankheit*; Anflug *m*, Anstrich *m*, Zug *m*; Fertigkeit *f*, Hand *f*; ♪ Anschlag *m*; (Pinsel)Strich *m*; *get in*(*to*) ~ *with* sich in Verbindung setzen mit; *to the* ~ beim Anfassen; '**~-and-'go** **1.** gewagte Sache *f*; *it is* ~ es steht auf des Messers Schneide; **2.** unsicher; riskant, gewagt; '**touch·i·ness** Empfindlichkeit *f*; '**touch·ing** **1.** □ rührend; **2.** *prp.* betreffend, in betreff; '**touch-line** *Fußball*: Seiten-, Marklinie *f*; '**touch·stone** Probierstein *m*; *fig.* Prüfstein *m*; '**touch·y** □ empfindlich; heikel; = *testy*.

tough [tʌf] **1.** zäh (*a. fig.*); unnachgiebig; schwer, hart, schwierig (*Arbeit etc.*); grob, brutal, übel; *a* ~ *customer* F ein übler Bursche *m*; **2.** schwerer Junge *m*; '**tough·en** zäh machen *od.* werden; '**tough·ie** F ['tʌfi] = *tough 2*; '**tough·ness** Zähigkeit *f*.

tour [tuə] **1.** (Rund)Reise *f*, Tour (-nee) *f*; *conducted* ~ Führung *f*; **2.** (be)reisen; '**tour·ing** Reise..., Touren...; ~ *car mot.* Touren-, Reisewagen *m*; '**tour·ist** Tourist (-in), (Vergnügungs)Reisende *m*; ~ *agency*, ~ *office*, ~ *bureau* Reisebüro *n*; ~ *industry* Fremdenindustrie *f*; ~ *season* Reisezeit *f*; ~ *ticket* Rundreisekarte *f*.

tour·ma·line *min.* ['tuəməlin] Turmalin *m*.

tour·na·ment ['tuənəmənt], **tour·ney** ['~ni] Turnier *n*.

tour·ni·quet ⚕ ['tuənikei] Aderpresse *f*.

tou·sle ['tauzl] (zer)zausen.

tout [taut] **1.** Schlepper *m*, (Kunden)Werber *m*; **2.** Kunden werben, schleppen.

tow[1] ⚓ [təu] **1.** Schleppen *n*; Schleppzug *m*; *take in* ~ ins Schlepptau nehmen; **2.** (ab)schleppen; treideln; ziehen.

tow[2] [~] Werg *n zum Spinnen*.

tow·age ⚓ ['təuidʒ] Schleppen *n*, Bugsieren *n*; Schleppgebühr *f*.

to·ward(s) [tə'wɔ:d(z), tɔ:d(z)] gegen; nach ... zu, auf ... (*acc.*) zu; (als Beitrag) zu.

tow·el ['tauəl] **1.** Handtuch *n*; **2.** abreiben; *sl. j-m* e-e Abreibung geben (*prügeln*); '**~-horse** Handtuchständer *m*; '**~-rack** Handtuchhalter *m*.

tow·er ['tauə] **1.** Turm *m*; *fig.* Hort *m*, Bollwerk *n*; **2.** sich (empor-) türmen, sich erheben; ~ *above mst fig.* überragen; '**tow·ered** hochgetürmt; '**tow·er·ing** □ turmhoch; *fig.* hoch; rasend (*Wut*).

tow(·ing)... [ˈtəu(iŋ)]: **ˈ~-line** Schlepptau *n*; **ˈ~-path** Treidelpfad *m*.
town [taun] **1.** Stadt *f*; *man about ~* Lebemann *m*; **2.** Stadt...; städtisch; **~ cen·tre**, *Am.* **~ cen·ter** Behördenviertel *n*; **~ clerk** Stadtsyndikus *m*; **~ coun·cil** Stadtrat *m* (*Versammlung*); **~ coun·cil·lor** Stadtrat *m* (*Person*); **~ cri·er** Ausrufer *m*; **~ hall** Rathaus *n*; **ˈ~-ˈplan·ning** Städtebau *m*, -planung *f*; **~·scape** [ˈ~skeip] Stadtbild *n*.
towns·folk [ˈtaunzfəuk] Stadtleute *pl.*, Städter *m/pl.*
town·ship [ˈtaunʃip] Stadtgemeinde *f*; Stadtgebiet *n*.
towns·man [ˈtaunzmən] Bürger *m*; *univ.* Philister *m*; *fellow ~* Mitbürger *m*; **ˈtowns·people** = *townsfolk*.
tow...: **ˈ~-path** Treidelpfad *m*; **ˈ~-rope** ⚓ Schlepptau *n*.
tox·ic, tox·i·cal □ [ˈtɔksik(əl)] giftig, toxisch, Gift...; **tox·in** [ˈtɔksin] Toxin *n*, Giftstoff *m*.
toy [tɔi] **1.** Spielzeug *n*; Tand *m*; *~s pl.* Spielwaren *f/pl.*; **2.** Spiel(zeug)-...; Miniatur...; Zwerg...; **3.** spielen (*mst fig.*); **ˈ~-book** Bilderbuch *n*; **ˈ~-box** Spielzeugschachtel *f*; **ˈ~-shop** Spielwarenhandlung *f*.
trace[1] [treis] **1.** Spur *f* (*a. fig.*); Grundriß *m*; **2.** nachspüren (*dat.*); *fig.* verfolgen; auf-, herausfinden, ausfindig machen; *et.* feststellen, nachweisen; (auf)zeichnen; (durch-) pausen; *surv.* abstecken; *~ back et.* zurückverfolgen (*to* bis zu); *~ out* aufspüren.
trace[2] [~] Strang *m*, Zugtau *n*; *kick over the ~s fig.* über die Stränge schlagen.
trace·a·ble □ [ˈtreisəbl] zurückzuverfolgen(d); nachweisbar; **trace el·e·ment** Spurenelement *n*; **ˈtrac·er** *a. ~ ammunition* Leuchtspurmunition *f*; *a. ~ element* Isotopenindikator *m*; **ˈtrac·er·y** △ Maßwerk *n an gotischen Fenstern*.
tra·che·a *anat.* [trəˈkiːə] Luftröhre *f*.
trac·ing [ˈtreisiŋ] Aufzeichnung *f*; Durchpausen *n*; Pauszeichnung *f*; **ˈ~-pa·per** Pauspapier *n*.
track [træk] **1.** Spur *f*; *bsd. Sport*: Bahn *f*; Rennstrecke *f*; Pfad *m*; Geleise *n* (*a.* 🚂); *hunt.* Fährte *f*; ⊕ Raupenkette *f*; *~ events pl.* Lauf (-disziplinen *f/pl.*) *m*; **2.** *v/t.* nachspüren (*dat.*); verfolgen; *~ down*, *~ out* aufspüren; *v/i.* Spur halten; **ˈtrack·er** *bsd. hunt.* Spurhalter *m*; Verfolger(in); **ˈtrack·less** spur-, pfadlos; ⊕ schienenlos.
tract[1] [trækt] Fläche *f*, Strecke *f*, Gegend *f*; *anat.* Trakt *m*.
tract[2] [~] Traktat *m*, *n*, Abhandlung *f*.
trac·ta·bil·i·ty [træktəˈbiliti], **ˈtrac·ta·ble·ness** Lenksamkeit *f*; **ˈtrac·ta·ble** □ lenk-, fügsam.
trac·tion [ˈtrækʃən] Ziehen *n*, Zug *m*; *~ engine* Zugmaschine *f*; **ˈtrac·tive** Zug...; **ˈtrac·tor** ⊕ Trecker *m*, Zugmaschine *f*, Schlepper *m*, Traktor *m*.
trade [treid] **1.** Handel *m*; Geschäft *n*; Gewerbe *n*; Handwerk *n*; *Am.* Schiebung *f*, Kompensationsgeschäft *n*; *Board of* ♀ Handelsministerium *n*; *the* ♀*s pl.* ⚓ die Passatwinde *m/pl.*; **2.** *v/i.* Handel treiben; handeln (*with* mit *j-m*; *in* mit *e-r Ware*); *~ on* F reisen auf (*acc.*), ausnutzen; *v/t.* tauschen (*for* gegen); *~ s.th. in* et. in Zahlung geben; **~ cy·cle** Konjunkturzyklus *m*; **ˈ~-fair** ✝ Messe *f*; **~ mark** Warenzeichen *n*, Schutzmarke *f*; **~ name** Firmenname *m*; Warenbezeichnung *f*; **~ price** Händlerpreis *m*; **ˈtrad·er** Händler *m*; Handelsschiff *n*; **trade school** Gewerbeschule *f*; **trade show** Filmvorführung *f* für Verleiher u. Kritiker; **trades·man** [ˈ~zmən] Händler *m*, Geschäftsmann *m*; **ˈtrades·peo·ple** Geschäftsleute *pl.*; **trade un·ion** Gewerkschaft *f*; **trade-ˈun·ion·ism** Gewerkschaftswesen *n*; **trade-ˈun·ion·ist 1.** Gewerkschaftler *m*; **2.** gewerkschaftlich.
trade wind ⚓ [ˈtreidˈwind] Passatwind *m*.
trad·ing [ˈtreidiŋ] Handels...
tra·di·tion [trəˈdiʃən] Tradition *f*, Überlieferung *f*; alter Brauch *m*; **traˈdi·tion·al** □ [~ʃənl], **traˈdi·tion·ar·y** [~ʃnəri] □ traditionell, überliefert; herkömmlich.
traf·fic [ˈtræfik] **1.** Verkehr *m*; Handel *m*; **2.** handeln (*in* mit); **traf·fi·ca·tor** [ˈ~keitə] *mot.* Winker *m*; **ˈtraf·fick·er** Händler *m*, *b.s.* Schacherer *m*; **traf·fic jam** Verkehrsstauung *f*; **traf·fic light** Verkehrsampel *f*.

tra·ge·di·an [trəˈdʒiːdjən] Tragiker *m*; *thea.* Tragöde *m*, Tragödin *f*; **trag·e·dy** [ˈtrædʒidi] Tragödie *f* (*a. fig.*); Trauerspiel *n*.

trag·ic, trag·i·cal □ [ˈtrædʒik(əl)] tragisch (*a. fig.*).

trag·i·com·e·dy [ˈtrædʒiˈkɔmidi] Tragikomödie *f*; **ˈtrag·iˈcom·ic** (*~ally*) tragikomisch.

trail [treil] **1.** *fig.* Schwanz *m*, Schweif *m*; Schleppe *f*; Spur *f*, *hunt.* Fährte *f*; Pfad *m*; *~ of smoke* Rauchfahne *f*; **2.** *v/t.* hinter sich (her)ziehen; auf der Spur verfolgen; *v/i.* (sich) schleppen; (sich hin)ziehen; ⚘ kriechen; wehen, flattern; **~ blaz·er** *Am.* Pistensucher *m*; Bahnbrecher *m*; **ˈtrail·er** (Wohnwagen)Anhänger *m*; ⚘ Kriechpflanze *f*; *Film*: Voranzeige *f*, Vorschau *f*.

train [trein] **1.** (Eisenbahn)Zug *m*; *allg.* Zug *m*; Gefolge *n*; Reihe *f*, Folge *f*, Kette *f*; Schleppe *f am Kleid*; **2.** *v/t.* erziehen; schulen; abrichten; ausbilden; einexerzieren; *Sport*: trainieren; *Geschütz* richten; *v/i.* (sich) üben; trainieren; *a. ~ it* F mit der Eisenbahn fahren; **ˈ~-ac·ci·dent, ˈ~-dis·as·ter** Eisenbahnunglück *n*; **trainˈee** in der Ausbildung Begriffene *m*; **ˈtrain·er** Ausbilder *m*; Zureiter *m*; Trainer *m*; **ˈtrain-ˈfer·ry** Eisenbahnfähre *f*.

train·ing [ˈtreiniŋ] Ausbildung *f*; Übung *f*; *Sport*: Training *n*; *physical ~* körperliche Ertüchtigung *f*; **ˈ~-col·lege** Lehrerbildungsanstalt *f*; **ˈ~-ship** Schulschiff *n*.

train-oil [ˈtreinɔil] Fischtran *m*.

trait [treit] (Charakter)Zug *m*.

trai·tor [ˈtreitə] Verräter *m* (*to* an *dat.*); **ˈtrai·tor·ous** □ verräterisch.

trai·tress [ˈtreitris] Verräterin *f*.

tra·jec·to·ry *phys.* [ˈtrædʒiktəri] Flugbahn *f*.

tram [træm] ⚒ Förderwagen *m*, Hund *m*; = *~-car*, *~way*; **ˈ~-car** Straßenbahnwagen *m*; **ˈ~-line** Straßenbahnlinie *f*.

tram·mel [ˈtræml] **1.** *Art* Fischnetz *n*; *~s pl. fig.* Fesseln *f/pl.*; **2.** fesseln, hemmen.

tramp [træmp] **1.** Getrampel *n*; (schwerer) Tritt *m*; Wanderung *f*; Tramp *m*; Landstreicher *m*; *a. ~ steamer* Trampschiff *n*; *on the ~* auf der Wanderschaft; **2.** *v/i.* trampeln, treten; (zu Fuß) wandern; *v/t.* durchwandern; **tram·ple** [ˈ~l] (zer)trampeln.

tram·way [ˈtræmwei] Straßenbahn *f*.

trance [trɑːns] Trance *f*, (hypnotischer) Traumzustand *m*; Verzückung *f*.

tran·quil □ [ˈtræŋkwil] ruhig; gelassen; **tranˈquil·(l)i·ty** Ruhe *f*; Gelassenheit *f*; **tran·quil·i·za·tion** [~laiˈzeiʃən] Beruhigung *f*; **ˈtran·quil·(l)ize** beruhigen; **ˈtran·quil·(l)i·zer** Beruhigungsmittel *n*, Sedativum *n*.

trans·act [trænˈzækt] abwickeln; abmachen; *~ business* Geschäfte machen; **transˈac·tion** Verrichtung *f*; Geschäft *n*, Transaktion *f*; *~s pl.* (Sitzungs-, Tätigkeits)Bericht(e *pl.*) *m*.

trans·al·pine [ˈtrænzˈælpain] transalpin(isch).

trans·at·lan·tic [ˈtrænzətˈlæntik] transatlantisch, Transatlantik...

tran·scend [trænˈsend] überschreiten, -steigen, -treffen; hinausgehen über (*acc.*); **tranˈscend·ence, tranˈscend·en·cy** Überlegenheit *f*; *phls.* Transzendenz *f*; **tranˈscend·ent** □ überragend, vorzüglich; *a.* = **tran·scen·den·tal** □ [~ˈdentl] 𝔄 transzendent; *phls.* transzendental; F phantastisch.

trans·con·ti·nen·tal [ˈtrænzkɔntiˈnentl] transkontinental.

tran·scribe [trænsˈkraib] abschreiben; *Kurzschrift* umschreiben; ♪ umsetzen; *Radio*: aufnehmen.

tran·script [ˈtrænskript] Abschrift *f*; **tranˈscrip·tion** Abschreiben *n*; Umschrift *f*; ♪ Umsetzung *f*; *Radio*: Aufnahme *f*.

tran·sept ⛪ [ˈtrænsept] Querschiff *n*.

trans·fer 1. [trænsˈfəː] *v/t.* übertragen (*bsd.* ⚖, *to* auf *acc.*); versetzen, verlegen (*to* nach; *in*, *into* in *acc.*); *Druck, Stich etc.* umdrucken; *v/i.* übertreten; **2.** [ˈ~] Übertragung *f* (*bsd.* ⚖); † Transfer *m*, Überweisung *f*, Versetzung *f*, Verlegung *f*; Abzug *m*, Umdruck *m*; Abziehbild *n*; Umsteiger *m* (*Fahrschein*); **transˈfer·a·ble** übertragbar *etc.*; **trans·fer·ee** ⚖ [~fəˈriː] Zessionar *m*, Übernehmer *m*; **trans·fer·ence**

['~fərəns] Übertragung *f*; '**trans·fer·or** ⚖ Zedent *m*; **trans·fer-pic·ture** ['~fə:piktʃə] Abziehbild *n*.

trans·fig·u·ra·tion [trænsfigjuə'reiʃən] Umgestaltung *f*; Verklärung *f*; **trans·fig·ure** [~'figə] umgestalten; verklären.

trans·fix [træns'fiks] durchstecken; ~**ed** *fig.* versteinert, starr (*with* vor *dat.*).

trans·form [træns'fɔ:m] umformen; um-, verwandeln; umgestalten; **trans·for·ma·tion** [~fə'meiʃən] Umformung *f*; Um-, Verwandlung *f*; Haarersatz *m*; **trans·form·er** ⚡ [~'fɔ:mə] Umformer *m*, Transformator *m*.

trans·fuse [træns'fju:z] ⚕ *Blut etc.* übertragen (*into* in, auf *acc.*); *fig.* einflößen (*dat.*); *fig.* durchtränken (*with* mit); **trans'fu·sion** [~ʒən] (*bsd.* ⚕ Blut)Übertragung *f*, Transfusion *f*.

trans·gress [træns'gres] *v/t.* überschreiten; übertreten, verletzen; *v/i.* sich vergehen; **trans'gres·sion** Überschreitung *f etc.*; Vergehen *n*; **trans'gres·sor** [~sə] Übertreter *m*.

tran·sience, tran·sien·cy ['trænziəns(i)] Vergänglichkeit *f*.

tran·sient ['trænziənt] **1.** *zeitlich* vorübergehend; vergänglich, flüchtig; **2.** *Am.* Durchreisende *m*.

trans·it ['trænsit] Durchgang *m*; Durchgangsverkehr *m*; *in* ~ unterwegs, auf dem Transport; ~ **camp** Durchgangslager *n*.

tran·si·tion [træn'siʒən] Übergang *m*; **tran'si·tion·al** □ [~ʒənl] Übergangs...; e-n Übergang bildend.

tran·si·tive □ *gr.* ['trænsitiv] transitiv.

tran·si·to·ri·ness ['trænsitərinis] Vergänglichkeit *f*, Flüchtigkeit *f*; '**tran·si·to·ry** □ vergänglich, flüchtig.

trans·lat·a·ble [træns'leitəbl] übersetzbar; **trans'late** *Buch etc.* übersetzen, -tragen; *fig.* umsetzen, -arbeiten (*into* in *acc.*, zu); *Geistliche* versetzen; entrücken; **trans'la·tion** Übersetzung *f etc.*; **trans'la·tor** Übersetzer(in).

trans·lu·cence, trans·lu·cen·cy [trænz'lu:sns(i)] Durchscheinen *n*; **trans'lu·cent** durchscheinend; *fig.* hell.

trans·ma·rine [trænzmə'ri:n] überseeisch.

trans·mi·grant ['trænzmigrənt] Durchwanderer *m*; **trans·mi·grate** ['trænzmai'greit] (aus)wandern; *fig.* wandern (*Seele*); **trans·mi'gra·tion** (Aus)Wanderung *f*; ~ *of souls* Seelenwanderung *f*.

trans·mis·si·ble [trænz'misəbl] übertragbar; **trans'mis·sion** Übermittlung *f*, *biol.* Vererbung *f*; *phys.* Fortpflanzung *f*; ⊕ Transmission *f*; *mot.* Getriebe *n*; *Radio*: Übertragung *f*, Sendung *f*.

trans·mit [trænz'mit] übermitteln, -senden; übertragen; *tel.*, *Radio*: senden; *biol.* vererben; *phys.* fortpflanzen; **trans'mit·ter** Übermittler(in); *tel. etc.* Sender *m*; **trans'mit·ting** *Radio*: Sende...; ~ *station* Sendestelle *f*.

trans·mog·ri·fy F [trænz'mɔgrifai] umkrempeln.

trans·mut·a·ble □ [trænz'mju:təbl] umwandelbar; **trans·mu'ta·tion** Um-, Verwandlung *f*; **trans'mute** um-, verwandeln.

trans·o·ce·an·ic ['trænzəuʃi'ænik] überseeisch; Ozean...

tran·som ⚓ ['trænsəm] Querholz *n*; Oberlicht *n*.

trans·par·en·cy [træns'pɛərənsi] Durchsichtigkeit *f*; Transparent *n*; Dia(positiv) *n*; **trans'par·ent** □ durchsichtig (*a. fig.*).

tran·spi·ra·tion [trænspi'reiʃən] Ausdünstung *f*; **tran·spire** [~'paiə] ausdünsten, -schwitzen; *fig.* durchsickern, verlauten; V passieren.

trans·plant [træns'plɑ:nt] um-, verpflanzen; **trans·plan'ta·tion** Verpflanzung *f*.

trans·port 1. [træns'pɔ:t] fortschaffen, befördern, transportieren; *fig.* hinreißen, entzücken; **2.** ['~] Fortschaffen *n*; Beförderung *f*; Transport *m*; Verkehr *m*; Beförderungsmittel *n*; Transportschiff *n*; Entzücken *n*; *Minister of* ♀ Verkehrsminister *m*; *in* ~*s* (*vor Freude od. Wut*) außer sich; **trans'port·a·ble** transportabel; **trans·por'ta·tion** Beförderung *f*, Fortschaffung *f*, Versendung *f*, Transport *m*.

trans·pose [træns'pəuz] versetzen, umstellen; ♪ transponieren; **trans-**

po·si·tion [͜pəˈziʃən] Umstellung *f*; ♪ Transposition *f*.
trans-ship ⚓, 🚂 [trænsˈʃip] umladen.
tran·sub·stan·ti·ate [trænsəbˈstænʃieit] stofflich umwandeln; *eccl. Brot u. Wein* verwandeln; ˈ**tran-sub·stan·ti**ˈ**a·tion** Stoffverwandlung *f*; *eccl.* Transsubstantiation *f*.
trans·ver·sal [trænzˈvəːsəl] **1.** □ quer hindurchgehend; **2.** ⩓ Transversale *f*; ˈ**trans·verse** □ quer laufend; Quer...; ͜ *section* Querschnitt *m*; ͜ *strength* ⊕ Querbiegefestigkeit *f*.
trap[1] [træp] **1.** Falle *f* (*a. fig.*); Klappe *f*; Wurfmaschine (*bsd. beim Tontaubenschießen*); ⊕ Wasserverschluß *m*; Geruchverschluß *m*; Gig *n* (*leichte Kutsche*); = ͜*door*; **2.** (in e-r Falle) fangen, in die Falle locken; *fig.* ertappen; mit Fallen besetzen; ⊕ mit Wasserverschluß versehen.
trap[2] *min.* [͜] Trapp *m*.
trap·door [ˈtræpˈdɔː] Falltür *f*; *thea.* Versenkung *f*.
trapes F [treips] latschen.
tra·peze [trəˈpiːz] *Zirkus*: Trapez *n*; **tra**ˈ**pe·zi·um** ⩓ [͜zjəm] Trapez *n*; **trap·e·zoid** ⩓ [ˈtræpizɔid] Trapezoid *n*.
trap·per [ˈtræpə] Trapper *m*, Pelzjäger *m*.
trap·pings [ˈtræpiŋz] *pl.* Paradegeschirr *n e-s Pferdes*; Schabracke *f*; *fig.* Schmuck *m*, Putz *m*.
trap·pist *eccl.* [ˈtræpist] Trappist *m*.
trap·py [ˈtræpi] heimtückisch.
traps F [træps] *pl.* Siebensachen *pl.*
trash [træʃ] Abfall *m*; *fig.* Plunder *m*; Unsinn *m*, Blech *n*; Kitsch *m*; ˈ**trash·y** □ wertlos, kitschig.
trav·ail † [ˈtræveil] (Geburts-)Wehen *pl.*
trav·el [ˈtrævl] **1.** *v/i. bsd. weit* reisen (*a.* ✈); *weitS.* sich bewegen; wandern; *v/t.* bereisen, durchwandern; **2.** *das* Reisen; ⊕ Lauf *m*, Bewegung *f*; ͜*s pl.* Reisen *f/pl.*; **trav·e·la·tor** [ˈtrævəleitə] rollender Gehsteig *m* (*Beförderungsband für Fußgänger*); ˈ**trav·el(l)ed** weitgereist; ˈ**trav·el·(l)er** Reisende *m* (*a.* ✈); ⊕ Laufkran *m*, Läufer *m*; ͜'*s cheque* Reisescheck *m*; ˈ**trav·el-(l)ing** Reise...; ⊕ Lauf...; ͜ *rug* Reisedecke *f*.
trav·e·log(ue) [ˈtrævəlɔg] Reisebericht *m* (*Lichtbildervortrag*).
trav·erse [ˈtrævəːs] **1.** Durchquerung *f*; *mount.* Quergang *m*; ⚖ Bestreitung *f*; ⚔ Querwall *m*; ⊕ Querstück *n*; **2.** *v/t.* (über-)queren; durchqueren, -ziehen; *fig.* durchkreuzen; ⚖ bestreiten; *Geschütz* (seitwärts) schwenken; *v/i. mount.* queren.
trav·es·ty [ˈtrævisti] **1.** Travestie *f*; Karikatur *f*; Zerrbild *n*; **2.** travestieren (*scherzhaft umgestalten*); verulken.
trawl [trɔːl] **1.** (Grund)Schleppnetz *n*; **2.** mit dem Schleppnetz fischen; ˈ**trawl·er** Trawler *m*.
tray [trei] (Servier)Brett *n*, Tablett *n*; Ablegekasten *m*, Ablage *f*; *pen-*͜ Federschale *f*.
treach·er·ous □ [ˈtretʃərəs] verräterisch, treulos; (heim)tückisch; trügerisch (*Wetter, Gedächtnis etc.*); ˈ**treach·er·ous·ness**, ˈ**treach·er·y** Verrat *m*, Verräterei *f*, Treulosigkeit *f*; Tücke *f*.
trea·cle [ˈtriːkl] Sirup *m*; Melasse *f*; ˈ**treac·ly** sirupartig; *fig.* zuckersüß.
tread [tred] **1.** (*irr.*) *v/i.* treten (*on, upon* auf *acc.*); einhertreten, schreiten; *v/t.* treten (*a. vom Hahn*); *rhet.* betreten; **2.** Tritt *m*, Schritt *m*; Hahnentritt *m*; Trittstufe *f*; Lauffläche *f e-s Rades etc.*; **trea·dle** [ˈ͜dl] **1.** Pedal *n*, Tritt *m*; **2.** treten; ˈ**tread·mill** Tretmühle *f*.
trea·son [ˈtriːzn] Verrat *m*; ˈ**trea-son·a·ble** □ verräterisch (*bsd. Sache*).
treas·ure [ˈtreʒə] **1.** Schatz *m*, Reichtum *m*; ͜*s of the soil* Bodenschätze *m/pl.*; ͜*-house* Schatzkammer *f*; ͜ *trove* Schatzfund *m*; **2.** *oft* ͜ *up Schätze* sammeln, aufhäufen; *fig.* schätzen; ˈ**treas·ur·er** Schatzmeister *m*, Kassenwart *m*.
treas·ur·y [ˈtreʒəri] Schatzkammer *f*; (*bsd.* Staats)Schatz *m*; 2 (*Board*), *Am.* 2 *Department* Finanzministerium *n*; 2 **Bench** *parl.* Ministerbank *f*; ͜ **bill** Schatzwechsel *m*; ͜ **note** Kassenschein *m* (*Papiergeld*).
treat [triːt] **1.** *v/t.* behandeln; betrachten; ͜ *s.o. to s.th.* j-m et. spendieren; ͜ *o.s. to s.th.* sich et. genehmigen; *v/i.* ͜ *of* handeln von, *et.* behandeln; ͜ *with* unterhandeln

mit (*for* über *acc.*); **2.** (Extra-) Vergnügen *n*, Hochgenuß *m*; *school* ~ Schulausflug *m*; *it is my* ~ F es geht auf meine Rechnung; *stand* ~ F (die Zeche) bezahlen; **trea·tise** ['~tiz] Abhandlung *f*; '**treat·ment** Behandlung *f*; '**trea·ty** Vertrag *m*; *be in* ~ *with* in Unterhandlung stehen mit; ~ *port* Vertragshafen *m*.

tre·ble ['trebl] **1.** □ dreifach; ♪ Diskant...; **2.** Dreifache *n*; ♪ Diskant *m*, Sopran *m*; **3.** (sich) verdreifachen.

tree [tri:] **1.** Baum *m*; *s. family*; *at the top of the* ~ *fig.* auf der höchsten Stufe; *up a* ~ F in der Klemme; **2.** auf e-n Baum treiben; *fig.* in die Enge treiben; '**tree·less** baumlos; '**tree·top** Baumkrone *f*, -wipfel *m*.

tre·foil ['trefɔil] ⚘ Klee *m*; △ Kleeblatt *n*.

trek [trek] *Südafrika*: **1.** trecken, (im Ochsenwagen) reisen *od.* ziehen; **2.** Treck *m*.

trel·lis ['trelis] **1.** ⚒ Spalier *n*; **2.** vergittern; ⚒ am Spalier ziehen.

trem·ble ['trembl] **1.** zittern (*at* bei; *with* vor *dat.*); **2.** Zittern *n*.

tre·men·dous □ [tri'mendəs] schrecklich, furchtbar; F kolossal, riesig, fürchterlich, ungeheuer.

trem·or ['tremə] Zittern *n*, Beben *n*.

trem·u·lous □ ['tremjuləs] zitternd, bebend; '**trem·u·lous·ness** Zittern *n*, Beben *n*.

trench [trentʃ] **1.** Graben *m*; *fig.* Furche *f*; ⚔ Schützengraben *m*; ~ *warfare* Grabenkrieg *m*; **2.** *v/t.* mit Gräben durchziehen; *fig.* durchfurchen; ⚒ umgraben; *v/i.* ⚔ Gräben ausheben; ~ (*up*)*on* eingreifen in (*acc.*); *fig.* hart grenzen an (*acc.*); '**trench·ant** □ schneidend, scharf; bündig, markig (*Sprache*); **trench coat** Wettermantel *m*, Trenchcoat *m*.

trench·er ['trentʃə] Schneidebrett *n*; *fig.* Tafel *f*; ~ **cap** Studentenmütze *f*.

trend [trend] **1.** Richtung *f*; *fig.* Lauf *m*; *fig.* Strömung *f*; Tendenz *f*; **2.** sich erstrecken, laufen.

tre·pan [tri'pæn] **1.** ⚕ *hist.* Schädelbohrer *m*; **2.** ⚕ trepanieren; ⊕ anfräsen.

trep·i·da·tion [trepi'deiʃən] Zittern *n*, Beben *n*; Bestürzung *f*.

tres·pass ['trespəs] **1.** Vergehen *n*, Übertretung *f*; unbefugtes Betreten *n od.* Verletzen *n fremden Eigentums*; Eingriff *m*; **2.** unbefugt eindringen (*on*, *upon* in *fremdes Eigentum etc.*); *Zeit etc.* über Gebühr in Anspruch nehmen; '**tres·pass·er** Rechtsverletzer *m*; unbefugter Eindringling *m*; ~*s will be prosecuted* unbefugtes Betreten bei Strafe verboten.

tress [tres] Haarlocke *f*, -flechte *f*.

tres·tle ['tresl] Gestell *n*, Bock *m*; ~ *bridge* Bockbrücke *f*.

trey [trei] Drei *f im Karten- u. Würfelspiel.*

tri·ad ['traiəd] Dreizahl *f*, Triade *f*.

tri·al ['traiəl] Versuch *m* (*of* mit); Probe *f*, Prüfung *f*; *fig.* Prüfung *f*, Plage *f*; ⚖ Verhandlung *f*, Prozeß *m*, (Gerichts)Verfahren *n*; ~ *match* Sichtungsspiel *n*; *on* ~ auf Probe; vor Gericht; *prisoner on* ~ Untersuchungsgefangene *m*, *f*; ~ *of strength* Kraftprobe *f*; *bring to* ~ vor Gericht bringen; *give s.o. od. s.th. a* ~ es mit j-m *od.* e-r Sache versuchen; *send for* ~ vor Gericht stellen; ~ **run** Probefahrt *f*.

tri·an·gle ['traiæŋgl] Dreieck *n*; ♪ Triangel *m*; **tri·an·gu·lar** □ [~'æŋgjulə] dreieckig; **tri'an·gu·late** *surv.* [~leit] triangulieren.

trib·al □ ['traibəl] den Stamm betreffend; Stammes...; **tribe** Stamm *m*; Geschlecht *n*; *bsd. contp.* Zunft *f*, Sippe *f*; ⚘, *zo.* Klasse *f*; **tribes·man** ['~zmən] Stammesangehörige *m*, -genosse *m*.

trib·u·la·tion [tribju'leiʃən] Drangsal *f*, Leiden *n*.

tri·bu·nal [tri'bju:nl] Richterstuhl *m*; Gericht(shof *m*) *n*; Tribunal *n* (*a. fig.*); '**trib·une** Tribun *m*; Tribüne *f*.

trib·u·tar·y ['tribjutəri] **1.** □ zinspflichtig; *fig.* helfend; *weitS.* untergeordnet; Neben...; **2.** Tributpflichtige *m*; Nebenfluß *m*; **trib·ute** ['~bju:t] Tribut *m*, Zins *m*; *fig.* Tribut *m*, Zoll *m*; Anerkennung *f*; Hochachtung *f*; Huldigung *f*.

trice[1] [trais]: *in a* ~ im Nu.

trice[2] [~]: ~ *up* aufwinden.

tri·chi·na *zo.* [tri'kainə] Trichine *f*.

trick [trik] **1.** Kniff *m*, Pfiff *m*, List *f*, Trick *m*; Kunstgriff *m*, -stück *n*;

Streich *m*, Possen *m*; Eigenheit *f*; *Karten*: Stich *m*; ~ *film* Trickfilm *m*; **2.** betrügen (*out of* um); hereinlegen; verleiten (*into* zu); ~ *out*, ~ *up* herausputzen; ˈ**trick·er, trick·ster** [ˈ~stə] Gauner *m*; ˈ**trick·er·y** Betrügerei *f*; ˈ**trick·ish** □ betrügerisch; verschmitzt.

trick·le [ˈtrikl] **1.** tröpfeln, rieseln; F *fig.* spritzen (*schnell gehen*); **2.** Tröpfeln *n*; Tropfen *m*.

trick·si·ness [ˈtriksinis] Mutwilligkeit *f*; ˈ**trick·sy** □ mutwillig; = ˈ**trick·y** □ verschlagen; F heikel; verzwickt, knifflig, verwickelt, schwierig.

tri·col·o(u)r [ˈtrikələ] Trikolore *f*.

tri·cy·cle [ˈtraisikl] Dreirad *n*.

tri·dent [ˈtraidənt] Dreizack *m*.

tri·en·ni·al □ [traiˈenjəl] dreijährig; dreijährlich.

tri·er [ˈtraiə] Untersucher *m*, Prüfer *m*.

tri·fle [ˈtraifl] **1.** Kleinigkeit *f*; Lappalie *f*; *Küche*: Biskuitauflauf *m*; *a* ~ ein bißchen, ein wenig, etwas; **2.** *v/i.* spielen, spaßen, scherzen; *v/t.* ~ *away* vertrödeln, verschwenden; ˈ**tri·fler** oberflächlicher Mensch *m*.

tri·fling [ˈtraifliŋ] □ geringfügig; unbedeutend.

trig[1] [trig] **1.** hemmen; ~ *up* stützen; **2.** Hemmschuh *m*.

trig[2] [~] schmuck; fest.

trig·ger [ˈtrigə] **1.** Abzug *m am Gewehr*; *phot.* Auslöser *m*; **2.** ~ *off fig.* auslösen.

trig·o·no·met·ric, trig·o·no·met·ri·cal □ ⩓ [trigənəˈmetrik(əl)] trigonometrisch; **trig·o·nom·e·try** ⩓ [~ˈnɔmitri] Trigonometrie *f*.

tri·lat·er·al □ ⩓ [ˈtraiˈlætərəl] dreiseitig.

tril·by F [ˈtrilbi] großer Schlapphut *m*.

tri·lin·gual □ [ˈtraiˈliŋgwəl] dreisprachig.

trill [tril] **1.** Triller *m*; gerolltes R *n*; **2.** trillern; *bsd.* das R rollen.

tril·lion [ˈtriljən] Trillion *f*; *Am.* Billion *f*.

trim [trim] **1.** □ ordentlich; schmuck; gepflegt (*Bart etc.*); **2.** (richtiger) Zustand *m*; Ordnung *f*; ⚓ richtige Lage *f od.* Stellung *f*; (richtige) Verfassung *f*; Putz *m*, Staat *m*; *in* (*out of*) ~ in guter (schlechter) Verfassung; **3.** *v/i.* in Ordnung bringen, zurechtmachen; (*up* heraus)putzen, schmücken; *Kleid etc.* besetzen; *Bart etc.* stutzen; *Hecke etc.* beschneiden; *Lampe* putzen; ✈, ⚓ trimmen (*gleichmäßig verteilen*); *v/i. fig.* schwanken, lavieren; ˈ**trim·mer** Putzer(in); ⚓ Trimmer *m*; *pol.* Achselträger *m*; ˈ**trim·ming** Putzen *n*; *mst* ~*s pl.* Besatz *m*, Garnierung *f*; ˈ**trim·ness** gute Ordnung *f*; gutes Aussehen *n*, Gepflegtheit *f*.

tri·mo·tor [ˈtraiməutə] dreimotoriges Flugzeug *n*; ˈ**tri·mo·tored** dreimotorig.

Trin·i·ty [ˈtriniti] Dreieinigkeit *f*.

trin·ket [ˈtriŋkit] wertloses Schmuckstück *n*; ~*s pl.* Kinkerlitzchen *pl.*

tri·o ♪ [ˈtri:əu] Trio *n*.

trip [trip] **1.** Reise *f*, Fahrt *f*; Ausflug *m*, Spritztour *f*; Stolpern *n*, Fallen *n*; Fehltritt *m* (*a. fig.*); ~ *of the tongue* Versprechen *n*; **2.** *v/i.* trippeln, tänzeln; stolpern (*over* über *acc.*); e-n Fehltritt tun (*a. fig.*); *fig.* e-n Fehler *od.* Fauxpas machen; *catch s.o.* ~*ping* j. bei e-m Fehler ertappen; *v/t. a.* ~ *up j-m* ein Bein stellen (*a. fig.*).

tri·par·tite [ˈtraiˈpɑ:tait] dreiteilig.

tripe [traip] Kaldaunen *f/pl.*, Kutteln *f/pl.*; *sl.* Quatsch *m*, Mist *m*.

tri·phase [ˈtraiˈfeiz] dreiphasig; ~ *current* ⚡ Drehstrom *m*.

tri·plane ✈ [ˈtraiplein] Dreidecker *m*.

tri·ple □ [ˈtripl] dreifach.

tri·plet [ˈtriplit] Dreiergruppe *f*; *poet.* Dreireim *m*; ♪ Triole *f*; ~*s pl.* Drillinge *m/pl.*

tri·plex [ˈtripleks] dreifach; ~ *glass* Verbundglas *n*.

trip·li·cate **1.** [ˈtriplikit] dreifach; **2.** [ˈ~keit] verdreifachen.

tri·pod [ˈtraipɔd] Dreifuß *m*; *phot.* Stativ *n*.

tri·pos [ˈtraipɔs] letztes Examen *n* für e-n *honours degree in Cambridge.*

trip·per F [ˈtripə] Ausflügler(in); ˈ**trip·ping** **1.** □ flink, flott; **2.** Trippeln *n*; Beinstellen *n*.

trip·tych [ˈtriptik] Triptychon *n*, dreiteiliges Altarbild *n*.

tri·sect [trai'sekt] in drei (gleiche) Teile teilen.
tris·yl·lab·ic ['traisi'læbik] (~*ally*) dreisilbig; '**tri'syl·la·ble** dreisilbiges Wort *n*.
trite □ [trait] abgedroschen, platt.
trit·u·rate ['tritjureit] zerreiben.
tri·umph ['traiəmf] **1.** Triumph *m*, Sieg *m* (*over* über *acc.*) (*a. fig.*); **2.** triumphieren, den Sieg davontragen (*over* über *acc.*) (*a. fig.*); **tri·um·phal** [~'ʌmfəl] Sieges..., Triumph...; ~ *arch* Triumphbogen *m*; ~ *procession* Triumphzug *m*; **tri'um·phant** □ triumphierend, frohlockend.
tri·um·vi·rate [trai'ʌmvirit] Triumvirat *n*.
tri·une ['traiju:n] dreieinig.
triv·et ['trivit] Dreifuß *m zum Kochen*; *as right as a* ~ in schönster Ordnung; pudelwohl.
triv·i·al □ ['triviəl] bedeutungslos; unbedeutend; trivial; gewöhnlich, alltäglich; **triv·i·al·i·ty** [~'æliti] Belanglosigkeit *f*; Plattheit *f*, Trivialität *f*.
tro·chee ['trəuki:] Trochäus *m* [(*Versfuß*).]
trod [trɔd], *pret.*, '**trod·den** *p.p. von tread 1.*
trog·lo·dyte ['trɔglədait] Höhlenbewohner *m*.
Tro·jan ['trəudʒən] **1.** trojanisch; **2.** Trojaner(in); *work like a* ~ wie ein Pferd arbeiten.
troll[1] [trəul] mit der Schleppangel fischen; (vor sich hin) trällern.
troll[2] [~] Troll *m*, Kobold *m*.
trol·l(e)y ['trɔli] Handwagen *m*, Karren *m*; Draisine *f*; *a. tea-*~ Tee-, Servierwagen *m*; Kontaktrolle *f e-s Oberleitungsfahrzeugs*; *Am.* Straßenbahnwagen *m*; '**~-bus** O(berleitungs)bus *m*.
trol·lop *contp.* ['trɔləp] **1.** Schlampe *f*; Hure *f*; **2.** latschen.
trom·bone ♪ [trɔm'bəun] Posaune *f*.
troop [tru:p] **1.** Truppe *f*; Schar *f*, Gruppe *f*, Trupp *m*; ⚔ (Reiter)Zug *m*; ~*s pl.* Truppen *f/pl.*; **2.** sich scharen, sich sammeln; in Scharen ziehen; ~ *away*, ~ *off* abziehen; ~*ing the colour(s)* ⚔ Fahnenparade *f*; '**~-carri·er** ⚓, ✈ Truppentransporter *m*; '**troop·er** Kavallerist *m*; Kavalleriepferd *n*; *swear like a* ~ wie ein Landsknecht fluchen.
trope [trəup] bildlicher Ausdruck *m*, Tropus *m*.
tro·phy ['trəufi] Trophäe *f*, Siegeszeichen *n*.
trop·ic ['trɔpik] Wendekreis *m*; ~*s pl.* Tropen *pl.*; '**trop·ic**, '**trop·i·cal** □ tropisch; Wendekreis...
trot [trɔt] **1.** Trott *m*, Trab *m*; *keep s.o. on the* ~ *fig.* j. in Trab halten; **2.** traben (lassen); trotten; ~ *out* F vorführen; ~ *s.o. round* j. herumführen; j. mitnehmen.
troth † [trəuθ]: *in* ~ meiner Treu, wahrlich; *plight one's* ~ sein Wort verpfänden.
trot·ter ['trɔtə] Traber *m*; ~*s pl.* Hammel-, Schweinsfüße *m/pl. als Speise*.
trou·ble ['trʌbl] **1.** Unruhe *f*; Störung *f* (*a.* ⊕); Kummer *m*, Sorge *f*, Not *f*; Mühe *f*, Beschwerde *f*; Plage *f*; *weitS.* Unannehmlichkeiten *f/pl.*; ~*s pl. pol.* Unruhen *f/pl.*; *be in* ~ in Nöten sein; *ask od. look for* ~ sich (selbst) Schwierigkeiten machen; das Schicksal herausfordern; *take (the)* ~ sich (die) Mühe machen; **2.** *v/t.* stören, beunruhigen, belästigen; quälen, plagen; Mühe machen (*dat.*); ~ *s.o. for* j. bemühen um; *v/i.* F sich bemühen; '**~·man**, '**~-shooter** *Am.* F Störungssucher *m*; **trou·ble·some** ['~səm] beschwerlich, lästig; '**troub·lous** unruhig.
trough [trɔf] (Futter)Trog *m*; Backtrog *m*, Mulde *f*; ~ *of the sea* Wellental *n*.
trounce F [trauns] *j.* verhauen.
troupe [tru:p] (Schauspieler-, Zirkus)Truppe *f*.
trou·sered ['trauzəd] behost; **trousers** ['~z] *pl.* (*a pair of* eine) (lange) Hose *f*, Hosen *f/pl.*
trous·seau ['tru:səu] Aussteuer *f*.
trout *ichth.* [traut] Forelle *f*.
tro·ver ⚖ ['trəuvə] rechtswidrige Aneignung *f*.
trow † *od. co.* [trau] glauben, meinen.
trow·el ['trauəl] Maurerkelle *f*.
troy (**weight**) ['trɔi(weit)] Feingewicht *n für Edelmetalle u. -steine.*
tru·an·cy ['tru:ənsi] (Schul)Schwänzerei *f*; '**tru·ant 1.** müßig, bummelnd; **2.** Schulschwänzer *m*; *fig.* Bummler *m*; *play* ~ die Schule schwänzen; bummeln.

truce [tru:s] Waffenstillstand *m*; *political* ~ Burgfriede *m*.
truck[1] [trʌk] (offener) Güterwagen *m*; Last(kraft)wagen *m*, Lkw *m*; Transportkarren *m*.
truck[2] [~] **1.** (ver)tauschen, handeln, (ver)schachern; **2.** Tausch (-handel) *m*; Verkehr *m*; *mst* ~ *system* Naturallohnsystem *n*; *garden* ~ *Am.* Gemüse *n*.
truck·le[1] ['trʌkl] zu Kreuze kriechen (*to* vor *dat.*).
truck·le[2] [~] *mst* ~*-bed* Unterschiebbett *n*.
truck·man ['trʌkmən] Lkw-Fahrer *m*, Lastwagenfahrer *m*.
truc·u·lence, truc·u·len·cy ['trʌkjuləns(i)] Wildheit *f*; '**truc·u·lent** □ wild, roh; grob; grausam.
trudge [trʌdʒ] wandern; sich (dahin)schleppen, mühsam gehen.
true [tru:] (*adv. truly*) wahr; echt, wirklich; treu; wahrheitsgetreu; genau; richtig, (regel)recht; *be* ~ *of* zutreffen auf (*acc.*), gelten für; *it is* ~ gewiß, freilich, zwar, allerdings; *come* ~ sich bewahrheiten; ~ *to life* (*nature*) lebenstreu (naturgetreu); *prove* ~ (sich) bewahrheiten; '~-'**blue** *fig.* **1.** waschecht; treu; **2.** treuer Anhänger *m*; '~-**bred** reinrassig; '~-**love** Lieb (-chen) *n*; '**true·ness** Wahrheit *f*; Treue *f*; Echtheit *f etc.*
truf·fle ⚘ ['trʌfl] Trüffel *f*.
tru·ism ['tru:izəm] Binsenwahrheit *f*.
tru·ly ['tru:li] wirklich; wahrhaft; aufrichtig; genau; treu; *Yours* ~ Ihr ergebener, Ihre ergebene.
trump [trʌmp] **1.** *Karten*: Trumpf *m*; F feiner Kerl *m*; **2.** (über-) trumpfen, *Karte* stechen; ~ *up* erdichten, zs.-schwindeln; '**trump·er·y** **1.** Plunder *m*, Trödel *m*; Kitsch *m*; **2.** lumpig; kitschig.
trum·pet ['trʌmpit] **1.** ♪ Trompete *f*; Schalltrichter *m*; *blow one's own* ~ *fig.* sein eigenes Lob singen *s. ear-*~, *speaking-*~; **2.** trompeten; ~ *forth fig.* ausposaunen; '**trum·pet·er** Trompeter *m*.
trun·cate ['trʌŋkeit] stutzen; verstümmeln; **trun'ca·tion** Verstümmelung *f*.
trun·cheon ['trʌntʃən] (Polizei-, Gummi)Knüppel *m*; Kommandostab *m*.
trun·dle ['trʌndl] **1.** Rolle *f*; **2.** rollen, (sich) wälzen; *Reifen* schlagen.
trunk [trʌŋk] (Baum)Stamm *m*; Rumpf *m*; Rüssel *m des Elefanten*; *großer* Koffer *m*; *s.* ~*-line*; '~-**call** *teleph.* Ferngespräch *n*; '~-**exchange** *teleph.* Fernamt *n*; '~-**line** 🚂 Hauptlinie *f*; *teleph.* Fernleitung *f*; **trunks** *pl.* Turnhose *f*; Badehose *f*; Herrenunterhose *f*.
trun·nion ⊕ ['trʌnjən] Zapfen *m*.
truss [trʌs] **1.** Bündel *n*, Bund *n*; ⚕ Bruchband *n*; △ Hängewerk *n*, Binder *m*, Gerüst *n*; **2.** (zs.-)binden, zs.-schnüren; △ stützen; '~-**bridge** Fachwerkbrücke *f*.
trust [trʌst] **1.** Vertrauen *n* (*in* auf *acc.*); Glaube *m*; Kredit *m*; Depositum *n*, Pfand *n*; Verwahrung *f*, Obhut *f*; ⚖ Treuhand *f*; ⚖ Treugut *n*; ✝ Ring *m*, Trust *m*; ~ *company* Treuhandgesellschaft *f*; *in* ~ treuhänderisch, zu treuen Händen; *on* ~ auf Treu und Glauben; ✝ auf Kredit; *position of* ~ Vertrauensstellung *f*; **2.** *v/t.* (ver)trauen (*dat.*); anvertrauen, übergeben (*s.o. with s.th., s.th. to s.o.* j-m et.); zuversichtlich hoffen; ~ *s.o. to do s.th.* j-m zutrauen, daß er et. tut; *v/i.* vertrauen (*in, to* auf *acc.*).
trus·tee [trʌs'ti:] Sach-, Verwalter *m*; ⚖ Pfleger *m*, Treuhänder *m*, Kurator *m*; ~ *security*, ~ *stock* mündelsicheres Papier *n*; **trus'tee·ship** Sachwalterschaft *f*; Treuhänderschaft *f*; Kuratorium *n*.
trust·ful □ ['trʌstful], '**trust·ing** □ vertrauensvoll, zutraulich.
trust·wor·thi·ness ['trʌstwə:ðinis] Vertrauenswürdigkeit *f*; Zuverlässigkeit *f*; '**trust·wor·thy** vertrauenswürdig; zuverlässig; '**trust·y** zuverlässig, treu.
truth [tru:θ], *pl.* **truths** [tru:ðz] Wahrheit *f*; Wirklichkeit *f*; Wahrhaftigkeit *f*; Genauigkeit *f*; ~ *to life* Lebenstreue *f*.
truth·ful □ ['tru:θful] wahrhaft(ig); '**truth·ful·ness** Wahrhaftigkeit *f*, Wahrheitsliebe *f*.
try [trai] **1.** *v/t.* versuchen; probieren; prüfen (*a. fig.*); ⚖ verhandeln über *et.* (*acc.*) *od.* gegen *j.* (*for* wegen); *j.* vor Gericht stellen; aburteilen; *die Augen etc.* angreifen; ~ *on Kleid* anprobieren; ~ *it on with s.o.* F es bei j-m probieren;

~ *one's hand at* sich versuchen an (*dat.*); ~ *out* erproben, ausprobieren; *v/i.* versuchen (*at acc.*); sich bemühen *od.* bewerben (*for* um); **2.** F Versuch *m*; *have a* ~ e-n Versuch machen; ˈ**try·ing** □ anstrengend; kritisch; ˈ**try-ˈon** Anprobe *f*; F Schwindelmanöver *n*; ˈ**try-ˈout** Erprobung *f*; *Sport*: Ausscheidungsspiel *n*; **try·sail** ⚓ [ˈtraisl] Gaffelsegel *n*.

tryst *schott.* [traist] **1.** Stelldichein *n*; **2.** (sich) verabreden.

Tsar [zɑː] Zar *m*.

T-shirt [ˈtiːʃəːt] kurzärmeliges Sporthemd *n*.

T-square [ˈtiːskwɛə] Reißschiene *f*.

tub [tʌb] **1.** Faß *n*, Zuber *m*; Kübel *m*; Badewanne *f*; F (Wannen)Bad *n*; F *co.* Kahn *m*; *Sport*: Ruderkasten *m*; **2.** *Pflanzen* in Kübel setzen; *Butter* in ein Faß tun; F baden; im Ruderkasten trainieren; ˈ**tub·by** tonnenartig.

tube [tjuːb] Rohr *n*; (*Am. bsd.* Radio)Röhre *f*; Tube *f*; *mot.* (Luft-)Schlauch *m*; Tunnel *m*; F Untergrundbahn *f* (*bsd. in London*).

tu·ber ⚘ [ˈtjuːbə] Knolle *f*; **tu·ber·cle** [ˈ~bəːkl] *anat., zo.* Knötchen *n*; ⚕ Tuberkel *f*; **tu·ber·cu·lo·sis** ⚕ [~bəːkjuˈləusis] Tuberkulose *f*; **tuˈber·cu·lous** ⚕ tuberkulös; **tu·ber·ous** ⚘ [ˈ~bərəs] knollig.

tub·ing [ˈtjuːbiŋ] Röhrenmaterial, -werk *n*.

tu·bu·lar □ [ˈtjuːbjulə] röhrenförmig; Röhren...; Rohr...

tuck [tʌk] **1.** Falte *f*; Abnäher *m*; *sl.* Leckereien *f/pl.*; **2.** ab-, aufnähen; ~ *in* reinhauen, kräftig essen; (*mit adv. od. prp.*) packen, stecken; ~ *up* aufschürzen, -krempeln; *Beine* unterschlagen; *in e-e Decke etc.* einwickeln.

tuck·er *hist.* [ˈtʌkə] Brusttuch *n*.

tuck...: ˈ**~-in** *sl.* großes Essen *n*; ˈ**~-shop** *sl.* Süßwarengeschäft *n*.

Tues·day [ˈtjuːzdi] Dienstag *m*.

tu·fa *min.* [ˈtjuːfə], **tuff** [tʌf] Tuff(-stein) *m*.

tuft [tʌft] Büschel *n*, Busch *m*; (Haar)Schopf *m*; ˈ**~-hunt·er** gesellschaftlicher Streber *m*, Schmarotzer *m*; ˈ**tuft·y** □ büschelig.

tug [tʌg] **1.** Zug *m*, Ruck *m*; ⚓ Schlepper *m*; *fig.* Anstrengung *f*; ~ *of war Sport u. fig.* Tauziehen *n*; **2.** ziehen, zerren (*at* an *dat.*); ⚓ schleppen; sich mühen (*for* um).

tu·i·tion [tjuːˈiʃən] Unterricht *m*; Schulgeld *n*.

tu·lip ⚘ [ˈtjuːlip] Tulpe *f*.

tulle [tjuːl] Tüll *m*.

tum·ble [ˈtʌmbl] **1.** *v/i.* fallen, purzeln; taumeln; sich wälzen; ~ *to* F kapieren, spitzkriegen; *v/t.* werfen; (um)stürzen; durchwühlen, zerknüllen; **2.** Sturz *m*, Fall *m*; Wirrwarr *m*; ˈ**~·down** baufällig; ˈ**tumbler** Trinkglas *n*, Becher *m*; ⊕ Zuhaltung *f am Schloß*; *orn.* Tümmler *m*.

tum·brel [ˈtʌmbrəl], **tum·bril** [ˈ~bril] Schutt-, Dungkarren *m*.

tu·mid [ˈtjuːmid] geschwollen; *fig.* schwülstig; **tuˈmid·i·ty** Schwellung *f*; Geschwollenheit *f*.

tum·my F [ˈtʌmi] *Kindersprache*: Bäuchlein *n*, Magen *m*.

tu·mo(u)r ⚕ [ˈtjuːmə] Geschwulst *f*, Tumor *m*.

tu·mult [ˈtjuːmʌlt] Tumult *m*; Lärm *m*; Aufruhr *m* (*a. fig.*); **tuˈmul·tu·ous** □ [~tjuəs] lärmend; stürmisch, ungestüm.

tu·mu·lus [ˈtjuːmjuləs] Grabhügel *m*, Tumulus *m*.

tun [tʌn] Tonne *f*, Faß *n*; Maischbottich *m*.

tu·na *ichth.* [ˈtuːnə] Thunfisch *m*.

tun·dra [ˈtʌndrə] Tundra *f*.

tune [tjuːn] **1.** Melodie *f*, Lied *n*, Weise *f*, Tonstück *n*; ♪ Stimmung *f* (*a. fig.*); *in* ~ (gut) gestimmt; *fig.* übereinstimmend (*with* mit); *out of* ~ verstimmt (*a. fig.*); *to the* ~ *of £ 100* in Höhe von 100 Pfd.; *change one's* ~ *fig.* andere Saiten aufziehen; **2.** stimmen (*a. fig.*); ~ *in Radio*: einstellen (*to* auf *acc.*); ~ *out Radio*: ausschalten; ~ *up* (die Instrumente) stimmen; *fig. Befinden etc.* heben; *mot.* tunen, die Leistung erhöhen; ♪ anstimmen; **tune·ful** □ [ˈ~ful] melodisch; klangvoll; ˈ**tune·less** □ unmelodisch; ˈ**tun·er** ♪ Stimmer *m*; *Radio*: Abstimmvorrichtung *f*.

tung·sten ⚗ [ˈtʌŋstən] Wolfram *m*.

tu·nic [ˈtjuːnik] Tunika *f*; ⚔ Uniformrock *m*; *anat.*, ⚘ Häutchen *n*.

tun·ing...: ˈ**~-coil** *Radio*: Abstimmspule *f*; ˈ**~-fork** ♪ Stimmgabel *f*.

tun·nel [ˈtʌnl] **1.** Tunnel *m*; ⚒ Stollen *m*; **2.** e-n Tunnel bohren (durch).

tun·ny *ichth.* [ˈtʌni] Thunfisch *m*.
tun·y F [ˈtjuːni] melodisch.
tur·ban [ˈtəːbən] Turban *m*.
tur·bid [ˈtəːbid] trüb; dick; verworren; **ˈtur·bid·ness** Trübheit *f etc.*
tur·bine ⊕ [ˈtəːbin] Turbine *f*; **ˈ~-ˈpow·ered** mit Turbinenantrieb; **tur·bo-jet** [ˈtəːbəuˈdʒet] Strahlturbine *f*; **tur·bo-prop** [ˈ~ˈprɔp] Propellerturbine *f*.
tur·bot *ichth.* [ˈtəːbət] Steinbutt *m*.
tur·bu·lence [ˈtəːbjuləns] Unruhe *f*; Ungestüm *n*; **ˈtur·bu·lent** □ unruhig; ungestüm; stürmisch, turbulent.
tu·reen [təˈriːn] Terrine *f*.
turf [təːf] **1.** Rasen *m*; Torf *m*; Rennbahn *f*; Rennsport *m*; **2.** mit Rasen belegen; ~ *out sl. j.* ʼrausschmeißen; **turf·ite** [ˈ~ait] Rennsportliebhaber *m*; **ˈturf·y** rasenbedeckt; torfartig; rennsportlich.
tur·gid □ [ˈtəːdʒid] geschwollen, schwülstig (*mst fig.*); **turˈgid·i·ty** Geschwollenheit *f*.
Turk [təːk] Türke *m*, Türkin *f*; *fig.* Wüterich *m*.
tur·key [ˈtəːki] **1.** ♀ *carpet* türkischer Teppich *m*; **2.** *orn.* Truthahn *m*, -henne *f*, Pute(r *m*) *f*; *Am. sl. thea., Film*: Pleite *f*, Versager *m* (*schlechtes Stück*).
Turk·ish [ˈtəːkiʃ] türkisch; ~ *bath* türkisches Bad *n*, Schwitzbad *n*; ~ *delight* Geleefrüchte *f/pl.*; ~ *towel* Frottier(hand)tuch *n*.
tur·moil [ˈtəːmɔil] Aufruhr *m*, Unruhe *f*; Getümmel *n*.
turn [təːn] **1.** *v/t.* drehen; (um-) wenden, umkehren; lenken; richten; verwandeln (*into* in *acc.*); abbringen (*from* von); abhalten, abwehren; übertragen (*into English* ins Englische); formen, bilden; (*a. fig. Verse etc.*) drechseln; schwindlig machen; verrückt machen; *he has ~ed 50, he is ~ed (of) 50* er ist über 50 Jahre alt; ~ *s.o.'s brain* j-m den Kopf verdrehen; ~ *colour* die Farbe wechseln; ~ *a corner* um eine Ecke biegen; *he can ~ his hand to anything* er ist zu allem zu gebrauchen; ~ *tail* F ausreißen; ~ *s.o. against* j. aufhetzen gegen; ~ *aside* abwenden; ~ *away* abwenden; abweisen; wegjagen; ~ *down* umkehren; *Buchseite etc.* umkniffen; *Gas etc.* herunterschrauben, kleinstellen; *Bettdecke etc.* zurückschlagen; *Vorschlag etc.* ablehnen; *j-m* e-n Korb geben; ~ *in* einwärts drehen; F ab-, zurückgeben; ~ *off* ableiten (*a. fig.*); hinauswerfen; wegjagen; ~ *off* (*on*) ab- (an)drehen, ab- (ein)schalten; ~ *out* auswärts drehen; hinauskehren; *Taschen etc.* umkehren; wegjagen, hinauswerfen, vertreiben; *Fabrikat etc.* herausbringen, produzieren, herstellen; *Gas etc.* ausdrehen; ~ *over* umwenden; *fig.* übertragen; ⚕ umsetzen; überlegen; ~ *over a new leaf* ein neues Leben beginnen; ~ *up* nach oben wenden *od.* richten; *Kragen etc.* hochklappen; umwenden; *Spielkarte* aufdecken; *Hose etc.* auf-, umschlagen; *Gas etc.* aufdrehen; ↗ umpflügen; F *j-m* den Magen umdrehen, zum Erbrechen bringen; *v/i.* sich drehen, sich wenden; sich umdrehen; sich verwandeln (*into* in *acc.*); umschlagen (*Wetter etc.*; *a. fig.*); *Christ, Soldat, grau etc.* werden; *a.* ~ *sour* sauer werden (*Milch*); ~ *about* sich umdrehen; ⚔ kehrt machen; ~ *away* sich abwenden; ~ *back* zurückgehen, -kehren; ~ *in* sich einbiegen; hineingehen, einkehren; F zu Bett gehen; ~ *off* abbiegen; ~ *on* sich drehen um, abhängen von; ~ *out* sich nach außen wenden *od.* kehren; die Arbeit einstellen; ausfallen, ablaufen; (schließlich) werden; sich erweisen als, sich herausstellen als; F *aus dem Bett* aufstehen; aus dem Hause gehen; ⚔ ausrücken; ~ *over* sich umwenden; ~ *round* sich herumdrehen; ~ *to* sich (*dat.*) zuwenden, sich wenden an (*acc.*); sich verwandeln in (*acc.*); werden *od.* gereichen zu; ~ *to* (*adv.*) sich an die Arbeit machen; ~ *up* sich zeigen, auftauchen; ~ *upon* sich drehen um (*a. fig.*); sich wenden *od.* richten gegen; **2.** (Um)Drehung *f*; Krümmung *f*; Serpentine *f*; Wendung *f*, Richtung *f* (*a. fig.*); Neigung *f*, Hang *m* (*for* zu); Wechsel *m*, Veränderung *f*; Gestalt *f*; Beschaffenheit *f*, Art *f*; Spaziergang *m*; Reihe(nfolge) *f*; (Programm)Nummer *f*; F Schreck *m*, Schock *m*; *at every ~* auf Schritt und Tritt; *by od. in ~s* der Reihe nach, abwechselnd;

do s.o. a good (bad) ~ j-m e-n guten (schlechten) Dienst erweisen; *in* ~ abwechselnd, der Reihe nach; *in my* ~ meinerseits; *it is my* ~ ich bin an der Reihe; *take a* ~ sich ändern; *take a* ~ *at s.th.* et. versuchen; *take a few* ~*s* ein paar Schritte tun; *take one's* ~ et. tun, wenn die Reihe an e-n kommt; *take* ~*s* miteinander abwechseln; *to a* ~ aufs Haar; *a friendly* ~ ein Freundschaftsdienst *m*; *does it serve your* ~*?* entspricht das Ihren Zwecken?; '**~·a·bout** Kehrt(wendung *f*) *n*; '**~-buck·le** ⊕ Spannschraube *f*; '**~·coat** Abtrünnige *m*; '**turn·down col·lar** Umlegekragen *m*; '**turn·er** Drechsler *m*; Dreher *m*; '**turn·er·y** Drechslerarbeit *f*.

turn·ing ['tə:niŋ] Drechseln *n*; Wendung *f*; Biegung *f*; Straßenecke *f*; (Weg)Abzweigung *f*; Querstraße *f*; *take a* ~ um die Ecke biegen; '**~-lathe** ⊕ Drehbank *f*; '**~-point** *fig.* Wendepunkt *m*.

tur·nip ♀ ['tə:nip] (*bsd.* weiße) Rübe *f*.

turn·key ['tə:nki:] Schließer *m*, Gefangenenwärter *m*; '**turn-'out** Ausstaffierung *f*; Kutsche *f*; Arbeitseinstellung *f*; Versammlung *f*; ✝ Gesamtproduktion *f*; 🚂, ⚓ Ausweichstelle *f*; '**turn·o·ver** ✝ Umsatz *m*; Umgruppierung *f*, Verschiebung *f*; (Apfel- *etc.*)Tasche *f* (*Gebäck*); '**turn·pike** Schlagbaum *m*; *Am.* (gebührenpflichtige) Schnellstraße *f*; '**turn-screw** Schraubenzieher *m*; '**turn·spit** Bratenwender *m*; '**turn·stile** Drehkreuz *n*; '**turn-ta·ble** 🚂 Drehscheibe *f*; Plattenteller *m am Plattenspieler*; '**turn-'up 1.** aufklappbar; **2.** Umschlag *m an der Hose*; F Krach *m*; F Keilerei *f*.

tur·pen·tine ⚗ ['tə:pəntain] Terpentin *n*.

tur·pi·tude *lit.* ['tə:pitju:d] Schändlichkeit *f*.

tur·quoise *min.* ['tə:kwɑ:z] Türkis *m*.

tur·ret ['tʌrit] Türmchen *n*; ⚔, ⚓ (*mst* drehbarer) Panzerturm *m*; ✈ Kanzel *f*; ⊕ Revolverkopf *m*; ~ *lathe* ⊕ Revolverdrehbank *f*; '**tur·ret·ed** mit Türmchen *etc.* besetzt.

tur·tle[1] *zo.* ['tə:tl] Schildkröte *f*; *turn* ~ kentern.

tur·tle[2] *orn.* [~] *mst* ~*-dove* Turteltaube *f*.

Tus·can ['tʌskən] **1.** toskanisch; **2.** Toskaner(in); Toskanisch *n*.

tush [tʌʃ] *int.* pah!

tusk [tʌsk] Fangzahn *m*; Stoßzahn *m des Elefanten etc.*; Hauer *m des Wildschweins*.

tus·sle ['tʌsl] **1.** Rauferei *f*, Balgerei *f*; **2.** raufen, sich balgen.

tus·sock ['tʌsək] Büschel *n*.

tut [tʌt] ach was!, Unsinn!

tu·te·lage ['tju:tilidʒ] Vormundschaft *f*; Bevormundung *f*.

tu·te·lar·y ['tju:tiləri] schützend; Schutz...

tu·tor ['tju:tə] **1.** (Privat-, Haus-) Lehrer *m*; *univ.* Tutor *m*; *Am. univ.* Assistent *m mit Lehrauftrag*; ⚖ Vormund *m*; **2.** unterrichten; schulen, erziehen; *fig.* beherrschen; **tu·to·ri·al** [~'tɔ:riəl] **1.** Lehrer...; Tutor...; **2.** *univ.* Unterrichtsstunde *f* e-s Tutors; **tu·tor·ship** ['~təʃip] (*bsd.* Haus)Lehrerstelle *f* (*of* bei).

tux·e·do *Am.* [tʌk'si:dəu] Smoking *m*.

TV ['ti:'vi:] **1.** Fernsehen *n*; Fernsehapparat *m*; **2.** Fernseh...

twad·dle ['twɔdl] **1.** Geschwätz *n*; **2.** schwatzen, quatschen.

twain † [twein] zwei.

twang [twæŋ] **1.** Schwirren *n*; *mst nasal* ~ näselnde Aussprache *f*; **2.** schwirren (lassen), klimpern; näseln.

'twas [twɔz, twəs] = *it was*.

tweak [twi:k] zwicken.

tweed [twi:d] Tweed *m* (*Wollgewebe*).

'tween [twi:n] = *between*.

tween·y ['twi:ni] Aushilfsmädchen *n*.

tweet [twi:t] zwitschern; '**tweet·er** *Radio*: Hochtonlautsprecher *m*.

tweez·ers ['twi:zəs] *pl.* (*a pair of* eine) Haarzange *f*; Pinzette *f*.

twelfth [twelfθ] **1.** zwölfte(r, -s); **2.** Zwölftel *n*; '**♀-night** Dreikönigsabend *m*.

twelve [twelv] zwölf; **~·fold** ['~fəuld] zwölffach; '**~·month** *ein Jahr n*.

twen·ti·eth ['twentiiθ] **1.** zwanzigste(r, -s); **2.** Zwanzigstel *n*.

twen·ty ['twenti] zwanzig; **~·fold** ['~fəuld] zwanzigfach.

'twere [twə:] = *it were*.

twerp *sl.* [twə:p] Kerl *m*, Knülch *m*.

twice [twais] zweimal; ~ *the sum* die doppelte Summe; ~ *as much* zweimal *od.* noch einmal soviel.
twid·dle ['twidl] **1.** (*v/i.* sich) drehen; mit ... spielen; **2.** Schnörkel *m.*
twig¹ [twig] Zweig *m*, Rute *f.*
twig² F [~] kapieren, spitzkriegen.
twi·light ['twailait] **1.** Zwielicht *n*; Dämmerung *f* (*a. fig.*); ~ *of the gods* Götterdämmerung *f*; **2.** Dämmer(ungs)...; dämmerig; ~ *sleep* ⚕ Dämmerschlaf *m.*
twill [twil] **1.** Köper *m* (*Gewebe*); **2.** köpern.
'twill [~] = *it will.*
twin [twin] **1.** Zwillings...; doppelt; **2.** Zwilling *m*; **~-en·gined** ✈ ['~endʒind] zweimotorig.
twine [twain] **1.** Bindfaden *m*; Schnur *f*; Zwirn *m*; Windung *f*; **2.** *v/t.* zwirnen; zs.-drehen; *fig.* verflechten; schlingen, winden; umwinden, -schlingen, -ranken (*with* mit); *v/i. a.* ~ *o.s.* sich winden *od.* schlingen; sich schlängeln.
twinge [twindʒ] Zwicken *n*; Stechen *n*, Stich *m*; bohrender Schmerz *m.*
twin·kle ['twiŋkl] **1.** funkeln, blitzen; huschen; zwinkern; *in the twinkling of an eye* im Nu; **2.** Funkeln *n etc.*; *in a* ~ im Nu.
twirl [twəːl] **1.** Wirbel *m*; Schnörkel *m*; **2.** wirbeln; drehen; '**twirl·ing-stick** Quirl. *m.*
twirp [twəːp] = *twerp.*
twist [twist] **1.** Drehung *f*; Drall *m*; Windung *f*; Verdrehung *f*; Verdrehtheit *f*; Neigung *f*, Veranlagung *f*; (Gesichts)Verzerrung *f*; Garn *n*; Rollentabak *m*; Kringel *m*, Zopf *m* (*Backwaren*); Tüte *f*; Twist *m* (*Tanz*); **2.** *v/t.* drehen, winden; zs.-drehen; zwirnen; verdrehen; verkrümmen; *Gesicht* verziehen, verzerren; *Ball* anschneiden; *v/i.* sich drehen *od.* winden (*a. fig.*); sich verziehen; '**twist·er** Seiler *m*; Zwirner *m*; *Sport*: (an)geschnittener Ball *m*; *Billard*: Effetstoß *m*; F etwas zum Kopfzerbrechen; *Am.* Tornado *m.*
twit *fig.* [twit] *j.* aufziehen (*with* mit).
twitch [twitʃ] **1.** reißen; zupfen; zwicken; zucken (mit); **2.** Zupfen *n*; Ruck *m*; Zuckung *f*; *vet.* Nasenbremse *f*; = *twinge.*
twit·ter ['twitə] **1.** zwitschern; piepsen; **2.** Gezwitscher *n*; *be in a* ~ zittern, beben.
'twixt [twikst] = *betwixt.*
two [tuː] **1.** zwei; *in* ~ entzwei; *put* ~ *and* ~ *together* sich et. zs.-reimen; seine eignen Schlüsse ziehen; **2.** Zwei *f*; *in* ~*s* zu zweien; '**~-bit** *Am.* F 25-Cent...; *fig.* unbedeutend, Klein...; '**~-edged** zweischneidig; **~·fold** ['~fəuld] zweifach; '**~-handed** zweihändig; für zwei Personen; '**~-'job man** Doppelverdiener *m*; **~·pence** ['tʌpəns] zwei Pence; **~-pen·ny** ['tʌpni] zwei Pence wert; Zweipenny...; '**~-phase** ⚡ zweiphasig; '**~-'piece** zweiteilig; '**~-ply** zweischäftig (*Tau*); doppelt (*Tuch etc.*); '**~-'seat·er** *mot.* Zweisitzer *m*; '**~-'step** Twostep *m* (*Tanz*); '**~--'sto·rey** zweistöckig; '**~-stroke** *mot.* Zweitakt...; '**~-'thirds** Zweidrittel...; '**~-way** ⊕ Zweiweg...; ~ *adapter* ⚡ Doppelstecker *m*; ~ *traffic* Gegenverkehr *m.*
'twould [twud] = *it would.*
ty·coon *Am.* F [tai'kuːn] Industriekapitän *m*, Magnat *m.*
tyke [taik] Köter *m*; Lümmel *m.*
tym·pa·num ['timpənəm] *anat.* Trommelfell *n*; △ Giebelfeld *n*, Tympanon *n.*
type [taip] **1.** Typ(us) *m*; Urbild *n*; Vorbild *n*; Muster *n*; Art *f*; ⊕ Ausführung *f*; Sinnbild *n*; *typ.* Letter *f*, Type *f*, Buchstabe *m*; *in* ~ gesetzt; ~ *area* Satzspiegel *m*; *true to* ~ artecht; *set in* ~ setzen; **2.** = ~*write*; '**~-found·er** Schriftgießer *m*; '**~-script** (Schreib)Maschinenschrift *f*; '**~-set·ter** Schriftsetzer *m*; '**~·write** (*irr. write*) mit der Schreibmaschine schreiben; '**~·writer** Schreibmaschine *f*; ~ *face* Schreibmaschinenschrift *f*; ~ *ribbon* Farbband *n*; '**~·writ·ten** maschinengeschrieben.
ty·phoid ⚕ ['taifɔid] **1.** typhös; ~ *fever* = **2.** (Unterleibs)Typhus *m.*
ty·phoon *meteor.* [tai'fuːn] Taifun *m.*
ty·phus ⚕ ['taifəs] Flecktyphus *m.*
typ·i·cal □ ['tipikəl] typisch; (vor-)bildlich; richtig, echt; kennzeichnend, chrakteristisch, bezeichnend (*of* für); **typ·i·fy** ['~fai] typisch sein für; versinnbildlichen; **typ·ist** ['taipist] *a. shorthand* ~ Stenotypistin *f.*

ty·pog·ra·pher [taiˈpɔgrəfə] Buchdrucker *m*; **ty·po·graph·ic, ty·po·graph·i·cal** □ [~pəˈgræfik(əl)] typographisch; Druck...; **ty·pog·ra·phy** [~ˈpɔgrəfi] Buchdruckerkunst *f*, Typographie *f*.

ty·ran·nic, ty·ran·ni·cal □ [tiˈrænik(əl)] tyrannisch; **tyˈran·ni·cide** [~said] Tyrannenmörder *m*; Tyrannenmord *m*; **tyr·an·nize** [ˈtirənaiz] als Tyrann herrschen; ~ *over* tyrannisieren; **ˈtyr·an·nous** □ tyrannisch; **ˈtyr·an·ny** Tyrannei *f*, Gewaltherrschaft *f*.

ty·rant [ˈtaiərənt] Tyrann(in).

tyre [ˈtaiə] *s. tire*[1].

ty·ro [ˈtaiərəu] *s. tiro*.

Tyr·o·lese [tirəˈliːz] **1.** Tiroler(in); **2.** tirolisch, Tiroler(...).

Tzar [zɑː] Zar *m*.

U

u·biq·ui·tous □ [juːˈbikwitəs] allgegenwärtig, überall zu finden(d); **uˈbiq·ui·ty** Allgegenwart *f*.

U-boat ⚓ [ˈjuːbəut] *deutsches* U-Boot *n*.

ud·der [ˈʌdə] Euter *n*.

ugh [ʌx, uh, əːh] hu! (*Schreck*); puh! (*Ekel*).

ug·li·fy [ˈʌglifai] entstellen.

ug·li·ness [ˈʌglinis] Häßlichkeit *f*.

ug·ly □ [ˈʌgli] häßlich, garstig; gefährlich, schlimm (*z.B. Wunde*).

U·krain·i·an [juːˈkreinjən] **1.** ukrainisch; **2.** Ukrainer(in).

u·ku·le·le ♪ [juːkəˈleili] Ukulele *n*, Hawaiigitarre *f*.

ul·cer ⚕ [ˈʌlsə] Geschwür *n*; Ulkus *m*; (Eiter)Beule *f*; **ul·cer·ate** [ˈ~reit] eitern (lassen); **ul·cerˈa·tion** Geschwürbildung *f*; **ˈul·cer·ous** geschwürig.

ul·lage † [ˈʌlidʒ] Flüssigkeitsverlust *m*, Leckage *f*.

ul·na *anat.* [ˈʌlnə], *pl.* **ul·nae** [ˈ~niː] Elle *f*.

ul·ster [ˈʌlstə] Ulster *m* (*Mantel*).

ul·te·ri·or □ [ʌlˈtiəriə] jenseitig; *fig.* weiter; anderweitig; tiefer liegend, versteckt; ~ *motive* Hintergedanke *m*.

ul·ti·mate □ [ˈʌltimit] letzt; endlich; End...; **ˈul·ti·mate·ly** zu guter Letzt.

ul·ti·ma·tum [ʌltiˈmeitəm], *pl. a.* **ul·tiˈma·ta** [~tə] Ultimatum *n*.

ul·ti·mo † [ˈʌltiməu] im letzten Monat, vorigen Monats.

ul·tra [ˈʌltrə] übermäßig; Ultra..., ultra...; **ˈ~ˈfash·ion·a·ble** hypermodern; **~·maˈrine 1.** überseeisch; **2.** ⚗, *paint.* Ultramarin *n*; **ˈ~ˈmod·ern** hypermodern; **~·mon·tane** *eccl., pol.* [~ˈmɔntein] **1.** ultramontan; **2.** Ultramontane *m*; **ˈ~-ˈred** ultrarot; **ˈ~-ˈshort wave** Ultrakurzwelle *f*; **ˈ~ˈson·ic** Überschall...; **ˈ~-ˈvi·o·let** ultraviolett.

ul·u·late [ˈjuːljuleit] heulen.

um·bel ⚘ [ˈʌmbəl] Dolde *f*.

um·ber *min., paint.* [ˈʌmbə] Umber *m*, Umbra *f* (*brauner Farbstoff*).

um·bil·i·cal □ [ʌmˈbilikəl, ⚕ ~ˈlaikəl] Nabel...; ~ *cord* Nabelschnur *f*.

um·brage [ˈʌmbridʒ] Anstoß *m* (*Ärger*); *poet.* Schatten *m*; **um·bra·geous** □ [~ˈbreidʒəs] schattig; *fig.* empfindlich.

um·brel·la [ʌmˈbrelə] Regenschirm *m*; *fig.* Schirm *m*, Schutz *m*; ⚔ Abschirmung *f*; Jagdschutz *m*; **umˈbrel·la-stand** Schirmständer *m*.

um·pire [ˈʌmpaiə] **1.** Schiedsrichter *m*; **2.** Schiedsrichter sein.

ump·teen [ˈʌmptiːn], **ˈump·ty** *sl.* zig, viele, zahlreiche.

un... [ʌn] un...; Un...; ent...; nicht...

'un F [ʌn, ən] = *one*.

un·a·bashed [ˈʌnəˈbæʃt] unverfroren; unerschrocken.

un·a·bat·ed [ˈʌnəˈbeitid] unvermindert.

un·a·ble [ˈʌnˈeibl] unfähig, außerstande (*to inf.* zu *inf.*).

un·a·bridged [ˈʌnəˈbridʒd] ungekürzt.

un·ac·cept·a·ble [ˈʌnəkˈseptəbl] unannehmbar.

un·ac·com·mo·dat·ing [ˈʌnəˈkɔmədeitiŋ] nicht entgegenkommend.
un·ac·count·a·ble □ [ˈʌnəˈkauntəbl] unerklärlich; seltsam; nicht zur Rechenschaft verpflichtet.
un·ac·cus·tomed [ˈʌnəˈkʌstəmd] ungewohnt; ungewöhnlich; ~ *to* nicht gewöhnt an (*acc.*).
un·ac·knowl·edged [ˈʌnəkˈnɔlidʒd] nicht anerkannt *od.* zugestanden.
un·ac·quaint·ed [ˈʌnəˈkweintid]: ~ *with* nicht vertraut mit, unkundig *e-r Sache.*
un·a·dorned [ˈʌnəˈdɔ:nd] ungeschmückt.
un·a·dul·ter·at·ed □ [ˈʌnəˈdʌltəreitid] unverfälscht.
un·ad·vis·a·ble □ [ˈʌnədˈvaizəbl] unratsam; ˈ**un·adˈvised** □ [~zd, *adv.* ~zidli] unbedacht; unberaten.
un·af·fect·ed □ [ˈʌnəˈfektid] unberührt; *fig.* ungerührt; ungekünstelt.
un·a·fraid [ˈʌnəˈfreid] furchtlos.
un·aid·ed [ˈʌnˈeidid] ohne Unterstützung; (ganz) allein; unbewaffnet, bloß (*Auge*).
un·al·ien·a·ble [ˈʌnˈeiljənəbl] unveräußerlich.
un·al·loyed [ˈʌnəˈlɔid] unlegiert; *fig.* unvermischt.
un·al·ter·a·ble □ [ʌnˈɔ:ltərəbl] unveränderlich; **unˈal·tered** unverändert.
un·am·big·u·ous □ [ˈʌnæmˈbigjuəs] unzweideutig.
un·am·bi·tious □ [ˈʌnæmˈbiʃəs] ohne Ehrgeiz; anspruchslos.
un·a·me·na·ble [ˈʌnəˈmi:nəbl] unzugänglich.
un-A·mer·i·can [ˈʌnəˈmerikən] unamerikanisch.
un·a·mi·a·ble □ [ˈʌnˈeimjəbl] unliebenswürdig.
u·na·nim·i·ty [ju:nəˈnimiti] Einmütigkeit *f*; **u·nan·i·mous** □ [ju:ˈnæniməs] einmütig, -stimmig.
un·an·nounced [ˈʌnəˈnaunst] unangemeldet.
un·an·swer·a·ble □ [ʌnˈɑ:nsərəbl] unwiderleglich; ˈ**unˈan·swered** unbeantwortet; offen (*Frage*); unerwidert.
un·ap·palled [ˈʌnəˈpɔ:ld] unerschrocken.
un·ap·peal·a·ble ⚖ [ˈʌnəˈpi:ləbl] unanfechtbar.
un·ap·peas·a·ble □ [ˈʌnəˈpi:zəbl] unversöhnlich.
un·ap·proach·a·ble □ [ˈʌnəˈprəutʃəbl] unzugänglich.
un·ap·pro·pri·at·ed [ˈʌnəˈprəuprieitid] nicht verwendet, herrenlos.
un·apt □ [ˈʌnˈæpt] untauglich, ungeeignet; ~ *to inf.* nicht dazu neigend, zu *inf.*; *be ~ to learn* nicht leicht lernen.
un·armed [ˈʌnˈɑ:md] unbewaffnet.
un·a·shamed □ [ˈʌnəˈʃeimd; *adv.* ~midli] schamlos.
un·asked [ˈʌnˈɑ:skt] unverlangt; ungebeten.
un·as·sail·a·ble □ [ʌnəˈseiləbl] unangreifbar.
un·as·sist·ed □ [ˈʌnəˈsistid] ohne Hilfe *od.* Unterstützung.
un·as·sum·ing [ˈʌnəˈsju:miŋ] anspruchslos, bescheiden.
un·at·tached [ˈʌnəˈtætʃt] nicht gebunden, nicht organisiert; ungebunden, ledig, frei.
un·at·tain·a·ble □ [ˈʌnəˈteinəbl] unerreichbar.
un·at·tend·ed [ˈʌnəˈtendid] unbegleitet; unbeaufsichtigt.
un·at·trac·tive □ [ʌnəˈtræktiv] wenig anziehend, reizlos; uninteressant.
un·au·thor·ized [ˈʌnˈɔ:θəraizd] unberechtigt, unbefugt.
un·a·vail·a·ble [ˈʌnəˈveiləbl] nicht verfügbar; unbrauchbar; ˈ**un·aˈvail·ing** vergeblich, nutzlos.
un·a·void·a·ble □ [ʌnəˈvɔidəbl] unvermeidlich.
un·a·ware [ˈʌnəˈwɛə] ohne Kenntnis; *be ~ of et.* nicht merken; *be ~ that* nicht wissen, daß; ˈ**un·aˈwares** unversehens; versehentlich; unvermutet; ohne es zu wissen *od.* zu merken.
un·backed [ˈʌnˈbækt] ohne Unterstützung; ungedeckt (*Scheck*); ~ *horse* Pferd *n*, auf das nicht gesetzt wurde.
un·bag [ˈʌnˈbæg] aus dem Sack holen *od.* lassen.
un·bal·ance [ˈʌnˈbæləns] Unausgeglichenheit *f*; ˈ**unˈbal·anced** nicht im Gleichgewicht befindlich; unausgeglichen; geistesgestört.
un·bap·tized [ˈʌnbæpˈtaizd] ungetauft.
un·bar [ˈʌnˈbɑ:] aufriegeln, -schließen.
un·bear·a·ble □ [ʌnˈbɛərəbl] unerträglich.

un·beat·en [ˈʌnˈbiːtn] ungeschlagen; unbetreten (*Weg*).
un·be·com·ing □ [ˈʌnbiˈkʌmiŋ] unkleidsam; unziemlich, unschicklich (*to od. for s.o.* für j.).
un·be·friend·ed [ˈʌnbiˈfrendid] freundlos; hilflos.
un·be·known [ˈʌnbiˈnəun] unbekannt; ~ *to s.o.* ohne j-s Wissen.
un·be·lief [ˈʌnbiˈliːf] Unglaube *m*, Ungläubigkeit *f*; **un·beˈliev·a·ble** □ unglaublich; ˈ**un·beˈliev·er** Ungläubige *m, f*; ˈ**un·beˈliev·ing** □ ungläubig.
un·be·loved [ˈʌnbiˈlʌvd] ungeliebt.
un·bend [ˈʌnˈbend] (*irr. bend*) *v/t.* entspannen (*a. fig.*); ⊕ gerade richten; *v/i.* sich entspannen; freundlich werden, auftauen; ˈ**unˈbend·ing** □ unbiegsam; *fig.* unbeugsam.
un·be·seem·ing □ [ˈʌnbiˈsiːmiŋ] unpassend.
un·bi·as(s)ed □ [ˈʌnˈbaiəst] vorurteilsfrei, unbefangen, unbeeinflußt.
un·bid(·den) [ˈʌnˈbid(n)] ungeheißen, unaufgefordert; ungebeten.
un·bind [ˈʌnˈbaind] (*irr. bind*) losbinden, befreien; lösen.
un·bleached [ˈʌnˈbliːtʃt] ungebleicht.
un·blem·ished [ʌnˈblemiʃt] unbefleckt.
un·blush·ing □ [ʌnˈblʌʃiŋ] nicht errötend; schamlos.
un·bolt [ˈʌnˈbəult] aufriegeln; ˈ**unˈbolt·ed** unverriegelt; ungebeutelt (*Mehl*).
un·born [ˈʌnˈbɔːn] (noch) ungeboren.
un·bos·om [ʌnˈbuzəm] *Gefühl etc.* offenbaren; ~ *o.s.* sich offenbaren, sein Herz ausschütten (*to s.o.* j-m).
un·bound [ˈʌnˈbaund] ungebunden.
un·bound·ed □ [ʌnˈbaundid] unbegrenzt; schrankenlos.
un·brace [ˈʌnˈbreis] losmachen; schlaff machen; entspannen.
un·break·a·ble [ˈʌnˈbreikəbl] unzerbrechlich.
un·bri·dled [ʌnˈbraidld] ungezäumt; *fig.* ungezügelt.
un·bro·ken [ˈʌnˈbrəukən] ungebrochen; unversehrt; ununterbrochen; unzugeritten (*Pferd*).
un·buck·le [ˈʌnˈbʌkl] auf-, losschnallen.
un·bur·den [ˈʌnˈbəːdn] *mst fig.* entlasten; *sein Herz* ausschütten.
un·bur·ied [ˈʌnˈberid] unbegraben.
un·burned [ˈʌnˈbəːnd], **un·burnt** [ˈ~ˈbəːnt] unverbrannt; ungebrannt.
un·busi·ness·like [ʌnˈbiznislaik] nicht geschäftsmäßig.
un·but·ton [ˈʌnˈbʌtn] aufknöpfen.
un·called [ˈʌnˈkɔːld] unaufgefordert; ✝ nicht aufgerufen; **unˈcalled-for** ungerufen; unverlangt (*Sache*); unpassend (*Bemerkung etc.*).
un·can·did □ [ˈʌnˈkændid] unaufrichtig.
un·can·ny □ [ʌnˈkæni] unheimlich.
un·cared-for [ˈʌnˈkɛədfɔː] unbeachtet, vernachlässigt.
un·case [ˈʌnˈkeis] auspacken.
un·ceas·ing □ [ʌnˈsiːsiŋ] unaufhörlich.
un·cer·e·mo·ni·ous □ [ˈʌnseriˈməunjəs] ungezwungen; formlos.
un·cer·tain □ [ʌnˈsəːtn] *allg.* unsicher; ungewiß; unbestimmt; unzuverlässig (*a. Wetter*); *be ~ of e-r Sache* nicht sicher sein; **unˈcer·tain·ty** Unsicherheit *f etc.*
un·chain [ˈʌnˈtʃein] entfesseln.
un·chal·lenge·a·ble [ˈʌnˈtʃælindʒəbl] unanfechtbar; ˈ**unˈchal·lenged** unangefochten.
un·change·a·ble □ [ʌnˈtʃeindʒəbl], **unˈchang·ing** □ unveränderlich, unwandelbar; ˈ**unˈchanged** unverändert.
un·char·i·ta·ble □ [ʌnˈtʃæritəbl] lieblos; unbarmherzig; unfreundlich.
un·charm [ˈʌnˈtʃɑːm] entzaubern.
un·chart·ed [ˈʌnˈtʃɑːtid] unerforscht; auf keiner Landkarte verzeichnet, nicht vermessen.
un·chaste □ [ˈʌnˈtʃeist] unkeusch; **un·chas·ti·ty** [ˈʌnˈtʃæstiti] Unkeuschheit *f*.
un·checked [ˈʌnˈtʃekt] ungehindert.
un·chris·tian □ [ˈʌnˈkristjən] unchristlich.
un·civ·il □ [ˈʌnˈsivl] unhöflich; ˈ**unˈciv·i·lized** [~vilaizd] unzivilisiert.
un·claimed [ˈʌnˈkleimd] nicht beansprucht; unzustellbar (*Brief*).
un·clasp [ˈʌnˈklɑːsp] auf-, loshaken, -schnallen; aufmachen.
un·cle [ˈʌŋkl] Onkel *m*; *sl.* Pfandleiher *m*.
un·clean □ [ˈʌnˈkliːn] unrein (*a. fig.*).
un·clench [ˈʌnˈklentʃ] (sich) öffnen.

un·cloak ['ʌn'kləuk] (*j-m*) den Mantel abnehmen; *fig.* enthüllen.
un·close ['ʌn'kləuz] (sich) öffnen.
un·clothe ['ʌn'kləuð] entkleiden.
un·cloud·ed ['ʌn'klaudid] unbewölkt; wolkenlos (*a. fig.*).
un·coil ['ʌn'kɔil] (sich) aufrollen.
un·col·lect·ed ['ʌnkə'lektid] nicht gesammelt (*a. fig.*).
un·col·o(u)red ['ʌn'kʌləd] ungefärbt; *fig.* ungeschminkt.
un-come-at-a·ble F ['ʌnkʌm'ætəbl] unerreichbar, unzugänglich; schwer erreichbar.
un·come·ly ['ʌn'kʌmli] reizlos; unpassend.
un·com·fort·a·ble □ [ʌn'kʌmfətəbl] unbehaglich, ungemütlich; unangenehm.
un·com·mit·ted [ʌnkə'mitid] unabhängig, nicht gebunden; *pol.* blockfrei.
un·com·mon □ [ʌn'kɔmən] (*a.* F *adv.*) ungewöhnlich.
un·com·mu·ni·ca·tive ['ʌnkə'mju:nikətiv] nicht mitteilsam, verschlossen.
un·com·plain·ing □ ['ʌnkəm'pleiniŋ] klaglos; ohne Murren; geduldig.
un·com·pro·mis·ing □ [ʌn'kɔmprəmaiziŋ] kompromißlos; unnachgiebig; *fig.* entschieden.
un·con·cern ['ʌnkən'sə:n] Unbekümmertheit *f*; Gleichgültigkeit *f*; '**un·con'cerned** □ [*adv.* ~idli] unbekümmert (*about* um); uninteressiert (*with* an *dat.*); unbeteiligt (*in* an *dat.*).
un·con·di·tion·al □ ['ʌnkən'diʃənl] unbedingt; bedingungslos.
un·con·fined □ ['ʌnkən'faind] unbegrenzt; ungehindert.
un·con·firmed ['ʌnkən'fə:md] unbestätigt; *eccl.* unkonfirmiert.
un·con·gen·ial ['ʌnkən'dʒi:njəl] ungleichartig, unsympathisch.
un·con·nect·ed □ ['ʌnkə'nektid] unverbunden.
un·con·quer·a·ble □ [ʌn'kɔŋkərəbl] unüberwindlich; '**un'con·quered** unbesiegt, nicht erobert.
un·con·sci·en·tious □ ['ʌnkɔnʃi'enʃəs] nicht gewissenhaft, nachlässig.
un·con·scion·a·ble □ ['ʌn'kɔnʃnəbl] gewissenlos; F unverschämt, übermäßig.
un·con·scious □ [ʌn'kɔnʃəs] **1.** unbewußt; bewußtlos; *be ~ of* nichts ahnen von; **2.** *the ~ psych.* das Unbewußte; **un'con·sciousness** Bewußtlosigkeit *f*.
un·con·se·crat·ed ['ʌn'kɔnsikreitid] ungeweiht.
un·con·sid·ered ['ʌnkən'sidəd] unberücksichtigt; unbedacht.
un·con·sti·tu·tion·al □ ['ʌnkɔnsti'tju:ʃənl] verfassungswidrig.
un·con·strained □ ['ʌnkən'streind] ungezwungen.
un·con·test·ed □ ['ʌnkən'testid] unbestritten.
un·con·tra·dict·ed ['ʌnkɔntrə'diktid] unwidersprochen.
un·con·trol·la·ble □ [ʌnkən'trəuləbl] unkontrollierbar; unbändig; nicht zu meistern(d); '**un·con'trolled** unbeaufsichtigt; *fig.* unbeherrscht.
un·con·ven·tion·al □ ['ʌnkən'venʃənl] unkonventionell; ungezwungen.
un·con·vert·ed ['ʌnkən'və:tid] unbekehrt; ✝ nicht konvertiert.
un·con·vinced ['ʌnkən'vinst] nicht überzeugt; '**un·con'vinc·ing** nicht überzeugend.
un·cooked ['ʌn'kukt] ungekocht, roh.
un·cord ['ʌn'kɔ:d] auf-, losbinden.
un·cork ['ʌn'kɔ:k] entkorken.
un·cor·rupt·ed □ ['ʌnkə'rʌptid] unverdorben; unbestochen.
un·count·a·ble ['ʌn'kauntəbl] unzählbar; '**un'count·ed** ungezählt.
un·cou·ple ['ʌn'kʌpl] los-, auskoppeln.
un·couth □ [ʌn'ku:θ] grob, ungeschlacht, linkisch; seltsam.
un·cov·er [ʌn'kʌvə] aufdecken, freilegen; *Körperteil* entblößen.
un·crit·i·cal □ ['ʌn'kritikəl] unkritisch.
un·crowned ['ʌn'kraund] ungekrönt.
unc·tion ['ʌŋkʃən] Salbung *f* (*a. fig.*); Salbe *f*; *extreme ~ eccl.* Letzte Ölung *f*; **unc·tu·ous** □ ['ʌŋktjuəs] fettig, ölig; *fig.* salbungsvoll.
un·cul·ti·vat·ed ['ʌn'kʌltiveitid] unbebaut, unkultiviert; *fig.* ungebildet.
un·cured ['ʌn'kjuəd] ungeheilt; ungesalzen, ungepökelt.
un·curl ['ʌn'kə:l] (sich) entkräuseln.

un·cut [ˈʌnˈkʌt] ungeschnitten; unbeschnitten; unaufgeschnitten (*Buch*).

un·dam·aged [ˈʌnˈdæmidʒd] unbeschädigt.

un·damped [ˈʌnˈdæmpt] ungedämpft; ungeschwächt.

un·dat·ed [ˈʌnˈdeitid] undatiert.

un·daunt·ed □ [ʌnˈdɔːntid] unerschrocken, kühn, furchtlos.

un·de·ceive [ˈʌndiˈsiːv] *j.* aufklären, *j-m* die Augen öffnen (*of* über *acc.*).

un·de·cid·ed □ [ˈʌndiˈsaidid] unentschieden; unentschlossen.

un·de·ci·pher·a·ble [ˈʌndiˈsaifərəbl] unentzifferbar.

un·de·fend·ed [ˈʌndiˈfendid] unverteidigt.

un·de·filed [ˈʌndiˈfaild] unbefleckt.

un·de·fined □ [ˈʌndiˈfaind, *adv.* ~nidli] unbegrenzt; unbestimmt.

un·de·mon·stra·tive □ [ˈʌndiˈmɔnstrətiv] zurückhaltend.

un·de·ni·a·ble □ [ʌndiˈnaiəbl] unleugbar, unbestreitbar.

un·de·nom·i·na·tion·al □ [ˈʌndinɔmiˈneiʃənl] konfessionslos; paritätisch; Simultan...

un·der [ˈʌndə] **1.** *adv.* unten; darunter; **2.** *prp.* unter; *from ~ ...* unter ... hervor; *~ sentence of* ⚖ ... zu ... verurteilt; **3.** *in Zssgn*: unter...; Unter...; mangelhaft ...; ˈ**~ˈact** *thea.* zu zurückhaltend spielen; ˈ**~ˈbid** (*irr. bid*) unterbieten; ˈ**~ˈbred** unfein, ungebildet; ˈ**~-brush** Unterholz *n*, Gesträuch *n*; ˈ**~·car·riage** (Flugzeug)Fahrwerk *n*; *mot.* Fahrgestell *n*; ˈ**~-ˈcharge** *j-m* zu wenig berechnen; ˈ**~·clothes** *pl.*, ˈ**~·cloth·ing** Unterbekleidung *f*, -wäsche *f*; ˈ**~·cov·er** Geheim...; ˈ**~-cur·rent** Unterströmung *f*; ˈ**~ˈcut** *Preise* unterbieten; ˈ**~·dog** Unterlegene *m*; Unterdrückte *m*; ˈ**~ˈdone** nicht gar; ˈ**~ˈdress** (sich) zu einfach kleiden; ˈ**~ˈes·ti·mate** unterschätzen; ˈ**~-exˈpose** *phot.* unterbelichten; ˈ**~ˈfed** unterernährt; ˈ**~ˈfeed·ing** Unterernährung *f*; **~ˈfoot** unter den Füßen, unter die Füße; **~ˈgo** (*irr. go*) erdulden; sich unterziehen (*dat.*); **~ˈgrad·u·ate** *univ.* Student(in); ˈ**~·ground 1.** unterirdisch; Untergrund...; *~ movement* Untergrundbewegung *f*; *go ~* in den Untergrund gehen; **2.** *a. ~ railway* Untergrundbahn *f*; ˈ**~-growth** Unterholz *n*; ˈ**~·hand** unter der Hand; heimlich; heimtückisch; *~ service Tennis*: Aufschlag *m* aus der Hüfte; ˈ**~ˈhung** unter dem Oberkiefer hervorstehend; mit vorstehendem Unterkiefer; **~·lay 1.** [ʌndəˈlei] (*irr. lay*) unterlegen; **2.** [ˈ~] wasserdichte Unterlage *f*; ˈ**~ˈlet** (*irr. let*) unterverpachten, -vermieten; unter dem Werte verpachten *od.* vermieten; **~ˈlie** (*irr. lie*) unter *et.* (*dat.*) liegen; *fig.* zugrunde liegen (*dat.*); unterstehen (*dat.*); **~·line 1.** [ʌndəˈlain] unterstreichen; **2.** [ˈ~] Unterstreichung *f*; ˈ**~·lin·en** Leibwäsche *f*.

un·der·ling [ˈʌndəliŋ] Untergeordnete *m*, Kuli *m*; **un·derˈly·ing** zugrundeliegend; **un·der·manned** [~ˈmænd] unterbelegt; **un·derˈmine** unterminieren; *fig.* untergraben; schwächen, aushöhlen; ˈ**un·der·most 1.** *adj.* unterst; **2.** *adv.* zu unterst; **un·der·neath** [~ˈniːθ] **1.** *prp.* unter(halb); **2.** *adv.* unten, unterwärts; darunter; ˈ**un·derˈnour·ished** unterernährt.

un·der...: ˈ**~·pass** Unterführung *f*; ˈ**~ˈpay** (*irr. pay*) unterbezahlen; **~ˈpin** ⊕ untermauern (*fig. stützen*); **~ˈpin·ning** ⊕ Untermauerung *f*; Unterbau *m*; ˈ**~·plot** Nebenhandlung *f*; ˈ**~ˈprint** *phot.* unterkopieren; ˈ**~ˈpriv·i·leged** benachteiligt, schlechtgestellt; **~ˈrate** unterschätzen; **~ˈscore** unterstreichen; ˈ**~-ˈsec·re·tar·y** Unterstaatssekretär *m*; ˈ**~ˈsell** ☤ (*irr. sell*) *j.* unterbieten; *Ware* verschleudern; ˈ**~-ˈshoot** (*irr. shoot*): *~ the runway* ✈ vor der Landebahn aufkommen; ˈ**~·shot** unterschlächtig (*Mühlrad*); ˈ**~·side** Unterseite *f*; **~ˈsigned** Unterzeichnete *m*, *f*; ˈ**~ˈsized** unter Normalgröße, zu klein; ˈ**~ˈslung** *mot.* Hänge...; *~ frame* Unterzugrahmen *m*; ˈ**~ˈstaffed** unterbesetzt; **~ˈstand** (*irr. stand*) *allg.* verstehen; sich verstehen auf (*acc.*); (als sicher) annehmen; auffassen; *fig.* hören; sinngemäß ergänzen; *make o.s. understood* sich verständlich machen; *it is understood* es heißt, es verlautet; *that is understood* das ist selbstverständlich; *an understood thing* e-e aus- *od.* abgemachte

Sache; ~'**stand·a·ble** verständlich; ~'**stand·ing 1.** Verstand *m*; Einvernehmen *n*; Verständigung *f*; Vereinbarung *f*, Abkommen *n*, Abmachung *f*; *on the ~ that* unter der Voraussetzung, daß; **2.** verständig; '~'**state** zu gering angeben; unterbewerten; *Tatsache* verkleinern; '~'**state·ment** zu niedrige Angabe *f*; Unterbewertung *f*; Understatement *n*, Untertreibung *f*.

un·der...: '~**·strap·per** = *underling*; '~**·stud·y** *thea.* **1.** Rollenvertreter(in); **2.** einspringen für; ~'**take** (*irr. take*) unternehmen; übernehmen; sich verpflichten (*to inf.* zu *inf.*); ~ *that* sich dafür verbürgen, daß; '~**·tak·er** Bestattungsinstitut *n*, Leichenbestatter *m*; ~'**tak·ing** Unternehmung *f*; Verpflichtung *f*, Zusicherung *f*; ['~teikiŋ] Leichenbestattung *f*; '~'**tenant** Untermieter *m*, -pächter *m*; '~**tone** leiser Ton *m*; Unterton *m*; *in an ~* halblaut; '~'**val·ue** unterschätzen; '~**·wear** Unterkleidung *f*, -wäsche *f*; '~**-weight** Untergewicht *n*; '~**·wood** Unterholz *n*, Gestrüpp *n* (*a. fig.*); '~**·world** Unterwelt *f*; '~**·write** ✝ (*irr. write*) *Versicherung* abschließen; '~**·wri·ter** Versicherer *m*.

un·de·served □ ['ʌndi'zəːvd] unverdient; '**un·de'serv·ing** unwürdig.

un·de·signed □ ['ʌndi'zaind] unbeabsichtigt, absichtslos.

un·de·sir·a·ble ['ʌndi'zaiərəbl] **1.** □ unerwünscht; **2.** unerwünschte Person *f*.

un·de·terred ['ʌndi'təːd] nicht abgeschreckt.

un·de·vel·oped ['ʌndi'veləpt] unentwickelt; unerschlossen (*Gelände*).

un·de·vi·at·ing □ [ʌn'diːvieitiŋ] unentwegt.

un·dies F ['ʌndiz] *pl.* Damenunterwäsche *f*.

un·di·gest·ed ['ʌndi'dʒestid] unverdaut.

un·dig·ni·fied □ [ʌn'dignifaid] würdelos.

un·di·min·ished ['ʌndi'miniʃt] unvermindert.

un·di·rect·ed ['ʌndi'rektid] führungslos; ungelenkt.

un·dis·cerned □ ['ʌndi'səːnd] unbemerkt; '**un·dis'cern·ing** einsichtslos.

un·dis·charged ['ʌndis'tʃɑːdʒd] (noch) nicht entlastet; unerledigt.

un·dis·ci·plined [ʌn'disiplind] zuchtlos, undiszipliniert; ungeschult.

un·dis·cov·ered ['ʌndis'kʌvəd] unentdeckt.

un·dis·crim·i·nat·ing □ ['ʌndis'krimineitiŋ] unterschiedlos.

un·dis·guised □ ['ʌndis'gaizd] unverkleidet; unverhohlen.

un·dis·posed ['ʌndis'pəuzd] nicht geneigt (*to* zu); nicht vergeben, ✝ unverkauft.

un·dis·put·ed □ ['ʌndis'pjuːtid] unbestritten.

un·dis·tin·guished ['ʌndis'tiŋgwiʃt] unbedeutend, gewöhnlich.

un·dis·tort·ed ['ʌndis'tɔːtid] unverzerrt.

un·dis·turbed □ ['ʌndis'təːbd] ungestört.

un·di·vid·ed □ ['ʌndi'vaidid] ungeteilt.

un·do ['ʌn'duː] (*irr. do*) aufmachen (*öffnen*); aufknöpfen; (auf)lösen; *j-m* das Kleid aufmachen; auftrennen; ungeschehen machen, aufheben; ⚒ vernichten; '**un'do·ing** Aufmachen *n etc.*; Verderben *n*.

un·do·mes·ti·cat·ed ['ʌndə'mestikeitid] am Haushalt nicht interessiert (*Frau*).

un·done ['ʌn'dʌn] ungetan, ungeschehen *etc.*; erledigt, vernichtet; *he is ~* es ist aus mit ihm; *come ~* auf-, losgehen.

un·doubt·ed □ [ʌn'dautid] unzweifelhaft, zweifellos.

un·dreamt [ʌn'dremt]: ~*-of* ungeahnt.

un·dress ['ʌn'dres] **1.** (sich) entkleiden *od.* ausziehen; **2.** Hauskleid *n*; ⚔ Interimsuniform *f*; '**un'dressed** unbekleidet; nicht ordentlich angezogen; unzugerichtet, nicht zurechtgemacht; unverbunden (*Wunde*); ungegerbt.

un·due ['ʌn'djuː] ungebührlich, unangemessen; übermäßig; unzulässig; ✝ noch nicht fällig.

un·du·late ['ʌndjuleit] wogen; wallen; wellenförmig verlaufen, wellig sein; '**un·du·lat·ing** □ wogend; well(enförm)ig; **un·du'la·tion** wellenförmige Bewegung *f*; **un·du·la-**

to·ry ['⁓lətəri] wellenförmig; Wellen...

un·du·ly ['ʌn'dju:li] *adv. von undue.*

un·du·ti·ful □ ['ʌn'dju:tiful] ungehorsam, pflichtvergessen.

un·dy·ing □ [ʌn'daiiŋ] unsterblich, unvergänglich.

un·earned ['ʌn'ə:nd] nicht aus Arbeit herrührend; *fig.* unverdient; ⁓ *income* Kapitaleinkommen *n.*

un·earth ['ʌn'ə:θ] ausgraben; *fig.* auftreiben, -stöbern; **un'earth·ly** übernatürlich, -irdisch; unheimlich; F unheimlich früh.

un·eas·i·ness [ʌn'i:zinis] Unruhe *f*; Unbehagen *n*; **un'eas·y** □ unbehaglich; unruhig, ängstlich (*about* wegen); unsicher.

un·eat·a·ble ['ʌn'i:təbl] ungenießbar.

un·e·co·nom·ic, un·e·co·nom·i·cal □ ['ʌni:kə'nɔmik(əl)] unwirtschaftlich.

un·ed·i·fy·ing □ ['ʌn'edifaiiŋ] wenig erbaulich *od.* erhebend.

un·ed·u·cat·ed ['ʌn'edjukeitid] unerzogen; ungebildet.

un·em·bar·rassed ['ʌnim'bærəst] ungehindert; nicht verlegen.

un·e·mo·tion·al □ ['ʌni'məuʃənl] leidenschaftslos; passiv; nüchtern.

un·em·ployed ['ʌnim'plɔid] **1.** unbeschäftigt; arbeits-, erwerbslos; unbenutzt; **2.** *the* ⁓ *pl.* die Arbeitslosen *pl.*; '**un·em'ploy·ment** Arbeitslosigkeit *f*; ⁓ *benefit*, ⁓ *pay* Arbeitslosenunterstützung *f.*

un·en·cum·bered ['ʌnin'kʌmbəd] unbelastet.

un·end·ing □ [ʌn'endiŋ] endlos.

un·en·dowed ['ʌnin'daud] nicht ausgestattet (*with* mit).

un·en·dur·a·ble ['ʌnin'djuərəbl] unerträglich.

un·en·gaged ['ʌnin'geidʒd] frei; nicht gebunden; unbeschäftigt.

un-Eng·lish ['ʌn'iŋgliʃ] unenglisch.

un·en·light·ened ['ʌnin'laitnd] *fig.* unerleuchtet, nicht aufgeklärt.

un·en·ter·pris·ing ['ʌn'entəpraiziŋ] ohne Unternehmungsgeist.

un·en·vi·a·ble □ ['ʌn'enviəbl] nicht beneidenswert.

un·e·qual □ ['ʌn'i:kwəl] ungleich; nicht gewachsen (*to dat.*); '**un·e·qual(l)ed** unvergleichlich, unerreicht.

un·e·quiv·o·cal □ ['ʌni'kwivəkəl] unzweideutig, eindeutig.

un·err·ing □ ['ʌn'ə:riŋ] unfehlbar.

un·es·sen·tial □ ['ʌni'senʃəl] unwesentlich, -wichtig (*to* für).

un·e·ven □ ['ʌn'i:vən] uneben; ungleich(mäßig); unausgeglichen (*Charakter etc.*); ungerade (*Zahl*).

un·e·vent·ful □ ['ʌni'ventful] ereignislos; *be* ⁓ ohne Zwischenfälle verlaufen.

un·ex·am·pled [ʌnig'zɑ:mpld] beispiellos.

un·ex·cep·tion·a·ble □ [ʌnik'sepʃnəbl] untadelig; einwandfrei.

un·ex·pect·ed □ ['ʌniks'pektid] unerwartet.

un·ex·pired ['ʌniks'paiəd] noch nicht abgelaufen.

un·ex·plained ['ʌniks'pleind] unerklärt.

un·ex·posed *phot.* ['ʌniks'pəuzd] unbelichtet.

un·ex·plored ['ʌniks'plɔ:d] unerforscht.

un·ex·pressed ['ʌniks'prest] unausgesprochen.

un·fad·ing □ [ʌn'feidiŋ] nicht welkend; unvergänglich; echt (*Farbe*).

un·fail·ing □ [ʌn'feiliŋ] unfehlbar; nie versagend; unerschöpflich; *fig.* treu.

un·fair □ ['ʌn'fɛə] unehrlich; unanständig, unfair (*Spiel etc.*); unbillig, ungerecht; '**un'fair·ness** Unehrlichkeit *f*; Ungerechtigkeit *f etc.*

un·faith·ful □ ['ʌn'feiθful] un(ge)treu, treulos; nicht wortgetreu; '**un'faith·ful·ness** Untreue *f.*

un·fal·ter·ing □ [ʌn'fɔ:ltəriŋ] nicht schwankend; unentwegt.

un·fa·mil·iar ['ʌnfə'miljə] unbekannt; ungewohnt.

un·fash·ion·a·ble □ ['ʌn'fæʃnəbl] unmodern, altmodisch.

un·fas·ten ['ʌn'fɑ:sn] aufmachen.

un·fath·om·a·ble □ [ʌn'fæðəməbl] unergründlich.

un·fa·vo(u)r·a·ble □ ['ʌn'feivərəbl] ungünstig.

un·feel·ing □ [ʌn'fi:liŋ] gefühllos.

un·feigned □ [ʌn'feind, *adv.* ⁓nidli] ungeheuchelt, unverstellt.

un·felt ['ʌn'felt] ungefühlt.

un·fer·ment·ed ['ʌnfə:'mentid] unvergoren.

un·fet·ter ['ʌn'fetə] entfesseln; '**un'fet·tered** *fig.* ungefesselt, frei.

un·fil·i·al □ [ˈʌnˈfiljəl] respektlos, pflichtvergessen (*Kind*).
un·fin·ished [ˈʌnˈfiniʃt] unvollendet; unfertig.
un·fit 1. □ [ˈʌnˈfit] ungeeignet, untauglich, unpassend (*for s.th.* für et.; *to inf.* zu *inf.*); **2.** [ʌnˈfit] untauglich machen; ˈ**unˈfit·ness** Untauglichkeit *f*; **unˈfit·ted** ungeeignet; nicht (gut) ausgerüstet.
un·fix [ˈʌnˈfiks] losmachen, lösen; ˈ**unˈfixed** unbefestigt.
un·flag·ging □ [ʌnˈflægiŋ] nicht erschlaffend (*Aufmerksamkeit etc.*).
un·flat·ter·ing □ [ˈʌnˈflætəriŋ] nicht schmeichelhaft, ungeschminkt.
un·fledged [ˈʌnˈfledʒd] ungefiedert; (noch) nicht flügge; *fig.* unreif.
un·flick·er·ing [ˈʌnˈflikəriŋ] nicht flackernd; *fig.* beständig.
un·flinch·ing □ [ʌnˈflintʃiŋ] fest entschlossen, unnachgiebig.
un·fly·a·ble [ˈʌnˈflaiəbl]: ~ *weather* ✈ kein Flugwetter.
un·fold [ˈʌnˈfəuld] (sich) entfalten *od.* öffnen; [ʌnˈfəuld] enthüllen.
un·forced □ [ˈʌnˈfɔːst, *adv.* ~sidli] ungezwungen.
un·fore·seen [ˈʌnfɔːˈsiːn] unvorhergesehen.
un·for·get·ta·ble □ [ˈʌnfəˈgetəbl] unvergeßlich.
un·for·giv·ing [ˈʌnfəˈgiviŋ] unversöhnlich.
un·for·got, un·for·got·ten [ˈʌnfəˈgɔt(n)] unvergessen.
un·for·ti·fied [ˈʌnˈfɔːtifaid] unbefestigt.
un·for·tu·nate [ʌnˈfɔːtʃnit] **1.** □ unglücklich; unselig; Unglücks...; **2.** Unglückliche *m, f*; **unˈfor·tu·nate·ly** unglücklicherweise, leider.
un·found·ed □ [ˈʌnˈfaundid] unbegründet; grundlos.
un·fre·quent [ʌnˈfriːkwənt] nicht häufig, selten.
un·fre·quent·ed [ˈʌnfriˈkwentid] nicht *od.* wenig besucht; einsam.
un·friend·ed [ˈʌnˈfrendid] freundlos; ˈ**unˈfriend·ly** unfreundlich; ungünstig.
un·frock [ˈʌnˈfrɔk] *j-m* das Priesteramt entziehen.
un·fruit·ful □ [ˈʌnˈfruːtful] unfruchtbar.
un·ful·filled [ˈʌnfulˈfild] unerfüllt.
un·furl [ˈʌnˈfəːl] *Fahne, Segel etc.* entfalten, aufrollen.
un·fur·nished [ˈʌnˈfəːniʃt] unmöbliert (*Wohnung*); ~ *with* nicht versehen mit.
un·gain·li·ness [ʌnˈgeinlinis] Unbeholfenheit *f*; **unˈgain·ly** unbeholfen, plump.
un·gal·lant □ [ˈʌnˈgælənt] ungalant (*to* gegen).
un·gat·ed [ˈʌnˈgeitid] unbeschrankt (*Bahnübergang*).
un·gear ⊕ [ˈʌnˈgiə] auskuppeln.
un·gen·er·ous □ [ˈʌnˈdʒenərəs] unedelmütig; nicht freigebig.
un·gen·ial □ [ˈʌnˈdʒiːnjəl] unfreundlich.
un·gen·tle □ [ˈʌnˈdʒentl] unsanft, unzart.
un·gen·tle·man·ly [ʌnˈdʒentlmənli] ungebildet, unfein, ohne Lebensart, e-s Gentleman unwürdig.
un·get-at-able [ˈʌngetˈætəbl] unzugänglich.
un·glazed [ˈʌnˈgleizd] unglasiert; nicht verglast.
un·gloved [ˈʌnˈglʌvd] unbehandschuht.
un·god·li·ness [ʌnˈgɔdlinis] Gottlosigkeit *f*; **unˈgod·ly** □ gottlos; F abscheulich, schrecklich, unmenschlich.
un·gov·ern·a·ble □ [ʌnˈgʌvənəbl] unlenksam; zügellos, unbändig; ˈ**unˈgov·erned** unbeherrscht.
un·grace·ful □ [ˈʌnˈgreisful] ungraziös, ohne Anmut; unbeholfen.
un·gra·cious □ [ˈʌnˈgreiʃəs] ungnädig; unfreundlich.
ˈ**un·gramˈmat·i·cal** □ gegen die Regeln der Grammatik verstoßend.
un·grate·ful □ [ʌnˈgreitful] undankbar.
un·ground·ed [ʌnˈgraundid] unbegründet; ⚡ ungeerdet.
un·grudg·ing □ [ˈʌnˈgrʌdʒiŋ] ohne Murren, willig; neidlos.
un·gual *anat.* [ˈʌŋgwəl] Nagel...
un·guard·ed □ [ˈʌnˈgɑːdid] unbewacht; unvorsichtig, unbedacht; ⊕ ungeschützt.
un·guent [ˈʌŋgwənt] Salbe *f*.
un·guid·ed □ [ˈʌnˈgaidid] ungeleitet; führerlos.
un·gu·late [ˈʌŋgjuleit] *a.* ~ *animal* Huftier *n*.
un·hal·lowed [ʌnˈhæləud] unheilig, böse; ungeweiht.
un·ham·pered [ˈʌnˈhæmpəd] ungehindert.

un·hand·some □ [ʌnˈhænsəm] unschön (*a. fig.*).
un·hand·y □ [ʌnˈhændi] ungeschickt; unhandlich (*Sache*); unbeholfen (*Person*).
un·hap·pi·ness [ʌnˈhæpinis] Unglück(seligkeit *f*) *n*; **unˈhap·py** □ unglücklich; un(glück)selig; unpassend.
un·harmed [ˈʌnˈhɑːmd] unversehrt.
un·har·mo·ni·ous □ [ˈʌnhɑːˈməunjəs] unharmonisch.
un·har·ness [ˈʌnˈhɑːnis] abschirren.
un·health·y □ [ʌnˈhelθi] ungesund.
un·heard [ˈʌnˈhəːd] ungehört; **unheard-of** [ʌnˈhəːdɔv] unerhört.
un·heat·ed [ˈʌnˈhiːtid] ungeheizt.
un·heed·ed [ˈʌnˈhiːdid] unbeachtet; unbewacht; **ˈunˈheed·ing** sorglos, unachtsam.
un·hes·i·tat·ing □ [ʌnˈheziteitiŋ] ohne Zögern; unbedenklich; anstandslos; *~ly* ohne zu zögern.
un·hin·dered [ˈʌnˈhindəd] ungehindert.
un·hinge [ʌnˈhindʒ] aus den Angeln heben; *fig.* zerrütten.
un·his·tor·ic, un·his·tor·i·cal □ [ˈʌnhisˈtɔrik(əl)] unhistorisch; ungeschichtlich.
un·hitch [ˈʌnˈhitʃ] losmachen; ausspannen.
un·ho·ly [ʌnˈhəuli] unheilig; gottlos; F scheußlich, schrecklich.
un·hon·o(u)red [ˈʌnˈɔnəd] ungeehrt; uneingelöst (*Pfand, Scheck*).
un·hook [ˈʌnˈhuk] auf-, aushaken.
un·hoped-for [ʌnˈhəuptfɔː] unverhofft.
un·horse [ˈʌnˈhɔːs] aus dem Sattel heben; *Reiter* abwerfen.
un·house [ˈʌnˈhauz] (aus dem Hause) vertreiben; obdachlos machen.
un·hung [ʌnˈhʌŋ] un(auf)gehängt.
un·hurt [ˈʌnˈhəːt] unverletzt.
u·ni·corn [ˈjuːnikɔːn] Einhorn *n*.
u·ni·fi·ca·tion [juːnifiˈkeiʃən] Vereinigung *f*; Vereinheitlichung *f*.
u·ni·form [ˈjuːnifɔːm] **1.** □ gleichförmig, -mäßig; einheitlich; *~ price* Einheitspreis *m*; **2.** Dienstkleidung *f*; Uniform *f*; **3.** uniformieren; **u·niˈform·i·ty** Gleichförmigkeit *f*, -mäßigkeit *f*.
u·ni·fy [ˈjuːnifai] verein(ig)en; vereinheitlichen.
u·ni·lat·er·al [ˈjuːniˈlætərəl] einseitig.
un·im·ag·i·na·ble □ [ʌniˈmædʒinəbl] undenkbar; **ˈun·imˈag·i·na·tive** □ [~nətiv] ohne Phantasie, phantasielos, einfallslos.
un·im·paired [ˈʌnimˈpɛəd] unvermindert, ungeschwächt.
un·im·peach·a·ble □ [ʌnimˈpiːtʃəbl] einwandfrei, unanfechtbar.
un·im·ped·ed □ [ˈʌnimˈpiːdid] ungehindert.
un·im·por·tant □ [ˈʌnimˈpɔːtənt] unwichtig.
un·im·proved [ˈʌnimˈpruːvd] nicht kultiviert, unbebaut (*Land*); unverbessert.
un·in·flu·enced [ˈʌnˈinfluənst] unbeeinflußt.
un·in·formed [ˈʌninˈfɔːmd] nicht unterrichtet.
un·in·hab·it·a·ble [ˈʌninˈhæbitəbl] unbewohnbar; **ˈun·inˈhab·it·ed** unbewohnt.
un·in·jured [ˈʌnˈindʒəd] unbeschädigt, unverletzt.
un·in·struct·ed [ˈʌninˈstrʌktid] nicht unterrichtet; nicht instruiert.
un·in·sured [ˈʌninˈʃuəd] unversichert.
un·in·tel·li·gi·bil·i·ty [ˈʌnintelidʒəˈbiliti] Unverständlichkeit *f*; **ˈun·inˈtel·li·gi·ble** □ unverständlich.
un·in·tend·ed □ [ˈʌninˈtendid] unbeabsichtigt.
un·in·ten·tion·al □ [ˈʌninˈtenʃənl] unabsichtlich.
un·in·ter·est·ing □ [ˈʌnˈintristiŋ] uninteressant.
un·in·ter·rupt·ed □ [ˈʌnintəˈrʌptid] ununterbrochen; *~ working hours pl.* durchgehende Arbeitszeit *f*.
un·in·vit·ed [ˈʌninˈvaitid] un(ein)geladen; **ˈun·inˈvit·ing** □ wenig einladend.
un·ion [ˈjuːnjən] Vereinigung *f*; (*engS. eheliche*) Verbindung *f*; *pol. etc.* Union *f*, Bund *m*; *univ.* (Debattier)Klub *m*; Einigung *f*; Einigkeit *f*; Verein *m*, Verband *m*; Armenhaus *n*; ⚓ Gösch *f*; ⊕ Rohrverbindung *f*; Gewerkschaft *f*; **ˈun·ion·ism** *pol. etc.* Unionismus *m*; Gewerkschaftswesen *n*; **ˈun·ion·ist** *pol. etc.* Anhänger *m* der Union; Gewerkschaftler *m*; **ˈun·ion·ize** gewerkschaftlich organisieren.
un·ion...: ♀ **Jack** Union Jack *m* (*britische Nationalflagge*); *~* **suit** *Am.* Hemdhose *f*.

u·nique [juːˈniːk] **1.** □ einzigartig; einmalig; **2.** Unikum *n.*
u·ni·son ♪ *u. fig.* [ˈjuːnizn] Einklang *m*; *in* ~ unisono (*einstimmig*); **u·nis·o·nous** ♪ [juːˈnisənəs] gleichtönend.
u·nit [ˈjuːnit] Einheit *f* (*a.* ⚔); ⚕ Einer *m*; ⊕ Anlage *f*; ~ *furniture* Anbaumöbel *pl.*; **U·ni·tar·i·an** [~ˈtɛəriən] **1.** Unitarier *m*; **2.** unitarisch; **u·ni·tar·y** [ˈ~təri] Einheits...; ⚕ Einer...; **u·nite** [juːˈnait] (sich) vereinigen, verbinden.
u·nit·ed [juːˈnaitid] vereinigt, vereint; ♀ **King·dom** *das* Vereinigte Königreich (*Großbritannien u. Nordirland*); ♀ **Na·tions** *pl. die* Vereinten Nationen *pl.*; ♀ **States** *pl. die* Vereinigten Staaten *pl.*
u·ni·ty [ˈjuːniti] Einheit *f*; Einigkeit *f*.
u·ni·ver·sal □ [juːniˈvəːsəl] allgemein; allumfassend; Universal...; Welt...; ~ *heir* Universalerbe *m*; ~ *joint* ⊕ Universalgelenk *n*; ~ *language* Weltsprache *f*; ♀ *Postal Union* Weltpostverein *m*; ~ *suffrage* allgemeines Wahlrecht *n*; **u·ni·ver·sal·i·ty** [~ˈsæliti] Allgemeinheit *f*; umfassende Bildung *f*, Vielseitigkeit *f*; **u·ni·verse** [ˈjuːnivəːs] Weltall *n*, Universum *n*; **u·niˈver·si·ty** Universität *f*; *Open* ♀ Fernuniversität *f* (*in England*).
un·just □ [ˈʌnˈdʒʌst] ungerecht; **unˈjus·ti·fi·a·ble** □ [~tifaiəbl] nicht zu rechtfertigen(d), unverantwortlich.
un·kempt [ˈʌnˈkempt] ungekämmt; *fig.* ungepflegt, verwahrlost.
un·kind □ [ʌnˈkaind] unfreundlich; rücksichtslos.
un·knit *bsd. fig.* [ˈʌnˈnit] (*irr. knit*) (auf)lösen.
un·knot [ˈʌnˈnɔt] entknoten; losknüpfen.
un·know·ing □ [ˈʌnˈnəuiŋ] unwissend; unbewußt; ˈ**unˈknown** **1.** unbekannt; unbewußt; **2.** *adv.* ~ *to me* ohne mein Wissen; **3.** Unbekannte *m, f*; ⚕ Unbekannte *f*.
un·lace [ˈʌnˈleis] aufschnüren.
un·lade [ˈʌnˈleid] (*irr. lade*) aus-, entladen; ⚓ löschen.
un·la·dy·like [ˈʌnˈleidilaik] nicht damenhaft, unfein.
un·laid [ˈʌnˈleid] ungelegt; ungedeckt (*Tisch*).
un·la·ment·ed [ˈʌnləˈmentid] unbeklagt.
un·latch [ˈʌnˈlætʃ] aufklinken.
un·law·ful □ [ˈʌnˈlɔːful] ungesetzlich; rechtswidrig; *weitS.* unrechtmäßig.
un·learn [ˈʌnˈləːn] (*irr. learn*) verlernen; ˈ**unˈlearn·ed** □ [~nid] ungelehrt, unwissend.
un·leash [ˈʌnˈliːʃ] losbinden, *Hund* loskoppeln; *fig.* entfesseln.
un·leav·ened [ˈʌnˈlevnd] ungesäuert.
un·less [ənˈles] wenn nicht, außer wenn; es sei denn, daß.
un·let·tered [ˈʌnˈletəd] ungebildet, unwissend.
un·li·censed [ˈʌnˈlaisənst] unberechtigt, unkonzessioniert.
un·licked *mst fig.* [ˈʌnˈlikt] unbeleckt, unreif; ~ *cub* grüner Junge *m.*
un·like □ [ˈʌnˈlaik] ungleich, unähnlich (*s.o.* j-m), anders als; im Gegensatz zu; **unˈlike·li·hood** [~hud] Unwahrscheinlichkeit *f*; **unˈlike·ly** unwahrscheinlich.
un·lim·it·ed [ʌnˈlimitid] unbegrenzt; unbeschränkt; *fig.* grenzenlos.
un·lined [ˈʌnˈlaind] ungefüttert; unliniiert.
un·liq·ui·dat·ed [ˈʌnˈlikwideitid] unbeglichen, unbezahlt.
un·load [ˈʌnˈləud] ent-, ab-, ausladen; *Ladung* löschen; *Börse*: abstoßen.
un·lock [ˈʌnˈlɔk] aufschließen (*a. fig.*); *Schußwaffe* entsichern; ˈ**unˈlocked** unverschlossen.
un·looked-for [ʌnˈluktfɔː] unerwartet.
un·loose, un·loos·en [ˈʌnˈluːs(n)] lösen, losmachen.
un·lov·a·ble [ˈʌnˈlʌvəbl] nicht liebenswert; ˈ**unˈlove·ly** reizlos, unschön; ˈ**unˈlov·ing** □ lieblos.
un·lucky □ [ʌnˈlʌki] unglücklich.
un·made [ˈʌnˈmeid] ungemacht.
un·make [ˈʌnˈmeik] (*irr. make*) vernichten; rückgängig machen; umbilden; *Herrscher* absetzen.
un·man [ˈʌnˈmæn] entmannen; entmutigen; verrohen (lassen).
un·man·age·a·ble □ [ʌnˈmænidʒəbl] unlenksam, widerspenstig; unhandlich; schwierig (*Lage*).
un·man·ly [ˈʌnˈmænli] unmännlich.
un·manned [ˈʌnˈmænd] unbemannt.
un·man·ner·ly [ʌnˈmænəli] unmanierlich.

un·marked [ˈʌnˈmɑːkt] unbezeichnet; unbemerkt.
un·mar·ried [ˈʌnˈmærid] unverheiratet, ledig.
un·mask [ˈʌnˈmɑːsk] (sich) demaskieren; *fig.* entlarven.
un·matched [ˈʌnˈmætʃt] unerreicht; unvergleichlich.
un·mean·ing □ [ʌnˈmiːniŋ] nichtssagend; **un·meant** [ˈʌnˈment] unbeabsichtigt.
un·meas·ured [ʌnˈmeʒəd] ungemessen; unermeßlich.
un·meet [ˈʌnˈmiːt] ungeeignet, unpassend.
un·men·tion·a·ble [ʌnˈmenʃnəbl] **1.** nicht zu erwähnen(d), unnennbar; **2.** *~s pl.* F (Unter)Hosen *f/pl.*
un·mer·ci·ful □ [ʌnˈməːsiful] unbarmherzig.
un·mer·it·ed [ˈʌnˈmeritid] unverdient.
un·me·thod·i·cal [ˈʌnmiθɔdikəl] unmethodisch.
un·mil·i·tar·y [ˈʌnˈmilitəri] unmilitärisch.
un·mind·ful □ [ʌnˈmaindful] unbedacht(sam); sorglos; ohne Rücksicht (*of* auf *acc.*).
un·mis·tak·a·ble □ [ˈʌnmisˈteikəbl] unverkennbar; unmißverständlich, eindeutig.
un·mit·i·gat·ed [ʌnˈmitigeitid] ungemildert; richtig; *fig.* Erz...
un·mixed [ˈʌnˈmikst] unvermischt.
un·mod·i·fied [ˈʌnˈmɔdifaid] nicht abgeändert.
un·mo·lest·ed [ˈʌnməuˈlestid] unbelästigt.
un·moor [ˈʌnˈmuə] *Schiff* losmachen.
un·mor·al [ˈʌnˈmɔrəl] amoralisch.
un·mort·gaged [ˈʌnˈmɔːgidʒd] unverpfändet.
un·mount·ed [ˈʌnˈmauntid] unberitten; nicht gefaßt (*Stein*); unaufgezogen (*Bild*); unmontiert (*Geschütz*).
un·mourned [ˈʌnˈmɔːnd] unbetrauert.
un·moved □ [ˈʌnˈmuːvd] *mst fig.* unbewegt, ungerührt; **unˈmov·ing** regungslos.
un·mu·si·cal □ [ˈʌnˈmjuːzikəl] unmusikalisch; unmelodisch.
un·muz·zle [ˈʌnˈmʌzl] *e-m Hund* den Maulkorb abnehmen; *~d* ohne Maulkorb.
un·named [ˈʌnˈneimd] ungenannt.
un·nat·u·ral □ [ʌnˈnætʃrəl] unnatürlich.
un·nav·i·ga·ble [ˈʌnˈnævigəbl] nicht schiffbar.
un·nec·es·sar·y □ [ʌnˈnesisəri] unnötig.
un·neigh·bo(u)r·ly [ˈʌnˈneibəli] nicht gutnachbarlich.
un·nerve [ˈʌnˈnəːv] entnerven.
un·not·ed [ˈʌnˈnəutid] unbemerkt; unbekannt, unberühmt.
un·no·ticed [ˈʌnˈnəutist] unbemerkt.
un·num·bered [ˈʌnˈnʌmbəd] unnumeriert; *poet.* ungezählt.
un·ob·jec·tion·a·ble □ [ˈʌnəbˈdʒekʃnəbl] einwandfrei.
un·ob·serv·ant □ [ˈʌnəbˈzəːvənt] unachtsam (*of* auf *acc.*); **ˈun·obˈserved** □ unbemerkt.
un·ob·tain·a·ble [ˈʌnəbˈteinəbl] unerreichbar; nicht zu bekommen(d).
un·ob·tru·sive □ [ˈʌnəbˈtruːsiv] unaufdringlich, bescheiden.
un·oc·cu·pied [ˈʌnˈɔkjupaid] unbesetzt; unbewohnt; unbeschäftigt.
un·of·fend·ing [ˈʌnəˈfendiŋ] nicht anstößig, harmlos.
un·of·fi·cial □ [ˈʌnəˈfiʃəl] nichtamtlich, inoffiziell.
un·o·pened [ˈʌnˈəupənd] ungeöffnet.
un·op·posed [ˈʌnəˈpəuzd] ungehindert; ohne Widerstand (zu finden).
un·or·gan·ized [ˈʌnˈɔːgənaizd] unorganisch; unorganisiert.
un·os·ten·ta·tious □ [ˈʌnɔstenˈteiʃəs] anspruchslos; ohne Prunk; unauffällig.
un·owned [ˈʌnˈəund] herrenlos.
un·pack [ˈʌnˈpæk] auspacken.
un·paid [ˈʌnˈpeid] unbezahlt; unbelohnt; ✉ unfrankiert.
un·pal·at·a·ble [ʌnˈpælətəbl] nicht schmackhaft, schlecht (schmekkend); *fig.* widerwärtig.
un·par·al·leled [ʌnˈpærəleld] beispiellos, ohnegleichen.
un·par·don·a·ble □ [ʌnˈpɑːdnəbl] unverzeihlich.
un·par·lia·men·ta·ry □ [ˈʌnpɑːləˈmentəri] unparlamentarisch.
un·pat·ent·ed [ˈʌnˈpeitəntid] unpatentiert.
un·pa·tri·ot·ic [ˈʌnpætriˈɔtik] (*~ally*) unpatriotisch.
un·paved [ˈʌnˈpeivd] ungepflastert.

un·per·ceived □ [ˈʌnpəˈsiːvd] unbemerkt.
un·per·formed [ˈʌnpəˈfɔːmd] unausgeführt.
un·per·plexed [ˈʌnpəˈplekst] nicht verwirrt.
un·per·turbed [ˈʌnpɜːˈtɜːbd] nicht beunruhigt *od.* verwirrt, ruhig, gelassen, unerschüttert.
un·phil·o·soph·i·cal □ [ˈʌnfiləˈsɔfikəl] unphilosophisch.
un·pick [ˈʌnˈpik] *Naht* (auf)trennen.
un·picked [ˈʌnˈpikt] unsortiert.
un·pin [ˈʌnˈpin] losstecken.
un·pit·ied [ˈʌnˈpitid] unbemitleidet.
un·placed [ˈʌnˈpleist] ohne Platz; *Rennsport*: unplaziert; nichtangestellt.
un·pleas·ant □ [ʌnˈpleznt] unangenehm; unerfreulich; **unˈpleas·ant·ness** Unannehmlichkeit *f.*
un·plumbed [ˈʌnˈplʌmd] unergründlich.
un·po·et·ic, un·po·et·i·cal □ [ˈʌnpəuˈetik(əl)] unpoetisch, prosaisch.
un·po·lished [ˈʌnˈpɔliʃt] unpoliert; *fig.* ungebildet.
un·polled [ˈʌnˈpəuld] nicht in die Wählerliste eingetragen.
un·pol·lut·ed [ˈʌnpəˈluːtid] unbefleckt.
un·pop·u·lar □ [ˈʌnˈpɔpjulə] unpopulär, unbeliebt; **un·pop·u·lar·i·ty** [ˈ~ˈlæriti] Unbeliebtheit *f.*
un·pos·sessed [ˈʌnpəˈzest]: ~ *of s.th.* nicht im Besitz e-r Sache.
un·prac·ti·cal □ [ˈʌnˈpræktikəl] unpraktisch; ˈ**unˈprac·ticed**, ˈ**unˈprac·tised** [~tist] ungeübt.
un·prec·e·dent·ed □ [ʌnˈpresidəntid] beispiellos, unerhört; noch nie dagewesen.
un·prej·u·diced □ [ʌnˈpredʒudist] unbefangen, unvoreingenommen.
un·pre·med·i·tat·ed □ [ˈʌnpriˈmediteitid] nicht vorbedacht, unbeabsichtigt; aus dem Stegreif.
un·pre·pared □ [ˈʌnpriˈpɛəd, *adv.* ~ridli] unvorbereitet.
un·pre·pos·sess·ing [ˈʌnpriːpəˈzesiŋ] nicht einnehmend, reizlos.
un·pre·sent·a·ble [ˈʌnpriˈzentəbl] nicht vorzeigbar; nicht salonfähig.
un·pre·tend·ing □ [ˈʌnpriˈtendiŋ], ˈ**un·preˈten·tious** □ anspruchslos, bescheiden.
un·prin·ci·pled [ʌnˈprinsəpld] ohne Grundsätze; gewissenlos.
un·print·a·ble [ˈʌnˈprintəbl] nicht wiederzugeben(d), nicht salonfähig (*Wort*).
un·priv·il·eged *Am.* [ʌnˈprivilidʒd] sozial benachteiligt, arm.
un·pro·duc·tive □ [ˈʌnprəˈdʌktiv] unfruchtbar, unergiebig (*of* an *dat.*); ⚚ unproduktiv.
un·pro·fes·sion·al □ [ˈʌnprəˈfeʃənl] nicht berufsmäßig, berufswidrig.
un·prof·it·a·ble □ [ʌnˈprɔfitəbl] nicht einträglich; nutzlos, unnütz; **unˈprof·it·a·ble·ness** Nutzlosigkeit *f.*
un·prom·is·ing □ [ˈʌnˈprɔmisiŋ] nicht vielversprechend, aussichtslos.
un·prompt·ed [ʌnˈprɔmptid] unbeeinflußt, spontan.
un·pro·nounce·a·ble □ [ˈʌnprəˈnaunsəbl] schwer auszusprechen(d).
un·pro·pi·tious □ [ˈʌnprəˈpiʃəs] ungünstig, ungeeignet.
un·pro·tect·ed □ [ˈʌnprəˈtektid] ungeschützt.
un·proved [ˈʌnˈpruːvd] unerwiesen.
un·pro·vid·ed [ˈʌnprəˈvaidid] nicht versehen (*with* mit); ~ *for* unversorgt, mittellos.
un·pro·voked □ [ˈʌnprəˈvəukt] unprovoziert; ohne Grund.
un·pub·lished [ˈʌnˈpʌbliʃt] unveröffentlicht.
un·punc·tu·al □ [ˈʌnˈpʌŋktjuəl] unpünktlich; **un·punc·tu·al·i·ty** [ˈ~ˈæliti] Unpünktlichkeit *f.*
un·pun·ished [ˈʌnˈpʌniʃt] ungestraft; *go* ~ straflos ausgehen.
un·qual·i·fied □ [ʌnˈkwɔlifaid] ungeeignet, unqualifiziert; unberechtigt; unbeschränkt; F ausgesprochen (*Lügner etc.*).
un·quench·a·ble □ [ʌnˈkwentʃəbl] unlöschbar; *fig.* unstillbar.
un·ques·tion·a·ble □ [ʌnˈkwestʃənəbl] unfraglich, fraglos; **unˈques·tioned** ungefragt; unbestritten; **unˈques·tion·ing** □ ohne zu fragen; bedingungslos.
un·qui·et [ʌnˈkwaiət] unruhig, ruhelos.
un·quote [ˈʌnˈkwəut] *Zitat* beenden; **unˈquot·ed** *Börse*: nicht notiert.
un·rav·el [ʌnˈrævəl] (sich) entwirren; enträtseln.
un·read [ˈʌnˈred] ungelesen; un-

belesen (*Person*); **un·read·a·ble** [ˈʌnˈriːdəbl] unleserlich; unlesbar.
un·read·i·ness [ˈʌnˈredinis] mangelnde Bereitschaft *f*; ˈ**unˈread·y** □ nicht bereit *od.* fertig; unlustig, zögernd.
un·re·al □ [ˈʌnˈriəl] unwirklich; **un·re·al·is·tic** [ˈʌnriəˈlistik] wirklichkeitsfremd, unrealistisch; **un·re·al·i·ty** [ˈ~ˈæliti] Unwirklichkeit *f*; ˈ**unˈre·al·iz·a·ble** [~əlaizəbl] nicht zu verwirklichen(d), nicht realisierbar; ✝ unverkäuflich.
un·rea·son [ˈʌnˈriːzn] Unvernunft *f*; **unˈrea·son·a·ble** □ unvernünftig; grundlos; unmäßig.
un·re·claimed [ˈʌnriˈkleimd] ungebessert; nicht kultiviert, unbebaut (*Land*).
un·rec·og·niz·a·ble □ [ˈʌnˈrekəgnaizəbl] nicht wiederzuerkennen(d); ˈ**unˈrec·og·nized** nicht (an)erkannt.
un·rec·om·pensed [ˈʌnˈrekəmpenst] unbelohnt.
un·rec·on·ciled [ˈʌnˈrekənsaild] unversöhnt.
un·re·cord·ed [ˈʌnriˈkɔːdid] (geschichtlich) nicht aufgezeichnet.
un·re·dee·med □ [ˈʌnriˈdiːmd] unerlöst; uneingelöst (*Pfand, Versprechen*); *fig.* ungemildert (*by* durch).
un·re·dressed [ˈʌnriˈdrest] nicht abgestellt (*Mißstand*); ungesühnt.
un·reel [ˈʌnˈriːl] (sich) abhaspeln.
un·re·fined [ˈʌnriˈfaind] ungeläutert; *fig.* ungebildet.
un·re·flect·ing □ [ˈʌnriˈflektiŋ] gedankenlos.
un·re·formed [ˈʌnriˈfɔːmd] unverbessert; nicht reformiert.
un·re·gard·ed [ˈʌnriˈgɑːdid] unbeachtet; unberücksichtigt; ˈ**unreˈgard·ful** [~ful] unachtsam (*of* auf *acc.*).
un·reg·is·tered [ˈʌnˈredʒistəd] unaufgezeichnet; nicht approbiert (*Arzt etc.*); nicht eingeschrieben (*Brief*).
un·re·gret·ted [ˈʌnriˈgretid] unbeklagt, unbetrauert.
un·re·lat·ed [ˈʌnriˈleitid] ohne Beziehung (*to* zu).
un·re·lent·ing □ [ˈʌnriˈlentiŋ] erbarmungslos; unerbittlich.
un·re·li·a·ble [ˈʌnriˈlaiəbl] unzuverlässig.
un·re·lieved □ [ˈʌnriˈliːvd] ungelindert; nicht unterbrochen, ununterbrochen.
un·re·mit·ting □ [ʌnriˈmitiŋ] unablässig, unaufhörlich; unermüdlich.
un·re·mu·ner·a·tive □ [ˈʌnriˈmjuːnərətiv] nicht lohnend.
un·re·pealed [ˈʌnriˈpiːld] unwiderrufen.
un·re·pent·ed [ˈʌnriˈpentid] unbereut.
un·re·pin·ing □ [ˈʌnriˈpainiŋ] klaglos; unverdrossen.
un·re·quit·ed □ [ˈʌnriˈkwaitid] unerwidert; unbelohnt.
un·re·served □ [ˈʌnriˈzəːvd, *adv.* ~vidli] rückhaltlos; unbeschränkt; ohne Vorbehalt.
un·re·sist·ing □ [ˈʌnriˈzistiŋ] widerstandslos.
un·re·spon·sive [ˈʌnrisˈpɔnsiv] unempfänglich (*to* für).
un·rest [ˈʌnˈrest] Unruhe *f*; ˈ**unˈrest·ing** □ rastlos.
un·re·strained □ [ˈʌnrisˈtreind] ungehemmt; unbeherrscht; unbeschränkt; ungezwungen.
un·re·strict·ed □ [ˈʌnrisˈtriktid] uneingeschränkt.
un·re·vealed [ˈʌnriˈviːld] nicht offenbart.
un·re·ward·ed [ˈʌnriˈwɔːdid] unbelohnt.
un·rhymed [ˈʌnˈraimd] ungereimt, reimlos.
un·rid·dle [ˈʌnridl] enträtseln.
un·rig ⚓ [ˈʌnˈrig] abtakeln.
un·right·eous □ [ʌnˈraitʃəs] ungerecht; unredlich.
un·rip [ˈʌnˈrip] auftrennen; aufschlitzen.
un·ripe [ˈʌnˈraip] unreif.
un·ri·val(l)ed [ʌnˈraivəld] unvergleichlich, unerreicht, einzigartig.
un·roll [ˈʌnˈrəul] auf-, entrollen.
un·roof [ˈʌnˈruːf] *Haus* abdecken.
un·rope *mount.* [ˈʌnˈrəup] (sich) ausseilen.
un·ruf·fled [ˈʌnˈrʌfld] glatt; unerschüttert; ruhig.
un·ruled [ˈʌnˈruːld] unbeherrscht; unliniiert (*Papier*).
un·rul·y [ʌnˈruːli] ungebärdig, unbändig.
un·sad·dle [ˈʌnˈsædl] absatteln.
un·safe □ [ˈʌnˈseif] unsicher.
un·said [ˈʌnˈsed] ungesagt.

un·sal(e)·a·ble [ˈʌnˈseiləbl] unverkäuflich.
un·salt·ed [ˈʌnˈsɔːltid] ungesalzen.
un·sanc·tioned [ˈʌnˈsæŋkʃənd] unbestätigt; unerlaubt.
un·san·i·tar·y [ˈʌnˈsænitəri] unhygienisch.
un·sat·is·fac·to·ry □ [ˈʌnsætisˈfæktəri] unbefriedigend; unzulänglich; ˈ**unˈsat·is·fied** [~faid] unbefriedigt; ˈ**unˈsat·is·fy·ing** □ [~faiiŋ] = *unsatisfactory*.
un·sa·vo(u)r·y □ [ˈʌnˈseivəri] unappetitlich (*a. fig.*), widerwärtig.
un·say [ˈʌnˈsei] (*irr. say*) zurücknehmen, widerrufen.
un·scathed [ˈʌnˈskeiðd] unbeschädigt, unversehrt.
un·schooled [ˈʌnˈskuːld] ungeschult; unverbildet.
un·sci·en·tif·ic [ˈʌnsaiənˈtifik] (*~ally*) unwissenschaftlich.
un·screw [ˈʌnˈskruː] (sich) ab-, los-, aufschrauben.
un·script·ur·al □ [ˈʌnˈskriptʃərəl] schriftwidrig, nicht biblisch.
un·scru·pu·lous □ [ʌnˈskruːpjuləs] bedenkenlos; gewissenlos; skrupellos.
un·seal [ˈʌnˈsiːl] entsiegeln.
un·search·a·ble □ [ʌnˈsəːtʃəbl] unerforschlich; unergründlich.
un·sea·son·a·ble □ [ʌnˈsiːznəbl] unzeitig; *fig.* ungelegen; ˈ**unˈseasoned** nicht abgelagert (*Holz*); *fig.* nicht abgehärtet; ungewürzt.
un·seat [ˈʌnˈsiːt] aus dem Amt entfernen; aus dem Sattel heben, abwerfen; *be ~ed* s-n Sitz *im Parlament* verlieren; (vom Pferd) stürzen.
un·sea·wor·thy ⚓ [ˈʌnˈsiːwəːði] seeuntüchtig.
un·seem·li·ness [ʌnˈsiːmlinis] Unziemlichkeit *f*; **unˈseem·ly** unziemlich, unpassend.
un·seen [ˈʌnˈsiːn] **1.** ungesehen; unsichtbar; **2.** *Schule*: Übersetzung *f* e-s unbekannten Textes; *the ~* die unsichtbare Welt.
un·self·ish □ [ˈʌnˈselfiʃ] selbstlos, uneigennützig; ˈ**unˈself·ish·ness** Selbstlosigkeit *f*.
un·sen·ti·men·tal [ˈʌnsentiˈmentl] unsentimental.
un·serv·ice·a·ble □ [ˈʌnˈsəːvisəbl] undienlich; unbrauchbar.
un·set·tle [ˈʌnˈsetl] in Unordnung bringen; verwirren; erschüttern; ˈ**unˈset·tled** nicht festgesetzt, unbestimmt; unbeständig, schwankend (*a. Wetter*, ✝ *Markt*); ✝ unbezahlt; unerledigt (*Frage*); ohne festen Wohnsitz; unbesiedelt (*Land*).
un·sex [ˈʌnˈseks] entweiben.
un·shack·le [ˈʌnˈʃækl] entfesseln.
un·shak·en [ˈʌnˈʃeikən] unerschüttert; unerschütterlich.
un·shape·ly [ˈʌnˈʃeipli] ungestalt.
un·shav·en [ˈʌnˈʃeivn] unrasiert.
un·sheathe [ˈʌnˈʃiːð] aus der Scheide ziehen.
un·shell [ˈʌnˈʃel] (ab)schälen.
un·ship [ˈʌnˈʃip] ausschiffen, ausladen; F *fig. j.* ausbooten.
un·shod [ˈʌnˈʃɔd] unbeschuht; unbeschlagen (*Pferd*).
un·shorn [ˈʌnˈʃɔːn] ungeschoren.
un·shrink·a·ble [ˈʌnˈʃriŋkəbl] nicht einlaufend (*Stoff*); ˈ**unˈshrink·ing** □ unverzagt.
un·sight [ˈʌnˈsait] die Sicht nehmen; **unˈsight·ly** häßlich.
un·signed [ˈʌnˈsaind] nicht unterzeichnet.
un·sized[1] [ˈʌnˈsaizd] ungrundiert; ungeleimt (*Papier*).
un·sized[2] [~] nicht nach Größen geordnet; unsortiert.
un·skil(l)·ful □ [ˈʌnˈskilful] ungeschickt; ˈ**unˈskilled** ungelernt (*Arbeit, Arbeiter*).
un·skimmed [ˈʌnˈskimd] nicht entrahmt.
un·sleep·ing [ˈʌnˈsliːpiŋ] schlaflos.
un·so·cia·ble [ʌnˈsəuʃəbl] ungesellig; **unˈso·cial** ungesellig; unsozial.
un·sold [ˈʌnˈsəuld] unverkauft.
un·sol·der [ˈʌnˈsɔldə] los-, ablöten.
un·sol·dier·ly *adj.* [ˈʌnˈsəuldʒəli] unsoldatisch, unkriegerisch.
un·so·lic·it·ed [ˈʌnsəˈlisitid] unverlangt (*Sache*); unaufgefordert (*Person*).
un·solv·a·ble [ˈʌnˈsɔlvəbl] unlösbar; ˈ**unˈsolved** ungelöst.
un·so·phis·ti·cat·ed [ˈʌnsəˈfistikeitid] unverfälscht; ungekünstelt; unverdorben, unverbildet.
un·sought [ˈʌnˈsɔːt] ungesucht.
un·sound □ [ˈʌnˈsaund] ungesund; verdorben; wurmstichig; morsch; nicht stichhaltig (*Beweis*); verkehrt; *of ~ mind* geistig nicht gesund; *~ doctrine* Irrlehre *f*.

un·spar·ing □ [ˈʌnˈspɛəriŋ] nicht kargend, freigebig (*of, in* mit); schonungslos, unbarmherzig (*of* gegen).
un·speak·a·ble □ [ʌnˈspiːkəbl] unsagbar; unsäglich.
un·spec·i·fied [ˈʌnˈspesifaid] nicht spezifiziert.
un·spent [ˈʌnˈspent] unverbraucht; unerschöpft.
un·spoiled [ˈʌnˈspɔild], ˈ**unˈspoilt** [~t] unverdorben; unbeschädigt; nicht verzogen (*Kind*).
un·spo·ken [ˈʌnˈspəukən] ungesagt; ~*-of* unerwähnt.
un·sport·ing [ˈʌnˈspɔːtiŋ], **un·sports·man·like** [ˈʌnˈspɔːtsmənlaik] unsportlich, unfair, unkameradschaftlich; unweidmännisch.
un·spot·ted [ˈʌnˈspɔtid] ungefleckt; *fig.* unbefleckt.
un·sta·ble □ [ˈʌnˈsteibl] nicht (stand)fest; unbeständig; unstet(ig); labil.
un·stained *fig.* [ˈʌnˈsteind] unbefleckt.
un·stamped [ˈʌnˈstæmpt] ungestempelt; ✉ unfrankiert.
un·states·man·like [ˈʌnˈsteitsmənlaik] unstaatsmännisch.
un·stead·y □ [ˈʌnˈstedi] unstet(ig), unsicher; schwankend; unbeständig; unsolid; unregelmäßig.
un·stint·ed [ʌnˈstintid] unverkürzt, unbeschränkt.
un·stitch [ˈʌnˈstitʃ] auftrennen.
un·stop [ˈʌnˈstɔp] durchgängig machen.
un·strained [ˈʌnˈstreind] ungefiltert; *fig.* ungezwungen.
un·strap [ˈʌnˈstræp] los-, abschnallen.
un·stressed [ˈʌnˈstrest] unbetont.
un·string [ˈʌnˈstriŋ] (*irr. string*) *Bogen, Saite* entspannen; *Perlen etc.* abfädeln; **un·strung** [ˈʌnˈstrʌŋ] saitenlos; entspannt; *fig.* abgespannt, nervös, überdreht.
un·stuck [ˈʌnˈstʌk]: *come* ~ aufgehen, sich lösen; *sl.* ins Wasser fallen, danebengehen.
un·stud·ied [ˈʌnˈstʌdid] ungesucht, ungekünstelt, natürlich.
un·sub·dued [ˈʌnsəbˈdjuːd] unbesiegt, nicht unterjocht.
un·sub·mis·sive □ [ˈʌnsəbˈmisiv] nicht unterwürfig, widerspenstig.
un·sub·stan·tial □ [ˈʌnsəbˈstænʃəl] wesenlos; gegenstandslos; unsolid; gehaltlos; dürftig.
un·suc·cess·ful □ [ˈʌnsəkˈsesful] erfolglos, ohne Erfolg; ˈ**un·sucˈcess·ful·ness** Erfolglosigkeit *f.*
un·suit·a·ble □ [ˈʌnˈsjuːtəbl] unpassend; unangemessen; ˈ**unˈsuit·ed** ungeeignet (*for, to* für, zu).
un·sul·lied [ˈʌnˈsʌlid] unbefleckt.
un·sup·port·ed [ˈʌnsəˈpɔːtid] ungestützt; nicht bestätigt; ohne Unterstützung.
un·sure [ˈʌnˈʃuə] unsicher.
un·sur·passed [ˈʌnsəːˈpɑːst] unübertroffen.
un·sus·pect·ed [ˈʌnsəsˈpektid] unverdächtig; unvermutet; ˈ**un·susˈpect·ing** nichts ahnend, *pred.* ohne Ahnung (*of* von); arglos.
un·sus·pi·cious □ [ˈʌnsəsˈpiʃəs] nicht argwöhnisch, arglos.
un·swear [ˈʌnˈswɛə] (*irr. swear*) abschwören.
un·swerv·ing □ [ˈʌnˈswəːviŋ] unentwegt.
un·sworn [ˈʌnˈswɔːn] ungeschworen; unvereidigt (*Zeuge*).
un·tack [ˈʌnˈtæk] losmachen.
un·taint·ed □ [ˈʌnˈteintid] unbefleckt; *fig.* fleckenlos; unverdorben.
un·tam(e)·a·ble [ˈʌnˈteiməbl] unbezähmbar; ˈ**unˈtamed** ungezähmt.
un·tan·gle [ˈʌnˈtæŋgl] entwirren.
un·tanned [ˈʌnˈtænd] ungegerbt.
un·tar·nished [ˈʌnˈtɑːniʃt] unbefleckt; ungetrübt.
un·tast·ed [ˈʌnˈteistid] ungekostet.
un·taught [ˈʌnˈtɔːt] ungelehrt.
un·taxed [ˈʌnˈtækst] unbesteuert.
un·teach·a·ble [ˈʌnˈtiːtʃəbl] unbelehrbar (*Person*); unlehrbar (*Sache*).
un·tem·per·a·men·tal [ˈʌntempərəˈmentl] temperamentlos.
un·tem·pered [ˈʌnˈtempəd] ⊕ ungehärtet; ungemildert.
un·ten·a·ble [ˈʌnˈtenəbl] unhaltbar.
un·ten·ant·ed [ˈʌnˈtenəntid] unvermietet, unbewohnt.
un·thank·ful □ [ˈʌnˈθæŋkful] undankbar.
un·think·a·ble [ʌnˈθiŋkəbl] undenkbar; **unˈthink·ing** □ gedankenlos.
un·thought [ˈʌnˈθɔːt] unbedacht; ~*-of* unvermutet.
un·thread [ˈʌnˈθred] ausfädeln; *fig.* sich hindurchfinden durch.
un·thrift·y □ [ˈʌnˈθrifti] verschwenderisch; nicht gedeihend.

un·ti·dy □ [ʌnˈtaidi] unordentlich.
un·tie [ˈʌnˈtai] aufbinden, -knoten, -knüpfen; *Knoten etc.* lösen; *j.* losbinden.
un·til [ənˈtil] **1.** *prp.* bis; **2.** *cj.* bis (daß); *not* ~ erst wenn *od.* als.
un·tilled [ˈʌnˈtild] unbebaut (*Acker*).
un·time·ly [ʌnˈtaimli] unzeitig; vorzeitig; früh(zeitig); ungelegen.
un·tir·ing □ [ʌnˈtaiəriŋ] unermüdlich.
un·to [ˈʌntu] = *to*.
un·told [ˈʌnˈtəuld] unerzählt; ungezählt; unermeßlich, unsäglich.
un·touched [ˈʌnˈtʌtʃt] unberührt; *fig.* ungerührt; *phot.* unretuschiert.
un·to·ward [ʌnˈtəuəd] unglücklich; ungünstig; widerspenstig.
un·trained [ˈʌnˈtreind] undressiert; unerzogen; untrainiert.
un·tram·mel(l)ed [ʌnˈtræməld] ungebunden, ungehindert.
un·trans·fer·a·ble [ˈʌntrænsˈfəːrəbl] nicht übertragbar.
un·trans·lat·a·ble [ˈʌntrænsˈleitəbl] unübersetzbar.
un·trav·el(l)ed [ˈʌnˈtrævld] unbereist; ungereist (*Person*).
un·tried [ˈʌnˈtraid] unversucht; unerprobt; ⚖ ununtersucht (*Fall*); nicht vernommen; nicht abgeurteilt (*Angeklagter*).
un·trimmed [ˈʌnˈtrimd] nicht in Ordnung (gebracht); unbeschnitten (*Haar etc.*); ungeschmückt.
un·trod, un·trod·den [ˈʌnˈtrɔd(n)] unbetreten.
un·trou·bled [ˈʌnˈtrʌbld] ungestört, unbelästigt.
un·true □ [ˈʌnˈtruː] unwahr; untreu.
un·trust·wor·thy □ [ˈʌnˈtrʌstwəːði] nicht vertrauenswürdig.
un·truth [ˈʌnˈtruːθ] Unwahrheit *f*.
un·tu·tored [ˈʌnˈtjuːtəd] unerzogen, ungebildet.
un·twine [ˈʌnˈtwain], **un·twist** [ˈʌnˈtwist] *v/t.* aufdrehen; aufflechten; entwirren; *v/i.* aufgehen.
un·used [ˈʌnˈjuːzd] ungebraucht; [ˈʌnˈjuːst] nicht gewöhnt (*to* an *acc.*; zu *inf.*); **un·u·su·al** □ [ʌnˈjuːʒuəl] ungewöhnlich; ungewohnt.
un·ut·ter·a·ble □ [ʌnˈʌtərəbl] unaussprechlich.
un·val·ued [ˈʌnˈvæljuːd] nicht (ab-) geschätzt.
un·var·ied [ʌnˈvɛərid] unverändert.
un·var·nished [ˈʌnˈvɑːniʃt] ungefirnißt; *fig.* ungeschminkt.
un·var·y·ing □ [ʌnˈvɛəriiŋ] unveränderlich.
un·veil [ʌnˈveil] entschleiern, enthüllen.
un·versed [ˈʌnˈvəːst] unbewandert, unerfahren (*in* in *dat.*).
un·voiced [ˈʌnˈvɔist] nicht ausgesprochen; stimmlos (*Konsonant*).
un·vouched [ˈʌnˈvautʃt] *a.* ~*-for* unverbürgt, unbezeugt.
un·want·ed [ˈʌnˈwɔntid] unerwünscht.
un·war·i·ness [ʌnˈwɛərinis] Unbedachtsamkeit *f*.
un·war·like [ˈʌnˈwɔːlaik] unkriegerisch.
un·war·rant·a·ble □ [ʌnˈwɔrəntəbl] unverantwortlich; **ˈunˈwar·rant·ed** unberechtigt; unverbürgt.
un·war·y □ [ˈʌnˈwɛəri] unbedachtsam.
un·washed [ˈʌnˈwɔʃt] ungewaschen.
un·wa·tered [ˈʌnˈwɔːtəd] unbewässert; unverwässert (*Milch, Kapital*).
un·wa·ver·ing [ʌnˈweivəriŋ] unerschütterlich.
un·wea·ried [ʌnˈwiərid], **un·wea·ry·ing** □ [ʌnˈwiəriiŋ] unermüdlich.
un·wel·come [ʌnˈwelkəm] unwillkommen.
un·well [ˈʌnˈwel] unwohl.
un·whole·some [ˈʌnˈhəulsəm] ungesund; schädlich.
un·wield·y □ [ʌnˈwiːldi] unhandlich; ungefüge; 🐌 sperrig.
un·will·ing □ [ˈʌnˈwiliŋ] un-, widerwillig, abgeneigt; *be* ~ *to do* nicht tun wollen; *be* ~ *for s.th. to be done* nicht wollen, daß et. getan wird.
un·wind [ˈʌnˈwaind] (*irr. wind*) auf-, loswickeln; (sich) auf-, abwickeln.
un·wis·dom [ˈʌnˈwizdəm] Unklugheit *f*; **un·wise** □ [ˈʌnˈwaiz] unklug.
un·wished [ʌnˈwiʃt] ungewünscht; ~*-for* unerwünscht.
un·wit·ting □ [ʌnˈwitiŋ] unwissentlich; unwillentlich, unbeabsichtigt.
un·wom·an·ly [ʌnˈwumənli] unweiblich.
un·wont·ed □ [ʌnˈwəuntid] ungewohnt; nicht gewöhnt (*to* an *acc.*).
un·work·a·ble [ˈʌnˈwəːkəbl] nicht zu bearbeiten(d); undurchführbar; ⊕ betriebsunfähig.

un·world·ly [ˈʌnˈwəːldli] unweltlich.
un·wor·thy □ [ʌnˈwəːði] unwürdig.
un·wound·ed [ˈʌnˈwuːndid] unverwundet.
un·wrap [ˈʌnˈræp] auswickeln, -packen; aufwickeln.
un·wrin·kle [ˈʌnˈriŋkl] entrunzeln.
un·writ·ten [ˈʌnˈritn] ungeschrieben (*Gesetz*); unbeschrieben (*Seite*).
un·wrought [ˈʌnˈrɔːt] unbearbeitet; roh; Roh...
un·yield·ing □ [ʌnˈjiːldiŋ] unnachgiebig.
un·yoke [ˈʌnˈjəuk] ausspannen.
up [ʌp] **1.** *adv.* (her-, hin)auf; aufwärts, empor; oben, in der Höhe; auf(gestanden); aufgegangen (*Sonne etc.*); abgelaufen (*Zeit*); in Aufregung, in Wallung; nach London *od.* Oxford *od.* Cambridge; *Am. Baseball*: am Schlag; *come ~ to s.o.* auf j. zukommen; *~ and about* wieder auf den Beinen; *be hard ~* in Geldschwierigkeiten *od.* schlecht bei Kasse sein; *~ against a task* einer Aufgabe gegenüber; *~ to* bis an (*acc.*), bis auf (*acc.*); *s. date*² *1*; *be ~ to s.th.* e-r Sache gewachsen sein; *fig.* an et. herankommen; et. im Schilde führen; *it is ~ to me to do* es ist meine Sache zu tun; *s. mark 1*; *the time is ~* die Zeit ist um; *what are you ~ to there?* was macht ihr da?; *what's ~ sl.* was ist los?; *~ with* auf gleicher Höhe mit; *it's all ~ with him* es ist aus mit ihm; **2.** *int.* auf!; herauf!; heran!; hoch!; **3.** *prp.* hinauf, auf; *~ the hill* den Berg hinauf, bergan; **4.** *adj. ~ train* Zug *m* nach der Stadt; **5.** *the ~s and downs* das Auf und Ab, die Höhen und Tiefen *des Lebens*; **6.** F (sich) erheben, hochfahren; hochtreiben.
up-and-com·ing *Am.* F [ˈʌpənˈkʌmiŋ] unternehmungslustig; vielversprechend.
up·braid [ʌpˈbreid] vorwerfen (*s.o. with od. for s.th.* j-m et.).
up·bring·ing [ˈʌpbriŋiŋ] Aufziehen *n*, Aufzucht *f*; Erziehung *f*.
up·build [ˈʌpˈbild] (*irr. build*) aufbauen.
up·cast [ˈʌpkɑːst] Hochwurf *m*; *a. ~ shaft* ⚒ Luftschacht *m*.
up-coun·try [ˈʌpˈkʌntri] landeinwärts (gelegen).
up-cur·rent ✈ [ˈʌpkʌrənt] Aufwind *m*.
up·grade 1. [ˈʌpgreid] Steigung *f*; *on the ~ fig.* im Aufsteigen; **2.** [ʌpˈgreid] höher einstufen, aufwerten.
up·heav·al [ʌpˈhiːvəl] *geol.* Hebung *f*; *fig.* Umwälzung *f*, Umsturz *m*.
up·hill [ˈʌpˈhil] bergan; mühsam.
up·hold [ʌpˈhəuld] (*irr. hold*) aufrecht(er)halten; stützen; **upˈhold·er** *fig.* Stütze *f*, Verteidiger *m*.
up·hol·ster [ʌpˈhəulstə] *Möbel* (auf)polstern; *Zimmer* dekorieren; **upˈhol·ster·er** Tapezierer *m*, Dekorateur *m*, Polsterer *m*; **upˈhol·ster·y** Polstermöbel *n/pl.*; Polsterung *f*, Tapezierarbeit *f*; Zimmerdekoration *f*.
up·keep [ˈʌpkiːp] Instandhaltung(skosten *pl.*) *f*; Unterhalt *m von Personen*.
up·land [ˈʌplənd] **1.** *oft ~s pl.* Hoch-, Oberland *n*; **2.** Hoch-, Oberland(s)...
up·lift 1. [ʌpˈlift] *fig.* emporheben; **2.** [ˈ~] Erhebung *f*; *fig.* Aufschwung *m*; moralische Unterstützung *f*.
up·most [ˈʌpməust] = *uppermost.*
up·on [əˈpɔn] = *on.*
up·per [ˈʌpə] **1.** ober; Ober...; *the ~ ten (thousand)* die oberen Zehntausend *pl.*; **2.** *mst ~s pl.* Oberleder *n*; F *be (down) on one's ~s* F total pleite *od.* abgebrannt sein; **ˈ~·cut** *Boxen*: Aufwärts-, Kinnhaken *m*; **ˈ~·most** oberst, höchst.
up·pish □ F [ˈʌpiʃ] hochnäsig, eingebildet.
up·pi·ty F [ˈʌpiti] eingebildet; dreist.
up·raise [ʌpˈreiz] erheben.
up·rear [ʌpˈriə] aufrichten.
up·right 1. □ [ˈʌpˈrait] aufrecht (stehend); senkrecht; *fig.* [ˈ~] aufrecht, aufrichtig, gerade; **2.** [ˈ~] Pfosten *m*; Ständer *m*; = **~ pi·a·no** ♪ Klavier *n*.
up·ris·ing [ʌpˈraiziŋ] Aufstehen *n*; Erhebung *f*, Aufstand *m*.
up·roar *fig.* [ˈʌprɔː] Aufruhr *m*, Tumult *m*; Lärm *m*; Toben *n*; **upˈroar·i·ous** □ lärmend, tobend; tosend (*Beifall etc.*).
up·root [ʌpˈruːt] entwurzeln; (her-)ausreißen.
up·set [ʌpˈset] **1.** (*irr. set*) umwerfen (*a. fig.*); (um)stürzen; außer Fassung *od.* in Unordnung bringen; stören; verwirren; beunruhigen; ⊕

stauchen; *be* ~ außer sich sein; **2.** Aufregung *f*, Ärger *m*; *Sport*: Überraschung *f*; *stomach* ~ Magenverstimmung *f*; ~ **price** Anschlagspreis *m bei Auktionen*.
up·shot [ˈʌpʃɔt] Ausgang *m*, Ende *n*, Ergebnis *n*; *in the* ~ am Ende.
up·side *adv*. [ˈʌpsaid]: ~ *down* das Oberste zuunterst; *fig*. drunter und drüber; verkehrt; *turn* ~ *down* auf den Kopf stellen.
up·stage F *fig*. [ˈʌpˈsteidʒ] von oben herab; hochnäsig, eingebildet.
up·stairs [ˈʌpˈstɛəz] oben *im Hause*; nach oben.
up·stand·ing [ʌpˈstændiŋ] aufrecht; stramm.
up·start [ˈʌpstɑːt] **1.** Emporkömmling *m*; **2.** emporkommen.
up·state *Am*. [ˈʌpˈsteit] Hinterland *n e-s Staates, bsd. nördlich New York*.
up·stream [ˈʌpˈstriːm] fluß-, stromaufwärts (gelegen, gerichtet).
up·stroke [ˈʌpstrəuk] Aufstrich *m beim Schreiben*.
up·surge [ˈʌpsəːdʒ] Aufwallung *f*.
up·swing [ˈʌpswiŋ] Aufschwung *m*.
up·take [ˈʌpteik] Auffassung(svermögen *n*) *f*; *be slow* (*quick*) *in od. on the* ~ F e-e lange (kurze) Leitung haben.
up·throw [ˈʌpθrəu] Umwälzung *f*.
up-to-date [ˈʌptəˈdeit] modern, neuzeitlich.
up-town [ˈʌpˈtaun] im *od*. in den oberen Stadtteil; *Am*. im Wohn- *od*. Villenviertel.
up·turn [ʌpˈtəːn] emporrichten; nach oben kehren.
up·ward [ˈʌpwəd] **1.** *adj*. nach oben gerichtet; **2.** *adv*. = **up·wards** [ˈ~z] aufwärts; darüber (hinaus); ~ *of* mehr als.
u·ra·ni·um ⚗ [juəˈreinjəm] Uran *n*.
ur·ban [ˈəːbən] städtisch; Stadt...; **ur·bane** □ [əːˈbein] höflich; gebildet, urban, weltmännisch; **ur·ban·i·ty** [əːˈbæniti] Höflichkeit *f*; Bildung *f*; **ur·ban·i·za·tion** [əːbənaiˈzeiʃən] Verstädterung *f*; ˈ**ur·ban·ize** verstädtern.
ur·chin [ˈəːtʃin] Bengel *m*.
urge [əːdʒ] **1.** *oft* ~ *on j*. drängen, (an)treiben; *fig*. nötigen (*to* zu), dringen in *j*. (*to inf*. zu *inf*.); dringen auf *e-e Sache*; nachdrücklich betonen; geltend machen; ~ *s.th. on s.o.* j-m et. eindringlich vorstellen; j-m et. einschärfen; **2.** *innerer* Drang *m*; **ur·gen·cy** [ˈəːdʒənsi] Dringlichkeit *f*; Drängen *n*; ˈ**ur·gent** □ dringend; dringlich; eilig; *be* ~ *with s.o. to inf*. in j. dringen zu *inf.*
u·ric ⚗ [ˈjuərik] Harn...
u·ri·nal [ˈjuərinl] Harnglas *n*; Bedürfnisanstalt *f*; ˈ**u·ri·nar·y** Harn...; **u·ri·nate** [ˈ~neit] urinieren; ˈ**u·rine** Urin *m*, Harn *m*.
urn [əːn] Urne *f*; Kaffee- *od*. Teemaschine *f*.
us [ʌs, əs] uns; *all of* ~ wir alle.
us·a·ble [ˈjuːzəbl] brauch-, verwendbar.
us·age [ˈjuːzidʒ] Brauch *m*, Gepflogenheit *f*, Usus *m*; Sprachgebrauch *m*; Behandlung *f*, Verwendung *f*, Gebrauch *m*.
us·ance ✝ [ˈjuːzəns] Wechselfrist *f*, Uso *m*; *bill at* ~ Usowechsel *m*.
use 1. [juːs] Gebrauch *m*; Benutzung *f*; An-, Verwendung *f*; Gewohnheit *f*, Übung *f*; Brauch *m*; Nutzen *m*; *be of* ~ von Nutzen *od*. nützlich sein; *it is* (*of*) *no* ~ *ger. od. to inf*. es ist unnütz *od*. es hat keinen Zweck zu *inf*.; *have no* ~ *for* keine Verwendung haben für; *Am*. F nicht mögen; *put to* ~ nutzbar anwenden; **2.** [juːz] gebrauchen; benutzen, ver-, anwenden; behandeln; ~ *up* ver-, aufbrauchen; *I* ~*d* [ˈjuːs(t)] *to do* ich pflegte zu tun, früher tat ich; *used* [ˈjuːst] *to* gewöhnt an (*acc*.); **use·ful** □ [ˈjuːsful] brauchbar; nützlich; von Nutzen; ⊕ Nutz...; ˈ**use·ful·ness** Nützlichkeit *f etc*.; ˈ**use·less** □ nutz-, zwecklos, unnütz; unbrauchbar; ˈ**use·less·ness** Nutzlosigkeit *f*; **us·er** [ˈjuːzə] Benutzer(in).
ush·er [ˈʌʃə] **1.** Türhüter *m*, Pförtner *m*; Gerichtsdiener *m*; Platzanweiser *m*; *contp*. Hilfslehrer *m*; **2.** *mst* ~ *in* (hin)einführen, anmelden; *fig*. einleiten; **ush·er·ette** [~ˈret] Platzanweiserin *f*.
u·su·al □ [ˈjuːʒuəl] gewöhnlich; üblich; gebräuchlich; ˈ**u·su·al·ly** gewöhnlich, normalerweise.
u·su·fruct ⚖ [ˈjuːsjuːfrʌkt] Nutznießung *f*; **u·suˈfruc·tu·ar·y** [~tjuəri] Nutznießer(in).
u·su·rer [ˈjuːʒərə] Wucherer *m*; **u·su·ri·ous** □ [juːˈzjuəriəs] wucherisch; Wucher...
u·surp [juːˈzəːp] sich *et*. widerrecht-

lich aneignen, an sich reißen; **u·sur'pa·tion** widerrechtliche Aneignung *f*, Usurpation *f*; **u'surp·er** unrechtmäßiger Machthaber *m od.* Besitzer *m*, Usurpator *m*; **u'surp·ing** □ eigenmächtig.
u·su·ry ['ju:ʒuri] Wucher *m*; Wucherzinsen *m/pl.*
u·ten·sil [ju:'tensl] Gerät *n*; Geschirr *n*; ~**s** *pl.* Utensilien *pl.*
u·ter·ine ['ju:tərain] Gebärmutter...; ~ *brother* Halbbruder *m*; **u·ter·us** *anat.* ['~rəs] Gebärmutter *f.*
u·til·i·tar·i·an [ju:tili'tεəriən] **1.** Utilitarist *m*, Vertreter *m* des Nützlichkeitsprinzips; **2.** utilitaristisch; **u'til·i·ty 1.** Nützlichkeit *f*, Nutzen *m*; *public* ~ öffentlicher Versorgungsbetrieb *m*; **2.** Gebrauchs..., Einheits... (*Kleidung, Wagen etc.*).
u·ti·li·za·tion [ju:tilai'zeiʃən] Nutzbarmachung *f*, Nutzanwendung *f*; **'u·ti·lize** sich *et.* nutzbar *od.* zunutze machen.
ut·most ['ʌtməust] äußerst.
U·to·pi·an [ju:'təupjən] **1.** utopisch; **2.** Utopist(in), Schwärmer (-in).
ut·ter ['ʌtə] **1.** □ *fig.* äußerst, völlig, gänzlich; ausgesprochen, entschieden; **2.** äußern; *Seufzer etc.* ausstoßen, von sich geben; Falschgeld *etc.* in Umlauf setzen; **'ut·ter·ance** Äußerung *f*, Ausdruck *m*; Aussprache *f*; *give* ~ *to* Ausdruck geben (*dat.*); **'ut·ter·er** Äußernde *m*; Verbreiter(in); **'ut·ter·most** äußerst.
u·vu·la *anat.* ['ju:vjulə] Zäpfchen *n*; **'u·vu·lar** Zäpfchen...

V

vac F [væk] = *vacation.*
va·can·cy ['veikənsi] Leere *f* (*a. fig.*); leerer *od.* freier Platz *m*, Lücke *f*; Vakanz *f*, offene Stelle *f*; *gaze into* ~ ins Leere starren; **'va·cant** □ leer (*a. fig.*); frei (*Zeit, Zimmer*); offen (*Stelle*); unbesetzt, vakant (*Amt*); ~ *possession* sofort beziehbar.
va·cate [və'keit, *Am.* 'veikeit] *Haus* räumen; *Stelle* aufgeben, aus *e-m Amt* scheiden; **va'ca·tion 1.** (Schul)Ferien *pl.*; Räumung *f*; Niederlegung *f e-s Amtes*; **2.** *Am.* Urlaub machen; **va·'ca·tion·ist** *Am.* Ferienreisende *m, f.*
vac·ci·nate ['væksineit] impfen; **vac·ci'na·tion** Impfung *f*; **'vac·ci·na·tor** Impfarzt *m*; **vac·cine** ['~si:n] Impfstoff *m.*
vac·il·late ['væsileit] schwanken; **vac·il'la·tion** Schwanken *n.*
va·cu·i·ty [væ'kju:iti] Leere *f* (*mst fig.*); **vac·u·ous** □ ['vækjuəs] *fig.* leer, geistlos; **vac·u·um** ['~əm] **1.** *phys.* Vakuum *n* (*bsd.* luft)leerer Raum *m*; ~ *brake* Unterdruckbremse *f*; ~ *cleaner* Staubsauger *m*; ~ *flask*, ~ *bottle* Thermosflasche *f*; ~ *tube* Vakuumröhre *f*; **2.** (mit dem Staubsauger) saugen.
va·de-me·cum ['veidi'mi:kəm] Vademekum *n*, Handbuch *n.*
vag·a·bond ['vægəbɔnd] **1.** vagabundierend (*a.* ⚡); umherstreifend; Vagabunden...; **2.** Landstreicher *m*, Vagabund *m*; Strolch *m*; **'vag·a·bond·age** Landstreicherei *f.*
va·gar·y ['veigəri] wunderlicher Einfall *m*, Laune *f*, Schrulle *f.*
va·gran·cy ['veigrənsi] Landstreicherei *f*; **'va·grant 1.** wandernd; *fig.* unstet; **2.** = *vagabond* 2.
vague □ [veig] vag, unbestimmt; verschwommen, unklar; **'vague·ness** Unbestimmtheit *f.*
vail † *od. poet.* [veil] *Fahne* senken; *Hut* abnehmen.
vain □ [vein] eitel, eingebildet (*of* auf *acc.*); *fig.* eitel, leer; nichtig; vergeblich; *in* ~ vergebens, umsonst; ~**glo·ri·ous** □ [~'glɔ:riəs] prahlerisch; ~**'glo·ry** Prahlerei *f.*
val·ance ['væləns] Volant *m.*
vale [veil] *poet. od. in Namen*: Tal *n.*
val·e·dic·tion [væli'dikʃən] Abschied(sworte *n/pl.*) *m*; **val·e-**

'**dic·to·ry** [\~təri] **1.** Abschieds...; **2.** Abschiedsrede *f*.
va·lence ⚗ ['veiləns] Wertigkeit *f*.
val·en·tine ['væləntain] Valentinsschatz *m*, -gruß *m* (*am Valentinstag, 14. Februar, erwählt, gesandt*).
va·le·ri·an ⚘ [və'liəriən] Baldrian *m*.
val·et ['vælit] **1.** (Kammer)Diener *m*; **2.** Diener sein bei *j-m*; *j.* bedienen.
val·e·tu·di·nar·i·an ['vælitju:di'nɛəriən] **1.** kränklich; hypochondrisch; **2.** kränklicher Mensch *m*; Hypochonder *m*.
val·iant □ ['væljənt] tapfer.
val·id □ ['vælid] triftig, richtig, stichhaltig; (rechts)gültig; *be* \~ gelten; **val·i·date** ['\~deit] für gültig erklären; **va·lid·i·ty** [və'liditi] Gültigkeit *f*; Triftig-, Richtigkeit *f*.
va·lise [və'li:z] Reisetasche *f*; ⚔ [Tornister *m*.]
val·ley ['væli] Tal *n*.
val·or·i·za·tion [vælərai'zeiʃən] Aufwertung *f*; '**val·or·ize** aufwerten.
val·or·ous □ ['vælərəs] tapfer.
val·o(u)r ['vælə] Tapferkeit *f*.
val·u·a·ble ['væljuəbl] **1.** □ wertvoll; **2.** \~*s pl.* Wertsachen *f/pl*.
val·u·a·tion [vælju'eiʃən] Abschätzung *f*; Taxwert *m*; '**val·u·a·tor** Taxator *m*, Schätzer *m*.
val·ue ['vælju:] **1.** Wert *m* (*a. fig.*); Währung *f*, Valuta *f*; *give (get) good* \~ *(for one's money)* ⚕ reell bedienen (bedient werden); \~*-added tax* Mehrwertsteuer *f*; **2.** (ab-)schätzen; werten; *fig.* schätzen, achten; '**val·ued** (hoch)geschätzt; -wertig; '**val·ue·less** wertlos.
valve [vælv] Klappe *f* (*a. anat.*, ⚘); Ventil *n*; *Radio*: Röhre *f*.
va·moose *Am. sl.* [væ'mu:s] abhauen; fluchtartig verlassen.
vamp[1] [væmp] **1.** Vorschuh *m*; **2.** vorschuhen; zurechtflicken; ♪ improvisieren.
vamp[2] F [\~] **1.** Vamp *m* (*verführerische Frau*); **2.** aussaugen, neppen.
vam·pire ['væmpaiə] Vampir *m*.
van[1] [væn] Möbelwagen *m*; Lieferwagen *m*; 🚂 Packwagen *m*, (geschlossener) Güterwagen *m*.
van[2] ⚔ *od. fig.* [\~] Vorhut *f*.
Van·dal ['vændəl] *hist.* Vandale *m*; ♀ *fig.* Vandale *m*, Barbar *m*; '**van·dal·ism** Vandalismus *m*.
van·dyke [væn'daik] Zackenmuster *n*; *attr.* ♀ Van-Dyck-...
vane [vein] Wetterfahne *f*; (Windmühlen-, Propeller)Flügel *m*; *surv.* Visier *n*.
van·guard ⚔ ['vængɑ:d] Vorhut *f*.
va·nil·la ⚘ [və'nilə] Vanille *f*.
van·ish ['væniʃ] (ver)schwinden.
van·i·ty ['væniti] Eitelkeit *f*, Einbildung *f*; Nichtigkeit *f*; Frisiertoilette *f*; \~ *bag* Kosmetiktäschchen *m*.
van·quish ['væŋkwiʃ] besiegen; bezwingen.
van·tage ['vɑ:ntidʒ] *Tennis*: Vorteil *m*; '**\~-ground** günstige Stellung *f*.
vap·id □ ['væpid] schal.
va·po(u)r·ize ['veipəraiz] verdampfen, verdunsten (lassen); '**va·po(u)r·iz·er** ⊕ Verdampfer *m*; ⚕ Zerstäuber *m*.
va·por·ous □ ['veipərəs] dunstig; dampfig; *fig.* nebelhaft; duftig (*Gewebe*).
va·po(u)r ['veipə] Dunst *m* (*a. fig.*); Dampf *m*; \~ **bath** Dampfbad *n*; '**va·po(u)r·y** = *vaporous*.
var·i·a·bil·i·ty [vɛəriə'biliti] Veränderlichkeit *f*; '**var·i·a·ble** □ veränderlich; '**var·i·ance** Veränderung *f*; Uneinigkeit *f*; *be at* \~ uneinig sein; (sich) widersprechen; *set at* \~ entzweien; '**var·i·ant 1.** abweichend; **2.** Variante *f*; verschiedene Lesart *f*; **var·i'a·tion** Abänderung *f*; Schwankung *f*; Abwechs(e)lung *f*; Abweichung *f*; ♪ Variation *f*.
var·i·cose ⚕ ['værikəus] krampfaderig; \~ *vein* Krampfader *f*.
var·ied □ ['vɛərid] verschieden, verändert, mannigfaltig; **var·i·e·gate** ['\~rigeit] bunt gestalten; '**var·i·e·gat·ed** bunt; **var·i·e'ga·tion** Buntheit *f*; **va·ri·e·ty** [və'raiəti] Mannigfaltigkeit *f*, Vielheit *f*, -zahl *f*; Abwechslung *f*; *biol.* Varietät *f*, Spiel-, Abart *f*; *bsd.* ⚕ Auswahl *f*; Menge *f*; \~ *show* Varietévorstellung *f*; \~ *theatre* Varietétheater *n*.
va·ri·o·la ⚕ [və'raiələ] Pocken *f/pl*.
var·i·ous □ ['vɛəriəs] verschiedene, mehrere; mannigfaltig; verschiedenartig; wechselvoll.
var·let † ['vɑ:lit] Schurke *m*.
var·mint V, *co.* ['vɑ:mint] *kleiner Racker m*.

var·nish [ˈvɑːniʃ] **1.** Firnis *m*, Lack *m*; *fig.* (äußerer) Anstrich *m*; **2.** firnissen, lackieren; *fig.* bemänteln, beschönigen.
var·si·ty F [ˈvɑːsiti] Uni *f*.
var·y [ˈvɛəri] *v/t.* (ver)ändern; wechseln mit *et.*; *bsd.* ♪ variieren; *v/i.* sich (ver)ändern, wechseln; abweichen, verschieden sein (*from* von).
vas·cu·lar ⚘, *anat.* [ˈvæskjulə] Gefäß...
vase [vɑːz] Vase *f*.
vas·sal [ˈvæsəl] Vasall *m*; *attr.* Vasallen...; ˈ**vas·sal·age** Vasallentum *n* (*to* gegenüber *dat.*).
vast □ [vɑːst] ungeheuer, gewaltig, riesig, umfassend, weit; ˈ**vast·ness** ungeheure Größe *f*; Weite *f*.
vat [væt] **1.** *großes* Faß *n*; Bottich *m*; Kufe *f*; (Färber)Küpe *f*; **2.** in ein Faß tun; im Faß behandeln.
vat·ted [ˈvætid] faßreif (*Wein etc.*).
vaude·ville [ˈvəudəvil] *Am.* Varieté *n*.
vault[1] [vɔːlt] **1.** Gewölbe *n*; Wölbung *f*; Stahlkammer *f*; Gruft *f*; **2.** (über)wölben.
vault[2] [~] **1.** *v/i.* springen; *v/t.* springen über (*acc.*); **2.** Sprung *m*.
vault·ing ⚠ [ˈvɔːltiŋ] Gewölbe *n*.
vault·ing-horse [ˈvɔːltiŋhɔːs] *Turnen*: Pferd *n*.
vaunt *lit.* [vɔːnt] **1.** (sich) rühmen; **2.** Prahlerei *f*; ˈ**vaunt·ing** □ prahlerisch.
veal [viːl] Kalbfleisch *n*; *roast* ~ Kalbsbraten *m*.
veer [viə] **1.** (sich) drehen; ~ *round* sich herumdrehen; *fig.* (her)umschwenken; **2.** Schwenkung *f*.
veg·e·ta·ble [ˈvedʒitəbl] **1.** Pflanzen..., pflanzlich; **2.** Pflanze *f*; *mst* ~*s pl.* Gemüse *n*; **veg·e·tar·i·an** [~ˈtɛəriən] **1.** Vegetarier(in); **2.** vegetarisch; **veg·e·tate** [ˈ~teit] vegetieren; **veg·e**ˈ**ta·tion** Vegetation *f*; **veg·e·ta·tive** □ [ˈ~tətiv] vegetativ, Wachstums...; wachstumsfördernd.
ve·he·mence [ˈviːiməns] Heftigkeit *f*; Gewalt *f*; Ungestüm *n*; Vehemenz *f*; ˈ**ve·he·ment** □ heftig; ungestüm; vehement.
ve·hi·cle [ˈviːikl] Fahrzeug *n*, Beförderungsmittel *n*; *pharm.* Lösemittel *n*; *fig.* Vermittler *m*, Träger *m*; Ausdrucksmittel *n*; **ve·hic·u·lar** □ [viˈhikjulə] Fahrzeug...
veil [veil] **1.** Schleier *m* (*a. phot.*); Hülle *f*; **2.** (sich) verschleiern; *fig.* verhüllen; ˈ**veil·ing** Verschleierung *f* (*bsd. phot.*); ✝ Schleierstoff *m*.
vein [vein] Ader *f* (*a. fig.*), Vene *f*; Anlage *f*; Neigung *f*; Stimmung *f* (*for* zu); **veined** geädert; ˈ**vein·ing** Äderung *f*.
vel·le·i·ty [veˈliːiti] bloßes Wollen *n*, schwacher Wille *m*.
vel·lum [ˈveləm] Pergament *n*; *a.* ~ *paper* Velinpapier *n*.
ve·loc·i·pede [viˈlɔsipiːd] *Am.* (Kinder)Dreirad *n*; *hist.* Veloziped *n*.
ve·loc·i·ty [viˈlɔsiti] Geschwindigkeit *f*.
ve·lour(s) [vəˈluə] Velours *m* (*Samt*).
vel·vet [ˈvelvit] **1.** Samt *m*; *hunt.* Bast *m am neuen Geweih*; **2.** Samt...; samten; **vel·vet·een** [~ˈtiːn] Baumwollsamt *m*; Manchester *m*; ˈ**vel·vet·y** samtig.
ve·nal [ˈviːnl] käuflich, feil; **ve·nal·i·ty** [viːˈnæliti] Käuflichkeit *f*.
vend [vend] verkaufen; ˈ**vend·er**, ˈ**vend·or** Verkäufer *m*, Händler *m*; ˈ**vend·i·ble** verkäuflich, gangbar; ˈ**vend·ing ma·chine** (Waren-, Verkaufs)Automat *m*.
ve·neer [viˈniə] **1.** Furnier *n*; *fig.* (äußerer) Anstrich *m*; **2.** furnieren; *fig.* bemänteln.
ven·er·a·ble □ [ˈvenərəbl] ehrwürdig; **ven·er·ate** [ˈ~reit] (ver)ehren; **ven·er**ˈ**a·tion** Verehrung *f*; ˈ**ven·er·a·tor** Verehrer *m*.
ve·ne·re·al [viˈniəriəl] geschlechtlich; Geschlechts...; ⚕ *a.* venerisch; ~ *disease* Geschlechtskrankheit *f*.
Ve·ne·tian [viˈniːʃən] **1.** venetianisch; ~ *blind* (Stab)Jalousie *f*; **2.** Venetianer(in).
venge·ance [ˈvendʒəns] Rache *f*; *with a* ~ F nicht zu knapp, und wie, ganz gehörig; **venge·ful** □ [ˈ~ful] rachgierig, -süchtig.
ve·ni·al □ [ˈviːnjəl] verzeihlich; entschuldbar; läßlich (*Sünde*).
ven·i·son [ˈvenzn] Wildbret *n*.
ven·om [ˈvenəm] (*bsd.* Schlangen-) Gift *n*; *fig.* Gift *n*, Gehässigkeit *f*; ˈ**ven·om·ous** □ giftig.
ve·nous [ˈviːnəs] Venen...; venös.
vent [vent] **1.** Öffnung *f*; Luft-, Spundloch *n*; Ausweg *m*; Schlitz *m*; *give* ~ *to s-m Zorn etc.* Luft machen; *find* ~ sich Luft machen (*Gefühl*); **2.** *fig.* Luft machen (*dat.*); *Zorn* aus-

lassen (*on* an *dat.*); **ˈ⁓-hole** Abzugsöffnung *f*.

ven·ti·late [ˈventileit] ventilieren, (be-, ent-, durch)lüften; *fig.* erörtern; **ven·tiˈla·tion** Ventilation *f*, Lüftung *f*; ⚒ Wetterführung *f*; *fig.* Erörterung *f*; **ˈven·ti·la·tor** Ventilator *m*.

ven·tral [ˈventrəl] Bauch...

ven·tri·cle *anat.* [ˈventrikl] Kammer *f*.

ven·tril·o·quist [venˈtriləkwist] Bauchredner *m*; **venˈtril·o·quize** bauchreden.

ven·ture [ˈventʃə] **1.** Wagnis *n*; Risiko *n*; gewagtes Unternehmen *n*; Abenteuer *n*; Spekulation(sobjekt *n*) *f*; *at a ⁓* auf gut Glück; **2.** *v/t.* wagen, aufs Spiel setzen, riskieren; *v/i.* sich *wohin* wagen; ⁓ (*up*)*on* sich wagen an (*acc.*); *I ⁓ to say* ich wage zu behaupten; **ven·ture·some** □ [ˈ⁓səm], **ˈven·tur·ous** □ verwegen, kühn.

ven·ue [ˈvenju:] zuständiger Gerichtsort *m*; *fig.* Schauplatz *m*; F Treffpunkt *m*.

ve·ra·cious □ [vəˈreiʃəs] wahrhaft; **ve·rac·i·ty** [veˈræsiti] Wahrhaftigkeit *f*.

ve·ran·da(h) [vəˈrændə] Veranda *f*.

verb *gr.* [və:b] Zeitwort *n*, Verb(um) *n*; **ˈver·bal** □ wörtlich; mündlich; Wort...; verbal; **ver·ba·tim** [⁓ˈbeitim] wörtlich, wortgetreu; **ver·bi·age** [ˈ⁓biidʒ] Wortschwall *m*; **ver·bose** □ [⁓ˈbəus] wortreich; **ver·bos·i·ty** [⁓ˈbɔsiti] Wortschwall *m*.

ver·dan·cy [ˈvə:dənsi] Grün *n*; *fig.* Grünheit *f*, Unreife *f*; **ˈver·dant** □ grün; *fig.* unerfahren, unreif.

ver·dict [ˈvə:dikt] ⚖ (Urteils-)Spruch *m der Geschworenen*; *fig.* Urteil *n* (*on* über *acc.*); *bring in od. return a ⁓ of guilty* auf schuldig erkennen.

ver·di·gris [ˈvə:digris] Grünspan *m*.

ver·dure [ˈvə:dʒə] Grün *n*.

verge¹ [və:dʒ] (Amts- *etc.*)Stab *m*.

verge² [⁓] **1.** *mst fig.* Rand *m*, Grenze *f*; *on the ⁓ of* am Rande (*gen.*); dicht vor (*dat.*); nahe daran, zu *inf.*; **2.** sich (hin)neigen; ⁓ (*up*)*on* streifen, grenzen an (*acc.*).

ver·ger [ˈvə:dʒə] Kirchendiener *m*; Amtsstabträger *m*.

ver·i·fi·a·ble [ˈverifaiəbl] nachweisbar; **ver·i·fi·ca·tion** [⁓fiˈkeiʃən] Nachprüfung *f*; Bestätigung *f*; **ver·i·fy** [ˈ⁓fai] (nach)prüfen, verifizieren; beweisen, belegen; bestätigen; **ˈver·i·ly** † wahrlich; **ver·i·si·mil·i·tude** [⁓siˈmilitju:d] Wahrscheinlichkeit *f*; **ver·i·ta·ble** □ [ˈ⁓təbl] wahr(haftig), wirklich; **ˈver·i·ty** Wahrheit *f*.

ver·mi·cel·li [və:miˈseli] Fadennudeln *f/pl.*; **ver·mi·cide** *pharm.* [ˈ⁓said] Wurmmittel *n*; **verˈmic·u·lar** [⁓kjulə] wurmartig, -förmig; **ver·mi·form** [ˈ⁓fɔ:m] wurmförmig; Wurm...; **ver·mi·fuge** *pharm.* [ˈ⁓fju:dʒ] Wurmmittel *n*.

ver·mil·ion [vəˈmiljən] **1.** Zinnoberrot *n*; **2.** zinnoberrot.

ver·min [ˈvə:min] Ungeziefer *n*; *hunt.* Raubzeug *n*; *fig.* Gesindel *n*; **ˈ⁓-ˈkill·er** Kammerjäger *m*; **ˈver·min·ous** voller Ungeziefer; verlaust.

ver·m(o)uth [ˈvə:məθ] Wermut *m*.

ver·nac·u·lar □ [vəˈnækjulə] **1.** einheimisch; Landes...; landes-, muttersprachlich; **2.** Landes-, Muttersprache *f*; Jargon *m*.

ver·nal [ˈvə:nl] Frühlings...

ver·ni·er [ˈvə:njə] ⅍ Gradteiler *m*; ⊕ Fein(ein)steller *m*.

ver·sa·tile □ [ˈvə:sətail] wandelbar; wandlungsfähig; beweglich (*Geist*); vielseitig, gewandt; **ver·sa·til·i·ty** [⁓ˈtiliti] Wandelbarkeit *f*; Beweglichkeit *f*; Vielseitigkeit *f*.

verse [və:s] Vers *m*; Strophe *f*; *coll.* Verse *m/pl.*; *weitS.* Dichtung *f*; Poesie *f*; **versed** bewandert, erfahren (*in* in *dat.*).

ver·si·fi·ca·tion [və:sifiˈkeiʃən] Verskunst *f*; Versbau *m*; **ver·si·fy** [ˈ⁓fai] *v/t.* in Verse bringen; *v/i.* Verse machen.

ver·sion [ˈvə:ʃən] Übersetzung *f*; Fassung *f*, Darstellung *f*; Lesart *f*.

ver·sus *bsd.* ⚖ [ˈvə:səs] gegen.

vert F *eccl.* [və:t] übertreten, konvertieren.

ver·te·bra *anat.* [ˈvə:tibrə], *pl.* **ver·te·brae** [ˈ⁓bri:] Wirbel *m*; **ver·te·bral** [ˈ⁓brəl] Wirbel...; **ver·te·brate** [ˈ⁓brit] **1.** Wirbel...; ⁓ *animal* = **2.** Wirbeltier *n*.

ver·tex [ˈvə:teks], *pl. mst* **ver·ti·ces** [ˈ⁓tisi:z] Scheitel(punkt) *m*; **ˈver·ti·cal** □ vertikal, senkrecht; Scheitel...

ver·tig·i·nous □ [və:ˈtidʒinəs] schwindlig; schwindelnd (*Höhe*);

Schwindel...; **ver·ti·go** [ˈ~tigəu] Schwindel(anfall) *m.*

verve [vəːv] *künstlerische* Begeisterung *f*, Schwung *m*, Verve *f.*

ver·y [ˈveri] **1.** *adv.* sehr; *the ~ best* das allerbeste; **2.** *adj.* wahrhaftig; wirklich; gerade, eben; schon, bloß; *the ~ same* ebenderselbe; *in the ~ act* auf frischer Tat; gerade dabei; *to the ~ bone* bis auf den Knochen; *the ~ thing* gerade das; *the ~ thought* schon der Gedanke, der bloße Gedanke; *the ~ stones* sogar die Steine; *the veriest baby* (selbst) das kleinste Kind; *the veriest rascal* der ärgste *od.* größte Schuft.

ves·i·ca [ˈvesikə] Blase *f*; **ves·i·cle** [ˈ~kl] Bläschen *n.*

ves·per [ˈvespə] *poet.* Abend *m*; *~s pl. eccl.* Vesper *f*, Abendandacht *f.*

ves·sel [ˈvesl] Gefäß *n* (*a. anat.*, ⚘, *fig.*); ⚓ Fahrzeug *n*, Schiff *n.*

vest [vest] **1.** Unterhemd *n*; ✝ Weste *f*; **2.** *v/t. mst fig. j.* bekleiden (*with* mit); *j.* einsetzen (*in* in *acc.*); *et.* übertragen (*in s.o.* j-m); *v/i.* verliehen werden (*in s.o.* j-m); *~ed rights pl.* wohlerworbene Rechte *n/pl.*

ves·tal [ˈvestl] **1.** vestalisch; jungfräulich; **2.** Vestalin *f.*

ves·ti·bule [ˈvestibjuːl] Vorhof *m* (*a. fig.*); Vorhalle *f*; Hausflur *m*; 🚂 *bsd. Am.* Korridor *m zwischen zwei D-Zug-Wagen*; *~ train* D-Zug *m.*

ves·tige [ˈvestidʒ] Spur *f*; **vesˈtig·i·al** [~dʒiəl] rudimentär; verkümmert.

vest·ment [ˈvestmənt] (*bsd.* Amts-) Gewand *n*, Kleid *n.*

vest-pock·et [ˈvestˈpɔkit] Westentaschen..., Klein...

ves·try [ˈvestri] *eccl.* Sakristei *f*; Gemeindevertretung *f*; Gemeindesaal *m*; **ˈ~·man** Gemeindevertreter *m.*

ves·ture *poet.* [ˈvestʃə] **1.** Kleid(er *pl.*) *n*; **2.** kleiden.

vet F [vet] **1.** Tierarzt *m*; *Am.* ⚔ Veteran *m*; **2.** verarzten; *fig.* gründlich prüfen.

vetch ⚘ [vetʃ] Wicke *f.*

vet·er·an [ˈvetərən] **1.** ausgedient; erfahren; **2.** Veteran *m*; ehemaliger Soldat *m.*

vet·er·i·nar·y [ˈvetərinəri] **1.** tierärztlich; **2.** *a. ~ surgeon* Tierarzt *m.*

ve·to [ˈviːtəu] **1.** *pl.* **ve·toes** [ˈ~z] Veto *n*; Einspruch *m*; *put a od. one's ~ (up)on* = **2.** sein Veto einlegen gegen.

vex [veks] ärgern; quälen; *bsd.* ⚖ schikanieren; **vexˈa·tion** Verdruß *m*, Ärger *m*; Ärgernis *n*; Schikane *f*; **vexˈa·tious** □ ärgerlich, verdrießlich; schikanös; **vexed** □ ärgerlich (*at s.th.*, *with s.o.* über *acc.*); *~ question* Streitfrage *f*; **ˈvex·ing** □ ärgerlich.

vi·a [ˈvaiə] über, via.

vi·a·ble [ˈvaiəbl] lebensfähig.

vi·a·duct [ˈvaiədʌkt] Viadukt *m*, Überführung *f.*

vi·al [ˈvaiəl] Phiole *f*, Fläschchen *n*; Ampulle *f.*

vi·and [ˈvaiənd] *mst ~s pl.* Lebensmittel *n/pl.*

vi·at·i·cum *eccl.* [vaiˈætikəm] Wegzehrung *f.*

vi·brant [ˈvaibrənt] vibrierend; zitternd (*with* vor *dat.*).

vi·brate [vaiˈbreit] vibrieren; schwingen; zittern; **viˈbra·tion** Schwingung *f*, Zittern *n*, Vibrieren *n*, Erschütterung *f*; **viˈbra·tor** Vibrator *m*; **vi·bra·to·ry** [ˈ~brətəri] schwingend; Schwingungs...

vic·ar *eccl.* [ˈvikə] Vikar *m*, (Unter-) Pfarrer *m*; *~ general* Generalvikar *m*; **ˈvic·ar·age** Pfarrhaus *n*; **vi·car·i·ous** □ [vaiˈkɛəriəs] stellvertretend.

vice¹ [vais] Laster *n*; Fehler *m*; Unart *f.*

vice² ⊕ [~] Schraubstock *m.*

vice³ [ˈvaisi] *prp.* an Stelle von.

vice⁴ [vais] **1.** Vize..., Unter...; **2.** F Stellvertreter *m*; **ˈ~-ˈad·mi·ral** Vizeadmiral *m*; **ˈ~-ˈchair·man** stellvertretender Vorsitzender *m*; Vizepräsident *m*; **ˈ~-ˈchan·cel·lor** Vizekanzler *m*; *univ.* Rektor *m*; **ˈ~-ˈcon·sul** Vizekonsul *m*; **~·ge·rent** [ˈ~ˈdʒerənt] Statthalter *m*, Stellvertreter *m*; **ˈ~-ˈpres·i·dent** Vizepräsident *m*; **ˈ~-ˈre·gal** vizeköniglich; **~·reine** [ˈ~ˈrein] Gemahlin *f* des Vizekönigs; **~·roy** [ˈ~rɔi] Vizekönig *m.*

vi·ce ver·sa [ˈvaisiˈvəːsə] umgekehrt.

vic·i·nage [ˈvisinidʒ], **viˈcin·i·ty** Nachbarschaft *f*; Nähe *f* (*to* bei); *in the ~ of 40* um 40 herum.

vi·cious □ ['viʃəs] lasterhaft; verwerflich; bösartig (*Tier*); boshaft (*Kritik*); fehlerhaft; ~ **cir·cle** Circulus *m* vitiosus, Teufelskreis *m*; ~ **spi·ral** *fig.* Schraube *f* ohne Ende.
vi·cis·si·tude [vi'sisitju:d] Wandel *m*, Wechsel *m*; ~*s pl.* Wechselfälle *m/pl.*
vic·tim ['viktim] Opfer *n*; '**vic·tim·ize** (hin)opfern; *fig. j.* hereinlegen; drangsalieren, verfolgen.
vic·tor ['viktə] Sieger *m*; **Vic·to·ri·an** *hist.* [vik'tɔ:riən] Viktorianisch; **vic'to·ri·ous** □ siegreich; Sieges...; **vic·to·ry** ['~təri] Sieg *m*.
vict·ual ['vitl] **1.** (sich) mit Lebensmitteln versehen; **2.** *mst* ~*s pl.* Lebensmittel *n/pl.*, Proviant *m*; **vict·ual·(l)er** ['vitlə] Lebensmittellieferant *m*; *licensed* ~ Schankwirt *m*.
vi·de ['vaidi:] siehe!
vi·de·li·cet [vi'di:liset] (*abbr. viz.*; *lies: namely, that is*) nämlich.
vid·e·o ['vidiəu] Fernseh...
vie [vai] wetteifern.
Vi·en·nese [vie'ni:z] **1.** Wiener(in); **2.** Wiener, wienerisch.
view [vju:] **1.** Sehen *n*, Sicht *f*, Auge(n *pl.*) *n*, Blick *m*; Besichtigung *f*; Aussicht *f* (*of* auf *acc.*); Anblick *m*; Ansicht *f* (*a. paint., phot.*); Absicht *f*; *fig.* Ansicht *f* (*Meinung*); Anschauung *f*; *at first* ~ auf den ersten Blick; *in* ~ sichtbar, zu sehen; *in* ~ *of* im Hinblick auf (*acc.*); *fig.* angesichts (*gen.*); *in my* ~ in meinen Augen; *on* ~ zu besichtigen *od.* sehen; *on the long* ~ auf weite Sicht, auf die Dauer; *out of* ~ unsichtbar, nicht zu sehen; *with a* ~ *to ger.*, *with the* ~ *of ger.* mit *od.* in der Absicht zu *inf.*; zu dem Zweck (*gen.*); im Hinblick auf (*acc.*); *come into* ~ sichtbar werden, in Sicht kommen; *have (keep) in* ~ im Auge haben (behalten); **2.** an-, besehen, besichtigen; *geistig* (an)sehen, betrachten; '**view·er** Betrachter(in), (Fernseh-) Zuschauer(in); '**view-find·er** *phot.* Sucher *m*; '**view·less** ohne eigene Meinung; *poet.* unsichtbar; '~**point** Gesichts-, Standpunkt *m*; '**view·y** □ F schrullig.
vig·il *bsd. eccl.* ['vidʒil] Nachtwache *f*; '**vig·i·lance** Wachsamkeit *f*; ~ *committee Am. hist.* Wachkomitee *n*; '**vig·i·lant** □ wachsam; **vig·i·lan·te** *Am.* [~'lænti] Angehörige *m* e-s Wachkomitees.
vi·gnette *typ., phot.* [vi'njet] **1.** Vignette *f*; **2.** vignettieren.
vig·or·ous □ ['vigərəs] kräftig, kraftvoll; energisch; lebhaft; *fig.* nachdrücklich; '**vig·o(u)r** Kraft *f*; Vitalität *f*; Energie *f*; Lebenskraft *f*; *fig.* Nachdruck *m*.
vi·king ['vaikiŋ] **1.** Wiking(er) *m*; **2.** wikingisch, Wikinger...
vile □ [vail] gemein, niedrig, nichtswürdig.
vil·i·fi·ca·tion [vilifi'keiʃən] Verunglimpfung *f*; **vil·i·fy** ['~fai] verunglimpfen, schlechtmachen.
vil·la ['vilə] Villa *f*, Landhaus *n*.
vil·lage ['vilidʒ] Dorf *n*; ~ **green** Dorfanger *m*, -wiese *f*; '**vil·lag·er** Dorbewohner(in).
vil·lain ['vilən] Schurke *m*, Schuft *m*, Bösewicht *m* (*a. co.*); '**vil·lain·ous** □ schurkisch, schändlich; F miserabel, scheußlich; '**vil·lain·y** Schurkerei *f*.
vil·lein *hist.* ['vilin] Leibeigene *m, f*.
vim F [vim] Schwung *m*, Schneid *m*.
vin·di·cate ['vindikeit] rechtfertigen (*from* gegen); verteidigen; beanspruchen (*to, for* für); **vin·di'ca·tion** Rechtfertigung *f*; **vin·di·ca·to·ry** □ ['~təri] rechtfertigend; Rechtfertigungs...
vin·dic·tive □ [vin'diktiv] rachsüchtig; nachtragend.
vine ⚘ [vain] Wein(stock) *m*, Rebe *f*; Kletterpflanze *f*; '~**-dress·er** Winzer *m*; **vin·e·gar** ['vinigə] **1.** (Wein-) Essig *m*; **2.** mit Essig behandeln; '**vin·e·gar·y** *mst fig.* (essig)sauer; **vine-grow·er** ['vaingrəuə] Weinbauer *m*; '**vine-grow·ing** Weinbau *m*; '**vine-louse** Reblaus *f*; **vine·yard** ['vinjəd] Weinberg *m*, Wingert *m*.
vi·nous ['vainəs] weinig; Wein...
vin·tage ['vintidʒ] **1.** Weinlese *f*; (Wein)Jahrgang *m*; **2.** klassisch; erlesen; altmodisch; ~ *car mot.* Veteran *m*; '**vin·tag·er** Winzer *m*;
vint·ner ['vintnə] Weinhändler *m*.
vi·ol ♪ ['vaiəl] Viole *f*.
vi·o·la **1.** ♪ [vi'əulə] Bratsche *f*, Viola *f*; **2.** ⚘ ['vaiələ] Viole *f*.
vi·o·la·ble □ ['vaiələbl] verletzbar.
vi·o·late ['vaiəleit] verletzen; *Eid etc.* brechen; *Frau* vergewaltigen (*a. fig.*); *Tempel* schänden; **vi·o'la-**

tion Verletzung *f*; (Eid- *etc.*) Bruch *m*; Vergewaltigung *f*; Schändung *f*; ˈ**vi·o·la·tor** Verletzer *m etc.*

vi·o·lence [ˈvaiələns] Gewalttätigkeit *f*; Gewalttat *f*; Gewaltsamkeit *f*; Heftigkeit *f*, Gewalt *f*; *do od. offer* ~ *to* Gewalt antun (*dat.*); ˈ**vi·o·lent** □ gewaltsam; gewalttätig; heftig, ungestüm.

vi·o·let [ˈvaiəlit] **1.** ⚘ Veilchen *n*; **2.** veilchenblau, violett, lila.

vi·o·lin ♪ [vaiəˈlin] Violine *f*, Geige *f*; ˈ**vi·o·lin·ist** Violinist(in), Geiger (-in).

vi·o·lon·cel·list ♪ [vaiələnˈtʃelist] Cellist(in); **vi·o·lon**ˈ**cel·lo** [~ləu] Cello *n*.

VIP *sl.* [ˈviːaiˈpiː] hohes Tier *n*.

vi·per *zo.* [ˈvaipə] Viper *f*, Natter *f* (*a. fig.*); **vi·per·ine** [ˈ~rain], ˈ**vi·per·ous** □ *mst fig.* viperartig; giftig.

vi·ra·go [viˈrɑːgəu] Zankteufel *m*, Drachen *m*.

vir·gin [ˈvəːdʒin] **1.** Jungfrau *f*; **2.** □ jungfräulich (*fig. unberührt*); *fig. u.* ⊕ Jungfern...; ˈ**vir·gin·al** [ˈvəːdʒinl] **1.** □ jungfräulich; Jungfern-...; **2.** ♪ Virginal *n* (*Spinett*); **Vir·gin·ia** [vəˈdʒinjə] *a.* ~ *tobacco* Virginiatabak *m*; ~ *creeper* wilder Wein *m*; **Vir**ˈ**gin·i·an** Virginia...; virginisch; **vir·gin·i·ty** [vəːˈdʒiniti] Jungfräulichkeit *f*.

vir·ile [ˈvirail] männlich; Mannes...; mannhaft; viril; **vi·ril·i·ty** [viˈriliti] Mannesalter *n*; Mannheit *f*; Männlichkeit *f*; Mannhaftigkeit *f*.

vir·tu [vəːˈtuː]: *article of* ~ Kunstgegenstand *m*; **vir·tu·al** □ [ˈ~tjuəl] dem Wesen nach, eigentlich; ˈ**vir·tu·al·ly** praktisch; **vir·tue** [ˈ~tjuː] Tugend *f*; Wirksamkeit *f*; Kraft *f*; Vorzug *m*, Wert *m*; *in od. by* ~ *of* kraft, vermöge (*gen.*); auf Grund von; *make a* ~ *of necessity* aus der Not e-e Tugend machen; **vir·tu·os·i·ty** [vəːtjuˈɔsiti] Virtuosität *f*; **vir·tu·o·so** [~ˈəuzəu] *bsd.* ♪ Virtuose *m*; Kunstliebhaber *m*; **vir·tu·ous** □ tugendhaft.

vir·u·lence [ˈvirulәns] Giftigkeit *f*, Virulenz *f*; *fig.* Bösartigkeit *f*; ˈ**vir·u·lent** □ giftig; virulent; *fig.* bösartig.

vi·rus ⚕ [ˈvaiərəs] Virus *n*; *fig.* Gift *n*.

vi·sa [ˈviːzə] **1.** Visum *n*, Sichtvermerk *m*; **2.** *pret. u. p.p.* ˈ**vi·saed** mit e-m Sichtvermerk *od.* Visum versehen.

vis·age *lit.* [ˈvizidʒ] (An)Gesicht *n*.

vis·cer·a *anat.* [ˈvisərə] Eingeweide *pl.*

vis·cid □ [ˈvisid] = *viscous.*

vis·cose ⚗ [ˈviskəus] Viskose *f*; ~ *silk* Zellstoffseide *f*; **vis·cos·i·ty** [~ˈkɔsiti] (Grad *m* der) Zähflüssigkeit *f*, Viskosität *f*.

vis·count [ˈvaikaunt] Vicomte *m* (*englischer Adelstitel*); ˈ**vis·count·ess** Vicomtesse *f*.

vis·cous □ [ˈviskəs] zäh-, dickflüssig; klebrig.

vise [vais] *Am. für vice*[2].

vi·sé [ˈviːzei] = *visa.*

vis·i·bil·i·ty [viziˈbiliti] Sichtbarkeit *f*; Sichtweite *f*; ˈ**vis·i·ble** □ sichtbar; *fig.* (er)sichtlich; *pred.* zu sehen (*Sache*); zu sprechen (*Person*).

vi·sion [ˈviʒən] Sehvermögen *n*, -kraft *f*; *fig.* Einsicht *f*, Seherblick *m*; Vision *f*, Erscheinung *f*; Traum (-bild *n*) *m* (*a. fig.*); **vi·sion·ar·y** [ˈ~nəri] **1.** phantastisch; **2.** Geisterseher(in); Phantast(in), Träumer (-in).

vis·it [ˈvizit] **1.** *v/t.* besuchen; besichtigen; *fig.* heimsuchen (*with* mit); *et.* ahnden (*upon* an *j-m*); *v/i.* Besuche machen; ~ *with Am.* sich unterhalten *od.* plaudern mit; **2.** Besuch *m* (*to* bei; *gen.*); ˈ**vis·it·ant** Besuch(er) *m*; *orn.* Strichvogel *m*; **vis·it**ˈ**a·tion** Besuch *m*; Besichtigung *f*; *fig.* Heimsuchung *f*; **vis·it·a·to·ri·al** [~təˈtɔːriəl] Besichtigungs...; Aufsichts...; ˈ**vis·it·ing** Besuchs...; ~ *card* Visitenkarte *f*; ˈ**vis·i·tor** Besuch(er) *m* (*to gen.*); Gast *m*; Inspektor *m*; *~s' book* Fremden-, Gästebuch *n*.

vi·sor [ˈvaizə] Helmvisier *n*; Mützenschirm *m*; *mot.* Blendschirm *m*.

vis·ta [ˈvistə] Durchblick *m*; Rück- *od.* Ausblick *m* (*a. fig.*; *of* auf *acc.*); Allee *f*; Galerie *f*; Reihe *f*.

vis·u·al □ [ˈvizjuəl] Seh...; Gesichts...; ˈ**vis·u·al·ize** (sich) vor Augen stellen, sich ein Bild machen von.

vi·tal □ [ˈvaitl] Lebens...; lebenswichtig, wesentlich (*to* für); lebensgefährlich (*Wunde*); *~s pl.*, ~ *parts pl.* lebenswichtige Organe *n/pl.*, edle

Teile *m/pl.*; *s. statistics*; **vi·tal·i·ty** [~'tæliti] Lebenskraft *f*, -fähigkeit *f*; Vitalität *f*; **vi·tal·ize** ['~təlaiz] beleben.
vi·ta·min(e) ['vitəmin] Vitamin *n*; **vi·ta·mi·nized** ['~naizd] (*künstlich*) mit Vitaminen angereichert.
vi·ti·ate ['viʃieit] verderben; beeinträchtigen; hinfällig *od.* ⚖ ungültig machen.
vit·i·cul·ture ['vitikʌltʃə] Weinbau *m*.
vit·re·ous □ ['vitriəs] Glas...; gläsern.
vit·ri·fac·tion [vitri'fækʃən] Verglasung *f*; **vit·ri·fy** ['~fai] verglasen.
vit·ri·ol ⚗ ['vitriəl] Vitriol *n*.
vi·tu·per·ate [vi'tju:pəreit] schelten; schmähen, beschimpfen; **vi·tu·per'a·tion** Schmähung *f*, Beschimpfung *f*; **vi'tu·per·a·tive** □ [~rətiv] schmähend; Schmäh...
vi·va (vo·ce) ['vaivə('vəusi)] **1.** mündlich; **2.** mündliche Prüfung *f*.
vi·va·cious □ [vi'veiʃəs] lebhaft, munter; **vi·vac·i·ty** [vi'væsiti] Lebhaftigkeit *f*.
viv·id □ ['vivid] lebhaft, lebendig; **'viv·id·ness** Lebhaftigkeit *f*.
viv·i·fy ['vivifai] (sich) beleben; **vi'vip·a·rous** □ [~pərəs] lebendgebärend; **viv·i·sec·tion** [~'sekʃən] Vivisektion *f*.
vix·en ['viksn] Füchsin *f*; zänkisches Weib *n*.
viz. ['neimli] = *videlicet*.
vi·zier [vi'ziə] Wesir *m*.
vi·zor ['vaizə] = *visor*.
vo·cab·u·lar·y [vəu'kæbjuləri] Wörterverzeichnis *n*; Wortschatz *m*, Vokabular *n*.
vo·cal □ ['vəukəl] stimmlich; Stimm...; gesprochen; laut; ♪ Vokal..., Gesang...; sprechend; klingend; *gr.* stimmhaft; ~ *c(h)ord* Stimmband *n*; ~ *part* Singstimme *f*; **'vo·cal·ist** Sänger(in); **'vo·cal·ize** (*gr.* stimmhaft) aussprechen; singen; **'vo·cal·ly** *adv.* mittels der Stimme; laut.
vo·ca·tion [vəu'keiʃən] *innere* Berufung *f*; Beruf *m*; **vo'ca·tion·al** □ [~ʃənl] beruflich; Berufs...; ~ *guidance* Berufsberatung *f*.
voc·a·tive *gr.* ['vɔkətiv] Vokativ *m*.
vo·cif·er·ate [vəu'sifəreit] schreien; laut rufen; brüllen; **vo·cif·er'a·tion** *a.* ~*s pl.* Geschrei *n*; **vo'cif·er·ous** □ schreiend, laut.
vogue [vəug] Beliebtheit *f*; Mode *f*.
voice [vɔis] **1.** Stimme *f*; *active* (*passive*) ~ *gr.* Aktiv *n* (Passiv *n*); *in (good)* ~ (gut) bei Stimme; *give* ~ *to* Ausdruck geben (*dat.*); **2.** äußern, ausdrücken; *gr.* stimmhaft aussprechen; **voiced** *gr.* stimmhaft; *in Zssgn* ...stimmig; **'voice·less** □ *bsd. gr.* stimmlos; stumm.
void [vɔid] **1.** leer; ⚖ nichtig, ungültig; ~ *of* frei von; arm an (*dat.*); ohne; **2.** Leere *f*; Lücke *f*; **3.** entleeren; ungültig machen, aufheben; **'void·ness** Leere *f*.
voile [vɔil] Voile *m*, Schleierstoff *m*.
vol·a·tile ['vɔlətail] ⚗ flüchtig (*a. fig.*); flatterhaft; **vol·a·til·i·ty** [~'tiliti] Flüchtigkeit *f*; **vol·a·til·ize** [vɔ'lætilaiz] (sich) verflüchtigen.
vol·can·ic [vɔl'kænik] (~*ally*) vulkanisch; **vol·ca·no** [vɔl'keinəu], *pl.* **vol'ca·noes** [~z] Vulkan *m*.
vo·li·tion [vəu'liʃən] Wollen *n*; Wille(nskraft *f*) *m*; *on one's own* ~ aus eigenem Entschluß.
vol·ley ['vɔli] **1.** Salve *f*; (Geschoß- *etc.*) Hagel *m*; *fig.* Schwall *m*, Strom *m*; *Tennis*: Volley-, Flugball *m*; **2.** *v/t.* *mst* ~ *out* e-n Schwall von *Worten etc.* von sich geben; *Ball* volley nehmen; *v/i.* Salven abgeben; sich entladen; *fig.* hageln; dröhnen; **'vol·ley-ball** *Sport*: Volleyball *m*, Flugball *m*.
vol·plane ✈ ['vɔlplein] **1.** Gleitflug *m*; **2.** im Gleitflug niedergehen.
volt ⚡ [vəult] Volt *n*; **'volt·age** ⚡ Spannung *f*; **vol·ta·ic** ⚡ [vɔl'teiik] voltaisch.
volte-face *fig.* ['vɔlt'fɑ:s] völlige Kehrtwendung *f*.
volt·me·ter ⚡ ['vəultmi:tə] Voltmeter *n*, Spannungsmesser *m*.
vol·u·bil·i·ty [vɔlju'biliti] Zungenfertigkeit *f*, Redegewandtheit *f*; **vol·u·ble** □ ['~bl] zungenfertig, (rede)gewandt.
vol·ume ['vɔljum] Band *m e-s Buches*; *phys. etc.* Volumen *n*; *fig.* Masse *f*, große Menge *f*; (*bsd.* Stimm)Umfang *m*; ~ *of sound Radio*: Lautstärke *f*; ~ *control*, ~ *regulator* Lautstärkeregler *m*; **vo·lu·mi·nous** □ [və'lju:minəs] vielbändig; umfangreich; voluminös.
vol·un·tar·y □ ['vɔləntəri] **1.** frei-

willig; *physiol.* willkürlich; ~ *death* Freitod *m*; **2.** freiwillige Arbeit *f*; ♪ Orgelsolo *n*; **vol·un·teer** [~'tiə] **1.** Freiwillige *m*; *attr.* Freiwilligen-...; **2.** *v/i.* freiwillig dienen; sich freiwillig melden; sich erbieten; *v/t.* anbieten; sich *e-e Bemerkung* erlauben.

vo·lup·tu·ar·y [və'lʌptjuəri] Genußmensch *m*; Wollüstling *m*.

vo·lup·tu·ous □ [və'lʌptʃuəs] wollüstig; üppig; sinnlich; **vo'lup·tu·ous·ness** Wollust *f*; Sinnlichkeit *f*.

vo·lute △ [və'lju:t] Volute *f*, Schnecke *f*; **vo'lut·ed** voluten-, schneckenförmig.

vom·it ['vɔmit] **1.** (sich) erbrechen; *fig.* (aus)speien, ausstoßen; **2.** Erbrochene *n*; Ausgespiene *n*; Auswurf *m*.

voo·doo ['vu:du:] **1.** Wodu *m*, Zauberkult *m*; Hexerei *f*; **2.** behexen.

vo·ra·cious □ [və'reiʃəs] gefräßig; gierig; **vo'ra·cious·ness, vo·rac·i·ty** [və'ræsiti] Gefräßigkeit *f*; Gier *f* (*of* nach).

vor·tex ['vɔ:teks], *pl. mst* **vor·ti·ces** ['~tisi:z] Wirbel *m*, Strudel *m* (*mst fig.*).

vo·ta·ry ['vəutəri] Geweihte *m*; Anhänger(in); Verehrer(in).

vote [vəut] **1.** (Wahl)Stimme *f*; Abstimmung *f*; Stimmrecht *n*; *Abstimmungs*-Beschluß *m*, Votum *n*; ~ *of no confidence* Mißtrauensvotum *n*; *cast a* ~ (s)eine Stimme abgeben; *put to the* ~ zur Abstimmung bringen, abstimmen lassen über; *take a* ~ *on s.th.* über et. abstimmen; **2.** *v/t.* stimmen für; F erklären für; *v/i.* (ab)stimmen; wählen; ~ *for* stimmen für; F für *et.* sein; *et.* vorschlagen; **'vot·er** Stimmberechtigte *m, f*; Wähler(in).

vot·ing...: **~-booth** ['vəutiŋbu:ð] Wahlzelle *f*; **'~-box** Wahlurne *f*; **'~-pa·per** Stimmzettel *m*.

vo·tive ['vəutiv] Votiv...; Weih...

vouch [vautʃ] verbürgen; ~ *for* bürgen für; **'vouch·er** Beleg *m*, Unterlage *f*; Gutschein *m*; Zeuge *m*, Gewährsmann *m*; **vouch'safe** *v/t.* gewähren; sich herablassen zu; *v/i.* geruhen.

vow [vau] **1.** Gelübde *n*; (Treu-)Schwur *m*; **2.** *v/t.* geloben.

vow·el ['vauəl] Vokal *m*.

voy·age ['vɔiidʒ] **1.** *längere* (See-, Luft)Reise *f*; **2.** *zur See, in der Luft* reisen, fahren; **voy·ag·er** ['vɔiədʒə] (See)Reisende *m*.

vul·can·ite ['vʌlkənait] Vulkanit *m* (*Hartgummi*); **vul·can·i'za·tion** ⊕ Vulkanisierung *f*; **'vul·can·ize** ⊕ vulkanisieren; *~d fibre* Vulkanfiber *f*.

vul·gar ['vʌlgə] **1.** □ gewöhnlich, gemein, vulgär, pöbelhaft; ~ *tongue* Volkssprache *f*; **2.** *the* ~ der Pöbel; **'vul·gar·ism** vulgärer Ausdruck *m*; **vul·gar·i·ty** [~'gæriti] Gemeinheit *f*; **vul·gar·ize** ['~gəreiz] gemein machen, erniedrigen; populär machen, verbreiten.

vul·ner·a·bil·i·ty [vʌlnərə'biliti] Verwundbarkeit *f etc.*; **'vul·ner·a·ble** □ verwundbar; *fig.* angreifbar; ungeschützt; **'vul·ner·ar·y** **1.** Wund..., Heil...; **2.** Wundmittel *n*.

vul·pine ['vʌlpain] Fuchs...; fuchsartig; *fig.* schlau, listig.

vul·ture *orn.* ['vʌltʃə] Geier *m*; **vul·tur·ine** ['~tʃurain] geierartig.

vy·ing ['vaiiŋ] wetteifernd.

W

wab·ble ['wɔbl] = *wobble*.

wack·y *Am. sl.* ['wæki] verrückt.

wad [wɔd] **1.** (Watte)Bausch *m*; Polster *n*; Pfropf(en) *m*; Banknotenbündel *n*; **2.** wattieren; polstern; zu-, verstopfen; **'wad·ding** Wattierung *f*; Watte *f*.

wad·dle ['wɔdl] watscheln, wackeln.

wade [weid] *v/i.* waten; *fig.* sich hindurcharbeiten; *v/t.* durchwaten; **'wad·er** Watvogel *m*; *~s pl.* Wasserstiefel *m/pl*.

wa·fer ['weifə] Waffel *f*; *a. consecrated* ~ *eccl.* Oblate *f*, Hostie *f*.

waf·fle ['wɔfl] **1.** Waffel *f*; **2.** F quasseln.
waft [wɑːft] **1.** wehen, tragen; (ent-) senden; **2.** Hauch *m*.
wag[1] [wæg] **1.** *v/t.* wackeln mit, schütteln; wedeln mit *dem Schwanz*; *v/i.* wackeln; **2.** Schütteln *n*; Wedeln *n*.
wag[2] [~] Spaßvogel *m*, Schalk *m*; *play ~ sl.* die Schule schwänzen.
wage [weidʒ] **1.** *Krieg* führen, unternehmen; **2.** *mst ~s pl.* Lohn *m*; **wage-earn·er** ['~əːnə] Lohnempfänger *m*; '**wage-sheet**, '**wag·es--sheet** Lohnliste *f*.
wa·ger *lit.* ['weidʒə] **1.** Wette *f*; **2.** wetten; *Geld* verwetten (*on* für).
wag·ger·y ['wægəri] Schelmerei *f*; Spaß *m*; '**wag·gish** □ schelmisch, schalkhaft.
wag·gle F ['wægl] = *wag*[1] *1*; '**wag·gly** F wacklig; sich windend.
wag·(g)on ['wægən] (Roll-, Güter-) Wagen *m*; Waggon *m*; Pferdefuhrwerk *n*; *be od. go on the (water) ~* F nicht trinken; '**wag·(g)on·er** Fuhrmann *m*.
wag·tail *orn.* ['wægteil] Bachstelze *f*.
waif [weif] herrenloses Gut *n*; weggeworfenes Diebesgut *n*; Strandgut *n*; Heimatlose *m, f*; *~s and strays pl.* verwahrloste Kinder *n/pl.*; Reste *m/pl.*
wail [weil] **1.** (Weh)Klagen *n*; **2.** *v/t.* bejammern; *v/i.* (weh)klagen.
wain *poet.* [wein] Wagen *m*; *Charles's* ♀, *the* ♀ *ast.* der Große Wagen.
wain·scot ['weinskət] **1.** Holzverkleidung *f*, (-)Täfelung *f*; **2.** täfeln.
waist [weist] Taille *f*; schmalste Stelle *f*; ⚓ Mitteldeck *n*; '**~-band** Taillen-, Gurtband *n*; **~·coat** ['weiskəut] Weste *f*; **~-deep** ['weist'diːp] bis über die Hüften (reichend); '**~-line** Taille *f*.
wait [weit] **1.** *v/i.* warten; *a. ~ at (Am. on) table* bedienen, servieren; *~ for* warten auf (*acc.*); *~ (up)on s.o.* j. bedienen; j. besuchen; *keep ~ing* warten lassen; *~ and see* abwarten; *~ in line* Schlange stehen; *v/t.* abwarten; mit *dem Essen* warten (*for* auf *j.*); **2.** Warten *n*, Aufenthalt *m*; *~s pl.* Weihnachtssänger *m/pl.*; *have a long ~* lange warten müssen; *lie in ~ for s.o.* j-m auflauern; '**wait·er** Kellner *m*; Tablett *n*.
wait·ing ['weitiŋ] Warten *n*; Dienst *m*; *in ~* diensttuend; *no ~* Parken verboten; '**~-maid** Kammermädchen *n*; '**~-room** Wartezimmer *n*, -saal *m*.
wait·ress ['weitris] Kellnerin *f*.
waive [weiv] verzichten auf (*acc.*), aufgeben, ⚖ sich *e-s Rechtes* begeben; '**waiv·er** ⚖ Verzicht *m*.
wake[1] [weik] ⚓ Kielwasser *n* (*a. fig.*); ✈ Luftsog *m*; *fig.* Spur *f*.
wake[2] [~] **1.** (*irr.*) *v/i. a. ~ up* aufwachen; *v/t. a. ~ up* (auf)wecken; erwecken; *fig.* wachrufen; **2.** Totenwache *f*; Kirmes *f*; **wake·ful** □ ['~ful] wachend; wachsam; schlaflos; '**wak·en** *v/i.* (auf)wachen; *v/i.* (auf)wecken; *fig.* anregen.
wale [weil] *bsd. Am. für weal*[2].
walk [wɔːk] **1.** *v/i.* (zu Fuß) gehen; spazierengehen; wandern; Schritt gehen; *~ about* umhergehen, -wandern; *~ into sl.* herfallen über (*acc.*); *~ out* F die Arbeit niederlegen, streiken; *~ out on sl.* im Stich lassen; *v/t.* führen; *Pferd* Schritt gehen lassen; begleiten; spazieren führen; (durch)wandern; umhergehen auf *od.* in (*dat.*); *~ the hospitals* s-e klinischen Semester machen (*Mediziner*); **2.** (Spazier)Gang *m*; Spazierweg *m*; Schritt *m* (*Gangart*); *go for a ~* e-n Spaziergang machen, spazierengehen; *~ of life* Lebensstellung *f*, Beruf *m*; '**walk·er** Fuß-, Spaziergänger(in); *Sport*: Geher *m*; *be a good ~* gut zu Fuß sein; '**walk-er-on** *thea.* Statist(in).
walk·ie-talk·ie ⚔ ['wɔːki'tɔːki] tragbares Sprechfunkgerät *n*.
walk·ing ['wɔːkiŋ] **1.** Spazierengehen *n*, Wandern *n*; *attr.* Spazier-...; Wander-...; **~ pa·pers** *pl. Am.* F Entlassung(spapiere *n/pl.*) *f*; Laufpaß *m*; '**~-stick** Spazierstock *m*; '**~-tour** (Fuß)Wanderung *f*.
walk...: '**~-out** *Am.* Ausstand *m*; '**~-over** Kinderspiel *n*, leichter Sieg *m*; '**~-up** ohne Fahrstuhl (*Haus*).
wall [wɔːl] **1.** Wand *f*; Mauer *f*; *give s.o. the ~* j-m den Vorrang lassen; *go to the ~ fig.* an die Wand gedrückt werden; **2.** mit Mauern umgeben; (ein-, um)mauern (*mst mit adv.*); *fig.* ein-, abschließen; *~ up* zumauern.
wal·la·by *zo.* ['wɔləbi] kleines Känguruh *n*.

wal·let [ˈwɔlit] Brieftasche *f*; Werkzeugtasche *f*; † Ränzel *n*.

wall...: ˈ**~-eye** *vet.* Glasauge *n*; ˈ**~-flow·er** ⚘ Goldlack *m*; *fig.* Mauerblümchen *n*; ˈ**~-fruit** Spalierobst *n*; ˈ**~-map** Wandkarte *f*.

Wal·loon [wɔˈlu:n] **1.** Wallone *m*, Wallonin *f*; Wallonisch *n*; **2.** wallonisch.

wal·lop F [ˈwɔləp] **1.** *v/i.* brodeln; poltern; *v/t. j.* verdreschen; **2.** kräftiger Schlag *m*, Hieb *m*; *sl.* Bier *n*; ˈ**wal·lop·ing** F riesig.

wal·low [ˈwɔləu] **1.** sich wälzen; *fig.* schwelgen (*in* in *dat.*); **2.** Sichwälzen *n*; *hunt.* Suhle *f*.

wall...: ˈ**~-pa·per** Tapete *f*; ˈ**~-sock·et** ⚡ Steckdose *f*.

wal·nut ⚘ [ˈwɔ:lnʌt] Walnuß(baum *m*) *f*.

wal·rus *zo.* [ˈwɔ:lrəs] Walroß *n*.

waltz [wɔ:ls] **1.** Walzer *m*; **2.** Walzer tanzen, walzen.

wam·pum [ˈwɔmpəm] Wampum *n* (*Muschelornament u. Geld der Indianer*); *sl.* Moneten *pl*.

wan □ [wɔn] blaß, bleich, fahl.

wand [wɔnd] Zauberstab *m*; Amtsstab *m*.

wan·der [ˈwɔndə] wandern; *a.* ~ *about* umherschweifen, -wandern; *fig.* abschweifen (*from* von); irregehen, umherirren; phantasieren; ˈ**wan·der·er** Wanderer(in); ˈ**wan·der·ing 1.** □ wandernd; *fig.* unstet; **2.** ~*s pl.* Wanderung(en *pl.*) *f*, Wanderschaft *f*; (Fieber)Phantasie *f*.

wane [wein] **1.** abnehmen (*Mond*); *fig.* schwinden; **2.** Abnahme *f*; *on the* ~ im Abnehmen *od.* Schwinden.

wan·gle *sl.* [ˈwæŋgl] schieben, deichseln, drehen, organisieren; ˈ**wan·gler** Schieber *m*.

wan·ness [ˈwɔnnis] Blässe *f*.

want [wɔnt] **1.** Mangel *m* (*of* an *dat.*); Bedürfnis *n*; Not *f*; *for* ~ *of* aus Mangel an (*dat.*), mangels (*gen.*); **2.** *v/i. be* ~*ing* fehlen; *be* ~*ing in* es fehlen lassen an (*dat.*); *be* ~*ing to der Lage etc.* nicht gewachsen sein; *he does not* ~ *for* es mangelt ihm nicht an (*dat.*); *it* ~*s of* es mangelt *od.* fehlt an (*dat.*); *v/t.* bedürfen (*gen.*), nötig haben, brauchen; ermangeln (*gen.*), nicht haben; verlangen; wünschen, (haben) wollen; *it* ~*s s.th.* es fehlt an et.; *he* ~*s energy* es fehlt ihm an Energie; *you* ~ *to be careful* du mußt vorsichtig sein; ~ *s.o. to do* wollen *od.* wünschen, daß j. tut; ~*ed* gesucht; ˈ**~-ad** Kleinanzeige *f*; Stellenangebot *n*, -gesuch *n*.

wan·ton [ˈwɔntən] **1.** □ wollüstig, geil; üppig; mutwillig; übermütig; **2.** Wollüstling *m*; Dirne *f*; **3.** ⚘ geil wachsen; herumtollen; ˈ**wan·ton·ness** Geilheit *f*; Mutwille *m*.

war [wɔ:] **1.** Krieg *m*; *attr.* Kriegs...; *at* ~ im Krieg(szustand); *make* ~ Krieg führen (*upon* gegen); ~ *criminal* Kriegsverbrecher *m*; **2.** *lit.* Krieg führen; *fig.* streiten; einander widerstreiten.

war·ble [ˈwɔ:bl] **1.** trillern; singen (*bsd. Vogel*); **2.** Getriller *n*; ˈ**warbler** Sänger *m*; Singvogel *m*.

war...: ˈ**~-blind·ed** kriegsblind; ˈ**~-cry** Schlachtruf *m*; *fig.* Parole *f*.

ward [wɔ:d] **1.** Gewahrsam *m*; Vormundschaft *f*; Mündel *n*; *weitS.* Schützling *m*; *fenc.* Parade *f*; Gefängniszelle *f*; Abteilung *f*, Station *f in e-m Krankenhaus etc.*, Krankenzimmer *n*; (Stadt)Bezirk *m*; ⊕ Einschnitt *m im Schlüsselbart*; Bart *m*; *casual* ~ Obdachlosenasyl *n*; *in* ~ unter Vormundschaft; **2.** ~ *off* abwehren, abwenden; ˈ**ward·en** Aufseher *m*; (Luftschutz)Wart *m*; Herbergsvater *m*; *univ.* Rektor *m*; ˈ**ward·er** (Gefangenen)Wärter *m*, Aufseher *m*; ˈ**ward·robe** Garderobe *f*; Kleiderschrank *m*; ~ *dealer* Kleidertrödler *m*; ~ *trunk* Schrankkoffer *m*; ˈ**ward·room** ⚓ Offiziersmesse *f*; ˈ**ward·ship** Vormundschaft *f*.

ware [wɛə] Ware *f*; Geschirr *n*.

ware·house 1. [ˈwɛəhaus] (Waren-)Lager *n*; Lagerhaus *n*, Speicher *m*; **2.** [ˈ~hauz] auf Lager bringen, einlagern; **~·man** [ˈ~hausmən] Lagerverwalter *m*; Großhändler *m*; (Möbel)Spediteur *m*; Speicherarbeiter *m*.

war...: ˈ**~·fare** Krieg(führung *f*) *m*; ˈ**~-grave** Soldatengrab *n*; ˈ**~·head** Gefechtskopf *m*.

war·i·ness [ˈwɛərinis] Vorsicht *f*; Behutsam-, Achtsamkeit *f*.

war·like [ˈwɔ:laik] kriegerisch; Kriegs...

war-loan [ˈwɔ:ləun] Kriegsanleihe *f*.

warm [wɔ:m] **1.** □ warm (*a. fig.*); *a.* heiß; *fig.* hitzig; *fig.* glühend;

make things ~ *for s.o.* j-m die Hölle heiß machen; **2.** F Erwärmung *f*; **3.** *v/t.* (er)wärmen (*a. fig.*); *sl.* vermöbeln (*prügeln*); ~ *up* aufwärmen; *v/i. a.* ~ *up* warm werden, sich erwärmen (*to* für); '**warm·ing** *sl.* Senge *f* (*Prügel*).
war-mon·ger ['wɔːmʌŋgə] Kriegstreiber *m*, -hetzer *m*; '**war-mon·ger·ing,** '**war-mon·ger·y** Kriegshetze *f*.
warmth [wɔːmθ] Wärme *f*.
warn [wɔːn] warnen (*of, against* vor *dat.*); verwarnen; ermahnen (*to inf.* zu *inf.*); verständigen (*of* von), aufmerksam machen (*of* auf *acc.*); '**warn·ing** Warnung *f*, Mahnung *f*; Verwarnung *f*; Kündigung *f*; *give* ~ kündigen; *take* ~ *from* sich ein warnendes Beispiel nehmen an (*dat.*).
War Of·fice ['wɔːrɔfis] Heeresministerium *n*.
warp [wɔːp] **1.** *Weberei*: Kette *f*; ⚓ Bugsiertau *n*; Verwerfung *f des Holzes*; *fig.* Verkehrtheit *f*; **2.** *v/i.* sich werfen (*Holz*); ⚓ werpen, warpen; *Weberei*: anscheren; *v/t. Holz etc.* werfen, verziehen; ✈ *Tragflächen* verwinden; *Weberei*: anscheren; ⚓ verholen; verzerren, entstellen; *j.* beeinflussen; *j.* abbringen (*from* von).
war-paint ['wɔːpeint] Kriegsbemalung *f* (*a. fig.*); *in full* ~ in Gala.
warp·ing ✈ ['wɔːpiŋ] Verwindung *f*.
war...: '**~-plane** Kampfflugzeug *n*; '**~-prof·it'eer** Kriegsgewinnler *m*.
war·rant ['wɔrənt] **1.** Vollmacht *f*; Rechtfertigung *f*, Berechtigung *f*; ⚖ (Vollziehungs)Befehl *m*; Berechtigungsschein *m*; Lagerschein *m*; *a.* ~ *of apprehension* Steckbrief *m*; ~ *of arrest* Haftbefehl *m*; **2.** bevollmächtigen; *j.* berechtigen; *et.* rechtfertigen; verbürgen, *bsd.* ✝ garantieren; '**war·rant·a·ble** □ zu rechtfertigen(d), vertretbar; *hunt.* jagdbar (*Hirsch*); '**war·rant·a·bly** *adv.* billigerweise; '**war·rant·ed** garantiert; **war·ran'tee** ⚖ Sicherheitsempfänger *m*; '**war·rant-offi·cer** ⚓ Deckoffizier *m*; ⚔ Portepeeunteroffizier *m*; **war·ran·tor** ⚖ ['~tɔː] Sicherheitsgeber *m*; '**war·ran·ty** Garantie *f*; Bürgschaft(sschein *m*) *f*; Berechtigung *f*.
war·ren ['wɔrən] Kaninchengehege *n*.
war·ri·or ['wɔriə] Krieger *m*.
war·ship ['wɔːʃip] Kriegsschiff *n*.
wart [wɔːt] Warze *f*; *bsd.* ⚘ Auswuchs *m*; '**wart·y** warzig.
war·time ['wɔːtaim] **1.** Kriegszeit(en *pl.*) *f*; **2.** Kriegs...
war·y □ ['wɛəri] vorsichtig, behutsam; wachsam.
was [wɔz, wəz] *pret.* von *be*; *im Passiv*: wurde; *he* ~ *to have come* er hätte kommen sollen.
wash [wɔʃ] **1.** *v/t.* waschen; (um-)spülen; ~*ed out* verwaschen, ausgeblaßt; F erledigt, fertig; ~ *up* abwaschen, spülen; *v/i.* sich waschen (lassen); waschecht sein (*a. fig.*); spülen, schlagen (*Wellen*); **2.** Waschen *n*; Wäsche *f*; Wellenschlag *m*; ⚓ Kielwasser *n*; ✈ Luftstrudel *m hinter Tragflächen*; Seichtwasser *n*; Schwemmland *n*; Spülwasser *n*; *contp.* Gewäsch *n*; *mouth-*~ Mundwasser *n*; *s. white*~; '**wash·a·ble** waschbar; '**wash-ba·sin** Waschbecken *n*; '**wash-cloth** Waschlappen *m*; '**wash-draw·ing** *Art* Aquarell *n*.
wash·er ['wɔʃə] Wäscherin *f*; Waschmaschine *f*; ⊕ Unterlagscheibe *f*, Dichtungsring *m*; '**~-wom·an** Waschfrau *f*, Wäscherin *f*.
wash·ing ['wɔʃiŋ] **1.** Waschen *n*; Waschung *f*; Wäsche *f*; ~*s pl.* Spülicht *n*; **2.** Wasch...; '**~-ma·chine** Waschmaschine *f*; ~ **pow·der** Waschpulver *n*; '**~-silk** Waschseide *f*.
wash·ing-up ['wɔʃiŋ'ʌp] Spülen *n*, Abwaschen *n*.
wash...: '**~-'out** *sl.* Versager *m*, Niete *f*; Fiasko *n*; '**~-rag** *bsd. Am.* Waschlappen *m*; '**~-stand** Waschtisch *m*; '**~-tub** Waschbottich *m*; '**wash·y** wässerig (*a. fig.*).
was·n't [wɔznt] = *was not*.
wasp [wɔsp] Wespe *f*; '**wasp·ish** □ gereizt; reizbar, giftig.
was·sail † ['wɔseil] Trinkgelage *n*; Würzbier *n*.
wast·age ['weistidʒ] Abgang *m*, Verlust *m*; Vergeudung *f*.
waste [weist] **1.** wüst, öde; unbebaut, brach; unfruchtbar; unnütz; ⊕ unbrauchbar; überflüssig; Abfall...; *lay* ~ verwüsten; ~ *paper* Altpapier *n*; **2.** Verschwendung *f*, Vergeudung *f*; Abfall *m*; Einöde *f*, Wüste *f*, *go od. run to* ~ verfallen;

3. *v/t.* verwüsten, verheeren; verschwenden, vergeuden; verzehren; *v/i.* verschwendet werden; ~ *away* dahinsiechen, verfallen (*Kranker*); **waste·ful** □ ['~ful] verschwenderisch; kostspielig; '**waste-pa·per--bas·ket** Papierkorb *m*; '**waste--pipe** Abflußrohr *n*; Fallrohr *n am Klosett*; '**wast·er** Verschwender (-in); = *wastrel*.

wast·rel ['weistrəl] Ausschuß(ware *f*) *m*; Taugenichts *m*.

watch [wɔtʃ] **1.** Wache *f* (*a.* ⚓); Taschenuhr *f*; *be on the* ~ *for* achtgeben auf *et.*; **2.** *v/i.* wachen (*with* bei, *over* über *acc.*); ~ *for* warten auf (*acc.*), auflauern (*dat.*); ~ *out* F aufpassen; *v/t.* bewachen; (be-) hüten; beobachten, sehen; achtgeben *od.* aufpassen auf (*acc.*); ~ *one's time* s-e Gelegenheit abpassen; '~**·boat** ⚓ Wachtboot *n*; '~**-brace·let** Uhrarmband *n*; '~**--case** Uhrgehäuse *n*; '~**·dog** Wachhund *m*; '**watch·er** Wächter *m*; Wärter *m*; **watch·ful** □ ['~ful] wachsam, achtsam.

watch...: '~**-mak·er** Uhrmacher *m*; '~**·man** (Nacht)Wächter *m*; '~**--tow·er** Wachtturm *m*; '~**·word** Losung *f*, Schlagwort *n*, Parole *f*.

wa·ter ['wɔːtə] **1.** Wasser *n*; Gewässer *n*; ~ *supply* Wasserversorgung *f*; Wasserleitung *f*; *high* ~ Hochwasser *n*, Flut *f*; *low* ~ Niedrigwasser *n*, Ebbe *f*; *by* ~ auf dem Wasserweg; *drink od. take the* ~*s* Brunnen trinken; *of the first* ~ vom reinsten Wasser (*a. fig.*); *be in hot* ~ F in der Patsche sitzen; *be in low* ~ F auf dem trocknen sitzen; *hold* ~ *fig.* stichhaltig sein; *make* ~ Wasser lassen; lecken (*Schiff*); **2.** *v/t. Land* bewässern; *Straße* (be)sprengen; *Pflanze* (be)gießen; mit Wasser versorgen; tränken; *oft* ~ *down* verwässern (*a. fig.*); ⊕ moirieren; *v/i.* wässern (*Mund*); tränen (*Augen*); Wasser einnehmen; ✈ wassern; *make s.o.'s mouth* ~ j-m den Mund wässerig machen; '~**-blis·ter** ⚕ Wasserblase *f*; '~**-borne** zu Wasser befördert; '~**-bot·tle** Feldflasche *f*; '~**-cart** Sprengwagen *m*; '~**-clos·et** (Wasser)Klosett *n*; '~**-col·o(u)r** Aquarell *n*; Aquarellmalerei *f*; ~*s pl.* Wasserfarben *f/pl.*; '~**-cool·ing** Wasserkühlung *f*; '~**·course** Wasserlauf *m*; Kanal *m*; Bach-, Flußbett *n*; '~**·cress** ⚘ Brunnenkresse *f*; '~**·fall** Wasserfall *m*; '~**·fowl** *pl.* Wasservögel *m/pl.*; '~**-front** Ufer *n*; *bsd. Am. städtisches* Hafengebiet *n*; '~**·ga(u)ge** ⊕ Wasserstandszeiger *m*; Pegel *m*; '~**-glass** ⚗ Wasserglas *n*; '~**-hose** Wasserschlauch *m*; '**wa·ter·i·ness** Wässerigkeit *f*.

wa·ter·ing ['wɔːtəriŋ] Wässern *n etc.*; '~**-can**, '~**-pot** Gießkanne *f*; '~**-place** Wasserloch *n*; Tränke *f*, Schwemme *f*; Bad(eort *m*) *n*; Seebad *n*.

water...: '~**-jack·et** ⊕ Wasser(kühl)-mantel *m*; '~**-lev·el** Wasserspiegel *m*; Wasserstand(slinie *f*) *m*; ⊕ Wasserwaage *f*; '~**-lil·y** ⚘ Wasserrose *f*; '~**·logged** voll Wasser (gelaufen); '~**-main** Haupt(wasser)-rohr *n*; '~**·man** Fährmann *m*; Flußschiffer *m*; Bootsführer *m*; Wasserträger *m*; '~**-mark** Wassermarke *f*; Wasserzeichen *n im Papier*; '~**--mel·on** ⚘ Wassermelone *f*; '~**--pipe** Wasser(leitungs)rohr *n*; '~**--plane** Wasserflugzeug *n*; '~**-po·lo** Wasserball(spiel *n*) *m*; '~**-pow·er** Wasserkraft *f*; ~ *station* Wasserkraftwerk *n*; '~**·proof 1.** wasserdicht; **2.** Regenmantel *m*; **3.** imprägnieren; '~**-re'pel·lent** wasserabstoßend; '~**·shed** Wasserscheide *f*; *weitS.* Stromgebiet *n*; '~**·side 1.** Fluß-, Seeufer *n*; **2.** am Wasser (gelegen); '~**·spout** Wasserhose *f*; Abtraufe *f*; '~**-ta·ble** Grundwasserspiegel *m*; '~**·tight** wasserdicht; *fig.* eindeutig, unangreifbar; '~**-wave 1.** Wasserwelle *f* (*Frisur*); **2.** Wasserwellen legen; '~**-way** Wasserstraße *f*; Schiffahrtsweg *m*; '~**-works** *pl.*, *a. sg.* Wasserwerk *n*; '**wa·ter·y** wässerig (*a. fig.*).

watt ⚡ [wɔt] Watt *n*.

wat·tle ['wɔtl] **1.** Flechtwerk *n*; Hürde *f*; *orn.* Kehllappen *m*; **2.** aus Flechtwerk herstellen.

waul [wɔːl] mauzen, miauen.

wave [weiv] **1.** Welle *f* (*a. phys. u. von Haar*); Woge *f* (*a. fig.*); Schwenken *n*; Winken *n*; **2.** *v/t.* wellig machen; *Haar* wellen; schwingen; schwenken; (*j-m* zu-) winken; ~ *s.o. aside* j. beiseite winken; *v/i.* wogen; wehen, flattern; (~ *to s.o.* j-m zu)winken; '~**--length** ⚡ Wellenlänge *f*.

wa·ver [ˈweivə] (sch)wanken (*a. fig.*); flackern.

wave...: ˈ**~-range** *Radio*: Wellenbereich *m*; ˈ**~-trap** *Radio*: Sperrkreis *m*.

wav·y [ˈweivi] wellig; wogend.

wax[1] [wæks] **1.** Wachs *n*; Siegellack *m*; Ohrenschmalz *n*; Schusterpech *n*; ~ *candle* Wachskerze *f*; ~ *doll* Wachspuppe *f*; **2.** wachsen; bohnern; pichen (*Schuhmacher*).

wax[2] [~] (*irr.*) wachsen, zunehmen (*Mond*); † (*vor adj.*) werden.

wax·en *fig.* [ˈwæksn] wächsern, Wachs...; ˈ**wax·work** Wachsfiguren *f/pl.*; ~*s pl.*, ~ *show* Wachsfigurenkabinett *n*; ˈ**wax·y** □ wachsartig; weich.

way [wei] **1.** *mst* Weg *m*; Straße *f*; Art u. Weise *f*, Methode *f*; *eigene* Art *f*; Stück *n* (*Weg*), Strecke *f*, Entfernung *f*; Richtung *f*; F Gegend *f*; ⚓ Fahrt *f*; *fig.* Hinsicht *f*, Beziehung *f*; Zustand *m*, Verhältnisse *n/pl.*; ⚓ Helling *f*; ~ *in* Eingang *m*; ~ *out* Ausgang *m*; *fig.* Ausweg *m*; ~*s and means* Mittel und Wege *pl. zur Geldbeschaffung*; *right of* ~ ⚖ Wegerecht *n*; *bsd. mot.* Vorfahrt(srecht *n*) *f*; ~ *of life* Lebensweise *f*, -form *f*; *this* ~ hierher, hier entlang; *the wrong* ~ falsch (herum); *in some* ~, *in a* ~ in gewisser Hinsicht; *in no* ~ keineswegs; *go a great* ~ *towards ger.*, *go a long* (*some*) ~ *to inf.* viel (etwas) dazu beitragen zu *inf.*; *by the* ~ im Vorbeigehen; übrigens, nebenbei (bemerkt); *by* ~ *of* durch, (auf dem Weg) über (*acc.*); *by* ~ *of excuse* als Entschuldigung; *on the* ~, *on one's* ~ unterwegs; *out of the* ~ abwegig; ungewöhnlich; *under* ~ im Gange, ⚓ in Fahrt; *give* ~ sich zurückziehen, zurückgehen; *mot.* Vorfahrt lassen (*to dat.*); nachgeben; *fig.* stattgeben (*to dat.*); abgelöst werden (*to* von), übergehen (*to* in); sich hingeben (*to dat.*); *have one's* ~ s-n Willen haben; *if I had my* ~ wenn es nach mir ginge; *have a* ~ *with* umzugehen wissen mit; *lead the* ~ vorangehen; *s. make*; *pay one's* ~ glatt auskommen; sich selbst weiterhelfen; *see one's* ~ *to ger. od. inf.* e-e Möglichkeit für sich sehen, zu *inf.*; **2.** *adv.* (weit) weg; weit; ˈ**~-bill** Beförderungsschein *m*; Frachtbrief *m*; ˈ**~·far·er** Wanderer *m*; **~ˈlay** (*irr. lay*) auflauern (*dat.*); ˈ**~-leave** Wegerecht *n*; ˈ**~·side** **1.** Weg-, Straßenrand *m*; *by the* ~ am Wege, an der Straße; **2.** am Wege, an der Straße (befindlich); ~ **sta·tion** *Am.* Zwischenstation *f*; ~ **train** *Am.* Bummelzug *m*.

way·ward □ [ˈweiwəd] starrköpfig, eigensinnig; ˈ**way·ward·ness** Starr-, Eigensinn *m*.

we [wiː, wi] wir.

weak □ [wiːk] *allg.* schwach; schwächlich; dünn (*Getränk*); ˈ**weak·en** *v/t.* schwächen; *v/i.* schwach werden; ˈ**weak·ling** Schwächling *m*; ˈ**weak·ly** schwächlich; ˈ**weak-ˈmind·ed** schwachsinnig; charakterschwach; ˈ**weak·ness** Schwäche *f*.

weal[1] [wiːl] Wohl *n*.

weal[2] [~] Strieme *f*.

wealth [welθ] Wohlstand *m*; Reichtum *m*; *fig.* Fülle *f*; ˈ**wealth·y** □ reich; wohlhabend.

wean [wiːn] *Kind* entwöhnen; *fig.* ~ *s.o. from od. of s.th.* j-m et. abgewöhnen.

weap·on [ˈwepən] Waffe *f*; ˈ**weap·on·less** waffen-, wehrlos.

wear [wɛə] **1.** (*irr.*) *v/t. am Körper* tragen; *ein Lächeln* zur Schau tragen; *ein Gesicht* zeigen; *a.* ~ *away*, ~ *down*, ~ *off*, ~ *out* abnutzen; verbrauchen; *Kleid etc.* abtragen; *Geduld etc.* erschöpfen; ermüden; zermürben; ausnagen; *v/i.* sich *gut etc.* tragen *od.* halten; sich abnutzen *od.* abtragen; ~ *away* abnehmen; vergehen; ~ *off* sich abnutzen *od.* abtragen; *fig.* sich verlieren; ~ *on* vergehen (*Zeit*); ~ *out* sich abnutzen *od.* abtragen; sich erschöpfen; **2.** Tragen *n*; Gebrauch *m*; Abnutzung *f*, Verschleiß *m*; *gentlemen's* ~ Herrenbekleidung *f*; *for hard* ~ zum Strapazieren, strapazierfähig; *s. worse 1*; *there is plenty of* ~ *in it yet* es läßt sich noch gut tragen; ˈ**wear·a·ble** tragbar; zu tragen(d); **wear and tear** Verschleiß *m*; ˈ**wear·er** Träger(in) (*e-s Kleidungsstücks*).

wea·ri·ness [ˈwiərinis] Müdigkeit *f*; Ermüdung *f*; *fig.* Überdruß *m*.

wea·ri·some □ [ˈwiərisəm] ermüdend; langweilig.

wea·ry [ˈwiəri] **1.** □ müde (*with* von); *fig.* überdrüssig (*of s.th.* e-r

Sache); ermüdend; beschwerlich, anstrengend; **2.** *v/t.* ermüden; langweilen; *Geduld etc.* erschöpfen; *v/i.* müde werden.

wea·sel *zo.* [ˈwi:zl] Wiesel *n.*

weath·er [ˈweðə] **1.** Wetter *n*, Witterung *f*; *s. permit*; **2.** ⚓ Luv...; **3.** *v/t.* dem Wetter aussetzen; lüften; ⚓ luvwärts umschiffen; *a.* ~ *out* ⚓ *Sturm* abwettern, *fig.* überstehen; ~*ed* verwittert; *v/i.* verwittern; **~-beat·en** [ˈ~bi:tn] vom Wetter mitgenommen; wetterhart; ˈ**~-board** Wasserschenkel *m*; Schalbrett *n*; ˈ**~-board·ing** Verschalung *f*; ˈ**~·bound** durch schlechtes Wetter behindert; ˈ**~-bu·reau** Wetteramt *n*; ˈ**~·chart** Wetterkarte *f*; ˈ**~cock** Wetterhahn *m*, -fahne *f*; ˈ**~-fore·cast** Wetterbericht *m*, -vorhersage *f*; ˈ**~-proof,** ˈ**~-tight** wetterfest; ˈ**~-sta·tion** Wetterwarte *f*; ˈ**~-strip** Dichtungsstreifen *m am Fenster etc.*; ˈ**~-vane** Wetterfahne *f*; ˈ**~-worn** verwittert.

weave [wi:v] **1.** (*irr.*) weben; wirken; flechten; *fig.* ersinnen, erfinden; sich schlängeln *od.* winden; **2.** Gewebe *n*, Webart *f*; ˈ**weav·er** Weber *m*; ˈ**weav·ing** Weben *n*, Weberei *f*; *attr.* Web...

wea·zen [ˈwi:zn] verhutzelt, schrump(e)lig.

web [web] Gewebe *n*; Gespinst *n*; *orn.* Schwimmhaut *f*; Gurt *m*; Papierbahn *f*, -rolle *f*; **webbed** mit Schwimmhäuten; ˈ**web·bing** Gurtband *n*; ˈ**web·foot·ed** mit Schwimmfüßen.

wed [wed] heiraten; *fig.* verbinden (*to* mit).

we'd F [wi:d] = *we had*; *we should*; *we would.*

wed·ded [ˈwedid] ehelich; Ehe...; ~ *to fig.* verhaftet (*dat.*); ˈ**wed·ding** **1.** Hochzeit *f*; **2.** Hochzeits...; Braut...; Trau...; ~ *ring* Ehe-, Trauring *m.*

wedge [wedʒ] **1.** Keil *m*; *the thin end of the* ~ *fig.* der erste kleine Anfang; ~ *heel* Keilabsatz *m am Schuh*; **2.** (ver)keilen; *a.* ~ *in* (hin)einzwängen, einkeilen; ˈ**~-shaped** keilförmig.

wed·lock [ˈwedlɔk] Ehe *f*; *out of* ~ unehelich.

Wednes·day [ˈwenzdi] Mittwoch *m.*

wee [wi:] klein, winzig; *a* ~ *bit* ein klein wenig.

weed [wi:d] **1.** Unkraut *n*; F Kraut *n* (*Tabak*); Kümmerling *m*; **2.** jäten; säubern (*of* von); ~ *out* ausmerzen; ˈ**weed·er** Jäter(in); Jätwerkzeug *n*; ˈ**weed-kill·er** Unkrautvertilgungsmittel *n.*

weeds [wi:dz] *pl. mst widow's* ~ Witwenkleidung *f.*

weed·y [ˈwi:di] voll Unkraut, verkrautet; *fig.* lang aufgeschossen.

week [wi:k] Woche *f*; *this day* ~ heute in acht Tagen; heute vor acht Tagen; ˈ**~-day** Wochentag *m*; ˈ**~-ˈend** **1.** Wochenende *n*; ~ *ticket* Sonntagsfahrkarte *f*; **2.** das Wochenende verbringen; ˈ**~-ˈend·er** Wochenendausflügler *m*; ˈ**week·ly** **1.** wöchentlich; **2.** *a.* ~ *paper* Wochenblatt *n*, -(zeit)schrift *f.*

weep [wi:p] (*irr.*) weinen (*for* vor *Freude etc.*; um *j.*); tropfen; nässen; ˈ**weep·er** Weinende *m*; Leidtragende *m*; Trauerflor *m*, -schleier *m*, -schleife *f*; ˈ**weep·ing** **1.** weinend; Trauer...; ~ *willow* ⚘ Trauerweide *f*; **2.** Weinen *n.*

wee·vil [ˈwi:vil] Rüsselkäfer *m*; Kornwurm *m.*

weft [weft] *Weberei*: Einschlag *m*, Schuß *m*; *poet.* Gewebe *n.*

weigh [wei] **1.** *v/t.* (ab)wiegen; *a.* ~ *up fig.* abwägen (*with, against* gegen); erwägen; ~ *anchor* ⚓ den Anker lichten; ~ *down et.* überwiegen; ~*ed down* niedergebeugt; *v/i.* wiegen (*a. fig.*); *fig.* Gewicht haben, ausschlaggebend sein (*with* bei); ~ *in* (*out*) vor (nach) dem Rennen gewogen werden (*Jockei*); ~ *in with Argumente* vorbringen; ~ (*up*)*on* lasten auf (*dat.*); **2.** *get under* ~ (= *way*) ⚓ unter Segel gehen; ˈ**weigh·a·ble** wägbar; ˈ**weigh·bridge** Brükkenwaage *f*; ˈ**weigh·er** Wäger *m*; Waagemeister *m*; ˈ**weigh·ing-ma·chine** (*bsd.* Brücken-, Tafel-) Waage *f.*

weight [weit] **1.** Gewicht *n* (*a. fig.*); Last *f* (*a. fig.*); *fig.* Bedeutung *f*; Wucht *f*; *carry great* ~ *fig.* großes Gewicht haben, viel gelten; *give short* ~ zu knapp wiegen; *putting the* ~ Kugelstoßen *n*; **2.** beschweren; *fig.* belasten; ˈ**weight·i·ness** Gewichtigkeit *f*; ˈ**weight·y** □ (ge-) wichtig, bedeutend; schwerwiegend; wuchtig.

weir [wiə] Wehr *n*; Fischreuse *f.*

weird [wiəd] Schicksals...; unheimlich; F sonderbar, seltsam.

wel·come [ˈwelkəm] **1.** □ willkommen; *you are* ~ *to inf.* es steht Ihnen frei zu *inf.*; *you are* ~ *to it* es steht Ihnen zur Verfügung; (*you are*) ~! gern geschehen!, bitte sehr!; **2.** Willkomm(en *n*) *m*; **3.** willkommen heißen, bewillkommnen; *fig.* begrüßen.

weld ⊕ [weld] **1.** (zs.-)schweißen (*into* zu); **2.** *a.* ~*ing seam* Schweißnaht *f*; ˈ**weld·ing** ⊕ Schweißen *n*; *attr.* Schweiß...

wel·fare [ˈwelfɛə] Wohlfahrt *f*; ~ **cen·tre** Fürsorgeamt *n*; ~ **state** Wohlfahrtsstaat *m*; ~ **work** Fürsorge *f*, Wohlfahrtspflege *f*; ~ **work·er** Fürsorger(in).

well[1] [wel] **1.** Brunnen *m*; *fig.* Quelle *f*; ⊕ (Senk)Schacht *m*; ⊕ Bohrloch *n*; Treppen-, Aufzugs-, Licht-, Luftschacht *m*; **2.** quellen.

well[2] [~] **1.** *adv.* wohl; gut; ordentlich, tüchtig, gründlich; *s. as*; ~ *off* in guten Verhältnissen, wohlhabend; ~ *past fifty* weit über fünfzig; **2.** *pred. adj.* wohl, gesund; *I am not* ~ mir ist nicht wohl; *that's* ~ das ist gut; **3.** *int.* nun!, F na!

we'll F [wi:l] = *we will*; *we shall*.

well...: ˈ~**-adˈvised** wohlbedacht; wohlberaten; ˈ~**-ˈbal·anced** ausgeglichen; ˈ~**-ˈbe·ing** Wohl(sein) *n*; ˈ~**-ˈborn** von guter Herkunft; ˈ~**-ˈbred** wohlerzogen; ˈ~**-deˈfined** deutlich, klar umrissen; ˈ~**-disˈposed** wohlgesinnt (*to, towards dat.* *od.* gegen); ˈ~**-ˈfa·vo(u)red** gut aussehend; ˈ~**-inˈformed** gut unterrichtet.

Wel·ling·tons [ˈweliŋtənz] *pl.* Langschäfter *m/pl.* (*Stiefel*).

well...: ˈ~**-inˈten·tioned** wohlmeinend; wohlgemeint (*Rat*); ˈ~**-ˈjudged** wohlberechnet; ˈ~**-ˈknit** festgefügt; ~ **known**, ˈ~**-ˈknown** bekannt; ~ **made** gutgebaut (*Figur*); ˈ~**-ˈman·nered** mit guten Manieren; ˈ~**-ˈmarked** deutlich (erkennbar); ˈ~**-nigh** beinahe; ˈ~**-ˈor·dered** wohlgeordnet; ˈ~**-ˈsea·soned** gut gewürzt; ~ **timed** rechtzeitig; zeitlich wohlberechnet; ˈ~**-to-ˈdo** wohlhabend; ˈ~**-ˈtrained** gut ausgebildet; ~ **turned** *fig.* gedrechselt; ˈ~**-ˈwish·er** Gönner *m*, Freund *m*; ˈ~**-ˈworn** abgetragen; *fig.* abgedroschen.

Welsh[1] [welʃ] **1.** walisisch; **2.** Walisisch *n*; *the* ~ *pl.* die Waliser *m/pl.*

welsh[2] [~] *Rennsport*: *j-m* mit dem Wettgeld durchbrennen; ˈ**welsh·er** Wettbetrüger *m*; *weitS.* Schwindler *m*.

Welsh...: ˈ~**·man** Waliser *m*; ~ **rab·bit** überbackene Käseschnitte *f*; ˈ~**·wom·an** Waliserin *f*.

welt [welt] **1.** ⊕ Rahmen *m*, Rand *m e-s Schuhes*; Einfassung *f am Kleid etc.*; Strieme *f*; **2.** *Schuh* auf Rahmen arbeiten; F durchbleuen; ~*ed* randgenäht (*Schuh*).

wel·ter [ˈweltə] **1.** rollen, sich wälzen; ~ *in fig.* schwimmen in *s-m Blut etc.*; **2.** Wirrwarr *m*, Durcheinander *n*; ˈ~**-weight** *Boxen*: Weltergewicht *n*.

wen [wen] ⚕ Balggeschwulst *f*; *bsd.* Grützbeutel *m am Kopf*; *fig.* Pfannkuchen *m* (*unverhältnismäßig angewachsene Stadt*).

wench [wentʃ] Mädchen *n*; Dirne *f*.

wend [wend]: ~ *one's way* s-n Weg nehmen (*to* nach, zu).

went [went] *pret. von go 1.*

wept [wept] *pret. u. p.p. von weep.*

were [wə:, wə] *pret. von be.*

we're F [wiə] = *we are.*

weren't F [wə:nt] = *were not.*

west [west] **1.** Westen *m*; **2.** West...; westlich; westwärts; *go* ~ *sl.* hops gehen (*sterben*).

west·er·ly [ˈwestəli] westlich.

west·ern [ˈwestən] **1.** westlich; West...; abendländisch; **2.** Wildwestgeschichte *f*, -film *m*, Western *m*; = ˈ**west·ern·er** Westländer(in); *Am.* Weststaatler(in); Abendländer (-in); ˈ**west·ern·most** westlichst.

West In·dian [ˈwestˈindjən] **1.** westindisch; **2.** Westindier(in).

west·ing ⚓ [ˈwestiŋ] (zurückgelegter) westlicher Kurs *m*; Westrichtung *f*.

West·pha·li·an [westˈfeiljən] **1.** westfälisch; **2.** Westfale *m*, Westfälin *f*.

west·ward(s) [ˈwestwəd(z)] westwärts (gelegen).

wet [wet] **1.** naß, feucht; *Am.* den Alkoholhandel gestattend; *s. blanket 1*; ~ *dressing* feuchter Umschlag *m*; ~ *steam* gesättigter Dampf *m*; ~ *through* durchnäßt; **2.** Nässe *f*; Feuchtigkeit *f*; **3.** (*irr.*) nässen, naß

machen; anfeuchten, benetzen; F *Geschäft etc.* begießen; ~ *through* durchnässen.
wet·back *Am. sl.* ['wetbæk] illegaler Einwanderer *m aus Mexiko.*
weth·er ['weðə] Hammel *m.*
wet-nurse ['wetnə:s] Amme *f.*
we've F [wi:v] = *we have.*
whack F [wæk] **1.** verhauen; **2.** Schlag *m*, Hieb *m*; voller Anteil *m*; *have od. take a ~ at* 'rangehen an (*acc.*); '**whack·er** F Mordsding *n*; '**whack·ing** F **1.** Haue *f* (*Prügel*); **2.** kolossal.
whale [weil] Wal *m*; *a ~ of* F e-e Riesenmenge; *a ~ at* F e-e Kanone in (*dat.*); '**~·bone** Fischbein *n*; '**~-fish·er**, '**~·man**, *mst* '**whal·er** Walfischfänger *m*; '**whale-oil** Tran *m.*
whal·ing ['weiliŋ] Walfischfang *m.*
whang F [wæŋ] **1.** Krach *m*, Bums *m*; **2.** krachen, bumsen; hauen.
wharf [wɔ:f] **1.** *pl. a.* **wharves** [wɔ:vz] Kai *m*, Anlegeplatz *m*; **2.** ausladen, löschen; '**wharf·age** Kaianlage *f*; Kaigeld *n*; **wharf·in·ger** ['~indʒə] Kaimeister *m.*
what [wɔt] **1.** was; das, was; *know ~'s ~* wissen, was los ist; Bescheid wissen; *~ money I had* was ich an Geld hatte; *... and ~ not ...* und was nicht sonst noch; **2.** was?; wie?; wieviel?; welch(er, -e, -es)?; was für ein(e)?; *~ about ...?* wie wär's mit ...?, wie steht's mit ...?; *~ for?* wozu?; *~ of it?* was ist denn dabei?; *~ if ...?* wie wäre es, wenn ...?; und wenn nun ...?; *~ though ...?* was tut's, wenn ...?; *what-d'you-call-him*, *~'s-his-name* Dingsda *m*, Dingsbums *m*; *~ next?* was sonst noch?; *iro.* was denn noch alles?; *~ a blessing!* was für ein Segen!; *~ impudence!* was für eine Unverschämtheit!; **3.** *~ with ... ~ with ...* teils durch ... teils durch ...; **what·e'er** *poet.* [wɔt'ɛə], **what'ev·er** = *whatsoever*; '**what·not** Etagere *f*; **what·so·e'er** *poet.* [wɔtsəu'ɛə], **what·so'ever** **1.** was auch (immer); **2.** welche(r, -s) auch (immer); überhaupt.
wheat ⚘ [wi:t] Weizen *m*; '**wheat·en** Weizen...
whee·dle ['wi:dl] beschwatzen (*into* zu); *~ s.th. out of s.o.* j-m et. abschwatzen.
wheel [wi:l] **1.** Rad *n*; Steuer *n*; *bsd. Am.* F Fahrrad *n*; Töpferscheibe *f*; Drehung *f*, Kreis *m*; ⚔ Schwenkung *f*; **2.** *v/t.* rollen, fahren, schieben; *v/i.* rollen, sich drehen; sich umwenden; ⚔ schwenken; F radeln; '**~·bar·row** Schubkarren *m*; **~ base** *mot.* Radstand *m*; **~ chair** Rollstuhl *m*; '**wheeled** mit Rädern; '**wheel·wright** Stellmacher *m.*
wheeze [wi:z] **1.** schnaufen, keuchen; krächzen; **2.** Schnaufen *n etc.*; *thea. sl.* Witz *m*, Gag *m*; '**wheez·y** □ schnaufend, keuchend.
whelk *zo.* [welk] Wellhornschnecke *f.*
whelp *rhet.* [welp] **1.** Welpe *m*; *allg.* Junge *n*; Balg *m*, *n* (*ungezogenes Kind*); **2.** (Junge) werfen.
when [wen] **1.** wann?; **2.** wenn; als; während *od.* da doch; und da.
whence [wens] woher, von wo.
when·e'er *poet.* [wen'ɛə], **when(so·)ev·er** [wen(səu)'evə] wann (auch) immer; immer *od.* jedesmal wenn; sooft (als).
where [wɛə] wo; wohin; **~·a·bout**, *mst* **~·a·bouts** **1.** ['wɛərə'baut(s)] wo etwa; **2.** ['~] Aufenthalt *m*; Verbleib *m*; **~'as** wohingegen, während (doch); ⚖ in Anbetracht dessen, daß; **~'at** wobei, worüber, worauf; **~'by** wodurch; '**~·fore** weshalb; **~'in** worin; **~'of** wovon; **~'on** worauf; **~·so'ev·er** wo(hin) (auch) immer; **~·up'on** worauf(hin); **wher'ev·er** wo(hin) (auch) immer, überall wo; **where'whith** womit; **where·with·al** **1.** [wɛəwi'ðɔ:l] womit; **2.** F ['~] Erforderliche *n*; Mittel *n/pl.*
wher·ry ['weri] Fährboot *n*; Jolle *f.*
whet [wet] **1.** wetzen, schärfen; anstacheln; **2.** Wetzen *n*, Schärfen *n*; appetitanregendes Mittel *n.*
wheth·er ['weðə] ob; *~ or no* so oder so.
whet·stone ['wetstəun] Wetz-, Schleifstein *m.*
whew [hwu:] hui!; hu!
whey [wei] Molke *f.*
which [witʃ] **1.** welche(r, -s)?; **2.** welche(r, -s); der, die, das; *auf den vorhergehenden Satz bezüglich*: was; **~'ev·er** welche(r, -s) (auch) immer.
whiff [wif] **1.** Hauch *m*; Zug *m beim Rauchen*; Zigarillo *n*; **2.** wehen; rauchen, paffen.

Whig [wig] **1.** Whig *m* (*engl. Liberaler*); **2.** Whig...; whiggistisch.
while [wail] **1.** Weile *f*; Zeit *f*; *for a* ~ e-e Zeitlang; *worth* ~ der Mühe wert; **2.** *mst* ~ *away Zeit* verbringen; sich *die Zeit* vertreiben; **3.** *a.* **whilst** [wailst] während.
whim [wim] = *whimsy*.
whim·per [ˈwimpə] **1.** wimmern; winseln; **2.** Wimmern *n*; Winseln *n*.
whim·si·cal □ [ˈwimzikəl] wunderlich; schrullig; **whim·si·cal·i·ty** [~ˈkæliti], **whim·si·cal·ness** [ˈ~kəlnis] Wunderlichkeit *f*.
whim·s(e)y [ˈwimzi] Grille *f*, Laune *f*, Schrulle *f*, Einfall *m*.
whin ⚘ [win] Stechginster *m*.
whine [wain] **1.** winseln; wimmern; heulen; plärren; **2.** Gewinsel *n etc.*
whin·ny [ˈwini] wiehern.
whip [wip] **1.** *v/t.* peitschen; geißeln (*a. fig.*); *j.* verprügeln; F *j.* schlagen; *j.* übertreffen; *Sahne etc.* schlagen; werfen, schleudern; übernähen, umsäumen; umwickeln; ⚓ betakeln; *mit adv. od. prp.* werfen; reißen; ~ *away* wegreißen; ~ *from* wegreißen von; ~ *in parl.* zs.-trommeln; ~ *off* schnell weg- *od.* herunterreißen; entführen; ~ *on Kleidungsstück* überwerfen; ~ *up* antreiben; aufraffen; *v/i.* springen, rennen, flitzen; **2.** Peitsche *f*; Geißel *f*; *parl.* Einpeitscher *m*; Aufforderungsschreiben *n*; überwendliche Naht *f*; ˈ**~cord** Peitschenschnur *f*; Whipcord *m* (*Kammgarnstoff*); ˈ**~-ˈhand** rechte Hand *f des Reiters*; *have the* ~ *of s.o.* Gewalt über j. haben.
whip·per... [ˈwipə]: ˈ**~-ˈin** *hunt.* Pikör *m*; *parl.* Einpeitscher *m*; ˈ**~-snap·per** Dreikäsehoch *m*.
whip·pet *zo.* [ˈwipit] Whippet *m* (*kleiner engl. Rennhund*).
whip·ping [ˈwipiŋ] Peitschen *n*; Prügel *pl.*; ˈ**~-boy** Prügelknabe *m*; ˈ**~-post** *hist.* Stäupsäule *f*; ˈ**~-top** Kreisel *m*.
whip·poor·will *orn.* [ˈwippuəwil] Ziegenmelker *m*.
whip-saw ⊕ [ˈwipsɔː] *zweihändige* Schrotsäge *f*.
whir [wəː] = *whirr*.
whirl [wəːl] **1.** wirbeln; (sich) drehen; **2.** Wirbel *m*, Strudel *m*; **whirl·i·gig** [ˈ~ligig] Kreisel *m*; Karussell *n*; *fig.* Wirbel *m*; ˈ**whirl·pool** Strudel *m*; ˈ**whirl·wind** Wirbelwind *m*; Windhose *f*.
whirr [wəː] **1.** schwirren (lassen); **2.** Schwirren *n*.
whisk [wisk] **1.** Wisch *m*; Staub-, Fliegenwedel *m*; *Küche*: Schneebesen *m*; Schwung *m*; Husch *m*; **2.** *v/t.* (ab-, weg)wischen, (-)fegen, (-)kehren; schwingen, wirbeln (mit); *Küche*: *Schnee* schlagen; ~ *away* schnell wegtun; *v/i.* huschen, flitzen, wischen; ˈ**whis·ker** *zo.* Bart-, Schnurrhaar *n*; *mst* (*a pair of*) ~*s pl.* (ein) Backenbart *m*; ˈ**whis·kered** mit Backenbart.
whis·k(e)y [ˈwiski] Whisky *m*.
whis·per [ˈwispə] **1.** flüstern, wispern; raunen; **2.** Geflüster *n*; ˈ**whis·per·er** Flüsterer *m*; Zuträger (-in); **whis·per·ing cam·paign** Verleumdungs-, Flüsterkampagne *f*.
whist[1] [wist] pst!, st!
whist[2] [~] Whist *n* (*Kartenspiel*).
whis·tle [ˈwisl] **1.** pfeifen; **2.** Pfeife *f*; Pfiff *m*; F Kehle *f*; ~ **stop** *Am.* Kleinstadt *f*; *pol.* kurzes Auftreten *n e-s Kandidaten im Wahlkampf*.
whit[1] [wit]: *not a* ~ nicht ein bißchen, keinen Deut.
Whit[2] [~] Pfingst...; ~ *week* Pfingstwoche *f*.
white [wait] **1.** *allg.* weiß; rein; F anständig; Weiß...; **2.** Weiß(e) *n*; *typ.* Lücke *f*; Weiße *m* (*Rasse*); ~ **ant** *zo.* Termite *f*; ˈ**~·bait** *ichth. Art* Weißfisch *m*, Breitling *m*; ~ **book** *pol.* Weißbuch *n*; ˈ**~-caps** *pl.* schaumgekrönte Wellen *f/pl.*; ˈ**white-col·lar(ed)** geistig, Kopf..., Büro...; ~ *workers pl.* Angestellten *pl.*; ˈ**~-ˈfaced** blaß; ˈ**~-ˈhaired** weißhaarig; ~ **heat** Weißglut *f*; ˈ**~-ˈhot** weißglühend; ~ **lie** Höflichkeitslüge *f*; ˈ**~-liv·ered** feig(e); ~ **man** Weiße *m*; ˈ**whit·en** *v/t.* weiß machen; ⊕ weißen; bleichen; *v/i.* weiß *od.* blaß werden; ˈ**whit·en·er** Tüncher *m*; ˈ**white·ness** Weiße *f*; Blässe *f*; ˈ**whit·en·ing** Schlämmkreide *f*.
white...: ~ **pa·per** *pol.* Weißbuch *n*; ~ **sheet** Büßerhemd *n*; ˈ**~smith** Klempner *m*; ˈ**~·wash 1.** Tünche *f*; **2.** weißen, tünchen; *fig.* weiß *od.* rein waschen; ˈ**~·wash·er** Tüncher *m*.
whith·er *lit.* [ˈwiðə] wohin; **whith·er·soˈev·er** *lit.* wohin auch immer.

whit·ing ['waitiŋ] Schlämmkreide *f*; *ichth.* Weißfisch *m*.
whit·ish ['waitiʃ] weißlich.
whit·low ⚕ ['witləu] Nagelgeschwür *n*, Umlauf *m*.
Whit·sun ['witsn] pfingstlich; Pfingst...; **~·day** ['wit'sʌndi] Pfingst(sonn)tag *m*; **~·tide** ['witsntaid] Pfingsten *pl*.
whit·tle ['witl] schnitze(l)n, schnippeln; ~ *away* verkleinern; schwächen; ~ *down* beschneiden.
whit·y ['waiti] *bei Farben*: hell...
whiz(z) [wiz] **1.** zischen, sausen; **2.** Zischen *n*, Sausen *n*.
who [hu:] **1.** welch(r, -s); der, die, das; **2.** wer?; *Who's Who?* Wer ist's? (*biographisches Nachschlagewerk*).
whoa [wəu] brr!
who·dun·(n)it *sl.* [hu:'dʌnit] Kriminalroman *m*, -film *m*.
who·ev·er [hu:'evə] wer auch immer.
whole [həul] **1.** □ ganz; heil, unversehrt; † gesund; *made out of* ~ *cloth Am.* F frei erfunden; **2.** Ganze *n*; *the* ~ *of London* ganz London; *the* ~ *of them* sie alle; (*up*)*on the* ~ alles in allem, im ganzen; im allgemeinen; schließlich; '**~-'bound** in Ganzleder (gebunden); '**~-'heart·ed** □ aufrichtig, ehrlich; rückhaltlos; '**~-'hog·ger** *sl.* kompromißloser Anhänger *m*; Hundert(fünfzig)prozentige *m*; '**~-'length** *a.* ~ *portrait* Ganzbild *n*; '**~-meal bread** Vollkorn-, Schrotbrot *n*; '**~·sale 1.** *mst* ~ *trade* Großhandel *m*; **2.** im großen; Großhandels...; Engros...; *fig.* Massen...; ~ *dealer* = '**~·sal·er** Großhändler *m*; **whole·some** □ ['~səm] gesund, bekömmlich; heilsam; '**whole·time** vollbeschäftigt; hauptberuflich (tätig); Ganztags...; '**whole·wheat** Weizenschrot...
who'll F [hu:l] = *who will*; *who shall*.
whol·ly ['həulli] *adv.* ganz, gänzlich.
whom [hu:m, hum] *acc. von who*.
whoop [hu:p] **1.** Schrei *m*, Geschrei *n*; **2.** laut schreien; ~ *it up Am. sl.* Rabatz machen, laut feiern; **whoop·ee** *Am.* F ['wupi:] Freudenfest *n*; *make* ~ auf die Pauke hauen; **whoop·ing-cough** ⚕ ['hu:piŋkɔf] Keuchhusten *m*.
whop *sl.* [wɔp] vertrimmen; '**whop·per** *sl.* Mordskerl *m*, -ding *n*; *bsd.* faustdicke Lüge *f*; '**whop·ping** *sl.* kolossal, mächtig.
whore [hɔ:] Hure *f*.
whorl [wə:l] ⊕ Wirtel *m*; ⚘ Quirl *m*; *zo., anat.* Windung *f*.
whor·tle·ber·ry ⚘ ['wə:tlberi] Heidelbeere *f*; *red* ~ Preiselbeere *f*.
who's F [hu:z] = *who is*.
whose [hu:z] *gen. von who*; **who·so** (**-ev·er**) ['hu:səu; hu:səu'evə] wer auch immer.
why [wai] **1.** warum, weshalb; ~ *so?* wieso?; *that is why* deshalb; **2.** ei!, ja!; (je) nun.
wick [wik] Docht *m*.
wick·ed □ ['wikid] *moralisch* böse, schlimm, gottlos, sündhaft, schlecht; schalkhaft; '**wick·ed·ness** Bosheit *f etc*.
wick·er ['wikə] aus Weide geflochten; Weiden...; Korb...; ~ *basket* Weidenkorb *m*; ~ *chair* Korbstuhl *m*; ~ *furniture* Korbmöbel *pl*.; '**~-work 1.** Flechtwerk *n*; **2.** = *wicker*.
wick·et ['wikit] Pförtchen *n*; *Krikket*: Dreistab *m*, Tor *n*; '**~-keep·er** Torhüter *m*.
wide [waid] *a.* □ *u. adv.* weit; ausgedehnt; weitgehend; umfassend; weitherzig, großzügig; *bei Maßangaben*: breit; weitab, weit entfernt *vom Ziel*; ~ *awake* völlig *od.* hellwach; *3 feet* ~ 3 Fuß breit; ~ *difference* großer Unterschied *m*; '**~-an·gle** *phot.* Weitwinkel...; **~-a·wake 1.** ['waidə'weik] hellwach; aufmerksam; F hell(e) (*schlau*); **2.** ['~] Kalabreser *m* (*Schlapphut*); '**~-'eyed** mit großen Augen; verwundert; '**wid·en** (sich) erweitern; '**wide·ness** Weite *f*; '**wide-'o·pen** weit geöffnet; *Am. sl.* großzügig, lax *in der Gesetzesdurchführung*; '**wide·spread** weitverbreitet, ausgedehnt.
wid·ow ['widəu] Witwe *f*; *attr.* Witwen...; '**wid·owed** verwitwet; *fig.* verwaist; '**wid·ow·er** Witwer *m*; **wid·ow·hood** ['~hud] Witwenstand *m*.
width [widθ] Breite *f*, Weite *f*.
wield *lit.* [wi:ld] *Schwert etc.* handhaben, führen; *fig.* ausüben.
wife [waif], *pl.* **wives** [waivz] (Ehe-) Frau *f*; Gattin *f*; Weib *n*; '**wife·ly** frauenhaft, fraulich.
wig [wig] Perücke *f*; **wigged** mit

Perücke; ˈ**wig·ging** F Schelte *f*, Anschnauzer *m*.
wig·gle [ˈwigl] wackeln (mit *et*.).
wight † *od*. *co*. [wait] Wicht *m*, Kerl *m*.
wig·wag F [ˈwigwæg] (durch Flaggen *etc*.) signalisieren.
wig·wam [ˈwigwæm] Wigwam *m*, Indianerhütte *f*, -zelt *n*.
wild [waild] **1.** □ *allg*. wild; *engS*. toll; unbändig; abenteuerlich; planlos; *run* ~ wild (auf)wachsen; ⚘ ins Kraut schießen; *talk* ~ (wild) darauflos reden; ~ *for od. about s.th.* (ganz) wild nach et.; **2.** *mst the* ~*s pl.* die Wildnis; ˈ**wild·cat 1.** *zo*. Wildkatze *f*; *Am*. Schwindelunternehmen *n*; *bsd. Am*. wilde Ölbohrung *f*; **2.** *fig*. wild; Schwindel...; **wil·der·ness** [ˈwildənis] Wildnis *f*, Wüste *f*; Einöde *f*; **wild·fire** [ˈwaildfaiə]: *like* ~ wie ein Lauffeuer; ˈ**wild-goose chase** *fig*. vergebliche Mühe *f*; ˈ**wild·ing** ⚘ Wildling *m*; ˈ**wild·ness** Wildheit *f*.
wile [wail] **1.** List *f*; *mst* ~*s pl.* Tücke *f*; **2.** (ver)locken; ~ *away* = *while* 2.
wil·ful □ [ˈwilful] eigensinnig; vorsätzlich.
wil·i·ness [ˈwailinis] List *f*, Arglist *f*.
will [wil] **1.** Wille *m*; Wunsch *m*; letzter Wille *m*, Testament *n*; *at* ~ nach Belieben; *of one's own free* ~ aus freien Stücken; **2.** (*irr*.) *v/aux*.: *he* ~ *come* er wird kommen; er pflegt zu kommen, er kommt gewöhnlich; *I* ~ *do it* ich will es tun; **3.** *v/t. u. v/i.* wollen; durch Willenskraft zwingen; **willed** mit e-m ... Willen, ...willig.
will·ing □ [ˈwiliŋ] willig, bereit (-willig); *pred*. willens, gewillt (*to inf*. zu *inf*.); *I am* ~ *to believe* ich glaube gern; ˈ**will·ing·ly** bereitwillig, gern; ˈ**will·ing·ness** (Bereit)Willigkeit *f*, Bereitschaft *f*, Geneigtheit *f*.
will-o'-the-wisp [ˈwiləðəwisp] Irrlicht *n*.
wil·low [ˈwiləu] ⚘ Weide *f*; ⊕ Reißwolf *m*; *attr*. Weiden...; ˈ~**-herb** ⚘ Weiderich *m*; ˈ**wil·low·y** weidenbestanden; *fig*. weidengleich; gertenschlank.
wil·ly-nil·ly [ˈwiliˈnili] wohl oder übel.
wilt[1] † [wilt] *du* willst.
wilt[2] [~] *v/i.* (ver)welken; schlaff werden; *v/t.* welk machen; schlaff machen.
Wil·ton car·pet [ˈwiltənˈkɑːpit] Veloursteppich *m*.
wil·y □ [ˈwaili] schlau, verschmitzt.
wim·ple [ˈwimpl] (Nonnen)Schleier *m*.
win [win] **1.** (*irr*.) *v/t*. gewinnen; erringen; erlangen, erreichen; ⚔ *sl*. organisieren; *j*. dazu bringen (*to inf*. zu *inf*.); ~ *s.o. over j*. für sich gewinnen; *v/i*. gewinnen; siegen; ~ *through to* sich durchringen zu; **2.** *Sport*: Sieg *m*.
wince [wins] **1.** (zs.-)zucken, zs.-fahren; **2.** Zs.-fahren *n*.
winch [wintʃ] Haspel *m*, *f*, Winde *f*; Kurbel *f*.
wind[1] [wind, *poet. a.* waind] **1.** Wind *m*; *fig*. Atem *m*, Luft *f*; ⚕ Blähung *f*; ♪ Blasinstrumente *n/pl*.; *be in the* ~ heimlich im Gange sein; *have a long* ~ e-e gute Lunge haben; *throw to the* ~*s fig*. in den Wind schlagen; *raise the* ~ *sl*. Geld auftreiben; *get od. have the* ~ *up sl*. Schiß kriegen; **2.** *hunt*. wittern; außer Atem bringen; verschnaufen lassen; *be* ~*ed* außer Atem sein.
wind[2] [waind] (*irr*.) *v/t*. winden; wickeln; *Horn* blasen (*pret. u. p.p. a.* ~*ed*); ~ *up* aufwickeln, -winden; *Uhr* aufziehen; *fig*. spannen; *Geschäft* abwickeln; ✝ liquidieren; abschließen; *v/i*. *a*. ~ *o.s.*, ~ *one's way* sich winden; sich schlängeln.
wind... [wind]: ˈ~**·bag** *contp*. Windbeutel *m*, Schwätzer *m*; ˈ~**·bound** ⚓ vom Wind zurückgehalten; ˈ~**-break** Windschutz *m*; ˈ~**-cheat·er** Windjacke *f*; ˈ~**·fall** Fallobst *n*; (unverhoffter) Glücksfall *m*; ˈ~**-ga(u)ge** Windstärkemesser *m*; ˈ**wind·i·ness** Windigkeit *f*; Aufgeblasenheit *f*.
wind·ing [ˈwaindiŋ] **1.** Winden *n*; Windung *f*; ⊕ Wicklung *f*; **2.** □ sich windend; ~ *staircase*, ~ *stairs pl.* Wendeltreppe *f*; ˈ~**-sheet** Leichentuch *n*; ˈ~**-ˈup** Aufziehen *n*; *fig*. Abschluß *m*; Ende *n*; ✝ Liquidation *f*.
wind-in·stru·ment ♪ [ˈwindinstrumənt] Blasinstrument *n*.
wind-jam·mer ⚓ F [ˈwinddʒæmə] Segler *m* (*Segelschiff*); *Am*. Windmacher *m* (*Schwätzer*).
wind·lass ⊕ [ˈwindləs] Winde *f*.

wind·mill [ˈwinmil] Windmühle *f*.
win·dow [ˈwindəu] Fenster *n*; Schaufenster *n*; **ˈ~-dress·ing** Schaufensterdekoration *f*; *fig*. Aufmachung *f*, Mache *f*; **ˈwin·dowed** mit Fenstern.
win·dow...: ~ **en·ve·lope** Fensterbriefumschlag *m*; **ˈ~-frame** Fensterrahmen *m*; **ˈ~-ledge** Fenstersims *n*; **ˈ~-pane** Fensterscheibe *f*; **ˈ~-shade** *Am*. Rouleau *n*; **ˈ~-shop·ping** Schaufensterbummel *m*; **ˈ~-shut·ter** Fensterladen *m*; **ˈ~·sill** Fensterbrett *n*.
wind... [wind]: **ˈ~·pipe** Luftröhre *f*; **ˈ~·screen**, *Am*. **ˈ~-shield** *mot*. Windschutzscheibe *f*; ~ *wiper* Scheibenwischer *m*; **ˈ~-tun·nel** ✈ Windkanal *m*.
wind·ward [ˈwindwəd] **1.** windwärts; Wind..., Luv...; **2.** Luv(-seite) *f*.
wind·y □ [ˈwindi] windig (*a. fig. inhaltslos*); ⚕ blähend; geschwätzig.
wine [wain] Wein *m*; **ˈ~-grow·er** Weinbauer *m*; **ˈ~-mer·chant** Weinhändler *m*; **ˈ~·press** Kelter *f*; **ˈ~-vault** Weinkeller *m*.
wing [wiŋ] **1.** Flügel *m* (*a.* ⚔ *u.* ▲); Schwinge *f*; F *co*. Arm *m*; *mot*. Kotflügel *m*; ✈ Tragfläche *f*; ✈, ⚔ Geschwader *n*; *Fußball*: Außenstürmer *m*; ~*s pl. thea*. Kulissen *f/pl*.; *take* ~ weg-, auffliegen; *be on the* ~ im Flug sein; *fig*. auf dem Sprung sein; **2.** *v/t*. mit Flügeln versehen; *fig*. beflügeln; *Strecke* (durch)fliegen; flügellahm schießen; *v/i*. fliegen; **ˈ~-case**, **ˈ~-sheath** *zo*. Flügeldecke *f*; **ˈ~-chair** Ohrensessel *m*; **winged** geflügelt; Flügel...; ...flügelig.
wink [wiŋk] **1.** Blinzeln *n*, Zwinkern *n*; *not get a* ~ *of sleep* kein Auge zutun; *tip s.o. the* ~ *sl*. j-m e-n Wink geben; *s. forty*; **2.** blinzeln, zwinkern (mit *et*.); *fig*. blinken; ~ *at* ein Auge zudrücken bei *et*.; *j-m* zublinzeln; **ˈwink·ing light** *mot*. Blinker *m*.
win·ner [ˈwinə] Gewinner(in); *Sport*: Sieger(in).
win·ning [ˈwiniŋ] **1.** □ einnehmend, gewinnend; **2.** ~*s pl*. Gewinn *m im Spiel*; **ˈ~-post** *Sport*: Ziel(pfosten *m*) *n*.
win·now [ˈwinəu] *Getreide* schwingen, worfeln; *fig*. sondern; sichten.
win·some [ˈwinsəm] gefällig, einnehmend.
win·ter [ˈwintə] **1.** Winter *m*; ~ *sports pl*. Wintersport *m*; **2.** überwintern.
win·try [ˈwintri] winterlich; *fig*. frostig.
wipe [waip] **1.** (ab-, auf)wischen; reinigen; (ab)trocknen; ~ *off* abwischen; *Rechnung* bezahlen; ~ *out* auswischen; *fig*. vernichten; *Schande* tilgen; **2.** Abwischen *n*; F Wischer *m* (*Hieb*); **ˈwip·er** Wischer *m*; Wischtuch *n*.
wire [ˈwaiə] **1.** Draht *m*; Leitung *f*; F Telegramm *n*; *attr*. Draht...; *pull the* ~*s* der Drahtzieher sein; s-e Beziehungen spielen lassen; *s. live* 2; **2.** *v/t*. (ver)drahten; ⚡ (be-)schalten; (*a. v/i.*) *tel*. drahten, telegraphieren; **ˈ~·drawn** spitzfindig; **ˈ~-ga(u)ge** ⊕ Drahtlehre *f*; **ˈ~-haired** drahthaarig; **ˈwire·less 1.** □ drahtlos; Funk...; **2.** *a*. ~ *set* Radio(apparat *m*) *n*; *on the* ~ im Rundfunk *od*. Radio; ~ *station* (Rund)Funkstation *f*; **3.** funken; **ˈwireˈnet·ting** Maschendraht *m*, Drahtgeflecht *n*; **ˈwire-pull·er** Marionettenspieler(in); *fig*. Drahtzieher *m*; **ˈwire-wove** Velin...
wir·ing [ˈwaiəriŋ] Drahtnetz *n*; ⚡ Verdrahtung *f*; Beschaltung *f*; ✈ Verspannung *f*; ~ *diagram* ⚡ Schaltschema *n*; **ˈwir·y** □ drahtig, sehnig.
wis·dom [ˈwizdəm] Weisheit *f*; Klugheit *f*; ~ *tooth* Weisheitszahn *m*.
wise[1] □ [waiz] weise, verständig; klug; gelehrt; erfahren; ~ *guy* Am. *sl*. Schlauberger *m*; *put s.o.* ~ j. aufklären (*to*, *on* über *acc*.).
wise[2] † [~] Weise *f*, Art *f*.
wise·a·cre [ˈwaizeikə] Klugtuer(in); **ˈwise-crack** F **1.** witzige Bemerkung *f*; **2.** witzeln.
wish [wiʃ] **1.** wünschen; wollen; ~ *s.o. joy* (*of*) j-m Glück wünschen (zu); ~ *for* (sich) *et*. wünschen, sich sehnen nach; ~ *well* (*ill*) wohl-(übel)wollen (*to dat*.); **2.** Wunsch *m*; *good* ~*es pl*. (Glück)Wünsche *m/pl*.; **wish·ful** □ [ˈ~ful] voll Verlangen (*to inf*. zu *inf*.); sehnsüchtig; ~ *thinking* Wunschdenken *n*; **ˈwish(·ing)-bone** Gabelbein *n des Geflügels*.
wish-wash F [ˈwiʃwɔʃ] labb(e)riges

Zeug *n*; ˈ**wish·y-wash·y** F labb(e)rig, saft- u. kraftlos, seicht.
wisp [wisp] Wisch *m*; Strähne *f*.
wist·ful □ [ˈwistful] gedankenvoll, versonnen; sehnsüchtig.
wit [wit] **1.** Witz *m*; *a.* ~*s pl.* Verstand *m*; witziger Kopf *m*; *be at one's* ~*'s end* mit seiner Weisheit zu Ende sein; *have one's* ~*s about one* seine fünf Sinne beisammen haben; *keep one's* ~*s about one* e-n klaren Kopf behalten; *live by one's* ~*s* sich durchs Leben schlagen; *out of one's* ~*s* von Sinnen; **2.** *to* ~ nämlich, das heißt.
witch [witʃ] Hexe *f*, Zauberin *f*; ˈ**~craft**, ˈ**witch·er·y** Hexerei *f*; **witch hunt** *Am.* politische Diffamierung *f*, Hexenjagd *f*.
with [wið] mit; nebst; bei; von; durch; vor (*dat.*); *nach Verben der Gemütsbewegung*: vor; *it is just so* ~ *me* es geht mir geradeso; ~ *it sl.* auf Draht, schwer auf der Höhe.
with·al † [wiˈðɔːl] **1.** *adv.* dabei, obendrein; **2.** *prp.* mit.
with·draw [wiðˈdrɔː] (*irr. draw*) *v/t.* ab-, ent-, zurückziehen; heraus-, zurücknehmen; *Geld* abheben; *v/i.* sich zurückziehen (*from* von); abtreten; **with**ˈ**draw·al** Ein-, Zurückziehung *f*; *bsd.* ⚔ Rückzug *m*; (Geld)Abhebung *f*.
withe [wiθ] Weidenrute *f*.
with·er [ˈwiθə] *a.* ~ *up*, ~ *away v/i.* (ver)welken; verdorren; ver-, austrocknen; *fig.* vergehen; *v/t.* welk machen.
with·ers [ˈwiðəz] *pl.* Widerrist *m*.
with·hold [wiðˈhəuld] (*irr. hold*) zurückhalten (*s.o. from* j. von *et.*); *et.* vorenthalten (*from s.o* j-m); **with**ˈ**in 1.** *lit. adv.* im Innern, drin (-nen); zu Hause; *from* ~ von innen (her); **2.** *prp.* innerhalb, binnen, in; ~ *doors* im Hause; ~ *a mile of* bis auf eine Meile von; ~ *call*, ~ *sight*, ~ *hearing* in Ruf-, Seh-, Hörweite; **with**ˈ**out 1.** *lit. adv.* (dr)außen; äußerlich; *from* ~ von außen (her); **2.** *prp.* ohne; *lit.* außerhalb; **with**ˈ**stand** (*irr. stand*) widerstehen, trotzen; aushalten.
with·y [ˈwiði] = *withe*.
wit·less □ [ˈwitlis] witzlos; geistlos; gedankenlos.
wit·ness [ˈwitnis] **1.** Zeuge *m*; Zeugin *f*; *bear* ~ Zeugnis ablegen (*to* für; *of* von); *in* ~ *of* zum Zeugnis (*gen.*); *marriage* ~ Trauzeuge *m*; **2.** *v/t.* bezeugen; Zeuge sein von *et.*; erleben; *v/i.* zeugen (*for*, *to* für; *against* gegen); ˈ**~-box**, *Am.* ~ **stand** Zeugenstand *m*.
wit·ti·cism [ˈwitisizəm] Witz *m*; witzige Bemerkung *f*; ˈ**wit·ti·ness** Witzigkeit *f*; ˈ**wit·ting·ly** wissentlich, geflissentlich; ˈ**wit·ty** □ witzig; geistreich.
wives [waivz] *pl. von wife*.
wiz *Am. sl.* [wiz] Genie *n*; **wiz·ard** [ˈ~əd] **1.** Zauberer *m*, Hexenmeister *m*; *fig.* Genie *n*; *financial* ~ Finanzgenie *n*; **2.** *Schul-sl.* prima.
wiz·en(**·ed**) [ˈwizn(d)] verhutzelt, schrump(e)lig.
wo(**a**) [wəu] brr!
woad ⚘, ⊕ [wəud] (Färber)Waid *m*.
wob·ble [ˈwɔbl] schwanken; wakkeln; ⊕ flattern.
wo(**e**) *rhet. od. co.* [wəu] Weh *n*, Leid *n*; ~ *is me!* wehe mir!; ˈ**~-be·gone** jammervoll; **wo**(**e**)**·ful** □ *rhet. od. co.* [ˈ~ful] jammervoll, traurig, elend; ˈ**wo**(**e**)**·ful·ness** Elend *n*, Jammer *m*.
woke [wəuk] *pret. u. p.p. von wake*² *1*.
wold [wəuld] (hügeliges) Heideland *n*.
wolf [wulf], *pl.* **wolves** [wulvz] **1.** *zo.* Wolf *m*; *sl.* Schürzenjäger *m*; *cry* ~ blinden Lärm schlagen; **2.** F *gierig* verschlingen; ˈ**wolf·ish** □ wölfisch; Wolfs...; F *fig.* gefräßig.
wolf·ram *min.* [ˈwulfrəm] Wolfram *n*.
wolves [wulvz] *pl. von wolf*.
wom·an [ˈwumən], *pl.* **wom·en** [ˈwimin] **1.** Frau *f*; Weib *n*; ~*'s rights pl.* Frauenrechte *n/pl.*; **2.** weiblich; ~ *doctor* Ärztin *f*; ~ *student* Studentin *f*; ~ *suffrage* Frauenstimmrecht *n*; ˈ**wom·an--hat·er** Weiberfeind *m*; **wom·an·hood** [ˈ~hud] (die) Frauen *f/pl.*; Weiblichkeit *f*; *reach* ~ zur Frau heranreifen; ˈ**wom·an·ish** □ weibisch; ˈ**wom·an·kind** Frauen(welt *f*) *f/pl.*; ˈ**wom·an·like** frauenhaft; ˈ**wom·an·ly** weiblich.
womb [wuːm] *anat.* Gebärmutter *f*; Mutterleib *m*; *fig.* Schoß *m*.
wom·en [ˈwimin] *pl. von woman*; ~*'s rights pl.* Frauenrechte *n/pl.*; ~*'s team Sport*: Damenmannschaft *f*; **wom·en·folk**(**s**) [ˈ~fəuk(s)],

ˈ**wom·en·kind** *die* Frauen *f/pl.* (*bsd. e-r Familie*); Weibervolk *n.*

won [wʌn] *pret. u. p.p. von win 1.*

won·der [ˈwʌndə] **1.** Wunder(werk) *n*; Verwunderung *f*; *for a ~* erstaunlicherweise; **2.** sich wundern (*at* über *acc.*); gern wissen mögen, neugierig sein, sich fragen (*whether, if* ob); **won·der·ful** □ [ˈ~ful] wunderbar, -voll, erstaunlich; wunderschön; herrlich; ˈ**won·der·ing 1.** □ staunend, verwundert; **2.** Verwunderung *f*; ˈ**won·der-land** Märchenland *n*; Wunderland *n*; ˈ**won·der·ment** Verwunderung *f*; ˈ**won·der-struck** von Staunen ergriffen; ˈ**won·der-work·er** Wundertäter(in).

won·drous □ *lit.* [ˈwʌndrəs] wunderbar, erstaunlich.

won·ky *sl.* [ˈwɔŋki] wack(e)lig (*a. fig.*).

won't [wəunt] = *will not.*

wont [wəunt] **1.** *pred.* gewohnt; *be ~ to do* zu tun pflegen; **2.** Gewohnheit *f*; ˈ**wont·ed** gewohnt.

woo [wu:] freien; werben um, umwerben (*a. fig.*); locken, drängen (*to* zu).

wood [wud] Wald *m*, Gehölz *n*; Holz *n*; Faß *n*; ♪ Holzblasinstrumente *n/pl.*; *~s pl. Schisport*: Hölzer *n/pl.*, Bretter *n/pl.*; *touch ~!* unberufen!; *out of the ~ fig.* über den Berg; *from the ~* vom Faß; **~·bine**, *a.* **~·bind** ⚘ [ˈ~bain(d)] Geißblatt *n*; ˈ**~-carv·ing** Holzschnitzerei *f*; ˈ**~·chuck** *zo.* Waldmurmeltier *n*; ˈ**~·cock** *orn.* Waldschnepfe *f*; ˈ**~-craft** Weidmannskunst *f*; Kenntnis *f* des Waldes; (Geschicklichkeit *f* in der) Holzbearbeitung *f*; ˈ**~·cut** Holzschnitt *m*; ˈ**~·cut·ter** Holzfäller *m*, -hauer *m*; *Kunst*: Holzschneider *m*; ˈ**wood·ed** bewaldet; ˈ**wood·en** hölzern (*a. fig.*); Holz...; ˈ**wood-en·grav·er** *Kunst*: Holzschneider *m*; ˈ**wood-en·grav·ing** Holzschnitt *m* (*Technik u. Bild*); ˈ**wood·i·ness** Waldreichtum *m*; Holzigkeit *f*.

wood...: ˈ**~·land 1.** Waldung *f*, Waldland *n*; **2.** Wald...; ˈ**~·lark** *orn.* Heidelerche *f*; ˈ**~-louse** *zo.* Rollassel *f*; ˈ**~·man** Förster *m*; Holzfäller *m*; Waldbewohner *m*; ˈ**~·peck·er** *orn.* Specht *m*; ˈ**~·pile** Holzstapel *m*; ˈ**~-pulp** Holzschliff *m*; ˈ**~·ruff** ⚘ Waldmeister *m*; ˈ**~-shav·ings** *pl.* Hobelspäne *m/pl.*; ˈ**~·shed** Holzschuppen *m*; ˈ**woods·man** *Am. für woodman*; ˈ**wood-wind**, *a. ~ instruments pl.* ♪ Holzblasinstrumente *n/pl.*; ˈ**~-work** Holzwerk *n* (*bsd.* △); Holzarbeit(en *pl.*) *f*; ˈ**~-work·ing machine** Holzbearbeitungsmaschine *f*; ˈ**wood·y** waldig; Wald...; holzig; Holz...; ˈ**wood·yard** Holzplatz *m*.

woo·er [ˈwu:ə] Freier *m*.

woof [wu:f] *s. weft.*

woof·er ⚡ [ˈwu:fə] Tieftonlautsprecher *m*.

wool [wul] Wolle *f* (*co. Kopfhaar*); *dyed in the ~* in der Wolle gefärbt; *fig.* waschecht; *pull the ~ over s.o.'s eyes* j. hinters Licht führen; *lose one's ~* F ärgerlich werden; ˈ**~-gath·er·ing 1.** Geistesabwesenheit *f*, Zerstreutheit *f*; *go ~* spintisieren; **2.** geistesabwesend; ˈ**wool·(l)en 1.** wollen; Woll(en)...; **2.** *~s pl.* Wollsachen *f/pl.*, -kleidung *f*; ˈ**wool·(l)y 1.** wollig; Woll...; belegt (*Stimme*); *paint. u. fig.* verschwommen; **2.** *woollies pl.* F Wollsachen *f/pl.*, -kleidung *f*.

wool...: ˈ**~·sack** Wollsack *m* (*Sitz des Lordkanzlers im Oberhaus*); ˈ**~-sta·pler** Wollgroßhändler *m*; ˈ**~-work** Wollstickerei *f*.

Wop *Am. sl.* [wɔp] *eingewanderter Italiener.*

word [wə:d] **1.** *mst* Wort *n*; *engS.* Nachricht *f*; Zusage *f*, Versprechen *n*; ⚔ Losung(swort *n*) *f*; Spruch *m*; *~s pl.* Wörter *n/pl.*; Worte *n/pl.*; *fig.* Wortwechsel *m*; Text *m e-s Liedes*; *by ~ of mouth* mündlich; *eat one's ~s* das Gesagte zurücknehmen; *have a ~ with* mit *j-m* sprechen; *have ~s* sich zanken (*with* mit); *leave ~* Bescheid hinterlassen; *send* (*bring*) *~* Nachricht geben (bringen); *be as good as one's ~* Wort halten; *take s.o. at his ~ j.* beim Wort nehmen; **2.** (in Worten) ausdrücken, (ab)fassen; *~ed as follows* mit folgendem Wortlaut; ˈ**~-book** Wörterbuch *n*, Glossar *n*; Libretto *n*; ˈ**word·i·ness** Wortfülle *f*, -schwall *m*; ˈ**word·ing** Ausdruck *m*; Wortlaut *m*, Fassung *f*; ˈ**word-less** wortlos, stumm; ˈ**word-ˈper-fect** *thea.* rollensicher; ˈ**word--split·ting** Wortklauberei *f*.

word·y □ [ˈwəːdi] wortreich; Wort...
wore [wɔː] *pret. von wear 1.*
work [wəːk] **1.** Arbeit *f*; Werk *n*; *~s sg.* Fabrik *f*, Werk *n*; *~s pl.* ⊕ (Uhr-, Feder)Werk *n*; ⚔ Befestigungen *f/pl.*, Festungswerk *n*; *public ~s pl.* öffentliche Bauten *pl.*; *~ of art* Kunstwerk *n*; *at ~* bei der Arbeit; in Tätigkeit, im Gange, im Betrieb; *be in ~* Arbeit haben; *be out of ~* arbeitslos sein; *make sad ~ of* arg wirtschaften mit; *make short ~ of* kurzen Prozeß machen mit; *put out of ~* arbeitslos machen; *set to ~, set od. go about one's ~* an die Arbeit gehen; *~s council* Betriebsrat *m*; **2.** (*irr.*) *v/i.* arbeiten (*a. fig. in heftiger Bewegung sein*); funktionieren; wirken; gären; sich *hindurch- etc.* arbeiten; *~ at* arbeiten an (*dat.*); *~ out* sich auswirken; herauskommen (*Summe*); *v/t.* (be)arbeiten; *tüchtig* arbeiten lassen, zur Arbeit anhalten abnutzen; *Bergwerk etc.* ausbeuten; *Fabrik etc.* betreiben; *Gut etc.* bewirtschaften; in Betrieb *od.* Bewegung setzen, in Gang bringen; *Maschine etc.* bedienen; gären lassen; (hervor)bringen, (be-) wirken; anrichten; *Wagen etc.* führen, lenken; *Summe* ausrechnen, *Aufgabe* lösen; *~ one's way* sich e-n Weg bahnen, sich durcharbeiten; *he is ~ing his way through college* er arbeitet, um sein Studium zu finanzieren; *~ one's will* s-n Willen durchsetzen (*upon* bei); *~ it sl.* es deichseln, es hinkriegen; *~ off* weg-, aufarbeiten; *Energie* abarbeiten; *Gefühl* abreagieren; ✝ abstoßen; *~ out* ausarbeiten; abnutzen; herausbekommen; lösen; ausrechnen; *~ up Geschäft etc.* hochbringen; *Gefühl, Nerven* aufpeitschen, -wühlen; verarbeiten (*into* zu); *Thema* aus-, bearbeiten; sich einarbeiten in (*acc.*).
work·a·ble □ [ˈwəːkəbl] bearbeitungs-, betriebsfähig; aus-, durchführbar; brauchbar, nützlich; ˈ**work·a·day** Alltags...; *fig.* prosaisch; ˈ**work·day** Werktag *m*; ˈ**work·er** Arbeiter(in); Urheber (-in); *~s pl.* Belegschaft *f*; ˈ**workhouse** Armenhaus *n*; *Am.* Besserungsanstalt *f*, Arbeitshaus *n*.
work·ing [ˈwəːkiŋ] **1.** Bergwerk *n*; Steinbruch *m*; Arbeits-, Wirkungsweise *f*; **2.** arbeitend; Arbeits...; brauchbar; *~ knowledge* ausreichende Kenntnisse *f/pl.*; *in ~ order* in betriebsfähigem Zustand; **~ cap·i·tal** Betriebskapital *n*; ˈ**~-class** Arbeiter...; **~ day** Werk-, Arbeitstag *m*; **~ draw·ing** △ Werkplan *m*; **~ hours** *pl.* Arbeitszeit *f*; **~ man** Arbeiter *m*; ˈ**~-out** Ausarbeiten *n*, -rechnen *n*; Ausführung *f*; **~ plan** △ Werkplan *m*.
work·man [ˈwəkmən] Arbeiter *m*; Handwerker *m*; ˈ**~·like** kunstgerecht, geschickt; fachmännisch; ˈ**work·man·ship** Kunstfertigkeit *f*, Geschicklichkeit *f*; Ausführung *f*; Werk *n*.
work...: ˈ**~·out** *Am.* F *mst Sport*: (Konditions)Training *n*; Erprobung *f*; ˈ**~·room** Arbeitsraum *m*; ˈ**~·shop** Werkstatt *f*; ˈ**~-shy 1.** arbeitsscheu; **2.** Arbeitsscheue *m*; ˈ**~-wom·an** Arbeiterin *f*.
world [wəːld] *allg.* Welt *f*; *a ~ of* e-e Unmenge (von); *in the ~* auf der Welt; *what in the ~?* was in aller Welt?; *bring (come) into the ~* zur Welt bringen (kommen); *for all the ~ like od. as if* genau so wie *od.* als ob; *a ~ too wide* viel zu weit; *think the ~ of* alles halten von; *man of the ~* Weltmann *m*; **world·li·ness** [ˈ~linis] Weltlichkeit *f*; Weltsinn *m*; ˈ**world·ling** Weltkind *n*.
world·ly [ˈwəːldli] weltlich; Welt...; irdisch; *~ innocence* Weltfremdheit *f*; *~ wisdom* Weltklugheit *f*; ˈ**~-ˈwise** weltklug.
world...: ˈ**~-pow·er** *pol.* Weltmacht *f*; ˈ**~-ˈwear·y** lebensmüde; ˈ**~-wide** über die ganze Welt verbreitet; weltweit; weltumspannend; Welt...
worm [wəːm] **1.** Wurm *m* (*a. fig.*); ⊕ (Kühl)Schlange *f*; ⊕ Schnecke(ngewinde *n*) *f*; **2.** *~ a secret out of s.o.* j-m ein Geheimnis entlocken; *~ o.s.* sich schlängeln; *fig.* sich einschleichen (*into* in *acc.*); ˈ**~-drive** ⊕ Schneckenantrieb *m*; ˈ**~-eat·en** wurmstichig (*a. fig.*); ˈ**~-gear** ⊕ Schneckengetriebe *n*; = ˈ**~-wheel** ⊕ Schneckenrad *n*; ˈ**~·wood** Wermut *m*; *fig.* Wermutstropfen *m*, Bitterkeit *f*; ˈ**worm·y** wurmig.
worn [wɔːn] *p.p. von wear 1*; ˈ**~-ˈout** abgenutzt; abgetragen; verbraucht

(*a. fig.*); müde, matt, erschöpft; abgezehrt; verhärmt.

wor·ri·ment F ['wʌrimənt] Quälerei *f*; **wor·rit** V ['wʌrit] quälen; ärgern; '**wor·ry 1.** (sich) beunruhigen; (sich) ärgern; sich sorgen, sich Sorgen machen; sich aufregen; bedrücken, bekümmern; zerren, (ab-)würgen; plagen, quälen; **2.** Unruhe *f*; Sorge *f*; Ärger *m*; Qual *f*, Plage *f*; Quälgeist *m*.

worse [wəːs] **1.** schlechter; ärger; schlimmer (*a.* ⚕); (*all*) *the* ~ desto schlimmer; ~ *luck!* leider!; um so schlimmer!; *he is none the* ~ *for it* er ist darum nicht übler dran; *the* ~ *for wear* abgetragen; **2.** Schlimmere *n*; *from bad to* ~ vom Regen in die Traufe; '**wor·sen** (sich) verschlechtern *od.* -schlimmern; schädigen.

wor·ship ['wəːʃip] **1.** Verehrung *f*, Anbetung *f*; Gottesdienst *m*; Kult *m*; *Your* ♀ Euer Würden; *place of* ~ Kultstätte *f*; **2.** *v/t.* verehren; anbeten; *v/i.* den Gottesdienst besuchen; **wor·ship·ful** □ ['~ful] *in Titeln*: verehrlich; '**wor·ship·(p)er** Verehrer(in), Anbeter(in); Gottesdienstbesucher(in), Kirchgänger (-in).

worst [wəːst] **1.** schlechtest; ärgst; schlimmst; **2.** *das* Schlimmste; *at* (*the*) ~ schlimmstenfalls; *do your* ~*!* mach, was du willst!; *get the* ~ *of it* den kürzeren ziehen; *if the* ~ *comes to the* ~ wenn es ganz schlimm kommt; **3.** überwältigen, besiegen.

wor·sted ['wustid] Woll-, Kammgarn *n*; Kammgarnstoff *m*.

wort[1] ⚘ [wəːt] ...kraut *n*, ...wurz *f*.

wort[2] [~] (Bier)Würze *f*.

worth [wəːθ] **1.** wert; *he is* ~ *a million* er hat e-e Million; ~ *reading* lesenswert; **2.** Wert *m*; Würde *f*; **wor·thi·ness** ['wəːðinis] Würdigkeit *f*; **worth·less** □ ['wəːθlis] wertlos; unwürdig; '**worth-'while** der Mühe wert, lohnend; **wor·thy** □ ['wəːði] **1.** würdig; *oft co.* ehrbar; ~ *of s.th.* e-r Sache würdig *od.* wert; **2.** Mann *m* von Verdienst.

would [wud, wəd] *pret. von will*; wollte; würde, möchte, pflegte.

would-be ['wudbiː] an-, vorgeblich, sogenannt; möglich, potentiell; Schein..., Pseudo...; ~ *aggressor* möglicher Angreifer *m*; ~ *buyer* Kauflustige *m*; ~ *painter* Farbenkleckser *m*; ~ *poet* Dichterling *m*; ~ *politician* Kannegießer *m*.

wouldn't ['wudnt] = *would not*.

wound[1] [wuːnd] **1.** Wunde *f*, Verwundung *f*, Verletzung *f*; *fig.* Kränkung *f*; **2.** verwunden, verletzen (*a. fig.*).

wound[2] [waund] *pret. u. p.p. von wind*[2].

wove *pret.*, **wo·ven** ['wəuv(ən)] *p.p. von weave 1.*

wow *Am.* [wau] **1.** Mensch!; toll!; **2.** *thea. sl.* Bombenerfolg *m*; *weitS.* Bombensache *f*.

wrack[1] ⚘ [ræk] Seetang *m*.

wrack[2] [~] = *rack*[3].

wraith [reiθ] Geist *m e-s Sterbenden od. Verstorbenen.*

wran·gle ['ræŋgl] **1.** streiten, (sich) zanken; **2.** Streit *m*, Zank *m*.

wrap [ræp] **1.** *v/t.* wickeln; *oft* ~ *up* einwickeln; *fig.* einhüllen; *be* ~*ped up in* gehüllt sein in; *fig.* ganz aufgehen in (*dat.*); *v/i.* ~ *up* sich einhüllen; **2.** Hülle *f*; *engS.* Decke *f*; Schal *m*; Mantel *m*; '**wrap·per** Hülle *f*, Umschlag *m*; Morgenrock *m*; Deckblatt *n der Zigarre*; *a. postal* ~ Streifband *n*; '**wrap·ping** Umhüllung *f*; Verpackung *f*; ~ *paper* Einwickel-, Packpapier *n*.

wrath *lit.* [rɔθ] Zorn *m*, Grimm *m*; **wrath·ful** □ ['~ful] zornig, grimmig.

wreak [riːk] *Rache* üben, *Zorn* auslassen (*upon* an *j-m*).

wreath [riːθ], *pl.* **wreaths** [riːðz] (Blumen)Gewinde *n*; Kranz *m*, Girlande *f*; Ring *m*, Kreis *m*; Schneewehe *f*; **wreathe** [riːð] *v/t.* winden; umwinden; *v/i.* sich ringeln.

wreck [rek] **1.** ⚓ Wrack *n* (*a. fig.*); Trümmer *pl.* (*oft fig.*); Schiffbruch *m*; *fig.* Untergang *m*; **2.** zum Scheitern bringen; *Zug* zum Entgleisen bringen; zertrümmern; vernichten; zugrunde richten; *be* ~*ed* ⚓ scheitern; Schiffbruch erleiden; '**wreckage** Trümmer *pl.*; Wrackteile *m/pl.*; **wrecked** schiffbrüchig; gestrandet; zerstört, ruiniert; '**wreck·er** ⚓ Bergungsschiff *n*; -arbeiter *m*; Strandräuber *m*; *fig.* Saboteur *m*; *Am.* Abbrucharbeiter *m*; *mot.* Abschleppwagen *m*; '**wreck·ing** Strandraub *m*; ~ *company* Abbruchfirma *f*; ~ *service mot.* Abschlepp-, Hilfsdienst *m*.

wren *orn.* [ren] Zaunkönig *m.*
wrench [rentʃ] **1.** winden, drehen; reißen; entwinden (*from s.o.* j-m); verdrehen (*a. fig.*); verrenken; ~ *open* aufreißen; ~ *out* herausreißen; **2.** *drehender* Ruck *m*; Verdrehung *f* (*a. fig.*); Verrenkung *f*; *fig.* (Trennungs)Schmerz *m*; ⊕ Schraubenschlüssel *m.*
wrest [rest] *drehend* reißen; verdrehen; entreißen, abringen (*from s.o.* j-m).
wres·tle ['resl] **1.** *v/i.* ringen; *fig.* kämpfen; *v/t.* ringen mit; **2.** = *wrestling*; '**wres·tler** Ringer(in); '**wres·tling** Ringkampf *m*, Ringen *n.*
wretch [retʃ] Elende *m*; Schuft *m*; *co.* Schelm *m*, Kerl *m*; *poor* ~ armer Teufel *m.*
wretch·ed □ ['retʃid] elend, unglücklich; erbärmlich; '**wretch·ed·ness** Elend *n*; Erbärmlichkeit *f.*
wrick [rik] **1.** verdrehen, verrenken; **2.** Verdrehung *f*, -renkung *f.*
wrig·gle ['rigl] (sich) hin und her drehen *od.* bewegen; sich winden *od.* schlängeln *od.* ringeln; ~ *out of* sich herauswinden aus.
wright [rait] ...macher *m*, ...bauer *m.*
wring [riŋ] **1.** (*irr.*) Hände ringen; *Wäsche* (aus)wringen; pressen; *Hals* umdrehen; ~ *s.th. from s.o.* j-m et. abringen *od.* entreißen; ~ *s.o.'s heart* j-m zu Herzen gehen; ~*ing wet* klatschnaß; **2.** Wringen *n*; Druck *m*; '**wring·er**, '**wring·ing-·ma·chine** Wringmaschine *f.*
wrin·kle[1] ['riŋkl] **1.** Runzel *f*; Falte *f*; **2.** (sich) runzeln; (sich) falten; ~*d* runz(e)lig.
wrin·kle[2] F [~] Wink *m*; Kniff *m*; Trick *m.*
wrist [rist] Handgelenk *n*; ~ *watch* Armbanduhr *f*; '**wrist·band** Bündchen *n*, (Hemd)Manschette *f*; = **wrist·let** ['~lit] Armband *n*; *Sport*: Handgelenkschützer *m.*
writ [rit] (behördlicher) Erlaß *m*; (gerichtlicher) Befehl *m*; *Holy* ♀ Heilige Schrift *f*; ~ *of attachment* ⚖ Haftbefehl *m*; ~ *of execution* ⚖ Vollstreckungsbefehl *m.*
write [rait] (*irr.*) *v/t.* schreiben; *Bogen etc.* voll-, beschreiben; ~ *down* auf-, niederschreiben; ~ *in full* ausschreiben; ~ *off Brief etc.* (schnell) herunterschreiben; ⚕ abschreiben; ~ *out* aus-, abschreiben; ~ *up* ausführlich niederschreiben; ausarbeiten; hervorheben; *fig.* lobend erwähnen, herausstreichen; *ergänzend* nachtragen; *v/i.* schreiben; schriftstellern; ~ *for* schriftlich bestellen, kommen lassen; ~ *home about fig.* Staat machen mit; '**~-off** ⚕ Abschreibung *f*; *a complete* ~ F ein Totalschaden *m.*
writ·er ['raitə] Schreiber(in); Verfasser(in); Autor(in); Schriftsteller(-in); ~ *to the signet in Schottland*: Notar *m*; ~*'s cramp*, ~*'s palsy* Schreibkrampf *m.*
write-up ['raitʌp] Bericht *m*, Besprechung *f* in der Presse.
writhe [raið] sich (*vor Schmerz*) krümmen; *fig.* leiden.
writ·ing ['raitiŋ] Schreiben *n*; Aufsatz *m*; Schrift *f*, Werk *n*; (Hand-)Schrift *f*; Schriftstück *n*; Urkunde *f*; Schreibart *f*, Stil *m*; *attr.* Schreib...; *in* ~ schriftlich; '**~-block** Schreibblock *m*; '**~-case** Schreibmappe *f*; '**~-desk** Schreibtisch *m*; '**~-pa·per** Schreibpapier *n.*
writ·ten ['ritn] **1.** *p.p. von write*; **2.** *adj.* schriftlich.
wrong [rɔŋ] **1.** □ unrecht; verkehrt; unrichtig, falsch; *be* ~ unrecht haben, im Irrtum sein, sich irren; in Unordnung sein; falsch gehen (*Uhr*); *go* ~ den Weg verfehlen; daneben-, schiefgehen; *fig.* auf Abwege geraten; *there is something* ~ irgend etwas ist nicht in Ordnung; *what's* ~ *with ...?* F was fehlt denn ... (*dat.*)?; was ist los mit ...?; *on the* ~ *side of sixty* über die 60 hinaus; **2.** Unrecht *n*; Beleidigung *f*; *be in the* ~ im Unrecht sein, unrecht haben; *put s.o. in the* ~ j. ins Unrecht setzen; **3.** unrecht tun (*dat.*); ungerecht behandeln; '**~'do·er** Übel-, Missetäter(in); '**~'do·ing** Übel-, Missetat *f*; **wrong·ful** □ ['~ful] ungerecht; unrechtmäßig; '**wrong'head·ed** verdreht, verschroben; querköpfig; '**wrong·ness** Ungerechtigkeit *f*; Verkehrtheit *f.*
wrote [rəut] *pret. von write.*
wroth *poet. od. co.* [rəuθ] erzürnt.
wrought *lit.* [rɔːt] *pret. u. p.p. von work* 2; '**~-'i·ron 1.** Schmiedeeisen *n*; **2.** schmiedeeisern; '**~-up** erregt.
wrung [rʌŋ] *pret. u. p.p. von wring 1.*
wry □ [rai] schief, krumm, verzerrt.

X

X ⚔ *u. fig.* [eks] X *n* (*unbekannte Größe*).
Xmas [ˈkrisməs] = *Christmas*.
X-ray [ˈeksˈrei] **1.** *~s pl.* Röntgenstrahlen *m/pl.*; **2.** Röntgen...; **3.** durchleuchten; röntgen.
X-shaped [ˈeksʃeipt] x-förmig.
xy·log·ra·phy [zaiˈlɔgrəfi] Xylographie *f*, Holzschneidekunst *f*.
xy·lo·nite [ˈzailənait] Zelluloid *n*.
xy·lo·phone ♪ [ˈzailəfəun] Xylophon *n*.

Y

yacht ⚓ [jɔt] **1.** (Motor)Jacht *f*; Segelboot *n*; **2.** auf e-r Jacht fahren; segeln; ˈ**~-club** Segel-, Jachtklub *m*; ˈ**yacht·er, yachts·man** [ˈ~smən] Jachtsegler *m*; (Sport)Segler *m*; ˈ**yacht·ing** Segelsport *m*; *attr.* Segel...
yah [jɑː] *int.* äh!; puh!; pfui!
ya·hoo [jəˈhuː] Rohling *m*; Tölpel *m*.
yam ⚘ [jæm] Jamswurzel *f*.
yank[1] [jæŋk] **1.** *v/t.* (weg-, heraus-) reißen; *v/i.* flink hantieren; rührig sein; **2.** Ruck *m*.
Yank[2] *sl.* [~] = *Yankee*.
Yan·kee F [ˈjæŋki] Yankee *m* (*Nordamerikaner*); ~ *Doodle amerikanisches Volkslied*.
yap [jæp] **1.** kläffen; F quasseln; **2.** Gekläff *n*; F Gequassel *n*.
yard[1] [jɑːd] Yard *n*, *engl.* Elle *f* (= *0,914 m*); ⚓ Rah(e) *f*.
yard[2] [~] Hof *m*; (Bau-, Stapel-) Platz *m*; *Am.* Garten *m* (*um das Haus*); *the* ♀ Scotland Yard *m*; *marshalling* ~, *railway* ~ Rangierbahnhof *m*.
yard...: ˈ**~-arm** ⚓ Rahnock *f*; ˈ**~-man** 🚂 Rangierer *m*; ˈ**~-measure,** ˈ**~·stick** Yardstock *m*, -maß *n*.
yarn [jɑːn] **1.** Garn *n*; ⚓ Kabelgarn *n*; F Seemannsgarn *n*; abenteuerliche Geschichte *f*; *spin a* ~ ein Seemannsgarn spinnen, e-e Geschichte erzählen; **2.** F (Geschichten) erzählen.
yar·row ⚘ [ˈjærəu] Schafgarbe *f*.
yaw ⚓, ✈ [jɔː] gieren (*vom Kurs abweichen*).
yawl ⚓ [jɔːl] Jolle *f*.
yawn [jɔːn] **1.** gähnen; **2.** Gähnen *n*.
ye † *od. poet. od. co.* [jiː, ji] ihr.
yea † *od. prov.* [jei] **1.** ja; **2.** Ja *n*.
year [jəː] Jahr *n*; ~ *of grace* Jahr *n* des Heils; *he bears his ~s well* er ist für sein Alter (noch) recht rüstig; ˈ**year·ling** Jährling *m* (*einjähriges Tier*); ˈ**year-long** einjährig, ein Jahr dauernd; ˈ**year·ly** jährlich.
yearn [jəːn] sich sehnen, verlangen (*for, after* nach; *to inf.* danach, zu *inf.*); ˈ**yearn·ing 1.** Sehnen *n*, Sehnsucht *f*; **2.** □ sehnsüchtig.
yeast [jiːst] Hefe *f*; Schaum *m*, Gischt *m*; ˈ**yeast·y** □ hefig; schaumig; *fig.* gärend; schaumschlägerisch.
yegg(·man) *Am. sl.* [ˈjeg(mən)] Stromer *m*; Einbrecher *m*, Geldschrankknacker *m*.
yell [jel] **1.** (gellend) schreien; aufschreien; **2.** (gellender) Schrei *m*; anfeuernder Ruf *m*.
yel·low [ˈjeləu] **1.** gelb; F hasenfüßig (*feig*); *sl.* chauvinistisch; Sensations...; Hetz...; **2.** Gelb *n*; **3.** (sich) gelb färben; *~ed* vergilbt; ˈ**~·back** Schmöker *m* (*billiger Roman*); **~ fe·ver** ⚕ Gelbfieber *n*; ˈ**~-hammer** *orn.* Goldammer *f*; ˈ**yel·low·ish** gelblich; ˈ**yel·low press** gelbe Presse *f*, Sensations-, Boulevardpresse *f*.
yelp [jelp] **1.** Gekläff *n*; **2.** kläffen.
yen *Am. sl.* [jen] brennendes Verlangen *n*.
yeo·man [ˈjəumən] Yeoman *m*, freier Bauer *m*, Freisasse *m*; ~ *of the guard* Leibgardist *m*; ˈ**yeo·man·ry** Freisassen *m/pl.*, freie Bauernschaft *f*; ⚔ berittene Miliz *f*.

yep *Am.* F [jep] ja.
yes [jes] **1.** ja; doch; **2.** Ja *n*; **~-man** *sl.* ['~mæn] Jasager *m.*
yes·ter·day ['jestədi] **1.** gestern; **2.** der gestrige Tag, das Gestern; **yes·ter'year** voriges Jahr *n.*
yet [jet] **1.** *adv.* noch; jetzt noch; bis jetzt; schon; selbst, sogar, *as ~* bis jetzt; bisher; *not ~* noch nicht; **2.** *cj.* doch, jedoch, dennoch, gleichwohl, trotzdem.
yew ⚘ [ju:] Eibe *f*, Taxus *m.*
Yid·dish ['jidiʃ] Jiddisch *n.*
yield [ji:ld] **1.** *v/t. als Ertrag* hervorbringen, liefern; *Resultat* ergeben; *Gewinn* (ein)bringen, abwerfen; gewähren; übergeben, -lassen; zugestehen; *~ up the ghost* den Geist aufgeben; *v/i. bsd.* ⚒ tragen; sich fügen; weichen, nachgeben (*Person u. Sache*); **2.** Ertrag *m*; Ausbeute *f*; **'yield·ing** □ nachgebend (*Erdreich etc.*); *fig.* nachgiebig.
yip *Am.* F [jip] jaulen.
yo·del, yo·dle ['jəudl] **1.** Jodler *m*; **2.** jodeln.
yo·gi ['jəugi] Jogi *m.*
yo-ho [jəu'həu] hau ruck!
yoicks *hunt.* [jɔiks] hussa!
yoke [jəuk] **1.** Joch *n* (*a. fig.*); Paar *n* (Ochsen); Schultertrage *f*; **2.** anjochen, anspannen; zs.-jochen, -spannen; *fig.* paaren (*to* mit); **'~-fel·low** (*bsd.* Lebens)Gefährte *m*, (-)Gefährtin *f.*
yo·kel F ['jəukəl] Tölpel *m.*
yolk [jəuk] (Ei)Dotter *m*, Eigelb *n*; Wollfett *n.*
yon † *od. poet.* [jɔn], **yon·der** *lit.* ['jɔndə] **1.** jene(r, -s); jenseitig; **2.** da *od.* dort drüben.
yore [jɔ:]: *of ~* ehemals, ehedem.
you [ju:, ju] ihr; du, Sie; man.
you'd F [ju:d] = *you had*; *you would*; **you'll** F [ju:l] = *you will*; *you shall.*
young [jʌŋ] **1.** □ jung (*fig. frisch*; *neu*; *unerfahren*); *von Kindern a.* klein; Jung...; **2.** Junge(n) *pl.*; *with ~* trächtig; **'young·ish** ziemlich jung; **young·ster** ['~stə] Kind *n*, *bsd.* Junge *m.*
your [jɔ:, jə] euer(e); dein(e), Ihre; **you're** F [juə] = *you are*; **yours** [jɔ:z] der (die, das) eurige, deinige, Ihrige; euer; dein, Ihr; **your'self**, *pl.* **your·selves** [~'selvz] (ihr, du, Sie) selbst; euch, dich, Sie (selbst), sich (selbst).
youth [ju:θ], *pl.* **youths** [ju:ðz] Jugend *f*; Jüngling *m*; junge Leute *pl.*; *~ hostel* Jugendherberge *f*; *go ~-hostelling* e-e Jugendherbergswanderung machen; in Jugendherbergen übernachten.
youth·ful □ ['ju:θful] jugendlich, jung; Jugend...; **'youth·ful·ness** Jugendlichkeit *f*; Jugend *f.*
you've F [ju:v, juv] = *you have.*
yuc·ca ⚘ ['jʌkə] Yucca *f*, Palmlilie *f.*
Yu·go-Slav ['ju:gəu'sla:v] **1.** Jugoslawe *m*, Jugoslawin *f*; **2.** jugoslawisch.
Yule *lit.* [ju:l] Weihnacht *f*; *~ log* Weihnachts-, Julblock *m im Kamin.*

Z

za·ny ['zeini] Dummkopf *m*, Hanswurst *m.*
zeal [zi:l] Eifer *m*; **zeal·ot** ['zelət] Eiferer *m*; *bsd. eccl.* Zelot *m*; **'zeal·ot·ry** blinder Eifer *m*; Zelotismus *m*; **'zeal·ous** □ eifrig; eifrig bedacht (*for* auf *acc.*; *to inf.* darauf zu *inf.*); innig, heiß.
ze·bra *zo.* ['zi:brə] Zebra *n*; **~ cross·ing** Zebrastreifen *m*, Fußgängerüberweg *m.*
ze·bu *zo.* ['zi:bu:] Zebu *n*, Buckelochse *m.*
ze·nith ['zeniθ] Zenit *m*; *fig.* Höhepunkt *m.*
zeph·yr ['zefə] Zephir *m*, Westwind *m*; sanfte Brise *f*; ✝ Zephirwolle *f*; Zephirgarn *n*; Sporttrikot *n.*
ze·ro ['ziərəu] Null *f* (*a. fig.*); Nullpunkt *m* (*a. fig.*); Anfangspunkt *m*; **~ hour** ⚔ festgelegter Zeitpunkt *m* für eine geplante Operation, Stunde *f* Null.

zest [zest] **1.** Würze *f* (*a. fig.*); Lust *f*, Freude *f* (*for* an *dat.*); Genuß *m*, Behagen *n*; ~ *for life* Lebenshunger *m*; **2.** würzen.

zig·zag ['zigzæg] **1.** Zickzack *m*; **2.** im Zickzack (laufend), zickzackförmig; Zickzack...; **3.** im Zickzack gehen.

zinc [ziŋk] **1.** *min.* Zink *n*; **2.** verzinken.

Zi·on ['zaiən] Zion *m*; '**Zi·on·ism** Zionismus *m*; '**Zi·on·ist 1.** Zionist (-in); **2.** zionistisch.

zip [zip] **1.** Schwirren *n*; F Schmiß *m*, Schwung *m*; **2.** den Reißverschluß auf- *od.* zumachen von; **zip code** *Am.* Postleitzahl *f*; '**~-fas·ten·er** = *zipper 1*; '**zip·per 1.** Reißverschluß *m*; **2.** mit Reißverschluß versehen; '**zip·py** F schmissig.

zith·er ♪ ['ziθə] Zither *f*.

zo·di·ac *ast.* ['zəudiæk] Tierkreis *m*; **zo·di·a·cal** [zəu'daiəkəl] Tierkreis...

zon·al □ ['zəunl] zonenförmig; Zonen...; **zone** Zone *f*; Erdgürtel *m*; *fig.* Gürtel *m*; *fig.* Gebiet *n*.

Zoo F [zu:] Zoo *m*.

zo·o·log·i·cal □ [zəuə'lɔdʒikəl] zoologisch; ~ *garden*(*s pl.*) Zoologischer Garten *m*; **zo·ol·o·gist** [~'ɔlədʒist] Zoologe *m*; **zo'ol·o·gy** Zoologie *f*.

zoom ✈ *sl.* [zu:m] **1.** das Flugzeug hochdrücken; steil (empor)steigen; **2.** plötzliches steiles Steigen *n*; ~ *lens phot.* Gummilinse *f*.

Zu·lu ['zu:lu:] Zulu *m*, Zulufrau *f*; Zulu(sprache *f*) *n*.

zy·mot·ic [zai'mɔtik] ⚗ zymotisch; Gärung erregend; Gärungs...; ⚕ Infektions...

Wichtige Eigennamen mit Aussprache und Erläuterungen

(Ableitungen der Eigennamen s. alphabetisches Wörterverzeichnis)

A

Ab·er·deen [æbə'di:n] *Stadt in Schottland.*

Ab·(o)u·kir [æbu:'kiə] Abukir *n* (*Hafenstadt in Ägypten*).

A·bra·ham ['eibrəhæm] Abraham *m.*

Ab·ys·sin·i·a [æbi'sinjə] Abessinien *n* (*früherer Name von Äthiopien*).

Ad·am ['ædəm] Adam *m.*

Ad·di·son ['ædisn] *englischer Autor.*

Ad·e·laide ['ædəleid] *weiblicher Vorname; Stadt in Australien.*

A·den ['eidn] *Hafenstadt in Arabien.*

Ad·i·ron·dack [ædi'rɔndæk] *Gebirgszug in U.S.A.*

Ad·olf ['ædɔlf], **A·dol·phus** [ə'dɔlfəs] Adolf *m.*

A·dri·at·ic (Sea) [eidri'ætik('si:)] *das* Adriatische Meer.

Af·ghan·i·stan [æf'gænistæn] Afghanistan *n.*

Af·ri·ca ['æfrikə] Afrika *n.*

Ag·a·tha ['ægəθə] Agathe *f.*

Aix-la-Cha·pelle ['eiksla:ʃæ'pæl] Aachen *n.*

Al·a·bam·a [ælə'bæmə] *Staat der U.S.A.*

A·las·ka [ə'læskə] *Staat der U.S.A.*

Al·ba·ni·a [æl'beinjə] Albanien *n.*

Al·ba·ny ['ɔ:lbəni] *Hauptstadt des Staates New York* (*U.S.A.*).

Al·bert ['ælbət] Albert *m.*

Al·ber·ta [æl'bə:tə] *Provinz in Kanada.*

Al·der·ney ['ɔ:ldəni] *e-e der Kanalinseln.*

Al·ex·an·der [ælig'za:ndə] Alexander *m.*

Al·ex·an·dra [ælig'za:ndrə] Alexandra *f.*

Al·fred ['ælfrid] Alfred *m.*

Al·ger·non ['ældʒənən] *männlicher Vorname.*

Al·ice ['ælis] Alice *f.*

Al·le·ghe·ny ['æligeni] *Fluß u. Gebirge in U.S.A.*

Al·len ['ælin] *männlicher Vorname.*

Al·sace ['ælsæs], **Al·sa·ti·a** [æl'seiʃjə] das Elsaß.

A·me·lia [ə'mi:ljə] Amalie *f.*

A·mer·i·ca [ə'merikə] Amerika *n.*

A·my ['eimi] *weiblicher Vorname.*

An·des ['ændi:z] *pl. die* Anden.

An·dor·ra [æn'dɔrə] Andorra *n.*

An·drew ['ændru:] Andreas *m.*

An·gle·sey ['æŋglsi] *Grafschaft in Wales.*

An·nap·o·lis [ə'næpəlis] *Hauptstadt von Maryland* (*U.S.A.*).

Ann(e) [æn] Anna *f.*

An·tho·ny ['æntəni; 'ænθəni] Anton *m.*

An·til·les [æn'tili:z] *pl. die* Antillen.

An·to·ni·a [æn'təunjə] Antonia *f.*

An·to·ny ['æntəni] Anton *m.*

Ap·en·nines ['æpinainz] *pl. die* Apenninen.

Ap·pa·la·chians [æpə'leitʃjənz] *pl. die* Appalachen.

A·ra·bi·a [ə'reibjə] Arabien *n.*

Ar·chi·bald ['a:tʃibəld] Archibald *m.*

Ar·den ['a:dn] *englischer Familienname.*

Ar·gen·ti·na [a:dʒən'ti:nə], **the Ar·gen·tine** [ði'a:dʒəntain] Argentinien *n.*

Ar·is·tot·le ['æristɔtl] Aristoteles *m.*

Ar·i·zo·na [æri'zəunə] *Staat der U.S.A.*

Ar·kan·sas ['a:kənsɔ:] *Fluß in U.S.A.; Staat der U.S.A.*

Ar·ling·ton ['a:liŋtən] *Nationalfriedhof bei Washington* (*U.S.A.*).

Ar·thur ['a:θə] Art(h)ur *m.*

As·cot ['æskət] *Stadt in England mit berühmter Rennbahn.*

A·sia ['eiʃə] Asien *n*; ~ Minor Kleinasien *n.*

Ath·ens ['æθinz] Athen *n.*
At·lan·tic [ət'læntik] *der* Atlantik.
Auck·land ['ɔ:klənd] *Hafenstadt in Neuseeland.*
Aus·ten ['ɔstin] *englische Autorin.*
Aus·tin ['ɔstin] *Hauptstadt von Texas (U.S.A.).*
Aus·tra·lia [ɔs'treiljə] Australien *n.*
Aus·tri·a ['ɔstriə] Österreich *n.*
A·von ['eivən] *Fluß in England.*
Ax·min·ster ['æksminstə] *Stadt in England.*
A·zores [ə'zɔ:z] *pl. die* Azoren.

B

Ba·con ['beikən] *englischer Staatsmann u. Philosoph.*
Ba·den-Pow·ell ['beidn'pəuəl] *Begründer der Pfadfinderbewegung.*
Ba·ha·mas [bə'hɑ:məz] *pl. die* Bahamainseln.
Bald·win ['bɔ:ldwin] *männlicher Vorname; amerikanischer Autor.*
Bâle [bɑ:l] Basel *n.*
Bal·kans ['bɔ:lkənz] *pl. der* Balkan.
Bal·mor·al [bæl'mɔrəl] *Königsschloß in Schottland.*
Bal·ti·more ['bɔ:ltimɔ:] *Hafenstadt in U.S.A.*
Bar·thol·o·mew [bɑ:'θɔləmju:] Bartholomäus *m.*
Bath [bɑ:θ] *Badeort in England.*
Ba·ton Rouge ['bætən'ru:ʒ] *Hauptstadt von Louisiana (U.S.A.).*
Ba·var·ia [bə'vɛəriə] Bayern *n.*
Bea·cons·field ['bi:kənzfi:ld] *Adelstitel Disraelis.*
Beck·y ['beki] *Kurzform von Rebecca.*
Bed·ford ['bedfəd] *Stadt in England; a.* **Bed·ford·shire** ['~ʃiə] *Grafschaft in England.*
Bee·cham ['bi:tʃəm] *englischer Dirigent.*
Bel·fast [bel'fɑ:st] *Hauptstadt von Nordirland.*
Bel·gium ['beldʒəm] Belgien *n.*
Bel·grade [bel'greid] Belgrad *n.*
Bel·gra·vi·a [bel'greivjə] *Stadtteil von London.*
Ben [ben] *Kurzform von Benjamin.*
Ben·e·dict ['benidikt; 'benit] Benedikt *m.*
Ben·gal [beŋ'gɔ:l] Bengalen *n.*
Ben·ja·min ['bendʒəmin] Benjamin *m.*
Ben Ne·vis [ben'nevis] *höchster Berg in Großbritannien.*
Berk·shire ['bɑ:kʃiə] *Grafschaft in England;* ~ *Hills pl. Gebirgszug in Massachusetts (U.S.A.).*
Ber·lin [bə:'lin] Berlin *n.*
Ber·mu·das [bə:'mju:dəz] *pl. die* Bermudainseln.
Ber·nard ['bə:nəd] Bern(h)ard *m.*
Bern(e) [bə:n] Bern *n.*
Bern·stein ['bə:nstain] *amerikanischer Komponist u. Dirigent.*
Ber·tha ['bə:θə] Bertha *f.*
Ber·trand ['bə:trənd] Bertram *m.*
Bess, Bes·sy ['bes(i)], **Bet·s(e)y** ['betsi], **Bet·ty** ['beti] Lieschen *n.*
Bill, Bil·ly ['bil(i)] *Kurzform von William.*
Bir·ken·head ['bə:kənhed] *Industrie- u. Hafenstadt in England.*
Bir·ming·ham ['bə:miŋəm] *Industriestadt in England.*
Bis·kay ['biskei]: *Bay of* ~ *der* Golf von Biskaya.
Blooms·bur·y ['blu:mzbəri] *Künstlerviertel in London.*
Bob [bɔb] *Kurzform von Robert.*
Bo·he·mi·a [bəu'hi:mjə] Böhmen *n.*
Boi·se ['bɔisi] *Hauptstadt von Idaho (U.S.A.).*
Bol·eyn ['bulin]: *Anne* ~ *Mutter Elizabeths I.*
Bo·liv·i·a [bə'liviə] Bolivien *n.*
Bom·bay [bɔm'bei] *Hafenstadt in Indien.*
Bonn [bɔn] *Hauptstadt der Bundesrepublik Deutschland.*
Bos·ton ['bɔstən] *Hauptstadt von Massachusetts (U.S.A.).*
Bourne·mouth ['bɔ:nməθ] *Badeort in England.*
Brad·ford ['brædfəd] *Industriestadt in England.*
Bra·zil [brə'zil] Brasilien *n.*
Breck·nock(·shire) ['breknɔk(ʃiə)] *Grafschaft in Wales.*
Bridg·et ['bridʒit] Brigitte *f.*
Brigh·ton ['braitn] *Badeort in England.*
Bris·tol ['bristl] *Hafenstadt in England.*
Bri·tan·ni·a *poet.* [bri'tænjə] Großbritannien *n.*
Brit·ten ['britn] *englischer Komponist.*
Broad·way ['brɔ:dwei] *Straße in New York (U.S.A.).*
Bron·të ['brɔnti] *Name dreier englischer Autorinnen.*
Brook·lyn ['bruklin] *Stadtteil von New York (U.S.A.).*
Bruges [bru:ʒ] Brügge *n.*

Bruns·wick [ˈbrʌnzwik] Braunschweig *n*.
Brus·sels [ˈbrʌslz] Brüssel *n*.
Bu·cha·rest [bjuːkəˈrest] Bukarest *n*.
Buck [bʌk] *amerikanische Autorin.*
Buck·ing·ham [ˈbʌkiŋəm] *Grafschaft in England*; ~ *Palace Königsschloß in London*; **Buck·ing·ham·shire** [ˈ~ʃiə] *s. Buckingham.*
Bu·da·pest [ˈbjuːdəˈpest] Budapest *n*.
Bud·dha [ˈbudə] Buddha *m*.
Bul·gar·i·a [bʌlˈgɛəriə] Bulgarien *n*.
Bur·ma [ˈbəːmə] Birma *n*.
Burns [bəːnz] *schottischer Dichter.*
By·ron [ˈbaiərən] *englischer Dichter.*

C

Caer·nar·von(·shire) [kəˈnɑːvən (-ʃiə)] *Grafschaft in Wales.*
Cae·sar [ˈsiːzə] (*Julius*) Cäsar *m*.
Cai·ro [ˈkaiərəu] Kairo *n*.
Cal·cut·ta [kælˈkʌtə] Kalkutta *n*.
Cal·i·for·nia [kæliˈfɔːnjə] Kalifornien *n* (*Staat der U.S.A.*).
Cam·bridge [ˈkeimbridʒ] *englische Universitätsstadt*; *Stadt in U.S.A., Sitz der Harvard-Universität*; **Cambridge·shire** [ˈ~ʃiə] *Grafschaft in England.*
Can·a·da [ˈkænədə] Kanada *n*.
Ca·nar·y Is·lands [kəˈnɛəriˈailəndz] *pl. die* Kanarischen Inseln.
Can·ber·ra [ˈkænbərə] *Hauptstadt von Australien.*
Can·ter·bur·y [ˈkæntəbəri] *Stadt in England.*
Cape·town [ˈkeiptaun] Kapstadt *n*.
Ca·pote [kəˈpəut] *amerikanischer Autor.*
Car·diff [ˈkɑːdif] *Hauptstadt von Wales.*
Car·di·gan(·shire) [ˈkɑːdigən(ʃiə)] *Grafschaft in Wales.*
Ca·rin·thi·a [kəˈrinθiə] Kärnten *n*.
Car·lyle [kɑːˈlail] *englischer Autor.*
Car·mar·then(·shire) [kəˈmɑːðən (-ʃiə)] *Grafschaft in Wales.*
Car·ne·gie [kɑːˈnegi] *amerikanischer Industrieller.*
Car·o·li·na [kærəˈlainə]: *North* ~ Nordkarolina *n* (*Staat der U.S.A.*); *South* ~ Südkarolina *n* (*Staat der U.S.A.*).
Car·o·line [ˈkærəlain] Karoline *f*.
Car·rie [ˈkæri] *Kurzform von Caroline.*
Cath·er·ine [ˈkæθərin] Katharina *f*.
Ce·cil [ˈsesl; ˈsisl] *männlicher Vorname.*
Ce·cil·ia [siˈsiljə], **Cec·i·ly** [ˈsisili; ˈsesili] Cäcilie *f*.
Cey·lon [siˈlɔn] Ceylon *n*.
Cham·ber·lain [ˈtʃeimbəlin] *Name mehrerer britischer Staatsmänner.*
Char·ing Cross [ˈtʃæriŋˈkrɔs] *Stadtteil von London.*
Char·le·magne [ˈʃɑːləˈmein] Karl der Große.
Charles [tʃɑːlz] Karl *m*.
Charles·ton [ˈtʃɑːlstən] *Hauptstadt von West Virginia (U.S.A.).*
Char·lotte [ˈʃɑːlət] Charlotte *f*.
Chau·cer [ˈtʃɔːsə] *englischer Dichter.*
Chel·sea [ˈtʃelsi] *Stadtteil von London.*
Chesh·ire [ˈtʃeʃə] *Grafschaft in England.*
Ches·ter·field [ˈtʃestəfiːld] *Industriestadt in England.*
Chev·i·ot Hills [ˈtʃeviətˈhilz] *pl. Grenzgebirge zwischen England u. Schottland.*
Chi·ca·go [ʃiˈkɑːgəu; *Am.* ʃiˈkɔːgəu] *Industriestadt in U.S.A.*
Chil·e, Chil·i [ˈtʃili] Chile *n*.
Chi·na [ˈtʃainə] China *n*.
Chris·ti·na [krisˈtiːnə] Christine *f*.
Chris·to·pher [ˈkristəfə] Christoph *m*.
Chrys·ler [ˈkraizlə] *amerikanischer Industrieller.*
Church·ill [ˈtʃəːtʃil] *britischer Staatsmann.*
Cin·cin·nat·i [sinsiˈnæti] *Stadt in U.S.A.*
Cis·sie [ˈsisi] *Kurzform von Cecilia.*
Clar·a [ˈklɛərə], **Clare** [klɛə] Klara *f*.
Clar·en·don [ˈklærəndən] *Name mehrerer britischer Staatsmänner.*
Cle·o·pat·ra [kliəˈpætrə] Kleopatra *f*.
Cleve·land [ˈkliːvlənd] *Industrie- u. Hafenstadt in U.S.A.*
Clive [klaiv] *Begründer der britischen Macht in Indien.*
Clyde [klaid] *Fluß in Schottland.*
Cole·ridge [ˈkəulridʒ] *englischer Dichter.*
Co·logne [kəˈləun] Köln *n*.
Col·o·ra·do [kɔləˈrɑːdəu] *Name zweier Flüsse u. Staat der U.S.A.*
Co·lum·bi·a [kəˈlʌmbiə] *Fluß in U.S.A.*; *Bundesdistrikt der U.S.A.*; *Hauptstadt von Südkarolina (U.S.A.).*

Con·cord [ˈkɔŋkɔːd] *Hauptstadt von New Hampshire (U.S.A.).*
Con·naught [ˈkɔnɔːt] *Provinz in Irland.*
Con·nect·i·cut [kəˈnetikət] *Fluß in U.S.A.; Staat der U.S.A.*
Con·stance [ˈkɔnstəns] Konstanze *f*; Konstanz *n*; Lake of ~ Bodensee *m*.
Coo·per [ˈkuːpə] *amerikanischer Autor.*
Co·pen·ha·gen [kəupnˈheigən] Kopenhagen *n*.
Cor·dil·le·ras [kɔːdiˈljɛərəz] *pl. die* Kordilleren.
Cor·ne·lia [kɔːˈniːljə] Kornelia *f*.
Corn·wall [ˈkɔːnwəl] *Grafschaft in England.*
Cov·ent Gar·den [ˈkɔvəntˈgɑːdn] *die Londoner Oper.*
Cov·en·try [ˈkɔvəntri] *Industriestadt in England.*
Cri·me·a [kraiˈmiə] *die* Krim.
Crom·well [ˈkrɔmwəl] *englischer Staatsmann.*
Croy·don [ˈkrɔidn] *früherer Flughafen von London.*
Cu·ba [ˈkjuːbə] Kuba *n*.
Cum·ber·land [ˈkʌmbələnd] *Grafschaft in England.*
Cy·prus [ˈsaiprəs] Zypern *n*.
Czech·o·slo·va·ki·a [ˈtʃekəusləuˈvækiə] die Tschechoslowakei.

D

Da·ko·ta [dəˈkəutə]: North ~ Norddakota *n* (*Staat der U.S.A.*); South ~ Süddakota *n* (*Staat der U.S.A.*).
Dan·iel [ˈdænjəl] Daniel *m*.
Dan·ube [ˈdænjuːb] *die* Donau.
Dar·da·nelles [dɑːdəˈnelz] *pl. die* Dardanellen.
Dar·jee·ling [dɑːˈdʒiːliŋ] *Stadt in Indien.*
Dart·moor [ˈdɑːtmuə] *Bergmassiv in England.*
Dar·win [ˈdɑːwin] *englischer Naturforscher.*
Da·vid [ˈdeivid] David *m*.
Dee [diː] *Fluß in England.*
De·foe [diˈfəu] *englischer Autor.*
Del·a·ware [ˈdeləwɛə] *Fluß in U.S.A.; Staat der U.S.A.*
Den·bigh(·shire) [ˈdenbi(ʃiə)] *Grafschaft in Wales.*
Den·mark [ˈdenmɑːk] Dänemark *n*.
Den·ver [ˈdenvə] *Hauptstadt von Colorado (U.S.A.).*
Der·by(·shire) [ˈdɑːbi(ʃə)] *Grafschaft in England.*
Des Moines [diˈmɔin] *Hauptstadt von Iowa (U.S.A.).*
De·troit [dəˈtrɔit] *Industriestadt in U.S.A.*
Dev·on(·shire) [ˈdevn(ʃiə)] *Grafschaft in England.*
Dew·ey [ˈdjuːi] *amerikanischer Philosoph.*
Dick [dik] *Kurzform von* Richard.
Dick·ens [ˈdikinz] *englischer Autor.*
Dis·rae·li [disˈreili] *britischer Staatsmann.*
Dol·ly [ˈdɔli] *Kurzform von* Dorothy.
Don·ald [ˈdɔnld] *männlicher Vorname.*
Don Quix·ote [dɔnˈkwiksət] Don Quijote *m*.
Dor·o·the·a [dɔrəˈθiə], **Dor·o·thy** [ˈdɔrəθi] Dorothea *f*.
Dor·set(·shire) [ˈdɔːsit(ʃiə)] *Grafschaft in England.*
Dos Pas·sos [dəsˈpæsəs] *amerikanischer Autor.*
Doug·las [ˈdʌgləs] *schottisches Adelsgeschlecht.*
Do·ver [ˈdəuvə] *Hafenstadt in England; Hauptstadt von Delaware (U.S.A.).*
Down·ing Street [ˈdauniŋˈstriːt] *Straße in London mit der Amtswohnung des Prime Ministers.*
Drei·ser [ˈdraisə] *amerikanischer Autor.*
Dry·den [ˈdraidn] *englischer Dichter.*
Dub·lin [ˈdʌblin] *Hauptstadt der Republik Irland.*
Dun·kirk [dʌnˈkəːk] Dünkirchen *n*.
Dur·ham [ˈdʌrəm] *Grafschaft in England.*

E

Ed·die [ˈedi] *Kurzform von* Edward.
E·den [ˈiːdn] Eden *n*, das Paradies.
Ed·in·burgh [ˈedinbərə] Edinburg *n*.
Ed·i·son [ˈedisn] *amerikanischer Erfinder.*
Ed·ward [ˈedwəd] Eduard *m*.
E·gypt [ˈiːdʒipt] Ägypten *n*.
Ei·leen [ˈailiːn] *weiblicher Vorname.*
Ei·re [ˈɛərə] *Name der Republik Irland.*
Ei·sen·how·er [ˈaizənhauə] *34. Präsident der U.S.A.*
El·ea·nor [ˈelinə] Eleonore *f*.

E·li·as [i'laiəs] Elias *m*.
El·i·nor ['elinə] Eleonore *f*.
El·i·ot ['eljət] *englische Autorin; englischer Dichter*.
E·liz·a·beth [i'lizəbəθ] Elisabeth *f*.
Em·er·son ['eməsn] *amerikanischer Philosoph*.
Em·i·ly ['emili] Emilie *f*.
Eng·land ['iŋglənd] England *n*.
E·noch ['i:nɔk] *männlicher Vorname*.
Ep·som ['epsəm] *Stadt in England mit Pferderennplatz*.
E·rie ['iəri]: *Lake ~* Eriesee *m* (*e-r der fünf Großen Seen Nordamerikas*).
Er·nest ['ə:nist] Ernst *m*.
Es·sex ['esiks] *Grafschaft in England*.
Eth·el ['eθəl] *weiblicher Vorname*.
E·thi·o·pi·a [i:θi'əupjə] Äthiopien *n*.
E·ton ['i:tn] *berühmte Public School*.
Eu·gene [ju:'ʒein; 'ju:dʒi:n] Eugen *m*.
Eu·ge·ni·a [ju:'dʒi:njə] Eugenie *f*.
Eu·rope ['juərəp] Europa *n*.
Eus·tace ['ju:stəs] *männlicher Vorname*.
Ev·ans ['evənz] *englischer Familienname*.
Eve [i:v] Eva *f*.

F

Falk·land Is·lands ['fɔ:lklənd'ailəndz] *pl. die* Falklandinseln.
Faulk·ner ['fɔ:knə] *amerikanischer Autor*.
Fawkes [fɔ:ks] *Haupt der Pulververschwörung (1605)*.
Fe·li·ci·a [fi'lisiə] *weiblicher Vorname*.
Fe·lix ['filiks] Felix *m*.
Fin·land ['finlənd] Finnland *n*.
Flint·shire ['flintʃiə] *Grafschaft in Wales*.
Flor·ence ['flɔrəns] Florenz *n*; *weiblicher Vorname*.
Flor·i·da ['flɔridə] *Staat der U.S.A.*
Flush·ing ['flʌʃiŋ] Vlissingen *n*.
Folke·stone ['fəukstən] *Seebad in England*.
Ford [fɔ:d] *amerikanischer Industrieller*.
France [frɑ:ns] Frankreich *n*.
Fran·ces ['frɑ:nsis] Franziska *f*.
Fran·cis [~] Franz *m*.
Frank·fort ['fræŋkfət] *Hauptstadt von Kentucky (U.S.A.)*.
Frank·lin ['fræŋklin] *amerikanischer Staatsmann und Physiker*.

Fred(·dy) ['fred(i)] *Kurzform von* Alfred, Frederic(k).
Fred·er·ic(k) ['fredrik] Friedrich *m*.
Fry [frai] *englischer Dramatiker*.
Ful·ton ['fultən] *amerikanischer Erfinder*.

G

Gains·bor·ough ['geinzbərə] *englischer Maler*.
Gals·wor·thy ['gɔ:lzwə:ði] *englischer Autor*.
Gal·ves·ton ['gælvistən] *Hafenstadt in U.S.A.*
Gan·ges ['gændʒi:z] *der* Ganges.
Ge·ne·va [dʒi'ni:və] Genf *n*; *Lake of ~* Genfer See *m*.
Geof·frey ['dʒefri] Gottfried *m*.
George [dʒɔ:dʒ] Georg *m*.
Geor·gia ['dʒɔ:dʒjə] *Staat der U.S.A.*
Ger·ald ['dʒerəld] Gerhard *m*.
Ger·al·dine ['dʒerəldi:n; '~dain] *weiblicher Vorname*.
Ger·ma·ny ['dʒə:məni] Deutschland *n*.
Gersh·win ['gə:ʃwin] *amerikanischer Komponist*.
Ger·trude ['gə:tru:d] Gertrud *f*.
Get·tys·burg ['getizbə:g] *Stadt in U.S.A.*
Gha·na ['gɑ:nə] *Staat in Afrika*.
Ghent [gent] Gent *n*.
Gi·bral·tar [dʒi'brɔ:ltə] Gibraltar *n*.
Giles [dʒailz] Julius *m*.
Gill [dʒil] Julie *f*.
Glad·stone ['glædstən] *britischer Staatsmann*.
Gla·mor·gan(·shire) [glə'mɔ:gən(-ʃiə)] *Grafschaft in Wales*.
Glas·gow ['glɑ:sgəu] *Hafenstadt in Schottland*.
Glouces·ter ['glɔstə] *Stadt in England*; *a.* **Glouces·ter·shire** ['~ʃiə] *Grafschaft in England*.
Gold·smith ['gəuldsmiθ] *englischer Autor*.
Gor·don ['gɔ:dn] *englischer Familienname*.
Gra·ham ['greiəm] *englischer Familienname*; *männlicher Vorname*.
Great Brit·ain ['greit'britn] Großbritannien *n*.
Great Di·vide ['greit di'vaid] *die* Rocky Mountains (*U.S.A.*).
Greece [gri:s] Griechenland *n*.
Greene [gri:n] *englischer Autor*.
Green·land ['gri:nlənd] Grönland *n*.

Green·wich ['grinidʒ] *Vorort von London;* ~ *Village Künstlerviertel von New York (U.S.A.).*
Greg·o·ry ['gregəri] Gregor *m.*
Gri·sons ['gri:zɔ̃:ŋ] Graubünden *n.*
Gros·ve·nor ['grəuvnə] *Straße u. Platz in London.*
Guern·sey ['gə:nzi] *e-e der Kanalinseln.*
Guin·ness ['ginis; gi'nes] *englischer Familienname.*
Guy [gai] Guido *m.*
Gwen·do·len, Gwen·do·lyn ['gwendəlin] *weiblicher Vorname.*

H

Hague [heig]: *the* ~ Den Haag.
Hai·ti ['heiti] Haiti *n.*
Hal·i·fax ['hælifæks] *Name zweier Städte in England u. Kanada.*
Ham·il·ton ['hæmiltən] *englischer Familienname.*
Hamp·shire ['hæmpʃiə] *Grafschaft in England.*
Hamp·stead ['hæmpstid] *Stadtteil von London.*
Han·o·ver ['hænəuvə] Hannover *n.*
Har·ri·et ['hæriət] Henriette *f.*
Har·ris·burg ['hærisbə:g] *Hauptstadt von Pennsylvanien (U.S.A.).*
Har·row ['hærəu] *berühmte Public School.*
Har·ry ['hæri] *Kurzform von* Henry.
Har·vard U·ni·ver·si·ty ['ha:vədju:ni'və:siti] *amerikanische Universität.*
Har·wich ['hæridʒ] *Hafenstadt in England.*
Has·tings ['heistiŋz] *Stadt in England; britischer Staatsmann.*
Ha·wai·i [ha:'waii:] *pl. Staat der U.S.A.*
Heb·ri·des ['hebridi:z] *pl. die* Hebriden.
Hel·en ['helin] Helene *f.*
Hel·i·go·land ['heligəulænd] Helgoland *n.*
Hel·sin·ki ['helsiŋki] Helsinki *n.*
Hem·ing·way ['hemiŋwei] *amerikanischer Autor.*
Hen·ley ['henli] *Stadt in England mit berühmter Regattastrecke.*
Hen·ry ['henri] Heinrich *m.*
Her·e·ford(·shire) ['herifəd(ʃiə)] *Grafschaft in England.*
Hert·ford(·shire) ['ha:fəd(ʃiə)] *Grafschaft in England.*
Hi·ma·la·ya [himə'leiə] *der* Himalaya.
Hin·du·stan [hindu'sta:n] Hindustan *n.*
Ho·garth ['həuga:θ] *englischer Maler.*
Hol·born ['həubən] *Stadtteil von London.*
Hol·land ['hɔlənd] Holland *n.*
Hol·ly·wood ['hɔliwud] *Filmstadt in Kalifornien (U.S.A.).*
Home [hju:m]: *Sir Alec Douglas-*~ *britischer Politiker.*
Ho·mer ['həumə] Homer *m.*
Hon·o·lu·lu [hɔnə'lu:lu:] *Hauptstadt von Hawaii (U.S.A.).*
Hoo·ver ['hu:və] *31. Präsident der U.S.A.*
Hous·ton ['hju:stən] *Stadt in U.S.A.*
Hud·son ['hʌdsn] *Fluß in U.S.A., an seiner Mündung New York; englischer Familienname.*
Hugh [hju:] Hugo *m.*
Hull [hʌl] *Hafenstadt in England.*
Hume [hju:m] *englischer Philosoph.*
Hun·ga·ry ['hʌŋgəri] Ungarn *n.*
Hun·ting·don(·shire) ['hʌntiŋdən (-ʃiə)] *Grafschaft in England.*
Hu·ron ['hjuərən]: *Lake* ~ Huronsee *m (e-r der fünf Großen Seen Nordamerikas).*
Hux·ley ['hʌksli] *englischer Biologe; englischer Autor.*
Hyde Park ['haid'pa:k] *Park in London.*

I

Ice·land ['aislənd] Island *n.*
I·da·ho ['aidəhəu] *Staat der U.S.A.*
I·dle·wild ['aidlwaild] *ehemaliger Name von Kennedy Airport.*
Il·li·nois [ili'nɔi] *Fluß in U.S.A.; Staat der U.S.A.*
In·di·a ['indjə] Indien *n.*
In·di·an·a [indi'ænə] *Staat der U.S.A.*
In·di·an O·cean ['indjən'əuʃən] *der* Indische Ozean.
In·dies ['indiz] *pl.: the (East, West)* ~ (Ost-, West)Indien *n.*
In·dus ['indəs] *der* Indus.
I·o·wa ['aiəuə] *Staat der U.S.A.*
I·rak, I·raq [i'ra:k] der Irak.
I·ran [i'ra:n] der Iran.
Ire·land ['aiələnd] Irland *n.*
I·rene [ai'ri:ni; 'airi:n] Irene *f.*
Ir·ving ['ə:viŋ] *amerikanischer Autor.*
I·saac ['aizək] Isaak *m.*
Is·a·bel ['izəbel] Isabella *f.*
Is·ra·el ['izreiəl] Israel *n.*
It·a·ly ['itəli] Italien *n.*

J

Jack [dʒæk] Hans *m.*
James [dʒeimz] Jakob *m.*
Jane [dʒein] Johanna *f.*
Ja·net [ˈdʒænit] Johanna *f.*
Ja·pan [dʒəˈpæn] Japan *n.*
Jean [dʒiːn] Johanna *f.*
Jef·fer·son [ˈdʒefəsn] *3. Präsident der U.S.A., Verfasser der Unabhängigkeitserklärung von 1776;* ~ *City Hauptstadt von Missouri (U.S.A.).*
Jen·ny [ˈdʒeni] Hanne *f.*
Jer·e·my [ˈdʒerimi] *männlicher Vorname.*
Jer·sey [ˈdʒəːzi] *e-e der Kanalinseln;* ~ *City Stadt in U.S.A.*
Je·ru·sa·lem [dʒəˈruːsələm] Jerusalem *n.*
Je·sus (**Christ**) [ˈdʒiːzəs(ˈkraist)] Jesus (Christus) *m.*
Jill [dʒil] Julia *f.*
Jim(**·my**) [ˈdʒim(i)] *Kurzform von James.*
Joan [dʒəun] Johanna *f.*
Jo(**e**) [dʒəu] *Kurzform von Joseph.*
John [dʒɔn] Johann(es) *m.*
John·ny [ˈdʒɔni] Hans *m.*
John·son [ˈdʒɔnsn] *englischer Autor; 36. Präsident der U.S.A.*
Jo·nah [ˈdʒəunə] *männlicher Vorname.*
Jon·a·than [ˈdʒɔnəθən] *männlicher Vorname.*
Jon·son [ˈdʒɔnsn] *englischer Dramatiker.*
Jor·dan [ˈdʒɔːdn] Jordanien *n.*
Jo·seph [ˈdʒəuzif] Joseph *m.*
Josh·u·a [ˈdʒɔʃwə] *männlicher Vorname.*
Joyce [dʒɔis] *englischer Autor.*
Jul·ia [ˈdʒuːljə], **Ju·li·et** [ˈ~jət] Julia *f.*
Jul·ius [ˈdʒuːljəs] Julius *m.*
Ju·neau [ˈdʒuːnəu] *Hauptstadt von Alaska (U.S.A.).*

K

Kan·sas [ˈkænzəs] *Fluß in U.S.A.; Staat der U.S.A.*
Ka·ra·chi [kəˈrɑːtʃi] *Stadt in Pakistan.*
Kash·mir [kæʃˈmiə] Kaschmir *n.*
Kate [keit] *Kurzform von Catherine, Katharine, Katherine, Kathleen.*
Kath·a·rine, Kath·er·ine [ˈkæθərin] Katharina *f.*
Kath·leen [ˈkæθliːn] Katharina *f.*
Keats [kiːts] *englischer Dichter.*
Ken·ne·dy [ˈkenidi] *35. Präsident der U.S.A.; Cape* ~ *Landspitze in Florida (U.S.A.), Raketenversuchsgelände;* ~ *Airport Flughafen von New York (U.S.A.).*
Ken·sing·ton [ˈkenziŋtən] *Stadtteil von London.*
Kent [kent] *Grafschaft in England.*
Ken·tuck·y [kenˈtʌki] *Fluß in U.S.A.; Staat der U.S.A.*
Ken·ya [ˈkenjə] *Staat in Afrika.*
Kip·ling [ˈkipliŋ] *englischer Dichter.*
Kit·ty [ˈkiti] *Kurzform von Catherine.*
Klon·dike [ˈklɔndaik] *Fluß u. Landschaft in Kanada u. Alaska.*
Ko·re·a [kəˈriə] Korea *n.*
Krem·lin [ˈkremlin] *der* Kreml.
Ku·weit [kuˈweit] Kuwait *n.*

L

Lab·ra·dor [ˈlæbrədɔː] *Halbinsel Nordamerikas.*
Lan·ca·shire [ˈlæŋkəʃiə] *Grafschaft in England.*
Lan·cas·ter [ˈlæŋkəstə] *Name zweier Städte in England u. U.S.A.; s. Lancashire.*
Law·rence [ˈlɔrəns] Lorenz *m*; *Name zweier englischer Autoren.*
Leb·a·non [ˈlebənən] *der* Libanon.
Leeds [liːdz] *Industriestadt in England.*
Leg·horn [ˈlegˈhɔːn] Livorno *n.*
Leices·ter [ˈlestə] *Stadt in England; a.* **Leices·ter·shire** [ˈ~ʃiə] *Grafschaft in England.*
Le·man [ˈlemən]: *Lake* ~ Genfer See *m.*
Leon·ard [ˈlenəd] Leonhard *m.*
Les·lie [ˈlezli] *männlicher Vorname.*
Lew·is [ˈluːis] Ludwig *m*; *englischer Dichter; amerikanischer Autor.*
Lin·coln [ˈliŋkən] *16. Präsident der U.S.A.; Hauptstadt von Nebraska (U.S.A.); Stadt in England; a.* **Lin·coln·shire** [ˈ~ʃiə] *Grafschaft in England.*
Li·o·nel [ˈlaiənl] *männlicher Vorname.*
Lis·bon [ˈlizbən] Lissabon *n.*
Lit·tle Rock [ˈlitlˈrɔk] *Hauptstadt von Arkansas (U.S.A.).*
Liv·er·pool [ˈlivəpuːl] *Industrie- u. Hafenstadt in England.*

Liz·zie ['lizi] *Kurzform von Elizabeth.*

Lloyd [lɔid] *männlicher Vorname; englischer Familienname.*

Locke [lɔk] *englischer Philosoph.*

Lon·don ['lʌndən] London *n.*

Lor·raine [lɔ'rein] Lothringen *n.*

Los An·ge·les [lɔs'ændʒili:z; *Am. a.* ~'æŋgələs] *Hafenstadt in Kalifornien (U.S.A.).*

Lou·i·sa [lu:'i:zə] Luise *f.*

Lou·i·si·an·a [lu:i:zi'ænə] *Staat der U.S.A.*

Lu·cerne [lu:'sə:n]: *Lake of* ~ Vierwaldstätter See *m.*

Lu·cius ['lu:sjəs] *männlicher Vorname.*

Lu·cy ['lu:si] Lucie *f.*

Luke [lu:k] Lukas *m.*

Lux·em·b(o)urg ['lʌksəmbə:g] Luxemburg *n.*

Lyd·i·a ['lidiə] Lydia *f.*

M

Mab [mæb] *Feenkönigin.*

Ma·bel ['meibəl] *weiblicher Vorname.*

Ma·cau·lay [mə'kɔ:li] *englischer Historiker.*

Mac·ken·zie [mə'kenzi] *Fluß in Kanada.*

Mac·leod [mə'klaud] *britischer Politiker.*

Ma·dei·ra [mə'diərə] Madeira *n.*

Madge [mædʒ] Margot *f*, Marg(r)it *f.*

Mad·i·son ['mædisn] *4. Präsident der U.S.A.; Hauptstadt von Wisconsin (U.S.A.).*

Ma·dras [mə'drɑ:s] *Hafenstadt in Indien.*

Ma·drid [mə'drid] Madrid *n.*

Mag·da·len ['mægdəlin] Magdalene *f.*

Mag·gie ['mægi] Margot *f*, Marg(r)it *f.*

Ma·hom·et [mə'hɔmit] Mohammed *m.*

Maine [mein] *Staat der U.S.A.*

Mal·ta ['mɔ:ltə] Malta *n.*

Man·ches·ter ['mæntʃistə] *Industriestadt in England.*

Man·hat·tan [mæn'hætən] *Stadtteil von New York (U.S.A.).*

Man·i·to·ba [mæni'təubə] *Provinz in Kanada.*

Mar·ga·ret ['mɑ:gərit] Margarete *f.*

Mark [mɑ:k] Markus *m.*

Marl·bor·ough ['mɔ:lbərə] *englischer General.*

Mar·lowe ['mɑ:ləu] *englischer Dramatiker.*

Mar·tha ['mɑ:θə] Martha *f.*

Mar·y ['mɛəri] Maria *f.*

Mar·y·land ['mɛərilænd; *Am.* 'merilənd] *Staat der U.S.A.*

Mas·sa·chu·setts [mæsə'tʃu:sits] *Staat der U.S.A.*

Ma·t(h)il·da [mə'tildə] Mathilde *f.*

Ma(t)·thew ['mæθju:; 'meiθju:] Matthäus *m.*

Maud [mɔ:d] *Kurzform von Magdalene, Mat(h)ilda.*

Maugham [mɔ:m] *englischer Autor.*

Mau·rice ['mɔris] Moritz *m.*

May [mei] *Kurzform von Mary.*

Mel·bourne ['melbən] *Hafenstadt in Australien.*

Mel·ville ['melvil] *amerikanischer Autor.*

Mer·i·on·eth(·shire) [meri'ɔniθ (-ʃiə)] *Grafschaft in Wales.*

Mex·i·co ['meksikəu] Mexiko *n.*

Mi·am·i [mai'æmi] *Badeort in Florida (U.S.A.).*

Mi·chael ['maikl] Michael *m.*

Mich·i·gan ['miʃigən] *Staat der U.S.A.; Lake* ~ Michigansee *m (e-r der fünf Großen Seen Nordamerikas).*

Mid·dle·sex ['midlseks] *Grafschaft in England.*

Mid·west ['midwest] *der* Mittlere Westen *(U.S.A.).*

Mil·dred ['mildrid] *weiblicher Vorname.*

Mil·ton ['miltən] *englischer Dichter.*

Mil·wau·kee [mil'wɔ:ki:] *Stadt in U.S.A.*

Min·ne·ap·o·lis [mini'æpəlis] *Stadt in U.S.A.*

Min·ne·so·ta [mini'səutə] *Staat der U.S.A.*

Mis·sis·sip·pi [misi'sipi] *Fluß in U.S.A.; Staat der U.S.A.*

Mis·sou·ri [mi'zuəri] *Fluß in U.S.A.; Staat der U.S.A.*

Mo·ham·med [məu'hæmed] Mohammed *m.*

Moll [mɔl] *Kurzform von Mary.*

Mon·a·co ['mɔnəkəu] Monaco *n.*

Mon·mouth(·shire) ['mɔnməθ(ʃiə)] *Grafschaft in England.*

Mon·roe [mən'rəu] *5. Präsident der U.S.A.*

Mon·tan·a [mɔn'tænə] *Staat der U.S.A.*

Mont·gom·er·y [mənt'gʌməri] *britischer Feldmarschall; a.* **Mont·gom·er·y·shire** [~ʃiə] *Grafschaft in Wales.*

Mont·re·al [mɔntri'ɔ:l] *Stadt in Kanada.*

Moore [muə] *englischer Bildhauer.*

Mo·ra·vi·a [mə'reivjə] Mähren *n.*
Mos·cow ['mɔskəu] Moskau *n.*
Mo·selle [məu'zel] *die* Mosel.
Mu·nich ['mju:nik] München *n.*
Mur·ray ['mʌri] *Fluß in Australien.*

N

Nan·cy ['nænsi] Ännchen *n.*
Na·ples ['neiplz] Neapel *n.*
Na·tal [nə'tæl] Natal *n.*
Ne·bras·ka [ni'bræskə] *Staat der U.S.A.*
Nell, Nel·ly ['nel(i)] *Kurzform von* Eleanor, Helen.
Nel·son ['nelsn] *britischer Admiral.*
Ne·pal [ni'pɔ:l] Nepal *n.*
Neth·er·lands ['neðələndz] *pl. die* Niederlande.
Ne·vad·a [ne'vɑ:də] *Staat der U.S.A.*
New Bruns·wick [nju:'brʌnzwik] *Provinz in Kanada.*
New·cas·tle ['nju:kɑ:sl] *Hafenstadt in England.*
New Del·hi [nju:'deli] *Hauptstadt von Indien.*
New Eng·land [nju:'iŋglənd] Neuengland *n.*
New·found·land [nju:fənd'lænd] Neufundland *n.*
New Hamp·shire [nju:'hæmpʃiə] *Staat der U.S.A.*
New Jer·sey [nju:'dʒə:zi] *Staat der U.S.A.*
New Mex·i·co [nju:'meksikəu] Neumexiko *n* (*Staat der U.S.A.*).
New Or·le·ans [nju:'ɔ:liənz] *Hafenstadt in U.S.A.*
New·ton ['nju:tn] *englischer Physiker.*
New York ['nju:'jɔ:k] *Stadt in U.S.A.; Staat der U.S.A.*
New Zea·land [nju:'zi:lənd] Neuseeland *n.*
Ni·ag·a·ra [nai'ægərə] *der* Niagara (*Fluß zwischen Erie- u. Ontariosee*).
Nich·o·las ['nikələs] Nikolaus *m.*
Ni·ge·ri·a [nai'dʒiəriə] *Staat in Afrika.*
Nile [nail] *der* Nil.
Nix·on ['niksn] *37. Präsident der U.S.A.*
Nor·folk ['nɔ:fək] *Grafschaft in England; Hafenstadt in U.S.A.*
North·amp·ton [nɔ:'θæmptən] *Stadt in England; a.* **North·amp·ton·shire** [~ʃiə] *Grafschaft in England.*
North Sea ['nɔ:θ'si:] *die* Nordsee.
North·um·ber·land [nɔ:'θʌmbələnd] *Grafschaft in England.*
Nor·way ['nɔ:wei] Norwegen *n.*
Not·ting·ham ['nɔtiŋəm] *Stadt in England; a.* **Not·ting·ham·shire** ['~ʃiə] *Grafschaft in England.*
No·va Sco·tia ['nəuvə'skəuʃə] *Provinz in Kanada.*
Nu·rem·berg ['njuərəmbə:g] Nürnberg *n.*

O

O·ce·an·i·a [əuʃi'einjə] Ozeanien *n.*
O·hi·o [əu'haiəu] *Fluß in U.S.A.; Staat der U.S.A.*
O·kla·ho·ma [əuklə'həumə] *Staat der U.S.A.;* ~ City *Hauptstadt von Oklahoma* (*U.S.A.*).
O·ma·ha ['əuməhɑ:] *Stadt in U.S.A.*
O'Neill [əu'ni:l] *amerikanischer Dramatiker.*
On·tar·i·o [ɔn'tɛəriəu] *Provinz in Kanada;* Lake ~ Ontariosee *m* (*e-r der fünf Großen Seen Nordamerikas*).
Or·ange ['ɔrindʒ] *der* Oranje.
Or·e·gon ['ɔrigən] *Staat der U.S.A.*
Ork·ney Is·lands ['ɔ:kni'ailəndz] *pl. die* Orkneyinseln.
Or·well ['ɔ:wəl] *englischer Autor.*
Os·borne ['ɔzbən] *englischer Dramatiker.*
Os·lo ['ɔzləu] Oslo *n.*
Ost·end [ɔs'tend] Ostende *n.*
Ot·ta·wa ['ɔtəwə] *Hauptstadt von Kanada.*
Ox·ford ['ɔksfəd] *englische Universitätsstadt; a.* **Ox·ford·shire** ['~ʃiə] *Grafschaft in England.*
O·zark Moun·tains ['əuzɑ:k'mauntinz] *pl. Bergmassiv in U.S.A.*

P

Pa·cif·ic [pə'sifik] *der* Pazifik.
Pak·i·stan [pɑ:kis'tɑ:n] Pakistan *n.*
Pall Mall ['pæl'mæl] *Straße in London.*
Palm Beach ['pɑ:m'bi:tʃ] *Badeort in Florida* (*U.S.A.*).
Palm·er·ston ['pɑ:məstən] *britischer Staatsmann.*
Pan·a·ma [pænə'mɑ:] Panama *n.*
Par·is ['pæris] Paris *n.*
Pa·tri·cia [pə'triʃə] *weiblicher Vorname.*
Pat·rick ['pætrik] *männlicher Vorname.*
Paul [pɔ:l] Paul *m.*
Pau·line [pɔ:'li:n; 'pɔ:li:n] Pauline *f.*

Pearl Har·bor [ˈpəːlˈhɑːbə] *Hafenstadt auf den Hawaiinseln (U.S.A.).*
Peel [piːl] *britischer Staatsmann.*
Pe·kin [ˈpiːkin], **Pe·king** [ˈpiːkiŋ] Peking *n.*
Peg(·gy) [ˈpeg(i)] Margot *f.*
Pem·broke(·shire) [ˈpembruk(ʃiə)] *Grafschaft in Wales.*
Penn·syl·va·nia [pensilˈveinjə] Pennsylvanien *n (Staat der U.S.A.).*
Per·cy [ˈpəːsi] *männlicher Vorname.*
Per·sia [ˈpəːʃə] Persien *n.*
Pe·ru [pəˈruː] Peru *n.*
Pe·ter [ˈpiːtə] Peter *m.*
Phil·a·del·phi·a [filəˈdelfjə] *Stadt in U.S.A.*
Phil·ip [ˈfilip] Philipp *m.*
Phil·ip·pines [ˈfilipiːnz] *pl. die* Philippinen.
Phoe·nix [ˈfiːniks] *Hauptstadt von Arizona (U.S.A.).*
Pic·ca·dil·ly [pikəˈdili] *Straße in London.*
Pin·ter [ˈpintə] *englischer Dramatiker.*
Pitts·burgh [ˈpitsbəːg] *Stadt in U.S.A.*
Pla·to [ˈpleitəu] Plato(n) *m.*
Plym·outh [ˈpliməθ] *Hafenstadt in England; Stadt in U.S.A.*
Poe [pəu] *amerikanischer Autor.*
Po·land [ˈpəulənd] Polen *n.*
Pope [pəup] *englischer Dichter.*
Port·land [ˈpɔːtlənd] *Name zweier Städte in U.S.A.*
Ports·mouth [ˈpɔːtsməθ] *Hafenstadt in England.*
Por·tu·gal [ˈpɔːtjugəl] Portugal *n.*
Po·to·mac [pəˈtəumək] *Fluß in U.S.A.*
Prague [prɑːg] Prag *n.*
Prus·sia [ˈprʌʃə] Preußen *n.*
Pul·itz·er [ˈpulitsə] *amerikanischer Journalist.*
Pun·jab [pʌnˈdʒɑːb] Pandschab *n.*
Pur·cell [ˈpəːsl] *englischer Komponist.*

Q

Que·bec [kwiˈbek] *Stadt u. Provinz in Kanada.*
Queens [kwiːnz] *Stadtteil von New York (U.S.A.).*

R

Ra·chel [ˈreitʃəl] Rachel *f.*
Rad·nor(·shire) [ˈrædnə(ʃiə)] *Grafschaft in Wales.*
Ra·leigh [ˈrɔːli; ˈrɑːli; ˈræli] *englischer Seefahrer;* [ˈrɔːli] *Hauptstadt von Nordkarolina (U.S.A.).*
Ralph [reif; rælf] Ralph *m.*
Rat·is·bon [ˈrætizbɔn] Regensburg *n.*
Ra·wal·pin·di [ˈrɔːlpindi] *Hauptstadt von Pakistan.*
Read·ing [ˈrediŋ] *Industriestadt in England; Stadt in U.S.A.*
Rea·gan [ˈreigən] *Präsident der U.S.A.*
Reg·i·nald [ˈredʒinld] Reinhold *m.*
Rey·kja·vik [ˈreikjəviːk] Reykjavik *n.*
Reyn·olds [ˈrenldz] *englischer Maler.*
Rhine [rain] *der* Rhein.
Rhode Is·land [rəudˈailənd] *Staat der U.S.A.*
Rhodes [rəudz] Rhodos *n.*
Rho·de·sia [rəuˈdiːzjə] Rhodesien *n.*
Rich·ard [ˈritʃəd] Richard *m;* ~ *the Lionhearted* Richard Löwenherz.
Rich·mond [ˈritʃmənd] *Hauptstadt von Virginia (U.S.A.); Stadtteil von London.*
Rob·ert [ˈrɔbət] Robert *m.*
Rob·in [ˈrɔbin] *Kurzform von Robert.*
Rock·e·fel·ler [ˈrɔkifelə] *amerikanischer Industrieller.*
Rock·y Moun·tains [ˈrɔkiˈmauntinz] *pl. Gebirge in U.S.A.*
Rog·er [ˈrɔdʒə; ˈrəudʒə] Rüdiger *m.*
Rome [rəum] Rom *n.*
Roo·se·velt [ˈrəuzəvelt] *Name zweier Präsidenten der U.S.A.*
Rug·by [ˈrʌgbi] *berühmte Public School.*
Ru·ma·ni·a [ruːˈmeinjə] Rumänien *n.*
Rus·sell [ˈrʌsl] *englischer Philosoph.*
Rus·sia [ˈrʌʃə] Rußland *n.*
Rut·land(·shire) [ˈrʌtlənd(ʃiə)] *Grafschaft in England.*

S

Sac·ra·men·to [sækrəˈmentəu] *Hauptstadt von Kalifornien (U.S.A.).*
Salis·bur·y [ˈsɔːlzbəri] *Stadt in England.*
Sal·ly [ˈsæli] *Kurzform von Sarah.*
Salt Lake Cit·y [ˈsɔːltˈleikˈsiti] *Hauptstadt von Utah (U.S.A.).*
Sam [sæm] *Kurzform von Samuel.*
Sam·u·el [ˈsæmjuəl] Samuel *m.*
San Fran·cis·co [sænfrənˈsiskəu] *Hafenstadt in U.S.A.*
Sar·a(h) [ˈsɛərə] Sarah *f.*

Sas·katch·e·wan [səsˈkætʃiwən] *Provinz in Kanada.*
Sax·o·ny [ˈsæksni] Sachsen *n.*
Scan·di·na·vi·a [skændiˈneivjə] Skandinavien *n.*
Sche·nec·ta·dy [skiˈnektədi] *Stadt in U.S.A.*
Scot·land [ˈskɔtlənd] Schottland *n*; ~ *Yard Polizeipräsidium in London.*
Scott [skɔt] *englischer Autor; englischer Polarforscher.*
Se·at·tle [siˈætl] *Hafenstadt in U.S.A.*
Sev·ern [ˈsevə:n] *Fluß in England.*
Shake·speare [ˈʃeikspiə] *englischer Dichter.*
Shaw [ʃɔ:] *englischer Dramatiker.*
Shef·field [ˈʃefi:ld] *Industriestadt in England.*
Shel·ley [ˈʃeli] *englischer Dichter.*
Shet·land Is·lands [ˈʃetləndˈailəndz] *pl. die* Shetlandinseln.
Shrop·shire [ˈʃrɔpʃiə] *Grafschaft in England.*
Sib·yl [ˈsibil] Sibylle *f.*
Sic·i·ly [ˈsisili] Sizilien *n.*
Sid·ney [ˈsidni] *männlicher Vorname; englischer Familienname.*
Si·le·sia [saiˈli:zjə] Schlesien *n.*
Sin·clair [ˈsiŋkl(ɛ)ə] *männlicher Vorname; amerikanischer Autor.*
Sin·ga·pore [siŋgəˈpɔ:] Singapur *n.*
Sing-Sing [ˈsiŋsiŋ] *Staatsgefängnis von New York (U.S.A.).*
Snow·don [ˈsnəudn] *Berg in Wales.*
So·fia [ˈsəufjə] Sofia *n.*
Sol·o·mon [ˈsɔləmən] Salomo(n) *m.*
Som·er·set(·shire) [ˈsʌməsit(ʃiə)] *Grafschaft in England.*
So·phi·a [səuˈfaiə] Sophie *f.*
South·amp·ton [sauθˈæmptən] *Hafenstadt in England.*
South·wark [ˈsʌðək; ˈsauθwək] *Stadtteil von London.*
Spain [spein] Spanien *n.*
Staf·ford(·shire) [ˈstæfəd(ʃiə)] *Grafschaft in England.*
Steele [sti:l] *englischer Autor.*
Stein·beck [ˈstainbek] *amerikanischer Autor.*
Ste·phen [ˈsti:vn] Stephan *m.*
Ste·ven·son [ˈsti:vnsn] *englischer Autor.*
St. Law·rence [sntˈlɔ:rəns] *der* St.-Lorenz-Strom.
St. Lou·is [sntˈlu:is] *Stadt in U.S.A.*
Stock·holm [ˈstɔkhəum] Stockholm *n.*
Strat·ford on A·von [ˈstrætfədɔnˈeivən] *Geburtsort Shakespeares.*
Stu·art [stjuət] *schottisch-englisches Herrschergeschlecht.*
Styr·i·a [ˈstiriə] die Steiermark.
Su·dan [su:ˈdɑ:n] *der* Sudan.
Sue [sju:] *Kurzform von Susan.*
Su·ez [ˈsu:iz] Sues *n.*
Suf·folk [ˈsʌfək] *Grafschaft in England.*
Su·pe·ri·or [sju:ˈpiəriə]: *Lake* ~ Oberer See *m (e-r der fünf Großen Seen Nordamerikas).*
Sur·rey [ˈsʌri] *Grafschaft in England.*
Su·san [ˈsu:zn] Susanne *f.*
Sus·que·han·na [sʌskwəˈhænə] *Fluß in U.S.A.*
Sus·sex [ˈsʌsiks] *Grafschaft in England.*
Swan·sea [ˈswɔnzi] *Hafenstadt in Wales.*
Swe·den [ˈswi:dn] Schweden *n.*
Swift [swift] *englischer Autor.*
Swit·zer·land [ˈswitsələnd] die Schweiz.
Syd·ney [ˈsidni] *Hafen- u. Industriestadt in Australien.*
Syr·i·a [ˈsiriə] Syrien *n.*

T

Tal·la·has·see [tæləˈhæsi] *Hauptstadt von Florida (U.S.A.).*
Ted(·dy) [ˈted(i)] *Kurzform von Edward, Theodore.*
Ten·nes·see [tenəˈsi:] *Fluß in U.S.A.; Staat der U.S.A.*
Ten·ny·son [ˈtenisn] *englischer Dichter.*
Tex·as [ˈteksəs] *Staat der U.S.A.*
Thack·er·ay [ˈθækəri] *englischer Autor.*
Thames [temz] *die* Themse.
The·o·dore [ˈθiədɔ:] Theodor *m.*
The·re·sa [tiˈri:zə] Therese *f.*
Thom·as [ˈtɔməs] Thomas *m.*
Tho·reau [ˈθɔ:rəu] *amerikanischer Philosoph.*
Thu·rin·gi·a [θjuəˈrindʒiə] Thüringen *n.*
Tim·o·thy [ˈtiməθi] Timotheus *m.*
Ti·ra·na [tiˈrɑ:nə] *Hauptstadt von Albanien.*
To·bi·as [təˈbaiəs] Tobias *m.*
To·by [ˈtəubi] *Kurzform von Tobias.*
Tom(·my) [ˈtɔm(i)] *Kurzform von Thomas.*
To·pe·ka [təuˈpi:kə] *Hauptstadt von Kansas (U.S.A.).*
To·ron·to [təˈrɔntəu] *Stadt in Kanada.*

Toyn·bee [ˈtɔinbi] *englischer Historiker.*
Tra·fal·gar [trəˈfælgə] *Vorgebirge bei Gibraltar.*
Trent [trent] *Fluß in England.*
Treves [triːvz] Trier *n.*
Trol·lope [ˈtrɔləp] *englischer Autor.*
Tru·man [ˈtruːmən] *33. Präsident der U.S.A.*
Tu·dor [ˈtjuːdə] *englisches Herrschergeschlecht.*
Tur·key [ˈtəːki] die Türkei.
Tur·ner [ˈtəːnə] *englischer Maler.*
Tus·ca·ny [ˈtʌskəni] die Toskana.
Twain [twein] *amerikanischer Autor.*
Ty·rol [ˈtirəl]: *the* ~ Tirol *n.*

U

Ul·ster [ˈʌlstə] *Provinz in Irland.*
U·nit·ed States of A·mer·i·ca [juːˈnaitidˈsteitsəvəˈmerikə] *die* Vereinigten Staaten von Amerika.
U·tah [ˈjuːtɑː] *Staat der U.S.A.*

V

Val·en·tine [ˈvælənt(a)in] Valentin *m*; Valentine *f.*
Van·cou·ver [vænˈkuːvə] *Hafenstadt in Kanada.*
Vat·i·can [ˈvætikən] *der* Vatikan.
Vaughan Wil·liams [ˈvɔːnˈwiljəmz] *englischer Komponist.*
Ven·ice [ˈvenis] Venedig *n.*
Ver·mont [vəːˈmɔnt] *Staat der U.S.A.*
Vic·to·ri·a [vikˈtɔːriə] Viktoria *f.*
Vi·en·na [viˈenə] Wien *n.*
Vi·et·nam [ˈvjetˈnæm] Vietnam *n.*
Vir·gin·ia [vəˈdʒinjə] Virginien *n* (*Staat der U.S.A.*); West ~ *Staat der U.S.A.*
Vis·tu·la [ˈvistjulə] *die* Weichsel.
Vosges [vəuʒ] *pl. die* Vogesen.

W

Wales [weilz] Wales *n.*
Wal·lace [ˈwɔlis] *englischer Autor; amerikanischer Autor.*
Wall Street [ˈwɔːlˈstriːt] *Finanzzentrum in New York (U.S.A.).*
War·saw [ˈwɔːsɔː] Warschau *n.*
War·wick(·shire) [ˈwɔrik(ʃiə)] *Grafschaft in England.*
Wash·ing·ton [ˈwɔʃiŋtən] *1. Präsident der U.S.A.; Staat der U.S.A.; Bundeshauptstadt der U.S.A.*
Wa·ter·loo [wɔːtəˈluː] *Ort in Belgien.*
Watt [wɔt] *englischer Erfinder.*
Wedg·wood [ˈwedʒwud] *englischer Keramiker.*
Wel·ling·ton [ˈweliŋtən] *englischer Feldherr u. Staatsmann; Hauptstadt von Neuseeland.*
West·min·ster [ˈwestminstə] *Stadtteil von London.*
West·mor·land [ˈwestmələnd] *Grafschaft in England.*
White·hall [ˈwaitˈhɔːl] *Straße in London.*
White House [ˈwaitˈhaus] *das* Weiße Haus (*Amtssitz des Präsidenten der U.S.A.*).
Whit·man [ˈwitmən] *amerikanischer Dichter.*
Wight [wait]: *Isle of* ~ *Insel vor der Südküste Englands.*
Wilde [waild] *englischer Dichter.*
Wil·der [ˈwaildə] *amerikanischer Autor.*
Will [wil], **Wil·liam** [ˈwiljəm] Wilhelm *m.*
Wil·son [ˈwilsn] *britischer Politiker; 28. Präsident der U.S.A.*
Wilt·shire [ˈwiltʃiə] *Grafschaft in England.*
Wim·ble·don [ˈwimbldən] *Vorort von London (Tennisturniere).*
Win·ni·peg [ˈwinipeg] *Stadt in Kanada.*
Wis·con·sin [wisˈkɔnsin] *Fluß in U.S.A.; Staat der U.S.A.*
Wolfe [wulf] *amerikanischer Autor.*
Woolf [wulf] *englische Autorin.*
Worces·ter [ˈwustə] *englische Industriestadt; a.* **Worces·ter·shire** [ˈ~ʃiə] *Grafschaft in England.*
Words·worth [ˈwəːdzwəːθ] *englischer Dichter.*
Wyc·liffe [ˈwiklif] *englischer Reformator.*
Wy·o·ming [waiˈəumiŋ] *Staat der U.S.A.*

Y

Yale U·ni·ver·si·ty [ˈjeiljuːniˈvəːsiti] *amerikanische Universität.*
Yeats [jeits] *irischer Dichter.*
Yel·low·stone [ˈjeləustəun] *Fluß in U.S.A.; Nationalpark.*
York [jɔːk] *Stadt in England; a.* **York·shire** [ˈ~ʃiə] *Grafschaft in England.*
Yo·sem·i·te [jəuˈsemiti] *Naturschutzgebiet in U.S.A.*
Yu·go·sla·vi·a [ˈjuːgəuˈslɑːvjə] Jugoslawien *n.*

Z

Zach·a·ri·ah [zækəˈraiə], **Zach·a·ry** [ˈ~ri] Zacharias *m.*

Britische und amerikanische Abkürzungen

A

a. *acre* Acre *m* (*4046,8* m^2).
A.A. *anti-aircraft* Flugabwehr *f*; *Brit. Automobile Association* Kraftfahrerverband *m*.
A.A.A. *Brit. Amateur Athletic Association* Leichtathletikverband *m*; *Am. American Automobile Association* Amerikanischer Kraftfahrerverband *m*.
A.B. *able-bodied seaman* Vollmatrose; *s. B.A. (Bachelor of Arts).*
abbr. *abbreviated* abgekürzt; *abbreviation* Abk., Abkürzung *f*.
A.B.C. *American Broadcasting Company* Amerikanische Rundfunkgesellschaft *f*.
A.B.M. *anti-ballistic missile* Anti-Rakete *f* (*zur Abwehr von Raketen*).
A.C. *alternating current* Wechselstrom *m*.
A/C *account (current)* Kontokorrent *n*, Rechnung *f*.
acc(t). *account* Kto., Konto *n*, Rechnung *f*.
A.D. *Anno Domini* (*Lat.* = *in the year of our Lord*) im Jahr des Herrn, n. Chr., nach Christus.
A.D.A. *Brit. Atom Development Administration* Atomforschungsverwaltung *f*.
Adm. *Admiral* Admiral *m*; *Admiralty* Admiralität *f*.
advt. *advertisement* Anzeige *f*, Ankündigung *f*.
AEC *Atomic Energy Commission* Atomenergiekommission *f*.
A.E.F. *American Expeditionary Forces* Amerikanische Streitkräfte *f/pl.* in Übersee.
AFL-CIO *American Federation of Labor & Congress of Industrial Organizations* (*größter amerikanischer Gewerkschaftsverband*).
A.F.N. *American Forces Network* (*Rundfunkanstalt der amerikanischen Streitkräfte*).
Ala. *Alabama.*
Alas. *Alaska.*
Am. *America* Amerika *n*; *American* amerikanisch.
A.M. *amplitude modulation* Mittelwelle *f*; *s. M.A. (Master of Arts).*
a.m. *ante meridiem* (*Lat.* = *before noon*) morgens, vormittags.
A.P. *Associated Press* (*amerikanisches Nachrichtenbüro*).
A/P *account purchase* Einkaufsabrechnung *f*.
A.P.O. *Am. Army Post Office* Heerespostamt *n*.
A.R.C. *American Red Cross* Amerikanisches Rotes Kreuz *n*.
Ariz. *Arizona.*
Ark. *Arkansas.*
A.R.P. *air-raid precautions* Luftschutz *m*.
arr. *arrival* Ank., Ankunft *f*.
A/S *account sales* Verkaufsabrechnung *f*.
ASA *American Standards Association* Amerikanische Normungs-Organisation *f*.
av. *average* Durchschnitt *m*; Havarie *f*.
avdp. *avoirdupois* Handelsgewicht *n*.
A.W.O.L. *Am. absent without leave* abwesend ohne Urlaub.

B

b. *born* geb., geboren.
B.A. *Bachelor of Arts* Bakkalaureus *m* der Philosophie; *British Academy* Britische Akademie *f*.
B.A.O.R. *British Army of the Rhine* Britische Rheinarmee *f*.
Bart. *Baronet* Baronet *m*.
B.B.C. *British Broadcasting Corporation* Britische Rundfunkgesellschaft *f*.
bbl. *barrel* Faß *n*.
B.C. *before Christ* v. Chr., vor Christus.

B.D. *Bachelor of Divinity* Bakkalaureus *m* der Theologie.
B.E. *Bachelor of Education* Bakkalaureus *m* der Erziehungswissenschaft; *Bachelor of Engineering* Bakkalaureus *m* der Ingenieurwissenschaft(en).
B/E *Bill of Exchange* Wechsel *m.*
B.E.A. *British European Airways* Britisch-Europäische Luftfahrtgesellschaft *f.*
Beds. *Bedfordshire.*
Benelux ['benilʌks] *Belgium, Netherlands, Luxemburg* Benelux, Belgien, Niederlande, Luxemburg (*Zollunion*).
Berks. *Berkshire.*
b/f *brought forward* Übertrag *m.*
B.F.A. *British Football Association* Britischer Fußballverband *m.*
B.F.N. *British Forces Network* (*Sender der britischen Streitkräfte in Deutschland*).
B.L. *Bachelor of Law* Bakkalaureus *m* des Rechts.
B/L *bill of lading* (See)Frachtbrief *m.*
bl. *barrel* Faß *n.*
bls. *bales* Ballen *m/pl.*; *barrels* Fässer *n/pl.*
B.M. *Bachelor of Medicine* Bakkalaureus *m* der Medizin.
B.M.A. *British Medical Association* Britischer Ärzteverband *m.*
B/O *Branch Office* Zweigstelle *f*, Filiale *f.*
B.O.A.C. *British Overseas Airways Corporation* Britische Übersee-Luftfahrtgesellschaft *f.*
bot. *bottle* Flasche *f*; *bought* gekauft.
B.O.T. *Brit. Board of Trade* Handelsministerium *n.*
B.R. *British Railways* Britische Eisenbahn *f.*
B/R *bills receivable* ausstehende Wechselforderungen *f/pl.*
B.R.C.S. *British Red Cross Society* Britisches Rotes Kreuz *n.*
Br(it). *Britain* Großbritannien *n*; *British* britisch.
Bros. *brothers* Gebr., Gebrüder *pl.* (*in Firmenbezeichnungen*).
B.S. *Bachelor of Science* Bakkalaureus *m* der Naturwissenschaften; *British Standard* Britische Norm *f.*
B/S *bill of sale* Kaufvertrag *m*, Übereignungsurkunde *f.*
B.Sc. *Bachelor of Science* Bakkalaureus *m* der Naturwissenschaften.
B.Sc.Econ. *Bachelor of Economic Science* Bakkalaureus *m* der Wirtschaftswissenschaft(en).
bsh., bu. *bushel* Scheffel *m* (*Brit. 36,36 l, Am. 35,24 l*).
Bucks. *Buckinghamshire.*
B.U.P. *British United Press* (*Nachrichtenbüro*).
bus(h). *bushel(s)* Scheffel *m* (*od. pl.*) (*Brit. 36,36 l, Am. 35,24 l*).

C

C. *Celsius* C Celsius, *centigrade* hundertgradig (*Thermometereinteilung*).
c. *cent(s)* Cent *m* (*od. pl.*) (*amerikanische Münze*); *circa* ca., circa, ungefähr; *cubic* Kubik...
C.A. *chartered account* Frachtrechnung *f*; *Brit. Chartered Accountant* vereidigter Buchprüfer *m*; Wirtschaftsprüfer *m.*
C/A *current account* laufendes Konto *n.*
c.a.d. *cash against documents* Zahlung *f* gegen Aushändigung der Dokumente.
Cal(if). *California.*
Cambs. *Cambridgeshire.*
Can. *Canada* Kanada *n*; *Canadian* kanadisch.
Capt. *Captain* Kapitän *m*, Hauptmann *m*, Rittmeister *m.*
C.B. *cash book* Kassenbuch *n*; *Brit. Companion of the Bath* Ritter *m* des Bathordens.
C/B *cash book* Kassenbuch *n.*
C.B.C. *Canadian Broadcasting Corporation* Kanadische Rundfunkgesellschaft *f.*
C.C. *continuous current* Gleichstrom *m*; *Brit. County Council* Grafschaftsrat *m.*
C.E. *Church of England* Anglikanische Kirche *f*; *Civil Engineer* Bauingenieur *m.*
cert. *certificate* Bescheinigung *f.*
CET *Central European Time* MEZ, mitteleuropäische Zeit *f.*
cf. *confer* vgl., vergleiche.
ch. *chain* (*Länge einer*) Meßkette *f* (*20,12 m*); *chapter* Kap., Kapitel *n.*
Ches. *Cheshire.*
C.I.C. *Am. Counter Intelligence Corps* (*Spionageabwehrdienst*).
C.I.D. *Brit. Criminal Investigation Department* (*Kriminalpolizei*).

c.i.f. *cost, insurance, freight* Kosten, Versicherung und Fracht einbegriffen.

CINC, C. in C. *Commander-in--Chief* Oberkommandierende(r) *m* (*dem Land-, Luft- und Seestreitkräfte unterstehen*).

cl. *class* Klasse *f*.

C.O. *Commanding Officer* Kommandeur *m*.

Co. *Company* Kompanie *f*, Gesellschaft *f*; *county* Grafschaft *f*, Kreis *m*.

c/o *care of* p.A., per Adresse, bei.

C.O.D. *cash* (*Am. a. collect*) *on delivery* Zahlung *f* bei Empfang, gegen Nachnahme.

Col. *Colonel* Oberst *m*; *Colorado*.

Colo. *Colorado*.

Conn. *Connecticut*.

Cons. *Conservative* konservativ.

Corn. *Cornwall*.

Corp. *Corporal* Korporal *m*, Unteroffizier *m*.

C.P. *Canadian Press* (*Nachrichtenbüro*).

cp. *compare* vgl., vergleiche.

C.P.A. *Am. Certified Public Accountant* beeidigter Bücherrevisor *m*; Wirtschaftsprüfer *m*.

ct(s). *cent(s)* Cent *m* (*od. pl.*) (*amerikanische Münze*).

cu(b). *cubic* Kubik...

Cum(b). *Cumberland*.

c.w.o. *cash with order* Barzahlung *f* bei Bestellung.

cwt. *hundredweight* (*etwa 1*) Zentner *m* (*Brit. 50,8 kg, Am. 45,36 kg*).

D

d. (*Lat. denarius*) *penny, pence* (*britische Münze*); *died* gest., gestorben.

D.A. *deposit account* Depositenkonto *n*.

D.A.R. *Daughters of the American Revolution* Töchter *f/pl.* der amerikanischen Revolution (*patriotischer Frauenverband*).

D.B. *Day Book* Tage-, Kassenbuch *n*.

D.C. *direct current* Gleichstrom *m*; *District of Columbia* Distrikt Columbia (*mit der amerikanischen Hauptstadt Washington*).

D.C.L. *Doctor of Civil Law* Dr. jur., Doktor *m* des Zivilrechts.

D.D. *Doctor of Divinity* Dr. theol., Doktor *m* der Theologie.

d-d *damned* verdammt!

DDD *Am. direct distance dialing* Selbstwählferndienst *m*.

DDT *dichloro-diphenyl-trichloroethane* DDT, Dichlordiphenyltrichloräthan *n* (*Insekten- und Seuchenbekämpfungsmittel*).

Del. *Delaware*.

dep. *departure* Abf., Abfahrt *f*.

dept. *department* Abt., Abteilung *f*.

Derby. *Derbyshire*.

Devon. *Devonshire*.

dft. *draft* Tratte *f*.

disc(t). *discount* Diskont *m*, Abzug *m*.

div. *dividend* Dividende *f*.

do. *ditto* do., dito, dgl., desgleichen.

doc. *document* Dokument *n*, Urkunde *f*.

dol. *dollar* Dollar *m*.

Dors. *Dorsetshire*.

doz. *dozen(s)* Dtzd., Dutzend *n* (*od. pl.*).

d/p *documents against payment* Dokumente *n/pl.* gegen Zahlung.

dpt. *department* Abt., Abteilung *f*.

Dr. *debtor* Schuldner *m*; *Doctor* Dr., Doktor *m*.

dr. *dra(ch)m* Dram *n*, Drachme *f* (*1,77 g*); *drawer* Trassant *m*.

d.s., d/s *days after sight* Tage *m/pl.* nach Sicht (*bei Wechseln*).

Dur(h). *Durham*.

D.V. *Deo volente* (*Lat.* = *God willing*) so Gott will.

dwt. *pennyweight* Pennygewicht *n* (*1,5 g*).

dz. *dozen(s)* Dtzd., Dutzend *n* (*od. pl.*).

E

E. *east* O, Ost(en) *m*; *eastern* östlich; *English* englisch.

E. & O.E. *errors and omissions excepted* Irrtümer und Auslassungen vorbehalten.

E.C. *East Central* (London) Mitte-Ost (*Postbezirk*).

ECE *Economic Commission for Europe* Wirtschaftskommission *f* für Europa (*des ECOSOC*).

ECOSOC *Economic and Social Council* Wirtschafts- und Sozialrat *m* (*der U.N.*).

ECSC *European Coal and Steel Community* EGKS, Europäische Gemeinschaft *f* für Kohle und Stahl.

Ed., ed. *edited* h(rs)g., herausgegeben; *edition* Aufl., Auflage *f*; *editor* H(rs)g., Herausgeber *m.*

EE., E./E. *errors excepted* Irrtümer vorbehalten.

EEC *European Economic Community* EWG, Europäische Wirtschaftsgemeinschaft *f.*

EFTA *European Free Trade Association* EFTA, Europäische Freihandelsgemeinschaft *f od.* -zone *f.*

e.g. *exempli gratia* (*Lat.* = *for instance*) z.B., zum Beispiel.

ELDO *European Launcher Development Organization* Europäische Trägerraketen-Entwicklungsorganisation *f.*

EMA *European Monetary Agreement* EWA, Europäisches Währungsabkommen *n.*

Enc. *enclosure(s)* Anlage(n *pl.*) *f.*

Eng(l). *England* England *n*; *English* englisch.

E.R.P. *European Recovery Program(me)* Europäisches Wiederaufbauprogramm *n*, Marshall-Plan *m.*

Esq. *Esquire* Wohlgeboren (*in Briefadressen*).

ESRO *European Space-Research Organization* Europäische Weltraumforschungsorganisation *f.*

Ess. *Essex.*

etc., &c. *et cetera, and the rest, and so on* etc., usw., und so weiter.

EUCOM *Am. European Command* Hauptquartier *n* für den Befehlsbereich Europa.

EURATOM *European Atomic Energy Community* Euratom, Europäische Atomgemeinschaft *f.*

exam. *examination* Prüfung *f.*

excl. *exclusive, excluding* ausschl., ausschließlich, ohne.

ex div. *ex dividend* ohne *od.* ausschließlich Dividende.

ex int. *ex interest* ohne *od.* ausschließlich Zinsen.

F

f. *fathom* Faden *m*, Klafter *f, m, n* (*1,83 m*); *feminine* weiblich; *following* folgend; *foot (feet)* Fuß *m* (*od. pl.*) (*30,48 cm*).

F. *Fahrenheit* F, Fahrenheit (*Thermometereinteilung*); *univ. Fellow* Mitglied *n.*

F.A. *Brit. Football Association* Fußballverband *m.*

Fahr. *Fahrenheit* F, Fahrenheit (*Thermometereinteilung*).

F.A.O. *Food and Agriculture Organization* Organisation *f* für Ernährung und Landwirtschaft (*der U.N.*).

f.a.s. *free alongside ship* frei längsseits Schiff.

FBI *Am. Federal Bureau of Investigation* (*Bundeskriminalamt*).

F.B.I. *Federation of British Industries* Britischer Industrieverband *m.*

F.C.C. *Am. Federal Communications Commission* Bundeskommission *f* für das Nachrichtenwesen.

fig. *figure(s)* Abb., Abbildung(en *pl.*) *f.*

Fla. *Florida.*

F.M. *frequency modulation* UKW, Ultrakurzwelle *f.*

fm. *fathom* Faden *m*, Klafter *f, m, n* (*1,83 m*).

F.O. *Brit. Foreign Office* Auswärtiges Amt *n.*

fo. *folio* Folio *n*; Blatt *n*, Seite *f.*

f.o.b. *free on board* frei Schiff.

FOBS *Fractional Orbital Bombardment System* Orbitalraketensystem *n.*

fol. *folio* Folio *n*; Blatt *n*, Seite *f.*

f.o.q. *free on quay* frei Kai.

f.o.r. *free on rail* frei Bahn.

f.o.t. *free on truck* frei Waggon.

f.o.w. *free on waggon* frei Waggon.

F.P. *fire-plug* Hydrant *m*; *freezing-point* Gefrierpunkt *m.*

Fr. *France* Frankreich *n*; *French* französisch.

fr. *franc(s)* Frank(en *pl.*) *m.*

ft. *foot (feet)* Fuß *m* (*od. pl.*) (*30,48 cm*).

FTC *Am. Federal Trade Commission* Bundeshandelskommission *f.*

fur. *furlong* Achtelmeile *f* (*201,17 m*).

G

g. *gauge* Normalmaß *n*; 🚂 Spurweite *f*; *grain* Gran *n* (*0,0648 g*); *gram(me)* g, Gramm *n*; *guinea* Guinee *f* (*21 Shilling*).

G.A. *General Agent* Generalvertreter *m*; *General Assembly* Generalversammlung *f.*

Ga. *Georgia.*

gal. *gallon* Gallone *f* (*Brit. 4,546 l, Am. 3,785 l*).

GATT *General Agreement on Tariffs and Trade* Allgemeines Zoll- und Handelsabkommen *n.*

G.B. *Great Britain* Großbritannien *n.*

G.B.S. *George Bernard Shaw.*
G.C.B. (*Knight*) *Grand Cross of the Bath* (Ritter *m* des) Großkreuz(es) *n* des Bathordens.
GDR *German Democratic Republic* DDR, Deutsche Demokratische Republik *f.*
Gen. *General* General *m.*
gen. *generally* allgemein.
GFR *German Federal Republic* BRD, Bundesrepublik *f* Deutschland.
G.I. *government issue* von der Regierung ausgegeben, Staatseigentum *n*; *fig. der amerikanische Soldat.*
gi., gl. *gill* Viertelpinte *f* (*Brit. 0,142 l, Am. 0,118 l*).
G.L.C. *Greater London Council* Stadtrat *m* von Groß-London.
Glos. *Gloucestershire.*
G.M.T. *Greenwich mean time* WEZ, westeuropäische Zeit *f.*
gns. *guineas* Guineen *f/pl.* (*s. g.*).
G.O.P. *Am. Grand Old Party* Republikanische Partei *f.*
Gov. *Government* Regierung *f*; *Governor* Gouverneur *m.*
G.P. *general practitioner* praktischer Arzt *m.*
G.P.O. *General Post Office* Hauptpostamt *n.*
gr. *grain* Gran *n* (*0,0648 g*); *gross* brutto; Gros *n* (*12 Dutzend*).
gr.wt. *gross weight* Bruttogewicht *n.*
gs. *guineas* Guineen *f/pl.* (*s. g.*).
Gt.Br. *Great Britain* Großbritannien *n.*
guar. *guaranteed* garantiert.

H

h. *hour(s)* Std., Stunde(n *pl.*) *f*, Uhr (*bei Zeitangaben*).
Hants. *Hampshire.*
H.B.M. *His* (*Her*) *Britannic Majesty* Seine (Ihre) Britannische Majestät *f.*
H.C. *Brit. House of Commons* Unterhaus *n.*
H.C.J. *Brit. High Court of Justice* Hoher Gerichtshof *m.*
H.E. *high explosive* hochexplosiv; *His Excellency* Seine Exzellenz *f.*
Heref. *Herefordshire.*
Herts. *Hertfordshire.*
hf. *half* halb.
hhd. *hogshead* Oxhoft *n* (*etwa 240 l*).
H.I. *Hawaiian Islands* Hawaii-Inseln *f/pl.*
H.L. *Brit. House of Lords* Oberhaus *n.*
H.M. *His* (*Her*) *Majesty* Seine (Ihre) Majestät *f.*
H.M.S. *His* (*Her*) *Majesty's Service* Dienst *m*, ✆ Dienstsache *f*; *His* (*Her*) *Majesty's Ship* (*Steamer*) Seiner (Ihrer) Majestät Schiff *n* (Dampfer *m*).
H.M.S.O. *Brit. His* (*Her*) *Majesty's Stationery Office* (*Staatsdruckerei*).
H.O. *Brit. Home Office* Innenministerium *n.*
Hon. *Honorary* ehrenamtlich; *Honourable* Ehrenwert (*Anrede und Titel*).
H.P., h.p. *horse-power* PS, Pferdestärke *f*; *high pressure* Hochdruck *m*; *hire purchase* Abzahlungskauf *m.*
H.Q., Hq. *Headquarters* Stab(squartier *n*) *m*, Hauptquartier *n.*
H.R. *Am. House of Representatives* Repräsentantenhaus *n.*
H.R.H. *His* (*Her*) *Royal Highness* Seine (Ihre) Königliche Hoheit *f.*
hrs. *hours* Stunden *f/pl.*
H.T., h.t. *high tension* Hochspannung *f.*
Hunts. *Huntingdonshire.*

I

I. *Idaho* (*Staat der U.S.A.*); *Island, Isle* Insel *f.*
Ia. *Iowa.*
IAAF *International Amateur Athletic Federation* Internationaler Leichtathletikverband *m.*
I.A.T.A. *International Air Transport Association* Internationaler Luftverkehrsverband *m.*
I.B. *Invoice Book* Fakturenbuch *n.*
ib(id). *ibidem* (*Lat.* = *in the same place*) ebd., ebenda.
IBRD *International Bank for Reconstruction and Development* Internationale Bank *f* für Wiederaufbau und Entwicklung, Weltbank *f.*
I.C.A.O. *International Civil Aviation Organization* Internationale Zivilluftfahrt-Organisation *f.*
I.C.B.M. *intercontinental ballistic missile* interkontinentaler ballistischer Flugkörper *m.*
I.C.F.T.U. *International Confederation of Free Trade Unions* Internationaler Bund *m* Freier Gewerkschaften.
ICPC *International Criminal Police*

Commission Interpol, Internationale Kriminalpolizei-Kommission *f.*

ICRC *International Committee of the Red Cross* Internationales Komitee *n* des Roten Kreuzes.

I.D. *Am. Intelligence Department* ⚔ Nachrichtendienst *m.*

id. *idem* (*Lat.* = *the same author od. word*) id., idem, derselbe, dasselbe.

Id(**a**). *Idaho.*

i.e. *id est* (*Lat.* = *that is to say*) d. h., das heißt.

IFT *International Federation of Translators* Internationaler Bund *m* der Übersetzer.

I.H.P., i.h.p. *indicated horse-power* i. PS, indizierte Pferdestärke *f.*

Ill. *Illinois.*

I.L.O. *International Labo(u)r Organization* Internationale Arbeitsorganisation *f.*

I.M.F. *International Monetary Fund* IWF, Internationaler Währungsfonds *m.*

in. *inch*(*es*) Zoll *m* (*od. pl.*) (*2,54 cm*).

Inc. *inclosure* Anlage *f*; *Incorporated* (amtlich) eingetragen.

incl. *inclusive, including* einschl., einschließlich.

incog. *incognito* incognito.

Ind. *Indiana.*

inst. *instant* d. M., dieses Monats.

I.O.C. *International Olympic Committee* IOK, Internationales Olympisches Komitee *n.*

I. of M. *Isle of Man* (*englische Insel*).

I. of W. *Isle of Wight* (*englische Insel*).

I.O.U. *I owe you* Schuldschein *m.*

I.P.A. *International Phonetic Association* Weltlautschriftverein *m* (*Internationale Phonetische Gesellschaft*).

I.Q. *intelligence quotient* Intelligenzquotient *m.*

Ir. *Ireland* Irland *n*; *Irish* irisch.

I.R.C. *International Red Cross* IRK, Internationales Rotes Kreuz *n.*

I.R.O. *International Refugee Organization* Internationale Flüchtlingsorganisation *f.*

ISO *International Organization for Standardization* Internationale Organisation *f* für Normung.

I.T.O. *International Trade Organization* Internationale Handelsorganisation *f.*

I.U.S. *International Union of Students* Internationaler Studentenverband *m.*

I.U.S.Y. *International Union of Socialist Youth* Internationale Vereinigung *f* sozialistischer Jugend.

I.V.S.(**P.**) *International Voluntary Service* (*for Peace*) Internationaler freiwilliger Hilfsdienst *m* (für den Frieden).

I.W.W. *Industrial Workers of the World* Weltverband *m* der Industriearbeiter.

I.Y.H.F. *International Youth Hostel Federation* Internationaler Jugendherbergsverband *m.*

J

J. *Judge* Richter *m*; *Justice* Justiz *f*; Richter *m.*

J.C. *Jesus Christ* Jesus Christus *m.*

J.I.B. *Brit. Joint Intelligence Bureau* ⚔ Nachrichtendienst *m.*

J.P. *Justice of the Peace* Friedensrichter *m.*

Jr. *junior* (*Lat.* = *the younger*) jr., jun., der Jüngere.

jun(**r**). *junior* (*Lat.* = *the younger*) jr., jun., der Jüngere.

K

Kan(**s**). *Kansas.*

K.C. *Brit. Knight Commander* Großoffizier *m* (*eines Ordens*); *King's Counsel* Kronanwalt *m.*

K.C.B. *Brit. Knight Commander of the Bath* Großoffizier *m* des Bathordens.

kg. *kilogram*(*me*) kg, Kilogramm *n.*

K.K.K. *Ku Klux Klan* (*geheime Terrororganisation in U.S.A.*).

km. *kilometre* km, Kilometer *m, n.*

k.o., KO *knock*(*ed*) *out* k.o.; *Boxen*: durch Niederschlag kampfunfähig; *fig.* erledigt.

k.v. *kilovolt* kV, Kilovolt *n.*

k.w. *kilowatt* kW, Kilowatt *n.*

Ky. *Kentucky.*

L

l. *left* links; *line* Zeile *f*, Linie *f*; *link* (*20,12 cm*); *litre* l, Liter *n, m.*

£ *pound sterling* Pfund *n* Sterling.

La. *Louisiana.*

Lancs. *Lancashire.*

lat. *latitude* geographische Breite *f.*

lb. (*Lat. libra*) *pound* Pfund *n* (*Gewicht*).
L.C. *letter of credit* Kreditbrief *m.*
l.c. *loco citato* (*Lat.* = *at the place cited*) a.a.O., am angeführten Ort.
L.C.J. *Brit. Lord Chief Justice* Lordoberrichter *m.*
Leics. *Leicestershire.*
Lincs. *Lincolnshire.*
ll. *lines* Zeilen *f/pl.*, Linien *f/pl.*
LL.D. *legum doctor* (*Lat.* = *Doctor of Laws*) Dr. jur., Doktor *m* der Rechte.
loc.cit. *loco citato* (*Lat.* = *at the place cited*) a.a.O., am angeführten Ort.
lon(g). *longitude* geographische Länge *f.*
LP *long-playing* (*record*) Langspiel(-platte *f*).
L.P. *Brit. Labour Party* Arbeiterpartei *f.*
l.p. *low pressure* Tiefdruck *m.*
L.S.O. *London Symphony Orchestra* Londoner Sinfonieorchester *n.*
L.S.S. *Am. Life Saving Service* Lebensrettungsdienst *m.*
Lt. *Lieutenant* Leutnant *m.*
L.T., l.t. *low tension* Niederspannung *f.*
Lt.-Col. *Lieutenant-Colonel* Oberstleutnant *m.*
Ltd. *Limited* mit beschränkter Haftung.
Lt.-Gen. *Lieutenant-General* Generalleutnant *m.*

M

m *minim* (*Apothekermaß, Brit. 0,0592 ml, Am. 0,0616 ml*).
m. *masculine* männlich; *metre* Meter *n, m*; *mile* Meile *f* (*1609,34 m*); *minute* Min., min, Minute *f.*
M.A. *Master of Arts* Magister *m* der Philosophie; *Military Academy* Militärakademie *f.*
Maj. *Major* Major *m.*
Maj.-Gen. *Major-General* Generalmajor *m.*
Man. *Manitoba.*
Mass. *Massachusetts.*
M.C. *Master of Ceremonies* Zeremonienmeister *m*; *Am.* Conférencier *m*; *Am. Member of Congress* Kongreßmitglied *n.*
M.D. *medicinae doctor* (*Lat.* = *Doctor of Medicine*) Dr. med., Doktor *m* der Medizin.
Md. *Maryland.*
Me. *Maine.*
mg. *milligram(me)* mg, Milligramm *n.*
mi. *mile* Meile *f* (*1609,34 m*).
Mich. *Michigan.*
Middx. *Middlesex.*
Min. *minute* Min., min, Minute *f.*
Minn. *Minnesota.*
Miss. *Mississippi.*
mm. *millimetre* mm, Millimeter *n, m.*
Mo. *Missouri.*
M.O. *money order* Geldanweisung *f.*
Mon. *Monmouthshire.*
Mont. *Montana.*
MP, M.P. *Member of Parliament* Parlamentsabgeordnete(r) *m*; *Military Police* Militärpolizei *f.*
m.p.h. *miles per hour* Stundenmeilen *f/pl.*
Mr. *Mister* Herr *m.*
Mrs. *Mistress* Frau *m.*
Ms (*briefliche*) *Anredeform falls unbekannt, ob Mrs. oder Miss.*
MS. *manuscript* Ms., Manuskript *n.*
M.S. *motorship* Motorschiff *n.*
MSA *Am. Mutual Security Agency* Verwaltung *f* für gemeinsame Sicherheit.
MSS. *manuscripts* Mss., Manuskripte *n/pl.*
mt. *megaton* Mt, Megatonne *f.*
Mt. *Mount* Berg *m.*
Mx. *Middlesex.*

N

N. *north* N, Nord(en) *m*; *northern* nördlich.
n. *noon* Mittag *m.*
N.A.A.F.I. *Navy, Army and Air Force Institutes* (*Marketenderei- und Truppenbetreuungsinstitution der britischen Streitkräfte*).
NASA *Am. National Aeronautics and Space Administration* Nationale Luft- und Raumfahrtbehörde *f.*
NATO *North Atlantic Treaty Organization* Nordatlantikpakt-Organisation *f.*
N.B.C. *Am. National Broadcasting Corporation* Nationale Rundfunkgesellschaft *f.*
N.C. *North Carolina.*
N.C.B. *Brit. National Coal Board* Nationale Kohlenbehörde *f.*
n.d. *no date* ohne Datum.
N.D(ak). *North Dakota.*
N.E. *northeast* NO, Nordost(en) *m*; *northeastern* nordöstlich.

Neb(r). *Nebraska.*
Nev. *Nevada.*
N.F. N/F *no funds* keine Dekkung.
N.H. *New Hampshire.*
N.H.S. *Brit. National Health Service* Nationaler Gesundheitsdienst *m* (*Krankenversicherung*).
N.J. *New Jersey.*
N.M(ex). *New Mexico.*
No. *north* N, Nord(en) *m*; *number* Zahl *f*; *numero* Nr., Nummer *f*.
Norf. *Norfolk.*
Northants. *Northamptonshire.*
Northumb. *Northumberland.*
Notts. *Nottinghamshire.*
n.p. or d. *no place or date* ohne Ort oder Datum.
N.S.P.C.A. *Brit. National Society for the Prevention of Cruelty to Animals* (*Tierschutzverein*).
N.T. *New Testament* Neues Testament *n*.
Nt.wt. *net weight* Nettogewicht *n*.
N.U.M. *Brit. National Union of Mineworkers* Nationale Bergarbeitergewerkschaft *f*.
N.W. *northwest* NW, Nordwest(en) *m*; *northwestern* nordwestlich.
N.Y. *New York* (*Staat der U.S.A.*).
N.Y.C. *New York City* Stadt *f* New York.
N.Z. *New Zealand* Neuseeland *n*.

O

O. *Ohio*; *order* Auftrag *m*.
o/a *on account* für Rechnung von.
O.A.S. *Organization of American States* Organisation *f* amerikanischer Staaten.
ob. *obiit* (*Lat.* = *died*) gest., gestorben.
OECD *Organization for Economic Co-operation and Development* Organisation *f* für wirtschaftliche Zusammenarbeit und Entwicklung.
O.H. *on hand* vorrätig.
O.H.M.S. *On His* (*Her*) *Majesty's Service* im Dienst Seiner (Ihrer) Majestät; ✆ Dienstsache *f*.
O.K. (*möglicherweise aus:*) *all correct* in Ordnung.
Okla. *Oklahoma.*
O.N.A. *Overseas News Agency* Überseenachrichtenagentur *f* (*ein amerikanischer Pressedienst*).
O.N.S. *Overseas News Service* Überseenachrichtendienst *m* (*ein britischer Pressedienst*).
o.r. *owner's risk* auf Gefahr des Eigentümers.
Ore(g). *Oregon.*
O.T. *Old Testament* Altes Testament *n*.
Oxon. *Oxfordshire.*
oz. *ounce*(s) Unze(n *pl.*) *f* (*28,35 g*).

P

p (*new*) *penny*, (*new*) *pence.*
Pa. *Pennsylvania.*
p.a. *per annum* (*Lat.* = *yearly*) jährlich.
P.A.A. *Pan American Airways* Panamerikanische Luftfahrtgesellschaft *f*.
par. *paragraph* Paragraph *m*, Abschnitt *m*.
P.A.Y.E. *Brit. pay as you earn* Lohnsteuerabzug *m*.
P.C. *police constable* Polizist *m*, Schutzmann *m*; *postcard* Postkarte *f*.
p.c. *per cent.* Prozent *n od. pl.*
p/c *price current* Preisliste *f*.
P.D. *Police Department* Polizeibehörde *f*.
p.d. *per diem* (*Lat.* = *by the day*) pro Tag.
P.E.N., PEN Club *Poets, Playwrights, Editors, Essayists, and Novelists* PEN-Club *m* (*internationale Vereinigung von Dichtern, Dramatikern, Redakteuren, Essayisten und Romanschriftstellern*).
Penn(a). *Pennsylvania.*
per pro(c). *per procurationem* (*Lat.* = *by proxy*) pp., ppa., per Prokura.
P.f.c. *Am. private first class* Obergefreite *m*.
Ph.D. *Philosophiae Doctor* (*Lat.* = *Doctor of Philosophy*) Doktor *m* der Philosophie.
pk. *peck* (*9,087 l*).
P./L. *profit and loss* Gewinn *m* und Verlust *m*.
p.m. *post meridiem* (*Lat.* = *after noon*) nachmittags, abends.
P.O. *postal order* Postanweisung *f*; *Post Office* Postamt *n*.
P.O.B. *Post-Office Box* Post(schließ)fach *n*.
p.o.d. *pay on delivery* Nachnahme *f*.
P.O.O. *post-office order* Postanweisung *f*.
P.O.S.B. *Post-Office Savings Bank* Postsparkasse *f*.

P.O.W. *Prisoner of War* Kriegsgefangene *m.*
p.p. *per procurationem* (*Lat.* = *by proxy*) pp., ppa., per Prokura.
Pref. *Preface* Vorwort *n.*
Pres. *President* Präsident *m.*
Prof. *Professor* Professor *m.*
prox. *proximo* (*Lat.* = *next month*) n. M., nächsten Monats.
P.S. *Passenger Steamer* Passagierdampfer *m*; *postscript* PS, Postskript(um) *n*, Nachschrift *f.*
pt. *pint* Pinte *f* (*Brit. 0,57 l, Am. 0,47 l*).
P.T.A. *Parent-Teacher Association* Eltern-Lehrer-Vereinigung *f.*
Pte. *Private* Soldat *m* (*Dienstgrad*).
P.T.O., p.t.o. *please turn over* b.w., bitte wenden.
Pvt. *Private* Soldat *m* (*Dienstgrad*).
P.W. *Prisoner of War* Kriegsgefangene *m.*
PX *Post Exchange* (*Marketenderei und Verkaufsläden der amerikanischen Streitkräfte*).

Q

q. *query* Anfrage *f.*
Q.C. *Brit. Queen's Counsel* Kronanwalt *m.*
qr. *quarter* (*etwa 1*) Viertelzentner *m.*
qt. *quart* Quart *n* (*etwa 1 l*).
qu. *query* Anfrage *f.*
quot. *quotation* Kurs-, Preisnotierung *f.*
qy. *query* Anfrage *f.*

R

R. *Réaumur* R, Réaumur (*Thermometereinteilung*); *River* Strom *m*, Fluß *m*; *Road* Str., Straße *f.*
r. *right* rechts.
R.A. *Brit. Royal Academy* Königliche Akademie *f.*
R.A.C. *Brit. Royal Automobile Club* Königlicher Automobilklub *m.*
RADWAR *Am. radiological warfare* Atomkriegführung *f.*
R.A.F. *Royal Air Force* Königlich(-Britisch)e Luftwaffe *f.*
R.C. *Red Cross* Rotes Kreuz *n.*
Rd. *Road* Str., Straße *f.*
rd. *rod* Rute *f* (*5,029 m*).
recd. *received* erhalten.
ref(c). (*in*) *reference* (*to*) (mit) Bezug *m* (auf); Empfehlung *f.*
regd. *registered* eingetragen; ✆ eingeschrieben.
reg.tn. *register ton* RT, Registertonne *f.*
resp. *respective(ly)* bzw., beziehungsweise.
ret. *retired* i.R., im Ruhestand, a.D., außer Dienst.
Rev. *Reverend* Ehrwürden.
R.I. *Rhode Island.*
R.L.O. *Brit. Returned Letter Office* Amt *n* für unzustellbare Briefe.
R.N. *Royal Navy* Königlich(-Britisch)e Marine *f.*
R.P. *reply paid* Rückantwort bezahlt.
r.p.m. *revolutions per minute* U/min., Umdrehungen *pl.* pro Minute.
R.R. *Am. railroad* Eisenbahn *f.*
R.S. *Brit. Royal Society* Königliche Gesellschaft *f.*
R.S.V.P. *répondez s'il vous plaît* (*Fr.* = *please reply*) u.A.w.g., um Antwort wird gebeten.
Rt.Hon. *Right Honourable* Sehr Ehrenwert.
Rutl. *Rutlandshire.*
Ry. *Brit. railway* Eisenbahn *f.*

S

S. *south* S, Süd(en) *m*; *southern* südlich.
s. *second* Sek., sek, Sekunde *f*; *shilling* Shilling *m.*
$ *dollar* Dollar *m.*
S.A. *Salvation Army* Heilsarmee *f*; *South Africa* Südafrika *n*; *South America* Südamerika *n.*
SACEUR *Supreme Allied Commander Europe* Oberbefehlshaber *m* der Alliierten Streitkräfte in Europa.
SACLANT *Supreme Allied Commander Atlantic* Oberbefehlshaber *m* der Alliierten Streitkräfte im Atlantik.
Salop. *Shropshire.*
Sask. *Saskatchewan.*
S.B. *Sales Book* Verkaufsbuch *n.*
S.C. *Security Council* Sicherheitsrat *m* (*der U.N.*); *South Carolina.*
S.D(ak). *South Dakota.*
S.E. *southeast* SO, Südost(en) *m*; *southeastern* südöstlich; *Stock Exchange* Börse *f.*
SEATO *South East Asia Treaty Organization* Südostasienpakt-Organisation *f.*

Sec. *Secretary* Sekretär *m*, Minister *m*.
sec. *second* Sek., sek, Sekunde *f*.
sen(r). *senior* (*Lat.* = *the elder*) sen., der Ältere.
S(er)gt. *Sergeant* Feldwebel *m*, Wachtmeister *m*.
sh. *sheet* Blatt *n*; *shilling* Schilling *m*.
SHAPE *Supreme Headquarters Allied Powers Europe* Oberkommando *n* der Alliierten Streitkräfte in Europa.
S.M. *Sergeant-Major* Oberfeldwebel *m*, Oberwachtmeister *m*.
S.N. *shipping note* Frachtannahme-, Ladeschein *m*, Schiffszettel *m*.
Soc. *society* Gesellschaft *f*, Verein *m*.
Som(s). *Somersetshire*.
SOS *SOS* (*internationales Seenotzeichen*).
sov. *sovereign* Sovereign *m* (*britische 20-Schilling-Goldmünze*).
sp.gr. *specific gravity* spezifisches Gewicht *n*.
S.P.Q.R. *small profits, quick returns* kleine Gewinne, große Umsätze.
Sq. *Square* Pl., Platz *m*.
sq. *square* ... Quadrat...
Sr. *senior* (*Lat.* = *the elder*) sen., der Ältere.
S.S. *steamship* Dampfer *m*.
st. *stone* (*6,35 kg*).
St. *Saint* ... St. ..., Sankt ...; *Station* Bhf., Bahnhof *m*; *Street* Str., Straße *f*.
Staffs. *Staffordshire*.
S.T.D. *Brit. subscriber trunk dialling* Selbstwählferndienst *m*.
St. Ex. *Stock Exchange* Börse *f*.
stg. *sterling* Sterling *m* (*britische Währungseinheit*).
sub. *substitute* Ersatz *m*.
Suff. *Suffolk*.
suppl. *supplement* Nachtrag *m*.
Suss. *Sussex*.
S.W. *southwest* SW, Südwest(en) *m*; *southwestern* südwestlich.
Sy. *Surrey*.

T

t. *ton* t, Tonne (*Brit. 1016 kg, Am. 907,18 kg*).
T.B. *tuberculosis* Tb, Tbc, Tuberkulose *f*.
T.C. *Trusteeship Council of the United Nations* Treuhandschaftsrat *m* der Vereinten Nationen.
T.D. *Am. Treasury Department* Finanzministerium *n*.
Tenn. *Tennessee*.
Tex. *Texas*.
tgm. *telegram* Telegramm *n*.
T.G.W.U. *Brit. Transport and General Workers' Union* Transportarbeiterverband *m*.
T.M.O. *telegraph money order* telegraphische Geldanweisung *f*.
TNT *trinitrotoluene* TNT, Trinitrotoluol *n*.
T.O. *Telegraph* (*Telephone*) *Office* Telegraphenamt *n* (Fernsprechamt *n*); *turn-over* Umsatz *m*.
t.o. *turn-over* Umsatz *m*.
T.P.O. *Travelling Post Office* Bahnpost *f*.
T.U. *Trade(s) Union(s)* Gewerkschaft(en *pl*.) *f*.
T.U.C. *Brit. Trade(s) Union Congress* Gewerkschaftsverband *m*.
T.V. *television* Fernsehen *n*; Fernseh...
T.V.A. *Tennessee Valley Authority* Tennesseetal-Behörde *f*.
T.W.A. *Am. Trans World Airlines* (*Luftfahrtgesellschaft*).

U

U.H.F. *ultra-high frequency* UHF, Dezimeterwelle(nbereich *m*) *f*.
U.K. *United Kingdom* Vereinigtes Königreich *n* (*England, Schottland, Wales und Nordirland*).
ult. *ultimo* (*Lat.* = *last day of the month*) ult., ultimo, am Letzten des Monats.
UMW *Am. United Mine Workers* Vereinigte Bergarbeiter *m/pl*. (*Gewerkschaftsverband*).
UN, U.N. *United Nations* Vereinte Nationen *f/pl*.
UNESCO *United Nations Educational, Scientific, and Cultural Organization* Organisation *f* der Vereinten Nationen für Erziehung, Wissenschaft und Kultur.
UNICEF *United Nations International Children's Emergency Fund* Kinderhilfswerk *n* der Vereinten Nationen.
U.N.S.C. *United Nations Security Council* Sicherheitsrat *m* der Vereinten Nationen.
U.P.I. *Am. United Press International* (*Nachrichtenagentur*).
U.S.(A.) *United States (of America)*

US(A), Vereinigte Staaten *m/pl.* (von Amerika).
USAF(E) *United States Air Force (Europe)* Luftwaffe *f* der Vereinigten Staaten (in Europa).
U.S.S.R. *Union of Socialist Soviet Republics* UdSSR, Union *f* der Sozialistischen Sowjetrepubliken.
Ut. *Utah.*

V

v. *verse* V., Vers *m*; *versus* (*Lat.* = *against*) contra, gegen; *vide* (*Lat.* = *see*) s., siehe.
V *volt* V, Volt *n.*
Va. *Virginia.*
V.A.T. *value-added tax* Mehrwertsteuer *f.*
V.D. *venereal disease* Geschlechtskrankheit *f.*
V.H.F. *very high frequency* UKW, Ultrakurzwelle(nbereich *m*) *f.*
V.I.P. *very important person* hohes Tier *n*, bedeutende Persönlichkeit *f.*
Vis. *viscount(ess)* Vicomte *m* (Vicomtesse *f*).
viz. *videlicet* (*Lat.* = *namely*) nämlich.
vol. *volume* Bd., Band *m.*
vols. *volumes* Bde., Bände *m/pl.*
vs. *versus* (*Lat.* = *against*) contra, gegen.
V.S. *veterinary surgeon* Tierarzt *m.*
V.S.O.P. *very superior old pale* (*Qualitätsbezeichnung für Kognak*).
Vt. *Vermont.*
V.T.O.(L.) *vertical take-off (and landing) (aircraft)* Senkrechtstart (-er) *m.*
v.v. *vice versa* (*Lat.* = *conversely*) umgekehrt.

W

W *watt* W, Watt *n.*
W. *west* W, West(en) *m*; *western* westlich.
War. *Warwickshire.*
Wash. *Washington.*
W.C. *West Central* (London) Mitte-West (*Postbezirk*); *water-closet* WC, Wasserklosett *n*, Toilette *f.*
WCC *World Council of Churches* Ökumenischer Rat *m* der Kirchen, Weltkirchenrat *m.*
WFPA *World Federation for the Protection of Animals* Welttierschutzverband *m.*
W.F.T.U. *World Federation of Trade Unions* WGB, Weltgewerkschaftsbund *m.*
WHO *World Health Organization* WGO, Weltgesundheitsorganisation *f.*
W.I. *West Indies* Westindien *n.*
Wilts. *Wiltshire.*
Wis. *Wisconsin.*
W/L., w.l. *wave length* Wellenlänge *f.*
W.O.M.A.N. *World Organization of Mothers of All Nations* Weltbund *m* der Mütter aller Nationen.
Worcs. *Worcestershire.*
W.P. *weather permitting* bei günstigem Wetter.
w.p.a. *with particular average* mit Teilschaden.
W.S.R. *World Students' Relief* Internationales Studentenhilfswerk *n.*
W/T *wireless telegraphy (telephony)* drahtlose Telegraphie *f* (Telephonie *f*).
wt. *weight* Gewicht *n.*
W.Va. *West Virginia.*
Wyo. *Wyoming.*

X

x-d. *ex dividend* ausschließlich *od.* ohne Dividende.
x-i. *ex interest* ausschließlich *od.* ohne Zinsen.
Xmas *Christmas* Weihnachten *n.*
Xroads *cross roads* Straßenkreuzung *f.*
Xt. *Christ* Christus *m.*

Y

yd. *yard(s)* Elle(n *pl.*) *f* (*91,44 cm*).
YMCA *Young Men's Christian Association* CVJM, Christlicher Verein *m* junger Männer.
Yorks. *Yorkshire.*
yr(s). *year(s)* Jahr(e *pl.*) *n.*
YWCA *Young Women's Christian Association* Christlicher Verein *m* junger Mädchen.

Die Aussprache des amerikanischen Englisch (AE)

Das AE weist in Intonation, Rhythmus und Lautung gegenüber dem britischen Englisch (BE) hauptsächlich folgende Eigenheiten auf:

1. **Intonation:** Das AE zeigt größere Monotonie als das BE; das AE hat einfachere Satzmelodien.

2. **Rhythmus:** Wörter mit zwei oder mehr Silben nach der Haupttonsilbe [ˈˈ] haben im AE einen deutlichen Nebenton [ˈ], den die entsprechenden BE-Wörter nicht oder nur schwächer tragen, z.B. dictionary [AE ˈˈdikʃəˈnɛri = BE ˈdikʃənri], secretary [AE ˈˈsekrəˈtɛri = BE ˈsekrətri]; im AE werden kurze Tonvokale gedehnt (*American drawl*), z.B. capital [AE ˈkæːpətəl = BE ˈkæpitl]; im AE erfährt die unbetonte Silbe (nach einer betonten) eine Abschwächung, die u.a. anlautendes p, t, k zu b, d, g erweicht, z.B. property [AE ˈprɑbərti = BE ˈprɔpəti], united [AE juˈnaidid = BE juːˈnaitid].

3. Allgemein noch auffällige Merkmale der AE-Sprechweise im Vergleich zum BE sind die **Nasalierung** vor und nach nasalem Konsonant [m, n, ŋ] sowie die geschlossenere Aussprache von [e-] und [o-] als erster Bestandteil in Diphthongen, z.B. home [AE hoːm], take [AE teːk].

4. Geschriebenes **r** wird im Auslaut nach Vokal oder zwischen Vokal und Konsonant deutlich (retroflex) gesprochen, z.B. car [AE kɑːr = BE kɑː], care [AE kɛr = BE kɛə], border [AE ˈbɔːrdər = BE ˈbɔːdə].

5. Das **o** [BE ɔ] wird im AE etwa wie das dunkle **a** [AE ɑ] in „*h***a***lten*" ausgesprochen, z.B. dollar [AE ˈdɑlər = BE ˈdɔlə], college [AE ˈkɑlidʒ = BE ˈkɔlidʒ], lot [AE lɑt = BE lɔt], problem [AE ˈprɑbləm = BE ˈprɔbləm]; in zahlreichen Fällen besteht die [ɑ]- und [ɔ]-Aussprache nebeneinander, wenn auch nicht gleich üblich.

6. Das **a** [BE ɑː] wird im AE zu [æ] oder [æː] in Wörtern vom Typ pass [AE pæ(ː)s = BE pɑːs], answer [AE ˈæ(ː)nsər = BE ˈɑːnsə], dance [AE dæ(ː)ns = BE dɑːns], half [AE hæ(ː)f = BE hɑːf] sowie bei laugh [AE læ(ː)f = BE lɑːf].

7. Das **u** [BE juː] in Haupttonsilben im Inlaut wird im AE zu [uː], z.B. Tuesday [AE ˈtuːzdi = BE ˈtjuːzdi], student [AE ˈstuːdənt = BE ˈstjuːdənt], aber nicht in music [AE, BE = ˈmjuːzik], fuel [AE, BE = ˈfjuːəl].

8. Die Ableitungssilbe **-ile** (BE vorzugsweise [-ail]) wird im AE häufig zu [-əl] oder [-il] verkürzt, z.B. futile [AE ˈfjuːtəl = BE ˈfjuːtail], textile [AE ˈtekstil = BE ˈtekstail]; durchgehende [-əl]- oder [-il]-Lautung besteht nicht.

9. Die Endung **-ization** (BE meist [aiˈzeiʃən]) wird im AE vorzugsweise [əˈzeiʃən] gesprochen, seltener [aiˈzeiʃən]. Diesem Lautungsunterschied steht das Ausspracheverhältnis AE (bevorzugt) [ə] und BE (Standard) [i] nahe, z.B. editor [AE ˈedətər = BE ˈeditə], basket [AE ˈbæ(ː)skət = BE ˈbɑːskit].

Zahlwörter

Grundzahlen

0 nought, zero, cipher; *teleph.* 0 [əu] *null*
1 one *eins*
2 two *zwei*
3 three *drei*
4 four *vier*
5 five *fünf*
6 six *sechs*
7 seven *sieben*
8 eight *acht*
9 nine *neun*
10 ten *zehn*
11 eleven *elf*
12 twelve *zwölf*
13 thirteen *dreizehn*
14 fourteen *vierzehn*
15 fifteen *fünfzehn*
16 sixteen *sechzehn*
17 seventeen *siebzehn*
18 eighteen *achtzehn*
19 nineteen *neunzehn*
20 twenty *zwanzig*
21 twenty-one *einundzwanzig*
22 twenty-two *zweiundzwanzig*
30 thirty *dreißig*
31 thirty-one *einunddreißig*
40 forty *vierzig*
41 forty-one *einundvierzig*
50 fifty *fünfzig*
51 fifty-one *einundfünfzig*
60 sixty *sechzig*
61 sixty-one *einundsechzig*
70 seventy *siebzig*
71 seventy-one *einundsiebzig*
80 eighty *achtzig*
81 eighty-one *einundachtzig*
90 ninety *neunzig*
91 ninety-one *einundneunzig*
100 a *od.* one hundred *hundert*
101 hundred and one *hundert*(*und*)*eins*
200 two hundred *zweihundert*
300 three hundred *dreihundert*
572 five hundred and seventy-two *fünfhundert*(*und*)*zweiundsiebzig*
1000 a *od.* one thousand (*ein*)*tausend*
1066 ten sixty-six *tausendsechsundsechzig*
1971 nineteen (hundred and) seventy-one *neunzehnhunderteinundsiebzig*
2000 two thousand *zweitausend*
5044 *teleph.* five 0 double four *fünfzig vierundvierzig*
1 000 000 a *od.* one million *eine Million*
2 000 000 two million *zwei Millionen*
1 000 000 000 a *od.* one milliard, *Am.* billion *eine Milliarde*

Ordnungszahlen

1. first *erste*
2. second *zweite*
3. third *dritte*
4. fourth *vierte*
5. fifth *fünfte*
6. sixth *sechste*
7. seventh *siebente*
8. eighth *achte*
9. ninth *neunte*
10. tenth *zehnte*
11. eleventh *elfte*
12. twelfth *zwölfte*
13. thirteenth *dreizehnte*
14. fourteenth *vierzehnte*
15. fifteenth *fünfzehnte*
16. sixteenth *sechzehnte*
17. seventeenth *siebzehnte*
18. eighteenth *achtzehnte*
19. nineteenth *neunzehnte*
20. twentieth *zwanzigste*
21. twenty-first *einundzwanzigste*
22. twenty-second *zweiundzwanzigste*
23. twenty-third *dreiundzwanzigste*

30. thirtieth *dreißigste*
31. thirty-first *einunddreißigste*
40. fortieth *vierzigste*
41. forty-first *einundvierzigste*
50. fiftieth *fünfzigste*
51. fifty-first *einundfünfzigste*
60. sixtieth *sechzigste*
61. sixty-first *einundsechzigste*
70. seventieth *siebzigste*
71. seventy-first *einundsiebzigste*
80. eightieth *achtzigste*
81. eighty-first *einundachtzigste*
90. ninetieth *neunzigste*
100. (one) hundredth *hundertste*
101. hundred and first *hundertunderste*
200. two hundredth *zweihundertste*
300. three hundredth *dreihundertste*
572. five hundred and seventy-second *fünfhundertundzweiundsiebzigste*
1000. (one) thousandth *tausendste*
1950. nineteen hundred and fiftieth *neunzehnhundertfünfzigste*
2000. two thousandth *zweitausendste*
1 000 000. millionth *millionste*
2 000 000. two millionth *zweimillionste*

Bruchzahlen und andere Zahlenwerte

$^1/_2$ one *od.* a half *ein halb*
$1^1/_2$ one and a half *anderthalb*
$2^1/_2$ two and a half *zweieinhalb*
$^1/_3$ one *od.* a third *ein Drittel*
$^2/_3$ two thirds *zwei Drittel*
$^1/_4$ one *od.* a quarter, one fourth *ein Viertel*
$^3/_4$ three quarters, three fourths *drei Viertel*
$^1/_5$ one *od.* a fifth *ein Fünftel*
$3^4/_5$ three and four fifths *drei vier Fünftel*
$^5/_8$ five eighths *fünf Achtel*
$^{12}/_{20}$ twelve twentieths *zwölf Zwanzigstel*
$^{75}/_{100}$ seventy-five hundredths *fünfundsiebzig Hundertstel*
.45 point four five *null Komma vier fünf*
2.5 two point five *zwei Komma fünf*

once *einmal*
twice *zweimal*
three (four) times *drei- (vier)mal*
twice as much (many) *zweimal* od. *doppelt so viel(e)*
firstly (secondly, thirdly), in the first (second, third) place *erstens* (*zweitens, drittens*)
$7 + 8 = 15$ seven and eight are fifteen *sieben und* od. *plus acht ist fünfzehn*
$9 - 4 = 5$ nine less four are five *neun minus* od. *weniger vier ist fünf*
$2 \times 3 = 6$ twice three are *od.* make six *zweimal drei ist sechs*
$20 : 5 = 4$ twenty divided by five make four *zwanzig dividiert* od. *geteilt durch fünf ist vier*

Englische Währung

£ 1 = 100 p

Münzen

$^1/_2$ p (a half penny)
1 p (a penny)
2 p (two pence)
5 p (five pence)
10 p (ten pence)
20 p (twenty pence)
50 p (fifty pence)

Banknoten

£ 1 (one pound)
£ 5 (five pounds)
£ 10 (ten pounds)
£ 20 (twenty pounds)

Alte Münzen im Wert von 1 Schilling (= 5 p) und 2 Schilling (= 10 p) sind noch im Umlauf.

Maße und Gewichte

1. Längenmaße
Linear Measures

1 inch (in.)
= 2,54 cm

1 foot (ft.)
= 12 inches = 30,48 cm

1 yard (yd.)
= 3 feet = 91,44 cm

2. Wege- und Vermessungsmaße
Distance and Surveyors' Measures

1 link (li., l.)
= 7.92 inches = 20,12 cm

1 rod (rd.), pole *od.* perch (p.)
= 25 links = 5,03 m

1 chain (ch.)
= 4 rods = 20,12 m

1 furlong (fur.)
= 10 chains = 201,17 m

1 (statute) mile (mi.)
= 8 furlongs = 1609,34 m

3. Nautische Maße
Nautical Measures

1 fathom (fm.)
= 6 feet = 1,83 m

1 cable('s) length
= 100 fathoms = 183 m
US 120 fathoms = 219 m

1 nautical mile (n. m.)
= 10 cables' length = 1852 m

4. Flächenmaße
Square Measures

1 square inch (sq. in.)
= 6,45 qcm

1 square foot (sq. ft.)
= 144 square inches
= 929,03 qcm

1 square yard (sq. yd.)
= 9 square feet = 0,836 qm

1 square rod (sq. rd.)
= 30.25 square yards = 25,29 qm

1 rood (ro.)
= 40 square rods = 10,12 a

1 acre (a.)
= 4 roods = 40,47 a

1 square mile (sq. mi.)
= 640 acres = 2,59 qkm

5. Raummaße
Cubic Measures

1 cubic inch (cu. in.)
= 16,387 ccm

1 cubic foot (cu. ft.)
= 1728 cubic inches
= 0,028 cbm

1 cubic yard (cu. yd.)
= 27 cubic feet = 0,765 cbm

1 register ton (reg. tn.)
= 100 cubic feet = 2,832 cbm

6. Britische Hohlmaße
British Measures of Capacity

Trocken- und Flüssigkeitsmaße
Dry and Liquid Measures

1 British *od.* Imperial gill (gi., gl.)
= 0,142 l

1 British *od.* Imperial pint (pt.)
= 4 gills = 0,568 l

1 British *od.* Imperial quart (qt.)
= 2 Imp. pints = 1,136 l

1 British *od.* Imp. gallon (Imp. gal.)
= 4 Imp. quarts = 4,546 l

Trockenmaße
Dry Measures

1 British *od.* Imperial peck (pk.)
= 2 Imp. gallons = 9,092 l

1 Brit. *od.* Imp. bushel (bu., bsh.)
= 4 Imp. pecks = 36,36 l

1 Brit. *od.* Imperial quarter (qr.)
8 Imp. bushels = 290,94 l

Flüssigkeitsmaß
Liquid Measure

1 Brit. *od.* **Imp. barrel (bbl., bl.)**
= 36 Imp. gallons = 1,636 hl

7. Hohlmaße der USA
U.S. Measures of Capacity

Trockenmaße
Dry Measures

1 U.S. dry pint
= 0,550 l

1 U.S. dry quart
= 2 dry pints = 1,1 l

1 U.S. peck
= 8 dry quarts = 8,81 l

1 U.S. bushel (Getreidemaß)
= 4 pecks = 35,24 l

Flüssigkeitsmaße
Liquid Measures

1 U.S. liquid gill
= 0,118 l

1 U.S. liquid pint
= 4 gills = 0,473 l

1 U.S. liquid quart
= 2 liquid pints = 0,946 l

1 U.S. gallon
= 4 liquid quarts = 3,785 l

1 U.S. barrel
= 31 ½ gallons = 119 l

1 U.S. barrel petroleum
= 42 gallons = 158,97 l

8. Apothekermaße
Apothecaries' Fluid Measures

1 minim (min., m.)
= 0,0006 dl

1 fluid drachm, *US* **dram (dr. fl.)**
= 60 minims = 0,0355 dl

1 fluid ounce (oz. fl.)
= 8 fluid dra(ch)ms = 0,284 dl

1 pint (pt.)
= 20 fluid ounces = 0,568 l
US 16 fluid ounces = 0,473 l

9. Handelsgewichte
Avoirdupois Weight

1 grain (gr.)
= 0,0648 g

1 drachm, *US* **dram (dr. av.)**
= 27.34 grains = 1,77 g

1 ounce (oz. av.)
= 16 dra(ch)ms = 28,35 g

1 pound (lb. av.)
= 16 ounces = 0,453 kg

1 stone (st.)
= 14 pounds = 6,35 kg

1 quarter (qr.)
= 28 pounds = 12,7 kg
US 25 pounds = 11,34 kg

1 hundredweight (cwt.)
= 112 pounds = 50,8 kg (*a.* long hundredweight: cwt. l.)

US 100 pounds = 45,36 kg (*a.* short hundredweight: cwt. sh.)

1 ton (tn., t.)
= 2240 pounds (= 20 cwt. l.) = 1016 kg (*a.* long ton: tn. l.)

US 2000 pounds (= 20 cwt. sh.) = 907,18 kg (*a.* short ton: tn. sh.)

10. Fein- und Apothekergewichte
Troy and Apothecaries' Weight

1 grain (gr.)
= 0,0648 g

1 scruple (s. ap.)
= 20 grains = 1,296 g

1 pennyweight (dwt.)
= 24 grains = 1,555 g

1 dra(ch)m (dr. t. *od.* **dr. ap.)**
= 3 scruples = 3,888 g

1 ounce (oz. ap.)
= 8 dra(ch)ms = 31,104 g

1 pound (lb. t. *od.* **lb. ap.)**
= 12 ounces = 0,373 kg

Unregelmäßige Verben

Die an erster Stelle stehende Form bezeichnet das Präsens (present tense), nach dem ersten Gedankenstrich steht das Präteritum (past tense), nach dem zweiten das Partizip Perfekt (past participle).

abide - abode - abode
arise - arose - arisen
awake - awoke - awoke, awaked
be (am, is, are) - was (were) - been
bear - bore - borne *getragen*, born *geboren*
beat - beat - beaten, beat
become - became - become
beget - begot - begotten
begin - began - begun
belay - belayed, belaid - belayed, belaid
bend - bent - bent
bereave - bereaved, bereft - bereaved, bereft
beseech - besought - besought
bet - bet, betted - bet, betted
bid - bade, bid - bidden, bid
bind - bound - bound
bite - bit - bitten
bleed - bled - bled
blow - blew - blown
break - broke - broken
breed - bred - bred
bring - brought - brought
build - built - built
burn - burnt, burned - burnt, burned
burst - burst - burst
buy - bought - bought
can - could
cast - cast - cast
catch - caught - caught
chide - chid - chid, chidden
choose - chose - chosen
cleave - clove, cleft - cloven, cleft
cling - clung - clung
clothe - clothed, *lit.* clad - clothed, *lit.* clad
come - came - come
cost - cost - cost
creep - crept - crept
crow - crowed, crew - crowed
cut - cut - cut
dare - dared, durst - dared
deal - dealt - dealt
dig - dug - dug
do - did - done
draw - drew - drawn
dream - dreamt, dreamed - dreamt, dreamed
drink - drank - drunk
drive - drove - driven
dwell - dwelt - dwelt
eat - ate - eaten
fall - fell - fallen
feed - fed - fed
feel - felt - felt
fight - fought - fought
find - found - found
flee - fled - fled
fling - flung - flung
fly - flew - flown
forbear - forbore - forborne
forbid - forbad(e) - forbidden
forget - forgot - forgotten
forgive - forgave - forgiven
forsake - forsook - forsaken
freeze - froze - frozen
geld - gelded, gelt - gelded, gelt
get - got - got, *Am. a.* gotten
gild - gilded, gilt - gilded, gilt
gird - girded, girt - girded, girt
give - gave - given
go - went - gone
grave - graved - graved, graven
grind - ground - ground
grow - grew - grown
hang - hung - hung
have (has) - had - had
hear - heard - heard
heave - heaved, ⚓ hove - heaved, ⚓ hove
hew - hewed - hewed, hewn
hide - hid - hidden, hid
hit - hit - hit
hold - held - held
hurt - hurt - hurt
keep - kept - kept
kneel - knelt, kneeled - knelt, kneeled
knit - knitted, knit - knitted, knit
know - knew - known
lade - laded - laded, laden
lay - laid - laid

lead - led- led
lean - leaned, leant - leaned, leant
leap - leaped, leapt - leaped, leapt
learn - learned, learnt - learned, learnt
leave - left - left
lend - lent - lent
let - let - let
lie - lay - lain
light - lighted, lit - lighted, lit
lose - lost - lost
make - made - made
may - might
mean - meant - meant
meet - met - met
mow - mowed - mowed, mown
must - must
kein Präsens - **ought**
pay - paid - paid
pen - penned, pent - penned, pent
put - put - put
read - read - read
rend - rent - rent
rid - rid - rid
ride - rode - ridden
ring - rang - rung
rise - rose - risen
rive - rived - riven
run - ran - run
saw - sawed - sawn, sawed
say - said - said
see - saw - seen
seek - sought - sought
sell - sold - sold
send - sent - sent
set - set - set
sew - sewed - sewed, sewn
shake - shook - shaken
shall - should
shave - shaved - shaved, (*mst adj.*) shaven
shear - sheared - shorn
shed - shed - shed
shine - shone - shone
shoe - shod - shod
shoot - shot - shot
show - showed - shown
shred - shredded - shredded, shred
shrink - shrank - shrunk
shut - shut - shut
sing - sang - sung
sink - sank - sunk
sit - sat - sat
slay - slew - slain
sleep - slept - slept
slide - slid - slid
sling - slung - slung
slink - slunk - slunk
slit - slit - slit
smell - smelt, smelled - smelt, smelled
smite - smote - smitten
sow - sowed - sown, sowed
speak - spoke - spoken
speed - sped, ⊕ speeded - sped, ⊕ speeded
spell - spelt, spelled - spelt, spelled
spend - spent - spent
spill - spilt, spilled - spilt, spilled
spin - spun, span - spun
spit - spat - spat
split - split - split
spoil - spoiled, spoilt - spoiled, spoilt
spread - spread - spread
spring - sprang - sprung
stand - stood - stood
stave - staved, stove - staved, stove
steal - stole - stolen
stick - stuck - stuck
sting - stung - stung
stink - stunk, stank - stunk
strew - strewed - (have) strewed, (be) strewn
stride - strode - stridden
strike - struck - struck
string - strung - strung
strive - strove - striven
swear - swore - sworn
sweat - sweat, sweated - sweat, sweated
sweep - swept - swept
swell - swelled - swollen
swim - swam - swum
swing - swung - swung
take - took - taken
teach - taught - taught
tear - tore - torn
tell - told - told
think - thought - thought
thrive - throve - thriven
throw - threw - thrown
thrust - thrust - thrust
tread - trod - trodden
wake - woke, waked - waked, woke(n)
wear - wore - worn
weave - wove - woven
weep - wept - wept
wet - wetted, wet - wetted, wet
will - would
win - won - won
wind - wound - wound
work - worked, *bsd.* ⊕ wrought - worked, *bsd.* ⊕ wrought
wring - wrung - wrung
write - wrote - written

LANGENSCHEIDTS
TASCHENWÖRTERBÜCHER

LANGENSCHEIDT'S
POCKET DICTIONARY
OF THE ENGLISH AND GERMAN LANGUAGES

Second Part

German-English

by

PROF. EDMUND KLATT
and GISELA KLATT

Sixth Edition

by

HEINZ MESSINGER

LANGENSCHEIDT
BERLIN · MUNICH · VIENNA · ZURICH

LANGENSCHEIDTS TASCHENWÖRTERBUCH

DER ENGLISCHEN UND DEUTSCHEN SPRACHE

Zweiter Teil

Deutsch-Englisch

von

PROF. EDMUND KLATT

und GISELA KLATT

6. Neubearbeitung

von

HEINZ MESSINGER

LANGENSCHEIDT

BERLIN · MÜNCHEN · WIEN · ZÜRICH

Inhaltsverzeichnis
Contents

6. Neubearbeitung

Auflage:	*57.*	*56.*	*55.*	*54.*	*Letzte Zahlen*
Jahr:	*1986*	*85*	*84*	*83*	*maßgeblich*

Druck: Graph. Betriebe Langenscheidt, Berchtesgaden/Obb.
Printed in Germany · ISBN 3-468-10126-0

Vorwort zur 6. Neubearbeitung

Das deutsch-englische Taschenwörterbuch gehört seit seinem ersten Erscheinen vor fast 90 Jahren zu den bekanntesten Werken des Langenscheidt-Verlags. Es ist in Millionen von Exemplaren in aller Welt verbreitet. Für die vorliegende Neubearbeitung mit erhöhtem Umfang wurde Heinz Messinger gewonnen, dessen Handwörterbücher seit über einem Jahrzehnt als Standardwerke der englischen Lexikographie gelten.

In einem ersten Arbeitsgang wurden alle deutschen Stichwörter und deren englische Übersetzungen kritisch durchleuchtet und — soweit notwendig — verbessert. Danach wurde das Wörterbuch durch Tausende von neuen Stichwörtern, Übersetzungen und anderen Zusätzen erweitert und auf den neuesten Stand gebracht. Sowohl der allgemeinsprachliche wie der fachsprachliche Wortschatz wurde den Erfordernissen der siebziger Jahre angepaßt. Ob Wirtschaft (vgl. *Wachstumsindustrie*, *Rechenzentrum*) oder Technik (vgl. *Tastenwahlfernsprecher*), Politik (vgl. *Leistungsgesellschaft*, *Umweltverschmutzung*) oder Verkehr (vgl. *Knautschzone*, *Entwerter*) — alle Sachgebiete sind mit ihrem modernsten Wortschatz vertreten.

Der Autor schenkte den idiomatischen Wendungen seine besondere Aufmerksamkeit. Daß dabei nicht nur bekannte Sprichwörter und Redensarten berücksichtigt wurden, sondern auch an der Idiomatik im kleinen gefeilt wurde, zeigen beispielsweise seine neuen Zusätze unter dem Stichwort „sagen“: *sagen wir (mal)*, *sage und schreibe*, *schwer zu sagen*, *man sagt*, *er sei ...*, *es ist nicht gesagt*, *daß ...*, *sich sagen*, *daß ...* Selbstverständlich wurde Bewährtes beibehalten, so die starke Einbeziehung des Amerikanischen Englisch, die genaue Kennzeichnung der Sprachgebrauchsebenen, die internationale Lautschrift bei der Ausspracheangabe für die deutschen Stichwörter und die grammatischen Angaben zur deutschen Deklination und Konjugation.

Das Wörterbuch enthält eine Reihe von wertvollen Anhängen mit Eigennamen, Abkürzungen, Zahlwörtern und Umrechnungstabellen von Maßen und Gewichten. Dem Ausländer werden die Tabellen zur deutschen Deklination und Konjugation und die umfangreiche Liste der unregelmäßigen Verben sicherlich von Nutzen sein.

Der Verlag hofft, daß die allgemeine Anerkennung, die das deutsch-englische Taschenwörterbuch seit Jahrzehnten erfahren hat, auch dieser Neubearbeitung für die siebziger Jahre zuteil wird. Wir möchten ganz besonders denjenigen Benutzern danken, die durch wertvolle Anregungen zur ständigen Verbesserung des englischen Taschenwörterbuchs beigetragen haben.

LANGENSCHEIDT

Preface to the Sixth Revised Edition

For almost 90 years the German-English Pocket Dictionary has been one of Langenscheidt's best-known publications. Millions of copies have been distributed all over the world. The present revised and expanded edition has been prepared by Heinz Messinger, whose *Handwörterbücher* have for over a decade taken their place among the standard works of English lexicography.

In the first stage of revision, all the German entries and their English translations were critically examined and — where necessary — corrected. After that, the dictionary was expanded and brought up to date through the inclusion of thousands of new entries, translations and other additions. Both the body of words in general use and the fund of technical terms were brought into accord with the demands of the 1970s. Industry (cf. *Wachstumsindustrie*, *Rechenzentrum*) and technology (cf. *Tastenwahlfernsprecher*), politics (cf. *Leistungsgesellschaft*, *Umweltverschmutzung*) and communications (cf. *Knautschzone*, *Entwerter*) — all these specialist fields and many others are represented by their most modern terminology.

The author has devoted particular attention to idiomatic phrases. Not only well-known proverbs and figures of speech have been included here; the finenesses of idiomatic speech have been brought out. The new additions listed under the heading "sagen" may serve as an example: *sagen wir (mal), sage und schreibe, schwer zu sagen, man sagt, er sei ..., es ist nicht gesagt, daß ..., sich sagen, daß ...* It need hardly be said that the many features of the dictionary that have already proved their worth have been retained: the weight given to American English; the precise noting of the levels of usage; the use of international phonetic symbols to indicate the pronunciation of the German entry words; and the grammatical information about German declension and conjugation.

The dictionary includes a series of valuable appendices, containing proper names, abbreviations, numerals and conversion tables for weights and measures. The English-speaking reader should find the tables of German declension and conjugation useful, as well as the comprehensive list of irregular verbs.

The publishers hope that the general recognition which the German-English Pocket Dictionary has enjoyed for so many years will be extended to this new revision. We should like to express our thanks particularly to all those users of the dictionary whose valuable suggestions have helped to make its continual improvement possible.

LANGENSCHEIDT

Hinweise für die Benutzung des Wörterbuches

Directions for the Use of the Dictionary

1. Anordnung: Die alphabetische Reihenfolge ist überall beachtet worden. Dabei wurden die Umlautbuchstaben ä, ö, ü wie a, o, u behandelt. („Müll" z. B. suche man hinter „Mull", nicht unter „muell"). ß wird wie ss eingeordnet. An ihrem alphabetischen Platz sind gegeben:

a) die unregelmäßigen Formen des Komparativs und Superlativs;
b) die verschiedenen Formen der Fürwörter;
c) die Stammformen (Grundform, Vergangenheit, Mittelwort der Vergangenheit) der starken und der unregelmäßigen schwachen Verben.

Eigennamen und Abkürzungen sind am Schluß des Bandes in besonderen Verzeichnissen zusammengestellt.

2. Das **Wiederholungszeichen** oder die **Tilde** (~ ♀ ~ ♀). Zusammengehörige und verwandte Wörter, sowie Wörter, die ganz oder teilweise im Schriftbild übereinstimmen, sind häufig zum Zwecke der Raumersparnis unter Verwendung der Tilde zu Gruppen vereinigt. Die fette Tilde (~) vertritt dabei entweder das ganze Stichwort oder den vor dem Strich (|) stehenden Teil des Stichwortes. Bei den in *Auszeichnungsschrift* gesetzten Redewendungen oder in *Kursivschrift* gesetzten Erläuterungen vertritt die einfache Tilde (~) stets das unmittelbar voraufgegangene Stichwort, das seinerseits wiederum mit Hilfe der fetten Tilde gebildet sein kann.

Wenn sich die Anfangsbuchstaben ändern (groß zu klein oder umgekehrt), steht statt der Tilde das Zeichen: ♀ *od.* ♀.

1. Arrangement. Alphabetical order has been maintained throughout the dictionary. Note that the umlaut-forms ä, ö, ü are treated like a, o, u. (Thus "Müll" will be found directly after "Mull" but not under "muell"). ß is listed under ss. The following forms are also listed alphabetically:

a) the irregular forms of comparatives and superlatives;
b) the various forms of pronouns;
c) the principal parts (infinitive, past tense and past participle) of the strong and the irregular weak verbs.

Proper names and abbreviations are listed separately at the end of the dictionary.

2. Tilde or swung dash as mark of repitition (~ ♀ ~ ♀). Words belonging to the same group, derivatives or homographs and words with partly identical spelling are frequently combined with the aid of the tilde to save room. The bold-faced tilde stands for the entry word or the part of it preceding the vertical bar (|). In the examples printed in *lightface* type or in the explanations printed in *italics* the simple tilde (~) stands for the preceding head-word, which itself may have been formed by aid of the bold-faced tilde.

When the initial letter changes from a capital to a small letter, or vice-versa, the tilde is replaced by the sign: ♀ or ♀.

Beispiele: **Drama, ~tiker, 2tisch; duld|en, 2er, ~sam; essen** (eat), 2 (eating; food); **Selbst|kostenpreis** usw., **~verlag:** *im* ~ published by the author; **fassen:** e-*n Plan* ~.

In der Aussprachebezeichnung wird der ausgelassene Teil der phonetischen Umschrift des Stichwortes durch die Tilde (~) wiedergegeben; weitere Wortteile werden durch einen kurzen Strich (-) ersetzt: **Origin|al** [origiˈnaːl], **~altreue** [~ˈnaːl-]; **neutral** [nɔʏˈtraːl], **~iˈsieren** [~trali-].

3. Die **Aussprachebezeichnung** fällt meistens weg bei

a) Wortzusammensetzungen wie Handbuch, Absicht, deren einzelne Bestandteile (Hand und Buch, ab und Sicht) als Grundwörter an alphabetischer Stelle mit Aussprache gegeben sind;

b) häufig wiederkehrenden Nachsilben (s. die Liste Seite 656).

4. Der **verkürzte Bindestrich** [-] steht in Stichwörtern:

a) vor einem Vokal zur Bezeichnung des Knacklautes (z. B. beˈ-antworten);

b) zwischen zwei Konsonanten, um anzuzeigen, daß sie getrennt auszusprechen sind (z. B. Häus-chen, gesinnungs-treu).

5. Deklination und Konjugation. Bei jedem einfachen abwandelbaren Wort steht in runden Klammern eine Ziffer als Hinweis auf das entsprechende Beispiel der Deklinations- und Konjugationstabellen am Schluß des Bandes.

Aus Gründen der Raumersparnis ist die Ziffer häufig weggelassen worden:

a) bei Substantiven mit den Endungen -ei, -heit, -ion, -keit, -schaft, -ung, die nach (16) abgewandelt werden; alle femininen Substantive auf -in (z. B. Freundin) sind abwandelbar nach (16^1);

Examples: **Drama, ~tiker, 2tisch; duld|en, 2er, ~sam; essen** (eat), 2 (eating; food); **Selbst|kostenpreis** etc., **~verlag:** *im* ~ published by the author; **fassen:** e-*n Plan* ~.

The tilde (~) stands for the part of the entry word that is not repeated in the phonetic transcription; other parts of the word are replaced by a short dash (-): **Origin|al** [origiˈnaːl], **~altreue** [~ˈnaːl-]; **neutral** [nɔʏˈtraːl], **~iˈsieren** [~trali-].

3. The **phonetic transcription** (see the remarks at the head of the Key to Pronunciation, page 653) has usually been omitted:

a) when the constituents of a compound are independent words, which appear in their normal alphabetical position with pronunciation. Examples: Handbuch, Absicht, see Hand and Buch, ab and Sicht;

b) for suffixes (see list on page 656).

4. The **shortened hyphen** [-] is placed in entry words:

a) before a vowel to mark the glottal stop (e.g. beˈ-antworten);

b) between two consonants to indicate that they must be pronounced separately (e.g. Häus-chen, gesinnungs-treu).

5. Inflexion. The number in parentheses following simple words subject to inflexion refers to the corresponding paradigm in the declension and conjugation tables at the end of the book.

In order to save space the number has frequently been omitted:

a) when the nouns have the following endings: -ei, -heit, -ion, -keit, -schaft, -ung; these are inflected according to (16); all feminine nouns ending in -in (e.g. Freundin) are inflected according to (16^1);

b) bei den substantivierten Adjektiven (z. B. Uneingeweihte *m, f*); sie werden nach (18) abgewandelt;
c) bei den substantivierten Verben (z. B. Geschehen); sie sind Neutra und abwandelbar nach (6);

d) bei den Verben auf -ieren (z. B. radieren); sie werden nach (25) abgewandelt.

Der Vermerk (sn) bedeutet, daß das betreffende intransitive Verb das Perfekt usw. mit „sein" bildet. Die übrigen Verben werden mit „haben" konjugiert.

Die Eigennamen werden, falls keine andere Ziffer angegeben ist, nach (17) dekliniert.

Die Bezeichnungen *sg.* bzw. *pl.* nach einem Substantiv bedeuten singularische bzw. pluralische Konstruktion der abhängigen Verben.

6. Bedeutungsunterschiede (in *Kursivschrift*) sind gekennzeichnet:

a) durch sinnverwandte Wörter in runden Klammern, z. B.: **rein** pure; (*sauber*) clean;
b) durch vorgesetzte deutsche Erklärungen, z. B.: **Blick** *flüchtiger*: glance; **dämpfen** *Stoß, Schall*: deaden; **Abfall** *der Blätter*: fall; *beim Schlachten*: offal;
c) durch Einschübe, die einen grammatischen oder bedeutungsmäßigen Zusammenhang verdeutlichen sollen, jedoch unübersetzt bleiben, z. B.: **abkommen** ... *von et.* ~ give up, drop; ~ *von e-r Ansicht* change; ~ *von e-m Thema* digress from;
d) durch vorgesetzte bildliche Zeichen und abgekürzte Begriffsbestimmungen (s. Verzeichnis S. 651 u. 652);
e) durch Angabe des Gegensatzes, z. B.: **Land** (*Ggs. Wasser*) land; (*Ggs. Stadt*) country.

Das Semikolon trennt eine gegebene Bedeutung von einer neuen, wesentlich verschiedenen.

b) when the adjectives act as nouns (e.g. Uneingeweihte *m, f*); these are inflected according to (18);
c) when the verbs act as nouns (verbal nouns), e.g. Geschehen; all verbal nouns are neuters and inflected according to (6);
d) when the verbs end in -ieren, e.g. radieren; these are inflected according to (25).

The symbol (sn) means that the intransitive verb in question forms its perfect with the auxiliary "sein". All other verbs form their perfect with the auxiliary "haben".

The proper names are inflected according to (17) if no other numbers are given.

The symbols *sg.* or *pl.* following a noun indicate that these nouns take singular or plural verbs respectively.

6. Variety of meanings (printed in *italics*) are made clear:

a) by synonyms in parentheses, e.g.: **rein** pure; (*sauber*) clean;

b) by preceding German explanations, e.g.: **Blick** *flüchtiger*: glance; **dämpfen** *Stoß, Schall*: deaden; **Abfall** *der Blätter*: fall; *beim Schlachten*: offal;
c) by additions that are meant to supply grammatical information and/or to illustrate the usage of a word but which are left untranslated, e.g.: **abkommen** ... *von et.* ~ give up, drop; ~ *von e-r Ansicht* change; *von e-m Thema* digress from;
d) by preceding symbols and abbreviated definitions (see list p. 651 and 652);

e) by giving the opposite, e.g.: **Land** (*Ggs. Wasser*) land; (*Ggs. Stadt*) country.

The semicolon separates one given meaning from another essentially different meaning.

Erklärung der Zeichen und Abkürzungen

Explanation of the Symbols and Abbreviations

1. Bildliche Zeichen — Symbols

~, ⁓	s. Hinweise S. 648, Absatz 2, *v. Directions for the use p. 648, paragraph 2.*
F	familiär, *familiar*; Umgangssprache, *colloquial language.*
P	populär, Sprache des (einfachen) Volkes, *low colloquialism.*
V	unanständig, *indecent.*
†	altertümlich, *archaic.*
✧	selten, *rare, little used.*
🕮	wissenschaftlich, *scientific term.*
⚘	Pflanzenkunde, *botany.*
⊕	Handwerk; Technik, *handicraft; engineering.*
⚒	Bergbau, *mining.*
⚔	militärisch, *military term.*
⚓	Schiffahrt, *nautical (sailors' or watermen's) term.*
☤	Handelswesen, *commercial term.*
🚂	Eisenbahn, *railway.*
✈	Luftfahrt, *aviation.*
📯	Postwesen, *postal affairs.*
♪	Musik, *musical term.*
△	Architektur, *architecture.*
⚡	Elektrotechnik, *electrical engineering.*
⚖	Rechtswissenschaft, *jurisprudence.*
📐	Mathematik, *mathematics.*
⛏	Landwirtschaft, *farming.*
⚗	Chemie, *chemistry.*
⚕	Heilkunde, Medizin, *medicine.*

2. Abkürzungen — Abbreviations

a., a.	auch, *also.*
abbr.	*abbreviation*, Abkürzung.
acc.	*accusative (case)*, Akkusativ, 4. Fall.
adj.	*adjective*, Adjektiv, Eigenschaftswort.
adv.	*adverb*, Adverb, Umstandswort.
allg.	allgemein, *commonly.*
Am.	*Americanism*, im amerikanischen Englisch gebräuchlicher Ausdruck.
anat.	*anatomy*, Anatomie.
art.	*article*, Artikel, Geschlechtswort.
ast.	*astronomy*, Astronomie.
attr.	*attributively*, als Attribut od. Beifügung.
biol.	*biology*, Biologie.
Brt.	*in British usage only*, nur im britischen Englisch gebräuchlich.
b.s.	*bad sense*, in schlechtem Sinne.
bsd.	besonders, *particularly.*
cj.	*conjunction*, Konjunktion, Bindewort.
co.	*cómic(al)*, komisch, scherzhaft.
comp.	*comparative*, Komparativ.
contp.	*contemptuously*, verächtlich.
dat.	*dative (case)*, Dativ, 3. Fall.
dem.	*demonstrative*, hinweisend.
ea., *ea.*	einander, *one another, each other.*
eccl.	*ecclesiastical*, kirchlich, geistlich.
e-e	eine, *a (an).*
ehm.	ehemals, *formerly.*
e-m, *e-m*	einem, *to a (an).*
e-n, *e-n*	einen, *a (an).*
engS.	in engerem Sinne, *more strictly taken.*
e-r, *e-r*	einer, *of a (an), to a (an).*
e-s, *e-s*	eines, *of a (an).*
et., *et.*	etwas, *something.*
etc., *etc.*	*et cetera, and others, and so forth*, und so weiter.

f	*feminine*, weiblich.
fenc.	*fencing*, Fechtkunst.
fig.	*figuratively*, figürlich, bildlich.
fr.	französisch, *French*.
gen.	*genitive* (*case*), Genitiv, 2. Fall.
geogr.	*geography*, Erdkunde.
geol.	*geology*, Geologie.
ger.	*gerund*, Gerundium.
Ggs.	Gegensatz, *antonym*.
gr.	*grammar*, Grammatik.
h.	haben, *have*.
hist.	*history*, Geschichte.
hunt.	*hunting*, Jagdwesen.
imp.	*imperative* (*mood*), Imperativ.
ind.	*indicative* (*mood*), Indikativ.
inf.	*infinitive* (*mood*), Infinitiv.
int.	*interjection*, Empfindungswort, Ausruf.
interr.	*interrogative*, fragend.
inv.	*invariable*, unveränderlich.
iro.	*ironically*, ironisch.
j., j-s, j-m, j-n	jemand(es *of*; -em *dat. to*; -en *acc.*) *somebody*.
l.	lassen, *let*.
lit.	*literary*, nur in der Schriftsprache vorkommend.
m	*masculine*, männlich.
m-e	meine, *my*.
metall.	*metallurgy*, Hüttenwesen.
min.	*mineralogy*, Mineralogie.
m-n	meinen, *my*.
mot.	*motoring*, Kraftfahrwesen.
mount.	*mountaineering*, Bergsteigerei.
m-r	meiner, *of my, to my*.
mst	meistens, *mostly, usually*.
n	*neuter*, sächlich.
nom.	*nominative* (*case*), Nominativ, 1. Fall.
o.	ohne, *without*.
od.	oder, *or*.
opt.	*optics*, Optik.
o.s.	*oneself*, sich.
P.	Person, *person*.
p., *p.*	*person*, Person.
paint.	*painting*, Malerei.
parl.	*parliamentary term*, parlamentarischer Ausdruck.
perf.	*perfect*, Perfekt(um), vollendete Gegenwart.
pharm.	*pharmacy*, Apothekerkunst.
phls.	*philosophy*, Philosophie.
phot.	*photography*, Photographie.
phys.	*physics*, Physik.
physiol.	*physiology*, Physiologie.
pl.	*plural*, Mehrzahl.
poet.	*poetry*, Dichtkunst.
pol.	*politics*, Politik.
p.p.	*past participle*, Partizip der Vergangenheit.
p.pr.	*present participle*, Partizip der Gegenwart.
pred.	*predicative*, prädikativ.
pret.	*preterit(e)*, Präteritum, Vergangenheit.
pron.	*pronoun*, Pronomen, Fürwort.
prp.	*preposition*, Verhältniswort.
prs.	*present* (*tense*), Präsens, Gegenwart.
refl.	*reflexive*, reflexiv, rückbezüglich.
rel.	*relative*, bezüglich.
rhet.	*rhetoric*, Rhetorik.
S., *S.*	Sache, *thing*.
s., *s.*	siehe, man sehe, *see, refer to*.
s-e	seine, *his, one's*.
sg.	*singular*, Einzahl.
sl.	*slang*, Slang.
s-m	seinem, *to his, to one's*.
sn	sein (Verb), *be*.
s-n	seinen, *his, one's*.
s-r	seiner } *of his, of one's*.
s-s	seines } *of his, of one's*.
su.	*substantive*, Hauptwort.
subj.	*subjunctive* (*mood*), Konjunktiv.
sup.	*superlative*, Superlativ.
surv.	*surveying*, Landvermessung.
tel.	*telegraphy*, Telegraphie.
teleph.	*telephony*, Fernsprechwesen.
th., *th.*	*thing*, Ding, Sache.
thea.	*theatre*, Theater.
typ.	*typography*, Buchdruck.
u., *u.*	und, *and*.
univ.	*university*, Hochschulwesen, Studentensprache.
usw.	und so weiter, *etc. and so forth*.
v.	von, vom, *of, by, from*.
vb.	*verb*, Verb(um), Zeitwort.
v/aux.	*auxiliary verb*, Hilfszeitwort.
vet.	*veterinary art*, Tierheilkunde.
vgl., *vgl.*	vergleiche, *compare*.
v/i.	*verb intransitive*, intransitives Zeitwort.
v/refl.	*verb reflexive*, reflexives Zeitwort.
v/t.	*verb transitive*, transitives Zeitwort.
weitS.	im weiteren Sinne, *more widely taken*.
z.B.	zum Beispiel, *for instance*.
zo.	*zoology*, Zoologie.
Zssg(n)	Zusammensetzung(en), *compound word(s)*.

Key to Pronunciation

The phonetic alphabet used in this German-English dictionary is that of the Association Phonétique Internationale (A. P. I. or I. P. A. = International Phonetic Association).

The length of vowels is indicated by [ː] following the vowel symbol, the stress by [ˈ] preceding the stressed syllable.

The glottal stop [ʔ] is the forced stop between one word or syllable and a following one beginning with a stressed vowel, as in "beobachten" [bəˈʔoːbaxtən].

Symbol	Examples	Nearest English Equivalents	Remarks
		A. Vowels	
a	Mann [man]		short a as in French "carte" or in British English "cast" said quickly
ɑː	Wagen [ˈvɑːgən]	father	long a
e	Edikt [eˈdikt]	bed	
eː	Weg [veːk]		unlike any English sound, though it has a resemblance to the sound in "**day**"
ə	bitte [ˈbitə]	ago	a short sound, that of unaccented e
ɛ	Männer [ˈmɛnər] Geld [gɛlt]	fair	There is no *-er* sound at the end. It is one pure short vowel-sound.
ɛː	wählen [ˈvɛːlən]		same sound, but long
i	Wind [vint]	it	
iː	hier [hiːr]	meet	
ɔ	Ort [ɔrt]	long	
ɔː	Komfort [kɔmˈfɔːr]	draw	
o	Advokat [atvoˈkɑːt]	molest [moˈlest]	
oː	Boot [boːt]		[oː] resembles the English sound in go [gou] but without the [u]

Symbol	Examples	Nearest English Equivalents	Remarks
øː	schön [ʃøːn]		as in French "**feu**". The sound may be acquired by saying [e] through closely rounded lips.
ø	Ödem [øˈdeːm]		same sound, but short
œ	öffnen [ˈœfnən]		as in French "**neuf**". The sound has a resemblance to the English vowel in "**her**". Lips, however, must be well rounded as for ɔ.
u	Mutter [ˈmutər]	**book**	
uː	Uhr [uːr]	**boot**	
y	Glück [glyk]		almost like the French u as in s**u**r. It may be acquired by saying i through fairly closely rounded lips.
yː	führen [ˈfyːrən]		same sound, but long

B. Diphthongs

aɪ	Mai [maɪ]	**l**i**ke**	
aʊ	Maus [maʊs]	**mou**se	
ɔʏ	Beute [ˈbɔʏtə] Läufer [ˈlɔʏfər]	**boy**	

C. Consonants

b	besser [ˈbɛsər]	**b**etter	
d	du [duː]	**d**ance	
f	finden [ˈfindən] Vater [ˈfɑːtər] Philosoph [filoˈzoːf]	**f**ind	
g	Gold [gɔlt] Geld [gɛlt]	**g**old	
ʒ	Genie [ʒeˈniː] Journalist [ʒurnaˈlist]	mea**s**ure	
h	Haus [haʊs]	**h**ouse	
ç	Licht [liçt] Mönch [mœnç] lustig [ˈlustiç]		An approximation to this sound may be acquired by assuming the mouth-configuration for [i] and emitting a strong current of breath.

Symbol	Examples	Nearest English Equivalents	Remarks
x	Loch [lɔx]	Scotch: lo**ch**	Whereas [ç] is pronounced at the front of the mouth, **x** is pronounced in the throat.
j	ja [jɑː]	**y**ear	
k	keck [kɛk] Tag [tɑːk] Chronist [kroˈnɪst] Café [kaˈfeː]	**k**ick	
l	lassen [ˈlasən]	**l**ump	pronounced like English initial "clear l"
m	Maus [maʊs]	**m**ouse	
n	nein [naɪn]	**n**ot	
ŋ	singen [ˈziŋən] trinken [ˈtriŋkən]	si**ng**, dri**n**k	
p	Paß [pas] Weib [vaɪp] obgleich [ɔpˈglaɪç]	**p**ass	
r	rot [roːt]	**r**ot	There are two pronunciations: the frontal or lingual r and the uvular r (the latter unknown in England).
s	Glas [glɑːs] Masse [ˈmasə] Mast [mast] naß [nas]	mi**ss**	unvoiced when final, doubled, or next a voiceless consonant
z	Sohn [zoːn] Rose [ˈroːzə]	**z**ero	voiced when initial in a word or a syllable
ʃ	Schiff [ʃif] Charlotte [ʃarˈlɔtə] Spiel [ʃpiːl] Stein [ʃtaɪn]	**sh**op	
t	Tee [teː] Thron [troːn] Stadt [ʃtat] Bad [bɑːt] Findling [ˈfintliŋ] Wind [vint]	**t**ea	
v	Vase [ˈvɑːzə] Winter [ˈvintər]	**v**ast	

ã, ɛ̃, ɔ̃ are nasalized vowels. Examples: Ensemble [ãˈsãːbl], Terrain [tɛˈrɛ̃], Bonbon [bɔ̃ˈbɔ̃].

List of Suffixes
often given without Phonetic Transcription

Suffix	Phonetic Tran-scription	Examples	Remarks
-bar	-baːr	'schein**bar**	
-chen	-çən	'Städt**chen**	
-d	-t	'fesseln**d**	
-de	-də	'Zier**de**	
-ei	-aɪ	Reede'**rei**	
-en	-ən	zer'stör**en**	
-end	-ənt	'ätz**end**	
-er	-ər	Trans'port**er** be'reich**ern**	
-haft	-haft	'zwergen**haft**	
-heit	-haɪt	Be'sonder**heit**	
-ie	-iː	Orange'**rie**	
-ieren	-iːrən	organi'**sieren** salu'**tieren** mystifi'**zieren**	
-ig	-iç	'lust**ig**	but lust**ige** [-igə], lust**iger** [-igər], lust**iges** [-igəs], etc.
-ik	-ik	Belle'trist**ik**	
-in	-in	'Säng**erin**	
-isch	-iʃ	'belg**isch**	
-ist	-ist	Pessi'**mist**	
-keit	-kaɪt	'Männlich**keit**	
-lich	-liç	'sach**lich**	
-losigkeit	-loːziçkaɪt	'Rücksichts**losigkeit**	
-nis	-nis	'Wirr**nis**	
-sal	-zaːl	'Trüb**sal**	
-sam	-zaːm	'furcht**sam**	
-schaft	-ʃaft	'Wähler**schaft**	
-ste	-stə	'dreißig**ste**	
-tät	-tɛːt	Morali'**tät**	
-tum	-tuːm	'Wachs**tum**	
-ung	-uŋ	Ge'sinn**ung**	
-ungs-	**-uŋs-**	Ge'**sinnungs**wechsel	

A

A, a [aː] *n* A, a (*a.* ♪); *fig. das A u. O* the most important thing; *von A bis Z* from A to Z; *wer A sagt, muß auch B sagen* in for a penny, in for a pound; ♪ *A-Dur* A major; *a-Moll* A minor.
à [a] *prp.* ✝ (at) ... each.
Aal [aːl] *m* (3) eel; '**2en** *v/refl.* laze (about); '**2glatt** slippery (as an eel).
Aar *poet.* [aːr] *m* (3) eagle.
Aas [aːs] *n* (4, *pl. a.* Äser ['ɛːzər] 1[2]) carrion; (*Köder*) bait; P *Schimpfwort*: beast; **2en** F ['aːzən] (27): *mit et.* ~ squander; '**~geier** *m* carrion kite; *fig.* vulture.
ab [ap] *adv. u. prp.* off; down; from; *thea.* exit, *pl.* exeunt; *zeitlich*: (*von* ...) *ab* from ... on(wards), *amtlich*: as from, on and after *May 1st, etc.* ~ *und zu* now and then; *weit* ~ far off; ✝ ~ *Berlin, Fabrik, Lager usw.* ex Berlin, factory, store, *etc.*; 🚂 ~ dep. (= departs, departure); ~ *Brüssel* from Brussels; ~ *dort* (to be) delivered at yours; ~ *Unkosten* less charges; *Hut* ~*!* hat(s) off!; *von jetzt* ~ from now on.
abänder|lich ['apˀɛndərliç] alterable; '**~n** alter; change; modify; *parl.* amend; *jur.* commute; '**2ung** *f* alteration; modification; amendment; '**2ungsantrag** *parl. m* amendment.
'**ab-arbeiten** *Schuld*: work out; *sich* ~ overwork o.s., slave; *abgearbeitet* worn-out.
'**Ab-art** *f* variety; '**2en** (sn) degenerate; (*variieren*) vary; '**2ig** abnormal; '**~ung** *f* degeneration; variation.
'**Abbau** *m* ⊕ dismantling; ⚒ working; *der Preise, des Personals*: reduction, *Am.* cutback; *einzelner Angestellten*: retrenchment, dismissal; ⚗ decomposition; '**2en** *v/t. Gebäude usw.*: pull down, *a.* ⊕ dismantle; ⚒ work, mine; *Preise, Personal*: reduce, cut down; *einzelne Angestellte*: retrench, dismiss; ⚗ reduce.
'**abbeißen** bite off.
'**abbekommen** get off; *s-n Teil* (*od.* et.) ~ get (*od.* come in for) one's share; et. ~ (*verletzt werden*) get hurt, *S.*: be damaged.
'**abberuf|en** recall; '**2ung** *f* recall.
'**abbestell|en** countermand, cancel (orders for); *Zeitung*: discontinue; '**2ung** *f* countermand, cancellation.
'**abbetteln:** *j-m* et. ~ wheedle a th. out of a p.
'**abbiegen** *v/t.* bend off; *fig. e-e Sache*: avert, ward off; *v/i.* (sn) turn off; *Straße*: branch off.
'**Abbild** *n e-r S.*: copy; *e-r P.*: likeness; (*Ebenbild*) image; '**2en** represent; model; copy *a th.*; portray *a p.*; '**~ung** *f* representation; picture; illustration.
'**abbinden** unbind, untie; ⚕ tie up *od.* off; *Zement*: set.
'**Abbitte** *f* apology; ~ *tun* = '**2n** *v/t. u. v/i.* apologize (*j-m* et. to a p. for a th.).
'**abblasen** *v/t. Dampf*: blow off; *Angriff*: break off; *fig.* call off, cancel.
'**abblättern** *v/refl. u. v/i.* (sn) shed the leaves; *fig.* flake *od.* peel off.
'**abblend|en** *v/t.* screen (off), dim; *phot.* stop down; *Film, Radio*: fade down; *v/i. mot.* dip the (head)lights; '**2schalter** *mot. m* dip switch.
'**abblitzen** F (sn) meet with a rebuff (*bei j-m* from a p.); ~ *lassen* rebuff, send *a p.* packing.
'**abbrausen** *v/t.* (*a. sich* ~) shower; *v/i.* F (sn) buzz off.
'**abbrechen** *v/t. u. v/i.* (sn) break off (*a. fig.*); *Haus usw.*: pull down, demolish; *Lager*: break (up); *Zelt*: strike; *kurz* ~ *v/t.* cut short, *v/i.* stop short; *alle Brücken hinter sich* ~ burn one's boats.
'**abbremsen** slow down; *mot.* brake.
'**abbrennen** *v/t. Haus*: burn down; *Feuerwerk*: let off; *v/i.* (sn) burn down; *s. abgebrannt.*
'**abbringen** get off, deflect, divert; *fig. j-n* ~ *von* put a p. off doing (*a th.*), *von e-r Meinung usw.* talk a p. out of; (*abraten*) dissuade

from; *s. ausreden*; *von e-m Thema*: lead away from; *vom (rechten) Wege* ~ (*a. fig.*) lead astray; *sich nicht* ~ *lassen von etwas* abide by (*od.* stick to) a th.; *davon lasse ich mich nicht* ~ nothing can change my mind about that.

'**abbröckeln** (sn) crumble away *od.* off; *Kurse, Preise*: crumble.

'**Abbruch** *m* breaking off (*a. fig. von Beziehungen*); *e-s Hauses*: pulling down, demolition; (*Schaden*) damage, injury; *auf* ~ *verkaufen* sell for the material; ~ *tun* (*dat.*) damage, impair, prejudice; ~ *erleiden* be impaired; '**~-unternehmer** *m* demolition contractor, wrecker.

'**abbrühen** *Gemüse*: (par)boil; *Geflügel, Schwein*: scald; *s. abgebrüht.*

'**abbuchen** ✝ charge off; (*abschreiben*) write off.

'**abbüß|en** expiate, atone for; *Strafe*: serve; '**2ung** *f* expiation, atonement.

Abc [a:be'tse:] *n* ABC, alphabet; **~-Buch** *n* primer, spelling book; **~-Schüler** *m*, **~-Schütze** *m* abecedarian, ABC-learner.

abdach|en ['apdaxən] (25) slant, slope; *sich* ~ slope off; '**2ung** *f* slope, declivity.

'**abdämmen** (25) dam up.

'**Abdampf** *m* exhaust steam; '**2en** (h. *u.* sn) evaporate; F *Zug*: steam off, *Person*: *sl.* beat it; '**~ung** *f* evaporation.

'**abdank|en** resign; *Herrscher*: abdicate; '**2ung** *f* resignation; abdication; retirement.

'**abdecken** uncover; *Dach*: untile; *Haus*: unroof; *Tisch*: clear; ⊕ mask, cover; *phot.* screen off; *Vieh*: flay; *Sport*: *s. decken.*

'**Abdecker** *m* (7) knacker, flayer; **~ei** [~'raɪ] *f* knackery, *Am.* boneyard.

'**abdicht|en** (26) seal (up); *Maschinenteil*: pack; ⚓ ca(u)lk; '**2ung** *f* sealing; packing.

'**abdienen** *Schuld*: work out; *s-e Zeit* ~ serve one's time.

'**abdrehen** *v/t.* twist off; *Gas usw.*: turn off; ⚡ switch off; *v/i.* ✈, ⚓ turn away, sheer off.

'**abdrosseln** ⊕ throttle (down *fig.*).

'**Abdruck** *m* impression (*a. typ.*), imprint; (*Nachdruck*) reprint; (*Exemplar*) copy; *typ.* (*Probe2*) proof; (*Abguß*) cast; *e-s Petschafts usw.*: stamp; mark; '**2en** print; *wieder* ~ reprint.

'**abdrücken** squeeze off; (*abformen*) mo(u)ld; *Gewehr*: pull the trigger of *a gun*, fire; (*umarmen*) hug; *j-m das Herz* ~ break a p.'s heart; *sich* ~ leave an imprint.

'**ab-ebben** *a. fig.* ebb (away).

Abend ['a:bənt] *m* (3[1]) evening; night; *des* ~*s*, 2*s* in the evening, at night; *s. essen*; *man soll den Tag nicht vor dem* ~ *loben* don't halloo till you are out of the wood; *es ist noch nicht aller Tage* ~ things may take a turn yet.

'**Abend...** *mst* evening ...; '**~-andacht** *f* evening prayer(s *pl.*); '**~-anzug** *m* evening dress; '**~blatt** *n* evening paper; '**~brot** *n*, '**~-essen** *n* evening meal; dinner; supper; '**~dämmerung** *f* dusk; '**2füllend** *Film usw.*: full-length; '**~gesellschaft** *f* (evening) party; '**~kasse** *f* box-office; '**~kleid** *n* evening dress *od.* gown; '**~kurs(us)** *m* night-school; '**~land** *n* occident; ,**~länder(in** *f*) *m* Occidental, Westerner; **2ländisch** ['~lɛndiʃ] western, occidental; '**2lich** evening, of (*od.* in) the evening; '**~mahl** *eccl. n the* Holy Communion, *the* Lord's Supper; '**~mahlskelch** *m* Eucharist cup, chalice; '**~mahlswein** *m* sacramental wine; '**~rot** *n*, '**~röte** *f* sunset glow; '**~schule** *f* night-school; '**~sonne** *f* setting sun; '**~stern** *m* evening star; ~'**toilette** *f* evening dress; '**~zeit** *f* night-time; '**~zeitung** *f s. Abendblatt.*

Abenteuer ['a:bəntɔʏər] *n* (7) adventure; '**2lich** adventurous; *fig.* odd, wild, fantastic; '**~lichkeit** *f* adventurousness; *fig.* strangeness, oddity; '**~lust** *f* spirit of adventure.

'**Abenteurer** *m* adventurer; '**~in** *f* adventuress; '**~leben** *n*: *ein* ~ *führen* lead an adventurous life.

aber ['a:bər] **1.** *adv.* again; *tausend und* ~ *tausend* thousands and (*od.* upon) thousands; **2.** *cj.* but; *nun* ~ but now; *nein* ~*!* I say!; ~, ~*!* come, come!; *oder* ~ otherwise, (or) else; ~ *d(enn)och* (but) yet, however; **3.** 2 *n* but; *er hat immer (ein Wenn und) ein* ~ he is always full of "ifs" and "buts".

'**Aber|glaube** *m* superstition; ♀**-gläubisch** ['~glɔʏbiʃ] superstitious.
aberkenn|en ['apʔɛrkɛnən]: *j-m et.* ~ deny a p. a th.; ⚖ deprive a p. of a th.; '♀**ung** *f* denial; ⚖ deprivation.
aber|malig ['ɑːbərmɑːliç] repeated; ~**mals** ['~s] again, once more.
abernten ['apʔɛrntən] reap.
Aberwitz ['ɑːbərvits] *m* madness, folly; '♀**ig** crazy, foolish.
abessen ['apʔɛsən] *v/t.* eat clean.
abfahren ['apfɑːrən] *v/i.* (sn) leave, depart, set out *od.* off, start (*nach* for); *Ski*: descend, run downhill; F *j-n* ~ *lassen* send a p. packing; *v/t. Last*: carry off; (*abnützen*) wear (out); *Strecke*: drive through, cover; patrol; *ihm wurde ein Bein abgefahren* he lost a leg in a motor-accident.
'**Abfahrt** *f* start, departure; ⚓ sailing; *Ski*: downhill run, descent; *bei* ~ *des Zuges* at train-time; '~**slauf** *m Ski*: downhill race; '~**(s)zeit** *f* time of departure.
'**Abfall** *m* falling-off; (*Böschung*) slope; *der Blätter*: fall; (*Trennung*) defection, secession (*von* from), desertion (of); *eccl.* apostasy; (*Abnahme*) decrease, *a.* ⚡ drop; *fig.* contrast (*gegen* to, with); (*Unbrauchbares*) (*oft pl.*) waste; (*Müll*) refuse, *bsd. Am.* garbage; (*Schnitzel*) clippings *pl.*; *beim Schlachten*: offal; '~**eimer** *m* dustbin, *Am.* ashcan; '♀**en** (sn) fall off; (*schräg sein*) slope, decline; *pol.* defect, desert; *eccl.* apostatize; ⚡ drop; (*mager werden*) lose flesh; (*übrigbleiben*) be left; *im Vergleich*: compare badly (*gegen* with); (*sich ergeben*) result; et. *fällt dabei für ihn ab* there will be something in it for him; '♀**end** *Gelände*: sloping.
'**abfällig** *fig.* disapproving; *Bemerkung*: disparaging; *Kritik*: adverse; ~ *über j-n sprechen* speak disparagingly of a p.; ~ *urteilen über* (*acc.*) criticize unfavo(u)rably, run down.
'**Abfallprodukt** *n* waste product; by-product.
'**abfang|en** catch, snatch; *j-n, Brief*, ⚔ *usw.*: intercept; ⊕ *Stöße*: absorb; △, ⚒ prop; *hunt.* stab; ✈ flatten out; *mot.* get under control; '♀**jäger** ⚔ *m* interceptor.
'**abfärben** *v/i.* stain; lose colo(u)r; ~ *auf* (*acc.*) stain; *fig.* rub off on, influence.
'**abfass|en** *Werk*: compose, write, pen; *Vertrag usw.*: draft, *bsd.* ⚖ draw up; *j-n*: catch; '♀**ung** *f* composition; drawing up.
'**ab|faulen** (sn) rot off; '~**federn** ⊕ cushion, spring(-load); suspend; '~**feilen** file off.
'**abfertig|en** dispatch (*a.* 🚂, ✈); *j-n*: attend to, ⚕ *a.* serve, *a. weitS.* serve, deal with; (*abweisen*) snub; *j-n kurz* ~ send a p. about his business; '♀**ung** *f* dispatch(ing); *Zoll*: clearance; (*Abweisung*) snub; (*Bedienung*) service; '♀**ungsstelle** *f* dispatching office.
'**abfeuern** fire (off), discharge.
'**abfinden** satisfy, pay off, *Gläubiger*: *a.* compound with; *Partner*: buy out; (*entschädigen*) compensate, indemnify; *sich mit s-m Los usw.* ~ resign o.s. to one's fate, *etc.*; *sich mit e-r unangenehmen P. od. S.* ~ put up with.
Abfindung ['apfindʊŋ] *f* settlement, satisfaction; composition (*der Gläubiger* with the creditors); '~**(s-summe)** *f* indemnity.
abflach|en ['~flaxən] flatten (*a. sich*); '♀**ung** *f* flattening; slope.
abflauen ['~flaʊən] (25; sn) *Wind usw.*: abate; *fig. a.* slacken (off); *Interesse*: flag; ⚕ *Kurse*: fall off.
'**abfliegen** *v/i.* (sn) fly off; ✈ start, take off; *v/t.* ✈ patrol, cover.
'**abfließen** (sn) flow off.
abfluchten ['~fluxtən] (26) align.
'**Abflug** ✈ *m* start, take-off; departure.
'**Abfluß** *m* flowing off, discharge; drain (*a. fig.*); (~*stelle*) outlet; '~**graben** *m* drain(ing-ditch); '~**rohr** *n* waste-pipe; ⊕ drain-pipe.
'**abfordern:** *j-m et.* ~ demand a th. from a p.
'**abformen** mo(u)ld, model.
'**abfragen:** *j-m et.* ~ question a p. about a th.; *e-m Schüler die Grammatik* ~ hear a boy's grammar.
'**abfressen** eat off; *Wild usw.*: browse on, crop, eat bare.
'**abfrieren** (sn) be bitten off by cold.
Abfuhr ['apfuːr] *f* (16) removal; F (*Abweisung*) rebuff; *fenc.* disablement; *Sport u. fig.* beating.
'**abführen** *v/t. j-n*: lead off; *ins*

Gefängnis: march off; *vom (rechten) Wege* ~ lead astray (*a. fig.*); *Geld*: branch (*od.* draw) off; *v/i.* ⚕ loosen the bowels; '**~d** ⚕ purgative.

'**Abführmittel** ⚕ *n* laxative.

'**abfüllen** fill; *Bier, Wein*: draw (*od.* rack) off; *in Flaschen*: bottle.

'**abfüttern** feed; ⊕ line.

'**Abgabe** *f* delivery; *der Wahlstimme*: casting, polling; (*bsd. Zoll*) duty; (*Steuer*) tax, *lokale*: rate; *soziale* ~ social contribution; *Sport*: pass; ✝ sale; *phys.* emission; ⚡ output; '**≗nfrei** duty-free; tax-free; **≗npflichtig** ['~pflıçtıç] taxable; dutiable.

'**Abgang** *m* departure; *thea.* exit; *aus e-r Stellung*: retirement; *von der Schule*: leaving (school), *mit Erfolg*: graduation; *von Waren*: sale; (*Verlust*) loss, wastage; (*Fehlen*) deficiency, shortage; ⚕ discharge; (*Abfall*) refuse, offal.

abgängig ['apgɛŋıç] missing.

'**Abgangs|prüfung** *f* leaving examination; '**~zeugnis** *n* (school-) leaving certificate.

'**Abgas** *n* exhaust (*od.* waste) gas.

'**abgeben** deliver, hand over (*an acc., bei* to); *Schriftstück*: submit (to), *a. Schulhefte*: hand in; *Ware*: sell; *Erklärung*: make; *Gepäck*: deposit; *Meinung usw.*: give, pass; *e-n Politiker usw.*: make; *Schuß*: fire; *Fußball*: pass (*a. v/i.*); *s. Stimme*; *von et.*: give some of; (*dienen als*) act as; *sich* ~ *mit et.* occupy o.s. with, deal with; *sich* ~ *mit j-m* associate with, have dealings with; *können Sie mir e-e Zigarette* ~? can you spare me a cigarette?

abge|brannt F ['apgəbrant] (*ohne Geld*) (stony-)broke; **~brüht** ['~gəbry:t] *fig.* hardened; **~droschen** ['~gədrɔʃən] trite, hackneyed; **~feimt** ['~gəfaımt] cunning, crafty; **~griffen** ['~gəgrifən] *Buch*: well-thumbed; *Münze*: worn; *fig.* hackneyed; **~hackt** ['~gəhakt] *fig.* abrupt, disjointed; '**~härtet** *s. abhärten*.

'**abgehen** (sn) go off; *a.* 🚂 *usw.*: leave, depart, start; *Post*: go; (*Amt aufgeben*) retire, resign; *v. e-r Schule*: leave (school), *mit Erfolg*: graduate (*von* from); (*sich ablösen*) come off; *Seitenweg*: branch off; (*fehlen*) be missing; *thea.* make one's exit; ⚕ be discharged; ✝ *Ware*: sell; *reißend* ~ F sell like hot cakes; ~ *von e-m Vorhaben* drop; ~ *von e-r Meinung* change; ~ *von e-m Thema* digress (*od.* swerve) from; *vom (rechten) Wege* ~ go astray, deviate (*beide a. fig.*); *davon kann ich nicht* ~ I must insist (up)on that; *hiervon geht ... ab ...* must be deducted; *er geht mir sehr ab* I miss him badly; *ihm geht nichts ab* he does not go short of anything; *fig. gut* ~ pass off well; *schlecht* ~ turn out badly; ~ *lassen* forward, dispatch; *sich et.* ~ *lassen* deny o.s. a th.

abgekämpft ['~gəkɛmpft] worn-out, spent.

'**abgelegen** remote; out of the way.

'**abgelten** *Forderung*: meet, satisfy.

abgemessen ['~gəmɛsən] measured.

abgeneigt ['~gənaıkt] disinclined *od.* unwilling (*dat.* for *od.* to *a th.*; *zu inf.* to), averse (to); *j-m* ~ ill-disposed towards a p.; '**≗heit** *f s. Abneigung*.

abgenutzt ['~gənutst] worn-out.

Abgeordnete ['~gəˀɔrdnətə] *m, f* (18) delegate, deputy; *parl.* Member of Parliament (*abbr.* M.P.), *Am.* representative.

abgerissen ['~gərisən] (*zerrissen*) torn; (*zerlumpt*) ragged; (*schäbig*) shabby; *Person*: seedy, out-at-elbows; *Sprache, Stil*: abrupt, disjointed.

'**Abgesandte** *m, f* messenger; *pol.* envoy; *geheimer*: emissary.

'**abgeschieden** secluded, retired; (*tot*) defunct, deceased; '**≗heit** *f* retirement, seclusion.

'**abgeschlossen** (*zurückgezogen*) secluded; *Wohnung*: self-contained; *Ausbildung usw.*: complete; '**≗heit** *f* seclusion.

abgeschmackt ['~gəʃmakt] insipid, absurd; '**≗heit** *f* insipidity, absurdity.

abgesehen ['~gəze:ən]: ~ *von* apart (*Am. a.* aside) from, except for.

'**abgespannt** *fig.* exhausted, run down; '**≗heit** *f* exhaustion.

abgestanden ['~gəʃtandən] stale.

abgestorben ['~gəʃtɔrbən] (*erstarrt*) numb; *gänzlich* ~ dead.

abgestumpft ['~gəʃtumpft] blunt (-ed); ⩓ truncated; *fig.* dull(ed), indifferent (*gegen* to).

'abgewinnen: *j-m et.* ~ win a th. from (*od.* off) a p.; *e-r S. Geschmack* ~ acquire a taste for a th.
abgewirtschaftet ['~gəvirtʃaftət] run down, finished, ruined.
'abgewöhnen: *j-m et.* ~ cure a p. of a th.; make a p. stop *ger.*; *sich et.* ~ leave off, give up.
abgezehrt ['~gətse:rt] emaciated.
'abgießen pour off; *in Gips*: cast.
'Abglanz *m* reflection; *fig. schwacher* ~ pale reflection, feeble copy.
'abgleichen equalize; *Konten*: square; ⚡ trim.
'abgleiten, 'abglitschen (sn) slip off, glide off; *Vorwürfe usw. gleiten von ihm ab* he is deaf to.
'Abgott *m* idol.
Abgött|erei [~gœtə'raɪ] *f* idolatry; *mit j-m ~ treiben* idolize a p.; **'$\sim$isch** idolatrous; ~ *lieben* idolize, adore.
'abgraben dig off; *fig. j-m das Wasser* ~ cut the ground from under a p.'s feet.
'abgrämen: *sich* ~ grieve, eat one's heart out.
'abgrasen graze (off); *fig.* scour.
'abgrenz|en mark off; demarcate; (de)limit; *Begriff*: define; **'$\sim$ung** *f* delimitation, demarcation; definition.
'Abgrund *m* abyss, chasm, precipice; **'$\sim$tief** abysmal (*a. fig.*).
'abgucken F: *j-m et.* ~ copy a th. from a p.
'Abguß *m in Gips usw.*: cast, mo(u)ld.
'abhaben: *etwas ~ von* have a share of; *den Hut usw.*: have ... off.
'abhacken chop (*od.* cut) off; *Worte*: chop; *s. abgehackt.*
abhaken ['apha:kən] (25) unhook; *in e-r Liste*: tick (*od.* check) off.
'abhalftern unhalter; *fig.* sack.
'abhalt|en *v/t.* hold (*od.* keep) off; *fig.* detain, (*hindern*) keep, restrain, prevent; (*abwehren*) ward off; *Sitzung, Fest usw.*: hold; *Lehrstunde*: give; *Kind*: hold out; *v/i.* ⚓ *vom Lande* ~ bear off; ~ *auf* (*acc.*) head for; **'$\sim$ung** *f e-r Versammlung usw.*: holding; *e-s Festes*: celebration; (*Hindernis*) hindrance; *e-e ~ haben* be otherwise engaged.
'abhand|eln: *j-m etwas vom Preise* ~ beat a p. down in price (*od.* by a sum); *j-m et.* ~ purchase a th. of a p.; (*erörtern*) treat of, discuss; (*erledigen*) deal with; **'$\sim$lung** *f* treatise, article, (*Vortrag in e-m gelehrten Verein*) paper; *wissenschaftliche*: *a.* dissertation.
abhanden [~'handən]: ~ *kommen* get lost.
'Abhang *m* slope; *jäher*: precipice.
'abhängen *v/t.* take off *od.* down; 🚂, ✈ uncouple; *Anhänger*: unhook; *Verfolger usw.*: shake off; *v/i.* ~ *von* depend on.
abhängig ['~hɛŋiç] dependent (*von* on); (*vorbehaltlich*) subject (to); **'$\sim$keit** *f* dependence.
'abhärmen (*sich*) pine away; *sich* ~ *über* (*acc.*) grieve at, for, over; *abgehärmt* careworn, haggard.
'abhärt|en harden (*gegen* against); *gegen Strapazen*: inure (to); **'$\sim$ung** *f* hardening; inurement.
'abhaspeln reel off (*a. fig.*).
'abhauen *v/t.* cut off; *v/i.* (sn) *sl.* make off, *bsd. Am.* beat it.
'abhäuten skin, flay.
'abheb|en *v/t.* lift (off); *Geld*: (with)draw; *Karten*: cut (*a. v/i.*); *sich vom Hintergrund usw.* ~ contrast (*von* with), stand out (against); *v/i.* ✈ take off, become airborne; **'$\sim$ung** *f von Geld*: withdrawal.
'abheilen (sn) heal.
'abhelfen *e-r S.*: help, remedy; *e-r Beschwerde, e-m Mißstand, e-r Notlage*: redress; *e-m Mangel* ~ supply a want.
'abhetzen drive hard, harass; *Pferd*: override; *sich* ~ tire o.s. out, rush, hurry.
'Abhilfe *f* (*vgl. abhelfen*) help; remedy; redress; ~ *schaffen* take remedial measures.
'abhold *j-m*: ill-disposed towards; *e-r S.*: averse to.
'abhol|en fetch; *P., Brief, Paket*: call (*od.* come) for, pick up, collect; ~ *lassen* send for; *j-n von der Bahn* ~ go to meet a p. at the station; **'$\sim$ung** *f* fetching; pick-up; collection.
'abholzen (27) *Wald*: cut down.
'abhorchen ⚕ auscultate; ⚔ *usw. s. abhören.*
'abhören (*abfragen*) hear (*e-m Schüler die Aufgabe* a pupil's lesson); ⚔ *usw.*: listen in on, intercept, *teleph. a.* tap; (*technisch überwachen*) monitor.
'ab-irren (sn) go astray (*a. fig.*).

Abitur [abiˈtuːr] *n* (3) matriculation (examination), *Am.* final examination.
Abiturient(in *f*) [~turiˈɛnt(in)] *m* (12) candidate for the matriculation, *Am.* high-school graduate.
abjagen [ˈapjɑːgən] *Pferd*: override, overdrive; *P.*: rush about; *j-m et.* ~ snatch a th. away from a p.
abkanzeln [ˈ~kantsəln] (29) lecture, F tell *a p.* off.
abkarten [ˈ~kartən] (26) plot; *abgekartete Sache* prearranged affair, F put-up job.
ˈ**abkaufen** *j-m*: buy from.
Abkehr [ˈ~keːr] *f* turning away, departure (*von* from); ˈ**2en** (*abwenden*) turn away (*a. sich*).
ˈ**abklappern** F *v/t.* scour, F do.
ˈ**abklär|en** clear, clarify; ⚗ filter; *abgeklärt Urteil*: detached, *Charakter*: mellow; ˈ**2ung** *f* clarification; *fig.* detachment of mind.
Abklatsch [ˈ~klatʃ] *m typ.* impression; *fig.* (*schwacher*) ~ (poor) copy.
ˈ**abklemmen** pinch off.
ˈ**abklingen** (sn) fade away; *Krankheit*: ease off; *Wirkung*: wear off.
ˈ**abklopfen** *v/t.* beat (*od.* knock) off; ⚕ percuss; (*abstauben*) dust down; *v/i.* ♪ stop the music.
ˈ**abknabbern** nibble off.
ˈ**abknallen** P bump off.
abknappen, abknapsen [ˈ~knap(s)ən] pinch, stint; *sich et.* ~ stint o.s. of a th.
ˈ**abknicken** crack (*od.* snap) off; (*beugen*) bend.
ˈ**abknöpfen** (25) unbutton; F *j-m et.* ~ do a p. out of a th.
ˈ**abkochen** *v/t.* boil; ⚗ decoct; *Milch*: scald; *v/i.* cook out.
ˈ**abkommandieren** ⚔ detach, detail; *Offizier*: second.
ˈ**Abkomme** *m* (13) descendant.
ˈ**abkommen 1.** (sn) come (*od.* get) away; *beim Schießen*: mark; *vom Wege* ~ lose one's way; *fig. von et.* ~ give up, drop; ~ *von e-r Ansicht* change; ~ *von e-m Thema* digress from; *von e-m Verfahren* ~ depart from; ✈ *s. abheben*; *Sport*: *gut* ~ get a good start; *er kann nicht* ~ *s. abkömmlich*; **2.** 2 *n* (*Vertrag*) agreement, *pol. a.* treaty, convention.
abkömmlich [ˈ~kœmliç]: *er ist nicht* ~ he cannot be spared, he cannot get away.
Abkömmling [ˈ~kœmliŋ] *m* (3) descendant, offspring (*a. pl.*).
ˈ**abkoppeln** uncouple.
ˈ**abkratzen** scratch (*od.* scrape) off; P (*sterben*) *sl.* peg out.
ˈ**abkriegen** *s. abbekommen.*
ˈ**abkühl|en** cool; *sich* ~ cool down; ˈ**2ung** *f* cooling; *fig.* damper.
Abkunft [ˈ~kunft] *f* (14, *o. pl.*) descent; extraction; (*Geburt*) birth.
ˈ**abkürz|en** *v/t.* shorten; *Inhalt, Unterredung*: abridge; *Wort*: abbreviate; *Besuch, Geschichte*: cut short; *&* reduce; *v/i.* take a short--cut; ˈ**2ung** *f* abridgment; abbreviation; *des Weges*: short-cut (*a. fig.*); *&* reduction; ˈ**2ungszeichen** *n* (sign of) abbreviation; *s. Kürzel.*
ˈ**abküssen** *j-n*: smother with kisses.
ˈ**abladen** unload; *Schutt usw.*: dump.
ˈ**Abladeplatz** *m* unloading point; *für Schutt*: dump(ing-ground).
Ablader [ˈ~lɑːdər] *m* (7) unloader; ⚓ shipper.
ˈ**Ablage** *f* place of deposit; *von Akten*: filing.
ˈ**ablager|n** *v/t.* deposit; ~ *lassen* store, season well; *v/i.* (sn) settle; *Wein usw.*: mature; *abgelagert Tabak, Holz*: well-seasoned; ˈ**2ung** *f* maturing; *geol.*, ⚕ deposition, sedimentation, (*Abgelagertes*) deposit, sediment.
Ablaß *eccl.* [ˈ~las] *m* (4^2) indulgence; ˈ**~brief** *eccl. m* letter of indulgence; ˈ**~ventil** ⊕ *n* drain valve.
ˈ**ablassen** *v/t.* let off; *Teich usw.*: drain; *Zug usw.*: start; *vom Preis* ~ take *od.* knock off the price; (*überlassen*) let *a p.* have *a th.*; *käuflich*: sell; *v/i.* leave off (*von et.* doing a th.), desist (from).
Ablativ *gr.* [ˈablatiːf] *m* (3^1) ablative.
ˈ**Ablauf** *m e-r Frist*: lapse; *e-s Vertrages, e-r Frist*: expiration; *für Wasser usw.*: drain; ⚓ *e-s Wechsels*: maturity; *Sport*: start; *nach* ~ *von* at the end of; ˈ**2en** *v/i.* (sn) *Wasser*: run off; *Frist, Vertrag, usw.*: lapse, expire, terminate; ⚓ *Wechsel*: become due; *Sport*: start (*a.* ~ *lassen*); *Uhr*: run down; ~ *lassen Flüssigkeit*: drain off; *fig. j-n*: snub; *Schiff*: launch; *gut usw.* ~ come to a good, *etc.* end, pass (*od.* go) off well, *etc.*; *v/t. Schuhe*: wear out;

sich die Beine ~ run o.s. off one's legs; *s. Horn, Rang; die Stadt* ~ scour the town.

'**Ablaut** *gr. m* vowel-gradation, ablaut; '**⁀en** *gr.* change the radical vowel.

'**Ableben** *n* death, decease.

'**ablecken** lick off.

'**ablegen** lay down, off *od.* aside; *Kleidungsstück (ausziehen)*: put (*od.* take) off; *altes Kleidungsstück, Vorurteil*: discard; *Gewohnheit*: give up, drop; *Akten, Brief*: file; *Bekenntnis, Gelübde*: make; *Eid*: take; *Prüfung*: pass; *s. Rechenschaft, Probe, Zeugnis; bitte legen Sie ab!* take off your coat, please.

Ableger ✐ ['~le:gər] *m* (7) layer, scion (*a. fig. Person*); ✝ branch.

'**ablehn|en** *v/t. u. v/i.* decline, refuse; *als unannehmbar, unbrauchbar usw.*: reject; *Gesuch, Angebot usw.*: turn down; (*nicht anerkennen*) disown; (*ungünstig beurteilen*) object to; *parl. Antrag*: defeat; ⚖ *Zeugen usw.*: challenge; *Theaterstück*: condemn; *dankend* ~ decline with thanks; '**~end** negative; '**⁀ung** *f* declining, refusal, *Am.* declination; rejection; *parl.* defeat; ⚖ challenge; *thea.* condemnation.

'**ableisten** *Dienstzeit*: pass, ⚔ serve.

'**ableiten** *Fluß usw.*: divert; *Wasser*: drain, draw off; ⚡ shunt (off); *gr.*, ⚗, *fig.* derive.

'**Ableitung** *f* (*vgl. ableiten*) diversion; ⚡ shunt; *gr.*, ⚗ derivation; (*Abgeleitetes*) derivative; (*Folgerung*) deduction; '**~skanal** *m* drain; '**~ssilbe** *gr. f* derivative affix.

'**ablenk|en** turn away, off *od.* aside, *bsd. Aufmerksamkeit*: take off, divert, distract (*a. j-n*); *Auge, Gedanken, bsd. Verdacht*: avert; *phys., opt.* deflect; *Stoß*: parry; '**⁀ung** *f* turning away *od.* off; averting; diversion, distraction; deflection; '**⁀ungsmanöver** ⚔ *n* diversion; *fig. a.* red herring.

'**ables|en** *Obst, Raupen usw.*: gather, pick off; *Rede usw.*: read off; *Skala*: read; '**⁀ung** ⊕ *f* reading.

'**ableugn|en** deny, disavow; '**⁀ung** *f* denial, disavowal.

'**Ablichtung** *f* photostat.

'**abliefern** deliver.

'**Ablieferung** *f* delivery; *bei* ~ on delivery; '**~ssoll** *n* delivery quota.

'**abliegen** (sn) lie at a distance; *s. abgelegen.*

'**ablohn|en** pay off; '**⁀ung** *f* paying off; (*Entlassung*) dismissal.

'**ablösbar** *Rente usw.*: redeemable.

'**ablöschen** extinguish; *Schreibtafel*: clean; *Geschriebenes*: wipe off, *mit Löschpapier*: blot; *Kalk*: slake; *Stahl*: temper.

'**ablös|en** loosen, detach; ⚔ relieve; *Amtsvorgänger*: supersede; *Schuld*: discharge; *Anleihe*: redeem; *sich* ~ come off; *sich od. ea.* ~ alternate, relieve one another; '**⁀ung** *f* loosening; detaching; ⚔ relief; supersession; discharge; redemption.

'**abmach|en** undo, loosen; *s. ablösen; fig.* settle, arrange; (*ausbedingen*) stipulate; *abgemacht!* agreed!, all right!, *bsd. Am.* O. K.!; '**⁀ung** *f* arrangement.

abmager|n ['~ma:gərn] (29) (sn) grow lean *od.* thin; *abgemagert* emaciated; '**⁀ung** *f* emaciation.

'**abmalen** paint, portray; *fig. a.* depict; *nach Vorlage*: copy.

'**Abmarsch** *m* departure; '**⁀ieren** (sn) march off, depart.

abmatten ['~matən] fatigue, tire (out); *abgemattet* exhausted.

'**abmeld|en** give notice of *a p.'s* departure; '**⁀ung** *f* notice of leaving; (*Bescheinigung*) leaving-certificate.

'**abmess|en** measure (off); *Worte*: weigh; '**⁀ung** *f* measurement.

'**abmildern** moderate.

'**abmontieren** *Fabrikanlage*: strip, dismantle; *Geschütz, Maschine*: dismount; *Reifen usw.*: remove, detach.

'**abmühen:** *sich* ~ exert o.s., struggle.

'**abmustern** ⚓ *Mannschaft*: pay off.

'**abnagen** gnaw (off).

'**abnäh|en,** '**⁀er** *m im Kleid*: tuck.

Abnahme ['~na:mə] *f* (15) taking off; (*Verminderung*) decrease, drop; ⚕ amputation; ✝ (*Übernahme*) taking, (*Verkauf*) sale; *des Mondes*: wane; *der Reifen usw.*: removal; *e-s Eides*: administering; *der Tage*: shortening; ⊕ acceptance (test); *des Körpergewichts*: loss of weight; ✝ *bei* ~ *von* ... on orders of ...

'**abnehm|bar** detachable; '**~en** *v/t.* take off *od.* down; (*ablösen*) detach;

teleph. Hörer: unhook; *Glied*: amputate; *Bart*: shave off; ⚡ *Strom*: collect; (*wegnehmen*) take *a th.* from *a p.*; *Ware*: take (*dat.* from); ⊕ *Material*: accept, (*prüfen*) inspect; *Obst*: gather; *Rechnung*: audit; *j-m e-n Eid* ~ administer an oath to a p.; *Maschen* ~ narrow; *j-m e-e Mühe* ~ relieve a p. of a trouble; *e-e Parade* ~ take (*od.* hold) a review; *j-m ein Versprechen* ~ make a p. promise (a th.); ✝ *j-m zuviel* ~ overcharge a p.; *v/i.* decrease, diminish; (*verfallen*) decline; *Kräfte usw.*: begin to fail, dwindle; *an Körpergewicht*: lose weight, *absichtlich*: reduce; *Mond*: wane; *Tage*: shorten; '**&er**(**in** *f*) *m* buyer; (*Kunde*) customer, client.

'**Abneigung** *f* aversion, disinclination, dislike (*gegen* to); *natürliche*: antipathy (against, to).

abnorm [ap'nɔrm] abnormal, exceptional, unusual.

Abnormität [~i'tɛ:t] *f* (16) abnormity.

'**abnötigen** (*erpressen*) extort (*dat.* from); *j-m Bewunderung* ~ compel a p.'s admiration.

'**abnutz|en**, '**abnütz|en** (*a. sich* ~) wear out; **&ung** *f* wear (and tear); (*Zermürbung*) attrition.

Abonnement [abɔn(ə)'mɑ̃] *n* (11) subscription (*auf acc.* to); **~karte** *f* 🚂 *usw.*: season-ticket, *Am.* commutation ticket; **~vorstellung** *f* subscription performance.

Abonnent(**in** *f*) *m* [~'nɛnt(in)] subscriber (*gen.* to).

abon'nieren subscribe (*auf acc.* to); *abonniert sein auf e-e Zeitung* take (in).

'**ab-ord|nen** depute, delegate, *Am. a.* deputize; '**&nung** *f* delegation.

'**Ab-ort**[1] *m* (3) (water-)closet, W.C., lavatory, privy, toilet.

Abort[2] ⚕ [a'bɔrt] *m* (3), **~us** [~us] *m* (*inv.*) abortion.

'**abpachten** rent, lease (*j-m* from a p.).

'**abpassen** measure; fit; *j-n, Gelegenheit*: wait (*od.* watch) for; *zeitlich*: *gut* (*od. schlecht*) ~ time well (*od.* ill).

'**abpfeifen:** (*das Spiel*) ~ stop the game.

'**abpflücken** pluck off, gather.

'**abplacken**, '**abplagen:** *sich* ~ toil, drudge; struggle (*mit* with).

abplatten ['~platən] (26) flatten off.

Abprall ['~pral] *m* (3, *o. pl.*) bounce; '**&en** (sn) bounce off (*a. fig.*).

'**abputzen** clean; (*polieren*) polish.

'**abquälen** (*sich*) *arbeitend*: toil, drudge; *seelisch*: worry o.s.

'**abquetschen** squeeze off.

abrackern F ['~rakərn] (29) (*sich*) drudge, slave.

'**abrahmen** *Milch*: skim.

'**abraten:** *j-m* ([*von*] *et.*) ~ dissuade a p. (from a th.), advise *od.* warn a p. against a th.

'**abräumen** clear away, remove; *den Tisch* ~ clear the table.

'**abreagieren** abreact; (*a. sich*) work off (one's feelings *od.* bad temper); *sich* ~ *a.* let off steam.

'**abrechnen** *v/i.* settle (up) (*od.* square) accounts; *v/t.* (*abziehen*) deduct, discount; *Spesen usw.*: account for; ... *abgerechnet* apart from ..., discounting ...

'**Abrechnung** *f* settlement (of accounts); (*Abzug*) deduction, discount; *auf* ~ on account; ~ *halten* balance (*od.* settle) accounts; '**~stag** *m* settling-day; '**~sverkehr** ✝ *m* clearing (system).

'**Abrede** *f* agreement, stipulation; *in* ~ *stellen* deny; '**&n** *v/i.*: *j-m* (*von et.*) dissuade a p. (from a th.).

'**abreib|en** rub off; *Körper*: rub down; '**&ung** *f* rubbing off; ⚕ rub-down; *nasse*: sponge-down; F (*Prügel, Niederlage*) beating.

'**Abreise** *f* departure; '**&n** (sn) depart, start, leave, set out (*nach* for).

'**abreiß|en** *v/t.* tear off; *Kleider*: wear out; *Gebäude*: pull down; *s. abgerissen*; *v/i.* (sn) break off (*a. fig.*), snap; *Knopf usw.*: come off; *die Arbeit reißt nicht ab* there is no end of work; '**&kalender** *m* tear-off (*Am.* pad) calendar; '**&-(notiz)block** *m* tear-off pad.

'**abreiten** *v/i.* (sn) ride away; *v/t.* (*zuviel reiten*) override; *Strecke*: ride; ⚔ *Front*: ride down.

'**abrennen:** *sich* ~ run o.s. off one's legs; *s. a. ablaufen*.

'**abricht|en** *Tier*: train; *Pferd*: break in; ⊕ dress; '**&er** *m* trainer; '**&ung** *f* training; breaking-in.

'**abriegeln** (29) *Tür*: bolt, bar; *Straße*: block (off), *durch Polizei*: cordon off; ⚔ seal off.

'**abringen** wrest (*j-m* from a p.).

'**Abriß** *m* (*kurze Darstellung*) summary, epitome, abstract; (*Übersicht*) digest; (*Buch*) compendium.
'**abrollen** *v/t. u. v/i.* (sn) unroll; uncoil; *v. e-r Rolle*: unwind, unreel; (*wegrollen*) roll off; ⚕ (*v/t.*) cart away; *fig.* (*v/i.*) unfold, pass.
'**abrücken** *v/t. u. v/i.* (sn) move off (*a.* ⚔); remove; *fig. von j-m ~* dissociate o.s. from.
'**Abruf** *m*: ⚕ *auf ~* on call; *Geld auf ~* call money; '**2en** call off (*a.* ⚕) *od.* away; 🚂 *Zug*: call out.
'**abrunden** round (off); *abgerundet Leistung*: well-rounded, finished.
'**abrupfen** pluck off.
'**abrüst|en** *v/t. Gerüst*: take down; *v/i.* ⚔ disarm; '**2ung** ⚔ *f* disarmament; '**2ungskonferenz** *f* disarmament conference.
'**abrutschen** (sn) slip off *od.* down; ✈ sideslip.
'**absäbeln** hack off.
absacken ['~zakən] (25, sn) ⚓ sag; ✈ pancake.
'**Absage** *f* cancellation; (*Ablehnung*) refusal; *fig.* repudiation (*an acc.* of); '**2n** cancel, call off; *unerwartet*: cry off (*v/i.*); (*ablehnen*) decline, refuse; (*entsagen*) renounce.
'**absägen** saw off; F *fig.* ax(e).
'**absatteln** *v/t.* unsaddle.
'**Absatz** *m* stop, pause; ⚕ sale(s *pl.*), market(ing), outlet; *typ.* period, break; (*kurzer Abschnitt*) paragraph; (*Stiefel2*) heel; (*Treppen2*) landing; *in Absätzen* intermittently, at intervals; *guten* (*od. reißenden*) *~ finden* meet with a ready sale, F sell like hot cakes; '**2fähig** ⚕ marketable; '**~gebiet** ⚕ *n* marketing area; '**~krise** *f* sales crisis; '**~markt** *m* outlet, market; '**~möglichkeit** *f* marketing potentiality; *engS.* outlet; '**~stockung** *f* stagnation of trade.
'**absaugen** suck off; *Gas*: exhaust; *Teppich usw.*: vacuum.
'**abschab|en** scrape off; *abgeschabt* (*schäbig*) shabby, threadbare; **2sel** ['~ʃa:psəl] *n/pl.* (7) scrapings *pl.*
'**abschaff|en** (25) abolish, do away with; *Gesetz*: abrogate; (*loswerden*) get rid of; *Auto usw.*: give up; '**2ung** *f* abolition; abrogation.
'**abschälen** *s. schälen.*
'**abschalt|en** *v/t.* switch *od.* turn off; ⚡ *Kontakt*: disconnect; *v/i.* F *fig.* relax; '**2ung** *f* switching off, disconnection.
'**abschätz|en** estimate, value; (*taxieren*) appraise; *bsd. für die Steuer*: assess; '**~ig** disparaging; '**2ung** *f* valuation, estimation; appraisal; assessment.
'**Abschaum** *m* scum; *fig. a.* dregs *pl.*
'**abscheiden** *v/t.* separate (*a. Metall*); ⚕ secrete; ⚗ disengage, (*fällen*) precipitate; *v/i.* (sn) depart (*von dieser Welt* this life); *sich ~* ⚗ be precipitated.
'**abscheren** *s. scheren.*
'**Abscheu** *m* abhorrence, abomination, detestation (*vor dat.* of), disgust (at, for; *gegen* against), horror (of); *~ haben vor* (*dat.*) abhor, detest, loathe.
'**abscheuern** scour (*od.* scrub) off; (*abnutzen*) wear away *od.* off (*a. sich*); *Haut*: abrade, chafe.
abscheulich [~'ʃɔʏliç] abominable, detestable; **2keit** *f* abomination.
'**abschicken** send off, dispatch; ✉ post, *Am.* mail.
'**abschieben** *v/t.* shove off; *lästige Ausländer*: deport; ⚔ evacuate; (*loswerden*) get rid of; *v/i.* (sn) F *fig.* push off.
Abschied ['apʃi:t] *m* (3) (*Abreise*) departure; (*~nehmen*) leave-taking, farewell; (*Entlassung*) dismissal; ⚔ discharge, *freiwillig*: resignation; *~ nehmen* take leave (*von* of), bid farewell (to); ⚔ *s-n ~ erhalten* be put on half-pay; *s-n ~ nehmen* resign, retire, ⚔ *a.* quit the service; *j-m den ~ geben* dismiss (*od.* discharge) a p.; '**~nehmen** *n* leave-taking.
'**Abschieds|besuch** *m* farewell visit; '**~brief** *m* farewell letter; '**~essen** *n*, '**~schmaus** *m* farewell dinner; '**~feier** *f* farewell party; '**~gesuch** *n* resignation; '**~kuß** *m* parting kiss; '**~rede** *f* valedictory (address); '**~schmerz** *m* wrench.
'**abschießen** *Glied*: shoot off; *Schußwaffe*: shoot, fire (off), discharge; *Pfeil*: let fly; *Rakete*: launch; *Wild*: shoot, *j-n*: *a.* pick off; *Flugzeug*: (shoot *od.* bring) down; *fig. s. Vogel*; F *Beamten usw.*: oust.
abschilfern ['~ʃilfərn] (29) peel (*od.* scale) off.

'**ab|schinden** *s. abrackern*; '**♀schirmdienst** ⚔ *m* counter-intelligence; '**~schirmen** screen; **~schirren** ['~ʃirən] (25) unharness; '**~schlachten** slaughter, butcher.

'**Abschlag** *m Börse*: discount; (*Preisnachlaß*) reduction; *der Preise*: fall in prices; *auf ~* on account; *Fußball*: goal kick; '**♀en** *v/t.* beat (*od.* strike) off; *Baum, Kopf*: cut off; *Bitte*: refuse; *Angriff*: repulse; ⊕ take down; *Lager, Zelt*: strike; *Fußball*: (*a. v/i.*) kick off; *Läufer*: leave far behind.

abschlägig ['~ʃlɛːgiç] negative; *~e Antwort* refusal, denial; *~ bescheiden* reject, turn down.

'**Abschlagszahlung** *f* part-payment, instal(l)ment.

'**abschleifen** grind off; *fig.* polish, refine; *fig. sich ~* acquire polish.

'**Abschlepp|dienst** *m* recovery (*Am.* wrecker) service; '**♀en** drag off; ⚓, *mot.* take in tow, tow off; *sich ~* struggle under a load; '**~wagen** *m* break-down lorry, *Am.* wrecker (truck).

'**abschleudern** hurl (*od.* fling) off; *Flugzeug*: catapult.

'**abschließen** *v/t.* lock (up); (*abdichten*) seal (off); *Angelegenheit*: close, settle; (*vollenden*) complete; *Brief, Rede usw.*: conclude, close; *Rechnung,* ⚚ *Bücher*: balance; *Konto*: close; *Vertrag*: conclude, sign; *Versicherung, Verkauf*: effect; (*absondern*) isolate; ⚚ *e-n Handel ~* strike a bargain, close a deal; *e-n Vergleich mit e-m Gläubiger ~* compound with a creditor; *sich ~* seclude o.s.; *v/i.* conclude; *mit dem Leben abgeschlossen haben* have done with life; *ich habe mit allem abgeschlossen* I've done with all that; '**~d** concluding; final(ly *adv.*).

'**Abschluß** *m* closing (*a.* ⚚ *~ der Bücher*), settlement; (*Ende*; *a.* ⚚ *~ e-s Geschäfts*) conclusion; (*Geschäft*) deal; (*Verkauf*) sale; '**~prüfung** *f* leaving (*Am.* final) examination.

'**ab|schmelzen** *v/t.* melt off (*a. v/i.* [sn]); '**~schmieren** scribble off; ⊕ grease, lubricate; *v/i.* (sn) ✈ *sl.* crash; '**~schminken:** *j-n ~* remove a p.'s make-up; '**~schmirgeln** *s. schmirgeln*; '**~schnallen** unbuckle.

'**abschneiden** *v/t.* cut off (*a. fig. Rückzug, Zufuhr usw.*); (*scheren*) clip; *j-m die Ehre ~* damage a p.'s reputation; *j-m die Möglichkeit ~* deprive a p. of the chance; *s. Wort*; *v/i. gut, schlecht usw. ~* come off (*od.* do) well, badly, *etc.*; ♀ *n* (*Leistung*) performance.

'**Abschnitt** *m* cut; ⩓ segment; ⚔ sector; ⚚ coupon; *im Scheckbuch*: counterfoil, *Am.* stub; *in e-r Schrift*: section, paragraph; *e-r Reise*: leg; (*Zeit*) period.

'**ab|schnüren** *s. abbinden*; '**~schnurren** rattle off; '**~schöpfen** skim off (*a.* ⚚ *Gewinne*); *Kaufkraft*: absorb; *fig. den Rahm ~* take the cream off; **~schrägen** ['~ʃrɛːgən] (25) slope; bevel; '**~schrauben** screw off.

'**abschreck|en** scare away; *Metall, Eier*: chill; *j-n ~ von* deter a p. from; '**~end** deterrent; (*a. ~ häßlich*) repulsive; *~es Beispiel* warning; '**♀ungsmittel** *n* deterrent.

'**abschreib|en** *v/t.* copy; *Schuld usw., a. fig. j-n*: write off; *Literaturwerk*: *b. s.* plagiarize; *in der Schule*: *b. s.* crib; *v/i.* (*absagen*) send a refusal; '**♀er** *m* copyist; *b.s.* plagiarist; '**♀ung** ⚚ *f* writing-off; write-off; (*Wertminderung*) depreciation.

'**abschreiten** pace off; ⚔ *die Front ~* receive the military hono(u)rs.

'**Abschrift** *f* copy; *beglaubigte ~* certified copy; '**♀lich** *adj.* copied; *adv.* by (*od.* as a) copy.

'**abschrubben** *s. schrubben.*

'**abschuften:** *sich ~* drudge.

'**abschuppen** (*a. sich*) scale (off).

'**abschürf|en:** *sich die Haut ~* graze (*od.* chafe) one's skin; '**♀ung** *f* abrasion, graze (*an dat.* on).

'**Abschuß** *m e-r Schußwaffe*: discharge; *e-r Rakete, e-s Torpedos*: launching; *hunt.* shooting; *e-s Flugzeuges*: downing; *e-s Panzers*: disabling; '**~rampe** *f* launching pad.

abschüssig ['~ʃysiç] sloping; (*steil*) steep, precipitous.

'**ab|schütteln** shake off (*a. Verfolger*); *fig. a.* get rid of; '**~schwächen** weaken, diminish (*beide a. sich*); *phot.* reduce; *Sturz*: cushion; *fig.* (*mildern*) mitigate; (*beschönigen*) extenuate; *Ausdruck*: qualify.

'abschweif|en (sn) stray; *fig. a.* digress (*von* from); **'⁀ung** *f* digression.

'ab|schwenken *v/i.* (sn) *bsd.* ⚔ wheel off *od.* aside; *fig.* veer off; *v/t.* rinse, wash off; **'~schwören** abjure; (*leugnen*) deny by oath; **'~segeln** (sn) set sail (*nach* for), sail away.

absehbar ['~ze:ba:r]: *in ~er Zeit* in the foreseeable future; *nicht ~* not to be foreseen.

'absehen *v/t. Gelegenheit*: watch (for); *in der Schule*: crib; *j-m et. ~* copy a th. from a p.; *Künftiges*: foresee, tell; *es ist kein Ende abzusehen* there is no end in sight; *es abgesehen haben auf* (*acc.*) aim at, have one's eye on; *abgesehen sein auf* (*acc.*) be aimed at; *das war auf mich abgesehen* that was meant for me; *v/i. ~ von* refrain from; *s. abgesehen.*

'abseifen (25) soap down.

'abseihen *s. seihen.*

abseilen ['~zaɪlən] (25) (*a. sich*) *mount.* rope down.

'absein F (*erschöpft sein*) be all in.

abseits ['~zaɪts] **1.** *adv.* aside, apart; *Fußball*: offside; *~ vom Wege* off the road; *fig. ~ stehen* stand aloof; **2.** *prp.* (*gen. od. von*) aside from, off.

'absend|en send (off), (*bsd.* ✝) dispatch; (*befördern*) forward; *Brief usw.*: post, *Am.* mail; **'⁀er(in** *f*) *m* sender; **'⁀ung** *f* sending (off), dispatch(ing).

'absengen singe off.

'Absenker ⚘ *m* (7) layer.

'absetz|bar ✝ sal(e)able; *Betrag*: deductible; *Beamter*: removable; **'~en** *v/t.* set down, put down, deposit (*a.* ⚗, *a. sich*); *Hut*: put off; *Beamte*: remove; *König*: depose; *Flugzeug*: set down; *Fahrgast*: set down, drop; *Fallschirmtruppen*: drop; *Betrag*: deduct; *Bucheintrag, Termin*: cancel; *Ware*: dispose of, sell; *typ.* set up (in type); *Wörter*: separate; *von der Tagesordnung, vom Spielplan ~* take off ...; *sich ~* ⚔ retreat; *v/i.* break off, stop, pause; F *es wird et. ~* there will be trouble; **'⁀ung** *f* deposition; *von Beamten*: removal.

'absichern *s. sichern.*

'Absicht *f* intention; *a.* ⚖ intent; (*a. böse ~*) design; (*Ziel*) aim, object; *in der ~ zu* with intent to, with a view to; *~en haben auf* (*acc.*) have designs upon; *sich mit der ~ tragen, zu inf.* have thoughts of *ger.*; **'⁀lich** intentional; *adv. a.* on purpose.

'absitzen *v/i. Reiter*: dismount; *v/t.* sit out; *Strafzeit*: do, serve.

absolut [apzo'lu:t] absolute; *~ nicht* by no means; **⁀ion** [~lu'tsjo:n] *f* absolution; **⁀ismus** [~'tismus] *m* absolutism.

Absolv|ent(in *f*) [apzɔl'vɛnt(in)] *m* (12) school-leaver, *Am.* graduate; **~'ieren** (*lossprechen*) absolve; *Studien*: complete; *Schule*: get through; *höhere Schule, Hochschule*: graduate from; *Prüfung*: pass.

ab'sonderlich peculiar, odd.

'absonder|n separate; *e-n Kranken*: isolate; ⚕ secrete; *sich ~* seclude o.s.; **'⁀ung** *f* separation; isolation; seclusion; ⚕ secretion.

absorbieren [~zɔr'bi:rən] absorb.

'abspalten (*a. sich*) split off, separate (*a.* ⚗).

'abspann|en *Pferd*: unhitch; ⊕ stay; *s. abgespannt*; **'⁀ung** *f* (*Erschöpfung*) exhaustion.

'absparen: *sich et. ~* pinch o.s. for a th.

'abspeisen *v/i.* finish dinner; *v/t.* feed; *fig.* fob *a p.* off (*mit leeren Worten* with fair words).

abspenstig ['~ʃpɛnstiç]: *~ machen* entice away, alienate (*dat.* from); *~ werden* desert.

'absperr|en shut off; *Tür, Haus*: lock; *Straße*: block (off); *durch Polizei*: cordon off; (*abdrehen*) turn off; *Dampf, Strom usw.*: cut off; *sich ~* shut o.s. off; **'⁀hahn** *m* stop-cock; **'⁀ung** *f* shutting off; blocking; cordoning off; turning off; cutting off; isolation.

'abspiegeln *s. widerspiegeln.*

'abspielen ♪ play; *Tonaufnahme*: play back; (*abnützen*) wear out; *sich ~ fig.* take place, happen, pass.

'absplittern *v/t. u. v/i.* (sn) splinter off.

'Absprache *f* arrangement.

'absprechen: *j-m et. ~* deny a p. a th., deprive a p. of a th.; (*regeln*) settle, agree; **'~d** unfavo(u)rable, disparaging, adverse.

'abspringen (sn) leap (*od.* jump) off; *mit Fallschirm*: a) jump, parachute, b) *im Notfall*: bail (*od.* bale) out; *Splitter, Glasur usw.*: crack (*od.* chip) off; (*abprallen*) bounce off; ~ (*von e-m Thema*) digress, drop (*a subject*) abruptly; *von e-r Partei usw.*: quit, desert.

'**Absprung** *m* jump; *Sport*: take-off; '**~balken** *m* take-off board.

'**abspulen** wind off, unspool.

'**abspülen** wash off *od.* up; rinse.

'**abstamm|en** (sn): ~ *von* descend from; *gr.* be derived from; '**2ung** *f* descent; birth; *gr.* derivation; *deutscher* ~ of German extraction; '**2ungslehre** *f* theory of evolution.

'**Abstand** *m räumlich, zeitlich, fig.*: distance; (*Zwischenraum*) interval; *fig.* (*Unterschied*) difference; ~ *nehmen von* stand away from, *fig.* refrain *od.* desist from; ~ *halten od. wahren a. fig.* keep one's distance; *mit* ~ *besser* far and away better; *mit* ~ *gewinnen* by a wide margin.

abstatten ['~ʃtatən] make, give; *Besuch*: pay; *Dank*: return, render.

'**abstauben** *v/t.* (25) dust.

'**abstech|en** *v/t.* cut (off); (*töten*) stick, stab; *v/i.* contrast (strongly) (*gegen od. von* with); '**2er** *m* (7) (*Ausflug*) excursion (*a. fig.*), (side-) trip.

'**absteck|en** *Haar*: unpin; *Kleid*: fit, pin; *Grundriß*: trace out; *Gelände*: mark out, *mit Pfählen*: stake out.

'**abstehen** stand at a distance; *Ohren usw.*: stick out; (sn) (*verzichten*) desist (*von* from); (sn) (*schal werden*) get stale; *s. abgestanden*; '**~d** projecting.

'**absteifen** ⊕ stiffen, strut, prop.

'**absteige|n** (sn) descend; *vom Wagen, Pferd*: alight; *in e-m Wirtshaus*: put up at; *Sport*: go down; '**2quartier** *n* (temporary) lodgings.

'**abstell|en** put down; ⊕ turn off, stop; *Radio usw.*: switch off; *Telephon*: disconnect; (*parken*) park; 🚂 sidetrack; *Mißstand*: abolish, put an end to; ⚔ detach; *darauf abgestellt sein, zu inf.* be calculated to; '**2gleis** 🚂 *n* siding.

'**abstempeln** stamp (*a. fig. als* as).

'**absteppen** stitch, quilt.

'**absterben** (sn) die off; *Glied*: go numb; *Motor*: conk out.

Abstieg ['~ʃti:k] *m* (3) descent; *Sport*: relegation.

'**abstimm|en** *v/i.* vote (*über acc.* on); ~ *lassen über* (*acc.*) put to the vote; *v/t. fig.* harmonize (*auf acc.* with), coordinate (with); *zeitlich*: time; ♪, *Radio*: tune (in); ✝ *Bücher*: balance; *Konto*: check off; '**2ung** *f* voting; vote; ballot; tuning; coordination; timing.

abstinen|t [~sti'nɛnt] *allg.* abstemious; *im Alkoholgenuß*: teetotal; **2z** [~ts] *f inv.* (total) abstinence, teetotalism; **2zler** [~tslər] *m* (7), **2zlerin** *f* (16[1]) total abstainer, teetotal(l)er.

'**abstoppen** stop; *Sport*: time, clock.

'**Abstoß** *m Sport*: goal-kick; '**2en** *v/t.* push off; *phys. u. fig.* repel; *Aktien, Ware*: dispose of; *e-e Schuld*: discharge; (*abnutzen*) wear (away); *sich* ~ get worn; *v/i.* (sn) *Schiff*: push off; *Sport*: make a goal-kick; '**2end** *fig.* repulsive, forbidding; '**~ung** *f* repulsion.

abstrahieren [~stra'hi:rən] abstract.

abstrakt [~'strakt] abstract; **2ion** [~'tsjo:n] *f* abstraction; **2um** *gr.* [~'straktum] *n* abstract noun.

'**abstreichen** *Rechnungsposten usw.*: strike off; (*abhaken*) tick off; *Rasiermesser*: strop; *Schuhe*: wipe; *Schaum usw.*: skim off; *Gebiet*: scour.

'**abstreifen** slip off; *Geweih, Haut*: cast, shed; *fig.* cast off; *Schuhe*: wipe; (*absuchen*) patrol.

'**abstreiten** contest, dispute; *Schuld, Tatsache*: deny.

'**Abstrich** *m beim Schreiben*: down stroke; (*Abzug*) cut; ⚕ swab.

abstuf|en ['~ʃtu:fən] (25) (*a. sich*) grad(u)ate; *Farben*: shade off; '**2ung** *f* grad(u)ation; shade.

abstumpfen ['~ʃtumpfən] (25) blunt; ⩘ truncate; *fig. die Sinne*: dull; *Gefühle*: deaden (*a. v/i.*); *sich* ~ get blunted.

'**Absturz** *m* fall, plunge; ✈ crash; (*Abhang*) precipice.

'**abstürzen** (sn) fall *od.* plunge (down); ✈ crash; (*abschüssig sein*) descend steeply.

'**abstützen** ⚠ prop, support.

'**absuchen** search all over, scour, comb; *mit Scheinwerfer, Radar*: sweep, scan.

Absud ['apzu:t] *m* (3) decoction.

absurd [~'zurt] absurd; **2e** [~'zurdə]

n, ♀**ität** [\~zurdi'tɛ:t] *f* (16) absurdity.
Abszeß [aps'tsɛs] *m* abscess.
Abt [apt] *m* (3³) abbot.
'**abtakeln** (29) unrig, dismantle.
'**abtasten** feel; ⚡, *TV* scan; *fig.* probe; *Boxer*: feel out.
Abtei [ap'taɪ] *f* (16) abbey.
'**Abteil** 🚂 *n* compartment.
'**abteil|en** divide; *durch e-e Wand*: partition off; '♀**ung** *f* division;
Ab'teilung *f e-r Behörde, e-s Kaufhauses*: department; *e-s Krankenhauses*: ward; ⚔ detachment, detail, (*Bataillon*) battalion; *von Arbeitern*: gang; (*Verschlag*) partition; (*Fach*) compartment; (*Abschnitt*) section.
Ab'teilungs|leiter *m* head of department, departmental chief; '\~**zeichen** *gr. n* hyphen.
'**abtelegraphieren** wire refusal.
Äbtissin [ɛp'tisin] *f* (16) abbess.
'**abtön|en** *paint.* tint, tone (down), shade; '♀**ung** *f* tint, shading.
'**abtöten** kill (*a. fig. Gefühle*).
Abtrag ['\~trɑ:k] *m* (3³): \~ *tun* (*dat.*) prejudice, impair, detract from.
'**abtragen** carry off; *Gebäude*: pull down; *Kleid*: wear out; *Schuld*: pay off; (*die Speisen*) \~ clear the table.
abträglich ['\~trɛ:kliç] detrimental, prejudicial (*dat.* to); *Kritik*: unfavo(u)rable.
'**abtreib|en** *v/t.* drive off; *Pferd*: jade; (*ein Kind, die Leibesfrucht*) \~ procure abortion; *v/i.* (sn) drift off; '♀**ung** *f* ⚕ (⚖ criminal) abortion.
'**abtrenn|en** sever; separate; detach; *Genähtes*: rip (off); '♀**ung** *f* severance; separation; detachment.
'**abtret|en** *v/t. Schuh*: wear down; *Stufe usw.*: wear out; (*aufgeben*) cede (*a. Gebiet*), *Anspruch, Eigentum*: yield, assign, transfer (*alle*: *an acc.* to); *sich die Füße* \~ wipe (*od.* scrape) one's shoes; *v/i.* (sn) retire (*vom Amt* from office), resign; *thea.* go off (the stage); '♀**er** *m* (7) ⚖ assignor; '♀**ung** ⚖ *f* cession, transfer.
'**Abtritt** *m* (3) withdrawal; *thea.* exit; *s. Abort*¹.
'**abtrocknen** dry (*sich die Hände* one's hands).
'**abtröpfeln**, '**abtropfen** (sn) drip (*od.* trickle) down *od.* off.
'**abtrudeln** ✈ go into a spin.
abtrünnig ['\~tryniç] unfaithful, disloyal; rebellious; *eccl.* apostate; \~ *werden s. abfallen*; ♀**e** ['\~gə] *m, f* deserter, renegade; *eccl.* apostate; ♀**keit** ['\~çkaɪt] *f* defection; *eccl.* apostasy.
'**abtun** (*ablegen*) take off, remove; (*töten*) dispatch; (*erledigen*) dispose of, settle; (*von sich weisen*) dismiss (*als untunlich usw.* as); *Gewohnheit*: cast off.
'**abtupfen** mop up; dab (*a.* ⚕).
'**ab-urteilen** try, bring to trial; pass sentence on; *s. verurteilen, aberkennen.*
'**abverdienen** *Schuld*: work off.
'**abverlangen** *s. abfordern.*
'**abwägen** weigh (*a. fig.*).
'**abwälzen** roll off; *fig.* shift (*von sich* from o.s.); *die Schuld von sich* \~ clear o.s. of the charge; *die Schuld auf j-n* \~ lay the blame on a p.; *die Verantwortung auf e-n anderen* \~ shift the responsibility to someone else, F pass the buck to someone else.
'**abwandel|bar** *gr. Hauptwort*: declinable; *Zeitwort*: capable of conjugation; '\~**n** modify, vary; *gr.* decline; conjugate.
'**abwander|n** *v/i.* (sn) migrate; drift away; '♀**ung** *f* migration; drift; *des Kapitals usw.*: exodus; *von Wissenschaftlern*: brain-drain.
'**Abwandlung** *f* modification; *gr. Hauptwort*: declension; *Zeitwort*: conjugation.
'**abwarten** wait (for); *s-e Zeit, e-e Gelegenheit*: bide; \~! wait and see!; *das bleibt abzuwarten* that remains to be seen; \~*de Haltung* wait-and--see attitude.
abwärts ['\~vɛrts] down, downward(s); F *mit ihm geht's* \~ a) he is going downhill, b) *Greis*: he is on the decline; *damit geht es* \~ it is going to the bad.
'**abwaschen** wash (off); *Geschirr*: wash up; *fig. Schande*: wipe out.
'**Abwasser** *n* (7¹) waste water; sewage; '♀**n** ✈ take off from water.
'**abwechseln** *v/t. u. v/i.* alternate (*mit ea. od. sich* with each other); (*verschiedenartig sein*) vary (*a.* \~ *mit den Darbietungen usw.*); *mit j-m* \~ take turns with a p.; '\~**d** alternate; *adv.* by turns, alternately.
'**Abwechs(e)lung** *f* change; alter-

nation; variation; (*Mannigfaltigkeit*) variety; (*Zerstreuung*) diversion; ~ *bringen in* (*acc.*) relieve, liven up; *zur* ~ for a change; 'Ⱬs**reich** varied; *Leben usw.*: diversified; (*ereignisreich*) eventful; 'Ⱬs**weise** *adv.* by turns, alternately.

'**Abweg** *m*: *auf* ~*e geraten* (*führen*) go (lead) astray; Ⱬ**ig** ['~giç] (*irrig*) erroneous; (*unangebracht*) inept, out of place; (*belanglos*) not to the point, irrelevant.

'**Abwehr** *f* defen|ce, *Am.* -se (*a. Sport*); *e-s Stoßes, e-r Gefahr usw.*: warding off; *e-s Angriffs, e-r Frage*: parrying; (*Verhütung*) prevention; (*Widerstand*) resistance; ⚔ (~*dienst*) counter-espionage service; 'Ⱬ**en** ward off; parry; prevent; *Unglück usw.*: avert; *Angriff*: repulse; *v/i. fig.* (*ablehnen*) refuse; '~**stoff** *m biol.* antibody.

'**abweich|en** *v/i.* (sn) deviate, diverge (*von* from); *fig.* deviate, depart (from), *von der Wahrheit a.*: swerve from; (*verschieden sein*; *in der Meinung*) differ (*von ea.* from one another); vary (*von* from); *Magnetnadel*: decline; 'Ⱬ**ung** *f* deviation, defle|xion, *Am.* -ction; (*Verschiedenheit*) difference; ⩓ divergence; declination; departure (*von e-r Meinung, Regel* from).

'**abweis|en** reject, refuse; ⚖ dismiss; *Angriff*: repulse; *schroff*: rebuff; (*fortschicken*) turn *a p.* away; '~**end** unfriendly, cool; 'Ⱬ**ung** *f* refusal, rejection; ⚖ dismissal; repulse; rebuff.

'**abwend|en** turn off; *Unglück*: avert; *sich* ~ turn away (*von* from), *fig. s. abkehren*; '~**ig** *s. abspenstig*; 'Ⱬ**ung** *f* turning off; averting.

'**abwerben** † entice away.

'**abwerfen** cast (*od.* throw) off; *Bomben usw.*: drop; *Reiter*: throw; *Blätter, Geweih, Haut usw.*: shed; *Gewinn*: yield; *Spielkarte*: discard.

'**abwert|en** devaluate; 'Ⱬ**ung** *f* devaluation.

abwesen|d ['~ve:zənt] absent; *fig.* absent-minded; *die* Ⱬ*en* those absent; 'Ⱬ**heit** *f* absence; *fig.* absent-mindedness; *durch* ~ *glänzen* be conspicuous by one's absence.

'**abwick|eln** unroll, wind off; † *Geschäft*: transact; *Schuld*: liquidate; *Firma*: wind up; (*durchführen*) effect; 'Ⱬ**lung** *f* transaction; winding-up, *Am.* wind-up.

'**ab|wiegen** weigh out; '~**winken** give a sign of refusal; '~**wirtschaften** *v/i.* get ruined (by mismanagement); '~**wischen** wipe off; ~**wracken** ['~vrakən] (25) break up.

Abwurf ['~vurf] *m* dropping.

'**abwürgen** strangle; *mot.* stall.

'**abzahl|en** pay off; *in Raten*: pay by instal(l)ments; 'Ⱬ**ung** *f* payment (in full); *in Raten*: payment by (*Am.* on) instal(l)ments; (*Rate*) instal(l)ment; *auf* ~ on the instal(l)ment system (*Am.* plan).

'**abzählen** *Geld*: count, tell; *Personen usw.*: tell off; *das kann man sich an den Fingern* ~ that's not hard to guess.

'**Abzahlungs|geschäft** *n* hire-purchase (firm); '~**kauf** *m* hire-purchase.

'**abzapfen** *Bier usw.*: tap; *Blut*: draw; *j-m Blut* ~ bleed a p.

abzäunen ['~tsɔʏnən] fence off *od.* in.

'**Abzehrung** *f* emaciation; ⚕ consumption.

'**Abzeichen** *n* distinguishing mark; *am Anzug usw.*: badge; ✈ marking.

'**abzeichnen** copy; draw; (*abhaken*) tick off; *sich* ~ appear in outlines; *Gefahr*: loom; *deutlich*: stand out (*gegen den Himmel usw.* against).

'**Abziehbild** *n* transfer(-picture); ⊕ decalcomania.

'**abziehen** *v/t.* draw (*od.* pull) off; *Hut*: take off; *Aufmerksamkeit*: divert; *Summe*: deduct, ⩓ subtract; *Bett*: strip; *Bier*: draw; *typ. Bogen*: pull (off); (*vervielfältigen*) mimeograph; *phot.* print; *Bilder*: transfer; *Tier* ~, *e-m Tier das Fell* ~ skin; *Rasiermesser*: strop; (*abhobeln*) plane off; *Schlüssel*: take out; *Wein*: rack (off); *Truppen*: withdraw; *s-e Hand von j-m* ~ withdraw one's support from a p.; *v/i.* (sn) move off, withdraw; *Rauch usw.*: escape; (*schießen*) pull the trigger.

'**abzielen:** ~ *auf* (*acc.*) aim at.

'**abzirkeln** (29) measure with compasses; *fig.* be very precise in.

'**Abzug** *m* withdrawal, departure; *für Wasser usw.*: outlet; *v. Rauch usw.*: escape; *des Gewehrs*: trigger; *e-r Summe*: deduction; (*Rabatt*) rebate, reduction; *phot.* print; *typ.*

(galley-)proof; (*Vervielfältigung*) (mimeographed) copy; *nach ~ der Kosten* charges deducted; *in ~ bringen* deduct.

abzüglich [ˈ~tsy:kliç] *prp.* (*gen. od. acc.*) less, deducting.

ˈ**Abzugs|bügel** *m am Gewehr usw.*: trigger-guard; ˈ**2fähig** *Betrag*: deductible; ˈ**~rohr** *n* drain- (*od.* waste-)pipe; escape-pipe.

Abzweig|dose ⚡ [ˈaptsvaɪk-] *f* distribution (*od.* junction) box; **2en** [ˈ~tsvaɪgən] (25) (*a. sich*) branch off (*a. fig.*); ˈ**2ung** *f* branch(ing off); ⚡ branch, shunt.

ˈ**abzwicken** nip (*od.* pinch) off.

ach! [ax] ah!, alas!; *~ (so)!* oh (, I see)!; *~ wo!* not a bit of it!; *~ was!* nonsense!; *mit 2 u. Krach* barely, by the skin of one's teeth.

Achat [aˈxɑ:t] *m* (3) agate.

Achse [ˈaksə] *f* (15) axis; ⊕ axle; *per ~* ✝ by road, 🚂 by rail; F *auf der ~* on the move.

Achsel [ˈaksəl] *f* (15) shoulder; *mit den ~n zucken* shrug one's shoulders; *über die ~ ansehen* look down upon; *auf die leichte ~ nehmen fig.* make light of; ˈ**~höhle** *f* armpit; ˈ**~zucken** *n* shrug (of one's shoulders).

acht[1] [axt] eight; *heute in ~ Tagen* today week; *vor ~ Tagen* a week ago; *alle ~ Tage* every other week.

Acht[2] *f* (16) **1.** (*Obacht*) *außer 2 lassen* disregard; *in 2 nehmen* take care of; *sich in 2 nehmen* take care, beware (*vor dat.* of); **2.** (*Bann*) ban, outlawry; *in die ~ erklären* outlaw.

ˈ**achtbar** respectable, reputable; ˈ**2keit** *f* respectability.

ˈ**achte** eighth.

ˈ**Acht-eck** *n* (3) octagon; ˈ**2ig** octagonal.

ˈ**Achtel** *n* (7) eighth (part); ˈ**~note** ♪ *f* quaver; ˈ**~takt** ♪ *m* quaver time.

ˈ**achten** (26) *v/t.* respect; (*schätzen*) esteem; *v/i. ~ auf* (*acc.*) *s. achtgeben.*

ächten [ˈɛçtən] (26) outlaw, proscribe; *gesellschaftlich*: ostracise.

achtens [ˈaxtəns] eighthly.

ˈ**achter**[1] ⚓ aft.

ˈ**Achter**[2] *m* (7) *a. Rudern*: eight; ˈ**~bahn** *f* switchback, *Am.* roller coaster; ˈ**~deck** ⚓ *n* quarterdeck; ˈ**2lei** of eight kinds; ˈ**~steven** ⚓ *m* stern-post.

achtfach [ˈ~fax] eightfold.

ˈ**achtgeben** pay attention (*auf acc.* to), attend (to); (*sich et. merken*) mark, mind (*auf acc. a th.*); (*sorgen für*) take care (*auf acc.* of; *daß* that); *~ auf* (*acc.*) (*beobachten*) watch; *gib acht!* look (*Am.* watch) out!

ˈ**achtlos** careless, unmindful; ˈ**2igkeit** *f* carelessness.

ˈ**achtmal** eight times.

ˈ**achtsam** careful, mindful (*auf acc.* of); ˈ**2keit** *f* carefulness.

ˈ**Acht|**ˈ**stundentag** *m* eight-hour day; **2stündig** [ˈ~ʃtyndiç] eight--hour; **2tägig** [ˈ~tɛ:giç] lasting a week, a week's *trip, etc.*

Achtung [ˈaxtuŋ] *f* esteem, regard, respect (*vor dat.* for); (*Aufmerksamkeit*) attention; *~!* look out!, *Am.* watch out!; ⚔ attention!; *~! Lebensgefahr!* Caution! Danger of death!; *~, Stufe!* mind the step!; *j-m ~ bezeigen* pay respect to a p.; (*j-m*) *~ einflößen* command (a p.'s) respect; *sich ~ verschaffen* make o.s. respected; *alle ~ (vor)!* hats off (to)! ˈ**~s-erfolg** *m* succès d'estime (*fr.*); ˈ**2svoll** respectful.

Ächtung [ˈɛçtuŋ] *f* proscription.

ˈ**achtzehn** eighteen; ˈ**~te** eighteenth.

achtzig [ˈaxtsiç] eighty; *in den ~er Jahren* in the eighties; **2er** [ˈ~gər] *m*, **~jährig** [ˈ~çjɛ:riç] octogenarian; ˈ**~ste** eightieth.

ächzen [ˈɛçtsən] (27) groan; *2 n* groan(s *pl.*).

Acker [ˈakər] *m* (7[1]) field, land; (*Boden*) soil; (*Maß*) acre; ˈ**~bau** *m* (3, *o. pl.*) agriculture, farming; ˈ**~bauer** *m* husbandman, farmer; ˈ**2bautreibend** agricultural; ˈ**~gaul** *m* farm-horse; ˈ**~gerät** *n* agricultural implements *pl.*; ˈ**~land** *n* arable land; *bestelltes*: tilled (*od.* cultivated) land; ˈ**2n** (29) *v/t. u. v/i.* plough, *Am.* plow, till; *fig.* toil, drudge; ˈ**~salat** ♀ *m* lamb's lettuce; ˈ**~schlepper** *m* farm tractor.

ad absurdum [at apˈzurdum]: *~ führen* reduce to absurdity.

ad acta [at ˈakta]: *~ legen* file away; *fig.* shelve, *Am.* table *a matter.*

Adam [ˈɑ:dam] *m*: *den alten ~ ausziehen* cast off the old Adam; *nach ~ Riese* according to Spoker.

ˈ**Adams|apfel** *m anat.* Adam's apple; *im* ˈ**~kostüm** (*n*) in one's buff, sky-clad.

addier|en [a'di:rən] add, sum up; **⁀maschine** *f* adding machine.
Addition [adi'tsjo:n] *f* (16) addition.
ade [a'de:] *s. adieu.*
Adel ['a:dəl] *m* (7, *o. pl.*) nobility; *von ~ sein* be of noble birth.
ad(e)lig ['a:d(ə)liç] noble, titled; **⁀e(r)** ['~ligər] *m* nobleman, aristocrat; '**⁀e** *f* noblewoman; *die ~n pl.* the nobility.
'**adeln** (29) ennoble (*a. fig.*); *Brt.* knight.
'**Adels|krone** *f* coronet; '**~stand** *m* nobility; *Brt.* peerage; *in den ~ erheben* knight.
Ader ['a:dər] *f* (15) vein (*a.* ⚒, ⚘, *im Holz, Marmor usw. u. fig.*); (*Schlag⁀*) artery; *zur ~ lassen* bleed; '**~laß** *m* (4²) blood-letting (*a. fig.*).
ädern ['ɛ:dərn] (29) vein.
adieu [a'djø:] **1.** *int.* farewell, good-by(e); **2.** ⁀ *n* farewell, adieu.
Adjektiv ['atjɛkti:f] *n* (3¹) adjective; **⁀isch** [~'ti:viʃ] adjectival.
Adjutant [atju'tant] *m* (12) adjutant; *e-s Generals*: aide(-de-camp).
Adler ['a:dlər] *m* (7) eagle; '**~horst** *m* aerie; '**~nase** *f* aquiline nose.
Admiral [atmi'ra:l] *m* (3¹) admiral; **~ität** [~rali'tɛ:t] *f* admiralty; **~stab** [~'ra:lʃta:p] *m* naval staff.
adopt|ieren [adɔp'ti:rən] adopt; **⁀ion** [~'tsjo:n] *f* adoption.
Adoptiv... [~'ti:f] adoptive.
Adressat [adrɛ'sa:t] *m* (12) addressee; *e-r Warensendung*: consignee; *e-s Wechsels*: drawee.
A'dreßbuch *n* directory.
Adresse [a'drɛsə] *f* (15) address, direction; *falsche ~* misdirection; *s. per*; *fig. an die falsche ~ geraten* come to the wrong shop, *weitS.* catch a Tartar.
adres'sieren address, direct; ⚕ consign; *falsch ~* misdirect.
adrett [a'drɛt] smart.
adsorbieren [atzɔr'bi:rən] ⚗ adsorb.
Advent [at'vɛnt] *m* (3) Advent; **~(s)zeit** *f* Advent season.
Adverb [at'vɛrp] *n* (8²) adverb; **⁀ial** [~vɛr'bja:l] adverbial.
Advokat [atvo'ka:t] *m* (12) advocate; *s. Anwalt.*
Affäre [a'fɛ:rə] *f* (15) (*a. Liebes⁀*) affair; *sich aus der ~ ziehen* wriggle out, *gut*: master the situation.
Affe ['afə] *m* (13) ape, *bsd. kleiner*: monkey; ⚔ *sl.* (*Tornister*) pack; F silly ass; F *e-n ~n haben* be drunk.
Affekt [a'fɛkt] *m* (3) emotion, passion; **~handlung** ⚖ *f* act committed in the heat of passion; **⁀iert** [~'ti:rt] affected; **~iertheit** *f* affectation.
äffen ['ɛfən] *v/t.* (25) ape; (*necken*) mock; (*täuschen*) fool.
'**affen|-artig** simian; F *mit ~er Geschwindigkeit* like a greased lightning; '**⁀liebe** *f* doting love; '**⁀schande** F *f* crying shame; '**⁀theater** *n fig.* utter farce; *weitS.* crazy business.
affig ['afiç] F silly.
Äffin ['ɛfin] *f* (16) she-ape, she-monkey.
Afrikan|er [afri'ka:nər] *m* (7), **~erin** *f*, **⁀isch** African.
After *anat.* ['aftər] *m* (7) anus; '**~kritik** *f* pseudo-criticism; '**~mieter(in** *f*) *m* subtenant; '**~rede** *f*, '**⁀reden** slander.
ägäisch [ɛ:'gɛ:iʃ]: *⁀es Meer* Aegean Sea.
Agent [a'gɛnt] *m* (12), **~in** *f* (16¹) ⚕ *u. pol.* agent; **~ur** [~'tu:r] *f* (16) agency.
Aggregat [agre'ga:t] *n phys.* aggregate; ⊕ set (of machines), unit; **~zustand** *m* (physical) state.
Aggression [agrɛ'sjo:n] *f pol. u. psych.* aggression.
aggressiv [~'si:f] aggressive.
Ägide [ɛ:'gi:də] *f*: *unter der ~* (*gen.*) under the auspices of.
agieren [a'gi:rən] act, function.
agil [a'gi:l] agile.
Agio ['a:ʒio:] *n* (11) agio, premium; **~tage** [~'ta:ʒə] *f* stock-jobbing.
Agitation [agita'tsjo:n] *f* agitation.
Agitator [~'ta:tɔr] *m* (8¹) agitator.
agitatorisch [~ta'to:riʃ] fomenting, demagogical.
agi'tieren agitate.
Agraffe [a'grafə] *f* (15) brooch, clasp.
A'grarstaat *m* agrarian state.
Ägypt|er [ɛ:'gyptər] *m* (7), **~erin** *f* (16¹), **⁀isch** Egyptian.
ah! [a:] ah!; **äh!** [ɛ(:)] *Ekel*: ugh!; *stotternd*: er!; **aha!** [a'ha:] aha!, I see!
Ahle ['a:le] *f* (15) awl, pricker.
Ahn [a:n] *m* (5 *u.* 12) ancestor, forefather (*a.* '**~herr** *m*); '**~e** *f* (15) ancestress (*a.* '**~frau** *f*).

ahnd|en ['ɑːndən] (26) (*rächen*) avenge; (*strafen*) punish; '**2ung** *f* revenge; punishment.

ähneln ['ɛːnəln] (26) (*dat.*) be (*od.* look) like, resemble.

ahnen ['ɑːnən] (25) have a presentiment (*Am.* F hunch) of (*od.* that ...); (*erfassen*; *erraten*) divine; (*vorhersehen*) foresee, anticipate; (*spüren*) sense; (*argwöhnen*) suspect; *et.* ~ *lassen* foreshadow, *weitS.* give an idea of; *nichts* ~*d s. ahnungslos.*

'**Ahnen|forschung** *f* ancestry research; '**~tafel** *f* genealogical table.

ähnlich ['ɛːnliç] (*dat.*) like, resembling; *bsd. v. Dingen u.* Å similar (to); *j-m* ~ *sehen* look like a p.; *iro. das sieht ihm* ~ that's just like him; '**2keit** *f* likeness, resemblance; similarity.

Ahnung ['ɑːnuŋ] *f* presentiment, *Am.* F hunch; *bsd. v. Unheil*: foreboding, misgiving; (*Argwohn*) suspicion; F *keine* ~! no idea!; F *keine* ~ *haben von* have not the slightest notion (*od.* idea) of; '**2slos** unsuspecting; '**2svoll** full of misgivings.

Ahorn ['ɑːhɔrn] *m* (3) maple.

Ähre ['ɛːrə] *f* (15) ear; *Blume*: spike; *Gras*: head; ~*n lesen* glean.

Ais ♪ ['ɑːˀis] *n* A sharp.

Akademie [akade'miː] *f* (15) academy.

Akademiker [~'deːmikər] *m* (7) (*Studierter*) university-bred man, *Am.* (university) graduate; *im freien Beruf*: professional man; (*Mitglied e-r Akademie*) academician.

aka'demisch academic; ~ *gebildet* university-trained *od.* -bred.

Akazie [a'kɑːtsjə] *f* (15) acacia.

akklimatisier|en [aklimati'ziːrən] acclimatize, *Am.* acclimate; *sich* ~ become acclimatized; **2ung** *f* acclimatization, *Am.* acclimation.

Akkord [a'kɔrt] *m* (3) ♪ chord; † (*Vereinbarung*) contract; † (*Vergleich*) composition; *auf* ~, *im* ~ by the piece (*od.* job); **~-arbeit** *f* piece-work; **~-arbeiter(in** *f*) *m* piece-worker.

Ak'kordeon [~deɔn] *n* (11) accordion.

akkor'dieren *v/t.* arrange; *v/i.* agree, compromise (*mit* with; *über acc.* upon); † arrange, compound (*mit* with; *wegen* for).

Ak'kordlohn *m* piece wages *pl.*

akkredit|ieren [akredi'tiːrən] accredit (*bei* to); † open a credit for; **2iv** [~'tiːf] *n* (3[1]) † letter of credit; *j-m ein* ~ *eröffnen* open a credit in favo(u)r of a p.

Akku F ['aku] *m* (11), **~mulator** [~mu'lɑːtɔr] *m* (18[1]) accumulator, storage battery.

akkurat [~'rɑːt] accurate.

Akkusativ *gr.* ['akuzatiːf] *m* (3[1]) accusative (case); '**~objekt** *n* direct object.

Akontozahlung [a'kɔntotsɑːluŋ] *f* payment on account.

Akquisiteur † [akvizi'tøːr] *m* canvasser, agent.

Akribie [akri'biː] *f* (15, *o. pl.*) scientific precision, meticulosity.

Akrobat [akro'bɑːt] *m* (12), **~in** *f* acrobat; **~ik** *f* acrobatics *pl.*; **2isch** acrobatic.

Akt [akt] *m* (3) act(ion); *thea.* act; ⚖, † *s. Aktenstück*; *paint.* nude; ~ *der Verzweiflung* desperate deed.

Akte ['aktə] *f* (15) *s. Aktenstück.*

'**Akten** *pl.* records, papers, deeds, documents; *abgelegte*: files; *Notiz*: *zu den* ~ to be filed; *zu den* ~ *legen s. ad acta*; '**~deckel** *m* folder; '**~klammer** *f* paper-clip; '**2kundig** on record; '**~mappe** *f*, '**~tasche** *f* document-case, portfolio, brief-case; '**2mäßig** documentary; ~ *festlegen* put on record; '**~mensch** *m* red-tapist; '**~notiz** *f* memo (-randum); '**~stück** *n einzelnes*: document; (*Aktenband*) file; '**~zeichen** *n* reference (*od.* file) number.

Akteur [ak'tøːr] *m* (3[1]) *thea. u. fig.* actor.

Aktie ['aktsjə] *f* (15) share, *Am.* stock; ~*n besitzen* hold shares (*Am.* stock); *s-e* ~*n sind gestiegen* (*a. fig.*) his stock has gone up; '**~nbesitz** *m* (share, *Am.* stock) holdings *pl.*; '**~ngesellschaft** *f* joint-stock company, *Am.* (stock-)corporation; '**~n-inhaber(in** *f*) *m* shareholder, *bsd. Am.* stockholder; '**~nkapital** *n* share capital, *Am.* capital stock; '**~n-unternehmen** *n* joint-stock undertaking.

Aktion [ak'tsjoːn] *f* (16) action; (*Werbungs2 usw.*) drive, campaign; *polizeiliche* ~ police raid; *in* ~ *treten* take action; **~är** [~'nɛːr] *m* (3[1]), **~ärin** *f* (16[1]) *s. Aktieninhaber*;

~sradius [~'tsjo:nsrɑ:djus] *m* radius of action, range (*a. fig.*).
aktiv [ak'ti:f] active; *Bilanz*: favo(u)rable; ⚔ regular; ~*es Wahlrecht* franchise; ~*er Wortschatz* using vocabulary; **~ieren** [~ti'vi:rən] activate.
Aktiv *gr.* ['akti:f] *n* (3^1) active voice; **~a** ⚚ [~'ti:va] *n/pl.* assets, *Am. a.* resources; **~handel** [~'ti:f-] *m* active trade; **~ist** [~ti'vist] *m* (12) activist; '**~posten** *m* asset.
'**Aktstudie** *f* study from the nude.
aktuell [aktu'ɛl] current, up-to-date, topical, present-day; *Problem usw.*: acute.
Akust|ik [a'kustik] *f* (16, *o. pl.*) acoustics; **2isch** acoustic.
akut [a'ku:t] ⚕ *u. fig.* acute.
Akzent [~'tsɛnt] *m* (3) accent; (*Betonung*) *a.* stress.
akzentuieren [~tu'i:rən] accent; *bsd. fig.* accentuate, stress.
Ak'zentverschiebung *f* shift of emphasis.
Akzept [~'tsɛpt] ⚚ *n* (3) acceptance; **~ant** [~'tant] *m* (12) acceptor; **2ieren** [~'ti:rən] accept; **~ierung** [~'ti:ruŋ] *f* acceptance.
Akzise [~'tsi:zə] *f* (15) excise.
Alabaster [ala'bastər] *m* (7), **2n** alabaster.
Alarm [a'larm] *m* (3^1) alarm; *s. Flieger*2; ~ *blasen, schlagen* ⚔ sound (*fig.* give) the alarm; **2bereit** in constant readiness; on the alert; **~bereitschaft** *f*: *in* ~ on the alert; **~glocke** *f* alarm-bell; **2ieren** [~'mi:rən] alarm (*a. fig.*); ⚔, *die Polizei*: alert.
Alaun ⚗ [a'laun] *m* (3^1) alum; **~-erde** *f* alumina.
albern ['albərn] silly, foolish; '**2heit** *f* foolishness, silliness.
Album ['album] *n* (9 *u.* 11) album.
Alchim|ie [alçi'mi:] *f* (15) alchemy; **~ist** [~'mist] *m* (12) alchemist.
Alge ['algə] *f* (15) seaweed, alga.
Algebra ['algebra] *f* algebra.
algebra-isch [~'brɑ:-] algebraic(al).
Alibi ⚖ ['ɑ:libi] *n* (2) alibi.
Aliment [ali'mɛnt] *n, mst* ~*e n/pl.* (3) alimony.
alkalisch ⚗ [al'kɑ:liʃ] alcaline.
Alkohol ['alkohol] *m* (3^1) alcohol; '**2frei** non-alcoholic, F *bsd. Am.* soft; ~*es Gasthaus* temperance hotel; '**~gehalt** *m* alcoholic strength; **~iker** [~'ho:likər] *m* alcoholic; **2isch** [~'ho:liʃ] alcoholic; ~*es Getränk* alcoholic (*Am.* hard) liquor; **2i'sieren** alcoholize; '**~schmuggler** *m* liquor-smuggler, *Am.* bootlegger; '**~verbot** *n* prohibition; '**~vergiftung** *f* alcoholic poisoning.
Alkoven [al'ko:vən] *m* (16) alcove.
all [al] **1.** *indef. pron.* all; (*jeder*) every; (*jeder beliebige*) any; *sie* ~*e* all of them; ~*e beide* both of them; ~ *und jeder* all and sundry; ~*e aussteigen!* everybody get out!; *auf* ~*e Fälle* in any case, at all events; ~*e Tage* every day; ~*es in* ~*em* on the whole; *vor* ~*em* above (*od.* first of) all; ~*e zwei Minuten* every two minutes; **2.** *su. das* **All** the universe.
'**all'-abendlich** every evening.
'**allbe'kannt** notorious.
'**alle** all gone, at an end; *Geld*: all spent; ~ *machen* finish.
Allee [a'le:] *f* (15) avenue, *schmale*: (tree-lined) walk.
Allegorie [alego'ri:] *f* allegory.
allegorisch [~'go:riʃ] allegoric(al).
allein [a'laın] **1.** *pred. adj.* alone, (*ohne Hilfe a.*) single-handed, by o.s.; **2.** *adv.* alone, only; (*ausschließlich*) exclusively; **3.** *cj.* only, yet, but, however; **2besitz** *m* exclusive possession; **2-erbe** *m*, **2-erbin** *f* sole (*od.* universal) heir(ess *f*); **2gang** *m Sport*: solo attempt; **2-herrschaft** *f* absolute monarchy, autocracy; **2herrscher(in** *f*) *m* absolute monarch, autocrat; **~ig** (*einzig*) only; (*ausschließlich*) sole, exclusive; **2-inhaber(in** *f*) *m* sole owner; **2sein** *n* loneliness; being alone; **~'seligmachend** *the* true (*Glaube* faith, *Kirche* church); **~stehend** *P.*: alone (in the world); (*unverheiratet*) single; *Gebäude usw.*: isolated, detached; **2verkauf** *m* exclusive sale, monopoly; **2vertreter** ⚚ *m* sole agent *od.* distributor; **2vertrieb** *m* sole distribution.
'**alle'mal** always, every time; ~*!* F any time!, *ein für* ~ once (and) for all.
'**allen'falls** (*zur Not*) if need be; (*vielleicht*) possibly, perhaps; (*höchstens*) at best.
allenthalben ['alənt'halbən] everywhere.
'**aller...** ... of all; *bsd. im Titel*:

most ...; '~best best of all, very best; *aufs ~e* in the best possible manner; ~'**dings** (*dennoch*) nevertheless; (*in der Tat*) indeed; (*auf jeden Fall*) at any rate; (*freilich*) it is true; (*ich muß zugeben*) to be sure; *~!* certainly!, *Am.* F sure!; '~-**erst** (*a. zu ~*) first of all; '~'**hand** of all kinds *od.* sorts, various; F *das ist ja ~!* I say!; ≈'**heiligen(fest)** *n* All Saints' Day; ≈'**heiligste** *n* Holy of Holies; ~'**höchst** highest of all; '~**höchstens** *adv.* at the very most; ~'**lei** *s. allerhand*; miscellaneous; ≈'**lei** *n* medley; ~'**letzt** last of all (*a. zu ~*), very last; ~'**liebst** dearest of all; most lovely, sweet; *am ~en möchte ich* I should like best of all; ~'**meist** most; *am ~en* most(ly); (*besonders*) chiefly; ~'**nächst** very next; ~'**neu(e)st** the very latest *od.* newest; *~e Ausgabe!* (*Zeitung*) latest edition.

Allerg|ie [alɛr'gi:] ⚕ *f* (15) allergy; ≈**isch** [a'lɛrgiʃ] allergic (*für, gegen* to).

Aller|'seelen *n* All Souls' Day; ≈**seits** ['~'zaɪts] on all sides; universally; to all (of you); ~'**weltskerl** *m* devil of a fellow; ≈**wenigst** [~'ve:niçst] least of all.

'**alle|'samt** all of them, all together; '~**zeit** always, at all times.

'**All|'gegenwart** *f* omnipresence, ubiquity; '≈'**gegenwärtig** omnipresent, ubiquitous; '≈**ge'mein** general; common; universal; *~e Redensarten pl.* generalities; *im ~en* in general, generally; *s. Wehrpflicht*; '~**ge'meinbildung** *f* general education; '≈**ge'meingültig** generally accepted; ~**ge'meinheit** *f* generality, universality; (*Öffentlichkeit*) general public; '≈**ge'waltig** all-powerful; ~'**heilmittel** *n* panacea, cure-all (*a. fig.*).

Allianz [ali'ants] *f* (16) alliance.

alli'-ier|en *v/refl.* ally o.s. (*mit* to, with); ≈**te** *m* ally.

'**all|'jährlich** annual, yearly; *adv. a.* every year; '≈**macht** *f* omnipotence; ~'**mächtig** omnipotent, almighty; ~**mählich** [~'mɛ:liç] gradual; *adv. a.* by degrees; '~'**nächtlich** every night.

Allopath [alo'pɑ:t] *m* allopathist; ~**ie** [~pa'ti:] *f* allopathy; ≈**isch** [~'pɑ:tiʃ] allopathic.

Allotria [a'lo:tria] *pl.* tomfoolery; *~ treiben* make merry, skylark.

all|seitig ['~zaɪtiç] universal; *Am.* all-round; '≈**strom...** *Radio*: AC-DC... (alternating current-direct current); '≈**tag(sleben** *n*) *m* everyday life; ~'**täglich** daily; *fig.* everyday, common, trivial; ≈'**täglichkeit** *f* commonness, triviality; '≈**tags...** common(place), everyday; '~**umfassend** all-embracing; ~'**wissend** omniscient; ≈'**wissenheit** *f* omniscience; ~'**wöchentlich** weekly; '~**zu** (much) too; ~**zu'viel** too much, overmuch; *~ ist ungesund* enough is as good as a feast; '≈**zweck...** all-purpose..., all-duty...

Alm [alm] *f* (16) Alpine pasture, alp.

Almanach ['almanax] *m* (3[1]) almanac.

Almosen ['~mo:zən] *n* (6) alms, charity; '~**büchse** *f* poor-box; '~-**empfänger(in** *f*) *m* pauper.

Alp [alp] *m* (3), '~**drücken** *n* (*haben* have a) nightmare.

Alpen ['alpən] *pl.* Alps; '~**glühen** *n* alp-glow; '~**rose** *f* Alpine rose; '~**veilchen** *n* cyclamen; '~**ver-ein** *m* Alpine Club.

Alphabet [alfa'be:t] *n* (3) alphabet; ≈**isch** alphabetical.

alpin [al'pi:n] Alpine.

Alpi'nist|(in *f*) *m* Alpinist; ~**ik** *f* mountaineering.

Alraun ⚘ [al'raun] *m* (3), ~**e** *f* (15) mandrake.

als [als] *nach comp.*: than; (*ganz so wie*) as, like; (*in der Eigenschaft ~*) as; (*statt*) for; *nach Negation*: but, except; *zeitlich*: when, as; *s. ob*; *~ Geschenk* for a present; *er starb ~ Bettler* he died a beggar; *schon ~ Kind* when only a child; *er bot zu wenig, ~ daß ich es hätte annehmen können* he offered too little for me to accept it; ~'**bald** immediately, forthwith; ~'**dann** then.

also ['alzo:] *adv.* thus, so; *cj.* therefore, consequently; *na ~!* there you are!; *es ist ~ wahr?* it is true then?

alt[1] [alt] old; (*Ggs. modern*) ancient, antique; (*Ggs. frisch*) stale; (*schon gebraucht, z. B. Kleider*) second-hand; *~e Sprachen* ancient languages, classics; *wie ~ bist du?* how old are you?, what is your age?; *es bleibt alles beim ~en* everything stands as it was.

Alt[2] ♪ *m* (3) alto.
Altan [al'tɑ:n] *m* (3[1]) balcony.
Altar [al'tɑ:r] *m* (3[1] *u.* 3[3]) altar; **~blatt** *n*, **~gemälde** *n* altar-piece.
'**alt|backen** stale; '**~bekannt** well--known; '**~bewährt** well-tried; '**~deutsch** Old German; **~'-ehrwürdig** time-hono(u)red; '**2-eisen** *n* scrap iron.
'**Alte** *m* (18) old man; **~** *f* old woman; F *der* ~ (*Vater*) the old man, (*Chef*) the boss; *er ist nicht mehr der* 2 he is no longer the same man; F *m-e* ~ my old lady; *die* ~*n* *pl.* the old; *hist.* the ancients; *das* ~ *n* old things *pl.*; *etwas* ~*s* an old thing.
Alter ['altər] *n* (7) age; (*Greisen*2) old age; (*Dienst*2) seniority; *im* ~ *von 20 Jahren* at an age of 20 years; *von* 2*s her* of old, from ancient times; *er ist in meinem* ~ he is my age; *von mittlerem* ~ middle-aged.
älter ['ɛltər] older; *der* ~*e Bruder* the elder brother; e-e ~*e Dame* an elderly lady; *er ist* (*3 Jahre*) ~ *als ich* he is my senior (by 3 years); *er sieht* (*20 Jahre*) ~ *aus, als er ist* he looks (20 years) more than his age.
'**altern** (29) (h. *u.* sn) grow old, (*a.* ⊕) age.
Alternative [altɛrna'ti:və] *f* alternative.
'**Alters|erscheinung** *f* symptom of old age; '**~genosse** *m*, '**~genossin** *f* contemporary; '**~grenze** *f* age--limit; *für Beamte*: retirement age; '**~heim** *n* old people's home; '**~klasse** *f* age group; '**~rente** *f* old--age pension; '**2schwach** decrepit; '**~schwäche** *f* senile decay, decrepitude; '**~stufe** *f* stage of life; *s. Altersklasse*; '**~versorgung** *f* old--age pension (scheme).
'**Altertum** *n* (1[2]) antiquity; '**~sforscher** *m* arch(a)eologist; '**~skunde** *f* arch(a)eology.
altertümlich ['~ty:mliç] ancient, antique; (*veraltet*) archaic, antiquated.
ältest ['ɛltəst] oldest; *in der Reihenfolge*: eldest; '**2e** *m* elder, senior; *mein* ~*r* my eldest son.
'**alt|'hergebracht** [~gəbraxt] traditional; time-hono(u)red; '**~hochdeutsch** Old High German.
Altist(in *f*) [al'tist] *m* (12) alto (-singer).
'**alt|jüngferlich** old-maidish; '**~klug** precocious.
ältlich ['ɛltliç] elderly, oldish.
'**Alt|material** *n* junk, scrap; '**~meister** *m* past master; *Sport*: ex-champion; '**~metall** *n* scrap metal; '**2modisch** old-fashioned; '**~papier** *n* waste paper; '**~philologe** *m* classical philologist; '**~stadt** *f* old town, city; '**2sprachlich** classical; '**~stimme** *f* alto (voice); **2väterisch** ['~fɛ:təriʃ] *s. altmodisch*; '**~warenhändler(in** *f*) *m* second-hand dealer; **~'weibersommer** *m* Indian summer; (*Sommerfäden*) gossamer.
Aluminium [alu'mi:njum] *n* (9, *o. pl.*) aluminium, *Am.* aluminum.
am [am] = *an dem, s. an.*
amalgamieren ⚗ [amalga'mi:rən] amalgamate (*a. fig.*).
Amateur [ama'tø:r] *m* (3[1]) amateur; **~photograph** *m* amateur photographer.
Amazone [~'tso:nə] *f* (15) Amazon.
Amboß ['ambɔs] *m* (4) anvil.
Ambra ['ambra] *f* (16, *o. pl.*) amber; *graue* ~ ambergris.
ambulan|t [ambu'lant] out-patient (*a. su.* = ~ *behandelter Patient*); ~*es Gewerbe* itinerant trade; **2z** [~ts] *f* (16) (*Klinik*) out-patient department; (*Wagen*) ambulance.
Ameise ['ɑ:maɪzə] *f* (15) ant; '**~nbär** *m* ant-eater; '**~n-ei** *n* ant's egg; '**~nhaufen** *m* ant-hill; '**~nsäure** ⚗ *f* formic acid.
Amen ['ɑ:mən] *int. u. n* (16) amen.
Amerikan|er [ameri'kɑ:nər] *m* (7), **~erin** *f*, **2isch** American; **2i'sieren** Americanize; **~ismus** [~ka'nismus] *m* (16[2]) Americanism.
Amme ['amə] *f* (15) nurse, wet--nurse; '**~nmärchen** *contp. n* old wives' tale.
Ammer *zo.* ['amər] *f* (15) bunting.
Ammoniak ⚗ [amon'jak] *n* (3[1], *o. pl.*) ammonia.
Amnesie [amne'zi:] ⚕ *f* (15) amnesia.
Amnestie [amnɛs'ti:] *f* (15) amnesty, general pardon; **2ren** (grant a) pardon.
Amok ['ɑ:mɔk] *inv.*: ~ *laufen* run amuck; '**~läufer** *m* runner amuck.
Amor ['ɑ:mɔr] *m* Cupid.
amorph [a'mɔrf] amorphous.
Amortisation [amɔrtiza'tsjo:n] *f*

amortization; *e-r Anleihe*: redemption.
amorti'sier|bar redeemable; **~en** amortize; *e-e Anleihe*: redeem.
Ampel ['ampəl] *f* (15) hanging lamp; (*Verkehrs*~) traffic light.
Ampere|meter ⚡ [ãpɛ:r'me:tər] *n* ammeter; **~stunde** [ã'pɛ:r-] *f* ampere-hour.
Ampfer ⚘ ['ampfər] *m* (7) dock.
Amphibie [am'fi:bjə] *f* (15), **~n...** amphibian.
Amphitheater [am'fi:tea:tər] *n* amphithea|tre, *Am.* -ter.
Ampulle [am'pulə] *f* (12) ampoule.
Ampu|tation [amputa'tsjo:n] *f* (16) amputation; **~'tieren** amputate; **~'tierte** *m* amputee.
Amsel ['amzəl] *f* (15) blackbird.
Amt [amt] *n* (1²) office; (*Posten*) post; (*Behörde*) office, board, agency; (*Pflicht*) official duty, function; (*Aufgabe*) task; (*Gerichts*~) court; (*Fernsprech*~) exchange; *s. antreten, auswärtig, bekleiden, entheben, niederlegen*; *von ~s wegen* officially, ex officio; **~ieren** [~'ti:rən] hold office; *eccl. od. fig.* officiate; *~ als* act as; *~d* acting, *official* in charge; '**~lich** official; '**~mann** *m* (1²) bailiff.
'**Amts...** official, of (an) office; '**~-antritt** *m* entering upon office; '**~-arzt** *m* public-health officer; '**~befugnis** *f* authority; '**~bereich** *m*, '**~bezirk** *m* jurisdiction; '**~blatt** *n* official gazette; '**~bruder** *m* colleague; '**~dauer** *f* term of office; '**~diener** *m* usher; '**~-eid** *m* oath of office; '**~enthebung** *f* removal from office, dismissal; '**~führung** *f* administration (of an office); '**~geheimnis** *n* official secret; '**~gericht** *n* Inferior Court; '**~geschäfte** *n/pl.* official duties; '**~gewalt** *f* official authority; '**~handlung** *f* official act; '**~miene** *f* solemn air; '**~müde** weary of one's office; '**~niederlegung** *f* resignation; '**~richter** *m etwa*: district judge; '**~schimmel** *m* red tape; '**~stunden** *f/pl.* official hours; '**~tracht** *f* official attire; ⚖, *eccl.* robe; *univ.* gown; '**~träger** *m* office-holder; '**~-überschreitung** *f* official excess; '**~-unterschlagung** *f* ⚖ malversation; '**~verletzung** *f* misconduct in office; '**~verwalter** *m* administrator of an office, substitute, deputy; '**~vorgänger** *m* predecessor in office; '**~vormund** *m* public guardian; '**~vorsteher** *m* head official; '**~zeichen** *n teleph.* dial(ling) tone; '**~zeit** *f* term of office.
Amulett [amu'lɛt] *n* (3) charm.
amüs|ant [amy'zant] amusing; **~ieren** [~'zi:rən] amuse, entertain; *sich ~* (*sich die Zeit vertreiben*) amuse o.s.; (*sich gut unterhalten*) enjoy o.s., have a good time.
an [an] (*wo? dat.*; *wohin? acc.*) **1.** *prp.* at; on, upon; by; against; to; (*bis ~*) as far as, up to; (*etwa*) near(ly); *am Fenster* at (*od.* by) the window; *~ der Themse* on the Thames; *am 1. März* on March 1st; *am Morgen* in the morning; *am Anfang* at the beginning; *~ e-m Orte* in a place; *~ der Grenze* on the frontier; *~ der Hand führen* by the hand; *am Ufer* on the shore; *~ der Wand* on (*od.* against) the wall; *am Leben* alive; *s. Reihe*; *es ist ~ dir, zu sagen, ob ...* it is up to you now to say whether ...; **2.** *adv.* on, onward; up; *von heute ~* from today (onwards); *von nun (od. jetzt) ~* from now on; ⊕ *~-aus* on-off.
analog [ana'lo:k] analogous.
Analogie [~lo'gi:] *f* (15) analogy.
Analphabet|(in *f*) [anʔalfa'be:t] *m* (12) illiterate; **~entum** *n* illiteracy.
Analyse [ana'ly:zə] *f* (15) analysis.
analy'sieren analy|se, *bsd. Am.* -ze.
Analyt|iker [ana'ly:tikər] *m* (6) analyst; **~isch** analytic(al).
Ananas ['ananas] *f* (*inv. od.* 14²) pineapple.
Anarchie [anar'çi:] *f* (15) anarchy.
Anar'chist *m* (12), **~in** *f* (16¹) anarchist; **~isch** anarchic(al).
Anatom [~'to:m] *m* (12) anatomist.
Anatomie [~to'mi:] *f* (15) anatomy.
anatomisch [~'to:miʃ] anatomical.
'**anbahn|en** pave the way for, initiate; *sich ~* be at hand; *Beziehungen, Verhandlungen usw.*: open (up); '**~er** *m* initiator.
anbändeln ['~bɛndəln] (29): *~ mit* make up to, pick up with; (*Streit suchen*) *s. anbinden* (*v/i.*).
'**Anbau** ✐ *m* cultivation; ⚠ annex, extension, *bsd. Am.* addition, (*Flügel*) wing; '**~en** ✐ cultivate, grow; ⚠ add, annex (*an* [*acc.*] to); ⊕ at-

tach; *sich* ~ settle; '**~fläche** *f* arable land; area under cultivation.

'**Anbeginn** *m* earliest beginning, outset; *von* ~ from the outset.

'**anbehalten** *Kleid usw.*: keep on.

an'bei *im Brief*: enclosed.

'**anbeißen** *v/t.* bite; *v/i.* bite; *fig.* take the bait.

'**anbelangen** concern; *was mich anbelangt* as to (*od.* for) me.

'**anbellen** bark at.

anberaum|en ['~bəraumən] (25) appoint, fix; '**2ung** *f* appointment.

'**anbet|en** worship, *fig. a.* adore; '**2er(in** *f*) *m* worship(p)er, adorer, *fig. a.* admirer.

'**Anbetracht:** *in* ~ (*gen.*) considering, in consideration (*od.* view) of.

'**anbetreffen** *s. anbelangen.*

'**anbetteln** solicit alms of.

Anbetung ['~be:tuŋ] *f* worship, adoration; '**2swürdig** adorable.

'**anbiedern** (29): *sich* ~ *mit od. bei* cotton (*od.* F chum) up to.

'**anbieten** *v/t.* offer; *sich* ~ *P.*: offer one's services, *Gelegenheit*: present itself.

'**anbinden** *v/t.* bind, tie up; ~ *an* (*acc.*) tie to; *v/i. mit j-m* ~ pick a quarrel with, tangle with; *kurz angebunden sein fig.* be curt *od.* short (*gegen* with).

'**anblasen** blow at *od.* upon; *Hochofen*: blow in; F (*rüffeln*) blow up.

'**Anblick** *m* (*Blick, Aussehen*) look; (*Bild*) sight, view, aspect; *beim ersten* ~ at first sight; '**2en** look at; *flüchtig*: glance at; (*besehen*) view; (*mustern*) eye.

'**an|blinzeln** blink *od.* (*schlau*) wink at; '**~bohren** bore, pierce; '**~braten** roast gently; '**~brechen** *v/t. Vorrat*: break into; *Flasche*: open, crack; *v/i.* (sn) begin; *Tag*: dawn; *Nacht*: come on; '**~brennen** *v/t.* burn; *Zigarre usw.*: light; *v/i.* (sn) kindle, catch fire; *Speise*: burn (*a.* ~ *lassen*).

'**anbringen** (*herbeibringen*) bring in *od.* on; (*befestigen*) fix, attach, mount, fit (*an dat.* to); *Stempel, Unterschrift*: affix (to); *Gründe*: put forward; *e-n Schlag*: bring home; *ein Wort*: put in; *Sohn usw.*: get a place for; ⚕ *Ware*: dispose of, (*losschlagen*) knock off; *e-e Klage* ~ bring an action; *e-e Beschwerde* ~ lodge a complaint; *das ist bei ihm nicht angebracht* that won't do with him; *s. angebracht.*

'**Anbruch** *m* break, beginning; (*bei*) ~ *des Tages* (at) daybreak; (*bei*) ~ *der Nacht* (at) nightfall.

'**anbrüllen** roar at, bawl at.

Andacht ['~daxt] *f* (16) devotion; (*Handlung*) prayers *pl.*, service; *s. verrichten.*

andächtig ['~dɛçtiç] devout; (*bei e-r Andacht anwesend*) devotional; *fig.* rapt, absorbed, religious.

'**andauern** last; continue; *hartnäckig*: persist; '**~d** lasting; continuous; persistent.

'**Andenken** *n* (6) (*Gedächtnis*) memory, (*a. Gegenstand*) remembrance; (*nur Gegenstand*) keepsake; *mitgenommenes*: souvenir (*an acc.* of); *zum* ~ *an* (*acc.*) in memory of.

ander ['andər] (18) other; (*verschieden*) different; (*zweit*) second; (*folgend*) next; (*gegenüberliegend*) opposite; *der* ~*e Strumpf usw.* the pair to (*od.* the fellow of) this sock, *etc.*; *am* ~*en Tag* (on) the next day; *e-n Tag um den* ~*n* every other day; *et.* ~*es* another thing, something else; *das ist etwas* ~*es* that is different; *alles* ~*e* everything else; *alles* ~*e als* anything but; *kein* ~*er* no one else (*als* but), *rühmend*: no lesser person (than); *nichts* ~*es* nothing else; ~*er Ansicht sein* differ; *ein* ~*es Hemd anziehen* change one's shirt; *s. unter* 1; **~erseits** ['~zaɪts] *s. anderseits.*

ändern ['ɛndərn] (29) (*a. sich*) alter, (*wechseln*) change; *teilweise*: modify; (*verschieden gestalten*) vary; *ich kann es nicht* ~ I can't help it; *es läßt sich nicht* ~ it cannot be helped.

'**andern|falls** otherwise; '**~teils** on the other hand.

anders ['~s] otherwise; (*verschieden*) differently (*als* from); *bei pron.*: else; *wer* ~? who else?; *er ist* ~ *als sein Vater* he is unlike (*od.* different from) his father; *ich kann nicht* ~, *ich muß weinen* I cannot help crying; ~ *werden* change; *s. besinnen* 1; '**~denkend** dissenting.

anderseits ['~zaɪts] on the other hand.

'**anders|ge-artet** different; '**~gläubig** of a different faith, heterodox; '**~herum** the other way round;

'~**wo** elsewhere; '~**woher** from elsewhere; '~**wohin** to some other place, elsewhere.
anderthalb ['~thalp] one and a half.
'**Änderung** *f s. ändern*: alteration; change; modification; variation.
ander|wärts ['~vɛrts] elsewhere; '~**weitig** *adj.* other, further; *adv.* in another way *od.* manner.
'**andeuten** indicate; (*anspielen*) hint; (*zu verstehen geben*) give to understand, intimate, imply; (*zu bedenken geben*) suggest; *paint. u. fig.* outline.
'**Andeutung** *f* indication; hint (*a. fig. Spur*); intimation; suggestion; '**2sweise** by way of intimation; in outlines.
'**andichten:** *j-m et.* ~ impute (*od.* attribute) a th. falsely to a p.
'**Andrang** *m* rush, press; (*Zulauf*) concourse; ⚕ congestion.
'**andrehen** *Gas usw.*: turn on; ⚡ *Licht*: switch on; *Motor*: start up; *Schraube usw.*: tighten; F *j-m et.* ~ palm a th. off on a p.
'**androh|en:** *j-m et.* ~ menace (*od.* threaten) a p. with; '**2ung** *f* threat; ⚖ *unter* ~ *von od. gen.* under penalty of.
aneign|en ['~ʔaɪgnən] (*sich*) appropriate, make one's own; *Gebiet*: annex; *Gewohnheit*: contract; *Kenntnisse*: acquire; *Meinung anderer*: adopt; *widerrechtlich*: usurp; '**2ung** *f* appropriation; acquisition; adoption; usurpation.
an-ei'nander together; ~**geraten** (*in Streit kommen*) clash (*mit* with); (*handgemein werden*) come to blows.
Anekdote [anɛk'doːtə] *f* (15) anecdote; **2nhaft** anecdotic(al).
'**an-ekeln** disgust, sicken; *es ekelt mich an* I am disgusted with it, I loathe it.
'**an-empfehlen** recommend.
'**An-erbieten** *n* (6) offer.
'**an-erkannter'maßen** admittedly.
'**an-erkenn|en** acknowledge; recognize (*beide*: *als* as); *Anspruch, Schuld*: admit; (*lobend* ~) appreciate; (*billigen*) approve; *Kind*: (*nicht* ~ dis)own; accept; *Wechsel*: hono(u)r; *nicht* ~ repudiate; '~**enswert** commendable; '**2ung** *f* acknowledgment; recognition (*a. pol.*); (*lobende* ~) appreciation; (*Zeichen der Hochachtung*) tribute (*gen.* to); *e-s Wechsels*: acceptance; (*Zulassung*) admission; *in* ~ *gen.* in recognition of.
'**an-erziehen:** *j-m et.* ~ breed a th. into a p.; *anerzogen* acquired.
anfachen ['~faxən] (25) fan (*a. fig.*).
'**anfahr|en** *v/i.* (sn) (*losfahren*) start; *v/t.* (*rammen*) run into, hit, ⚓ run foul of; (*herbeibringen*) carry up, convey to the spot; *fig. j-n*: bellow at; '**2t** *f* journey; (*Ankunft*) arrival; (~*weg*) approach, *vor e-m Hause*: drive(way *Am.*).
'**Anfall** *m* attack (*a.* ⚕); ⚕ fit; (*Ertrag*) yield; *v. Gewinn, Zinsen*: accrual; (*Menge*) amount, number; '**2en** *v/t.* (*angreifen*) attack; *v/i.* (sn) result, occur; *Gewinn, Zinsen*: accrue.
anfällig ['~fɛliç] *allg.* susceptible (*für* to); ⚕ prone to disease.
'**Anfang** *m* beginning, start; *förmlich*: commencement; *am, im, zu* ~ *s. anfangs*; *von* ~ *an* from the beginning (*od.* start, outset); ~ *Mai* early in May; *den* ~ *machen* begin, lead off; *in den Anfängen stecken* be in its infancy; '**2en** begin; start (*mit e-r Arbeit usw.* on; *zu inf. ger.*); commence; (*tun*) do; *was soll ich* ~*?* what am I to do?; *was wirst du morgen* ~*?* what are you going to do with yourself tomorrow?; *das hast du schlau angefangen* that was a clever trick.
Anfäng|er(in *f*) ['~fɛŋər] *m* beginner; (*Neuling*) tiro; '**2lich** *adj.* initial; (*ursprünglich*) original; *adv.* in the beginning.
anfangs ['~faŋs] in the beginning; '**2...** initial, early; '**2buchstabe** *m* initial letter; *großer* (*kleiner*) ~ capital (small) letter; '**2gehalt** *n* commencing (*od.* initial) salary; '**2gründe** *m/pl.* elements, rudiments; '**2kapital** *n* opening capital; (*Aktien2*) original stock; '**2stadium** *n* initial stage; '**2-unterricht** *m* elementary instruction.
'**anfassen** *v/t.* take hold of, seize, grasp; (*berühren*) touch, handle (*a. fig.*); *fig.* approach, tackle; *scharf* ~ handle *a p.* roughly; *sich* (*ea.*) ~ take hands; *v/i.* (*helfen, a. mit* ~) lend a hand.
'**anfaulen** (sn) (begin to) rot; *angefault* partially decayed.
anfecht|bar ['~fɛçtbaːr] contestable; '~**en** contest, ⚖ *a.* avoid;

Urteil: appeal from; *Meinung*: oppose; (*beunruhigen*) trouble; **'2ung** *f* contestation; appeal (*gen.* from); *eccl.* (*Versuchung*) temptation.

anfeind|en ['\~faındən] be hostile to; **'2ung** *f* persecution (*gen.* of), hostility (*gen.* to).

'anfertig|en make, manufacture; **'2ung** *f* making, manufacture.

'an|feuchten moisten, wet, damp; **'\~feuern** fire (*a. fig.*); *fig.* ginger up; *Sport*: cheer (on); **'\~flehen** implore; **'\~flicken** patch on (*an acc.* to); **'\~fliegen** *v/t. Ziel*: ✈ approach, head for, (*landen*) land at; *angeflogen kommen* come flying.

'Anflug *m* approach (flight); *fig.* touch, tinge; \~ *von Bart* down.

'anforder|n demand, claim; call for; ⚔ requisition; **'2ung** *f* demand, claim; ⚔ requisition; *allen \~en genügen* meet all requirements, *Am.* fill the bill; *den \~en nicht genügen* not to be up to standard; *hohe \~en stellen* be very exacting.

'Anfrage *f* inquiry; *parl.* interpellation; **'2n** *v/i.* ask (*bei j-m* a p.); inquire (*nach* for; *bei j-m nach et.* of a p. about a th.).

'an|fressen gnaw; *Metall*: corrode; **\~freunden** ['\~frɔʏndən]: *sich \~* become friends; *sich \~ mit* make friends with; **'\~frieren** (sn) freeze on (*an acc.* to); **'\~fügen** join, attach, add, annex (*an acc.* to); **'\~fühlen** feel, touch; *sich \~* feel.

Anfuhr ['\~fu:r] *f* (16) conveyance, carriage; (*Zufuhr*) supply.

'anführ|en lead; ⚔ *Truppe*: command; (*erwähnen*) mention, state; *einzeln*: specify; *Gründe*: put forward; *Worte, Beispiele*: quote, cite; (*täuschen*) dupe, fool; *zur Entschuldigung \~* plead (in excuse); **'2er(in** *f*) *m* leader; (*Rädelsführer*) ringleader.

'Anführung *f s. anführen*: lead(ership); allegation; quotation; **'\~szeichen** *n* quotation mark, inverted comma.

'anfüllen fill (up).

'Angabe *f* declaration, statement; (*Anweisung*) instruction; (*Auskunft*) information, *pl. a.* data *pl.*; (\~ *v. Einzelheiten*) specification; F (*Prahlerei*) showing off; *bewußt falsche \~* misrepresentation; *besondere \~n* particular items; *genauere* (*od. nähere*) *\~n* particulars.

'angaffen gape at.

angängig ['\~gɛŋiç] possible.

'angeben *v/t. Namen, Grund, Tatsachen*: give; *bestimmt*: state; *im einzelnen*: specify; (*erklären*), *engS. Zollware*: declare; (*vorbringen, behaupten*) allege (*daß* that); (*anzeigen*) denounce, inform against; (*vorgeben*) pretend; ✝ *Preis*: quote; *s. Tempo, Ton*; *zu gering \~* understate; *zu hoch \~* overstate; *v/i. Kartenspiel*: deal first; *Tennis*: serve; F (*prahlen*) show off, brag (*mit* with).

'Angeber|(in *f*) *m* informer; F (*Prahler*) show-off; **\~ei** [\~'raı] *f* denunciation; F (*Prahlerei*) *s. Angabe*; **'2isch** F boastful; showy.

'Angebinde *n* gift, present.

angeblich ['\~ge:pliç] *adj.* pretended, alleged, ostensible; *adv.* pretendedly *usw.*; \~ *ist er ...* he is said (*od.* reputed) to be ...

'angeboren innate, inborn; ⚕ congenital.

'Angebot *n* offer; *Auktion*: bid; ✝ (*Ggs. Nachfrage*) supply; (*Lieferungs-, Preis-, Zahlungs2*) tender, *Am.* bid.

angebracht ['\~gəbraxt] advisable; *gut \~* appropriate, opportune; *schlecht \~* inopportune, out of place.

'angedeihen: *j-m et. \~ lassen* bestow upon a p., grant to a p.

angegossen ['\~gəgɔsən]: *wie \~ sitzen* fit like a glove.

angeheiratet ['\~gəhaıra:tət]: *\~er Vetter* cousin by marriage.

angeheitert ['\~gəhaıtərt] slightly tipsy, mellow, *Am.* F happy.

'angehen *v/i.* (sn) begin; ⚘ begin to take root; (*leidlich sein*) be tolerable; (*zulässig sein*) be admissible; (*schlecht werden*) spoil; *angegangen Fleisch*: tainted; *das geht (nicht) an* that will (not) do; *v/t. ein Unternehmen, e-n Gegner*: tackle; *fig. j-n \~* (*betreffen*) concern; *das geht dich nichts an* that is no business of yours; *j-n um et. \~* apply to (*od.* solicit) a p. for; **'\~d** (*werdend*) budding, would-be, future.

'angehör|en (*dat.*) belong to; *als Mitglied*: *a.* be member of; **'\~ig** (*dat.*) belonging to; **'2ige** *m, f* (*Mitglied*) member; (*Unterhaltsberech-*

tigter) dependant; s-e '**2igen** *pl.* his relations, his people, F his folks; *die nächsten* ~ the next of kin.

Angeklagte ['~gəklaːktə] *m, f* defendant.

Angel ['aŋəl] *f* (*Tür*2) hinge; *s. Angelgerät, -rute.*

Angeld ['angɛlt] *n* earnest-money.

'**angelegen:** *sich et.* ~ *sein lassen* make a th. one's business; *es sich* ~ *sein lassen, zu inf.* make a point of *ger.*; '**2heit** *f* business, concern, affair, matter; '**~tlich** urgent.

'**Angel|gerät** *n* fishing-gear *od.* -tackle; '**~haken** *m* fish(ing)-hook; '**2n** (29) (*a. fig.*) angle, fish (*nach* for).

'**Angel|punkt** *m* pivot; *fig.* crucial point; '**~rute** *f* fishing-rod; '**~sachse** *m*, '**2sächsisch** Anglo--Saxon; '**~schnur** *f* fishing-line.

'**angemessen** suitable, appropriate (*dat.* to); (*annehmbar*) reasonable, fair; (*ausreichend*) adequate; '**2heit** *f* suitableness; reasonableness; adequacy.

'**angenehm** pleasant, agreeable; (*behaglich*) comfortable; (*willkommen*) welcome (*alle*: *dat.* to).

'**angenommen** *s. annehmen.*

Anger ['aŋər] *m* (7) meadow; (*Dorf*2) common, (village) green.

ange|regt ['~gəreːkt] animated; '**~schlagen** *Boxen*: groggy; *Geschirr*: chipped; **2schuldigte** ['~ʃuldiçtə] ⚖ *m, f* accused; '**~sehen** respected; esteemed; (*ausgezeichnet*) distinguished; '**~säuselt** F *s. angeheitert.*

'**Angesicht** *n* face; *von* ~ by sight; *von* ~ *zu* ~ face to face; '**2s** (*gen.*) in the presence of, (*a. fig.*) in view of; *fig.* considering.

ange|stammt ['~gəʃtamt] hereditary; innate; **2stellte** ['~ʃtɛltə] *m, f* (salaried) employee; *die* ~*n* the staff; '**~strengt** strained, intense; ~ *arbeiten* (*nachdenken*) work (think) hard; **~tan** ['~taːn]: ~ (*gekleidet*) *mit* attired in; *danach* ~, *zu* apt to; ~ *von* pleased with; **~trunken** ['~truŋkən] tipsy; **~wandt** ['~vant] *Kunst, Wissenschaft*: applied; **~wiesen** ['~viːzən]: ~ *sein auf* ... be dependent (*od.* be thrown *od.* depend) (up)on; '**~wöhnen** accustom (*j-m* et. a p. to a th.); *sich das Rauchen usw.* ~ get into the habit of smoking *etc.*, take to smoking *etc.*; '**2wohnheit** *f* habit, custom; **~wurzelt** ['~vurtsəlt]: *wie* ~ *dastehen* stand rooted to the ground.

'**angleich|en** (*a. sich*) assimilate, adjust (*dat.* to); '**2ung** *f* assimilation; adjustment.

Angler ['aŋlər] *m* (7) angler.

'**anglieder|n** (*annektieren*) annex; (*aufnehmen*) affiliate; '**2ung** *f* annexion; affiliation.

Anglist [aŋ'glist] *m* (12) professor (*od.* student) of English, Anglicist.

Anglizismus [aŋgli'zismus] *m* (16[2]) Anglicism, *Am.* Briticism.

Anglo... ['aŋglo-] Anglo-...

anglotzen ['anglɔtsən] goggle at.

Angorawolle [aŋ'goːra-] angora wool, mohair.

angreif|bar ['an-] assailable; *fig.* vulnerable; '**~en** (*anfassen*) handle; *Kapital, Vorräte*: draw on, break into; *Aufgabe*: set about, approach, tackle; *feindlich*: assail, attack, charge; ⚕ *j-n, den Körper*: weaken, affect; ⚗ corrode; *Augen, Nerven*: try, strain; *sich rauh* ~ feel rough; *angegriffen aussehen* look poorly; '**~end** aggressive, offensive; *körperlich*: trying; '**2er(in** *f*) *m* aggressor (*a. pol.*).

'**angrenzen** border, abut (*an acc.* on, upon); '**~d** adjacent, adjoining (*an acc.* to).

'**Angriff** *m* attack (*a. Sport u. fig.*); charge, assault (*auf acc.* on); *in* ~ *nehmen* start on, tackle; *zum* ~ *übergehen* take the offensive; '**~skrieg** *m* offensive war; '**2slustig** aggressive; '**~s-punkt** *m* point of attack; ⊕ working point; '**~swaffe** *f* offensive weapon.

'**angrinsen** grin at.

Angst [aŋst] *f* (14[1]) anxiety, fear; (*Schreck*) fright; (*große* ~) dread, terror; ~ *haben s.* (*sich*) *ängstigen*; *mir ist* 2 I am afraid (*vor dat.* of); 2 *und bange* terribly frightened; *j-m* 2 *machen, j-n in* ~ *versetzen* alarm *od.* scare a p.; '**~hase** *m* coward, *sl.* chicken.

ängstigen ['ɛŋstigən] (25) alarm; *sich* ~ be afraid *od.* in fear (*vor dat.* of); be alarmed (*um* about).

'**Angstkäufe** *m/pl.* panic buying.

ängstlich ['ɛŋstliç] anxious, nervous; (*besorgt*) uneasy; (*schüchtern*) timid; (*sorgfältig*) scrupulous; '2-**keit** *f* anxiety, nervousness; timidity; scrupulousness.

'**Angst|neurose** *f* anxiety neurosis; '**~röhre** F *f* stove-pipe hat; '**~schweiß** *m* cold sweat; '**2voll** anxious, fearful; '**~zustände** *m/pl.* state of anxiety, *Am. sl.* jitters.

angucken ['an-] look (*od.* peep) at.

'**anhaben** *Kleid*: have on; *sie konnten ihm nichts ~* they could find (*od.* do) nothing against him, they could do him no harm.

'**anhaften** stick, adhere (*dat.* to).

'**anhaken** hook on; *in e-r Liste*: tick off.

'**Anhalt** *m* (*Stütze*) hold, support; *s. ~spunkt*; '**2en** *v/t.* stop; (*hindern*) check; *polizeilich*: arrest, seize; *den Atem ~* hold (*od.* bate) one's breath; *j-n ~ zu et.* keep a p. to a th.; *v/i.* (*andauern*) continue, last; (*stillstehen*) stop, halt; *~ um ein Mädchen* propose to; '**2end** continuous, sustained, lasting; (*beharrlich*) persistant; *~er Fleiß* assiduity; '**~spunkt** *m* clue, *Am. a.* lead.

'**Anhang** *m* appendage; (*Buch usw.*) appendix, supplement; (*Nachtrag*) annex; (*Angehörige*) dependants *pl.*, family; (*Gefolgschaft*) adherents *pl.*, following; '**2en** (*dat.*) adhere (*od.* cling) to.

'**anhäng|en** *v/t.* hang on; (*hinzufügen*) append, affix, add (*an acc.* to); *sich ~* hang on, cling (*an acc.* to); *fig. j-m et. ~* implicate a p.; *v/i. s. anhangen*; **2er** ['~hɛŋər] *m* (7) adherent, follower (*a.* **2in** *f*); (*Schmuck*) pendant; *am Koffer usw.*: label, tag; (*~wagen*) trailer; '**2erschaft** *f* following; '**~ig:** ⚖ *~ sein* be pending; *e-n Prozeß gegen j-n ~ machen* bring an action against; '**~lich** attached (*an acc.* to); affectionate; devoted; '**2lichkeit** *f* attachment (*an acc.* to); '**2sel** *n* (7) appendage; (*Etikett*) tag.

'**anhauchen** breathe on; *die Finger*: blow; F (*rüffeln*) blow *a p.* up.

'**anhäuf|en** heap up; (*a. sich*) accumulate; '**2ung** *f* accumulation; *phys.* aggregation.

'**anheben** *v/t.* lift (up); *fig.* (*a. v/i.*) begin.

'**anheften** fasten, affix (*an acc.* to); (*annähen*) tack, baste, stitch (*an acc.* to); *mit Reißzwecken*: tack on.

'**anheilen** (sn) heal on *od.* up.

anheimeln ['~haɪməln] (29) remind *a p.* of home; '**~d** homelike, hom(e)y, friendly, cosy.

an'heim|fallen (sn): *j-m ~* fall to, devolve on; **~geben**, **~stellen:** *j-m et. ~* leave to a p.('s discretion); *dem Urteil j-s*: submit to.

anheischig ['~haɪʃiç]: *sich ~ machen* offer, volunteer.

Anhieb ['~hi:p] *m*: F *auf ~* at the first go; *sagen können*: off the cuff.

'**anhimmeln** (29) *v/t.* idolize.

'**Anhöhe** *f* rise, hill, elevation.

'**anhören** listen to, hear; *sich schlecht ~* sound badly; *man hört ihm den Ausländer an* one can tell by his accent that he is a foreigner.

Anilin [ani'li:n] *n* (3, *o. pl.*) anilin(e); **~farbe** *f* anilin(e) dye.

anim|alisch [ani'ma:liʃ] animal; **~ieren** [~'mi:rən] incite, encourage, stimulate; **2osität** [~mozi'tɛ:t] *f* animosity.

Anis ⚘ [a'ni:s] *m* (4) anise.

'**ankämpfen:** *~ gegen* struggle *od.* battle against, combat.

'**Ankauf** *m* buying, purchase; '**2en** buy, purchase; *sich ~* settle.

Anker ['aŋkər] *m* (7) ⚓ *u.* ⊕ anchor; ⚡ armature; *vor ~ gehen* cast *od.* drop anchor; *den ~ lichten* weigh anchor; *vor ~ liegen* ride at anchor; '**~boje** *f* anchor buoy; '**~grund** *m* anchorage; '**~kette** *f* chain cable; '**2n** (29) anchor; '**~platz** *m* berth; '**~tau** *n* cable; '**~-uhr** *f* lever watch; '**~wicklung** ⚡ *f* armature winding; '**~winde** *f* capstan.

'**anketten** chain (*an acc.* to).

'**Anklage** *f* accusation, charge; ⚖ *a.* indictment (*wegen* for); *wegen Amtsvergehens*: impeachment; *s. erheben*; *unter ~ stehen* be on trial (*wegen* for); '**~bank** *f*: *auf der ~* in the dock; '**2n** accuse (*wegen* of), charge (with); impeach (of, for); indict (for).

'**Ankläger(in** *f*) *m* accuser; *s. Kläger*; *öffentlicher ~* public prosecutor, *Am. a.* district attorney.

'**Anklage|schrift** *f* (bill of) indictment; '**~vertreter** *m* counsel for the prosecution.

'**anklammern** ⊕ clamp (*an acc.* to); *mit Büroklammer*: clip on; *sich ~* cling (*an acc.* to).

'**Anklang** *m*: *~ an* (*acc.*) reminiscence (*od.* suggestion) of; ~ *finden* meet approval *od.* a favo(u)rable response, catch on; ~ *finden bei* appeal to; *keinen* ~ *finden* fall flat, *sl.* (be a) flop.

'**ankleben** *v/t.* stick on; *mit Leim*: glue on; *mit Kleister*: paste (on); *mit Gummi*: gum on (*alle*: *an acc.* to); *v/i.* (sn) stick (*an dat.* to).

'**ankleiden** (*a. sich*) dress.

'**an|klingeln** *teleph. j-n*: ring up, give *a p.* a ring; '**~klingen:** ~ *an* (*acc.*) be suggestive of; ~ *lassen* call up; '**~klopfen** knock (*an acc.* at); '**~knipsen** ⚡ switch on.

'**anknüpf|en** *v/t.* tie (*an acc.* to); *fig.* begin, enter into; *Beziehungen*: establish; *wieder* ~ resume; *v/i.* (*an acc.*) link up (with), continue; *Sprecher*: refer to; '**≈ungs-punkt** *m* point of contact, starting-point.

'**ankommen** *v/i.* (sn) arrive; ~ *bei e-r Firma* get a job at; *fig.* ~ (*bei j-m*) (*verstanden werden*) go down (with), (*Erfolg haben*) make a hit (with); ~ *auf* (*acc.*) depend (up)on; *bei j-m gut* (*schlecht*) ~ be well (ill) received by; *es darauf* ~ *lassen* run the risk, take a (*od.* one's) chance; *darauf kommt es an* that is the point; *es kommt* (*ganz*) *darauf an* it (all) depends; *es kommt nicht darauf an* it is (a matter) of no consequence; *es kommt mir viel darauf an* it is very important to me; *es kommt darauf an, ob* the question is whether; *es kommt mir darauf an, zu inf. od. daß* I am concerned to *inf. od.* that; *es kommt mir nicht auf ... an* I don't mind ...; *v/t.* befall; *es kommt mich hart an* it is hard on me; *es kam mich* (*mir*) *die Lust an, zu ...* I felt like *ger.*

Ankömmling ['~kœmliŋ] *m* (3[1]) newcomer, arrival.

'**ankoppeln** couple (*an acc.* to).

ankreiden ['~kraɪdən] (26) chalk up (*j-m* against a p.).

'**ankreuzen** tick *od.* check off.

'**ankündig|en** announce; *fig.* herald; '**≈ung** *f* announcement.

Ankunft ['~kunft] *f* (14[1]) arrival.

'**ankurbeln** *mot.* crank up; *fig.* stimulate, *sl.* pep up; *Produktion usw.*: step up.

'**anlächeln,** '**anlachen** smile at.

'**Anlage** *f* (*Anlegen*) *e-s Gartens usw.*: laying-out; (*Bau*) construction; (*Einbau, Einrichtung*) installation; (*Anordnung*) plan, arrangement, layout; (*Fabrik≈*) plant, works *pl. u. sg.*; (*Betriebs≈*) equipment, facility; (*Maschinen≈ usw.*) plant, unit; system; (*Garten≈*) pleasure-ground, park; (*Fähigkeit*) talent, ability; (*Natur≈*) tendency, bent, *a.* ⚕ (pre)disposition; (*Kapital≈*) investment; (*zu e-m Schreiben*) enclosure; *öffentliche* ~*n pl.* public gardens *pl.*; *im Brief*: *in der* ~ enclosed; '**~kapital** *n* invested capital; '**~papiere** *n/pl.* investment securities.

'**anlangen** *v/i.* (sn) arrive; *v/t.* concern, regard; *was ... anlangt* as to (*od.* for) ...

Anlaß ['~las] *m* (4[2]) occasion; (*Grund*) reason (*zu* for); (*Ursache*) cause (of); *aus* ~ *gen. s. anläßlich*; *bei diesem* ~ on this occasion; *ohne allen* ~ for no reason at all; *dem* ~ *entsprechend* to fit the occasion; ~ *geben zu et.* give rise to; *j-m* ~ *geben zu* give a p. reason for; *et. zum* ~ *nehmen, zu inf.* take occasion to *inf.*; *allen* ~ *haben zu* have every reason for.

'**anlass|en** *Kleid usw.*: keep on; ⊕ start; *Wasser usw.*: turn on; *Stahl*: temper; *j-n hart* ~ rebuke sharply; *sich gut* ~ promise well; '**≈er** ⊕ *m* (7) starter.

anläßlich ['~lɛsliç] (*gen.*) on the occasion of.

'**Anlauf** *m* start, run; ✈ *beim Start*: take-off run; *fig. e-n* ~ *nehmen* take a run; '**≈en** *v/i.* (sn) *Sport*: run up; (*beginnen*) start; *Film*: open; (*in Schwung kommen*) get underway; (*anwachsen*) run up, accumulate; (*sich trüben*) *Metall*: tarnish, *Glas*: (get) dim; ~ *lassen* start; *angelaufen kommen* come running (up); *rot* ~ turn red; *v/t. s. anrennen*; ⚓ *Hafen*: call at.

'**Anlaut** *m* initial sound; '**≈en:** ~ *mit* begin with.

'**anläuten** *s. anklingeln.*

'**anleg|en** *v/t.* (*an acc.*) put against, to; *Feuerung*: put on; *Garten, Straße usw.*: lay out; (*planen*) design, plan; (*bauen*) construct, set up; (*einrichten*) instal(l); *Geld*: invest; *Konto*: open; *Gewehr*: level (*auf acc.* at); *Hund*: tie up; *Kleid, Schmuck usw.*: put on; *typ.* feed; *Maßstab, Verband*: apply (*an acc.* to); *Vorrat*: lay in; *sich* ~ lean (*an* *acc.* against); *Feuer* ~ *an* (*acc.*) *od. in* (*dat.*) set fire to; *Hand* ~ (*helfen*) lend hands; es ~ *auf* (*acc.*) aim at, make *it* one's object; *darauf angelegt sein zu inf.* be calculated to; *v/i. Schütze*: (take) aim (*auf acc.* at); ⚓ land; '**2estelle** ⚓ *f* landing-place; (*Hafendamm*) pier; '**2ung** *f* laying out; setting up; foundation; ☤ investment; application.

'**anlehnen** (*a. sich*) lean (*an acc.* against); *Tür*: leave ajar; *fig. sich* ~ *an* (*acc.*) take pattern from.

Anleihe ['~laɪə] *f* (15) loan; *s. aufnehmen*; *eine* ~ *bei j-m machen* borrow money of a p., *fig.* borrow from a p.

'**anleimen** glue on (*an acc.* to).

'**anleit|en** guide (*zu* to); (*lehren*) instruct (in); '**2ung** *f* guidance; instruction; *s. a. Leitfaden.*

'**anlern|en** teach, train, break in; '**2ling** *m* trainee.

'**anliefern** deliver.

'**anlieg|en 1.** *s. angrenzen*; *Kleid*: fit well, cling; **2.** 2 *n* (6) request; *fig.* concern; '**2end** adjacent; *Kleid*: tight-fitting; *im Brief*: enclosed; '**2er** *m* abutter; *mot.* local resident.

'**anlocken** allure, entice, attract.

'**anlöten** solder (*an acc.* to).

'**anlügen:** *j-n* ~ tell a p. a lie.

'**anmachen** fasten, fix, attach (*an acc.* to); *Feuer*: make, light; *Licht*: switch on; (*mischen*) mix; *Kalk, Farbe*: temper; *Salat*: dress.

'**anmalen** paint.

'**Anmarsch** *m*, '**2ieren** (sn) approach.

anmaß|en ['~ma:sən] (27): *sich et.* ~ usurp, presume; *sich* ~ *zu tun* pretend to, have the impudence to; '**~end** arrogant; '**2ung** *f* arrogance, presumption.

'**anmeld|en** announce, *a. polizeilich*: notify, report (*bei* to); *sich* ~: *beim Arzt usw.* make an appointment with, *zur Teilnahme* book for, *Schüler usw.*: enrol(l) for, *Sport*: enter for; *sich* ~ *lassen als Besucher* have o.s. announced; *s. Patent*; '**~epflichtig** notifiable; '**2eschein** *m* entry-form; '**2ung** *f* announcement, notification, report; booking; enrol(l)ment; entry.

'**anmerk|en** (*anstreichen*) mark; (*aufschreiben*) note down; *j-m et.* ~ observe (*od.* notice) a th. in a p.; *sich et. nicht* ~ *lassen* not to betray a th.; *laß dir nichts* ~! F don't let on!; '**2ung** *f* comment, remark; *schriftlich*: note; *erklärend*: annotation; *Text mit* ~*en versehen* annotate.

'**anmessen:** *j-m et.* ~ measure a p. for; *s. angemessen.*

'**Anmut** *f* (16, *o. pl.*) grace, charm, sweetness; '**2ig** graceful, charming, lovely; *Gegend*: pleasant.

'**annageln** nail on (*an acc.* to).

'**annähen** sew on (*an acc.* to).

annähernd ['~nɛ:ərnt] approximate, *adv. a.* (*nicht* ~ not) nearly.

'**Annäherung** *f* approach; *pol.* rapprochement (*fr.*); *fig.* approximation; '**~sversuche** *m/pl.* approaches *pl.*; *amourös*: advances.

Annahme ['~na:mə] *f* (15) acceptance; *e-s Kindes, a. e-s Antrags, e-s Plans*: adoption; *e-s Gesetzes*: passing, *bsd. Am.* passage; (*~stelle*) receiving office; (*Vermutung*) assumption, supposition; *ich habe Grund zu der* ~ I have reasons to believe; *in der* ~, *daß* on the supposition that; '**~verweigerung** *f* non-acceptance.

Annalen [a'na:lən] *f/pl.* annals.

'**annehm|bar** acceptable; *Preis usw.*: reasonable; (*leidlich*) passable; '**~en** accept, take; (*vermuten*) assume, suppose, think, *Am.* guess; *Glauben, Meinung*: embrace; *Gestalt*: assume; *Farbe*: take (on); *Bedienten*: engage; *Schüler usw.*: admit; *Wechsel*: accept; *Gewohnheit*: contract; *Antrag, Kind, Haltung, Meinung*: adopt; *Gesetz*: pass; *sich j-s od. e-r S.* ~ take care of; *angenommen, es wäre so* supposing (*od.* suppose) it were so; '**2lichkeit** *f* amenity, agreeableness; ~*en pl. des Lebens* comforts *pl.* of life.

anne|ktieren [anɛk'ti:rən] annex; **2xion** [~'ksjo:n] *f* annexation.

Anno ['ano] in the year; ~ *dazumal* in the olden times.

Annon|ce [a'nõsə] *f* (15) advertisement, F ad; 2'**cieren** advertise.

annullier|en [anu'li:rən] annul; ☤ *Auftrag*: cancel; **2ung** *f* annulment.

Anode ⚡ [a'no:də] *f* (15) anode; [**~n...** anode ...]

anomal ['anoma:l] anomalous.

anonym [ano'ny:m] anonymous; **2ität** [~nymi'tɛ:t] *f* anonymity.

Anorak ['~rak] *m* (11) anorak, parka.
'**an-ordn|en** arrange; *fig.* order, direct; '**2ung** *f* arrangement; *fig.* direction, order; *auf ~ von* by order of; *~en treffen* make dispositions.
'**an-organisch** inorganic.
'**anpacken** *s. anfassen.*
'**anpass|en** fit, adapt (*a. geistig*), *e-r Norm, e-m Zweck*: adjust (*alle*: *dat.* to); *s. anprobieren*; *sich ~* (*dat.*) adapt o.s. to; adjust to; '**2ung** *f* adaptation; adjustment.
'**anpassungsfähig** adaptable (*an acc.* to); '**2keit** *f* adaptability.
'**anpeilen** take the bearings of, locate.
'**anpflanz|en** plant, cultivate; '**2ung** *f* planting; *konkret*: plantation.
'**anpöbeln** molest, mob.
Anprall ['~pral] *m* (3[1]) impact, (*a.* ⚔) shock; '**2en** (sn) bound, strike (*an acc.* against).
anprangern ['~praŋərn] (29) pillory, denounce, brand.
'**anpreis|en** (*empfehlen*) (re)commend; (*loben*) praise; *durch Reklame*: boost, *Am. a.* push; '**2ung** *f* praising; boosting.
'**Anprob|e** *f* try-on, fitting; '**2ieren** try (*od.* fit) on.
'**anpumpen** F: *j-n ~ um* touch a p. for.
'**anraten** advise; (*empfehlen*) recommend; 2 *n*: *auf sein ~* at his suggestion *od.* advice.
'**anrechn|en** charge; (*gutschreiben*) credit; (*abziehen*) deduct; *j-m zuviel ~* overcharge a p.; *fig. j-m et. hoch ~* think highly of a p. for a th.; *j-m et. in* '**2ung** (*f*) *bringen* put a th. to a p.'s account.
'**Anrecht** *n* right, title, claim (*auf acc.* to).
'**Anrede** *f* address; *im Brief*: salutation; '**2n** address, speak to.
'**anreg|en** (*berühren*) touch; *geistig, a. physiol.*: stimulate; (*vorschlagen*) suggest; *j-n zu e-m Werk usw. ~* give a p. the idea of; *s. angeregt*; '**~end** stimulating; '**2ung** *f* stimulation; (*Vorschlag*) suggestion; '**2ungsmittel** *n* stimulant.
anreicher|n ['~raɪçərn] (29) enrich; (*sättigen*) concentrate; '**2ung** *f* enrichment; concentration.
'**anreihen** join; *sich ~* (*dat.*) join, rank with; (*sich anstellen*) queue (*Am.* line) up.
'**Anreiz** *m* incentive, stimulus, inducement; '**2en** incite, stimulate; (*verlocken*) induce.
anrempeln ['~rɛmpəln] (29) jostle (*od.* bump) against.
'**anrennen** *v/t. u. v/i.* (sn): *~ gegen* run against; ⚔ assault; *angerannt kommen* come running (up).
'**anrichte|n** *Speisen*: prepare, dish, dress, serve; *Unheil usw.*: cause, do; *es ist angerichtet* dinner *etc.* is served; '**2(tisch** *m*) *f* (15) sideboard.
anrüchig ['~ryçıç] disreputable.
'**anrücken** (sn) approach.
'**Anruf** *m* call (*a. teleph.*); '**2en** call (*zum Zeugen* to witness); *teleph.* call (up); *Schiff, Taxi*: hail; ⚔ *v. Posten*: challenge; *Gott usw.*: invoke; *j-s Hilfe,* ⚖ *höhere Instanz*: appeal to; '**~ung** *f* invocation; ⚖ *usw.* appeal (*gen.* to).
'**anrühren** touch; *Brei usw.*: mix.
'**Ansag|e** *f* (15) announcement; '**2en** announce (*a. Radio*); *sein Spiel*: call; *Trumpf ~* declare trumps; *s. Kampf*; '**~er(in** *f*) *m* (7) announcer (*a. Radio*); *s. a. Conférencier.*
'**ansamm|eln** (*a. sich*) collect; gather, assemble (*a. Personen*); (*anhäufen*) accumulate, amass; *Truppen*: concentrate; '**2lung** *f* gathering; accumulation; assembly; concentration.
ansässig ['~zɛsıç] resident (*in dat.* at *od.* in); *sich ~ machen* settle down; **2e** ['~gə] *m, f* resident.
'**Ansatz** *m an e-m Blasinstrument*: embouchure; ⊕ *s. ~stück*; (*Anfang, Anlauf*) start; *in e-r Rechnung*: rate, charge; ⚗ statement; (*Voranschlag*) estimate; (*Anlage*) disposition; *biol.* rudiment; *geol.* deposit; '**~punkt** *m* starting point; '**~stück** ⊕ *n* extension.
'**ansaugen** suck in.
'**anschaff|en** procure, provide; (*kaufen*) buy, purchase (*a. sich et. ~*); '**2ung** *f* procuring, buying *usw.*; purchase; acquisition; '**2ungskosten** *pl.* prime (*od.* purchase) cost; '**2ungspreis** *m* cost price; '**2ungswert** *m* cost value.
'**anschalten** *Licht, Radio*: switch on; ⚡ *mit Draht*: connect.
'**anschau|en** look at, view; '**~lich** graphic(ally *adv.*), clear, vivid.
'**Anschauung** *f* view, opinion; (*Einstellung*) approach, point of

view; (*Vorstellung*) conception, idea; '**~smaterial** *n* illustrative material; (*Ton- u. Bildapparate*) audio-visual aids *pl.*; '**~s-unterricht** *m* visual instruction, object-teaching; *fig.* object-lesson; '**~sweise** *f* point of view.

'**Anschein** *m* appearance; *allem ~ nach* to all appearances; *den ~ erwecken* give the impression; *sich den ~ geben* pretend, make believe; *den ~ haben* seem; '**2end** apparent, seeming.

'**anschicken:** *sich ~* (*zu*) prepare (for); set about doing *a th.*; *gerade*: be going to.

'**anschießen** wound, shoot, *bsd. Vogel*: wing; *Gewehr*: test, try.

anschirren ['~ʃirən] (25) harness.

'**Anschlag** *m* stroke; (*Schätzung*) estimate; (*Berechnung*) calculation; (*Komplott*) plot; (*Attentat*) attempt; ♪, *a. Schwimmen*: touch; ⚔ *des Gewehrs*: aiming (*od.* firing) position; ⊕ stop, detent; *s. ~zettel*; *in ~ bringen* take into account; *Gewehr im ~ halten* level (*auf acc.* at); *e-n ~ verüben auf* (*acc.*) make an attempt on; '**~brett** *n* notice-board, *Am.* bulletin board, billboard; '**2en** *v/t.* strike (*an acc.* at, against); (*befestigen*) fasten, affix (*an* on); *Plakat*: post up, put up; (*schätzen*) estimate (*hoch* highly), rate; ♪ touch, strike; *Gewehr*: level (*auf acc.* at); *Faß Bier usw.*: tap; *zu hoch ~* overestimate; *zu niedrig ~* underrate; *e-n andern Ton ~* change one's tune; *s. angeschlagen*; *v/i. Glocke*: ring; (*bellen*) give tongue; *Schwimmer*: touch; (*wirken*) take (effect); *Essen*: agree (*bei j-m* with); (*zielen*) take aim (*auf acc.* at); (sn) *mit dem Kopf an die Wand ~* strike one's head against; '**~säule** *f* advertisement (*Am.* advertising) pillar; '**~zettel** *m* bill, placard, poster.

'**anschließen** *v/t.* fix with a lock; (*anketten*) chain; (*anfügen*) add, join, attach, annex; ⊕ join (*an acc.* to), link up (with); ⚡ connect (to), *mit Stecker*: plug in; *sich ~*: *j-m, j-s Bitte, e-r Gesellschaft usw.*: join, *e-r Meinung*: subscribe to, *e-m Beispiel*: follow; *sich ~ an* (*acc.*) *Sache*: follow; *v/i. Kleid*: fit close; '**~d** subsequent(ly *adv.*; *an acc.* to).

'**Anschluß** *m* joining; 🚂, ⚡, *teleph.* connection; (*Gas- usw. 2*) supply; *~ an e-n Zug haben* meet a train, have a connection with a train; *im ~ an* (*acc.*) following; *teleph. ~ bekommen* get through; *fig. ~ finden* (*suchen*) meet (seek) company; *den ~ verpassen* (*a. fig.*) miss one's connection, *fig. sl.* miss the bus; '**~dose** ⚡ *f* junction box; '**~klemme** ⚡ *f* terminal; '**~rohr** *n* service-pipe; '**~schnur** ⚡ *f* flex(ible cord); '**~station** 🚂 *f* junction; '**~zug** 🚂 *m* corresponding train.

'**an|schmiegen** (25): *sich ~ an* (*acc.*) nestle against; *Kleid*: cling to; '**~schmieren** (be)smear, daub; grease; F (*betrügen*) cheat; '**~schnallen** (25) buckle on; ✈, *mot. sich ~* fasten one's seat belts.

'**anschnauzen** F (27) blow up, snap at, *Am.* bawl out.

'**an|schneiden** cut (from); *Thema*: broach; '**2schnitt** *m* first cut *od.* slice; '**~schrauben** screw on (*an acc.* to); '**~schreiben 1.** write down; ⚕ *j-n*: write to; *Stand e-s Spiels*: score (*a. v/i.*; h.); *Schuld*: charge; *j-m et. ~* put to a p.'s account; *et. ~ lassen* buy on credit; *bei j-m gut* (*schlecht*) *angeschrieben sein* be in a p.'s good (bad) books; **2.** 2 *n* cover note; '**~schreien** shout at; '**2schrift** *f* address.

anschuldig|en ['~ʃuldigən] (25) accuse, incriminate; '**2ung** *f* accusation, incrimination.

'**anschwärzen** *fig.* blacken, calumnicate, F sneak against.

'**anschweißen** ⊕ weld on.

'**anschwell|en** *v/i.* (sn) swell; (*zunehmen*) increase, rise; '**2ung** *f* swelling.

'**anschwemmen** wash ashore; [*Land*: deposit.]

'**ansegeln** *Hafen*: make for; *angesegelt kommen* come up (sailing).

'**ansehen 1.** look at; *s. scharf, scheel*; *sich et. ~* take (*od.* have) a look at; (*besichtigen*) view; (*beobachten*) watch; *fig. ~ für od. als* regard as, consider, *fälschlich*: take for; *et. mit ~* witness, (*ertragen*) bear; *j-m et. ~* read a th. in a p.'s face; *man sieht ihm sein Alter nicht an* he does not look his age; **2.** 2 *n* (6) (*Anschein*) appearance, aspect; (*Geltung*) authority, prestige, standing; (*Achtung*) esteem, reputation; *sich ein ~ geben* put on airs; *j-n von ~*

kennen know a p. by sight; *ohne* ~ *der Person* without respect of persons.
ansehnlich ['~zeːnliç] considerable; *Person*: fine-looking.
anseilen *mount.* ['~zaɪlən] rope.
'**ansengen** singe.
'**ansetz|en** *v/t.* (*an acc.*) put on (to), apply (to); *Glas, Flöte usw.*: put to one's lips; (*anstücken*) add (to); *Frist*: appoint, fix; (*abschätzen*) rate, assess; *Preis*: fix, quote; (*berechnen*) charge; (*entwickeln*) produce; *Blätter usw.*: put forth; *Fleisch* (*am Körper*), *Speise* (*zum Kochen*), *a. thea. Stück*: put on; *Essig, Likör usw.*: prepare; *Rost*: gather; *die Feder* ~ set pen to the paper; *v/i.* (*versuchen*) try; (*Fett* ~) grow fat; *zu et.* ~ prepare for *od.* to *do*; *zum Sprung* ~ get ready for the jump; '**2ung** *f e-s Preises*: quotation; *e-s Termins*: appointment.
'**Ansicht** *f* sight, view; *fig.* view, opinion; *meiner* ~ *nach* in my opinion; ✝ *zur* ~ on approval; *der* ~ *sein, daß* be of opinion that; *zu der* ~ *kommen, daß* decide that; *ich bin anderer* ~ I beg to differ; '**2ig:** *j-s* ~ *werden* catch sight of; '**~s(post)-karte** *f* picture postcard; '**~ssache** *f* matter of opinion.
'**ansied|eln** (29) (*a. sich*) settle, colonize; *fig.* place; '**2ler** *m* settler; '**2lung** *f* settlement.
'**Ansinnen** *n* (6) request, demand.
'**anspann|en** stretch; *Muskeln*: flex; *Pferd*: harness; *fig.* tense (*a. sich*); (*anstrengen*) strain; '**2ung** *fig. f* strain.
'**anspeien** spit (up)on *od.* at.
'**anspiel|en** *v/i.* play first, lead; *Sport*: lead off; *Fußball*: kick off; ~ *auf* (*acc.*) allude to, hint at; *v/t. Karte*: lead; *Fußball*: *j-n* ~ pass to; '**2ung** *f* allusion, hint.
'**anspinnen:** *fig. sich* ~ develop.
'**anspitzen** point, sharpen.
'**Ansporn** *m* spur, encouragement; (*Anreiz*) incentive; '**2en** spur; *fig. a.* goad (on), encourage.
'**Ansprache** *f* address, speech (*an acc.* to); *e-e* ~ *halten* deliver an address.
'**ansprechen** speak to, address; *fig.* ~ *als* regard as; (*gefallen*) appeal to; (*reagieren, a.* ⊕) respond (*auf acc.* to); '**~d** appealing.
'**anspringen** *v/t.* leap against; *v/i.* (sn) *Motor*: start; *angesprungen kommen* come skipping along.
'**anspritzen** besprinkle, spray.
'**Anspruch** *m* (*auf acc.*) claim, pretension (to); ⚖ title, (*a. Patent2*) claim (to); *hohe Ansprüche* high demands; *s. aufgeben*; ~ *haben auf* (*acc.*) be entitled to; ~ *machen* (*od. erheben*) *auf* (*acc.*), *in* ~ *nehmen* lay claim to, pretend to; claim to *be*; *j-s Hilfe usw. in* ~ *nehmen* call on, *Vorräte usw.*: draw (up)on; *Zeit, Aufmerksamkeit, Kredit in* ~ *nehmen* take up; *ganz in* ~ *nehmen* engross; *ganz u. gar für sich in* ~ *nehmen* monopolize; (*starke*) *Ansprüche stellen an* (*acc.*) tax severely; '**2slos** unpretentious; (*schlicht*) unassuming, modest; *Essen*: frugal; (*geistig*) ~ *S.*: undemanding; '**~slosigkeit** *f* unpretentiousness; '**2svoll** pretentious; (*streng*) exacting; (*wählerisch*) fastidious; *v. Sachen*: ambitious; *geistig*: demanding.
'**anspucken** spit (up)on *od.* at.
'**anspülen** *s. anschwemmen.*
'**anstacheln** goad on, prod, incite.
Anstalt ['~ʃtalt] *f* (16) establishment; institution; *s. Irren(heil)2, Heil2, Lehr2*; ~ *machen zu* prepare to *inf.*; *~en treffen zu* make arrangements for.
'**Anstand** *m* (3^3, *o. pl.*) *hunt.* stand; (*Schicklichkeit*) decency, propriety, decorum; (*Einwendung*) objection (*an dat.* to); ~ *nehmen zu* hesitate to.
anständig ['~ʃtendiç] *allg.* decent; (*schicklich*) proper; (*achtbar*) respectable; (*beträchtlich*) fair, handsome; *adv.* F (*sehr*) thoroughly; '**2keit** *f* decency; propriety.
'**Anstands|besuch** *m* formal call; '**~dame** *f* chaperon; '**~formen** *f/pl.* proprieties *pl.*; '**~gefühl** *n* tact; '**2halber** for decency's sake; '**2slos** *adv.* unhesitatingly; (*ungehindert*) freely.
'**anstarren** stare at.
anstatt [~'ʃtat] (*gen.*) instead of.
'**anstauen** dam up; *sich* ~ accumulate.
'**anstaunen** gape at.
'**anstechen** prick; *Faß*: broach, tap.
'**ansteck|en** *v/t.* stick on; *mit e-r Nadel*: pin on; *Ring*: slip on; ⚕ infect; (*anzünden*) set on fire; *Feuer*: kindle; *Kerze, Zigarre usw.*: light;

v/i. be catching; '**~end** ⚕ infectious; contagious; '**&ung** *f* infection; *durch Berührung*: contagion; '**&ungsstoff** *m* infectious matter.

'**anstehen** *in e-r Reihe*: queue (up), *Am.* stand in line (*nach* for); *j-m*: suit, become; (*zögern*) hesitate; (*zu erwarten sein*) be due; ~ *lassen* put off, delay.

'**ansteigen** (sn) *Boden usw.*: rise, ascend; *fig.* rise, increase; & *n* rising, rise; increase.

'**anstell|en** place (*an acc.* against); *P.*: engage, employ; *Mechanismus*: start; *Licht, Radio usw.*: switch on; *Unfug*: do; *Versuch usw.*: make; *Vergleich*: draw; (*fertigbringen*) manage; *sich* ~ queue on *od.* up, *Am.* line up (*nach* for); *sich* ~ *als ob* act as if; *sich geschickt* (*ungeschickt*) ~ set to work (*od.* act) cleverly (clumsily); *angestellt bei* in the employ of; '**~ig** handy, clever; '**&igkeit** *f* (25) skill; '**&ung** *f* place; employment, job.

'**ansteuern** steer (*od.* head) for.

Anstieg ['anʃti:k] *m* (3) ascent; *fig.* rise, increase.

'**anstieren** (25) stare at.

'**anstift|en** *j-n, et.*: instigate; *et.*: cause, do, stir up; '**&er(in** *f*) *m* instigator; '**&ung** *f* instigation.

'**anstimmen** strike up.

'**Anstoß** *m* (*Antrieb*) impulse; (*Ärgernis*) offence, *Am.* offense; *Fußball*: kick-off; *Stein des* **~***es* stumbling-block; ~ *erregen* give offence (*bei* to), scandalize (*a p.*); ~ *nehmen an* (*dat.*) take offence at, be scandalized at; take exception to; *den* ~ *geben zu* start, initiate; '**&en** *v/t.* push, knock, bump (against); *heimlich*: nudge; *v/i. s. angrenzen*; *mit der Zunge* ~ lisp; ~ *bei j-m* offend, shock; *mit den Gläsern* ~ clink glasses; *auf j-s Gesundheit* ~ drink a p.'s health; '**&end** *s. angrenzend.*

anstößig ['~ʃtø:siç] offensive, shocking.

'**anstrahlen** beam on (*fig.* at); ⚡ floodlight.

'**anstreben** aspire to, strive for.

'**anstreich|en** paint, coat; *Textstelle*: mark; *Fehler*: underline; *fig. j-m et.* ~ make a p. pay for; '**&er** *m* (7) house-painter.

anstreng|en ['~ʃtrɛŋən] (25) exert; (*~d sein für*) *Geist, Körper*: tax, try; *j-n*: fatigue; *sich* ~ exert (*Am.* drive) o.s., (*sich bemühen*) endeavo(u)r (*zu tun* to do); *alle Kräfte* ~ strain every nerve; *s. Prozeß, angestrengt*; '**~end** strenuous; trying (*für* to); '**&ung** *f* exertion, effort; strain.

'**Anstrich** *m* paint; (*Überzug*) coat (-ing); *fig.* varnish; (*leiser* ~) tinge; (*Anschein*) air, appearance.

'**An|sturm** *m* assault, charge; ~ *auf e-e Bank usw.* run on; '**&stürmen** (sn) storm, rush (*gegen* against).

'**ansuchen 1.** (*bei j-m*) *um et.* ~ apply (to a p.) for; **2.** & *n* (6) request, application; *auf* ~ by request; *auf j-s* ~ at a p.'s request.

Antarkt|is [ant'ʔarktis] *f the* Antarctic (regions *pl.*); **&isch** antarctic.

'**antasten** touch; *fig. a.* attack.

'**Anteil** *m* share (*a.* ✝), portion; (*Quote*) quota; *fig.* interest; ~ *haben an* (*dat.*) share *od.* participate in; ~ *nehmen an* (*dat.*) take an interest in, *mitleidig*: sympathize with; (*sich interessieren für*) take an interest in; '**&mäßig** proportional; '**~nahme** *f* sympathy; interest; '**~schein** *m* share certificate.

'**antelephonieren** ring up.

Antenne [an'tɛnə] *f* (15) *Radio*: aerial, *bsd. Am.* antenna.

Anthrazit *min.* [~tra'tsi:t] *m* (3[1]) anthracite; **&farben** charcoal.

Anti..., anti... [anti-] anti...

Anti-alko'holiker(in *f*) *m* teetotaller.

Antibiotikum ⚕ [antibi'o:tikum] *n* (9[2]) antibiotic.

Antifaschi|smus [antifa'ʃismus] *m* (16, *o. pl.*) antifascism; **~st** *m* (12), **&stisch** *adj.* antifascist.

antik [an'ti:k] antique; **&e** *f* (15) *Kunstwerk*: antique; *Zeitalter*: *die* ~ the (classical) antiquity.

Antilope [anti'lo:pə] *f* (15) antelope.

Antipathie [~pa'ti:] *f* antipathy (*gegen* against, to), aversion (to, for).

'**antippen** touch lightly, tap.

Antiqua *typ.* [~'ti:kva] *f inv.* Roman (type).

Antiquar [anti'kva:r] *m* (3[1]) second-hand bookseller; *s. Antiquitätenhändler*; **~iat** [~kvar'ja:t] *n* (3[1]) second-hand bookshop; **&isch** [~'kva:riʃ] second-hand.

Antiquitäten|händler [~kvi'tɛ:tən-] *m* antique dealer; **~laden** *m* antique shop.

Antisemit [~ze'mi:t] *m* (12) anti--Semite; **~ismus** [~mi'tismus] *m* anti-Semitism.
Antlitz ['antlits] *n* (3²) face.
Antrag ['antra:k] *m* (3³) (*Angebot*) offer, (*a. Heirats*2) proposal; (*Gesuch*) application, request, *parl.* motion, ⚖ petition; *e-n ~ stellen auf* (*acc.*) *s. beantragen*; **2en** ['~gən] offer; '**~sformular** *n* application form; **~steller(in** *f*) ['~ʃtɛlər] *m* applicant, ⚖ *a.* petitioner; *parl.* mover.
'**antrauen:** *j-m ~* wed to a p.
'**antreffen** meet (*et.* with), find.
'**antreiben** *v/i.* (sn) drift (*od.* float) ashore; *v/t.* drive (*od.* push) on; *Pferd*: urge on; *Maschine*: drive; *Schiff usw.*: propel; *fig.* impel.
'**antreten** *v/t. Amt, Dienst, Erbschaft*: enter (up)on; *Reise*: set out on; *die Arbeit (den Dienst) ~* report for work (duty); *s. Beweis*; *v/i.* (sn) take one's place; ⚔ fall in, line up.
'**Antrieb** *m* motive, impulse; (*Anreiz*) incentive; ⊕ drive, propulsion; *aus eigenem ~* of one's own accord; ⊕ *mit ...~* ...-powered; '**~swelle** *f* driving shaft.
'**Antritt** *m fig.* commencement; *e-s Amtes usw.*: entrance upon; *e-r Reise*: setting out on; '**~srede** *f* inaugural speech; *parl.* maiden speech.
'**antun:** *j-m et. ~* do a th. to a p.; *sich et. ~* lay hands upon o.s.; *es j-m ~* bewitch (*od.* charm) a p.; *s. angetan.*
'**Antwort** *f* (16) answer, reply (*auf acc.* to); '**2en** *v/t. u. v/i.* (26) answer, reply (*j-m* a p.; *auf acc.* to); '**~karte** *f* reply postcard; '**2lich** (*gen.*) ☤ in reply to; '**~schein** *m* reply coupon; '**~schreiben** *n* reply.
'**anvertrauen** confide (*a. Geheimnis*), entrust (*beide*: *dat.* to); *j-m et. ~ a.* trust a p. with a th.; *fig. sich j-m ~* confide in a p.
'**anverwandt** related; '**2e** *m, f* relation.
'**anwachsen** (sn) grow on (*an acc.* to); (*Wurzel schlagen*) take root; *fig.* increase; **2** *n fig.* increase.
Anwalt ['~valt] *m* (3³) lawyer, *bsd. Am.* attorney(-at-law); *beratender*: solicitor; *plädierender*: barrister, *Am.* counselor-at-law; *vor Gericht*: counsel (*des Angeklagten* for the defence); *fig.* advocate; '**~schaft** *f* the Bar; '**~skammer** *f* Board of Attorneys.
'**anwand|eln** come over, seize; *ihn wandelte die Lust an, zu inf.* the fancy took him to; '**2lung** *f* fit; (*Antrieb*) impulse.
'**anwärmen** warm up; preheat.
'**Anwärter(in** *f*) *m* (*auf acc.*) candidate (for), aspirant (to); ⚖ expectant, claimant (of).
Anwartschaft ['~vartʃaft] *f* (*auf acc.*) candidacy, qualification (for); ⚖ expectancy (of), claim (to).
'**anweis|en** (*zuteilen*) assign; (*belehren*) instruct; (*beauftragen*) direct; *s. angewiesen*; '**2ung** *f* assignment; instruction; direction; ☤ cheque, *Am.* check, draft; *s. Post*2.
anwend|bar ['~vɛntba:r] practicable; applicable (*auf acc.* to); '**2barkeit** *f* applicability; **~en** ['~dən] employ, use; apply (*auf acc.* to); *Vorsicht*: take; *s. angewandt*; '**2ung** *f* application; *zur ~ bringen s. anwenden.*
'**anwerb|en** ⚔ enlist, recruit, *Am.* levy, enrol(l); *Arbeiter*: recruit, engage; '**2ung** *f* ⚔ enlistment, recruitment; engagement.
'**Anwesen** *n* property; ⸙ farm, (*Gut*) estate.
'**anwesen|d** present (*bei* at); *die* **2en** the persons (*od.* those) present; **2e** *ausgenommen* present company excepted; *verehrte* **2e**! Ladies and Gentlemen!; '**2heit** *f* presence; *in ~ gen.* in the ~ of; '**2heitsliste** *f* attendance list.
anwidern ['~vi:dərn] (29) *s. anekeln.*
'**Anwohner** *m* neighbo(u)r; *s. Anlieger.*
'**Anwurf** *m* (*Verleumdung*) aspersion.
'**Anzahl** *f* number; quantity.
'**anzahl|en** pay on account, pay a first instal(l)ment; *et. ~* (*als Angeld*) pay a deposit; '**2ung** *f bei Ratenzahlung*: payment on account, (first) instal(l)ment; (*Angeld*) deposit.
'**anzapfen** tap (*a.* ⚡ *teleph.*), broach.
'**Anzeichen** *n* sign, indication, *a.* ⚕ symptom (*für* of).
Anzeig|e ['antsaɪgə] *f* (15) notice; (*Zeitungs*2 *usw.*) advertisement, F ad; (*Ankündigung*) announcement, ☤ advice; ⚖ information; ⊕ signal, (*Ablesung*) reading; *kleine ~n pl.* classified ads; *s. erstatten*; '**2en** announce, notify, ☤ advise; *in der*

Zeitung usw.: advertise; (*deuten auf*) indicate; *j-n*: denounce, inform against, *et.*: report (*bei* to); *es erscheint angezeigt, zu inf.* it seems expedient *od.* indicated to *inf.*; '**~enbüro** *n* advertising agency *od.* office; '**~enteil** *m in der Zeitung*: advertisements *pl.*, classified section; '**⚲epflichtig** notifiable; '**~er** *m* advertiser (*a.* '**~enblatt** *n*); ⚖ informer; ⊕ indicator.

anzetteln ['~tsɛtəln] (29) *fig.* plot.

'**anziehen** *v/t.* draw, pull; *Zügel*: draw in; *Schraube*: tighten; *Kleid*: put on; *j-n*: dress; *fig.* attract; *v/i.* draw; *Preise*: rise; *im Brettspiel*: make the first move; '**~d** attractive.

'**Anziehung** *f* attraction; '**~skraft** *f* attractive power, pull; *der Erde usw.*: gravitation(al pull); *fig.* attraction, appeal.

'**Anzug** *m* (*Kleidung*) dress; (*Herren⚲*) suit; ⚔ dress, uniform; *beim Brettspiel*: first move; *im ~ sein* be approaching.

anzüglich ['~tsy:kliç] suggestive; (*stichelnd*) personal; '**⚲keit** *f* suggestiveness; personal remark.

'**Anzugstoff** *m* suiting.

'**anzünd|en** light, kindle; *Streichholz*: strike; *Haus*: set on fire; '**⚲er** *m* (7) lighter.

'**anzweifeln** doubt, (call in) question.

apart [a'part] exquisite.

Apath|ie [apa'ti:] *f* apathy; **⚲isch** [a'pɑ:tiʃ] apathetic.

Apfel ['apfəl] *m* (7[1]) apple; *s. sauer*; '**~baum** *m* apple-tree; '**~mus** *n* apple-sauce; '**~saft** *m* apple-juice; '**~schimmel** *m* dapple-grey horse; **~sine** [~'zi:nə] *f* (15) orange; '**~wein** *m* cider.

Apostel [a'pɔstəl] *m* (7) apostle; **~geschichte** *f the* Acts *pl.* of the Apostles.

apostolisch [apɔ'sto:liʃ] apostolical; *das ⚲e Glaubensbekenntnis* The Apostles' Creed, The Belief.

Apostroph [apɔ'stro:f] *m* (3[1]) apostrophe.

Apotheke [apo'te:kə] *f* (15) chemist's shop, *Am.* pharmacy.

Apo'theker *m* (7) (dispensing) chemist, *Am.* druggist, pharmacist; **~gewicht** *n* apothecaries' weight.

Apparat [apa'rɑ:t] *m* (3) *allg.* apparatus; instrument; (*Gerät*) appliance; (*Vorrichtung*) device; *phot.* camera; *Radio*: set; *teleph.* telephone; *fig.* apparatus, organization; *teleph. am ~!* speaking!; *am ~ bleiben* hold the line (*Am.* wire); **~ur** [~'tu:r] *f* apparatus; outfit; (*Zubehör*) fixtures *pl.*

Appell [a'pɛl] *m* (3[1]) ⚔ roll-call; inspection; parade; *fig.* appeal (*an acc.* to).

appel'lieren appeal (*an acc.* to).

Appetit [ape'ti:t] *m* (3) appetite (*auf acc.* for); *~ machen* give (an) appetite; **⚲lich** appetizing (*a. fig.*).

applaudieren [aplaʊ'di:rən] cheer, applaud (*j-m* a p.).

Applaus [a'plaʊs] *m* (4) applause.

apport [a'pɔrt] go fetch!; **~ieren** [~'ti:rən] fetch, retrieve.

appret|ieren [apre'ti:rən] dress, finish; *Papier*: glaze; **⚲ur** [~'tu:r] *f* (16) dressing, finish.

approbiert [apro'bi:rt] *Arzt*: qualified, *Am.* licensed.

Aprikose [apri'ko:zə] *f* (15) apricot.

April [a'pril] *m* (3[1]) April; *j-n in den ~ schicken* make an April-fool of a p.; **~scherz** *m* April-fool joke.

Aquarell [akva'rɛl] *n* (3[1]) water-colo(u)r; **~farbe** *f* water-colo(u)r; **~maler(in** *f*) *m* aquarellist, water-colo(u)rist.

Äquator [ɛ'kvɑ:tɔr] *m* (8, *o. pl.*) equator.

Äquivalent [ɛ:kviva'lɛnt] *n*, ⚲ *adj.* equivalent.

Ar [ɑ:r] *n* (3[1], *nach Zahlen inv.*) are.

Ära ['ɛ:ra] *f* (16[2]) era.

Arab|er ['arabər] *m* Arab; *Pferd*: [a'rɑ:bər] Arab; '**~erin** *f* Arabian (woman); **~eske** [ara'bɛskə] *f* (15) arabesque; **⚲isch** [a'rɑ:biʃ] Arabian; Arabic.

Arbeit ['arbaɪt] *f* (16) work; (*mühevolle ~*) labo(u)r, toil; (*Beschäftigung*) employment, job; (*Tätigkeit, Geschäft*) business; (*aufgegebene ~, Schul⚲*) task; (*schriftliche ~*) paper; (*Fabrikat*) make; (*Ausführungsart*) workmanship; *phys.* work; ⚡ energy; ⊕ performance; *e-e gute* (*schlechte*) ~ a good (bad) piece of work; *bei der ~* at work; *sich an die ~ machen, an die ~ gehen* set to work; (*keine*) *~ haben* be in (out of) work; *s. antreten, niederlegen*; *et. in ~ geben* (*nehmen*) put (take) a. th. in hand; *in ~ sein* (*S.*) be in hand;

bei j-m in ~ stehen be in the employ of a p.; *gute ~ leisten* make a good job of it; '**2en** *v/i.* (26) work (*a. v/t.*); (*schwer ~*) labo(u)r, toil; *~ an* (*dat.*) be working at; † *mit e-r Firma ~* do business with; *Kapital ~ lassen* employ, invest.

'**Arbeiter** *m* worker (*a. zo.*); (*Hand2*) workman; *ungelernt*: labo(u)rer, hand; *die ~ s. ~schaft*; '**~in** *f* (female) worker; working woman, workwoman; '**~klasse** *f* working class(es *pl.*); '**~mangel** *m* shortage of workers; '**~partei** *f* Labo(u)r Party; '**~schaft** *f*, '**~stand** *m* working class(es *pl.*), *a. pol.* labo(u)r.

'**Arbeit|geber(in** *f*) *m* employer; '**~nehmer(in** *f*) *m* employé(e *f*) (*fr.*), employee.

'**arbeitsam** industrious, diligent; '**2keit** *f* industry, diligence.

'**Arbeits...** *mst* working ...; '**~-amt** *n* Labo(u)r Exchange; '**~-anzug** *m* working clothes *pl.*; overall; '**~-ausschuß** *m* working committee; '**~bedingungen** *f/pl.* working (⊕ operating) conditions; '**~beschaffung** *f* provision of work; '**~bescheinigung** *f* certificate of employment; '**~buch** *n* employment record; '**~dienst** *m* labo(u)r service; ⚔ fatigue; '**~dienstpflicht** *f* industrial conscription; '**~-einkommen** *n* earned income; '**~-einstellung** *f* stoppage of work; *e-s Betriebs*: closure; (*Streik*) strike; '**~-erlaubnis** *f* work permit; '**2-fähig** able to work; *~e Mehrheit* working majority; '**~fähigkeit** *f* working capability; '**~feld** *n* field (*od.* sphere) of work *od.* activity; '**2freudig** willing to work; '**~frieden** *m* industrial peace; '**~gang** *m* working operation, process; '**~gemeinschaft** *f* study group; † working pool; *Schule*: seminar group; '**~gericht** *n* industrial court; '**~kleidung** *f* work clothes *pl.*; '**~kosten** *pl.* work cost; *~anteil* work cost per unit; '**~kraft** *f* capacity for work; (*Arbeiter*) workman, hand; *pl. a.* labo(u)r *sg.*, manpower; '**~lager** *n* labo(u)r camp; '**~leistung** *f* working capacity, efficiency; *a.* ⊕ performance, output; '**~lohn** *m* wages *pl.*, pay; '**2los** out of work, (*a.* '**~lose** *m*, *f*) unemployed; *~ machen* put out of work; '**~losenunterstützung** *f* unemployment benefit; *~ beziehen* be on the dole; '**~losenversicherung** *f* unemployment insurance; '**~losigkeit** *f* unemployment; '**~markt** *m* labo(u)r market; '**~methode** *f* working method; '**~minister** *m* Minister of Labour, *Am.* Secretary for Labor; '**~moral** *f* (working) morale; '**~nachweis(stelle** *f*) *m* employment registry office; '**~niederlegung** *f* strike; '**~platz** *m* place of employment; workshop place; (*Stelle*) job; '**~raum** *m* workroom; '**~recht** *n* industrial law; '**2scheu** work-shy; '**~scheu** *f* aversion to work; '**~soll** *n* target; '**2sparend** labo(u)r-saving; '**~streitigkeit** *f* labo(u)r dispute; '**~stunde** *f als Maßeinheit*: man-hour; *pl.* working hours; '**~tag** *m* working day; '**~takt** *m mot.* power stroke; '**~teilung** *f* division of labo(u)r; '**~tier** F *n* demon for work; '**2-unfähig** unfit for work; *dauernd*: disabled; '**~-unfall** *m* industrial accident; '**~vertrag** *m* employment contract; '**~weise** *f* working method; ⊕ (mode of) operation; '**~vorbereitung** *f* operations scheduling; '**~willige** *m* (18) non-striker; '**~zeit** *f* working time; working hours *pl.*; *gleitende ~* flexible working hours *pl.*; '**~zeug** *n* tools *pl.*, kit; '**~zimmer** *n* study.

Arche ['arçə] *f* (15) ark.

Archipel [arçi'pe:l] *m* (3[1]) archipelago.

Architekt [arçi'tɛkt] *m* (12) architect; **2onisch** [~'to:niʃ] architectural; **~ur** [~'tu:r] *f* architecture.

Archiv [ar'çi:f] *n* (3[1]) archives *pl.*; record-office; **~ar** [~çi'vɑ:r] *m* (3[1]) archivist, registrar.

Areal [are'ɑ:l] *n* (3[1]) area.

Arena [a're:na] *f* (16[2]) arena.

arg [ark] **1.** (18[2]) *allg.* bad; (*moralisch schlecht*) wicked; *Sünder*: hopeless; *Versehen*: gross; *sein ärgster Feind* his worst enemy; *~ enttäuscht* badly disappointed; *das ist zu ~* that is too much; *2es denken von* think ill of; *im ~en liegen* be in a sorry state; **2.** 2 *n* (11, *o. pl.*) malice, harm.

Ärger ['ɛrgər] *m* (7, *o. pl.*) (*Verdruß*) vexation, annoyance, chagrin; (*Zorn*) anger; *j-m ~ machen* give a p. trouble; '**2lich** *Sache*: annoying, vexatious; *Person*: angry, vexed, irritated (*auf, über acc. et.* at, *j-n* with); '**2n** (29) make angry, annoy, vex, anger, irritate; *sich* ~ (*über acc.*) feel angry (at, about *a th.*; with *a p.*) *od.* vexed (by); '**~nis** *n* (4¹) scandal, offen|ce, *Am.* -se; (*Mißstand*) (*öffentliches* public) nuisance; ~ *erregen* cause offence; ~ *an dat. nehmen* be scandalized at.

'**Arg|list** *f* craft(iness), malice; ⚖ fraud; '**2listig** crafty, insidious, deceitful; ⚖ fraudulent; '**2los** guileless, innocent; (*nichtsahnend*) unsuspecting; (*ohne Argwohn*) unsuspicious; '**~losigkeit** *f* guilelessness.

Argumen|t [argu'mɛnt] *n* (3) argument; **~'tieren** argue, reason.

Arg|wohn ['~vo:n] *m* (3, *o. pl.*) suspicion (*gegen* of); **2wöhnen** ['~vø:nən] (25) suspect; '**2wöhnisch** suspicious.

Arie ♪ ['ɑ:rjə] *f* (15) aria.

Arier ['ɑ:rjər] *m* (7), '**~in** *f*, '**arisch** Aryan.

Aristokrat [aristo'krɑ:t] *m* (12), **~in** *f* aristocrat; **~ie** [~kra'ti:] *f* aristocracy; **2isch** [~'krɑ:tiʃ] aristocratic(ally *adv.*).

Arithme|tik [arit'me:tik] *f* (16) arithmetic; **2tisch** arithmetical.

Arkt|is ['arktis] *f the* Arctic (regions *pl.*); '**2isch** arctic.

arm¹ [arm] (18²) poor (*an dat.* in); *ein 2er* a poor man; *die 2en pl.* the poor; *ich 2er!* poor me!

Arm² *m* (3) arm; *Fluß, Leuchter*: branch; *auf den* ~ *nehmen Kind*: take in one's arms, F *fig. j-n*: pull a p.'s leg; *in die ~e schließen* clasp in one's arms; *j-m unter die ~e greifen* help a p. (out).

Armatur ⚡ [arma'tu:r] *f* (16) armature; **~en** *pl.* fittings; **~enbrett** *n* instrument board, dashboard.

'**Arm|band** *n* bracelet; *als Halt od. Schutz*: wristlet; '**~band-uhr** *f* wrist watch; '**~binde** *f* ⚕ (arm-) sling; *als Abzeichen*: armlet; '**~bruch** *m* fracture of the arm; '**~brust** *f* cross-bow.

Armee [ar'me:] *f* (15) army; **~korps** *n* army corps.

Ärmel ['ɛrməl] *m* (7) sleeve; *fig. aus dem ~ schütteln* do offhand; '**~aufschlag** *m* cuff; '**~kanal** *m the* (English) Channel; '**2los** sleeveless.

'**Armen|haus** *n* poorhouse; *neuerdings*: public assistance institution; '**~kasse** *f* relief-fund; *eccl.* poor-box; '**~pflege** *f* poor-relief; '**~pfleger(in** *f*) *m* relieving officer; '**~recht** *n* poor-law; ⚖ *auf ~ klagen* sue in forma pauperis.

Arme'sündergesicht *n* hangdog look.

armieren [ar'mi:rən] ⚔ arm; ⊕ armo(u)r; *Beton*: reinforce.

...armig ...-armed; ...-branched.

'**Arm|lehne** *f* arm; '**~leuchter** *m* chandelier; F *fig.* idiot.

ärmlich ['ɛrmliç] *s. armselig.*

'**armselig** poor; (*schäbig*) shabby; *fig. a.* miserable; (*dürftig*) paltry; '**2keit** *f* poorness.

'**Arm|sessel** *m*, '**~stuhl** *m* arm-chair, easy chair.

Armut ['armu:t] *f* (16, *o. pl.*) poverty; '**~szeugnis** *n*: *sich ein ~ ausstellen* give a poor account of o.s.

Aroma [a'ro:ma] *n* (11²) aroma, flavo(u)r; **2tisch** [aro'mɑ:tiʃ] aromatic.

Arrak ['arak] *m* (3¹) arrack.

arrangieren [arɑ̃'ʒi:rən] arrange.

Arrest [a'rɛst] *m* (3²) (*Haft*) arrest; confinement, (*a. Schul2*) detention; ⚖ (*Beschlagnahme*) attachment; *mit ~ bestrafen* put under arrest; **~ant** [~'tant] *m* (12) prisoner.

arretieren [are'ti:rən] arrest; ⊕ (*sperren*) arrest, lock.

arrogant [aro'gant] arrogant.

Arsch V [arʃ] *m* (3² *u.* ³) arse, bum.

Arsenal [arze'nɑ:l] *n* (3¹) arsenal.

Art [ɑ:rt] *f* (16) (*Gattung*) kind, sort, 🕮 species, *zo. a.* race, breed; (*Typ*) type; (*äußere Form*) style; (*Weise*) manner, way, fashion; (*Natur*) nature; (*Benehmen*) manners *pl.*; ~ *und Weise* way, mode; *Fortpflanzung der* ~ propagation of the species; *auf die(se)* ~ in this way; *das ist keine* ~ this is bad form; *aus der ~ schlagen* degenerate.

'**art-eigen** characteristic.

'**arten** (26, sn): ~ *nach* take after; *s. geartet.*

Arterie [ar'te:rjə] *f* (15) artery; **~nverkalkung** *f* arteriosclerosis.

'**artfremd** alien.

artig ['ɑ:rtiç] (*hübsch, nett*) nice, pretty; *Kind*: good, well-behaved; (*höflich*) civil, polite; *sei ~!* be (*od.* there's) a good child!; '**2keit** *f* prettiness; good behavio(u)r; politeness, (*a. pl.*) civility.

Artikel [ar'ti:kəl] *m* (7) *allg.*, *a.* ✝ article.
artikulieren [~tiku'li:rən] articulate.
Artiller|ie [artilə'ri:] *f* (15) artillery; **~ist** [~'rist] *m* (12) artilleryman, gunner.
Artischocke [arti'ʃɔkə] *f* (15) artichoke.
Artist [ar'tist] *m* (12), **~in** *f* acrobat, variety artist, circus performer.
Arznei [arts'naɪ] *f* (16) medicine; **~kunde** *f*, **~kunst** *f* pharmaceutics *sg.*; **~mittel** *n* medicine, medicament; drug; **~mittellehre** *f* pharmacology; **~schrank** *m* medicine cabinet.
Arzt [a:rtst] *m* (3^2 *u.* ^{3}) medical practitioner, doctor, F medical man; *Berufsbezeichnung*: physician; *s. praktisch.*
Ärztin ['ɛ:rtstin] *f* (16^1) woman (*od.* lady) doctor *od.* physician.
'**ärztlich** medical.
As¹ [as] *n* (4^1) *Spiel*: ace (*a. fig. P.*).
As² ♪ *n inv.* A flat; *As-Dur* (*as-Moll*) A flat major (minor).
Asbest [as'bɛst] *m* (3^2) asbestos.
'**aschblond** ashy-fair.
Asche ['aʃə] *f* (15) ashes *pl.*
'**Aschen...** *mst* ash...; '**~bahn** *f* cinder track; '**~becher** *m* ash-tray; '**~brödel** *n* (7) Cinderella (*a. fig.*).
Ascher'mittwoch *m* Ash Wednesday.
'**asch|fahl** ashen; '**~farben**, '**~farbig** ash-colo(u)red; '**~grau** ash-grey (*Am.* -gray).
äsen ['ɛ:zən] (27) *v/i. u. v/t. hunt.* graze, browse, feed (*et.* on).
Asiat [az'ja:t] *m* (12), **~in** *f*, **2isch** Asiatic.
Askese [as'ke:zə] *f* (15, *o. pl.*) asceticism.
As'ket *m* (12), **~in** *f* (16^1), **2isch** ascetic.
asozial ['azotsja:l] antisocial.
Aspekt [as'pɛkt] *m* (3^1 *u.* ^{2}) aspect.
Asphalt [as'falt] *m* (3) asphalt; **2ieren** [~'ti:rən] asphalt; '**~presse** *f* yellow press.
aß [a:s] *pret. von* essen 1.
Assessor [a'sɛsɔr] *m* (8^1) assessor; ⚖ assistant judge.
Assisten|t [asis'tɛnt] *m* (12), **~tin** *f* assistant; **~z-arzt** [~ts-] *m* assistant doctor (*od.* surgeon); *Am. im Krankenhaus*: intern.
assis'tieren assist.
Ast [ast] *m* (3^2 *u.* ^{3}) bough; *schwacher*: branch; *im Holz*: knot; *s. lachen.*
Aster ['astər] *f* (15) aster.
Ästhet|ik [ɛ'ste:tik] *f* (16) (a)esthetics *sg.*; **~iker(in** *f*) *m* (a)esthete; **2isch** (a)esthetic(al).
Asthma ['astma] *n* (11, *o. pl.*) asthma.
Asthma|tiker [~'ma:tikər] *m* (7), **~tikerin** *f*, **2tisch** asthmatic.
'**Astloch** *n* knot-hole.
Astro|log(e) [astro'lo:k, ~gə] *m* (12 [13]) astrologer; **~logie** [~lo'gi:] *f* (15, *o. pl.*) astrology; **~naut** [~'naut] *m* (12) astronaut; **~nom** [~'no:m] *m* (12) astronomer; **~nomie** [~no'mi:] *f* (15, *o. pl.*) astronomy; **2nomisch** [~'no:m-] astronomical.
Asyl [a'zy:l] *n* (3^1) asylum; *fig.* sanctuary; (*politisches*) ~ *suchen* seek (political) asylum; **~recht** *n* right of asylum.
Atelier [atɛ'lje:] *n* (11) studio.
Atem ['a:təm] *m* (6, *o. pl.*) breath; ~ *holen* pause for breath; *außer* ~ (*kommen* get) out of breath *od.* winded; *wieder zu* ~ *kommen* recover one's breath; *j-n in* ~ *halten* keep a p. busy (*od. in Spannung*: in suspense); *s. anhalten*; '**~beschwerde** *f* difficulty of breathing; '**~holen** *n* respiration; '**2los** breathless (*a. fig.*); '**~not** *f* shortness of breath; '**~pause** *f* breathing-time, breathing-space, breather; '**2raubend** breath-taking; '**~-übungen** *f/pl.* breathing exercises *pl.*; '**~zug** *m* breath.
Atheismus [ate'ˀismus] *m* (16, *o. pl.*) atheism.
Atheist [~'ˀist] *m* (12), **~in** *f* (16^1) atheist; **2isch** atheistic(al).
Athen [a'te:n] *n* (17) Athens; *Eulen nach* ~ *tragen* carry coals to Newcastle.
Äther ['ɛ:tər] *m* (7, *o. pl.*) ether (*a.* ⚕); *Radio*: *über den* ~ on the air; *mit* ~ *betäuben* etherize.
ätherisch [ɛ'te:r-] ethereal; *phys.*, *Radio*: etheric; *~es Öl* essential oil.
'**Äther|krieg** *m* radio war; '**~wellen** *phys. f/pl.* ether waves *pl.*
Athlet [at'le:t] *m* (12), **~in** *f* (16^1) athlete; **~ik** *f* (16) athletics *pl.*; **2isch** athletic.

Atlant [at'lant] *m* (12) *s. Atlas* 1.; **⁀isch** Atlantic; *der ⁀e Ozean* the Atlantic (Ocean).

Atlas ['atlas] *m* (4^1, *sg. a. inv.*) **1.** *geogr.* atlas; **2.** *Seiden⁀*: satin; *Baumwoll⁀*: sateen.

atmen ['ɑːtmən] (26) *v/i. u. v/t.* breathe.

Atmosphär|e [atmɔ'sfɛːrə] *f* (15) atmosphere; **⁀isch** atmospheric; *~e Störungen f/pl. Radio*: atmospherics, statics *pl.*

'Atmung *f* breathing, respiration; **'~s-organ** *n*, **'~swerkzeug** *n* respiratory organ.

Atom [a'toːm] *n* (3^1) atom; **~-antrieb** *m* atomic propulsion; **⁀ar** [ato'mɑːr] atomic, nuclear; **~batterie** [a'toːm-] *f* atomic pile; **~bombe** *f* atomic (*od.* atom-, *abbr.* A-)bomb, fission bomb; **⁀bombensicher** atom-bomb-proof; **~bombenversuch** *m* A-bomb test; **~-energie** *f* atomic energy; **~forscher** *m* nuclear scientist; **~forschung** *f* nuclear research; **~gemeinschaft** *f* Atomic Community; **~geschoß** *n* atomic shell; **~geschütz** *n* atomic gun; **~gewicht** *n* atomic weight; **~kern** *m* atomic nucleus; **~kraft** *f* atomic power; **~kraftwerk** *n* atomic power plant; **~krieg** *m* nuclear warfare; **~meiler** *m* atomic pile; **~müll** *m* radioactive waste; **~reaktor** *m* atomic reactor; **~spaltung** *f* atomic fission, atom-splitting; **~-staub** *m* atomic dust; **~teilchen** *n* atomic particle; **~versuch** *m* atomic test; **~waffe** *f* atomic weapon; **~wissenschaft** *f* atomics *sg.*, nuclear science; **~zeitalter** *n* atomic age; **~zerfall** *m* atomic decay; **~zertrümmerung** *f* atom-smashing.

Attaché [ata'ʃeː] *m* (11) attaché.

Attack|e [a'takə] *f* (15), **⁀ieren** [~'kiːrən] (25) attack.

Attentat [atɛn'tɑːt] *n* (3) attempt upon a p.'s life, (attempted) assassination; *fig.* outrage.

Atten'täter *m* assassin.

Atte|st [a'tɛst] *n* (3^2) (medical) certificate; **⁀'stieren** attest, certify.

Attrak|tion [atrak'tsjoːn] *f* attraction; **⁀tiv** [~'tiːf] attractive.

Attrappe [a'trapə] *f* (15) dummy.

Attribut [atri'buːt] *n* (3) attribute; *gr.* attributive; **⁀iv** *gr.* [~bu'tiːf] attributive.

atz|en ['atsən] (27) feed; **'⁀ung** *f* feeding; (*Nahrung*) food.

ätz|en ['ɛtsən] (27) corrode; ⚕ cauterize; *auf Kupfer usw.*: etch; **'~end** corrosive; (*a. fig.*) caustic; **'⁀kalk** *m* caustic lime, quicklime; **'⁀kunst** *f* art of etching; **'⁀mittel** *n*, **'⁀stoff** *m* corrosive; *bsd.* ⚕ caustic; **'⁀ung** *f* corrosion; ⚕ cauterization; (*Zeichnung*) etching.

au! [aʊ] oh!, ouch!

auch [aʊx] also; too; likewise; (*selbst, sogar*) even; *du glaubst es — ich ~!* you believe it — so do I!; *er hat keine Freude — wir ~ nicht* he has no pleasure — nor (*od.* neither) have we; *wenn ~* even if, even though, although; *mag er ~ noch so reich sein* let him be ever so rich; *~ nur ein Mensch* nothing but a human being.

Audienz [aʊ'djɛnts] *f* (16) audience.

Auditorium [aʊdi'toːrjʊm] *n* (9) (*Raum*) lecture-hall; (*Zuhörerschaft*) audience.

Aue ['aʊə] *f* (15) fertile plain; (*Wiese*) meadow, *poet.* mead.

Auer|hahn ['aʊər-] *m* capercaillie; **'~-ochs** *m* aurochs.

auf [aʊf] **1.** *prp.* **a**) *mit dat.*: on, upon; in; at; of; by; *~ dem Tische* on *od.* upon; *~ dem Markte* in; *~ der Universität, ~ einem Balle* at; *~ s-r Seite* at (*od.* on) his side; *~ dem nächsten Wege* by the nearest way; **b**) *mit acc.*: on; in; at; to; towards (*a. ~ ... zu*); up; *~ deutsch* in German; *~ e-e Entfernung von* at a range of; *~ die Post usw. gehen* go to; *~ eine Mark gehen 100 Pfennige ...* go to a mark; *es geht ~ neun* it is getting on to nine; *~ ... hin* on the strength of; *~ Jahre hinaus* for years to come; *~ morgen* for tomorrow; **2.** *adv.* up, upwards; *~ und ab gehen* walk up and down *od.* to and fro; **3.** *cj. ~ daß* (in order) that; *~ daß nicht* that not, lest; **4.** *int. ~!* up!, arise!; (*los!*) let's go!

'auf-arbeiten *Rückstand*: work (*od.* clear) off; (*auffrischen*) work (*od.* furbish) up; *Kleid*: F do up.

'auf-atmen draw a deep breath; *fig.* breathe again *od.* freely; recover.

aufbahren ['~bɑːrən] (25) *Sarg*: put on the bier; *Leiche*: lay out (in state).

ˈ**Aufbau** *m* building(-up); *a. e-s Dramas usw.*: construction; *e-r Organisation usw.*: structure, *bsd. Am.* setup; *mot.* body; ⚓, ⚓ superstructure; ˈ**2en** erect, *a. fig. e-e Theorie, Existenz usw.*: build up; *Drama usw.*: construct; *sich ~ auf dat.* be based (up)on; *sich ~ vor P.*: plant o.s. before; ˈ**2end** constructive.

ˈ**aufbäumen:** *sich ~* rear; *fig.* rebel.

ˈ**aufbauschen** puff up; *fig.* exaggerate, magnify, F play up.

ˈ**aufbegehren** flare up; rebel, revolt (*gegen* against).

ˈ**aufbehalten** *Hut*: keep on.

ˈ**aufbekommen** *Tür usw.*: get open; *Knoten*: get undone; *Arbeit*: be given *a task*.

ˈ**aufbereit|en** prepare, process; *Erz, Häute*: dress; *Kohle*: upgrade; ˈ**2ung** *f* preparation, processing; dressing; upgrading.

ˈ**aufbessern** *Gehalt*: raise.

ˈ**aufbewahr|en** keep; *im Lager*: store (up); (*haltbar machen*) preserve; ˈ**2ungs-ort** *m* depository.

ˈ**aufbiet|en** summon; *Kräfte, Mut, etc.*: *a.* muster; ⚔ raise, levy, (*a. fig.*) mobilize; *Brautpaar*: publish (*od.* put up) the banns of; *alles ~* move heaven and earth; ˈ**2ung** *f* summoning; exertion; *unter ~ aller Kräfte* by supreme effort.

ˈ**aufbinden** tie up; (*lösen*) untie; *fig. j-m et. od. e-n Bären ~* hoax a p.; *sich etwas ~ lassen* be taken in.

ˈ**aufbläh|en** puff up, swell; *a. Währung usw.*: inflate; *sich ~ fig.* be puffed up (*vor dat.* with); **2ung** *f* inflation.

ˈ**aufblasen** blow up, inflate.

ˈ**aufbleiben** (sn) (*wachen*) sit (*od.* stay) up; *Tür usw.*: remain open.

ˈ**aufblenden** *mot.* turn (the headlights) on; *Film*: fade in.

ˈ**aufblicken** raise one's eyes; look up (*fig. zu j-m* to a p.).

ˈ**aufblitzen** (sn *u.* h.) flash (up).

ˈ**aufblühen** (sn) (begin to) bloom; *fig.* blossom (out); *wirtschaftlich usw.*: flourish, prosper, thrive.

ˈ**aufbocken** *mot.* jack up.

ˈ**aufbrauchen** use up, consume.

ˈ**aufbrausen** (h. *u.* sn) *Gelächter, Sturm*: roar; ⚗ effervesce; *fig.* fly into a passion; ˈ**~d** effervescent; *fig.* irritable, irascible.

ˈ**aufbrechen** *v/t.* break (*od.* force) open; *v/i.* (sn) burst open; (*weggehen*) start, set out (*beide*: *nach* for).

ˈ**aufbringen** bring up; *Mode*: introduce; *Geld, Truppen usw.*: raise; *Schiff*: capture; *Mut*: summon up; *j-n*: provoke, infuriate, anger.

ˈ**Aufbruch** *m* departure, start, outset (*nach, zu* for); *fig.* awakening.

ˈ**aufbügeln** iron, press; *Hose*: crease; *Kenntnisse*: brush up.

ˈ**aufbürden:** (26) *j-m et. ~* burden a p. with a th.

ˈ**aufbürsten** brush up.

ˈ**aufdecken** *v/t.* uncover; *fig. a.* expose; (*aufklären*) clear up; *v/i.* lay the table.

ˈ**aufdrängen** *S. od. P.*: force, obtrude (*j-m* [up]on a p.).

ˈ**aufdrehen** *v/t. Schraube*: loosen; *Hahn, Gas usw.*: turn on; *v/i.* F *mot.* step on the gas; (*loslegen*) open up.

ˈ**aufdringen** *s. aufdrängen.*

ˈ**aufdringlich** obtrusive (*a. S.*); ˈ**2keit** *f* obtrusiveness.

ˈ**Aufdruck** *m* (im)print; *auf Postmarken*: surcharge; ˈ**2en** imprint.

ˈ**aufdrücken** (*öffnen*) press open; *Stempel usw.*: impress (*dat. od. auf acc.* on).

auf-einander [~ʔaɪˈnandər] one after (*od.* upon) another; *~ böse sein* be cross with one another; **2folge** *f* succession; **~folgen** (sn) succeed (one another); **~folgend** successive, consecutive; *an 3 ~en Tagen* on 3 days running; **~prallen** (sn) collide; *fig. Meinungen, a. P.*: clash.

Aufenthalt [ˈ~ɛnthalt] *m* (3) *vorübergehend*: stay, sojourn; whereabouts (*a.* ˈ**~s-ort** *m*); (*Wohnsitz*) residence, abode, domicile; (*Verzögerung*) delay, hindrance; 🚂 *usw.*: stop; ˈ**~sgenehmigung** *f* residence permit; ˈ**~sraum** *m* lounge; day-room.

ˈ**auf-erlegen:** *j-m als Pflicht ~* enjoin on a p. (et. a th.; *zu inf.* to *inf.*); *Aufgabe, Bedingung, Pflicht, Steuer, s-n Willen usw.*: impose (*j-m* on a p.); *Strafe*: inflict (*j-m* on a p.); *s. Zwang.*

ˈ**auf-ersteh|en** (sn) rise (from the dead); ˈ**2ung** *f* resurrection.

ˈ**auf-erwecken** raise (from the dead).

ˈ**auf-essen** eat up.

ˈ**auffädeln** (29) thread, string.

ˈ**auffahren** *v/i.* (sn) *Schiff*: run aground, (*auf acc.*) run (up)on; *Wagen*: run *od.* drive (*auf acc.* against); (*vorfahren*) drive up; *P.*: *zornig*: fly out, *erschreckt*: start (up); *v/t. Wagen*: park; *Kanonen*: mount; *Speisen usw.* (*a.* ~ *lassen*) dish up; ˈ**~d** passionate, irritable.

ˈ**Auffahrt** *f* (16) ⚒ ascent; *in e-m Wagen*: driving up; (*Platz vor e-m Haus*) drive; ˈ**~srampe** *f* ramp.

ˈ**auffallen** *v/i.* (sn) fall (*auf acc.* upon); *fig.* be conspicuous; *j-m* ~ strike; *es fällt allgemein auf* it is generally noticed; *mit dem Kopf* ~ fall on one's head; ˈ**~d**, ˈ**auffällig** striking; (*sichtbar*) conspicuous; (*sensationell*; *a. Kleid*) flashy; *b.s.* shocking; ~ *gekleidet* showily dressed.

ˈ**auffang|en** catch (up); *Brief, Funkspruch usw.*: intercept; *Hieb*: parry; *fig. Entwicklung*: absorb; ˈ**2lager** *n* reception camp.

ˈ**auffärben** redye.

ˈ**auffassen** *v/t. fig.* conceive; (*begreifen*) understand, comprehend; *Bühnenrolle usw.*: interpret, (*deuten*) *a.* read; *falsch* ~ misconceive; *v/i. leicht* ~ be quick of understanding.

ˈ**Auffassung** *f* conception; (*Deutung*) interpretation; (*Fassungskraft*) apprehension; (*Meinung*) opinion, view; *falsche* ~ misconception; *nach meiner* ~ as I see it, from my point of view; *die* ~ *vertreten, daß* hold that; ˈ**~svermögen** *n* perceptive faculty.

auffind|bar [ˈ~fintbaːr] discoverable, traceable; **~en** [ˈ~dən] find out, trace, discover, locate; ˈ**2ung** *f* discovery, finding.

ˈ**auffischen** fish (up).

ˈ**aufflackern** (sn) flare up (*a. fig.*).

ˈ**aufflammen** (sn) flame up.

ˈ**auffliegen** (sn) fly up(wards); *Vogel*: take wing; *Tür*: fly open; *Mine usw.*: explode, (*a. fig.*) burst; *Verein usw.*: be dissolved.

ˈ**aufforder|n** ask, request; (*einladen*) invite; (*drängen*) urge; *anordnend*: order; *bsd.* ⚖ summon; *j-n* ~, *zu inf.* call (up)on a p. to *inf.*; ˈ**2ung** *f* request; invitation; order; *bsd.* ⚖ summons *sg.*

aufforsten [ˈ~fɔrstən] afforest.

ˈ**auffressen** eat up; devour.

ˈ**auffrischen** (25) refresh (*a. sich*; *a. Gedächtnis*); *Bild*: touch up; *Kenntnisse*: brush up; (*wieder*) ~ *Andenken, Kummer*: revive.

ˈ**aufführ|en** *Bau*: erect, build; *Schauspiel*: perform, act, *a. Film*: present, show; (*aufzählen*) enumerate; *in e-r Liste*: state, show, list; *Zeugen*: produce; put forward; *einzeln* ~ specify, *Am.* itemize; *sich* ~ behave; ˈ**2ung** *f* erection; *thea.* performance; *Film*: showing; (*Darbietung*) show; enumeration; entry; specification; (*Benehmen*) conduct; *von Zeugen*: production; ˈ**2ungsrecht** *n* performing rights *pl.*

ˈ**auffüllen** fill (*od.* top) up, refill; *Vorräte usw.*: replenish.

ˈ**Aufgabe** *f* (*Arbeit*) task, assignment, job; (*Pflicht*) duty, function; (*Sendung*) mission; (*Denk2*) problem; (*Schul2*) lesson, task; *e-s Briefes*: posting, *Am.* mailing; *von Gepäck*: booking, *Am.* checking; *von Telegrammen*: dispatch; ⚕ (*Mitteilung*) advice; *e-s Amtes*: resignation; (*Preisgabe*) abandonment; (*Geschäfts2*) giving up business; *Tennis*: service; *es sich zur* ~ *machen, zu inf.* make it one's business to *inf.*

aufgabeln *fig.* [ˈ~gaːbəln] pick up.

ˈ**Aufgabe|nheft** *n* book for homework notes; ˈ**~nkreis** *m* scope of duties, functions *pl.*; ˈ**~schein** *m* certificate of delivery, receipt; ˈ**~zeit** *f* time of dispatch.

ˈ**Aufgang** *m* ascent; *ast.* rising, rise; (*Treppe*) staircase.

ˈ**aufgeben** *Sache, Geschäft, Geist, Gewohnheit, Kranke, im Sport usw.*: give up; *Amt*: resign; *Anspruch*: give up, waive; *Anstellung*: quit; *Brief*: post, *Am.* mail; *Gepäck*: book, register, *Am.* check; *Anzeige*: insert, run; *Telegramm*: dispatch; ⚕ *Bestellung*: give, place; (*mitteilen*) advise; *Preise*: quote; *Aufgabe*: set, assign; *Rätsel*: ask, set; *Tennis*: serve; *j-m e-e Aufgabe* ~ set a p. a task; (*es, den Kampf, das Spiel usw.*) ~ give in (*od.* up).

aufgeblasen [ˈ~gəblaːzən] puffed up; *fig.* arrogant; bumptious.

ˈ**Aufgebot** *n* public notice; ⚔ levy, (*Streitmacht*) body (of men); (*Ehe2*) banns *pl.*; (*stattliche Reihe*) array; *das* ~ *bestellen* ask the banns.

aufgebracht ['~gəbraxt] angry (*über et.* at, about; *über j-n* with).
'**aufgedonnert** F dressed up to the nines, dolled up.
aufgedunsen ['~gədunzən] bloated.
'**aufgehen** (sn) (*sich öffnen*) open; *Knoten usw.*: come undone, get loose; *Naht*: come open; ♐ leave no remainder; *Eis, Geschwür*: break (up); *Teig, Gestirn, Vorhang*: rise; *Pflanze*: come up; *fig.* prove right; ~ *in et. Größerem* be merged in; ~ *in e-r Arbeit, e-m Gedanken* be absorbed (*od.* wrapt up) in; *in Flammen* ~ go up in flames; *in Rauch* ~ end in smoke; *die Augen gehen mir auf, mir geht ein Licht auf* I begin to see daylight; *5 geht nicht in 9 auf* five will not divide into nine.
aufgeklärt ['~gəklɛ:rt] enlightened; '**2heit** *f* enlightenment.
aufgeknöpft ['~gəknœpft] F affable, chatty, expansive.
aufgekratzt ['~gəkratst] F in high spirits, chipper.
aufgelegt ['~gəle:kt] disposed (*zu* for *a th.*; to *do*), inclined (to); ~ *sein (zu)* be in the mood (to), feel like (*doing*); *gut (schlecht)* ~ in a good (bad) mood; F ~*er Schwindel* blatant swindle.
aufgeräumt *fig.* ['~gərɔʏmt] in high spirits, cheerful.
aufgeregt ['~gəre:kt] excited; *als Charaktereigenschaft*: excitable.
aufgeschlossen *fig.* ['~gəʃlɔsən] open-minded; open (*dat.* to); (*mitteilsam*) communicative; '**2heit** *f* open-mindedness.
aufgeschmissen F ['~ʃmisən]: ~ *sein* be stuck.
aufgeweckt *fig.* ['~gəvɛkt] bright.
aufgeworfen ['~gəvɔrfən] *Lippe*: pouting; *Nase*: turned-up.
'**aufgießen** pour (*auf acc.* upon); *Tee*: infuse, make.
'**aufgliedern** subdivide, break down.
'**aufgraben** dig up.
'**aufgreifen** *et.*: snatch up; *j-n*: pick up, seize; *fig.* take up.
'**Aufguß** *m* infusion.
'**aufhaben** *Hut usw.*: have on; *Tür*: have open; *Aufgabe*: have to do.
'**aufhacken** hoe up; pick.
'**aufhaken** unhook.
'**aufhalten** *Tür usw.*: keep open; (*anhalten*) stop; *j-n*: hold up (*a. Auto, Verkehr*), detain; (*hemmen*) check, stay; (*verzögern*) delay, retard; *sich* ~ (*Reise unterbrechen*) stop; (*wohnen, verweilen*) stay, dwell (*fig. bei et.* on); *sich* ~ *über (acc.)* find fault with; *ich kann mich damit nicht* ~ I cannot waste any time on it.
'**aufhäng|en** hang (up); ⊕ suspend (*an dat.* from); *fig. j-m et.* ~ palm off a th. on a p.; **2er** ['~hɛŋər] *m* (7) (*Rock2*) tab; '**2ung** *f* suspension.
'**aufhäufen** pile up, heap up, (*a. sich* ~) accumulate.
'**Aufhäufung** *f* accumulation.
'**aufheb|en** (*emporheben*) lift (up), raise, *vom Boden*: pick up; *Belagerung, Blockade, Maßnahme usw.*: raise; (*bewahren*) keep, preserve; *Vertrag usw.*: cancel, annul, abolish, *zeitweilig*: suspend; *Erlaß, Verbot*: cancel, remove; *Gesetz*: repeal, abrogate; *Urteil*: quash; *Verlobung*: break off; *Ehe*: annul; *Versammlung*: break up; *Wirkung*: cancel, neutralize; *sich gegenseitig* ~ cancel each other out; *die Tafel* ~ rise from the table; *viel 2s machen (von)* make a fuss (about); *gut aufgehoben sein* be well taken care of; '**2ung** *f e-r Belagerung usw.*: raising; (*Abschaffung*) abolition; *e-s Gesetzes*: repeal; *e-s Vertrages, der Ehe usw.*: annulment; *e-r Versammlung*: breaking up.
'**aufheitern** (29) cheer (up); *sich* ~ *Wetter*: clear up, *Gesicht*: brighten.
'**aufhelfen:** *j-m* ~ help a p. up.
'**aufhellen** (25) (*a. sich*) brighten, clear (up), lighten; *fig.* clarify.
'**aufhetz|en** *j-n*: incite, instigate, stir up; ~ *gegen* set *a p.* against; '**2er(in** *f*) *m* instigator; '**2ung** *f* instigation, incitement; *pol.* agitation, fomenting.
'**aufheulen** yowl.
'**aufholen** *v/t.* make up (for); *v/i.* pull up; ⚓ haul (*od.* hoist) up.
'**aufhorchen** listen attentively; *fig.* sit up and take notice.
'**aufhören 1.** (*zu Ende gehen*) cease; (*ablassen*; *a.* ~ *mit*) cease, stop; leave off, have done (with); ~ *zu inf.* cease to *inf. od. ger.*, stop, leave off, *Am.* quit *ger.*; F *da hört doch alles auf!* that's the limit!; *hör auf damit!* stop it!; **2.** 2 *n* (6) cessation, stop.

ˈ**aufjauchzen** shout with joy.
ˈ**Aufkauf** *m* buying up; ˈ**2en** buy up; *um zu spekulieren*: corner.
ˈ**Aufkäufer** *m* speculative buyer, forestaller.
ˈ**aufklappen** *Buch, Messer*: open; *Sitz*: tip up.
ˈ**aufklär|en** clear up (*a. sich* ∼); *j-n*: enlighten (*über acc.* on), (*unterrichten*) inform (about); ⚔ (*a. v/i.*) reconnoit|re, *Am.* -er, scout; *alles hat sich aufgeklärt* everything has been explained; ˈ**2er** *m* (7) enlightener (*a.* ˈ**2erin** *f*); ⚔ scout; ˈ**2ung** *f* clearing-up; (*Erklärung*) explanation; (*Bildung*) enlightenment; *hist. the* Enlightenment; ⚔ reconnaissance; *sexuelle* ∼ sex enlightenment.
ˈ**Aufklärungs|flugzeug** *n* scout plane; ˈ**∼zeit·alter** *n* Age of Enlightenment.
ˈ**aufkleben** paste, stick (*auf acc.* to, on).
ˈ**aufklinken** (25) unlatch.
ˈ**aufknacken** crack (open).
ˈ**aufknöpfen** unbutton; *s. aufgeknöpft.*
ˈ**aufknüpfen** (*lösen*) untie; *j-n*: hang.
ˈ**aufkochen** *v/t. u. v/i.* (sn, h.) boil (up); *v/t.* ∼ (*lassen*) bring to the boil.
ˈ**aufkommen 1.** (sn) (*aufstehen*) get up, rise; *Wind*: spring up; *Wetter*: come up; (*genesen*) recover (*von* from); *Mode, Brauch*: come into fashion *od.* use; *Gedanke*: arise; *für et.* ∼ answer for; *für die Kosten* ∼ pay, defray; *für den Schaden*: compensate for, make good; *für Schulden, Verluste*: make o.s. liable for; *gegen j-n* ∼ prevail against; *Zweifel* ∼ *lassen* give rise to; *j-n nicht* ∼ *lassen* give a p. no chance; *keinen* ∼ *lassen* admit no rival; **2.** 2 *n* (6) (*Entstehen*) rise; (*Erscheinen*) advent; (*Genesung*) recovery; (*Steuer*2) (tax) yield.
ˈ**aufkrempeln** *Hose, Hutrand*: turn up; *Ärmel*: tuck up.
ˈ**aufkreuzen** F *fig. v/i.* (sn) turn up.
ˈ**aufkriegen** F *s. aufbekommen.*
ˈ**aufkündig|en** *s. kündigen*; *Kapital*: recall; *Freundschaft*: renounce, *s. a. absagen*; *Gehorsam*: refuse; ˈ**2ung** *f* warning, notice.
ˈ**auflachen** burst out laughing.
ˈ**aufladen** load; ⚡ charge; *Motor*: boost, supercharge; *j-m et.* ∼ burden (*od.* charge) a p. with a th.; *sich et.* ∼ saddle o.s. with a th.
ˈ**Auflader** *m* loader, packer; *e-s Motors*: supercharger, *Am.* booster.
ˈ**Auflage** *f* (*Steuer*) tax, duty; (*amtlicher Befehl*) injunction; (*Bedingung*) condition; *e-s Buches*: edition; *e-r Zeitung* (*a.* ˈ**∼nziffer** *f*) circulation, run; (*Schicht*) layer; (*Stütze*) rest, support.
ˈ**auflass|en** leave open; ⚖ convey; ˈ**2ung** ⚖ *f* conveyance.
ˈ**auflauern:** *j-m* ∼ lie in wait for a p.
ˈ**Auflauf** *m* gathering of people, crowd; ⚖ unlawful assembly; (*Tumult*) riot; *Speise*: soufflé (*fr.*).
ˈ**auflaufen** *v/i.* (sn) rise, swell; *Summen*: accumulate, run up; *Zinsen usw.*: accumulate, accrue; ⚓ run aground; *v/t. sich die Füße* ∼ get footsore.
ˈ**aufleben 1.** *v/i.* (sn): (*wieder*) ∼ (*lassen*) revive; **2.** 2 *n* (6) revival.
ˈ**auflegen** put, lay (*auf acc.* on); *Buch*: print, publish; *wieder* ∼ reprint; *Schiff, Waren*: lay up; *Zeitung*: lay out; *Last*: impose (*j-m* on a p.); *Strafe*: inflict (*j-m* on a p.); *Feuerung*: put on; *teleph.* (*v/i.*) ring off; *sich* ∼ lean (*auf acc.* on); *Schminke* ∼ lay on rouge; *teleph.* (*den Hörer*) ∼ hang up (the receiver).
ˈ**auflehn|en** (*a. sich*) lean (*auf acc.* on); *fig. sich* ∼ (*gegen*) rebel, revolt (against); ˈ**2ung** *f* rebellion.
ˈ**auflesen** gather, pick up (*a.* F *fig.*); *Ähren*: glean.
ˈ**aufleuchten** flash (*od.* light) up.
ˈ**aufliegen** lie *od.* lean (*auf dat.* on); *zur Besichtigung usw.*: be laid out (*zu* for); ⚕ *sich* ∼ get bedsore.
ˈ**auflockern** loosen; ⚔, *a.* ✝ disperse.
ˈ**auflodern** (sn) blaze up.
ˈ**auflösbar** solvable; ⚗ soluble.
ˈ**auflösen** *Knoten*: undo, untie; *Versammlung*: break up; *Heer usw.*: disband; *Salz usw., Ehe, Geschäft, Parlament, Verein usw.*: dissolve (*a. sich*); (*sich*) *in s-e Bestandteile* ∼ disintegrate; *e-e Verbindung*: sever; *Firma, Geschäft*: wind up, liquidate; *Rätsel,* 𝔄 *Gleichung, Klammer*: solve; 𝔄 *Bruch*: reduce; *gr.,* ⚗ analyse; *aufgelöst fig.* (*außer Fassung*) upset.

'**Auflösung** *f vgl.* *auflösen*: (dis-)solution; disbandment; liquidation; disintegration; '**~szeichen** ♪ *n* natural.

'**aufmach|en** open; *Kleid, Paket usw.*: *a.* undo; *Schirm*: put up; (*zurechtmachen*) get up; *Geschäft*: open; *sich ~ Wind*: rise; *Wanderer usw.*: set out (*nach* for); (*die Tür*) *~*, *wenn es läutet*: answer the door; ⊕ *Dampf ~* get up steam; '**≗ung** *f* (*Äußeres*) make-up (*a. e-s Buches, e-r Zeitung*), get-up; *fig.* display, splash; *in großer ~ herausbringen* highlight.

'**Aufmarsch** *m* marching-up; ⚔ concentration; *zur Gefechtslinie*: deployment; (*Parade*) parade, marchpast; '**≗ieren** (sn) draw up; form into line; *zur Gefechtslinie*: deploy (*a. ~ lassen*).

'**aufmerken** attend, pay attention (*auf acc.* to); *s. aufhorchen*.

'**aufmerksam** attentive (*auf acc.* to); *fig.* (*zuvorkommend*) kind (*gegen* to); *j-n ~ machen auf* (*acc.*) call a p.'s attention to; '**≗keit** *f* attention (*a. fig.*); *fig.* (*Höflichkeit*) kindness; (*kleines Geschenk*) small token; *s-e ~ richten auf* (*acc.*) focus one's attention on; *~ schenken* (*dat.*) pay attention to.

'**aufmöbeln** F pep up.

'**aufmunter|n** (29) rouse; *fig.* (*ermutigen*) encourage; (*aufheitern*) cheer up; '**≗ung** *f* encouragement.

'**aufnäh|en** sew (*auf acc.* on); (*verkürzen*) tuck; '**≗er** *m im Kleid*: tuck.

Aufnahme ['~na:mə] *f* (15) *der Arbeit, v. Kapital*: taking up; (*Empfang; geistige ~*) reception; (*Zulassung*) admission; (*Einbeziehung*) inclusion; *~ v. Beziehungen*: establishing; *v. Nahrung*: intake; *v. Schulden*: contraction; *surv.* survey; *geogr.* mapping out; *phot. Vorgang*: taking, *Film*: shooting; *Bild*: photo(graph), *bsd. Film*: shot; (*Ton≗*) recording; *e-e ~ machen* take a photograph *od.* picture, shoot a film; '**≗fähig** capacious; *geistig*: receptive (*für* of); '**~fähigkeit** *f* capacity; *geistige*: receptivity; '**~gebühr** *f* admission (*Am.* initiation) fee; '**~gerät** *n phot., Film*: pick-up unit; (*Ton≗*) recorder; '**~leiter** *m Film*: production manager; '**~prüfung** *f* entrance examination.

'**aufnehmen** take up; *vom Boden*: pick up; *j-n*: take in; *Diktat, Stenogramm*: take (down); *geistig*: take in; *Gast*: receive; *phot.* take (*j-n* a p.'s picture); *Film*: shoot; *auf Tonband usw.*: record; *Geld*: borrow; *Anleihe*: raise; *Verzeichnis, Protokoll*: draw up; *Verbindung*: establish; *in e-e Liste usw.*: enter; ⚗ absorb (*a. fig.*); *surv.* survey; *geogr.* map out; *gut* (*übel*) *~* take well (ill); *in e-n Verein ~* admit to (*od.* enrol[l] in) a club; *in sich ~* absorb; *es ~ mit* cope with, be a match for; *wieder ~ e-e Rede*: resume.

'**aufnötigen:** *j-m et. ~* force upon a p.

'**auf-opfer|n**, '**≗ung** *f* sacrifice.

'**aufpass|en** *v/i.* attend (*auf acc.* to); (*beobachten*) watch; (*aufmerken*) be attentive; *paß auf!*, *aufgepaßt!* attention!, (*Vorsicht!*) look out!; *paß* (*mal*) *auf!* look (*Am.* see) here!; *auf j-n ~* take care of a p.; '**≗er**(**in** *f*) *m* (12) watcher; (*Spion*) spy.

'**aufpeitschen** whip up; *j-n, Nerven*: rouse, stimulate.

'**aufpflanzen** set up; *Seitengewehr*: fix; *sich ~* plant o.s.

'**aufplatzen** (sn) burst (open).

'**aufpolieren** polish up (*a. fig.*).

'**aufprägen** imprint, stamp (*dat.* on).

aufprallen ['~pralən] (sn) bound, bounce (*auf acc.* against); *~ auf a.* strike.

'**aufprobieren** try on.

'**aufpumpen** pump (*od.* blow) up.

'**Aufputz** *m* attire, get-up; '**≗en** dress (*od.* smarten) up.

'**aufraffen** snatch up; *sich ~* pull o.s. together (*zu* for), brace o.s. up (for); *vom Krankenbett*: recover.

'**aufragen** tower up, loom (up).

'**aufräumen** *v/t.* put in order; *Zimmer*: tidy (up), *Am.* straighten up; (*wegräumen*) clear away; *v/i. ~ mit et.* do away with; *~ unter* (*dat.*) play havoc among.

'**aufrechnen** reckon up; (*gegen*) set off (against).

'**aufrecht** upright (*a. fig.*), erect; '**~erhalten** maintain, uphold; '**≗erhaltung** *f* maintenance.

'**aufreg|en** excite; (*ärgern*) irritate; *s. aufgeregt*; '**≗ung** *f* excitement, agitation.

'**aufreiben** rub sore, gall; (*ver-*

schleißen) wear out; (*vernichten*) wipe out; (*sich*) ~ *fig.* wear (o.s.) out, worry (o.s.) to death; ˈ**~d** exhausting, wearing.

ˈ**aufreihen** thread, string.

ˈ**aufreißen** *v/t.* rip (*od.* tear) open; *Tür*: fling open; *Straße*: take up; *Augen usw.*: open (wide); *v/i.* (sn) split open, burst.

ˈ**aufreiz|en** incite, provoke, stir up; ˈ**~end** provocative; *Rede*: inflammatory; ˈ**2ung** *f* incitement, instigation.

ˈ**aufrichten** set up, erect; (*aufhelfen*) help up; (*trösten*) comfort; *sich* ~ arise, straighten o.s.; *im Bett*: sit up.

ˈ**aufrichtig** sincere; upright; ˈ**2keit** *f* sincerity, uprightness.

ˈ**aufriegeln** unbolt.

ˈ**Aufriß** *m* lay-out; (*äußere Ansicht*) elevation; (*Skizze*) sketch; ⚒ vertical section.

ˈ**aufritzen** slit (*od.* rip) open; *die Haut*: scratch open.

ˈ**aufrollen** roll up; (*entfalten*) unroll.

ˈ**aufrücken** (sn) move up, advance; *im Rang usw.*: be promoted; ⚔ *in Reih und Glied*: close the ranks.

ˈ**Aufruf** *m* call, summons; *an die Bevölkerung*: proclamation; ˈ**2en** call up; *j-n zu et.*: call upon; *einzeln beim Namen*: call over; *Banknoten usw.*: call in; *zum Streik* ~ call a strike.

Aufruhr [ˈ~ruːr] *m* (3) rebellion, revolt; (*Meuterei*) mutiny; (*Tumult*) riot; *fig.* uproar.

ˈ**aufrühren** stir up; *alte Geschichte*: rake up; *Erinnerungen*: revive.

ˈ**Aufrührer** *m* (7), ˈ**~in** *f* rebel, insurgent, mutineer; ˈ**2isch** rebellious; *Rede*: inflammatory.

aufrunden [ˈ~rundən] round off.

ˈ**aufrüst|en** ⚔ (re)arm; ˈ**2ung** *f* (re)armament.

ˈ**aufrütteln** shake up; *aus dem Schlaf usw.*: rouse (up).

ˈ**aufsagen** say, repeat; *Gedicht*: recite; *s. aufkündigen.*

ˈ**aufsammeln** pick up, collect.

aufsässig [ˈ~zɛsiç] restive; (*widerspenstig*) refractory, rebellious.

ˈ**Aufsatz** *m* essay; (*Schul2*) essay, *Grundschule*: composition; (*Zeitungs2*) article; *e-s Schrankes usw.*: top; (*Tafel2*) epergne, cent|re- (*Am.* -er)-piece.

ˈ**aufsaug|en** suck up; ⚗ *u. fig.* absorb; ˈ**2ung** *f* absorption.

ˈ**aufschauen** look up (*zu* to; *a. fig.*).

ˈ**aufscheuchen** scare.

ˈ**aufscheuern** scour; *Haut*: chafe.

ˈ**aufschichten** pile up, stack (up).

ˈ**aufschieben** push open; *fig.* put off; defer, postpone; *zögernd*: delay; *auf kurze Zeit*: adjourn.

ˈ**aufschießen** (sn) shoot up; (*schnell wachsen*) grow tall; *hoch aufgeschossen* lanky, gangling.

ˈ**Aufschlag** *m* striking (*auf acc.* [up]on *a th.*); *e-s Geschosses*: impact; (*Rock2*) lapel; (*Ärmel2*) cuff; (*Hosen2*) turn-up; (*Preis2*) increase, (*Zuschlag*) additional charge; (*Steuer2*) additional duty; *Tennis*: (*a.* ˈ**~ball** *m*) service, (*~art*) serve.

ˈ**aufschlagen** *v/t.* (*öffnen*) break open; *Ei*: crack; *Karte, Hosen, Ärmel usw.*: turn up; (*errichten*) put up; *Zelt*: pitch; *Buch, Augen*: open; *Wohnsitz*: take up; *sein Hauptquartier* ~ *in* (*dat.*) make one's headquarters at; *sich den Kopf usw.* ~ bruise one's head *etc.*; *v/i.* (sn) strike (violently) (*auf acc.* [up]on); † rise in price; *Tennis*: serve.

ˈ**aufschließen** unlock, open (*a. fig.*); ⚗ disintegrate; *fig. sich j-m* ~ open one's heart to.

ˈ**aufschlitzen** slit, rip up.

ˈ**Aufschluß** *m fig.* information; ⚗ disintegration; ˈ**2reich** informative, revealing.

ˈ**aufschlüsseln** subdivide, break down; *Kosten*: allocate.

ˈ**aufschnallen** unbuckle; (*anschnallen*) buckle (*od.* strap) on (*auf acc.* to).

ˈ**aufschnappen** *v/t.* snap up; *fig.* pick up; *v/i.* spring open.

ˈ**aufschneid|en** *v/t.* cut open; *Braten*: cut up, carve; *v/i. fig.* brag, boast, show off; ˈ**2er** *m* (7) braggart, boaster; **2erei** [~ˈraɪ] *f* (16) brag(ging), boast(ing).

ˈ**Aufschnitt** *m*: *kalter* ~ (slices *pl.* of) cold meat, *Am.* cold cuts *pl.*

ˈ**aufschnüren** untie; *Schuh*: unlace; *Knoten*: undo.

ˈ**aufschrauben** screw (*auf acc.* on); (*losschrauben*) unscrew, loosen.

ˈ**aufschrecken** *v/t.* frighten up; *v/i.* (sn) start up.

ˈ**Aufschrei** *m* cry, yell, scream; *fig.* outcry.

'aufschreiben write down, make a note of; *amtlich*: book; *j-n polizeilich* ~ take a p.'s name.
'aufschreien cry out, scream.
'Aufschrift *f* inscription; (*Überschrift*) heading; *e-s Briefes*: address, direction; *e-r Flasche usw.*: label.
'Aufschub *m* deferment; (*Verzögerung*) delay; *beabsichtigter*: adjournment; *gewährter*: respite; ⚖ *der Vollstreckung*: reprieve.
'aufschürfen *Haut*: graze, skin.
'aufschütteln shake up.
'aufschütten pour (*od.* put) on; *Sand usw.*: heap up; *Damm*: raise.
'aufschwatzen: *j-m et.* ~ talk a p. into buying a th.; *Ware*: palm off a th. on a p.
'aufschwellen (sn) swell (up).
'aufschwemmen bloat.
'aufschwingen: *sich* ~ soar (up), rise; *fig. sich* ~ *zu* brace o.s. up for.
'Aufschwung *m Turnen*: upward circle; *fig.* rise, *Am.* upswing, *bsd.* ⚕ boom; (*Besserung*) improvement; *e-n* ~ *nehmen* receive a fresh impetus, revive.
'aufsehen 1. look up (*zu* to; *a. fig.*); **2.** ♀ *n* (6) sensation, stir; ~ *erregen* cause a sensation, make a stir; **'~erregend** startling, sensational.
'Aufseher *m* (7), **'~in** *f* (16[1]) overseer, inspector; (*Wächter*) guard, attendant.
'aufsein (sn) be up; *Tür usw.*: be open.
'aufsetzen (*aufrichten*) set up; *Hut, Kessel, Flicken usw., Miene*: put on; (*schriftlich abfassen*) draw up, compose; *Telegramm, Urkunde*: draft; make out; *s. Horn*; *sich* ~ sit up; *s-n Kopf* ~ be obstinate; *Schneiderei*: *aufgesetzte Taschen pl.* patch pockets; *v/i.* ✈ touch down.
'Aufsicht *f* inspection, supervision, control; (*Polizei*♀) surveillance; (*Fürsorge*) care; **'~sbe·amte** *m* supervisor, inspector; **'~sbehörde** *f* board of control, supervising authority; **'~sdame** *f*, **'~s·herr** *m im Geschäft*: shop- (*Am.* floor-)walker; **'~srat** *m* ⚕ supervisory board.
'aufsitzen sit, rest (*auf dat.* on); *nachts*: sit up; *Reiter*: (sn) mount; *fig.* F (sn) be taken in (*j-m* by); *j-n* ~ *lassen* let a p. down.
'aufspalt|en *v/t. u. v/refl.* (sn) split up, cleave; ⚗ disintegrate; **'♀ung** *f biol. e-r Zelle*: fission; ⚗ disintegration.
'aufspannen stretch; *Schirm*: put up; *Saite*: put on; *Segel*: spread.
'aufsparen save; *fig.* reserve.
'aufspeicher|n (29) store up; **'♀ung** *f* storage.
'aufsperren open wide; (*aufschließen*) unlock; *fig. s. Mund.*
'aufspielen *v/t. u. v/i.* strike up; *sich* ~ put on airs; *sich* ~ *als* pose as, set up for.
'aufspießen spit; (*durchbohren*) pierce; *mit den Hörnern*: gore.
'aufsprengen burst (*od.* force) open; *mit Pulver*: blow up.
'aufspringen (sn) leap up, jump up; (*landen*) land; *Ball*: bounce; *Knospe, Tür usw.*: burst open; (*rissig werden*) crack; *Haut*: chap; (*auf e-n Zug*) ~ jump on (to a train).
'aufspritzen splash up.
'aufsprudeln bubble up.
'aufspulen (25) wind (up), reel.
'aufspüren *a. fig.* hunt up, track down; ferret out.
'aufstacheln goad (*a. fig.*); *fig.* incite, *bsd. b.s.* instigate.
'aufstampfen stamp (one's foot *od.* feet).
'Aufstand *m* insurrection, rebellion, uprising, revolt.
aufständisch ['~ʃtɛndiʃ] rebellious; *ein* ♀*er* an insurgent, a rebel.
'aufstapeln (29) pile up, stack (up); ⚕ store up.
'aufstechen puncture, prick open; *Geschwür*: lance.
'aufstecken fix; *mit Nadeln*: pin up; *Haar, Gardine usw.*: put up; F (*aufgeben*) give up (*a. v/i.*); *j-m ein Licht* ~ open a p.'s eyes (*über acc.* to).
'aufstehen (sn) stand up; rise, *bsd. aus dem Bett*: get up; *vom Sitz*: rise to one's feet; (*offenstehen*; *mst* h.) stand open; *von e-r Krankheit*: recover; *Volk*: rise, revolt.
'aufsteigen (sn) rise, ascend; *Flugzeug*: take the air, take off; *Reiter*: mount; *Gefühl*: well up; *ein Gedanke* (*Verdacht*) *stieg in mir auf* a thought struck me (I had a suspicion).
'aufstell|en set up; ⚔ *usw.* line up, *Wachposten*: post, station, *Einheit*: organize; *Behauptung*: make; *Bei-*

spiel: set; *Bildsäule usw.*: erect; *Falle*: set; *als Kandidaten*: nominate; *Leiter*: raise; *Maschine*: set up, mount; *Liste*: make out; *Rechnung*: draw (*od.* make) up; *Kosten*: specify; *Grundsatz*: lay down; *Problem, Regel*: state; *Lehre, Theorie*: propound, advance; *Rekord*: set, establish; *Waren*: expose; *Mannschaft*: compose; *sich* ~ take one's stand, place o.s.; *sich* ~ *lassen für e-n Sitz im Parlament* stand (*Am.* run) for; ˈ**2ung** *f* setting up (*a.* ⊕); (*Anordnung*) formation (*a.* ⚔); *Sport*: team composition; *e-r Behauptung*: assertion; *pol.* nomination; mounting; ✝ statement (of account); (*Liste*) list, schedule.

Aufstieg [ˈ~ʃti:k] *m* (3) ascent, *Am. mst* ascension; *fig.* rise; (*Beförderung*) promotion.

ˈ**aufstöbern** *Wild*: start, rouse; *fig.* ferret out, hunt up.

ˈ**aufstören** rouse up, disturb.

ˈ**aufstoßen** *v/t. Tür usw.*: push open; ~ *auf* (*acc.*) knock against; *v/i.* (h. *u.* sn) *Speise*: rise up, repeat; *P.*: belch; ⚓ run aground; ~ *auf* (*acc.*) strike on; *fig. j-m*: meet with *a th.*, come across *a th.*

ˈ**aufstreben** rise, tower up; *fig.* aspire.

ˈ**aufstreichen** *auf Brot*: spread.

ˈ**aufstreuen** strew (*auf acc.* on).

ˈ**Aufstrich** *m beim Schreiben*: upstroke; *auf Brot*: spread.

ˈ**aufstülpen** turn up; *sich den Hut* ~ clap on one's hat.

ˈ**aufstützen** (*stützen*) prop up; *sich* ~ *auf* (*dat. u. acc.*) lean (up)on *the table etc.*

ˈ**aufsuchen** search for; *in e-m Buche*: look up; *j-n* ~ (go to) see a p., look a p. up; *Ort*: visit; *vom Boden*: pick up.

ˈ**auftakeln** rig; *fig. sich* ~ rig o.s. up; *aufgetakelt s. aufgedonnert.*

ˈ**Auftakt** *m* ♪ upbeat, pickup; *fig.* prelude (to *zu*).

ˈ**auftauchen** (sn) emerge, appear, turn up; *U-Boot*: surface; *Frage usw.*: crop up; *Gerücht*: get afloat.

ˈ**auftauen** *v/t.*, *v/i.* (sn) *a. fig.* thaw.

ˈ**aufteilen** divide up, partition; *Land*: parcel out, allot; (*verteilen*) distribute.

auftischen [ˈ~tiʃən] (27) dish up (*a. fig.*), serve up.

Auftrag [ˈ~tra:k] *m* (3[1]) commission; (*Befehl, Pflicht*) charge; (*Weisung*) instruction; (*Sendung*) mission; ⚖ mandate; ✝ (*Bestellung*) order; *v. Farbe*: application; *im* ~ *von* by order of; *abbr. i. A. vor Unterschriften*: on instruction, *im Behördenbrief*: by order; *e-n* ~ *erteilen* give an order; *im* ~ *handeln von* act on (*od.* in) behalf of; ˈ**2en** *Speisen*: serve (up); *Farbe*: lay on; *Kleid usw.*: wear out; *j-m et.* ~ charge a p. with; *fig. dick* ~ lay it on thick; **~geber** [ˈ~tra:k-] *m* employer; (*Besteller*) orderer; (*Kunde*) customer; ⚖ mandator; *Börse*: principal; ˈ**~sbestand** *m* orders in hand; ˈ**~sbestätigung** *f* confirmation of order; ˈ**~sbuch** ✝ *n* order-book; ˈ**~s-erteilung** *f* placing of order; *bei Ausschreibung*: award; contract; ˈ**~sformular** *n* order form, *Am.* blank; ˈ**2sgemäß** as ordered.

ˈ**auftreffen** strike, hit.

ˈ**auftreiben** drive up; (*aufblähen*) swell up, distend; (*beschaffen*) hunt up, get hold of; *Geld*: raise.

ˈ**auftrennen** rip (up); *Naht*: undo.

ˈ**auftreten 1.** *v/t. Tür usw.*: kick open; *v/i.* (sn) *leise usw.*: tread; *thea., als Zeuge usw.*: appear (*als* as); *als Redner od. Sänger*: take the floor; (*sich benehmen*) act, behave; *fig.* (*eintreten*) occur; *Schwierigkeit usw.*: arise; *plötzlich*: crop up; ~ *als* (*sich brüsten als*) pose as; ~ *gegen* rise against, oppose; *energisch* ~ F put one's foot down; *thea. zum ersten Mal* ~ make one's debut; **2.** 2 *n* (6) (*Erscheinen*) appearance; (*Vorkommen*) occurrence; *bsd. e-r Krankheit*: incidence; (*Benehmen*) behavio(u)r, demeano(u)r, bearing.

ˈ**Auftrieb** *m phys. u. fig.* buoyancy; ✈ lift; (*Anstoß*) impetus; *neuen* ~ *verleihen* give a fresh impetus (*dat.* to).

ˈ**Auftritt** *m thea.* scene; *e-s Schauspielers*: appearance; *fig. einen* ~ *mit j-m haben* have a row with a p.; *j-m einen* ~ *machen* make a p. a scene.

ˈ**auftrumpfen** *fig.* put one's foot down.

ˈ**auftun** open (*a. sich* ~); F *sich* ~ *Verein usw.*: get started.

ˈ**auftürmen** pile (*od.* heap) up; *sich*

~ tower up; *Schwierigkeiten usw.*: mount (up), accumulate.
'**aufwachen** (sn) awake, wake up.
'**aufwachsen** (sn) grow up.
'**aufwallen** (sn) boil up; *See*: rage; *Blut, Leidenschaft*: boil.
Aufwand ['~vant] *m* (3) expense, (*a. fig.*) expenditure (*an dat.* of); (*Prunk*) pomp; *von Worten, Luxus*: display.
'**aufwärmen** warm up; *fig.* bring up again, rake up, rehash.
'**Aufwartefrau** *f* charwoman.
'**aufwarten** *j-m*: wait (up)on, attend on; *bei Tische*: wait; ~ *mit* offer, *fig. a.* come up with.
aufwärts ['~vɛrts] upward(s); (*bergan*) uphill; *Fahrstuhl*: going up!; '**2haken** *m Boxen*: uppercut.
'**Aufwartung** *f* attendance, service; (*Besuch*) visit; *j-m s-e ~ machen* pay one's respects to a p.
'**aufwaschen** wash (up).
'**aufwecken** wake up, (*a. fig.*) rouse.
'**aufweichen** *v/t. u. v/i.* (sn) soften; *mit Flüssigkeit*: soak.
'**aufweisen** show, have.
'**aufwend|en** spend, expend; (*anwenden*) use, apply; *Mühe ~* take pains; *viel Geld ~* go to great expense; '**~ig** costly; large-scale; '**2ungen** *f/pl.* expenditure(s).
'**aufwerfen** *Schanze usw.*: throw up; *Graben*: dig; *Tür usw.*: throw open; *Blasen*: raise; *Frage*: raise, pose; *Kopf*: toss; *sich ~ als* set up for.
aufwert|en ['~ve:rtən] revalorize; '**2ung** *f* revalorization.
'**aufwickeln** (*a. sich ~*) wind (up); *Haar*: curl up, roll up; (*loswickeln*) unwind; *Paket*: unwrap; ⚓ *Tau*: coil.
aufwiegel|n ['~vi:gəln] (29) stir up, incite, instigate; '**2ung** *f* instigation, sedition.
'**aufwiegen** *fig.* outweigh, make up for.
Aufwiegler ['~vi:glər] *m* (7), '**~in** *f* (16[1]) *s. Aufrührer*; '**2isch** *s. aufrührerisch.*
'**Aufwind** ✈ *m* upwind.
'**aufwinden** wind up; *mit e-r Winde usw.*: hoist; *Anker*: weigh.
'**aufwirbeln** whirl up (*a. v/i.*); *Staub*: raise; *fig. viel Staub ~* create quite a stir.
'**aufwischen** mop up.
'**aufwühlen** *Erde*: turn up; *von Schweinen*: root up; *Meer*: toss up; *Seele*: stir, agitate; '**~d** *fig.* heart-stirring.
'**aufzähl|en** enumerate, *Am. a.* call off; *einzeln*: specify, *Am.* itemize; *Geld*: count down; '**2ung** *f* enumeration; specification.
'**aufzäumen** bridle; *s. Pferd.*
'**aufzehren** consume (*a. fig.*), eat up.
'**aufzeichn|en** draw (*auf acc.* upon); (*notieren*) note down; *amtlich*: register, record; *geschichtlich*: chronicle, record; ⊕ *v. Geräten*: record; '**2ung** *f* drawing; note; record; ⊕ recording.
'**aufzeigen** show, point out.
'**aufziehen** *v/t.* draw (*od.* pull) up; *Flagge usw.*: hoist; *Anker*: weigh; (*öffnen*) (pull) open; *Kind*: bring up, *a. Tier*: rear, breed; *Bild usw.*: mount; *Perlen usw.*: thread; *Pflanze*: cultivate; *Saite*: put on; *Uhr*: wind up; F *j-n*: chaff, tease, F kid; *fig. andere Saiten ~* change one's tune; *v/i.* (sn) ⚔ draw up; *Gewitter*: approach.
'**Aufzucht** *f* breeding.
'**Aufzug** *m* procession, parade; *thea.* act; ⊕ hoist; (*Fahrstuhl*) lift, *Am.* elevator; (*Gewand*) attire, F get-up; (*Pomp*) show, pomp; *Turnen*: pull-up.
'**auf|zwängen** force open; '**~zwingen:** *j-m et.*: force upon a p.
Aug-apfel ['auk-] *m* (7[1]) eyeball; *fig.* apple of the eye.
Auge ['augə] *n* (10) eye; (*Sehkraft*) sight; ♀ bud; *auf Karten, Würfeln*: pip, spot; *ganz ~ sein* be all eyes; *fig. ~ um ~* an eye for an eye; *in m-n ~n* in my view; *nur fürs ~* just for show; *et. im ~ behalten* keep one's eye on, keep in mind; *j-m schöne ~n machen* give a p. the glad eye; *aus den ~n verlieren* lose sight of; *aus den ~n, aus dem Sinn* out of sight, out of mind; *bei et. ein ~ zudrücken* wink at, turn a blind eye to; *j-m ins ~ fallen od. in die ~n stechen* catch (*od.* strike) a p.'s eye; *ins ~ fallend* striking, evident, obvious; *große ~n machen* gape, stare; *Ziel usw. ins ~ fassen* envisage; *j-m ins ~ sehen* look a p. full in the face; *e-r Gefahr (Tatsache) ins ~ sehen* look a danger (fact) in the face, envisage a danger (fact); *unter vier ~n* face to face,

privately; *vor* ~*n führen* demonstrate; *vor* ~*n haben* have in view; *sich vor* ~*n halten* bear in mind; *kein* ~ *zutun* not to get a wink of sleep; *s. blau.*

äugeln [ɔʏgəln] (29) ogle.

ˈ**Augen|-arzt** *m* oculist; ˈ**~blick** *m* moment, instant; *alle* ~*e* every now and then; *im* ~ at the moment, at present, (*im Nu*) in the twinkling of an eye; *im ersten* ~ at the first moment; *in diesem* ~ at this moment *od.* instant; ˈ**♀blicklich** instantaneous, immediate; (*vorübergehend*) momentary; (*gegenwärtig*) present; *adv.* instantaneously, immediately, instantly; at (*od.* for the) present; ˈ**~braue** *f* eyebrow; ˈ**~-entzündung** *f* inflammation of the eye; ˈ**♀fällig** conspicuous; *s. augenscheinlich*; ˈ**~glas** *n* eye-glass; ˈ**~höhle** *f* eye-socket, ⚕ orbit; ˈ**~klinik** *f* ophthalmic hospital, *Am.* eye-clinic; ˈ**~leiden** *n* eye-complaint; ˈ**~licht** *n* eyesight; ˈ**~lid** *n* eyelid; ˈ**~maß** *n* sense of proportion; *ein gutes* ~ a sure eye; *nach dem* ~ by eye; ˈ**~merk** *n* attention; (*Ziel*) aim; *sein* ~ *richten auf* (*acc.*) direct one's attention to; ˈ**~nerv** *m* optic nerve; ˈ**~schein** *m* inspection; (*Anschein*) appearance, evidence; *in* ~ *nehmen* inspect; ˈ**♀scheinlich** evident, obvious, apparent; ˈ**~scheinlichkeit** *f* obviousness; ˈ**~schirm** *m* eye-shade; ˈ**~stern** *m* pupil; ˈ**~täuschung** *f* optical illusion; ˈ**~wasser** *n* eye-lotion; ˈ**~weide** *f* feast for the eyes, sight for sore eyes; ˈ**~wimper** *f* eyelash; ˈ**~winkel** *m* corner of the eye; ˈ**~zahn** *m* eye-tooth; ˈ**~zeuge** *m* eye-witness; ~*nbericht* eye-witness report.

...äugig [-ɔʏgiç] ...-eyed.

August [aʊˈgust] *m* (3) *Monat*: August; *im* ~ in August.

Auktion [aʊkˈtsjoːn] *f* (16) auction, public sale; **~ator** [~joˈnɑːtɔr] *m* (8[1]) auctioneer; **~slokal** [aʊkˈtsjoːnslokɑːl] *n* sale-room.

Aula [ˈaʊla] *f* (16[2] *u.* 11[1]) great hall, assembly-hall, *Am.* auditorium.

aus [aʊs] **1.** *prp.* out of; from; of; by; for; on, upon; in; ~ *Achtung* out of respect; ~ *London kommen* come from London; ~ *diesem Grunde* for this reason; ~ *Ihrem Brief ersehe ich* I see by your letter; *von mir* ~ I don't mind, for all I care; **2.** *adv.* out; over; (*erledigt*) done with, finished; ⊕ (*abgeschaltet*) off; *die Kirche ist* ~ church is over; *auf et.* ~ *sein* be set (*od.* bent, keen) on a th.; *es ist* ~ *mit ihm* it is all over (*od.* up) with him; *das Spiel ist* ~*!* the game is up!; *er weiß weder ein noch* ~ he is at his wits' end.

ˈ**aus-arbeit|en** work out, elaborate; (*entwerfen*) prepare, draw up; ˈ**♀ung** *f* preparation, working out, elaboration.

ˈ**aus-arten** (sn) degenerate (*in acc.* into); *Spiel usw.*: get out of hand.

ˈ**aus-atmen** *v/t.* exhale.

ˈ**ausbaden** *fig.* pay (*od.* suffer) for; *die Sache* ~ face the music.

ˈ**ausbaggern** dredge.

ˈ**ausbalancieren** balance (out).

ˈ**Ausbau** *m* development, extension; (*Festigung*) consolidation; *Haus*: (inside) finish; ⊕ (*Abbau*) removal; ˈ**♀en** (*erweitern*) develop, extend; (*fertigstellen*) finish; (*festigen*) consolidate; ⊕ remove.

ˈ**ausbauch|en** (*a. sich*), ˈ**♀ung** *f* bulge.

ˈ**ausbedingen** stipulate; *sich et.* ~ reserve to o.s., (*bestehen auf*) insist on.

ˈ**ausbesser|n** mend, repair, fix; *Bild*: touch up; ˈ**♀ung** *f* mending, repair.

ˈ**Ausbeut|e** *f* gain, profit; (*Ertrag*) yield, output (*a.* ⊕, ⚒); ˈ**♀en** (26) exploit (*allg. a. fig. b.s.*); ˈ**~ung** *f* exploitation (*a. b.s.*).

ˈ**ausbiegen** *v/t.* bend out(wards); *v/i.* turn aside; *j-m, e-m Wagen usw.* ~ make way for.

ˈ**ausbieten** offer (*zum Verkauf* for sale).

ˈ**ausbild|en** develop; *Geist usw.*: cultivate; (*schulen*) train; (*lehren*) instruct, educate; ⚔ (*exerzieren*) drill; ⊕ design; *sich* ~ *zu* train (*od.* study) for; *sich im Gesang* ~ train to be a singer; ˈ**♀ung** *f* development; cultivation; instruction, education; training, ⚔ *a.* drill; ˈ**♀ungslehrgang** *m* training course.

ˈ**ausbitten:** *sich* ~ request; *das bitte ich mir aus* I must insist on this.

ˈ**ausblasen** blow out.

ˈ**ausbleiben 1.** (sn) stay away, fail

to appear *od.* come; (*fehlen*) be wanting; (*nicht*) *lange* ~ be (not) long in coming; es *konnte nicht* ~, *daß* it was inevitable that; **2.** ♀ *n* non-appearance, absence; non-arrival.

'**ausbleichen** (25) *s. bleichen.*

'**ausblenden** *Film, Radio*: fade out.

'**Ausblick** *m* outlook, prospect, view (*auf acc.* of); (*a. fig.*) vista (*auf acc.* of); *fig.* outlook (*in die Zukunft* on).

'**ausbluten** *v/i. Wunde*: cease bleeding; *P.*: bleed to death; *Wunde* ~ *lassen* allow to bleed; *v/t.* bleed to death.

'**ausbohren** bore.

'**ausbooten** (26) disembark; *fig.* [oust.]

'**ausborgen:** *sich et.* ~ borrow (*von* from); *j-m et.* ~ lend to a p.

'**ausbrechen** *v/t.* break out; (*erbrechen*) vomit; *v/i.* (sn) break out (*a. fig. Feuer, Krieg usw.*); *fig.* burst out (*in Gelächter* laughing; *in Tränen* crying); *in Beifall* (*Schweiß*) ~ break into applause (a sweat).

'**ausbreit|en** spread (out); *Macht, Geschäft usw.*: expand; *Lehre*: propagate; *sich* ~ spread; (*ausführlich werden*) enlarge (*über acc.* upon); *s. a. verbreiten*; '♀**ung** *f* spread(ing); expansion; propagation.

'**ausbrennen** *v/t.* burn out; ⚕ cauterize; *v/i.* (sn) cease burning; *Haus usw.*: burn out, be gutted; *ausgebrannt* (*Vulkan*) extinct; *Haus*: gutted; *P.*: exhausted.

'**ausbringen** bring out; *j-s Gesundheit* ~ propose a p.'s health.

'**Ausbruch** *m* outbreak; *e-s Vulkans*: eruption; *e-s Gefangenen*: escape; (*Gefühls*♀) outburst; ⚔ break-out; *fig. zum* ~ *kommen* break out.

'**ausbrüten** hatch (*a. fig.*).

'**Ausbuchtung** *f* bulge.

'**ausbuddeln** dig out.

'**ausbügeln** iron out (*a.* F *fig.*).

'**Ausbund** *m* paragon *of beauty etc.*; *ein* ~ *von Bosheit* a regular demon.

'**ausbürgern** (29) deprive of citizenship; (*ausweisen*) expatriate.

'**ausbürsten** brush out.

'**Ausdauer** *f* perseverance; *im Ertragen*: endurance; *bsd. Sport*: stamina, staying power; (*Zähigkeit*) tenacity; '♀**n** hold out, last; *fig.* persevere; '♀**nd** persevering; tenacious; ♀ perennial.

'**ausdehnbar** extensible; expansible; '♀**keit** *f Länge*: extensibility; *Raum*: expansibility.

'**ausdehnen** (*a. sich*) extend (*auf acc.* to); enlarge; expand; (*strecken*) stretch.

'**Ausdehnung** *f* expansion; *phys.* extension; ⅋ dimension; ⚕ dilatation; (*Umfang*) extent; '~**svermögen** *n* expansive force.

'**ausdenken** (*zu Ende denken*) think out; (*erdenken, a. sich* ~) think out (*Am.* up), contrive, devise, invent, (*vorstellen*) imagine; *nicht auszudenken* inconceivable, (*verheerend*) disastrous.

'**ausdeuten** interpret, explain.

'**ausdienen** serve one's time; *s. ausgedient.*

'**ausdorren** (25) *v/i.* (sn) dry up.

'**ausdörren** *v/t.* dry up, parch; (*versengen*) scorch; *ausgedörrt a.* arid.

'**ausdrehen** *Lampe, Gas*: turn off; *elektr. Licht*: *a.* switch off.

'**Ausdruck** *m* expression; *bsd. fachlicher*: term; *e-m Gefühl usw.* ~ *geben* give utterance (*od.* voice) to; *zum* ~ *bringen* express, voice; *zum* ~ *kommen* be expressed.

'**ausdrück|en** press (out); squeeze out; *Zigarette*: stub (out); *fig.* express (*sich* o.s.); *sich kurz* ~ be brief; '~**lich** express, explicit.

'**ausdrucks|fähig** expressionable; '♀**kraft** *f* expressiveness; '~**los** inexpressive, blank; '~**voll** expressive; '♀**weise** *f* style, diction; *weitS.* language.

'**ausdünst|en** *v/i.* (sn) *u. v/t.* (26) evaporate; *Körper*: transpire, perspire; *v/t.* (*ausatmen*) exhale; (*ausschwitzen*) sweat out; '♀**ung** *f* evaporation; exhalation; (*Schweiß*) perspiration.

aus·ei'nander asunder, apart; separate(d); ~**bringen** separate; ~**fallen** fall asunder; ~**gehen** (sn) come apart; *Versammlung*: break up; *Menge*: disperse; *Freunde usw.*: part (company); *Meinungen*: differ, be divided; ~*d* divergent; ~**halten** keep asunder *od.* apart; *fig.* distinguish between; ~**jagen** scatter; ~**leben** *v/refl.* drift apart; ~**nehmen** take to pieces; ⊕ strip, dismantle; ~**reißen** tear asunder; ~**setzen** put asunder; *fig.* explain; *sich mit j-m* ~ *über Ansichten*: argue with, have an explanation with, *gründlich*: have it out with; (*sich einigen*) come to terms with; *über Ansprüche*: arrange with, ✝ compound with; *sich mit e-m Problem* ~ get down to a problem; **2setzung** *f* exposition, explanation; (*Erörterung*) discussion; (*Streit*) argument, dispute; (*kriegerische*) ~ (armed) conflict; (*Übereinkommen*) arrangement, ✝ composition; **~treiben** *v/t.* disperse, scatter; *mit e-m Keil*: cleave asunder; *v/i.* drift apart.

'aus-erkoren chosen, selected, elect.

'aus-erlesen 1. *s. ausersehen*; **2.** *adj.* choice; picked; select(ed).

'aus-ersehen (30) choose, select.

'aus-erwählen select, choose; *s-e Auserwählte* the girl of his choice; (*Braut*) his bride elect; *das Auserwählte Volk* the chosen people.

'aus-essen eat up; *Schüssel*: clear; *fig.* pay for.

'ausfahren *v/t. Weg*: wear out, rut; *j-n* ~ take out for a drive; ✈ *Fahrgestell*: lower, extend; ⚓ *Sehrohr*: lift; *mot.* run (*the engine*) up to top speed; *Kurve*: round; *ausgefahren Weg*: rutted, rutty; *v/i.* (sn) drive out; 🚂 pull out; ⚓ put to sea; ⚒ ascend.

'Ausfahrt *f* drive, excursion; (*Tor*) doorway, gateway; (*Hafen2*) mouth; (*Abfahrt*) departure (*a.* ⚓).

'Ausfall *m* falling out; (*Ergebnis*) result; ⚗ precipitate; (*radioaktiver Niederschlag*) fall-out; (*Verlust*) loss; (*Fehlbetrag*) deficit; ⊕ (*Versagen*) failure, breakdown; *fenc.* pass, lunge; *fig.* attack; ⚔ sally, sortie; ⚔ (*Verlust*) casualty; **'2en** *v/i.* (sn) fall out; (*nicht stattfinden*) not (*od.* fail) to take place, be cancelled (*od.* called off); (*ausgelassen werden*) be omitted; ⊕ (*versagen*) fail, break down; *Sport*: drop out; *fenc.* lunge; ⚔ sally out; *Ergebnis*: turn out, prove; *die Haare fallen ihm aus* he is losing his hair; *die Schule fällt aus* there is no school; *e-e Stunde, Sitzung usw.* ~ *lassen* drop; **'2end**, **'ausfällig** aggressive; ~ *werden* become abusive; **'~s-erscheinung** ⚕ *f* outfall symptom; **'~straße** *f* radial route.

'ausfasern (sn) ravel out, fray (out).

'ausfechten fight out; *et. mit j-m* ~ have it out with a p.

'ausfegen sweep (out).

'ausfeilen file out; *fig.* file.

'ausfertig|en *Schriftstück*: draw up; *Paß*: issue; ⚖ *Urkunde*: execute; *Rechnung*: make out; **'2ung** *f* drawing up; issue; execution; (*Abschrift*) copy; *in doppelter* ~ in duplicate.

'ausfindig: ~ *machen* find out; (*entdecken*) discover; (*örtlich feststellen*) locate; (*aufspüren*) ferret out.

'ausflicken patch up.

'ausfliegen (sn) fly out; *fig.* leave home; go on a trip.

'ausfließen (sn) flow out; *fig.* emanate.

'Ausflucht *f* evasion, subterfuge; (*Vorwand*) excuse, pretext; *Ausflüchte machen* prevaricate, shuffle, dodge.

'Ausflug *m* excursion (*a. fig.*), outing, trip.

Ausflügler ['~fly:glər] *m* excursionist, F tripper, *bsd. Am.* tourist.

'Ausfluß *m* flowing out, effluence; ⚕ discharge; (*Mündung*) outfall, issue, outlet; ⚗, *fig.* emanation; *fig.* (*Ergebnis*) result.

'ausforschen investigate, inquire into; *j-n*: sound.

'ausfragen *j-n*: interrogate, question; *prüfend*: *bsd. Am.* quiz; *neugierig*: sound, pump.

ausfransen ['~franzən] fray (out).

'ausfressen *s. ausessen*; ⚗ corrode; F *et.* ~ make mischief.

Ausfuhr ['~fu:r] *f* (16) export (-ation); (*Waren*) exports *pl.*; **'~artikel** *m* export(ed article).

'ausführbar practicable, feasible, workable; ✝ exportable; **'2keit** *f* practicability; ✝ exportability.

'Ausfuhrbewilligung *f* export permit *od.* licen|ce, *Am.* -se.

'ausführen execute, carry out, perform, *Auftrag*: *Am. a.* fill; *Ware*: export; (*darlegen*) explain, point out, state; *j-n*: take out.

'Ausfuhr|handel *m* export trade; **'~land** *n* exporting country.

'ausführlich full(-length), detailed; (*umfassend*) comprehensive; *adv.* in detail; *sehr* ~ at full (*od.* great) length; *ziemlich* ~ at some length; ~ *schreiben* write fully; **'2keit** *f* (*Genauigkeit*) minuteness of detail; *in Einzelheiten*: particularity; (*Weitschweifigkeit*) copiousness.

'Ausfuhr|prämie ✝ *f* (export)

bounty; '**~sperre** *f* embargo on exports.

'**Ausführung** *f* ✝ exportation; *fig.* execution, performance (*a. e-s Vertrags*); *e-s Gesetzes*: implementation; (*Fertigstellung*) completion; ⊕ (*Konstruktion*) design; *handwerklich*: workmanship; (*Type*) type, model; (*Darlegung*) explanation, statement.

'**Ausfuhr|verbot** *n* prohibition of exportation; '**~waren** *f/pl.* exports *pl.*; '**~zoll** *m* export duty.

'**ausfüllen** fill out; *Formular usw.*: fill in *od.* up; *fig.* fill; *j-n*: absorb.

'**ausfüttern** line (*a.* ⊕).

'**Ausgabe** *f von Briefen usw.*: delivery; (*Verteilung*) distribution; *e-s Buches*: edition, (*Exemplar*) copy; (*Geld*♀) expense, expenditure; *von Aktien, Papiergeld usw.*: issue; (*~stelle*) issuing office.

'**Ausgang** *m* (*Ausgehen*) going out, exit; (*Tür usw.*) way out, exit; (*Auslaß*) outlet; (*Ende*) end; (*Ergebnis*) result, upshot; *~ haben Dienstbote*: have one's day (*od.* evening) off; '**~s-punkt** *m* starting-point.

'**ausgeben** *v/t.* give out; (*verteilen*) distribute; *Befehl, Aktien, Papiergeld, Fahrkarten*: issue; *Briefe, Waren*: deliver; *Spielkarten*: deal; *Geld*: spend; *fig.* extend o.s. (*bei* in); *s.a. verausgaben*; *sich ~ für* pass o.s. off for, pose as; *v/i. gut usw. ~* (*Tee usw.*) yield well *etc.*

'**ausgebeult** *Hose*: baggy.

ausgebombt ['~gəbɔmpt] bombed out.

'**Ausgeburt** *f* (monstrous) product; *P.*: monster; *der Phantasie*: phantom.

ausgedient ['~gədi:nt] *P.*: pensioned-off; *S.*: past use, worn-out; *~ (haben) P. u. S.*: (be) superannuated; *~er Soldat* ex-serviceman, veteran.

'**ausgefallen** *fig.* eccentric, odd.

'**ausgefeilt** *fig.* elaborate.

ausgefranst ['~gəfranst] frayed (out).

ausgeglichen ['~gəgliçən] *fig.* well-balanced, well-poised.

'**Ausgeh-anzug** *m* outdoor-dress; ⚔ dress uniform.

'**ausgehen** (sn) go out; (*spazierengehen*) take a walk; (*enden*) end (*auf acc.* in); *Farbe*: fade; *Haar*: fall out; *Geld, Vorrat*: run short, give out; *Feuer, Licht*: go out; *gut usw. ~* turn out well *etc.*; *frei ~* get off scot-free; *leer ~* come away empty-handed; *von et. ~* start (*od.* proceed) from; *von j-m ~ Vorschlag usw.*: come from; *auf et.* (*acc.*) *~* (*suchen*) seek, look for, (*anstreben*) be out to *inf.*, aim at *ger.*; *ihm ging das Geld aus* he ran short of money.

Ausgehverbot ['~ge:-] *n* curfew.

ausgeklügelt ['~gəkly:gəlt] ingenious, clever.

'**ausgekocht** *fig.* hard-boiled; (*erfahren*) seasoned.

ausgelassen ['~gəlasən] frolicsome; wild; '**♀heit** *f* (16) frolicsomeness.

ausgeleiert ['~gəlaɪərt] *a. fig.* worn-out.

ausgemacht ['~gəmaxt] settled; (*sicher*) confirmed, established; *Gauner usw.*: downright, thorough; *~e Sache* foregone conclusion.

ausgenommen ['~gənɔmən] except; *du nicht ~* not excepting you.

ausgerechnet ['~gərɛçnət] *fig.* exact(ly), just; *~ er* he of all people.

ausgeschlossen ['~gəʃlɔsən] impossible, out of the question.

Ausgesiedelte ['~gəzi:dəltə] *m, f* evacuee.

ausgesprochen ['~gəʃprɔxən] decided, pronounced.

'**ausgestalten** *s. gestalten.*

'**ausgesucht** exquisite (*a. Höflichkeit*), choice; *P.*: (hand-)picked; *Worte*: well-chosen.

ausgetreten ['~gətre:tən] *fig. ~er Weg* beaten (*od.* trodden) path; *Schuh*: trodden-down.

Ausgewiesene ['~gəvi:zənə] *m, f* expellee.

ausgezeichnet ['~gətsaɪçnət] excellent, first-class; F capital.

ausgiebig ['~gi:biç] *s. reichlich, ergiebig*; *~en Gebrauch machen von* make full use of.

'**ausgießen** pour out.

Ausgleich ['~glaɪç] *m* (3) equalization (*a. Sport*); *Tennis*: deuce; (*Vergleich*) arrangement, compromise; (*Ersatz*) compensation, offset; *s. ~ung*; '**♀en** equalize; *Verlust*: compensate; ✝ balance; *Streit*: settle; '**~er** *m Sport*: handicapper; '**~ung** *f* equalization; compensation; balance.

'**ausgleiten** (30, sn) slip, lose one's footing; *fig.* slip.

'**ausgrab|en** dig out *od.* up (*a. fig.*); excavate; *Leiche:* exhume; '**♀ung** *f* excavation; exhumation.

'**ausgreifen** *Pferd:* step out.

Ausguck ['∼guk] *m* (3) look-out.

'**Ausguß** *m* (∼*becken*) sink; (*Tülle*) spout; '**∼-eimer** *m* slop-pail.

'**aushacken** hew (*od.* hack) out; *die Augen:* pick out.

'**aushaken** unhook.

'**aushalten** *v/t.* endure, bear; *Angriff, Hitze, Probe, Vergleich usw.:* stand; *Ton:* hold, sustain; *v/i.* hold out; *fig. a.* persevere; *nicht zum ♀* beyond endurance.

aushändig|en ['∼hɛndiɡən] (25) deliver up, hand over (*dat.* to); '**♀ung** *f* delivery, surrender.

'**Aushang** *m* (3³) notice, bulletin.

'**aushänge|n** *v/t.* hang out (*a. v/i.*); *Tür:* unhinge; *Plakat:* post (up); '**♀schild** *n* sign-board, shop sign; *fig.* front; (*Paradestück*) show-piece.

'**ausharren** hold out, persevere.

'**aushauen** hew out, carve; *Wald:* thin.

'**ausheb|en** lift out; *Tür:* unhinge; *Truppen:* levy, *den einzelnen:* enrol(l), enlist, draft; *Erde, Grube:* excavate; *Verbrechernest usw.:* raid, mop up; '**♀ung** ✗ *f* draft(ing), conscription.

'**aushecken** *fig.* hatch, F cook up.

'**ausheilen** *v/t. u. v/i.* (sn) heal (up).

'**aushelfen** help out (*j-m* a p.); supply a *p.* (*mit* with).

'**Aushilf|e** *f* help (*a. P.*), assistance; (*Notbehelf*) stopgap; '**∼skraft** *f* temporary worker, help; **♀sweise** ['∼hilfsvaizə] as a stopgap; *weitS.* temporarily.

aushöhl|en ['∼hø:lən] (25) hollow out, excavate; *fig.* sap, erode; '**♀ung** *f* excavation.

'**ausholen** *v/i.* swing, strike out; *Erzählung:* weit ∼ go far back; *v/t. j-n:* sound, pump.

'**aushorchen** *j-n:* sound, draw.

'**aushungern** starve (out); *ausgehungert* famished, starved.

'**aushusten** cough up, expectorate.

'**auskämpfen** fight out.

'**auskehren** (25) sweep out.

'**auskennen:** *sich* ∼ *in* e-m *Ort* know (one's way about) a place; *in* e-r *S.*: be quite at home in a th., know all about a th.

'**ausklammern** *fig.* leave out of consideration, shelve.

'**Ausklang** *m* end.

'**ausklauben** pick out.

'**auskleiden** (*a. sich*) undress; ⊕ line, coat.　　　　[(*acc.*) end in.╲

'**ausklingen** fade away; *fig.* ∼ *in*╱

'**ausklopfen** beat (out); *Kleid usw.:* dust; *Pfeife:* knock out.

'**ausklügeln** ['∼kly:ɡəln] puzzle out; *s. ausgeklügelt.*

'**auskneifen** F *v/i.* decamp, bolt.

'**ausknipsen** F ⚡ switch off.

'**ausknobeln** F dice (*od.* toss) for; *fig.* puzzle (*od.* figure) out.

'**auskochen** boil (out); *Saft usw.:* decoct; *s. ausgekocht.*

'**auskommen 1.** *v/i.* (sn) come out; *Feuer:* break out; *geldlich:* make both ends meet; *mit (ohne) et.* ∼ do *od.* manage with(out); *mit j-m* ∼ get on (*od.* along) with; **2.** ♀ *n* (6) competency; *sein* ∼ *haben* make a living, have a competency; *sein gutes* ∼ *haben* be well off; *es ist kein* ∼ *mit ihm* there is no getting on with him.

auskömmlich ['∼kœmliç] sufficient.

'**auskosten** *fig.* enjoy thoroughly, *a. ironisch:* taste fully.

'**auskramen** rummage out; *fig.* bring up; *Wissen:* co. trot out.

'**auskratzen** *v/t.* scratch out; ✂ curette; *v/i.* (sn) F bolt.

'**auskriechen** (sn) come forth.

'**auskundschaften** explore; ✗ reconnoit|re, *Am.* -er, scout.

Auskunft ['∼kunft] *f* (14¹) information; (∼*schalter*) inquiry-office, *Am.* information desk; '**∼ei** [∼'tai] *f* (16) inquiry-agency, *Am.* information bureau; '**∼smittel** *n* expedient.

'**auskuppeln** ⊕ disconnect, uncouple; *mot.* declutch.

'**auslachen** laugh at, deride.

'**ausladen** *v/t.* unload, discharge; *Truppen, Passagiere:* disembark; *Gast:* put off; *v/i.* (sn) △ project.

'**Auslage** *f* (*Geld♀*) outlay; ∼*n pl.* expenses *pl.*; (*Waren♀*) display; *Boxen, fenc.* guard; *die* ∼*n ansehen* go window-shopping.

'**Ausland** *n* foreign country *od.* countries *pl.*; *ins* ∼, *im* ∼ abroad.

Ausländ|er ['∼lɛndər] *m*, '**∼erin** *f* foreigner; *im Lande seßhafter, nicht naturalisierter:* alien; '**♀isch** foreign; ⚘, *zo.* exotic.

'**Auslands...** *mst* foreign; '**~-aufenthalt** *m* stay abroad.
'**auslass|en** let out; *Wort usw.*: leave out, omit, skip; *Fett*: melt (down); *Kleid*: let out; *s-e Wut usw. ~ an* (*dat.*) vent ... on; *sich ~* express o.s. (*über acc.* about), *weitläufig*: enlarge (upon); '**2ung** *f* omission; (*Äußerung*) utterance.
'**Auslauf** *m für Tiere*: run; *Tennis*: margin; '**2en** (sn) run out; *Gefäß*: leak; ⚓ put to sea; (*enden*) (come to an) end; *sich ~* have a good run; *fig. ~ lassen* taper off.
'**Ausläufer** *m* errand-boy; ⚘ runner; *pl. e-s Gebirges*: spur, foot-hills *pl.*; *e-r Stadt*: outskirts *pl.*
'**Auslaut** *m* terminal sound; *im ~* when final; '**2en** terminate, end (*auf acc.* in).
'**ausleben** (*sich*) live one's life fully.
'**auslecken** lick out, lick clean.
'**ausleer|en** empty, clear; ⚕ evacuate; '**2ung** *f* emptying.
'**auslegen** lay out; (*zur Schau stellen*) display; (*deuten*) interpret, construe, read, explain; *Geld*: advance; (*entwerfen*) design; ⊕ line, cover; (*verzieren*) inlay; *falsch ~* misinterpret.
'**Ausleger** *m* (7), '**~in** *f* expositor, expounder; ⊕ arm; *e-s Krans*: jib; △ cantilever; '**~(boot** *n*) *m* outrigger.
'**Auslegung** *f* laying out; (*Deutung*) interpretation, construction.
'**ausleihen** lend (out), *bsd. Am.* loan; *sich et. ~* borrow.
'**auslernen** complete one's training; *man lernt nie aus* we live and learn.
'**Auslese** *f* (15) choice, selection; *fig.* pick, cream, élite; '**2n a**) (*sortieren*) pick out, select; **b**) *Buch*: finish.
'**ausliefern** deliver (up); *Gefangenen*: give up; *ausländischen Verbrecher*: extradite; *j-m ausgeliefert sein* be at the mercy of a p.
'**Auslieferung** *f* delivery; *von Verbrechern*: extradition; '**~sstelle** *f* distribution cent|re, *Am.* -er; '**~svertrag** *m* extradition treaty.
'**ausliegen** *Ware*: be displayed; *Zeitung*: be kept; (*zur Einsichtnahme*) *~* be open to inspection.
'**auslöffeln** spoon out; *s. Suppe*.
'**auslöschen** *Licht*: put out; *Feuer u. fig.*: extinguish; *Schrift*: efface; (*auswischen*) wipe out (*a. fig.*).
'**auslos|en** draw lots for; *Staatspapiere*: draw; '**2ung** *f* draw.
'**auslös|en** loosen; *Gefangene*: redeem, ransom; *Pfand, Wechsel*: redeem; ⊕ release, (*betätigen*) *a.* actuate; *fig.* start, trigger; *Wirkung*: produce; *Beifall usw.*: arouse; '**2er** *m* (7) release; *phot.* trigger; '**2ung** *f* redeeming, redemption; (*Trennungsgeld*) severance pay; *s. Auslöser*.
'**auslüften** air, ventilate.
'**ausmachen** *Feuer, Licht*: put out; ⚡ switch off; *Hülsenfrüchte*: husk, shell; (*betragen*) come to, amount to; (*bilden*) make up, constitute; *Streitsache*: settle; (*erkennen*) make out; (*vereinbaren*) agree upon, arrange; *es macht nichts aus* it does not matter; *würde es Ihnen etwas ~, wenn ...?* would it make any difference to you if ...?; *wenn es Ihnen nichts ausmacht* if you don't mind; *s. ausgemacht*.
'**ausmalen** paint; (*illustrieren, bunt ~*) illuminate; *sich et. ~* picture a th. (to o.s.), visualize a th.
'**Ausmarsch** *m* departure; '**2ieren** (sn) march out.
'**Ausmaß** *n* dimension(s *pl.*), measurement(s *pl.*); *fig.* extent; *erschreckende ~e* alarming proportions; *in großem ~* on a large scale, *fig.* to a great extent.
ausmergeln ['~mɛrgəln] emaciate.
ausmerzen ['~mɛrtsən] reject; *Fehler*: expunge; (*ausrotten*) eradicate.
'**ausmess|en** measure; *Grundstück*: survey; *Gefäß*: ga(u)ge; '**2ung** *f* measuring; survey; ga(u)ge.
'**ausmisten** ⚒ clear (of dung); F *fig.* clear up (the mess).
'**ausmustern** ⚔ discharge; *weitS.* discard, reject; *Maschine*: scrap.
Ausnahme ['~na:mə] *f* (15) exception; *mit ~ von od. gen.* with the exception of; '**~...** *mst* exceptional; '**~zustand** *m* (state of) emergency; ⚔ (state of) martial law.
'**ausnahms|los** without exception; '**~weise** exceptionally, by way of exception; (*für diesmal*) for once.
'**ausnehmen** take out; (*ausschließen*) except, exempt; (*ausweiden*) disembowel, *Fisch*: gut, *Geflügel*: draw; *sich gut ~* look well; '**~d** *adv.* exceedingly.
ausnutz|en ['~nutsən] utilize; profit

by; *Gelegenheit, b.s. j-n*: take advantage of, *a.* ⚒, ⚔ exploit; '2**ung** *f* utilization; exploitation.

'**auspacken** unpack; F *fig.* talk; *zornig*: speak one's mind.

'**auspeitschen** whip, scourge, flog.

'**auspfänd|en** *j-n*: distrain (up)on a p.('s goods); '2**ung** *f* distraint.

'**aus|pfeifen** boo; *thea.* hiss (off the stage); '~**plaudern** blab (*od.* let) out; '~**plündern** *s. plündern*; '~**polstern** stuff, pad; (*wattieren*) wad; '~**posaunen** (25) trumpet (forth); noise abroad; ~**powern** ['~po:vərn] impoverish; '~**prägen** coin, stamp; *ausgeprägt fig.* marked; '~**pressen** squeeze out; '~**probieren** try, test.

Auspuff ['~puf] *m* (3) *mot.* exhaust; '~**gas** *n* exhaust gas; '~**klappe** *f* exhaust valve; '~**rohr** *n* exhaust pipe; '~**topf** *m* silencer, *Am.* muffler.

'**aus|pumpen** pump out; *Luft*: exhaust; '~**punkten** (26) *Boxen*: beat by points; '~**putzen** (*reinigen*) clean; (*schmücken*) adorn; '2**putzer** *m Fußball*: sweeper; '~**quartieren** dislodge; ⚔ billet out; '~**quetschen** squeeze out; F *fig.* grill; '~**radieren** erase; '~**rangieren** discard; *Schiff usw.*: scrap; '~**rauben** rob; '~**räuchern** fumigate; *Bienen usw., a.* ⚔: smoke out; '~**raufen** tear out; *s. Haar*; '~**räumen** *Zimmer usw.*: clear; *Möbel usw.*: remove.

'**ausrechn|en** calculate; *Am.* figure out; *s. ausgerechnet*; '2**ung** *f* calculation.

'**Ausrede** *f* excuse, pretext; evasion; '2**n** *v/i.* finish speaking; *j-n ~ lassen* hear a p. out; *v/t. j-m et. ~* dissuade a p. from a th., talk a p. out of a th.

'**ausreichen** suffice; *das reicht aus* that will do; '~**d** sufficient.

'**Ausreise** *f* departure, exit; ⚓ voyage out; '~**erlaubnis** *f* exit permit.

'**ausreiß|en** *v/t.* pull (*od.* tear) out; *v/i.* (sn) (*fliehen*) run away, decamp, *a. Pferd*: bolt; '2**er** *m* (7), '2**erin** *f* runaway.

'**aus|reiten** (sn) ride out, go for a ride; ~**renken** ['~rɛŋkən] (25) dislocate; '~**richten** straighten; (*fluchten*) align; ⚔ dress; *Karte*: orient; *fig.* orientate, *pol. a.* streamline; *Botschaft*: deliver; (*bewirken*) do, effect; (*vollbringen*) accomplish; (*erlangen*) obtain; *Veranstaltung*: organize; *Benehmen usw.*: ~ *nach* adjust to; *Grüße von j-m ~* present a p.'s compliments; '~**ringen** *Wäsche*: wring out; '2**ritt** *m* ride; '~**roden** root out, stub up; '~**rollen** **1.** *v/t. Teig*: roll out; *v/i.* ✈ (sn) taxi to a standstill; **2.** 2 ✈ *n* landing run.

'**ausrott|en** (26) *Pflanze, a. fig.*: root out; *fig.* eradicate, extirpate; *Volk*: exterminate; '2**ung** *f* eradication, extermination.

'**ausrücken** *v/i.* (sn) march out; F (*weglaufen*) run away, bolt; *v/t.* ⊕ disengage.

'**Ausruf** *m* cry, outcry, *mit Worten*: exclamation; '2**en** *v/i.* cry out, exclaim; *v/t.* proclaim.

'**Ausrufung** *f* proclamation; '~**swort** *gr. n* interjection; '~**szeichen** *n* exclamation-mark (*Am.* -point).

'**ausruhen** *v/i.* (*a. sich*) (take a) rest.

'**ausrupfen** pluck out.

'**ausrüst|en** equip; '2**ung** *f* fitting out; (*Sport*2 *usw.*) outfit, (*a.* ⚔ *u.* ⊕) equipment; *des Soldaten*: kit; (*Zubehör*) accessories *pl.*

'**ausrutschen** *s. ausgleiten.*

'**Aussaat** *f* sowing; *konkret*: seed.

'**aussäen** sow; *fig.* spread, disseminate.

'**Aussage** *f* (15) statement (*a.* ⚖ *u. literarisch*); (*Erklärung*) declaration; ⚖ (*Zeugnis*) testimony; *gr.* predicate; *e-e ~ machen s. aussagen*; '2**n** state, declare; ⚖ testify, give evidence; *gr.* predicate; '~**satz** *m* affirmative proposition.

'**Aussatz** ⚕ *m* (3^2, *o. pl.*) leprosy.

aussätzig ⚕ ['~zɛtsiç] leprous; 2**e** ['~gə] *m, f* leper.

'**aussaugen** suck (out); *fig.* drain, exhaust; *j-n*: bleed *a p.* white.

ausschachten ['~ʃaxtən] (26) excavate; ⚒, *Brunnen*: sink.

'**ausschalt|en** *j-n od. et.*: eliminate; ⚡ break, cut out, *Licht, Gerät*: switch (*od.* turn) off; *Kupplung*: throw out; '2**er** ⚡ *m* (7) cut-out, circuit-breaker; '2**ung** *f* elimination.

'**Ausschank** *m* (3^1) retail; (*Schankstätte*) public house, F pub.

'**Ausschau** *f*: ~ *halten* be on the look-out (*nach* for); '2**en** *nach j-m*: look out for; *s. aussehen.*

'**ausscheid|en** *v/t.* eliminate (*a.* ⚗,

⚓); (*wegtun*) discard; *physiol.* secrete; ⚕ excrete; *v/i.* (sn) *aus e-m Amt usw.*: retire, *a. aus e-m Klub usw.*: withdraw (from); *Sport*: drop out, be eliminated; *fig. das scheidet aus* that's out (of the question); '2**ung** *f* (*a. Sport*) elimination; *physiol.* secretion; ⚕ excretion; '2**ungskampf** *m Sport*: eliminating contest, tie; '2**ungsspiel** *n Sport*: tie.

'**aus|schelten** scold, chide; '~**schenken** pour out; *als Schankwirt*: retail; '~**scheren** veer out; '~**schicken** send out.

'**ausschiff|en** (*a. sich*) disembark, debark; '2**ung** *f* disembarkation.

'**aus|schimpfen** scold, upbraid; '~**schlachten** cut up; F ⊕ salvage, *Auto usw.*: cannibalize; (*ausnutzen*) exploit; '~**schlafen** *v/i.* sleep one's fill; *v/t. Rausch usw.*: sleep off.

'**Ausschlag** *m* ⚕ eruption, rash; *e-s Zeigers*: deflection; *des Pendels*: swing; *der Waage*: turn of the scale(s); *den ~ geben* turn the scale, settle it; '2**en** *v/t.* beat out; knock out; *mit Tuch usw.*: line; (*ablehnen*) refuse, decline; *Erbschaft*: waive; *v/i.* (h., sn) ♀ sprout, bud; *Bäume*: break into leaf; (*feucht werden*) grow moist; *Pferd*: kick; *Zeiger*: deflect; *Pendel*: swing; *Waage*: turn; *fig.* (*gut, schlecht*) turn out; '2**gebend** decisive; *~e Stimme* casting vote.

'**ausschließ|en** shut (*od.* lock) out; *fig.* exclude; *v. e-r Schule, e-m Verein usw.*: expel; *Sport*: disqualify, *zeitweilig*: suspend; *sich ~* exclude o.s. (*von* from); *s. ausgeschlossen*; '~**lich** exclusive; '2**ung** *f*, '**Ausschluß** *m* exclusion; expulsion; disqualification, suspension; *unter ~ der Öffentlichkeit* in camera.

'**aus|schlüpfen** (sn) *aus dem Ei*: hatch; '~**schmelzen** melt out; *Erz*: fuse; '~**schmieren** *Fugen*: point.

'**ausschmück|en** adorn, decorate; *Erzählung*: embroider; '2**ung** *f* adornment; *fig.* embellishment.

'**ausschnauben:** *sich die Nase ~* blow one's nose.

'**ausschneiden** cut out; *tief ausgeschnitten Kleid*: low-necked.

'**Ausschnitt** *m* cut; (*Zeitungs*2) cutting, *Am.* clipping; *am Kleid*: neck-line; (*Kreis*2) sector; *fig.* section.

'**ausschöpfen** scoop; ladle out; *Boot*: bale out; *fig. Thema*: exhaust.

'**ausschreib|en** write out; *Brief usw.*: finish; *Heft*: fill; *Wort usw.*: write in full; *Zahl, Abkürzung*: expand; *Kurzschrift*: extend; *Rechnung*: make out; (*abschreiben*) copy; (*ankündigen*) announce; (*zs.-berufen*) convoke; *Steuern*: impose; *Stelle usw.*: advertise; *Wahlen ~* issue the writs for elections; *e-n Wettbewerb*: invite entries for (*a competition*), ⚚ invite tenders (for); *sich ~* write o.s. out; '2**ung** *f* convocation; announcement; advertisement; ⚚ call for tenders; *Sport*: invitation to a competition.

'**ausschreit|en** (sn) step out; '2**ung** *f* excess, outrage; *~en pl.* riots *pl.*

'**Ausschuß** *m* refuse, waste; *s. ~ware*; ⚕ (*~wunde*) exit wound; (*Vertretung*) committee, board; '~**ware** *f* rejects *pl.*

'**aus|schütten** pour (*od.* dump) out; (*verschütten*) spill; *Dividende*: distribute; (*j-m*) *sein Herz ~* pour out one's heart (to a p.); *sich vor Lachen ~* split one's sides with laughing; '~**schwärmen** (sn) swarm (out); ⚔ *~* (*lassen*) extend, deploy; '~**schwatzen** blab out; '~**schweben** ✈ *v/i.* (sn) flatten out.

'**ausschweif|end** *Phantasie*: extravagant; (*liederlich*) dissolute, licentious; '2**ung** *f* extravagance; debauch, excess.

'**ausschweigen:** *sich ~* be silent (*über acc.* on).

'**ausschwitz|en** exude; '2**ung** *f* exudation.

'**aussehen 1.** *v/i.* look; *nach j-m ~* look out for a p.; *~, als ob ...* look as if ...; *bleich* (*gesund*) *~* look pale (well); *er sieht sehr gut aus* he is very good-looking; *sie sieht nicht übel aus* she is not bad-looking; *wie sieht er aus?* what does he look like?; *wie siehst du nur aus!* what a sight you are!; *es sieht nach Regen aus* it looks like rain; F *damit es nach et. aussieht* just for looks; *es sieht schlimm mit ihm aus* he is in a bad way; **2.** 2 *n* (6) appearance, look(s *pl.*); *j-n dem ~ nach kennen* know a p. by sight; *nach dem ~ urteilen* judge by appearances.

außen ['ausən] out; (*außerhalb*) without, (on the) outside; (*im*

Freien) out of doors; *von ~ her* from (the) outside; *nach ~ (hin)* outwards; '**2-ansicht** *f* outside view; '**2-aufnahme** *f Film*: outdoor shot; '**2bezirk** *m* outlying district; *~e pl. e-r Stadt* outskirts *pl.*; '**2bordmotor** ⚓ *m* outboard motor.

'**aussenden** send out.

'**Außen|durchmesser** *m* outside diameter; '**~hafen** *m* outport; '**~handel** *m* foreign trade; *~sbilanz* balance of trade; '**~minister** *m* Foreign Minister; *Brt.* Foreign Secretary; *Am.* Secretary of State; '**~ministerium** *n* Foreign Ministry; *Brt.* Foreign Office; *Am.* Department of State; '**~politik** *f* foreign policy; '**2politisch** of (*od.* referring to, *adv.* with regard to) foreign policy; '**~seite** *f* outside, surface; '**~seiter** *m* (7) outsider; **~stände** ['~ʃtɛndə] *m/pl.* outstanding debts; '**~stelle** *f* branch office; '**~tasche** *f* outer pocket; '**~welt** *f* outer (*od.* outside) world; '**~winkel** *m* external angle; '**~wirtschaft** *f* foreign trade.

außer ['ausər] **1.** *prp.* out of; (*neben, hinzukommend zu*) besides, apart from; in addition to; (*ausgenommen*) except; *~ Zweifel* beyond all doubt; *alle ~ e-m* all but one; *~ sich sein od. geraten* be *od.* get beside o.s. (*vor* with); **2.** *cj. ~ daß* except that, save that; *~ wenn* unless; *s. Betrieb usw.*; '**~dem** besides.

äußere ['ɔʏsərə] **1.** *adj.* exterior, outer, external, outward; **2.** 2 *n* outward appearance, exterior; *Minister des ~n s. Außenminister.*

'**außer|-ehelich** *Kind*: illegitimate; *Verkehr*: extramarital; '**~gerichtlich** extrajudicial; '**~gewöhnlich** exceptional, uncommon; et. *2es* something out of the ordinary; '**~halb** *prp.* outside; out of; (*jenseits*) beyond; *adv.* (on the) outside.

äußerlich ['ɔʏsərliç] external, outward; (*oberflächlich*) superficial; (*schon*) *rein ~ betrachtet* on the face of it; '**2keit** *f* superficiality; (*Formalität*) formality; '**2keiten** *pl.* externals; formalities.

'**äußern** (29) utter, express, voice; *sich ~ P.*: express o.s.; *S.*: manifest (*od.* show) itself.

'**außer|-ordentlich** extraordinary; *~er Professor* senior lecturer, *Am.* associate professor; '**~parlamentarisch** *adj.* extra-parliamentary (*opposition*); '**~planmäßig** extraordinary; *Beamte*: supernumerary; *Budget*: extra-budgetary.

äußerst ['ɔʏsərst] outermost; *fig.* utmost, extreme; *adv.* extremely, exceedingly; *sein 2es tun* do one's utmost; *auf das 2e gefaßt* prepared for the worst; *bis zum 2en gehen* go to extremes, *Am.* go the limit; *zum 2en entschlossen* desperate; *zum 2en treiben* drive to extremes.

außerstande ['~'ʃtandə] unable.

Äußerung ['ɔʏsəruŋ] *f* (16) utterance, declaration, remark; *fig.* manifestation.

aussetz|en ['auszɛtsən] *v/t.* set (*od.* put) out; *Boot*: lower; (*an Land setzen*) put ashore; *Belohnung*: offer; *Rente*: settle (*j-m* on a p.); (*vermachen*) bequeath; (*aufschieben*) defer; *Tätigkeit usw.*: interrupt, stop; *Zahlung, Urteil*: suspend; *Verfahren*: stay; *Kind*: expose; *dem Wetter, e-r Gefahr usw.*: expose to; et. *~ an* (*dat.*) find fault with, object to; *was ist daran auszusetzen?* what's wrong with it?; *v/i.* intermit, (*versagen*) fail; *Motor*: stall, misfire; *~ mit et.* interrupt; (*sich Ruhe gönnen*) take a rest; *~ müssen im Spiel*: lose a turn; '**2en** *n* (6) intermission, interruption; failure; misfiring; '**2ung** *f* offer; settlement; bequest; stay; suspension; exposure; disembarkation; (*Tadel*) objection, criticism.

'**Aussicht** *f* view (*auf acc.* of); *fig.* prospect, outlook; *nicht die geringste ~* not the slightest chance; *das Zimmer hat ~ nach Süden ...* looks towards the south; *in ~ haben* have in prospect; *in ~ nehmen* consider, plan; et. *in ~ stellen* hold out a prospect of, promise; '**2slos** hopeless; '**~s-punkt** *m* vantage point; '**2sreich**, '**2svoll** promising; '**~s-turm** *m* look-out tower, *Am.* observatory.

'**aussieben** sift out; *fig.* screen.

'**aussied|eln** evacuate; '**2ler(in** *f*) *m* evacuee; '**2lung** *f* compulsory transfer, evacuation.

'**aussinnen** *s. ausdenken.*

aussöhn|en ['~zø:nən] (25) reconcile (*sich* o.s.) (*mit* to, with); '**2ung** *f* reconciliation.

ˈ**aussondern** (*auswählen*) single out; (*trennen*) separate; *s.* ausscheiden.
ˈ**ausspähen** *v/t.* spy out; *v/i.* look out (*nach* for); ⚔ scout.
ˈ**ausspann|en** *v/t.* stretch; extend; *Zugtier*: unharness; ⊕ *Werkstück*: unclamp; *v/i. fig.* relax, (take a) rest; ˈ**2ung** *f fig.* relaxation.
ˈ**ausspeien** spit out; *fig.* vomit.
ˈ**aussperr|en** *j-n*: shut out, *a. Arbeiter*: lock out; *typ.* space out; ˈ**2ung** *f* lock-out.
ˈ**ausspielen** *v/t. Karte*: lead; *Preis*: play for; gegeneinander ~ play off against each other; *v/i.* finish playing; wer spielt aus? whose lead is it?; ausgespielt haben *fig.* be done for.
ˈ**ausspionieren** spy out.
ˈ**Aussprache** *f* pronunciation; accent; (*Erörterung*) discussion, talk; ˈ**~bezeichnung** *f* phonetic transcription.
ˈ**aussprechen** pronounce (*a.* ⚖), *deutlich*: articulate; (*ausdrücken*) express; *gr.* nicht ausgesprochen werden be silent *od.* mute; sich ~ speak (out) one's mind (über *acc.* about), (*sein Herz ausschütten*) unburden o.s.; (*sich erklären*) declare o.s. (für for, gegen against); sich mit j-m über et. ~ talk a th. over with a p.; *v/i.* finish (speaking); *s.* ausgesprochen.
ˈ**aus|sprengen** *Gerücht*: spread; ˈ**~spritzen** squirt out; ⚕ *Ohr*: syringe; ˈ**2spruch** *m* utterance, saying, remark; ˈ**~spülen** rinse; ˈ**~spüren** track down, trace.
ˈ**ausstaffier|en** (25) fit out; (*schmükken*) dress up, rig out; ˈ**2ung** *f* outfit, equipment; trimming.
ˈ**Ausstand** *m* (*Arbeitseinstellung*) strike, *Am. a.* walkout; Ausstände *pl.* outstanding debts; in den ~ treten go on strike, *Am. a.* walk out.
ˈ**ausständig** outstanding; *Arbeiter*: striking, on strike; ˈ**2e** *m* striker.
ˈ**ausstanzen** ⊕ punch out.
ausstatten [ˈ~ʃtatən] (26) fit out, equip; provide, supply (mit with); *Buch usw.*: get up; (*möblieren*) furnish; *mit Befugnissen*: vest; *Tochter*: portion (off); *fig.* (*begaben*) endow.
ˈ**Ausstattung** *f* (16) outfit, equipment; supply; get-up; *s.* Aussteuer; furniture, appointments *pl.*; ⊕ fittings *pl.*; *thea.* setting, décor (*fr.*); ˈ**~sstück** *n thea.* spectacular show; (*Gegenstand*) fitment.
ˈ**ausstechen** *Torf usw., fig. Rivalen*: cut out; *Auge*: put out; *Apfel*: core; *fig.* outdo.
ˈ**ausstehen** *v/i.* be overdue; have not yet come; (*noch* ~) *Geld*: be owing; ~de Schulden *f/pl.* outstanding debts; *v/t.* (*ertragen*) endure, bear, stand (*a th. or p.*).
ˈ**aussteigen** (sn) get out (aus of; *a.* F *fig.*); alight (from); ⚓, ✈ disembark; F ✈ bale (*bsd. Am.* bail) out.
ˈ**ausstell|en** *zur Schau*: exhibit, display; *Wache*: post; *Quittung usw.*: give, issue; *Wechsel*: draw (auf j-n on, upon); *Rechnung, Scheck, Urkunde*: make out; et. ~ an (*dat.*) find fault with; ˈ**2er** *m* (7), ˈ**2erin** *f* (16[1]) exhibitor; issuer; drawer.
ˈ**Ausstellung** *f* exhibition, show, *Am. a.* exposition; drawing; issue; ˈ**~sdatum** *n* date of issue; ˈ**~sgelände** *n* exhibition grounds *pl.*; ˈ**~sraum** *m* show-room; ˈ**~sstück** *n* exhibit.
ˈ**aussterben** (sn) die out; ausgestorben extinct; *Straße usw.*: deserted.
ˈ**Aussteuer** *f* (*Geld*) dowry; (*Wäsche usw.*) trousseau; ˈ**2n** portion (off); *Radio*: modulate; *s.* ausstatten.
ˈ**ausstopfe|n** stuff; ˈ**2r** *m* taxidermist.
ˈ**Ausstoß** *m* ⚘ output; ⊕ ejection.
ˈ**ausstoß|en** thrust out, eject; (*ausschließen*) expel (aus from); (*ausscheiden*) eliminate; *gr.* elide; *Verwünschung, Schrei*: utter; *Seufzer*: heave; *phys.* emit, give off; ˈ**2ung** *f* expulsion; elimination; utterance.
ˈ**ausstrahl|en** *v/i.* (sn) *u. v/t.* radiate (*a. fig.*); *Radio*: broadcast; ˈ**2ung** *f* radiation; *fig. e-r P.*: aura, personal magnetism.
ˈ**ausstrecken** stretch (out).
ˈ**ausstreichen** strike (*od.* cross) out; (*glätten*) smooth down.
ˈ**ausstreuen** scatter; *Gerücht*: spread.
ˈ**ausström|en** *v/t.* pour forth; *Gas usw.*: emit; *phys.* emanate (*a. fig.*); *v/i.* (sn) stream forth; *phys.* emanate; *Gas, Dampf*: escape; ˈ**2ung** *f* emanation; escape.
ˈ**ausstudieren** finish one's studies.
ˈ**aussuchen** choose, select.
ˈ**austasten** *TV* blank.
ˈ**Austausch** *m* exchange; inter-

change; *v. Gütern*: *a.* barter; *im* ~ *gegen* in exchange for; '**2bar** exchangeable; interchangeable; '**2en** exchange (*gegen* for); (*unter-ea.*) interchange; *Güter*: *a.* barter; '**~student** *m* exchange student.

'**austeil|en** distribute, hand out; *Befehle*: issue, give; *Hiebe*: deal out; (*spenden*) dispense; '**2ung** *f* distribution.

Auster ['aʊstər] *f* (15) oyster; '**~nbank** *f* oyster-bed; '**~nfischerei** *f* oyster-dredging; '**~nschale** *f* oyster-shell; '**~nzucht** *f* oyster-culture.

'**austilg|en** (25) exterminate; '**2ung** *f* extermination.

'**austoben** *v/i.* cease raging; *v/t. s-e Wut*: give vent to; *v/refl. Jugend*: sow one's wild oats; *weitS.* let off steam; *Sturm*: spend itself.

Austrag ['~tra:k] *m* (3³) (*Entscheidung*) decision; **2en** ['~gən] carry out; *Briefe usw.*: deliver; *Klatsch usw.*: retail; *Streit*: settle; *Wettkampf*: hold; *Buchungsposten*: cancel.

'**Austräger(in** *f*) *m* carrier, *m* roundsman; *b.s. fig.* telltale.

Austral|ier [aʊ'stra:ljər] *m*, **2isch** Australian.

austreib|en ['aʊstraɪbən] drive out; (*vertreiben*) expel; *Teufel*: exorcize; *fig. j-m et.* ~ cure a p. of a th.; '**2ung** *f* expulsion; exorcism.

'**aus|treten** *v/t.* tread out; *Schuh, Treppe*: wear out; *s. ausgetreten*; *v/i.* (sn) come forth; (*überfließen*) overflow; (*sich abmelden*) retire (*aus* from); *aus e-r Partei, Schule usw.*: leave; (*ein Bedürfnis verrichten*) F spend a penny; '**~trinken** drink up; (*leeren*) empty; '**2tritt** *m* retirement, withdrawal, leaving; '**~trocknen** *v/t.* dry up (*a. v/i.*, sn); *Holz*: season; *Kehle, Land*: parch; '**~trommeln** publish by beat of drum; *fig.* noise abroad; '**~trompeten** *s. ausposaunen*; '**~tüfteln** puzzle out.

'**aus-üb|en** *Aufsicht, Macht, Recht usw.*: exercise; *Beruf*: practise; *Druck, Einfluß usw.*: exert; *Gewerbe*: carry on; *Verbrechen*: commit; '**~end** practising; *Gewalt*: executive; '**2ung** *f* exercise; practice.

'**Ausverkauf** *m* selling off, clearance sale; *fig.* sellout; '**2en** sell out; *um den Rest zu räumen*: sell off, clear out (stock); '**2t** ✝, *thea.* sold out.

'**auswachsen** *v/i.* (sn) grow up; *v/t. Kleid*: outgrow; *sich* ~ grow up; *sich* ~ *zu* grow (*od.* develop) into; F *zum* 2 awful.

'**Auswahl** *f* choice, selection; ✝ assortment, collection, range; *Hunderte von Büchern zur* ~ hundreds of books to choose from.

'**auswählen** choose, select.

'**Auswahl|mannschaft** *f Sport*: select team; '**~sendung** ✝ *f* samples *pl.* (sent for selection).

'**Auswander|er** *m* (7), '**~in** *f* (16¹) emigrant; '**2n** emigrate; '**~ung** *f* emigration.

auswärt|ig ['~vɛrtiç] (*aus der Provinz*) out-of-town; (*nicht ansässig*) non-resident; (*ausländisch, fremd*) foreign; *das 2e Amt s. Außenministerium*; *~e Angelegenheiten pl.* foreign affairs; **~s** ['~vɛrts] outward(s); (*außer dem Hause*) not at home, away; (*außer der Stadt*) out of town; (*im Ausland*) abroad; ~ essen *usw.*: dine *etc.* out; '**2sspiel** *n Sport*: away match.

'**auswaschen** wash out; *geol.* erode.

'**auswechsel|bar** interchangeable, exchangeable; '**~n** exchange, interchange; *Rad, Batterie usw.*: change; (*ersetzen*) replace; '**2ung** *f* exchange, interchange; replacement.

'**Ausweg** *m* way out (*a. fig.*); exit; outlet; *fig.* expedient; *letzter* ~ last resort; '**2los** hopeless.

'**ausweichen** (sn; *dat.*) make way (for); *e-m Schlag, Wagen usw., a. fig.* avoid, dodge; *fig.* elude, evade, avoid; ~ *auf* switch over to; '**~d** evasive.

'**ausweiden** disembowel, eviscerate.

'**ausweinen** *v/i.* cease weeping; *v/t. sich* ~ have a good cry; *sich die Augen* ~ cry one's eyes out.

Ausweis ['~vaɪs] *m* (4) (*Beleg*) voucher; (*Bank2, Rechnungs2*) statement; (*Personal2*) identity card; '**2en** turn out, expel; *aus Besitz*: evict; (*verbannen*) banish; *lästige Ausländer*: deport; (*zeigen*) show, prove; *j-n als USA-Bürger usw.* ~ identify a p. as; *sich* ~ prove one's identity; *sich* ~ *über* (*acc.*) give an account of; '**~karte** *f* identity card; (*Zulassungskarte*) (admission) ticket; '**~ung** *f* expulsion; eviction; deportation; '**~ungsbefehl** *m* deportation order.

'**ausweiten** (*a. sich* ~) widen, stretch; expand (*a. fig.*); *fig.* spread.

'**auswendig** outward, outside; *fig.* by heart, *mechanisch*: by rote.

'**auswerfen** throw out; *Anker*: cast; ⚕ expectorate; ⊕, *Lava usw.*: eject; *Summe*: allow, grant.

'**auswert|en** *Daten*: evaluate; (*ausnützen*) make full use of, *a.* ✝ exploit; *Karte, Luftbild*: interpret; '**Ձung** *f* evaluation; utilization; exploitation; interpretation.

'**aus|wickeln** unwrap; '**~wiegen** weigh out; '**~winden** wring out; '**~wirken** *v/t. fig.* effect, obtain; *sich* ~ take effect, operate; *sich ~ auf* (*acc.*) affect; '**Ձwirkung** *f* effect; '**~wischen** wipe out; *sich die Augen* ~ wipe one's eyes; F *j-m eins* ~ F put one over on a p.; '**~wringen** *Wäsche*: wring out; '**Ձwuchs** *m* (4²) outgrowth (*a. der Phantasie*); (*a. fig.*) excrescence; (*Höcker*) protuberance; (*Mißstand*) abuse; '**Ձwurf** *m* ⚕ expectoration; sputum; *v. Lava usw.*: eruption; *fig.* dregs *pl.*, scum.

'**auszacken** jag; ⊕ indent, tooth.

'**auszahlen** pay (out); *j-n*: pay off; *bar* ~ pay in cash; *sich* ~ *fig.* pay.

'**auszählen** *parl. u. Boxen*: count out.

'**Auszahlung** *f* payment.

'**auszanken** scold.

'**auszehr|en** *v/t.* consume; *v/i.* (sn) waste away; '**Ձung** *f* consumption.

'**auszeichn|en** mark; *mit Orden*: decorate; *fig.* distinguish (*sich* o.s.); '**Ձung** *f* marking; distinction; hono(u)r; (*Orden*) decoration; *mit ~ bestehen* take first-class hono(u)rs.

'**auszieh|bar** extensible, telescopic; '**~en** *v/t. Kleid*: take off; (*herausziehen*) draw out, (*a.* ⚗, ⚗ *u. aus Büchern*) extract; *Rechnung*: make out; *Zeichnung*: trace; *Farbe*: fade (*a. v/i.*); *j-n, a. sich*: undress; *v/i.* (sn) set out; (*aus e-r Wohnung*) (re-)move (from); *Farbe*: fade; '**Ձplatte** *f e-s Tisches*: leaf; '**Ձtisch** *m* pull-out table; '**Ձtusche** *f* drawing ink.

'**auszischen** *thea.* hiss (at).

'**Auszug** *m* departure; *biblisch u. fig.*: exodus; *aus e-m Buch, a.* ⚗: extract; (*Abriß*) epitome; (*Hauptinhalt*) summary; *einzelne Stellen*: excerpt; *aus e-r Rechnung*: abstract; (*Konto*Ձ) statement (of account); *aus e-r Wohnung*: removal; '**Ձsweise** by (way of) extract, in extracts.

'**auszupfen** pluck out; pick; *Fäden*: unravel.

autark [aʊ'tark] self-supporting, (economically) self-sufficient.

Autarkie [aʊtar'kiː] *f* (15) autarky, self-sufficiency.

authentisch [aʊ'tɛntiʃ] authentic (-ally *adv.*).

Auto ['aʊto] *n* (11) (motor-)car, *Am. a.* auto(mobile); ~ *fahren* drive (a car); *sich im ~ mitnehmen lassen* hitch-hike; '**~-ausstellung** *f* motor-show; '**~bahn** *f* super-highway, autobahn; **~biogra'phie** *f* autobiography; **~bus** ['~bus] *m* (4¹) (motor) bus, autobus, motor coach; **~didakt** [~di'dakt] *m* self-taught person; '**~droschke** *f* taxi(-cab); '**~fahrer** *m* (7) motorist, (car-)driver; '**~falle** *f* police-trap; '**~garage** *f* (motor-)garage; **Ձgen** ⊕ [~'geːn] autogenous; **~'gramm** *n* autograph; **~'grammjäger** *m* autograph hunter; '**~hof** *m* motor-court, *Am.* auto court; '**~kino** *n* drive-in cinema; **~krat** [~'kraːt] *m* (12) autocrat; **~kratie** [~kra'tiː] *f* (15) autocracy; **~mat** [~'maːt] *m* (12) automaton; ⊕ automatic machine, robot; ✝ slot-machine; *s. Musik*Ձ; **~'matenrestaurant** *n* self-service restaurant, *Am.* automat; **~matik** [~'maːtik] *f* (16) automatism; ⊕ automatic; **~mation** ⊕ [~ma'tsjoːn] *f* (16) automation; **Ձmatisch** [~'maːtiʃ] automatic(ally); **~mobil** [~mo'biːl] *n* (3¹) *s. Auto*; *~industrie* motor (*Am.* automotive) industry; **Ձnom** [~'noːm] autonomous; **~nomie** [~no'miː] *f* (15) autonomy.

Autor ['aʊtɔr] *m* (8¹), **~in** [~'toːrin] *f* (16¹) author, writer.

autor|isieren [~tori'ziːrən] authorize; **~itär** [~i'tɛːr] authoritarian; **Ձität** [~i'tɛːt] *f* authority; **~itativ** [~ita'tiːf] authoritative.

'**Auto|schlosser** *m* car-mechanic; '**~straße** *f* motor-road, *Am.* highway; '**~suggestion** *f* auto-suggestion; '**~unfall** *m* motoring accident; '**~vermietung** *f* car-hiring service; '**~wäsche** *f* car wash.

avantgardistisch [avɑ̃gar'distiʃ] avant-garde.
Avers [a'vɛrs] *m* obverse.
Avis [a'vi:] *m* (4) advice.
avisieren [avi'zi:rən] advise.
Axt [akst] *f* (14¹) axe, *Am.* ax.
Azalee ⚘ [atsa'le:ə] *f* (15) azalea.
Azetatseide [atse'tɑ:t-] *f* acetate (*od.* cellulose) silk.
Azeton [atse'to:n] *n* (9, *o. pl.*) acetone.
Azetylen ⚗ [atsety'le:n] *n* (3¹) acetylene.
Azur [a'tsu:r] *m*, **2(e)n** azure.

B

B, b [be:] *n* B, b; ♪ B flat; *B-Dur* B flat major; *b-Moll* B flat minor.
Baby-ausstattung ['be:bi-] *f* layette.
Bacchant [ba'xant] *m* (12), **~in** *f* bacchant(e *f*); **2isch** bacchanal.
Bach [bax] *m* (3³) brook.
Bächlein ['bɛçlaɪn] *n* brooklet.
'**Bachstelze** *zo. f* (water) wagtail.
back ⚓ [bak] **1.** aback; **2.** 2 *f* forecastle; (*Schüssel*) bowl; (*gemeinsamer Tisch*) mess; '**2blech** *n* baking-tin; '**2bord** ⚓ *n* port.
Backe ['bakə] *f* (15) cheek; ⊕ *~n pl. e-s Schraubstocks*: jaws; (*Schneid2*) die; *am Schi*: toe-piece.
backen ['bakən] (30) *v/t. u. v/i.* bake; *in der Pfanne*: fry; *Obst*: dry; *Schnee usw.*: cake, stick.
'**Backen|bart** *m* (side-)whiskers *pl.*; '**~knochen** *m* cheek-bone; '**~tasche** *f* cheek-pouch; '**~zahn** *m* molar (tooth), grinder.
Bäcker ['bɛkər] *m* (7) baker; **~ei** [~'raɪ] *f* (16) bakery; '**~laden** *m* baker's (shop); '**~meister** *m* master baker.
'**Back|fett** *n* shortening; '**~fisch** *m* fried fish; *fig.* flapper, teenager; '**~huhn** *n* fried chicken; '**~-obst** *n* dried fruit; '**~-ofen** *m* (baking) oven; '**~pfeife** *f* box on the ear; '**~pflaume** *f* prune; '**~pulver** *n* baking-powder; '**~stein** *m* brick; '**~trog** *m* kneading-trough; '**~ware** *f* baker's ware; '**~werk** *n* pastries *pl.*
Bad [bɑ:t] *n* (1²) bath; *im Freien*: bathe; *s. a. Badeanstalt, Badeort, Schwimmanstalt.*
Bade|anstalt ['bɑ:dəˀanʃtalt] *f* public baths *pl.*, bathing-establishment; '**~-anzug** *m* bathing-costume (*od.* -suit); '**~gast** *m* visitor (at a watering-place); '**~hose** *f* (*eine* ~ a pair of) bathing-trunks *pl.* (*od.* -shorts *pl.*); '**~kappe** *f* bathing-cap; '**~kur** *f* bathing-cure, course of mineral waters; '**~mantel** *m* bathing-gown, *bsd. Am.* bathrobe; '**~meister** *m* bath attendant; *Schwimmbad*: swimming instructor; '**2n** (26) *v/t. Kind, Kranke*: bath; *v/i. im Freien*: bathe; *in der Wanne*: take (*od.* have) a bath; '**~nde** *m, f* bather; '**~-ofen** *m* bath-heater; (*Gas2*) geyser, *Am.* hot-water heater; '**~-ort** *m* watering-place; *mit Heilquellen*: spa; '**~salz** *n* bath-salts *pl.*; '**~strand** *m* bathing-beach; '**~tuch** *n* bath-towel; '**~wanne** *f* bath, (bath-)tub; '**~zimmer** *n* bathroom.
Bagage [ba'gɑ:ʒə] *f* (15) ⚔ baggage; *fig. contp.* rabble, lot.
Bagatell|e [baga'tɛlə] *f* (15) trifle, bagatelle; **2i'sieren** play down.
Bagger ['bagər] *m* (7), '**~maschine** *f* dredge(r), excavator; '**~eimer** *m* bucket; '**~löffel** *m* shovel; '**2n** (29) *v/i. u. v/t.* dredge.
Bahn [bɑ:n] *f* (16) course; (*Pfad*) path, road; *Sport*: course, track; *ast.* orbit; *fig.* (*Laufbahn*) career; *Tuch usw.*: breadth, width; (*Flug2*) trajectory; (*Eisen2*) railway, *bsd. Am.* railroad, (*Strecke*) line; *mot.* (*Fahr2*) lane (*a. Sport*: *des Läufers usw.*); *mit der* ~ by train; *sich ~ brechen* force one's way, forge ahead; *j-n zur ~ bringen* see a p. off; *zur ~ gehen* go to the station; '**~beamte** *m* railway official; '**2brechend** pioneer(ing), epoch-mak-

ing; '**~brecher** *m* pioneer; '**~damm** *m* railway embankment; '**2en** (25) *e-n Weg*: open (up), beat; *fig.* pave *the way* (*dat.* for); *sich einen Weg ~* force one's way; '**~fahrt** *f* train-journey; '**~fracht** ⚕ *f* rail carriage (*Am.* freight); '**~hof** *m* (railway) station; '**~hofsvorsteher** *m* station-master, *Am.* station agent; '**~körper** *m* permanent way; '**2lagernd** to be collected from the station; '**~linie** *f* railway line; '**~polizei** *f* railway police; '**~steig** *m* platform; '**~steigkarte** *f* platform ticket; '**~strecke** *f* line, *bsd. Am.* track; '**~-übergang** *m* level (*Am.* grade) crossing; '**~wärter** *m* linesman; gate-keeper.

Bahre ['bɑːrə] *f* (15) barrow; (*Kranken2*) stretcher; (*Toten2*) bier.

Baiser [be'zeː] *m* meringue.

Baisse ⚕ ['bɛːs(ə)] *f* (15) slump (in prices); *auf ~ spekulieren* (sell) bear, *Am.* sell short; '**~spekulation** *f* bear speculation; '**~stimmung** *f* downward tendency.

Bajonett ⚔ [bajo'nɛt] *n* (3) bayonet; **~verschluß** ⊕ *m* bayonet catch.

Bake ⚓ ['bɑːkə] *f* (15) beacon.

Bakterie [bak'teːrjə] *f* (15) bacterium (*pl.* -ia), germ; **Bakteriologe** [~terjo'loːgə] *m* (13) bacteriologist.

Balance [ba'lɑ̃ːsə, ba'laŋsə] *f* (15) balance, equilibrium.

balancier|en [~'siːrən] *v/t. u. v/i.* balance; **2stange** *f* balancing-pole.

bald [balt] soon; (*in Kürze*) shortly; (*beinahe*) almost, nearly; *so ~ als möglich s. baldigst*; *~ ..., ~ ...* now..., now... [opy.]

Baldachin ['baldaxiːn] *m* (3[1]) can-

baldig ['baldiç] early, speedy; '**~st** as soon as possible.

Baldrian ['baldriɑːn] *m* (3[1]) valerian.

Balg [balk] *m* (3[3]) skin; F (*Kind*) [*pl. Bälger*] brat, urchin; [*pl. Bälge*] (*Orgel2*) bellows *pl.*; *phot.* (*mst* **~en** ['~gən] *m*) bellows *pl.*; **2en** ['~gən] (25): *sich ~* scuffle, scramble, tussle (*um* for); *Kinder*: romp; **~erei** [~gə'raɪ] *f* scuffle, scramble (*um* for); romp.

Balken ['balkən] *m* (6) beam.

Balkon [bal'kɔ̃, ~'koːn] *m* (11; 3[1]) balcony; *thea.* dress-circle, *Am.* balcony; **~tür** *f* French window.

Ball *m* (3[3]) **1.** ball; **2.** ball, dance; *auf dem ~* at the ball.

Ballade [ba'lɑːdə] *f* (15) ballad.

Ballast ['balast] *m* (3[2]) ballast.

ballen[1] ['balən] (25) (*a. sich*) (form into a) ball; *Faust*: clench; **2**[2] *m* (6) bale; *anat.* ball; ⚕ (*entzündeter Fuß2*) bunion; '**~weise** by the bale.

ballern ['balərn] (29) bang.

Ballett [ba'lɛt] *n* (3) ballet; **~tänzer** (**-in** *f*) *m* ballet-dancer.

'**ball|förmig** ball-shaped; '**2kleid** *n* ball-dress.

Ballon [ba'lɔ̃, ~'loːn] *m* (11; 3[1]) balloon; (*große Flasche*) carboy; **~sperre** *f* balloon barrage.

'**Ball|saal** *m* ball-room; '**~spiel** *n* ball-game.

'**Ballung** *f* concentration; (*Überfüllung*) overcrowding, congestion; '**~sgebiet** *n* overcrowded region.

Balsam ['balzɑːm] *m* (3[1]) balsam, (*a. fig.*) balm; **2ieren** [~za'miːrən] embalm; **2isch** [~'zɑːmiʃ] balmy.

baltisch ['baltiʃ] Baltic.

balzen ['baltsən] (27) mate, pair; (*den Balzruf ausstoßen*) call.

Bambus ['bambus] *m* (*inv. od.* 4[1]), '**~rohr** *n* bamboo (cane).

banal [ba'nɑːl] commonplace, banal; **2ität** [~nali'tɛːt] *f* banality.

Banane [ba'nɑːnə] *f* (15) banana; **~nstecker** ⚡ *m* banana plug.

Banause [ba'nauzə] *m* (13) Philistine, low-brow.

Band [bant] **1.** *m* (3[3]) volume; *dicker*: tome; (*Einband*) binding; **2.** *n* (1[2]) band; (*Farb2*, *Schmuck2*) ribbon; (*Isolier2*, *Meß2*, *Ton2*, *Ziel2*) tape; ⊕ (*Förder2*) (conveyor) belt; (*Montage2*) assembly line; *anat.* ligament; *am laufenden ~* on the assembly line, *fig.* continuously; **3.** *n* (*pl.* '~e) *fig.* tie, bond; **4.** **2** *pret. v. binden*.

Bandag|e [ban'dɑːʒə] *f* (15) bandage; **2ieren** [~da'ʒiːrən] bandage.

'**Band|-aufnahme** *f* tape recording; '**~breite** *f* ⚡ band-width; *fig.* spread.

Bande ['bandə] *f* (15) *Billard*: cushion; *fig.* gang (*a. contp.*); '**~nkrieg** *m* guerilla war(fare).

Band-eisen ['bant-] *n* band iron.

Banderole [~də'roːlə] *f* (15) *Steuerwesen*: revenue stamp.

bändig|en ['bɛndigən] (25) tame; *fig. a.* subdue, restrain, master; '**2ung** *f* taming.

Bandit [ban'diːt] *m* (12) bandit.

'**Band|maß** *n* tape-measure; '**~säge** *f* band-saw; '**~scheibe** *anat. f* (intervertebral) disc; '**~wurm** *m* tape-worm.

bang, ~e ['baŋə] anxious (*um* about); *mir ist ~* I am afraid (*vor dat.* of); *j-m ~ machen* make a p. afraid, frighten a p.; *keine Bange!* don't worry!; **2emacher** ['~maxər] *m* alarmist; '**~en** (25) be afraid (*vor dat.* of); *sich ~ um* be anxious (*od.* worried) about; '**2igkeit** *f* (16, *o. pl.*) anxiety, fear.

Bank [baŋk] *f* **1.** (14[1]) bench; *Schule*: form; *auf die lange ~ schieben* put off; F *durch die ~* without exception, down the line; **2.** (16) ✝ bank; '**~-aktie** *f* bank share (*Am.* stock); '**~-anweisung** *f* cheque, *Am.* check; '**~-ausweis** *m* bank return (*Am.* statement); '**~beamte** *m* bank clerk; '**~direktor** *m* bank manager; '**~diskont** *m* bank discount; (*~satz*) bank-rate.

Bänkelsänger ['bɛŋkəlzɛŋər] *m* ballad-singer.

bank(e)rott [baŋk(ə)'rɔt] **1.** bankrupt; *~ werden* go (*od.* become) bankrupt; **2.** 2 *m* (3) bankruptcy (*a. fig.*), failure, F crash; *~ machen* go (*od.* become) bankrupt; **2eur** [~rɔ'tøːr] *m* (3[1]) bankrupt.

Bankett [baŋ'kɛt] *n* (3) banquet.

'**bankfähig** bankable, negotiable.

'**Bank|geheimnis** *n* banker's discretion; '**~geschäft** *n* **1.** *s. Bankhaus*; **2.** (*Bankwesen*) banking (business), banking-house; '**~guthaben** *n* bank balance; '**~halter** *m* banker; '**~haus** *n* bank(ing-house).

Bankier [~'jeː] *m* (11) banker.

'**Bank|konto** *n* banking-account, *Am.* bank account; '**~note** *f* bank-note, *Am.* bill; '**~wechsel** *m* bank-bill, draft; '**~wesen** *n* banking.

Bann [ban] *m* (3) ban; *fig.* spell; *eccl.* excommunication; *in den ~ tun* put under the ban, *eccl.* excommunicate; '**2en** (25) banish (*a. fig. Sorgen usw.*); *Gefahr*: avert; (*fesseln*) spellbind; (*festhalten*) *auf Bild, Papier usw.*: capture, record; *gebannt* spellbound.

Banner ['banər] *n* (7) standard, banner (*a. fig.*); '**~träger** *m* standard-bearer.

'**Bann|fluch** *m* anathema; '**~meile** *f* boundary; '**~ware** *f* contraband.

bar[1] [baːr] *e-r S. ~* destitute (*od.* devoid) of; *~es Geld* ready money, cash; *~er Unsinn* sheer nonsense; *~ bezahlen* pay cash (down); *gegen ~* for cash; *s. Münze.*

Bar[2] [~] *f* (11[1]) (*Ausschank*) bar.

Bär [bɛːr] *m* (12) bear; *der Große ~* the Great(er) Bear; *der Kleine ~* the Little (*od.* Lesser) Bear; *fig. j-m e-n ~en aufbinden* hoax a p.

Baracke [ba'rakə] *f* (15) (wooden) hut, barrack.

Barbar [bar'baːr] *m* (12), **~in** *f* (16[1]) barbarian; **~ei** [~ba'raɪ] *f* (16) barbarism; (*Grausamkeit*) barbarity; **2isch** [~'baːriʃ] barbarian; *contp.* barbarous; *fig.* barbaric.

bärbeißig ['bɛːrbaɪsiç] gruff.

'**Bar|bestand** *m* cash in hand; '**~betrag** *m* amount in cash.

Barbier [bar'biːr] *m* (3[1]) barber; **2en** (25) shave; F *fig. j-n über den Löffel ~* do a p. in the eye.

'**Bar|dame** *f* barmaid; '**~-einnahme** *f* cash receipts *pl.*

'**Bären|dienst** *m*: *j-m e-n ~ leisten* do a p. a disservice; '**~führer** *m* bear-leader (*a. fig.*); '**~hunger** F *m* ravenous hunger.

Barett [ba'rɛt] *n* (3) cap, beret.

bar|fuß ['baːrfuːs] bare-foot(ed); **~füßig** ['~fyːsiç] bare-footed.

barg [bark] *pret. v. bergen.*

'**Bar|geld** *n* cash, ready money; '**2geldlos** cashless; **2häuptig** ['~hɔʏptiç] bare-headed.

Bärin ['bɛːrin] *f* (16[1]) she-bear.

Bariton ['baːritɔn] *m* (3[1]) baritone.

Barkasse ⚓ [bar'kasə] *f* (15) launch.

'**Barkauf** *m* cash purchase.

Barke ⚓ ['barkə] *f* (15) barque.

barmherzig [barm'hɛrtsiç] merciful, charitable; *der ~e Samariter* the good Samaritan; *~e Schwester* sister of charity; **2keit** *f* mercy, charity.

'**Barmittel** *n/pl.* cash (funds *pl.*).

barock [ba'rɔk] **1.** baroque; *fig.* grotesque, odd; **2.** 2 *n* Baroque.

Barometer [baro'meːtər] *n* (7) barometer (*a. fig.*); **~säule** *f* barometric column; **~stand** *m* barometer reading.

Baron [ba'roːn] *m* (3[1]) baron; **~in** *f* (16[1]) baroness.

Barre ['barə] *f* (15) bar; '**~n** *m* (6) *metall.* billet; (*Gold2, Silber2*) bullion, ingot; *Turnen*: parallel bars *pl.*

Barriere [bar'jɛːrə] *f* (15) barrier.
Barrikade [bari'kaːdə] *f* (15) barricade.
Barsch¹ [barʃ] *m* (3²) perch.
barsch² [~] gruff, brusque.
Bar|schaft ['baːrʃaft] *f* (16) ready money, cash; '**~scheck** ⚕ *m* uncrossed cheque (*Am.* check).
'**Barschheit** *f* gruffness.
barst [barst] *pret. v. bersten.*
Bart [baːrt] *m* (3³) beard; (*Schlüssel*~) bit; *fig. j-m um den ~ gehen* cajole a p.; *sich e-n ~ wachsen* (*od. stehen*) *lassen* grow a beard.
bärtig ['bɛːrtiç] bearded.
'**bartlos** beardless.
'**Bar|verkauf** *m* cash sale; '**~verlust** *m* clear loss; '**~zahlung** *f* cash payment; *gegen ~* cash down.
Basar [ba'zaːr] *m* (3¹) (*a. Wohltätigkeits*~) bazaar.
Base ['baːzə] *f* (15) **1.** (female) cousin; **2.** ⚗ base.
basieren [ba'ziːrən] *v/t.* base, found (*auf dat.* upon); *v/i. ~ auf* (*dat.*) be based upon.
Bas|is ['baːzis] *f* (16²) base, *mst fig.* basis; '**~isch** basic.
Baskenmütze ['baskən-] *f* beret.
Baß [bas] *m* (4²) bass; '**~geige** *f* bass viol; *große*: contrabass.
Bassin [ba'sɛ̃] *n* (11) basin; reservoir; (*Schwimm*~) swimming-pool.
Bassist [~'sist] *m* (12) bass(-singer).
'**Baß|schlüssel** ♪ *m* bass clef; '**~stimme** *f* bass voice.
Bast [bast] *m* (3²) bast.
basta ['basta]: *und damit ~!* so that's that!, so there!
Bastard ['bastart] *m* (3) bastard; *zo.*, ⚘ hybrid.
Bastei [ba'staɪ] *f* (16) bastion, bulwark.
bast|eln ['bastəln] (29) tinker (*an dat.* at); (*bauen*) rig up; '**~ler** *m* (7) amateur constructor, hobbyist, home-mechanic.
'**Bastseide** *f* raw silk.
bat [baːt] *pret. v. bitten.*
Bataillon [batal'joːn] *n* (3¹) battalion.
Batik ['baːtik] *f* (16) batik.
Batist [ba'tist] *m* (3³) batiste, cambric.
Batterie [batə'riː] *f* (15) battery.
Bau [bau] *m* (3; *pl. a.* '~ten) (*Bauen*) building, construction (*a.* ⊕); (*Gebäude*) building, edifice; structure (*a. Gefüge*); (*o. pl.*) ⚘ cultivation; (*Körper*~) build, frame; (*pl.* '~e) (*Tier*~) burrow, (*a. fig.*) den, earth; *im ~* (*begriffen*) being built, under construction; '**~amt** *n* Surveyor's Office; '**~art** *f* structure; build; ⊕ construction, design, (*Typ*) type, model; △ (style of) architecture.
Bauch [baux] *m* (3³) belly (*a. fig.*); *anat.* abdomen; '**~fell** *n* peritoneum; '**~fell-entzündung** *f* peritonitis; '**~ig** bulgy; ...-bellied; '**~landung** *f* belly-landing; '**~muskel** *m* abdominal muscle; '**~reden** ventriloquize; '**~redner** *m* ventriloquist; '**~redne'rei** *f* ventriloquism; '**~schmerzen** *m/pl.*, '**~weh** *n* stomach-ache; '**~speicheldrüse** *f* pancreas.
bauen ['bauən] (25) *v/t.* build; construct; ⚘ cultivate, grow; *Hoffnung usw.*: base (*auf acc.* on); *v/i. ~ auf* (*acc.*) rely (*od.* build) on.
Bauer ['bauər] **1.** *n* (7) cage; **2.** *m* (7) builder; **3.** *m* (10 *od.* 13) ⚘ farmer, peasant; *fig.* boor; *Schach*: pawn; *Karten*: knave.
Bäuerin ['bɔʏərin] *f* (16¹) countrywoman; *engS.* farmer's wife.
'**bäu(e)risch** *contp.* boorish.
'**Bau-erlaubnis** *f* building permit.
'**bäuerlich** rural, rustic.
'**Bauern|bursche** *m* country lad; '**~fänger** *m* (7) sharper, confidence man; '**~fängerei** *f* confidence trick (*Am.* game); '**~frau** *f s. Bäuerin*; '**~gut** *n* farm; '**~haus** *n* farm-house; '**~hof** *m* farm; '**~knecht** *m*, '**~magd** *f* farmer's servant, farm hand; '**~regel** *f* weather maxim; '**~schaft** *f*, '**~stand** *m* peasantry.
'**Bau|fach** *n* architecture; building trade; '**~fällig** out of repair, dilapidated, tumble-down; '**~fälligkeit** *f* dilapidation, state of decay; '**~firma** *f*, '**~geschäft** *n* builders and contractors *pl.*; '**~gelände** *n* building land; '**~gerüst** *n* scaffolding; '**~gewerbe** *n* building trade; '**~handwerker** *m* craftsman in the building trade; '**~herr** *m* building owner; '**~holz** *n* timber, *Am.* lumber; '**~-ingenieur** *m* constructional engineer; '**~jahr** *n* year of construction; '**~kasten** *m* box of bricks; (*Stabil*~) construction set; '**~kunst** *f* architecture; '**~land** *n* building land; '**~lich** architectural; *in gutem ~em Zustand* in good repair.

Baum [baum] *m* (3³) tree; (*Hebe*♀, *Weber*♀ *usw.*) beam; ⚓ boom; '**~bestand** *m* stand (of timber-trees).

'**Baumeister** *m* architect; master-builder.

baumeln ['bauməln] (29) dangle, swing (*an dat.* from); *mit den Beinen* ~ swing one's legs.

bäumen ['bɔʏmən] *v/refl.* (25) rear, prance; *P. vor Schmerzen*: writhe (with).

'**Baum|grenze** *f* timber-line; '♀**lang** (as) tall as a lamp-post; '**~schere** *f* (*eine* a pair of) pruning-shears *pl.*; '**~schule** *f* tree-nursery; '**~stamm** *m* trunk; '♀**stark** (as) strong as an ox; '**~wolle** *f* cotton; '♀**wollen** (made of) cotton; '**~wollsamt** *m* velveteen.

'**Bau|plan** *m* architect's plan; ⊕ blueprint; '**~platz** *m* (building) site (*od.* plot).

Bausch [bauʃ] *m* (3² *u.* 3³) pad, bolster; *Watte*: wad; *in* ~ *und Bogen* in the lump; '♀**en** (27) swell out (*a. sich*), puff; bag; '♀**ig** puffy, swelled; baggy.

'**Bau|schlosser** *m* building fitter, locksmith; '**~schule** *f* school of architecture; '**~sparkasse** *f* building society, *Am.* building and loan association; '**~sparvertrag** *m* building society savings agreement; '**~stein** *m* building-stone, *a. für Kinder*: brick; '**~stelle** *f* (building) site; '**~stil** *m* (architectural) style; '**~stoff** *m* building material; '**~techniker** *m* constructional engineer; '**~teil** *m* structural member, component part; '**~ten** *m/pl.* buildings *pl.*, structures *pl.*; *thea.* setting *sg.*, *Film*: *a.* architecture; *öffentliche* ~ public works; '**~-unternehmer** *m* building contractor; '**~vorhaben** *n* building project; '**~werk** *n* edifice, building; '**~wesen** *n s. Baufach*; '**~zeichnung** *f* construction drawing.

Bayer ['baɪər] *m* (13), '**~in** *f* (16¹), '**bay**(**e**)**risch** Bavarian.

Bazill|enträger [ba'tsiləntrɛːgər] *m* carrier; **~us** [~'tsilus] *m* (16²) bacillus (*pl.* -cilli), germ.

beabsichtigen [bə'ˀapziçtigən] (25) intend, mean, propose (*zu tun* to do, doing).

be'-acht|en (26) note, pay attention to; *j-n*: notice; (*berücksichtigen*) consider; *Vorschrift usw.*: observe; *nicht* ~ ignore; **~enswert** noteworthy, remarkable; **~lich** noticeable, considerable; ♀**ung** *f* notice, attention; consideration; observance.

Beamt|e [bə'ˀamtə] *m* (18), **~in** *f* (16¹) official; *höherer*: functionary, officer; (*Staats*♀) civil (*Am.* public) servant; **~enschaft** *f* civil servants *pl.*

be'-ängstig|en make anxious, alarm; ♀**ung** *f* anxiety, uneasiness.

beanspruch|en [~'ˀanʃpruxən] (25) claim; *Mühe, Platz, Zeit*: require, take; ⊕ stress; ♀**ung** *f* claim (*gen.* to); demand (on); ⊕ stress, strain.

beanstand|en [~'ˀanʃtandən] (26) object to; *Wahl*: contest; ✝ complain of; ♀**ung** *f* objection (*gen.* to); complaint.

beantragen [~'ˀantraːgən] (25) apply for (*bei j-m* to); (*vorschlagen*) propose; *parl.*, ⚖ move.

be'-antwort|en answer; ♀**ung** *f* answer(ing); *in* ~ (*gen.*) in reply to.

be'-arbeit|en work; *maschinell*: *a.* machine, tool; ⚒ cultivate; *thea. usw.* adapt (*nach* from), *bsd.* ♪ arrange; *Thema*: treat; *Buch*: revise; *Antrag usw.*: act upon, deal with, handle; *j-n* ~ work on, *a. mit Schlägen*: belabo(u)r; ♀**ung** *f* working; cultivation; adaptation, *bsd.* ♪ arrangement; treatment; revision; handling.

be'-argwöhnen be suspicious of.

beaufsichtig|en [~'ˀaufziçtigən] (25) supervise, superintend; control; *Kind*: look after; ♀**ung** *f* supervision; control.

beauftrag|en [~'ˀauftraːgən] commission, charge; (*berufen*) appoint; ♀**te** [~traːktə] *m*, *f* (18) commissioner; authorized representative, agent, deputy.

be'bauen build on; ⚒ cultivate.

beben ['beːbən] (25) shake, tremble; (*schaudern*) shiver; *Erde*: quake (*alle*: *vor dat.* with).

be|bildern [bə'bildərn] (29) illustrate; **~brillt** [~'brilt] spectacled.

Becher ['bɛçər] *m* (7) cup; *ohne Fuß*: tumbler, mug.

Becken ['bɛkən] *n* (6) basin, *Am. a.* bowl; ♪ cymbal(s *pl.*); *anat.* pelvis; '**~knochen** *m/pl.* pelvic bones.

Bedacht [~'daxt] **1.** *m* (3, *o. pl.*)

consideration, care; *mit* ~ deliberately; ~ *nehmen auf* (*acc.*) take *a th.* into consideration; **2.** ♀: ~ *auf* (*acc.*) intent on; *darauf* ~ *sein, zu inf.* be careful to *inf.*

bedächtig [~ˈdɛçtiç], **bedachtsam** [~ˈdaxtzaːm] (*überlegt*) deliberate; (*vorsichtig*) careful; (*langsam*) slow; **♀keit** *f* deliberateness.

Beˈdachung *f* roofing.

beˈdanken: *sich* ~ (*bei j-m; für et.*) thank (a p.; for a th.); *ablehnend*: *dafür bedanke ich mich!* thank you for nothing!

Bedarf [bəˈdarf] *m* (3) need, want (*an dat.* of); ⚚ demand (for); requirements *pl.*; (*Verbrauch*) consumption; *bei* ~ if required; *nach* ~ as required; ~ *haben an* (*dat.*) be in need (*od.* want) of; *s-n* ~ *decken* cover one's requirements; **~s-artikel** *m* (essential) commodity, *pl. a.* supplies *pl.*, requisites *pl.*; **~sfall** *m*: *im* ~ if required; **~shaltestelle** *f* request stop.

bedauerlich [~ˈdauərliç] regrettable, deplorable; **~erweise** unfortunately.

beˈdauern (29) **1.** *j-n*: be sorry for, pity; *et.*: regret, deplore; *ich bedaure sehr, daß* ... I am very sorry for *ger. od.* that ...; **2.** ♀ *n* (6) regret (*über acc.* for); (*Mitleid*) pity (*mit* for); **~swert** pitiable.

beˈdeck|en cover; **~t** *Himmel*: overcast; **♀ung** *f* covering; *bsd.* ⚔ escort; *bsd.* ⚓ convoy.

beˈdenken 1. consider; (*beachten*) (bear in) mind; *im Testament*: remember; *j-n mit et.* ~ endow a p. with a th.; *sich* ~ deliberate; *sich anders* ~ change one's mind; **2.** ♀ *n* (6) (*Erwägung*) consideration; (*Einwand*) objection; (*Zaudern*) hesitation; (*Zweifel*) doubt, scruple; ~ *haben* hesitate; *kein* ~ *tragen zu tun* make no scruple to do; **~los** *adj.* unscrupulous; *adv.* without hesitation.

beˈdenklich doubtful; *stärker*: critical, serious; (*heikel*) delicate; *Lage usw.*: *a.* precarious; *P.*: doubtful; thoughtful; **♀keit** *f* doubtfulness; critical state; precariousness.

Beˈdenkzeit *f* time for reflection.

beˈdeuten mean, signify; stand for; (*in sich schließen*) imply, involve; (*vorbedeuten*) (fore)bode; *j-m* (*od. j-n*) ~ *zu inf.* give a p. a sign to *inf.*, intimate a p. to *inf.*; *es hat nichts zu* ~ it is of no consequence; **~d** important; *Person*: *a.* eminent; (*beträchtlich*) considerable.

beˈdeutsam significant; **♀keit** *f* significance.

Beˈdeutung *f* meaning, signification; (*Wichtigkeit*) importance; **♀slos** insignificant; (*ohne Sinn*) meaningless; **♀svoll** significant.

beˈdien|en *v/t.* serve, wait on; ⚚ attend to; *Maschine usw.*: work, attend, operate; *sich* ~ *bei Tisch*: help o.s.; *sich e-r S.* ~ make use of; *v/i. bei Tische*: wait (at table); *Karten*: follow suit, *nicht* ~ revoke; **♀stete** *m*, *f* (18) employé(e *f*) *m* (*fr.*), employee; **♀te** *m* (18) (man-)servant.

Beˈdienung *f* service, ⚚ *a.* attendance; ⊕ working, operation; (*Dienerschaft*) servants *pl.*; (*Kellner*[*in*]) waiter (*f* waitress); **~s-anleitung** *f* directions *pl.* for use, operating instructions *pl.*; **~sknopf** *m* control knob; **~smann** ⊕ *m* attendant, operative, *Am.* operator.

beding|en [bəˈdiŋən] stipulate; (*in sich schließen*) imply; (*erfordern*) require; (*bewirken*) cause; **~t** conditional (*durch* on); ~ *sein durch* be conditioned by.

Beˈdingung *f* condition; *pl.* ~*en* ⚚, ⚖ terms *pl.*; *unter der* ~, *daß* on condition that; *es zur* ~ *machen, daß* make it a condition that; *unter keiner* ~ on no account; **♀slos** unconditional.

beˈdräng|en press hard; *fig. a.* afflict, beset; *bedrängte Lage* distress; **♀nis** [~ˈdrɛŋnis] *f* (14^2) distress, trouble, plight.

beˈdroh|en threaten, menace; **~lich** threatening; **♀ung** *f* threat, menace (*gen.* to).

beˈdrucken print (on).

beˈdrück|en oppress; *seelisch*: depress; **♀er(in** *f*) *m* oppressor; **♀ung** *f* oppression; depression.

beˈdürfen (*gen.*) need, want, require.

Beˈdürfnis *n* (4^1) need, want; necessity, requirement; (*s*)*ein* ~ *verrichten* relieve nature; **~-anstalt** *f* (public) lavatory; **♀los** frugal.

beˈdürftig needy, indigent; *e-r Sache*: in need of; **♀keit** *f* indigence, neediness.

Beefsteak ['bi:fste(:)k] *n* (11) (beef-) steak; *deutsches ~ s. Frikadelle.*
be'-ehren hono(u)r; ✝ *mit Aufträgen usw.*: favo(u)r; *ich beehre mich zu ...* I have the hono(u)r to ...
beeid|(ig)en [bə'ʔaɪd(ig)ən] (26 [25]) *et.*: affirm by oath, swear to; *j-n*: swear in; **~igt, ~et** sworn; **2igung** *f* confirmation by oath.
be'-eilen: *sich ~* hurry, make haste; *beeil dich!* hurry up!
beeindrucken [~'ʔaɪndrukən] *v/t.* impress.
beeinfluss|en [~'ʔaɪnflusən] (28) influence; *nachteilig*: affect; **2ung** *f* influence (*gen.* on).
beeinträchtig|en [~'ʔaɪntrɛçtigən] (25) impair, affect (adversely); *Ruf, Schönheit usw.*: detract from; *Recht, Wert*: prejudice; (*behindern*) hamper; **2ung** *f* impairment (*gen.* of); prejudice (to); detraction (from).
be'-end(ig)|en (bring to an) end, finish, conclude, terminate; **2ung** *f* termination, close.
beengen [~'ʔɛŋən] (25) cramp, narrow; *fig. a.* confine.
be'-erben *j-n*: be a p.'s heir.
beerdigen [~'ʔe:rdigən] (25) bury.
Be'-erdigung *f* burial, interment; **~skosten** *pl.* funeral expenses.
Beere ['be:rə] *f* (15) berry.
Beet [be:t] *n* (3) bed.
befähig|en [bə'fɛ:igən] (25) enable (*to do*); qualify (*für, zu* for); **~t** able; **2ung** *f* qualification; (*Fähigkeit*) ability; **2ungsnachweis** *m* certificate of qualification.
befahr|bar [~'fa:rba:r] *Weg*: practicable; *Wasser*: navigable; **~en** travel on, pass over; *Fluß, Meer*: navigate, ply; *eine sehr ~e Straße* a much frequented road.
be'fallen (30) befall, attack; *Krankheit*: strike; *~ werden von Krankheit, Furcht* be seized with; *von Insekten usw.*: be infested by.
be'fangen embarrassed; (*schüchtern*) shy, self-conscious; (*voreingenommen*) prejudiced, bias(s)ed (*a.* ⚖); *in e-m Irrtum ~ sein* be mistaken; **2heit** *f* embarrassment; shyness, self-consciousness; prejudice.
be'fassen touch, handle; *sich ~ mit* occupy o.s. with; *a. S.*: deal with.
befehden [~'fe:dən] (26) make war upon, (*a. fig.*) fight against.
Befehl [bə'fe:l] *m* (3) order (*a.* ⚖); (*a. Ober2*) command; *auf ~ (gen.)* by order (of); **2en** (30) order, command; *wie Sie ~* as you wish; **2igen** [~'fe:ligən] (25) command.
Be'fehls|form *gr. f* imperative (mood); **2gemäß** as ordered; **~haber** *m* (7) commander(-in-chief); **2haberisch** imperious, dictatorial.
befestig|en [~'fɛstigən] fasten, fix, attach (*an dat.* to); ⚔, *fig.* fortify; *fig.* strengthen; *sich ~* ✝ *Preise*: stiffen, harden; **2ung** *f* fastening; ⚔ fortification; strengthening.
befeuchten [~'fɔʏçtən] (26) moisten, damp; *stärker*: wet.
be'find|en 1. find, deem; *sich ~* be; *gesundheitlich*: be, feel; **2.** 2 *n* (6) (state of) health; (*Meinung*) opinion; **~lich** [~'fint-] being; *~ in (dat.)* (contained) in.
be'flaggen flag.
beflecken [~'flɛkən] (25) spot, stain; (*besudeln*) pollute; *nur fig.* sully, tarnish, defile.
befleißigen [~'flaɪsigən] (25): *sich e-r S. ~* apply o.s. to; take pains to *inf.*, be studious to *inf.*
beflissen [~'flisən] (*gen.*) studious (of); **2heit** *f* studiousness, assiduity.
beflügeln [~'fly:gəln] (29) wing (*a. fig.*); *fig.* lend wings to.
befohlen [~'fo:lən] *p. p. v. befehlen.*
be'folg|en follow, obey, observe; comply with; **2ung** *f* observance (of), compliance (with).
be'förder|n convey; carry; transport, *bsd. Am.* ship; (*spedieren*) *Güter*: forward; *im Amt od. Rang*: promote (*zum Major usw.* [to be] major *etc.*), *a.* prefer (*zu* to); (*fördern*) further, promote; **2ung** *f* conveyance; transport(ation); forwarding; shipment; preferment, promotion; furtherance; **2ungsmittel** *n* (means of) transport(ation *Am.*).
befrachten [~'fraxtən] (26) load; ⚓ freight, charter.
be'fragen question, interrogate; interview; *um Rat*: consult.
be'frei|en (25) free; deliver; liberate (*alle*: *von* from); *von e-r Verpflichtung ~* release (*od.* exempt) from; **2er(in** *f*) [~'fraɪər(in)] *m* liberator; **2ung** *f* liberation, deliverance; release, exemption; **2ungskrieg** *m* war of liberation.

befremd|en [~'frɛmdən] (26) **1.** surprise, astonish, shock; **2.** ℒ *n* (6) surprise; **~lich** [~'frɛmtliç] strange.
befreunden [bə'frɔʏndən] (26): *sich* ~ become friends; *sich* ~ *mit* make friends with; *fig.* reconcile o.s. to; *befreundet* friendly; *pred.* on friendly terms, *we are* friends.
befried|en [~'fri:dən] (26) pacify; ℒ**ung** *f* pacification.
be'friedig|en [~digən] (25) satisfy; *Erwartungen, Nachfrage*: meet; *schwer zu* ~ hard to please; **~end** satisfactory; ℒ**ung** *f* satisfaction.
befrist|en [~'fristən] limit (in time), set a time-limit on, *Am. a.* deadline; ℒ**ung** *f* (setting a) time-limit.
be'frucht|en (26) fecundate, fertilize, fructify (*alle a. fig.*); (*schwängern*) impregnate; *e-e Blüte*: pollinate; ℒ**ung** *f* fecundation; fertilization; impregnation; ⚕ *künstliche* ~ artificial insemination.
Befug|nis [~'fu:knis] (14²) *f* authority, power, *bsd.* ⚖ competence; ~se *pl.* powers *pl.*; ℒ**t** authorized, empowered, *bsd.* ⚖ competent.
be'fühlen feel, touch, handle.
Be'fund *m* (3) state (*gen.* of *a th.*); *bsd.* ⚖ *u.* ⚕ finding(s *pl.*).
be'fürcht|en fear, apprehend; ℒ**ung** *f* fear, apprehension.
befürwort|en [~'fy:rvɔrtən] (26) plead for, advocate; (*anraten*) recommend; *Antrag*: support; ℒ**er**(**in** *f*) *m* advocate, supporter; ℒ**ung** *f* recommendation; support.
begab|en [~'gɑ:bən] (25): ~ *mit* endow with; **~t** [~pt] gifted, talented; ℒ**ung** [~buŋ] *f* aptitude; talent(s *pl.*), endowment(s *pl.*).
begann [~'gan] *pret. v. beginnen*¹.
begatt|en [~'gatən] (26) couple *od.* copulate with; ℒ**ung** *f* copulation.
begaunern F [~'gaʊnərn] (29) cheat, swindle, *Am. sl.* gyp.
be'geben (30) *Wechsel*: negotiate; *sich* ~ *nach* go to, betake o.s. to; *zu j-m*: join a p.; *sich* ~ (*sich ereignen*) happen, occur; *sich e-r S.* ~ give up, renounce, ⚖ waive; *sich zur Ruhe* ~ go to rest; *sich auf die Flucht* ~ take to flight; *sich auf die Reise* ~ set out (on one's journey); *sich in Gefahr* ~ expose o.s. to danger; ℒ**heit** *f* event, occurrence.
begegn|en [~'ge:gnən] (26, sn) (*dat.*) (*treffen*) meet (*a p.*; *zufällig*: with); *dem Feind, Schwierigkeiten*: encounter; (*widerfahren*) happen (to); (*vorbeugen*) prevent; obviate; *e-m Wunsch, der Nachfrage usw.*: meet; *j-m freundlich* (*grob*) ~ treat a p. kindly (rudely); ℒ**ung** *f* meeting; *feindlich*: encounter.
be'gehen (30) walk (on); *besichtigend*: inspect; *Fehler, Verbrechen*: commit; *Fest*: celebrate.
Begehr [bə'ge:r] *m, n* (3) desire; ℒ**en** (25) desire, crave for; (*fordern*) demand; ⚕ (*sehr*) *begehrt* in (great) demand; ℒ**enswert** desirable; ℒ**lich** covetous, greedy; **~lichkeit** *f* covetousness, greed(iness).
Be'gehung *f vgl. begehen*: inspection; celebration; commission.
begeister|n [~'gaɪstərn] (29) inspire, fill with enthusiasm, enthuse, thrill; *sich* ~ *für* be(come) enthusiastic about; **~t** enthusiastic(ally *adv.*); ℒ**ung** *f* enthusiasm.
Begier *f*, **~de** [bə'gi:r(də)] *f* (16, 15) desire, appetite, craving (*nach* for); ℒ**ig** [~'gi:riç] eager (*nach* for; to *do*), desirous (of; to *do*); (*habgierig*) covetous (of); ~ *zu erfahren* anxious to know.
be'gießen water, sprinkle; *Braten*: baste; F (*feiern*) wet, celebrate.
Beginn [bə'gin] *m* (3) beginning; (*Ursprung*) origin; ℒ**en** *v/t. u. v/i.* (30) begin, *förmlich*: commence; (*tun*) do; (*den Anfang machen*) lead off; **~en** *n* (6) beginning; (*Unternehmen*) enterprise, undertaking.
beglaubig|en [~'glaʊbigən] (25) attest, certify, authenticate; *j-n*: accredit (*bei* to); **~t** [~biçt] certified; ℒ**ung** *f* certification, authentication; ℒ**ungsschreiben** *n* credentials *pl.*
be'gleich|en balance; *Rechnung*: pay, settle; ℒ**ung** *f* settlement.
Begleit|adresse [bə'glaɪtˀadrɛsə] *f* declaration form, *Am.* pass-bill; **~brief** *m* covering letter; ℒ**en** (26) accompany (*a.* ♪); *höflich od. zum Schutz, a.* ⚔ escort; *j-n heim-, hinaus-, zur Bahn usw.* ~ see a p. home, out, off *etc.*; **~er**(**in** *f*) *m* companion, attendant; ♪ accompanist; **~erscheinung** *f* accompaniment, concomitant; **~musik** *f* incidental music; **~schein** ⚕ *m* way-bill; (*Zollfreischein*) pass-bill,

permit; ~schiff *n* escort vessel; ~schreiben *n* covering letter; ~umstand *m* attendant circumstance, concomitant; ~ung *f* company; (*Gefolge*) attendants *pl.*; retinue; ♪ accompaniment; *bsd.* ⚔ escort.

be'glück|en make happy; bless; **~wünschen** (27) congratulate (*zu* on); **&wünschung** *f* congratulation.

begnadet [~'gnɑ:dət] inspired, highly gifted; ~ *mit* blessed with.

begnadig|en [~'gnɑ:digən] (25) pardon; *pol.* amnesty; **&ung** *f* pardon; amnesty.

begnügen [~'gny:gən]: (25) *sich* ~ content o.s. (*mit* with), be satisfied (with).

begonnen [~'gɔnən] *p.p. v. beginnen.*

be'graben bury (*a. fig.*), inter.

Begräbnis [~'grɛ:pnis] *n* (4[1]) burial; (*Leichenbegängnis*) funeral, *feierliches*: obsequies *pl.*

begradigen [~'grɑ:digən] (*a.* ⚔ *die Front*) straighten; align.

be'greifen (*enthalten*) comprise, include; (*verstehen*) comprehend, understand, grasp; *s. begriffen.*

be'greiflich understandable, conceivable; *j-m et.* ~ *machen* make a p. understand a th.; **~er'weise** logically, naturally.

be'grenz|en bound, form the boundary of; *fig.* limit (*auf acc.* to); **&theit** *f* limitation; *fig.* narrowness; **&ung** *f* bounds *pl.*; limitation; ⊕ stop.

Be'griff *m* (3) idea, notion; (*Vorstellung*) conception; (*Ausdruck*) term; *sich e-n* ~ *machen von* get (*od.* form) an idea of; *das geht über meine* ~*e* that's beyond me; *du machst dir keinen* ~! you have no idea!; *im* ~ *sein zu inf.* be about (*od.* going) to *inf.*, be on the point of *ger.*; F *schwer von* ~ *s. begriffsstutzig*; **&en:** ~ *sein in* (*dat.*) be doing (*a th.*); *im Fortgehen* ~ leaving; *s. Bau, Entstehen*; **~sbestimmung** *f* definition (of terms); **&sstutzig** F slow in the uptake, dense; **~svermögen** *n* comprehension; **~sverwirrung** *f* confusion of ideas.

be'gründ|en found; establish, set up; *Behauptung usw.*: give reasons for, prove, substantiate; *Handlung*: motivate, explain; ⚖ *Rechte usw.*: create, vest; **&er(in** *f*) *m* founder; **&ung** *f* establishment; *fig.* argument(ation), reason(s *pl.*), proof(s *pl.*); substantiation; *mit der* ~, *daß* on the grounds that.

be'grüß|en greet, salute; *freudig*: welcome (*a. fig.*); **&ung** *f* greeting, salutation; welcome.

begünstig|en [~'gynstigən] (25) favo(u)r; (*fördern*) promote; (*helfen*) aid (*a.* ⚖); **&ung** *f* favo(u)r; promotion; aid, patronage; ⚖ acting as an accessory after the fact.

be'gut-achten (26) give an opinion on; (*prüfen*) examine; ~ *lassen* obtain expert opinion on, submit to an expert.

begütert [~'gy:tərt] well-to-do.

begütigen [~'gy:tigən] (25) soothe, appease, placate.

behaart [bə'hɑ:rt] hairy.

behäbig [~'hɛ:biç] sedate; (*Gestalt*) portly.

behaftet [~'haftət] *mit e-r Krankheit*: affected with; *mit Haaren usw.*: covered with; *mit Fehlern usw.*: full of; *mit Schulden*: burdened with.

behag|en [~'hɑ:gən] **1.** (25) (*dat.*) please, suit; **2.** & *n* (6) ease, comfort; (*Vergnügen*) pleasure; *mit* ~ with relish; **~lich** [~'hɑ:kliç] comfortable; (*traulich*) cosy, snug; *sich* ~ *fühlen* feel at one's ease; **&lichkeit** *f* ease, comfortableness; cosiness.

be'halten retain, keep (*für sich* to o.s.); (*im Gedächtnis* ~) remember, retain; *recht* ~ be right, be confirmed.

Behält|er [bə'hɛltər] *m* (7), **~nis** *n* (4[1]) container; receptacle; (*Kiste*) case, box; (*Kasten*) bin; *für Öl usw.*: tank.

be'hand|eln treat; (*verfahren mit*) *a.* handle, deal with (*alle a. Thema usw.*); ⚕ *Patienten*: treat, attend, *Wunde*: *a.* dress; **&lung** *f* treatment; handling; *in* (*ärztlicher*) ~ under medical treatment.

Be'hang *m* (3[3]) (*Wand&*) hangings *pl.*; (*Anhängsel*) appendage.

be'hängen hang; (*drapieren*) drape.

beharr|en [~'harən] persevere (*bei* in); continue; *hartnäckig*: persist (*bei, auf dat.* in); ~ *auf e-m Grundsatz usw.*: stick to, *s-r Meinung*: *a.* stand to; **~lich** [~'harliç] persevering, persistent; **&lichkeit** *f* perseverance, persistence.

be'hauen hew; ⊕ dress, trim.
behaupt|en [~'hauptən] (26) assert, maintain, hold, claim, contend, say (*daß* that); *Recht usw.*: assert; *Stellung, Ruf, Meinung*: maintain; *das Feld* ~ hold the field; *sich* ~ hold one's ground (*od.* own); *Preise*: remain firm; **2ung** *f* assertion; statement, contention (*daß* that); maintaining.
Behausung [~'hauzuŋ] *f* lodging, quarters *pl.*, accommodation.
be'heb|en remedy, repair; **2ung** *f* reparation.
beheimatet [~'haɪmɑːtət] native (*in dat.* of); domiciled (in).
Behelf [bə'hɛlf] *m* (3) expedient, (make)shift; *s. Notbehelf*; **2en:** *sich* ~ make do, manage; *sich* ~ *ohne* do without; **~sheim** *n* temporary home; **~s...**, **2smäßig** makeshift, improvised, temporary.
behellig|en [~'hɛligən] (25) trouble, bother; importune, molest; **2ung** *f* trouble, bother; molestation.
behend, **~e** [~'hɛnt, ~də] nimble, agile; (*gewandt*) adroit, dexterous; **2igkeit** [~diç-] *f* agility, nimbleness; dexterity.
beherbergen [~'hɛrbɛrgən] (25) lodge, accommodate, shelter, put up.
be'herrsch|en rule, govern (*a.fig.*); *die Lage, Leidenschaft,* ✝ *Markt usw.*: control; (*überragen, v. e-m Berg usw.*) command, dominate; *Sprache, Thema*: master, have (a good) command of; *sich* ~ control o.s.; **2er**(**in** *f*) *m* ruler; master, *f* mistress (*alle*: *gen.* over, of); **2ung** *f* rule, domination; command (*a. e-r Sprache*); control; *fig.* mastery; (*Selbst2*) self-control.
beherzigen [~'hɛrtsigən] (25) take to heart, (bear in) mind, remember; **~swert** worth remembering.
be'herzt courageous, stout-hearted; **2heit** *f* courage; intrepidity.
be'hexen bewitch.
behilflich [~'hilfliç]: *j-m* ~ *sein* help (*od.* assist) a p. (*bei* in); be of service to a p.
be'hinder|n hinder, hamper; *a. Sicht, Verkehr*: obstruct; *körperlich behindert* handicapped; **2ung** *f* hindrance; impediment; obstruction; handicap.
be'horchen overhear.
Behörd|e [bə'høːrdə] *f* (15) authority (*mst pl.*); *engS.* agency, board; **2lich** [~'høːrtliç] official.
Behuf [~'huːf] *m* (3): *zu diesem* ~ for this purpose; **2s** (*gen.*) for the purpose of, with a view to.
be'hüt|en guard, protect, keep (*vor dat.* from); watch over, look after; *behüte!* by no means!; *Gott behüte!* God forbid!
behutsam [~'huːtzɑːm] cautious, careful, wary; (*sacht*) gentle; gingerly; **2keit** *f* caution, care.
bei [baɪ] by; near; at; with; about; among(st); in; on; of; to; (*wohnhaft bei*) *Anschrift*: care of (*abbr.* c/o); ~ *j-m sitzen usw.* sit *etc.* by a p.; ~ *der Hand usw. nehmen* take by the hand *etc.*; *j-n* ~*m Namen nennen* call a p. by his name; ~ *Gott!* by God!; ~ *der Kirche* near the church; ~ (*trotz*) *aller Gelehrsamkeit* for all his learning; ~*m Buchhändler* at the bookseller's; ~ *Brauns* at the Browns; ~ *Hofe* at court; ~*m Essen* at dinner; ~*m Spiel* at play; ~ *Tagesanbruch* at dawn; ~ *uns* with us; ~ *offenen Fenstern* with the windows open; *ich habe kein Geld* ~ *mir* I have no money about me; ~ *den Griechen* among (*od.* with) the Greeks; ~ *guter Gesundheit* in good health; *ich lese* ~ *Horaz* in Horace; *man fand e-n Brief* ~ *ihm* a letter was found on him; *gleich* ~ *m-r Ankunft* on my arrival; *die Schlacht* ~ *Waterloo* the battle of Waterloo; ~ *sich behalten* keep to o.s.; *Besuch* ~ visit to; ~ *e-m Glase Wein* over a glass of wine; ~ *alledem* for all that; *Stunden nehmen* ~ take lessons from *od.* of; ~ *günstigem Wetter* weather permitting.
'**beibehalt|en** keep, retain; '**2ung** *f* keeping, retention, maintenance.
'**Beiblatt** *n* supplement (*gen.* to).
'**beibringen** furnish, supply, provide; *Zeugen, Beweis*: produce; *j-m eine Niederlage, Wunde* ~ inflict on a p.; *j-m et.* ~ *lehrend*: impart a th. to a p., teach a p. a th.; *erklärend*: explain a th. to a p.; *nachdrücklich*: bring a th. home to a p.; *schonend*: break a th. (gently) to a p.; *j-m* ~, *daß* make a p. understand that.
Beicht|e ['baɪçtə] *f* (15) confession; *j-m die* ~ *abnehmen* confess a p.; '**2en** (26) *v/t. u. v/i.* confess; '**~ge-**

heimnis *n* confessional secret; '**~kind** *n* penitent; '**~stuhl** *m* confessional; '**~vater** *m* father confessor.
beide ['baɪdə] (18) the two; *betont*: both; (*jeder von zweien*) either (*sg.*); *wir ~* both of us, we two; *alle ~* both of them; *in ~n Fällen* in either case.
beider|lei ['~dərlaɪ] (of) both kinds, (of) either sort; '**~seitig** *adj.* on both sides; (*gegenseitig*) mutual; *adv.* (= '**~seits**) on both sides; mutually.
'**beidrehen** ⚓ heave to.
bei-ei'nander together.
'**Beifahrer** *m* driver's mate; *a. beim Rennen*: co-driver.
'**Beifall** *m* (3, *o. pl.*) approval; *durch Händeklatschen*: applause; *durch Zuruf*: acclaim, cheers *pl.*; *~ ernten od. finden* meet with approval, *beim Publikum*: earn applause; *~ klatschen od. spenden* applaud (*j-m* a p.); *stürmischen ~ hervorrufen thea.* bring down the house.
'**beifällig** approving.
'**Beifalls|ruf** *m* acclaim; *pl.* cheers; '**~sturm** *m* thundering applause.
'**Beifilm** *m* supporting film.
'**beifolgend** enclosed; *~ sende ich ...* enclosed please find ...
'**beifüg|en** add; *e-m Brief*: enclose; '**2ung** *f* addition; *gr.* attributive.
'**Beigabe** *f* addition; extra.
'**beigeben** add, join (*dat.* to); *klein ~* knuckle under, eat humble pie.
Beigeordnete ['~gəˀɔrdnətə] *m, f* assistant, deputy.
'**Beigeschmack** *m* (*a. fig.*) smack.
'**beigesellen** join (*dat.* to); *sich j-m ~* join a p.
'**Beihilfe** *f* aid, assistance; (*Geld2*) allowance, grant; subsidy; ⚖ aiding and abetting.
'**beikommen** (sn) (*dat.*) get at.
Beil [baɪl] *n* (3) hatchet; (*Hack2*) chopper; (*Fleischer2*) cleaver; (*Henker2*) ax(e).
'**Beilage** *f e-s Briefes*: enclosure (*gen.* to); *e-r Zeitung*: supplement (*gen.* to); (*Reklame2*) inset; *zu e-r Speise*: garnishing, vegetables *pl.*
beiläufig ['~lɔʏfiç] incidental; *Bemerkung*: casual; (*übrigens*) by the way.
'**beileg|en** adjoin, add (*dat.* to); *e-m Brief*: enclose (with); (*zuschreiben*) attribute (to); *Titel*: confer (on); *Namen*: give; *Streit*: settle; *Bedeutung, Wert*: attach *importance* (to); *sich e-n Titel usw. ~* assume; '**2ung** *f* addition; attribution; conferment; settlement.
beileibe [~'laɪbə]: *~ nicht!* certainly not!, by no means!; *~ kein Narr* certainly no fool.
Beileid ['baɪlaɪt] *n* (3, *o. pl.*) condolence; *weitS.* sympathy; *j-m* (*sein*) *~ bezeigen* offer a p. one's condolences; '**~sbrief** *m* letter of condolence.
'**beiliegen** be enclosed (*e-m Brief* with); '**~d** *s. beifolgend.*
'**beimengen** *s. beimischen.*
'**beimessen:** *j-m et. ~* attribute (*od.* ascribe) a th. to a p.; *e-r S. Glauben ~* give credence (*od.* credit) to a th.; *e-r S. Bedeutung usw. ~* attach importance *etc.* to a th.
'**beimisch|en:** *e-r S. et. ~* admix (*od.* add) a th. to, mix with a th.; '**2ung** *f* admixture; *fig.* tinge.
Bein [baɪn] *n* (3) leg; (*Knochen*) bone; *den ganzen Tag auf den ~en* on the trot; *j-m auf die ~e helfen* help a p. up, *fig.* give a p. a leg up; *j-m ein ~ stellen* trip a p. (up); *fig. et. auf die ~e stellen* set a th. on foot; F *j-m ~e machen* make a p. find his legs; *sich auf die ~e machen* be (*od.* toddle) off; *die ~e in die Hand nehmen* take to one's heels.
bei'nah(e) almost; nearly; *et. ~ tun* come near doing a th.
'**Beiname** *m* surname; (*Spitzname*) nickname.
'**Bein|arbeit** *f Sport*: leg-work; *Boxen*: foot-work; '**~bruch** *m* fracture of the leg.
be-inhalten [bə'ˀinhaltən] contain; (*ausdrücken*) express, say.
'**bei-ordnen** adjoin; (*an die Seite stellen*) coordinate (*a. gr.*); *j-n*: assign (*dat.* to).
beipflicht|en ['~pfliçtən] (26) *j-m*: agree with; *e-r Ansicht usw.*: assent to; *e-r Maßregel*: approve of; '**2ung** *f* agreement; approbation.
'**Beiprogramm** *n Film*: supporting program(me).
'**Beirat** *m Person*: adviser; *Körperschaft*: advisory board.
be-irren [bə'ˀirən] confuse; (*erschüttern*) disconcert, fluster; (*ablenken*) divert; *er läßt sich nicht ~* F he sticks to his guns.

beisammen [baɪˈzamən] together; **⁓sein** *n* (6, *o. pl.*) being together; *geselliges* ⁓ (social) gathering.

ˈ**Beischlaf** *m* sexual intercourse, coition; ˈ**⁓en** (*dat.*) sleep with.

ˈ**beischließen** enclose.

ˈ**Beisein** *n*: *im* ⁓ *von* (*od. gen.*) in the presence of.

beiˈseite aside (*a. thea.*), apart; ⁓ *bringen od. schaffen* remove; ⁓ *lassen* disregard; ⁓ *legen* put aside; *Geld*: put by; ⁓ *schieben fig.* brush aside; ⁓ *treten* step (*od.* stand) aside.

ˈ**beisetz|en** *Leiche*: inter, bury; (*hinzusetzen*) add; ˈ**⁓ung** *f s. Bestattung.*

ˈ**Beisitzer** *m* (7) assessor.

ˈ**Beispiel** *n* (*Muster, Vorbild*) example, model; (*Beleg*) example, instance; *zum* ⁓ for example, for instance; *ein* ⁓ *geben, mit gutem* ⁓ *vorangehen* set an example; *sich ein* ⁓ *an j-m nehmen* take example by a p.; ˈ**⁓haft** exemplary; ˈ**⁓los** unprecedented, unparalleled, matchless; ˈ**⁓losigkeit** *f* singularity; matchlessness; ˈ**⁓sweise** for (*od.* by way of) example.

ˈ**beispringen** (sn) *s. beistehen.*

beißen [ˈbaɪsən] (30) *v/t. u. v/i.* bite (*auf, in et.* [*acc.*] on, into a th.; *nach* at); *Pfeffer usw.*: sting (*auf der Zunge* a p.'s tongue); ˈ**⁓d** biting, pungent (*beide a. fig.*).

ˈ**Beißkorb** *m* muzzle.

ˈ**Beißzange** *f* (*eine* a pair of) nippers *od.* pincers *pl.*

Beistand [ˈbaɪʃtant] *m* (3[1]) assistance, aid; *Person*: assistant, stand-by; *s. Rechts⁓*; *j-m* ⁓ *leisten* lend assistance to a p.; ⚕ attend a p.; ˈ**⁓s-pakt** *m* mutual assistance treaty, *Am.* mutual aid pact.

ˈ**beistehen:** *j-m* ⁓ stand by (*od.* assist, aid) a p., come to a p.'s aid.

ˈ**Beisteuer** *f* contribution; ˈ**⁓n** contribute (*zu* to).

ˈ**beistimm|en** *j-m*: agree with; *e-r Meinung usw.*: assent (to), agree (to); ˈ**⁓ung** *f* agreement; assent.

ˈ**Beistrich** *gr. m* comma.

Beitrag [ˈ⁓traːk] *m* contribution; (*⁓santeil*) share; (*Mitglieds⁓*) (membership) fee (*od.* subscription), *Am.* dues *pl.*; *e-n* ⁓ *leisten* make a contribution; **⁓en** [ˈ⁓gən] *v/t. u. v/i.* contribute (*zu* to); **⁓spflichtig** [ˈ⁓spflɪçtɪç] liable to subscription.

ˈ**beitreib|en** collect, enforce payment of; *Abgaben*: exact; ˈ**⁓ung** *f* collection; exaction.

ˈ**bei|treten** (sn) *e-r Meinung usw.*: assent to; *e-m Vertrag*: accede to; *e-r Partei usw.*: join; ˈ**⁓tritt** *m* accession (*zu* to); joining.

ˈ**Beiwagen** *mot. m* side-car; (*Anhänger*) trailer; *s. a. Motorrad.*

ˈ**Beiwerk** *n* accessories *pl.*

ˈ**beiwohnen** (*dat.*) assist (*od.* be present) at, attend; *geschlechtlich*: cohabit with.

ˈ**Beiwort** *n* epithet; *gr.* adjective.

Beize [ˈbaɪtsə] *f* (15) *Vorgang*: corrosion; *Mittel*: corrosive; mordant; (*Holz⁓*) stain; *Gerberei*: bate; *metall.* pickle; (*Tabak⁓*) sauce; (*Falken⁓*) hawking.

beizeiten [baɪˈtsaɪtən] (*früh*) early; (*rechtzeitig*) in (good) time.

beizen [ˈbaɪtsən] (27) (*ätzen*) corrode; *Holz*: stain; *Häute*: bate; *metall.* pickle; ⚕ cauterize.

bejah|en [bəˈjaːən] (25) answer in the affirmative (*a. v/i.*), affirm; *fig.* say yes to; **⁓end** affirmative; **⁓ung** *f* affirmation, affirmative answer.

bejahrt [⁓ˈjaːrt] aged, advanced in years.

beˈjammern *s. beklagen.*

beˈkämpf|en fight (against), combat; *Meinung usw.*: *a.* attack, oppose, resist; **⁓ung** *f* fight(ing), combat (*gen.* against).

bekannt [⁓ˈkant] known; (*berühmt*) well-known, noted (*wegen* for); ⁓ *mit e-r P. od. S.* acquainted with; *j-n mit j-m* ⁓ *machen* introduce a p. to a p.; *j-n mit e-r S.* ⁓ *machen* acquaint a p. with; *als* ⁓ *voraussetzen* take for granted; *er ist* ⁓ *als ...* he is known to be; **⁓e** *m, f* acquaintance, *mst* friend; **⁓gabe** *f s. Bekanntmachung*; **⁓geben** *s. bekanntmachen*; **⁓lich** as everybody knows; **⁓machen** make known, notify; publish, announce; *in der Zeitung*: *a.* advertise; **⁓machung** *f* publication; proclamation; announcement; notification; advertisement; *durch Anschlag*: public notice, bulletin; **⁓schaft** *f* acquaintance.

beˈkehr|en convert; *sich* ⁓ become a convert (*zu* to); *fig. a.* come round to; (*sich bessern*) turn over a new leaf; **⁓er(in** *f*) *m* converter; **⁓te** *m,f* (18) convert, proselyte; **⁓ung** *f* conversion.

be'kenn|en confess, avow; (*zugestehen*) admit; *sich ~ zu* confess, *fig.* declare o.s. for; *eccl.* profess; *sich schuldig ~* plead guilty; *Farbe ~ Karten*: follow suit, *fig.* show one's hand; 2**er** *m* confessor.

Be'kenntnis *n* (4^1) confession; (*Glaubens*2) creed; **~schule** *f* denominational school.

be'klagen lament, deplore; (*bemitleiden*) pity; *sich ~* complain (*über acc.* of); **~swert** deplorable.

Beklagte [~'klɑːktə] *m, f* (18) *im Zivilprozeß*: defendant.

be'klatschen applaud, clap.

be'kleben paste; *mit Zettel*: label.

be'kleckern, be'klecksen stain, blotch; *mit Tinte*: blot; *allg.* soil, bespatter.

be'kleid|en clothe, dress; *mit Marmor usw.*: line, face; *Amt usw.*: hold, fill; *fig. ~ mit* invest with; 2**ung** *f* clothing; clothes *pl.*; lining, facing; holding, administration; *mit e-m Amt usw.*: investiture; 2**ungsindustrie** *f* clothing industry.

be'klemm|en *fig.* oppress; 2**ung** *f* oppression, anguish, anxiety.

beklommen [~'klɔmən] oppressed, uneasy, anxious; 2**heit** *f* uneasiness; *s. a. Beklemmung*.

be'klopfen tap; ⚕ percuss.

be'kommen *v/t. allg.* get; receive; be given; have; (*erlangen*) obtain; *Krankheit*: get; *Ansteckung*: catch, contract; *Kind, Junge*: have; *e-n Zug usw.*: catch; *das ist nicht zu ~* that is not to be had; *sie bekommt ein Kind* she is going to have a baby; *Zähne ~* cut one's teeth; *wieviel ~ Sie (von mir)?* how much do I owe you?; *v/i.* (sn) *j-m*: agree with; *nicht (od. schlecht) ~* disagree with; *j-m gut ~* do a p. good; *wohl bekomm's!* your health!, cheers!; *fig. es wird ihm schlecht ~* he will pay for it.

bekömmlich [~'kœmliç] wholesome; *Klima, Luft*: salubrious.

beköstig|en [~'kœstigən] (25) board; *sich selbst ~* find o.s.; 2**ung** *f* board(ing); *Wohnung und ~* board and lodging; *ohne ~* without meals.

be'kräftig|en confirm; 2**ung** *f* confirmation.

be'kränzen wreathe, festoon.

be'kreuz(ig)en: *sich ~* cross o.s.

be'kriegen make war (up)on.

be'kritteln carp (*od.* cavil) at.

be'kritzeln scribble over.

be'kümmern afflict, grieve, trouble; *sich ~ um* concern o.s. with, take care of; 2**is** *f* (14^2) grief, trouble, affliction.

bekunden [~'kundən] (26) state, ⚖ *a.* testify; (*offenbaren*) manifest, show.

be'lächeln smile at.

be'laden load; *fig.* burden.

Belag [bə'lɑːk] *m* (3^3) covering; ⊕ coat(ing) (*Brems*2 *usw.*) lining; (*Brot*2) spread; (*Zungen*2) fur; (*Zahn*2) film; (*Spiegel*2) foil.

Belager|er [~'lɑːgərər] *m* (7) besieger; 2**n** besiege, beleaguer (*beide a. fig.*), lay siege to; **~ung** *f* siege; **~ungszustand** *m* state of siege *od.* of martial law.

Belang [~'laŋ] *m* (3) importance, relevancy; *~e pl.* interests *pl.*; *von (ohne) ~ (für)* of (of no) consequence (to); 2**en** concern; ⚖ sue, prosecute; *was mich belangt* as for me; 2**los** irrelevant (*für* to); (*unwichtig*) unimportant; (*gering*) negligible; **~losigkeit** *f* irrelevance; insignificance; 2**reich** important, relevant (*für* to); **~ung** *f* prosecution.

belasten [~'lastən] load, charge (*beide a.* ⊕, ⚡); *fig.* burden; ⚚ charge (*j-n mit e-r Summe* a sum to a p.), debit; ⚖ incriminate; *Grundstück, Haus*: encumber; *erblich belastet* tainted with a hereditary disease; *politisch belastet* politically incriminated.

belästig|en [~'lɛstigən] (25) molest; (*stören*) trouble, annoy, bother; *unabsichtlich*: inconvenience, incommode; *mit Bitten od. Fragen*: importune, pester; 2**ung** *f* molestation; trouble; inconvenience.

Be'lastung *f* load (*a.* ⚡, ⊕); ⊕ stress; *fig.* burden, strain; (*Sorge*) worry; ⚚ debit; *e-s Grundstücks*: encumbrance; *erbliche ~* hereditary taint; *politische ~* political incrimination; **~s-probe** *f* load-test; *fig.* (severe) test; **~szeuge** *m* witness for the prosecution.

belaubt [~'laupt] in leaf, covered in leaves.

be'laufen: *sich ~ auf* (*acc.*) amount to, run up to, total.

be'lauschen overhear, listen to.

be'leb|en enliven, animate; *a. Ge-*

tränk usw.: stimulate; **~t** [~pt] animated, lively; *Straße usw.*: crowded, busy; **⁓t-heit** *f* animation; liveliness (*a. e-r Straße*); **⁓ung** *f* animation, stimulation; *s.* Wieder⁓.

be'lecken lick.

Beleg [bə'le:k] *m* (3) proof; (*~schein, Unterlage*) voucher; (*Quittung*) receipt; (*Beispiel*) example; **⁓en** [~gən] overlay, cover; *Platz*: engage, occupy, (*vorherbestellen*) reserve, book; *Sport*: be placed (*first, etc.*); *Stute usw.*: cover; (*beweisen*) prove, verify, substantiate; *Vorlesung*: enter one's name for; ~ *mit e-m Teppich, Stroh usw.*: lay with; *durch Beispiele* ~ exemplify; *mit Strafe* ~ inflict punishment on; *einen Ort mit Truppen* ~ quarter (*od.* billet) troops in a place; **~schaft** [bə'le:k-] *f* personnel, staff; workers *pl.*; **~schein** *m* voucher; (*Quittung*) receipt; **~stelle** *f* reference, quotation; **⁓t** *Platz*: engaged, reserved; *Stimme*: husky; *Zunge*: furred; *~es Brot* sandwich; *teleph.* engaged, *Am.* busy.

be'lehr|en inform; instruct; *sich ~ lassen* take advice; *eines Bessern ~* set right; **~end** instructive; **⁓ung** *f* instruction; (*Rat*) advice.

beleibt [bə'laɪpt] corpulent, stout; **⁓heit** *f* corpulence.

beleidig|en [~'laɪdigən] (25) offend (*a. fig.*); *gröblich*: insult; *ich wollte Sie nicht ~* no offence (*Am.* offense) (meant); **~end** insulting; **⁓ung** *f* offen|ce, *Am.* -se; insult; affront; ⚖ defamation.

be'leihen (grant a) loan on.

be'lesen well-read; **⁓heit** *f* extensive (*od.* wide) reading.

be'leucht|en light (up); *festlich*: illuminate; *fig.* elucidate, illustrate; *näher ~* examine more closely; **⁓er** *m thea. usw.*: lighter.

Be'leuchtung *f* lighting; illumination; *fig.* elucidation, illustration; *konkret*: lights *pl.*; **~skörper** *m* lighting fixture, lamp.

Belg|ier ['bɛlgjər] *m*, '**~ierin** *f*, '**⁓isch** Belgian.

belicht|en [bə'liçtən] *phot.* expose; **⁓ung** *f* exposure; **⁓ungsdauer** *f*, **⁓ungszeit** *f* time of exposure; **⁓ungsmesser** *m* exposure meter; **⁓ungs-tabelle** *f* exposure table.

be'lieb|en 1. *v/t.* deign, choose; *v/i.* please; *wie es Ihnen beliebt* as you please; **2. ⁓** *n* (6) will, pleasure; *nach (Ihrem) ~* at pleasure, at will, as you like; *es steht in Ihrem ~* it rests with you; **~ig:** *ein ~er usw.* any; *jedes ~e Land* any given country; *adv.* at pleasure; *~ viele* as many as you *etc.* like; **~t** [~pt] liked, favo(u)rite; (*allgemein ~*) popular (*bei* with); *Ware*: sought-after; *Mode*: *~ sein* be in vogue; *sich bei j-m ~ machen* ingratiate o.s. with a p.; **⁓t-heit** *f* popularity.

be'liefer|n, ⁓ung *f* supply.

bellen ['bɛlən] (25) bark (*a. fig.*).

Belletrist [bɛle'trist] *m* (12) literary man, belletrist; **~ik** *f* (16) belles-lettres *pl.*; fiction; **⁓isch** belletristic; *~e Zeitschrift f* literary magazine.

be'lob|en praise, commend; **⁓(ig)ung** *f* praise, commendation.

be'lohn|en, ⁓ung *f* reward.

be'lügen: *j-n ~* tell a p. a lie.

belustig|en [~'lustigən] (25) amuse, divert, entertain; *sich ~* amuse o.s., make merry; **⁓ung** *f* amusement, diversion, entertainment.

bemächtigen [~'mɛçtigən] (25): *sich e-r P. od. S. ~* seize.

be'mäkeln cavil (*od.* carp) at.

be'malen paint (over).

bemängeln [~'mɛŋəln] (29) find fault with, criticize.

bemann|en [~'manən] (25) man; **~t:** *~er Raumflug* manned space flight; **⁓ung** *f* manning; (*Mannschaft*) crew.

bemäntel|n [~'mɛntəln] (29) (*verdecken*) cloak; (*beschönigen*) palliate; **⁓ung** *f* cloaking, palliation.

bemerk|bar [~'mɛrkba:r] perceptible, noticeable; *sich ~ machen P.*: attract attention, *S.*: make itself felt; **~en** observe, notice, feel, perceive; (*äußern*) remark, observe; **~enswert** remarkable; **⁓ung** *f* remark, observation; *schriftliche*: note.

be'messen measure; (*verhältnismäßig zuteilen*) proportion (*nach* to); *zeitlich*: time; ⊕ dimension; *Leistung*: rate; *meine Zeit ist knapp ~* I am short of time.

bemitleiden [~'mitlaɪdən] (25) pity, commiserate; **~swert** pitiable.

bemittelt [~'mitəlt] well-off, well-to-do; *pred.* well off.

be'mogeln F cheat, trick.
bemüh|en [~'my:ən] trouble (*j-n um et.* a p. for a th.); *sich ~* take pains, endeavo(u)r, exert o.s.; *sich für j-n ~* exert o.s. on behalf of; *sich um et. ~* exert o.s. for, strive for; *sich um e-n Verletzten usw. ~* attend to; *sich um j-s Gunst od. um j-n ~* woo a p.; *sich um e-e Stellung ~* apply for, seek; *sich zu j-m ~* betake o.s. to a p.; *bemüht sein zu inf.* be anxious to *inf.*, be endeavo(u)red to *inf.*; *~ Sie sich nicht!* don't trouble *od.* bother!; **2ung** *f* trouble, endeavo(u)r, pains *pl.*; (*Anstrengung*) effort (*um et.* for, toward).
bemüßigt [bə'my:siçt]: *sich ~ fühlen zu inf.* feel bound to.
bemustern ✝ [~'mustərn] sample; *j-n*: send samples to.
bemuttern [~'mutərn] (29) mother.
be'nachbart neighbo(u)ring.
benachrichtig|en [~'nɑ:xriçtigən] (25) inform (*von* of; *daß* that), send *a p.* word (that); *formell*: notify (of; that); ✝ advise (of); **2ung** *f* information; notification; ✝ advice.
benachteilig|en [~'nɑ:xtaɪligən] (25) place *a p.* at a disadvantage, handicap; discriminate against; (*schädigen*) injure; **2ung** *f* disadvantage (*gen.* to); discrimination (against); injury (to).
be'nagen gnaw (at).
benebel|n [~'ne:bəln] (29) (be)fog (*a. fig.*); **~t** *fig. co.* fuddled.
Benediktiner [benedik'ti:nər] *m* Benedictine (*a. Likör*).
Benefiz [bene'fi:ts] *n* (3[3]) benefit; **~vorstellung** *f* benefit-night.
be'nehmen: 1. take away (*j-m den Atem usw.* a p.'s breath *etc.*); *j-m die Hoffnung usw. ~* deprive a p. of; *sich ~* behave (o.s.); **2.** 2 *n* (6) behavio(u)r, conduct; manners *pl.*; *im ~ mit* in agreement with; *sich ins ~ setzen mit* contact *a p.*, confer (*od.* consult) with (*über acc.* about).
be'neiden envy (*j-n um et.* a p. a th.); **~swert** enviable.
be'nenn|en *j-n, et.*: name; *et.*: *a.* designate, term; *e-n Termin*: fix; *benannt* ⅍ concrete; **2ung** *f* naming, name; denomination; (*Fachsprache*) nomenclature.
be'netzen wet, moisten.
Bengel ['bɛŋəl] *m* (7) lout; (*Schelm*) rascal; *kleiner*: urchin; *dummer ~* silly fool, booby.
benommen [bə'nɔmən] benumbed; (*schwindlig*) dizzy; **2heit** *f* numbness; dizziness.
be'nötigen want, need, require.
benutz|en [~'nutsən] use, make use of, utilize; (*sich zunutze machen*) *a.* profit by; *die Gelegenheit ~* seize the opportunity; **2er** *m* user; **2ung** *f* use; utilization.
Benzin [bɛn'tsi:n] *n* (3[1]) benzine; *mot.* petrol, *Am.* gas(oline); **~kanister** *m* (7) petrol (*Am.* gas) container; **~motor** *m* petrol (*Am.* gasoline) engine; **~tank** *m* fuel tank; **~uhr** *f* fuel gauge.
Benzol [bɛn'tso:l] *n* benzene, benzol(e).
beobacht|en [bə'ʔo:baxtən] (26) observe (*a. fig. Stillschweigen, Vorschrift usw.*); *genau*: watch; **2er(in** *f*) *m* observer; ✈ navigator; ⚔ *a.* spotter; **2ung** *f* observation; *fig.* observance (*gen.* of), compliance (with); **2ungsgabe** *f* (power of) observation; **2ungsposten** *m* ⚔ observation post; **2ungsstation** *f* *ast.* observatory; ⚕ observation ward.
beordern [~'ʔɔrdərn] (29) order.
be'packen load, pack.
be'pflanzen plant.
bequem [bə'kve:m] convenient; (*behaglich*) comfortable; (*leicht*) easy; *Schuh usw.*: easy; *P.*: easy-going, *b.s.* indolent; *es sich ~ machen* relax, make o.s. at home; **~en** (25): *sich ~ zu et.* comply with, submit to; *b.s.* condescend to; **2lichkeit** *f* convenience; comfort, ease; *b.s.* indolence.
berappen F [~'rapən] (25) pay up, fork out.
be'rat|en *j-n*: advise, counsel; *et.*: deliberate on; (*sich*) ~, **be'ratschlagen** (25) deliberate (*über acc.* on, about); (*mit j-m*) consult, confer (with); *gut* (*schlecht*) ~ well- (ill-) -advised; **~end** advisory, consultative; **2er** *m* adviser; consultant; **2ung** *f* advice, counsel (*j-s* to a p.); consultation (*a.* ⚕, ✝); deliberation; (*Konferenz*) conference; **2ungsstelle** *f* advisory board; information cent|re, *Am.* -er; *soziale*: welfare cent|re, *Am.* -er.
be'raub|en rob, *fig. a.* deprive (*gen.* of); **2ung** *f* robbing, deprivation.
be'rauschen intoxicate; *sich ~* get

drunk; *fig.* be (*od.* get) intoxicated (*an dat.* with); **~d** intoxicating (*a. fig.*).

be'rechn|en calculate, compute; (*schätzen*) estimate (*auf acc.* at); ✝ charge; *darauf berechnet sein, zu inf.* be calculated to *inf.*; **~end** calculating; **2ung** *f* calculation.

berechtig|en [~'rɛçtigən] (25) *v/t. j-n*: entitle (*zu* to *a th.*; to *inf.*); (*ermächtigen*) authorize (to *inf.*); (*befähigen*) qualify (to); *v/i. zu et.* ~ justify; *zu Hoffnungen* ~ bid fair, promise well; **~t** entitled, *etc.*, *s. berechtigen*; *attr. Anspruch, Hoffnung usw.*: legitimate; **2ung** *f* right, title (*zu* to); authorization; justification; **2ungsschein** *m* permit; ✝ *für Dividende, Zinsen*: warrant.

be'red|en (*überreden*) persuade; (*über et. reden*) talk *a th.* over; *sich ~ mit* confer with; **2samkeit** [~'re:t-] *f* eloquence; **~t** eloquent.

Be'reich *m, n* (3) reach, area; *fig. a.* compass, scope, (*a.* ⚔) range; (*Gebiet*) field, sphere, domain; **2ern** (29) enrich; **~erung** *f* enrichment.

bereif|en[1] [~'raɪfən] cover with hoarfrost; **~en**[2] *Faß*: hoop; *Rad*: tyre, *Am.* tire; **2ung** *f mot.* tyres, *mst* tires *pl.*

be'reinig|en settle, straighten out; **2ung** *f* settlement.

be'reisen travel, tour; ✝ *a.* work.

bereit [bə'raɪt] ready, prepared; *sich ~ erklären od. finden zu* agree to; *sich ~ machen zu* get ready (*od.* prepare o.s.) for; **~en** (26) prepare, make ready; *Freude, Verdruß usw.*: give; *Niederlage*: inflict (*dat.* upon); **~halten** keep ready; *fig. für j-n* have in store for; **~s** already; (*bei Fragen und Verneinungen*) yet; **2schaft** *f* (16) readiness; (*Polizeimannschaft*) squad; **2schaftsdienst** *m* stand-by service; **~stehen** be ready; **~stellen** make available, provide; **2ung** *f* preparation; **~willig** ready, willing; **2willigkeit** *f* readiness, willingness.

be'reuen repent; (*bedauern*) regret.

Berg [bɛrk] *m* (3) mountain, (*Hügel*) hill; *fig. ~e von* ... heaps of ...; *~e versetzen* move mountains; *hinterm ~ halten mit* hold back, keep *a th.* dark; *die Haare standen mir zu ~e* my hair stood on end; *über alle ~e sein* be off and away; *wir sind noch nicht über den ~* we are not yet out of the wood; **2'-ab** downhill (*a. fig.*); **'~-akademie** *f* mining college; **'~-amt** *n* mining office; **2'-an, 2'-auf** uphill (*a. fig.*); **'~-arbeiter** *m s. ~mann*; **'~bahn** 🚂 *f* mountain-railway; **'~bau** *m* mining; **'~besteigung** *f* climb; **'~-bewohner(in** *f*) *m* highlander.

bergen ['bɛrgən] (30) save; ⚓ salv(ag)e; *mot.* recover; (*enthalten*) contain; *fig.* harbo(u)r; (*verbergen*) conceal; *s. geborgen.*

Berg|führer ['bɛrk-] *m* mountain guide; **2ig** ['~giç] mountainous, (*hügelig*) hilly; **'~-ingenieur** *m* mining engineer; **'~kette** *f* mountain range; **'~knappe** *m* miner; **'~krankheit** *f* mountain sickness; **'~kristall** *m* rock crystal; **'~land** *n* mountainous (*od.* hilly) country; **'~mann** *m* (*pl. Bergleute*) miner; *im Kohlenbergwerk*: pitman, collier; **'~predigt** *f* Sermon on the Mount; **'~recht** *n* mining laws *pl.*; **'~rennen** *n Sport*: mountain race; **'~rücken** *m* ridge; **'~rutsch** *m* landslip, *Am. od. pol.* landslide; **'~salz** *n* rock salt; **'~schuh** *m* climbing boot; **'~spitze** *f* mountain peak; **'~steiger(in** *f*) *m* mountaineer; **'~steige'rei** *f* mountaineering; **'~stock** *m* alpenstock; **'~sturz** *m s. Bergrutsch*; **'Berg-und-'Tal-Bahn** *f* switchback (railway), *Am.* roller-coaster; **~ung** ['~guŋ] *f* saving, ⚓ salvage; *mot.* recovery; *von Menschen*: rescue; **'~ungs-arbeiten** *f/pl.* ⚓ salvage operations; *für Menschen*: rescue work; **'~ungsfahrzeug** *n mot.* recovery vehicle, *Am.* wrecker truck; ⚓ salvage vessel; ✈ crash tender; **'~werk** *n* mine; (*Kohlengrube*) pit; **'~werksgesellschaft** *f* mining company; **'~wesen** *n* mining; *vgl. a. Gebirgs...*

Bericht [bə'riçt] *m* (3) report, account; *statistische ~e pl.* official returns; *~ erstatten s. berichten*; **2en** report (*über acc.* on; *j-m* to a p.); *in der Presse*: *Am. a.* cover (*über et.* a th.); (*erzählen*) relate; *j-m et.* ~ (*melden*) inform a p. of a th.; **~-erstatter** *m* (7) reporter; *auswärtiger*: correspondent; *Radio*: commentator; *Referent*: reporter, *Am.* referee; **~-erstattung** *f* reporting, *Am. a.* coverage; (*Bericht*) report.

be'richtig|en [~igən] (25) *et.*: rectify; *et.*, *j-n*: correct, set right; *Rechnung usw.*: settle; ⊕ adjust; *Schuld*: settle; **2ung** *f* rectification; correction; settlement; adjustment.
Be'richtsjahr *n* year under review.
be'riechen smell at.
be'riesel|n *Land*: irrigate; (*besprengen*) sprinkle; **2ung** *f* irrigation; sprinkling.
beritten [~'ritən] mounted.
Berliner [bɛr'li:nər] **1.** *m* (7), **~in** *f* Berlinian, Berliner; **2.** *adj.* Berlin.
Bernstein ['bɛrnʃtaɪn] *m* amber.
bersten ['bɛrstən] (30, sn) burst (*fig. vor dat.* with).
berüchtigt [bə'ryçtiçt] notorious (*wegen* for), ill-famed.
be'rücken captivate; **~d** captivating; *Schönheit*: fascinating.
be'rücksichtig|en [~ziçtigən] (25) *et.*: take into consideration (*od.* account), *a. j-n*: consider; (*an-*, *abrechnen*) allow for; **2ung** *f* consideration (*gen.* of), regard (to); *unter ~* (*gen.*) in consideration of.
Beruf [bə'ru:f] *m* (3) calling; (*Tätigkeit*) occupation, job; (*Geschäft*) business; (*Gewerbe*) trade; (*Amt*) office; (*höherer ~*) profession; (*innerer ~*) vocation, mission; *von ~* by occupation; by profession; by trade; *freier ~* liberal profession; **2en**[1] *v/t.* call; *Versammlung*: convene; *Parlament usw.*: convoke; *j-n zu e-m Amt*: appoint (to); *sich ~ auf* (*acc.*) appeal to, *entschuldigend*: plead, (*sich beziehen auf*) refer to; **2en**[2] *adj.* competent (*zu* for *a th.*; to *inf.*); *sich ~ fühlen zu inf.* feel called upon to *inf.*; **2lich** *s. Berufs...*
Be'rufs... vocational, occupational, professional; **~-ausbildung** *f* vocational training; **~be-amtentum** *n* officialdom; **~beratung** *f* vocational guidance; **~kleidung** *f* work (-ing) clothes *pl.*; **~krankheit** *f* occupational disease; **~-offizier** *m* regular officer; **~schule** *f* vocational school; **~spieler** *m Sport*: professional; **~sport** *m* professional sport(s *pl.*); **2tätig** working; (gainfully) employed; practising a profession; **~verbrecher** *m* professional criminal.
Be'rufung *f* (16) *s. berufen*: call; convocation; appointment (*zu* to); appeal (*auf acc.*, ⚖ *an acc.* to, *gegen* from); reference (*auf acc.* to); *s. einlegen*; **~sgericht** *n*, **~s-instanz** *f* court of appeal; **~sklage** *f* appeal; **~skläger(in** *f*) *m* appellant; **~srecht** *n* right of appeal.
be'ruhen: *~ auf* (*dat.*) rest (*od.* be based *od.* depend) on; *et. auf sich ~ lassen* let a th. rest (*od.* pass).
beruhig|en [~'ru:igən] (25) quiet, calm, soothe; *Ängstliche*: ease, set at rest; *Erregte*: appease; *P. od. S.*: *sich ~* calm down; **2ung** *f* quieting, calming; appeasement; (*Trost*) consolation; **2ungsmittel** *n*, **2ungspille** ⚕ *f* sedative; *fig.* placebo.
berühmt [~'ry:mt] famous (*wegen* for), celebrated; renowned; **2heit** *f* renown; *Person*: celebrity, star.
be'rühr|en touch; *fig.* (*erwähnen*) touch (up)on, allude to; (*wirken auf*) affect; *j-s Interessen usw.*: concern; *Hafen, Haltestelle*: touch at; *sich* (*od. ea.*) *~* touch, meet; *j-n* (*un*)*angenehm ~* (dis)please a p.; *es berührt seltsam, daß* it is strange that; **2ung** *f* touching; touch, contact; *mit j-m in ~ bleiben* keep in touch with; *in ~ kommen mit* come in(to) contact (*od.* touch) with; **2ungsfläche** *f* surface of contact; **2ungslinie** ⩘ *f* tangent; **2ungspunkt** *m* point of contact.
be'sä|en sow; **~t** *fig.* studded, dotted; *mit Sternen ~* star-spangled.
be'sag|en say; (*bedeuten*) mean, signify, imply; *das will wenig ~* it little matters; **~t** [~kt] (afore-)said.
besaiten [~'zaɪtən] string; *zart besaitet fig.* very sensitive.
Besan ⚓ [bə'zɑ:n] *m* (3[1]) miz(z)en.
besänftig|en [bə'zɛnftigən] (25) soothe; assuage; appease; *sich ~* calm down; **2ung** *f* soothing; appeasement.
Be'satz *m* border; (*Garnierung*) trimming; (*Borte*) braid.
Be'satzung *f* garrison; ⚓, ✈ crew; (*Besetzung*) occupation; **~smacht** *f* occupying power; **~sstreitkräfte** *f/pl.* occupation forces; **~szone** *f* occupation zone.
be'saufen: P *sich ~* get drunk.
be'schädig|en *S.*: damage, injure; *P.*: injure, hurt; **2ung** *f* damage, injury (*gen.* to); ⚓ average.
be'schaff|en 1. *v/t.* procure, make

available; **2.** *adj.* constituted; *gut (schlecht)* ~ well- (ill-)conditioned; *die Sache ist so* ~ the matter stands thus; **𝔖enheit** *f* condition; *(Eigenschaft)* quality; *(Natur)* nature; **𝔖ung** *f* procurement.

beschäftig|en [~ˈʃɛftigən] (25) occupy, engage; *Angestellte*: employ; *geistig*: preoccupy; *sich* ~ *mit* busy (*od.* occupy) o.s. with, be engaged in, be busy *ger.*; **~t** [~tiçt]: ~ *bei* in the employ of, working for; ~ *mit* engaged in, occupied with; **𝔖ung** [~guŋ] *f* occupation; employment, job; *(Geschäft)* business; **~ungslos** unemployed, out of work.

beˈschäl|en *Stute*: cover; **𝔖er** *m* (7) stallion.

beˈschäm|en make ashamed, (put to) shame; *(verlegen machen)* embarrass; *~d* humiliating; **~t** ashamed (*über acc.* of); **𝔖ung** *f* confusion; *Zustand*: shame.

beschatten [~ˈʃatən] (26) shade; *(heimlich verfolgen)* shadow.

beˈschau|en look at; view; *prüfend*: examine; *Fleisch usw.*: inspect; *fig.* contemplate; **~lich** contemplative; *(friedlich)* tranquil; *(behaglich)* leisurely; **𝔖lichkeit** *f* contemplativeness; tranquillity.

Bescheid [bəˈʃaɪt] *m* (3) answer; ⚖ *usw.* decision; *(Mitteilung, Auskunft)* information (*über acc.* about); *j-m* ~ *geben* send a p. word, let a p. know (about); *j-m gehörig* ~ *sagen (abkanzeln)* give a p. a piece of one's mind; *j-m trinkend* ~ *tun* pledge a p.; ~ *wissen* (be in the) know; ~ *wissen mit od. in (dat.) od. über (acc.)* know all about, be aware of; *ich weiß hier* ~ I know this place.

beˈscheiden 1. *v/t.* *(zuteilen)* allot; *j-n wohin*: direct, order; *(benachrichtigen)* inform; *j-n abschlägig* ~ give a p. a refusal; *sich* ~ be content; *sich mit et.* ~ resign o.s. to; *es war mir nicht beschieden* it was not granted to me; **2.** *adj.* modest; **𝔖heit** *f* modesty.

beˈscheinen shine (up)on.

bescheinig|en [~ˈʃaɪnigən] (25) certify (*j-m* to a p.), (*a. fig.*) attest; *den Empfang (gen.)* ~ acknowledge receipt (of *a letter, etc.*); (give a) receipt (for *money paid*); *es wird hiermit bescheinigt, daß* ... this is to certify that ...; **𝔖ung** *f* certificate; receipt.

beˈscheißen P cheat.

beˈschenken *j-n*: make a p. a present; *j-n mit et.*: present a p. with a th.

beˈscher|en: *j-m et.* ~ give a p. a th., bestow a th. (up)on a p.; **𝔖ung** *f* distribution of presents; *fig. eine schöne* ~*!* a nice mess!; *da haben wir die* ~*!* there we are! *die ganze* ~ the whole bag of tricks.

beˈschick|en *Parlament usw.*: send deputies to; *Ausstellung, Messe*: exhibit at; ⊕ charge; **𝔖ung** *f* (*gen.*) sending of delegates (to); representation (at); ⊕ charging (of).

beˈschieß|en fire on; *mit Kanonen*: bombard (*a. phys.*), shell; **𝔖ung** *f* fire; bombardment, shelling.

beˈschimpf|en insult, call a p. names; **𝔖ung** *f* insult (*gen.* to).

beˈschirm|en (25) protect, shield, shelter (*vor dat.* from).

beˈschlafen *et.*: sleep on.

Beˈschlag *m* metal (*od.* iron) fittings *pl.*; mounting; *(Huf*𝔖*)* shoeing, *konkret*: shoes *pl.*; ⚗ efflorescence; ⚖ *s.* *~nahme*; *in* ~ *nehmen, mit* ~ *belegen* seize, *fig. a.* monopolize; ~ *legen auf* distrain (up)on; ⚓ embargo.

beˈschlagen 1. *v/t.* mount; *Pferd*: shoe; *Stock*: tip; *mit Ziernägeln*: stud; *v/i.* (sn) *Eßware*: grow mo(u)ldy; *Fenster*: get covered with damp; **2.** *adj.* *Glas*: clouded, steamed; *in e-r S. gut* ~ *sein* be well versed (*od.* up) in; **𝔖heit** *f* experience, (profound) knowledge (*in dat.* of).

Beˈschlagnahm|e [~knaːmə] *f* (15, *o. pl.*) seizure, confiscation; sequestration; ⚔ requisition; ⚓ embargo; **𝔖en** seize, confiscate; sequestrate; ⚔ requisition.

beˈschleichen sneak up to; *Wild, Feind*: stalk; *fig.* steal (*od.* creep) (up)on.

beschleunig|en [bəˈʃlɔʏnigən] (25) accelerate; hasten, speed up; **𝔖er** *mot. phot. m* accelerator (*a. Kernphysik*); **𝔖ung** *f* acceleration (*a. phys.*); speeding up.

beˈschließen *(beenden)* close, conclude; *(sich entscheiden)* determine, decide (*beide a.* ⚖), resolve.

Beˈschluß *m* (4[2]) *(Entscheidung)* decision, resolution (*a. parl.*), *Am.* resolve; ⚖ (court) order, decree; **2fähig:** e-e ~e *Anzahl od. Versammlung* a quorum; *das Haus ist* (*nicht*) ~ there is a (no) quorum; **~fähigkeit** *f* quorum, competence; **~fassung** *f* (passing of a) resolution.

be'schmieren (be)smear; *s. bestreichen.*

be'schmutzen soil (*a. fig.*), dirty.

be'schneid|en clip; cut; *Baum*: lop; *Fingernägel*: pare; ⚕ circumcise; *fig.* cut (down), curtail; **2ung** *f* clipping; circumcision; cut.

be'schneit snowy.

be'schnüffeln, be'schnuppern sniff at.

beschönig|en [~'ʃøːnigən] (25) palliate, extenuate, gloss over; **2ung** *f* palliation, extenuation.

beschottern [~'ʃɔtərn] (29) metal.

beschränk|en [~'ʃrɛŋkən] (25) confine, limit, restrict, *Am. a.* curb; *sich ~ auf* (*acc.*) restrict o.s. to; **~t** [~kt] limited, restricted; *geistig*: narrow(-minded), (*dumm*) obtuse; **2t-heit** *f* narrowness; dul(l)ness; **2ung** *f* limitation, restriction.

be'schreib|en *Blatt*: write (up)on; (*schildern*) describe (*a. Kreis usw.*); **~end** descriptive; **2ung** *f* description; ⊕ specification; *jeder ~ spotten* beggar all description.

be'schreiten walk on; *fig. e-n Weg ~* follow a course; *neue Wege ~* apply new methods; *s. Rechtsweg.*

beschrift|en [~'ʃriftən] (26) inscribe, letter; *Kiste usw.*: mark; **2ung** *f* lettering; (*Inschrift*) inscription; *erläuternde*: caption, legend.

beschuldig|en [~'ʃuldigən] (25) accuse (*gen.* of), charge (with); **2te** [~diçtə] *m, f* (18) accused; **2ung** [~guŋ] *f* accusation, charge.

beschummeln F [~'ʃuməln] (29) cheat, trick (*um* out of).

Be'schuß *m* (4^2) fire; bombardment (*a. phys.*), shelling.

be'schütz|en (*vor dat.*) protect (from), defend (against); **2er** *m* (7) protector; **2erin** *f* (16^1) protectress.

be'schwatzen talk *a p.* over; coax (*zu* to *inf.*; into *ger.*); *~ zu* talk *a p.* into *ger.*

Beschwerde [bə'ʃveːrdə] *f* (15) trouble; (*Klage*) complaint; (*~grund*) grievance; ⚖ appeal (*gegen* from); (*Krankheit*) complaint, trouble; **~buch** *n* complaints book; **~führer(in** *f*) *m* complainant.

beschwer|en [~'ʃveːrən] (25) burden, charge (*a. fig.*); *lose Papiere usw.*: weight; *Magen*: lie heavy on; *sich ~* complain (*über acc.* about, of; *bei* to); **~lich** troublesome; *j-m ~ fallen* give a p. trouble.

beschwichtigen [~'ʃviçtigən] (25) appease; *Gewissen*: silence.

be'schwindeln cheat, swindle (*um et.* out of).

beschwingt [~'ʃviŋt] winged; *fig.* elated, buoyant; *Melodie*: racy.

beschwipst F [~'ʃvipst] tipsy.

be'schwör|en *et.*: confirm by oath, swear (to); *Geister*: conjure, (*bannen*) conjure away; *Gefahr*: banish; *j-n*: (*anflehen*) implore; **2ung** *f* confirmation by oath, swearing; conjuration; banishment; imploring.

beseel|en [~'zeːlən] (25) animate; **~t** animated; *fig.* soulful.

be'sehen look at; *prüfend*: inspect.

beseitig|en [bə'zaɪtigən] (25) remove; (*abschaffen*) *a.* abolish, do away with (*a. j-n*); **2ung** *f* removal.

beseligen [~'zeːligən] (25) make happy, fill with bliss.

Besen ['beːzən] *m* (6) broom; (*Reisig2*) besom; *kleiner ~* (hand-) -brush; *fig. mit eisernem ~* with a rod of iron; *neue ~ kehren gut* a new broom sweeps clean; F *ich fresse e-n ~, wenn ...* I'll eat my hat if ...; '**~stiel** *m* broom-stick.

besessen [~'zɛsən] obsessed, possessed (*von* by, with); *wie ~* like mad; **2e** *m, f* man (woman) possessed, maniac; **2heit** *f* obsession; (*Raserei*) frenzy.

be'setz|en *Kleid usw.*: trim; *mit Edelsteinen usw.*: set; ⚔ occupy; ⚓ man; *Amt, Stelle*: fill; (*Sitz-*) *Platz*: engage; *thea. Rolle, Stück*: cast; **~t** *Platz, Gebiet*: occupied; *Bus usw.*: full up; *dicht ~* crowded, packed; *teleph.* engaged, *Am.* busy; *meine Zeit ist ~* occupied; **2tzeichen** *n* engaged (*Am.* busy) signal; **2ung** *f* occupation; filling; *thea.* cast; (*Personal*) staff; *Sport*: team composition.

besichtig|en [~'ziçtigən] (25) view, inspect, survey; *zu ~ sein* be on view; **2ung** *f* inspection (*a.* ⚔); *von*

Sehenswürdigkeiten: sightseeing, visit (*gen.* to).

be'siedel|n settle, colonize; **2ung** *f* settlement, colonization.

be'siegeln seal (*a. fig.*).

be'sieg|en defeat; **2er(in** *f*) *m* (7) conqueror; **2te** *m*, *f* loser; **2ung** *f* defeat; conquest.

be'singen sing (of).

be'sinn|en 1. *sich* ~ (*überlegen*) reflect, consider; (*sich erinnern*) recollect, remember (*auf* et. a thing); *sich anders* (*od.* e-s *andern*) ~ change one's mind; *sich e-s Besseren* ~ think better of it; **2.** 2 *n* (6) reflection; **~lich** contemplative.

Be'sinnung *f* consciousness; (*Überlegung*) reflection, consideration; *die* ~ *verlieren* lose consciousness, *fig.* lose one's head; *wieder zur* ~ *kommen* recover consciousness, *fig.* come to one's senses; *j-n zur* ~ *bringen* bring a p. to his senses; **~saufsatz** *m* contemplative essay; **2slos** unconscious; *fig.* senseless, blind; **~slosigkeit** *f* unconsciousness; *fig.* senselessness.

Be'sitz *m* (3²) possession; *s.* ~*tum*; ~ *ergreifen von*, *in* ~ *nehmen* take possession of, occupy, *Person*: take hold of; *im* ~ *e-r S. sein* be in possession of a th.; *im* ~ *e-r P. sein* be in the possession of a p.; *in den* ~ *e-r S. setzen* put in possession of; **2-anzeigend** *gr.* possessive; **2en** possess, have; **2end** propertied; **~er(in** *f*) *m* possessor; (*Eigentümer* [*-in*]) owner, propriet|or, *f* -ress; *e-s Wertpapiers, Passes usw.*: holder; *den* ~ *wechseln* change hands; **~-ergreifung** *f*, **~nahme** *f* taking possession (*von* of), occupation; **2erlos** abandoned; **2los** unpropertied; **~stand** *m* ownership; † assets *pl.*; **~störung** *f* trespass; **~titel** *m* possessory title; **~tum** *n* (1²), **~ung** *f* possession; property, estate; **~-urkunde** *f* title-deed.

besoffen P [bə'zɔfən] (roaring) drunk.

besohlen [~'zo:lən] (25) sole.

besold|en [~'zɔldən] (26) pay (a salary); **~et** salaried; **2ung** *f* (16) pay; salary.

be'sonder particular, special; (*einmalig*) singular; (*eigenartig*) peculiar; (*gesondert*) separate; et. **2es** something special; *nichts* **2es** nothing out of the way; *im* ~*en* in particular; **2heit** *f* particularity; peculiarity; special quality (*od.* feature); **~s** especially, particularly; separately, apart.

besonnen [~'zɔnən] prudent; (*bedacht*) considerate; (*vernünftig*) sensible, level-headed; **2heit** *f* prudence; considerateness; (*Geistesgegenwart*) presence of mind.

be'sorgen (*fürchten*) apprehend, fear; (*Sorge tragen für*) take care of; (*erledigen*) attend to; (*beschaffen*) get (*j-m* et. a p. a th., a th. for a p.), procure, provide (a th. for a p.); *Haushalt usw.*: manage; F *es j-m* ~ settle a p.'s hash.

Besorgnis [bə'zɔrknis] *f* (14²) apprehension, fear, anxiety; **2-erregend** alarming.

be'sorgt [~kt] (*fürchtend*) alarmed (*um* for); (*ängstlich bemüht*) anxious, solicitous (*um* about, for); **2heit** *f* *s. Besorgnis*; solicitude.

Be'sorgung [~guŋ] *f* (*Erledigung*) handling, management; (*Beschaffung*) procurement; (*Einkauf*) purchase; (*Auftrag*) errand; ~*en machen* go shopping.

be'spann|en put (the) horses to; *mit Saiten*: string; *mit Stoff*: cover; **2ung** *f* stringing; covering.

be'speien spit on *od.* at.

be'spiegeln: *sich* ~ look at o.s. (F admire o.s.) in the glass.

be'spitzeln (29) spy on *a p.*

be'spötteln (29) ridicule.

be'sprech|en discuss, talk *a th.* over; *Buch usw.*: review; (*vereinbaren*) arrange, agree upon; *Schallplatte usw.*: make a recording on; *sich* ~ *mit* confer with; **2er(in** *f*) *m* *e-s Buches usw.*: reviewer; **2ung** *f* discussion; review; conference.

be'sprengen sprinkle, spray.

be'spritzen (be)spatter, splash.

be'spucken spit at *od.* (up)on.

besser ['bɛsər] better; (*überlegen*) superior; *es* ~ *haben als ein anderer* be better off than; *es geht* (*wirtschaftlich*) ~ things are looking up; *es geht ihm heute* ~ he is better today; *ich täte* ~ (*daran*) *zu gehen* I had better go; *es* ~ *wissen* know better; ~ *gesagt* or rather; *um so* ~ all the better; *du könntest nichts* **2es** *tun* you could not do better; *s. belehren, besinnen, Hälfte*; **'~n** (29) improve; *moralisch*: reform; *sich* ~ (grow) better, improve; *moralisch*: reform, mend one's ways.

'Besserung *f* improvement (*a.* ⚕ *u.* ✝); (*Wendung*) change for the better; *moralisch*: reform; *gute* ~! hope you will be better soon; **'~s-anstalt** *f für Jugendliche*: reformatory, *Am. mst* reform school.

'Besserwisser *m* know-all.

best [bɛst] best; *der erste* ~*e* the first comer; *am* ~*en* best; *aufs* ~*e*, ~*ens* in the best way; *auf dem* ~*en Wege sein zu inf.* be in a fair way to *inf.*; *zum* ~*en geben Lied*: oblige with, *Geschichte*: tell, relate, entertain with; *j-n zum* ~*en haben* make fun of a p.; *nach* ~*en Kräften* to the best of one's power; *nach meinem* ~*en Wissen* to the best of my knowledge; *sich von der* ~*en Seite zeigen* show o.s. (*od.* be) at one's best; *zu Ihrem* ⁲*en* in your interest; *zum* ⁲*en der Armen* for the benefit of the poor; *in den* ~*en Jahren* in the prime of life; *fig. das* ⁲*e herausholen* make the best of it; *sein* ⁲*es geben* do one's best; *ich täte am* ~*en zu gehen* I had best go; *empfehlen Sie mich* ~*ens!* remember me most kindly!; *ich danke* ~*ens* thank you very much!, *ablehnend*: I would rather be excused!, *contp.* thank you for nothing!

bestall|en [bəˈʃtalən] (25) appoint (*zu* to); ⁲**ung** *f* appointment; ⁲**ungs-urkunde** *f* certificate of appointment.

Be'stand *m* (3³) (*Bestehen*) existence; (*Fortdauer*) continuance, duration; (*Haltbarkeit*) stability, durability; (*Vorrat*) stock; (*Kapital*⁲) assets *pl.*; (*Aktien*⁲ *usw.*) holdings *pl.*; (*Kassen*⁲) cash (*od.* balance) in hand; (*Waren*⁲) stock on hand; (*Fahrzeug*⁲) rolling stock, fleet; ⚔ (*Mannschafts*⁲) strength; (*Rest*⁲) rest, remainder; *von* ~ *sein*, ~ *haben* be durable (*od.* lasting), endure, last.

be'ständig constant, steady; (*unveränderlich*) invariable; (*dauerhaft*) lasting, permanent, stable; (*andauernd*) continual; (*beharrlich*) persistent; *Wetter*: settled; *Barometerstand*: set fair; ~*e Valuta* stable currency; ⁲**keit** *f* constancy, steadiness; stability, permanence; continuance.

Be'stand|s-aufnahme ✝ *f* stock-taking (*a. fig.*), *Am.* inventory; **~teil** *m* component (part), constituent (part); element; *e-r Mischung*: ingredient; (*Einzelteil*) part; *s. auflösen*

be'stärken *j-n, e-e Vermutung usw.*: confirm; (*ermutigen*) encourage; (*verstärken*) strengthen.

bestätig|en [~ˈʃtɛːtigən] (25) confirm; *amtlich*: attest; (*erhärten*) corroborate; *Vertrag, Gesetz*: ratify; ⚖ *Urteil*: uphold; *Empfang*: acknowledge; *sich* (*nicht*) ~ (not) to be confirmed, prove true (false); ⁲**ung** *f* confirmation; attestation; corroboration; ratification; acknowledg(e)ment.

bestatt|en [~ˈʃtatən] (26) bury, inter; ⁲**ung** *f* funeral; (*Beerdigung*) burial, interment; (*Feuer*⁲) cremation; ⁲**ungs-institut** *n* (firm of) undertakers *pl.*, *Am.* funeral home.

be'stäub|en dust, spray; ⚘ pollinate; ⁲**ung** *f* dusting, spraying; ⚘ pollination.

be'stechen bribe, corrupt; *fig.* be fascinating, impress; **~d** brilliant, fascinating, impressive; *Wesen*: engaging.

be'stechlich corruptible; ⁲**keit** *f* corruptibility.

Be'stechung *f* bribery, corruption; **~sgeld** *n* bribe.

Besteck [bəˈʃtɛk] *n* (3) ⚕ set of instruments; (*Eß*⁲) knife, fork and spoon, (set of) cutlery; ⚓ reckoning.

be'stecken stick (*mit* with).

be'stehen 1. *v/t.* overcome, conquer; (*durchmachen*) undergo, endure, go through; *Kampf*: win; *Probe*: stand; *Prüfung*: pass; *e-e Prüfung nicht* ~ fail in an examination; *v/i.* be, exist; subsist; (*fort*~) last, continue; ~ *auf* (*acc.*) insist (up)on; ~ *aus* consist of, be composed of; ~ *in* (*dat.*) consist in; *nicht* ~ *Prüfling*: fail; **2.** ⁲ *n* existence; *e-r Prüfung*: passing; (*j-s*) ~ *auf* (*acc.*) insistence (by a p.) on; **~d** existing; (*gegenwärtig*) present.

be'stehlen rob, steal from.

be'steig|en ascend (*a. Thron*), climb (on); *Pferd, Fahrrad*: mount; *Schiff*: (go on) board *a ship*; *Wagen usw.*: enter, *bsd. Am.* board; ⁲**ung** *f* ascent.

Be'stell|buch ✝ *n* order-book; **≈en** *Ware, Speise usw.*: order; *Zeitung*: subscribe to; *Platz, Zimmer*: book; (*kommen lassen*) ask *a p.* to come; send for; (*ernennen*) appoint (*zum Statthalter usw.* [to be] governor *etc.*); *Brief, Botschaft*: deliver; *Feld*: till, cultivate; *Grüße*: give; *sein Haus* ~ put one's house in order; *es ist schlecht mit ihm* (*od. um ihn*) *bestellt* he is in a bad way; **~er** *m* orderer; *e-r Zeitung*: subscriber; **~karte** *f*, **~schein** *m*, **~zettel** *m* order form; **~ung** *f* order, commission; subscription (*gen.* to); appointment; ⚒ cultivation; *e-s Briefes*: delivery; *auf* ~ *gemacht* made to order, *Am.* custom-made.

'**bestenfalls** at best.

be'steuer|n tax; **≈ung** *f* taxation.

bestial|isch [bɛst'jɑːliʃ] beastly; bestial; **≈ität** [~jali'tɛːt] *f* bestiality.

Bestie ['bɛstjə] *f* (15) beast, brute.

bestimm|en [bə'ʃtimən] (*entscheiden*) determine; decide; *Preis*: fix; *Ort, Zeit usw.*: appoint; *vom Gesetz*: lay down; *v. höherer Gewalt*: ordain; *Begriff*: define; *Daten, Werte*: determine; *j-n zu, für et.* ~ destine (*od.* intend) for; *j-n* ~ *et. zu tun* determine (*od.* induce) a p. to do a th.; ~ *über* (*acc.*) dispose of; **~t** *Zeit*: appointed; *Summe usw.*: fixed; (*entschlossen*) decided, determined; (*sicher*) certain, positive; *Antwort, Begriff, gr.*: definite; ~ *sein für od. zu* be intended for; *sich bestimmt ausdrücken* express o.s. distinctly; (*ganz*) ~ decidedly; certainly!, *Am.* sure!; *et.* ~ *wissen* know a th. for certain; ~ *nach* ⚓, ✈ bound for; **≈t-heit** *f* exactitude; determination; certainty; *mit* ~ positively; **≈ung** *f* determination; destination (*a. Ort*); (*Geschick*) destiny; (*Beruf*) vocation; (*Begriffs≈*) definition; (*Vorschrift*) direction, instruction; ⚖ provision; *amtliche* ~*en pl.* regulations; **≈ungsland** ✝ *n* country of destination; **≈ungs-ort** *m* (point of) destination.

'**Best|leistung** *f* record (performance); '**≈möglich** best possible.

be'straf|en punish; **≈ung** *f* punishment; (*Strafe*) *a.* penalty.

be'strahl|en irradiate; ⚕ ray-treat, *mit Radium*: radio; **≈ung** *f* irradiation; ⚕ ray-treatment.

be'streb|en 1. *sich* ~ (*od. bestrebt sein*) *zu inf.* endeavo(u)r (*od.* strive) to *inf.*, *begierig*: be anxious to *inf.*; **2.** ≈ *n* (6) (*Neigung*) tendency; = **≈ung** *f* effort, endeavo(u)r, attempt.

be'streichen spread; ⚔ *mit Feuer*: rake, sweep; *mit Butter* ~ butter.

be'streiken *Betrieb*: strike; *bestreikt* strikebound, struck.

be'streit|bar contestable, disputable; **~en** (*anfechten*) contest, dispute; (*leugnen*) deny; *Ausgaben*: bear, defray; *Bedürfnisse*: supply; *Unterhaltung*: do (*the talking*); **≈ung** *f der Kosten*: defrayal.

be'streuen strew; *mit Salz usw.* ~ sprinkle with salt, *etc.*; *mit Kies* ~ gravel; *mit Zucker* ~ sugar.

be'stricken *fig.* ensnare; (*berücken*) charm, bewitch.

be'stück|en ⚔, ⚓ arm (with guns); **≈ung** *f* armament, guns *pl.*

be'stürm|en storm, assail; *fig. mit Bitten, Fragen usw.*: assail (with); **≈ung** *f* storming, assault.

bestürz|t [~'ʃtyrtst] dismayed (*über acc.* at); perplexed; **≈ung** *f* consternation, dismay.

Besuch [~'zuːx] *m* (3) visit (*gen.*; *bei, in dat.* to); *kurzer*: call (*bei* on); (*Besucher*) visitor(s *pl.*), company; *gewohnheitsmäßiger* ~ *e-s Gasthauses usw.*: frequentation; *der Schule usw.*: attendance (*gen.* at); (*Besichtigung*) visit (*gen.* to); *auf* (*od. zu*) ~ on a visit; *e-n* ~ *machen* pay a visit *od.* call; **≈en** visit; *P.*: go (*od.* come) to see, call on; *Ort, Gasthaus usw. gewohnheitsgemäß* ~: frequent; *Schule, Versammlung usw.*: attend; *Kino, Theater*: go to; *gut besucht* well attended; **~er(in** *f*) *m* visitor (*gen.* to); caller; (*Gast*) guest; (*Zuschauer*) spectator; **~szeit** *f* visiting hours *pl.*

be'sudeln soil; *fig. a.* sully; (*bekritzeln*) scribble over.

betagt [~'tɑːkt] *s. bejahrt.*

be'takel|n ⚓ rig; **≈ung** *f* rigging.

be'tasten finger, feel, touch.

betätig|en [~'tɛːtigən] (25) ⊕ manipulate; *Bremse usw.*: actuate, operate; *sich* ~ busy o.s.; *als*: act as; *bei et.*: take an active part in, participate in; **≈ung** *f* operation, actuation; (*Tätigkeit*) activity.

betäub|en [~'tɔʏbən] (25) *durch Lärm, e-n Schlag usw. od. fig.*: stun, daze; *durch Schlafmittel usw. od. fig.*: drug; ⚕ an(a)esthetize, narcotize; *Schmerz*: deaden, dull; *fig.* *sich* ~ divert o.s.; **~end** stunning (*a. fig.*); *Lärm*: deafening; ⚕ narcotic; **♀ung** *f* stunning; stupefaction; ⚕ narcotization, an(a)esthesia, (*Zustand*) narcosis; **♀ungsmittel** *n* narcotic.

Betbruder [ˈbeːt-] *m* devotee, bigot.

Bete ♀ [ˈbeːtə] *f* (15) beet(-root).

beteilig|en [bəˈtaɪligən] (25): *j-n* ~ give a p. a share *od.* interest (*an od. bei dat.* in); *sich* ~ *an od. bei* participate (*od.* take part) in; *beteiligt sein bei* have a share (*od.* interest) in, be interested in, (*verwickelt sein*) be involved in; **♀te** [~çtə] *m, f* party (*od.* person) concerned, participant; ⚖ party (*an dat.* to); **♀ung** [~guŋ] *f* participation; ✝ *a.* (*Teilhaberschaft*) partnership; (*Anteil*) share, interest; (*Teilnehmerzahl*) attendance.

beten [ˈbeːtən] (26) *v/i.* pray (*um* for), say one's prayers; *bei Tische*: say grace; *v/t.* say (*a prayer*).

beteuer|n [bəˈtɔʏərn] (29) protest, affirm; **ˈ♀ung** *f* protestation; affirmation (*a.* ⚖).

betiteln [~ˈtiːtəln] (29) *P., Buch usw.*: entitle; (*nennen*) style, call.

Beton ⊕ [beˈtɔ̃, ~ˈtoːn] *m* (11) concrete.

beton|en [bəˈtoːnən] (25) stress (*a. fig.*), accent; *fig. nachdrücklich* ~ emphasize; *fig. betont* studied, emphatic(ally); **♀ung** *f* accentuation; (*Silbenton*) accent, stress; emphasis (*alle a. fig.*).

betonieren [betoˈniːrən] concrete.

betören [bəˈtøːrən] (25) befool; (*verliebt machen*) bewitch, infatuate, charm.

Betracht [~ˈtraxt] *m* (3, *o. pl.*): *in* ~ *ziehen* take into consideration, consider; (*einkalkulieren*) allow (*od.* make allowance) for; *außer* ~ *lassen* disregard; (*nicht*) *in* ~ *kommen* (not) to come into question, (not) to be concerned; **♀en** view (*a. fig.*); (*genau*) inspect; *sinnend*: contemplate; *fig.* ~ *als* consider; **~er(in** *f*) *m* viewer, observer; **~ung** *f* view; contemplation; consideration.

beträchtlich [~ˈtrɛçtliç] considerable.

Betrag [~ˈtrɑːk] *m* (3³) amount; (*Gesamt♀*) (sum) total; *im* ~*e von* to the amount of; **♀en** [~gən] **1.** amount to; (*insgesamt* ~) total; *sich* ~ behave (o.s.); **2.** ♀ *n* (6) behavio(u)r, conduct.

beˈtrauen entrust (*mit* with).

beˈtrauern mourn (for), deplore.

Betreff [bəˈtrɛf] *m am Briefanfang*: subject, re; *in* ♀, ♀*s* (*gen.*) with regard to, in respect of, concerning; **♀en** (*befallen*) befall; (*fig. berühren*) affect, touch; (*angehen*) concern; (*sich beziehen auf*) refer (*od.* relate) to; (*behandeln*) deal with; *was mich betrifft* as for me, as far as I am concerned; *was das betrifft* as to that; *betrifft* (*am Briefanfang*) subject, re; **♀end** concerning *a th.*; *die* ~*e Person* the person concerned *od.* in question; *das* ~*e* (*erwähnte*) *Buch* the book referred to.

beˈtreiben 1. *Geschäft*: carry on, run; *Studien, Gewerbe usw.*: pursue; *Eisenbahn usw.*: work, *Am.* operate; (*beschleunigen*) urge *a th.* on, push forward; **2.** ♀ *n*: *auf* ~ *von* (*od. gen.*) at the instigation of.

beˈtreten 1. set foot on *od.* in, step on (to); *Raum*: enter; *Schwelle*: cross; ♀ *des Rasens usw. verboten!* keep off the grass *etc.*!; **2.** *adj. fig.* embarrassed.

betreu|en [~ˈtrɔʏən] (25) care for; attend (on), look after; **♀ung** *f* care (*gen.* of, for).

Betrieb [bəˈtriːp] *m* (3) (*Betreiben*) management, working, running, *bsd. Am.* operation; (*Unternehmen*) enterprise, concern; (*Anlage*) plant; (*Werkstatt*) workshop; (*Fabrikanlage*) works, factory, *Am.* plant; (*Eisenbahn♀, Schiffs♀ usw.*) service; (*Geschäftigkeit*) activity; (*lebhaftes Treiben*) bustle; *öffentlicher* ~ public utility; *außer* ~ out of operation, (*defekt*) out of order; *in* ~ working, operating, in operation; *in* ~ *setzen* start; *den* ~ *einstellen* shut down; *den* ~ *wiederaufnehmen* reopen.

beˈtriebsam active, industrious; **♀keit** *f* activity, bustle; industry.

Beˈtriebs|-anleitung *f* operating instructions *pl.*; **~-ausflug** *m* works outing; **♀fähig** serviceable; **♀fertig** ready for service; **~führer** *m s. Betriebsleiter*; **~geheimnis** *n* trade secret; **~-ingenieur** *m* production engineer; **~kapital** *n* working capital; **~klima** *n* working conditions *pl.*; **~kosten** *pl.* running expense(s *pl.*), *Am.* operating cost; **~leiter** *m* (works) manager; **~material** *n* working stock; **~-obmann** *m* shop steward; **~rat** *m* (*P.*: member of the) works council; **2sicher** safe (to operate); (*zuverlässig*) reliable (in service); **~sicherheit** *f* safety (in operation); reliability; **~stoff** *m mot.* fuel; **~störung** *f* trouble; breakdown, stoppage; **~-unfall** *m* industrial accident; **~wirtschaft(s-lehre)** *f* management.

betrinken: *sich* ~ get drunk.

betroffen [~'trɔfən] *fig.* shocked, startled; *von Krankheit usw.* ~ stricken (*od.* afflicted) with; *s. betreffend*; **2heit** *f* perplexity, shock.

betrüb|en [~'try:bən] grieve, afflict; **~lich** [~'try:p-] sad; **2nis** *f* (14²) affliction, grief; **~t** sad, grieved (*über acc.* at, about).

Be'trug *m* (3) cheat; ⚖, *a. fig.* fraud, deceit; *bsd. fig.* deception.

be'trüg|en cheat, deceive, defraud; *j-n um et.* ~ cheat a p. out of; **2er** (**-in** *f*) *m* cheat, deceiver, swindler; **2e'rei** *f* cheating, fraud(ulence); **~erisch** deceitful, fraudulent.

be'trunken drunken, *pred.* drunk; **2e** *m* (18) drunken man; **2heit** *f* drunkenness, intoxication.

Bet|saal ['be:tza:l] *m* chapel, oratory; **'~stuhl** *m* praying-desk.

Bett [bɛt] *n* (5) bed (*a. geol.*, ⊕); *am* ~ at the bedside; *das* ~ *hüten* keep one's bed; *zu* ~ *bringen* put to bed; *zu* ~ *gehen* go to bed, F turn in; *krank zu* ~ *liegen* be laid up; **'~couch** ['~kautʃ] *f* (16, *pl. inv.* ~es) bed-couch, divan bed; **'~decke** *f* bedspread, coverlet, counterpane; *wollene* ~ blanket; *gesteppte* ~ quilt.

Bettel ['bɛtəl] *m* (7, *o. pl.*) (*Plunder*) trash; *der ganze* ~ the whole lot; **'2'-arm** desperately poor; **'~brief** *m* begging letter; **'~brot** *n* bread of charity; **~ei** [~'laɪ] *f* (16) begging; mendicancy; **'~kram** *m s. Bettel*; **'~mönch** *m* mendicant friar; **'2n** (29) beg (*um* for); ~ *gehen* go begging; **'~stab** *m*: *an den* ~ *bringen* reduce to beggary, ruin.

'betten (26) bed (*a.* ⊕); *fig.* embed; *sich* ~ make one's bed.

'Bett|flasche *f* hot-water bottle; **'~lade** *f* bedstead.

bettlägerig ['~lɛ:gəriç] bedridden, confined to bed, *Am. a.* bedfast; **'2keit** *f* confinement to bed.

'Bettlaken *n* sheet.

'Bettler *m* (7) beggar; **'~in** *f* beggar (-woman).

Bett|nässer ['~nɛsər] *m* (7) bed-wetter; **'~stelle** *f* bedstead; **'~tuch** *n* sheet; **'~-überzug** *m* pillow-case; **'~ung** ⊕ *f* bed(ding), bed-plate; **'~vorleger** *m* (7) bedside rug; **'~wäsche** *f* bed-linen; **'~zeug** *n* bedding.

betupfen [bə'tupfən] dab.

beug|en ['bɔʏgən] (25) bend, bow (*a. sich* ~; *vor dat.* to); *Stolz*: humble; *durch Kummer*: bow down, afflict; *gr.* inflect; *das Recht* ~ pervert justice; *vom Alter gebeugt* bowed down by age; **'2ung** *f* bending; *gr.* inflexion, inflection.

Beule ['bɔʏlə] *f* (15) bump, swelling; (*Geschwür*) boil; *in Blech usw.*: dent; **'~npest** *f* bubonic plague.

be-unruhig|en [bə'ʔunru:igən] (25) disturb, trouble; *fig. a.* worry, disquiet, alarm; *sich* ~ *über* (*acc.*) worry about; **2ung** *f* trouble; anxiety, alarm; worry.

be-urkund|en [~'ʔu:rkundən] (26) authenticate, certify, legalize; **2ung** *f* authentication, legalization.

be-urlaub|en [~'ʔu:rlaubən] (25) grant leave (of absence); *vom Amt*: suspend; *sich* ~ take (one's) leave; **~t** [~pt] (absent) on leave; **2ung** [~buŋ] *f* (granting of a) leave; suspension.

be-urteil|en [~'ʔurtaɪlən] judge (*nach* by); **2er(in** *f*) *m* (7) judge; critic; **2ung** *f* judg(e)ment, opinion (*gen.* of, on).

Beute ['bɔʏtə] *f* (15) booty, spoil; (*a. Diebes2*) loot; *e-s Tieres*: prey (*a. fig.*: *gen.* to); *hunt.* bag; *auf* ~ *ausgehen* go plundering.

Beutel ['bɔʏtəl] *m* (7) bag; (*zo.*; *Tabaks2*) pouch; (*Geld2*) purse; *biol.* sac; *beim Billard*: pocket; **'2ig** baggy; **'2n** (29) shake; *Mehl*: bolt; **'~schneider** *m s. Betrüger*; **'~tier** *n* marsupial.

'Beutezug *m* raid.

bevölker|n [bə'fœlkərn] (29) people, populate; **2ung** *f* population.

Be'völkerungs|dichte *f* density of population; **~-explosion** *f* population explosion; **~politik** *f* population policy; **~stand** *m* (level of) population; **~-überschuß** *m* surplus population.

bevollmächtig|en [~'fɔlmɛçtigən] (25) authorize, empower; **2te** [~tiçtə] *m* (18) authorized agent; proxy, deputy; **2ung** [~guŋ] *f* authorization; *s. Vollmacht.*

be'vor before.

be'vormund|en (26) keep in tutelage, hold in leading-strings; **2ung** *f* tutelage.

be'vorraten (25) stock up.

be'vorrecht(ig)en (26) privilege.

Be'vorschussung *f* advance.

be'vorstehen be near *od.* forthcoming, lie ahead; *Gefahr*: be imminent; *j-m*: be in store for; **~d** forthcoming, approaching; *Gefahr*: imminent; *(nächst)* next *(week, etc.)*.

bevorzug|en [~'fo:rtsu:gən] (25) prefer; favo(u)r; ⚖ privilege; **2ung** *f* preference.

be'wach|en guard, watch; *Sport*: mark; **2ung** *f* guard; custody.

be'wachsen: ~ *mit* grown (over) with.

be'waffn|en arm; **~et** armed; *Auge*: aided; *mit ~er Hand* by force of arms; **2ung** *f* armament *(a. e-s Schiffes)*; *(Waffen)* arms *pl.*

Be'wahr-anstalt *f für Kinder*: day-nursery.

be'wahren *(erhalten)* keep, preserve; *(behüten)* preserve *(vor dat.* from); *(Gott) bewahre!* Heaven forbid!

be'währen prove; *sich* ~ stand the test; prove good *od.* a success; *Grundsatz*: hold good.

Be'wahrer(in *f*) *m* (7) keeper.

bewahrheiten [~'vɑ:rhaɪtən] (26) verify; *sich* ~ come *(od.* prove) true.

bewährt [~'vɛ:rt] (well) tried, tested, proved; *(zuverlässig)* reliable.

Be'wahrung *f* keeping, preservation *(vor dat.* from).

Be'währung *f* proof, trial, (crucial) test; ⚖ = **~sfrist** *f* probation.

bewaldet [~'valdət] wooded, woody.

bewältigen [~'vɛltigən] (25) cope with, master, handle.

bewandert [~'vandərt] versed; skilled; experienced *(in dat.* in).

Bewandtnis [~'vantnis] *f* (14²): *damit hat es folgende* ~ the case is this; *das hat seine eigene* ~ that is a matter apart, thereby hangs a tale.

bewässer|n [~'vɛsərn] *Garten*: water; *Land*: irrigate; **2ung** *f* watering; irrigation; **2ungs-anlage** *f* irrigation plant.

beweg|en [~'ve:gən] (30) *(a. sich)* move, stir *(beide a. seelisch)*; *sich im Kreise (fig. in feinen Kreisen)* ~ move in a circle (in good society); *(sich) von der Stelle* ~ budge; *sich* ~ *lassen* be moved *(von, durch* with *pity etc.)*; *j-n zu et.* ~ induce, get; *s. bewogen*; **~end** moving *(a. fig.)*; *~de Kraft* motive power; **2grund** [~'ve:k-] *m* motive; **~lich** movable; *P., Geist*: versatile; *(behend)* agile, nimble; *Zunge*: voluble; *~e Habe* movables *pl.*; **2lichkeit** *f* mobility; movableness; versatility; agility; volubility; **~t** *See*: agitated; *fig.* *(gerührt)* moved, touched; *Leben*: eventful; *Zeit*: stirring, turbulent.

Be'wegung [~guŋ] *f* movement *(a. pol. usw.)*; *unruhige*: stir; *phys.* motion; *(Gemüts2)* emotion, *stärker*: agitation; *körperliche* ~ *(Sport usw.)* physical exercises *pl.*; *in* ~ *setzen* set in motion; *sich in* ~ *setzen* start, get going; *sich* ~ *machen* take exercise; *s. Hebel*; **~sfreiheit** *f* freedom of movement; *fig.* liberty of action; **~skrieg** *m* mobile warfare; **2slos** motionless; **2s-unfähig** unable to move.

be'wehren arm *(a. zo.,* ⚘, ⊕); *Beton*: reinforce.

be'weihräuchern cense; *fig.* adulate.

be'weinen deplore, mourn.

Beweis [bə'vaɪs] *m* (4) proof *(für* of); evidence (of); *s. ~grund*; *zum ~ e-r S.* in proof of a th.; *den ~ für et. antreten* undertake to prove a th.; *den ~ für et. erbringen* furnish proof of, prove; **~-aufnahme** *f* taking of evidence; **2bar** provable, demonstrable; **2en** [~zən] prove; demonstrate; *Interesse usw.*: show; **~führung** *f* reasoning, argumentation; **~grund** *m* argument; **~kraft** *f* argumentative *(bsd.* ⚖ probative) force; **~material** *n* evidence; **~-stück** *n* (piece of) evidence; *vor Gericht*: exhibit.

be'wenden 1. *es* ~ *lassen bei* leave it at; **2.** 2 *n*: *dabei hat es sein* ~ there the matter rests.

be'werb|en: *sich* ~ *um* apply for *(bei* to); *(kandidieren)* stand for,

Am. a. run for; *um Stimmen*: canvass; ✝ *um Aufträge*: solicit; *sich (mit andern)* ~ *(um e-n Preis)* compete (with *others* for *a prize*); *sich um e-e Dame* ~ court, woo; **2er** *m um ein Amt*: applicant; candidate; *um e-n Preis*: competitor (*alle a.* **2erin** *f*; *um* for); (*Freier*) suitor, wooer; **2ung** *f* application; candidature; competition; courtship (*um* of); **2ungsschreiben** *n* letter of application.

be'werfen pelt; ⚠ plaster.

bewerkstellig|en [~'vɛrkʃtɛligən] (25) manage, bring about, contrive; **2ung** *f* effecting, accomplishment.

bewert|en [~'ve:rtən] value (*auf acc.* at; *nach* by); (*einschätzen*) rate; **2ung** *f* valuation; rating.

bewillig|en [~'viligən] (25) grant, allow; **2ung** *f* grant, allowance.

be'wirken effect; (*verursachen*) cause (*daß j. tut* a p. to do; *daß et. geschieht* a th. to be done); (*hervorrufen*) produce, give rise to.

bewirt|en [~'virtən] (25) entertain; **2ung** *f* entertainment.

be'wirtschaft|en *Betrieb*: manage, run; *Mangelware*: ration, *a. Devisen*: control; **2ung** *f* management, running; rationing, control.

bewog [~'vo:k] *pret. v. fig.* bewegen; **~en** [~'vo:gən] *p.p. v. fig.* bewegen; *sich* ~ *fühlen zu* feel bound to *inf.*

bewohn|bar [~'vo:nba:r] habitable; **2barkeit** *f* habitableness; **~en** inhabit, live in; occupy; **2er(in** *f*) *m* (7 [16¹]) inhabitant; *e-s Hauses*: occupant, *bei mehreren*: *a.* inmate.

bewölk|en [~'vœlkən] (25) cloud; *sich* ~ cloud over; **~t** cloudy; **2ung** *f* clouding.

Bewunder|er [~'vundərər] *m* (7), **~in** *f* admirer; **2n** admire; **2nswert** [~sve:rt], **2nswürdig** admirable; **~ung** *f* admiration.

bewußt [~'vust] conscious; (*bekannt*) known; (*absichtlich*) deliberate, *adv. a.* knowingly; *sich e-r S.* ~ *sein* be conscious (*od.* aware) of; *die* ~*e Sache* the matter in question; **~los** unconscious; ~ *werden* lose consciousness; **2losigkeit** *f* unconsciousness; **2sein** *n* consciousness; *in dem* ~ conscious (*gen.* of; *daß* that); *bei* ~ *sein* be conscious; *j-m et. zum* ~ *bringen* bring a th. home to a p.; *j-m zum* ~ *kommen* come home to a p.; *wieder zum* ~ *bringen (kommen)* bring *a p.* (come) round *od.* to.

be'zahl|en pay; *Gekauftes*: pay for; *sich bezahlt machen (S.)*: pay (for itself); **2ung** *f* pay(ment).

be'zähmen tame; *fig.* restrain.

be'zauber|n bewitch, enchant; *fig. a.* charm, fascinate; **~t** *von* enchanted with; **2ung** *f* enchantment.

be'zeichn|en mark; *fig.* (*bedeuten*) denote, signify; (*benennen, a. für ein Amt*) designate (*als* as); call, name; (*zeigen*) point out; (*kennzeichnen*) characterize; **~end** typical, characteristic (*für* of); **2ung** *f* marking, *konkret*: mark; denotation; designation; name, term; sign.

be'zeig|en show, express, manifest; **2ung** *f* expression, manifestation.

be'zeug|en (*a.* ⚖) bear witness to, testify to *od.* that; (*bescheinigen*) certify; **2ung** *f* attestation.

bezichtigen [bə'tsiçtigən] (25) *s. beschuldigen.*

be'zieh|bar *Wohnung*: ready for occupation; *Ware*: obtainable; **~en** *Schirm usw.*: (*neu* ~ re)cover; *mit Saiten*: string; *Wohnung*: move into, occupy; *Universität usw.*: enter, go up to; *Ware*: obtain, procure, get; *Zeitung*: take in; *Lohn usw.*: draw, receive; *Bett*: sheet; ⚔ *Stellung*: take up; ⚔ *ein Lager* ~ encamp; ~ *auf (acc.)* apply (*od.* relate) to; *sich* ~ *Himmel*: become overcast; *sich* ~ *auf (acc.)* refer (*od.* relate) to; *sich auf j-n* ~ use a p.'s name as (a) reference; **2er(in** *f*) *m* (7) *e-s Wechsels*: drawer; *e-r Zeitung*: subscriber (*gen.* to); (*Käufer*) buyer, taker.

Be'ziehung *f* relation, reference (*zu* to); *persönliche* ~*en pl.* connexions, relations (*zu j-m* with); *gute* ~*en haben* be well connected; *in dieser usw.* ~ in this *etc.* respect; *in politischer, wirtschaftlicher usw.* ~ politically, economically *etc.*; *in* ~ *stehen zu (S.)* be related to; *in guten usw.* ~*en stehen* be on good *etc.* terms (*zu j-m* with); **2slos** irrelative, unconnected; **2svoll** suggestive; **2sweise** respectively.

beziffern [~'tsifərn] (29) figure; ~ *auf (acc.)* figure at; *sich* ~ *auf* figure (*od.* work) out at, amount to.

Bezirk [bə'tsirk] *m* (3) district; *Am.* (*Polizei*♀, *Wahl*♀) precinct; *fig. s. Bereich.*

Bezogene ☤ [~'tso:gənə] *m* (18) drawee.

Be'zug [bə'tsu:k] *m* (3³) cover(ing), case; (*Kissen*♀) slip; *v. Ware*: purchase, supply; *e-r Zeitung, a. von Aktien*: subscription (*gen.* to); *fig.* relation, reference; *bei ~ von 25 Stück* on orders for; *in ♀ auf* (*acc.*) as for, as to; with regard to, in relation to; *~ haben* (*od. nehmen*) refer to.

Bezüg|e [~'tsy:gə] *m/pl.* emoluments, drawings, income *sg.*; (*Gehalt*) pay, salary; (*Lieferungen*) supplies; **♀lich** [~'tsy:kliç] *adj.* (*auf acc.*), *prp.* (*gen.*) relative to; *gr. ~es Fürwort* relative pronoun.

Be'zugnahme [~na:mə] *f* (15) reference; *unter ~ auf* (*acc.*) with reference to, referring to.

Bezugs... [~'tsu:ks-]: **~bedingungen** *f/pl.* terms of delivery; **~-preis** *m* subscription (*od.* issue) price; **~quelle** *f* source of supply; **~-schein** *m* purchase permit.

bezwecken [~'tsvɛkən] (25) aim at; *et. ~ mit* intend by.

be'zweifeln doubt, question.

be'zwing|en master, overcome; conquer; subdue; *sich ~* restrain o.s.; **♀er(in** *f*) *m* (7 [16¹]) subduer.

Bibel ['bi:bəl] *f* (15) Bible; **'~spruch** *m* verse from the Bible, text; **'~stelle** *f* scriptural passage, text.

Biber ['bi:bər] *m* (7) beaver; **'~pelz** *m* beaver (fur).

Biblio|graph [bi:blio'gra:f] *m* (12) bibliographer; **~graphie** ['~gra'fi:] *f* (15) bibliography; **~thek** [~'te:k] *f* (15) library; **~thekar** [~te'ka:r] *m* (3¹) librarian.

biblisch ['bi:bliʃ] biblical, scriptural; *~e Geschichte* scripture.

bieder ['bi:dər] honest, upright; *a. ironisch*: worthy; **'♀keit** *f* honesty, uprightness; **'♀mann** *m* (1²) honest (*od.* upright) man; worthy.

bieg|en ['bi:gən] (30) *v/t.* (*a. sich*) bend; *gr.* inflect; *sich vor Lachen ~* be doubled up with laughter; *v/i.* (sn): *um e-e Ecke ~* turn (round) a corner; *auf ♀ oder Brechen* by hook or by crook; **~sam** ['~kza:m] flexible, supple; *fig. a.* pliant; **'♀samkeit** *f* flexibility, suppleness; pliancy; **♀ung** ['~guŋ] *f* bend(ing); *gr.* inflexion; (*Weg*♀, *Fluß*♀) bend, turn.

Biene ['bi:nə] *f* (15) bee; F (*Mädel*) [doll.]

'Bienen|fleiß *m* assiduity; **'~haus** *n* apiary, bee-house; **'~königin** *f* queen bee; **'~korb** *m* bee-hive; **'~schwarm** *m* swarm of bees; **'~stich** *m* bee's sting; **'~stock** *m* bee-hive; **'~wachs** *n* beeswax; **'~zucht** *f* bee-keeping; **'~züchter** *m* bee-keeper.

Bier [bi:r] *n* (3) beer; *helles ~* pale ale; *dunkles ~* dark ale; *~ vom Faß* beer on draught; (*Lager*♀) lager; **'~baß** F *m* beery voice; **'~brauer** *m* brewer; **'~brauerei** *f* brewery; **'~-eifer** *m* excessive zeal; **'~fahrer** *m*, **'~kutscher** *m* drayman; **'~faß** *n* beer-barrel; **'~halle** *f* beer-saloon; **'~haus** *n* ale-house; **'~hefe** *f* brewer's yeast, barm; **'~krug** *m* beer-mug, *Am.* stein; **'~reise** F *f* pub-crawl; **'~ruhe** F *f* imperturbable calm; **'~stube** *f*, **'~wirtschaft** *f* public house, F pub, *Am.* beer-saloon.

Biese ['bi:zə] *Schneiderei*: (pin) tuck; ⚔ piping.

Biest [bi:st] *n* (1¹) beast (*a.* F *fig.*).

bieten ['bi:tən] (30) offer; *e-n guten Morgen*, ☤, *bei Auktion*: bid; *sich ~* (*Gelegenheit*) present (*od.* offer) itself; *das läßt er sich nicht ~* he won't stand that; *s. Stirn.*

Bigamie [bi:ga'mi:] *f* (15) bigamy.

bigott [bi'gɔt] bigoted; **♀e'rie** *f* (15) bigotry.

Bijouteriewaren [biʒu:tə'ri:va:rən] *f/pl.* costume jewel(le)ry.

Bilanz [bi'lants] *f* (16) balance; (*Aufstellung*) balance-sheet; *Am. a.* statement; *die ~ ziehen* strike the balance; **♀ieren** [~'tsi:rən] balance, show in the balance-sheet.

Bild [bilt] *n* (1) *allg.* picture; (*Ab*♀, *Eben*♀) image (*a. opt., TV*); *in e-m Buch*: illustration; (*Bildnis*) portrait; *rhet.* metaphor; (*Vorstellung*) idea; *im ~e sein* be in the picture; *im ~e sein über* (*acc.*) be aware of, know about; *j-n ins ~ setzen* inform a p., put a p. in the picture; *sich ein ~ machen von et.* picture a th. to o.s.; **'~band** *m* book of plates; **'~bericht** *m Presse*: picture-story.

bilden ['bildən] (26) *allg.* (*a. sich*)

form; (*gestalten*) *a.* shape, fashion; *Geist*: cultivate; *Ausschuß, Gruppe*: constitute; *sich geistig* ~ educate o.s.; '**~d** (*belehrend*) instructive; ~e *Künste f/pl.* fine (*od.* plastic) arts.

'**Bilder|-anbetung** *f* image-worship; '**~bogen** *m* picture-sheet; '**~buch** *n* picture-book; '**~galerie** *f* picture-gallery; '**~rätsel** *n* rebus; '**Ϩreich** rich in pictures; *Sprache*: flowery; '**~schrift** *f* picture-writing; '**~sprache** *f* imagery; '**~stürmer** *m* iconoclast.

Bild|fläche ['bilt-] *f* image area *od.* plane; *Film*: screen; *auf der* ~ *erscheinen* appear on the scene, turn up; *von der* ~ *verschwinden* vanish; '**~funk** *m* (3[1]) radio picture transmission; *TV* television; '**Ϩhaft** plastic; '**~hauer(in** *f*) *m* sculptor; **~haue'rei** *f* sculpture; 'Ϩ'**hübsch** very pretty; '**~karte** *f Karten*: court-card, *Am.* face card; '**Ϩlich** pictorial, graphic; *Ausdruck usw.*: figurative; **~ner** ['~dnər] *m* (7), '**~nerin** *f* sculptor; *fig.* mo(u)lder; **~nis** ['bilt-] *n* (4[1]) portrait, likeness; effigy; '**~platte** *f* video disc; '**~röhre** *f* picture tube; '**Ϩsam** (*a. fig.*) plastic; '**~säule** *f* statue; '**~schirm** *m* (television) screen; '**~schnitzer** *m* (wood-)carver; 'Ϩ'**schön** most beautiful; '**~sendung** *f*, '**~-übertragung** *f* picture transmission; '**~streifen** *m* film strip; (*Zeichnung*) strip cartoon; '**~telegraphie** *f* phototelegraphy.

Bildung ['bilduŋ] *f* (16) *allg.* formation; *des Körpers*: form, shape; (*Gründung*) foundation, organization; *e-s Ausschusses usw.*: constitution; (*Aus*Ϩ) education; (*Kultur*) culture; (*Kenntnisse*) knowledge, information; (*Gelehrsamkeit*) learning; (*feine Sitte*) refinement, good breeding; '**~s-anstalt** *f* educational establishment; '**Ϩsfähig** cultivable; '**~sgang** *m* course of education; '**~sgrad** *m* educational standard; '**~slücke** *f* gap in *a p.'s* education.

'**Bildwerk** *n* sculpture; imagery; (*Buch*) book of plates.

Billard ['biljart] *n* (3[1] *u.* 11) billiards *sg.*; (*~tisch*) billiard-table; '**~kugel** *f* billiard-ball; '**~stock** *m* cue.

Billett [bil'jɛt] *n* (3) ticket; **~-ausgabe** *f*, **~schalter** *m* ticket-office; *s. Karten...*

Billiarde [bil'jardə] *f* (15) *a* thousand billions, *Am.* quadrillion.

billig ['biliç] (*gerecht*) equitable, fair, just; (*vernünftig, mäßig*) reasonable; (*wohlfeil*) cheap (*a. fig. contp.*); '**~en** (25) approve (of); (*genehmigen*) sanction; '**Ϩkeit** *f* equitableness, fairness, justice, *bsd.* ⚖ equity; cheapness; **Ϩung** ['~guŋ] *f* approval; sanction.

Billion [bil'joːn] *f* (16) billion, *Am.* trillion.

bimbam! ['bim'bam] ding-dong!

bimmeln F ['biməln] (29) tinkle.

Bimsstein ['bimsʃtaɪn] *m* pumice (-stone).

Binde ['bində] *f* (15) band; ⚕ bandage, *für den Arm*: sling; (*Hals*Ϩ) (neck)tie; (*Kopf*Ϩ) fillet; (*Stirn*Ϩ) bandeau; *j-m e-e* ~ *vor die Augen tun* blindfold a p.; *fig. j-m die* ~ *von den Augen nehmen* open a p.'s eyes; '**~gewebe** *anat. n* connective tissue; '**~glied** *n* connecting link; '**~haut** *f* conjunctiva; '**~haut-entzündung** *f* conjunctivitis; '**~mittel** *n* binding agent; ⚠ *u. fig.* cement; '**Ϩn** (30) (*a. fig.*) bind, tie (*an acc.* to); *Buch*: bind; *Knoten, Schlips, Schnürband*: tie; *Besen, Strauß*: make; *Faß*: hoop; ♪ slur; *sich* ~ bind o.s.; '**Ϩnd** binding (*für* upon); '**~r** *m* (*Schlips*) (neck-)tie; '**~strich** *m* hyphen; *mit* ~ *schreiben* hyphen (-ate); '**~wort** *n* conjunction.

Bind|faden ['bint-] *m* string; *stärker*: packthread, twine; **~ung** ['~duŋ] *f a. Ski*: binding; ⚠, *fig.*: bond; ♪ slur, ligature; *fig., a.* ♪ tie; (*Verpflichtung*) commitment; *fig.* ~en *pl.* bonds, ties.

binnen ['binən] (*dat. od. gen.*) within; ~ *kurzem* before long.

'**Binnen|gewässer** *n* inland water; '**~hafen** *m* inner harbo(u)r; '**~handel** *m* inland (*od.* home) trade; '**~land** *n* inland, interior; '**~länder (-in** *f*) *m* inlander; '**Ϩländisch** inland, internal; '**~meer** *n* inland sea; '**~schiffahrt** *f* inland navigation; '**~verkehr** *m* inland traffic.

Binse ['binzə] *f* (15) rush; F *in die ~n gehen* go to pot; '**~nwahrheit** *f* truism.

Biochem|ie [bioçe'miː] *f* biochemistry; **~iker** [~'çeːmikər] *m* biochemist; **Ϩisch** biochemical.

Biograph [bio'grɑːf] *m* (12), **~in** *f*

biographer; **~ie** [~gra'fi:] *f* biography; **&isch** [~'grɑ:fiʃ] biographical.
Biolog [~'lo:k] (12), **~e** [~gə] *m* (13) biologist; **~ie** [~lo'gi:] *f* biology; **&isch** [~'lo:giʃ] biological.
Birke ['birkə] *f* (15) birch(-tree).
'**Birk|hahn** *m* black-cock; '**~henne** *f*, '**~huhn** *n* grey-hen.
'**Birnbaum** *m* (3¹) pear-tree.
Birne ['birnə] *f* (15) ⚘ pear; (*Glüh&*) bulb; *sl.* (*Kopf*) pate, *Am.* bean.
birnenförmig ['~fœrmiç] pear-shaped.
bis [bis] **1.** *prp. räumlich*: to; up to; (~ *nach*) as far as; *zeitlich*: till; until; down to; (~ *spätestens*) by; *zwei* ~ *drei* two or three; ~ *an*, ~ *auf* (*acc.*) to, up to; ~ *auf weiteres* until further notice; ~ *auf* (*acc.*) *s. abgesehen von*; *alle* ~ *auf drei* all but three; ~ *dahin* so far; ~ *hierher* thus far; ~ *heute* up to this day, *Am.* F todate; ~ *jetzt* till now, up to the present; ~ *jetzt noch nicht* not as yet; ~ *vier zählen* count up to four; **2.** *cj.* till, until.
Bisam ['bi:zam] *m* (3¹) musk; (*Pelz*) musquash; '**~ratte** *f* musk-rat.
Bischof ['biʃɔf] *m* (3¹ *u.* 3³) bishop.
bischöflich ['~ʃø:fliç] episcopal.
'**Bischofs|-amt** *n* episcopate; '**~sitz** *m* (episcopal) see; cathedral town; '**~stab** *m* crosier.
bisher [bis'he:r] hitherto, till (*od.* up to) now, so far, as yet; **~ig** hitherto existing; previous; (*jetzig*) present.
Biskuit [bis'kvi:t] *n* biscuit; **~kuchen** *m* sponge-cake.
Biß¹ [bis] *m* (4) bite (*a.* ~*wunde*).
biß² *pret. v. beißen.*
bißchen ['~çən]: *ein* ~ a little (bit).
Bissen ['bisən] *m* (6) bit, morsel.
'**bissig** biting; *Hund*, *a. P.*: snappish; *Bemerkung usw.*: cutting; '**&keit** *f* snappishness.
Bistum ['bistu:m] *n* (1²) bishopric.
bisweilen [bis'vaılən] sometimes.
Bitte ['bitə] *f* (15) request; (*dringende* ~) entreaty; *auf j-s* ~ at a p.'s request; *ich habe e-e* ~ *an Sie* I have a favo(u)r to ask of you.
'**bitten** (30) *v/t.* ask, request; *dringend*: entreat; (*einladen*) invite; *j-n um Verzeihung* ~ beg a p.'s pardon; *sich (lange)* ~ *lassen* want a lot of asking; *v/i.* ~ *für j-n* intercede for; ~ *um et.* ask for; *bitte* please; *nach danke!*: (you are) welcome, don't mention it; (*wie*) *bitte?* (I beg your) pardon!; *Spiel*: *bitte!* play!; *dürfte ich Sie um* ... ~? may I trouble you for ...?; *Wünschen Sie noch eine Tasse Tee? Bitte (sehr)!* Yes, thank you!
bitter ['bitər] bitter; *fig. a.* severe, sharp; ~*er Ernst* bitter earnest; '**~'böse** furious; (*schlimm*) very wicked; '**&keit** *f* bitterness (*a. fig.*); '**~lich** bitterish; *adv.* bitterly; '**&salz** ⚗ *n* Epsom salts *pl.*; '**&wasser** *n* bitter mineral water.
'**Bitt|gang** *m* procession; '**~gesuch** *n*, '**~schrift** *f* petition; '**~steller** (**-in** *f*) *m* petitioner.
Biwak ['bi:vak] *n* (3¹), **&ieren** [~'ki:rən] bivouac.
bizarr [bi'tsar] bizarre.
Bizeps ['bi:tsɛps] *m* (3²) biceps.
bläh|en ['blɛ:ən] (25) *v/t.* inflate, (*a. sich*) swell (*a. fig.*: *vor dat.* with); *v/i.* ⚕ cause flatulence; '**~end** ⚕ flatulent; '**&ung** ⚕ *f* flatulence, wind.
Blam|age [bla'mɑ:ʒə] *f* (15) shame, disgrace; **&ieren** [~'mi:rən] (*bloßstellen*) compromise (*sich* o.s.); (*lächerlich machen*) ridicule; *sich* ~ make a fool of o.s.
blank [blaŋk] bright, shining; (~ *geputzt*) polished; *Schuh*: shiny; (*bloß*) naked, bare (*a.* ⊕); (*abgetragen*) shiny; F (*ohne Geld*) broke; ~*er Unsinn* sheer nonsense; ~ *ziehen* draw (one's sword).
Blankett [blaŋ'kɛt] *n* blank form, *Am. a.* blank; *s. Blankovollmacht.*
blanko ✝ ['blaŋko] (*adv.* in) blank; '**&...** blank; '**&vollmacht** *f* full discretionary power, carte blanche (*fr.*).
Bläs-chen ['blɛ:sˀçən] *n* (6) small bubble; ⚕ pustule.
Blase ['blɑ:zə] *f* (15) (*Luft&*) bubble; (*Harn& usw.*) bladder; (*Haut&*) blister, ⚕ vesicle; *im Glas usw.*: flaw; F *contp.* gang; '**~balg** *m* bellows *pl.*; '**&n** (30) blow; *Horn usw.*: sound (*zum Angriff usw.* the charge *etc.*); '**~nleiden** *n* bladder trouble; '**&nziehend** ⚕ vesicant.
Bläser ['blɛ:zər] *m* (7) blower; ♪ *die* ~ *pl. im Orchester* the wind.
blasiert [bla'zi:rt] blasé (*fr.*).
blasig ['blɑ:ziç] bubbly; blistery.
'**Blas|-instrument** ♪ *n* wind-instru-

ment; *die* ~*e pl. im Orchester* the wind; '**~kapelle** *f* brass-band; '**~rohr** *n* blowpipe; *zum Schießen*: *a.* pea-shooter.

Blasphemie [blasfe'mi:] (15) *f* blasphemy.

blaß [blas] pale; ~*rot usw.* pale red *etc.*; ~ *werden* (turn) pale, *Farbe*: fade; *blasser Neid* green envy; *keine blasse Ahnung* not the faintest idea.

Blässe ['blɛsə] *f* (15) paleness, pallor.

Blatt [blat] *n* (1², *als Maß im pl. inv.*) *Pflanze*, *Buch*: leaf; *Papier*: sheet; *Schulter*, *Ruder*, *Schwert*: blade; (*Zeitung*) (news)paper; *Karten*: *ein gutes* ~ a good hand; ♪ *vom* ~ *spielen* play at sight; *kein* ~ *vor den Mund nehmen* not to mince matters; *fig. das* ~ *hat sich gewendet* the tables are turned.

Blatter ['blatər] *f* (15) pustule; pock; '**~n** *pl.* smallpox.

blätt(e)rig ['blɛt(ə)riç] leafy, *in Zssgn* ...-leaved; *min.* laminate(d).

blättern ['blɛtərn] (29) turn over the leaves (*in dat.* of).

'**Blatter|narbe** *f* pock-mark; '**⁀narbig** pock-marked.

'**Blätterteig** *m* puff-paste.

'**Blatt|gold** *n* gold-leaf; '**~grün** *n* chlorophyll; '**~laus** *f* plant-louse; '**~pflanze** *f* foliage plant; '**~stiel** *m* leaf-stalk; '**~werk** *n* foliage.

blau [blau] **1.** blue; F (*betrunken*) *sl.* tight, plastered; ~*es Auge fig.* black eye; *mit e-m* ~*en Auge davonkommen* get off cheaply; F ~ *machen* take a day off; *s. Blut, Dunst, Wunder*; **2.** ⁀ *n* blue; *ins* ~*e hinein* at random; **~äugig** ['~ʔɔʏgiç] blue-eyed; '**⁀beere** *f* bilberry, *Am.* blueberry; '**~blütig** blue-blooded.

Bläue ['blɔʏə] *f* (15, *o. pl.*) blue (-ness).

bläuen ['blɔʏən] (25) (dye) blue.

'**Blau|fuchs** *m* arctic (✝ blue) fox; '**⁀grau** bluish grey; '**~kohl** *m*, '**~kraut** *n* red cabbage.

'**bläulich** bluish.

'**Blau|pause** *f* blueprint; '**~säure** *f* prussic acid; '**~stift** *m* blue pencil; '**~strumpf** *fig. m* blue-stocking.

Blech [blɛç] *n* (3) sheet metal; *s. Feinblech usw.*; F (*Unsinn*) rot, bosh, *Am.* blah; '**~büchse** *f* tin (box), *Am.* (tin) can.

'**blechen** F (25) pay (up).

'**blechern** (of) tin; *Klang*: tinny.

'**Blech|geschirr** *n* tin-plate vessels *pl.*; '**~instrument** ♪ *n* brass instrument; *die* ~*e pl. im Orchester* the brass; '**~musik** *f* (music of a) brass band; '**~schere** *f* plate-shears *pl.*; '**~schmied** *m* tinsmith; '**~ware(n** *pl.*) *f* tinware.

blecken ['blɛkən] (25): *die Zähne* ~ show one's teeth.

Blei [blaɪ] *n* (3) lead; ⚓ plummet; (~*stift*) (lead) pencil; (*Geschoß*) shot.

bleiben ['blaɪbən] (30, sn) remain, stay; (*übrig*~) be left, remain; *in der Schlacht*: fall; (*andauern*) continue; *treu usw.* ~ remain; *bei et.* ~ keep to, stick to, abide by; *dabei muß es* ~ there the matter must rest; *es bleibt dabei!* agreed!; '**~d** lasting, permanent; '**~lassen** leave (*od.* let) *a th.* alone.

bleich [blaɪç] pale; ~ *werden* turn pale; '**⁀e** *f* (15) paleness; *der Wäsche*: bleaching; (*Bleichplatz*) bleaching-ground; '**~en** (25) *v/t. u. v/i.* (sn) bleach, blanch; *Farbe*: fade; '**⁀sucht** *f* greensickness, 📖 chlorosis; **~süchtig** ['zyçtiç] greensick, 📖 chlorotic.

bleiern ['blaɪərn] leaden (*a. fig.*).

'**blei|farben** lead-colo(u)red; '**⁀kugel** *f* (lead-)bullet; '**⁀lot** *n* plumb(-line); ⚓ lead, plummet; '**⁀rohr** *n* lead pipe; '**⁀soldat** *m* tin soldier; '**⁀stift** *m* (lead) pencil; '**⁀stiftspitzer** *m* pencil-sharpener; '**⁀weiß** *n* white lead.

Blend|e ['blɛndə] *f* (15) blind; ⚠ blind window *od.* door; ⚒ blend; *phot.* diaphragm, stop; '**⁀en** (26) blind; *auf kurze Zeit od. fig.*: dazzle; '**~er** *m fig.* bluffer, F dazzler; '**⁀frei** ⊕ dazzle-free; '**~laterne** ['blɛnt-] *f* dark lantern; '**~ling** *m* bastard, mongrel; '**~rahmen** *m* blind frame; '**~schutzscheibe** *f* anti-dazzle screen, *Am.* (sun) visor; **~ung** ['~duŋ] *f* blinding; dazzling; '**~werk** ['blɛnt-] *n* delusion; (*Betrug*) deception.

Blesse ['blɛsə] *f* (15) blaze, white spot; (*Pferd*) horse with a blaze.

Blick [blik] *m* (3) look; *flüchtiger*: glance; (*Aussicht*) view (*auf acc.* of); *auf den ersten* ~ at first sight; *mit einem* ~ at a glance; *einen* (*keinen*) ~ *für et. haben* have an (no) eye for;

e-n ~ *werfen auf* cast a glance (*od.* take a look) at; '**2en** (25) look, glance (*auf acc., nach* at); *sich ~ lassen* show o.s., appear; '**~fang** *m* eye-catcher; '**~feld** *n* field of vision; *fig.* range (of vision); '**~punkt** *m* visual focus; *fig.* focus; *im ~* in the cent|re (*Am.* -ter) of interest; '**~winkel** *m* visual angle; *fig.* point of view.

blieb [bli:p] *pret. v. bleiben.*

blies [bli:s] *pret. v. blasen.*

blind [blint] blind (*a. fig.*: *für, gegen* to); (*trübe*) tarnished, dull; *Patrone*: blank; *Gehorsam, Glaube, Liebe, Wut*: blind; ▲ blind, sham; *auf e-m Auge ~* blind of (*Am.* in) one eye; *~er Alarm* false alarm; *~er Passagier* deadhead, ⚓ stowaway.

'**Blinddarm** *m* blind gut, 🕮 caecum; (*Wurmfortsatz*) appendix; '**~entzündung** *f* appendicitis; '**~operation** *f* appendectomy.

'**Blinde** *m* blind man, *f* blind woman.

'**Blindekuh** *f* blind-man's-buff.

'**Blinden|-anstalt** *f* blind asylum, home for the blind; '**~hund** *m* blind man's dog, guide-dog, *Am.* seeing--eye dog; '**~schrift** *f* braille.

blind|fliegen ✈ ['blint-] fly blind, fly on instruments; '**2flug** *m* instrument (*od.* blind) flying; **2gänger** ⚔ ['~gɛŋər] *m* (7) blind (shell), *sl.* dud; F *fig.* washout; '**2heit** *f* blindness; *mit ~ geschlagen* struck blind; **~lings** ['~liŋs] blindly; **2schleiche** ['~ʃlaɪçə] *f* (15) slow--worm; '**~schreiben** *Schreibmaschine*: touch-type.

blink|en ['bliŋkən] (25) blink; gleam, *bsd. Sterne*: twinkle; ⚔, ⚓ (*signalisieren*) flash; '**2feuer** *n* intermittent light; '**2licht** *n* ⚔ intermittent light; *mot.*, ✈ indicator; '**2zeichen** *n* flash signal.

blinzeln ['blintsəln] (29) blink; *mit einem Auge, a. lustig*: wink.

Blitz [blits] *m* (3^2) lightning; *fig.* flash; *s. ~strahl*; *phot.* flash(-light); *wie der ~* like a shot; *vom ~ getroffen* struck by lightning; *ein ~ aus heiterem Himmel* a bolt from the blue; **~ableiter** ['~ʔaplaɪtər] *m* (7) lightning-rod; '**2'blank** shining; *pred.* spick and span; '**2en** (27) *v/i.* flash; *es blitzt* it is lightening; '**~gerät** *phot. n* flash gun; '**~gespräch** *teleph. n* special priority call; '**~licht** *phot. n* flash-light; '**~schlag** *m* lightning-stroke; '**2schnell** as quick as lightning; *adv. a.* with lightning speed; '**~strahl** *m* thunder-bolt; '**~würfel** *phot. m* flash cube.

Block [blɔk] *m* (3^3) block (*a. von Häusern usw.*); (*Holz2*) log; (*Fahrkarten2*) book; (*Schreib2*) pad, book; *pol.* bloc; **~ade** [~'kɑ:də] *f* (15) blockade; **~adebrecher** *m* blockade-runner; '**~flöte** *f* recorder; '**~haus** *n* log-house; ⚔ blockhouse; **2ieren** [~'ki:rən] block (up); ⊕ jam; '**~säge** *f* pit-saw; '**~schrift** *f* block letters.

blöd|e ['blø:də] (*schwachsinnig*) imbecile; (*dumm*) stupid, dull; (*albern*) silly; (*schüchtern*) shy; (*unangenehm*) awkward, stupid; **2heit** ['blø:t-] *f* imbecility; stupidity, dul(l)ness; silliness; **2sinn** ['blø:tzin] *m* imbecility, idiocy; (*Unsinn*) nonsense, *sl.* rot; '**~sinnig** silly, idiotic; *adv.* F awfully; **2sinnige** ['~zinigə] *m, f* idiot.

blöken ['blø:kən] (25) bleat; *Kalb*: low.

blond [blɔnt] blond(e *f*), fair; **2ine** [~'di:nə] *f* (15) blonde.

bloß [blo:s] **1.** bare, naked; (*nichts als*) mere, simple; *Schwert, Auge*: naked; *mit ~em Kopf* bare-headed; **2.** *adv.* merely, only, simply.

Blöße ['blø:sə] *f* (15) bareness, nakedness; ⚔, *fenc., fig.* weak point *od.* spot, opening; (*Lichtung*) glade; *sich e-e ~ geben* expose o.s.; *sich j-m gegenüber e-e (empfindliche) ~ geben* leave o.s. (wide) open to a p.

'**bloß|legen** lay bare; '**~stellen** expose, show up; *sich ~* compromise o.s.; '**2stellung** *f* exposure.

blühen ['bly:ən] (25) bloom, blossom; *fig.* flourish; F *j-m ~* be in store for a p.; '**~d** *Aussehen*: rosy; *Unternehmen*: flourishing.

Blume ['blu:mə] *f* (15) flower; *des Weins*: bouquet; *des Biers*: froth; *hunt.* tail; *durch die ~ sagen* say *a th.* under the rose; *laßt ~n sprechen!* say it with flowers!

'**Blumen|-ausstellung** *f* flower--show; '**~beet** *n* flower-bed; '**~blatt** *n* petal; '**~draht** *m* florist's wire; '**~erde** *f* garden-mo(u)ld; '**~händler(in** *f*) *m* florist; '**~kelch** *m* calyx; '**~kohl** *m* cauliflower; '**~korso** *m* battle of flowers; '**~krone**

✿ *f* corolla; ˈ~**reich** flowery (*a. fig.*); ˈ~**strauß** *m* bunch of flowers, nosegay; ˈ~**topf** *m* flower-pot; ˈ~**zucht** *f* floriculture; ˈ~**züchter(in** *f*) *m* florist; ˈ~**zwiebel** *f* flower-bulb.

ˈ**blumig** flowery (*a. fig.*).

Bluse [ˈbluːzə] *f* (15) blouse.

Blut [bluːt] *n* (3, *o. pl.*) blood; *blaues (junges)* ~ blue (young) blood; *bis aufs* ~ to the quick; *böses* ~ *machen* breed bad blood; ~ *lecken (schwitzen)* taste (sweat) blood; *ruhig* ~! keep cool!; ˈ~-**alkohol** *m* blood alcohol; ˈ~-**andrang** *m* rush of blood (to the head), ⚕ congestion; ˈ~-**arm** bloodless, ⚕ an(a)emic; *blutˈ-arm* extremely poor, penniless; ˈ~-**armut** *f* lack of blood, ⚕ an(a)emia; ˈ~**bad** *n* carnage, massacre; ˈ~**bank** ⚕ *f* blood bank; ˈ~**bild** ⚕ *n* blood picture (*od.* count); ˈ~**blase** *f* blood blister; ˈ~**buche** *f* copper-beech; ˈ~**druck** *m* blood-pressure; ˈ~**durst** *m* bloodthirstiness; ~**dürstig** [ˈ~dyrstiç] bloodthirsty.

Blüte [ˈblyːtə] *f* (15) blossom, bloom; flower (*a. fig. Elite*); *der Jahre*: prime; (*Wohlstand*) prosperity; *s.* ~*zeit*; *e-e neue* ~ *erleben* go through a time of revival.

ˈ**Blut-egel** *m* leech.

ˈ**bluten** (26) *a. fig.* bleed (*aus* from).

ˈ**Blüten|knospe** *f* bud; ˈ~**lese** *f* anthology; ˈ~**staub** *m* pollen; ˈ~**stengel** *m* peduncle.

ˈ**Blut-erguß** *m* effusion of blood.

ˈ**Blütezeit** *f* (16) flowering time; *fig. a.* heyday.

ˈ**Blut|farbstoff** *m* h(a)emoglobin; ˈ~**fleck** *m* blood-stain; ˈ~**gefäß** *n* blood-vessel; ˈ~**gerinnsel** *n* clot of blood; ˈ~**geschwür** *n* boil; ˈ~**gier** *f s. Blutdurst*; ˈ~**gruppe** *f* blood-group; ˈ~**hund** *m* bloodhound; ˈ~**ig** bloody; *Schlacht*: sanguinary; *fig.* cruel; ~*er Anfänger* greenhorn; ~*er Ernst* deadly earnest; ˈ~ˈ**jung** very young; ~**körperchen** [ˈ~kœrpərçən] *n* blood-corpuscle; ˈ~**kreislauf** *m* blood circulation; ˈ~**leer**, ˈ~**los** bloodless; ˈ~**pfropfen** *m* blood clot; ˈ~**plasma** *n* blood plasma; ˈ~**probe** *f* blood test; ˈ~**rache** *f* blood revenge, vendetta; ˈ~**reinigend** purifying the blood, depurative; ˈ~ˈ**rot** blood-red; ~**rünstig** [ˈ~rynstiç] bloody; ˈ~**sauger** *m* blood-sucker, vampire; ˈ~**schande** *f* incest; ~**schänderisch** [ˈ~ʃɛndəriʃ] incestuous; ˈ~**schuld** *f* blood-guiltiness; ˈ~**senkung** *f* blood sedimentation; ˈ~**spender(in** *f*) *m* blood donor; ˈ~**stillend** blood-sta(u)nching, styptic; ˈ~**s-tropfen** *m* drop of blood; ˈ~**sturz** *m* h(a)emorrhage; ˈ~**sverwandt** related by blood (*mit* to); ˈ~**sverwandte** *m, f* blood relation; ˈ~**sverwandtschaft** *f* consanguinity; ˈ~**tat** *f* bloody deed; ˈ~**triefend** dripping with blood; ˈ~-**überströmt** covered with blood; ˈ~-**übertragung** *f* blood transfusion; ˈ~**ung** *f* bleeding, h(a)emorrhage; ˈ~-**unterlaufen** bloodshot; ˈ~**vergießen** *n* bloodshed; ˈ~**vergiftung** *f* blood-poisoning; ˈ~**verlust** *m* loss of blood; ˈ~**wurst** *f* black pudding; ˈ~**zeuge** *m* martyr; ˈ~**zucker** *m* blood sugar.

Bö [bøː] *f* (16) gust, squall.

Bob [bɔp] *m* (11) *Sport*: bob(sleigh).

Bock [bɔk] *m* (3³) buck; (*Widder*) ram; (*Ziegen*~) he-goat; *Gerät*: trestle, (*Turnen*: buck-)horse; (*Kutschersitz*) box; *e-n* ~ *schießen* commit a blunder, *Am.* F pull a boner; *den* ~ *zum Gärtner machen* set the fox to keep the geese; ~**beinig** [ˈ~baɪniç] *fig.* stubborn (as a mule).

bock|en [ˈbɔkən] (25) buck (*a. mot.*); *Mensch*: sulk; ˈ~**ig** obstinate.

ˈ**Bock|leder** *n*, ˈ~**ledern** buckskin; ˈ~**leiter** *f* step-ladder; ˈ~**shorn** *n*: *ins* ~ *jagen* scare; ˈ~**springen** play (at) leap-frog; ˈ~**sprung** *m* caper, gambol; *Bocksprünge machen* caper, gambol.

Boden [ˈboːdən] *m* (6¹) (*Erde*) ground; ⚘ *u. fig.* soil; *e-s Gefäßes, des Meeres*: bottom; *e-s Zimmers*: floor; *e-s Hauses*: garret, loft; *(festen)* ~ *fassen* get a (firm) footing; ~ *gewinnen (verlieren)* gain (lose) ground; *zu* ~ *schlagen (gehen)* knock (go) down; ˈ~-**abwehr** ⚔ *f* ground defen|ce, *Am.* -se; ˈ~-**erhebung** *f* rise, elevation; ˈ~-**ertrag** *m* crop yield; ˈ~**fläche** *f* acreage; ⚠ *u.* ⊕ floor-space; ˈ~**haftung** *mot. f* road traction; ˈ~**kammer** *f* garret; ˈ~**kreˈdit-anstalt** *f* land mortgage bank; ˈ~**los** bottomless; *fig.* enormous; ˈ~**personal** ✈ *n* ground personnel, *Am.* ground crew; '**~reform** *f* land reform; '**~satz** *m* grounds, dregs *pl.*, sediment; **~schätze** ['~ʃɛtsə] *m/pl.* treasures of the soil, (mineral) resources; '**2ständig** native; racy of the soil; *mil.* home; '**~turnen** *n* mat-work.

Bodmerei ⚓ [boːdməˈraɪ] *f* (16) bottomry.

bog [boːk] *pret. v. biegen.*

Bogen [ˈboːgən] *m* (6) bow; *e-s Flusses usw.*: bend, curve; ⩚ arc; ⩓ arch, vault; *v. Papier*: sheet; *e-n großen ~ um j-n machen* give a p. a wide berth; *fig. den ~ überspannen* go too far; '**~fenster** *n* bow window; '**2förmig** arched; '**~führung** ♪ *f* bowing; '**~gang** ⩓ *m* arcade; '**~lampe** ⚡ *f* arc-lamp; '**~schießen** *n* archery; '**~schütze** *m* archer; '**~sehne** *f* bow-string; '**~zirkel** *m* bow compasses *pl.*

Bohle [ˈboːlə] *f* (15) plank, thick board; '**2n** (25) plank.

Böhm|e [ˈbøːmə] *m* (13), '**~in** *f*, '**2isch** Bohemian; *das sind mir ~e Dörfer* that's all Greek to me.

Bohne [ˈboːnə] *f* (15) bean; *grüne ~n pl.* French (*Am.* string) beans; *weiße ~n pl.* haricot beans; (*Sau2*) broad bean; *fig. blaue ~* bullet.

'**Bohnen|kaffee** *m* pure coffee; '**~kraut** ⚘ *n* savory; '**~stange** *f* bean-pole (*a.* F *fig.*).

Bohner [ˈboːnər] *m* (7) (floor-)polisher; '**2n** (29) wax, polish; '**~wachs** *n* floor-wax.

bohr|en [ˈboːrən] (25) bore, drill; *Brunnen*: sink; *nach Öl ~* prospect (*od.* drill) for oil; *fig.* (*forschen*) bore; (*quälen*) harass; '**2er** *m* (7) borer, drill; '**2loch** *n* drill-hole; '**2maschine** *f* boring (*od.* drilling) machine; '**2turm** *m* derrick; '**2ung** *f* drilling; boring; (*Loch*) (drill-)hole; (*Durchmesser*) diameter (of bore); *mot.* bore; (*Kaliber*) calibre.

böig [ˈbøːiç] squally.

Boje [ˈboːjə] *f* (15) buoy.

Böller [ˈbœlər] *m* (7) small mortar.

Bollwerk [ˈbɔlvɛrk] *n* (3) bulwark.

Bolschewis|mus [bɔlʃəˈvismus] *m* (16) Bolshevism; **~t**(**in** *f*) [~ˈvist] *m* (12 [16¹]) Bolshevist; **2tisch** Bolshevist(ic).

Bolzen [ˈbɔltsən] *m* (6) bolt (*a.* ⊕).

Bombard|ement [bɔmbardəˈmã] *n* (11) bombardment; **2ieren** [~ˈdiːrən] bombard (*a. fig.*); bomb.

Bombast [bɔmˈbast] *m* (3²) bombast; **2isch** bombastic(ally *adv.*).

Bombe [ˈbɔmbə] *f* (15) bomb (*a. mit ~n belegen*); *fig.* bombshell; '**~n-angriff** *m* bomb-raid; '**~n-anschlag** *m* bomb attempt; '**~n-erfolg** *m* huge success, *sl.* smash hit; '**2nfest**, '**2nsicher** bomb-proof; *fig.* F dead sure; '**~nflugzeug** *n*, '**~r** *m* bomber; '**~ngeschäft** F *n* roaring trade; '**~nsache** F *f sl.* knockout; '**~nschaden** *m* bomb-damage; '**~ntrichter** *m* bomb-crater.

Bon [bõ] *m* (11) coupon; voucher; (*Gutschein*) credit note.

Bonbon [bõˈbõ] *m*, *n* (11) bonbon, sweet(meat), *Am.* (hard) candy.

Bonbonniere [bõbɔˈnjɛːrə] *f* (15) sweetmeat-box.

Bonus ☨ [ˈboːnus] *m* (14² *od. inv.*) bonus.

Bonze F [ˈbɔntsə] *m* (13) bigwig, big bug, big shot, *bsd. pol.* (party-)boss.

Boot [boːt] *n* (3) boat; '**~shaus** *n* boat-house; '**~smann** *m* boatswain; ⚔, ⚓ petty officer.

Bor ⚗ [boːr] *n* boron; **~ax** [ˈboːraks] *m* (1, *o. pl.*) borax.

Bord [bɔrt] *m* (3) ⚓, ✈ board; (*Rand*) edge, border, rim; *an ~ e-s Schiffes* on board a ship; *an ~ nehmen* take aboard; *über ~ werfen* throw overboard (*a. fig.*).

Bordell [bɔrˈdɛl] *n* (3¹) brothel.

'**Bord|flugzeug** *n* ship-plane, ship-borne aircraft; '**~funker** ✈ *m* air wireless (*Am.* radio) operator; '**~mechaniker** *m*, '**~monteur** ✈ *m* air mechanic; '**~schwelle** *f* kerb (-stone), *Am.* curb(stone); '**~wand** *f* ship's side.

Bordüre [bɔrˈdyːrə] *f* (15) border, braiding.

Borg [bɔrk] *m* (3) borrowing; *auf ~* on credit, F on tick; **2en** [ˈbɔrgən] borrow; *j-m et.*: lend, *bsd. Am.* loan.

Borke [ˈbɔrkə] *f* (15) bark, rind; (*Kruste*) crust.

Born [bɔrn] *m* (3) spring, well.

borniert [bɔrˈniːrt] narrow-minded.

Bor|salbe [ˈboːrzalbə] *f* borax ointment; '**~säure** *f* boric acid.

Börse [ˈbøːrzə] *f* (15) purse; ☨ Exchange, F (')Change; (*Effekten2*) Stock Exchange; *an* (*od. auf*) *der ~* on the Exchange; '**~nbericht** *m* Exchange (*od.* market) report; *in* *der Zeitung*: City article *od.* news; '**~nblatt** *n* Stock Exchange journal; '**≈nfähig** negotiable (*od.* marketable) on the Stock Exchange; '**~ngeschäft** *n* (Stock) Exchange transaction; '**~nkrise** *f* crisis of the (Stock) Exchange; '**~nkurs** *m* Exchange rate; '**~nmakler** *m* stock-broker; '**~nnotierung** *f* (market-) quotation; '**~npapiere** *n/pl.* stocks *pl.*; '**~nschluß** *m* close of the Exchange; '**~nspekulant** *m* stock-jobber; '**~nzeitung** *f* financial paper; '**~nzettel** *m* stock-list, market-report.

Borste ['bɔrstə] *f* (15) bristle.

'**borstig** bristly; *fig.* F surly.

Borte ['bɔrtə] *f* (15) border; (*Besatz≈*) braid.

Borwasser ['bo:rvasər] *n* boric acid solution.

bös [bø:s] *s. böse*; '**~-artig** ill-natured, malicious, *Am.* F ugly; *Tier*: vicious; ⚕ malignant; '**≈-artigkeit** *f* malignity; viciousness; ⚕ malignancy.

Böschung ['bœʃuŋ] *f* slope; (*Fluß≈ usw.*) embankment; *bsd.* ⚔ scarp.

böse ['bø:zə] *allg.* bad; (*verrucht*) evil; (*boshaft*) malicious, wicked; (*zornig*) angry, cross (*über et.* at, about; *auf j-n, mit j-m*, F *j-m* with), *Am.* mad (at *a p.*); *er meint es nicht ~* he means no harm; *der ≈* (18) the Evil One; '**≈** *n* (18) evil; '**≈wicht** *m* villain (*a. fig. co.*).

bos|haft ['bo:s-haft] malicious; (*mutwillig*) mischievous; (*tückisch*) spiteful; '**≈heit** *f* malice; malignity; *aus ~* out of spite.

bossieren [bɔ'si:rən] emboss.

'**böswillig** malevolent; *~e Absicht* ⚖ malice prepense; *adv.* ⚖ wilfully; '**≈keit** *f* malevolence.

bot [bo:t] *pret. v. bieten.*

Botanik [bo'tɑ:nik] *f* (16) botany; **~er** *m* (7) botanist.

bo'tanisch botanic(al).

botanisier|en [~ni'zi:rən] botanize; **≈trommel** *f* vasculum.

Bot|e ['bo:tə] *m* (13), '**~in** *f* (16[1]) messenger.

'**Botengang** *m* errand.

'**botmäßig** subject; (*gehorsam*) obedient; '**≈keit** *f* dominion, rule, sway.

'**Botschaft** *f* message; *Amt*: embassy; *gute ~* good tidings *pl. od. sg.*; '**~er** *m* (7) ambassador; '**~erin** *f* ambassadress; '**~erkonferenz** *f* ambassadors' conference.

Böttcher ['bœtçər] *m* (7) cooper; **~ei** [~'raɪ] *f* cooper's workshop; *Handwerk*: cooper's trade.

Bottich ['bɔtiç] *m* (3) tub, vat.

Bouillon [bul'jɔ̃] *f* (11[1]) broth, clear soup, beef-tea; **~würfel** *m* beef-tea cube.

Boutique [bu'ti:k] *f* (16) boutique.

Bowle ['bo:lə] *f* (15) bowl; (*Getränk*) spiced wine, cup.

Box [bɔks] *f* (16) **1.** (*a.* **~e** [15]) *für Pferde*: box; *mot.* pit; **2.** (*~kamera*) box-camera.

box|en ['bɔksən] (27) box; '**≈er** (7) *m* boxer; '**≈handschuh** *m* boxing-glove; '**≈kampf** *m* boxing-match; '**≈ring** *m* ring; '**≈sport** *m* boxing.

Boykott [bɔʏ'kɔt] *m* (3), **≈ieren** [~'ti:rən] boycott.

brabbeln F ['brabəln] (29) babble, mutter.

brach[1] [brɑ:x] *pret. v. brechen.*

brach[2] fallow (*a. fig.*); '**≈-acker** *m*, '**≈feld** *n* fallow land.

Brachialgewalt [brax'jɑ:lgəvalt] *f* (*mit ~* by) brute force (*od.* strength).

'**brach|legen** lay fallow; '**~liegen** *v/i.* lie fallow; *fig.* lie idle, be neglected; '**≈schnepfe** *f*, '**≈vogel** *m* curlew.

brachte ['braxtə] *pret. v. bringen.*

Brahman|e [bra'mɑ:nə] *m* (13), **≈isch** Brahman, *mst* Brahmin.

Bramsegel ⚓ ['brɑ:m-] *n* topgallant sail.

Branche ✝ ['brɑ̃ʃə] *f* (15) branch, line, trade; industry; '**~nkenntnis** *f* knowledge of the trade; '**≈n-üblich** customary in the industry concerned; '**~nverzeichnis** *n* classified directory.

Brand [brant] *m* (3[2] *u.* [3]) burning; (*Feuersbrunst*) fire, conflagration; ⚕ gangrene, (*kalter ~*) mortification; ⚘ blight, mildew; ⚒ smut; *in ~ geraten* catch fire; *in ~ stecken* set on fire; '**~blase** *f* blister; '**~bombe** *f* incendiary bomb; '**~brief** *m fig.* threatening (*od.* urgent) letter; **≈en** ['~dən] (26) surge (*a. fig.*); '**~er** *m* (7) fireship; '**~flasche** *f* Molotov cocktail; '**~fleck(en)** *m* burn; '**~geruch** *m* burnt smell; **≈ig** ['~diç] ⚘ blighted, blasted; ⚕ gangrenous; *~ riechen* have a burnt smell; **~mal** ['brant-] *n* brand; *fig.*

stigma; **~male'rei** *f* poker-work; '**⁀marken** (25) brand; *fig. a.* stigmatize, denounce; '**~markung** *f fig.* stigmatization; '**~mauer** *f* fire-proof wall; '**~rede** *f* incendiary speech; '**~schaden** *m* damage caused by fire; '**⁀schatzen** (27) lay under contribution; (*plündern*) sack, pillage; '**~sohle** *f* insole; '**~stätte** *f*, '**~stelle** *f* scene of fire; '**~stifter**(**in** *f*) *m* incendiary; '**~stiftung** *f* arson.

Brandung ['~duŋ] *f* breakers *pl.*, surf, surge; '**~swelle** *f* breaker.

'**Brand|wache** *f* fire-watch; '**~wunde** *f* burn; '**~zeichen** *n* brand.

brannte ['brantə] *pret. v. brennen.*

Branntwein ['brantvaɪn] *m* brandy, spirits *pl.*; '**~brennerei** *f* distillery.

Brasil [bra'zi:l] *f* (*inv.*) Brazil cigar.

Brasilianer [brazil'jɑ:nər] *m* (7), **~in** *f*, **Brasilier** [~'zi:ljər] *m* (7), **~in** *f*, **brasili'anisch**, **bra'silisch** Brazilian.

brassen ⚓ ['brasən] (28) brace.

'**Brat-apfel** *m* baked apple.

braten[1] ['brɑ:tən] *v/t. u. v/i.* (30) roast; *im Ofen*: bake; *auf dem Roste*: grill, broil; *in der Pfanne*: fry; F (*nur v/i.*) (*in der Sonne ~*) roast (in the sun).

'**Braten**[2] *m* (6) roast, joint; *fig. den ~ riechen* smell a rat; '**~fett** *n* dripping; '**~platte** *f* meat-dish; '**~soße** *f* gravy.

'**Brat|fisch** *m* fried fish; '**~huhn** *n* roaster, broiler; '**~kartoffeln** *f/pl.* fried potatoes; '**~-ofen** *m* oven; '**~pfanne** *f* frying-pan; '**~röhre** *f s. Bratofen.*

Bratsche ♪ ['brɑ:tʃə] *f* (15) viola; '**~r** *m* (7) violist.

'**Brat|spieß** *m* spit; '**~wurst** *f* sausage (for frying); fried sausage.

Bräu [brɔʏ] *n* (3) (*Gebräu*) brew; (*~haus*) brewery.

Brauch [braʊx] *m* (3[3]) (*Sitte*) custom; (*Gewohnheit*) use, practice, *bsd.* ⚕ *od. sprachlich*: usage; '**⁀bar** useful; *P.*: *a.* able; *S.*: *a.* serviceable, handy; '**~barkeit** *f* usefulness; '**⁀en** (25) (*nötig haben*) want, need; (*erfordern*) require; *Zeit*: take; *s. gebrauchen, verbrauchen*; *er braucht nicht zu gehen* he need not go; *ich brauche drei Tage dazu* it will take me three days; '**~tum** *n* (1[2]) customs *pl.*; folklore.

Braue ['braʊə] *f* (15) eyebrow.

brau|en ['braʊən] (25) brew; '**⁀er** *m* (7) brewer; **⁀erei** [~ə'raɪ] *f*, '**⁀haus** *n* brewery.

braun [braʊn] brown; *Pferd*: bay; (*sonngebräunt*) (sun-)tanned; *~e Butter* fried butter; '**⁀e** *m* (18) bay (horse).

Bräune ['brɔʏnə] *f* (15) brownness; ⚕ quinsy, angina; *häutige ~* croup; '**⁀n** *v/t.* (25) brown; *v. der Sonne*: *a.* tan, bronze; *v/i. od. sich ~* (grow *od.* become) brown; tan.

'**braun|gelb** brownish yellow; '**⁀kohle** *f* brown coal, lignite.

bräunlich ['brɔʏnliç] brownish.

'**braunrot** brownish red.

Braus [braʊs] *m* (4, *o. pl.*) *s. Saus.*

Brause ['braʊzə] *f* (15) (*Gießkannen⁀*) rose; *s. ~bad*; *s. ~limonade*; '**~bad** *n* shower-bath; '**~kopf** *m* hothead, hotspur; '**~limonade** *f* fizzy lemonade, F pop; '**⁀n** (27) roar, bluster; (*eilen, stürmen*) rush, sweep; *Orgel*: peal; ⚗ effervesce; (*sich ab~*) take a shower(-bath); '**~pulver** *n* sherbet powder.

Braut [braʊt] *f* (14[1]) fiancée, bride-to-be; *lit. a.* betrothed; *am Hochzeitstage*: bride; '**~-ausstattung** *f* trousseau; '**~bett** *n* bridal bed; '**~führer** *m* best man.

Bräutigam ['brɔʏtigam] *m* (3[1]) fiancé; *am Hochzeitstage*: bridegroom, *Am. a.* groom.

'**Braut|jungfer** *f* bridesmaid; '**~kleid** *n* wedding-dress; '**~leute** *pl. s. Brautpaar.*

bräutlich ['brɔʏtliç] bridal.

'**Braut|nacht** *f* wedding night; '**~paar** *n* engaged couple; *am Hochzeitstage*: bride and bridegroom; '**~schau** *f*: *auf ~ gehen* look out for a wife; '**~schleier** *m* bridal veil; '**~zug** *m* bridal procession.

brav [brɑ:f] honest, upright; (*tapfer*) brave, gallant; (*artig*) good; *~ gemacht!* well done!; '**⁀heit** *f* honesty; good behavio(u)r.

bravo! ['brɑ:vo] bravo!, well done!

Bravour [bra'vu:r] *f* bravado; *mit ~* brilliantly; **~stück** *n* feat of daring, stunt; ♪ bravura.

Brech|bohnen ['brɛç-] *f/pl.* broken French beans; '**~durchfall** *m* diarrh(o)ea with vomiting, cholerine; '**~-eisen** *n* jemmy, *Am.* jimmy; '**⁀en** *v/t.* (30) break (*a. fig. Eid, Eis,*

Gesetz, Rekord, Stille usw.); *Blume*: pluck, pick; *Lichtstrahl*: refract; *Papier*: fold; *Steine*: quarry; (*er*~) vomit; *die Ehe* ~ commit adultery; *sich* ~ break; *opt.* be refracted; *sich den Arm* ~ break one's arm; *v/i.* (sn) break; (h.) *mit j-m* ~ break with; (*er*~) vomit, be sick; '**~er** ⚓ *m* (7) breaker; '**~mittel** *n* emetic, vomitive; F *fig.* pest; '**~nuß** *f* vomit-nut; '**~reiz** *m* nausea, retching; '**~stange** *f* crowbar; '**~ung** *f* breaking; *opt.* refraction; '**~ungswinkel** *m* angle of refraction.

Brei [braɪ] *m* (3) (*bsd. Kinder*2) pap; (*bsd. Hafer*2) porridge; (*~masse*) pulp, squash; (*Mus*) mash; (*Teig*) paste; *s. Katze*; '**2ig** pulpy; pasty.

breit [braɪt] broad (*a. Akzent, Lachen usw.*), (*a.* ⊕) wide; (*weitschweifig*) diffuse; *~es Publikum* wide public; *s. Masse*; '**~beinig** straddle-legged, straddling.

Breite ['~tə] *f* (15) *vgl. breit*: breadth; width; diffuseness; *ast., geogr.* latitude; '**2n** spread; '**~ngrad** *m* degree of latitude; '**~nkreis** *m* parallel (of latitude).

'**breit|machen:** *sich* ~ spread o.s.; *fig.* obtrude o.s.; '**~schlagen** F: *j-n* ~ talk a p. round, *zu et.*: talk a p. into; '**~schult(e)rig** broad-shouldered; '**2seite** *f* broadside; '**~spurig** 🚂 broad-ga(u)ge; *fig.* F bumptious; '**~treten** *fig.* expatiate on; '**2wandfilm** *m* wide-screen picture.

Bremse[1] *zo.* ['brɛmzə] *f* (15) gad-fly, horse-fly.

'**Bremse**[2] *f* (15) (*Wagen*2 *usw.*) brake; '**2n** (27) *v/t.* brake; *fig. a.* check; *v/i.* (put on the) brake; *fig.* go slow; '**~r** *m* (7) brake(s)man.

Brems|fußhebel ['brɛms-] *m* brake pedal; '**~klotz** *m* brake-block; '**~leuchte** *f*, '**~licht** *mot. n* stop light; '**~pedal** *n* brake pedal; '**~schuh** *m* brake-shoe; '**~spur** *f* skid mark; '**~vorrichtung** *f* brake-mechanism; '**~weg** *m* braking distance.

brenn|bar ['brɛn-] combustible; '**2dauer** *f* burning-time; '**~en** *v/t.* (30) burn; *Branntwein*: distil(l *Am.*); *das Haar*: curl; *Kaffee, Mehl*: roast; ⚕ cauterize; *Ziegel usw.*: bake; F *sich* ~ (*täuschen*) be mistaken; *v/i.* burn (*a. fig. Augen, Wunde usw.*); *Nessel*: sting; *Pfeffer usw.*: bite, be hot; *vor Ungeduld* ~ burn with impatience; F *darauf* ~, *zu inf.* be dying (*od.* itching) to *inf.*; *es brennt!* fire!; *~d* burning (*a. fig. Durst, Frage, Leidenschaft usw.*); '**2er** *m* (7) distiller; (*Gas*2) burner; (*Schweiß*2) torch; (*Atom*2) pile; **2erei** [~'raɪ] *f* distillery; '**2glas** *n* burning-glass; '**2holz** *n* firewood; '**2material** *n* fuel; '**2nessel** *f* stinging nettle; '**2-öl** *n* lamp-oil; (*Heiz*2) fuel oil; '**2punkt** *m* focus; *in den* ~ *rücken* bring into focus (*a. fig.*); '**2schere** *f* (*eine* a pair of) curling tongs *pl.*; '**2spiegel** *m* burning-mirror; '**2spiritus** *m* methylated spirit; '**2stoff** *m* combustible; *bsd. mot.*, ✈ fuel; '**2weite** *opt. f* focal distance.

brenzlig ['brɛntsliç] *Geruch, Geschmack*: burnt; F *fig.* ticklish.

Bresche ['brɛʃə] *f* (15) breach; *e-e* ~ *schlagen od. schießen* make a breach; *fig. in die* ~ *springen* stand in the breach.

Brett [brɛt] *n* (1) board; *dickes*: plank; (*Regal*) shelf; *~er pl.* (*Bühne*) boards *pl.*; (*Skier*) woods *pl.*; *Boxen*: *auf die ~er schicken* (knock) down; *fig. ein* ~ *vor dem Kopf haben* be very dense; '**~erbude** *f* wooden shed *od.* hut, shack; '**~erzaun** *m* hoarding, *Am.* board fence; '**~spiel** *n* board game.

Brevier [bre'viːr] *n* (3[1]) breviary.

Brezel ['breːtsəl] *f* (15) pretzel.

Brief [briːf] *m* (3) letter; (*Sendschreiben*) epistle; '**~-aufschrift** *f* address; '**~beschwerer** *m* (7) paper-weight; '**~bogen** *m* sheet of note-paper; '**~fach** *n* pigeon-hole; '**~geheimnis** *n* privacy (*od.* secrecy) of letters; '**~kasten** *m* letter-box, pillar-box, *Am.* mailbox; *Zeitungsrubrik*: Question and Answer Column; *den* ~ *leeren* clear the letter-box, *Am.* collect the mail; '**~kopf** *m* letter-head; '**2lich** *adj. u. adv.* by letter; *~er Verkehr* correspondence; '**~marke** *f* (postage) stamp; '**~markensammler** *m* stamp-collector, philatelist; '**~markensammlung** *f* stamp collection; '**~-öffner** *m* (7) letter-opener; '**~-ordner** *m* letter-file; '**~papier** *n* note- (*od.* letter-)paper; '**~porto** *n* postage; '**~post** *f* mail, post, *Am. a.* first-class matter; '**~schaften** *f/pl.* letters *pl.*; '**~tasche** *f* wallet; *mit*

Notizbuch: pocket-book; '**~taube** *f* carrier pigeon, homing pigeon; '**~-telegramm** *n* letter telegramme, *Am.* lettergram; '**~träger** *m* postman, *Am. a.* mailman; '**~-umschlag** *m* envelope; '**~waage** *f* letter-balance; '**~wechsel** *m* correspondence.

briet [bri:t] *pret. v. braten*[1].

Brigade [bri'gɑ:də] *f* (15) brigade.

Brigant [bri'gant] *m* (12) brigand.

Brigg ⚓ [brik] *f* (11[1]) brig.

Brikett [bri'kɛt] *n* (3 *od.* 11) briquet(te).

Brillant [bril'jant] *m* (12), ♀ *adj.* brilliant; **~ring** *m* diamond ring.

Brille ['brilə] *f* (15) (*eine* a pair of) spectacles *pl.*, glasses *pl.*, F specs *pl.*; (*Schutz*♀) goggles *pl.*; (*Abortsitz*) seat; '**~nfutteral** *n* spectacle-case; '**~nschlange** *f* cobra; '**~nträger(in** *f*) *m* wearer of glasses.

bringen ['briŋən] (30) (*her*~) bring; (*fort*~) take; (*geleiten*) conduct; *s. begleiten*; *thea. usw.* present, show; *Zeitung*: print, contain; (*ein*~, *verursachen*) bring, cause; *Opfer*: make; *Zinsen*: yield; *an sich* ~ acquire, appropriate; *j-n wieder auf die Beine* (*od. zu sich*) ~ bring a p. round; *auf einen Nenner* ~ reduce to a common denominator; *es bis zum Major usw.* ~ rise to the rank of major *etc.*; *j-n dahin* ~, *daß* induce (*od.* prevail upon) a p. to *inf.*; *es dahin* ~, *daß* manage (*od.* contrive) to *inf.*; *fig. es mit sich* ~ involve; *es weit* ~, *es zu etwas* ~ get on (*od.* succeed) in the world; *es zu nichts* ~ fail (in life); *j-n um et.* ~ deprive (*od.* rob) a p. of a th.; *j-n zum Lachen usw.* ~ make a p. laugh *etc.*

brisan|t [bri'zant] high-explosive; ♀**z** *f* explosive effect; *in Zssgn* high-explosive.

Brise ⚓ ['bri:zə] *f* (15) breeze.

Brit|e ['britə] *m* (13), '**~in** *f* Briton, *Am.* Britisher; *die Briten pl.* the British; '♀**isch** British.

bröck|(e)lig ['brœk(ə)liç] crumbly, *feiner*: friable; '**~eln** *v/t. u. v/i.* (29, sn) crumble.

Brocken ['brɔkən] *m* (6) piece; *Brot*: crumb; (*Bissen*) morsel; (*Teilchen*) bit, scrap; (*Klumpen*) lump; *fig.* ~ *pl. e-r Sprache*: scraps *pl.*, *e-r Unterhaltung*: snatches *pl.*; *harter* ~ hard nut.

brodeln ['bro:dəln] (29) bubble, simmer, seethe (*a. fig.*).

Brokat [bro'kɑ:t] *m* (3) brocade.

Brom ⚗ [bro:m] *n* (3[1]) bromine.

Brombeer|e ['brɔmbe:rə] *f* blackberry; '**~strauch** *m* bramble.

'**Brom|säure** *f* bromic acid; '**~-silber** *n* bromide of silver.

Bronch|ialkatarrh [brɔn'çiɑ:lkatar] *m* bronchial catarrh; **~ien** ['~çiən] *m/pl.* bronchi *pl.*; **~itis** [~'çi:tis] *f* bronchitis.

Bronze ['brɔ̃sə] *f* (15) bronze.

bronzieren [~'si:rən] bronze.

Brosame ['bro:zamə] *f* (15) crumb.

Brosche ['brɔʃə] *f* (15) brooch.

broschier|en [~'ʃi:rən] stitch; **~t** in paper cover, stitched.

Broschüre [~'ʃy:rə] *f* (15) booklet, pamphlet, brochure.

Brot [bro:t] *n* (3) bread; *ganzes*: loaf; *fig.* bread, livelihood; *belegtes* ~ sandwich; '**~-aufstrich** *m* spread; '**~beutel** *m* haversack.

Brötchen ['brø:tçən] *n* roll.

'**Brot|-erwerb** *m* bread-winning, (making a) living; '**~geber** *m*, '**~herr** *m* employer, master; '**~korb** *m* bread-basket; *j-m den* ~ *höher hängen* put a p. on short allowance; '**~krume** *f* bread-crumb; '♀**los** unemployed; *Tätigkeit*: unprofitable; '**~neid** *m* trade jealousy, professional envy; '**~rinde** *f* crust (of bread); '**~röster** *m* toaster; '**~-schneidemaschine** *f* bread-cutter; '**~schnitte** *f* slice of bread; '**~studium** *n* utilitarian study.

brr! (*halt*) whoa!, wo!; (*pfui*) ugh!

Bruch[1] [bru:x] *m*, *n* (3[2]) bog, fen.

Bruch[2] [brux] *m* (3[3]) breach (*a. fig.*); (*Brechen*) breaking; (*Knochen*♀) fracture; (*Unterleibs*♀) rupture, 🕮 hernia; *im Papier*: fold; *im Stoff*: crease; ✗ fraction; *des Eides, des Friedens usw.*: violation; (~*schaden*) breakage; (*Schrott*) scrap; F (*Schund*) trash, rubbish; ✗ *gewöhnlicher* ~ vulgar fraction, *echter* ~ proper fraction; *in die Brüche gehen* come to grief, *bsd. Ehe*: go on the rocks; ✈ ~ *machen* crash; '**~band** *n* truss; '**~bude** F *f* tumbledown shanty, ramshackle house.

brüchig ['bryçiç] brittle, fragile.

'**Bruch|landung** ✈ *f* crash landing; '**~rechnung** *f* fractions *pl.*; '**~-schaden** *m* breakage; '**~stein** *m* quarry-stone; '**~stelle** *f* point of fracture; '**~strich** ♪ *m* fraction stroke; '**~stück** *n* fragment; *pl. fig. a.* scraps, snatches *pl.*; '**⁓stückhaft** fragmentary; '**⁓stückweise** in fragments; '**~teil** *m* fraction; *im ~ e-r Sekunde* in a split second; '**~zahl** *f* fractional number.

Brücke ['brykə] *f* (15) bridge (*a.* ⚓, ⚡; *a. beim Ringen u. Zahnprothese*); (*kleiner Teppich*) rug; *Sport*: back-bend; e-e *~ schlagen über* (*acc.*) throw a bridge across; *fig. s. abbrechen*; '**~nkopf** *m* bridge-head; '**~npfeiler** *m* bridge pier; '**~nwaage** *f* weigh-bridge.

Bruder ['bru:dər] *m* (7[1]) brother; (*Mönch*) friar; *lustiger ~* jolly fellow; '**~krieg** *m* fratricidal war.

brüderlich ['bry:dərliç] brotherly, fraternal; '**⁓keit** *f* brotherliness.

'**Bruder|liebe** *f* brotherly love; '**~mord** *m*, '**~mörder(in** *f*) *m* fratricide.

'**Brüderschaft** *f* (16) brotherhood, fellowship; *~ trinken* pledge close friendship.

'**Brudervolk** *n* sister nation.

Brüh|e ['bry:ə] *f* (15) broth; (*Soße*) sauce; (*Fleischsaft*) gravy; *als Suppengrundlage*: stock; *contp.* slop; '**⁓en** (25) scald; '**⁓heiß** scalding (hot); '**~kartoffeln** *f/pl.* potatoes *pl.* boiled in broth; '**⁓warm** *fig.* red hot (*news*); *j-m et. ~ wiedererzählen* take a story straight away to a p.; '**~würfel** *m* beef-cube.

brüllen ['brylən] (25) roar; *Rind*: bellow; (*muhen*) low; *Mensch*: roar, (*a. heulen*); howl, bawl; *vor Lachen usw. ~* roar with laughter *etc.*; F *er* (es) *ist zum ⁓* he (it) is a scream.

'**Brumm|bär** *m* grumbler, growler, *Am.* F grouch; '**~baß** *m* ♪ double-bass; *fig.* rumbling bass; **⁓en** ['brumən] *v/i. u. v/t.* (25) *Tier*: growl; *Fliege usw.*: buzz; *Mensch*: grumble, *Am.* grouch; F (*im Gefängnis sein*) do time; *in den Bart ~* mutter to o.s.; *mir brummt der Kopf* my head is buzzing; '**~er** *m* (7) (*Fliege*) blowfly, bluebottle; (*Käfer*) dung-beetle; '**⁓ig** grumbling, *Am.* F grouchy; '**~kreisel** *m* humming-top; '**~schädel** F *m* headache.

brünett [bry'nɛt] dark(-complexioned); *Frau*: brunette (*a.* **⁓e** [~'nɛtə] *f*).

Brunft [brunft] *f* (14[1]) *hunt.* rut; '**⁓en** (26) rut; '**⁓ig** rutting; '**~schrei** *m* bell; '**~zeit** *f* rutting-season.

brünieren [bry'ni:rən] (25) brown.

Brunnen ['brunən] *m* (6) well (*a. fig.*); (*Quelle*) spring; (*Spring⁓*) fountain; ⚕ (mineral) waters *pl.*; *~ trinken* take the waters; '**~kresse** *f* water-cress; '**~kur** *f* mineral-water cure; '**~vergiftung** *f fig.* vitiating the political atmosphere.

Brunst [brunst] *f* (14[1]) *zo.* rut, *des weiblichen Tieres*: heat; *v. Menschen*: lust; *fig. s. Inbrunst*.

brünstig ['brynstiç] (*vgl. Brunst*) *zo.* rutting, on (*od.* in) heat; lustful; *fig. s. inbrünstig*.

Brust [brust] *f* (14[1]) breast; (*~kasten*) chest; (*Busen*) bosom; *am Braten*: brisket; *sich in die ~ werfen* give o.s. airs, bridle (up); *~ an ~* neck and neck; '**~bein** *n* breastbone; '**~beschwerden** *f/pl.* chest-trouble; '**~bild** *n* half-length portrait *od.* photo; '**~bonbon** *m* pectoral lozenge; '**~drüse** *f* mamma(ry gland).

brüsten ['brystən] (26): *sich ~* give o.s. airs; boast, brag (*mit* with); *sich ~ als ...* pose as.

'**Brustfell** *n* pleura; '**~-entzündung** *f* pleurisy.

...brüstig ...breasted, ...chested.

'**Brust|kasten** *m*, '**~korb** *m* chest; '**~kind** *n* breast-fed child; '**⁓krank** suffering from chest-trouble; '**~krebs** *m* breast cancer; '**~schwimmen** *n* breast-stroke; '**~stimme** *f* chest-voice; '**~stück** *n am Braten*: brisket; '**~tasche** *f* breast pocket; '**~tee** *m* pectoral herb-tea; '**~ton** *m* chest-note; *fig. ~ der Überzeugung* true ring of conviction; '**~-umfang** *m s. Brustweite*.

Brüstung ['brystuŋ] *f* balustrade; parapet; (*Fenster⁓*) sill.

'**Brust|warze** *f* nipple; '**~wehr** *f* breastwork; '**~weite** *f* chest-measurement; *der Frau*: bust(-measurement).

Brut [bru:t] *f* (16) brood (*a. fig.*); (*Fisch⁓*) fry, spawn; *fig. b.s.* scum, lot.

brutal [bru'tɑ:l] brutal; **⁓ität** [~tali'tɛ:t] *f* brutality.

'**Brut|-apparat** *m*, '**~-ofen** *m* incubator; '**~-ei** *n* egg for hatching.

brüten ['bry:tən] (26) brood, sit, incubate; *fig.* brood (*über dat.* over, on); *s. Rache*.

ˈ**Brut|henne** *f* sitting hen; ˈ**~kasten** *m* incubator; ˈ**~stätte** *f* breeding--place; *fig.* hotbed.

brutto [ˈbruto] gross, in gross; ˈ**2gewicht** *n* gross weight; ˈ**2registertonne** *f* gross register ton; ˈ**2verdienst** *m* gross earnings *pl.*

Bube [ˈbu:bə] *m* (13) boy, lad; (*Schurke*) rascal; *Karten*: knave, *bsd. Am. a.* jack; ˈ**~nstreich** *m*, ˈ**~nstück** *n* knavish trick.

Bubikopf [ˈbu:bikɔpf] *m* bobbed hair.

bübisch [ˈby:biʃ] knavish.

Buch [bu:x] *n* (1^2) book; ~ *Papier* quire; *s. Dreh2*; ˈ**~besprechung** *f* book review; ˈ**~binder** *m* (book-) binder; **~bindeˈrei** *f* bookbinder's (work)shop, *Am.* (book)bindery; *Gewerbe*: bookbinding; ˈ**~druck** *m* letterpress printing; ˈ**~drucker** *m* (letterpress) printer; **~druckeˈrei** *f* printing-office, *Am. a.* print(ing) shop; *Gewerbe*: printing (of books); ˈ**~druckerschwärze** *f* printer's ink.

Buch|e [ˈbu:xə] *f* (15) beech(-tree); **~ecker** [ˈ~ʔɛkər] *f* (15) beech-nut.

buchen [ˈbu:xən] (25) ✝ enter, post; *e-n Platz usw.*: book; *fig. als Erfolg usw.*: count as.

Bücher|-abschluß ✝ [ˈby:çər-] *m* balancing of the books; ˈ**~brett** *n* bookshelf; **~ei** [~ˈraɪ] *f* (16) library; ˈ**~freund** *m* book-lover, bibliophile; ˈ**~kunde** *f* bibliography; ˈ**~mappe** *f* satchel; ˈ**~narr** *m* bibliomaniac; ˈ**~regal** *n* bookshelf; ˈ**~revisor** *m* auditor, accountant; ˈ**~schrank** *m* bookcase; ˈ**~stand** *m* bookstall, *Am.* bookstand; ˈ**~stütze** *f* book-end; ˈ**~weisheit** *f* book-learning; ˈ**~wurm** *m* bookworm.

ˈ**Buch|fink** *m* chaffinch; ˈ**~forderungen** ✝ *f/pl.* book claims; ˈ**~führer** *m*, ˈ**~halter** *m* book-keeper; ˈ**~führung** *f*, ˈ**~haltung** *f* book--keeping; *doppelte* ~ book-keeping by double entry; ˈ**~gemeinschaft** *f* book club; **~halterei** [~ˈraɪ] *f* (16) book-keeping department; ˈ**~halterin** *f* (lady) book-keeper; ˈ**~handel** *m* booktrade; ˈ**~händler** *m* bookseller; ˈ**~handlung** *f* bookseller's shop, bookshop, *Am. a.* bookstore; ˈ**~hülle** *f* book wrapper; ˈ**~macher** *m* bookmaker; ˈ**2mäßig** according to the books; ˈ**~prüfer** *m* auditor, accountant.

Buchsbaum [ˈbuksbaum] *m* box (-tree).

Buchse ⊕ [ˈbuksə] *f* bush(ing); (*Muffe*) sleeve; (*Fett2*) cup; ⚡ socket.

Büchse [ˈbyksə] *f* (15) box, case; *aus Blech*: tin (box), *Am.* can; *für Salben*: pot, jar; (*Gewehr*) rifle; ˈ**~nfleisch** *n* tinned (*Am.* canned) meat; ˈ**~nmacher** *m* gunsmith; ˈ**~n-öffner** *m* (7) tin-opener, *Am.* can opener.

Buchstabe [ˈbu:xʃtɑ:bə] *m* (13^1) letter; (*Schriftzug*) character; *typ.* type; *großer* (*kleiner*) ~ capital (small) letter; ˈ**~nrätsel** *n* logogriph; ˈ**~nrechnung** *f* algebra; ˈ**~nschloß** *n* puzzle lock.

buchstabieren [~ʃtaˈbi:rən] spell; (*mühsam lesen*) spell out.

buchstäblich [ˈ~ʃtɛ:pliç] literal.

Bucht [buxt] *f* (16) inlet, bay; *kleine*: creek.

ˈ**Buch|-umschlag** *m* (book) wrapper *od.* jacket; ˈ**~ung** *f* booking, entry.

ˈ**Buchweizen** *m* buckwheat.

Buckel [ˈbukəl] *m* **1.** (7) hump (-back); F (*Rücken*) back; *e-n* ~ *machen* stoop, *Katze*: put up its back; **2.** *Verzierung*: boss, stud.

ˈ**buck(e)lig** humpbacked; **2e** [ˈ~(ə)-ligə] *m*, *f* (18) hunchback.

bücken [ˈbykən] (25) (*mst sich*) bend, stoop; *sich vor j-m* ~ bow to, *kriecherisch*: cringe to.

Bück(l)ing[1] [ˈbyk(l)iŋ] *m* (3^1) bloater, red herring, kipper.

ˈ**Bückling**[2] *m* (3^1) bow, obeisance.

buddeln F [ˈbudəln] (29) dig.

Bude [ˈbu:də] *f* (15) stall, booth, F (*Hütte*) shanty, shack; (*Studenten2*) pad, digs *pl.*; (*Laden*) shop.

Budget [byˈdʒe:] *n* (11) budget; *im ~ vorsehen* budget for.

Büfett [byˈfe:, byˈfɛt] *n* (3) buffet, sideboard; (*Schenktisch*) bar, *Am.* counter; *kaltes* ~ cold buffet; **~ier** [byfɛtˈje:] *m* barkeeper, barman, *Am.* bartender.

Büffel [ˈbyfəl] *m* (7) buffalo; ˈ**2n** F *v/i.* (29) grind, *sl.* mug, *Am.* F bone; (*a. v/t.*) cram, *sl.* swot.

Büffler F [ˈbyflər] *m* (7) *sl.* swot.

Bug [bu:k] *m* (3^3) bow (*a.* ⚓), bend; (*Knie2*) hock; (*Vorder2*) shoulder.

Bügel [ˈby:gəl] *m* (7) bow; *s. Kleider2, Steig2*; ˈ**~-eisen** *n* flat-iron;

ˈ**~falte** *f* crease; ˈ**⁓n** (29) *Wäsche*: iron; *Kleid*: press.

Bugsier|dampfer [bukˈsiːr-] *m* (steam-)tug; **⁓en** tow; *fig.* steer, manœuvre, *Am.* maneuver.

Bugspriet ⚓ [ˈbuːkʃpriːt] *n* (3) bowsprit.

Buhle [ˈbuːlə] *m* (13), *f* (15) lover; *jetzt mst b.s.* paramour; ˈ**⁓n** (25) *um et.*: court, woo; *mit j-m*: sleep (*od.* wanton) with; *um j-s Gunst ~* curry favo(u)r with a p.

Buhne [ˈbuːnə] *f* (15) groyne.

Bühne [ˈbyːnə] *f* (15) scaffold; (*Redner⁓*) *od.* ⊕ platform; *thea.* stage; *fig.* stage, scene, arena; *zur ~ gehen* go on the stage; ˈ**~n-anweisung** *f* stage direction; ˈ**~n-ausstattung** *f*, ˈ**~nbild** *n* scene(ry); ˈ**~nbe-arbeitung** *f* dramatization; ˈ**~nbildner**(**in** *f*) *m* stage designer; ˈ**~ndichter** *m* playwright, dramatist; ˈ**⁓nfähig** stage-worthy; ˈ**~n-künstler**(**in** *f*) *m* stage actor (*f* actress); ˈ**~nlaufbahn** *f* theatrical career; ˈ**~nleiter** *m* stage manager; ˈ**~nmaler** *m* scene-painter; ˈ**~n-recht** *n* dramatic right; ˈ**~nschrift-steller** *m s. Bühnendichter*; ˈ**~n-stück** *n* stageplay.

buk [buːk] *pret. v. backen.*

Bukett [buˈkɛt] *n* bouquet.

Bulette [buˈlɛtə] *f* (15) meatball, rissole, hamburger.

Bulgar|e [bulˈgɑːrə] *m* (13), **~in** *f* (16[1]) Bulgarian; **⁓isch** Bulgarian.

ˈ**Bull|-auge** *n* bull's eye, porthole; ˈ**~dogge** *f* bulldog.

Bulle[1] [ˈbulə] *m* (13) bull; ˈ**~**[2] *eccl.* *f* (15) bull; ˈ**~nbeißer** *m* (7) bulldog.

bullern [ˈbulərn] (29) rumble; *Feuer im Ofen*: roar.

bum(m)! [bum] boom!, bang!

Bumerang [ˈbuːməraŋ] *m* (3[1]) boomerang.

Bummel F [ˈbuməl] *m* (7) (*Spaziergang*) stroll; (*Bierreise usw.*) spree, binge; *e-n ~ machen* go for a stroll; *auf den ~ gehen* go on the spree; **~ei** [~ˈlaɪ] *f* (16) dawdling, loafing; (*Nachlässigkeit*) slackness; ˈ**⁓ig** dawdling; careless; ˈ**⁓n** (29) (*müßig gehen*) loaf; (*trödeln*) dawdle; (*gemächlich gehen*) stroll, saunter; (*Berufsarbeit aussetzen*) (be) idle; (*sich amüsieren*) be on the spree; ˈ**~zug** *m* slow train.

ˈ**Bummler** *m* (7) loafer.

bums! [bums] bang!; **⁓** *m* bang; ˈ**~en** bang, bump; ˈ**⁓lokal** F *n sl.* dive.

Bund [bunt] **1.** *n* (3, *nach Zahlen im pl. inv.*) bundle; *Schlüssel*: bunch; *Heu, Stroh* (*als Maß*): truss; **2.** *m* (3[3]) (*Band*) band, tie; *Schneiderei*: waistband; *fig.* union (*a. Ehe*); (*Bündnis*) alliance; *pol. a.* league, federation, confederacy; (*Bundesregierung*) Federal Government; *bsd. eccl.* covenant; *im ~e mit* in league with.

Bündel [ˈbyndəl] *n* (7) bundle; ˈ**⁓n** (29) bundle (up); ˈ**⁓weise** by bundles.

ˈ**Bundes...** *in Zssgn* federal; ˈ**~bahn** *f* Federal Railway(s *pl.*); ˈ**~gebiet** *n* Federal Territory; ˈ**~genosse** *m* confederate, ally; ˈ**~kanzler** *m* Federal Chancellor; ˈ**~präsident** *m* President of the Federal Republic; ˈ**~rat** *m* Federal Council; *parl.* Upper House; ˈ**~regierung** *f* Federal Government; ˈ**~republik** *f* **Deutschland** Federal Republic of Germany; ˈ**~staat** *m einzelner*: federal state; *Gesamtheit der einzelnen*: (con)federation; ˈ**~straße** *f* Federal Highway; ˈ**~tag** *m* Lower House (of the Federal Parliament); ˈ**~wehr** ⚔ *f* Federal Armed Forces *pl.*

bündig [ˈbyndiç] (*gültig*) binding; (*überzeugend*) conclusive; *Stil, Rede*: concise, terse; *kurz und ~* succinctly; ˈ**⁓keit** *f* conclusiveness; conciseness.

Bündnis [ˈbyntnis] *n* (4[1]) alliance.

Bunker [ˈbuŋkər] *m* (7) ⚓ (*Kohlenvorratsraum*) bunker; (*Schutzraum*) shelter, refuge, ⚔ bunker, pillbox; ⚓ *für U-Boote*: pen.

bunt [bunt] colo(u)rful (*a. fig.*); (*farbig*) (many)colo(u)red; (*~gefleckt*) variegated; (*scheckig*) motley; (*lebhaft gefärbt*) gay; (*grell*) gaudy; *Glas*: stained; *gewürfelt*: chequered; (*gemischt*) motley, mixed (*crowd etc.*); (*abwechslungsreich*) varied; *~er Abend, ~e Unterhaltung* variety show; *~e Reihe machen* pair off ladies and gentlemen; *er treibt es zu ~* he goes too far; *es ging ~ zu* there were fine goings-on; ˈ**⁓druck** *m* colo(u)r-printing; (*Bild*) chromolithograph; ˈ**~fleckig** spotted, (*a. fig.*) motley; '**⁀metall** *n* non-ferrous metal; '**⁀stift** *m* colo(u)red pencil, crayon.

Bürde ['byrdə] *f* (15) burden (*a. fig.*: *für j-n* to), load.

Burg [burk] *f* (16) castle; (*Festung, a. fig.*) citadel, stronghold.

Bürge ['byrgə] *m* (13) bail, surety; guarantor (*a. fig.*); *e-n ~n stellen* give (*od.* offer) bail, *Am. a.* post bond; '**⁀n** (25) *für j-n*: go bail for, stand surety for, *Am.* bond *a p.*; *für et.*: guarantee (*od.* vouch for) a th.

Bürger ['~gər] *m* (7), '**~in** *f* citizen; (*Stadtbewohner*) townsman, *f* townswoman, *pl.* townsfolk; (*Einwohner*) inhabitant; (*~licher*) commoner; '**~krieg** *m* civil war; '**~kunde** *f* civics *sg.*; '**⁀lich** civil; middle-class; (*nichtadlig*) common, untitled; *Küche usw.*: plain; *~e Ehrenrechte n/pl.* civic rights *pl.*; *~es Gesetzbuch* code of civil law; '**~liche** *m, f* (18) commoner; '**~meister** *m* mayor; *in Deutschland*: burgomaster; '**~meister-amt** *n* mayor's office; '**~pflicht** *f* civic duty; '**~recht** *n* civic rights *pl.*; freedom of a city; '**~schaft** *f* (16) citizens *pl.*; '**~sinn** *m* public spirit; '**~stand** *m* middle classes *pl.*; '**~steig** *m* pavement, *Am.* sidewalk; '**~tum** *n* citizenship; *konkret*: middle classes *pl.*; *contp.* bourgeoisie; '**~wehr** *f* militia.

'**Burg|friede(n)** *m* public peace; *pol.* truce; '**~graf** *m* burgrave.

Bürgschaft ['byrkʃaft] *f* (16) (*Sicherheit*) security, surety, guarantee; *im Strafrecht*: *~ leisten od. übernehmen* give (*od.* provide) security, stand surety; *im Strafrecht*: go bail (*Bürge*), give bail (*Angeklagter*).

Burgunder [bur'gundər] *m* (7) Burgundian; *Wein*: burgundy.

'**Burgverlies** *n* (4) keep, dungeon.

burlesk [bur'lɛsk], **⁀e** *f* burlesque.

Büro [by'ro:] *n* (11) office; **~angestellte** *m, f* clerk, office worker; **~beamte** *m* clerk; **~bedarf(sartikel** *m/pl.*) *m* office supplies *pl.*; **~chef** *m* head clerk; **~diener** *m* office-boy; **~klammer** *f* (paper-) clip; **~krat** [~ro'krɑ:t] *m* (12) red-tapist, bureaucrat; **~kratie** [~kra'ti:] *f* (15) red-tapism, bureaucracy; **⁀kratisch** [~'krɑ:tiʃ] bureaucratic; **~kratismus** [~kra'tismus] *m* bureaucratism; **~maschine** [by'ro:-] *f* office machine; **~möbel** *n/pl.* office furniture; **~personal** *n* office personnel; **~stunden** *f/pl.* office-hours, *Am. a.* duty hours; **~vorsteher** *m s. Bürochef.*

Bursch(e) ['burʃə] *m* (13) boy, lad, fellow; (*Kerl*) *a. freundschaftlich*: chap, *Am.* guy; ⚔ orderly, batman; *univ.* senior man, *weitS.* student.

burschikos [~ʃi'ko:s] pert.

Bürste ['byrstə] *f* (15), '**⁀n** (26) brush; '**~n-abzug** *typ. m* brush-proof; '**~nbinder** *m* brush-maker; '**~nhaarschnitt** *m* crew cut.

Bürzel ['byrtsəl] *m* (7) rump; *am Brathuhn usw.*: parson's nose.

Bus [bus] F *m* (4¹) bus; '**~haltestelle** *f* bus-stop.

Busch [buʃ] *m* (3² *u.* ³) bush (*a. Urwald*); (*kleines Gehölz*) copse, thicket; *s. Büschel*; *bei j-m auf den ~ klopfen* sound a p.; *sich* (*seitwärts*) *in die Büsche schlagen* slip away.

Büschel ['byʃəl] *n* (7) bunch; *Haare usw.*: tuft, wisp.

'**Busch|hemd** *n* jacket-shirt; '**~holz** *n* underwood; '**⁀ig** bushy; *Haar*: shaggy; '**~klepper** *m* bush-ranger; '**~werk** *n* bushes *pl.*, *Am.* brush; '**~windrös-chen** *n* wood-anemone.

Busen ['bu:zən] *m* (6) bosom, breast; (*Meer⁀*) bay, gulf; '**~freund** (**-in** *f*) *m* bosom-friend.

Bussard ['busart] *m* (3) buzzard.

Buße ['bu:sə] *f* (15) penance; (*Sühne*) atonement; (*Geldstrafe*) fine; *~ tun s. büßen.*

büßen ['by:sən] (27) do penance (for), atone (for); *Verbrechen*: expiate; *mit Geld*: be fined for; *fig.* pay (*od.* suffer) for.

'**Büßer** *m* (7), '**~in** *f* (16¹) penitent; '**~bank** *f* penitent bench.

'**bußfertig** penitent, repentant; '**⁀keit** *f* penitence, repentance.

Bussole [bu'so:lə] *f* (15) compass.

'**Buß|predigt** *f* penitential sermon; '**~tag** *m* day of repentance.

Büste ['bystə] *f* (15) bust; '**~nhalter** *m* brassière, F bra; '**~nhebe** *f* uplift brassière.

Butt [but] *m* (3) (*Fisch*) butt.

Butte ['butə] *f*, **Bütte** ['bytə] *f* (15) tub, vat.

Büttel ['bytəl] *m* (7) beadle, bailiff.

Büttenpapier ['bytənpapi:r] *n* hand-made paper.

Butter ['butər] *f* (15) butter; F *alles in ~!* everything's okay!; '**~blume** *f* buttercup; '**~brot** *n* (slice of) bread and butter; *fig. für ein ~* for a song; '**~brotpapier** *n* greaseproof paper; '**~dose** *f* butter-dish; '**~faß** *n* churn; '**~milch** *f* butter-milk; '**2n** *v/t. u. v/i.* (29) churn; (*bestreichen*) (spread with) butter; '**~teig** *m* puff-paste.

Butzen ['butsən] *m* (6) *im Geschwür, Obst usw.*: core; '**~scheibe** *f* bull's-eye pane.

Byzantin|er [bytsan'ti:nər] *m* (7), **~erin** *f*, **2isch** Byzantine; **~ismus** [~ti'nismus] *m inv. fig.* Byzantinism.

C

C [tse:], **c** *n inv.* C, c; ♪ C.

Café [ka'fe:] *n* (11) coffee-house; *feines*: café.

Campingplatz ['kɛmpiŋ-] *m* camping site.

Canaille [ka'naljə] *f* (15) (*Pöbel*) rabble, mob; (*Schurke*) rascal.

Cape [ke:p] *n* (11) cape.

C-Dur ♪ *n* C major.

Cellist [tʃɛ'list] *m* (12) cellist.

Cello ['tʃɛlo] *n* (11) cello.

Cellophan [tsɛlo'fɑ:n] *n* cellophane.

Celsius ['tsɛlzjus] *m* (*inv., o. pl.*) (degree) centigrade, Celsius (*abbr.* °C).

Cembalo ['tʃɛmbalo] *n* (11) harpsichord.

Ces ♪ [tsɛs] *n* C flat.

Chagrinleder [ʃa'grɛ̃-] *n* shagreen.

Chaiselongue [ʃɛ:z(ə)'lɔ̃(g)] *f* (11¹) lounge-chair.

Chamäleon [ka'mɛ:leɔn] *n* (11) chameleon.

Champagner [ʃam'panjər] *m* (7) champagne.

Champignon ['ʃampinjɔ̃] *m* (11) (field) mushroom.

Chance ['ʃɑ̃sə] *f* (15) chance; *j-m eine ~ geben* give a p. a chance (F a break); *die ~n sind gleich* the odds are even.

changieren [ʃɑ̃'ʒi:rən] *Seide*: be shot; **~d** shot.

Chaos ['kɑ:ɔs] *n inv.* chaos.

chaotisch [ka'o:tiʃ] chaotic.

Charakter [ka'raktər] *m* (3¹, *pl. Charaktere* [~'te:rə]) character; **~bild** *n* portrait; **~eigenschaft** *f* characteristic; **2bildend** *adj.*, **~bildung** *f* character-building; **~fehler** *m* defect in *a p.'s* character, weakness; **2fest** of firm character; **2isieren** characterize; **~i'sierung** *f*, **~istik** [~'ristik] *f* (16) characterization; ⊕, ⚕ characteristic; **2istisch** [~'ristiʃ] characteristic (*für* of); **~kopf** *m* fine head; **2lich** (*adv.* in) character; **2los** unprincipled; (*schwach*) weak, spineless; **~losigkeit** *f* want of principles; **~schwäche** *f* weakness of character; **~stärke** *f* strength of character; **2voll** full of personality; **~zug** *m* characteristic, feature, trait.

Charge ['ʃarʒə] *f* (15) *mil.* post, rank; *P.*: (*bsd.* non-commissioned) officer; *thea.* (small) character part; *metall.* charge.

Charlatan ['ʃarlatan] *m s. Scharlatan.*

charm|ant [ʃar'mant] charming; **2e** [ʃarm] *m* (11, *o.pl.*) charm, grace.

Charter ['ʃartər] *f inv.*, '**2n** (29) charter.

Chassis [ʃa'si:] *n* (11) chassis.

Chauff|eur [ʃɔ'fø:r] *m* (3¹) chauffeur, driver; **2ieren** [~'fi:rən] drive.

Chaussee [ʃo'se:] *f* (15) high road, *Am.* highway.

Chauvi|nismus [ʃovi'nismus] *m* (16) chauvinism, *Brt. a.* jingoism; **~'nist(in** *f*) *m* chauvinist, *Brt. a.* jingo; **2'nistisch** chauvinistic.

Chef [ʃɛf] *m* (11) chief; head; ✝ principal, employer; F governor, *bsd. Am.* boss; '**~-arzt** *m* medical superintendent; '**~pilot** *m* chief pilot; '**~redakteur** *m* chief editor.

Chemie [çe'mi:] *f* (15) chemistry; **~faser** *f* synthetic fib|re, *Am.* -er.

Chemikalien [çemiˈkɑːljən] *f/pl.* (15) chemicals.
Chemiker [ˈçeːmikər] *m* (7) (analytical) chemist.
chemisch [ˈçeːmiʃ] chemical; ~ *reinigen* dry-clean.
Chiffre [ˈʃifrə] *f* (15) cipher, code; ˈ**~nummer** *f* box-number; ˈ**~schrift** *f* cryptography.
chiffrieren [ʃiˈfriːrən] cipher, code.
Chinarinde [ˈçiːna-] *f* Peruvian bark.
Chines|e [çiˈneːzə] *m* (13), **~in** *f* (16¹), **℮isch** Chinese.
Chinin [çiˈniːn] *n* (11, *o. pl.*) quinine.
Chintz [tʃints] *m* (3) chintz.
Chirurg [çiˈrurk] *m* (12) surgeon; **~ie** [~ˈgiː] *f* (15) surgery; **℮isch** [~ˈrurgiʃ] surgical.
Chlor [kloːr] *n* (3²) chlorine; ˈ**℮en** chlorinate; **~ˈkalium** *n* potassium chloride; ˈ**~kalk** *m*, **~ˈkalzium** *n* chloride of lime, calcium chloride.
Chloroform [kloroˈfɔrm] *n* (11), **℮ieren** [~ˈmiːrən] chloroform.
Chlorophyll [kloroˈfyl] *n* (11, *o.pl.*) chlorophyll.
ˈ**Chlorsäuresalz** *n* chlorate.
Cholera [ˈkoːləra] *f inv.* cholera.
cholerisch [koˈleːriʃ] choleric.
Chor [koːr] *m* (3³) chorus; (*Sänger℮*) choir; ⩓ *m* (*od. n*) chancel, choir; *im ~ a. fig.* in chorus.
Choral [koˈrɑːl] *m* (3¹ *u.* ³) hymn, choral(e).
ˈ**Chor-altar** *m* high altar.
Choreograph [koreoˈgrɑːf] *m* (12), **~in** *f* (16¹) choreographer; **~ie** [~graˈfiː] *f* (15) choreography.
Chor|gang [ˈkoːr-] *m* aisle; ˈ**~gesang** *m* choral singing (*od.* song); chorus; **~gestühl** [ˈ~gəʃtyːl] *n* (3) choir-stalls *pl.*; ˈ**~hemd** *n* surplice; ˈ**~herr** *m* canon.
Chorist [koˈrist] *m* (12), **~in** *f* (16¹) chorister; *thea.* chorus-singer.
Chor|knabe [ˈkoːr-] *m* choir-boy; ˈ**~sänger** *m* chorus-singer; ˈ**~stuhl** *m* stall.
Christ [krist] **1.** *m* (3¹) Christ; **2.** *m* (12), ˈ**~in** *f* (16¹) Christian.
Christ... *s. Weihnachts...*
ˈ**Christen|heit** *f* (16) Christendom; ˈ**~tum** *n* (1²) Christianity; ˈ**~verfolgung** *f* persecution of Christians.
ˈ**Christkind** *n* Infant Jesus, Christ-child.
ˈ**christlich** Christian.
Chrom [kroːm] *n* (3¹) (*Metall*) chromium; (*Farbe*) chrome.
chromatisch [kroˈmɑːtiʃ] chromatic.
chromgelb [ˈkroːm-] chrome yellow.
Chromosom [kromoˈzoːm] *n* (5²) chromosome.
ˈ**Chromsäure** *f* chromic acid.
Chronik [ˈkroːnik] *f* (16) chronicle.
ˈ**chronisch** chronic.
Chronist [kroˈnist] *m* (12) chronicler.
Chronolog|ie [~noloˈgiː] *f* (15) chronology; **℮isch** [~ˈloːgiʃ] chronological.
Chronometer [~noˈmeːtər] *n* (7) chronometer.
circa [ˈtsirka] about, circa.
Cis ♪ [tsis] *n* C sharp.
Claque *thea.* [ˈklakə] *f* (15) claque.
Clique [ˈklikə] *f* (15) clique, coterie; ˈ**~nwesen** *n* cliquism.
Clou [kluː] *m* (11) highlight. (*Höhepunkt*) climax; (*Pointe*) point.
Coeur [køːr] *n Karten*: heart(s *pl.*).
Collaborateur *pol.* [kɔlaboraˈtøːr] *m* (3¹) collaborationist.
Computer [kɔmˈpjuːtər] *m* (7) computer; **℮isieren** [~pjutəriˈziːrən] computerize.
Conférencier [kɔ̃ferɑ̃ˈsjeː] *m* compère, *Am.* master of ceremonies (*abbr.* M.C.); *als ~ leiten* compère (*Am.* emcee) *a show.*
Coupé [kuˈpeː] *n* (11) 🚃 compartment; (*Wagen*) coupé (*a. mot.*).
Couplet [~ˈpleː] *n* (11) comic (*od.* music-hall) song; *politisches usw.*: topical song.
Coupon [kuˈpɔ̃] *m* (11) coupon.
Cour [kuːr] *f bei Hofe*: levee; *j-m die ~ machen* court; **~age** [kuˈrɑːʒə] *f inv.* courage.
Cousin [kuˈzɛ̃] *m* (11), **~e** [~ˈziːnə] *f* (15) cousin.
Creme [ˈkrɛːm(ə)] *f* (11¹) cream (*a. fig.*); ˈ**℮farben** cream-colo(u)red; ˈ**~torte** *f* cream tart.
Cutaway [ˈkatəveː] *m*, F **Cut** *m* (11) morning coat, cutaway.

D

D [de:], **d** *n* D, d; ♪ D.

da [dɑ:] **1.** *adv. räumlich*: (*dort*) there; (*hier*) here; *zeitlich*: then; *in der Erzählung*: now; *du* ~ you there; *der Mann* ~ that man there; ~ *drüben* over there; ~ *sein* be there (*vgl. dasein*); (*zur Hand*) be at hand; (*angekommen*) have (*od.* be) arrived; ~ *bin ich* here I am; *dein Vater war* ~ was here; *ist j.* ~*gewesen?* has anybody called?; *wieder* ~ here (*od.* back) again, back once more; ~ *und* ~ at such and such a place; *von* ~ *an od. ab räumlich*: from there; *zeitlich*: from that time on; *was läßt sich* ~ *machen?* what can be done in such a case?; *wer* ~*?* who is (⚔ goes) there?; *nichts* ~*!* nothing of the kind!, on no account!; ~ *haben wir's!* there we are!; **2.** *cj. Zeit*: when; while; *Grund*: as; (*da ja*) since; ~ *nun*, ~ *doch* now since, since indeed.

dabei [da'baɪ] near by, close by; (*anwesend*) there, present; (*überdies*) besides, moreover, as well; (*noch dazu*; *trotzdem*) yet, for all that; (*währenddessen*) all the time, in doing so; (*bei diesem Anlaß*) on the occasion, then; ~ *sein bei der Arbeit*: be at it; ~ *sein zu inf.* be about to *inf.*, be on the point of *ger.*; *darf ich mit* ~ *sein?* may I join the party?; *ich bin* ~*!* agreed!, count me in!, F I'm on; *was ist denn* ~*?* what harm is there in it?; ~ *bleiben* persist; *s. a. bleiben*; **~sein** be present (*od.* there), take part; **~stehen** stand by.

'**dableiben** (sn) stay.

da capo [da 'kɑ:po] da capo, encore; ~ *rufen* encore; *s. Dakapo*.

Dach [dax] *n* (1²) roof; *mot. a.* top; *fig.* shelter, house; *unter* ~ *und Fach* under cover, *fig.* all settled; '**~balken** *m* roof-tree; rafter; '**~boden** *m* loft; '**~decker** *m* roofer; (*Ziegeldecker*) tiler; (*Schieferdecker*) slater; '**~fenster** *n* dormer-window; '**~first** *m* ridge (of a roof); '**~garten** *m* roof-garden; '**~geschoß** *n* attic stor(e)y; loft; '**~gesellschaft** ✝ *f* holding company; '**~kammer** *f* attic, garret; '**~organisation** *f* parent organization; '**~pappe** *f* roofing (felt); '**~pfanne** *f* pantile; '**~reiter** *m* (ridge-)turret; '**~rinne** *f* gutter, eaves *pl.*

Dachs [daks] *m* (4) badger; '**~hund** *m* dachshund.

'**Dach|schiefer** *m* roofing slate; '**~sparren** *m* rafter; '**~stube** *f* attic, garret; '**~stuhl** *m* roof-truss.

dachte ['daxtə] *pret. v. denken*.

'**Dach|traufe** *f* eaves *pl.*; '**~werk** *n* roofing; '**~ziegel** *m* (roofing) tile.

Dackel ['dakəl] *m* (7) dachshund.

'**dadurch** *örtlich*: through that *od.* it; *Mittel*: through (*od.* by) it; thereby; by this means, thus; ~ *daß* ... by *ger.*

dafür [da'fy:r] for that; for it *od.* them; (*als Ersatz*) in return (for it), in exchange; (*statt dessen*) instead of it; *ich kann nichts* ~ it is not my fault; ~ *sein* be in favo(u)r of it; (~ *stimmen*) vote for it; **♀halten:** *nach meinem* ♀ in my opinion, as I see it.

da'gegen **1.** *adv.* against that; against it; *Vergleich*: in comparison with it; *Tausch, Ersatz*: in return *od.* exchange (for it); (*anderseits*) on the other hand; *Ich habe nichts* ~ I have no objection (to it), I don't mind; ~ *sein* be against it; (~ *stimmen*) vote against it; **2.** *cj. Gegensatz*: on the contrary, on the other hand.

daheim [~'haɪm] at home; (*in der Heimat*) in one's own country; ♀ *n* home.

daher ['dɑ:he:r, da'he:r] from there; *Ursache*: hence; therefore; *bei Verben der Bewegung*: along.

daherum ['dɑ:herum] thereabouts.

dahin ['dɑ:hin, da'hin] there; to that place; (*vergangen*) gone, past, over; (*verloren*) gone, lost; *bei Verben bisweilen* = weg...: away; *bei Verben der Bewegung*: along; *j-n* ~ *bringen, daß* make a p. *do a th.*; *es* ~ *bringen, daß j. od. et.* ... cause a p. *od.* a th. to *inf.*; succeed in *ger.*; **~fliegen** [da'hin-] fly along; *Zeit*: fly; **~gehen** walk along; *Zeit*: pass; (*sterben*) pass away; **~gehend** ['dɑ:hin-] to the effect (*that*); **~gestellt** [da'hin-]: ~ *sein lassen* leave undecided; **~reden** speak thoughtlessly; **~siechen** *v/i.*

(sn) waste away; **~stehen** remain to be seen.
da'hinten back there.
da'hinter behind it (*a. fig.*); **~kommen** (sn) find out (about it); **~machen** *od.* **~setzen:** *sich ~* set to work, get down to it; **~stecken** be at the bottom of it.
Dakapo *n* repeat; encore; *s. da capo.*
damal|ig ['da:ma:liç] of that time; *der ~e Besitzer* the then owner; '**~s** then, at that time.
Damas|t [da'mast] *m* (3²), **≈ten** damask; **≈'zieren** *Stoff*: damask; *Stahl*: damascene.
Dambrett ['da:m-] *n* draught-bord, *Am.* checkerboard.
Dämchen ['dɛ:mçən] *n* (6) damsel.
Dame ['da:mə] *f* (15) lady; *beim Tanz usw.*: partner; (*Karte*) queen; *s. ~spiel*; *im Damespiel*: king; *meine ~!* madam!; *meine ~n (und Herren)!* ladies (and gentlemen)!
'**Damen|besuch** *m* lady-visitor(s *pl.*); '**~binde** *f* sanitary towel (*Am.* napkin); '**~'doppel(spiel)** *n Tennis*: *the* women's doubles *pl.*; '**~'-einzel (-spiel)** *n Tennis*: *the* women's singles *pl.*; '**~friseur** *m* ladies' hairdresser; '**≈haft** ladylike; '**~kleidung** *f* ladies' wear; '**~konfektion** *f* ladies' ready-made (*Am.* ready-to-wear) clothing; '**~mannschaft** *f Sport*: women's team; '**~schneider** *m* ladies' tailor; '**~-unterwäsche** *f* ladies' underwear; *feine*: lingerie; '**~wahl** *f* ladies' choice; '**~welt** *f* ladies *pl.*, *the* fair sex.
'**Dam(e)spiel** *n* draughts *sg.*, *Am.* checkers *sg.*
Damhirsch ['damhirʃ] *m* (3²) (fallow-)buck.
da'mit 1. *adv.* with it; with that, by it *od.* this, thereby; **2.** *cj.* (in order) that *od.* to; *~ nicht* lest, (in order) that ... not; for fear that.
dämlich F ['dɛ:mliç] stupid, silly.
Damm [dam] *m* (3²) dam; (*Deich*) dike; (*Bahn≈, Fluß≈*) embankment; (*Hafen≈*) mole; (*Straßen≈*) bank; (*Fahr≈*) roadway; *anat.* perineum; *fig.* barrier; *fig.* F *j-n wieder auf den ~ bringen* set a p. on his feet again; *auf dem ~ sein* be all right, feel up to it; '**~bruch** *m* bursting of a dam; (*Lücke*) break in a dam.
dämmen ['dɛmən] (25) dam (up); *fig.* stem, check.
dämmer|ig ['dɛməriç] dusky; '**≈licht** *n* twilight; *morgens*: grey dawn of day; *weitS.* dim light; '**~n** (29) grow dusky; *morgens*: dawn (*a. fig.*); *fig. es dämmert bei ihm* it is beginning to dawn on him; '**≈schein** *m s. ≈licht*; '**≈stunde** *f* hour of twilight; *in der ~* in the dusk of the evening; '**≈ung** *f* (*Morgen≈*) dawn(ing); (*Abend≈, Dämmerlicht*) twilight, dusk.
Dämon ['dɛ:mɔn] *m* (8¹) demon; **≈isch** [dɛ'mo:niʃ] demoniac(al).
Dampf [dampf] *m* (3³) steam; *weitS.* vapo(u)r; (*Rauch*) smoke; '**~bad** *n* steam-bath; '**~boot** *n* steamboat; '**~druck** *m* steam-pressure; '**≈en** (25) steam; F (*rauchen*) smoke.
dämpfen ['dɛmpfən] (25) (*abschwächen*) damp; *Farbe, Ton, Licht*: soften (down), subdue; *Feuer*: quench; *Stoß, Schall*: deaden; ✈ stabilize; (*mit Dampf behandeln*; *im Dampfbad kochen*) steam; *mit gedämpfter Stimme* in an undertone.
'**Dampfer** *m* (7) steamer.
'**Dämpfer** *m* (7) damper (*a. am Klavier*); ♪ *bsd. für Geige*: mute; *Radio*: baffle; *Kernphysik*: moderator; *s. Schall≈, Stoß≈*; *fig. j-m e-n ~ aufsetzen* damp a p.'s enthusiasm.
'**Dampfheizung** *f* steam-heating.
'**dampfig** steamy.
'**dämpfig** (*schwül*) sultry; *vet.* broken-winded.
'**Dampf|kessel** *m* (steam-)boiler; '**~kochtopf** *m* pressure cooker; '**~kraft** *f* steam power; '**~maschine** *f* steam-engine; '**~schiff** *n* steamer, steamship, steamboat; *vor dem Schiffsnamen*: S. S.; '**~schiffahrt** *f* steam navigation.
Dämpfung ['dɛmpfuŋ] *f s. dämpfen*: damping *usw.*; (*a. fig.*) suppression; ✈ stabilization; '**~sflosse** ✈ *f* stabilizer.
'**Dampfwalze** *f* steam-roller.
Damwild ['damvilt] *n* fallow-deer.
da'nach after that *od.* it; (*nachher*) afterwards; (*demgemäß*) accordingly, according to that; *er trägt Verlangen ~* he has a desire for it; *er sieht ganz ~ aus* he looks very much like it; *es ist aber auch ~* don't ask what it is like.
Dän|e ['dɛ:nə] *m* (13), '**~in** *f* Dane.
daneben [da'ne:bən] beside (*od.*

near) it, next to it *od.* that; (*außerdem*) besides; (*gleichzeitig*) at the same time; **~gehen** (sn) miss (the mark); *fig.* go amiss; **~treffen** miss (the mark).
dang [daŋ] *pret. v. dingen.*
daniederliegen [~'ni:dərli:gən]: (*krank*) ~ be laid up (*an dat.* with); *Handel usw.*: languish, stagnate.
dänisch ['dɛ:niʃ] Danish.
Dank [daŋk] *m* (3) thanks *pl.*; (*~barkeit*) gratitude; (*Lohn*) reward; *j-m ~ sagen* thank a p., return thanks to a p.; *j-m ~ wissen für* be obliged to a p. for; *Gott sei ~!* thank God!; *vielen* (*od. schönen*) *~!* many thanks!, *Am.* F thanks a lot!; *zum ~* by way of thanks, in reward (*für* for); *iro. das ist der* (*ganze*) *~ dafür!* that's all the thanks one gets!; *♀ seiner Güte* owing (*od.* [*a. iro.*] thanks) to his kindness; **'~-adresse** *f* vote of thanks.
'dankbar thankful, grateful (*j-m* to a p.; *für* for); (*lohnend*) profitable; (*befriedigend*) *Aufgabe*: rewarding; *ich wäre Ihnen ~ für* I will thank you for; **'♀keit** *f* gratitude.
'danken *v/i.* thank (*j-m* a p.), return thanks; *~ für* (*ablehnen*) decline with thanks; *danke!* thank you!, F thanks!; *bei Ablehnung*: no thank you!; *danke schön!* many thanks!; *v/t. j-m et. ~* (*lohnen*) reward a p. for a th.; (*ver~*) owe a th. to a p.; *~d erhalten* received with thanks; **'~swert** meritorious.
'Dank|gebet *n* thanksgiving (prayer); **'~gottesdienst** *m* thanksgiving service; **'~-opfer** *n* thank-offering; **~sagung** ['~za:guŋ] *f* thanks; *eccl.* thanksgiving; **'~schreiben** *n* letter of thanks.
dann [dan] then; *~ und wann* now and then; **'~en:** *von ~* (from) thence; (*weg*) off, away.
daran [da'ran] at (*od.* by, in, on, to) that *od.* it; *sich ~ machen s. ~gehen*; *nahe ~ sein zu inf.* be on the point of *ger.*; *was liegt ~?* what does it matter?; *es ist nichts ~* there is nothing in it; *er ist gut* (*übel*) *~* he is well (badly) off; *er tut gut ~* (*zu inf.*) he does well (to *inf.*); *wie ist er mit Kleidern ~?* how is he off for clothes?; *ich bin* (*od. komme*) *~* it is my turn; *Spiel*: *wer ist ~?* whose turn is it?; **~gehen** (sn) go (*od.* set) about it; *~ zu inf.* proceed to *inf.*; **~setzen** stake, risk.
darauf [~'rauf] *räumlich*: on it *od.* them, upon that; *zeitlich*: then, after that; *den Tag ~* the next day; *gleich ~* directly afterwards; *gerade ~ zu* straight towards it; **~folgend** following; **'darauf'hin** thereupon.
daraus [~'raus] from this *od.* that *od.* them; *~ folgt* hence it follows; *es kann nichts ~ werden* nothing can come of it; *~ wird nichts!* F nothing doing!
darben ['darbən] (25) suffer want; *stärker*: starve.
darbiet|en ['da:r-] offer, present; **'♀ung** *f thea. usw.* performance; *weitS.* entertainment, event.
'darbringen present, offer, give.
darein [da'raɪn] into that *od.* it; **~finden, ~fügen, ~schicken:** *sich ~* resign o.s. to it, put up with it; **~geben** give into the bargain; **~mischen:** *sich ~* meddle (with it), interfere (with it); *vermittelnd*: intervene; **~reden** *v/i.* interrupt; *fig.* interfere; **~willigen** consent (to it).
darin [~'rin] in that, in it *od.* them; (*in dieser Hinsicht*) in this respect; *~, daß* ... in that ...
darleg|en ['da:r-] lay open, expose; (*auseinandersetzen*) explain, point out; (*ausführen*) state; (*offen ~, anführen*) set forth, show; **'♀ung** *f* exposition; explanation; statement, showing.
Darleh(e)n ['da:rle:ən] *n* (6) loan; **'~skasse** *f* loan-office, loan bank.
Darm [darm] *m* (3^3) gut; (*Wursthaut*) skin; *Därme pl.* intestines, bowels; **'~geschwür** *n* intestinal ulcer; **'~grimmen** *n* colic; **'~saite** *f* catgut string; **'~verschlingung** *f* twisting of the guts; **'~verschluß** ⚕ *m* ileus.
Darre ['darə] *f* (15) (*Vorgang*) kiln-drying; (*Darrofen*) (drying-)kiln; (*Vogelkrankheit*) roup, pip.
darreichen ['da:r-] offer, present; ⚕ *u. eccl.* administer.
darren ['darən] (25) kiln-dry.
darstell|bar ['da:rʃtɛlba:r] representable; **'~en** *allg.* represent; (*abbilden*; *graphisch ~*) figure; *thea. Rolle*: (im)personate, do; ⚗ disengage; *sich ~* present itself; *~de Kunst* interpretative art; **'♀er(in** *f*)

thea. *m* performer; '⁀ung *f* representation; (im)personation, acting; ⚒ disengagement; *graphische* ~ diagram, graph.

dartun ['daːr-] show; demonstrate.

darüber [da'ryːbər] over that, over it *od.* them; (*querüber*) across it; (*was dies anbetrifft*) about that *od.* it, on that point; *zeitlich*: meanwhile; *zwei Pfund* ~ two pounds more; *zwei Jahre und* ~ two years and upward; ~ *hinaus* beyond it, past it, *fig. a.* in addition (to this); *wir sind* ~ *hinweg* we got over it; *es geht nichts* ~ there is nothing like it.

darum [~'rum] **1.** *adv.* around that *od.* it *od.* them; about that; *er weiß* ~ he is aware of it; *es ist mir sehr* ~ *zu tun, daß* I set great store by *ger.*; *es ist mir nur* ~ *zu tun* my only object is; **2.** *cj.* ['daːrum] (*deshalb*) therefore, that's why.

darunter [da'runtər] under that *od.* it *od.* them; *unter e-r Anzahl*: among them; (*einschließlich*) including; (*weniger*) less; *zwei Jahre und* ~ two years and under; *was verstehst du* ~? what do you understand by it?

das [das] *s. der.*

dasein ['daː-] **1.** (sn) be there; (*anwesend sein*) be present; (*vorhanden sein*) exist; *noch nie dagewesen* unprecedented; *vgl. da*; **2.** ⁀ *n* (6) existence, being; life; (*Gegenwart, Anwesenheit*) presence; *ins* ~ *treten* come into being; '**⁀sberechtigung** *f* raison d'être (*fr.*); '**⁀skampf** *m* struggle for existence.

da'selbst [da-] there, in that very place.

daß [das] that; ~ *nicht* lest; *bis* ~ till.

dastehen ['daː-] stand (there).

Daten ['daːtən] *n/pl.* (9^2) data, facts; particulars; '**~bank** *f* data bank; '**⁀verarbeitend**, '**~verarbeitung** *f* data processing.

datieren [da'tiːrən] date.

Dativ ['daːtiːf] *m* (3^1) dative (case).

dato ['daːto]: *bis* ~ to date, hitherto; (*nach*) ~ after date.

Dattel ['datəl] *f* (15) date.

Datum ['daːtum] *n* (9^2) date; *welches* ~ *haben wir heute?* which day of the month is it?; '**~stempel** *m* date stamp; (*Gerät*) dater.

Daube ['daubə] *f* (15) stave.

Dauer ['dauər] *f* (15) duration; (*Fortdauer*) continuance; (*Ständigkeit*) permanence; *auf die* ~ in the long run; *für die* ~ *von* for a period (*od.* term) of ...; *von kurzer* ~ of short duration; *von* ~ *sein* last; '**~auftrag** ✝ *m* standing order; '**~betrieb** ⊕ *m* continuous operation; '**~feuer** ⚔ *n* sustained fire; '**~flug** *m* endurance flight; non-stop flight; '**⁀haft** durable, lasting; ~ *sein Stoff*: wear well; '**~haftigkeit** *f* durability; '**~karte** *f* season-ticket, *Am.* commutation ticket; '**~lauf** *m* endurance run; *leichter*: jog-trot; '**⁀n** (29) **1.** continue, last; *e-e gewisse Zeit* ~ take; ~*d* lasting, permanent, (*ständig*) constant; **2.** *er* (*es*) *dauert mich* I feel sorry for him (it); I pity him (it); '**~stellung** *f* permanent position, permanency; '**~welle** *f im Haar*: permanent wave, F perm; '**~zustand** *m* permanent condition.

Daumen ['daumən] *m* (6) thumb; F *j-m den* ~ *drücken* keep one's fingers crossed for a p.; *die* ~ *drehen* twiddle one's thumbs; '**~breite** *f* thumb's breadth; '**~schraube** *f* thumbscrew (*a. fig.*).

Daune ['daunə] *f* (15) down; '**~ndecke** *f* eider-down.

davon [da'fɔn] of that *od.* it *od.* them; by that *od.* it; (*fort, weg*) off; *was habe ich* ~? what does it get me?; **~kommen** get away *od.* off; *s. Schreck*; **~laufen** (sn) run away; **~machen:** *sich* ~ make off; **~schleichen:** *sich* ~ steal away *od.* off; **~tragen** carry off; *fig.* incur, get; *s. Sieg.*

da'vor before that *od.* it *od.* them; of it.

dazu [da'tsuː] to that *od.* it *od.* them; (*zu dem Zweck*) for that purpose; (*außerdem*) in addition to that; *noch* ~ at that; moreover, into the bargain; ~ *gehört Zeit* that requires time; ~ *kommt* add to this; *wie kommst du* ~? how could you?; *ich kam nie* ~ I never got (a)round to do it; **~gehören** belong to it *od.* them; **~gehörig** belonging to it; **~kommen** (sn) come along; *unvermutet*: supervene; *s. a. dazu.*

dazumal ['daːtsumaːl] at that time.

da'zutun add (to it).

dazwischen [da'tsviʃən] between (them); **~fahren** (sn) interfere; **~-**

kommen (sn) intervene; **≀kunft** *f* (16) intervention; **~liegend** intermediate; **~treten** (sn) intervene.
Debatte [de'batə] *f* (15) debate; *zur ~ stehen* be under discussion, be at issue.
debat'tieren debate.
Debet ☿ ['de:bɛt] *n* (11) debit.
Debit ☿ [de'bi:t] *m* (11) sale.
Debüt [de'by:] *n* (11) first appearance, début (*fr.*); **~ant(in** *f*) *m* [~by'tant(in)] débutant(e *f*) (*fr.*); **≀ieren** [~'ti:rən] make one's début.
dechiffrieren [deʃif'ri:rən] decipher, decode.
Deck ⚓ [dɛk] *n* (3) deck; **'~-adresse** *f* cover (address); **'~bett** *n* feather-bed; **'~blatt** *n e-r Zigarre*: wrapper; *zu Büchern usw.*: errata slip.
Decke ['dɛkə] *f* (15) cover; (*Bett≀*) coverlet, *wollene*: blanket; *e-s Zimmers*: ceiling; *mot.* (*Reifen≀*) casing; *unter e-r ~ stecken* conspire together; *sich nach der ~ strecken* cut one's coat according to one's cloth, make both ends meet.
Deckel ['dɛkəl] *m* (7) lid, (*a. Buch≀*) cover; F (*Hut*) lid.
decken ['dɛkən] (25) cover (*a.* ⚔, ☿, *Stute usw.*; *a. Boxen*); *Dach*: (*mit Ziegeln ~*) tile, (*mit Schiefer ~*) slate; *Sport*: mark; *fig. j-n*: shield; *Bedarf*: meet, supply; *den Tisch ~* lay the cloth *od.* table; *für sechs Personen ~* lay covers for six persons; *e-n Wechsel ~* meet a bill; *hinlänglich gedeckt sein* have sufficient security; *a.* ⩚ *sich ~* coincide; *fenc. usw.* guard (*a. fig.*; *gegen* against).
'Decken|beleuchtung *f* ceiling lighting; **'~gemälde** *n* ceiling fresco.
'Deck|farbe *f* body-colo(u)r; **'~mantel** *m fig.* cloak; **'~name** *m* cover name, pseudonym; **'~ung** *f* covering; ☿ (*Sicherheit*) cover, security, (*Mittel*) funds *pl.*; *des Bedarfs*: supply; (*Zahlung*) payment; *fenc. usw.* guard; (*Schutz*) cover.
defekt [de'fɛkt] **1.** defective; **2.** ≀ *m* (3) defect.
defensiv [defɛn'zi:f] defensive; **≀e** [~'zi:və] *f* (15) defensive; *in der ~* on the defensive.
defilieren [defi'li:rən] (h. *u.* sn) march past, pass in review, parade.
defi'nier|bar definable; **~en** [~'ni:rən] define.
Definition [~ni'tsjo:n] *f* (16) definition.
definitiv [~'ti:f] (*bestimmt*) definite; (*endgültig*) definitive, final.
Defizit ['de:fitsit] *n* (3) deficit, deficiency; *ein ~ decken* make good a deficiency.
Deflation [defla'tsjo:n] *f* deflation.
Defraudant [defrau'dant] *m* (12) defrauder.
Degen ['de:gən] *m* (6) sword; *Sport*: épée (*fr.*).
degenerieren [degene'ri:rən] degenerate.
degradier|en [degra'di:rən] degrade, *Am.* demote; **≀ung** *f* degradation, *Am.* demotion.
dehn|bar ['de:nba:r] extensible; elastic (*a. fig.*); *fig.* (*vage*) vague; **'≀barkeit** *f* extensibility; elasticity; vagueness; **'~en** (25) extend; *elastisch*: stretch (*a. sich*); *phys.* expand (*a. sich*); *die Worte*: drawl; *Vokal*: lengthen; **'≀ung** *f* extension; stretch(ing); expansion; lengthening.
dehydrieren [dehy'dri:rən] dehydrate.
Deich [daɪç] *m* (3) dike, dam; **'~hauptmann** *m* dike-reeve.
Deichsel ['daɪksəl] *f* (15) pole, shaft; (*Gabel≀*) thill; **'≀n** F (29) manage, F wangle, engineer.
dein [daɪn] (20) your; *eccl., poet.* thy; *pred. od.* der (die, das) dein(ig)e yours; *eccl., poet.* thine; *die ≀en* your family *od.* people; **'~er** (20) **a)** of you; *refl.* of yourself; **b)** yours; **~erseits** ['~ərzaɪts] for (*od.* on) your part; **~esgleichen** ['~əs'glaɪçən] your like(s *pl.*), F the like(s *pl.*) of you; **~ethalben** ['~əthalbən], **'~etwegen**, (*um*) **'~etwillen** for your sake; on your account; **~ige** ['~igə] (18b) *s. dein*.
Dekade [de'ka:də] *f* (15) decade; (*zehn Tage*) ten-day period.
dekaden|t [deka'dɛnt] decadent; *biol.* degenerate; **≀z** *f* (16) decadence.
Dekan [de'ka:n] *m* (3^1) dean.
dekatieren [deka'ti:rən] decatize.
Deklam|ation [deklama'tsjo:n] *f* declamation; **~ator** [~'ma:tɔr] *m* declaimer; **≀atorisch** [~ma'to:riʃ] declamatory; **≀ieren** [~'mi:rən] *v/t.* recite; *mst v/i.* declaim.
deklarieren [~'ri:rən] declare.

Dekli|nation [deklina'tsjo:n] *f* (16) declension; *phys.* declination; ♀**'nierbar** declinable; ♀**'nieren** decline.

Dekolle|té [dekɔlte:] *n* (low) neckline; ♀**'tiert** low-necked, décolleté (*fr.*).

Dekorateur [dekora'tø:r] *m* (3¹) (*Maler*) decorator; (*Tapezierer*) upholsterer; (*Schaufenster*♀) window-dresser; *thea.* scene-painter.

Dekoration [~'tsjo:n] *f* (16) decoration; (*Schaufenster*♀) window-dressing; *thea.* scenery; **~smaler** *m* decorator; *thea.* scene-painter; **~sstoff** *m* furnishing fabric.

deko'rieren decorate (*a. j-n mit Orden*); (*behängen*) drape; *Schaufenster*: dress.

Dekret [de'kre:t] *n* (3), ♀**ieren** [~kre'ti:rən] decree.

Deleg|ation [delega'tsjo:n] *f* delegation; ♀**ieren** [~'gi:rən] delegate; **~ierte** [~'gi:rtə] *m, f* delegate.

delikat [deli'kɑ:t] delicate (*a. fig.*), dainty; (*köstlich*) delicious.

Delikatesse [~ka'tɛsə] *f* (15) delicacy (*a. fig.*); (*Leckerbissen*) *a.* dainty, titbit (*a. fig.*); **~n** *pl. bsd. Am.* delicatessen *pl.*; **~nhandlung** *f* delicatessen (store) *sg.*

Delikt [de'likt] *n* (3) delict.

Delirium [de'li:rjum] *n* (9) delirium.

Delle ['dɛlə] *f* (15) dent.

Delphin [dɛl'fi:n] *m* (3¹) dolphin.

Delta ['dɛlta] *n* (11[¹]) delta.

dem [de:m]: *wie ~ auch sei* however that may be; *wenn ~ so ist* if that be true.

Demagog [dema'go:k], **~e** [~gə] *m* (12) demagog(ue); **~ie** [~go'gi:] *f* (15) demagogy; ♀**isch** [~'go:giʃ] demagogic.

Demarkationslinie [demarka'tsjo:nsli:njə] *f* line of demarcation.

demaskieren [demas'ki:rən] unmask.

Dement|i [de'mɛnti] *n* (11) (official) denial; ♀**ieren** [~'ti:rən] deny.

'dem|gegen'-über in contrast to this; **'~gemäß** accordingly; **'~nach** therefore, hence; accordingly; **'~'nächst** shortly, soon, before long.

demobilisier|en [demobili'zi:rən] *v/t. u. v/i.* demobilize; ♀**ung** *f* demobilization.

Demokrat [~'krɑ:t] *m* (12), **~in** *f* (16¹) democrat; **~ie** [~kra'ti:] *f* (15) democracy; ♀**isch** [~'krɑ:tiʃ] democratic; ♀**isieren** [~ti'zi:rən] democratize.

demolier|en [demo'li:rən] demolish; ♀**ung** *f* demolition.

Demonstr|ation [demɔnstra'tsjo:n] *f* (16) demonstration; ♀**ieren** [~'stri:rən] *v/t. u. v/i.* demonstrate.

Demont|age [~'tɑ:ʒə] *f* (15) disassembly; dismantling; ♀**ieren** [~'ti:rən] disassemble; *a. Fabrik usw.*: dismantle.

demoralisieren [demorali'zi:rən] [demoralize.]

Demoskopie [~sko'pi:] *f* (15) opinion poll(ing).

Demut ['de:mu:t] *f* (16) humility.

demütig ['~my:tiç] humble; **~en** ['~gən] (25) humble (*sich* o.s.), humiliate; **'**♀**ung** *f* humiliation.

'demzufolge accordingly.

denaturieren ⚗ [denatu'ri:rən] (25) denature.

'Denk|(ungs)-art *f* way of thinking, mentality; **'**♀**bar** thinkable; (*vorstellbar*) imaginable; (*faßbar*) conceivable; **'**♀**en** *v/t.* (30) think; (*vermuten*) suppose, *Am.* F guess (*alle a. v/i.*); (*beabsichtigen*) intend; *~ an* (*acc.*) think of; (*sich erinnern*) remember *a p., a th.*; *~ über* (*acc.*) think about; *sich et. ~* think, (*vorstellen*) imagine, fancy; *j-m zu ~ geben* set a p. thinking; *~ Sie nur!* just fancy!; *ich denke nicht daran!* I wouldn't think of it!; **'~er** *m* (7) thinker; **'**♀**fähig** intelligent; **'**♀**faul** too lazy to think, mentally inert; **'~fehler** *m* false reasoning; **'~freiheit** *f* freedom of thought; **'~lehre** *f* logic; **'~mal** *n* (1³ *u.* 3) monument; (*Ehrenmal*) memorial; **'~münze** *f* commemorative medal; **'~modell** *n* blueprint; **'~prozeß** *m* process of reasoning; **'~schrift** *f* memoir; memorial; memorandum; **'~sport** *m* mental exercise; *~aufgabe* problem, brain-twister, *Am.* quiz; **'~spruch** *m* motto, sentence; **'~stein** *m* memorial stone; **'~vermögen** *n* intellectual power; **'~weise** *f s. Denkart*; **'**♀**würdig** memorable; **'~würdigkeit** *f* memorableness; *pl.* memorabilia; **'~zettel** *m fig.* reminder; lesson.

denn [dɛn] for; *nach comp.*: than; (*tonlos = also, schließlich*) then.

'dennoch nevertheless, yet, still.

Dentist [dɛn'tist] *m* (12), **~in** *f* (16[1]) dentist.

Denun|ziant [denun'tsjant] *m* (12), **~ziantin** *f* (16[1]) informer; **~ziation** [~tsja'tsjo:n] *f* (16) denunciation; **2'zieren** inform against, denounce.

Depesch|e [de'pɛʃə] *f* (15) dispatch; *telegraphisch*: telegram, wire; *drahtlos*: wireless, radio; (*Kabel2*) cable (-gram); **2ieren** [~'ʃi:rən] telegraph, wire, cable.

deponieren ⚕ [depo'ni:rən] deposit.

deportieren [~pɔr'ti:rən] deport.

Depositen [~'zi:tən] *pl.* (9) deposits *pl.*; **~bank** *f* deposit bank; **~gelder** *n/pl.* deposit money *sg.*, deposits *pl.*; **~kasse** *f* branch-office *of a bank*; **~konto** *n* deposit account.

Depot [de'po:] *n* (11) ⚕ deposit; ⚔ (*a. Straßenbahn2*) depot.

Depression [deprɛ'sjo:n] *f* (16) depression (*a.* ⚕).

deprimieren [depri'mi:rən] depress.

Depu|tation [deputa'tsjo:n] *f* (16) deputation; **2'tieren** depute; **~'tierte** *m, f* (18) deputy.

der [de:r], **die** [di:], **das** [das] **1.** *art.* (22) the; **2.** *dem. pron.* (22[1]) that, this, he, she, it; *die pl.* these, those, they; *der und der usw.*: *adj.* such-and-such (a); *su.* so-and-so; **3.** *rel. pron.* (23) who, which, that.

'**der-art** in such a manner; to such a degree; '**~ig** such, of such a kind; *nichts 2es* nothing of the kind.

derb [dɛrp] firm, solid; (*kräftig*) robust; (*stämmig*) sturdy; (*scharf*) severe; (*grob*) coarse (*a. zotig*), rough; (*unverblümt*) blunt; '**2heit** *f* robustness; sturdiness; roughness.

der'-einst some day, in (the) future; **~ig** future.

derent|halben ['de:rənthalbən], '**~wegen,** '**~willen** on her (their, whose) account.

'**dergestalt** in such a manner; *~ daß* so that.

der'gleichen such; *su.* the like; *und ~* and the like; *nichts ~* nothing of the kind.

der-, die-, dasjenige ['~jenigə] (22[1]) he *who*, she *who*, that *which*; *pl.* those *who*, *S.*: those *which*.

dermaßen ['~ma:sən] *s. derart.*

der-, die-, dasselbe [~'zɛlbə] (22[1]) the same; he, she, it.

'**derzeit** at present; '**~ig** present.

Des ♪ [dɛs] *n* D flat.

Desert|eur [dezɛr'tø:r] *m* (3[1]) deserter; **2ieren** [~'ti:rən] (sn) desert.

desgleichen [dɛs'glaɪçən] *adv.* likewise.

deshalb ['dɛshalp] therefore, for that reason, that is why.

Desinfektion [dɛsʔinfɛk'tsjo:n] *f* disinfection; **~smittel** *n* disinfectant.

des-infizieren [~fi'tsi:rən] disinfect.

desodorisieren [dɛsʔodori'zi:rən] deodorize.

Despot [dɛs'po:t] *m* (12), **~in** *f* despot; **2isch** despotic; **~ie** [~po'ti:] *f* (16), **~ismus** [~'tismus] *m* (16, *o. pl.*) despotism.

dessenungeachtet ['dɛsən'ʔungeʔaxtət] notwithstanding (that), nevertheless.

Dessert [dɛ'se:r] *n* (11) dessert.

Dessin [dɛ'sɛ̃] *n* (11) design, pattern.

Destill|ation [dɛstila'tsjo:n] *f* (16) distillation; **2ieren** [~'li:rən] *v/i. u. v/t.* distil(l); **~ierung** *f* distillation.

desto ['dɛsto] the; *~ besser* all (*od.* so much) the better; *s. je.*

destruktiv [destruk'ti:f] destructive.

deswegen ['dɛsve:gən] *s. deshalb.*

Detail [de'taj] *n* (11) detail; ⚕ retail; **~geschäft** *n* retail business; (*Laden*) retail shop; **~handel** *m* retail trade; **~händler** *m* retail dealer; **2lieren** [~'ji:rən] specify; **~list** [~'jist] *m* (12) retailer.

Detektiv [detɛk'ti:f] *m* (3[1]) detective.

Detektor [de'tɛktɔr] *m* (8[1]) *Radio*: detector.

Deto|nation [detona'tsjo:n] *f* (16) detonation; **2'nieren** detonate.

deuchte ['dɔʏçtə] *pret. v. dünken.*

Deut [dɔʏt] *m* (3) farthing.

deut|eln ['~əln] (29) *v/i.* subtilize; *~ an (dat.)* quibble at; '**~en** *v/i.* (26): *~ auf (acc.)* point to, *fig. a.* signify; *v/t.* interpret, construe, explain; *Traum, Zeichen*: read; *falsch ~* misinterpret; '**~lich** clear, distinct; *fig. ~ werden (mit j-m)* be outspoken (with a p.); '**2lichkeit** *f* clearness, distinctness.

deutsch [dɔʏtʃ], **2** *n* German; '**2e** *m, f* (18) German; '**2tum** *n* (1[2]) German character, Germanity; *konkret*: Germans *pl.*

'**Deutung** *f* (16) interpretation; construction.

Devise [de'vi:zə] *f* (15) device, motto; ⚕ (*a. pl.*) foreign exchange *od.* currency; **~nausgleichsfonds** *m* exchange equalization funds; **~nhandel** *m* foreign exchange dealing; **~nkontrollstelle** *f* foreign exchange control office; **~nschmuggel** *m* currency smuggling; **~nsperre** *f* exchange embargo.
devot [de'vo:t] submissive.
Dezember [de'tsɛmbər] *m* (7) December.
dezent [de'tsɛnt] discreet; (*unaufdringlich*) unobtrusive; *Farbe, Licht usw.*: subdued, mellow.
dezentralisieren [detsɛntrali'zi:rən] decentralize.
Dezernat [detsɛr'na:t] *n* (3) department.
dezimal [detsi'ma:l] decimal; **2bruch** *m* decimal fraction; **2stelle** *f* decimal place; **2system** *n* decimal system.
dezi'mieren decimate.
Dia ['di:a] *n* (11) *s. Diapositiv.*
Diabe|tiker [dia'be:tikər] *m* (7), **2tisch** diabetic.
diabolisch [dia'bo:liʃ] diabolic(al).
Diadem [dia'de:m] *n* (3^1) diadem.
Diagnose [~'gno:zə] *f* (15) diagnosis.
diagnostizieren [~gnɔsti'tsi:rən] diagnose.
diagonal [~go'na:l], **2e** *f* (15) diagonal.
Diagramm [dia'gram] *n* (3) diagram.
Diakon [dia'ko:n], **Diakonus** [di'a:konus] *m* (14^3 *u.* 16^2) deacon.
Diako'niss|e, ~in [diako'nisin] *f* deaconess.
Dialekt [dia'lɛkt] *m* (3) dialect; **~ik** *f* dialectic(s *pl.*); **2isch** dialectal.
Dialog [~'lo:k] *m* (3^1) dialog(ue).
Diamant [~'mant] *m* (12), **2en** diamond.
diametral [~me'tra:l] diametrical.
Diapositiv [diapozi'ti:f] *n* (3^1) (lantern) slide, transparency.
Diarrhöe [dia'rø:] *f* (15) diarrh(o)ea.
Diät [di'ɛ:t] *f* (16) (special) diet, regimen; 2 *leben* diet o.s.; **~en** *pl.* daily allowance *sg.*; **~etiker** [~'te:tikər] *m* (7) dietician.
dich [diç] you; *refl.* yourself.
dicht [diçt] (*undurchlässig*) tight; (*zusammengedrängt*) compact; *phys., Nebel, Verkehr, Wald, Bevölkerung*: dense; *Haar, Laub, Gedränge*: thick; *Stoff*: thick, close; ~ *an* (*dat.*) *od. bei* close by; ~ *hinter* (*dat.*) close behind; '**2e** *f* (15) *a. phys.* density; *s. Dichtheit.*
'**dichten 1.** (26) make tight; ⊕ seal; *Fuge*: flush; **2.** *v/t.* compose (*a. v/i.*); *v/i.* write poetry.
'**Dichter** *m* (7) poet; '**~in** *f* poetess; '**~ling** *m* (3) would-be poet, poetaster; '**2isch** poetic(al).
'**Dicht|heit** *f*, '**~igkeit** *f* (16) tightness; compactness; density; thickness; closeness.
'**Dichtkunst** *f* poetry.
'**Dichtung** *f* (16) **1.** ⊕ sealing; *konkret*: seal; packing; *aus Werg*: gasket; **2.** poetry; (*Einzel2*) poem; work of fiction; (*Er2*) fiction; '**~smasse** ⊕ *f* sealing compound; '**~sring** ⊕ *m*, '**~sscheibe** ⊕ *f* washer.
dick [dik] thick; (*massig*) big; (*umfangreich*) voluminous; (*beleibt*) stout, corpulent; F *das ~e Ende kommt noch* the worst is yet to come; F *sie sind ~e Freunde* as thick as thieves; *~e Milch* curdled milk; F *~e Luft!* trouble's brewing!; *durch ~ und dünn* through thick and thin; F (*sich*) ~ *tun* talk big; *mit et.* brag of; ~ *auftragen* lay it on thick.
dick|bäuchig ['~bɔʏçiç] big-bellied; '**2darm** *m* great gut, 📖 colon; '**2e** *f* (15, *o. pl.*) thickness; stoutness; **~fellig** ['~fɛliç] thick-skinned; '**~flüssig** viscous; **2häuter** ['~hɔʏtər] *m* (7) pachyderm; **2icht** ['~içt] *n* (3) thicket; '**2kopf** *m* pig-headed fellow; **~köpfig** ['~kœpfiç] pig-headed; **~leibig** ['~laɪbiç] corpulent; *fig.* bulky; '**2leibigkeit** *f* corpulency; bulkiness; '**2wanst** *m* paunch.
die [di:] *s. der.*
Dieb [di:p] *m* (3) thief; **~erei** [~bə'raɪ] *f* (16) thieving, thievery.
'**Diebes|bande** *f* gang of thieves; '**~höhle** *f* nest of thieves; '**2sicher** theft-proof.
'**Dieb|in** *f* (16^1) (female) thief; '**2isch** thievish; F *Freude usw.*: devilish; **~stahl** ['di:pʃta:l] *m* (3^3) theft, ⚖ larceny.
Diele ['di:lə] *f* (15) (*Brett*) board; (*Fußboden*) floor; (*Vorraum*) hall; '**2n** board; floor.
dienen ['di:nən] *v/i.* (25) serve

(*j-m* a p.; *als* as; *zu* for; *dazu, zu inf.* to *inf.*); *zu nichts* ~ be of no use; ✝ *womit kann ich* ~? what can I do for you?, *Am.* may I help you?

ˈ**Diener** *m* (7) (man-)servant; (*Verbeugung*) bow; *stummer* ~ (*Nebentischchen*) dumb-waiter; ˈ**~in** *f* (16¹) maid-servant, maid; *fig.* handmaid; ˈ**~schaft** *f* domestics *pl.*

ˈ**dienlich** useful, helpful, serviceable (*dat.* to).

Dienst [di:nst] *m* (3²) service (*a.* ⚔ *u. Einrichtung*); (*Stelle*) post, employment; *im* (*außer*) ~ on (off) duty; ~ *am Kunden* prompt service to the customer; *j-m e-n* ~ *erweisen* do a p. a good turn; *gute* ~*e leisten* render good services; *j-m zu* ~*en stehen* be at a p.'s service; *s. stellen, versagen.*

Dienstag [ˈdi:nsta:k] *m* (3) Tuesday.

ˈ**Dienst|-alter** *n* seniority; ˈ**≗-ältest** *adj.*, ˈ**~-älteste** *m* senior; ˈ**~-antritt** *m* entering upon service; ˈ**~-anzug** ⚔ *m* service uniform *od.* dress; ˈ**≗bar** subservient (*dat.* to); ~*er Geist fig.* factotum; *s-n Zwekken* ~ *machen* make *a p. od. th.* serve one's purpose; ˈ**~barkeit** *f* servitude, bondage; ˈ**≗beflissen** *s.* ~*eifrig*; ˈ**≗bereit** ready for service; (*gefällig*) obliging; ˈ**~bote** *m* domestic (servant); ˈ**~-eid** *m* oath of office; ˈ**~-eifer** *m* zeal; obligingness; ˈ**≗-eifrig** zealous, assiduous; obliging; ˈ**≗fähig** *s.* ~*tauglich*; ˈ**≗fertig** *s.* ~*eifrig*; ˈ**≗frei:** ~ *sein* be off duty; ~*er Tag* off day; ˈ**~geheimnis** *n* official secret; ˈ**~gespräch** *n* official call; ˈ**~grad** *m* ⚔ rank; *der Unteroffiziere u. Mannschaften*: *Am.* grade; ⚓ rating; ˈ**≗habend** (on) duty; ˈ**~herr** *m* master, employer; ˈ**~jahre** *n/pl.* years of service; ˈ**~leistung** *f* service; ˈ**≗lich** official; on business; ˈ**~mädchen** *n* maid-servant, help; ˈ**~mann** *m* porter, commissionaire; ˈ**~-ordnung** *f* official regulations *pl.*; ˈ**~pflicht** *f* official duty; ⚔ compulsory (military) service; ˈ**~reise** *f* official journey; ˈ**~stelle** *f* office, agency; ˈ**~stunden** *f/pl.* duty (*od.* office) hours; ˈ**≗tauglich** fit for (⚔ active) service; **≗tuend** [ˈ~tu:ənt] acting; (*im Dienst*) on duty; ˈ**≗unfähig**, ˈ**≗untauglich** unfit for service; ˈ**~vergehen** *n* official misdemeano(u)r; ˈ**~verhältnis** *n* (contract of) employment; ˈ**≗verpflichtet** conscripted for essential service; ˈ**~vertrag** *m* contract of employment; ˈ**~vorschrift** *f* regulations *pl.*; ˈ**~wagen** *m* official car; ˈ**~weg** *m* official channels *pl.*; ˈ**≗willig** *s.* ~*bereit*; ˈ**~wohnung** *f* official residence; ˈ**~zeit** *f* (period of) service.

ˈ**diesbezüglich** relevant (to this); referring to this.

Dieselmotor [ˈdi:zəlmo:tɔr] *m* Diesel engine.

dies|er [ˈdi:zər], ˈ**~e**, ˈ**~es** *od.* **dies** [di:s] (21) *adj.* this; *su.* this one; ˈ**~e** *pl.* these; **~jährig** [ˈ~jɛ:riç] this year's, of this year; ˈ**~mal** this time; **~seitig** [ˈ~zaɪtiç] on this (*od.* my, our) side; **~seits** [ˈ~zaɪts] on this side (*gen.* of).

diesig [ˈdi:ziç] hazy, misty.

Dietrich [ˈdi:triç] *m* (3) skeleton key; *des Einbrechers*: picklock.

diffamieren [difaˈmi:rən] defame.

Differential... [difərɛnˈtsja:l] differential.

Diffeˈrenz *f* (16) difference.

differenzieren [~ˈtsi:rən] differentiate.

diffeˈrieren differ.

Digitalrechner [digiˈta:l-] ⊕ *m* digital computer.

Diktat [dikˈta:t] *n* (3) dictation; (*Befehl*) dictate; *nach* ~ *schreiben* write from dictation; **~or** [~tɔr] *m* (8¹) dictator; **≗orisch** [~taˈto:riʃ] dictatorial; **~ur** [~ˈtu:r] *f* (16) dictatorship.

dikˈtier|en dictate; **≗maschine** *f* dictating machine.

Dilemma [diˈlɛma] *n* (11) dilemma.

Dilettant [dilɛˈtant] *m* (12), **~in** *f* amateur, dilettante; **≗isch** amateurish, dilettante.

Dill ⚘ [dil] *m* (3) dill.

Dimension [dimɛnˈzjo:n] *f* (16) dimension.

Ding [diŋ] *n* (3) thing; *vor allen* ~*en* first of all; *das geht nicht mit rechten* ~*en zu* there's something wrong about it; ˈ**≗en** *v/t.* (30) hire; ˈ**≗fest:** *j-n* ~ *machen* arrest a p.; ˈ**≗lich** ⚖ real.

dinieren [diˈni:rən] dine.

Dinkel ⚘ [ˈdiŋkəl] *m* (7) spelt.

Diözese [diøˈtse:zə] *f* (15) diocese.

Diphtherie [diftə'riː] *f* (15, *o. pl.*) diphtheria.
Diphthong [dif'tɔŋ] *m* (3¹ *u.* 12) diphthong; **⁓isch** diphthongal.
Diplom [di'ploːm] *n* (3¹) diploma.
Diplomat [⁓plo'maːt] *m* (12) diplomat; **⁓ie** [⁓ma'tiː] *f* (16) diplomacy; **⁓isch** [⁓'maːtiʃ] diplomatic.
Di'plom-ingenieur *m* graduated engineer.
dir [diːr] (to) you; *refl.* (to) yourself.
direkt [di'rɛkt] direct; *⁓er Wagen* through carriage.
Direktion [dirɛk'tsjoːn] *f* (16) direction; (*Verwaltung*) management; *s. Direktorium.*
Direktive [dirɛk'tiːvə] *f* (16) directive, (general) instruction.
Direktor [di'rɛktɔr] *m* (8¹) manager, director; (*Schul⁓*) headmaster, *Am.* principal; **⁓at** [⁓'raːt] *n* (3) directorship; **⁓ium** [⁓'toːrium] *n* (9) board of directors.
Directrice [⁓'triːsə] *f* (15) manageress, directress.
Dirig|ent ♪ [diri'gɛnt] *m* (12) conductor, leader; **⁓ieren** [⁓'giːrən] direct, manage; ♪ conduct; **⁓ismus** [⁓'gismus] ✝ *m* (14, *o. pl.*) planned economy.
Dirne ['dirnə] *f* (15) girl, lass; *b.s.* prostitute, whore.
Dis ♪ [dis] *n* D sharp.
Dishar|monie [disharmo'niː] *f* (15) discord; **⁓monisch** [⁓'moːniʃ] discordant.
Diskant ♪ [dis'kant] *m* (3) treble, soprano.
Diskont ✝ [⁓'kɔnt] *m* (3), **⁓o** *m* (11), **⁓ieren** [⁓'tiːrən] discount; **⁓satz** *m* discount rate; bank-rate.
Diskothek [disko'teːk] *f* (15) discotheque.
diskret [dis'kreːt] discreet; **⁓ion** [⁓kre'tsjoːn] *f* (16) discretion.
Diskriminierung [⁓krimi'niːruŋ] *f* discrimination.
Diskussion [⁓ku'sjoːn] *f* (16) discussion; **⁓sver-anstaltung** *f* discussion meeting, *Am.* forum.
Diskuswerfen ['diskusvɛrfən] *n* (6) discus-throwing.
diskutieren [disku'tiːrən] discuss, debate.
Dispens [dis'pɛns] *m* (4) dispensation; **⁓ieren** [⁓'ziːrən] dispense (*von* from), exempt (from).
disponieren [⁓po'niːrən] dispose (*über acc.* of); plan ahead.
Disposition [⁓zi'tsjoːn] *f* (16) disposition; (*Anordnung*) *a.* arrangement; *s-e ⁓en treffen* make one's arrangements.
disputieren [dispu'tiːrən] debate.
disqualifizieren [⁓kvalifi'tsiːrən] disqualify.
Dissertation [disɛrta'tsjoːn] *f* (16) dissertation; (*Doktor⁓*) *a.* thesis.
Distanz [di'stants] *f* (16) distance (*a. fig.*); **⁓ieren** [⁓'tsiːrən]: *sich ⁓* keep one's distance; *weitS.* dissociate o.s. (*von* from).
Distel ['distəl] *f* (15) thistle; **'⁓fink** *m* goldfinch.
Distrikt [di'strikt] *m* (3) district.
Disziplin [distsi'pliːn] *f* (16) discipline; (*Sparte*) branch; *Sport:* event; **⁓arisch** [⁓pli'naːriʃ] disciplinary; **⁓arstrafe** [⁓'naːr-] *f* disciplinary punishment; **⁓arverfahren** *n* disciplinary action; **⁓iert** [⁓'niːrt] disciplined; **⁓los** undisciplined, unruly.
dito ['diːto] ditto.
divers [di'vɛrs] sundry.
Dividend ⚹ [divi'dɛnt] *m* (12) dividend; **⁓e** [⁓də] *f* (15) dividend.
divi'dieren divide.
Division [⁓'zjoːn] *f* (16) division.
Divisor [di'viːzɔr] *m* (8¹) divisor.
Diwan ['diːvaːn] *m* (3¹) divan.
doch [dɔx] (*dennoch*) yet; however; nevertheless; (*je⁓*) but; *auffordernd:* do (*z. B. setz dich ⁓!* do sit down); *nach verneinter Frage: siehst du's nicht? ⁓!* yes, I do!; *willst du nicht kommen? ⁓!* O, yes, I will!; *du kommst ⁓?* surely you will come?; *ja ⁓* yes, indeed; *nicht ⁓!* don't!, (*gewiß nicht*) certainly not!
Docht [dɔxt] *m* (3) wick.
Dock [dɔk] *n* (3¹ *u.* 11) dock; **'⁓-arbeiter** *m* docker, *Am.* dock laborer.
Docke ['dɔkə] *f* (15) (*Geländersäule*) baluster; (*Strähne, Garn*) skein.
'docken ⚓ (25) dock.
Dogge ['dɔgə] *f* (15): *deutsche ⁓* Great Dane; *englische ⁓* mastiff.
Dogma ['dɔgma] *n* (9¹) dogma.
Dogma|tiker [⁓'maːtikər] *m* (7) dogmatist; **⁓tisch** dogmatic.
Dohle *zo.* ['doːlə] *f* (15) (jack)daw.
Doktor ['dɔktɔr] *m* (8¹) doctor (*abbr.* Dr.); *den ⁓ machen* take one's (doctor's) degree; **'⁓-arbeit** *f* thesis; **'⁓-examen** *n* examination for a doctor's degree; **'⁓frage** *f fig.*

vexed question; '~**grad** *m* doctor's degree; '~**würde** *f* doctorate.

Doktrin [dɔk'tri:n] *f* (16) doctrine.

Dokument [doku'mɛnt] *n* (3) document, ⚖ *a.* deed, instrument; ~**arfilm** [~'tɑ:r-] *m* documentary (film); ♀**arisch** [~'tɑ:riʃ] documentary; ♀**ieren** [~'ti:rən] document; *fig.* reveal.

Dolch [dɔlç] *m* (3) dagger; '~**messer** *n* case-knife, *Am.* bowie-knife; '~**stich** *m*, '~**stoß** *m* stab with a dagger.

Dolde ['dɔldə] *f* (15) umbel.

Dollar ['dɔlar] *m* (11, *pl. nach Zahlen inv.*) dollar.

Dolle ⚓ ['dɔlə] *f* (15) rowlock.

dolmetsch|en ['dɔlmɛtʃən] *v/i. u. v/t.* (27) interpret; '♀(**er**) *m* (4 *u.* [7]), '♀**erin** *f* (16¹) interpreter; *fig.* mouthpiece.

Dom [do:m] *m* (3) cathedral.

Domäne [do'mɛ:nə] *f* (15) domain.

dominieren [domi'ni:rən] *v/i.* dominate.

Domino ['do:mino] (11): **a)** *m* (*Kleidung*) domino; **b)** *n* (*Spiel*) (game of) dominoes *sg.*

Domizil [domi'tsi:l] *n* (3¹) domicile.

'**Dompfaff** *m* bullfinch.

Donner ['dɔnər] *m* (7) thunder; *wie vom ~ gerührt* thunder-struck; '♀**n** (26) thunder (*a. fig.*); '~**schlag** *m* clap (*od.* peal) of thunder; *fig.* thunderclap; '~**s-tag** *m* Thursday; '~**stimme** *f* thundering voice; '~**wetter** *n* thunderstorm; (*zum*) *~!* hang it (all)!, *staunend*: wow!

doof F [do:f] silly.

Doppel ['dɔpəl] *n* (6) double, duplicate; *s. ~spiel*; '~**-adler** *m* double eagle; '~**bett** *n* double bed, twin-bed; '~**decker** *m* biplane; '~**-ehe** *f* bigamy; '~**fehler** *m Tennis*: double fault; ~**gänger** ['~gɛŋər] *m* double; '~**kinn** *n* double chin; '~**laut** *m* diphthong; '~**punkt** *m* colon; ♀**reihig** ['~raɪiç] *Jakett*: double-breasted; ♀**seitig** ['~zaɪtiç] *Stoff*: double-faced, reversible; '~**sinn** *m* double meaning, ambiguity; '♀**sinnig** ambiguous, equivocal; '~**sohle** *f* clump sole; '~**spiel** *n Tennis*: double; *fig.* double game; '~**stecker** ⚡ *m* two-pin plug; '♀**t** double; *adv.* doubly; *~ so groß* twice as big; '~**tür** *f* double-door; (*Flügeltür*) folding doors *pl.*; '~**verdiener** *m* dual wage-earner, two-job man; '~**währung** *f* double standard; '~**zentner** *m* quintal; '~**zimmer** *n* double(-bedded) room; twin-bedded room; ♀**züngig** ['~tsyŋiç], '~**züngigkeit** *f* double-dealing.

Dorf [dɔrf] *n* (1²) village; '~**bewohner(in** *f*) *m* villager.

Dörfchen ['dœrfçən] *n* (6) little village, hamlet.

Dorn [dɔrn] *m* (5) thorn; (*Stachel*) prickle; ⚘ *a.* spine; ⊕ mandrel; *e-r Schnalle*: tongue; *j-m ein ~ im Auge sein* be a thorn in a p.'s side; '~**enhecke** *f* thorn-hedge; '~**enkrone** *f* crown of thorns; '♀**envoll**, '♀**ig** thorny (*a. fig.*); ~**rös-chen** ['~rø:sçən] *n* Sleeping Beauty; '~**strauch** *m* brier, bramble.

dörr|en ['dœrən] (25) dry; '♀**fleisch** *n* dried meat; '♀**gemüse** *n* dried vegetables *pl.*; '♀**-obst** *n* dried fruit.

Dorsch [dɔrʃ] *m* (3²) cod.

dort [dɔrt] there; (*drüben*) over there; '~**her** from there; '~**hin** there, that way; '~**ig** of that place, there.

Dose ['do:zə] *f* (15) box; (*Konserven*♀) tin, *Am.* can; '~**n-öffner** *m* (7) tin-opener, *Am.* can opener.

dösen F ['dø:zən] (27) doze.

dosieren [do'zi:rən] dose.

Dosis ['do:zis] *f* (16²) dose; *zu starke ~* overdose.

dotier|en [do'ti:rən] endow; ♀**ung** *f* endowment.

Dotter ['dɔtər] *m* (7) yolk; '~**blume** *f* marsh-marigold.

Double ['du:bl] *n* (11) *Film*: double.

Doz|ent [do'tsɛnt] *m* (12) university teacher, lecturer, reader, *Am.* assistant professor, instructor; ♀**ieren** [~'tsi:rən] lecture.

Drache ['draxə] *m* (13) dragon; '~**n** *m* (6) (*Papier*♀) kite; *fig.* (*böses Weib*) termagant, shrew; *e-n ~ steigen lassen* fly a kite.

Dragée [dra'ʒe:] *n* (11) coated tablet.

Draht [drɑ:t] *m* (3³) wire; F *auf ~ sein* be in good form, (*wachsam*) be on the ball; '~**-anschrift** *f* cable address; '~**-antwort** *f* reply by telegram; '~**bürste** *f* wire brush; '♀**en** (27) wire; '~**funk** *m* wired wireless (*Am.* radio); '~**gaze** *f* wire gauze; '~**geflecht** *n* wire netting; '~**gitter** *n* wire grating; '~**haar-**

terrier *m* wire-haired terrier; '**⁓ig** wiry; '**⁓los** wireless, radio-...; '**⁓nachricht** *f* wire; '**⁓puppe** *f* puppet; '**⁓saite** *f* wire string; '**⁓schere** *f* (*eine* a pair of) wire-shears *pl.*; '**⁓seil** *n* wire rope; '**⁓seilbahn** *f* funicular (railway); '**⁓stift** *m* wire-tack; '**⁓zange** *f* (*eine* a pair of) wire-pliers *pl.*; **⁓zieher** ['⁓tsiːər] *m* (7) wire-drawer; *fig.* wire-puller.

drakonisch [dra'koːniʃ] Draconian.

Drall[1] ⊕ [dral] *m* (3) twist; *im Gewehr*: *a.* rifling; *Ball*: spin.

drall[2] buxom, strapping.

Drama ['draːma] *n* (9[1]) drama; **⁓tik** [dra'maːtik] *f* (16, *o. pl.*) dramatic art; *weitS. u. fig.* drama; **⁓tiker** *m* (7) dramatist; **⁓tisch** [⁓'maːtiʃ] dramatic; **⁓tisieren** [⁓mati'ziːrən] dramatize (*a. fig.*).

Dramaturg [drama'turk] *m* (12 *u.* 5[2]) dramatic adviser; **⁓ie** [⁓'giː] *f* dramaturgy.

dran F [dran] *s. daran.*

Dränage [drɛː'naːʒə] *f* (15) drainage.

Drang[1] [draŋ] *m* (3) *fig. der Geschäfte*: pressure, rush; (*Antrieb*) impulse, impetus; (*Trieb*) urge; (*Bedrängnis*) distress; (*Eile*) hurry.

drang[2] *pret. v. dringen.*

dräng|eln F ['drɛŋəln] (29) push, jostle; '**⁓en** (25) press, push, shove; *sich ⁓* crowd, throng; *fig.* urge (*auf acc.* a th.); *auf Eile*: urge, hurry; *es drängt mich, zu inf.* I feel moved to *inf.*; *die Zeit drängt* time presses; *s. gedrängt.*

Drangsal ['draŋzaːl] *f* (14) affliction, distress; *⁓e pl.* hardships *pl.*; **⁓ieren** [⁓za'liːrən] persecute.

dränieren [drɛː'niːrən] drain.

drapieren [dra'piːrən] drape.

drastisch ['drastiʃ] drastic(ally *adv.*).

drauf F [drauf] *s. darauf*; *⁓ und dran sein, zu inf.* be on the point of *ger.*; **⁓gänger** ['⁓gɛŋər] *m* (7) daredevil; (*Erfolgsmensch*) go-ahead fellow, *Am.* go-getter; '**⁓gängertum** *n* pluck; go-aheadedness; '**⁓gehen** (sn) go, be lost; (*kaputtgehen*) go to pot; (*sterben*) be killed; **⁓'los** straight ahead; (*wild*) recklessly, blindly.

draußen ['drausən] outside; out of doors; (*in der Fremde*) abroad.

drechseln ['drɛksəln] (29) turn; *gedrechselt fig.* well-turned.

'**Drechsler** *m* (7) turner; '**⁓-arbeit** *f* turnery; **⁓ei** [⁓'raɪ] *f* (16) turnery; turner's shop.

Dreck F [drɛk] *m* (3) dirt; (*Schlamm*) mud; (*Unflat*) filth; *fig. contp.* rubbish; '**⁓ig** dirty; muddy; filthy.

Dreh|-arbeit ['dreː-] *f Film*: (*a. pl.*) shooting; '**⁓bank** *f* (turning-)lathe; '**⁓bar** revolving; '**⁓bleistift** *m* propelling pencil; '**⁓brücke** *f* swing-bridge; '**⁓buch** *n Film*: scenario, *bsd. Am. a.* script; '**⁓bühne** *thea. f* revolving stage; '**⁓en** (25) (*a. sich ⁓*) turn (*a.* ⊕); *Film*: shoot; *Szene*: take; *Zigarette*: roll; *sich ⁓ um e-n Mittelpunkt, e-e Achse* revolve (*um* round *a centre*, on *an axis*); *fig. Thema*: be about; *es dreht sich darum, daß* the point is whether; *die Frage dreht sich um* the question turns (*od.* hinges) on; *mir dreht sich der Kopf* my head swims; '**⁓er** ⊕ *m* (7) turner; '**⁓griff** *m* turning handle; '**⁓knopf** ⊕ *m* (control) knob; '**⁓kran** *m* swing crane; '**⁓kreuz** *n* turnstile; '**⁓-orgel** *f* barrel-organ; '**⁓punkt** *m* cent|re (*Am.* -er) of rotation, fulcrum; (*a. fig.*) pivot; '**⁓schalter** ⚡ *m* turn (*od.* rotary) switch; '**⁓scheibe** *f* 🚂 turntable; (*Töpfer⁓*) potter's wheel; '**⁓strom** ⚡ *m* three-phase current; '**⁓stuhl** *m* revolving chair; '**⁓tür** *f* revolving door; '**⁓ung** *f* turn(ing); *um e-e Achse*: rotation; *um e-n Körper*: revolution; '**⁓zahl** ⊕ *f* number of revolutions; *⁓ per Minute* revolutions *pl.* per minute (*abbr.* r.p.m.); '**⁓zahlregler** ⊕ *m* speed governor; '**⁓zapfen** *m* pivot.

drei [draɪ] **1.** three; *⁓ Viertel zehn* a quarter to (*Am.* of) ten; *sie waren zu ⁓en* there were three of them; *er sieht aus, als ob er nicht bis ⁓ zählen kann* he looks as if butter would not melt in his mouth; **2.** **⁓** *f* (16) (number) three; '**⁓-akter** *thea. m* three-act play; **⁓armig** ['⁓ʔarmiç] three-armed; **⁓beinig** ['⁓baɪniç] three-legged; '**⁓blatt** *n* (*Klee*) trefoil; **⁓blätterig** ['⁓blɛtəriç] three-leaved; **⁓dimensional** ['⁓dimɛnzjo'naːl] three-dimensional; '**⁓-eck** *n* (3) triangle; '**⁓-eckig** three-cornered; 𝔄 triangular; **⁓'-einigkeit** *f* Trinity.

dreierlei ['draɪər'laɪ] of three kinds.

drei|fach ['⁓fax], **⁓fältig** ['⁓fɛltiç]

threefold, treble; ♀faltigkeit [~'faltiçkaɪt] *f* Trinity; ♀'farben... three-colo(u)r; '~farbig tricolo(u)red; '♀fuß *m* tripod; '♀gespann *fig. n* trio; '~'hundert three hundred; ♀käsehoch F [~'kɛːzəhoːx] *m* (3) hop-o'-my-thumb, whipper-snapper; '♀klang ♪ *m* triad; ♀'königsfest *n* Epiphany; '~mal three times; ~malig ['~maːliç] thrice repeated; '♀'meilenzone ⚓, ⚖ *f* three-mile limit; ~monatig ['~moːnatiç] three-months, lasting three months; '~monatlich three--monthly; *adv.* every three months; ~motorig ['~motoːriç] three-engine(d).

drein [draɪn] *s. darein*; '~schlagen lay about one.

'**Drei|rad** *n* tricycle; '~satz *m* rule of three; ♀seitig ['~zaɪtiç] three-sided, trilateral; ♀silbig ['~zilbiç] trisyllabic; ♀sprachig ['~ʃprɑːxiç] in three languages, trilingual; '~sprung *m* triple jump.

dreißig ['draɪsiç] thirty; ♀er ['~gər] *m* (7) man of thirty; ~jährig ['~jɛːriç] thirty-year-old; of thirty years; *der* ♀*e Krieg* the Thirty Years' War; '~ste thirtieth.

dreist [draɪst] bold; (*frech*) impudent.

dreistellig ['~ʃtɛliç] of three places; ~*e Zahl a.* three-figure number.

'**Dreistigkeit** *f* boldness; (*Frechheit*) impudence.

drei|stimmig ['~ʃtimiç] for (*od.* in) three voices; '♀stufenrakete *f* three-stage rocket; ~tägig ['~tɛːgiç] three days', three-day; ~teilig ['~taɪliç] (consisting) of three parts, tripartite; *Anzug*: three-piece; ♀'vierteltakt ♪ *m* three-four time; '♀zack *m* (3) trident; '~zehn(te) thirteen(th).

Drell [drɛl] *m* (3) drill.

Dresch|e F ['drɛʃə] *f* (15, *o. pl.*) thrashing; '♀en (30) thresh; (*prügeln*) thrash; '~er *m* (7) thresher; '~flegel *m* flail; '~maschine *f* threshing-machine.

Dress|eur [drɛ'søːr] *m* (3¹) trainer; (*Bändiger*) tamer; ♀ieren [drɛ'siːrən] train; *Pferd*: break in; ~ur [~'suːr] *f* (16) training; breaking in.

Drill [dril] ⚔ *m* (3, *o. pl.*) drill; '~bohrer *m* drill; '♀en ⚔, (25) drill; ~ich ['~iç] *m* drill; denim, canvas; '~ich-anzug ⚔ *m* fatigues *pl.*; '~ing ['~iŋ] *m* (3¹) (*Kind*) triplet; ⚔ *hunt.* three-barrel(l)ed gun; '~lings... ⊕ triple...

drin F [drin] *s. darin.*

dringen ['driŋən] (30): **a)** (sn) *durch et.*: force one's way through, get through; penetrate through; pierce; *aus et.*: break forth from; *in et.* (*acc.*): penetrate into; *in die Öffentlichkeit* ~ leak out; *zum Herzen*: go to; **b)** (h.) ~ *auf* (*acc.*) urge, insist on; ~ *in j-n* urge (*od.* press) a p.; '~d urgent(ly *adv.*); *Gefahr*: imminent; *Verdacht*: strong; ~ *verdächtig* highly suspect; ~ *notwendig* imperative; ~ *brauchen* want badly; ~ *bitten* entreat.

'**dringlich** urgent; '♀keit *f* urgency; (*Vor*♀) priority; '♀keits-antrag *parl. m* motion of urgency.

drinnen ['drinən] inside, within.

dritte ['dritə], '♀l *n* (7) third; '~ns thirdly.

'**drittletzt** last but two.

droben ['droːbən] above (there); up there; (*im Himmel*) on high.

Droge ['droːgə] *f* (15) drug; '♀nsüchtig drug-addicted; ~rie [drogə'riː] *f* (15) chemist's (shop), *Am.* drugstore.

Drogist [~'gist] *m* (12) chemist, *Am.* druggist.

'**Drohbrief** *m* threatening letter.

drohen ['droːən] (25) threaten (*a. fig.*), menace (*j-m* a p.); '~d threatening; (*bevorstehend*) imminent.

Drohne ['droːnə] *f* (15) (*a. fig.*) drone.

dröhnen ['drøːnən] (25) boom, roar; *Raum*: resound (*von* with).

Drohung ['droːuŋ] *f* threat, menace.

drollig ['drɔliç] droll, funny.

Dromedar [drɔme'dɑːr] *n* (3¹) dromedary.

Drops [drɔps] (*m/pl. inv.*) (*saure* acid) drops.

drosch [drɔʃ] *pret. v. dreschen.*

Droschke ['drɔʃkə] *f* (15) cab; (*Auto*) *a.* taxi(-cab); '~nhalteplatz *m* cab-stand; '~nkutscher *m* cabman.

Drossel *zo.* ['drɔsəl] *f* (15) thrush.

'**Drossel|klappe** ⊕ *f*, '~ventil ⊕ *n* throttle (-valve); '♀n ⊕ (29) throttle (*a. fig.*); '~spule ⚡ *f* choke coil.

drüben ['dryːbən] over there.

Druck [druk] *m* **a)** (3³) pressure;

der Hand: squeeze; (*Last*) weight, burden; ~ *ausüben auf* (*acc.*) exert pressure on; *j-n unter* ~ *setzen* put pressure on a p.; **b**) *typ.* (3) impression, print; (~*en*) printing; *großer* (*kleiner*) ~ large (small) print *od.* type; *im* ~ *sein* be printing; *in* ~ *geben* (*gehen*) send (go) to the press; '~**bogen** *m* printed sheet; '~**buchstabe** *m* block letter.

Drückeberger F ['drykəbɛrgər] *m* (7) shirker; ~**ei** F [~'raɪ] *f* (16) shirking; *im Betrieb*: absenteeism.

'**druck-empfindlich** sensitive to pressure, ⚕ *a.* tender.

drucken ['drukən] (25) print.

drücken ['drykən] (25) press; *Hand*: *a.* squeeze; *fig.* (*nieder*~) oppress; pinch (*Schuh*); *Markt, Preise*: bring (*od.* force) down; *Rekord*: lower, better; *j-n an sich* ~ give a p. a hug; *auf den Knopf* ~ press the button; F *sich* ~ sneak away; *sich in e-e Ecke usw.* ~ dodge into; *sich von e-r Pflicht* ~ shirk, dodge *a duty*; *sich um e-e Antwort, Verpflichtung usw.* ~ evade, dodge; '~**d** heavy, oppressive.

'**Drucker** *m* (7) printer.

'**Drücker** *m* (7) push-button; *am Gewehr*: trigger; (*Tür*≈) door-handle.

Drucke'rei *f* (16) printing-office, *bsd. Am.* printing shop.

'**Druck-erlaubnis** *f* printing licence (*Am.* license); imprimatur.

'**Druckerschwärze** *f* printer's ink.

'**Druck|fahne** *f* (galley-)proof; '~**farbe** *f* printing-ink; '~**fehler** *m* misprint, erratum; '~**fehlerteufel** *m* demon of misprints; '~**fehlerverzeichnis** *n* errata *pl.*; '≈**fertig** ready for the press; '~**kammer** *f* pressure chamber; '~**knopf** *m am Kleid*: patent (*od.* snap-)fastener; ⚡ push-button; '~**knopfsteuerung** ⊕ *f* push-button control; '~**legung** *f* printing; '~**luft** *f* compressed air; *attr.* compressed-air *cylinder*; pneumatic, air *brake, etc.*; '~**maschine** *f typ.* printing machine; '~**messer** *m* pressure-ga(u)ge; '~**presse** *f* printing-press; '~**probe** *f typ.* proof; '~**pumpe** *f* force-pump; '~**sache(n** *pl.*) 📯 *f* printed matter, *Am. a.* second-class matter; '~**schalter** ⚡ *m* push- (*od.* press-)button switch; '~**schrift** *f* print, type; (*Abhandlung*) publication; '~**taste** *f* press key.

drum [drum] *s. darum*; *das* ≈ *und Dran* the paraphernalia *pl.*

drunten ['druntən] below (there).

'**drunter und** '**drüber** upside down, topsy-turvy, F higgledy-piggledy.

Drüse ['dry:zə] *f* (15) gland; ~**n...** glandular.

Dschungel ['dʒuŋəl] *m, n* (7) jungle.

du [du:] you; *eccl., poet.* thou; *auf* ~ *und* ~ *stehen* be on intimate terms.

Dübel ⊕ ['dy:bəl] *m* (7) dowel, peg.

Dublee(gold) [du'ble:-] *n* (11) rolled gold.

Dublette [du'blɛtə] *f* (15) duplicate; *hunt.* right-and-left (shot).

ducken ['dukən] (25) *den Kopf*: duck; *j-n*: *fig.* take *a p.* down a peg or two; *sich* ~ crouch, *ausweichend*: duck, *fig.* knuckle under.

Duckmäuser ['~mɔʏzər] *m* (7) sneak; (*Scheinheiliger*) hypocrite; '≈**ig** sneaking; hypocritical.

dudeln ['du:dəln] (29) tootle.

'**Dudelsack** *m* bagpipe.

Duell [du'ʔɛl] *n* (3^1) duel (*auf Degen usw.* with); ~**ant** [~'lant] *m* (12) duellist; ≈**ieren** [~'li:rən]: *sich* ~ (fight a) duel.

Duett [du'ʔɛt] *n* (3) duet.

Duft [duft] *m* (3^3) scent; fragrance; perfume; '≈**en** (26) be fragrant, smell (*süß* sweet); '≈**end** fragrant; '≈**ig** (*leicht, zart*) flimsy, filmy, dainty; '~**stoff** *m* odorous substance.

duld|en ['duldən] (26) (*ertragen*) bear, endure; (*leiden*) suffer (*a. v/i.*); (*zulassen*) tolerate; '≈**er(in** *f*) *m* sufferer; ~**sam** ['dultza:m] tolerant (*gegen* of); '≈**samkeit** *f* tolerance, toleration; ≈**ung** ['~duŋ] *f* toleration.

dumm [dum] stupid, dull, *Am.* F dumb; (*einfältig*) silly, foolish; (*unangenehm*; *ungeschickt*) awkward; (*schwindlig*) dizzy (*von, vor dat.* with); ~*er Junge* young shaver; ~*er Streich* foolish prank; ~*es Zeug* nonsense; *der* ≈*e sein* be the loser; *die* ≈*en werden nicht alle* fools never die out; '~**dreist** impertinent; '≈**heit** *f* stupidity; (*a. dumme Handlung usw.*) folly; (*Fehler*) blunder; (*Unbesonnenheit*) indiscretion; ~*en machen* (play the) clown; *fig.* get into trouble; '**\u2056kopf** *m* fool, stupid, *Am. a.* sap(head).

dumpf [dumpf] *Schall*: hollow; *Geräusch, Gefühl, Schmerz*: dull; *Donner*: rumbling; (*düster*) gloomy; (*feucht*) damp; *Luft*: heavy, *im Zimmer*: close; '**~ig** (*feucht*) damp; (*modrig*) mo(u)ldy, musty; (*muffig*) fusty; (*stickig*) stuffy, close.

Düne ['dy:nə] *f* (15) sandhill, dune.

Dung [duŋ] *m* (3), **Dünger** ['dyŋər] *m* (7) dung, manure; (*Misch*\u2056) compost; *bsd. künstlicher*: fertilizer.

Dünge|mittel ['dyŋə-] *n* fertilizer; '**\u2056n** (25) dung, manure, fertilize.

'**Dunggrube** *f* manure pit.

dunkel ['duŋkəl] **1.** *allg.* dark; (*trüb*) dim; (*finster*) gloomy; (*unklar*) obscure; *Erinnerung*: vague; **2.** \u2056 *n* (7) *the* dark; *fig. j-n im \u2056n lassen* leave a p. in the dark (*über acc.* about).

Dünkel ['dyŋkəl] *m* (7) conceit.

'**dunkelblau** dark-blue.

'**dünkelhaft** conceited, arrogant.

'**Dunkel|heit** *f* darkness; *fig.* obscurity; *bei anbrechender ~* at nightfall; '**~kammer** *phot. f* darkroom; '**~mann** *m* shady character; (*Feind der Aufklärung*) obscurant(ist).

'**dunkeln** (29) grow dark, darken.

dünken ['dyŋkən] (30) seem; *es dünkt mich* (*a. mir*) it seems to me; *sich ... ~* imagine (*od.* fancy) o.s. ...

dünn [dyn] *allg.* thin; (*schmächtig*) slim; *Flüssigkeit*: *a.* weak; (*spärlich*) sparse; *Luft, phys.* rare; '**\u2056darm** *m* small gut; '**\u2056e** *f* (15, *o. pl.*) *s. Dünnheit*; '**~flüssig** thin, fluid; '**\u2056heit** *f* thinness; *der Luft, phys.* rarity.

Dunst [dunst] *m* (3^2 *u.* ^{3}) vapo(u)r; (*Ausdünstung*) exhalation; *in der Luft*: haze; *über e-r Stadt*: F smog; *des Alkohols usw.*: fume; *sl. blauer ~* hot air; *j-m blauen ~ vormachen* humbug a p.

dünsten ['dynstən] (26) *Speise*: steam.

'**dunstig** vaporous; (*feucht*) damp; (*nebelig*) hazy.

'**Dunstkreis** *m* atmosphere.

Dünung ⚓ ['dy:nuŋ] *f* swell.

düpieren [dy'pi:rən] dupe.

Duplizität [duplitsi'tɛ:t] *f* (16) duplicity.

Duplikat [dupli'kɑ:t] *n* (3) duplicate.

Dur ♪ [du:r] *n inv.* major.

durch [durç] **1.** *prp.* through; (*quer ~*) across; *Mittel, Ursache*: through, by; *Zeitdauer*: through(out); **2.** *adv.*: *das ganze Jahr ~* throughout the year; *die ganze Nacht ~* all night long; *es ist drei* (*Uhr*) *~* it is past three; *~ und ~* through and through, *fig. a.* to the backbone; *ein Schurke ~ und ~* a thorough scoundrel.

'**durch-ackern** *fig.* plough (*Am.* plow) through.

'**durch-arbeiten** work through; *sich ~* make one's way through.

'**durch**'**-aus** throughout, thoroughly; (*ganz und gar*) out and out; (*geradezu*) downright; (*unbedingt*) absolutely, quite; by all means; *~ nicht* not at all, by no means.

'**durchbeißen** bite through; *sich ~* struggle through.

'**durchbilden** educate (*od.* train) thoroughly.

'**durchblättern** leaf (*od.* glance, skim) through.

'**Durchblick** *m* vista; '**\u2056en** *v/i.* look through; *fig.* appear, show; *~ lassen* give to understand.

durch'**bluten** supply with blood.

durch'**bohren** *v/t.* pierce; (*durchlöchern*) perforate; *j-n mit* (*den*) *Blicken ~* look daggers at a p.; *v/i.* '*durchbohren* bore through.

'**durchbraten** roast thoroughly; *durchgebraten* well done; *nicht durchgebraten* underdone, rare.

'**durchbrechen** *v/i.* (sn) break through; *v/t. durch'brechen* break through; pierce; penetrate.

'**durchbrennen** (sn) burn through; ⚡ *Sicherung*: fuse, blow; *Radioröhre*: burn out; F *fig.* run away, bolt (*mit et.* with); *Frau*: elope.

'**durchbringen** bring through; *Gesetz*: pass; *Geld*: dissipate; *sich ~* make both ends meet; *sich ehrlich ~* get an honest living; *sich kümmerlich ~* make a poor living; *e-n Kranken*: pull *a p.* through.

'**Durchbruch** *m* breach; *e-s Dammes, a.* ⚕ rupture; *der Zähne*: cutting; ⚔ break-through (*a. fig. Erfolg*); *e-r Mauer*: break.

durchdacht [~'daxt]: *gut ~ Rede usw.*: well-reasoned; *Plan*: well-devised.

durch'**denken** think over (*od.* out).

'**durchdrängen** force through; *sich ~* force one's way through.

'**durchdrehen** *Fleisch*: pass through the mincer; ✈ swing; *v/i.* F *P.*: crack up.

'**durchdringen 1.** *v/i.* (sn) get through; penetrate; *Flüssigkeit*: percolate, permeate; *Meinung*: prevail; **2.** *durch'dringen v/t.* penetrate; pierce; *durch'drungen von e-m Gefühl usw.* imbued with; **~d** ['~driŋənt] penetrating; piercing.

Durch'dringung *f* penetration.

'**durchdrücken** press through; F *fig. s. durchsetzen.*

durch'-eilen hasten (*od.* hurry) through.

durch-ei'nander 1. in confusion; in a jumble; pell-mell; (*wahllos*) promiscuously; *ganz ~ sein P.*: be all mixed up, be all upset; **2.** ♀ *n* muddle, jumble; confusion; medley *of voices*; **~bringen** muddle up; *j-n*: upset, bewilder; *Begriffe*: mix up; **~geraten** get mixed up; **~werfen** jumble up; *fig.* mix up.

'**durchfahr|en 1.** *v/i.* (sn) pass (*od.* drive *od.* sail) through; **2.** *durch'fahren v/t.* = ~ **1.**; *fig.* rush through; '**♀t** *f* passage; (*Tor*) gate (-way); ~ *verboten!* no thoroughfare!

'**Durchfall** *m* ⚕ diarrh(o)ea; (*Mißerfolg*) failure, *Am.* F flunk, *thea. usw. sl.* flop; '**♀en** (sn) fall through; *im Examen usw.*: fail, be rejected, *Am.* F flunk; *thea.* (turn out a) flop; ~ *lassen* reject, *Am.* F flunk; *thea.* damn.

'**durchfechten** fight *a th.* through, see *a th.* through.

'**durchfeilen** file through.

'**durchfinden:** *sich* ~ find one's way through.

durch'flechten interweave.

durch'fliegen fly through; *fig. Buch usw.*: run through.

durch'fließen, durch'fluten flow (*od.* run) through (*a. fig.*).

durch'forsch|en search through, investigate; *Land*: explore; **♀ung** *f* investigation; exploration.

'**durchfragen:** *sich* ~ ask one's way through.

'**durchfressen** eat through; *geol.*, *ätzend*: corrode.

'**durchfrieren** (sn) freeze (*od.* chill) through.

Durchfuhr ⚚ ['~fu:r] *f* transit.

durchführ|bar ['~fy:rba:r] practicable, feasible; '**~en** lead (*od.* convey) through; *Draht usw.*: pass through; *fig.* carry through *od.* out; *Gesetz usw.*: implement, (*a.* ⚖) enforce; '**♀ung** *f* carrying-out; realization; enforcement; '**♀ungsbestimmungen** *f/pl.* implementing regulations.

'**Durchgabe** *f* transmission; (*Bekanntgabe*) special announcement, (radio) flash.

'**Durchgang** *m* passage; *v. Waren od. ast.*: transit; *Sport*: heat; ~ *verboten!* no thoroughfare!, no trespassing!

durchgängig ['~gɛŋiç] general(ly *adv.*).

'**Durchgangs|handel** *m* transit trade; '**~lager** *n* transit camp; '**~straße** *f* through road; '**~verkehr** *m* through traffic; ⚚ transit trade; '**~wagen** *m* corridor carriage; '**~zoll** *m* transit duty; '**~zug** *m* corridor train.

'**durchgeben** pass on; *Nachricht*: transmit; *Radio*: announce.

'**durchgehen** *v/i.* (sn) go (*od.* walk) through, pass (through); (*fliehen*) abscond, *a. Pferd*: bolt, *Liebende*: elope; *Antrag, Gesetz*: pass, be carried; (*geduldet werden*) pass; *et. ~ lassen* overlook; *j-m nichts ~ lassen* pass a p. nothing; *mit j-m ~ Gefühl usw.*: run away with a p.; *v/t.* (*erörtern*; *prüfen*) go through *a th.*; (*durchlesen*) go over *a th.*; '**~d** through; *zeitlich*: continuous; 🚂 *~er Wagen* (*Zug*) through carriage (train); *adv.* generally; (*durchweg*) throughout; ~ *geöffnet* open throughout.

durch'geistigt spiritual, highly intellectual.

'**durchgreifen** pass one's hand through; *fig.* take drastic measures; '**~d** drastic; radical, sweeping.

'**durchhalte|n** *v/i.* hold out (to the end), see it through; '**♀vermögen** *n* staying power, stamina.

'**durchhecheln** *fig.* gossip about *a p.*

'**durchhelfen** (*dat.*) help through; *sich ~* manage, make shift.

'**durchkämmen** comb (thoroughly); *fig.* comb (out).

'**durchkämpfen** fight out; *sich ~* fight one's way through.

'**durchkochen** boil thoroughly; '*durchgekocht* well done.

ˈ**durchkommen** (sn) come (*od.* get) through; *durch Krankheit usw.*: pull through; *im Examen*: pass, *knapp*: scrape through; (*auskommen*) get along; *fig.* succeed.

durchˈkreuzen cross; *fig. a.* thwart.

Durch|laß [ˈdurçlas] *m* (1^2) passage; outlet; ˈ**2lassen** let through, allow to pass; *Licht*: transmit; *im Examen*: pass; ˈ**2lässig** permeable (*für* to).

Durchlaucht [ˈ~lauxt] *f* (16) Serene Highness; **2ig** [~ˈlauxtiç] serene.

ˈ**durchlaufen** *v/i.* (sn) run through; *s. durchsickern*; *v/t. Schuhe*: wear through; *durchˈlaufen v/t.* run through (*a. fig. Gefühl*); *Schule*: pass through; *Strecke*: cover.

durchˈleben live (*od.* pass) through.

ˈ**durchlesen** read through *od.* over; *sorgfältig*: peruse; *flüchtig*: skim.

durchˈleucht|en (flood with) light, illuminate; ⚕ X-ray, screen; *Ei*: test, *Am.* candle; *fig.* investigate, screen; **2ung** *f* illumination; X-ray examination; screening; **2ungsschirm** ⚕ *m* fluorescent screen.

ˈ**durchliegen:** *sich* ~ get bedsore.

durch|lochen [~ˈlɔxən] (25) *Fahrkarte usw.*: punch; **~löchern** [~ˈlœçərn] (29) perforate; (*durchbohren*) pierce; *mit Kugeln*: riddle.

ˈ**durchlüften**, *a. durchˈlüften* air.

ˈ**durchmachen** go (*od.* pass) through; suffer.

ˈ**Durchmarsch** *m* march(ing) through; F ⚕ diarrh(o)ea; ˈ**2ieren** (sn) march through.

durchˈmessen traverse.

ˈ**Durchmesser** *m* (7) diameter.

ˈ**durchmustern**, *a. durchˈmustern* pass in review, examine carefully, scrutinize.

ˈ**durchnässen**, *a. durchˈnässen* wet through, drench, soak.

ˈ**durchnehmen** *Thema*: go through *od.* over, deal with, treat.

ˈ**durchpausen** trace, calk.

ˈ**durchpeitschen** whip soundly; *fig.* hurry through; *parl.* rush *a bill* through.

ˈ**durchprügeln** beat soundly, thrash.

durchqueren [durçˈkveːrən] (25) pass through, cross, traverse.

ˈ**durchrechnen** count (*od.* calculate, go) over; check.

ˈ**durchreiben** *s. durchscheuern*.

Durchreiche [ˈ~raiçə] *f* (15) (service) hatch; ˈ**2n** hand (*od.* pass) through.

ˈ**Durchreise** *f* passage, transit; ˈ**2n** *v/i.* (sn) travel (*od.* pass) through; *durchˈreisen v/t.* travel over; ˈ**~nde** *m, f* travel(l)er, *Am. a.* transient; 🚂 through passenger.

ˈ**durchreißen** *v/i.* (sn) get torn; *Faden*: break; *a. durchˈreißen v/t.* rend, tear.

ˈ**durchreiten** *Pferd*: gall by riding; *sich* ~ chafe o.s. by riding; *durchˈreiten* ride through.

durchˈrieseln *v/t.* run through; *fig. a.* thrill *a p.*; *v/i.* ˈ*durchrieseln* trickle through.

ˈ**durchringen:** *sich* ~ struggle through (*zu* to); *sich zu e-m Entschluß* ~ make up one's mind (after long inner struggles).

ˈ**durchsacken** ✈ *v/i.* (sn) pancake.

ˈ**Durchsage** *f s. Durchgabe*; ˈ**2n** pass on; *Radio*: announce.

ˈ**durchsägen** saw through.

ˈ**durchschauen** *v/i.* look through; *fig. durchˈschauen v/t.* see through.

ˈ**durchscheinen** shine through; ˈ**~d** translucent, transparent.

ˈ**durchscheuern** rub through, gall, chafe; *Stoff*: wear through; *sich* ~ get chafed.

ˈ**durchschießen** *v/i.* shoot through (*a. fig.*); (*durcheilen*) dash through; *durchˈschießen v/t.* shoot through; *typ.* lead; *mit Papier*: interleave.

ˈ**durchschimmern** shine through.

ˈ**Durchschlag** *m* (*Sieb*) strainer; *v. Maschinenschrift*: (carbon) copy, F carbon; *e-s Geschosses*: penetration; ⚡ disruptive discharge; ⊕ punch; **2en** [ˈ~gən] *v/i.* (ˈ*durchdringen*) get through; (*wirken*) have (*od.* take) effect; *Papier*: blot; *Farbe*: show through; ⚡ break down, spark; *fig.* be dominant; (*sich zeigen*) show; *v/t.* beat through; *Erbsen usw.*: strain; *sich* ~ fight one's way through; *fig. s. sich durchbringen*; *durchˈschlagen* beat through; (*durchbohren*) pierce; *Geschoß*: penetrate; ˈ**2end** (*wirkungsvoll*) effective, telling; *~er Erfolg* striking (*od.* complete) success; ˈ**~papier** *n* copying paper, flimsy; (*Kohlepapier*) carbon paper; ˈ**~skraft** *f* penetrating power; *fig.* force, impact.

ˈ**durchschlängeln:** *sich* ~ wind through; *fig. P.*: wriggle through.

'durchschleichen: *sich* ~ sneak through.
'durchschleusen pass through (the lock); *fig.* pass (through).
'durchschlüpfen (sn) slip through.
'durchschmelzen melt, fuse.
'durchschneiden cut through; *fig.* intersect; *durch'schneiden* (*kreuzen*) cross, traverse.
'Durchschnitt *m* cutting through; ⊕ section, profile; ⚔ *u. fig.* average; *über* (*unter*) *dem* ~ above (below) average; *im* ~ *s.* ≈*lich adv.*; **'≈lich** average; *adv.* on an average; ~ *betragen* (*leisten usw.*) average; **'~s...** average ...
'Durchschreibe|block *m* carbon copy pad; **'~buch** *n* transfer copying (*od.* duplicating) book; **'~verfahren** *n* copying process.
durch'schreiten walk through; pass (through); cross.
'Durchschrift *f* (carbon) copy.
'Durchschuß *m typ.* lead; *Weberei*: weft; (*a.* **'~blatt** *n*) interleaf; ~ *des Armes* shot through the arm.
durch'schwimmen swim (through *od.* across).
'durchschwitzen soak with sweat.
durch'segeln sail (through).
'durchsehen *v/i.* look (*od.* see) through; *v/t.* look *a th.* over; (*prüfen*) examine; *bsd. typ. Korrekturbogen*: read.
'durchseihen strain, filter.
'durchsetzen: *fig. et.* ~ carry through; (*erzwingen*) enforce; (*es*) ~, *daß et. geschieht* cause a th. to be done; *s-n Kopf* ~ have one's way; *sich* ~ assert o.s.; win through, prevail, succeed; *durch'setzen* intersperse (*mit* with).
'Durchsicht *f s. durchsehen*: looking over; examination; inspection; *bsd. typ.* reading; revision; **'≈ig** transparent (*a. fig.*); *fig.* perspicuous, lucid; **'~igkeit** *f* transparency (*a. fig.*); *fig.* perspicuity, lucidity.
'durchsickern (sn) ooze (*od.* seep) through *od.* out (*a. fig.*); *fig. Nachricht*: leak out.
'durchsieben sift, screen (*beide a. fig.*); *mit Kugeln durch'sieben* riddle with.
'durchsprechen talk over, discuss.
'durchstech|en pierce through; *durch'stechen* perforate; *mit e-r Nadel*: prick; *Damm*: cut; **≈erei** [~'raɪ] *f* (16) underhand dealing(s *pl.*).
'durchstecken pass through.
'durchstehen *fig.* see *a th.* through.
'Durchstich *m* cut(ting).
durch'stöbern rummage through; *Gebiet*: scour.
'durchstoßen push (*od.* thrust) through; *durch'stoßen* pierce.
'durchstreichen, *a. durch'streichen* cross (*od.* strike, score) out, cancel.
durch'streifen roam through; *suchend*: scour.
'durchströmen *v/i.* (sn) *u. durch'strömen v/t.* run through (*a. fig.*).
durch'such|en search; *Gebiet*: *a.* scour, comb; **≈ung** *f* search.
durch'tränken impregnate, soak.
durchtrieben [durç'tri:bən] cunning, sly, tricky; (*schalkhaft*) mischievous; **≈heit** *f* cunning, trickiness, slyness.
durch'wachen pass (*od.* spend) *the night* waking.
'durchwachsen (sn) grow through; *adj. durch'wachsen Fleisch, Speck*: streaky; *fig.* mixed.
'durchwählen *teleph.* dial through.
durch'wandern *v/t.* wander through (*a. v/i.* [sn] *'durchwandern*); traverse.
durch'wärmen, *a. 'durchwärmen* warm through.
durch'waten *v/t. u. 'durchwaten v/i.* (sn) wade (through), ford.
durch'weben interweave.
durchweg ['durç'vɛk] throughout; without exception.
durch'weichen (25) soak through (*a. v/i.* [sn] *'durchweichen*), drench.
'durchwinden: *sich* ~ worm (*od.* thread) one's way through.
durch'wühlen *Erde*: rake (*od.* root) up; (*durchsuchen*) search, rummage; (*a. plündern*) ransack.
'durchwursteln F: *sich* ~ muddle through.
'durchzählen count over.
'durchzeichnen trace.
'durchziehen *v/t.* pull through; *Faden*: pass through; *sich* ~ run through (*a. fig.*); *durch'ziehen* pass through; *mit Fäden usw.*: interlace; *v/i. 'durchziehen* (sn) pass (*od.* march) through.
durch'zucken flash through.
'Durchzug *m* passage; (*Luft*) draught, *Am.* draft; circulation; △ girder; ~ *machen* let in fresh air.

ˈdurchzwängen (25) force through; *sich* ~ squeeze o.s. through.
dürfen [ˈdyrfən] (30) be permitted *od.* allowed; (*wagen*) dare; *ich darf* I may; *darf ich?* may I?; *ich darf nicht* I must not; *wenn ich bitten darf* (if you) please; *es dürfte ein leichtes sein* it should be easy; *er dürfte recht haben* he is probably right.
durfte [ˈdurftə] *pret. v. dürfen.*
dürftig [ˈdyrftiç] (*bedürftig*) needy; (*ungenügend*) poor, inadequate; (*spärlich*) scanty, meag|re (*Am.* -er); (*erbärmlich, gering*) paltry, measly; *in* ~*en Verhältnissen* in needy circumstances; ˈ**2keit** *f* neediness; *fig.* poorness, scantiness, paltriness.
dürr [dyr] dry; *Baum usw.*: dead; *Boden*: arid, barren; (*mager*) lean, spindly; *mit* ~*en Worten* in plain terms, bluntly.
ˈ**Dürre** *f* (15) dryness; aridity; barrenness; leanness; (*Regenmangel*) drought.
Durst [durst] *m* (3^2) thirst (*nach* for); ~ *haben* be thirsty; ~ *bekommen* get thirsty.
dürsten [ˈdyrstən] *v/i.* (26) be thirsty; *fig.* thirst (*nach* for, after).
ˈ**durstig** thirsty (*nach* for); F dry.
Dusche [ˈduːʃə] *f* (15) douche (*a.* ⚕), shower; (*Brausebad*) shower-bath; ˈ**2n** (27) douche, have (*Am.* take) a shower.
Düse [ˈdyːzə] *f* (15) *allg.* nozzle; (*Spritz2, Strahl2*) jet.
Dusel [ˈduːzəl] *m* (7) dizziness; F luck, fluke; ~ *haben* be lucky.
ˈ**dus(e)lig** dizzy.
ˈ**Düsen|-antrieb** *m* jet propulsion; *mit* ~ jet-powered, jet-propelled; ˈ**~flugzeug** *n* jetplane; ˈ**~jäger** *m* jetfighter; ˈ**~triebwerk** *n* jet engine.
Dussel F [ˈdusəl] *m* (7) idiot.
düster [ˈdyːstər] dark, gloomy (*a. fig.*); (*traurig*) sad; ˈ**2heit** *f*, ˈ**2keit** *f* gloom(iness).
Dutzend [ˈdutsənt] *n* (3^1) dozen; ˈ**~mensch** *m* commonplace man; ˈ**2weise** by the dozen, in dozens.
Duz|bruder [ˈduːts-] *m* intimate friend; ˈ**2en** (27) *j-n* ~ be on familiar terms with a p.
Dynam|ik [dyˈnɑːmik] *f* (16) dynamics *sg.*; *fig.* dynamic force; **2isch** dynamic(al).
Dynamit [dynaˈmiːt] *n* (3) dynamite (*a. v/t. mit* ~ *sprengen*).
Dynamo *m* (11), **~maschine** [dyˈnɑːmomaˈʃiːnə] *f* dynamo (machine), generator.
Dynastie [dynasˈtiː] *f* (16) dynasty.
D-Zug [ˈdeːtsuːk] *m* corridor-train, *Am. a.* vestibule-train.

E

E [eː], **e** *n inv.* E, e; ♪ E.
Ebbe [ˈɛbə] *f* (15) ebb(-tide); low tide, low water; *es ist* ~ the tide is out *od.* down; *es tritt* ~ *ein* the tide is going out; *fig. bei mir ist* ~ I am broke; ˈ**2n** (25) ebb.
eben [ˈeːbən] **1.** *adj.* even; (*flach*) plain, level; ⩕ plane; *zu* ~*er Erde* on the ground (*Am.* first) floor; **2.** *adv.* evenly; (*genau*) exactly; (*gerade*) just; (*schließlich*) after all; ~ *tun wollen* be just going to do; ~ *erst* just now; ˈ**2bild** *n* image, (exact) likeness; **~bürtig** [ˈ~byrtiç] of equal birth; *fig. j-m* ~ *sein* be a match for a p., be a p.'s equal; **~derˈselbe** the very same; **~ˈdeswegen** for that very reason.
ˈ**Ebene** *f* (15) plain; ⩕ plane; *fig.* level; *s. schief.*
ˈ**eben|falls** likewise; ˈ**2heit** *f* evenness; ˈ**2holz** *n* ebony; ˈ**2maß** *n* symmetry; ˈ**~mäßig** symmetrical; ˈ**~so** just so; just as ...; (*auch*) likewise; ˈ**~sogut** *adv.* just as well; ˈ**~soviel** just as much; ˈ**~sowenig** just as little *od. pl.* few.
Eber [ˈeːbər] *m* (7) boar; ˈ**~-esche** ⚘ *f* mountain-ash.
ebnen [ˈeːbnən] (26) even, level; (*glätten*) smooth; *fig. j-m den Weg* ~ smooth the way for a p.

Echo ['ɛço:] *n* (11) echo; '**~lot** *n* ⚓ echo sounder; ✈ sonic altimeter.
echt [ɛçt] genuine; (*wahr*) true; (*rein*) pure; (*wirklich*) real; (*rechtmäßig*) legitimate; *Farbe*: (*haltbar*) fast; *Gold, Silber*: sterling; *Haar*: natural; (*glaubwürdig*) authentic; ⚘ *~er Bruch* proper fraction; '**2heit** *f* genuineness; purity; reality; legitimacy; fastness; authenticity.
Eck|ball ['ɛk-] *m Sport*: corner-kick; '**~e** *f* (15) corner; (*Kante*) edge; (*kurzer Weg*) short distance; *in die ~ drängen* (*a. fig.*) corner; F *um die ~ bringen* do in; *um die ~ gehen* turn (round) the corner, F *fig.* go west; *an allen ~n und Enden* everywhere; *von allen ~n und Enden* from all parts; '**~ensteher** *m* (7) loafer.
Ecker ⚘ ['ɛkər] *f* (15) acorn.
'**eck|ig** angular (*a. fig.*); ...~ ...-cornered; '**2pfeiler** *m* corner-pillar; '**2platz** *m* corner-seat; '**2stein** *m* corner-stone; '**2zahn** *m* canine tooth, eye-tooth.
edel ['e:dəl] noble; *Metall*: precious; *edles Pferd* thorough-bred (horse); *physiol. edle Teile m/pl.* vital parts *pl.*; '**~denkend**, '**~gesinnt** noble-minded; '**2frau** *f* noblewoman; '**2gas** *n* inert gas; '**2hirsch** *m* stag; '**2holz** *n* rare wood; '**2leute** *pl.* noblemen, nobles; '**2mann** *m* nobleman; '**2metall** *n* noble (*od.* precious) metal; '**2mut** *m* noble-mindedness, generosity; **~mütig** ['~my:tiç] noble-minded, generous; '**2-obst** *n* choice fruit; '**2stahl** *m* high-grade steel; '**2stein** *m* precious stone; *geschliffener*: gem; '**2tanne** *f* silver fir; '**2weiß** ⚘ *n* (3²) edelweiss.
Edikt [e'dikt] *n* (3) edict.
Efeu ['e:fɔʏ] *m* (11) ivy; *mit ~ bewachsen* ivy-clad.
Eff-eff F ['ɛf'ˀɛf] *n inv.*: *et. aus dem ~ können* have a th. at one's fingers' ends *od.* finger-tips.
Effekt [ɛ'fɛkt] *m* (3) effect; *nach ~ haschen* strain after effect; **~en** *pl.* effects; ✝ securities; **~enbörse** *f* Stock Exchange; **~enhandel** *m* stock(-exchange) business; **~enhändler** *m* stock-jobber; **~enmakler** *m* stock-broker; **~hasche'rei** *f* (16) claptrap, sensationalism.
effektiv [ɛfɛk'ti:f] effective, actual.
ef'fektvoll effective, striking.
egal [e'gɑ:l] (*gleich*) equal; (*einerlei*) all the same (*mir* to me); *ganz ~ wo* no matter where.
Egel *zo.* ['e:gəl] *m* (7) leech.
Egge ['ɛgə] *f* (15), '**2n** (25) harrow.
Egoismus [ego'ˀismus] *m* (16) egoism.
Ego'-ist *m* (12), **~in** *f* (16¹) egotist; **2isch** egotistic(al), selfish.
egozentrisch [~'tsɛntriʃ] self-centred, *Am.* -centered.
eh, ehe¹ ['e:ə] *cj.* before, *lit.* ere.
'**Ehe²** (15) marriage; *s. Ehestand*: wedlock; *Kind aus erster usw. ~* child by the first *etc.* marriage; *die ~ brechen* commit adultery; '**~-anbahnung** *f* match-making; '**~berater** *m* marriage guidance counsellor; '**~bett** *n* nuptial bed; '**2-brechen** (*nur im inf.*) commit adultery; '**~brecher** *m* (7) adulterer; '**~brecherin** *f* (16¹) adulteress; '**2brecherisch** adulterous; '**~bruch** *m* adultery.
ehedem ['~de:m] formerly.
'**Ehe|frau** *f* wife; '**~gatte** *m*, '**~gattin** *f* spouse; '**~hälfte** *f* better half; '**~leben** *n* married life; '**~leute** *pl.* married couple(s *pl.*); '**2lich** conjugal; matrimonial; *Kind*: legitimate; '**2lichen** (25) marry; '**2los** unmarried, single; '**~losigkeit** *f* celibacy.
ehemal|ig ['~mɑ:liç] (*früher*) former, *bsd. Am.* one-time; (*verstorben*; *pensioniert*) late; ex-... (*z. B. ex-president*); '**~s** formerly.
'**Ehe|mann** *m* husband; '**2mündig** marriageable; '**~paar** *n* married couple.
'**eher** sooner, earlier; (*lieber*) rather; (*leichter*) more easily; *je ~, je lieber* the sooner the better.
'**Ehe|recht** *n* marriage law; '**~ring** *m* wedding ring.
ehern ['e:ərn] brazen, of brass; *fig.* iron (*law, etc.*); *mit ~er Stirn* brazen-faced.
'**Ehe|scheidung** *f* divorce; '**~scheidungsklage** *f* divorce-suit; '**~schließung** *f* (contraction of) marriage; '**~stand** *m* married state, matrimony, *gewählt*: wedlock.
ehestens ['e:əstəns] at the earliest; (*möglichst bald*) as soon as possible.
'**Ehe|stifter(in** *f*) *m* match-maker; '**~vermittlung** *f s. Eheanbahnung*;

'**~versprechen** *n* promise of marriage; '**~vertrag** *m* marriage settlement.

Ehrabschneider(in *f*) ['e:rˀapʃnaɪdər] *m* slanderer.

'**ehrbar** hono(u)rable, respectable; *Benehmen*: decent, modest; '**2keit** *f* honesty, respectability; decency.

Ehre ['e:rə] *f* (15) hono(u)r; *zu ~n* (*gen.*) in hono(u)r of; *mit wem habe ich die ~ (zu sprechen)?* whom have I the hono(u)r to address?; *j-m (e-e) ~ antun (erweisen)* do (*od.* pay) hono(u)r to a p.; *j-m ~ machen* do a p. credit; *j-n bei s-r ~ packen* put a p. on his hono(u)r; *s. einlegen*; '**2n** (25) hono(u)r.

'**Ehren|·amt** *n* honorary post; '**2amtlich** honorary; '**~bezeigung** *f* mark of respect; ⚔ salute; '**~bürger** *m* honorary citizen, freeman; '**~bürgerrecht** *n* freedom (of a city); '**~dame** *f* maid of hono(u)r; '**~doktor** *m* honorary doctor; '**~erklärung** *f* (full) apology; '**~gericht** *n* court of hono(u)r; '**2haft** hono(u)rable; honest; **2halber** ['~halbər] for hono(u)r's sake; *Doktor ~* Doctor honoris causa; '**~handel** *m* affair of hono(u)r; '**~kränkung** *f* insult to *a p.'s* hono(u)r, affront; '**~mal** *n* memorial; '**~mann** *m* man of hono(u)r, hono(u)rable man; '**~mitglied** *n* honorary member; '**~pflicht** *f* honorary obligation; *es ist für mich e-e ~* I am in hono(u)r bound; '**~platz** *m* place (*engS.* seat) of hono(u)r; '**~preis** *m* prize; ⚘ speedwell; '**~recht** *n*: *Verlust (od. Aberkennung) der bürgerlichen ~e* loss of civil rights, civic degradation; '**~rettung** *f* vindication (of *a p.'s* hono[u]r); '**2rührig** defamatory; '**~sache** *f s. Ehrenhandel*; *es ist für mich ~* it is a point of hono(u)r with me; '**~schuld** *f* debt of hono(u)r; '**~tag** *m* great day; '**~titel** *m* honorary title; '**2voll** hono(u)rable; '**~vorsitzende** *m* (18) honorary chairman; '**2wert** hono(u)rable; (*achtbar*) respectable; '**~wort** *n* word of hono(u)r; *auf ~ entlassen usw.* on parole; '**~zeichen** *n* decoration.

ehr|erbietig ['~ˀɛrbi:tiç] respectful, deferential; '**2-erbietung** *f*, '**2-furcht** *f* respect, deference, reverence; *stärker*: awe (*vor dat.* of); '**~furchtgebietend** awe-inspiring, awesome; **~fürchtig** ['~fyrçtiç], '**~furchtsvoll** respectful, reverential; '**2gefühl** *n* sense of hono(u)r; (*Selbstachtung*) self-respect; '**2geiz** *m* ambition; '**~geizig** ambitious.

'**ehrlich** honest; (*aufrichtig*) sincere; (*echt*) genuine; *Handel*, *Spiel*: fair; *Meinung*: frank; *Handlungsweise*: plain-dealing; *~ währt am längsten* honesty is the best policy; '**2keit** *f* honesty; fairness; frankness; plain dealing.

'**ehrlos** dishono(u)rable, infamous; '**2igkeit** *f* dishonesty, infamy.

'**ehrsam** hono(u)rable, respectable; '**2keit** *f* respectability.

'**Ehr|sucht** *f* immoderate ambition; '**2süchtig** (over-)ambitious; '**2ung** *f* hono(u)r (conferred on *a p.*); '**2vergessen** infamous, disgraceful; '**~verlust** ⚖ *m s. Ehrenrecht*; '**~würden**: *Ew. ~* Reverend Sir; '**2würdig** venerable, reverend; '**~würdigkeit** *f* venerableness.

ei[1] [aɪ] ah!, indeed!

Ei[2] *n* (1) egg; 🕮 ovum; (*wie*) *auf ~ern gehen* walk gingerly; *wie ein ~ dem andern gleichen* be as like as two peas; F *wie aus dem ~ gepellt* spick-and-span; *wie ein rohes ~ behandeln* handle with kid-gloves.

Eibe ⚘ ['aɪbə] *f* (15) yew(-tree).

Eibisch ⚘ ['aɪbiʃ] *m* (4) marsh-mallow.

Eich|amt ['aɪçˀamt] *n* Office of Weights and Measures, *Am.* Bureau of Standards; '**~baum** *m* oak-tree.

Eiche ['aɪçə] *f* (15) oak.

Eichel ['aɪçəl] *f* (15) acorn; *anat.* glans; *Karte*: club; **~häher** *zo.* ['~hɛ:ər] *m* (7) jay.

eichen[1] ['aɪçən] (25) *v/t. Gewichte*: ga(u)ge; *Rohre*: calibrate.

'**eichen**[2] *adj.* of oak, oaken.

'**Eichen...**[3] *in Zssgn* oak ...

'**Eich|hörnchen** *n*, '**~kätzchen** *n* squirrel; '**~maß** *n* standard; ga(u)ge; '**~meister** *m* ga(u)ger.

Eid [aɪt] *m* (3) oath; *an ~es Statt* in lieu of oath; *unter ~* on oath.

Eidechse ['aɪdɛksə] *f* (15) lizard.

Eider ['aɪdər] *m* (7), '**~gans** *f* eider (-duck); '**~daunen** *f/pl.* eiderdown.

eidesstattlich ['aɪdəs-] in lieu of (an) oath; *~e Erklärung* affidavit.

Eid|genosse ['aɪt-] *m* confederate;

'~**genossenschaft** *f* (Swiss) Confederation; ²**genössisch** ['~gənœsiʃ] Federal; Swiss; '²**lich** sworn; *adv.* on oath.

Eidotter ['aɪdɔtər] *m* (7) yolk.

Eidschwur ['aɪt-] *m* oath.

'**Eier|becher** *m* egg-cup; '~**krem** *f* custard; '~**kuchen** *m* omelet, pancake; '~**schale** *f* egg-shell; '~**stock** *m* ovary; '~**-uhr** *f* egg-timer.

Eifer ['aɪfər] *m* (7, *o. pl.*) zeal; eagerness; *stärker*: ardo(u)r; (*Zorn*) passion; *blinder* ~ rashness; *blinder* ~ *schadet nur* haste is waste; '~**er** *m* (7) zealot, fanatic; '²**n** (29) (*heftig streben*) be eager (*nach* for); (*schmähen*) declaim, inveigh (*gegen* against); *s. wetteifern*; '~**sucht** *f* jealousy (*auf acc.* of); '²**süchtig** jealous (*auf acc.* of).

eifrig ['aɪfriç] zealous, eager, keen; *stärker*: ardent.

'**Eigelb** *n* (3) yellow of an egg, yolk.

eigen ['aɪgən] own, proper; (*besonder*; *genau*; *wählerisch*) particular; *j-m* ~ peculiar (to); (*seltsam*) strange, odd; *in Zssgn* ...-owned, *z. B. staats*~ state-owned; *ein* ~*es Zimmer* a room of one's own; *sich e-e Ansicht usw. zu* ~ *machen* adopt; '²**-art** *f* peculiarity; (*Originalität*) originality; '~**-artig** peculiar; original; '²**bedarf** *m* one's own requirements *pl.*; ²**brötler** ['~brø:tlər] *m* (7) eccentric; '²**dünkel** *m* self-conceit; '²**fabrikat** *n* self-produced article; '²**gewicht** *n* dead weight; '~**händig** with one's own hand; ~*e Unterschrift* one's own signature, autograph; ~ *übergeben* deliver personally; '²**heim** *n* home of one's own; owner-occupied house.

'**Eigen|heit** *f* peculiarity; (*Seltsamkeit*) oddity; *der Sprache*: idiom; '~**kapital** *n* privately owned capital; capital resources *pl.*; '~**liebe** *f* self-love; '~**lob** *n* self-praise; '²**mächtig** arbitrary; '~**mächtigkeit** *f* arbitrariness; '~**name** *m* proper name; '~**nutz** *m* (3², *o. pl.*) self-interest; '²**nützig** self-interested, selfish; '²**s** expressly, specially, on purpose.

'**Eigenschaft** *f* quality; (*Merkmal*) attribute, *e-r S.*: property; *in s-r* ~ *als* in his capacity as; '~**swort** *n* adjective.

'**Eigen|sinn** *m* wil(l)fulness; (*Hartnäckigkeit*) obstinacy; '²**sinnig** wil(l)ful; obstinate.

'**eigentlich** (*genau*) proper; (*tatsächlich*) actual; (*wirklich*) true, real; (*dem Wesen nach*) virtual; *adv.* properly; actually, really; (*genau gesagt*) properly speaking; *das* ~*e London* London proper; *was wollen Sie* ~? what do you want anyhow?

Eigentum ['~tu:m] *n* (1²) property.

Eigentüm|er ['~ty:mər] *m* (7) owner, proprietor; '~**erin** *f* owner, proprietress; '²**lich** proper; (*eigenartig*) peculiar (*dat.* to); (*seltsam*) queer, odd; '~**lichkeit** *f* peculiarity.

'**Eigentums|recht** *n* proprietary right, title (*an dat.* to); '~**wohnung** *f* freehold flat.

'**Eigen|wechsel** ✝ *m* promissory note; '~**wille** *m* wil(l)fulness; '²**willig** self-willed, wil(l)ful.

eign|en ['aɪgnən] (29): *sich* ~ (*für j-n*) suit (a p.); (*für et.*) be suitable (for), *P.*: be qualified (for); *j-m* ~ be peculiar to; *s. geeignet*; '²**er** *m* owner; '²**ung** *f* aptitude, qualification; suitability, fitness.

Eiland ['aɪlant] *n* (3) island.

'**Eil|-auftrag** ✝ *m* rush order; '~**bestellung** ✉ *f* express (*Am.* special) delivery; '~**bote** *m* express (*od.* special) messenger; *durch* ~*n* by special delivery; '~**brief** *m* express letter, *Am.* special delivery letter.

Eile ['aɪlə] *f* (15) haste, speed; *große*: hurry; ~ *haben P.*: be in a hurry; *S.*: be urgent.

'**eilen** (25, sn *u.* h.) hasten, (*a. sich*) make haste; hurry; *S.*: be urgent; *Aufschrift*: *eilt!* urgent!; *eile mit Weile* more haste, less speed; ~**ds** ['~ts] quickly, speedily, in haste.

'**eil|fertig** hasty; rash; '²**fertigkeit** *f* hastiness; rashness; '²**fracht** *f*, '²**gut** *n* express (*od.* dispatch) goods *pl.*, *Am.* fast freight.

'**eilig** hasty, speedy; (*dringend*) pressing, urgent; ~*st* in great haste; *es* ~ *haben* be in a hurry.

'**Eil|marsch** *m* forced march; '~**schrift** *f* high-speed shorthand; '~**zug** *m* semi-fast train; '~**zustellung** *f s. Eilbestellung.*

Eimer ['aɪmər] *m* (7) bucket (*a.* ⊕), pail; '²**weise** in buckets.

ein [aɪn] (20) **1.** one; **2.** *art.* a, an; **3.** *pron.* one; *s. allemal.*

'**Ein-akter** *thea. m* (7) one-act play.

einander [aɪˈnandər] one another, each other.

ˈ**ein-arbeiten** work (*od.* break) in; *sich* ~ work o.s. in; *sich* ~ *in* (*acc.*) make o.s. acquainted with.

ˈ**ein-armig** one-armed.

einäscher|n [ˈ~ʔɛʃərn] (29) burn to ashes; *Leiche*: cremate, incinerate; ˈ**2ung** *f* cremation, incineration.

ˈ**ein-atmen** breathe in, inhale.

einäugig [ˈ~ʔɔʏgiç] one-eyed.

ˈ**Einbahnstraße** *f* one-way street.

ˈ**einbalsamier|en** embalm; ˈ**2ung** *f* embalming.

ˈ**Einband** *m* (3³) binding; ˈ**~decke** *f* cover.

einbändig [ˈ~bɛndiç] in one volume.

ˈ**einbauen** build in(to *in acc.*); install, fit, fix.

ˈ**Einbaumöbel** *n/pl.* built-in furniture.

einbegriffen [ˈ~bəgrifən] included, inclusive (of).

ˈ**einbehalten** detain, keep back.

ˈ**einberuf|en** convene; *parl.* convoke; ⚔ call up, *Am.* draft, induct; ˈ**2ung** *f* convocation; ⚔ call(ing)-up, *Am.* draft, induction; ˈ**2ungsbescheid** ⚔ *m* call-up order, *Am.* induction order.

ˈ**Einbett|...** *Zimmer*: single-bed; ⚓ *Kabine*: single-berth; ˈ**2en** embed (*a.* ⊕); ˈ**~zimmer** *n* single.

einbeulen [ˈaɪnbɔʏlən] (25) dent.

ˈ**einbeziehen** comprise, include, embrace, cover.

ˈ**einbiegen** *v/t.* bend inwards; *v/i.* (sn) turn (*in acc.* into).

ˈ**einbilden:** *sich et.* ~ fancy, imagine; *sich* et. ~ *auf* (*acc.*) pride (*od.* pique) o.s. on; *sich viel* ~ be conceited; *darauf kann er sich* et. ~ that is a feather in his cap.

ˈ**Einbildung** *f* imagination, fancy; (*Dünkel*) conceit; ˈ**~skraft** *f* (power of) imagination.

ˈ**einbinden** *Buch*: bind; *neu* ~ rebind.

ˈ**einblasen** blow in; *fig.* prompt (*j-m* et. a th. to a p.).

ˈ**einblenden** *Film, Radio*: fade in.

ˈ**einbleuen** (25): *j-m et.* ~ pound (*od.* hammer) into a p.'s head.

ˈ**Einblick** *m* insight (*in acc.* into); ~ *gewähren in* afford an insight into; ~ *nehmen in* inspect.

ˈ**einbrech|en** *v/t.* break open *od.* down; *v/i.* (sn) break in, collapse; *Dieb*: break in(to *in ein Haus*), burglarize (*in ein Haus* a house); (*einsetzen*) set in, come suddenly; ⚔ penetrate, breach; *in ein Land*: invade; ~ *bei j-m, in ein Haus*: burgle; ˈ**2er** *m* (7) housebreaker; *bei Nacht*: burglar.

ˈ**einbrennen** burn in(to *in acc.*).

ˈ**einbringen** bring in; *Gewinn*: yield; *et. wieder* ~ retrieve; *verlorene Zeit usw.*: make up for; *eingebrachtes Gut* dowry.

ˈ**einbrocken** (25) crumble (*in acc.* into); *fig. j-m* (*a. sich*) et. ~ get into trouble; *das hast du dir selbst eingebrockt* that's your own doing.

ˈ**Einbruch** *m* breaking-in; *in ein Land*: invasion (*in acc.* of); (*Haus2*) housebreaking, burglary (*a.* ˈ**~sdiebstahl** *m*); ⚔ penetration, breach; *fig.* inroad; ~ *der Nacht* nightfall.

Einbuchtung [ˈ~buxtuŋ] *f* (*Bucht*) inlet; (*Auszackung*) indentation.

einbürger|n [ˈ~byrgərn] (29) naturalize; *sich* ~ become naturalized; ˈ**2ung** *f* naturalization.

ˈ**Einbuße** *f* loss, damage.

ˈ**einbüßen** lose, forfeit.

ˈ**eindämm|en** (25) dam up (*a. fig.*); *Fluß usw.*: embank; ˈ**2ung** *f* damming(-up); embankment.

ˈ**eindampfen** evaporate.

ˈ**eindecken** cover; *mit Artilleriefeuer*: straddle; *sich* ~ provide o.s. (*mit* with); stock up (on).

ˈ**Eindecker** ✈ *m* (7) monoplane.

ˈ**eindeutig** unequivocal, definite, clear-cut; clear(ly *adv.*).

ˈ**eindicken** thicken; *durch Eindampfen*: condense, inspissate.

ˈ**eindosen** (27) tin, *Am.* can.

ˈ**eindrängen:** *sich* ~ intrude (*in acc.* into).

ˈ**eindring|en** (sn) enter (*in* et. a th.); *unbefugt*: intrude (into); (*a. fig.*) penetrate (into); ˈ**~lich** urgent; forceful; **2ling** [ˈ~liŋ] *m* (3¹) intruder; (*Angreifer*) invader.

ˈ**Eindruck** *m* (3¹) impression (*a. fig.*); *den* ~ *haben, daß* be under the impression that; *s. schinden.*

ˈ**eindrücken** press in; (*einprägen*) impress; (*zermalmen*) crush; *Glasscheibe*: break; *Sporen*: dig in.

ˈ**eindrucksvoll** impressive, striking.

ˈ**Ein-ehe** *f* monogamy.

eineiig *biol.* ['~ʔaɪiç] uniovular; ~e *Zwillinge* identical twins.
'**ein-engen** (25) narrow (*a. fig.*).
einer ['aɪnər] **1.** *s. ein*; **2.** ♀ *m* (7) 𝔄 digit, unit; ⚓ single (sculler).
'**einer'lei 1.** of the same kind; (*unwesentlich*) immaterial; *es ist* (*mir*) ~ it is all the same (to me); it is all one to me; ~ *wer usw.* whoever *etc.*, no matter who *etc.*; **2.** ♀ *n* (6, *o.pl.*) sameness; (*Eintönigkeit*) monotony, humdrum.
einerseits ['aɪnərzaɪts], **eines-teils** ['aɪnəstaɪls] on the one hand.
'**ein-exerzieren** drill (thoroughly).
einfach ['~fax] simple; (*einzeln*) single; (*schlicht*) plain; *Mahlzeit*: frugal; *Fahrkarte*: single, *Am.* one-way; ✝ ~e *Buchführung* book-keeping by single entry; *adv.* simply, just (*wonderful, etc.*); '♀**heit** *f* simplicity.
'**einfädeln** (29) thread; *fig.* contrive.
'**einfahr|en** *v/t.* carry in; *Pferd*: break in; *Auto*: run in; ✈ *Fahrgestell*: retract; *v/i.* (sn) drive in; enter (*in den Bahnhof usw.* the station, *etc.*); ⚒ descend; '♀**t** *f* entrance; (*Torweg*) gateway; (*Hafen*♀) mouth; ⚒ descent.
'**Einfall** *m* (3³) ⚔ invasion (*in ein Land* of a country), raid (into); *fig.* idea; *glücklicher* ~ brain-wave; '♀**en** (sn) fall in, collapse; *Hohlraum*: cave in; *feindlich*: invade (*in ein Land* a country); *in die Rede*: break in; ♪ join in; *j-m* ~ occur to a p., come to a p.'s mind; *sich* ~ *lassen* take into one's head; *sich nicht* ~ *lassen* not to dream of; F (*das*) *fällt mir nicht ein!* catch me!; '♀**sreich** imaginative; '~**swinkel** *m* angle of incidence.
Einfalt ['~falt] *f* (16) (*Einfachheit*) simplicity; (*Unschuld*) innocence; (*Dummheit*) silliness.
einfältig ['~fɛltiç] (*dumm*) dull; (*arglos*) simple; (*albern*) silly.
'**Einfalts-pinsel** *m* simpleton.
'**Einfamilienhaus** *n* one-family house.
'**einfangen** catch; (*a. fig.*) capture.
'**einfarbig** one-colo(u)red, unicolo(u)red.
'**einfass|en** border, edge; *mit e-m Zaun usw.*: enclose; *Schneiderei*: trim; *Edelstein*: set, mount (*mit* in); (*einrahmen, a. fig.*) frame; '♀**ung** *f* bordering, edging; enclosure; trimming; setting, mounting; framing.
einfetten ['aɪnfɛtən] (26) grease.
'**einfinden:** *sich* ~ appear, arrive, F turn up.
'**einflechten** interlace; *Haar*: braid; *fig.* put in, insert.
'**einfliegen** ✈ *v/i.* enter (by air); *v/t. Flugzeug*: test, fly in.
'**Einflieger** *m* test pilot.
'**einfließen** (sn) flow in(to *in acc.*); *fig.* ~ *lassen* drop, mention in passing.
'**einflößen** (27) *j-m et.*: pour into a p.'s mouth; feed; *fig. j-m Mut usw.* ~ inspire a p. with courage; *j-m Angst usw.* ~ fill a p. with fear *etc.*
'**Einfluß** *m* influx; *fig.* influence (*auf acc.* on, *bei* with); ~ *haben auf* influence; '♀**reich** influential.
'**einflüstern** *j-m*: whisper to; *fig. a.* insinuate (*od.* suggest) to.
'**einfordern** call in.
einförmig ['aɪnfœrmiç] monotonous; '♀**keit** *f* monotony.
einfriedig|en ['~fri:digən] (25) enclose; '♀**ung** *f* enclosure.
'**einfrieren** (sn) freeze in; ✝ *Guthaben*: freeze.
'**einfüg|en** put in; insert (*in acc.* in[to]); (*sich*) ~ fit in; *Person*: *sich* ~ adapt o.s. (*in acc.* to); '♀**ung** *f* insertion; adaptation.
'**einfühl|en:** *sich* ~ project o.s. (*in j-n* into a p.'s mind); *in et.*: get into the spirit of; '♀**ungsvermögen** *n* sympathetic understanding, 🕮 empathy.
Einfuhr ['~fu:r] *f* (16) import (-ation); *konkret*: imports *pl.*; '~**genehmigung** *f* import licence (*Am.* license); '~**handel** *m* import trade; '~**verbot** *n* import ban; '~**waren** *f/pl.* imports; '~**zoll** *m* import duty.
'**einführ|en** *allg., a. j-n, Brauch*: introduce; ⊕ *usw. a.* insert; ✝ import; (*einweihen*) initiate (*in acc.* into); *in Amt*: install (in); ✝ (*gut*) *eingeführt sein Firma*: be (well) established; '♀**ung** *f* insertion; importation; introduction; initiation; installation, establishment.
'**einfüllen** fill in(to *in acc.*).
'**Eingabe** *f* application (*an acc.* to; *um* for); (*Bittschrift*) petition (to; for).
'**Eingang** *m Ort*: entrance; (*Ein-*

treten) entry; (*Anfang*) beginning; *v. Waren*: arrival; *nach* ~ on receipt; *Eingänge m/pl. v. Waren*: goods, *v. Post*: mail *sg.* received, *v. Geld*: receipts; 'ℒs at the beginning; '**~sbuch** *n* book of entries; '**~sformel** *f* preamble; '**~szoll** *m* import duty.

'**eingeben** *Arznei*: give; *Gedanken usw.*: prompt, suggest (*dat.* to); *s. einreichen.*

eingebildet ['~gəbildət] imaginary; (*dünkelhaft*) conceited (*auf acc.* about).

'**eingeboren** native; *Sohn Gottes*: only begotten; 'ℒ**e** *m, f* native.

Eingebung ['~ge:buŋ] *f* inspiration.

eingedenk ['~gədɛŋk] mindful (*gen.* of); ~ *sein* (*gen.*) remember, bear in mind.

'**eingefallen** *Augen*: sunken; *Wangen*: hollow; (*abgezehrt*) emaciated.

eingefleischt ['~gəflaɪʃt] inveterate, ingrained, confirmed.

'**eingehen** *v/i.* (sn) *Brief, Ware*: come in, arrive; ⚘, *Tier*: die; (*aufhören*) cease, F fizzle out; *Betrieb*: close down; *Zeitung*: perish; *Stoff*: shrink; *j-m* ~ go down with a p.; ~ *auf* (*acc.*) agree to; *auf Einzelheiten*: enter into; ~ *lassen* (*aufgeben*) give up, drop, discontinue; *v/t.* (h., sn) *Beziehungen, Vertrag usw.*: enter into; *Ehe*: contract; *e-n Vergleich* ~ *mit* settle with; *Verpflichtungen* ~ incur liabilities; *e-e Wette* ~ make a bet, lay a wager; *eingegangene Gelder n/pl.* receipts *pl.*; '**~d** detailed; (*gründlich*) thorough; *Prüfung*: close.

Eingemachte ['~gəmaxtə] *n* (18) *in Zucker*: preserves *pl.*; *in Essig*: pickles *pl.*

eingemeind|en ['~gəmaɪndən] (26) incorporate (*dat.* into); 'ℒ**ung** *f* incorporation.

eingenommen ['~gənɔmən] prepossessed (*für* in favo[u]r of), partial (to); prejudiced (*gegen* against); *von sich* ~ self-conceited; 'ℒ**heit** *f* prepossession; prejudice, bias; self-conceit.

eingeschnappt F ['~gəʃnapt] *fig.* cross, peeved.

'**eingesessen**, 'ℒ**e** *m, f* resident.

eingestandenermaßen ['~gəʃtandənər'ma:sen] admittedly.

'**Eingeständnis** *n* confession, avowal, admission.

'**eingestehen** confess, avow.

eingetragen ['~gətra:gən] *amtlich*: registered.

Eingeweide ['~gəvaɪdə] *n/pl.* (7) *allg. anat.* viscera; (*Gedärme*) bowels; *bsd. v. Vieh*: entrails; *anat.* intestines.

Eingeweihte ['aɪngəvaɪtə] *m, f* initiate.

'**eingewöhnen** (*a. sich*) acclimatize, *Am.* acclimate (*in dat. u. acc.* to); accustom (to); *sich* ~ get accustomed (to).

eingewurzelt ['~gəvurtsəlt] deep-rooted, engrained.

'**eingießen** pour in(to *in acc.*); (*einschenken*) pour out.

eingleisig ['~glaɪziç] single-track.

'**eingliedern** incorporate, integrate (*in acc.* in[to]); *Gebiet*: annex (to).

'**eingraben** dig in; (*beerdigen*) bury; *in Stein usw., fig. ins Gedächtnis*: engrave (*in acc.* upon); ⚔ *sich* ~ entrench o.s.

'**eingravieren** engrave.

'**eingreifen 1.** ⊕ engage (*in acc.* in *od.* with); *Getriebe usw.*: gear in(to), mesh; *fig.* take action; ⚔ come into action; *vermittelnd*: intervene; *störend*: interfere (*in acc.* with); *fig.* interfere (with); *in die Debatte* ~ join in the debate; **2.** ℒ *n* (6) engagement; meshing; action; intervention; interference.

'**Eingriff** *m s. eingreifen*: gearing; ⚕ operation; *fig. s. Eingreifen.*

'**einhaken** hook in(to *in acc.*); *fig. sich bei j-m* ~ link arms with a p.; *fig.* cut in; *bei et.*: take a th. up.

'**Einhalt** *m*: ~ *gebieten od. tun* (*dat.*) put a stop to; 'ℒ**en** *v/t.* (*hemmen*) stop, check; (*genau beachten*) observe, comply with, keep; *Kurs usw.*: follow; *Versprechen*: keep; *Verpflichtung*: meet; *die Zeit* ~ be punctual; *v/i.* stop, leave off; '**~ung** *f* (*gen.*) observance (of), compliance (with).

'**einhandeln** obtain; trade in.

einhändig|en ['~hɛndigən] (25) hand over, deliver; 'ℒ**ung** *f* delivery.

'**einhängen** *v/t.* hang in; (*aufhängen*) hang (up); *Tür*: put on its hinges; *sich bei j-m* ~ link arms with a p.; *v/i. teleph.* hang up.

'**einhauen** *v/t.* hew in; (*aufbrechen*) cut open; *v/i.* ~ *auf* (*acc.*) fall upon; F *beim Essen*: F tuck in.

ˈ**einheften** sew (*od.* stitch) in; *Akten*: file.
ˈ**einhegen** *s. einfriedigen.*
ˈ**einheimisch** native (*in dat.* to), (*a.* ⚘) indigenous (to); domestic (*a.* ✝); home-made; *Krankheit*: endemic; ˈ**2e** *m, f* native; resident.
einheimsen [ˈ~haɪmzən] (27) *Ernte*: reap; *fig. a.* pocket.
ˈ**Einheirat** *f*: ~ *in* (*acc.*) marriage into; ˈ**2en** *v/i.*: ~ *in* (*acc.*) marry into.
ˈ**Einheit** *f* unity; (*Gleichheit*) oneness; ♠, *phys.*, ⊕, ⚔ unit; ˈ**2lich** uniform; ˈ**~lichkeit** *f* uniformity; ˈ**~skurzschrift** *f* standard shorthand system; ˈ**~s-preis** *m* standard (*od.* flat) price; ˈ**~s-preisgeschäft** *n* one-price store; ˈ**~sschule** *f* comprehensive school; ˈ**~sstaat** *m* centralized state.
ˈ**einheizen** light a fire; heat; F *fig. j-m* ~ make it hot for a p.
einhellig [ˈaɪnhɛlɪç] unanimous; ˈ**2keit** *f* unanimity.
einher [~ˈheːr] along.
ˈ**einholen** *v/t.* (*erreichen*) catch up with, overtake; *Versäumtes*: make up for; *Genehmigung*: apply for; *Gutachten usw.*: obtain; *Befehl*: take; *Rat*: seek, take; (*einkaufen*) buy; *Segel*: strike; *Flagge*: haul down; *v/i.* go shopping.
ˈ**Einhorn** *n* unicorn.
Einhufer [ˈ~huːfər] *m* (7) solid-hoofed animal, soliped.
ˈ**einhüllen** wrap (up); envelop.
einig [ˈaɪnɪç] united; (*sich*) ~ *sein* be at one, be agreed, agree; (*sich*) *nicht* ~ *sein* (*über acc.*) differ (about); (*sich*) ~ *werden* come to an agreement *od.* to terms.
einige [ˈaɪnigə] some, a few; several; ˈ**~n** (25) (*vereinigen*) unite; *sich* ~ come to terms; agree (*mit* with *a p.*; *auf acc., über acc.* [up]on); **~rmaßen** [ˈ~rˈmaːsən] to some extent; (*ziemlich*) rather, fairly; ˈ**~s** something, several things.
ˈ**Einigkeit** *f* (16) unity; (*Übereinstimmung*) agreement; (*Eintracht*) concord; (*Einmütigkeit*) unanimity.
ˈ**Einigung** [ˈ~guŋ] *f* union; (*Übereinstimmung*) agreement; (*Vergleich*) settlement; *pol.* unification.
ˈ**ein-impf|en** inoculate (*a. fig. j-m* into a p.); ˈ**2ung** *f* inoculation.
ˈ**einjagen:** *j-m Furcht* ~ frighten a p.
ˈ**einjährig** (one-)year-old; *Dauer*: of one year, one year's; *bsd.* ⚘ annual.
ˈ**einkalkulieren** take into account; allow for.
ˈ**einkassier|en** cash; *Schulden*: collect; ˈ**2ung** *f* cashing; collection.
ˈ**Einkauf** *m* purchase; *Einkäufe machen* go shopping; ˈ**2en** buy, purchase.
ˈ**Einkäufer** ✝ *m* buyer.
ˈ**Einkaufs|netz** *n* string bag; ˈ**~preis** *m* cost-price, first (*od.* prime) cost; ˈ**~tasche** *f* shopping bag; ˈ**~zentrum** *n* shopping cent|re (*Am.* -er).
Einkehr [ˈ~keːr] *f* (16) putting up (*in dat., bei* at); *fig.* contemplation; *fig.* ~ *bei sich halten* commune with o.s.; ˈ**2en** (25) *in e-m Gasthaus*: stop at *an inn* (for drink, food); (*übernachten*) put up (*in dat., bei* at).
einkeilen [ˈ~kaɪlən] *fig.* wedge in.
einkellern [ˈ~kɛlərn] (29) lay in.
ˈ**einkerb|en** (25), ˈ**2ung** *f* notch.
einkerker|n [ˈ~kɛrkərn] (29) imprison, incarcerate; ˈ**2ung** *f* imprisonment, incarceration.
ˈ**einklagen** *Schuld*: sue for.
ˈ**einklammern** *Wort usw.*: bracket, put in parentheses.
ˈ**Einklang** *m* unison; harmony; accord; *in* ~ *bringen* bring into line, harmonize, square (*mit* with); *im* ~ *stehen* be compatible *od.* in keeping, coincide, square (*mit* with).
ˈ**einkleben** paste in(to *in acc.*).
ˈ**einkleid|en** clothe; (*a. fig.*) invest; ˈ**2ung** *f* clothing; investiture.
ˈ**einklemmen** squeeze in; jam (*od.* wedge) in.
ˈ**einklinken** latch; ⊕ engage.
ˈ**einknicken** *v/t. u. v/i.* (sn) bend in, break; *a. Knie*: buckle.
ˈ**einkochen** *v/t. u. v/i.* (sn) (*eindicken*) boil down; (*einmachen*) preserve.
ˈ**einkommen 1.** (sn): *bei j-m*: petition, apply to (*um* for); *s. Abschied*; **2.** 2 *n* (6) income; *pol.* revenue; ˈ**2steuer** *f* income-tax; ˈ**2stufe** *f* income class (*Am.* bracket).
ˈ**einkreis|en** encircle; ˈ**2ung** *f* encirclement.
einkremen [ˈ~kreːmən] (25) cream.
Einkünfte [ˈ~kynftə] *pl.* (14[1]) proceeds, receipts; (*Einkommen*) income; *pol.* revenue *sg.*

'einkuppeln ⊕ clutch, couple, *mot.* (let in *or* engage the) clutch.
'einlad|en *et.*: load in; *j-n*: invite; **'~end** inviting; **'♀ung** *f* invitation.
'Einlage *f im Brief*: enclosure; ⊕ insert; (*Schicht*) layer; (*Zahn♀*) temporary filling; *Schneiderei*: padding; *Küche*: garnish; (*Schuh♀*) (arch-)support; ✝ investment; (*Bank♀*) deposit; *Spiel*: stake; *thea.* insert(ed piece), extra; (*a. fig.*) interlude.
'einlagern lay in; ✝ warehouse, store, put into stock.
Einlaß ['~las] *m* (4) admission, admittance; ⊕ inlet.
'einlassen let in, admit; (*einfügen*) put in; *sich in* (*od. auf*) *et.* (*acc.*) ~ engage in, enter into; embark on; *leichtsinnig*: meddle with; *sich mit j-m* ~ have dealings with, *feindselig*: tangle with.
'Einlaßkarte *f* admission ticket.
'Einlauf ⚕ *m* enema.
'einlaufen (sn) come in, arrive; *Schiff*: enter; *Stoff*: shrink; *nicht ~d* shrink-proof; *Bad ~ lassen* run *the bath.*
'einläuten ring in.
'einleben: *sich* ~ accustom o.s. (*in dat. u. acc.* to).
'Einlege-arbeit *f* inlaid work.
'einlegen lay (*od.* put) in; ⊕ *mit et.*: inlay; *Geld*: deposit; *in Salz*: salt; pickle; *Früchte*: preserve; *Berufung* ~ lodge an appeal (*bei* to); *Ehre* ~ *mit* gain hono(u)r (*od.* credit) by; *ein Wort ~ für* intercede for.
'Einlegesohle *f* insole, *Brt. a.* sock.
'einleit|en introduce; start, launch; *Verhandlungen usw.*: open; ⚖ institute; **'~end** introductory; **'♀ung** *f* introduction; ⚖ institution.
'einlenken turn in; *fig.* come round.
'einlernen: *sich et.* ~ learn thoroughly; *j-m et.* ~ teach a p. a th.
'einleuchten be evident *od.* obvious; *das will mir nicht* ~ I cannot see that; **'~d** evident, obvious, clear.
'einliefer|n deliver (up); *e-n Gefangenen*: commit (to prison); *in ein Krankenhaus* ~ take to a hospital, *Am.* hospitalize; **'♀ung** *f* delivery; **'♀ungsschein** *m* receipt of delivery.
'einliegend *im Brief*: enclosed.
'einlös|en redeem; *Schuld, Rechnung*: discharge; ✝ *Wechsel*: hono(u)r, take up; *Scheck*: cash; **'♀ung** *f* redemption; discharge, payment; cashing, passing.
einlullen ['~lulən] (25) lull to sleep; *fig.* lull.
'einmach|en *Früchte*: preserve, bottle; *Fleisch*: pot; **'♀glas** *n* preserving jar.
'einmal once; (*künftig*) one day, some time; *auf* ~ (*plötzlich*) all at once, (*gleichzeitig*) at the same time; *es war* ~ once (upon a time) there was; *nicht* ~ not even, not so much as; *stellen Sie sich ~ vor* just fancy; *~ ist keinmal* one and none is all one.
Einmal'-eins *n* (*Tabelle*) multiplication-table; *großes* (*kleines*) ~ compound (simple) multiplication.
'einmalig single, one; *Zahlung usw.*: non-recurring; *fig.* singular; *~e Gelegenheit* unique opportunity.
'Einmarsch *m* marching-in, entry; **'♀ieren** (sn) march in, enter.
'einmauern immure, wall in.
'einmeißeln chisel in, engrave.
'einmengen mix in; *sich* ~ meddle, interfere (*in acc.* with), F *bsd. Am.* butt in.
'einmieten take lodgings (*j-n* for a p.; *bei j-m* with a p.); *Kartoffeln usw.*: pit.
'einmischen *s. einmengen.*
'Einmischung *f* interference.
einmotorig ✈ ['~mo'to:riç] single--engine(d). [*usw.*).]
'einmotten mothball (*a. Schiff*}
'einmünd|en: ~ *in* (*acc.*) *Straße*: run into, join; *Fluß*: flow into; **'♀ung** *f Straße*: junction; *Fluß*: mouth.
einmütig ['~my:tiç] unanimous; **'♀keit** *f* unanimity.
Einnahme ['~na:mə] *f* (15) ⚔ taking, conquest, capture; (*Geld♀*) receipt, *mst ~n pl.* takings, receipts.
'einnebeln (29) smoke-screen.
'einnehmen take in; *Geld usw.*: receive; *Steuern*: collect; ⚔ take; *Raum*: take up, occupy; *Arznei, Mahlzeit, s-n Platz*: take; *Haltung*: assume; *Stelle*: hold; *fig.* captivate, charm; *j-n ~ für* (*gegen*) prejudice in favo(u)r of (against); **'~d** winning, engaging, charming.
'einnicken (sn) doze off.
'einnisten: *sich* ~ nestle (down); *fig.* settle (down).

ˈ**Ein·öde** *f* desert, solitude.
ˈ**ein·ölen** oil.
ˈ**ein·ordnen** arrange in (proper) order; *Brief usw.*: file; *in Klassen*: classify; *ins Ganze*: integrate (*in acc.* into); *mot. sich* (*rechts*) ~ get into (the right) lane.
ˈ**einpacken** *v/t.* pack up; (*einwickeln*) wrap up; *v/i.* F *fig.* pack up.
ˈ**einpassen** fit in(to *in acc.*).
ˈ**einpauken** F cram.
ˈ**einpendeln:** *sich* ~ *fig.* even out, come right.
ˈ**einpferchen** pen in; *fig.* cram (*od.* pack) together.
ˈ**einpflanzen** plant; *fig.* implant (*j-m* in a p.'s mind).
einphasig ⚡ [ˈ~fa:ziç] single-phase, monophase.
ˈ**einplanen** include, allow for.
ˈ**einpökeln** pickle, salt, corn.
einpolig ⚡ [ˈ~po:liç] unipolar.
ˈ**einpräg|en** imprint; *j-m et.*: impress on a p.'s mind; *sich* ~ sink into the mind *od.* memory; *sich et.* ~ commit a th. to one's memory; **~sam** [ˈ~prɛ:kza:m] impressive.
ˈ**einquartier|en** quarter, billet (*in e-n Ort, bei j-m* on; *in e-e Wohnung* in); ˈ**⁀ung** *f* billeting; soldiers *pl.* billeted *od.* quartered, billetees.
ˈ**einrahmen** (25) frame.
ˈ**einrammen** ram in(to *in acc.*).
ˈ**einrasten** (sn) engage (*in acc.* in).
ˈ**einräum|en** (*wegpacken*) clear away; *Möbel*: place (*od.* put) in; *Zimmer*: put the furniture in *a room*; (*abtreten*) give up, cede (*j-m* to); (*zugestehen*) grant, concede; ⚜ *Frist, Kredit usw.*: grant, allow; ˈ**~end** *gr.* concessive; ˈ**⁀ung** *f* grant (-ing), concession.
ˈ**einrechnen** include; (*einkalkulieren*) allow for; (*nicht*) *eingerechnet* ... (not) including ...
ˈ**Einrede** *f* objection; ⚖ demurrer, plea; ˈ**⁀n** *v/t. j-m et.*: make a p. believe *a th.*, talk a p. into; *sich et.* ~ imagine a th.; *v/i. auf j-n* ~ talk (insistently) to a p., *drängend*: urge a p.
ˈ**einreiben** rub in(to *in acc.*); ~ *mit* rub with; *mit Fett* ~ grease.
ˈ**einreichen** hand in; *Gesuch, Rechnung usw.*: submit, file, present; *s-e Entlassung*: hand in, tender (*one's resignation*); *Klage*: file, lodge.
ˈ**einreihen** range (*in acc.* in; *unter acc.* among).
einreihig [ˈ~raiiç] *Jacke*: single-breasted.
ˈ**Einreise** *f* entry (*in acc.* into); ˈ**~erlaubnis** *f* entry permit.
ˈ**einreißen** *v/t.* tear; *Haus*: pull down, demolish; *v/i.* (sn) tear; *fig.* spread, gain ground.
einrenken [ˈ~rɛŋkən] (25) set; *fig.* set right; *sich* ~ come right.
ˈ**einrennen** crash through; *j-m das Haus* ~ pester a p.; *offene Türen* ~ force an open door.
ˈ**einricht|en** *Glied*: set; *Wohnung*: fit up, furnish; ⊕ install; *Geschäft, Schule usw.*: establish; set up; (*ausstatten*) equip; (*errichten*) establish; (*ermöglichen*) arrange (*a.* ♪), manage; *es* (*so*) ~, *daß* arrange (*od.* see to) it that; *sich* ~ establish o.s., settle down; *sparsam*: economize; *sich* ~ *auf* (*acc.*) prepare for; *sich* ~ *mit* manage with; *sich* ~ *nach* adapt o.s. to; *es läßt sich* ~ it can be arranged; ˈ**⁀ung** *f* (*Ausstattung*) equipment; *e-s Hauses etc.*: furnishings *pl.*, appointments *pl.*; (*Laden⁀*) fittings *pl.*; ⊕ (*Anlage od. Einbau*) installation; (*bequeme* ~) facility; (*Anordnung*) arrangement; (*Gründung od. Anstalt*) establishment; (*öffentliche* ~ public) institution; ˈ**⁀ungsgegenstand** *m* piece of furniture; *mst pl. Einrichtungsgegenstände* fixtures, fittings.
ˈ**einrosten** (sn) get rusty (*a. fig.*).
ˈ**einrücken** *v/i.* (sn) enter, march in; ⚔ *zur Truppe*: be called up; *v/t. in die Zeitung*: insert; *typ. Zeile*: indent; ⊕ *Kupplung usw.*: engage; *Gang*: shift.
ˈ**einrühren** stir, mix in.
eins [aɪns] **1.** one; *es ist mir alles* ~ it is all one (*od.* the same) to me; ~ *ums andere* one after the other, *abwechselnd*: by (*od.* in) turns; ~ *trinken* have a glass; ~ *sein fig.* be at one; *nicht* ~ *sein* differ; **2.** ⁀ *f* (16³) one; *auf Würfeln*: ace; (*Schulnote*) alpha, grade one.
einsacken [ˈaɪnzakən] (25) bag, sack; *fig.* pocket.
ˈ**einsalzen** salt.
ˈ**einsam** lonely, solitary; ˈ**⁀keit** *f* loneliness, solitude.
ˈ**einsammeln** gather; *Geld usw.*: collect.

'**Einsatz** *m* ⊕ inset; *am Hemd*: shirt-front; *am Kleid*: insertion; *im Koffer*: tray; (*Gefäß usw.*) insert; (*Spiel*≗) stake, *gemeinsamer*: pool; ♪ striking in, intonation; (*Verwendung*) use, employment; *v. Truppen*: engagement, action; ⚔ (*Auftrag*) mission, operation; *v. Arbeitskräften*: employment; (*Anstrengung*) effort; *im* ~ in action (*a.* ⊕); ⚔, ✈ ~ *fliegen* fly a sortie *od.* mission; *mit vollem* ~ all out; *unter* ~ *s-s Lebens* at the risk of one's life; '≗**bereit** ready for action (⊕ for operation); *fig.* devoted; '≗**fähig** serviceable; (*verfügbar*) available; ⚔ fit for action.

'**einsäumen** hem in.

'**einschalt|en** insert; ⚡, *Radio*: switch (*od.* turn) on; *Kupplung*: throw in; *mot.* start; *fig.* (*einschieben*) insert; *j-n*: call in; *sich* ~ intervene; '≗**ung** *f* insertion; intervention.

'**einschärfen** enjoin (*dat.* upon).

'**einscharren** bury.

'**einschätz|en** estimate, assess (*auf acc.* at); *fig. j-n*: appraise, F size up; '≗**ung** *f* estimation, assessment; appraisal.

'**einschenken** pour out *od.* in(to *in acc.*); *j-m Wein usw.* ~ help a p. to; *s. rein.*

'**einschicken** send in.

'**einschieb|en** push (*od.* slip) in; insert (*a. fig. Worte usw.*); '≗**ung** *f* insertion.

'**einschießen** shoot (*od.* batter) down; *ein Gewehr*: test, try; *Fußball*: score, net; *Geld*: contribute; *sich* ~ *auf ein Ziel* find the range of, bracket.

'**einschiff|en** (*a. sich*) embark (*nach* for); '≗**ung** *f* embarkation.

'**einschlafen** (sn) fall asleep; *Glied*: go to sleep; *fig.* (*sterben*) pass away; *Briefwechsel usw.*: drop, fizzle out; ~ *lassen* drop.

'**einschläf(e)rig** *Bett*: single.

einschläfern ['aɪnʃlɛːfərn] (29) lull to sleep; *fig.* lull (into security); narcotize; '~**d** soporific, narcotic.

'**Einschlag** *m* (*Hülle*) wrapper, cover, envelope; *Weberei*: woof, weft; *am Kleid*: tuck; *e-s Geschosses*: impact; *fig.* infusion, streak, touch.

'**einschlagen** *v/t. Nagel*: drive in(to *in acc.*); (*zerbrechen*) break (in); *Fenster, Schädel*: smash (in); (*einhüllen*) envelop, wrap up; *Weg*: take; *Laufbahn*: enter upon; (*zs.-falten*) tuck in; *v/i.* shake hands; *Blitz*: strike (*in ein Haus* a house); *Geschoß*: hit; (*Erfolg haben*) be a success *od.* hit; *nicht* ~ fail; ~ *auf* (*acc.*) strike out at.

'**Einschlag(e)papier** *n* wrapping paper.

einschlägig ['~ʃlɛːgiç] pertinent, relevant.

'**einschleichen** (sn) *mst sich* ~ creep (*od.* sneak) in(to *in acc.*); *fig. sich* ~ *Fehler usw.*: creep in; *in j-s Vertrauen usw.* worm o.s. into.

'**einschleppen** drag in; *Krankheit*: import.

'**einschleusen** channel (*od.* let) in; *Spione*: infiltrate.

'**einschließ|en** lock in *od.* up; (*umgeben*; *in e-n Brief* ~) enclose; ⚔ surround, encircle; *fig.* include; '~**lich** (*gen.*) including, inclusive (of); *Seite 1 bis 10* ~ pages 1 to 10 inclusive.

'**einschlummern** (sn) doze off.

'**Einschluß** *m*: *mit* ~ (*gen.*) including, inclusive of.

'**einschmeicheln:** *sich* ~ ingratiate o.s. (*bei* with); '~**d** ingratiating.

'**einschmelzen** melt down.

'**einschmieren** smear; *mit Fett*: grease; *mit Krem*: cream.

'**einschmuggeln** smuggle in.

'**einschnappen** (sn) catch, click; *fig. s. eingeschnappt.*

'**einschneiden** cut in; *Namen usw.*: carve (*in acc.* in); (*einkerben*) notch; (*auszacken*) indent; '~**d** *fig.* incisive.

'**einschneien** snow up *od.* in.

'**Einschnitt** *m* cut, incision; (*Kerbe*) notch; *fig.* cut, turning-point.

'**einschnüren** *Taille*: lace; *Hals*: strangle; *s. schnüren, einengen.*

'**einschränk|en** (25) restrict, confine (*auf acc.* to); *Ausgaben, Produktion, Umfang*: reduce; *Behauptung usw.*: qualify; *sich* ~ economize; '~**end** restrictive; '≗**ung** *f* restriction; reduction; qualification; *mit (ohne)* ~ (*Vorbehalt*) with (without) reservation.

'**einschrauben** screw in(to *in acc.*).

'**Einschreibe|brief** *m* registered letter; '~**gebühr** *f* registration-fee.

'**einschreiben** (*eintragen*) enter;

(*buchen*) book; *als Mitglied u.* ⚔: enrol(l); ✉ register; *e-n Brief ~ lassen* have a letter registered; *sich ~* enter one's name.
'einschreiten 1. (sn) *fig.* step in, interfere, intervene; *~ gegen* proceed against; **2.** ♀ *n* (6) intervention.
'einschrumpfen (sn) shrink.
'einschüchter|n (29) intimidate, cow; *durch Gewalttätigkeit*: bully; *durch Drohungen*: browbeat; **'♀ung** *f* intimidation; **'♀ungsversuch** *m* attempt at intimidation.
'einschulen put to school.
'Einschuß *m* bullet-hole; (*Wunde*) entry wound; ✝ capital invested (*od.* paid in); *Weberei*: woof, weft.
'einschütten pour in(to *in acc.*).
'einsegn|en consecrate; *Kinder*: confirm; **'♀ung** *f* consecration; confirmation.
'einsehen 1. look into *od.* over; (*prüfen*) inspect; (*verstehen*) see, understand; (*erkennen*) realize; (*richtig einschätzen*) appreciate; **2.** ♀ *n*: *ein ~ haben* show consideration.
'einseifen soap; *beim Rasieren*: lather; *fig.* F (*betrügen*) take in.
einseitig ['aɪnzaɪtɪç] one-sided (*a. fig.*); 🕮, *pol.*, ⚖ unilateral; *~e Lungenentzündung* single pneumonia; **'♀keit** *f* one-sidedness.
'einsend|en send in; (*einreichen*) hand in, submit; *Fußball*: net; **'♀er(in** *f*) *m* sender; *an e-e Zeitung*: contributor; **'♀ung** *f* sending in; (*Zuschrift*) letter.
'einsetz|en *v/t.* set (*od.* put) in; *Geld*: stake; (*einfügen*; *inserieren*) insert; (*stiften, gründen*) institute; *in ein Amt*: install (*in acc.* in), appoint (to); (*anwenden*) use, apply, (*a.* ⚔) employ, bring into action; *Leben*: risk, stake; *sich ~* extend o.s.; *sich ~ für* stand up for; (*bitten, plädieren*) plead for, advocate; *v/i.* ♪ strike (*fig.* chime) in; *Fieber, Wetter usw.*: set in; **'♀ung** *f* insertion; appointment, installation; *s. Einsatz.*
'Einsicht *f* (16) inspection; *fig.* insight; judg(e)ment; understanding; **'♀ig** *s. einsichtsvoll*; **~nahme** ['~na:mə] *f* (15): *zur ~* for inspection; *nach ~* on sight; **'♀svoll** judicious; (*verständig*) sensible.
'einsickern (sn) infiltrate (*a.* ⚔ *usw.*), ooze (*od.* soak, seep) in(to *in acc.*).
'Einsiedler *m* (7), **'~in** *f* (16[1]) hermit; **'♀isch** recluse, solitary.
einsilbig ['~zilbɪç] monosyllabic; (*wortkarg*) taciturn; *~es Wort* monosyllable; **'♀keit** *f fig.* taciturnity.
'einsinken (sn) sink in(to *in acc.*).
Einsitz|er ['~zɪtsər] *m* (7) single-seater; **'♀ig** single-seated.
'einspannen stretch (*in e-n Rahmen* in a frame); ⊕ clamp, chuck; *Pferd, a. fig.*: harness (*für, in acc.* to); *j-n*: make *a p.* work; *an den Wagen*: put to.
Einspänner ['~ʃpɛnər] *m* (7) one-horse carriage; F *fig.* recluse.
'einspar|en economize; *Material, Zeit*: save; **'♀ung** *f* economization; saving(s *pl.*); economies *pl.*
'einsperren lock up.
'einspielen *Waage*: (*a. sich*) balance (out); *Geld*: realize, net; *sich ~ Sport*: play o.s. in, warm up; *fig. S.*: get into its stride; *sich aufeinander ~* become co-ordinated; *sie sind gut aufeinander eingespielt* they are a fine team.
'Einsprache *f s. Einspruch.*
'einsprechen *v/t.*: *j-m Mut ~* encourage a p.; *j-m Trost ~* comfort a p.; *v/i. s. einreden.*
'einsprengen *Wäsche*: sprinkle; *geol.* intersperse (*a. fig.*).
'einspringen (sn) ⊕ catch, snap; *Stoff*: shrink; (*sich einbiegen*) bend in; *fig.* (*aushelfen*) step in(to the breach), help out; *für j-n ~* substitute (*Am. a.* pinchhit) for a p.; *~ auf* (*acc.*) fly at; *~der Winkel* re-entrant angle.
'einspritz|en inject; **'♀motor** *m* fuel injection engine; **'♀ung** *f* injection.
'Einspruch *m* objection (*a.* ⚖); protest, veto; (*Berufung*) appeal; *~ erheben* enter a protest (*gegen* against), take exception (to), veto (*gegen et.* a thing); **'~srecht** *n* veto.
einspurig ['~ʃpu:rɪç] single-track.
einst [aɪnst] (*vormals*) once; (*künftig*) one (*od.* some) day.
einstampfen ['aɪnʃtampfən] *Schriften*: pulp.
'Einstand *m* (*Antritt*) entrance; *Tennis*: deuce.
'einstechen prick, puncture; *Nadel*: stick in.

'einstecken put in; *in die Tasche, a. Beleidigung*: pocket; *ins Gefängnis*: put in; *Schwert*: sheathe.
'einstehen (sn): ~ *für* answer for.
'einsteigen (sn) get in; 🚂 *alle* ~! take your seats!, *Am.* (all) aboard!
'einstell|bar ⊕ adjustable; **'~en** put in; ⚔ enrol(l), enlist; *Arbeiter, Hausgehilfin*: engage, *Am.* hire; (*aufgeben*) give up, drop, discontinue; *Zahlung, Feindseligkeiten usw.*: suspend, stop; *Mechanismus, a. fig.*: adjust (*auf acc.* to); *Radio*: tune in (to); *Arbeit*: stop; *Fabrikbetrieb*: shut down; *opt., a. fig. Gedanken usw.*: focus (*auf acc.* on); *Auto*: garage; *Rekord*: tie; ⚔ *das Feuer* ~ cease fire; *sich* ~ appear, turn up, show up; *Wetter usw.*: set in; *fig. sich* ~ *auf* (*acc.*) adjust (*od.* adapt) o.s. to, *vorbereitend*: prepare for; *sozial usw. eingestellt* socially *etc.* minded; *eingestellt auf* (*acc.*) prepared for *a th.*, to *inf.*; *eingestellt gegen* opposed to; **'~ig** & of one place *od.* figure; **'2ung** *f* recruiting, enlistment; engagement; suspension; adjustment; strike; focus; *geistig*: mental attitude, mentality, outlook.
einstig ['aınstiç] (*künftig*) future; (*ehemalig*) former, one-time; (*verstorben*) late.
'einstimm|en chime (*od.* join) in; *fig. a.* agree (*in acc.* to); **'~ig** ♪ of (*od.* for) one voice; (*einmütig*) unanimous; **'2igkeit** *f* unanimity.
einstmals ['aınstmɑ:ls] *s. einst.*
einstöckig ['~ʃtœkiç] one-storied.
'einstöpseln ⚡ plug in.
'einstoßen push (*od.* thrust) in; *Fensterscheibe usw.*: smash in.
'einstreichen *Geld*: pocket.
'einstreuen strew in(to *in acc.*); *fig.* intersperse.
'einströmen (sn) stream (*od.* pour) in.
'einstudieren study; *thea. Stück*: rehearse; *Rolle*: get up.
'einstuf|en (25) classify; grade, rate; **'2ung** *f* classification; rating.
'einstürmen (sn) rush in; *fig. auf j-n* ~ rush at a p., assail a p.
'Einsturz *m* falling-in, collapse.
'einstürzen *v/i.* (sn) fall in, break (*od.* tumble) down, collapse; *fig. auf j-n*: overwhelm.
einstweil|en ['aınstvaılən] in the meantime; (*für jetzt*) for the present; **'~ig** temporary.
eintägig ['aıntɛ:giç] one-day.
Eintagsfliege ['~tɑ:ks-] *f* ephemera (*a. fig.*)
'eintauchen *v/t. u. v/i.* (sn) dip in.
'eintauschen exchange, barter (*beide*: *gegen* for).
'einteil|en divide (*in acc.* into); (*verteilen*) distribute; (*planen*) plan; *in Klassen*: classify; *zeitlich*: time; *zur Arbeit*: assign (to); detail; **~ig** ['~taıliç] one-piece; **'2ung** *f* division; distribution; classification.
eintönig ['~tø:niç] monotonous; **'2keit** *f* monotony.
'Eintopf(gericht *n*) *m* hot-pot.
'Eintracht *f* harmony, concord.
einträchtig ['~trɛçtiç] harmonious; peaceful.
Eintrag ['~trɑ:k] *m* (3[3]) *s. Eintragung*; (*Abbruch*) prejudice; (*Schaden*) damage; ~ *tun* (*dat.*) prejudice, injure; **2en** ['~trɑ:gən] *schriftlich*: enter; *amtlich*: register; *als Mitglied*: enrol(l); *Gewinn*: bring in, yield; *sich* ~ (*P.*) enter one's name; register (*bei* with); *fig. j-m Böses*: bring on.
einträglich ['aıntrɛ:kliç] profitable.
Eintragung ['~trɑ:guŋ] *f* entry; (*Posten*) item; *amtliche*: registration.
'eintränken: *ich werde es dir* ~ I'll make you pay for it.
'eintreffen (sn) arrive; (*geschehen*) happen; *Voraussagung*: come true; **'2** *n* arrival.
'eintreiben drive in *od.* home; *Schulden, Steuern*: collect.
'eintreten *v/i.* (sn) enter (*in ein Haus* a house); step in; *in das Heer, ein Geschäft usw.*: join; *in ein Amt*: enter on; *in Verhandlungen*: enter into; (*sich ereignen*) occur (*a. Tod*), happen, take place; *Fall, Umstände*: arise; *Wetter usw.*: set in; *für j-n*: answer (*od.* stand up *od.* intercede) for; *v/t. Tür*: kick in; *sich et.* ~ run a th. into one's foot; **'~denfalls** should the case arise.
eintrichtern ['~triçtərn] (29) *fig. j-m et.*: drum into a p.'s head.
'Eintritt *m* entry, entrance; (*Einlaß*) admittance; (*Anfang*) beginning; *des Winters usw.*: setting in; ~ *frei!* admission free!; ~ *verboten!* no admittance!; **'~sgeld** *n* entrance-fee; **'~skarte** *f* admission ticket.

ˈ**eintrocknen** (sn) dry in *od.* up.
eintunken [ˈ~tuŋkən] (25) dip in; *Brot usw.*: sop, dunk.
ˈ**ein·üben** *et.*: (*a. sich*) practise; *j-n*: train, coach, drill.
einverleib|en [ˈ~fɛrlaɪbən] (25) incorporate (*dat. od. in acc.* in, with); (*aneignen*) annex (to); ˈ**2ung** *f* incorporation; annexation.
Einver|nehmen [ˈ~fɛrneːmən] *n* (6), ˈ**~ständnis** *n* agreement, understanding; *in gutem ~* on friendly terms; *sich mit j-m ins ~ setzen* come to an understanding with a p.; **2standen** [ˈ~fɛrʃtandən]: *~!* agreed!; (*nicht*) *~ sein* (dis)agree.
Einwand [ˈ~vant] *m* (3[3]) objection (*gegen* to); *~ erheben* raise an objection.
ˈ**Einwander|er** *m* (7) immigrant; ˈ**2n** (sn) immigrate; ˈ**~ung** *f* immigration.
ˈ**einwandfrei** *adj.* unobjectionable; (*unanfechtbar*) incontestable; (*tadellos*) blameless; ⚕ faultless; *~e Führung* irreproachable conduct; *nicht ~* objectionable; *adv.* absolutely.
einwärts [ˈ~vɛrts] inward(s).
ˈ**einwechseln** change; (*tauschen*) exchange.
ˈ**Einwegflasche** *f* one-way bottle, non-return bottle.
ˈ**einweichen** (25) steep, soak.
ˈ**einweih|en** *eccl.* consecrate; *Denkmal usw.*: inaugurate; *in (acc.) ~* initiate into, *in ein Geheimnis ~ a.* let into; *eingeweiht (Mitwisser) sein* be in the secret, F be in the know; ˈ**2ung** *f* consecration; inauguration; initiation.
ˈ**einweis|en** install (*in ein Amt* in); assign (*in e-e Wohnung* in[to]); (*lenken*) direct; ✈ *am Boden*: marshal, *in der Luft*: vector; (*unterweisen*) instruct, brief; ˈ**2ung** *f* installation; assignment; instruction, briefing.
ˈ**einwend|en** object (*gegen* to); *~, daß ...* argue that ...; ˈ**2ung** *f* objection.
ˈ**einwerfen** throw in (*a. fig.*); *Fenster*: smash, break; *Bemerkung usw.*: interject; (*einwenden*) object.
ˈ**einwickel|n** wrap (up), envelop (*in acc.* in); F *fig. j-n*: *sl.* bamboozle; ˈ**2papier** *n* wrapping paper.
einwillig|en [ˈaɪnvɪlɪgən] consent, agree (*in acc.* to); ˈ**2ung** *f* consent.
ˈ**einwirk|en:** *fig. ~ auf (acc)* act (up)on; (*angreifen*) affect; (*beeinflussen*) influence, work (up)on *a p.*; ˈ**2ung** *f* action; effect; influence.
Einwohner [ˈ~voːnər] *m* (7), ˈ**~in** *f* inhabitant, resident; ˈ**~ˈmelde·amt** *n* registration office; ˈ**~schaft** *f* inhabitants *pl.*
ˈ**Einwurf** *m Sport*: throw-in; *fig.* objection; *für Briefe usw.*: opening, slit; *für Münzen*: slot.
ˈ**einwurzeln** (sn) take root; *s. eingewurzelt.*
ˈ**Einzahl** *f* singular (number); ˈ**2en** pay in; ˈ**~ung** *f* payment; *Bank*: deposit; ˈ**~ungsschein** *m* paying-in slip, *Am.* deposit slip.
einzäun|en [ˈ~tsɔʏnən] (25) fence in; ˈ**2ung** *f* enclosure; fence.
ˈ**einzeichn|en** draw in; *sich ~* enter one's name; ˈ**2ung** *f* entry.
Einzel [ˈaɪntsəl] *n s. ~spiel*; ˈ**~·aufhängung** *mot. f* independent suspension; ˈ**~·aufstellung** *f* itemized list; ˈ**~fall** *m* individual case; ˈ**~firma** ⚕ *f* one-man firm; ˈ**~gänger** *m* outsider, F lone wolf; ˈ**~haft** *f* solitary confinement; ˈ**~handel** *m* retail trade; ˈ**~händler** *m* retailer; ˈ**~haus** *n* detached house; ˈ**~heit** *f* particular point, detail, item; *~en pl.* particulars, details; *bis in alle ~en* down to the smallest detail; ˈ**~kampf** *m* single combat *od.* fight; ˈ**2n** single; (*besonder*) particular; (*für sich allein*) individual, isolated; (*abgetrennt*) separate; *Schuh usw.*: odd; *im ~en* in detail; *~ angeben od. aufführen* specify, *bsd. Am.* itemize; *ins ~e gehen* go into detail(s); *der 2e* the individual; *jeder ~e* each man; each (one); ˈ**2nstehend** *s. alleinstehend*; ˈ**~persönlichkeit** *f* individual; ˈ**~spiel** *n Tennis*: single; ˈ**~teil** *m* component (part); ˈ**~verkauf** *m* sale by retail; ˈ**~wesen** *n* individual; ˈ**~zelle** *f* solitary cell; ˈ**~zimmer** *n* single room.
einzieh|bar ✈ [ˈaɪntsiːbaːr] *Fahrgestell*: retractable; ˈ**~en** *v/t.* draw in; *bsd.* ⊕ retract; *Flagge*: strike; *Segel*: take in; ⚔ call up, *Am.* draft, induct; ⚖ seize, confiscate; *Steuer usw.*: collect; *Geldscheine, Münzen*: withdraw; *Erkundigungen ~* make inquiries (*über acc.* on, about), gather information (on, about); *v/i.* (sn) enter, march in; *in e-e Woh-*

nung: move in; *Flüssigkeit*: soak in; '⁀ung *f* ⚔ calling-up, *Am.* drafting, induction; ⚖ confiscation; collection; withdrawal.

einzig ['aɪntsɪç] *adj.* only; (*einzeln*) single; (*alleinig*) sole; *s. einzigartig*; *der ~e* the only one; *das ~e* the only thing; *adv.* ~ *und allein* solely; '**~-artig** unique, singular.

'**Einzug** *m* entry, entrance; *in ein Haus usw.*: moving-in(to *in acc.*), occupation (of); *v. Truppen*: marching-in; *s. Einziehung.*

'**einzwängen** squeeze (in).

Eis [aɪs] *n* (4) ice; (*Speise*⁀) ice-cream; *fig. das ~ brechen* break the ice; *auf ~ legen* put into cold storage (*a. fig.*).

E-is ♪ ['eːˀis] *n* E sharp.

'**Eis|bahn** *f* skating-rink; '**~bär** *m* polar bear; '**~bein** *n* pig's knuckles *pl.*; '**~berg** *m* iceberg; '**~beutel** *m* ice-bag; '**~blume** *f am Fenster*: frost-flower; '**~bombe** *f* ice-cream bombe; '**~brecher** *m* (7) ice-breaker; '**~decke** *f* sheet of ice; '**~diele** *f* ice-cream parlo(u)r.

Eisen ['aɪzən] *n* (6) iron; (*Huf*⁀) horseshoe; *altes ~* scrap-iron; *zum alten ~ werfen* (*a. fig.*) throw on the scrap-heap; *zwei ~ im Feuer haben* have two strings to one's bow; (*man muß*) *das ~ schmieden, solange es heiß ist* strike the iron while it is hot.

Eisenbahn ['~baːn] *f* railway, *Am.* railroad; *mit der ~* by rail, by train; *s. Bahn...*; '**~-abteil** *n* railway compartment; '**~er** *m* railwayman; '**~-knotenpunkt** *m* (railway) junction; '**~netz** *n* railway (*Am.* railroad) network; '**~schwelle** *f* sleeper, *Am.* tie; '**~station** *f* railway (*Am.* railroad) station, *Am. a.* depot; '**~-strecke** *f* (railway) line, *Am.* road; '**~-überführung** *f* railway over-pass; '**~-unglück** *n* railway accident, train disaster; '**~-unterführung** *f* railway underpass; '**~wagen** *m* railway carriage *od.* coach, *Am.* railroad car.

'**Eisen|bergwerk** *n* iron mine, iron pit; '**~beschlag** *m* iron-mounting; '**~beton** *m* reinforced concrete; '**~-blech** *n* sheet-iron; '**~-erz** *n* iron-ore; '**~gießerei** *f* iron-foundry; '**~guß** *m* iron casting; (*Gußeisen*) cast iron; '⁀**haltig** ferruginous; '**~hammer** *m* iron-works *sg.*; '⁀**hart** (as) hard as iron; '**~hütte** *f* iron-works *sg.*; '**~-oxyd** *n* ferric oxide; '**~stange** *f* iron rod; '**~träger** *m* iron girder; '**~vitriol** *m, n* green vitriol; '**~waren** *f/pl.* ironware, *bsd. Am.* hardware; '**~warenhändler** *m* ironmonger, *Am.* hardware dealer; '**~warenhandlung** *f* ironmonger's (shop), *Am.* hardware store; '**~werk** *n* iron-work; *Fabrik*: iron-works *pl. od. sg.*

eisern ['aɪzərn] (of) iron (*a. fig.*); *fig. Gesundheit*: cast-iron; *~e Ration* iron ration; *~er Bestand* permanent stock; *~er Fleiß* untiring industry; *~er Wille* iron will; *s. Besen, Lunge, Vorhang.*

'**eis|frei** free from ice; '⁀**gang** *m* ice-drift; '**~gekühlt** iced; '**~grau** hoary; '⁀**heiligen** *m/pl.* Ice Saints; '⁀**hockey** *n Sport*: ice-hockey.

eisig ['aɪzɪç] icy, glacial (*a. fig.*).

'**eis|kalt** icy-cold; *fig.* cool; '⁀**-kunstlauf** *m* figure skating; '⁀**-lauf(en** *n*) *m* skating; '⁀**läufer(in** *f*) *m* skater; '⁀**maschine** *f* ice-machine; '⁀**meer** *n* polar sea; *Nördliches ~* Arctic, *Südliches ~* Antarctic Ocean; '⁀**pickel** *m* ice-ax(e); '⁀**schießen** *n* curling; '⁀**-schnellauf** *m* speed skating; '⁀**-scholle** *f* ice-floe; '⁀**schrank** *m* refrigerator, icebox; '⁀**segeln** *n* ice-yachting; '⁀**zapfen** *m* icicle; '⁀**zeit** *f* ice-age, glacial epoch.

eitel ['aɪtəl] vain (*auf acc.* of); *fig.* (*leer*) vain, empty; (*fruchtlos*) vain, futile; (*bloß*) mere; *eitles Gerede* idle talk; *~ Gold* pure gold; *eitle Hoffnung* idle (*od.* vain) hope; '⁀**-keit** *f* vanity.

Eiter ['aɪtər] *m* (7) matter, pus; '**~beule** *f* abscess; '**~pfropf** *m* core; '**~pustel** *f* pustule.

eit(e)rig ['aɪt(ə)rɪç] purulent.

'**eiter|n** (29) fester, discharge matter, 📖 suppurate; '⁀**ung** *f* suppuration.

'**Eiweiß** *n* (3²) white of egg, 📖 albumen; ⁀**haltig** ['~haltɪç] albuminous; '**~stoff** *m* albumen.

Ekel ['eːkəl] **1.** *m* (7) disgust (*vor dat.* at), nausea; *er ist mir ein ~* he is my aversion; **2.** *n* F *Person*: nasty fellow, pest; '⁀**haft**, '**ek(e)lig** nauseous, disgusting; nasty; '⁀**n** (29) disgust, sicken; *sich ~ vor* (*dat.*)

loathe, be disgusted with *od.* at; be nauseated at.
Eksta|se [ɛk'stɑːzə] *f* (15) ecstasy; **≈tisch** ecstatic(ally *adv.*).
Ekzem ⚕ [ɛk'tseːm] *n* (3^1) eczema.
Elan [e'lɑ̃] *m* (11) élan (*fr.*), verve, vim, dash, spirit.
elast|isch [e'lastiʃ] elastic; **≈izität** [~tsi'tɛːt] *f* elasticity.
Elch *zo.* [ɛlç] *m* (3) elk.
Elefant [ele'fant] *m* (12) elephant; F ~ *im Porzellanladen* bull in a china shop; *s. Mücke*; **~enrüssel** *m* elephant's trunk; **~enzahn** *m* elephant's tusk.
elegan|t [ele'gant] elegant (*a. fig.*), fashionable; *Kleidung*: *a.* stylish, smart; **≈z** *f* (16) elegance.
Elegie [ele'giː] *f* (15) elegy.
elegisch [e'leːgiʃ] elegiac.
elektrifizier|en [elɛktrifi'tsiːrən] electrify; **≈ung** *f* electrification.
E'lektriker *m* (7) electrician.
e'lektrisch electric(al).
elektrisier|en [~'tsiːrən] electrify (*a. fig.*); **≈maschine** *f* electrical machine.
Elektrizität [~tsi'tɛːt] *f* (16) electricity; **~sgesellschaft** *f* electric supply company; **~swerk** *n* (electric) power station; **~szähler** *m* electricity meter.
Elektrode [elɛk'troːdə] *f* (15) electrode.
Elektro|dy'namik [e'lɛktro-] *f* electrodynamics *sg.*; **~herd** *m* electric range; **~-ingen'ieur** *m* electrical engineer; **~lyse** [~'lyːzə] *f* electrolysis; **~'motor** *m* (electric) motor.
Elektron ⚡ [e'lɛktrɔn] *n* (8^1) electron; **~engehirn** [~'troːnən-] *n* electronic brain; **~enmikroskop** *n* electron microscope; **~enröhre** *f* electron valve (*Am.* tube); **~entechnik** *f*, **~ik** [elɛk'troːnik] *f* electronics *sg.*; **≈isch** electronic.
Elektro|ra'sierer *m* electric razor; **~'technik** *f* electrical engineering; **~'techniker** *m* electrical engineer; **≈'technisch** electrotechnical.
Element [ele'mɛnt] *n* (3) *allg.* element; ⚡ *a.* cell.
elementar [~'tɑːr] elementary; ~*e Gewalt* elemental force; **≈buch** *n* primer; **≈klasse** *f* junior form; **≈schule** *f* elementary (*a.* primary, *Am.* grade) school; **≈-unterricht** *m* elementary instruction.
Elen ['eːlɛn] *m*, *n* (6), **'~tier** *n* elk.
Elend ['eːlɛnt] **1.** *n* (3, *o.pl.*) misery; (*Not*) need, distress; F *das graue* ~ the blues *sg.*; *s. stürzen*; **2.** ≈ miserable, wretched (*beide a. contp.*); ~ *aussehen* look very poorly; *sich* ~ *fühlen* feel miserable *od.* wretched; **'~sviertel** *n* slums *pl.*
elf [ɛlf] **1.** eleven; **2.** ≈ *f* (16) *Fußball*: eleven, team.
Elf *m* (12), **~e** ['ɛlfə] *f* (15) elf, fairy.
'Elfenbein *n*, **'≈ern** ivory.
Elf'meter *m*, **~stoß** *m Fußball*: penalty kick; **~marke** *f* penalty spot.
'elfte eleventh; **'≈l** *n* (6) eleventh (part); **'~ns** in the eleventh place.
Elite [e'liːtə] *f* (15) *the* élite (*fr.*).
Elixier [eli'ksiːr] *n* (3^1) elixir.
'Ellbogen *m* elbow; **'~freiheit** *f* elbow-room.
Elle ['ɛlə] *f* (15) yard; *anat.* ulna.
Ellip|se [ɛ'lipsə] *f* (15) ⩘ ellipse; *gr.* ellipsis; **≈tisch** elliptic(al).
Elsäss|er ['ɛlzɛsər] *m* (7), **'~erin** *f* (16^1), **'≈isch** Alsatian.
Elster ['ɛlstər] *f* (15) magpie.
elter|lich ['ɛltərliç] parental; **'≈n** *pl. inv.* parents; **'≈nbeirat** *m* Parents' Council; **'~nlos** parentless, without parents.
Email [e'mɑːj] *n* (11), **~le** [*a.* e'maljə] *f* (15), **≈lieren** [ema(l)-'jiːrən] enamel.
Emanzi|pation *f* [emantsipa'tsjoːn] *f* emancipation; **≈'pieren** emancipate.
Embargo [ɛm'bargo] *n* (11) (*Ausfuhrverbot*) embargo.
Embolie ⚕ [ɛmbo'liː] *f* (15) embolism.
Embryo *biol.* ['ɛmbryo] *m* (8^1) embryo; **≈nal** [~'nɑːl] embryonic.
Emigr|ant [emi'grant] *m* (12) emigrant; **≈ieren** [~'griːrən] emigrate.
emotional [emotsjo'nɑːl], **emotionell** [~'nɛl] emotional.
empfahl [ɛm'pfɑːl] *pret. v. empfehlen.*
Empfang [ɛm'pfaŋ] *m* (3^3) reception (*a. Radio*); *e-s Briefes usw.*: receipt; *nach* (*od. bei*) ~ (*gen.*) on receipt of; *in* ~ *nehmen* receive; **≈en** *v/t.* (30) receive; *freundlich*: *a.* welcome; *v/i.* (*schwanger werden*) conceive.
Empfänger [~'pfɛŋər] *m* (7) *P. u. Gerät*: receiver; *v. Waren*: consignee; *e-s Briefes*: addressee.

em'pfänglich impressionable; susceptible (*für* to); receptive (to, of); **≗keit** *f* susceptibility.
Em'pfängnis *f* (14²) conception.
Em'pfangs|-antenne *f* receiving aerial; **~bereich** *m Radio*: reception area; **~chef** *m* reception (*Am.* room) clerk; **~dame** *f*, **~herr** *m* receptionist; **~gerät** *n* receiving set; **~schein** *m* receipt; **~station** *f Radio*: receiving station; **~tag** *m* at-home; **~zimmer** *n* reception-room.
empfehlen [ɛm'pfe:lən] (30) (*als geeignet* ~) recommend; (*anvertrauen*) (re)commend; ~ *Sie mich* (*dat.*) please remember me to; *sich j-m* ~ present one's respects (*od.* compliments) to; *sich* ~ (*gehen*) take leave; *S.*: commend itself; *es empfiehlt sich* it is (re)commendable; **~swert** (re)commendable.
Em'pfehlung *f* recommendation; (*Gruß*) compliments *pl.*; **~sschreiben** *n* letter of recommendation.
empfinden [~'pfindən] (30) feel (*als lästig usw.* to be troublesome *etc.*); (*gewahren*) perceive, sense.
empfindlich [~'pfintliç] sensitive (*a. phot.*, ⚗, ⊕; *für, gegen* to); *pred. a.* susceptible (*gegen* to); (*zart*) delicate; (*reizbar*) irritable; (*leicht gekränkt*) touchy; (*fühlbar*) sensible; *Kälte, Strafe, Verlust*: severe; *Kränkung*: grievous; *Schmerz*: acute; *fig. s-e ~ste Stelle* his sore spot; **≗keit** *f* sensitiveness; irritability; sensibility; touchiness; delicacy; severity; grievousness; acuteness.
empfindsam [~'pfintza:m] sensitive; sentimental; **≗keit** *f* sensitiveness; sentimentality.
Empfindung [~'pfinduŋ] *f* sensation; (*Wahrnehmung*) perception; *weitS.* feeling; **≗slos** insensitive (*für, gegen* to); insensible; *bsd. fig.* unfeeling; **~slosigkeit** *f* insensitiveness (*für, gegen* to); insensibility; **~svermögen** *n* sensitive (*od.* perceptive) faculty.
empfohlen [ɛm'pfo:lən] *p.p. v. empfehlen.*
empor [ɛm'po:r] up, upwards; **~arbeiten:** *sich* ~ work one's way up; **~blicken** look up (*zu* to).
Empore ⚠ [ɛm'po:rə] *f* (15) gallery.
empören [ɛm'pø:rən] (*aufbringen*) (rouse to) anger, incense; scandalize, shock; *sich* ~ revolt, rebel (*beide a. fig.*; *über acc.* at); (*zornig werden*) grow furious; *empört* indignant, shocked, scandalized (*über acc.* at); **~d** outrageous; shocking.
Em'pörer *m* (7), **~in** *f* insurgent, rebel; **≗isch** rebellious, mutinous.
em'por|kommen (sn) rise (in the world); **≗kömmling** *m* upstart; **~ragen** (h.) tower (*über acc.* above), rise; **~schießen** (sn) shoot up; *sich* **~schwingen** rise, soar up; **~steigen** (sn) rise, ascend; **~streben** (h.) strive upward(s); *fig.* aspire (*zu* to); **~treiben** force up(wards).
Empörung [ɛm'pø:ruŋ] *f* rebellion, revolt; (*Unwille*) indignation.
emsig ['ɛmziç] (*tätig*) busy, active; (*fleißig*) industrious, assiduous; **'≗keit** *f* industry, activity; assiduity.
Emulsion [emul'zjo:n] *f* (16) emulsion.
Ende ['ɛndə] *n* (10) *allg.* end; *zeitlich a.* close; (*Ergebnis*) *a.* upshot; *am Geweih*: antler; *am* ~ at (*od.* in) the end, (*doch*) after all, (*schließlich*) eventually, at length, (*vielleicht*) perhaps, maybe; *s. dick*; *zu* ~ *gehen* (come to an) end, (*ablaufen*) expire, (*knapp werden*) run short; *zu* ~ *sein* be at an end; *s. Weisheit*; *e-r S. ein* ~ *machen* put an end to.
'enden (26) *v/t. s. beend(ig)en*; *v/i.* (h.) end, terminate; (*aufhören*) cease, finish; *nicht* ~ *wollend* unending.
Endergebnis ['ɛntˀɛrge:pnis] *n* final result, upshot.
Endes-unterzeichnete ['ɛndəs-] *m, f* (18) *the* undersigned.
endgültig ['ɛnt-] final, definitive, conclusive.
endigen ['ɛndigən] (25) *s. enden*; *gr.* ~ *auf* (*acc.*) terminate in.
Endivie ⚘ [ɛn'di:vjə] *f* (15) endive.
End|kampf ['ɛntkampf] *m Sport*: final (contest); **'~lauf** *m* final (heat).
'endlich *adj.* final, ultimate; *phls.* finite; *adv.* finally, at last, at length; ~ *doch* after all; **'≗keit** *f* finiteness.
'end|los endless (*a.* ⊕); **'≗losigkeit** *f* endlessness; **'≗produkt** *n* end (*od.* final) product; **'≗punkt** *m* final point; **'≗reim** *m* end-rhyme; **'≗resultat** *n* final result, upshot; **'≗runde** *f Sport*: final; **'≗rundenteilnehmer(in** *f*) *m Sport*: finalist;

'⁓silbe *f* final syllable; '⁓spiel *n* final (match); ⁓spurt ['⁓ʃpurt] *m* *Sport*: final spurt, finish; '⁓station 🚂 *f* terminus, *Am.* terminal; '⁓summe *f* (sum) total.
Endung ['ɛnduŋ] *f* ending.
End|verbraucher ⚕ ['ɛnt-] *m* ultimate consumer; '**⁓ziel** *n*, '**⁓zweck** *m* ultimate object.
Energie [enɛr'gi:] *f* (15) energy; **⁓los** lacking (in) energy; **⁓wirtschaft** *f* power industry.
e'nergisch energetic(ally *adv.*); ⁓ *werden* put one's foot down.
eng [ɛŋ] narrow; *Kleidung*: tight; (⁓ *anliegend*) clinging; (*dicht*; *nah*) close; (*innig*) intimate; ⁓ *befreundet sein* be great friends; ⁓ *sitzen* (*od. stehen*) sit (*od.* stand) closely together; *im* ⁓*eren Sinne* strictly speaking; *s. Wahl.*
Engag|ement [ɑ̃gaʒ'mɑ̃] *n* (11) engagement; *fig.* commitment; **⁓ieren** [⁓'ʒi:rən] engage, *Am. a.* hire; **⁓iert** *fig.* committed.
Enge ['ɛŋə] *f* (15) narrowness; *der Kleidung*: tightness; (*Engpaß*) bottle-neck (*a. fig.*); *fig.* straits *pl.*; *in die* ⁓ *treiben* corner.
Engel ['ɛŋəl] *m* (7) angel; '**⁓haft** angelic; '**⁓sgeduld** *f* angelic patience.
Engerling ['ɛŋərliŋ] *m* (3¹) grub of the cockchafer.
'**engherzig** narrow-minded, hidebound.
Engländer ['ɛŋlɛndər] *m* (7) Englishman, *Am. a.* Britisher; *pl.* (*als Volk*) *the* English; ⊕ *m* (*Schraubenschlüssel*) monkey-wrench; '**⁓in** *f* (16¹) Englishwoman.
englisch ['ɛŋliʃ] English; *weitS.* British; ⁓*e Kirche* Church of England, English (*od.* Anglican) Church; ⁓*e Krankheit* rickets *pl. od. sg.*; ⁓*es Pflaster* court-plaster; ⁓ *n*: *ins* ⁓*e* into English; *aus dem* ⁓*en* from (the) English.
engmaschig ['ɛŋmaʃiç] close-meshed.
'**Engpaß** *m* defile, narrow pass, *Am. a.* notch; *bsd. fig.* bottle-neck.
en gros [ɑ̃'gro:], **En'gros...** wholesale.
engstirnig ['ɛŋʃtirniç] narrow-minded.
Enkel ['ɛŋkəl] *m* (7) grandchild; (⁓*sohn*) grandson; *weitS.* (*Nachkomme*) descendant; '**⁓in** *f* (16¹) granddaughter.
enorm [e'nɔrm] enormous; F (*famos*) terrific.
Ensemble *thea.* [ɑ̃'sɑ̃:bl(ə)] *n* (11) ensemble; (*Besetzung*) cast.
ent'-art|en (26) degenerate; **⁓et** degenerate; decadent; **⁓ung** *f* degeneration.
ent'-äußern: *sich e-r S.* ⁓ dispose of, part with.
entbehr|en [ɛnt'be:rən] (25) (*nicht haben, vermissen*) lack, miss, want; (*auskommen ohne*) dispense with, do without; *ich kann ihn nicht* ⁓ I cannot spare him; **⁓lich** dispensable; **⁓ung** *f* want, privation.
ent'bieten: *j-m s-n Gruß* ⁓ present one's compliments to a p.; *j-n zu sich* ⁓ send for, summon.
ent'binden dispense, release (*von* from); *Frau*: deliver (of).
Ent'bindung *f* dispensation, release (*von* from); *e-r Frau*: delivery; **⁓sanstalt** *f*, **⁓s-heim** *n* maternity hospital (*od.* clinic).
ent'blättern strip of leaves; *sich* ⁓ shed its leaves; F *fig.* strip.
entblöden [ɛnt'blø:dən] (26): *sich nicht* ⁓ *zu inf.* not to be ashamed to *inf.*
entblöß|en [⁓'blø:sən] (27) denude, strip (*gen.* of); *das Haupt*: uncover; ⚔ expose; **⁓t** bare; *fig.* destitute (*gen.* of); **⁓ung** *f* denudation; *fig.* destitution.
ent'brennen (sn) *fig.* be inflamed (*in Liebe zu j-m* with love for a p.); *Zorn*: blaze up; *Kampf usw.*: break out, flare up.
ent'decken discover; (*herausfinden*) detect; (*aufdecken*) reveal; *sich j-m* ⁓ confide in a p.
Ent'decker *m* (7), **⁓in** *f* discoverer.
Ent'deckung *f* discovery; **⁓sreise** *f* voyage of discovery, expedition.
Ente ['ɛntə] *f* (15) duck; *fig.* (*Zeitungs*⁓) canard, hoax.
entehr|en [ɛnt'ʔe:rən] dishono(u)r; **⁓end** dishono(u)ring, disgraceful; **⁓ung** *f* disgrace; degradation.
enteign|en [⁓'ʔaɪgnən] (25) *j-n, et.*: expropriate; *j-n*: dispossess; **⁓ung** *f* expropriation; dispossession.
ent'-eilen (sn) hasten away.
enteis|en [⁓'ʔaɪzən] *mot.*, ✈ *usw.* de-ice; **⁓ungs-anlage** *f* de-icer.
'**Enten|braten** *m* roast duck; '**⁓jagd** *f* duck-shooting.

'**Enterbeil** ⚓ *n* boarding-ax(e).
ent'-erb|en disinherit; **2ung** *f* disinheritance.
'**Enterhaken** ⚓ *m* grapnel.
Enterich ['ɛntəriç] *m* (3) drake.
entern ['ɛntərn] (29) board, grapple.
entfachen [ɛnt'faxən] (25) kindle.
ent'fahren (sn): *j-m* ~ drop from a p.'s *hand etc.*
ent'fallen *v/i.* (sn): *j-m* ~ escape a p.; *fig.* slip a p.'s memory; *s. wegfallen*; (*nicht in Frage kommen*) be inapplicable; *auf j-n* ~ fall to a p.'s share.
ent'falt|en (*a. sich*) unfold; *fig.* (*a. sich*) develop (*zu* into); (*zeigen*) display; ⚔ *Truppen*: deploy; **2ung** *f* display; development.
ent'färben decolo(u)rize; (*bleichen*) bleach; *sich* ~ *s. verfärben*.
entfern|en [~'fɛrnən] (25) *allg.* remove; *bsd. Fleck*: take out; *sich* ~ withdraw; **~t** distant, remote (*a.fig. Ähnlichkeit usw.*); *weit davon* ~ *zu inf.* far from *ger.*; *nicht im* ~*esten* not in the least; **2ung** *f* removal; (*Abstand, Ferne*) distance; (*Reichweite*) range; *in e-r gewissen* ~ at a distance; **2ungsmesser** *m* range-finder.
ent'fesseln unchain; *fig.* unleash.
entfetten [~'fɛtən] (26) degrease; *Wolle*: scour. [slimming-cure.]
Entfettungskur [ɛnt'fɛtuŋsku:r] *f*
ent'flammen inflame.
ent'flecht|en ⚕ decartelize; **2ung** *f* decartelization.
ent'fliegen (sn) fly away (*dat.* from).
ent'fliehen (sn) flee, escape (*aus od. dat.* from); *Zeit*: fly.
entfremd|en [~'frɛmdən] (26) estrange, alienate (*j-m* from a p.); **2ung** *f* estrangement, alienation.
ent'führ|en carry off; *ein Mädchen*: elope with; *mit Gewalt*: abduct, *bsd. Kind*: kidnap; *Flugzeug*: hijack; **2er** *m* (7), **2erin** *f* abductor, kidnap(p)er; **2ung** *f* abduction, kidnap(p)ing; elopement; hijacking.
entgasen [ɛnt'gɑ:zən] (27) degas.
entgegen [ɛnt'ge:gən] **1.** *adv., prp.* (*dat.*) *Gegensatz*: in opposition to, contrary to; *Richtung*: towards; **2.** *adj. s. entgegengesetzt*; **~-arbeiten** counteract, work against, oppose (*e-r S.* a th., *j-m* a p.); **~bringen** *j-m et.*: carry towards a p.; *j-m ein Gefühl* ~ meet a p. with a feeling; **~-eilen** (sn) hasten to meet; **~gehen** (sn) go to meet (*a p.*); *e-r Gefahr, e-r Zukunft*: face, be in for (*a th.*); *dem Ende* ~ be drawing to a close; **~gesetzt** opposite; *fig.* contrary, opposed (*dat.* to); **~halten** (*einwenden*) object; *zum Vergleich*: contrast (*e-r S. et. anderes* a th. with another th.); **~handeln** act against; *e-m Gesetz usw.*: contravene (*a th.*) **~kommen** (sn) come to meet (*a p.*); *fig. j-m* ~ meet a p.('s wishes) halfway; **2kommen** *n* obligingness; **~kommend** *adj.* obliging, accommodating; **~laufen** (sn) run to meet (*a p.*); **~nehmen** accept, receive; **~sehen** look forward to, expect (*a th.*); *e-r baldigen Antwort* ~*d* awaiting an early reply; **~setzen** oppose (*dat.* to); *Widerstand*: put up; **~stehen** (h.) be opposed (*dat.* to); (*ausschließen*) bar; **~stellen** oppose (*dat.* to); *fig. sich e-r S.* ~ set o.s. against; **~strecken** hold out (*dat.* to); **~treten** (sn) meet (*a p.*), face (*a. e-r Gefahr*); *feindlich*: oppose *a p.*; **~wirken** *s. entgegenarbeiten*.
entgegn|en [~'ge:gnən] (25) reply; return; *schlagfertig*: retort; **2ung** *f* reply; retort.
ent'gehen (sn) escape (*j-m* a p.; *e-r S.* [from] a th.); *fig. j-m* ~ escape a p.('s notice); *sich die Gelegenheit* ~ *lassen* miss one's opportunity.
entgeistert [~'gaɪstərt] aghast.
Entgelt [ɛnt'gɛlt] *n* (3) (*Lohn*) recompense, remuneration; (*vertragliche Gegenleistung*) consideration; (*Ersatz*) compensation; *gegen* ~ for a (valuable) consideration; **2en** (*büßen*) atone (*od.* suffer) for.
ent'giften decontaminate (*a. fig.*).
entgleis|en [~'glaɪzən] (27 sn) run off the rails, be derailed; *fig.* (make a) slip; ~ *lassen* derail; **2ung** *f* derailment; *fig.* slip, faux pas (*fr.*).
ent'gleiten (sn) slip (*dat.* from).
entgräten [~'grɛ:tən] (26) bone.
ent'haaren (25) depilate.
Ent'haarungsmittel *n* depilatory.
ent'halt|en contain, hold, include; *sich* ~ (*gen.*) abstain (*od.* refrain) from; *er konnte sich des Lachens nicht* ~ he could not help laughing; **2ung** *f* abstention; **~sam** abstinent; (*keinen Alkohol trinkend*) teetotal; **2samkeit** *f* abstinence; teetotalism.

ent'härten ⊕ soften; *metall.* anneal.
enthaupt|en [ɛnt'hauptən] (26) behead, decapitate; **2ung** *f* beheading, decapitation.
ent'heb|en (*gen.*) relieve of; *e-r Pflicht usw.*: exempt from; *des Amtes*: remove from, *vorläufig*: suspend from; **2ung** *f* relief; exemption; removal.
ent'heilig|en profane, desecrate; **2ung** *f* profanation, desecration.
ent'hüll|en uncover; *Gesicht, Denkmal, a. fig.*: unveil; *fig.* reveal, disclose; (*zeigen*) show; (*aufdecken*) expose; **2ung** *f* unveiling; *fig.* revelation, disclosure; exposure.
enthülsen [~'hylzən] (27) husk.
Enthusias|mus [ɛntuzi'asmus] *m* (16²) enthusiasm; **~t** *m* (12), **~tin** *f* enthusiast; *für Film, Sport*: F fan; **2tisch** enthusiastic(ally *adv.*).
ent'keimen *v/t.* sterilize; *v/i.* ⚘ germinate, sprout (*dat.* from); *fig.* spring (from).
entkernen [~'kɛrnən] (25) stone; *Äpfel*: core.
ent'kleiden unclothe; (*a. fig.*) strip (*gen.* of); (*a. sich*) undress; *bsd. fig.* divest (*gen.* of).
ent'kommen 1. (sn) escape (*j-m* a p.; *aus* from), get away (*od.* off); **2.** 2 *n* escape, getaway.
entkorken [~'kɔrkən] (25) uncork.
entkräft|en [~'krɛftən] (26) enfeeble, debilitate; ⚖ (*ungültig machen*) invalidate; (*widerlegen*) refute; **~et** exhausted; **2ung** *f* enfeeblement, debilitation; ⚖ invalidation; refutation.
ent'lad|en unload; (*bsd.* ⚡; *a. sich*) discharge; *sich ~ Wolke usw.*: burst; *Gewehr*: go off; **2erampe** *f* unloading platform; **2ung** *f* unloading; discharge; *fig.* explosion; *zur ~ bringen* explode.
ent'lang along; *hier ~!* this way.
entlarv|en [ɛnt'larfən] (25) unmask, *fig. a.* expose; **2ung** *f* unmasking; *fig.* exposure.
ent'lass|en dismiss; *bsd.* ⚔, ⚓, ⚖ discharge; *Gefangene*: release; **2ung** *f* dismissal; discharge; **2ungsgesuch** *n* resignation; **2ungspapiere** *n/pl.* discharge papers.
ent'lasten unburden; (*befreien*) relieve (*von* of); ⚖ clear, exonerate; ✝ *Vorstand usw.*: discharge; *j-n für et. ~* credit a p. with.
Ent'lastung *f* relief; exoneration; ✝ discharge; credit (of a p.'s account); **~sstraße** *f* by-pass (road); **~szeuge** *m* witness for the defen|ce, *Am.* -se.
entlaubt [~'laupt] stripped of its leaves.
ent'laufen (sn) run away (*dat.* from).
entlausen [~'lauzən] delouse.
entledig|en [ɛnt'le:digən] (25) release (*gen.* from); *sich j-s, e-r S. ~* rid o.s. (*od.* get rid) of; *e-r Pflicht, e-s Auftrags*: acquit o.s. of; **2ung** *f* release; *fig.* discharge.
ent'leeren empty.
ent'legen remote, distant, out-of--the-way; **2heit** *f* remoteness.
ent'lehnen borrow (*dat.* of, from).
entleiben [~'laibən] (25): *sich ~* commit suicide.
ent'leihen *s. entlehnen.*
ent'lob|en: *sich ~* break off one's engagement; **2ung** *f* disengagement.
ent'locken draw, elicit (*dat.* from).
ent'lohn|en pay (off); **2ung** *f* pay (-ing off); *s. Entgelt.*
ent'lüften evacuate the air from; (*lüften*) air, ventilate.
entmachten [~'maxtən] (26) deprive *a p.* of *his* power.
entmagneti'sieren demagnetize.
entmann|en [~'manən] (25) castrate; *fig.* emasculate; **2ung** *f* castration; emasculation.
entmenscht [~'mɛnʃt] inhuman, brutish.
entmilitarisier|en [~militari'zi:rən] demilitarize; **2ung** *f* demilitarization.
entmündigen [~'myndigən] (25) ⚖ incapacitate, put under tutelage *od.* restraint.
entmutig|en [~'mu:tigən] (25) discourage; **2ung** *f* discouragement.
Entnahme [~'na:mə] *f* (15) taking; *v. Geld*: drawing, withdraw; ✝ *bei ~ von* by taking *od.* ordering.
ent'nehmen take (*dat.* from); *Geld*: (with)draw (*aus* from); *e-m Buch usw.*: draw, borrow (*dat.* from); *fig.* (*schließen, erfahren*) gather, learn (*dat. od. aus* from); (*folgern*) infer (from).
entnerven [ɛnt'nɛrfən] (25) enervate, unnerve.
ent'-ölen free from oil.

entpuppen [~'pupən] (25): *sich* ~ burst the cocoon; *fig.* reveal o.s.; *sich* ~ *als* turn out to be.
ent'rahmen skim.
enträtseln [~'rɛ:tsəln] (29) puzzle out, solve; (*entziffern*) decipher.
ent'recht|en: *j-n* ~ deprive a p. of his (own) rights; **2ung** *f* deprivation of rights.
Entree [ã'tre:] *n* (11) entrance money.
ent'reißen *j-m et.*: tear *od.* snatch (away) from a p.; *a. fig.* wrench from; *dem Tode usw.*: save from.
ent'richt|en pay; **2ung** *f* payment.
ent'ringen: *j-m* et. ~ wrest a th. from a p.; *sich j-s Lippen usw.* ~ escape from.
ent'rinnen (sn) escape (*dat.* from).
ent'rollen *v/i.* (sn) roll (down) (*dat.* from); *v/t.* (*a. sich*) unroll; *Fahne, Segel usw.*: unfurl; *ein Bild von et.* ~ unfold a picture of a th.
ent'rücken remove (*dat.* from).
entrümpeln [~'rympəln] (29) clear of lumber.
ent'rüst|en fill with indignation, anger; (*schockieren*) scandalize, shock; *sich* ~ become angry *od.* indignant, be scandalized (*über acc.* at); **2ung** *f* anger, indignation (*über acc.* at *a th.*; with *a p.*).
ent'sag|en (*dat.*) renounce, resign; *dem Thron* ~ abdicate; **2ung** *f* renunciation, resignation; abdication.
Ent'satz *m* relief.
ent'schädig|en *j-n*: indemnify, compensate; *für* et. ~ make up (*od.* compensate) for a th.; **2ung** *f* indemnity, compensation.
ent'schärfen *Bombe usw.*: deactivate.
Entscheid [~'ʃaɪt] *m* ⚖ decree; *s. a. Entscheidung*; **2en** [~'ʃaɪdən] decide; *sich* ~ *Sache*: be decided, *P.*: decide (*für, gegen, über acc.* for, against, on); **2end** decisive.
Ent'scheidung *f* decision; *der Geschworenen*: verdict; *e-s Schiedsgerichts*: award; (*gerichtliche Verfügung*) ruling; *eine* ~ *treffen* come to (*od.* take) a decision; **~s...** decisive; **~sspiel** *n Sport*: deciding game, tie; (*Endspiel*) final.
entschieden [ɛnt'ʃi:dən] decided; (*entschlossen*) determined, firm; *adv.* decidedly; firmly; **2heit** *f* determination.
ent'schlafen (sn) fall asleep; *fig.* die, pass away; *der* (*die*) **2e** the deceased.
entschleiern [~'ʃlaɪərn] (29) unveil.
ent'schließ|en: *sich* ~ decide, determine (*zu et.* on; *zu tun* to do), make up one's mind (to do); **2ung** *f s. Entschluß*.
entschlossen [~'ʃlɔsən] resolute, determined; **2heit** *f* determination.
ent'schlüpfen (sn) *s. entfallen, entgehen.*
Ent'schluß *m* resolve, resolution; (*Entscheidung*) decision, determination; *zu e-m* ~ *kommen* come to a decision; *zu dem* ~ *kommen, zu inf.* make up one's mind to *inf.*
ent'schlüsseln decipher, decode.
Ent'schlußkraft *f* determination, strength of purpose, initiative.
ent'schuldbar [~'ʃult-] excusable.
entschuldig|en [~'ʃuldigən] (25) excuse; *sich* ~ *a.* apologize (*bei j-m* to a p.; *für* et. for a th.); *sich* ~ *lassen* beg to be excused; *es läßt sich nicht* ~ it admits (*od.* allows) of no excuse; **2ung** *f* excuse; apology; *ich bitte* (*Sie*) *um* ~ (I am) sorry!; *als* (*od. zur*) ~ *für* in excuse of; **2ungsgrund** *m* excuse.
Ent'schuldung *f* liquidation of *a p.'s* indebtedness.
ent'schwinden (sn) disappear, vanish (*dat.* from); *j-s Gedächtnis* ~ slip a p.'s memory.
entseelt [~'ze:lt] dead, lifeless.
ent'senden send off; *als Vertreter* ~ delegate, depute.
ent'setz|en 1. *des Amtes*: remove (*gen.* from); *Festung*: relieve; (*erschrecken*) terrify, horrify; shock; *sich* ~ be terrified *od.* shocked (*über acc.* at); **2. 2** *n* (6) (*Furcht*) terror, horror, dismay; **~lich** terrible, horrible (F *beide a. fig.*); shocking; **2lichkeit** *f* frightfulness; (*Greuel*) atrocity; **2ung** *f* removal (from office); ⚔ relief.
entseuch|en [~'zɔʏçən] decontaminate; **2ung** *f* decontamination.
ent'sichern ⚔ *Gewehr*: unlock; *v/i.* release the safety catch.
ent'sinken (sn; *dat.*) drop (from); *Mut*: fail (*j-m* a p.).
ent'sinnen: *sich* ~ (*gen.*) remember, recall, recollect.
entsittlich|en [~'zitliçən] demoralize; deprave; **2ung** *f* demoralization; depravation.

ent'spann|en relax (*a. Muskeln, Nerven usw.*), ⊕ relieve, release; *Bogen*: unbend; *sich* ~ *P.*, *Gesicht*: relax; *Lage*: ease; **2ung** *f* relaxation, slackening; unbending; easing; *pol.* détente (*fr.*).
ent'spinnen: *sich* ~ arise, develop.
ent'sprech|en (*dat.*) answer, correspond to; meet (*e-m Verlangen* a demand); *Anforderungen*: come (*od.* be) up to; **~end** *adj.* corresponding; (*angemessen*) appropriate; (*gleichwertig*) equivalent; *adv.* accordingly; (*gemäß dat.*) according to; **2ung** *f* equivalent.
ent'sprießen (sn) sprout, spring up (*dat.* from); *s. abstammen.*
ent'springen (sn) escape (*dat.*, *aus* from); *Fluß*: rise, spring; (*Ursprung haben*) *s. entstehen.*
ent'stammen (*dat.*) (*abstammen von*) be descended from; (*herrühren von*) come from *od.* of, originate from.
ent'steh|en (sn) arise, develop, originate (*aus* from, in); grow (out of), result (from); come into being; spring up; *im* 2 *begriffen* in the making, in process of development; **2ung** *f* origin, rise, formation; **2ungsgeschichte** *f* genesis.
ent'stell|en disfigure; deface, deform; *Tatsachen usw.*: distort; **2ung** *f* disfigurement; defacement; distortion.
ent'stör|en *Radio*: free from interference, clear, dejam; **2ung** *f* interference suppression.
ent'täusch|en disappoint; disillusion; **2ung** *f* disappointment; disillusionment.
ent'thron|en dethrone; **2ung** *f* dethronement.
entvölker|n [~'fœlkərn] (29) depopulate, unpeople; **2ung** *f* depopulation.
ent'wachsen (sn; *dat.*) outgrow.
ent'waffn|en disarm; **2ung** *f* disarming.
entwalden [~'valdən] (26) clear of forests, dis(af)forest, deforest.
ent'warn|en sound the all-clear (signal); **2ung** *f* all-clear signal.
ent'wässer|n drain; **2ung** *f* drainage; **2ungs-anlage** *f* drainage plant.
entweder [ɛnt'veːdər]: ~ ... *oder* either ... or; ~ — *oder!* take it or leave it!
ent'weichen (sn) escape (*aus* from).
ent'weih|en desecrate, profane; **2ung** *f* desecration, profanation.
ent'wend|en (26) purloin, steal, pilfer; misappropriate; **2ung** *f* purloining, misappropriation.
ent'werf|en *Schriftstück, Vertrag*: draft, draw up; (*skizzieren*) sketch, trace (out), outline (*a. fig.*); *Muster, Konstruktion usw.*: design; *Plan*: make, devise; *Gesetz*: frame; **2er** ⊕ *m* designer.
ent'wert|en depreciate; *Briefmarke*: cancel; *fig.* render valueless; **2er** *m* ticket cancelling machine; **2ung** *f* depreciation; cancellation.
ent'wick|eln (*a. sich*) develop (*a. phot.*) (*zu* into); *Gedanken*: evolve; (*darlegen*) explain, set forth; *Tatkraft usw.*: display; ⚔ deploy; **2ler** *phot. m* (7) developer.
Ent'wicklung *f* development; evolution; ⚔ deployment; display; **2s-fähig** capable of development; **~s-geschichte** *f* history of (the) development; *biol.* biogenetics; **~-helfer** *m* adviser (in developing countries); **~shilfe** *f* economic aid to developing countries; **~slehre** *f* theory of evolution; **~szeit** *f* period of development.
ent'winden: *j-m* et. ~ wrest a th. from a p.
entwirren [~'virən] (25) disentangle, unravel.
ent'wischen (sn) slip away (*dat.* from), escape (*j-m* a p.; *aus* from); *j-m* ~ give a p. the slip.
entwöhnen [~'vøːnən] (25) disaccustom (*gen.* to); *Kind, Trinker usw.*: wean (from).
ent'würdig|en degrade, disgrace; **2ung** *f* degradation.
Ent'wurf *m* (*Skizze*) (rough) sketch; (*Gestaltung*) design, *schriftlich*: draft; (*Plan*) plan, project, outline, sketch; **~sstadium** *n* planning (*od.* blueprint) stage.
ent'wurzeln uproot (*a. fig.*).
ent'zerr|en *Radio*: equalize; *phot.* rectify; **2ung** *f* equalization; rectification.
ent'zieh|en: *j-m* et. ~ deprive a p. of a th.; withdraw a th. from a p.; (*vorenthalten*) withhold a th. from a p.; *sich e-r Pflicht usw.* ~ shirk, evade; *das entzieht sich meiner Kenntnis* that is beyond my knowledge; *s. Wort*; **2ung** *f* deprivation,

withdrawal; 2**ungskur** ⚕ *f* withdrawal treatment.

entziffer|n [~'tsifərn] (29) decipher, make out; (*entschlüsseln*) decode; 2**ung** *f* deciphering; decoding.

ent'zück|en 1. charm, enchant, delight; *entzückt über* (*acc.*) *od. von* delighted with; **2.** 2 *n s. Entzückung*; **~end** delightful, charming; 2**ung** *f* rapture, transport; (*entzücktes Gebaren*) raptures *pl.*, transports *pl.*; *in ~en geraten* go into raptures.

entzünd|bar [ɛnt'tsyntba:r] (in-) flammable; 2**barkeit** *f* (in)flammability; **~en** [~'tsyndən] inflame (*a.* ⚕), kindle; *sich ~* catch fire; ⚕ become inflamed; 2**ung** *f* kindling; ⚕ inflammation.

ent'zwei asunder, in two, in (*od.* to) pieces; (*zerbrochen*) broken; **~brechen** break in two; **~en** (25) disunite, set at variance; *sich ~* quarrel, fall out (*mit* with); **~gehen** break, go to pieces; 2**ung** *f* disunion, quarrel, split.

Enzian ⚘ ['ɛntsja:n] *m* (5) gentian.

Enzyklopäd|ie [ɛntsyklopɛ:'di:] *f* (15) encyclop(a)edia; 2**isch** [~'pɛ:-diʃ] encyclop(a)edic(ally *adv.*).

Enzym *biol.* [ɛn'tsy:m] *n* (3) enzyme.

Epide|mie [epide'mi:] *f* (15) epidemic (disease); 2**misch** [~'de:miʃ] epidemic(ally *adv.*).

Epigone [epi'go:nə] *m* (13) epigone.

Epigramm [~'gram] *n* (3[1]) epigram.

Epik ['e:pik] *f* (16) epic poetry; '**~er** *m* epic poet.

Epilep|sie [epilɛp'si:] *f* (15) epilepsy; **~tiker** [~'lɛptikər] *m* (7), 2**tisch** epileptic.

Epilog [~'lo:k] *m* (3) epilog(ue).

episch ['e:piʃ] epic.

Episode [epi'zo:də] *f* (15) episode.

Epistel [e'pistəl] *f* (15) epistle.

Epoche [e'pɔxə] *f* (15) epoch; 2**machend** epoch-making.

Epos ['e:pɔs] *n* (16[2]) epic (poem).

er [e:r] (19) he; *~ selbst* he himself.

erachten [ɛr'ˀaxtən] **1.** consider, judge, deem, think; **2.** 2 *n* (6) opinion, judg(e)ment; *m-s ~s* to my mind, in my opinion.

er'-arbeiten gain by working; *Wissen usw.*: acquire.

Erb|adel ['ɛrpˀa:dəl] *m* hereditary nobility; '**~-anspruch** *m* claim to an inheritance.

erbarmen [ɛr'barmən] **1.** (25) *j-n:* move (to pity); *sich j-s ~* pity (*od.* commiserate) a p.; show mercy to a p.; **2.** 2 *n* (6) pity, compassion, commiseration; mercy; **~swert, ~swürdig** pitiable.

erbärmlich [~'bɛrmliç] pitiful, pitiable; *contp. a.* miserable; *Verhalten*: mean; (*kläglich*) piteous; 2**keit** *f* pitifulness, pitiableness; meanness.

erbarmungslos [~'barmuŋslo:s] pitiless, merciless, relentless.

er'bau|en build (up), construct, raise; *fig.* edify; *sich ~* be edified (*an dat.* by); *nicht erbaut sein von* not to be pleased with; 2**er** *m* (7) builder; constructor; (*Gründer*) founder; **~lich** edifying; 2**ung** *fig. f* edification, *Am. a.* uplift.

erbberechtigt ['ɛrp-] entitled to the inheritance.

Erbe ['ɛrbə] **1.** *m* (13) heir (*gen.* to *a p. od. th.*); **2.** *n* (10, *o. pl.*) inheritance, (*a. fig.*) heritage.

er'beben (sn) tremble, shake, quake.

erben ['ɛrbən] (25) inherit.

er'betteln get (*od.* obtain) by begging, wheedle (*von j-m* out of).

erbeuten [ɛr'bɔʏtən] (26) capture.

erb|fähig ['ɛrp-] capable of inheriting; '2**faktor** *m* gene; '2**fehler** *m* hereditary defect; '2**feind** *m* traditional enemy; '2**folge** *f* (*gesetzliche* intestate) succession; '2**folgekrieg** *m* war of succession.

er'bieten: *sich ~* offer (*od.* volunteer) *to do.*

'**Erbin** *f* (16[1]) heiress.

er'bitten beg (*od.* ask) for, request.

erbitter|n [ɛr'bitərn] (29) embitter, exasperate; **~t** embittered (*über acc.* at); (*heftig*) fierce; *Gegner usw.*: bitter; 2**ung** *f* exasperation.

Erbkrankheit ['ɛrp-] *f* hereditary disease.

erblassen [ɛr'blasən] (28, sn) grow (*od.* turn) pale, blanch.

Erb-lasser ['ɛrplasər] *m* (7) testator; '**~in** *f* (16[1]) testatrix.

er'bleichen (30, sn) *s. erblassen.*

erblich[1] ['ɛrpliç] hereditary; '2**keit** *biol. f* heredity.

erblich[2] [ɛr'bliç] *pret.*, **~en** *p.p. v. erbleichen.*

er'blicken catch sight of, see.

erblind|en [ɛr'blindən] (26, sn) grow blind; 2**ung** *f* loss of sight.

er'blühen *s. aufblühen.*
Erbmasse ['ɛrp-] *f* ⚖ estate; *biol.* idioplasm.
erbosen [ɛr'bo:zən] (27) infuriate; *sich* ~ grow angry (*über acc.* with *a p.*, at, about *a th.*).
erbötig [~'bø:tiç] willing, ready.
Erb|pacht ['ɛrp-] *f* hereditary tenure; '**~pächter** *m* hereditary tenant; '**~prinz** *m* hereditary prince.
erbrechen [ɛr'brɛçən] **1.** break (*od.* force) open; ⚕ (*a. sich*) vomit, puke; **2.** ♀ ⚕ *n* (6) vomiting.
Erb-recht ['ɛrp-] *n* law (*des Erben*: right) of succession.
'**Erbschaft** *f* inheritance; *fig.* heritage; '**~ssteuer** *f* estate duty, *Am.* succession tax.
'**Erbschleicher(in** *f*) *m* legacy-hunter.
Erbse ['ɛrpsə] *f* (15) pea; '**~nbrei** *m* pease-pudding; '**~nsuppe** *f* pea-soup.
'**Erb|stück** *n* heirloom; '**~sünde** *f* original sin; '**~teil** *n, m* (portion of) inheritance; '**~zins** *m* ground-rent.
Erd|-achse ['e:rt-] *f* axis of the earth; '**~-antenne** *f* ground aerial (*Am.* antenna); '**~-arbeiten** *f/pl.* earth works *pl.*; '**~-arbeiter** *m* digger, excavator, *Am.* laborer; '**~bahn** *f* orbit of the earth; '**~ball** *m* globe; '**~beben** *n* earthquake; '**~beere** *f* strawberry; '**~boden** *m* ground, soil; *dem ~ gleichmachen* level with the ground, raze.
Erde ['e:rdə] *f* (15) earth; (*Boden*) ground; (*Bodenart*) soil, *a.* dirt; (*Humus*) mo(u)ld; (*Welt*) world; '♀**n** ⚡ (26) earth, *Am.* ground.
er'denk|en think out, devise; (*erdichten*) invent; **~lich** imaginable.
Erd|geschoß ['e:rt-] *n* ground-floor, *Am.* first floor; '**~gürtel** *m* zone; '**~halbkugel** *f* hemisphere; '**~harz** *n* asphalt.
er'dicht|en invent (*a. b.s.*); **~et** fictitious.
erdig ['e:rdiç] earthy.
Erd|kabel ['e:rt-] *n* underground cable; '**~kampf** ⚔ *m* ground fighting; '**~karte** *f* map of the earth; '**~kreis** *m*, '**~kugel** *f* (terrestrial) globe; '**~krume** *f* topsoil; '**~kunde** *f* geography; '**~leitung** ⚡ *f* earth-connexion, earth-wire, *Am.* ground connection *od.* wire; '**~nähe** *ast. f* perigee; '**~nuß** *f* peanut; '**~-öl** *n* mineral oil, petroleum.
erdolchen [ɛr'dɔlçən] (25) stab (with a dagger).
Erd|pech ['e:rt-] *n* mineral pitch, bitumen; '**~pol** *m* pole (of the earth); '**~reich** *n* ground, soil, earth.
erdreisten [ɛr'draɪstən] (26): *sich ~* dare, presume.
er'dröhnen *s. dröhnen.*
er'drosseln strangle, throttle.
er'drücken crush (to death); *fig.* crush; ⚖ *~des Beweismaterial* damning evidence; *~de Mehrheit* overwhelming majority.
Erd|rutsch ['e:rtrutʃ] *m* landslip, (*a. fig.*) landslide; '**~satellit** *m* earth satellite; '**~schicht** *f* layer of earth, stratum; '**~schluß** ⚡ *m* earth (connexion), *Am.* ground (leakage); '**~scholle** *f* clod; '**~stoß** *m* earth-tremor; '**~strich** *m* region, zone; '**~teil** *m* part of the world; *geogr.* continent.
er'dulden suffer, endure.
Erdung ⚡ ['e:rduŋ] *f* earth(ing), *Am.* ground(ing).
er'-eifern: *sich ~* get excited, fly into a passion.
ereignen [ɛr'ʔaɪgnən]: *sich ~* happen, come to pass *od.* about, occur.
Ereignis [ɛr'ʔaɪknis] *n* (4[1]) event; (*Vorfall*) occurrence, incident; ♀**reich** eventful.
er'-eilen overtake.
Eremit [ere'mi:t] *m* (12) hermit.
er'-erben inherit (*von* from).
er'fahr|en 1. learn, come to know, be told; (*hören*) hear, understand; (*erleben*) experience; **2.** *adj.* experienced, expert; (*geübt*) skilled; ♀**ung** *f* experience; (*Praxis*) practice; (*Übung*) skill; (*Fachkenntnis*) know-how; *in ~ bringen* learn, (*herausfinden*) find out, discover; *durch ~ klug werden* learn it the hard way; *s-e ~en machen* gain experience; *aus ~* by (*od.* from) experience; **~ungsgemäß** *adv.* according to (*my, our*) experience; **~ungsmäßig** empiric(ally *adv.*).
er'fass|en seize, catch, grasp (*alle a. geistig*); lay hold of; (*in sich schließen*) cover; *statistisch*: register, record; ♀**ung** *f* registration, recording.
er'finden invent; *b.s. a.* fabricate, cook up; *erfunden Nachricht usw.*: *a.* fictitious.
Er'finder *m* (7) inventor; **~in** *f* (16[1]) inventress; ♀**isch** inventive.

Er'findung *f* invention; **~sgabe** *f* inventiveness; **2sreich** inventive; resourceful.

er'flehen implore.

Erfolg [ɛr'fɔlk] *m* (3) success; (*Wirkung*) result; ~ *haben* succeed, be successful; *keinen ~ haben* fail, be unsuccessful; **2en** [~gən] (sn) ensue, follow, result (*aus* from); (*sich ereignen*) happen, take place; *Antwort*: be given; *Zahlung*: be made; **2los** unsuccessful, ineffective; *adv.* (*umsonst*) in vain; **~losigkeit** *f* unsuccessfulness; failure; **2reich** successful; **~srechnung** ☿ *f* profit and loss account; **2versprechend** promising.

er'forderlich requisite, required, necessary; **~enfalls** if need be, if necessary *od.* required.

er'forder|n require, demand; **2nis** *n* (4[1]) requirement, exigency.

er'forsch|en inquire into, investigate; *Land*: explore (*a. fig.*); **2er** *m* (7) investigator; explorer; **2ung** *f* investigation; exploration.

er'fragen ask for, ascertain; *zu ~ bei* inquire at, apply to.

erfrechen [ɛr'frɛçən] (25): *sich ~ zu inf.* have the impudence to *inf.*

er'freu|en please, delight; *sich ~ an* (*dat.*) rejoice (*od.* delight) in *od.* at, enjoy *a th.*; *sich e-r S. ~* enjoy a th.; **~lich** pleasing, gratifying; glad, welcome (*news, etc.*); **~licher'weise** fortunately; **~t** glad (*über acc.* of; *zu* to *inf.*); pleased (with; to *inf.*); rejoiced (at; to *inf.*); delighted (with, at; to *inf.*).

er'frier|en (sn) freeze to death, die from (*od.* perish with) cold; *sich die Ohren ~* have one's ears frozen; *erfroren Körperteil usw.*: frost-bitten; **2ung** *f e-s Körperteils*: frost-bite.

er'frisch|en (27) refresh; **2ung** *f* refreshment; **2ungsraum** *m* refreshment-room.

er'füll|en fill; *Bedingung, Pflicht, Versprechen, Wunsch, Zweck usw.*: fulfil(l); *Aufgabe*: accomplish, perform; *Vertrag*: fulfil(l), perform; *Bitte*: comply with; *Erwartungen*: meet; *sich ~* be fulfilled; (*wahr werden*) come true; **2ung** *f* fulfil(l)-ment; accomplishment; performance; **2ungs-ort** *m* place of performance.

ergänzen [~'gɛntsən] (27) complete; complement (*sich gegenseitig* one another); *hinzufügend*: supplement; *Summe*: make up; ☿ *Lager*: replenish; **~d** complementary; supplementary (*beide acc.* to).

Er'gänzung *f* completion; (*das Ergänzte*) supplement; replenishment; *gr.* complement; **~s...** supplementary; complementary.

ergattern [~'gatərn] (29) (manage to) get hold of, grab, secure.

er'geben 1. result in; (*liefern*) yield, give; (*erweisen*) prove; ⚔ *sich ~* surrender (*dat.* to); *Schwierigkeit usw.*: arise; *sich e-r S. ~* devote o.s. to, *e-m Laster*: take to; *sich ~ aus* result (*od.* follow) from; *sich ~* (*in ein Schicksal*) resign o.s. (to); **2.** *adj.* devoted (*dat.* to); *e-m Laster*: addicted to; (*untertänig*) humble; (*gefaßt*) resigned (to); *~st adv.* respectfully; *Brief*: Yours faithfully; **2heit** *f* devotion; resignation.

Ergebnis [~'ge:pnis] *n* (4[1]) result, outcome; *Sport*: (*Punktzahl*) score; **2los** resultless, negative; without result.

Ergebung [~'ge:buŋ] *f* resignation, submission; ⚔ surrender.

er'gehen 1. (sn) *Gesetz usw.*: come out, be published; *~ lassen* issue, publish; *ein Urteil ~ lassen* pass a sentence; *über sich ~ lassen* submit to; *sich ~* (*spazierengehen*) stroll about; *fig. sich ~ in* (*dat.*) indulge in; *es wird ihm schlecht ~* he will come off badly, it will go hard with him; *es ist mir gut* (*schlecht*) *ergangen* I fared well (ill); **2.** 2 *n* (state of) health.

ergiebig [~'gi:biç] productive, rich (*an dat.* in); *s. einträglich*; **2keit** *f* productiveness, richness.

er'gießen pour *od.* gush forth (*a. sich*); *sich ~ in* (*acc.*) discharge into.

er'glühen (sn) glow; *Gesicht*: *a.* blush, flush (*vor dat.* with).

ergötz|en [~'gœtsən] (27) delight; *sich ~ an* (*dat.*) (take) delight in; **2en** *n* (6) delight; *zu j-s ~* to a p.'s amusement; **~lich** diverting, delightful; amusing; **2ung** *f s. Ergötzen.*

er'grauen *v/i.* (sn) (become) grey, *Am.* gray.

er'greifen seize, grasp, grip; lay hold of; *Beruf*: choose; *die Waffen, Feder*: take up; *Gemüt*: move, touch, stir; *Maßregeln, Besitz*: take; *die Flucht* ~ take to flight; *s. Partei usw.*

ergriffen [~ˈgrifən] moved, touched, deeply stirred *od.* affected (*von* with); *vom Fieber usw.* ~ *werden* be struck with fever *etc.*; **ˆheit** *f* emotion.

ergrimmen [ɛrˈgrimən] (25, sn) grow angry, flare up.

erˈgründen fathom (*a. fig.*); *fig.* penetrate, get to the bottom of.

Erˈguß *m* outpour (*a. fig.*); *physiol. u. fig.* effusion.

erˈhaben elevated; *fig.* exalted, sublime; ~*e Arbeit* embossed work, (*Relief*) relief; ~ *sein über* (*acc.*) be above; **ˆheit** *f* elevation; relief; *fig.* sublimity; loftiness.

erˈhalt|en 1. *v/t.* get; *förmlich*: obtain; *Nachricht usw.*: receive; (*bewahren*) conserve; (*dauernd machen*) preserve, keep (*am Leben* alive); (*unterhalten*) support, maintain; *sich* ~ *von* subsist on; **2.** *adj. gut* ~ *Haus usw.*: in good repair *od.* condition; ~ *bleiben* be preserved; **ˆer** *m* (7), **ˆerin** *f* preserver; supporter; **ˆung** *f* conservation; preservation; maintenance, upkeep.

erhältlich [~ˈhɛltliç] obtainable.

erˈhängen hang.

erˈhärt|en (*bestätigen*) confirm, corroborate; **ˆung** *f* corroboration.

erˈhaschen catch, seize.

erˈheben lift, raise (*beide a. Augen, Stimme*); *Anspruch, Einwand, Frage, Geschrei usw.*: raise; (*erhöhen*) elevate; (*preisen*) exalt; *Steuern usw.*: levy, raise, (*einziehen*) collect; *e-e Forderung* ~ enter (*od.* put in) a claim; *Geld* ~ raise money; *Klage* (*Anklage*) ~ bring an action (accusation); *ins Quadrat* ~ square; *s. Adelsstand*; *sich* ~ rise, start; *Wind*: spring up; *Frage usw.*: arise; (*sich empören*) rise; ~**d** *fig.* elevating.

erheblich [ɛrˈheːpliç] considerable; **ˆkeit** *f* consequence, importance.

Erˈhebung *f* elevation; exaltation; *v. Steuern*: levy, collecting; (*Empörung*) revolt; (*Bodenˆ*) rise; (*Untersuchung*) inquiry, inquest.

erheiter|n [~ˈhaɪtərn] (29) cheer; amuse, exhilarate; **ˆung** *f* amusement.

erhell|en [~ˈhɛlən] (25) *v/t.* light up, illuminate; *fig.* clear up, elucidate; *v/i. fig.* appear, become evident; **ˆung** *f* illumination.

erˈhitzen (27) (*a. sich*) heat (*a. fig.*); *sich* ~ grow hot, *fig.* become heated.

erˈhoffen hope for.

erhöh|en [~ˈhøːən] (25) raise, lift, elevate; *fig.* (*steigern*) *allg.* increase, raise (*auf acc.* to; *um* by); enhance; *im Rang od. rühmend*: exalt; *sich* ~ (be) increase(d); **ˆung** *f* (*Anhöhe*) elevation; exaltation; (*Steigerung*) increase, rise; *der Preise*: *a.* advance.

erˈhol|en: *sich* ~ recover (*von* from); *nach der Arbeit*: (take a) rest, relax; *Preise*: recover, rally; ~**sam** restful; **ˆung** *f* recovery (*a.* ⚕); (*Entspannung*) recreation, relaxation; (*Ferien*) holiday, *bsd. Am.* vacation; ~**ungsbedürftig** in need of a rest; **ˆungsheim** *n* rest home; **ˆungsurlaub** *m* recreation leave; *nach Krankheit*: convalescence leave.

erˈhören hear; *Bitte*: grant.

erˈ-inner|lich present to one's mind; *soviel mir* ~ *ist* as far as I can remember; ~**n** [~ˈˀinərn] (29) *v/i.* ~ *an* (*acc.*) be reminiscent of, recall; *v/t. j-n an* (*acc.*) ~ remind a p. of, call to a p.'s mind; *j-n daran* ~, *daß od. wie usw.* ... remind a p. that *od.* how *etc.*; *sich* ~ (*gen. od. an acc.*) remember, recollect (*a th. od. a p.*).

Erˈ-innerung *f* remembrance; (*Gedächtnis*) recollection; (*Mahnung*) reminder; ~*en pl.* reminiscences; memoirs; *zur* ~ *an* (*acc.*) in memory of; ~**svermögen** *n* memory, power of recollection.

erˈjagen hunt down; *fig.* catch.

erˈkalten (26, sn) cool down, get cold; *fig.* cool (off).

erkält|en [~ˈkɛltən] (26): *sich* (*sehr*) ~ catch (a bad) cold; **ˆung** *f* cold.

erˈkämpfen obtain by fighting.

erˈkaufen purchase, buy; (*bestechen*) bribe, corrupt.

erˈkenn|bar recognizable; (*wahrnehmbar*) perceptible; **ˆbarkeit** *f* perceptibility; ~**en** recognize (*an dat.* by); (*wahrnehmen*) perceive, discern; (*geistig erfassen*) know (*an dat.* by); (*sich vergegenwärtigen*) realize, see; ⚕ credit (*j-n für* a p. with *a sum*); ⚖ judge, find *a p. guilty etc.*; ~ *lassen*, *zu* ~ *geben* indicate, suggest; give to understand; *sich*

zu ~ *geben* disclose one's identity; ⚖ ~ *auf* (*acc.*) pass a sentence of.
er'kenntlich (*dankbar*) grateful; **2keit** *f* gratitude.
Er'kenntnis *vgl. erkennen*: **1.** *f* (14²) perception; realization; **2.** ⚖ *n* (4¹) judg(e)ment, sentence, finding; **~theorie** *f* theory of cognition; **~vermögen** *n* intellectual power.
Er'kennung *f* recognition; **~smarke** ⚔ *f* identity disk, *Am.* identification tag; **~smelodie** *f Radio*: signature (tune); **~swort** *n* password; **~szeichen** *n* identification sign; distinctive mark, (*Abzeichen*) badge; ⚕ *u. fig.* symptom.
Erker ['ɛrkər] *m* (7) bay; '**~fenster** *n* bay-window.
er'klär|bar explicable; **~en** explain; (*Rechenschaft ablegen über, Gründe angeben für*) account for; (*aussprechen*) declare, state; *sich* ~ *für, gegen* declare for, against; **2er** *m* (7) commentator, expounder; **~lich** explicable, accountable; **~t** professed, declared; **2ung** *f* explanation; declaration.
erklecklich [ɛr'klɛkliç] considerable.
er'klettern, er'klimmen climb.
er'klingen (sn) sound; (*widerhallen*) resound; ~ *lassen* sound, *Lied*: strike up.
erkor [~'ko:r] *pret.*, **~en** *p.p. v. erkiesen*: chosen, *adj. a.* (s)elect.
er'krank|en (sn) fall (*od.* be taken) ill (*an dat.* of, with); *Organ*: be affected; **2ung** *f* illness, sickness; *e-s Organs*: affection.
erkühnen [~'ky:nən] (25): *sich* ~ venture, presume, make bold.
erkunden [~'kundən] (26) explore; ⚔ reconnoitre, *Am.* reconnoiter.
erkundig|en [~'kundigən]: *sich* ~ inquire (*über acc., nach P.*: after, for; *S.*: about); **2ung** *f* inquiry.
Er'kundung ⚔ *f* reconnaissance.
er'künsteln (29) affect.
er'lahmen (sn) *fig.* weary, tire; *Interesse usw.*: wane, flag.
er'langen (25) (*fassen*) reach; *fig. a.* achieve; (*sich verschaffen*) obtain, get, secure.
Erlaß [ɛr'las] *m* (4²) exemption (*gen.* from); *e-r Schuld, Strafe usw.*: remission (of); (*Verordnung*) decree; *e-s Gesetzes*: enactment.
er'lassen *Schuld usw.*: remit; *Verpflichtung*: release, dispense (*j-m et.* a p. from a th.); *Verordnung usw.*: issue, publish; *Gesetz*: enact.
erlauben [ɛr'laubən] (25) allow, permit; *sich et.* ~ (*gönnen*) indulge in a th.; *sich* ~ *zu inf.* ✝ beg to *inf.*, *s. a. sich erkühnen*; *das kann ich mir nicht* ~ I cannot afford that; *was* ~ *Sie sich!* how dare you!
Erlaubnis [~'laupnis] *f* (14²) permission; (*Ermächtigung*) authority; *a.* = **~schein** *m* permit.
erlaucht [~'lauxt] illustrious, noble.
er'läuter|n explain, illustrate; (*kommentieren*) comment (up)on; **2ung** *f* explanation, illustration.
Erle ⚘ ['ɛrlə] *f* (15) alder.
er'leb|en (live to) see; (*erfahren*) experience; *Schlimmes*: go through; (*mit ansehen*) see, witness; *schöne Tage usw.*: have, spend; **2nis** [~'le:pnis] *n* (4¹) occurrence, event; (*Abenteuer*) adventure; (*Erfahrung*) experience.
erledig|en [~'le:digən] (25) finish (*a.* F *fig.*); *Auftrag*: execute; *Streitfall*: settle, adjust; *Geschäft*: deal with, handle; *sich* ~ be settled; **~t** finished (*a.* F *fig.*); *Amt*: vacant; **2ung** *f* handling; execution; settlement.
er'legen *hunt.* kill, shoot.
erleichter|n [~'laiçtərn] (29) make easy; *e-e Bürde*: lighten; *Not, Schmerz*: relieve, alleviate; *Aufgabe*: facilitate; *j-n, das Herz*: relieve; **2ung** *f* ease; lightening; relief; facilitation; *~en pl.* (*Vorteile*) facilities.
er'leiden suffer, endure; *Schaden, Verlust*: sustain.
er'lernen learn.
er'lesen *adj.* select, choice.
er'leucht|en light (up), illuminate; *fig.* enlighten; **2ung** *f* illumination; enlightenment.
er'liegen (sn) succumb (*dat.* to).
erlogen [~'lo:gən] false, untrue.
Erlös [~'lø:s] *m* (4) proceeds *pl.*
erlosch [~'lɔʃ] *pret.*, **~en** *p.p. v. erlöschen*; *adj.* extinct.
er'löschen [~'lœʃən] (30, sn) go out, be extinguished; *fig.* become extinct; *Vertrag, Patent*: expire.
er'lös|en save, redeem; (*frei machen*) deliver; **2er** *m* (7) redeemer, deliverer; *eccl.* Redeemer, Savio(u)r; **2ung** *f* redemption; deliverance.

ermächtig|en [~'mɛçtigən] (25) empower, authorize; **2ung** *f* authorization; (*Befugnis*) authority, power.
er'mahn|en admonish, exhort; **2ung** *f* exhortation, admonition.
er'mangel|n *e-r S.*: be wanting in; ~ *zu tun* fail to do; **2ung** *f*: *in* ~ (*gen.*) in default of, failing.
ermannen [ɛr'manən] (25): *sich* ~ take courage *od.* heart.
er'mäßig|en abate, reduce; **2ung** *f* abatement, reduction.
ermatt|en [~'matən] (26) *v/t.* tire, fatigue; (*erschöpfen*) exhaust; *v/i.* (sn) grow weary *od.* tired; (*nachlassen*) slacken (*in dat.* in); *Interesse usw.*: flag; **2ung** *f* weariness, fatigue, exhaustion, lassitude.
er'messen 1. judge; **2. 2** *n* (6) judg(e)ment, opinion; *nach freiem* ~ at one's (free) discretion.
ermitt|eln [~'mitəln] (29) ascertain, determine; find out; ⚖ investigate; **2(e)lung** *f* ascertainment; ⚖ investigation; *~en anstellen* make inquiries; **2lungsverfahren** ⚖ *n* judicial inquiry.
ermöglichen [~'mø:k-] (25) render (*od.* make) possible; *es j-m ~ zu tun* enable (*od.* make it possible for) a p. to do.
er'mord|en, **2ung** *f* murder.
ermüd|en [~'my:dən] (26) *v/t.* tire, fatigue; *v/i.* (sn) get tired *od.* fatigued; **2ung** *f* fatigue, tiredness.
ermunter|n [~'muntərn] (29) rouse; (*anfeuern*) incite, encourage, animate; (*erheitern*) cheer (up); *sich* ~ rouse o.s.; **2ung** *f* encouragement, animation.
ermutig|en [~'mu:tigən] (25) encourage; **2ung** *f* encouragement.
er'nähr|en nourish, feed; (*erhalten*) support; **2er** *m* (7) bread-winner, supporter; **2ung** *f* nourishment; support; ⚕ nutrition.
er'nenn|en nominate, appoint (*zum Botschafter usw.* ambassador *etc.*); **2ung** *f* nomination, appointment.
erneu|e(r)n [~'nɔʏə(r)n] (25 [29]) renew; (*wieder aufleben lassen*) revive; **2erung** *f* renewal; revival; **~t** *adj.* renewed; *adv.* once more, anew.
erniedrig|en [~'ni:drigən] (25) lower; *im Rang*: degrade; *fig.* humiliate, humble; **2ung** *f* lowering; degradation; humiliation.
Ernst[1] [ɛrnst] *m* (3^1, *o.pl.*) seriousness, earnest; (*Würdigkeit, Wichtigkeit*) gravity; (*Strenge*) severity; *es im ~ (od. 2) meinen* be in earnest, be serious; ~ *machen mit et.* go ahead with a th.; *es ist mein voller* ~ I mean it; **'~fall** *m*: *im* ~ in case of emergency; ⚔ in case of war.
ernst[2], **'~haft**, **'~lich** serious, earnest; (*würdig*) grave; (*streng*) stern; *es ernst meinen s. Ernst*[1]; *et. ernst nehmen* take a th. seriously; **'2haftigkeit** *f s. Ernst*[1].
Ernte ['ɛrntə] *f* (15) harvest; (*Ertrag*) crop; **~'dankfest** *n* harvest festival, *Am.* Thanksgiving Day; **'~fest** *n* harvest home; **'2n** *v/t. u. v/i.* (26) harvest, gather (in), (*a.fig.*) reap.
ernüchter|n [ɛr'nyçtərn] (28) sober; *fig. a.* disillusion; **2ung** *f* sobering; *fig.* disillusionment.
Er'-ober|er *m* (7) conqueror; **2n** [~'ʔo:bərn] (29) conquer; **~ung** *f* conquest; **~ungskrieg** *m* war of conquest.
er'-öffn|en *allg.* open (*a. Konto, Kredit, Sitzung usw.*); *feierlich*: inaugurate; ⚔ *Feuer*: open; *j-m et.*: disclose, reveal, *förmlich*: notify (to); *ein Geschäft ~ (als)* set up a business (as); *sich ~ Möglichkeit*: present itself; **2ung** *f* opening; inauguration; disclosure; notification.
erörter|n [~'ʔœrtərn] (29) discuss; **2ung** *f* discussion.
Erot|ik [e'ro:tik] *f* eroticism; **2isch** erotic.
Erpel ['ɛrpəl] *m* (7) drake.
erpicht [ɛr'piçt]: ~ *auf* (*acc.*) bent (*od.* intent, keen) on.
er'press|en *Geld usw.*: extort; *j-n*: blackmail; **2er** *m* (7), **2erin** *f* extortioner; blackmailer; **~erisch** extortionate; **2ung** *f* extortion; blackmail(ing); **2ungsversuch** *m* attempted extortion.
er'proben try, (put to the) test.
erquick|en [~'kvikən] (25) refresh; **~lich** refreshing; **2ung** *f* refreshment.
er'raten guess, divine; find out.
er'rechnen calculate, compute, figure out.
erreg|bar [~'re:kba:r] excitable, irritable; **2barkeit** *f* excitability, irritability; **~en** [~gən] excite (*a.*

⚡); (*erzürnen*) irritate, infuriate; (*verursachen*) cause, call forth; *sich* ~ get excited; **~end** exciting; **2er** *m* (7), **2erin** *f* (16[1]) ⚕ germ, virus; **2erkreis** *m Radio*: exciting circuit; **2ung** *f* excitation; *Zustand*: excitement.

erreich|bar [ɛr'raɪçbaːr] get-at-able, within reach *od.* call; *fig.* attainable; (*verfügbar*) available; **~en** reach; *Ziel, Zweck usw.*: achieve, attain; (*erlangen*) obtain; *Zug usw.*: catch; *ein gewisses Maß*: come up to; *j-n telephonisch* ~ get a p. on the phone; *von der Bahn leicht zu* ~ within easy reach of the station; **2ung** *f* reach(ing).

er'rett|en save, rescue; (*befreien*) deliver; **2er** *m* (7), **2erin** *f* rescuer, deliverer; **2ung** *f* rescue, deliverance; *eccl.* Salvation.

er'richt|en erect, raise (*a.* ⩘ *das Lot*); (*gründen*) establish; *Geschäft*: set up; **2ung** *f* erection; establishment.

er'ringen obtain; *Erfolg, Ruhm usw.*: achieve, gain; *Preis*: win; *s. Sieg.*

er'röten 1. (sn) blush; **2.** 2 *n* (6) blush(ing).

Errungenschaft [ɛr'ruŋənʃaft] *f* (16) achievement; (*Erwerbung*) acquisition.

Er'satz *m* (3[2], *o. pl.*) (*Vergütung*) compensation; (*Schadloshaltung*) indemnification; (*Schadens2*) damages *pl.*; (*Austausch*) replacement, *konkret*: *a.* substitute (*für* for); ⚔ replacement(s *pl.*); (*Rekruten*) recruits *pl.*, draft(s *pl.*); **~...** ersatz (*z.B.* *~kaffee*); *s. Ersetzung, ~mann, ~mittel, ~teil*; ~ *leisten* make restitution *od.* amends (*für* for); **~anspruch** *m* claim for compensation; **~befriedigung** *f* compensation; **~dienst** *m s. Wehrersatzdienst*; **~mann** *m* substitute, *Am. a.* alternate; *Sport*: reserve, F spare; ⚔ replacement, filler; **~mine** *f für Bleistift*: refill; **~mittel** *n* substitute; *minderwertig*: ersatz; **~pflicht** *f* liability (to pay damages); **~rad** *mot. n* spare wheel; **~reifen** *mot. m* spare tyre; **~stück** *n*, **~teil** ⊕ *n, m* replacement part; *mitgeliefert*: spare (part); *~liste* parts list; **~wahl** *f* by-election.

er'saufen P (sn) be drowned.

ersäufen P [~'zɔʏfən] (25) drown.

er'schaff|en create; **2er(in** *f*) *m* creator; **2ung** *f* creation.

er'schallen (sn) (re)sound; ring.

er'schein|en (sn) appear (*a. Geist*; *j-m* to a p.); *Buch usw.*: *a.* come out, be published; *ratsam* ~ appear advisable; **2en** *n* appearance; **2ung** *f* appearance; (*Geister2*) apparition; (*Traumbild*) vision; (*Natur2*) phenomenon; (*Krankheits2*) symptom; e-e *glänzende* ~ *sein* cut a fine figure; *in* ~ *treten* make one's appearance, *fig.* appear, come to the fore; **2ungsjahr** *n* year of publication.

er'schießen shoot (dead).

erschlaff|en [~'ʃlafən] *v/i.* (25, sn) *Muskel*: go limp; *P.*: tire, wilt; *fig.* flag, slacken; *v/t.* relax; exhaust; **2ung** *f* relaxation; enervation.

er'schlagen kill, slay.

er'schleichen obtain surreptitiously; *Gunst*: creep into.

er'schließen open (*a. sich*); *Gegend*: open up; *Baugelände*: develop.

er'schöpf|en exhaust; ⚡ *Batterie*: run down; **~end** *fig.* exhaustive; **2ung** *f* exhaustion.

erschrak [~'ʃraːk] *pret. v. erschrecken* 2.

er'schrecken 1. *v/t.* (25) frighten, terrify, scare; **2.** *v/i.* (30, sn) (*a. sich* ~) be frightened *od.* startled (*über acc.* at); **3.** 2 *n* fright, terror; **~d** alarming, startling.

erschrocken [ɛr'ʃrɔkən] **1.** *p.p. v. erschrecken* 2.; **2.** *adj.* frightened, terrified, scared; startled.

er'schütter|n (29) shake; *fig.* shock, (*rühren*) move; **2ung** *f* shaking; shock; (*Rührung*) emotion; ⚕ concussion; ⊕ percussion.

erschweren [~'ʃveːrən] (25) render more difficult; *Schuld*: aggravate.

er'schwindeln obtain by trickery; *von j-m* ~ swindle out of a p.

er'schwing|en afford; **~lich** attainable, within *a p.'s* means; *Preis*: reasonable.

er'sehen learn, gather (*aus* from).

er'sehnen long for.

er'setz|bar, ~lich *P.*: replaceable; *Schaden, Verlust*: reparable; **~en** (*wiedergutmachen*) repair; (*entschädigen für*) make up for, compensate (for), make good; *j-m et.*: indemnify a p. for a th.; (*an die Stelle* *setzen od. treten*) replace, substitute, supersede; *j-m Unkosten* ~ reimburse a p. for his expenditure; *er ersetzt ihn nicht* he is not equal to him; *den Schaden ersetzt bekommen* recover damages; **2ung** *f* compensation; replacement.

er'sichtlich evident, obvious.

er'sinnen contrive, devise.

er'spähen (e)spy, F spot.

er'spar|en *Geld*: save; *j-m Geld, Zeit, Ärger usw.* ~ save a p. money, time, trouble, *etc.*; *j-m e-e Demütigung usw.* ~ spare a p. a humiliation, *etc.*; **2nis** *f* saving.

ersprießlich [~'ʃpri:sliç] useful, profitable, beneficial.

erst [e:rst] **1.** (18) *der (die)* ~*e* (*od.* 2e) first; *fig.* first, foremost, leading; ~*e Qualität* prime quality; ~*e Hilfe* first aid; *in* ~*er Linie, an* ~*er Stelle* in the first place, primarily; *aus* ~*er Hand* first-hand (*mit su. nur attr.*); *der, die* 2*e e-r Klasse* the head (*od.* top) boy *od.* girl; *fig. die* ~*e Geige spielen* play first fiddle; *fürs* ~*e* for the time being; *bei Auktionen*: *zum* ~*en, zum zweiten, zum dritten!* going, going, gone!; **2.** *adv.* first; (*anfangs*) at first; (*bloß*) only, but; (*nicht früher als*) not before, not till *od.* until; ~ *als* only when; *jetzt* ~ but now; ~ *recht* more than ever.

erstarken [ɛr'ʃtarkən] (25, sn) grow strong(er), gain strength.

er'starr|en (sn) grow stiff, stiffen; *Glieder*: grow numb; *vor Schreck*: freeze (with), be paralysed; *metall.* solidify; *Fett*: congeal; *Zement*: set; *Blut*: coagulate, *fig.* run cold; *erstarrt* stiff, numb; **2ung** *f* torpidity; numbness; solidification; congealment; setting.

erstatt|en [~'ʃtatən] (26) restore, return; *Geld*: (re)pay; *s. a. ersetzen*; ⚖ *Anzeige* ~ file an information; *s. Bericht*; **2ung** *f* restitution, compensation; *e-s Berichts*: delivery.

'Erst-aufführung *thea. f* first (*od.* opening) night.

er'staunen 1. *v/i.* (sn) be astonished (*über acc.* at); *v/t.* astonish; **2.** 2 *n* (6) astonishment; *in* ~ *setzen* astonish.

er'staunlich astonishing, amazing.

'erst'beste: *der, die, das* ~ the first comer.

er'stechen stab.

er'stehen 1. *v/i.* (sn) arise, rise; **2.** *v/t.* buy, purchase.

er'steig|en ascend, climb; **2ung** *f* ascent.

erstens ['e:rstəns] first, firstly.

er'sterben (sn) die (away) (*a. fig.*).

'erstere: *der, die, das* ~ the former.

erstgeboren ['~gəbo:rən] first-born.

'Erstgeburtsrecht *n* birthright.

er'stick|en *v/t. u. v/i.* (sn) choke (*an dat.* on; *vor Wut usw.* with), suffocate; stifle; *gewaltsam*: smother; *im Keime* ~ nip in the bud; **2ung** *f* suffocation.

erstklassig ['e:rstklasiç] first-class.

'erstlich firstly, in the first place.

'Erstling *m* (3[1]) first-born (child); *Tier*: firstling; '**~s...** first.

erstmal|ig ['~ma:liç] *adj.* first; *adv.* = **~s** ['~ma:ls] (for) the first time.

er'streben [ɛr-] strive after; **~swert** desirable.

er'strecken: *sich* ~ extend (*bis zu* to); *fig. a. sich* ~ *auf* (*acc.*) refer to; *sich* ~ *über* (*acc.*) cover.

er'stürmen take (by storm).

er'suchen 1. ask, request; **2.** 2 *n* (6) (*auf j-s* ~ at a p.'s) request.

er'tappen catch, surprise; *s. frisch.*

er'teilen give; *s. Auftrag, Wort.*

er'tönen (sn) (re)sound.

Ertrag [ɛr'tra:k] *m* (3[3]) produce, yield; (*Einnahmen*) proceeds, returns *pl.*; ⚒ output.

er'trag|en bear, endure; (*leiden*) suffer; (*vertragen*) support, stand; **2fähigkeit** [~k-] *f* productiveness.

erträglich [~'trɛ:kliç] bearable, endurable; (*leidlich*) tolerable, passable.

er'tränken drown.

er'träumen dream of.

er'trinken (sn) drown, be (*od.* get) drowned.

ertüchtig|en [~'tyçtigən] (25) make fit, train; **2ung** *f*: *körperliche* ~ physical training.

erübrigen [~'ʔy:brigən] (25) save; *Zeit*: spare; *sich* ~ be superfluous.

er'wachen (sn) awake.

er'wachsen 1. *v/i.* (sn) arise; spring; *Vorteil usw.*: accrue (*aus* from); **2.** *adj.* grown-up, adult (*a.* 2*e m,f*).

er'wäg|en consider; **2ung** *f* consideration; *in der* ~, *daß* considering that; *in* ~ *ziehen* take into consideration.

er'wählen choose, elect.
er'wähn|en mention; **~enswert** worth mentioning; **2ung** *f* mention.
er'wärmen (*a. sich*) warm, heat; *fig. sich ~ für* warm to.
er'wart|en expect; await; *ein Kind ~* be expecting; et. *zu ~ haben* be in for; **2ung** *f* expectation; **~ungsvoll** expectant.
er'weck|en awaken (*a. fig.*); *vom Tode*: resuscitate, *a. fig. Erinnerung, Hoffnung usw.*: raise; *fig.* cause; *Eindruck*: give; *Interesse, Verdacht*: arouse; *s. Anschein*; **2ung** *f* awakening; resuscitation; revival.
er'wehren: *sich ~ (gen.)* ward off; *sich der Tränen ~* restrain one's tears; *ich konnte mich des Lachens nicht ~* I could not help laughing.
er'weichen (25) soften; *fig. j-n*: *a.* mollify; (*rühren*) move; **~d**(*es Mittel*) emollient.
er'weis|en prove; *Achtung*: show; *e-n Dienst, Gehorsam*: render; *Ehre*: do, pay; *Gunst*: grant, bestow (*j-m* on a p.); *sich ~ als* prove (*od.* turn out) to be; **~lich** [~'vaɪsliç] provable.
erweiter|n [~'vaɪtərn] (29) (*a. sich*) extend (*a. fig.*), expand, widen; **2ung** *f* expansion, (*a. gr.*) extension; ⚕ dila(ta)tion.
Erwerb [ɛr'vɛrp] *m* (3) (*Erwerben*) acquisition; (*Unterhalt*) living; (*Verdienst*) earnings *pl.*; **2en** [~bən] acquire; gain; *durch Arbeit*: earn; *sich Verdienste ~ um* deserve well of.
er'werbs|fähig capable of gainful employment; **2fähigkeit** *f* earning capacity; **~los** *usw. s. arbeitslos usw.*; **2quelle** *f* source of income; **2sinn** *m*, **2trieb** *m* acquisitiveness; **~tätig** working (for a living), gainfully employed; **2tätige(r** *m*) *f* person gainfully employed; **2tätigkeit** *f* occupational activities *pl.*, gainful employment; **~-unfähig** incapable of earning one's living; **2-unfähigkeit** *f* incapacity of earning one's living; **2zweig** *m* branch of industry (*od.* trade); line (of business), trade.
Er'werbung [~buŋ] *f* acquisition.
erwider|n [~'vi:dərn] (29) return; *Gefälligkeit, Glückwunsch, Zuneigung usw.*: *a.* reciprocate; (*antworten*) reply (*auf acc.* to), *bsd.* ⚖ rejoin; *Beleidigung usw., scharf ~*: retort; **2ung** *f* return; answer, reply; reciprocation; *bsd.* ⚖ rejoinder.
erwiesen [~'vi:zən] *p.p. v. erweisen*; **~er'maßen** as has been proved.
er'wirken obtain, procure, effect; *e-n Entscheid usw.*: take out.
er'wischen catch, get.
erwünscht [~'vynʃt] desired; (*wünschenswert*) desirable; (*willkommen*) welcome.
er'würgen strangle, throttle.
Erz [e:rts] *n* (3[2]) ⚒ ore; (*Metall*) brass, bronze; **'~-ader** *f* vein of ore.
er'zähl|en tell; (*berichten*) relate; *bsd. formgerecht*: narrate; *man erzählt sich* people (*od.* they) say; **2er(in** *f*) *m* narrator; (*Schriftsteller*) story-teller, writer; **2ung** *f* narration; (*Bericht*) report; (*Geschichte*) tale, story, narrative.
'Erz|bischof *m* archbishop; **'2bischöflich** archiepiscopal; **'~bistum** *n* archbishopric; **'~-engel** *m* archangel.
er'zeug|en (*zeugen*) beget; (*hervorbringen, -rufen*) produce; (*fabrizieren*) make, manufacture; *Gefühl*: engender; *phys.*, ⚗ generate; **2er** *m* (7) begetter; producer, manufacturer; generator; **2nis** [~'tsɔʏk-] *n* product; (*Boden2*) *mst pl.* ~se produce; *des Geistes, der Kunst*: production; *eigenes ~* my *etc.* own make; *deutsches ~* made in Germany; **2ung** [~guŋ] *f* production; manufacture; *phys.*, ⚗ generation.
'Erz|feind *m* arch-enemy; **'~gang** *m* vein of ore; **'~gauner** *m* arrant swindler; **'2haltig** ore-bearing; **'~herzog** *m* archduke; **'~herzogin** *f* archduchess; **'~herzogtum** *n* archduchy; **'~hütte** *f* smelting works *pl. od. sg.*
er'ziehen (*aufziehen*) bring up, [rear; *geistig*: educate.]
Er'zieher *m* (7) educator; (*Lehrer*) teacher; **~in** *f* governess; **2isch** educational, pedagogic(al).
Er'ziehung *f* (*Aufziehen*) upbringing; (*geistige ~*) education; (*Lebensart*) breeding; *von guter ~* well-bred; **~s-anstalt** *f* reformatory; **~sfach** *n*, **~skunde** *f* pedagogics *sg.*, pedagogy; **~swesen** *n* educational matters *pl. od.* system.
er'zielen obtain, reach; *Preis*: realize, fetch; *Erfolg*: achieve; *Treffer*: score.

er'zittern *s. zittern.*
'Erz|lager *n* ore deposit *od.* bed; **'~lügner** *m* arch liar; **'~priester** *m* archpriest; **'~probe** *f* assay; **'~schelm** *m* arrant knave; **'~vater** *m* patriarch.
er'zürn|en *v/t.* make angry, infuriate; *sich ~ = v/i.* grow angry; **~t** angry.
er'zwingen force, *bsd. gesetzlich:* enforce; *Gehorsam usw.:* compel; *von j-m:* extort from.
es [ɛs] (19) it; *als Ergänzung des Prädikats:* so; *ich bin's* it is I *od.* F me; *sie sind ~* it is they; *wer ist der Junge? — ~ ist mein Freund* who is the boy? — he is my friend; *er sagt ~* he says so; *ich hoffe ~* I hope so; *er sagte, ich sollte gehen, und ich tat ~* he told me to go, and I did so; *er ist reich, ich bin ~ auch* he is rich, so am I; *~ gibt* there is, there are; *~ wurde getanzt* there was dancing; *ich will ~ versuchen* I will try; *ich weiß ~* I know; *ich ziehe ~ vor zu gehen* I prefer to go; *~ lebe der König!* long live the King!
Es ♪ *n* E flat.
Esche ['ɛʃə] *f* (15) ash(-tree); **'♀n** ash(en); **'~nholz** *n* ash-wood.
Esel ['e:zəl] *m* (7) ass, *mst* donkey; F *fig.* (silly) ass; **~ei** [~'laɪ] *f* stupidity; **'♀haft** asinine, stupid; **'~in** *f* (16[1]) she-ass.
'Esels|brücke *f Schule:* crib, *Am.* F pony; **'~-ohr** *n im Buch:* dog's ear.
Eskal|ation [ɛskala'tsjo:n] *f* escalation; **♀ieren** [~'li:rən] escalate.
Eskorte [ɛs'kɔrtə] *f* (15), **eskor'tieren** escort, convoy.
Espe ⚘ ['ɛspə] *f* (15) asp(en); *wie ~nlaub zittern* tremble like an aspen-leaf.
eßbar ['ɛsba:r] eatable, edible.
'Eßbesteck *n s. Besteck.*
Esse ['ɛsə] *f* (15) chimney, flue; (*Schmiede♀*) forge.
essen ['ɛsən] **1.** (30) eat; *zu Mittag ~* (have) lunch; *zu Abend ~* have supper (*od.* dinner); *auswärts* (*im Restaurant*) *~* eat (*od.* dine) out; **2.** ♀ *n* (6) eating; (*Speise*) food; (*Mahlzeit*) meal; (*Mittag♀*) lunch; (*Abend♀*) supper, dinner; (*Fest♀*) dinner, banquet; **'♀szeit** *f* meal-time; lunch-hour; *abends:* dinner-time.
Essenz [ɛ'sɛnts] *f* (16) essence.
'Esser *m* (7), **'~in** *f* eater; *schwache(r) ~* poor eater; *starke(r) ~* great eater.
'Eßgeschirr *n* dinner-service; ⚔ mess-tin, *Am.* mess kit.
Essig ['ɛsiç] *m* (3[1]) vinegar; **'~gurke** *f* pickled cucumber, gherkin; **'♀sauer** ⚗ acetic, *in Zssgn:* acetate of; *s. Tonerde*; **'~säure** *f* acetic acid.
'Eß|kastanie *f* edible chestnut; **'~löffel** *m* table-spoon; **'~lust** *f* appetite; **'~nische** *f* dinette; **'~tisch** *m* dining-table; **'~waren** *f/pl.* eatables, victuals, food *sg.*; **'~zimmer** *n* dining-room.
Estrade [ɛ'stra:də] *f* (15) estrade.
Estrich ['ɛstriç] *m* (3[1]) cement (*od.* plaster *od.* asphalt) floor(ing).
etabl|ieren [eta'bli:rən] establish; *sich ~* set up in business; **♀issement** [~blis(ə)'mã] *n* (11) establishment.
Etage [e'ta:ʒə] *f* (15) floor, stor(e)y; *a.* = **~nwohnung** *f* flat, *Am.* apartment.
Etappe [e'tapə] *f* (15) ⚔ base, communications zone; *fig.* (*Teilstrecke*) stage, leg; **♀nweise** by stages.
Etat [e'ta:] *m* (11) (*Haushaltplan*) budget, *parl. a. the* Estimates *pl.*; *parl.* (*bewilligter ~*) supplies *pl.*; **♀mäßig** *Beamter usw.:* permanent; **~sjahr** *n* fiscal year.
Ethik ['e:tik] *f* (16) ethics *pl. od. sg.*
'ethisch ethical.
Ethnographie [ɛtnogra'fi:] *f* (15) ethnography.
Ethnologie [~lo'gi:] *f* (15) ethnology.
Etikett [eti'kɛt] *n* (11) label, ticket; *gummiertes: Am. a.* sticker; **~e** *f* (15) etiquette; **♀ieren** [~'ti:rən] label.
etliche ['ɛtliçə] *pl.* some, several.
Etüde ♪ [e'ty:də] *f* (15) study.
Etui [e'tvi:] *n* (11) case.
etwa ['ɛtva] perhaps, by chance; (*ungefähr*) about, say, *Am. a.* around; **~ig** ['~vaˀiç] possible, eventual, any.
etwas ['ɛtvas] *pron.* something; *verneinend, fragend od. bedingend:* anything; *adj.* some; any; *adv.* somewhat; ♀ *n: ein gewisses ~* a certain something.
Etymolog|ie [etymolo'gi:] *f* etymology; **♀isch** [~'lo:giʃ] etymological.
euch [ɔʏç] (19) you; to you; *refl.* yourselves.

euer ['ɔʏər] (19) of you; (20) '~, '~e your; *pred.* yours.

Eule ['ɔʏlə] *f* (15) owl; *~n nach Athen tragen* carry coals to Newcastle; '**~nspiegel** *m* Owlglass; '**~nspiegelstreich** *m* roguish trick.

euresgleichen ['ɔʏrəs'glaɪçən] your likes *pl.*, people *pl.* of your kind.

euret|halben ['ɔʏrəthalbən], '**~wegen**, (*um*) **~willen** ['~vilən] for your sake.

'**eurig** (*od. der, die, das ~e*) yours.

Europä|er [ɔʏro'pɛ:ər] *m* (7), **~erin** *f*, **2isch** European; **2isieren** [~pɛi-'zi:rən] Europeanize.

Europarat *pol.* [ɔʏ'ro:pa-] *m* Council of Europe.

Euter ['ɔʏtər] *n* (7) udder.

evakuier|en [evaku'ʔi:rən] evacuate; **2te** *m, f* evacuee.

evangel|isch [evaŋ'ge:liʃ] evangelic(al); Protestant; **2ist** [~ge'list] *m* (12) evangelist; **2ium** [~'ge:ljum] *n* (9) gospel.

Eventu|alität [evɛntuali'tɛ:t] *f* (16) eventuality, contingency; **2ell** [~'ɛl] possible, contingent, potential; *adv.* possibly; perhaps; if necessary.

Ewer ⚓ ['e:vər] *m* (7) lighter.

ewig ['e:viç] eternal; (*unaufhörlich*) everlasting, perpetual; *auf ~* for ever; '**2keit** *f* eternity; F *seit einer ~* for ages; **~lich** ['e:vikliç] eternally.

ex [ɛks]: *~ (trinken)!* bottoms up!; '**2...** ex-...

exakt [ɛ'ksakt] exact; **2heit** *f* exactitude, exactness.

Exam|en [ɛ'ksa:mən] *n* (11; *pl. Examina*) examination, F exam; **~inator** [ɛksami'na:tɔr] *m* (8) examiner; **2inieren** [~mi'ni:rən] examine; *fig.* question, quiz.

Exekutive [ɛksəku'ti:və] *f* (15) executive power.

Exempel [ɛ'ksɛmpəl] *n* (7) example; ✗ problem; *s. statuieren.*

Exemplar [ɛksɛm'pla:r] *n* (3) specimen; *e-s Buches*: copy; **2isch** exemplary; *j-n ~ bestrafen* make an example of a p.

exerzier|en [ɛksɛr'tsi:rən] *v/t. u. v/i.* drill; **2platz** *m* drillground.

Exil [ɛ'ksi:l] *n* (3¹) exile (*a. fig.*); banishment; *im ~* in exile.

Existenz [ɛksi'stɛnts] *f* (16) existence; (*wirtschaftliche Grundlage*) livelihood; **~berechtigung** *f* right to exist; **~grundlage** *f* basis of subsistence; **~kampf** *m* struggle for existence; **~minimum** *n* subsistence level; living wage.

exi'stieren exist; (*bestehen können*) subsist.

exklusiv [ɛksklu'zi:f] exclusive.

exkommunizieren [~kɔmuni'tsi:rən] excommunicate.

exotisch [ɛ'kso:tiʃ] exotic.

Exped|ient [ɛkspe'djɛnt] *m* (12) forwarding agent (*od.* clerk); **2ieren** [~'di:rən] dispatch, forward.

Expedition [~di'tsjo:n] *f* (*Versand*) dispatch, forwarding; (*Kriegszug, Forschungsreise*) expedition; (*Versandstelle*) forwarding department.

Experiment [ɛksperi'mɛnt] *n* (3) experiment; **2ell** [~'tɛl] experimental; **2ieren** [~'ti:rən] experiment.

Experte [ɛks'pɛrtə] *m* (13) expert.

explo|dieren [ɛksplo'di:rən] (sn) explode, burst; **2sion** [~'zjo:n] *f* explosion; **~siv** [~'zi:f], **2'siv...** explosive; **2'sivstoff** *m* explosive.

exponieren [ɛkspo'ni:rən] (25) expose.

Export [ɛks'pɔrt] *m* (3) export (-ation); (*Waren*) exports *pl.*; *in Zssgn mst* export; **~-artikel** *m* export article, *pl. mst* exports *pl.*; **~eur** [~'tø:r] *m* (3¹) exporter; **2ieren** [~'ti:rən] export.

expreß [ɛks'prɛs], **2...** express.

Ex'preß 🚂 *m* (4, *pl. ~züge*) express (train); **~bote** *m*, **~gut** *n s. Eilbote usw.*

extra ['ɛkstra] extra; '**2...** extra, special; '**2blatt** *n* supplement; *e-r Zeitung*: special edition, *Am.* extra.

extrahieren [ɛkstra'hi:rən] extract.

Extrakt [ɛks'trakt] *m* (3) extract.

'**Extrawurst** F *f* something (extra-) special.

Extrem [ɛks'tre:m] **1.** *n* (3) extreme; **2.** **2** *adj.* extreme; **~itäten** [~tremi'tɛ:tən] *f/pl.* extremities *pl.*

Exzellenz [ɛkstsɛ'lɛnts] *f* (16) Excellency.

exzentrisch [~'tsɛntriʃ] eccentric.

Exzeß [ɛks'tsɛs] *m* (3) excess.

F

F [ɛf], **f** *n inv.* F, f; ♪ F.

Fabel ['fɑːbəl] *f* (15) fable; *e-s Dramas usw.*: *a.* plot; *fig.* tale; '**~dichter** *m* fabulist; '**≈haft** fabulous; *fig. a.* capital, marvellous, stunning; '**≈n** (29) *v/i.* tell stories (*von* about); '**~wesen** *n* fabulous creature.

Fabrik [fa'briːk] *f* (16) factory, mill, works (*pl.*, *oft sg.*); **~-anlage** *f* (manufacturing) plant; **~ant** [~bri'kant] *m* (12) manufacturer, maker; **~-arbeit** *f* work in a factory; *s. Fabrikware*; **~-arbeiter(in** *f*) *m* factory worker *od.* hand; **~at** [~bri'kɑːt] *n* (3) make, manufacture, brand; **~ationsfehler** [~ka'tsjoːns-] *m* flaw; **~ati'onsnummer** *f* serial number; **~besitzer(in** *f*) *m* factory-owner; **~marke** *f* trade mark; **≈neu** brand-new; **~stadt** *f* manufacturing town; **~ware** *f* manufactured (*od.* factory-made) goods *pl. od.* article.

fabrizieren [fabri'tsiːrən] manufacture, make; *fig.* fabricate.

Facett|e ⊕ [fa'sɛtə] *f* (15) facet; **≈iert** [~'tiːrt] faceted.

Fach [fax] *n* (2) compartment; *im Schrank usw.*: partition; *im Schreibtisch*: pigeon-hole; *im Bücherbrett usw.*: shelf; (*Schubfach*) drawer; △ panel; *fig.* department, province, branch, field (of activity), line; (*Geschäft*) business; (*Unterrichts≈*) subject; *Musiker usw. von* ~ by profession; *s. schlagen*; '**~-arbeiter(in** *f*) *m* skilled worker; '**~-arzt** *m* (medical) specialist; '**~(-aus)bildung** *f* specialist training; '**~-ausdruck** *m* technical term.

fächeln ['fɛçəln] (29) fan.

Fächer ['fɛçər] *m* (7) fan; '**≈förmig** fan-shaped.

'**Fach|gebiet** *n* (special) field *od.* subject; '**~gelehrte** *m* specialist; '**≈gemäß**, '**≈gerecht** workmanlike, expert; '**~geschäft** *n* (specialized) dealer; '**~kenntnisse** *f/pl.* specialized knowledge; '**~kreis** *m*: *in ~en* among experts; '**≈kundig** competent, expert; '**~lehrer** *m* specialist teacher; '**≈lich** technical, specialist; '**~literatur** *f* technical literature; '**~mann** *m* expert, specialist; **≈männisch** ['~mɛniʃ] expert; *Arbeit*: workmanlike; '**~schule** *f* technical school; **≈simpeln** ['~zimpəln] (29) talk shop; '**~sprache** *f* technical terminology; '**~studium** *n* specialized study; '**~welt** *f* experts *pl.*; '**~werk** △ *n* framework, half-timbering; '**~wissenschaft** *f* special branch of science; '**~zeitschrift** *f* technical (*od.* trade) journal.

Fackel ['fakəl] *f* (15) torch; '**≈n** F (29) *fig.* hesitate; *ohne lange zu* ~ without further ado; '**~schein** *m* torch-light; '**~träger** *m* torch-bearer; '**~zug** *m* torch-light procession.

fade ['fɑːdə] (*schal*) stale; (*geschmacklos*) insipid; (*langweilig*) boring, dull.

Faden ['fɑːdən] *m* (6[1]) thread (*a. fig.*); ⚡ filament; *opt.* hairline; ⚓ *Maß*: fathom; *an e-m ~ hängen* hang by a thread; '**~kreuz** *n* cross wires *pl.*, spider lines *pl.*, retic(u)le; '**~netz** *opt. n* graticule; '**~nudeln** *f/pl.* vermicelli *pl.*; **≈scheinig** ['~ʃaɪniç] threadbare (*a. fig.*).

Fading ['feːdiŋ] *n* (11) *Radio*: fading.

Fagott ♪ [fa'gɔt] *n* (3) bassoon; **~ist** [~'tist] *m* bassoonist.

fähig ['fɛːiç] (*zu*) able (to), capable (of), fit (for); *speziell*: qualified; '**≈keit** *f* ability, capacity; *bsd. geistige*: faculty.

fahl [fɑːl] (*bleich*) pale; *Gesichtsfarbe, Himmel*: livid; (*düster*) lurid.

fahnd|en ['fɑːndən] *v/i.* (26) search, look (*nach* for); '**≈ung** *f Polizei*: criminal investigation (department); (*Suche*) search.

Fahne ['fɑːnə] *f* (15) flag, standard, banner; ⚔, ⚓, *fig.* colo(u)rs *pl.*; *typ.* (galley) proof.

'**Fahnen|-eid** *m* oath of allegiance; '**~flucht** *f* desertion; '**≈flüchtig:** *~ werden* desert; '**~flüchtige** *m* (18) deserter; '**~stange** *f* flag-staff, *Am. a.* flagpole; '**~träger** *m* standard-bearer.

Fähnrich ['fɛːnriç] *m* (3) ⚔ cadet; ⚓ midshipman.

'**Fahr|bahn** *f* roadway, *Am. a.* driveway; '**≈bar** *Maschine usw.*: portable; movable; *Weg usw.*: practicable; ⚓ navigable; '**≈bereit** ready to start, in running order; '**~damm** *m*, '**~weg** *m s. Fahrbahn.*

Fähre ['fɛ:rə] *f* (15) ferry(-boat).

fahren ['fa:rən] (30) **1.** *v/i.* (sn) *allg.* go; *selbst lenkend*: drive; *auf e-m Fahrrad od. mit e-m öffentlichen Beförderungsmittel*: ride; ⚓ sail, cruise; *Wagen, Schiff, Zug*: go, run; (*in Fahrt sein*) be moving; *gen Himmel* ~ ascend to heaven; *zur Hölle* ~ descend to hell; *mit der Eisenbahn* ~ go by rail *od.* by train; *über e-n Fluß* ~ cross a river; *aus dem Hafen* ~ clear the port; *s. Haut*; *auf Grund* ~ run aground; *aus dem Bette* ~ start up from one's bed; *in die Kleider* ~ slip on one's clothes; *mit der Hand* ~ *über* (*acc.*) pass one's hand over; ~ *lassen fig.* let go, abandon; *gut* (*schlecht*) ~ *bei et.* fare well (ill) at *od.* with; *fahr*(e) *wohl!* farewell!; **2.** *v/t.* drive; ⚓ navigate; (*befördern*) convey; *Boot*: sail, row; '**~d** *adj.* vagrant; ~*er Ritter* knight errant; ~*e Habe* movables *pl.*

'**Fahrer** *m* (7) driver; '**~flucht** *f* hit-and-run offen|ce, *Am.* -se; driving away from an accident.

'**Fahr-erlaubnis** *f s. Führerschein.*

'**Fahrgast** *m* passenger.

'**Fahrgeld** *n* fare.

'**Fährgeld** *n* ferriage, fare.

'**Fahr|gelegenheit** *f* conveyance; '**~geschwindigkeit** *f* speed; '**~gestell** *n* ✈ under-carriage, landing gear; *mot.* chassis; '**♀ig** fidgety, nervous; '**~karte** *f* ticket; '**~karten-ausgabe** *f*, '**~kartenschalter** *m* booking-office, *Am.* ticket office; '**♀lässig** reckless, negligent; ~*e Tötung* manslaughter (in the second degree *Am*); '**~lässigkeit** *f* (*grobe* gross) negligence; '**~lehrer** *mot. m* driving instructor.

'**Fährmann** *m* (1^2) ferryman.

'**Fahr|plan** *m* time-table (*a. fig.*), *Am.* schedule; '**♀planmäßig** regular, *Am.* scheduled; *adv.* on time, according to schedule; '**~preis** *m* fare; '**~preis-anzeiger** *m* taximeter; '**~prüfung** *mot. f* driving test; '**~rad** *n* bicycle, F bike; '**~rinne** ⚓ *f* fairway; '**~schein** *m* ticket; '**~schule** *mot. f* driving school; '**~schüler** *m* learner; '**~stuhl** *m* lift, *Am.* elevator; '**~stuhlführer** *m* lift-attendant, *Am.* elevator operator.

Fahrt [fa:rt] *f* (16) *im Wagen*: ride, drive; (*Reise*) journey; (*See*♀) voyage, passage; (*Ausflug*) trip; ⚓ (*Kurs*) course; ~ *ins Blaue* mystery trip; *in voller* ~ (at) full speed; ~ *aufnehmen* gather speed; *in* ~ *kommen* get under way; *fig.* get into one's stride; '**~enbuch** *mot. n* (driver's) logbook; '**~enschreiber** *mot. m* tachograph.

Fährte ['fɛ:rtə] *f* (15) track, trace; *hunt.* scent (*alle a. fig.*); *auf falscher* ~ *sein* be on the wrong track.

'**Fahrt|richtungs-anzeiger** *m* direction indicator; '**~-unterbrechung** *f* break of journey, *Am.* stopover.

'**Fahr|vorschrift** *f* rule of the road; '**~wasser** *n* navigable water; *s. Fahrrinne*; *fig.* track; '**~weg** *m* carriage-road; '**~werk** ✈ *n s. Fahrgestell*; '**~zeug** *n* vehicle; ⚓ vessel, craft; '**~zeughalter** *m* car-owner; '**~zeugpark** *m* fleet.

Fäkalien [fɛ'ka:ljən] *pl.* (8^2) f(a)eces, f(a)ecal matter.

Faksimile [fak'zi:mile] *n* (11) facsimile.

faktisch ['faktiʃ] (f)actual.

Faktor ['faktɔr] *m* (8^1) factor.

Faktotum [~'to:tum] *n* (9^2) factotum; *altes* ~ old retainer.

Faktum ['faktum] *n* (9^2) fact.

Faktur|(**a**) [~'tu:r(a)] *f* (16^2) invoice; **♀ieren** [~tu'ri:rən] invoice.

Fakultät *univ.* [fakul'tɛ:t] *f* (16) faculty, *Am.* department.

fakultativ [~ta'ti:f] optional.

falb [falp] dun; **♀e** ['~bə] *m* dun (horse).

Falke ['falkə] *m* (13) falcon; '**~nbeize** *f*, '**~njagd** *f* falconry, hawking.

Fall [fal] *m* (3^2) fall, drop; (*Vorfall*) case, event; *gr.*, ⚖, ⚕ case; *den* ~ *setzen, a. gesetzt den* ~ suppose; *auf alle Fälle* at all events, by all means; *auf jeden* ~ in any case, at any rate; *auf keinen* ~ on no account; *im* ~*e* (*wenn*) ... in case ...; *im* ~*e e-s Krieges usw.* in the event of a war *etc.*; *von* ~ *zu* ~ in each case, singly; *den* ~ *setzen* put the case; *zu* ~ *bringen* bring down *od.* low, *fig.* ruin, *parl. Gesetz usw.*: defeat; *zu* ~ *kommen* have a fall, *fig.* come to grief; '**~beil** *n* guillotine; '**~brücke** *f* drawbridge.

Falle ['falə] *f* (15) trap; *fig. a.* pitfall; (*Schlinge*) snare; *j-m e-e* ~

stellen set a trap for; *in die* ~ *gehen* walk into the trap.

fallen ['falən] **1.** (30, sn) fall, drop (*a. Preise usw.*); ⚔ fall, be killed in action; *Festung usw.*: fall; *Schuß*: be fired *od.* heard; *Bemerkung*: fall; ~ *lassen* drop, let fall; *fig.* dismiss, drop; *es fällt mir schwer* it is difficult for me; *j-m in die Rede* ~ interrupt a p.; ~ *unter ein Gesetz, e-e Kategorie usw.* come under; *s. Auge, Last usw.*; **2.** ♀ *n* (6) fall, drop.

fällen ['fɛlən] (25) fell, cut; *Gegner*: fell; *Urteil*: pronounce, pass; *Bajonett*: lower; ⩘ *das Lot*: draw, drop; ⚗ precipitate.

'**Fallensteller** *m* (7) trapper.

'**Fall|geschwindigkeit** *f* rate of fall; '**~gesetz** *phys. n* law of falling bodies; '**~grube** *f* pitfall.

fallieren ✝ [fa'li:rən] fail.

fällig ['fɛliç] due; *Geld*: *a.* payable; *Wechsel*: *a.* mature; *längst* ~ overdue; ~ *(zahlbar) sein (od. werden)* fall (*od.* become) due, *Wechsel*: *a.* mature; '**♀keits-termin** *m* maturity, due date.

'**Fall|-obst** *n* windfall; **~reep** ⚓ ['~re:p] *n* (3) gangway; jack ladder; '**~rohr** ⊕ *n* down-pipe.

falls [fals] in case, if.

'**Fall|schirm** *m* parachute; '**~schirm-absprung** *m* parachute jump; '**~schirmjäger** *m* paratrooper; '**~schirmspringer** *m* (7) parachutist; '**~schirmtruppen** *f/pl.* paratroops; '**~strick** *m* snare; *fig. a.* trap, pitfall; '**~sucht** *f* falling sickness; '**♀süchtig** ['~zyçtiç] epileptic; '**~tür** *f* trap-door; '**~wind** *m* katabatic wind.

falsch [falʃ] *allg.* false (*a. Eid, Freund, Haar, Name, Scham, Stolz, Zähne*); (*verkehrt*) wrong; (*unecht*) counterfeit, *Am.* F phon(e)y, fake; (*nachgemacht, vorgetäuscht*) mock, sham; *Münze*: base; *Wechsel*: forged; *Mensch*: deceitful; *e-e S.* ~ *anpacken* do a th. the wrong way; ~ *auffassen* misconceive; ~ *aussprechen* mispronounce; ~ *darstellen* misrepresent; ~ *gehen Uhr*: go (*od.* be) wrong; ~ *singen* sing out of tune; *j-n* ~ *unterrichten* misinform a p.; *ohne* ♀ guileless; *s. Kehle, Spiel.*

fälschen ['fɛlʃən] (27) falsify; *Geld*: counterfeit; *Bücher, Rechnung*: fake; *Nahrungsmittel*: adulterate; *Urkunde, Unterschrift*: forge.

'**Fälscher** *m* (7), '**~in** *f* falsifier; faker; adulterator; forger.

'**Falschgeld** *n* counterfeit (*od.* bogus) money.

'**Falschheit** *f* falseness, falsity.

'**fälschlich** (*adv. a.* **~erweise**) false(ly *adv.*); wrong(ly).

'**Falsch|meldung** *f* false report; '**~münzer** *m* (7) counterfeiter; **~münze'rei** *f* counterfeiting; '**~spieler** *m* card-sharper.

'**Fälschung** *f vgl. fälschen*: falsification; fake; adulteration; forgery.

'**Falt|boot** *n* collapsible boat, folding canoe; '**~dach** *mot. n* folding top.

Falte ['faltə] *f* (15) fold; *am Kleid*: pleat; (*Bügel*♀) crease; (*Runzel*) wrinkle; *der Stirn*: furrow.

fältel|n ['fɛltəln] (29) pleat; '**♀ung** *f* pleat(ing).

falten ['faltən] (26) fold; *Hände*: fold, clasp, join; '**♀rock** *m* pleated skirt; '**♀wurf** *m* drapery.

'**Falter** *m* (7) butterfly, moth.

'**faltig** folded; pleated; *Stirn*: wrinkled.

Falz [falts] *m* (3^2) fold; *Tischlerei*: rabbet; *Buchbinderei*: guard; '**~bein** *n* folder; paper-knife; '**♀en** (27) fold; *Tischlerei*: rabbet.

Fama ['fɑ:ma] *f* fame; (*Gerücht*) rumo(u)r.

familiär [famil'jɛ:r] familiar.

Familie [fa'mi:ljə] *f* (15) family.

Fa'milien|-ähnlichkeit *f* family likeness; **~-angelegenheit** *f* family affair; **~-anschluß** *m*: ~ *haben* live as one of the family; **~glück** *n* domestic happiness; **~leben** *n* family life; **~nachrichten** *f/pl. in Zeitungen*: births, marriages, and deaths; **~name** *m* family (*Am. a.* last) name, surname; **~planung** *f* family planning; **~stand** *m* family status; (*Ehestand*) marital status; **~vater** *m* father of (a) family, family man; **~zuwachs** *m* addition to the family.

famos [fa'mo:s] excellent, capital, F grand, great.

Fanal [fa'nɑ:l] *n* (3^1) *bsd. fig.* beacon.

Fanatiker [fa'nɑ:tikər] *m* (7), **~in** *f* (16^1) fanatic; *für Sport usw.*: F fan.

fa'natisch fanatic(al).

Fanatismus [fana'tismus] *m* (16, *o. pl.*) fanaticism.

fand [fant] *pret. v. finden.*

Fanfare [fan'fa:rə] *f* (15) fanfare, flourish of trumpets.

Fang [faŋ] *m* (3³) catch; capture (*beide a. konkret*); (*Zahn*) fang; (*Kralle*) claw, talon; (*Beute*) booty; '**~ball** *m* catch-ball; '**~-eisen** *n* iron trap; '**≗en** (30) catch; *engS.* capture; *sich ~* be caught; *fig.* rally; settle down; '**~zahn** *m* fang; *des Ebers*: tusk.

Fant [fant] *m* (3) coxcomb, fop.

Farbband ['farpbant] *n* typewriter ribbon, ink ribbon.

Farbe ['~bə] *f* (15) colo(u)r; (*Farbstoff*) dye; (*Färbung, Farbton*) hue; (*Anstrich*) paint; (*Haut≗*) complexion; *Kartenspiel*: suit.

farb-echt ['farp-] fast, fadeless.

Färbemittel ['fɛrbə-] *n* dye(-stuff).

färben ['fɛrbən] (25) colo(u)r (*a. sich u. fig.*); *Haar, Stoff*: dye; *Papier, Glas, mit Blut*: stain; (*tönen*) tint, tinge.

'**farben|blind** colo(u)r-blind; '**≗druck** *m* colo(u)r-printing; *Bild*: colo(u)r-print; '**~freudig**, '**~froh** colo(u)rful, gaily colo(u)red; '**≗kleckser** *m* daub; '**≗lehre** *f* theory of colo(u)rs, 🕮 chromatics *pl. u. sg.*; '**~prächtig**, '**~reich** colo(u)rful; '**≗spiel** *n* play of colo(u)rs, 🕮 iridescence; '**≗zusammenstellung** *f* colo(u)r scheme.

Färber ['fɛrbər] *m* (7) dyer.

Färberei [~'raɪ] *f* (16) dye-house.

Farb|fernsehen ['farp-] *n* colo(u)r television; '**~film** *m* colo(u)r film; '**~filter** *phot. m* colo(u)r filter.

farbig ['farbiç] colo(u)red; *fig.* colo(u)rful.

Farb|kissen ['farpkisən] *n* ink(ing) pad; '**≗los** colo(u)rless; '**~photographie** *f Bild*: colo(u)r-photo; *Verfahren*: colo(u)r photography; '**~stift** *m* colo(u)red pencil; '**~stoff** *m* pigment (*a. physiol.*), colo(u)ring matter; ⊕ dye(-stuff); '**~ton** *m* tone; *vorherrschender*: hue; *bsd. heller*: tint; (*Schattierung*) shade.

Färbung ['fɛrbuŋ] *f* colo(u)ring; hue; *bsd. leichte*: tinge.

Far|ce ['farsə] *f* (15) farce; *Küche*: forcemeat, stuffing; ≗'**cieren** stuff.

Farm [farm] *f* (16) farm; *Am. bsd. zur Viehzucht*: ranch; '**~er** *m* (7) farmer; *Am. a.* rancher.

Farn [farn] *m* (3), '**~kraut** *n* fern.

Fasan [fa'za:n] *m* (3 *u.* 8) pheasant; **~erie** [~ə'ri:] *f* pheasantry.

Fasching ['faʃiŋ] *m* (3¹) carnival.

Faschis|mus [fa'ʃismus] *m* Fascism; **~t** *m* (12), **~tin** *f* (16¹) Fascist; **≗tisch** Fascist(ic).

Fasel|ei [fa:zə'laɪ] *f* drivel, twaddle; '**~hans** *m* (14¹) drivel(l)er; '**≗ig** silly; scatter-brained; '**≗n** (29) drivel, babble.

Faser ['fa:zər] *f* (15) fib|re, *Am.* -er; *im Holz*: grain; ⚘ string; '**≗ig** fibrous; '**≗n** *v/t. u. v/i.* (29) (*a. sich*) ravel (out), fray, fuzz.

Faß [fas] *n* (2¹) cask, barrel; (*Bütte*) vat, tub; (*frisch*) *vom ~ beer* on draught, *wine* from the wood; F *das schlägt dem ~ den Boden aus!* that is the last straw!

Fassade [fa'sa:də] *f* (15) façade, front (*a. fig.*); **~nkletterer** *m* cat burglar.

'**Faßbier** *n* draught beer.

Fäßchen ['fɛsçən] *n* (6) small cask *od.* barrel, keg.

fassen ['fasən] (28) seize, get (*od.* take) hold of; *s. einfassen*; (*fangen*) catch (*a. fig.*); (*begreifen*) grasp; (*enthalten*) hold, contain; *Entschluß*: take; *s. Auge usw.*; *e-n Plan ~* form a plan; *Tritt ~* fall into step; *in Worte ~* word; *sich ~* compose o.s.; *sich schnell wieder ~* rally quickly; *sich kurz ~* be brief, cut it short; *zum Hund*: *faß ihn!* sick him!; *s. gefaßt.*

'**faßlich** conceivable, intelligible.

Fasson [fa'sõ] *f* (11¹) shape, form, style.

'**Fassung** *f s. Einfassung*; *der Brille*: frame; ⚡ holder, socket; *fig.* composure; *schriftliche*: draft(ing); (*Lesart*) version; (*Wortlaut*) wording; *aus der ~ bringen* disconcert, upset.

'**Fassungs|gabe** *f*, '**~kraft** *f* power of comprehension, (mental) capacity, grasp; '**≗los** shaken, speechless; '**~vermögen** *n* capacity; *fig. s. Fassungsgabe.*

fast [fast] *vor su. u. adj. mst* almost; *vor Zahlen, Maß- u. Zeitangaben mst* nearly; *~ nichts* next to nothing; *~ nie* hardly ever; *ich habe es ~ erwartet* F I kind of expected it.

fasten ['fastən] **1.** (26) fast; **2.** ≗ *n* (6) fasting; *pl.* fast(ing); *s. ~zeit*; '**≗zeit** *f* Lent.

ˈ**Fast|nacht** *f* Shrove Tuesday; (*Fasching*) Shrovetide, carnival; ˈ**~tag** *m* fast(ing)-day.
faszinieren [fastsiˈniːrən] fascinate.
fatal [faˈtɑːl] disastrous; (*peinlich*) awkward, annoying.
Fatalismus [fataˈlismus] *m* (16, *o. pl.*) fatalism.
Fatum [ˈfɑːtum] *n* (9²) fate.
fauchen [ˈfaʊxən] (25) hiss (*a. fig. P.*).
faul [faʊl] (*modrig, verdorben*) rotten, putrid, bad; *Zahn*: carious, decayed; (*stinkend*) foul; (*träge*) idle, lazy; (*verdächtig*) fishy; *~er Kunde* bad customer; *~er Witz* bad (*od.* stale) joke; *~er Zauber* humbug.
Fäule [ˈfɔʏlə] *f* (15) *s. Fäulnis*.
faulen [ˈfaʊlən] (25) rot, decay.
faulenz|en [ˈ~lɛntsən] (27) loaf, laze; ˈ**2er** *m* idler, sluggard, do-nothing, F lazy-bones (*sg.*) (*a.* ˈ**2erin** *f*); (*Stuhl*) easy-chair; **2erei** [~ˈraɪ] *f* loafing, laziness.
ˈ**Faul|fieber** *n* putrid fever; ˈ**~heit** *f* laziness; ˈ**2ig** rotten, putrid.
Fäulnis [ˈfɔʏlnis] *f* (14², *o. pl.*) rot, rottenness, decay; *in ~ übergehen* rot, putrefy.
ˈ**Faul|pelz** *m s. Faulenzer*; ˈ**~tier** *n* sloth (*a. fig.*).
Faust [faʊst] *f* (14¹) fist; *auf eigene ~* on one's own (account); *s. ballen*; *e-e ~ machen* double up one's hand; *mit der ~ auf den Tisch schlagen fig.* put one's foot down; *wie die ~ aufs Auge* like a square peg in a round hole.
Fäustchen [ˈfɔʏstçən] *n* (6): *sich ins ~ lachen* laugh up one's sleeve.
ˈ**faust|dick** (as) big as a fist; *Lüge*: *sl.* whopping; *es ~ hinter den Ohren haben* be a deep one; ˈ**2handschuh** *m* mitten; ˈ**2kampf** *m* boxing; *einzelner*: boxing-match; ˈ**2kämpfer** *m* boxer, pugilist; ˈ**2pfand** *n* dead pledge, pawn; ˈ**2recht** *n* club-law; ˈ**2regel** *f* rule of thumb; ˈ**2schlag** *m* punch.
Favorit [favoˈriːt] *m* (12), **~in** *f* (16¹) favo(u)rite.
Faxe [ˈfaksə] *f* (15) foolery, antic; *~n machen* clown; ˈ**~nmacher** *m* clown, buffoon.
Fazit [ˈfɑːtsit] *n* (3¹ *u.* 11) result, sum (total); *das ~ ziehen* sum (it) up.
Februar [ˈfeːbruɑːr] *m* (3¹), *a.* **Feber** [ˈfeːbər] *m* (7) February.
Fecht|boden [ˈfɛçt-] *m* fencing-room; ˈ**2en** *v/i.* (30) fight (*a. v/t.*); *fenc.* fence; (*betteln*) cadge; ˈ**~er** *m* (7) fighter; fencer; swordsman; (*Bettler*) cadger; ˈ**~kunst** *f* (art of) fencing; ˈ**~meister** *m* fencing-master; ˈ**~schule** *f* fencing-school.
Feder [ˈfeːdər] *f* (15) feather; (*Schmuck2*) plume; (*Schreib2*) pen; ⊕ spring; ˈ**~ball** *m* **1.** shuttlecock; **2.** = ˈ**~ballspiel** *n* badminton; ˈ**~bett** *n* feather-bed; ˈ**~brett** *n Sport*: springboard; ˈ**~busch** *m*, ˈ**~büschel** *n* tuft of feathers, plume; **~fuchser** [ˈ~fuksər] *m* (7) quill-driver, scribbler; ˈ**2führend** *fig.* responsible, in charge; ˈ**~gewicht** (**-ler** *m*) *n Boxen*: featherweight; ˈ**~halter** *m* penholder; ˈ**~kasten** *m* pencil box; ˈ**~kiel** *m* quill; ˈ**~kraft** *f* resilience; ˈ**~krieg** *m* literary feud; ˈ**2leicht** (as) light as a feather; ˈ**~lesen** *n*: *nicht viel ~s machen mit* make short work of; ˈ**~messer** *n* penknife; ˈ**2n** (29) *v/i.* lose feathers; ⊕ be elastic *od.* resilient; (*schnellen*) jerk, bounce; *v/t.* ⊕ spring; *Holz*: tongue; *gut gefedert* well sprung; ˈ**2nd** elastic, resilient; ⊕ springy (*a. fig.*); ˈ**~strich** *m* stroke of the pen; ˈ**~ung** *f* springing; springs *pl.*; *mot.* spring-suspension; ˈ**~vieh** *n* poultry; ˈ**~waage** *f* spring-balance; ˈ**~wild** *n* winged game; ˈ**~wolke** *f* cirrus; ˈ**~zeichnung** *f* pen-and-ink drawing.
Fee [feː] *f* (15) fairy; ˈ**2nhaft** fairy-like; ˈ**~nreigen** *m* fairy-ring.
ˈ**Fegefeuer** *n* purgatory.
fegen [ˈfeːgən] (25) *v/t.* sweep; *v/i.* (*sausen*) rush, flit.
Fehde [ˈfeːdə] *f* (15) feud; ˈ**~handschuh** *m* gauntlet; *den ~ aufnehmen* take up the gauntlet.
Fehl [feːl] *m*: *ohne ~ P.*: without fault, *S.*: without blemish, flawless; *2 am Platze* out of place; ˈ**~anzeige** *f a.* ⚔ nil return; ˈ**~ball** *m Tennis*: fault; ˈ**2bar** fallible; ˈ**~besetzung** *f* wrong choice (*od.* man); *thea.* miscast(ing); ˈ**~bestand** *m* deficiency; ˈ**~betrag** *m* deficit, shortage; ˈ**~bitte** *f*: *eine ~ tun* meet with a refusal; ˈ**~diagnose** ⚕ *f* false diagnosis.
fehlen [ˈfeːlən] **1.** (25) (*nicht anwesend sein*) be absent (*in der Schule, bei e-r Feier usw.* from); (*irren*) err; (*fehlschlagen*; *im Stich lassen*) fail;

(*sündigen*) do wrong; (*nicht vorhanden sein*) be missing (*od.* lacking, wanting); (*vorbeischießen*) miss (*a. v/t.*); ~ gegen offend against; es fehlt (an *dat.*) et. a th. is wanting *od.* lacking; es fehlt mir an (*dat.*) I want *od.* lack *a th.*, I am lacking in; es ~ lassen an (*dat.*) fail in; er fehlt mir sehr I miss him badly; was fehlt Ihnen? what ails you?, what is the matter with you?, what is wrong with you?; es fehlte nicht viel, und ich hätte ... a little more and I would have ...; das fehlte gerade noch! it only wanted that!; wo fehlt's (denn)? what's wrong?; weit gefehlt! far from the mark!; **2.** ♀ *n* absence.

'**Fehl-entscheidung** *f* incorrect (*od.* wrong) decision; mistake.

Fehler ['fe:lər] *m* (7) (*Mangel*) defect, flaw (*a.* ⊕); (*Charakter*♀; *Verstoß*; *Schuld*; ~ *beim Tennis*) fault; (*Mißgriff, Versehen*) mistake; (*Irrtum*) error; *grober*: blunder; '♀**frei**, '♀**los** faultless, *a.* ⊕ flawless; '♀**haft** faulty, defective; (*unrichtig*) incorrect.

'**Fehl|farbe** *f* off shade; '~**geburt** *f* miscarriage; '♀**gehen** (sn) miss one's way, (*a. fig.*) go wrong; *Schuß*: miss (its mark); (*mißlingen*) fail; '♀**greifen** miss one's hold; *fig.* make a mistake; '~**griff** *m fig.* mistake, blunder; '~**kalkulation** *f* miscalculation; '~**leistung** *f* slip, blunder; '♀**schießen** miss (one's aim *od.* the mark); '~**schlag** *m* miss; *fig.* failure; (*Enttäuschung*) disappointment; '♀**schlagen** miss; *fig.* (sn) fail; '~**schluß** *m* wrong conclusion, fallacy; '~**schuß** *m* miss; '~**start** *m* false start; '♀**treten** make a false step; '~**tritt** *m* false step; *fig.* blunder, faux pas (*fr.*); *moralisch*; slip, lapse; '~**-urteil** *n* error of judg(e)ment; ⚖ incorrect sentence; '♀**zünden** *v/i.*, '~**zündung** *mot. f* misfire.

Feier ['faɪər] *f* (15) (*Arbeitsruhe*) rest; (*Feiertag*) holiday; *e-s Festes*: celebration; *konkret*: ceremony; (*Festlichkeit*) festival; zur ~ des Tages to mark the occasion; '~**abend** *m* closing time; *weitS.* leisure-time; ~ machen leave off work, F knock off; '♀**lich** solemn; '~**lichkeit** *f* solemnity; (*Feier*) ceremony; (*Aufwand*) pomp; '♀**n** (29) *v/t.* celebrate; *v/i.* rest (from work), make holiday; (*faulenzen*) take it easy; *s.* streiken; '~**stunde** *f* festive hour; '~**tag** *m* holiday.

feig(**e**[1]) [faɪk, 'faɪgə] cowardly.

'**Feige**[2] *f* (15) fig; '~**nbaum** *m* fig-tree; '~**nblatt** *n* fig-leaf.

Feig|heit ['faɪkhaɪt] *f* cowardice; '~**ling** *m* (3[1]) coward.

feil [faɪl] for sale, to be sold; *fig.* venal; '~**bieten** offer for sale; *contp.* prostitute.

Feile ['faɪlə] *f* (15) file; '♀**n** (25) file (*a. fig.*).

'**feilhalten** have on sale.

'**Feilheit** *f* venality.

feilschen ['faɪlʃən] (27) (um) bargain (for), haggle (about).

fein [faɪn] *allg.* fine; (*verfeinert*; *gebildet*) refined; *Benehmen*: polite; *Gebäck*: fancy; (*geschmackvoll*) elegant; (*zart*) delicate; (*subtil*) subtle; F (*famos*) excellent, splendid; ~er Ton good form; '♀**-abstimmung** *f* fine tuning; '♀**bäckerei** *f* fancy bakery; '♀**blech** *n* (thin) sheet.

Feind [faɪnt] **1.** *m* (3), ~**in** ['~dɪn] *f* (16[1]) enemy; *rhet.* foe; **2.** ♀ hostile (*dat.* to).

feindlich ['~tlɪç] hostile (gegen to); '♀**keit** *f* hostility.

'**Feindschaft** *f* enmity; hostility; (*Streit*) feud, quarrel; (*Zwietracht*) discord.

'**feindselig** hostile; '♀**keit** *f* hostility.

'**fein|fühlend**, '~**fühlig** sensitive; (*zartfühlend*) delicate; tactful; '♀**gefühl** *n* sensitiveness; delicacy; tact; '♀**gehalt** *m* standard.

'**Feinheit** *f s.* fein: fineness; refinement; politeness; delicacy; subtlety; elegance; die ~en *pl.* niceties.

fein|hörig ['~hø:rɪç] quick of hearing; '♀**kost** *f s.* Delikatessen; ~**maschig** ['~maʃɪç] fine-meshed; '♀**mechanik** *f* precision engineering; '♀**mechaniker** *m* precision-instrument maker; '~**mechanisch** precision ...; '♀**schmecker** *m* (7) gourmet; '♀**schnitt** *m* (*Tabak*) fine cut; '~**sinnig** subtle; sensitive; '♀**wäsche** *f* (dainty) lingerie; (*Waschen*) fine laundering.

feist [faɪst] fat, stout.

Feld [fɛlt] *n* (1) field (*a. fig.* ⚔, ⚡, *Sport*); (*Grund, Boden*) ground; ⚠, ⊕ panel, compartment; *Schach*:

square; *aus dem ~e schlagen fig.* defeat, outstrip; *ins ~ führen* advance (*arguments*); *fig. freies ~* a clear field; '**~-arbeit** *f* agricultural work; ✝ *usw.* field work; '**~bahn** *f* field-railway; '**~bau** *m* agriculture, tillage; '**~bett** *n* camp-bed; '**~bluse** ⚔ *f* service blouse; '**~dienst** *m* field duty; '**~dienst-übung** *f* field exercise; '**~flasche** *f* canteen, water-bottle; '**~frucht** *f* fruit of the earth; '**~geistliche** *m* army chaplain; '**~gendarmerie** *f* (15) military police; '**~herr** *m allg.* general; *als Titel*: commander-in-chief; '**~herrnkunst** *f* strategy, generalship; '**~hüter** *m* field-guard; '**~küche** *f* field-kitchen; '**~lager** *n* bivouac, camp; '**~lazarett** *n* casualty clearing station, *Am.* evacuation hospital; '**~marschall** *m* Field Marshal; '**2marschmäßig** in (heavy) marching order; '**~maus** *f* field-mouse; '**~messer** *m* (7) surveyor; '**~mütze** *f* forage-cap; '**~schlacht** *f* battle; **~spat** ['~ʃpa:t] *m* fel(d)spar; '**~stecher** *m* field-glass; '**~stuhl** *m* camp-stool; '**~webel** *m* sergeant; '**~weg** *m* field-path; '**~zeichen** *n* ensign, standard; '**~zug** *m* campaign (*a. fig.*), expedition.

Felge ['fɛlgə] *f* (15) felloe, felly, *bsd. mot.* rim; *Turnen*: circle.

Fell [fɛl] *n* (3) (*Haut des lebenden Tieres mit Haaren*) coat; (*abgezogenes ~*) *v. größeren Tieren*: hide, *v. kleineren Tieren*: skin; (*rohes ~ v. Pelztieren*) pelt; (*Pelz*) fur; *v. Menschen*: hide, skin; *s. abziehen*; *fig. er hat ein sehr dickes ~* he is very thick-skinned; *fig.* F *j-m das ~ gerben* give a p. a good hiding; *j-m das ~ über die Ohren ziehen* fleece a p.; *fig. s-e ~e davonschwimmen sehen* see a cake turn into dough.

Fels [fɛls] *m* (12[1]), **~en** ['~zən] *m* (6) rock; '**~block** *m* rock, boulder.

'**felsen|fest** rock-like; *Glaube usw.*: unshakeable; *~ überzeugt* firmly convinced; '**2klippe** *f* cliff; '**2riff** *n* reef.

felsig ['fɛlziç] rocky.

Fem|e ['fe:mə] *f* (15) vehme; '**~gericht** *n* vehmic court.

Femininum *gr.* [femi'ni:num] *n* (9[2]) feminine noun.

Fenchel ['fɛnçəl] *m* (7) fennel.

Fenn [fɛn] *n* (3[1]) fen, bog.

Fenster ['fɛnstər] *n* (7) window; '**~brett** *n* window-sill; '**~brüstung** *f* window-ledge; '**~flügel** *m* casement (*od.* wing) of the window; '**~gitter** *n* window-grate; '**~glas** *n* window-glass; '**~kreuz** *n* cross-bar(s *pl.*); '**~laden** *m* window shutter; '**~leder** *n* chamois (leather); '**~pfosten** *m* mullion; '**~platz** *m* seat by the window; '**~rahmen** *m* window-frame; *des Schiebefensters*: sash; '**~rose** △ *f* rose window; '**~scheibe** *f* window-pane; '**~sims** *n* window-sill.

Ferien ['fe:rjən] *pl. inv.* holidays *pl.*; ⚖, *univ. od. Am.* vacation; *parl.* recess; *~ machen, in die ~ gehen* take one's holidays, *Am.* (take a) vacation; '**~kolonie** *f* holiday camp; '**~reisende** *m, f* holiday-maker; '**~zeit** *f* holiday season.

Ferkel ['fɛrkəl] *n* (7) young pig; *fig.* pig; '**2n** (29) farrow, pig.

Fermate ♪ [fɛr'ma:tə] *f* (15) pause.

fern [fɛrn] far (*a. adv.*); distant, remote (*beide a. fig.*); (*weit fort*) far off; *von ~* from afar; *das sei ~ von mir* far be it from me.

'**Fern|-amt** *teleph. n* trunk (*Am.* long-distance *od.* toll) exchange; '**~-anruf** *m s. Ferngespräch*; '**~-aufnahme** *f*, '**~bild** *n* telephoto (-graph); '**2bleiben** (sn) keep away (*dat.* from), absent o.s. (from); '**~bleiben** *n* (6) absence; *vom Arbeitsplatz*: absenteeism; '**~e** *f* (15) distance; remoteness; *aus der ~* from a distance, from afar; *in der ~* in the (*od.* at a) distance.

ferner ['fɛrnər] farther; *fig.* further (-more), moreover; *Sport*: *~ liefen* ... also ran ...; '**~hin** for the future; henceforth; *auch ~ et. tun* continue to do.

'**Fern|fahrer** *m* long-distance lorry (*Am.* truck) driver; '**~flug** ✈ *m* long-distance flight; **2gelenkt** ['~gəlɛŋkt] remote-controlled; *Geschoß*: guided; '**~geschütz** *n* long-range gun; '**~gespräch** *teleph. n* trunk call, *Am.* long-distance (*od.* toll) call; '**2gesteuert** *s. ferngelenkt*; '**~glas** *n* binocular(s *pl.*); *s. a. Fernrohr*; '**2halten** (*a. sich*) keep away (*von* from); '**~heizung** *f* district heating; '**~kamera** *f* telecamera; '**~kurs(us)** *m* correspondence course; '**~laster** *m*, '**~last-**

wagen *m* long-distance lorry, *Am.* long haul truck; '**~leitung** *f teleph.* trunk-line, *Am.* long-distance line; (*Röhren~*) pipeline; '**~lenkung** *f* remote control; '**~licht** *mot. n* full beam; '**②liegen** (*dat.*) be far (from); '**~meldetechnik** *f*, '**~meldewesen** *n* telecommunications *pl.*; '**②mündlich** telephonic; *adv.* by telephone; '**~rohr** *n* telescope; '**~ruf** *m* telephone call; *s. Ferngespräch*; '**~schnellzug** *m* long-distance express train; '**~schreiben** *n* teleprint, *Am.* teletype (message); '**~schreiber** *m* teleprinter, teletyper; '**~sehen** *n* (6) television (*abbr.* TV); *im ~* on television; '**②sehen** *v/i.* teleview; '**~seher** *m P.*: televiewer; *s. Fernsehgerät*; '**~sehfilm** *m* telefilm; '**~sehgerät** *n* television set, F telly; '**~sehkamera** *f* television camera; '**~sehkassette** *f* video cassette; '**~sehschirm** *m* television screen; '**~sehsendung** *f* telecast; '**~sehturm** *m* television tower; '**~sicht** *f* (distant) view; **②sichtig** ['~ziçtiç] long-sighted.

'**Fernsprech|-amt** *n* telephone exchange; '**~-anschluß** *m* telephone connection; '**~-apparat** *m* telephone set; '**~-automat** *m* coin-box telephone, *Am.* pay station; '**~buch** *n* telephone directory; '**~er** *m* (7) telephone; *s. a. Telephon*; '**~stelle** *f* (public) call-office; '**~teilnehmer** *m* telephone subscriber; '**~wesen** *n* telephony; '**~zelle** *f* telephone box (*Am.* booth).

'**fern|stehen** (*dat.*) be a stranger to, not to be close to; '**②stehende** *m* outsider; '**②steuerung** *f* remote (*od.* distant) control; '**②studium** *n*, '**②unterricht** *m* correspondence course(s *pl.*); '**②verkehr** *m* long-distance traffic; '**②verkehrsstraße** *f* trunk road, *Am.* highway; '**②waffe** *f* long-range weapon; '**②wahl** *teleph. f* trunk (*Am.* direct distance) dial(l)ing; '**②zug** *m* long-distance train.

Ferse ['fɛrzə] *f* (15) heel; *fig. auf den ~n* (*dat.*) on the heels of; '**~ngeld** *n geben* take to one's heels.

fertig ['fɛrtiç] ready; (*beendet*) finished; (*~gekauft*) *Kleid*: ready-made, F reach-me-down; *fig.* (*vollendet*) accomplished, perfect; F (*erschöpft*) all in, (*ruiniert*) done for, (*verblüfft*) flabbergasted; *~ werden mit*, *~ machen* finish; *mit j-m od. et. ~ werden* deal (*od.* cope) with, manage, handle; *s. fertigmachen*; *mit et. ~ sein* have done; *mit j-m ~ sein* have done (F *bsd. Am.* be through) with a p.; *ohne et. ~ werden* manage (*od.* do) without a th.; '**~bekommen**, '**~bringen** manage (et. a th.); es ~, *zu inf.* manage to *inf.*; **~en** ['~gən] (25) *s. anfertigen*; '**②fabrikat** *n s. Fertigware*; '**②haus** *n* prefab(ricated house); '**②keit** *f* skill; (*Können*) proficiency; (*Sprech②*) fluency; '**~machen** finish, (*a. sich*) get ready (*zu* for); F *fig.* fix, do for, (*erschöpfen, a. seelisch*) finish, (*abkanzeln*) tick *a p.* off; '**~stellen** complete; '**②stellung** *f* completion; **②ung** ['~guŋ] *f* (16) manufacture, production; '**②ungsstraße** ⊕ *f* production line; '**②ware** *f* finished article *od.* product.

Fes ♪ [fɛs] *n* F flat.

fesch [fɛʃ] smart, chic, stylish; (*schneidig*) dashing.

Fessel ['fɛsəl] *f* (15) (*a. fig.*) fetter, chain; *pl.* (*Hand②n*) handcuffs, manacles; *anat.* ankle; *vet.* fetlock, pastern; '**~ballon** *m* captive balloon; '**~gelenk** *vet. n* pastern-joint.

fesseln ['fɛsəln] (29) fetter, chain; (*binden*) tie, bind; *fig.* (*bezaubern*) captivate, fascinate; *Aufmerksamkeit, Auge usw.*: catch, arrest, rivet; *ans Bett, Zimmer ~* confine to one's bed, room; '**~d** *fig.* captivating, fascinating; (*spannend*) gripping.

fest[1] [fɛst] *allg.* firm (*a.* ✝); (*nicht flüssig*; *festgefügt*) solid; (*unbeweglich*) fixed (*a. Preis*); (*nicht losgehend*) fast; (*festhaltend*) tight; (*unerschütterlich*) firm, steady; ⊕ (*orts~*) stationary; ⚔ *Ort usw.*: fortified; *Schlaf*: sound; *Berufsstellung, Wohnsitz*: permanent; *~ schlafen* sleep fast, be fast asleep; *in e-r Wissenschaft ~ sein* be well versed in; *die Tür ist ~ zu* the door is fast; F ~(e)! go it!

Fest[2] [~] *n* (3²) festival; fête, festivity; (*kirchliches ~*; *~mahl*) feast; '**~akt** *m* ceremony; '**②besoldet** salaried; '**②binden** fasten, tie (*an dat.* to); '**~e** *f* (15) stronghold; '**~-essen** *n* feast, banquet; *sich* '**②fahren** get stuck; *sich* '**②fressen** ⊕ seize; '**~gelage** *n* feast, banquet; '**~halle** *f* *s. Festsaal*; '2**halten** *v/t.* hold fast; (*packen*) seize; *polizeilich*: detain; *in Bild, Wort, Ton*: record, *Stimmung usw.*: capture; *j-n* ~ (*auf j-n einreden*) buttonhole a p.; *v/i.* ~ *an* (*dat.*) keep (*od.* cling, adhere) to; (*a. sich* ~ *an*) hold fast to.

festig|en ['~igən] (25) (*sichern*) secure; (*stärken*) strengthen; *Macht usw.*: establish (firmly), consolidate; *Währung*: stabilize; *sich* ~ grow stronger; 2**keit** ['~içkaɪt] *f* firmness; solidity; steadiness (*s. fest*); 2**ung** ['~iguŋ] *f s. festigen*: strengthening; establishment; consolidation; stabilization.

'**fest|kleben** *v/i.* adhere, stick (*an dat.* to); *v/t.* fasten (*od.* stick) with glue *od.* gum; '2**kleid** *n* festive dress; '2**land** *n* mainland; continent; '~**legen** fix; *Geld*: tie up, freeze; *Regel usw.*: lay down; *j-n auf et.* ~ pin a p. down to a th.; *sich auf et.* ~ commit o.s. to a th.

'**festlich** festive, solemn; '2**keit** *f* festivity, solemnity; *s. Fest*².

'**fest|machen** fix, fasten; *Handel*: close; '2**mahl** *n* feast, banquet; 2**nahme** ['~na:mə] *f* arrest; '~**nehmen** seize, arrest; '2**-ordner** *m* steward; '2**-ordnung** *f* table of events; '2**preis** ⚕ *m* fixed price; '2**rede** *f* speech of the day; '2**saal** (banqueting-)hall; ballroom; '~**setzen** fix; *sich* ~ settle (down); '2**spiele** *n/pl.* Festival *sg.*; '~**stecken** pin; '~**stehen** be steady; *fig.* be certain; '~**stehend** stationary, fixed; *Regel, Tatsache*: established; '~**stellen** establish; (*ermitteln*) ascertain, find out; *Ort, Lage*: locate; *Personalien*: identify; (*konstatieren*) state; (*erklären*) declare; '2**stellung** *f* establishment; statement; ascertainment; location; identification; '2**tag** *m* festive day, holiday; (*Glückstag*) red-letter day.

'**Festung** *f* (16) fortress; '~**s-anlagen** *f/pl.* fortifications.

'**fest|verzinslich** ⚕ fixed interest bearing; '2**wochen** *f/pl.*: *Berliner usw.* ~ Festival; '~**wurzeln** become firmly rooted; '2**zug** *m* (festive) procession.

fett [fɛt] **1.** fat; *fig.* rich; *Boden*: *a.* fertile; *typ.* extra bold; **2.** 2 *n* (3) fat; (*Schmalz*) lard; (*Schmier*2) grease.

'**Fett|-auge** *n* speck of fat; '~**bauch** *m* paunch; '~**druck** *typ. m* extra bold print, heavy-faced type; '2**en** grease; '~**fleck** *m* spot of grease; '~**gehalt** *m* fat content; '2**ig** fat(ty); (*schmierig*) greasy; '~**kohle** *f* fat coal; 2**leibig** ['~laɪbiç] corpulent; '~**näpfchen** *n*: *fig. ins* ~ *treten* drop a brick, put one's foot in it; '~**spritze** *mot. f* grease-gun; '~**sucht** *f* obesity.

Fetzen ['fɛtsən] *m* (6) shred; (*Lumpen*) rag, *Am. a.* frazzle; *ein* ~ *Papier* a scrap of paper; *in* ~ in rags.

feucht [fɔʏçt] moist; *bsd. Luft*: humid; (*unangenehm* ~) damp; '~**en** (26) moisten; damp.

'**Feuchtigkeit** *f* moisture; humidity; dampness; '~**sgehalt** *m* moisture content; '~**smesser** *m* hygrometer.

feudal [fɔʏ'da:l] feudal; F (*großartig*) sumptuous, *sl.* ritzy.

Feuer ['fɔʏər] *n* (7) fire (*a. fig.*); *fig.* ardo(u)r; (*feuriges Temperament*) mettle; ~ *bekommen* ⚔ be fired at; *j-m* ~ *geben* (*für die Zigarre*) give a p. a light; ~ *machen* make (*Am.* build) a fire; '~**-alarm** *m* fire-alarm; '2**bestatten** cremate; '~**bestattung** *f* cremation; '~**bohne** ⚘ *f* scarlet runner; '~**-eifer** *m* ardent zeal, ardo(u)r; '~**-einstellung** ⚔ *f* cessation of fire; '2**fest** fire-proof, fire-resistant; *Baustoff usw.*: refractory; '~**garbe** ⚔ *f* sheaf (*od.* cone) of fire; '2**gefährlich** inflammable; '~**gefecht** *n* gun-fight; '~**hahn** *m* fire-plug; '~**kraft** ⚔ *f* fire power; '~**leiter** *f* fire-ladder; (*Nottreppe*) fire-escape; '~**löscher** *m* fire-extinguisher; '~**melder** *m* fire-alarm; '2**n** (29) fire (*a. fig. entlassen*); F (*werfen*) hurl; '~**probe** *f fig.* crucial (*od.* acid) test; *die* ~ *bestehen* stand the test; '~**rad** *n* Catherine-wheel; '2**rot** flaming red; '~**sbrunst** *f* (great) fire, conflagration; '~**schaden** *m* damage (caused) by fire; '~**schiff** *n* lightship; '~**sgefahr** *f* danger (*od.* risk) of fire; '~**sglut** *f* burning heat; '~**snot** *f* danger from fire; '2**speiend** vomiting fire; volcanic; ~*er Berg* volcano; '~**spritze** *f* fire-engine; '~**stelle** *f* fireplace, hearth; '~**stein** *m min. u. im Feuerzeug*: flint; '~**stoß** ⚔ *m* burst of fire; '~**strahl** *m* flash of fire; '~**taufe** *f* baptism of fire.

ˈ**Feuerung** *f* firing; (*Heizung*) heating; (*Ofen*) furnace; (*Brennmaterial*) fuel.

ˈ**Feuer|versicherung(sgesellschaft)** *f* fire insurance (company); ˈ**≈verzinken** ⊕ hot-galvanize; ˈ**~vorhang** *thea. m* fire-curtain; ˈ**~wache** *f* fire-station; ˈ**~waffe** *f* fire-arm; ˈ**~wehr** *f* fire-brigade, *Am.* fire department; ˈ**~wehrmann** *m* fireman; ˈ**~werk** *n* fireworks *pl.* (*a. fig.*); ˈ**~werker** *m* (7) pyrotechnician; ⚔ artificer, ordnance technician; ˈ**~werkeˈrei** *f* pyrotechnics *sg.*; ˈ**~werkskörper** *m* firecracker; ˈ**~zange** *f* (*eine* a pair of) fire-tongs *pl.*; ˈ**~zeichen** *n* fire-signal; ˈ**~zeug** *n* (cigarette-, pocket-)lighter.

Feuilleton [ˈfœj(ə)tõ] *n* (11) feuilleton (*fr.*), features section.

feurig [ˈfɔʏriç] fiery; *fig. a.* ardent.

Fex [fɛks] *m* faddist; *in Zssgn* ... fan.

Fiaker [fiˈakər] *m* (7) cab.

Fiasko [fiˈasko] *n* (11) fiasco, failure.

Fibel [ˈfi:bəl] *f* (15) spelling-book, primer.

Fiber [ˈfi:bər] *f* (15) fib|re, *Am.* -er.

Fichte [ˈfiçtə] *f* (15) spruce; ˈ**~nholz** *n* pine-wood; ˈ**~nnadel** *f* pine-needle.

fidel [fiˈde:l] merry, jolly.

Fidibus [ˈfi:dibus] *m* (*inv. od.* 4[1]) spill.

Fieber [ˈfi:bər] *n* (7) fever (*a. fig.*); ~ *haben s. fiebern*; *das ~ messen* take the temperature; ˈ**~-anfall** *m* attack of fever; ˈ**≈-artig** febrile; ˈ**~frost** *m* chill; ˈ**≈haft** feverish (*a. fig.*), febrile; ˈ**~hitze** *f* fever heat; ˈ**≈krank** feverish; ˈ**~kurve** *f* temperature-curve; *s. Fiebertabelle*; ˈ**~mittel** *n* febrifuge; ˈ**≈n** (29) be feverish, have (*od.* run) a temperature; *fig.* ~ *nach* yearn for; (*vor Erwartung*) ~ be in a fever (of expectation); ˈ**~rinde** *f* Peruvian bark; ˈ**~schauer** *m* shivering fit; ˈ**~tabelle** *f* temperature-chart; ˈ**~thermometer** *n* clinical thermometer; ˈ**~traum** *m* feverish dream.

fiebrig [ˈfi:briç] *s.* fieberhaft.

Fiedel [ˈfi:dəl] *f* (15) fiddle; ˈ**~bogen** *m* fiddle-stick *od.* -bow; ˈ**≈n** *v/t u. v/i.* (29) fiddle.

fiel [fi:l] *pret. v. fallen* 1.

fies F [fi:s] F awful, filthy.

Figur [fiˈgu:r] *f* (16) figure (*a. Eislauf, Tanz, a.* ⚕, ⊕); *Schach*: chessman; *e-e gute (schlechte) ~ machen* cut a fine (poor) figure.

figürlich [~ˈgy:rliç] figurative.

Fiktion [fikˈtsjo:n] *f* (16) fiction.

fiktiv [fikˈti:f] fictitious.

Filet [fiˈle:] *n* (11) *Handarbeit*: network; *Kochkunst*: fillet; **~braten** *m* roast fillet.

Filial|e [filˈja:lə] *f* (15) branch (office *od.* establishment); **~geschäft** *n* multiple shop, chain store; *s. Filiale*.

Filigran(-arbeit *f*) [filiˈgra:n-] *n* (3[1]) filigree.

Film [film] *m* (3[1]) *allg.* film; (*~stück*) *Am. a.* (motion) picture, F movie; *beim* (*od. im*) ~ on the films; *phot. e-n ~ einlegen* load the camera; ˈ**~atelier** *n* (film)studio; ˈ**~-aufnahme** *f* (film) shot; *Vorgang*: shooting (of a film); ˈ**~band** *n* reel; ˈ**~bauten** *pl.* sets; **~diva** [ˈ~di:va] *f* film star; ˈ**≈en** (25) film, screen, shoot; ˈ**~gesellschaft** *f* film company; ˈ**~-industrie** *f* film industry; ˈ**~kamera** *f* film camera; ˈ**~kunst** *f* cinematic art; ˈ**~regisseur** *m* film director; ˈ**~reklame** *f* screen advertising; **~reportage** [ˈ~repɔrta:ʒə] *f* screen record; ˈ**~schauspieler(in** *f*) *m* film (*od.* screen) actor *m* (actress *f*); ˈ**~spule** *f* (film) reel; ˈ**~star** *m* film (*Am.* F movie) star; ˈ**~streifen** *m* film-strip, reel; ˈ**~theater** *n* cinema; ˈ**~verleih** *m* film distribution; (*Firma*) film distributors *pl.*; ˈ**~vorführer** *m* projectionist; ˈ**~vorschau** *f* (film) trailer; ˈ**~vorstellung** *f* film (*Am.* movie) show (-ing); ˈ**~welt** *f* film world.

Filter [ˈfiltər] *m, n* (7), ˈ**≈n** filter; ˈ**~zigarette** *f* filter-tipped cigarette.

filtrieren [~ˈtri:rən] filter, strain.

Filz [filts] *m* (3[2]) felt; *fig.* niggard; ˈ**~hut** *m* felt hat; ˈ**≈ig** feltlike; (*geizig*) niggardly, stingy; ˈ**~laus** *f* crab-louse; ˈ**~schreiber** *m*, ˈ**~stift** *m* felt(-tipped) pen.

Fimmel F [ˈfiməl] *m* craze.

Finale [fiˈna:le] *n* (11, *pl. inv.* -*le*) ♪ finale; *Sport*: final(s *pl.*).

Finanz|amt [fiˈnantsˀamt] *n* (inland) revenue office; **~en** *f/pl.* (16) finances; **≈iell** [~ˈtsjɛl] financial; **≈ieren** [~ˈtsi:rən] finance; **~jahr** *n* fiscal year; **~lage** *f* financial state *od.* standing; **~mann** *m* financier;

~minister *m* Minister of Finance; *Brt.* Chancellor of the Exchequer, *Am.* Secretary of the Treasury; **~ministerium** *n* Ministry of Finance; *Brt.* Exchequer, *Am.* Treasury Department; **~wesen** *n* finances *pl.*, financial system.

Findel|haus ['findəlhaus] *n* foundling-hospital; '**~kind** *n* foundling.

finden ['findən] (30) find; (*antreffen*) meet with; *sich ~ S.*: be found, *P.*: find o.s.; *sich ~ in* (*acc.*) accommodate o.s. to; *wie ~ Sie ...?* how do you like ...? *~ Sie nicht?* don't you think so?; *das wird sich ~* we shall see.

'**Finder** *m*, '**~in** *f* finder; '**~lohn** *m* finder's reward.

'**findig** resourceful; '**2keit** *f* resourcefulness.

Findling ['fintliŋ] *m* (3¹) foundling; *geol.* erratic block, boulder.

fing [fiŋ] *pret. v. fangen.*

Finger ['fiŋər] *m* (7) finger; *sich die ~ verbrennen* (*a. fig.*) burn one's fingers; *die ~ davon lassen* keep one's hands off; *s. rühren*; '**~-abdruck** *m* finger-print; '**~fertigkeit** *f* dexterity; '**~glied** *n* finger-joint; '**~hut** *m* thimble; ♀ foxglove; '**~ling** *m* (3¹) finger-stall; '**2n** (29) finger; F *fig. e-e S. ~* wangle *a th.*; '**~nagel** *m* finger-nail; '**~satz** ♪ *m* fingering; '**~spitze** *f* finger-tip; '**~spitzengefühl** *n fig.* flair, subtle intuition; '**~-übung** ♪ *f* fingering-exercise; **~zeig** ['~tsaɪk] *m* hint, cue, tip.

fingieren [fiŋ'giːrən] feign.

Fink [fiŋk] *m* (12) finch.

Finne¹ ['finə] *f* (15) pimple; *pl. der Schweine*: measles *pl.*; (*Flosse*) fin.

'**Finne**² *m* (13), '**Finnin** *f* (16¹) Fin (-lander).

'**finnisch** Finnish.

finster ['finstər] dark; *fig. a.* gloomy; (*grimmig*) grim; F (*miserabel*) awful; *~er Blick* scowl; *j-n ~ ansehen* scowl (*od.* look black) at a p., frown at a p.; '**2nis** *f* (14²) darkness, obscurity.

Finte ['fintə] *f* (15) feint (*a. fig.*).

Firlefanz ['firləfants] *m* (3²) (*Albernheit*) (tom)foolery, nonsense; (*Flitterkram*) frippery, gew-gaws *pl.*; *~ treiben* play the fool.

Firma ['firma] *f* (16²) firm, (commercial) house; company; *Briefanschrift*: *~ Langenscheidt* Messrs. Langenscheidt; *unter der ~ ...* under the style of ...

Firmament [firma'mɛnt] *n* (3) firmament.

firm|e(l)n ['firmə(l)n] (25 [29]) confirm; '**2ung** *f* confirmation.

'**Firmen|-inhaber** *m* principal; '**~schild** *n* sign(board), facia; '**~wert** *m* goodwill.

Firn [firn] *m* (3), '**~feld** *n* névé.

Firnis ['firnis] *m* (4¹), '**2sen** (28) varnish.

First [first] *m* (3²) ridge.

Fis ♪ [fis] *n* F sharp.

Fisch [fiʃ] *m* (3²) fish; *~e pl. ast.* Fishes, Pisces; F *kleine ~e* child's play; '**~bein** *n* whalebone; '**~blase** *f* fish-bladder; '**~dampfer** *m* trawler.

'**fischen** *v/t. u. v/i.* (27) fish; *s. trüb.*

'**Fischer** *m* (7) fisherman; '**~boot** *n* fishing-boat; '**~dorf** *n* fishing-village; **~ei** [~'raɪ] *f* (*Gewerbe*) fishery; (*Fischen*) fishing.

'**Fisch|fang** *m* fishing; '**~gerät** *n* fishing-tackle; '**~gericht** *n* fish dish; '**~geruch** *m* fishy smell; '**~gräte** *f* fish-bone; '**~grätenmuster** *n* herring-bone pattern; '**~händler** *m* fishmonger, *Am.* fish-dealer; '**~kunde** *f* ichthyology; '**~laich** *m* spawn; '**~leim** *m* fish-glue; '**~mehl** *n* fish-meal; '**~milch** *f* milt; '**~-otter** *m* otter; '**2reich** abounding in fish; '**~reiher** *m* heron; '**~rogen** *m* roe; '**~schuppe** *f* scale; '**~teich** *m* fish-pond; '**~tran** *m* train-oil; '**~vergiftung** *f* fish-poisoning; '**~zucht** *f* fish-hatching, 🕮 pisciculture; '**~zug** *m* draught (of fishes), haul.

fiskalisch [fis'kaːliʃ] fiscal.

Fiskus ['fiskus] *m inv.* Exchequer, *bsd. Am.* Treasury.

Fistel ['fistəl] *f* (15) ⚕ fistula; ♪ (*od.* '**~stimme** *f*) falsetto.

Fittich ['fitiç] *m* (3) wing.

fix [fiks] quick; *Gehalt*, *Preise usw.*: fixed; *~e Idee* fixed idea; *~ u. fertig* quite ready; all finished (*a.* F *fig. erledigt, erschöpft*); *ein ~er Bursche* a smart fellow; F *mach* (*mal*) *~!* make it snappy!; '**~en** ✝ (27), '**2er** *m* bear; **2ierbad** *phot.* [~'ksiːrbaːt] *n* fixing bath; **~ieren** [~'ksiːrən] fix; *j-n*: stare at; **2iermittel** [~'ksiːrmitəl] *n* fixative; **2ierung** [~'ksiːruŋ] *f* fixa-

tion; '♀**stern** *m* fixed star; '♀**um** *n* (9^2) fixed sum *od.* salary.
flach [flax] flat; (*eben*) plain; *Wasser, Teller u. fig.*: shallow; *die ~e Hand* the flat of the hand; '♀**bahn** ⚔ *f* flat trajectory; '♀**dach** *n* flat roof.
Fläche ['flɛçə] *f* (15) (*Ebene*) plain, level; (*Ober*♀) surface; (*weite* ~) expanse, tract; (*Wasser*♀ *usw.*) sheet; (*~nraum*) area; & plane; '**~nblitz** *m* sheet lightning; '**~n-inhalt** *m*, '**~nraum** *m* area, superficies; '**~nmaß** *n* square (*od.* surface) measure.
'**Flachheit** *f* flatness; *Wasser u. fig.*: shallowness.
'**Flachrennen** *n* flat race.
Flachs [flaks] *m* (4) flax; '♀**en** F wisecrack; '♀**haarig** flaxen-haired; '**~kopf** *m* flaxen-haired person.
'**Flachzange** *f* flat-nose(d) pliers *pl.*
flackern ['flakərn] (29) flare, flicker.
Fladen ['flɑːdən] *m* (6) flat cake.
Flagge ['flagə] *f* (15) flag, colo(u)rs *pl.*; *unter falscher ~* under false colo(u)rs; '**~n...** *mst* flag; '♀**n** (25) *v/i.* hoist (the) flag; *v/t.* dress; '**~nstock** *m* flagstaff.
'**Flagg|leine** *f* flag-line; '**~offizier** *m* flag-officer; '**~schiff** *n* flagship.
Flakartillerie ['flak?artiləriː] *f* anti-aircraft artillery.
Flakon [fla'kɔ̃] *n, m* (11) small bottle, flask.
Flam|e ['flɑːmə] *m* (12), **~länder** ['~lɛndər] *m* (7), '**~in** *f* (16^1) Fleming.
flämisch ['flɛmiʃ] Flemish.
Flamm|e ['flamə] *f* (15) flame (*a.* F *Geliebte*); (*lodernde* ~) blaze; *s. aufgehen*; '♀**en** *v/i.* (25) flame; blaze; *v/t. Stoff*: water; '♀**end** flaming; *fig. Rede*: *a.* stirring; '**~enmeer** *n* sea of flames; '**~(en)-ofen** ⊕ *m* reverberatory (puddling) furnace; '**~enwerfer** ⚔ *m* flame-thrower.
Flammeri ['flaməri] *m* (11) blancmange, flummery.
'**Flammpunkt** *m* flash point.
Flanell [fla'nɛl] *m* (3^1) flannel; **~anzug** *m*, **~hose** *f* flannels *pl.*
flanieren [fla'niːrən] (sn) saunter.
Flanke ['flaŋkə] *f* (15) flank (*a.* ▲, ⚔, *mount.*); '**~n-angriff** *m* flank attack; '**~ndeckung** *f* flank protection.
flan'kieren flank.
Flansch ⊕ [flanʃ] *m* flange.
Flaps F [flaps] *m* (4^2) boor, lout.
Fläschchen ['flɛʃçən] *n* (16) small bottle, flask; *pharm.* phial.
Flasche ['flaʃə] *f* (15) bottle; *kleine*: flask; F *Sport usw.*: dud; '**~nbier** *n* bottled beer; '**~nhals** *m* neck of a bottle; '**~nkind** *n* bottle-fed baby; '**~n-öffner** *m* bottle-opener; '**~nzug** *m* block and tackle, pulley (-block).
Flatter|geist ['flatər-] *m* **1.** fickle person; **2.** = '**~sinn** *m* fickleness; '♀**haft** fickle, inconstant; '**~haftigkeit** *f* fickleness, inconstancy; '♀**n** (29, h. *u.* sn) flutter (*a.* ⊕); *mot. Räder*: shimmy, wobble.
flau [flaʊ] (*schwach*) feeble, faint; *Getränk*: stale, flat; *phot.* weak; ⚕ flat, dull; *~e Zeit* slack time; *~er werden Wind*: calm down.
Flaum [flaʊm] *m* (3) fluff; = '**~feder** *f* down; '♀**ig** downy, fluffy.
Flaus *m* (4), **Flausch** [flaʊs, ~ʃ] *m* (3^2)(*Woll-, Haarbüschel*) tuft; (*dicker Wollstoff*) pilot-cloth; (*Rock daraus*) pilot-coat.
Flause ['flaʊzə] *f* (15) fib, shift; (*Unsinn*) nonsense; '**~nmacher** (**-in** *f*) *m* shuffler.
Flaute ['flaʊtə] *f* (15) ⚓ dead calm, lull; ⚕ slackness.
Flechse ['flɛksə] *f* (15) sinew, tendon.
Flecht|e ['flɛçtə] *f* (15) braid; (*Haar*♀) *a.* tress, plait; ⚘ lichen; ⚕ herpes; '♀**en** (30) twist; *Korb*: weave; *Kranz*: bind; *Haare*: braid, plait; *sich ~* twine, wind (*um* round); '**~werk** *n* plaiting; (*Weiden*♀) wicker-work.
Fleck [flɛk] *m* (3) (*Stelle*) spot; (*Flicken*) patch; (*Stück Land*) patch; (*Schmutz*♀) stain, blot, spot; (*Makel*) spot, blemish, blur; (*Kaldaunen*) tripe; (*Schuhabsatz*♀) heel (-piece); *schöner ~ Erde* beauty spot; *auf dem ~* on the spot; *wir kommen nicht vom ~* we are not getting on.
'**Flecken**[1] *m* (6) *s. Fleck*; (*Ortschaft*) market-town, borough.
'**flecken**[2] (25) spot, stain; '**~los** spotless; *fig. a.* stainless; '♀**reiniger** *m* stain (*od.* spot) remover; '♀**reinigung** *f* spot (*od.* stain) removal.
'**Fleck|fieber** *n* spotted fever; '♀**ig** spotted; (*befleckt*) stained; '**~typhus** *m* typhus; '**~wasser** *n* spot remover.

Fleder|maus ['fle:dər-] *f* bat; '**~wisch** *m* duster, whisk.

Flegel ['fle:gəl] *m* (7) flail; *fig.* lout, boor; '**~-alter** *n*, '**~jahre** *n/pl.* awkward age *sg.*; **~ei** [~'laɪ] *f* rudeness, churlish conduct; '**2haft** churlish, rude; *sich* '**2n** sprawl, loll.

flehen ['fle:n] **1.** (25) implore, entreat (*um et.* [for] a th., *zu j-m* a p.); **2.** **2** *n* (6) supplication, entreaty; '**~tlich** suppliant, imploring(ly *adv.*), beseeching(ly).

Fleisch [flaɪʃ] *n* (3[2]) flesh; (*Schlacht*2) meat; (*Frucht*2) pulp; *fig. sich ins eigne ~ schneiden* cut one's own throat; '**~bank** *f* butcher's stall, *Am.* meat-counter; '**~beschauer** ['~bəʃaʊər] *m* meat inspector; '**~brühe** *f* (meat-)broth; *v. Rindfleisch*: beef tea; '**~er** *m* (7) butcher; **~erei** [~'raɪ] *f*, '**~erladen** *m* butcher's (*Am.* butcher) shop.

'**Fleischeslust** *f* carnal desire.

'**Fleisch|-extrakt** *m* meat extract; '**~farbe** *f* flesh-colo(u)r; '**2farben** flesh-colo(u)red; '**2fressend** carnivorous; '**~hackmaschine** *f* mincing-machine, mincer, meat-chopper; '**2ig** fleshy; ⚘ pulpous, pulpy; '**~kloß** *m* meat-ball; '**~konserven** *f/pl.* potted (*od.* tinned, *Am.* canned) meat; '**~kost** *f* meat diet; '**2lich** carnal, fleshly; '**2los** fleshless; *Kost*: meatless; '**~pastete** *f* meat-pie; '**~schnitte** *f* slice of meat; steak; '**~speise** *f* (course of) meat; '**~vergiftung** *f* ptomaine poisoning; '**~ware** *f* meat (product); **~werdung** ['~ve:rduŋ] *f* incarnation; '**~wolf** *m s. Fleischhackmaschine*; '**~wunde** *f* flesh-wound.

Fleiß [flaɪs] *m* (3[2]) diligence, industry; (*Beharrlichkeit*) application, assiduity; *mit ~* intentionally, on purpose; *viel ~ verwenden auf* (*acc.*) take great pains with; '**2ig** assiduous; diligent, industrious, hard-working; (*sorgfältig*) painstaking; *ein ~er Besucher* a frequent visitor.

flektieren *gr.* [flɛk'ti:rən] inflect.

flennen ['flɛnən] (25) cry.

fletschen ['flɛtʃən] (27): *die Zähne ~* show one's teeth, snarl.

Flexion *gr.* [flɛks'jo:n] *f* inflexion; **~s...** inflexional.

Flick|-arbeit ['flik-] *f* patchwork; '**~en** *m* patch; '**2en** (25) mend, patch (up), repair; *fig. j-m et. am Zeug ~* pick holes in a p.; '**~er(in** *f*) *m* patcher, mender; **~erei** [~ə'raɪ] *f* patchwork; '**~schuster** *m* cobbler; '**~werk** *n* patchwork; '**~wort** *n* expletive; '**~zeug** *n* sewing (⊕ repair) kit.

Flieder ['fli:dər] *m* (7) (*spanischer*) lilac; (*Holunder*) elder.

Fliege ['fli:gə] *f* (15) fly; (*Bärtchen*) imperial; F (*Krawatte*) bow-tie; *von ~n beschmutzt* fly-blown; *zwei ~n mit e-r Klappe schlagen* kill two birds with one stone.

'**fliegen** **1.** *v/i.* (sn) *u. v/t.* (30) fly; *Fahne usw.*: *a.* stream; (*eilen*) fly, rush; F (*entlassen werden*) get the sack, *Am.* get fired; *Sport*: *~der Start* flying start; **2.** **2** *n* (6) flying; ✈ *a.* aviation.

'**Fliegen|fänger** ['~fɛŋər] *m* fly-paper; '**~fenster** *n* fly-screen; '**~gewicht(ler** *m*) *n Boxen*: fly-weight; '**~klappe** *f* '**~klatsche** *f* fly-flap, *Am.* fly swatter; '**~pilz** *m* toadstool; '**~schrank** *m* meat-safe.

'**Flieger** *m* (7) flyer, airman, aviator; *berufsmäßiger*: pilot; *s. Flugzeug*; *Rad-, Rennsport*: sprinter; '**~-abwehr** *f* anti-aircraft defen|ce, *Am.* -se; *~...* anti-aircraft ...; '**~-alarm** *m* air-raid warning, air alert; '**~bombe** *f* aircraft bomb; '**~dreß** *m* flying suit; '**~horst** *m* air station, *Am.* air base; '**~in** *f* (16[1]) airwoman, aviatrix; '**2isch** aeronautic(al), flying; '**~-offizier** *m* air-force officer; '**~schule** *f* flying school.

fliehen ['fli:ən] *v/i.* (30, sn) flee (*statt* flee[ing] *mst* fly[ing]) (*vor dat.* from); *v/t.* avoid, shun; '**~d** *Stirn, Kinn*: receding.

'**Fliehkraft** *f* centrifugal power.

Fliese ['fli:zə] *f* (15) flag(stone), tile.

Fließ|arbeit ['fli:sˀarbaɪt] *f* flow production, assembly-line work; '**~band** *n* assembly line; (*Förderband*) conveyor belt; '**2en** (30, sn) flow, run; '**2end** flowing; *Sprache*: fluent; '**~papier** *n* blotting-paper; '**~produktion** *f* flow production.

Flimmer ['flimər] *m* (7), '**2n** (29) glimmer, glitter; *bsd. Film*: flicker; *es flimmert mir vor den Augen* my head swims.

flink [fliŋk] quick, nimble, brisk; '**2heit** *f* quickness, nimbleness.

Flinte ['flintə] *f* (15) (shot)gun; *fig. die ~ ins Korn werfen* throw up the sponge.

'**Flinten|kolben** *m* butt-end (of a gun); '**~lauf** *m* gun-barrel; '**~schuß** *m* gunshot.
Flirt [flœrt] *m* (11) flirtation; '**2en** (26) flirt.
Flitter ['flitər] *m* (7) tinsel, spangle; '**~gold** *n* tinsel, leaf-brass; '**~kram** *m* cheap finery, tinsel; '**~wochen** *f/pl.* honeymoon *sg.*
Flitzbogen ['flits-] *m* boy's bow.
flitzen ['flitsən] (27, sn) flit, whisk.
flocht [flɔxt] *pret. v. flechten.*
Flock|e ['flɔkə] *f* (15) (*Schnee2*) flake; (*Woll2*) flock; '**~enblume** *f* centaury; '**2ig** flaky; flocky, fluffy.
flog [flo:k] *pret. v. fliegen.*
Floh[1] [flo:] *m* (3[2]) flea; *j-m e-n ~ ins Ohr setzen* put ideas into a p.'s head; '**~stich** *m* flea-bite.
floh[2] *pret. v. fliehen.*
Flor [flo:r] *m* (3[1]) **1.** bloom; *fig.* bloom, prime; (*Blumenmenge*) display of flowers; *fig. v. Damen*: bevy; **2.** *auf Samt usw.*: nap, pile; (*dünnes Gewebe*) gauze, crêpe; (*Trauer2*) crape. [**~seide** *f* floss-silk.]
Florett *fenc.* [flo'rɛt] *n* (3) foil;
florieren [flo'ri:rən] flourish, prosper.
'**Florstrumpf** *m* lisle stocking.
Floskel ['flɔskəl] *f* (15) flourish; *contp.* empty phrase
Floß[1] [flo:s] *n* (3[3]) raft, float; '**~brücke** *f* floating bridge.
floß[2] [flɔs] *pret. v. fließen.*
Flosse ['flɔsə] *f* (15) fin.
flößen ['flø:sən] (27) float, raft.
'**Flößer** *m* (7) raftsman.
Flöte ['flø:tə] *f* (15) flute; *Kartenspiel*: flush; '**2n** (26) *v/i. u. v/t.* play (on) the flute; *fig.* F *~ gehen* go to the dogs *od.* to pot; '**~nbläser** *m*, '**~nspieler** *m* flute-player, flutist.
flott [flɔt] floating, afloat; (*lustig*) gay; *Bursche*: dashing; *Tänzer usw.*: good; *Tanz*: lively; *Kleidung*: stylish, smart; (*schnell*) quick, snappy; *~ leben* lead a jolly (*od.* gay) life, F go the pace.
Flotte ['flɔtə] *f* (15) fleet; (*Marine*) navy; '**~n-abkommen** *n* naval agreement; '**~nschau** *f* naval review; '**~nstation** *f* naval station; '**~nstützpunkt** *m* naval base.
'**flottgehend** *Geschäft usw.*: brisk, lively, flourishing.
Flottille [flɔ'tiljə] *f* (15) flotilla; **~n-admiral** *m* commodore.
'**flottmachen** ⚓ float, set afloat.
Flöz [flø:ts] *n* (3[2]) seam, layer, stratum.
Fluch [flu:x] *m* (3[3]) curse, malediction; (*Redensart*) (profane) oath, F swear-word; '**2beladen** under a curse; '**2en** (25) curse (*j-m* a p.), swear (*auf acc.* at); '**~er** *m* curser.
Flucht [fluxt] *f* (16) flight (*vor dat.* from); *e-s Gefangenen*: escape; *wilde*: rout, stampede; (*Reihe*) range, row; *s. Zimmer2*; *in die ~ schlagen* (*od. jagen od. treiben*) put to flight; *s. begeben, ergreifen*; '**2artig** hasty, headlong.
fluchten ['fluxtən] (26) ⊕ align.
flüchten ['flyçtən] (26, sn) flee; (*a. sich*) *~* take refuge; *Gefangener*: escape.
'**flüchtig** fugitive (*a. fig.*); (*vergänglich*) fleeting, transitory; *Lächeln*: fleeting; *Mensch*: flighty; (*unsorgfältig*) careless; (*eilig*) hasty; ⚗ volatile; *~er Bekannter* nodding acquaintance; *~er Blick* (cursory) glance; *~ durchlesen* skim (through); *~ werden* abscond; '**2keit** *f* transitoriness; flightiness; carelessness; volatility; '**2keitsfehler** *m* slip, oversight.
Flüchtling ['flyçtliŋ] *m* (3[1]) fugitive; *pol.* refugee; '**~slager** *n* refugee camp.
'**Flucht|linie** △ *f* alignment; '**~versuch** *m* attempt to escape.
fluchwürdig ['flu:x-] execrable.
Flug [flu:k] *m* (3[3]) flight; (*Schar*) flock, swarm; *auf dem* (*od. im*) *~e* on the wing, *fig.* in haste; '**~-abwehr...** anti-aircraft ...; '**~bahn** *f* trajectory; ✈ flight path; '**~ball** *m* *Tennis*: volley; '**~betrieb** *m* flying (operations *pl.*); '**~blatt** *n* leaflet, pamphlet; '**~boot** *n* flying boat; '**~deck** *n* flight deck; '**~dienst** *m* air-service.
Flügel ['fly:gəl] *m* (7) wing (*a.* ✈, △, *pol. u. Sport*); (*Fenster2*) casement; (*Tür2*) leaf, half; (*Windmühlen2*) sail; (*Propeller2*) blade; ♪ grand (piano); '**~fenster** *n* casement-window; '**2lahm** broken-winged; *fig.* lame; '**2los** wingless; '**~mann** ✈ *m* flank man, marker; '**~mutter** ⊕ *f* wing nut; '**~schlag** *m* beat of the wings; '**~schraube** ⊕ *f* thumb screw; '**~stürmer** *m* *Fußball*: winger; '**~tür** *f* folding-door.

Fluggast [ˈfluːk-] *m* air-passenger.
flügge [ˈflygə] fledged.
Flug|geschwindigkeit [ˈfluːk-] *f* flying speed; ˈ**~gesellschaft** *f* airline; ˈ**~hafen** *m* airport; ˈ**~kapitän** *m* aircraft captain; ˈ**~karte** *f* air-travel ticket; ˈ**~lehrer** *m* flying instructor; ˈ**~linie** *f* air-route, airway; (*Gesellschaft*) airline; e-e ~ *benutzen* ride an airline; ˈ**~maschine** *f* flying-machine; ˈ**~platz** *m* aerodrome, airfield, *Am. a.* airdrome; ˈ**~post** *f* air-mail.
flugs [fluːks] quickly, swiftly.
ˈ**Flug|sand** *m* quicksand; ˈ**~schrift** *f* pamphlet; ˈ**~sicherung** *f* air traffic control; ˈ**~sport** *m* aviation; ˈ**~strecke** *f* flying distance; *s. Fluglinie*; ˈ**~stützpunkt** *m* airbase; ˈ**~verkehr** *m* air traffic; *planmäßiger*: air service; ˈ**~weg** *m* flight path; ˈ**~wetter** *n* flyable weather; ˈ**~zeug** *n* aeroplane, F plane, *bsd. Am.* airplane, (*a.* ~e *pl.*) aircraft.
ˈ**Flugzeug|bau** *m* aircraft construction; ˈ**~-entführung** *f* hijacking (of a plane); ˈ**~führer** *m* pilot; ˈ**~halle** *f* hangar; ˈ**~motor** *m* aircraft engine; ˈ**~ˈmutterschiff** *n* aircraft tender; ˈ**~rumpf** *m* fuselage; ˈ**~stewardess** *f* air hostess; ˈ**~träger** *m* aircraft carrier.
Fluidum [ˈfluːidum] *n* (9^2) *fig.* aura.
fluktuieren [fluktuˈiːrən] fluctuate.
Flunder [ˈflundər] *f* (15) flounder.
Flunker|ei [fluŋkəˈraɪ] *f* fib(bing); ˈ**2n** (29) fib, tell fibs.
Fluor [ˈfluːɔr] ⚗ *n* (3^1, *o.pl.*) fluorine; **2eszieren** [~ɛsˈtsiːrən] fluoresce.
Flur [fluːr] **1.** *f* (16) field, plain, *poet.* lea; **2.** *m* (3) (*Haus*2) (entrance-)hall; (*Gang*) passage, corridor; ˈ**~bereinigung** *f* consolidation (of farmland); ˈ**~garderobe** *f* hall-stand; ˈ**~schaden** *m* damage to crops; ˈ**~schütz** *m* field guard.
Fluß [flus] *m* (4^2) river, stream; (*das Fließen*) flow(ing); *metall.* melting, fusion; *der Rede*: fluency, flow; ⊕ (~*mittel*) flux; *in ~ bringen* (*kommen*) *fig.* get going, get under way; **2ˈ-abwärts** downstream; **2ˈ-aufwärts** upstream; ˈ**~bett** *n* river-bed, channel.
flüssig [ˈflysiç] liquid (*a. Kapital*), fluid; *Geld*: ready; *Stil*: flowing, fluent; ~ *machen Geld*: disengage; *Wertpapier*: realize; ˈ**2keit** *f* liquid; *Zustand*: liquidity (*a. fig.*); ˈ**2keitsbremse** *f* hydraulic brake; ˈ**2keitsgetriebe** *n* fluid drive.
ˈ**Fluß|lauf** *m* course of a river; ˈ**~mündung** *f* river-mouth; ˈ**~pferd** *n* hippopotamus; ˈ**~schiffahrt** *f* river-navigation; ˈ**~stahl** *m* ingot steel.
flüster|n [ˈflystərn] (29) *v/i. u. v/t.* whisper; ˈ**2propaganda** *f* whispering campaign; ˈ**2ton** *m* whisper.
Flut [fluːt] *f* (16) flood; (*Ggs. Ebbe*) high tide, flood-tide; (*Überschwemmung*) inundation; *fig.* flood, spate, deluge; ˈ**2en** (26, h. *u.* sn) flow; ˈ**~licht** *n* floodlight; ˈ**~lichtspiel** *n Sport*: floodlit match; ˈ**~wechsel** *m* turn of the tide; ˈ**~welle** *f* tidal wave; ˈ**~zeit** *f* flood-tide.
focht [fɔxt] *pret. v. fechten.*
Fock|mast ⚓ [ˈfɔkmast] *m* foremast; ˈ**~segel** *n* foresail.
Födera|lismus [føderaˈlismus] *m* (16^2, *o. pl.*) federalism; **~tion** [~ˈtsjoːn] *f* (16) federation.
Fohlen [ˈfoːlən] **1.** *n* (6) foal; *s. Füllen*[2]; **2.** ♀ (25) foal.
Föhn [føːn] *m* (3) föhn (wind), foehn.
Föhre [ˈføːrə] *f* (15) pine.
Folge [ˈfɔlgə] *f* (15) (*Wirkung, logische* ~) consequence; (*Ergebnis*) result; (*Fortsetzung*) continuation; (*Aufeinander*2) sequence, succession; (*Reihe, Serie*) series; (~*zeit*) future; (*Zs.-gehöriges*) set; *in der* ~ in the sequel, subsequently; *die* ~ *war* the result was; *zur ~ haben* result in, entail, bring about; ~ *leisten* (*dat.*) obey; *e-r Bitte, e-r Vorschrift*: comply with; *e-r Einladung*: accept; *die ~n tragen* take the consequences; ˈ**~-erscheinung** *f* consequence.
ˈ**folgen** (25, sn; *dat.*) *allg.* (*a. geistig*) follow; *Nachfolger*: succeed (*j-m* a p.; *auf acc.* to *a th.*); (*sich ergeben*) follow, ensue (*aus* from); (*gehorchen*) obey; *s. befolgen*; *j-m auf Schritt und Tritt* ~ dog a p.'s footsteps, *polizeilich usw.*: shadow a p.; ˈ**~d** following; (*später*) subsequent; (*nächst*) next; ~es the following; **~dermaßen** [ˈ~dərmaːsən] as follows; ˈ**~schwer** of great consequence, momentous.
ˈ**folgerichtig** logical, consistent; ˈ**2keit** *f* logic(al consistency).

folger|n ['fɔlgərn] (29) infer, conclude, gather (*aus* from); '**⁀ung** *f* inference, deduction, conclusion.
'**Folge|satz** *m gr.* consecutive clause; ⅍ corollary; '**⁀widrig** inconsistent; '**~widrigkeit** *f* inconsistency.
folglich ['fɔlk-] consequently.
'**folgsam** obedient, docile; '**⁀keit** *f* obedience.
Foliant [fol'jant] *m* (12) folio (-volume); *weit S.* (heavy) tome.
Folie ['fo:ljə] *f* (15) foil; *fig. als ~ dienen* serve as a foil (*dat.* to).
Folter ['fɔltər] *f* (15) torture; rack; *fig. auf die ~ spannen* torture, keep *a p.* in suspense; '**~bank** *f* rack; '**~instrument** *n* instrument of torture; '**~kammer** *f* torture-chamber; '**~knecht** *m* torturer; '**⁀n** (29) torture, torment; '**~qual** *f* torture; *fig. a.* torment.
Fön [fø:n] *m* (3) hair-dryer.
Fond [fɔ̃] *m* (11) (*Grundlage*) bottom, ground; (*Hintergrund*) background; *mot. usw.* back (of the car).
Fonds [fɔ̃] *m* (11) ⚚ funds *pl.*; *fig.* fund; '**~börse** *f* stock-exchange.
Fontäne [fɔn'tɛ:nə] *f* (15) fountain.
fopp|en ['fɔpən] (25) (*necken*) tease; (*täuschen*) fool, hoax; **⁀erei** [~ə'raɪ] *f* teasing; hoaxing.
forcieren [fɔr'si:rən] force.
'**Förder|-anlage** *f* conveyor equipment; '**~band** *n* conveyor belt; '**~kohle** ⚒ *f* pit-coal; '**~korb** *m* cage; '**⁀lich** conducive (*dat.* to); (*nützlich*) useful (for), beneficial (to).
fordern ['fɔrdərn] (29) ask, demand, call for; require (*von j-m* of a p.); *vor Gericht*: summon; *als Eigentum, Recht*: claim; *Preis*: charge; (*heraus~*) challenge; *zuviel ~* overcharge.
fördern ['fœrdərn] (29) further, advance, promote, *a. Verdauung*: aid; ⚒ mine, *bsd. Kohle*: haul.
'**Forderung** *f* demand; claim; requirement; charge; challenge.
'**Förderung** *f* furtherance, promotion, advancement; ⚒ hauling, haulage; mining.
Forelle [fo'rɛlə] *f* (15) trout.
Forke ['fɔrkə] *f* (15) (pitch)fork.
Form [fɔrm] *f* (16) form; (*Gestalt*) figure, shape; *bsd.* ⊕ design; (*Muster*) model; (*Gieß⁀*) mo(u)ld; *Sport*: condition; *in ~ sein* (*kommen, bleiben*) be in (get into, keep in) form; *die ~ wahren* observe the proprieties.
formal [fɔr'ma:l] formal; technical; **⁀ien** [~'ma:ljən] *pl.*, **⁀itäten** [~mali'tɛ:tən] *f/pl.* (16) formalities.
Format [~'ma:t] *n* (3) size; *fig.* calib|re, *Am.* -er; *von großem ~* large-sized.
Formation [~a'tsjo:n] *f* (16) formation; ⚔ (*Verband*) *a.* unit.
'**Formblatt** *n s. Formular.*
Formel ['fɔrməl] *f* (15) form, formula; '**~buch** *n* formulary.
formell [fɔr'mɛl] formal.
'**formen** (25) form, shape, model, fashion, (*a.* ⊕) mo(u)ld.
'**Formen|lehre** *gr. f* accidence; '**~mensch** *m* formalist.
'**Form|fehler** *m* informality; ⚖ formal defect; '**~gebung** ⊕ *f*, '**~gestaltung** *f* design(ing).
for'mieren form; ⚔ *sich ~* fall in.
förmlich ['fœrmliç] formal; ceremonial; *P.*: ceremonious; *ein ~er Aufruhr* a regular uproar; '**⁀keit** *f* formality, ceremony.
'**form|los** formless, shapeless; *fig.* informal; '**~schön** beautifully shaped; '**⁀sache** *f* formality.
Formular [fɔrmu'la:r] *n* (3[1]) (printed) form, blank (form).
formu'lier|en formulate; **⁀ung** *f* formulation.
'**formvollendet** perfect, finished.
forsch [fɔrʃ] smart, dashing; (*schwungvoll*) brisk, peppy.
forschen ['fɔrʃən] (27) (*nach*) search (for); inquire (after).
'**Forscher** *m* (7), '**~in** *f* investigator; (*Wissenschaftler*) (research) scientist; researcher; *s. Forschungsreisende.*
'**Forschung** *f* inquiry, investigation; *gelehrte*: research; '**~s-arbeit** *f* research work; '**~sreise** *f* exploring expedition; '**~sreisende** *m* (18) explorer.
Forst [fɔrst] *m* (3[2]) forest; '**~-amt** *n* forestry superintendent's office; '**~aufseher** *m* (forest-)keeper, gamekeeper; '**~be-amte** *m* forest-officer.
Förster ['fœrstər] *m* (7) forester, forest ranger; **~ei** [~'raɪ] *f* forester's house.
'**Forst|frevel** *m* infringement of the forest-laws; '**~haus** *n* forester's house; '**~mann** *m* forester; '**~meister** *m* forestry superintendent;

'~**revier** *n* forest district; '~**wesen** *n*, '~**wirtschaft** *f* forestry.

Fort[1] ⚔ [fo:r] *n* (11) fort.

fort[2] [fɔrt] (*weg*) away; gone; (*weiter*) on; (*vorwärts*) forward; *in e-m* ~ uninterruptedly; ~ *und* ~ continually; *und so* ~ and so forth *od.* on; *sie sind schon* ~ they have already left; *ich muß* ~ I must be off.

'**fort...** (*vgl. a. die Zssgn mit weg...*): ~'**-an** henceforth; '~**bestehen** *v/i.* continue, survive; '~**bewegen** move (*a. sich* ~); drive; '2**bewegung** *f* locomotion; *sich* '~**bilden** continue one's studies; '2**bildungs-anstalt** (*od.* **-schule**) *f* continuation school *od.* classes *pl.*; '~**bleiben** stay away; '2**dauer** *f* continuance; '~**dauern** continue, last; '~**dauernd** lasting, permanent; continuous; '2**-entwick(e)lung** *f* (further) development; '~**fahren** depart; *fig.* continue, go on; '2**fall** *m s. Wegfall*; '~**fallen** *s. wegfallen*; '~**führen** continue, go on with; *Geschäft, Krieg*: carry on; '2**führung** *f* continuation; carrying on; '2**gang** *m* departure; *s. Fortschritt, Fortdauer*; '~**gehen** (sn) go (away), leave; (*weitergehen*) go on; (*fortschreiten*) proceed; (*fortdauern*) continue; '~**geschritten** *Schüler usw.*: advanced; '~**gesetzt** continual; '~**helfen** (*j-m*) help *a. p.* on; '~**kommen** (sn) *s. wegkommen*; (*weiterkommen*) get on *od.* along; F *mach, daß du fortkommst!* be off!, *sl.* beat it!; '2**kommen** *n* getting on, progress; (*Lebensunterhalt*) living; '~**lassen** *s. weglassen*; '~**laufen** (sn) run away ([*vor*] *j-m* from a p.); (*weitergehen*) run on, be continued; '~**laufend** continuous, running; '~**leben** live on; '~**pflanzen** (*a. sich*) propagate; '2**pflanzung** *f* propagation; *biol. a.* reproduction; '2**pflanzungs-trieb** *m* reproductive instinct; '~**reißen**: *j-n mit sich* ~ *fig.* carry a p. (away) with o.s.; '2**satz** *m* (*Vorsprung*) projection; *anat.*, ⚘ process; '~**schaffen** remove; '~**schreiten** (sn) advance, proceed; '~**schreitend** progressive; '2**schritt** *m* progress; ~*e machen* make progress *od.* headway; *große* ~*e machen* make great strides; '~**schrittlich** progressive; '~**setzen** continue (*a. sich*), pursue; '2**setzung** *f* continuation, pursuit; ~ *folgt* to be continued; *sich* '~**stehlen** steal (*od.* sneak) away; '~**stoßen** push away; '~**während** continual, continuous; (*ewig*) perpetual; '~**ziehen** *v/t.* draw away; *v/i.* (sn) *aus der Wohnung*: remove; ⚔ march off; *Vögel*: migrate.

Forum ['fo:rum] *n* (9[2]) forum.

fossil [fɔ'si:l], 2 *n* (8[2]) fossil.

Fötus ['fø:tus] *m* (4[1]) f(o)etus.

'**Foto...** *s. Photo...*

Foyer [foa'je:] *n* (11) *thea.* foyer, *Am. od. parl.* lobby; *im Hotel*: foyer, lounge.

Fracht [fraxt] *f* (16) (~*ladung*) load, goods *pl.*, freight; ⚓ cargo; (~*beförderung*) carriage, *Am.* freight (-age); *s.* ~*geld*; '~**brief** *m* way-bill; ⚓ *u. Am.* bill of lading; '~**dampfer** *m* cargo-steamer; '2**en** (26) freight, load; '~**er** *m* freighter; '2**frei** carriage paid; '~**fuhrmann** *m* carrier; '~**geld** *n* carriage, freight(age); '~**gut** *n* goods *pl.*, *Am.* ordinary freight; *als* ~ by goods train, *Am.* by freight train; '~**raum** *m* cargo compartment; (*Ladefähigkeit*) freight capacity; '~**satz** *m* freight rate; '~**schiff** *n* cargo-ship, freighter; '~**stück** *n* package; '~**verkehr** *m* goods traffic.

Frack [frak] *m* (11 *u.* 3[3]) dress- (*od.* tail-)coat; *im* ~ in full evening dress; '~**-anzug** *m* dress-suit; '~**hemd** *n* dress-shirt.

Frage ['frɑ:gə] *f* (15) question (*a. fig. Problem*); *gr.*, *rhet.* interrogation; (*Erkundigung*) inquiry; *e-e* ~ *tun od. stellen* ask a question; *außer* ~ *stehen* be beyond question; *in* ~ *kommen* come into question; *das kommt nicht in* ~ that's out (of the question); *in* ~ *stellen* make dubious *od.* uncertain; *in* ~ *ziehen* (call in) question; *ohne* ~ beyond question; '~**bogen** *m* questionnaire; '~**form** *gr. f* interrogative form; '~**fürwort** *n* interrogative pronoun; '2**n** *v/t u. v/i.* (25) ask; (*ausfragen*) question; interrogate; (*j-n*) et. ~ ask (a p.) a question; ~ *nach* ask for; *s. erkundigen*; (*sich kümmern um*) care about; *j-n nach s-m Namen, dem Wege usw.* ~ ask a p. his name, the way *etc.*; *ich frage mich, warum usw.* I wonder why *etc.*; *es fragt sich, ob* it is a question whether; *gefragt* ✝ in demand.

'**Frager** *m* (7), '**~in** *f* questioner.
'**Frage|satz** *m* interrogative sentence; '**~steller** *m* (7) questioner; '**~stunde** *parl.* *f* question-time; '**~wort** *n* interrogative; '**~zeichen** *n* question-mark, mark of interrogation, *Am. mst* interrogation point.
frag|lich ['frɑːkliç] (*zweifelhaft*) questionable; (*in Rede stehend*) in question (*hinter su.*); '**~los** unquestionably, beyond (all) question.
Fragment [frag'mɛnt] *n* (3) fragment; **2arisch** [~'tɑːriʃ] fragmentary.
fragwürdig ['frɑːk-] questionable.
Fraktion *parl.* [frak'tsjoːn] *f* (16) parliamentary party; '**~s-vorsitzende** *m* leader (*od.* chairman) of the (parliamentary) group, *Am.* floor leader.
Fraktur [frak'tuːr] *f* ⚕ fracture; *typ.* (*a.* **~schrift** *f*) German type.
frank[1] [fraŋk] frank, free; ~ *und frei* frankly, plainly.
Frank[2] *m* (12), '**~en** *m* (6) *Münze*: franc.
'**Franke** *m* (13), **Fränkin** *f* (16[1]) [Franconian.]
fran'kier|en stamp, prepay; **2maschine** *f* franking machine.
franko ['fraŋko] post-paid, prepaid, post-free; *Paket*: carriage paid.
Franse ['franzə] *f* (15) fringe.
Franz|band ['frants-] *m* calf-binding; **~branntwein** ['~brant-] *m* surgical spirit.
Franziskaner [frantsis'kɑːnər] *m* (7) Franciscan friar.
Franzose [fran'tsoːzə] *m* (13) Frenchman; *die ~n pl.* the French.
Franzö|sin [~'tsøːzin] *f* Frenchwoman; **2sisch** French.
frappant [fra'pant] striking.
fräsen ['frɛːzən] (27) *v/t.* mill.
Fräsmaschine ['frɛːs-] *f* milling machine.
Fraß [frɑːs] **1.** *m* (3[2]) (*Essen*) *sl.* grub; (*Viehfutter*) feed; ⚕ caries; **2.** 2 *pret. v. fressen* 1.
Fratze ['fratsə] *f* (15) grimace; F (*Gesicht*) mug; (*Zerrbild*) caricature; e-e ~ *schneiden* make a grimace; '**2nhaft** grotesque.
Frau [frau] *f* (16) woman; (*Herrin*) mistress; (*Edelfrau*; *Dame*) lady; (*Ehe2*) wife; *vor Namen*: Mrs. (*Aussprache*: 'misiz); *gnädige* ~ madam; *m-e* ~ my wife, *förmlich*: *Mrs Brown etc.*; *zur* ~ *begehren*, *geben*, *nehmen* ask, give, take in marriage.
'**Frauen|-arzt** *m* gyn(a)ecologist; '**2haft** womanly; '**~klinik** *f* hospital for women; '**~kloster** *n* nunnery; '**~krankheit** *f* women's disease; '**~leiden** *n* women's complaint; '**~rechte** *n/pl.* women's rights *pl.*; '**~rechtlerin** *f* suffragette; '**~sport** *m* women's sports *pl.*; '**~stimmrecht** *n* women's suffrage; '**~welt** *f* womankind, women *pl.*; '**~zimmer** *n mst contp.* woman, *sl.* skirt.
Fräulein ['frɔylaɪn] *n* (6) young lady; unmarried lady; *Titel*: Miss; *Ihr* ~ *Tochter* your daughter; *teleph.* *das* ~ *vom Amt* the operator.
'**fraulich** womanly.
frech [frɛç] impudent, insolent; F saucy, cheeky, *Am. sl.* fresh; '**2heit** *f* impudence, insolence; F sauciness.
Fregatte [fre'gatə] *f* (15) frigate; **~nkapitän** *m* commander.
frei [fraɪ] free (*von* from, of); (*offen*) frank; (*unabhängig*) independent; (*von Lasten*) exempt (*von* from); *Stelle*: vacant; *Feld*, *Himmel*: open; (*unentgeltlich*) free (of charge); (*porto~*) (pre)paid; *~er Beruf* liberal (*od.* independent) profession; *Journalist*, *Künstler*: free-lance; *Straße usw.*: clear; ☤ ~ (*ins*) *Haus* free of charge; ☤ ~ *an Bord* free on board (*abbr.* f.o.b.); ~ *heraus* (*offen*) frankly, plainly; *im 2en*, *unter ~em Himmel* in the open air; *ich bin so* ~ I take the liberty (*zu inf.* of *ger.*); ~ *umherlaufen* be at large; *im 2en lagern* camp out; *~er Mensch* free agent; *~e Künste f/pl.* liberal arts; *~er Nachmittag* afternoon off, half-holiday; *~er Tag* day off, holiday; ~ *sprechen Redner*: speak offhand *od.* extempore; *Straße ~!* road clear!; *s. ausgehen*, *Fuß*, *Hand*, *Stück usw.*
'**Frei|bad** *n* open-air swimming pool; '**2beruflich** free-lance; '**~betrag** *m* allowance; **~beuter** ['~bɔytər] *m* (7) freebooter, filibuster; '**~billett** *n s. Freikarte*; '**2bleibend** *Preis*: without engagement; '**~brief** *m* charter, (letters *pl.*) patent; *fig.* warrant; '**~denker** *m* free-thinker; '**~denke'rei** *f*, '**2denkerisch** free-thinking.
freien ['fraɪən] (25) *v/i.*: ~ *um* court, woo; *v/t.* marry.

ˈ**Freier** *m* (7) suitor; *rhet.* wooer; *auf* ˈ**~sfüßen** *gehen* go courting.

ˈ**Frei|-exemplar** *n* free copy, presentation copy; ˈ**~fahrschein** 🚂 *m* free (travel) ticket; ˈ**~frau** *f* baroness; ˈ**~gabe** *f* release; *bewirtschafteter Ware*: decontrol; ˈ**ᘓgeben** release; *s. freilassen*; *gesperrtes Konto*: deblock; *Schule*: give a holiday; *Straße usw.*: open; *Ware*: decontrol; ˈ**ᘓgebig** liberal, generous; ˈ**~gebigkeit** *f* liberality, generosity; ˈ**~geist** *m* free-thinker; ˈ**~gepäck** *n* allowed (*od.* free) luggage; ˈ**ᘓhaben** *Schule*: have a holiday; *Dienst*: have a day off; ˈ**~hafen** *m* free port; ˈ**ᘓhalten** *j-n*: pay for; *e-n Platz*: keep free; ☤ *Angebot*: keep open; ˈ**~handel** *m* free trade; ˈ**ᘓhändig** without support; *Zeichnen*: freehand; ⚖ privately; ☤ direct.

ˈ**Freiheit** *f* (16) liberty, freedom (*von* from); *v. Lasten*: exemption (from); *bürgerliche ~* civil liberty; *dichterische ~* poetic licen|ce, *Am.* -se; *sich die ~ nehmen zu tun* take the liberty of doing; *in ~ setzen*, *j-m die ~ schenken* set at liberty; ˈ**ᘓlich** liberal; ˈ**~sberaubung** *f* deprivation of liberty; ˈ**~s-entzug** ⚖ *m* detention; ˈ**~skampf** *m* struggle for freedom; ˈ**~skrieg** *m* war of independence; ˈ**~sstrafe** *f* prison sentence; imprisonment.

freiheˈraus frankly.

ˈ**Frei|herr** *m* baron; ˈ**~in** *f* baroness; ˈ**~karte** *f* free (*thea. a.* complimentary) ticket; ˈ**~korps** *n* volunteer corps; ˈ**ᘓlassen** release, liberate, set free; *Sklaven*: emancipate; ˈ**~lassung** *f* release, liberation; emancipation; ˈ**~lauf** *m* free-wheel; ˈ**ᘓlegen** lay open; ˈ**ᘓlich** certainly, to be sure; *einräumend*: of course, though; ˈ**~lichtbühne** *f* open-air stage; ˈ**ᘓmachen** get free; *Weg usw.*: clear; 📯 prepay, stamp; *sich ~* disengage o.s.; *vom Dienst usw.*: take time off; ˈ**~marke** *f* (postage)stamp; ˈ**~maurer** *m* freemason; ˈ**~maureˈrei** *f* freemasonry; ˈ**~maurerloge** *f* freemasons' lodge; ˈ**~mut** *m* frankness; **ᘓmütig** [ˈ~my:tiç] frank, candid, open; ˈ**ᘓschaffend:** *~er Künstler* free-lance artist; ˈ**~schar** *f s. Freikorps*; **~schärler** [ˈ~ʃɛ:rlər] *m* guer(r)illa, irregular; ˈ**~schein** *m* licen|ce, *Am.* -se; ˈ**~schule** *f* free school; ˈ**ᘓschwimmen:** *sich ~* pass one's 15 minute swimming test; ˈ**~sinn** *m* liberalism; ˈ**ᘓsinnig** liberal; ˈ**ᘓsprechen** absolve (*von* from), ⚖ acquit (of); *Lehrling*: release from his articles; ˈ**~sprechung** *f* absolution, acquittal; release *of an apprentice*; ˈ**~spruch** ⚖ *m* acquittal; ˈ**~staat** *m* free state; republic; ˈ**~statt** *f*, ˈ**~stätte** *f* asylum, refuge; ˈ**ᘓstehen:** *es steht dir frei zu tun* you are free (*od.* at liberty) to; ˈ**ᘓstehend** *Haus*: detached; ˈ**~stelle** *f* scholarship; ˈ**ᘓstellen** ⚔ exempt (from military service); *j-m et. ~* leave to a p.(s' discretion); ˈ**~stil** *m Sport*: free style; ˈ**~stilringen** *n* free-style wrestling; catch-as-catch-can; ˈ**~stoß** *m Fußball*: free kick; ˈ**~stunde** *f* leisure hour; ˈ**~tag** *m* Friday; ˈ**~tod** *m* voluntary death, suicide; ˈ**ᘓtragend** cantilever, self-supporting; ˈ**~treppe** *f* outside staircase, perron, *Am.* stoop; ˈ**~-übungen** *f/pl.* free exercises *pl.*; ˈ**~-umschlag** *m* stamped envelope; ˈ**~wild** *n* fair game; ˈ**ᘓwillig** free, voluntary, spontaneous; *adv. a.* of one's own free will; *sich ~ erbieten od. melden* volunteer; **~willige** [ˈ~viligə] *m* (18) volunteer; ˈ**~willigkeit** *f* voluntariness, spontaneity; ˈ**~zeit** *f* free (*od.* spare, leisure, off) time; ˈ**~zeitkleidung** *f* leisure wear; **ᘓzügig** [ˈ~tsy:giç] free to move; *fig.* unhampered; (*großzügig*) permissive; ˈ**~zügigkeit** *f* freedom of movement; permissiveness.

fremd [frɛmt] strange; (*ausländisch*) foreign; (*nicht dazugehörig*) extraneous; *fig.* (*zuwider*) alien; *~es Gut* other people's property; *ich bin hier ~* I am a stranger here.

ˈ**fremd-artig** strange, odd; ˈ**ᘓkeit** *f* strangeness, oddness.

Fremde[1] [ˈfrɛmdə] *f* (15) foreign country; *in der* (*od. die*) *~* abroad; ˈ**~**[2] *m*, *f* (18) stranger; (*Ausländer*) foreigner, *nicht naturalisiert*: alien; (*Gast*) guest, visitor; ˈ**~nbuch** *n* visitors' book; ˈ**~nführer** *m* guide; ˈ**~nheim** *n* boarding house, private hotel; ˈ**~n-industrie** *f* tourist industry; ˈ**~nlegion** ⚔ *f* Foreign Legion; ˈ**~nverkehr** *m* tourist traffic; ˈ**~nzimmer** *n* spare (bed)room, guest room.

ˈ**Fremd|herrschaft** *f* foreign rule;

'**~körper** *m* ⚕ foreign body; *fig.* alien element; **²ländisch** ['~lɛndiʃ] foreign; **~ling** ['~liŋ] *m* (3¹) *s. Fremde*²; '**~sprache** *f*, '**²sprachlich** foreign language; '**~sprachenkorrespondent** *m* foreign correspondence clerk; '**~sprachensekretärin** *f* linguist-secretary; '**~wort** *n* foreign word.

frequentieren [frekvɛn'tiːrən] frequent.

Fre'quenz [~ts] *f* (16) *phys.* frequency; (*Besucherzahl*) attendance.

fressen ['frɛsən] **1.** eat, feed; (*a. v/i.*; [30]); *Raubtier*: devour; F *Mensch*: devour, (*a. v/i.*) gorge; ⚗ corrode; *nur v/i.* (h.) ⊕ *Lager usw.*: seize; *fig.* swallow, consume; *e-m Tier* (*Gras usw.*) *zu ~ geben* feed an animal (on grass *etc.*); **2.** **²** *n* (6) feed, food; *ein gefundenes ~ für ihn* just what he wanted.

'**Fresser** *m* (7) voracious eater, glutton; **~ei** [~'raɪ] *f* gluttony.

'**Freß|gier** *f* gluttony, greediness; '**²gierig** gluttonous, greedy; '**~napf** *m* feeding dish.

Frettchen ['frɛtçən] *n* (6) ferret.

Freude ['frɔʏdə] *f* (15) joy, gladness; (*Wonne*) delight; (*Vergnügen*) pleasure; *~ haben* (*od. finden*) *an* (*dat.*) take pleasure in; *mit ~n* gladly, with pleasure.

'**Freuden...** *in Zssgn mst* ... of joy; '**~botschaft** *f* glad tidings *pl.*; '**~feier** *f*, '**~fest** *n* feast, rejoicing; '**~feuer** *n* bonfire; '**~geschrei** *n* shouts *pl.* of joy; '**~haus** *n* brothel, disorderly house; '**~mädchen** *n* prostitute; '**~rausch** *m*, '**~taumel** *m* transports *pl.* of joy; '**~tag** *m* day of rejoicing, red-letter day.

'**freudestrahlend** radiant with joy.

'**freudig** joyful; *~es Ereignis* happy event; '**²keit** *f* joyfulness.

freudlos ['frɔʏtloːs] joyless, cheerless.

'**freuen** (25): *es freut mich, zu inf.* I am glad (*od.* pleased) to ...; *es freut mich, daß du gekommen bist* I am glad (*od.* happy) you have come; *sich ~* (*über acc., zu inf.*) be glad (of, at; to *inf.*), be pleased (with; to *inf.*), be happy (about; to *inf.*); *sich ~ an* (*dat.*) delight in, enjoy; *sich ~ auf* (*acc.*) look forward to; *ich freue mich darüber* I am glad of it.

Freund [frɔʏnt] *m* (3) (*engS.* boy) friend; **~in** ['~din] *f* (16¹) (*engS.* girl) friend; *~ der Musik usw.* lover; **²lich** ['frɔʏnt-] friendly, kind, genial (*a. Klima*); *Zimmer*: cheerful; '**~lichkeit** *f* kindness; *j-m e-e ~ erweisen* do a p. a kindness; '**²los** friendless; '**~schaft** *f* friendship; *~ schließen mit* make friends with; '**²schaftlich** friendly; '**~schaftsspiel** *n Sport*: friendly match.

Frevel ['freːfəl] *m* (7) outrage (*an dat., gegen* on); (*Mutwille*) wantonness; '**²haft** wicked, outrageous, wanton, impious; '**²n** (29) commit a crime; *~ an dat., gegen* outrage; '**~tat** *f* outrage.

freventlich ['~fəntliç] *s. frevelhaft.*

Frevler ['~flər] *m* (7), '**~in** *f* (16¹) offender, transgressor.

Friede(n) ['friːdə(n)] *m* (13¹[6]) peace; *im ~* at peace; *~ schließen* make peace; *laß mich in ~!* leave me alone!

'**Friedens|bruch** *m* breach of (the) peace; '**~pfeife** *f* peace-pipe; '**~produktion** *f* peace-time production; '**~schluß** *m* conclusion of peace; '**~stärke** ⚔ *f* peace establishment; '**~stifter(in** *f*) *m* peace-maker; '**~verhandlungen** *f/pl.* peace-negotiations; '**~vertrag** *m* peace-treaty.

fried|fertig ['friːt-] peaceable, pacific; '**²fertigkeit** *f* peaceableness; '**²hof** *m* churchyard, cemetery; '**~lich**, '**~sam** peaceable; (*ungestört*) peaceful; '**~liebend** peace-loving; '**~los** peaceless.

frieren ['friːrən] *v/t. u. v/i.* (30, h. *u.* sn) freeze; *mich friert* I am (*od.* feel) cold; *mich friert an den Füßen* my feet are cold.

Fries [friːs] *m* (4) ⚠ frieze (*a. Tuch*).

Fries|e ['friːzə] *m* (13), '**~in** (16¹) *f*, '**²isch, ~länder** ['friːslɛndər] *m* (7), '**~länderin** *f* (16¹) Frisian.

Frikadelle [frika'dɛlə] *f* (15) (meat) rissole.

Frikass|ee [frika'seː] *n* (11), **²ieren** [~'siːrən] fricassee.

frisch [friʃ] *allg.* fresh; *Brot*: new; *Ei*: new-laid; *Wäsche*: clean; (*kühl*) cool; (*neu*) new; (*kürzlich geschehen*) recent; (*kräftig*) vigorous; (*blühend*) florid; (*munter*) brisk, lively; *von ~em* afresh; *j-n auf ~er Tat ergreifen od. ertappen* take a p. in the very act, take a p. red-handed; ~ *gestrichen!* wet paint!; '2**e** *f* (15) freshness; vigo(u)r; '~**en** (27) *Eisen*: refine.

Friseur [fri'zø:r] *m* (3¹) hairdresser, *Am.* (*für Herren*) *a.* barber; '~**laden** *m* hairdresser's shop, *Am.* (*für Herren*) barbershop; **Friseuse** [~'zø:zə] *f* (15) ladies' hairdresser.

fri'sieren: *j-n* ~ dress a p.'s hair; F *fig. Bericht usw.*: cook, doctor.

Fri'sier|mantel *m* peignoir (*fr.*); ~**salon** *m* hairdressing saloon; ~**tisch** *m*, ~**toilette** *f* dressing-table, *Am.* dresser.

Frist [frist] *f* (16) (space of) time; (*festgesetzter Zeitpunkt*) (appointed *od.* fixed) time, (set) term; time-limit; (*Aufschub*) respite, delay; '2**en** (26): *sein Leben* ~ barely manage to exist; make a bare living; '2**gerecht** timely; '2**los** without notice.

Frisur [fri'zu:r] *f* (16) hair-style, coiffure (*fr.*), *Am.* hairdo.

frivol [fri'vo:l] frivolous, flippant; 2**ität** [~i'tɛ:t] *f* frivolity, flippancy.

froh [fro:] glad, cheerful, happy; (*freudig*) joyful; *s-s Lebens nicht* ~ *werden* have no end of trouble.

fröhlich ['frø:liç] merry, gay, cheerful; '2**keit** *f* gaiety, cheerfulness.

froh'locken exult (*über acc.* at); (*triumphieren*) triumph (over).

'**Frohsinn** *m* cheerfulness.

fromm [frɔm] (18²) pious, religious; *Pferd*: quiet; ~*er Betrug* pious fraud; ~*er Wunsch* idle wish.

Frömmelei [frœmə'laɪ] *f* (16) affected piety, bigotry.

frömmeln (29) be bigoted.

'**Frömm|igkeit** *f* piety; '~**ler**(**in** *f*) *m* bigot, sanctimonious person.

Fron [fro:n] *f* (16), '~**-arbeit** *f*, '~**dienst** *m* compulsory labo(u)r *od.* service; *fig.* drudgery.

frönen ['frø:nən] (25) (*dat.*) indulge in.

Fron'leichnamsfest *n* (feast of) Corpus Christi.

Front [frɔnt] *f* (16) front (*bsd.* ⚔ *u.* △), △ *a.* face; *an der* ~ at the front; ~ *machen gegen* turn against; *Sport*: *in* ~ *gehen* take the lead; 2**al** [frɔn'tɑ:l] frontal; head-on; '~**kämpfer** *m* combatant; *ehemaliger*: ex-serviceman, *Am.* veteran; '~**soldat** *m* front-line soldier; '~**wechsel** *m* change of front, face-about.

fror [fro:r] *pret. v. frieren.*

Frosch [frɔʃ] *m* (3² *u.* 3³) frog; *Feuerwerk*: squib; '~**perspektive** *f* worm's-eye view.

Frost [frɔst] *m* (3² *u.* 3³) frost; (*Kältegefühl*) chill, coldness; '2**beständig** frost-resistant; '~**beule** *f* chilblain.

frösteln ['frœstəln] (29) feel chilly, shiver (with cold).

'**frostig** frosty, chilly (*beide a. fig.*); '2**keit** *f* frostiness.

'**Frost|salbe** *f* chilblain ointment; '~**schaden** *m* damage done by frost; *am Körper*: frostbite; '~**schutzmittel** *n* anti-freezing agent; anti-freeze; '~**schutzscheibe** *mot. f* anti-frost screen; '~**wetter** *n* frosty weather.

Frotté [frɔ'te:] *n* (11) terry (cloth).

frottier|en [frɔ'ti:rən] rub; 2**(hand)tuch** *n* Turkish towel.

Frucht [fruxt] *f* (14¹) fruit (*a. fig.*); (*Getreide*) corn; *fig.* effect, result.

'**frucht|bar** fruitful (*a. biol.*), fertile (*beide a. fig.*; *an dat.* in); (*produktiv*) prolific; ~ *machen* fertilize; '2**barkeit** *f* fruitfulness, fertility; '~**bringend** fruit-bearing; *fig.* productive; '~**en** (26) be of use, have effect; '2**knoten** ⚘ *m* seed-vessel; '~**los** fruitless; '2**losigkeit** *f* fruitlessness; '2**presse** *f* fruit press; '2**saft** *m* fruit-juice.

frugal [fru'gɑ:l] frugal.

früh [fry:] (*zeitig*) early; (*morgens*) in the morning; *von* ~ *bis spät* from morning till night; ~*er* earlier, sooner; (*ehemals*) former; ~*er als a.* prior to; ~*er oder später* sooner or later; ~*er habe ich geraucht* (*jetzt nicht mehr*) I used to smoke; ~*est* earliest, soonest; ~*estens* at the earliest; ~*e Morgenstunden* (*1—4 Uhr*) small hours; '2**-aufsteher**(**in** *f*) *m* early riser.

Früh|e ['fry:ə] *f* (15) early hour *od.* morning; *in aller* ~ very early; '~**geburt** *f* premature birth; '~**gemüse** *n* early vegetable(s *pl.*); '~**gottesdienst** *m* morning service; '~**jahr** *n*, '~**ling** *m* (3¹) spring; '~**konzert** *n* morning concert; '~**messe** *f* morning prayer, mat(t)ins *pl.*; 2'**morgens** early in the morning; '~**-obst** *n* early fruit; '2**reif** early(-ripe); *fig.* precocious; '~**reife** *f* earliness; *fig.* precocity; '~**schoppen** *m* morning pint; '~**sport** *m* early morning exercises *pl.*; '⁓**stück** *n* breakfast; '2**stücken** (25) (have) breakfast; '2**zeitig** early; *fig.* premature; '⁓**zeitigkeit** *f* earlyness; *fig.* prematurity; '⁓**zug** 🚂 *m* early train; '⁓**zündung** *f* pre-ignition, advanced ignition.

frustrieren [frus'tri:rən] frustrate.

Fuchs [fuks] *m* (4²) fox (*a. fig.*); *Pferd*: sorrel (horse); *univ.* freshman; '⁓**bau** *m* fox-earth; '2**en** (27) F madden; *sich* ⁓ be furious (*über acc.* at, about); ⁓**ie** ⚘ ['fuksjə] *f* (15) fuchsia; '2**ig** foxy; F (*ärgerlich*) furious.

Füchsin ['fyksin] *f* she-fox, vixen.

'**Fuchs**|**jagd** *f* fox-hunt(ing); '⁓**pelz** *m* (fur of a) fox; '2**rot** fox-colo(u)red; '⁓**schwanz** *m* foxtail; (*Säge*) pad-saw; ⚘ amarant(h); '2-**teufels'wild** mad with rage.

Fuchtel ['fuxtəl] *f* (15) rod; *unter j-s* ⁓ under a p.'s thumb; '2**n** (29) *mit* wave (about), brandish.

Fuder ['fu:dər] *n* (7) cart-load.

fuchtig ['fuxtiç] furious.

Fug [fu:k] *m* (3): *mit* ⁓ *und Recht* with full right.

Fuge ['fu:ge] *f* (15) joint, seam; (*Falz*) rabbet; ♪ fugue; *aus den* ⁓*n bringen* put out of joint, disjoint; '2**n** (25) join; rabbet.

fügen ['fy:gən] (25) *s. an*⁓, *hinzu*⁓, *zusammen*⁓; (*verfügen*) ordain, dispose; *sich* ⁓ (*dat.*) *od. in* (*acc.*) (*nachgeben*) comply with, resign o.s. to, submit to; (*sich anpassen*) accommodate o.s. to; *es fügt sich* it (so) happens.

füglich ['fy:k-] *adv.* conveniently, justly.

'**fügsam** pliant, supple; (*lenksam*) tractable; (*folgsam*) obedient; '2-**keit** *f* pliancy; obedience.

Fügung ['⁓guŋ] *f* (*Zs.-treffen*) coincidence; (*in acc.*) resignation (to), submission (to); ⁓ *Gottes* dispensation (of Providence).

'**fühlbar** sensible, palpable, tangible; *geistig*: perceptible, noticeable; ⁓*er Mangel* felt want; '2**keit** *f* sensibility; perceptibility.

fühl|**en** ['fy:lən] (25) feel; *sich glücklich usw.* ⁓ feel happy *etc.*; '2**er** *m* (7), '2**horn** *n* feeler; '2**ung** *f* touch, contact; ⁓ *haben* (*verlieren*) *mit* be in (lose) touch with; ⁓ *nehmen mit j-m* get in(to) touch with a p., contact a p.

fuhr [fu:r] *pret. v. fahren.*

Fuhre ['fu:rə] *f* (15) cart-load.

führen ['fy:rən] (25) lead; *e-m Ziele zu*: conduct, guide; ⚔ (*befehligen*) command; (*weg*⁓) take; *thea. j-n an seinen Platz*: usher; (*tragen*) carry; *Bücher, Liste*: keep; *Geschäft, Gespräch, Prozeß*: carry on; *Namen*: bear; *Feder, Waffe*: (*handhaben*) wield; *Ware*: keep, carry; *Wagen*: drive; *e-e Sprache*: use; *e-n Schlag*: strike; *e-n Titel*: bear, hold; (*beaufsichtigen, verwalten*) manage; *sich gut usw.* ⁓ conduct o.s.; *Besuch hinein*⁓ show in; *durch das Haus* ⁓ show over the house; *zum Munde* ⁓ raise to one's lips; *die Aufsicht* ⁓ *über* (*acc.*) superintend; *den Beweis* ⁓ prove; *ein Geschäft* ⁓ carry on (*od.* run) a business *od.* shop; (*j-m*) *den Haushalt* (*od. die Wirtschaft*) ⁓ keep house (for a p.); *Klage* (*od. Beschwerde*) ⁓ complain (*über acc.* of); *Krieg* (*mit j-m*) ⁓ wage war (with a p.), make war ([up]on a p.); *ein Leben* ⁓ live a life; *s. Licht, Schild, Vorsitz, Wort usw.*; *v/i.* lead (*zu* to; *a. fig.*); *Sport*: (hold the) lead; *Sport*: *mit Punkten* ⁓ be ahead (*z. B. 6 : 2*).

'**führend** leading, (top-)ranking, prominent, top; ⁓ *sein* (hold the) lead, be at the top.

'**Führer** *m* (7), '⁓**in** *f* leader; (*Leiter*) conductor; (*Wegweiser*) guide (*a. als Buch u.* ⊕); (*Verwalter*) manager(ess *f*); *e-s Wagens*: driver; ✈ pilot; *Sport*: captain; ⚔ (*Zug*2, *Gruppen*2) leader, (*Kompanie*2) commander; '2**los** guideless; *Wagen*: driverless; ✈ pilotless; '⁓-**raum** ✈ *m* cockpit; '⁓**schaft** *f* leadership; '⁓**schein** *m mot.* driving licence, *Am.* driver's license; ✈ pilot's licence, *Am.* pilot's certificate; '⁓**sitz** *m* driver's seat; ✈ (pilot's) cockpit.

'**Fuhr**|**geld** *n*, '⁓**lohn** *m* carriage, cartage; '⁓**mann** *m* (*pl. Fuhrleute*) carrier; (*Kutscher*) driver; '⁓**park** *m* park; (*Wagen*) fleet.

'**Führung** *f e-m Ziele zu*: guidance; *Sport u. fig.*: lead; (*Leitung*) conduct, direction, management; leadership, ⚔ command; *in e-m Museum usw.*: showing round; *e-s Titels*: use; (*Benehmen*) conduct; ⁓ *der Bücher* book-keeping; ⚔ *innere* ⁓

moral leadership; ⊕ guide; *die ~ übernehmen* take the lead (*a. Sport*); *in ~ liegen* be in the lead; '**~szeugnis** *n* certificate of conduct; *für Personal*: character.

'**Fuhr|-unternehmen** *n* (firm of) carriers *pl. od.* haul(i)ers *pl.*; '**~-unternehmer** *m* carrier, haul(i)er, *Am. a.* teamster; '**~werk** *n* vehicle, cart, wag(g)on.

'**Füllbleistift** *m* propelling pencil.

Fülle ['fylə] *f* (15) ful(l)ness (*a. fig.*); (*reicher Vorrat*) plenty, abundance; (*Körper*♀) stoutness; '♀**n**[1] (25) fill (*a. sich*); *Braten usw.*: stuff; *Zahn*: stop, fill; *auf Flaschen ~* bottle.

Füllen[2] ['fylən] *n* (6) foal; (*Hengst*♀) colt; (*Stuten*♀) filly.

'**Füll|er** F *m* (7) = '**~feder(halter** *m*) *f* fountain-pen; '**~horn** *n* horn of plenty; **~sel** ['~zəl] *n* (7) stuffing; '**~ung** *f* filling (*a. Zahn*♀); (*Tür*♀) panel; (*Ladung*) charge; *s. Füllsel*; '**~wort** *n* expletive.

fummeln F ['fuməln] (29) fumble; (*knutschen*) pet.

Fund [funt] *m* (3) finding, discovery; (*Gefundenes*) find; *einen ~ tun od. machen* have a find.

Fundament [funda'mɛnt] *n* (3) foundation(s *pl.*); ♀**al** [~mɛn'tɑːl] fundamental; ♀**ieren** [~'tiːrən] lay the foundation(s) of.

'**Fund|büro** *n* lost property office; '**~grube** *f fig.* mine, storehouse.

fundieren [fun'diːrən] found; *Schuld*: fund, consolidate.

fünf [fynf] **1.** five; *~ gerade sein lassen* stretch a point; **2.** ♀ *f* (16) (number) five; *auf Würfeln u. Spielkarten*: *a.* cinque; '**~blätt(e)rig** five-leaved; '♀**-eck** *n* pentagon; '**~-eckig** pentagonal; '**~erlei** of five kinds; '**~fach**, **~fältig** ['~fɛltiç] fivefold; '**~hundert** five hundred; **~jährig** ['~jɛːriç] five-year-old; '**~jährlich** every five years; '♀**kampf** *m Sport*: pentathlon; '♀**linge** *m/pl.* quintuplets *pl.*; '**~mal** five times; '**~malig** done (*od.* occurring) five times; '**~seitig** five-sided; '**~stellig** *Zahl*: of five digits; **~stöckig** ['~ʃtœkiç] five-storied; **~tägig** ['~tɛːgiç] of five days; '**~te** fifth; *fig. das ~ Rad am Wagen sein* be the fifth wheel on the coach; '♀**tel** *n* (7) fifth (part); '**~tens** fifthly.

'**fünfzehn** fifteen; '**~te** fifteenth.

fünfzig ['~tsiç] fifty; ♀**er** ['~tsigər] *m* (7), '♀**erin** *f* quinquagenarian; '**~ste** fiftieth.

fungieren [fuŋ'giːrən] (25): *~ als* act as.

Funk [fuŋk] *m* (3[1], *o. pl.*) radio, *Brt. a.* wireless; '**~-anlage** *f* wireless (*od.* radio) equipment; '**~-apparat** *m s. Funkgerät*; '**~-ausstellung** *f* radio show; '**~bastler** *m* radio amateur *od.* fan; '**~bild** *n* photoradiogram.

Fünkchen ['fyŋkçən] *n* (6) small spark; *fig.* grain.

'**Funkdienst** *m* radio service.

Funke ['fuŋkə] *m* (13), '**~n** *m* (6) spark (*a. fig.*).

'**Funk-einrichtung** *f* radio equipment.

'**funkeln** (29) sparkle (*a. fig.*), glitter.

'**funkel(nagel)'neu** brand-new.

'**funken** (25) radio.

'**Funker** *m* (7) radio operator.

'**Funk|feuer** ✈ *n* radio beacon; '**~gerät** *n* radio (*od.* wireless) set; '**~haus** *n* broadcasting cent|re, *Am.* -er; '**~-ortung** *f* radio location; '**~peilung** *f* radio bearing; '**~sprechgerät** *n* radiophone; *tragbares*: walkie-talkie; '**~spruch** *m* radio message, radiogram; '**~station** *f* radio (*od.* wireless) station; '**~stille** *f* radio silence; '**~streife(nwagen** *m*) *f* radio patrol (car); '**~technik** *f* radio engineering; '**~telegramm** *n* radio telegram, radiogram.

Funktion [fuŋk'tsjoːn] *f* (16) function; **~är** [~tsjo'nɛːr] *m* (3[1]) functionary; ♀**ieren** [~'niːrən] function, operate, work; ♀**sfähig** functioning.

'**Funk|turm** *m* radio tower; '**~verbindung** *f* radio connection; '**~verkehr** *m* wireless (*od.* radio) traffic; '**~wagen** *m* radio car *od.* truck; '**~wesen** *n* radio (telegraphy).

für [fyːr] *allg.* for; (*als Ersatz*) *a.* in exchange for; (*zugunsten von*) *a.* in favo(u)r of; *Jahr ~ Jahr* year by year; *Stück ~ Stück* piece by piece; *Tag ~ Tag* day after day; *ich habe* (*esse usw.*) *es ~ mein Leben gern* I am exceedingly fond of it; *ich ~ meine Person* I for one; *~ sich* (*leise*) in an undertone, *thea.* aside; *~ sich leben* live by o.s.; *an und ~ sich* in itself; *das* ♀ *und Wider* the pros and cons *pl.*; *was ~ (ein) ...?* what (kind

of) ...?; *s. was; sich ~ sich halten* stand aloof.
'**Fürbitte** *f* intercession; *~ einlegen für* intercede (*od.* plead) for.
Furche ['furçə] *f* (15) furrow; (*Runzel*) wrinkle; (*Wagenspur*) rut; '**≗n** (25) furrow; wrinkle.
Furcht [furçt] *f* (16, *o. pl.*) fear, dread, fright; *aus ~ vor* (*dat.*) for (*od.* from) fear of; *in ~ setzen* frighten; '**≗bar** terrible, *stärker*: dreadful, frightful, formidable, horrible (*alle a.* F *ungemein*); F (*sehr groß usw.*) *a.* awful, tremendous.
fürchten ['fyrçtən] (26) fear, dread; *sich ~* be afraid (*vor dat.* of).
'**fürchterlich** *s. furchtbar.*
'**furcht|-erregend** fearsome; '**~los** fearless; '**≗losigkeit** *f* fearlessness; '**~sam** fearful, timid, timorous; '**≗samkeit** *f* timidity.
Furie ['fu:rjə] *f* (15) fury.
Furier ⚔ [fu'ri:r] *m* (3^1) ration N.C.O. (= noncommissioned officer).
für'liebnehmen: *~ mit* be content with, put up with.
Furnier [fur'ni:r] *n* (3^1), **≗en** veneer.
Furore [fu'ro:re] *f* (15, *o. pl.*) *od. n* (10, *o. pl.*): *~ machen* create a sensation.
'**Für|sorge** *f* care; *öffentliche ~* public assistance, welfare work; *s. sozial*; '**~sorge-amt** *n* welfare cent|re, *Am.* -er; '**~sorge-erziehung** *f* trustee (*als Strafe*: correctional) education; '**~sorger(in** *f*) *m* welfare officer *od.* worker; '**≗sorglich** solicitous; '**~sprache** *f* intercession; '**~sprecher** *m* advocate.
Fürst [fyrst] *m* (12) prince; (*Herrscher*) sovereign; '**~engeschlecht** *n* dynasty; '**~enstand** *m* princely rank; '**~entum** *n* (1^2) principality; '**~enwürde** *f s. Fürstenstand*; '**~in** *f* (16^1) princess; '**≗lich** princely; '**~lichkeit** *f* princeliness; *~en f/pl.* princely personages.
Furt [furt] *f* (16) ford.
Furunkel [fu'ruŋkəl] *m* (7) boil, furuncle; **Furunkulose** [furuŋku'lo:zə] ⚕ *f* (15) furunculosis.
für|'wahr in truth; '**≗witz** *m s. Vorwitz*; '**≗wort** *n* (1^2) pronoun.
Furz V [furts] *m* (3^2 *u.* ^{3}), '**≗en** (27) fart.
Fusel F ['fu:zəl] *m* (7) *sl.* rotgut.

Fusion ✝ [fu'zjo:n] *f* (16) fusion, amalgamation, merger; **≗ieren** [~'ni:rən] merge.
Fuß [fu:s] *m* (3^2 *u.* 3^3) foot; *e-r Säule*: base; *e-s Stuhls, Tisches usw.*: leg; *s. Münz≗; festen ~ fassen* gain a foothold; *auf gutem (schlechtem) ~ stehen mit* be on good (bad) terms with; *auf großem ~e leben* live in grand style; *auf freien ~ setzen* set at liberty; *auf eignen Füßen stehen* stand on one's own legs; *auf schwachen Füßen stehen* rest on a weak foundation; *mit beiden Füßen auf der Erde stehen* keep both feet on the ground; *stehenden ~es* on the spot, forthwith; *zu ~* on foot; *zu ~ gehen* walk; *gut zu ~ sein* be a good walker.
'**Fuß|-abstreicher** *m*, '**~-abtreter** *m* shoe scraper; '**~-angel** *f* man-trap; '**~bad** *n* foot-bath; '**~ball** *m* football; '**~ballspiel** *n* (*Sportart*) (association) football, F soccer; (*Kampf*) soccer match; '**~ballspieler** *m* football-player, footballer; '**~bank** *f* footstool; '**~bekleidung** *f* footwear; '**~boden** *m* floor(ing); '**~bodenbelag** *m* floor covering; '**~bremse** *f* foot brake.
Fussel F ['fuzəl] *f* (15) fluff, fuzz.
fußen ['fu:sən] (27) *auf* (*dat.*) *Sache*: be based (*od.* rest) on.
'**Fuß|fall** *m* prostration; *e-n ~ tun* prostrate o.s.; '**≗fällig** prostrate, on one's knees; **~gänger** ['~gɛŋər] *m* pedestrian; '**~gelenk** *n* ankle-joint; '**~gestell** *n* pedestal; '**~knöchel** *m* ankle(-bone); '**~note** *f* footnote; '**~pfad** *m* footpath; '**~pflege** *f* pedicure; '**~punkt** *m ast.* nadir; ⅍ foot; '**~reise** *f* walking tour; '**~schemel** *m* footstool; '**~sohle** *f* sole of the foot; '**~spur** *f einzelne*: footprint; *Reihe v. ~en*: track; '**~stapfe** *f* footstep; '**~steig** *m* footpath; '**~tour** *f* walking tour; '**~tritt** *m* kick; '**~volk** *n* foot; *fig.* rank and file; '**~wanderung** *f* hike; '**~weg** *m* footpath; '**~wurzel** *f* tarsus.
futsch F [futʃ] lost, gone; (*kaputt*) broken; *~ gehen* go phut.
Futter ['futər] *n* (7) **1.** (*Nahrung*) food, F grub, *Am.* F chow; *für das Vieh*: feed, (*Trocken≗*) fodder; **2.** (*Rock≗*) lining (*a.* ⊕); ⚠ casing; *s. Spannfutter.*
Futteral [~'ra:l] *n* (3) case; (*Schachtel*) box; (*Scheide*) sheath.

ˈ**Futter|beutel** *m* nosebag; ˈ**~kasten** *m* feedbox; ˈ**~krippe** *f* crib, manger; ˈ**~krippensystem** *pol. n Am.* spoils system; ˈ**~mittel** *n* feed(ing) stuff; ˈ**~napf** *m* feeding dish; ˈ**~neid** *m* envy, (professional) jealousy.
fütter|n [ˈfytərn] (29) **1.** feed; **2.** (*innen bekleiden*) line; ⚠ case; *mit Pelz*: fur; (*auspolstern*) stuff; ˈ**2ung** *f* feeding; lining; casing.
ˈ**Futter|stoff** *m* lining (material); ˈ**~trog** *m* feeding-trough.
Futurologie [futuroloˈgiː] *f* (15, *o. pl.*) futurology.
Futur(um) *gr.* [fuˈtuːr(um)] *n* (9^2) future (tense).

G

G [geː], **g** *n inv.* G, g; ♪ G.
gab [gɑːp] *pret. v. geben.*
Gabardine [gabarˈdiːn] *m* (6) gabardine.
Gabe [ˈgɑːbə] *f* (15) gift, present; *milde*: alms; (*Schenkung*) donation; ⚕ (*Dosis*) dose; (*Talent*) gift, talent; (*Fähigkeit*) skill.
Gabel [ˈgɑːbəl] *f* (15) fork; (*Deichsel2*) (e-e a pair of) shafts *pl.*; ⚔ bracket; **2förmig** [ˈ~fœrmiç], ˈ**2ig** forked, bifurcated; ˈ**~frühstück** *n* early lunch; ˈ**2n** (*a. sich*) (29) fork, bifurcate; ˈ**~stapler** *m* fork-lift truck; ˈ**~ung** *f* bifurcation.
gackern [ˈgakərn] (29) cackle.
Gaffel ⚓ [ˈgafəl] *f* (15) gaff; ˈ**~segel** *n* gaff-sail, trysail.
gaffen [ˈgafən] (25) gape; (*stieren*) stare.
Gage [ˈgɑːʒə] *f* (15) pay, salary.
gähnen [ˈgɛːnən] **1.** (25) yawn; **2.** **2** *n* (6) yawn(ing).
Gala [ˈgala] *f inv.* gala; *in (großer) ~* in full dress.
Galan [gaˈlɑːn] *m* gallant, squire.
galant [gaˈlant] gallant; (*höflich*) courteous; *~es Abenteuer* love adventure.
Galanterie [~əˈriː] *f* (15) gallantry; courtesy.
ˈ**Gala|uniform** *f* full(-dress) uniform; ˈ**~vorstellung** *thea. f* gala performance.
Galeere [gaˈleːrə] *f* (15) galley; **~n-sklave** *m* galley-slave.
Galerie [galəˈriː] *f* (15) gallery.
Galgen [ˈgalgən] *m* (6) gallows *sg.*, gibbet; ˈ**~frist** *f* respite, short grace; ˈ**~gesicht** *n* gallows-bird face; ˈ**~humor** *m* grim humo(u)r; ˈ**~strick** *m*, ˈ**~vogel** *m* gallows-bird.
ˈ**Gall-apfel** *m* gall-nut.
Galle [ˈgalə] *f* (15) bile; *v. niederen Tieren*: gall; ˈ**~nblase** *f* gallbladder; ˈ**~nleiden** *n* bilious complaint; ˈ**~n-stein** *m* gall-stone.
Gallert [ˈgalərt] *n* (3), **~e** [gaˈlɛrtə] *f* (15) gelatine, jelly; ˈ**2-artig** gelatinous, jelly-like.
Gallier [ˈgaljər] *m* (7) Gaul.
ˈ**gallig** gall-like; *fig.* bilious.
ˈ**gallisch** Gallic, Gaulish.
Galopp [gaˈlɔp] *m* (3) gallop; *im kurzen ~* at an easy canter; *im gestreckten ~* at full gallop *od.* speed; **2ieren** [~ˈpiːrən] gallop.
Galosche [gaˈlɔʃə] *f* (15) galosh (*mst pl.*), *pl. Am. a.* rubbers.
galt [galt] *pret. v. gelten.*
galvan|isch [galˈvɑːniʃ] galvanic; *~ versilbern* electroplate; *~ vergolden* electrogild; **~isieren** [~vaniˈziːrən] galvanize; **2ismus** [~ˈnismus] *m* (16, *o. pl.*) galvanism.
Galvano [~ˈvɑːno] *n* (11) (*galvanisierter Druckstock*) electro(type); **~ˈplastik** *f* galvanoplastics *sg.*; *typ.* electrotypy.
Gamasche [gaˈmaʃə] *f* (15) gaiter, legging; *kurze*: spat.
Gammler [ˈgamlər] *m* (7) beatnik, layabout.
Gang[1] [gaŋ] *m* (3^3) walk; *s. Gangart*; *fig.* (*Bewegung, Tätigkeit*) motion; *e-r Maschine*: movement, running, (*Wirkungsweise*) action; (*Boten2*) errand; (*Weg*) way; (*Baum2*) alley; (*Bahn, Lauf; Verlauf; bei Tafel*) course; ⚓ *beim Lavieren*: tack; (*Röhre*) duct; (*Verbindungsweg*) passage; *im Hause*: corridor; gallery; *zwischen Sitzreihen*: gangway, *bsd.*

Am. aisle; 🚂 corridor, *Am.* aisle; *Fechten usw.*: bout; round; *anat.* duct; ⊕ *e-r Schraube*: worm, thread; *mot.* speed; *erster, zweiter, dritter* ~ low (*od.* bottom), second, third gear; ⚒ vein; *in ~ bringen od. setzen* set going *od.* in motion; *in ~ kommen* get under way; *im ~e halten* keep going; *im ~ sein* be in motion, *fig.* be (going) on, be in progress, be afoot; *in vollem ~* in full swing.

gang[2]: ~ *und gäbe* ['gɛːbə] usual, customary, traditional.

'**Gang·art** *f Mensch*: gait, walk; *Pferd*: pace (*a. weitS. Tempo*).

'**gangbar** *Weg*: practicable (*a. fig.*); *Münze*: current; ⚕ marketable, salable.

Gängel|band ['gɛŋəlbant] *n* leading-strings *pl.*; *am ~ führen* keep in leading-strings; *sich am ~ führen lassen* be in leading-strings; '**2n** (29) *fig.* lead by the nose.

'**Gang|(schalt)hebel** *mot. m* gear (-change) lever; '**~schaltung** *f* gear-change, *Am.* gear-shift.

Gangster ['gɛŋstər] *m* (7) gangster.

Gans [gans] *f* goose (*pl.* geese).

Gäns·chen ['gɛnsçən] *n* (6) gosling.

Gänse|blümchen ['gɛnzə-] *n* daisy; '**~braten** *m* roast goose; '**~feder** *f* goose-quill; **~füßchen** ['~fyːsçən] *n/pl.* quotation-marks, inverted commas; '**~haut** *f* goose-skin; *fig. a.* goose-flesh, *Am. a.* goose pimples *pl.*; *ich bekam* e-e ~ my flesh began to creep; '**~klein** *n* (goose-)giblets *pl.*; '**~leberpastete** *f* pâté de foie gras (*fr.*); '**~marsch** *m* single (*od.* Indian) file; **~rich** ['~riç] *m* (3) gander; '**~schmalz** *n* goose-dripping.

ganz [gants] **1.** *adj.* all; (*ungeteilt*) entire, whole; (*vollständig*) complete, total, full; ~ *Deutschland* all Germany, the whole of Germany; *~e Zahl* ⩘ integer; *den ~en Tag* all day (long); *das ~e Jahr hindurch* throughout the year; *von ~em Herzen* with all my *etc.* heart; *er ist ein ~er Mann* he is a real man; *~e fünf Stunden* full five hours; *die ~e Zeit* all the time; **2.** *adv.* quite; (*s.* 1.) entirely, wholly; completely; (*sehr*) very; (*ziemlich*) pretty; *nicht ~ 10* less than 10, just under 10; ~ *Auge (Ohr)* all eyes (ears); ~ *und gar* wholly, totally; ~ *und gar nicht* not at all, by no means; ~ *durch* throughout; ~ *gut* quite good, F not bad; *im ~en* on the whole, generally; ⚕ in the lump; *ich bin ~ naß* I am wet all over; '**2e** *n* (18) whole; (*Gesamtheit*) totality; *aufs ~ gehen* go all out, *bsd. Am.* go the whole hog.

'**Ganz|-aufnahme** *f*, '**~bild** *n* full-length (portrait); '**~fabrikat** *n* finished product; '**~leder** *n*: *in ~ gebunden* whole-bound.

gänzlich ['gɛntsliç] complete, total, entire; *adv. a.* wholly, absolutely.

'**Ganztagsbeschäftigung** *f* full-time job *od.* occupation.

gar [gaːr] **1.** *adj. Speise*: done; *Leder*: dressed; *Metall*: refined; *nicht ~ Fleisch*: underdone, *Am.* rare; **2.** *adv.* quite, entirely, very; (*sogar*) even; ~ *nicht* not at all; ~ *keiner* not a single one; *warum nicht ~!* and why not, indeed?

Garage [ga'raːʒə] *f* (15) garage.

Garant [ga'rant] *m* (12) guarantor.

Garantie [~'tiː] *f* (15) guarantee, warranty; **2ren** guarantee, warrant.

Garaus ['gaːrˀaʊs] *m inv.*: *j-m den ~ machen* dispatch (*od.* finish) a p.

Garbe ['garbə] *f* (15) sheaf (*a.* ⚔).

Garde ['gardə] *f* (15) guard; *der britischen Königin*: *the* Guards *pl.*

Garderobe [gardə'roːbə] *f* (15) wardrobe; (*Kleiderablage*) cloak-room, *Am.* checkroom; *e-s Schauspielers*: dressing-room; **~nfrau** *f* (*a. thea.* **Garderobiere** [~ro'bjɛːrə] *f*) cloak-room attendant; **~nmarke** *f* cloak-room ticket, *Am.* check; **~nschrank** *m* wardrobe; **~nständer** *m* hat (*od.* hall) stand.

Gardine [gar'diːnə] *f* (15) curtain; **~npredigt** *f* curtain-lecture.

gären ['gɛːrən] (30) ferment (*a.* ~ *lassen*).

Garküche ['gaːr-] *f* cook-shop.

'**Gär|mittel** *n*, '**~stoff** *m* ferment.

Garn [garn] *n* (3) yarn; (*Faden*) thread; (*Baumwoll2*) cotton; (*Netz*) net; *ins ~ gehen* fall into the snare; *ins ~ locken* decoy, trap.

Garnele [gar'neːlə] *f* (15) shrimp.

garnier|en [gar'niːrən] trim; *bsd. Speise*: garnish; **2ung** *f* trimming; *e-r Speise*: trimmings *pl.*, garnish.

Garnison [garni'zoːn] *f* (16), **2ieren** [~zo'niːrən] garrison; **~stadt** [~'zoːn-] *f* garrison-town.

Garnitur [~'tuːr] *f* (16) (*Besatz*)

trimming; (*Zubehör*) fittings *pl.*; (*Zs.gehöriges*) set; *fig. die erste* ~ the élite.

garstig ['garstiç] nasty, ugly.

Garten ['gartən] *m* (6[1]) garden; '~**-arbeit** *f* gardening; '~**-architekt** *m* landscape gardener; '~**bau** *m* horticulture; '~**bau...** horticultural; '~**-erde** *f* (garden-)mo(u)ld; '~**fest** *n* garden (*Am. a.* lawn) party; '~**geräte** *n/pl.* gardening-tools; '~**haus** *n* summer-house; '~**laube** *f* arbo(u)r; '~**messer** *n* pruning-knife; '~**schau** *f* horticultural show; '~**schere** *f* (*eine* a pair of) pruning-shears *pl.*; '~**stadt** *f* garden city; '~**zaun** *m* garden fence.

Gärtner ['gɛrtnər] *m* (7), '~**in** *f* (16[1]) gardener; ~**ei** [~'raɪ] *f* gardening, horticulture; (*Betrieb*) nursery, market garden.

Gärung ['gɛ:ruŋ] *f* fermentation; *sich in* ~ *befinden* (*a. fig.*) be in a state of ferment; '~**s-prozeß** *m* process of fermentation.

Gas [gɑ:s] *n* (4) gas; *mot. u. fig.* ~ *geben* step on the gas; *mot.* ~ *wegnehmen* throttle down; '~**-angriff** ⚔ *m* gas attack; '~**-anstalt** *f* gas-works; '~**-anzünder** *m* gas lighter; '♀**-artig** gaseous; '~**behälter** *m* gasometer, gas-container; '~**beleuchtung** *f* gas-light(ing); '~**bombe** ⚔ *f* gas-bomb; '~**brenner** *m* gas-burner; ♀**förmig** ['~fœrmiç] gaseous; '~**fußhebel** *m s. Gaspedal*; '~**hahn** *m* gas-cock; '~**hebel** *mot. m* throttle (hand) lever; *s. Gaspedal*; '~**herd** *m* gas-stove *od.* -range; '~**heizung** *f* gas-heating; '~**kammer** *f* gas-chamber; '~**kocher** *m* gas cooker; '♀**krank** gassed; '~**krieg** *m* gas *od.* chemical warfare; '~**leitung** *f* gas main; '~**licht** *n* gaslight; '~**-Luftgemisch** *n* gas-air mixture; '~**mann** *m* gas-man; '~**maske** ⚔ *f* gas-mask; '~**messer** *m* gas-meter; '~**-ofen** *m* gas-oven; ~**ometer** [gazo'me:tər] *m* (7) gasometer; (*Gasbehälter*) gas-holder; '~**pedal** *mot. m* accelerator (pedal).

Gäßchen ['gɛsçən] *n* (6) narrow alley *od.* lane.

Gasse ['gasə] *f* (15) lane (*a. fig.*).

'**Gassen|bube** *m*, '~**junge** *m* street arab, gutter-snipe, urchin; '~**hauer** *m* popular song.

Gast [gast] *m* (3[2] *u.* 3[3]) guest (*a. thea. usw.*); (*Besucher*) visitor; (*Wirtshaus*♀) customer; (*regelmäßiger* ~) frequenter; *s. ungebeten*; *zu* ~*e bitten* invite; *Gäste haben* have company; '~**-arbeiter** *m* foreign worker; '~**bett** *n* spare bed; '~**dirigent** *m* guest conductor.

Gäste|buch ['gɛstə-] *n* visitors' book; '~**haus** *n*, '~**heim** *n* guest-house.

'**gast|frei** hospitable; '♀**freiheit** *f* hospitality; '♀**freund** *m* guest; *s. Gastgeber*; '~**freundlich** *s. gastfrei*; '♀**freundschaft** *f* hospitality; '♀**geber** *m* host; '♀**geberin** *f* hostess; '♀**haus** *n*, '♀**hof** *m* restaurant; *mit Unterkunft*: inn, hotel; '♀**hörer** *univ. m* guest (*od.* extramural) student; ~**ieren** *thea.* [~'ti:rən] give a guest performance; '♀**land** *n* host country; '~**lich** hospitable; ~ *aufnehmen* receive as guest, entertain; '♀**lichkeit** *f* hospitality; '♀**mahl** *n* feast, banquet; '♀**recht** *n* right of hospitality.

Gastritis [gas'tri:tis] ⚕ *f* (16, *pl. inv.* ~*i'tiden*) gastritis.

'**Gastrolle** *thea. f* guest part; *e-e* ~ *geben s. gastieren.*

Gastronom [gastro'no:m] *m* (12) gastronomer; ♀**isch** gastronomic(al).

'**Gast|spiel** *n* guest performance; '~**spielreise** *f* tour; '~**stätte** *f* restaurant; '~**stube** *f* (bar) parlo(u)r; '~**vorlesung** *f* guest lecture; '~**vorstellung** *s. Gastspiel*; '~**wirt** *m* landlord, host, innkeeper; '~**wirtin** *f* landlady, hostess; '~**wirtschaft** *f* inn; '~**zimmer** *n* lounge; *weitS.* spare (bed)room.

'**Gas-uhr** *f* gas-meter.

Gatte ['gatə] *m* (13) husband; spouse.

Gatter ['gatər] *n* (7) railing, grating; '~**säge** *f* frame-saw; '~**tor** *n* lattice gate; '~**werk** *n* lattice-work.

'**Gattin** *f* wife; spouse.

Gattung ['gatuŋ] *f* kind, sort; *biol.* race, species, genus; *Kunst*: genre (*fr.*); '~**sname** *m* generic name; *gr.* appellative.

Gau [gaʊ] *m* (3) district, region.

Gaudi ['gaʊdi] F *f* (11), **Gaudium** ['gaʊdjum] *n* (9, *o. pl.*) (bit of) fun.

Gaukel|bild ['gaʊkəl-] *n* illusion, phantasm; ~**ei** [~'laɪ] *f*, '~**spiel** *n*, '~**werk** *n* jugglery; (*Täuschung*) trick(ery), delusion; '♀**n** (29) juggle; (*hin und her flattern*) flutter.

Gaukler ['gaʊklər] *m* (7), '**~in** *f* juggler; (*Spaßmacher*) buffoon.
Gaul [gaʊl] *m* (3^3) (farm-)horse, nag; *contp. alter* ~ (old) jade.
Gaumen ['gaʊmən] *m* (6) palate; '**~laut** *m* palatal; '**~platte** *f Zahnheilkunde*: (dental) plate.
Gauner ['gaʊnər] *m* (7), '**~in** *f* (16^1) swindler, crook; *co.* rascal; **~ei** [~'raɪ] *f* swindling, sharp practice, trickery; '**2n** (29) cheat, swindle; '**~sprache** *f* thieves' cant.
Gaze ['gɑːzə] *f* (15) gauze; *feine* ~ ✝ gossamer; '**2-artig** gauzy.
Gazelle [ga'tsɛlə] *f* (15) gazelle.
Geächtete [gə'ʔɛçtətə] *m* (18) outlaw.
Geächze [~'ʔɛçtsə] *n* (3) groans *pl.*
ge'-artet: *anders* ~ *sein* be of different nature.
Geäst [gə'ʔɛst] (3, *o. pl.*) *n* branches *pl.*
Gebäck [gə'bɛk] *n* (3) baker's goods *pl.*; *feines*: pastry, fancy cakes *pl.*
ge'backen *p.p. v. backen.*
Gebälk [~'bɛlk] *n* (3) timber-work.
geballt [~'balt] *s. ballen*; *~e Ladung* concentrated charge.
gebar [gə'bɑːr] *pret. v. gebären.*
Gebärde [~'bɛːrdə] *f* (15) gesture; **2n** (26): *sich* ~ behave, act; **~nspiel** *n* gesticulation; *bsd. thea.* dumb show; **~nsprache** *f* language of gestures.
gebaren [~'bɑːrən] **1.** (26): *sich* ~ behave, act; **2.** 2 *n* (6) deportment, behavio(u)r.
gebären [~'bɛːrən] (30) bear, bring forth (*a. fig.*), give birth to; *ich bin am ... geboren* I was born on ...
Ge'bärmutter *f* womb, 🕮 uterus.
Gebäude [gə'bɔʏdə] *n* (7) building, edifice (*a. fig.*).
gebefreudig ['geːbə-] open-handed.
Gebein(e *pl.*) [gə'baɪn] *n* (3) bones *pl.*
Gebell [gə'bɛl] *n* (3) barking.
geben ['geːbən] **1.** (30) *j-m et.*: give *a p. a th.*; (*schenken*) present *a p.* with *a th.*; *Ertrag*: yield; *Karten*: deal; (*veranstalten*) give, hold; *thea.* give, perform; *ge~ werden* be on; *Antwort* ~ (give an) answer; *s. Anlaß, Beispiel, Mühe, Pflege usw.*; *von sich* ~ give out, emit, *Laut*: utter, *Speise*: bring up; *sein Wort* ~ pledge one's word; *et.* (*nichts*) ~ *auf* (*acc.*) set great (no) store by; *sich* ~ (*nachgeben*) yield, (*nachlassen*) abate, settle (down); *sich gefangen* ~ surrender; *s. denken, erkennen usw.*; *Tennis*: serve (*v/i.*); *es gibt* there is, there are; *was gibt es?* what is the matter?; F *was es nicht alles gibt!* F it takes all kinds!; F *ich habe es ihm tüchtig ge~* I gave it him hot; **2.** 2 *n* (6) giving; *Kartenspiel*: *am* ~ *sein* (have the) deal.
'**Geber** *m* (7), '**~in** *f* giver, donor, donator.
Gebet [gə'beːt] *n* (3) prayer; **~buch** *n* prayer-book.
ge'beten *p.p. v. bitten.*
Gebiet [~'biːt] *n* (3) territory; (*Bezirk*) district, region; (*Fläche*) area; *fig.* (*Fach2*) field, domain; province; (*Bereich*) sphere.
ge'bieten (30) *v/t.* order, *a. Achtung usw.*: command; *v/i.* (*herrschen*) rule (*über acc.* over), govern.
Ge'bieter *m* (7) master, lord, ruler; **~in** *f* (16^1) mistress; **2isch** imperious, commanding.
Gebilde [gə'bildə] *n* (7) *oft nur*: thing; (*Schöpfung*) creation; (*Form*) form; (*Bau, Gefüge*) structure; (*Bildung, a. geol.*) formation; **2t** educated, well-bred, cultivated; well-informed, well-read; *die 2en pl.* the educated classes.
Gebimmel [gə'biməl] *n* (7) (continual) ringing *od.* tinkling.
Gebirg|e [gə'birgə] *n* (7) (range of) mountains *pl.*; **2ig** mountainous.
Gebirgs|bewohner [gə'birks-] *m* mountain-dweller; **~gegend** *f* mountainous region; **~kamm** *m*, **~rücken** *m* mountain-ridge; **~kette** *f* chain of mountains; **~zug** *m* mountain-range.
Gebiß [gə'bis] *n* (4) (set of) teeth *pl.*; *künstliches*: denture, (set of) false teeth *pl.*; *am Zaum*: bit.
ge'bissen *p.p. v. beißen.*
Gebläse [~'blɛːzə] *n* (7) blower, blast; *mot.* supercharger.
ge'blasen *p.p. v. blasen.*
geblieben [~'bliːbən] *p.p. v. bleiben.*
geblümt [~'blyːmt] flowered, flowery; ✝ floriated, sprigged.
Geblüt [~'blyːt] *n* (3) blood; (*Geschlecht*) lineage, race; *Prinz von* ~ prince of the blood.
gebogen [~'boːgən] **1.** *p.p. v. biegen*; **2.** *adj.* bent, curved.
geboren [~'boːrən] **1.** *p.p. v. gebären*; **2.** *adj.* born; *ein ~er Deut-*

scher German by birth; *~e Schmidt* née Smith; *~ sein für e-n Beruf* be cut out for; *~er Künstler* born artist.
geborgen [~ˈbɔrgən] **1.** *p.p. v. bergen*; **2.** *adj.* safe, sheltered; **2heit** *f* safety, security.
geborsten [~ˈbɔrstən] *p.p. v. bersten.*
Gebot [~ˈboːt] *n* (3) order; *stärker*: command; (*Angebot*) bid(ding), offer; *die Zehn ~e pl.* the Ten Commandments; *j-m zu ~e stehen* be at a p.'s disposal; *Not kennt kein ~* necessity knows no law; *das ~ der Vernunft* the dictates *pl.* of reason; *dem ~ der Stunde gehorchen* fit in with the needs of the present; **2en** **1.** *p.p. v. bieten*; **2.** *adj.* necessary, required; (*gehörig*) due.
gebracht [~ˈbraxt] *p.p. v. bringen.*
gebrannt [~ˈbrant] *p.p. v. brennen.*
geˈbraten *p.p. v. braten*[1].
Gebräu [gəˈbrɔʏ] *n* (3) brew (*a. fig.*).
Gebrauch [~ˈbraʊx] *m* (3[3]) use; usage (*a. Herkommen*); (*Sitte*) custom; *~ machen von* (make) use (of); *in ~ kommen* come into use; **2en** use, employ; *er ist zu allem* (*zu nichts*) *zu ~* he can turn his hand to anything (he is good for nothing); *gebraucht Kleidung usw.*: second-hand.
gebräuchlich [~ˈbrɔʏçliç] common (-ly used), in use; current; (*üblich*) usual, customary.
Geˈbrauchs|-anweisung *f* directions *pl.* for use; **~-artikel** *m*, **~-gegenstand** *m* article for daily use, utility article; **~fahrzeug** *n* utility vehicle; **2fertig** ready for use; **~graphik** *f* commercial art; **~graphiker** *m* commercial (*od.* industrial) artist; **~güter** *n/pl.* commodities; **~muster** *n* registered design; **~musterschutz** *m* legal protection for registered designs.
Geˈbraucht|wagen *mot. m* used *od.* second-hand car; **~waren** *f/pl.* second-hand articles.
Geˈbrechen *n* (6) defect, infirmity.
geˈbrechlich fragile; *P.*: frail, feeble; **2keit** *f* fragility; frailty, infirmity.
gebrochen [gəˈbrɔxən] **1.** *p.p. v. brechen*; **2.** *adj.* broken (*a. fig. Herz, Mensch, Sprache, Stimme*).
Gebrüder [gəˈbryːdər] *m/pl.* (7): *~ Schmidt* Smith Brothers (*abbr.* Bros.).
Gebrüll [~ˈbryl] *n* (3) roaring; *des Rindes*: lowing.
Gebühr [~ˈbyːr] *f* (16) duty, rate; fee, charge; *~en pl.* fee(s *pl.*), dues *pl.*; (*das j-m Zukommende*) due; *nach ~* duly, deservedly; *über ~* unduly, immoderately.
geˈbühren (25) (*dat.*) be due to, belong to; *sich ~* be fit *od.* proper; **~d** (*schuldig*) due; (*geziemend*) becoming; (*entsprechend*) proper; **2-erlaß** *m* remission of fees; **~frei** free of charges; **2-ordnung** *f* schedule of fees, tariff; **~pflichtig** chargeable.
geˈbührlich *s. gebührend.*
gebunden [gəˈbundən] **1.** *p.p. v. binden*; **2.** *adj.* bound; *Rede*: metrical; (*gelenkt, a.* ✝) controlled; *Kapital*: tied.
Geburt [~ˈbuːrt] *f* (16) birth; **~en-beschränkung** *f*, **~enkontrolle** *f*, **~enregelung** *f* birth-control; **~en-ziffer** *f* birth-rate.
gebürtig [~ˈbyrtiç]: *~ aus* a native of, born in, (*German- usw.*) born.
Geˈburts|-anzeige *f* announcement of (a) birth; **~fehler** *m* congenital defect; **~helfer** *m* obstetrician; **~-helferin** *f* midwife; **~hilfe** *f* midwifery, 🕮 obstetrics; **~jahr** *n* year of birth; **~land** *n* native country; **~-ort** *m* birthplace; **~schein** *m*, **~-urkunde** *f* birth-certificate; **~stadt** *f* native town; **~tag** *m* birthday; **~-wehen** *f/pl.* labo(u)r(-pains *pl.*) *sg.*; throes *pl.*
Gebüsch [gəˈbyʃ] *n* (3[2]) bushes *pl.*, underbrush, thicket.
Geck [gɛk] *m* (12) fop, dandy.
ˈgeckenhaft foppish, dandyish.
gedacht [gəˈdaxt] **1.** *p.p. v. denken*; **2.** *adj.* imaginary, fictitious.
Gedächtnis [gəˈdɛçtnis] *n* (4[1]) memory; (*Erinnerung*) remembrance, recollection; *im ~ behalten* keep in mind; *ins ~ rufen* call to mind, recall; *zum ~* (*gen.*) in memory of; **~feier** *f* commemoration; **~hilfe** *f*, **~stütze** *f* memory-aid; **~-rede** *f* commemorative address; **~-schwäche** *f* weakness of memory; **~schwund** *m*, **~störung** *f* temporary amnesia, disturbed memory; **~verlust** *m* amnesia, loss of memory.
Gedanke [~ˈdaŋkə] *m* (13[1]) thought; idea; *in ~n sein* be absorbed in

thought; *j-n auf den ~n bringen, daß* ... make a p. think that, give a p. the idea that; *ich kam auf den ~n* the thought occurred to me, it came to my mind; *sich ~n machen über* (*acc.*) worry about; *sich mit dem ~n tragen zu tun* consider doing.

ge'danken|-arm lacking in ideas; **2-austausch** *m* exchange of ideas; **2blitz** *m* brainwave; **2freiheit** *f* freedom of thought; **2gang** *m* train of thought, reasoning; **2leser(in** *f*) *m* thought-reader; **~los** thoughtless; **2losigkeit** *f* thoughtlessness; **~reich** rich in ideas; **2reichtum** *m* wealth of ideas; **2splitter** *m/pl.* aphorisms; **2strich** *m* dash; **2übertragung** *f* telepathy; **~voll** thoughtful; **2welt** *f* world of ideas, *weitS.* ideal (*od.* intellectual) world.

ge'danklich intellectual, mental.

Gedärm [gə'dɛrm] *n* (3[1] *u.* 3[2]), **~e** *n* (7) *mst pl.* entrails, bowels *pl.*

Gedeck [~'dɛk] *n* (3) (*Tischzeug*) cover; (*Speisenfolge*) menu; *ein ~ auflegen* lay a place.

gedeihen [~'daɪən] **1.** (30, sn) thrive, prosper, *fig. a.* flourish; (*gelingen*) succeed; (*vorwärtskommen*) progress, get on (well); **2.** 2 *n* (6) thriving, prosperity; success.

gedeihlich [~'daɪliç] thriving, prosperous; successful; profitable.

ge'denk|en (30; *gen.*) think of; be mindful of; (*sich erinnern*) remember, recollect; (*feiern*) commemorate; (*ehren*) hono(u)r; (*erwähnen*) mention; *~ zu tun* think of doing, intend to do; **2en** *n* (6) memory; **2feier** *f* commemoration; **2rede** *f* commemorative address; **2stätte** *f* memorial place; **2stein** *m* commemorative stone; **2tafel** *f* commemorative tablet; **2tag** *m* commemoration (day).

Gedicht [gə'diçt] *n* (3) poem; F *fig.* dream, beauty; **~sammlung** *f* collection of poems; *in Auswahl*: anthology.

gediegen [~'di:gən] solid; (*rein*) pure; (*echt*) genuine, true; **2heit** *f* solidity; purity.

gedieh [~'di:] *pret.*, **~en** *p.p. v. gedeihen 1.*

Gedränge [~'drɛŋə] *n* (7) press, crowd, throng; (*Not*) trouble.

ge'drängt crowded, packed, crammed; *Sprache*: concise; *~e Übersicht* condensed review; *~ voll* cramfull; **2heit** *f* conciseness.

ge'droschen *p.p. v. dreschen.*

gedrückt [~'drykt] *fig.* depressed.

gedrungen [~'drʊŋən] **1.** *p.p. v. dringen*; **2.** *adj.* compact; *P.*: squat, stocky; *Sprache*: concise; *sich ~ fühlen* feel compelled.

Geduld [~'dʊlt] *f* (*inv. o. pl.*) patience; *die ~ verlieren* lose patience; *sich in ~ fassen s. gedulden*; *j-s ~ auf die Probe stellen* try one's patience; *s. reißen, üben*; **2en** [~'dʊldən] (26): *sich ~* have patience, wait (patiently); **2ig** [~'dʊldiç] patient; **~spiel** [~'dʊlt-] *n* puzzle; **~s-probe** *f* trial of (a p.'s) patience; ordeal.

gedungen [~'dʊŋən] *p.p. v. dingen.*

gedunsen [~'dʊnzən] bloated.

gedurft [~'dʊrft] *p.p. v. dürfen.*

geeignet [~'ˀaɪgnət] fit (*für, zu, als* for *a th.*, *inf*); suited, suitable (to, for), proper (for); qualified (for).

Geest [ge:st] *f* (16), **'~land** *n* sandy heath-land.

Gefahr [gə'fɑ:r] *f* (16) danger, peril; (*Wagnis*) risk, jeopardy; *auf meine ~* at my peril *od.* risk; *s. begeben, schweben*; *~ laufen zu verlieren* run the risk of losing; **2bringend** dangerous.

gefährden [gə'fɛ:rdən] endanger; (*aufs Spiel setzen*) risk, jeopardize.

ge'fahren *p.p. v. fahren.*

Ge'fahren|zone *f* danger area; **~zulage** *f* danger-money;

gefährlich [~'fɛ:rliç] dangerous (*für* to), perilous, risky; *ein ~es Spiel treiben* skate on thin ice.

ge'fahr|los without risk, safe; **2losigkeit** *f* safety.

Gefährt [~'fɛ:rt] *n* (3) vehicle.

Ge'fährte *m* (13), **Ge'fährtin** *f* companion, fellow, mate.

ge'fahrvoll perilous, dangerous.

Gefälle [~'fɛlə] *n* (7) fall, descent; gradient, *bsd. Am.* grade; *fig.* (*Unterschiede*) differentials *pl.*

Gefallen [~'falən] **1.** *m* (6) (*Gefälligkeit*) favo(u)r, kindness; *dir zu ~* to please you; **2.** *n* (6): *~ finden an* (*dat.*) take pleasure in, take a fancy to; **3.** 2 *v/i.* (30) please (*j-m* a p.); *er (es) gefällt mir* I like him (it); *wie gefällt es Ihnen in B.?* how do you like B.?; *sich ~ lassen* (*sich in et. fügen*) put up with; *das lasse ich mir nicht ~* I won't stand (*Am.* for) that; *sich in e-r Rolle usw.* ~ fancy o.s. in, be pleased with; **4.** ♀ *p.p. v. fallen*; **5.** ♀ *adj.* fallen (*a. Engel, Mädchen, Soldat*); **~e** *m* (18) fallen person; ⚔ *die ~n pl.* the killed, the fallen.

gefällig [gəˈfɛliç] pleasing, agreeable; (*verbindlich*) obliging; (*zuvorkommend*) kind; *~st* (if you) please; *Zigaretten ~?* cigarettes, please?; **♀keit** *f* complaisance, kindness; *Handlung*: favo(u)r; **♀keitswechsel** ⚕ *m* accommodation bill.

Geˈfallsucht *f* desire to please; *weibliche*: coquetry.

geˈfallsüchtig [~zyçtiç] coquettish.

geˈfangen 1. *p.p. v. fangen*; **2.** *adj.* captive, imprisoned; *s. geben*; **♀e** *m* prisoner, captive.

Geˈfangen|enlager *n* prison(ers') camp; **~enwagen** *m der Polizei*: prison van, *Am.* patrol wagon; **♀halten** keep *a p.* (a) prisoner; **~haltung** *f* detention, confinement; **~nahme** *f* capture, seizure; **♀nehmen** take prisoner; *fig.* captivate: **~schaft** *f mil.* captivity; ⚖ imprisonment, custody; **♀setzen** imprison, jail.

Gefängnis [gəˈfɛŋnis] *n* (4[1]) prison, jail, *Brt. a.* gaol; *s. ~strafe*; **~direktor** *m* governor, *Am.* warden; **~strafe** *f* (term of) imprisonment; **~wärter** *m* jailer, *Am. a.* (prison) guard.

Gefasel [~ˈfɑːzəl] *n* (7) twaddle.

Gefäß [~ˈfɛːs] *n* (3[2]) vessel (*a. anat.*).

gefaßt [~ˈfast] *adj.* calm, composed; *~ auf* (*acc.*) prepared for; *sich ~ machen auf* (*acc.*) prepare (o.s.) for.

Gefecht [~ˈfɛçt] *n* (3) engagement; combat, fight; (*~s-tätigkeit*) action; *außer ~ setzen* put out of action; **♀sbereit** combat-ready; **♀sklar:** ⚓ *~ machen* clear *a ship* for action; **~skopf** *m* warhead; **~s-schießen** *n* field firing; **~s-stand** *m* command post; *im Flugzeug*: turret; **~s-übung** *f* combat practice.

gefeit [gəˈfaɪt] immune (*gegen* from, against), proof (against).

Gefieder [gəˈfiːdər] *n* (7) plumage, feathers *pl.*; **♀t** feathered.

Gefilde *poet.* [~ˈfildə] *n* (7) fields *pl.*, regions *pl.*

Geflecht [~ˈflɛçt] *n* (3) plaited work, plait; (*Weiden♀*) wickerwork.

gefleckt [~ˈflɛkt] spotted.

geflissentlich [~ˈflisəntliç] intentional, deliberate, studious.

geflochten [~ˈflɔxtən] *p.p. v. flechten.*

geflogen [~ˈfloːgən] *p.p. v. fliegen.*

geflohen [~ˈfloːən] *p.p. v. fliehen.*

geflossen [~ˈflɔsən] *p.p. v. fließen.*

Geˈflügel *n* (7) poultry, fowl(s *pl.*); **~farm** *f* poultry farm; **~händler** *m* poulterer; **~schere** *f* poultry dissectors *pl.*; **♀t** winged; *~e Worte n/pl.* winged words; **~zucht** *f* poultry-farming.

Geflunker [gəˈfluŋkər] *n* (7) fibbing; lies *pl.*, humbug.

Geflüster [~ˈflystər] *n* (7) whisper (-ing), whispers *pl.*

gefochten [~ˈfɔxtən] *p.p. v. fechten.*

Gefolg|e [~ˈfɔlgə] *n* (7) *e-s Fürsten*: suite; (*Geleit*) retinue; *von Bediensteten*: attendance; *im ~ von fig.* in the wake of; **~schaft** [~ˈfɔlk-] *f* followers *pl.*, following; *im Betrieb*: staff, employees *pl.*

gefräßig [~ˈfrɛːsiç] greedy, voracious; **♀keit** *f* gluttony, voracity.

Gefreite [~ˈfraɪtə] *m* (18) lance-corporal, *Am.* private first class.

geˈfressen *p.p. v. fressen* 1.

Gefrier|-anlage [gəˈfriːr-] *f* freezing plant; **♀en** (sn) congeal, freeze (*a. ~ lassen*); **~fleisch** *n* frozen meat; **~maschine** *f* freezing apparatus, freezer; **~punkt** *m* freezing-point; *auf dem ~ stehen* be at zero; **~schutz(mittel** *n*) *m* anti-freeze.

gefroren [~ˈfroːrən] *p.p. v. frieren*; **♀e** *n* (18) ice(-cream).

Gefüge [gəˈfyːgə] *n* (7) structure (*a. fig.*); (*Gewebe*) texture; (*Schicht*) layer; *fig.* make-up, fabric.

geˈfügig pliable, flexible; *P.*: pliant, docile, obedient.

Gefühl [~ˈfyːl] *n* (3) feeling; (*Tastsinn*) touch; (*Empfänglichkeit*) sense (*für* of); *als Wahrnehmung*: sensation; **♀los** *Hand usw.*: numb; *P.*: unfeeling, insensible (*gegen* to); **~losigkeit** *f* unfeelingness; **♀sbetont** emotional; **~sduselei** [~duːzəˈlaɪ] *f* (16) sentimentalism; **♀sduselig** sentimental; **~smensch** *m* emotional character; **♀voll** (full of) feeling; (*zärtlich*) tender; (*rührselig*) sentimental.

gefunden [gəˈfundən] *p.p. v. finden.*

gegangen [gəˈgaŋən] *p.p. v. gehen.*

gegeben [gəˈgəːbən] **1.** *p.p. v. geben*;

2. *adj.* given (*a.* ⚖); *zu ~er Zeit* at the proper time; *die ~e Methode* the best (*od.* obvious) method; **~enfalls** [~ən'fals] if need be, should the occasion arise; **2heit** *f* (given) fact, reality.

gegen ['ge:gən] *örtlich, zeitlich*: towards; *gegensätzlich*: against, ⚖ versus; (*ungefähr*) about, nearly, *Am.* around; *Zeitpunkt*: by; *Mittel ~ e-e Krankheit usw.*: for; *vergleichend*: compared with, as against; (*als Entgelt für*) (in exchange) for; *freundlich, grausam usw. ~* kind, cruel *etc.* to; *~ die Vernunft usw.* contrary to reason *etc.*; *hundert ~ eins* a hundred to one; *~ Quittung* on receipt.

'**Gegen|-angriff** *m* counter-attack; '**~-anklage** *f*, '**~beschuldigung** *f* counter-charge; '**~-antrag** *m* counter-motion; '**~-antwort** *f* rejoinder; '**~befehl** *m* counter-order; '**~besuch** *m* return visit; '**~bewegung** *f* counter-movement; '**~beweis** *m* proof to the contrary; ⚖ counter-evidence; '**~bild** *n* counterpart.

Gegend ['gə:gənt] *f* (16) region (*a. anat.*), country; (*Bezirk*) district, area; (*Himmels2*) quarter; (*Um2*) environs *pl.*

Gegen|dienst ['ge:gən-] *m* return (*od.* reciprocal) service; *j-m e-n ~ erweisen* return a p.'s favo(u)r; '**~druck** *m* counter-pressure; *fig.* reaction; **2-einander** ['~aɪ'nandər] against one another *od.* each other; '**~-erklärung** *f* counter-statement; '**~forderung** *f* counter-claim; '**~frage** *f* counter-question; '**~füßler** *m* (7) antipode; '**~gerade** *f Sport*: back straight; '**~geschenk** *n* return gift; '**~gewicht** *n* counterbalance, counterpoise; *das ~ halten* (*dat.*) counterbalance; '**~gift** *n* antidote; '**~kandidat** *m* rival candidate; '**~klage** *f* counter-charge; '**~leistung** *f* equivalent; ⚖, ⚕ consideration; *als ~* in return; '**~licht** *n* opposite light; '**~liebe** *f* return of love; *keine ~ finden* not to be reciprocated; '**~maßnahme** *f* counter-measure; '**~mittel** *n* remedy (*gegen* for), antidote (against, for); '**~partei** *f* opposite party; '**~probe** *f* check-test; '**~rechnung** *f* counter-claim; *zum Ausgleich*: set-off, *Am.* offset; '**~rede** *f* reply, objection; '**~revolution** *f* counter-revolution; '**~satz** *m* contrast, opposite; (*Widerspruch*) opposition; antithesis; *im ~ zu* in contrast to *od.* with, in opposition to; unlike (*a th. od. p.*); '**2sätzlich** contrary, opposite; '**~seite** *f* opposite side; '**2seitig** mutual, reciprocal; '**~seitigkeit** *f* reciprocity, mutuality; *auf ~ beruhen* be mutual; *das beruht ganz auf ~ a.* same here; '**~spieler** *m* opposite number; *fig.* opponent; '**~spionage** *f* counter-espionage; '**~stand** *m* object; (*Thema*) subject, topic; *~ des Mitleids usw.* object of pity, *etc.*; **2ständlich** ['~ʃtɛntliç] objective; (*anschaulich*) graphic(ally *adv.*); **2standslos** ['~ʃtantslo:s] abstract; *Kunst*: *a.* non-representational; (*sinnlos*) meaningless, irrelevant; (*zwecklos*) to no purpose; '**~standswort** *gr. n* noun; '**~stoß** *m* (*a.* ⚔) counter-thrust; '**~strömung** *f* counter-current; '**~stück** *n* counterpart; '**~teil** *n* contrary, reverse; *e-s Begriffes*: opposite; *im ~* on the contrary; '**2teilig** contrary, opposite; **2'-über** (*dat.*) opposite (to) *a th. od. p.*; *P.*: face to face (with); (*im Vergleich zu*) compared with, as against; (*im Gegenteil zu*) contrary to; *j-m ~ freundlich usw.* kind *etc.* to a p.; *sich e-r Aufgabe usw. ~ sehen* be confronted (*od.* faced) with, be up against; **~'-über** *n* (7) vis-à-vis; *fig. a.* opposite number; **2'-überliegend** (*dat.*) opposite; **2'-überstehen** (*dat.*) stand opposite, face; *feindlich*: be opposed to; **2'-überstellen** (*dat.*) oppose (to); *a.* ⚖ confront (with); *fig.* contrast (with); **~'-überstellung** *f* opposition; confrontation; comparison; **2'-übertreten** (*dat.*) *bsd. fig.* face; '**~verkehr** *m* two-way traffic; (*Fahrzeuge*) oncoming traffic; '**~vorschlag** *m* counter-proposal; **~wart** ['~vart] *f* presence; (*jetzige Zeit*) present time; *gr.* present (tense); **2wärtig** ['~vɛrtiç] (*anwesend*) present; (*jetzig*) present, actual; current (*a.* ⚕); *adv.* at present; '**~wartskunde** *f* current affairs, *Am.* social studies *pl.*; '**2wartsnah** topical; '**~wehr** *f* opposition; '**~wert** *m* equivalent; '**~wind** *m* head wind; '**~winkel** *m* corresponding angle; '**~wirkung** *f* counter-effect, reaction; '♀**zeichnen** countersign; '~-**zeichnung** *f* countersignature; '~-**zeuge** *m* counterwitness; '~**zug** *m* countermove; 🚂 opposite train.

gegessen [gəˈgɛsən] *p.p. v. essen.*

geglichen [gəˈgliçən] *p.p. v. gleichen.*

gegliedert [gəˈgliːdərt] articulate; *fig.* organized.

geglitten [gəˈglitən] *p.p. v. gleiten.*

geˈglommen *p.p. v. glimmen.*

Gegner [ˈgeːgnər] *m* (7) adversary, opponent; rival; '♀**isch** antagonistic, adverse; ⚖ opposing; (*nach su.*) of the enemy; '~**schaft** *f* opponents *pl.*; (*Widerstand*) antagonism, opposition.

gegolten [gəˈgɔltən] *p.p. v. gelten.*

gegoren [gəˈgoːrən] *p.p. v. gären.*

gegossen [gəˈgɔsən] *p.p. v. gießen.*

geˈgraben *p.p. v. graben.*

gegriffen [gəˈgrifən] *p.p. v. greifen.*

Gehackte [gəˈhaktə] *n s. Hackfleisch.*

Gehalt [gəˈhalt] **1.** *m* (3) content; (*Fassungsvermögen*) capacity; (*Fein*♀ *v. Münzen*) standard; *fig.* content, substance; (*innerer Wert*) merit; **2.** *n* (1²) salary, pay; ♀**en 1.** *p.p. v. halten*; **2.** *adj.*: ~ *sein zu tun* be bound (*od.* obliged) to do; ♀**los** empty, hollow; ~**losigkeit** *f* emptiness; ♀**reich**, ♀**voll** *Nahrung*: substantial (*a. fig. Buch usw.*); *Wein*: full-bodied.

Geˈhalts|-empfänger *m* salaried employee; ~**-erhöhung** *f*, ~**zulage** *f* increase in salary, *Am.* raise; ~**gruppe** *f* salary group; ~**stufe** *f* salary level.

Gehänge [gəˈhɛŋə] *n* (7) (*Abhang*) slope, declivity; (*Blumen*♀) festoon; (*Schmuck*) pendants *pl.*

gehangen [gəˈhaŋən] *p.p. v. hängen.*

geharnischt [~ˈharniʃt] (clad) in armo(u)r; ~*e Antwort* sharp reply.

gehässig [~ˈhɛsiç] malicious, spiteful; ♀**keit** *f* malice, spitefulness.

geˈhauen *p.p. v. hauen.*

Gehäuse [gəˈhɔʏzə] *n* (7) case, box; ⊕ casing, housing; *v. Obst*: core; *e-r Schnecke*: shell.

Gehege [gəˈheːgə] *n* (7) enclosure; fence; *hunt. u. fig.* preserve; *fig. j-m ins ~ kommen* encroach upon a p.'s preserves, get in a p.'s way.

geheim [~ˈhaɪm] secret; *et. ~halten* keep a th. secret; ♀**agent** *m* secret agent; ♀**bund** *m* secret society; ♀**dienst** *m* secret service; ♀**fach** *n* secret drawer; ♀**haltung** *f* secrecy.

Geˈheimnis *n* (4¹) secret; (*Rätselhaftes*) mystery; ~**krämer** *m* secret-monger; ~**krämeˈrei** *f* secret-mongering; ♀**voll** mysterious; ~ *tun* be secretive (*mit et.* about).

Geˈheim|polizei *f* secret police; ~**polizist** *m* detective, plain-clothes man; ~**rat** *m* Privy Councillor; ~**sache** *f* secret (*od.* security) matter; ~**schrift** *f* secret writing; cipher, code; ~**tuerei** [~tuːəˈraɪ] *f* (16) secretiveness; ♀**tuerisch** secretive, mysterious; ~**waffe** *f* secret weapon.

Geheiß [gəˈhaɪs] *n* (3²) command, order; *auf j-s ~* at a p.'s bidding.

geˈheißen *p.p. v. heißen.*

gehen [ˈgeːən] (30, sn) go; *zu Fuß*: walk; (*weg*~) leave; *Maschine*: work; *Uhr*: go; *Ware*: sell; *Wind*: blow; *Teig*: rise; (*reichen*) *bis an* (*acc.*) reach; *wie geht es Ihnen?* how are you?; *es geht mir gut* (*schlecht*) I am well (not well); *es geht mir gerade so* F same here; *es geht* (*ist möglich*) it can be done, (*funktioniert*) it works, (*ganz gut*) fairly well; *das geht nicht* that will not do; ~ *lassen* let go; *an die Arbeit usw.* ~ set about; *s-e Worte usw.* ~ *dahin, daß* ... aim at *ger.*; *du mußt jetzt* ~ you will have to leave; F *ach, geh doch!* go on!; *mit e-m Mädchen* ~ go with a girl; *das Fenster geht auf die Straße* (*hinaus*) the window opens (*od.* gives, looks) into the street; *in sich* ~ commune with o.s., *reuig*: repent; *er geht ins zwanzigste Jahr* he is entering upon his twentieth year; *vor sich* ~ happen; *wenn es nach mir ginge* if I had my way; *es geht nichts über* (*acc.*) ... there is nothing like ...; *s. Horizont*; *um was geht es?* what is it (all) about?; *es geht um dein Leben* your life is at stake; ♀ *n* walking (*a. sport*); '~**lassen:** *sich* ~ take it easy, *b.s.* take leave of one's manners.

geheuer [~ˈhɔʏər]: *nicht ~* (*riskant*) risky; (*unheimlich*) uncanny, eerie; (*verdächtig*) *sl.* fishy; *hier ist es nicht ~* this place is haunted; *ihm war nicht recht ~ zu Mute* he did not feel quite at his ease.

Geheul [~ˈhɔʏl] *n* (3) howling.

Gehilf|e [~ˈhilfə] *m* (13), ~**in** *f* (16¹) assistant; *fig.* helpmate.

Gehirn [gəˈhirn] *n* (3) brain(s *pl. fig.*); ~**-erschütterung** *f* concussion (of the brain); **~schlag** *m* cerebral apoplexy; **~tumor** *m* cerebral tumo(u)r; **~wäsche** *f* brain-washing.

gehoben [~'ho:bən] **1.** *p.p. v. heben*; **2.** *adj. Sprache usw.*: elevated; *Stellung*: high, senior; *in ~er Stimmung* in high spirits.

Gehöft [~'hø:ft] *n* (3) farm(stead).

geholfen [gə'hɔlfən] *p.p. v. helfen.*

Gehölz [~'hœlts] *n* (3²) wood, copse.

Gehör [~'hø:r] *n* (3) hearing; ear; *musikalisches ~* musical ear; *nach dem ~* by (the) ear; *~ haben für* have an ear for; *j-m ~ schenken* lend an ear (*od.* listen) to a p.; *sich ~ verschaffen* make o.s. heard; ♪ *zu ~ bringen* perform.

ge'horchen (25) obey (*j-m* a p.).

ge'hören (25, *dat. od. zu*) belong to; *es gehört sich* it is proper *od.* right *od.* fit; *die Sachen ~ in den Schrank* these things go into the cupboard; *dazu gehört Geld* that requires (*od.* takes) money; *das gehört nicht hierher* that's not to the point.

Ge'hörgang *m* auditory passage.

ge'hörig (*dat. od. zu*) belonging to; (*wie sich's gehört*) fit, proper, right; due; (*tüchtig*) good; *adv.* duly, in due form; (*tüchtig*) thoroughly; *s. Meinung.*

Gehörn [~'hœrn] *n* (3) horns *pl.*; *hunt.* antlers *pl.*; **2t** horned.

gehorsam [~'ho:rza:m] **1.** *adj.* obedient; **2.** **2** *m* (3) obedience.

'Geh|steig *m* pavement, *Am.* sidewalk; **'~versuch** *m* attempt at walking; **'~weg** *m s. Gehsteig*; **'~werk** ⊕ *n* works *pl.*, clockwork.

Geier ['gaɪər] *m* (7) vulture.

Geifer ['gaɪfər] *m* (7) slaver, drivel; *fig.* venom; **'2n** (29) drivel, slaver; *fig.* foam; *fig. ~ gegen* vituperate against.

Geige ['gaɪgə] *f* (15) violin, F fiddle; *s. erst, zweit*; **'2n** (25) play (on) the violin, F fiddle; **'~nbogen** *m* (violin-)bow; **'~nharz** *n* colophony, rosin; **'~nkasten** *m* violin-case; **'~nmacher** *m* violin-maker; **'~r** *m* (7), **'~rin** *f* (16¹) violinist.

'Geigerzähler *phys. m* Geiger counter.

geil [gaɪl] lascivious, wanton, lewd, randy; (*üppig*) luxuriant, rank; **'2heit** *f* lewdness, wantonness; rankness, luxuriance.

Geisel ['gaɪzəl] *f* (15) hostage.

Geiß [gaɪs] *f* (16) goat; **'~blatt** ⚘ *n* honeysuckle, woodbine; **'~bock** *m* he-goat, billy-goat.

Geißel ['gaɪsəl] *f* (15) whip, lash; *fig.* scourge; **'2n** (27) whip, lash; *fig.* lash, castigate; **'~ung** *f* whipping, lashing; *fig.* castigation.

Geist [gaɪst] *m* (1¹) spirit; (*Verstand*) mind, intellect; (*Genius*) genius; (*Witz*) wit; *ein großer ~ P.*: a great mind; (*Gespenst*) ghost; (*Kobold*) sprite; *der Heilige ~* the Holy Ghost; *den ~ aufgeben* give up the ghost; *im ~e bei j-m sein usw.* in (the) spirit *od.* in mind.

'Geister|beschwörer *m* (7) (*Geisteranrufer*) necromancer; (*Austreiber*) exorcist; **'~-erscheinung** *f* apparition; **'2haft** ghostly; **'~stunde** *f* witching hour; **'~welt** *f* world of spirits.

'geistes|-abwesend absent-minded; **'2-abwesenheit** *f* absent-mindedness; **'2-arbeit** *f* brain-work; **'2-arbeiter** *m* brain-worker; **'2blitz** *m* flash of genius, brainwave; **'2gabe** *f* talent; **'2gegenwart** *f* presence of mind; **'~gegenwärtig** alert, quick-witted; **'2geschichte** *f* intellectual history; **'~gestört** mentally deranged; **'2größe** *f* greatness of mind; **'2haltung** *f* mental attitude, mentality; **'2kraft** *f* power of mind; **'~krank** insane, mentally ill; **'2kranke** *m, f* lunatic; **'2krankheit** *f* insanity, mental disorder; **'2produkt** *n* brain-child; **'~schwach** imbecile; **'2schwäche** *f* feeble-mindedness, imbecility; **'2störung** *f* mental disorder; **'2verfassung** *f* frame of mind; **'~verwandt** congenial (*mit* to); **'2verwandtschaft** *f* congeniality; **'2verwirrung** *f* mental disturbance; **'2wissenschaften** *f/pl. the* humanities, *the* Arts; **'2zustand** *m* state of mind.

'geistig intellectual, mental; (*unkörperlich*) spiritual; *~es Auge* mind's eye; *~es Eigentum* intellectual property; *~e Getränke n/pl.* spirits.

'geistlich spiritual; *Orden*: religious; (*2e betreffend*) ecclesiastical, clerical; *Musik usw.*: sacred; *~es Amt* ministry; **'2e** *m* (18) clergyman, cleric; *e-r Sekte*: minister; ⚔, ⚓, ⚖ chaplain; **'2keit** *f* clergy.

'**geist|los** mindless; (*langweilig*) dull; (*dumm*) stupid; '**≗losigkeit** *f* mindlessness; dul(l)ness; *Redensart*: platitude; '**~reich,** '**~voll** witty; '**~-tötend** soul-destroying.
Geiz [gaɪts] *m* (3^2) avarice; (*Knauserei*) stinginess; '**≗en** (27) be avaricious *od.* stingy; *nach et.* ~ covet; *mit et.* ~ be sparing with, stint *a th.*; '**~hals** *m*, '**~kragen** *m* miser; '**≗ig** avaricious; (*knickerig*) niggardly, stingy, mean.
Gejammer [gə'jamər] *n* (7) (endless) lamentation, wailing.
Gejohle [~'jo:lə] *n* (7) hooting.
gekannt [~'kant] *p.p. v. kennen.*
Gekeife [~'kaɪfə] *n* (3) scolding.
Gekicher [~'kiçər] *n* (7) tittering.
Gekläff [~'klɛf] *n* (3) yelping.
Geklapper [~'klapər] *n* (7) rattling.
Geklatsche [~'klatʃə] *n* (7) clapping; *fig.* gossiping.
Geklimper [~'klimpər] *n* (7) *auf dem Klavier*: strum(ming).
Geklirr(e) [~'klir(ə)] *n* (3) clashing, clanking.
ge'klommen *p.p. v. klimmen.*
geklungen [~'kluŋən] *p.p. v. klingen.*
Geknatter [~'knatər] *n s. Geknister.*
gekniffen [~'knifən] *p.p. v. kneifen.*
Geknister [~'knistər] *n* (7) crackling.
ge'kommen *p.p. v. kommen.*
gekonnt [gə'kɔnt] **1.** *p.p. v. können*; **2.** *adj.* competent, expert(ly *adv.*).
geköpert [gə'køpərt] twilled.
Gekreisch [~'kraɪʃ] *n* (4) screaming, screams *pl.*; shrieking, shrieks *pl.*
Gekritzel [~'kritsəl] *n* (7) scrawl (-ing), scribbling, scribble.
gekrochen [~'krɔxən] *p.p. v. kriechen.*
Gekröse [~'krø:zə] *n* (7) tripe; *anat.* mesentery.
gekünstelt [~'kynstəlt] artificial.
Gelächter [~'lɛçtər] *n* (7) laughter.
ge'laden *p.p. v. laden*[1].
Gelage [gə'lɑ:gə] *n* (7) feast, banquet; (*Zecherei*) drinking-bout.
Gelände [~'lɛndə] *n* (7) tract of land, area; country; (*Boden*) ground; *bsd.* ⚔ terrain; **~fahrt** *f* cross-country drive; **~fahrzeug** *n* cross-country vehicle; **≗gängig** [~gɛŋiç] cross--country *car*; **~kunde** *f* topography; **~lauf** *m Sport*: cross-country race.
Geländer [~'lɛndər] *n* (7) railing, balustrade; (*Treppen≗*) banisters *pl.*; (*~stange*) handrail.
ge'lang *pret. v. gelingen* 1.
ge'langen (25, sn): ~ *an* (*acc.*), *nach, zu* arrive at, get (*od.* come) to, reach; *zu e-m Ziele* (*a. gewinnen*): attain (to), gain, (*bekommen*) obtain; *s. Macht*; *auf die Nachwelt*: come (*od.* be handed) down to; *in j-s Hände* ~ get into a p.'s hands.
Gelaß [gə'las] *n* (4) room, space.
ge'lassen 1. *p.p. v. lassen*; **2.** *adj.* calm, composed; **≗heit** *f* calmness.
Gelatin|e [ʒela'ti:nə] *f* (15) gelatine; **≗ieren** [~ti'ni:rən] gelatinize.
Gelaufe [gə'laʊfə] *n* (7) running (to and fro).
ge'laufen *p.p. v. laufen.*
ge'läufig fluent, easy; *Zunge*: voluble; (*allgemein bekannt*) current; *das ist ihm* ~ that is familiar to him; **≗keit** *f* fluency, ease.
gelaunt [gə'laʊnt] disposed; *gut* ~ good-humo(u)red, in good humo(u)r; *schlecht* ~ ill-humo(u)red, out of humo(u)r, bad-tempered.
Geläut(e) [gə'lɔʏt(ə)] *n* (3 [7]) ringing; (*die Glocken*) chime.
gelb [gɛlp] yellow; *Verkehrsampel*: amber; **≗e** ['gɛlbə] *n im Ei*: yolk; '**≗filter** *phot. m* yellow filter; '**~grün** yellowish-green; '**~lich** yellowish; '**≗schnabel** *m fig.* greenhorn, whipper-snapper; '**≗sucht** *f* jaundice; **~süchtig** ['~zyçtiç] jaundiced.
Geld [gɛlt] *n* (1) money; *s. bar, klein, knapp*; *bei ~e sein* be in cash; *ins ~ laufen* run into money; *zu ~ machen* turn into cash; *nicht für ~ und gute Worte* neither for love nor money.
'**Geld|-angelegenheit** *f* money-matter; '**~-abwertung** *f* devaluation; '**~-anlage** *f* investment; '**~-anleihe** *f* loan (of money); '**~-anweisung** *f* remittance; '**~-aufwertung** *f* revaluation of money; '**~-ausgabe** *f* expense; '**~betrag** *m* amount *od.* sum (of money); '**~beutel** *m* purse; '**~brief** *m* money--letter; '**~buße** *f* fine; '**~-entwertung** *f* depreciation of money; *s. Geldabwertung*; '**~-erwerb** *m* money-making; '**~forderung** *f* monetary claim; ✝ outstanding debt; '**~geber** *m* (7) financial backer, financier, investor; '**~geschäfte** *n/pl.* money transactions; '**~geschenk** *n* gratuity, donation; '**~gier** *f* greed

for money, avarice; '**⁀gierig** greedy for money, avaricious; '**~heirat** *f* money-match; '**~klemme** F *f* squeeze; '**~knappheit** *f* shortness (✝ scarcity) of money; '**~krise** *f* monetary crisis; '**⁀lich** pecuniary; '**~makler** *m* money-broker; '**~mangel** *m* lack of money; '**~mann** *m* financier; '**~markt** *m* money market; '**~mittel** *n/pl.* funds, means, resources; '**~not** *f* financial straits *pl.*; '**~quelle** *f* pecuniary resource; '**~sache** *f* money matter; '**~schein** *m* bank-note, *Am.* bill; '**~schrank** *m* safe, strong-box; '**~schrankknakker** *m* (7) safe-cracker; '**~sendung** *f* (cash) remittance; '**~sorte** *f* denomination; *pl.* coins and notes; '**~spende** *f* donation, contribution; '**~strafe** *f* fine; *mit e-r ~ belegen* fine, mulct; '**~stück** *n* coin; '**~tasche** *f* money-bag, purse; *für Scheine*: note-case, pocketbook, *Am.* billfold; '**~-überhang** *m* surplus money; '**~verlegenheit** *f* pecuniary embarrassment; *in ~ sein* be pressed for money, F be hard up; '**~verlust** *m* pecuniary loss; '**~verschwendung** *f* waste of money; '**~wert** *m* value (of money), value of currency.

Gelee [ʒe'le:] *n* (11) jelly; *Kosmetik*: (skin) gel.

ge'legen 1. *p.p. v. liegen*; **2.** *adj.* situated, *Am. a.* located; (*passend*) convenient, suitable; *Zeit*: opportune; *es kommt mir gerade ~* it just suits me, it comes in handy; *s. liegen.*

Gelegenheit [gə'le:gənhaɪt] *f* occasion; *gute*: opportunity; (*Zufall*) chance; (*Wasch⁀ usw.*) facility; *bei ~ s. gelegentlich adv.*; *bei dieser ~* on this occasion; *bei jeder ~* at every turn; *j-m ~ bieten* give a p. an opportunity; *die ~ (beim Schopf) ergreifen* seize the opportunity; *~ nehmen zu inf.* take occasion to; **~s-arbeit** *f* casual (*od.* odd) job; **~s-arbeiter** *m* casual labo(u)rer, odd-job worker; **~sgedicht** *n* occasional poem; **~skauf** *m* chance purchase, bargain.

gelegentlich [~'le:gəntliç] *adj.* occasional; (*zufällig*) casual; chance; *adv.* some time, at one's convenience; *prp.* (*gen.*) on the occasion of.

gelehrig [~'le:riç] docile; clever; **⁀keit** *f* docility; cleverness.

Ge'lehrsamkeit *f* erudition, learning.

ge'lehrt learned; F *~es Haus* pundit; **⁀e** *m, f* learned (wo)man, scholar.

Geleise [gə'laɪzə] *n* (7, *mst pl.*) rut, track; 🚂 rails *pl.*, *Am.* track; *fig. im alten ~* in the same old rut; *auf ein totes ~ geraten* reach a deadlock.

Geleit [~'laɪt] *n* (3) *a.* ⚔ escort; ⚓ convoy; (*Gefolge*) attendance; *j-m das ~ geben* accompany (*schützend*: escort) a p., *zum Abschied*: see a p. off; *freies ~* safe-conduct; **~brief** *m* (letter of) safe-conduct; ✝ letter of consignment; **⁀en** accompany, conduct; *bsd.* ⚔ escort; ⚓ convoy; **~schiff** *n* convoy (vessel); **~wort** *n* foreword; **~zug** ⚓ *m* convoy.

Gelenk [~'lɛŋk] *n* (3) joint; *anat. a.* (*~fügung*) articulation; ⊕ joint; (*Scharnier*) hinge; (*Bindeglied*) link; **⁀ig** lissom(e), agile, (*a.* ⊕) flexible; **~igkeit** *f* agility; flexibility; **~rheumatismus** ⚕ *m* articular rheumatism.

gelernt [~'lɛrnt] *Arbeit(er)*: skilled.

ge'lesen *p.p. v. lesen.*

Gelichter [~'liçtər] *n* (7) lot, riff-raff, rabble.

Geliebte [gə'li:ptə] (18) *m* lover; *~ f* love(r), sweetheart; (*Mätresse*) mistress.

geliehen [gə'li:ən] *p.p. v. leihen.*

gelieren [ʒe'li:rən] gelatinize.

ge'lind(e) soft, gentle, mild (*alle a. fig.*); *Strafe*: mild, lenient; *gelinde gesagt* to put it mildly.

gelingen [gə'liŋən] **1.** (30, sn) succeed; *es gelingt mir, zu tun* I succeed in doing; *es gelingt mir nicht, zu tun* I fail in doing *od.* to do; **2.** ⁀ *n* (6) success.

Gelispel [~'lispəl] *n* (7) lisping; (*Geflüster*) whispering.

gelitten [~'litən] *p.p. v. leiden* 1.

gellen ['gɛlən] (25) shrill; (*gellend schreien*) *a.* yell, scream; *Ohr*: tingle; '**~d** shrill, piercing.

ge'loben (25) promise; *feierlich*: vow, pledge; *das Gelobte Land* the Land of Promise.

Gelöbnis [gə'lø:pnis] *n* (4^1) (solemn) promise, pledge; vow.

gelogen [gə'lo:gən] *p.p. v. lügen.*

gelt[1] [gɛlt] giving no milk; (*unfruchtbar*) *Tier*: barren.

gelt[2] F *int.* F isn't it?

gelt|en ['gɛltən] (30) *v/t.* be worth; *v/i.* be of value; (*gültig sein*) be valid *od.* good; (*zählen*) count; *Gesetz*:

be in force; *Grund usw.*: hold (good *od.* true); *Münze*: be current; *fig.* *etwas* ~ carry weight, have influence; *j-m* ~ be meant for a p.; ~ *für* a) (*od.* ~ *als*) pass for, be reputed (*od.* thought, supposed) to be, rank as, b) (*sich anwenden lassen*) apply to; be right for, be true of; ~ *lassen* let pass; allow; ~ *lassen als* pass off as; *s-n Einfluß* ~*d machen* bring one's influence to bear; ~*d machen* a) assert, b) *als Entschuldigung*: plead, c) (*daß*) maintain (that); *das gilt nicht* that is not allowed, that is not fair *od.* does not count; *es gilt!* done!; *es galt unser Leben* our life was at stake; *es gilt zu inf.* the question is to *inf.*, it is necessary to *inf.*; *s.* Wette; 'ℒ**ung** *f* (*Gültigkeit*) validity; *e-r Münze*: currency; *e-r P.*: authority, credit, (*Achtung*) prestige, respect; *zur* ~ *bringen* bring to bear; *Gesetz usw.*: enforce; *zur* ~ *kommen* (begin to) tell, take effect, (*herausragen*) stand out; 'ℒ**ungsbedürfnis** *n* desire to show off.

Gelübde [gə'lypdə] *n* (7) vow.

gelungen [~'luŋən] **1.** *p.p. v. gelingen*; **2.** *adj.* successful; (*vortrefflich*) capital; *du bist* ~*!* you are funny!

Gelüst [~'lyst] *n* (3¹) desire, craving, appetite (*alle*: *nach* for); ℒ**en:** *mich gelüstet nach* I crave (for).

gemach¹ [~'maːx] *int.*: ~*!* (*sachte!*) gently!

Ge'mach² *n* (1², *poet.* 3) room, apartment, chamber.

gemächlich [~'mɛːçliç] *adj. u. adv.* leisurely; ℒ**keit** *f* leisureliness, ease.

Gemahl [gə'maːl] *m* (3) husband, consort; *Ihr Herr* ~ Mr. X.; ~**in** *f* wife, consort; *Ihre Frau* ~ Mrs. X.

gemahnen [~'maːnən]: ~ *an* (*acc.*) remind of.

Gemälde [~'mɛːldə] *n* (7) painting, picture; ~**-ausstellung** *f* exhibition of pictures; ~**galerie** *f* picture-gallery, *Am. a.* museum.

gemäß [~'mɛːs] **1.** *adj.* conformable; **2.** *prp.* (*dat.*) according to, in accordance with; *bsd.* ⚖ pursuant to; ~**igt** moderate; *geogr.* temperate.

Gemäuer [gə'mɔʏər] *n* (7): *altes* ~ decayed building(s *pl.*); ruins *pl.*

gemein [~'maɪn] common; (*allgemein*) *a.* general; *b.s.* low, mean, dirty; (*pöbelhaft*) vulgar; ~*er Kerl* beast of a fellow; ~*er Soldat*, *Gemeine m* private (soldier), *Am.* (basic) private; et. ~ *haben mit* have a th. in common with; *sich* ~ *machen mit* keep company with.

Gemeinde [~'maɪndə] *f* (15) community; (*Kirchen*ℒ) parish, (*Kirchgänger*) congregation; (*Stadt*ℒ) municipality; ~**bezirk** *m* district; ~**haus** *n* municipal hall; *eccl.* parish hall; ~**rat** *m* municipal council (*od. P.*: councillor); ~**steuer** *f* (local) rate, *Am.* local tax; ~**vorstand** *m* local board; ~**wahl** *f* communal election.

ge'mein|faßlich *s. gemeinverständlich*; ~**gefährlich** dangerous to the public; ~*er Mensch* public danger, *Am.* public enemy; ℒ**geist** *m* public spirit; ~**gültig** generally accepted; ℒ**gut** *n* common property; ℒ**heit** *f* (*Niedrigkeit*) vulgarity, meanness; (*niedrige Tat*) mean trick; ~**hin** commonly; ℒ**kosten** *pl.* overhead (costs); ℒ**nutz** *m* (3², *o. pl.*) common good; ~**nützig** [~nytsiç] of public utility; *Verein*: non-profit; ~*e Betriebe* public utilities *pl.*; ℒ**nützigkeit** *f* public utility; ℒ**platz** *m* commonplace; ~**sam** common; joint; ℒ*er Markt m* Common Market; ~ *mit* in common with; ~*e Sache machen mit* make common cause with; ℒ**samkeit** *f*, ℒ**schaft** *f* (16) community; (*Verkehr*) intercourse; ~**schaftlich** common, joint; *v. zweien*: mutual; *adv. a.* in common.

Ge'meinschafts|-arbeit *f* teamwork; ~**-erziehung** *f* coeducation; ~**geist** *m* esprit de corps (*fr.*); ~**konto** *n* joint account; ~**produktion** *f* co-production.

Ge'mein|schuldner *m* bankrupt; ~**sinn** *m* public spirit; ℒ**verständlich** intelligible to all, popular; ~**wesen** *n* community; polity; ~**wohl** *n* public weal.

Gemeng|e [gə'mɛŋə] *n* (7) mixture; (*Hand*ℒ) scuffle; ~**sel** [~zəl] *n* (7) medley, hotchpotch.

ge'messen **1.** *p.p. v. messen*; **2.** *adj.* measured; (*förmlich*) formal; (*feierlich*) grave; ℒ**heit** *f* measuredness; formality; gravity.

Gemetzel [gə'mɛtsəl] *n* (7) slaughter, carnage, massacre.

gemieden [~'miːdən] *p.p. v. meiden*.

Gemisch [~'miʃ] *n* (3²) mixture.

gemischt [~'miʃt] mixed (*a. Tennis*;

a. fig. Gefühl usw.); ♀**warenhandlung** *f* grocery, *Am.* general (merchandise) store.
Gemme [ˈgɛmə] *f* (15) gem.
gemocht [gəˈmɔxt] *p.p. v. mögen.*
gemolken [gəˈmɔlkən] *p.p. v. melken.*
Gemse [ˈgɛmzə] *f* (15) chamois.
Gemurmel [gəˈmurməl] *n* (7) murmur(ing), mutter(ing).
Gemüse [~ˈmyːzə] *n* (7) vegetable; greens *pl.*; **~bau** *m* vegetable gardening, *Am.* truck farming; **~garten** *m* kitchen-garden; **~händler** (**-in** *f*) *m* greengrocer; **~handlung** *f* greengrocer's shop; **~konserven** *f/pl.* preserved (*od.* tinned, *Am.* canned) vegetables.
gemüßigt [~ˈmyːsiçt]: *sich ~ sehen, zu inf.* feel (*od.* find o.s.) obliged to *inf.*
gemußt [~ˈmust] *p.p. v. müssen.*
gemustert [~ˈmustərt] *Stoff*: figured, patterned.
Gemüt [~ˈmyːt] *n* (1) mind; (*Gefühl*) feeling; (*Seele*) soul; (*Herz*) heart; (*~s-art*) disposition, temper; *j-m et. zu ~e führen* bring a th. home to a p.; F *sich e-e Flasche Wein usw. zu ~e führen* discuss.
geˈmütlich (*gutmütig*) good-natured; (*freundlich*) genial; (*behaglich*) comfortable, snug, cosy, restful; *~es Beisammensein* social gathering; *~ werden* unbend; *es sich ~ machen* make o.s. at home, relax; ♀**keit** *f* good nature; geniality; cosiness, snugness.
Geˈmüts|-art *f*, **~beschaffenheit** *f* (mental) disposition, temper, character; **~bewegung** *f* emotion; ♀**krank** mentally diseased, emotionally disturbed; (*schwermütig*) melancholy; **~krankheit** *f* mental disorder, melancholia; **~mensch** *m* emotional (*od.* warm-hearted) person; **~ruhe** *f* calmness; composure; **~verfassung** *f*, **~zustand** *m* state of mind, humo(u)r.
geˈmütvoll *P.*: warm(-hearted); *S.*: full of feeling.
gen[1] [gɛn] *prp.* towards.
Gen[2] [geːn] *biol. n* (3^1) gene.
genannt [gəˈnant] *p.p. v. nennen.*
genas [gəˈnaːs] *pret. v. genesen.*
genau [gəˈnaʊ] exact, accurate, precise; (*streng*) strict; (*sorgfältig*) careful, scrupulous; *Bericht usw.*: detailed; *~so gut* just as good (*od.* well); *es ~ nehmen (mit)* be particular (about); ♀**eres** full particulars *pl.*; **~genommen** strictly speaking; ♀**igkeit** *f* accuracy, exactness; precision; strictness.
Gendarm [ʒɑ̃ˈdarm] *m* (12) country policeman; **~erie** [~məˈriː] *f* (15) rural constabulary.
Genealogie [genealoˈgiː] *f* (16) genealogy.
genehm [gəˈneːm] agreeable, convenient (*dat.* to); **~igen** [~migən] (*bewilligen*) grant; consent to; (*gutheißen*) approve (of), authorize; *behördlich*: *a.* license; ♀**igung** *f* grant; approval; licen|ce, *Am.* -se, permit; (*Erlaubnis*) permission, authorization; (*Einwilligung*) consent.
geneigt [~ˈnaɪkt] inclined (*fig. zu* to); (*j-m*) well disposed (to[wards] a p.); *ein ~es Ohr* a willing ear; *der ~e Leser* the gentle reader.
General [genəˈraːl] *m* (3^1 *u.* 3^2) general; **~-agent** *m* agent-general; **~-anzeiger** *m* (*Zeitung*) General Gazette; **~baß** ♪ *m* thorough-bass; **~bevollmächtigte** *m* chief representative *od.* agent; **~direktor** *m* general manager; **~ˈfeldmarschall** ⚔ *m* Field Marshal; **~-intendant** *thea. m* head manager; **~ität** ⚔ [~raliˈtɛːt] *f* (16) (body of) generals *pl.*; **~konsul** [~ˈrɑl-] *m* consul-general; **~konsulat** *n* consulate-general; **~ˈleutnant** *m* lieutenant-general; **~major** *m* major-general; **~ˈoberst** *m* colonel-general; **~probe** *f* dress rehearsal; **~ˈstaatsanwalt** *m* Chief State Counsel; **~stab** *m* General Staff; **~stabskarte** *f* ordnance (survey) map, *Am.* strategic map; **~streik** *m* general strike; **~-unkosten** *pl.* overhead (expenses) *sg.* **~versammlung** *f* general meeting; **~vertreter** *m* agent-general; **~vollmacht** ⚖ *f* general power of attorney.
Generation [gənəraˈtsjoːn] *f* (16) generation.
Generator [~ˈraːtɔr] *m* (8^1) generator; (*Gas*♀) *a.* producer.
generell [~ˈrɛl] general(ly *adv.*).
gene|sen [gəˈneːzən] **1.** (30, sn) recover (*von* from); **2.** *p.p. v.* 1.; ♀**sende** *m, f* convalescent; ♀**sung** *f* recovery; convalescence; ♀**sungsheim** *n* convalescent home.

Genfer ['gɛnfər]: **~ Abkommen** *n*, **~ Konventi'on** *f* Geneva Convention.

genial [gən'jɑ:l] ingenious, brilliant; **2ität** [~jali'tɛ:t] *f* (16) genius, brilliancy.

Genick [gə'nik] *n* (3) (back of the) neck, nape (of the neck); **~starre** ⚕ *f* cerebrospinal meningitis.

Genie [ʒe'ni:] *n* (11) genius (*a. P.*).

ge'nieren (25) trouble, disturb; *sich* ~ feel embarrassed; *zu tun*: be too timid to do; *sich nicht ~ zu inf.* not to be ashamed to *inf.*; ~ *Sie sich nicht* don't be shy.

ge'nieß|bar [gə'ni:s-] *Speise*: eatable; *Getränk*: drinkable; *fig.* agreeable; **~en** (30) enjoy; *Speise*: eat; *Getränk*: drink; et. ~ take some food *od.* some refreshments; *j-s Vertrauen* ~ be in a p.'s confidence.

Genitalien [geni'tɑ:ljən] *pl.* genitals.

Genitiv *gr.* ['ge:niti:f] *m* (3¹) genitive (case); possessive (case).

Genius ['ge:nius] *m* (16²) genius; *guter* ~ guardian angel.

genommen [gə'nɔmən] *p.p. v. nehmen.*

genormt [gə'nɔrmt] standardized.

genoß [gə'nɔs] *pret. v. genießen.*

Genoss|e [gə'nɔsə] *m* (13), **~in** *f* companion, mate, (*a. pol.*) comrade; **2en** *p.p. v. genießen*; **~enschaft** ⚜ *f* co-operative (society).

Genre|bild ['ʒɑ̃r(ə)-] *n* genre-picture; '**~maler** *m* genre-painter.

genug [gə'nu:k] enough, sufficient (-ly); ~ (*davon*)! enough (of that)!; no more of this!; *ich habe ~ davon* I am sick of it.

Genüg|e [~'ny:gə] *f* (15): *j-m ~ tun* satisfy a p.; *e-r S.* come up to a th.; *zur* ~ enough, sufficiently; **2en** (25) be enough; *das genügt* that will do; *j-m* ~ satisfy a p.; (*nicht*) ~ (not to) give satisfaction; *sich ~ lassen* be satisfied with; **2end** sufficient; **2sam** [~'ny:k-] easily satisfied; (*mäßig*) frugal; **~samkeit** *f* contentedness; frugality.

Genugtu-ung [gə'nu:ktu:uŋ] *f* satisfaction; (*Wiedergutmachung*) reparation.

Genus *gr.* ['genus] *n* (16, *pl.* '*Genera*) gender.

Genuß [gə'nus] *m* (4²) (*Freude*; *Besitz*) enjoyment; (*Nutznießung*) use; *v. Speisen usw.*: taking; *fig. ein wahrer* ~ a real treat; **~mittel** *n* semi-luxury; *anregendes*: stimulant; **2reich** delightful, enjoyable; **~sucht** *f* thirst for pleasure; **2süchtig** pleasure-seeking.

Geo|däsie [geodɛ'si:] *f* (16) geodesy; **~graph** [~'grɑ:f] *m* (12) geographer; **~graphie** [~gra'fi:] *f* geography; **2graphisch** [~'grɑ:fiʃ] geographical; **~log(e)** [~'lo:k, ~gə] *m* (12 [13]) geologist; **~logie** [~lo'gi:] *f* geology; **2logisch** [~'lo:giʃ] geological; **~meter** [~'me:tər] *m* (7) surveyor; **~metrie** [~me'tri:] *f* geometry; **2metrisch** [~'me:triʃ] geometric(al); **~physik** *f* geophysics *pl.*

ge-ordnet [gə'ˀɔrdnət] orderly.

Gepäck [gə'pɛk] *n* (3) luggage; ⚔ *od. Am.* baggage; **~-annahme (-stelle)** *f* luggage (registration) office, *Am.* baggage checking counter; **~-aufbewahrung(sstelle)** *f* cloak-room, left-luggage office, *Am.* checkroom; **~-ausgabe(stelle)** *f* luggage delivery office, *Am.* baggage room; **~halter** *m am Fahrrad*: carrier; **~netz** *n* luggage-rack; **~raum** *m s. Kofferraum*; **~schein** *m* luggage-ticket, *Am.* baggage check; **~träger** *m* (railway) porter; *s. Gepäckhalter*; **~wagen** *m* luggage-van, *Am.* baggage car.

gepanzert [gə'pantsərt] armo(u)red, iron-clad.

gepfeffert [~'pfɛfərt] *fig. Rechnung*: steep; *Witz*: fruity.

gepfiffen [~'pfifən] *p.p. v. pfeifen.*

gepflegt [~'pfle:kt] *P.*: well-groomed; *S.*: well cared-for; *Stil usw.*: cultivated, refined.

gepflogen [~'pflo:gən] *p.p. v. pflegen*; **2heit** *f* habit; custom.

Geplänkel [~'plɛŋkəl] *n* (7) skirmish.

Geplapper [~'plapər] *n* (7) babbling, chattering, prattle.

Geplätscher [~'plɛtʃər] *n* (7) splashing.

Geplauder [~'plaudər] *n* (7) chatting, small talk.

Gepolter [~'pɔltər] *n* (7) rumble, rumbling.

Gepräge [~'prɛ:gə] *n* (7) impression; (*a. fig.*) stamp; *e-r Münze*: coinage.

Gepränge [~'prɛŋə] *n* (7) pomp.

Geprassel [~'prasəl] *n* (7) crackling.

gepriesen [~'pri:zən] *p.p. v. preisen.*

gequollen [~'kvɔlən] *p.p. v. quellen.*
gerade [gə'ra:də] **1.** *adj.* straight (*a. fig.*); (*eben*) even; (*unmittelbar*) direct; (*aufrichtig*) upright, plain, straightforward; *Gang, Haltung*: upright, erect; *Zahl*: even; **2.** *adv. s.* ~ 1.; just; *ich bin* ~ *gekommen* I have just come; *er schrieb* ~ he was (just) writing; *ich war* ~ (*zufällig*) *dort* I happened to be there; ~ *das Gegenteil* the very opposite; *nun* ~ now more than ever; ~ *an dem Tage* on that very day; **3.** ♀ *f* (18) ⩚ straight line; *Lauf-, Rennsport*: *die* ~ the straight; **4.** ♀ *f, a.* ♀**r** *m Boxen*: straight; **~'-aus** straight on *od.* ahead; **~he'raus** freely, frankly, point-blank; **~(n-)wegs** [~ve:ks] directly, straight(away); **~stehen** stand erect; *fig. für etwas* ~ answer for a th.; **~'zu** (*geradeaus*) straight on, directly; (*nichts andres als*) downright *nonsense, etc.*
Geradheit [~'ra:thaɪt] *f* straightness; *fig.* straightforwardness.
geradlinig [~'ra:tli:niç] rectilinear.
gerammelt [~'raməlt]: ~ *voll* chock-full, crammed.
Gerangel [~'raŋəl] *n* (3¹) wrangling.
gerannt [~'rant] *p.p. v. rennen.*
Gerassel [gə'rasəl] *n* (7) rattling, rattle; *Kette*: *a.* clanking.
Gerät [~'rɛ:t] *n* (3) tool, implement, utensil; *technisches*: gear, device; (*Apparat*) appliance, apparatus; *teleph., Radio usw.*: set; ⚔ (*Ausrüstung*) equipment; *s. Angel*♀, *Fisch*♀, *Haushalts*♀, *Turn*♀; *elektrisches* ~ electric appliance.
geraten [gə'ra:tən] **1.** *v/i.* (30, sn) *örtlich*: come, fall, get (*in acc.* in[to]; *auf acc.* [up]on *etc.*); (*ausfallen*) turn out *well etc.*; *nach j-m* ~ take after a p.; *über et.* (*acc.*) ~ come across a th.; *s. Abweg, aneinander, außer, Brand, Konkurs, Stocken, Vergessenheit usw.*; **2.** *adj.* successful; (*ratsam*) advisable; **3.** *p.p. v. raten.*
Ge'räte|stecker ⚡ *m* connector plug; **~turnen** *n* apparatus gymnastics *pl.*
Gerate'wohl *n*: *aufs* ~ at random, on the off-chance.
geraum [gə'raum]: ~*e Zeit* long time.
geräumig [gə'rɔʏmiç] spacious, roomy; ♀**keit** *f* spaciousness.

Geräusch [~'rɔʏʃ] *n* (3²) noise; ♀**los** noiseless, silent; **~losigkeit** *f* noiselessness; ♀**voll** noisy, loud.
gerb|en ['gɛrbən] (25) tan (*a. fig.* = *prügeln*); *weiß* ~ taw; '♀**er** *m* (7) tanner; ♀**erei** [~'raɪ] *f* tannery; ♀**säure** ['gɛrp-] *f* tannic acid.
gerecht [gə'rɛçt] just; (*rechtschaffen*) righteous; (*billig*) fair; *j-m* ~ *werden* do justice to a p. (*a. fig.*); *e-r Anforderung, e-m Wunsch usw.* ~ *werden* meet; *allen Seiten* ~ *werden* deal with all aspects; **~fertigt** justified, justifiable; ♀**igkeit** *f* justice; righteousness; fairness; *j-m* ~ *widerfahren lassen* do a p. justice; ♀**igkeitssinn** *m* sense of justice.
Gerede [gə're:də] *n* (7) talk; (*Geschwätz*) gossip; (*Gerücht*) rumo(u)r; *ins* ~ *kommen* get talked about.
ge'regelt regulated, ordered; orderly.
ge'reichen (25): *zu et.* ~ (turn out to) be a th.; redound to a th.
gereizt [~'raɪtst] irritated, nettled, piqued; ♀**heit** *f* irritation.
ge'reuen: *es gereut mich* I repent (of) it, I am sorry for it; *sich keine Mühe* ~ *lassen* spare no trouble.
Gericht [~'riçt] *n* (3) **1.** (*Speise*) dish, course; **2.** ⚖ law-court, court (of justice), *mst rhet. u. fig.* tribunal; (*Rechtsspruch*) judg(e)ment; *s. jüngst*; *fig. mit j-m ins* ~ *gehen* take a p. to task; *vor* ~ *bringen* bring to trial; *vor* ~ *fordern* summon; *zu* ~ *sitzen über* (*acc.*) sit in judg(e)ment over *od.* on; ♀**lich** judicial, legal; ~ *vereidigt* sworn.
Ge'richts|barkeit *f* jurisdiction; **~diener** *m* (court) usher; **~gebäude** *n* law-court, court-house; **~hof** *m* law-court, court of justice; *mst rhet. u. fig.* tribunal; **~kosten** *pl.* (law-)-costs; **~medizin** *f* forensic medicine; **~saal** *m* court-room; **~schreiber** *m* clerk of the court; **~stand** *m* (legal) venue; ✝ legal domicile; **~urteil** *n* judgment (of the court); **~verfahren** *n* legal proceedings *pl.*; (law-)suit; **~verfassung** *f* court system; **~verhandlung** *f* (judicial) hearing; (*Straf*♀) trial; **~vollzieher** *m* bailiff, *Am.* marshal.
gerieben [gə'ri:bən] **1.** *p.p. v. reiben*; **2.** *adj. fig.* smart, crafty, wily.

Geriesel [gəˈri:zəl] *n* (7) purling; *Regen*: drizzling.

gering [gəˈriŋ] little, small; (*unbedeutend*) trifling, slight, negligible; (*niedrig*) mean, low; (*ärmlich*) poor; (*minderwertig*) inferior; *mein ~es Verdienst* my humble merit; *mit ~en Ausnahmen* with but few exceptions; *~ denken von* think little of; **~achten** think little of; disregard, slight; **~er** inferior, less, minor; *kein* *⁀er als* no less a person than; **~fügig** [~fy:giç] insignificant, trifling, negligible, slight; **⁀fügigkeit** *f* littleness, insignificance; **~haltig** [~haltiç] of low standard, low-grade; **~schätzen** *s. geringachten*; **~schätzig** [~ʃɛtsiç] depreciatory, disparaging, slighting; **⁀schätzung** *f* disdain, contempt; **~st** least; slightest; minimum; *nicht im ~en* not in the least; **~wertig** [~ve:rtiç] low-value, low-quality, inferior.

geˈrinn|en (30, sn) curdle, coagulate; *bsd. Blut*: clot; **⁀sel** [~zəl] *n* (7) clot; **⁀ung** *f* coagulation.

Geripp|e [gəˈripə] *n* (7) skeleton (*a. fig.*); (*dürrer Mensch*) *a.* scrag; ⊕ framework; **⁀t** ribbed; *Säule usw.*: fluted; *Stoff*: corded.

gerissen [gəˈrisən] **1.** *p.p. v. reißen* 1.; **2.** *adj. fig. s. gerieben* 2.

geritten [gəˈritən] *p.p. v. reiten.*

German|e [gɛrˈmɑ:nə] *m* (13) Teuton; **⁀isch** Germanic, Teutonic; **~ist** [~maˈnist] *m* (12) German scholar, Germanist; **~istik** [~ˈnistik] *f* (16, *o. pl.*) Germanistics *pl.*, *Am.* Germanics *pl.*

gern(e) [ˈgɛrn(ə)] willingly, gladly, with pleasure; *als Antwort*: *sehr ~!* I should be delighted!, I should love to!; *~ haben, mögen od. tun* be fond of, like; F *du kannst mich ~ haben!* go to blazes!; *ich möchte ~ wissen* I should like to know; *~ gesehen sein* be welcome; *~ geschehen!* don't mention it!, (you are) welcome!

ˈGernegroß *m* (14) show-off.

gerochen [~ˈrɔxən] *p.p. v. riechen.*

Geröll [gəˈrœl] *n* (3) rubble.

geronnen [~ˈrɔnən] *p.p. v. gerinnen.*

Gerste [ˈgɛrstə] *f* (15) barley.

ˈGersten|graupen *f/pl.* peeled barley; **ˈ~korn** *n* barleycorn; ⚕ sty.

Gerte [ˈgɛrtə] *f* (15) switch, twig; **ˈ⁀nschlank** (slim and) willowy.

Geruch [gəˈrux] *m* (3^3) smell, (*a. fig.*) odo(u)r; *angenehmer*: scent; *fig.* odo(u)r, reputation; **⁀los** odo(u)rless; **~snerv** *m* olfactory nerve; **~(s)sinn** *m* (sense of) smell.

Gerücht [gəˈryçt] *n* (3) rumo(u)r, report; *es geht das ~* it is rumo(u)red; **~emacher** *m* rumo(u)r-monger.

geˈruchtilgend [~tilgənt], **~es** [~dəs] **Mittel** *n* deodorant.

geˈrufen *p.p. v. rufen*; *das kommt wie ~* that comes in handy.

geˈruhen deign, condescend.

Gerümpel [gəˈrympəl] *n* (7) lumber, junk.

Gerundium *gr.* [geˈrundjum] *n* (9) gerund.

gerungen [gəˈruŋən] *p.p. v. ringen.*

Gerüst [gəˈryst] *n* (3^1) (*Bau⁀*) scaffold(ing); (*Schau⁀*) stage; (*Tragewerk*) frame; (*Gestell*) trestle; ⚠ (*Hängewerk*) truss; *fig.* frame(work).

Ges ♪ [gɛs] *n* G flat.

gesalzen [gəˈzaltsən] salted; *fig.* spicy; *Preise usw.*: exorbitant, F steep.

gesamt [gəˈzamt] whole, entire, total, all; **⁀-ausgabe** *f e-s Werkes*: complete edition; **⁀betrag** *m* (sum) total; **⁀bild** *fig. n* overall picture; **~-deutsch** all-German; **⁀-einnahme** *f* total receipts *pl.*; **⁀-ertrag** *m* total proceeds *pl.*; **⁀heit** *f* total(ity); *the* whole; **⁀länge** *f* overall length; **⁀-note** *f Schule*: aggregate mark; **⁀-preis** *m* total (*od.* inclusive) price; **⁀schule** *f* comprehensive school; **⁀summe** *f* (sum) total; **⁀zahl** *f* total number.

gesandt [gəˈzant] *p.p. v. senden*; **⁀e** *m* (18) envoy; **⁀schaft** *f* legation.

Gesang [gəˈzaŋ] *m* (3^3) singing; (*Lied*) song; (*Lob⁀*) hymn; (*Teil e-r Dichtung*) canto; **~buch** *n* book of songs; *eccl.* hymn-book; **~lehrer** (**-in** *f*) *m* singing teacher; **~s-einlage** *thea. f* inserted song; **~ver-ein** *m* choral society, *Am.* glee club.

Gesäß [gəˈzɛ:s] *n* (3^2) seat, bottom.

geˈschaffen *p.p. v. schaffen.*

Geschäft [gəˈʃɛft] *n* (3) business; (*Unternehmung*) *a.* transaction, deal; (*Angelegenheit*) affair; (*Beschäftigung*) occupation, trade, job; (*Firma*) business, firm; (*Laden⁀*) shop, *Am.* store; *ein ~ tätigen* do a business; *ein ~ (Notdurft) verrichten* relieve nature; *~e machen mit j-m* do business with; *ein gutes ~ machen* make a bargain; **~emacher** *m* profiteer; **⚲ig** busy, active; **~igkeit** *f* activity; **⚲lich** commercial, business; *adv.* on business; *~e Beziehungen pl.* business relations.

Ge'schäfts|-abschluß *m* (business) transaction *od.* deal; **~-anteil** *m* share *od.* interest (in a company); **~-aufsicht** *f* legal control; **~bereich** *m* sphere of activity, scope; *e-s Ministers*: portfolio; ⚖ jurisdiction; **~bericht** *m* business report; **~brief** *m* commercial letter; **~fähigkeit** *f* legal (*od.* disposing) capacity; **~-frau** *f* business woman; **~freund** *m* business friend; **⚲führend** managing, executive; **~führer** *m* manager; *e-s Vereins usw.*: secretary; **~-führung** *f* management; **~gang** *m* course of business; routine; **~gebaren** *n* business methods *pl.*; **~geheimnis** *n* business secret; **~geist** *m* business acumen; **~haus** *n* (*Gebäude*) shop (*od.* office) building; (*Firma*) commercial firm; **~-inhaber** *m* owner of a business; **~jahr** *n* business(*parl.* financial, *Am.* fiscal) year; **~kosten** *pl.*: *auf ~* on expense account; **⚲kundig** experienced *od.* versed in business; **~lage** *f* business situation; **~leute** *pl.* businessmen; **~lokal** *n* business premises *pl.*; (*Laden*) shop, *Am.* store; (*Büro*) office; **~mann** *m* (1, *pl. Geschäftsleute*) businessman; **⚲mäßig** businesslike; **~-ordnung** *f* rules *pl.* (of procedure); *parl.* standing orders *pl.*; *zur ~ sprechen* rise to order; **~papiere** *n/pl.* commercial papers; **~partner(in** *f*) *m* (business) partner; **~räume** *m/pl.* business premises; **~reise** *f* business trip; *auf einer ~ sein* be away on business; **~-reisende** *m* commercial traveller, *Am.* traveling salesman; **~schluß** *m* closing time; **~sitz** *m* place of business; **~stelle** *f* office, agency; **~straße** *f* shopping street; **~teilhaber (-in** *f*) *m* partner; **~träger** *m* agent, representative; *pol.* chargé d'affaires (*fr.*); **⚲tüchtig** smart, efficient (in business); **~-unkosten** *pl.* business expenses; **~-unternehmen** *n* business enterprise; **~verbindung** *f* business connection; **~viertel** *n* business (*od.* shopping) centre, *Am. a.* downtown; **~welt** *f* business (world); **~wert** *m e-r Firma*: goodwill; ⚖ *s. Streitwert*; **~zeit** *f* business (*od.* office) hours *pl.*; **~zimmer** *n* office; **~zweig** *m* branch *od.* line (of business).

geschah [gə'ʃɑː] *pret. v. geschehen* 1.

geschehen [gə'ʃeːən] **1.** (30, sn) happen, occur, take place; (*getan werden*) be done; *~ lassen* allow, suffer; *es geschehe* so be it; *es ist um mich ~* I am done for; *es geschieht ihm recht* it serves him right; *Dein Wille geschehe* Thy will be done; **2.** *p.p. v.* 1.; **3.** ⚲ *n* happenings *pl.*, events *pl.*

Ge'schehnis *n* occurrence, event.

gescheit [gə'ʃaɪt] clever, intelligent, smart, brainy, bright; *nicht recht ~* a bit cracked *od.* touched.

Geschenk [gə'ʃɛŋk] *n* (3) present, gift; *j-m et. zum ~ machen* make a p. a present of a th.; **~packung** *f* gift-box.

Geschichte [gə'ʃiçtə] *f* (15) story; (*Erzählung*) *a.* narrative; tale; *bsd. als Wissenschaft*: history; *e-e schöne ~!* a nice affair!; *die ganze ~* the whole business; **~nbuch** *n* story-book; **~n-erzähler(in** *f*) *m* story-teller.

ge'schichtlich historical; (*~ bedeutsam*) historic.

Ge'schichts|forscher *m* historian; **~forschung** *f* historical research; **~schreiber** *m* historian.

Geschick [gə'ʃik] *n* (3) **1.** fate, destiny; **2.** = **~lichkeit** *f* skill; (*Gewandtheit*) dexterity, adroitness; (*Befähigung*) aptitude; **⚲t** skil(l)ful (*zu* at; *in dat.* in), clever (at), able; dexterous, adroit; apt.

geschieden [gə'ʃiːdən] *p.p. v. scheiden.*

ge'schienen *p.p. v. scheinen.*

Geschirr [~'ʃir] *n* (3) (*Gefäß*) vessel; (*Tafel⚲*) table-ware; (*Silber⚲*) plate; (*Porzellan*) china; *oft nur*: things *pl.*; *irdenes ~* earthenware, crockery; (*Pferde⚲*) harness; *das ~ abwaschen* wash up (*od.* do) the dishes.

ge'schissen V *p.p. v. scheißen.*

ge'schlafen *p.p. v. schlafen.*

ge'schlagen *p.p. v. schlagen.*

Geschlecht [gə'ʃlɛçt] *n* (1) sex; (*Art*) kind, species; (*Abstammung*) race; (*Familie*) family; (*Menschenalter*) generation; *gr.* gender; *s. schön* *usw.*; *beiderlei ~s* of both sexes; **2lich** sexual.

Ge'schlechts|-akt *m* sexual act; **2krank** suffering from venereal disease; **~krankheit** *f* venereal disease; **~leben** *n* sex life; **2los** sexless; *biol.* asexual; **~name** *m* family name; **~-organ** *n* sexual organ; **~reife** sexual maturity; **~teile** *m/pl.* genitals; **~trieb** *m* sexual instinct (*od.* urge); **~verkehr** *m* sexual intercourse; **~wort** *gr. n* article.

ge'schlichen *p.p. v. schleichen.*

ge'schliffen 1. *p.p. v. schleifen* 1.; **2.** *adj. Glas*: cut; *fig.* polished.

ge'schlissen *p.p. v. schleißen.*

ge'schlossen 1. *p.p. v. schließen*; **2.** *adj.* closed; ⚔, *hunt.*, *gr.* close; (*gemeinsam*) united, *adv.* in a body; ⊕ self-contained; *~e Gesellschaft* private party; *~e Veranstaltung* private meeting.

geschlungen [gə'ʃluŋən] *p.p. v. schlingen.*

Geschmack [~'ʃmak] *m* (3[3]) taste (*a. fig. an dat.* for); (*Aroma*) flavo(u)r; *fig.* (*guter*) ~ (good) taste; *~ finden an* (*dat.*) take a fancy to; **2los** tasteless; (*fad*) insipid; *fig.* tasteless; (*pred.*) in bad taste; **~losigkeit** *f* tastelessness; *fig.* bad taste; **~smuster** *n* (ornamental) design; **~srichtung** *f* trend in taste; **~(s)sache** *f* matter of taste; **~ssinn** *m* (sense of) taste; **~sverirrung** *f* lapse of taste; **2voll** tasteful, elegant, *pred.* in good taste.

Geschmeide [gə'ʃmaɪdə] *n* (7) trinkets, jewels *pl.*; jewel(le)ry.

ge'schmeidig supple, pliant; flexible; **2keit** *f* suppleness, flexibility.

Geschmeiß [~'ʃmaɪs] *n* (3[2]) vermin; *fig. a.* rabble, scum.

Ge'schmiere *n* (7) smearing; (*Gekritzel*) scrawl, scribbling.

ge'schmissen *p.p. v. schmeißen.*

ge'schmolzen *p.p. v. schmelzen.*

Geschnatter [~'ʃnatər] *n* (7) cackling; *fig. a.* chatter(ing).

ge'schnitten *p.p. v. schneiden.*

geschnoben [gə'ʃno:bən] *p.p. v. schnauben.*

geschoben [~'ʃo:bən] *p.p. v. schieben.*

gescholten [~'ʃɔltən] *p.p. v. schelten.*

Geschöpf [~'ʃœpf] *n* (3) creature.

geschoren [~'ʃo:rən] *p.p. v. scheren.*

Geschoß [gə'ʃɔs] *n* (4) projectile; (*Wurf2*) missile; (*Gewehr2*, *Pistolen2*) bullet; (*Granate*) shell; (*Stockwerk*) stor(e)y, floor; **~bahn** *f* trajectory.

ge'schossen *p.p. v. schießen.*

geschraubt [~'ʃraʊpt] *Stil*: stilted.

Ge'schrei *n* (3) cries *pl.*; shouting; *fig.* noise, fuss; *viel ~ und wenig Wolle* much ado about nothing.

Geschreibsel [gə'ʃraɪpsəl] *n* (7, *o. pl.*) scribble (*a. fig.*).

geschrieben [~'ʃri:bən] *p.p. v. schreiben* 1.

ge'schrie(e)n *p.p. v. schreien.*

ge'schritten *p.p. v. schreiten.*

geschunden [gə'ʃundən] *p.p. v. schinden.*

Geschütz [gə'ʃyts] *n* (3[2]) gun; **~feuer** *n* gun-fire, shelling; **~turm** *m* turret.

Geschwader [~'ʃva:dər] *n* (7) ⚓ squadron; ✈ group, *Am.* wing.

Geschwätz [~'ʃvɛts] *n* (3[2]) idle talk, twaddle, prattle; (*Klatsch*) gossip.

ge'schwätzig talkative, *Am. a.* gabby; **2keit** *f* talkativeness.

geschweige [gə'ʃvaɪgə]: (*~ denn*) not to mention, let alone, much less.

geschwiegen [gə'ʃvi:gən] *p.p. v. schweigen* 1.

geschwind [gə'ʃvint] fast, quick, swift.

Ge'schwindigkeit [~diç-] *f* speed, *bsd. phys.* velocity; (*Maß der Fortbewegung*) rate; *mit e-r ~ von ...* at a speed (*od.* rate) of ...; **~sbegrenzung** *f* speed limit; **~smesser** *mot. m* speedometer, tachometer; **~srekord** *m* speed record.

Geschwister [gə'ʃvistər] *pl.* (7) brother(s) and sister(s), siblings; **~kind** *n* (first) cousin; **2lich** brotherly; sisterly; **~paar** *n* brother and sister.

ge'schwollen 1. *p.p. v. schwellen*; **2.** *adj.* swollen; *fig. Sprache*: pompous.

geschwommen [~'ʃvɔmən] *p.p. v. schwimmen.*

ge'schworen *p.p. v. schwören*; **2e** *m* (18) juror; **2en** *pl.* jury (*a.* **2engericht** *n*); **2enliste** *f* panel.

Geschwulst [~'ʃvulst] *f* (14[1]) swelling; (*Gewächs*) tumo(u)r.

geschwunden [~'ʃvundən] *p.p. v. schwinden.*

geschwungen [~'ʃvuŋən] *p.p. v. schwingen.*

Geschwür [~'ʃvy:r] *n* (3) abscess, boil; (*Magen*♀ *usw.*) ulcer; *fig.* sore.
ge'sehen *p.p. v. sehen.*
Gesell(e) [~'zɛl(ə)] *m* (12[13]) companion, fellow; (*Handwerks*♀) journeyman.
ge'sellen (25) (*a. sich*) (*zu*) associate (with), join (with, to).
Ge'sellen|jahre *n/pl.*, **~zeit** *f* journeyman's years *pl.* of service.
ge'sellig gregarious (*a. fig.*); (*umgänglich*) sociable; *~es Leben usw.* social life *etc.*; *er ist ein ~er Mensch* F he is a good mixer; **♀keit** *f* sociability; (*Verkehr*) sociality.
Ge'sellschaft *f* (16) society; (*Zs.sein mit anderen*; *Besucher, Gäste*) company; *geladene*: party; *allg.* social gathering; ⚕ company; *fig. iro.* lot, bunch; *Dame der ~* society lady; *~ mit beschränkter Haftung* limited (liability) company; *s. geschlossen*; *e-e ~ geben* give (*Am. a.* throw) a party; *j-m ~ leisten* bear (*od.* keep) a p. company; *in guter* (*schlechter*) *~* in good (bad) company; *in j-s ~* in a p.'s company; **~er** *m* (7) companion; ⚕ partner; **♀lich** social; *~e Manieren pl.* company manners.
Ge'sellschafts|-anzug *m* evening dress, dress-suit, ⚔ dress uniform; **~dame** *f* lady companion; **♀fähig** presentable (in society); **~kleid** *n* evening gown; **~kritik** *f* social criticism; **~kritisch** socio-critical; **~-ordnung** *f* social order; **~recht** ⚖ *n* company law; **~reise** *f* party tour; **~spiel** *n* parlo(u)r game; **~tanz** *m* ballroom dance; **~vermögen** ⚕ *n* company assets *pl.*; **~zimmer** *n* reception room.
Gesenk ⊕ [gə'zɛŋk] *n* (3^1) die; (*Flachhammer*) swage.
gesessen [gə'zɛsən] *p.p. v. sitzen.*
Gesetz [gə'zɛts] *n* (3^2) *allg.* law; *geschriebenes*: statute; *parl.* Act; **~buch** *n* (legal) code; statute-book; **~-entwurf** *m* bill; **~eskraft** *f* legal force; *~ erhalten* pass into law; **♀gebend** legislative; **~geber** *m* legislator; **~gebung** *f* legislation; **♀lich** legal, statutory; (*rechtmäßig*) lawful, legitimate; *~ geschützt* patent(ed), registered, proprietary; **~lichkeit** *f* lawfulness; legality.
ge'setz|los lawless; anarchic(al); **♀losigkeit** *f* lawlessness; anarchy; **~mäßig** *Macht*: legal; *Rechtsmittel*: lawful; *Anspruch*: legitimate; (*satzungsgemäß*) statutory; *fig.* regular; **♀mäßigkeit** *f* legality; lawfulness; legitimacy; *fig.* regularity, law.
ge'setzt (*maßvoll*) sedate, staid; (*zuverlässig*) steady; (*besonnen*) composed, staid; *Sport*: seeded; *von ~em Alter* of mature age; *~ (den Fall), es sei wahr* suppose (*od.* supposing) it were (*od.* it to be) true; **♀heit** *f* sedateness; steadiness.
Ge'setz|vorschlag *m* bill; **♀widrig** unlawful, illegal; **~widrigkeit** *f* illegality.
Gesicht [gə'ziçt] *n* (1) (*Sehvermögen*) (eye)sight; (*Angesicht*) face; (*Miene*) countenance; (*Aussehen*) look; (3) (*Erscheinung*) apparition, vision; *zweites ~* second sight; *ein saures ~ machen* look surly; *~er ziehen od. schneiden* make (*od.* pull) faces; *fig. das ~ wahren* save face; *j-m wie aus dem ~ geschnitten be* the spit and image of a p.; *j-m et.* (*Unangenehmes*) *ins ~ schleudern* fling a th. into a p.'s teeth; *zu ~ bekommen* catch sight of.
Ge'sichts|-ausdruck *m* facial expression; **~bildung** *f* (cast of) features *pl.*, physiognomy; **~farbe** *f* complexion; **~feld** *opt. n* visual field; **~kreis** *m* horizon; **~krem** *f* face-cream; **~massage** *f* facial massage, *Am.* F facial; **~muskel** *m* facial muscle; **~punkt** *m* point of view, viewpoint, aspect, *bsd. Am.* angle; **~spannung** *f* face-lift; **~wasser** *n* face-lotion; **~winkel** *m* *anat.* facial angle; *opt.* visual angle; **~zug** *m mst pl.* feature(s), lineament(s).
Gesims [gə'zims] *n* (4) ledge; (*Zierleiste*) mo(u)lding; (*Kranz*♀) cornice.
Gesinde [~'zində] *n* (7) servants, domestics *pl.*
Ge'sindel *n* (7) rabble, riff-raff.
gesinnt [gə'zint] *well etc.* disposed; *in Zssgn* ...-minded.
Ge'sinnung *f* mind, sentiment(s *pl.*); (*Überzeugung*) conviction; (*Ansichten*) opinions *pl.*; **♀slos** unprincipled; **♀s-treu** loyal; **♀s-tüchtig** sta(u)nch; **~swechsel** *m* change of mind; *bsd. pol.* volteface.
gesitt|et [~'zitət] civilized; (*wohlerzogen*) well-bred, well-mannered; (*höflich*) polite; **♀ung** *f* civilization.

Gesöff [~ˈzœf] F *n* (3) (vile) brew.
gesoffen [~ˈzɔfən] *p.p. v. saufen.*
gesogen [~ˈzo:gən] *p.p. v. saugen.*
gesonnen [~ˈzɔnən] **1.** *p.p. v. sinnen*; **2.** *adj.* minded; ~ *sein* have a mind (*zu inf.* to).
gesotten [~ˈzɔtən] *p.p. v. sieden.*
Gespann [~ˈʃpan] *n* (3) team, *Am. a.* span; *v. Ochsen*: yoke; *fig.* (*Paar*) pair, couple, duo.
geˈspannt stretched, (*a. fig.*) tense; *Seil*: taut; *fig.* intent; *Aufmerksamkeit*: *a.* close; *Beziehungen*: strained; *Lage, Nerven*: tense; ~ *sein auf* (*acc.*) be anxious (*od.* on edge) for; ~ *sein, ob usw.* be anxious to know if *etc.*; *auf* ~*em Fuße mit* on bad terms with; ≈**heit** *f* tenseness, tension.
Gespenst [gəˈʃpɛnst] *n* (1¹) ghost, spect|re, *Am.* -er (*a. fig.*); ≈**erhaft** ghostly; ~**erstunde** *f* ghostly hour; ≈**isch** ghostly; nightmarish (*a. fig.*).
Gespiel|(**e**) [gəˈʃpi:l(ə)] *m* (13), ~**in** *f* (16¹) playmate.
gespien [gəˈʃpi:n] *p.p. v. speien.*
Gespinst [~ˈʃpinst] *n* (3²) (*Gewebe*) web; (*Gesponnenes*) spun yarn.
gesponnen [~ˈʃpɔnən] *p.p. v. spinnen.*
Gespött [~ˈʃpœt] *n* (3) mockery, derision; *sich zum ~ machen* make a fool of o.s.; *zum ~ der Leute werden* become the laughing-stock of people.
Gespräch [~ˈʃprɛ:ç] *n* (3) talk (*a. pol.*); conversation, *teleph. a.* call; (*Zwie*≈) dialog(ue); ≈**ig** talkative, communicative; ~**igkeit** *f* talkativeness; ~**s-partner** *m* interlocutor; ~**s-stoff** *m* topic(s *pl.*) of conversation; ≈**sweise** by way of conversation, colloquially.
gespreizt [gəˈʃpraɪtst] *s. spreizen*; *fig.* affected, stilted; ≈**heit** *f* affectation.
gesprochen [gəˈʃprɔxən] *p.p. v. sprechen.*
geˈsprossen *p.p. v. sprießen.*
geˈsprungen *p.p. v. springen.*
Gespür [~ˈʃpy:r] *n* (3¹, *o. pl.*) nose (*für* for).
Gestade [gəˈʃtɑ:də] *n* (7) shore.
Gestalt [~ˈʃtalt] *f* (16) form, figure, shape; (*Wuchs*) stature; (*Weise*) manner, way; *in ~ von* in the form of; (*feste*) ~ *annehmen* take shape; ≈**en** (26) form, shape; ⊕ design; (*einrichten, organisieren*) arrange, organize; *schöpferisch*: create, produce; *zu et.*: make, turn into; *sich* ~ develop (*zu* into), turn out; ~**er** *m* shaper; organizer; creator; ⊕ designer.
Geˈstaltung *f* shaping; arrangement, organization; creation; ⊕ design(ing); (*Form*) shape; (*Merkmale*) features *pl.*; (*Zustand*) state.
Gestammel [~ˈʃtaməl] *n* (7) stammering.
gestanden [~ˈʃtandən] *p.p. v. stehen.*
geständ|ig [~ˈʃtɛndiç] confessing; ~ *sein* confess; ≈**nis** [~ˈʃtɛnt-] *n* (4¹) (*a.* ⚖) confession; admission.
Gestank [gəˈʃtaŋk] *m* (3, *o. pl.*) stench, F stink.
gestatten [gəˈʃtatən] (26) allow, permit.
Geste [ˈgɛstə] *f* (15) gesture.
geˈstehen confess.
Geˈstehungskosten † *pl.* prime cost.
Geˈstein *n* (3) rock, stone.
Gestell [gəˈʃtɛl] *n* (3) stand, rack; (*Rahmen, Gerippe*) frame; (*Bock*≈) trestle, horse.
Geˈstellung ⚔ *f* reporting for service; ~**sbefehl** *m* calling-up (*Am.* induction) order.
gestern [ˈgɛstərn] yesterday; ~ *abend* last night.
geˈstiefelt booted, in boots.
gestiegen [~ˈʃti:gən] *p.p. v. steigen.*
gestielt [~ˈʃti:lt] helved; ⚘ stalked.
gestikulieren [gɛstikuˈli:rən] gesticulate.
Gestirn [gəˈʃtirn] *n* (3) star; (*Sternbild*) constellation; ≈**t** starred, starry.
gestoben [~ˈʃto:bən] *p.p. v. stieben.*
Gestöber [~ˈʃtø:bər] *n* (7) drift(ing), flurry (of snow).
gestochen [~ˈʃtɔxən] *p.p. v. stechen.*
gestohlen [~ˈʃto:lən] *p.p. v. stehlen.*
gestorben [~ˈʃtɔrbən] *p.p. v. sterben.*
geˈstoßen *p.p. v. stoßen.*
Gesträuch [~ˈʃtrɔʏç] *n* (3) bushes *pl.*, shrubs *pl.*
gestreckt [~ˈʃtrɛkt] **1.** *p.p. v. strekken*; **2.** *adj.* ⚔ *Ladung*: elongated (*charge*); *s. Galopp.*
gestreift [~ˈʃtraɪft] striped, streaky.
gestreng [gəˈʃtrɛŋ] severe.
geˈstrichen *p.p. v. streichen.*
gestritten [~ˈʃtritən] *p.p. v. streiten.*
gestrig [ˈgɛstriç] of yesterday; *die ~e Zeitung* yesterday's paper.
Gestrüpp [gəˈʃtryp] *n* (3) underwood, scrub, *Am.* brush.

gestunken [~'ʃtuŋkən] *p.p. v. stinken.*
Gestüt [gə'ʃty:t] *n* (3) stud.
Gesuch [~'zu:x] *n* (3) application, request; (*Bittschrift*) petition; **⁀t** wanted (*a.* ⚖); (*begehrt*) (much) sought-after, in (great) demand; (*absichtlich*) studied; (*geziert*) affected; (*weit hergeholt*) far-fetched.
Gesudel [~'zu:dəl] *n* (7) (*Schrift*) scribble, scrawl; *paint.* daubing.
gesund [gə'zunt] healthy (*a. fig.*), sound (*a. Ansicht, Firma usw.*), in good health; (*geistig* ~) sane; (*heilsam; a. fig.*) wholesome; ~ *und munter* fit as a fiddle; ~ *wie ein Fisch im Wasser* sound as a roach; *s. Menschenverstand*; **⁀beter(in** *f*) *m* faith-healer; **⁀bete'rei** *f* faith-healing; **⁀brunnen** *m* mineral spring; **~en** [~'zundən] (26, sn) recover, regain one's health.
Gesundheit [gə'zunt-] *f* (16) health; *fig. a.* soundness; (*geistige* ~) sanity; (*Heilsamkeit*) wholesomeness; *s. ausbringen*; **⁀lich** sanitary, hygienic; ~*er Zustand* state of health; ~ *geht es ihm gut* he is in good health; **~s-amt** *n* public health office; **~s-apostel** *m* sanitarian; **~s-pflege** *f* (personal) hygiene; **⁀sschädlich** injurious to health, unwholesome; **~swesen** *n öffentliches*: Public Health; **~szeugnis** *n* certificate of health; **~szustand** *m* state of health.
Gesundung [gə'zunduŋ] *f* recovery (*a. fig.* ⚕ *usw.*).
gesungen [gə'zuŋən] *p.p. v. singen.*
gesunken [gə'zuŋkən] *p.p. v. sinken.*
Getäfel [gə'tɛ:fəl] *n* (7) wainscot.
getan [gə'tɑ:n] *p.p. v. tun* 1.
Getier [~'ti:r] *n* (3, *o. pl.*) animals *pl.*
Getöse [gə'tø:zə] *n* (7) noise, din.
ge'tragen 1. *p.p. v. tragen*; **2.** *adj. fig.* measured, slow; (*feierlich*) solemn.
Getrampel [gə'trampəl] *n* (7) stamping, trampling.
Getränk [gə'trɛŋk] *n* (3) drink, beverage; ⚕ potion; *s. geistig.*
Getrappel [~'trapəl] *n* (7) pattering; (*Pferde⁀*) clatter (of hooves).
ge'trauen: *sich* ~ dare, venture.
Getreide [gə'traɪdə] *n* (7) corn, grain; **~-arten** *f/pl.* cereals; **~bau** *m* grain-growing; **~feld** *n* grain-field; **~händler** *m* grain-merchant; **~land** *n* grain-growing country; **~pflanze** *f* cereal plant; **~speicher** *m* granary.
ge'treten *p.p. v. treten.*
ge'treu, ~lich faithful, true, loyal.
Getriebe [gə'tri:bə] *n* (7) ⊕ gearing, gear unit; (~*räder*) gears *pl.*; (*Räderwerk*) wheelwork; *fig.* wheels *pl.*; (*reges Leben*) bustle.
getrieben [~'tri:bən] *p.p. v. treiben.*
getroffen [~'trɔfən] *p.p. v. treffen.*
getrogen [~'tro:gən] *p.p. v. trügen.*
getrost [gə'tro:st] confident.
Getto ['gɛto] *n* (11) ghetto.
ge'trunken *p.p. v. trinken.*
Getue [gə'tu:ə] *n* (7) fuss.
Getümmel [~'tyməl] *n* (7) turmoil.
Gevatter [~'fatər] *m* (7 *u.* 13) godfather; ~ *Tod* Goodman Death; **~in** *f* (16[1]) godmother.
geviert [gə'fi:rt] **1.** squared; **2.** ⁀ *n* (3) square.
Gewächs [gə'vɛks] *n* (4) (*Pflanze*) plant, vegetable; (*Kraut*) herb; (*Erzeugnis*) growth (*a.* ⚕); (*Weinsorte*) vintage; **~haus** *n* greenhouse.
ge'wachsen 1. *p.p. v. wachsen*; **2.** *adj. j-m* ~ *sein* be a p.'s equal, be a match for a p.; *e-r Sache* ~ *sein* be equal to a th.; *sich der Lage* ~ *zeigen* rise to the occasion.
gewagt [gə'vɑ:kt] daring (*a. fig.*), risky; *Witz*: risqué (*fr.*), *Am.* off--color.
gewählt [~'vɛ:lt] choice; *Sprache*: selected; *Gesellschaft*: select.
ge'wahr *werden* = **~en** perceive, notice, become aware of (*od. daß* that); (*entdecken*) discover.
Gewähr [~'vɛ:r] *f* (16) warrant(y), guarantee, security; *ohne* ~ without guarantee, ⚕ *a.* without engagement; ~ *bieten für* guarantee; **⁀en** (25) grant; (*geben*) give, yield, afford; ~ *lassen* let *a p.* have his way; **⁀leisten** guarantee; **~leistung** *f* guaranty.
Ge'wahrsam *m, n* (3) custody.
Ge'währsmann *m* authority; *für Nachrichten*: informant.
Gewalt [~'valt] *f* (16) power; *amtliche*: *a.* authority; (*Aufsicht*) control; (*Gewalttätigkeit*) force, violence; *höhere* ~ force majeure (*fr.*), act of God; *s. roh*; *j-m* ~ *antun* do violence to a p.; ~ *anwenden* resort to force; *sich in der* ~ *haben* have o.s. under control; *in j-s* ~ *sein* be in a p.'s power *od.* grip; *mit* ~ by

force; *mit aller* ~ with might and main; *er verlor die* ~ *über den Wagen* his car got out of hand; **~-akt** *m* act of violence; **~herrschaft** *f* tyranny; **~herrscher** *m* despot; **2ig** powerful, mighty; (*heftig*) vehement; (*ungeheuer*) enormous, F tremendous; **2los** *pol.* non-violent; **~marsch** *m* forced march; **~maßnahme** *f* violent (*fig.* drastic) measure; **~mensch** *m* brute; **2sam** violent, forcible; **~samkeit** *f* violence; **~streich** *m* bold stroke; **~tat** *f* act of violence; **2tätig** violent; brutal; **~tätigkeit** *f* violence; **~verbrecher** *m* violent criminal; **~verzichtsabkommen** *pol. n* non-aggression treaty.

Gewand [gə'vant] *n* (1², *poet.* 1³) garment, dress; *wallendes*: robe.

ge'wandt 1. *p.p. v. wenden*; **2.** *adj. bsd. körperlich*: dexterous, adroit; *bsd. geistig*: clever; **2heit** *f* adroitness, dexterity; cleverness.

ge'wann *pret. v. gewinnen.*

gewärtig [~'vɛrtiç] (*gen.*) expectant (of); *e-r Sache ~ sein, et. od. e-e Sache* **~gen** expect, reckon with; *zu ~ haben* be in for, face.

Gewäsch [gə'vɛʃ] *n* (3²) twaddle.

ge'waschen *p.p. v. waschen.*

Gewässer [~'vɛsər] *n* (7) waters *pl.*

Gewebe [gə've:bə] *n* (7) (*Stoff*) (woven) fabric, textile, web (*a. fig.*); (*feines* ~) tissue (*a. anat. u. fig.*); (*Webart*) texture (*a. fig.*).

geweckt [~'vɛkt] *fig.* quick(-witted), bright, alert.

Ge'wehr *n* (3) gun; ⚔ rifle; **~feuer** *n* rifle fire; **~kolben** *m* (rifle) butt; **~lauf** *m* (rifle) barrel; **~riemen** *m* rifle sling.

Geweih [~'vaɪ] *n* (3) horns, antlers *pl.*

Gewerbe [gə'vɛrbə] *n* (7) trade, business; (*Beruf*) occupation; (*Industrie*) industry; **~-ausstellung** *f* industrial exhibition; **~betrieb** *m* industrial enterprise; **~freiheit** *f* freedom of trade; **~-ordnung** *f* industrial code; **~schein** *m* trade licen|ce, *Am.* -se; **~schule** *f* vocational school; **~steuer** *f* trade tax; **2tätig** industrial; **~tätigkeit** *f* industry; **2treibend** engaged in trade; industrial; **~treibende** *m* person carrying on a trade or business; **~zweig** *m* (branch of) trade or industry.

gewerblich [~'vɛrp-] industrial.

ge'werbsmäßig professional.

Ge'werkschaft *f* trade union, *bsd. Am.* labor union; **~ler** *m* (7), **2lich** trade-unionist; *gewerkschaftlich organisieren* unionize; **~sbund** *m* Federation of Trade Unions; **~swesen** *n* trade-unionism.

gewesen [gə've:zən] **1.** *p.p. v. sein*; **2.** *adj.* former, ex-...

gewichen [gə'viçən] *p.p. v. weichen.*

Gewicht [gə'viçt] *n* (3) weight (*a. fig.*); ~ *haben* (*bei*) carry weight (with); ~ *legen auf* (*acc.*) attach importance to; (*nicht*) *ins ~ fallen* be of (no) consequence; **~heben** *n Sport*: weight-lifting; **2ig** weighty (*a. fig.*); **~s-abnahme** *f*, **~sverlust** *m* loss in weight; ⚕ shortage; **~szunahme** *f* increase in weight.

Gewieher [~'vi:ər] *n* (7) neighing.

gewiesen [~'vi:zən] *p.p. v. weisen.*

gewillt [~'vilt] willing.

Gewimmel [~'viməl] *n* (7) swarming; (*Menge*) swarm, crowd, throng.

Gewimmer [~'vimər] *n* (7) whimpering.

Gewinde [~'vində] *n* (7) winding; (*Blumen*2) garland, wreath; (*Schrauben*2) thread; **~bohrer** *m* (screw-) -tap.

Gewinn [~'vin] *m* (3) winning; (*Gewonnenes*) gain, profit; (*Lotterie*2) prize; (*Spiel*2) winnings *pl.*; (*Vorteil*) advantage; *~- und Verlustkonto od. -rechnung* profit-and--loss account (*Am.* statement); ~ *ziehen aus* profit by; **~-anteil** *m* dividend; **~beteiligung** *f* profit--sharing; **2bringend** profitable, paying; **2en** (30) *v/t.* win; gain; *Vorteil, Vorsprung*: gain (*a. Zeit*), get; ⚒ *usw.*: win, produce; *an Bedeutung usw.* ~ gain in ...; *j-n für sich* ~ win a p. over; *ich konnte es nicht über mich* ~ I could not bring myself to do it; *v/i.* gain; *er hat sehr gewonnen* he has greatly improved; **2end** winning, engaging; **~er** *m* (7), **~erin** *f* winner; **~spanne** *f* profit margin; **~sucht** *f* greed; **2süchtig** greedy, profit-seeking; **~ung** *f* winning; production.

Gewinsel [gə'vinzəl] *n* (7) whining.

Gewirr [~'vir] *n* (3) confusion, entanglement; (*Labyrinth*) maze.

gewiß [~'vis] certain, sure; ~! certainly!, to be sure!, *Am.* sure!;

aber ~! by all means!; *ein gewisser Herr N.* a certain Mr. N.
Gewissen [gəˈvisən] *n* (6) conscience; *ein reines (schlechtes) ~* a good (bad) conscience; *s. Wissen, reden*; **2haft** conscientious (*in dat.* about); **~haftigkeit** *f* conscientiousness; **2los** unscrupulous; **~losigkeit** *f* unscrupulousness.
Geˈwissens|bisse *m/pl.* remorse *sg.*, pangs *pl.* of conscience; **~frage** *f* matter of conscience; **~freiheit** *f* freedom of conscience; **~konflikt** *m*, **~not** *f* moral dilemma; **~zwang** *m* moral constraint; **~zweifel** *m* scruple.
gewissermaßen [~ˈmɑːsən] so to speak, as it were.
Geˈwißheit *f* certainty; *sich ~ verschaffen über (acc.)* make certain on.
geˈwißlich certainly, surely.
Gewitter [gəˈvitər] *n* (7) (thunder-)storm; **2n** (29) thunder; **~regen** *m* thunder-shower; **~wolke** *f* thunder-cloud.
gewitzt [gəˈvitst] taught by experience; (*pfiffig*) shrewd, smart.
gewoben [~ˈvoːbən] *p.p. v. weben.*
gewogen [~ˈvoːgən] **1.** *p.p. v. wiegen*[1], *wägen*; **2.** *adj.* (*dat.*) well (*od.* kindly) disposed (to[wards]), favo(u)rable (to); **2heit** *f* goodwill; kindness.
gewöhnen [gəˈvøːnən] (25) accustom, habituate (*an acc.* to); *an Strapazen*: inure (to); *j-n ~ an (acc.)* get a p. used to; *sich ~* get accustomed *od.* used (*an acc.* to).
Gewohnheit [gəˈvoːnhaɪt] *f* wont; (*Herkommen*) custom; *persönliche*: habit; *zur ~ werden* grow into a habit; **2smäßig** habitual; **~smensch** *m* creature of habit; **~srecht** *n* common law; *weitS.* established right; **~ssünde** *f* habitual sin; **~s·trinker** *m* habitual drunkard; **~sverbrecher** *m* habitual criminal.
gewöhnlich [~ˈvøːnliç] (*allgemein*) common; (*alltäglich*) ordinary; (*üblich*) usual, customary; (*gewohnt*) habitual, wonted; *b.s.* (*gemein*) common, vulgar.
gewohnt [gəˈvoːnt] habitual, wonted; *et. ~ sein* be accustomed *od.* used to, be in the habit of *ger.*
Geˈwöhnung *f* accustoming, habituation (*a.* ⚕); inurement (*alle an acc.* to); *s. Gewohnheit.*

Gewölb|e [gəˈvœlbə] *n* (15) vault; (*Bogen*) arch; **2t** [~pt] vaulted; arched.
Gewölk [~ˈvœlk] *n* (3) clouds *pl.*
gewollt [~ˈvɔlt] **1.** *p.p. v. wollen*; **2.** *adj.* deliberate, conscious.
gewonnen [~ˈvɔnən] *p.p. v. gewinnen.*
geworben [~ˈvɔrbən] *p.p. v. werben.*
geworden [~ˈvɔrdən] *p.p. v. werden.*
geworfen [~ˈvɔrfən] *p.p. v. werfen.*
gewrungen [~ˈvruŋən] *p.p. v. wringen.*
Gewühl [~ˈvyːl] *n* (3) bustle; (*Menge*) milling crowd.
gewunden [~ˈvundən] **1.** *p.p. v. winden*; **2.** *adj.* twisted; *bsd. fig.* tortuous.
Gewürm [~ˈvyrm] *n* (3) worms *pl.*; (*Ungeziefer*) vermin.
Gewürz [~ˈvyrts] *n* (3[2]) spice; *Kochkunst*: condiment, seasoning; **~händler** *m* spice dealer; **2ig** spicy, aromatic; **~nelke** *f* clove.
gewußt [gəˈvust] *p.p. v. wissen.*
geˈzahnt toothed; ⚘ dentate.
Gezänk [~ˈtsɛŋk] *n* (3) squabble.
Geˈzeit *f*, *mst* **~en** *pl. inv.* tide; **~en...** tidal.
Gezeter [gəˈtseːtər] *n* (7) shrill clamo(u)r; hue and cry.
geziehen [gəˈtsiːən] *p.p. v. zeihen.*
geˈziemen (25, *dat.*) (*a. sich ~ [für]*) become; **~d** becoming, seemly, fit(ting); (*schuldig*) proper, due.
geziert [~ˈtsiːrt] affected; (*geckenhaft*) foppish; (*förmlich*) prim; **2heit** *f* affectation; primness.
Gezisch [~ˈtsiʃ] *n* (3[2]) hissing; **~el** *n* (7) whispering.
gezogen [~ˈtsoːgən] *p.p. v. ziehen.*
Gezücht [~ˈtsyçt] *n* (7) brood, breed.
Gezwitscher [~ˈtsvitʃər] *n* (7) chirping, twitter.
gezwungen [~ˈtsvuŋən] **1.** *p.p. v. zwingen*; **2.** *adj. fig.* forced, constrained; (*geziert*) affected; *~ lachen* force a laugh; **~erˈmaßen** under compulsion.
Gicht [giçt] *f* (16) gout; **ˈ2brüchig**, **ˈ2isch** gouty; **ˈ~knoten** *m* gout node.
Giebel [ˈgiːbəl] *m* (7) gable(-end).
Gier [giːr] *f* (16) greed(iness) (*nach* of); **ˈ2ig** greedy (*nach* of).
Gießbach [ˈgiːsbax] *m* torrent.
gieß|en [ˈgiːsən] (30) pour; (*verschütten*) spill; ⊕ cast, found;

Pflanze, Garten: water; es *gießt* it is pouring (with rain); '**⁀er** *m* (7) founder; **⁀erei** [~'raɪ] *f* (*Gießhaus*) foundry; *Tätigkeit*: casting; '**⁀kanne** *f* watering-can.
Gift [gift] *n* (3) poison; (*bsd. Schlangen*⁀, *a. fig.*) venom; (*Bosheit*) malice; F *darauf kannst du ~ nehmen!* F you bet your life on it!; '**~gas** *n* poison-gas.
'**giftig** (*a. fig.*) poisonous, venomous; (*boshaft*) malicious, spiteful.
'**Gift|mischer**(**in** *f*) *m* poisoner; '**~mord** *m* (murder by) poisoning; '**~pflanze** *f* poisonous plant; '**~schlange** *f* venomous (*od.* poisonous) snake; '**~zahn** *m* venom-tooth.
Gigant [gi'gant] *m* (12) giant; **~in** *f* giantess; **⁀isch** gigantic.
Gilde ['gildə] *f* (15) guild, corporation.
Gimpel ['gimpəl] *m* (7) *zo.* bullfinch; *fig.* simpleton, dupe, fool.
ging [giŋ] *pret. v. gehen.*
Ginster ⚘ ['ginstər] *m* (7) broom.
Gipfel ['gipfəl] *m* (7) summit, top; (*Spitze*) peak; *fig. a.* acme; '**~konferenz** *pol. f* summit conference; '**~leistung** *f s. Spitzenleistung*; '**⁀n** culminate (*a. fig.*).
Gips [gips] *m* (4) gypsum; ⊕ plaster (of Paris); '**~-abdruck** *m*, '**~-abguß** *m* plaster-cast; '**⁀en** (27) plaster; '**~er** *m* (7) plasterer; '**~figur** *f* plaster figure; '**~verband** *m* plaster dressing *od.* cast.
Giraffe [gi'rafə] *f* (15) giraffe.
Gir|ant ✝ [ʒi'rant] *m* (12) endorser; **~at** [~'rɑːt] *m* (12) endorsee; **⁀ieren** [~'riːrən] circulate; *Wechsel*: endorse.
Girlande [gir'landə] *f* (15) garland.
Giro ✝ ['ʒiːro] *n* (11) endorsement; '**~bank** *f* clearing bank; '**~konto** *n* giro (transfer) account; '**~verkehr** *m* giro transfer business; '**~zentrale** *f* (central) clearing-house.
girren ['girən] (25) coo.
Gis ♪ [gis] *n inv.* G sharp.
Gischt [giʃt] *m* (3^2) foam, spray.
Gitarre [gi'tarə] *f* (15) guitar.
Gitter ['gitər] *n* (7) grating; lattice; (*Zaun*) fence; (*Geländer*) railing; *Radio, a. Landkarte*: grid; *fig. hinter ~n* behind bars; '**~fenster** *n* lattice-window; '**⁀förmig** latticed; '**~netz** *n Landkarte*: grid; '**~spannung** *f Radio*: grid voltage; '**~tor** *n* trellised gate; '**~zaun** *m* lattice-work fence.
Glacéhandschuhe [gla'seːhantʃuːə] *m/pl.* kid gloves (*a. fig.*).
Glanz [glants] *m* (3^2) brightness, lust|re, *Am.* -er; brilliancy; (*Herrlichkeit*) splendo(u)r; '**~bürste** *f* polishing brush.
glänzen ['glɛntsən] (27) glitter, shine (*a. fig. vor dat.* with); *s. Abwesenheit*; '**~d** bright, brilliant; (*a. glatt*) glossy; (*poliert*) polished; *fig.* splendid, brilliant.
'**Glanz|leder** *n* patent leather; '**~leinen** *n* glazed linen; '**~leistung** *f* brilliant performance *od.* feat; '**~lichter** *n/pl.* high lights; '**⁀los** lustreless; '**~papier** *n* glazed paper; '**~periode** *f* brightest period, glorious days *pl.*; '**~punkt** *m* highlight; (*Höhepunkt*) acme; '**~stück** *n* gem; *weitS.* brilliant feat; '**⁀voll** splendid, magnificent; '**~zeit** *f* heyday.
Glas [glɑːs] *n* (2^1; *als Maß im pl. inv.*) glass; '**~-auge** *n* glass eye; '**~bläser** *m* glass-blower.
Glaser ['glɑːzər] *m* (7) glazier; **~ei** [~'raɪ] *f* glazier's workshop.
gläsern ['glɛːzərn] of glass; *fig.* glassy.
Glas|glocke ['glɑːs-] *f* bell-glass, (glass) shade; '**~hütte** *f* glass-works.
glasieren [gla'ziːrən] glaze; *Kochkunst*: ice, frost.
glasig ['glɑːziç] glassy (*a. fig.*), vitreous.
Glas|kasten ['glɑːs-] *m* glass case; '**~perle** *f* glass bead; '**~platte** *f* glass-plate; '**~scheibe** *f* pane of glass; '**~scherben** *f/pl.* (pieces *pl.* of) broken glass *sg.*; '**~schneider** *m* glass cutter; '**~schrank** *m* glass cupboard.
Glasur [gla'zuːr] *f* (16) glaze; (*Schmelz*) enamel; *auf Backwerk*: icing, frosting.
Glas|veranda ['glɑːs-] *f* glass veranda(h); '**⁀weise** in glasses, by glassfuls; '**~wolle** *f* glass wool.
glatt [glat] **1.** *adj.* (18^2) *allg.* smooth (*a. fig. gewandt*); (*eben*) even; (*poliert*) polished, glossy; (*gefällig*) smooth; *Absage, Lüge usw.*: flat, blunt, downright; (*schlüpfrig*) slippery; **2.** *adv.* smoothly; (*ganz*) entirely, clean (*through, etc.*); (*ohne weiteres*) without ado; *~ anliegen* fit

close; ~ *rasiert* clean-shaven; et. ~ *ableugnen* deny a th. flatly; ~ *heraussagen* tell frankly *od.* bluntly.

Glätte ['glɛtə] *f* (15) smoothness; (*Politur*) polish; (*Schlüpfrigkeit*) slipperiness.

'**Glatt-eis** *n* glazed frost, slippery ice, *Am.* glaze; *fig. j-n aufs ~ führen* trip a p. up.

glätten ['glɛtən] (26) smooth; (*polieren*) polish.

'**glatt|streichen** smooth down; **~züngig** ['~tsyŋiç] smooth-tongued.

Glatz|e ['glatsə] *f* (15) bald head; **⚲köpfig** ['~kœpfiç] bald(-headed).

Glaube ['glaubə] (13[1]) *m*, '**~n**[1] (6) *m* (*a. eccl.*) faith, belief (*an acc.* in); *~n schenken* (*dat.*) give credence to, believe; *auf Treu und ~n* on trust; *in gutem ~n* in good faith; '**⚲n**[2] (26) *v/t.* believe; (*meinen, annehmen*) *a.* think, suppose, *Am. a.* guess; *es ist nicht zu ~* it is past belief; *v/i.* believe (*j-m* a p.; *an acc.* in); (*Vertrauen haben zu*) put faith in; F *dran ~ müssen* have to die (*od. Sache*: go).

'**Glaubens|bekenntnis** *n* creed (*a. fig.*), confession of faith; '**~freiheit** *f* religious liberty; '**~genosse** *m* fellow-believer; '**~lehre** *f*, '**~satz** *m* dogma; '**~zeuge** *m* martyr.

glaubhaft ['glauphaft] credible; (*verbürgt*) authentic; ⚖ ~ *machen* substantiate; '**⚲igkeit** *f* credibility; authenticity.

gläubig ['glɔʏbiç] believing, faithful; **⚲e** ['~bigə] *m, f* (18) believer; '**⚲er** ✝ *m* (7), '**⚲erin** *f* (16[1]) creditor.

glaub|lich ['glaup-] credible, believable; '**~würdig** credible, reliable; *P.*: *a.* trustworthy; '**⚲würdigkeit** *f* credibility.

gleich [glaɪç] **1.** *adj.* equal (*an dat.* in); (*ebenso beschaffen*) like; (*derselbe*) *the* same; (*eben, auf ~er Höhe*) even, level; (*~bleibend*) constant; (*einheitlich*) uniform; *in ~er Weise* likewise; *zu ~er Zeit* at the same time; *es ist* (*mir*) *ganz ~* it is all the same (to me); *s. Münze*; **2.** *adv.* alike, equally; (*so~*) at once, immediately; *es ist ~ acht Uhr* it is close on eight o'clock; *s.* ⚲e; '**~altrig** (of) the same age; '**~artig** of the same kind; homogeneous; (*ähnlich*) like, similar; '**⚲artigkeit** *f* homogeneousness; '**~bedeutend** synonymous (*mit* with); equivalent (to), tantamount (to); '**~berechtigt** having equal rights; '**⚲berechtigung** *f* equality (of rights); '**~bleibend** constant, steady, stable; '**⚲e**[1] *m* equal; *the* same; '**⚲e**[2] *n the* same; *the* like; (*ebensoviel*) as much; (*j-m*) *~s mit ~m vergelten* give (a p.) tit for tat.

'**gleichen** (30, *dat.*) equal; (*ähnlich sein*) resemble, be (*od.* look) like.

gleicher|ge'stalt, ~'maßen, ~'weise in like manner, likewise.

'**gleich|falls** also, likewise; *danke, ~!* thanks, the same to you!; **~förmig** ['~fœrmiç] uniform; (*regelmäßig*) regular; (*eintönig*) monotonous; '**⚲förmigkeit** *f* uniformity; '**~gesinnt** like-minded; '**~gestellt** on a par (*dat.* with); **~gestimmt** ['~gəʃtimt] ♪ (tuned) in unison; *fig.* congenial; '**⚲gewicht** *n* (*a. fig.*) balance, equilibrium, equipoise; *politisches ~* balance of power; *aus dem ~ bringen* unbalance, *fig. a.* upset; *ins ~ bringen, im ~ erhalten* balance; *das ~ halten* (*dat.*) counterpoise; *das ~ verlieren* lose one's balance; '**⚲gewichtslehre** *f* statics *sg.*; '**~gültig** indifferent (*gegen* to); unconcerned; *~, ob usw.* no matter if *etc.*; *es ist mir ~* I don't care; '**⚲gültigkeit** *f* indifference; '**⚲heit** *f* equality; *völlige*: identity; (*Ähnlichkeit*) likeness; (*Einheitlichkeit*) uniformity; '**⚲klang** *m* unison, harmony; '**~kommen** (*dat.*) equal, come up to, match; '**~laufend** parallel; (*zeitlich*) synchronous; '**⚲laut** *m* consonance; '**~lautend** consonant; *Inhalt*: of the same tenor, identical; *~e Abschrift* duplicate, true copy; '**~machen** make equal (*dat.* to); '**⚲maß** *n* symmetry, proportion; '**~mäßig** equal, symmetrical; (*ausgeglichen*) even; *s. gleichförmig*; (*stetig*) steady; '**⚲mut** *m*, **⚲mütigkeit** ['~myːtiçkaɪt] *f* equanimity, calmness; '**~mütig** calm, imperturbable; **~namig** ['~naːmiç] of the same name; 🕮 homonymous; ♙ correspondent; '**⚲nis** *n* (4[1]) (*Bild*) image; *rhet.* simile; *biblisch*: parable; **~rangig** ['~raŋiç] of the same rank; equal; '**⚲richter** ⚡ *m* rectifier; '**~sam** as it were; '**~schalten** coordinate, bring into line; **~schenk(e)lig** ['~ʃɛŋk(ə)liç] isosceles; '**⚲schritt** ⚔ *m* marching in step, *Am.* cadence; '**~seitig** equilateral; '**~setzen** (*dat.*) equate with; '**~stellen** (*dat.*) equate (with), equalize (to, with); *P.*: put on a par (with), *staatsbürgerlich*: assimilate in status (to); '**2stellung** *f* equalization; '**2strom** ⚡ *m* direct current; '**~tun**: es *j-m* ~ equal (*od.* match) a p.; '**2ung** *f* equation; '**~'viel** just as much; ~, *ob usw.* no matter if *etc.*; *s. gleichwohl*; '**~wertig** equivalent (*mit* to), of the same value; '**~'wohl** yet, nevertheless, however, all the same; '**~zeitig** simultaneous; (*zeitgenössisch*) contemporary; *adv.* at the same time; '**2zeitigkeit** *f* simultaneousness; '**~ziehen** *Sport*: (*einholen*) overtake (*mit j-m* a p.); (*ausgleichen*) equalize.

Gleis [glaɪs] *n* (4) *s. Geleise.*

Gleisner ['glaɪsnər] *m* (7) hypocrite; '**2isch** hypocritical.

Gleit|bahn ['glaɪt-] *f* slide; shoot, chute; ⊕ guide(way); '**~boot** *n* gliding boat, glider; '**2en** (30, sn) glide, slide; '**~fläche** *f* gliding plane *od.* surface; '**~flug** *m* gliding flight, glide, volplane; '**~flugzeug** *n* glider; '**~mittel** *n* lubricant; '**~rolle** *f* trolley; '**~schutz(reifen)** *m* non--skid (tyre, *Am.* tire).

Gletscher ['glɛtʃər] *m* (7) glacier; '**2-artig** glacial; '**~spalte** *f* crevasse.

glich [gliç] *pret. v. gleichen.*

Glied [gli:t] *n* (1) limb; (*a. Mit2*) member; (*Ketten2, Binde2*) link; ⅍, *Logik*: term; ⚔ rank.

'**glieder|lahm** lame in the limbs; ⚕ paralytic; '**~n** (29) joint, articulate; (*anordnen*) arrange; (*einrichten*) organize; *in Teile*: (sub)divide (*in acc.* into); (*gruppieren*) group; '**2-puppe** *f* jointed doll; (*Marionette*) puppet; *für Maler*: lay figure; *für Kleider*: mannequin; '**2reißen** *n*, '**2schmerz** *m* pain(s *pl.*) in the limbs, rheumatism; '**2ung** *f* (*Anordnung*) arrangement; (*Aufbau*) structure; (*Einteilung*) division; formation.

Glied|maßen ['gli:tmɑ:sən] *pl.* limbs, extremities; '**~staat** *m* member state.

glimmen ['glimən] (30) *Feuer*: smo(u)lder (*a. fig.*); (*glühen*) glow; (*schimmern*) glimmer, gleam; *~de Asche* embers *pl.*

'**Glimmer** *min. m* (7) mica.

'**Glimmstengel** F *m* fag.

glimpflich ['glimpfliç] lenient, mild; ~ *behandeln* deal gently with; ~ *davonkommen* get off lightly.

glitsch|en F ['glitʃən] (27, sn) slide; '**~ig** slippery.

glitt [glit] *pret. v. gleiten.*

glitzern ['glitsərn] (29) glitter.

global [glo'bɑ:l] global.

Globus ['glo:bus] *m* (16² *u.* 4¹) globe.

Glöckchen ['glœkçən] *n*, '**Glöcklein** *n* (6) small bell.

Glocke ['glɔkə] *f* (15) bell; (*Glas2*) shade; (*Uhr*) clock; *fig.* et. *an die große ~ hängen* noise a th. abroad, make a fuss about a th.

'**Glocken|blume** *f* bell-flower; **2-förmig** ['~fœrmiç] bell-shaped; '**~geläut** *n* bell-ringing; *abgestimmtes*: chime; '**~gießer** *m* bell-founder; '**~rock** *m* wide flared skirt; '**~schlag** *m* stroke (of the clock); '**~spiel** *n* chime(s *pl.*); '**~stuhl** *m* belfry; '**~turm** *m* bell-tower, belfry.

Glöckner ['glœknər] *m* (7) bell--ringer, sexton.

glomm [glɔm] *pret. v. glimmen.*

Glorie ['glo:rjə] *f* (15) glory; '**~n-schein** *m fig.* halo, aureola.

glorreich ['glo:raɪç] glorious.

Gloss|ar [glɔ'sɑ:r] *n* (3) glossary; '**~e** *f* (15) gloss, comment; **2ieren** [~'si:rən] gloss, comment (up)on.

'**Glotz-auge** *n* goggle-eye, *Am. a.* pop-eye.

glotzen ['glɔtsən] (27) stare.

Glück [glyk] *n* (3) fortune; (*Glücksfall*) good luck; (*Gefühl von ~*) happiness; (*Wohlstand*) prosperity; *auf gut ~* at haphazard; *zu meinem ~* luckily for me; *~ haben* be lucky, succeed; *das ~ haben zu inf.* have the good fortune to *inf.*; *~ wünschen* congratulate (*j-m zu* et. a p. [up]on a th.); *zum Geburtstag*: wish many happy returns (of the day); *da können Sie von ~ sagen* you may call yourself lucky; *viel ~!* good luck!; *zum ~* fortunately.

'**glückbringend** lucky.

Glucke ['glukə] *f* (15) clucking hen; '**2n** (25) cluck.

'**glücken** (25, sn) succeed; *mir glückt* et. I succeed in a th.

'**gluckern** (29) *wie Wasser*: gurgle.

'**glücklich** happy; (*von Glück begünstigt*) lucky, fortunate; (*günstig*) *a.*

favo(u)rable, auspicious; '~er'weise fortunately, luckily; *s. preisen.*
'**Glücksbringer**(**in** *f*) *m* mascot.
'**glück'selig** blissful, very happy; **⁲keit** *f* blissfulness.
glucksen ['gluksən] gurgle.
'**Glücks|fall** *m* lucky chance, stroke of luck; *unverhoffter*: windfall; '**~göttin** *f* Fortune; '**~kind** *n* lucky person; '**~pfennig** *m* lucky penny; '**~pilz** F *m* lucky dog; '**~ritter** *m* soldier of fortune; '**~sache** *f* (matter of) luck; '**~spiel** *n* game of chance; *fig.* gamble; '**~stern** *m* lucky star; '**~tag** *m* lucky (*od.* happy) day.
'**glück|strahlend** radiant with happiness; '**~verheißend** auspicious; '**⁲wunsch** *m* congratulation, good wishes *pl.*; *zum Geburtstag*: *s. Glück*; *pl. zu Neujahr usw.*: compliments *pl.* (of the season); '**⁲wunsch...** congratulatory.
Glüh|birne ⚡ ['gly:-] *f* (incandescent) bulb; '**⁲en** *v/t. u. v/i.* (25) glow; *v/t.* ⊕ anneal; '**⁲end** glowing (*a. fig.*); *Eisen*: *a.* red-hot; *Kohle*: live; *fig.* ardent, fervid; '**~faden** *m* filament; '**⁲'heiß** red-hot; '**~lampe** *f*, '**~licht** *n* incandescent lamp; '**~strumpf** *m* incandescent mantle; '**~wein** *m* mulled claret; '**~wurm** *m* glow-worm.
Glut [glu:t] *f* (16) heat; *konkret*: glowing fire; live coal; *fig.* glow, ardo(u)r.
Glyzerin [glytsə'ri:n] *n* (3) glycerin(e).
Gnade ['gnɑ:də] *f* (15) grace; (*Gunst*) favo(u)r; (*Barmherzigkeit*) mercy; (*Milde*) clemency; *ohne ~* without mercy; *von Gottes ~n* by the grace of God; *Euer ~n* Your Grace; *auf ~ oder Ungnade* at discretion; *s. walten.*
'**Gnaden|-akt** *m* act of grace; '**~bild** *n* miraculous image; '**~brot** *n* bread of charity; '**~frist** *f* reprieve, respite, grace; '**~gesuch** *n* petition for mercy; '**~schuß** *m*, '**~stoß** *m* coup de grâce (*fr.*); '**~weg** *m*: *auf dem ~* by way of grace.
gnädig ['gnɛdiç] gracious; (*freundlich*) kind; (*barmherzig*) merciful; *~e Frau* madam.
Gnom [gno:m] *m* (12) gnome, goblin; '**⁲enhaft** gnomish, gnomelike.
Gobelin [gobə'lɛ̃] *m* (11) Gobelin (tapestry).
Gockel F ['gɔkəl] *m* (7) cock.
Gold [gɔlt] *n* (3) gold; '**~barren** *m* gold ingot, bullion; '**~barsch** *m* ruff; ⚓ redfish; '**~bergwerk** *n* gold-mine.
golden ['~dən] (of) gold; *fig.* golden; (*vergoldet*) gilt; *~e Hochzeit* golden wedding; ⚕ *~er Schnitt* medial section.
'**gold|farben** gold-colo(u)red, golden; '**⁲fasan** *m* golden pheasant; '**⁲fisch** *m* goldfish; '**~gelb** golden; '**⁲gewicht** *n* troy (weight); '**⁲gräber** *m* (7) gold-digger; '**⁲grube** *f* gold-mine (*a. fig.*); **~ig** ['~diç] sweet, lovely, *Am. a.* cute; '**⁲kind** *n* darling; '**⁲klumpen** *m* lump of gold, nugget; '**⁲lack** *m* gold-varnish; ⚘ wallflower; '**⁲medaille** *f* gold medal; '**⁲münze** *f* gold coin; '**⁲regen** ⚘ *m* laburnum; '**⁲reserve** *f* gold reserve; '**⁲schmied** *m* goldsmith; '**⁲schnitt** *m* gilt edge(s *pl.*); *mit ~ Buch*: gilt-edged; '**⁲stück** *n* gold coin; '**⁲waage** *f* gold-balance; *fig. jedes Wort auf die ~ legen* weigh every word; '**⁲währung** *f* gold standard; '**⁲waren** *f/pl.* gold-ware *sg.*
Golf[1] *geogr.* [gɔlf] *m* (3) gulf.
Golf[2] *n*, '**~spiel** *n* golf; '**~platz** *m* golf-course, (golf-)links *pl.*; '**~schläger** *m* golf-club; '**~spieler** (**-in** *f*) *m* golfer.
'**Golfstrom** *geogr. m* Gulf Stream.
Gondel ['gɔndəl] *f* (15) gondola; *am Ballon, Luftschiff*: *mst* car; '**⁲n** F bowl (*od.* tool) along.
gönnen ['gœnən] (25): *j-m et. ~* allow (*od.* grant *od.* not to grudge) a p. a th.; *j-m et. nicht ~* grudge a p. a th.; *wir ~ es ihm von Herzen* we wish him every joy with it; *sich et. ~* treat o.s. to (*od.* allow o.s.) a th.; *sich et. nicht ~* grudge (*od.* not to allow) o.s. a th.
'**Gönner** *m* (7) patron, *Am. a.* sponsor; '**⁲haft** patronizing; '**~in** *f* patroness; '**~miene** *f* patronizing air; '**~schaft** *f* patronage.
gor [go:r] *pret. v. gären.*
Gör F [gø:r] *n* (5), '**Göre** *contp. f* (15) brat.
Gorilla [go'rila] *m* (11) gorilla.
goß [gɔs] *pret. v. gießen.*
Gosse ['gɔsə] *f* (15) gutter.
Got|e ['go:tə] *m* (13) Goth; '**⁲isch** Gothic.

Gott [gɔt] *m* (1¹ *u.* ²) God; (*Gottheit*) god, deity; ~ *sei Dank!* thank God!; *leider* ~*es* unfortunately; *s. bewahren, behüten*; '**♀-ähnlich** godlike; '**♀begnadet** god-gifted, inspired.

Götter|bild ['gœtərbilt] *n* image of a god, idol; '**~dämmerung** *f* twilight of the gods.

'**Götter|speise** *f fig.* ambrosia; '**~trank** *m fig.* nectar.

'**Gottes|-acker** *m* churchyard; '**~dienst** *m* divine service; '**~furcht** *f* fear of God; **♀fürchtig** ['~fyrçtiç] godfearing; '**~haus** *n* house of God; '**~lästerer** *m* blasphemer; '**♀lästerlich** blasphemous; F unholy; '**~lästerung** *f* blasphemy; '**~leugner** *m* atheist; '**~lohn** *m* God's blessing; '**~-urteil** *n* ordeal.

'**gott|gefällig** pleasing to God; '**~gleich** godlike; '**♀heit** *f* deity, divinity, god(dess *f*); (*Gottnatur*) godhead.

Göttin ['gœtin] *f* goddess.

'**göttlich** divine, godlike; F *fig.* divine; *Spaß*: capital.

gott|'lob! thank God!; '**~los** godless; impious; F *fig.* godless, unholy; '**♀-losigkeit** *f* ungodliness; **♀seibeiuns** [~zaɪ'baɪʔuns] *m inv.* Old Nick, *the* Devil; '**~vergessen** *s. gottlos*; '**~verlassen** god-forsaken; '**♀vertrauen** *n* trust in God; '**~voll** F divine; *Spaß*: capital, very funny.

Götze ['gœtsə] *m* (13) idol.

'**Götzen|bild** *n* idol; '**~diener(in** *f*) *m* idolater; '**~dienst** *m* idolatry; '**~tempel** *m* temple of an idol.

Gouvern|ante [guvɛr'nantə] *f* (15) governess; **~eur** [~'nø:r] *m* (3¹) governor.

Grab [grɑ:p] *n* (1²) grave, *rhet.* (*u.* ~*mal*) tomb; *das Heilige* ~ the Holy Sepulchre; *j-n zu* ~*e geleiten* attend a p.'s funeral; *verschwiegen wie das* ~ (as) secret as the grave.

Graben ['grɑ:bən] **1.** *m* (6¹) ditch; *bsd.* ⚔ trench; **2.** ♀ (30) dig; *Tier*: burrow; '**~krieg** *m* trench war(fare).

Gräber ['grɛ:bər] *m* (7) digger.

'**Grabes|ruhe** *f*, **~'stille** *f* deathlike silence; '**~stimme** *f* sepulchral voice.

Grab|geläute ['grɑ:p-] *n* (death-) knell (*a. fig.*); '**~gesang** *m* funeral song; '**~gewölbe** *n* vault, tomb; '**~legung** *f* interment, burial; '**~mal** *n* tomb, sepulch|re, *Am.* -er; '**~rede** *f* funeral speech; '**~schrift** *f* epitaph; '**~stätte** *f*, '**~stelle** *f* burial-place, tomb; '**~stein** *m* tombstone, gravestone; '**~stichel** *m* graving-tool.

Grad [grɑ:t] *m* (3, *als Maß im pl. inv.*) *allg., a. univ. u. fig.* degree; (*Rang*) grade; *in* (*od. bis zu*) *e-m gewissen* ~ to a certain degree, up to a point; '**~bogen** ⅍ *m* protractor; '**~einteilung** *f* graduation.

gradieren [~'di:rən] graduate.

grad|linig ['grɑ:t-] *s. geradlinig*; '**♀messer** *m* graduator; *fig.* indicator, barometer; '**♀netz** *n Landkarte*: grid.

Graf [grɑ:f] *m* (12) *englischer*: earl; [*nichtenglischer*: count.]

Gräf|in ['grɛfin] *f* countess; '**♀lich** of an earl *od.* a count(ess).

'**Grafschaft** *f* county.

Gral [grɑ:l] *m* (3, *o. pl.*): *der Heilige* ~ the Holy Grail.

Gram [grɑ:m] **1.** *m* (3) grief, sorrow; **2.** *j-m* ♀ *sein* bear a p. ill-will *od.* a grudge.

grämen ['grɛ:mən] (25) (*a. sich*) grieve; *sich zu Tode* ~ die with grief.

'**grämlich** morose, peevish.

Gramm [gram] *n* (3, *im pl. nach Zahlen inv.*) gramme, *Am.* gram.

Grammatik [gra'matik] *f* (16) grammar; **♀alisch** [~'kɑ:liʃ], **gram'matisch** grammatical; **~er** *m* grammarian.

Grammophon [gramo'fo:n] *n* (3¹) gramophone, *Am.* phonograph; **~platte** *f* (gramophone) disk *od.* record.

'**gramvoll** sorrowful, grief-stricken.

Gran [grɑ:n] *n* (3¹, *im pl. nach Zahlen inv.*) grain.

Granat *min.* [gra'nɑ:t] *m* garnet; **~-apfel** *m* pomegranate; **~e** *f* (15) (*Geschütz*♀) shell; (*Gewehr*♀, *Hand*♀) grenade; **~splitter** *m* shell-splinter; **~trichter** *m* shell-crater; **~werfer** *m* mortar.

Grande ['grandə] *m* (13) grandee.

grandios [gran'djo:s] *adj.* grand(iose), overwhelming.

Granit [gra'ni:t] *m* (3) granite.

Granne ⚘['granə] *f* (15) awn, beard.

Graph|ik ['grɑ:fik] *f* (16, *o. pl.*) graphic arts *pl.*; (*Darstellung*) *s. graphisch*; '**~iker** *m* (7) commercial artist; '**♀isch** graphic(ally *adv.*); ~*e Darstellung* graph(ic representation), diagram, chart.

Graphit [gra'fi:t] *m* (3) black lead, graphite, plumbago.
Grapholog|e [grafo'lo:gə] *m* (13), **~in** *f* (16^1) graphologist; **~ie** [~lo-'gi:] *f* graphology.
Gras [grɑ:s] *n* (2^1) grass; *fig.* F *das ~ wachsen hören* hear the grass grow; *fig.* F *ins ~ beißen* bite the dust; '**2-bewachsen** grass-grown.
grasen ['grɑ:zən] (27) graze.
'**gras|fressend** graminivorous; '**~-grün** grass-green; '**2halm** *m* blade of grass; '**2hüpfer** *m* (7) grass-hopper; **~ig** ['~ziç] grassy; '**2mäher** *m* (7), '**2mähmaschine** *f* lawn--mower; '**2mücke** *zo. f* warbler; '**2narbe** *f* turf, sod; '**2platz** *m* grass-plot, lawn, green.
grassieren [gra'si:rən] rage, be rampant, spread.
gräßlich ['grɛsliç] horrible, ghastly; (*scheußlich*) hideous, atrocious; '**2-keit** *f* horribleness; atrocity.
Grat [grɑ:t] *m* (3) edge; *Berg*: ridge.
Gräte ['grɛ:tə] *f* (15) (fish-)bone.
Gratifikation [gratifika'tsjo:n] *f* (16) gratuity, bonus, extra pay.
gratis ['grɑ:tis] gratis, free (of charge); '**2-exemplar** *n* presentation copy; '**2probe** ✝ *f* free sample.
Grätsche ['grɛ:tʃə] *f* (15) *Turnen*: straddling vault; '**2n** (27) straddle.
Gratul|ant [gratu'lant] *m* (12) congratulator; **~ation** [~la'tsjo:n] *f* congratulation; **2ieren** [~'li:rən] congratulate (*j-m zu* et. a p. on a th.); *j-m zum Geburtstag ~* wish a p. many happy returns (of the day); (*ich*) *gratuliere!* (my) congratulations!
grau [graʊ] grey, *Am.* gray; *Vorzeit*: remote; *fig.* grey, bleak; *der ~e Alltag* the drab monotony of everyday life; *s. Haar*; '**~blau** greyish blue; '**~en**¹ (25) *Tag*: dawn.
'**grauen**² **1.** *mir graut vor* (*dat.*) I have a horror of, I shudder at; **2.** 2 *n* (6) horror (*vor dat.* of); '**~haft**, '**~-voll** horrible, dreadful.
'**grauhaarig** grey- (*Am.* gray-) haired.
graulen ['graʊlən] (25): *sich ~* (*vor*) be afraid (of); *s. grauen*².
gräulich ['grɔʏliç] greyish, *Am.* grayish.
graumeliert ['~me'li:rt] tinged with grey (*Am.* gray), grey-flecked.
Graupe ['graʊpə] *f* (15) (peeled) barley; '**2lig** sleety; '**~ln 1.** *f/pl.* sleet *sg.*; **2.** 2 (29) sleet; '**~lwetter** *n* sleety weather.
Graus [graʊs] *m* (4) horror.
'**grausam** cruel; '**2keit** *f* cruelty.
'**Grauschimmel** *m* grey (*Am.* gray) horse.
graus|en ['graʊzən] **1.** (27) *s. grauen*² 1.; **2.** 2 *n* (6) horror (*vor dat.* of); '**~ig** horrible.
'**Grau|tier** *n* ass, donkey; '**~werk** *n* miniver.
Graveur [gra'vø:r] *m* (3^1) engraver.
Gravier|-anstalt [gra'vi:r-] *f* engraving establishment; **2en** engrave; **2end** (*belastend*) aggravating; **~ung** *f* engraving.
Gravitationsgesetz [gravita-'tsjo:ns-] *n* law of gravitation.
gravitätisch [~vi'tɛ:tiʃ] grave, solemn; *Gang*: stately.
Grazie ['grɑ:tsjə] *f* (15) grace; *die drei ~en* the three Graces.
graziös [gra'tsjø:s] graceful.
Greif [graɪf] *m* (3 *u.* 12) griffin.
'**Greif|bagger** *m* grab dredger; '**2-bar** seizable; ✝ available, on hand; (*offenbar*) tangible, palpable, obvious; *nicht ~* impalpable; *in ~er Nähe* near at hand (*a. fig.*); '**2en** (30) *v/t.* seize; ♪ *Saite*: touch, *Note*: strike; *fig. man kann es mit Händen ~* it meets the eye; *v/i. an den Hut ~* touch; *fig. ans Herz ~* touch deeply; *~ in* (*acc.*) put one's hand(s) in(to); ⊕ *ineinander ~* engage, interlock; *~ nach* reach for, grasp at, *hastig*: snatch at; *fig. um sich ~* gain ground, spread; *zu e-m Mittel ~* resort to; *zur Feder ~* take up pen; *zu den Waffen ~* take up arms; *s. Arm*; '**~er** *m* (7) ⊕ claw; *Kran*: grab; *P.*: (*Spürer*) bloodhound.
greinen ['graɪnən] (25) whine.
Greis [graɪs] *m* (4) old man.
Greisen|-alter ['~zən-] *n* old age, senility; '**2haft** senile; '**~haftigkeit** *f* senility.
'**Greisin** *f* (16^1) old woman.
grell [grɛl] *Farbe, Licht*: glaring (*a. fig.*); *Farbe*: *a.* loud, flashy; *Ton*: shrill.
Gremium ['gre:mjum] *n* (9) body, group.
Grenadier [grena'di:r] *m* (3^1) infantryman, rifleman; *Traditionsbezeichnung*: grenadier; **~...** infantry ...

'**Grenzbewohner** *m* borderer, frontiersman.

Grenze ['grɛntsə] *f* (15) limit; (*Scheidelinie*) boundary; (*Ländergrenze*) frontier, border(s *pl.*); (*äußerstes Ende*) extreme point; *fig.* *e-e ~ ziehen* draw the line; *in ~n* within (certain) limits.

'**grenzen** (27) border (*an acc.* on; *a. fig.*); '**~los** boundless; *adv. ~ dumm* infernally stupid; '**2losigkeit** *f* boundlessness.

'**Grenz|fall** *m* borderline case; **~gänger** ['~gɛŋər] *m* (7) border crosser; '**~land** *n* borderland; '**~linie** *f* boundary-line; line of demarcation; *fig.* borderline; '**~pfahl** *m* boundary-post; '**~schutz** *m* frontier defen|ce, *Am.* -se; *Truppe*: border police; '**~sperre** *f* closing of the frontier, frontier ban; '**~stadt** *f* frontier town; '**~stein** *m* boundary-stone; '**~-übergang** *m* border crossing(-point); '**~verkehr** *m* border traffic; '**~wert** *m* limiting value.

Greuel ['grɔʏəl] *m* (7) horror, abomination; *s. Greueltat*; *er (es) ist mir ein ~* I loathe him (it); '**~märchen** *n* atrocity tale; '**~propaganda** *f* atrocity propaganda; '**~tat** *f* atrocity.

'**greulich** horrid, dreadful.

Grieben ['gri:bən] *f/pl.* (15) greaves *pl.*

Griebs [gri:ps] *m* (4) core.

Griech|e ['gri:çə] *m* (13), '**~in** *f* (16[1]) Greek; '**2isch** Greek; △ *paint.* Grecian; *~-römischer Ringkampf* Gr(a)eco-Roman wrestling.

Gries|gram ['gri:sgra:m] *m* (3) grumbler, crab, *Am.* F grouch; **2grämig** ['~grɛ:miç] morose, grumpy, *Am.* F grouchy.

Grieß [gri:s] *m* (3[2]) gravel (*a.* ⚕), grit; (*Weizen2*) semolina; '**~brei** *m* semolina pudding; '**~kloß** *m* semolina dumpling.

Griff [grif] **1.** *m* (3) grip, grasp, hold; ♪ touch; ⊕ grip; knob; (*Hebel*) lever; *Schirm, Messer usw.*: handle; *Schwert*: hilt; *v. Stoff*: feel, handle; *Ringen*: hold; ⚔ *~e üben od.* F *kloppen* do rifle drill; *fig. ein guter ~* a hit; *fig. et. im ~ haben* have the knack of a th.; **2.** 2 *pret. v. greifen*; '**2bereit** handy; '**~brett** *n e-r Geige usw.*: finger-board; '**~el** *m* (7) slate pencil; ♀ pistil; '**2ig** affording a firm hold; *Tuch*: of good feel; *Werkzeug*: wieldy; *mot.* non-skid.

Grille ['grilə] *f* (15) *zo.* cricket; *fig.* whim, fancy; '**2nhaft** whimsical.

Grimasse [gri'masə] *f* (15) grimace; *~n schneiden* pull faces, grimace.

Grimm [grim] *m* (3) rage, wrath; '**~en** ⚕ *n* (6) gripes *pl.*, colic; '**2ig** grim, fierce (*beide a. fig.*); furious.

Grind [grint] *m* (3) scab, scurf; **2ig** ['~diç] scabbed, scabby, scurfy.

grinsen ['grinzən] (27), 2 *n* (6) grin (*über acc.* at); *höhnisch*: sneer (at).

Grippe ['gripə] *f* (15) influenza, F flu; grippe.

Grips [grips] F *m* (3) brains *pl.*

grob [grɔp] (18[2]) coarse; (*unhöflich*) rude; (*rauh; roh; ungeschliffen; ungefähr*) rough; *Fehler, Irrtum, Fahrlässigkeit usw.*: gross (*od.* bad) *mistake*; *~es Geschütz* heavy guns *pl.*; *~ gegen j-n sein* be hard on a p.; *aus dem Gröbsten heraus sein* have broken the back of it.

'**Grob|blech** *n* (heavy) plate; '**~einstellung** ⊕ *f* coarse adjustment; '**~heit** *f* coarseness; grossness; roughness; rudeness; *~en f/pl.* rude things.

Grobian ['gro:bja:n] *m* (3) rude fellow, boor, ruffian.

grobkörnig ['grɔp-] coarse-grained.

gröblich ['grø:pliç]: *~ beleidigen* insult grossly.

grob|maschig ['grɔpmaʃiç] wide-meshed; '**2schmied** *m* blacksmith; '**2schnitt** *m* (*Tabak*) coarse cut.

grölen F ['grø:lən] (25) bawl.

Groll [grɔl] *m* (3) grudge, ill-will, ranco(u)r; '**2en** (25) *Donner*: rumble; *j-m ~* have a grudge (*od.* spite) against a p.

Gros[1] [grɔs] *n* (4[1], *pl. nach Zahlen inv.*) (*12 Dutzend*) gross.

Gros[2] [gro:] *n inv.* main body.

Groschen ['grɔʃən] *m etwa*: penny; F *der ~ ist gefallen!* the penny has dropped!; '**~-automat** *m* (penny-in-the-)slot machine; '**~roman** *m* penny dreadful, *Am.* dime novel.

groß [gro:s] (18[3]) great, large; (*umfangreich; bedeutend*) big; *von Wuchs*: tall; (*ungeheuer*) huge; *fig.* great, (*~artig*) grand; *Hitze*: intense; *Kälte*: severe; *Verlust*: heavy;

die 𝔖en *pl.* the grown-ups; *das* ~*e Publikum* the general public; *im* ~*en* ✝ wholesale, *allg.* on a large scale; *im* ~*en und ganzen* on the whole, by and large; ~*er Buchstabe* capital (letter); ~*e Ferien* long vacation; *das* 𝔖*e Los* the jackpot; *der* 𝔖*e Ozean* the Pacific (Ocean); *Rechtschreibung*: ~ *schreiben* capitalize; *ich bin kein* ~*er Tänzer* I am not much of a dancer; *s. klein, Terz, Tier*; '**𝔖-aktionär** ✝ *m* principal shareholder; '**~-angelegt** large-scale; '**𝔖-angriff** *m* large-scale attack; '**~-artig** grand, great; splendid, marvellous; enormous; '**𝔖-aufnahme** *f Film*: close-up; '**𝔖betrieb** *m* large-scale enterprise; '**𝔖brand** *m s. Großfeuer*; '**𝔖buchstabe** *m* capital (letter).

Größe ['grø:sə] *f* (15) (*Umfang*) size, largeness; *des Wuchses*: tallness, height; ✝ *e-s Kleides usw.*: size; (*Menge*; *bsd.* ⚗) quantity; *fig.* greatness; *a. ast.* magnitude; (*Person*) celebrity, notability; *thea.*, *Sport*: star.

'**Groß|-einkauf** ✝ *m* bulk purchase; '**~-einsatz** *m* large-scale operation; '**~-eltern** *pl.* grand-parents; '**~-enkel** *m* great-grandson; '**~-enkelin** *f* great-granddaughter.

'**Größen-ordnung** *f* order.

'**großenteils** to a large (*od.* great) extent, largely.

'**Größen|verhältnisse** *n/pl.* proportions, dimensions; '**~wahn** *m* megalomania; '**𝔖wahnsinnig** megalomaniac.

'**Groß|feuer** *n* large fire, conflagration; '**~format** *n* large size; '**~fürst** *m* grand duke; '**~fürstentum** *n* grand duchy; '**~grundbesitz** *m* large landed property; '**~handel** *m* wholesale trade; '**~handels-preis** *m* wholesale price; '**~händler** *m* wholesale dealer; '**~handlung** *f* wholesale firm; '**𝔖herzig** magnanimous; '**~herzigkeit** *f* magnanimity; '**~herzog** *m* grand duke; '**~zogin** *f* grand duchess; '**𝔖herzoglich** grand-ducal; '**~herzogtum** *n* grand duchy; '**~hirn** *n* cerebrum; '**~-industrie** *f* big industry; '**~-industrielle** *m* (7) big industrialist.

Grossist [grɔ'sist] *m* (12) wholesaler.

'**groß|jährig** of age; ~ *werden* come of age; '**𝔖jährigkeit** *f* full age, majority; '**𝔖kampfschiff** *n* capital ship; '**𝔖kapitalist** *m* big capitalist; '**𝔖kaufmann** *m* wholesale merchant; '**𝔖kraftwerk** ⚡ *n* super-power station; '**𝔖kreuz** *n* Grand Cross; '**𝔖macht** *f* great power; '**~mächtig** mighty; '**𝔖mannssucht** *f* megalomania; '**𝔖maul** *n* braggart; **~mäulig** ['~mɔʏliç] bragging; '**𝔖mut** *f* magnanimity, generosity; **~mütig** ['~my:tiç] generous, magnanimous; '**𝔖mutter** *f* grand-mother; '**𝔖neffe** *m* grand-nephew; '**𝔖nichte** *f* grand-niece; '**𝔖-onkel** *m* great-uncle, grand-uncle; **𝔖'reinemachen** *n* (6) wholesale house-cleaning; '**𝔖schieber** *m* bigtime operator; '**𝔖schreibung** *f* capitalization; '**𝔖sprecher** *m* boaster; **𝔖spreche'rei** *f* big talk; '**~sprecherisch** boastful; '**~spurig** arrogant; '**𝔖stadt** *f* large city, metropolis; '**𝔖städter(in** *f*) *m* inhabitant of a large city, metropolitan; '**~städtisch** (characteristic) of a large city, metropolitan; '**𝔖tante** *f* great-aunt, grand-aunt; '**𝔖tat** *f* great deed *od.* exploit, feat.

größtenteils ['grø:stəntaɪls] for the most part, mostly.

'**Groß|tuer** *m* (7) boaster, show-off; '**𝔖tuerisch** boastful; '**𝔖tun** talk big; *sich mit et.* ~ brag of; '**~-unternehmen** *n* large-scale enterprise; '**~-unternehmer** *m* big industrialist, entrepreneur (*fr.*); '**~vater** *m* grandfather; '**~vaterstuhl** *m* arm-chair; '**~verdiener** *m* (7) big earner; '**~vertrieb** *m* distribution in bulk; '**~wild** *n* big game; '**𝔖ziehen** bring up; **𝔖zügig** ['~tsy:giç] liberal, generous (*beide a. freigebig*), broad-minded; *Plan usw.*: large-scale; '**~zügigkeit** *f* broad-mindedness; liberality, generosity.

grotesk [gro'tɛsk] grotesque.

Grotte ['grɔtə] *f* (15) grotto.

grub [gru:p] *pret. v. graben* 2.

Grübchen ['gry:pçən] *n* (6) dimple.

Grube ['gru:bə] *f* (15) pit; ⚒ *a.* mine.

Grübelei [gry:bə'laɪ] *f* (16) brooding, pondering, rumination.

grübeln ['gry:bəln] (29) brood, ponder, pore (*über dat.* over).

'**Gruben|-arbeiter** *m* miner; '**~-brand** *m* pit fire; '**~gas** *n* fire-damp; '**~holz** ⚒ *n* pit-props *pl.*; '**~lampe** *f* miner's lamp.

Grübler ['gry:blər] *m* (7), '**~in** *f* (16¹) ponderer.
Gruft [gruft] *f* (14¹) tomb, vault.
Grum(me)t ['grum(ə)t] *n* (3) aftermath, *Am.* rowen.
grün [gry:n] **1.** green (*a. fig. unreif, unerfahren*); *Hering*: green, fresh; *~er Junge* greenhorn; *~es Licht Verkehr u. fig.*: green light; *~er Tisch* green-baize (*od.* official) table, *fig.* arm-chair; *j-n ~ und blau schlagen* beat a p. black and blue; *fig. auf e-n ~en Zweig kommen* get somewhere, make it; **2. ≈** *n* (3¹) green; *der Natur*: verdure; *dasselbe in ~* practically the same thing.
Grund [grunt] *m* (3³) ground; (*Erdboden*) soil; *~ und Boden s. Grundbesitz*; (*Meeresboden usw.*) bottom; (*Tal*) valley; (*Fundament*) foundation; (*Kaffeesatz*) grounds *pl.*; (*Ursache*) cause; (*Beweg≈*) motive; (*Vernunft≈*) reason; (*Beweis≈*) argument; *auf ~ von* on grounds of, on the strength of, based on, (*wegen*) because of, due to; *aus gesundheitlichen Gründen* for reasons of health; *aus diesem ~e* for this reason; *im ~e (genommen)* at (the) bottom, fundamentally; strictly speaking; *jeden (keinen) ~ haben zu inf.* have every (no) reason to *inf.*; *e-r Sache auf den ~ gehen od. kommen* get to the bottom of a th.; *von ~ aus* thoroughly, fundamentally, radically; '**~ausbildung** ⚔ *f* basic training; '**~bau** *m* foundation; '**~bedeutung** *f* original meaning; '**~bedingung** *f* basic condition; '**~begriff** *m* basic idea; *~e pl.* fundamentals *pl.*; '**~besitz** *m* landed property, real estate; '**~besitzer** *m* landed proprietor; '**~bestandteil** *m* basic component; '**~buch** *n* land (title and charges) register; '**~buch-amt** *n* land registry; '**≈**'**-ehrlich** thoroughly honest; '**~eigentum** *n s. Grundbesitz*; '**~eis** *n* ground-ice.
gründen ['gryndən] (26) found, establish; *fig.* base, ground (*auf acc.* on); ✝ promote, float; *sich ~ auf* (*acc.*) be based (*od.* founded) on.
'**Gründer** *m* (7), '**~in** *f* (16¹) founder; ✝ *a.* promoter.
'**grund**|'**falsch** fundamentally wrong; '**≈farbe** *f* ground-colo(u)r; *phys.* primary colo(u)r; '**≈fehler** *m* basic fault; fundamental mistake; '**≈fläche** *f* base; ⊕ floor-space; '**≈gebühr** *f* basic rate *od.* fee; '**≈gedanke** *m* fundamental (*od.* root) idea; '**≈gehalt** *n* basic salary; '**≈gesetz** *pol. n* basic (constitutional) law; '**≈herr** *m* landlord.
grund|**ieren** *paint.* [~'di:rən] ground, prime; **≈ierung** *f* priming.
'**Grund**|**kapital** *n* (original) stock; '**~lage** *f* basis, foundation; '**≈legend** fundamental, basic(ally *adv.*); '**~legung** *f* laying the foundation.
gründlich ['gryntliç] thorough; (*zuverlässig*) solid; *Wissen*: profound; (*durchgreifend*) radical; '**≈keit** *f* thoroughness.
'**Grund**|**linie** *f* base-line; '**~lohn** *m* basic wage(s *pl.*); '**≈los** bottomless; *fig.* groundless; (*unbegründet*) unfounded; *adv.* for no reason (at all); '**~losigkeit** *f* groundlessness; '**~mauer** *f* foundation(-wall).
Grün'**donners-tag** *m* (3) Maundy Thursday.
'**Grund**|**pfeiler** *m* bottom pillar; *weitS.* main support; '**~platte** ⊕ *f* base-plate; '**~prinzip** *n* basic principle; '**~rechte** *pol. n/pl.* basic rights; '**~regel** *f* fundamental rule; '**~riß** *m* ⚠ ground-plan; (*Lehrbuch*) compendium; *fig.* outline(s *pl.*); '**~satz** *m* principle; *unbestreitbarer*: axiom; (*Lebensregel*) maxim; '**≈sätzlich** fundamental; *adv.* on principle; '**~schule** *f* elementary (*od.* primary) school; '**~stein** ⚠ *m* foundation-stone; *fig. den ~ legen zu* lay the foundations of; '**~steinlegung** *f* laying (of) the foundation-stone; *feierliche*: cornerstone ceremony; '**~steuer** *f* land tax; '**~stock** *m* basis; '**~stoff** *m* element; (*Rohstoff*) raw material; *fig.* basic material; '**~stoff-industrie** *f* basic industry; '**~strich** *m* down-stroke; '**~stück** *n* piece of land; (landed *od.* real) estate; (*Parzelle*) plot, *Am.* lot; (*Haus u. Zubehör*) *the* premises *pl.*; '**~stücksmakler** *m* real estate agent, *Am.* realtor; '**~text** *m* original text; '**~ton** ♪ *m* keynote; '**~übel** *n* basic evil; '**~umsatz** *m* ✝ basic turnover; *physiol.* basal metabolic rate.
Gründung ['gryndun] *f* foundation, establishment, creation.
'**grund**|**verkehrt** utterly wrong;

'~ver'schieden entirely different; '♀wahrheit *f* fundamental truth; '♀wasser *n* (under)ground water; '♀zahl *f* cardinal number; '♀zins *m* ground-rent; '♀zug *m* characteristic (feature); '♀züge *pl.* fundamentals *pl.*

grünen ['gry:nən] (25) be (*od.* grow) green; *fig.* flourish.

'**Grün|futter** *n* green food *od.* fodder; '**~kohl** *m* green kale.

'**Grünkram** *m*, '**~laden** *m* greengrocery.

'**Grünland** *n* meadows *pl.*

'**grünlich** greenish.

'**Grün|schnabel** *m fig.* greenhorn, whippersnapper; '**~span** *m* verdigris; '**~specht** *m* green woodpecker.

grunzen ['gruntsən] (27) grunt.

'**Grünzeug** *n* greens *pl.*; greenstuff.

Gruppe ['grupə] *f* (15) group (*a.* ✝); ⚔ section, *Am.* squad; ✈ wing, *Am.* group; '**~nbild** *phot. n* group-picture; '**♀nweise** in groups; ⚔ in sections, *etc.*

grup'pier|en group; **♀ung** *f* grouping.

Grus [gru:s] *m* (4, *o.pl.*) (coal-)slack.

grusel|ig ['gru:zəliç] creepy; '**~n** **1.** (29) *mir* (*od. mich*) *gruselt* my flesh creeps; *j-n ~ machen* make a p.'s flesh creep; **2.** ♀ *n* (6) *the* creeps *pl.*

Gruß [gru:s] (3^2 *u.* ^{3}) (*Grüßen*) salutation; *vertraulicher*: greeting; *bsd.* ⚔, ⚓ salute; *mst pl. Grüße im Brief*: regards, *förmlich*: respects, compliments *pl.*

grüßen ['gry:sən] (27) greet, *bsd.* ⚔ salute; (*anrufen*) hail; (*j-n*) *~ lassen* send one's compliments *od.* regards (to a p.); *~ Sie ihn von mir* remember me to him.

Grütz|beutel ⚕ ['gryts-] *m* wen; '**~e** *f* (15) (*bsd. Hafer*♀) grits *pl.*, groats *pl.*; F (*Verstand*) gumption.

gucken ['gukən] (25) look, peep.

'**Guckloch** *n* peep-hole.

Guerillakrieg [ge'riljakri:k] *m* guerrilla war(fare).

Gulasch ['gulaʃ] *n* (3) goulash.

Gulden ['guldən] *m* (6) florin.

gültig ['gyltiç] valid; (*in Kraft*) effective, in force; (*gesetzlich*) legal; *Münze*: current, good; *Fahrkarte*: available; *für ~ erklären* validate; '**♀keit** *f* validity; currency; availability; '**♀keitsdauer** *f* (period of) validity; *Vertrag*: *mst* term.

Gummi ['gumi] *m*, *n* (11) (*Kleb*♀) gum; (*Kautschuk*) (India) rubber; **~-arabikum** [~a'ra:bikum] *n* gum Arabic; '**♀-artig** gummy; '**~ball** *m* rubber ball; '**~band** *n* elastic; '**~baum** *m* gum (*od.* rubber) tree; '**~boot** *n* rubber dinghy; '**~druck** *typ. m* offset.

gum'mieren gum; ⊕ rubberize.

'**Gummi|handschuh** *m* rubber glove; '**~knüppel** *m* (rubber) truncheon, *Am.* club, F billy; '**~mantel** *m* mackintosh, rubber coat; '**~reifen** *m* (rubber) tyre, *Am.* tire; '**~schlauch** *m für Wasser*: rubber hose; *mot. usw.*: rubber tube; '**~schnur** *f* elastic; '**~schuhe** *m/pl.* galoshes *pl.*, rubber shoes, *Am.* rubbers; '**~schwamm** *m* rubber sponge; '**~sohle** *f* rubber sole; '**~stempel** *m* rubber stamp; '**~strumpf** *m* elastic stocking; '**~zelle** *f* padded cell; '**~zug** *m* elastic.

Gunst [gunst] *f* (16) favo(u)r (*a.* '**~bezeigung** *f*); *s. erweisen*; *in ~ stehen bei j-m* be in a p.'s favo(u)r (*od.* good graces); *zu m-n ~en* (*a.* ✝) to my favo(u)r (*od.* credit); *s. zugunsten.*

günstig ['gynstiç] favo(u)rable (*für* to); *~e Gelegenheit* opportunity; *im ~sten Fall* at best; ✝ *zu ~en Bedingungen* on easy terms.

Günstling ['~liŋ] *m* (3^1) favo(u)rite; *contp.* minion; '**~swirtschaft** *f* favo(u)ritism.

Gurgel ['gurgəl] *f* (15) throat; (*Schlund*) gullet; '**♀n** *v/i.* (29) *u. v/t.* gargle; '**~wasser** *n* gargle.

Gurke ['gurkə] *f* (15) cucumber; *s. sauer*; '**~nhobel** *m* cucumber slicer; '**~nsalat** *m* cucumber salad.

gurren ['gurən] coo.

Gurt [gurt] *m* (3) belt (*a.* ⚔ *Patronen*♀); ⛺ (*u. Sattel*♀) girth; (*Trage*♀) strap; ⊕ web(bing); '**~band** *n* webbing.

Gürtel ['gyrtəl] *m* (7) belt, girdle (*beide a. fig.*); *geogr.* zone; '**~rose** ⚕ *f* shingles *pl.*; '**~schnalle** *f* belt-buckle.

'**gürten** (26) gird.

Guß [gus] *m* (4^2) ⊕ (*Gießen*) founding, casting, (*Gegossenes*) cast(ing); *typ.* fount, *Am.* font; (*Regen*) downpour, shower (of rain); *aus einem* ~ of a piece; *s. Zucker*≗; '**~beton** *m* cast concrete; '**~-eisen** *n* cast iron; '**≗-eisern** cast-iron; '**~form** *f* casting mo(u)ld; '**~stahl** *m* cast steel; '**~waren** *f/pl.* castings *pl.*

gut[1] [gu:t] good; *adv.* well; *~es Wetter* fine weather; *~er Dinge od. ~en Mutes sein* be of good cheer; *ein ~gehendes Geschäft* a flourishing business; *es ist ~!, schon ~!* never mind!: all right!; F *mach's ~!* (*als Gruß*) cheerio!; *es ~ haben* be well off; *für ~ finden* think proper; *j-m ~ sein* love (*od.* like) a p.; *laß es ~ sein!* never mind!; *Sie haben ~ lachen* it is very well for you to laugh; *im ~en* in a friendly manner; *~e Miene zum bösen Spiel machen* grin and bear it; *so ~ wie fertig usw.* as good as finished, *etc.*; *s. gehen, kurz, lassen, tun*; *s. a. zugute.*

Gut[2] *n* (1²) good (thing); (*Besitz*) goods *pl.*, possession, property; (*Land*) (landed) estate; *Güter* ⚕ *n/pl.* goods *pl.*, merchandise, 🚂 goods.

'**Gut|-achten** *n* (6) (*engS.* expert) opinion; '**~-achter** *m* (7) expert; '**≗-artig** good-natured; ⚕ benign; '**~-artigkeit** *f* good nature; ⚕ benignity; '**~dünken** *n* (6) opinion, discretion; *nach* ~ at pleasure, at (one's own) discretion.

'**Gute** *n* (18) *the* good; *~s tun* do good; *des ~n zuviel tun* overdo it; *die ~n pl.* the good.

Güte ['gy:tə] *f* (15) goodness, kindness; ⚕ class, quality; (*Reinheit*) purity; *in* ~ amicably; *haben Sie die ~, zu* be so kind as; *durch die ~ des Herrn S.* by favo(u)r (*od.* by the kind offices) of Mr. S.; F *meine ~!* good gracious!

'**Güter|-abfertigung** *f*, '**~-annahme** *f* goods office; '**~bahnhof** *m* goods station, *Am.* freight depot *od.* yard; '**~gemeinschaft** *f* community of property; '**~kraftverkehr** *m* road haulage; '**~schuppen** *m* goods (*Am.* freight) shed; '**~trennung** *f* separation of property; '**~verkehr** *m* goods (*Am.* freight) traffic; '**~wagen** *m* wag(g)on, *Am.* freight car; *offener*: (goods) truck; *geschlossener*: (goods) van, *Am.* boxcar; '**~zug** *m* goods (*Am.* freight) train.

gut|gebaut ['~gəbaut] *Figur*: well-built, well-made; **~gelaunt** ['~gəlaunt] in a good temper, good-humo(u)red; **~gemeint** ['~gəmaınt] well-meant; **~gesinnt** ['~gəzint] well-disposed (*dat.* to); '**~gläubig** acting (*od.* done) in good faith, bona fide; *s. leichtgläubig*; '**≗haben** *n* credit (balance); (*Konto*) account; '**~heißen** approve (of), F okay; '**~herzig** kind(-hearted).

gütig ['gy:tiç] good, kind.

'**gütlich** amicable, friendly; *~er Vergleich* amicable settlement; *sich ~ tun an* (*dat.*) do o.s. well on.

'**gut|machen**: *wieder~* make good, make up for, compensate, repair; **~mütig** ['~my:tiç] good-natured; '**≗mütigkeit** *f* good nature; '**~sagen** *für* be good for.

'**Gutsbesitzer(in** *f*) *m* landowner, landed proprietor (*f* proprietress).

'**Gut|schein** *m* credit note *od.* slip; *j-m* '**≗schreiben** credit a p. with *an amount*; place to a p.'s credit; '**~schrift** ⚕ *f* credit; '**~schriftsanzeige** *f* credit note.

'**Guts|haus** *n* farm-house; '**~herr(in** *f*) *m* lord (*f* lady) of the manor; '**~hof** *m* farmyard; '**~verwalter** *m* (landowner's) steward.

Guttapercha [guta'pεrça] *f* (11²) gutta-percha.

'**Gut|tat** *f* good action, kindness; '**≗tun** (*j-m*) do *a p.* good.

'**gutwillig** voluntary, willing; '**≗keit** *f* willingness.

Gymnasialbildung [gymna'zja:l-] *f* secondary (*engS.* classical) education.

Gymnasiast [~'zjast] *m* (12), **~in** *f* (16¹) grammar-school boy (*f* girl).

Gymnasium [~'na:zjum] *n* (9) (*humanistisches* classical) secondary school.

Gymnast|ik [~'nastik] *f* (16) gymnastics *pl. u. sg.*, physical exercises *pl.*; **~iker** *m* (7) gymnast; **≗isch** gymnastic.

Gynäkolo|ge [gynε:ko'lo:gə] *m* (13) gyn(a)ecologist; **~gie** [~lo'gi:] *f* gyn(a)ecology.

H

H [hɑː], **h** *n inv.* H, h; ♪ B.

ha! [hɑː] ha!, ah!

Haar [hɑːr] *n* (3) hair; *am Tuch*: nap, pile; *die ~e verlieren* lose one's hair; *sich die ~e machen* do (*od.* dress, *Am.* fix) one's hair; *sich die ~e (aus)raufen* tear one's hair; *sich die ~e schneiden lassen* have one's hair cut; *sich das ~ waschen* shampoo one's hair; *fig. aufs ~* to a hair; *um ein ~* within a hair's breadth; *fig.* F *er fand ein ~ in der Suppe* he found a fly in the ointment; *um kein ~ besser* not a bit better; *~e lassen müssen* be fleeced; *sich in den ~en liegen* be at loggerheads; *laß dir darüber keine grauen ~e wachsen* don't give yourself any grey hair; *j-m kein ~ krümmen* not to touch a hair of a p.'s head; *fig. an den ~en herbeiziehen* drag in (by the head and shoulders); *fig. an den ~en herbeigezogen* far-fetched; *kein gutes ~ an j-m lassen* pull a p. to pieces; *~e auf den Zähnen haben* be a Tartar.

'**Haar...** *mst* hair-...; '**~ausfall** *m* loss of hair; '**~boden** *anat. m* hair bed; '**~bürste** *f* hairbrush; '**~büschel** *n* tuft of hair; '**2en** (25) lose (*od.* shed) one's hair; '**~entferner** *m* depilatory; '**~ersatz** *m* transformation; '**~esbreite** *fig. f*: *um ~* within a hair's breadth; '**~färbemittel** *n* hair-dye; '**2fein** (as) fine as a hair; *fig.* subtle; '**~gefäß** *n* capillary vessel; '**2ge'nau** to a T, precise(ly *adv.*); '**2ig** hairy; *in Zssgn* ...-haired; F (*schwierig*) tough; '**2klein** *adv.* to the last detail; '**~klemme** *f* hair clip, *Am.* bobby pin; '**~künstler** *m* hairdresser; '**2los** hairless; '**~nadel** *f* hairpin; '**~nadelkurve** *mot. f* hairpin bend; '**~netz** *n* hair-net; '**2scharf** razor-sharp; *fig.* by a hair's breadth; '**~schnitt** *m* haircut; '**~schwund** *m* loss of hair; '**~sieb** *n* hair sieve; **~spalterei** ['~ʃpaltə'raɪ] *f* (16) hair-splitting; *~ treiben* split hairs; '**2sträubend** hair-raising; shocking; '**~strich** *m* hair-stroke; '**~teil** *n* hair-piece; '**~tracht** *f* coiffure (*fr.*), hair-style, *Am.* hairdo; '**~trockner** *m* (7) hair-dryer; '**~wäsche** *f*, '**~waschmittel** *n* shampoo; '**~wasser** *n* hair lotion; '**~wickel** *m* (7) curler; '**~wuchs** *m* growth of hair; (*Kopf voller Haar*) head of hair; '**~wuchsmittel** *n* hair-restorer; '**~zange** *f* tweezers *pl.*

Habe ['hɑːbə] *f* (15) property, (personal) belongings *pl.*, goods *pl.*; *bewegliche ~* movables *pl.*; *unbewegliche ~* immovables *pl.*, real estate; *Hab und Gut* goods and chattels *pl.*

haben ['hɑːbən] **1.** (30) have; *s. gern, gut, recht, unrecht*; *~ wollen* want; *sich ~* make a fuss; *etwas (nichts) auf sich ~* be of (no) consequence; *unter sich ~ fig.* be in control of; (*befehligen*) command; *Ware*: *zu ~* obtainable; *ich hab's!* I have got it; *was hast du?* what is the matter with you?; *da ~ wir's!* there we are!; **2. 2** ✝ *n* (6) credit; *s. Soll.*

'**Habenichts** *m* (4 *od. inv.*) beggar, have-not.

'**Haben|saldo** *m* credit balance; '**~seite** *f* credit side; '**~zinsen** *m/pl.* credit interest.

Habicht ['hɑːbiçt] *m* (3) hawk.

Habili|tation *univ.* [habilita'tsjoːn] *f* (16) habilitation; *sich* **2'tieren** habilitate.

Habgier ['hɑːp-] *f* greed, avarice; '**2ig** greedy, avaricious.

'**habhaft:** *~ werden* (*gen.*) get hold of.

Hab|seligkeit ['hɑːp-] *f* property; *~en pl.* things, belongings *pl.*; '**~sucht** *f*, '**2süchtig** *s. Habgier, habgierig.*

Hachse ['haksə] *f* (15) knuckle.

'**Hack|beil** *n* chopper, cleaver; '**~block** *m* chopping-block; '**~braten** *m* mince loaf; '**~brett** *n* chopping-board; ♪ dulcimer.

Hacke ['hakə] *f* **1.** (15) hoe, mattock; **2.** = '**~n**[1] *m* (6) heel.

hacken[2] ['hakən] (25) hack, chop; (*klein~*) mince; (*picken*) pick.

'**Hack|fleisch** *n* minced (*Am.* ground) meat; '**~frucht** ⚘ *f* root vegetable; '**~maschine** *f Küche*: mincer, *Am.* (food) chopper; ⚘ cultivator.

Häcksel ['hɛksəl] *m, n* (7) chaff; '**~maschine** *f* chaff-cutter.

Hader ['hɑːdər] *m* (7) discord, strife, quarrel; '**2n** (29) quarrel.
Hafen ['hɑːfən] *m* (7¹) port; *bsd. als Schutz*: harbo(u)r; '**~-anlagen** ⚓ *f/pl.* docks *pl.*; '**~-arbeiter** *m* docker, *Am.* longshoreman; '**~-damm** *m* jetty, pier; '**~meister** *m* harbo(u)r-master; '**~sperre** *f* blockade (of a harbo[u]r), embargo; (*Vorrichtung*) barrage; '**~stadt** *f* seaport; '**~viertel** *n* dock area, waterfront.
Hafer ['hɑːfər] *m* (7) oats *pl.*; *in Zssgn mst* oat-...; '**~brei** *m* (oatmeal) porridge; '**~flocken** *f/pl.* rolled oats; '**~grütze** *f* grits, (oat) groats *pl.*; '**~schleim** *m* gruel.
Haff [haf] *n* (3) haff, bay.
Haft [haft] *f* (16) custody, detention; (*Verhaftung*) arrest; '**2bar** responsible, answerable, liable (*für* for); '**~befehl** *m* warrant of arrest; '**2en** (26) stick, adhere (*an dat.* to); *~ für* answer for, be liable for; '**~-glas** *n* contact lens.
Häftling ['hɛftliŋ] *m* (3¹) prisoner.
'**Haftpflicht** *f* liability; *mit beschränkter ~* limited; '**2ig** *s. haftbar*; '**~versicherung** *f* liability insurance.
'**Haftung** *f* liability.
'**Haftvermögen** ⊕ *n* adhesive power.
Hag [hɑːk] *m* (3) enclosure; (*Hain*) grove; (*Wald*) wood.
Hage|butte ['hɑːgəbutə] *f* hip; '**~dorn** *m* hawthorn.
Hagel ['hɑːgəl] *m* (7) hail; (*Schrot*) small shot; *fig.* shower; '**2dicht** as thick as hail; '**~korn** *n* hailstone; '**2n** (29) hail; '**~schauer** *m* shower of hail; '**~schlag** *m* damage by hail; '**~wetter** *n* hailstorm.
hager ['hɑːgər] lean, gaunt; '**2keit** *f* leanness, gauntness.
'**Hagestolz** *m* (3²) (old) bachelor.
Häher ['hɛːər] *m* (7) jay.
Hahn [hɑːn] *m* (3²) cock, rooster; ⊕ (stop)cock, tap, *Am.* faucet; *am Gewehr*: cock; *es kräht kein ~ danach* nobody cares a fig for that; *s. Korb.*
Hähnchen ['hɛːnçən] *n* (6) cockerel.
'**Hahnen|fuß** ⚘ *m* crowfoot; '**~-kamm** *m* (*a.* ⚘) cockscomb; '**~-kampf** *m* cock-fight; '**~schrei** *m* cock-crow; '**~tritt** *m im Ei*: (cock-)tread.
Hahnrei ['hɑːnraɪ] *m* (3) cuckold.
Hai [haɪ] *m* (3), '**~fisch** *m* shark.
Hain *poet.* [haɪn] *m* (3) grove.
Häkchen ['hɛːkçən] *n* (6) small hook.
'**Häkel|-arbeit** *f* crochet-work; '**~-nadel** *f* crochet-hook; '**2n** *v/i. u. v/t.* (29) crochet.
Hak|en ['hɑːkən] **1.** *m* (6) hook (*a. beim Boxen*); (*Spange*) clasp; *fig.* (*Hindernis*) snag, hitch; *fig. da(s) ist der ~* F there's the rub; *die Sache hat e-n ~* there is a catch to it; **2.** 2 (26) hook; '**2ig** hooked.
halb [halp] **1.** *adj.* half; *eine ~e Stunde* half an hour, *Am.* a half-hour; *~ 3 Uhr* half past two; *es schlägt ~* the half-hour strikes; ♪ *~er Ton* semitone; *j-m auf ~em Wege entgegenkommen* meet a p. halfway; **2.** *adv.* by halves, half; *~ entschlossen* half determined; *~ soviel* half as much; *die Sache ist ~ so schlimm* things are not as bad as all that.
'**halb|-amtlich** semi-official; '**2bildung** *f* superficial education, smattering; '**2blut** *n* half-blood; *v. Volksrassen a.*: half-breed, half-caste; (*Pferd*) half-bred; '**2bruder** *m* half-brother; '**2dunkel** *n* semi-darkness; dusk, twilight; '**2-edelstein** *m* semi-precious stone; **... ~er** ['halbər] (*wegen*) on account of, owing to; (*um ... willen*) for the sake of; **2fabrikat** ['halp-] *n* semi-manufactured product; '**~fertig** half-finished; ✝ semi-manufactured; '**~fett** *typ.* semi-bold; '**2-finale** *n Sport*: semi-final; '**2-franzband** *m* half-calf (binding); '**~gar** underdone, *Am.* rare; '**~gebildet** semi-cultured; '**2geschwister** *pl.* half-brothers and -sisters; '**2gott** *m* demigod; '**2heit** *f* (16) half-measure.
halbieren [~'biːrən] halve; ⩚ bisect.
'**Halb|-insel** *f* peninsula; '**~jahr** *n* half-year, six months *pl.*; '**2jährig** of six months; '**2jährlich** half-yearly; '**~kreis** *m* semicircle; '**~-kugel** *f* hemisphere; '**2laut** in an undertone; *in* '**~leder** *n gebunden* half-bound (*od.* -calf); '**~lederband** *m* half-binding; '**~leinen** *n* half-linen; '**2mast** *od. auf ~* (at) half-mast; '**~messer** *m* radius; '**2monatlich**, '**~monats...** semi-monthly; '**~-mond** *m* half-moon, crescent; '**2-nackt** half-naked; **2'-offen** *Tür*:

ajar; '**&part:** ~ *machen* go halves, F go fifty-fifty; '**~profil** *n* semi-profile; '**~schlaf** *m* doze; '**~schuh** *m* (*Damen&* flat) shoe; '**~schwergewicht(ler** *m*) *n* light-heavy-weight; '**~schwester** *f* half-sister; '**~seide** *f* half silk; '**~starke** *m* (18) hooligan; '**&starr** ✈ semi-rigid; '**~stiefel** *m* half-boot; '**&stündlich** half-hourly; '**~tagsbeschäftigte** *m*, *f* part-timer; '**~tagsbeschäftigung** *f* part-time job *od.* employment; '**~ton** ♪, *phot.* *m* half-tone; '**&'tot** half-dead; '**~vokal** *m* semivowel; **&wegs** ['~ve:ks] half-way; (*ziemlich*) tolerably; '**~welt** *f* demi-monde; '**~weltdame** demi-mondaine; '**~wissen** *n s. Halbbildung*; '**~wolle(nstoff** *m*) *f* linsey-woolsey; **&wüchsig** ['~vy:ksiç] adolescent, teenage; '**~wüchsige** *m*, *f* adolescent, teenager; '**~zeit** *f Sport*: half-time; '**~zeug** ⊕ *n* semi-product; *Papier*: half-stuff.

Halde ['haldə] *f* (15) slope, declivity; ⚒ dump.

half [half] *pret. v. helfen*.

Hälfte ['hɛlftə] *f* (15) half; F *m-e bessere* ~ my better half; *die* ~ *der Leute* half the men; *um die* ~ *mehr* (*weniger*) half as much again (less by half); *zur* ~ half.

Halfter ['halftər] *m od. n* (7) halter.

Halle ['halə] *f* (15) hall; (*Vor&*) porch; *e-s Hotels*: lounge; *Tennis*: covered court; (*Markt&*) market-hall; ✈ hangar.

hallen ['halən] (25) (re)sound, echo.

'**Hallen|handball** *m* indoor handball (game); '**~(schwimm)bad** *n* indoor swimming-pool.

hallo! [ha'lo:] hallo!, hullo!, hello!; & *n* (11) *fig.* hullabaloo.

Halm [halm] *m* (3) blade; (*Getreide&*) stalk; (*Stroh&*) straw.

Hals [hals] *m* (4^2) neck; (*Kehle*) throat; ~ *über Kopf* head over heels, (*hastig*) headlong, helter-skelter; *auf dem* ~*e haben* have on one's back, be saddled with; *sich vom* ~*e schaffen* get rid of; *j-m um den* ~ *fallen* fall on a p.'s neck; *sich j-m an den* ~ *werfen* throw o.s. at the head of a p.; *aus vollem* ~*e lachen* have a good laugh; *aus vollem* ~*e schreien* shout at the top of one's voice; *bis über den* ~ over head and ears, up to the eyes; F *es hängt mir zum* ~*e heraus* I am fed up (to the teeth) with it, I am sick of it; *sich den* ~ *verrenken aus Neugier* crane one's neck (*nach* for); '**~-abschneider** *m* cut-throat; '**~-ausschnitt** *m* (*tiefer* low) neck; '**~band** *n* necklace; *bsd. für Tiere*: collar; '**~binde** *f* (neck)tie; '**~bräune** *f* quinsy; '**&brecherisch** breakneck; '**~-entzündung** *f* inflammation of the throat; '**~kette** *f* necklace; '**~kragen** *m* collar; neckband; '**~schmerzen** *m/pl. s. Halsweh*; '**&starrig** obstinate, stubborn; '**~starrigkeit** *f* obstinacy; '**~tuch** *n* scarf, neckerchief; '**~weh** *n* sore throat.

Halt [halt] **1.** *m* (3) hold; (*Innehalten*) halt, stop; (*Stütze*) support (*a. fig.*); *s. haltmachen*; **2.** **&!** *int.* stop!, ⚔ *usw.* halt!; **3.** & *adv.* you know; *das ist* ~ *so* that's how it is, it can't be helped.

'**haltbar** (*dauerhaft*) durable, lasting; *fig.* tenable; *es ist* ~ it wears well; '**&keit** *f* durability.

halten ['haltən] (30) *v/t.* (*fest*~, *auf*~, *zurück*~, *an*~, *ent*~) hold; (*beibe*~, *fest*~, *an*~, *zurück*~, *feil*~, *ver*~) keep; *den Körper gerade usw.* ~; *Sitzung*, *Versammlung*: hold; *Feiertag*, *Schule*, *Personal*, *Tier*, *Versprechen*: keep; (*stützen*) support; (*enthalten*) contain; *Predigt*, *Rede*: deliver; *Vorlesung*: give; *Zeitung*: take in; *sich* ~ (*stand*~) hold (out); (*in e-r bestimmten Richtung bleiben*, *in e-m* [*guten*] *Zustand bleiben*) keep; *sich bereit*~ be ready; ~ *für* hold, think, take to be, *irrtümlich*: take for; *es* ~ *mit* side with; *Frieden* ~ keep peace; *s. kurz*, *Mund*, *Narr*, *Ordnung*, *Schach*, *Schritt*; *große Stücke od. viel* (*wenig*) ~ *auf* (*acc.*) *od. von* make much (little) of, think highly (little) of; *sich* ~ *an* (*acc.*) keep to; *sich gut* ~ *S.*: keep well, *P.*: stand one's ground; *das kannst du* ~, *wie du willst* you can please yourself; *was* ~ *Sie von ...?* what do you think of ...?; *v/i.* stop; (*ganz bleiben*) last; (*aushalten*, *dauern*) hold out, endure; (*festsitzen*) hold; *Eis*: bear; *es hält schwer* it is difficult; *dafür* ~, *daß* hold that; *zu j-m* ~ adhere (*od.* stick) to; *auf et.* ~ insist on, set store by.

'**Halte|platz** *m*, '**~punkt** *m*, '**~stelle** *f* stopping-place, stop; 🚂 halt; (*Droschken*2) taxi-rank.

'**halt|los** without support; *Charakter*: unsteady; '**2losigkeit** *f* unsteadiness; '**~machen** (make a) halt, stop.

'**Haltung** *f* (*Körper*2) bearing, carriage; (*Benehmen*) deportment; (*Stellung*) posture, (*a. Geistes*2) attitude; *der Börse*: tone; ~ *bewahren* remain composed, control o.s.; *s-e* ~ *wiedergewinnen* recover one's composure.

'**Haltzeichen** *n im Straßenverkehr*: stop-signal.

Halunke [ha'luŋkə] *m* (13) rascal.

hämisch ['hɛːmiʃ] malicious.

Hammel ['haməl] *m* (7[1]) wether; '**~braten** *m* roast mutton; '**~fleisch** *n* mutton; '**~keule** *f* leg of mutton; '**~sprung** *parl. m* division.

Hammer ['hamər] *m* (7[1]) hammer (*a. Sport*); ~ *des Auktionators usw.*: gavel; *a.* = ~*werk*; *unter den* ~ *kommen* come under the hammer.

'**hämmer|bar** malleable; **~n** ['hɛmərn] *v/t. u. v/i.* (29) hammer; *Motor*: knock; (*stampfen*) pound.

'**Hammer|schlag** *m* stroke with a hammer; (*Abgang vom Eisen*) hammer-scales *pl.*; '**~schmied** *m* blacksmith; '**~werk** *n* forge shop, hammer mill; '**~werfen** *n Sport*: throwing the hammer.

Hämorrhoiden [hɛːmɔro'iːdən] *f/pl.* (15) h(a)emorrhoids *pl.*, piles *pl.*

Hampelmann ['hampəlman] *m* (1[2]) jumping jack; *fig.* puppet; *contp.* clown.

Hamster ['hamstər] *m* (7) hamster; **~ei** [~'raɪ] *f* hoarding; '**~er** *m* (7) hoarder; '**2n** *v/i. u. v/t.* (29) hoard.

Hand [hant] *f* (14[1]) hand; *s. flach, hohl*; *j-m die* ~ *drücken* shake hands with a p.; *j-m freie* ~ *lassen* give a p. a free hand; *sich die Hände reichen* join hands; ~ *an j-n legen* lay hands on a p.; ~ *an et. legen* put one's hand to a th.; ~ *ans Werk legen* set to work; *s. letzt*; *an* ~ *von* by means of, guided by; *auf eigene* ~ of one's own accord; *an die* ~ *geben* supply with; *aus der* ~ *geben* part with; *aus der* ~ *in den Mund leben* live from hand to mouth; *aus erster* ~ at first hand; *bei der* ~, *zur* ~ at hand, handy; *die Hände in den Schoß legen* rest upon one's oars; *in die* ~ *nehmen* take in hand; *j-m et. in die Hände spielen* help a p. to a th.; *mit der* ~ *gemacht usw.* by hand; *von langer* ~ for a long time past; *von der* ~ *weisen* decline, reject; *unter den Händen haben* have in hand; *unter der* ~ in secret, privately; *auf Brief*: *zu Händen* (*gen.*) care of (*abbr.* c/o), *Am.* attention; *fig.* ~ *und Fuß haben* hold water; *ohne* ~ *und Fuß* without rhyme or reason; *s-e* ~ *im Spiele haben* have a finger in the pie; *s-e* ~ *ins Feuer legen für etwas od. j-n* put one's hand into the fire for a th. *od.* a p.; *eine* ~ *wäscht die andere* one good turn deserves another; *s. öffentlich*; '**~-arbeit** *f* manual labo(u)r; (*Ggs. Maschinenarbeit*) handwork; *weibliche*: needlework; *das ist* ~ it is handmade; '**~-arbeiter** *m* manual labo(u)rer, (handi)craftsman; '**~-aufheben** *n bei Abstimmungen*: show of hands; '**~-ausgabe** *f* concise edition; '**~ball** *m* handball; '**~beil** *n* hatchet; '**~bibliothek** *f* reference library; '**2breit** of a hand's breadth; '**~breit**(e) *f* hand's breadth; '**~bremse** *f* hand-brake; '**~buch** *n* manual, handbook.

Hände|druck ['hɛndə-] *m* shaking of hands, handshake; '**~klatschen** *n* (6) clapping of hands.

Handel ['handəl] *m* (7[1]) (*geschäftlicher Verkehr*) trade; *in großem Maßstab*: commerce; *weitS.* traffic; (*Geschäft*) transaction, business; (*abgeschlossener* ~) bargain; (*schlimme usw. Sache*) affair; ⚖ lawsuit; ~ *treiben* trade; *im* ~ on the market; *nicht mehr im* ~ off the market; *ein ehrlicher* ~ a square deal.

Händel ['hɛndəl] *m/pl.* quarrel *sg.*; ~ *suchen* pick a quarrel.

handeln ['handəln] (29) act; (*Handel treiben*) trade (*mit* with *a p.*; in *goods*); deal (*nur* in *goods*); (*feilschen*) bargain (*um* for); *in e-r Rede usw.*: ~ *von od. über* (*acc.*) treat of, deal with; *es handelt sich um* it is a question (*od.* matter) of, ... is concerned; *es handelt sich darum, wer usw.* the question is who *etc.*; *worum handelt es sich?* what is the (point in) question?, what is it all about?

ˈ**Handels|-abkommen** *n* trade agreement; ˈ**~-adreßbuch** *n* commercial directory; ˈ**~-artikel** *m* commodity; ˈ**~bank** *f* commercial bank; ˈ**~beziehungen** *f/pl.* trade relations; ˈ**~bilanz** *f* balance of trade; ˈ**~blatt** *n* trade journal; **~bücher** [ˈ~byːçər] *n/pl.* commercial books, account books; ˈ**2-einig** *werden* come to terms; ˈ**~flotte** *f* merchant (*od.* mercantile) fleet; ˈ**~gärtner** *m* market-gardener, *Am.* truck farmer; ˈ**~genossenschaft** *f* traders' co-operative (society); ˈ**~gericht** *n* commercial court; ˈ**~gesellschaft** *f* trading company; *offene ~* general partnership; ˈ**~gesetzbuch** *n* Commercial Code; ˈ**~hafen** *m* commercial port; ˈ**~haus** *n* commercial house; ˈ**~hochschule** *f* commercial academy; ˈ**~kammer** *f* Chamber of Commerce, *Am. a.* Board of Trade; ˈ**~mann** *m* tradesman; ˈ**~marine** *f* mercantile marine; ˈ**~marke** *f* trade-mark; ˈ**~minister** *m allg.* Minister of Commerce; *Brt.* President of the Board of Trade, *Am.* Secretary of Commerce; ˈ**~ministerium** *n allg.* Ministry of Commerce; *Brt.* Board of Trade, *Am.* Department of Commerce; ˈ**~platz** *m* emporium, trading cent|re, *Am.* -er; ˈ**~politik** *f* trade policy; ˈ**~produkt** *n* commercial product; ˈ**~recht** *n* commercial law; ˈ**~register** *n* commercial register; *im ~ eintragen* register, *Am.* incorporate; ˈ**~richter** *m* commercial judge; ˈ**~schiff** *n* trading vessel; ˈ**~schiffahrt** *f* merchant shipping; ˈ**~schule** *f* commercial school, *Am.* business college; ˈ**~spanne** *f* trade margin; ˈ**~sperre** *f* embargo; ˈ**~stadt** *f* commercial town; ˈ**2-üblich** customary in the trade; ˈ**~verkehr** *m* traffic, trade; ˈ**~vertrag** *m* commercial treaty; ˈ**~vertreter** *m* mercantile agent; ˈ**~wechsel** *m* commercial bill; ˈ**~weg** *m* trade route; ˈ**~wert** *m* trading value; ˈ**~zeichen** *n* trade-mark; ˈ**~zweig** *m* branch of trade.

händelsüchtig [ˈhɛndəl-] quarrelsome.

ˈ**handeltreibend** trading.

ˈ**Hand|feger** *m* hand-brush; ˈ**~fertigkeit** *f* manual skill; handicraft; ˈ**~fertigkeits-unterricht** *m* manual training; ˈ**~fesseln** *f/pl.* handcuffs, manacles; ˈ**2fest** sturdy, robust; *fig.* sound; ˈ**~feuerwaffe** *f* portable firearm; *pl.* small arms *pl.*; ˈ**~fläche** *f* flat of the hand, palm; ˈ**2ge-arbeitet** handmade; ˈ**~geld** *n* handsel; ⚚ earnest money; ⚔ bounty; ˈ**~gelenk** *n* wrist; *fig. aus dem ~* offhand, like that; ˈ**2gemein** *werden* come to blows (*od.* grips); ˈ**~gemenge** *n* fray, mêlée (*fr.*); (*Balgerei*) scuffle; ˈ**~gepäck** *n* hand luggage (*Am.* baggage); ˈ**2gerecht** handy; ˈ**2geschrieben** hand-written, written by hand; ˈ**2gestrickt** hand-knitted; F *fig.* home-made; ˈ**~granate** ⚔ *f* hand-grenade; ˈ**2greiflich** palpable; (*offensichtlich*) obvious; *~ werden* turn violent, *Am.* get tough; ˈ**~griff** *m* grasp; grip, manipulation; *konkret*: grip, handle; ˈ**~habe** *f* (15) handle (*a. fig.*); ˈ**2haben** (25) handle, manipulate; *Maschine*: operate; *Rechtspflege*: administer; *fig.* handle; ˈ**~habung** *f* handling, manipulation; operation.

...händig [hɛndiç] ...-handed.

ˈ**Hand|karren** *m* hand-cart; ˈ**~koffer** *m* (small) suitcase, attaché case, *Am.* valise; ˈ**~korb** *m* hand-basket; ˈ**~kuß** *m* kiss on the hand; F *mit ~* gladly; ˈ**~langer** *m* (7) handy man, odd-jobber, *Am.* hand; ⚠ hodman; *contp.* underling.

Händler [ˈhɛndlər] *m* (7), ˈ**~in** *f* (16[1]) dealer, trader.

handlich [ˈhantliç] handy.

Handlung [ˈhandluŋ] *f* act(ion), deed; *e-s Dramas usw.*: action, *a.* plot; (*Laden*) shop, *Am.* store; *strafbare ~* punishable act; ˈ**~sbevollmächtigte** *m* authorized agent; ˈ**~sfreiheit** *f* liberty of action, *a* free hand; ˈ**~sgehilfe** *m* (commercial) clerk; (*Verkäufer*) shop-assistant; ˈ**~sreisende** *m* commercial traveller, *bsd. Am.* traveling salesman; ˈ**~sweise** *f* way of acting, conduct; (*Verfahren*) procedure; (*Methoden*) methods *pl.*

ˈ**Hand|pflege** *f* manicure; ˈ**~reichung** *f* help, assistance; ˈ**~rücken** *m* back of the hand; ˈ**~säge** *f* hand-saw; ˈ**~schelle** *f* handcuff; ˈ**~schlag** *m* handshake; ˈ**~schreiben** *n* autograph letter; ˈ**~schrift** *f* handwriting; (*geschriebenes Werk*) manuscript; '~**schriftendeutung** *f* graphology; '²**schriftlich** *adj.* hand-written, in writing, manuscript; *adv.* in writing; in manuscript; '~**schuh** *m* glove; '~**spiegel** *m* hand-glass; '~**stand** *m* handstand; '~**streich** *m* coup de main (*fr.*), surprise raid; ~**täschchen** ['~tɛʃçən] *n für Damen*: pochette; *mit Spiegel, Puderdose usw.*: vanity bag; '~**tasche** *f* handbag, *Am.* purse; '~**teller** *m* palm (of the hand); '~**tuch** *n* towel; '~**tuchhalter** *m* towel-horse *od.* -rack; '~**-umdrehen** *n*: *im* ~ in a jiffy, in no time; '~**voll** *f* handful; '~**waffe** *f* hand weapon; '~**wagen** *m* hand-cart; '~**waschbecken** *n* wash-hand basin; '~**werk** *n* trade, (handi)craft; *j-m das* ~ *legen* put a stop to a p.'s practices; *sein* ~ *verstehen* know one's business; *s. pfuschen*; '~**werker** *m* (7) craftsman, artisan; *weitS.* workman; '~**werksbursche** *m* (travel[l]ing) journeyman; '~**werkskammer** *f* chamber of handicrafts; '²**werksmäßig** workmanlike; *bsd. fig.* mechanical; '~**werksmeister** *m* master craftsman; '~**werkszeug** *n* (set of) tools *pl.*; '~**wörterbuch** *n* concise dictionary; '~**wurzel** *f* wrist; '~**zeichen** *n* hand signal; *statt Unterschrift*: initials *pl.*; '~**zeichnung** *f* hand drawing; '~**zettel** *m* handbill.

Hanf [hanf] *m* (3) hemp; *in Zssgn mst* hemp-...; '²**en** hempen.

Hänfling ['hɛnfliŋ] *m* (3¹) linnet.

Hang [haŋ] *m* (3³) slope; (*Abdachung*) declivity; *fig.* inclination, propensity (*zu* to, for); tendency (to).

Hänge|backe ['hɛŋə-] *f* flabby cheek; '~**bahn** *f* suspension railway (*Am.* railroad); '~**bauch** *m* paunch; '~**boden** *m* loft; '~**brücke** *f* suspension bridge; '~**busen** *m* sagging bosom; '~**lampe** *f* hanging-lamp; '~**matte** *f* hammock.

hangeln ['haŋəln] (29) climb (*od.* travel) hand over hand.

hängen ['hɛŋən] *v/t.* (30) hang; suspend; *s. Herz*; *v/i.* hang; be suspended; (*haften*) adhere, stick, cling (*an dat.* to); *fig.* ~ *an* (*dat.*) cling to, be attached to; *den Kopf* ~ *lassen* hang one's head, be down in the mouth; '~**bleiben** (sn) be caught (*an dat.* by), catch (on).

Hansdampf [hans'dampf] *m*: ~ *in allen Gassen* Jack-of-all-trades.

hänseln ['hɛnzəln] (29) tease, chaff.

'**Hansestadt** *f* Hanse town.

Hans|'narr *m* tomfool; ~'**wurst** *m* (3²) clown (*a. contp.*).

Hantel ['hantəl] *f* (15) dumb-bell.

han'tier|en *v/i.*: ~ *mit* work with, operate, handle, wield; (*geschäftig sein*) be busy; ²**ung** *f* operating, handling, manipulation.

hapern ['ha:pərn] (29): *es hapert mit* there is something amiss with; *bei ihm hapert's im Englischen* he is weak at English; *es hapert uns an Geld* we are short of money.

Happen ['hapən] *m* (6) mouthful, morsel, bite; *fetter* ~ juicy morsel, *fig.* fine catch.

Harfe ['harfə] *f* (15) harp.

Harfe'nist *m* (12), ~**in** *f*, '**Harfner** *m* (7), '~**in** *f* (16¹) harpist.

Harke ['harkə] *f* (15) rake; *j-m zeigen, was e-e* ~ *ist* show a p. what's what; '²**n** *v/t. u. v/i.* (25) rake.

Harm [harm] *m* (3) grief, sorrow; (*Kränkung*) injury, wrong.

härmen ['hɛrmən]: *sich* ~ grieve (*um* about, over).

'**harmlos** harmless (*a. fig.*).

'**Harmlosigkeit** *f* harmlessness.

Harmon|ie [harmo'ni:] *f* (15) harmony; ²**ieren** [~'ni:rən] harmonize; *fig. a.* agree; ~**ika** [~'mo:nika] *f* (16² *u.* 11) accordion; ²**isch** harmonious; ²**isieren** [~moni'zi:rən] *v/i. u. v/t.* harmonize; ~**ium** ♪ [~'mo:njum] *n* (11¹, 9) harmonium.

Harn [harn] *m* (3) urine; '~**blase** *f* (urinary) bladder.

'**harnen** (25) pass water, urinate.

'**Harn|fluß** *m* incontinence of urine; '~**glas** *n* urinal; '~**grieß** *m* gravel.

Harnisch ['harniʃ] *m* (3²) armo(u)r; *fig. j-n in* ~ *bringen* infuriate a p.; *in* ~ *geraten* fly into a rage.

'**Harn|leiter** *anat. m* ureter; '~**röhre** *f* urethra; '~**säure** *f* uric acid; '~**stoff** *m* urea; '~**-untersuchung** *f* uranalysis, *Am.* urinalysis.

Harpun|e [har'pu:nə] *f* (15), ²**ieren** [~'puni:rən] harpoon.

harren ['harən] (25, *gen. od. auf acc.*) wait (for); *fig.* hope (for).

harsch [harʃ] harsh, rough; '²**schnee** *m* crusted snow.

hart [hart] hard; *fig. a.* severe; ~ *werden* harden; *adv.* ~ *arbeiten* work hard; es *ging* ~ *auf* ~ it was either do or die; *s. Nuß.*

Härte ['hɛrtə] *f* (15) hardness; *fig. a.* severity; *unbillige* ~ undue hardship.

'**härten** (*a. sich*) harden.

'**Hartfaserplatte** *f* fibreboard, *Am.* fiberboard.

'**Hart|geld** *n* coined money, coins *pl.*, specie; '**2gesotten** *fig.* hard-boiled; '**~gummi** *m* hard rubber; ✝ vulcanite, ebonite; '**2herzig** hard-hearted; '**~holz** *n* hard wood; '**2hörig** hard of hearing; **2köpfig** ['~kœpfiç] headstrong; **2leibig** ['~laɪbiç] constipated, costive; '**~leibigkeit** ⚕ *f* constipation, costiveness; '**2löten** braze, hard-solder; **2mäulig** ['~mɔʏliç] hard-mouthed; **2näckig** ['~nɛkiç] obstinate, pertinacious, *bsd. Krankheit*: refractory; '**~näckigkeit** *f* obstinacy, pertinacity; '**~pappe** *f* hardboard; '**~platz** *m/pl. Tennis*: hard court; '**~spiritus** *m* solid alcohol; '**~wurst** *f* hard sausage.

Harz [hɑːrts] *n* (3²) resin; (*Geigen2*) rosin; '**2en** *v/t.* (27) resin; *Geigenbogen*: rosin; '**2ig** resinous.

Hasardspiel [ha'zartʃpiːl] *n* (3) game of chance; *fig.* gamble.

Häs-chen ['hɛːsçən] *n* (6) young hare, leveret.

haschen ['haʃən] (27) *v/t.* snatch, catch; *v/i.* ~ *nach* snatch at; *fig. a.* aim at; *nach Komplimenten*: fish for.

Häscher ['hɛʃər] *m* (7) catchpole.

Haschisch ['haʃiʃ] *n* (*inv., o. pl.*) hashish, F hash.

Hase ['hɑːzə] *m* (13) hare; *fig. alter* ~ old hand; F *da liegt der* ~ *im Pfeffer* there's the rub; *sehen, wie der* ~ *läuft* see which way the cat jumps.

Hasel|huhn ['hɑːzəlhuːn] *n* hazel-hen; '**~maus** *f* dormouse; '**~nuß** *f* hazel-nut; '**~strauch** *m* hazel(-tree).

'**Hasen|braten** *m* roast hare; '**~fuß** *m* hare's foot; *fig.* coward; '**~jagd** *f* hare-hunt(ing); '**~klein** *n*, '**~pfeffer** *m* jugged hare; *das* '**~panier** *ergreifen* take to one's heels; '**~scharte** *f* harelip.

Häsin ['hɛːzin] *f* female hare, doe.

Haspe ['haspə] *f* (15) hasp, hinge.

Haspel ['haspəl] *f* (15) reel; (*Winde*) windlass; '**2n** (29) reel.

Haß [has] *m* (4) hatred.

'**hass|en** (28) hate; '**~enswert** hateful, odious; '**2er(in** *f*) *m* hater.

häßlich ['hɛsliç] ugly; *fig. a.* mean, nasty; '**2keit** *f* ugliness; meanness.

Hast [hast] *f* (16) haste, hurry; '**2en** (26, sn) hasten, hurry; '**2ig** hasty, hurried; '**~igkeit** *f* hastiness.

hätscheln ['hɛːtʃəln] (29) caress, fondle, cuddle, pet; (*verzärteln*) pamper, coddle.

hatte ['hatə] *pret. v. haben* 1.

Haube ['haubə] *f* (15) bonnet, cap; (*Schwestern2*) cornet; *zo.* tuft, crest; ⊕ *u. mot.* bonnet, *mot. Am.* hood; *unter die* ~ *bringen* find a husband for; *unter die* ~ *kommen* get married.

Hauch [haux] *m* (3) breath; (*leiser Luftzug*) breeze, whiff; (*leiser Duft*) waft; *fig.* (*Spur*) touch, tinge; *gr.* aspiration; '**2'dünn** filmy, flimsy; '**2en** (25) *v/i.* breathe; *v/t.* exhale; *gr.* aspirate; '**~laut** *m* aspirate.

'**Haudegen** *m* (6) *fig.* (old) blade.

Haue ['hauə] *f* (15) **1.** ⸙ hoe, mattock; **2.** F (*Prügel*) hiding, spanking.

'**hauen** (30) *v/t.* (*hacken*) hew, chop, *Holz*: *a.* cut; *Loch, Stufen, Weg*: cut; (*schlagen*) strike; F (*prügeln*) thrash, hide; *sich* ~ fight; *v/i.* ~ *nach* strike at; *um sich* ~ lay about one.

'**Hauer** *m* (7) hewer (*a.* ⚒); *zo.* tusk.

häufeln ⸙ ['hɔʏfəln] (29) hill (up).

Haufen ['haufən] *m* (13¹ [6]) heap (F *a. fig.*: *Menge, Zahl*), pile; (*Schwarm*) crowd; F *ein* ~ ... a lot of ...; *e-n* ~ (*Geld*) *verdienen* make a pile (of money); *der große* ~ the multitude; *über den* ~ *werfen* overthrow, *bsd. fig.* upset.

häufen ['hɔʏfən] (25) heap (up), (*a. sich*) accumulate.

'**haufen|weise** in heaps; (*scharenweise*) in crowds; '**2wolke** *f* cumulus (cloud).

'**häufig** frequent(ly *adv.*); '**2keit** *f* frequency.

'**Häufung** *f* accumulation.

'**Hauklotz** *m* (3¹ *u.* ³) chopping block.

Haupt [haupt] *n* (1²) head; (*Ober2*) head, chief; '**~...** principal, chief, main; '**~-aktionär** ✝ *m* principal shareholder (*Am.* stockholder); '**~-altar** *m* high altar; '**2-amtlich** full-time; *adv.* on a full-time basis; '**~-anschluß** *m teleph.* main station; ⚡ *usw.* mains connection; '**~bahn-**

hof *m* main (*od.* central) station; **'~beruf** *m*, **'~beschäftigung** *f* main occupation; **'~bestandteil** *m* chief ingredient (*od.* component); **'~buch** *n* ledger; **'~darsteller(in** *f*) *thea. m* leading man (*f* lady), lead; **'~-eingang** *m* main entrance; **'~fach** *n Studium*: main subject, *Am.* major; ... *als ~ studieren* take ... as one's main subject, *Am.* major in ...; **'~feldwebel** *m* sergeant major, *Am.* first sergeant; **'~film** *m des Programms*: feature (film); **'~geschäft** *n* main business; **'~geschäftszeit** *f* rush hours *pl.*; **'~gewinn** *m* first prize; **'~haar** *n* hair of the head; **'~handels-artikel** *m* staple; **'~-inhalt** *m* general contents *pl.*, summary; **'~lehrer** *m* head teacher; **'~leitung** *f* ⚡, *Wasser*: main(s *pl.*).

Häuptling ['hɔʏptlɪŋ] *m* (3[1]) chief, chieftain.

'Haupt|mahlzeit *f* main meal; **'~mann** *m* (1, *pl. Hauptleute*) captain; **'~masse** *f* bulk; **'~merkmal** *n* chief characteristic; **'~nahrung** *f* staple food; **'~nenner** ⅍ *m* common denominator; **'~person** *f* most important person; *thea. usw.* main character; **'~post-amt** *n* General (*Am.* Main) Post Office; **'~probe** *f* dress rehearsal; **'~punkt** *m* main (*od.* cardinal) point; **'~quartier** *n* headquarters *pl.*; **'~rolle** *f* leading part (*bsd. Film*: rôle), *ein Film mit N. N. in der ~* a film featuring N. N.; **'~sache** *f* main point *od.* thing; *in der ~* mainly; **ˌsächlich** ['~zɛçlɪç] chief, main, principal; **'~satz** *gr. m* main *od.* principal clause; **'~schalter** ⚡ *m* main (*od.* master) switch; **'~schlüssel** *m* master-key; **'~schuldige** *m* chief culprit; **'~spaß** *m* great fun; **'~stadt** *f* capital; **'ˌstädtisch** metropolitan; **'~straße** *f* main street; major road; **'~ton** *m* principal (*od.* main) stress; **'~treffer** *m* jackpot; **'~verhandlung** ⚖ *f* main hearing, trial; **'~verkehrsstraße** *f* arterial road, thoroughfare, *Am.* highway; **'~verkehrsstunden** *f/pl.*, **'~verkehrszeit** *f* peak (*od.* rush) hour(s *pl.*); **'~versammlung** *f* general meeting; **'~verwaltung** *f* central office; **'~werk** *n* chief work; **'~wort** *gr. n* noun, substantive.

Haus [haʊs] *n* (2[1]) house; (*Heim*) home; ⚚ house, firm; *~ und Hof* house and home; *nach ~e* home; *zu ~e* at home; *er ist (nicht) zu ~* F he is (not) in; *fig. in e-r S. zu ~e sein* be at home (*od.* well versed) in a th.; *fig. ein fideles ~* a jolly fellow; *ein großes ~ führen* live in great style; *aus gutem ~ sein* come of a good house (*od.* family); *so tun, als ob man zu ~ wäre* make o.s. at home; **'~-angestellte** *m, f* domestic (servant), household help; **'~apotheke** *f* (household) medicine--cabinet *od.* -chest; **'~arbeit** *f* housework; *Schule*: homework; **'~-arrest** *m* house arrest; **'~-arzt** *m* family doctor; **'~-aufgabe** *f* homework; **'ˌbacken** home-made; *fig.* plain, homely; (*langweilig*) humdrum; **'~bar** *f* cocktail cabinet; **'~bedarf** *m* household requirements *pl.*; *für den ~* for the home; **'~besetzer** *m* squatter; **'~besitzer** (**-in** *f*) *m* house-owner; **'~bewohner(in** *f*) *m* inmate *od.* occupant (of the house).

Häus-chen ['hɔʏsçən] *n* (6) small house; *fig. aus dem ~ sein* be beside o.s. (*vor* with); *aus dem ~ geraten* go mad (*vor* with).

'Hausdiener *m im Hotel*: boots.

hausen[1] ['haʊzən] (27) live, house, dwell; *arg ~ in (dat.), mit, unter (dat.)* play havoc among, *mit Vorräten*: be heavy on *supplies*.

'Hausen[2] *zo.* [~] *m* (6) sturgeon; **'~blase** *f* isinglass.

Häuser|block ['hɔʏzərblɔk] *m* block (of houses); **'~makler** *m* house agent, *Am.* realtor.

'Haus|flur *m* (entrance-)hall, *Am. a.* hallway; **'~frau** *f* housewife; (*Herrin*) lady of the house; **'~friedensbruch** *m* trespass (in a p.'s house); **'~garten** *m* back garden; **'~gebrauch** *m* domestic use; **'~gehilfin** *f s. Hausangestellte*; **'~genosse** *m* (fellow-)tenant; **'~hahn** *m* domestic cock, rooster; **'~halt** *m* household; *parl.* budget; *fig.* economy; *s. führen*; **'ˌhalten** keep house; *~ mit* husband, economize; **~hälter** ['~hɛltər] *m* (7), **'~hälterin** *f* (16[1]) housekeeper; **'ˌhälterisch** economical; **'~halts-artikel** *m* domestic (*od.* household) article; **'~halts-ausschuß** *parl. m* Budget

Committee; *Brt.* Estimates Committee, *Am.* Appropriations Committee; '**~haltsgeräte** *n/pl.* household utensils; '**~haltsjahr** *n* fiscal (*od.* financial) year; '**~haltsplan** *parl. m* budget; '**~halts('vor)-anschlag** *parl. m the* Estimates *pl.*; '**~haltung** *f* housekeeping; *s. Haushalt*; '**~haltungslehre** *f* domestic science; '**~haltungsvorstand** *m* head of the household; '**~herr** *m* master of the house, head of the family; *als Gastgeber*: host; *als Vermieter*: landlord; '**⁓hoch** as high as a house; *fig.* vast; ~ *überlegen* (*dat.*) head and shoulders above *a p.*, vastly superior (to); '**~huhn** *n* domestic fowl; '**~hund** *m* house-dog.

hausier|en [~'ziːrən] hawk, peddle (*mit* et. a th.); ~ *gehen* be a hawker, *a. fig.* peddle (*mit a th.*); **⁓er** *m* (7) hawker, pedlar.

'**Haus|katze** *f* domestic cat; '**~kleid** *n* house dress; '**~lehrer** *m*, '**~lehrerin** *f* private tutor.

'**häuslich** domestic; home, *a.* household; (*sparsam*) economical; (*zu Hause bleibend*) home-loving, domesticated; ~*e Arbeit s. Hausarbeit*; '**⁓keit** *f* domesticity; family life; (*Heim*) home.

'**Haus|mädchen** *n*, '**~magd** *f* housemaid; '**~mannskost** *f* simple (*od.* plain) fare; '**~meister** *m s. Hausverwalter*; '**~miete** *f* house-rent; '**~mittel** *n* household medicine; '**~mutter** *f* mother of the family, housewife; (*Heimleiterin*) warden; '**~-ordnung** *f* rules *pl.* of the house; '**~pflege** *f* ⚕ home-nursing; '**~rat** *m* household effects *pl.*; '**~recht** *n* domestic authority; '**~sammlung** *f* house-to-house collection; '**~schlachtung** *f* home slaughtering; '**~schlüssel** *m* latch-key; '**~schuh** *m* slipper; '**~schwamm** *m* dry rot; '**~schwein** *n* domestic pig.

Hausse ✝ ['hoːsə] *f* (15) rise (in prices), boom; *auf ~ spekulieren* speculate for a rise; '**~markt** *m* boom market.

Haussier ✝ [hos'jeː] *m* bull.

'**Haus|stand** *m* household; *e-n ~ gründen* set up house; '**~suchung** ⚖ *f* house search, *Am.* house check; '**~suchungsbefehl** *m* search-warrant; '**~telephon** *n im Geschäftshaus usw.*: intercom(munication system); '**~tier** *n* domestic animal; '**~tochter** *f* lady help; '**~tor** *n* gate; '**~tür** *f* front-door; '**~vater** *m* father of the family; (*Heimleiter*) warden; '**~verwalter** *m*, '**~wart** *m* (3) care-taker, janitor, *Am.* superintendent; '**~wirt** *m* landlord; '**~wirtin** *f* landlady; '**~wirtschaft** *f* housekeeping; *weitS.* domestic economy; (*a.* '**~wirtschaftslehre** *f*) domestic science; '**⁓wirtschaftlich** domestic; household; '**~zins** *m* house-rent.

Haut [haʊt] *f* (14[1]) skin; (*abgezogene Tier⁓*) hide; ⚘, *anat., zo.* membrane, cuticle; *auf Flüssigkeit*: film; *bis auf die ~* to the skin; *fig. ehrliche ~* honest fellow; *s-e (eigene) ~ retten* F save one's bacon; *aus der ~ fahren* jump out of one's skin; *ich möchte nicht in s-r ~ stecken* I wouldn't like to be in his shoes; *mit ~ und Haar* completely; '**~-abschürfung** *f* skin-abrasion, excoriation; '**~-arzt** *m* dermatologist; '**~-ausschlag** *m* rash.

Häutchen ['hɔʏtçən] *n* (6) membrane, pellicle, film.

'**häuten** (26) skin; *sich ~* cast one's skin; *Schlange usw.*: slough.

'**haut|-eng** *Kleid*: skin-tight; '**⁓farbe** *f* complexion.

Hautgout [oː'guː] *m* (11, *o. pl.*) high smell; ~ *haben* be high.

'**Haut|krankheit** *f* skin disease; '**~krem** *f* skin cream; '**~nährkrem** *f* skin food; '**~pflege** *f* care of the skin; '**~schere** *f* (*e-e ~* a pair of) cuticle scissors *pl.*; **~transplantation** ['~transplanta'tsjoːn] *f* (16) skin grafting.

'**Häutung** *f* casting of the skin.

'**Hautwunde** *f* skin-wound.

Havanna(zigarre) [ha'vanatsigarə] *f* Havana (cigar).

Havarie [hava'riː] *f* (15) (*große* general, *besondere od. partielle* particular) average.

'**H-Bombe** *f* H-bomb (= hydrogen bomb).

he! [heː] hey!, I say!

Hebamme ['heːpˀamə] *f* midwife.

Hebe|baum ['heːbə-] *m* lever; '**~bock** *m* (lifting-)jack; '**~bühne** *mot. f* lifting ramp; '**~kran** *m* hoist(ing crane).

Hebel ['he:bəl] *m* (7) lever (*a. Ringen*); *fig. alle ~ in Bewegung setzen* move heaven and earth; '**~-arm** *m* lever-arm; '**~kraft** *f* leverage; '**~schalter** ⚡ *m* lever switch; '**~wirkung** *f* lever action, leverage.
heben ['he:bən] (30) lift, (*a. fig.*) raise; *mit Mühe*: heave; (*hochwinden*) hoist; (*steigern*) increase; (*fördern*) further; ⅍ *Bruch*: reduce, cancel; *s. Sattel, Taufe*; *sich ~* rise; *diese Zahlen ~ sich* cancel (out) *od.* can be cancelled; *s. gehoben.*
'**Heber** *phys. m* (7) siphon; (*Stech*♀) pipette.
'**Hebe|schiff** *n* salvage ship; '**~zeug** *n* hoist.
Hebräer [he'brɛ:ər] *m* (7), **~in** *f* (16[1]), **he'bräisch** Hebrew.
'**Hebung** *f vgl. heben*; raising, lifting; increase; furtherance; *des Bodens*: elevation.
Hechel ['hɛçəl] *f* (15) hatchel. hackle, flax-comb; '♀**n** (25) hackle.
Hecht [hɛçt] *m* (3) pike; F *fig.* (*Qualm*) fug; '♀**en** *Sport*: dive; *Schwimmen*: do a pike-dive.
Heck [hɛk] *n* (3) ⚓ stern; *mot.* rear; ✈ tail; '**~-antrieb** *mot. m* rear (-wheel) drive.
Hecke ['hɛkə] *f* (15) **1.** ♂ hedge; **2.** *zo.* brood, breed, hatch.
'**hecken** *v/t. u. v/i.* (25) hatch, breed.
'**Hecken|rose** *f* dog-rose; '**~schere** *f* hedge-shears *pl.*; '**~schütze** ⚔ *m* sniper.
'**Heck|licht** *n* ⚓ stern-light; ✈, *mot.* tail-light; '**~motor** *m* rear engine; '**~pfennig** *m* lucky coin.
heda! ['he:dɑ:] hey!
Heer [he:r] *n* (3) Army; (*große Schar*) host; '**~es...** *mst* Army ...; '**~esdienst** *m* military service; '**~(es-)zug** *m* (military) expedition, campaign; '**~führer** *m* general; commander-in-chief; '**~lager** *n* army camp; *fig.* camp; '**~schar** *f* host; '**~straße** *f* highway.
Hefe ['he:fə] *f* (15) yeast; (*Bodensatz u. fig.*) dregs *pl.*; '**~kuchen** *m* yeast cake.
Heft [hɛft] *n* (3) haft, handle; *e-s Schwertes*: hilt; (*Schreib*♀) exercise book, copy-book; *e-r Zeitschrift*: number, issue; (*Broschüre*) booklet, paper book; *das ~ in der Hand haben* (*behalten*) have (keep) the reins in one's hand.
'**heft|en** (26) fasten, fix (*an acc.* to; *Augen*: on); *Näherei*: baste, tack; *Buch*: stitch, sew; *sich ~ an* (*acc.*) attach (*od.* cling) to; *geheftet Buch*: in sheets; '♀**er** *m für Akten*: folder; *s. Heftmaschine.*
'**Heftfaden** *m* tacking thread.
'**heftig** vehement, violent, impetuous; (*reizbar*) irritable; *Kälte*: sharp; *Regen*: heavy; '♀**keit** *f* vehemence, violence.
'**Heft|klammer** *f* paper-clip; *der Heftmaschine*: staple; '**~maschine** *f* stapling machine; '**~nadel** *f* stitching needle; '**~pflaster** *n* sticking plaster, adhesive plaster *od.* tape; '**~stich** *m* tack; '**~zwecke** *f* drawing-pin, *Am.* thumbtack.
Hegemonie [hegəmo'ni:] (15) *f* hegemony, supremacy.
hege|n ['he:gən] (25) cherish; *hunt.* preserve; *Pflanzen usw.*: tend; *Zweifel usw.*: have, entertain; *~ und pflegen* lavish care on; '♀**r** *hunt. m* (7) gamekeeper.
Hehl [he:l] *n* (3): *kein ~ machen aus* make no secret of; '♀**en** ⚖ (25) *v/i.* receive stolen goods.
'**Hehler** ⚖ *m* (7), '**~in** *f* receiver (of stolen goods), *sl.* fence; **~ei** ⚖ [~'raɪ] *f* receiving (of stolen goods).
hehr [he:r] noble; lofty, sublime.
Heide[1] ['haɪdə] *m* (13), '**Heidin** *f* heathen, pagan; *biblisch*: Gentile.
Heide[2] [~] *f* (15) heath; '**~kraut** *n* heather; '**~land** *n* moor(land).
'**Heidelbeere** *f* bilberry *Am.* blueberry, huckleberry.
'**Heidelerche** *f* woodlark.
'**Heiden|-angst** F *f* mortal fright, F blue funk; '**~geld** *n* piles *pl.* of money; '**~lärm** *m* tremendous noise; '♀**mäßig** enormous, tremendous; '**~spaß** *m* great fun; '**~tum** *n* (1[2]) paganism.
Heiderös-chen ['~rø:sçən] *n* (6) wild briar, dog-rose.
heidnisch ['haɪdnɪʃ] heathen, pagan; *biblisch*: Gentile.
heikel ['haɪkəl] delicate; (*wählerisch*) particular, fussy; fastidious, (over-)nice (*mit* about); *S.*: (*schwierig*) delicate, ticklish.
heil [haɪl] **1.** (*ganz*) whole, intact; (*unversehrt*) sound, unhurt; (*geheilt*) healed, restored; **2.** ♀ *n* (3) welfare; *eccl.* salvation; ♀! hail!; *Jahr des ~s* year of grace; *sein ~ in der Flucht*

suchen seek safety in flight; sein ~ versuchen try one's luck.

Heiland ['haɪlant] *m* (3) Savio(u)r.

'**Heil|-anstalt** *f* sanatorium, *Am.* sanitarium; *für Alkoholiker usw.*: home, (mental) hospital; '**~bad** *n* medicinal bath; (*Kurort*) spa; '**2-bar** curable; '**~barkeit** *f* curableness; '**2bringend** salutary, salubrious; '**~butt** *m* (3) halibut; '**2en** (25) *v/t. j-n*: cure (von of; *a. fig.*); *Krankheit*: cure; *Wunde*: (*a. v/i.*; sn) heal.

heilig ['haɪlɪç] holy, sacred; (*fromm*) saintly; (*feierlich*) solemn; 2er Abend Christmas Eve; ~e Jungfrau Blessed Virgin; ~e Nacht Holy Night; ~er Vater Holy Father; *fig.* ~e Pflicht sacred duty; *s.* Geist, Grab, Gral, Schrift, Stuhl; **2e** ['~lige] *m, f* saint; '**~en** (25) hallow, (*a. fig.* = *gutheißen*) sanctify; '**2enschein** *m* halo, glory, gloriole; '**2keit** *f* holiness, sanctity; '**~sprechen** canonize; '**2tum** *n* (1[2]) *Ort*: sanctuary; *Reliquie*: relic.

Heiligung ['~guŋ] *f* sanctification.

'**Heil|kraft** *f* healing power; '**2-kräftig** curative; '**~kraut** *n* officinal herb; '**~kunde** *f* medical science; *praktische*: therapeutics *mst sg.*; '**2los** unholy (F *a. fig.* — *fürchterlich*); F *adv.* hopelessly, frightfully; '**~mittel** *n* remedy (gegen for; *a. fig.*), medicament; '**~praktiker** *m* healer; '**~quelle** *f* (medicinal) mineral spring.

'**heilsam** wholesome, salutary; '**2-keit** *f* wholesomeness, salutariness.

'**Heils-armee** *f* Salvation Army.

'**Heil|serum** *n* antiserum; '**~stätte** *f* sanatorium, *Am.* sanitarium; '**~ung** *f vgl.* heilen: curing, cure; healing; '**~verfahren** *n* medical treatment, therapy.

heim [haɪm] **1.** *adv.* home; **2.** 2 *n* (3) home (*a. Anstalt*); (*Jugend2*, *Studenten2*) hostel; '**2-arbeit** *f* home-work, outwork; '**2-arbeiter** (**-in** *f*) *m* homeworker.

Heimat ['~ɑːt] *f* (16) home, native place *od.* country; '**~kunde** *f* local history and geography; '**~land** *n* native country; '**2lich** native; *Gefühl*: homelike; '**2los** homeless; '**~-ort** *m* native place; '**~stadt** *f* home town; '**~vertriebene** *m, f* (18) expellee.

'**heimbegleiten:** *j-n* ~ see home.

Heimchen ['~çən] *n* (6) cricket.

heimelig ['haɪməlɪç] cosy.

'**Heim|fahrt** *f* journey home; '**~fall** ⚖ *m* reversion; '**~gang** *m* going home; *fig.* death; '**2gehen** go home; '**2isch** *s.* einheimisch; (*vertraut*) homelike; sich ~ fühlen feel at home (*a. fig.* in *dat.* in); ~ werden settle down, *S.*: become established; **~kehr** ['~keːr] *f* (16), **~kunft** ['~kunft] *f* (14[1]) return (home); '**2kehren**, '**2kommen** (sn) return home; '**~kehrer** *m* home-comer, returnee; j-m '**2leuchten** send a p. packing.

'**heimlich** (*verborgen*) secret; (*verstohlen*) stealthy; *s.* heimelig; '**2-keit** *f* secrecy; (*Geheimnis*) secret; **2tuerei** [~'raɪ] *f* secretive behavio(u)r; '**~tun** be secretive (mit et. about).

'**Heim|reise** *f* homeward journey; journey home; '**~stätte** *f* home; (*Siedlung*) home-croft, *Am.* homestead; '**2suchen** Geist *usw.*: haunt; (*plagen*) afflict, plague; *biblisch*: visit; '**~suchung** *f bibl.* visitation; *fig. a.* affliction; '**~tücke** *f* malice, treachery; '**2tückisch** malicious; (*a. fig.*) treacherous, insidious; **2-wärts** ['~vɛrts] homeward; '**~weg** *m* way home; '**~weh** *n* homesickness; ~ haben be homesick; '**~werker** *m* hobbyist; '**2zahlen** F: j-m et. ~ pay a p. back for a th.

Hein [haɪn] *m*: Freund ~ Goodman Death.

Heinzelmännchen ['haɪntsəlmɛnçən] *n* brownie; *pl. a.* little people.

Heirat ['haɪrɑːt] *f* (16) marriage; '**2en** *v/t. u. v/i.* (26) marry.

'**Heirats|-antrag** *m* offer (*od.* proposal) of marriage; e-n ~ machen propose (*dat.* to); '**2fähig** marriageable; '**~kandidat** *m* suitor; eligible bachelor; '**2lustig** eager to get married; '**~markt** *m* marriage market; '**~schwindler** *m* marriage impostor; '**~-urkunde** *f* marriage certificate; '**~vermittler(in** *f*) *m* marriage broker; '**~versprechen** *n* promise of marriage.

heischen ['haɪʃən] (27) demand.

heiser ['haɪzər] hoarse; '**2keit** *f* hoarseness.

heiß [haɪs] hot; *fig. a.* ardent; (*heftig*) fierce; ~e Zone torrid zone;

mir ist ~ I am hot; *s. Hölle*; '**~blütig** hot-blooded.
heißen[1] ['haɪsən] (30) *v/t.* call, name; (*befehlen*) bid, command, order, tell; *j-n willkommen* ~ bid a p. welcome; *v/i.* be called; (*bedeuten*) mean, signify; *das heißt* that is (to say); *es heißt, daß* ... it is said (*od.* reported) that ...; *wie* ~ *Sie?* what is your name?; *wie heißt das auf englisch?* what's that in English?; *was soll das* ~? what is the meaning of this?
heißen[2] ['haɪsən] (27) ⚓ hoist (*the flag, etc.*).
'**Heiß|hunger** *m* ravenous hunger; '**♀hungrig** ravenous; '**♀geliebt** (dearly) beloved; (*sich*) '**♀laufen** ⊕ run hot, overheat; '**~sporn** *m* hotspur; '**~wasser...** *s. Warmwasser...*
heiter ['haɪtər] cheerful, merry, serene; *Wetter usw.*: clear, bright; '**♀keit** *f* cheerfulness, mirth; serenity.
Heiz|-anlage ['haɪts-] *f* heating plant; '**♀bar** to be heated; with heating facilities; '**~batterie** *f* filament (*Am.* A) battery; '**♀en** *v/t. u. v/i.* (27) heat; '**~er** *m* (7) fireman, stoker; (*Gerät*) heater; '**~kessel** *m* boiler; '**~kissen** *n* electric (heating) pad; '**~körper** *m der Zentralheizung*: radiator; ⚡ heater; '**~material** *n* fuel; '**~-öl** *n* fuel oil; '**~platte** *f* hot plate; '**~rohr** *n* heating pipe; '**~sonne** *f* bowl-fire; '**~ung** *f* heating.
hektisch ['hɛktiʃ] hectic(ally *adv.*).
Hekto... [hɛkto-] *in Zssgn* hecto...
Held [hɛlt] *m* (12) hero (*a. thea., etc.*).
Helden... ['~dən]: *in Zssgn mst* heroic ...; '**~gedicht** *n* heroic epic; '**♀haft** heroic(ally *adv.*); '**~mut** *m* heroism, valo(u)r; **♀mütig** ['~my:tiç] heroic; '**~tat** *f* heroic deed, exploit; '**~tenor** *m* heroic tenor; '**~tod** *m* heroic death; *den* ~ *erleiden* die a hero; '**~tum** *n* (1) heroism.
'**Heldin** *f* heroine.
helfen ['hɛlfən] (30, *dat.*) help; (*unterstützen*) aid; (*beistehen*) assist; (*nützen*) avail, profit; *sich zu* ~ *wissen* be full of resource; *sich nicht zu* ~ *wissen* be at one's wits' end; *ich kann mir nicht* ~ I can't help it; *es hilft (zu) nichts* it is of no use, it is no good.
'**Helfer** *m* (7), '**~in** *f* helper, assistant; ~ *in Steuersachen* tax-consultant; '**~s-helfer** *m* accomplice.
hell [hɛl] bright (*a. gescheit*), clear (*a. Klang*); *Haar*: fair; *Bier*: light; *Neid, Unsinn usw.*: sheer; *am* ~*en Tage* in broad daylight; *es wird* ~ it is getting light; '**~blau** light-blue; '**~blond** very fair.
'**Helle** *f* (15) brightness, clearness.
Hellebarde [hɛlə'bardə] *f* (15) halberd.
Hellen|e [hɛ'le:nə] *m* (13) Hellene; **♀isch** Hellenic.
Heller ['hɛlər] *m* (7) farthing, penny; *auf* ~ *und Pfennig bezahlen* pay to the last penny; *keinen* ~ *wert* not worth a penny.
'**hell|glänzend** brightly shining; '**~hörig** quick of hearing; *fig.* perceptive.
Helligkeit ['hɛliçkaɪt] *f* brightness.
Helling ['hɛliŋ] *f* (16) ⚓ slip(way).
'**Hell|seher(in** *f*) *m*, '**♀seherisch** clairvoyant; **~seherei** [~'raɪ] *f* clairvoyance; **♀sichtig** ['~ziçtiç] *fig.* clear-sighted; '**♀'wach** wide awake (*a. fig.*).
Helm [hɛlm] *m* (3) ⚔ helmet; ⚓ helm, rudder; ⚠ dome.
Hemd [hɛmt] *n* (5) (*Männer♀*) shirt; (*Frauen♀*) *a.* chemise; *j-n bis aufs* ~ *ausziehen* strip a p. to the shirt; '**~(s)ärmel** *m* shirtsleeve; '**~bluse** *f* shirt-blouse; **~hose** ['hɛmt-] *f* (*eine* a pair of) combinations *pl.*, *Am. a.* union suit; (*Damen♀*) (pair of) cami-knickers *pl.*; '**~knopf** *m* shirt button.
Hemisphäre [he:mi'sfɛ:rə] *f* (15) hemisphere.
hemmen ['hɛmən] (25) stop, check; (*behindern*) hinder, hamper; impede; (*bremsen*) brake; *seelisch*: inhibit.
'**Hemm|nis** *n* (4[1]) hindrance; '**~schuh** *m* drag (*a. fig. gen.* on); '**~ung** *f* stop(ping), check(ing); obstruction; *Uhr*: escapement; *seelisch*: inhibition; '**♀ungslos** unrestrained, without restraint.
Hengst [hɛŋst] *m* (3[2]) stallion.
Henkel ['hɛŋkəl] *m* (7) handle; '**~korb** *m* basket with handles.
henken ['hɛŋkən] (25) hang.
'**Henker** *m* (7) hangman, executioner; *zum* ~*!* the deuce!; *zum* ~ *mit ...!* hang ...!; '**~sknecht** *m fig.*

henchman; '~smahl(zeit *f*) *n* last meal.
Henne ['hɛnə] *f* (15) hen.
her [he:r] here; *zeitlich*: *es ist schon ein Jahr ~, daß ...* it is now a year ago since ...; *wie lange ist es ~?* how long is it ago?; *von weit ~* from afar; *s. hin*; *~ sein von* be (*od.* come) from; *hinter* (*dat.*) *~ sein* be after; *~ damit!* out with it!; *s. Alter, hin, weit.*
herab [hɛ'rap] down, downward; *s. oben*; **~drücken** press down; *Preis*: force down, depress; **~lassen** let down; *sich ~ fig.* condescend; **~lassend** condescending; **ℒlassung** *f* condescension; **~sehen** *auf* (*acc.*) look down upon; **~setzen** lower; *im Rang*: degrade, reduce (in rank); (*verächtlich machen*) disparage; *Preis*: reduce, mark (*od.* cut) down; **ℒsetzung** *f* lowering; degradation; disparagement; reduction; cut; **~sinken** sink, descend; **~steigen** (sn) climb down, descend; *vom Pferde*: dismount; **~würdigen** degrade; **ℒwürdigung** *f* abasement, degradation.
Herald|ik [he'raldik] *f* (16) heraldry; **ℒisch** heraldic.
heran [hɛ'ran] on, near, up; *er ging an sie ~* he went up to them; *nur ~!* come on!; **~bilden** train, educate; **~bringen** bring up; **~gehen** (sn) approach (*an et.* a th.), go up (to); *~ an e-e Arbeit usw.*: set about, tackle; **~kommen** (sn) come on (*od.* near); *~ an* (*acc.*) come up to (*a. fig.*), (*bekommen*) get at; *die Dinge an sich ~ lassen* wait and see; *sich* **~machen** *an* (*acc.*) *et.*: set about, *j-n*: make up to; **~nahen** (sn) *a. zeitlich*: approach, draw near; *sich* **~pirschen** creep up (*an acc.* to); **~reichen** *an* (*acc.*) reach (up to); *fig.* measure up to; **~schaffen** bring up, move to the spot; supply; **~schleichen:** *sich ~ an* (*acc.*) sneak up to; **~treten** approach (*an j-n* a p.; *a. fig.*); **~wachsen** (sn) grow up; **ℒwachsende** *m, f* (18) adolescent; **~ziehen** draw near; *fig. Stelle, Werk*: quote, cite; *j-n*: call *a p.* in; *j-n zu e-r Arbeit usw. ~* call (up)on a p. to *do work, etc.*
herauf [hɛ'rauf] up, upwards; (*hier~*) up here; **~beschwören** conjure up; *fig. a.* bring on; **~kommen** (sn) come up; *Unwetter*: approach; **~setzen** increase, raise; **~steigen** (sn) climb up, ascend; **~ziehen** *v/t.* pull up; *v/i.* (sn) *Unwetter usw.*: approach.
heraus [hɛ'raus] out; *~!* come out!, turn out!; *~ damit!* out with it!; *s. frei*; *die Handhabung von et. ~ haben* have got the knack (*Am.* hang) of *a th.*; *Lösung, Sinn ~ haben* have found out; **~bekommen** get out; *Geld*: get back; *fig.* find out; **~bringen** bring out; (*herausbekommen*) get out; *fig.* find out; *Fabrikat usw.*: launch; *Buch*: *s. herausgeben*; **~finden** find out; **ℒforderer** *m* challenger; **~fordern** defy, provoke; *zum Zweikampf*: challenge; **ℒforderung** *f* challenge (*a. fig.*); provocation; **~fühlen** feel, sense; **ℒgabe** *f* delivery; *e-s Buches usw.*: publication; **~geben** surrender; (*zurückgeben*) give back; *Buch*: publish, *als Bearbeiter*: edit; *Geld*: give ... in change; *Geld ~ auf* (*acc.*) give change for; *Vorschrift usw.*: issue; **ℒgeber** *m* publisher; (*Redakteur*) editor; **ℒgeberin** *f* editress; **~greifen** pick out; **~gehen** (sn) *Nagel usw.*: go out; *Fleck*: come out; *fig. aus sich ~* liven up; **~kommen** (sn) come out; (*ruchbar werden*) become known, leak out; *Buch*: be published, appear; (*sich ergeben*) result (*bei* from), come (of); work out; *es kommt auf eins* (*od. dasselbe*) *heraus* it comes to the same thing; *es kommt nichts dabei heraus* it is of no use; *es ist nichts Gutes dabei herausgekommen* nothing good has come (out) of it; **~kriegen** *s. herausbekommen*; **~machen** take out, remove; *fig. sich ~* turn out well; **~nehmen** take out; *sich ~ zu* presume; *sich Freiheiten ~* take liberties (*gegen* with); **~platzen** (sn): *mit et. ~ fig.* blurt a th. out; **~putzen** dress up; **~ragen** *a. fig.* stand out (*aus dat.* from); **~reden:** *frei ~* speak out; *sich ~* make excuses, wriggle out; **~reißen** pull (*od.* tear) out; *fig.* extricate, save; **~rücken** *v/t. u. v/i.* (sn): *~ mit* hand over; *mit Geld*: F shell out; *mit der Wahrheit usw.*: come out with; *mit der Sprache ~* speak out

(freely); **~rufen** call out; **~rutschen** (sn) slip out (*a. fig.*); **~schlagen** *fig.* get, *sl.* wangle; *etwas ~ bei* get out of; **~springen** (sn) jump out; *fig.* result, be gained; **~stellen** put out; *Spieler*: turn out; *fig.* give prominence to, feature; *sich ~* appear, turn out, prove (*als* to be), be found (out); **~strecken** put (*od.* stick) out; **~streichen** praise, crack up; **~treten** (sn) step out; ⚕ protrude; *Flüssigkeit usw.*: exude; *sich* **~wagen** venture out; *sich* **~winden** (*aus dat.*) *fig.* extricate o.s. (from), wriggle out (of); **~wirtschaften** obtain; et. ~ make a profit; **~ziehen** *v/t.* draw (*od.* pull) out; extract.

herb [hɛrp] harsh (*a. fig.*); (*sauer*) acid, sour; *Wein usw.*: dry; *Enttäuschung, Worte*: bitter, harsh; *Schönheit, Stil*: austere.

Herbarium [hɛrˈbɑːrjum] *n* (9) herbarium.

herbei [hɛrˈbaɪ] hither, *mst* here; *~! (komm[t] her!)* come on *od.* here!; *~ zu mir* up to me; *s. heran...*; **~eilen** (sn) approach in haste; **~führen** *fig.* bring about *od.* on, cause; **~lassen:** *sich ~* condescend; **~rufen** call; **~schaffen** bring on; procure; **~sehnen** long for.

herbemühen [ˈheːrbəmyːən] trouble to come (here); *sich ~* take the trouble of coming.

Herberge [ˈhɛrbɛrgə] *f* (15) shelter, lodging; (*Gasthaus*) inn; (*Jugend*≗) hostel; ˈ**≗n** (25) *v/i.* put up, lodge (*bei* at); *v/t. s. beherbergen.*

Herbergsvater [ˈ~ksfɑːtər] *m* warden (of a hostel).

ˈ**her|bestellen** send for, summon; ˈ**~beten** rattle off.

Herbheit [ˈhɛrphaɪt] harshness (*a. fig.*); *fig.* bitterness, severity; austerity; *Wein*: dryness.

ˈ**herbringen** bring here, bring (up).

Herbst [hɛrpst] *m* (3^2) autumn, *Am.* fall; ˈ**~anfang** *m* beginning of autumn; ˈ**≗lich** autumnal; ˈ**~tag** *m* autumn day; **~zeitlose** ⚘ [ˈ~tsaɪtloːzə] *f* (15) meadow saffron.

Herd [heːrt] *m* (3) hearth (*a.* = *Heim*); *offener*: fireplace; (*Kochmaschine*) cooking-stove, *großer*: range; *fig.* (*Sitz*) seat.

Herde [ˈheːrdə] *f* (15) *Großvieh*: herd (*contp. a. fig.*); *getriebene*: drove; *Kleinvieh*: flock; *fig.* crowd; ˈ**~ntier** *n* gregarious animal; ˈ**~ntrieb** *m* herd instinct.

herein [hɛˈraɪn] in; *~!* come in!; **~bemühen** trouble to come in; **~bitten** ask (*od.* invite) in; **~brechen** *fig.* (sn) *Nacht*: close in (*über acc.* upon); *Unglück usw.*: *~ über* overtake, befall; **~bringen** bring in; *Verlust wieder ~* make good; **≗fall** *m s. Reinfall*; **~fallen** (sn) be taken in (*auf acc.* by); *~ auf Am.* F fall for; **~führen** show (*od.* usher) in; **~kommen** (sn) come in (*a.* ✝); **~lassen** let in, admit; **~legen** F take *a p.* in, fool (*od.* dupe) *a p.*; **~platzen** F (sn) burst in; **~schauen** look in (F *bei j-m* on a p.); **~schneien** *fig.* (sn) blow in.

her|fallen [ˈheːr-] (sn): *über j-n* fall (*od.* set) (up)on; ˈ**≗gang** *m* course of events, circumstances *pl.*; *tell me* what happened; ˈ**~geben** deliver, give (away); *fig.* (*gewähren*) yield; *sich (s-n Namen) ~ zu* lend o.s. (one's name) to; ˈ**~gebracht** handed down to us, traditional; (*üblich*) customary; ˈ**~gehören** belong to the matter; ˈ**~gelaufen** *adj.* vagabond; ˈ**~halten** *v/t.* hold out; *v/i.* suffer (*für* for); *~ müssen* F stand the racket; ˈ**~holen** fetch; *weit hergeholt* far-fetched.

Hering [ˈheːriŋ] *m* (3^1) herring; (*Zeltpflock*) tent peg; *zusammengedrängt wie die ~e* packed like sardines; *s. grün*; ˈ**~ssalat** *m* pickled-herring salad.

her|kommen [ˈheːr-] (sn): *komm her!* come here!; *~ von* come (*od.* originate) from; *S.*: *a.* be due to; *Wort*: be derived from; ˈ**≗kommen** *n* (6) (*Sitte*) convention, custom; (*Abstammung*) origin, extraction; **~kömmlich** [ˈ~kœmliç] conventional (*a.* ⚔ *Waffe*); *s. hergebracht*; ˈ**≗kunft** *f* (14^1) *P.*: origin, extraction; *S.*: origin, provenance; ˈ**~laufen** (sn): *hinter j-m ~* run after; ˈ**~leiern** F reel off; ˈ**~leiten** (*von*) derive (from); *sich ~ von* (be) derive(d) from; ˈ**≗leitung** *f* derivation; *sich* ˈ**~machen** *über* (*acc.*) set about, tackle; *j-n*: set on, attack.

Hermelin [hɛrməˈliːn] *n* (3^1) ermine.

hermetisch [hɛrˈmeːtiʃ] hermetic (-ally *adv.*).

hernach [hɛrˈnaːx] after(wards).
hernehmen [ˈheːr-] (*von*) take (from), get (from); *fig. j-n* ~ take a p. to task.
hernieder [hɛrˈniːdər] down; *s. herab, herunter.*
hero|isch [heˈroːiʃ] heroic(ally *adv.*); **2ismus** [heroˈismus] *m* (16) heroism.
Herold [ˈheːrɔlt] *m* (3) herald.
Heros [ˈheːrɔs] *m* (16²) hero.
herplappern [ˈheːr-] rattle off.
Herr [hɛr] *m* (12²) master; (*bsd. adliger* ~) lord; (*Herrscher*) ruler; (*feiner Mann, a. allg.*) gentleman; (*Gott*) Lord; *Anrede*: Sir, *vor Eigennamen*: Mr.; *mein* ~ Sir; *meine* ~*en* gentlemen; *aus aller* ~*en Länder(n)* from all over the world; *fig.* ~ *werden* (*gen.*) master, get under control; ~ *der Lage* master of the situation.
ˈ**Herren|-anzug** *m* (gentle)man's suit; ˈ**~-artikel** *m/pl.* gentlemen's outfitting, *Am.* haberdashery *sg.*; ˈ**~bekleidung** *f* (gentle)men's wear; ˈ**~ˈdoppel** *n Tennis*: men's doubles *pl.*; ˈ**~ˈ-einzel** *n Tennis*: men's singles *pl.*; ˈ**~fahrer** *mot. m* owner-driver; ˈ**~friseur** *m* (gentle-)men's hairdresser, barber; ˈ**~haus** *n* mansion, manor(-house); ˈ**~konfektion** *f* (gentle)men's ready-to-wear clothes; ˈ**2los** ownerless; *Tier*: stray; ~*e Güter n/pl.* derelicts; ˈ**~reiter** *m* gentleman rider; ˈ**~schneider** *m* (gentlemen's) tailor; ˈ**~schnitt** *m bei Damen*: Eton crop, shingle; ˈ**~zimmer** *n* study.
ˈ**Herrgott** *m* (1¹ *u.* ²) *the* Lord (God), God.
herrichten [ˈheːrriçtən] arrange, prepare, get *a th.* ready; *Zimmer*: tidy; (*instand setzen*) do up, repair; *sich* ~ smarten o.s. up.
Herrin [ˈhɛrin] *f* (16¹) mistress, lady.
ˈ**herrisch** imperious.
herrje! [hɛrˈjeː] goodness!, dear me!
ˈ**herrlich** marvellous, glorious, magnificent, splendid; ˈ**2keit** *f* magnificence, splendo(u)r, glory.
ˈ**Herrschaft** *f* rule, dominion (*über acc.* of); *a. fig.* mastery, power, control; (*Regierung*) government, *e-s Fürsten*: reign; *der Dienstboten*: master and mistress; *meine* ~*en!* ladies and gentlemen!; *die* ~ *verlieren über* lose control of; ˈ**2lich** belonging (*od.* referring) to a master *od.* lord; (*grundherrlich*) manorial; (*vornehm*) high-class, elegant.
herrschen [ˈhɛrʃən] (27) rule (*über acc.* over); (*regieren*) govern (*über e-n Staat usw.* a State *etc.*); *als Fürst*: reign (*über* over); (*vor*~) prevail, reign; (*bestehen*) be, exist.
ˈ**Herrscher** *m* (7) ruler, sovereign; ˈ**~haus** *n* dynasty.
ˈ**Herrsch|sucht** *f* thirst for power; F bossiness; ˈ**2süchtig** greedy of power; *weitS.* domineering, F bossy.
her|rufen [ˈheːr-] call (here); ˈ**~rühren** *s. herkommen*; ˈ**~sagen** recite, say; ˈ**~schreiben:** *sich* ~ *von* come from; ˈ**~sehen** look here *od.* this way; ˈ**~stammen** *s. abstammen*; *s. herkommen*; ˈ**~stellen** place (*od.* put) here; (*erzeugen*) manufacture, produce, make; *fig.* produce, bring about; *Frieden, Ordnung, Verbindungen*: establish; (*wieder*~) restore, repair; *Kranke*: restore to health; ˈ**2steller** *m* (7) manufacturer, maker, producer; ˈ**2steller-firma** *f* manufacturing firm, manufacturers *pl.*; ˈ**2stellung** *f* manufacture, production; establishment; ˈ**2stellungskosten** ✝ *pl.* production costs; ˈ**2stellungsverfahren** *n* manufacturing method (*od.* process).
Hertz *phys.* [hɛrts] *n inv.* cycles *pl.* [per second.]
herüber [hɛˈryːbər] over, across; **~kommen** (sn) come over (here), come across.
herum [hɛˈrum] *ziellos*: about, *Am. a.* around; (*rings*~) (a)round; (*ungefähr*) about; *hier* ~ hereabout(s); (*vorbei*) over, finished; **~bekommen** *s. herumkriegen*; **~bringen** *Zeit*: pass, kill; *j-n*: *s. herumkriegen*; **~doktern** *an j-m* physic (*od.* doctor) a p.; **~drehen** turn round; *sich* **~drücken** *s. herumlungern*; **~fuchteln** *v/i.* saw the air; *mit et.*: fidget with; **~führen:** *j-n* ~ (*zur Orientierung*) show a p. round; *j-n* ~ *in* (*dat.*) show a p. over *a house etc.*; *s. Nase*; **~kommen** (sn) come round; *weit* ~ see much of the world, get about (*Am.* around); *fig.* ~ *um e-e Notwendigkeit usw.* avoid, dodge; **~kommandieren** order *a p.* about; *j-n* **~kriegen** win a p.

over, talk a p. round; **~lungern** loaf (*od.* loiter, hang) about; **~reden:** *um* et. ~ talk (*od.* argue) round a th.; **~reichen** hand round; **~reisen** (sn) travel about; **~reiten** *auf* (*dat.*) *fig.* harp (up)on; **~scharwenzeln** *um j-n* dance attendance on; *sich* **~schlagen** *mit* grapple with; **~spionieren** snoop about; *sich* **~sprechen** get about; *es hat sich herumgesprochen, daß* it is rumo(u)red that; **~stehen** stand about; ~ *um* stand (a)round *a th. od. p.*; **~treiben:** *sich* ~ gad (F knock) about; *s. herumlungern*; **~ziehen** *v/t.* draw (*od.* pull) (a)round; *v/i.* (sn) wander about; *um et.*: march round.

herunter [hɛˈruntər] *s. herab*; *den Hut ~!* off with your hat!; **~bringen** bring down; *fig. a.* lower, reduce; **~hauen:** *j-m e-e* ~ F fetch a p. one; **~kommen** (sn) come down (in the world *fig. v. P.*); (*verfallen*) decay; *heruntergekommen fig.* in reduced circumstances, out-at-elbows, *gesundheitlich*: in poor health; **~machen** F run (*Am.* F call) down; **~reißen** pull down; *fig.* (*scharf kritisieren*) pull to pieces; **~schrauben** *fig.* lower; **~sein** (sn) *gesundheitlich*: be run down; **~spielen** ♪ F rattle off; *fig.* play down; **~wirtschaften** run down.

hervor [hɛrˈfoːr] forth, out; **~bringen** produce; *Worte*: utter; **2bringung** *f* production; **~gehen** (sn) *als Sieger*: come off, emerge (*aus* from); *als Folge*: result *od.* follow (*aus* from); (*ersichtlich sein*) be evident, follow (*aus* from); **~heben** render prominent; *Kunst*: set off; (*herausstreichen*) show off; (*betonen*) emphasize; **~holen** produce; **~ragen** project; stand out, be prominent; *fig. a.* excel; **~ragend** prominent; *nur fig.* excellent, outstanding, eminent; **2ruf** *thea. m* call; **~rufen** call forth; *thea.* call for; *fig.* cause; **~stechen** stick out; *fig.* stand forth; **~stechend** prominent; conspicuous; **~stehen** stand out; *Augen usw.*: protrude; **~treten** (sn) step forth; *s. a. hervorragen, -stechen*; *sich* **~tun** distinguish o.s.; **~ziehen** draw forth, produce.

her|wagen [ˈheːr-]: *sich* ~ venture to come here; ˈ**2weg** *m* way here.

Herz [hɛrts] *n* (12²) heart; (*Mut*) *a.* courage, spirit; (*Seele*) *a.* soul; (*Gemüt, Geist*) mind; *Kartenspiel*: hearts *pl.*; *Anrede*: darling, love; *sich ein ~ fassen* take heart; *s. ausschütten, schließen*; *auf ~ und Nieren prüfen* put to the acid-test; *etwas auf dem ~en haben* have something on one's mind; *j-m et. ans ~ legen* enjoin a th. on a p.; *das ~ auf der Zunge haben* wear one's heart on one's sleeve; F *mir ist das ~ in die Hosen gefallen* my heart is in my boots; *s-m ~en Luft machen* give vent to one's feelings; *mit ganzem ~en dabeisein usw.* with one's whole heart; *ich kann es nicht über das ~ bringen* I cannot find it in my heart; *von ganzem ~en danken usw.* with all my *etc.* heart; *sich et. zu ~en nehmen* take a th. to heart; *sein ~ an et. hängen* set one's heart on a th.; *ein ~ und eine Seele sein* be as thick as thieves, be hand in glove; ˈ**~...** ⚕ cardiac (*z. B. cardiac asthma*).

ˈ**Herz|-anfall** *m* heart-attack; ˈ**~asthma** *n* cardiac asthma; ˈ**~beschwerden** *f/pl.* heart trouble; ˈ**~chen** *n Anrede*: darling.

ˈ**Herzeleid** *n* deep sorrow.

ˈ**herzen** (27) press to one's heart; (*umarmen*) hug, embrace; (*liebkosen*) caress, cuddle.

ˈ**Herzens|-angelegenheit** *f* love-affair; ˈ**~-angst** *f* anguish of mind; ˈ**~brecher** *m* lady-killer; ˈ**2froh** very glad; ˈ**2gut** very kind; ˈ**~güte** *f* kindness of heart; *nach* ˈ**~lust** *f* to one's heart's content, to the top of one's bent; ˈ**~wunsch** *m* heart's desire.

ˈ**herz|-erfrischend** heart-warming; ˈ**~-ergreifend** heart-moving; ˈ**2-erweiterung** *f* dilatation of the heart; ˈ**2fehler** *m* cardiac defect; **~förmig** [ˈ~fœrmiç] heart-shaped; ˈ**2gegend** *f* cardiac region; ˈ**2grube** *f* pit of the stomach; ˈ**~haft** courageous; (*kräftig*) hearty; ˈ**2haftigkeit** *f* courage; heartiness.

herziehen [ˈheːrtsiːən]: ~ *über j-n* run a p. down.

herzig [ˈhɛrtsiç] sweet, lovely, *Am.* cute.

ˈ**Herz|-infarkt** *m* cardiac infarction; ˈ**~kirsche** *f* heart cherry; ˈ**~klopfen** *n* beating (*od.* palpitation) of the heart; '~~krank~~ **krank** having heart trouble; '**~leiden** *n* heart complaint.

'**herzlich** heartfelt, warm, sincere; *~ gern* with the greatest of pleasure; *~ wenig* precious little; *im Brief*: *mit ~en Grüßen pl.* yours sincerely, *intimer*: (yours with) love; *~e Grüße an* (*acc.*) kind regards to; '**~keit** *f* heartiness, cordiality, warmth. [heartlessness.]

herz|los heartless; '**~losigkeit** *f*

Herzog ['hɛrtso:k] *m* (3[3]) duke; **~in** ['~tso:gin] *f* (16[1]) duchess; **~lich** ['~kliç] ducal; '**~tum** *n* (1[2]) dukedom, duchy.

'**Herz|schlag** *m* heartbeat; ⚕ apoplexy of the heart; '**~schwäche** *f* cardiac weakness; '**~spezialist** *m* heart specialist; '**~stärkend** cordial.

herzu [hɛr'tsu:] = *heran, herbei.*

'**Herzverpflanzung** *f* heart transplant.

'**herzzerreißend** heart-rending.

Hesse ['hɛsə] *m* (13), '**Hessin** *f*, '**hessisch** Hessian.

heterogen [hetero'ge:n] heterogeneous.

Hetze ['hɛtsə] *f* (15) *s. Hetzjagd*; (*Eile*) hurry, rush; (*Aufreizung*) instigation, agitation (**gegen** against); '**~n** (27) *v/t. hunt.* course, hunt, chase (*a. fig.*); *fig.* (*umherjagen*) hurry, rush (*a. v/i.*); (*aufreizen*) incite; *e-n Hund auf j-n ~* set a dog at a p.; *v/i.* cause discord; *gegen j-n ~* agitate against a p.

'**Hetzer** *m* (7), '**~in** *f fig.* instigator, agitator; '**~isch** inflammatory.

'**Hetz|jagd** *f* coursing, baiting; *fig.* rush, *Am. sl.* rat race; '**~rede** *f* inflammatory speech.

Heu [hɔʏ] *n* (3) hay; F *Geld wie ~* pots of money; '**~boden** *m* hay-loft.

Heuchel|ei [hɔʏçə'laɪ] *f* (16) hypocrisy; dissimulation; '**~n** (29) *v/t.* simulate, feign; *v/i.* play the hypocrite; dissemble, sham.

'**Heuchler** *m* (7), '**~in** *f* (16[1]) hypocrite; '**~isch** hypocritical.

heuen ['hɔʏən] (25) make hay.

heuer[1] ['hɔʏər] (in) this year.

'**Heuer**[2] *m* haymaker.

'**Heuer**[3] ⚓ *f* (15) wages *pl.*; '**~n** (29) hire.

'**Heu|-ernte** *f* hay-harvest; '**~gabel** *f* hay-fork, pitch-fork.

heul|en ['hɔʏlən] (25) howl; (*weinen*) cry; (*jammern*) wail; *Sirene*: hoot; **~suse** F ['~zu:zə] *f* cry-baby.

heurig ['hɔʏriç] of this year.

'**Heu|schnupfen** *m* hay fever; '**~schober** *m* haystack, hayrick; '**~schrecke** *f* (15) locust, grasshopper.

heute ['hɔʏtə] today, this day; *~ abend* this evening, tonight; *~ früh*, *~ morgen* this morning; *~ über (vor) acht Tage(n)* this day week; *~ übers Jahr* a year from today; *~ vor acht Tagen* a week ago (today); *von ~ auf morgen fig.* overnight.

'**heutig** of this day, this day's, today's; (*gegenwärtig*) present(-day), modern.

'**heutzutage** nowadays.

Hexe ['hɛksə] *f* (15) witch, sorceress; *fig.* (*altes Weib*) *a.* hag; (*böses Weib*) hell-cat; '**~n** (27) practise witchcraft; *fig.* work miracles.

'**Hexen|jagd** *f fig.* witch-hunt; '**~kessel** *m* inferno; '**~meister** *m* wizard, sorcerer; '**~sabbath** *m* Witches' Sabbath; *fig.* inferno; '**~schuß** ⚕ *m* lumbago.

Hexerei [~'raɪ] *f* (16) witchcraft, (*a. fig.*) magic.

Hieb [hi:p] **1.** *m* (3) stroke, blow; *mit e-m Schwert usw.*: cut; (*Anzüglichkeit*) hit (**gegen**, *auf acc.* at); *~e pl.* (*Prügel*) a thrashing *sg.*; **2.** ~ *pret. v. hauen*; '**~- und** '**stichfest** *fig.* watertight, cast-iron.

hielt [hi:lt] *pret. v. halten.*

hienieden [hi:'ni:dən] here below.

hier [hi:r] here; (*am Ort*) in this place; *~ und da* here and there; *~ sein* be here *od.* present; *Appell*: *~!* present!; *~ entlang!* this way!; *~, bitte!* here you are!

hieran ['hi:ran] at (*od.* by, in, on, to) this.

Hierarchie [hi:erar'çi:] *f* (15) hierarchy.

hier|auf ['hi:r-] hereupon, after this *od.* that, next; '**~aus** from (*od.* out of) this; '**~bei** at (*od.* in *od.* with) this; (*inliegend*) enclosed; '**~durch** by this, hereby; '**~für** for this, for it; '**~gegen** against this *od.* it; '**~her** here, hither; this way; *bis ~* hitherto, so far, till now; '**~herum** hereabout(s); '**~in** herein, in this; '**~mit** herewith, with this; '**~nach** after this; (*dementsprechend*) according to this; '**~orts** in this place *od.*

country; '~**über** over here; (*über dieses Thema*) about this; '~**um** (a)round this; '~**unter** under this; among these; *bei verstehen usw.*: by this; '~**von** of (*od.* from) this; '~**zu** (in addition) to this *od.* it; '~**zulande** in this country.

hiesig ['hi:ziç] of this place *od.* country; local.

hieß [hi:s] *pret. v. heißen.*

Hilfe ['hilfə] *f* (15) help (*a. P.*); (*Beistand*) aid, assistance; (*Rettung*) succour; (*Armen*♀) relief (*für* to); *Erste* ~ first aid; *j-m zu* ~ *kommen* (*eilen*) come (run) to a p.'s assistance (*od.* aid); *j-m* ~ *leisten* help (*od.* assist) a p.; *et. zu* ~ *nehmen* make use of, resort to; *mit* ~ (*gen. od.*) *von* with the help of *a p.*, with (*od.* by) the aid of *a th.*; *ohne* ~ (*selbständig*) unaided, single-handed; '♀**flehend** imploring (help), suppliant; '~**leistung** *f* aid, assistance, help; '~**ruf** *m* cry for help; '♀**suchend** seeking (for) help.

'**hilf|los** helpless; '♀**losigkeit** *f* helplessness; '~**reich** helpful.

'**Hilfs|-aktion** *f* relief action; '~**-arbeiter(in** *f*) *m* unskilled (*od.* auxiliary) worker; '♀**bedürftig** needy, indigent; '~**bedürftigkeit** *f* indigence; '♀**bereit** ready to help; '~**geistliche** *m* curate; '~**gelder** *n/pl.* subsidies; '~**kraft** *f* help(er), auxiliary; '~**kreuzer** ⚓ *m* auxiliary cruiser; '~**lehrer** *m* supply teacher; untrained teacher; '~**linie** Ⓐ *f* subsidiary line; '~**maschine** *f*, '~**motor** *m* auxiliary engine; '~**mittel** *n* aid; (*Heilmittel*) remedy; *s. Hilfsquelle*; '~**quelle** *f* resource; '~**schule** *f* school for backward children, *Am.* ungraded classes; '~**truppen** *f/pl.* auxiliaries *pl.*; '~**werk** *n* relief (work); '~**zeitwort** *n* auxiliary verb.

Himbeere ['himbe:rə] *f* raspberry.

'**Himbeer|saft** *m* raspberry-juice; '~**strauch** *m* raspberry-bush.

Himmel ['himəl] *m* (7) sky, heavens *pl.*; *s.* ~*sstrich*; *fig.* heaven; (*Trag*♀ *usw.*) canopy; *in den* ~ *heben fig.* praise to the skies; *am* ~ in the sky; *fig. im* ~ in heaven; ~ *auf Erden* heaven on earth; *unter freiem* ~ in the open air; *aus heiterem* ~ out of a clear sky; *um* ~*s willen!* goodness!; '♀**-angst:** F *ihm ist* ~ he is scared to death; '~**bett** *n* tester-bed, four-poster; '♀**blau** sky-blue; '~**fahrt** *f* Ascension; *Mariä* ~ Assumption; '~**fahrtsnase** F *f* tip-tilted nose; '~**fahrts-tag** *m* Ascension Day; '~**reich** *n* kingdom of heaven; '~**schlüssel** ⚘ *m* primrose; '♀**schreiend** outrageous, terrible; ~*e Schande* crying shame.

'**Himmels...** *in Zssgn mst* heavenly, celestial; '~**gegend** *f* quarter (of the heavens); *die vier* ~*en* the four cardinal points of the compass; '~**körper** *m* celestial body; '~**kugel** *f* celestial globe; '~**richtung** *f* cardinal point; *weitS.* direction; '~**strich** *m* climate, zone; '~**zelt** *n* (canopy of) heaven.

himmel|wärts ['~vɛrts] skyward(s); *fig.* heavenward(s); '~**weit** *fig.* vast; ~ *verschieden sein* differ widely; *es ist ein* ~*er Unterschied zwischen* ... there is all the difference in the world between ...

'**himmlisch** celestial, heavenly.

hin [hin] there; (*weg*) gone, lost; (*kaputt*) gone, broken; *an* ... ~ along; ~ *und her* to and fro, *Am.* back and forth; ~ *und zurück* there and back; ~ *und wieder* now and then; *er ist* ~ (*ruiniert usw.*) he is done for, (*tot*) he is dead; ~ *und her überlegen* turn *a th.* over in one's mind.

hinab [hi'nap] down; ~**gehen**, ~**steigen** (sn) go down, descend.

hinan [hi'nan] up; *s. hinauf*(...).

'**hin-arbeiten** *auf* (*acc.*) aim at.

hinauf [hi'naʊf] up; *den Berg* ~ up the hill, uphill; *sich* ~**-arbeiten** work one's way up; ~**gehen** (sn) go up (*a. Preise*); *die Treppe* ~ go upstairs; ~**setzen** *Preis*: raise; ~**steigen** (sn) ascend, mount.

hinaus [~'naʊs] out; ~ *mit euch!* out with you!; *auf* (*viele*) *Jahre* ~ for many years to come; ~**begleiten** *Besuch*: see out; ~**gehen** (sn) go (*od.* walk) out; ~ *über e-e S.*: go beyond, exceed; ~ *auf* (*acc.*) *Fenster usw.*: look out on, face; *Absicht*: aim at; ~**kommen** (sn) come out; *fig. auf dasselbe* ~ come (down) to the same thing; ~**laufen** (sn) run out; ~ *auf* (*acc.*) amount to; *Absicht*: aim at; *auf eins* (*od. dasselbe*) ~ come to the same thing; ~**schieben** put off, postpone; ~**sein:**

fig. *über et. hinaussein* be past (*od.* beyond) a th.; **~werfen** throw out, expel; (*zur Tür*) ~ turn *od.* F kick out (of doors); (*entlassen*) *sl.* throw out, *Am.* fire; **~wollen** wish to go out; *hoch* ~ aim high; *worauf will er hinaus?* what is he driving at?

'**Hin|blick** *m*: *im* ~ *auf* (*acc.*) with regard to, in view of; '**2bringen** take, carry (*beide*: *zu* to); *Zeit*: spend, pass.

hinder|lich ['hindər-] hindering; troublesome; '**~n** (29) prevent (*an dat.* from *doing*), hinder; *Verkehr*: block, obstruct; '**2nis** *n* (4[1]) hindrance; (*Hemmnis*) impediment; *äußerliches*: obstacle; *belastendes*: encumbrance; *Rennsport*: hurdle, obstacle (*beide a. fig.*); '**2nisrennen** *n* steeple-chase.

'**hindeuten** *auf* (*acc.*) point to.

hin'durch through(out); across; *s. ganz*; *in Zssgn* = *durch...*

hinein [hi'naın] in; **~-arbeiten:** *sich in* e-e *S.* ~ get into a matter; **~denken:** *sich* ~ *in et.* go deeply into; **~gehen** (sn; *in acc.*) go in(to *a th.*), enter (*a th.*); *in den Topf gehen* ... ~ the pot holds ...; *in den Saal gehen* ... ~ the hall seats *500 persons*; **~leben:** *in den Tag* ~ take it easy; **~legen** put in(to *in acc.*); F *fig. s. hereinlegen*; *sich* **~mischen** *s. einmischen*; **~stecken, ~stellen, ~tun** put in(to *in acc.*); **~ziehen** *a. fig.* drag in(to *in acc.*).

'**Hin|fahrt** *f* journey there; *auf der* ~ on the way there; '**2fallen** (sn) fall (down); '**2fällig** (*gebrechlich*) frail, weak, decrepit; *Grund*: futile; (*ungültig*) invalid; ~ *machen* invalidate; '**~fälligkeit** *f* frailty, weakness; **2'fort** henceforth, in (the) future; '**~führen** *a. fig.* lead (*nach, zu* to).

hing [hiŋ] *pret. v. hängen.*

'**Hin|gabe** *f* devotion (*an acc.* to); (*Opfer*) sacrifice; '**~gang** *m* death; '**2geben** give away; (*überlassen*) give up, surrender; (*opfern*) sacrifice; *sich* ~ (*dat.*) devote o.s. (*od.* give o.s. up) to; *e-m Laster*: indulge in; '**~gebung** *f* devotion; '**2gebungsvoll** devoted; **2'gegen** on the other hand; '**2gehen** (sn) go there; (*vergehen*) pass; ~ *lassen* let pass; *über et.* ~ pass over a th.; '**2geraten** (sn) *zu usw.* get to; '**2halten** hold out; (*vertrösten*) put off; (*verzögern*) delay; '**2haltend** *Taktik usw.*: delaying; '**2hauen** F *Arbeit*: knock off; *sich* ~ flop down, *zum Schlafen*: turn in; *das haut hin!* it works!, that does the trick!; '**2hören** listen.

hinken ['hiŋkən] (25, h. *u.* sn) limp, go lame; '**~d** lame, limping.

'**hin|knien** kneel down; '**~länglich** sufficient; '**2länglichkeit** *f* sufficiency; '**~legen** lay down; *sich* ~ lie down; '**~nehmen** accept (*a. fig.*), take; (*dulden*) suffer, put up with; (*sich*) '**~neigen** *nach, zu* incline to(wards).

hinnen ['hinən]: *von* ~ from hence.

'**hin|raffen** snatch away; '**~reichen** *v/t.* reach (out); *v/i.* (*genügen*) suffice, do; '**~reißen** carry away (*a. fig.*); *fig.* (*begeistern*) enrapture, thrill; *sich* ~ *lassen* let o.s. be carried away; *~d* breath-taking; '**~richten** execute, put to death; '**2richtung** *f* execution; '**~scheiden**[1] (sn) die, pass away; '**2scheiden**[2] *n* (6) decease; '**~schlagen** (sn) fall down heavily; (*sich*) '**~schleppen** drag on; '**~schreiben** write down; *an j-n*: write to *him, etc.*; '**~schwinden** (sn) vanish *od.* dwindle (away); '**~sehen** *nach, zu* look to(wards) *od.* at; '**~setzen** put down; *j-n*: seat; *sich* ~ sit down, take a seat; '**2sicht** *f*: *in* ~ *auf* (*acc.*) *s. hinsichtlich*; *in anderer* ~ in other respects; *in dieser* (*einer, jeder*) ~ in this (one, every) respect; *in gewisser* ~ in a way; '**~sichtlich** (*gen.*) with regard to, as to, concerning; '**~siechen** waste away; '**~stellen** place; (*niederstellen*) put down; ~ *als* represent as; '**~strecken** stretch out; *j-n*: *a.* fell; *sich* ~ stretch o.s. out.

hintan|setzen [hint'ʔan-], **~stellen** *fig.* put last.

hinten ['hintən] behind; (*im Hintergrunde*) in the background; (*am Ende*) in the rear; *von* ~ from behind; ~ *und vorn fig.* everywhere; '**~herum** *fig.* on the quiet; **~'-über** backwards.

hinter ['hintər] behind, *Am.* F *a.* back of; ~ *sich lassen allg.* leave behind; *sich* ~ *et. machen* get down to (*od.* tackle) *a th.*; '**2-achse** *f* rear-axle; '**2-achsen-antrieb** *mot. m* rear-axle drive; '2**-ansicht** *f* back view; '2**backe** *f* buttock; '2**bänkler** *parl. m* back-bencher; '2**bein** *n* hind leg; 2**bliebene(n)** [~'bli:bənə(n)] *pl.* surviving dependants; *in Traueranzeigen*: *the* bereaved; ~'**bringen:** *j-m et.* ~ inform a p. of a th.; '2**deck** *n* after-deck; ~**drein** [~'draɪn] *s. hinterher*; '~**e** *adj.* back, rear; '~**-ei'nander** one after another; successively; ⚡ in series; *fünfmal* ~ five times running; '~**-ei'nanderschalten** ⚡ connect in series; '2**fuß** *m* hind foot; '2**gebäude** *n s. Hinterhaus*; '2**gedanke** *m* ulterior motive, arrière pensée (*fr.*); ~'**gehen** deceive; 2'**gehung** *f* deception; '2**grund** *m* background; *fig. sich im* ~ *halten* keep in the background; *in den* ~ *drängen* thrust into the background; '~**gründig** cryptic; '2**halt** *m* ambush; ~**hältig** ['~hɛltiç] *s. hinterlistig*; '2**hand** *f Pferd*: hind quarters *pl.*; *Kartenspiel*: youngest hand; '2**haupt** *n* back of the head, 📖 occiput; '2**haus** *n* back-building, back part (of the house); ~'**her** behind; after; *nur zeitlich*: afterwards; '2**hof** *m* backyard; '2**kopf** *m s. Hinterhaupt*; '2**lader** *m* (7) breech-loader; '2**land** *n* hinterland, interior; ~'**lassen 1.** *v/t.* leave (behind); **2.** *adj.* posthumous; 2'**lassenschaft** *f* estate; '2**lauf** *m* hind leg; ~'**legen** deposit; 2'**legung** *f* deposition; '2**leib** *zo. m* hind quarters *pl.*; '2**list** *f* insidiousness; underhand trick; '~**listig** insidious, deceitful, crafty; '2**mann** *m* ⚔ rear-rank man; ✝ subsequent endorser; *fig.* backer; (*Drahtzieher*) wire-puller; '2**mannschaft** *f Sport*: defen|ce, *Am.* -se; '2**n** F *m* backside, bottom, behind; '2**rad** *n* rear wheel; '2**radantrieb** *mot. m* rear-wheel drive; ~**rücks** ['~ryks] from behind; *fig.* behind *a p.'s* back; '2**seite** *f* back; '~**ste** rearmost, backmost; '2**teil** *m, n* back part; ⚓ stern; *zo.* hind quarters *pl.*; *s. Hintern*; '2**treffen** *n*: *ins* ~ *geraten* lag (*od.* fall) behind; *weitS.* get the worst of it; ~'**treiben** prevent, thwart; 2'**treibung** *f* prevention, frustration; '2**treppe** *f* backstairs *pl.*; '2**treppenroman** *m* penny dreadful, *Am.* dime novel; '2**tür** *f* (*a. fig.*) backdoor; 2**wäldler** ['~vɛldlər] *m* (7) yokel, *Am. a.* hick; '2**wand** *f* back (wall); ~**wärts** ['~vɛrts] backward(s); ~'**ziehen** evade; 2'**ziehung** *f* (tax) evasion; '2**zimmer** *n* back room.

hinüber [hi'ny:bər] over, across.

'**Hin- und** '**Rückfahrt** *f* journey there and back; *Fahrkarte für* ~ return (*Am.* roundtrip) ticket.

hinunter [hi'nuntər] down; *den Berg* ~ down the hill, downhill; ~**gehen** (sn) go down (*a. Preise*); *die Treppe* ~ go downstairs; ~**schlucken** swallow down; *fig.* swallow.

Hinweg ['~ve:k] *m* way (there).

hinweg [~'vɛk] *adv.* away, off; ~**gehen** *über* (*acc.*) pass over (*a. fig.*); *s. hinwegsetzen*; ~**helfen:** *j-m* ~ *über* (*acc.*) help a p. get (*od.* tide) over; ~**kommen** *über* (*acc.*) get over (*a. fig.*); ~**sehen:** *fig. über et.* ~ overlook a th.; *sich* ~**setzen** *über* (*acc.*) make light of (*od.* disregard) *a th.*; override *a rule, objection, etc.*; *lachend* (*gleichgültig*): laugh (shrug) *a th.* off; ~**täuschen:** *j-n über et.* ~ deceive a p. about a th.

Hin|weis ['~vaɪs] *m* (4) hint, direction, F pointer; ~ *auf* (*acc.*) reference to; '2**weisen** *v/t.* direct (*nach, zu* to); *v/i.* ~ *auf* (*acc.*) point to; (*verweisen*) refer to; *darauf* ~, *daß* point out that; '2**weisend:** ~*es Fürwort* demonstrative pronoun; '2**werfen** throw down; *flüchtig, a. Wort*: drop, *Brief, Zeichnung usw.*: dash off; *fig. Arbeit usw.*: chuck; *j-m et.* ~ throw a th. to a p.; 2'**wiederum** again; (*andererseits*) on the other hand; '2**wirken** *auf* (*acc.*) work towards; '2**ziehen** *v/t.* draw, attract; *räumlich*: extend (*bis* to); *zeitlich*: drag out, protract; *sich* ~ *räumlich*: extend, *Zeit usw.*: drag on; '2**zielen** *auf* (*acc.*) aim at.

hin'zu near; there; (*außerdem*) in addition; ~**fügen** add; 2**fügung** *f* addition; ~**kommen** (sn) *unvermutet*: supervene; (*noch* ~) be added; *es kommt hinzu, daß* add to this that; ~**setzen** add; ~**treten** (sn) approach; *s. hinzukommen*; ~**tun,** ~**zählen** add; ~**ziehen** *Arzt usw.*: call in, consult.

Hiobs|botschaft *f*, ~**post** ['hi:ɔps-] *f* bad news.

Hirn [hirn] *n* (3) brain; (~*substanz*;

fig. Verstand) brains *pl.*; '~**gespinst** *n* figment of the mind, (mere) fancy; '~**haut-entzündung** *f* meningitis; '2**los** brainless; '~**masse** *f* brain matter; '~**schale** *f* brain-pan, cranium; '~**schlag** *m* apoplexy (of the brain); '2**verbrannt** crack-brained, crazy.

Hirsch [hirʃ] *m* (3^2) stag, hart; *als Gattung*: deer; '~**braten** *m* roast venison; ~**fänger** ['~fɛŋər] *m* hunting-knife; '~**geweih** *n* antlers *pl.*; '~**horn** *n* hartshorn; '~**hornsalz** *n* salt of hartshorn; '~**jagd** *f* stag-hunt(ing); '~**käfer** *m* stag-beetle; '~**kalb** *n* calf of deer; '~**kuh** *f* hind; '~**leder** *n* buckskin; '~**talg** *m* suet (of deer).

Hirse ['hirzə] *f* (15) millet; '~**brei** *m* millet gruel.

Hirt [hirt] *m* (12) herdsman; (*Schaf*2) shepherd.

'**Hirten|brief** *eccl. m* pastoral letter; '~**junge** *m*, '~**knabe** *m* shepherd-boy; '~**stab** *m* shepherd's staff; *eccl.* crosier; '~**volk** *n* pastoral tribe.

'**Hirtin** *f* (16) shepherdess.

His ♪ [his] *n* B sharp.

hissen ['hisən] (28) hoist.

Historie [hi'sto:rjə] *f* (15) history; ~**nmaler** *m* historical painter.

Hi'storiker *m* (7) historian.

hi'storisch historical; (*geschichtlich bedeutsam*) historic.

'**Hitzbläs-chen** *n* heat spot (*od.* vesicle); *pl.* heat rash.

Hitze ['hitsə] *f* (15) heat; '2**beständig** heat-resistant; '~**grad** *m* degree of heat; '~**welle** *f* heat-wave.

'**hitzig** hot (*a. fig.*); *fig.* heated, fierce *discussion, etc.*; ~ *werden* fly into a passion.

'**Hitz|kopf** *m* hothead; 2**köpfig** ['~kœpfiç] hot-headed; '~**pickel** *m s. Hitzbläschen*; '~**schlag** *m* heat-stroke.

hob [ho:p] *pret. v. heben.*

Hobel ['ho:bəl] *m* (7) plane; '~**bank** *f* carpenter's bench; '~**messer** *n* planing knife; '2**n** (29) plane; ~**späne** ['~ʃpɛ:nə] *m/pl.* shavings.

hoch [ho:x] **1.** high; (*hochgewachsen*) tall; *fig. a.* noble, sublime; *hohes Alter* great age; *hohe See* open sea; *hohe Strafe* severe punishment, heavy penalty; *hoher Offizier* high (-ranking) officer; *drei Mann* ~ three of them; *das ist mir zu* ~ that's beyond me; *hohe Ehre* great hono(u)r; *in hoher Fahrt* at full speed; *Hände* ~! hands up!; e-e *hohe Meinung von j-m haben* think highly of a p.; ~ *zu stehen kommen* cost dear; ~ *lebe die Königin!* long live the queen!; ℞ 4 ~ 3 (4^3) four in the third (power); **2.** 2 *n* (11) (~*ruf*) cheer; (*Trinkspruch*) toast; *barometrisches*: high; *ein* ~ *auf j-n ausbringen* cheer a p., *bei Tisch*: toast a p.

'**hoch|-achtbar** most respectable; '~**-achten** esteem highly; '2**-achtung** *f* esteem, respect; '~**-achtungsvoll** (most) respectful; *adv. Briefschluß*: Yours very truly; '2**-adel** *m* nobility; '2**-altar** *m* high altar; '2**-amt** *n* high mass; '2**-antenne** *f* overhead (*od.* outdoor) aerial; '2**bahn** *f* overhead railway, *Am.* elevated (railroad); '2**bau** *m* surface engineering; (*Gebäude*) multi-stor(e)y building; '~**be'gabt** highly gifted; '~**berühmt** very famous; '~**be'tagt** very aged, well advanced in years; '2**betrieb** *m* intense activity, big rush; '~**bezahlt** highly paid; '~**bringen** *fig.* raise; '2**burg** *fig. f* stronghold; '2**deutsch** *n* High German; '2**druck** *m* high pressure; *mit* ~ at high pressure; *mit* ~ *arbeiten* hustle; '2**druckgebiet** *n* high(-pressure area); '2**-ebene** *f* plateau, tableland; '~**-empfindlich** highly sensitive; '~**-entwickelt** highly developed; '~**-erfreut** delighted; '~**fahrend** high-handed; '~**fein** very refined; '2**finanz** *f* high finance; '~**fliegend** high-flying, lofty; '2**flut** *f* high tide; '2**form** *f*: *in* ~ in top form; '2**format** *n* (3) upright format; '2**frequenz** ⚡ *f* high frequency; '2**frisur** *f* upswept hair-style; '2**garage** *f* multi-stor(e)y car park; '~**gebildet** highly cultured; '2**gebirge** *n* high mountain region, high mountains *pl.*; '~**gehen** *a. Vorhang, Preise usw.*: go up, rise; *See*: run high; *Bombe, a.* F *Person*: explode; ~**gemut** ['~gəmu:t] high-spirited; '2**genuß** *m* great enjoyment, F real treat; *mit* ~ with relish; '2**geschwindigkeits...** high-speed; ~**gesinnt** ['~gəzint] high-minded; '~**gespannt** *fig. Plan usw.* ambitious; *Erwartung*: great;

'**~gestellt** high-ranking; '**~gestochen** jumped-up, sophisticated; '**≈glanz** *m* high lustre; high polish; **~gradig** ['~grɑ'diç] extreme; severe; '**~halten** hold up; *fig.* hono(u)r, treasure; '**≈haus** *n* skyscraper; '**~heben** lift (up), raise; '**~herzig** generous; '**≈herzigkeit** *f* generosity; '**~kant** on edge *od.* end; '**~kommen** (sn) come up; *vom Boden usw.*: get up; *fig.* get on; '**≈konjunktur** *f* boom; '**≈land** *n* highlands; *s. Hochebene*; '**~leben** *lassen* give *a p.* three cheers; '**≈leistung** *f* high performance; '**≈leistungs...** high-power(ed); high-speed ...; heavy-duty ...

höchlich ['hø:çliç] highly.

'**Hoch|mut** *m* haughtiness, arrogance; **≈mütig** ['~my:tiç] haughty, supercilious; **≈näsig** F ['~nɛ:ziç] stuck-up; '**~ofen** *m* blast-furnace; '**≈prozentig** *Alkohol*: high-proof; '**≈qualifiziert** highly qualified; '**≈ragen** tower up, rise; *sich* '**≈rappeln** struggle to one's feet; '**~rechnung** *f* projection; '**≈rot** flaming red; '**~ruf** *m* cheer; '**~saison** *f* peak season; '**≈schätzen** esteem highly; '**≈schnellen** leap up (*a. fig.*); '**~schule** *f* university; (*Akademie*) academy, college; *s. technisch*; '**~schullehrer** *m* university (*od.* college) teacher; '**~schulreife** *f* matriculation standard; '**≈schwanger** far advanced in pregnancy; '**~see** *f* high seas *pl.*, open ocean; '**~seefischerei** *f* deep-sea fishery; '**~seeflotte** *f* high-seas fleet; '**~seeschlepper** *m* sea-going tug; '**~sommer** *m* midsummer; '**~spannung** ⚡ *f* high tension *od.* voltage; '**≈spielen** F *fig.* play up; '**~sprache** *f* standard language; *die deutsche* ~ standard German; '**~sprung** *m* high jump.

höchst [hø:çst] *allg.* highest; *fig. a.* greatest, supreme; (*äußerst*) extreme; *s. Zeit*; *adv.* highly; most, extremely.

Hoch|stapelei [~ʃtɑ:pə'laɪ] *f* (16) (high-class) swindling, imposture; '**~stapler** *m* (7) impostor, confidence trickster.

'**Höchstbelastung** *f* maximum load.

'**hochstehend** *fig.* high(-ranking); *geistig* ~ of high intellect.

höchstens ['hø:çstəns] at (the) most, at best, at the outside (*bei Zahlenangaben alle nachgestellt*).

'**Höchst|fall** *m*: *im* ~ *s. höchstens*; '**~geschwindigkeit** *f* maximum speed; '**~grenze** *f* maximum limit, ceiling; '**~leistung** *f Sport*: record; *e-r Fabrik*: maximum output, *e-r Maschine usw.*: *a.* maximum efficiency; '**~maß** *n* maximum; '**≈persönlich** personal(ly); *adv. a.* in person; '**~preis** *m* maximum price, ceiling price; '**~stand** *m* peak (level); '**≈wahrscheinlich** most probably; '**~wert** *m* peak (*od.* maximum) value; '**~zahl** *f* maximum (number).

'**Hoch|touren** *f/pl.*: *auf* ~ ⊕ at full speed *od.* pressure, *fig.* in full swing, at full blast; '**≈tourig** high-speed; '**~tourist(in** *f*) *m* mountaineer; '**≈trabend** high-sounding, pompous; '**≈verdient** highly deserving; '**≈ver-ehrt** (highly) esteemed; *in Anrede*: dear *Mr. Brown!*; '**~verrat** *m* high treason; '**~verräter** *m* one guilty of high treason, traitor; '**≈verräterisch** treasonable; '**~wald** *m* timber (-forest); '**~wasser** *n* high water; (*Überschwemmung*) flood; '**~wasserkatastrophe** *f* flood-disaster; '**≈wertig** of high value, high-class, high-grade; '**~wild** *n* large game.

Hochzeit ['hɔxtsaɪt] *f* wedding, nuptials *pl.*; (*Trauung*) marriage; '**≈lich** nuptial, bridal; '**~sgeschenk** *n* wedding present; '**~sreise** *f* honeymoon (trip); '**~s-tag** *m* wedding day.

Hocke ['hɔkə] *f* (15) ✓ shock; *Turnen*: crouch, (*Sprung*) squat-vault; '**≈n** (25) squat; F (*sitzen*) sit; *sich* ~ squat (*od.* sit) down; '**~r** *m* (7) (*Schemel*) stool.

Höcker ['hœkər] *m* (7) *zo. u.* ⚕ hump; *anat.* tubercle; *allg.* bump, knob; '**≈ig** bumpy; *Rücken*: humpbacked, hunchbacked.

Hockey|schläger ['hɔki-] *m* hockey-stick; '**~spieler** *m* hockey-player.

Hode ['ho:də] *f* (15) testicle; '**~nsack** *m* scrotum.

Hof [ho:f] *m* (3[3]) court(yard), yard; (*Bauern≈*) farm; *e-s Fürsten*: court; *um Sonne, Mond, a.* ⚕: halo, corona; *j-m den* ~ *machen s. hofieren*; '**~dame** *f* lady at court; *im*

Dienst der Königin usw.: lady-in--waiting.

Hoffart ['hɔfart] *f* (16) haughtiness, arrogance, pride.

hoffärtig ['~fɛrtiç] haughty, proud.

hoffen ['hɔfən] *v/t. u. v/i.* (25) hope (*auf acc.* for); '**~tlich** let us hope, I hope (that) ...

Hoffnung ['hɔfnuŋ] *f* hope (*auf acc.* for, of); *guter ~ sein* be full of hope, *Frau*: be expecting a baby; *j-m ~(en) machen* raise a p.'s hopes (*auf* of); *sich ~en machen* be hopeful; (*neue*) *~ schöpfen* gather fresh hope; *s-e ~ setzen auf* (*acc.*) pin one's hopes on; *e-e ~ zerstören* dash a hope; '**2sfreudig** hopeful; '**2slos** hopeless (*a. fig.*); '**~sstrahl** *m* ray of hope; '**2svoll** hopeful; (*vielversprechend*) promising.

hofieren [ho'fi:rən] court, pay one's addresses to; *contp.* flatter, fawn (up)on.

höfisch ['hø:fiʃ] courtly.

höflich ['hø:fliç] polite, courteous, civil (*gegen* to); '**2keit** *f* courtesy, politeness, civility.

Höfling ['hø:fliŋ] *m* (3¹) courtier.

'**hof|meistern** censure; '**2narr** *m* court jester; '**2staat** *m* royal (*od.* princely) household; (*Gefolge*) retinue; (*Kleid*) court-dress; '**2trauer** *f* court mourning.

Höhe ['hø:ə] *f* (15) height; ✈, *ast.*, *geogr.* altitude; (*Niveau*) level; (*Anhöhe*) hill; (*Gipfel*) summit; ♪ pitch; *e-r Summe*: amount; *e-r Strafe*: degree; ✝ *~ der Preise* level of prices; *Summe in ~ von ...* to the amount of; *auf gleicher ~ mit* on a level with; *fig. auf der ~* up to the mark, *der Zeit*: up to date; ⚓ *auf der ~ von* off; *in die ~* up, upward, aloft; *in die ~ steigen* rise; *Preise in die ~ treiben* force up, *Am.* boost; *aus der ~* from above; F *das ist die ~!* that's the limit!

Hoheit ['ho:haɪt] *f* (16) *pol.* sovereignty; *Titel*: *Seine* (*Ihre*) *~* His (Her) Highness; *fig.* grandeur; '**~s(-ab)zeichen** *n* national emblem; '**~sgebiet** *n* territory; '**~sgewässer** *n/pl.* territorial waters; '**2svoll** majestic(ally *adv.*).

'**Höhen|flosse** ✈ *f* stabilizer; '**~flug** *m* high-altitude flight; '**~krankheit** *f* altitude sickness; '**~kur·ort** *m* high-altitude health--resort; '**~leitwerk** ✈ *n* elevator unit; '**~linie** *f Karte*: contour line; '**~luft** *f* mountain air; '**~messer** *m* altimeter; '**~sonne** *f* Alpine sun; *Gerät*: sun-ray lamp; '**~unterschied** *m* difference in altitude; '**~zug** *m* hill-range.

'**Höhepunkt** *m* highest point; *ast.*, *fig.* culmination; *fig.* climax, peak; height, zenith.

höher ['hø:ər] higher (*a. fig.*); *~er Beruf* (learned) profession; *~e Mathematik* higher mathematics; *~e Schule* secondary school; *s. Gewalt*; '**2e** *n fig.* higher things *pl.*

hohl [ho:l] hollow (*a. Klang u. fig.*); (*vertieft*) concave; *die ~e Hand* the hollow of the hand; **~äugig** ['~ʔɔʏgiç] hollow-eyed.

Höhle ['hø:lə] *f* (15) cave; (*Tier2*) den; *bsd.* ⚕ cavity; '**2n** hollow; '**~nforschung** *f* spel(a)eology; '**~nmensch** *m* cave-man.

'**hohlgeschliffen** hollow-ground.

'**Hohlheit** *f* hollowness.

'**Hohl|kehle** *f* channel, groove; '**~maß** *n* dry measure; '**~raum** *m* hollow (space), cavity; '**~saum** *m* hemstitched hem; '**~schliff** *m* hollow grinding; '**~spiegel** *m* concave mirror.

Höhlung ['hø:luŋ] *f* hollow, cavity.

'**Hohl|weg** *m* (narrow) pass, defile; '**~ziegel** *m* hollow brick.

Hohn [ho:n] *m* (3) scorn, derision; (*~lächeln*; *höhnische Bemerkung*) sneer; *ein ~ auf* (*acc.*) *... sein* be a mockery of; *j-m zum ~* in defiance of a p.

höhnen ['hø:nən] *v/i.* (25) sneer, scoff, jeer (*j-n* at a p.).

'**Hohngelächter** *n* scornful laughter.

'**höhnisch** sneering, scornful.

'**hohn|lächeln**, '**~lachen** sneer; '**~sprechen** (*dat.*) (*trotzen*) defy; (*verspotten*) mock; *fig.* make a mockery of.

Höker ['hø:kər] *m* (7) hawker, huckster; '**2n** (29) hawk, huckster.

Hokuspokus [ho:kus'po:kus] *m inv.* hocus-pocus; *~! a.* hey presto!

hold [hɔlt] kindly disposed (*dat.* to); (*lieblich*) lovely, sweet; *das Glück war ihm ~* fortune smiled upon him, he was lucky.

'**holdselig** lovely, sweet.

holen ['ho:lən] (25) fetch, get; go

for; (*ab*~) come for, pick up; *die Polizei usw.*: call; ~ *lassen* send for; *sich* ~ (*sich zuziehen*) catch; *s. Atem, Rat.*

holla! ['hɔla] hey!

Holländer ['hɔlɛndər] *m* (7) Dutchman; '**~in** *f* (16¹) Dutchwoman.

'**holländisch** Dutch.

Hölle ['hœlə] *f* (15) hell; *die* ~ *ist los* the fat is in the fire; *j-m die* ~ *heiß machen* make it hot for a p.

'**Höllen|-angst** *f* mortal fright; '**~lärm** *m* infernal noise; '**~maschine** *f* infernal machine, time bomb; '**~qual** *f* torment of hell; '**~stein** ⚗ *m* lunar caustic.

'**höllisch** (*a.* F *fig.*) hellish, infernal.

Holm [hɔlm] *m* (3¹) beam; (*Barren*2) bar; ✈ spar.

holper|ig ['hɔlpəriç] rough, bumpy; *fig.* stumbling; '**~n** (sn) *Wagen*: jolt, bump; *s. stolpern.*

Holunder [hɔ'lundər] *m* (7) elder.

Holz [hɔlts] *n* (1¹ *u.* ²) wood; (*Nutz*2) timber, *Am.* lumber; *fig. aus demselben* (*e-m anderen*) ~ *geschnitzt* of the same (of a different) stamp; '**~-apfel** *m* crab-apple; '**~-arbeit**(**en** *pl.*) *f* woodwork; '**2-artig** ligneous, woody; '**~-axt** *f* (felling-)ax(e); '**~bau** *m* wooden structure, timber-work; '**~be-arbeitung** *f* woodworking; '**~bildhauer** *m* wood-carver; '**~blasinstrument** *n* woodwind instrument; *die* ~*e pl. im Orchester*: the wood(-wind).

'**holzen** (27) fell (*od.* cut) wood; F *Fußball*: play rough.

hölzern ['hœltsərn] wooden; *fig.* (*linkisch*) *a.* awkward, clumsy, stiff.

'**Holz|-essig** *m* wood-vinegar; '**~fäller** *m* (7) wood-cutter, *Am.* lumberman; '**~faserplatte** *f* wood-fib|re (*Am.* -fiber) board; '**2frei** *Papier*: wood-free; '**~hacker** *m*, '**~hauer** *m* (7) wood-cutter; '**~hammer** *m* mallet; F *fig.* sledge-hammer; '**~handel** *m* timber-trade; '**~händler** *m* timber merchant; '**~haus** *n* wooden (*Am.* frame) house; '**2ig** woody; '**~kohle** *f* charcoal; '**~nagel** *m* wooden peg; '**~platz** *m* timber (*Am.* lumber) yard; '**~schliff** *m* mechanical pulp; '**~schnitt** *m* woodcut; '**~schnitzer** *m* wood-carver; '**~schuh** *m* clog; '**~span** *m* wood-chip; '**~-'Stahl-Karosserie** *mot. f* composite (*od.* metal-wood) body; '**~stapel** *m*, '**~stoß** *m* wood-pile; '**~stoff** *m* lignin; '**~taube** *f* wood-pigeon; '**~weg** *m* wood-path; *fig. auf dem* ~ *sein* be on the wrong tack; '**~werk** *n* woodwork; '**~wolle** *f* wood-wool, *Am.* excelsior; '**~wurm** *m* wood-worm.

homogen [homo'ge:n] homogeneous.

Homöopath [homøo'pa:t] *m* (12) hom(o)eopathist; **~ie** [~pa'ti:] *f* (16) hom(o)eopathy; **2isch** [~'pa:tiʃ] hom(o)eopathic(ally *adv.*).

homosexuell [homozɛksu'ɛl], **2e** *m*, *f* homosexual.

Honig ['ho:niç] *m* (3¹) honey; '**~biene** *f* honey-bee; '**~kuchen** *m* gingerbread; '**2süß** honey-sweet; '**~wabe** *f* honeycomb.

Honorar [hono'ra:r] *n* (3¹) fee.

Honoratioren [~ra'tsjo:rən] *m/pl.* notabilities.

hono'rieren pay a fee (*j-n*: to; *et.*: for); *Wechsel*: hono(u)r; *fig.* show o.s. appreciative of.

Hopfen ['hɔpfən] *m* (6) hop; *Brauerei*: hops *pl.*; '**~bau** *m* hop-culture.

hopp! [hɔp] hop!; quick!

hoppla! ['hɔpla] whoops!

hops [hɔps]: ~ *gehen* ⚔ *sl.* go west.

hops|a! ['hɔpsa:] whoops!; '**~en** (27, sn) hop; '**2er** *m* (7) hop; (*Tanz*) hop-waltz.

hörbar ['hø:rba:r] audible.

horch|en ['hɔrçən] (25) listen (*auf acc.* to); *b.s.* eavesdrop; '**2er** *m* (7) listener; *b.s.* eavesdropper; '**2gerät** *n* listening apparatus, sound detector; '**2posten** ⚔ *m* listening post.

Horde ['hɔrdə] *f* (15) horde, gang.

hör|en ['hø:rən] *v/t. u. v/i.* (25) hear (*von j-m* from); (*zu*~, *hin*~) listen; (*zufällig mit an*~) overhear; *Radio*: listen (in); *Vorlesung, Messe*: hear, attend; (*erfahren*) hear, learn; ~ *auf* (*acc.*) listen to; *schwer* ~ be hard of hearing; *sich* ~ *lassen als Künstler*: perform; *von sich* ~ *lassen* give news of o.s.; *das läßt sich* ~ there's something in that; *hören Sie mal!* I say!, *Am.* say!, listen!; *auf den Namen* ... ~ answer to the name of ...; *s. vergehen*; '**2ensagen** *n*: *vom* ~ by hearsay; '**2er** *m* (7) hearer; *bsd. Radio*: listener; (*Apparat*) receiver; *e-s Professors*:

student; '⁓erschaft *f* audience; '⁓funk *m s. Hörrundfunk*; '⁓gerät *n* (*für Schwerhörige*) hearing aid; '⁓ig: *j-m* ⁓ *sein* be enslaved to a p.; '⁓igkeit *f* bondage.

Horizont [hori'tsɔnt] *m* (3) horizon; (⁓*linie*) skyline; *seinen* ⁓ *erweitern* broaden one's mind; *das geht über m-n* ⁓ that is beyond me; ⁓**al** [⁓'tɑ:l] horizontal.

Hormon [hɔr'mo:n] *n* (3) hormone.

Horn [hɔrn] *n* (1²) horn (*a.* ♪); (*Signal*⁓) bugle; (*Bergspitze*) peak; (*Fühl*⁓) feeler; *fig. sich die Hörner abstoßen* sow one's wild oats; *j-m Hörner aufsetzen* cuckold a p.; '⁓**artig** like horn, horny; '⁓**brille** *f* (*eine* a pair of) horn-rimmed glasses.

Hörnchen ['hœrnçən] *n* (6) small horn, cornicle; (*Gebäck*) crescent.

hörnern ['⁓nərn] of horn, horny.

'**Hornhaut** *f* horny skin; *des Auges*: cornea.

Hornisse [hɔr'nisə] *f* (15) hornet.

Hor'nist *m* (12) bugler.

Horn|späne ['⁓ʃpɛ:nə] *m/pl.* horn parings; '⁓**vieh** *n* horned cattle.

Horoskop [horo'sko:p] *n* (3¹) horoscope; *j-m das* ⁓ *stellen* cast a p.'s horoscope.

horrend [hɔ'rɛnt] enormous.

Horror ['hɔrɔr] *m* (11, *o. pl.*) horror (*vor dat.* of); '⁓**film** horror film.

'**Hör|rohr** *n* ear-trumpet; '⁓**rundfunk** *m* sound broadcasting; '⁓**saal** *m* lecturehall; '⁓**spiel** *n* radio play.

Horst [hɔrst] *m* (3²) eyrie; *s. Flieger*⁓; '⁓**en** (26) build an eyrie.

Hort [hɔrt] *m* (3) hoard (*sicherer Ort*) sanctuary; (*Schutz*) bulwark, stronghold, refuge; *s. Kinder*⁓; '⁓**en** (26) hoard; '⁓**ung** *f* hoarding.

'**Hörweite** *f*: *in* (*außer*) ⁓ within (out of) hearing *od.* earshot.

Hös-chen ['hø:sçən] *n* (6) shorts *pl.*, F pants *pl.*; *s. Unterhose, Schlüpfer.*

Hose ['ho:zə] *f* (15) *mst* ⁓*n pl.* (eine a pair of) trousers, F *od. Am.* pants *pl.*; (*Arbeits*⁓, *Sport*⁓, *Damen*⁓) slacks *pl.*; (*Knie*⁓) breeches *pl.*; (*kurze* ⁓) shorts *pl.*; *fig.* F *die* ⁓*n anhaben* wear the breeches; *s. Herz, Jacke, kurz.*

'**Hosen|-anzug** *m* trousers suit; '⁓**bein** *n* trouser-leg; '⁓**boden** *m* (trouser-)seat; '⁓**rock** *m für Damen*: divided skirt; '⁓**rolle** *f* breeches part; '⁓**schlitz** *m* fly; '⁓**tasche** *f* trouser pocket; '⁓**träger** *m* (*a. pl.*) (ein a pair of) braces *pl.*, *Am.* suspenders *pl.*

Hospit|al [hɔspi'tɑ:l] *n* (1² *u.* 3¹) hospital; ⁓**ant** [⁓'tant] *m* (12), ⁓**antin** *f* guest student.

Hospiz [hɔs'pi:ts] *n* (3²) hospice.

Hostie ['hɔstjə] *f* (15) host, eucharistic wafer.

Hotel [ho'tɛl] *n* (11) hotel; ⁓**ier** [⁓'je:] *m*, ⁓**besitzer(in** *f*) *m* hotel proprietor; ⁓**boy** *m* (11), ⁓**page** *m* (13) page(-boy), *Am.* bellboy; ⁓**gewerbe** *n* hotel industry.

hott! [hɔt], **hü!** [hy:] gee ho!

Hub [hu:p] *m* (3³) lift; ⊕ (*Kolben*⁓) stroke.

hüben ['hy:bən] on this side.

'**Hub|pumpe** *f* lifting pump; '⁓**raum** *m* piston displacement.

hübsch [hypʃ] pretty; (*a.* = *beträchtlich*) handsome; (*nett*) nice; (*anziehend*) attractive, good-looking.

'**Hubschrauber** ✈ *m* helicopter.

huckepack ['hukəpak] pick-a-back.

hudeln ['hu:dəln] (29) scamp one's work.

Huf [hu:f] *m* (3) hoof; '⁓**beschlag** *m* shoeing; *a.* = '⁓**-eisen** *n* horseshoe; '⁓**lattich** ⚘ *m* coltsfoot; '⁓**nagel** *m* hobnail; '⁓**schlag** *m* horse's kick; (*Geräusch*) hoof-beat; '⁓**schmied** *m* farrier; '⁓**tier** *n* hoofed mammal, ungulate.

Hüft|bein ['hyft-] *n* hip-bone; '⁓**e** *f* (15) hip; '⁓**gelenk** *n* hip-joint; '⁓**gürtel** *m* suspender (*Am.* garter) belt; '⁓**halter** *m* roll-on girdle; '⁓**lahm** hip-shot; '⁓**-umfang** *m* hip-measurement; '⁓**weh** *n* sciatica.

Hügel ['hy:gəl] *m* (7) hill, hillock; '⁓**ig** hilly; '⁓**land** *n* hilly country.

Huhn [hu:n] *n* (1²) hen, *a. Küche*: chicken; *junges* ⁓, **Hühnchen** ['hy:nçən] *n* (6) pullet, chicken; *ein* ⁓ *zu rupfen haben mit* have a bone to pick with.

Hühner|-auge ['hy:nər-] *n* corn; '⁓**brühe** *f* chicken-broth; '⁓**-ei** *n* hen's egg; '⁓**habicht** *m* goshawk; '⁓**hof** *m* chicken-run, *Am.* -yard; '⁓**hund** *m* pointer; '⁓**leiter** *f* roost--ladder; '⁓**schrot** *n* partridge-shot; '⁓**stall** *m* hen-house; '⁓**vögel** *m/pl.* gallinaceous birds *pl.*; '⁓**zucht** *f* chicken-farming.

hui! [hui] whoosh!; (*erstaunt*) ooh!; *in e-m* ♀ in a trice *od.* flash.
Huld [hult] *f* (16) grace, favo(u)r.
huldig|en ['~digən] (25) pay homage; *fig.* pay tribute to; *e-m Laster usw.*: indulge in.
huld|reich, ~voll ['hult-] gracious.
Hülle ['hylə] *f* (15) cover(ing), wrap, envelope; (*Schleier*) veil; *in ~ und Fülle* in abundance, plenty of; *die sterbliche ~* the mortal frame; '**♀n** (25) cover, wrap (up); (*kleiden*) clothe; *fig.* shroud; *in Nebel usw.*: envelop.
Hülse ['hylzə] *f* (15) hull, husk; (*Schote*) pod; (*Gehäuse, a.* ⚔) case, shell; ⊕ sleeve; (*Steck*♀) socket; '**~nfrucht** *f* legume; '**~nfrüchte** *f/pl. a.* pulse.
human [hu'mɑːn] humane; **♀ismus** [huma'nismus] *m* (16, *o. pl.*) humanism; **~istisch** [~'nistiʃ] humanistic, classical; **~itär** [~ni'tɛːr] humanitarian; **♀ität** [~ni'tɛːt] *f* (16) humanity.
Humbug ['humbuk] *m* (6, *o. pl.*) humbug.
Hummel ['huməl] *f* (17) bumble-bee.
Hummer ['humər] *m* (7) lobster.
Humor [hu'moːr] *m* (3¹) (sense of) humo(u)r; **~eske** [~mo'rɛskə] *f* (15) humorous sketch; **~ist** [~'rist] *m* (12) humorist; *thea.* comedian; **♀istisch** [~'ristiʃ], **♀voll** humorous.
humpeln ['humpəln] (29, h. *u.* sn) hobble, limp.
Humpen ['humpən] *m* (6) tankard.
Humus(erde *f*) ['huːmus(ˀeːrdə)] *m* (16, *o. pl.*) vegetable mo(u)ld.
Hund [hunt] *m* (3) dog (*a.* ⚒; *a. fig. v. Menschen*); (*Jagd*♀) hound; *Schimpfwort*: cur; *da liegt der ~ begraben* there's the rub; *fig. auf den ~ kommen* reach rock-bottom; *vor die ~e gehen* go to the dogs; F *wie ~ und Katze leben* lead a cat-and-dog life.
Hunde|-abteil 🚃 ['hundə-] *n* dog-box; '**~-ausstellung** *f* dog-show; '**♀'-elend** F: *sich ~ fühlen* feel lousy; '**~hütte** *f* dog-kennel; '**~kälte** F *f* biting cold; '**~kuchen** *m* dog-biscuit; '**~leben** F *n* dog's life; '**~leine** *f* (dog-)lead, leash; '**~loch** F *n* dog-hole; '**~marke** *f* dog-tag; '**♀'müde** dog-tired; '**~peitsche** *f* dog-whip; '**~rasse** *f* dog-breed.
hundert ['hundərt] (a) hundred; *4 vom* ♀ four per cent (4%); *zu* ♀*en* by hundreds; '**♀er** *m* (7) hundred; **~erlei** ['~ər'laɪ] of a hundred different sorts; '**~fach, ~fältig** ['~fɛltiç] hundredfold; **~gradig** ['~grɑːdiç] centigrade; **♀'jahrfeier** *f* centenary, *Am.* centennial; '**~jährig** centenary; '**~mal** a hundred times; '**♀markschein** *m* hundred-mark (bank-)note; '**~prozentig** a hundred per cent; *fig. a.* absolute(ly *adv.*); '**♀satz** *m* percentage; '**~st** hundredth; '**♀stel** *n* (7) one hundredth (part); '**~weise** by hundreds.
'**Hunde|wetter** *n* filthy weather; '**~zucht** *f* dog-breeding; (*~zwinger*) kennel (of dogs).
Hündin ['hyndin] *f* she-dog, bitch.
'**hündisch** *fig.* servile.
Hunds|fott ['huntsfɔt] *m* (1²) scoundrel; '**♀gemein** dirty, mean; '**♀-mise'rabel** F lousy; **~tage** ['~tɑːgə] *m/pl.* dog-days.
Hüne ['hyːnə] *m* (13) giant; '**~ngestalt** *f* (person of) Herculean stature; '**~ngrab** *n* megalithic grave; '**♀nhaft** gigantic.
Hunger ['huŋər] *m* (7) hunger (*fig. nach* for); *~ bekommen* get hungry; *~ haben* be hungry; *~s sterben* starve (to death); '**~kur** *f* fasting cure; '**~leider** *m* (7) starveling; '**~lohn** *m* starvation wage(s *pl.*), *a.* pittance.
'**hungern** (29) hunger (*fig. nach* for), be hungry; (*schlecht leben*) starve; *freiwillig*: starve o.s., fast; *j-n ~ lassen* starve a p.
Hunger|ödem ⚕ ['~ˀø'deːm] *n* (3¹) hunger (o)edema; '**~snot** *f* famine; '**~streik** *m* hunger-strike; '**~tod** *m* (death from) starvation; '**~tuch** *n*: *am ~ nagen* be starving.
'**hungrig** hungry (*fig. nach* for).
Hupe ['huːpə] *f* (15) horn, hooter; '**♀n** (25) hoot, honk.
hüpfen ['hypfən] (25, sn) hop, skip.
Hürde ['hyrdə] *f* (15) hurdle; (*Pferch*) fold, pen; '**~nlauf** *m*, '**~nrennen** *n* hurdle-race, hurdles *pl.*; '**~nläufer** *m* hurdler.
Hure ['huːrə] *f* (15) whore, prostitute; '**♀n** (25) whore; **~rei** [~'raɪ] *f* (15) whoring; prostitution.
hurra! [hu'rɑː] hurrah!; **♀patriot** *m* patrioteer, jingo(ist); **♀patriotismus** *m* patrioteering, jingoism.

hurtig ['hurtiç] quick, swift; (*flink und gewandt*) agile, nimble; '**⁓keit** *f* swiftness, quickness; agility.

Husar [hu'zɑːr] *m* (12) hussar.

husch! [huʃ] (*plötzlich*) in a flash; *scheuchend*: shoo!; '**⁓en** (27, sn) scurry, whisk, flit.

hüsteln ['hyːstəln] **1.** (29) cough slightly; **2.** ⁓ *n* (6) slight cough.

husten ['huːstən] **1.** (26) cough; F *fig.* ⁓ *auf* (*acc.*) not to care a rap; *ich werde dir was* ⁓*!* go to hell! **2.** ⁓ *m* (6) cough; '**⁓-anfall** *m* coughing fit; '**⁓bonbon** *m* cough drop; '**⁓reiz** *m* urge to cough; '**⁓-saft** *m* cough-mixture.

Hut[1] [huːt] *m* (3^3) hat; *den* ⁓ *abnehmen* take off one's hat (*fig. vor j-m* to a p.); ⁓ *ab!* hat(s) off (*vor* to)!; *fig. unter einen* ⁓ *bringen* reconcile; F *ihm ging der* ⁓ *hoch* he blew his top.

Hut[2] *f* (16) (*Obhut, Aufsicht*) care, charge; (*Schutz*) protection; *auf der* ⁓ *sein s.* (*sich*) *hüten.*

hüten ['hyːtən] (26) (*bewachen*) guard, watch (over); *Vieh*: tend; *s. Bett*; *sich* ⁓ be on one's guard (*vor dat.* against), look (*Am.* watch) out (for); *sich* ⁓ *zu tun* be careful not to do; *hüte dich vor* ... beware of ...

'**Hüter** *m* (7), '**⁓in** *f* keeper, guardian; (*Vieh*⁓) herdsman.

'**Hut|futter** *n* hat-lining; '**⁓geschäft**, *n*, '**⁓laden** *m* hat shop; '**⁓krempe** *f* brim (of a hat); '**⁓macher** *m* hatter; '**⁓schachtel** *f* hat-box; '**⁓schnur** *f* hat-string; F *das geht über die* ⁓ that's (really) too much!

Hütte ['hytə] *f* (15) hut, cabin; (*Bude*) shanty, *Am.* F shack; ⊕ *s. Hüttenwerk.*

'**Hütten|-erz** *n* dressed ore; '**⁓kunde** *f* metallurgy; '**⁓werk** *n* metallurgical plant, smelting-works; '**⁓wesen** *n* metallurgy.

Hyäne [hy'ɛːnə] *f* (15) hyena.

Hyazinthe [hya'tsintə] *f* (15) hyacinth.

hybrid [hy'briːt], ⁓**e** [⁓də] *f, m* hybrid.

Hydrant [hy'drant] *m* (12) hydrant, fire-plug.

Hydrauli|k [hy'draulik] *f* (16) hydraulics *pl.*; ⁓**sch** hydraulic(ally *adv.*).

hydrieren [hy'driːrən] hydrogenate.

Hygien|e [hy'gjeːnə] *f* (15) hygiene, *a.* hygienics *pl.*; ⁓**isch** hygienic(ally *adv.*), sanitary.

Hymne ['hymnə] *f* (15) hymn.

hypermodern ['hypər-] hyper- *od.* ultra-modern.

Hyperbel [hy'pɛrbəl] *f* (15) ⩘ hyperbola; *rhet.* hyperbole.

Hypno|se [hyp'noːzə] *f* (15) hypnosis; ⁓**tisch** hypnotic; ⁓**tiseur** [⁓noti'zøːr] *m* (3^1) hypnotist; ⁓**ti'sieren** hypnotize.

Hypochon|der [hypo'xɔndər] *m* (7) hypochondriac; ⁓'**drie** *f* hypochondria; ⁓**drisch** hypochondriacal.

Hypotenuse ⩘ [⁓te'nuːzə] *f* (15) hypotenuse.

Hypothek [⁓'teːk] *f* (16) mortgage; *e-e* ⁓ *aufnehmen* raise a mortgage; *mit* ⁓*en belastet* mortgaged; ⁓**arisch** [⁓te'kɑːriʃ] hypothecary; *adv.* by (*od.* on) mortgage; ⁓**enbank** [⁓'teːkən-] *f* mortgage bank; ⁓**enbrief** *m* mortgage(-deed); ⁓**engläubiger** *m* mortgagee; ⁓**enpfandbrief** *m* mortgage debenture (*od.* bond); ⁓**enschuldner** *m* mortgagor.

Hypothe|se [hypo'teːzə] *f* (15) hypothesis; ⁓**tisch** hypothetic(al).

Hysterie [hyste'riː] *f* (15) hysteria.

hysterisch [⁓'steːriʃ] hysterical.

I

I [i:], **i** *n inv.* I, i.
i! why!; *i nun!* well!; *i freilich!* of course!; *i wo!* certainly not!, not at all!
iah! [i:ɑ:], ≈ *n* (*Eselsschrei*) hee-haw.
Iamb|e ['jambə] *f*, **~us** ['~us] *m* (16²) iambus; '**≈isch** iambic.
ich [iç] **1.** (19) I; *~ bin's!* it is I!, F it's me!; **2.** ≈ *n inv.* self; ego; '**~bezogen** egocentric; *in der* '**≈-form** *f* in the first person (singular); '**≈sucht** *f* selfishness.
Ideal [ide'ɑ:l] **1.** *n* (3¹) ideal; F *fig. a.* dream; **2.** ≈ *adj.* ideal; **≈i'sieren** [~ali-] idealize; **~ismus** [~'lismus] *m* (16, *o. pl.*) idealism; **~ist** [~'list] *m* (12), **~istin** *f* (16¹), **≈istisch** idealist.
Idee [i'de:] *f* (15) idea, notion; *gute ~* good idea!; *ich kam auf die ~ zu inf.* I got the idea to *inf.*, it occurred to me to *inf.*
ideell [ide'ɛl] ideal, imaginary.
I'deen|losigkeit *f* lack of ideas *od.* imagination; **≈reich** full of ideas *od.* imagination.
identi|fizieren [idɛntifi'tsi:rən] identify; **≈fi'zierung** *f* identification; **~sch** [i'dɛntiʃ] identical; **≈tät** [~'tɛ:t] *f* (16) identity; **≈'tätsnachweis** *m* proof of identity.
Ideo|logie [ideolo'gi:] *f* (16) ideology; **≈logisch** [~'lo:giʃ] ideological.
Idiom [idi'o:m] *n* (3¹) idiom; (*Sprache*) language; **≈atisch** [~o-'mɑ:tiʃ] idiomatic.
Idiot [idi'o:t] *m* (12) idiot; **~ie** [~o-'ti:] *f* (15) idiocy; **≈isch** [~'o:tiʃ] idiotic(al).
Idol [i'do:l] *n* (3¹) idol.
Idyll [i'dyl] *n* (3¹), **~e** *f* (15) idyl(l); **≈isch** idyllic(ally *adv.*).
Igel ['i:gəl] *m* (7) hedgehog; ⚔ = '**~stellung** *f* allround defen|ce, *Am.* -se; hedgehog position.
Ignor|ant [igno'rant] *m* (12) ignorant person, ignoramus; **~anz** [~'rants] *f* (16) ignorance; **≈ieren** [~'ri:rən] ignore, take no notice of.
ihm [i:m] (to) him; *S.*: (to) it.
ihn [i:n] him; *S.*: it.
'**ihnen** (to) them; ≈ (to) you.
ihr [i:r] **1.** (*dat. von sie sg.*) (to) her; (*nom. pl. von du, im Brief* ≈) you; **2.** (20) *besitzanzeigend*: her; *S.* its; *pl.* their; ≈ your; **3.** *der* (*die, das*) *~e od. ~ige* ['~igə] hers; *pl.* theirs; *der* (*die, das*) *≈e, ≈ige* yours.
ihrerseits ['~ərzaɪts] on her (*pl.* their, ≈ your) part.
ihresgleichen [~əs'glaɪçən] the like(s) of her *od.* them; their like; her (*od.* their) equals.
ihret|halben ['i:rəthalbən], '**~wegen**, (*um*) '**~willen** for her (*pl.* their, ≈ your) sake; on her (their, ≈ your) account.
ihrig ['i:riç] *s. ihr* 3.
illegal ['ilega:l] illegal.
illegitim [ilegi'ti:m] illegitimate.
illuminieren [ilumi'ni:rən] illuminate. **[risch** [~'zo:riʃ] illusory.}
Illu|sion [ilu'zjo:n] *f* illusion; **≈so-**}
Illu|stration [ilustra'tsjo:n] *f* illustration; **≈strieren** [~'stri:rən] illustrate; **~'strierte** *f* (illustrated) magazine.
Iltis ['iltis] *m* (4¹) fitchew, polecat.
im [im] = *in dem* in the.
imaginär [imagi'nɛ:r] imaginary.
Imbiß ['imbis] *m* (4) snack; '**~-stube** *f* snack-bar.
Imit|ation [imita'tsjo:n] *f* imitation; **≈ieren** [~'ti:rən] imitate.
Imker ['imkər] *m* (7) bee-master; **~ei** [~'raɪ] *f* (7) bee-farming.
immatrikulieren [imatriku'li:rən] (*a. sich ~ lassen*) matriculate, enrol(l).
immer ['imər] always; *auf ~, für ~* for ever, for good; *~ mehr* more and more; *~ noch* still; *~ noch nicht* not yet, not even now; *~ weiter* on and on, *reden usw.*: keep *talking, etc.*; *~ wieder* again (*od.* time) and again; **~dar** ['~dɑ:r] always, for ever; '**~fort** always, continually; '**≈grün** *n* evergreen; '**~'hin** still, yet; '**~während** everlasting, perpetual; '**~'zu** always.
Immobilien [imo'bi:ljən] *pl. inv.* immovables *pl.*, real estate *sg.*; **~-makler** *m s. Grundstücksmakler.*
immun [i'mu:n] immune (*gegen* from); **~i'sieren** immunize; **≈ität** [~'tɛ:t] *f* (16) immunity (from).
Imperativ ['imperati:f] *m* (3¹) imperative (mood); **≈isch** [~'ti:viʃ] imperative.

Imperfekt(um) ['impɛrfɛkt(um)] *n* (3 [9²]) imperfect tense.
Imperialis|mus [imperja'lismus] *m* (16, *o. pl.*) imperialism; **⁀tisch** imperialist(ic).
impertinen|t [impɛrti'nɛnt] impertinent, insolent; **⁀z** [~'nɛnts] *f* (16) impertinence.
Impf|-arzt ['impf-] *m* vaccinator; '**⁀en** (25) ⚕ vaccinate, (*a.* ✓) inoculate; '**~ling** *m* (3¹) person due to be vaccinated; '**~schein** *m* vaccination certificate; '**~stoff** *m* vaccine; '**~ung** *f* ⚕ vaccination; *a.* ✓ inoculation.
Imponderabilien [impɔndera'bi:ljən] *n/pl. inv.* imponderables.
imponieren [impo'ni:rən]: *j-m* ~ impress a p. strongly; **~d** imposing.
Import [im'pɔrt] *m* (3) import (-ation); *konkret*: = **~e** *pl.* imports; **~eur** [~'tø:r] *m* (3¹) importer; **⁀ieren** [~'ti:rən] import.
imposant [impo'zant] imposing.
impoten|t ['impotɛnt] impotent; **⁀z** [~ts] *f* (16) impotence.
imprägnier|en [imprɛ:g'ni:rən] impregnate; (*wasserdicht machen*) (water)proof; **⁀ung** *f* impregnation.
Impresario [impre'zɑ:rio] *m* (11) impresario, manager.
improvisieren [improvi'zi:rən] improvise.
Impuls [im'puls] *m* (4) impulse; **⁀iv** [~'zi:f] impulsive; ~ *handeln* act on impulse, act on the spur of the moment.
imstande [im'ʃtandə]: ~ *sein* be able.
in [in] (*acc.*) in, into; (*dat.*) in, at; (*innerhalb*) within.
In'-angriffnahme *f* (15) taking in hand, tackling.
In'-anspruchnahme *f* (15) *e-s Rechts usw.*: laying claim (*gen.* to), assertion (of); (*Benutzung*) utilization; (*Zuhilfenahme*) resort (to); *v. Geldmitteln, Kraft, Material usw.*: strain (*gen.* on); (*Anforderungen*) demands *pl.* (*gen.* on).
'**Inbegriff** *m* essence; (*Verkörperung*) embodiment; (*Muster*) paragon; '**⁀en** included, inclusive of.
Inbe'sitznahme *f* taking possession, occupation.
Inbe'triebnahme *f* putting into operation, starting, opening.
'**Inbrunst** *f* (14¹) ardo(u)r, fervo(u)r.
'**inbrünstig** ardent, fervent.
in'dem whilst, while; (*dadurch, daß*) *mst* by *mit Gerundium*; ~ *er mich ansah, sagte er* looking at me he said.
in'des(sen) 1. *adv.* meanwhile; **2.** *cj.* while; (*jedoch*) however, yet.
Index ['indɛks] *m* (3², *sg. a. inv., pl. a.* '*Indizes*) (*Verzeichnis, a.* ~-*ziffer*) index.
Indianer [in'djɑ:nər] *m* (7) Red Indian.
Ind(i)er ['ind(j)ər] *m* (7), '**~in** *f* (16¹) Indian.
indifferent ['indifərɛnt] indifferent.
indigniert [indi'gni:rt] indignant.
Indigo ['indigo] *m* (11) indigo.
Indikativ ['indikati:f] *m* (3¹) indicative (mood); **⁀isch** [~'ti:viʃ] indicative.
indirekt ['indirɛkt] indirect.
indisch ['indiʃ] Indian.
indiskret ['indiskre:t] indiscreet; **⁀ion** [~e'tsjo:n] *f* (16) indiscretion.
indiskutabel ['indiskutɑ:bəl] *pred.* out of the question.
indisponiert ['indisponi:rt] indisposed, unwell.
Individualist [individua'list] *m* individualist; **⁀isch** individualist(ic).
Individu|alität [~li'tɛ:t] *f* (16) individuality; **⁀'ell** individual; **~um** [~'vi:duum] *n* (9) individual.
Indizienbeweis [in'di:tsjənbəvaɪs] *m* circumstantial evidence.
Indoss|ament † [indɔsa'mɛnt] *n* (3) endorsement; **~ant** [~'sant] *m* (12) indorser; **~at** [~'sɑ:t] *m* (12) endorsee; **~ieren** [~'si:rən] endorse.
Induktion [induk'tsjo:n] *f* induction; **~sstrom** ⚡ *m* induced current.
industrialisier|en [industriali'zi:rən] industrialize; **⁀ung** *f* industrialization.
Industrie [~'stri:] *f* (15) industry; **~-anlage** *f* industrial plant; **~-arbeiter** *m* industrial worker; **~-ausstellung** *f* industrial exhibition; **~-erzeugnis** *n* industrial product; **~gebiet** *n* industrial district.
industriell [~stri'ɛl] industrial; **⁀e** *m* (13) industrialist.
Indu'strie|magnat [~magnɑ:t] *m* (12) captain of industry, *Am.* F tycoon; **~staat** *m* industrial country; **~zweig** *m* (branch of) industry.
in-ei'nander into one another; **~-greifen** ⊕ gear, interlock, inter-

mesh; **~schieben** (*a. sich*) telescope.
infam [in'fa:m] shameful; **2ie** [~fa'mi:] *f* (15) infamy.
Infanter|ie [~ə'ri:] *f* (15) infantry; **~ist** [~'rist] *m* (12) infantryman.
infantil [infan'ti:l] infantile.
Infarkt [in'farkt] ⚕ *m* (3) infarct.
Infektion [infɛk'tsjo:n] *f* infection; **~skrankheit** *f* infectious disease.
Infinitiv ['infiniti:f] *m* (3^1) infinitive (mood); **2isch** [~'ti:viʃ] infinitive.
infizieren [infi'tsi:rən] infect.
Inflation [infla'tsjo:n] *f* (16) inflation; **2istisch** [~tsjo'nistiʃ] inflationary.
Influenza [~flu'ɛntsa] *f inv.* influenza, F flu.
infolge [in'fɔlgə] (*gen.*) in consequence of, as a result of, owing to, due to; **~'dessen** consequently, as a result.
Inform|ation [infɔrma'tsjo:n] *f* (16) information; **~atorisch** [~'to:riʃ] informatory; **2ieren** [~'mi:rən] inform; *falsch* ~ misinform.
infra|rot ['infraro:t] infrared; **'2-schall...** infrasonic; **'2struktur** *f* infrastructure.
Infusorien [infu'zo:rjən] *n/pl.* infusoria *pl.*
In'gangsetzung *f* starting.
Ingenieur [inʒe'njø:r] *m* (3^1) engineer; **~schule** *f* engineering college.
'Ingrimm *m* (3) anger, wrath; **'2ig** wrathful, furious.
Ingwer ['iŋvər] *m* (7) ginger.
Inhaber ['inha:bər] *m* (7), **'~in** *f* (16^1) holder; (*Eigentümer*) owner, proprietor; (*Wohnungs2*) occupant; (*Laden2*) keeper; *e-s Amtes, e-r Aktie, e-s sportlichen Titels od. Preises usw.*: holder; *e-s Wechsels, Schecks*: bearer; **'~-aktie** *f* bearer share; **'~scheck** *m* bearer cheque (*Am.* check).
Inhalation [inhala'tsjo:n] *f* (16) inhalation; **~s-apparat** *m* inhaler.
inha'lieren inhale.
'Inhalt *m* (3) contents *pl.* (*a. fig.*); (*Gehalt*) content; (*Raum2*) capacity; (*Körper2*) volume; *e-r Rede, Urkunde usw.*: tenor, content; *des ~s, daß* ... to the effect that; **'~s-angabe** *f* summary; **'2slos** empty; **'2sreich** copious; significant; pregnant; **'2s-schwer** momentous; **'~s-verzeichnis** *n* table of contents, index.
Initiale [ini'tsja:lə] *f* (15) initial.
Initiative [initsja'ti:və] *f* (15) initiative; *die ~ ergreifen* take the initiative; *aus eigener ~* of one's own accord, on one's own initiative.
Injektion [injɛk'tsjo:n] *f* injection, F shot.
injizieren [inji'tsi:rən] inject.
Inkasso [in'kaso] *n* (11) encashment, collection.
Inkognito [~'kɔgnito] *n* (11), **2** *adv.* incognito.
inkonsequen|t ['inkɔnzəkvɛnt] inconsistent; **2z** ['~ts] *f* inconsistency.
'inkorrekt incorrect.
In'krafttreten *n* (6) coming into force; *Tag des ~s* effective day.
inkriminieren [inkrimi'ni:rən] incriminate.
Inkubationszeit ⚕ [inkuba'tsjo:ns-tsaɪt] *f* incubation period.
'Inland *n* (1) inland; (*Ggs. Ausland*) home (*od.* native) country; **'~...** home, domestic, internal.
Inländer ['inlɛndər] *m* (7), **'~in** *f* inlander; (*Ggs. Ausländer*) native.
'inländisch native, indigenous; domestic; *Handel*: inland; ✝ *Erzeugnis*: home-made.
'Inlaut *m* (3) medial sound.
Inlett ['inlɛt] *n* (3^1) bedtick; **'~stoff** *m* ticking.
'inliegend enclosed.
in'mitten (*gen.*) in the midst of, amidst, *Am. mst* amid.
inne ['inə] within; **'~haben** *Rekord, Stelle*: hold; *Amt, Wohnung*: occupy; **'~halten** *v/i.* stop, pause; *v/t.* keep to, observe.
innen ['inən] (*innerhalb*) (on the) inside, within; (*im Hause*) within doors; *nach ~* inwards; *von ~* from within, from the inside.
'Innen|-ansicht *f* interior view; **'~-antenne** *f* indoor aerial *od.* antenna; **'~-architekt** *m* interior decorator; **'~-architektur** *f* interior decoration; **'~-aufnahme** *phot. f* indoor photograph *od.* shot; **'~-ausstattung** *f* interior equipment; **'~dekoration** *f* interior decoration; **'~leben** *n* inner life; **'~minister** *m* Minister of the Interior; *Brt.* Home Secretary; *Am.* Secretary of the Interior; **'~ministerium** *n* Ministry of the Interior; *Brt.* Home Office; *Am.* Department of the Interior; **'~politik** *f* home politics *pl.*;

bestimmte: domestic policy; '**⁀politisch** home affairs ..., domestic (political) ...; *adv.* with regard to home affairs; '**~raum** *m* interior; '**~seite** *f* inner side, inside; '**~stadt** *f* town cent|re, *Am.* -er, city, *Am. a.* downtown; '**~steuerung** *f* inside drive.

inner ['inər] interior; (*innerlich*) inward, inner; *a.* ⚕, *pol.* internal; ⊕ *a.* inside; ~e *Angelegenheit* internal affair; ~e *Stimme* inner voice; '**~betrieblich** internal, *Am. a.* in-plant; '**⁀e** *n* interior; *fig.* (*Geist*) mind; *Minister(ium) des* ~n *s. Innenminister(ium)*; **⁀eien** [~'raıən] *f/pl.* offal(s); '**~halb** *prp.* (*gen.*) within; *adv.* (on the) inside; '**~lich** *s. inner*; *P.*: introspective, contemplative; '**~parteilich** intra-party; internal.

'**innerst** inmost; '**⁀e** *n the* innermost (part); *fig. the* very heart.

'**innewerden** (*gen.*) perceive, become aware of.

'**innewohnen** *v/i.* be inherent (*dat.* in); '**~d** inherent (*dat.* in).

innig ['iniç] (*herzlich*) hearty; (*tief empfunden*) heartfelt, profound; (*inbrünstig*) ardent, fervent; (*zärtlich*) tender; *Beziehung*: intimate; '**⁀keit** *f* heartiness; fervo(u)r; intimacy.

Innung ['inuŋ] *f* (16) guild, corporation.

inoffiziell ['in'ɔfitsjɛl] unofficial.

ins [ins] = *in das* into the.

Insasse ['inzasə] *m* (13) inmate, occupant; *e-s Wagens usw.*: *a.* passenger.

insbesondere [insbə'zɔndərə] in particular; especially.

'**Inschrift** *f* inscription; *e-r Münze usw.*: legend.

Insekt [in'zɛkt] *n* (5) insect; **~enkunde** *f* entomology; **~enpulver** *n* insect-powder.

Insel ['inzəl] *f* (15) island; '**~bewohner(in** *f*) *m* islander; '**~gruppe** *f* archipelago; '**~staat** *m* insular state.

Inser|at [inzə'rɑːt] *n* (3) advertisement, F ad; *ein ~ aufgeben* put an ad in; **⁀ieren** [~'riːrən] advertise.

ins|ge'heim secretly; **~ge'mein** generally; **~ge'samt** altogether.

Insignien [in'zigniən] *pl.* insignia.

insofern [in'zoːfɛrn] *adv.* so far; *cj. ~ als* as (*a.* so) far as, in so far as, in that.

insolven|t ['inzɔlvɛnt] insolvent; '**⁀z** [~ts] *f* (16) insolvency.

Inspekteur [inspɛk'tøːr] *m* (3[1]) inspector; ⚔ Chief of the Army (*od.* Air Force *od.* Navy) Staff.

Inspektion [inspɛk'tsjoːn] *f* (16) inspection; (*Amt*) inspectorate; **~sreise** *f* tour of inspection.

Inspektor [~'ʃpɛktɔr] *m* (8[1]) inspector; (*Aufseher*) overseer.

Inspir|ation [inspira'tsjoːn] *f* inspiration; **⁀ieren** [~'riːrən] inspire.

Inspiz|ient *thea.* [~'tsjɛnt] *m* (12) stage-manager; **⁀ieren** [~'tsiːrən] inspect, superintend.

Install|ateur [instala'tøːr] *m* (3[1]) installer, plumber; *für Gas*: gas fitter; **~ation** [~'tsjoːn] *f* (15) installation, plumbing; **⁀ieren** [~'liːrən] install.

instand [in'ʃtant]: *~ halten* maintain, keep up; *~ setzen et.*: repair, restore; (*wieder ~ setzen*) *a.* recondition, *Am.* fix; **⁀haltung** *f* maintenance, upkeep.

'**inständig** urgent, instant.

In'standsetzung *f* repair(ing), restoration; reconditioning.

Instanz [in'stants] *f* (16) instance; ⚖ court of *first etc.* instance; *letzte ~* last resort; **~enweg** *m* stages *pl.* of appeal; *s. Dienstweg.*

Instinkt [in'stiŋkt] *m* (3) instinct; **⁀mäßig**, **⁀iv** [~'tiːf] instinctive.

Institut [~sti'tuːt] *n* (3) institute.

Institution [~stitu'tsjoːn] *f* institution.

instru|ieren [~stru'iːrən] instruct; **⁀ktion** [~struk'tsjoːn] *f* (15) instruction; **~ktiv** [~'tiːf] instructive.

Instrument [~stru'mɛnt] *n* (3) instrument; **~almusik** [~'tɑːl-] *f* instrumental music; **~enbrett** *n* instrument panel, dashboard; **⁀ieren** ♪ [~'tiːrən] instrument, score.

Insulaner [inzu'lɑːnər] *m* (7) islander.

inszenier|en [instse'niːrən] (put on the) stage; *fig.* stage; **⁀ung** *f* staging.

intakt [in'takt] intact.

Integralrechnung 𝒜 [inte'grɑːlreçnuŋ] *f* integral calculus.

Inte|gration [integra'tsjoːn] *f* integration; **⁀grieren** [~'griːrən] integrate; *~der Bestandteil* integral part.

intellektuell [intɛlɛktu'ɛl], **⁀e** *m*, *f* (18) intellectual, F highbrow.

intelligen|t [~li'gɛnt] intelligent; **♀z** [~ts] *f* (16) intelligence.
Intendant [intɛn'dant] *m* (12) superintendent; *thea.* director.
Inten|sität [intɛnzi'tɛ:t] *f* (16, *o.pl.*) intensity; **♀siv** [~'zi:f] intensive.
interessant [intərɛ'sant] interesting.
Interesse [intə'rɛsə] *n* (10) interest (*an dat., für* in); **♀los** uninterested, indifferent; **~ngebiet** *n* field of interest; **~ngemeinschaft** *f* community of interests; (*Kartell*) pool, combine; **~ngruppe** *pol. f* pressure group, lobby.
Interess|ent [~'sɛnt] *m* (12) interested party; *für e-n Kauf*: prospect; **~envertretung** [~'rɛsən-] *f* representation of interests; **♀ieren** [~'si:rən] interest (*für* in); *sich ~ für* take an interest in; *interessiert sein an* (*dat.*) be interested in.
'Interims|regierung *f* provisional *od.* interim government; **'~schein** ✝ *m* scrip.
interkontinental [intɛrkɔntinɛn'ta:l] intercontinental.
intern [in'tɛrn] internal.
Internat [~'na:t] *n* (3) boarding-school.
inter|national [intɛrnatsjo'na:l] international; **~'nieren** intern; **♀'nierte** *m* internee; **♀'nierung** *f* internment; **♀'nierungslager** *n* internment camp; **♀'nist** ⚕ *m* (12) internal specialist; **~pellieren** [~pɛ'li:rən] interpellate; **~plane'tarisch** interplanetary; **♀pretation** [~preta'tsjo:n] *f* interpretation; **~pretieren** [~pre'ti:rən] interpret; **♀punktion** [~puŋk'tsjo:n] *f* (16) punctuation; **♀punk'tionszeichen** *n* punctuation mark; **♀vall** [~'val] *n* (3) interval; **~venieren** [~ve'ni:rən] intervene; **♀vention** [~vɛn'tsjo:n] *f* intervention; **♀view** [~'vju:] *n* (11¹), **~viewen** (25) interview.
Interzonen|handel [intər'tso:nənhandəl] *m* interzonal trade; **~paß** *m* (inter)zonal pass *od.* permit; **~verkehr** *m* interzonal traffic.
intim [in'ti:m] intimate (*mit* with); **♀ität** [~timi'tɛ:t] *f* (16) intimacy; **♀sphäre** *f* privacy.
intoleran|t ['intolərant] intolerant; **'♀z** [~ts] *f* (16) intolerance.
intransitiv ['intranziti:f] intransitive.
intrigant [~tri'gant] **1.** intriguing; **2. ♀** *m* (13), **♀in** *f* (16¹) intriguer.
Intrig|e [in'tri:gə] *f* (15) intrigue; **♀ieren** [~'gi:rən] intrigue, plot.
Invalide [inva'li:də] *m* (13) invalid; *engS.* disabled worker *od.* soldier *od.* sailor; **~nrente** *f* disability pension; **~nversicherung** *f* disablement insurance.
Invalidität [invalidi'tɛ:t] *f* disablement, disability.
Invasion [~va'zjo:n] *f* invasion.
Inventar [~vɛn'ta:r] *n* (3¹) inventory, stock; *lebendes und totes ~* live and dead stock; **♀isieren** [~tari'zi:rən] inventory.
Inventur [~'tu:r] *f* (16) stock-taking; *~ machen* take stock; **~-ausverkauf** *m* stock-taking sale.
investier|en ✝ [~vɛs'ti:rən] invest **♀ung** *f* investment.
inwärts ['invɛrts] inwards.
'inwendig inward.
inwie'fern, inwie'weit (in) how far.
'Inzucht *f* (16) inbreeding.
in'zwischen in the meantime, meanwhile; (*seither*) since.
Ion *phys.* ['iˀɔn] *n* (8) ion.
ird|en ['irdən] earthen; **'~isch** earthly; (*weltlich*) worldly; (*sterblich*) mortal.
Ire ['i:rə] *m* (13) *s. Irländer.*
irgend ['irgənt] *in Zssgn* some; *allg. u. bei Frage u. Verneinung* any; *so rasch wie ~ möglich* as soon as ever possible; *wenn ich ~ kann* if I possibly can; **'~-ein, '~-eine, '~-eins** some; any; **'~-einer, '~ 'jemand, '~wer** somebody, someone; anybody, anyone; **'~-einmal** some time; **'~ 'etwas** something; anything; **'~'wann** some time (or other); **'~'wie** somehow; anyhow; **'~'wo** somewhere; anywhere; **'~wo'her** from somewhere; from anywhere; **'~wo'hin** somewhere; anywhere.
irisch ['i:riʃ] Irish.
Irländer ['irlɛndər] *m* (7) Irishman; **'~in** *f* (16¹) Irishwoman.
Iron|ie [iro'ni:] *f* (15) irony; **♀isch** [i'ro:niʃ] ironic(al).
irrational ['iratsjona:l] irrational.
irre ['irə] **1.** astray; *fig.* wrong; (*verwirrt*) confused; (*verrückt*) lunatic, mad, ⚕ insane; *~ werden* (sn) grow puzzled; *~ werden an* (*dat.*) not to know what to make of, be-

gin to doubt; **2.** 2 *m*, *f* (18) insane person, lunatic; **3.** 2 *f* (15): *in der* (*od. die*) ~ astray; **ˈ~fahren, ˈ~gehen** (sn) go astray; **ˈ~führen** lead astray; *fig. a.* mislead; **ˈ~machen** puzzle, bewilder; perplex, confound.

irren [ˈirən] (25) err, go astray; (*umherschweifen*) wander; *geistig*: err, make a mistake (*a. sich*); *sich* ~ be mistaken (*in dat.* in *a p.*, about *a th.*); be wrong.

ˈIrren|-arzt *m* mental specialist, alienist; **ˈ~haus** *n*, **ˈ~(heil)-anstalt** *f* lunatic asylum, mental home.

ˈirrereden rave.

ˈIrr|fahrt *f* wandering; **ˈ~gang, ˈ~garten** *m* labyrinth, maze; **ˈ2-gläubig** heretical.

ˈirrig erroneous; (*falsch*) false, wrong.

irritieren [iriˈtiːrən] (*ärgern*) irritate; (*be-irren*) puzzle, intrigue.

ˈIrr|lehre *f* false doctrine, heterodoxy; (*Ketzerei*) heresy; **ˈ~licht** *n* will-o'-the-wisp, jack-o'-lantern; **ˈ~pfad** *m* wrong path; **ˈ~sinn** *m* insanity; **ˈ2sinnig** insane, mad; **ˈ~tum** *m* (1[2]) error, mistake; *im* ~ *sein* be mistaken; *in e-m* ~ *befangen sein* labo(u)r under a mistake; *Irrtümer vorbehalten* errors excepted; **2tümlich** [ˈ~tyːm-] erroneous; **ˈ~ung** *f* error, mistake; **ˈ~weg** *m* wrong way; **ˈ~wisch** *m s. Irrlicht*; F *P.*: flibbertigibbet.

Ischias ⚕ [ˈisçias, ˈiʃ-] *f* F *a. n, m inv.* sciatica.

Islam [isˈlɑːm] *m* (11) Islam(ism).

Isländ|er [ˈiːslɛndər] *m* Icelander; **ˈ2isch** Icelandic.

Isolator ⚡ [izoˈlɑːtɔr] *m* (8[1]) insulator.

Isolier... ⚡ [~ˈliːr] insulating; **~band** *n* insulating tape; **~baracke** ⚕ *f* isolation ward; **2en** isolate; ⚡ insulate; **~haft** *f* solitary confinement; **~ung** *f* isolation; ⚡ insulation.

Isotop ⚗ [izoˈtoːp] *n* (3) isotope.

Israel|i [israˈeːli] *m* (11) Israeli; **~it** [~eˈliːt] *m* (12) Israelite.

Ist|bestand [ˈist-] *m* actual inventory *od.* stock; **ˈ~stärke** *f* effective strength.

Italien|er [italˈjeːnər] *m* (7) Italian; **~erin** *f* Italian (woman); **2isch** Italian.

ˈI-Tüpfelchen *n fig.*: *bis auf's* ~ to a T.

J

J [jɔt], **j** *n inv.* J, j.

ja [jɑː] yes; ~ *freilich* yes, indeed; to be sure; ~ *sogar*, ~ *selbst* even; *wenn* ~ if so; ~ *sagen* say yes, consent; *er ist* ~ *mein Freund* why, he is my friend; *da ist er* ~! well, there he is!; *ich sagte es Ihnen* ~ I told you so; *tun Sie es* ~ *nicht!* don't you do it!; *vergessen Sie es* ~ *nicht!* be sure not to forget it!

Jacht [jaxt] *f* (16) yacht.

Jäckchen [ˈjɛkçən] *n* (6) (short) jacket, coatee.

Jacke [ˈjakə] *f* (15) jacket; *fig.* F *das ist* ~ *wie Hose* that's six of one and half a dozen of the other; **ˈ~nkleid** *n* lady's suit.

Jackett [ʒaˈkɛt] *n* (11) jacket.

Jagd [jɑːkt] *f* (16) hunt(ing); *mit der Flinte*: shooting; (*Verfolgung*) chase, *s. Jagdbezirk*; *fig.* hunt (*nach* for); *weitS.* pursuit (of); *die* ~ *aufnehmen* give chase; *auf* ~ *gehen* go hunting *od.* shooting; ~ *machen auf* (*acc.*) hunt after *od.* for; **ˈ~-aufseher** *m* gamekeeper; **ˈ2bar** fit for hunting, fair; **ˈ~berechtigung** *f* shooting; **ˈ~bezirk** *m* shoot, hunting-ground; **ˈ~bomber** ⚔ *m* fighter-bomber; **ˈ~büchse** *f* sporting rifle; **ˈ~flieger** *m* fighter pilot; **ˈ~flinte** *f* sporting gun; *leichte*: fowling-piece; **ˈ~flugzeug** *n* fighter; **ˈ~geschwader** *n* fighter wing (*Am.* group); **ˈ~gesellschaft** *f* hunting (*od.* shooting) party; **ˈ~haus** *n* shooting (*od.* hunting) lodge; **ˈ~horn** *n* bugle, hunting-horn; **ˈ~hund** *m* hound; **ˈ~hütte** *f* shooting (*od.* hunting) box; '**~messer** *n* hunting knife; '**~pächter** *m* game-tenant; '**~recht** *n* game-laws *pl.*; hunting right(s *pl.*); '**~rennen** *n* steeple-chase; '**~revier** *n s. Jagdbezirk*; '**~schein** *m* shooting-licenc|e, *Am.* -se; '**~schloß** *n* hunting seat.

jagen ['ja:gən] *v/i.* (25) hunt; (*rennen usw.*) rush, dash; *fig.* ~ *nach* hunt after; *v/t.* hunt; (*hetzen*) chase, *fig. a.* rush; (*weg~*) drive away, turn out (*aus dem Hause* of doors); *Messer in den Leib usw.*: drive, thrust; *Kugel*: send; *s. Flucht, Luft.*

Jäger ['jɛ:gər] *m* (7) hunter, sportsman; (*Wildhüter*) gamekeeper; ⚔ rifleman; ✈ fighter; **~ei** [~'raɪ] *f* (16) hunting; **~in** ['~rin] *f* huntress; '**~latein** *n* sportsman's slang; (*Aufschneiderei*) huntsman's yarn.

Jaguar ['ja:gua:r] *m* (3[1]) jaguar.

jäh [jɛ:] abrupt; (*steil*) *a.* precipitous, steep; (*plötzlich*) *a.* sudden; **~lings** ['~liŋs] precipitously; (*plötzlich*) suddenly.

Jahr [ja:r] *n* (3) year; *ein halbes* ~ half a year, six months; *einmal im* ~ once a year; *im* ~ *1900* in 1900; *mit* (*od. im Alter von*) *18* ~*en* at the age of eighteen; *letztes* ~ last year; *bei* ~*en* advanced in years; *das ganze* ~ *hindurch od. über* all the year round; *s. hinaus*; 2'**-aus:** ~, *jahrein* year in, year out; '**~buch** *n* yearbook, annual.

'**jahrelang** for years.

jähren ['jɛ:rən] (*sich*) (25) be a year ago.

'**Jahres...** *in Zssgn mst* annual, yearly; '**~abschluß** ✝ *m* annual statement of accounts; '**~bericht** *m* annual report; '**~feier** *f* anniversary; '**~gehalt** *n* annual salary; '**~tag** *m* anniversary; '**~wechsel** *m*, '**~wende** *f* turn of the year; '**~zahl** *f* date of the year; '**~zeit** *f* season.

'**Jahr|gang** *m e-r Zeitschrift*: annual set; *v. Menschen u. Tieren*: age-class; *v. Wein*: vintage; **~'hundert** *n* century; 2'**hunderte-alt** centuries old.

jährig ['jɛ:riç] a year old; **...~** ...-year-old.

'**jährlich** annual, yearly.

'**Jahr|markt** *m* fair; **~'tausend** *n* millennium; **~'tausendfeier** *f* millenary; **~'zehnt** *n* (3[1]) decade.

Jähzorn ['jɛ:tsɔrn] *m* (*Ausbruch*) sudden anger; (*Eigenschaft*) irascibility; '2**ig** hot-tempered, irascible.

Jakob ['ja:kɔp]: F *der wahre* ~ the real McCoy.

Jalousie [ʒalu'zi:] *f* (15) Venetian blind, *Am. a.* window shade.

'**Jamb|e**, '**~us**, '2**isch** *s.* Iambe *usw.*

Jammer ['jamər] *m* (7) lamentation; (*Elend*) misery; *es ist ein* ~ it is a great pity; '**~bild** *n* picture of misery; '**~geschrei** *n* lamentation; '**~gestalt** *f* miserable figure; '**~lappen** *contp. m* F sissy.

jämmerlich ['jɛmərliç] miserable, wretched.

jammern ['jamərn] (29) lament (*um* for; *über acc.* over); (*ächzen, wimmern*) wail, whine; *er jammert mich* I pity him.

'**Jammer...**: *es ist* '2'**schade** it is a great pity; '**~tal** *n* vale of tears; '2**voll** *s. jämmerlich.*

Jänner, Januar ['jɛnər, 'janua:r] *m* (3[1]) January.

Japan|er [ja'pa:nər] *m* (7), **~erin** *f* (16[1]), 2**isch** Japanese.

jappen ['japən], **japsen** ['japsən] (27) gasp, pant.

Jargon [ʒar'gõ] *m* (11) jargon, slang.

Jasager ['ja:za:gər] *m* (7) yes-man.

Jasmin [jas'mi:n] *m* (3[1]) jasmine, jessamine.

Jaspis ['jaspis] *m* (4[1]) jasper.

'**Ja-stimme** *parl. f* aye, *Am.* yea.

jäten ['jɛ:tən] *v/t. u. v/i.* (26) weed.

Jauche ['jaʊxə] *f* (15) liquid manure.

jauchzen ['jaʊxtsən] **1.** (27) shout with joy, jubilate, exult; **2.** 2 *n* (6) jubilation, exultation.

jaulen ['jaʊlən] (25) howl.

ja'wohl yes(, indeed).

'**Jawort** *n* (1) consent; *e-m Freier das* ~ *geben* accept a suitor.

Jazz [jats, dʒɛz] *m* (3[2]) jazz; '**~kapelle** *f* jazz band.

je [je:] ever, at any time; (*beziehungsweise*) respectively; ~ *nachdem* a) *adv.* as the case may be, it depends, b) *cj.* according as; ~ *zwei* two at a time, (*zu zweien*) in pairs, by twos; *er gab den drei Knaben* ~ *zwei Äpfel* he gave the three boys two apples each; *für* ~ *zehn Wörter* for every ten words; ~ *eher*, ~ *lieber* the sooner the better; ~ *mehr*, ~ (*od. desto*) *besser* the more the better.

jede ['je:də], '**~r** (*s. a. jedermann*),

'**~s** (21) every; *von e-r Gruppe*: each; *von zweien*: either; (*~ beliebige*) any; *jeden zweiten Tag* every other day; '**~nfalls** at all events, in any case; '**~rmann** everyone, everybody; '**~rzeit** always, at any time; '**~s'mal** each (*od.* every) time; *~ wenn* whenever.
je'doch however, yet, nevertheless.
jedweder ['je:tve:dər], **jeglicher** ['je:kliçər] *s. jeder.*
jeher ['je:'he:r]: *von ~* at all times.
jemals ['je:ma:ls] ever, at any time.
jemand ['je:mant] (24) somebody, someone; *bei Frage u. Verneinung*: anybody, anyone; *s. sonst.*
jene ['je:nə], '**~r**, '**~s** (21) that; (*Ggs. dieser*) the former.
jenseitig ['jɛnzaɪtiç] opposite.
'**jenseit(s) 1.** *adv.* on the other side; **2.** *prp.* (*gen.*) on the other side of, beyond; **3.** **2** *n the* other world, *the* beyond.
Jesuit [jezu'ʔi:t] *m* (12) Jesuit; **2isch** Jesuitic(al).
jetzig ['jɛtsiç] present, existing; (*gegenwärtig*) actual, current.
jetzt [jɛtst] now, at present; *für ~* for the present; *von ~ an* from now on; '**2zeit** *f*: *die ~* the present (time), the present day.
jeweil|ig ['je:vaɪliç] respective; *der ~e Präsident usw.* the president *etc.* of the day; '**~s** at a time; respectively, in each case.
Jiu-Jitsu ['dʒi:u'dʒitsu] *n* j(i)u-jitsu.
Joch [jɔx] *n* (3; *im pl. als Maß inv.*) yoke; (*Berg2*) pass; ⚠ bay; '**~bein** *n* cheek-bone; '**~brücke** *f* pile-bridge.
Jockei ['dʒɔki] *m* (11) jockey.
Jod [jo:t] *n* (3) iodine.
jod|eln ['jo:dəln] (29) yodel; '**2ler** *m* (7) yodel(l)er; (*Jodelruf*) yodel.
Jodoform [jodo'fɔrm] *n* (11) iodoform.
Jodtinktur ['jo:t-] *f* tincture of iodine.
Joga ['jo:ga] *m* (11[1], *o. pl.*) yoga.
Joghurt ['jɔgurt] *m, n* (3[1], *o. pl.*) yog(ho)urt.
Johanni [jo'hani:], **~s** [~is] *n inv.* St. John's Day, Midsummer (Day) (*auch* **~s-tag** *m*, **~sfest** *n*); **~sbeere** *f* (red) currant; **~sbrot** *n* carob.
johlen ['jo:lən] (25) bawl, howl.
Jolle ['jɔlə] *f* (15) jolly(-boat).
Jon|gleur [ʒɔŋ'glø:r] *m* (3[1]) juggler; **2'glieren** juggle (*a. fig.*).
Joppe ['jɔpə] *f* (15) jacket.
Journal [ʒur'na:l] *n* (3[1]) journal; **~ismus** [~na'lismus] *m* (16, *o. pl.*) journalism; **~ist** [~na'list] *m* (12), **~istin** *f* (16[1]) journalist.
jovial [jovi'a:l] jovial.
Jubel ['ju:bəl] *m* (7) jubilation, rejoicing; '**~feier** *f*, '**~fest** *n* jubilee; '**2n** (29) shout with joy, rejoice, exult (*alle*: *über acc.* at).
Jubil|ar [ju:bi'la:r] *m* (3[1]), **~arin** *f* person celebrating his (her) jubilee; **~äum** [~'lɛ:um] *n* (9) jubilee.
juchhe(i)! [jux'he:, ~'haɪ] hurray!, whoopee!
Juchten ['juxtən] *n, m* (6) Russia leather.
jucken ['jukən] (25) itch; *fig. es juckt mich zu inf.* I'm itching to *inf.*
Jude ['ju:də] *m* (13) Jew; *der ewige ~* the Wandering Jew; '**~nfeind** *m* anti-Semite; '**~ntum** *n* (1[2]) Judaism; *coll.* Jewry; '**~nverfolgung** *f* Jew-baiting.
Jüd|in ['jy:din] *f* Jewess; '**2isch** Jewish.
Judo ['ju:do] *n* (11[1], *o. pl.*) judo.
Jugend ['ju:gənt] *f* (16) youth; '**~-alter** *n* (days *pl.* of) youth; '**~-amt** *n* Youth Welfare Office; '**~buch** *n* book for young people; '**~-erinnerung** *f* reminiscence from one's youth; '**~freund(in** *f*) *m* friend of one's youth; '**~fürsorge** *f* youth welfare; '**~gericht** *n* juvenile court; '**~herberge** *f* youth hostel; '**~jahre** *n/pl.* early years, youth; '**~kraft** *f* youthful strength; **~kriminalität** ['~kriminali'tɛ:t] *f* juvenile delinquency; '**2lich** youthful; juvenile; '**~liche** *m, f* (18) juvenile, young person; '**~liebe** *f* first love, *co.* calf-love; '**~schutz** *m* protection of the young; '**~stil** *m Kunst*: Art Nouveau (*fr.*); '**~streich** *m* youthful prank; '**~sünde** *f* sin of one's youth; '**~werk** *n e-s Autors*: early work; *~e pl. a.* juvenilia; '**~zeit** *f* youth.
Jugoslaw|e [ju:go'sla:və] *m* (13), **~in** *f* (16[1]), **2isch** Yugoslav.
Juli ['ju:li] *m* (11) July.
jung [juŋ] (18[2]) young; (*jugendlich*) youthful; *fig.* young, new, fresh; *~ bleiben* stay young; '**2brunnen** *m* fountain of youth.
'**Junge 1.** *m* (13) boy, lad; *Kartenspiel*: knave; **2.** *n* (18) young; *ein*

~s a young one; *Hunde*♀: puppy; *Katzen*♀: kitten; *Raubtier*♀: cub; '♀n (25) bring forth young; *Katze*: have kittens; '♀**nhaft** boyish; '**~n-streich** *m* boyish prank.
jünger ['jyŋər] **1.** younger; junior; *er ist drei Jahre ~ als ich* he is three years younger than I, he is my junior by three years; **2.** ♀ *m* (7) disciple (*a. bibl.*), follower.
Jungfer ['juŋfər] *f* (15) virgin, maid(en); (*ledige Frau*) spinster; *alte ~* old maid.
jüngferlich ['jyŋfərliç] maidenly.
'**Jungfern|fahrt** *f* maiden voyage; '**~rede** *f* maiden speech; '**~schaft** *f* (16) virginity, maidenhood.
'**Jung|frau** *f* maid; *engS.* virgin; *ast.* Virgin, Virgo; ♀**fräulich** ['~frɔʏliç] maiden(ly), virginal; *fig. Boden, Schnee usw.*: virgin; '**~geselle** *m* bachelor; '**~gesellenstand** *m* bachelorhood; '**~gesellin** *f* bachelor girl.
Jüngling ['jyŋliŋ] *m* (3[1]) youth, young man; '**~s-alter** *n* youth.
jüngst [jyŋst] **1.** *adj. sup.* youngest; *Ereignis, Zeit*: recent, latest; ♀*er Tag*, ♀*es Gericht* doomsday, Last Judg(e)ment; **2.** *adv.* recently, lately, of late.
Juni ['ju:ni] *m* (11) June.
junior ['ju:njɔr] junior.
Junker ['juŋkər] *m* (7) young nobleman; (*Land*♀) squire.
Jupiterlampe ['ju:pitər-] *f Film*: Jupiter lamp, *Am. a.* klieg light.
Jura ['ju:ra] *n/pl. inv.*: *~ studieren* study (the) law.
Jurist [ju'rist] *m* (12) lawyer, jurist; (*Student*) law-student; ♀**isch** legal, juridical, of (the) law; *~e Person* legal entity, body corporate.
Jury [ʒy'ri:, 'ju:ri] *f* (11[1], *pl. a. Juries*) jury.
Jus [ju:s] *n* law; *s. Jura.*
just [just] just; (*eben erst*) just now; **~ieren** ⊕ [~'ti:rən] adjust; ♀**ierung** [~'ti:ruŋ] *f* adjustment.
Justiz [ju'sti:ts] *f* (16) justice; **~beamte** *m* officer of justice; **~gewalt** *f* judicial power; **~-irrtum** *m* judicial error; **~minister** *m* Minister of Justice, *Brt.* Lord Chancellor, *Am.* Attorney General; **~ministerium** *n* Ministry of Justice, *Brt.* Lord Chancellor's Office(s *pl.*), *Am.* Department of Justice; **~mord** *m* judicial murder; **~rat** *m Brt.* King's (*od.* Queen's) Counsel (*abbr.* K.C., Q.C.); **~wesen** *n* judicial system, judiciary.
Jute ['ju:tə] *f* (15) jute.
Juwel [ju've:l] *n* (5[2]) jewel; gem (*a. fig.*).
Ju'welen *n/pl.* jewels, jewel(le)ry; **~kästchen** *n* jewel-case.
Juwelier [juve'li:r] *m* (3[1]) jewel(l)er.
Jux F [juks] *m* (3[2]) joke, prank, F lark.

K

K [kɑ:], **k** *n inv.* K, k.
Kabale [ka'bɑ:lə] *f* (15) cabal, intrigue.
Kabarett [kaba'rɛt] *n* (3[1]) cabaret; (*~vorführung*) cabaret (show), *Am.* floor show; *satirisches*: (satirical) review; **~ist** [~rɛ'tist] *m* (12) review artiste.
Kabel ['kɑ:bəl] *n* (7) cable; '♀**n** (29) cable.
Kabeljau ['kɑ:bəljaʊ] *m* (3[1] *u.* 11) cod(fish).
Kabine [ka'bi:nə] *f* (15) cabin; (*Abteil*) compartment; (*Fahrstuhl*) cage; ✈ (*Führerraum*) cockpit.
Kabinett [kabi'nɛt] *n* (7) cabinet (*a. pol.*); *als Raum a.* closet; **~sfrage** *f fig.* vital question.
Kabriolett [kabrio'lɛt] *n* (3) cabriolet, *bsd. Am.* convertible.
Kachel ['kaxəl] *f* (15) (Dutch) tile; '♀**n** tile; '**~-ofen** *m* tiled stove.
Kadaver [ka'dɑ:vər] *m* (7) carcass; **~gehorsam** *m* blind obedience.
Kader ['kɑ:dər] ⚔ *m* (7) cadre (*a. fig.*).
Kadett [ka'dɛt] *m* (12) cadet; **~enanstalt** *f* cadets school; **~enschiff** *n* cadet ship.

Kadi ['kɑ:di] F *m* (11) judge, *the* court.
Käfer ['kɛ:fər] *m* (7) beetle, *Am.* bug.
Kaff [kaf] F *n* (11) god-forsaken place.
Kaffee ['kafe] *m* (11) coffee; ~ *verkehrt* milk with a dash; '**~bohne** *f* coffee-bean; '**~gebäck** *n* cakes to serve with coffee; '**~haus** *n* coffee-house; '**~kanne** *f* coffee-pot; '**~klatsch** F *m* hen-party; '**~löffel** *m* tea-spoon, coffee-spoon; '**~maschine** *f* coffee-percolator; '**~mühle** *f* coffee-mill *od.* -grinder; '**~rösterei** *f* coffee-roasting establishment; '**~satz** *m* coffee-grounds *pl.*; '**~tasse** *f* coffee-cup; '**~wärmer** *m* (coffee-pot) cosy.
Käfig ['kɛ:fiç] *m* (3) cage.
kahl [kɑ:l] bald; *fig. a.* bare, naked; *Baum*: bare; *Landschaft*: barren; '**2heit** *f* baldness; *fig. a.* bareness; barrenness; '**2kopf** *m* bald head; bald-headed person; **~köpfig** ['~kœpfiç] bald-headed; '**2schlag** *m* complete deforestation; (*Lichtung*) clearing.
Kahn [kɑ:n] *m* (3[3]) boat; *kleiner*: skiff; (*Last*2) barge; F (*Gefängnis*) clink, jug.
Kai [kaɪ] *m* (11), '**~-anlage** *f* quay, wharf; '**~gebühr** *f* wharfage; '**~meister** *m* wharfinger.
Kaiser ['kaɪzər] *m* (7) emperor; '**~in** *f* (16[1]) empress; '**~krone** *f* imperial crown; '**2lich** imperial; *die* '**~lichen** *pl.* the Imperialists; '**~reich** *n*, **~tum** ['~tu:m] *n* (1[2]) empire; '**~schnitt** ⚕ *m* Caesarean operation.
Kajak ['kɑ:jak] ⚓ *m*, *n* (11) kayak.
Kajüte [ka'jy:tə] *f* (15) cabin; *erste* ~ saloon.
Kakadu ['kakadu:] *m* (3[1] *u.* 11) cockatoo.
Kakao [ka'kɑ:o] *m* (11) cocoa; F *j-n durch den ~ ziehen* (*necken*) pull a p.'s leg, (*schlechtmachen*) run a p. down.
Kakerlak ['kɑ:kərlak] *m* albino; *Insekt*: cockroach.
Kaktee [kak'te:ə] *f* (15), **Kaktus** ['~tus] *m* (14, *pl. Kak'teen* [15]) cactus.
Kalamität [kalami'tɛ:t] *f* (16) calamity.
kalandern ⊕ [ka'landərn] (29) calender.
Kalauer ['kɑ:laʊər] *m* (7) stale joke *od.* pun, Joe Miller.
Kalb [kalp] *n* (1[2]) calf; **2en** ['~bən] (25) calve.
kalbern, **kälbern** ['kalbərn, 'kɛlbərn] *v/i.* (29) *fig.* frolic.
Kalb|fell ['kalp-] *n* calfskin; '**~fleisch** *n* veal; '**~leder** *n* calf(-leather); *in ~ gebunden* calf-bound.
'**Kalbs|braten** *m* roast veal; **~bries(chen)** ['~bri:s(çən)] *n*, **~bröschen** ['~brø:sçən] *n*, '**~milch** *f* calf's sweetbread; '**~keule** *f* leg of veal; '**~kotelett** *n* veal cutlet; '**~'nierenbraten** *m* loin of veal; '**~schnitzel** *n* veal cutlet.
Kaldaunen [kal'daʊnən] *f/pl.* (15) tripe(s *pl.*) *sg.*
Kalender [ka'lɛndər] *m* (7) calendar, almanac; **~jahr** *n* calendar year.
Kali ['kɑ:li] *n* (11) potash, potassium carbonate.
Kalib|er [ka'li:bər] *n* (7) cali|bre, *Am.* -ber (*a. fig.*), bore; (*Maß*) ga(u)ge; **2rieren** ⊕ [~li'bri:rən] calibrate, ga(u)ge.
Kaliko ['kaliko] *m* (11) calico.
Kalium ['kɑ:lium] *n* (11) potassium.
Kalk [kalk] *m* (3) lime; (*Tünche*) whitewash; (*~putz*) lime plaster; *physiol.* calcium; (*un*)*gelöschter* ~ (un)slaked lime; '**~brenner** *m* lime-burner; '**2en** (25) (*tünchen*) whitewash; ⚘ lime; '**~-erde** *f* calcareous earth; '**2ig** limy; '**~-ofen** *m* limekiln; '**~stein** *m* limestone.
Kalkulation [kalkula'tsjo:n] *f* calculation.
kalkulieren [kalku'li:rən] calculate.
Kalorie *phys.* [kalo'ri:] *f* (16) calorie; **2nreich** rich in calories.
kalt [kalt] (18[2]) cold (*a. fig.*); *bsd. geogr., a. fig.* frigid; *~er Krieg* cold war; *~e Küche, ~e Platte* cold meats *od.* dishes *pl.*; *mir ist ~* I am (*od.* feel) cold; *j-m die ~e Schulter zeigen* give a p. the cold shoulder; *das läßt mich ~* that leaves me cold.
kaltblütig ['~bly:tiç] cold-blooded (*a. fig.*); *adv.* in cold blood; '**2keit** *f* cold blood, sangfroid (*fr.*).
Kälte ['kɛltə] *f* (15) cold, chill (*a. fig.*); *fig.* coldness; '**2beständig** cold-resistant; '**~-erzeuger** *m*, '**~maschine** *f* refrigerator; '**~grad** *m* degree of frost; '**~technik** *f* refrigeration engineering; '**~welle** *f* cold wave, *bsd. Am.* cold snap.

'**kalt|herzig** cold-hearted; '**2leim** *m* cold glue; '**~machen** F: *j-n* ~ (*ermorden*) bump a p. off; '**2schale** *f* cold beer (*od.* fruit *od.* wine) soup; **~schnäuzig** ['~ʃnɔʏtsiç] cool; '**2start** *mot. m* cold start; '**~stellen** keep cool, put on ice; *fig.* relegate to the background, shelve.

Kalt'wasserkur *f* coldwater cure.

'**Kaltwelle** *f* (*Frisur*) cold wave.

kalzinieren ⚗ [kaltsi'ni:rən] calcine.

kam [kɑ:m] *pret. v. kommen.*

Kamel [ka'me:l] *n* (3) camel; **~garn** *n* mohair; **~haar** *n* camel hair (*a.* ✝).

Kamera *phot.* ['kaməra] *f* (11¹) camera.

Kamerad [kamə'rɑ:t] *m* (12) comrade, companion, fellow, mate; F chum, pal, *Am.* bud(dy); **~schaft** *f* (16) comradeship, companionship; **2schaftlich** comradely; (*gesellig*) companionable; **~schaftlichkeit** *f* comradeliness; **~schafts-ehe** *f* companionate marriage; **~schaftsgeist** *m* esprit de corps (*fr.*).

'**Kameramann** *m* cameraman.

Kamille ⚘ [ka'milə] *f* (15) camomile.

Kamin [ka'mi:n] *m* (3¹) (*Schornstein u. mount.*) chimney; (*offene Feuerstätte im Zimmer*) fire-place, fireside; *fig.* et. *in den* ~ *schreiben* write a th. off; **~feger** *m* chimney-sweep.

Kamm [kam] *m* (3³) comb; *zo.* crest; (*Gebirgs2*) ridge; *fig. alle(s) über 'einen* ~ *scheren* treat all alike.

kämmen ['kɛmən] (25) comb.

Kammer ['kamər] *f* (15) chamber (*a. anat., zo.,* ⊕), small room, cabinet, closet; *pol. usw.* board, chamber; ⚔ unit stores *pl.*; '**~diener** *m* valet; '**~gericht** *n* supreme court of justice; '**~jäger** *m* vermin exterminator; '**~konzert** *n* chamber concert; '**~musik** *f* chamber music; '**~ton**(**höhe** *f*) ♪ *m* concert pitch; '**~zofe** *f* lady's maid.

'**Kamm|garn** *n* worsted (yarn); '**~rad** *n* cog-wheel.

Kampagne [kam'panjə] *f* (15) campaign.

Kampf [kampf] *m* (3³) fight, combat, battle; *Sport*: contest; *schwerer*: struggle; *der Meinungen usw.*: conflict; ~ *ums Dasein* struggle for existence; *j-m (den)* ~ *ansagen* challenge; *s. stellen*; '**~-ansage** *f* challenge (*an acc.* to); '**~bahn** *f Sport*: stadium; arena; '**2bereit** ready for battle (*Sport*: to fight).

kämpfen ['kɛmpfən] (25) fight; *a. fig.* struggle, battle (*mit* with).

Kampfer ['kampfər] *m* (7) camphor.

Kämpfer ['kɛmpfər] *m* (7), '**~in** *f* **1.** fighter; ⚔ combatant; **2.** △ *m* impost; abutment; '**2isch** fighting; pugnacious.

'**kampf|fähig** fit to fight; ⚔ fit for action; '**2flugzeug** *n* tactical aircraft; '**2geist** *m* fighting spirit; '**2gruppe** *f* brigade (*Am.* combat) group; '**2hahn** *m* fighting-cock; *fig.* quarrelsome fellow; '**2handlung** *f* fighting; action; '**2lust** *f* pugnacity; '**~lustig** pugnacious; '**2platz** *m* battlefield; *Sport u. fig.*: arena; '**2preis** *m* prize; '**2richter** *m* umpire; '**2schwimmer** *m* frogman; '**2sport** *m* combatant sport; '**2stoff** *m* chemical warfare agent; '**~-unfähig** disabled, out of action; '**2verband** *m* fighting (*Am.* combat) unit; '**2wagen** *m* combat car, armo(u)red vehicle; tank.

kampieren [kam'pi:rən] camp.

Kanad|ier¹ [ka'nɑ:djər] *m* (7), **~ierin** *f* (16¹), **2isch** Canadian.

Kanadier² *m* (7) (*Boot*) Canadian (canoe).

Kanal [ka'nɑ:l] *m* (3¹ *u.* ³) *künstlicher*: canal; *natürlicher*: channel (*a.* ⊕ *od. fig.*); ⊕ (*Röhre*) duct; (*Abzugs2*) sewer, drain; *geogr. the* British Channel; **~isation** [~naliza'tsjo:n] *f* (15) *e-s Flusses*: canalization; (*Entwässerung*) drainage; *e-r Stadt*: sewerage; (*~sanlage*) sewers *pl.*, drains *pl.*; **2isieren** [~'zi:rən] *Fluß*: canalize; *Stadt*: sewer.

Ka'nalwähler *TV m* channel selector.

Kanapee ['kanape:] *n* (11) sofa, settee.

Kanarienvogel [ka'nɑ:rjən-] *m* canary.

Kandare [kan'dɑ:rə] *f* (15) curb (-bit); *fig. j-n an die* ~ *nehmen* put a tight rein on.

Kandelaber [kandə'lɑ:bər] *m* (7) candelabrum.

Kandidat [kandi'dɑ:t] *m* (12) candidate; **~enliste** *f* list of candidates; (~ *e-r Partei*) *Am.* ticket; **~ur** [~da'tu:r] *f* candidature, *Am.* candidacy.

kandi'dieren be a candidate, *parl.* contest a seat; *für e-e Wahl ~* stand (*Am.* run) for election.
kandieren [kan'di:rən] candy.
Kandis ['kandis] *m inv.*, '**~zucker** *m* (sugar-)candy.
Kaneel [ka'ne:l] *m* (3[1]) cinnamon.
Känguruh ['kɛŋguru:] *n* (3[1] *u.* 11) kangaroo.
Kaninchen [ka'ni:nçən] *n* (6) rabbit; **~bau** *m* rabbit-burrow; **~stall** *m* rabbit-hutch.
Kanister [ka'nistər] *m* (7) container, can.
Kanne ['kanə] *f* (15) can, pot; (*Krug*) jug; (*Bier*♀) tankard.
kannelieren [~'li:rən] channel, flute.
Kannibal|e [kani'bɑ:lə] *m* (13), ♀**isch** cannibal; *adj. a.* F *fig.* beastly.
kannte ['kantə] *pret. v. kennen.*
Kanon ['kɑ:nɔn] *m* (11) canon.
Kanonade [kano'nɑ:də] *f* (15) bombardment, cannonade.
Kanone [ka'no:nə] *f* (15) cannon, gun; F (*Könner*) wizard, genius; *bsd. Sport*: ace; F *unter aller ~* beneath contempt, *sl.* lousy; **~nboot** *n* gunboat; **~nfutter** F *n* cannon-fodder; **~nrohr** *n* gun-barrel; **~nschuß** *m* cannon-shot.
Kanonier [~no'ni:r] *m* (3[1]) gunner.
Kanon|ikus [ka'no:nikus] *m* (14[2]) canon; ♀**isch** canonical.
Kante ['kantə] *f* (15) edge; (*Rand*) *a.* brim; *des Tuches*: list, selvage; (*Spitze*) lace; '**~l** *m* (7) square ruler; '**~n**[1] *m* (6) *des Brotes*: crust; '♀**n**[2] (26) cant, tilt; *Holz usw.*: square; chamfer.
'**Kantholz** ⊕ *n* square(d) timber.
'**kantig** angular, edged, square.
Kantine [kan'ti:nə] *f* (15) canteen.
Kanton [~'to:n] *m* (3[1]) canton; **~ist** [~to'nist] *m* (12): F *fig. ein unsicherer ~* an unreliable fellow.
Kantor ['kantɔr] *m* (8[1]) precentor.
Kanu [ka'nu:] *n* (11) canoe; **~te** 'ka'nu:tə] *m* (13) canoeist.
Kanüle ⚕ [~'ny:lə] *f* (15) drain tube.
Kanzel ['kantsəl] *f* (15) pulpit; ✈ cockpit; ⚔ turret.
Kanzlei [kants'laɪ] *f* (16) (government-)office, chancellery; (*Büro*) office; chancery; **~diener** *m* office-attendant.
'**Kanzler** *m* (7) chancellor.
Kap [kap] *n* (3[1] *u.* 11) cape.
Kapaun [ka'paʊn] *m* (3[1]) capon.
Kapazität [kapatsi'tɛ:t] *f* (16) capacity; ⚡ capacitance; *fig.* authority.
Kapell|e [ka'pɛlə] *f* (15) chapel; (*Musik*♀) band; **~meister** *m* conductor; band-master, band leader.
Kaper[1] ⚘ ['kɑ:pər] *f* (15) caper;
'**Kaper**[2] ⚓ *m* (7) privateer, corsair; '**~brief** *m* (letters *pl.* of) marque; **~ei** [~'raɪ] *f* privateering; '♀**n** (29) capture, seize; '**~schiff** *n* privateer.
kapieren F [ka'pi:rən] get (it); *kapiert?* (have you) got it?
Kapillar|gefäß *anat.* [kapi'lɑ:r-] *n* capillary vessel; **~röhrchen** [~rø:rçən] *n* (6) capillary tube.
Kapital [kapi'tɑ:l] **1.** *n* (3[1] *u.* 8[2]) capital; *fig. a.* asset; *~ und Zinsen* principal and interest; *~ schlagen aus* capitalize on; *s. tot*; **2.** ♀ capital; **~-abwanderung** *f* exodus of capital; **~-anlage** *f* investment; **~-einkommen** *n* investment income; **~-er'tragssteuer** *f* capital yield tax; **~flucht** *f* flight of capital; **~-gesellschaft** *f* joint-stock company; **~güter** *n/pl.* capital goods; ♀**isieren** [~tali'zi:rən] capitalize; **~ismus** [~'lismus] *m inv.* capitalism; **~ist** [~ta'list] *m* (12) capitalist; ♀**istisch** capitalistic(ally *adv.*); **~-markt** [~'tɑ:l-] *m* capital market; **~steuer** *f* tax on capital; **~verbrechen** *n* capital crime; **~zins** *m* interest on capital.
Kapitän [~'tɛ:n] *m* (3[1]) captain (*a. Sport*); *~ zur See* (naval) captain; **~leutnant** *m* (naval) lieutenant.
Kapitel [ka'pitəl] *n* (7) chapter (*a. eccl.*); *das ist ein ~ für sich* that's another story.
Kapitu|lation [~tula'tsjo:n] *f* (16) capitulation, surrender; (*Dienstverlängerung*) re-enlistment; ♀'**lieren** capitulate, surrender (*vor dat.* to); re-enlist.
Kaplan [ka'plɑ:n] *m* (3[1] *u.* [3]) chaplain.
Kappe ['kapə] *f* (15) cap, (*Kapuze*) hood (*beide a.* ⊕); (*oberer Teil*) top-piece; *fig. et. auf s-e ~ nehmen* take the responsibility for; '♀**n** (25) *Tau*: cut; *Baum*: lop, top; *Hahn*: caponize.
Käppi ['kɛpi] *n* (11) cap, ⚔ *a.* kepi.
Kapri|ole [kapri'o:lə] *f* (15) caper; *~n machen* cut capers, *fig.* play tricks; ♀'**zieren:** *sich ~ auf* (*acc.*) set one's heart on; ♀**ziös** [~'tsjø:s] capricious.

Kapsel ['kapsəl] *f* (15) case, box; *anat.*, *pharm.*, ⚘ capsule; *e-r Flasche*: cap; *s. Raumkapsel*.
kaputt [ka'put] broken; out of order; (*verdorben*) spoilt; *fig.* done for; ruined; (*erschöpft*) worn out, all in; (*tot*) dead; **~gehen** (sn) get smashed *od.* ruined, go phut; **~machen** smash, wreck; *fig.* ruin, bust; *P.*: (*sich*) ~ fag (o.s.) out, kill o.s.
Kapuze [ka'pu:tsə] *f* (15) hood; *der Mönche usw.*: cowl.
Kapuziner [kapu'tsi:nər] *m* (7) Capuchin.
Karabiner [kara'bi:nər] *m* (7) car(a)bine; **~haken** *m* spring-hook.
Karaffe [ka'rafə] *f* (15) carafe, decanter.
Karambol|age [karambo'la:ʒə] *f* (15) collision; *Billard*: cannon, *Am.* carom; **⁀ieren** [~'li:rən] *Billard*: cannon, *Am.* carom; *fig.* collide.
Karat [ka'ra:t] *n* (3, *als Maß im pl. inv.*) carat.
Karate [ka'ra:tə] *n* (*inv.*, *o. pl.*) karate.
...karätig [ka'rɛ:tiç] ... carat.
Karawane [kara'va:nə] *f* (15) caravan.
Karbid [kar'bi:t] *n* (3[1]) carbide.
Karbonade [~bo'na:də] *f* (15) carbonado.
Karbunkel [kar'buŋkəl] *m* (7) carbuncle.
Kardan|gelenk ⊕ [kar'da:n-] *n* cardan (*od.* universal) joint; **~welle** ⊕ *f* cardan shaft.
Kardätsche [~'dɛ:tʃə] *f* (15) (*Woll⁀*) card; (*Striegel*) curry-comb; **⁀n** (27) card; curry.
Karde ⚘, ⊕ ['kardə] *f* (15) teasel.
Kardinal [kardi'na:l] *m* (3[1] *u.* [3]) cardinal; **~fehler** *m* cardinal fault; **~frage** *f* cardinal question.
Kardiogramm ⚕ [kardio'gram] *n* (3[1]) cardiogram.
Karenzzeit [ka'rɛntstsaɪt] *f* waiting period.
Kar'freitag [ka:r-] *m* (3) Good Friday.
karg [kark] (18[[2]]) (*knickerig*) niggardly, stingy; (*dürftig*) scanty, poor; *Boden*: sterile, poor; **~en** ['~gən] (25) be stingy (*mit* with), be sparing (of); **⁀heit** ['kark-] *f* stinginess, parsimony.
kärglich ['kɛrkliç] scanty, paltry, poor.
kariert [ka'ri:rt] check(ed), chequered, *Am.* checkered.
Karies ['ka:riɛs] *f* (16, *o. pl.*) caries.
Karikatur [karika'tu:r] *f* (16) caricature (*a. fig.*), cartoon; **~enzeichner(in** *f*) *m* caricaturist, cartoonist.
kari'kieren caricature.
kariös ⚕ [kari'ø:s] decayed, carious.
karitativ [karita'ti:f] charitable.
karmesin [karme'zi:n] crimson.
Karmin [~'mi:n] *n* (3[1]) carmine.
Karneval ['karnəval] *m* (3[1]) carnival.
Karnickel F [kar'nikəl] *n* (7) rabbit; *fig.* F silly ass.
Karo ['ka:ro] *n* (11) square; *Karte*: diamonds *pl.*; '**~muster** *n* check(ed) pattern.
Karosserie *mot.* [karɔsə'ri:] *f* (15) body.
Karotin ⚗ [karo'ti:n] *n* carotine.
Karotte ⚘ [ka'rɔtə] *f* (15) carrot.
Karpfen ['karpfən] *m* (6) carp.
Karre ['karə] *f* (15) *s. Karren*.
Karree [ka're:] *n* (11) square.
karren ['karən] **1.** (25) wheel, cart; **2.** ⁀ *m* (6) cart; (*Hand⁀*) (wheel-) barrow; F (*Auto*) car; '**⁀gaul** *m* cart-horse.
Karriere [kar'jɛ:rə] *f* (15) gallop; (*Laufbahn*) career; *in voller* ~ at full gallop, at a rattling pace; **~macher** *m* careerist.
Kar'samstag [ka:r-] *m* Holy Saturday.
Karte ['kartə] *f* (15) card; (*Land⁀*) map; (*See⁀*) chart; (*Ausweis⁀*, *Fahr⁀*, *Zulassungs⁀*) ticket; *s. Speisekarte*; *alles auf eine* ~ *setzen* put all one's eggs in one basket; *s. legen*.
Kartei [~'taɪ] *f* (16) card-index; **~karte** *f* filing (*od.* index) card; **~kasten** *m* card-index box; **~schrank** *m* card-index (*od.* filing) cabinet.
Kartell [~'tɛl] *n* (3[1]) cartel; ✝ *a.* combine, *Am. a.* trust.
'**Karten|brief** *m* letter-card; '**~haus** *n* house of cards; '**~kunststück** *n* card-trick; '**~legerin** *f* fortune-teller; '**~spiel** *n* card-playing; (*Karten*) pack (*Am. a.* deck) of cards; '**~vorverkauf(s-stelle** *f*) *m* advance booking (office); '**~zeichen** *n* conventional sign.
Kartoffel [kar'tɔfəl] *f* (15) potato; **~bau** *m* cultivation of potatoes; **~-**

brei *m* mashed potatoes *pl.*; **∼käfer** *m* potato-beetle, *Am.* -bug; **∼puffer** *m* potato-pancake; **∼schalen** *f/pl.* potato peelings.

Kartograph [karto'grɑ:f] *m* (12) cartographer, map-maker; **∼ie** [∼gra'fi:] *f* (16) cartography.

Karton [kar'tɔ̃] *m* (11) (*∼papier*) cardboard; (*Zeichnung*) cartoon; (*Schachtel*) carton, (cardboard) box; *Buchbinderei*: boards *pl.*; **≈ieren** [∼to'ni:rən] bind in boards.

Kartothek [∼to'te:k] *f* (15) *s. Kartei*.

Kartusche [kar'tuʃə] *f* (16) cartridge.

Karussell [karu'sɛl] *n* (3^1) roundabout, *bsd. Am.* merry-go-round.

Karwoche ['kɑ:rvɔxə] *f* Passion (*od.* Holy) Week.

Karzer *univ.* ['kartsər] *m* (7) lock-up; (*Strafe*) detention.

Karzinom [kartsi'no:m] ⚕ *n* (3^1) carcinoma.

Käse ['kɛ:zə] *m* (7) cheese; **'∼blatt** F *n* rag; **'∼gebäck** *n* cheese biscuits *pl.*; **'∼glocke** *f* cheese-cover; **'∼händler** *m* cheesemonger.

Kasematte [kazə'matə] *f* (15) casemate.

Käserei [∼'raɪ] *f* (16) cheese-dairy.

Kasern|e [ka'zɛrnə] *f* (15) barracks *pl.*; **∼enhof** *m* barrack-yard *od.* -square; **≈ieren** [∼'ni:rən] barrack; **≈iert** [∼'ni:rt] quartered in barracks.

'Käsestange *f* (*Gebäck*) cheese-straw.

'käsig cheesy; *Gesicht usw.*: pasty.

Kasino [ka'zi:no] *n* (11) club, casino; (*Offiziers≈*) (officers') mess.

Kaskoversicherung ['kasko-] *mot. f* comprehensive insurance.

Kasperle ['kaspɛrlə] *n* (7) Punch; *fig.* clown; **'∼theater** *n* Punch and Judy (show).

Kassa ✝ ['kasa] *f* (16^2): *per* ∼ in cash; **'∼buch** *n* cash-book.

Kasse ['kasə] *f* (15) cash-box; (*Laden≈*) till, cash-register; (*Zahlstelle*) pay-office; (*∼nschalter*) cash-desk; (*Theater≈ usw.*) ticket-office, booking-office, *thea. a.* box-office; *s. Kranken≈*; (*Bargeld*) cash; ✝ ∼ *gegen Dokumente* cash against documents; *bei* (*nicht bei*) ∼ in (out of) cash; *gut bei* ∼ *sein* F be flush.

'Kassen|-abschluß *m* balancing of the cash (accounts); cash-balance; **'∼-anweisung** *f* cash order; **'∼-arzt** *m* panel doctor; **'∼bericht** *m* cash report; **'∼bestand** *m* cash in hand; **'∼buch** *n* cash-book; **'∼-erfolg** *m* *thea. etc.* box-office success; **'∼führer** *m* cashier; **'∼patient** *m* panel patient; **'∼preis** *m* cash price; **'∼prüfung** *f* cash audit; **'∼schalter** *m* cash-desk; *e-r Bank*: teller's counter; **'∼schein** *m* (*Quittung*) cash voucher; (*Banknote*) treasury note; **'∼sturz** *m*: ∼ *machen* check the cash accounts, F *weitS.* tot up one's cash; **'∼wart** *m* treasurer; **'∼zettel** *m* sales slip.

Kasserolle [kasə'rɔlə] *f* (15) casserole.

Kassette [ka'sɛtə] *f* (15) casket; *für Bücher*: slip-case; *phot.* dark-slide, *a. TV usw.*: cassette; ⚠ coffer.

kassier|en [ka'si:rən] *v/i.* cash, collect; (*aufheben*) annul; *Urteil*: quash; (*entlassen*) cashier; **≈er** *m* (7), **≈erin** *f* cashier; (*Bank≈*) *a.* teller.

Kastagnette [kastan'jɛtə] *f* (15) castanet.

Kastanie [ka'stɑ:njə] *f* (15) chestnut; *fig. die ∼n für j-n aus dem Feuer holen* act as a p.'s cat's-paw; **∼nbaum** *m* chestnut-tree; **≈nbraun** chestnut.

Kästchen ['kɛstçən] *n* (6) little box (*od.* case), casket; *in Zeitungen usw.*: box.

Kaste ['kastə] *f* (15) caste.

kastei|en [ka'staɪən] (25): *sich* ∼ chasten o.s., mortify the flesh; **≈ung** *f* mortification of the flesh.

Kasten ['kastən] *m* (6) chest, box, case; *s. Schrank*; *für Bier usw.*, *a.* F (*Fahrzeug*) crate; F (*Haus*) box; **'∼geist** *m* caste-spirit.

Kastr|at [ka'strɑ:t] *m* (12) eunuch; **≈ieren** [∼'stri:rən] castrate.

Kasus ['kɑ:zus] *m inv.* case.

Katalog [∼'lo:k] *m* (3^1), **≈isieren** [∼gi'zi:rən] catalog(ue).

katalysieren [kataly'zi:rən] catalyse.

Katapult [∼'pult] *m*, *n* (3) catapult (*a.* ✈); **∼start** ✈ *m* catapult take-off.

Katarrh [ka'tar] *m* (3^1) (common) cold, catarrh; **≈alisch** [∼'rɑ:liʃ] catarrhal.

Kataster [ka'tastər] *m u. n* (7) land-register.

katastro|phal [katastro'fɑ:l] catastrophic(ally *adv.*), disastrous; **≈phe** [∼'stro:fə] *f* (15) catastrophe, disaster.

Katechismus [kate'çismus] *m* (16^2) catechism.
Kateg|orie [~go'ri:] *f* (16) category; **2orisch** [~'go:riʃ] categorical.
Kater ['kɑ:tər] *m* (7) tom cat; F *vom Trinken*: hangover.
Katheder [ka'te:dər] *n, m* (7) reading desk; **~blüte** *f* howler.
Kathedrale [kate'drɑ:lə] *f* (15) cathedral.
Kathode ⚡ [ka'to:də] *f* cathode; **~nröhre** *f* cathode ray tube.
Katholik [kato'li:k] *m* (12), **~in** *f* (16^1), **katholisch** [~'to:liʃ] (Roman) Catholic.
Katholizismus [katoli'tsismus] *m* (16, *o. pl.*) Catholicism.
Kattun [ka'tu:n] *m* (3^1) calico; *bedruckt*: print; (*Möbel2*) chintz; **~kleid** *n* print-dress.
'**katzbuckeln** (29) crouch, cringe (*vor dat.* to), bow and scrape.
Kätzchen ['kɛtsçən] *n* (6) kitten; ⚘ catkin.
Katze ['katsə] *f* (15) cat; F *das ist für die Katz* that's all for nothing; *die ~ im Sack kaufen* buy a pig in a poke; *die ~ aus dem Sack lassen* let the cat out of the bag; *wie die ~ um den heißen Brei gehen* beat about the bush.
'**Katzen|-auge** *n a.* ⊕ cat's eye; '**~buckel** *m* cat's (arched) back; '**2freundlich** oversweet; '**2haft** catlike, feline; '**~jammer** F *m* hangover; *moralischer*: *a.* the dumps, the blues *sg.*; '**~musik** *f* charivari, *Am.* shivaree; '**~sprung** *m fig.*: *ein ~* a stone's throw.
Kauderwelsch ['kaudərvɛlʃ] *n* (3^2) gibberish, double Dutch; lingo; '**2en** (27) talk gibberish.
kauen ['kauən] *v/t. u. v/i.* (25) chew.
kauern ['kauərn] (29) (*a. sich ~*) cower, squat.
Kauf [kauf] *m* (3^3) buying, purchase, *Am. a.* buy; (*Handel*) bargain; *in ~ nehmen* take into the bargain, *fig.* put up with; *leichten ~es davonkommen* get off cheaply; '**~-auftrag** *m* buying order; '**~brief** *m* purchase-deed; '**2en** (25) buy (*bei j-m* from a p.), purchase; F (*bestechen*) bribe, buy; F *sich j-n ~* give a p. hell.
Käufer ['kɔyfər] *m* (7), '**~in** *f* (16^1) buyer, purchaser.
'**Kauf|haus** *n* commercial house; (*Warenhaus*) (department) store; '**~kraft** *f* purchasing power; '**2kräftig** able to buy; '**~laden** *m* shop, store.
käuflich ['kɔyfliç] purchasable; *fig. b.s.* venal, corrupt; *adv.* by purchase; '**2keit** *f fig.* venality.
'**Kauf|mann** *m* (*pl. Kaufleute*) merchant; businessman, trader, dealer; *im Laden*: shopkeeper, *Am. a.* storekeeper; (*Angestellter*) commercial clerk; **2männisch** ['~mɛniʃ] commercial, mercantile; '**~vertrag** *m* contract of purchase.
'**Kaugummi** *m* chewing-gum.
Kaulquappe ['kaulkvapə] *f* (15) tadpole.
kaum [kaum] scarcely, hardly; (*nur gerade*) barely; *zeitlich*: *~ ... als* no sooner ... than, hardly ... when.
kausal [kau'zɑ:l] causal; **2zusammenhang** *m* causal connection.
'**Kautabak** *m* chewing-tobacco.
Kaution [kau'tsjo:n] *f* (16) security; *im Strafrecht*: bail.
Kautschuk ['kautʃuk] *m* (3^1) caoutchouc, India rubber.
'**Kauwerkzeuge** *n/pl.* masticatory organs.
Kauz [kauts] *m* (3^1 *u.* ^{3}) screech-owl; *fig.* (*a. komischer ~*) (odd) character, queer fish; *alter ~* old codger.
Kavalier [kava'li:r] *m* (3^1) cavalier, gentleman; **~sdelikt** *n* peccadillo.
Kavallerie [~lə'ri:] *f* (15) cavalry, horse; **~pferd** *n* troop-horse.
Kavalle'rist *m* (12) cavalryman, trooper.
Kaviar ['kɑ:viar] *m* (3^1) caviar(e).
keck [kɛk] bold, pert, F saucy; '**2heit** *f* boldness; F sauciness.
Kegel ['ke:gəl] *m* (7) cone; *Spiel*: skittle, pin; *s. Kind*; *~ schieben s. kegeln*; '**~bahn** *f* skittle- (*Am.* bowling) alley; **2förmig** ['~fœrmiç] conical, cone-shaped; '**~klub** *m* skittles club; '**~kugel** *f* skittle-ball; '**2n** (29) play (at) skittles *od.* ninepins; '**~rad** ⊕ *n* bevel gear; '**~schnitt** *m* conic section; '**~spiel** *n*, '**~sport** *m* skittles, ninepin bowling; '**~stumpf** *m* truncated cone.
Kegler ['ke:glər] *m* skittle-player.
Kehle ['ke:lə] *f* (15) throat; ⊕ groove; *das Messer sitzt ihm an der ~* he feels the knife at his throat; *etwas in die falsche ~ bekommen*

swallow a morsel the wrong way, *fig.* take a th. amiss; *das Wort blieb mir in der ~ stecken* the word stuck in my throat; *s. zuschnüren.*

'**Kehl|kopf** *m* larynx; '**~kopfspiegel** *m* laryngoscope; '**~laut** *m* guttural; '**~leiste** *f* ogee, mo(u)lding.

'**Kehr|-aus** *m inv.* last dance; *fig.* clean-out; '**~besen** *m* broom.

Kehre ['ke:rə] *f* (15) turn; *Sport*: back-vault; *des Weges*: turn, sharp (*od.* hairpin) bend; '**2n** (25) sweep; brush; (*um~*) turn; ⚔ *kehrt!* (right) about, turn! (*Am.* face!); *das Oberste zuunterst ~* turn (everything) upside down; *sich nicht ~ an* (*acc.*) ignore, disregard; *fig. j-m den Rücken ~* turn one's back on a p.; *in sich gekehrt* withdrawn.

Kehricht ['ke:riçt] *m, n* (3) sweepings *pl.*, rubbish; '**~-eimer** *m* dustbin, *Am.* trash-can; '**~schaufel** *f* dust-pan.

'**Kehr|reim** *m* burden, refrain; '**~seite** *f* reverse, back; *fig. a.* seamy side; '**~wert** *m* reciprocal.

'**kehrt|machen** turn round *od.* back; ⚔ face about; '**2wendung** *f* about-face (*a. fig.*).

keif|en ['kaɪfən] (25) scold (*mit j-m* a p.); '**2erin** *f* scold.

Keil [kaɪl] *m* (3) wedge; *typ.* quoin; *Näherei*: gore, gusset; '**~-absatz** *m* wedge heel; '**~e** F *f* thrashing; '**2en** (25) fasten with wedges; F thrash; '**~er** *hunt. m* (7) wild boar; **~e'rei** F *f* scrap.

keil|förmig ['~fœrmiç] wedge--shaped, cuneiform; '**2hacke** *f* pick-ax(e); '**2hosen** *f/pl.* tapered trousers; '**2riemen** ⊕ *m* V-belt; '**2schrift** *f* cuneiform characters *pl.*

Keim [kaɪm] *m* (3) *biol., a. fig.* germ; ⚘ *a.* seed, bud; *s. ersticken*; '**~blatt** *n* ⚘ cotyledon; *biol.* germ--layer; '**~drüse** *f* genital gland, gonad; '**2en** (25, h. *u.* sn) germinate; ⚘ *a.* sprout.

'**keim|fähig** germinable; '**~frei** sterile; *~ machen* sterilize; '**2ling** *m* (3) seed-plant; sprout; '**~tötend** germicidal; '**2träger** ⚕ *m* (germ-) carrier; '**2zelle** *f* germ-cell.

kein [kaɪn] (20) *als adj.* no, not any; *als su. ~er m, ~e f* no one, none, not (any)one, nobody, not anybody; *~(e)s n* nothing, not anything; *~er* (*von beiden*) neither; *~ Ding* nothing.

keinerlei ['~ərlaɪ] of no sort; no ... whatever; *auf ~ Weise* in no way.

'**keines|'falls** on no account; **~wegs** ['~'ve:ks] by no means, not at all.

'**keinmal** not once, never.

Keks [ke:ks] *m, n* (4) biscuit, *Am.* cookie, (*knuspriger ~*) cracker.

Kelch [kɛlç] *m* (3) cup; ⚘ calyx; *eccl.* chalice.

Kelle ['kɛlə] *f* (15) ladle; (*Maurer2*) trowel; (*Signal2*) signal(l)ing disk.

Keller ['kɛlər] *m* (7) cellar; **~ei** [~'raɪ] *f* (16) (wine-)cellars *pl.*; '**~geschoß** *n* basement; '**~lokal** *n* wine- *od.* beer-cellar; '**~wechsel** *m* accommodation bill.

Kellner ['kɛlnər] *m* (7) waiter; '**~in** *f* waitress.

Kelte ['kɛltə] *m* (12) Celt.

Kelter ['kɛltər] *f* (15) wine-press; '**2n** (29) press (out).

'**keltisch** Celtic.

'**kennbar** recognizable.

kennen ['kɛnən] (30) know; '**~lernen** become acquainted with, get (*od.* come) to know, meet.

'**Kenner** *m* (7), '**~in** *f* (16[1]) connoisseur; (*Fachmann*) expert.

'**Kennkarte** *f* identity card.

'**Kennmelodie** *f Radio*: signature tune.

'**kenntlich** recognizable; *~ machen* mark.

'**Kenntnis** *f* (14[2]) knowledge; *~ nehmen von* take note of; *j-n in ~ setzen von* inform a p. of; **~nahme** ['~na:mə] *f inv.*: *zur ~* for your information; '**~se** *pl.* (*Wissen*) knowledge *sg.*; *oberflächliche ~* a smattering.

'**Kennwort** *n* code word; ⚔ *a.* password.

'**Kennzeich|en** *n* (distinguishing) mark, sign; characteristic; *fig. a.* criterion; *mot.* registration (*Am.* license) number; *besondere ~ pl.* distinguishing marks; '**2nen** (26) mark; *fig. a.* characterize, typify.

'**Kennziffer** *f* code number; † reference number.

kentern ⚓ ['kɛntərn] *v/i.* (29, sn) capsize; *a. ~ lassen* overturn.

Keramik [ke'ra:mik] *f* (16) ceramics *sg.*; (*Ware*) ceramic article.

Kerbe ['kɛrbə] *f* (15) notch, score.

Kerbel ⚘ ['kɛrbəl] *m* (7) chervil.

'**kerben** (25) notch, score.

Kerb|holz ['kɛrp-] *n*: *et. auf dem ~*

haben have done something bad; '~**tier** *n* insect.

Kerker ['kɛrkər] *m* (7) gaol, jail; '~**meister** *m* gaoler, jailer.

Kerl [kɛrl] *m* (3; P *a.* 11) fellow, F bloke, chap, *Am.* guy; *contp.* type; *feiner* ~ splendid fellow, *Am.* great guy; *ein lieber od. netter* ~ a dear.

Kern [kɛrn] *m* (3) kernel; *v. Apfel usw.*: pip; *v. Steinobst*: stone, *Am.* pit; *fig.* core (*a.* ⊕), nucleus (*a. phys.*); (*Wesen*) essence; ~ *der Sache* crux of the matter; '~**chemie** *f* nuclear chemistry; '~**energie** *f* nuclear energy; '~**fach** *n Schule, univ.* basic subject; '~**forscher** *m* nuclear scientist; '~**forschung** *f* nuclear research; '~**frage** *f* crucial question; '~**frucht** *f* stone-fruit; '~**gehäuse** *n* core; '2**gesund** thoroughly healthy, F as sound as a bell; '~**holz** *n* heart-wood.

'**kernig** full of pips; *fig.* (*markig*) pithy, robust.

'**Kern|leder** *n* bend leather; '2**los** seedless; '~**physik** *f* nuclear physics *sg.*; '~**punkt** *m* central point (*od.* issue); '~**re-aktor** *m* nuclear reactor; '~**seife** *f* curd (*od.* hard) soap; '~**spaltung** *f* nuclear fission; '~**spruch** *m* pithy saying; '~**stück** *n* essential part; '~**truppen** *f/pl.* picked (*od.* elite) troops; '~**waffe** *f* nuclear weapon.

Kerosin ⚗ [kero'zi:n] *n* kerosene.

Kerze ['kɛrtsə] *f* (15) candle (*a. phys.*); *s. Zündkerze*; '2**nge'rade** bolt upright; *auf et. zu*: straight; '~**nstärke** *f* candle-power.

keß F [kɛs] pert, F saucy.

Kessel ['kɛsəl] *m* (7) kettle; *großer*: cauldron, ⊕ vat; (*Dampf*2) boiler; *geol.* (*Vertiefung*) hollow; (*Becken*) basin; ⚔ pocket; '~**haus** *n* boiler-house; '~**pauke** *f* kettledrum; '~**raum** *m* boiler room; '~**stein** *m* scale, fur; '~**treiben** *hunt. n* battue; *fig.* hunt (gegen for); *pol.* witch-hunt.

Kette ['kɛtə] *f* (15) chain (*a. Schmuck*2; *a.* ⚗, ⚘ *u. fig.*); (*Gebirgs*2) *a.* range; (*Folge*) series, train; (*Weber*2) warp; ✈, ⚔ flight; ⚔ *e-s Panzers*: track; '2**n** (26) chain (*an acc.* to).

'**Ketten|-antrieb** *m* chain-drive; '~**brief** *m* chain letter; '~**glied** *n* chain link; '~**hund** *m* watch-dog; '~**geschäft** *n*, '~**laden** *m* multiple shop, chain store; '~**raucher** *m* chain-smoker; '~**re-aktion** *phys. f* chain reaction; '~**rechnung** *f*, '~**regel** ⚘ *f* chain rule.

Ketzer ['kɛtsər] *m* (7), '~**in** *f* heretic; ~**ei** [~'raɪ] *f* heresy; '2**isch** heretical.

keuch|en ['kɔʏçən] (25) pant, gasp; '2**husten** *m* (w)hooping-cough.

Keule ['kɔʏlə] *f* (15) club; *Fleisch*: leg; '~**nschlag** *m* blow with a club; *fig.* crushing blow.

keusch [kɔʏʃ] chaste; (*rein*) pure; (*sittsam*) modest; '2**heit** *f* chastity.

kichern ['kiçərn] (29) titter, giggle.

kicken ['kikən] (25) kick.

Kiebitz ['ki:bits] *m* (3[2]) peewit, lapwing; (*Zugucker*) F kibitzer.

Kiefer[1] ⚘ ['ki:fər] *f* (15) pine.

'**Kiefer**[2] *anat. m* (7) jaw; '~**höhle** *anat. f* maxillary sinus.

Kiel [ki:l] *m* (3) ⚓ keel; (*Feder*2) quill; '2**holen** ⚓ careen; 2'-**oben** keeled over, bottom up; '~**raum** *m* bilge; '~**wasser** *n* wake (*a. fig.*).

Kieme ['ki:mə] *f* (15) gill.

Kien [ki:n] *m* (3) resinous pine-wood; '~**-apfel** *m* pine-cone; '~**fackel** *f* pine-torch; '~**holz** *n s. Kien*; '~**-öl** *n* pine-oil; '~**ruß** *m* pine-soot; '~**span** *m* chip of pine-wood.

Kiepe ['ki:pə] *f* (15) back-basket.

Kies [ki:s] *m* (4) gravel, grit; *mit* ~ *bestreuen* gravel.

Kiesel ['ki:zəl] *m* (7) flint, pebble; '2**-artig** siliceous; '~**-erde** *f* siliceous earth; '~**säure** ⚗ *f* (9, *o.pl.*) silicic acid.

kiesig ['~ziç] gravelly.

'**Kiesweg** *m* gravel walk.

Kilo ['ki:lo] *n* (11[1]), ~'**gramm** *n* kilo|gramme, *Am.* -gram; ~**hertz** [~'hɛrts] *n* kilo-cycle per second; ~'**meter** *n* kilomet|re, *Am.* -er; ~'**metergeld** *n* mileage (allowance); ~'**meterstand** *m* mileage; ~'**meterstein** *m* milestone; 2'**meterweit** for miles (and miles); ~'**meterzähler** *m* mileage indicator, odometer; ~'**watt** *n* kilowatt; ~'**wattstunde** *f* kilowatt hour (*abbr.* kWh).

Kimme ['kimə] *f* (15) notch (⚔ in the backsight).

Kind [kint] *n* (1) child, F kid; (*kleines* ~) baby; *mit* ~ *und Kegel* (with) bag and baggage; *das* ~ *beim rechten Namen nennen* call a spade a spade; *wes Geistes ~ ist er?* what sort of a fellow is he?; *s. bekommen, erwarten*; '**~bett** *n* childbed; '**~bettfieber** *n* puerperal fever; '**~chen** *n* (6) little child, baby.

'**Kinder|-arzt** ['~dər-] *m*, '**~-ärztin** *f* p(a)ediatrician, p(a)ediatrist; '**~-buch** *n* children's book.

Kinderei [~də'raɪ] *f* (16) childishness; (*dummer Streich*) childish trick; (*Kleinigkeit*) trifle, *Am. a.* chicken feed.

Kinder|frau ['~dər-] *f* nurse; '**~-fräulein** *n* (children's) governess; '**~freund(in** *f*) *m*: *ein ~ sein* be fond of children; '**~funk** *m* children's program(me); '**~fürsorge** *f* child welfare; '**~garten** *m* kindergarten; *für 2-5jährige*: nursery-school; *für 5-7jährige*: infant-school; '**~gärtnerin** *f* kindergarten teacher; '**~geld** *n s. Kinderzulage*; '**~gottesdienst** *m* children's service; '**~hort** *m* day-nursery; '**~-kleid** *n* child's dress; '**~kleidung** *f* children's wear; '**~krankheit** *f* children's disease; *fig.* teething troubles *pl.*; '**~lähmung** *f*: (*spinale ~*) infantile paralysis, polio (-myelitis); *zerebrale ~* polioencephalitis; '**≈'leicht** dead easy; '**≈lieb** fond of children; '**~lied** *n* nursery-rhyme; '**≈los** childless; '**~mädchen** *n* nurse(-maid); '**~märchen** *n* nursery-tale; '**~mord** *m* child-murder; '**~pflege** *f* child care; '**≈reich** large (*family*); '**~schreck** *m* bugbear; '**~spiel** *n fig.* child's play; '**~sterblichkeit** *f* infant mortality; '**~stube** *fig. f* (*good, bad*) upbringing *od.* manners *pl.*; '**~wagen** *m* perambulator, F pram, *Am.* baby carriage; '**~zeit** *f* childhood; '**~-zimmer** *n* nursery, *Am. a.* play-room; '**~zulage** *f* allowance for children.

Kindes|-alter ['~dəs-] *n* infancy; '**~bein:** *von ~en an* from infancy, from a child; '**~-entführung** *f* kidnap(p)ing; '**~kind** *n* grandchild; '**~liebe** *f* filial love; '**~mord** *m* child-murder; '**~mutter** *f* mother (of illegitimate child); '**~tötung** ⚖ *f* infanticide.

Kindheit ['kint-] *f* (16) childhood; *von ~ an* from a child.

kindisch ['~diʃ] childish; *~es Wesen* childishness.

Kindlein ['kintlaɪn] *n s. Kindchen.*

'**kindlich** childlike, childish; *im Verhältnis zu den Eltern*: filial.

'**Kindskopf** F *m* (big) child, silly.

'**Kindtaufe** *f* christening.

Kinematograph [ki:nemato'gra:f] *m* (12) cinematograph.

Kinetik [ki'ne:tik] *f* (16, *o. pl.*) kinetics *sg.*

Kinkerlitzchen F ['kiŋkərlitsçən] *pl. inv.* gewgaws, knick-knacks *pl.*; *fig.* trivialities *pl.*

Kinn [kin] *n* (3) chin; '**~backen** *m*, '**~lade** *f* jaw(-bone); '**~bart** *m* imperial; '**~haken** *m Boxen*: hook to the chin; uppercut.

Kino ['ki:no] *n* (11) cinema, *the* pictures *od.* F flicks *pl.*, *Am.* motion picture theater, F movies *pl.*; '**~-besucher(in** *f*) *m* cinema-goer; '**~reklame** *f s. Filmreklame*; '**~vorstellung** *f* cinema-show.

Kintopp ['ki:ntɔp] F *m* (3[1]) *s. Kino.*

Kiosk [ki'ɔsk] *m* (3[2]) kiosk.

Kipfel ['kipfəl] *n* (7) crescent.

Kippe ['kipə] *f* (15) (*Zigarettenstummel*) F fag-end, stub, *bsd. Am.* butt; *Turnen*: upstart, *Am.* kip; *auf der ~* on the tilt; *fig. es steht auf der ~* it is touch and go; '**≈n** (25) *v/t.* tilt, tip; *v/i.* (h. *u.* sn) tip, topple (over).

'**Kipp|frequenz** ⚡ *f* sawtooth (*TV* sweep) frequency; '**~karren** *m* tip-cart; '**~lore** *f* tipping truck, tipper; '**~schalter** ⚡ *m* tumbler switch; '**~wagen** *m s. Kipplore.*

Kirche ['kirçə] *f* (15) church.

'**Kirchen|-älteste** *m* church-warden, elder; '**~bann** *m* excommunication; *in den ~ tun* excommunicate; '**~buch** *n* parochial register; '**~chor** *m* church choir; '**~-diener** *m* sexton, sacristan; '**~fürst** *m* prince of the church; '**~gemeinde** *f* parish; '**~geschichte** *f* ecclesiastical history; '**~jahr** *n* ecclesiastical year; '**~konzert** *n* church concert; '**~licht** F *n*: *kein (großes) ~* not very bright; '**~lied** *n* hymn; '**~musik** *f* sacred music; '**~rat** *m* parish council; *P.*: parish councillor; '**~recht** *n* ecclesiastical law; '**~schiff** *n* nave; '**~spaltung** *f* schism; '**~steuer** *f* church rate; '**~stuhl** *m* pew; '**~tag** *m* Church congress; '**~vater** *m* Father of the Church; '**~vorsteher** *m* church-warden, elder.

'**Kirch|gang** *m* church-going; '**~hof** *m* churchyard; '**2lich** ecclesiastical, church...; '**~spiel** *n*, '**~sprengel** *m* parish; '**~turm** *m* church-tower, steeple; '**~turmpolitik** *f* parish-pump politics *pl.*; '**~turmspitze** *f* spire; **~weih** ['~vaɪ] *f* parish fair.
Kirmes ['kirmɛs] *f* (16³) kermis.
kirre ['kirə] tame; ~ *machen* tame.
'**kirren** (25) tame; (*ködern*) bait.
Kirsch *m* [kirʃ] (3²) kirsch; '**~e** *f* (15) cherry; *mit ihm ist nicht gut ~n essen* it's best not to tangle with him; '**~kern** *m* cherry-stone; '**~kuchen** *m* cherry cake; '**~likör** *m* cherry brandy; '**2rot** cherry-red, cherry-colo(u)red, cerise.
Kissen ['kisən] *n* (6) cushion; (*Kopf*2) pillow; '**~bezug** *m* pillow-case.
Kiste ['kistə] *f* (15) chest, box; (*Latten*2) crate; *mot. u.* ✈ *sl.* bus.
Kitsch [kitʃ] *m* (3²) trash, kitsch; '**2ig** trashy.
Kitt [kit] *m* (3) cement; (*Glaser*2) putty.
Kittchen ['kitçən] F *n* (6): *im* ~ in [clink.]
Kittel ['kitəl] *m* (7) smock, frock; (*Arbeits*2) overall; *weißer*: (white) coat; '**~kleid** *n* house frock; '**~schürze** *f* pinafore-type overall.
kitten ['kitən] (26) cement; *Glaserei*: putty; *fig.* patch up.
Kitz(chen) ['kitsçən] *n* (3² [6]) kid; (small) fawn.
Kitzel ['kitsəl] *m* (7) tickling, tickle; *fig.* desire, longing; '**2n** (29) tickle.
'**kitzlig** ticklish (*a. fig.*).
Kladde ['kladə] *f* (15) waste-book, *Am.* blotter.
klaffen ['klafən] (25, h. *u.* sn) gape.
kläff|en ['klɛfən] (25) yap, yelp; '**2er** *m* (7) yelping dog.
Klafter ['klaftər] *f* (15) fathom; *Holz*: cord; '**~holz** *n* cord-wood.
klagbar ['klɑːkbɑːr] actionable; ~ *werden* (*gegen j-n*) sue (a p.).
Klage ['klɑːgə] *f* (15) (*Beschwerde*) complaint, grievance; (*Wehklage*) lament(ation); ⚖ suit, action (*auf acc.* for); *s. erheben, führen usw.*; '**~grund** *m* cause of action; '**~laut** *m* plaintive sound; '**~lied** *n* lamentation, elegy; '**2n** *v/t.* (25): *j-m et.* ~ complain to a p. of (*od.* about) a th.; *v/i.* lament (*um* for; *über acc.* over); ⚖ sue (*auf acc.* for), bring an action (*gegen* against); ~ *über acc.* (*leiden an*) complain of.
Kläger ['klɛːgər] *m* (7), '**~in** *f* (16¹) plaintiff, complainant; (*Scheidungs*2) petitioner; '**2isch** of the plaintiff.
'**Klageschrift** *f* statement of claim.
kläglich ['klɛːkliç] pitiful, piteous (*a. Stimme usw.*), miserable, wretched.
klamm¹ [klam] (*feuchtkalt*) clammy; (*erstarrt*) numb; F ~ *sein* (*geldlos*) be hard up.
Klamm² *f* (16) gorge.
Klammer ['klamər] *f* (15) ⊕ clamp, cramp; (*Büro*2, *Haar*2 *usw.*) clip; ⚕ (*Zahn*2) brace; (*Wäsche*2) peg; *gr.*, *typ.* bracket (*a.* ⅄), parenthesis; *in ~n setzen* put in parentheses, bracket; '**2n** (29) clamp; clasp; *sich ~ an* (*acc.*) cling to (*a. fig.*).
Klamotte [kla'mɔtə] F *f* (15): *alte ~* F oldie; *pl.* (*Kleider, Sachen*) things, rags *pl.*
Klang [klaŋ] **1.** *m* (3³) sound; *Glocke*: ringing; *Geld, Stimme usw.*: ring; (*~farbe*) timbre; **2.** 2 *pret. v. klingen*; '**~(farbe)regelung** *f Radio*: tone control; '**~fülle** ♪ *f* sonority; '**2lich** tonal; '**2los** toneless; '**2reich**, '**2voll** sonorous; *fig.* illustrious.
Klappe ['klapə] *f* (15) *allg.* flap (*a.* ⊕); (*Deckel*) lid; ♪ key, stop; ⊕, *anat.* valve; (*Tisch*2, *Visier*2) leaf; F mouth, trap; *halt die ~!* shut up!; F *in die ~ gehen* go to bed, F turn in; '**2n** (25) *v/t.*: *in die Höhe ~* tip up; *v/i.* clap, flap (*mit* et. a th.); F (*gutgehen*) work (out well); *zum* 2 *kommen* (*bringen*) come (bring) to a head; *das klappt!* that works!; *s. klappern*; '**~ntext** *m Buch*: blurb.
'**Klapper** *f* (15) rattle; '**2dürr** (as) lean as a rake.
'**klapp(e)rig** F *fig.* shaky, rickety.
'**Klapper|kasten** *m*, '**~kiste** *f*, '**~mühle** F *f* rattletrap.
klappern ['klapərn] (29) clatter, rattle (*mit* et. a th.); *mit den Zähnen ~* chatter one's teeth.
'**Klapper|schlange** *f* rattlesnake; '**~storch** *m* stork.
'**Klapp|horn** ♪ *n* key-bugle; '**~hornvers** *m* nonsense rhyme; '**~hut** *m* opera-hat; '**~messer** *n* jack knife; '**~sitz** *m* tip-up seat; '**~stuhl** *m* folding chair; '**~tisch** *m* folding table; drop-leaf table; '**~tür** *f* snap-action door.
Klaps [klaps] *m* (4[²]) slap, smack;

F *fig.* e-n ~ *haben* be mad; '2**en** (27) slap, smack; '~**mühle** F *f* F loony bin.

klar [klɑːr] *allg.* clear (*a. fig.*); *fig. a.* lucid; (*offenbar*) obvious, plain; ⚓, ⚔ clear, ready (zu for); ~*en Kopf behalten* keep a clear head; *sich über et.* ~ *sein* realize a th., be aware of a th.; *s. klarmachen usw.*; F (*na*) ~! of course, *Am.* sure!; *das geht (schon)* ~! that will be all right.

'**Klär-anlage** *f* purification plant.

'**klarblickend** clear-sighted.

klären ['klɛːrən] (25) (*a. sich*) clarify; clear (up) (*beide a. fig.*).

'**Klarheit** *f* clearness, clarity.

Klarinette [klari'nɛtə] *f* (15) clarinet.

'**klar|kommen** (sn) manage, get by; '~**legen**, '~**machen** make *a th.* clear (*dat.* to); '~**stellen** clear up; (*sagen*) state clearly.

'**Klar|sichtpackung** ✝ *f* transparent pack; '~**text** *m* clear text; *im* ~ in (the) clear.

'**Klärung** *f* clarification.

'**klarwerden** become clear (*dat.* to); *sich* ~ *über* (*acc.*) realize (*a th.*), get (*a th.*) clear in one's mind.

Klasse ['klasə] *f* (15) *allg.* class; *e-r Schule*: class, form, *Am. bsd. e-r Volksschule*: *a.* grade; ⊦ (*ganz große* ~) marvellous, terrific; '~**n-arbeit** *f* (written) class test; '~**n-bewußtsein** *n* class-consciousness; '~**nhaß** *m* class hatred; '~**nkamerad** *m* classmate; '~**nkampf** *pol. m* class war(fare) *od.* struggle; '~**n-lehrer** *m* class-teacher, form--master; '~**nlotterie** *f* class (*od.* Dutch) lottery; '~**nsprecher** *m* class representative; '~**n-unterschied** *m* class distinction; '~**n-zimmer** *n* classroom.

klassifizier|en [klasifi'tsiːrən] classify; 2**ung** *f* classification.

Klass|iker ['~ikər] *m* (7) classic, classical author; '2**isch** classic(al); *fig.* classic (*mistake, etc.*).

klatsch! [klatʃ] **1.** smack!; (*in*) *Wasser*: splash!; **2.** 2 *m* (3[2]) (*Schlag*) clap; (*Gerede*) gossip; '2**base** *f* gossip; '2**e** *f* (15) fly-flap; F *s. Klatschbase*; '~**en** *v/t. u. v/i.* (27) clap (*in die Hände* one's hands); slap; (*in*) *Wasser*: splash; *fig.* gossip; *s. Beifall*; '2**er** *m* (7) clapper; (*Beifall*2) applauder; 2**erei** [~ə'raɪ] *f* (16) gossip(ing); '~**haft** gossipy; '2**maul** F *n* gossip, scandalmonger; '2**mohn** ⚘ *m* (corn-)poppy; '~**naß** sopping wet; '~**süchtig** gossip mongering; '2**tante** *f* gossip.

klauben F ['klaʊbən] (25) pick.

Klaue ['klaʊə] *f* (15) claw (*a.* ⊕); (*Pfote*) paw (*a. contp. s. Hand*); *fig. b.s.* clutch; F (*schlechte Schrift*) scrawl; '2**n** P (*stehlen*) F pinch, swipe; '~**nfett** *n* neat's-foot oil; '~**nseuche** *f* foot-rot.

Klause ['klaʊzə] *f* (15) cell, hermitage.

Klausel ['~zəl] *f* (15) clause; (*Vorbehalt*) proviso; stipulation.

Klausner ['klaʊsnər] *m* hermit.

Klausur [klaʊ'zuːr] *f* (16) seclusion; *a.* = ~**-arbeit** *f* work written under supervision.

Klaviatur [klavja'tuːr] *f* (16) keyboard.

Klavier [kla'viːr] *n* (3[1]) piano(forte); *auf dem (am)* ~ on (at) the piano; ~**-auszug** ♪ *m* piano-score; ~**konzert** *n* piano recital; ~**lehrer(in** *f*) *m* piano-teacher; ~**schule** *f* (*Buch*) piano tutor; ~**sonate** *f* piano sonata; ~**spieler(in** *f*) *m* pianist; ~**stimmer** *m* (7) tuner; ~**stunde** *f* piano lesson.

'**Klebe|band** *n* adhesive tape; '~**folie** *f* self-adhesive plastic sheeting; '~**mittel** *n* adhesive.

klebe|n ['kleːbən] (25) *v/t.* stick, paste; F *j-m eine* ~ paste a p. one; *v/i.* (*a.* ~*bleiben*) stick, adhere (*an dat.* to); '2**pflaster** *n* adhesive (*od.* sticking) plaster; '2**r** *m* (7) **1.** *s. Klebstoff*; **2.** ⚘ gluten; '2**zettel** *m* stick-on label, *Am.* sticker.

'**klebrig** adhesive, sticky; 🕮 viscous; '2**keit** *f* stickiness.

Kleb|stoff ['kleːp-] *m* adhesive; '~**streifen** *m* adhesive tape.

Klecks [klɛks] *m* (4) blot, blotch; (*Masse*) blob; '2**en** (27) blot, make splodges; *Malerei contp.* daub.

Klee [kleː] *m* (3[1]) clover, trefoil; '~**blatt** *n* clover-leaf; *fig.* trio.

Kleid [klaɪt] *n* (1) dress, garment; *langes*: robe, *elegantes*: gown; *pl.* clothes; 2**en** ['~dən] (26) dress; (*a. fig.*) clothe, dress; *j-n gut usw.* ~ suit, become, look *well etc.* on; *sich* ~ dress.

Kleider|-ablage ['~dər-] *f* cloakroom, *Am.* checkroom; *im Haus*: hall-stand; '~**bügel** *m* coat- *od.*

dress-hanger; '~**bürste** *f* clothes-brush; '~**haken** *m* clothes-peg, coat-hook; '~**schrank** *m* wardrobe; '~**schürze** *f* house frock; '~**ständer** *m* (hat and) coat stand; '~**stoff** *m* dress material.

kleidsam ['klaıt-] becoming.

'**Kleidung** *f* clothing, dress, clothes *pl.*; '~**sstück** *n* article of clothing, garment.

Kleie ['klaıə] *f* (15) bran.

klein [klaın] small, *nur attr.*: little; *fig.* (*unbedeutend*) petty; ~(*er comp.*) (*minder*) minor; ~*es Geld* (small) change; *ein ~ wenig* a little (bit); *groß und ~* great and small, (*jung u. alt*) old and young; *von ~ auf* from a child; *s. beigeben*; *im ~en verkaufen* (sell by) retail; *Wort ~ schreiben* write in small letters; *bis ins ~ste* (down) to the last detail; '2**e** *m* little boy; *f* little girl; *n* (*Kind*) little one; *die ~n pl.* the little ones.

'**Klein**|-**arbeit** *f* spade-work; '~**auto** *n* small car; '~**bahn** *f* narrow-ga(u)ge railway; '~**bauer** *m* smallholder; '~**betrieb** *m* small(-scale) enterprise; ✓ smallholding; '~**bildkamera** *f* miniature camera; '~**bürger** *m*, '2**bürgerlich** petty bourgois; '~**bus** *m* minibus; '2**denkend** small-minded; '~**format** *m* small size; '~**garten** *m* allotment (garden); '~**gärtner** *m* allotment gardener; '~**gebäck** *n* fancy biscuits *pl.*; '~**geld** *n* (small) change; '2**gläubig** of little faith, faint-hearted; '~**handel** ☨ *m* retail trade; '~**handelspreis** *m* retail price; '~**händler** *m* retailer; '~**heit** *f* littleness, smallness; '~**hirn** *n* cerebellum; '~**holz** *n* matchwood.

'**Kleinigkeit** *f* trifle; '~**skrämer** *m* pedant, fuss-pot; '~**skrämerei** *f* pedantry.

'**Klein**|**kaliberbüchse** *f* small-bore (*od.* sub-calibre) rifle; '~**kind** *n* infant; '~**kinderbe'wahranstalt** *f* day nursery; '~**kram** *m* trifles *pl.*; '~**krieg** *m* guer(r)illa warfare; '~**kunstbühne** *f* cabaret; '2**laut** subdued.

'**kleinlich** pedantic; (*engstirnig*) narrow-minded.

'**Klein**|**mut** *m* pusillanimity, faint-heartedness; 2**mütig** ['~my:tiç] pusillanimous, faint-hearted.

Kleinod ['~no:t] *n* (3; *pl. a.* -*ien* [~'no:diən]) jewel, gem; *fig. a.* treasure.

'**Klein**|**staat** *m* minor state; '~**staaterei** *f* particularism; '~**stadt** *f* small town; '~**städter(in** *f*) *m*, '2**städtisch** provincial; '~**st...** very small, miniature ...; '~**vieh** *n* small cattle; '~**wagen** *m* small car.

Kleister ['klaıstər] *m* (7), '2**n** (29) paste.

Klemm|**e** ['klɛmə] *f* (15) ⊕ clamp, (*a. Haar*2 *usw.*) clip; ⚡ terminal; F *fig. in der ~ sein* be in a jam *od.* fix; '2**en** (25) jam (*a.* ⊕), squeeze, pinch; F (*stehlen*) pinch; *sich den Finger ~* get one's finger jammed; *fig. sich ~ hinter* get down to (*work, etc.*); '~**er** *m* (7) pince-nez (*fr.*); '~**schraube** ⊕ *f* setscrew; ⚡ binding screw.

Klempner ['klɛmpnər] *m* (7) tinman, tinsmith; (*Installateur*) plumber; ~**ei** [~'raı] *f* (16) tinman's trade *od.* workshop; plumbing.

Klepper ['klɛpər] *m* (7) nag, hack.

klerikal [kleri'kɑ:l] clerical.

Kleriker ['kle:-] *m* (7) cleric.

Klerus ['kle:rus] *m* clergy.

Klette ['klɛtə] *f* (15) bur(r) (*a. fig.*), burdock.

Kletter|**er** ['klɛtərər] *m* (7) climber; '2**n** (29, sn) climb, clamber (*auf e-n Baum usw.* [up] a tree, *etc.*); '~**pflanze** *f* climber, creeper; '~**rose** *f* rambler; '~**stange** *f* climbing-pole.

Klient [kli'ɛnt] *m* (12), ~**in** *f* client.

Klima ['kli:ma] *n* (11^2) climate; *fig. a.* atmosphere; '~-**anlage** *f* air-conditioning (system); 2**tisch** [~'mɑ:tiʃ] climatic(ally *adv.*); ~**ti'sierung** *f* (15) air conditioning.

Klimbim [klim'bim] F *m* (3^1, *o. pl.*) junk; (*Getue*) fuss.

klimm|**en** ['klimən] (30, sn) climb (*s. klettern*); '2**zug** *m* pull-up.

klimpern ['klimpərn] *v/i.* (29) jingle, tinkle (*beide a. ~ mit*); (*a. v/t.*) *auf dem Klavier usw.*: strum.

Klinge ['kliŋə] *f* (15) blade; *mit j-m die ~n kreuzen* (*a. fig.*) cross swords with a p.

Klingel ['kliŋəl] *f* (15) (small) bell; (*Tür*2) (door)bell; '~**knopf** *m* bell-push; '2**n** (29) tinkle; *Glocke*: ring; *P.*: ring the bell; *es klingelt* the bell rings; '~**zug** *m* bellpull.

klingen ['kliŋən] (30) sound (*a. fig.*); *Metall*: tinkle; *Glas*: clink; *Glocke*: ring; ~*de Münze* hard cash.

Klin|ik ['kli:nik] *f* (16) hospital (department); (*Privat*≗) nursing home, clinic; '≗**isch** clinical.

Klinke ['kliŋkə] *f* (15) (*Türgriff*) (door-)handle; *weitS.* latch; ⚡ jack.

'**Klinker** *m* (7) (Dutch) clinker.

klipp [klip]: ~ *und klar* perfectly clear; *adv. say* plainly, straight out.

Klipp|e ['klipə] *f* (15) reef; *weitS.* cliff; *fig.* hurdle; '≗**ig** craggy.

'**klipp'klapp** click-clack, flip-flap.

klirren ['kli:rən] (25) *Glas*: clink; *Porzellan usw.*: clatter; *Kette usw.*: clank, clash (*alle a.* ~ *mit*); *Fensterscheibe*: rattle.

Klischee [kli'ʃe:] *n* (11) (stereotype) block *od.* plate, (*a. fig.*) cliché; ~**vorstellung** *f* stereotyped idea.

Klistier [kli'sti:r] *n* (3¹) enema; ~**spritze** *f* rectal syringe.

klitschig ['klitʃiç] *Brot*: doughy.

klitzeklein ['klitsə-] F tiny little, teeny-weeny.

Klo [klo:] F *n* (11) F loo, *Am.* john.

Kloake [klo'ɑ:kə] *f* (15) sewer; (*Grube*) cesspool (*a. fig.*).

Klob|en ['klo:bən] (6) *m* ⊕ block; (*Holz*) log; '≗**ig** (*massig*) bulky, massy; (*plump*) clumsy.

klomm [klɔm] *pret. v. klimmen.*

klönen ['kløːnən] F chin-wag.

klopf|en ['klɔpfən] *v/t. u. v/i.* (25) knock (*a. mot.*), rap; (*sanft* ~) tap; *Steine*: break; *Teppich*: beat (*v/i. a. Herz*); *es klopft* there's a knock at the door; *s. Busch*; '≗**er** *m* (7) beater; (*Tür*≗) knocker; *tel.* sounder; '~**fest** *mot.* knockproof.

Klöppel ['klœpəl] *m* (7) *der Glocke*: clapper; (*Spitzen*≗) bobbin; ⚒ swingle; '~**arbeit** *f*, ~**ei** [~'laɪ] *f* bobbin lace work; '~**kissen** *n* (lace-)-pillow; '≗**n** *v/i.* (29) make lace; '~**spitzen** *f/pl.* bobbin- (*od.* pillow-)lace *sg.*

Klops [klɔps] *m* (4) meat ball.

Klosett [klo'zɛt] *n* (3) toilet, closet, W.C., lavatory; ~**becken** *n* closet-bowl; ~**papier** *n* toilet-paper.

Kloß [klo:s] *m* (3² *u.* ³) *Küche*: dumpling.

Kloster ['klo:stər] *n* (7¹) (*Mönchs*≗) monastery; (*Nonnen*≗) convent, nunnery; '~**bruder** *m* friar; '~**frau** *f* nun; '~**leben** *n* monastic life.

klösterlich ['kløːstərliç] monastic; convent(ual).

Klotz [klɔts] *m* (3² *u.* ³) block, (*a. fig.*) log; *fig. contp.* oaf; '≗**ig** (*sehr groß*) mighty; *s. klobig.*

Klub [klup] *m* (11) club; '~**jacke** *f* blazer; '~**kamerad** *m* fellow club-member; '~**sessel** *m* club chair.

Kluft [kluft] *f* (14¹) gap, cleft; (*grundlose Tiefe*) gulf, abyss, chasm (*alle a. fig.*); F (*Kleidung*) togs *pl.*

klug [klu:k] (*gescheit*) clever, shrewd; (*verständig*) wise, intelligent, judicious, sensible; (*vorsichtig*) prudent; (*schlau*) cunning; *ich kann nicht* ~ *daraus werden* I can't make head or tail of it; *ich werde aus ihm nicht* ~ I cannot make him out; *er hat* ~ *reden* it is easy for him to say so; *der Klügere gibt nach* the wiser head gives in; '≗**heit** *f* cleverness; intelligence; judiciousness; prudence.

klüglich ['kly:kliç] wisely.

'**Klug|redner** *m*, '~**schnacker** *m* (7) wiseacre, *Am.* wise guy, smart aleck.

Klump|en ['klumpən] *m* (6) lump, clot; (*Erde*) clod; (*Haufen*) heap; '~**fuß** *m* club-foot; '≗**ig** lumpy.

Klüngel ['klyŋəl] *m* (7) clique.

Kluppe ⊕ ['klupə] *f* (15) die-stock.

Klüver ⚓ ['kly:vər] *m* (7) jib; '~**baum** ⚓ *m* jib-boom.

knabbern ['knabərn] *v/i. u. v/t.* (29) gnaw, nibble (*an dat.* at).

Knabe ['knɑ:bə] *m* (13) *allg.* boy; (*Bursche*) lad; F *alter* ~ old chap; '~**n-alter** *n* boyhood; '~**nchor** *m* boys' choir; '≗**nhaft** boyish.

Knack(s) [knak(s)] *m* (4) crack.

Knäckebrot ['knɛkə-] *n* crispbread.

'**knack|en 1.** *v/t.* (25) crack (*a. fig.*); *v/i.* crack; snap; *Schloß usw.*: click; **2.** ≗ *n* (6) crack; click; '≗**laut** *gr. m* glottal stop; '≗**mandel** *f* shell-almond; '≗**wurst** *f* saveloy.

Knall [knal] *m* (3[³]) bang; (*Schuß*) *a.* report; *bsd. Peitsche*: crack; (*Explosion*) detonation; ~ *und Fall* abruptly; F *e-n* ~ *haben* be mad (*od.* nuts); '~**bonbon** *m* (party) cracker; '~**büchse** *f* pop-gun; '~**effekt** *m* sensation, bang; '≗**en** (25) bang, crack, pop (*alle a.* ~ *mit*); (*explodieren*) explode, detonate; ~ *gegen* crash against; '~**erbse** *f* (toy-)torpedo; '~**frosch** *m* jumping cracker; '~**gas** *n* oxyhydrogen gas;

'2ig F flashy; '~kopf F m idiot; '~körper m banger; '2rot glaring red.

knapp [knap] (eng) *Kleidung*: close, tight; (*spärlich*) scanty, *mst pred.* scarce; *Stil*: concise; *Gewicht*: short; *Mehrheit*: bare; *mit ~er Not* barely, with great difficulty; *mit ~er Not entrinnen od. davonkommen* have (*od.* make) a narrow escape; ~ *an Geld sein* be short of money, be hard up; ~ *werden Vorrat*: run short; ~ *10 Minuten* just (*od.* barely) ten minutes; '**2e** m (13) *hist.* page, squire; ⚒ miner; '**~halten** keep *a p.* short; '**2heit** f *s. knapp*; tightness; scarcity; conciseness; *an Vorräten*: shortage; '**2schaft** f (16) miners' society.

Knarre ['knarə] f (15) rattle; F (*Schußwaffe*) gun, F pea-shooter; '**2n** (25) creak, rattle; *Stimme*: grate.

Knast [knast] m (3) (*Holz*) knag; *Brot*: crust; F *alter* ~ old fogey; *sl.* (3, *o. pl.*) (*Gefängnis*) clink; *sl.* ~ *schieben* do time.

Knaster ['knastər] m (7) canaster; F *contp.* bad tobacco.

knattern ['knatərn] (29) crackle; *Gewehrfeuer*: rattle; *mot.* roar.

Knäuel ['knɔʏəl] m, n (7) ball; *fig.* tangle; (*Menschen2*) cluster, crowd.

Knauf [knaʊf] m (3³) knob; ▲ capital; (*Degen2*) pommel.

Knauser ['knaʊzər] m (7) miser; **~ei** [~'raɪ] f niggardliness, stinginess; '**2ig** niggardly, stingy; '**2n** (29) be stingy (*mit* with).

knautsch|en F ['knaʊtʃən] (27) crumple; '**2zone** f crushable bin.

Knebel ['kne:bəl] m (7) ⊕ lever; (*Mund2*) gag; '**~bart** m turned-up moustache; '**2n** (29) gag; *fig.* muzzle; (*lähmen*) fetter.

Knecht [knɛçt] m (3) servant; ✓ farm-hand; (*Unfreier*) slave; '**2en** (26) enslave; '**2isch** servile, slavish; '**~schaft** f servitude, slavery; '**~ung** f enslavement.

kneif|en ['knaɪfən] (30) pinch, nip; F *fig.* back (*Am.* chicken) out; ~ *vor* dodge; '**2er** m (7) pince-nez (*fr.*); '**2zange** f (eine a pair of) nippers *pl.*, pincers *pl.*

Kneipe ['knaɪpə] f (15) public house, F pub, *Am.* saloon; (*Studenten2*) beer-party, (*Ort*) students' club; '**2n** (*zechen*) tipple, booze; '**~nwirt** m publican, *Am.* saloon keeper.

Kneippkur ['knaɪp-] f Kneipp('s) cure.

knet|en ['kne:tən] (26) knead; '**2masse** f plasticine.

Knick [knik] m (3) (*Biegung*) bend; (*Riß*) crack; *in Draht usw.*: kink; *in Papier usw.*: fold, crease; '**2en** *v/i. u. v/t.* (25) bend; crack; crease; *fig.* crush; *geknickt fig.* crestfallen.

Knicker ['knikər] m (7), **~ei** [~'raɪ] f, '**2ig** *s. Knauser usw.*

'**Knickfuß** m pes valgus.

Knicks [kniks] m (4) curts(e)y; *e-n ~ machen*, '**2en** (27) (drop a) curtsy.

Knie [kni:] n (3) knee (*a.* ⊕); (*Biegung*) bend; *et. übers ~ brechen* rush a th.; **~beuge** ['~bɔʏgə] f (15) *Turnen*: knee-bend; '**~fall** m genuflection, prostration; '**2fällig** on one's bended knees; '**~gelenk** n knee-joint (*a.* ⊕); '**~hose** f (eine a pair of) knee-breeches; '**~kehle** f hollow of the knee; '**2n** (25) kneel (*vor dat.* to); '**~scheibe** f knee-cap, knee-pan; '**~schützer** m knee-pad; '**~strumpf** m knee-length stocking.

Kniff [knif] **1.** m (3) *im Stoff usw.*: crease, fold; *fig.* trick, knack; **2.** 2 *pret. v. kneifen*; '**2(e)lig** tricky; '**2en** (25) fold (down), crease.

knipsen ['knipsən] (27) *v/i.* snap (*mit den Fingern* one's fingers); *v/t.* 🚂 punch; F *phot.* (*a. v/i.*) snap (-shot), take a shot (*v/t.* of).

Knirps [knirps] m (4) F hop-o'-my-thumb.

knirschen ['knirʃən] (27) grate, creak; *Kies usw.*: crunch; *mit den Zähnen* ~ gnash one's teeth.

knistern ['knistərn] (29) crackle; *bsd. Seide*: rustle.

knitter|frei ['knitər-] creaseproof, non-creasing, crease-resistant; '**~n** *v/i. u. v/t.* (29) crumple, crease.

knobeln F ['kno:bəln] (29) throw dice (*um* for); (*tüfteln*) puzzle (*an dat.* over).

Knoblauch ['kno:b-] m (3) garlic.

Knöchel ['knœçəl] m (7) knuckle; (*Fuß2*) ankle; '**~bruch** m ankle fracture.

Knochen ['knɔxən] m (6) bone; '**~bruch** m fracture (of a bone); '**~fraß** m caries; '**~gerüst** n skeleton; '**~mark** n (bone) marrow; '**~mehl**

n bone meal; '**~splitter** *m* bone-splinter.
knöchern ['knœçərn] bone …; bony, 📖 osseous.
knochig ['knɔxiç] bony.
Knödel ['knøːdəl] *m* (7) dumpling.
Knolle ['knɔlə] *f* (15) tuber; (*Zwiebel*) bulb; '**~n** *m* (6) lump.
'**knollig** knobby, cloddy; ⚘ tuberous; ⚘ bulbous.
Knopf [knɔpf] *m* (3^3) button; (*Degen⁓, Sattel⁓, Turm⁓*) pommel; (*Griff an der Tür usw.*) knob; (*Nadel⁓*) head; *s. Hemd⁓, Manschetten⁓.*
Knöpf|chen ['knœpfçən] *n* small button; '**⁓en** (25) button.
'**Knopfloch** *n* buttonhole.
Knorpel ['knɔrpəl] *m* (7) cartilage, gristle; '**⁓ig** cartilaginous, gristly.
Knorr|en ['knɔrən] *m* (6) knot, knag; '**⁓ig** knobby, gnarled.
Knosp|e ['knɔspə] *f* (15) bud; '**⁓en** (25) bud.
Knoten ['knoːtən] **1.** *m* (6) knot (*a. fig.* = *Schwierigkeit*; ⚓ = *Seemeile*); (*Haarfrisur*) knot, chignon; *e-s Dramas*: plot; **2.** ⁓ (26) knot; '**~punkt** *m* 🚂 junction.
knotig ['knoːtiç] knotty (*a. fig.*).
Knuff [knuf] *m* (3^3) cuff, thump; '**⁓en** (25) cuff, poke. [*Am.* guy.]
Knülch [knylç] F *m* (3^1) *sl.* bird,
knüllen ['knylən] (25) crumple.
Knüller F ['knylər] *m* F (big) hit.
knüpfen ['knypfən] (25) tie, knot.
Knüppel ['knypəl] *m* (7) cudgel; club, stick; (*Brötchen*) (small) roll; *s. Polizei⁓, Steuer⁓*; '**~damm** *m* log-road, *Am.* corduroy road; '**⁓n** cudgel, beat.
knurren ['knurən] (25) snarl, growl; *fig.* grumble (*alle*: *über acc.* at); *Magen, Eingeweide*: rumble.
'**knurrig** F grumpy.
knusp(e)rig ['knusp(ə)riç] crisp.
Knute ['knuːtə] *f* (15) knout.
knutschen *sl.* ['knuːtʃən] hug, cuddle, F neck, pet.
Knüttel ['knytəl] *m* (7) cudgel; '**~vers** *m* doggerel rhyme *od.* verse.
Koalition [koːˀali'tsjoːn] *pol. f* coalition.
Kobalt *min.* ['koːbalt] *m* (3) cobalt.
Koben ['koːbən] *m* (6) pigsty.
Kobold ['koːbɔlt] *m* (3) (hob)goblin, imp (*a. fig.*).
Koch [kɔx] *m* (3^3) (man-)cook; '**~birne** *f* cooking pear; '**~buch** *n* cookery-book, *Am.* cookbook; '**⁓echt** fast to boiling; '**⁓en** (25) *v/i.* be cooking; *Flüssigkeit*: boil (*a. fig. vor Wut usw.*); *v/t.* cook; boil; '**~er** *m* (7) cooker.
Köcher ['kœçər] *m* (7) quiver.
'**Koch|fett** *n* shortening; '**~gelegenheit** *f* cooking facilities *pl.* '**~geschirr** ⚔ *n* mess tin, *Am.* mess kit; '**~herd** *m* (cooking-)range, *Am.* cook stove.
Köchin ['kœçin] *f* (16^1) cook.
'**Koch|kiste** *f* haybox; '**~kunst** *f* art of cooking, culinary art; '**~löffel** *m* (wooden) spoon; '**~nische** *f* kitchenette; '**~platte** *f* hot-plate; '**~salz** *n* common salt; '**~topf** *m* cooking-pot.
Köder ['køːdər] *m* (7) (*a. fig.*) bait, lure; '**⁓n** (29) (*a. fig.*) bait, lure.
Kodex ['koːdɛks] *m* (3^2, *sg. a. inv., pl. a. Kodizes*) code.
Koffein [kɔfe'ˀiːn] *n* (3^1) caffeine.
Koffer ['kɔfər] *m* (7) (*Hand⁓*) suitcase, case, *Am. a.* grip; *großer*: trunk; '**~fernseher** *m* portable television set; '**~gerät** *n*, '**~radio** *n* portable radio (set); '**~raum** *mot. m* (luggage) boot, *Am.* trunk.
Kognak ['kɔnjak] *m* (3^1 *u.* 11) cognac, (French) brandy.
Kohl [koːl] *m* (3) cabbage; F *fig.* twaddle, rubbish.
Kohle ['koːlə] *f* (15) coal; *s. Holz⁓, Stein⁓*; *zum Zeichnen*, ⚡ *usw.*: carbon; *glühende ~n* red-hot (*od.* live) coals; *fig. wie auf ~n sitzen* be on tenterhooks; '**~faden(lampe** *f*) *m* carbon filament (lamp); '**~hydrat** ⚗ *n* carbohydrate; '**⁓n** *v/i.* (25) (*ver⁓, an⁓*) char, carbonize; ⚓ coal.
'**Kohlen|becken** *n* brazier; ⚒ *s. Kohlenrevier*; '**~bergwerk** *n* coal-mine, colliery; '**~bunker** *m* (coal-) bunker; '**~dioxyd** ⚗ *n* carbon dioxyde; '**~-eimer** *m* coal-scuttle; '**~flöz** ⚒ *n* coal seam; '**~gas** *n* coal-gas; '**~händler** *m* coal merchant; '**~-oxyd** *n* carbon monoxide; '**~revier** *n* coal-field *od.* -district; '**⁓sauer** carbonate of …; '**~säure** *f* carbonic acid; *weitS.* carbon dioxide; '**~schiff** *n* collier; '**~staub** *m* coal-dust; '**~stoff** *m* carbon; '**~wasserstoff** *m* hydrocarbon.
'**Kohlepapier** *n* carbon paper.
Köhler ['køːlər] *m* (7) charcoal-burner; '**~glaube** *m* blind faith.

ˈ**Kohle|stift** *m* charcoal pencil; ⚡ carbon-rod; ˈ**~zeichnung** *f* charcoal-drawing.

ˈ**Kohl|kopf** *m* cabbage; ˈ**⁀raben-ˈschwarz** coal-black; **~rabi** [~ˈrɑː-bi] *m* (11) kohlrabi; ˈ**~rübe** *f* Swedish turnip, swede, *Am. a.* rutabaga; **~weißling** [ˈ~vaɪsliŋ] *m* cabbage-butterfly.

Ko-itus [ˈkoːʔitus] *m* (*inv.*) coition.

Koje ⚓ [ˈkoːjə] *f* (15) berth, bunk.

Kokain [kokaˈʔiːn] *n* (3^1) cocaine.

Kokarde [koˈkardə] *f* (15) cockade.

kokett [koˈkɛt] coquettish; **⁀erie** [~əˈriː] *f* coquetry, coquettishness; **~ieren** [~ˈtiːrən] coquet, flirt.

Kokon [koˈkɔ̃] *m* (11) cocoon.

Kokos|baum [ˈkoːkɔs-] *m* coconut tree; ˈ**~fett** *n* coconut oil; ˈ**~matte** *f* coir mat(ting); ˈ**~nuß** *f* coconut; ˈ**~palme** *f* coconut palm.

Koks [koːks] *m* (4) coke.

Kolben [ˈkɔlbən] *m* (6) (*Gewehr⁀*) butt(-end); (*Keule*) mace, club; (*Maschinen⁀*) piston; ⚘ spike; ⚗ flask; ˈ**~hub** *m* piston stroke; ˈ**~motor** *m* piston engine; ˈ**~ring** *m* piston ring; ˈ**~stange** *f* piston rod.

Kolchose [kɔlˈçoːzə] *f* (15) kolkhoz, collective farm.

Kolik [ˈkoːlik] *f* (16) colic.

Kollaborateur [kɔlaboraˈtøːr] *m* (3^1) collaborator.

Kollaps [ˈkɔlaps] *m* (3^2) collapse.

Kolleg [kɔˈleːk] *n* (8^2) course of lectures; lecture; **~e** [~gə] *m* (13), **~in** *f* (16^1) colleague; **⁀ial** [~ˈgjɑːl] collegial; *weitS.* helpful; **~ium** [~ˈleːgjum] *n* (9) board, staff; *s. Lehrkörper.*

Kollek|te [kɔˈlɛktə] *f* (15) collection; (*Gebet*) collect; **~tion** ✝ [~ˈtsjoːn] *f* (16) collection, range; **⁀tiv** [~ˈtiːf] **1.** *adj.*, **2.** ⁀ *n* (3^1) collective; **~ˈtivvertrag** *m* collective agreement.

Koller [ˈkɔlər] *m vet.* staggers *pl.*; *fig.* rage, tantrum; ˈ**⁀n** *v/i.* (29, sn; *a. v/t.*) roll; (h.) *Puter*: gobble.

kolli|dieren [kɔliˈdiːrən] (sn) collide; **⁀sion** [~ˈzjoːn] *f* (16) collision.

Kollo [ˈkɔlo] *n* (11, *pl. a. Kolli* [ˈ~li]) parcel, package.

Kölnischwasser [kœlniʃˈvasər] *n* eau-de-Cologne.

Kolon [ˈkoːlɔn] *n* (11 *u.* 9^2) colon.

Kolonial... [koloˈnjɑːl-] colonial ...; **~waren** *f/pl.* colonial produce; groceries *pl.*; **~warenhändler** *m* grocer; **~warenhandlung** *f* grocer's shop, grocery.

Kolon|ie [koloˈniː] *f* (15) colony; **⁀isieren** [~niˈziːrən] colonize; **~ist** [~ˈnist] *m* (12) colonist, settler.

Kolonnade [kolɔˈnɑːdə] *f* (15) colonnade.

Kolonne [koˈlɔnə] *f* (15) column (*a. typ.*); (*Arbeiter⁀*) gang.

Kolophonium [koloˈfoːnjum] *n* (9) colophony, rosin.

Koloratur [koloraˈtuːr] *f* (16) coloratura; **~sängerin** *f* coloratura singer.

kolor|ieren [~ˈriːrən] colo(u)r; **⁀it** [~ˈriːt] *n* (3) colo(u)r(ing).

Koloß [koˈlɔs] *m* (4) colossus.

kolossal [~ˈsɑːl] colossal, huge; *fig. a.* enormous, F terrific.

Kolport|age [kɔlpɔrˈtɑːʒə] *f* (15, *o. pl.*) hawking (of books); *fig.* (*Schund*) trash; (*Verbreiten*) spreading; **⁀ieren** [~ˈtiːrən] hawk; *fig.* spread.

Kolum|ne [koˈlumnə] *f* (15) column; **~ˈnist** [~ˈnist] *m* (12) columnist.

Kombination [kɔmbinaˈtsjoːn] *f allg.* combination (*a. Sport*); (*Schutzanzug*) overall, ✈ flying suit; *fig.* (*Folgerung*) deduction; **~sschloß** *n* combination (*od.* puzzle) lock; **kombinieren** [~ˈniːrən] combine; (*folgern*) deduce.

Kombiwagen [ˈkɔmbi-] *m* estate car, *bsd. Am.* station wagon.

Kombüse ⚓ [kɔmˈbyːzə] *f* (15) galley.

Komet [koˈmeːt] *m* (12) comet; **⁀enhaft** comet-like; **~enschweif** *m* comet's tail.

Komfort [kɔmˈfɔːr, kɔ̃-] *m* (7, *o.pl.*) comfort(s *pl.*); luxury; **⁀abel** [~fɔrˈtɑːbəl] comfortable; **~wohnung** *f* luxury flat.

Komik [ˈkoːmik] *f* (16) comicality, funniness; fun; ˈ**~er** *m* (7) comedian, comic (actor).

ˈ**komisch** comic(al); *fig. a.* funny, queer, odd.

Komitee [komiˈteː] *n* (11) committee.

Komma [ˈkɔma] *n* (11^2) comma; *im Dezimalbruch*: decimal point.

Kommand|ant [kɔmanˈdant] *m* (12), **~eur** [~ˈdøːr] *m* (3^1) commander, *Am.* commanding officer; **~antur** [~ˈtuːr] *f* garrison (*od. Am.* post) headquarters *pl.*; ♀ieren [~ˈdiːrən] *v/t. u. v/i.* command; *v/t.* ⚔ (*abstellen*) detach; (*einteilen*) detail; *vorübergehend*: attach; **~itgesellschaft** [~ˈdiːt-] *f* limited partnership; **~itist** [~diˈtist] *m* (12) limited partner.

Kommando [~ˈmando] ⚔ *n* (11) command; (*Abteilung*) detachment; (*~truppe*) commando (unit); **~brücke** ⚓ *f* (navigating) bridge; **~stab** *m* baton; **~turm** *m* ⚓ conning tower; ✈ ⚔ control-tower.

kommen [ˈkɔmən] (30, sn) come; (*gelangen*) get; (*an~*) arrive; (*sich zutragen*) come (to pass); ~ *lassen P.*: send for, *S.*: order; ~ *sehen* foresee; *gegangen* ~ come on foot; *gelaufen* ~ come running; *s. Atem, Fall, Kosten, Reihe, Schluß, Verlegenheit*; *es komme, wie es wolle* come what may; *auf et.* (*acc.*) ~ hit on, find out; *wie kommst du darauf?* what put this idea into your head?; *auf soundsoviel* ~ (*sich belaufen*) amount to; *auf einen Knaben ~ zwei Äpfel* there are two apples to one boy; *hinter et.* (*acc.*) ~ find out; *um et.* ~ lose a th.; ~ *von e-r Ursache* be due to; *zu et.* ~ (*bekommen*) come by a th.; *wieder zu sich* ~ come round *od.* to; *drohend*: *wie ~ Sie dazu?* how dare you?; *ich komme nie dazu* I can never find time (to do it); *wie kommt es, daß die Tür offen ist?* how come(s it that) the door is open?; *das kommt davon* F that's what comes of it; *s. kurz*; ˈ**~d** coming; *~es Jahr a.* next year.

Kommen|tar [kɔmɛnˈtaːr] *m* (3¹) commentary; ~ *überflüssig!*, *kein ~!* no comment!; **~ˈtator** [~tɔr] *m* commentator; ♀ˈ**tieren** comment on.

Kommers [kɔˈmɛrs] *m* (4) drinking-bout; **~buch** *n* students' songbook.

kommerz|ialisieren [kɔmɛrtsjaliˈziːrən] commercialize; **~iell** [~ˈtsjɛl] commercial.

Kommilitone [kɔmiliˈtoːnə] *m* (13) fellow student.

Kommis [kɔˈmiː] *m inv.* (*Schreiber*) clerk; (*Verkäufer*) salesman, shopman, *Am.* salesclerk.

Kommiß [kɔˈmis] F *m* (4, *o. pl.*) military service *od.* life, army.

Kommissar [kɔmiˈsaːr] *m* (3¹) commissioner; *s. Kriminal*♀; (*Sowjet*♀) commissar; ♀**isch** deputy; temporary.

Kommission [~ˈsjoːn] *f* commission (*a.* ⚕), committee; **~är** ⚕ [~ˈnɛːr] *m* (3¹) commission agent; **~sgeschäft** *n* commission business.

Kommode [kɔˈmoːdə] *f* (15) chest of drawers, *Am.* bureau.

Kommunal... [kɔmuˈnaːl-] local, communal, municipal; **~beamte** *m* municipal officer.

Kommune [kɔˈmuːnə] *f* (15) commune; *weitS. the* Communists *pl.*

Kommunikant [kɔmuniˈkant] *m* (12), **~in** *f* (16¹) communicant.

Kommunikationsmittel [~kaˈtsjoːns-] *n* means of communication; *pl. a.* mass media *pl.*

Kommunion [~ˈnjoːn] *f* (16) (Holy) Communion.

Kommuniqué [kɔmyniˈkeː] *n* (11) communiqué.

Kommunismus [kɔmuˈnismus] *m* (16, *o. pl.*) communism.

Kommuˈnist *m* (12), **~in** *f* (16¹) communist; ♀**isch** communist(ic).

Komödiant [kɔmøˈdjant] *m* (12) comedian; *contp. a. fig.* play-actor; **~in** *f* (16¹) comedienne.

Komödie [~ˈmøːdjə] *f* (15) comedy; ~ *spielen fig.* play-act.

Kompagnon [ˈkɔmpanjɔ̃] *m* (11) partner.

kompakt [kɔmˈpakt] compact.

Kompanie [kɔmpaˈniː] *f* (15) company; **~chef** *m* company commander; **~geschäft** *n* joint business.

Komparativ *gr.* [ˈkɔmparatiːf] *m* (3¹) comparative (degree).

Kompars|e [kɔmˈparzə] *m* (13), **~in** *f* (16¹) extra, F super.

Kompaß [ˈkɔmpas] *m* (4) compass; **~häus-chen** ⚓ [ˈ~hɔʏsçən] *n* binnacle; ˈ**~nadel** *f* compass-needle; ˈ**~rose** *f* compass-card.

Kompen|sation [kɔmpɛnzaˈtsjoːn] *f* (16) compensation; **~satiˈonsgeschäft** ⚕ *n* barter transaction; **~ˈsator** ⚡ *m* potentiometer; ♀ˈ**sieren** compensate for.

kompeten|t [kɔmpeˈtɛnt] competent; ♀**z** [~ts] *f* (16) competence; ♀**zstreitigkeit** *f* dispute about competence.

Komplementärfarbe [kɔmplemɛnˈtɛːr-] *f* complementary colo(u)r.

komplett [kɔmˈplɛt] complete.

Komplex [~ˈplɛks] *m* (3²) *allg.* complex (*a. psych*).

Komplikation [kɔmplika'tsjo:n] *f* complication.
Kompliment [~pli'mɛnt] *n* (3) compliment.
Komplize [kɔm'pli:tsə] *m* (13) accomplice.
komplizieren [~pli'tsi:rən] complicate; ⚕ *komplizierter Bruch* compound fracture.
Komplott [~'plɔt] *n* (3) plot; **2ieren** [~'ti:rən] plot.
Kompo|nente [~po'nɛntə] *f* (15) component; **2nieren** [~po'ni:rən] compose; **~nist** [~'nist] *m* (12) composer; **~sition** [~zi'tsjo:n] *f* (16) composition.
Kompositum *gr.* [kɔm'po:zitum] *n* (9) compound (word).
Kompost ⚘ [kɔm'pɔst] *m* (3) compost; **~haufen** *m* compost-heap.
Kompott [kɔm'pɔt] *n* (3) compote, stewed fruit, *Am.* sauce.
Kompress|e [~'prɛsə] *f* (15) compress; **~or** [~ɔr] *m* (8[1]) ⊕ compressor; *mot.* supercharger.
kompri'mieren [~pri-] compress.
Komprom|iß [~pro'mis] *m* (4) compromise; **2ißlos** uncompromising (-ly *adv.*); **2it'tieren** compromise.
Kondens|at [kɔndɛn'zɑ:t] *n* (3) condensate; **~ator** [~'zɑ:tɔr] *m* (8[1]) condenser, capacitor; **2ieren** [~'zi:rən] condense; *kondensierte Milch* = **~milch** [kɔn'dɛns-] *f* evaporated milk; **~streifen** *m* vapo(u)r trail; **~wasser** *n* condensed water.
Kondition [kɔndi'tsjo:n] *f a. Sport*: condition; **~al** [~tsjo'nɑ:l] *gr. m* conditional (mood); **~alsatz** *gr. m* conditional clause; **~s-training** *n Sport*: fitness training.
Konditor [kɔn'di:tɔr] *m* (8[1]) confectioner, pastry-cook; **~ei** [~to'raɪ] *f* (16) confectioner's shop, pastry-shop; **~waren** [~'di:tɔr-] *f/pl.* confectionery products.
Kondol|enzbrief [kɔndo'lɛnts-] *m* letter of condolence; **2ieren** [~'li:rən] *v/i.* condole (*j-m* with a p.).
Konfekt [kɔn'fɛkt] *n* (3) chocolates *pl.*; sweets *pl.*, *Am.* (soft) candy.
Konfektion [~'tsjo:n] *f* manufacture of ready-made clothes; *Ware*: ready-made clothes *pl.*; **~är** [~'nɛ:r] *m* outfitter; **~sgeschäft** *n* ready--made clothes store.
Konferenz [~fe'rɛnts] *f* (16) conference; **~dolmetscher** *m* conference interpreter; **~tisch** *m* conference table.
konferieren [~'ri:rən] confer (*über acc.* on).
Konfession [~fɛ'sjo:n] *f* confession; creed, denomination; **2ell** [~jo'nɛl] denominational; **2slos** [~'sjo:ns-] undenominational; **~sschule** *f* denominational school.
Konfetti [kɔn'fɛti] *n* (11[1]) confetti.
Konfirm|and [kɔnfir'mant] *m* (12), **~andin** [~'mandin] *f* (16[1]) confirmand, confirmee; **~ation** [~ma'tsjo:n] *f* confirmation; **2ieren** [~'mi:rən] confirm.
konfiszieren [~fis'tsi:rən] confiscate.
Konfitüre [~fi'ty:rə] *f* (15) (*Marmelade*) preserves *pl.*; **~n** *f/pl.* (*Süßwaren*) sweetmeats.
Konflikt [kɔn'flikt] *m* (3) conflict.
Konföderation [kɔnfødəra'tsjo:n] *f* (16) confederation.
konform [~'fɔrm] concurring (*dat. od. mit* with); ~ *gehen mit* agree with.
Konfront|ation [~frɔnta'tsjo:n] *f* confrontation; **2ieren** [~'ti:rən] confront (*mit* with).
konfus [~'fu:s] (18[1]) confused; muddle-headed, F muddled.
Kongreß [~'grɛs] *m* (4) congress, *Am. a.* convention; **~halle** *f* Congress Hall; **~mitglied** *n Am.* congressman.
kongru|ent [~gru'ɛnt] congruent; **2'enz** [~ts] *f* (16) congruity; **~ieren** [~gru'i:rən] coincide.
König ['kø:niç] *m* (3) king (*a. Karten, Schach*); **~in** ['~gin] *f* queen (*a. zo.*); **2lich** ['~kliç] royal; (*hoheitsvoll*) kingly; *Insignien u. fig.*: regal; '**~reich** *n* kingdom; *rhet.* realm; '**~shaus** *n* (royal) dynasty; '**~swürde** *f* royal dignity.
konisch ['ko:niʃ] conical.
Konju|gation *gr.* [kɔnjuga'tsjo:n] *f* (16) conjugation; **2'gieren** conjugate.
Konjunkt|ion [kɔnjuŋk'tsjo:n] *f* (16) conjunction; **~iv** ['~juŋkti:f] *m* (3[1]) subjunctive (mood).
Konjunktur [~'tu:r] ⚚ *f* (16) business cycle; (*Hoch2*) boom; (*Tendenz, Lage*) economic trend (*od.* situation); **2dämpfend** countercyclical; **2ell** [~tu'rɛl] cyclical; economic; **~politik** *f* policy for

controlling the trade cycle; **~rückgang** *m* recession.
konkav [~'kɑːf] concave.
Konkordat [~kɔr'dɑːt] *n* (3[1]) concordat.
konkret [~'kreːt] concrete.
Konkubin|at [~kubi'nɑːt] *n* (3) concubinage; **~e** [~ku'biːnə] *f* concubine.
Konkurrent [~ku'rɛnt] *m* (12), **~in** *f* (16[1]) competitor, (✝ *a.* business) rival.
Konkur'renz [~ts] *f* competition; (*sportliche Veranstaltung*) event; ✝ competitor(s *pl.*), (business) rival(s *pl.*); *j-m ~ machen* enter into competition with a p.; **2fähig** able to compete, competitive; **~geschäft** *n* rival firm; **~kampf** *m* competition; **~klausel** *f* restraint clause; **2los** without competition, unrival(l)ed; **~neid** *m* professional jealousy.
konkur'rieren compete (*mit* with; *um* for).
Konkurs [~'kurs] *m* (4) bankruptcy, failure; *~ anmelden* file a bankruptcy petition; *in ~ gehen* go into bankruptcy; *in ~ geraten* go bankrupt; **~erklärung** *f* declaration of insolvency; **~masse** *f* bankrupt's estate; **~verfahren** *n* proceedings *pl.* in bankruptcy; **~verwalter** *m* trustee in bankruptcy, (official) receiver.
können ['kœnən] **1.** (30) be able; (*verstehen*) know, understand; *ich kann* I can; *er hätte es tun ~* he could have done it; *es kann sein* it may be; *du kannst (darfst) hingehen* you may go (there); *er kann das* he knows how to do that; *er kann English* he knows English, he can speak English; *was kann ich dafür?* how can I help it?; *s. dafür, umhin*; **2.** 2 *n* (6) ability; skill, proficiency; (*Wissen*) knowledge; *nach bestem ~* to the best of one's ability.
Könner ['kœnər] *m* (7) master, expert.
Konnossement [kɔnɔsə'mɛnt] *n* (3) bill of lading.
konnte ['kɔntə] *pret. v. können.*
konsequen|t [kɔnze'kvɛnt] consistent; **2z** [~ts] *f* (16) consistency; (*Folge*) consequence; *die ~en tragen* bear the consequences; *die ~en ziehen* draw the conclusions (*aus* from), *weitS.* act accordingly.
konservativ [~zɛrva'tiːf] conservative.
Konservatorium ♪ [~'toːrjum] *n* (9) conservatoire (*fr.*), academy of music, *Am.* conservatory.
Konserve [~'zɛrvə] *f* (15) preserve; **~n** *pl.* tinned (*bsd. Am.* canned) food; **~nbüchse** *f*, **~ndose** *f* tin, *bsd. Am.* can; **~nfabrik** *f* canning factory, cannery; **~nmusik** F *f* canned music.
konservier|en [~'viːrən] preserve; **2ung** *f* preservation.
Konsignation [kɔnzigna'tsjoːn] ✝ *f* consignment.
Konsist|enz [~zi'stɛnts] *f* (16) consistence; **~orium** [~'stoːrjum] *n* (9) consistory.
Konsol|e [~'zoːlə] *f* (15) console, bracket; **2i'dieren** consolidate.
Konsols ✝ ['kɔnzols] *m/pl. inv.* consols.
Konsonant [kɔnzo'nant] *m* (12) consonant.
Konsort|e [~'zɔrtə] *m* (13) associate; (*Komplice*) *a.* accomplice; **~ium** [~tsjum] *n* (9) syndicate.
Konspir|ation [~spira'tsjoːn] *f* conspiracy; **2ieren** [~spi'riːrən] conspire, plot.
konstant [~'stant] constant; **2e** *f* constant (factor).
konstatieren [~sta'tiːrən] state; establish; ⚕ diagnose.
Konstellation [~stɛla'tsjoːn] *f* constellation.
konsternieren [~stɛr'niːrən] dismay.
konstitu|ieren [~stitu'iːrən] constitute; *parl. sich ~ als* resolve itself into; **2tion** [~'tsjoːn] *f* constitution; **~tionell** [~tsjo'nɛl] constitutional.
konstruieren [~stru'iːrən] design, (*a. gr.*) construct.
Konstruk|teur [~k'tøːr] *m* (3[1]) designer, design engineer; **~tion** [~'tsjoːn] *f* (16) design(ing), construction; **~ti'onsfehler** *m* constructional fault *od.* flaw; **2tiv** [~k'tiːf] constructive.
Konsul ['kɔnzul] *m* (10) consul; **~ar...** [~zu'lɑːr] consular; **~at** [~'lɑːt] *n* (3) consulate; **~ent** [~'lɛnt] *m* (12) legal adviser; **2'tieren** consult.
Konsum **1.** [~'zuːm] *m* (3) consumption; **2.** ['~zuːm] *s. ~geschäft*; **~ent** [~zu'mɛnt] *m* (12) consumer;

~genossenschaft [~'zu:m-] *f* consumer co-operative; **~geschäft** *n*, **~laden** *m* co-operative store, F co-op; **~güter** *n/pl.* consumer goods; **≈ieren** [~'mi:rən] consume; **~verein** [~'zu:m-] *m* co-operative society, F co-op.

Kontakt [kɔn'takt] *m* (3) contact (*a.* ⚡); ~ *aufnehmen* (*od. in* ~ *stehen*) *mit j-m* contact a p.; **≈freudig** sociable, being a good mixer; **~glas** *n*, **~linse** *f*, **~schale** *f* contact lens.

Konter|admiral ['kɔntərˀatmira:l] *m* rear-admiral; **'~bande** *f* contraband; **~fei** [~'faɪ] *n* portrait.

kontern ['kɔntərn] *Boxen u. fig.*: counter.

Kontinent ['kɔntinɛnt] *m* (3) continent; **≈al** [~nɛn'ta:l] continental.

Kontingent [~tiŋ'gɛnt] *n* (3) quota; ⚔ contingent; **≈ieren** [~gɛn'ti:rən] fix a quota on; ration.

kontinu·ierlich [~tinu'ˀi:rliç] continuous.

Konto ['kɔnto] *n* (9[1] *u.* 11) account; **'~-auszug** *m* statement of account; **'~buch** *n* account-book; *Bank*: pass-book; **~korrent** [~kɔ'rɛnt] *n* (3), **~...** current account.

Kontor [kɔn'to:r] *n* (3[1]) office; *fig. Schlag ins* ~ (bitter) blow; **~ist** [~to'rist] *m* (12) clerk; **~istin** *f* (16[1]) girl clerk.

kontra ['kɔntra] versus; *Kartenspiel*: ≈ *geben* double; *s. Pro*; **'≈baß** *m* double-bass; **≈hent** [~'hɛnt] *m* (12) ⚖ contracting party; *fig.* (*Gegner*) opponent.

Kontrakt [kɔn'trakt] *m* (3) contract; *s. Vertrag.*

'Kontrapunkt ♪ *m* counterpoint.

konträr [kɔn'trɛ:r] contrary, opposite.

Kontrast [~'trast] *m* (3[2]) contrast; **≈ieren** [~'sti:rən] contrast; **≈reich** *phot.* contrasty.

Kontroll|-abschnitt [~'trɔl-] *m* counterfoil, stub; **~be-amte** *m*, **~eur** [~'lø:r] *m* controller; **~e** *f* (15) control; (*Überwachung*) supervision; (*Prüfung*) check; *unter* ~ under control; *die* ~ *verlieren über* (*acc.*) lose control of; **≈ieren** [~'li:rən] (*überwachen*) supervise; (*nachprüfen*) control, verify, check; (*beherrschen*) control; **~kasse** *f* cash register; **~lampe** *f* pilot lamp; **~marke** *f* check; **~punkt** *m* check point; **~-uhr** *f* telltale (*od.* check-)clock.

Kontroverse [kɔntro'vɛrzə] *f* (15) controversy.

Kontur [~'tu:r] *f* (16) contour, outline.

Konus ['ko:nus] *m* (14[2]) cone.

Konvention [kɔnvɛn'tsjo:n] *f* (16) convention; **~alstrafe** [~tsjo'na:l-] *f* penalty for non-fulfil(l)ment of a contract; **≈ell** [~'nɛl] conventional (*a.* ⚔ *Waffe*).

Konversation [kɔnvɛrza'tsjo:n] *f* (16) conversation; **~slexikon** *n* encyclop(a)edia.

konversieren [~'zi:rən] converse.

konver|tierbar [kɔnvɛr'ti:rba:r] convertible; **~'tieren** convert.

konvex [~'vɛks] convex.

Konvoi ['kɔnvɔʏ] *m* (11) convoy.

Konzentr|at [~tsɛn'tra:t] *n* (3) concentrate; **~ation** [~tra'tsjo:n] *f* concentration; **~ationslager** *n* concentration camp; **≈ieren** [~'tri:rən] concentrate; **≈isch** [~'tsɛntriʃ] concentric(ally *adv.*).

Konzept [kɔn'tsɛpt] *n* (3) rough draft *od.* copy; *j-n aus dem* ~ *bringen* disconcert a p.; **~ion** [~'tsjo:n] *f* (16) conception; **~papier** *n* rough paper.

Konzern [~'tsɛrn] *m* (3[1]) combine, group.

Konzert [~'tsɛrt] *n* (3) concert; (*Solovortrag*) recital; **≈iert** [~tsɛr'ti:rt]: ~*e Aktion* ✝, *pol.* concerted action; **~saal** *m* concert-hall.

Konzession [kɔntsɛ'sjo:n] *f* (16) (*Zugeständnis*) concession; (*Genehmigung*) licen|ce, *Am.* -se; **≈ieren** [~jo'ni:rən] license.

Konzil [kɔn'tsi:l] *n* (3[1] *u.* 8[2]) council.

konziliant [~tsil'jant] conciliatory.

Kooperation [koˀopəra'tsjo:n] ✝ *f* co-operation.

Koordin|ate [ko:ˀɔrdi'na:tə] *f* (15) co-ordinate; **≈ieren** [~'ni:rən] co-ordinate.

Köper ['kø:pər] *m* (7) twill.

Kopf [kɔpf] *m* (3[3]) head (*a. von Sachen*); (*oberer Teil*) top; (*Verstand*) brains *pl.*; (*Pfeifen*≈) bowl; *ein fähiger* ~ a clever fellow; ~ *hoch!* cheer up!; *s. hängen, schlagen, setzen, zerbrechen, zusagen*; *e-n eigensinnigen* ~ *haben* be obstinate; *Tatsachen auf den* ~ *stellen* stand facts on their heads; *aus dem ~* by heart; offhand; *mit bloßem ~e* bareheaded; *j-m über den ~ wachsen* outgrow a p., *fig. Schwierigkeiten*: get beyond a p.; *von ~ bis Fuß* from head to foot; *j-n vor den ~ stoßen* offend; F *j-m (gehörig) den ~ waschen* give a p. a (good) dressing-down; '**~arbeit** *f* brain-work; '**~bahnhof** *m* terminus, terminal; rail head; '**~ball** *m Sport*: header; '**~bedekkung** *f* headgear, hat.

köpfen ['kœpfən] (25) behead, decapitate; *Fußball*: head.

'**Kopf|-ende** *n* head; '**2hängerisch** mopish; '**~hörer** *m* headset, headphone; '**~kissen** *n* pillow; '**2lastig** top-heavy; '**2los** headless; *fig.* panicky; *adv.* in panic; '**~nicken** *n* nod; '**~putz** *m* head-dress; '**~rechnen** *n* mental arithmetic; '**~salat** *m* (cabbage-)lettuce; '**2scheu** *Pferd*: restive, skittish; *P.*: nervous, alarmed; '**~schmerz(en** *pl.*) *m* headache; '**~sprung** *m* header; '**~stand** *m* head-stand; '**~steinpflaster** *n* cobble-stone pavement; '**~steuer** *f* poll tax; '**~stimme** *f* head-voice, falsetto; '**~tuch** *n* head-scarf, kerchief; **2'-über** head foremost, headlong; '**~zerbrechen** *n*: *j-m ~ machen* puzzle a p.

Kopie [ko'pi:] *f* (15) copy; *phot.* print; (*Zweitschrift*) duplicate.

Ko'pier|buch *n* copying-book; **2en** copy (*a. fig.*); *phot.* print; **~papier** *phot. n* printing-paper; **~stift** *m* copying pencil.

Koppel ['kɔpəl] **1.** *f* (15) (*~ Hunde*) leash; couple; (*~ Pferde*) string; (*Gehege*) enclosure, (*Pferde2*) paddock; **2.** ⚔ *n* belt; '**2n** (29) couple (*a.* ⊕, ⚡); *Hunde*: leash; *Pferde*: string together; '**~ung** *f* coupling.

Koralle [ko'ralə] *f* (15) coral; **~nbank** *f* coral-reef.

Koran [ko'ra:n] *m* (3^1) Koran.

Korb [kɔrp] *m* (3^3) basket; *fig.* refusal; *fig. Hahn im ~e* cock of the walk; *e-n ~ bekommen* meet with a refusal; *j-m e-n ~ geben* give a p. a refusal; '**~flechter** *m*, '**~macher** *m* basket-maker; '**~geflecht** *n* basket-work; '**~möbel** *n/pl.* wicker furniture; '**~wagen** *m* basket-carriage; '**~waren** *f/pl.* wickerwork *sg.*

Kord(samt) ['kɔrtzamt] *m* (3) corduroy.

Kordel ['kɔrdəl] *f* (15) cord.

Kordon [kɔr'dɔ̃] *m* (11) cordon.

Korinth|e [ko'rintə] *f* (15) currant; **~er** *m*, **2isch** Corinthian.

Kork [kɔrk] *m* (3) cork; '**2-artig** corky; '**~-eiche** *f* cork-oak; '**2en** (25) cork; '**~(en)zieher** *m* cork-screw.

Korn [kɔrn] **1.** *n* (1^2 *u.* [= *~arten*] 3) *v. Sand, Gold, Weizen usw.*: grain (*a. Getreide*); *am Gewehr*: front sight, bead; *der Münze*: standard, alloy; *aufs ~ nehmen* aim at (*a. fig.*); **2.** *m* (*Schnaps*) rye whisky; '**~-ähre** *f* ear of grain; '**~bau** *m* growing of grain; '**~blume** *f* corn-flower; '**~boden** *m* granary.

Körn|chen ['kœrnçən] *n* (6) grain (*a. fig. of truth, etc.*); '**2en** (25) granulate; *Leder*: grain; '**2ig** granular; *in Zssgn* ...-grained.

'**Korn|feld** *n* grain-field; '**~kammer** *f* granary.

Körper ['kœrpər] *m* (7) body (*a. v. Farbe, Wein*); *phys.*, ⩓ solid; '**~bau** *m* build, physique; '**2behindert** (*schwer* severely) disabled, handicapped; '**~chen** *n* (6) corpuscle, particle; '**~fülle** *f* corpulence; '**~geruch** *m* body odo(u)r; '**~größe** *f* height; '**~haltung** *f* bearing, posture; '**~kraft** *f* physical strength; '**2lich** bodily, physical; (*stofflich*) corporeal, material; '**~pflege** *f* care of the body, (personal) hygiene; '**~schaft** *f* corporation, corporate body; '**~teil** *m* part (*Glied*: member) of the body; '**~verletzung** *f* (⚖ *schwere* grievous) bodily harm; '**~wärme** *f* body heat.

Korporal ⚔ [kɔrpo'ra:l] *m* (3^1) corporal; **~schaft** ⚔ *f* squad.

Korps [ko:r] *n inv.* corps; '**~geist** *m* esprit de corps (*fr.*).

Korpulenz [kɔrpu'lɛnts] *f* (16) corpulence, stoutness.

korrekt [kɔ'rɛkt] correct; **2heit** *f* correctness; **2or** [~ɔr] *m* (8^1) proof-reader.

Korrektur [~'tu:r] *f* (16) correction; (*auch* **~bogen** *m*) page-proof; **~fahne** *typ. f* galley proof.

Korrespon|dent [kɔrɛspɔn'dɛnt] *m* (12) correspondent; **~denz** [~ts] *f* (16) correspondence; **2'dieren** correspond.

Korridor ['kɔrido:r] *m* (3^1) corridor (*a. pol.*), passage(-way).

korrigieren [kɔri'gi:rən] correct.
korrosionsfest ⊕ [kɔro'zjo:nsfɛst] corrosion-resistant.
kor|rumpieren [kɔrum'pi:rən] corrupt; **~rupt** [~'rupt] corrupt; **2-ruption** [~'tsjo:n] *f* (16) corruption.
Kors|e ['kɔrzə] *m* (12), '**2isch** Corsican.
Korsett [kɔr'zɛt] *n* (3) corset.
Korvette ⚓ [kɔr'vɛtə] *f* (15) corvette; **~nkapitän** *m* lieutenant commander.
Koryphäe [kory'fɛ:ə] *f* (15) eminent authority, great expert.
kose|n ['ko:zən] *v/t.* (27) caress, fondle; '**2name** *m* pet name.
Kosmet|ik [kɔs'me:tik] *f* (16) cosmetics *pl.*; **~iker(in** *f*) *m* cosmetician; **2isch** cosmetic (*a.* ⚕).
kosm|isch ['kɔsmiʃ] cosmic(ally *adv.*); **2onaut** [~mo'naut] *m* (12) cosmonaut; **2opolit** [~mopo'li:t] *m* (13) cosmopolitan; **2os** ['~mɔs] *m* (*inv.*, *o. pl.*) cosmos.
Kost [kɔst] *f* (16) food; fare; (*Ernährungsweise*) diet; (*Beköstigung*) board; *schmale* ~ slender fare; ⚕ low diet; *freie* ~ free board; *in* ~ *geben* board out; *in* ~ *sein bei* board with; ~ *und Logis* board and lodging.
'**kostbar** costly, expensive; (*wertvoll*) precious; '**2keit** *f* expensiveness; preciousness; *konkret*: precious thing, *pl. a.* valuables.
'**Kosten** **1.** *pl.* cost(s *pl.*), expenses; charges *pl.*; *auf* ~ (*gen.*) at the cost of, at *a p.'s* expense; *auf seine* ~ *kommen* get one's money's worth; **2.** **2** (26) *Geld*: cost; *fig. a.* take, require; **3.** **2** (*schmecken*) taste; '**~anschlag** *m* estimate; '**~aufwand** *m* expenditure; '**2frei**, '**2los** free (of charge); '**2pflichtig** with costs; '**~preis** *m* cost-price; '**~punkt** *m* (matter of) expense; '**~rechnung** *f* bill of costs; '**~senkung** *f* lowering of costs.
Kost|gänger ['~gɛŋər] *m* (7) boarder; '**~geld** *n* board allowance; *der Dienstboten*: board-wages *pl.*
köstlich ['kœstliç] delicious; *fig.* exquisite; (*lustig*) delightful.
'**Kost|probe** *f* taste; *fig.* sample; **2spielig** ['~ʃpi:liç] expensive, costly.
Kostüm [kɔs'ty:m] *n* (3^1) costume, dress; (*Jackenkleid*) (two-piece) suit; **~ball** *m*, **~fest** *n* fancy-dress ball; **2ieren** [~ty'mi:rən] (*a. sich* ~) dress up; **~probe** *thea. f* dress rehearsal.
Kot [ko:t] *m* (3) (*Schmutz*) mud, mire; *physiol.* f(a)eces *pl.*, excrement; '**~blech** *n*, '**~flügel** *m* mudguard, *Am.* fender.
Kotelett [kot(ə)'lɛt] *n* (3^1) cutlet, chop; **~en** *pl.* (*Bart*) side whiskers *pl.*, *Am.* sideburns *pl.*
Köter ['kø:tər] *m* (7) cur, tyke.
'**kotig** muddy, miry.
kotzen P ['kɔtsən] (27) vomit, puke, spew; *mot.* splutter.
Krabbe ['krabə] *f* (15) shrimp; (*Taschenkrebs*) crab; *fig.* (*Mädel*) little monkey.
'**krabbeln** *v/i.* (29, sn) crawl; *v/t.* scratch softly.
Krach [krax] *m* (3) crash; (*Lärm*) row, din; (*Streit*) quarrel, F row; ✝ crash, smash; ~ *machen* make (*od.* kick up) a row; '**2en** (25) crash.
krächzen ['krɛçtsən] (27) croak.
Kraft [kraft] **1.** *f* (14^1) strength, (*a. Natur2*) force; (*Macht*; *a.* ⊕ *od. fig.*) power; (*Energie*) energy; (*Rüstigkeit*) vigo(u)r; (*Wirksamkeit*) efficacy; (*Person*) worker; *aus eigner* ~ by o.s.; *in* ~ *sein* (*setzen*, *treten*) be in (put into, come into) operation *od.* force, be (*od.* become) effective; *außer* ~ *setzen* annul, cancel, invalidate; *außer* ~ *treten* lapse, expire; *s. best, vereinen*; **2.** **2** (*gen.*) in (*od.* by) virtue of, on the strength of; '**~anlage** *f* power plant; '**~anstrengung** *f*, '**~aufwand** *m* (strenuous) effort; '**~ausdruck** *m* swear-word, *pl.* strong language; '**~brühe** *f* beef tea; '**~droschke** *f* taxi(-cab); '**~fahrer** *m* motorist, (car-)driver; '**~fahrtechnik** *f* automotive engineering; '**~fahrwesen** *n* motoring, automobilism; '**~fahrzeug** *n* motor vehicle; '**~fahrzeugbrief** *m* (motor vehicle) registration book; '**~fahrzeugsteuer** *f* motor vehicle tax; '**~feld** *n* field of force; '**~futter** *n* concentrated feed.
kräftig ['krɛftiç] strong, robust, sturdy; (*mächtig*) powerful; (*tat2*) vigorous, energetic; (*nahrhaft*) nourishing, substantial; *Farbton*: heavy, deep; *~er Fluch* round oath; **~en** ['~igən] strengthen; *s. a. stärken.*
'**kraft|los** feeble, weak; ⚖ invalid;

'**～probe** *f* trial of strength; '**～rad** *n* motor-cycle; '**～stoff** *m* fuel; '**～strotzend** vigorous; '**～verschwendung** *f* waste of energy; '**～voll** powerful, vigorous; '**～wagen** *m* (motor-)car, *Am. a.* automobile; *allg.* motor vehicle; '**～wagenpark** *m* fleet (of motor vehicles); '**～werk** ⊕ *n* power station *od.* plant; '**～wort** *n s. Kraftausdruck.*

Kragen ['kra:gən] *m* (6) collar; (*Umhang*) cape; *beim ～ packen* (seize by the) collar; F *ihm platzte der ～* he blew his top.

Kräh|e ['krɛ:ə] *f* (15) crow; '**～en** (25) crow.

Krakeel F [kra'ke:l] *m* (3^1) quarrel, brawl; (*Lärm*) row; **～en** (25) brawl; make a row; **～er** *m* brawler.

Kralle ['kralə] *f* (15) claw.

Kram [kra:m] *m* (3^3) (*～waren*) small wares *pl.*; *weitS.* things *pl.*; *fig.* stuff; (*Plunder*) rubbish; '**～en** (25) rummage.

Krämer ['krɛ:mər] *m* (7) shopkeeper.

'**Kramladen** *m* (small) shop.

Krampe ['krampə] *f* (15) cramp (-iron), clamp; (*Draht～*) staple.

Krampf [krampf] *m* (3^3) cramp, spasm; *stärker*: convulsion; '**～-ader** *f* varicose vein; '**～haft** convulsive; *fig.* frantic(ally *adv.*).

Kran [kra:n] *m* (3^3 *u.* 12) crane; '**～führer** *m* crane operator.

Kranich ['kra:niç] *m* (3) crane.

krank [kraŋk] (18^2) ill (*nur pred.*); *sonst* sick; *stärker*: diseased (*bsd. Körperteil*); *～ schreiben* give *a p.* a sick-certificate; *sich ～ melden* report (o.s.) sick; *～ werden* fall ill *od.* sick; '**～e** *m, f* (18) sick person, patient.

kränkeln ['krɛŋkəln] (29) be sickly.

kranken ['kraŋkən] (25) suffer (*an dat.* from).

kränken ['krɛŋkən] (25) hurt, wound, offend.

'**Kranken|-anstalt** *f* hospital; '**～auto** *n* (motor) ambulance; '**～bett** *n*, '**～lager** *n* sick-bed; '**～geld** *n* sick-benefit; '**～gymnastik** *f* remedial gymnastics, physiotherapy; '**～haus** *n* hospital; '**～kasse** *f* sick-fund; '**～kost** *f* invalid diet; '**～pflege** *f* nursing; '**～pfleger** *m* male nurse; '**～pflegerin** *f*, '**～schwester** *f* nurse; '**～schein** *m* (*Attest*) medical certificate; *der Krankenkasse*: medical (card); '**～stuhl** *m* invalid-chair; '**～träger** *m* stretcher-bearer; '**～versicherung** *f* health insurance; '**～wagen** *m* (motor) ambulance; '**～wärter** *m* male nurse; '**～zimmer** *n* sick-room.

'**krankhaft** morbid; pathological.

'**Krankheit** *f* illness, sickness, disease; '**～s-erreger** *m* pathogenic agent; '**～s-erscheinung** *f* symptom; '**～sstoff** *m* morbid substance; '**～s-urlaub** *m* sick-leave.

'**kranklachen:** *sich ～* split one's sides with laughing.

'**kränklich** sickly; '**～keit** *f* sickliness.

'**Kränkung** *f* insult, offen|ce, *Am.* -se.

Kranz [krants] *m* (3^2 *u.* ^{3}) garland, wreath; ⚠ cornice; *fig.* circle.

Kränz|chen ['krɛntsçən] *n* (6) small wreath; *fig. bsd. v. Damen*: (ladies') circle; '**～en** (27) wreathe, crown.

Krapfen ['krapfən] *m* (6) doughnut.

kraß [kras] crass, rank, gross.

Krater ['kra:tər] *m* (7) crater.

'**Kratz|bürste** *f* scratch-brush; *fig.* crosspatch; '**～bürstig** cross; '**～e** *f* (15) scraper; (*Woll～*, *Hanf～*) card.

Krätze ['krɛtsə] *f* (15) itch, scabies.

'**Kratz-eisen** *n* scraper.

kratz|en ['kratsən] (27) scrape; (*schrammen*) scratch; '**～er** F *m* scratch.

Krätzer ['krɛtsər] *m* (7) rough wine.

krätzig ['krɛtsiç] itchy, scabious.

krau|en ['krauən] (25) tickle, scratch softly; '**～len** (25) *v/t.* = *krauen*; *v/i. Schwimmen*: crawl; '**～lschwimmen** *n*, '**～lstil** *m* crawl (-stroke).

kraus [kraus] frizzy, curly; *fig.* muddled; *～ ziehen s. krausen*; **～e** ['～zə] *f* (15) (*Rüsche*) frill, ruffle; (*Hals～*) ruff.

kräuseln ['krɔʏzəln] *v/t. u. refl.* (29) curl, crimp; (*fälteln*) gather; *Wasser*: ripple, be ruffled; *Rauch*: curl up.

krausen ['krauzən] (27) *Stirn*: knit *one's brow*; *Nase*: wrinkle.

kraus|haarig ['kraus-] curly-haired; '**～kopf** *m* curly head.

Kraut [kraut] *n* (1^2) herb; (*Pflanze*) plant; (*Kohl*) cabbage; *e-r Rübe*: top; F (*Tabak*) weed; *ins ～ schießen* run wild.

Kräuter|käse ['krɔʏtərkɛːzə] *m* green cheese; '**~kunde** *f* herbal lore; '**~tee** *m* herb-tea.
Krawall [kra'val] *m* (3[1]) riot, uproar; F rumpus.
Krawatte [kra'vatə] *f* (15) (neck-) tie; **~nhalter** *m* tie clip.
kraxeln ['kraksəln] F (29, sn) climb.
Kreatur [krea'tuːr] *f* (16) creature.
Krebs [kreːps] *m* (4) crayfish, *Am.* crawfish; *ast.* Crab, Cancer; ⚕ cancer; '**♀-artig** cancerous; '**♀-erregend** ⚕ carcinogenic; '**~geschwulst** ⚕ *f* cancerous tumo(u)r; '**♀krank** suffering from cancer; '**~schaden** *m* cancerous affection; *fig.* canker; '**~schere** *f* crayfish claw.
kredenz|en [kre'dɛntsən] (27) present, serve.
Kredit 1. [kre'diːt] *m* (11) credit; *auf* ~ on credit; **2.** ✝ ['kreːdit] *n* (11) credit; **~bank** [kre'diːt-] *f* credit bank; **~brief** *m* letter of credit; **♀fähig** credit-worthy, sound; **~geschäft** *n* credit business (*od.* transaction).
kredi'tieren [~di-] *v/t. j-m et.*: credit a th. to a p.; *v/i.* (pass to the) credit.
'**Kreditseite** *f* credit-side.
kre'ditwürdig *s. kreditfähig.*
Kreide ['kraɪdə] *f* (15) chalk; *bunte*: crayon; '**♀n** chalk; '**♀'weiß** as white as a sheet; '**~zeichnung** *f* crayon (*od.* chalk) drawing.
kreieren [kre'ʔiːrən] create.
Kreis [kraɪs] *m* (4) circle; (*Wirkungs♀*) field, sphere; (*Ideen♀*) range; *ast.* orbit; (*Gebiet*) district, *Am.* county; (*Personen♀*) circle, *unterrichtete usw.* ~e quarters *pl.*; ⚡ circuit; *fig.* cycle; *s. bewegen*; '**~-abschnitt** *m* segment; '**~-ausschnitt** *m* sector; '**~bahn** *f* orbit; '**~bogen** *m* arc.
kreischen ['kraɪʃən] (27) scream; *stärker*: shriek (*a. Bremsen usw.*).
Kreisel ['kraɪzəl] *m* (7) (peg)top, whip(ping-)top; ⊕ gyroscope; '**~kompaß** *m* gyrocompass; '**♀n** spin (the top).
kreisen ['kraɪzən] (27) circle, revolve, rotate; *Blut, Geld usw.*: circulate.
kreis|förmig ['~s-] circular; '**♀lauf** *m* circulation (*a.* ⚕); rotation; *der Jahreszeiten usw.*: succession; '**♀-laufstörung** ⚕ *f* circulatory disturbance; '**♀linie** *f* circular line; '**~rund** circular; '**♀säge** *f* circular saw; '**♀stadt** *f* district town, *Am.* county seat; '**♀verkehr** *m* roundabout (traffic).
Krem [kreːm] *f*, F *m* (3) *s. Creme.*
Krematorium [krema'toːrjum] *n* (9) crematorium, *Am.* crematory.
Kreml ['krɛml] *m the* Kremlin.
Krempe ['krɛmpə] *f* (15) brim.
Krempel ['~pəl] *m* (7) stuff.
krepieren [kre'piːrən] (sn) *Tier*: perish; *Granate*: burst, explode.
Krepp [krɛp] *m* (11), '**~flor** *m* crêpe; *bsd. für Trauerkleidung*: crape; '**~gummi** *m* crêpe rubber; '**~papier** *n* crêpe paper; '**~sohle** *f* crêpe--rubber sole.
Kresse ♀ ['krɛsə] *f* (15) cress.
Kreuz [krɔʏts] *n* (3[2]) cross; *Kartenspiel*: club(s *pl.*); ♪ sharp; *typ.* obelisk; *anat.* (small of the) back, loins *pl.*; *vom Pferd*: crupper, croup; *fig.* cross, affliction; *kreuz und quer* in all directions; *zu ~e kriechen* truckle (*vor dat.* to); *über ~* crosswise; *s. schlagen*; '**~band** *n* (postal) wrapper; *unter ~ verschikken* send by book-post.
'**kreuzen** (27) *v/t.* cross; *v/i.* ⚓ cruise.
'**Kreuzer** *m* (7) kreutzer; ⚓ cruiser.
'**Kreuz|fahrer** *m* crusader; '**~fahrt** *f* crusade; ⚓ cruise; '**~feuer** *n* cross-fire; '**♀fi'del** as merry as a cricket; '**~gang** *m* cloister; **♀igen** ['~igən] (25) crucify; '**~igung** *f* crucifixion; '**♀lahm** broken-backed; *P.*: stiff-backed; '**~-otter** *f* common viper; '**~ritter** *hist. m* Knight of the Cross; '**~schiff** *n der Kirche*: transept; '**~schmerz** *m* lumbago; '**~spinne** *f* cross (*od.* garden) spider; '**~stich** *m* cross-stitch; '**~ung** *f* crossing; *v. Rassen*: cross--breeding; (*Mischrasse*) cross--breed; '**~verhör** *n* cross-examination; *ins ~ nehmen* cross-examine; '**~weg** *m* crossroads *pl.*; *eccl.* Way of the Cross; '**♀weise** crosswise; '**~worträtsel** *n* crossword puzzle; '**~zeichen** *n* sign of the cross; '**~zug** *m* crusade.
'**kribb(e)lig** (*nervös*) fidgety, edgy.
kribbeln ['kribəln] (29) *v/i. u. v/t.* crawl; (*jucken*) itch.
Kricket ['krikət] *n* (11) cricket.
kriech|en ['kriːçən] (30, sn) creep

(*a.* ⚡), crawl; *fig.* cringe (*vor dat.* to), fawn (on, upon); '**2er** *m* (7), '**2erin** *f fig.* toady, crawler; **2erei** [~'raɪ] *f* (16) toadying; '**~erisch** toadyish; '**2pflanze** *f* creeper; '**2-spur** *mot. f* slow lane; '**2tier** *n* reptile.

Krieg [kri:k] *m* (3) war; *im ~* at war; *s. führen, kalt.*

kriegen ['~gən] F *v/t.* get.

'**Krieg|er** *m* (7) warrior; '**~erdenkmal** *n* war memorial; '**2erisch** (*kriegliebend*) warlike; (*zum Krieg gehörig*) martial; *fig.* belligerent; '**~erwitwe** *f* war widow; **2führend** ['~k-] belligerent.

Kriegs|-anleihe ['~ks-] *f* war loan; '**~beil** *n*: *fig. das ~ begraben* bury the hatchet; '**~bericht-erstatter** *m* war correspondent; '**2beschädigt** *P.*: war-disabled; '**~beschädigte** *m* (18) war-disabled person; '**~dienst** *m* war service; '**~dienstverweigerer** *m* conscientious objector; '**~-erklärung** *f* declaration of war; '**~flagge** *f* war-flag; '**~-flotte** *f* navy; '**~freiwillige** *m* war volunteer; '**~führung** *f* warfare; '**~fuß** *m*: *mit j-m auf ~ stehen* be at daggers drawn with a p.; '**~gebiet** *n* war zone; '**~gefangene** *m* (18) prisoner of war, captive (*a. kriegsgefangen*); '**~gefangenschaft** *f* (war) captivity; '**~gericht** *n* court-martial; **~gewinnler** ['~gəvinlər] *m* (7) war-profiteer; '**~glück** *n* fortune of war; (*Erfolg*) military success; '**~gott** *m* war-god; '**~gräberfürsorge** *f* war-graves commission; '**~hafen** *m* naval port; '**~held** *m* war hero; '**~hetze** *f* war-mongering; '**~kamerad** *m* fellow soldier; '**~kunst** *f* art of war; '**~list** *f* stratagem; '**~macht** *f* military power, forces *pl.*; '**~marine** *f* navy; '**~-opfer** *n* war victim; '**~pfad** *m*: *auf (dem) ~* on the warpath; '**~rat** *m* council of war; '**~recht** *n* martial law; '**~schaden** *m* war damage; '**~schauplatz** *m* theat|re (*Am.* -er) of war; '**~schiff** *n* man-of-war, warship; '**~schuld** *f* (*Verschulden*) war-guilt; (*Verschuldung*) war debt; '**~teilnehmer** *m* combatant; *ehemaliger*: ex-serviceman, *Am.* veteran; '**~treiber** *m* war-monger; '**~-verbrecher** *m* war criminal; '**2-versehrt** *s. kriegsbeschädigt*; '**~zug** *m* expedition, campaign; '**~zustand** *m* state of war.

Krimi ['kri:mi] F *m* (11) (crime) thriller.

Kriminal|be-amte [krimi'nɑ:l-] *m* criminal investigator, detective; **~ist** [~na'list] *m* (12) criminologist; *weitS.* detective; **2istisch** [~na'listiʃ] criminal investigation ...; *s. kriminell*; **~ität** [~nali'tɛ:t] *f* criminality, crime; **~kommissar** [~'nɑ:l-] *m* detective superintendent; **~polizei** *f* criminal investigation police *od.* departemnt (*abbr.* C.I.D.); **~polizist** *m s. Kriminalbeamte*; **~roman** *m* detective (*od.* crime) novel.

kriminell [~'nɛl], **2e** *m, f* criminal.

krimpen ['krimpən] *v/t. u. v/i.* (sn) (25) ⊕ shrink.

Krimskrams ['krimskrams] *m inv.* junk, rubbish.

Kringel ['kriŋəl] *m* (7) curl; (*Gebäck*) cracknel.

Krinoline [krino'li:nə] *f* (15) crinoline.

Krippe ['kripə] *f* (15) crib, manger; (*Kinderheim*) crèche; (*Weihnachts2*) (Christmas) crib.

Krise *f*, **Krisis** ['kri:zə, '~zis] *f* (16²) crisis; '**kriseln:** *es kriselt* there is a crisis developing; **krisenfest** stable.

Kristall [kri'stal] *m* (3¹) crystal; ⚕ crystal(-glass); **2i'sieren** *v/t. u. v/i.* (25) crystallize.

Kriterium [kri'te:rium] *n* (9) criterion.

Kritik [kri'ti:k] *f* (16) criticism; (*Besprechung*) critique, review; *unter aller ~* beneath contempt; *~ üben an* (*dat.*) criticize.

Krit|iker ['kri:tikər] *m* (7) critic; **2iklos** [kri'ti:klo:s] uncritical, undiscriminating; **2isch** ['kri:tiʃ] critical (*gegenüber* of); (*entscheidend*) crucial; **2isieren** [kriti'zi:rən] criticize; (*besprechen*) review.

Krittel|ei [kritə'laɪ] *f* (16) fault-finding, cavil; '**2n** (29) find fault (*an dat.* with), cavil (at).

'**Krittler** *m* (7), '**~in** *f* fault-finder.

Kritzel|ei [kritsə'laɪ] *f* (16), '**2n** (29) *v/i. u. v/t.* scribble, scrawl.

kroch [krɔx] *pret. v. kriechen.*

Krocket ['krɔkɛt] *n* (11) croquet.

Krokant [kro'kant] *m* (6, *o. pl.*) croquant.

Krokodil [kroko'di:l] *n* (3) crocodile.

Krone ['kro:nə] *f* (15) crown (*a.* ⚘, ⊕); (*Adels*⁀) coronet.
krönen ['krø:nən] (25) crown (*zum König* king); *fig.* crown, top.
'**Kron|leuchter** *m* chandelier, light pendant; *mit Glasbehang*: lust|re, *Am.* -er; *elektrisch*: electrolier; '**~prinz** *m* Crown Prince; *Brt.* Prince of Wales; '**~prinzessin** *f* Crown Princess; *Brt.* Princess Royal.
'**Krönung** *f* coronation; *fig.* culmination.
'**Kronzeuge** *m* chief witness; *Brt.* Queen's (*Am.* state's) evidence.
Kropf [krɔpf] *m* (3^3) crop; ⚘ goit|re, *Am.* -er; '**⁀ig** goitrous.
Kröte ['krø:tə] *f* (15) toad.
Krücke ['krykə] *f* (15) crutch; *des Croupiers*: rake.
'**Krückstock** *m* crutched stick.
Krug [kru:k] *m* (3^3) jug; (*großer Ton*⁀) pitcher; (*Trink*⁀) mug; (*Bier*⁀) tankard; (*Wirtshaus*) inn.
Kruke ['kru:kə] *f* (15) stone jug.
Krüllschnitt ['kryl-] *m* (*Tabak*) crimp cut.
Krume ['kru:mə] *f* (15) crumb; (*Acker*⁀) topsoil.
Krüm|chen ['kry:mçən] *n* (6), **~el** ['~əl] *m* (7) small crumb; '**⁀elig** crumbly; '**⁀eln** *v/i.* (29) *u.* *v/t.* crumble.
krumm [krum] crooked (*a. contp. fig.*); bent; (*geschweift*) curved; ~ *gehen* stoop; ~ *sitzen* cower; **~beinig** ['~baɪnɪç] bow-legged.
krümm|en ['krymən] (*a. sich*) (25) crook, bend, curve; *sich* ~ grow crooked; *fig.* cringe; *Fluß*: wind; *vor Schmerzen, Verlegenheit*: writhe with; *vor Lachen*: be doubled up with; '**⁀er** ⊕ *m* bend, elbow.
'**krummnehmen:** *fig. et.* ~ take a th. amiss.
'**Krümmung** *f* crookedness; curvature; *e-s Baches usw.*: bend, turn, winding.
Kruppe ['krupə] *f* (15) croup, crupper.
Krüppel ['krypəl] *m* (7) cripple; *zum* ~ *machen* cripple; '**⁀haft**, '**⁀ig** crippled.
Kruste ['krustə] *f* (15) crust; '**~ntier** *n* crustacean.
'**krustig** crusty.
Kruzifix [kru:tsi'fiks] *n* (3^2) crucifix.
Krypta ['krypta] *f* (16) crypt.
Kübel ['ky:bəl] *m* (7) bucket, pail.
Kubik|fuß [ku'bi:k-] *m* cubic foot; **~maß** *n* cubic measure; **~meter** *n* cubic met|re, *Am.* -er; **~wurzel** *f* cube (*od.* cubic) root.
kubisch ['ku:biʃ] cubic.
Küche ['kyçə] *f* (15) kitchen; (*Kochart*) cuisine, cookery; *s. kalt*.
Kuchen ['ku:xən] *m* (6) cake; '**~form** *f* cake-mo(u)ld.
'**Küchen|chef** *m* chef (*fr.*); '**~gerät** *n*, '**~geschirr** *n* kitchen utensils *pl.*; (*Töpferware*) crockery; '**~herd** *m* (kitchen-)range, cooking stove; '**~kräuter** *n/pl.* pot-herbs; '**~meister** *m* headcook, chef (*fr.*); '**~schrank** *m* kitchen cabinet *od.* dresser; '**~zettel** *m* menu.
Küchlein ['ky:çlaɪn] *n*, **Kü(c)ken** ['ky:kən] *n* (6) chick(en).
Kuckuck ['kukuk] *m* (3) cuckoo; F *zum* ~! damn it!
Kuddelmuddel F ['kudəl'mudəl] *m*, *n* muddle, jumble.
Kufe ['ku:fə] *f* (15) tub, vat; (*Schlitten*⁀) runner; ✈ skid.
Küfer ['ky:fər] *m* (7) cooper; (*Kellermeister*) cellarman.
Kugel ['ku:gəl] *f* (15) ball; (*Gewehr*⁀) bullet; ⩕, *geogr.* sphere; *Sport*: weight, *Am.* shot; '**~abschnitt** *m* spherical segment; '**⁀fest**, '**⁀sicher** bullet-proof; '**~form** *f* spherical form; '**⁀förmig** globular, spherical; '**~gelenk** *n anat.* socket-joint; ⊕ ball-and-socket (joint); '**~lager** ⊕ *n* ball bearing; '**⁀n** *v/i.* (29, sn) roll (*a. v/t.*); *Spiel*: bowl; '**⁀rund** (as) round as a ball; '**~schreiber** *m* ball(-point) pen; '**~stoßen** *n* shot-put(ting).
Kuh [ku:] *f* (14^1) cow; '**~euter** *n* cow's udder; '**~fladen** *m* cow-pat; '**~handel** *m fig.* F *contp.* horse trading; '**~hirt** *m* cowherd.
kühl [ky:l] cool, fresh; *fig.* cool; *j-n* ~ *behandeln* give a p. the cold shoulder; '**⁀-anlage** *f* cold-storage plant; cooling plant; '**⁀-apparat** *m* refrigerator; '**⁀e** *f* (15) coolness; '**~en** *v/t. u. v/i.* (25) cool, chill.
'**Kühler** *m* (7) cooler; *mot.* radiator; '**~figur** *mot. f* radiator mascot; '**~haube** *mot. f* bonnet, *Am.* hood.
'**Kühl|haus** *n* cold-storage house; '**~mittel** *n* coolant, refrigerant; '**~ofen** *m* annealing oven; '**~raum** *m* cold-storage chamber; '**~schlange** *f* cooling pipe; '**~schrank**

m refrigerator; '**~truhe** *f* (deep) freezer; '**~ung** *f* cooling; '**~wagen** *m* refrigerator truck; '**~wasser** *n* cooling water.
'**Kuh|milch** *f* cow's milk; '**~mist** *m* cow-dung.
kühn [ky:n] bold; (*keck*) daring, audacious; '**2heit** *f* boldness.
'**Kuh|pocken** *f/pl.* cow-pox; '**~stall** *m* cow-shed.
Küken ['ky:kən] *n* (6) chick (*a. fig.*).
kulan|t [ku'lant] obliging, fair; *Preis*: reasonable; **2z** [~ts] *f* (16) fair dealing.
Kuli ['ku:li] *m* (11) coolie.
kulinarisch [kuli'nɑ:riʃ] culinary.
Kulisse [ku'lisə] *f* (15) wing, scenery; *fig.* background; ⊕ link; *hinter den ~n* behind the scenes; **~nmaler** *m* scene-painter; **~nschieber** *m* scene-shifter.
kullern ['kulərn] *v/t. u. v/i.* (sn) (29) roll.
Kulmi|nations-punkt [kulmina'tsjo:ns-] *m* culminating point; **2'nieren** culminate.
Kult [kult] *m* (3) cult.
kultivieren [kulti'vi:rən] cultivate.
Kultur [kul'tu:r] *f* (16) (*Anbau*) cultivation; *fig.* culture (*a.* ⚕), (*~gemeinschaft*, *~niveau*) *a.* civilization; **2ell** [~tu'rɛl] cultural; **~film** [~'tu:r-] *m* educational film; **~geschichte** *f* history of civilization; **~land** *n bebautes*: cultivated (*od.* tilled) land; *weitS.* civilized nation; **~schande** *f* insult to good taste; **~sprache** *f* civilized language; **~stufe** *f* stage of civilization; **~volk** *n* civilized race.
Kultus ['kultus] *m* (14^3) cult, worship; '**~minister** *m* Minister of Education.
Kümmel ['kyməl] *m* (7) caraway (-seed); (*Likör*) kümmel; *echter ~* ⚘ cumin.
Kummer ['kumər] *m* (7, *o. pl.*) grief, (*Sorge*) worry; (*Unruhe*) trouble.
kümmer|lich ['kymərliç] miserable, wretched; (*wenig*) scant, meag|re, *Am.* -er; *sich ~ durchschlagen* eke out a miserable existence; '**~n** *v/t.* (29) (*angehen*) concern; *sich ~ um* mind, care about, concern o.s. about *od.* for; (*sorgen für*) see to; '**2nis** *f* (14^2) affliction.
'**kummervoll** sorrowful.
Kump|an [kum'pɑ:n] *m* (3^1) companion, fellow; **~el** ['~pəl] *m* (7) ⚒ pitman; F (*Freund*) chum, pal.
kund [kunt] known.
künd|bar ['kyntbɑ:r] *Vertrag usw.*: terminable; *Anstellung*: subject to notice; *Kapital*: at call; *Anleihe*: redeemable; '**~en:** *~ von* tell of.
Kund|e¹ ['kundə] *m* (13), '**~in** *f* (16^1) customer (*a.* F *fig.*); '**~e²** *f* (15) news; (*Kenntnis*) knowledge; (*Wissenschaft*) science; '**~enberatung** *f* advisory service; '**~endienst** *m* service (to the customer); after--sales service; '**~enkreis** *m*, '**~enstamm** *m* clientele, (regular) customers *pl.*
'**kund|geben** make known; '**2gebung** *f* manifestation; (*Erklärung*) declaration; *pol.* meeting, rally; demonstration.
'**kundig** knowing, skil(l)ful; *e-r S. ~* acquainted with, able to; (*sachverständig*) expert (*gen.* at, in).
kündig|en ['kyndigən] (25) *v/i.* give *a p.* notice *od.* warning (to quit); *v/t. Kapital*: call in; *e-n Vertrag*: give notice to terminate; *die Wohnung ~* give notice to vacate; '**2ung** *f* (giving) notice; warning; (*Entlassung*) dismissal; '**2ungsfrist** *f* period of notice; *vierteljährliche ~* three months' notice; '**2ungsschutz** *m* protection against unlawful dismissal.
kund|machen ['kunt-] make known; '**2machung** *f* publication.
'**Kundschaft** *f* clientele, custom(ers *pl.*); '**2en** (26) reconnoit|re, *Am.* -er, scout; '**~er** *m* (7) ⚔ scout; (*Spion*) spy.
'**kund|tun** make known; '**~werden** (sn) become known.
künftig ['kynftiç] future, next *week*, *year*, *etc.*; *in ~en Zeiten* in times to come; *adv.* (*a.* '**~hin**) for the (*od.* in) future, henceforth.
Kunst [kunst] *f* (14^1) art; (*Geschicklichkeit*) skill; (*Kniff*) trick; *s. bildend, frei, schön usw.*; *das ist keine ~!* that's easy!; '**~-akademie** *f* academy of arts; '**~-ausstellung** *f* art exhibition; '**~butter** *f* (oleo-) margarine; '**~denkmal** *n* monument of art; '**~druck** *m* art print (-ing); '**~druckpapier** *n* art paper; '**~dünger** *m* artificial manure (*od.* fertilizer); '**~-eisbahn** *f* artificial ice-rink.

Künstelei [kynstə'laɪ] *f* (16) (*Geziertheit*) affectation.
'**Kunst|fahrer(in** *f*) *m* trick cyclist; '**~faser** *f* synthetic fib|re, *Am.* -er; '**~fehler** ⚕ *m* malpractice; '**2fertig** skil(l)ful, skilled; '**~fertigkeit** *f* skill(fulness); '**~flieger(in** *f*) *m* stunt flyer; '**~flug** *m* aerobatics *pl.*, stunt flying; '**~flug...** aerobatic; '**~freund(in***f*) *m* lover of the fine arts; '**~gärtner(in** *f*) *m* horticulturist; landscape gardener; '**~gegenstand** *m* objet d'art (*fr.*); '**2gemäß**, '**2gerecht** expert, professional, workmanlike; '**~geschichte** *f* history of art; '**2geschichtlich** art-historical; '**~gewerbe** *n* arts and crafts *pl.*; applied art(s *pl.*); '**~gewerbler(in** *f* [16[1]]) *m* (7) artist-craftsman; '**~glied** *n* artificial limb; '**~griff** *m* trick, knack, dodge; '**~gummi** *n* synthetic rubber; '**~handel** *m* trade in works of art; '**~händler** *m* art dealer; '**~handlung** *f* art dealer's shop; '**~handwerk** *n s. Kunstgewerbe*; '**~harz** *n* synthetic resin; '**~historiker** *m* art historian; '**~hochschule** *f* art college; '**~kenner(in** *f*) *m* art connoisseur; '**~lauf** *m Eissport*: figure-skating; '**~leder** *n* imitation (*od.* artificial) leather.
Künstler ['kynstlər] *m* (7), '**~in** *f* (16[1]) artist; ♪, *thea.* performer; '**2isch** artistic(ally *adv.*); '**~name** *m* stage-name; '**~pech** F *n* bad luck.
'**künstlich** artificial; ⚗ synthetic; *~er Mond* man-made moon.
'**Kunst|liebhaber(in** *f*) *m* art-lover; '**2los** artless; primitive; '**~maler** (**-in** *f*) *m* artist (painter); '**~mappe** *f* art folder; '**~pause** *f* dramatic pause; '**2reich** ingenious; '**~reiter** (**-in** *f*) *m* trick rider; '**~sammlung** *f* art collection; **~schätze** ['~ʃɛtsə] *m/pl.* art treasures *pl.*; '**~schule** *f* school of arts; '**~seide** *f* artificial silk, rayon; '**~sprache** *f* artificial language; '**~springen** *n* fancy diving; '**~sticke'rei** *f* art needlework; '**~stoff** *m* plastic (material); '**~stopfen** *n* invisible mending; '**~stück** *n* trick, feat, *bsd. Am.* F stunt; (*das ist kein*) *~!* anyone can do that!; '**~tischler** *m* cabinet-maker; '**~turnen** *n* gymnastics *pl.*; '**~verlag** *m* art publishers *pl.*; '**~verständige** *m*, *f* art expert; '**2voll** artistic, elaborate, ingenious; '**~werk** *n* work of art; '**~wolle** *f* artificial wool; '**~wort** *n* coined word; '**~zweig** *m* branch of art.
kunterbunt ['kuntərbunt] *durcheinander*: higgledy-piggledy.
Kupfer ['kupfər] *n* (7) copper; *a.* = *~geld*, *~stich*; '**~blech** *n* sheet copper; '**~draht** *m* copper wire; '**~druck** *m* copperplate(-print [-ing]); '**~geld** *n* copper money; '**2haltig** containing copper; '**~hammer** *m* copper-works; '**2ig** coppery; '**~münze** *f* copper (coin); '**2n** of copper; copper ...; '**~platte** *f* copperplate; '**2rot** copper-red; '**~schmied** *m* coppersmith; '**~stecher** *m* copperplate engraver; '**~stich** *m* copperplate (engraving); '**~vitriol** *n* blue vitriol.
kupieren [ku'piːrən] crop, dock.
Kupon [ku'põ] *m* (11) coupon; ✝ dividend-warrant.
Kuppe ['kupə] *f* (15) top; (*Nagel2*) head.
Kuppel ['~l] *f* (15) cupola, dome; **~ei** [~'laɪ] *f* (16) matchmaking; ⚖ procuring; '**2n** (29) *v/t.* ⊕ couple; *v/i. mot.* (de)clutch; (*Ehe vermitteln*) match-make; *b.s.* pimp, procure.
Kuppler ['kuplər] *m* (7), '**~in** *f* (16[1]) matchmaker; *b.s.* procurer, *f* procuress.
Kupplung ['kupluŋ] ⊕ *f* coupling; *mot.* clutch; '**~spedal** *n* clutch pedal; '**~sscheibe** *f* clutch disc.
Kur [kuːr] *f* (16) cure; *e-e ~ machen* take a cure, take a course of treatment.
Kür [kyːr] *f* (16) *Sport*: free exercise (*swimming, etc.*).
Kurat|el [kura'tɛl] *f* (16) guardianship; **~or** [~'rɑːtɔr] *m* (8[1]) guardian, trustee; **~orium** [~ra'toːrjum] *n* (9) board (of trustees).
Kurbel ['kurbəl] *f* (15) crank, handle; '**~gehäuse** ⊕ *n* crankcase; '**2n** (29) crank; *Film*: shoot; '**~welle** *mot. f* crankshaft.
Kürbis ['kyrbis] *m* (4[1]) gourd, pumpkin; F (*Kopf*) nut.
küren ['kyːrən] (25) choose; elect.
Kur|fürst ['kuːr-] *m* elector; '**~fürstentum** *n* (1[2]) electorate; '**~fürstin** *f* (16[1]) electoress; '**2fürstlich** electoral; '**~gast** *m* visitor; '**~haus** *n* kurhaus, spa house; '**~hotel** *n* resort hotel.

Kurie ['kuːrjə] *f* (15) Curia.
Kurier [ku'riːr] *m* (7) courier.
kurieren [ku'riːrən] cure.
kurios [kur'joːs] (18[1]) curious, odd.
Kuriosität [~jozi'tɛːt] *f* (16) curiosity; (*Sammlungsstück*) curio(sity).
Kürlauf ['kyːrlauf] *m* (*Eislauf*) free skating.
'**Kur**|**-ort** *m* health resort, spa; '**~pfuscher(in** *f*) *m* quack; '**~pfusche'rei** *f* quackery.
Kurrentschrift [ku'rɛntʃrift] *f* running hand.
Kurs [kurs] *m* (4) (*Umlauf*) currency; (*~wert*) rate, price; (*~notierung*) quotation; ⚓, ✈ *u. fig.* course; (*Lehrgang*) course; ⚓ *~ nehmen* (*a. fig.*) head (*auf acc.* for); *außer ~ setzen* withdraw from circulation; *in ~ setzen* circulate.
Kursaal ['kuːr-] *m* kursaal.
'**Kurs**|**bericht** *m* market report; '**~buch** *n* railway (*Am.* railroad) guide.
Kürschner ['kyrʃnər] *m* (7) furrier; **~ei** [~'raɪ] *f* (16) furrier's trade; (*Werkstatt*) furrier's shop; '**~ware** *f* furs and skins *pl.*
'**Kursgewinn** *m* price gain.
kursieren [kur'ziːrən] *Geld*: circulate; *Gerücht*: *a.* go round.
Kursivschrift [~'ziːfʃrift] *f* italics *pl.*
'**Kurs**|**notierung** *f* quotation; '**~schwankung** *f* price fluctuation.
Kursus ['kurzus] *m* (14[3]) course.
'**Kurs**|**verlust** *m* loss on the exchange; '**~wechsel** *pol. m* change of policy; '**~wert** *m* market-value; '**~zettel** *m* exchange list.
Kurtaxe ['kuːr-] *f* visitors' tax.
Kür|**turnen** ['kyːr-] *n* free gymnastics *pl.*; '**~übung** *f* free exercise.
Kurve ['kurvə] *f* (15) curve, bend; '**≈n** curve; *~ um* drive round; '**~nbild** *n*, '**~nblatt** *n* graph; '**≈nförmig** curved; '**~nlage** *f* cornering (stability); '**≈nreich** full of bends; F curvaceous (*girl*); '**~nschreiber** *m* plotter.
kurz [kurts] (18[2]) *Raum*: short; *Zeit, Abfassung usw.*: short, brief; *adv.* shortly; (*kurzum*) in short; *~ (und bündig)* concise(ly), brief(ly); *~ angebunden sein* be curt; *~ und gut* in short, in a word; *~e Hose* shorts *pl.*; *~ vor London* short of London; *binnen ~em* before long; *über ~ oder lang* sooner or later; *seit ~em* lately, recently; *vor ~em* a little while ago; *mit ~en Worten* in a few words; *~ abweisen* be short with *a p.*; *um es ~ zu sagen* to cut a long story short; *s. abfertigen, binnen, fassen, über, Prozeß*; *zu ~ kommen* go short, come off a loser *od.* badly (*bei* in); *den kürzeren ziehen* get worsted; *~ und klein schlagen* smash to bits; '**≈-arbeit** *f* short-time work; '**≈-arbeiter** *m* short-time worker; **~atmig** ['~ˀaːtmiç] asthmatic, short-winded.
Kürze ['kyrtsə] *f* (15) shortness; brevity; conciseness; *in ~* shortly, before long; *s. Würze*; '**≈en** (27) shorten; (*verringern*) cut; *s. a. abkürzen.*
Kürzel ['kyrtsəl] *n* (7) grammalogue.
'**kurz**|**er'hand** offhand; '**≈fassung** *f* abridged version; '**≈film** *m* short (film); '**≈form** *f* shortened form; '**~fristig** short-term; *adv.* at short notice; '**≈geschichte** *f* short story; '**≈haar...** short-hair; '**~halten**: *j-n ~* put a p. on short allowance; keep a p. short (*mit* of *money*); **~lebig** ['~leːbiç] short-lived.
kürzlich ['kyrtsliç] recently, not long ago.
'**Kurz**|**meldung** *f*, '**~nachricht** *f* news flash, brief report; *pl.* news in brief; '**≈schließen** ⚡ short-circuit; '**~schluß** ⚡ *m* short circuit; *fig.* (*~handlung*) panic (action); '**~schrift** *f* shorthand(-writing), stenography; '**≈sichtig** short- (*Am.* near-)sighted; *fig.* short-sighted; '**~sichtigkeit** *f* short-sightedness (*a. fig.*); '**~streckenläufer** *m Sport*: sprinter; '**≈treten** mark time (*a. fig.*); ≈'**-um** in short.
'**Kürzung** *f* shortening; abridg(e)ment; *v. Ausgaben*: cut.
'**Kurz**|**waren** *f/pl. Eisenhandel*: hardware *sg.*; (*Posamenten*) haberdashery *sg.*, *Am.* dry goods *pl.*, notions *pl.*; '**~warenhändler** *m* haberdasher; **≈weg** ['~'vɛk] flatly; '**~weil** *f* (16, *o. pl.*) pastime, amusement; '**≈weilig** amusing, funny; '**~welle** ⚡ *f* short wave; '**~wellen...** short-wave ...
kuscheln ['kuʃəln] (29) snuggle up (*an acc.* to).
kuschen ['kuʃən] (27) *Hund*: lie down; *fig.* knuckle under.
Kusine [ku'ziːnə] *f* (15) (female) cousin.

Kuß [kus] *m* (4[1]) kiss; '⁀**-echt** kiss-proof.
küssen ['kysən] (28) kiss.
'**kuß|fest** kissproof; '⁀**hand** *f*: *j-m eine* ~ *zuwerfen* blow a kiss to a p.; *fig. mit* ~ with pleasure.
Küste ['kystə] *f* (15) coast, shore.
'**Küsten|gebiet** *n* coastal area; '~**gewässer** *n* coastal waters *pl.*; '~**handel** *m* coasting trade; '~**land** *n*, '~**strich** *m* coastland; '~**schiffahrt** *f* coastal shipping; '~**wache** *f* coast-guard.
Küster ['kystər] *m* (7) sexton; ~**ei** [~'raɪ] *f* (16) sexton's office.
Kutsch|e ['kutʃə] *f* (15) coach, carriage; '~**er** *m* (7) coachman, driver; ⁀**ieren** [kut'ʃi:rən] *v/i.* (sn *u.* h.) drive (a coach); '~**pferd** *n* coach-horse.
Kutte ['kutə] *f* (15) cowl.
Kutteln ['kutəln] *f/pl.* tripe(s *pl.*) *sg.*
Kutter ⚓ ['kutər] *m* (7) cutter.
Kuvert [ku'vɛrt] *n* (3) envelope; (*Gedeck*) cover.
Kux ⚒ [kuks] *m* (3[2]) no-par (value) mining share.
Kybernetik [kybɛr'ne:tik] *f* (16, *o. pl.*) cybernetics *sg.*

L

L [ɛl], **l** *n inv.* L, l.
Lab [lɑ:p] *n* (3) *zo.* rennet; *physiol.* (*Ferment*) rennin.
laben ['lɑ:bən] (25) refresh; *fig. sich an e-m Anblick* ~ feast one's eyes on.
labil [la'bi:l] unstable (*a.* ⊕, ⚕); [*phys.*, ⚗ labile.]
Labor [la'bo:r] F *n* (11 *od.* 3[1]) lab; ~**ant** [~bo'rant] *m* (12) laboratory assistant; ~**atorium** [~a'to:rjum] *n* (9) laboratory; ⁀'**ieren** ⚗ experiment; (*leiden*) ~ *an* (*dat.*) labo(u)r under, suffer from.
Labsal ['lɑ:pzɑ:l] *n* (3), '**Labung** *f* refreshment; *fig.* comfort.
Labyrinth [laby'rint] *n* (3) labyrinth, maze.
Lache[1] F ['laxə] *f* (15) laugh(ter).
'**Lache**[2] *f* pool, puddle.
lächeln ['lɛçəln] **1.** *v/i.* (29) smile; *höhnisch* ~ sneer (*beide*: *über acc.* at); **2.** ⁀ *n* smile; *höhnisches* ~ sneer.
lachen ['laxən] **1.** *v/i.* (25) laugh (*über acc.* at); *leise vor sich hin* ~ chuckle; *sich e-n Ast* ~ split one's sides with laughing; *du hast gut* ~ F it's all very well for you to laugh; *s. Fäustchen, biegen*; **2.** ⁀ *n* (6) laugh, laughter; *das ist* (*nicht*) *zum* ~ that's ridiculous (no laughing matter); *s. verbeißen, zumute.*
'**Lacher** *m* (7), '~**in** *f* (16[1]) laugher; *die* ~ *auf s-r Seite haben* have the laugh on one's side.
lächerlich ['lɛçərliç] ridiculous, laughable, absurd; (*unbedeutend*) derisory; ~ *machen* ridicule; *sich* ~ *machen* make a fool (*od.* an ass) of o.s.; '⁀**keit** *f* ridiculousness.
lächern ['lɛçərn] (29): *es lächert mich* it makes me laugh.
'**Lachgas** *n* laughing gas.
'**lachhaft** *s. lächerlich.*
'**Lachkrampf** *m* convulsive laughter, fit of laughter.
Lachs [laks] *m* (4) salmon; '~**fang** *m*, '~**fischerei** *f* salmon-fishing; '⁀**farben** salmon(-pink); '~**schinken** *m* fillet of smoked ham.
Lack [lak] *m* (3) (gum-)lac; (*Firnis*) varnish; (*gefärbter* ~) lacquer, enamel; '~**-arbeit**(**en** *pl.*) *f* lacquered work; '~**farbe** *f* (*Klar*⁀) varnish; (*Öl*⁀) paint; '~**firnis** (lac) varnish; ⁀**ieren** [~'ki:rən] lacquer, varnish, enamel; paint; F *fig.* dupe; ~**ierer** [~'ki:rər] *m* (7) varnisher; '~**leder** *n* patent leather.
Lackmus ⚗ ['~mus] *m inv.* litmus.
'**Lackschuh** *m* patent (leather) shoe.
Lade ['lɑ:də] *f* (15) case; *für Wäsche usw.*: press; (*Schub*⁀) drawer; '~**baum** *m* derrick; '~**fähigkeit** *f* loading capacity; ⚓ tonnage; '~**hemmung** ⚔ *f* jam, stoppage; '~**linie** ⚓ *f* loadline; '~**liste** *f* cargo list; '~**meister** *m* chief-loader.
laden[1] ['lɑ:dən] (30) load, lade;

Schußwaffe: load, (*a.* ⚡) charge; *als Fracht*: freight; ⚖ cite, summon; *als Gast*: invite, ask; *s. auf*~.

ˈ**Laden**² *m* (6[¹]) ⚕ shop (*a.* F *fig.*), store; (*Fenster*≗) shutter; *s. schmeißen*; ˈ**~dieb** *m* shop-lifter; ˈ**~diebstahl** *m* shop-lifting; ˈ**~gehilf|e** *m*, **-in** *f* shop assistant, *Am.* sales-clerk; ˈ**~geschäft** *n* shop, store; ˈ**~hüter** *m* drug in (*Am.* on) the market, shelf warmer; ˈ**~-inhaber (-in** *f*) *m* shopkeeper, *Am.* storekeeper; ˈ**~kasse** *f* till; ˈ**~mädchen** *n* shop-girl; ˈ**~preis** *m* selling (*od.* retail) price; ˈ**~schild** *n* shop-sign; ˈ**~schluß** *m* closing time; ˈ**~tisch** *m* counter.

ˈ**Lade|platz** *m* loading-place; ˈ**~rampe** *f* loading ramp *od.* platform; ˈ**~raum** *m* loading space; ⚓ hold; ˈ**~schein** *m* bill of lading.

lädieren [lɛˈdiːrən] damage, injure.

ˈ**Ladung** *f* (16) loading; *konkr.* load; *Güter*: freight; ⚓ cargo; *e-r Schußwaffe od.* ⚡ charge; ⚖ summons.

Lafette [laˈfɛtə] *f* (15) (gun) mount.

Laffe [ˈlafə] *m* (13) fop, puppy.

lag [lɑːk] *pret. v. liegen*.

Lage [ˈlɑːgə] *f* (15) position, (*a. fig.*) situation; *e-s Hauses usw.*: site, location; (*Zustand*) state, condition; *mißliche*: predicament, plight; (*Haltung*) attitude; (*Schicht*) layer, *geol. a.* stratum; *im Stapel*: tier; ⊕ ply; (*Runde Bier usw.*) round; (*Papier*≗) quire; ⚔ (*Salve*) group, volley; *nach ~ der Dinge* as matters stand; *in der ~ sein zu tun* be in a position to do; *j-n in die ~ versetzen, et. zu tun* enable a p. to do a th.; ˈ**~nstaffel** *f Schwimmen*: medley relay; ˈ**~plan** *m* site plan.

Lager [ˈlɑːgər] *n* (7) couch, bed; *geol.* deposit; *e-s Wildes*: lair; ⊕ bearing; (*Waren*≗) stockroom, warehouse, depot, (*Stapelplatz*) dump; (*Vorrat*) stock(s *pl.*), store; ⚔ *usw.* camp (*a. fig.*); *auf* ~ ⚕ in stock, on hand, *fig.* up one's sleeve; ˈ**~-aufseher** *m* warehouseman; ˈ**~bier** *n* lager (beer); ˈ**~buch** *n* stock-book; ˈ**~feuer** *n* camp-fire; ˈ**~gebühr** *f*, ˈ**~geld** *n* storage, warehouse-rent; ˈ**~haus** *n* warehouse; ˈ≗**n** *v/i.* (29, h., sn) lie down, rest (*a. sich* ~); ⚔ (en)camp, be encamped; ⚕ be stored; *v/t.* lay down; *Truppen*: (en)camp; *Waren*: store, warehouse; ⊕ mount in bearings, *Maschine*: seat; ˈ**~platz** *m* ⚕ depot, storage place; *s. Lagerstelle*; ˈ**~raum** *m* store-room; ˈ**~schein** *m* warehouse receipt; ˈ**~stätte** *f*, ˈ**~stelle** *f zum Ruhen*: resting-place; *zum Zelten*: camp site; *geol.* deposit; ˈ**~ung** *f von Waren*: storage; *geol.* stratification; ⊕ (mounting in) bearings *pl.*; ˈ**~verwalter** *m s. Lageraufseher*; ˈ**~vorrat** *m* stock.

Lagune [laˈguːnə] *f* (15) lagoon.

lahm [lɑːm] lame (*a. fig.*); ˈ**~en** (25) be lame; limp; ˈ**~legen** *fig.* paralyse.

lähm|en [ˈlɛːmən] (25) lame, paralyse (*a. fig.*); ˈ**~ung** *f* laming, paralysing; *als Zustand*: paralysis.

Laib [laɪp] *m* (3) loaf.

Laich [laɪç] *m* (3), ˈ≗**en** (25) spawn.

Laie [ˈlaɪə] *m* (13) layman (*~n pl.* laity); ˈ**~nbruder** *m* lay brother; ˈ≗**nhaft** amateurish, lay ...; ˈ**~npriester** *m* lay priest.

Lakai [laˈkaɪ] *m* (12) lackey, footman; ≗**enhaft** [~ənhaft] servile.

Lake [ˈlɑːkə] *f* (15) brine, pickle.

Laken [ˈlɑːkən] *n* (6) sheet.

lakonisch [laˈkoːniʃ] laconic(ally *adv.*).

Lakritze [laˈkritsə] *f* (15) liquorice.

lallen [ˈlalən] (25) *v/i. u. v/t.* stammer.

Lamelle [laˈmɛlə] *f* (15) lamella; ⚡ lamina (*pl.* -ae), bar; ⊕ disc; *der Pilze*: gill.

lament|ieren [~ˈtiːrən] lament (*um* for; *über acc.* over); ≗**o** [laˈmɛnto] *n* (11) lamentations *pl.*

Lametta [laˈmɛta] *f inv. od. n* (9, *o. pl.*) silver tinsel.

Lamm [lam] *n* (1²) lamb; ˈ**~braten** *m* roast lamb; ˈ≗**en** (25) lamb.

Lämm|chen [ˈlɛmçən] *n* (6) lambkin; **~ergeier** [ˈlɛmər-] *m* lammergeier; ˈ**~erwolke** *f* cirrus.

ˈ**Lamm|fell** *n* lambskin; ˈ**~fleisch** *n* lamb; ˈ≗**fromm** (as) gentle as a lamb; meek.

Lampe [ˈlampə] *f* (15) lamp.

ˈ**Lampen|fieber** *n* stage-fright; ˈ**~licht** *n* lamplight; ˈ**~schirm** *m* lamp-shade.

Lampion [lamˈpjõ] *m* (11) Chinese lantern.

lancieren [lɑ̃ˈsiːrən] launch (*a. fig.*).

Land [lant] *n* (1², *poet.* 3) (*Ggs. Wasser*) land; (*Ggs. Stadt*) country; (*Ackerboden*) land, ground, soil;

(*Gebiet*) land, territory, country; (*Staat*) country; *pol. in Deutschland*: Land, Federal State; *ans* ~ ashore, on shore; *auf dem* ~*e* in the country; *außer* ~*es* abroad; *zu* ~*e* by land; '**~-adel** *m* (landed) gentry; '**~-arbeiter** *m* agricultural labo(u)rer, farm hand; ♀'**aus:** ~ *landein* far and wide; '**~besitz** *m* landed property; '**~besitzer** *m* landed proprietor; '**~bewohner** *m* countryman.

Lande|bahn ✈ ['landə-] *f* runway, landing strip; '**~deck** ✈ *n* landing (*od.* flight) deck.

'**Land-edelmann** *m* (country) squire.

'**Landefeuer** *n* runway light.

land'-einwärts inland, up-country.

'**landen** *v/i.* (26, sn, h.) *u. v/t. allg.* land; (*ausschiffen*) *a.* disembark.

'**Land-enge** *f* neck of land, isthmus.

Landeplatz ['landə-] *m* quay, wharf; ✈ landing-ground *od.* -field.

Länderei [lɛndə'raɪ] *f* (16) landed property; *pl. a.* lands.

'**Länder|kampf** *m Sport*: international competition *od.* (*Spiel*) match; '**~kunde** *f* geography; '**~spiel** *n Sport*: international match.

'**Landes|beschreibung** *f* topography; '**~farben** *f/pl.* national colo(u)rs; '**~fürst** *m*, '**~herr** *m* sovereign; '**~grenze** *f* frontier, (national) boundary; '**~hoheit** *f* sovereignty; '**~kind** *n* native; '**~kirche** *f* national (*od.* regional) church; '**~polizei** *f* state police; '**~regierung** *f* government; *in Deutschland*: Land government; '**~sprache** *f* language of a country, native (*od.* vernacular) language; '**~tracht** *f* national costume; '**~trauer** *f* public mourning; '♀**-üblich** customary; '**~vater** *m* father of the people, sovereign; '**~verrat** *m* treason; '**~verräter** *m* traitor to his country; '**~verteidigung** *f* national defen|ce, *Am.* -se; '**~verweisung** *f* expatriation; *e-s Landfremden*: deportation.

'**Landeverbot** *n* landing prohibition.

'**Land|fahrzeug** *n* land vehicle; '**~flucht** *f* rural exodus; '♀**flüchtig** fugitive; '**~friede(nsbruch)** *m* (breach of the) public peace; '**~gemeinde** *f* rural community; '**~gericht** *n* district (*od.* superior) court; '**~gerichtsrat** *m* district court judge; '**~gewinnung** *f* land reclamation; '**~gut** *n* country seat, estate; '**~haus** *n* country house; '**~jäger** *m* rural policeman; '**~junker** *m* (country) squire; '**~karte** *f* map; '♀**läufig** current, common; '**~leben** *n* country life; '**~leute** *pl.* country-people.

ländlich ['lɛntlɪç] rural, country-like; (*bäurisch*) rustic.

'**Land|macht** *f* land power; '**~mann** *m* countryman, farmer; '**~messer** *m* surveyor; '**~partie** *f* outing, picnic; '**~pfarrer** *m* country parson; '**~plage** *f* public calamity; *fig.* (public) nuisance; '**~rat** *m* district president; '**~ratte** ⚓ *f* landlubber; '**~regen** *m* persistent rain; '**~rücken** *m* ridge of land.

'**Landschaft** *f* landscape (*a. paint.*), scenery; (*Bezirk*) region, district; '♀**lich** provincial; *Schönheit usw.*: scenic; '**~sgärtner** *m* landscape gardener; '**~smaler(ei** *f*) *m* landscape-painter (-painting).

'**Land|schule** *f* village school; '**~see** *m* lake; '**~ser** ⚔ F *m* (common) soldier, *Brt.* Tommy (Atkins), *Am.* G.I. (Joe); '**~sitz** *m* country seat.

Lands|knecht ['~ts-] *m* mercenary; '**~mann** *m* fellow-countryman, compatriot; *was für ein* ~ *sind Sie?* what is your native country?; **~männin** ['~mɛnin] *f* fellow-countrywoman; '**~mannschaft** *f* expellee organization.

'**Land|spitze** *f* cape, promontory; '**~stadt** *f* country town; '**~straße** *f* highway; '**~streicher(in** *f*) *m* tramp; **~streiche'rei** *f* vagrancy; '**~streitkräfte** *f/pl.* land forces *pl.*; '**~strich** *m* tract of land, region; '**~tag** *m* diet.

Landung ['~duŋ] *f* (16) landing; (*Ausschiffung*) disembarkation; '**~sbrücke** ⚓ *f schwimmende*: landing-stage; *feste*: jetty, pier.

'**Land-urlaub** ⚓ *m* shore leave.

'**Land|vermessung** *f* land surveying; '**~volk** *n* country-people; '♀**wärts** landward; '**~wirt** *m* farmer; '**~wirtschaft** *f* agriculture, farming; (*Anwesen*) farm; '♀**wirtschaftlich**, '**~wirtschafts...** agricultural; '**~zunge** *f* spit (of land).

lang [laŋ] (18[2]) long; *P.*: *a.* tall; F (*entlang*) along; *drei Fuß* ~ three feet long *od.* in length; *e-e Woche* ~

for a week; *seit* ~*em* for a long time (past); ~ *und breit* at (full *od.* great) length; *die Zeit wird mir* ~ time hangs heavy on my hands; ~ *werden Tage*: lengthen; *er machte ein* ~*es Gesicht* his face fell; ~ *entbehrt* (*ersehnt*) long missed (desired); *s. lange, länger, Bank, Hand usw.*; **~atmig** ['~ʔɑːtmiç] long-winded; '**~beinig** long-legged.

lange ['laŋə] *adv.* long, a long time; ~ *her* long ago; *noch* ~ *nicht* not for a long time yet, *fig.* not by a long way; *es ist noch* ~ *nicht fertig* it is not nearly ready; *so* ~ *bis* till, until.

Länge ['lɛŋə] *f* (15) length (*a. zeitlich*); (*Größe*) tallness; *geogr.*, *ast.* longitude; *fig. in e-m Buch usw.*: tedious passage; *auf die* ~ in the long run; *in die* ~ *ziehen* draw out, protract, *Erzählung*: spin out; *sich in die* ~ *ziehen* drag on; *der* ~ *nach* (at) full length, lengthwise.

langen ['laŋən] (25) (*genügen*) suffice, be enough; ~ *nach* reach for; F *j-m e-e* ~ fetch a p. one; *langt das?* will that do?; *damit lange ich e-e Woche* this will last me a week.

'**Längen**|(**durch**)**schnitt** *m* longitudinal section; '**~grad** *m* degree of longitude; '**~kreis** *m* meridian; '**~maß** *n* long (*od.* linear) measure.

länger ['lɛŋər] longer; (*ziemlich lang*) prolonged; ~*e Zeit* (for) some time; *nicht* ~ not any longer.

'**Langeweile** *f* (15, *o. pl.*, *gen. u. dat. Lang*[*en*]*weile*) tediousness, boredom, ennui (*fr.*); ~ *haben* be bored.

'**Lang**|**finger** F *m* thief; **≈fristig** ['~fristiç] long-term; '**≈haarig** long-haired; '**≈jährig** of many years, of long standing; '**~lauf** *m* long-distance run(ning); **≈lebig** ['~leːbiç] long-lived; '**~lebigkeit** *f* longevity.

länglich ['lɛŋliç] longish, oblong; '**~rund** oval.

'**Lang**|**mut** *f*, **~mütigkeit** ['~myːtiçkaɪt] *f* patience, forbearance; '**≈mütig** patient, forbearing; **≈ohrig** ['~ʔoːriç] long-eared.

längs [lɛŋs] along; ~ *der Küste* alongshore; '**≈-achse** *f* longitudinal axis.

langsam ['laŋzɑːm] slow; '**≈keit** *f* slowness.

Lang|**schäfter** ['~ʃɛftər] *m/pl.* (7) Wellingtons; '**~schiff** *n e-r Kirche*: nave; '**~schläfer** *m* late riser; '**~spielplatte** *f* long-play(ing) record.

Längs|**schnitt** ['lɛŋs-] *m* longitudinal section; **≈seits** ['~zaɪts] alongside.

längst [lɛŋst] long ago, long since; *am* ~*en* longest; ~ *nicht so gut* not nearly as good; '**~ens** at the latest.

'**lang**|**stielig** long-handled; *Blume*: long-stemmed; '**≈strecken...** long-distance, ⚔ *a.* long-range; '**≈weile** *s. Langeweile*; '**~weilen** bore; *sich* ~ feel bored; '**~weilig** tedious, boring, dull; ~*e Person* bore; '**≈welle** *f Radio*: long wave; '**≈wellen...** long-wave ...; **~wierig** ['~viːriç] protracted, lengthy; '**≈wierigkeit** *f* lengthiness.

Lanolin [lano'liːn] *n* lanolin.

Lanz|**e** ['lantsə] *f* (15) lance; *fig. e-e* ~ *brechen für* stand up for; **~ette** [~'tsɛtə] *f* (15) lancet.

lapidar [lapi'dɑːr] lapidary.

Lappalie [la'pɑːljə] *f* (15) trifle.

Lappe ['lapə] *m* (13), '**Lappin** *f* (16[1]) Lapp; *s. a. Lappländer.*

Lappen ['lapən] *m* (6) *anat.*, ♣ lobe; (*Flicken*) patch; (*Lumpen*) rag; (*Staub*≈) duster; *s. Putz*≈, *Wisch*≈.

läppern ['lɛpərn] (29): *sich* (*zusammen*)~ accumulate.

'**lappig** ragged; *anat.*, ♣ lobed; (*schlaff*) flabby.

läppisch ['lɛpiʃ] foolish, silly.

Lappländer ['laplɛndər] *m* (7), '**~in** *f* (16[1]) Laplander.

Lapsus ['lapsus] *m* (*inv.*) slip.

Lärche ♣ ['lɛrçə] *f* (15) larch.

Lärm [lɛrm] *m* (3, *o. pl.*) noise; *andauernder*: din; ~ *machen s. lärmen*; ~ *schlagen* give the alarm; '**≈en** (25) make a noise; '**≈end** noisy.

Larve ['larfə] *f* (15) mask; *zo.* larva.

las [lɑːs] *pret. v. lesen.*

lasch [laʃ] limp, lax; *Getränk*: insipid, (*abgestanden*) stale.

Lasche ['laʃə] *f* (15) ⊕ strap; *am Schnürschuh*: tongue.

lassen ['lasən] (30) let; leave *open, shut*; (*gestatten*) allow, permit; (*dulden*) suffer; (*veran*~) make, cause to, (*befehlen*) order to; (*ver*~, *zurück*~) leave; *laßt uns gehen* let us go; *laß* (*das*)! don't!; *laß das Weinen!* stop crying!; *laß* (*es*) *gut sein!* never mind!; *ich kann es nicht* ~ I cannot help (doing) it; *sein Leben* ~ *für* sacrifice (*od.* give) one's life for; *von et.* ~ desist from, give up; *drucken* ~ have ... printed; *gehen* ~ let ... go; *von sich hören* ~ send news; *ich habe ihn dieses Buch lesen* ~ I made him read this book; *sich e-n Zahn ziehen* ~ have a tooth drawn; *das läßt sich denken* I can imagine; *es läßt sich nicht leugnen* there is no denying (the fact); *der Wein läßt sich trinken* the wine is drinkable; *s. Haar, hören, kommen, machen, Ruhe, sagen, übrig*~, *warten, Wasser, Zeit, zufrieden.*

lässig ['lɛsiç] lazy, indolent; (*träge*) sluggish; (*nach*~) negligent; (*unbekümmert*) nonchalant; '**Ƨkeit** *f* laziness; negligence; nonchalance.

läßlich *eccl.* ['lɛsliç] *Sünde*: venial.

Last [last] *f* (16) load, (*Bürde*) burden, (*Gewicht*) weight (*alle a. fig.*); (*Tragfähigkeit*) tonnage; (*Fracht*) cargo, freight; *fig.* weight, charge, trouble; ⚖ ~ *der Beweise* weight of the evidence; ✝ *zu* ~*en von* to the debit of; *zu* ~*en gehen von* be chargeable to; *j-m zur* ~ *fallen* be a burden to a p.; *j-m et. zur* ~ *legen* charge a p. with a th., blame a th. on a p.; '**~-auto** *n s. Lastkraftwagen.*

'**lasten** (26) (*auf dat.*) weigh (upon); '**Ƨ-aufzug** *m* goods lift, *Am.* freight elevator; '**Ƨ-ausgleich** *m* equalization of burdens; '**~frei** unencumbered; '**Ƨsegler** ✈ *m* transport glider.

Laster[1] ['lastər] *n* (7) vice.

'**Laster**[2] *m* (7) *s. Lastkraftwagen.*

'**lasterhaft** depraved, wicked; '**Ƨigkeit** *f* depravity.

'**Lasterhöhle** *f* den of vice.

läster|lich ['lɛstər-] slanderous; (*gottes*~) blasphemous; F (*furchtbar*) F awful; '**Ƨmaul** *n* slanderer, backbiter; '**~n** (29) *v/t. Gott*: blaspheme; *v/i.* ~ *über* (*acc.*) slander, defame; '**Ƨung** *f* slander, calumny; blasphemy; '**Ƨzunge** *f* slanderous tongue; *s. Lästermaul.*

lästig ['lɛstiç] troublesome, bothersome, annoying; *j-m* ~ *fallen* (*od. werden*) bother a p.; '**Ƨkeit** *f* troublesomeness.

'**Last|kahn** *m* barge; '**~kraftwagen** *m* (motor) lorry, *Am.* truck; '**~pferd** *n* pack-horse; '**~schiff** *n* transport-ship; '**~schrift** ✝ *f* (*Anzeige*) debit note; (*Buchung*) debit item; '**~tier** *n* pack animal; '**~wagen** *m s. Lastkraftwagen*; '**~wagenfahrer** *m* lorry (*Am.* truck) driver; '**~zug** *m* tractor-trailer unit.

Lasur [la'zu:r] *f* glaze; **Ƨblau** azure; **~lack** *m* transparent varnish; **~stein** *m* lapis lazuli.

Latein [la'taɪn] *n* (1, *o. pl.*) Latin; *fig. mit s-m* ~ *am Ende sein* be at one's wits' end; **~er** *m* (7) Latinist; **Ƨisch** Latin.

latent [la'tɛnt] latent.

Laterne [la'tɛrnə] *f* (15) lantern, lamp; **~npfahl** *m* lamp-post.

Latinum [la'ti:num] *n* (9, *o. pl.*): *großes* ~ A-level Latin; *kleines* ~ O-level Latin.

Latrine [la'tri:nə] *f* (15) latrine.

Latsch|e ['lɑ:tʃə] *f* (15) F (*Pantoffel*) slipper; ⚘ dwarf pine; '**Ƨen** F (27, sn) shuffle (along); '**Ƨig** shuffling, slouching; *fig.* slovenly.

Latte ['latə] *f* (15) lath; *Hochsprung, Fußball*: (cross-)bar; '**~nkiste** *f* crate; '**~nwerk** *n* lattice; '**~nzaun** *m* paling.

Lattich ['latiç] *m* (3) lettuce.

Latz [lats] *m* (3^2) *für Kinder*: bib; (*Schürze*) pinafore; (*Hosen*~) flap.

lau [lau] tepid, (*a. fig.*) lukewarm; *Luft, Wetter*: mild.

Laub [laʊp] *n* (3) foliage, leaves *pl.*; '**~baum** *m* deciduous tree.

Laube ['~bə] *f* (15) arbo(u)r; '**~ngang** *m* arcade; '**~nkolonie** *f* allotment gardens *pl.*

'**Laub|frosch** *m* tree-frog; '**~holz** *n* leaf-wood; '**~'hüttenfest** *n* Feast of (the) Tabernacles; '**~säge** *f* fretsaw; '**~säge-arbeit** *f* fretwork; '**~werk** *n* foliage.

Lauch ⚘ [laux] *m* (3) leek.

Lauer ['laʊər] *f* (15): *auf der* ~ (*liegen*) (lie) in wait; '**Ƨn** (29) lurk (*auf acc.* for); ~ *auf e-e Gelegenheit*: watch for; (*j-m auflauern*) lie in wait for; '**Ƨnd** lurking; *Blick usw.*: lowering, (*argwöhnisch*) wary.

Lauf [laʊf] *m* (3) run; *e-s Motors*: running; (*Strömung*) current; (*Fluß*Ƨ; *Verlauf*) course; (*Wett*Ƨ) race, (*Kurzstrecken*Ƨ) dash; (*Gewehr*Ƨ) barrel; *hunt.* leg; ♪ run; *s-n Gefühlen freien* ~ *lassen* give vent to one's feelings; *in vollem* ~ in full career; *im* ~*e der Zeit* in course of time; *im* ~*e des Monats* in the course of; '**~bahn** *f* career; '**~bursche** *m* errand-boy.

ˈ**laufen** (30, sn) run (*a.* ⊕); (*zu Fuß gehen*) walk; (*durch*~) *Strecke*: cover, do; (*fließen*) flow; *Zeit*: pass; *fig.* (*ab*~) go; *Gefäß*: leack, (*a. Nase*) run; *Film*: run, be on; *s. Gefahr, Geld, Schi, Sturm usw.*; *die Dinge* ~ *lassen* let things slide; ˈ~**d** running; *Jahr, Preis, Ausgaben, Konto usw.*: current; *Wartung usw.*: regular; *Nummern*: consecutive, serial; *fig.* (*ständig*) continuous; ✝ ~*en Monats* instant (*mst abbr.* inst.); *s. Band*; *auf dem* ~*en sein* be up to date, be fully informed; *j-n* (*sich*) *auf dem* ~*en halten* keep a p. (o.s.) informed *od.* F posted; ˈ~**lassen:** *j-n* (*straflos*) ~ let a p. go.

Läufer [ˈlɔʏfər] *m* (7) runner (*a.* ˈ~**in** *f*); (*Teppich*) runner (*a.* ⚘); (*Treppen*⁀) stair-carpet; *Schach*: bishop; *Fußball*: half(back); *s. Eis*⁀, *Schi*⁀; ⚡, *a. e-r Turbine*: rotor.

Lauferei [laufəˈraɪ] *f* running about.

ˈ**Lauf|feuer** *n fig.* wildfire; ˈ~**fläche** *f e-s Radreifens*: tread; ˈ~**gewicht** *n* sliding weight.

ˈ**läufig,** ˈ**läufisch** in heat, ruttish.

ˈ**Lauf|junge** *m s. Laufbursche*; ˈ~**kran** ⊕ *m* travel(l)ing crane; ˈ~**kunde** *m* chance customer; ˈ~**masche** *f* ladder, *Am.* run; ˈ~**paß** F *m* sack, *sl.* walking papers *pl.*; ˈ~**planke** ⚓ *f* gangway, *Am. a.* gangplank; ˈ~**schiene** *f* guide rail; ˈ~**schritt** *m* jogtrot; ⚔ double (-quick) step; *im* ~ at the double; ˈ~**steg** *m für Fußgänger*: foot-bridge; *s. Laufplanke*; ˈ~**zeit** *f e-s Vertrags*: term; *e-s Wechsels*: currency; *e-s Films*: run; (*Brunftzeit*) rutting season; ˈ~**zettel** *m* circular (letter); *für Akten*: interoffice slip.

Lauge [ˈlaugə] *f* (15) lye; ⊕ liquor; (*Salz*⁀) brine; (*Seifen*⁀) suds *pl.*

ˈ**laugen** (25) ⚗ steep (in lye); ˈ~**artig** alkaline; ˈ⁀**-asche** *f* alkaline ashes *pl.*

ˈ**Lauheit** *f* lukewarmness (*a. fig.*).

Laune [ˈlaunə] *f* (15) humo(u)r; temper; mood; (*Grille*) caprice, fancy, whim; (*nicht*) *bei* ~ in (out of) humo(u)r; *guter* ~ in (high) spirits; (*nicht*) *in der* ~ *für* (not) in the mood for.

ˈ**launenhaft** capricious, wayward; ˈ⁀**igkeit** *f* capriciousness.

ˈ**laun|ig** humorous; ˈ~**isch** ill--humo(u)red; moody; *s. launenhaft.*

Laus [laus] *f* (14[1]) louse (*pl.* lice); ˈ~**bub(e)** *m s. Lausejunge*; ˈ~**bubenstreich** *m* boy's prank; *fig.* mischievous trick.

lausch|en [ˈlauʃən] (27) listen (*dat. od. auf acc.* to); ˈ⁀**er** *m* (7), ˈ⁀**erin** *f* (16[1]) listener; *b.s.* eavesdropper; ˈ~**ig** snug, cosy; idyllic.

ˈ**Lausejunge** *m* young scamp *od.* rascal.

lausen [ˈlauzən] (27) louse.

lausig [ˈlauziç] lousy (*a.* F *fig.*).

laut [laut] **1.** loud (*a. fig.*); (*lärmend*) noisy; (*hörbar*) audible; *so* ~ *man kann* at the top of one's voice; ~ *werden fig.* become public; **2.** *adv.* aloud, loud(ly); **3.** *prp.* according to; ✝ as per; **4.** ⁀ *m* (3) sound (*a. gr.*); *hunt.* ~ *geben* give tongue.

Laute [ˈlautə] *f* (15) lute.

ˈ**lauten** (26) sound; *Inhalt, Worte*: run, read; ~ *auf* (*acc.*) *Paß usw.* be issued to, *Urteil*: be.

läuten [ˈlɔʏtən] (26) *v/i. u. v/t.* ring; *feierlich*: toll; *es läutet* the bell is ringing.

lauter [ˈlautər] (*rein*) pure (*a. fig.*); (*klar*) clear; *fig.* (*echt*) genuine; (*aufrichtig*) sincere; (*ehrlich*) honest; (*nichts als*) mere, nothing but; *aus* ~ *Neid* out of sheer envy; ˈ⁀**keit** *f* purity; sincerity.

läuter|n [ˈlɔʏtərn] (29) purify; *Metall, Zucker*: refine; *Flüssigkeit*: clarify; *fig.* purify, chasten; ˈ⁀**ung** *f* purification; refining; clarification; *fig.* chastening.

ˈ**Läut(e)werk** *n* alarm.

ˈ**Laut|gesetz** *n* phonetic law; ˈ~**lehre** *f* phonetics *pl.*; phonology; ˈ⁀**los** soundless, noiseless; (*still*) silent; (*stumm*) mute; *Stille*: hushed; ˈ~**schrift** *f* phonetic transcription; ˈ~**sprecher** *m* loud--speaker; ˈ~**sprecher-anlage** *f*: *öffentliche* ~ public-address system; ˈ~**sprecherwagen** *m* sound truck; ˈ~**stärke** *f* sound intensity; loudness; *Radio*: sound-volume; ~**stärkeregler** [ˈ~reːglər] *m* volume control; ˈ~**system** *n* phonetic system; ˈ~**verschiebung** *f* shifting of consonants.

ˈ**lauwarm** tepid, lukewarm (*a. fig.*).

Lava [ˈlɑːva] *f* (16[2]) lava.

Lavendel ⚘ [laˈvɛndəl] *m* (7) lavender.

lavieren ⚓ [laˈviːrən] (h., sn) tack; *fig.* manœuvre, *Am.* maneuver.

Lawine [la'vi:nə] *f* (15) avalanche; **2n-artig** like an avalanche; ~ *anwachsen* snowball; **~ngefahr** *f* danger of avalanches.
lax [laks] lax, loose.
Lazarett [latsa'rɛt] *n* (3) (military) hospital; **~zug** *m* hospital train.
Lebe'hoch *n* (11) cheer(s *pl.*).
'Lebemann *m* man about town; bon-vivant (*fr.*), playboy.
leben ['le:bən] **1.** (25) live (*a.* = *wohnen*); (*am 2 sein*) be alive; ~ *von e-r Nahrung, e-m Einkommen*: live (subsist) on, *von e-m Beruf*: make a living by; *j-n (hoch)~ lassen* cheer a p.; *bei Tisch*: drink a p.'s health; *s. wohl*; **2.** 2 *n* (6) life; (*geschäftiges Treiben*) stir, activity, bustle; *Bild nach dem ~* to the life; *am ~ bleiben* survive; *am ~ sein* be alive, live; *am ~ erhalten* keep alive; *ein neues ~ beginnen* turn over a new leaf; *ins ~ rufen* call into being, launch; F *~ in die Bude bringen* jazz things up a bit; *mit dem ~ davonkommen* escape alive; *ums ~ kommen* lose one's life, be killed, perish; *sein ~ lang* all one's life; *s. lassen, schenken, Spiel*; **'~d** living (*a. Sprache*); live.
lebendig [le'bɛndiç] (*lebend*) living; *pred.* alive; (*flink*) quick; *fig. s. a. lebhaft*; *bei ~em Leibe* alive; **2keit** *f s. Lebhaftigkeit.*
'Lebens|-abend *m* evening of life; **'~-ader** *fig. f* life-line; **'~-alter** *n* age; **'~-anschauung** *f* way of looking at life, outlook on life; **'~-art** *f* mode of living; (*Benehmen*) manners *pl.*, behavio(u)r; **'~-auffassung** *f* philosophy (of life); **'~-aufgabe** *f* mission (in life); *allg.* life-task; **'~bedingungen** *f/pl.* living conditions; **'~bedürfnisse** *n/pl.* necessaries of life; **'~bejahung** *f* acceptance of life; **'~beschreibung** *f* life, biography; **'~dauer** *f* duration of life; ⊕ (service) life; **'~-erfahrung** *f* experience of life; **'~-erwartung** *f* life expectancy; **'~-faden** *m* thread of life; **'2fähig** ⚕ *u.fig.* viable; **'~fähigkeit** *f* viability; **'~frage** *f* vital question; **'2fremd** *s. weltfremd*; **'~freude** *f* joy of life, zest (for life); **'~gefahr** *f* danger to life; *~!* danger of death!; *unter ~* at the risk of one's life; **'2gefährlich** dangerous (to life), perilous; **'~gefährt|e** *m*, **~in** *f* life companion; **'~gemeinschaft** *f* community of life; **'~geschichte** *f* life-history, biography; **'2groß** life-size(d); **'~größe** *f* life-size; *in ~* life-sized, F *fig.* in the flesh; **'~haltung** *f* living (standard); **'~haltungskosten** *pl.* cost *sg.* of living; **'~interessen** *n/pl.* vital interests; **'~jahr** *n* year of one's life; *im 20. ~* at the age of twenty; **'~kraft** *f* vigo(u)r, vitality; **'2lang, '2länglich** for life (*a.* ⚖), lifelong; *~e Rente* life annuity; **'~lauf** *m* course of life; *schriftlicher*: personal record, curriculum vitae; **'~licht** *n*: *j-m das ~ ausblasen* kill a p.; **'2lustig** gay; **'~mittel** *n/pl.* food(stuffs *pl.*) *sg.*, provisions *pl.*; **'~mittelgeschäft** *n* food shop (*bsd. Am.* store); **'2müde** weary (*od.* tired) of life; **'2notwendig** vital, essential; **'~raum** *m* living space; **'~regel** *f* rule of life; **'~retter** *m* life-saver; **'~standard** *m* standard of living, living standard; **'~stellung** *f* position in life, social status; *lebenslängliche*: permanent position; **'2treu** true to life; **'2-überdrüssig** *s. lebensmüde*; **'~-unterhalt** *m* livelihood, subsistence; *s-n ~ verdienen* earn one's living; **'~versicherung** *f* life insurance; **'~wandel** *m* life, conduct; **'~weise** *f* way of life; (*Gewohnheiten*) habits *pl.*; *gesunde ~* regimen; **'~weis-heit** *f* worldly wisdom; **'~werk** *n* life-work; **'2wichtig** vital, essential; *~e Organe pl.* vitals; **'~wille** *m* will to live; **'~zeichen** *n* sign of life; **'~zeit** *f* lifetime; *auf ~* for life; **'~ziel** *n*, **'~zweck** *m* aim in life.
Leber ['le:bər] *f* (15) liver; *fig. frisch (od. frei) von der ~ weg* frankly, bluntly; **'~fleck** *m* mole; **~käs** ['~kɛ:s] *m* liver loaf; **'2krank, '2leidend** suffering from a liver disease; **'~tran** *m* cod-liver oil; **'~wurst** *f* liver-sausage.
'Lebewesen *n* living being, creature; *biol.* organism.
Lebe'wohl *n* farewell.
leb|haft ['le:phaft] *allg.* lively (*a. fig. Nachfrage, Phantasie usw.*); (*munter*) vivacious; (*schwungvoll*) animated, active, brisk (*alle a.* ⚕); *Farbe*: gay; *Erinnerung*: vivid; *Interesse*: keen; *Straße*: busy; **'2haf-**

tigkeit *f* liveliness; vivacity; vividness; briskness; '**℘kuchen** *m* gingerbread (cake); '**~los** lifeless; '**℘losigkeit** *f* lifelessness; '**℘tag** *m*: *mein*(e) ~(e) all my life; '**℘zeiten** *f/pl.*: *zu s-n* ~ in his lifetime.

lechzen ['lɛçtsən] (27) (*nach*) thirst, languish, yearn, pant (for).

Leck 1. *n* (3) leak; **2.** ℘ leaky; ⚓ ~ *werden* spring a leak.

lecken¹ ['lɛkən] *v/t.* (25) lick; *Milch usw. auf~*: lap (up); '**~**² *v/i.* leak; *bsd.* ⚓ have (sprung) a leak.

lecker ['lɛkər] delicious; appetizing; '**℘bissen** *m*, **℘ei** [~'raɪ] *f* (16) titbit (*a. fig.*), dainty; '**℘maul** *n*, '**℘mäulchen** *n*: *ein ~ sein* have a sweet tooth.

Leder ['le:dər] *n* (7) leather (*a.* F *Fußball*); *in ~ gebunden* calf-bound; '**~band** *m* (*Buch*) calf-binding; '**~fett** *n* dubbin(g); '**~handel** *m* leather trade; '**~händler** *m* dealer in leather; '**℘n** leathern, (of) leather; *fig.* dull; '**~rücken** *m e-s Buches*: leather back; '**~waren** *f/pl.* leather goods *od.* articles; '**~zeug** *n* leathers *pl.*

ledig ['le:diç] (*unverheiratet*) single, unmarried; (*Kind*) illegitimate; (*unbesetzt*) vacant; *e-r S.*: free from, rid of; **~lich** ['~dik-] solely, merely.

Lee ⚓ [le:] *f* (15, *o. pl.*) lee (side).

leer [le:r] *allg.* empty (*a. fig.*); (*unbesetzt; a. ausdruckslos*) vacant; (*eitel*) vain; (*unbeschrieben*) blank; *~e Drohung* (*~es Versprechen*) empty threat (promise); *~es Gerede* idle talk; *ins ℘e gehen Schlag*: miss; *ins ℘e starren* stare into vacancy; *mit ~en Händen* empty-handed; '**℘e** *f* (15) void, emptiness (*a. fig.*); '**~en** (25) empty, clear; '**℘gut** ✝ *n* empties *pl.*; '**℘lauf** *m* ⊕ idling, idle motion; *mot.* (*Gang*) neutral (gear); *fig.* waste of energy; '**~laufen** ⊕ (run) idle; '**~stehend** *Wohnung*: unoccupied, vacant; '**℘taste** *f Schreibmaschine*: space bar; '**℘ung** *f* emptying; clearing.

Lefzen ['lɛftsən] *f/pl.* flews *pl.*

legal [le'gɑ:l] legal; **~isieren** [~gali'zi:rən] legalize; **℘ität** [~gali'tɛt] *f* (16, *o. pl.*) legality.

Legat [le'gɑ:t] **1.** *m* (12) legate; **2.** *n* (3) legacy.

Legation [lega'tsjo:n] *f* legation.

legen ['le:gən] (25) *v/t.* lay, place, put; *Eier, Fußboden, Teppich, Leitung usw.*: lay; *sich* (*hin*)~ lie down, *zu Bett*: *a.* go to bed; *Wind usw.*: calm down, abate; (*nachlassen*) cease, fall; *sich auf e-e S. ~* apply o.s. to, take up; *Karten ~* tell fortunes by the cards; *s. Hand, Handwerk, Herz, Last, Mittel, Mund, Nachdruck, Wert 2., Zeug usw.*; *v/i. Huhn usw.*: lay (eggs).

legendär [legɛn'dɛ:r] legendary.

Legende [le'gɛndə] *f* (15) legend.

legier|en [le'gi:rən] alloy; *Kochkunst*: thicken; **℘ung** *f* alloy(ing).

Legion [le'gjo:n] *f* (16) legion; **~är** [~gjo'nɛ:r] *m* (3¹) legionary.

Legisla|tive [le:gisla'ti:və] *f* (15) legislative body *od.* power; **~tur** [~'tu:r] *f* (16) legislature.

legitim [legi'ti:m] legitimate; **℘ation** [~tima'tsjo:n] *f* (16) legitimation; **℘ati'onspapier** *n* paper of identification; **~ieren** [~'mi:rən] legitimate; *sich ~* prove one's identity; **℘ität** [~mi'tɛ:t] *f* (16) legitimacy.

Leh(e)n ['le:(ə)n] *n* (6) fief, fee; '**~smann** *m* (1², *pl. a. Lehnsleute*) vassal; '**~swesen** *n* feudalism.

Lehm [le:m] *m* (3) loam; (*Ton*) clay; (*Dreck*) mud; '**~boden** *m* loamy soil; '**~grube** *f* loam-pit; '**℘ig** loamy; (*schmutzig*) muddy.

Lehne ['le:nə] *f* (15) support; *e-s Stuhls*: arm, (*Rück℘*) back; (*Abhang*) slope; '**℘n** *v/t.*, *v/i.*, *v/refl.* (25) lean (*an acc.* against).

Lehns... *s. Leh(e)n.*

'**Lehn|sessel** *m*, '**~stuhl** *m* arm- (*od.* easy-)chair; '**~wort** *n* borrowed word.

'**Lehr|-amt** *n* teachership; *höheres ~* mastership; *univ.* professorship; '**~-anstalt** *f* educational establishment, school, academy; *höhere ~* secondary school; '**~beruf** *m* teaching profession; '**~brief** *m* (apprentice's) indenture; '**~buch** *n* textbook.

Lehre ['le:rə] *f* **1.** (15) teaching, doctrine, theory; (*System*) system; (*Wissenschaft*) science; (*Richtschnur*) rule; (*moralische; Warnung*) lesson, warning; *e-r Fabel*: moral; (*Unterricht*) system of instruction; *des Lehrlings*: apprenticeship; *e-e ~ ziehen aus* take warning from;

in der ~ sein be serving one's apprenticeship, *bei j-m* be apprenticed to a p.; *in die ~ geben od. tun* apprentice, article (*bei, zu* to); **2.** ⊕ ga(u)ge; (*Schablone*) pattern; ⚠ centering; **'2n** (25) teach, instruct; (*dartun*) show.

Lehrer ['~rər] *m* (7) teacher, master, instructor; *s. Privat2, Klassen2, Hochschul2*; **'~in** *f* (16[1]) (lady) teacher; **'~kollegium** *n*, **'~schaft** *f s. Lehrkörper*; **'~(innen)seminar** *n* teachers' training college.

'Lehr|fach *n* subject; *s. Lehrberuf*; **'~film** *m* instructional (*od.* training) film; **'~gang** *m* course (of instruction); **'~geld** *n* premium; *fig. ~ zahlen* pay dear for one's wisdom; **'2haft** instructive; didactic; **'~herr** *m* master; **'~jahre** *n/pl.* (years *pl.* of) apprenticeship *sg.*; **'~junge** *m* apprentice; **'~körper** *m* teaching staff, (body of) teachers *pl.*; *univ.* professorate, *Am.* faculty; **'~kraft** *m* teacher; **'~ling** *m* (3[1]) apprentice; **'~mädchen** *n* girl apprentice; **'~meister** *m* master; **'~methode** *f* teaching method; **'~mittel** *n/pl.* educational aids *pl. od.* material *sg.*; **'~plan** *m* (school) curriculum; **'2reich** instructive; **'~saal** *m* lecture-room, class-room; **'~satz** *m* ⩚ theorem; *eccl.* dogma; **'~stück** *thea. n* didactic play; **'~stuhl** *m* (professor's) chair, professorship; **'~vertrag** *m* articles *pl.* of apprenticeship; **'~zeit** *f* apprenticeship.

Leib [laɪp] *m* (1) body; (*Bauch*) belly; (*Mutter2*) womb; (*Taille*) waist; *am ganzen ~e* all over; *mit ~ und Seele* (with) heart and soul; *zu ~e gehen od. rücken j-m*: attack, *e-r S.*: tackle; *sich j-n vom ~e halten* keep a p. at arm's length; *~ und Leben* life and limb; *s. lebendig*; **'~arzt** *m* physician in ordinary (*j-s* to). [(*Unter2*) vest.]

Leibchen ['~çən] *n* (6) bodice;

'leib-eigen in bondage; **'2e** *m, f* serf, bond(wo)man; **'2schaft** *f* serfdom, bondage.

Leibes|beschaffenheit ['laɪbəs-] *f* constitution; (*Äußeres*) physique; **'~erbe(n** *pl.*) *m* issue; **'~frucht** *f* fetus; **'~kraft** *f* bodily strength; *aus Leibeskräften* with all one's might; **'~strafe** *f* corporal punishment; **'~übung** *f* physical exercise; *pl. a.* physical training; **'~visitation** *f* bodily search.

Leib|garde ['laɪp-] *f* body-guard; **'~gericht** *n* favo(u)rite dish.

'leibhaft, '~ig corporeal, in person; (*wirklich*) real, true; *Ebenbild*: living (*image*); *der ~e Teufel* the devil incarnate.

leiblich ['laɪp-] bodily (*a. adv.*), corporal; *~es Wohl* physical well-being; *~er Bruder* full brother; *~er Vetter* cousin german; *ihr ~er Sohn* her own son.

'Leib|rente *f* life-annuity; **'~riemen** *m* belt; **'~schmerzen** *m/pl.* stomach-ache, colic; **'~speise** *f* favo(u)rite dish; **'~wache** *f* body-guard; **'~wäsche** *f* underwear.

Leiche ['laɪçə] *f* (15) (dead) body, corpse; *über ~n gehen* stick at nothing.

'Leichen|begängnis *n* (4[1]) funeral; **'~bestatter** *m* undertaker; **'~bittermiene** *f* woeful look *od.* countenance; **'2blaß** deadly pale; **'~feier** *f* obsequies *pl.*; **'~frau** *f* layer-out; **'~geruch** *m* cadaverous smell; **'~gift** *n* ptomaine; **'~halle** *f* mortuary; **'~hemd** *n* shroud; **'~-öffnung** *f* autopsy; **'~rede** *f* funeral oration; **'~schau** *f* (coroner's) inquest; **'~schauhaus** *n* morgue; **'~starre** *f* rigor mortis; **'~stein** *m* tombstone; **'~träger** *m* (pall) bearer; **'~tuch** *n* shroud (*a. fig.*); **'~verbrennung** *f* cremation; **'~wagen** *m* hearse; **'~zug** *m* funeral procession.

Leichnam ['~nɑːm] *m* (3) (dead) body, corpse.

leicht [laɪçt] light (*a. fig. Essen, Kleidung, Musik usw.*); ⊕ *a.* light-weight; (*nicht schwierig*) easy; (*gering*) slight; ⚖ petty; *Tabak*: mild; *s. leichtfertig*; *~er Sieg* walk-over; *s. Spiel*; *~ entzündlich* highly inflammable; *~ löslich* readily soluble; *et. auf die ~e Schulter nehmen* make light of a th.; *~en Herzens* with a light heart; *es war ihm ein ~es* it was easy for him; *es ist ~ möglich* it is well possible; *das kann ~ passieren* it may easily happen; **'2athlet** *m* (track and field) athlete; **'2-athletik** *f* (track and field) athletics *sg. u. pl.*, track and field events *pl.*; **'2bauweise** ⊕ *f* light-weight construction; **'~beschwingt** jaunty; **'~blütig** sanguine.

ˈ**Leichter** ⚓ *m* (7) lighter.

ˈ**leicht|fertig** light, frivolous, flippant; (*unbedacht*) careless; ˈ**2fertigkeit** *f* frivolity, flippancy, levity; carelessness; **~füßig** [ˈ~fy:siç] light-footed; ˈ**2gewicht(ler** *m*) *n Boxen*: light-weight; ˈ**~gläubig** credulous, gullible; ˈ**2gläubigkeit** *f* credulity, gullibility; ˈ**~**ˈ**hin** airily, casually; **2igkeit** [ˈ~iç-] *f* lightness; *fig. a.* easiness, ease, facility; *mit ~* easily; **~lebig** [ˈ~le:biç] easy-going; ˈ**2matrose** *m* ordinary seaman; ˈ**2metall** *n* light metal; ˈ**~nehmen:** es ~ take it easy; ˈ**2sinn** *m s. leichtsinnig*: light-mindedness, frivolity, levity; recklessness; carelessness; ˈ**~sinnig** (*oberflächlich, gedankenlos*) light-minded, frivolous; (*unvorsichtig, fahrlässig*) reckless; (*sorglos*) careless; ˈ**~verdaulich** easy to digest; ˈ**~verderblich(e Waren** *f/pl.*) perishable(s *pl.*); ˈ**~verständlich** easy to understand; ˈ**~verwundet** lightly wounded.

leid [laɪt] **1.** *es tut mir ~* (*um*) I am sorry (for), I regret; *du tust mir ~* I am sorry for you; **2.** 2 *n* (3, *o. pl.*) (*Schaden*) harm; (*Unrecht*) injury, wrong; (*Verletzung*) hurt; (*Betrübnis*) grief, sorrow; (*Unglück*) misfortune; *j-m ein ~(s) antun* harm a p., *sich*: lay hands upon o.s.; *j-m sein ~ klagen* pour out one's troubles to a p.

leiden [ˈlaɪdən] **1.** (30) *v/i. u. v/t.* suffer (*an dat.* from); (*nicht*) *~ mögen* (dis)like; **2.** 2 *n* (6) suffering; ⚕ complaint, disease; *das ~ Christi* The Passion; ˈ**~d** suffering; *gr.* passive.

ˈ**Leidenschaft** *f* passion; ˈ**2lich** passionate; (*glühend*) ardent; (*heftig*) vehement; ˈ**~lichkeit** *f* passionateness; ardo(u)r; vehemence; ˈ**2slos** dispassionate.

ˈ**Leidens|gefährte** *m*, ˈ**~gefährtin** *f* fellow-sufferer; ˈ**~geschichte** *f* tale of woe; *eccl.* Christ's Passion; ˈ**~weg** *m eccl.* way of the cross; *fig.* (life of) suffering.

leid|er [ˈ~dər] unfortunately; *int.* alas!; *~ muß ich inf.* I'm (so) sorry to *inf.*; *ich muß ~ gehen* I am afraid I have to go; ˈ**~ig** unpleasant; **~lich** [ˈlaɪt-] tolerable; (*halbwegs gut*) passable, fairly well; F (*a. adv.*) middling; ˈ**2tragende** *m, f* (18) mourner; *fig.* sufferer; ˈ**2wesen** *n*: *zu meinem ~* to my regret.

Leier [ˈlaɪər] *f* (15) lyre; *immer die alte ~* always the same old story; ˈ**~kasten** *m* barrel-organ; ˈ**~(kasten)mann** *m* organ-grinder; ˈ**2n** (29) grind (out) *a tune*; *fig. s. herleiern.*

Leih|bibliothek [ˈlaɪ-] *f*, ˈ**~bücherei** *f* lending library; ˈ**2en** (30) lend, *Geld a.* loan; (*entlehnen*) borrow (*von* from); *s. Ohr*; ˈ**~gebühr** *f* lending fee(s *pl.*); ˈ**~haus** *n* pawnshop; ˈ**2weise** as a loan.

Leim [laɪm] *m* (3) glue; *zum Steifen usw.*: size; (*Vogel*2) bird-lime; F *aus dem ~ gehen* come apart; F *fig. auf den ~ gehen* fall into the trap; ˈ**2en** (25) glue; (*steifen*) size; ˈ**~farbe** *f* glue-colo(u)r; (*Tempera*) distemper; ˈ**2ig** gluey, viscous.

Lein ⚘ [laɪn] *m* (3) flax.

Leine [ˈlaɪnə] *f* (15) line, cord; (*Hunde*2) (dog-)lead, leash.

leinen [ˈ~ən] **1.** linen; **2.** 2 *n* (6) linen; ˈ**2band** *m Buchbinderei*: cloth binding; ˈ**2garn** *n* linen yarn; ˈ**2schuh** *m* canvas shoe; ˈ**2zeug** *n* linen (fabric).

ˈ**Lein|kuchen** *m* linseed cake; ˈ**~-öl** *n* linseed-oil; ˈ**~pfad** ⚓ *m* tow(ing)-path; ˈ**~samen** *m* linseed; ˈ**~wand** *f* linen (cloth); *paint.* canvas; *Film*: screen.

leise [ˈlaɪzə] low, soft; (*sanft*) gentle; (*zart*) delicate; (*kaum merklich, gering*) slight, faint (*a. Ahnung, Zweifel usw.*); *~ schlafen* be a light sleeper; *Radio*: *~ stellen* tune down; ˈ**2treter** *m* (7) sneak, *Am. sl.* pussyfoot(er).

Leiste [ˈlaɪstə] *f* (15) strip, ledge; △ fillet; *anat.* groin.

ˈ**leisten**[1] (26) do; (*verrichten*) perform (*a.* ⚖ *Vertrag*); (*erfüllen*) fulfil(l); (*vollbringen*) achieve; ⊕ do, perform; *Eid*: take; *Dienst*: render; *ich kann mir das ~* I can afford it; *sich et. ~* treat o.s. to a th.; *e-n Fehler usw.*: commit; *s. Beitrag, Bürgschaft, Folge, Gesellschaft, Verzicht, Vorschub, Widerstand usw.*;

ˈ**Leisten**[2] *m* (6) last; *nur zum Füllen*: shoe-tree; *alles über einen ~ schlagen* treat all alike; ˈ**~bruch** ⚕ *m* inguinal hernia.

ˈ**Leistung** *f allg., a. e-s Künstlers od. Sportlers, a.* ⚖, ✝, ⊕: performance; (*Großtat*) achievement; (*Zahlung*) payment; (*Lieferung*) delivery; *e-s Arbeiters*: workmanship, *mengenmäßig*: output (*a. e-r Fabrik usw.*); ⚡ power, *aufgenommene*: input, *abgegebene*: output; piece of work; *e-r Fabrik usw.*: output; *~en pl. e-s Schülers*: achievements *pl.*; *e-r Versicherung*: benefit *sg.*; *erreichte ~* result(s obtained); '**2sfähig** efficient, ⊕ *a.* powerful; *Fabrik usw.*: productive; '**~sfähigkeit** *f* efficiency, ⊕ *a.* power, capacity; '**~sgesellschaft** *f* performance-orientated society, Meritocracy; '**~slohn** *m* efficiency wage(s *pl.*); '**~sprinzip** *n* performance principle; '**~sprüfung** *f* performance test; '**~ssoll** *n* target; '**~ssport** *m* high-performance sport(s *pl.*); '**~wettbewerb** *m* efficiency contest; '**~szulage** *f* efficiency bonus.

'**Leit|-artikel** *m* leading article, editorial; '**~bild** *n* model; ideal.

leiten ['laɪtən] (26) lead, guide, (*a. phys.*, ⚡, ♪) conduct; ⊕ convey, pass, guide; (*anführen*) head (*a. Staat*); (*beaufsichtigen, verwalten*) direct, run, manage; *Sitzung usw.*: preside over; *Sport*: *das Spiel ~* referee; *fig. sich von et. ~ lassen* be guided by; '**~d** leading; ✝ managerial, executive (*personnel, position*); *phys.* (*nicht*) ~ (non-)conductive.

'**Leiter**[1] *m* (7), '**~in** *f* (16[1]) leader, (*a. phys.*, ♪) conductor (*f* conductress), guide; *e-r Behörde, Abteilung*: head, chief; *e-s Unternehmens*: manager (*f* manageress); *e-r Schule*: head (master, *f* mistress), *bsd. Am.* principal; '**~**[2] *f* (16) ladder; '**~sprosse** *f* rung of a ladder; '**~wagen** *m* rack-wag(g)on.

'**Leit|faden** *m Buch*: textbook, manual, guide; '**~gedanke** *m* leading idea; '**~hammel** *m* bell-wether (*a. fig.*); '**~motiv** ♪ *n* leitmotiv; *fig.* key-note; '**~planke** *mot. f* guard rail; '**~satz** *m* thesis; '**~schiene** *f* guide rail; '**~spruch** *m* motto; '**~stern** *m* pole-star, lode-star (*a. fig.*); '**~strahl** *m* (guide) beam.

'**Leitung** *f* lead(ing), direction, guidance; (*Beaufsichtigung, Verwaltung*) management; *s. An2*; *phys.* conduction; *konkret*: ⚡ lead; *tel.* line; (*Gas-, Wasser-, Elektrizitäts2*) mains *pl.*; (*Rohr2*) pipeline; *unter s-r ~* under his direction; *fig.* F *e-e lange (kurze) ~ haben* be slow (quick) in the uptake; '**~sdraht** *m* conducting wire; '**~srohr** *n* conduit-pipe; *für Gas, Wasser*: main; '**~svermögen** *n* conductivity; '**~swasser** *n* tap water.

'**Leitwerk** ✈ *n* tail unit, control surfaces *pl.*, controls *pl.*

Lektion [lɛk'tsjo:n] *f* (16) lesson; (*a. fig.*) *j-m e-e ~ erteilen* teach a p. a lesson.

Lektor ['lɛktɔr] *m* (8[1]) lecturer; [(*Verlags2*) reader.]

Lektüre [lɛk'ty:rə] *f* (15) reading.

Lende ['lɛndə] *f* (15) loin(s *pl.*); (*Hüfte*) haunch, hip.

'**Lenden|braten** *m* roast loin, *vom Rind*: sirloin, *Am.* porterhouse steak; '**~gegend** *f* lumbar region; '**2lahm** hip-shot; '**~schurz** *m* loin-cloth; '**~stück** *n* loin, *Am.* tenderloin.

lenk|bar ['lɛŋkba:r] guidable; ⊕ man(o)euvrable; *fig. s. lenksam*; *~es Luftschiff* dirigible (airship); '**~en** (25) direct, guide; (*wenden*) turn; (*beherrschen*) rule; *Wagen*: drive, *mot. u.* ⚓ *a.* steer; *Staat*: govern; *Aufmerksamkeit auf* (*acc.*) ~ call ... to; '**2er** *m* (7) ruler; *e-s Wagens*: driver; *s. Lenkstange*; '**2rad** *n* steering wheel; '**~sam** tractable, manageable; '**2samkeit** *f* docility, manageableness; '**2stange** *f Fahrrad*: handlebar.

Lenz [lɛnts] *m* (3[2]) spring; *fig.* prime [(of life).]

Leopard [leo'part] *m* (12) leopard.

Lepra ⚕ ['le:pra] *f inv.* leprosy.

Lerche ['lɛrçə] *f* (15) lark.

Lern|begierde ['lɛrn-] *f* desire of learning, studiousness; '**2begierig** eager to learn, studious; '**2en** (25) learn; (*studieren*) study; *er lernt gut* he is an apt scholar; *s. gelernt*; '**~maschine** *f* teaching machine; '**~mittel** *n/pl.* learning material *sg.*

Lesart ['le:sʔa:rt] *f* reading, version.

'**lesbar** legible; (*lesenswert*) readable.

Lese ['le:zə] *f* (15) gathering; (*Ähren2*) gleaning; (*Wein2*) vintage; '**~buch** *n* reading-book, reader; '**~halle** *f* public reading-room; '**~lampe** *f* reading-lamp.

'**lesen** (30) **1.** read; *univ.* lecture (*über acc.* on); *die Messe ~* say mass; **2.** (*auflesen*) gather; ✓ glean; (*aussuchen*) pick; '**~swert** worth reading.

'Lese|probe *thea. f* reading rehearsal; **'~pult** *n* reading-desk.
'Leser *m* (7), **'~in** *f* (16¹) reader.
'Lese-ratte F *f* bookworm.
'Leser|kreis *m*, **'~schaft** *f* (circle of) readers *pl.*; **'2lich** legible; **'~zuschrift** *f* letter to the editor.
'Lese|stoff *m* reading (matter); **'~zeichen** *n* book-mark.
Lesung *parl.* ['le:zuŋ] *f*: *in dritter ~* on third reading.
Lethargie [letar'gi:] *f* lethargy.
Lett|e ['lɛtə] *m* (13), **'~in** *f* (16¹), **'2isch** Latvian.
Letter ['lɛtər] *f* (15) letter; *typ.* type.
letzt [lɛtst] last; (*endgültig*) final; ultimate; *der* (*die, das*) *~ere* (18) the latter; *das 2e* the end; *zu guter 2* last but not least, ultimately; *bis ins ~e prüfen* to the last detail; *bis zum ~en* to the last; *~e Nachrichten pl.* latest news; *~e Neuheit* latest novelty; *~en Endes* ultimately, after all; *~e Hand anlegen an* (*acc.*) put the finishing touches to; *s. Loch, Ölung, Schliff, Schrei*; **'~ens, '~hin** lately, the other day; **'~willig** testamentary; *adv.* by will.
Leucht|boje ['lɔʏçt-] *f* light buoy; **'~bombe** *f* flare (bomb); **'~e** *f* (15) light, (*a. fig.*) lamp, (*a. fig., bsd. P.*) luminary; **'2en¹** (26) shine; (*strahlen*) *a.* beam; (*glänzen*) gleam, sparkle; *j-m ~* light a p.; **'~en²** *n* (6) shining *etc.*; **'2end** shining (*a. fig. Beispiel*), bright; *a. Uhrziffern usw.*: luminous; **'~er** *m* (7) candlestick; *s. a. Kron2*; **'~farbe** *f* luminous paint; **'~feuer** *n* beacon; **'~gas** *n* lighting-gas; **'~geschoß** *n* star shell; **'~käfer** *m* glow-worm; **'~kugel** *f* (signal) flare; **'~mittel** *n* illuminant; **'~patrone** *f* signal cartridge; **'~pistole** ⚔ *f* Very pistol; **'~rakete** *f* signal rocket; **'~reklame** *f* luminous advertising; **'~röhre** *f* fluorescent tube, luminous discharge lamp; **'~schirm** *m* fluorescent screen; **'~spurgeschoß** *n* tracer bullet; **'~stoffröhre** *f* fluorescent tube; **'~turm** *m* lighthouse; **'~zifferblatt** *n* luminous dial.
leugnen ['lɔʏgnən] (26) deny; *nicht zu ~* undeniable.
Leukämie [lɔykɛ'mi:] *f* leuk(a)emia.
Leumund ['lɔʏmunt] *m* reputation; **'~szeugnis** *n* certificate of good conduct.
Leute ['lɔʏtə] *pl.* (3) people *pl.*; *einzelne*: persons; ⚔ *u. pol.* men *pl.* (*a. Arbeiter*); *die ~ pl.* people *pl.*, the world *sg.*; *meine ~* (*Familie*) my people *pl.*, *Am.* my folks *pl.*; **'~schinder** *m* martinet.
Leutnant ['lɔʏtnant] *m* (3¹ *u.* 11) ⚔ second lieutenant; ⚓ acting sublieutenant, *Am.* ensign; ✈ pilot officer, *Am.* second lieutenant.
leutselig ['~ze:liç] affable; **'2keit** *f* affability.
Levkoje ♀ [lɛf'ko:jə] *f* (15) stock.
lexikalisch [lɛksi'kɑ:liʃ] lexical.
Lexikograph [~ko'grɑ:f] *m* (12) lexicographer; **~ie** [~gra'fi:] *f* (16) lexicography; **2isch** [~'grɑ:fiʃ] lexicographical.
Lexikon ['lɛksikɔn] *n* (9¹ *u.* ²) dictionary; *s. a. Konversationslexikon.*
Libelle [li'bɛlə] *f* (15) dragon-fly; ⊕ (water- *od.* spirit-)level.
liberal [libe'rɑ:l] liberal; **~isieren** [~rali'zi:rən] liberalize; **2ismus** [~ra'lismus] *m* (16, *o. pl.*) liberalism; **~istisch** [~'listiʃ] liberalistic; **2ität** [~li'tɛ:t] *f* liberality.
Libretto [li'brɛto] ♪ *n* (11, *pl. a.* -*tti*) word-book.
Licht [liçt] **1.** *n* (1 *u.* 3) light; (*leuchtender Körper*) luminary; (*Lampe*) lamp; (*Kerze*) candle; *hunt. ~er pl.* eyes; *fig. ans ~ bringen* (*kommen*) bring (come) to light; *bei ~e arbeiten usw.* by lamp-light; *j-m ein ~ aufstecken* open a p.'s eyes (*über acc.* to); *et. bei ~e besehen* examine closely, *als Redewendung*: on closer inspection; *das ~ der Welt erblicken* be born; *geh mir aus dem ~e!* stand out of my light!; *~ machen* strike a light, ⚡ put on the light; *j-m* (*od. sich selbst*) *im ~e stehen* stand in a p.'s (*od.* one's own) light; *ein schlechtes ~ werfen auf* (*acc.*) cast a reflection on; *j-n hinter das ~ führen* dupe a p.; *jetzt geht mir ein ~ auf!* now I see (daylight); *s. Scheffel, schief*; **2.** 2 light, bright; (*durchsichtig*) clear (*a.* ⊕ *Höhe usw.*); *fig.* lucid; *~er Augenblick bei Geisteskranken*: lucid interval; *~er Tag* broad daylight; ⊕ *im 2en* in the clear; **'~anlage** *f* lighting system; **'~bad** ⚕ *n* solar bath, insolation; **'2beständig** fast to light; **'~bild** *n* photograph; **'~bildervortrag** *m* lantern-slide lecture; **'2-**

blau light blue; '**~blick** *m* bright spot; '**~bogen** ⚡ *m* arc; '**♀brechend** *opt.* refractive; '**~druck** *m* phototype; '**♀durchlässig** permeable to light, diaphanous; '**♀-echt** fast to light; *Stoff*: non-fading; '**♀-empfindlich** sensitive to light; *phot.* sensitive; ~ *machen* sensitize; '**~-empfindlichkeit** *f* sensitivity.

'**lichten** (26) *Wald*: clear; *Reihen, Haar*: (*a. sich*) thin; *s. Anker*.

'**Lichter 1.** ⚓ *m* (7) lighter; **2.** *pl. von Licht*; **♀loh** ['~'lo:] blazing, in full blaze; ~ *brennen* be ablaze.

'**Licht|geschwindigkeit** *f* speed of light; '**~hof** *m* glass-roofed court; *phot.* halo; '**~hupe** *mot. f* headlamp flasher; '**~kegel** *m* cone of light, beam (of light); '**~maschine** *mot. f* generator, dynamo; **~meß** ['~mɛs] *f* Candlemas; **~paus-apparat** ['~paʊs-] *m* copying apparatus; **~pause** ['~paʊzə] *f* photoprint; '**~pausverfahren** *n* photoprinting; '**~reklame** *f* luminous advertising; '**~schacht** *m* light-well; '**~schalter** *m* light switch; '**♀scheu** shunning the light; '**~seite** *f fig.* bright side; '**~spielhaus** *n*, '**~spieltheater** *n* cinema, *Am.* motion-picture theater; '**~stärke** *f* luminous intensity; '**~strahl** *m* ray, beam; '**♀-undurchlässig** opaque; '**~ung** *f* clearing.

Lid [li:t] *n* (1) eyelid.

lieb [li:p] dear; (*zärtlich geliebt*) beloved; (*nett*) nice, kind; *Kind*: good; *der ~e Gott* the good God; *es ist mir ~, daß* I am glad that; *das habe ich am ~sten* I like that best of all; '**~-äugeln** ogle (*mit j-m od. et.* a p., a th.); flirt (with *an idea*); '**♀chen** *n* (6) love, sweetheart.

Liebe ['li:bə] *f* (15) love (*zu* of, for); *christliche ~* charity; *aus ~* for love; *aus ~ zu* for the love of; '**♀bedürftig** starved for love; **~dienerei** [~di:nə'raɪ] *f* (16) obsequiousness, toadyism; **~lei** [~'laɪ] *f* (16) flirtation.

liebeln ['li:bəln] (29) flirt, dally.

'**lieben** *v/t.* (25) love (*a. v/i.*); (*gern mögen*) be fond of, like; *~d gern* gladly; '**♀de** *m, f* (18) lover.

'**liebens|wert** lovable, amiable; '**~-würdig** kind, obliging; *s. a. liebenswert*; '**♀würdigkeit** *f* amiability; kindness.

'**lieber** dearer; *adv.* (*eher*) rather, sooner; ~ *haben* prefer, like better.

'**Liebes|-abenteuer** *n*, '**~-affäre** *f* love-adventure, love-affair; '**~-brief** *m* love-letter; '**~dienst** *m* favo(u)r, kindness; *j-m e-n ~ erweisen* do a p. a good turn; '**~-erklärung** *f* declaration of love; '**~-erlebnis** *n* romance; *intimes*: sex adventure; '**~gabe** *f* charitable gift; '**~gedicht** *n* love-poem; '**~geschichte** *f* love-story; '**~heirat** *f* love-match; '**♀krank** love-sick; '**~-kummer** *m* lover's grief; '**~leben** *n* love-life; '**~lied** *n* love-song; '**~-paar** *n* (pair of) lovers *pl.*, (courting) couple; '**~verhältnis** *n* love-affair; '**~werben** *n* wooing; '**~-werk** *n* work of charity.

'**liebevoll** loving, affectionate.

lieb|gewinnen ['li:p-] get (*od.* grow) fond of, take a liking (*od.* fancy) to; '**~haben** love, be fond of; '**♀haber(in** *f*) *m* (7) lover; *Kunst usw.*: amateur; *thea. erste ~ m* leading man (*od. f* lady); *thea. jugendliche ~ m* juvenile lead; **♀-haberei** [~'raɪ] *f* (16) (*für*) fondness (of), fancy (for, to); *fig.* (*Steckenpferd*) hobby; '**♀haber-preis** *m* fancy price; '**♀haber-theater** *n* private (*od.* amateur) theat|re, *Am.* -er; '**♀haberwert** *m* collector's value; '**~kosen** caress, fondle; '**♀kosung** *f* caress.

lieblich ['li:pliç] lovely, charming, sweet; *Wein*: mellow; '**♀keit** *f* loveliness.

Liebling ['li:pliŋ] *m* (3[1]) darling, favo(u)rite; *bsd. Kind od. Tier*: pet; *bsd. als Anrede*: darling; '**~s...** favo(u)rite.

'**lieb|los** unkind; *weitS.* careless; '**♀losigkeit** *f* unkindness; '**~reich** loving, tender; (*freundlich*) kind; '**♀reiz** *m* charm, grace; '**~reizend** charming, sweet; '**♀schaft** *f* (16) love(-affair); '**♀ste** *m, f* sweetheart, *m a.* lover, *f a.* love; *Anrede*: (my) darling.

Lied [li:t] *n* (1) song; (*Weise*) air, tune; *geistliches ~* hymn; *es ist das alte ~* it's always the same old story.

Lieder|-abend ['~dər-] *m* lieder recital; '**~buch** *n* song-book; '**~-kranz** *m* choral society.

liederlich ['li:dərliç] loose, dissolute; (*unordentlich*) slovenly; '**♀-keit** *f* dissoluteness; slovenliness.

lief [li:f] *pret. v. laufen.*

Lieferant [li:fə'rant] *m* (12) supplier; *laut Vertrag*: contractor; *bsd. für Lebensmittel*: caterer, purveyor.
Liefer|-auto ['li:fər-] *n* delivery-van, *Am.* delivery truck; '**⁀bar** deliverable; (*vorrätig*) available; '**~frist** *f* term of delivery; '**⁀n** (25) deliver; (*beschaffen, a. fig.*) furnish, supply; *Ertrag*: yield; *Schlacht*: give (*battle*); *Kampf*: put up (*a fight*); F *ich bin geliefert sl.* I am sunk; '**~schein** *m* delivery note.
'**Lieferung** *f* delivery, supply, *Am. mst* shipment; (*Buch*) number; '**~sbedingungen** *f/pl.* terms of delivery; '**~sschein** *m s. Lieferschein*; '**~swerk** *n* serial.
'**Liefer|wagen** *m s. Lieferauto*; '**~zeit** *f* time (*od.* term) of delivery.
'**Liege** *f* (15) couch; '**~geld** ⚓ *n* demurrage; '**~kur** *f* rest-cure.
liegen ['li:gən] (30) lie; *Stadt, Haus usw.*: be (situated); *das Zimmer liegt nach Süden* faces south; *es liegt mir daran, zu inf., mir ist daran gelegen, daß* I am anxious to *inf.*, I am concerned to *inf. od.* that; *das* (er) *liegt mir nicht* that (he) is not my cup of tea; *es liegt mir nichts daran* it does not matter, it is of no importance (to me); *es liegt mir viel daran* it matters a great deal to me; *es liegt an* (*od. bei*) *ihm, zu inf.* it is for him to *inf.*; ~ *an* (*dat.*; *Ursache*) be due to; *es liegt daran, daß* the reason is that; *Schuld*: *an wem liegt es?* whose fault is it?; *das liegt im Blut* (*in der Familie*) that runs in the blood (family); *s. Anker, Bett, Luft, Sterben, zugrunde, Zunge usw.*; '**~bleiben** (sn) keep lying; *im Bett*: stay in bed; *unterwegs, a. mot. usw.*: break down; *Arbeit*: stand over; *Brief usw.*: be left unattended to; *Ware*: remain on hand; '**~lassen** let lie; (*vergessen*) leave behind; (*nicht berühren*) leave (*od.* let) alone; *Arbeit*: leave undone; *j-n links* ~ ignore (*od.* cut) a p.; '**⁀schaften** *f/pl.* real estate *sg.*, (landed) property *sg.*
'**Liege|platz** ⚓ *f* berth; '**~stuhl** *m* deck-chair; '**~stütz** *f Turnen*: push-up.
lieh [li:] *pret. v. leihen.*
ließ [li:s] *pret. v. lassen.*
Lift [lift] *m* (3) lift, elevator.

Liga ['li:ga] *f* (16²) league.
Liguster ⚘ [li'gustər] *m* (7) privet.
li-ieren [li'i:rən]: *sich* ~ *mit* team up with; *liiert sein mit* go with *a girl.*
Likör [li'kø:r] *m* (3¹) liqueur.
lila ['li:la] lilac.
Lilie ['li:ljə] *f* (15) lily.
Liliputaner [lilipu'tɑ:nər] *m* (7), **~in** *f* (16¹) Lilliputian.
Limonade [limo'nɑ:də] *f* (15) lemonade.
Limousine *mot.* [limu'zi:nə] *f* (15) limousine, saloon car, *Am.* sedan.
lind [lint] soft, gentle; (*mild*) mild.
Linde ⚘ ['lində] *f* (15) lime-tree, linden.
lindern ['lindərn] (29) *Übel*: mitigate; (*mildern*) soften; (*erleichtern*) alleviate, soothe; *Schmerzen*: allay.
'**Linderung** *f* alleviation, mitigation; '**~smittel** *n* lenitive, palliative.
Lindwurm ['lintvurm] *m* dragon.
Lineal [line'ɑ:l] *n* (3¹) ruler.
linear [~'ɑ:r] linear.
Linguist [liŋ'guist] *m* (12) linguist.
Linie ['li:njə] *f* (15) line (*a.* ⚓, ✈, ⚔ *u. fig.*); (*Strecke*) route; *auf der ganzen* ~ all along (*od.* down) the line; *auf gleicher* ~ *mit* on a level with; *in erster* ~ in the first place.
'**Linien|blatt** *n* (sheet with) guide lines *pl.*; '**~papier** *n* ruled paper; '**~richter** *m Sport*: linesman; '**⁀treu**: ~ *sein* follow the party line.
lin(i)ieren [lin'ji:rən, li'ni:rən] rule.
link [liŋk] (*Ggs. recht*) left; ~*e Seite* left(-hand) side, left; *v. Stoff*: reverse side; *mit dem ~en Fuß zuerst aufstehen* get out of bed on the wrong side; '**⁀e 1.** *f* (18) left hand; *pol. the* Left **2.** *m* (18) *Boxen*: left; '**~isch** awkward, clumsy.
links on (*od.* to) the left; (*nach* ~) (to the) left; (*verkehrt*) inside out; (*~händig*) left-handed; *pol.* leftist; *s. liegenlassen*; '**⁀...** *pol.* Left-wing ...; ⁀'**-außen** *m* (6) outside left; '**~gerichtet** *pol.* leftist; **⁀händer** ['~hɛndər] *m* (7) left-hander; '**⁀intellektuelle** *m, f* left-wing intellectual; '**⁀kurve** *f* left turn.
Linoleum [li'no:leum] *n* (9) linoleum.
Linse ['linzə] *f* (15) lentil; *opt.* lens.
Lippe ['lipə] *f* (15) lip; '**~nbekenntnis** *n*, '**~ndienst** *m* lip-service; '**~nlaut** *m* labial; '**~nstift** *m* lipstick.

Liquid|ation [likvida'tsjo:n] *f* (16) liquidation, winding-up; (*Honorarforderung*) charge; **⁀ieren** [~'di:rən] liquidate (*a. pol.*), wind up; charge.
lispeln ['lispəln] *v/i. u. v/t.* (29) lisp; (*flüstern*) whisper.
List [list] *f* (16) ruse, trick; (*Schlauheit*) cunning.
Liste ['listə] *f* (15) list, roll; *s. schwarz*; '**~npreis** *m* list price.
'**listig** cunning, crafty, sly.
Litanei [lita'naı] *f* (16) litany.
Liter ['li:tər] *n, m* (7) lit|re, *Am.* -er.
literarisch [litə'ra:riʃ] literary.
Literat [~'ra:t] *m* (12) man of letters; (*Schriftsteller*) writer.
Literatur [~ra'tu:r] *f* (16) literature; **~geschichte** *f* history of literature; **~verzeichnis** *n* bibliography.
Litfaßsäule ['litfaszɔʏlə] *f* advertising pillar.
Lithograph [lito'gra:f] *m* (12) lithographer; **~ie** [~gra'fi:] *f* (16) lithography; **⁀ieren** [~'fi:rən] lithograph; **⁀isch** [~'gra:fiʃ] lithographic.
litt [lit] *pret. v. leiden* 1.
Liturgie [litur'gi:] *f* (16) liturgy.
liturgisch [li'turgiʃ] liturgical.
Litze ['litsə] *f* (15) cord, lace, braid; ⚡ strand(ed wire).
Livree [li'vre:] *f* (15) livery.
Lizenz [li'tsɛnts] *f* (16) licen|ce, *Am.* -se; **~bau** *m* licensed construction; **~geber** *m* licenser; **~gebühr** *f* royalty; **~-inhaber** *m*, **~nehmer** *m* licensee.
Lob [lo:p] *n* (3) praise; *zu seinem ~e* in his praise.
loben ['lo:bən] (25) praise; F *da lobe ich mir* ... commend me to ...; '**~swert** laudable.
Lob|gesang ['lo:p-] *m* hymn, song of praise; *fig.* eulogy; **~hude'lei** *f* (16) base flattery; '**⁀hudeln** give *a p.* fulsome praise.
löblich ['lø:pliç] commendable.
Lob|lied ['lo:p-] *n*: *ein ~ auf j-n singen* sing a p.'s praises; '**⁀preisen** praise, extol; '**~rede** *f* eulogy; '**~redner** *m* eulogist; '**~spruch** *m* eulogy.
Loch [lɔx] *n* (1²) hole (*a.* F *contp. Wohnung usw.*); F (*Gefängnis*) *sl.* quod; F *auf dem letzten ~ pfeifen* be on one's last legs; '**~eisen** punch; '**⁀en** (25) perforate; *Fahrkarte, Lochkarte usw.*: punch; '**~er** *m* (7) *für Papier, Lochkarten*: punch; (electronic) punch-card machine; '**~erin** *f* card-punch girl.
löcherig ['lœçəriç] full of holes.
'**Loch|karte** *f* (punch-) card; '**~maschine** *f* punching machine; '**~säge** *f* keyhole-saw; '**~streifen** *m* punched tape; '**~ung** *f* perforation; punching; '**~zange** *f* (*eine* a pair of) punch pliers *pl.*; 🚃 ticket punch; '**~ziegel** *m* air-brick.
Locke ['lɔkə] *f* (15) curl, ringlet.
'**locken**¹ (25) (*a. sich*) curl; '**~**² bait, decoy, lure; *fig. a.* allure, attract, entice; tempt.
'**Locken|kopf** *m* curly head; '**~nadel** *f* curling-pin; '**~wickler** *m* curler.
locker ['lɔkər] loose (*a. fig. Sitten, Person*); (*schlaff*) slack; *Brot usw.*: spongy; *fig.* lax; *stärker*: dissolute; '**⁀heit** *f* looseness; sponginess; '**~lassen:** *fig. nicht ~* stick to one's guns; '**~n** (29) loosen (*a. sich*); *Griff, a. Zwang usw.*: relax; '**⁀ung** *f* loosening; relaxation.
'**lockig** curly.
'**Lock|mittel** *n*, '**~speise** *f* bait, lure; '**~spitzel** *m* agent provocateur (*fr.*), *bsd. Am.* stool-pigeon; '**~ung** *f* lure, enticement; (*Versuchung*) temptation; '**~vogel** *fig. m* decoy.
Loden ['lo:dən] *m* (6) loden cloth, shag; '**~mantel** *m* lodenmantle.
lodern ['lo:dərn] (29) flame, blaze (*a. fig.*).
Löffel ['lœfəl] *m* (7) spoon; (*Schöpf⁀*) ladle; ⊕ scoop; *hunt.* ear; *s. barbieren*; '**⁀n** (29) spoon (out); ladle (out); '**~stiel** *m* spoon-handle; '**~voll** *m* (3¹, *o. pl.*) spoonful.
log¹ [lo:k] *pret. v. lügen.*
Log² ⚓ [lɔk] *n* (3¹) log.
Logarithmus [loga'ritmus] *m* (16²) logarithm.
Loge ['lo:ʒə] *f* (15) *thea.* box; (*Freimaurer⁀*) lodge; '**~nbruder** *m* freemason; '**~nmeister** *m* master of a lodge.
logieren [lo'ʒi:rən] lodge; stay (*bei* with); *Am. a.* room.
Logik ['lo:gik] *f* (16) logic.
Logis [lo'ʒi:] *n inv.* lodging(s *pl.*).
logisch ['lo:giʃ] logical.
Logistik [lo'gistik] ⚔ *f* (16, *o. pl.*) logistics *pl.*
Lohe¹ ['lo:ə] *f* (15) (*Flamme*) blaze, flame; '**⁀n**¹ *v/i.* (25) blaze.
'**Lohe**² (*Gerber⁀*) tan; '**⁀n**² *v/t.* (25) treat with tan.

'**loh|farben** tawny; '**2gerber** *m* tanner; '**2gerbe'rei** *f* tannery.
Lohn [lo:n] *m* (3³) (*Arbeits2*) wage(s *pl.*), pay(ment); (*Miet2*) hire; *fig.* reward; '**~-abbau** *m* wage cut(s *pl.*); '**~-abkommen** *n* wage agreement; '**~-arbeiter** *m*, '**~-empfänger** *m* wage-earner, *Am. a.* wage-worker; '**~buchhalter** *m* pay-clerk.
'**lohnen** (25) reward (*j-m et.* a p. for); *Arbeiter*: pay; *sich* ~ pay (*für j-n* a p.), be worth while; '**~d** paying, profitable; worthwhile; *fig. a.* rewarding.
löhnen ['lø:nən] (25) pay.
'**Lohn|-erhöhung** *f* wage increase *od.* rise, *Am.* raise; '**~forderung** *f* wage claim; '**~kosten-anteil** *m* wage factor in cost; '**~liste** *f* pay-roll; '**~skala** *f* wage scale; '**~steuer** *f* wages tax; '**~tarif** *m* wage rate; '**~tüte** *f* pay envelope.
'**Löhnung** *f* pay; '**~s-tag** *m* pay-day.
lokal [lo'ka:l] **1.** local; **2.** **2** *n* (3) locality; (*Wirtshaus*) public house, restaurant; *s. a. Geschäfts2*; **2...** local; **~isieren** [lokali'zi:rən] localize; **2patriotismus** *m* sectional pride.
Lokomotiv|e [lokomo'ti:və] *f* (15) engine, locomotive; **~führer** [~-'ti:f-] *m* engine-driver, *Am.* engineer.
Lokowaren † ['lo:ko-] *f/pl.* spots *pl.*
Lokus ['lo:kus] F *m* (14² *u. inv.*) *s. Klo.*
Lombardsatz [lɔm'bartzats] † *m* lending rate.
Lorbeer ['lɔrbe:r] *m* (5²) laurel, bay; *fig. auf s-n ~en ausruhen* rest on one's laurels.
Lore ⊕ ['lo:rə] *f* (15) lorry.
Los¹ [lo:s] *n* (4) lot; (*Lotterie2*) ticket; (*Schicksal*) fate, destiny; *s. groß*; *das ~ werfen* (*ziehen*) *s. losen.*
los² (18¹, *s. lose*) loose; (*frei*) *a.* free; (*ab*) off; *was ist ~ (mit ihm)?* what's the matter (with him)?; *was ist heute abend ~?* what's on tonight?; *j-n, et. ~ sein* be rid of; *~!* go ahead!, (*schnell*) let's go!; *Sport*: *Achtung, fertig, ~!* are you ready? go!; *mit ihm ist nicht viel ~ sl.* he is no great shakes; F *er hat was ~ sl.* he is on the ball.
'**los-arbeiten** *v/t.*: *sich ~* extricate o.s., get loose; *v/i.* (*darauf ~*) work away (*auf acc.* at).
lösbar ['lø:sba:r] soluble.
'**los|binden** untie; '**~brechen** *v/t.* break off; *v/i. fig.* break out.
'**Lösch|blatt** *n*, '**~papier** *n* blotting-paper; '**~-eimer** *m* fire-bucket.
löschen ['lœʃən] (27) *Feuer, Licht*: extinguish, put out; *Geschriebenes*: blot out, *a. Bandaufnahme*: erase; (*streichen*) cancel (*a. Schuld*); *Durst*: quench; *Kalk*: slake; ⚓ unload.
'**Löscher** *m* (7) *s. Feuer2, Tinten2.*
'**Lösch|kopf** *m Bandgerät*: eraser head; '**~mannschaft** *f* fire-brigade.
lose ['lo:zə] loose (*a. fig. Leben, Person, Zunge usw.*); *s. los².*
'**Lösegeld** *n* ransom.
losen ['lo:zən] (27) cast (*od.* draw) lots (*um* for); *mit Münze*: toss (for).
lösen ['lø:zən] (27) loosen; (*losbinden*) untie; (*wegmachen*) detach; (*lossprechen*) absolve; (*loskaufen*) redeem; *Fahrkarte*: book, take, buy; *Aufgabe, Rätsel, Zweifel usw.*: solve; *Verbindung, Verlobung*: break off; *Ehe*: dissolve (*a.* ⚗ *u. sich*); *Vertrag*: terminate; *sich ~* get loose, (*sich befreien*) disengage o.s., *Schuß*: ring out, *Spannung, Muskeln, Griff*: relax; *fig. gelöst* relaxed.
'**los|gehen** (sn) (*sich lockern*) get loose, come off; (*davongehen*; *Schuß*[*waffe*]) go off; (*anfangen*) begin, start; *auf j-n* fly at, go for, attack; *auf ein Ziel usw.* make for; '**~haken** unhook; '**~kaufen** buy off; *Gefangene*: ransom; '**~ketten** unchain; '**~knüpfen** untie; '**~kommen** (sn) get loose *od.* free; *fig. a.* get rid (*von* of); '**~lachen** laugh out; '**~lassen** let loose *od.* off *od.* go, release; *fig.* launch; '**~legen** let go (*mit* with), open up; *leg los!* fire away!; *~ gegen s. losziehen.*
löslich ⚗ ['lø:sliç] soluble.
'**los|lösen**, '**~machen** *s. lösen*; '**~reißen** tear loose; *sich ~* break away, *fig.* tear o.s. away; *sich* '**~sagen** *von* dissociate o.s. from, break with; '**~schießen** *v/i. u. v/t.* fire (off); (*sich stürzen*) *auf* (*acc.*) rush at; F *schieß los!* fire away!, shoot!; '**~schlagen** *v/t.* knock off; (*verkaufen*) dispose of; *v/i.* open the attack, strike; *~ auf j-n* let fly at; '**~schnallen** unbuckle; '**~schrauben** unscrew; loosen; '**~-**

sprechen absolve; acquit (*von* of); release; '**~springen**, '**~stürzen** (sn) *auf* (*acc.*) pounce upon, fly at; '**~steuern** (sn) *auf* (*acc.*) make for; *fig. a.* be driving at; '**~trennen** detach; *Genähtes*: unstitch; (*a. fig.*) separate.

Losung ['lo:zuŋ] *f des Wildes*: dung; ⚔ password, (*a. fig.*) watchword.

Lösung ['lø:zuŋ] *f* solution (*a.* ⚗, ⚕); '**~smittel** *n* solvent.

'**los|werden** (sn) get rid of; '**~ziehen** (sn) set out, march away; *gegen j-n ~* inveigh against, let fly at.

Lot [lo:t] *n* (3) (*Blei*♀) lead, plummet; (*Lötmetall*) solder; ⚕ perpendicular (line); *ein ~ errichten* (*fällen*) raise (drop) a perpendicular; *fig. im ~ sein* be in good order; *ins ~ bringen* set to rights; '♀**en** (26) *v/i. u. v/t.* plumb; ⚓ sound.

löten ['lø:tən] (26) solder.

'**Löt|kolben** *m* soldering-iron; '**~lampe** *f* soldering-lamp, *Am.* blowtorch; '**~metall** *n* solder.

'**lotrecht** perpendicular.

'**Lötrohr** *n* blowpipe.

Lotse ⚓ ['lo:tsə] *m* (13), '♀**n** (27) pilot; '**~ndienst** *m* pilotage service.

Lotterie [lɔtə'ri:] *f* (15) lottery; **~los** *n* (lottery) ticket.

Lotterleben ['lɔtər-] *n* dissolute life.

Lotto ['lɔto] *n* (11) numbers pool.

Löwe ['lø:və] *m* (13) lion; *ast.* Leo.

'**Löwen|-anteil** *m* lion's share; '**~bändiger(in** *f*) *m* lion-tamer; '**~grube** *f* lion's den; '**~maul** ⚘ *n* snapdragon; '**~zahn** ⚘ *m* dandelion.

'**Löwin** *f* (16[1]) lioness.

loyal [loa'jɑ:l] loyal; ♀**ität** [~jali'tɛt] *f* (16) loyalty.

Luchs [luks] *m* (4) lynx; ♀**äugig** ['~ʔɔʏgiç] lynx-eyed.

Lücke ['lykə] *f* (15) gap; (*Riß, Bruch*) breach; (*offene Stelle*) blank; (*Mangel*) deficiency; '**~nbüßer** *m* stopgap; '♀**nhaft** defective, incomplete, fragmentary; '♀**nlos** complete; *Beweis*: full, airtight.

Luder ['lu:dər] *n* (7) (*Aas*) carrion; P *fig.* beast; (*Dirne*) hussy; *armes ~* poor wretch.

Luft [luft] *f* (14[1]) air; (*Brise*) breeze; *frische ~ schöpfen* draw breath, take the air; *an die ~ gehen* take an airing; *fig. j-n wie ~ behandeln* cut a p. dead; *fig. et. aus der ~ greifen* pull a th. out of thin air; (*völlig*) *aus der ~ gegriffen* totally unfounded; *in freier ~* in the open air; *fig. es liegt et. in der ~* there is something in the wind; *in die ~ fliegen* be blown up; *in die ~ sprengen od. jagen* blow up; F *in die ~ gehen* blow one's top; *s-m Zorn usw. ~ machen* give vent to; *sich ~ machen P.*: unbosom o.s., *Gefühl*: find vent; F *j-n an die ~ setzen* turn a p. out; *s. rein* 1; *schnappen*.

'**Luft|-abwehr** *f* air defen|ce, *Am.* -se; '**~-alarm** *m* air-raid alarm; '**~angriff** *m* air-raid; '**~ballon** *m* (air-)balloon; '**~bild** *n* aerial photo(graph), aerial view; '**~blase** *f* air bubble; '**~bremse** *f* air-brake; '**~brücke** ✈ *f* airlift.

Lüftchen ['lyftçən] *n* (6) gentle breeze, breath of air.

'**luft|dicht** airtight; '♀**druck** *m* air (*od.* atmospheric) pressure; *e-r Explosion*: blast; '♀**druckbremse** *f* air (*od.* pneumatic) brake; '**~durchlässig** permeable to air.

lüft|en ['lyftən] (26) air, ventilate; (*heben*) lift, raise; '♀**er** *m* ventilator; ⊕ (*Ent*♀) air exhauster.

'**Luft|fahrt** *f* aviation; '**~fahrzeug** *n* aircraft (*a. pl.*); '**~feuchtigkeit** *f* (atmospheric) humidity; air moisture; '**~flotte** *f* air force; '**~fracht** *f* air freight; '♀**gekühlt** air-cooled; '**~gewehr** *n* air-gun; '**~hafen** *m* airport; '**~heizung** *f* hot-air heating; '**~herrschaft** *f* air supremacy; '**~hoheit** *f* air sovereignty; '♀**ig** airy; (*windig*) breezy; (*dünn*) flimsy; *P.*: flighty; '**~kampf** *m* aerial combat; '**~kissen** *n* air-cushion; '**~kissenfahrzeug** *n* air-cushion vehicle; '**~klappe** *f* air-valve; '**~korridor** *m* air corridor; '♀**krank** air-sick; '**~krieg** *m* aerial warfare; '**~kühlung** *f* air cooling; '**~kur-ort** *m* climatic health-resort; '**~landetruppen** *f/pl.* airborne troops *pl.*; '♀**leer** void of air, evacuated; *~er Raum* vacuum; '**~linie** *f* air line (distance); *s. a. Luftverkehrslinie*; '**~loch** *n* airhole, vent; ✈ air-pocket; '**~matratze** *f* air mattress; '**~mine** ⚔ *f* aerial mine; '**~pirat** *m* hijacker, skyjacker; '**~pistole** *f* air-pistol; '**~post** *f* air mail; '**~pumpe** *f* air-pump; '**~raum** *m* air space; '**~reifen** *m* pneumatic tyre (*Am.* tire); '**~reklame** *f* sky-line advertising; '~röhre *f* air-tube; *anat.* windpipe, 🕮 trachea; '~schacht *m* airshaft; '~schaukel *f* swing-boat; '~schiff *n* airship; '~schiffahrt *f* aviation; '~schiffer *n* aeronaut, airman; '~schlacht *f* air battle; '~schlauch *m* air tube; *Fahrrad, mot.* inner tube; '~schlösser *n/pl.* castles in the air; '~schraube ✈ *f* air-screw, propeller; '~schutz *m* air-raid protection; civil air defence; '~schutzkeller *m*, '~schutzraum *m* air-raid shelter; '~schutzübung *f* air-raid drill; '~spiegelung *f* mirage; '~sprung *m* caper; '~streitkräfte *f/pl.* air force(s *pl.*); '~strom *m* air-stream; '~stützpunkt ⚔ *m* air base; '~taxi *n* air taxi; '≗tüchtig ✈ air-worthy; '~tüchtigkeit *f* air-worthiness.

'Lüftung *f* airing; *künstlich*: ventilation; '~s-anlage *f* ventilating system.

'Luft|ver-änderung *f* change of air; '~verkehrsgesellschaft *f* air transport company, air-line *od.* airways (company); '~verkehrslinie *f* air-line, air-route, airway; '~verteidigung *f* air defen|ce, *Am.* -se; '~waffe *f* air force; '~weg *m* air-route; *anat.* respiratory tract; *auf dem ~e* by air; '~zufuhr *f* air supply; '~zug *m* draught (*Am.* draft) (of air).

Lug [lu:k] *m* (3): *~ und Trug* falsehood and deceit.

Lüge ['ly:gə] *f* (15) lie, falsehood; *j-n ~n strafen* give a p. the lie.

lugen ['lu:gən] (25) peer.

'lügen 1. *v/i.* (30) lie, tell a lie *od.* lies; **2.** ≗ *n* (6) lying; '≗detektor *m* lie detector; '~haft lying, deceitful, untrue.

Lügner ['ly:gnər] *m* (7), '~in *f* (16¹) liar; '≗isch deceitful, lying, false.

Luke ['lu:kə] *f* (15) (*Dachfenster*) dormer-window; ⚓ *usw.* hatch.

lukrativ [lukra'ti:f] lucrative.

lukullisch [lu'kuliʃ] sumptuous.

lullen ['lulən] (25): *in Schlaf ~* lull to sleep.

Lümmel ['lyməl] *m* (7) lout; '≗haft loutish; '≗n (26) *v/i. u. v/refl.* loll.

Lump [lump] *m* (3 *u.* 12) scoundrel, blackguard, *sl.* louse; '~en¹ *m* (6) rag; '≗en² (25): *sich nicht ~ lassen* come down handsomely.

'Lumpen|gesindel *n* riff-raff; (*Schurken*) scoundrels *pl.*; '~händler *m* ragman, *Am.* junkman; '~hund *m*, '~kerl *m s. Lump*; '~pack *n s. Lumpengesindel*; '~papier *n* rag paper; '~sammler(in *f*) *m* ragpicker; '~wolle *f* shoddy.

Lumperei [~'raɪ] *f* (16) shabby trick; (*Kleinigkeit*) trifle.

'lumpig ragged; *fig.* paltry (*sum*).

Lunge ['luŋə] *f* (15) lung(s *pl.*); *v. Schlachtvieh*: lights *pl.*; ⚕ *eiserne ~* iron lung; '~n... 🕮 pulmonary ...

'Lungen|-entzündung *f* inflammation of the lungs, 🕮 pneumonia; '~flügel *m* lobe of the lungs; '~heilstätte *f* (tuberculosis) sanatorium; '≗krank, '~kranke *m, f* consumptive; '~krankheit *f* lung (*od.* pulmonary) disease; '~krebs *m* lung cancer; '~schwindsucht *f* pulmonary phthisis.

lungern ['luŋərn] (h. *u.* sn, 29) loiter (about); loll (about).

Lunte ['luntə] *f* (15) slow-match; *fig. ~ riechen* smell a rat.

Lupe ['lu:pə] *f* (15) magnifier; (*Taschen*≗) pocket-lens; *unter die ~ nehmen fig.* scrutinize closely.

Lupine ⚘ [lu'pi:nə] *f* (15) lupine.

Lust [lust] *f* (14¹) pleasure (*a. psych.*), delight; (*Verlangen*) desire; *mit ~ und Liebe* with a will; *~ bekommen, ~ haben zu inf.* feel like *ger.*; *große (gute) ~ haben zu* have a great (half a) mind to; *die ~ verlieren an* (*dat.*) lose all liking for; *hätten Sie ~ zu inf.?* would you like to *inf.*?; '~barkeit *f* diversion; *bsd. öffentliche*: entertainment; '~barkeitssteuer *f* entertainment tax.

lüsten ['lystən] *s. gelüsten.*

Lüster ['lystər] *m* (7) lust|re, *Am.* -er.

lüstern ['lystərn] (*nach*) desirous (of), greedy (of, for); (*fleischlich*) lewd, lascivious; '≗heit *f* greediness; lewdness, lasciviousness.

'Lust|fahrt *f* pleasure-trip; '~garten *m* pleasure garden; '~gefühl *n* pleasurable sensation.

'lustig merry, gay; (*belustigend*) funny; *sich ~ machen über* (*acc.*) make fun of; *~ sein* (*sich festlich vergnügen*) make merry; '≗keit *f* gaiety; fun(niness).

'Lustjacht *f* pleasure yacht.

Lüstling ['lystliŋ] *m* (3¹) libertine, rake, debauchee.

'lust|los listless, unenthusiastic(al); ⚓ slack; '**⁓mord** *m* sex murder; '**⁓mörder** *m* sex maniac; '**⁓schloß** *n* pleasure seat; '**⁓seuche** *f* venereal disease, syphilis; '**⁓spiel** *n* comedy; '**⁓wandeln** (sn) walk leisurely along, stroll about.

Lutheraner [lutə'rɑːnər] *m* (7), **lutherisch** ['lutəriʃ, lu'teːriʃ] Lutheran.

lutsch|en ['lutʃən] (27) *v/i. u. v/t.* suck; '**⁓er** *m für Säuglinge*: comforter, dummy; (*Bonbon*) lollipop.

Luv ⚓ [luːf] *f* (16, *o. pl.*) luff, weather side; **⁓en** ⚓ ['⁓vən] (25) luff; **⁓seite** ['luːf-] weather side.

luxuriös [luksu'rjøːs] (18¹) luxurious.

Luxus ['luksus] *m inv.* luxury (*a. fig.*); '**⁓...** luxury ..., de luxe ...; '**⁓-artikel** *m* luxury (article); '**⁓-ausgabe** *f* (*Buch*) de luxe edition; '**⁓dampfer** *m* luxury liner; '**⁓kabine** ⚓ *f* stateroom; '**⁓wagen** *mot. m* de luxe model.

Lymph... ['lymf-] lymphatic; '**⁓drüse** *f* lymph(atic) gland; '**⁓e** *f* (15) lymph; (*Impfstoff*) vaccine.

lynch|en ['lynçən] (27) lynch; '**⁓gesetz** *n*, '**⁓justiz** *f* lynch law.

Lyra ['lyːra] *f* (16²) lyre.

Lyrik ['⁓rik] *f* (16) lyric poetry; '**⁓er** *m* (7) lyric poet.

'**lyrisch** lyric; *fig.* lyrical.

Lyzeum [ly'tseːum] *n* (9) secondary school for girls.

M

M [ɛm], **m** *n inv.* M, m.

Maat ⚓ [mɑːt] *m* (3) mate; ⚔ leading rating, *Am.* petty officer 3rd class.

Mach|-art ['max-] *f* make; '**⁓e** *f* (15) *fig.* make-believe, F show; *et. in der ⁓ haben* have in hand; F *j-n in die ⁓ nehmen* work a p. over.

mach|en ['maxən] (25) (*herstellen*) make; (*tun*) do (*a.* F *thea.*); (*bewirken*) effect, produce; (*verursachen*) cause; (*schaffen*) create; (*erledigen*) deal with, handle, do; *Appetit, Freude usw.*: give; *⁓ in et.* ⚓ deal in, F *fig.* dabble in; *j-n zu et. ⁓* make a p. a th.; *j-n glücklich usw. ⁓* make (*od.* render) a p. happy, *etc.*; *was macht die Rechnung?, wieviel macht das?* how much is it?; *das macht 3 Mark* that will be (*od.* comes to) 3 marks; *was macht das (aus)?* what does it matter?; *das macht nichts!* never mind!; *es macht mir nichts (aus)* I don't mind; *nichts zu ⁓!* nothing doing!; *mach doch (zu)!* hurry up!; *mach, daß ...!* see (to it) that ...!; *mach's gut!* (*lebwohl*) take care of yourself!; *das macht sich gut* that looks well; *er macht sich jetzt* he is getting on now; *es wird sich ⁓* it will come right; *dagegen kann man nichts ⁓* that cannot be helped; *sich ⁓ an* (*acc.*) go (*od.* set) about; proceed to *inf.*; *sich an j-n ⁓* approach a p.; *sich auf den Weg ⁓* set out; *ich mache mir nichts daraus* I don't care about it; (*sich*) *et. ⁓ lassen* have a th. made, order a th.; *das läßt sich (schon) ⁓* it can be arranged; *laß mich nur ⁓!* leave it to me!; *gemacht* made (*aus* of), (*unecht*) artificial; F *gemacht!* agreed!, *bsd. Am.* OK!, okay!; *ein gemachter Mann* a made man; *s. Angst, Anspruch, Arbeit, Ausflucht, bekannt, Besuch, Erfahrung, fertig, Feuer usw.*; '**⁓enschaften** *f/pl.* machinations.

Macht [maxt] *f* (14¹) power (*a. Staat*), might (*beide a. Stärke*); (*Gewalt über acc.*) control (of), sway (over); *gesetzmäßige*: authority; *an der ⁓* in power; *zur ⁓ gelangen* come into power; *mit aller ⁓* with all one's might; *alles, was in m-r ⁓ steht* everything within my power; '**⁓befugnis** *f* authority, power; '**⁓-ergreifung** *f s. Machtübernahme*; '**⁓haber** *m* (7) ruler; '**⁓haberisch** despotic.

mächtig ['mɛçtiç] powerful (*a. fig. Körper, Stimme, Schlag usw.*);

mighty (*a.* F *adv.*); (*riesig*) huge; ⚒ thick, wide; *e-r S.* ~ *sein* be master of, *e-r Sprache*: have command of.
'**Macht|kampf** *m* struggle for power; '**⁀los** powerless; helpless; '**~politik** *f* power politics; '**~spruch** *m* authoritative decision; '**~-übernahme** *f* assumption of power, takeover; '**⁀voll** powerful, mighty; '**~vollkommenheit** *f* absolute power; *aus eigner* ~ of one's own authority; '**~wort** *n* (3): *ein* ~ *sprechen* put one's foot down.
'**Machwerk** *n* concoction; *elendes* ~ miserable botch.
Mädchen ['mɛ:tçən] *n* (6) girl; (*Jungfrau*) maid(en); (*Dienst⁀*) maid (-servant), servant(-girl); *in Zssgn* girl's ..., girls' ...; ~ *für alles* maid-of-all-work (*a. fig.*); '**⁀haft** girlish; maidenly; '**~handel** *m* white slavery; '**~name** *m* girl's name; *e-r Frau*: maiden name; '**~pensionat** *n* young ladies' boarding-school; '**~schule** *f* girls' school.
Made ['ma:də] *f* (15) maggot, mite; *in Obst*: worm; *wie die* ~ *im Speck sitzen* live in clover.
Mädel F ['mɛ:dəl] *n* (7) girl, lass.
madig ['ma:diç] maggoty; worm-eaten; F ~ *machen sl.* knock.
Madonna [ma'dɔna] *f* (16²) Holy Virgin, Madonna.
Magazin [maga'tsi:n] *n* (3¹) store, warehouse; (⚔; *am Gewehr usw.*; *a. Zeitschrift*) magazine.
Magd [ma:kt] *f* (14¹) maid.
Mägdlein ['mɛ:ktlaɪn] *n* (6) maiden.
Magen ['ma:gən] *m* (6, *a.* 6¹) stomach; '**~beschwerden** *f/pl.* stomach (*od.* gastric) trouble, indigestion; '**~bitter** *m* bitters *pl.*; '**~geschwür** *n* gastric ulcer; '**~grube** *f* pit of the stomach; '**~krampf** *m* gastric spasm; '**⁀krank** suffering from a gastric complaint; '**~krebs** ⚕ *m* gastric cancer; '**~leiden** *n* gastric complaint; '**~saft** *m* gastric juice; '**~säure** *f* gastric acid; '**~schmerzen** *m/pl.* stomach-ache; '**⁀stärkend** stomachic; '**~verstimmung** *f* indigestion.
mager ['ma:gər] meag|re, *Am.* -er (*a. fig.*); lean (*a. Fleisch*, *Treibstoff*; *fig. Jahre*); (*dürr*) gaunt; *Kost*: slender (*fare*); *Boden*: poor; '**⁀keit** *f* meagreness; leanness; '**⁀milch** *f* skim milk.

Magie [ma'gi:] *f* (15) magic.
Magier ['ma:gjər] *m* (7) magician.
'**magisch** magic(al); *Radio*: *~es Auge* magic eye.
Magister [ma'gistər] *m* (7) (school-)master.
Magistrat [magi'stra:t] *m* (3) municipal (*od.* town *od.* city) council; **~smitglied** *n* town council(l)or.
Magnat [ma'gna:t] *m* (12) magnate, *Am. a.* tycoon.
Magnesi|a [ma'gne:zia] *f inv.* magnesia; **~um** [~um] *n* (9, *o. pl.*) magnesium.
Magnet [ma'gne:t] *m* (3, *sg. a.* 12) magnet (*a. fig.*); **~feld** *n* magnetic field; **⁀isch** magnetic(ally *adv.*); **~iseur** [~gneti'zø:r] *m* magnetizer; **⁀i'sieren** magnetize; **~ismus** [~'tismus] *m* magnetism; **~nadel** [~'gne:t-] *f* magnetic needle.
Magnetophon [magneto'fo:n] *n* (3¹) *s. Tonbandgerät.*
Ma'gnet|tongerät *n* magnetic recorder; **~zündung** *f* magneto ignition.
Mahagoni [maha'go:ni] *n* (11) (*a.* **~holz** *n*) mahogany (wood).
Maharadscha [maha'ra:dʒa] *m* (11) maharaja.
Mahd [ma:t] *f* (7) mowing; (*Schwaden*) swath.
mähen¹ ['mɛ:ən] *v/t. u. v/i.* (25) mow (*a. fig.*), cut, reap.
'**mähen**² *v/i. Schaf*: bleat.
Mahl [ma:l] *n* (3 *u.* 1²) meal, repast; *festliches*: feast, banquet.
'**mahlen** (25; *p.p.* ge~) grind.
'**Mahlzeit** *f* meal; F *prost* ~! good night!
'**Mähmaschine** *f* reaping-machine, reaper; *für Rasen*: mower.
'**Mahnbrief** *m* reminder, dunning letter.
Mähne ['mɛ:nə] *f* (15) mane.
mahn|en ['ma:nən] (25) remind, warn, admonish (*alle*: *an acc.* of); *j-n wegen e-r Schuld* ~ press a p. for payment, dun a p.; *zur Geduld usw.* ~ urge to be patient *etc.*; '**⁀er** *m* (7) admonisher, *um Zahlung*: dun; '**⁀ung** *f* admonition, warning; *um Zahlung*: dunning; '**⁀mal** *n* memorial; '**⁀schreiben** *n s.* *⁀brief.*
Mähre ['mɛ:rə] *f* (15) mare.
Mai [maɪ] *m* (3 *od.* 14) May; *der erste* ~ the first of May, May Day; '**~baum** *m* maypole; '**~blume** *f*, '**~glöckchen** *n* lily of the valley.

Maid *poet.* [maɪt] *f* (16) maid(en).
ˈ**Mai|feier** *f* (celebration of) May Day; ˈ**~käfer** *m* cockchafer.
Mais [maɪs] *m* (4) maize, Indian corn, *Am.* corn; ˈ**~flocken** *f/pl. Am.* cornflakes; ˈ**~kolben** *m* (corn) cob.
Maisch|bottich [ˈmaɪʃ-] *m* mash-tub; ˈ**~e** *f* (15), ˈ**2en** mash.
Majestät [majɛˈstɛːt] *f* (16) majesty; **2isch** majestic; **~sbeleidigung** *f* lese-majesty.
Major [maˈjoːr] *m* (3^1) major.
Majoran ⚘ [~joˈrɑːn] *m* (3) marjoram.
major|enn [majoˈrɛn] of (full) age; **2ität** [~iˈtɛːt] *f* (16) majority.
Makel [ˈmɑːkəl] *m* (7) stain, blot, flaw (*alle a. fig.*); *fig.* blemish.
Mäkelei [mɛːkəˈlaɪ] *f* (16) fault-finding, carping; *weitS.* fastidiousness.
ˈ**mäkelig** carping; fastidious, *im Essen*: squeamish.
ˈ**makellos** spotless (*a. fig.*), immaculate (*a. Schönheit*); *fig. a.* impeccable.
mäkeln [ˈmɛːkəln] (29) find fault (*an dat.* with), carp (at).
Makkaroni [makaˈroːni] *pl. inv.* macaroni.
Makler [ˈmɑːklər] *m* (7) broker; ˈ**~gebühr** *f* brokerage; ˈ**~geschäft** *n* broker's business.
ˈ**Mäkler** *m* (7), **~in** *f* fault-finder.
Makrele [maˈkreːlə] *f* (15) mackerel.
Makrone [maˈkroːnə] *f* (15) macaroon.
Makulatur [makulaˈtuːr] *f* (16) waste paper.
Mal [mɑːl] *n* (3) **1.** (*a.* 1^2) mark, sign; *beim Spiel*: (*Ablauf2*) start (-ing-point), (*Ziel*) home, base; (*Fleck*) spot, stain; (*Mutter2*) mole; *s. Ehren2*; **2.** time; ✕ times; *dieses ~* this time; *das nächste ~* next time; *zum ersten ~e* (for) the first time; *mit e-m ~e* (*plötzlich*) all of a sudden; **3.** 2 *adv.* F = *einmal.*
Malaria [maˈlɑːria] *f* (16^2) malaria.
malen [ˈmɑːlən] (25) paint; (*zeichnen*) draw; (*porträtieren*) portray; *fig.* paint, picture; *sich ~ lassen* sit for one's portrait.
ˈ**Maler** *m* (7), ˈ**~in** *f* (16^1) painter; *als Künstler oft*: artist; **~ei** [~ˈraɪ] *f* (16) painting; ˈ**2isch** picturesque; ˈ**~meister** *m* master (house-) painter.
Malheur [maˈlœr] *n* (3^1 *u.* 11) mishap; trouble.
maliziös [maliˈtsjøs] malicious.
ˈ**Malkasten** *m* colo(u)r-box.
ˈ**Malkunst** *f* art of painting.
ˈ**malnehmen 1.** multiply; **2.** 2 *n* (6) multiplication.
Malve ⚘ [ˈmalvə] *f* (15) mallow; ˈ**2nfarbig** mauve.
Malz [malts] *n* (3^2) malt; ˈ**~bier** *n* malt liquor; ˈ**~bonbon** *m, n* cough-lozenge; ˈ**~darre** *f* malt-kiln.
Malzeichen ✕ [ˈmɑːltsaɪçən] *n* multiplication mark.
Mälzer [ˈmɛltsər] *m* (7) maltster.
ˈ**Malz|-extrakt** *m* malt extract; ˈ**~kaffee** *m* malt-coffee; ˈ**~zucker** *m* malt-sugar.
Mama [maˈma, F ˈ~] *f* (11^1) mam(m)a, F ma, mum, *Am. a.* mom.
Mammon [ˈmamɔn] *m* (11) mammon, pelf, (filthy) lucre.
Mammut [ˈmamuːt] *n* (3 *u.* 11) mammoth; ˈ**2...** *Baum, Firma, usw.*: mamoth; *fig. a.* giant ...
Mamsell [mamˈzɛl] *f* (16) miss; (*Wirtschafterin*) housekeeper.
man [man] (*im dat. u. acc. durch einer ersetzt*) one, people, we, you, they; *~ sagte mir* I was told.
manag|en F [ˈmɛnɛdʒən] manage; ˈ**2erkrankheit** *f* stress disease.
manch [manç] (21) many a; ˈ**~e** *pl.* some, several; **~erlei** [ˈ~ərlaɪ] *inv.* all sorts of, of several sorts, various; ˈ**~mal** sometimes.
Mandant ⚖ [manˈdant] *m* (12) client.
Mandarine [mandaˈriːnə] *f* (15) tangerine.
Mandat [~ˈdɑːt] *n* (3) mandate; authorization; ⚖ brief; *parl.* seat; **~sgebiet** mandate(d territory).
Mandel [ˈmandəl] *f* (15) almond; *anat.* tonsil; ✓ shock; ˈ**~baum** *m* almond-tree; ˈ**~-entzündung** *f* inflammation of the tonsils, tonsillitis; **2förmig** [ˈ~fœrmiç] almond-shaped.
Mandoline ♪ [mandoˈliːnə] *f* (15) mandolin.
Manege [maˈneːʒə] *f* (15) (circus) ring.
Mangan [maŋˈgɑːn] *n* (3^1) manganese; **~säure** *f* manganic acid.
Mange(l^1) [ˈmaŋə(l)] *f* (15) mangle, calender.
ˈ**Mangel**[2] *m* (7^1) want, lack, deficiency; (*Knappheit*) shortage (*an*

dat. of); (*Armut*) penury; (*Fehler*) defect, shortcoming; (*Nachteil*) drawback; *aus ~ an* for want of, *s. mangels*; *~ leiden an* (*dat.*) be short (*od.* in need) of; '**~beruf** *m* critical occupation; '**2haft** (*fehlerhaft*) defective; (*unzulänglich*) deficient, inadequate; (*unbefriedigend*) unsatisfactory, poor; '**~haftigkeit** *f* defectiveness; deficiency; '**~krankheit** *f* deficiency disease; '**2n**¹ (29) want; be wanting *od.* lacking *od.* deficient (*an dat.* in); *es mangelt mir an* (*dat.*) I am in want of, I want; '**2n**² mangle, calender; '**2s** (*gen.*) for lack (*od.* want) of, in the absence of; '**~ware** *f* scarce commodities *pl.*; goods *pl.* in short supply.

Manie [ma'ni:] *f* (15) mania.

Manier [~'ni:r] *f* (16) manner.

manieriert [~ni'ri:rt] affected; *Kunst, Literatur*: mannered; **2heit** *f* affectedness, mannerism.

ma'nierlich mannerly, polite; **2keit** *f* mannerliness, politeness.

Manifest [mani'fɛst] *n* (3²) manifesto; **~ation** [~fɛsta'tsjo:n] *f* manifestation; **~ieren** [~fɛs'ti:rən] manifest.

Maniküre [~'ky:rə] *f* (15) (*Handpflege*) manicure; (*Handpflegerin*) manicurist; **2n** (25) manicure.

Manipul|ation [manipula'tsjo:n] *f* manipulation; **2ieren** [~pu'li:rən] manipulate.

manisch ['ma:niʃ] manic; *~-depressiv* manic-depressive.

Manko ['maŋko] *n* (11) deficit; deficiency; *fig.* drawback.

Mann [man] *m* (1², *poet.* 5, ⚔ *u.* ⚓ *pl. inv.*) man (*pl.* men); ⚔ enlisted man; (*Gatte*) husband; *der ~ auf der Straße* the man in the street; *~s genug sein für* be man enough for; *an den ~ bringen* dispose of; *fig. s-n ~ stehen* stand one's ground; make a good job of it; *~ gegen ~* hand to hand; F *~ (Gottes)!* man (alive)!; *s. Wort.*

'**mannbar** marriageable; *~ werden* reach (wo)manhood; '**2keit** *f* (wo)manhood; *v. Mädchen a.* marriageable age.

Männchen ['mɛnçən] *n* (6) little man; *zo.* male; *bei Vögeln*: cock.

Mannequin ['manəkɛ̃] *n*, *m* (11) mannequin, model.

Männer|gesangver·ein ['mɛnər-] *m* men's singing club; '**~welt** *f* male sex, men *pl.*

'**Mannes|-alter** *n* manhood; *im besten ~* in the prime of life; '**~kraft** *f* virility.

'**mannhaft** manly, stout; '**2igkeit** *f* manliness; courage.

mannig|fach ['maniç-], '**~faltig** manifold, various; '**2faltigkeit** *f* variety, diversity.

männlich ['mɛnliç] male (*a. zo.*, ⊕); masculine (*a. gr. u. fig.*); *fig.* manly; '**2keit** *f* manhood; manliness.

'**Mannsbild** F *n* male, man.

'**Mannschaft** *f* (16) men *pl.*; ⚓, ✈, ⚔ crew; *Sport u. fig.*: team; ⚔ *die ~en pl.* the ranks; '**~sführer** *m*, '**~skapitän** *m Sport*: (team) captain; '**~sgeist** *m* team-spirit.

'**manns|hoch** (as) tall as a man; '**2leute** *pl.* men(folk *sg.*); '**~toll** man-crazy.

'**Mannweib** *n* mannish woman, amazon.

Manometer [mano'me:tər] *n* (7) manometer.

Manö|ver [ma'nø:vər] *n* (7), **2vrieren** [~nø'vri:rən] manœuvre, *Am. mst* maneuver; **2'vrierfähig** manœuvrable, *Am. mst* maneuverable; **2'vrier-unfähig** disabled.

Mansarde [man'zardə] *f* (15) attic; **~nfenster** *n* dormer-window.

mansch|en F ['manʃən] (27) dabble, splash; **2e'rei** *f* (16) dabbling, mess.

Manschette [man'ʃɛtə] *f* (15) cuff; ⊕ sleeve; F *~n haben vor* (*dat.*) be afraid of; **~nknopf** *m* cuff-link; *angenäht*: sleeve-button.

Mantel ['mantəl] *m* (7¹) (*Herren2*) overcoat; (*Damen2*) coat; *bsd. leichter*: topcoat; *weiter, ärmelloser*: (*a. fig.*) cloak, *für Damen*: mantle (*a.* ⚘, ⚠, *zo.*); ⊕ case, jacket; *mot., Fahrrad*: cover; *fig. den ~ nach dem Winde hängen* trim one's sails to the wind; '**~tarif** *m* skeleton (*od.* basic tariff) agreement.

Manu|al ♪ [manu'ɑ:l] *n* (3¹) manual; **2ell** [~'ɛl] manual.

Manufaktur [~fak'tu:r] *f* manufacture; (*Fabrik*) manufactory; **~waren** *f/pl.* manufactured goods.

Manuskript [~'skript] *n* (3) manuscript (*abbr.* MS.); *typ.* copy.

Mappe ['mapə] *f* (15) portfolio,

briefcase; (*Aktendeckel, Schnellhefter*) folder; *s. a. Sammel*~, *Schreib*~, *Schul*~.

Mär(e) ['mɛːrə] *f* (15) tale; (*Kunde*) tidings *pl.*

Märchen ['~çən] *n* (6) fairy-tale; *fig.* story; '**~buch** *n* book of fairy-tales; '**~haft** fabulous.

Marder ['mardər] *m* (7) marten.

Margarine [marga'riːnə] *f* (15) margarine.

Marien|bild [ma'riːən-] *n* image of the Virgin; **~fest** *n* Lady Day; **~glas** *n* mica; **~käfer** *m* lady-bird, *Am. a.* ladybug; **~kult** *m* Mariolatry.

Marine [ma'riːnə] *f* (15) marine; (*Kriegs*~) navy; **~blau** navy-blue; **~flugzeug** *n* naval aircraft; **~-infanterie** *f*, **~truppen** *f/pl.* marines *pl.*; **~-offizier** *m* naval officer.

marinieren [mari'niːrən] pickle.

Marionette [mario'nɛtə] *f* (15) marionette, puppet (*a. fig.*); **~nregierung** *f* puppet government; **~ntheater** *n* puppet-show.

Mark[1] [mark] *n* (3) marrow; ⚘ *u. fig.* pith; *fig. bis ins* ~ to the core; *j-m durch* ~ *und Bein gehen* set a p.'s teeth on edge; **~**[2] *f* boundary, border(-country); *die* ~ *Brandenburg* the March of Brandenburg; **~**[3] (16, *pl. nach Zahlen inv.*) *f* (*Münze*) mark.

markant [~'kant] marked; (*hervorragend*) salient, prominent (*a. fig.*).

Marke ['markə] *f* (15) mark; (*Brief*~, *Steuer*~) stamp; (*Lebensmittel*~) coupon; (*Fabrikat*) make; (*Waren*~) brand; *s. Garderoben*~, *Spiel*~; '**~nartikel** *m* proprietary (*od.* patent *od.* branded) article; '**~nname** *m* trade mark, brand.

'**mark-erschütternd** blood-curdling.

Marketender [~'tɛndər] *m* (7), **~in** *f* (16[1]) canteen-(wo)man, sutler.

'**Mark|graf** *m* margrave; '**~gräfin** *f* margravine.

mar'kier|en *v/t.* mark (*a. Sport: den Gegner*); (*vortäuschen*) sham, F put on; *v/i.* sham, F put it on; **~ung** *f* mark(ing).

'**markig** marrowy; *fig.* pithy.

Markise [~'kiːzə] *f* (15) blind, (window) awning.

Mark|knochen *m* marrow-bone; '**~stein** *m* boundary-stone; *fig.* landmark, milestone.

Markt [markt] *m* (3[3]) market (*a. Absatz*~, *Börse*); *s.* ~*platz*; (*Jahr*~) fair; *am* ~ in the market; *auf den* ~ *bringen* (put on the) market; '**~analyse** *f* market analysis; '**~bericht** *m* market report; '**~bude** *f* booth, stall.

'**markten** (26) bargain (*um* for).

'**markt|fähig, ~gängig** ['~gɛŋiç] marketable; '**~fähigkeit** *f*, '**~gängigkeit** *f* marketability; '**~flecken** *m* market town, borough; '**~forscher** *m* market researcher; '**~forschung** *f* market research; '**~halle** *f* covered market; '**~lage** *f* market condition(s *pl.*); '**~lücke** *f* market gap, opening; '**~platz** *m* market-place; '**~schreier** *m* quack; (*Reklamemacher*) booster, puffer; '**~schreierisch** ballyhoo, loud; '**~wert** *m* market value; '**~wirtschaft** *f* marketing; *freie* ~ free enterprise (economy).

Marmelade [marmə'lɑːdə] *f* (15) jam; *v. Apfelsinen*: marmalade.

Marmor ['marmɔr] *m* (3[1]) marble; **~ieren** [~mo'riːrən] marble, vein; **~n** ['~mɔrn] marble; '**~platte** *f* marble slab.

marod|e [ma'roːdə] tired out; (*krank*) ill, sick; **~eur** [~ro'døːr] *m* (3[1]) marauder.

Marone [ma'roːnə] *f* (15) edible chestnut.

Marotte [ma'rɔtə] *f* (15) caprice, whim; (*Steckenpferd*) hobby, fad.

Mars[1] [mars] *m inv.* Mars; **~**[2] *m* (3[2]) ⚓ top.

Marsch[1] [marʃ] *m* (3[2] *u.* [3]) march; (*sich*) *in* ~ *setzen* march off; *fig.* F *j-m den* ~ *blasen* give a p. a piece of one's mind; ~*!* ⚔ forward, march!, F (*schnell*) let's go!; **~**[2] *f* (16) marsh.

Marschall ['marʃal] *m* (3[1] *u.* [3]) marshal; '**~stab** *m* marshal's baton.

'**Marsch|befehl** *m* marching orders *pl.*; '**~bereit,** '**~fertig** ready to march; **~ieren** [~'ʃiːrən] (25, sn) march; '**~ig** marshy; '**~kolonne** *f* route column; '**~land** *n* marshy country.

'**Mars|segel** ⚓ *n* topsail; **~stenge** ['~ʃtɛŋə] *f* (15) topmast.

Marstall ['marʃtal] *m* royal stables *pl.*

Marter ['martər] *f* (15) torture; '**~gerät** *n* instrument of torture; '**~n**

(29) torture, torment; '**~pfahl** *m* stake.

Märtyrer ['mɛrtyrər] *m* (7), '**~in** *f* martyr; '**~tod** *m* martyr's death; '**~tum** *n* (1, *o. pl.*) martyrdom.

Marx|ismus [mar'ksismus] *m* (16, *o. pl.*) Marxism; **~ist** [~'ksist] *m* (12), **⁓istisch** [~'ksistiʃ] Marxian.

März [mɛrts] *m* (3² *od.* 14) March.

Marzipan [martsi'pɑːn] *n, m* (3¹) marchpane, marzipan.

Masche ['maʃə] *f* mesh; (*Strick⁓ usw.*) stitch; F *fig.* trick, line, play; (*leichte, einträgliche Sache*) soft thing; '**~ndraht** *m* wire-mesh; '**⁓n-fest** *Strumpf*: ladderproof, *Am.* runproof.

'**maschig** meshy, meshed.

Maschine [ma'ʃiːnə] *f* (15) machine (*a. Schreib⁓; a. weitS. Auto, Flugzeug usw.*); (*Dampf⁓ usw.*) engine.

maschinell [maʃi'nɛl] mechanical; ~ *bearbeiten* machine; ~ *hergestellt* machine-made.

Ma'schinen|-antrieb *m* machine drive; *mit* ~ machine-driven; **~bau** *m* mechanical engineering; **~garn** *n* machine-spun yarn; **~gewehr** ⚔ *n* machine-gun; **⁓mäßig** mechanical, automatic; **~pistole** *f* submachine gun; **~schaden** *m* engine trouble; **~schlosser** *m* engine (*od.* machine) fitter; **~schreiben** *n* typewriting, typing; **~schreiber(in** *f*) *m* typist; **~schrift** *f*: *in* ~ typewritten.

Maschin|erie [maʃinə'riː] *f* (15) machinery (*a. fig.*); **~ist** [~'nist] *m* machinist, engine operator.

Maser ['mɑːzər] *f* (15) spot, speck (-le); *im Holz*: vein, streak; '**⁓ig** veined, streaky; '**~n** ⚕ *pl.* measles; '**⁓n** (29) grain; '**~ung** *f im Holz*: graining.

Maske ['maskə] *f* (15) mask (*a. Schutz⁓, Fecht⁓; a. P.*); *fig. a.* guise; *thea.* make-up; '**~nball** *m* fancy-dress ball; '**~nbildner** *m* make-up artist; '**~nkostüm** *n* fancy dress; **~rade** [~'rɑːdə] *f* (15) masquerade.

maskier|en [mas'kiːrən] (25), **⁓ung** *f* mask, disguise.

Maskulinum ['maskuliːnum] *n* (9²) masculine (word *od.* form).

Maß [mɑːs] **1.** *n* (3²) measure; (*Verhältnis*) proportion; (*Ausdehnung*) dimension; (*Grad*) degree; (*Mäßigung*) moderation; *~e pl. und Gewichte* weights and measures; *nach ~ gemacht* made to measure, *Am.* custom-made; *j-m ~ nehmen* measure a p. (zu for); *in hohem ~e* to a high degree, highly; *in dem ~e wie* in the same measure as; *mit ~ und Ziel* in reason; *ohne ~ und Ziel* excessively; *über alle* (*od.* die) *~n* exceedingly; *das ~ ist voll!* that's the last straw!; **2.** *f* (14, *nach Zahlen inv.*) (~ *Bier*) quart; **3.** ⁓ *pret. v. messen.*

Massage [ma'sɑːʒə] *f* massage.

massakrieren [masa'kriːrən] massacre.

'**Maß|-anzug** *m* tailor-made suit, *Am.* custom(-made) suit; '**~-arbeit** *f* bespoke work; *fig.* precision work.

Masse ['masə] *f* (15) mass; (*klebrige usw.* ~) substance; (*Paste*) paste; (*Haupt⁓*) bulk; (*Volk*) multitude; (*Erbschafts⁓, Konkurs⁓*) estate; ⚡ (*Erdung*) earth, *Am.* ground; F *e-e ~ ...* a lot (*od.* lots) of ...; *die breite ~* the masses *pl.*; *in ~n herstellen* mass-produce.

'**Maß-einheit** *f* unit of measurement.

'**Massen|-artikel** ⚘ *m* wholesale article, mass-produced article; '**~-entlassung** *f* mass dismissals *pl.*; '**~grab** *n* common grave; '**⁓haft** plenty (of), abundant; *adv. a.* in coarse numbers; '**~kundgebung** *f* mass meeting; '**~medium** *n* mass medium (*pl.* media); '**~mord** *m* wholesale (*od.* mass) murder; '**~-produktion** *f* mass production; '**~psychose** *f* mass psychosis; '**~-versammlung** *f* mass meeting, rally; '**⁓weise** in masses.

Masseu|r [ma'søːr] *m* (3) masseur; **~se** [~'søːzə] *f* masseuse.

'**Masseverwalter** *m* (official) receiver.

'**Maß|gabe** *f* measure, proportion; *nach ~* (*gen.*) according to; *mit der ~, daß* provided that; '**⁓gebend**, '**⁓geblich** authoritative, standard (*work etc.*); (*entscheidend*) decisive; (*zuständig*) competent; (*führend*) leading; ⚘ *~e Beteiligung* controlling interest; '**⁓halten** observe moderation.

mas'sieren¹ ⚕ massage; **~**² ⚔ mass.

'**massig** bulky, solid.

mäßig ['mɛːsiç] moderate; *im Genuß*: frugal; (*mittel~*) middling;

(*ziemlich schlecht*) mediocre, poor; **~en** ['~gən] (25) moderate; (*mildern*) mitigate; *Tempo*: slacken; *sich ~* restrain o.s.; *s. gemäßigt*; '**℘keit** *f* moderation; temperance; frugality; mediocre (*od.* poor) quality; '**℘ung** *f* moderation; mitigation; restraint.

massiv [ma'si:f] massive (*a. fig.*); ℘ *geol. n* massif; **℘gold** *n* solid gold.

'**Maß|krug** *m* (beer) mug, stein; **~'lieb(chen)** ⚘ *n* daisy; '**℘los** (*unmäßig*) immoderate; (*übertrieben*) excessive; (*überspannt*) extravagant; '**~losigkeit** *f* immoderateness; excess; extravagance; '**~nahme** *f*, '**~regel** *f* measure; *~n ergreifen od. treffen* take measures *od.* steps; '**℘regeln** (29) reprimand, inflict disciplinary punishment on; '**~schneider** *m* bespoke tailor, *Am.* custom tailor; '**~stab** *m* measure; *auf Karten usw.*: scale; *fig.* standard; *in großem (kleinem) ~* on a large (small) scale; *e-n ~ anlegen an (acc.)* apply a standard to; '**℘voll** moderate.

Mast[1] [mast] *m* (3² *u.* 5¹), (⚓ *a.* '**~baum** *m*) mast; (*Trage℘*) pylon; *tel.* pole.

Mast[2] *f* (16) mast, food; '**~darm** *m* rectum.

mästen ['mɛstən] (26) feed, fatten; *sich ~ an (dat.)* batten on.

'**Mast|korb** *m* top, masthead; '**~ochs** *m* fattened ox; '**~vieh** *n* fattened cattle.

Mater ['mɑ:tər] *typ. f* (15) matrix.

Material [mater'jɑ:l] *n* (8²) material (*a. fig.*); **~fehler** *m* fault in (the) material; **~ismus** [~ja'lismus] *m* (16, *o. pl.*) materialism; **~ist** [~'list] *m* (12) materialist; **℘istisch** [~'listiʃ] materialistic.

Materi'alwaren *f/pl.* groceries *pl.*; **~händler** *m* grocer; *Brt. a.* drysalter; **~handlung** *f* grocer's shop.

Mater|ie [~'te:rjə] *f* (15) matter; *fig. a.* subject; **℘iell** [~ter'jɛl] material; (*geldlich*) financial; (*~ eingestellt*) materialistic.

Mathema|tik [matema'ti:k] *f* (16) mathematics *sg.*; **~tiker** [~'mɑ:tikər] *m* (7) mathematician; **℘tisch** mathematical.

Matinee [mati'ne:] *f* (15) *thea.* matinée, morning performance; (*Morgenrock*) peignoir (*fr.*).

Matjeshering ['matjəshe:riŋ] *m* white herring, matie.

Matratze [ma'tratsə] *f* (15) mattress.

Mätresse [mɛ'trɛsə] *f* (15) (kept) mistress.

Matrikel [ma'tri:kəl] *f* (15) register, roll.

Matrize [~'tri:tsə] *f* (15) matrix, die; (*Schablone u. zum Maschinenschreiben*) stencil.

Matrone [~'tro:nə] *f* (15) matron.

Matrose [~'tro:zə] *m* (13) sailor, seaman; **~n-anzug** *m* sailor suit.

Matsch [matʃ] *m* (3²) (*Brei*) pulp, squash; (*Schlamm*) mud, slush; '**℘ig** pulpy; muddy, slushy.

matt [mat] weak, faint, feeble; (*schlaff*) limp; *Stimme*: faint; *Auge, Licht*: dim; *Farbe, Licht*, ✝ *Börse, Stil*: dull; *Gold*: dead; *bsd. phot.* mat(t); *Kugel*: spent; *Schach*: mate; ⚡ *~e Birne* frosted bulb; *Schach*: *~ setzen* (check)mate.

Matte ['matə] *f* (15) mat; (*Wiese*) meadow.

'**Matt|glas** *n* ground (*od.* frosted) glass; '**~gold** *n* dead gold; '**~heit** *f* faintness; dul(l)ness; **℘ieren** [~'ti:rən] mat; *Glas*: frost; '**~igkeit** *f* (16) exhaustion; '**~scheibe** *f phot.* ground glass; *TV* screen; F *fig. ~ haben* be in a daze.

Matur(um) [ma'tu:r(um)] *n* (3¹, *o. pl.*) *s. Abitur.*

Mätzchen ['mɛtsçən] F *n/pl.* (6) tricks; (*Unnötiges*) frills; ⊕ gimcracks; *~ machen* play tricks.

Mauer ['mauər] *f* (15) wall; '**~blümchen** *fig. n* wallflower; '**℘n** (29) *v/i.* make a wall, lay bricks; *Sport*: stonewall; *v/t.* build (in stone *od.* brick); '**~stein** *m*, '**~ziegel** *m* brick; '**~werk** *n* masonry.

Mauke *vet.* ['maukə] *f* (15) malanders *pl.*

Maul [maul] *n* mouth; P *das ~ halten* hold one's tongue, shut up; *s. a. Mund*; '**~-affe** F *m* gaper; *~n feilhalten* stand gaping; '**~beere** *f* mulberry.

Mäulchen ['mɔylçən] *n* (6) little mouth.

maulen ['maulən] (25) grumble.

'**Maul|-esel** *m* mule; '**℘faul** F too lazy to speak; '**~held** *m* braggart; '**~korb** *m* muzzle; '**~schelle** *f* slap; '**~sperre** *f* lock-jaw; '**~tier** *n* mule;

'**~- und 'Klauenseuche** *vet. f* foot-and-mouth disease; '**~werk** F *n* (*gutes ~* gift of the) gab; '**~wurf** *m* mole; '**~wurfs-haufen** *m* mole-hill.

Maurer ['maurər] *m* (7) bricklayer, mason; '**~kelle** *f* trowel; '**~meister** *m* master mason; '**~polier** *m* bricklayer's foreman.

'**maurisch** Moorish.

Maus [maus] *f* (14¹) mouse (*pl.* mice).

Mäus-chen ['mɔʏsçən] *n* (6) little mouse; F *fig.* (*Schatz*) darling, pet; '**≗'still** stockstill; quite hushed.

mauscheln ['mauʃəln] (29) talk sheeny; *fig.* jabber.

'**Mausefalle** *f* mousetrap; *fig.* death-trap.

mausen ['mauzən] (27) *v/i.* catch mice; *v/t. u. v/i.* F filch, steal.

Mauser ['mauzər] *f* (15) mo(u)lt (-ing); '**≗n** (29) (*a. sich*) mo(u)lt.

'**mausetot** quite dead, as dead as mutton.

mausig F ['~ziç]: *sich ~ machen* put on airs.

maximal [maksi'ma:l] maximum; *adv.* at the most; *s. a. Höchst...*

Maxime [ma'ksi:mə] *f* (15) maxim.

Maximum ['maksimum] *n* (9²) maximum.

Mayonnaise [majɔ'nɛ:zə] *f* (15) mayonnaise.

Mäzen [mɛ'tse:n] *m* (3¹) Maecenas.

Mechanik [me'ça:nik] *f* (16) mechanics *sg.*; (*Triebwerk*) mechanism; **~er** *m* (7) mechanic(ian).

me'chan|isch mechanical (*a. fig.*); **~isieren** [~çani'zi:rən] mechanize; **≗ismus** [~'nismus] *m* (16¹) mechanism.

Mecker|er F ['mɛkərər] *m* (7) grumbler; '**≗n** (29) bleat; F *fig.* grumble, *sl.* grouse, *Am.* F gripe.

Medaill|e [me'daljə] *f* (15) medal; **~on** [~'jɔ̃] *n* (11) (*~bild usw.*) medallion; (*Schmuckstück*) locket.

Medikament [medika'mɛnt] *n* (3) medicament, medicine.

Medium ['me:dium] *n* (9¹) medium.

Medizin [medi'tsi:n] *f* (16) *allg.* medicine; (*Arznei*) F *a.* physic; **~er** *m* (7) medical student; (*Arzt*) medical man; **≗isch** [~'tsi:niʃ] medical; (*arzneilich usw.*) medicinal; *Seife usw.*: medicated.

Meer [me:r] *n* (3) sea, ocean; '**~busen** *m* gulf, bay; '**~-enge** *f* straits *pl.*; '**~esgrund** *m* sea-bottom; '**~eshöhe** *f*, '**~esspiegel** *m* sea level; '**~esstille** *f* calm (at sea); '**~grün** *n* sea-green; '**~katze** *f* green monkey; '**~rettich** *m* horse-radish; '**~schaum** *m* meerschaum; '**~schwein** *n* porpoise; '**~schweinchen** *n* guinea-pig; '**~-ungeheuer** *n* sea-monster; '**~wasser** *n* sea-water; '**~weib** *n* mermaid.

Mega|hertz [mega'hɛrts] *n inv.* megacycles *pl.* per second (*abbr.* Mc/s); **~phon** [~'fo:n] *n* (3¹) megaphone.

Mehl [me:l] *n* (3) flour; *grobes*: meal; (*Staub*) dust; '**~brei** *m* pap; '**≗ig** mealy, farinaceous; '**~kloß** *m* dumpling; '**~sack** *m* flour-bag; '**~speise** *f* farinaceous food; *süß*: sweet dish, pudding; '**~suppe** *f* gruel; '**~tau** *m* mildew, blight; '**~wurm** *m* meal-worm.

mehr [me:r] **1.** (*comp. v. viel*) more; *nicht ~* no more, *zeitlich a.*: no (*od.* not any) longer; *nie ~* never again; *s. immer*; *~ als* more than, *ein gewisses Maß* in excess of; *~ und ~* more and more; *~ oder weniger* more or less; *nicht ~, nicht minder* neither more nor less; *ich habe niemand (nichts) ~* I have no one (nothing) left; *s. um*; **2.** *n* (*Zuwachs*) increase; (*Überschuß*) (sur)plus; '**≗-arbeit** *f* extra work; *im Betrieb*: overtime; '**≗-ausgabe** *f* additional expenditure; '**≗betrag** *m* surplus; (*Zuschlag*) extra charge; '**~deutig** ambiguous; '**≗einnahme** *f* additional receipts.

'**mehr|en** (25) (*a. sich*) augment, increase; '**~ere** several; '**≗eres** *n* several things *pl.*; sundries *pl.*; '**~erlei** various, diverse; '**~fach** manifold; (*wiederholt*) repeated; (*a.* ⊕, ⚡) multiple; *adv.* repeatedly, several times; '**≗farbendruck** *m* multicolo(u)r print(ing); '**≗gebot** *n* higher bid; '**≗gewicht** *n* excess of weight; '**≗heit** *f* (*a. parl.*) majority; '**≗heitsbeschluß** *m*: *durch ~* by a majority of votes, *Am.* by a plurality; '**≗kosten** *pl.* additional cost; (*Zuschlag*) extra charges; **~malig** ['~ma:liç] repeated; **~mals** ['~ma:ls] several times; **~seitig** ['~zaɪtiç] ⩓ polygonal; *pol.* multilateral; **~silbig** ['~zilbiç] polysyllabic; **~sprachig** ['~ʃpra:xiç] polyglot; **~stimmig** ♪ ['~ʃtimiç] (arranged) for several voices; *~er Gesang* part-song; **~stöckig** ['~ʃtœkiç] multi-storey; **~stufig** ['~ʃtu:fiç] *Rakete*: multi-stage; '**2ung** *f* increase; **~tägig** ['~tɛ:giç] of several days; '**2verbrauch** *m* excess consumption; '**2wert** *m* surplus value; '**2wert-steuer** *f* value-added tax; '**2zahl** *f* majority; *gr.* plural (number); '**2zweck...** general-purpose, multi-purpose.

meiden ['maɪdən] (30) avoid, shun.

Meier ['maɪər] *m* (7) dairy-farmer; **~ei** [~'raɪ] *f*, '**~hof** *m* dairy-farm.

Meile ['maɪlə] *f* (15) mile; '**~nstein** *m* milestone (*a. fig.*); '**2nweit** (extending) for miles; *fig.* very far.

Meiler ['maɪlər] *m* (7) charcoal-pile; (*Atom2*) (atomic) pile.

mein [maɪn] (20) my; *der, die, das ~e, meinige* mine; *das 2 und Dein* mine and thine; *die 2en pl.* my people *od.* family *sg.*

Mein·eid ['maɪnˀaɪt] *m* (3) perjury; *e-n ~ leisten* commit perjury; **2ig** ['~diç] perjured; *~ werden* perjure o.s.

meinen ['maɪnən] (25) think, believe; (*beabsichtigen; sagen wollen*) mean; (*sagen*) say; *~ Sie das ernst?* do you (really) mean it?; *es ehrlich* (*od. gut*) *~* mean well.

'**meiner a**) of me; **b**) mine; **~seits** ['~zaɪts] for my part; *ganz ~!* F same here!

meinesgleichen ['~əs'glaɪçən] people like me, the like(s) of me.

meinet|halben ['~ət'halbən] for my sake, in (*od.* on) my behalf; '**~'wegen** *s. meinethalben*; (*ich habe nichts dagegen*) I don't mind.

meinige ['~igə] (18b): *der, die, das ~* mine; *die 2n pl.* my family *sg.*

'**Meinung** *f* opinion, view; *die öffentliche ~* (the) public opinion; *meiner ~ nach* to my mind, in my opinion; *j-m* (*gehörig*) *die ~ sagen* give a p. a piece of one's mind; *mit j-m e-r ~ sein* agree with a p.; '**~s-äußerung** *f* expression of opinion; '**~s-austausch** *m* exchange of views; '**~sbefragung** *f*, '**~s-umfrage** *f* (opinion research) poll; '**~sforscher** *m* public opinion pollster; '**~sforschung** *f* opinion research; '**~sfreiheit** *f* freedom of thought; '**~sverschiedenheit** *f* difference (of opinion), disagreement.

Meise ['maɪzə] *f* (15) titmouse.

Meißel ['maɪsəl] *m* (7), '**2n** (29) chisel.

meist [maɪst] (18, *sup. v. viel*) most; *die ~en pl.* most people; *das ~e* the most, the greater (*od.* best) part; *am ~en* most; *~enteils, ~ens* mostly, generally; (*gewöhnlich*) usually; '**2begünstigungs...** preferential; most favo(u)red nation *clause usw.*; '**~bietend** bidding highest; **2bietende** ['~bi:təndə] *m* (18) highest bidder.

Meister ['maɪstər] *m* (7) master (*a. fig.*); *im Betrieb*: foreman; *Sport*: champion; '**2haft**, '**2lich** masterly; *adv.* brilliantly; '**~in** *f* mistress; master's wife; *Sport*: champion(ess); '**2n** (29) master (*a. fig. Gefühle, Lage, Sprache usw.*); '**~prüfung** *f* trade examination; '**~schaft** *f* (16) mastery; *Sport*: championship; '**~schaftsspiel** *n* league match; '**~schütze** *m* crack shot; '**~stück** *n*, '**~werk** *n* masterpiece; '**~titel** *m Sport*: title.

'**Meistgebot** *n* highest bid.

Melanch|olie [melaŋko'li:] *f* (15), **2olisch** [~'ko:liʃ] melancholy.

'**Melde|-amt** *n* registration office; '**~fahrer** *m* dispatch-rider; **~gänger** ⚔ ['~gɛŋər] *m* messenger; '**~hund** *m* messenger dog; '**~liste** *f Sport*: list of entries; '**2n** (26) *v/t.* announce; (*berichten*) report; *j-m et. ~* inform a p. of a th., *amtlich*: notify a th. to a p.; *dienstlich*: report a th. to a p.; *sich ~ dienstlich*: report (*bei* to; *zu* for); *teleph.* answer; *fig.* make itself felt; *sich ~ zu* apply for, *freiwillig*: volunteer for; *zum Examen usw.*: enter (one's name) for; *sich ~ lassen* send in one's name; *sich auf ein Inserat ~* answer an ad(vertisement); *s. krank, Wort*; *v/i. Sport*: enter (*zu* for); '**2pflichtig** notifiable.

'**Meldung** *f* announcement; (*Nachricht*) advice, information, notification; (*dienstliche ~, Zeitungs2*) report; (*Funk2 usw.*) message; (*Bewerbung*) application; *Sport*: entry.

meliert [me'li:rt] mottled; *Haar*: greying.

Melisse ⚘ [me'lisə] *f* (15) balm-mint; **~ngeist** *m* Carmelite water.

melk|en ['mɛlkən] (30) milk; '**2maschine** *f* milking machine.

Melod|ie [melo'di:] *f* (15) tune, melody, air; **͠isch** [~'lo:diʃ] melodious.

Melone [me'lo:nə] *f* (15) melon; F (*steifer Hut*) bowler, *Am.* derby.

Meltau ['me:ltaʊ] *m* (3) mildew.

Membran(e) [mɛm'bra:n(ə)] *f* (16) membrane; ⊕ diaphragm.

Memme ['mɛmə] *f* (15) coward.

Memoiren [memo'ɑ:rən] *n/pl.* memoirs.

Memorandum [memo'randum] *n* (9[2]) memorandum; (*Notiz*) *mst* memo.

memorieren [memo'ri:rən] memorize.

Menagerie [menaʒə'ri:] *f* (15) menagerie.

Menge ['mɛŋə] *f* (15) quantity; amount; (*Vielheit*) multitude; (*Menschen*͠) crowd; *in großer ~* in abundance, *v. Menschen u. Tieren*: in crowds; e-e *~ Geld* plenty (*od.* F lots) of money; e-e *~ Bücher* a great many (F a lot of) books; '**͠n** (25) mingle, mix (*a. sich*; *unter acc.* with); *sich ~ in* (*acc.*) meddle with; '**~nlehre** ⅍ *f* set theory; '**͠nmäßig** quantitative(ly *adv.*); '**~nrabatt** *m* quantity discount.

Mennig ['mɛniç] *m* (3), '**~e** *f* minium, red lead.

Mensch [mɛnʃ] *m* (12) human being, (*a. der ~ als Gattung*) man; *einzelner*: person; (*Kerl*) fellow; *die ~en pl.* people *pl.*, the world *sg.*, *s. ~heit*; *kein ~* nobody; F *~!* man!, oh boy!

'**Menschen|-affe** *m* anthropoid ape; '**~-alter** *n* generation, age; '**~feind** (**-in** *f*) *m* misanthropist; '**~fresser** *m* (7) cannibal; '**~freund(in** *f*) *m* philanthropist, humanitarian; '**͠-freundlich** philanthropic, humanitarian; *seit* '**~gedenken** *n* from time immemorial; within the memory of man; '**~geschlecht** *n* human race, mankind; *in* '**~gestalt** *f* in human shape; '**~handel** *m* slave-trade; '**~haß** *m* misanthropy; '**~-jagd** *f* manhunt; '**~kenner(in** *f*) *m* judge of men; '**~kenntnis** *f* knowledge of human nature; '**~kunde** *f* anthropology; '**~leben** *n* (human) life; '**͠leer** deserted; '**~liebe** *f* philanthropy; '**~material** *n* manpower, human stock; '**͠möglich** humanly possible; '**~pflicht** *f* duty of (*od.* as) a human being; '**~raub** *m* kidnap(p)ing; '**~rechte** *n/pl.* human rights *pl.*; '**͠scheu** shy, unsociable; '**~schinder** *m* slave-driver; '**~schlag** *m* race (of men); '**~seele** *f* human soul; *keine ~* not a living soul; '**~s'kind!** F man alive!, oh boy!; '**~sohn** *m* Son of Man; '**͠'-unwürdig** degrading; '**~verstand** *m*: *gesunder ~* common sense; '**~würde** *f* man's dignity.

'**Menschheit** *f* mankind, humanity, human race.

'**menschlich** human; (*human*) humane; '**͠keit** *f* human nature; (*Humanität*) humanity, humaneness.

Menschwerdung ['~ve:rduŋ] *f* incarnation.

Menstru|ation [mɛnstrua'tsjo:n] *f* menstruation; **͠-ieren** [~'i:rən] menstruate.

Mensur [mɛn'zu:r] *f* (16) ⚗ measure; (*Studenten*͠) students' duel.

Mentalität [mɛntali'tɛ:t] *f* (16) mentality.

Menthol [mɛn'to:l] *n* (3[1]) menthol.

Menü [mə'ny:] *n* (11) menu; table d'hôte (*fr.*).

Menuett [menu'ɛt] *n* (3) minuet.

Mergel ['mɛrgəl] *m* (7) marl.

Meridi|an [meri'djɑ:n] *m* (3[1]) meridian; **͠onal** [~djo'nɑ:l] meridional.

Meringe [me'riŋgə] *f* (15) meringue.

merk|bar ['mɛrkbɑ:r] perceptible, noticeable; '**͠blatt** *n* (instructional) leaflet; '**͠buch** *n* note-book; '**~en** (25) notice; (*spüren*) feel, sense; (*erkennen*) realize; (*gewahr sein, werden*) be(come) aware of; *sich et. ~* retain (*od.* remember) a th.; *das werde ich mir ~* I will bear that in mind; *~ auf* (*acc.*) pay attention to; *~ lassen* show, betray; *nichts ~ lassen* not to show one's feelings; '**~lich** *s. merkbar*; (*beträchtlich*) considerable; (*deutlich*) marked; '**͠mal** *n* sign, mark; (*Eigentümlichkeit*) characteristic, feature; *besondere ~e pl.* peculiarities, *Am.* marks.

'**merkwürdig** (*auffallend*) remarkable, noteworthy; (*seltsam*) odd, curious, strange; **~erweise** ['~igər'vaɪzə] strange to say, oddly enough; '**͠keit** *f* remarkableness; (*Gegenstand*) curiosity; (*das Seltsame*) oddness.

'**Merkzeichen** *n* mark.
meschugge [me'ʃugə] F crazy, mad.
Mesner ['mɛsnər] *m* (7) sexton.
meßbar ['mɛsbɑ:r] measurable.
'**Meß|buch** *n* missal; '**~diener** *m* acolyte.
Messe ['mɛsə] *f* (15) fair; *eccl.* mass; *s. lesen*; ⚔, ⚓ mess (hall).
messen ['mɛsən] (30) measure (*a. groß usw. sein*; *a. mit Blicken*); *sich ~ mit* compete (*od.* grapple) with, *geistig*: match wits with; *sich nicht ~ können mit P.*: be no match for, *S.*: not to compare with.
Messer[1] ['mɛsər] *n* (7) knife; (*Rasier*&) razor; ⚕ scalpel; *fig. bis aufs ~* to the knife; *auf des ~s Schneide stehen* be on a razor's edge; *s. Kehle*; **~**[2] *m* (7) (*Gas*& *usw.*) meter; '**~held** *m* cut-throat; '**~klinge** *f* knife-blade; '**~rücken** *m* back of a knife; '**&scharf** razor-sharp (*a. fig.*); '**~schmied** *m* cutler; '**~schneide** *f* edge of a knife; **~stecherei** [~ʃtɛçə'raɪ] knife-battle; '**~stich** *m* thrust (*od.* stab) with a knife.
'**Meßgewand** *n* chasuble.
Messias [mɛ'si:as] *m inv.* Messiah.
Messing ['mɛsiŋ] *n* (3[1]) brass; '**~blech** *n* sheet-brass; '**~draht** *m* brass wire; '**~rohr** *n* brass tube.
'**Meß|-instrument** *n* measuring instrument; '**~latte** *f* surveyor's (*od.* stadia) rod; '**~-opfer** *n* (sacrifice of the) mass; '**~rute** *f* surveyor's rod; '**~tisch** *m* plane table; '**~tischblatt** *n* topographic map.
Messung ['mɛsuŋ] *f* (15) measurement; (*Ablesung*) reading.
Mestize [mɛ'sti:tsə] *m* (12) mestizo.
Met [me:t] *m* (3) mead.
Metall [me'tal] *n* (3[1]) metal; **~arbeiter** *m* metal worker; **~baukasten** *m* meccano; **&en**, **&isch** metallic; **~geld** *n* specie, coins *pl.*; **~glanz** *m* metallic lustre; **&haltig** metalliferous; **~-industrie** *f* metal industry; **~säge** *f* hacksaw; **&verarbeitend** metal-working; **~vorrat** *m der Bank*: bullion reserve; **~waren** *f/pl.* hardware *sg.*
Metamorphose [metamɔr'fo:zə] *f* (15) metamorphosis.
Metapher [me'tafər] *f* (15) metaphor.
Meta|phy'sik *f* metaphysics *pl.*, *oft sg.*; &'**physisch** metaphysical.
Meteor [mete'ˀo:r] *n*, *m* (3[1]) meteor; **~-eisen** *n* meteoric iron; **~olog(e)** [~ˀoro'lo:k, ~gə] *m* (12 [13]) meteorologist; **~ologie** [~lo'gi:] *f* (15) meteorology; **&ologisch** [~'lo:giʃ] meteorologic(al); **~stein** [~'ˀo:r-] *m* meteoric stone, meteorite.
Meter ['me:tər] *n u. m* (7) met|re, *Am.* -er; '**~maß** *n* metre rule; (*Bandmaß*) tape-measure; '**~ware** *f* goods *pl.* sold by the metre.
Method|e [me'to:də] *f* (15) method; **&isch** methodical; **~ist** [~to'dist] *m* (12) methodist.
Methan [me'tɑ:n] *n* (3[1], *o. pl.*) methane.
Methyl-alkohol [me'ty:lˀalkohol] *m* methyl alcohol.
Metr|ik ['me:trik] *f* (16) metrics *pl.*, prosody; **&isch** metrical.
Metronom [metro'no:m] *n* (3[1]) metronome.
Metropole [metro'po:lə] *f* (15) metropolis.
Mette ['mɛtə] *f* (15) matins *pl.*
Mettwurst ['mɛtvurst] *f* Bologna sausage.
Metz|elei [mɛtsə'laɪ] *f* (16) slaughter; '**&eln** (29) slaughter, butcher; **~ger** ['~gər] *m* (7) butcher.
Meuchel|mord ['mɔʏçəl-] *m* assassination; '**~mörder(in** *f*) *m* assassin; '**&n** (29) assassinate.
meuch|lerisch ['~ləriʃ] treacherous; **~lings** ['~liŋs] treacherously.
Meute ['mɔʏtə] *f* (15) pack of hounds; *fig.* gang; **~rei** [~'raɪ] *f* (16) mutiny; '**~rer** *m* (7) mutineer; '**&rn** (29) mutiny; rebel (*a. fig.*); '**&rnd** mutinous.
Mexikan|er [mɛksi'kɑ:nər] *m* (7), **~erin** *f* (16[1]), **&isch** Mexican.
miau [mi'aʊ], **~en** (25) mew.
mich [miç] (*s. ich* 19) me; *~ selbst* myself.
mied [mi:t] *pret. v. meiden.*
Mieder ['mi:dər] *n* (7) bodice; '**~waren** *f/pl.* corsetry *sg.*, *Am.* foundation garments.
Miene ['mi:nə] *f* (15) countenance, air; (*Gesicht*) face; *~ machen et. zu tun* offer to do; *e-e ernste ~ aufsetzen* look stern; *keine ~ verziehen* not to flinch; *s. gut*; '**~nspiel** *n*, '**~nsprache** *f* play of features.
mies [mi:s] F miserable, bad, F awful; **&macher** ['mi:smaxər] *m* alarmist; '**&muschel** *f* mussel.

Miet|-auto ['mi:t-] *n* hired car; '**~e**[1] *f* (15) (*Wohnungs*2) rent; *weitS.* hire; (*Mietsumme*) rental; *in ~ nehmen* hire, rent; *zur ~ wohnen* live in lodgings; **~e**[2] (*Heu*2, *Korn*2) stack, shock, rick; (*Kartoffel*2 *usw.*) clamp; '**2en** (26) rent; *weitS.* hire; *Schiff usw.*: charter; '**~er** *m* (7), '**~erin** *f* tenant; (*Unter*2) lodger; lessee; *v. Sachen*: hirer; '**~erschaft** *f* tenantry; '**~ertrag** *m* rental; '**2frei** rent-free; '**~pferd** *n* hired horse; '**~shaus** *n* block of flats, *Am.* apartment house; '**~skaserne** *f* tenement house; '**~verhältnis** *n* tenancy; '**~vertrag** *m* lease; '**~wagen** *m* hired car; '**~wagenverleih** *m* car-hire service; '**2weise** on hire; '**~wert** *m* rental value; '**~wohnung** *f* lodgings *pl.*, flat; '**~zins** *m* rent.

Miez(e) ['mi:ts(ə)] *f* (15) puss, pussy(-cat).

Migräne [mi'grɛ:nə] *f* (15) sick headache, megrim.

Mikrob|e [mi'kro:bə] *f* (15) microbe; **2isch** microbial.

Mikrofilm ['mi:kro-] *m* microfilm.

Mikro'meter [mikro-] *n* micrometer.

Mikro-orga'nismus [mikro-] *m* micro-organism.

Mikrophon [mikro'fo:n] *n* (3[1]) microphone, F mike.

Mikroskop [~'sko:p] *n* (3[1]) microscope; **2isch** (*a. ~ klein*) microscopic(ally *adv.*).

Milbe ['milbə] *f* (15) mite.

Milch [milç] *f* (16) milk; (*Fisch*2) milt, soft roe; '**~bar** *f* milk bar; '**~bart** *m fig.* milksop; '**~brot** *n*, '**~brötchen** *n* (French) roll; '**~bruder** *m* foster-brother; '**~drüse** *f* lacteal gland; '**~er** *m* (7) milter, soft-roe(d) fish; '**~geschäft** *n* dairy, creamery; '**~glas** *n* opalescent (*od.* frosted) glass; '**2ig** milky; '**~kaffee** *m* coffee with milk; '**~kuh** *f* milch cow; '**~kur** *f* milk diet; '**~mädchen** *n* milkmaid; '**~mann** *m* milkman, dairyman; '**~'mixgetränk** *n* milk shake; '**~ner** *m s. Milcher*; '**~pulver** *n* powdered milk; '**~reis** *m* rice-pudding; '**~säure** *f* lactic acid; '**~schorf** *m* milk crust; '**~speise** *f* milk-food; '**~straße** *ast. f* Milky Way, Galaxy; '**~suppe** *f* milk-soup; '**~vieh** *n* dairy cattle; '**~wirtschaft** *f* dairy(-farm); '**~zahn** *m* milk-tooth; '**~zucker** *m* milk sugar, lactose.

mild, ~e[1] [milt, '~də] *allg.* mild; (*sanft*) gentle, soft; *Wein*: smooth; (*nachsichtig*) indulgent; *Stiftung*: charitable; *Strafe*: mild, lenient; *~e gesagt* to put it mildly.

'**Milde**[2] *f* (15) mildness *usw.*, *s. mild*; *~ walten lassen* be lenient.

milder|n ['~dərn] (29) soften, mitigate; *Schmerz*: soothe, alleviate; (*erleichtern*) relieve; correct; *Ausdruck*: qualify; *~de Umstände m/pl.* extenuating circumstances; '**2ung** *f* mitigation; correction; '**2ungsgrund** *m* mitigating cause.

'**mild|herzig**, '**~tätig** ['milt-] charitable; '**2herzigkeit** *f* charitableness; '**2tätigkeit** *f* charity.

Milieu [mil'jø:] *n* (11) environment, surroundings *pl.*, milieu (*fr.*); **2-bedingt** environmental.

Militär [mili'tɛ:r] (11) **1.** *n* (*o. pl.*) *the* military, soldiery, army; **2.** *m* (11) military man, soldier; *in Zssgn* military; **~-arzt** *m* medical officer, army surgeon; **~-attaché** *m* military attaché; **~dienst** *m* military service; **~gericht** *n* military court; **2isch** military; *fig.* martial.

Militarismus [milita'rismus] *m inv.* militarism.

Mili'tär|musik *f* military music; **~regierung** *f* military government; **~seelsorge** military religious welfare.

Miliz [mi'li:ts] *f* (16) militia; **~soldat** *m* militiaman.

Milliar|där [miljar'dɛ:r] *m* (3[1]) multimillionaire; **~de** [mil'jardə] *f* (15) billion; *in England* † thousand millions.

Milli'meter [mili-] *n u. m* millimet|re, *Am.* -er; **~papier** *n* graph paper.

Million [mil'jo:n] *f* (16) million; **~är** [~jo'nɛ:r] *m* (3[1]) millionaire; **2ste(r, s)** [~'jo:nstə] millionth.

Milz [milts] *f* (16) spleen, milt; '**~brand** *m* anthrax; '**~krankheit** *f* splenopathy; '**~stechen** *n* splenalgia.

Mim|e ['mi:mə] *m* (13) mime; '**~ik** *f* (16) mimic art, miming; '**~iker** *m* (7), '**2isch** mimic; **~ikry** ['mimikri] *f* (11[1], *o. pl.*) mimicry.

Mimose [mi'mo:zə] *f* (15) mimosa; **2nhaft** *fig.* oversensitive.

minder ['mindər] (18, *s. gering, wenig*) *adv.* less; *adj.* less(er), smaller; *an Güte*: inferior; (*weniger bedeutend*) minor; *s. mehr*; '**~bemittelt** of moderate means; '**≈betrag** *m* deficit, shortage; '**≈-einnahme** *f* decrease of receipts; '**≈gewicht** *n* short weight; '**≈heit** *f* minority; '**~jährig** under age, minor; **≈jährige** ['~jɛːrigə] *m, f* (18) minor; **≈jährigkeit** ['~riçkaɪt] *f* minority; '**~n** (29) diminish, lessen; (*herabsetzen*) reduce; '**≈ung** *f* diminution; reduction; '**~wertig** inferior; '**≈wertigkeitsgefühl** *n* inferiority feeling; '**≈wertigkeitskomplex** *m* inferiority complex; '**≈zahl** *f* minority.

mindest ['mindəst] (18, *s. minder*) least; (*kleinst*) smallest; *adv.* ~(ens), *zum ~en* at least; *nicht im ~en* not in the least, by no means; '**≈...** *mst* minimum; '**≈-alter** *n* minimum age; '**≈gebot** *n* lowest bid; '**≈lohn** *m* minimum wage; '**≈maß** *n* minimum; '**≈preis** *m* minimum (*od.* bottom *od.* floor) price.

Mine ['miːnə] *f* (15) ⚒ *u.* ⚔ mine; (*Bleistift≈*) lead; (*Kugelschreiber≈*) cartridge, refill; *auf e-e ~ laufen* hit a mine; *fig. alle ~n springen lassen* set all springs in motion; '**~nleger** ⚓ *m* (7) minelayer; '**~nräumboot** ⚓ *n* minesweeper; '**~nsperre** *f* mine barrier.

Mineral [minəˈrɑːl] *n* (3¹ *u.* 8²) mineral; **≈isch** mineral; **~og(e)** [~raˈloːk, ~gə] *m* (12 [13]) mineralogist; **~ogie** [~loˈgiː] *f* (15) mineralogy; **~-öl** *n* mineral oil; **~quelle** [~ˈrɑːl-] *f* mineral spring; **~wasser** *n* mineral water, ⚕ *pl.* minerals.

Miniatur [miniaˈtuːr] *f* (16), **~gemälde** *n* miniature; **~malerei** *f* miniature(-painting).

Mini|golf ['miːni-] *n* miniature golf; '**~kleid** *n* mini-dress.

minimal [miniˈmɑːl] minimal, minimum (*a. in Zssgn*); *fig.* negligible.

Minimum ['miːnimum] *n* (9²) minimum.

Minister [miˈnistər] *m* (7) minister, *Brt.* Secretary of State (*gen.* for), *Am.* Secretary; **~ial...** [~terˈjɑːl], **≈iell** [~terˈjɛl] ministerial; **~ium** [~ˈteːrjum] *n* ministry, *Am.* department; **~präsident** *m* Prime Minister; **~rat** *m* Cabinet Council; *beim Europarat usw.*: Council of Ministers.

Ministrant [miniˈstrant] *m* (12) acolyte, F altar boy.

Minne *poet.* ['minə] *f* (15) love; '**~(ge)sang** *m* minnesong; '**~sänger** *m*, '**~singer** *m* minnesinger.

minor|enn [minoˈrɛn] minor; **≈ität** [~iˈtɛːt] *f* (16) minority.

minus ['miːnus] minus.

Minute [miˈnuːtə] *f* (15) minute; *auf die ~* to the minute; *in der ~* per minute; **≈nlang** lasting for minutes; *adv.* for (several) minutes; **~nzeiger** *m* minute-hand.

minuziös [minuˈtsjøːs] minute.

Minze ⚘ ['mintsə] *f* (15) mint.

mir [miːr] (*s. ich*, 19) me; to me; *refl.* (to) myself; *s. aus, nichts, schlecht.*

Mirabelle [miraˈbɛlə] *f* (15) (small) yellow plum.

Misanthrop [mizanˈtroːp] *m* (12) misanthrope.

mischbar ['miʃbɑːr] miscible; '**≈keit** *f* miscibility.

Misch|becher *m* shaker; '**~-ehe** ['miʃ-] *f* mixed marriage; '**≈en** (27) mix, mingle; *verschiedene Sorten*: blend; *Karten*: shuffle; *metall.* alloy; *sich ~ in* (*acc.*) interfere with; *sich ~ unter* (*acc.*) mix with, join; '**~er** *m* mixer; '**~ling** *m* (3¹) mongrel; (*Rassen≈*) half-breed, half-caste; *zo.*, ⚘ hybrid; **~masch** ['~maʃ] *m* (3²) medley, hodge-podge, jumble; '**~pult** *n* mixing console, (audio) mixer; '**~rasse** *f* cross (-breed); mongrel race; '**~sprache** *f* hybrid language.

'**Mischung** *f* mixture; blend; *metall.* alloy; '**~sverhältnis** *n* mixture ratio.

'**Misch|volk** *n* mixed race; '**~wald** *m* mixed forest; '**~wolle** *f* blended wool.

miserabel [mizəˈrɑːbəl] miserable, *sl.* rotten, lousy.

Misere [miˈzeːrə] *f* (15) calamity.

Mispel ['mispəl] *f* (15) medlar(-tree).

miß|-'achten [mis-] despise; (*vernachlässigen*) disregard, ignore; '**≈achtung** *f* disdain; disregard; '**~behagen**¹: *j-m ~* displease a p.; '**≈behagen**² *n* uneasiness; displeasure; '**~bilden** misshape; '**≈bildung** *f* deformity; **~'billigen** disapprove (of); **~'billigend** disapproving(ly *adv.*); '⁀**billigung** *f* disapproval; '⁀**brauch** *m* abuse; (*unrichtiger Gebrauch*) misuse; ~'**brauchen** abuse (*a. mißhandeln*); (*falsch gebrauchen*) misuse; ~**bräuchlich** ['~brɔʏçliç] improper; ~'**deuten** misinterpret; '⁀**deutung** *f* misinterpretation.

missen ['misən] (28) miss; (*entbehren*) do without.

'**Miß|-erfolg** *m* failure, fiasco; '~**-ernte** *f* bad harvest, crop failure.

'**Misse|tat** *f* misdeed; (*Verbrechen*) crime; '~**täter(in** *f*) *m* evil-doer.

miß|'fallen[1]: *j-m* ~ displease a p.; '⁀**fallen**[2] *n* (6) displeasure, disgust; '~**fällig** displeasing; (*anstößig*) shocking; (*mißbilligend*) disparaging; '⁀**geburt** *f* monster, freak; '~**gelaunt** *s. mißmutig*; '⁀**geschick** *n* misfortune; (*Unfall*) misadventure, mishap; '⁀**gestalt** *f* deformity; (*Wesen*) monster; '~**gestalt(et)** misshapen, deformed; '~**gestimmt** *s. mißmutig*; ~'**glücken** (sn) fail, not to succeed; ~'**gönnen** envy, grudge (*j-m* et. a p. a th.); '⁀**griff** *m* mistake, blunder; '⁀**gunst** *f* ill-will, envy, jealousy; '~**günstig** envious, jealous; ~'**handeln** ill-treat, abuse; (*schlagen*) manhandle; ⁀'**handlung** *f* maltreatment, cruelty; '⁀**heirat** *f* misalliance; ~**hellig** ['~hɛliç] discordant, dissentient; '⁀**helligkeit** *f* discord, dissension; unpleasant consequence.

Mission [mis'jo:n] *f* (16) mission (*a. pol. u. fig.*); *Innere* (*Äußere*) ~ home (foreign) mission; ~**ar** [~jo'nɑ:r] *m* (3) missionary.

'**Miß|klang** *m* dissonance; '~**kredit** *m* discredit (*a. in* ~ *bringen*).

mißlang [~'laŋ] *pret. v. mißlingen*[1].

'**mißlich** awkward; (*schwierig*) difficult; (*bedenklich*) critical; '⁀**keit** *f* awkwardness, inconvenience; difficulty.

miß|liebig ['~li:biç] not in favo(u)r; *sich bei j-m* ~ *machen* incur the displeasure of; ~**lingen**[1] [~'liŋən] (sn) fail, miscarry, not to succeed; ⁀'**lingen**[2] *n* (6) failure; '⁀**mut** *m* ill-humo(u)r; (*Unzufriedenheit*) discontent; '~**mutig** ill-humo(u)red, cross; (*unzufrieden*) discontented; ~'**raten** *s. mißlingen*; ~*es Kind* wayward child; '⁀**stand** *m* (*Übelstand*) grievance, nuisance; (*Mißbrauch*) abuse; (*Mangel*) defect; '⁀**stimmung** *f* (*Uneinigkeit*) discord(ance), dissonance; *s. Mißmut*; '⁀**ton** *m* discord, dissonance (*a. fig.*); ~**tönig** ['~tø:niç] dissonant; ~'**trauen**[1]: *j-m* ~ distrust a p.; '⁀**trauen**[2] *n* distrust, mistrust, suspicion; '⁀**trauens-antrag** *parl. m* motion of censure; '⁀**trauensvotum** *parl. n* vote of no-confidence; '~**trauisch** distrustful, suspicious; '⁀**vergnügen** *n* displeasure; '~**vergnügt** displeased; discontented; *pol.* malcontent; '⁀**verhältnis** *n* disproportion, incongruity; '⁀**verständnis** *n* misunderstanding, mistake; (*leichter Streit*) dissension, F tiff; '~**verstehen** misunderstand; '⁀**weisung** *f* (magnetic) declination; '⁀**wirtschaft** *f* mismanagement.

Mist [mist] *m* (3^2) dung, manure; (*Schmutz*) dirt; F *fig.* rubbish, rot; (*so ein*) ~*!* damn!; '~**beet** *n* hotbed.

Mistel ⚘ ['mistəl] *f* (15) mistletoe.

misten ['mistən] (26) *Acker*: dung; *Stall*: clean; F *fig.* clear.

'**Mist|fink** F *m* pig; '~**gabel** *f* dung-fork; '~**haufen** *m* dung-hill; '~**käfer** *m* dung-beetle.

mit [mit] **1.** *prp.* (*dat.*) with; (*mittels*) *a.* by (means of); ~ *20 Jahren* at the age of twenty; ~ *e-m Schlage* at a blow; ~ *Gewalt* by force; ~ *20 zu 11 Stimmen beschließen* by 20 votes to 11; ~ *e-r Mehrheit* by a majority; ~ *der Bahn, Post usw.*: by; *s. Mal, Muße, Wort, Zeit usw.*; **2.** *adv.* also, too; ~ *dabei sein* be (one) of the party, be there too, participate.

'**Mit|-angeklagte** *m, f* co-defendant; ⁀'**-ansehen** witness; *fig.* tolerate.

'**Mit-arbeit** *f* co-operation, collaboration; '⁀**en** collaborate, co-operate (*an dat.* in); contribute (to); *Zeitung usw.*: be on the staff (of); '~**er(in** *f*) *m* co-worker; *wissenschaftlicher*: collaborator; (*Kollege*) colleague; (*Arbeitskamerad*) work-fellow; (*an dat.*) *e-r Zeitung*: contributor (to); *pl. e-s Werkes usw.*: staff (of); ~ *sein bei* be on the staff of; '~**erstab** *m* staff.

'**mitbekommen** be given (along), get; F (*verstehen*) catch, get.

'**mitbenutz|en** use *a th.* jointly; '⁀**ung** *f* joint use.

'**Mitbesitz** *m* joint possession; '~**er** **(-in** *f*) *m* joint possessor.

'**Mitbestimmung**(**srecht** *n*)*f* (right of) co-determination.
mitbewerb|en ['~bəvɛrbən]: *sich um et.* ~ compete for a th.; '**♀er**(**in** *f*) *m* competitor.
'**Mitbewohner**(**in** *f*) *m* co-inhabitant; *e-s Hauses*: fellow-lodger.
'**mitbring|en** bring along (with one); **♀sel** ['~zəl] *n* (7) little present.
'**Mitbürger**(**in** *f*) *m* fellow-citizen.
'**Mit·eigentümer**(**in** *f*) *m* joint owner.
mit·ei'nander together, jointly.
mit'-einbeziehen include.
'**mit·empfinden 1.** sympathize (*mit* with), feel (with); **2.** ♀ *n* (6) sympathy.
'**Mit·erb|e** *m*, '**~in** *f* coheir(ess *f*).
'**mit·erleben** *s. erleben*.
'**Mit·esser** ⚕ *m* blackhead, comedo.
'**mitfahren** (sn) ride (*od.* go) with *a p.*; *j-n* ~ *lassen* give a p. a lift.
'**Mitfahrer**(**in** *f*) *m* (fellow-)passenger; *mot. s. Beifahrer*.
'**mitfühlen** *s. mitempfinden*; '**~d** sympathetic(ally *adv.*).
'**mitführen** carry along (with one).
'**mitgeben** give; *fig. Wissen usw.*: impart (to).
'**Mitgefangene** *m* fellow-prisoner.
'**Mitgefühl** *n* sympathy.
'**mitgehen** (sn) go along (*mit j-m* with a p.), accompany (*mit j-m* a p.); *fig. Publikum*: respond (to); F ~ *lassen* pinch.
'**Mitgift** *f* dowry; '**~jäger** *m* fortune-hunter.
'**Mitglied** *n* member; '**~erversammlung** *f* general meeting; '**~erzahl** *f* membership; '**~sbeitrag** *m* membership subscription, *Am.* dues *pl.*; '**~schaft** *f* membership; '**~skarte** *f* membership card; '**~staat** *m* member state.
'**mithalten** *v/i.* be one of the party; *ich halte mit* I'll join you; (*nicht*) ~ *können* be (not) equal to it.
'**Mit|helfer**(**in** *f*) *m* helper, assistant; '**~herausgeber** *m* co-editor; '**~hilfe** *f* assistance.
mit'hin consequently, therefore.
'**mithören** *teleph.*, *Radio*: listen in (*et.* to *od.* on); ⊕ monitor.
'**Mit·inhaber**(**in** *f*) *m* copartner.
'**mitkämpf|en** join in the fight; '**♀er** *m* (fellow-)combatant.
'**mitkommen** (sn) come along (*mit j-m* with a p.); *fig.* be able to follow; keep up (*od.* pace) (with).
'**mitkriegen** F (*verstehen*) get, catch.
'**Mitläufer** *pol. m* trimmer, hanger-on, fellow-travel(l)er.
'**Mitlaut** *m* (3) consonant.
'**Mitleid** *n* compassion, pity; ~ *haben mit* pity, be sorry for.
'**Mitleidenschaft** *f*: *in* ~ *ziehen* affect, involve; (*schädigen*) damage.
'**mitleid|ig** compassionate(ly *adv.*); '**~los** pitiless.
'**mitmachen** *v/i.* make one of the party; *Zuhörer*: join in, respond; (*dem Beispiel folgen*) follow suit; *v/t.* take part in, join in; *Veranstaltungen*: go to; *die Mode*: follow; (*erleben*) go through; *ich mache* (*nicht*) *mit!* count me in (out)!
'**Mitmensch** *m* fellow(-man).
'**mitnehmen** take along (with one); *auf der Reise* e-n *Ort* ~ call at a place; *j-n* (*im Fahrzeug*) ~ give a p. a lift; *fig. j-n arg* ~ treat harshly; (*erschöpfen*) exhaust, wear (out), punish; *seelisch*: hit *a p.* hard; *S.*: (*beschädigen*) damage, batter.
mitnichten [~'niçtən] by no means, not at all, in no way.
'**mitrechnen** *v/t.* include (in the reckoning); *v/i.* count.
'**mitreden** join in the conversation; (*mitbestimmen*) have a say (*bei* in).
'**mitreisen** (sn) travel along (with *a p.*); '**♀de** *m,f* (18) fellow-travel(l)er.
'**mitreißen** (*h.*) drag along; *fig.* electrify, thrill.
mit'samt together with.
'**mitschreiben** take down; take notes.
'**Mitschuld** *f* complicity (*an dat.* in), joint guilt; **♀ig** ['~diç] accessary (to the crime); **~ige** ['~digə] *m* (18) accomplice; '**~ner** *m* (7) joint debtor.
'**Mitschüler**(**in** *f*) *m* schoolmate.
'**mitsingen** join in the song.
'**mitspiel|en** join in the game, play; *fig. S.*: be involved; *j-m übel* ~ use a p. ill, play a p. a nasty trick; '**♀er**(**in** *f*) *m* partner.
'**Mitsprache**(**recht** *n*) *f* (right of) co-determination, *a* say (in the matter).
Mittag ['mitaːk] *m* (3) midday, noon; (*Süden*) south; *s.* ~*essen*, *essen*; *des* ~*s*, ♀*s* at noon.
'**Mittag|brot** *n*, '**~-essen** *n* lunch.
'**mittäglich** midday, noonday.
'**Mittags|kreis** *m*, '**~linie** *f* meridian; '**~pause** *f* lunch hour; '**~ruhe**

f, '**~schläfchen** *n* (6) after-dinner nap, siesta; '**~sonne** *f* midday-sun; '**~stunde** *f* noon; (*Essensstunde*) lunch hour; '**~tisch** *m* dinner (-table); '**~zeit** *f* noon(tide); (*Essenszeit*) lunch hour.

'**mittanzen** join in the dance.

'**Mittäter** ⚖ *m* accomplice.

Mitte ['mitə] *f* (15) middle; (*~lpunkt*) cent|re, *Am.* -er (*a. pol.*); ⅍ mean; *fig. die goldene ~* the happy mean; *aus unserer ~* from our midst, from among us; *~ Dreißig* in one's middle thirties; *~ Juli* in the middle of July; *in die ~ nehmen* take between (*us, them*), *Sport*: sandwich in.

'**mitteil|bar** communicable; '**~en** communicate (*j-m* to a p.), *amtlich*: *a.* notify (a p.) of; *vertraulich*: intimate (to a p.); *Wissen usw.*: impart (to a p.); *j-m et. ~ od. ~ daß ...* inform a p. of a th. *od.* that ...; *ich werde es dir ~* I shall let you know; *fig. sich ~ Freude, Erregung usw.* communicate (*dat.* to); *die Bewegung teilt sich den Rädern mit* the motion is imparted to the wheels; '**~sam** communicative; '**2ung** *f* communication (*a. literarisch*); information; *amtliche*: notice, *für die Öffentlichkeit*: communiqué; bulletin; (*Nachricht*) message; (*Bericht*) report.

Mittel ['mitəl] **1.** *n* (7) means *sg. u. pl.*; (*Verfahren*) method; (*Maßnahme*) measure; (*Ausweg*) expedient; (*Heil2*) remedy (*für, gegen* for), drug; (*Geld2*) means *pl.*, funds *pl.*; *pl.* (*Reserven, a. geistige ~*) resources *pl.*; (*Durchschnitt*) average; ⅍ mean; *phys.* medium; ⚗ agent; *im ~* on an average; *~ und Wege* ways and means; *mit allen ~n* by every possible means; *sich ins ~ legen* intervene, mediate; *s. Zweck*; **2.** 2 *adj.* (18; *comp. mittler, sup. mittelst*) middle, central; (*Zwischen...*) intermediate; (*durchschnittlich*) average, medium, ⅍, ⊕, *phys.* mean; (*mittelmäßig*) middling; *mittleren Alters* middle-aged; *von mittlerer Größe* medium-sized; **3.** **~...**, **2...** *s. mittel 2*; '**~-alter** *n* Middle Ages *pl.*; '**2-alterlich** medi(a)eval; '**2bar** mediate, indirect; '**~ding** *n* intermediate, cross (*zwischen* between); '**~feld** *n Sport*: midfield; '**~finger** *m* middle finger; '**2fristig** medium-term; '**~gebirge** *n* hills, highlands *pl.*; '**~gewicht** (**-ler** *m*) *n Boxen*: middle-weight; '**~größe** *f* medium size; '**2hochdeutsch** Middle High German; '**2ländisch** midland; *engS.*: Mediterranean; '**~läufer** *m Sport*: cent|re (*Am.* -er) half; '**2los** without means, impecunious, destitute; '**2mäßig** mediocre; (*leidlich*) middling, indifferent; (*durchschnittlich*) average; '**~mäßigkeit** *f* mediocrity; '**~meer** *n* Mediterranean (Sea); '**~-ohr-entzündung** *f* inflammation of the middle ear, 🕮 otitis (media); '**~punkt** *m* cent|re, *Am.* -er; *fig. a.* hub, (*Brennpunkt*) focus (*des Interesses* of attention); '**~schule** *f* lower-grade secondary school; '**~smann** *m*, '**~sperson** *f* mediator, go-between; ☤ middleman; '**~motor** *mot. m* midengine; '**2s(t)** (*gen.*) by means of, through; '**~stand** *m* middle classes *pl.*; '**~streckenlauf** *m Sport*: medium--distance race; '**~streckenrakete** *f* intermediate-range missile; '**~streifen** *mot. m* dividing (*Am.* median) strip; '**~stürmer** *m Fußball*: cent|re (*Am.* -er) forward; '**~weg** *m* (*goldener* golden) mean; middle road; *e-n ~ einschlagen* adopt a middle course; '**~welle** *f Radio*: medium wave; '**~wert** *m* mean (value); '**~wort** *gr. n* participle.

mitten ['mitən]: *~ in* (*an, auf, unter dat.*) in the midst (*od.* middle) of, *im Gewühl*: in the thick of; *~ aus* from amidst, *aus e-r Menge*: from among; *~ entzwei* right in two; '**~'drin** right in the midst; '**~(hin)-'durch** right through.

'**Mitter|nacht** *f* midnight; **2nächtig** ['~nɛçtiç], '**2nächtlich** midnight; '**2nachts** at midnight.

Mittler ['mitlər] **1.** *m* (7), '**~in** *f* mediator; **2.** 2 *adj.* (18) *s. mittel 2*; '**~-amt** *n* mediatorship; 2'**weile** in the meantime, meanwhile.

'**mitt|schiffs** ⚓ (a)midships; '**2-sommer** *m* midsummer; **2woch** ['~vɔx] *m* (3) Wednesday.

mit'-unter now and then.

'**Mit|-unterschrift** *f* joint signature; '**~-unterzeichner(in** *f*) *m* co-signatory; '**2verantwortlich** jointly responsible; '**~verschworene** *m* fellow-conspirator; '**~welt** *f* our *etc.* contemporaries *pl.*

'**mitwirk|en** co-operate (*bei* in); *S.*: *a.* concur (with); '**⁀ende** *m*, *f thea.* actor, player (*a.* ♪); *pl. the* cast; *s. Mitarbeiter*; '**⁀ung** *f* co--operation; concurrence.

'**Mitwiss|en** *n* (joint) knowledge; *b.s.* connivance; *ohne j-s ~* without a p.'s knowledge; '**~er(in** *f*) *m* person who is in the secret, confidant; ⚖ accessory.

'**mitzählen** *s. mitrechnen.*

mix|en ['miksən] (28) mix; '**⁀becher** *m* (cocktail- *etc.*) shaker; **⁀tur** [~'tu:r] *f* (15) mixture.

Möbel ['mø:bəl] *n* (7) piece of furniture; *pl.* furniture *sg.*; '**~händler** *m* furniture-dealer; '**~politur** *f* furniture polish; '**~spediteur** *m* furniture-remover; '**~speicher** *m* furniture repository; '**~stoff** *m* furniture fabric; '**~stück** *n* piece of furniture; '**~tischler** *m* cabinet-maker; '**~transportgeschäft** *n* (firm of) furniture-removers *pl.*; '**~wagen** *m* furniture(-removal) van, *Brt.* pantechnicon, *Am.* furniture truck.

mobil [mo'bi:l] (18) ⚔ mobile; (*flink*) active; *~ machen s. ~isieren*; **⁀iar** [~bil'jɑ:r] *n* (3[1]) furniture; **⁀ien** [~'bi:ljən] *pl. inv.* movables; **~isieren** [~bili'zi:rən] mobilize.

Mobilmachung [mo'bi:lmaxuŋ] *f* mobilization; **~sbefehl** *m* mobilization order.

möblieren [mø'bli:rən] furnish; *neu ~* refurnish; *möbliertes Zimmer* furnished room, bed-sitter.

mochte ['mɔxtə] *pret. v. mögen.*

Modalität [modali'tɛ:t] *f* (16) modality.

Mode ['mo:də] *f* (15) fashion; (*Sitte*) vogue, mode; *contp. neue ~n* new-fangled ideas; *in ~* in fashion, in (vogue), fashionable; *aus der ~* out (of fashion); *~ sein* be the fashion; *die große ~ sein* be (all) the rage; *in ~ bringen (kommen)* bring (come) into fashion; *aus der ~ kommen* go out (of fashion); '**~-artikel** *m* fancy article; *pl. a.* novelties *pl.*; '**~farbe** *f* fashionable colo(u)r; '**~geschäft** *n* fashion house.

Modell [mo'dɛl] *n* (3[1]) model (*a. paint., Person*); (*Mode⁀*) model, mannequin; ⊕ (*Typ*) model, type; (*Muster*) pattern; *~ stehen* serve as a model, pose (*j-m* for); **⁀ieren** [~'li:rən] model, mo(u)ld, fashion; **~kleid** [mo'dɛl-] *n* model (dress); **~macher** *m*, **~tischler** *m* pattern--maker.

modeln ['mo:dəln] (29) *s. modellieren.*

'**Moden|haus** *n* fashion house; '**~schau** *f* fashion show; '**~zeichner** (**-in** *f*) *m* fashion designer; '**~zeitung** *f* fashion magazine.

Moder ['mo:dər] *m* (7) mo(u)ld; (*Fäulnis*) decay.

Moderator [mode'rɑ:tɔr] *TV m* (8[1]) moderator.

'**Moder|geruch** *m* musty smell; '**⁀ig** mo(u)ldy, musty; '**⁀n** (29) (sn *u.* h.) mo(u)lder, rot.

modern [mo'dɛrn] modern; (*modisch*) fashionable, *a. weitS.* stylish; (*auf dem laufenden*) up-to-date, *pred.* up to date; *das ist ~ (das trägt man heute)* F that's quite the go; **~i'sieren** modernize, bring up to date.

'**Mode|salon** *m* fashion house; '**~schmuck** *m* costume jewel(le)ry; '**~schöpfer** *m* fashion designer, couturier (*fr.*); '**~schriftsteller** (**-in** *f*) *m* fashionable (*od.* popular) writer; '**~wort** *n* vogue word; '**~zeichner** *s. Modenzeichner.*

'**Modewaren** *f/pl.* fancy goods.

modifizieren [modifi'tsi:rən] modify.

modisch ['mo:diʃ] fashionable, stylish.

Modistin [mo'distin] *f* milliner.

modulieren [~du'li:rən] modulate.

Modus ['mo:dus] *m* (16, *pl. Modi*) mode; method; *gr.* mood.

mogeln F ['mo:gəln] (29) cheat.

mögen ['mø:gən] (30) (*gewillt sein*) be willing; (*wollen, wünschen*) want, desire, wish; (*gern haben*) like; *v/aux.* may, might; *ich möchte wissen* I should like to know; *ich mag nicht* I don't want (*od.* like, care) to; *ich mag das nicht* I don't like that; *lieber ~* like better; *ich möchte lieber* I would rather; *was ich auch (immer) tun mag* whatever I may do; *wie dem auch sein mag* be that as it may; *das mag sein* that may be (so); *wo mag er sein?* I wonder where he is; *möge es ihm gelingen* may he succeed; *sie mochte 30 Jahre alt sein* she looked about 30 years old.

möglich ['mø:kliç] possible (*für j-n* for); (*durchführbar*) practicable, feasible; *alle* ~*en* ... *s. allerhand*; *nicht* ~*!* you don't say so!; *es* ~ *machen, zu inf.* make it possible to *inf.* (*s. ermöglichen*); ~*st viel usw.* as much *etc.* as possible; *sein* ~*stes tun* do one's utmost *od.* best; '~**en-falls,** ~**er'weise** if possible, possibly; '≈**keit** *f* possibility; (*Gelegenheit*) chance; (*Entwicklungs*≈) potentiality; ~*en* (*Vorteile*) *pl.* facilities *pl.*
Mohair [mo'hɛ:r] *m* (3¹) mohair.
Mohammedan|er [mohame'dɑ:nər] *m* (7), ≈**isch** Mohammedan.
Mohn ⚘ [mo:n] *m* (3) poppy.
Mohr [mo:r] *m* (12) Moor, negro.
Möhre ⚘ ['mø:rə] *f* (15) carrot.
'**Mohrenwäsche** *f fig.* whitewashing.
'**Mohrrübe** ⚘ *f* carrot.
Moi|ré [moa're:] *m, n* (11) moire, watered silk; ≈'**rieren** water.
mokieren [mɔ'ki:rən]: *sich über* (*acc.*) ~ laugh at.
Mokka ['mɔka] *m* (11) mocha (coffee).
Molch [mɔlç] *m* (3) salamander.
Mole ⚓ ['mo:lə] *f* (15) mole, jetty.
Molekül [mole'ky:l] *n* (3¹) molecule.
Molekular... [moleku'lɑ:r-] molecular ...
molk [mɔlk] *pret. v. melken.*
Molk|e(n) ['mɔlkə(n)] *f*(/*pl.*) (15) whey *sg.*; ~**e'rei** *f* dairy; '≈**ig** wheyish.
Moll ♪ [mɔl] *n inv.* minor.
mollig F ['mɔliç] (*behaglich*) comfy, snug; (*rundlich*) roly-poly.
Moment [mo'mɛnt] **1.** *m* (3) moment; *s. Augenblick*; **2.** *n* ⊕ momentum; (*Antrieb*) impulse; impetus (*a. fig.*); *fig.* (*Anlaß*) motive; (*Faktor*) fact(or), element; ≈**an** [~'tɑ:n] momentary; *adv.* at the moment, just now; ~**-aufnahme** *f* snapshot; (*Bewegungsaufnahme*) action shot.
Monarch [mo'narç] *m* (12), ~**in** *f* monarch; ~**ie** [~'çi:] *f* (15) monarchy; ≈**isch** monarchic(al).
Monat ['mo:nat] *m* (3) month; '≈**e-lang** for months; '≈**lich** monthly.
'**Monats|binde** *f* sanitary towel *od.* napkin; '~**fluß** ⚕ *m* menses *pl.*, period; '~**gehalt** *n* monthly salary; '~**karte** *f* monthly season-ticket, *Am.* commutation(-ticket); '~**schrift** *f* monthly (magazine); '~**tampon** *m* sanitary tampon.
'**monatweise** *adv.* by the month.
Mönch [mœnç] *m* (3) monk, friar; '≈**isch** monkish, monastic.
'**Mönchs|kloster** *n* monastery; '~**kutte** *f* monk's frock; '~**-orden** *m* monastic order; '~**tum** *n* (1²) monachism; '~**zelle** *f* friar's cell.
mondän [mɔn'dɛ:n] elegant.
Mond [mo:nt] *m* (3) moon (*poet. a. Monat*); '~**-aufgang** *m* moonrise; '~**finsternis** *f* lunar eclipse; '≈**hell** moonlit; '~(**lande**)**fähre** *f* lunar module; '~**landung** *f* landing on the moon; '~**schein** *m* moonlight; '~**sichel** *f* crescent; '~**stein** *m* moonstone; '≈**süchtig** moonstruck; '~**wechsel** *m* change of the moon.
Moneten *sl.* [mo'ne:tən] *pl.* dough *sg.*
Mongol|e [mɔŋ'go:lə] *m* (13), ~**in** *f* (16¹) Mongol; ≈**isch** Mongolian.
monieren [mo'ni:rən] (*rügen*) censure, criticize; (*mahnen*) remind.
Monitor ['mo:nitɔr] *m* (8¹) *TV usw.*: monitor.
Mono|gamie [monoga'mi:] *f* (15, *o. pl.*) monogamy; ~**gramm** [mono'gram] *n* (3¹) monogram; *mit* ~ initial(l)ed; ~**graphie** [~gra'fi:] *f* (15) monography.
Monokel [mo'nɔkəl] *n* (7) monocle.
Mono|log [mono'lo:k] *m* (3¹) (*innerer* ~ interior) monolog(ue); soliloquy; ~**pol** [~'po:l] *n* (3¹) monopoly (*auf acc.* of, *Am.* on); ≈**polisieren** [~poli'zi:rən] monopolize; ≈**ton** [~'to:n] monotonous; ~**tonie** [~to'ni:] *f* monotony.
Monstranz [mɔn'strants] *f* (16) monstrance.
monströs [mɔn'strø:s] monstrous.
Monstrum ['mɔnstrum] *n* (9[²]) monster.
Monsun [mɔn'zu:n] *m* (3¹) monsoon.
Montag ['mo:ntɑ:k] *m* (3) Monday; *blauer* ~ blue (*od.* Saint) Monday; '≈**s** on Mondays.
Montage [mɔn'tɑ:ʒə] *f* (15) ⊕ mounting, fitting; erection; (*Zs.-bau*) assembly; *phot.* montage; ~**band** *n* assembly line; ~**halle** *f* assembly room *od.* shop.
Montan|-industrie [mɔn'tɑ:n-] *f* coal, iron, and steel industries; ~**union** [~ʔu'nio:n] *f* Coal and Steel Community.

Mont|eur [mɔn'tøːr] *m* (3¹) fitter; assembly man; *bsd. mot. u.* ✈ mechanic(ian); **~eur-anzug** *m* overall; **2ieren** [~'tiːrən] mount, fit; (*aufstellen*) set up; erect; (*zs.-bauen*) assemble; **~ierung** [~'tiːruŋ] *f s. Montage*; (*Ausrüstung*) equipment; **~ur** [~'tuːr] *f* (16) ⚔ uniform; *weitS.* overall.

Monument [monu'mɛnt] *n* (3) monument; **2al** [~mɛn'tɑːl] monumental.

Moor [moːr] *n* (3) fen, bog, swamp; **'~bad** *n* mud-bath; **'2ig** marshy, boggy; **'~land** *n* marshy country; **'~packung** ⚕ *f* mud pack.

Moos [moːs] *n* (4) moss; *sl.* (*Geld*) dough; **2ig** ['~ziç] mossy.

Moped *mot.* ['moːpeːt] *n* (11) moped.

Mops [mɔps] *m* (4²) pug; **'2en** F (*stehlen*) pinch; *sich ~* be bored.

Moral [mo'rɑːl] *f* (16) (*Sittlichkeit*) morality; morals *pl.*; (*Lehre*) moral; (*Arbeits-, Kampf2 usw.*) morale; **2isch** moral; **2isieren** [~rali'ziːrən] moralize; **~i'tät** *f* (16) morality; **~predigt** *f* lecture.

Moräne [mo'rɛːnə] *f* (15) moraine.

Morast [mo'rast] *m* (3³ *od.* 3²) marsh, slough; (*Schlamm*) mire, mud; **2ig** marshy, boggy; muddy.

Mord [mɔrt] *m* (3) murder (*an dat.* of); **'~-anschlag** *m* (murderous) attempt; **'~brenner** *m* incendiary; **2en** ['~dən] *v/t. u. v/i.* (26) murder.

Mörder ['mœrdər] *m* (7) murderer; **'~grube** *f*: *aus s-m Herzen keine ~ machen* speak one's mind, be very outspoken; **'~in** *f* murderess; **'2isch** murderous (*a. fig.*); **'2lich** terrible, cruel.

'Mord|gier *f*, **'~lust** *f* bloodthirstiness; **'2gierig**, **'2lustig** bloodthirsty; **'~kommission** *f* murder (*Am.* homicide) squad; **'~prozeß** *m* murder trial; **'~s...** F (*enorm*) terrific; **'~s-'angst** F *f*: *e-e ~ haben* be scared stiff; **'~s'glück** *f* stupendous luck; **'~s'kerl** *m* devil of a fellow; **'2smäßig** awful, terrific; **'~sspektakel** *m* terrific noise; **'~tat** *f* murder; **'~verdacht** *m* suspicion of murder; **'~versuch** *m* attempt to murder.

Mores ['moːreːs]: *j-n ~ lehren* teach a p. manners.

Morgen ['mɔrgən] **1.** *m* (6) morning; (*Osten*) east; (*Landmaß*) acre; *des ~s, 2s, am ~* in the morning; *guten ~* good morning; **2.** *n the* morrow, *the* future; **3.** 2 *adv.* tomorrow; *~ früh* tomorrow morning; *~ abend* tomorrow evening *od.* night; *s. heute*; **'~-ausgabe** *f* morning edition; **'~blatt** *n* morning paper; **'~dämmerung** *f* dawn; **'~grauen** *n*: *im ~* at dawn, at daybreak; **'~gymnastik** *f* morning gymnastics *pl.*; **'~land** *n* Orient, East; **'2ländisch** Oriental, Eastern; **'~luft** *f* morning air; *fig. ~ wittern* get hopeful; **'~rock** *m e-r Frau*: peignoir (*fr.*), dressing-gown; **'~rot** *n*, **'~röte** *f* dawn; **'2s** *s. Morgen*; **'~stern** *m* morning star; **'~stunde** *f* morning hour; *~ hat Gold im Munde* the early bird catches the worm; **'~zeitung** *f* morning paper.

'morgig of tomorrow, tomorrow's.

Morphium ['mɔrfium] *n* (11) morphine; **'~sucht** *f* morphine addiction.

morsch [mɔrʃ] rotten, decayed; brittle; *fig.* shaky.

Morse|-alphabet ['mɔrzə-] *n*, **'~schrift** *f* Morse code; **'2n** morse; **'~zeichen** *n* Morse signal.

Mörser ['mœrzər] *m* (7) mortar (*a.* ⚔); **'~keule** *f* pestle.

Mörtel ['mœrtəl] *m* (7) mortar; (*Putz*) plaster; **'~kelle** *f* trowel.

Mosaik [moza'iːk] *n* (3¹) mosaic; **~fußboden** *m* tesselated pavement; **~spiel** *n* jig-saw puzzle.

Moschee [mɔ'ʃeː] *f* (15) mosque.

Moschus [mɔ'ʃus] *m inv.* musk.

Moskito [mɔs'kiːto] *m* (11) mosquito; **~netz** *n* mosquito-net.

Moslem ['mɔslɛm] *m* (11) Moslem.

Most [mɔst] *m* (3²) must; (*Apfel2*) cider.

Mostrich ['mɔstriç] *m* (3) mustard.

Motel [mo'tɛl] *n* (11) motel.

Motiv [mo'tiːf] *n* (3¹) motive; *paint.*, ♪ motif (*fr.*), theme; **~forschung** *f* motivational research; **2ieren** [~ti'viːrən] motivate; **~ierung** *f* motivation.

Motor ['moːtɔr] *m* (8¹) engine, *bsd.* ⚡ motor; **'~boot** *n* motor boat; **'~fahrzeug** *n* motor vehicle; **'~haube** *f* (engine) bonnet, *Am.* hood; **2isieren** [motori'ziːrən] motorize; ⚔ mechanize; **~i'sierung** *f* motorization; '**~rad** *n* motor-cycle; ~ *mit Beiwagen* motor-cycle combination; '**~radfahrer** *m* motor-cyclist; '**~roller** *m* motor-scooter; '**~säge** *f* power saw; '**~schaden** *m* engine trouble; '**~sport** *m* motoring.

Motte ['mɔtə] *f* (15) moth; F *fig.* funny bird; '**2nfest** mothproof; '**~nfraß** *m* damage caused by moths; '**~nkugel** *f* moth-ball; '**2nzerfressen** moth-eaten.

Motto ['mɔto] *n* (11) motto.

moussieren [mu'si:rən] effervesce, sparkle; **~d** sparkling.

Möwe ['mœ:və] *f* (15) (sea-)gull.

Mucke F ['mukə] *f* (15) whim, caprice; *fig.* *~n haben P.*: have one's little moods, *S.*: have its snags, *Motor*: have got the bugs.

Mücke ['mykə] *f* (15) gnat, mosquito; *aus e-r ~ e-n Elefanten machen* make a mountain out of a molehill.

mucken ['mukən] (25) rebel.

'**Mückenstich** *m* gnat-bite.

Mucker ['mukər] *m* (7) bigot, hypocrite.

mucksen ['muksən] (27): *sich ~* stir, budge.

müd|e ['my:də] tired, weary; *e-r S. ~ sein* be tired (*od.* weary *od.* sick) of; '**~igkeit** *f* tiredness, weariness, fatigue.

Muff [muf] *m* (3) **1.** muff; **2.** (*Geruch*) musty smell; '**~e** ⊕ *f* sleeve, socket; '**~el**[1] ⊕ *f* (15) muffle; '**~el**[2] F *fig. m* (7) sourpuss; '**2eln** (29) munch; (*undeutlich reden*) mumble; *a.* = '**2en** F (25) **1.** sulk, grumble; **2.** smell musty; '**2ig** grumbling; *Geruch usw.*: musty; *P.*: sulky, grumbling.

muh! [mu:] moo!; **~en** ['mu:ən] (25) low.

Mühe ['my:ə] *f* (15) trouble, pains *pl.*; (*Anstrengung*) effort, exertion; (*nicht*) *der ~ wert* (not) worth-while; *j-m ~ machen* give a p. trouble; *sich ~ geben mit* et. take pains over (*od.* with) a th.; *sich die ~ machen zu inf.* bother to *inf.*; *mit ~ und Not* barely, with (great) difficulty; '**2los** effortless, easy; '**2n** (25): *sich ~* struggle, toil; '**2voll** troublesome, hard; laborious; **~waltung** ['~valtuŋ] *f* trouble; (*Sorgfalt*) care.

Mühle ['my:lə] *f* (15) mill; F (*Auto usw.*) bus; *s. Wasser.*

'**Mühl(en)|rad** *n* mill wheel; '**~stein** *m* millstone.

'**Müh|sal** *f* (14) toil, trouble; (*Ungemach*) hardship; (*Strapaze*) strain; '**2sam**, '**2selig** troublesome, difficult, hard; *adv.* with difficulty, laboriously; '**~seligkeit** *f* laboriousness; (great) difficulty.

Mulatt|e [mu'latə] *m* (13), **~in** *f* (16[1]) mulatto.

Mulde ['muldə] *f* (15) trough; *geogr.* hollow; **2nförmig** ['~nfœrmiç] trough-shaped.

Mull [mul] *m* (3) mull, gauze; '**~binde** *f* gauze bandage.

Müll [myl] *m* (3) rubbish, refuse, *Am.* garbage; '**~-abfuhr** *f* removal of refuse, *Am.* garbage collection *od.* disposal; '**~-eimer** *m* dustbin, *Am.* garbage pail.

Müller ['mylər] *m* (7) miller.

'**Müll|fahrer** *m*, '**~kutscher** *m* dustman, *Am.* garbageman; '**~haufen** *m* dust-heap; '**~kasten** *m* dustbin, *Am.* garbage can; '**~schlucker** *m* waste disposer; '**~wagen** *m* dustcart, *Am.* garbage truck.

mulmig ['mulmiç] mo(u)ldy; F *fig.* (*gefährlich*) ticklish.

Multipli|kation [multiplika'tsjo:n] *f* multiplication; **~kator** [~'ka:tɔr] *m* (8[1]) multiplier; **2zieren** [~'tsi:rən] multiply (*mit* by).

Mumie ['mu:mjə] *f* (15) mummy.

Mumm [mum] F *m* (3[1], *o. pl.*) spunk, guts *pl.*

Mummelgreis ['muməl-] *m* F old fogey.

Mummenschanz ['mumənʃants] *m* (3[2]) masquerade, mummery.

Mumpitz ['mumpits] F *m* (3[2], *o.pl.*) rubbish, nonsense.

Mumps ⚕ [mumps] *m inv.* mumps.

Mund [munt] *m* (1[2], *rhet. a.* 3) mouth; *den ~ halten* hold one's tongue, F shut up; *reinen ~ halten über* (*acc.*) keep mum about *a th.*; *nicht auf den ~ gefallen sein* have a ready tongue; *j-m über den ~ fahren* cut a p. short; *j-m et. in den ~ legen* suggest a th. to a p.; *den ~ vollnehmen* talk big; *~ und Nase aufsperren* stand gaping, be dumbfounded; *s. Blatt, Hand, spitzen, verbrennen, wässerig usw.*; '**~-art** *f* dialect; '**2artlich** dialectal.

Mündel ['myndəl] *m, f, n* (7) ward; '**~gelder** *n/pl.* trust-money *sg.*; '**&-sicher:** *~e Papiere pl.* gilt-edged securities.
munden ['mundən] (26) taste good; *es mundet mir* I like it.
münden ['myndən] (26): *~ in (acc.) Fluß*: flow into; *Straße*: run into.
Mund|fäule ['munt-] ⚕ *f* stomatitis; '**&gerecht** palatable; '**~geruch** *m (übler)* bad breath, halitosis; '**~harmonika** *f* mouth organ; '**~höhle** *f* cavity of the mouth.
mündig ['myndiç] *(werden* come) of age; *fig. a.* responsible; '**&keit** *f* majority.
mündlich ['myntliç] oral, verbal; *adv. a.* by word of mouth; '**&keit** ⚖ *f* oral proceedings *pl.*
'**Mund|pflege** *f* oral hygiene; '**~raub** ⚖ *m* theft of food (for immediate consumption); '**~schenk** *m* cup-bearer; '**~sperre** *f* lock-jaw; '**~stück** *n* mouthpiece; *e-r Zigarette*: tip; *mit Kork&* cork-tipped; '**&tot:** *j-n ~ machen* silence (*pol.* gag, muzzle) a p.; '**~tuch** *n* (table) napkin.
'**Mündung** ['myndʊŋ] *f* mouth; *(Gezeiten&)* estuary; *anat.* orifice; *e-r Feuerwaffe*: muzzle; '**~sfeuer** *n* muzzle flash.
'**Mund|voll** *m* mouthful; '**~vorrat** *m* provisions *pl.*, victuals *pl.*; '**~wasser** *n* mouth-wash, gargle; '**~werk** *n* mouth; *ein gutes ~ haben* have the gift of the gab; '**~winkel** *m* corner of the mouth.
Munition [muni'tsjo:n] *f* ammunition; **~slager** *n* ammunition depot.
munkeln ['muŋkəln] (29) *v/i. u. v/t.* whisper, rumo(u)r; *man munkelt* it is rumo(u)red.
Münster ['mynstər] *n u. m* (7) cathedral, minster.
munter ['muntər] awake; *(lebhaft)* lively; *(fröhlich)* gay; *s. gesund*; '**&keit** *f* liveliness; merriness.
Münz|e ['myntsə] *f* (15) coin; *kleine*: change; *(Denk&)* medal; *(Münzstätte)* mint; *klingende ~* hard cash; *fig. et. für bare ~ nehmen* take a th. for gospel truth; *j-m mit gleicher ~ heimzahlen* pay a p. back in his own coin; '**~-einheit** *f* unit *od.* standard of currency; '**&en** (27) coin; *gemünztes Geld* specie; F *das ist auf ihn gemünzt* that is meant for him; '**~er** *m* (7) coiner; '**~fernsprecher** *m* coin(-box) telephone, public call-office; '**~fuß** *m* standard (of coinage); '**~kunde** *f* numismatics *pl.*; '**~sammlung** *f* numismatic collection; '**~wesen** *n* monetary system.
mürbe ['myrbə] tender; *(sehr reif)* mellow; *(gut durchgekocht)* well-cooked; *(knusperig, bröckelig)* crisp, short; *(brüchig)* brittle; *fig.* weary; *~ machen* wear out, ⚔ soften up; *~ werden* give in, wilt; '**&kuchen** *m* shortcake; '**&teig** *m* (short) pastry.
Murmel ['murməl] *f* (15) marble; '**&n** *v/i. u. v/t.* (29) murmur; '**~tier** *n* marmot, *Am.* woodchuck; *schlafen wie ein ~* sleep like a top.
murren ['murən] (25) grumble (*über acc.* at), *Am.* F grouch.
mürrisch ['myriʃ] surly, sullen.
Mus [mu:s] *n* (4) pap; *(Frucht&)* stewed fruit, jam; F *fig. j-n zu ~ schlagen* beat to a pulp.
Muschel ['muʃəl] *f* (15) mussel; *(~schale)* shell; *des Telephonhörers*: ear-piece; *s. Ohr&*; **&förmig** ['~fœrmiç] mussel-shaped; '**~kalk** *m* shell lime(stone).
Muse ['mu:zə] *f* (15) Muse.
Muselman ['mu:zəlman] *m* (12), '**~n** *m* (1^2) Mussulman.
Museum [mu'ze:um] *n* (9) museum.
Musik [mu'zi:k] *f* (16) music; *(Musikanten)* (band of) musicians *pl.*; *in ~ setzen* set to music.
Musikalien [~zi'ka:ljən] *pl. inv.* (pieces *pl.* of) music *sg.*; **~handlung** *f* music shop.
musik|alisch [muzi'ka:liʃ] musical; **&ant** [~'kant] *m* (12), **&er** ['mu:zikər] *m* (7) musician; **&antenknochen** [~'kant-] F *m* funny bone.
Mu'sik|-automat *m*, **~box** ['mu:zikbɔks] *f* musical slot machine, *Am.* F juke-box; **~(hoch)schule** [mu'zi:k-] *f* conservatoire *(fr.)*, *Am.* conservatory; **~-instrument** *n* musical instrument; **~kapelle** *f*, **~korps** *n* band; **~lehrer** *m* music-master; **~pavillon** *m* bandstand; **~stunde** *f* music-lesson; **~truhe** *f* radiogram, *Am.* radio-phonograph console.
Musikus ['mu:zikus] *m* musician.
Mu'sikwissenschaft *f* musicology.
musisch ['mu:ziʃ] *P.*: artistically inclined; *Fach usw.*: fine-arts ...

musizieren [muzi'tsi:rən] make music, play; *abends wurde musiziert* they had music in the evening.
Muskat|(**nuß** *f*) [mus'kɑ:t-] *m* (3) nutmeg; **~blüte** *f* mace.
Muskateller [muska'tɛlər] *m* (7) (*Wein*) muscatel.
Muskel ['muskəl] *m* (10) muscle; '**~kater** *m* muscular ache, *Am.* F charley horse; '**~kraft** *f* muscular strength; '**~protz** F *m* muscle man; '**~zerrung** *f* strain (of a muscle).
Musket|**e** [mus'ke:tə] *f* (15) musket; **~ier** [~ke'ti:r] *m* (3^{1}) musketeer.
Muskulatur [muskula'tu:r] *f* (16) muscular system, muscles *pl.*
muskulös [~'lø:s] muscular.
Muß [mus] *n inv.* necessity, must.
Muße ['mu:sə] *f* (15) leisure; *mit ~* at (one's) leisure.
Musselin [musə'li:n] *m* (3) muslin.
müssen ['mysən] (30): *ich muß* I must, I have to; (*ich bin gezwungen*) I am obliged (*od.* forced *od.* compelled) to; *er muß verrückt sein* he must be mad; *das mußte* (*einfach*) *passieren* that was bound to happen; *ich mußte* (*einfach*) *lachen* I could not help laughing.
Mußestunde ['mu:sə-] *f* leisure-hour, spare hour.
müßig ['my:siç] idle; (*überflüssig*) superfluous; *~es Geschwätz* useless (*od.* idle) talk; '**2gang** *m* idleness; **2gänger** ['~gɛŋər] *m* (7) idler.
mußte ['mustə] *pret. v. müssen.*
Muster ['mustər] *n* (7) model (⊕ *a. Bautyp* type); (*Zeichnung usw.*) pattern, design; (*Probe*) sample, specimen; (*Richtschnur*) standard; (*Vorbild*) model, example; *s. wert* 2.; '**~beispiel** *n* typical example (*für* of); '**~betrieb** *m* model factory *od.* farm; '**~-exemplar** *n* sample copy; '**~gatte** *m* model husband; '**2gültig**, '**2haft** exemplary, perfect; (*o. adv.*) model; '**~karte** *f* show (*od.* sample) card; '**~knabe** *m* model boy, paragon; *contp.* prig; '**~koffer** *m* sample-bag; '**~kollektion** ☤ *f* range of samples; '**2n** (29) (*prüfen, besehen*) examine, inspect; *neugierig*: eye; *abschätzend*: size *a p.* up; ⚔ *Rekruten*: muster, *Truppe*: inspect; *Stoff*: figure, pattern; '**~prozeß** ⚖ *m* test case; '**~schutz** *m* trade-mark protection; copyright in designs; '**~ung** *f* examination, inspection; ⚔ muster(ing); '**~ungskommission** ⚔ *f* examination (*Am.* draft) board; '**~zeichner**(**in** *f*) *m* designer.
Mut [mu:t] *m* (3) courage; (*Verwegenheit*) daring; (*Schneid*) pluck; *s. gut*; *~ fassen* summon up courage, take heart; *j-m ~ machen* encourage a p.; *j-m den ~ nehmen* discourage a p.; *den ~ sinken lassen* lose courage *od.* heart; *nur ~!* cheer up!; *s. zumute.*
Mutation [muta'tsjo:n] *f* mutation.
Mütchen ['my:tçən] *n* (6, *o. pl.*): *sein ~ kühlen an* (*dat.*) take it out on.
mut|**ig** ['mu:tiç] courageous, brave; '**~los** discouraged; (*verzagt*) despondent; '**2losigkeit** *f* discouragement; despondency; **~maßen** ['~mɑ:sən] (27) guess, suppose, speculate; '**~maßlich** supposed; presumable; '**2maßung** *f* conjecture, surmise, speculation.
Mutter ['mutər] *f* (14^{1}) mother; *s. ~tier*; ⊕ (*Schrauben2*) (15) nut; *die ~ Gottes* the (Blessed *od.* Holy) Virgin; '**~brust** *f* mother's breast.
Mütter|**beratungsstelle** ['mytər-] *f* maternity cent|re, *Am.* -er; **~chen** ['~çən] *n* (6) little mother; *altes*: good old woman, F granny.
Mutter|'**gottesbild** *n* image of the (Blessed *od.* Holy) Virgin; '**~haus** *n fig.* (*Stammhaus*) parent-house; '**~-instinkt** *m* maternal instinct; '**~komplex** *m* mother fixation; '**~korn** *n* ergot; '**~kuchen** *physiol. m* placenta; '**~land** *n* mother country; '**~leib** *m* womb; *vom ~e an* from one's birth.
mütterlich ['mytərliç] motherly; (*der Mutter eigen*) maternal; '**~erseits** on one's mother's side.
'**Mutter**|**liebe** *f* motherly love; '**2los** motherless; '**~mal** *n* birthmark, mole; '**~milch** *f* mother's milk; '**~pflicht** *f* maternal duty; '**~schaf** *n* ewe; '**~schaft** *f* maternity; motherhood; '**~schiff** *n* mother ship; (*Begleitfahrzeug*) tender; '**~schlüssel** ⊕ *m* (nut) spanner, *Am.* wrench; '**~schraube** *f* female screw; '**~schwein** *n* sow; '**2seelen-al'lein** utterly alone; **~söhnchen** ['~zø:nçən] *n* mother's darling, molly(-coddle), sissy; '**~sprache** *f* mother tongue, native language; '**~tag** *m* Mother's Day;

ˈ~**tier** *n* dam; ˈ~**trompete** *anat. f* fallopian tube; ˈ~**witz** *m* mother-wit, gumption.

Mutti F [ˈmuti] *f* (11[1]) mum(my).

Mutung ⚒ [ˈmu:tuŋ] *f* claim.

ˈ**Mut|wille** *m* frolicsomeness; mischievousness; *b.s.* wantonness; ˈ**2willig** (*ausgelassen*) frolicsome, playful; (*Streiche machend*) mischievous; *b.s.* (*frevlerisch*) wanton; (*bösartig*) malicious; (*vorsätzlich*) wil(l)ful.

Mütze [ˈmytsə] *f* (15) cap; ˈ~**nschirm** *m* peak.

Myriade [my:rˈjɑ:də] *f* (15) myriad.

Myrrhe [ˈmyrə] *f* (15) myrrh.

Myrte [ˈmyrtə] *f* (15) myrtle.

mysteri|ös [mysterˈjø:s] mysterious; **2um** [~ˈste:rjum] *n* (9) mystery.

Mystifi|kation [~stifikaˈtsjo:n] *f* mystification; 2ˈ**zieren** mystify.

Myst|ik [ˈmystik] *f* (16) mysticism; ˈ**2isch** mystical.

Myth|e [ˈmy:tə] *f* (15) myth; ˈ**2isch** mythic; *bsd. fig.* mythical; ~**ologie** [mytoloˈgi:] *f* (15) mythology; **2ologisch** [~ˈlo:giʃ] mythological; ~**us** [ˈmy:tus] *m* (16[2]) myth.

N

N [ɛn], **n** *n inv.* N, n.

na! [na] well!, why!, *Am. a.* hey!; ~, ~! come, come!; ~ *also!* there you are!; ~ *und?* so what?; ~ *warte!* you just wait!

Nabe [ˈnɑ:bə] *f* (15) hub, nave.

Nabel [ˈ~bəl] *m* (7[1]) navel; ˈ~**binde** *f* umbilical band; ˈ~**bruch** *m* umbilical hernia; ˈ~**schnur** *f* navel-string, umbilical cord.

nach [nɑ:x] **1.** *prp.* (*dat.*) *Richtung, Streben*: (*a.* ~ ... *hin*) to(wards), for; *Reihenfolge*: after; *Zeit*: after, past; *Art u. Weise, Maß, Vorbild*: according to, in accordance with; *der Zug ~ London* the train for London; ~ *dem Gewichte* by the weight; ~ *deutschem Gelde* in German money; *einer ~ dem andern* one by one; *fünf Minuten ~ eins* five minutes past one; *s. Empfang, Haus, Reihe, schmecken usw.*; **2.** *adv.* after; ~ *und* ~ little by little, gradually; ~ *wie vor* now as before, still; *mir ~!* follow me!

ˈ**nach-äffen** (25) *v/t.* ape, mimic; *s. a. nachahmen.*

nach-ahm|en [ˈ~ˀɑ:mən] (25) *v/t. u. v/i.* imitate, copy; ape; (*fälschen*) counterfeit; ˈ~**enswert** worth imitating, exemplary; ˈ**2er** *m* (7), ˈ**2erin** *f* imitator; ˈ**2ung** *f* imitation; counterfeit; ˈ**2ungs-trieb** *m* imitative instinct.

ˈ**nach-arbeiten** *v/t.* (*nachahmen*) copy; (*ausbessern*) touch up; *v/i. zeitlich*: make up for lost time.

ˈ**nach-arten:** *j-m* ~ take after a p.

Nachbar [ˈnaxbɑ:r] *m* (10 *u.* 13), ˈ~**in** *f* neighbo(u)r; ˈ~... neighbo(u)ring, adjacent; ˈ**2lich** neighbo(u)rly; (*benachbart*) neighbo(u)ring; ˈ~**schaft** *f* neighbo(u)rhood (*a. fig.*).

ˈ**Nachbau** ⊕ *m* copying; *s. Lizenzbau.*

Nachbehandlung [ˈnɑ:x-] *f* ⚕ after-treatment; ⊕ subsequent treatment.

ˈ**nachbestell|en** repeat one's order (et. for a th.); ˈ**2ung** *f* repeat (-order).

ˈ**nachbet|en** *v/i. u. v/t.* repeat mechanically, echo; ˈ**2er** *m* (7), ˈ**2erin** *f* (16[1]) parrot.

ˈ**nachbezahl|en** *v/t. u. v/i.* pay afterwards; *noch et.*: pay the rest (of); *s. a. nachzahlen*; ˈ**2ung** *f* subsequent payment.

ˈ**Nachbild** *n* copy; ˈ**2en** copy, imitate; ˈ~**ung** *f* copy, imitation; *genaue*: replica.

ˈ**nachbleiben** (sn) remain (*od.* lag) behind; *Schule*: be kept in.

ˈ**nachblicken** (*dat.*) look after.

ˈ**nachdatieren** (= *vorausdatieren*) postdate; (= *zurückdatieren*) antedate.

nachdem [~ˈde:m] *cj. zeitlich*: after, when; *Maß u. Grad*: *s. je.*

'**nachdenk|en** **1.** think (*über acc.* over), reflect, meditate (on), *Am.* F mull (over); **2.** ♀ *n* (6) reflection, meditation; '**~lich** thoughtful, reflecting, reflective; pensive.

'**Nachdichtung** *f* free version, adaptation.

'**nachdrängen** (sn; *dat.*) press (*od.* crowd) after; pursue closely.

'**nachdringen** (sn; *dat.*) pursue.

'**Nachdruck** *m* **1.** stress, emphasis; (*Tatkraft*) energy; *mit* ~ emphatically; energetically; ~ *legen auf* (*acc.*) stress, emphasize; **2.** *typ.* reprint; (*Raubdruck*) piracy; pirated edition; ~ *verboten* all rights reserved; '♀**en** reprint; *ungesetzlich*: pirate.

nachdrücklich ['~drykliç] emphatic (-ally *adv.*); energetic(ally *adv.*), strong(ly *adv.*); ~ *betonen* emphasize.

'**Nachdrucks|recht** *n* copyright; '♀**voll** *s. nachdrücklich.*

'**Nach·eifer|er** *m* (7) emulator; '♀**n** (*dat.*) emulate; '**~ung** *f* emulation.

'**nach·eilen** (sn; *dat.*) hasten after.

'**nach·ei'nander** one after another, successively; *drei Tage* ~ for three days running.

'**nach·empfinden** *s. nachfühlen.*

Nachen ['naxən] *m* (6) boat, skiff.

'**Nach|-erbe** *m* reversionary heir; '**~-ernte** *f* second crop; *von Heu*: aftermath (*a. fig.*).

'**nach·erzähl|en** (*wiederholen*) repeat; (*wiedererzählen*) retell; *dem Englischen nacherzählt* adapted from the English; '♀**ung** *f* repetition; adaption; *Schule*: re-narration.

'**nach·exerzieren** do extra drill (*od. fig.* work).

'**Nachfahr** *m* descendant; '♀**en** (sn; *dat.*) follow (in a car, by train, *usw.*).

'**Nachfeier** *f* after-celebration.

'**Nachfolg|e** *f* succession; ~ *Christi* Imitation of Christ; '♀**en** (sn; *dat.*) follow, succeed; '♀**end** following; *im* ~*en* in the following; '**~er(in** *f*) *m* (7 [16¹]) successor.

'**nachfordern** demand extra, claim subsequently.

'**nachforsch|en** (*dat.*) investigate, make inquiries; inquire (*od.* search) for *a p.*, into *a th.*; '♀**ung** *f* investigation, inquiry, search; ~*en anstellen s. nachforschen.*

'**Nachfrage** *f* inquiry; ✝ demand (*nach* for); '♀**n** ask, inquire.

'**nachfühlen**: *j-m et.* ~ (*können*) feel with a p. (for a th.).

'**nachfüllen** fill (*od.* top) up; refill.

'**Nachgang** ✝ *m*: *im* ~ *zu* referring to *our letter.*

'**nachgeben** (*dat.*) give way (to), *S.*: give; *fig.* give in, yield (to), come round.

'**nachgeboren** posthumous.

'**Nachgebühr** ✉ *f* surcharge.

'**Nachgeburt** *f* afterbirth.

'**nachgehen** (sn) *j-m*: follow; *Geschäften*: attend to; (*nachforschen*) trace, follow up; *Uhr*: be slow, lose.

nachgemacht ['~gəmaxt] (*gefälscht*) counterfeit; (*unecht*) fake, phon(e)y; (*künstlich*) artificial, (*nur vor su.*) imitation.

'**nachgenannt** under-mentioned.

nachge-ordnet ['~gəˀɔrdnət] subordinate(d).

'**nachgerade** by now; (*wirklich*) really; (*allmählich*) gradually.

'**Nachgeschmack** *m* aftertaste.

nachgiebig ['~gi:biç] yielding (*a.* ⊕ = elastic), compliant; (*nachsichtig*) indulgent; ✝ *Kurse*: declining; '♀**keit** *f* yieldingness; complaisance; indulgence.

'**nachgießen** add (more).

'**nachgrübeln** (*dat. od. über acc.*) ponder *od.* brood (over).

'**Nachhall** *m* (3¹, *o. pl.*) echo, resonance; '♀**en** (re-)echo, resound.

nachhaltig ['~haltiç] lasting, enduring; (*wirksam*) effective; (*hartnäkkig*) persistent.

'**nachhängen** (*dat.*) give o.s. up to *a th.*; *s-n Gedanken* ~ muse; *örtlich*: lag behind.

'**nachhelfen** (*dat.*) help.

nach'her afterwards; (*später*) later (on); *bis* ~*!* see you later!, so long!; ♀**ig** subsequent.

'**Nachhilfe** *f* assistance; *a.* = '**~-unterricht** *m* repetitional lessons *pl.*, coaching.

'**nachhinken** lag behind.

'**Nachhol|bedarf** *m* backlog demand; '♀**en** make up for; *Versäumtes* ~ make up leeway.

'**Nachhut** ⚔ *f* rear(-guard).

'**nachjagen** (sn; *dat.*) pursue, chase.

'**Nachklang** *m* resonance; *fig.* reminiscence; (*Wirkung*) after-effect.

'**nachklingen** *s. nachhallen.*

Nachkomme ['⁓kɔmə] *m* (13) descendant, offspring; '⁀**n** (sn; *dat.*) come after, follow; (*Schritt halten*) keep pace (*dat.* with); *fig. e-m Befehl, Wunsch*: comply with; *s-n Verpflichtungen*: meet; *e-m Versprechen*: keep; '**⁓nschaft** *f* descendants *pl., bsd.* ⚖ issue.
'**Nachkriegs...** post-war.
'**Nachkur** *f* after-treatment.
Nachlaß ['⁓las] *m* (4[2]) *e-r Strafe usw.*: remission; *am Preis*: reduction; discount; *e-s Verstorbenen*: estate, assets *pl.*; *literarischer*: posthumous works *pl.*
'**nachlassen 1.** *v/t.* leave behind; *Geld*: allow; et. *vom Preise* ⁓ make a reduction in the price; (*lockern*) relax, let go; *v/i.* (*sich vermindern*) diminish, decrease; *Fieber, Schmerz, Regen, Sturm usw.*: abate; *Tätigkeit, Tempo usw.*: slacken; *Gesundheit*, † *Preise*: give way; *Interesse*: wane; *P.*: loosen one's grip; **2.** ⁀ *n* slackening; decrease; abatement.
'**nachlässig** careless, negligent; '⁀**keit** *f* negligence, carelessness.
'**nachlaufen** (sn; *dat.*) run after.
'**nachleben**[1] (*dat.*) (*befolgen*) live up to, observe; '⁀[2] *n* after-life.
'**Nachlese** ⚘ *f* gleaning(s *pl.*).
'**nachlesen** *im Buch usw.*: look up.
'**nachliefer|n** *Fehlendes*: deliver subsequently; (*nochmals liefern*) repeat delivery of; '⁀**ung** *f* subsequent delivery; repeat delivery.
'**nachlösen:** (e-e *Fahrkarte*) ⁓ take a supplementary ticket.
'**nachmachen** imitate (*j-m* et. a p. in a th.), copy; (*fälschen*) counterfeit, fake; *s. nachahmen.*
'**nachmalig** subsequent.
'**nachmals** afterwards.
'**nachmessen** check, measure again.
'**Nachmittag** *m* afternoon; '⁀**(s)** in the afternoon; '**⁓svorstellung** *thea. f* matinée.
Nachnahme ['⁓nɑːmə] *f* (15) cash (*Am.* collect) on delivery; *gegen* (*od. per*) ⁓ (*schicken*) (send *a th.*) C.O.D.
'**Nachname** *m* last name, surname.
'**nachplappern** parrot.
'**Nachporto** *n* surcharge.
'**nachprüf|en** check; *Richtigkeit*: *a.* verify; (*nochmals prüfen*) re-examine, ⚖ review; '⁀**ung** *f* check (-ing).

'**nachrechnen** reckon over again; (*prüfen*) check.
'**Nachrede** ⚖ *f*: *üble* ⁓ defamation, slander; '⁀**n:** *j-m Übles* ⁓ slander a p.
Nachricht ['⁓riçt] *f* (16) (e-e a piece of) news; (*Bericht*) report; (*Zeitungs*⁀) news (item); (*Mitteilung*) information, message, notice; ⁓*en pl. Radio, TV*: news(cast); *j-m* ⁓ *geben* let a p. know, inform a p., send a p. word (*über acc., von* of); '**⁓en-agentur** *f* news agency; '**⁓endienst** ⚔ *m* intelligence service; *Radio*: news service; '**⁓ensatellit** *m* communication satellite; '**⁓ensendung** *f* newscast; '**⁓ensprecher** *m* newscaster; '**⁓entechnik** *f* (tele)communication engineering; communications *pl.*; '**⁓entruppe** ⚔ *f* signal corps; '**⁓enwesen** *n* communications *pl.*
'**nachrücken** (sn) move up.
'**Nachruf** *m* obituary (notice).
'**Nachruhm** *m* posthumous fame.
'**nachrühmen:** *j-m et.* ⁓ say (in praise) of a p.
'**nachsagen** repeat; *man sagt ihm nach, daß ...* he is said to *inf.*
'**Nachsaison** *f* after-season.
'**Nachsatz** *gr. m* final clause.
'**nachschauen** have a look.
'**nachschicken:** *j-m et.* ⁓ send after a p.; *Brief*: forward.
'**Nachschlage|buch** *n*, '**⁓werk** *n* reference-book.
'**nachschlagen** *in e-m Buch*: refer to, consult; *Wort usw.*: look up; *fig. j-m* ⁓ take after a p.
'**nachschleichen** (sn; *dat.*) steal after; (*beschatten*) shadow.
'**nachschleppen** drag after (one).
'**Nachschlüssel** *m* skeleton-key.
'**nachschreiben** write from dictation; (*abschreiben*) copy.
'**Nachschrift** *f im Brief*: postscript (*abbr.* P.S.).
'**Nachschub** *m* supply.
'**nachsehen 1.** *v/i. u. v/t. j-m, e-r S.*: look after; *et.* (*prüfen*) check; (*schauen*) have a look; examine; *s. nachschlagen*; *j-m et.* ⁓ (*hingehen lassen*) indulge a p. in a th., overlook (*od.* excuse) a p.'s *mistake etc.*; **2.** ⁀ *n* (6): *das* ⁓ *haben* be the loser; *Sport*: *dem Gegner das* ⁓ *geben* dismiss one's opponent.
'**nachsenden** *s. nachschicken.*

ˈ**nachsetzen** *v/t.* place behind; *v/i.* (sn; *dat.*) give chase (to).
ˈ**Nachsicht** *f* indulgence; ~ *üben* stretch a point, *mit j-m*: have patience with; ˈ**2ig**, ˈ**2svoll** indulgent, lenient.
ˈ**Nachsilbe** *gr. f* suffix.
ˈ**nachsinnen** meditate, muse (*dat. od. über acc.* [up]on).
ˈ**nachsitzen** *Schule*: be kept in; ~ *lassen* keep in, detain.
ˈ**Nachsommer** *m* late (*bsd. Am.* Indian) summer.
ˈ**Nachspeise** *f s. Nachtisch.*
ˈ**Nachspiel** *n thea.* afterpiece; ♪ postlude; *fig.* sequel.
ˈ**nachsprechen** repeat (*j-m* a p.'s words).
ˈ**nachspüren** (*dat.*) track, trace; (*nachspionieren*) spy on *a p.*
nächst [nɛːçst] **1.** *adj.* (18, *s. nahe*) *Reihenfolge*, *Zeit*: next; *Entfernung*, *Beziehung*, *Verwandtschaft*: nearest; *s. Angehörigen*, *Mal*, *Zeit*; **2.** *prp.* next to, next after; ˈ~ˈ**best** (just) any; ˈ~ˈ**dem** soon; ˈ**2e** *m* (18) fellow-creature, neighbo(u)r; *jeder ist sich selbst der* ~ charity begins at home.
ˈ**nachstehen** (*dat.*) be second to; be inferior to; ˈ~**d** (*adv.* in the) following.
ˈ**nachstell|en** *v/t.* place behind *od.* after; *Uhr*: put back; *Stellschraube usw.*: readjust; *v/i. j-m* ~ persecute a p.; ˈ**2ung** *f* persecution.
ˈ**Nächst|enliebe** *f* charity; ˈ**2ens** shortly, (very) soon, before long; ˈ**2folgend** next (in order); ˈ**2liegend** nearest; *fig. das* 2*e* the obvious thing.
ˈ**nachstreben** *j-m*: emulate; *e-r S.*: strive after.
ˈ**nachsuch|en** *v/t. u. v/i.* search (for *a th.*); *um et.* ~ apply for; ˈ**2ung** *f* search, inquiry.
Nacht [naxt] *f* (14[1]) night; *fig. a.* darkness; *bei* ~, *des* ~*s s. nachts*; *bei* ~ *und Nebel davongehen* under cover of the night; *bis in die* ~ *hinein arbeiten* burn the midnight oil; *mit einbrechender* ~ at nightfall; F *sich die* ~ *um die Ohren schlagen* make a night of it; *über* ~ overnight (*a. fig.*); *zu* ~ *essen* have supper; *s. heilig*; ˈ~**-arbeit** *f* night-work; ˈ~**-asyl** *n* night-shelter; ˈ~**blindheit** *f* night-blindness; ˈ~**dienst** *m* night-duty.

ˈ**Nachteil** *m* disadvantage; (*Mangel*) *a.* drawback; (*Schaden*) detriment, *bsd.* ⚖ prejudice; *im* ~ *sein* be at a disadvantage, be handicapped; *zum* ~ (*gen.*) to the disadvantage *usw.* of; ˈ**2ig** disadvantageous, detrimental, prejudicial; (*abträglich*) derogatory; *sich* ~ *auswirken* (*auf acc.*) affect adversely.
nächtelang [ˈnɛçtəlaŋ] *adv.* for nights (together), night after night.
ˈ**Nacht|-essen** *n* supper; ˈ~**-eule** *f* night-owl; ˈ~**falter** *m* moth; ˈ~**frost** *m* night frost; ˈ~**hemd** *n* (*Herren*2) night-shirt; (*Damen*2, *Kinder*2) night-dress, F nightie.
Nachtigall [ˈnaxtigal] *f* (16) nightingale.
nächtigen [ˈnɛçtigən] (25) pass the night.
ˈ**Nachtisch** *m* (*Süßspeise*) sweet, *Am.* dessert; (*Obst*) dessert.
ˈ**Nacht|jäger** ✈ *m* night fighter; ˈ~**klub** *m* night-club; ˈ~**leben** night life.
nächtlich [ˈnɛçtliç] nightly, nocturnal; ˈ~**er**ˈ**weile** at night-time.
ˈ**Nacht|lokal** *n* night-club; ˈ~**mahl** *n* supper; ˈ~**musik** *f* serenade; ˈ~**portier** *m* night-porter; ˈ~**quartier** *n* quarters *pl.* for the night.
Nachtrag [ˈ~trɑːk] *m* (3[3]) supplement; *zu e-m Testament*: codicil; *s. Nachschrift*; *Nachträge pl. in e-m Buch*: addenda; ˈ**2en** (*zufügen*) add; ✝ *Bücher*: post up; *Posten*: book; *j-m et.* ~ carry after a p.; *fig. j-m nichts* ~ bear a p. no grudge; ˈ**2end** resentful.
nachträglich [ˈ~trɛːkliç] (*ergänzend*) additional, supplementary; (*später*) subsequent.
ˈ**Nachtruhe** *f* night rest.
nachts [naxts] at (*od.* by) night.
ˈ**Nacht|schatten** ⚘ *m* nightshade; ˈ~**schicht** *f* night-shift; ˈ**2schlafend:** *zu* ~*er Zeit* in the middle of the night; ˈ~**schwärmer(in** *f*) *m fig.* night-revel(l)er; ˈ~**schwester** ⚕ *f* night-sister; ˈ~**stuhl** *m* night-stool; ˈ~**tisch** *m* bedside table; ˈ~**topf** *m* chamber(-pot).
ˈ**nachtun:** es *j-m* ~ copy (*od.* imitate) a p.; *s. nachmachen.*
ˈ**Nacht|wächter** *m* night-watchman; ˈ**2wandeln** *usw. s. schlafwandeln usw.*; ˈ~**zeug** *n* night-things *pl.*; ˈ~**zug** 🚂 *m* night-train.
ˈ**Nach|-untersuchung** ⚕ *f* follow-

-up examination; '∼-**urlaub** *m* extended leave.

'**nachwachsen** (sn) grow again.

'**Nachwahl** *parl. f* by-election, *Am.* special election.

'**Nachwehen** *f/pl.* after-pains; *fig.* painful consequences, aftermath *sg.*

'**nachweinen** (*dat.*) bewail.

Nachweis ['∼vaɪs] *m* (4) proof; *s. Arbeits*2; (*Verzeichnis*) record, list; *den* ∼ *führen* (*od. erbringen*) prove, show; '2**bar**, '2**lich** demonstrable; traceable; *adv.* as can be proved; 2**en** ['∼zən] demonstrate; (*beweisen*) prove, show; (*feststellen*) establish; (*begründen*) substantiate; *j-m et.* ∼ *e-e Schuld usw.*: prove that a p. has done a th., *et. Gewünschtes*: inform a p. about a th.

'**Nachwelt** *f* posterity.

'**Nachwinter** *m* second winter.

'**nachwirk|en** produce an after-effect; '2**ung** *f* after-effect; (*Folgen*) consequences *pl.*; ∼*en des Krieges* aftermath of war.

'**Nachwort** *n* epilog(ue).

'**Nachwuchs** *m* after-growth; *fig. the* rising generation; '∼... junior ...

'**nachzählen** count over, check.

'**nachzahl|en** *v/t. u. v/i.* pay extra *od.* in addition; '2**ung** *f* additional (*od.* extra) payment.

'**nachzeichnen** *v/t. u. v/i.* copy.

'**nachziehen** *v/t.* draw after (one); *den Fuß*: drag; *Strich usw.*: trace; *die Augenbrauen*: pencil; *Schraube usw.*: tighten; *v/i.* (sn; *dat.*) follow.

Nachzügler ['∼tsy:glər] *m* (7), '∼**in** *f* (16^1) straggler, late-comer.

Nacken ['nakən] *m* (6) nape (of the neck), neck; *s. steifen*; '∼**schlag** *m* rabbit-punch; *fig.* blow.

nackend ['nakənt], **nackt** [nakt] naked, nude; *fig.* bare; *Wahrheit*: naked, plain; *Tatsache*: hard.

'**Nackt|heit** *f* nakedness, nudity; '∼**kultur** *f* nudism.

Nadel ['nɑ:dəl] *f* (15) needle (*a.* ⊕); (*Steck*2, *Haar*2) pin; *fig. wie auf* ∼*n sitzen* be on pins and needles; '∼(**holz**)**baum** *m* conifer(ous tree); ∼**hölzer** ['∼hœltsər] *n/pl.* conifers; '∼**kopf** *m* pin-head; '∼-**öhr** *n* eye of a needle; '∼**stich** *m* prick of a needle, stitch; *fig.* pin-prick; '∼**streifen** *m/pl. Stoffmuster*: pin stripes *pl.*; '∼**wald** *m* conifer(ous) wood.

Nagel ['nɑ:gəl] *m* (7^1) nail (*a. anat.*); *hölzerner*: peg; (*Zier*2) stud; *langer*: spike; *fig. an den* ∼ *hängen* give up; *den* ∼ *auf den Kopf treffen* hit the nail on the head; *auf den Nägeln brennen* be very urgent; '∼**bürste** *f* nail-brush; '∼**feile** *f* nail-file; '∼**geschwür** *n* whitlow; '∼**lack** *m* nail enamel; '2**n** (29) nail (*an, auf acc.* to); '2'**neu** brand-new; '∼**pflege** *f* manicure; '∼**probe** *f*: *die* ∼ *machen* thumb one's glass; '∼**schere** *f* (*eine* ∼ a pair of) nail-scissors *pl.*

nagen ['nɑ:gən] (25) gnaw, nibble (*an dat.* at); *an e-m Knochen* ∼ pick a bone; *fig.* ∼ *an* prey upon.

'**Nager** *m*, '**Nagetier** *n* rodent.

nah [nɑ:], **nahe** ['nɑ:ə] (18^2, *sup. nächst*) near, close (*bei* to); *zeitlich*: *a.* impending, forthcoming; *Verwandter*: near; ∼ *verwandt* closely related; *Gefahr*: imminent; *s. näher, nächst*; *nahe daran sein, et. zu tun* be near doing a th.; *j-m zu nahe treten* hurt a p.'s feelings; *von nah und fern* from far and near.

'**Näh-arbeit** *f* needlework.

'**Nah-aufnahme** *f Film*: close-up.

Nähe ['nɛ:ə] *f* (15) nearness, proximity; *aus der* ∼ at close range; *in der* ∼ near at hand, close by; *in s-r* ∼ near him; *in der* ∼ *der Stadt* near the town.

nahe'bei nearby, close by.

'**nahe|gehen** (sn; *dat.*) affect, grieve; '∼**kommen** (sn; *dat.*) (*a. fig.*) come near, approach (to); '∼**legen** suggest (*j-m et.* a th. to a p.); '∼**liegen** suggest itself, be obvious; '∼**liegend** near(by); *fig.* obvious.

nahen ['nɑ:ən] **1.** (25, sn; *a. sich* ∼; *dat.*) approach; **2.** 2 *n* approach.

nähen ['nɛ:ən] *v/t. u. v/i.* (25) sew, stitch; ⚕ *a.* suture (up).

näher ['nɛ:ər] (18) nearer *usw.* (*s. nahe*); ∼*e Einzelheiten* = '2**e**(**s**) *n* (18) details *pl.*, (further) particulars *pl.* [(*Nadelarbeit*) needlework.]

Näherei [nɛ:ə'raɪ] *f* (15) sewing;

'**Näherin** *f* (16^1) seamstress.

näher|n ['nɛ:ərn] (25) approach (*sich j-m* a p.); *sich* ∼ draw near; '∼**treten** (*dat.*) *fig.* approach *a p., a th.*; '2**ungswert** *m* approximate value. [(*dat.* with).]

'**nahestehend** closely connected

'**nahezu** *adv.* nearly, almost, next to.

ˈ**Nähgarn** *n* sewing-thread.

ˈ**Nahkampf** ⚔ *m* close combat; *Boxen*: infight(ing).

ˈ**Näh|kästchen** *n* (lady's) work-box; ˈ**~korb** *m* work-basket; ˈ**~maschine** *f* sewing-machine; ˈ**~nadel** *f* (sewing-)needle.

nahm [nɑ:m] *pret. v. nehmen.*

ˈ**Nährboden** *m* fertile soil (*a. fig.*); *für Bazillen*: culture-medium; *des Verbrechens usw.*: hotbed.

nähren [ˈnɛ:rən] (25) nourish (*a. fig.*); *ein Kind*: nurse; *sich ~ von* live (*od.* feed) on.

nahrhaft [ˈnɑ:rhaft] nutritious, nourishing, nutritive; *Speise*: substantial.

ˈ**Nähr|hefe** *f* nutritive yeast; ˈ**~kraft** *f* nutritive power; ˈ**~krem** *f* skin-food; ˈ**~mittel** *n*(/*pl.*) farinacious products, cereal(s); ˈ**~salz** *n* nutritive salt(s *pl.*); ˈ**~stoff** *m* nutritive substance.

ˈ**Nahrung** *f* food (*a. fig.*), nourishment; (*Kost*) diet; (*Futter*) feed; (*Unterhalt*) support; ˈ**~smangel** *m* want of nourishment; ˈ**~smittel** *n* (article of) food, foodstuff, *pl.* foodstuffs, victuals, provisions; ˈ**~smittelchemiker** *m* food chemist; ˈ**~ssorgen** *f*/*pl.* cares of subsistence; ˈ**~sstoff** *m* nutriment.

ˈ**Nährwert** *m* nutritive value.

ˈ**Nähseide** *f* sewing-silk.

Naht [nɑ:t] *f* (14[1]) seam; ⚕, ⚘ suture; ⚔ boundary; ⊕ seam, joint; ˈ**2los** seamless (*a.* ⊕).

ˈ**Nahverkehr** *m* local (*od.* suburban) traffic; *mot.* short-haul traffic; *teleph.* toll service.

ˈ**Nähzeug** *n* sewing-kit.

ˈ**Nahziel** *n* immediate objective.

naiv [naˈʔi:f] naive, ingenuous, simple; **2ität** [~ʔiviˈtɛ:t] *f* naïveté (*fr.*), ingenuousness, simplicity.

Name [ˈnɑ:mə] *m* (13[1]) name; *fig. im ~n* (*gen.*) on behalf of; (*nur*) *dem ~n nach* nominal, *adv.* in name only; *j-n dem ~ nach kennen* know a p. by name; *ein Ding beim rechten ~n nennen* call a spade a spade; *darf ich um Ihren ~n bitten?* may I ask your name?; *sich e-n ~n machen* make a name for o.s.; *s. namens.*

ˈ**Namen|gebung** *f* naming; ˈ**~liste** *f*, ˈ**~verzeichnis** *n* list (*od.* register) of names; ˈ**2los** nameless; *fig. a.* unspeakable.

ˈ**namens** named, of the name of; (*gen.*) (*in j-s Namen*) in the name of, on behalf of.

ˈ**Namens|-aktie** ✝ *f* registered share; ˈ**~-aufruf** *m* roll-call; ˈ**~tag** *m* fête-day, name-day; ˈ**~vetter** *m* namesake; ˈ**~zug** *m* signature, autograph.

ˈ**namentlich** *adj.* nominal; *adv.* by name; (*besonders*) especially; *parl. ~e Abstimmung* roll-call vote.

namhaft [ˈnɑ:mhaft] (*berühmt*) notable, renowned; (*bedeutend*) considerable, substantial; *j-n ~ machen* (mention by) name, *weitS.* identify.

nämlich [ˈnɛ:mliç] **1.** *adj. the* same; **2.** *adv. erläuternd*: namely, that is (to say), (*abbr.* i.e. *od.* viz.); *begründend*: ..., you know.

nannte [ˈnantə] *pret. v. nennen.*

nanu! [naˈnu:] I say!, *Am.* gee!

Napf [napf] *m* (3[3]) bowl; ˈ**~kuchen** *m* pound-cake.

Naphtha [ˈnafta] *n* (11, *o.pl.*) naphtha; **~lin** [~ˈli:n] *n* (11, *o. pl.*) naphthalene.

Narbe [ˈnarbə] *f* (15) scar; 📖 cicatrice; (*Leder2*) grain; ⚘ stigma; ˈ**2n** (25) scar; cicatrize; *Leder*: grain.

ˈ**narbig** scarred; *Leder*: grained.

Narko|se [narˈko:zə] *f* (15) narcosis; **~tikum** [~ˈko:tikum] *n* (9[2]), **2tisch** narcotic; **2tisieren** [~kotiˈzi:rən] narcotize.

Narr [nar] *m* (12) fool; *e-n ~en an j-m gefressen haben* dote (up)on a p., be infatuated with a p.; *zum ~en haben od. halten*, ˈ**2en** make a fool of, dupe, fool.

ˈ**Narren|freiheit** *f* carnival licen|ce, *Am.* -se; ˈ**~haus** *n* madhouse; ˈ**~kappe** *f* fool's cap; ˈ**~(s)posse**(*n pl.*) *f* foolery *sg.*; ˈ**~seil** *n*: *j-n am ~ führen* make a fool of a p., F pull the wool over a p.'s eyes; ˈ**2sicher** foolproof; ˈ**~streich** *m* foolish trick.

Narretei [~əˈtaɪ] *f* (16), ˈ**Narrheit** *f* folly, tomfoolery.

Närrin [ˈnɛ:rin] *f* fool(ish woman).

ˈ**närrisch** foolish; (*verrückt*) mad, (F *a. fig.*) crazy; (*sonderbar*) odd.

Narzisse [narˈtsisə] *f* narcissus; *gelbe ~* daffodil.

Narzißmus [~ˈtsismus] *m* (16, *o.pl.*) narcism.

nasal [naˈzɑ:l] nasal; **2(laut)** *m* nasal (sound).

naschen [ˈnaʃən] *v*/*i. u. v*/*t.* (27)

nibble (*an dat.* at); *verstohlen*: eat on the sly; *gern* ~ have a sweet tooth.
Nascher ['naʃər] *m* (7), '**~in** *f* (16[1]) sweet-tooth; **~ei** [~'raɪ] *f* (16) sweet(s *pl.*), titbit.
'**nasch|haft** fond of sweet things; '**Ջkatze** *f* sweet-tooth; '**Ջwerk** *n* sweets *pl.*; dainties *pl.*
Nase ['nɑ:zə] *f* (15) nose; *zo. a.* snout; *e-r Kanne usw.*: spout; *durch die ~ sprechen s. näseln*; *die ~ hoch tragen* be stuck-up; *j-m* e-e *lange ~ machen* thumb one's nose at a p.; *fig.* e-e (*gute od. feine*) *~ haben für* have a flair for; *s. putzen, rümpfen*; *j-m auf der ~ herumtanzen* play fast and loose with a p.; *j-n an der ~ herumführen s. nasführen*; *j-m et. auf die ~ binden* tell a p. a th.; *s-e ~ in alles stecken* poke one's nose into other people's business, be a busybody; *immer der ~ nach!* just follow your nose!; F *j-m et. unter die ~ reiben* bring a th. home to a p.; rub it in; *die ~ voll haben von* be fed up with, be sick of.
näseln ['nɛ:zəln] **1.** (29) speak through the nose, nasalize; **2.** Ջ *n* (6) nasal twang; '**~d** *Sprache*: nasal.
'**Nasen|bein** *n* nasal bone; '**~bluten** *n* nose-bleed(ing); '**~flügel** *m* side of the nose; '**~länge** *f Rennsport*: *um* e-e ~ by a short head; '**~loch** *n* nostril; '**~schleim** *m* nasal mucus; '**~spitze** *f* tip of the nose.
naseweis ['~vaɪs] (18) pert, saucy; '**Ջheit** *f* sauciness, pertness.
nasführen ['nɑ:sfy:rən] fool.
Nashorn ['nɑ:s-] *n* (1[2]) rhinoceros.
naß [nas] **1.** (18[1] [*u.* [2]]) wet; (*feucht*) moist; **2.** Ջ *n* liquid; water.
Nassauer ['nasaʊər] F *m* (7) sponger; '**Ջn** sponge (*bei j-m* on).
Nässe ['nɛsə] *f* (15) wet(ness); moisture; *vor ~ schützen!* keep dry!; '**Ջn** (28) wet; moisten.
'**naß|forsch** F brash; '**~kalt** damp and cold; clammy.
Nation [na'tsjo:n] *f* (16) nation.
national [~jo'nɑ:l] national; **Ջflagge** *f* national flag; *die britische ~* the Union Jack; *die amerikanische ~* the Stars and Stripes *pl.*; **Ջhymne** *f* national anthem; **~i'sieren** [~nali-] nationalize; **Ջismus** [~'lismus] *m* nationalism; **Ջität** [~i'tɛ:t] *f* nationality; **Ջmannschaft** [~'nɑ:l-] *f Sport*: national team; **Ջ-ökono'mie** *f* political economy.
Natrium ['nɑ:trium] *n* (11) sodium.
Natron ['nɑ:trɔn] *n* (11) natron; (*doppelt*)*kohlensaures ~* (bi)carbonate of soda; '**~lauge** *f* soda lye.
Natter ['natər] *f* (15) adder, viper.
Natur [na'tu:r] *f* (16) nature; (*Leibesbeschaffenheit*) constitution; (*Gemütsanlage*) *s. Naturell*; *nach der ~ zeichnen* draw from nature; *von ~* by nature; *j-m zur zweiten ~ werden* become second nature with a p.; *in ~, in* **Ջa** in kind.
Naturalien [natu'rɑ:ljən] *pl. inv.* natural produce *sg.*; (*Naturalwert*) value in kind; **~kabinett** *n*, **~sammlung** *f* natural history collection.
natural|i'sieren [~rali-] naturalize; **Ջismus** [~ra'lismus] *m* (16, *o. pl.*) naturalism; **~istisch** naturalistic(ally *adv.*).
Natural|leistung [~'rɑ:l-] *f* payment in kind; **~lohn** *m* wages *pl.* in kind.
Natur|-anlage [na'tu:r-] *f* disposition; **~-arzt** *m* nature doctor; **~beschreibung** *f* description of nature; **~bursche** *m* child of nature.
Naturell [natu'rɛl] *n* (3[1]) nature, disposition, temper(ament).
Na'tur|-ereignis *n*, **~-erscheinung** *f* phenomenon; **~forscher** *m* (natural) scientist; **~forschung** *f* natural science; **~gabe** *f* gift of nature, talent; **Ջgemäß** natural(ly *adv.*); **~geschichte** *f* natural history; **Ջ-geschichtlich** of natural history; **~gesetz** *n* natural law; **Ջgetreu** true to nature; life-like; full-scale; **~heilkundige** *m* naturopath; **~-katastrophe** *f* natural disaster; **~kraft** *f* natural force; **~kunde** *f* (natural) science; **~kundler** *m* (natural) scientist; **~lehre** *f* physics *sg.*
natürlich [na'ty:rliç] natural (*a.* ⚖, *Kind, Person, Tod*); (*echt*) genuine; (*ungekünstelt*) unaffected, artless; (*einfach*) simple; *adv.* of course, naturally; **Ջkeit** *f* naturalness; simplicity.
Na'tur|mensch *m* man of nature; **~notwendigkeit** *f* physical necessity; **~recht** *n* natural right; **~reich** *n* kingdom of nature; **~schutz** *m* preservation of natural beauty, nature protection; **~schutzgebiet** *n* national park, wild-life (p)reserve;

~seide *f* natural silk; **~trieb** *m* instinct; **~volk** *n* primitive race; **~wissenschaft** *f* (natural) science; **~wissenschaftler** *m* (natural) scientist; **~wunder** *n* prodigy.

Naut|ik ['nautik] *f* (16) nautical science, nautics *pl.*; '**2isch** nautical.

Navigation [naviga'tsjo:n] *f inv.* navigation.

Nebel ['ne:bəl] *m* (7) fog; *weniger dicht*: mist; ⚔ smoke(-screen); *s. Nacht*; '**~bank** *f* fog-bank; '**~fleck** *m* nebula; '**2haft** foggy; *fig. a.* nebulous, hazy; '**~horn** *n* fog-horn; '**~lampe** *f*, '**~leuchte** *mot. f* fog lamp; '**~schleier** *m* veil of mist; '**~wetter** *n* foggy weather.

neben ['ne:bən] beside, by the side of; (*unmittelbar ~*) next to; (*nahe bei*) close to, near; (*nebst*) apart from, beside; (*verglichen mit*) against, compared with.

'**Neben|-absicht** *f* secondary object; **2'-an** next door; in(to) the next room; '**~-anschluß** *teleph. m* extension; '**~-arbeit** *f* extra work; side-line; '**~-ausgaben** *f/pl.* incidental expenses, extras; '**~-ausgang** *m* side-door; '**~bedeutung** *f* secondary meaning, connotation; '**~-begriff** *m* accessory notion; **2'bei** close by; (*beiläufig*) by the way, incidentally; (*außerdem*) besides; '**~beruf** *m*, '**~beschäftigung** *f* additional occupation, avocation, side-line; '**2beruflich** avocational; *nur attr.* spare-time; side-line; '**~buhler** *m* (7), '**~buhlerin** *f* (16[1]) rival; '**~buhlerschaft** *f* rivalry; '**~-einander 1.** *n* (7, *o. pl.*) coexistence; **2. 2** side by side; (*gleichzeitig*) simultaneously; '**~-ei'nanderschaltung** ⚡ *f* parallel connection; '**~-ein'anderstellen** put side by side; *fig.* (*vergleichen*) compare; '**~-eingang** *m* side-entrance; '**~-einkünfte** *f/pl.*, '**~-einnahmen** *f/pl.* casual emoluments, perquisites *pl.*; '**~-erscheinung** *f* accompaniment; side-effect; '**~fach** *n beim Studium*: subsidiary subject, *Am.* minor; *als ~ studieren* take as subsidiary subject, *Am.* minor in; '**~fluß** *m* tributary; affluent; '**~gasse** *f* by-lane; '**~gebäude** *n* adjoining building; (*Anbau*) annex(e); '**~gedanke** *m* secondary thought; *s. Hintergedanke*; '**~geräusch** *n Radio*: atmospherics, strays *pl.*; '**~gericht** *n* side-dish, entremets (*fr.*); '**~geschmack** *m* smack (*a. fig.*); '**~gewinn** *m* incidental profit; '**~gleis** 🚂 *n* siding, *bsd. Am.* side-track; *auf ein ~ schieben* side-track; '**~handlung** *f* underplot, episode; '**2'her**, '**2'hin** by his (her) side; along with; *s. nebenbei*; '**~-interesse** *n* private interest; '**~kläger** ⚖ *m* accessory prosecutor; '**~kosten** *pl.* extras; '**~linie** *f* collateral line; 🚂 branch line; '**~mann** *m* next man (*a.* ⚔); '**~mensch** *m s. Mitmensch*; '**~niere** *f* adrenal gland; '**~produkt** *n* by-product; '**~programm** *n s. Beiprogramm*; '**~rolle** *f* subordinate part; '**~sache** *f* matter of secondary importance, minor detail; '**2sächlich** subordinate, incidental; (*unwichtig*) unimportant; (*abwegig*) irrelevant; '**~satz** *gr. m* subordinate clause; '**~sender** *m Radio*: relay (*lokaler*: regional) station; '**2stehend** in the margin; '**~stehende** *m, f* by-stander; '**~stelle** *f* branch(-office); *teleph.* extension; '**~straße** *f* by-street; '**~tisch** *m* next table; '**~tür** *f* side-door; '**~-umstand** *m* accessory circumstance; '**~verdienst** *m s. Nebeneinkünfte*; **~weg** ['~ve:k] *m* by-way; '**~wirkung** *f* side-effect; '**~zimmer** *n* adjoining room; '**~zweck** *m* subordinate purpose.

'**neblig** foggy, misty.

nebst [ne:pst] (*dat.*) (together) with, besides; in addition to.

Necessaire [nesɛ'sɛ:r] *n* (11) necessaire (*fr.*); toiletry kit.

neck|en ['nɛkən] (25) tease; **2erei** [~ə'raɪ] *f* (16) banter; '**~isch** (fond of) teasing; (*mutwillig*) playful; (*drollig*) droll, comical.

Neffe ['nɛfə] *m* (16) nephew.

Negation [nega'tsjo:n] *f* negation.

negativ ['ne:gati:f, ~'ti:f], **2** *n* (3[1]) ℞, *phys.*, *phot.* negative.

Neger ['ne:gər] *m* (7) negro; '**~in** *f* (16[1]) negress.

negieren [ne'gi:rən] answer in the negative; negate.

Negligé [negli'ʒe:] *n* (11) négligé (*fr.*).

nehmen ['ne:mən] (30) *allg.* take (*a. an sich ~*; *a. Beförderungsmittel, Hindernis, Kurve*; *a.* ⚔); (*annehmen*) *a.* accept; (*weg~*) take away (*a. fig. befreien von, rauben*); (*anstellen*) take, engage; *auf sich* ~ undertake, *Amt, Bürde*: assume, *Verantwortung*: accept, *Folgen*: bear; *Speise zu sich* ~ have, take; (*sich bedienen*) help o.s. (*von* to); *e-n Anfang* (*ein Ende*) ~ begin (end); *j-n zu* ~ *wissen* have a way with; *ich lasse es mir nicht* ~ I insist (*zu inf.* upon *ger.*); *s. Angriff, Anspruch, Beispiel, ernst, Freiheit, genau, Partei, streng usw.*; *wie man's nimmt* that depends!

Neid [naɪt] *m* (3) envy; (*Mißgunst*) jealousy; *aus* ~ out of envy; *grün vor* ~ green with envy; *das muß ihm der* ~ *lassen* you have to hand it to him; **2en** ['~dən] (26) envy (*j-m et.* a p. a th.); '**~er** *m* (7) envier; **2isch** ['~dɪʃ] envious (*auf acc.* of); **2los** ['naɪt-] free from envy, ungrudging; '**~hammel** F *m* dog in the manger.

Neige ['naɪgə] *f* (15) slope; *a. fig.* (*Abnahme*) decline; (*Rest*) *im Fasse usw.*: dregs *pl.*; *im Glas*: heel-tap; *zur* ~ *gehen* (be on the) decline, *Vorrat*: run low, *bsd.* ⚕ run short; *zeitlich*: draw to an end; *bis zur* ~ *leeren* drain to the dregs; '**2n** (25) *v/t.* bend, incline; (*a. sich* ~) bow; (*kippen*) tilt; *Ebene*: slope; *sich* ~ *Tag usw.*: draw to a close; *s. geneigt*; *v/i.* ~ *zu et.* incline to, tend to, be liable (*od.* prone) to.

'**Neigung** *f allg.* inclination; (*Fläche*) slope, incline; 🚂, *Straße*: gradient; ⚒ dip (*a. der Magnetnadel, e-r Straße, e-s Schiffs*); (*Kipplage*) tilt; (*Hang, Vorliebe*) inclination, propensity, bent (*zu* to, for), tendency (towards); (*Zu2*) affection (for); (~ *zu Erkrankungen*) liability (to); '**~s-ehe** *f* love match; '**~s-winkel** *m* angle of inclination.

nein [naɪn] no; '**2stimme** *parl. f* no (*pl.* noes), *Am.* nay.

Nektar ['nɛktaːr] *m* (3^1) nectar.

Nelke ['nɛlkə] *f* (15) carnation, pink; (*Gewürz2*) clove.

nennbar ['nɛnbaːr] mentionable.

nennen ['nɛnən] (30) name, call; (*bezeichnen*) *a.* term; *Kandidaten*: nominate; (*erwähnen*) mention; *Sport*: (*sich melden*) enter (*zu* for); *sich* ... ~ be called ...; '**~swert** worth mentioning; appreciable.

'**Nenn|er** ⚒ *m* (7) denominator; *s. bringen*; '**~form** *gr. f* infinitive; '**~geld** *n Sport*: entry-fee; '**~kurs** ⚕ *m* par value; '**~leistung** ⊕ *f* rated output (*od.* power); '**~ung** *f* naming; *e-s Kandidaten*: nomination; *Sport*: entry; '**~wert** *m* nominal (*od.* face) value; *zum* ~ at par.

Neofaschismus *pol.* ['neo-] *m inv.* Neo-Fascism.

Neologismus [neolo'gismus] *m* (16^2) neologism.

Neon ⚗ ['neːɔn] *n* (9, *o. pl.*) neon; '**~röhre** *f* neon tube.

Nerv [nɛrf] *m* (8 *u.* 12) nerve; *j-m auf die* ~*en fallen od. gehen* get on a p.'s nerves; *die* ~*en verlieren* lose one's head.

'**Nerven|-arzt** *m* neurologist; '**2-aufreibend** nerve-racking; '**~bahn** *anat. f* nervous tract; '**~belastung** *f* nerve strain; '**~bündel** *n anat.* nerve bundle; *P.*: bundle of nerves; '**~-entzündung** *f* neuritis; '**~heil-anstalt** *f* mental hospital; '**2krank**, '**2leidend** neurotic; '**~krankheit** *f*, '**~leiden** *n* nervous disease; '**~-krieg** *m* war of nerves; '**~schmerz** *m* neuralgia; '**~schock** *m* nervous shock; '**2schwach** neurasthenic; '**~schwäche** *f* neurasthenia; *weitS.* bad nerves *pl.*; '**2stärkend** tonic; '**~system** *n* nervous system; '**~zu-sammenbruch** *m* nervous breakdown.

nerv|ig ['nɛrviç] sinewy; **~ös** [~'vøːs] nervous; ~ *machen* (*werden*) make (get) nervous; **2osität** [~vozi'tɛːt] *f* (16) nervousness.

Nerz *zo.* [nɛrts] *m* (3^2) mink; '**~-mantel** *m* mink coat.

Nessel ['nɛsəl] *f* (15) nettle; *fig. sich in die* ~*n setzen* get into hot water; '**~fieber** *n* nettle-rash; '**~tuch** *n* muslin.

Nest [nɛst] *n* (1^1) nest; *fig.* bed; (*Kleinstadt*) (awful) hole.

Nestel ['nɛstəl] *f* (15) lace; '**2n** (29) lace; (*umherfingern*) ~ *an* (*dat.*) fiddle (*od.* fuss) with.

'**Nest|häkchen** *n*, '**~küken** *n* nestling; *fig.* pet.

nett [nɛt] nice; ~ *von dir!* nice of you!; '**2igkeit** *f* niceness.

netto ['nɛto] net, clear; '**2gewicht** *n* net weight; '**2lohn** *m* take-home pay; '**2preis** *m* net price.

Netz [nɛts] *n* (3^2) net; (*Eisenbahn2*, *Fluß2*) network; ⚡ mains *pl.*; *Ra-*

dio: grid (*a. Kartengitter*), (*Sendebereich*) network; *ins ∼ gehen fig.* walk into the trap; '**∼-anschluß** *m* mains supply; '**∼(-anschluß)-empfänger** *m* mains receiver; '**∼-antenne** *f* mains aerial (*Am.* antenna); '**2en** (27) moisten; '**∼haut** *f des Auges*: retina; '**∼hemd** *n* cellular shirt; '**∼karte** 🚂 *f* area season ticket.

neu [nɔʏ] new; (*frisch*) fresh (*a. fig.*); (*∼artig*) novel; (*kürzlich geschehen*) recent; (*neuzeitlich*) modern; *aufs ∼e, von ∼em* anew; afresh; *∼ere Sprachen f/pl.* modern languages; *∼e(re) Zeit* modern times *pl.*; *∼eren Datums* of recent date; *∼estens, in ∼ester Zeit* (quite) recently; *2es* something new; *∼ste Nachrichten f/pl.* latest news; *was gibt es 2es?* what is the news?, *Am.* what is new?; *das ist mir nichts 2es* that's no news to me; *∼ beleben* revive; '**2e** *m* (18) new man; (*Neuling*) novice; *s. Neuankömmling*.

'**Neu|-ankömmling** *m* newcomer; '**∼-anschaffung** *f* recent acquisition; '**2-artig** novel; '**∼-auflage** *f*, '**∼-ausgabe** *f* new edition, republication; (*Neudruck*) reprint; '**∼bau** *m* rebuilding; (*Haus*) new building; '**∼be-arbeitung** *f* revision; '**∼-druck** *m* reprint; '**2-entdeckt** recently discovered.

neuer|dings ['∼ərdiŋs] of late, recently; '**2er** *m* (7) innovator; '**∼lich** *adj.* renewed, fresh; *adv.* lately.

'**Neu-erscheinung** *typ. f* new publication.

'**Neuerung** *f* innovation; '**2ssüchtig** bent on innovation(s).

'**neu|gebacken** fresh; *fig.* newly-fledged; '**∼geboren** new-born; '**∼gestalten** reorganize; *bsd.* ⊕ redesign; '**2gestaltung** *f* reorganization; **2gier(de)** ['∼giːr(də)] *f* curiosity, inquisitiveness; '**∼gierig** curious (*auf acc.* about, of), inquisitive, F nosy; *ich bin ∼, ob* I wonder whether *od.* if; '**2heit** *f* newness, (*a. Gegenstand*) novelty; '**∼hochdeutsch** Modern High German.

'**Neuigkeit** *f* (e-e a piece of) news; '**∼skrämer** *m* newsmonger.

'**Neu-inszenierung** *f* new staging, new mise en scène (*fr.*).

'**Neujahr** *n* New Year('s Day); '**∼sabend** *m* New Year's Eve; '**∼swunsch** *m* good wishes *pl.* for the New Year.

'**Neu|land** *n*: *∼ erschließen* break new ground (*a. fig.*); '**2lich** *adv.* the other day, recently; '**∼ling** *m* (3[1]) novice, new hand, beginner; *contp.* greenhorn; '**2modisch** fashionable; *contp.* new-fangled; '**∼mond** *m* new moon.

neun [nɔʏn] nine; *alle ∼(e) werfen* throw all the ninepins; '**2-eck** *n* (3[1]) nonagon; **∼erlei** ['∼ərlaɪ] of nine (different) sorts; '**∼fach, ∼fältig** ['∼fɛltiç] ninefold; '**∼hundert** nine hundred; '**∼jährig** nine-year-old; '**∼mal** nine times; '**∼malklug** *iro.* over-smart; '**2malkluge** *m, f* wiseacre, smart aleck; '**∼te** ninth; '**2tel** *n* (7) ninth (part); '**∼tens** ninthly; '**∼zehn** nineteen; '**∼zehnte** nineteenth; **∼zig** ['∼tsiç] ninety; '**∼zigste** ninetieth.

'**Neu-ordnung** *f* reorganization, reform.

'**Neuphilologe** *m* student (*od.* teacher) of modern languages.

Neur|algie [nɔʏral'giː] *f* (15) neuralgia; **2algisch** [∼'ralgiʃ] neuralgic; **∼asthenie** [∼aste'niː] *f* (15) neurasthenia; **∼astheniker** [∼'steːnikər] *m* (7), **2asthenisch** [∼'steːniʃ] neurasthenic.

'**Neu|regelung** *f* rearrangement, readjustment; '**∼reiche** *m* (wealthy) parvenu (*fr.*); *die ∼n pl.* the new rich.

Neuro|se ⚕ [nɔʏ'roːzə] *f* (15) neurosis; **∼tiker** *m*, **2tisch** neurotic.

'**Neu|schnee** *m* new-fallen snow; '**∼silber** *n* German silver; '**∼sprachler** *m s. Neuphilologe*; '**2sprachlich** modern language …

neutral [nɔʏ'trɑːl] neutral; *∼ bleiben* remain neutral; **∼i'sieren** [∼trali-] neutralize; **2ität** [∼'tɛːt] *f* (16) neutrality.

Neutron *phys.* ['nɔʏtrɔn] *n* (8) neutron.

Neutrum ['nɔʏtrum] *n* (9[2]) neuter (word).

'**neu|vermählt** newly married; *die 2en pl.* the newly-weds; '**2wahl** *f* new election; '**∼wertig** practically new; '**2wort** *n* neologism; '**2zeit** *f* modern times *pl.*; '**∼zeitlich** modern.

nicht [niçt] not; *∼ besser* no better;

~ *abtrennbar* non-detachable; ~ *(doch)!* don't!; *er kam* ~ he didn't come, he failed to appear; *s. auch, gar usw.*; ~ *wahr?* is it not so?, F isn't that so?; *er ist krank,* ~ *wahr?* he is ill, isn't he?; *Sie tun es,* ~ *wahr?* you will do it, won't you?; *du kennst ihn nicht,* ~ *wahr?* you don't know him, do you?

'**Nicht|-achtung** *f* disregard; want of respect; slight; '**♀-amtlich** unofficial; '**~'-angriffs-pakt** *m* non-aggression treaty; '**~-annahme** *f* non-acceptance; '**~be-achtung** *f*, '**~befolgung** *f* non-observance; '**~bezahlung** *f* non-payment.

Nichte ['niçtə] *f* (15) niece.

'**Nicht|-einhaltung** *f* non-observance; '**~-einmischung** *f* non-intervention; '**~-erfüllung** ⚖ *f* non-performance, default; '**~-erscheinen** *n* non-appearance; ⚖ *a.* default.

'**nichtig:** *(null und)* ~ (null and) void, invalid; *(eitel)* vain, futile; *Vorwand*: flimsy; *für (null und)* ~ *erklären* declare (null and) void, annul.

'**Nichtigkeit** *f* nullity, invalidity; vanity, nothingness; ~*en pl.* trifles; '**~sklage** ⚖ *f* nullity action.

'**Nicht|leiter** ⚡ *m* non-conductor; '**~mitglied** *n* non-member; '**~raucher** *m* non-smoker; '**♀rostend** rustproof; *Stahl*: stainless.

nichts [niçts] **1.** nothing, naught, not anything; ~ *als* nothing but; ~ *dergleichen* no such thing; *soviel wie* ~ next to nothing; ~ *weniger als* anything but; *um* ~ for nothing; *um* ~ *spielen* play for love; *mir* ~, *dir* ~ quite cooly; *s. ander, machen, weiter*; **2.** ♀ *n inv.* nothing(ness); *(a. fig. P.)* nonentity; *(Leere)* void; *(Geringfügigkeit)* trifle, *a* (mere) nothing; *aus dem* ~ from nowhere; *vor dem* ~ *stehen* be faced with utter ruin; '**~-ahnend** unsuspecting.

'**Nichtschwimmer** *m* non-swimmer.

'**nichts|desto'weniger** nevertheless, none the less; '**♀könner** *m* (7) incapable person, *sl.* washout; **~nutzig** ['~nutsiç] good-for-nothing, useless; '**~sagend** meaningless; *(leer)* empty *(a. Gesicht)*; *(farblos)* flat; *Antwort*: vague; **♀tuer** ['~tu:ər] *m* (7) do-nothing, idler; '**♀tun** *n* idleness; inaction; '**~wisser** *m* ignoramus; '**~würdig** base, infamous; '**♀würdigkeit** *f* baseness, infamy.

'**Nicht|vorhandensein** *n* absence; lack; '**~wissen** *n* ignorance; '**~zutreffendes** *streichen* delete which is inapplicable.

Nickel ['nikəl] *n* (7) nickel.

nick|en ['nikən] (25) nod; '**♀erchen** F *n* (6): *ein* ~ *machen* have a nap *od.* a snooze.

nie [ni:] never, at no time; *fast* ~ hardly ever; ~ *wieder* never again.

nieder ['ni:dər] **1.** *adj.* low *(a. fig. gemein)*; *Wert, Rang*: inferior; *der* ~*e Adel* the gentry; **2.** *adv.* down *(mit* with); '**~brennen** *v/t. u. v/i.* (sn) burn down; '**~brüllen** boo; '**~deutsch** Low German; '**♀druck** ⊕ *m* low pressure; '**~drücken** press down; *fig.* depress; '**~fallen** (sn) fall down; '**♀frequenz** ⚡ *f* low frequency; '**♀gang** *m* decline; '**~gehen** (sn) go down *(a.* ✈); *Gewitter*: burst; *Regen*: fall; '**~geschlagen** *fig.* downcast *(a. Augen)*, depressed, down-hearted; '**♀geschlagenheit** *f* dejection, low spirits *pl.*; '**~halten** *fig.* suppress; '**~hauen** fell; '**~holen** *Flagge*: haul down, lower; '**~kämpfen** overpower; *fig.* overcome; '**~knien** kneel down; '**~knüppeln** bludgeon; '**~kommen** (sn) be confined; **♀kunft** ['~kunft] *f* (14[1]) confinement; '**♀lage** *f* defeat; *(Magazin)* depot, warehouse; *(Zweiggeschäft)* branch; '**~lassen** let down; *sich* ~ sit down; *Vogel*: alight; *(sich festsetzen)* establish o.s., settle (down), *Am.* locate; *geschäftlich*: set o.s. up in business; '**♀lassung** *f* establishment; *(Siedlung)* settlement; ✝ branch, agency; depot; '**~legen** lay down *(a. die Waffen; a. fig. Regeln)*; *Amt*: resign; *Krone*: abdicate; *sich* ~ lie down *(a. zu Bett)*; *die Arbeit* ~ (go on) strike, walk out; *schriftlich* ~ put down in writing; '**♀legung** *f* laying down; resignation; abdication; '**~machen**, '**~metzeln** kill, slaughter; '**~reißen** pull down; '**~rheinisch** of the Lower Rhine; '**~schießen** *v/t. u. v/i.* shoot down; '**♀schlag** *m* sediment; ⚗ deposit, precipitate; *(atmosphäri-*

scher ~) precipitation; *Boxen*: knock-down, *bis zehn*: knock-out; *s. radioaktiv*; *fig. s-n ~ finden in* (*dat.*) be reflected in; '**~schlagen** knock down, fell; *Augen*: cast down; *Kosten usw.*: cancel; (*unterdrücken*) suppress; *Revolte*: put down, crush; *Forderung*: waive; ⚖ *Verfahren*: quash; ⚗ precipitate (*a. sich*); *fig.* cast down; *sich ~ in* (*dat.*) be reflected in; '**♀schlagung** *f* cancellation; '**~schmettern** dash to the ground; *fig.* crush; '**~schmetternd** *fig.* crushing, shattering; '**~schreiben** write down; '**♀schrift** *f* record; (*Protokoll*) minutes *pl.*; '**~setzen** set (*od.* put) down; *sich ~* sit down; '**♀spannung** ⚡ *f* low tension; '**~stechen** stab down; '**~strecken** fell; '**~trächtig** base, mean; '**♀trächtigkeit** *f* baseness, meanness; '**♀ung** *f* lowland; *im Gelände*: depression; **~wärts** ['~vɛrts] downwards; '**~werfen** throw down; *Aufstand usw.*: put down, crush; '**♀wild** *n* small game.

niedlich ['ni:tliç] nice, sweet, *Am. a.* cute; (*drollig*) droll, funny.

Niednagel ['ni:t-] *m* agnail.

niedrig ['ni:driç] low; *von Stand a.* lowly, humble; (*gemein*) mean, base; *~er hängen fig.* debunk; '**♀keit** *f* low(li)ness; humbleness; meanness; '**♀wasser** *n* low water.

niemals ['~ma:ls] *s. nie.*

niemand ['~mant] nobody, no one, not ... anybody; '**♀sland** *n* no man's land.

Niere ['ni:rə] *f* (15) kidney; '**~becken** *n* renal pelvis; '**~nbraten** *m*, '**~nstück** *n* roast loin; '**~n-entzündung** *f* nephritis; '**♀nförmig** kidney-shaped; '**~nleiden** *n* kidney trouble.

nieseln F ['ni:zəln] (29) drizzle.

niesen ['ni:zən] (27) sneeze.

Nießbrauch ['ni:s-] *m* (3) usufruct; '**~er(in** *f*) *m* usufructuary.

Niet [ni:t] *m* (3) rivet; '**~e** *f* (15) *in der Lotterie*: blank; *fig.* F *P. u. S.*: *sl.* flop, washout; '**♀en** (26) rivet; '**♀- und** '**nagelfest** clinched and riveted.

Nihilismus [nihi'lismus] *m* (16, *o. pl.*) nihilism.

Nikolaus ['ni(:)kolaus] *m* (11[1], *pl.* 3[[3]]) Santa Claus.

Nikotin [niko'ti:n] *n* (3[1]) nicotine; **♀frei** nicotine-free; **~vergiftung** *f* nicotine-poisoning.

Nilpferd ['ni:l-] *n* hippopotamus.

Nimbus ['nimbus] *m* (14[2]) nimbus; *fig.* prestige, aura.

nimmer ['nimər] never; '**~mehr** nevermore; (*ganz und gar nicht*) by no means; '**~müde** untiring; '**~satt**[1] insatiable; '**♀satt**[2] *m* glutton; '**♀**'**wiedersehen** *n*: *auf ~* never to meet again, for good.

Nippel ['nipəl] ⊕ *m* (7) nipple.

nippen ['nipən] (25) sip (*an dat.* at).

'**Nippsachen** *f/pl.* (k)nick-(k)nacks.

nirgend(s) ['nirgənts] nowhere.

Nische ['ni:ʃə] *f* (15) niche, recess.

Nissenhütte ['nisən-] *f* Nissen hut.

nisten ['nistən] (26) nest.

Nitrat ⚗ [ni'tra:t] *n* (3) nitrate.

Nitroglyzerin ['ni:troglytsə'ri:n] *n* nitroglycerine.

Niveau [ni'vo:] *n* (11) level; *fig. a.* standard; *unter dem ~* not up to standard.

nivellieren [nivɛ'li:rən] level, grade.

Nix *m* (3[2]), **Nixe** ['niks(ə)] *f* (15) water-sprite; *m a.* nix, merman; *f a.* nixie, mermaid, water-nymph.

nobel ['no:bəl] (*vornehm*) noble; (*großzügig*) generous; (*elegant*) elegant, fashionable.

noch [nɔx] still; yet; *~ immer* still; *~ ein* another, one more; *~ einmal* once more *od.* again; *~ einmal so alt wie j.* double a p.'s age; *~ etwas* something more; *~ etwas?* anything else?; *was denn ~ alles?* what next?; *~ nicht* not yet; *~ nie* never before; *~ gestern* only yesterday; *~ heute* this very day; *~ jetzt* even now; *~ im 19. Jahrhundert* as late as the 19th century; *~ so* ever so; *es wird ~ 2 Jahre dauern* it will take two more (*od.* another two) years; *~ und ~* plenty (of); *s. nur, weder usw.*; **~malig** ['~ma:liç] repeated, second, new; **~mals** ['~ma:ls] once more.

Nocke ⊕ ['nɔkə] *f* (15) cam; '**~nwelle** *f* camshaft.

Nomad|e [no'ma:də] *m* (13) nomad; **~en...**, **♀isch** nomadic.

Nomin|alwert [nomi'na:lve:rt] *m* nominal value; **~ativ** ['no:minati:f] *m* (3[1]) nominative (case); **♀ell** [nomi'nɛl] nominal; **♀ieren** [~'ni:rən] nominate.

Nonne ['nɔnə] *f* (15) nun; '**~nkloster** *n* nunnery, convent.
Noppe ['nɔpə] *f* (15), '**ℒn** burl, nap.
Nord [nɔrt] **1.** north; **2.** *poet. m* (3, *o. pl.*) north (wind); '**~-at'lantik-Rat** *m* North Atlantic Council; **~en** ['~ən] *m* (6, *o. pl.*) north; **ℒisch** ['~diʃ] northern; (*skandinavisch*) Norse; **~länder** ['nɔrtlɛndər] *m* (7) inhabitant of the north, northerner.
nördlich ['nœrtliç] northern, northerly; ~ *von* (to the) north of.
'**Nord|licht** *n* northern lights *pl.*, aurora borealis; **~'-ost(en)** *m* north-east; **ℒ'-östlich** north-east(erly); '**~pol** *m* North Pole; '**~po'larkreis** *m* Arctic Circle; '**~see** *f* North Sea; **ℒwärts** ['~vɛrts] northward(s); **~-'west(en)** *m* north-west; **ℒ'westlich** north-west(erly); '**~wind** *m* north wind.
Nörg|elei [nœrgə'laɪ] *f* (16) fault-finding, carping; '**ℒeln** *v/i.* (29) nag, carp (*an dat.* at), *Am.* F gripe (*od.* kick) (about); ~ *an* (*dat.*) find fault with; **~ler** ['~glər] *m* (7), '**~lerin** *f* faultfinder, grumbler.
Norm [nɔrm] *f* (16) norm, standard.
normal [~'mɑːl] normal; *Maß, Gewicht*: standard; **ℒfall** *m* normal case; *im* ~ normally; **ℒgeschwindigkeit** *f* normal speed; **ℒgewicht** *n* standard weight; **~isieren** [~mali'ziːrən] normalize; *sich* ~ return to normal; **~spurig** 🚂 [~'mɑːl-] standard-ga(u)ge; **ℒ-uhr** *f* standard clock; **ℒverbraucher** *co. m* man in the street; *geistiger* ~ middlebrow; **ℒzeit** *f* standard time; **ℒzustand** *m* normal condition.
Normanne [nɔr'manə] *m* (13) Norman.
Nor|mblatt ['nɔrm-] *n* standard sheet; '**ℒmen** (25), **ℒ'mieren** standardize; **~'mierung** *f* standardization.
Norweg|er ['nɔrveːgər] *m* (7), '**~erin** *f* (16[1]), '**ℒisch** Norwegian.
Not [noːt] *f* (14[1]) (*Mangel*) need, want; (*Notlage*) necessity; (*Bedrängtheit*) difficulty, trouble; (*Elend*) misery; (*Gefahr, Unglück*) danger, (*engS.* ⚓) distress; *zur* ~ if need be, at a pinch; ~ *leiden* suffer want; ~ *leiden an* (*dat.*) be short of; *in* ~ *bringen* reduce to want; *s. knapp*; *in Nöten sein* be in trouble; *mir ist* (*od. tut*) ℒ I want; *es tut* ℒ, *daß* it is necessary that; ~ *macht erfinderisch* necessity is the mother of invention; *s. Gebot, Teufel.*
Notar [no'tɑːr] *m* (3[1]) notary; **~iat** [~tar'jɑːt] *n* notary's office; **ℒiell** [~'jɛl] notarial; attested by a notary.
'**Not|-ausgang** *m* emergency exit; '**~behelf** *m* makeshift, expedient, stopgap; '**~beleuchtung** *f* emergency lighting; '**~bremse** 🚂 *f* emergency brake; '**~brücke** *f* emergency bridge; **~durft** ['~durft] *f* (14[1]): *s-e* ~ *verrichten* relieve nature; '**ℒdürftig** scanty; (*bedürftig*) needy; (*behelfsmäßig*) makeshift; improvised, rough(ly *adv.*).
Note ['noːtə] *f* (15) note (*a. pol.*); (*Banknote*) banknote, *Am.* bill; ♪ note, **~n** *pl.* music; *Schule, Sport*: mark; *fig.* (*Ton*) tone; (*Eigenart*) character, feature; *die persönliche* ~ the personal touch; ♪ *ganze* ~ semibreve; *halbe* ~ minim; *nach* ~*n singen* sing at sight; F *fig. nach* ~ properly, thoroughly; '**~n-austausch** *pol. m* exchange of notes; '**~nbank** *f* bank of issue; '**~nblatt** *n* sheet of music; '**~npult** *n* music-desk; '**~nschlüssel** ♪ *m* clef; '**~nschrank** *m* music cabinet; '**~nständer** *m* music-stand; '**~nsystem** ♪ *n* staff; '**~n-umlauf** *m* circulation of (bank)notes.
'**Not|fall** *m* case of need, emergency; *im* ~, '**ℒfalls** *s. nötigenfalls*; '**~flagge** *f* flag of distress; '**ℒgedrungen** compulsory, forced; *adv.* of necessity, needs; ~ *mußte er* he had no choice but; '**~gemeinschaft** *f* emergency pool; '**~groschen** *m* nest-egg; '**~hafen** *m* harbo(u)r of refuge; '**~helfer(in** *f*) *m* helper in need; '**~hilfe** *f* help in need; emergency aid; *Technische* ~ Technical Emergency Service.
notier|en [no'tiːrən] note (down), make a note of; take (*od.* jot) down; ⚚ *Preise*: quote (*zu* at); **ℒung** ⚚ *f* quotation.
nötig ['nøːtiç] necessary, required; (*gebührend*) due (*respect etc.*); ~ *haben* want, need, stand in need of, require; *das* ℒ*e* what is necessary; **~en** ['~gən] (25) force, compel; (*drängen*) urge; *e-n Gast*: press; *sich* ~ *lassen* stand upon ceremony; *sich genötigt sehen, zu*

inf. find o.s. compelled to *inf.*; '~**en'falls** in case of need, in an emergency; if necessary, if need be; '**2ung** *f* coercion, compulsion; pressing (invitation); ⚖ duress, intimidation.

Notiz [no'ti:ts] *f* (16) note, F memo; (*Presse2*) notice, (news) item; ~ *nehmen von* note, take notice of; *keine ~ nehmen von* ignore; ~**block** *m* note block, memo pad; ~**buch** *n* notebook.

'**Not|lage** *f* distress, plight, predicament, emergency; '~**lager** *n* shakedown; '**2landen** ✈ (sn) make a forced landing, force-land; '~**landung** *f* forced landing; '**2leidend** needy; distressed; ✝ *Wechsel*: dishono(u)red; '~**leine** 🚃 *f* communication-cord; '~**lösung** *f* makeshift, expedient; '~**lüge** *f* white lie; '~**maßnahme** *f* emergency measure.

notorisch [no'to:riʃ] notorious.

'**Not|pfennig** *m* savings *pl.*, nest-egg; '~**ruf** *teleph. m* emergency call; '~**schlachtung** *f* forced slaughter; '~**schrei** *m* cry of distress; '~**signal** *n* distress signal, SOS; '~**sitz** *mot. m* dick(e)y (seat), *Am.* rumble seat; '~**stand** *m* state of distress, (state of) emergency; ⚖ necessity; '~**stands-arbeiten** *f/pl.* relief works *pl.*; '~**standsgebiet** *n* distressed area; '~**standsgesetz** *n* (national) emergency law; '~**standsmaßnahmen** *f/pl.* emergency measures; '~**treppe** *f* fire-escape; '~**verband** *m* emergency (*od.* first-aid) dressing; '~**ver-ordnung** *f* emergency decree; (*aus*) '~**wehr** *f* (in) self-defen|ce, *Am.* -se; '**2wendig** necessary (*für* to, for; *daß er* for him to *inf.*); '~**wendigkeit** *f* necessity; '~**zeichen** *n* signal of distress; '~**zucht** *f*, '**2züchtigen** rape.

Novelle [no'vɛlə] *f* (15) short novel; *parl.* amending law.

November [no'vɛmbər] *m* (7) November.

Novität [novi'tɛ:t] *f* (16) novelty.

Novize [no'vi:tsə] *m* (13), *f* (15) novice.

Novum ['no:vum] *n* (9²) something new.

Nu [nu:] *m inv.*: *im ~* in no time, F in a trice *od.* jiffy *od.* flash.

Nuan|ce [ny'ɑ̃sə] *f* (15), **2'cieren** shade.

nüchtern ['nyçtərn] with an empty stomach, not having eaten (anything); (*Ggs. betrunken*) sober (*a. fig. Urteil, Tatsache usw.*); (*ruhig denkend*) level-headed; (*leidenschaftslos*) cool, unemotional; (*alltäglich, unromantisch, trocken*) prosaic; (*sachlich*) matter-of-fact(ly *adv.*); (*mäßig*) temperate; (*besonnen*) calm; (*geistlos*) jejune; *auf ~en Magen* on an empty stomach; '**2heit** *f* sobriety; temperance; *fig.* prosiness.

Nudel ['nu:dəl] *f* (15) noodle; *italienische ~n pl.* mac(c)aroni; (*Faden2n*) vermicelli; '**2n** (29) stuff.

Nugat ['nu:gat] *m, n* (11) nougat.

nuklear [nukle'ɑ:r] nuclear.

null [nul] **1.** null; nil (*bsd. bei Fehlanzeige*); *Tennis*: love; *s. nichtig*; **2.** 2 *f* (16) nought, cipher; *Skala*: zero; *fig. P.*: a mere cipher, nonentity; *s. a. Niete*; F *gleich ~* next to nothing, nil; '**2punkt** *m* zero; ⊕, ⚡ neutral point; *auf dem ~* (*a. fig.*) at zero.

numerier|en [numə'ri:rən] number; *numerierter Platz* reserved seat; **2ung** *f* numbering.

Nummer ['numər] *f* (15) number (*a. Programm2, Zirkus2*); *e-r Zeitung*: *a.* copy, issue; ✝ (*Größe*) size; *Sport*: event; F (*Kauz*) (quite a) character; '~**nscheibe** *teleph. f* dial; '~**nschild** *mot. n* number-plate.

nun [nu:n] now, at present; *int.* well! ~? well?; *e-e Rede fortsetzend*: well, why; *cj.* ~ (*da*) now that, since; '~**mehr** now; '~**mehrig** present.

Nuntius ['nuntsjus] *m* (16²) nuncio.

nur [nu:r] only; solely, merely; (*nichts als*) (nothing) but; (*ausgenommen*) except, but; *nicht ~ ... sondern auch ...* not only ... but also ...; *~ noch* still, only; *~ zu!*, *~ weiter!* go (*od.* carry) on!; *wenn ~* provided that; *wer ~* whoever; *wie ~* how ... ever, how on earth; *das Stück ist ~ klein* the piece is but small; *alle, ~ er nicht* all except him; *du weißt ~ zu gut* you know well enough; *so schwierig es ~ sein könnte* as difficult as it could possibly be.

nuscheln F ['nuʃəln] slur, mumble.

Nuß [nus] *f* (14¹) nut (*a.* ⊕); (*Wal*≈) walnut; *fig.* e-e *harte* ~ a hard nut to crack, a tough job; '**~baum** *m* walnut-tree; '**≈braun** hazel; '**~kern** *m* kernel; '**~knacker** *m* (7) nut-cracker; '**~schale** *f* nut-shell.
Nüster ['ny:stər] *f* (15) nostril.
Nut(**e**) ['nu:tə] *f* (15) groove, *a.* slot.
nutz [nuts], **nütze** ['nytsə] useful; *zu nichts ~ sein* be good for nothing; *s. zunutze*; '**≈-anwendung** *f* practical application, utilization; (*Lehre*) moral.
'**nutzbar** useful; *sich et. ~ machen* utilize, turn to account; '**≈keit** *f* usefulness; '**≈machung** *f* utilization.
'**nutzbringend** profitable, useful; *~ anwenden* turn to good account.
'**Nutz-effekt** *m* useful effect, (net) efficiency.
Nutzen ['nutsən] **1.** *m* (6) use; (*Gewinn*) profit; (*Vorteil*) advantage, *a.* ⚖ benefit; *s. Nützlichkeit*; ~ *bringen* bring grist to the mill; ~ *ziehen aus* profit (*od.* benefit) from; *von ~ sein s.* 2.; **2.** ≈, **nützen** ['nytsən] *v/i.* (27): be of use *od.* useful (*zu et.* for; *j-m* for a p.); *j-m ~ a.* serve a p.; (*vorteilhaft sein*) be of advantage (*j-m* to a p.); es *nützt nichts* it is (of) no use (*zu inf.* to); *was nützt ...?* what is the use of ...?; *v/t.* use, make use of.
'**Nutz|fahrzeug** *n* utility vehicle; '**~fläche** *f* useful area; '**~garten** *m* kitchen-garden; '**~holz** *n* timber; '**~last** *f* payload; '**~leistung** *f* effective capacity, (useful) efficiency; *mot.* brake horsepower.
nützlich ['nytsliç] useful; '**≈keit** *f* usefulness, utility.
'**nutz|los** useless; '**≈losigkeit** *f* uselessness; **≈nießer** ['~ni:sər] *m* (7) usufructuary; *weitS.* beneficiary, *b.s.* profiteer; '**≈nießung** *f* usufruct.
'**Nutzung** *f* using; *s. Nutzbarmachung, Nutznießung*; (*Ausnutzung*) exploitation; (*Ertrag*) yield, produce; (*Einkommen*) revenue; '**~srecht** *n* right of usufruct, right to use; '**~swert** *m* economic value.
Nylon ['naılɔn] *n* (11) nylon; '**~strümpfe** *m/pl.* nylons.
Nymph|e ['nymfə] *f* (15) nymph; **~omanie** [~foma'ni:] *f* (15, *o. pl.*) nymphomania.

O

O [o:], **o** *n inv.* O, o.
o! *int.* oh!; *~ weh!* alas!, oh dear!
Oase [o'ˀɑ:zə] *f* (15) oasis.
ob [ɔp] **1.** *cj.* whether, if; *als ~* as if, as though; F (*na*) *und ~!* F rather!, *Am.* you bet!; *~ er wohl kommt?* I wonder if he will come!; **2.** *prp.* **a**) *gen.* (*wegen*) on account of; (*über*) about; **b**) *dat.* (*oberhalb*) above.
Obacht ['o:baxt] *f* (16): *~ geben* (pay) heed, pay attention (*auf acc.* to), take care (of); *~!* look out!, *Am.* watch out!
Obdach ['ɔpdax] *n* (1, *o.pl.*) shelter; (*Wohnstätte*) lodging; '**≈los** homeless; '**~lose** *m, f* casual (pauper).
Obduktion [ɔpduk'tsjo:n] *f* post-mortem (examination), autopsy.
'**O-Beine** *n/pl.* bandy legs, bow legs; '**O-beinig** bandy-legged.
oben ['o:bən] above (*a. im Buch usw.*); (*an der Spitze*) at the top; *im Himmelsraum*: aloft, on high; *im Hause*: upstairs; *hoch ~* high up; *nach ~* upwards, *im Hause*: upstairs; *von ~* from above; *von ~ bis unten* from top to bottom; *von ~ herab behandeln usw.* haughtily; **~'-an** at the top *od.* head; **~'-auf** on top, above; uppermost; on the surface; *fig.* F *~ sein* be going strong; **~'drein** over and above, into the bargain, on (the) top of it; '**~-erwähnt** above-mentioned; **~'hin** superficially; *bemerken*: casually.
ober ['o:bər] **1.** (18, *nur attributiv*) upper, higher; *fig. a.* superior, senior, chief; *s. oberst* 1.; **2.** ≈ F *m* (7) (head) waiter.

'Ober|-arm *m* upper arm; **'~-arzt** *m* assistant medical director; **'~-aufseher** *m* chief inspector, superintendent; **'~-aufsicht** *f* superintendence; **'~bau** *m* (*pl. Oberbauten*) superstructure (*a. e-r Brücke*); *e-r Straße*: surface; 🚂 permanent way; **'~befehl** *m* supreme command; **'~befehlshaber** *m* commander-in-chief; **'~bekleidung** *f* outer wear; **'~bett** *n* coverlet; **'~bürgermeister** *m* chief burgomaster; *Brt.* Lord Mayor; **'~deck** ⚓ *n* upper deck.

'Obere *eccl. m* (Father) Superior.

'Ober|feldwebel ⚔ *m* staff sergeant, *Am.* sergeant 1st cl. (= class); ✈ flight (*Am.* technical) sergeant; **'~fläche** *f* (*an der, die* ~ on the) surface; **♀flächlich** ['~flɛçliç] superficial (*a. fig.*); *Bekanntschaft*: casual; **'~flächlichkeit** *f* superficiality; **'~förster** *m* head forester; **'~gefreite** *m* ⚔ lance corporal, *Am.* private 1st cl. (= class); ✈ leading aircraftman, *Am.* airman 2nd cl. (= class); ⚓ able rating, *Am.* seaman; **'♀halb** above; **'~hand** *f*: *die ~ gewinnen* get the upper hand, *über* (*acc.*) get the better of; **'~haupt** *n* head, chief; **'~haus** *n the* Upper House, *Brt. the* (House of) Lords; **'~haut** *f* epidermis; **'~hemd** *n* (day-)shirt; **'~herrschaft** *f* supremacy; **'~hoheit** *f* sovereignty; **'~in** *f eccl.* Mother Superior; ⚕ matron; **'~-ingenieur** *m* chief engineer; **'♀-irdisch** overground; ⚡ *~e Leitung* overhead line; **'~kellner** *m* head waiter; **'~kiefer** *m* upper jaw; **'~klasse** *f* upper class(es *pl.*); *Schule*: *a.* higher form; **'~kleid** *n* upper garment; **'~kleidung** *s. Oberbekleidung*; **'~kommando** *n* high (*od.* supreme) command; **'~körper** *m* upper part of the body; **'~land** *n* upland; **'~'landesgericht** *n* regional court of appeal; **'♀lastig** top-heavy; **'~lauf** *m e-s Flusses*: upper course; **'~leder** *n* uppers *pl.*; **'~lehrer** *m* senior assistant master; **'~leitung** *f* supervision, direction; ⚡ *s. oberirdisch*(*e Leitung*); **'~leutnant** *m* ⚔ (*Am.* first) lieutenant; ⚓ sublieutenant, *Am.* lieutenant (junior grade); ✈ flying officer; **'~licht** *n* skylight; **'~lippe** *f* upper lip; **'~priester** *m* high priest; **'~prima** *f* top grade, *Brt.* Upper Sixth; **'~schenkel** *m* thigh; **'~schicht** *f* top layer; *der Bevölkerung*: upper class(es *pl.*); **'~schule** *f* secondary school; **'~schwester** *f* head nurse, sister; **'~seite** *f* upper side; top (side).

'oberst 1. uppermost, top(most); highest (*a. fig.*); *fig.* supreme, chief, principal; *s. kehren, zuoberst*; **2. ♀** ⚔ *m* (12) colonel.

'Ober|'staats-anwalt *m* Senior Public Prosecutor; **'~'stabs-arzt** ⚔ *m* major (medical); **'~steiger** ⚒ *m* foreman of the mine; **'~stimme** ♪ *f* treble, soprano.

'Oberst'leutnant *m* lieutenant-colonel.

'Ober|stübchen *n* garret, attic; *fig.* F *nicht richtig im ~ sein* not to be quite right in the upper stor(e)y; **'~'studiendirektor** *m* head master, *Am.* principal; **'~'studienrat** *m* senior assistant master; **'~tasse** *f* cup; **'~teil** *m, n* upper part, top; **'~wasser** *n e-r Schleuse*: upper water; *Mühle*: overshot water; *fig. ~ bekommen* (*od. haben*) get (*od.* have) the upper hand; **'~welt** *f* upper world.

obgleich [ɔp'glaɪç] (al)though.

'Obhut *f inv.* care, guard; *in s-e ~ nehmen* take care (*od.* charge) of.

obig ['o:biç] above(-mentioned).

Objekt [ɔp'jɛkt] *n* (3) object; (*Vorhaben*) project; (*Vermögensgegenstand*) property.

objektiv [~'ti:f] **1.** objective; (*unparteiisch*) *a.* impartial, unbiassed; (*tatsächlich*) actual, practical; **2. ♀** *opt. n* (3[1]) objective, lens; **♀ität** [~tivi'tɛ:t] *f* objectiveness; impartiality.

Ob'jektträger *m des Mikroskops*: [slide.]

Oblate [o'blɑ:tə] *f* (15) wafer; *eccl.* host.

obliegen ['ɔp-] *e-r Arbeit usw.*: apply o.s. to; *j-m ~* be incumbent on a p., be a p.'s duty; **'♀heit** *f* duty.

obligat [obli'gɑ:t] obligatory; (*unerläßlich*) indispensable; *iro.* (*unvermeidlich*) inevitable; **♀ion** [~ga'tsjo:n] ☤ *f* bond, debenture; **~orisch** [~'to:riʃ] obligatory (*für* on), compulsory (for).

Obmann ['ɔpman] *m* (*Vorsitzender*) chairman; (*Schiedsmann*) umpire; (*Betriebs♀*) spokesman.

Obo|e [o'bo:ə] *f* (15) hautboy, oboe; **~ist** [obo'ist] *m* (12) oboist.
Obrigkeit ['o:briçkaɪt] *f* authorities *pl.*; government; magistracy; '**2lich** magisterial; *adv.* by authority; '**~s-staat** *m* authoritarian state.
obschon [ɔp'ʃo:n] (al)though.
Observatorium [ɔpzɛrva'to:rjum] *n* (9) observatory.
'**obsiegen** be victorious; *weitS.* prevail; ⚖ *~de Partei* successful party.
Obst [o:pst] *n* (3^2) fruit; '**~bau** *m* fruit-growing; '**~baum** *m* fruit-tree; '**~-ernte** *f* fruit-gathering; (*Ertrag*) fruit-crop; '**~garten** *m* orchard; '**~händler(in** *f*) *m* fruiterer, *Am.* fruit seller; '**~handlung** *f* fruiterer's (shop), *Am.* fruit store; '**~konserven** *f/pl.* tinned (*bsd. Am.* canned) fruit; '**~messer** *n* fruit-knife.
Obstruktion [ɔpstruk'tsjo:n] *f* obstruction; *Am. pol. a.* filibuster (*a. v/i. ~ treiben*); *im Betrieb*: ca'canny.
'**Obst|wein** *m* fruit-wine; '**~zucht** *f s. Obstbau*; '**~züchter(in** *f*) *m* fruit-grower, fruit-farmer.
obszön [ɔps'tsø:n] obscene; **2ität** [~tsøni'tɛ:t] *f* (16) obscenity.
Obus ['o:bus] *m* (4^1) trolley bus.
'**obwalten** exist; *Umstände*: prevail.
ob'wohl (al)though.
Ochse ['ɔksə] *m* (13) ox (*pl.* oxen); *engS.* bullock; F *P.*: oaf; F *fig. wie der Ochs vorm Berg* stupidly.
'**ochsen** F (27) cram, grind, swot.
'**Ochsen|fleisch** *n* beef; '**~gespann** *n* team of oxen; '**~haut** *f* ox-hide; '**~schwanzsuppe** *f* ox-tail soup.
Ocker ['ɔkər] *m* (7) och|re, *Am.* -er.
Ode ['o:də] *f* (15) ode.
öde ['ø:də] **1.** deserted, desolate; (*unbebaut*) waste; (*unschön, freudlos*) dreary; (*fad*) dull; **2.** 2 *f* (15) desert, solitude.
Ödem ⚕ [ø'de:m] *n* (3^1) edema.
oder ['o:dər] or; *~ aber* or else; *~ auch* or rather; (*sonst*) otherwise.
Ödipuskomplex ['ø:dipus-] *psych. m* Oedipus complex.
Ödland ['ø:tlant] *n* (5, *pl. Odlände'reien*) waste (*od.* fallow) land.
Odyssee [ody'se:] *f* (15) Odyssey.
Ofen ['o:fən] *m* (6^1) stove; (*Back2*) oven; (*Hoch2*) furnace; (*Kalk2, Dörr2*) kiln; '**~heizung** *f* stove-heating; '**~kachel** *f* Dutch tile; '**~rohr** *n* stove-pipe; '**~röhre** *f* (heating-)oven; '**~setzer** *m* stove-fitter.
offen ['ɔfən] *allg.* open (*a. Geheimnis, Haß, Markt, Stadt usw.*; *a.* ⚕ *u. gr.*); *Stelle*: *a.* vacant; (*aufrichtig, freimütig*) *a.* frank, sincere, outspoken; (*unentschieden*) open, undecided; *~er Leib* open bowels *pl.*; *~e Rechnung* open account; *~er Wechsel* blank cheque (*Am.* check); *~ gestanden* frankly speaking; *s. Handelsgesellschaft*; *s. a. offenlassen usw.*
offen'bar evident(ly *adv.*), obvious (-ly); (*anscheinend*) apparent(ly); **~en** (25) disclose, manifest, reveal; **2ung** *f* manifestation, (*a. eccl. u. fig.*) revelation; **2ungs-eid** *m* affidavit of means.
'**Offenheit** *f* openness; frankness.
'**offen|herzig** open-hearted, candid, frank, sincere; '**2herzigkeit** *f* candidness, frankness, sincerity; '**~kundig** well-known, public; *b.s.* notorious; *Lüge usw.*: patent, blatant; '**~lassen** leave open (*a. fig.*); '**~'sichtlich** evident(ly *adv.*), obvious(ly).
offensiv [ɔfɛn'zi:f], **2e** [~və] *f* (15) offensive; *die ~ ergreifen* take the offensive.
'**offenstehen** be open (*a. fig. j-m* to); *es steht ihm offen zu inf.* he is free to *inf.*; **~d** † outstanding, open.
öffentlich ['œfəntliç] *allg.* public (*a. Dienst, Recht usw.*); *~e Hand* public authorities, *the* Government, ⚖ *in ~er Sitzung* in open court; *~ bekanntmachen* make public; publicise; *~ beglaubigt* authenticated by a notary public; *s. Ärgernis, Betrieb, Fürsorge usw.*; '**2keit** *f* publicity; (*das Volk*) *the* (general) public; *an die ~ treten* appear before the public; *in aller ~* in public; *s. Ausschluß*; '**~-'rechtlich** under public law.
offerieren [ɔfə'ri:rən] offer.
Offerte [ɔ'fɛrtə] *f* (15) offer; *auf e-e Ausschreibung*: tender, bid.
offiziell [ɔfi'tsjɛl] official.
Offizier [~'tsi:r] *m* (3^1) (commissioned) officer; **~korps** *n the* officers *pl.*; **~s-anwärter** *m* officer candidate; **~sbursche** *m* orderly, batman; **~skasino** *n* officers' mess; **~s-patent** *n* commission.

Offizin [~'tsi:n] *f* (16) (*Apotheke*) pharmacy; (*Druckerei*) printing-office.
offiziös [~'tsjø:s] (18¹) semi-official.
öffn|en ['œfnən] (*a. sich*) (26) open; '**≗ung** *f* opening, aperture.
oft [ɔft], **oftmals** ['~ma:ls], **öfters** ['œftərs] often, frequently.
oh! [o:] oh!, o!
Oh(ei)m ['o:(haɪ)m] *m* (3) uncle.
ohne ['o:nə] without; but for; ~ *daß*, ~ *zu inf.* without *ger.*; F ~ *mich!* count me out; F *nicht ~!* not bad!; *s. Frage, weiter usw.*; '**~dem**, **~'dies**, **~'hin** anyhow, anyway; **~'gleichen** unequal(l)ed, matchless.
'**Ohn|macht** *f* (*Machtlosigkeit*) impotence, powerlessness; ⚕ (*a.* '**~sanfall** *m*) faint(ing fit), swoon, (*Bewußtlosigkeit*) unconsciousness; *in ~ fallen* faint, swoon; '**≗mächtig** powerless, impotent; ⚕ unconscious; ~ *werden* faint, swoon.
Ohr [o:r] *n* (5) ear; *ein ~ haben für* have an ear for; *j-m sein ~ leihen* listen to a p.; *j-m in den ~en liegen* pester a p.; *sich aufs ~ legen* take a nap; *sich et. hinter die ~en schreiben* make a note of a th.; *j-n übers ~ hauen* cheat (*od.* fleece) a p.; *die ~en hängenlassen* be downcast; *j-m zu ~en kommen* come to a p.'s ears; F *halte die ~en steif!* keep a stiff upper lip!; *bis über die ~en* up to the eyes; *s. faustdick, ganz, spitzen.*
Öhr [ø:r] *n* (3) eye.
'**Ohren|-arzt** *m* ear-specialist; '**~beichte** *f* auricular confession; '**≗betäubend** (ear-)deafening; '**~bläser(in** *f*) *m* talebearer; '**~-entzündung** *f* otitis; '**~leiden** *n* ear complaint; '**~sausen** *n* buzzing in the ear; '**~schmalz** *n* ear-wax; '**~schmaus** *m* (musical) treat; '**~schmerzen** *m/pl.* ear-ache; '**~schützer** *m* earflap, *Am.* earmuff; '**≗zerreißend** ear-splitting; '**~zeuge** *m* ear-witness.
'**Ohr|feige** *f* slap (in the face; *a. fig.*); '**≗feigen** (25) *j-n*: box a p.'s ears; '**~gehänge** *n* ear-drops *pl.*, pendants *pl.*; **~läppchen** ['~lɛpçən] *n* lobe of the ear; '**~muschel** *anat. f* external ear; '**~ring** *m* ear-ring; '**~wurm** *m* ear-wig.
okkult [ɔ'kult] occult; **≗ismus** [ɔkul'tismus] *m* (16, *o. pl.*) occultism.
Ökonom [øko'no:m] *m* (12) economist; ⚘ farmer, agriculturist; (*Verwalter*) manager; **~ie** [~no'mi:] *f* (15) economy; agriculture; **≗isch** [~'no:miʃ] economical.
Oktan(zahl *f*) [ɔk'ta:n-] *n* (10, *o. pl.*) octane (number *od.* rating).
Oktav [ɔk'ta:f] *n* (3¹) octavo; **~band** *m* octavo (volume); **~e** ♪ [~və] *f* octave.
Oktober [ɔk'to:bər] *m* (7) October.
Okul|ar *opt.* [oku'la:r] *n* (3¹) eye-piece, ocular; **≗ieren** ⚘ [~'li:rən] inoculate, graft.
ökumenisch [øku'me:niʃ] *eccl.* (o)ecumenical.
Okzident ['ɔktsidɛnt] *m* (3) occident.
Öl [ø:l] *n* (3) oil; *fig.* ~ *ins Feuer gießen* add fuel to the flames; ~ *auf die Wogen gießen* pour oil on troubled waters; '**~baum** *m* olive-tree; '**~behälter** *m* oil tank; '**~berg** *m* Mount of Olives; '**~bild** *n* oil-painting; '**~druck** *m* (*Bild*) oleograph; ⊕ oil pressure; '**~druckbremse** *f* hydraulic brake.
ölen ['ø:lən] (25) oil, ⊕ *a.* lubricate; (*salben*) anoint; *wie ein geölter Blitz* like (a) greased lightning.
'**Öl|farbe** *f* oil colo(u)r, oil paint; '**~fläschchen** *n* oil-cruet; '**~gemälde** *n* oil-painting; '**~götze** F *m*: *wie ein ~* like a post; '**~heizung** *f* oil heating; '**≗ig** oily (*a. fig.*); *fig.* (*salbungsvoll*) unctuous.
Olive [o'li:və] *f* (15) olive; **~nbaum** *m* olive-tree; **~nfarbe** *f* olive-colo(u)r; **~n-öl** *n* olive oil.
o'livgrün olive-green, *Am. a.* olive drab.
'**Öl|kanne** *f* oil-can, oiler; '**~leitung** ⊕ *f* oil-lead, oil-feed; *über Land*: pipeline; '**~malerei** *f* oil-painting; '**~-ofen** *m* oil-furnace; '**~papier** *n* oil-paper; '**~quelle** *f erbohrte*: oil-well; *natürliche*: oil-spring, *Am.* gusher; '**~schalter** ⚡ *m* oil-switch; '**~stand** *m* oil level; '**~stand-anzeiger** *m* oil ga(u)ge.
'**Ölung** *f* oiling, ⊕ *a.* lubrication; (*Salbung*) anointment; *eccl. letzte ~* extreme unction.
Olymp|iade [o'lympja:də] *f* **a**) Olympiad; **b**) *Sport*: Olympic games *pl.*; **≗isch** Olympian; *Sport*: Olympic; *≗e Spiele s. Olympiade b*).
'**Ölzweig** *m* olive-branch.

Oma ['o:ma] F *f* (11¹) grandma.
Omelett [ɔm(ə)'lɛt] *n* (3), **~e** [~] *f* (15) omelet(te).
Omen ['o:mən] *n* (6) omen.
ominös [omi'nø:s] ominous.
Omnibus ['ɔmnibus] *m* (4¹ *od. inv.*) omnibus, F bus; (*Überland*⁀) coach; '**~haltestelle** *f* bus stop.
Onanie [ona'ni:] *f* (15, *o. pl.*) masturbation; **⁀ren** masturbate.
ondulieren [ɔndu'li:rən] *Haar*: wave.
Onkel ['ɔŋkəl] *m* (7) uncle.
Opa ['o:pa] F *m* (11) grandpa.
Opal [o'pɑ:l] *m* (3¹) opal; **⁀i'sieren** [opali-] opalesce; *~d* opalescent.
Oper ['o:pər] *f* (15) opera.
Operateur [opəra'tø:r] *m* (3¹) operator; ⚕ operating surgeon.
Operation [~'tsjo:n] *f* operation; **~sbasis** ⚔ *f* base of operations; **⁀sfähig** ⚕: (*nicht*) ~ (in)operable; **~snarbe** *f* postoperative scar; **~sradius** ⚔ *m* operating radius, range; **~ssaal** *m* operating theat|re, *Am.* -er; **~sschwester** *f* theat|re (*Am.* -er) nurse.
operativ [~'ti:f] operative; ⚔ operational.
Operette [opə'rɛtə] *f* (15) operetta, comic opera.
operieren [~'ri:rən] (25) *v/i. u. v/t.* operate (⚕ *j-n* on a p.); *sich ~ lassen* undergo an operation.
'**Opern|glas** *n* opera-glass(es *pl.*); '**~haus** *n* opera-house; '**~musik** *f* operatic music; '**~sänger(in** *f*) *m* opera-singer, operatic singer; '**~text** *m* libretto.
Opfer ['ɔpfər] *n* (7) sacrifice; (*Gabe*) offering; (*der, das Geopferte*) victim; *ein ~ bringen* make a sacrifice; *zum ~ fallen* fall a victim of, *e-m Betrüger usw.*: be victimized by; '**⁀bereit** *s. opferwillig*; '**~gabe** *f* offering; '**~geld** *n* money-offering; '**~lamm** *n* sacrificial lamb; *eccl. the* Lamb (Jesus); *fig.* victim; '**~mut** *m* spirit of sacrifice; '**⁀n** *v/t. u. v/i.* (29) sacrifice (*a. Schach*); '**~stock** *eccl. m* poor-box; '**~tag** *m zugunsten e-r Spende*: flag-day; '**~tier** *n* victim; '**~tod** *m* sacrifice of one's life; '**~ung** *f* offering, sacrifice; '**⁀willig** willing to make sacrifices, self-sacrificing.
Opiat [op'ja:t] *n* (3) opiate.
Opium ['o:pjum] *n* (11) opium.

Oppon|ent [ɔpo'nɛnt] *m* (12) opponent; **⁀ieren** [ɔpo'ni:rən] oppose (*gegen j-n* a p.), resist.
Opportunist [ɔpɔrtu'nist] *m* (12) time-server, opportunist.
Opposition [ɔpozi'tsjo:n] *f* opposition; **~sführer** *m* opposition leader.
optieren [ɔp'ti:rən] opt (*für* for).
Optik ['ɔptik] *f* (16) optics *sg.*; *phot.* lens system; '**~er** *m* (7) optician.
optim|al [ɔpti'mɑ:l] optimal; **⁀um** ['ɔptimum] *n* (9²) optimum.
Optim|ismus [ɔpti'mismus] *m* (16, *o. pl.*) optimism; **~ist** *m* (12), **~istin** *f* optimist; **⁀istisch** optimistic.
Option [ɔp'tsjo:n] *f* (16) option.
'**optisch** optical.
Opus ['o:pus] *n* (*pl. Opera* ['o:pəra]) work; ♪ *~ 12 usw.* opus 12, *etc.*
Orakel [o'rɑ:kəl] *n* (7), **~spruch** *m* oracle; **⁀haft** oracular; **⁀n** (29) speak (*od.* say) oracularly.
Orange [o'raŋʒə] *f* (15) orange; **⁀farben** orange(-colo[u]red); **~nbaum** *m* orange-tree; **~'rie** *f* (16) orangery.
Orang-Utan *zo.* ['o:raŋ'ʔu:tan] *m* (11) orang-outang, orang-utan.
Oratorium [ora'to:rjum] *n* (9¹) oratorio.
Orchester [ɔr'kɛstər] *n* (7) orchestra, *als Musikkorps a.* band; *~...* orchestral; **~raum** *thea. m* orchestra pit; **~sessel** *thea. m* stall, *Am.* orchestra (seat).
orche'strieren orchestrate.
Orchidee [ɔrçi'de:] *f* (15) orchid.
Orden ['ɔrdən] *m* (6) order; (*Ehrenzeichen*) order, decoration, medal.
'**Ordens|band** *n* ribbon (of an order); '**~bruder** *m* member of an order; *eccl. a.* friar; '**~geistliche** *m* regular; '**~kleid** *n* monastic garb; '**~schnalle** *f* bar, clasp; '**~schwester** *f* sister, nun; '**~verleihung** *f* conferring (of) an order; '**~zeichen** *n* badge of an order.
ordentlich ['ɔrdəntliç] tidy; (*methodisch geordnet*; *gesittet*) orderly (*a.* ⚖ *Gericht*); (*richtig*; *sorgfältig*) proper; (*regelrecht*) regular; (*achtbar*) respectable, of orderly habits; (*tüchtig*) good, sound; (*ziemlich gut*) quite good, decent; *adv.* properly; (*sehr*) fairly, thoroughly, downright; *~er Professor* professor in ordinary, *Am.* full professor; '**⁀keit** *f* orderliness; respectability.

Order ['ɔrdər] *f* (15) order, command; ✝ *an die ~ von* to the order of.

ordin|är [ɔrdi'nɛːr] common, ordinary; *b.s.* vulgar, low; **♀arius** [~'nɑːrjus] *m* (16²) *univ.* professor in ordinary; **♀ation** [~na'tsjoːn] *f* ordination; **~ieren** [~'niːrən] ordain; *ordiniert* in (holy) orders; *ordiniert werden* take orders.

ordn|en ['ɔrdnən] (26) order, arrange; *Angelegenheit*: arrange, settle, adjust; (*regeln*) regulate; '**♀er** *m* (7) (*Fest♀, Versammlungs♀*) marshal, steward; *Schule*: monitor; *für Akten*: file; (*Brief♀*) letter file.

'**Ordnung** *f* putting in order; (*Zustand, a. Reihenfolge*) order (*a.* ℞); (*Anordnung*) arrangement; (*Klasse, Stand*) class, rank; (*Vorschrift*) rules *pl.*, regulations *pl.*; *in ~ bringen* put in order, put (*od.* get) straight, *wieder*: repair, *Am.* fix, *fig.* straighten out (*matters*); *~ schaffen* establish order; *in ~ halten* keep in order; *irgend etwas ist nicht in ~* there is something wrong; *ist alles in ~?* is everything all right *od.* O.K. (= okay)?; '**♀sgemäß** *s.* *ordnungsmäßig*; '**~sliebe** *f* love of order; '**♀sliebend** orderly; '**♀smäßig** orderly, regular; *pred.* in due order; *adv.* duly; '**~s-polizei** *f* constabulary; '**~sruf** *parl. m* call to order; '**~sstrafe** ⚖ *f* fine; '**♀swidrig** irregular; '**~szahl** *f* ordinal (number).

Ordonnanz ⚔ [ɔrdɔ'nants] *f* (16) orderly; **~-offizier** *m* orderly officer.

Organ [ɔr'gɑːn] *n* (3¹) *anat.* organ (*weitS. a. Stimme, Zeitung usw.*; *Körperschaft*); (*Behörde*) agency, authority, executive body; **~isation** [ɔrganiza'tsjoːn] *f* organization; **~isati'ons-talent** *n* organizing ability; **~isator** [~'zɑːtɔr] *m* (8¹) organizer; **♀isatorisch** [~za'toːriʃ] organisational, organizing; **♀isch** [ɔr'gɑːniʃ] organic(ally *adv.*).

organi'sieren organize; ⚔ *sl.* (*sich beschaffen*) F commandeer; *organisiert(er Arbeiter)* unionist; *nicht organisiert(er Arbeiter)* non-union(ist).

Organ|ismus [~'nismus] *m* (16²) organism; ⚘ system; **~ist** [~'nist] *m* (12) organist.

Orgasmus [ɔr'gasmus] *m* (16²) orgasm, climax.

Orgel ['ɔrgəl] *f* (15) organ; '**~bauer** *m* organ-builder; '**~konzert** *n* organ-recital; '**♀n** (29) play (on) an organ; *auf der Drehorgel*: grind a barrel-organ; '**~pfeife** *f* organ-pipe; '**~spieler** *m* organist; '**~stimme** *f* organ-stop, register.

Orgie ['ɔrgjə] *f* (15) orgy (*a. fig.*); *~n feiern* have orgies.

Orien|t... [ori'ɛnt-], **~tale** [~'tɑːlə] *m* (13), **~'talin** *f* (16¹) oriental; **♀'talisch** oriental.

orientier|en [~'tiːrən] orient(ate); *fig. a.* (*in Kenntnis setzen*) inform (*über acc.* of); *sich ~* orient o.s. (*a. fig.*), take one's bearings (*nach der Sonne usw.* from); *sich nicht (mehr) ~ können* have lost one's bearings; **♀ung** *f* orientation; *fig.* information; **♀ungspunkt** *m* landmark; **♀ungssinn** *m* sense of direction.

Origin|al [origi'nɑːl] *n* (3¹) (*Text, Person*) original; **♀'al** *adj.* original; **~alität** [~nali'tɛːt] *f* (16) originality; **~alsendung** [~'nɑːl-] *f Radio, TV*: live broadcast; **~altreue** *f*: *größte ~* high fidelity (*abbr.* hi-fi); **♀ell** [~'nɛl] original; (*spaßhaft*) *a.* funny.

Orkan [ɔr'kɑːn] *m* (3¹) hurricane; **♀-artig** *Sturm*: violent; *Beifall*: thunderous.

Ornament [ɔrna'mɛnt] *n* (3) ornament.

Ornat [ɔr'nɑːt] *m* (3) robe(s *pl.*), vestments *pl.*

Ornithologe [ɔrnito'loːgə] *m* (13) ornithologist.

Ort [ɔrt] *m* (3 *u.* 1²) place; *s. Ortschaft*; (*Fleck, Stelle*) spot; (*Örtlichkeit*) locality; *~ der Handlung* scene (of action); *fig. am ~ (angebracht)* appropriate; *an ~ und Stelle* on the spot; *höheren ~es* at high quarters; '**♀en** ⚔ (26) locate.

ortho|dox [ɔrto'dɔks] orthodox; **♀do'xie** *f* orthodoxy; **♀graphie** [~gra'fiː] *f* orthography; **~graphisch** [~'grɑːfiʃ] orthographic(al); **♀päde** [~'pɛːdə] *m* (13) orthop(a)edist; **♀pädie** [~pɛ'diː] *f* orthop(a)edics *pl.*; **~pädisch** [~'pɛːdiʃ] orthop(a)edic.

örtlich ['œrtliç] local (*a.* ⚕); '**♀keit** *f* locality.

'**Orts|-angabe** *f* statement of place; *auf Brief*: address; '**♀-ansässig**, '**~-ansässige** *m, f* resident; '**~behörde** *f* local authorities *pl.*

'**Ortschaft** *f* (16) place; (*Dorf*) village.
'**Orts|-empfang** *m Radio*: local reception; '**ꝰfest** stationary; '**ꝰ-fremd** *sein* be a stranger (to the locality); '**~gespräch** *teleph. n* local call; '**~gruppe** *f* local chapter; '**~-kenntnis** *f* local knowledge; '**~-krankenkasse** *f* local sick-fund; '**ꝰkundig** familiar with the locality; '**~name** *m* place-name; '**~sender** *m* local transmitter; '**~sinn** *m* sense of locality; '**~statut** *n* by(e)-law, *Am.* city ordinance; '**~teil** *m* district; '**ꝰ-üblich** locally customary; '**~-ver-änderung** *f* change of place; '**~verkehr** *m* local traffic; '**~zeit** *f* local time.
Ortung ['ɔrtuŋ] *f* location, position finding; '**~sgerät** *n* position finder.
Öse ['ø:zə] *f* (15) eye, loop.
Ost [ɔst] **1.** east; **2.** *poet. m* (3, *o. pl.*) east (wind); '**~block** *pol. m* Eastern bloc; '**~en** ['~ən] *m* (6, *o. pl.*) east; *geogr.*, *pol.* East; der Ferne (Nahe) ~ the Far (Near) East.
ostentativ [ɔstɛnta'ti:f] ostentatious.
Oster|-ei ['o:stər-] *n* Easter egg; '**~-fest** *n s.* Ostern; '**~glocke** ⚘ *f* (yellow) daffodil; '**~hase** *m* Easter-bunny.
österlich ['østərliç] (of) Easter.
Ostern ['o:stərn] *n od. f/pl.* (*inv.*, *mst ohne art.*) Easter.
Österreich|er ['ø:stəraıçər] *m* (7), '**~erin** *f* (16[1]), '**ꝰisch** Austrian.
östlich ['œstliç] eastern, easterly; ~ von east of.
'**Ost|mark** *f* (*Geld*) Eastern mark; '**~see** *f* Baltic (Sea); **ꝰwärts** ['~vɛrts] eastward; '**~wind** *m* east wind; '**~zone** *f* Eastern Zone.
Otter ['ɔtər] **1.** *f* (15) (*Schlange*) adder; **2.** *m* (7) (*Fischꝰ*) otter.
Ouvertüre [uvɛr'ty:rə] *f* (15) overture.
oval [o'vɑ:l], ꝰ *n* (3) oval.
Ovation [ova'tsjo:n] *f* ovation.
Oxyd [ɔ'ksy:t] *n* (3) oxide; **~ation** [~da'tsjo:n] *f* oxidation; **ꝰieren** [~'di:rən] *v/t. u. v/i.* (sn) oxidize.
Ozean ['o:tseɑ:n] *m* (3[1]) ocean; '**~-dampfer** *m* ocean liner; **ꝰisch** [~'ɑ:niʃ] oceanic.
Ozon [o'tso:n] *n* (3[1]) ozone; **ꝰhaltig** [~haltiç] ozonic, ozoniferous.

P

P [pe:], **p** *n inv.* P, p.
Paar [pɑ:r] **1.** *n* (3) pair; (*bsd. Mann u. Frau*) couple; *z. B. Rebhühner, Pistolen*: brace; **2.** ein ꝰ a few, some, F a couple of; **3.** ꝰ even; ~ oder un~ odd or even; '**ꝰen** (25) pair, couple, *bsd. Vögel*: mate (*a.* sich ~); *Sport*: pair, match; sich ~ *fig.* join (mit with); '**ꝰig** in pairs, paired; '**~laufen** *n Sport*: pair skating; '**ꝰmal:** ein ~ several *od.* (a few) times; '**~ung** *f* pairing (*Sport*: *a.* matching); mating, copulation; '**~ungszeit** *f* mating season '**ꝰweise** by pairs, in couples, two and two.
Pacht [paxt] *f* (16) lease, tenure; (*~geld*) rent; in ~ geben (nehmen) let (take) on lease; '**ꝰen** (26) (take on) lease, rent, farm; *fig.* monopolize.
Pächter ['pɛçtər] *m* (7), '**~in** *f* (16[1]) (*Mieter*) lessee; *von Land*: tenant; *weitS.* farmer; ⚖ leaseholder.
'**Pacht|-ertrag** *m* rental; '**ꝰfrei** rent-free; '**~geld** *n* farm-rent; '**~-gut** *n* farm; '**~ung** *f* taking on lease, farming; (*das Gepachtete*) leasehold; '**~vertrag** *m* lease; '**ꝰ-weise** on lease.
Pack [pak] **1.** *m* (3[3] *u.* 3) pack; (*Paket*) packet, parcel; (*Ballen*) bale; *s.* Sack; **2.** *n* (3, *o. pl.*) (*Lumpenꝰ*) rabble.
Päckchen ['pɛkçən] *n* (6) small parcel; packet, package; *Zigaretten*: pack; F *fig.* burden, worries *pl.*
'**Pack-eis** *n* pack(-ice).
'**packen 1.** (25) pack (up); (*fassen*) seize, grasp, grip; *fig.* grip, thrill; pack dich! *sl.* beat it!; **2.** ꝰ *n* (6) packing; **3.** ꝰ *m* (6) pack; (*Ballen*) bale.

'**Packer** *m* (7), '**~in** *f* (16¹) packer.
'**Pack|-esel** *m* sumpter-mule; *fig.* drudge, fag; '**~leinwand** *f* pack-cloth; '**~material** *n* packing (material); '**~papier** *n* wrapping paper; *als Papiersorte*: brown paper; '**~pferd** *n* pack-horse; '**~sattel** *m* pack-saddle; '**~tier** *n* pack-animal; '**~ung** *f* (*Päckchen*) packet, pack (*a.* ⚕); F *fig.* awful beating; '**~wagen** *m Brt.* (luggage) van, *Am.* baggage car.
Pädagog|e [pɛ:da'go:gə] *m* (13), **~in** [~gin] *f* education(al)ist; **~ik** [~gik] *f* pedagogics *pl.*; **~isch** pedagogic(al).
Paddel ['padəl] *n* (7) paddle; '**~boot** *n* canoe; '**~n** (29, sn) paddle, canoe.
paff [paf] bang!, pop!; F *ganz ~ sein* be dumbfounded.
paffen ['pafən] (25) puff (*die Pfeife* at one's pipe).
Page ['pɑ:ʒə] *m* (13) page; *s. Hotel~*; '**~nkopf** *m* bobbed hair.
Pagode [pa'go:də] *f* (15) pagoda.
pah! [pɑ:] pah!; pooh!, pshaw!
Pak ⚔ [pak] *f* (*sg.* 16, *pl.* 11) anti-tank gun.
Paket [pa'ke:t] *n* (3) parcel; *großes*: package (*a. fig. pol. usw.*); *kleines*: packet; ✝ *Wertpapiere*: block; **~-annahme** *f* parcels receiving office; **~-ausgabe** *f* parcel delivery; **~boot** *n* mail-boat; **~karte** ✉ *f* parcel form; **~post** *f* parcel post.
Pakt [pakt] *m* (3 *u.* 5) pact, agreement; **~ieren** [~'ti:rən] make a deal (*mit* with).
Palast [pa'last] *m* (3² *u.* ³) palace; **~-artig** palatial; **~revolution** *fig. f* palace revolution.
Palette [pa'lɛtə] *f* (15) palette.
Palisade [pali'zɑ:də] *f* (15) palisade; **~nzaun** *m* stockade.
Palm|e ['palmə] *f* (15) palm(-tree); F *j-n auf die ~ bringen* put a p.'s monkey up; '**~kätzchen** *n* catkin; '**~'sonntag** *m* Palm Sunday.
Pampelmuse ⚘ [pampəl'mu:zə] *f* (15) grape-fruit.
Pamphlet [pam'fle:t] *n* (3) (*Flugblatt*) pamphlet; (*Schmähschrift*) lampoon; **~ist** [~fle'tist] *m* (12) pamphleteer; lampoonist.
panchromatisch *phot.* [pankro'mɑ:tiʃ] panchromatic.
Paneel [pa'ne:l] *n* (3¹) wainscot, panel.

Panier [pa'ni:r] *n* (3¹) banner, standard.
pa'nieren (25) *Kochkunst*: (bread-) crumb.
Pan|ik ['pɑ:nik] *f* (16) panic, scare; '**~isch** panic.
Panne ['panə] *f* (15) break-down; (*Motor~*) engine failure; (*Reifen~*) puncture, *Am.* blowout; *fig.* mishap, (*Fehler*) F slip-up; *e-e ~ haben* break down, have a break-down.
Panoptikum [pa'nɔptikum] *n* (9¹) waxworks *pl.*
Panorama [pano'rɑ:ma] *n* (9¹) panorama, panoramic view.
panschen ['panʃən] (27) *s. pantschen.*
Panther ['pantər] *m* (7) panther.
Pantine [pan'ti:nə] *f* (15) clog.
Pantoffel [~'tɔfəl] *m* (10 *u.* 7) slipper, mule; *fig. unter dem ~ stehen* be henpecked; **~held** *m* henpecked husband.
Pantomim|e [panto'mi:mə] *f* (15) pantomime, dumb show; **~isch** pantomimic.
pan(t)schen ['pan(t)ʃən] (27) splash (about); (*verfälschen*) adulterate.
Panzer ['pantsər] *m* (7) armo(u)r; (*Kampfwagen*) tank; ⚓ armo(u)r (-plating); '**~-abwehrgeschütz** *n* anti-tank gun; '**~brechend** armo(u)r-piercing; '**~division** *f* armo(u)red division; '**~faust** ⚔ *f* anti-tank grenade launcher; '**~glas** *n* bullet-proof glass; '**~handschuh** *m* gauntlet; '**~hemd** *n* coat of mail; '**~kreuzer** *m* armo(u)red cruiser; '**~n** (29) armo(u)r; *sich ~* arm o.s.; *gepanzerte Faust* mailed fist; '**~platte** *f* armo(u)r-plate; '**~schrank** *m* safe; **~spähwagen** ['~ʃpɛ:-] *m* armo(u)red (reconnaissance) car; '**~sperre** *f* anti-tank obstacle; '**~truppe** *f* tank force *od.* corps; '**~ung** ⚔, ⚓ *f* armo(u)r-plating; '**~wagen** *m* armo(u)red car; '**~zug** *m* 🚂 armo(u)red train; ⚔ tank platoon.
Papa [pa'pa, F '~] *m* (11) papa, F dad(dy), *Am.* F pop.
Papagei [papa'gaɪ] *m* (3 *u.* 12) parrot; **~enkrankheit** *f* psittacosis.
Papier [pa'pi:r] *n* (3¹) paper; *~e pl.* (*Ausweise*) (identity) papers *pl.*, ✝ (*Wertpapiere*) securities *pl.*, papers *pl.*; (*nur*) *auf dem ~* on paper (only); *zu ~ bringen* commit to paper; **~-**

bogen *m* sheet of paper; **ᘔen** (of) paper; **~fabrik** *f* paper-mill; **~geld** *n* paper-money; **~handlung** *f* stationer's (shop), *Am.* stationery (store); **~korb** *m* (waste-)paper basket; **~krieg** F *m* red tape, paper warfare; **~maché** [papje:ma'ʃe:] *n* (11^1) papier mâché; **~schlange** [pa'pi:r-] *f* paper streamer; **~schnitzel** *n*, **~wisch** *m* scrap of paper; **~währung** *f* paper-currency; **~waren** *f/pl.* stationery; **~warengeschäft** *n s. Papierhandlung.*

Papp [pap] *m* (3) (*Brei*) pap; (*Kleister*) paste; **'~band** *m* pasteboard binding; (book bound in) boards *pl.*; **'~deckel** *m* pasteboard.

Pappe ['papə] *f* (15) pasteboard; (*starke* ~) millboard; F *fig. nicht von* ~ quite something.

Pappel ['papəl] *f* (15) poplar.

päppeln ['pɛpəln] (29) feed (with pap); *fig.* coddle, pamper.

'papp|en *v/t.* paste; *v/i.* stick; **'ᘔenstiel** F *fig. m* trifle; *für e-n* ~ for a song; **~erlapapp!** [papərla'pap] fiddlesticks!; **'~ig** sticky; **'ᘔschachtel** *f* cardboard box; **'ᘔschnee** *m Sport:* sticky snow.

Paprika ['paprika] *m* (11) paprika; ♀ capsicum.

Papst [pɑ:pst] *m* (3^2 *u.* ^{3}) pope.

päpstlich ['pɛ:pstliç] papal.

'Papsttum *n* (1, *o. pl.*) papacy.

Parab|el [pa'rɑ:bəl] *f* (15) (*Gleichnis*) parable; ⩘ parabola; **ᘔolisch** [para'bo:liʃ] parabolic(ally *adv.*).

Parade [pa'rɑ:də] *f* (15) parade; (*Prunk*) display; ⚔ review; *fenc.* parry; *Fußball:* save; **~-anzug** ⚔ *m* dress uniform, F full dress; **~marsch** ⚔ *m* march in review.

Paradentose ⚕ [paradɛn'to:zə] *f* (15) paradentosis.

Pa'radeplatz ⚔ *m* parade-ground.

paradieren [para'di:rən] parade.

Paradies [~'di:s] *n* (4) paradise.

paradiesisch [~'di:ziʃ] paradisiac (-al); *fig.* heavenly.

Para'diesvogel *m* bird of paradise.

paradox [~'dɔks] paradoxical.

Paraffin [para'fi:n] *n* (3^1) paraffin; **~-öl** *n* paraffin oil.

Paragraph [~'grɑ:f] *m* (12) section, article; (*Absatz*) paragraph; (*das Zeichen* §) section-mark.

parallel [para'le:l] parallel (*mit* to, with); **ᘔe** *f* (15) parallel (line); **ᘔogramm** [~lelo'gram] *n* (3^1) parallelogram; **ᘔschaltung** ⚡ *f* parallel connection.

Paraly|se [para'ly:zə] *f* (15) paralysis; **ᘔ'sieren** [~ly-] paralyse; **ᘔtisch** [~'ly:tiʃ] paralytic(ally *adv.*).

Paranuß ['pɑ:ra-] *f* Brazil-nut.

Parasit [para'zi:t] *m* (12) parasite; **ᘔisch** parasitic(al).

parat [pa'rɑ:t] ready; ~ *haben Kenntnisse:* have at one's fingers' ends; *Antwort:* have pat.

Pärchen ['pɛ:rçən] *n* (6) (courting) couple; *a. iro.* twosome.

Pardon [par'dɔ̃] *m* (11) pardon; ⚔ quarter.

Parenthese [parɛn'te:zə] *f* (15) parenthesis.

Parforcejagd [par'fɔrsjɑ:kt] *f* hunt (-ing) on horseback.

Parfüm [par'fy:m] *n* (3^1) perfume, scent; **~e'rie** *f*, **~e'rien** [~fymə'ri:(n)] *pl.* perfumery; **~fläschchen** (small) scent-bottle; **ᘔieren** [~fy'mi:rən] perfume, scent.

pari ✝ ['pɑ:ri] par; *al* ~ at par; *über* (*unter*) ~ above (below) par.

Paria ['pɑ:rja] *m* (11) pariah.

parieren [pa'ri:rən] *v/i.* (*dat.*) obey; *v/t. u. v/i. Pferd:* pull up, stop; *Stoß usw.:* parry (*a. fig.*).

Pariser [pa'ri:zər] *m* (7), **~in** *f* (16^1) Parisian.

Parität [pari'tɛ:t] *f* (16) parity; **ᘔisch** proportional, pro rata.

Park [park] *m* (3) park; ⚔ *a.* depot; *s. Wagen*ᘔ; **'~-anlage** *f* park; **'ᘔen** (25) park; ᘔ *verboten!* No parking!

Parkett [~'kɛt] *n* (3) parquet; *thea.* stalls *pl.*, *Am.* parquet; **~fußboden** *m* parquet flooring; **ᘔieren** [~'ti:rən] parquet.

'Park|licht *mot. n* parking light; **'~platz** *mot. m* parking place, *Am.* parking lot; **'~-uhr** *f* parking meter.

Parlament [parla'mɛnt] *n* (3) parliament; **~är** [~'tɛ:r] *m* (3^1) parlementaire (*fr.*); **~arier** [~'tɑ:rjər] *m* (7) parliamentarian; **ᘔarisch** [~'tɑ:riʃ] parliamentary; **ᘔieren** [~'ti:rən] parley.

Parodie [paro'di:] *f* (15) parody; **ᘔren** parody.

Parole [pa'ro:lə] *f* (15) ⚔ password; *fig.* catchword, slogan.

Paroli [pa'ro:li] *fig. n* (11): *j-m* ~ *bieten* stick up to a p.

Partei [par'taɪ] *f* (16) party (*a. pol. u.* ⚖); (*~sektion*) faction; *Sport*: side; *j-s ~ ergreifen*, *~ nehmen für j-n* take the part of a p., side with a p.; *gegen j-n ~ ergreifen* take sides against a p.; **~-abzeichen** *n* party badge; **~-apparat** *m* party machine; **~disziplin** *f* party discipline; *sich der ~ beugen* follow the party line; **~führer** *m* party-leader; **~gänger** *m* (7) partisan; **~geist** *m* party spirit; **~genosse** *m* party-member; **∾isch**, **∾lich** partial; **~leitung** *f* party leadership; **~lichkeit** *f* partiality; **∾los** impartial, neutral; *pol.* independent, non-party; **~lose** *parl. m* non-party member; **~losigkeit** *f* impartiality, neutrality; **~nahme** *f* (15) partisanship; **~politik** *f* party politics; **~programm** *n* platform; **~sucht** *f* factious spirit; **~tag** *m* party rally; **~ung** *f* division into parties; **~versammlung** *f* party meeting; **~zugehörigkeit** *f* party affiliation.

Parterre [par'tɛr] *n* (11) ground floor, *Am.* first floor; *thea.* pit, *Am.* orchestra circle.

Partie [~'ti:] *f* (15) (*Teil*) part; ☤ (*Warenmenge*) lot, parcel; (*Gesellschaft*) party; (*Ausflug*) outing, excursion; *Sport*: match (*a. Heirat*), game; *mit von der ~ sein* make one of the party.

partiell [par'tsjɛl] partial.

Par'tieware *f* job-goods *pl.*

Partik|el [~'ti:kəl] *f* (15) particle; **~ularismus** [~tikula'rismus] *m* (16) particularism.

Partisan [parti'zɑ:n] *m* (12) partisan, guerilla.

Partitur ♪ [~'tu:r] *f* (16) score.

Partizip *gr.* [~'tsi:p] *n* (8^2) participle.

Partner ['partnər] *m* (7), **'~in** *f* (16^1) partner; **'~schaft** *f* partnership.

Parvenü [parvə'ny:] *m* (11) upstart, parvenu.

Parze ['partsə] *f* (15): *die ~n pl.* the Fates.

Parzel|le [par'tsɛlə] *f* (15) plot, allotment, *bsd. Am.* lot; **∾'lieren** divide into lots, parcel out.

Pasch [paʃ] *m* (3^2 *u.* ^{3}) *beim Würfeln*: doublets *pl.*

Pascha ['paʃa] *m* (11) pasha.

pasch|en ['paʃən] *v/t. u. v/i.* (27) smuggle; **'∾er** *m* (7) smuggler.

Paspel ['paspəl] *m* (7), *f* (15) piping.

Paß [pas] *m* (14^1 *u.* ^{2}) (*Gebirgs∾*) pass; (*Reise∾*) passport, *s. Paßgang.*

passabel [pa'sɑ:bəl] passable, tolerable, fair(ly good).

Passage [pa'sɑ:ʒə] *f* (15) passage (*a.* ♪); △ arcade.

Passagier [pasa'ʒi:r] *m* (3^1) passenger; *im Taxi*: fare; *s. blind*; **~flugzeug** *n* passenger aircraft; **~gut** *n* luggage, *Am.* baggage.

Passah ['pasa] *n* (11, *o. pl.*), *mst* **'~fest** *n* Passover.

'Paß-amt *n* pass-port office.

Passant [pa'sant] *m* (12), **~in** *f* (16^1) passer-by (*pl.* passers-by).

Passat [pa'sɑ:t] *m* (3), **~wind** *m* trade-wind.

'Paßbild *n* passport photo(graph).

passen ['pasən] (28) fit (*j-m* a p.; *auf acc.*, *für*, *zu et.* a th.); (*zusagen*) suit (*j-m* a p.); *Spiel*: pass; *~ (warten) auf (acc.)* watch (*od.* wait) for; *nicht ~ für* be unfit for; *~ zu e-m Kleid usw.*: go with, *bsd. in der Farbe*: match (with); *sie ~ zueinander* they are well matched; *sich ~* be fit *od.* proper; *das paßt sich nicht* that is not good form; **'~d** fit; suitable; (*kleidsam*) becoming; *bsd. in der Farbe*: to match; (*gelegen*) convenient; *für ~ halten* think proper.

Passepartout [paspar'tu:] *n* (11) masterkey; (*Wechselrahmen*) mount.

'Paß|form *f* fit; **'~gang** *m* amble; **~gänger** ['~gɛŋər] *m* ambler.

passier|bar [pa'si:rbɑ:r] passable, practicable; **~en** *v/i.* (sn) (*vorbeigehen*) pass; (*sich ereignen*) take place, happen, come to pass; *v/t.* pass (by); *Kochkunst*: strain; **∾schein** *m* pass (*bsd.* ⚔); permit.

Passion [pa'sjo:n] *f* (16) passion; (*Liebhaberei*) hobby; **∾iert** [~sjo'ni:rt] passionate; **~sspiel** [~'sjo:ns-] *n* Passion play.

passiv ['pasi:f] passive; *~er Widerstand* passive resistance; *~er Wortschatz* recognition vocabulary; **'∾** *n* (9, *o. pl.*) *gr.* passive voice; **∾a**, *a.* **∾en** ☤ [~'si:va, ~vən] *pl.* liabilities; **~ieren** ☤ [~'vi:ren] enter on the liability side; **∾posten** ☤ ['pasi:f-] *m* debit item; **'∾seite** *f* liability side.

'Paß|kontrolle *f* passport inspection; **'~stelle** *f* passport office; **'~stück** *n*, **'~teil** ⊕ *n* fitting part.

Paste ['pastə] *f* (15) paste.

Pastell [pa'stɛl] **1.** *n* (3^1) (*Bild*,

Farbe, Malerei) pastel; **2.** *m* (*Stift*) crayon; **~farbe** *f*, **~ton** *m* pastel shade; **~maler(in** *f*) *m* pastel(l)ist.

Pastete [pa'ste:tə] *f* (15) pie.

pasteurisieren [pastøri'zi:rən] pasteurize.

Pastille [pa'stilə] *f* (15) lozenge.

Pastor ['pastɔr] *m* (8[1]) pastor, vicar, minister.

Pate ['pa:tə] *m* (13) godfather; *f* (15) godmother; *m*, *f* (= '**~nkind** *n*) godchild; ~ *stehen bei* stand godfather (*od.* godmother *od. fig.* sponsor) to; '**~nstelle** *f* sponsorship; ~ *vertreten bei s. Pate stehen bei.*

Patent [pa'tɛnt] **1.** *n* (3[1]) patent; ⚔ commission; *ein ~ anmelden* apply for a patent; (*zum*) ~ *angemeldet* patent pending; **2.** ♀ F *adj.* clever; *~er Kerl* fine fellow; **~-amt** *n* patent office; **~-anmeldung** *f* patent application; **~-anspruch** *m* patent claim; **~-anwalt** *m* patent attorney; **~beschreibung** *f* patent specification; **♀fähig** patentable; **~gebühr** *f* (patent-)fee; **♀ieren** [~'ti:rən] patent; ~ *lassen* take out a patent for; **~-inhaber** *m* patent-holder, patentee; **~lösung** *f* pat solution; **~-recht** *n* patent law; *erworbenes*: patent right; **~schrift** *f* patent specification; **~schutz** *m* protection by patent; **~verletzung** *f* patent infringement; **~verschluß** *m* patent stopper, snap-fastener.

Pater ['pa:tər] *m* (7, *pl. Patres* ['pa:tre:s]) father.

Paternoster [pa:tɛr'nɔstər] *n* (7) paternoster; **~(-aufzug)** *m* paternoster lift; **~werk** ⊕ *n* chain-pump; *am Bagger*: (bucket-)elevator.

pathetisch [pa'te:tiʃ] emotional, lofty; *das ♀e s. Pathos.*

Pathol|ogie [patolo'gi:] *f* (16) pathology; **♀ogisch** [~'lo:giʃ] pathological.

Pathos ['pa:tɔs] *n* (*inv.*, *o. pl.*) emotional (*od.* lofty) speech *od.* style.

Patience [pa'sjã:s] *f* (15) solitaire.

Patient [pa'tsjɛnt] *m* (12), **~in** *f* (16[1]) patient.

Patin ['pa:tin] *f* (16[1]) godmother.

Patina ['pa:tina] *f* (15, *o.pl.*) patina.

Patriarch [patri'arç] *m* (12) patriarch; **♀alisch** [~'ça:liʃ] patriarchal.

Patriot [~tri'o:t] *m* (12), **~in** *f* (16[1]) patriot; **♀isch** patriotic(ally *adv.*); **~ismus** [~trio'tismus] *m* (16, *o.pl.*) patriotism.

Patriz|e ⊕ [~'tri:tsə] *f* (15) punch (-eon), top die; **~ier** [~tsjər] *m* (7) patrician.

Patron [~'tro:n] *m* (3[1]) patron, protector; (*oft b.s.*) fellow; **~at** [~tro'na:t] *n* (3) patronage; **~e** [~'tro:nə] *f* (15) cartridge; **~engurt** *m* cartridge belt; **~enhülse** *f* cartridge case; **~entasche** *f* cartridge pouch; **~in** *f* (16[1]) patroness.

Patrouill|e ⚔ [pa'truljə] *f* (15) patrol; **♀ieren** ⚔ [~'ji:rən] patrol.

Patsch|e F ['patʃə] *f* (15) **1.** (*auch* '**~hand** *f*) paw; **2.** *in die ~ geraten* get into a scrape (*od.* fix), get into hot water; *in der ~ sitzen* be in a scrape *od.* pickle *od.* in hot water; *j-m aus der ~ helfen* help a p. (out of a scrape); '**♀en** (27, h. *u.* sn) *im Wasser*: splash; (*schlagen*) slap; '**♀'naß** dripping (wet).

Patt [pat] *n* (11), ♀ *adj. Schach*: stalemate.

patz|en ['patsən] F (27) muff (it); '**♀er** F *m* (7) blunder; '**~ig** F snotty.

Pauke ['paukə] *f* (15) kettledrum; F *fig. auf die ~ hauen* go on the racket; *mit ~n und Trompeten* F gloriously, awfully; '**♀n** *v/i.* (25) beat the kettledrum; F *Schule*: (*a. v/t.*) cram, swot, grind; '**~r** *m* (7) kettledrummer; F (*Lehrer*) crammer, schoolmaster.

pausbäckig ['pausbɛkiç] chubby (-faced).

pauschal [pau'ʃa:l] global, overall; *adv. a.* all included; *fig.* in the lump, wholesale; **♀e** *f*, *n* (9) lump sum; *im Hotel usw.*: all-in price, *Am.* American plan; **♀gebühr** *f* flat rate; **♀zahlung** *f* lump-sum (*als Ablösung*: composition) payment.

Pause¹ ['pauzə] *f* (15) pause, stop, interval; *Schule, a. Arbeits♀*: break, recess; *thea.* interval, *Am.* intermission; ♪ rest; (*Nachlassen*) lull.

'**Pause²** (*Pauszeichnung*) tracing, blueprint; '**♀n** (27) trace.

'**pausen|los** uninterrupted; '**♀zeichen** *n Radio*: (station) identification signal.

pau'sieren pause.

Pauspapier ['paus-] *n* tracing-paper.

Pavian ['pa:via:n] *m* (3¹) baboon.
Pavillon ['paviljõ] *m* (11) pavilion.
Pazifis|mus [patsi'fismus] *m* (16, *o. pl.*) pacifism; **~st** *m* (12) pacifist; **2stisch** pacifist(ic).
Pech [pɛç] *n* (3) pitch; *fig.* bad (*Am. a.* hard) luck; ~ *haben* be down on one's luck; '**~fackel** *f* torch; '**~kohle** *f* bituminous coal; '**2schwarz** jet-black; *Nacht*: pitch-dark; '**~strähne** *f* run of bad luck; '**~vogel** *m* unlucky fellow.
Pedal [pe'da:l] *n* (3¹) pedal.
Pedant [pe'dant] *m* (12) pedant, stickler; **~erie** [~ə'ri:] *f* (16) pedantry; **2isch** [~'dantiʃ] pedantic (-ally *adv.*), punctilious.
Pedell [~'dɛl] *m* (3¹) janitor.
Pegel ['pe:gəl] *m* (6) water-ga(u)ge; ⊕ level; '**~stand** *m* (water-)level.
Peil|-antenne ['paɪl-] *f* direction finder (*abbr.* D.F.) aerial; '**2en** (25) *v/t. Tiefe*: sound; *Land*: take the bearings of; *v/i.* take the bearings; '**~funk** *m Radio*: directional radio; '**~gerät** *n* radio direction finder; '**~ung** *f* sounding; bearing, direction finding.
Pein [paɪn] *f* (16) pain, torture.
peinig|en ['~igən] (25) torment; '**2er** *m* (7), '**2erin** *f* (16¹) tormentor; '**2ung** *f* torment(ing), torture.
'**peinlich** painful (*dat.* for); (*unangenehm*) embarrassing, awkward; ⚖ capital, penal; (*sehr genau*) precise, scrupulous (*in dat.* about); *j-n ~ berühren* distress a p.; '**2keit** *f* painfulness; awkwardness; preciseness, scrupulousness.
Peitsche ['paɪtʃə] *f* (15) whip; '**2n** (27) whip, lash; *parl. s. durchpeitschen*; '**~nhieb** *m* (whip-)lash; '**~nknall** *m* crack of a whip; '**~nschnur** *f* lash.
pekuniär [pekun'jɛ:r] pecuniary.
Pelerine [pelə'ri:nə] *f* (15) pelerine, cape, (*bsd.* fur) tippet.
Pelikan ['pe:lika:n] *m* (3¹) pelican.
Pelle ['pɛlə] *f* (15) skin, peel; '**2n** (25) skin, peel; *s. Ei*.
'**Pellkartoffeln** *f/pl.* potatoes in their jackets *od.* skin.
Pelz [pɛlts] *m* (3²) fur (*als Kleidung mst pl.*); (*Fell*) pelt; *fig.* skin, hide; '**~besatz** *m* fur trimming; '**2gefüttert** fur-lined; '**~handel** *m* fur-trade; '**~händler** *m* furrier; '**~handschuh** *m* furred glove; '**2ig** furry; ⚘ *Zunge*: furred; *Glied*: numb; '**~kragen** *m* fur collar *od.* tippet; '**~mantel** *m* fur coat; '**~mütze** *f* fur cap; '**~tiere** *n/pl.* fur-bearing animals, furs; '**~tierfarm** *f* fur-farm; '**~werk** *n* furs *pl.*
Pendel ['pɛndəl] *n* (7) pendulum; '**2n** (29, h. *u.* sn) oscillate, swing; 🚃 *usw.* shuttle, *Am.* commute; '**~tür** *f* swing door; '**~-uhr** *f* pendulum clock; '**~verkehr** 🚃 *m* shuttle service; '**~zug** *m* shuttle (*Am.* commuter) train.
penetrant [pene'trant] penetrating.
penibel [pe'ni:bəl] fussy, pernickety.
Penizillin [penitsi'li:n] *n* (9, *o. pl.*) penicillin.
Penn|al [pɛ'na:l] *n* (3) school; **~äler** [~'nɛlər] *m* (7) school-boy.
Pennbruder P ['pɛnbru:dər] *m* tramp, *Am. a.* hobo, *sl.* bum.
'**Penne** F *f* (15) (*Nachtasyl*) doss-house, *Am.* flophouse; (*Schule*) school; '**2n** F (25) snooze.
Pension [pã'sjo:n] *f* (16) **a**) (old-age) pension; ⚔ retired pay; *in ~ gehen* retire; **b**) (*Kostgeld*) board; (*Fremdenheim*) boarding-house; (*Kostschule*) boarding-school; **~är** [~sjo'nɛ:r] *m* (3) **a**) pensioner; **b**) boarder; **~at** [~'na:t] *n* (3) boarding-school; **2ieren** [~'ni:rən] pension (off); ⚔ put on half-pay; *sich ~ lassen* retire; **2iert** retired, in retirement; **~s-alter** *n* retiring age; **2sberechtigt** pensionable; **~sfonds** *m* superannuation fund.
Pensum ['pɛnzum] *n* (9²) task, lesson; *weitS.* work rate; *großes ~* a great deal of work.
per [pɛr] per, by; *Datum*: as of; *~ Adresse* care of (*abbr.* c/o); *~ Bahn* by train.
perfekt [pɛr'fɛkt] **1.** perfect; *Vertrag usw.*: settled, in the bag; **2.** 2 *gr.* ['pɛrfɛkt] *n* (3) perfect (tense).
perforieren [~fo'ri:rən] perforate.
Pergament [pɛrga'mɛnt] *n* (3) parchment; **~papier** *n* parchment (*od.* vellum) paper; *zum Einwickeln*: greaseproof paper.
Period|e [per'jo:də] *f* (15) period (*a. physiol. der Frau*); ⚡ cycle; **2isch** periodic(al); *~er Dezimalbruch* recurring decimal.
Peripherie [perife'ri:] *f* (16) circumference, periphery; *e-r Stadt*: outskirts *pl.*

Periskop [peri'sko:p] *n* (3¹) periscope.
perkutan [pɛrku'ta:n] ⚕ percutaneous.
Perle ['pɛrlə] *f* (15) pearl; (*Glas*≈ *usw.*) bead; *fig.* gem; *~en vor die Säue werfen* cast (one's) pearls before swine; '≈**n** (25) pearl (*a. Töne*); *Getränk*: sparkle; *Lachen*: ripple; '**~nschnur** *f* string of pearls.
'**perl|grau** pearl-grey, *Am.* pearl-gray; '≈**huhn** *n* guinea-fowl; '≈**muschel** *f* pearl-oyster; ≈'**mutter** *f inv.* mother-of-pearl, nacre; '≈**schrift** *typ. f* pearl.
permanen|t [pɛrma'nɛnt] permanent; ≈**z** [~ts] *f* (16) permanence.
Perpendikel [pɛrpɛn'di:kəl] *m, n* (7) **1.** pendulum; **2.** perpendicular (line).
perplex [~'plɛks] perplexed, bewildered.
Persenning [pɛr'zɛniŋ] *f* (14) tarpaulin.
Pers|er ['pɛrzər] *m* (7) Persian; '**~erteppich** *m* Persian carpet; **~ianer** [pɛr'zja:nər] *m* (7) Persian lamb(skin); '≈**isch** Persian.
Person [pɛr'zo:n] *f* (16) person; *s. juristisch, natürlich*; *thea.* character; *in ~* in person, personally.
Personal [~zo'na:l] *n* (3¹) staff, personnel; **~-abteilung** *f* staff department, *Am.* personnel division; **~-angaben** *f/pl.* personal data; **~-ausweis** *m* identity card; **~chef** *m* personnel manager; **~ien** [~jən] *pl.* particulars *pl.*, personal data; **~-pronomen** *gr. n* personal pronoun.
personell [~zo'nɛl] personal; (*Personal betreffend*) personnel.
Per'sonen|-aufzug *m* (passenger) lift, *bsd. Am.* elevator; **~beförderung** *f* conveyance of passengers; **~kraftwagen** *m* passenger car; **~-kult** *m* personality cult; **~schaden** *m* personal injury; **~stand** *m* personal status; **~verzeichnis** *n* list of persons; *thea.* dramatis personae *pl.*; **~wagen** *m* 🚃 passenger-carriage, coach; *mot.* passenger car; **~zug** *m* passenger-train; (*Ggs. Schnellzug*) omnibus (*Am.* accomodation *od.* way) train.
personifizieren [pɛrzonifi'tsi:rən] personify.
persönlich [~'zø:nliç] personal; *adv.* personally, in person; ≈**keit** *f* personality; (*bedeutender Mensch*) personage.
Perspektiv|e [~spɛk'ti:və] *f* (15) perspective; *fig. a.* prospect; ≈**isch** perspective; *Figuren ~ zeichnen* foreshorten.
Perücke [pɛ'rykə] *f* (15) wig.
pervers [pɛr'vɛrs] perverse; ≈**ität** [~zi'tɛ:t] *f* (16) perversity.
Pessi|mismus [pɛsi'mismus] *m* (16, *o. pl.*) pessimism; '**~mist** *m* (12) pessimist; ≈'**mistisch** pessimistic(ally *adv.*).
Pest [pɛst] *f* (16) pestilence, plague; *fig. wie die ~* like poison; '≈**-artig** pestilential; '**~beule** *f* plague-boil; *fig.* plague-spot; **~ilenz** [~i'lɛnts] *f* (16) pestilence.
Petersilie ⚘ [petər'zi:ljə] *f* (15) parsley.
Petroleum [pe'tro:leum] *n* (11) petroleum, *Am.* (mineral) oil; (*Leucht*≈) paraffin, *bsd. Am.* kerosene; **~lampe** *f* oil (*Am.* kerosene) lamp.
Petschaft ['pɛtʃaft] *n* (3) seal, signet.
petto ['pɛto]: *et. in ~ haben* have something up one's sleeve.
Petze F ['pɛtsə] *f* (15) telltale; *Schul-sl.* sneak; '≈**n** F *v/t. u. v/i. sl.* peach (*gegen j-n* on); *Schul-sl.* sneak (against).
Pfad [pfa:t] *m* (3) path, track; **~finder** ['~findər] *m* Boy Scout; '**~finderin** *f* Girl Guide, *Am.* Girl Scout; '≈**los** pathless.
Pfaffe *contp.* ['pfafə] *m* (13) priest, F parson; '**~ntum** *n* (1, *o. pl.*) clericalism; parsons *pl.*
Pfahl [pfa:l] *m* (3³) stake, pale, pile; (*Pfosten*) post; (*Stange*) pole; *fig. ~ im Fleisch* thorn in one's flesh; '**~bau** ⚠ *m* pile-work; *hist.* lake-dwelling.
pfählen ['pfɛ:lən] (25) ✓ prop (up); *als Strafe*: impale.
'**Pfahlwurzel** *f* tap-root.
Pfalz [pfalts] *f* (16) imperial palace; *geogr. the* Palatinate.
Pfälzer ['pfɛltsər] *m* (7) inhabitant of the Palatinate.
Pfalzgraf ['pfaltsgra:f] *m* Count Palatine.
Pfand [pfant] *n* (1²) pledge; (*Bürgschaft*) security; *im Spiel*: forfeit; *zum ~ geben od. setzen* pawn, mortgage, *fig. Ehre usw.*: pledge, *sein Leben*: stake; '**~brief** *m* mortgage bond.

pfänd|bar ['pfɛntba:r] distrainable; **~en** ['~dən] (26) *et.*: seize; *j-n od. et.*: distrain (up)on, attach; '**Ϩer-spiel** *n* (game of) forfeits *pl.*

'**Pfand|gläubige** *m* mortgagee; '**~haus** *n*, '**~leihe** *f* pawnshop; '**~-leiher** *m* (7) pawnbroker; '**~recht** *n* lien; '**~schein** *m* pawn-ticket; '**~schuldner** *m* mortgagor.

'**Pfändung** *f* seizure, distraint; '**~s-befehl** *m* distress-warrant; '**~sver-fahren** *n* attachment proceedings *pl.*

Pfann|e ['pfanə] *f* (15) pan; (*Siede-kessel*) copper; *anat.* socket; '**~en-stiel** *m* panhandle; '**~kuchen** *m* pancake; *Berliner* ~ doughnut.

Pfarr|amt ['pfarˀamt] *n* (*Pflicht-bereich*) incumbency; (*Pfarrei*) rectory; (*Pastorat*) pastorate; '**~bezirk** *m* parish; '**~e** *f* (15), **~ei** [~'raɪ] *f s. Pfarramt, -bezirk, -gemeinde, -haus, -stelle*; '**~er** *m* (7) parson; *der engl. Staatskirche*: rector, vicar; *bei Dis-sidenten*: minister; '**~gemeinde** *f* parish; '**~haus** *n* parsonage; *der engl. Staatskirche*: rectory, vicarage; '**~kind** *n* parishioner; '**~kirche** *f* parish-church; '**~sprengel** *m* parish; '**~stelle** *f* benefice.

Pfau [pfaʊ] *m* (5 *u.* 12) peacock; '**~en-auge** *zo. n* peacock-butterfly; '**~enfeder** *f* peacock's feather.

Pfeffer ['pfɛfər] *m* (7) pepper; *fig.* F *j-n hinwünschen, wo der ~ wächst* wish a p. in hell (first); *s. Hase*; '**~büchse** *f* pepper-box; '**~gurke** *f* gherkin; '**~kuchen** *m* gingerbread; '**~minze** ⚘ *f* (15), '**~minzplätz-chen** *n* peppermint; 'Ϩ**n** (29) pepper; *s. gepfeffert*; '**~nuß** *f* ginger-nut, *Am.* -snap.

Pfeife ['pfaɪfə] *f* (15) whistle; ⚓ (*Bootsmanns*Ϩ) pipe; (*Orgel*Ϩ) (organ-)pipe; (*Quer*Ϩ) fife; (*Tabaks*Ϩ) (tobacco-)pipe; *nach j-s ~ tanzen* dance to a p.'s tune; 'Ϩ**n** (30) *v/i. u. v/t.* whistle; *Schiedsrichter*: blow the whistle; *auf e-r Pfeife, a. Radio*: pipe; F ~ *auf (acc.)* not to give a hoot about; *s. Loch.*

'**Pfeifen|kopf** *m* pipe-bowl; '**~rei-niger** *m* pipe cleaner; '**~stiel** pipe--stem; '**~stopfer** pipe stopper.

'**Pfeif|kessel** *m*, '**~topf** *m* whistling kettle; '**~konzert** *n* (wild) booing.

Pfeil [pfaɪl] *m* (3) arrow (*a. in Zeich-nungen usw.*); (*Wurf*Ϩ, *Blas*Ϩ) dart.

Pfeller ['pfaɪlər] *m* (7) pillar (*a. fig.*); (*Brücken*Ϩ *usw.*) pier; ⊕ standard.

'**pfeil|gerade** straight as an arrow; *adv.* straight; '**~schnell** as swift as an arrow; 'Ϩ**schuß** *m* arrow-shot; '**~zeichnung** ⊕ *f* functional dia-gram(me).

Pfennig ['pfɛnɪç] *m* (3, *als Wert-angabe im pl. inv.*) pfennig; *fig.* penny, farthing; '**~fuchser** F *m* (7) pinchpenny.

Pferch [pfɛrç] *m* (3) fold, pen; 'Ϩ**en** (25) pen, fold; *fig.* cram.

Pferd [pfe:rt] *n* (3) horse; (*Turn-gerät*) vaulting-horse; *zu ~e* on horseback; *fig. das ~ beim Schwanze aufzäumen* put the cart before the horse; *s. a. Roß.*

Pferde|bremse *f*, **~fliege** ['pfe:r-də-] *f* horse-fly; '**~fleisch** *n* horse--flesh, horse-meat; '**~fuhrwerk** *n* horse-drawn vehicle; '**~fuß** *m fig.* cloven hoof; '**~futter** *n* horse's fodder; '**~geschirr** *n* harness; '**~-händler** *m* horse-dealer; '**~knecht** *m* groom; *im Gasthaus*: (h)ostler; '**~koppel** *f* paddock; '**~kraft** *f s. Pferdestärke*; '**~länge** *f Sport*: *um 3 ~en* by 3 lengths; '**~rennen** *n* horse-race; '**~schwanz** *m* horse's tail; (*Frisur*) pony tail; '**~schwem-me** *f* horse-pond; '**~stall** *m* stable; '**~stärke** *f* (*abbr.* PS) horse-power (*abbr.* h.p.); '**~wagen** *m* horse carriage; '**~zucht** *f* horse-breeding.

Pfiff [pfɪf] **1.** *m* (3) whistle; *fig.* trick; (*Schwung*) ginger; **2.** Ϩ *pret. v. pfeifen*; **~erling** ['~ərlɪŋ] *m* (3[1]) ⚘ chanterelle; *fig.* trifle, straw; *keinen ~ wert* not worth a rush; 'Ϩ**ig** sly; **~ikus** ['~ikus] *m* sly dog.

Pfingst|en ['pfɪŋstən] *n od. f/pl.* (*inv., mst ohne art.*), '**~fest** *n* Whitsuntide; '**~'montag** *m* Whit Monday; '**~rose** *f* peony; '**~'sonntag** *m* Whitsunday; '**~woche** *f* Whit(sun) week.

Pfirsich ['pfɪrzɪç] *m* (3) peach.

Pflanze ['pflantsə] *f* (15), 'Ϩ**n** (27) plant.

'**Pflanzen|butter** *f* vegetable butter; '**~faser** *f* vegetable fib|re, *Am.* -er; '**~fett** *n* vegetable fat; *Küche*: vegetable shortening; 'Ϩ**fressend** herbivorous; '**~kost** *f* vegetable diet; '**~kunde** *f* botany; '**~leben** *n* vegetable life; '**~-öl** *n* vegetable oil; '**~reich** *n*, '**~welt** *f* vegetable kingdom, flora; '~**schutzmittel** *n* plant-protective agent.

'**Pflanzer** *m* (7), '~**in** *f* (16[1]) planter.

'**Pflanz|schule** *f* nursery; '~**stätte** *f fig.* seminary, *b.s.* hotbed; '~**ung** *f* plantation; *fig.* settlement.

Pflaster ['pflastər] *n* (7) **1.** (*Straßen*♀) pavement; *fig.* (*Ort*) place; **2.** ⚕ (adhesive) plaster; *fig.* salve; '~**er** *m* (7) pavio(u)r, *Am.* paver; '♀**n** (29) **1.** *Straße*: pave; **2.** ⚕ plaster (*a.* F *fig. kleben*); '~**stein** *m* paving-stone; '~**treter** F *m* (7) loafer.

Pflaume ['pflaumə] *f* (15) plum; (*Dörr*♀) prune; F silly ass; '~**nmus** *n* plum jam.

Pflege ['pfle:gə] *f* (15) (*Obhut*) care (*a. der Haut, Zähne usw.*); *e-s Kindes*: (child-)care; *e-s Kranken*: nursing, (medical) care; ⊕ maintenance; *e-s Gartens, der Künste, von Beziehungen*: cultivation; *Kind in* ~ *geben* put out to nurse; *in* ~ *nehmen* take charge of; ~**befohlene** ['~bəfo:lənə] *m* charge; '~-**eltern** *pl.* foster-parents; '~**heim** *n* charitable home; ⚕ nursing home; '~**kind** *n* foster-child; '~**mutter** *f* foster-mother.

pflegen ['pfle:gən] (25, *fig. a.* 30) *v/t.* care for; attend to; *sein Äußeres*: groom; *Kranke*: nurse; *Kranke, Maschine*: tend; (*instand halten*) maintain; *Garten, Künste, Beziehungen*: cultivate; *der Ruhe* ~ take rest; *s. gepflegt, Umgang*; *v/i. zu tun* ~ be accustomed (*od.* used *od.* wont) to, be in the habit of *ger.*; *nur im pret.* I *etc.* used to.

'**Pfleger** *m* (7), '~**in** *f* (16[1]) ⚕ (*m* male) nurse; (*Denkmal*♀ *usw.*) conservator; ⚖ guardian; *für Entmündigte*: curator, (*Verwalter*) *a.* trustee.

'**Pflege|sohn** *m* foster-son; '~**vater** *m* foster-father.

pfleg|lich ['~kliç] careful; *et.* ~ *behandeln* take good care of; '♀**ling** *m* (3[1]) foster-child; (*Pflegebefohlener*) charge; '♀**schaft** ⚖ *f* (16) guardianship.

Pflicht [pfliçt] *f* (16) duty; (*Verpflichtung*) obligation; *Sport*: *s.* ~*übung*; '♀**bewußt** responsible; '~**bewußtsein** *n*, '~**gefühl** *n* sense of duty; '♀-**eifrig** zealous (in one's duties); '~-**erfüllung** *f* performance of one's duty; '~**fach** *n Schule, univ.*: compulsory subject; '~**gefühl** *n s. Pflichtbewußtsein*; '♀**gemäß**, '♀**mäßig** dutiful, due; '~**lektüre** *f* required reading, set books *pl.*; '♀**schuldig** obligatory; *adv.* duly; '~**teil** *m* compulsory portion; '♀**treu** dutiful, loyal; '~**treue** *f* dutifulness, loyalty; '~**übung** *f* compulsory (*od.* set) exercise; '♀**vergessen** disloyal, undutiful; '~**vergessenheit** *f* dereliction of duty, disloyalty; '~**versäumnis** *f* neglect of duty; '~**verteidiger** *m* assigned counsel; '♀**widrig** undutiful, contrary to (one's) duty.

Pflock [pflɔk] *m* (3[3]) plug, peg.

pflöcken ['pflœkən] (25) peg.

pflog ⚒ [pflo:k] *pret. v. pflegen v/i.*

pflücken ['pflykən] (25) pick, pluck, (*einsammeln*) gather.

Pflug [pflu:k] *m* (3[3]) plough, *Am.* plow; '~-**eisen** *n* co(u)lter.

pflüg|en ['pfly:gən] *v/t. u. v/i.* (25) plough, *Am.* plow; '♀**er** *m* (7) ploughman, *Am.* plowman.

'**Pflugschar** *f* ploughshare.

Pförtchen ['pfœrtçən] *n* (6) little door *od.* gate. [⚓ port.]

Pforte ['pfɔrtə] *f* (15) gate, door;

Pförtner ['pfœrtnər] *m* (7) doorkeeper, porter, *Am.* doorman, (*Hausmeister*) janitor; *anat.* pylorus.

Pfosten ['pfɔstən] *m* (6) post; upright; (*Tür*♀, *Fenster*♀) jamb.

Pfote ['pfo:tə] *f* (15) paw.

Pfriem [pfri:m] *m* (3) awl, bodkin.

Pfropf [pfrɔpf] (3), '~**en**[1] (6) *m* stopper; (*Kork*♀) cork; *weitS.* plug; (*Watte*♀) wad; *s. Eiter*♀; '♀**en**[2] (25) cork; (*stopfen*) cram; ⸙ graft; '~**enzieher** *m* (7) corkscrew; '~**messer** *n* grafting-knife; '~**reis** ⸙ *n* graft.

Pfründe ['pfryndə] *f* (15) *eccl.* prebend; (*Pfarrstelle*) benefice, living; *fig.* sinecure.

Pfuhl [pfu:l] *m* (3) pool, puddle.

Pfühl [pfy:l] *m, n* (3) pillow.

pfui [pfui] fie!, (for) shame!; *Sport usw.*: boo!; *angeekelt*: ugh!, phew!

Pfund [pfunt] *n* (3, *als Mengenangabe im pl. inv.*) pound; (*Geld*) ~ (*Sterling*) pound (Sterling); ♀**ig** F ['~diç] great, swell, groovy.

Pfund|skerl F ['pfuntskerl] *m* brick, *Am.* great guy; '♀**weise** by the pound.

Pfusch|arbeit ['pfuʃˀarbait] *f s. Pfuscherei*; '♀**en** *v/i. u. v/t.* (27)

bungle, botch; *j-m ins Handwerk ~* trespass on a p.'s preserves; '**~er** *m* (7) bungler; **~erei** [~ə'raɪ] *f* (16) bungling; bungle.

Pfütze ['pfytsə] *f* (15) pool, puddle.

Phänomen [fɛno'me:n] *n* (3¹) phenomenon; **2al** [~'nɑ:l] phenomenal.

Phantasie [fanta'zi:] *f* (15) fancy; (*schöpferische ~*) imagination; (*Traumbild*) vision; ♪ fantasia; **2los** unimaginative; **~preis** *m* fancy price; **2reich** imaginative; **2ren** indulge in fancies, (day-)dream; ⚕ rave (*a.* F *fig.*), be delirious; ♪ improvise.

Phantast [~'tast] *m* (12), **~in** *f* (16¹) visionary; **~erei** [~ə'raɪ] *f* (16) fantasy; **2isch** [~'tastiʃ] fantastic(ally *adv.*) (*a.* F *fig.*); (*großartig*) F great, terrific.

Phantom [~'to:m] *n* (3¹) phantom.

Pharisä|er [fari'zɛ:ər] *m* (7) Pharisee; **2isch** pharisaic(al).

Pharmakologie [farmakolo'gi:] *f* (15, *o. pl.*) pharmacology.

Pharmazeut [farma'tsɔʏt] *m* (12) pharmac(eut)ist; (*Apotheker*) *a.* pharmaceutical chemist, *Am.* druggist; **2isch** pharmaceutical.

Pharmazie [~'tsi:] *f* (15) pharmacy.

Phase ['fɑ:zə] *f* (15) phase (*a.* ⚡).

Philanthrop [filan'tro:p] *m* (12), **~in** *f* (16¹) philanthropist; **2isch** philanthropic(ally *adv.*).

Philatel|ie [filate'li:] *f* (15, *o. pl.*) philately; **~ist** [~'list] *m* (12) philatelist.

Philister [fi'listər] *m* (7), **2haft** Philistine; **~haftigkeit** *f* philistinism.

Philolog|e [filo'lo:gə] *m* (13), **~in** *f* (16¹) philologist; **~ie** [~lo'gi:] *f* philology; **2isch** [~'lo:giʃ] philological.

Philosoph [~'zo:f] *m* (12) philosopher; **~ie** [~zo'fi:] *f* (15) philosophy; **2ieren** [~'fi:rən] philosophize; **2isch** [~'zo:fiʃ] philosophic (-al).

Phiole [fi'o:lə] *f* (15) phial, vial.

Phlegma ['flɛgma] *n* (11) phlegm.

Phlegmat|iker [~'mɑ:tikər] *m* (7) phlegmatic person; **2isch** phlegmatic(ally *adv.*).

Phonetik [fo'ne:tik] *f* (16) phonetics *mst. sg.*; **~er** *m* phonetician.

pho'netisch phonetic(ally *adv.*).

Phonotypistin [fonoty'pistin] *f* (16¹) audio typist.

Phosphat [fɔs'fɑ:t] *n* (3) phosphate.

Phosphor ['fɔsfɔr] *m* (3¹) phosphorus; '**~...** phosphorous; **~eszenz** [~forɛs'tsɛnts] *f* (16) phosphorescence; **2eszieren** [~'tsi:rən] phosphoresce; **~d** phosphorescent; **2ig** [~'fo:riç] phosphorous.

Photo ['foto] *n* (11) photo; '**~-apparat** *m* camera.

photogen [foto'ge:n] photogenic.

Photograph [foto'grɑ:f] *m* (12), **~in** *f* (16¹) photographer; **~ie** [~gra'fi:] *f* (15) *Bild*: photograph, F photo; *Kunst*: photography; **2ieren** [~'fi:rən] *v/t. u. v/i.* photograph, take a picture (of); *sich ~ lassen* have one's photo(graph) taken; **2isch** [~'grɑ:fiʃ] photographic(ally *adv.*).

Photoko'pie *f* photostat(ic copy); **2ren** photostat.

'**Photomontage** *f* (photo) montage, paste-up.

'**Photozelle** *f* photo-electric cell, photocell.

Phrase ['frɑ:zə] *f* (15) phrase; *contp. a.* cliché, *pol.* catchphrase; '**~ndrescher** *m* phrasemonger; '**2nhaft** empty, windy, rhetorical.

Physik [fy'zi:k] *f* (16) physics *sg.*, **2alisch** [~'kɑ:liʃ] physical.

Physik|er ['fy:zikər] *m* (7) physicist, natural philosopher; '**~um** [~kum] *n* preliminary (medical) examination.

Physiognomie [fyzjogno'mi:] *f* [physiognomy.]

Physiolog|e [~'lo:gə] *m* (13) physiologist; **~ie** [~olo'gi:] *f* physiology; **2isch** [~'lo:giʃ] physiological.

physisch ['fy:ziʃ] physical.

Pian|ino [pia'ni:no] *n* (11) cottage (*od.* upright) piano; **~ist** [~'nist] *m* (12), **~istin** [~'nistin] *f* (16¹) pianist.

Piano [pi'ɑ:no] *n*, **~forte** [piano'fɔrtə] *n* (11) piano(forte).

picheln F ['piçəln] *v/i. u. v/t.* (29) tipple, F booze.

Picke ['pikə] *f* (15) pick(ax[e]).

Pickel ['pikəl] *m* (7) **1.** pimple; **2.** *s. Picke, Eis2*; '**~haube** *f* spiked helmet; '**~hering** *m* bloater, pickled herring.

'**pick(e)lig** pimpled, pimply.

picken ['pikən] *v/t. u. v/i.* (25) pick, peck.

Picknick ['~nik] *n* (11) picnic.

pieken F ['pi:kən] (25) prick.

piep|(s)en ['pi:p(s)ən] (25) peep;

Maus: squeak; F *zum* ~ a scream; '≈**matz** F *m* dicky-bird.
Pier ⚓ [piːr] *m* (3¹) jetty, pier.
piesacken F ['piːzakən] pester, torment, persecute.
Pietät [pie'tɛːt] *f* (16) piety, reverence; ≈**los** irreverent; ≈**voll** reverent.
Pigment [pi'gmɛnt] *n* (3) pigment.
Pik [piːk] **1.** *m* (11) (*Berg*) peak; **2.** *n* (3¹, *o. pl.*) *Kartenspiel*: spade(s *pl.*); **3.** *m* (11) (*Groll*) grudge.
pikant [pi'kant] *a. fig.* piquant, spicy; *das* ≈e (the) piquancy; ≈**erie** [~tə'riː] *f* (15) piquant (*od.* spicy) story *od.* remark.
Pike ['piːkə] *f* (15) pike; *von der* ~ *auf dienen* rise from the ranks.
pik'fein F tiptop, smart, slap-up.
pikiert [pi'kiːrt] piqued (*über acc.* about).
Pikkolo ['pikolo] *m* (11¹) boy waiter; '~**flöte** *f* piccolo.
Pilger ['pilgər] *m* (7), '~**in** *f* pilgrim; '~**fahrt** *f* pilgrimage; '≈**n** (29, sn) make (*od.* go on) a pilgrimage; *weitS.* wander; '~**schaft** *f* pilgrimage.
Pille ['pilə] *f* (15) pill.
Pilot [pi'loːt] *m* (12) pilot.
Pilz [pilts] *m* (3²) fungus; *eßbarer*: mushroom; *nicht eßbarer*: toadstool; *fig. wie* ~*e aus der Erde schießen* mushroom (up).
pimp(e)lig ['pimp(ə)liç] sickly; (*weichlich*) effeminate.
pingelig F ['piŋəliç] mean; pedantic, fussy.
Pinguin ['piŋguiːn] *m* (3) penguin.
Pinie ⚘ ['piːnjə] *f* (15) stone-pine.
Pinke F ['piŋkə] *f* (*Geld*) *sl.* dough; '≈**ln** P (29) piddle, pee.
Pinscher ['pinʃər] *m* (7) pinscher.
Pinsel ['pinzəl] *m* (7) brush; *feiner*: pencil; *fig.* fool, ass; ~**ei** [~'laɪ] *f* (16) daub(ing); '≈**n** *v/i.* (29) paint; (*schmieren*) daub; '~**strich** *m* stroke of the brush.
Pinzette [pin'tsɛtə] *f* (15) (*eine* a pair of) tweezers *pl.*
Pionier [pio'niːr] *m* (3¹) pioneer; ⚔ engineer; *Brt.* (*Dienstgrad*) sapper; ~**arbeit** *f fig.* pioneering; ~**truppe** *f* engineers *pl.*
Pipett|e [pi'pɛtə] *f* (15), ≈**ieren** [~'tiːrən] pipette.
Pirat [pi'rɑːt] *m* (12) pirate; ~**erie** [~tə'riː] *f* (15) piracy.
Pirsch [pirʃ] *f* (16) deer-stalking, stalk, *Am.* still hunt; '≈**en** (27) still-hunt, stalk (deer); '~**jagd** *f s. Pirsch*; '~**jäger** *m* still-hunter.
Pisse P ['pisə] *f* (15), '≈**n** (28) piss.
Pistazie ⚘ [pi'stɑːtsjə] *f* (15) pistachio(-nut).
Piste ['pistə] *f* (15) beaten track; *Rennsport*: course, *Sport*: *a.* ski-run; ✈ runway.
Pistole [pi'stoːlə] *f* (15) pistol; *mit vorgehaltener* ~ at pistol-point; *fig. j-m die* ~ *auf die Brust setzen* hold a pistol to a p.'s head; *wie aus der* ~ *geschossen* like a shot; ~**nschuß** *m*, ~**nschütze** *m* pistol-shot; ~**ntasche** *f* (pistol) holster.
placier|en [pla'(t)siːrən] place (*a. Sport*, ✝); *sich* ~ be placed *second, etc.*; ~**t** *Schuß*: well-placed.
plack|en ['plakən] (25) *s. plagen*; ≈**erei** [~ə'raɪ] *f* (16) drudgery.
plä|dieren [plɛ'diːrən] plead (*auf acc.* et. a th.); ~ *für* et. advocate a th.; ≈**doyer** [plɛdoa'jeː] *n* (11) pleading.
Plafond [pla'fɔ̃] *m* (11) ceiling.
Plage ['plɑːgə] *f* (15) trouble, vexation, bother, nuisance; *stärker*: torment; *mst biblisch* (*Seuche*): plague; '~**geist** *m* tormentor; '≈**n** (25) trouble, bother, worry; torment, F plague; *mit Bitten od. Fragen*: pester; *sich* ~ drudge, slave.
Plagiat [plag'jɑːt] *n* (3) plagiarism; *ein* ~ *begehen* plagiarize; ~**or** [~tɔr] *m* (8¹) plagiarist.
Plaid [pleːt] *n* (11) plaid; (*Reisedecke*) travel(l)ing rug.
Plakat [pla'kɑːt] *n* (3) poster, placard, bill; ~**farbe** *f* poster colo(u)r; ≈**ieren** [~ka'tiːrən] placard; *v/i.* stick bills; ~**maler** *m* poster artist; ~**säule** *f* advertisement pillar; ~**träger** *m* sandwich-man.
Plakette [~'kɛtə] *f* (15) plaque; (*Abzeichen*) badge.
Plan [plɑːn] **1.** *m* (3³) plan; (*Vorhaben*) *a.* project, scheme; *konkret*: plan; (*Karte*) map; *graphisch*: diagram; (*Blaupause*) blueprint; (*Anlage*) layout; (*Zeit*≈) schedule; *s. Lehr*≈; *fig. auf den* ~ *rufen* call up; *auf den* ~ *treten* enter the lists, *weitS.* make an appearance; **2.** (*Ebene*) plain; **3.** ≈ *adj.* plain, level; '~**e** *f* (15) awning; *geteerte*: tarpaulin; '≈**en** (25) plan, project; map out; *zeitlich*: time.

Pläne|macher *m*, **~schmied** ['plɛ:-nə-] *m* schemer, projector.
Planet [pla'ne:t] *m* (12) planet; **②arisch** [~ne'tɑ:riʃ] planetary; **~arium** [~ne'tɑ:rjum] *n* planetarium, orrery; **~en...** planetary.
planier|en ⊕ [pla'ni:rən] level, *Gelände*: *a.* grade; **②maschine** *f*, **②raupe** *f* bulldozer, grader.
Planimetrie [planime'tri:] *f* (15) plane geometry, planimetry.
Planke ['plaŋkə] *f* (15) plank, board.
Plänk|elei [plɛŋkə'laɪ] *f* (16) skirmishing; '**②eln** (29) skirmish (*a. fig.*).
'**plan|los** aimless, haphazard, unsystematic(ally *adv.*); *adv.* (*aufs Geratewohl*) at random; '**②losigkeit** *f* aimlessness; '**~mäßig** planned, systematic(ally *adv.*); *Beamtenstelle*: regular; *Verkehr*: scheduled; *adv.* according to plan *od.* (*zeitlich*) to schedule; '**②quadrat** *n* grid square.
Plansch|becken ['planʃ-] *n* paddle-pond; '**②en** (27) splash.
'**Planstelle** *f* permanent post (authorized in the budget).
Plantage [plan'tɑ:ʒə] *f* (15) plantation.
Planung ['plɑ:nuŋ] *f* planning; '**~samt** *n* planning board.
'**planvoll** methodical.
'**Plan|wagen** *m* covered wag(g)on; '**~wirtschaft** *f* planned economy; '**~ziel** *n* target.
'**Plapper|maul** *n* chatterbox; '**②n** *v/t. u. v/i.* (29) babble, prattle.
plärren F ['plɛ:rən] *v/i. u. v/t.* (25) blare; *singend*: bawl; (*weinen*) blubber, cry.
Plasti|k ['plastik] *f* (16) plastic art; (*Bildwerk*) sculpture; ⊕, ⚕ plastic; '**~k...** plastic; '**②sch** plastic(ally *adv.*); *fig.* (*anschaulich*) graphic(ally *adv.*).
Platane [pla'tɑ:nə] *f* (15) plane-tree.
Plateau [pla'to:] *n* (11) plateau.
Platin ['plɑ:ti:n] *n* (11, *o. pl.*) platinum.
platonisch [pla'to:niʃ] Platonic(ally *adv.*).
plätschern ['plɛtʃərn] (29) dabble, splash; *Bach usw.*: ripple, murmur.
platt [plat] flat; (*eben*) level; (*nichtssagend*) trite, trivial, commonplace; F *vor Staunen*: dum(b)founded; **②** *n s. Plattdeutsch.*
Plättbrett ['plɛt-] *n* ironing-board.
'**plattdeutsch**, **②(e)** *n* Low German.
Platte ['platə] *f* (15) plate (*a. phot.*, *typ.*); (*Wand② usw.*) panel; *Metall, Glas*: sheet; (*Stein②*) flag, slab; (*Kachel*) tile; (*Tisch②*) top, *zum Einlegen*: leaf; (*Präsentierteller*) tray, salver; (*Speise*) dish; *s. kalt*; (*Schall②*) disk, record; F *fig.* line; (*Glatze*) F bald pate, (*kahle Stelle*) bald patch; (*Gebiß②*) dental plate.
Plätt|-eisen ['plɛt-] *n* flat-iron; '**②en** (26) iron, press.
'**Platten|spieler** *m* record player; '**~teller** *m* turn-table; '**~wechsler** *m* (automatic) record changer.
platterdings ['platər'diŋs] absolutely, downright.
Plätterin ['plɛtərin] *f* (16¹) ironer.
'**Platt|form** *f* platform (*a. fig. pol.*); '**~fuß** *m* flatfoot; *mot.* F flat; '**~fußeinlage** *f* instep-raiser, arch-support; **②füßig** ['~fy:siç] flat-footed; '**~heit** *f* flatness; *fig.* triviality, banality, (*nichtssagende Bemerkung*) *a.* platitude; **②ieren** [~'ti:rən] plate.
'**Plättwäsche** *f* linen to be ironed.
Platz [plats] *m* (3² *u.* ³) place; (*Raum*) space, room; *öffentlicher*: square, *runder*: circus; *zum Sitzen*: seat; *Sport*: field, pitch, *Tennis*: court; ~ *machen* (*dat.*) make way *od.* room (for); ~ *nehmen* take a seat; *fig.* (*nicht*) *am ~e sein* be in (out of) place; '**~-angst** *f* agoraphobia; '**~-anweiser(in** *f*) *m* usher(ette *f*).
Plätzchen ['plɛtsçən] *n* (6) **1.** little place; spot, patch; **2.** (*Süßware*) pastille, drop; (*Gebäck*) biscuit, *Am.* cookie, *knusperig*: cracker.
platzen ['platsən] (27, sn) burst; (*Risse bekommen*) crack; *Luftreifen*: blow out; *Granate usw.*: burst, explode; F *Wechsel*: bounce; *ins Zimmer*: burst *into*; *fig. vor Neugier usw.* ~ burst with; F *Vorhaben*: not to come off; *fig.* ~ *lassen* explode; *s. Kragen.*
'**Platz|herren** *m/pl. Sport*: home team; '**~karte** *f* ticket for a reserved seat; '**~patrone** *f* blank cartridge; *mit ~n schießen* fire blank; '**②raubend** bulky; '**~regen** *m* cloudburst, downpour; '**~wechsel** *m* change of place (*Sport*: of ends); ✝ local bill.
Plauder|ei [plaudə'raɪ] *f* (16) chat; (small-)talk; '**~er** *m* (6), '**~in** *f* conversationalist, talker; '**②n** (29)

(have a) chat; (*aus*≗) blab; *s. Schule*; '**~tasche** F *f* chatterbox; '**~ton** *m* conversational tone.
plausibel [plaʊ'ziːbəl] plausible.
pla'zieren [pla'tsiːrən] *s. placieren*.
Plebej|er [ple'beːjər] *m* (6), **~erin** *f* (16¹), **≗isch** plebeian, vulgar.
Plebiszit [plebis'tsiːt] *n* (3) plebiscite.
Plebs [plɛps] *f* (16) *od. m* (4) mob.
Pleite *sl.* ['plaɪtə] *f* (15) bankruptcy, *sl.* smash; *fig.* flop, washout; ~ *machen sl.* go smash (*Am.* bust); ≗ *sein* be broke; '**~geier** F *m the* wolves *pl.*
Plenarsitzung [ple'nɑːrzitsuŋ] *f* plenary meeting.
Plenum *parl.* ['pleːnum] *n* (9, *o.pl.*) plenum.
Pleuelstange ['plɔʏəl-] *f* connecting rod.
Plinse ['plinzə] *f* (15) pancake.
Pliss|ee [pli'seː] *n* (11, *o. pl.*) pleating; **~eerock** *m* pleated skirt; **≗ieren** [~'siːrən] pleat.
Plomb|e ['plɔmbə] *f* (15) (lead) seal; (*Zahn*≗) stopping, filling, plug; **≗ieren** [~'biːrən] seal (with lead); *Zahn*: plug, stop, fill.
Plötze ['plœtsə] *f* (15) roach.
plötzlich ['plœtsliç] sudden(ly *adv.*), abrupt(ly); *adv. a.* all of a sudden.
plump [plump] plump; (*unbeholfen*) clumsy; (*schwerfällig*) heavy; (*unfein*) coarse; *Lüge usw.*: gross; '**≗heit** *f* clumsiness; coarseness; **≗s** *m* thud; ≗*!* plop!; **~sen** ['~sən] (27, h. *u.* sn) flop, plop, thud.
Plunder ['plundər] *m* (7) lumber, rubbish, trash, *bsd. Am.* junk.
Plünder|er ['plyndərər] *m* (7) looter; '**≗n** *v/t. u. v/i.* (29) plunder (*a. weitS.*), pillage, loot, sack; '**~ung** *f* plundering, pillage, looting, sacking.
Plural ['pluːrɑːl] *m* (3¹) plural (number); **≗istisch** [plura'listiʃ] pluralistic.
plus [plus] plus; ≗ *n* (*~zeichen*) plus mark; (*Überschuß*) (sur)plus; *fig.* plus, asset.
Plüsch [plyːʃ] *m* (3¹) plush.
Plusquamperfekt(**um**) *gr.* ['~kvampɛr'fɛkt(um)] *n* (3) pluperfect.
Pneumat|ik [pnɔʏ'mɑːtik] *m* (16) pneumatic tire (*bsd. Brt.* tyre); **≗isch** pneumatic(ally *adv.*).
Po [poː] F *m* (11) *s. Popo.*
Pöbel ['pøːbəl] *m* (7) mob, populace, rabble; '**≗haft** low, vulgar; '**~haufen** *m* mob; '**~herrschaft** *f* mobrule.
pochen ['pɔxən] *v/i.* (25) knock, rap; *leise*: tap; *Herz*: beat, throb; *fig. auf* (*acc.*) boast of; *auf ein Recht* insist on.
Pocke ['pɔkə] *f* (15) pock; *~n pl.* smallpox; '**~n-impfung** *f* vaccination; '**~nnarbe** *f* pock-mark; '**≗nnarbig** pock-marked.
Podagra ['poːdagra] *n* (11) gout.
Podest [po'dɛst] *n, m* (3²) pedestal (*a. fig.*); *s. Podium.*
Podium ['poːdjum] *n* (9²) rostrum, platform; '**~sgespräch** *n* panel discussion.
Poesie [poe'ziː] *f* (15) poetry.
Poet [po'eːt] *m* (12) poet; **~ik** *f* (16) poetics *pl.*; **~in** *f* poetess; **≗isch** poetic(al).
Point|e ['poɛ̃ːtə] *f* (15) point; **≗iert** [~ɛ̃'tiːrt] pointed.
Pokal [po'kɑːl] *m* (3¹) goblet; (*Sportpreis*) cup; **~spiel** *n Sport*: cup-tie.
Pökel ['pøːkəl] *m* (7) pickle; '**~fleisch** *n* salt meat; '**~hering** *m* pickled (*od.* red) herring; '**≗n** (29) pickle, salt.
pokulieren [poku'liːrən] drink, carouse.
Pol [poːl] *m* (3¹) pole (*a.* ⚡); *fig. der ruhende* ~ the one constant factor.
Polar... [po'lɑːr-] polar.
polari|sieren *phys.* [polari'ziːrən] polarize; **≗tät** [~'tɛːt] *f* (16) polarity.
Po'lar|kreis *m*: *nördlicher* ~ Arctic Circle; *südlicher* ~ Antarctic Circle; **~stern** *m* Pole star.
Pole ['poːlə] *m* (13), '**Polin** *f* Pole.
Polem|ik [po'leːmik] *f* (16) polemic(s *pl.*); **~iker** *m* polemicist; **≗isch** polemic; **≗i'sieren** polemize.
polen ⚡ ['poːlən] pole.
Police [po'liːsə] *f* (15) policy.
Polier [po'liːr] *m* (3¹) foreman; **≗en** polish, burnish.
Poliklinik ['poːli-] *f* outpatient clinic *od.* department.
Politbüro [po'liːt-] *n* Politburo.
Polit|ik [poli'tiːk] *f* (16) (*Staats-, Weltklugheit*; *Taktik*; *politische Linie*) policy; (*Wissenschaft, Staatsangelegenheiten*) politics *pl.*; **~iker** [~'liːtikər] *m* (7) politician; *führen-*

der: statesman; **~ikum** [~'li:tikum] *n* (9²) political issue; **≈isch** [~'li:tiʃ] political; **≈isieren** [~liti'zi:rən] talk politics; *v/t.* politicise; **~ologe** [~to'lo:gə] *m* (13) political scientist; **~ologie** [~tolo'gi:] *f* political science.

Politur [poli'tu:r] *f* (16) polish.

Polizei [~'tsaɪ] *f* (16) police; **~-aufsicht** *f*: *unter* ~ under police supervision; **~be-amte** *m* police officer; **~dienststelle** *f* police station; **~-gewalt** *f* police power; **~knüppel** *m* truncheon, *Am.* club; **~kommissar** *m* police inspector; **≈lich** (*... der Polizei*) (of the) police; (*von der Polizei*) by the police; **~präsident** *m* Chief Constable, *Am.* Chief of the Police, Police Chief; **~präsidium** *n* police headquarters; **~-revier** *n* police station, *Am.* station house; **~spion** *m*, **~spitzel** *m* police spy; **~staat** *m* police state; **~streife** *f* police patrol; (*Polizeitrupp*) police squad; (*Razzia*) (police) raid; **~streifenwagen** *m s. Streifenwagen*; **~stunde** *f* closing time (for public houses); **~ver-ordnung** *f* police regulation(s *pl.*); **~wache** *f s. Polizeirevier*; **≈widrig** contrary to police regulations; F *fig.* infernally *stupid*.

Polizist [poli'tsist] *m* (12) policeman, constable; **~in** *f* (16¹) policewoman.

Pollen ['pɔlən] ⚘ *m* (6) pollen.

polnisch ['pɔlniʃ] Polish.

Polo ['po:lo] *n* (11) *Sport*: polo.

Polster ['pɔlstər] *n* (7) cushion; *bsd.* ⊕ bolster; (*Füllhaar*) stuffing; (*Wattierung*) pad(ding); '**~möbel** *n/pl.* upholstery *sg.*; '**≈n** (29) stuff, upholster; pad; wad; '**~sitz** *m* cushioned seat; '**~stuhl** *m* easy chair; '**~ung** *f* padding, stuffing.

Polter|-abend ['pɔltər-] *m* wedding-eve (party); '**~er** *m* (7) blustering (*od.* noisy) fellow; '**~geist** *m* poltergeist, (hob)goblin; '**≈n** (29) make a row; (*rumpeln*) rumble, lumber; (*schimpfen*) bluster.

Poly|gamie [polyga'mi:] *f* (15, *o. pl.*) polygamy; **≈mer** [~'me:r] polymeric.

Polyp [po'ly:p] *m* (12) *zo.* polyp; ⚕ polypus; *~en pl.* (*in der Nase*) adenoids *pl.*; F (*Polizist*) *sl.* bull, cop.

Polytechnikum [poly'tɛçnikum] *n* (9[²]) polytechnic (school).

Pomade [po'ma:də] *f* (15) pomade.

Pomeranze [pomə'rantsə] *f* (15) bitter orange.

Pommes frites (*fr.*) [pɔm'frit] *pl.* (potato) chips, *Am.* French-fried potatoes, French fries.

Pomp [pɔmp] *m* (3) pomp; '**≈haft**, **≈ös** [~'pø:s] pompous.

Ponti|fikat [pɔntifi'ka:t] *n* (3) pontificate; **~us** ['pɔntsjus]: *von ~ zu Pi'latus geschickt werden* F be driven from pillar to post, get the grand run-around.

Ponton [põ'tõ, pɔn'tɔŋ] *m* (11) pontoon.

Pony ['pɔni] **1.** *n* (11) pony; **2.** *m* (*Frisur*) fringe, bang.

Popanz ['po:pants] *m* (3²) bugbear, *bsd. Am.* bugaboo.

Popelin(e *f*) [popə'li:n] *m* (3) poplin.

Popo F [po'po:] *m* (11) bottom.

populär [popu'lɛ:r] popular.

populari|sieren [~lari'zi:rən] popularize; **≈tät** [~'tɛ:t] *f* (16, *o. pl.*) popularity.

Por|e ['po:rə] *f* (15) pore; **≈ös** [po'rø:s] porous; **~osität** [porozi'tɛ:t] *f* (16) porosity.

Portal [pɔr'ta:l] *n* (3¹) portal.

Porte|feuille [pɔrt(ə)'fœj] *n* (11) portfolio (*a. parl.*); **~monnaie** [pɔrtmɔ'nɛ:, ~'ne:] *n* (11) purse.

Portepee [~e'pe:] *n* (11) sword-knot.

Portier [pɔr'tje:] *m* (11) porter, door-keeper, *Am.* doorman, janitor.

Portion [~'tsjo:n] *f* portion; ⚔, ⚓ ration; (*servierte ~*) helping, serving; *zwei ~en Kaffee* coffee for two; F *fig. halbe ~* shrimp, *Am. sl.* punk; *e-e gehörige ~ Frechheit* a good dose of impudence.

Porto ['pɔrto] *n* (11, *pl. a. -ti*) postage; '**≈frei** post-free, prepaid, *bsd. Am.* postpaid; '**~gebühren** *f/pl.* postage *sg.*; postal rates; '**~kasse** ✝ *f* petty cash; '**≈pflichtig** liable to postage.

Porträt [pɔr'trɛ:] *n* (11) portrait; **≈ieren** [~trɛ'ti:rən] portray; **~maler** [~'trɛ:-] *m* portrait-painter, portraitist.

Portugies|e [pɔrtu'gi:zə] *m* (13), **~in** *f* (16¹), **≈isch** Portuguese.

'**Portwein** *m* port(-wine).

Porzellan [pɔrtsə'la:n] *n* (3¹) china; *fig. unnötig ~ zerschlagen* do a lot of unnecessary damage; *s. Elefant.*

Posaune [po'zaunə] *f* (15) trombone; *fig.* trumpet; **≈n** (25) *v/i.* play (on) the trombone; *v/t. fig.* trumpet (forth); **~nbläser** *m*, **Po'sau'nist** *m* (12) trombonist.

Pose ['po:zə] *f* (15) (*Stellung*) pose, attitude; *fig. a.* air, act.

posieren [po'zi:rən] pose (*als* as).

Position [pozi'tsjo:n] position; *Buchhaltung usw.*: item; *fig.* ~ *beziehen* take one's stand; **~slicht** *n* position light.

positiv ['po:ziti:f, *a.* pozi'ti:f] positive (*a. phys., phot.,* ⚡); (*bejahend*) affirmative; (*günstig*) favo(u)rable.

Positur [pozi'tu:r] *f* (16) posture; *sich in ~ setzen* strike an attitude.

Posse ['pɔsə] *f* (15) drollery, antic(s *pl.*); *thea. u. fig.* farce; *~n reißen* play the buffoon; *~n treiben* play tricks (*mit* on).

'**Possen** *m* (6) trick, prank; *j-m e-n ~ spielen* play a trick on a p.; '**≈haft** droll, farcial; '**~reißer** *m* buffoon, clown; '**~spiel** *thea. n* farce.

pos'sierlich droll, funny.

Post [pɔst] *f* (16) post, *Am.* mail; (*~sachen*) letters *pl.*, mail; *s. ~amt*; *mit der ersten ~* by the first delivery; *mit gewöhnlicher ~* by surface mail; *mit umgehender ~* by return of post; *zur ~ bringen od. geben, mit der ~ schicken* post, *Am.* mail; **≈alisch** [~'tɑ:liʃ] postal.

Postament [pɔsta'mɛnt] *n* (3) pedestal, base.

'**Post|-amt** *n* post office; '**~-anweisung** *f* postal (*od.* money-)order; '**~-auftrag** *m* postal collection order; '**~be-amte** *m* post-office clerk; '**~bote** *m* postman, *Am.* mailman.

Posten ['pɔstən] *m* (6) post, place; (*Anstellung*) post, situation, job; ⚔ sentry, sentinel; *mst* ✝ *in e-r Aufstellung*: item, entry, sum; *Waren*: lot, parcel; *auf dem ~ sein* be on one's toes, *gesundheitlich*: be in good form; *s. verloren*; '**~jäger** *m* place hunter.

'**Post|fach** *n* post-office box (*abbr.* P.O.B.); '**~fachnummer** *f* box-number; '**~gebühr** *f* postage; '**~geheimnis** *n* sanctity of the mails.

posthum [pɔst'hu:m] posthumous.

po'stieren post, place (*sich* o.s.).

Postillion ['pɔstiljo:n] *m* (3^1) postilion.

'**Post|karte** *f* post (*Am. a.* postal) card; '**~kutsche** *f* stage-coach; '**≈lagernd** to be (left till) called for, poste restante (*fr.*), *Am.* (in care of) general delivery; '**~leitzahl** *f Brt.* postcode, *Am.* zip code; '**~meister** *m* postmaster; '**~nachnahme** *f s. Nachnahme*; '**~paket** *n* postal parcel (*Am.* package); '**~sack** *m* mail-bag; '**~scheck** *m* postal cheque (*Am.* check); '**~scheck-amt** *n* postal cheque office; '**~scheckdienst** *m Brt. the* Giro; '**~scheckkonto** *n etwa*: postal cheque account; '**~schiff** *n* mail-boat; '**~schließfach** *n* post-office box; '**~sparbuch** *n* post-office savings book; '**~sparkasse** *f* postal savings bank; '**~station** *f* post station; '**~stempel** *m* postmark; „*Datum des ~s*" date as per postmark.

Postul|at [pɔstu'lɑ:t] *n* (3), **≈ieren** [~'li:rən] postulate.

'**Post|versandhaus** *n* mail-order house; '**≈wendend** by return (of post); *fig.* directly; '**~wertzeichen** *n* (postage) stamp; '**~wesen** *n* postal system; '**~wurfsendung** *f* mail circular.

Potentat [poten'tɑ:t] *m* (12) potentate.

Potenti|al [poten'tsjɑ:l] *n* (3^2), **≈ell** [~'tsjɛl] potential.

Potenz [po'tɛnts] *f* (16) (*a. sexual*) potency; *&* power; *zweite ~ a.* square; *dritte ~ a.* cube; **≈ieren** [~'tsi:rən] raise to a higher power; *fig.* magnify.

Potpourri ♪ ['pɔtpuri] *n* (11) potpourri, (musical) selection, medley.

Pott-asche ['pɔt-] *f* potash.

poussieren F [pu'si:rən] flirt.

Präambel [prɛ'ˀambəl] *f* (15) preamble.

Pracht [praxt] *f* (16) splendo(u)r, magnificence; *verschwenderische*: luxury; *feierliche*: pomp; F *e-e wahre ~* just great; '**~-ausgabe** *f* édition de luxe (*fr.*); '**~-exemplar** *n* splendid specimen, beauty.

prächtig ['prɛçtiç] *s. prachtvoll.*

'**Pracht|kerl** F *m* splendid fellow, F brick, *Am. sl.* great guy; '**~straße** *f* boulevard; '**~stück** *n s. Prachtexemplar*; '**≈voll** magnificent, splendid (*a. fig.*); gorgeous; (*großartig*) grand, great.

Prädikat [prɛdi'kɑ:t] *n* (3) predicate; *beim Namen*: title; (*Wertung*) attribute; *Schule*: mark; **~snomen** *gr. n* [~'kɑ:tsno:mən] complement.

präge|n [ˈprɛːgən] (25) stamp; *Münze, Wort*: coin; *fig. in das Gedächtnis*: engrave on; ˈ**♀stanze** *f*, ˈ**♀stempel** *m* (stamping) die; *auf Urkunden*: raised seal.

pragmatisch [praˈgmɑːtiʃ] pragmatic(al).

prägnant [prɛˈgnant] pregnant; (*bündig*) terse, pithy.

ˈ**Prägung** *f* stamping; coining, coinage; *fig.* stamp.

prähistorisch [ˈprɛːhisˈtoːriʃ] prehistoric.

prahlen [ˈprɑːlən] (25) brag, boast (*mit* of), talk big, bluster; (*angeben*) show off, parade (*mit* et. a th.).

ˈ**Prahler** (*a.* **Prahlhans** [ˈ~hans]) *m* (7), ˈ**~in** *f* (16^1) boaster, braggart; **~ei** [~ˈraɪ] *f* (16) boasting, big talk; (*Prunken*) ostentation; ˈ**♀isch** bragging, boastful; (*prunkend*) ostentatious.

Prahm ⚓ [prɑːm] *m* (3) barge.

Prakt|ik [ˈpraktik] *f* (16) practice; *b.s.* *~en pl.* (sharp) practices; **~ikant** [~iˈkant] *m* (12) probationer, pupil; **~iker** [ˈ~ikər] *m* (7) practical man; expert; **~ikum** [ˈ~ikum] *n* (9^2) practical course; **~ikus** [ˈ~ikus] *m* (14^2): *alter ~* old stager *od.* hand; ˈ**♀isch** practical; (*geschickt*) handy (*a. Gerät usw.*); (*tatsächlich*) virtual; *~er Arzt* general practitioner; **♀izieren** [~iˈtsiːrən] practise.

Prälat [prɛˈlɑːt] *m* (12) prelate.

Praline [praˈliːnə] *f* (15), **Praliné** [ˈ~lineː] *n* (11) chocolate (cream).

prall [pral] **1.** (*straff*) tight, taut; (*feist*) plump (*a. Kissen*); *Backen*: chubby; *Sonne*: blazing; **2.** ♀ *m* (3) bound, shock, impact; ˈ**~en** (25, sn) bounce (*auf acc.* against).

Präludium [prɛˈluːdjum] *n* (9) prelude.

Prämie [ˈprɛːmjə] *f* (15) *bsd.* ✝ premium; (*Dividende, Leistungs♀*) bonus; *zur Förderung der Wirtschaft u.* ⚔ bounty; (*Preis*) award, *bsd. Schule*: prize; (*Belohnung*) reward; ˈ**~ngeschäft** *n* option, *Am.* privilege; ˈ**~nschein** *m* premium-bond.

prämiˈieren award a prize to.

Prämisse [prɛˈmisə] *f* (15) premise.

prang|en [ˈpraŋən] (25) be resplendent, shine; ˈ**♀er** *m* (7) pillory; *an den ~ stellen* (put in the) pillory.

Pranke [ˈpraŋkə] *f* (15) claw, clutch.

Präpa|rat [prɛpaˈrɑːt] *n* (3) preparation; *Mikroskop*: slide preparation; *anat.* specimen; ♀ˈ**rieren** prepare.

Präposition [~poziˈtsjoːn] *f* preposition; **♀al** [~joˈnɑːl] prepositional.

Prärie [prɛːˈriː] *f* (15) prairie.

Präsens *gr.* [ˈprɛːzɛns] *n inv.* present (tense).

Präsent [prɛˈzɛnt] *n* (3) present; **♀ieren** [~ˈtiːrən] *v/t.* present; *v/i.* ⚔ present arms; **~ierteller** [~ˈtiːr-] *m* tray, salver.

Präsenz [prɛːˈzɛnts] *f* presence.

Präs|ident [prɛziˈdɛnt] *m* (12) president, chairman; **~iˈdentenwahl** *f* presidential election; **~iˈdieren** preside (*dat. od. bei* over); **~idium** [~ˈziːdjum] *n* (9), **~iˈdentschaft** *f* presidency, chair; *s. Polizei♀ usw.*

prasseln [ˈprasəln] (29) *Feuer*: crackle; *Regen*: patter; *Geschosse*: hail; *~der Beifall* thunderous applause.

prass|en [ˈprasən] (28) feast; *weitS.* live in luxury; ˈ**♀er** *m* (7) reveller, spendthrift; **♀erei** [~əˈraɪ] *f* (16) debauchery, luxury, dissipation.

Prätendent [prɛtɛnˈdɛnt] *m* (12) pretender (*auf acc.* to).

Präteritum *gr.* [prɛˈteːritum] *n* (9^2) preterite, past tense.

Pratze [ˈpratsə] *f* (15) paw.

Präventiv|... [prɛvɛnˈtif...] preventive, ⚕ *mst* prophylactic; **~krieg** *m* preventive war.

Praxis [ˈpraksis] *f* (*sg. inv., pl. Praxen*) practice (*a.* ⚕, ⚖); (*Raum*) consulting room; (*Erfahrung*) experience; *in der ~* in practice; *in die ~ umsetzen* put into practice.

Präzedenzfall [prɛtseˈdɛntsfal] *m* precedent, ⚖ *a.* leading case.

präzis [prɛˈtsiːs] precise, exact; **~ieren** [~tsiˈziːrən] define, specify; **♀ion** [~tsiˈzjoːn] *f* precision; **♀ions...** *in Zssgn* precision ...

predig|en [ˈpreːdigən] *v/i. u. v/t.* (25) preach; ˈ**♀er** *m* preacher; **♀t** [ˈ~diçt] *f* sermon (*a. fig.*).

Preis [praɪs] *m* (4) price; (*Kosten*) cost; (*Kurs; Satz*) rate; (*Fahr♀*) fare; *im Wettbewerb*: prize, award; (*Belohnung*) reward; (*Lob*) praise; *um jeden ~* at any price; *um keinen ~* not at any price; *der äußerste ~* the lowest (*od.* keenest) price; *den ~ davontragen* carry off the prize;

im ~*e steigen* rise in price, go up; **'~-abbau** *m* reduction of prices; **'~-änderung** *f* change in price(s *pl.*); ~*en pl. vorbehalten* subject to change; **'~-angabe** *f* quotation (of prices); *ohne* ~ not priced, not marked; **'~-anstieg** *m* rise in prices; **'~-aufgabe** *f* (subject for a) prize essay, competition; **'~-aufschlag** *m* extra charge; **'~-ausschreiben** *n* (prize) competition; **'~bildung** *f* price fixing; **'~boxer** *m* prize-fighter; **'~drücke'rei** *f* price-cutting.

Preiselbeere ['praɪzəlbe:rə] *f* red whortleberry, cranberry.

preisen ['praɪzən] (30) praise; *sich glücklich* ~ call o.s. happy.

'Preis|-entwicklung *f* trend of prices; **'~-erhöhung** *f* price increase; **'~-ermäßigung** *f* reduction in price(s); **'~festsetzung** *f* price fixing, pricing; **'~frage** *f s. Preisaufgabe*; **'~gabe** *f*, **'~gebung** *f* abandonment; (*Herausgabe*) surrender; *e-s Geheimnisses*: revelation; **'2geben** abandon; (*herausgeben*) surrender; (*opfern*) sacrifice; *Geheimnis*: reveal; (*sich*) ~ (*dat.*) expose (o.s.) to; **'2gekrönt** prize-winning; **'~gericht** *n* jury; **'~gestaltung** *f s. Preisbildung*; **'~grenze** *f* price limit; **'2günstig** *s. preiswert*; **'~lage** *f* price level; *in jeder* ~ in all prices; **'~liste** *f* pricelist, list of prices; **'~politik** *f* price policy; **'~rätsel** *n* competition riddle; **'~richter** *m* judge; **'~schießen** *n* rifle competition; **'~schwankung** *f* price fluctuation; **'~senkung** *f* price reduction *od.* cut; **'~spanne** *f* price margin; **'~steigerung** *f* rise in prices; **~stopp** ['~ʃtɔp] *m* (11) price stop; **'~sturz** *m* sudden fall of price(s), slump; **'~träger(in** *f*) *m* prize-winner *od.* -holder; **~treiberei** ['~'raɪ] *f* forcing up the prices; **'2wert**, **'2würdig** worth the money; (*billig*) low-priced; ~*es Angebot* bargain; ~ *sein* be good value.

prekär [pre'kɛ:r] precarious.

Prell|bock ['prɛlbɔk] *m* (3^3) buffer-stop; **'2en** (25) toss; ⚕ contuse; *fig.* cheat (*um* of); **~erei** [~ə'raɪ] *f* cheating; **'~stein** *m* kerb-stone, *Am.* curbstone; **'~ung** *f* contusion, bruise.

Premier|e *thea.* [prəm'jɛ:rə] *f* (15) first night; **~minister** [prəm'je:-ministər] *m* prime minister.

Presse ['prɛsə] *f* (15) ⊕, *typ.* press; *fig. the* Press; *Schule*: cramming-classes *pl.*; *e-e gute* ~ *haben* have a good press; **'~-amt** *n* public relations office; **'~bericht** *m* press report, news item; **'~chef** *m* chief press officer; **'~dienst** *m* news service; **'~feldzug** *m* press campaign; **'~freiheit** *f* freedom of the press; **'~konferenz** *f* press conference; **'~meldung** *f* news item; **'2n** (28) press; (*formen*) mo(u)ld; **'~-photograph** *m* press-photographer; **'~stimmen** *f/pl.* commentaries of the press; **'~tribüne** *f* press gallery; **'~verlautbarung** *f* press release; **'~vertreter** *m* reporter.

'Preß|glas *n* mo(u)lded glass; **'~-holz** *n* laminar wood.

pressieren [prɛ'si:rən] be urgent; *es pressiert mir* I am in a hurry.

'Preß|kohle *f* briquette, compressed fuel; **'~luft** *f* compressed air; **'~-luftbohrer** *m* pneumatic (*od.* air) drill; **'~lufthammer** *m* pneumatic hammer; **'~stoff** *m* plastic.

Prestige [prɛs'ti:ʒ(ə)] *n* (11, *o. pl.*) prestige.

Preuß|e ['prɔʏsə] *m* (13), **'~in** *f* (16^1) Prussian; **'2isch** Prussian.

prickeln ['prikəln] (29) *v/i. u. v/t.* prick(le); *Glieder*: tingle; (*jucken*) itch.

Priem [pri:m] *m* (3) quid, plug.

pries [pri:s] *pret. v. preisen.*

Priester ['pri:stər] *m* (7) priest; **'~-amt** *n* priesthood; **'~in** *f* (16^1) priestess; **'2lich** priestly; clerical; **'~rock** *m* cassock; **'~schaft** *f*, **'~-tum** *n* priesthood; **'~weihe** *f* ordination (of a priest).

prim|a ['pri:ma] **1.** first-class, first-rate, F A 1, A one; ✝ *a.* prime; F swell, super; **2.** 2 *f* (16) top form; **2aner** [pri'ma:nər] *m* (7), **2anerin** *f* (16^1) top-form boy (*f* girl); **~är** [~'mɛ:r] primary; **2at** [~'ma:t] *m*, *n* (3) primateship; **2aten** *biol. m/pl.* (12, *pl.*) primates; **2awechsel** ✝ ['pri:ma-] *m* first of exchange, prime bill.

Primel ['pri:məl] *f* (15) primrose.

primitiv [primi'ti:f] primitive.

Primus ['pri:mus] *m* (14^2) head (*od.* top) boy.

Primzahl ['pri:m-] *f* prime number.
Prinz [prints] *m* (12) prince; **~essin** [~'tsεsin] *f* (16^1) princess; '**~gemahl** *m* Prince Consort.
Prinzip [prin'tsi:p] *n* (3^1 *u.* 8^2) principle; *im ~* in principle; *aus ~* on principle; **~al** [~tsi'pɑ:l] *m* (3^1) principal, chief; (*Brotherr*) employer, F boss; **2iell** [~tsi'pjεl] *adv.* on principle; **~ienreiter** [~'tsi:-pjən-] *m* stickler (for principles).
'**prinzlich** princely.
Prior ['pri:ɔr] *m* (8^1) prior; **~in** [pri'o:rin] *f* (16^1) prioress.
Priorität [~ori'tε:t] *f* (16) priority; **~s-aktie** ⚕ *f* preference share.
Prise ['pri:zə] *f* (15) **1.** pinch *of salt etc.*; **2.** ⚓ prize.
Prism|a ['prisma] *n* (9^1) prism; **2atisch** [~'mɑ:tiʃ] prismatic(ally *adv.*).
Pritsche ['pritʃə] *f* (15) *des Harlekins*: slapstick; *allg.* bat; (*Lagerstatt*) plank-bed.
privat [pri'vɑ:t] private; personal.
Pri'vat|-adresse *f* home address; **~besitz** *m*, **~-eigentum** *n* private (*od.* personal) property; **~dozent** *m* unsalaried lecturer, *Am.* instructor; **~-interesse** *n* private interest; *~n verfolgen bsd. Am.* have an ax(e) to grind; **~leben** *n* private life; **~lehrer** *m* private tutor; **~mann** *m* private gentleman; **~recht** *n* private law; **~schule** *f* private school; **~stunde** *f* private lesson; **~-unterricht** *m* private tuition; **~wirtschaft** *f* private economy.
privi|legieren [privile'gi:rən] privilege; **2leg(ium)** [~'le:k, ~'le:gjum] *n* (8^2 [9]) privilege.
pro [pro:] *prp.* per; **2** *n* (11): *~ und Kontra* pro and con.
probat [pro'bɑ:t] (ap)proved, tested, tried.
Probe ['pro:bə] *f* (15) (*Versuch*) experiment; (*Erprobung*) trial, test, *Am.* F tryout; (*Bewährungs2*) probation; (*Beweis*) proof; *iro.* (*Kost2*) taste; *thea.* rehearsal; (*Erprobung e-r P.*) probation; (*Sprech- od. Gesangs2*) audition; (*Prüfstück*) specimen; (*Waren2*) sample; *metall.* assay; *auf ~* on probation, on trial; *auf die ~ stellen* put to the test; *auf e-e harte ~ stellen* tax, put to a severe test; *e-e ~ seines Mutes ablegen* give a proof of one's courage; '**~-abzug** *m*, '**~bogen** *m* proof-sheet; *phot.* test print; '**~-anwärter(in** *f*) *m* probationer; '**~-auftrag** *m*, '**~-bestellung** *f* trial order; '**~fahrt** *f* trial run, road test; ⚓ trial trip; '**2haltig** proof; '**~jahr** *n* year of probation; '**2n** (25) *thea. u. weitS.* rehearse; '**~nummer** *f* specimen copy; '**~schuß** *m* trial shot; '**~sendung** *f* sample sent on approval; '**~stück** *n* sample, specimen, test piece; '**2weise** by way of trial, on probation; '**~zeit** *f* (time of) probation.

probier|en [pro'bi:rən] try (*a.* = *es ~ mit*), test; *metall.* assay; *Speise usw.*: taste; (*aus~*) sample; **2nadel** *f* touchneedle; **2stein** *m* touchstone.
Problem [pro'ble:m] *n* (3^1) problem; **~atik** [~ble'mɑ:tik] *f* (16, *o. pl.*) problematic nature; problems *pl.*; **2atisch** problematic(al); **~-stück** *thea. n* thesis play.
Produkt [~'dukt] *n* (3) product (*a.* ✗); *des Bodens usw.*: produce; **~enhandel** *m* produce trade; **~enmarkt** *m* produce market.
Produktion [~'tsjo:n] *f* (16) production; (*Fabrikationsmenge*) output; **~s-anlage** *f* production plant(s *pl.*); **~sgüter** *n/pl.* producer goods; **~s-kosten** *pl.* production cost; **~s-leiter** *m* production manager; *Film*: executive producer.
produktiv [~'ti:f] productive; **2ität** [~tivi'tε:t] *f* (16) productivity.
Produz|ent [produ'tsεnt] *m* (12) producer; **2ieren** [~'tsi:rən] produce; *contp. sich ~* show off.
profan [pro'fɑ:n], **~ieren** [~fa'ni:-rən] profane.
Profession [~fε'sjo:n] *f* (16) profession; (*Handwerk*) trade; **2ell** [~sjo'nεl] professional.
Profess|or [~'fεsɔr] *m* (8^1) professor; *s. ordentlich*; **~ur** [~'su:r] *f* (16) professorship.
Profi F ['pro:fi] *m* (11) pro(fessional).
Profil [~'fi:l] *n* (3^1) profile; *mot. Reifen*: tread; *im ~* in profile; **2ieren** [~fi'li:rən] profile; **2iert** [~'li:rt] *fig. P.*: outstanding.
Profit [~'fi:t] *m* (3) profit; **2ieren** [~fi'ti:rən] *v/i. u. v/t.* profit (von by).
Proformarechnung [pro:'fɔrma-] ⚕ *f* pro forma invoice.
profund [pro'funt] profound.

Prognose [proˈgno:zə] *f* (15) forecast, *bsd.* ⚕ prognosis.

Programm [~ˈgram] *n* (3^1) program(me) (*a. Computer*2); *Rennsport usw.*: card; *Schule*: prospectus; *politisches* ~ political programme, *Am.* platform; **2gemäß** according to program(me) (*fig.* to plan); **2ieren** [~graˈmi:rən] ⊕ program(me); **~ierer** *m* programmer; **~musik** [~ˈgram-] *f* program(me) music; **~punkt** *m* item, *Am. pol.* plank.

progressiv [progrɛˈsi:f] progressive.

Projekt [~ˈjɛkt] *n* (3) project; **2ieren** [~ˈti:rən] project.

Projektion [~ˈtsjo:n] *f* (16) projection; **~s-apparat** *m* projector; **~s-schirm** *m* screen.

projizieren [~jiˈtsi:rən] project.

Proklam|ation [~klamaˈtsjo:n] *f* (16) proclamation; **2ieren** [~ˈmi:rən] proclaim.

Prokur|a [proˈku:ra] *f inv.* procuration; *per* ~ by proxy (*abbr.* per pro., p. p.); **~ist** [~kuˈrist] *m* (12) confidential (*od.* signing) clerk.

Prolet *contp.* [~ˈle:t] *m* cad; **~ariat** [~letaˈrja:t] *n* (3) proletariat(e); **~arier** [~ˈta:rjər] *m* (7) proletarian; **2arisch** [~ˈta:riʃ] proletarian.

Prolog [proˈlo:k] *m* (3^1) prolog(ue).

prolongier|en ✝ [~lɔŋˈgi:rən] renew, prolong; **2ung** *f* prolongation.

Promenade [~məˈna:də] *f* (15) (*Straße u. Spaziergang*) promenade; **~ndeck** ⚓ *n* promenade deck; **~nkonzert** *n* promenade concert.

promeˈnieren promenade, (take a) stroll.

Promille [proˈmilə] *n* (*inv.*) pars pro mille; F *mot.* blood-alcohol concentration.

prominen|t [~miˈnɛnt] prominent; **2te** *m, f* (18) prominent person, celebrity; **2z** [~ts] *f* (16, *o. pl.*) prominence; celebrities *pl.*

Promo|tion *univ.* [promoˈtsjo:n] *f* (16) graduation; **2vieren** [~ˈvi:rən] *v/t.* confer a degree on; *v/i.* graduate, take one's degree.

prompt [prɔmpt] prompt, quick.

Pronom|en [proˈno:mɛn] *n* (6, *pl.* *-mina*) pronoun; **2inal** [~nomiˈna:l] pronominal.

Propa|ganda [propaˈganda] *f inv.* propaganda, publicity; **~ganˈdist** *m*, **2ganˈdistisch** propagandist; **2ˈgieren** propagate.

Propeller [~ˈpɛlər] *m* (7) propeller.

Prophet [~ˈfe:t] *m* (12) prophet; **~in** *f* (16^1) prophetess; **2isch** prophetic(ally *adv.*).

prophezei|en [~feˈtsaɪən] prophesy; **2ung** *f* prophecy.

prophylaktisch [profyˈlaktiʃ] ⚕ prophylactic(ally *adv.*).

Proportion [~pɔrˈtsjo:n] *f* (16) proportion; **2al** [~tsjoˈna:l] proportional; **2iert** [~ˈni:rt] proportionate.

Propst [pro:pst] *m* (3^2 *u.* ^{3}) provost.

Prosa [ˈpro:za] *f inv.* prose.

Prosa|iker [proˈza:ikər] *m* (7) prose writer; **2isch** prosaic(ally *adv.*).

pros(i)t! [ˈpro:zit, pro:st] your health!, cheers!; *beim Niesen*: bless you!; ~ *Neujahr!* a happy New Year to you!

Prospekt [proˈspɛkt] *m* (3) (*Aussicht*) prospect; (*Preisliste*; *Werbeschrift*) prospectus; (*Handels*2) leaflet, brochure, *bsd. Am.* folder.

prostitu|ieren [prostituˈi:rən] prostitute; **2ˈierte** *f* (15) prostitute; **2tion** [~ˈtsjo:n] *f* (16) prostitution.

protegieren [proteˈʒi:rən] patronize.

Protektion [protɛkˈtsjo:n] *f* (16) protection, patronage.

Protest [~ˈtɛst] *m* (3^2) protest; *als* ~ *gegen* in protest against; ~ *einlegen* enter a protest.

Protestant [~tɛsˈtant] *m* (12), **~in** *f* (16^1), **2isch** Protestant; **~ismus** [~ˈtismus] *m* (16, *o.pl.*) Protestantism.

protest|ieren [~tɛsˈti:rən] protest (*gegen* against, *Am. a th.*); **2versammlung** [~ˈtɛst-] *f* meeting of protest.

Prothese [proˈte:zə] *f* (15) prosthesis, artificial limb; (*Gebiß*) denture.

Protokoll [protoˈkɔl] *n* (3^1) record, minutes *pl.*; *diplomatisches*: protocol; ~ *führen* keep the minutes; *zu* ~ *geben* depose, state (in evidence); *zu* ~ *nehmen* take down; **2arisch** [~ˈla:riʃ] recorded, entered in the minutes; *adv.* by the minutes; **~führer** *m* secretary; **2ieren** [~ˈli:rən] record.

Protz [prɔts] *m* (12) ostentatious person; show-off; **ˈ2en** (27) show off (*mit* [with] *a th.*); **ˈ2ig** ostentatious, showy.

Proviant [proˈvjant] *m* (3) supplies, provisions, victuals *pl.*

Provinz [~'vints] *f* (16) province; **~ial...** [~'tsjɑ:l], **~iell** [~'tsjɛl], **~ler** *m* (7), **~lerin** *f* provincial.

Provis|ion [~vi'zjo:n] *f* (16) commission, percentage; **~or** [~'vi:zɔr] *m* (8[1]) chemist's assistant, dispenser; **~orisch** [~vi'zo:riʃ] provisional, temporary.

Provo|kation [provoka'tsjo:n] *f* (16) provocation; **~'zieren** provoke; *~d* provocative.

Prozedur [protse'du:r] *f* (16) procedure; *iro.* ritual.

Prozent [~'tsɛnt] *n* (3) per cent; (*a.* **~satz** *m*) percentage; **~ual** [~u'ɑ:l] percentage, percental; proportional; *~er Anteil* percentage.

Prozeß [~'tsɛs] *m* (3) process; ⚖ lawsuit, action; (*Rechtsfall*) case; (*Rechtsgang*) (legal) proceedings *pl.*; *e-n ~ anstrengen gegen* institute (legal) proceedings against, bring an action against; *kurzen ~ machen mit* make short work of; **~-akten** *f/pl.* minutes *pl. od.* record (of a case); **~führer** *m* litigant; (*Anwalt*) plaintiff's counsel; **~führung** *f* conduct of a lawsuit; **~gegenstand** *m* matter in dispute.

prozes'sieren go to law (*mit* with); carry on a lawsuit (with); litigate.

Prozession [~'jo:n] *f* (16) procession.

Pro'zeß|kosten *pl.* (law) costs; **~-ordnung** *f* rule(s *pl.*) of court; **~-partei** *f* party to the action; **~recht** *n* adjective law; **~vollmacht** *f* power of attorney.

prüde ['pry:də] prudish; **~rie** [prydə'ri:] *f* (15) prudery.

prüf|en ['pry:fən] (25) (*erproben*) try, test; (*nach~*) check, verify; (*examinieren*; *untersuchen*) examine, *stärker*: scrutinize; *Sache*: *a.* investigate, look into; (*erwägen*) consider; ☤ *Bücher usw.*: audit; (*kosten*) taste; (*heimsuchen*) afflict, try; *ein ~der Blick* a searching look; *geprüfter Masseur usw.* licensed; **'~er** *m* (7) examiner; tester; checker; auditor; **'~feld** ⊕ *n* test bay; **'~ling** *m* (3) examinee; **'~stand** ⊕ *m* test stand (*od.* bed); **'~stein** *m* touchstone, test.

'Prüfung *f* (16) *vgl. prüfen*: trial, test; check, verification; (*mündliche* oral, *schriftliche* written) examination; scrutiny, investigation; ⚖ review; (*Über~*, ⊕) inspection; ☤ (*Buch~*) audit; *fig.* affliction; *e-e ~ machen* go in for an examination; **'~s-arbeit** *f* examination paper; **'~s-ausschuß** *m*, **'~skommission** *f* board of examiners.

Prügel ['pry:gəl] *m* (7) (*Stock*) cudgel, stick; *pl. fig.* (*a. Tracht ~*) beating, hiding; **~ei** [~'laɪ] *f* (16) fight, brawl; **'~knabe** *m* whipping-boy; (*Sündenbock*) scapegoat; **'~n** (29) beat (up), thrash; *sich ~* (have a) fight; **'~strafe** *f* corporal punishment, flogging.

Prunk [pruŋk] *m* (3) pomp, splendo(u)r; *b.s.* ostentation; **'~en** (25) make a show (*mit* of), show off (*mit et.* a th.); **'~end**, **'~haft** ostentatious, showy; **'~los** unostentatious, plain; **'~stück** F *n* show piece; **'~sucht** *f* love of display, ostentation; **~süchtig** ['~zyçtiç] ostentatious; **'~voll** splendid, gorgeous.

prusten ['pru:stən] (26) snort; burst out (*vor Lachen* laughing).

Psalm [psalm] *m* (5[2]) psalm; **~ist** [~'mist] *m* (12) psalmist.

Psalter ['psaltər] *m* (7) psalter.

Pseudo|... ['psɔʏdo-] *in Zssgn* pseudo...; **~nym** [~'ny:m] **1.** *n* (3[1]) assumed name, pseudonym; *e-s Schriftstellers*: pen-name; **2.** **~** *adj.* pseudonymous.

pst! [pst] hush!, stop!

Psyche ['psy:çe] *f* (15) psyche.

Psychiat|er [psyçi'ɑ:tər] *m* (7) psychiatrist, alienist; **~rie** [~a'tri:] *f* psychiatry.

psychisch ['psy:çiʃ] psychic(al).

Psycho-analy|se [psyço'ʔana'ly:zə] *f* psychoanalysis; **~tiker** [~'ly:tikər] *m* (7) psychoanalyst.

Psycholog|e [~o'lo:k, ~gə] *m* (12 [13]), **~in** *f* (16[1]) psychologist; **~ie** [~lo'gi:] *f* psychology; **~isch** [~'lo:giʃ] psychological.

Psychopath [~o'pɑ:t] *m* (12) psychopath; **~isch** psychopathic.

Psychose [psy'ço:zə] *f* (15) psychosis.

Psychothera'pie *f* psychotherapy; (*Heilmethode*) psychotherapeutics.

Pubertät [pubɛr'tɛ:t] *f* (16) puberty.

publik [pu'bli:k]: *~ machen* make public; **~ation** [~ka'tsjo:n] *f* publication.

Publikum ['pu:blikum] *n* (9, *o.pl.*) public; (*Zuhörerschaft*) audience;

(*Zuschauer*) spectators *pl.*; (*Leser*♀) readers *pl.*; (9²) *univ.* (*öffentliche Vorlesung*) open lecture.

publiz|ieren [publi'tsi:rən] publish; **♀ist** [~'tsist] *m* (12) writer.

Pudding ['pudiŋ] *m* (3¹) pudding.

Pudel ['pu:dəl] *m* (7) poodle; '**~mütze** *f* fur-cap; '**♀'naß** soaked, drenched, sopping (wet).

Puder ['pu:dər] *m* (7) powder; '**~dose** *f* powder-box; *für die Handtasche*: vanity-case, compact; '**♀n** (29) powder; '**~quaste** *f* powder-puff; '**~zucker** *m* icing sugar.

Puff [puf] **1.** *m* (3[³]) (*Stoß*) cuff, thump, poke; *leichter*: F dig; (*Knall*) bang, pop; (*Bausch*) puff; P *s. Freudenhaus*; **2.** *n* (*~spiel*) backgammon; **3.** ♀ puff!, bang!; '**~ärmel** *m* puffed sleeve; '**♀en** (25) *v/i.* puff; *v/t.* (*schlagen*) cuff, thump; *leicht*: nudge.

Puff|er ['~ər] *m* (7) 🚂 buffer; *s. Kartoffel*♀; '**~erlösung** ⚗ *f* buffer solution; '**~erstaat** *m* buffer state; '**~mais** *m* popcorn.

Pulk [pulk] ⚔ *m* (11) group.

Pulle ['pulə] F *f* (15) bottle; '**♀n** ⚓ (25) pull, row.

Pullover [pu'lo:vər] *m* (7) sweater.

Puls [puls] *m* (4) pulse; *j-m den ~ fühlen* feel a p.'s pulse (*a. fig.*); '**~ader** *f* artery; **♀ieren** [~'zi:rən] pulsate; '**~schlag** *m* pulsation; '**~zahl** *f* pulse rate.

Pult [pult] *n* (3) desk (*a.* ⊕).

Pulver ['pulfər] *n* (7) powder; (*Schieß*♀) gunpowder; F (*Geld*) *sl.* dough; *er hat das ~ nicht erfunden* he is no great light; *s. Schuß*; '**~faß** *n* powder-keg; *fig.* volcano; '**♀ig** powdery; **♀isieren** [~vəri'zi:rən] pulverize; '**~schnee** *m* powdery snow.

Pump F [pump] *m* (3): *auf ~* on tick; '**~e** *f* (15) pump; '**♀en** *v/t. u. v/i.* (25) pump; F (*leihen*) lend, *bsd. Am.* loan; *sich et. ~* borrow; **~ernickel** ['~ərnikəl] *m* (7) pumpernickel; '**~hose** *f* (*eine ~* a pair of) knickerbockers *pl.*, plus-fours *pl.*; '**~werk** *n* pumping-work.

Punkt [puŋkt] *m* (3) point; (*Tüpfelchen*) dot; *typ.*, *gr.* full stop, period; (*Stelle*) spot; *fig.* (*Einzelheit*) point, head, item, detail; (*Gesprächsthema*) topic; *fig. in vielen ~en* on many points; *nach ~en siegen Boxen*: win on points; *~ 10 Uhr* on the stroke of ten, at 10 (o'clock) sharp; *s. tot, wund*; **♀ieren** [~'ti:rən] point, dot; *gr.* punctuate; ⚕ puncture, tap; *Kunst*: stipple.

pünktlich ['pyŋktliç] punctual, F sharp; (*genau*) exact, accurate; *sei ~* be on time; *sehr ~* as punctual as clockwork; '**♀keit** *f* punctuality; (*Sorgfalt*) diligence.

'**Punkt|richter** *m Sport*: judge; '**~sieg** *m Boxen*: win on points; points decision; '**♀um:** (*damit*) *~!* that's flat!; '**~streik** *m* strike at selective sites; '**~zahl** *f Sport*: score.

Punsch [punʃ] *m* (3) punch.

punzen ['puntsən] (27) punch.

Pupille [pu'pilə] *f* (15) pupil.

Puppe ['pupə] *f* (15) doll (*a.* F *Mädchen*); (*Draht*♀, *a. fig.*) puppet; *Schneiderei*: dummy; *zo.* chrysalis, pupa; *des Seidenspinners*: cocoon.

'**Puppen|gesicht** *n* doll's face; '**~spiel** *n* puppet-show; '**~stube** *f* doll's house; '**~theater** *n* puppet-show; '**~wagen** *m* doll's pram.

pur [pu:r] pure; (*bloß*) *a.* sheer; *Whisky*: neat, *Am.* straight.

Püree [py're:] *n* (11) purée (*fr.*), mash.

purgier|en [pur'gi:rən] *v/t. u. v/i.* purge; **♀mittel** *n* purgative.

Puritaner [puri'tɑ:nər] *m* (7), **~in** *f* Puritan; **~tum** *n* (1²) Puritanism.

puri'tanisch Puritan.

Purpur ['purpur] *m* (11) purple; '**♀farben**, '**♀n**, '**♀rot** purple.

Purzel|baum ['purtsəlbaum] *m* somersault; *Sport*: roll; *e-n ~ schlagen* turn a somersault; '**♀n** (29, sn) tumble.

Pustel ['pustəl] *f* (15) pustule.

puste|n ['pu:stən] *v/i. u. v/t.* (26) puff, (*a. = blasen*) blow; '**♀rohr** *n* pea-shooter.

Put|e ['pu:tə] *f* = '**~henne** *f* (15) turkey-hen; *sl. fig. dumme ~* silly goose; '**~er** (7) *m*, '**~hahn** *m* turkey-cock; '**♀er-rot** purple, crimson.

Putsch [putʃ] *m* (3²) putsch.

Putz [puts] *m* (3²) dressing, toilet; (*feine Kleidung*) finery; (*Schmuck*) ornaments *pl.*; (*Mauer*♀) rough-cast, plaster(ing); *s. ~waren*; '**♀en** (27) *Person*: dress, attire; (*schmükken*) adorn; (*reinigen*) clean; (*wischen*) wipe; (*glänzend machen*) polish; *Kerze*: snuff; *Lampe*: trim; *Pferd*: groom; *Schuhe*: polish, *Am.* shine; *Gemüse*: pick; *Zähne*: brush; sich die Nase ~ blow (*od.* wipe) one's nose; '**~er** ⚔ *m* (7) batman; '**~frau** *f* charwoman; '**ᘕig** funny, droll; '**~lappen** *m* cleaning-rag; '**~leder** *n* chamois; **~macherei** [~maxə'raɪ] *f* millinery; '**~macherin** *f* milliner; '**ᘕsüchtig** fond of finery, dressy; '**~waren** *f/pl.* millinery *sg.*; '**~wolle** *f* (cotton) waste; '**~zeug** *n* cleaning utensils *pl.*

Pygmäe [pyg'mɛːə] *f* pygmy.
Pyjama [py'dʒɑːma] *m* (11) (ein ~ a suit of) pyjamas, *Am.* pajamas *pl.*
Pyramide [pyra'miːdə] *f* (15) pyramid; ⚔ (*Gewehr*ᘕ) stack; **ᘕnförmig** [~nfœrmiç] pyramidal.
pyrenäisch [pyrə'nɛːiʃ] Pyrenean.
Pyrotechnik [pyro'tɛçnik] *f* pyrotechnics *pl.*; **~er** *m* pyrotechnist.
pythagoreisch [pytago'reːiʃ] Pythagorean; ~er Lehrsatz Pythagorean proposition.

Q

Q [kuː], **q** *n inv.* Q, q.
quabbel|ig ['kvabəliç] flabby; '**~n** (29) wobble.
Quackelei [kvakə'laɪ] *f* foolish talk.
Quacksalber ['kvakzalbər] *m* (7) quack; **~ei** [~'raɪ] *f* (16) quackery; '**ᘕn** (29) quack.
Quader ['kvɑːdər] *m* (7), *f* (15), '**~stein** *m* square stone, ashlar.
Quadrant ⩚ [kva'drant] *m* (12) quadrant.
Quadrat [kva'drɑːt] *n* (3) square; 2 Fuß im ~ 2 feet square; **ᘕisch** square; ⩚ quadratic; **~meile** *f* square mile; **~meter** *n* square met|re, *Am.* -er; **~ur** [~dra'tuːr] *f* (16) quadrature, squaring; **~wurzel** [~'drɑːt-] *f* square root.
qua'drieren square.
quaken ['kvɑːkən] (25) *Ente*: quack; *Frosch*: croak.
quäken ['kvɛːkən] (25) squeak.
Quäker ['kvɛːkər] *m* (7) Quaker.
Qual [kvɑːl] *f* (16) pain; *stärker*: torture; *höchster Grad*: agony; *seelisch*: *a.* anguish; (*hartes Los, Nervenprobe*) ordeal; (*Mühsal*) drudgery.
quälen ['kvɛːlən] (25) torment; (*foltern*) torture; *stärker*: agonize; *fig. a.* worry, F bother; *mit Bitten*: pester; (*hänseln*) tease; (*betrüben*) afflict; sich ~ (*schwer arbeiten*) drudge.
'**Quäler** *m* (7) tormentor; **~ei** [~'raɪ] *f* (16) tormenting; *fig.* vexation; '**~in** *f* (16¹) tormentress.
'**Quälgeist** *m* pest, tormentor.
Qualifikation [kvalifika'tsjoːn] *f* (16) qualification; **~skampf** *m* *Sport*: qualifying contest, tie.
qualifizieren [~'tsiːrən] (*a.* sich) qualify (für for).
Qualität [~'tɛːt] *f* (16) quality.
qualitativ [~ta'tiːf] qualitative.
Quali'täts|-arbeit *f* work of (high) quality; **~stahl** *m* high-grade steel; **~ware** *f* high-quality article.
Qualle ['kvalə] *f* (15) jelly-fish.
Qualm [kvalm] *m* (3) smoke; '**ᘕen** (25) *v/i. u. v/t.* smoke; '**ᘕig** smoky.
'**qualvoll** very painful, agonizing, excruciating.
Quant|entheorie *phys.* ['kvantən-] *f* quantum theory; **~ität** [~ti'tɛːt] *f* (16) quantity; **ᘕitativ** [~ita'tiːf] quantitative; **~um** ['~tum] *n* (9¹ *u.* ²) quantum, quantity.
Quappe ['kvapə] *f* (*Fisch*) eel-pout; (*Kaul*ᘕ) tadpole.
Quarantäne [karan'tɛːnə] *f* (15) quarantine (*a. v/t. in ~ legen*).
Quark [kvark] *m* (3, *o. pl.*) curds *pl.*; *fig.* rubbish, tripe; '**~käse** *m* cottage cheese.
Quart [kvart] **1.** *n* (3) quart; *Buch*: quarto; **2.** ~ *f* (15) ♪ fourth; *fenc.* carte, quart(e); **~al** [~'tɑːl] *n* (3¹) quarter (of a year); (*Schul*ᘕ) term; '**~band** *m* quarto volume; '**~e** *f* s. Quart 2.; **~ett** ♪ [~'tɛt] *n* (3) quartet(te).
Quartier [kvar'tiːr] *n* (3¹) lodging(s

pl.); *bsd.* ⚔ quarters *pl.*, billets *pl.*; ~ *beziehen* take up quarters; ~ *machen* prepare quarters; **~macher** ⚔ *m* billeting officer; **~meister** ⚔ *m* quartermaster.

Quarz [kvaːrts] *m* (3²) quartz.

quasi [ˈkvaːzi] quasi, as it were.

quasseln F [ˈkvasəln] (29) *s. quatschen.*

Quast [kvast] *m* (3¹) (*Pinsel*) brush; ˈ**~e** *f* (15) (*Troddel*) tassel; *s. Puder*⁀.

Quatsch F [kvatʃ] *m* (3²) *sl.* rot, bilge, bunk, *Am.* baloney; ˈ**⁀en** F (27) *v/i.* talk rot, (*a. v/t.*) twaddle, blather; (*plaudern*) chat; ˈ**~kopf** F *m* twaddler; silly ass.

Quecksilb|er [ˈkvɛkzilbər] *n* quicksilver, mercury; ˈ**~ersäule** *f* mercury column; ˈ**⁀rig** mercurial; *fig. a.* lively.

Quell [kvɛl] *m* (3) *poet.* = ˈ**~e** *f* (15) source (*a. fig. Ursprung*), spring; (*Spring*⁀) fountain(-head); (*Brunnen, a. Öl*⁀) well; *fig.* fount; *literarisch*: authority; (*Gewährsmann*) informant; *aus sicherer* ~ on good authority; ˈ**⁀en** *v/i.* (30, sn) spring, gush; (*fließen*) flow; (*anschwellen*) swell; *v/t.* (25) cause to swell; (*einweichen*) soak; ˈ**~en-angabe** *f* mention of sources used; ˈ**~enmaterial** *n* source material; ˈ**~enstudium** *n* original research; ˈ**~fluß** *m* source; ˈ**~gebiet** *n e-s Flusses*: headwaters *pl.*; ˈ**~wasser** *n* spring-water.

Quengel|ei [kvɛŋəˈlaɪ] *f* (16) nagging; ˈ**⁀ig** nagging, whining; ˈ**⁀n** (29) nag; whine.

Quentchen [ˈkvɛntçən] *n* (6) dram; *fig.* grain.

quer [kveːr] cross, transverse; diagonal; (*seitlich*) lateral; *adv.* across, crosswise, athwart; ~ *über* (*acc.*) across; ~ *zu* at right angles to; *s. Kreuz.*

ˈ**Quer...** *in Zssgn mst* cross-...; ˈ**~-achse** *f* lateral axis; ˈ**~balken** *m* cross-beam; ˈ**~e** *f* (15): *der* ~ *nach, in die* ~ crosswise, across; *j-m in die* ~ *kommen* cross a p.'s way *od.* (*fig. a.*) plans; ˈ**⁀en** *mount.* (25) traverse; ˈ**⁀feld**ˈ**-ein** across country; ˈ**~feld**ˈ**-einlauf** *m* cross-country run *od.* race; ˈ**~flöte** *f* German flute; ˈ**~format** *typ. n* oblong format; ˈ**~frage** *f* cross-question; ˈ**⁀gestreift** cross-striped; ˈ**~holz** *n* cross-bar; ˈ**~kopf** *m* wrong-headed fellow, crank; **⁀köpfig** [ˈ~kœpfiç] wrong-headed, cross-grained, cranky; ˈ**~pfeife** ♪ *f* fife; ˈ**~ruder** ✈ *n* aileron; ˈ**~schiff** ⛪ *n* transept; ˈ**~schläger** *m* ricochet; ˈ**~schnitt** *m* cross-section (*a. fig.*); ˈ**~schnittzeichnung** *f* sectional drawing; ˈ**~straße** *f* cross street; *zweite* ~ *rechts* second turning to the right; ˈ**~streifen** *m* cross stripe; ˈ**~strich** *m* cross-line, bar, dash; ˈ**~treiber** *m* intriguer; obstructionist; **~treiberei** [~traɪbəˈraɪ] *f* intriguing, obstruction(ism).

Querulant [kveruˈlant] *m* (12), **~in** *f* (16¹) grumbler, *Am. a.* griper.

ˈ**Quer|verbindung** *f* cross connection; ˈ**~weg** *m* cross road.

quetsch|en [ˈkvɛtʃən] (27) squeeze; (*kneifen*) pinch; (*zerquetschen*) crush; *Haut*: bruise, contuse; ˈ**⁀kartoffeln** *f/pl.* mashed potatoes; ˈ**⁀kommode** F *f* (*Akkordeon*) squeeze-box; ˈ**⁀ung** *f* crushing; ⚕ (*a.* = ˈ**⁀wunde** *f*) bruise, contusion.

quieken [ˈkviːkən] (25) squeak.

quietsch|en [ˈkviːtʃən] (27) squeal, squeak (*a. Tür usw.*); ˈ**~ver**ˈ**gnügt** F cheerful(ly *adv.*).

Quint|(e) ♪ [ˈkvint(ə)] *f* (16 [15]) fifth; ˈ**~-essenz** *f* (16) quintessence; **~ett** ♪ [~ˈtɛt] *n* (3) quintet(te).

Quirl [kvirl] *m* (3) twirling-stick; ⚘ whorl; ˈ**⁀en** (25) twirl; *Eier usw.*: whisk.

quitt [kvit] *pred.* quits, even; ˈ**⁀e** ⚘ *f* (15) quince; **~ieren** [~ˈtiːrən] receipt; (*aufgeben*) quit, abandon; ˈ**⁀ung** *f* receipt.

quoll [kvɔl] *pret. v. quellen v/i.*

Quot|e [ˈkvoːtə] *f* (15) quota; share; rate; **~ient** [kvoˈtsjɛnt] *m* (12) quotient; **⁀ieren** ✝ [~ˈtiːrən] quote.

R

R [ɛr], **r** *inv. n* R, r.
Rabatt [ra'bat] *m* (3) discount, rebate, allowance; **~e** ✓ *f* (15) border; **~marke** *f* discount ticket.
Rabbiner [ra'bi:nər] *m* (7) rabbi.
Rabe ['rɑ:bə] *m* (13) raven; *fig. weißer ~* rare bird.
'**Raben|-eltern** *pl.* unnatural parents; '**2'schwarz** jet-black; *Nacht*: pitch-dark.
rabiat [ra'bjɑ:t] rabid, furious; (*gefährlich*) desperate.
Rabulist [rabu'list] *m* (12) pettifogger; **2isch** pettifogging.
Rache ['raxə] *f* (15) revenge, vengeance; *~ brüten* (*schwören*) brood (vow) vengeance; *~ nehmen od. üben* take revenge (*an dat.* on); '**~-akt** *m* act of revenge; '**~durst** *m s. Rachgier*.
Rachen ['raxən] *m* (6) throat; (*Tier2*) jaws *pl.* (*a. fig.*).
rächen ['rɛçən] (25) avenge, revenge (*an* [*dat.*] [up]on); *sich ~ an j-m* revenge o.s. (*od.* be revenged) on a p.; *fig. es rächte sich* (*bitter*), *daß er* ... he had to pay dearly for *ger*.
'**Rachen|höhle** *f* pharynx; '**~-katarrh** *m* cold in the throat.
Rächer ['rɛçər] *m* (7), '**~in** *f* (16[1]) avenger.
'**Rach|gier** *f*, '**~sucht** *f* thirst for revenge, revengefulness, vindictiveness; '**2gierig**, **2süchtig** ['~-zyçtiç] revengeful, vindictive.
Rachi|tis ⚕ [ra'xi:tis] *f* (15, *o. pl.*) rickets (*sg. od. pl.*), 📖 rachitis; **2tisch** rickety, 📖 rachitic.
Racker F ['rakər] *m* (7) rascal, brat; (*Mädchen*) minx; '**2n** toil.
Rad [rɑ:t] *n* (1[2]) wheel; (*Fahr2*) (bi)cycle, F bike; (*ein*) *~ schlagen Pfau*: spread the tail, *Turnen*: *s. radschlagen*; *unter die Räder kommen* go to the dogs; *s. fünfte*; '**~-achse** *f* axle-tree.
Radar ['rɑ:dar] *n* (7, *o. pl.*) radar; '**~-anlage** *f* radar unit; '**~gerät** *n* radar set; '**~schirm** *m* radar screen.
Radau F [ra'daʊ] *m* (3[1]) racket, row; *~ machen* kick up a row, riot.
radebrechen ['rɑ:dəbrɛçən] speak *a language* badly; *französisch usw. ~* speak broken French *etc.*
radeln ['rɑ:dəln] (29, sn) cycle, pedal, F bike.
Rädelsführer ['rɛ:dəls-] *m* ringleader.
räder|n ['rɛ:dərn] (29) *Verbrecher*: break (up)on the wheel; *wie gerädert sein* be all in; '**2werk** *n* wheelwork, gear(ing).
'**rad|fahren** (sn) cycle, (ride a) bicycle, F bike; '**2fahrer(in** *f*) *m* cyclist, *Am.* cycler; '**2fahrsport** *m* cycling; '**2fahrweg** *m* cycle track; '**2felge** *f* wheel rim.
radieren [ra'di:rən] erase, rub out; *Kunst*: etch.
Ra'dier|gummi *m* India rubber, *Am.* eraser; **~kunst** *f* (art of) etching; **~messer** *n* eraser, penknife; **~nadel** *f* etching-needle; **~ung** *f* etching.
Radies-chen ⚘ [ra'di:sçən] *n* (6) (red) radish.
radikal [radi'kɑ:l] radical; **2e** *pol. m* (18) radical; **~isieren** [~kali'zi:rən] radicalise; **2ismus** [~ka'lismus] *m* (16) radicalism.
Radio ['rɑ:djo] *n* (11) radio, *Brt. a.* wireless; *im ~ sprechen* speak over the radio; *s. a. Rundfunk*; '**2-ak'tiv** radio-active; *~er Niederschlag* fall-out; '**~-aktivi'tät** *f* radio-activity; '**~-apparat** *m* radio (set), *Brt. a.* wireless set; **~loge** [~'lo:gə] *m* (13) radiologist; **~logie** [~lo'gi:] *f* (16, *o. pl.*) radiology; **2'logisch** radiological; '**~röhre** *f* radio valve (*Am.* tube); '**~sendung** *f*, '**~übertragung** *f* radio transmission; *Programm*: broadcast; '**~wecker** *m* clock radio.
Radium ['rɑ:djum] *n* (9) radium.
Radius ['rɑ:djus] *m* (16[2]) radius.
'**Rad|kappe** *f* hub cap; '**~kranz** *m* rim; '**~nabe** *f* hub, nave; '**~reifen** *m* tyre, *Am.* tire; '**~rennbahn** *f* cycling track; '**~rennen** *n* cycle race; '**~schaufel** *f* paddle(-board); '**2schlagen** *Turnen*: turn cartwheels (*Am.* handsprings); '**~speiche** *f* spoke; '**~sport** *m* cycling; '**~spur** *f* rut, *mot.* wheel track; '**~-stand** *m* wheel-base.
raff|en ['rafən] (25) snatch up; *Kleid*: gather up; *Näherei*: take up; '**2gier** *f* greed.

Raffi|nade [rafi'nɑːdə] *f* (15) refined sugar; **~nerie** [~nə'riː] *f* (16) refinery; **~nesse** [~'nɛsə] *f* (15) cleverness, *a. künstlerisch usw.*: subtlety; **2'nieren** refine; **2'niert** refined; *fig.* clever, cunning; *a. künstlerisch usw.*: subtle; *Geschmack, Aufmachung*: sophisticated.

ragen ['rɑːgən] (25) tower, loom.

Ragout [ra'guː] *n* (11) ragout, stew, hash, (*a. fig.*) hotchpotch.

Rahe ⚓ ['rɑːə] *f* (15) yard.

Rahm [rɑːm] *m* (3) cream; *den ~ abschöpfen* (*a. fig.*) skim off the cream.

Rahmen ['rɑːmən] **1.** *m* (6) frame (*a.* ⊕, *mot.*); (*Gefüge*) framework; (*Bereich*) scope; *Roman*: (*Ort u. Handlung*) setting; *am Schuh*: welt; *fig. im ~ von* within the scope of; *im ~ des Festes* in the course of the festival; *in bescheidenem ~* on a modest scale; *in engem ~* within a close compass; *aus dem ~ fallen* go off the beaten track; *den ~ e-r S. sprengen* be beyond the scope of; **2.** 2 (25) frame; **'~-abkommen** *n* skeleton agreement; **'~-erzählung** *f* 'link and frame' story; **'~kampf** *m Boxen*: supporting bout.

'rahmig creamy.

Rahsegel ⚓ ['rɑː-] *n* square sail.

Rain [raɪn] *m* (3) ridge; (*ungepflügter Streifen*) balk.

räkeln ['rɛːkəln] *s. rekeln.*

Rakete [ra'keːtə] *f* (15) rocket; **~nabschußbasis** *f* rocket launching site; **~n-antrieb** ✈ *m* rocket propulsion; *mit ~* rocket-propelled *od.* -powered; **~nforschung** *f* rocketry; **~ngeschoß** *n* rocket projectile; **~nstart** *f* lift-off; *e-s Flugzeugs*: rocket-assisted take off; **~nwerfer** *m* rocket launcher; **~nwesen** *n* rocketry.

Rakett [ra'kɛt] *n* (11) racket.

Rallye ['rali, 'ræli] *mot. f* (11¹) rally.

Ramm|bär *m*, **~block** ['ram-] *m* rammer, ram(-block); **'~e** *f* (15) rammer, pile-driver; (*Pflaster2*) beetle; **'2en** (25) ram.

Rampe ['rampə] *f* (15) ramp; 🚂 platform; *thea.* apron; **'~nlicht** *n* footlights *pl.*; *fig. der Öffentlichkeit*: limelight.

ramponiert [rampo'niːrt] battered, damaged.

Ramsch [ramʃ] *m* (3²) job goods *pl.*; *contp.* junk, trash; **'~verkauf** *m* jumble-sale; **'~ware** *f* job lot.

ran! [ran] F *int.* let's go!; *in Zssgn s. heran*; *s. rangehen.*

Rand [rant] *m* (1²) edge; (*Saum*) border; *e-s Hutes*: brim; *e-s Tellers*: rim; *e-r Druckseite usw.*: margin; *e-r Wunde*: lip; *am ~e des Verderbens* on the verge of ruin; *außer ~ und Band* wild.

randalieren [randa'liːrən] riot.

'Rand|-auslöser *m der Schreibmaschine*: marginal release; **'~bemerkung** *f* marginal note.

ränd|eln ['rɛndəln], **'~ern** (29) rim; ⊕ knurl; *Münze*: mill.

'Rand|gebiet *n* borderland; *e-r Stadt*: outskirts *pl.*; **'2los** *Brille*: rimless; **'~problem** *n* side-issue; **'~staat** *m* border state; **'~stein** *m* kerbstone, *Am.* curbstone; **'~steller** *m der Schreibmaschine*: margin stop; **'2voll** brimful.

Ranft [ranft] *m* (3³) crust (of bread).

Rang¹ [raŋ] *m* (3³) rank; grade; (*Stand*) status; (*Stellung*) position; (*Würde*) dignity; *ersten ~es* first--class, first-rate; *thea. erster ~* dress-circle, *Am.* first balcony; *zweiter ~* upper circle, *Am.* second balcony; *j-m den ~ ablaufen* get the start of a p., F steal a march on a p.; *j-m od. e-r S. den ~ streitig machen* compete with; 2² *pret. v. ringen*; **'~-abzeichen** *n* badge of rank.

Range ['raŋə] *m* (13) young scamp, brat; *f* (15) romp, tomboy.

rangehen F ['ran-] *sl.* go it.

'Rangfolge *f* order.

Rangier|bahnhof [rɑ̃'ʒiːr-] *m* shunting-station; **2en** *v/t.* arrange; 🚂 shunt, *Am.* switch; *v/i. fig.* rank, be classed; 🚂 shunt; **~gleis** *n* siding; **~maschine** *f* shunting-engine.

'Rang|liste *f* ranking list; ⚔ Army (*od.* Navy *od.* Air Force) List, *Am.* Army Register; **'~-ordnung** *f* order (of precedence); **'~stufe** *f* rank, degree, order.

rank [raŋk] slender, slim.

Ranke ['raŋkə] *f* (15) tendril, runner; **'2n** (25, *a. sich*) climb, creep.

Ränke ['rɛŋkə] *m/pl.* (3³) tricks, intrigues; *~ schmieden* plot and scheme; **'~schmied** *m* intriguer, plotter, schemer; **'2voll** scheming.

rann [ran] *pret. v. rinnen.*
'rannte *pret. v. rennen.*
Ränzel ['rɛntsəl] *n* (7), **Ranzen** ['rantsən] *m* (6) knapsack; (*Schulmappe*) satchel; F *s. Wanst.*
ranzig ['rantsiç] rancid, rank.
rapid(**e**) [ra'pi:t, -də] rapid.
Rapier [ra'pi:r] *n* (3[1]) rapier, foil.
Rappe ['rapə] *m* (13) black horse.
Rappel F ['rapəl] *m* (7) (fit of) madness; *e-n ~ haben* F be cracked; *seinen ~ haben* be in one's tantrums; '**⁀ig** nervy; cracked; '**⁀n** F *v/i.* (29) rattle; *es rappelt bei ihm* he is nuts.
Rapport [ra'pɔrt] *m* (3) report.
Raps ⚘ [raps] *m* (4) rape(-seed).
Rapunzel ⚘ [ra'puntsəl] *n* (7) *od. f* (15) lamb's lettuce, rampion.
rar [ra:r] rare, scarce; *sich ~ machen* make o.s. scarce.
Rarität [rari'tɛ:t] *f* (16) rarity, curiosity.
rasan|t [ra'zant] *Geschoßbahn*: flat; *fig.* fast, rapid; **⁀z** *f* (15. *o. pl.*) flatness; *fig.* rapidity.
rasch [raʃ] quick, swift; (*sofortig*) prompt; (*vorschnell*) rash; (*hastig*) hasty; *~ machen* be quick; '**~eln** (29) rustle; '**⁀heit** *f* quickness, swiftness; haste.
rasen[1] ['ra:zən] (27) *vor Zorn*: rage; *vor Begeisterung*: be frantic; (*irre reden*) rave; (sn) *fig.* (*daher~*) race, speed, tear; '**~d** raging; raving; frantic; *Tempo*: tearing, breakneck; *Hunger*: ravenous; *Schmerzen*: agonizing; *j-n ~ machen* drive a p. mad; *~ werden* go mad, *wütend*: see red.
Rasen[2] [~] *m* (6) grass; (*~platz*) lawn; (*~decke*) turf; '**~mähmaschine** *f* lawn-mower; '**~platz** *m* lawn, grass-plot; '**~sprenger** *m* lawn-sprinkler.
Raserei [~'raɪ] *f* (16) (*Wut*) fury; (*Wahnsinn*) frency, madness; *mot.* scorching; *in ~ geraten* fly into a rage; *zur ~ bringen* drive *a p.* mad.
Rasier|-apparat [ra'zi:r-] *m* safety-razor; *elektrischer*: electric (*od.* dry-)shaver; **⁀en** shave; *sich ~ lassen* get a shave, get shaved; **~klinge** *f* razor-blade; **~krem** *f* shaving-cream; **~messer** *n* razor; **~pinsel** *m* shaving-brush; **~seife** *f* shaving soap; **~wasser** *n* after-shave lotion; **~zeug** *n* shaving things *pl.*
Räson [rɛ'zɔ̃] *f* (16, *o. pl.*) reason; *s. Einsicht, Vernunft*; **⁀ieren** [~zɔ'ni:rən] argue.
Raspel ['raspəl] *f* (15) rasp; *Küche*: grater; '**⁀n** *v/t. u. v/i.* (29) rasp, grate; *s. Süßholz.*
Rasse ['rasə] *f* (15) race; *bsd. v. Tieren*: breed; '**~hund** *m* pedigree dog.
Rassel ['rasəl] *f* (15) rattle; '**~bande** F *f* (mischievous) gang; '**⁀n** (29, h. *u.* sn) rattle; F (*im Examen durchfallen*) be ploughed, *Am.* flunk; *~ lassen* plough, *Am.* flunk.
'**Rassen|frage** *f* race problem; '**~haß** *m* racial hatred; '**~hygiene** *f* eugenics *pl.*; '**~kampf** *m* racial conflict; '**~kreuzung** *f v. Tieren*: cross-breeding; '**~merkmal** *n* characteristic of the race; '**~mischung** *f* mixture of races; '**~schranke** *f* colo(u)r bar; '**~trennung** *f* (racial) segregation.
'**Rasse|pferd** *n* thoroughbred (horse); '**⁀rein** racially pure; *Tier*: pure-bred, thoroughbred.
'**rass|ig** racy; *bsd. v. Tieren*: thoroughbred; '**~isch** racial.
Rast [rast] *f* (16) rest, repose; ⚔ halt; (*Station*) stage; ⊕ notch, groove; stop; (*e-e*) *~ machen* take a rest; '**~e** ⊕ *f* stop; (*Fuß⁀*) footrest; '**⁀en** (26) rest; ⚔ halt.
Raster ['rastər] *m* (7) *phot., typ.* screen; *TV*: raster.
'**Rast|haus** *n* road house; '**⁀los** restless; '**~losigkeit** *f* restlessness; '**~platz** *m* resting place; '**~tag** *m* day of rest.
Rasur [ra'zu:r] *f* (16) shave.
Rat [ra:t] *m* (3[3], *pl. mst ~schläge* ['~ʃlɛ:gə]) advice, counsel; (*Kollegium*) council, board; (*Person*) council(l)or; (*Beratung*) deliberation; (*Ausweg*) way (out), expedient; *~ schaffen* find a way (out); *~ halten s. ratschlagen*; *~ suchen* (*bei*), *sich* (*bei j-m*) *~ holen* ask *a p.* for advice; *j-m e-n ~ erteilen* give a p. a piece of advice; *e-n Arzt usw. zu ~e ziehen* consult; *j-s ~ befolgen* take a p.'s advice; *j-n um ~ fragen* ask a p.'s advice; *mit ~ und Tat* with word and deed; (*sich*) *keinen ~ wissen* be at one's wits' end; *da ist guter ~ teuer!* what are we to do?
Rate ['ra:tə] *f* (15) instal(l)ment (*a.* ✝); (*Wachstums⁀ usw.*) rate; *in ~n* by instal(l)ments.

raten [ˈraːtən] *v/t. u. v/i.* (30) advise, counsel (*j-m* [*zu* et.] a p. [to do a th.]); (*er*~) guess, divine; *Rätsel*: *a.* solve; *sich* (*von j-m*) ~ *lassen* take (a p.'s) advice; F *rate mal!* just guess!

ˈ**raten|weise** by instal(l)ments; ˈ**⁓zahlung** *f* payment by instal(l)ments; *auf* ~ on the hire-purchase (*Am.* instal[l]ment) plan.

ˈ**Rat|geber(in** *f*) *m* adviser, counsel(l)or; ˈ**~haus** *n* townhall, *Am.* city hall.

Ratifi|kation [ratifikaˈtsjoːn] *f* (16), **~ˈzierung** *f* ratification; **⁓ˈzieren** ratify.

Ration [raˈtsjoːn] *f* (16) ration, allowance; *s. eisern*; **⁓al** [~tsjoˈnaːl] rational; **⁓alisieren** [~naliˈziːrən] rationalize; **~aliˈsierung** *f* rationalization; **~aliˈsierungsfachmann** *m* efficiency expert, methods study man; **~alismus** [~ˈlismus] *m* (16) rationalism; **⁓ell** [~ˈnɛl] rational; (*wirtschaftlich*) efficient, economical; **⁓ieren** [~ˈniːrən] ration; **~ierung** [~ˈniːruŋ] *f* rationing.

rätlich [ˈrɛːtliç] *s. ratsam.*

ˈ**rat|los** helpless, *pred.* at a loss; ˈ**⁓losigkeit** *f* helplessness.

ˈ**ratsam** advisable; wise; ˈ**⁓keit** *f* advisability.

ˈ**Rat|schlag** *m* (piece of) advice; ˈ**⁓schlagen** (25) deliberate, take counsel; ˈ**~schluß** *m* decision; *Gottes* ~ decree of God.

Rätsel [ˈrɛːtsəl] *n* (7) riddle, puzzle; (*Geheimnis*) *a.* enigma, mystery; *er* (*es*) *ist mir ein* ~ he (it) puzzles me; ˈ**⁓haft** puzzling; (*geheimnisvoll*) mysterious, enigmatical; ˈ**~raten** *n* solving riddles; *fig.* speculation.

ˈ**Rats|herr** *m* council(l)or; senator; ˈ**~keller** *m* townhall-cellar restaurant, *Am.* rathskeller.

Ratte [ˈratə] *f* (15) rat; **~nfänger** [ˈ~nfɛŋər] *m* rat-catcher; (*Hund*) ratter; *von Hameln, a. fig.*: Pied Piper; ˈ**~ngift** *n* rat-poison.

rattern [ˈratərn] (29) rattle; *Motoren*: roar.

Raub [raup] *m* (3) robbery; (*Beute*) loot; *zo. u. fig.* prey; ˈ**~bau** *m* ⛏ ruinous exploitation; ~ *treiben* ⛏ exhaust the soil, ⚒ rob a mine, *mit s-r Gesundheit* undermine one's health.

rauben [ˈ~bən] (25) *v/t.* rob; (*a. fig.*) *j-m et.* ~ rob (*od.* deprive) a p. of a th.; *v/i.* commit robberies.

Räuber [ˈrɔʏbər] *m* (7) robber; (*Straßen⁓*) highwayman, brigand; ˈ**~bande** *f* gang of robbers, *Am.* holdup gang; **~ei** [~ˈraɪ] *f* (16) robbery; ˈ**~geschichte** F *fig. f* cock-and-bull story; ˈ**~ˈhauptmann** *m* captain of brigands; ˈ**~höhle** *f* den of robbers; ˈ**⁓isch** rapacious; ~*er Überfall* holdup.

Raub|fisch [ˈraup-] *m* fish of prey; ˈ**~gier** *f* rapacity; ˈ**⁓gierig** rapacious; ˈ**~mord** *m* murder and robbery; ˈ**~mörder** *m* murderer and robber; ˈ**~ritter** *m* robber-knight; ˈ**~tier** *n* beast of prey, predacious animal; ˈ**~-überfall** *m* robbery, holdup; ˈ**~vogel** *m* bird of prey; ˈ**~zug** *m* raid.

Rauch [raux] *m* (3) smoke; *s. aufgehen*; ˈ**~bombe** ⚔ *f* smoke-bomb; ˈ**⁓en** (25) smoke; ⁓ *verboten!* No smoking!

ˈ**Raucher** *m* (7), ˈ**~in** *f* (16[1]) smoker; ˈ**~-abteil** *n* smoking compartment.

Räucher|-aal [ˈrɔʏçər-] *m* smoked eel; ˈ**~faß** *eccl. n* censer; ˈ**~hering** *m* smoked (*od.* red) herring; ˈ**~kammer** *f* smoking-chamber; ˈ**~kerze** *f* fumigating candle; ˈ**⁓n** (29) smoke(-dry); *desinfizierend*: fumigate; (*wohlriechend machen*) perfume; ⊕ *Eichenmöbel*: fume.

ˈ**Rauch|fahne** *f* trail of smoke; ˈ**~fang** *m* chimney(-hood), flue; ˈ**~fleisch** *n* smoked meat; ˈ**⁓ig** smoky; ˈ**⁓los** smokeless; ˈ**~säule** *f* column of smoke; ˈ**~tabak** *m* smoking tobacco; ˈ**~vergiftung** *f* smoke poisoning; ˈ**~verzehrer** *m* smoke consumer; ˈ**~vorhang** ⚔ *m* smoke-screen; ˈ**~waren** *f/pl.* (*Pelzwaren*) furs; (*Tabakwaren*) tobacco products; ˈ**~warenhändler** *m* furrier; tobacconist; ˈ**~wolke** *f* cloud of smoke.

Räude [ˈrɔʏdə] *f* (15) mange.

ˈ**räudig** mangy, scabby; ~*es Schaf fig.* black sheep.

rauf [rauf] F *adv. s. herauf*(...), *hinauf*(...).

Rauf|bold [ˈraufbɔlt] *m* (3) brawler, ruffian, rowdy; ˈ**~e** *f* (15) rack; ˈ**⁓en** (25) *v/t.* pluck, pull; *s. Haar*; *sich* ~ = *v/i.* fight, scuffle (*um* for); **~erei** [~fəˈraɪ] *f* scuffle, fight; ˈ**~handel** *m* brawl; ˈ**⁓lustig** pugnacious.

rauh [rau] *allg.* rough; *Hals*: sore; *Stimme*: hoarse; *Ton, Behandlung*: harsh; (*grob*) coarse, rude; *fig.* die ~e Wirklichkeit the hard facts *pl.*; F in ~en Mengen lots of; '**2bein** F *n* rough diamond, *Am.* F roughneck; '**~beinig** *f* rough; **2eit** ['~haɪt] *f* roughness; hoarseness, harshness; rudeness; **~en** ['raʊən] (25) roughen; *Tuch*: tease, nap; '**2futter** *n* roughage; '**~haarig** rough-haired, shaggy; '**2reif** *m* hoar-frost.

Raum [raʊm] *m* (3^1) room, space; (*Platz*) place; (*Zimmer*) room; (*Bereich*) area, zone; (*Welt2*) space; (*Abteil, Koffer2*) compartment; *s.* ~inhalt; *fig.* scope; ~ geben e-m *Gedanken*: give way to, e-r *Hoffnung usw.*: indulge in, e-r *Bitte*: grant.

Räum|boot ['rɔʏm-] *n* mine sweeper; '**2en** (25) clear; (*verlassen*) leave, *bsd.* ⚔ evacuate; *Wohnung*: quit, vacate; ✝ *Lager*: clear; ⚔ *Minen*: sweep; *s.* Weg.

'**Raum|-ersparnis** *f* space saving; der ~ wegen to save room *od.* space; '**~fahrt** *f*, '**~flug** *m* space travel (*od.* flight); astronautics *pl.*; '**~forschung** *f* (aero)space research; '**~inhalt** *m* volume, capacity, cubic content; '**~kapsel** *f* space capsule; '**~kunst** *f* interior decoration; '**~lehre** *f* geometry.

'**räumlich** (of) space; (*Ggs.* zeitlich) spatial; *opt.* stereoscopic; '**2keit** *f* spatiality; (*Raum*) space, room; ~en *pl.* e-s *Hauses*: premises.

'**Raum|mangel** *m* lack of room; '**~maß** *n* measure of volume; '**~meter** *n, a. m* cubic met|re, *Am.* -er; '**~pflegerin** *f* charwoman, cleaner.

'**Räumpflug** *m* bulldozer.

'**Raum|schiff** *n* space-ship; '**~schiffahrt** *f s.* Raumfahrt; '**~station** *f* space station.

'**Räumung** *f* (16) clearing; ✝ clearance; e-r *Stadt*: evacuation; e-r *Wohnung*: quitting; '**~s-ausverkauf** *m* clearance sale; '**~sbefehl** ⚖ *m* eviction notice.

raunen ['raʊnən] *v/i. u. v/t.* (25) whisper, murmur.

Raupe ['raʊpə] *f* (15) caterpillar; '**~nfahrzeug** *n* tracked vehicle; '**~nkette** ⊕ *f* track; '**~nschlepper** *m* crawler tractor.

raus [raʊs] F *s.* heraus(...), hinaus (-...); *int.* ~! get out!

Rausch [raʊʃ] *m* (3^2 *u.* ^{3}) intoxication, drunkenness; *fig.* transport, ecstasy; e-n ~ haben be drunk; s-n ~ ausschlafen sleep it off; '**2en** (27, h. *u.* sn) *Blätter, Seide, Radio*: rustle; *Wasser, Wind*: rush; *Brandung, Sturm*: roar; *Beifall*: thunder; *fig.* (*schwungvoll gehen*) sweep; '**2end** rustling *usw.*; *Fest*: gay, gorgeous; *Musik*: swelling; '**~gift** *n* narcotic (drug), dope; '**~gifthandel** *m* drug traffic; '**~giftschieber** F *m* (dope) dealer; '**~giftsucht** *f* drug addiction; '**~giftsüchtige** *m, f* drug-addict; '**~gold** *n* tinsel.

räuspern ['rɔʏspərn] (29): sich ~ clear one's throat.

rausschmeiß|en P ['raʊsʃmaɪsən] kick *a p.* out; '**2er** P *m* chucker-out, *Am.* bouncer.

Raute ['raʊtə] *f* (15) lozenge; *bsd.* ⩘ rhomb; ⚘ rue; **2nförmig** ['~nfœrmiç] rhombic.

Razzia ['ratsja] *f* (11^1 *u.* 16^2) (police) raid *od.* round-up.

Reagenz|glas [reˀaˈgɛnts-] *n* test tube; **~papier** *n* test paper.

re-a'gieren react (*auf acc.* upon); *fig.* (*u.* ⊕) *a.* respond (to).

Reaktion [reˀakˈtsjoːn] *f* (16) reaction (*a. pol.*); *fig. a.* response; **~sfähigkeit** *f* reactivity.

re-aktionär [~tsjoˈnɛːr] **1.** reactionary; **2.** 2 *m* (3^1), **2in** *f* (16^1) reactionary.

Reaktor *phys.* [reˈˀaktɔr] *m* (8^1) reactor.

real [reˈˀɑːl] real; **2gymnasium** *n*, **2schule** *f* non-classical secondary school; **2ien** [~jən] *pl.* real facts; **~isieren** [~ˀaliˈziːrən] realize; **2ismus** [~ˈlismus] *m* (16) realism; **2ist** *m* [~ˈlist] (12), **2istin** *f* realist; **~istisch** [~ˈlistiʃ] realistic(ally *adv.*); **2ität** [~iˈtɛːt] *f* (16) reality; **2lohn** *m* real wages *pl.*

Rebe ['reːbə] *f* (15) vine; (*Ranke*) tendril.

Rebell [reˈbɛl] *m* (12), **~in** *f* rebel; **2ieren** [~ˈliːrən] (*a. fig.*) rebel; **~ion** [~ˈjoːn] rebellion; **2isch** [~ˈbɛliʃ] rebellious.

'**Rebensaft** *m* grape-juice, wine.

Reb|huhn ['rɛp-] *n* partridge; **~laus** ['reːp-] *f* vine-louse, 🕮 phylloxera; '**~stock** *m* vine.

Rechen ['rɛçən] *m* (6) rake; 2 *v/i. u. v/t.* (25) rake.

'Rechen|-anlage *f* computer; **'~-aufgabe** *f*, **'~-exempel** *n* (arithmetical) problem; **'~buch** *n* arithmetic-book; **'~fehler** *m* miscalculation, mistake; **'~kunst** *f* arithmetic; **'~künstler** *m* arithmetician; **'~lehrer(in** *f*) *m* teacher of arithmetic; **'~maschine** *f* calculator; computer; **'~schaft** *f*: ~ *ablegen* give (*od.* render) (an) account (*über acc.* of); *zur ~ ziehen* call to account (*wegen* for); *j-m ~ schuldig sein* be accountable to; **'~schafts-bericht** *m* statement (of accounts), report; **'~schieber** *m* slide rule; **'~tabelle** *f* ready reckoner; **'~zentrum** *n* computer cent|re, *Am.* -er.

Recherche(n *pl.*) [rə'ʃɛrʃə(n)] *f* (15) investigation.

rechn|en[1] ['rɛçnən] *v/t. u. v/i.* (26) reckon; calculate; ~ *auf* (*acc.*) count *od.* rely (up)on, (*erwarten*) expect; ~ *mit et. Zukünftigem* reckon with; ~ *unter* (*acc.*) *od. zu* reckon (*od.* rank) among; (*v/i.*) ~ *zu* rank with; **'2en**[2] *n* arithmetic; calculation; **'2er** *m* (7), **'2erin** *f* calculator, computer (*beide a. Gerät*); *er ist ein guter ~* he is good at figures; **'~erisch** arithmetic(al).

'Rechnung *f* calculation; (*Aufstellung*) bill, account; (*Waren2*) invoice; *im Gasthaus*: bill, *Am.* check; *auf ~* on account; *laut ~* as per account; *e-e ~ begleichen* balance (*od.* settle) an account; ~ *führen* keep accounts; *auf ~ kaufen* buy on credit; ~ *legen* render (an) account (*über acc.* of); *e-r Sache ~ tragen* take a th. into account (*bei* in); *es geht auf m-e ~* it is my treat; *auf s-e ~ kommen bei* find one's account in; *j-m in ~ stellen* place to a p.'s account; et. *in ~ stellen od. ziehen fig.* take into account; *die ~ ohne den Wirt machen* reckon without one's host; *s. Strich*; **'~s-abschluß** *m* closing of accounts; **'~sführer** *m* book-keeper, accountant; ⚔ pay sergeant; **'~s-führung** *f* accountancy, *Am.* accounting; **'~s-hof** *m* Audit Office; **'~sjahr** *n* financial year; **'~slegung** *f* rendering of the account; **'~s-prüfer** *m* auditor; **'~swesen** *n* accounting; accountancy.

recht[1] [rɛçt] (*Ggs. link*) right; (*der Regel, den Wünschen gemäß*) right; (*gerecht*) just; (*schuldig*) due; (*echt, wirklich*) true, real; (*gesetzmäßig*) legitimate; (*richtig*) right, correct; (*geeignet, schicklich*) right, proper; *adv.* right, well; (*sehr*) very; (*ziemlich*) rather; *~e Hand* right hand; *ein ~er Narr* a regular fool; *~er Winkel* right angle; *zur ~en Zeit* at the right moment; *ganz ~!* quite (so)!, exactly!; *erst ~* all the more; *nun erst ~ nicht* now less than ever; *das ist ~* that is right; *mir ist es ~* I don't mind, it is all right with me; *mir ist alles ~* I am pleased with anything; *j-m ~ geben* agree with a p.; *es geht nicht mit ~en Dingen zu* there is something funny about it; *es geschieht ihm ~* it serves him right; ~ *haben* be right; *es j-m ~ machen* please a p.; ~ *daran tun, zu inf.* do right to *inf.*; *das kommt mir gerade ~* that comes in handy; ~ *gut* not bad; ~ *schade* a great pity; *s. behalten*.

Recht[2] [~] *n* (3) right; (*Anspruch*; *auf acc.*) title (to), claim (on); (*Vor2*) privilege; (*Vollmacht*) power; (*Gesetz*) law; (*Gerechtigkeit*) justice; ~ *sprechen* administer justice; *mit ~* justly; *von ~s wegen* by rights; *das ~ auf s-r Seite haben* be within one's rights; ⚖ *für ~ erkennen* adjudge; *zu ~ bestehen* be valid *od.* justified; (*wieder*) *zu s-m ~ kommen* come into one's own (again).

'Rechte 1. *f* (18) right hand; *pol. the* Right; **2.** *m* (18) *Boxen*: right.

'Recht-eck *n* (3) rectangle; **'2ig** rectangular.

'rechten (26) dispute, argue; **~s** lawfully, by law; (*gültig*) valid.

'recht|fertigen justify; (*verteidigen*) defend; vindicate; **'2fertigung** *f* justification, vindication; **'~gläubig** orthodox; **'2gläubigkeit** *f* orthodoxy; **'2haber(in** *f*) *m* dogmatist; **2haberei** [~hɑːbə'raɪ] *f* dogmatism; **'~haberisch** dogmatic(ally *adv.*); (*stur*) pigheaded.

'rechtlich legal, lawful; (*gerichtlich*) juridical; (*gültig*) valid; *s. redlich*; **'2-keit** *f* legality, lawfulness; honesty.

recht|linig ['~liːniç] rectilinear; **'~los** having no rights; **'~mäßig** lawful, legitimate; **'2mäßigkeit** *f* lawfulness, legitimacy.

rechts [rɛçts] on the right; (*nach ~*) (to the) right.

'**Rechts|-anspruch** *m* legal claim; '**~-anwalt** *m* lawyer, solicitor; *vor Gericht plädierender*: counsel, *Brt.* barrister-at-law, *Am.* attorney-at--law; '**~'-außen(stürmer)** *m* (6 [7]) *Fußball*: outside right; '**~befugnis** *f* competence; '**~behelf** *m* legal remedy; '**~beistand** *m* legal adviser; '**~belehrung** ⚖ *f* legal instruction; '**~beratungsstelle** *f* legal advisory board; '**~beugung** *f* perversion of justice; '**~bruch** *m* breach of law.

'**rechtschaffen** honest, righteous; '**2heit** *f* honesty, righteousness.

'**Rechtschreibung** *f* orthography.

'**Rechts|drall** ⊕ *m* right-hand twist; '**2fähig** having legal capacity; '**~fall** *m* (law) case; '**~frage** ⚖ *f* question of law; '**~gelehrte** *m* jurist, lawyer; '**~geschäft** *n* legal transaction; '**~grund** *m* legal argument; '**2gültig** legal(ly valid); ~ *machen* validate; '**~gültigkeit** *f* legality; '**~gutachten** *n* legal opinion; **~händer** ['~hɛndər] *m* (7) right-hander; '**~kraft** *f* legal force; ~ *erlangen* enter into effect; '**2kräftig** legal(ly binding), valid; *Urteil*: final; *Gesetz*: effective; '**~lage** *f* legal position; '**~mittel** *n* legal remedy; (right to) appeal; '**~nachfolger** *m* successor in interest; '**~pflege** *f* administration of justice.

Rechtsprechung ['~ʃprɛçuŋ] *f* jurisdiction, administration of justice.

'**Rechts|radikale** *m* rightist; '**~schutz** *m* legal protection; '**~sprache** *f* legal terminology; '**~spruch** *m* legal decision; *in Zivilsachen*: judg(e)ment; *in Strafsachen*: sentence; '**~staat** *m* constitutional state; '**2staatlich** constitutional; '**~staatlichkeit** *f* rule of law; '**~stellung** *f* legal status; '**~streit** *m* action, lawsuit; '**~titel** *m* legal title; '**2'um!** right face!; '**2-unfähig** (legally) disabled; '**~-unfähigkeit** *f* (legal) disability; '**2-'-unwirksam** (legally) ineffective; '**~'-unwirksamkeit** *f* ineffectiveness; '**2verbindlich** (legally) binding (*für* on); '**~verdreher** *m* pettifogging lawyer; '**~verfahren** *n* legal procedure; (*Prozeß*) (legal) proceedings *pl.*; '**~verletzung** *f* infringement; '**~weg** *m* course of law; *den ~ beschreiten* go to law; '**2widrig** illegal; '**~widrigkeit** *f* illegality; '**2wirksam** *s. rechtskräftig*; '**~wissenschaft** *f* jurisprudence.

'**recht|wink(e)lig** right-angled, 🕮 rectangular; '**~zeitig** opportune, timely, well-timed, seasonable; *adv.* in time.

Reck [rɛk] *n* (3) horizontal bar.

Recke ['rɛkə] *m* (13) hero, warrior.

recken ['~n] (25) stretch; *mit Geräten*: *a.* rack; *den Hals (nach et.)* ~ crane one's neck (to see a th.).

Redakt|eur [redak'tøːr] *m* (3[1]) editor; **~ion** [~'tsjoːn] *f* *Tätigkeit*: editorship; *Personal*: editorial staff; *Büro*: editor's office; (*Fassung*) editing, draft(ing); **2ionell** [~tsjo'nɛl] editorial.

Rede ['reːdə] *f* (15) speech; (*Ansprache*) *a.* address; (*~weise*) language; (*Gespräch*) conversation, talk; *s. fallen*; *gr. direkte ~* direct speech; *s. halten, schwingen*; *~ (und Antwort) stehen* give an account (*über acc.* of), answer (for); *die in ~ stehende Person* the person in question; *j-n zur ~ stellen* call to account (*über acc.* for), take *a p.* to task (*wegen gen.* for); *wovon ist die ~?* what are you talking about?; *davon kann keine ~ sein!* that's out of the question; (*aber*) *keine ~!* by no means!; *es ist nicht der ~ wert* it is not worth speaking of, (*macht nichts*) never mind!; '**~freiheit** *f* freedom of speech; '**~gabe** *f*, '**~gewandtheit** *f* eloquence; '**2gewandt** eloquent; '**~kunst** *f* rhetoric; '**2n** (26) speak, talk (*mit* to); *mit sich ~ lassen* listen to reason; *von sich ~ machen* cause a stir; *j-m ins Gewissen ~* appeal to a p.'s conscience; *du hast gut ~* it is easy for you to talk; *s. Wort*.

'**Redens·art** *f* phrase, expression; (*Spracheigenheit*) idiom; (*sprichwörtliche ~*) saying.

'**Rede|schwall** *m* flood of words; '**~teil** *m* part of speech; '**~wendung** *f s. Redensart*.

redigieren [redi'giːrən] edit.

redlich ['reːtliç] honest, upright; '**2keit** *f* honesty, probity, integrity.

Redner ['reːdnər] *m* (7) speaker (*a.* '**~in** *f*); *bsd. geschickter*: orator;

'~**bühne** *f* platform; '2**isch** rhetorical; '~**pult** *n* speaker's desk.
redselig ['re:tze:liç] talkative, garrulous; '2**keit** *f* talkativeness.
reduzieren [redu'tsi:rən] reduce (*auf acc.* to); *sich* ~ be reduced.
Reede ⚓ ['re:də] *f* (15) roads *pl.*, roadstead; '~**r** *m* (7) shipowner; ~'**rei** *f* shipping company.
reell [re'ˀɛl] real; *Firma*: solid, respectable; *Preis, Bedienung*: fair; ~ *bedienen* (*bedient werden*) give (get) good value for one's money.
Reep ⚓ [re:p] *n* (3) rope.
Refer|at [refe'rɑ:t] *n* (3) report; *Schule*: essay; (*Dienststelle*) (departmental) section; *ein* ~ *halten* (*verlesen*) read a paper; ~**endar** [~rɛn-'dɑ:r] *m* (3[1]) junior barrister *attending the courts and thus qualifying for the title of 'Assessor'*; law clerk; ~**ent** [~'rɛnt] *m* (12) official in charge (of a departmental section); (*Berichterstatter*) reporter; *parl. usw.* referee; (*Sachverständiger*) expert; ~**enz** [~'rɛnts] *f* (16) reference; 2**ieren** [~'ri:rən] *v/t. u. v/i.* report (*über acc.* on); (give a) lecture (on).
reffen ⚓ ['rɛfən] (25) reef.
reflektieren [reflɛk'ti:rən] *v/t. u. v/i.* reflect; ~ *auf* (*acc.*) have *a th.* in view, want (*od.* wish) to have.
Reflektor [re'flɛktɔr] *m* (8[1]) reflector.
Reflex [re'flɛks] *m* (3[2]) reflex; ~**bewegung** *f* reflex action; ~**ion** [~'ksjo:n] *f* (16) (*Widerschein*) reflex; (*Spiegelbild*) reflection; 2**iv** *gr.* [~'ksi:f] reflexive.
Reform [re'fɔrm] *f* (16) reform; ~**ation** [~a'tsjo:n] *f* reformation; ~**ator** [~'mɑ:tɔr] *m* (8[1]) reformer; 2**bedürftig** in need of reform; ~**bestrebungen** *f/pl.* reformatory efforts; ~**haus** *n* health food store; 2**ieren** [~'mi:rən] reform; ~**ierte** [~'mi:rtə] *m* (18) member of the Reformed Church, Calvinist.
Refrain [rə'frɛ̃] *m* (11) refrain, burden.
Regal [re'gɑ:l] *n* (3[1]) shelf.
Regatta [re'gata] *f* (16[2]) regatta, boat-race.
rege ['re:gə] active, brisk; lively; *fig.* ~ *werden* be stirred up, arise.
Regel ['re:gəl] *f* (15) rule; (*Vorschrift*) regulation; ⚕ menses *pl.*; *in der* ~ as a rule; ~**detri** [~de'tri:] *f inv.* rule of three; '~**getriebe** ⊕ *n* (*stufenloses* ~ infinitely) variable speed transmission; '2**los** irregular; (*unordentlich*) disorderly; '~**losigkeit** *f* irregularity; '2**mäßig** regular; (~ *wiederkehrend*) periodical; '~**mäßigkeit** *f* regularity; '2**n** (29) regulate, ⊕ *a.* control; (*ordnen*) arrange, settle; (*steuern*) control; '2-'**recht** regular; '~**ung** *f* regulation, ⊕ *a.* control; arrangement, settlement; control; '2**widrig** irregular; *Sport*: foul; '~**widrigkeit** *f* irregularity; *Sport*: foul.
regen[1] ['re:gən] (25, *a. sich* ~) move, stir.
Regen[2] [~] *m* (6) rain; *fig. vom* ~ *in die Traufe kommen* get out of the frying-pan into the fire; '2-**arm** rain-lacking; '~**bogen** *m* rainbow; '~**bogenfarben** *f/pl.* colo(u)rs of the rainbow; '~**bogenhaut** *anat. f* iris; '2**dicht** rainproof.
regenerier|en [regenə'ri:rən] regenerate; 2**ung** *f* regeneration.
'**Regen|guß** *m* downpour; '~**haut** *f* plastic mac; '~**mantel** *m* raincoat; '~**menge** *f* rainfall; '~**pfeifer** *m Vogel*: plover; '2**reich** rainy; '~**schauer** *m* shower of rain; '~**schirm** *m* umbrella.
Regent [re'gɛnt] *m* (12), ~**in** *f* (16[1]) regent; ~**schaft** *f* regency.
'**Regen|tag** *m* rainy day; '~**tropfen** *m* raindrop; '~**wasser** *n* rain-water; '~**wetter** *n* rainy weather; '~**wolke** *f* rainy cloud; '~**wurm** *m* earthworm; '~**zeit** *f* rainy season.
Regie [re'ʒi:] *f* (15) (*a. thea.*) management, (*a. Film*) direction; (*Staatsmonopol*) state monopoly, régie (*fr.*); ~ *führen* (*bei*) direct; ~-**assistent** *m* assistant director; ~**fehler** *m* mistake in the arrangements; ~**kosten** *pl.* overhead (expenses); ~**pult** *n Radio*: mixing desk.
regieren [re'gi:rən] *v/t.* govern (*a. gr.*), rule; (*leiten*) control, manage; *v/i.* rule, reign (*a. fig.*).
Re'gierung *f* government, *Am.* (*Präsident u. Kabinett*; *deren Amtszeit*) administration; (~*szeit*) *e-s Fürsten*: reign; *unter der* ~ *des* ... under (*od.* in) the reign of ...; ~**s...** *mst* governmental; ~**s-antritt** *m* accession (to the throne); ~**sbe-**

amte *m* government official; **~s-form** *f* form of government, regime; **~sgewalt** *f* governmental power.

Regiment [regi'mɛnt] *n* (3) rule; (1) ⚔ regiment; *das ~ haben od. führen* rule, command; **~s...** regimental.

Region [re'gjo:n] *f* (16) region; **≗al** [~gjo'na:l] regional.

Regisseur [reʒi'sø:r] *m* (3[1]) *thea.* stage-manager *od.* -director; *Film:* director.

Regist|er [re'gistər] *n* (7) register (*a. der Orgel*), record; (*Inhaltsverzeichnis*) index; *ein ~ ziehen* pull a stop; **~rator** [~'stra:tɔr] *m* (8[1]) recorder, registrar; **~ratur** [~stra-'tu:r] *f* (16) registry.

registrier|en [regis'tri:rən] register (*a. fig.*); *a.* ⊕ record; **≗kasse** *f* cash-register; **≗ung** *f* registration; recording.

Reglement [reglə'mã] *n* (11) regulation(s *pl.*).

Regler ⊕ ['re:glər] *m* (7) regulator; governor, control(l)er.

reglos ['re:klo:s] motionless.

regne|n ['regnən] (26) rain; *es regnet in Strömen* it is pouring with rain; **'~risch** rainy.

Regreß [re'grɛs] *m* (4) recourse; **≗pflichtig** liable to recourse.

regsam ['re:kza:m] active, quick, live; **'≗keit** *f* activity.

regulär [regu'lɛ:r] regular.

regulier|bar [~'li:rba:r] adjustable; **~en** regulate, adjust; **≗ung** *f* regulation, adjustment.

Regung ['re:guŋ] *f* motion; (*Gefühls≗*) emotion; (*Anwandlung*) impulse; **'≗slos** motionless.

Reh [re:] *n* (3) roe, deer; *weibliches:* doe.

rehabilitier|en [rehabili'ti:rən] rehabilitate; **≗ung** *f* rehabilitation.

'Reh|bock *m* roebuck; **'~braten** *m* roast venison; **'≗farben** fawn-colo(u)red; **'~geiß** *f* doe; **'~kalb** *n*, **'~kitz** *n* fawn; **'~keule** *f* leg of venison; **'~posten** *m/pl.* buck-shot; **'~rücken** *m* saddle of venison.

Reibahle ['raɪpˀa:lə] *f* reamer.

Reibe ['raɪbə] *f* (15), **Reibeisen** ['raɪpˀaɪzən] *n* grater.

reib|en ['raɪbən] (30) rub; (*zer~*) grate; *Farbe:* grind; (*klein od. fein ~*) pulverize; *sich an j-m ~* quarrel with a p.; *s. Nase, wund*; **≗erei** [~ə-'raɪ] *f* (constant) friction, squabbling; **'≗ung** *f* friction (*a. fig.*); **'≗ungsfläche** *f* friction surface; **'~ungslos** frictionless; *fig.* smooth.

reich¹ [raɪç] rich (*an dat.* in); (*vermögend*) wealthy; (*~lich*) copious, ample; **'≗e** *m, f* (18) rich man (woman); *die ~en pl.* the rich.

Reich² [~] *n* (3) empire; (*König≗; a. Pflanzen≗, Tier≗*) kingdom; *rhet. od. fig.* realm; *hist. das Deutsche Reich* the (German) Reich.

reichen ['raɪçən] (25) *v/t.* reach; *j-m et.:* reach, hand, pass; *s. Hand, Wasser*; *v/i.* reach (*bis* to); (*genügen*) suffice, do, last; *das reicht!* that will do!

reichhaltig ['~haltiç] rich; (*überreich*) abundant, copious; **'≗keit** *f* richness; abundance, copiousness.

'reichlich *adj.* ample; abundant, copious, plentiful; *vor su.* plenty of; *adv.* (*ziemlich*) rather, fairly, pretty, F plenty.

'Reichtum *m* (1²) riches *pl.*, wealth; (*Überfluß*) opulence, abundance, wealth (*an dat.* of).

'Reichweite *f* (15) reach; ⚔, ✈ range; *in ~* within reach.

reif¹ [raɪf] ripe, mature (*beide a. fig.*).

Reif² [~] *m* (3, *o. pl.*) (*Frost*) hoar-frost, white frost.

Reif³ [~] *m* (3) hoop; ring.

'Reife *f* (15) ripeness, maturity.

'reifen¹ *v/i.* (25) ripen, mature (*beide a. fig.*); **'~²** *zu Reif²*: *es reift* there is a hoar-frost *od.* white frost.

'Reifen³ *m* (6) hoop; ring; (*Rad≗*) tire, *Brt. a.* tyre; **'~panne** *f*, **'~schaden** *mot. m* puncture, *Am.* blowout; **'~wechsel** *m* change of tire(s *pl.*).

'Reife|prüfung *f* leaving-examination, matriculation (examination); **'~zeugnis** *n* (school-)leaving certificate, *Brt.* "A" level G.C.E. (= General Certificate of Education).

'reiflich mature, careful; *nach ~er Überlegung* upon mature reflection.

'Reifrock *m* crinoline.

Reigen ['raɪgən] *m* (6) round dance; *fig. den ~ eröffnen* open the ball.

Reihe ['raɪə] *f* (15) row; (*Linie*) line; *hintereinander:* file; *nebeneinander:* rank; (*Sitz≗*) row (of seats), tier; (*Folge*) series, succession; *von Bergen usw.:* range; (*Anzahl*) number;

nach der ~, *der* ~ *nach* in turn, by turns; *ich bin an der* ~ it is my turn; *aus der* ~ *tanzen* have it one's own way; *in Reih' und Glied* in rank and file; *an die* ~ *kommen* have one's turn; 'ℒ**n** (25) range, rank; *Perlen usw.*: string; '~**nfertigung** *f* serial production; '~**nfolge** *f* succession, sequence; *alphabetische* ~ alphabetical order; '~**nhaus** *n* terrace house; '~**nschaltung** ⚡ *f* series connection; '~**n-untersuchung** ⚕ *f* mass examination; 'ℒ**n-weise** in rows.

Reiher ['raɪər] *m* (7) heron.

Reim [raɪm] *m* (3) rhyme; 'ℒ**en** *v/t., v/i., v/refl.* (25) rhyme (*auf acc.* to, with); *nur v/refl. fig.* agree (with); 'ℒ**los** blank, rhymeless; '~**schmied** *m* rhym(est)er.

rein[1] [raɪn] **1.** *adj.* pure (*a. fig.*); (*sauber*) clean; (*klar*) clear (*a. Haut, Gewissen*); *Gewinn*: net; *Wahrheit*: plain; (*bloß*) mere, sheer; *fig. die Luft ist* ~ the coast is clear; ~ *machen* clean (up); *fig.* ~*en Tisch machen* make a clean sweep of it; *fig. j-m* ~*en Wein einschenken* tell a p. the plain truth; *ins* ~*e bringen* clear up, settle; *mit j-m ins* ~*e kommen* come to terms with a p.; *ins* ~*e schreiben* make a fair copy of; *fig.* ~*waschen* whitewash; *s. Gewissen, Mund*; **2.** *adv.* (*gänzlich*) quite; ~ *gar nichts* nothing at all; ~ *unmöglich* quite impossible.

rein[2] [raɪn] F *s. herein(...), hinein(...).*

Reineclaude [rɛnə'kloːdə] ⚘ *f* (15) greengage.

'**Rein**|-**ertrag** *m* net proceeds *pl.*; '~**fall** F *m* F letdown; F frost, sell, washout; '~**gewicht** *n* net weight; '~**gewinn** *m* net (*od.* clear) profit; '~**heit** *f* purity; cleanness.

'**reinig**|**en** (25) clean, cleanse (*von* of); *a. fig.* purify; *metall.* refine; *Wolle*: scour; *s. chemisch*; 'ℒ**ung** *f* clean(s)ing; *a. fig.* purification; ~ *und Färberei* cleaners and dyers *pl.*; 'ℒ**ungs-anstalt** *f* (dry) cleaners *pl.*; 'ℒ**ungsmittel** *n* detergent, cleansing agent.

'**Reinkultur** *f* pure culture (*a. fig.*); *fig. in* ~ unadulterated.

'**reinlegen** *s. hereinlegen.*

'**reinlich** *P.*: cleanly; *S.*: clean; 'ℒ**keit** *f* cleanliness; neatness.

'**Rein**|**machefrau** *f* cleaning woman, charwoman; 'ℒ**rassig** pedigree(d), purebred; *Pferd*: thoroughbred; '~**schrift** *f* fair copy; 'ℒ**seiden** all-silk; 'ℒ**waschen** *fig.* whitewash, clear.

Reis[1] [raɪs] *m* (4, *o. pl.*) rice; ~[2] *n* (2) twig, sprig; (*Pfropf*ℒ) scion; '~-**auflauf** *m* rice pudding; '~**brei** *m* rice boiled in milk.

Reise ['raɪzə] *f* (15) journey; ⚓, ✈ voyage; (*längere, bsd. Auslands*ℒ) travel; (*Rund*ℒ) tour; *mst. kürzere*: trip; (*Überfahrt*) passage; '~-**apotheke** *f* tourist's (*od.* portable) medicine-case; '~**bekanntschaft** *f* travel(l)ing acquaintance; '~**büro** *n* tourist(s') office, travel agency, *Am.* tourist(s') bureau; 'ℒ**fertig** ready to start; '~**fieber** *n* travel fever; '~**führer** *m* guide; (*Buch*) guide (-book); '~**gefährte** *m*, '~**gefährtin** *f* fellow-travel(l)er; '~**gepäck** *n* luggage, *Am.* baggage; '~**geschwindigkeit** *f* cruising speed; '~**gesellschaft** *f* tourist party; '~**handbuch** *n* guide(-book); '~**koffer** *m* trunk; *kleiner*: suitcase; '~**kosten** *pl.* travel(l)ing expenses *pl.*; '~**leiter** *m* courier; 'ℒ**lustig** fond of travel(l)ing; 'ℒ**n** (27, sn) travel, journey; ~ *nach* go to; ~ *über* (*acc.*) go by way of, go via; *wir* ~ *morgen* we (shall) start tomorrow; *fig. auf et.* ~ trade on; ☤ ~ *in* (*dat.*) travel in; '~**nde** *m, f* (18) (☤ commercial) travel(l)er; *in der Bahn usw.*: passenger; (*Vergnügungs*ℒ) tourist; '~**paß** *m* passport; '~**prospekt** *m* (travel) folder; '~**scheck** *m* traveller's cheque, *Am.* traveler's check; '~**schreibmaschine** *f* portable typewriter; '~**tasche** *f* travel(l)ing bag, *Am.* grip (-sack); '~**verkehr** *m* tourist traffic; '~**zeit** *f* tourist season; '~**ziel** *n* destination.

Reisig ['raɪzɪç] *n* (3) brushwood; '~**besen** *m* birch-broom.

'**Reiß**|'-**aus** *m*: ~ *nehmen* take to one's heels; '~**blei** *n* blacklead; '~**brett** *n* drawing-board; 'ℒ**en 1.** (30) *v/t.* tear; (*zer*~) *a.* rend, rip; (*zerren*) tug; (*ziehen*) pull; (*weg*~) snatch; *an sich* ~ seize, *Macht usw.*: *a.* usurp; *entzwei*~ tear (*od.* rend) in two; *sich* ~ (*ritzen*) scratch o.s. (*an dat.* with); *sich* ~ *um* scramble for; *s. Possen, Witz, Zote*; *v/i.* (sn) tear, burst, split; *Faden usw.*: break, snap; ~ *an (dat.)* tear at; *die Geduld riß mir* I lost (all) patience; *es reißt mir in ... (dat.)* I have racking pains in ...; **2.** '~ *n* (6) bursting, rending; *des Fadens*: break(ing); *in Gliedern*: acute pains *pl.*, *engS.* rheumatism; *Sport*: snatch; '**⁊end** rapid; *Tier*: rapacious; *Schmerz*: acute, violent; *s. Absatz*; '**~er** *m* thriller; box-office success; '**~feder** *f* drawing-pen; '**~festigkeit** *f* tensile strength; '**~kohle** *f* charcoal crayon; '**~leine** *f* rip cord; '**~nagel** *m* drawing-pin, *Am.* thumbtack; '**~schiene** *f* T-square; '**~verschluß** *m* zip fastener, *bsd. Am.* zip(per); '**~wolle** *f* reprocessed wool; '**~zahn** *m* fang, canine tooth; '**~zeug** *n* drawing instruments *pl.*; '**~zwecke** *f s. Reißnagel.*

Reit... *mst* riding-...; '**~-anzug** *m* riding-habit; '**~bahn** *f* riding-ground.

reiten ['raɪtən] (30, sn) ride, go on horseback; '**~d** on horseback.

'**Reiter** *m* (7) rider, horseman; *Polizei*, ⚔ trooper; *Kartei*: tab; **~ei** [~'raɪ] *f* cavalry, horse; '**~in** *f* (16¹) horsewoman.

'**Reit|gerte** *f* riding-whip; '**~hose** *f* (riding-)breeches *pl.*; '**~knecht** *m* groom; '**~kunst** *f* horsemanship; '**~peitsche** *f* riding-whip; '**~pferd** *n* saddle-horse; '**~schule** *f* riding-school; '**~sport** *m* equestrian sport; '**~stiefel** *m/pl.* riding-boots; '**~weg** *m* bridle-path.

Reiz [raɪts] *m* (3²) charm, attraction; (*Verlockung*) allurement; (*Erregung*) thrill, *störend*: irritation; *physiol.* stimulus; '**⁊bar** irritable, touchy; '**~barkeit** *f* irritability; '**⁊en** (27) irritate (*a.* ⚕ *entzünden*); (*aufreizen*) provoke; (*ärgern*) nettle; (*locken*) entice, attract, tempt; (*bezaubern*) charm; *Kartenspiel*: bid; ⚕ (*anregen*) stimulate; *s. a. an~*; '**⁊end** charming, lovely; '**~husten** *m* dry cough; '**⁊los** unattractive; '**~mittel** *n* stimulus, incentive; ⚕ stimulant, *störend*: irritant; '**~stoff** ⚗ *m* irritant; '**~ung** *f* irritation (*a.* ⚕); provocation; (*Anregung*) stimulation; '**⁊voll** charming, attractive; fascinating; '**~wäsche** *f* F flimsies *pl.*, *mit Spitzen*: frillies *pl.*

rekapitulieren [rekapitu'li:rən] recapitulate.

rekeln ['re:kəln]: *sich* ~ loll, lounge.

Reklamation [reklama'tsjo:n] *f* complaint; protest, objection.

Reklame [re'klɑ:mə] *f* (15) advertising; propaganda, publicity; *prahlerische*: puff; (*Schaufenster⁊ u. fig.*) window-dressing; ~ *machen* advertise, *lebhaft*: F boost (*beide*: *für et.* a th.); **~-artikel** *m* advertising article; **~büro** *n* advertising agency; **~chef** *m* advertising manager; **~fachmann** *m* advertising expert; **~feldzug** *m s. Werbefeldzug*; **~film** *m* advertising film; **~fläche** *f* advertising space; **~rummel** *m sl.* ballyhoo; **~trick** *m* advertising stunt; *s. a. Werbe...*

rekla'mieren *v/t.* claim; *v/i.* complain (*wegen* about).

rekognoszieren [rekɔgnɔs'tsi:rən] reconnoit|re, *Am.* -er.

rekonstru'ieren reconstruct.

Rekonvaleszen|t [rekɔnvalɛs'tsɛnt] *m* (18), **~tin** *f* (16¹) convalescent; **~z** *f* (16) convalescence.

Rekord [re'kɔrt] *m* (3¹) record; *s. aufstellen*; **~besuch** *m* record attendance; **~-ernte** *f* bumper crop; **~halter** *m*, **~-inhaber** *m* record holder; **~lauf** *m* record run; **~versuch** *m* record attempt; **~zeit** *f* record time.

Rekrut ⚔ [re'kru:t] *m* (12) recruit; **⁊ieren** [~kru'ti:rən] ⚔ recruit; *sich ~ aus* be recruited from; **~ierung** [~'ti:ruŋ] *f* recruitment.

Rektor ['rɛktɔr] *m* (8¹) headmaster, *Am.* principal; *univ.* rector, vice-chancellor, *Am.* president; **~at** [~to'rɑ:t] *n* (3) headmaster's *etc.* office; headmastership; rectorship.

Relais [rə'lɛ:] *n inv.* relay.

relativ [rela'ti:f] relative; **⁊ität** [~tivi'tɛ:t] *f* (16) relativity; **⁊satz** *gr.* [~'ti:f-] *m* relative clause.

Releg|ation [relega'tsjo:n] *f* expulsion; **⁊ieren** [~'gi:rən] expel, send down.

Relief [rel'jɛf] *n* (11) relief.

Religion [reli'gjo:n] *f* (16) religion; **~sbekenntnis** *n* (religious) profession; **~sfreiheit** *f* freedom of worship, religious liberty; **~sgemeinschaft** *f* religious community; **⁊slos** irreligious; **~s-unterricht** *m* scripture.

religi|ös [~ˈgjøːs] religious; **2osität** [~gjoziˈtɛːt] *f* religiousness.

Reling ⚓ [ˈreːliŋ] *f* (16) rail.

Reliquie [reˈliːkvjə] *f* (15) relic; **~nschrein** *m* reliquary.

Reminiszenz [reminisˈtsɛnts] *f* (16) reminiscence.

Remis [rəˈmiː] *n* (*inv. od.* 16) *Schach*: draw.

Remise [reˈmiːzə] *f* (15) coach-house.

Remit|tenden [remiˈtɛndən] *pl.* returns; **2ˈtieren** return, remit.

Remontoir-uhr [remɔ̃ˈtoɑːrˀuːr] *f* keyless watch.

Remoulade(nsoße) [remuˈlɑːdə-] *f* salad-cream.

rempeln [ˈrɛmpəln] (29) jostle, bump (into).

Ren [reːn] *n* (3) reindeer.

Renaissance [rənɛˈsɑ̃s] *f* (15) renaissance.

Rendezvous [rɑ̃deˈvuː] *n inv.* rendezvous (*a.* ⚔), date.

Rendite [rɛnˈdiːtə] ✝ *f* (15) yield.

reniten|t [reniˈtɛnt] refractory; **2z** *f* (16) refractoriness.

Renn|bahn [ˈrɛn-] (race-)course, race track; *mot.* speedway; ˈ**~boot** *n* race-boat; ˈ**2en** (30) *v/i.* (sn) *u. v/t.* run; (*wett~*) race, (*rasen*) *a.* dash, rush; *Messer usw. durch den Leib ~* run *one's knife etc.* through; *s. Verderben*; ˈ**~en** *n* running; (*Wett2*) race; (*Einzel2*) heat; *totes ~* dead heat; *das ~ machen* win the race; *fig.* make the running; ˈ**~fahrer** *m* race-driver; ˈ**~pferd** *n* race-horse; ˈ**~platz** *m s. Rennbahn*; ˈ**~platzbesucher** *m* race-goer; ˈ**~rad** *n* racing bicycle, racer; ˈ**~schi** *m* race ski; ˈ**~schuh** *m* spike(d shoe); ˈ**~sport** *m* racing; *the* turf; ˈ**~stall** *m* racing-stud; ˈ**~strecke** *f* course, (race) track, circuit; ˈ**~tier** *n s. Ren*; ˈ**~wagen** *m* racing-car.

Renom|mee [renɔˈmeː] *n* (11) reputation; **2ˈmieren** boast, brag (*mit* of); **2ˈmiert** renowned; **~ˈmist** *m* (12) braggart, boaster.

renovier|en [renoˈviːrən] do up, renovate; *Innenraum*: redecorate; **2ung** *f* renovation; redecoration.

rentab|el [rɛnˈtɑːbəl] profitable, paying, lucrative; **2ilität** [~tabiliˈtɛːt] *f* (16) profitableness; **2ilitätsgrenze** *f* breakeven point.

Rent|e [ˈrɛntə] (15) (*Alters2*) (old-age) pension; *Versicherung u. Börse*: annuity; (*Zins2, Pacht2*) rent; ˈ**~enbrief** *m* annuity bond; ˈ**~en-empfänger(in** *f*) *m s. Rentner*; ˈ**~enversicherung** *f* annuity insurance; **~ier** [~ˈtjeː] *m* (11) man of private means; **2ieren** [~ˈtiːrən] *v/refl.* pay, be profitable; ˈ**~ner** *m* (7) annuitant, pensioner.

Reorganis|ation [reˀɔrganizaˈtsjoːn] *f* reorganization; **2ieren** [~ˈziːrən] reorganize.

Reparation [reparaˈtsjoːn] *f* reparation; *~en leisten* make reparations; **~szahlungen** *f/pl.* reparation payments.

Reparatur [~ˈtuːr] *f* (16) repair; *in ~* under repair; **2bedürftig** in need of repair; **2fähig** repairable; **~kosten** *pl.* cost of repairs; **~werkstatt** *f* repair-shop.

repaˈrieren repair, *Am. a.* fix.

repatriier|en [repatriˈˀiːrən] repatriate; **2ung** *f* repatriation.

Repertoire *thea.* [repɛrtoˈɑːr] *n* (11) repertoire, repertory; **~stück** *n* stock-piece.

repetier|en [repeˈtiːrən] repeat; **2gewehr** *n* magazine rifle, repeater; **2-uhr** *f* repeater.

Replik ⚖ [reˈpliːk] *f* (16) reply.

Report ✝ [reˈpɔrt] *m* (3) contango.

Reportage [repɔrˈtɑːʒə] *f* (15) reporting, (running) commentary, *Am. a.* coverage.

Reporter [reˈpɔrtər] *m* (7) reporter.

Repräsent|ant [reprɛzɛnˈtant] *m* (12), **~antin** *f* (16^1) representative; **~ation** [~taˈtsjoːn] *f* representation; **2ieren** [~ˈtiːrən] represent.

Repressalie [reprɛˈsɑːljə] *f* (15) reprisal; *~n ergreifen* make reprisal(s) (*gegen* on).

repressiv [reprɛˈsiːf] repressive.

Reprodu|ktion [reproduk'tsjoːn] *f* reproduction; **2ˈzieren** reproduce.

Reptil [rɛpˈtiːl] *n* (3^1 *u.* 8^2) reptile.

Republik [repuˈbliːk] *f* (16) republic; **~aner** [~bliˈkɑːnər] *m* (7), **2anisch** [~ˈkɑːniʃ] republican.

requirieren [rekviˈriːrən] requisition.

Requisit [~ˈziːt] *n* (5) requisite; *thea. ~en pl.* properties *pl.*, F props; **~ion** [~ziˈtsjoːn] *f* (16) requisition.

Reservat [rezɛrˈvɑːt] *n* (3) reservation; (*Recht*) prerogative.

Reserve [reˈzɛrvə] *f* (15) reserve;

~fonds *m* reserve-fund; **~-offizier** *m* reserve officer; **~rad** *mot. n* spare wheel.

reserv|ieren [~'viːrən] reserve; ~ *lassen* book; **~iert** *adj.* reserved (*a. fig.*); **≈ist** [~'vist] *m* (12) reservist; **≈oir** [~vo'aːr] *n* (11) reservoir.

Resid|enz [rezi'dɛnts] *f* (16) residence; **≈ieren** [~'diːrən] reside.

Resign|ation [rezigna'tsjoːn] *f* resignation; **≈ieren** [~'gniːrən] resign.

resolut [rezo'luːt] resolute.

Resonanz [rezo'nants] *f* resonance (*a. fig.*); **~boden** *m* sounding-board.

Respekt [re'spɛkt] *m* (3), **≈ieren** [~'tiːrən] respect; *s. verschaffen*; **≈abel** [~'tɑːbəl] respectable; **≈los** irreverent; **~losigkeit** irreverence; **~s-person** *f* person held in respect; *angesehene*: notability; **≈voll** respectful; **≈widrig** disrespectful.

Ressentiment [rɛsɑ̃ti'mɑ̃] *n* (11) resentment, grudge; prejudice.

Ressort [rɛ'soːr] *n* (11) department; *das fällt nicht in mein* ~ that is not in my province.

Rest [rɛst] *m* (3^1) rest; ✝ balance; (*Über≈*) remnant; (*Restbestand*) remainder; *bsd.* ⚗, ⚖ residue; (*Speise≈*) left-over; *sterbliche ~e pl.* mortal remains; F *j-m den ~ geben* finish a p.

Restaur|ant [rɛsto'rɑ̃] *n* (11) restaurant; **~ateur** [~ra'tøːr] *m* (3^1) restaurant-keeper; **~ation** [~ra'tsjoːn] *f* restoration; (*Lokal*) restaurant; **≈ieren** [~'riːrən] restore.

'Rest|bestand *m* remainder; ⚗ residue; **'≈lich** remaining, residual; **'≈los** complete, total; *adv. fig. a.* entirely, perfectly; **'~zahlung** *f* payment of balance.

Resul|tat [rezul'tɑːt] *n* (3) result; *Sport*: score; **≈'tieren** result (*aus* from).

Resüm|ee [rezy'meː] *n* (11) résumé (*fr.*), summary; **≈ieren** [~'miːrən] recapitulate.

retirieren [reti'riːrən] retreat.

Retorte [re'tɔrtə] *f* (15) retort.

Retour... [re'tuːr] return.

rett|en ['rɛtən] (26) save, rescue (*aus, vor dat.* from); (*befreien*) deliver; *Güter*: salvage; *j-m das Leben* ~ save a p.'s life; *sich* ~ save o.s., escape; **'≈er** *m* (7) saver, deliverer; (*Heiland*) Savio(u)r.

Rettich ['rɛtiç] *m* (3^1) radish.

Rettung ['rɛtuŋ] *f* rescue; deliverance; (*Entkommen*) escape; (*Bergung*) salvage; *eccl.* salvation; *er ist m-e einzige* ~ he is my only resource; **'~s-anker** *m* sheet-anchor; **'~sboje** *f* life-buoy; **'~sboot** *n* life-boat; **'~sgerät** *n* life-saving equipment *od.* device; **'~sgürtel** *m* life-belt; **'~sleine** *f* life-line; **'≈slos** past help, irremediable, irretrievable; **'~smannschaft** *f* rescue party; **'~smedaille** *f* life-saving medal; **'~sring** *m* life-belt; **'~sversuch** *m* attempt at rescue.

retuschieren [retu'ʃiːrən] retouch.

Reu|e ['rɔʏə] *f* (15) repentance (*über acc.* of), remorse (at); **'≈elos** remorseless; **'≈en** *v/t.* (25): *et. reut mich* I am sorry about (*od.* for) a th.; *vgl. be~*; **'≈evoll**, **'≈(müt)ig** repentant, remorseful; **'~geld** *n* forfeit.

Revanche [re'vɑ̃ʃə] *f* (15) revenge; **~partie** *f* return match.

revan'chieren: *sich* ~ take one's revenge; reciprocate (*mit e-r Gegengabe* with); *sich für et.* ~ return.

Reverenz [reve'rɛnts] *f* (16) reverence.

Revers [re'vɛrs] *m* (4) bond; (*Erklärung*) declaration; *e-r Münze*: reverse; (*Rockaufschlag*) lapel.

revidieren [revi'diːrən] revise; ✝ audit, check.

Revier [re'viːr] *n* (3^1) district; ⚔ dispensary; *s. Jagd≈*; **~stube** ⚔ *f* sick room.

Revision [revi'zjoːn] *f* revision, revisal; ✝ auditing; ⚖ appeal (on a question of law); ⚖ ~ *einlegen* lodge an appeal.

Revisor [~'viːzɔr] *m* (8^1) reviser, ✝ auditor.

Revol|te [re'vɔltə] *f* (15), **≈'tieren** revolt.

Revolution [revolu'tsjoːn] *f* revolution; **~är** [~jo'nɛːr] *m* (3^1), **≈** *adj.* revolutionary.

Revolver [re'vɔlvər] *m* (7) revolver, *Am. a.* gun.

Revue [rə'vyː] *f* (15) review; *thea.* revue, musical show; ~ *passieren lassen* pass in review.

Rezen|sent [retsɛn'zɛnt] *m* (12) critic, reviewer; **≈'sieren** review; **~sion** [~'zjoːn] *f* review; **~si'ons-exemplar** *n* reviewer's copy.

Rezept [re'tsɛpt] *n* (3) ⚕ prescription; (*Koch≈*) recipe (*a. fig.*).

Rezession ✝ [retsɛsˈjoːn] *f* (16) recession.
reziprok [retsiˈproːk] reciprocal.
Rezi|tator [retsiˈtɑːtɔr] *m* (8^1) reciter; 2ˈ**tieren** *v/t. u. v/i.* recite.
Rhabarber [raˈbarbər] *m* (7) rhubarb.
Rhapsodie [rapsoˈdiː] *f* (15) rhapsody.
rheinisch [ˈraɪniʃ] of the Rhineland; ˈ2**wein** *m* Rhine wine, hock.
Rhetor|ik [reˈtoːrik] *f* (16) rhetoric; 2**isch** rhetorical.
rheumat|isch [rɔʏˈmɑːtiʃ] rheumatic(ally *adv.*); 2**ismus** [~maˈtismus] *m* (16) rheumatism.
Rhinozeros [riˈnoːtsərɔs] *n* (4^1 *od.* 14^2) rhinoceros.
Rhombus [ˈrɔmbus] *m* (16^2) rhomb(us).
rhythm|isch [ˈrytmiʃ] rhythmical; 2**us** [ˈ~mus] *m* (16^2) rhythm.
ˈ**Richt|-antenne** *f* directional aerial (*Am.* antenna); ˈ**~beil** *n* executioner's ax(e); ˈ**~blei** *n* plummet; ˈ**~block** *m* executioner's block.
richten [ˈriçtən] *v/t.* (26) set right, arrange, adjust; *Zimmer*: put in order, tidy; *Segel*: trim; *Uhr*: set; (*zu-, vorbereiten*) prepare; (*zu~, a.* ⚔) dress; (*ausbessern*) repair, fix; *Richter*: judge (*a. v/i.*); *Henker*: execute; *s. zugrunde*; *~ auf* (*acc.*) *Waffe usw.*: level (*od.* point, aim) at, *Augen*: fix on, *Aufmerksamkeit, Bemühungen*: direct to, concentrate on; *~ an* (*acc.*) *Bitte, Brief usw.*: address to, *Frage*: put to; *in die Höhe ~* raise, lift up; *sich ~ nach* conform to, act according to, (*sich orientieren*) take one's bearings from, *gr.* agree with, (*abhängen von*) depend on, (*bestimmt werden von*) be determined (*od.* governed) by; *ich richte mich nach Ihnen* I leave it to you.
ˈ**Richter** *m* (7), ˈ**~in** *f* judge; ˈ**~-amt** *n* judgeship; ˈ2**lich** judicial; ˈ**~spruch** *m* judgment, sentence; ˈ**~stand** *m* judicature, *bsd. Am.* judiciary; *the* bench; ˈ**~stuhl** *m* tribunal.
ˈ**Richtfunk** *m* radio relay system.
ˈ**richtig** right; (*einwandfrei*) correct; (*genau*) accurate; (*gehörig*) proper; (*geeignet*) suitable; (*wirklich, echt*) real, true; (*regelrecht*) regular; (*gerecht*) just, fair; *~e Abschrift* true copy; *~e Zeit* proper time; *~ gehen Uhr*: be (*od.* go) right; *~ rechnen* calculate correctly; *~er gesagt* ... rather; *das ist das* 2*e für dich* that's the thing for you; *das ist nicht ganz das* 2*e* F that's not quite the ticket; *~!* right (you are)! quite (so)!; F *nicht ganz ~ (im Kopf)* not quite right in the head; ˈ**~gehend** F *fig.* regular, real; ˈ2**keit** *f* correctness; accuracy; justness; ˈ**~stellen** put right, rectify.
ˈ**Richt|linien** *f/pl.* (general) directions, (guiding) rules; ˈ**~maß** *n* ga(u)ge, standard; ˈ**~platz** *m s. Richtstätte*; ˈ**~preis** *m* standard price; ˈ**~scheit** *n* level, ruler; ˈ**~schnur** *f* plumb-line; *fig.* guiding principle; ˈ**~schwert** *n* executioner's sword; ˈ**~stätte** *f* place of execution; ˈ**~strahl** *m* (radio) beam; ˈ**~strahl-antenne** *f* beam aerial (*Am.* antenna); ˈ**~strahler** *m* (7) beam transmitter; *s. Richtantenne.*
ˈ**Richtung** *f* direction; (*Weg, Kurs*) course, way; *fig. a.* line, (*Entwicklung*) trend; *in der Wissenschaft usw.*: school of thought; *politische ~* line of policy, (*Ansicht*) political views *pl.*; *in gerader ~* in a straight line; ˈ**~s-anzeiger** *mot. m* direction indicator; ˈ2**weisend** guiding.
ˈ**Richt|waage** *f* level; ˈ**~wert** *m* standard value.
Ricke [ˈrikə] *f* (15) doe.
rieb [riːp] *pret. v. reiben.*
riechen [ˈriːçən] *v/t. u. v/i.* (30) smell(*nach* of; *an dat.* at); (*schnuppern*) sniff; *gut (übel) ~* smell good (bad); F *ich kann ihn nicht ~* I can't stand him; *s. Braten, Lunte.*
Ried [riːt] *n* (3) reed; (*Moor*) marsh.
rief [riːf] *pret. v. rufen.*
Riefe [ˈriːfə] *f* (15) channel, chamfer; *bsd. an Säulen*: flute; 2**ln** [ˈ~fəln] (29) channel, chamfer; flute.
Riege [ˈriːgə] *f* (15) section, squad.
Riegel [ˈriːgəl] *m* (7) bar, bolt; (*Kleider*2) (clothes-)rack; *Seife, Schokolade*: bar; *fig. e-n ~ vorschieben* (*dat.*) put a stop to; ˈ2**n** (29) bar, bolt.
Riemen [ˈriːmən] *m* (6) strap, thong; (*Leib*2; ⊕ *Treib*2) belt; (*Gewehr*2) sling; ⚓ oar; ˈ**~antrieb** *m* belt drive; ˈ**~scheibe** ⊕ *f* (belt-) pulley.
Ries [riːs] *n* (4, *als Maß nach Zahlen inv.*) *Papiermaß*: ream.
Riese [ˈriːzə] *m* (13) giant.

rieseln [ˈri:zəln] (29, h. *u.* sn) purl, ripple; (*tröpfeln*) trickle; *es rieselt* it drizzles.

ˈ**Riesen**|**-erfolg** *m* enormous success; F smash (hit); ˈ**2groß**, ˈ**2haft** *s. riesig*; ˈ**~rad** *n* Ferris wheel; ˈ**~schlange** *f* boa constrictor; ˈ**~schritt** *m*: *mit ~en* with giant strides; ˈ**~schwung** *m Turnen*: giant circle; ˈ**~slalom** *m* giant slalom.

ˈ**riesig** gigantic(ally *adv.*), collossal, huge, enormous; F (*mst adv.*) *fig. a.* immense(ly), tremendous(ly).

ˈ**Riesin** *f* giantess.

riet [ri:t] *pret. v. raten.*

Riff [rif] *n* (3) reef.

riffeln [ˈrifəln] (29) *s. riefeln*; *Flachs*: ripple.

Rille [ˈrilə] *f* (15) groove.

Rimesse [riˈmɛsə] *f* (15) remittance.

Rind [rint] *n* (1) ox, cow; *pl.* (horned) cattle *sg.*

Rinde [ˈrində] *f* (15) ✿ bark; (*Brot*2) crust; (*Käse*2) rind; (*Gehirn*2) cortex.

ˈ**Rinder**|**braten** *m* roast beef; ˈ**~pest** *f* cattle-plague; ˈ**~zunge** *f* neat's (*od.* ox) tongue.

ˈ**Rind**|**fleisch** *n* beef; ˈ**~(s)leder** *n* neat's leather, cow-hide; ˈ**~vieh** *n* horned cattle; P *fig.* idiot.

Ring [riŋ] *m* (3) ring (*a.* ✝ *u. Boxen*); (*Kreis, a. fig.*) circle; *e-r Kette*: link; ✝ pool, *Am.* combine; ˈ**~bahn** *f* circular railway; ˈ**~buch** *n* ring binder.

Ringel [ˈriŋəl] *m* (7) ringlet, curl; ˈ**~haar** *n* curled hair; ˈ**~locke** *f* ringlet; ˈ**2n** (29, *a. sich*) curl; ˈ**~natter** *f* ring-snake; ˈ**~reihen** *m*, ˈ**~tanz** *m* round dance; ˈ**~taube** *f* ring-dove.

ring|**en**[1] [ˈriŋən] (30) *v/i.* wrestle (*a. fig. mit sich, e-m Problem* with); *weitS.* struggle (*um, nach* for); *nach Atem ~* gasp for breath; *s. Tod*; *v/t. die Hände, Wäsche*: wring; ˈ**2en**[2] *n* wrestling; *fig.* struggle; ˈ**2er** *m* (7) wrestler.

ˈ**Ring**|**finger** *m* ring-finger; **2förmig** [ˈ~fœrmiç] ring-shaped, annular; ˈ**~kampf** *m* wrestling (match); ˈ**~kämpfer** *m* wrestler; ˈ**~mauer** *f* circular wall; ˈ**~richter** *m Boxen*: referee; ˈ**~sendung** *f Radio*: hook-up.

rings [riŋs] (*a. ~ um prp.*) around; ˈ**~heˈrum**, **~ˈum**, ˈ**~-umˈher** round about; (*überall*) everywhere.

Rinn|**e** [ˈrinə] *f* (15) (*Rille*) groove; (*Dach*2) gutter, eaves *pl.*; (*Leitungs*2) conduit; (*Wasser*2) gully; (*Kanal*) canal; ˈ**2en** (30): **a**) (sn) run, flow; (*tröpfeln*) drip, trickle; **b**) (h.) (*lecken*) leak; **~sal** [ˈ~za:l] *n* streamlet, rill; ˈ**~stein** *m* gutter; *Küche*: sink.

ˈ**Rippchen** *n* (6) cutlet.

Rippe [ˈripə] *f* (15) rib (*a.* ✿, ✶); △ groin; *mot.*, ✶ fin; *Schokolade*: bar; ˈ**2n** (25) rib.

ˈ**Rippen**|**fell** *anat. n* pleura; ˈ**~fellentzündung** *f* pleurisy; ˈ**~stoß** *m* dig in the ribs; *heimlicher*: nudge.

ˈ**Rippe(n)speer** *m* sparerib.

Rips [rips] *m* (4) *Stoff*: rep.

Risiko [ˈri:ziko] *n* (11) risk; *auf eigenes ~* at one's own risk; *ein ~ eingehen* take (*od.* run) a risk.

risk|**ant** [risˈkant] risky; **~ieren** [~ˈki:rən] risk.

Rispe ✿ [ˈrispə] *f* (15) panicle.

Riß [ris] **1.** *m* (4) rent, tear; (*Spalte*) crevice, fissure (*a.* ⊕); (*Sprung*) crack; (*Schramme*) scratch; (*Zeichnung*) draft, plan, sketch; *fig. in der Freundschaft usw.*: rupture; (*Spaltung*) split, schism; *Risse pl. in der Haut*: chaps; **2.** 2 *pret. v. reißen* 1.

rissig [ˈrisiç] cracked, fissured; *Haut, trockener Boden*: chappy; *~ werden* crack.

Rist [rist] *m* (3^2) *des Fußes*: instep; *der Hand*: wrist.

Ritt [rit] **1.** *m* (3) ride; **2.** 2 *pret. v. reiten.*

ˈ**Ritter** *m* (7) knight; (*Begleiter e-r Dame*) cavalier; (*Kämpe*) champion; *j-n zum ~ schlagen* dub a p. a knight, knight a p.; *arme ~ pl.* (*Speise*) fritters; ˈ**~burg** *f* knight's castle; ˈ**~gut** *n* manor; ˈ**2lich** knightly; *fig.* chivalrous; ˈ**~lichkeit** *f* gallantry, chivalry; ˈ**~-orden** *m* knightly order; ˈ**~schaft** *f* knights *pl.*; (*Eigenschaft*) knighthood; ˈ**~schlag** *m* knighting, dubbing; ˈ**~sporn** ✿ *m* larkspur; ˈ**~tum** *n* (1^2) chivalry.

rittlings [ˈ~liŋs] astride (*auf dat. a th.*).

ˈ**Rittmeister** *hist. m* captain of horse, (cavalry) captain.

Ritual [rituˈa:l] *n* (3^1), **rituell** [~ˈɛl] ritual.

Ritus [ˈri:tus] *m* (16^2 *u. inv.*) rite.

Ritz [rits] *m* (3^2), '**~e** *f* (15) fissure, crevice, rift; (*Schramme*) scratch; '**Ꝍen** (27) scratch.

Rival|e [ri'vɑːlə] *m* (13), **~in** *f* (16^1) rival; **Ꝍi'sieren** [~vali-] rival; **~ität** [~i'tɛːt] *f* (16) rivalry.

Rizinusöl ['riːtsinus'øːl] *n* castor oil.

Robbe ['rɔbə] *f* (15) seal; '**Ꝍn** ⚔ crawl; '**~nfang** *m* sealing.

Robe ['roːbə] *f* gown; (*Amts*Ꝍ) robe.

Roboter ['roːbɔtər] *m* (7) robot.

robust [ro'bust] robust, sturdy.

roch [rɔx] *pret. v. riechen.*

röcheln ['rœçəln] (29) gasp.

Roche(n) ['rɔxə(n)] *m* (6) ray.

rochieren [rɔ'ʃiːrən] *v/i. u. v/t. Schach*: castle (one's king); *v/i. Sport*: switch positions.

Rock [rɔk] *m* (3^3) coat; (*Jacke*) jacket; (*Damen*~) skirt; '**~en** *m* (6) distaff.

Rodel|bahn ['roːdəlbɑːn] *f* toboggan-slide; '**Ꝍn** (29, h. *u.* sn), '**~schlitten** *m* luge, toboggan.

rod|en ['roːdən] (26) *Wurzeln*: root out, stub up; *Wald, Land*: clear, stub; '**Ꝍung** *f* clearing.

Rogen ['roːgən] *m* (6) (hard) roe; '**~er** *m* (*weiblicher Fisch*) spawner.

Roggen ['rɔgən] *m* (6) rye.

roh [roː] (*unverarbeitet*) raw; *Diamant, Entwurf*: rough; *Öl, Metall* (*a. fig. primitiv*) crude; ⚚ (*brutto*) gross; *fig.* rough, rude; brutal; *mit ~er Gewalt* with brute force; '**Ꝍbau** *m* carcass; outside finish; '**Ꝍbaumwolle** *f* raw cotton; '**Ꝍbilanz** ⚚ *f* trial balance; '**Ꝍ-eisen** *n* pig-iron.

Roheit ['~haɪt] *f* rawness; (*Rauheit, a. fig.*) roughness; *fig.* rudeness, brutality.

'**Roh|-erzeugnis** *n* raw product; '**~faser** *f* crude fib|re, *Am.* -er; '**~gewicht** *n* gross weight; '**~gewinn** *m* gross profit; '**~gummi** *m* crude rubber; '**~kost** *f* raw diet, uncooked (vegetarian) food; '**~köstler(in** *f*) *m* vegetarian, fruitarian; '**~leder** *n* rawhide; '**~ling** *m* (3^1) brute, ruffian; *metall.* slug; *Gießerei*: blank; '**~material** *n* raw material; '**~metall** *n* crude metal; '**~-öl** *n* crude oil; '**~produkt** *n* raw product.

Rohr [roːr] *n* (3) (*Schilf*Ꝍ) reed; (*Bambus*Ꝍ; *~stock*) cane; ⊕ (*Röhre*) tube, pipe; (*Kanal*) duct; ⚔ barrel; '**~bruch** *m* pipe burst.

Röhre ['røːrə] *f* (15) tube; (*nur Leitungs*Ꝍ) pipe; ⊕ duct; *Radio usw.*: valve, *Am.* tube; (*Brat*Ꝍ) oven; '**Ꝍn** *zo.* (25) *Hirsch*: bell; '**Ꝍnförmig** tubular.

'**Rohr|leger** *m* pipe-layer, plumber; '**~leitung** *f* conduit; *im Haus*: plumbing; (*Fernleitung*) pipeline; '**~post** *f* pneumatic post; '**~schelle** *f* pipe clamp; '**~schlange** ⊕ *f* spiral tube, coil; '**~spatz** *m* reed-bunting; F *schimpfen wie ein ~* (scold and) fume; '**~stiefel** *m* Wellington; '**~stock** *m* cane; '**~stuhl** *m* cane(-bottomed) chair; '**~zange** *f* pipe-wrench; '**~zucker** *m* cane-sugar.

'**Roh|seide** *f* raw silk; '**~stahl** *m* crude steel; '**~stoff** *m* raw material; '**~zucker** *m* unrefined sugar.

'**Rolladen** *m* roller blind.

'**Roll|bahn** ✈ *f* runway; '**~dach** *mot. n* sliding (*od.* sunshine) roof.

Rolle ['rɔlə] *f* (15) roll; (*Walze, Welle*) roller; (*Draht*Ꝍ, *Tau*Ꝍ) coil; (*Spule*) reel; *am Flaschenzuge*: pulley; *unter Möbeln*: cast|or, *Am.* -er; (*Wäsche*Ꝍ) mangle; *~ Stoff* bolt of cloth; (*Liste*) list, register; *thea. u. fig.* part, rôle; *e-e ~ spielen* play a part (*a. fig. bei, in dat.* in), *fig. a.* figure (in); *das spielt keine ~* that makes no difference; *Geld spielt keine ~* money is no object; *fig. aus der ~ fallen* forget o.s., misbehave.

'**rollen** (25) *v/i.* (h. *u.* sn) *u. v/t.* roll; *auf Rädern*: wheel; ✈ taxi; 🚂 *~des Material* rolling stock; *fig. ins* Ꝍ *bringen* (*od. kommen*) get underway.

'**Rollen|besetzung** *f*, '**~verteilung** *thea. f* cast; '**~lager** *n* roller bearing.

'**Roller** *m* (7) motor-scooter; *für Kinder*: scooter; *Sport*: daisy-cutter; (*Vogel*) roller.

'**Roll|feld** ✈ *n* taxiway; runway; '**~film** *phot. m* roll-film; '**~kommando** *n* raiding squad; '**~kragen** *m* turtle-neck collar; '**~mops** *m* collared herring; '**~schrank** *m* roll-fronted cabinet; '**~schuh** *m* roller-skate; '**~schuhbahn** *f* skating-rink; '**~schuhläufer** *m* roller-skater; '**~stuhl** *m* wheel chair; '**~treppe** *f* moving staircase, escalator; '**~wagen** *m* truck.

Roman [ro'mɑːn] *m* (3^1) novel, (work of) fiction; (*Ritter*Ꝍ *u. fig.*) romance; **~dichter(in** *f*) *m* novelist; **~en** *pl. the* Romanic peoples; **♀haft** romantic(ally *adv.*), fictitious; **~held** *m* hero of a novel; **♀isch** Romanic; *von Sprachen oft*: Romance; **~ist** [~ma'nist] *m* (12) Romance scholar *od.* student; **~literatur** *f* fiction; **~schriftsteller(in** *f*) *m* novelist.

Romant|ik [~'mantik] *f* (16) romanticism; **~iker** *m* romanticist; **♀isch** romantic(ally *adv.*).

Romanze [~'mantsə] *f* (15) romance (*a. fig.*).

Röm|er ['rø:mər] *m* (7) Roman; (*Pokal*) rummer; '**♀isch** Roman.

Rommé [rɔ'me:] *n* (11) rummy.

röntgen ['rœntgən] (25) ⚕ X-ray; '**♀** *n* (*Einheit*) roentgen; '**♀-apparat** *m* X-ray apparatus; '**♀-aufnahme** *f*, '**♀bild** *n* X-ray picture, radiograph; '**♀bestrahlung** *f*, '**♀behandlung** *f* X-ray treatment; **♀ologe** [~o'lo:gə] *m* radiologist; **♀ologie** [~olo'gi:] *f* radiology; '**♀-schirm** *m* (fluorescent) screen; '**♀strahlen** *m/pl.* Roentgen (*od.* X-) rays *pl.*; '**♀-untersuchung** *f* X-ray examination.

rosa ['ro:za] pink; *fig.* rose-colo(u)red.

Rose ['ro:zə] *f* (15) rose; ⚕ *the* rose, 🄤 erysipelas; *s. Fenster♀, Kompaß♀.*

'**Rosen|busch** *m* rose-bush; '**~garten** *m* rosery; '**~kohl** *m* Brussels sprouts *pl.*; '**~kranz** *eccl. m* rosary; **~'montag** *m* monday before Lent; '**~-öl** *n* attar (of roses); '**♀rot** rose-colo(u)red, rosy; '**~stock** *m* rose-tree.

Rosette [ro'zɛtə] *f* (15) rosette.

'**rosig** rosy (*a. fig.*).

Rosine [ro'zi:nə] *f* (15) raisin; *große ~* plum; *kleine ~* currant; F (*große*) *~n im Kopf haben* have high-flown ideas.

Rosmarin ⚘ [rɔsma'ri:n] *m* (3^1) rosemary.

Roß [rɔs] *n* (4) horse; *rhet.* steed; *hoch zu ~* mounted on horseback; *fig. sich aufs hohe ~ setzen* mount the high horse; '**~-arzt** *m* veterinarian.

Rösselsprung ['rœsəlʃpruŋ] *m Schach*: knight's move.

Roß|haar *n* horsehair; '**~kastanie** *f* horse-chestnut; '**~kur** *f* drastic cure.

Rost[1] [rɔst] *m* (3) rust; **~**[2] (*Feuer♀*) grate; (*Brat♀*) gridiron, grill; '**♀-beständig** rust-resistant, rust-proof; '**~braten** *m* roast joint.

'**Röstbrot** *n* toast.

rosten ['rɔstən] (26, h. *u.* sn) rust; *nicht ~d Stahl usw.*: *s. rostfrei.*

rösten ['rø:stən] (26) roast; *Brot*: toast.

'**rost|frei** rustless, rustproof; *bsd. Stahl*: stainless; '**~ig** rusty.

'**Röstkartoffeln** *f/pl.* fried potatoes.

rot [ro:t] **1.** *adj.* red (*a. pol.*); **♀es** *Kreuz* Red Cross; F *~ sehen* see red; (*wie*) *ein ~es Tuch für j-n* a red rag to a p.; *~ werden im Gesicht*: redden, flush, *verlegen*: blush; **2.** ♀ *n* (3) red; (*Schminke*) rouge.

Rotation [rota'tsjo:n] *f* (16) rotation; **~sdruck** *typ. m* rotary printing; **~smaschine** *f* rotary press.

'**rot|blond** sandy; '**~braun** reddish brown; '**♀buche** ⚘ *f* copper-beech; '**♀dorn** ⚘ *m* pink hawthorn; '**♀e** *pol. m* Red.

Röt|e ['rø:tə] *f* (15) redness, red colo(u)r; '**~el** *m* (7) red chalk; '**~eln** ⚕ *pl.* German measles; '**♀en** (26, *a. sich*) redden, flush.

'**Rot|fuchs** *m* (red) fox; (*Pferd*) bay (*od.* sorrel) horse; '**♀gelb** reddish yellow; '**♀glühend** red-hot; '**~glut** *f* red heat; '**♀haarig** red-haired; '**~haut** *f* redskin.

rotieren [ro'ti:rən] rotate.

Rot|käppchen ['~kɛpçən] *n* Red Riding Hood; **~kehlchen** ['~ke:lçən] *n* (6) robin (redbreast); '**~lauf** ⚕ *m* erysipelas; *vet.* red murrain.

rötlich ['rø:tliç] reddish.

Rot|schwänzchen ['~ʃvɛntsçən] *n* (6) redstart; '**~stift** *m* red pencil; '**~tanne** *f* spruce.

Rotte ['rɔtə] *f* (15) gang (*a. b.s.*); '**~nführer** *m v. Arbeitern*: foreman.

'**Rot|wein** *m* red wine; *französischer*: claret; '**~welsch** *n* thieves' cant; '**~wild** *n* red deer.

Rotz [rɔts] *m* (3^2) P snot; *vet.* glanders *pl.*; '**♀ig** P snotty; *vet.* glandered; '**~nase** P *f* snot-nose (*a. als Schimpfwort*).

Roulade [ru'la:də] *f* (15) *Küche*: meat-roll, *Am.* roulade (*a.* ♪).

Rouleau [ru'lo:] *n* (11) roller-blind.

Roulett(e *f*) [ru'lɛt] *n* (3 *od.* 11) roulette.

Route ['ru:tə] *f* (15) route.

Routin|e [ruˈtiːnə] *f* (15), **♀emäßig** *adj.* routine; **♀iert** [~tiˈniːrt] experienced.

Rübe [ˈryːbə] *f* (15) rape; *weiße* ~ white beet, turnip; *rote* ~ red beet, beetroot; *gelbe* ~ carrot.

Rubel [ˈruːbəl] *m* (7) rouble.

ˈ**Rübenzucker** *m* beet sugar.

rüber F [ˈryːbər] *s. herüber(...), hinüber(...).*

Rubin [ruˈbiːn] *m* (3[1]) ruby.

Rubrik [ruˈbriːk] *f* (16) heading, rubric; (*Spalte*) column.

ˈ**Rübsamen** *m* rape-seed.

ruch|bar [ˈruːxbaːr]: ~ *werden* become known, get about *od.* abroad; ˈ**~los** wicked, infamous, foul; ˈ**♀losigkeit** *f* wickedness, profligacy.

Ruck [ruk] *m* (3) jerk, *Am.* F yank; (*Stoß*) shock, jolt (*a. fig.*); *auf* ˈ*einen* ~ at one go; *sich e-n* ~ *geben* pull o.s. together; ˈ**♀-artig** jerky; *adv.* (*plötzlich*) of a sudden.

ˈ**Rück|-ansicht** *f* back view; ˈ**~-anspruch** *m* recourse; ˈ**~-antwort** *f* reply; *Postkarte mit* ~ reply postcard; *Telegramm mit bezahlter* ~ reply-paid; ˈ**♀bezüglich** *gr.* reflexive; ˈ**~blende** *f*, ˈ**~blendung** *f Film*: flashback; ˈ**♀blenden** *Film*: cut back; ˈ**~blick** *m* retrospect(ive view), glance back; ˈ**♀datieren** antedate.

rücken[1] [ˈrykən] (25) *v/t.* move; (*schieben*) shift; *v/i.* (sn) move; (*Platz machen*) move over; *näher* ~ draw near, approach; *im Range höher* ~ rise; *an j-s Stelle* ~ take a p.'s place; *nicht von der Stelle* ~ not to budge (an inch); *s. Leib.*

Rücken[2] [~] *m* (6) back (*a. Buch♀, Hand♀, Messer♀ usw.*); (*Berg♀*) ridge; (*Nasen♀*) bridge; ⚔ rear; *hinter j-s* ~ behind a p.'s back; *j-m in den* ~ *fallen* attack a p. from the rear, *fig.* stab a p. in the back; *j-m den* ~ *stärken* stiffen a p.'s back; *s. kehren*; ˈ**~deckung** *f* ⚔ rear cover; *fig.* backing; ˈ**~flug** ✈ *m* inverted flight; ˈ**~lage** *f* supine position; ˈ**~lehne** *f* back(-rest); ˈ**~mark** *n* spinal marrow *od.* cord; ˈ**~schmerzen** *m/pl.* pain in the back, aching back *sg.*; ˈ**~schwimmen** *n* back-stroke; ˈ**~wind** *m* tail wind; ˈ**~wirbel** *anat. m* dorsal vertebra.

ˈ**Rück|-erstattung** *f* restitution; *v. Geld*: refund; *v. Kosten*: reimbursement; ˈ**~fahrkarte** *f* return(-ticket), *Am.* round-trip ticket; ˈ**~fahrt** *f* return (journey *od.* trip); ˈ**~fall** *m* relapse; *e-s Verbrechers*: *a.* recidivism; ˈ**♀fällig** relapsing; ⚖ *a.* recidivous; ~ *werden* (have a) relapse; ˈ**~fenster** *n* rear window; ˈ**~flug** ✈ *m* return flight; ˈ**~fracht** *f* return freight; ˈ**~frage** *f* further inquiry, check-back; ˈ**~führung** *f in die Heimat*: repatriation; ˈ**~gabe** *f* return; restitution; ˈ**~gang** *m* (*Rückweg*) return; *fig.* decline, retrogression; ⚕ *der Geschäfte*: recession; *der Produktion*: falling-off; **♀gängig** [ˈ~gɛŋiç] retrograde; ⚕ declining; ~ *machen* undo, *Auftrag usw.*: cancel; ˈ**~gewinnung** *f* recovery; ˈ**~grat** *n* spine, (*a. fig.*) backbone; ˈ**♀gratlos** *fig.* spineless; ˈ**~griff** *m* recourse (*auf acc.* to); ˈ**~halt** *m* support; ˈ**♀haltlos** unreserved, frank; ˈ**~hand(schlag** *m*) *f Tennis*: backhand (stroke); ˈ**~kampf** *m Sport*: return match; ˈ**~kauf** *m* repurchase; (*Einlösung*) redemption; ˈ**~kaufswert** *m* surrender value; ˈ**~kehr** *f* (16), **~kunft** [ˈ~kunft] *f* (14[1]) return; ˈ**~kopplung** *f Radio*: feedback; ˈ**~lage** *f* reserve(s *pl.*); ˈ**~lauf** ⚔ *m* recoil; ˈ**♀läufig** *s. rückgängig*; ˈ**~licht** *mot. n* rear (*od.* tail) light; ˈ**♀lings** backwards; (*von hinten*) from behind; ˈ**~marsch** *m* march back *od.* home; (*Rückzug*) retreat; **~nahme** [ˈ~naːmə] *f* taking back; ˈ**~porto** *n* return postage; ˈ**~prall** *m* rebound; ˈ**~reise** *f* return journey; ˈ**~ruf** *m* recall.

Rucksack [ˈrukzak] *m* rucksack.

ˈ**Rück|schau** *f s. Rückblick*; ˈ**~schlag** *m* backstrike; *fig.* setback, reaction, reverse; *des Gewehrs*: kick; ˈ**~schluß** *m* conclusion, inference; ˈ**~schritt** *m* step back; *fig. a.* retrogression, regress; *pol.* reaction; ˈ**♀schrittlich** reactionary; ˈ**~seite** *f* back, reverse; *e-r Münze*: tail; ˈ**~sendung** *f* return; ˈ**~sicht** *f* respect, regard, consideration; ~ *nehmen auf* (*acc.*) have regard for *a p.*, to (*od.* for) *a th.*; (*in Betracht ziehen*) make allowance for; *ohne* ~ *auf* (*acc.*) without regard to *od.* for, without respect to, irrespective of; *mit* ~ *auf* (*acc.*) with regard to, considering; ˈ**~sichtnahme** *f* considcrateness, consideration (*auf acc.* of, for); 'ᒾ**sichtslos** regardless (*gegen* of), inconsiderate; (*unbekümmert*) reckless; (*unbarmherzig*) ruthless; '**~sichtslosigkeit** *f* lack of consideration, inconsiderateness; recklessness; 'ᒾ**sichtsvoll** regardful (*gegen* of, for); considerate; '**~sitz** *m* back-seat; '**~spiegel** *mot. m* rear-view mirror; '**~spiel** *n Sport*: return match; '**~sprache** *f* consultation; *~ nehmen mit* consult with; *nach ~ mit ...* on consultation with; '**~stand** *m* (*Zahlungs*ᒾ) arrears *pl.*; (*Arbeits*ᒾ) backlog; ⚗ residue; *im ~ sein mit* be behind with; 'ᒾ**ständig** in arrears (*mit* with); *Ansicht*: backward, antiquated; *~e Miete* arrears *pl.* of rent; '**~ständigkeit** *f* backwardness; '**~(stell)taste** *f* back spacer; '**~stoß** *m* repulsion; *e-r Schußwaffe*: recoil, kick; '**~strahler** *mot. m* (7) rear reflector; '**~strom** ⚡ *m* reverse current; '**~taste** *f* back spacer; '**~tritt** *m* withdrawal, retreat; *vom Amt*: resignation; '**~trittbremse** *f Fahrrad*: backpedal(l)ing brake, *Am.* coaster brake; '**~-übersetzung** *f* retranslation; 'ᒾ**vergüten** refund; '**~vergütung** *f* refund, reimbursement; '**~versicherung** *f* reinsurance; ᒾ**wärtig** ['~vɛrtiç] rear(ward); 'ᒾ**wärts** back, backward(s); '**~wärtsgang** *mot. m* reverse (gear); '**~wechsel** ⚕ *m* redraft; '**~weg** *m* way back, return.

'**ruckweise** by jerks, by fits and starts.

'**rück|wirkend** reacting; ⚖ retroactive; 'ᒾ**wirkung** *f* reaction; (*Auswirkung*) repercussion; '**~zahlbar** repayable; '**~zahlen** repay; 'ᒾ**zahlung** *f* repayment; 'ᒾ**zieher** *m Fußball*: overhead kick; F *fig.* climbdown; *e-n ~ machen* back down; 'ᒾ**zoll** *m* (customs-)drawback; 'ᒾ**zollgüter** *n/pl.* debenture goods; 'ᒾ**zug** *m* retreat; 'ᒾ**zugsgefecht** *n* running fight.

Rüde¹ ['ry:də] *m* (13) large hound; male dog *od.* fox *od.* wolf; ᒾ² rude.

Rudel ['ru:dəl] *n* (7) herd, troop; *Wölfe, U-Boote*: pack.

Ruder ['ru:dər] *n* (7) oar; (*Steuer*ᒾ) rudder, helm; ✈ control surface; *fig. am ~* at the helm; *ans ~ kommen* come into power; '**~boot** *n* row(-ing)-boat; '**~er** *m* (7) rower, oarsman; '**~fahrt** *f* row; '**~in** *f* oarswoman; '**~klub** *m* rowing club; 'ᒾ**n** (29) *v/i.* (h. *u.* sn) *u. v/t.* row; '**~n** *n* (6) rowing; '**~pinne** *f* tiller; '**~regatta** *f* boat race, regatta; '**~sport** *m* rowing (sport).

Ruf [ru:f] *m* (3) call; (*Schrei*) cry, shout; (*Berufung*) summons, *univ.* call; (*Leumund*) reputation, repute; ⚕ standing, credit; (*Ruhm*) fame; *in gutem (schlechtem) ~e stehen* be well (ill) reputed; *im ~e e-s ... stehen* be reputed to be a ...; 'ᒾ**en** *v/t. u. v/i.* (30) call; (*schreien*) cry, shout (*alle: um, nach* for); *den Arzt*: call (in); *~ lassen* send for; *es kommt mir wie gerufen* that comes in handy.

Rüffel F ['ryfəl] *m* (7), 'ᒾ**n** (29) reprimand.

'**Ruf|mord** *m* character assassination; '**~name** *m* Christian (*od.* first) name; '**~nummer** *teleph. f* call-number; '**~weite** *f*: *in ~* within call *od.* earshot; '**~zeichen** *n Radio usw.*: call-sign(al).

Rüge ['ry:gə] *f* (15) reproof, censure, reprimand; 'ᒾ**n** (25) reprove; censure, denounce.

Ruhe ['ru:ə] *f* (15) rest, repose; (*Stille, Schweigen*) quiet, silence; (*Frieden*) peace, *innere*: *a.* peace of mind; (*Gelassenheit*) calm(ness), composure; *~ und Ordnung* peace (*od.* law) and order; *~ vor dem Sturm* lull before the storm; *ewige ~* eternal peace; *in aller ~* very calmly, (*gemütlich*) leisurely; *~ bewahren* keep quiet, *nervlich*: keep cool; *sich zur ~ begeben* go to rest; *lassen Sie mich in ~!* let me alone!; *j-m keine ~ lassen* give a p. no rest; *sich zur ~ setzen* retire; *immer mit der ~!* take it easy!; *~!* silence!, be quiet!; 'ᒾ**bedürftig** in need of rest; '**~bett** *n* couch; '**~gehalt** *n* (retiring) pension; '**~kissen** *n* pillow; '**~lage** ⊕ *f s. Ruhestellung*; 'ᒾ**los** restless; '**~losigkeit** *f* restlessness; 'ᒾ**n** *v/i. u. v/t.* (25) rest, *fig. a.* sleep; (*stillstehen*) be at a standstill; ⚖ be in abeyance; *~ auf (dat.) a. fig.* rest on (*a. Blick*), be based on; *er ruhte nicht, bis* he could not rest till; *hier ruht* here lies; *er ruhe in Frieden!* may he rest in peace!; *laß die Vergangenheit ~!* let bygones be bygones!;

'**~pause** *f* break, breather; (*ruhige Zeit*) lull; '**~platz** *m* resting-place; '**~punkt** *m* rest; *bsd.* ♪ pause; ⊕ fulcrum; '**~stand** *m* retirement; *in den ~ versetzen* superannuate, retire, pension off; *im ~* retired; *in den ~ treten* retire; '**~stätte** *f* place of rest; *letzte ~ fig.* last resting-place; '**~stellung** *f* normal position, ⊕ *a.* neutral (*od.* idle) position; '**~störer(in** *f*) *m* disturber of the peace, peace-breaker, rioter; '**~störung** *f* disturbance, riot; '**~strom** ⚡ *m* closed-circuit current; '**~tag** *m* day of rest; '**~zeit** *f* time of rest.

ruhig ['ru:iç] quiet (*a. Farbe,* ⚕ *Markt*); (*still, schweigend*) silent; (*friedlich*) peaceful, tranquil; calm (*a. See*); (*nervlich ~*) calm, cool; (*beruhigt*) reassured; (*gemächlich*) leisurely (*a. adv.*); *adv.* (*ohne weiteres*) easily, well; ⊕ *~er Gang* smooth running; *~e Sache sl.* soft job; *~ bleiben* keep one's temper; *tu das ~!* go right ahead; *~ verlaufen* be uneventful.

Ruhm [ru:m] *m* (3) glory; (*Berühmtheit*) fame; '**$\mathfrak{L}$bedeckt** covered with glory; '**~begier(de)** *f* thirst for glory.

rühmen ['ry:mən] (25) praise, extol; *sich ~* boast (*e-r Sache* of a th.); *sich e-r Sache ~ können* (*besitzen*) boast a th.; '**~swert** praiseworthy.

'**Ruhmesblatt** *n* page of glory.

rühmlich ['ry:mliç] glorious; (*löblich*) laudable.

'**ruhm|los** inglorious; **~redig** ['~re:diç] boastful, vainglorious; '**~voll** glorious.

Ruhr ⚕ [ru:r] *f* (16) dysentery.

Rührei ['ry:rʔaɪ] *n* scrambled eggs.

rühren ['ry:rən] (25, *a. sich ~*) stir, move; *Kochkunst*: stir, *Eier*: beat; (*innerlich ~, ergreifen*) touch, move (*zu Tränen* to tears); *~ an* (*acc.*) touch; (*her*)*~ von* come from; *fig. sich ~* be active; *sich nicht ~* not to budge, *fig.* make no move; *keinen Finger ~, keine Hand ~* not to stir a finger; *das rührte ihn wenig* it left him cold; ⚔ *rührt euch!* (stand) at ease!; *s. Donner, Trommel*; '**~d** touching, moving, affecting.

rührig ['ry:riç] active, busy; (*unternehmend*) enterprising; (*flink*) nimble; '**$\mathfrak{L}$keit** *f* activity; enterprise; nimbleness.

'**Rühr|löffel** *m* (pot-)ladle; '**$\mathfrak{L}$selig** sentimental; '**~stück** *thea. n* melodrama.

'**Rührung** *f* emotion.

Ruin [ru'ʔi:n] *m* (3) ruin; (*Verfall*) decay; **~e** *f* (15) ruin(s *pl.*); **$\mathfrak{L}$ieren** [~'ni:rən] *allg.* ruin (*sich* o.s.).

Rülps(er) ['rylps(ər)] *m* (4) belch.

'**rülpsen** (27) belch.

Rum [rum] *m* (3[1] *u.* 11) rum.

rum F [rum] *s. herum*(...).

Rumän|e [ru'mɛ:nə] *m* (13), **~in** *f* (16[1]), **$\mathfrak{L}$isch** Ro(u)manian.

Rummel ['ruməl] *m* (7) (*Getöse, Tumult*) hurly-burly, racket; (*Geschäftigkeit*) bustle; (*Aufheben*) stir, F to-do; (*Reklame$\mathfrak{L}$*) ballyhoo; *s. ~platz*; F *der ganze ~* the whole bag of tricks; ⚕ *im ~* in the lump; F *den ~ kennen* know what's what; '**~platz** *m* amusement park.

rumoren [ru'mo:rən] (25) make a noise; *fig.* rumble

Rumpel|kammer ['rumpəl-] *f* lumber-room; '**$\mathfrak{L}$n** (29) rumble.

Rumpf [rumpf] *m* (3[3]) trunk, body; *e-r Statue u. fig.*: torso; (*Schiffs$\mathfrak{L}$*) hull; ✈ body, fuselage.

rümpfen ['rympfən] (25): *die Nase ~* turn up one's nose, sniff (*über acc.* at).

Rumpsteak ['rumpste:k] *n* (11) rumpsteak, *Am.* porterhouse steak.

rund [runt] *allg.* round (*a. fig. Summe usw.*); (*kreisförmig*) circular; (*kugelförmig*) spherical; *Absage usw.*: plain, flat; *adv.* (*etwa*) about, in round figures; *~ um die Welt* round the world; '**$\mathfrak{L}$bau** *m* circular building; '**$\mathfrak{L}$blick** *m* view round, panorama; '**$\mathfrak{L}$bogen** *m* round arch.

Runde ['rundə] *f* (15) *allg.* round (*a. Boxen*; *a. Bier usw.*); *Renn-, Luftsport*: lap; (*Gesellschaft*) party; *in der* (*od. die*) *~* (a)round; *die ~ machen Wächter*: make (*od.* go) one's rounds, *Neuigkeit usw.*: go the round; '**$\mathfrak{L}$n** (26, *a. sich*) round; *fig.* round off.

'**Rund|-erlaß** *m* circular (notice); '**$\mathfrak{L}$-erneuern** *Reifen*: retread; '**~fahrt** *f* drive round *a town etc.*; (circular) tour; '**~fahrt-auto** *n* sight-seeing car; '**~flug** ✈ *m* circuit; *um die Welt*: round-the-world flight; '**~frage** *f* inquiry (by questionnaire *od.* circular), poll.

'**Rundfunk** *m* broadcast(ing), radio;

als Einrichtung: broadcasting system; *durch ~ verbreiten* broadcast; *im* (*od. durch*) ~ on (*od.* in) the radio, on (*od.* over) the air; *im ~ auftreten od. sprechen* speak over the radio, *Am.* be (*od.* go) on the air; '**~-ansager** *m* (radio) announcer; '**~-empfänger** *m*, '**~gerät** *n* (radio) receiver, radio set, *Brt. a.* wireless set; '**~gesellschaft** *f* broadcasting company, *Am.* radio corporation; '**~hörer(in** *f*) *m* listener; '**~programm** *n* radio program(me); '**~sender** *m* broadcast transmitter; *s. a. Rundfunkstation*; '**~sendung** *f* broadcast; program (-me); '**~sprecher** *m* broadcaster; '**~station** *f* broadcasting (*od.* radio) station; '**~-übertragung** *f* broadcasting, radio transmission; *einzelne*: broadcast.

'**Rund|gang** *m* circuit, tour; (*bsd.* ⚔) round; '**~gesang** *m* roundelay, glee; '**2he'raus** plainly, bluntly, point-blank; '**2he'rum** round about; '**~lauf** *m* (*Turngerät*) giant('s)-strike; '**2lich** round(ish); (*dicklich*) plump, F roly-poly; '**~reise** *f* circular tour *od.* trip, round trip; '**~reisekarte** *f* circular (tour) ticket, tourist ticket, *Am.* round-trip ticket; '**~schau** *f* panorama; (*Zeitung*) review; '**~schreiben** *n* circular (letter); '**~strecke** *f* circuit; **2'um** all (a)round; '**~ung** *f* roundness; F curve; '**2weg** flatly, plainly; '**~zange** *f* (*eine* a pair of) round-nose(d) pliers *pl.*

Rune ['ru:nə] *f* (15) runic letter, *pl.* runes; '**~nschrift** *f* runic characters *pl.*; '**~nstab** *m* runic wand.

Runge ['ruŋə] *f* (15) stake, stanchion.

Runkel ['ruŋkəl] *f* (15), '**~rübe** *f* beet(root).

Runzel ['runtsəl] *f* (15) wrinkle.

'**runz(e)lig** wrinkled.

'**runzeln** (29) wrinkle; *die Stirn ~* knit one's brows, frown.

Rüpel ['ry:pəl] *m* (7) lout; '**2haft** loutish, rude.

rupfen ['rupfən] (25) *Huhn usw.*: pluck (*a. fig. j-n*); (*ausrupfen*) pull up; *fig. j-n*: fleece; *s. Hühnchen.*

ruppig ['rupiç] unkempt, ragged; (*schäbig*) shabby; *fig.* rude, gruff.

Rüsche ['ry:ʃə] *f* (15) ruche, frill, ruffle; '**~nkragen** *m* ruffle collar.

Ruß [ru:s] *m* (3^2) soot.

Russ|e ['rusə] *m* (13), '**~in** *f* (16^1), '**2isch** Russian.

Rüssel ['rysəl] *m* (7) proboscis; *des Elefanten*: *a.* trunk; *des Schweins*: snout.

ruß|en ['ru:sən] (27) soot, blacken; *v/i.* smoke; '**~ig** sooty.

rüsten ['rystən] (26) *v/t.* prepare (*auf acc., zu* for); *bsd.* ⚔ arm; *s. aus~*; *v/i.* (*a. sich*) prepare, get ready (*zu* for).

Rüster ⚘ ['ry:stər] *f* (15) elm.

rüstig ['rystiç] vigorous, strong, well-preserved; *er ist* (*für sein Alter*) *noch recht ~* he bears his years well; '**2keit** *f* vigo(u)r.

'**Rüstung** *f* preparation(s *pl.*); (*Bewaffnung*) arming, armament; (*Harnisch*) armo(u)r; '**~sfabrik** *f* war (*od.* armament) factory; '**~s-industrie** *f* armament industry; '**~swettlauf** *m* armament race.

'**Rüstzeug** *n* (set of) tools; *fig.* (*geistiges* mental) equipment.

Rute ['ru:tə] *f* (15) rod; (*Gerte*) switch; *zum Züchtigen*: rod, birch (rod); *anat.* penis; *hunt.* (*Schwanz, bsd. des Fuchses*) brush; *j-m die ~ geben* whip (*od.* flog) a p.

Ruten|gänger ['~ngɛŋər] *m* (7) dowser, diviner.

Rutsch [rutʃ] *m* (3^2) slide, glide; '**~bahn** *f*, '**~e** *f* slide, (*a. Güter2, Wasser2*) chute; '**2en** (27, sn) glide, slide; (*aus~*; *entgleiten*) slip; *Fahrzeug*: skid; '**2ig** slippery.

rütteln ['rytəln] *v/t. u. v/i.* (29) shake, jog; ⊕ vibrate; *Wagen*: jolt; *~ an der Tür* rattle at, *fig.* assail, shake; *daran ist nicht zu ~* that's a fact; *gerüttelt(es) Maß* good measure (of).

S

S [ɛs], **s** *n inv.* S, s.
Saal [zɑːl] *m* (3³) hall.
Saat [zɑːt] *f* (16) (*Säen*) sowing; (*Same*) seed; (*sprossende Pflanzen*) standing (*od.* growing) crops *pl.*; ˈ**~gut** *n* seed (-grain); ˈ**~krähe** *f* rook; ˈ**~zeit** *f* seed-time.
Sabbat [ˈzabat] *m* (3) Sabbath; ˈ**~schändung** *f* Sabbathbreaking.
sabbern [ˈzabərn] (29) drivel, slaver, *Am.* drool; (*schwatzen*) twaddle.
Säbel [ˈzɛːbəl] *m* (7) sab|re, *Am.* -er; *fig. mit dem ~ rasseln* rattle the sabre; ˈ**~beine** *n/pl.* bow-legs; ˈ**⁓beinig** bow-legged; ˈ**~hieb** *m* sword-cut; ˈ**⁓n** (29) sab|re, *Am.* -er.
Sabot|age [zaboˈtɑːʒə] *f* (15) sabotage; **~eur** [~ˈtøːr] *m* (3¹) saboteur; **⁓ieren** [~ˈtiːrən] sabotage.
Sacharin [zaxaˈriːn] *n* (3¹) saccharin(e).
ˈ**Sach|be-arbeiter(in** *f*) *m* referee; *engS.* competent official; *in der Sozialpflege*: case worker; ˈ**~beschädigung** *f* property damage; ˈ**~bücher** *n/pl.* non-fiction *sg.*; ˈ**⁓dienlich** relevant, pertinent.
Sache [ˈzaxə] *f* (15) thing; (*Angelegenheit*) affair, matter, business, concern; (*Thema, Gebiet*) subject; (*Punkt*) point; (*Streitfrage*) issue; (*Fall*) case; ⚖ case, (*a. weitS.*) cause; *s. gemeinsam*; (*nicht*) *zur ~* (*gehörig*) (ir)relevant, *pred. a.* to (off) the point; *bei der ~ bleiben* stick to the point; *zur ~ kommen* come to the point; *er versteht s-e ~* he knows his job; *ganz bei der ~ sn* be all attention; *nicht bei der ~ sn* be absent-minded; *s-r ~ sicher sein* be sure of one's ground; *das tut nichts zur ~* that makes no difference; *es ist seine ~* it is his business (*zu inf.* to *inf.*); *die ~ ist die, daß ...* the point is that ...; *s-e ~ gut* (*schlecht*) *machen* acquit o.s. well (ill); F *mit 100 ~n mot.* with sixty (miles per hour); ˈ**~n** *f/pl.* (*Waren, Gepäck usw.*) things, belongings, luggage, clothes, *etc.*
ˈ**Sach|frage** *f* practical issue; ˈ**~gebiet** *n* subject, field; ˈ**⁓gemäß** proper(ly *adv.*), appropriate(ly); ˈ**~katalog** *m* subject catalog(ue); ˈ**~kenner** *m*, **~kundige** [ˈ~kundigə] *m* expert; ˈ**~kenntnis** *f* special (*od.* expert) knowledge, experience; ˈ**⁓kundig** *s. sachverständig*; ˈ**~lage** *f* state of affairs, position; ˈ**~leistung** *f* performance in kind.
ˈ**sachlich** factual, real; (*zur Sache gehörig*) pertinent, relevant, *pred.* to the point; (*unparteiisch*) unbias(s)ed, impartial; *a.* ⚠ practical; (*Ggs. subjektiv*) objective; (*nüchtern*) matter-of-fact, businesslike, unemotional; *aus ~en Gründen* for technical reasons; *~ richtig* factually correct.
sächlich [ˈzɛçliç] neuter.
ˈ**Sachlichkeit** *f* objectivity; impartiality; matter-of-factness; realism.
ˈ**Sachregister** *n* (subject) index.
ˈ**Sachschaden** *m* damage to property.
Sachse [ˈzaksə] *m* (13), **Sächsin** [ˈzɛksin] *f* (16¹), ˈ**sächsisch** Saxon.
sacht(e) [ˈzaxt(ə)] soft, gentle; (*langsam*) slow; (*vorsichtig*) cautious, gentle; *~!* gently!; F (*immer*) *~!* take it easy!, come, come!
Sach|verhalt [ˈ~fɛrhalt] *m* (3) facts *pl.* (of the case); *s. a. Sachlage*; ˈ**~vermögen** *n* tangible property; ˈ**⁓verständig** expert(ly *adv.*), competent(ly); ˈ**~verständige** *m, f* expert; ˈ**~walter** *m* advocate; (*Anwalt*) solicitor; (*Treuhänder*) trustee; (*Vertreter*) agent; ˈ**~wert** *m* real value; *konkret*: *~e pl.* material assets *pl.*
Sack [zak] *m* (3³) sack, bag; *anat., zo.* sac; *mit ~ und Pack* with bag and baggage; *s. Katze.*
Säckel [ˈzɛkəl] *m* (6) purse.
sacken [ˈzakən] (25) **1.** *v/t.* sack, put into sacks; **2.** *v/i.* (sn) (*sinken*) sink, give way, sag.
ˈ**Sack|gasse** *f* blind alley; *fig.* impasse, deadlock; ˈ**~hüpfen** *n*, ˈ**~laufen** *n* sack-race; ˈ**~leinwand** *f* sacking, burlap; ˈ**~pfeife** *f* bagpipe; ˈ**~tuch** *n* sacking; (*Taschentuch*) pocket-handkerchief.
Sadis|mus [zaˈdismus] *m inv.* sadism; **~t** *m* (12) sadist; **⁓tisch** sadistic.
ˈ**Sä(e)|mann** *m* sower; ˈ**~maschine** *f* sowing-machine, drill.

säen ['zɛ:ən] *v/t. u. v/i.* (25) sow.
Saffian ['zafja:n] *m* (3¹) morocco (leather).
Safran ['zafra:n] *m* (3¹) saffron; '**⁲gelb** saffron(-colo[u]red).
Saft [zaft] *m* (3) juice; *bot.* sap (*a. fig.*); *ohne ~ und Kraft* wishy-washy; '**⁲ig** juicy, succulent; (*kraftvoll*) sappy; *fig. Witz usw.*: juicy, spicy; *Niederlage*: crushing; *Ohrfeige*: resounding; '**⁲los** sapless; juiceless.
Sage ['za:gə] *f* (15) legend, myth; (*Überlieferung*) tradition; *es geht die ~* the story goes.
Säge ['zɛ:gə] *f* (15) saw; '**~blatt** *n* saw-blade; '**~bock** *m* saw-horse, *Am. a.* sawbuck; '**~fisch** *m* sawfish; '**~mehl** *n* sawdust.
sagen ['za:gən] (25) say; (*mitteilen*) tell; *j-m ~ lassen* send a p. word; *ich habe mir ~ lassen, daß* I have been told that; *ich muß schon ~* I dare say; *sich ~, daß ...* tell o.s. that ...; *sich nichts ~ lassen* take no advice; *er läßt sich nichts ~* he will not listen to reason; *das will (nicht) ~ ...* that is (not) to say ...; *es ist nicht gesagt, daß ...* that doesn't necessarily mean that ...; *unter uns (gesagt)* between you and me (and the bedpost); *das hat nichts zu ~* that doesn't matter; *~ wollen mit* mean by; *j-m gute Nacht ~* bid a p. good night; *laß dir das gesagt sein* let it be a warning to you; *gesagt, getan* no sooner said than done; *etwas (nichts) zu ~ haben bei* have a (no) say in; *man sagt, er sei krank* they say he is ill; *schwer zu ~* hard to tell; *sage und schreibe* no less than; *~ wir (mal)* say.
sägen ['zɛ:gən] *v/t. u. v/i.* (25) saw.
'**sagen|haft** legendary, mythical; F *fig.* fantastic, fabulous; '**⁲kreis** *m* legendary cycle.
Säge|späne ['~ʃpɛ:nə] *m/pl.* sawdust *sg.*; '**~werk** *n* saw-mill.
Sago ['za:go] *m* (11) sago.
sah [za:] *pret. v. sehen.*
Sahne ['za:nə] *f* (15) cream; '**~bonbon** *m, n* toffee, toffy, *Am.* taffy; '**~käse** *m* cream cheese; '**~torte** *f* layer cake.
sahnig ['za:niç] creamy.
Saison [sɛ'zõ] *f* (11¹) season; **~arbeit(er** *m*) *f* seasonal work(er); **~-ausverkauf** *m* seasonal sale; **⁲bedingt, ⁲mäßig** seasonal.
Saite ['zaɪtə] *f* (15) string, chord; *s. aufziehen*; '**~n-instrument** *n* stringed instrument.
Sakko ['zako] *m* (11) lounge jacket; '**~-anzug** *m* lounge suit.
sakral [za'kra:l] sacral (*a. anat.*).
Sakrament [zakra'mɛnt] *n* (3) sacrament.
Sakrist|an [zakri'sta:n] *m* (3¹ *u.* ³) sexton; **~ei** [~'staɪ] *f* (16) vestry.
Säkular... [zɛ:ku'la:r-] secular; **⁲isieren** [~lari'zi:rən] secularize.
Salamander [zala'mandər] *m* (7) salamander.
Salami [za'la:mi] *f* salami; **~taktik** *fig. f* piecemeal tactics *sg.*
Salat [za'la:t] *m* (3) salad; (*Pflanze*) lettuce; **~-öl** *n* salad oil.
salbadern [zal'ba:dərn] (29) twaddle. [*in Zssgn u. fig.* salve.]
Salbe ['zalbə] *f* (15) ointment; *mst*
Salbei ⚘ [zal'baɪ] *m* (3¹), *f* (16) sage.
salben ['zalbən] (25) rub with ointment; *weitS.* anoint (*j-n zum König* a p. king).
'**Salbung** *f* anointing, (*a. fig.*) unction; '**⁲svoll** unctuous.
saldieren ✝ [zal'di:rən] balance, settle; *~ mit* set off *a th.* against.
Saldo ['~do] *m* (11; *pl. a. -di*) balance; *den ~ ziehen* strike the balance; '**~vortrag** *m* balance forward.
Saline [za'li:nə] *f* (15) salt-works.
Salm *zo.* [zalm] *m* (3) salmon.
Salmiak [zal'mjak] *m* (11) sal ammoniac; **~geist** *m* liquid ammonia.
Salon [za'lõ] *m* (11) drawing-room, *Am.* parlor; ⚓ saloon; **⁲fähig** fit for good society; **~held** *m*, **~löwe** *m* carpet-knight, ladies' man; **~wagen** *m* saloon-car, *Am.* Pullman (*od.* parlor) car.
salopp [za'lɔp] sloppy; (*lässig*) nonchalant, casual.
Salpeter [zal'pe:tər] *m* (7) saltpet|re, nit|re, *Am.* -er; **~-erde** *f* nitrous earth; **⁲ig** nitrous; **~säure** *f* nitric acid.
Salto ['zalto] *m* (11) somersault; **~ mortale** [~ mɔr'ta:le] *m* breakneck leap.
Salut [za'lu:t] *m* (3) salute; *~ schießen* fire a salute; **⁲ieren** [~lu'ti:rən] *v/t. u. v/i.* salute.
Salve ['zalvə] *f* (15) (*Gewehr⁲*; *a. fig.*) volley; (*Geschütz⁲*) salvo; (*Ehren⁲*) salute.
Salz [zalts] *n* (3²) salt; '**~bergwerk** *n*

salt-mine; '2en (27) salt; *s. gesalzen*; '~faß *n*, '~fäßchen *n auf dem Tische*: salt-cellar; '~fleisch *n* salt meat; '~gurke *f* pickled cucumber; '~hering *m* pickled herring; '2ig salt(y); (*salzhaltig*) saline; '~lake *f*, '~lauge *f* brine, pickle; '2los saltless; '~säule *f Bibel*: pillar of salt; *fig. zur ~ erstarren* freeze; '~säure *f* hydrochloric acid; '~see *m* salt-lake; ~siederei ['~zi:də'raɪ] *f* salt-works, saltern; '~sole *f* brine; '~streuer *m* (7) salt shaker; '~wasser *n* salt-water; '~werk *n* salt-works.

'**Sämann** *s. Säemann.*

Samariter [zama'ri:tər] *m* (7) (*barmherziger* good) Samaritan.

Same ['zɑ:mə] *m* (13[1]), '~n *m* (6) seed (*a. fig.*); *physiol.* sperm; '~nbehälter *m*, '~ngehäuse *n* seed-case, 🕮 pericarp; '~nfaden *m* spermatozoon; '~ngang *m*, '~nleiter *m* seminal duct; '~nkapsel *f* (seed) capsule; '~nkorn *n* grain of seed; '~nstaub *m* pollen; '~nstrang *m* spermatic cord.

Sämischleder ['zɛ:miʃ-] *n* chamois (leather).

Sammel|-album ['zaməl-] *n* album; '~band *m* omnibus volume; '~becken *n* reservoir; *geogr.* catchment basin; '~bezeichnung *f* collective name; '~büchse *f* collecting-box; '~güter *n/pl.* miscellaneous goods *pl.*; '~ladung ✈ *f* collective consignment; '~lager *n* assembly camp; '~mappe *f* file; '2n (29, *a. sich*) gather; *Briefmarken, Geld usw., a.* ⊕: collect; (*anhäufen*) heap up, accumulate, amass; *Kunden, Stimmen*: canvass; (*vereinigen, a.* ⚔) concentrate; (*ver~*) assemble, rally (*beide a. sich*); *fig. sich* (*s-e Gedanken*) ~ concentrate, (*sich fassen*) compose o.s.; ~ *für e-n Zweck* collect money for; '~name *gr. m* collective noun; '~nummer *f* collective number; '~platz *m* place of assembly; ⚔ assembly (*od.* rallying) point; ~surium [~'zu:rjum] *n* jumble, omnium gatherum; '~werk *n* collected edition.

Sammler ['zamlər] *m* (7) collector (*a.* '~in *f* [16[1]]); ⚡ accumulator; '~batterie ⚡ *f* storage battery; '~wut *f* collector's mania.

'**Sammlung** *f* collection; *fig.* composure; concentration.

Sams-tag ['zamstɑ:k] *m* (3) Saturday; '2s on Saturdays.

samt[1] [zamt] together (*od.* along) with; ~ *und sonders* all of them (*etc.*).

Samt[2] [~] *m* (3) velvet; '2-artig, '2ig velvety; '~handschuh *m*: *j-n mit ~en anfassen fig.* handle a p. with kid-gloves.

sämtlich ['zɛmtliç] *adj.* all; (*vollständig*) complete; *adv.* all (together *od.* of them).

Sanatorium [zana'to:rjum] *n* (9) sanatorium, *Am.* sanitarium.

Sand [zant] *m* (3) sand; *fig. im ~e verlaufen* come to nothing, peter out; *j-m ~ in die Augen streuen* throw dust in a p.'s eyes; *zahllos wie ~ am Meer* numberless as the sand(s).

Sandale [zan'dɑ:lə] *f* (15) sandal.

'**Sand|bahn** *f Rennsport*: dirt-track; '~bank *f* sandbank; '~boden *m* sandy soil; '~dorn ♀ *m* sea buckthorn.

Sandelholz ['zandəl-] *n* sandalwood.

'**Sand|grube** *f* sand pit; 2ig ['~diç] sandy; '~kasten *m* sand box; ⚔ sand table; '~korn *n* grain of sand; '~mann *m fig.* sandman; '~papier *n* sandpaper; '~sack *m* sandbag; *Boxen*: body bag; '~stein *m* sandstone; '~strahlgebläse ⊕ *n* sandblast unit; '~sturm *m* sandstorm.

sandte [zantə] *pret. v. senden.*

'**Sand|torte** *f* Madeira cake; '~-uhr *f* sand-glass; '~wüste *f* sandy desert.

sanft [zanft] soft; (*leicht, zart*) *a.* gentle; (*milde*) gentle, mild; (*glatt*) smooth; *Abhang, Tod*: easy.

Sänfte ['zɛnftə] *f* (15) sedan (chair).

'**Sanft|heit** *f* softness; gentleness; mildness; '~mut *f* (16) gentleness; 2mütig ['~my:tiç] gentle.

Sang [zaŋ] **1.** *m* (3[3]) song; singing; *ohne ~ und Klang, 2- und klanglos fig.* unhono(u)red and unsung; **2.** 2 *pret. v. singen.*

Sänger ['zɛŋər] *m* (7), '~in *f* (16[1]) singer; vocalist; (*Dichter*) bard; '~fest *n* singing-festival.

Sanguin|iker [zaŋgu'i:nikər] *m* (7) sanguine person; 2isch sanguine.

sanier|en [za'ni:rən] (*heilen*) cure; (*vorbeugen*) give prophylactic treatment; *Stadtviertel*: sanitate, clear, rebuild; ✈ reorganize, (*stabilisieren*) stabilize, rehabilitate; ²**ung** *f* sanitation; stabilization; rehabilitation.

sanitär [zani'tɛ:r] sanitary; ~*e Einrichtung* sanitary facility.

Sanitäter [~'tɛ:tər] *m* (7) ambulance (*od.* first-aid) man; ⚔ medical orderly.

Sani'täts|-artikel *m/pl.*, **~bedarf** *m* medical supplies *pl.*; **~dienst** *m* medical service; **~flugzeug** *n* air ambulance; **~kasten** *m* first-aid kit; **~truppe** *f* medical corps; **~wache** *f* ambulance station, first-aid post; **~wesen** *n* sanitary matters *pl.*, ⚔ medical service.

sank [zaŋk] *pret. v. sinken.*

Sankt [zaŋkt], **St.** Saint, St.

Sanktion [zaŋk'tsjo:n] *f* sanction; ²**ieren** [~tsjo'ni:rən] sanction.

sann [zan] *pret. v. sinnen.*

Saphir ['zɑ:fir] *m* (3¹) sapphire.

sapperlot! [zapər'lo:t], **sapperment!** F [~'mɛnt] hell!, gosh!

Sard|elle [zar'dɛlə] *f* (15) anchovy; **~ellenpaste** *f* anchovy paste; **~ine** [~'di:nə] *f* (15) sardine.

Sarg [zark] *m* (3³) coffin, *Am. a.* casket; '**~deckel** *m* coffin-lid.

Sark|asmus [zar'kasmus] *m* (16²) sarcasm; ²**astisch** [~'kastiʃ] sarcastic(ally *adv.*).

Sarkophag [zarko'fɑ:k] *m* (3¹) sarcophagus.

saß [zɑ:s] *pret. v. sitzen.*

Satan ['zɑ:tan] *m* (3¹) Satan; ²**isch** [za'tɑ:niʃ] satanic(ally *adv.*).

Satellit [zatɛ'li:t] *m* (12) satellite; **~enstaat** *pol. m* satellite state.

Satin [za'tɛ̃] *m* (11) (*Seidenatlas*) satin; (*Baumwoll*²) sateen; ²**ieren** [zati'ni:rən] satin, glaze; *Papier*: *a.* calender.

Satir|e [za'ti:rə] *f* (15) satire; **~iker** [~rikər] *m* satirist; ²**isch** satiric(al).

Satisfaktion [zatisfak'tsjo:n] *f* satisfaction.

satt [zat] satisfied, satiate(d), full; *Farbe*: deep, saturated; *ich bin ~* I have enough; *sich ~ essen* eat one's fill; *et. ~ bekommen (haben)* get (be) sick of, F get (be) fed up with.

Sattel ['zatəl] *m* (7¹) saddle (*a.* = *Gebirgs*²); *der Nase*: bridge; *aus dem ~ heben* unhorse, (*a. fig.*) unseat; *fest im ~* firmly in the saddle (*a. fig.*); '**~decke** *f* saddle-cloth; '²**fest** saddle-fast; *fig.* quite firm (*in dat.* in); '**~gurt** *m* girth; '²**n** *v/t. u. v/i.* (29) saddle; '**~pferd** *n* saddle-horse; '**~platz** *m* paddock; '**~schlepper** *m* road tractor; '**~tasche** *f* saddle-bag; '**~zeug** *n* saddle and harness.

'**Sattheit** *f* satiety; saturation; *von Farben*: richness.

sättig|en ['zɛtigən] (25) satiate, satisfy; *Essen*: be substantial; ⚗ *usw.*: saturate; *j-n (sich) ~* appease a p.'s (one's) hunger; '²**ung** *f* satiation; ⚗ saturation.

Sattler ['zatlər] *m* (7) saddler; **~ei** [~'raɪ] *f* (16) saddlery.

'**sattsam** sufficiently; *~ bekannt a.* notorious.

saturieren [zatu'ri:rən] saturate.

Satyr ['zɑ:tyr] *m* (10 *od.* 13) satyr.

Satz [zats] *m* (3² *u.* ³) sentence (*a. gr.*); *gr.* clause; proposition (*a. phls.*, ⅌); (*Boden*²) sediment, dregs *pl.*; (*Kaffee*²) grounds *pl.*; *typ.*, ♪ (*Vertonung*) composition; ♪ (*Teil e-s Tonstücks*) movement; (*zs.-gehörige Dinge*) set; ⊕ (*Schub*) batch; *Tennis*: set; (*Sprung*) leap, bound; (*bestimmtes Verhältnis*; *Preis*) rate; '**~-aussage** *gr. f* predicate; '**~ball** *m Tennis*: set point; '**~bau** *m* construction; '**~gefüge** *gr. n* complex sentence; '**~lehre** *gr. f* syntax; '**~spiegel** *typ. m* type area; '**~teil** *gr. m* part of sentence.

'**Satzung** *f* statute; *e-s Vereins usw.*: (statutes *pl.* and) articles *pl.*, by-laws *pl.*; '²**smäßig** statutory.

'**Satzzeichen** *n* punctuation mark.

Sau [zaʊ] *f* (14¹) sow; V *fig.* (dirty) pig, (*Frau*) slut; F *unter aller ~* lousy; F *zur ~ machen* let *a p.* have it.

sauber ['zaʊbər] clean (*a. fig. moralisch*); *a. fig. Äußeres, Arbeit, Handschrift usw.*: neat; *iro.* fine, nice; '²**keit** *f* cleanness, neatness; (*Ehrlichkeit*) integrity.

säuberlich ['zɔʏbərliç] *s. sauber*; *fig.* proper; (*sorgfältig*) careful.

saubermachen ['zaubər-], **säubern** ['zɔybərn] (29) clean, cleanse; *Zimmer*: clean up, tidy; (*frei machen*) clear (*von* of); *fig. u. pol.* purge (of, from).

'**Säuber|ung** *f* cleaning, *etc.*; *pol.* = '²**ungs-aktion** *pol. f* purge.

'**Saubohne** *f* broad (*od.* horse) bean.

Sauce ['zo:sə] *f s. Soße.*

Sauciere [zoˈsjɛːrə] *f* (15) sauce--boat.

sauer [ˈzaʊər] (18, *comp. saurer, sup.* ~*st*) sour, acid (*a.* ⚗); *fig.* hard, painful; (*mürrisch*) cross, sour; *saure Gurke* pickled cucumber; ~ *werden* turn sour, *Milch*: turn (sour); F *fig.* get cross; *in den sauren Apfel beißen müssen* have to swallow the bitter pill; *j-m das Leben* ~ *machen* make life miserable for a p.; ~ *reagieren auf et.* take a th. in bad part; *s. Drops.*

ˈ**Sauer|-ampfer** *m* sorrel; ˈ**~braten** *m* meat soaked in vinegar and stewed; ˈ**~brunnen** *m* acidulous mineral water; **~ei** [zaʊəˈraɪ] F *s. Schweinerei*; ˈ**~kirsche** *f* morello cherry; ˈ**~klee** *m* wood-sorrel; ˈ**~kohl** *m*, ˈ**~kraut** *n* sauerkraut.

säuer|lich [ˈzɔʏərliç] sourish; ⚗ acidulous; *fig.* wintry (*smile*); ˈ**~n** (29) make sour; ⚗ acidify, acidulate; *Teig*: leaven.

ˈ**Sauer|milch** *f* curdled milk; ˈ**~stoff** *m* oxygen; ˈ**~stoff-apparat** *m* oxygen-respirator; ˈ**~stoffmaske** *f* oxygen mask; ˈ**~stoffzelt** ⚕ *n* oxygen tent; ˈ**~teig** *m* leaven; **2töpfisch** [ˈ~tœpfiʃ] peevish, sour; ˈ**~wasser** *n s. Sauerbrunnen.*

saufen [ˈzaʊfən] *v/t. u. v/i.* (30) *Tier*: drink; *P.*: *a.* F booze, guzzle, soak.

Säufer F [ˈzɔʏfər] *m* (7) drunkard, alcoholic, F boozer.

Sauferei F [zaʊfəˈraɪ] *f* hard drinking; *a.* = ˈ**Saufgelage** *n* drinking--bout, F booze, binge, soak.

saugen [ˈzaʊgən] **1.** *v/t. u. v/i.* (30) suck (*an* et. [*dat.*] a th.); **2.** 2 *n* sucking; *mst* ⊕ suction.

säugen [ˈzɔʏgən] (25) suckle, nurse.

Sauger [ˈzaʊgər] *m* (7) sucker; *e-r Flasche*: nipple.

ˈ**Säugetier** *n* mammal.

saug|fähig [ˈzaʊk-] absorbent; ˈ**2flasche** *f* feeding-bottle; ˈ**2heber** *m* siphon.

Säugling [ˈzɔʏkliŋ] *m* (3^1) baby, infant, suckling; ˈ**~s-ausstattung** *f* (*Wäsche*) layette; ˈ**~sfürsorge** *f* infant welfare; ˈ**~s-heim** *n* crèche (*fr.*); ˈ**~spflege** *f* baby care; ˈ**~s-schwester** *f* baby nurse; ˈ**~ssterblichkeit** *f* infant mortality.

Saug|papier [ˈzaʊk-] *n* absorbent paper; ˈ**~pfropfen** *m für Säuglinge*: rubber teat, dummy; ˈ**~pumpe** *f* suction pump; ˈ**~rohr** *n* suction pipe; ˈ**~wirkung** *f* suction effect.

Säule [ˈzɔʏlə] *f* (15) *allg.* (*a. fig.*) column; (*Pfeiler*) pillar (*a. fig.*); ⚡ pile.

ˈ**Säulen|gang** *m* colonnade, arcade; ˈ**~knauf** *m* capital; ˈ**~schaft** *m* shaft of a column.

Saum [zaʊm] *m* (3^3) seam, hem; (*Rand*) border, edge; *e-r Stadt*: outskirts *pl.*

ˈ**saumäßig** F beastly, filthy, vile, awful, lousy.

säum|en¹ [ˈzɔʏmən] (25) *v/t.* hem; (*a. fig.*) border; *fig. die Straßen* ~ line the streets; ˈ**~en²** *v/i.* (*zögern, verweilen*) tarry; ˈ**~ig** *s. saumselig.*

ˈ**Saum|pfad** *m* mule-track; ˈ**~pferd** *n* pack-horse; ˈ**~sattel** *m* pack--saddle; ˈ**2selig** tardy, slow; (*trödelnd*) dawdling; (*hinausschiebend*) dilatory; (*nachlässig*) negligent; ˈ**~seligkeit** *f* tardiness; negligence; ˈ**~tier** *n* sumpter-mule.

Sauna [ˈzaʊna] *f* (11^1) sauna.

Säure [ˈzɔʏrə] *f* (15) sourness, *a.* ⚕ *des Magens*: acidity; ⚗ acid; ˈ**~ballon** *m* carboy; ˈ**2beständig**, ˈ**2fest** acid-proof.

Saureˈ**gurkenzeit** *f* silly season.

ˈ**säure|haltig** acidiferous; ˈ**~löslich** acid-soluble.

Saurier [ˈzaʊrjər] *m* (7) saurian.

Saus [zaʊs] *m*: *in* ~ *und Braus leben* live on the fat of the land, revel and riot.

säuseln [ˈzɔʏzəln] *v/i. u. v/t.* (29) whisper, rustle; *fig. P.*: purr.

sausen [ˈzaʊzən] (27, h. *u.* sn) rush, whiz, flit; *Wind, Geschoß*: whistle.

ˈ**Saustall** *m* pigsty; F *fig. a.* awful mess.

Saxophon ♪ [zaksoˈfoːn] *n* (3^1) saxophone.

Schabe [ˈʃaːbə] *f* (15) cockroach; ˈ**~fleisch** *n* scraped meat; ˈ**~messer** *n* scraping-knife; ˈ**2n** *v/t. u. v/i.* (25) scrape; *mit Reibeisen usw.*: grate, rasp; ˈ**~r** *m* (7) scraper; **~rnack** [ˈ~nak] *m* (3) practical joke, hoax, prank(s *pl.*); *j-m e-n* ~ *spielen* play a p. a trick.

schäbig [ˈʃɛːbiç] shabby; *fig. a.* mean; ˈ**2keit** *f* shabbiness; *fig. a.* meanness.

Schablone [ʃaˈbloːnə] *f* (15) (*Modell*) model; (*Muster*) pattern; (~*nform, Mal*2) stencil; *fig.* (*mechani-*

sche Arbeit) routine; (*Denkweise usw.*) stereotype; **⁓nhaft, ⁓nmäßig** stereotyped; (*mechanisch*) mechanical, *nur attr.* routine.

schablonieren [⁓blo'ni:rən] stencil.

Schach [ʃax] *n* (3) chess; ⁓ *(dem König)!* check!; ⁓ *und matt!* checkmate!; ⁓ *bieten* (give) check, *fig. j-m*: defy a p.; *in* ⁓ *halten* keep in check (*a. fig.*), *mit e-r Waffe*: *a.* cover; '**⁓brett** *n* chessboard; '**⁓brett-artig** checkered.

Schacher ['ʃaxər] *m* (7) haggling, low trade; *bsd. pol.* jobbery; '**⁓n** (29) haggle (*um* about, over).

Schächer ['ʃɛçər] *m* (7) *biblisch*: thief; (*Mörder*) murderer; *fig. armer* ⁓ poor wretch.

'**Schach|feld** *n* square; '**⁓figur** *f* chessman; '**⁓'matt** (check)mate; *fig.* (*erschöpft*) all in; ⁓ *setzen* checkmate (*a. fig.*); '**⁓partie** *f*, '**⁓spiel** *n* game of chess; '**⁓spieler** *m* chess-player.

Schacht [ʃaxt] *m* (3[3]) shaft, ⚒ *a.* pit; ⚠ (*Licht⁓ usw.*) well; (*Mannloch*) manhole.

Schachtel ['ʃaxtəl] *f* (15) box; *für Hüte, Putz usw.*: bandbox; *fig.* F *alte* ⁓ old frump; '**⁓halm** ⚘ *m* shave-grass; '**⁓satz** *m* involved sentence.

'**Schachzug** *m* move (*a. fig.*).

schade ['ʃa:də] **1.** (*es ist [sehr]*) ⁓ it is a (great) pity (*um* for; *daß* that), F it's too bad (*he couldn't come*); *wie* ⁓*!* what a pity!; *zu* ⁓ *für ihn* too good for him; **2.** ⁓ *m* (13[1], *pl. Schäden*) *s. schaden* 2.

Schädel ['ʃɛ:dəl] *m* (7) skull; '**⁓basis** *f* base of the skull; '**⁓bruch** *m* fracture of the skull, fractured skull; '**⁓decke** *f* skullpan.

schaden ['ʃa:dən] **1.** (26) injure, harm, hurt (*j-m* a p.); (*nachteilig sein*) be prejudicial (to a p.); *das schadet nichts* it will do no harm; *das schadet ihm gar nichts* that serves him right; *was schadet es?* what does it matter?; *e-e Aussprache könnte nicht* ⁓ a discussion might not be amiss; **2.** ⁓ *m* (6[2]) damage (*an dat.* to); (*Mangel*) defect; (*Beschädigung*) injury, harm; (*a.* ⊕) defect; (*Nachteil*) detriment, prejudice; (*Verlust*) loss; *zu meinem* ⁓ to my damage *od.* cost; *j-m* ⁓ *zufügen* do a p. harm; *mit* ⁓ *verkaufen* sell at a loss; ⁓ *erleiden od. nehmen, zu* ⁓ *kommen* be damaged, come to harm; *durch* ⁓ *wird man klug* once bitten twice shy; '**⁓-ersatz** *m* compensation, indemnification; (*Geldsumme*) damages *pl.*; ⁓ *leisten* pay damages (*für* for); *auf* ⁓ *verklagen* sue for damages; '**⁓-ersatzklage** *f* action for damages; '**⁓-ersatzpflichtig** liable for damage(s); '**⁓freude** *f* malicious joy, gloating; *voller* ⁓ gloatingly, maliciously; '**⁓froh** malicious, gloating.

schadhaft ['ʃa:thaft] defective; '**⁓igkeit** *f* defectiveness.

schädig|en ['ʃɛ:digən] (25) damage, impair; *j-n*: harm, wrong, prejudice; '**⁓ung** *f* damage, prejudice (*gen.* to).

schädlich ['ʃɛ:tliç] harmful, injurious, hurtful; (*nachteilig*) detrimental, prejudicial; (*gesundheits⁓*) noxious, unwholesome (*alle*: *dat. od. für* to); '**⁓keit** *f* harmfulness, injuriousness; noxiousness.

Schädling ['⁓liŋ] *m* (3[1]) pest; ⁓*e pl.* ⚘ *a.* vermin; '**⁓sbekämpfung** *f* pest control.

schadlos ['⁓lo:s]: ⁓ *halten* indemnify; '**⁓haltung** *f* indemnification.

'**Schadstoff** *m* pollutant.

Schaf [ʃa:f] *n* (3) sheep; (*Mutter⁓*) ewe; *fig.* ninny; *schwarzes* ⁓ black sheep; '**⁓bock** *m* ram.

Schäfchen ['ʃɛ:fçən] *n* (6) little sheep, lamb(kin); *pl.* (*Wolken*) fleecy clouds; *fig. sein* ⁓ *ins trockene bringen* feather one's nest.

Schäfer ['⁓ər] *m* (7), '**⁓in** *f* shepherd(ess *f*); '**⁓hund** *m* shepherd('s) dog; *deutscher* ⁓ German shepherd (dog), Alsatian; '**⁓stündchen** *n* lover's hour.

schaffen ['ʃafən]: **a**) *v/t.* (30) (*er⁓*) create; (*hervorbringen*) *a.* produce (*a. weitS. Situation usw.*); (*gründen*) organize, set up; *er ist für diesen Posten wie geschaffen* he is cut out for this post; **b**) *v/t. u. v/i.* (25) (*tun, arbeiten*) do, make, work; (*fertig werden mit*) cope with, manage; (*ver⁓*) provide; (*befördern*) convey, (*weg⁓*) take, (*her⁓*) bring; (*bewältigen*) manage, (*erreichen*) *a.* reach, *Am.* make; F *e-e Strecke, e-e Geschwindigkeit, Zeit*: do; F *es* ⁓ suceed, F make it; *viel* ⁓ get a great deal done; *nichts zu* ⁓ *haben mit* have nothing to do with; *j-m (viel) zu ~ machen* give a p. (a great deal of) trouble; *sich unbefugt zu ~ machen an (dat.)* tamper with; *sich eifrig zu ~ machen mit* et. busy o.s. (*od.* be busy) with a th.; F *er (es) schafft mich!* he (it) gets me (down)!; *s. Hals, Rat, Seite, Vergnügen, Weg, Welt.*

'**Schaffens|drang** *m* creative urge; '**~kraft** *f* creative power; *weitS.* vigo(u)r.

'**Schaf·fleisch** *n* mutton.

Schaffner ['ʃafnər] *m* (7) (*Verwalter*) steward; 🚂 guard, *Am.* conductor; (*Bus2 usw.*) conductor; '**~in** *f* (16[1]) 🚂 conductress; (*Haushälterin*) housekeeper.

Schaffung ['ʃafuŋ] *f* creation; provision; organizing.

'**Schaf|garbe** ⚘ *f* yarrow; '**~herde** *f* flock of sheep; '**~hirt** *m* shepherd; '**~hürde** *f* sheep-pen, -fold; '**~leder** *n* sheepskin; '**~(s)kopf** *m fig.* idiot.

Schafott [ʃa'fɔt] *n* (3) scaffold.

'**Schaf|pelz** *m*: *Wolf im ~* wolf in sheep's clothing; '**~schur** *f* sheep-shearing.

Schaft [ʃaft] *m* (3[3]) shaft; (*Gewehr2*) stock; *e-s Werkzeugs, Ankers, Schlüssels*: shank; (*Griff*) handle; (*Stiefel2*) leg.

schäften ['ʃɛftən] (26) *Gewehr*: stock, mount; *Stiefel*: leg.

'**Schaftstiefel** *m* top boot.

'**Schaf|wolle** *f* sheep's wool; '**~zucht** *f* sheep-breeding.

Schah [ʃɑː] *m* (11) Shah.

Schakal [ʃa'kɑːl] *m* (3[1]) jackal.

Schäker ['ʃɛːkər] *m* (7) rogue, wag; (*Hofmacher*) flirt; **~ei** [~'raɪ] *f* (16) joking, badinage; (*Liebelei*) flirtation, dalliance; '**2n** (29) joke, make fun; (*tändeln*) dally; (*liebeln*) flirt.

schal[1] [ʃɑːl] stale (*a. fig.*).

Schal[2] [~] *m* (3[1] *u.* 11) scarf; (*Schultertuch e-r Frau*) shawl; *wollener*: comforter; '**~brett** *n* slab.

Schale ['ʃɑːlə] *f* (15) bowl, basin; *für Früchte usw.*: dish; (*Tasse*) cup; *v. Pellkartoffeln, Obst*: skin; (*Hülse*) shell, husk; (*Schote*) pod; (*Obst2*) peel; (*abgeschälte ~*) paring, (*bsd. Kartoffel2*) peeling; (*Eier2, Nuß2*) shell; (*Muschel2*) valve; (*Messer2; Waag2*) scale; *fig.* shell; F *sich in ~ werfen* spruce o.s. up.

schälen ['ʃɛːlən] (25) peel, pare; *Hülsenfrüchte*: shell, husk; *Baum*: bark; *sich ~* peel off.

'**Schalheit** *f* staleness.

Schalk [ʃalk] *m* (3[^{3}]) rogue; (*Spaßvogel*) wag; '**2haft** arch, roguish; (*spaßend*) waggish; '**~haftigkeit** *f*, '**~heit** *f* archness, roguery; waggishness; '**~snarr** *m* buffoon.

Schall [ʃal] *m* (3[^{3}]) sound; *schneller als der ~* supersonic; '**~boden** *m* sound(ing)-board; '**2dämpfend** sound deadening; '**~dämpfer** *m* sound absorber; *mot.* silencer (*a. an Schußwaffen*), *Am.* muffler; '**2dicht** sound-proof; '**~dose** *f* sound-box; *am Plattenspieler*: pick-up; '**2en** (30, h. *u.* sn) sound, ring; *~des Gelächter* peal of laughter, guffaw; '**~geschwindigkeit** *f* speed of sound, sonic speed; '**~grenze** *f*, '**~mauer** *f* sound (*od.* sonic) barrier; '**~lehre** *f* acoustics; '**~messung** *f* sound ranging; '**~platte** *f* disk, record; '**~plattenaufnahme** *f* disk recording; '**~plattenmusik** *f* recorded music; '**~plattensendung** *f Radio*: broadcast of records; '**2schluckend** sound deadening; '**~trichter** *m* bell-mouth; *des Grammophons*: horn; '**~welle** *f* sound-wave.

Schalmei [ʃal'maɪ] *f* (16) shawm.

schalt [ʃalt] *pret. v. schelten.*

'**Schalt|-anlage** *f* switch-gear; '**~bild** *n* wiring (*od.* circuit) diagram; '**~brett** *n* switchboard, control panel; *mot.*, ✈ instrument panel, dashboard.

schalten ['ʃaltən] (26) ⊕ (*auslösen*) actuate; (*bedienen*) operate; (*steuern*) control; ⚡ (*um~*) switch, (*verbinden*) connect, (*verdrahten*) wire; *mot.* change (*od.* shift) gears; *Kupplung*: engage; *auf den ersten Gang ~* shift (*od.* change) into the bottom gear; *~ und walten* manage, (*hantieren*) potter about; *mit et. ~* deal with; F *fig. (schnell) ~* do some quick thinking.

'**Schalter** *m* (7) 🚂 *usw.*: booking-office; 📯, *Bank*: counter, window, desk; ⚡ switch; ⊕, *mot.* controller; '**~be-amte** *m* counter-clerk; 🚂 *usw.*: booking-clerk; '**~dienst** *m* counter-service.

'**Schalt|getriebe** *n* control gear; *mot.* change-speed gear; '**~hebel** *m* control lever; *mot.* gear(shift) lever; ⚡ switch lever.

Schaltier ['ʃa:lti:r] *n* shellfish, crustacean.

'**Schalt|jahr** *n* leap-year; '**~knopf** *m* (control) button; '**~plan** *m*, '**~schema** *n s. Schaltbild*; '**~pult** *m* control desk; '**~tafel** *f s. Schaltbrett*; '**~tag** *m* intercalary day; '**~ung** *f* ⊕ control; ⚡ circuit; connection(s *pl.*); (*Verdrahtung*) wiring; (*Umschalten*) switching; *mot.* gear-change, changing, shifting.

Schalung ['ʃa:luŋ] ⚠ *f* form.

Schaluppe ⚓ [ʃa'lupə] *f* (15) sloop.

Scham [ʃa:m] *f* (16, *o. pl.*) shame; (*~haftigkeit*) modesty; *anat.* (*~teile*) private parts *pl.*, genitals *pl.*; (*weibliche*) ~ 🕮 vulva; '**~bein** *n* pubic bone.

schämen ['ʃɛ:mən] (25): *sich* ~ be (*od.* feel) ashamed (*e-r S.* [*wegen*], *über acc.* of).

'**Schamgefühl** *n* sense of shame; '**≈haft** bashful, modest; '**~haftigkeit** *f* bashfulness, modesty; '**≈los** shameless; '**~losigkeit** *f* shamelessness.

Schamotte [ʃa'mɔtə] *f* (15) fire-clay; **~stein** *m* fire-brick.

'**scham|rot** blushing; ~ *werden* blush; ~ *machen* put to the blush; '**≈röte** *f* blush; '**≈teile** *m/pl.* private parts, genitals.

schandbar ['ʃantba:r] *s. schändlich*.

Schande ['ʃandə] *f* (15) shame, disgrace; *s. zuschanden*.

schänd|en ['ʃɛndən] (26) dishono(u)r, disgrace; (*entweihen*) desecrate, profane; (*verunstalten*) disfigure; *ein Mädchen*: ravish, rape; '**≈er** *m* (7) ravisher; violator.

Schandfleck ['ʃant-] *m* stain, blot; (*häßlicher Anblick*) eyesore.

schändlich ['ʃɛntliç] shameful, infamous; scandalous; '**≈keit** *f* infamy; baseness.

'**Schand|mal** *n* stigma, brand; '**~maul** *n* slanderer; '**~pfahl** *m* pillory; '**~tat** *f* infamous action; foul crime.

'**Schändung** *f s. schänden*: violation; desecration; disfigurement; ravishment, rape.

Schank|stätte ['ʃaŋk-] *f* licensed premises *pl.*; '**~stube** *f* tap-room, *Am.* bar; '**~wirt** *m* publican, *Am.* saloonkeeper; '**~wirtschaft** *f s. Schenke*.

Schanz|bau *m* construction of field-works; '**~e** *f* (15) entrenchment; ⚓ quarter-deck; *s. Sprungschanze*; *in die ~ schlagen* risk, hazard; '**≈en** (27) entrench; *fig.* (*schwer arbeiten*) drudge; '**~entisch** *m Schisport*: ski-jumping platform.

Schar [ʃa:r] *f* (16) **1.** troop, band, group; *v. Gänsen usw.*: flock; (*gedrängte Menge*) crowd; **2.** (*Pflug≈*) ploughshare, *Am.* plowshare; '**≈en** (25, *a. sich*) assemble, collect, flock (together); *um sich ~* rally; *sich ~ um* (*acc.*) rally round.

scharf [ʃarf] *allg.* sharp (*a. fig. Blick, Gegensatz, Kurve, Stimme, Verstand, Zunge usw.*); *Schneide, a. fig. Verstand, Beobachter*: keen; (*beißend, brennend*) biting, burning; *Geruch*: pungent; *Pfeffer*: hot; *Brille*: strong; (*streng*) severe, strict; (*schroff*) abrupt, sharp; (*genau*) exact; *phot.* well-focus(s)ed; *Munition*: live; *Mine usw.*: armed; ✝ *Konkurrenz*: stiff; *ein ~es Ohr* a quick ear; *j-n ~ ansehen* look hard at a p.; ~ *aufpassen* give close attention; ~ *reiten* ride hard; ~ *schießen* shoot with live ammunition; ~ *sein auf* (*acc.*) be keen on; '**≈blick** *m* quick eye; *fig.* penetration.

Schärfe ['ʃɛrfə] *f* (15) sharpness; (*Schneide*) edge.

'**schärfen** (25) sharpen (*a. fig.*).

'**Schärfentiefe** *phot. f* depth of focus.

'**scharf|kantig**, **~randig** ['~randiç] sharp-edged; '**~machen** ⚔ arm, activate; *fig.* (*aufhetzen*) instigate; '**≈macher** *m fig.* agitator; '**≈richter** *m* executioner; '**≈schießen** *n* live shooting; '**≈schütze** *m* sharp-shooter, marksman; ⚔ sniper; **~sichtig** ['~ziçtiç] sharp-sighted; *fig. a.* penetrating; '**≈sinn** *m* sagacity, acumen; '**~sinnig** shrewd, sagacious, penetrating.

Scharlach ['ʃarlax] *m* (3^1) scarlet; ⚕ = '**~fieber** *n* scarlet fever; '**≈rot** scarlet(-red).

Scharlatan ['ʃarlatan] *m* (3^1) charlatan, quack, mountebank.

Scharm *m usw. s. Charme usw.*

Scharmützel [ʃar'mytsəl] *n* (7) skirmish; **≈n** (29) skirmish.

Scharnier [ʃar'ni:r] *n* (3^1) hinge; joint; **~deckel** *m* hinged lid.

Schärpe ['ʃɛrpə] *f* (15) scarf, sash.
scharren ['ʃarən] *v/t. u. v/i.* (25) scrape, scratch; *Pferd*: paw.
Scharte ['ʃartə] *f* (15) notch; (*Riß*) fissure; (*Lücke*) gap; *s. Schieß*♀; *fig. die ~ auswetzen* wipe out the disgrace, make up for it.
Scharteke [ʃar'te:kə] *f* (15) old (*od.* trashy) volume.
'**schartig** notchy, jagged.
scharwenzeln F [ʃar'vɛntsəln] (29) fawn (*um* [up]on).
Schatten ['ʃatən] *m* (6) (*Schattenbild*) shadow (*a. fig.*); (*Dunkel*) shade; *in den ~ stellen fig.* put in the shade, eclipse; *e-n ~ werfen auf* (*acc.*) *fig.* cast a shadow upon; '**~bild** *n* silhouette; *fig.* phantom; '**~boxen** *n* shadow-boxing; '**~dasein** *n*: *ein ~ führen* live in the shadow; '**♀haft** shadowy; '**~könig** *m* mock king; '**~riß** *m* silhouette; '**~seite** *f* shady side; *fig.* seamy side; '**~spiel** *n* Chinese shades *pl.*
schattier|en [ʃa'ti:rən] shade, tint; (*schraffieren*) hatch; **♀ung** *f* shading; hatching; (*Farbton*) shade, tint.
'**schattig** shady.
Schatulle [ʃa'tulə] *f* (15) casket; *e-s Fürsten*: privy purse.
Schatz [ʃats] *m* (3² *u.* ³) treasure (*a. fig.*); *als Kosewort*: darling, F deary; F (*Geliebte*[*r*]) sweetheart; '**~amt** *n Brt.* Exchequer, *Am.* Treasury (Department); '**~anweisung** *f* Treasury bond (*Am.* certificate).
schätzbar ['ʃɛtsba:r] estimable.
schätzen ['ʃɛtsən] (27) estimate; value, assess (*auf acc.* at); (*taxieren*) *a.* rate; (*hoch~*) esteem, *et.*: *a.* treasure; (*würdigen*) appreciate; *sich glücklich ~, zu inf.* be delighted to *inf.*; '**~swert** estimable.
Schätzer ['ʃɛtsər] *m* (7) valuer; *Versicherung*: appraiser.
'**Schatz|fund** *m* treasure-trove; '**~gräber** *m* treasure-seeker; '**~kammer** *f* treasury; '**~meister** *m* treasurer.
'**Schätzung** *f* estimate; (*Taxierung*) valuation, assessment; (*Ein*♀) rating; (*Würdigung*) estimation; (*Hoch*♀) esteem.
'**Schatzwechsel** *m* Treasury bill.
Schau [ʃaʊ] *f* (16) view (*a. fig.*); (*Ausstellung*) show, exhibition; *zur ~ stellen* exhibit, display; *zur ~ tragen* display, sport, *Miene usw.*: wear; F *e-e ~ abziehen* put on a show; '**~bild** ⊕ *n* chart, graph; diagram; '**~bude** *f* show-booth; '**~budenbesitzer** *m* showman; '**~bühne** *f* stage.
Schauder ['ʃaʊdər] *m* (7) shudder (-ing), shiver; *fig.* horror; '**♀haft** horrible; '**♀n** (29, h. *u.* sn) shudder, shiver (*vor dat.* with; *bei* at).
schauen ['ʃaʊən] (25) *v/t.* see; (*betrachten*) view, behold; *v/i.* look; *~ auf* (*acc.*) look at, *als Vorbild*: look upon.
Schauer ['ʃaʊər] *m* (7) (*Regen*♀, *Hagel*♀ *u. fig.*) shower; (*Schauder*) shudder, shiver; (*Anfall*) attack, fit; (*innere Erregung*) thrill; '**~drama** *n* thriller; '**♀lich** horrible, ghastly; '**~mann** ⚓ *m* stevedore, docker, *bsd. Am.* longshoreman; '**♀n** (29) *s. schaudern*; *hageln*; '**~roman** *m* F thriller, shocker, *Am.* dime novel.
Schaufel ['ʃaʊfəl] *f* (15) shovel; *zum Schöpfen*: scoop; (*Rad*♀) paddle; (*Geweih*♀) palm; '**~geweih** *n* palmed antlers *pl.*; '**♀n** *v/t. u. v/i.* (29) shovel; '**~rad** *n* paddle-wheel.
'**Schaufenster** *n* shop-window, *Am.* store window; '**~auslage** *f* window display; '**~dekoration** *f* window-dressing; '**~reklame** *f* window-display advertising.
'**Schau|fliegen** *n* stunt (flying), air display; '**~haus** *n* mortuary; '**~kampf** *m* exhibition bout; '**~kasten** *m*, '**~kästchen** *n* show-case.
Schaukel ['ʃaʊkəl] *f* (15) swing; (*Wipp*♀) = '**~brett** *n* seesaw; '**♀n** *v/t. u. v/i.* (29) swing; *Wiege, Stuhl, Schiff*: rock; (*wippen*) seesaw; F (*zuwege bringen*) *sl.* swing, wangle; '**~pferd** *n* rocking-horse; '**~politik** *f* seesaw policy; '**~stuhl** *m* rocking--chair.
'**schaulustig** curious.
Schaum [ʃaʊm] *m* (3³) foam, (*a. Bier*♀) froth; (*Seifen*♀) lather; (*Ab*♀) scum; *zu ~ schlagen* whip, beat up (*egg*); '**~bad** *n* bubble bath.
schäumen ['ʃɔʏmən] (25) foam, froth; *Wein usw.*: sparkle; *fig.* (*vor Wut ~*) foam (with rage).
'**Schaum|gebäck** *n* meringue(s *pl.*); '**~gummi** *m* foam rubber; '**♀ig** foamy, frothy; '**~löscher** *m* foam fire-extinguisher; '**~schläger** *m* (*Gerät*) whisk, egg-beater; *fig.*

(*Prahler*) gas-bag; **~schlägerei** [~ˈraɪ] *f fig.* humbug.
ˈ**Schaumünze** *f* medal.
ˈ**Schaumwein** *m* sparkling wine.
ˈ**Schau|platz** *m* scene; *s. Kriegs*≗; ˈ**~prozeß** ⚖ *m* show trial.
schaurig [ˈʃauriç] horrible, horrid.
ˈ**Schau|spiel** *n* spectacle; *thea.* play; ˈ**~spieler** *m* actor, player; *contp. fig.* play-actor; **~spielerei** [~ʃpiːləˈraɪ] *f fig.* play-acting; ˈ**~spielerin** *f* actress; ˈ**≗spielern** (29) *fig.* play-act, sham, F put it on; ˈ**~spielhaus** *n* playhouse, theat|re, *Am.* -er; ˈ**~spielkunst** *f* dramatic art; ˈ**~steller** *m* exhibitor; *auf Jahrmärkten usw.*: showman; ˈ**~stellung** *f* exhibition, show; ˈ**~stück** *n* exhibit.
Scheck [ʃɛk] *m* (11) cheque, *Am.* check; ˈ**~buch** *n*, ˈ**~heft** *n* cheque-(*od. Am.* check)book.
Scheck|e [ˈʃɛkə] *m* (13) piebald (*od.* dappled) horse; ˈ**≗ig** piebald.
scheel [ʃeːl] squint-eyed; *fig.* envious, jealous (*a.* ˈ**~süchtig**); *j-n ~ ansehen* look askance at a p.
Scheffel [ˈʃɛfəl] *m* (7) bushel; *sein Licht unter den ~ stellen* hide one's light under a bushel; ˈ**≗n** *Geld*: amass, rake in.
Scheibe [ˈʃaɪbə] *f* (15) disk (*a. der Sonne*); ⊕ *mst* disc, plate; (*Brot*≗ *usw.*) slice; (*Glas*≗) pane; (*Schieß*≗) target; (*Töpfer*≗) potter's wheel; *s. a. Töpfer*≗, *Riemen*≗, *Unterleg*≗.
ˈ**Scheiben|bremse** *mot. f* disc brake; ˈ**~honig** *m* honey in the comb; ˈ**~schießen** *n* target practice; ˈ**~stand** *m* butts *pl.*; ˈ**~wischer** *mot. m* wind-screen (*Am.* windshield) wiper.
Scheich [ʃaɪç] *m* (3[1] *od.* 11) sheik(h).
Scheide [ˈʃaɪdə] *f* (15) (*Säbel*≗) sheath, scabbard; *anat.* vagina; (*Grenze*) borderline; ˈ**~linie** *f* separating line; ˈ**≗n** (30) *v/t.* separate, divide; ⚗ analyse, refine, (*zerlegen*) decompose; *Eheleute*: divorce; *Ehe*: dissolve; *sich ~ lassen* (seek a) divorce; *v/i.* (sn) separate; (*weggehen*) depart; (*sich trennen*) part; *aus dem Dienst ~* retire from service; *aus e-r Firma ~* leave a firm; *aus dem Leben ~* depart this life; ˈ**≗nd** parting; *Jahr*: closing; ˈ**~wand** *f* partition; *fig.* barrier; ˈ**~wasser** ⚗ *n* aqua fortis; ˈ**~weg** *m* cross-road; *fig. am ~e* at the cross-roads.
ˈ**Scheidung** *f* separation; (*Ehe*≗) divorce; *die ~ einreichen* file a petition for divorce; ˈ**~sgrund** *m* ground for divorce; ˈ**~sklage** *f* divorce-suit.
Schein [ʃaɪn] *m* (3) shine, light; (*Schimmer*) gleam; (*Strahl*) flash; (*Feuer*≗) blaze; (*Bescheinigung*) certificate; (*Formular*) form; (*Zettel*) slip; (*Fahr*≗) ticket; (*Quittung*) receipt; (*Rechnung usw.*) bill; (*Geld*≗) bank-note, *Am.* bill; (*Ggs. Wirklichkeit*) appearance, *s. Anschein*; (*nur*) *zum ~* just for show; *der ~ trügt* appearances are deceptive; *den ~ wahren* keep up appearances; ˈ**~-angriff** *m* feint (attack); ˈ**≗bar** apparent(ly *adv.*), seeming(ly); ˈ**~-blüte** ✝ *f* specious prosperity; ˈ**~-ehe** *f* fictitious marriage.
ˈ**scheinen** (30) shine; *fig.* appear, seem; *wie es scheint* as it seems; *es scheint mir* it seems to me.
ˈ**Schein|friede** *m* hollow peace; ˈ**~gefecht** *n* sham fight; ˈ**~geschäft** ✝ *n* fictitious transaction; ˈ**~grund** *m* fictitious reason; (*Vorwand*) pretext; ˈ**≗heilig** hypocritical; ˈ**~heilige** *m* (18) hypocrite; ˈ**~heiligkeit** *f* hypocrisy; ˈ**~tod** *m* suspended animation; ˈ**≗tot** seemingly dead; ˈ**~werfer** *m* reflector, projector; ⚔, ⚓ searchlight; *mot.* headlight; *thea.* (*a.* ˈ**~werferlicht** *n*) spotlight; ˈ**~widerstand** ⚡ *m* impedance.
Scheiß|e V [ˈʃaɪsə] *f* (15) shit; ˈ**≗en** V (30) shit; ˈ**~kerl** V *m* bastard.
Scheit [ʃaɪt] *n* (1 *u.* 3) log.
Scheitel [ˈʃaɪtəl] *m* (7) crown of the head; *von Dingen*: vertex (*bsd.* ⩓), summit, top; (*Haar*≗) parting (of the hair); ˈ**~kreis** *m* vertical circle; ˈ**≗n** (29) part; ˈ**~punkt** *m* vertex; *ast.* zenith (*a. fig.*); ˈ**~winkel** *m* (vertically) opposite angle.
ˈ**Scheiterhaufen** *m* (6) (funeral) pile, pyre; *zur Hinrichtung*: stake.
scheitern [ˈʃaɪtərn] (29, sn) (*a. fig.*) be wrecked (*an dat.* on); *fig.* miscarry, fail; *zum* ≗ *bringen* wreck.
Schellack [ˈʃɛlak] *m* (3) shellac.
Schelle [ˈʃɛlə] *f* (15) (little) bell; ⊕ clamp, clip; *s. Maul*≗; *Kartenspiel*: *~n pl.* diamonds; ˈ**≗n** (25) *s. klingeln.*
ˈ**Schellfisch** *m* haddock.

Schelm [ʃɛlm] *m* (3) rogue; (*Schurke*) knave; *armer* ~ poor wretch; '**~enroman** *m* picaresque novel; '**~enstreich** *m*, **~erei** [~ə'raɪ] *f* (16) roguish trick; roguery; '**≈isch** roguish, arch.

Schelt|e ['ʃɛltə] *f* (15) scolding; ~ *bekommen* be scolded; '**≈en** (30) *v/t.* scold, chide (*a. v/i.*); (*nennen*) call; '**~wort** *n* (3) abusive word.

Schema ['ʃe:ma] *n* (11[²]) scheme; ⊕ *a.* diagram; (*Muster, Anordnung*) pattern; *nach* ~ F by rote; **≈tisch** [ʃe'mɑ:tiʃ] schematic(ally *adv.*); systematic(ally); **≈tisieren** [~mati'zi:rən] schematize, standardize.

Schemel ['ʃe:məl] *m* (7) (foot)stool.

Schemen ['ʃe:mən] *m* (6) phantom, shadow; '**≈haft** shadowy.

Schenke ['ʃɛŋkə] *f* (15) inn, public (-house), tavern.

Schenkel ['ʃɛŋkəl] *m* (7) (*Ober≈*) thigh; (*Unter≈*) shank; (*Bein*) leg; *e-s Winkels*: side; *e-s Dreiecks, e-r Röhre*: leg; *e-s Zirkels*: foot; '**~bruch** *m* thigh-bone fracture.

schenken ['ʃɛŋkən] (25) give, make a present of; (*stiften*) donate; (*gewähren*) grant; *j-m et.* ~ give a p. a th., present a p. with a th.; *Schuld, Strafe*: remit; *Getränke*: retail, (*ein~*) pour (out); *sich et.* ~ (*weglassen, nicht tun*) skip; *j-m das Leben* ~ spare a *p.'s* life, *e-m Kinde*: give birth to; *s. Aufmerksamkeit, Freiheit, Gehör, Glauben usw.*

'**Schenkung** *f* donation; '**~s-urkunde** *f* deed of gift.

scheppern ['ʃɛpərn] F (29) rattle.

Scherbe ['ʃɛrbə] *f* (15), '**~n** *m* (6) fragment, broken piece *od.* bit; (*Topf≈*) potsherd.

Schere ['ʃe:rə] *f* (15) (*eine* a pair of) scissors *pl.*; (*große* ~) shears *pl.*; (*Krebs≈*) claw; '**≈n** (30, *a.* 25) shear, clip; *Haare*: cut; *Rasen*: mow; ⚓ warp, sheer; *sich* (*weg*)~ F beat it; *sich nicht* ~ *um* not to bother about.

'**Scheren|fernrohr** ⚔ *n* scissor(s)--telescope; '**~schleifer** *m* knife--grinder; '**~schnitt** *m* silhouette.

Schererei [ʃe:rə'raɪ] *f* (16) trouble.

Scherflein ['ʃɛrflaɪn] *n* (6) mite; *sein* ~ *beitragen* give one's mite, *weitS.* do one's bit.

Scherge ['ʃɛrgə] *m* (13) catchpole; *weitS.* myrmidon.

Scherz [ʃɛrts] *m* (3²) jest, joke; ~ *treiben mit* make fun of; *aus* ~ in jest, for fun; ~ *beiseite* joking apart; '**≈en** (27) joke, make fun; *damit ist nicht zu* ~ that's not to be trifled with; '**≈haft** joking, jocular; facetious; '**~haftigkeit** *f* facetiousness; '**~wort** *n* (3) jocular word; joke.

scheu [ʃɔʏ] **1.** shy; (*furchtsam*) timid; *Pferd*: skittish; ~ *machen* frighten; **2.** ≈ *f* (16, *o. pl.*) shyness; timidity; (*Ehrfurcht, Angst*) awe (*vor dat.* of).

Scheuche ['ʃɔʏçə] *f* (15) scarecrow; '**≈n** (25) scare, frighten (*Vögel*: shoo) away.

scheuen ['ʃɔʏən] (25) *v/i.* shy *od.* balk (*vor dat.* at); *v/t.* fear; *sich* ~ *vor* (*dat.*) shy at, be afraid of; *sich* ~ *zu inf.* be afraid to *inf.*, shrink from *ger.*

Scheuer ['ʃɔʏər] *f* (15) *s. Scheune*; '**~bürste** *f* scrubbing-brush; '**~frau** *f* charwoman; '**~lappen** *m*, '**~tuch** *n* scouring-cloth; '**~leiste** *f* skirting-board; '**≈n** (29) scour, scrub; *Haut*: chafe, rub.

'**Scheu|klappe** *f*, '**~leder** *n* blinker (*a. fig.*), *Am.* blinder.

Scheune ['ʃɔʏnə] *f* (15) barn, shed.

Scheusal ['ʃɔʏzɑ:l] *n* (3) monster; F (*Ekel*) beast; (*häßliche Person*) F fright.

scheußlich ['ʃɔʏsliç] hideous, atrocious, abominable; '**≈keit** *f* hideousness *usw.*; *konkret*: abomination, horror; *Tat*: atrocity.

Schi [ʃi:] *m* (11, *pl.* '~er) ski; ~ *laufen* ski.

Schicht [ʃiçt] *f* (16) layer; *geol.* (*a. Gesellschafts≈*) stratum, *pl.* strata; *Holz usw.*: stack, pile; (*Reihe*) tier; *phot.* emulsion; (*Arbeits≈*) shift (*a. die Arbeiter*); (*Pause*) pause, rest; (*Volks≈*) class; *breite* ~*en der Bevölkerung* wide sections; ~ *machen* knock off (work); '**~arbeit**(**er** *m*)*f* shift-work(er); '**≈en** (26) put in layers; stack, pile up; stratify; *nach Klassen*: classify; F (*v/i.*) work in shifts; '**~stoff** *m* laminate(d plastic); '**~ung** *f* stratification; '**~wechsel** *m* change of shift; '**≈weise** in layers; *bei der Arbeit*: in shifts.

Schick [ʃik] **1.** *m* (3, *o. pl.*) chic, stylishness, elegance; **2.** ≈ chic, stylish; F swell.

schicken ['ʃikən] (25) send; *nach j-m od. et.* ~ send for; *sich* ~ hurry up; *sich* ~ *für j-n* be becoming to (*od.* befit) a p.; *sich* ~ *in* (*acc.*) put up with, resign o.s. to; *das schickt sich nicht* it isn't done; *s. April, Pontius.*

'**schicklich** proper, becoming; (*anständig*) decent; '**?keit** *f* propriety, decorum; decency.

'**Schicksal** *n* (3) destiny, fate; *j-n s-m* ~ *überlassen* leave a p. to his fate; '**?haft** fateful; '**~sfrage** *f* vital question; '**~sgefährte** *m* companion in misfortune; '**~sschlag** *m* heavy blow.

'**Schickung** *f* providence, (divine) dispensation.

'**Schiebe|dach** *mot. n* sliding roof; '**~fenster** *n* sash-window; '**~karren** *m* wheelbarrow.

schieben ['ʃiːbən] *v/t. u. v/i.* (30) push, shove; F *fig.* (*unredlich verfahren*) F wangle; *mit Lebensmitteln usw.*: profiteer, racketeer; *s. Bank, Kegel, Schuh.*

'**Schieber** *m* (7) ⊕ slide; (*Riegel*) bolt, (slide) bar; F *fig.* (*Betrüger*) profiteer, racketeer.

'**Schiebe|sitz** *mot. m* sliding seat; '**~tür** *f* sliding door.

'**Schiebung** F *f* swindle, F wangling; profiteering (job), racket; *a. Sport*: put-up job, rigging.

schied [ʃiːt] *pret. v. scheiden.*

Schieds|gericht ['ʃiːts-] *n* court of arbitration; *Sport usw.*: jury; *sich e-m* ~ *unterwerfen* submit to arbitration; '**~richter** *m* arbitrator; *bei Wettbewerben, Sport*: judge, *pl. a.* jury; *Tennis*: umpire; *Boxen, Fußball*: referee; '**~richterball** *m* throwdown; '**?richterlich** arbitral; *adv.* by arbitration; '**~spruch** *m* (arbitral) award; '**~verfahren** *n* arbitration.

schief [ʃiːf] *adj.* (*schräg*) oblique (*a.* ∢), slanting; (*abfallend*) sloping, inclined; (*nach e-r Seite hängend*) lop-sided; *Mund, Gesicht*: wry; *fig.* (*falsch*) false, wrong; (*schlecht*) bad; (*verdreht*) distorted; *Urteil*: warped; *~e Lage* false position; *~e Ebene* inclined plane; *fig. auf die ~e Ebene geraten* go astray; *in ein ~es Licht setzen* place *a p.* in a bad light; *adv.* obliquely, aslant; at an angle; awry; *j-n* ~ *ansehen* look askance at a p.; '**?e** *f* (15) obliquity.

Schiefer ['ʃiːfər] *m* (7) slate; '**~dach** *n* slate roof; '**?ig** slaty; '**~tafel** *f* slate.

'**schief|gehen** go wrong; '**~lachen** *s. kranklachen*; '**~wink(e)lig** oblique(-angled).

schielen ['ʃiːlən] **1.** (28) squint; ~ *nach* leer at, *fig. begehrlich*: ogle (at); **2.** ? *n* squint(ing); '**~d** squint(-ing), cross-eyed.

schien [ʃiːn] *pret. v. scheinen.*

Schienbein ['ʃiːnbaɪn] *n* shin-bone.

Schiene ['ʃiːnə] *f* (15) rail; *am Rad*: iron band, rim; ⚕ splint; ⊕ bar, guide rail; '**?n** (25) ⚕ splint, put in splints.

'**Schienen|bahn** *f* track; *weitS. s. Eisenbahn*; '**~bus** *m* rail bus; '**~netz** *n* railway (*Am.* railroad) system; '**~strang** *m* track, railway-line.

schier [ʃiːr] sheer, pure; *adv.* (*beinahe*) almost, nearly.

Schierling ⚘ ['ʃiːrlɪŋ] *m* (3[1]) hemlock.

'**Schieß|baumwolle** *f* gun-cotton; '**~befehl** *m* firing order; '**~bude** *f* shooting gallery.

schießen ['ʃiːsən] **1.** (30) *v/t.* shoot; (*feuern*) fire; ⚒ blast; *Fußball*: *ein Tor* ~ score (a goal); *sich mit j-m* ~ fight a pistol duel with a p.; *e-e S.* ~ *lassen* let fly *od.* go; F *schieß los!* fire away!; *s. Bock, Zügel*; *v/i.* (h.) shoot (*auf acc.* at); (*das Feuer eröffnen*) open fire; (sn) (*sich schnell bewegen*) shoot, dart, rush; *Wasser, Blut*: gush; *Pflanze usw.*: spring (up); *Gedanke*: flash (*durch den Kopf* through one's mind); *gut* ~ be a good shot; *weit* ~ carry far; *in Samen* ~ go (*od.* run) to seed; *s. Pilz, Kraut*; **2.** ? *n* (6) shooting, firing; F *er* (*es*) *ist zum* ~*!* he (it) is a scream!

Schießerei [~'raɪ] *f* (16) (incessant) shooting; (*Kampf*) gun-fight.

'**Schieß|gewehr** *n* gun, fire-arm; '**~kunst** *f* marksmanship; '**~hund** *fig. m*: *aufpassen wie ein* ~ watch like a lynx; '**~krieg** *m* shooting war; '**~pulver** *n* gunpowder; '**~scharte** ⚔ *f* loop-hole, embrasure; '**~scheibe** *f* target; '**~stand** *m* shooting-range, ⚔ rifle-range, butts *pl.*

Schiff [ʃɪf] *n* (3) ship, vessel, *kleineres*: boat, (*a. pl.*) craft; (*Kirchen?*) nave; *typ.* galley.

Schiffahrt *f* navigation.
schiff|bar navigable; '**♀bau** *m* shipbuilding; '**♀bruch** *m* shipwreck; ~ *erleiden* be shipwrecked, *fig.* be wrecked, fail; '**~brüchig** shipwrecked; '**♀brücke** *f* pontoon-bridge; '**♀chen** *n* (6) little ship; (*Weber*♀) shuttle; ⚔ *sl.* forage cap; '**~en** *v/i.* (25, sn) navigate, sail; F (*harnen*; h.) piss; *v/t.* ship.
Schiffer ['ʃifər] *m* (7) sailor; (*Fluß*♀) boatman; (*Schiffsführer*) navigator; (*Handelsschiffskapitän*) skipper; '**~klavier** F *n* accordion.
'**Schiffs-arzt** *m* ship's doctor.
'**Schiffschaukel** *f* swing-boat.
'**Schiffs|eigner** *m* shipowner; '**~fracht** *f* (ship's) freight; '**~frachtbrief** *m* bill of lading; '**~journal** *n* log-book; '**~junge** *m* cabin-boy; '**~kapitän** *m* (sea-)captain; '**~koch** *m* ship's cook; '**~kran** *m* ship's crane; '**~küche** *f* galley, caboose; '**~ladung** *f* shipload; (*Fracht*) cargo, freight; '**~mannschaft** *f* crew; '**~raum** *m* hold; (*Rauminhalt*) tonnage; '**~rumpf** *m* hull; '**~schraube** *f* screw; '**~verkehr** *m* shipping traffic; '**~werft** *f* dockyard; '**~zwieback** *m* ship's biscuit, hardtack.
'**Schigelände** *n* skiing ground.
Schikan|e [ʃi'kɑːnə] *f* (15) chicane (-ry); nasty trick; *pl. a.* persecution; *Rennsport*: hazard; F *fig. mit allen ~n* with all the trimmings; **♀ieren** [~ka'niːrən] persecute; **♀ös** [~'nøːs] vexatious, spiteful.
'**Schi|lauf(en** *n*) *m* skiing; '**~läufer (-in** *f*) *m* skier.
Schild [ʃilt] **1.** *m* (3) shield (*a.* ⊕); (*Wappen*♀) (e)scutcheon, coat-of-arms; *im ~e führen* be up to *a th.*; **2.** *n* (1) (*Laden*♀) sign(-board), facia; (*Tür*♀) door-plate; (*Namens-, Firmen-, Tür*♀) name-plate; (*Wegweiser*) sign-post; (*Etikett*) label; (*Mützen*♀) peak; '**~bürger** *m* Gothamite; '**~drüse** *f* thyroid gland.
Schilder|haus ['ʃildərhaus] *n* sentry-box; '**♀n** (29) *v/t. fig.* describe, depict, *kurz*: outline; '**~ung** *f* description.
'**Schild|knappe** *m* shield-bearer, squire; '**~kröte** *f* (*Land*♀) tortoise; (*See*♀) turtle; '**~krötensuppe** *f* turtle-soup; **~patt** ['~pat] *n* tortoise-shell; '**~wache** ⚔ *hist. f* sentry.
Schilf [ʃilf] *n* (3) reed; '**♀ig** reedy; '**~matte** *f* rush-mat; '**~rohr** *n* reed.
'**Schilift** *m* ski-lift.
schillern ['ʃilərn] (29) play in different colo(u)rs; *in Regenbogenfarben*: iridesce; '**~d** *adj.* iridescent, opalescent; *fig. P.*: dazzling.
Schimär|e [ʃi'mɛːrə] *f* (15) chimera; **♀isch** chimerical.
Schimmel ['ʃiməl] *m* (7) **1.** white horse; **2.** (*Pilz*) mo(u)ld, mildew.
'**schimm(e)lig** mo(u)ldy, musty.
'**schimmeln** (29, h. *u.* sn) get mo(ul)dy.
'**Schimmelpilz** *m* mo(u)ld fungus.
Schimmer ['ʃimər] *m* (7) gleam (*a. fig. der Hoffnung*), glimmer; F *keinen ~ s. Ahnung*; '**♀n** (29) gleam, glisten.
Schimpanse [ʃim'panzə] *m* (13) chimpanzee.
Schimpf [ʃimpf] *m* (3) insult; (*Schande*) disgrace; *mit ~ und Schande* ignominiously; '**♀en** (25) *v/t.* abuse, revile; *v/i.* be abusive; rail (*über, auf acc.* at, against); '**♀lich** ignominious, disgraceful (*für* to); '**~name** *m* abusive name; '**~wort** *n* invective.
Schindel ['ʃindəl] *f* (15) shingle; '**~dach** *n* shingle-roof.
schinden ['ʃindən] (30) flay, skin; (*bedrücken*) oppress, drive hard, *Arbeiter*: sweat; *sich ~* work hard, slave; F *fig.* (*heraus~*) *sl.* wangle; *Eindruck ~* show off; *Zeit ~* play for time.
'**Schinder** *m* (7) knacker; *fig.* oppressor, martinet; sweater; **~ei** [~'raɪ] *fig. f* oppression; sweating; (*schwere Arbeit*) grind, drudgery.
Schind|luder F ['ʃintluːdər] *n*: *~ treiben mit* play fast and loose with; '**~mähre** *f* jade.
Schinken ['ʃiŋkən] *m* (6) ham; F *fig.* (*Bild*) daub; (*Buch*) old *od.* fat book; '**~wurst** *f* spiced ham.
Schippe ['ʃipə] *f* (15) shovel; *Kartenspiel*: *~n pl.* spades; '**♀n** (25) shovel.
Schirm [ʃirm] *m* (3) (*Wand*♀, *Wind*♀, *Projektions*♀, *Bild*♀) screen; (*Lampen*♀) shade; (*Mützen*♀) peak; (*Regen*♀) umbrella; (*Schutz*♀) shield; *fig. a.* shelter, protection; '**♀en** (25) shield, protect; '**~gitter** *n Radio*:

screen grid; **'~herr(in** *f*) *m* protector, *f* protectress, patron(ess *f*); **'~herrschaft** *f* protectorate; *e-r Veranstaltung*: auspices *pl.*; **'~mütze** *f* peaked cap; **'~ständer** *m* umbrella-stand; **'~wand** *f* screen(ing wall).

Schispringen ['ʃi:-] *n* ski-jumping.

Schiß V [ʃis] **1.** *m* (4) shit(ting); *fig.* (*Angst*) funk; ~ *haben* be in a blue funk (*vor dat.* of); ~ *bekommen* get cold feet; **2.** ♀ *pret. v. scheißen.*

schizo|phren [ʃitso'fre:n] schizophrenic; **♀phrenie** [~fre'ni:] *f* (15) schizophrenia.

Schlacht [ʃlaxt] *f* (16) battle; e-e ~ *liefern* give battle (*dat.* to); **'~bank** *f* shambles *pl.*, *oft sg.*; **'~beil** *n* butcher's ax(e); **'♀en** (26) kill; slaughter (*a. fig.*); **'~enbummler** *m* camp-follower; *Sport*: fan.

Schlächter ['ʃlɛçtər] *m* (7) butcher; **~ei** [~tə'raɪ] *f* (16) butcher's shop; *fig.* slaughter.

'Schlacht|feld *n* battlefield; **'~getümmel** *n* mêlée (*fr.*); **'~haus** *n*, **'~hof** *m* slaughter-house, abattoir (*fr.*); **'~kreuzer** *m* battle-cruiser; **'~messer** *n* butcher's knife; **'~opfer** *n* victim; **'~-ordnung** *f* order of battle; **'~plan** *m* plan of action (*a. fig.*); **'~reihe** *f* line of battle; **'~roß** *hist. n* charger; **'~ruf** *m* war-cry; **'~schiff** *n* battleship; **'~ung** *f* slaughter(ing); **'~vieh** *n* slaughter cattle.

Schlack|e ['ʃlakə] *f* (15) *v. Kohle*: cinder; *metall.* dross, slag, scoria; ⚕ waste product; *~n pl.* (*Diät*) roughage; **'♀en** (25) slag; **'♀(e)rig** F *Wetter*: slushy; **'♀ig** slaggy, drossy; **'~wurst** *f etwa*: German sausage.

Schlaf [ʃla:f] *m* (5, *o. pl.*) sleep; *im* ~ asleep; in one's sleep, *fig.* (*leicht*) blindfold; *e-n festen* (*leichten*) ~ *haben* be a sound (light) sleeper; *in* ~ *sinken* fall asleep; *in tiefem* ~ *liegen* be fast asleep; **'~-abteil** *n* sleeping-compartment; **'~-anzug** *m* pyjamas, *Am.* pajamas *pl.*; **~couch** ['~kautʃ] *f* (11[1], *pl.* -es) daybed.

Schläfchen ['ʃlɛ:fçən] *n* (6) doze, nap; F *ein* ~ *machen* take a nap.

Schläfe ['ʃlɛ:fə] *f* (15) temple.

schlafen ['ʃla:fən] sleep (*a. fig.*); be asleep; F (*unaufmerksam sein*) be napping; ~ *gehen, sich* ~ *legen* go to bed; *länger* ~ sleep late; ~ *Sie wohl!* good night!, sleep well!; **'♀szeit** *f* bedtime.

Schläfer ['ʃlɛ:fər] *m* (7), **'~in** *f* sleeper; **'♀n** (29): *mich schläfert* I feel (*od.* I am) sleepy.

schlaff [ʃlaf] slack, loose; (*kraftlos*) limp; *Fleisch, Haut, Charakter*: flabby; *fig. Grundsätze usw.*: lax; (*träge*) indolent; (*nachlässig*; *a.* ⚚ *Börse*) slack; (*träge*) sluggish; **'♀heit** *f* slackness; limpness; flabbiness; laxity; indolence.

'Schlaf|gelegenheit *f* sleeping accommodation; **'~gemach** *n* bedroom.

Schlafittchen [ʃla'fitçən] F *n*: *j-n beim* ~ *nehmen* (seize by the) collar.

'Schlaf|krankheit *f* sleeping-sickness; **'~lied** *n* lullaby; **'♀los** sleepless; **'~losigkeit** *f* sleeplessness, insomnia; **'~mittel** *n* soporific; **'~mütze** *f* nightcap; F *fig.* slowcoach, sleepyhead.

schläfrig ['ʃlɛ:friç] sleepy, drowsy; **'♀keit** *f* drowsiness.

'Schlaf|rock *m* dressing-gown; **'~saal** *m* dormitory; **'~sack** *m* sleeping-bag; **'~sofa** *n* bed-couch; **'~sucht** *f* somnolence; **'~tablette** *f* sleeping-pill; **'~trunk** *m* F nightcap; **'♀trunken** drowsy; **'~wagen** 🚃 *m* sleeping-car, *bsd. Am.* sleeper; **'♀wandeln** walk in one's sleep; **~wandler** ['~vandlər] *m* sleep-walker, somnambulist; **'♀wandlerisch** somnambulistic; *mit ~er Sicherheit* with uncanny sureness, unerringly; **'~zimmer** *n* bedroom.

Schlag [ʃla:k] *m* (3) blow (*a. fig.*); *a. der Uhr, des Kolbens, beim Tennis od. Rudern*: stroke; *mit der flachen Hand*: slap; *Boxen* (*a. ~kraft*): punch; *Pferd, Gewehr*: kick; *mit der Peitsche*: lash; (*Aufprall*) impact; ⚡ shock; *lauter* ~ bang; *dumpfer* ~ thud; (*Krach*) crash; (*Schlagfluß*) apoplexy; (*Puls*♀, *Herz*♀, *Trommel*♀) beat; (*Donner*♀) clap (of thunder); (*Essen, Portion*) helping; (*Vogelsang*) warbling; (*Holz*♀) cut (in the wood); (*Wagen*♀) carriage-door; (*Art*) race, kind, sort, *bsd. vom Tier*: breed; ~ *ins Gesicht* slap in the face (*a. fig.*); *s. Kontor, Wasser*; *Schläge bekommen* get a beating; ~ *sechs Uhr* on the stroke of six; *mit 'einem* ~ at a blow, *s. a. schlagartig*; **~-ader**

['ʃlak-] *f* artery; '**~-anfall** *m* apoplectic fit, stroke; '**2-artig** abrupt (-ly *adv.*); '**~ball** *m Spiel*: rounders *sg.*; '**~baum** *m* turnpike; '**~bolzen** ⚔ *m* firing-pin; '**~bohrer** *m* percussion drill.

schlagen ['ʃlɑːgən] (30) *v/t.* strike, knock, (*a. verprügeln*) beat; *mit der Faust*: punch, hit; (*besiegen*) defeat, (*a.* = *übertreffen*) beat; *Eier*: beat, whip; *Geld*: coin; *Holz*: fell, hew; *e-e Schlacht*: fight; *ans Kreuz ~* crucify; *ein Kreuz ~* make the sign of the cross; *auf den Preis ~* clap on; *in Papier ~* wrap up in paper; *s. Alarm, Blindheit, Brücke, Kapital usw.*; *sich ~* (have a) fight, (*duellieren*) fight a duel; *sich aus dem Kopf od. Sinn ~* put *a th.* out of one's mind; *sich ~ zu j-m* side with; *sich gut ~* stand one's ground; *sich geschlagen geben* give up, *fig. j-m*: bow to; *fig. geschlagen* (*erschöpft*) all in, (*überrascht*) dum(b)founded, (*entmutigt*) down and out; *e-e geschlagene Stunde* a full (F solid) hour; *v/i.* strike, beat; *Herz, Puls*: beat, *stärker*: throb; *Uhr*: strike; *Pferd, Gewehr usw.*: kick; *Vogel*: warble, sing; *das schlägt nicht in mein Fach* that is not in my line; *um sich ~* lay about one; *s. Art*; '**~d** *fig.* striking; *Argument, Beweis*: conclusive; *~e Wetter* ⚒ *n/pl.* firedamp.

Schlager ['ʃlɑːgər] *m* (7) ♪ (song) hit; *thea.* draw, smash hit; ⚕ draw-card, (sales) hit; *weitS.* hit.

Schläger ['ʃlɛːgər] *m* (7) **a**) *Sport*: batsman; (*Raufbold*) rough, *Am.* tough, *sl.* bruiser; (*Pferd*) kicker; **b**) *Gerät, Kricket usw.*: bat; *Golf*: club; *Fechten*: rapier, sword; *Tennis*: racket; *Federball*: battledore; *Hockey*: stick; *Küche*: whisk, (egg-)beater.; **c**) (*Vogel*) warbler; **~ei** [~'raɪ] *f* (16) brawl, (free) fight, scuffle.

'**Schlager|musik** *f* pop music; '**~sänger(in** *f*) *m* pop singer.

schlag|fertig ['ʃlɑːkfɛrtiç] *fig.* ready-witted, quick at repartee; *~e Antwort* repartee; '**2fertigkeit** *f fig.* ready wit, quickness of repartee; '**2fluß** *m* apoplexy; '**2holz** *n Sport*: bat; '**2-instrument** ♪ *n* percussion instrument; '**2kraft** *f Boxen u. fig.*: punch; ⚔ combat effectiveness; '**~kräftig** powerful; *Beweis*: conclusive; '**2licht** *n paint. u. fig.*: strong light; '**2loch** *n* pot-hole; '**~lot** ⊕ *n* hard solder; '**2mann** *m beim Rudern*: stroke; '**2-obers** *n u. m*, '**2rahm** *m s. Schlagsahne*; '**2ring** *m* brass knuckles; ♪ plectrum, quill; '**2sahne** *f* whipped cream; '**2schatten** *m* cast shadow; '**2seite** ⚓ *f* list; *~ haben* ⚓ list; F (*betrunken sein*) be half-seas-over; '**2-uhr** *f* striking clock; '**2wechsel** *m Boxen*: exchange of blows; '**2werk** *n* striking mechanism; '**2wort** *n* catchword; *weitS.* slogan; '**2zeile** *typ. f* headline; '**2zeug** ♪ *n* percussion instruments *pl.*, drums *pl.*; '**2zeuger** ♪ *m* drummer.

schlaksig F ['ʃlɑːksiç] gangling.

Schlamassel [ʃla'masəl] F *n* (7) mess.

Schlamm [ʃlam] *m* (3) mud, mire; *mot.* sludge; '**~bad** *n* mud bath.

schlämmen ⊕ ['ʃlɛmən] (25) wash.

'**schlammig** muddy, miry.

Schlamp|e ['ʃlampə] *f* (15) slut, slattern; '**2en** (25) *v/i.* do a sloppy job; *a. v/t.* botch; '**~er** *m* slouch; **~erei** [~'raɪ] slovenliness; (*Nachlässigkeit*) slackness; *konkret*: mess, muddle; sloppy job; '**2ig** slovenly; *Arbeit*: *a.* sloppy, slipshod.

schlang [ʃlaŋ] *pret. v. schlingen.*

Schlange ['ʃlaŋə] *f* (15) snake, *bsd. rhet.* serpent; ⊕ coil; *fig.* (*Menschen2*) queue, *Am.* line; *falsche ~* snake in the grass; *~ stehen* F stand in queue, queue up, *Am.* stand in line, line up (*nach* for).

schlängeln ['ʃlɛŋəln] (29): *sich ~* twist, wind; worm o.s. (*durch* through *a crowd etc.*); *hin und her*: wriggle; *bsd. Fluß u. Weg*: meander.

'**Schlangen|beschwörer** *m* snake-charmer; '**~biß** *m* snake-bite; '**~gift** *n* snake-poison; '**~linie** *f* sinuous line; '**~mensch** *m* contortionist; '**~rohr** *n* spiral tube *od.* pipe.

schlank [ʃlaŋk] slender, slim, svelte; *die moderne ~e Linie* the waistline; '**2heit** *f* slenderness; '**2heitskur** *f* reducing (*od.* slimming) cure; *e-e ~ machen* reduce, slim; **~weg** ['~'vɛk] flatly.

schlapp [ʃlap] *s. schlaff*; '**2e** *f* (15) setback, reverse; (*Niederlage*) beating, defeat; '**2hut** *m* slouch hat;

ˈ**~machen** F let down; ˈ**⁓macher** *m*, ˈ**⁓schwanz** F *m* slacker, F sissy, softy; ˈ**⁓schuh** F *m* slipper.
Schlaraffen|land [ʃlaˈrafənlant] *n* fool's paradise, (land of) Cockaigne; **~leben** *n* idle and luxurious life.
schlau [ʃlaʊ] sly, cunning, crafty, wily; F *fig.* ~er Posten soft job; F ich werde nicht ~ daraus I can't make head or tail of it; **⁓berger** [ˈ~bɛrgər] F *m* (7) slyboots *sg.*, F smartie.
Schlauch [ʃlaʊx] *m* (3[1]) tube, (*biegsamer*: flexible) pipe; *zum Spritzen*: hose; (*Fahrrad⁓, Auto⁓*) inner tube; (*Strapaze*) strain; (*Eselsbrücke*) F crib, *Am.* pony; ˈ**~boot** *n* (air *od.* ⚓ life) raft; (*Gummiboot*) rubber dinghy; ˈ**⁓en** F *fig. v/t.* fag *a p.* (out), tell on *a p.*; *seelisch*: go hard with *a p.*; ⚔ give *a p.* hell (*Am. sl.* chicken).
Schläue [ˈʃlɔʏə] *f* (15, *o. pl.*) *s.* Schlauheit.
Schlaufe [ˈʃlaʊfə] *f* (15) loop.
ˈ**Schlau|heit** *f* slyness, cunning; ˈ**~kopf** *m*, ˈ**~meier** F *m* (7) *s.* Schlauberger.
schlecht [ʃlɛçt] **1.** *adj. allg.* bad; (*boshaft, verworfen*) *a.* wicked; (*böse*) evil; (*gemein*) base, mean; (*armselig, wertlos*) poor; *Ware*: inferior; ~ sein in et. be poor at a th.; ~e Laune haben be in a bad temper; ~er Tag *leistungsmäßig*: off day; ~e Zeiten hard times; ~ und recht simple and upright; mir ist ~ I feel sick; ~ werden go bad; ~er werden get worse, worsen; *s.* gehen, stehen, Trost; **2.** *adv.* badly, ill; ~ und recht after a fashion; **~erdings** [ˈ~ərˈdiŋs] absolutely, downright; ˈ**⁓erstellung** *f* discrimination (*gen.* against); **~gelaunt** [ˈ~gəˈlaʊnt] ill-humo(u)red, in a bad temper; ˈ**~ˈhin**, **~weg** [ˈ~ˈvɛk] simply; in a word; ˈ**⁓igkeit** *f s.* schlecht: badness; baseness; wickedness; ˈ**~machen:** j-n ~ run a p. down, backbite a p.; ˈ**⁓ˈwetterperiode** *f* spell of bad weather.
schlecken [ˈʃlɛkən] *usw. s.* lecken.
Schlegel [ˈʃleːgəl] *m* (7) (*Trommel⁓*) drumstick; ⊕ mallet, beetle; *vom Kalb usw.*: leg.
Schleh|dorn ⚘ [ˈʃleːdɔrn] *m* blackthorn; ˈ**~e** ⚘ *f* (15) sloe, wild plum.
Schlei(e*f*) [ˈʃlaɪ(ə)] *m* (3 [15]) tench.
schleich|en [ˈʃlaɪçən] (30, sn) sneak, slink; (*kriechen, a. Zeit*) creep, crawl; (*sich hinschleppen*) drag; im Finstern ~ prowl in the dark; ˈ**~end** sneaking; creeping; (*verstohlen*) furtive; *Fieber, Gift usw.*: slow, lingering; ˈ**⁓er** *m* (7) creeper; *fig.* sneak; (*Leisetreter*) *Am.* F pussyfoot(er); **⁓erei** [~əˈraɪ] *f* sneaking; ˈ**⁓handel** *m* illicit trade; smuggling; (*schwarzer Markt*) black market; ˈ**⁓händler** *m* smuggler; black marketeer; ˈ**⁓weg** [ˈ~veːk] *m* secret path; *fig.* underhand means *pl.*; auf ~en surreptitiously.
Schleier [ˈʃlaɪər] *m* (7) veil (*a. fig.*); (*Dunst⁓, Nebel⁓*) haze; *phot.* fog; *fig.* unter dem ~ (*gen.*) under the veil of; ˈ**~-eule** *f* barn-owl; ˈ**~flor** *m* crape; ˈ**⁓haft** *fig.* (*verschwommen*) hazy; (*rätselhaft*) mysterious, inexplicable.
Schleif|bahn [ˈʃlaɪfbaːn] *f* slide; ˈ**~e** *f* (15) (*Schlinge*; *a.* ✈, ⚡) loop; (*gebundene* ~) slip-knot; (*Band⁓*) bow, knot; (*Kurve*) loop (*a.* ✈), (horseshoe) bend; (*schlittenartiges Gestell*) sled(ge), drag; *s.* Schleifbahn; ˈ**⁓en 1.** (30) *a.* (*schärfen*) grind; (*wetzen*) whet; (*glätten, schmirgeln*) abrade, *feiner*: smooth, polish (*a. fig.*); *Edelstein, Glas*: cut; F ⚔ drill hard, *s. a.* schlauchen; **2.** *v/t. u. v/i.* (25) (*schleppen*) drag; (*rutschen*) skid, slide; *Bauten*: raze, demolish, ⚔ *a.* dismantle; ♪ slur; ˈ**~er** *m* (7) grinder; polisher; (*Edelstein⁓*) cutter; F ⚔ martinet; ˈ**~lack** *m* body varnish; ˈ**~maschine** *f* grinding-machine; ˈ**~mittel** *n* abrasive; ˈ**~papier** *n* emery paper; ˈ**~rad** *n* grinding-wheel; ˈ**~ring** ⚡ *m* slip ring; ˈ**~stein** *m* whetstone, hone; *drehbarer*: grindstone.
Schleim [ʃlaɪm] *m* (3) slime; *physiol.*, ⚕ mucus, *bsd. in der Brust*: phlegm; ˈ**~-absonderung** *f* mucous secretion; ˈ**~beutel-entzündung** ⚕ *f* bursitis; ˈ**~drüse** *f* mucous gland; ˈ**~haut** *f* mucous membrane; ˈ**⁓ig** slimy (*a. fig. contp.*); mucous; ˈ**⁓lösend** expectorant; ˈ**~suppe** *f* gruel.
schlemm|en [ˈʃlɛmən] (25) feast, gorge, gormandize; *weitS.* revel, live high; ˈ**⁓er** *m* (7) (*Feinschmecker*) gourmet; (*Fresser*) glutton; *weitS.*

reveller; **2erei** [~'raɪ] *f* feasting, revelry; gormandizing.

schlen|dern ['ʃlɛndərn] (29, sn) stroll, saunter; **2drian** ['~driɑːn] *m* (3) (old) jogtrot; (*Bummelei*) dawdling, muddling on.

schlenkern ['ʃlɛŋkərn] (29) dangle; swing (*mit den Armen usw.* one's arms *etc.*).

Schlepp|dampfer ['ʃlɛp-] *m* tug (-boat); '**~e** *f* (15) *am Kleid*: train; (*Schweif*) trail; '**2en** *v/t. u. v/i.* (25) drag (*sich* o.s.), lug; (*schwer tragen*) carry, *Am.* F tote; ⚓, ✈, *mot.* tow, haul, ⚓ tug; ⚕ (*Kunden werben*) tout; '**2end** dragging; (*langsam, a.* ⚕) slow, sluggish; *Sprache*: drawling; '**~er** *m* (7) ⚓ tug(-boat); *mot.* tractor; ⚕ (*Kundenwerber*) tout; '**~kahn** *m* lighter, barge; '**~lift** *m* drag-lift; '**~netz** *n* drag-net; '**~netzfischer(boot** *n*) *m* trawler; '**~schiff** *n* tug(-boat); '**~seil** *n*, '**~tau** *n* tow-rope; *ins Schlepptau nehmen* take in tow (*a. fig.*); '**~zug** *m* train of barges; *mot.* truck train.

Schles|ier ['ʃleːzjər] *m* (7), '**2isch** Silesian.

Schleuder ['ʃlɔʏdər] *f* (15) sling, (*a.* ✈) catapult, *Am.* slingshot; ⊕ *s. ~maschine*; '**~artikel** ⚕ *m* catchpenny article; '**~ball** *m* sling ball; '**~honig** *m* strained honey; '**~maschine** *f* centrifuge; '**2n** (29) *v/t.* fling, hurl; *mit e-r Schleuder*: sling; ✈ catapult; ⊕ centrifuge; *Honig*: strain; *Wäsche*: spin-dry; *v/i. mot.* skid, side-slip; '**~preis** *m* ruinous (*od.* give-away) price; '**~sitz** ✈ *m* ejector seat; '**~start** ✈ *m* catapult take-off; '**~ware** *f* catchpenny article.

schleunig ['ʃlɔʏniç] quick, speedy; *adv.* (*a.* '**~st**) in all haste; (*sofort*) immediately, forthwith.

Schleuse ['ʃlɔʏzə] *f* (15) sluice (*a. fig.*); (*Kanal2*) lock; '**2n** lock; *fig.* channel; *P.*: direct; *s. ein~*; '**~ntor** *n* flood-gate.

Schlich[1] [ʃliç] *m* (3) trick, dodge; *j-m auf die ~e kommen* find a p. out.

schlich[2] *pret. v. schleichen.*

schlicht [ʃliçt] plain, simple; (*glatt*) smooth, sleek; '**~en** (26) (*glätten*) smooth; *Streit usw.*: settle, adjust; '**2er** *m* (7), '**2erin** *f* mediator; *durch Schiedsspruch*: arbitrator; '**2feile** *f* smooth-cut file; '**2heit** *f* plainness, simplicity; '**2ung** *f* settlement; (*Vermittlung*) mediation; *durch Schiedsspruch*: arbitration; '**2ungs-ausschuß** *m* arbitration committee.

Schlick [ʃlik] *m* (3) mud, slime.

schlief [ʃliːf] *pret. v. schlafen.*

schließ|bar ['ʃliːsbɑːr] lockable; **2e** ['~sə] *f* (15) catch, latch; *am Kleid, an der Handtasche usw.*: clasp; '**~en** (30) *v/t.* shut, close (*beide a. sich*; *a.* ⚡ *Stromkreis*); *mit Schlüssel*: lock; *Betrieb*: shut down; *Bündnis, Kreis*: form; *Freundschaft, Ehe*: contract; *Handel*: strike, conclude; *Vertrag, Brief, Rede*: conclude; *Frieden*: conclude, make; (*beenden*) finish, end; *parl. usw. Debatte, Sitzung*: close, *auf Antrag*: closure; *sich ~ Wunde*: close; *sich ~ an* (*acc.*) follow (upon); *in die Arme ~* clasp in one's arms; *j-n ins Herz geschlossen haben fig.* be very fond of a p.; *in sich ~* include, (*unausgesprochen*) imply; *geschlossen für et. sein od. stimmen* go (*od.* be) solid for; *geschlossene Gesellschaft* private party; *v/i.* shut, close; *Läden*: close; *Schule*: break up; *bei e-r Rede usw.*: close (*mit* with); *aus et. ~ auf* (*acc.*) infer (*od.* conclude *od.* gather) *a th.* from a th.; *auf et. ~ lassen* suggest a th.; *dem Aussehen nach zu ~* judging from the appearance; '**2er** *m* (7) door-keeper; *im Gefängnis*: jailer, turnkey; **2fach** *n Bank*: safe deposit box; (*Bahnhofs2*) left-luggage locker; *s. Postfach*; '**~lich** final, last, eventual; *adv.* finally, at last; (*am Ende*) eventually; (*~ doch, eigentlich*) after all; '**2muskel** *m* constrictor; '**2ung** *f* closing (*a.* ⚡), conclusion; *e-r Debatte*: closure, *Am.* cloture; *e-s Betriebes*: shut-down, closure.

Schliff [ʃlif] **1.** *m* (3) polish (*a. fig.*); *v. Edelstein, Glas*: cut; *fig. letzter ~* finishing touch(es); F ⚔ hard drill; **2.** 2 *pret. v. schleifen* 1.

schlimm [ʃlim] *allg.* bad; (*bedenklich*) serious, grave; *~er* worse; *am ~sten, das 2ste* the worst; *~er machen* (*werden*) *s. verschlimmern*; *~ daran sein* be badly off; '**~sten-'falls** at the worst.

Schling|e ['ʃliŋə] *f* (15) sling (*a.* ⚕), loop; *sich zusammenziehende*: noose (*a. fig.*); *gebundene*: (running) knot; *Draht, Tau*: coil; *hunt.* snare (*a. fig.*); *fig.* *j-m in die ~ gehen* walk into a p.'s trap; *sich aus der ~ ziehen* wriggle out of it; '**~el** *m* (7) rascal; '**2en** (30) wind, twine; (*gierig schlucken*) gulp, gorge; *sich ~ um* wind (*od.* coil) round; '**2ern** ⚓ (29) roll; '**~gewächs** *n*, '**~pflanze** *f* climbing plant, creeper, *bsd. Am.* climber.

Schlips [ʃlips] *m* (4) (neck)tie.

Schlitten ['ʃlitən] *m* (6) sledge, *bsd. Am.* sled; (*bsd. Pferde2*) sleigh; (*Rodel2*) toboggan; ⊕ sliding carriage; *der Schreibmaschine*: carriage; F (*Auto*) car, *sl.* heap; *~ fahren* sledge, (*rodeln*) toboggan; F *fig.* *mit j-m ~ fahren* F wipe the floor with a p.; '**~bahn** *f* sledge-run; '**~fahrt** *f* sledge-ride; sleigh-ride.

schlittern ['ʃlitərn] (29, h. *u.* sn) slide (*a. fig.*), *a. mot.* skid.

'**Schlittschuh** *m* skate; *~ laufen* skate; '**~laufen** *n* skating; '**~läufer(in** *f*) *m* skater.

Schlitz [ʃlits] *m* (3[3]) slit, *im Kleid*: slash; (*Einwurf2*) slot; '**~-auge** *n* slit eye; '**2-äugig** slit-eyed; '**2en** *v/t. u. v/i.* (27, sn) slit, slash; ⊕ slot.

schlohweiß ['ʃlo:'vaıs] snow-white.

Schloß[1] [ʃlɔs] *n* (2[1]) castle; (*Palast*) palace; **~**[2] (*Tür2, Schußwaffen2 usw.*) lock; (*Gewehr2*) *mst* bolt; (*Buch2, Handtaschen2 usw.*) clasp; (*Gürtel2, Koppel2*) buckle; *hinter ~ und Riegel* behind bars; **2**[3] *pret. v. schließen.*

Schlößchen ['ʃlœsçən] *n* (6) small castle.

Schloße ['ʃlo:sə] *f* (15) sleet (*a. pl.*).

Schlosser ['ʃlɔsər] *m* (7) locksmith; *weitS.* mechanic, fitter; **~ei** [~'raı] *f* (*a.* '**~werkstatt** *f*) locksmith's workshop; (*a.* '**~handwerk** *n*) locksmith's trade.

Schlot [ʃlo:t] *m* (3[3]) chimney; 🚂, ⚓ funnel; F (*Flegel*) lout.

schlotter|ig ['ʃlɔtəriç] shaky; (*lose*) loose; *fig.* (*schlampig*) slovenly; '**~n** (29) flap; (*zittern*) shake, tremble; (*wackeln*) wobble.

Schlucht [ʃluxt] *f* (16) gorge; (*Hohlweg*) ravine, *Am. a.* gulch.

schluchzen ['ʃluxtsən] (27) sob; **2** *n* (6) sobbing, sobs *pl.*

Schluck [ʃluk] *m* (3[3]) gulp; *kleiner ~* = **Schlückchen** ['ʃlykçən] *n* (6) sip, F drop; '**~-auf** *m* hiccup(s *pl.*); '**2en**[1] (25) *v/t. u. v/i.* swallow (*a. fig. Geld, Tadel usw.*); gulp (down); '**~en**[2] *m* (6) hiccup(s *pl.*); '**~er** *m* (7) *fig.* *armer ~* poor wretch; '**~-impfung** ⚕ *f* oral vaccine.

schluder|ig ['ʃlu:dəriç] sloppy; '**~n** scamp.

schlug [ʃlu:k] *pret. v. schlagen.*

Schlummer ['ʃlumər] *m* (7) slumber; '**2n** (29) slumber; *fig.* lie dormant; '**2nd** *fig.* dormant, latent.

Schlund [ʃlunt] *m* (3[3]) throat, gullet; ⚕ pharynx; (*Speiseröhre*) (o)esophagus; (*Abgrund*) abyss.

schlüpf|en ['ʃlypfən] (25, sn) slip, glide; '**2er** *m* (7) (*Unterziehhöschen*) (*ein* a pair of ladies') knickers *pl.*, F panties *pl. od.* briefs *pl.*

Schlupfloch ['ʃlupf-] *n* loop-hole; (*Versteck*) *s. Schlupfwinkel.*

'**schlüpfrig** slippery (*a. fig.*); *fig.* *Witz usw.*: risqué (*fr.*).

'**Schlupfwinkel** *m* hiding-place, *Am.* hideout; *fig.* recess.

schlurfen ['ʃlurfən] *v/i.* (25, sn) shuffle along, drag one's feet.

schlürfen ['ʃlyrfən] (25) *v/t.* sip.

Schluß [ʃlus] *m* (4[1]) close, end; (*Ab2; Folgerung*) conclusion; *parl.* *e-r Debatte*: closing, *auf Antrag*: closure, *Am.* cloture; *~ (damit)!* stop (it)!; *~ machen (die Arbeit beenden)* call it a day; *~ machen mit* put an end to *a th.*, have done with *a p.*; *zu dem ~ kommen, daß* decide that; *zum ~* finally; '**~-akt** *thea. m* last act; '**~bemerkung** *f* final observation.

Schlüssel ['ʃlysəl] *m* (7) key (*zu* of; *fig.* to); ♪ *a.* clef; (*Chiffrier2*) code; (*Verteilungsquote*) formula; ⊕ spanner, wrench; '**~bein** *n* collar-bone; '**~blume** *f* cowslip; *blaßgelbe ~* primrose; '**~bund** *m, n* bunch of keys; '**~-industrie** *f* key industry; '**~kind** *n* door-key child; '**~loch** *n* key-hole; '**~ring** *m* key-ring; '**~-roman** *m* roman à clef (*fr.*); '**~-stellung** *f* key position (*a.* ⚔); '**~-wort** *n* key-word; code word.

'**Schluß|feier** *f* *Schule*: speech-day, *Am.* commencement; '**~folgerung** *f* conclusion, inference; '**~formel** *f* *im Brief*: complimentary close.

schlüssig ['ʃlysiç] resolved, determined; *Beweis*: conclusive; *sich ~ werden* make up one's mind.

ˈ**Schluß|licht** *n* tail-light; F *fig.* tailender; *das ~ bilden* bring up the rear; ˈ**~notierung** ⚜ *f des Kurses*: closing quotation; ˈ**~rechnung** *f* final account; ˈ**~runde** *f Sport*: final; ˈ**~rundenteilnehmer(in** *f*) *m Sport*: finalist; ˈ**~satz** *m* conclusion; ♪ finale; ˈ**~stein** *m* keystone; ˈ**~strich** *m*: *fig. e-n ~ ziehen* draw the line, *unter* (*acc.*) put an end to; ˈ**~verkauf** *m* (seasonal) sale; ˈ**~wort** *n* (3) last word; (*Zusammenfassung*) summary.

Schmach [ʃmaːx] *f* (16) disgrace; (*Beleidigung*) insult.

schmachten [ˈʃmaxtən] (26) languish; *~ nach* yearn for.

schmächtig [ˈʃmɛçtiç] slight, thin; *~er Junge* slip of a boy.

schmachvoll [ˈʃmaːx-] disgraceful.

schmackhaft [ˈʃmakhaft] savo(u)ry, tasty; *fig. j-m et. ~ machen* make a th. palatable to a p.; ˈ**2igkeit** *f* savo(u)riness.

schmäh|en [ˈʃmɛːən] (25) (*schimpfen*) abuse, revile; (*verleumden*) calumniate; ˈ**~lich** ignominious, disgraceful; *adv. fig.* outrageously; ˈ**2rede** *f* abuse, invective; ˈ**2schrift** *f* libel, lampoon; ˈ**2sucht** *f* slanderous disposition; ˈ**2ung** *f* abuse, invective.

schmal [ʃmaːl] (18[2]) narrow; (*dünn*) thin; *fig.* small, poor; *~e Kost f* short commons *pl.*

schmäl|en *lit.* [ˈʃmɛːlən] (25) *v/i. u. v/t.* scold; ˈ**~ern** (29) curtail, impair; *bsd. fig.* detract from; ˈ**2erung** *f* curtailment, impairment.

ˈ**Schmal|film** *m* substandard film; ˈ**~filmkamera** *f* cine-camera; ˈ**~spur** *f*, ˈ**2spurig** narrow-gauge.

Schmalz [ʃmalts] *n* (3[2]) lard; ˈ**2ig** greasy; F *fig.* sentimental, maudlin.

schmarotzen [ʃmaˈrɔtsən] (27) sponge (*bei* [up]on).

Schmaˈrotzer *m* (7), **~in** *f* (*a. zo.*, ♣) parasite; *fig. a.* sponger; **2isch** parasitic; sponging; **~pflanze** *f* parasitic plant; **~tum** [~tuːm] *n* (1[2]) parasitism.

Schmarre [ˈʃmarə] *f* (15) cut, slash; (*Narbe*) scar; ˈ**~n** *m* (6) minced pancake; (*Schund*) trash, hokum.

Schmatz F [ʃmats] *m* (3[2]) smack; ˈ**2en** (27) smack (*mit den Lippen* one's lips).

schmauchen [ˈʃmauxən] *v/t. u. v/i.* (25) smoke.

Schmaus [ʃmaus] *m* (4[2]) feast, banquet; **2en** [ˈ~zən] (27) feast (*von* upon); eat heartily; **~erei** [~ˈraɪ] *f* feasting; *s. Schmaus.*

schmecken [ˈʃmɛkən] (25) *v/t.* taste; *v/i.* taste (*nach* of); *~ nach a.* smack of (*a. fig.*); *dieser Wein schmeckt mir* I like (*od.* enjoy) this wine.

Schmeichel|ei [ʃmaɪçəˈlaɪ] *f* (16) *vgl. schmeicheln*: flattery; (flattering) compliment; adulation; cajolery; ˈ**2haft** flattering; ˈ**2katze** *f fig.* cajoler; ˈ**~n** (29) flatter (*j-m* a p.); *kriecherisch*: adulate; *bittend*: coax; *zärtlich*: cajole; (*kosen*) caress; *sich geschmeichelt fühlen* feel flattered; *geschmeichelt Bild*: flattering.

Schmeichler [ˈʃmaɪçlər] *m* (7), ˈ**~in** *f* (16[1]) flatterer; ˈ**2isch** flattering.

schmeiß|en F [ˈʃmaɪsən] (30) fling, hurl, chuck; *Tür*: slam, bang; F *die Sache* (*od. den Laden*) *~* run the show; ˈ**2fliege** *f* blowfly, bluebottle.

Schmelz [ʃmɛlts] *m* (3[2]) enamel (*a. Zahn2*); *fig.* bloom; ♪ (melting) sweetness; ˈ**2bar** fusible; ˈ**~draht** *m* fuse wire; ˈ**~e** *f* (15) *des Schnees*: melting; *s. Schmelzhütte*; ˈ**2en** *v/t.* (27, *oft* 30) (*v/i.* [30, sn]) melt (*a. fig.*); *bsd. Metalle*: smelt, fuse; ˈ**~d** melting; *fig. a.* languishing; ♪ melodious, sweet (*a. Stimme*); **~erei** [~tsəˈraɪ] *f*, ˈ**~hütte** *f* smelting-works *pl.*, *oft sg.*; foundry; ˈ**~käse** *f* soft cheese; ˈ**~-ofen** *m* (s)melting furnace; ˈ**~punkt** *m* melting-point; ˈ**~sicherung** ⚡ *f* (safety) fuse; ˈ**~tiegel** *m* melting-pot (*a. fig.*), crucible.

Schmerbauch [ˈʃmeːr-] *m* paunch, [big (*od.* pot-)belly.]

Schmerle [ˈʃmɛrlə] *f* (15) loach.

Schmerz [ʃmɛrts] *m* (5[1]) pain, ache; (*Kummer*) grief; (*Qual*) agony; *~en haben* be in pain; ˈ**2en** (27) *v/t. u. v/i.* pain, hurt, (*nur v/i.*) ache; *seelisch*: *a.* grieve.

ˈ**Schmerzens|geld** *n* smart-money; ˈ**~lager** *n* bed of suffering; ˈ**~schrei** *m* cry of pain.

ˈ**schmerz|-erfüllt** grieved; ˈ**~haft**, ˈ**~lich** painful; *fig.* grievous; ˈ**~lindernd** soothing; (*a. ~es Mittel*) anodyne, analgesic; ˈ**~los** painless; ˈ**~stillend** *s. schmerzlindernd(es Mittel).*

Schmetter|ball *m*, **~schlag** ['ʃmɛtər-] *m Tennis*: smash; **~ling** ['~liŋ] *m* (3¹) butterfly; '**~lingsstil** *m Schwimmen*: butterfly (stroke); '**2n** (29) *v/t.* smash; F *Lied*: sing lustily; *v/i. Stimme*: ring (out); *Trompete*: blare; *Vögel*: warble.
Schmied [ʃmi:t] *m* (3) (black)smith; '**2bar** malleable.
Schmiede ['ʃmi:də] *f* (15) forge, smithy; '**~-eisen** *n* wrought iron; '**~hammer** *m* sledge-hammer.
'**schmieden** *v/t. u. v/i.* (26) forge; *fig. a.* form, frame; *s. Eisen, Ränke*; *Pläne*: make, *b.s.* hatch.
schmiegen ['ʃmi:gən] (25, *a. sich*) nestle *od.* snuggle (*an acc.* to).
schmiegsam ['ʃmi:kza:m] pliant, flexible, supple.
Schmier|büchse ['ʃmi:r-] *f* ⊕ grease-box; (*Kanne*) oil-can; '**~e** *f* (15) ooze; (*Fett, Öl*) grease; *thea.* troop of strolling players, *bsd. Am.* barnstormers *pl.*, (*schlechtes Theater*) F penny gaff; P *~e stehen* be look-out man, *sl.* keep cave; '**2en** (25) smear; ⚕ anoint; ⊕ *mit Fett*: grease, *mit Öl*: oil, lubricate; *Brot*: butter; *Butter usw.*: spread; (*schlecht schreiben, kritzeln*) scrawl, scribble; *bsd. paint.* daub; F *j-n ~* (*bestechen*) grease a p.'s palm; F *j-m eine ~* paste a p. one; *wie geschmiert* smoothly, without a hitch; '**~enschauspieler(in** *f*) *m* strolling player, *bsd. Am.* barnstormer, *contp. sl.* ham; '**~er(in** *f*) *m* greaser; (*Sudler*) scribbler; *bsd. paint.* dauber; **~erei** [~'raɪ] *f* (16) *s. schmieren*: smearing; scrawl; daub; '**~esteher** P *m* (7) look-out man; '**~fett** ⊕ *n* grease; '**~fink** *m* dirty fellow; daub(st)er; '**~geld(er** *pl.*) F *n* slush fund; '**2ig** (*fettig*) greasy; (*schmutzig*) grimy; *fig.* sordid; '**~käse** *m* soft cheese; '**~mittel** ⊕ *n* lubricant; '**~-öl** *n* lubricating oil; '**~papier** *n* scribbling-paper; '**~plan** ⊕ *m* lubricating chart; '**~seife** *f* soft soap; '**~stoff** *m* lubricant; '**~ung** ⊕ *f* lubrication.
Schmink|e ['ʃmiŋkə] *f* (15) (grease) paint, *rote*: rouge; *weitS.* make-up; '**2en** (25, *a. sich*) paint (one's face), make (o.s.) up; *rot*: rouge; *Lippen*: put on lipstick; *fig. Bericht*: colo(u)r; '**~mittel** *n* cosmetic.
Schmirgel ['ʃmirgəl] *m* (7) emery; '**2n** (29) rub with emery, sand; '**~papier** *n* emery paper.
Schmiß¹ [ʃmis] *m* (4) gash, cut; (*Narbe*) (duelling) scar; F *fig.* (*Schwung*) verve, go, F pep.
schmiß² *pret. v. schmeißen.*
'**schmissig** F racy, F full of pep.
Schmöker ['ʃmø:kər] *m* (7) old book; *s. Schundroman*; '**2n** (29) (29) (*lesen*) browse.
schmoll|en ['ʃmɔlən] (25) pout; *weitS.* sulk; '**2winkel** *m* sulking-corner.
schmolz [ʃmɔlts] *pret. v. schmelzen.*
Schmor|braten ['ʃmo:r-] *m* braised beef; '**2en** *v/t. u. v/i.* (25) stew (*a. fig.*); (*dünsten*) braise; ⚡ scorch.
Schmu F [ʃmu:] *m* (11) swindle, skullduggery.
Schmuck [ʃmuk] **1.** *m* (3) ornament; (*Putz*) finery; (*Juwelen*) jewels *pl.*, jewel(le)ry; (*Ausschmückung*) decoration; **2.** 2 smart, trim, spruce; (*hübsch*) pretty.
schmücken ['ʃmykən] (25) adorn (*a. fig.*), decorate; *sich ~* dress up.
'**Schmuck|kästchen** *n* jewel-case; *fig.* gem; '**2los** unadorned, plain; '**~sachen** *f/pl.* jewels; '**~stück** *n* ornament; *engS.* piece of jewel(le)ry; *fig.* gem; '**~waren** *f/pl.* jewel(le)ry *sg.*
Schmuggel ['ʃmugəl] *m* (7), **~ei** [~'laɪ] *f* smuggling; '**2n** *v/t. u. v/i.* (29) smuggle; '**~ware(n** *pl.*) *f* smuggled goods *pl.*, contraband.
Schmuggler ['ʃmuglər] *m* (7) smuggler.
schmunzeln ['ʃmuntsəln] (29) smile, grin; 2 *n* (6*) (amused) smile, grin.
Schmus F [ʃmu:s] *m* (4, *o. pl.*) soft soap; **2en** ['~zən] soft-soap; (*kosen*) pet, F neck.
Schmutz [ʃmuts] *m* (3²) dirt, filth, *fig. b.s. a.* smut; (*Kot, Schlamm*) mud; *~ und Schund* smut and thrash, ⚖ harmful publications; '**2en** (27) soil, get dirty; '**~fink** F *m* pig, mudlark; '**~fleck** *m* smudge; '**2ig** dirty, filthy, *fig. b.s. a.* smutty; (*beschmutzt*) soiled; *fig.* (*gemein*) dirty, shabby; *~ machen* dirty, soil; '**~igkeit** *f* dirtiness *etc.*; '**~literatur** *f* pornography, smut; '**~titel** *m e-s Buches*: half title.
Schnabel ['ʃna:bəl] *m* (7¹) bill,

beak; ⊕ nozzle; *e-r Kanne*: spout; F *halt den ~!* shut up; '**2förmig** bill-shaped; '**~tasse** *f* feeding cup; '**~tier** *n* duck-bill, platypus.

schnäbeln ['ʃnɛ:bəln] (29) *v/i. u. sich ~* bill and coo.

schnacken ['ʃnakən] *v/i. u. v/t.* (25) chatter, chat.

Schnake ['ʃnɑ:kə] *f* (15) crane-fly, *Brt.* daddy-longlegs.

Schnalle ['ʃnalə] *f* (15), '**2n** (25) buckle; '**~nschuh** *m* buckled shoe.

schnalzen ['ʃnaltsən] (27) smack; *mit der Zunge ~* click one's tongue; *mit den Fingern ~* snap one's fingers.

'**schnappen** (25) snap; *nach et. ~* snap at, *a.* snatch at; F (*erwischen*) catch; (*packen*) grab; nab; *nach Luft ~* gasp for breath; F *Luft ~* (*gehen*) take an airing.

Schnäpper ['ʃnɛpər] *m* (7) ⊕ snap, catch; (*Blut2*) ⚕ blood lancet.

'**Schnapp|feder** *f* catch-spring; '**~messer** *n* clasp-knife; '**~sack** *m* knapsack; '**~schloß** *n* spring-lock; '**~schuß** *m* snapshot.

Schnaps ['ʃnaps] *m* (4^2) spirit(s *pl.*), strong (*Am.* hard) liquor, schnap(p)s; (*ein Glas ~*) dram; '**~brenne'rei** *f* distillery; '**~flasche** *f* brandy bottle; '**~-idee** F *f* crazy idea.

schnarch|en ['ʃnarçən] (25) snore; '**2er** *m* (7) snorer.

Schnarre ['ʃnarə] *f* (15) rattle; '**2n** (25) rattle; (*rauh tönen*) rasp.

schnattern ['ʃnatərn] (29) cackle; *bsd. fig.* chatter; *nur fig.* gabble.

schnauben ['ʃnaʊbən] *v/i. u. v/t.* (30) pant, puff; *Tier, a. P. verächtlich*: snort; *vor Wut ~* foam with rage; *Rache ~* pant for revenge; *sich* (*die Nase*) *~* blow one's nose.

schnauf|en ['ʃnaʊfən] (25) breathe heavily; wheeze; (*keuchen*) pant; '**2er** F *m* breath.

Schnauz|bart ['ʃnaʊts-] *m* (walrus) moustache; '**~e** *f* (15) snout, muzzle; *e-r Kanne usw.*: spout; P *die ~ halten* shut up; '**2en** F (27) jaw, bark; '**~er** *m* (*Hund*) schnauzer.

Schnecke ['ʃnɛkə] *f* (15) snail; (*Nackt2*) slug; *fig.* scroll; *e-r Säule*: *a.* volute; *der Uhr*: fusee; ⊕ worm; (*Förder2*) screw conveyor.

schnecken|förmig ['~fœrmiç] spiral, winding; '**2gang** *m* winding alley; *s. Schneckentempo*; '**2getriebe** *n* worm gear(ing); '**2haus** *n* snail's shell; '**2linie** *f* spiral line; '**2post** *f*: *mit der ~, im* '**2tempo** *n* at a snail's pace.

Schnee [ʃne:] *m* (3^1) snow; (*Ei2*) whipped whites *pl.* of egg, froth; '**~ball** *m* snowball (*a.* ⚘); '**~ballsystem** *n* snowball system; **2bedeckt** ['~bədɛkt] snow-covered; '**~besen** *m Küche*: (egg) whisk, egg-beater; '**2blind** snow-blind; '**~brille** *f* (*eine* a pair of) snow-goggles *pl.*; '**~fall** *m* snowfall; '**~flocke** *f* snow-flake; '**~gestöber** *n* snow-flurry; '**~glöckchen** ⚘ *n* snowdrop; '**~grenze** *f* snow-line; '**~huhn** *n* white grouse; '**~hütte** *f* igloo; '**2ig** snowy; '**~kette** *f* non-skid chain; '**~könig** F *m*: *sich freuen wie ein ~* be as pleased as Punch; '**~mann** *m* snowman; '**~pflug** *m* snow-plough, *Am.* snow-plow; '**~schläger** *m s. Schneebesen*; '**~schmelze** *f* melting of the snow; '**~schuh** *m* snow-shoe; *s. Schi*; '**~sturm** *m* snowstorm; *heftiger*: blizzard; '**~treiben** *n*, '**~verwehung** *f*, '**~wehe** *f* snow-drift; '**2weiß** snow-white; '**~wetter** *n* snowy weather; **~wittchen** [~'vitçən] *n* (6) Little Snow-White.

Schneid F [ʃnaɪt] *m, f* (3) pluck, gut(s); '**~brenner** *m* cutting torch.

Schneide ['ʃnaɪdə] *f* (15) edge; *s. Messer*; '**~brett** *n* carving-board; '**2n** (30) *allg.* cut (*a. Sport*: *den Ball*); *Fingernägel*: *a.* pare; *Baum be~*: lop, prune; *Hecke*: trim; (*mähen*) mow; *sich ~* A *Linien*: intersect; *fig.* be mistaken; *s. Grimasse, Haar*; '**2nd** cutting, sharp; *Kälte*: biting (*alle a. fig.*).

'**Schneider** *m* (7) tailor; **~ei** [~'raɪ] *f* (16) tailoring; '**~in** *f* (16^1) ladies' tailor, dressmaker; '**~kleid** *n* tailor-made dress; '**~kostüm** *n* tailor-made suit; '**~meister** *m* master tailor; '**2n** (29) *v/i.* do tailoring *od.* dressmaking; *v/t.* make; '**~puppe** *f* dress form, dummy.

'**Schneide|werkzeuge** *n/pl.* cutting tools; '**~zahn** *m* incisor, cutter.

'**schneidig** *fig.* (*forsch*) dashing; (*entschlossen*) resolute; (*fesch*) smart; (*mutig*) plucky; *Rede usw.*: terse; '**2keit** *f* dash, smartness; pluck.

schneien ['ʃnaɪən] (25) snow.

Schneise ['ʃnaɪzə] *f* (15) (forest-) aisle, vista; ✈ flying lane.

schnell [ʃnɛl] quick, fast; *Handeln*: *a.* speedy, prompt (*a. Erwiderung*); (*~füßig, a. Vogel, Flug*) swift; *Strömung, Wuchs,* ⚔ *Feuer*: rapid; *Rennbahn usw.*: fast; ⚕ *Verkauf*: brisk; *Umsatz*: quick; (*plötzlich*) sudden; (*hastig*) hasty; *~!* be quick!; *mach ~!* be quick!, hurry up!, look sharp!; *nicht so ~!* gently!; '**2bleiche** *f* chemical bleaching; '**2boot** *n* speedboat; ⚔ motor torpedo boat; '**~en** (25) *v/t.* jerk; *mit dem Finger*: flick; *v/i.* (sn) jerk, bound, flip; '**2feuer** *n* quick fire; '**2feuergeschütz** *n* quick-firer, automatic gun; **~füßig** ['~fy:siç] swift(-footed); '**2gang** *mot. m* overdrive; '**2gaststätte** *f* snack bar, *Am. a.* cafeteria; '**2gericht** ⚖ *n* summary court; '**2hefter** *m* (7) (rapid) letter-file.

'**Schnelligkeit** *f* quickness, fastness; swiftness, rapidity; promptness; (*Tempo*) speed; ⊕ velocity; '**~srekord** *m* speed record.

'**Schnell|-imbiß** *m* snack; '**~-imbißstube** *f* snack bar; '**~kraft** *f* elasticity; '**~(l)auf** *m* run, race; (*Eis2*) speed-skating; '**~(l)äufer(in** *f*) *m* sprinter; (*Eis2*) speed-skater; **2(l)ebig** ['~le:biç] *Zeit*: giddy-paced; '**~reinigung** *f* express dry-cleaning; '**~segler** ⚓ *m* fast sailer; '**~stahl** ⊕ *m* high-speed steel; '**~(verkehrs)straße** *f* express roadway, *Am.* speedway; '**~verfahren** *n* ⚖ summary jurisdiction; ⊕ rapid method, short cut; '**~waage** *f* steelyard; '**~zug** *m* fast train, express.

Schnepfe ['ʃnɛpfə] *f* (15) snipe.

Schneppe ['ʃnɛpə] *f* (15) spout; *e-r Haube*: peak; '**~r** ⊕ *m* (7) snap.

schneuzen ['ʃnɔʏtsən] (27): *sich ~* blow one's nose.

schniegeln ['ʃni:gəln] (29) dress (*od.* spruce *od.* smarten) up.

Schnipp|chen ['ʃnipçən] *n* (6): *j-m ein ~ schlagen fig.* outwit (*od.* fool) a p.; '**~el** *m, n* (7) *s. Schnipsel*; '**2eln** *v/t. u. v/i.* (29) cut, snip; '**2en** *v/t. u. v/i.* (25) snip; (*mit den Fingern*) ~ snap one's fingers; '**2isch** pert, snappish, *Am.* F snippy.

Schnipsel ['~səl] *m, n* (7) scrap, shred, snip, bit.

Schnitt [ʃnit] **1.** *m* (3) (*Schneiden*) cutting; *ins Fleisch*: incision; (*Haar2, Kleider2, ~wunde; a. Film*) cut; *am Buch*: edge; (*~muster*) pattern; (*Scheibe*) slice; ⅄ (inter)section; (*Längs2*) longitudinal section; (*Durch2*) average; *im ~* on an average; *s. golden*; F (*Gewinn*) profit; **2.** 2 *pret. v. schneiden*; '**~blumen** *f/pl.* cut flowers; '**~bohnen** *f/pl.* sliced French beans; '**~e** *f* (15) cut, slice (of bread *etc.*); *belegte*: sandwich; '**~er** *m* (7), '**~erin** *f* reaper, mower; '**~fläche** *f* section(al plane); '**~holz** *n* sawed timber; '**2ig** stylish; *Auto usw.*: streamlined; '**~lauch** ♀ *m* chive; '**~muster** *n* pattern; '**~punkt** *m Linien*: (point of) intersection; *Winkel*: vertex; '**~waren** *f/pl.* haberdashery *sg.*, *Am.* notions; '**~wunde** *f* cut; '**~zeichnung** ⊕ *f* sectional drawing.

Schnitz [ʃnits] *m* (3²) cut, slice; '**~-arbeit** *f* wood-carving.

Schnitzel ['~əl] *n, a. m* (7) chip, snip; ⊕ ~ *pl.* (*Abfälle*) parings, shavings; (*Papier2*) scraps *pl.*; (*Wiener*) ~ *n* (veal) cutlet; '**~jagd** *f* paper-chase; '**2n** (29) whittle, chip.

'**schnitzen** (27) carve, cut.

'**Schnitzer** *m* (7) carver, cutter; (*Fehler*) blunder, slip(-up), *Am. sl.* boner; **~ei** [~'raɪ] *f* (16) (wood-) carving; carved work.

'**Schnitz|kunst** *f* (art of) carving; '**~werk** *n* carved work.

schnob [ʃno:p] *pret. v. schnauben.*

schnodd(e)rig F ['ʃnɔd(ə)riç] pert, flippant.

schnöde ['ʃnø:də] (*verächtlich*) scornful; *Undank*: black, base; *Handlungsweise*: vile, shabby; *Profit*: filthy.

Schnorchel ['ʃnɔrçəl] ⚓ *m* (7) snort, snorkel; (*~maske, zum Schwimmen*) snorkel mask.

Schnörkel ['ʃnœrkəl] *m* (7) flourish, squiggle; △ scroll; '**2n** (29) *v/i.* make flourishes; *v/t.* △ (adorn with) scroll(s); '**2haft** full of flourishes.

schnorr|en F ['ʃnɔrən] (25) cadge; '**2er** *m* (7) cadger.

schnüff|eln ['ʃnyfəln] (29) sniff (*an dat.* at), snuffle; nose (*an dat.* at; *nach* after, for); F *fig.* snoop (around); '**2ler** F *fig. m* (7) sniffer; *fig.* spy, F snooper; (*Detektiv*) sleuth.

Schnuller ['ʃnulər] *m* (7) comforter, dummy, *Am.* pacifier.

Schnulze F ['ʃnultsə] *f* (15) *sl.* tear-jerker.

Schnupf|en¹ ['ʃnupfən] *m* (6) cold (in the head), catarrh; *den ~ bekommen* catch (a) cold; '**2en²** (25) take snuff; '**~en³** *n* (6) taking snuff; '**~tabak** *m* snuff; '**~tuch** *n* (pocket-) handkerchief.

Schnuppe ['ʃnupə] *f* (15) *am Licht*: snuff; (*Stern2*) falling (*od.* shooting) star; F *das ist mir 2* F I don't care (a damn); '**2rn** (29) *s. schnüffeln.*

Schnur [ʃnu:r] *f* cord; (*Bindfaden*) string; (*Leine*) line; *zum Schnüren*: lace; *fig. über die ~ hauen* kick over the traces, *beim Essen usw.*: over-indulge.

Schnür|boden ['ʃny:r-] *thea. m* gridiron; '**~chen** *n* (6): *das geht wie am ~* it goes like clock-work; *et. wie am ~ können* have a th. at one's finger-tips; '**2en** (25) lace; (*zubinden*) cord, tie up; *sich ~* wear stays.

'**schnurgerade** straight (as an arrow).

Schnurr|bart ['ʃnur-] *m* moustache; '**~e** *fig. f* (15) funny tale; '**2en** (25) hum, buzz; *Rad*: whir(r); *Katze*: purr; F (*schnorren*) cadge.

'**Schnürriemen** *m* lace, strap.

'**schnurrig** droll, funny; (*wunderlich*) odd.

'**Schnür|senkel** *m* shoe-lace, *bsd. Am. a.* shoestring; '**~stiefel** *m* lace-boot.

'**schnurstracks** straight, directly, right away; *~ zuwider* diametrically opposed; *~ zugehen auf* (*acc.*) make a bee-line for.

Schnute ['ʃnu:tə] *f* (15) mouth; *e-e ~ ziehen* pout.

schob [ʃo:p] *pret. v. schieben.*

Schober ['ʃo:bər] *m* (7) stack, rick.

Schock¹ [ʃɔk] *n* (3; *nach Zahlen inv.*) threescore; **~²** *m* (3¹) ⚕ *u. fig.* shock; **2ieren** [~'ki:rən] shock, scandalize; '**~therapie** *f* shock therapy.

schofel ['ʃo:fəl] mean, shabby.

Schöffe ['ʃœfə] ⚖ *m* (13) lay assessor; '**~ngericht** *n* lay assessors court.

Schokolade [ʃoko'la:də] *f* (15) chocolate; **~ntafel** *f* bar of chocolate.

scholl [ʃɔl] *pret. v. schallen.*

Scholle ['ʃɔlə] *f* (15) clod; (*Eis2*) floe; *Fisch*: plaice; *fig.* soil.

schon [ʃo:n] already; (*jetzt ~*) yet; (*~ einmal, ~ früher*) before; (*sogar*) even; (*natürlich*) of course; (*sicherlich*) sure enough; *~ damals* even then; *~ ganz* quite; *~ deswegen* for that reason alone; *~ weil* if only because; *~ immer* all along; *~ lange* long since, for a long time; *~ wieder* again; *~ gut!* all right!; *das ist ~ wahr, aber* ... that is very well (*od.* quite true), but ...; *wenn ~* although; (*na*) *wenn~!* so what?; *~ der Gedanke* the very idea; *~ der Name* the bare name; *hast du ~ (ein)mal ...?* have you ever ...?; *er wird ~ kommen* don't worry, he will come; *~ im 16. Jahrhundert* as early as the 16th century; *~ um 8 Uhr* as early as 8 o'clock; *~ seit 50 Jahren, ~ 50 Jahre* as long as 50 years.

schön [ʃø:n] beautiful; *Frau*: *a.* fair; *bsd. Mann*: handsome; (*gut, fein*) good, fine; (*großzügig, ansehnlich*) handsome; (*prächtig*) splendid; (*nett, lieb*) nice, kind (*von* of); *Wetter*: fair, fine; *das ~e Geschlecht* the fair sex; *die ~en Künste* the fine arts; *~e Literatur* polite letters *pl.*, belles-lettres *pl.*; *~en Dank!* many thanks!; *eines ~en Tages* one day; *~ warm* nice and warm; *es war sehr ~* (*auf dem Fest*) we had a good time; *das wäre noch ~er!* certainly not!; *das sind mir ~e Sachen!* pretty doings indeed!; *et. ~ bleiben lassen* do nothing of the kind; *aufs ~ste* most beautifully; *~!* all right!, F *od. Am.* okay!; **2e** (18) **1.** *f* belle, beauty; **2.** *das 2* the beautiful.

schonen ['ʃo:nən] (25) spare; (*schonend umgehen mit et.*) be careful with; (*erhalten*) preserve; (*nicht strapazieren*) be easy on; *Augen, Kräfte, Vorrat*: save; *sich ~* take care of o.s., (*a. weitS.*) take it easy; *sich nicht ~* exert (*od.* drive) o.s.; '**~d** careful; (*rücksichtsvoll*) considerate; (*nachsichtig*) indulgent; *s. beibringen.*

Schoner ['ʃo:nər] ⚓ *m* (7) schooner.

'**schön|färben** *fig.* gloss (over); '**2färber** *m fig.* optimist; '**2geist** *m* (a)esthete, bel esprit (*fr.*); '**~geistig** aesthetical; *Literatur*: belletristic.

'**Schönheit** *f allg.* beauty; '**~sfehler**

m corporal defect; *e-s Gegenstandes*: flaw (*a. fig.*); '**~skonkurrenz** *f* beauty contest; '**~s-operation** *f* cosmetic operation; **~s-pfläster-chen** ['~pflɛstərçən] *n* (6) beauty spot; '**~s-pflege** *f* beauty culture; '**~ssalon** *m* beauty parlo(u)r; '**~s-wettbewerb** *m* beauty contest.

'**Schön|redner** *m contp.* speechifier; (*Schmeichler*) flatterer; '**2tun** *j-m*: (*schmeicheln*) coax, cajole; (*schäkern*) flirt (with).

'**Schonung** *f* (*Gnade*) mercy; (*Nachsicht*) forbearance; (*pflegliche Behandlung*) careful treatment; (*Erhaltung, Schutz*) protection; (*Baumschule*) tree-nursery; '**2slos** pitiless, relentless.

'**Schonzeit** *hunt. f* close season, *Am.* closed season.

Schopf [ʃɔpf] *m* (3[3]) (*Haar2*) tuft; *voller*: mop (of hair); *der Vögel*: tuft, crest.

Schöpf|-eimer ['ʃœpf-] *m* pail; '**2en** (25) *v/t.* scoop; draw *water etc.*; *mit e-m Löffel*: ladle; *Atem*: draw, take; *Mut*: take; *s. Hoffnung, Verdacht.*

'**Schöpfer** *m* (7) creator; (*Gott*) *the* Creator; '**~geist** *m* creative genius; '**~in** *f* (16[1]) creatress; '**2isch** creative.

'**Schöpf|kelle** *f* scoop, ladle; '**~löffel** *m* ladle; '**~ung** *f* creation.

Schoppen ['ʃɔpən] *m* (6) pint.

Schöps [ʃœps] *m* (4) wether; *fig.* blockhead.

schor [ʃo:r] *pret. v. scheren.*

Schorf [ʃɔrf] *m* (3) scurf; (*Wund2*) scab; '**2ig** scurfy, scabby.

Schornstein ['ʃɔrnʃtaɪn] *m* chimney; ⚓, 🚂 funnel; (*Fabrik2*) smokestack; *fig. s. Kamin*; '**~feger** *m* chimney-sweep.

schoß[1] [ʃɔs] *pret. v. schießen.*

Schoß[2] ⚘ [ʃɔs] *m* (3[2]) shoot, sprout.

Schoß[3] [ʃo:s] *m* (4[2]) lap; (*Mutterleib*) womb; (*Rock2*) flap, tail, skirt; *der Kirche, Familie, Partei*: fold; *s. Hand*; '**~hund** *m* lap-dog; '**~kind** *n* darling, pet.

Schößling ⚘ ['ʃœslɪŋ] *m* (3[1]) shoot.

Schote ['ʃo:tə] *f* (15) cod, pod, husk, shell; ⚓ sheet; *~n pl.* green peas.

Schott ⚓ [ʃɔt] *n* (3) bulkhead; '**~e** *m* (13) Scot, Scotsman, Scotchman; *die ~n pl.* the Scots *od.* Scotch; '**~er** *m* (7) metal, gravel; 🚂 ballast; (*Geröll*) rubble; '**~in** *f* (16[1]) Scotswoman, Scotchwoman; '**2isch** Scottish, Scotch.

schraffier|en [ʃra'fi:rən] hatch; **2ung** *f* hatching.

schräg [ʃrɛ:k] oblique, slanting; (*~ abfallend*) sloping; (*~ verlaufend*) diagonal; *~ gegenüber* across (*von* from); **2e** ['~gə] *f* (15) obliquity, slope; **2lage** ['ʃrɛ:k-] *f* sloping position; ✈ bank(ing).

schrak [ʃra:k] *pret. v. schrecken v/i.*

Schramm|e ['ʃramə] *f* (15) scratch; (*Narbe*) scar; '**2en** (25) scratch, scar; *Haut*: *a.* graze; '**2ig** scarred.

Schrank [ʃraŋk] *m* (3[3]) cupboard, *bsd. Am.* closet; (*Kleider2*) wardrobe; (*Spind*) locker; *s. Bücher2, Wäsche2.*

Schranke ['ʃraŋkə] *f* (15) barrier (*a. fig.*); ⚖ bar; 🚂 gate; '**~n** *pl. des Turnierplatzes*: lists; *fig.* limits, bounds; *in die ~ fordern* challenge; *~n setzen* (*dat.*) set bounds to; (*sich*) *in ~ halten* keep within bounds; *j-n in s-e ~en weisen* put a p. in his place.

schränken ['ʃrɛŋkən] (25) *Beine*: cross; *Arme*: fold; *Säge*: set.

'**schranken|los** boundless; '**2wärter** 🚂 *m* gate-keeper.

'**Schrankkoffer** *m* wardrobe trunk.

Schraubdeckel ['ʃraup-] *m* screw cap.

Schraube ['ʃraubə] *f* (15) screw (*a.* ⚓); ✈ air-screw, *Am.* propeller; *~ und Mutter* bolt and nut; *fig.* F *bei ihm ist e-e ~ locker* he has a screw loose; '**2n** *v/t. u. v/i.* (30) screw; (*drehen*) twist, spiral; *fig. niedriger ~* lower, scale down; *s. geschraubt.*

'**Schrauben|dampfer** ⚓ *m* screw steamer; **2förmig** ['~fœrmɪç] screw-shaped, helical, spiral; '**~gang** *m*, '**~gewinde** *n* screw thread; '**~linie** *f* spiral line; '**~mutter** *f* female screw, nut; '**~schlüssel** *m* wrench, spanner; (*verstellbarer ~*) monkey-wrench; '**~spindel** *f* male screw; **~zieher** ['~tsi:ər] *m* screw-driver.

Schraub|stock ['ʃraup-] *m* vice, *Am.* vise; '**~verschluß** *m* screw cap.

Schrebergarten ['ʃre:bərgartən] *m* allotment (garden).

Schreck [ʃrɛk] *m* (3), '**~en**[1] *m* (6) fright, terror; shock, panic; *die ~en* *des Krieges usw.* the horrors of; *in ~en setzen* frighten, terrify; *mit dem ~en davonkommen* get off with a bad fright; '**2en²** (*v/t.* [25], *v/i.* 30, sn) = *ab~, auf~, er~*; '**2en-erregend** horrific.

'**Schreckens|botschaft** *f* alarming (*od.* terrible) news; '**~herrschaft** *f* reign of terror; '**~ruf** *m* cry of terror; '**~tat** *f* atrocious deed.

'**Schreck|gespenst** *fig. n* bugbear, nightmare; '**2haft** easily frightened, nervous; '**2lich** frightful, terrible, dreadful; F *fig. a.* awful(ly *adv.*); '**~nis** *n* (4¹) horror; *s. Schrecken*; '**~schuß** *m* shot in the air; *fig.* false alarm; *e-n ~ abgeben* fire in the air; '**~schußpistole** *f* booby pistol; '**~sekunde** *f* reaction time.

Schrei [ʃraɪ] *m* (3) cry; shout; *gellender*: yell; *spitzer*: scream; (*Brüllen*; *der Menge*) roar; *fig. der letzte ~* the latest rage, the dernier cri (*fr.*).

Schreib|arbeit ['ʃraɪpˀarbaɪt] *f* clerical (*od.* desk) work; *bsd. contp.* paperwork; '**~block** *m* writing-pad.

schreiben ['ʃraɪbən] **1.** *v/t. u. v/i.* (30) write (*j-m* to a p.; ⚕, F a p.; *über ein Thema* on); (*orthographisch ~*) spell; (*mit der*) *Maschine ~* type (-write); *sich* (*od. ea.*) *~* correspond; (*Bücher ~*) be a writer; *wie schreibt er sich?* how does he spell his name?; *s. Ohr, rein* 1, *Zeile*; **2.** 2 *n* (6) writing; (*Brief*) letter.

'**Schreiber** *m* (7), '**~in** *f* (16¹) writer; (*Angestellter*) secretary, clerk; ⊕ *m* recorder; **~ei** [~'raɪ] *f* (endless) writing, scribbling; '**~ling** *contp. m* scribe.

schreib|faul ['ʃraɪpfaul] lazy in writing; '**2feder** *f* pen; '**2fehler** *m* mistake in spelling *od.* writing, slip of the pen, clerical error; '**2gerät** *n* writing utensils *pl.*; ⊕ recorder; '**2heft** *n* copy- (*od.* exercise-)book; '**2kraft** *f* clerk; '**2krampf** *m* writer's cramp; '**2kunst** *f* art of writing; '**2mappe** *f* writing-case; *mit Löschpapier*: blotting-case; '**2maschine** *f* typewriter; *~ schreiben* type(write); *mit ~ geschrieben* in typescript; '**2material** *n* writing material(s *pl.*), stationery; '**2papier** *n* writing-paper; '**2pult** *n* (writing-) desk; '**2schrift** *f* script; '**2stube** ⚔ *f* orderly room, office; '**2tisch** *m* desk; writing-table; '**2ung** *f* spelling; '**~unkundig** ignorant of writing; '**2-unterlage** *f* writing-pad, blotting-pad; '**2waren** *f/pl.* stationery *sg.*; '**2warenhändler** *m* stationer; '**2warenhandlung** *f* stationer's shop; '**2weise** *f* style; *e-s Wortes*: spelling; '**2zeug** *n* (*Tintenfaß*) ink stand; *s. Schreibgerät.*

schrei|en ['ʃraɪən] *v/i. u. v/t.* (30) cry (*um, nach* for); *laut*: shout; *gellend*: yell; *spitz*: scream, shriek; (*brüllen*) roar; *nur v/i. Hirsch*: bell; F *zum* 2 (*komisch*) a scream; '**~end** *fig. Farbe*: loud; *Schande*: crying; *Unrecht*: flagrant; *Gegensatz*: glaring; '**2er** *m* (7), '**2erin** *f*, '**2hals** *m* bawler; (*Lärmmacher*) brawler; *kleiner ~* cry-baby, squaller.

Schrein [ʃraɪn] *m* (3) chest; (*Sarg*) coffin; (*Reliquien*2) shrine; '**~er** *m* (7) joiner; (*Kunst*2) cabinet-maker.

schreiten ['ʃraɪtən] (30, sn) step, pace, stride; *~ zu* proceed to.

schrie [ʃriː] *pret. v. schreien.*

schrieb [ʃriːp] *pret. v. schreiben* 1.

Schrift [ʃrift] *f* (16) writing; (*Schreib*2; *~art*) script; *s. Hand*2, *In*2; (*~zeichen*) letter, character; *typ.* type, fount; (*~stück*) document, (*a. Abhandlung*) paper; (*Veröffentlichung*) publication; (*Werk*) work; (*Broschüre*) pamphlet; *die Heilige ~* the Holy Scripture(s *pl.*); '**~-art** *f* type; '**~bild** *n* face; '**~deutsch** *n* literary German; '**~führer(in** *f*) *m* secretary; '**~gelehrte** *m* scribe; '**~gießer** *typ. m* type-founder; '**~leiter** *m* editor; '**~leiterin** *f* editress; '**~leitung** *f* editorship; (*Personal*) editorial staff, editors *pl.*; '**2lich** written, in writing; (*brieflich*) by letter; *et. ~ beantragen* apply for a th. in writing; *wegen e-r S. ~ anfragen* write for a th. (*bei j-m* to a p.); *~ niederlegen* put *a th.* (down) in writing, (put *a th.* on) record; *jetzt haben wir es ~* now we have it in black and white; '**~rolle** *f* scroll; '**~satz** ⚖ *m* memorandum, letter(s *pl.*); '**~setzer** *m* compositor, type-setter; '**~sprache** *f* written (*od.* literary) language; '**~steller** *m* author, writer; **~stellerei** [~'raɪ] *f* writing; '**~stellerin** *f* (16¹) author (-ess), writer; '**2stellerisch** literary; *adv.* as an author; '**~stück** *n* document, paper, deed; '**~tum** *n*

(1²) literature; '**~wechsel** *m* exchange of letters, correspondence; '**~zeichen** *n* letter, character; '**~zug** *m* character; (*Schnörkel*) flourish.
schrill [ʃril] shrill.
Schrippe ['ʃripə] *f* (15) (French) roll.
Schritt [ʃrit] **1.** *m* (3; *als Maß im pl. inv.*) step (*a. fig. u. pol.*); *a. als Maß*: pace; *langer*: stride; *diplomatischer*: démarche (*fr.*); (*Gangart*) gait, walk; *der Hose*: crotch; *hörbarer*: footstep; ~ *für* ~ step by step (*a. fig.*); ~ *fahren!* dead slow!, drive at walking speed!; ~ *halten* keep step, *fig. a.* keep abreast (*mit* of); *fig.* ~*e tun od. unternehmen* take steps; *auf* ~ *und Tritt* at every turn; *s. folgen*; **2.** ♀ *pret. v. schreiten*; '**~macher** *m Rennsport*: pace-maker (*a. fig.*); pacer; '**~macherdienste** *m/pl.* pace-setting *sg.*; '**♀weise** *adj. fig.* gradual; *adv.* step by step (*a. fig.*).
schroff [ʃrɔf] *Berge*: rugged; (*steil*) steep; *fig.* gruff, harsh; (*plötzlich*) abrupt; '**♀heit** *f* steepness; gruffness; abruptness.
schröpfen ['ʃrœpfən] (25) cup, bleed; *fig.* fleece, milk (*um* for).
Schrot [ʃro:t] *m u. n* (3) *zum Schießen*: small shot; (*Korn*) bruised grain, grist; *fig. von echtem* ~ *und Korn* true; '**~brot** *n* whole-meal bread; '**♀en** (26, *p.p.* ⚒ *geschroten*) *Faß usw.*: shoot, lower; ⚓ parbuckle; *Korn*: rough-grind, bruise (*a. Malz*); '**~flinte** *f* shotgun; '**~korn** *n* (grain of) shot; '**~mehl** *n* coarse meal; '**~mühle** *f* bruising mill; '**~säge** *f* crosscut saw.
Schrott [ʃrɔt] *m* (7, *o. pl.*) scrap (iron); '**~händler** *m* scrap-dealer; '**~platz** *m* scrap yard; '**~wert** *m* scrap value.
schrubb|en ['ʃrubən] *v/t. u. v/i.* (26) scrub; '**♀er** *m* (7) scrubber.
Schrulle ['ʃrulə] *f* (15) whim, crotchet; (*Frau*) old crone; ~*n haben* F have a kink; '**♀nhaft**, '**schrullig** crotchety, cranky.
schrump(e)lig ['ʃrump(ə)liç] shrivel(l)ed, wrinkled.
schrumpf|en ['ʃrumpfen] (25, sn) shrink (*a.* ⚕, ⊕ *u. fig.*); shrivel; '**♀ung** *f* shrinking, shrinkage.
Schrund|e ['ʃrundə] *f* (15) crack, chap; '**♀ig** cracked, chapped.
Schub [ʃu:p] *m* (3) push; *phys.*, ⊕ thrust; *von Broten usw., a. fig.*: batch; '**~fach** *n*, '**~kasten** *m*, '**~lade** *f* drawer; '**~karren** *m* wheel-barrow, *Am. a.* pushcart; '**~kraft** *f*, '**~leistung** ⊕ *f* thrust.
Schubs F [ʃups] *m* (3) push, shove; '**♀en** push, shove.
schüchtern ['ʃyçtərn] shy, bashful, timid; '**♀heit** *f* shyness, bashfulness, timidity.
schuf [ʃu:f] *pret. v. schaffen.*
Schuft [ʃuft] *m* (3) scoundrel, rascal; '**♀en** (26) drudge, slave; **~erei** [~tə'raɪ] *f* drudgery, F grind; '**♀ig** low, mean.
Schuh [ʃu:] *m* (3) shoe; (*hoher* ~) boot; *fig. j-m et. in die* ~*e schieben* put the blame for a th. on a p.; '**~anzieher** *m* (7) shoehorn; '**~band** *n* shoe-lace, *Am. a.* shoe-string; '**~bürste** *f* shoe-brush; '**~geschäft** *n* shoe-shop; '**~größe** *f* size (of shoes); '**~krem** *f s. Schuhwichse*; '**~macher** *m* shoemaker; **~plattler** ['~platlər] *m* (7) Bavarian clog dance; '**~putzer** *m* shoeblack; '**~riemen** *m*, '**~senkel** *m s. Schuhband*; '**~sohle** *f* sole; '**~spanner** *m* shoe-tree; '**~waren** *f/pl.*, '**~werk** *n* footwear, footgear; '**~wichse** *f* shoe-polish, *Am. a.* shoe-shine.
'**Schul|-amt** *n* (*Behörde*) school board, education authority; (*Haupt-*♀) Board of Education; '**~-arbeit** *f* task, schoolwork; ~*en machen* do one's lessons; '**~-ausgabe** *f* school edition; '**~-ausflug** *m* school outing; '**~bank** *f* form; *die* ~ *drücken* go to school; '**~behörde** *f s. Schulamt*; '**~beispiel** *n* test-case, typical example; '**~besuch** *m* attendance at school; '**~bildung** *f* (*höhere* secondary) education; '**~buch** *n* school-book.
Schuld [ʃult] *f* (16) guilt; (*Veranlassung*; *Fehler*) fault; (*Ursache*) cause; (*Missetat*) wrong; (*Sünde*) sin; (*Geld*♀) debt; (*Verpflichtung*) obligation; ~*en machen* incur debts; *in* ~*en geraten*, *sich in* ~*en stürzen* run into debts; *in j-s* ~ *sein* be indebted to a p.; *er ist* (*od. hat*) ♀ (*daran*), *es ist s-e* ~ it is his fault; *j-m* (*od. e-r Sache*) *die* ~ *geben* blame a p *od.* a th.; *die schlechten Zeiten sind* ♀ *daran* the bad times are to blame for it; *j-m die* ~ (*an et.*) *zuschieben od. zuschreiben* lay (*od.* put) the blame (for a th.) on

a p.; *die ~ auf sich nehmen* take the blame; *ohne m-e ~* through no fault of mine; '2**beladen** laden with guilt, guilty; '2**bewußt** conscious of one's guilt; '**~buch** *n* account-book, ledger.

schulden ['ʃuldən] (26): *j-m et. ~* (*a. fig.*) owe a p. a th.; *vgl. schuldig*; '**~frei** free from debt; *Grundbesitz*: unencumbered; '2**last** *f* burden of debt; *v. Grundbesitz*: encumbrance; '2**tilgungsfonds** *m* sinking-fund.

'**Schuld|forderung** *f* (active) debt, claim; '**~frage** *f* question of guilt; '2**haft** culpable.

schuldig ['ʃuldiç] (*strafbar*) guilty (*e-r S.* of a th.), culpable; *Zivilrecht*: responsible; *Geld*: owing, due; (*gebührend*) due; *j-m et. ~ sein od. bleiben* owe a p. *a th.* (*a. fig.*); *j-m et. ~ sein* be indebted to a p. for a th.; *j-m Dank ~ sein* owe gratitude to a p.; *j-m die Antwort ~ bleiben* make no reply; ⚖ *für ~ befinden* find guilty; *j-n ~ sprechen* pronounce a p. guilty; *s. bekennen*; *der, die* 2**e** ['~gə] (18) the culprit; 2**keit** ['~diçkaɪt] *f* duty, obligation.

'**Schuldirektor(in** *f*) *m* headmaster, *f* headmistress, *Am.* principal.

'**schuld|los** guiltless, innocent; '2**losigkeit** *f* guiltlessness, innocence.

Schuldner ['ʃuldnər] *m* (7), '**~in** *f* (16[1]) debtor.

'**Schuld|recht** ⚖ *n* law of obligation; **~schein** ['ʃultʃaɪn] *m*, '**~verschreibung** *f* promissory note; IOU (= I owe you); *öffentliche*: debenture, bond.

Schule ['ʃu:lə] *f* (15) school (*a. weitS.*); *höhere ~* secondary school, *Am.* high school; *fig. e-e harte ~* a severe school (*od.* test); *Hohe ~ Reiten*: haute école (*fr.*); *auf* (*od. in der*) *~* at school; *in die ~ gehen* go to school; *aus der ~ plaudern* tell tales out of school, blab; *fig. ~ machen* be imitated, spread; *s. schwänzen*; '2**n** (25) school, train.

Schüler ['ʃy:lər] *m* (7) schoolboy; pupil; *höherer*: student; (*Jünger*) disciple; '**~-austausch** *m* exchange of pupils; '2**haft** schoolboy-like; **~in** ['~rin] *f* (16[1]) schoolgirl.

'**Schul|ferien** *pl.* holidays *pl.*, *bsd. Am.* vacation(s *pl.*); '**~flugzeug** *n* training airplane; '2**frei:** *~ haben* have a holiday; '**~freund(in** *f*) *m* schoolmate; '**~gelände** *n* school-grounds *pl.*, *Am.* campus; '**~geld** *n* school fee(s *pl.*); '**~gelehrsamkeit** *f* book-learning; '**~haus** *n* school(-house), school building; '**~hof** *m* playground, schoolyard; '**~jahr** *n* school year; *~e pl.* school-days; '**~jugend** *f* school-children *pl.*; '**~junge** *m* schoolboy; '**~kamerad** *m* schoolmate; '**~kenntnisse** *f/pl.* school knowledge *sg.*; '**~lehrer** *m* schoolmaster, teacher; '**~lehrerin** *f* schoolmistress, (lady) teacher; '**~leiter** *m s. Schuldirektor*; '**~mann** *m* education(al)ist; '**~mappe** *f* school-bag; '**~meister** *contp. m* schoolmaster; '2**meisterlich** like a schoolmaster, pedantic; '2**meistern** (29) censure; '**~-ordnung** *f* school regulations *pl.*; '**~pferd** *n* trained horse; '**~pflicht** *f* compulsory education *od.* school attendance; 2**pflichtig** ['~pfliçtiç] schoolable, of school age; *~es Alter* school age; '**~prüfung** *f* school examination; '**~ranzen** *m* satchel; '**~rat** *m* supervisor; '**~raum** *m*, '**~stube** *f* schoolroom; '**~reiten** *n* schooling; '**~schiff** *n* training-ship; '**~schluß** *m* break-up; '**~schwänzer** *m* truant; '**~speisung** *f* school lunch; '**~stunde** *f* lesson, period; '**~tasche** *f* school bag *od.* satchel.

Schulter ['ʃultər] *f* (15) shoulder; *~ an ~* (*a. fig.*) shoulder to shoulder; *s. kalt, leicht*; '**~blatt** *n* shoulder-blade; '2**frei** *Kleid*: off-the-shoulder; (*trägerlos*) strapless; '**~klappe** *f*, '**~stück** ⚔ *n* shoulder strap; '2**n** (29) shoulder; '**~sieg** *m Ringen*: win by fall.

Schulung ['ʃu:luŋ] *f* training.

'**Schul|-unterricht** *m* school instruction, lessons *pl.*; '**~versäumnis** *f* absence from school; '**~verwaltung** *f* school administration; '**~weg** *m* way to school; '**~weis-heit** *n* book learning; '**~wesen** *n* education(al system); '**~zeit** *f* schooltime; *rückblickend*: school-days *pl.*; '**~zeugnis** *n* school record *od.* report; '**~zimmer** *n* schoolroom; '**~zwang** *m* compulsory school education.

schummeln F ['ʃuməln] *v/i.* (29) cheat.

schumm(e)rig ['ʃum(ə)riç] dusky.

schund[1] [ʃunt] *pret. v. schinden.*

Schund² [ʃunt] *m* (3) trash; ⚖ ~-*und-Schmutzgesetz n* Harmful Publications Act; '~**literatur** *f* trashy literature; '~**roman** *m* penny dreadful, *Am.* dime novel.

Schupo F ['ʃu:po] **1.** *f* (*inv. o. pl.*) *abbr. für* (Schutz-)Polizei; **2.** *m* (11) *abbr. für* (Schutz-)Polizist: (police) officer, F bobby, *bsd. Am.* cop.

Schupp|e ['ʃupə] *f* (15) scale; *pl.* (*Kopf*&n) dandruff *sg.*; *es fiel mir wie* ~*n von den Augen* the scales fell from my eyes; '&**en¹** (25) scale; (*kratzen*) rub, scratch; *sich* ~ scale off; '~**en²** *m* (6) shed; *mot.* garage; ✈ hangar; '&**ig** scaly, squamous, flaky.

Schur [ʃu:r] *f* (16) shearing; (*Wolle*) fleece.

Schür|eisen ['ʃy:rˀaɪzən] *n* poker; '&**en** (25) stir (up *fig.*), poke, rake; *fig.* fan (*the fire*), foment.

schürfen ['ʃyrfən] (25) *v/i. nach Erz*: prospect (*nach* for); *v/t. Haut*: scratch, graze.

schurigeln ['ʃu:ri:gəln] *v/t.* (29) torment, bully, F plague.

Schurk|e ['ʃurkə] *m* (13) scoundrel, villain, knave; '~**enstreich** *m*, ~**erei** [~'raɪ] *f* knavish trick, villainy; '&**isch** rascally, villainous, knavish.

Schurz [ʃurts] *m* (3² *u.* ³) apron.

Schürze ['ʃyrtsə] *f* (15) apron; '&**n** (27) tuck up; *Knoten*: tie; *Lippen*: purse; '~**nband** *n* apron-string; '~**njäger** *m* philanderer, Casanova; '~**nkleid** overall.

Schuß [ʃus] *m* (4²) shot (*a. Sport*); (*Knall*) report; (*Ladung*) charge; (*Munition*) round; *Weberei*: weft, woof; *s. Schußwunde*; (*schießende Bewegung*) rush, dash; *Schisport*: schuss; (*Emporschießen*) shooting; ♣ (*Trieb*) shoot; *ein* ~ *Wein usw.* (*a. fig.*) a dash of ...; F *fig. gut in* (*od. im*) ~ in good order, *P.*: in good form; *in* ~ *bringen* get in order, get going; *in* ~ *kommen* get under way; *keinen* ~ *Pulver wert P.*: not worth powder and shot, *S.*: no good; '~**bereich** *s. Schußweite*; '&**bereit** *s.* &*fertig*.

Schussel ['ʃusəl] F *m* (7) fidget; *s. Tolpatsch*.

Schüssel ['ʃysəl] *f* (15) bowl, basin; (*Eß*& *usw.*) dish.

'**Schuß|fahrt** *f Schisport*: schuss; '&**fertig** ready to fire; *Waffe*: *a.* cocked; '&**linie** *f* line of fire; '&**waffe** *f* fire-arm; '&**weite** *f* range; *in* (*außer*) ~ within (out of) range; '&**wunde** *f* gunshot wound, bullet wound.

Schuster ['ʃustər] *m* (7) shoemaker; (*Flick*&; *a. fig.*) cobbler; *auf* ~*s Rappen* on Shanks's mare *od.* pony; '&**n** (29) cobble; F *fig.* (*pfuschen*) botch.

Schute ['ʃu:tə] *f* (15) ⚓ barge, lighter; (*Hut*) bonnet.

Schutt [ʃut] *m* (3) rubbish; (*Stein*&) rubble; *in* ~ *und Asche legen* lay in ruins; '~**-abladeplatz** *m* dump site.

Schüttel|frost ['ʃytəlfrɔst] *m* shivering fit, *the* shivers *pl.*, chill '&**n** (29) shake; '~**reim** *m* spoonerism.

schütt|en ['ʃytən] (26) pour; *Korn*: shoot; *es schüttet* it is pouring (with rain).

'**Schutt|halde** *f geol., mount.* scree, talus; '~**haufen** *m* dust-heap, dump; (*Steine*) heap of rubble (*a. fig.*).

Schutz [ʃuts] *m* (3²) protection; (*Verteidigung*) defen|ce, *Am.* -se (*beide*: *vor dat.* from, against); (*Obdach*) shelter; (*Geleit*; *a. fig. Sicherung*) safeguard; (*Deckung*) cover; (*Abschirmung*) screen, shield; ~ *suchen* take shelter (*vor dat.* from), take refuge (*bei* with); *in* ~ *nehmen* defend; '~**-anstrich** *m* protective coat(ing); *zur Tarnung*: ⚔ camouflage paint(ing), ⚓ dazzle-paint (-ing).

Schütz [ʃyts] **1.** ⚡ *n* (3²) contactor; **2.** ⊕ *s.* ~e 2.

'**Schutz|-anzug** *m* overall; '~**befohlene** ['~bəfo:lənə] *m, f* charge, protégé(e *f*); '~**blech** *n* guard-plate; *mot.* mudguard, *Am.* fender; '~**brille** *f* (*eine a pair of*) (safety) goggles *pl.*; glasses *pl.*; '~**bündnis** *n* defensive alliance; '~**dach** *n* protective roof; shelter.

Schütze ['ʃytsə] **1.** *m* (13) marksman, shot; *ast.* Archer, Sagittarius; ⚔ rifleman, (*Dienstgrad*) private; *Ballsport*: scorer; **2.** ⊕ *f* (15) *Wasserbau*: sluice-board; (*Weber*&) shuttle.

'**schützen** (27) protect, guard; (*verteidigen*) defend (*gegen* against; *vor dat.* from); *gegen Wetter usw.*: shelter *od.* shield (from).

'**Schützen|fest** *n* shooting-match

(*a. fig.*); '~**feuer** ⚔ *n* rifle fire; (*selbständiges Schießen*) independent fire.

'**Schutz-engel** *m* guardian angel.

'**Schützen|gilde** *f* rifle-association; '~**graben** *m* trench; '~**hilfe** *fig. f*: *j-m ~ geben* back a p. up; '~**kette** *f*, '~**linie** ⚔ *f* riflemen extended; '~**könig** *m* champion shot; *Sport*: top scorer; '~**loch** ⚔ *n* foxhole, rifle-pit.

'**Schutz|färbung** *zo. f* protective colo(u)ring; '~**gebiet** *n* protectorate; *s. Natur~*; '~**geleit** *n* safe-conduct, (*a.* ✈) escort; '~**gitter** *n* guard, protective railing; *Radio*: screen grid; '~**haft** *f* preventive (*od.* protective) custody; '~**haube** *f* (protective) cover *od.* hood; '~**heilige** *m, f* patron saint; '~**herr** *m* patron, protector; '~**herrin** *f* patroness, protectress; '~**herrschaft** *f* protectorate; '~**hülle** *f* protective covering; sheath; *s. Schutzumschlag*; '~**hütte** *f* (shelter) hut, refuge; '~**impfung** *f* protective inoculation; *gegen Pocken*: vaccination; '~**-insel** *f Verkehr*: island, refuge.

Schützling ['ʃytsliŋ] *m* (3¹) protégé(e *f*), charge.

'**schutz|los** defenceless, unprotected; '2**mann** *m* constable, policeman; '2**marke** *f* trade-mark; '2**maske** *f* (protective) mask; '2**maßregel** *f* protective measure, precaution; '2**mittel** *n* preservative, preventive (*gegen* of); *vorbeugendes*: prophylactic; '2**patron(in** *f*) *m* patron saint; '2**polizei** *f* constabulary, police; '2**polizist** *m s. Schutzmann*; '2**rechte** *n/pl.* patent (*od.* trade-mark) rights; '2**schild** *m* shield; '2**stoff** ⚕ *m* antibody, vaccine; '2**-umschlag** *m e-s Buches*: (dust) jacket, wrapper; '2**vorrichtung** *f* protective device; '2**waffen** *f/pl.* defensive arms; '2**zoll** *m* protective duty; '2**zöllner** *pol. m*, '~**zöllnerisch** protectionist.

schwabbel|ig ['ʃvabəliç] wobbly; '~**n** F *v/i. u. v/t.* (29) wobble; (*schwatzen*) babble; ⊕ (*polieren*) buff.

Schwabe ['ʃvɑːbə] **1.** *m* (13) Swabian; **2.** *f* (15) *Insekt*: cockroach; '~**nstreich** *m* tomfoolery.

Schwäb|in ['ʃvɛːbin] *f* Swabian (woman); '2**isch** Swabian.

schwach [ʃvax] (18²) *allg.* weak (*a. fig.*); (*kraftlos*) feeble; (*schlecht*) poor; (*gering*) meag|re (*Am.* -er); *Ähnlichkeit*: remote; *Erinnerung, Hoffnung, Licht, Ton*: faint; *~es Geschlecht the* weaker sex; *~e Seite fig.* weak point; *~e Stunde* scant hour; *fig. a* moment of weakness; *~ werden* weaken.

Schwäche ['ʃvɛçə] *f* (15) weakness (*a. fig.*; *für* for); *des Charakters*: *a.* foible, weak point; (*Hinfälligkeit*) infirmity; *von Ton, Licht* (*a. ~zustand*) faintness; '2**n** (25) weaken (*a. fig.*); (*vermindern*) lessen, diminish; '~**zustand** *m* faintness; *allgemeiner*: debility.

'**Schwachheit** *f* weakness; *moralische*: *a.* frailty.

'**schwach|herzig** faint-hearted; '2**kopf** *m* imbecile; ~**köpfig** ['~kœpfiç] brainless.

schwächlich ['ʃvɛçliç] feeble, weakly; (*empfindlich*) delicate; *fig.* weak (-kneed); '2**keit** *f* feebleness, weakliness; delicacy.

Schwächling ['~liŋ] *m* (3¹) weakling, F softy.

schwach|sichtig ['~ziçtiç] weak-sighted; '2**sinn** *m* feeble-mindedness; '~**sinnig** feeble-minded; '2**sinnige** *m, f* (*a. contp.*) half-wit, moron; ⚕ mental defective; '2**strom** ⚡ *m* weak (*od.* low-voltage) current.

'**Schwächung** *f* weakening.

Schwaden ['ʃvɑːdən] *m* (6) **1.** ⚘ swath; **2.** (*Rauch2, Gas2*) (smoke, gas) cloud; ⚒ fire-damp.

Schwadron [ʃva'droːn] *f* (16) squadron; 2**ieren** [~dro'niːrən] swagger, brag.

schwafeln ['ʃvɑːfəln] F (29) twaddle.

Schwager ['ʃvɑːgər] *m* (7) brother-in-law.

Schwäger|in ['ʃvɛːgərin] *f* (16) sister-in-law; '~**schaft** *f* affinity by marriage; *konkret*: in-laws *pl.*

Schwalbe ['ʃvalbə] *f* (15) swallow; '~**nschwanz** *m Tischlerei*: dovetail; F *fig.* (*Frack*) swallow-tail.

Schwall [ʃval] *m* (3³) flood (*a. fig.*); *von Worten*: *a.* torrent.

schwamm¹ [ʃvam] *pret. v. schwimmen.*

Schwamm² *m* (3³) sponge; (*Pilz*) fungus, *eßbarer*: mushroom; (*Feuer2*) German tinder; (*Haus2*) dry rot; *~ drüber!* (let's) forget it!;

'**≈ig** spongy (*a. fig.*); fungous; (*gedunsen*) bloated.
Schwan [ʃvaːn] *m* (3³) swan.
schwand [ʃvant] *pret. v. schwinden.*
schwanen ['ʃvaːnən] (25): *es schwant mir* (et.) I have a presentiment (of a th.); *ihm schwante nichts Gutes* he had dark forebodings; '**≈gesang** *fig. m* swan song.
schwang [ʃvaŋ] *pret. v. schwingen.*
Schwang [~] *m*: *im* ~(e) *sein* be a tradition *od.* (*Mode*) the fashion.
schwanger ['ʃvaŋər] pregnant, with child, *feiner*: expectant.
schwänger|n ['ʃvɛŋərn] (29) get with child, (*a. fig.*) impregnate; '**≈ung** *f* impregnation.
'**Schwangerschaft** *f* (16) pregnancy; '**~s-unterbrechung** *f* induced abortion; '**~sverhütung** *f* contraception.
Schwank [ʃvaŋk] **1.** *m* (3³) merry tale; (*Streich*) prank; *thea.* farce; **2.** ≈ flexible; (*wackelig*) shaky; '**≈en**¹ (25) (*sich wiegen*) wave, swing; (*wanken*) totter, stagger; *Boden usw.*: shake, rock; *Baum usw.*: sway; *Magnetnadel usw.*: oscillate; *fig.* (*zaudern*) waver, falter, vacillate; (*sich ändern*) vary; ✝ *Kurse, Preise*: fluctuate; ~ *zwischen ... und P.*: waver between ... and, *S.*: vary (*od.* range) from ... to; ~*d* wavering *etc.*; (*unsicher*) unstable; vague; '**~en**² *n* (6), '**~ung** *f* waving, staggering *etc.*; ✝ fluctuation; *fig.* vacillation.
Schwanz [ʃvants] *m* (3² *u.* ³) tail.
schwänz|eln ['ʃvɛntsəln] (29) wag one's tail; *contp.* fawn (*um j-n* upon); '**~en** F *v/i. u. v/t.* (27) shirk, miss; (*die Schule*) ~ play truant (*Am. a.* hooky); *geschwänzt* tailed, caudate.
'**Schwanz|-ende** *n* tip of the tail; *fig.* (*a.* ✈) tail end; '**~feder** *f* tail feather; '**~flosse** *f* tail fin.
schwappen ['ʃvapən] (25, h. *u.* sn) swash, slop.
Schwäre ['ʃvɛːrə] *f* (15) abscess, boil, festering wound; ulcer; '**≈n** (25, h. *u.* sn) suppurate, fester (*a. fig.*).
Schwarm [ʃvarm] *m* (3³) *allg.* swarm; *Vögel*: *a.* flight (*a.* ✈); *Fische*: shoal; (*Menschen*≈) swarm, crowd; *v. Damen, Mädchen*: bevy; F *fig. P.*: idol; (*Angebetete*) flame; *S.*: ideal, F craze.
schwärmen ['ʃvɛrmən] (25, h. *u.* sn) swarm; ⚔ (*aus*) ~ (*lassen*) extend; (*schwelgen*) revel; ~ *für* be enthusiastic (*od.* wild) about *a th.*, have a crush on *a p.*; ~ *von* gush about *a p.*, *a th.*
'**Schwärmer** *m* (7), '**~in** *f* revel(l)er; (*Begeisterter*) enthusiast, *bsd. eccl.* fanatic; (*Träumer*) visionary; *Feuerwerk*: squib; (*Abendfalter*) hawk moth; **~ei** [~'raɪ] *f* (16) revel(l)ing; (*für*) enthusiasm (for), *bsd. eccl.* fanaticism, *contp.* gushing; '**≈isch** enthusiastic(ally *adv.*); fanatical; (*verzückt*) ecstatic(ally *adv.*); (*überspannt*) eccentric.
Schwarte ['ʃvartə] *f* (15) rind, skin; ⊕ (*Schalbrett*) slab, plank; F (*Buch*) old (*od.* trashy) volume.
schwarz [ʃvarts] **1.** (18²) black; *Teint*: swarthy; *fig.* (*finster*) gloomy, dark, black; (*ungesetzlich*) illicit; ≈*es Brett für Anschläge* notice (*Am.* bulletin) board; ~*er Erdteil* Black Continent; ~*er Humor* sick humo(u)r, black comedy; ~*e Kunst* art of printing, (*Zauberei*) black art; ~*er Mann* (*Schreckgespenst*) bog(e)y; ~*er Markt* black market; *s. Schaf*; ~ *auf weiß* in black and white; ~ *sehen* be pessimistic; *ich sehe* ~ (*für dich*) things look bad (for you); *auf die* ~*e Liste setzen* blacklist; **2.** ≈ *n* black; *ins* ~*e treffen* hit the bull's-eye (*a. fig.*).
'**Schwarz|-arbeit** *f* illicit work; '**≈blau** very dark blue; '**~blech** *n* black sheet-iron; '**~brot** *n* (black) rye bread; '**~drossel** *f* blackbird.
'**Schwarze** *m, f* (18) (*Neger*) black.
Schwärze ['ʃvɛrtsə] *f* (15) blackness; (*Färbemittel*) blacking; ⊕ *typ.* printer's ink; '**≈n** (27) blacken.
'**Schwarz|fahrer** *m mot.* joy-rider; (*der kein Fahrgeld zahlt*) fare dodger; '**~fahrt** *mot. f* joy-ride; '**~färber** *m fig.* pessimist; '**~handel** *m* black-market(eering), illicit trade; '**~händler** *m* black-marketeer; '**~hörer** *m Radio*: pirate listener; '**~kunst** *f* black art; '**~künstler** *m* magician.
schwärzlich ['ʃvɛrtsliç] blackish.
'**Schwarz|markt** *m* black market; '**~pulver** *n* black powder; '**~schlachtung** *f* illicit slaughtering; '**~seher(in** *f*) *m* pessimist; '**~sender** *m* pirate transmitter; '**≈'weiß** black

and white; '~'**weiß...** *phot. usw.*: black-and-white ... '~**wild** *n* wild boars *pl.*; '~**wurzel** *f* comfrey.

Schwatz [ʃvats] F *m* (3²) chat; '~**base** F *f s. Schwätzer*; '**2en** *v/i. u. v/t.* (27) (*plaudern*) talk, chat; (*schnatternd u. seicht daherreden*) chatter, tattle; (*kindlich plappern*) prattle; (*ausplaudern*) blab.

schwätzen ['ʃvɛtsən] (27) *s. schwatzen.*

Schwätzer ['ʃvɛtsər] *m* (7), '~**in** *f* (16¹) chatterbox, babbler; (*Klatschtante*) gossip; (*dummer* ~) blatherskite.

'**schwatzhaft** talkative, garrulous; '**2igkeit** *f* talkativeness.

Schwebe ['ʃve:bə] *f* (15): *in der* ~ in suspense, undecided; ⚖ pending, in abeyance; '~**bahn** *f* suspension railway; '~**balken** *m Sport*: balance beam; '**2n** (25, h. *u.* sn) be suspended, float; *Vogel, Hubschrauber usw.*: hover; (*hoch*~) soar; (*unentschieden sein*) be undecided, *Prozeß usw.*: be pending; (*leicht gehen*) glide, swim; *in Gefahr usw.* ~ be in danger *etc.*; *vor Augen* ~ *s. vorschweben*; '**2nd** suspended (*a.* ⛏); floating *etc.*; *Frage, Verfahren*: pending.

'**Schwebung** *f Radio*: beat.

Schwed|e ['ʃve:də] *m* (13), '~**in** *f* (16¹) Swede; '**2isch** Swedish.

Schwefel ['ʃve:fəl] *m* (7) sulphur; '~**bad** *n* sulphur bath; (*Ort*) sulphur springs *pl.*; '~**blumen** *f/pl.*, '~**blüte** *f* sulphur flowers; '**2farbig**, '**2gelb** brimstone-colo(u)red.

'**schwef(e)lig** sulphur(e)ous.

'**Schwefel|kies** *m* pyrite(s); '~**kohlenstoff** *m* carbon disulphide; '**2n** (29) sulphurate, sulphurize; '~**säure** *f* sulphuric acid; '~**wasserstoff** *m* hydrogen sulphide.

Schweif [ʃvaɪf] *m* (3) tail (*a. ast.*); *fig.* train; '**2en** (25) *v/i.* (h. *u.* sn) rove, ramble; *v/t.* curve; '~**ung** *f* curve, bend(ing); '**2wedeln** wag one's tail; *fig.* fawn (*vor dat.* upon).

'**Schweige|geld** *n* hush-money; '~**marsch** *m* silent protest march.

schweigen ['ʃvaɪgən] **1.** (30) be silent (*a. fig. über acc.* on); say nothing, hold one's tongue; *ganz zu* ~ *von* ... to say nothing of, let alone; **2.** **2** *n* (6) silence; *zum* ~ *bringen* silence (*a.* ⚔); ~ *bewahren* keep silence; '~**d** silent; *sich* ~ *verhalten* keep silent, hold one's peace.

'**Schweigepflicht** *f* secrecy, professional discretion.

schweigsam ['ʃvaɪkza:m] silent; (*wortkarg*) taciturn; *s. verschwiegen*; '**2keit** *f* taciturnity.

Schwein [ʃvaɪn] *n* (3) pig, *bsd. Am.* hog, *zo. u. pl.* swine (*alle a. contp. fig.*); (~*efleisch*) pork; F (*Glück*) luck; F ~ *haben* be lucky; F *kein* ~ nobody.

'**Schweine|braten** *m* roast pork; '~**fleisch** *n* pork; '~**hund** P *m contp.* swine, rat; *innerer* ~ cowardice; ~**rei** [~'raɪ] *f* (16) filthiness; (*Unordnung*) (awful) mess; (*Gemeinheit*) dirty trick; (*Zote*) smut(ty joke), obscenity; (*Schande*) crying shame; '~**stall** *m* pigsty (*a. fig.*); '~**zucht** *f* pig-breeding, *Am.* hog raising; '~**züchter** *m* pig-breeder, *Am.* hog raiser.

Schwein|igel ['ʃvaɪnˀi:gəl] F *m* filthy pig; ~-**igelei** [~'laɪ] *f* (16) smut(ty joke), obscenity; '**2isch** swinish; (*zotig*) smutty.

'**Schweins|kotelett** *n* pork chop; '~**leder** *n* pigskin.

Schweiß [ʃvaɪs] *m* (3²) sweat, perspiration; *Wolle*: yolk; *hunt.* blood; '~**blatt** *n* dress-shield; '~**brenner** *m* welding torch, blowpipe; '~**drüse** *f* perspiratory gland; '**2en** (27) *v/t.* ⊕ weld; *v/i. hunt.* bleed; '~**er** *m* (7) welder; '~**fuchs** *m* sorrel horse; '~**fuß** *m* perspiring (*od.* sweaty) foot; '**2gebadet** bathed in perspiration; '~**hund** *m* bloodhound; '**2ig** sweaty, perspiring; *hunt.* bloody; '~**naht** ⊕ *f* welding seam; '~**perlen** *f/pl.* beads of perspiration; '~**stelle** ⊕ *f* (point of) weld; '**2treibend**(**es Mittel**) sudorific; '**2triefend** *s. schweißgebadet*; '~**tropfen** *m* drop of sweat.

Schweizer ['ʃvaɪtsər] **1.** *m* (7) Swiss (*a.* '~**in** *f*); (*Milch***2**) dairyman; **2.** *adj.* Swiss; ~ *Käse* gruyère, *bsd. Am.* Swiss cheese; '**2isch** Swiss.

schwelen ['ʃve:lən] (25) smo(u)lder.

schwelg|en ['ʃvɛlgən] (25) revel (*in dat.* in); '**2er** *m* (7), '**2erin** *f* revel(l)er; **2erei** [~'raɪ] *f* (16) revelry; (*Ausschweifung*) debauch(ery); '~**erisch** luxurious.

Schwell|e ['ʃvɛlə] *f* (15) doorstep; threshold (*a. fig.*; *a.* ⚕, *phys.*); 🚂

sleeper, *Am. a.* tie; '**⁀en** *v/t.* swell; *v/i.* (sn) swell; *Wasser usw.*: rise; (*anwachsen*) increase; '**~ung** *f* swelling; *des Bodens*: swell.

Schwemm|e ['ʃvɛmə] *f* (15) horse-pond; *für Vieh*: watering-place; *Bierlokal*: tap-room; ✝ glut (*an dat.* of); '**⁀n** (25) *Vieh*: water; (*weg~*) wash; *Holz*: float; '**~land** *n* alluvial land.

Schwengel ['ʃvɛŋəl] *m* (7) (*Wagen⁀*) swing-bar; (*Glocken⁀*) clapper; (*Pumpen⁀*) handle.

Schwenk [ʃvɛŋk] *m Film*: panning (shot); '**~-arm** *m* swivel arm; '**⁀bar** swivel(ling); '**⁀en** *v/t.* (25) swing; *Stock usw.*: flourish, brandish; *Hut, Tuch usw.*: wave; *Film*: pan; ⊕ swivel; (*spülen*) rinse; *v/i.* turn; ⚔, *pol.* wheel (about); (*umkehren*) about-face; '**~ung** *f* swinging *etc.*; ⚔ wheel, pivoting manoeuvre; *fig.* change of mind (about); ⊕ swivel, slew round; '**~kran** *m* slewing crane.

schwer [ʃveːr] *Gewicht u. körperlich*: heavy (*a.* ⚔ *Angriff, Kreuzer usw.*); (*gewichtig*) weighty; (*~fällig*) heavy, ponderous; (*schwierig*) hard, difficult; *Fehler*: bad, gross; *Entscheidung, Kampf, Zeit*: hard; *Krankheit, Unfall, Wunde*: serious; *Strafe*: severe; *Verbrechen usw.*: grave; *Speise*: heavy, rich; *Wein, Zigarre*: strong; *Kleiderstoff*: heavy-weight; *~er Atem* short breath; F *~er Junge* criminal, crook; *~er (gehaltvoller) Kuchen* rich cake; *~ von Begriff* slow (in the uptake), dense; *zwei Pfund ~* weighing two pounds, two pounds in weight; *~ arbeiten* work hard; *~ zu sagen* hard to say; *~ enttäuscht* badly disappointed; '**⁀-arbeit** *f* heavy work; '**⁀-arbeiter** *m* heavy worker; '**⁀-athlet** *m* heavy athlete; '**⁀-athletik** *f* heavy athletics *sg. u. pl.*; '**~beladen** heavily laden; '**⁀beschädigte** *m s. Schwerkriegsbeschädigte*; '**~bewaffnet** heavily armed; '**~blütig** grave, heavy; '**⁀e** *f* (15) *s. schwer*: heaviness; weight; gravity (*a. phys.*); seriousness; severity; **⁀enöter** ['~ənøːtər] *m* (7) philanderer, gay Lothario; '**~-er'ziehbar** difficult to educate; recalcitrant; '**~fallen** be difficult (*dat.* to); *es fällt mir ~* I find it hard; '**~fällig** heavy, slow; (*unhandlich*) unwieldy, cumbersome; '**⁀fälligkeit** *f* heaviness, slowness; unwieldiness, cumbersomeness; '**~flüssig** viscid, viscous; '**⁀gewicht** *n Boxen*: heavy-weight (*a.* '**⁀gewichtler** *m*); *fig.* chief importance, chief stress; '**~halten** be difficult; '**~hörig** hard of hearing; '**⁀-industrie** *f* heavy industry; '**⁀kraft** *f* (force of) gravity; '**⁀'kriegsbeschädigte** *m* (18) seriously disabled war veteran; '**~lich** hardly, scarcely; '**⁀mut** *f*, **~mütig** ['~myːtiç] melancholy; '**⁀-öl** *n* heavy oil; '**⁀punkt** *m* cent|re (*Am.* -er) of gravity; *fig.* focal point; (*Nachdruck*) (chief) stress; **⁀spat** ['~ʃpaːt] *m* barite, heavy spar.

Schwert [ʃveːrt] *n* (1) sword; '**~fisch** *m* sword-fish; '**~lilie** *f* iris; '**~streich** *m* stroke with the sword; *ohne ~* without striking a blow.

'**Schwer|verbrecher** *m* dangerous criminal, ⚖ felon; '**⁀verdaulich** hard to digest, heavy; '**⁀verständlich** difficult to understand; abstruse; '**⁀verwundet** seriously wounded; '**⁀wiegend** weighty (*a. fig.*); *fig.* grave.

Schwester ['ʃvɛstər] *f* (15) sister; (*Kranken⁀*) (hospital) nurse; *s. a. barmherzig*; '**~firma** ✝ associated company; '**~kind** *n* sister's child; '**⁀lich** sisterly; '**~liebe** *f* sisterly love; '**~n-orden** *m*, '**~nschaft** *f* sisterhood, sorority; '**~ntracht** *f* uniform; '**~schiff** *n* sister ship; '**~sohn** *m* sister's son.

schwieg [ʃviːk] *pret. v. schweigen* 1.

Schwieger... ['ʃviːgər-] *mst*: ...-in-law, *z.B.* '**~-eltern** *pl.* parents-in-law; '**~sohn** *m* son-in-law.

Schwiel|e ['ʃviːlə] *f* (15) callosity; (*Strieme*) weal; '**⁀ig** callous, horny; full of weals.

schwierig ['ʃviːriç] difficult (*a. P.*), hard; (*verwickelt*) complicated; '**⁀keit** *f* difficulty, trouble.

Schwimm|-anstalt ['ʃvim-] *f* baths *pl.*, swimming-establishment; '**~bad** *n* swimming-bath, swimming pool; '**~blase** *f* (*Fisch⁀*) air-bladder; *zum Schwimmenlernen*: water-wings *pl.*; '**~dock** *n* floating dock; '**⁀en** (30, h. *u.* sn) swim; *S.*: float; *fig.* (*unsicher sein*; *a. ins ⁀ kommen*) flounder; *im Gelde ~* be rolling in money; '**~er** *m* (7) swimmer (*a.*

'**~erin** *f*); *an Angel, Netz,* ✈ *u.* ⊕: float; '**~flosse** *f* fin; *Sport*: flipper; '**~fuß** *m* web-foot; *v. Robben usw.*: flipper; '**~gürtel** *m* swimming-belt; (*Rettungsgürtel*) life-belt; '**~haut** *f* web; '**~kunst** (art of) swimming; '**~lehrer** *m* swimming-master; '**~sport** *m* swimming; '**~vogel** *m* web-footed bird; '**~weste** *f* life--jacket, *Am.* life-preserver (vest).

Schwindel ['ʃvindəl] *m* (7) ⚕ vertigo, giddiness, dizziness; (*Betrug*) swindle, fraud, cheat, *Am.* F flimflam; F *der ganze* ~ the whole bag of tricks; '**~-anfall** *m* fit of dizziness; **~ei** [~'laɪ] *f* (16) swindling, cheat; '**2-erregend** dizzy, giddy; *fig. a.* staggering; '**~firma** ✝ *f* long firm, *Am.* wildcat (firm); '**2frei** free from giddiness; *nicht* ~ high--shy; '**~gesellschaft** ✝ *f* bogus company.

'**schwind(e)lig** giddy, dizzy; *fig. a.* staggering; *mir ist* ~ I am (*od.* feel) dizzy.

'**schwindeln** (29) *v/i.* (*lügen, betrügen*) cheat, swindle, humbug, *Am. sl.* chisel; *mir schwindelt* I am (*od.* feel) giddy, my head swims; ~ *machen fig.* stagger; *~de Höhe* dizzy height.

schwinden ['ʃvindən] (30, sn) dwindle; (*schrumpfen*) shrink; *Ton, Farbe, Licht*: fade; (*ver~*) disappear, vanish.

'**Schwindler** *m* (7), '**~in** *f* swindler, cheat, crook; (*Lügner*) liar.

Schwind|sucht ['ʃvintzuxt] *f* consumption; '**2süchtig** consumptive.

Schwing|-achse *mot.* ['ʃviŋ-] *f* independent (*od.* oscillating) axle; '**~e** *f* (15) wing; (*Getreide2*) fan; (*Flachs2*) swingle; '**2en** *v/t.* swing (*sich* o.s.); (*handhaben*) wield; *Waffe usw.*: brandish; *Flachs*: swingle; F *e-e Rede* ~ make a speech; *v/i.* swing; ⊕ (*hin und her* ~) oscillate; *Saite, Ton usw.*: vibrate; '**~er** *m* (7) *Boxen*: swing; '**~ung** *f* swinging; oscillation; vibration; '**2ungsfrei** non-oscillating; '**~ungszahl** *f* frequency of oscillations.

Schwips F [ʃvips] *m* (7): *e-n ~ haben* be tipsy.

schwirren ['ʃvirən] (25, h. *u.* sn) whiz(z), whir(r); *Insekt usw*: buzz.

Schwitz|bad ['ʃvits-] *n* Turkish bath; (*Dampfbad*) steam-bath; '**2en** *v/i. u. v/t.* sweat, *feiner*: perspire; *Fenster*: *s. beschlagen*; '**~kasten** *m Ringen*: headlock; '**~kur** *f* sweating-cure.

schwoll [ʃvɔl] *pret. v. schwellen.*

schwor [ʃvoːr] *pret. v. schwören.*

schwören ['ʃvøːrən] (30) *v/i. u. v/t.* swear (*bei* by), take an oath; *fig.* ~ *auf* (*acc.*) F swear by; *s. Rache.*

schwül [ʃvyːl] sultry, close, oppressive; *fig.* sultry; '**2e** *f* (15) sultriness (*a. fig.*).

Schwulität [ʃvuli'tɛːt] F *f* (16): *in ~en kommen* get into trouble.

Schwulst [ʃvulst] *m* (3^2 *u.* ^{3}) bombast.

schwülstig ['ʃvylstiç] bombastic (-ally *adv.*).

Schwund [ʃvunt] *m* (3) dwindling; (*Verlust*) loss; *durch Einlaufen*: shrinkage; *durch Aussickern*: leakage, wastage; ⚕ atrophy; *Film, Radio*: fading; *s. a. Haar2*; '**~-ausgleich** *m*, '**~regelung** *f Radio*: automatic volume control.

Schwung [ʃvuŋ] *m* (3^3) swing (*a. Turnen*); *Schisport*: turn; (*Tempo*) speed; *phys.* momentum; *fig.* impetus; (*Energie, Wucht*) energy, drive, F vim; (*Schmiß*) verve, F go, pep; *der Phantasie*: flight; *des Geistes*: buoyancy; (*Menge*) batch; *v. Personen*: F bunch; *in ~ bringen* set *a th.* going; (*richtig*) *in ~ kommen* get into one's stride; '**~feder** *f* pinion; '**2haft** *Geschäft, Handel*: brisk, roaring; '**~kraft** *f* centrifugal force; *fig.* buoyancy, verve; '**2los** spiritless, tired; '**~rad** *n* fly-wheel; '**2voll** full of verve *od.* F go, spirited; *Entwurf*: bold; *Melodie*: racy.

Schwur [ʃvuːr] *m* (3^3) oath; (*Gelübde*) vow; '**~gericht** *n* jury court.

sechs [zɛks] **1.** six; **2.** 2 *f* (16^3) six; '**2-eck** *n* hexagon; '**~-eckig** hexagonal; '**~fach, ~fältig** ['~fɛltiç] sixfold, sextuple; '**~jährig** six-year(s)--old, 📖 sexennial; '**~malig** six times repeated; '**~monatig** lasting six months; '**~monatlich** six--monthly; *adv.* every six months; '**~seitig** hexagonal; **~stündig** ['~ʃtyndiç] of six hours; 2'**tagerennen** *n* six-day (cycling) race; **~tägig** ['~tɛːgiç] of (*od.* lasting) six days.

sechs|te ['~tə], '**2tel** *n* (7) sixth; '**~tens** sixthly, in the sixth place.

sechzehn ['zɛçtseːn] sixteen; '**~te** sixteenth; '**2tel** *n* (7) sixteenth (part); '**2telnote** ♪ *f* semiquaver; '**~tens** in the sixteenth place.

sechzig ['zɛçtsiç] sixty; **2er** ['~gər] *m* (7), '**2erin** *f* (16¹) sexagenarian.

Sediment [zedi'mɛnt] *n* (3¹) sediment; **2är** [~'tɛːr] sedimentary.

See [zeː] **1.** *m* (10) lake; **2.** *f* (15) sea; *an die ~ gehen* go to the seaside (*Am.* seashore); *auf ~* at sea; *in ~ gehen od. stechen* put to sea; *zur ~ gehen* go to sea.

'**See|bad** *n* sea-bath; (*Ort*) seaside resort; '**~bär** *m*: *fig. alter ~* F old salt; '**~dienst** *m* naval service; '**2fahrend** seafaring; '**~fahrer** *m* sailor; '**~fahrt** *f* seafaring; (*Seereise*) voyage, cruise; '**2fest** seaworthy; *P.*: (*nicht*) *~ sein* be a good (bad) sailor; '**~flugzeug** *n* seaplane; '**~fracht** ✝ *f* sea-freight, *Am.* ocean freight; '**~gang** *m*: *hoher ~* rough sea; *schwerer ~* heavy sea; '**~gefecht** *n* naval action; '**~gras** *n* seaweed; '**~hafen** *m* seaport; '**~handel** *m* maritime trade; '**~held** *m* naval hero; '**~herrschaft** *f* naval supremacy; '**~hund** *m* seal; '**~hundsfell** *n* sealskin; '**~igel** *m* sea-urchin; '**~kadett** ⚓ *m* naval cadet; '**~karte** *f* (sea-)chart; '**2klar** ready to sail; '**2krank** seasick; *leicht ~ werden* be a bad sailor; '**~krankheit** *f* seasickness; '**~krieg(führung** *f*) *m* naval war(fare); '**~küste** *f* (sea-)coast, seashore; board; '**~lachs** *m* coalfish, pollack; *echter*: salmon.

Seele ['zeːlə] *f* (15) soul (*a. fig.*: *Lebenskraft*; *Kern*; *menschliches Wesen*); (*Geist*) mind; *e-s Herings*: bladder; *e-r Schußwaffe*: bore; *e-s Kabels*: core; e-e *~ von Mensch* a good soul; *fig. keine ~* not a soul; *mit* (*od. von*) *ganzer ~* with all one's heart; *er ist die ~ des Ganzen* he is the life and soul of it all; *du sprichst mir aus der ~* you express my sentiments exactly.

Seelen|-amt *n* office for the dead; '**~freund** *m* soul brother; '**~frieden** *m* peace of mind; '**2froh** heartily glad; '**~größe** *f* greatness of mind; '**2gut** kind-hearted, *pred.* a good soul; '**~heil** *n* salvation, spiritual welfare; '**~hirt** *m* pastor; '**~kunde** *f* psychology; '**~leben** *n* inner life; '**~leiden** *n* mental suffering; '**2los** soulless; '**~messe** *f* mass for the dead, requiem; '**~pein** *f*, '**~qual** *f* mental agony; '**~ruhe** *f* peace of mind; *weitS.* calmness; '**2ruhig** *adv.* cooly; '**~stärke** *f* fortitude; '**2vergnügt** (quite) cheerful; '**2verwandt** congenial; *~ sein* be kindred souls; '**~verwandtschaft** *f* congeniality; '**2voll** soulful; '**~wanderung** *f* transmigration of souls, 📖 metempsychosis.

'**Seeleute** *pl.* seamen, sailors.

'**seelisch** psychic(al), mental, spiritual.

'**Seelöwe** *m* sea-lion.

'**Seelsorge** *f* religious welfare, care of souls; '**~r** *m* (7) pastor, clergyman.

'**See|macht** *f* naval (*od.* sea) power; '**~mann** *m* seaman, sailor; **2männisch** ['~mɛniʃ] sailorlike, seamanlike; *Fertigkeit usw.*: nautical; '**2mäßig** *Verpackung*: seaworthy; '**~meile** *f* nautical mile; '**~mine** *f* sea-mine; '**~möwe** *f* sea-gull; '**~not** *f* distress at sea; '**~offizier** *m* naval officer; '**~pferdchen** *n* sea-horse; '**~räuber** *m* pirate; **~räuberei** ['~'raɪ] *f* piracy; '**~recht** *n* maritime law; '**~reise** *f* voyage, cruise; '**~rose** *f* water-lily; '**~schaden** *m* sea-damage, average; '**~schiff** *n* sea-going vessel; '**~schlacht** *f* naval battle; '**~schwalbe** *f* tern; '**~sieg** *m* naval victory; '**~stadt** *f* seaside town; '**~stern** *m* starfish; '**~streitkräfte** *f/pl.* naval forces; '**~tier** *n* marine animal; '**~tang** *m* seaweed; '**2tüchtig** seaworthy; '**~verkehr** *m* ocean traffic; '**~volk** *n* maritime nation; '**~warte** *f* naval observatory; **2wärts** ['~vɛrts] seawards; '**~wasser** *n* sea-water; '**~weg** *m* sea-route; *auf dem ~e* by sea; '**~wind** *m* sea-breeze; '**~zunge** *f Fisch*: sole.

Segel ['zeːgəl] *n* (7) sail; *~ setzen, unter ~ gehen* set sail; *~ hissen* make sail; *die ~ streichen* strike sail, *fig.* give in; '**~boot** *n* sailing-boat, *Am.* sailboat; *Sport*: yacht; '**2fertig** ready to sail; '**~fliegen** *n* (6) gliding, soaring, sailplaning; '**~flieger** *m* glider pilot; *s. Segelflugzeug*; '**~flug** *m* glide; *s. Segelfliegen*; '**~flugzeug** *n* glider, sailplane; '**2klar** *s. segelfertig*; '**~klasse** *f e-s*

Rennbootes: rating; '**~klub** *m* yachting club; '**2n** (29, h. *u.* sn) sail (*a. fig.*), *sportlich*: yacht; ✈ glide, soar; '**~regatta** *f* yacht-race, regatta; '**~schiff** *n* sailing-ship; '**~schlitten** *m* ice-yacht; '**~sport** *m* yachting; '**~tuch** *n* sail-cloth, canvas; '**~werk** *n* sails *pl.*

Segen ['ze:gən] *m* (7) blessing (*a. fig. Wohltat, Glück*); (*bsd. eccl.*) benediction; *fig.* (*Fülle*) abundance; F *der ganze* ~ the whole lot; '**2sreich**, '**2svoll** beneficial, blessed; *pred.* a blessing; '**~swunsch** *m* benediction; *pl.* good wishes *pl.*

Segler ['ze:glər] *m* (7) yachtsman; (*Schiff*) sailing-vessel, *good, fast etc.* sailer; '**~in** *f* (16¹) yachtswoman.

segn|en ['ze:gnən] (26) bless; '**2ung** *f* blessing (*a. fig. der Zivilisation usw.*) (*bsd. eccl.*) benediction.

sehen ['ze:ən] (30) *v/t.* see (*a. v/i.*); (*wahrnehmen*) perceive; (*plötzlich* ~) catch sight of; *fig.* (*ein*~) realize, see; *v/i.* (*hin*~) look; *sieh nur!* just look!; *sieh(e) da!* behold!; *sieh mal* look here; *siehe oben* see above; *siehe Seite 14* see page 14; *gut* ~ have good eyes; *auf et.* (*acc.*) ~ look at, *fig.* (*Wert legen auf*) be particular about, *s. a. achten*; *darauf* ~, *daß* see to it that; *nach et.* ~ look for, (*sorgen für*) look (*od.* see) after; ~ *lassen* show; *ich kenne ihn nur vom* 2 I know him only by sight.

'**sehens|wert**, '**~würdig** worth seeing, remarkable; '**2würdigkeit** *f* object of interest, curiosity; *pl. e-r Stadt*: sights *pl.*

Seher ['ze:ər] *m* (7) seer; '**~blick** *m*, '**~gabe** *f* prophetic eye *od.* gift; '**~in** *f* (16¹) prophetess.

'**Seh|fehler** *m* defective vision; '**~feld** *n* field of vision; '**~kraft** *f* (eye)sight, vision, visual power.

Sehne ['ze:nə] *f* (15) sinew, tendon; *e-s Bogens*: string; ⩘ chord.

sehnen ['ze:nən] **1.** (25) *sich* ~ *nach* long for; *stärker*: yearn for; **2.** 2 *n* (6) longing, yearning.

'**Sehnerv** *m* optic nerve.

'**sehnig** sinewy; *Fleisch*: stringy.

'**sehn|lich** eager, anxious; (*glühend*) ardent; (*leidenschaftlich*) passionate; '**2sucht** *f* longing, yearning (*nach* for); '**~süchtig** longing, yearning.

sehr [ze:r] *vor adj. u. adv.* very; *beim vb.* (very) much, greatly, highly; F pretty; ~ *vermissen* miss badly; *s. viel, so.*

'**Seh|rohr** *n* periscope; '**~schärfe** *f* visual acuity; '**~schlitz** ⚔ *m* observation slit; '**~störung** *f* defective vision, dysopia; '**~vermögen** *n* (faculty of) vision, sight; '**~weite** *f* range of sight; *in* (*außer*) ~ (with)in (out of) sight *od.* eyeshot.

seicht [zaıçt] shallow (*a. fig.*); '**2heit** *f* shallowness.

Seide ['zaıdə] *f* (15) silk.

Seidel ['zaıdəl] *n* (7) (*Maß*) pint; (*Trinkgefäß*) mug.

seiden ['zaıdən] silk(en); '**~artig** silky; '**2bau** *m* sericulture, silk-culture; '**2faden** *m* silk thread; '**2flor** *m* silk gauze; '**2garn** *n* silk yarn; '**2glanz** *m* silky lustre; '**2papier** *n* tissue-paper; '**2raupe** *f* silkworm; '**2(raupen)zucht** cultivation of silkworms; '**2spinne'rei** *f* silk-spinning mill; '**2stoff** *m* silk cloth *od.* fabric; '**2strümpfe** *m/pl.* silk stockings; '**~weich** (as) soft as silk, silky; '**2zucht** *f s. Seidenbau.*

'**seidig** silky.

Seife ['zaıfə] *f* (15), '**2n** (25) soap.

'**Seifen|behälter** *m* soap-dish; '**~blase** *f* soap-bubble; '**~kistenrennen** *f* soap-box derby *od.* race; '**~lauge** *f* (soap-)suds *pl.*; '**~napf** *m* soap-dish; *zum Rasieren*: shaving-mug; '**~pulver** *n* soap-powder; '**~schaum** *m* lather; '**~sieder** *m* soap-boiler; F *fig. ihm ging ein* ~ *auf* the scales fell from his eyes; '**~siede'rei** *f* soap-works; '**~wasser** *n* [(soap-)suds *pl.*]

'**seifig** soapy.

seih|en ['zaıən] (25) strain, filter; '**2er** *m* strainer; filter.

Seil [zaıl] *n* (3) rope; (*Tau*) cable; ~ *springen* skip; '**~bahn** *f* cable (*od.* funicular) railway; '**~er** *m* (7) rope-maker; '**~hüpfen** *n*, '**~springen** *n* (rope-)skipping; '**~schaft** *mount. f* roped party; '**~schwebebahn** *f* suspension railway, (aerial) cableway; '**~tänzer(in** *f*) *m* rope-dancer.

Seim [zaım] *m* (3) mucilage; (*Honig*2) liquid honey; '**2ig** viscous.

sein¹ [zaın] **1.** (30, sn) be; (*vorhanden* ~) *a.* exist; et. ~ *lassen* leave (*od.* let) a th. alone; *es sei denn, daß* ... unless; *sei es, daß ... oder daß* ... whether ... or ...; *wenn ich nicht gewesen wäre* ... if it had not been for me ...; **2.** 2 *n* (6) being; existence.

sein² (20) his; its; *s. seinige.*
seiner|seits ['~ərzaɪts] for his part; '**~zeit** in his (*od.* its) time; (*einst*) then, at that time.
seinesgleichen ['~əs'glaɪçən] his equal(s *pl.*); the likes of him; *nicht ~ haben* have no equal *od.* parallel, stand alone.
seinet|halben ['~əthalbən], '**~wegen,** (*um*) '**~willen** for his sake, on his account; (*durch seine Schuld usw.*) because of him.
seinige ['~igə] his; its; *das* ♀ (*a. das Seine*) his own; his duty; *die* ♀ his wife; *die* ♀*n pl.* his family *sg.*
Seismograph [zaɪsmo'grɑ:f] *m* (12) seismograph.
seit [zaɪt] *prp.* (*von ... an*) since; (*während*) for; *~ 1960* since 1960; *~ drei Wochen* for (the last) three weeks; *~ wann* (*welchem Zeitpunkt*)? since when?; *~ wann* (*wie lange schon*) *sind Sie hier?* how long have you been here?; *s. kurz, lang*; *cj.* since; **~dem** [~'de:m] *adv.* (ever) since, since that time; *cj.* since.
Seite ['zaɪtə] *f* (15) side; (*Flanke, a.* ⚔) flank; (*Richtung*) direction; *im Buch*: page; ⩚ *~ e-r Gleichung*: member; *fig. e-r Angelegenheit*: side, aspect; *s. schwach, stark*; *an j-s ~* at (*od.* by) a p.'s side; *~ an ~* side by side; *von der ~ ansehen* askance; *auf die ~ bringen od. schaffen* put aside; *heimlich od. j-n*: make away with; *auf j-s ~ sein od. treten od. sich stellen* side with a p.; *in die ~ gestemmt Arm*: akimbo; *von* ♀*n j-s* on the part of a p., by *od.* from a p.; *j-m zur ~ stehen* stand by a p.
'**Seiten|-angriff** *m* flank attack; '**~-ansicht** *f* side-view; '**~blick** *m* side-glance; '**~-eingang** *m* side-entrance; '**~flügel** △ *m* wing; '**~-gewehr** ⚔ *n* bayonet; *pl. a.* side-arms; '**~gleis** *n* siding; '**~hieb** *fig. m* passing shot, cut (gegen at); '♀**lang** pages (and pages) of; '**~lehne** *f* arm; '**~linie** *f e-r Familie*: collateral line; 🚂 branch-line; '♀**s** (*gen.*) on the part of; by (*od.* from) *a p.*; '**~schiff** △ *n* aisle; '**~schwimmen** *n* side-stroke; '**~sprung** *m* side-leap; F *fig.* escapade; '**~stechen** *n* stitch in the side; '**~straße** *f* by-street; '**~stück** *n* side-piece; (*Gegenstück*) counterpart (*zu* of); '**~tasche** *f* side-pocket; '**~tür** *f* side-door; '**~wagen** *mot. m* sidecar; '**~wechsel** *m Sport*: change of ends; '**~weg** *m* by-way; '**~zahl** *f* number of the page; *insgesamt*: number of pages.
seither [~'he:r] since (that time).
'**seitlich** lateral, side-...
seitwärts ['~vɛrts] sideways, sidewards; aside.
Sekante ⩚ [ze'kantə] *f* (15) secant.
Sekret [ze'kre:t] *n* (3), **~ion** [~kre'tsjo:n] *f* (16) secretion.
Sekret|är [zekre'tɛ:r] *m* (3¹), **~ärin** *f* (16¹) secretary; **~ariat** [~tari'ɑ:t] *n* (3) secretary's office, secretariate.
Sekt [zɛkt] *m* (3) champagne.
Sekt|e ['zɛktə] *f* (15) sect; **~ierer** [~'ti:rər] *m* (7) sectarian.
Sektion [zɛk'tsjo:n] *f* section; *e-r Leiche*: dissection, autopsy.
Sektor ['zɛktɔr] *m* (8¹) sector.
Sekun|dant [zekun'dant] *m* (12) second; ♀**där** [~'dɛ:r] secondary.
Se'kun|dawechsel ⚕ *m* second of exchange; **~de** *f* (15) second; *auf die ~* (*pünktlich*) on the stroke of time; ♀**denlang** for seconds; **~denzeiger** *m* second-hand; ♀'**dieren** second (*j-m* a p.).
selb|e ['zɛlbə], **~ig** [~iç] same; '**~er:** *ich ~* I myself.
selbst [zɛlpst] **1.** *pron.* himself (*f* herself, *n* itself), *pl.* themselves; (*ohne fremde Hilfe*) by oneself; *ich ~* I myself; *er ~* he himself; *wir ~* we ourselves; *von ~ entstanden* spontaneous; *von ~* of one's own accord, *S.* of itself, automatically, spontaneously; **2.** *adv.* even; **3.** ♀ *n* (one's own) self; '♀**-achtung** *f* self-respect.
selbständig ['zɛlpʃtɛndiç] *allg.* independent; *beruflich*: *a.* self-employed; *sich ~ machen* set up for o.s.; '♀**keit** *f* independence.
'**Selbst|-anlasser** ⊕ *m* self-starter; '**~-anschluß** *teleph. m* automatic telephone; dial system; '**~-auslöser** *phot. m* self-timer; '**~-ausschaltung** ⚡ *f* automatic cut-out; '**~bedienung**(**sladen** *m*) *f* self-service (shop); '**~beherrschung** *f* self-control; *die ~ verlieren* lose one's temper; '**~beköstigung** *f* boarding oneself; '**~besinnung** *f* stocktaking of o.s.; '**~bestimmung**(**srecht** *n*) *f* (right of) self-determination; '**~be-**

trug *m* self-deception; '**2bewußt** self-confident; '**~bewußtsein** *n* self-confidence; '**~biographie** *f* autobiography; '**~-einschätzung** *f* self-assessment; '**~-entzündung** *f* spontaneous ignition; '**~-erhaltung** *f* self-preservation; '**~-erhaltungstrieb** *m* instinct of self-preservation; '**~-erkenntnis** *f* self-knowledge; '**~-erniedrigung** *f* self-abasement; '**~fahrer** *m* (*Rollstuhl*) self-propelling chair; *mot.* (*Person*) owner-driver; *Auto für ~* self-drive car; '**2gebacken** home-made; '**2gefällig** (self-)complacent; '**~gefälligkeit** *f* (self-)complacency; '**~gefühl** *n* self-esteem, amour-propre (*fr.*); **2gemacht** ['~gəmaxt] home-made; '**~genügsamkeit** *f* self-sufficiency; '**2gerecht** self-righteous; '**~gespräch** *n* monologue, soliloquy; '**2herrlich** high-handed; '**~herrscher** *m* autocrat; '**~hilfe** *f* self-help; '**2isch** selfish.

'**Selbst|kosten(preis** *m*) *pl.* prime cost, cost price; '**~kritik** *f* self-criticism; '**~ladepistole** *f* automatic (pistol); '**~laut** *m* vowel; '**2los** unselfish; self-sacrificing; '**~mord** *m*, '**~mörder** *m* suicide; '**2mörderisch** suicidal; '**~porträt** *n* self-portrait; '**2redend** *s. selbstverständlich*; '**~regierung** *f* self-government; '**2schmierend** ⊕ self-lubricating; '**~schuß** *m* spring-gun; '**~schutz** *m* self-protection; '**2sicher** self-confident; '**~sicherheit** *f* self-confidence, aplomb; '**~sucht** *f* selfishness; '**2süchtig** selfish; '**2tätig** automatic(ally *adv.*), ⊕ *a.* self-acting; '**~täuschung** *f* self-deception; '**~-überschätzung** *f* overestimation of o.s.; '**~-überwindung** *f* self-victory; '**~-unterricht** *m* self-instruction; '**~verachtung** *f* self-contempt; '**2vergessen** self-forgetful; '**~verlag** *m*: *im ~* published by the author; '**~verleugnung** *f* self-denial; '**~vernichtung** *f* self-destruction; '**2verschuldet** arising through one's own fault; **~versorger** ['~fɛrzɔ:rgər] *m* (7) self-supporter *od.* -supplier; '**~versorgung** *f* self-sufficiency; '**2verständlich** self-evident, obvious; *pred.* a matter of course; *adv.* of course; *~! a.* by all means!; *es ist ~, daß* it goes without saying that ...; *et. als ~ betrachten* take a th. for granted; '**~verständlichkeit** *f* matter of course; '**~verteidigung** *f* self-defen|ce, *Am.* -se; '**~vertrauen** *n* self-confidence; '**~verwaltung** *f* self-government; '**~verwirklichung** *f* self-realization; '**~wählbetrieb** *teleph.* *m* long-distance dialling; '**~zucht** *f* self-discipline; '**2zufrieden** self-satisfied, complacent; '**~zufriedenheit** *f* self-satisfaction, complacency; '**~zündung** *f* self-ignition; '**~zweck** *m* end in itself.

selchen [zɛlçən] smoke.

Selen ⚗ [ze'le:n] *n* (11) selenium.

selig ['ze:liç] blessed; *fig. a.* blissful, happy; (*verstorben*) late; *die 2en pl.* the blessed; *~en Angedenkens* of blessed memory; '**2keit** *f* happiness, bliss; '**~sprechen** beatify; '**2sprechung** *f* beatification.

Sellerie ['zɛləri:] *m* (11) *u. f* (15) celery; (*Knolle*) celeriac.

selten ['zɛltən] rare (*a. weitS. Schönheit usw.*); (*knapp*) scarce; *adv.* seldom, rarely; '**2heit** *f* rarity (*a. konkret*), scarcity; *nur konkret*: curiosity.

Selterswasser ['zɛltərsvasər] *n* seltzer (water), soda-water.

seltsam ['zɛltza:m] strange, odd; '**~erweise** strange to say, oddly enough; '**2keit** *f* strangeness, oddness; *konkret*: oddity.

Semester [ze'mɛstər] *univ. n* (7) (half-year) term, semester; **~-ende** *n*, **~schluß** *m* close of term; **~ferien** *pl.* vacation (between terms).

Semikolon [zemi'ko:lɔn] *n* (11, *pl. a. -la*) semicolon.

Seminar [~'nɑ:r] *n* (3[1]) *univ.* seminar; (*Lehrer2*) training-college; (*Priester2*) seminary; **~ist** [~na'rist] *m* (12), **~istin** *f* (16[1]) pupil of a training-college; seminarist.

Semit [ze'mi:t] *m* (12), **~in** *f* Semite.

Semmel ['zɛməl] *f* (15) roll; *wie warme ~n weggehen* go like hot cakes; *geriebene ~* bread crumbs *pl.*

Senat [ze'nɑ:t] *m* (3) senate; **~or** [~tɔr] *m* (8[1]) senator.

Sendbote ['zɛnt-] *m* emissary.

Sende|-anlage ['zɛndə-] transmitting station; '**~bereich** *m* transmission range; '**~folge** *f s. Sendeprogramm*; '**~leiter** *m Radio*: production director.

senden ['zɛndən] (30) send (*nach j-m, et.* for); *tel., Radio*: transmit, send, *bsd. Am.* radio; *Radio usw.*: broadcast, *TV a.* telecast; *ein Stück wird gesendet Am.* a show is on the air.

Sende|plan *m*, '**~programm** *n* broadcasting program(me); '**~r** *m* (7) *tel., Radio*: transmitter; (*Station*) (broadcasting) station; '**~raum** *m Radio*: (broadcasting) studio; '**~reihe** *f* radio series.

'**Sender|gruppe** *f*, '**~netz** *n Radio*: network.

'**Sende|station**, *f* '**~stelle** *f tel., Radio*: transmitting station; '**~zeichen** *n* call-sign.

'**Sendschreiben** *n* missive, epistle; circular (letter).

'**Sendung** *f* sending; *fig.* mission; *v. Waren*: consignment, *Am.* shipment; *tel., Radio*: transmission, (*Programmteil*) broadcast.

Senf [zɛnf] *m* (3) mustard (*a.* ⚘); '**~gas** *n* mustard gas; '**~gurke** *f* cucumber pickled with mustard seeds; '**~korn** *n* (grain of) mustard seed; '**~pflaster** *n* mustard plaster; '**~topf** *m* mustard-pot.

Senge ['zɛŋə] F *f/pl.*: ~ *bekommen* get a beating; '**≈n** *v/t. u. v/i.* (25) singe, scorch; ~ *und brennen* lay waste (by fire); ~*de Hitze* parching heat.

senil [ze'ni:l] senile; **≈ität** [~nili'tɛ:t] *f* senility.

senior ['ze:niɔr], ≈ *m* (8^1) senior.

Senkblei ['zɛŋk-] *n* ⚠ plummet, plumb bob; ⚓ sounding lead.

'**Senke** *geogr. f* (15) depression, hollow.

'**Senkel** *m* (7) lace.

senk|en ['zɛŋkən] (25) sink (*a.* ⚒); let down, *a. Preis, Stimme*: lower; *Augen*: cast down; *Kopf*: bow; ⚘ lay; *sich* ~ sink, drop, go down; *Mauer*: sag; *Boden(satz)*: settle; *Straße*: dip, fall; *Nacht, Stimmung*: descend; '**≈er** ⚘ *m* (7) layer.

'**Senk|fuß** ⚕ *m* flat foot; '**~fußeinlage** *f* arch support, instep raiser; '**~grube** *f* cesspool; '**~niet** ⊕ *m* flush rivet; '**≈recht** vertical, *bsd.* ⚟ perpendicular (*beide a.* '**~rechte** *f* [15]); '**~rechtstarter** *m* ✈ vertical take-off plane; F *fig.* person having a meteoric rise; '**~ung** *f* sinking, *a. der Preise*: lowering; *e-r Mauer usw.*: sag; ⚕ (*Blut*≈) sedimentation; (*Vertiefung*) depression, hollow; '**~waage** *f* areometer.

Senn [zən] (3), '**~er** (13) *m* Alpine herdsman; **~erei** [~ə'raı] *f* Alpine dairy; '**~erin** *f* (16^1) Alpine dairy-maid; '**~hütte** *f* chalet.

Sensation [zɛnza'tsjo:n] *f* sensation; **≈ell** [~tsjo'nɛl], **~s...** [~'tsjo:ns-] sensational; **~slust** *f* sensationalism; **≈slustig** sensationalist; **~smeldung** *f* sensational report; **~spresse** *f* yellow press.

Sense ['zɛnzə] *f* (15) scythe; '**~nmann** *m* mower; *fig.* Death.

sensi|bel [zɛn'zi:bəl] sensitive; **≈bilität** [~zibili'tɛ:t] *f* (16) sensitiveness, sensibility.

Sentenz [zɛn'tɛnts] *f* (16) maxim, aphorism; **≈iös** [~'tsjø:s] sententious.

sentimental [zɛntimɛn'tɑ:l] sentimental; **≈ität** [~tali'tɛ:t] *f* (16) sentimentality.

separat [zepa'rɑ:t] separate; **≈ismus** [~ra'tismus] *m* (16, *o. pl.*) separatism.

Sepia ['ze:pja] *f inv. zo.* cuttle-fish; (*Farbe*) sepia.

September [zɛp'tɛmbər] *m* (7) September.

septisch ['zɛptiʃ] septic(ally *adv.*).

Serail [ze'raıl] *n* (11) seraglio.

Serb|e ['zɛrbə] *m* (13), '**~in** *f* (16^1) Serb(ian); '**≈isch** Serbian.

Serenade [zere'nɑ:də] *f* (15) serenade.

Serie ['ze:rjə] *f* (15) series; (*Satz*) set; *Billard*: break; ⚚ *e-e* ~ *von Waren* a range (*od.* line) of; '**~nherstellung** *f* series (*od.* mass) production; '**≈nmäßig** standard (-type); *adv.* in series; ~ *herstellen* produce in series; '**~nschaltung** *f* series connection; '**~wagen** *mot. m* stock car.

seriös [ze'rjø:s] serious; (*vertrauenswürdig*) trustworthy.

Serpentine [zɛrpɛn'ti:nə] *f* (15) serpentine (line); (*Straße*) serpentine (road); (*Kurve*) double bend.

Serum ['ze:rum] *n* (9^2) serum; '**~kunde** *f* serology.

Service [zɛr'vi:s] *n* (7) (*Geschirrsatz*) service, set; ⚚, *mot. etc.* ['zørvis] (*a. m*) (*Bedienung, Kundendienst*) service.

Servier|brett [zɛr'vi:r-] *n* tray; **⁓en** *v/t.* serve; *v/i.* wait (at table); **⁓erin** *f* (16¹) waitress; **⁓tisch** *m* side-table.
Serviette [zɛr'vjɛtə] *f* (15) (table-) napkin; **⁓nring** *m* napkin-ring.
servil [zɛr'vi:l] servile.
Servo|lenkung ['zɛrvo-] *mot. f* power steering; '**⁓motor** ⚡ *m* servo-motor.
Sessel ['zɛsəl] *m* (7) arm- (*od.* easy-) chair; '**⁓lift** *m* chair-lift.
seßhaft ['zɛshaft] settled, established, stationary; (*irgendwo ansässig*) resident; '**⁓igkeit** *f* settledness, stationariness.
'**Setz-ei** *n* fried egg.
setzen ['zɛtsən] (27) *v/t.* set, place, put; *typ.* set up in type, (*a.* ♪) compose; (*pflanzen*) plant; *Denkmal*: erect, raise; e-e Frist ⁓ fix a term (j-m for a p.); *bei Wetten usw.*: stake (auf *acc.* on); alles daran ⁓ do one's utmost; auf j-s Rechnung ⁓ charge to a p.'s account; es sich in den Kopf ⁓, daß ... get it into one's head that; in die Zeitung ⁓ insert; s-e Unterschrift ⁓ unter (*acc.*) put (*od.* affix) one's signature to, sign; sich ⁓ sit down; *Vogel*: perch; (*sinken*) sink; *Haus, Bodensatz*: settle; *s.* Druck, Fall, Freiheit, Gang¹, Gefecht, Luft *usw.*; *v/i.* (sn) ⁓ über (*acc.*) leap (over), clear; *e-n Strom*: cross; (h.) *typ.* set type; *beim Wetten*: ⁓ auf (*acc.*) bet on, back.
'**Setzer** *m* (7) compositor, typesetter; **⁓ei** [⁓'raɪ] *f* (16) composing room.
'**Setz|kasten** *typ. m* (letter-)case; '**⁓ling** ⚘ *m* (3¹) slip, young plant; '**⁓maschine** *typ. f* composing (*od.* type-setting) machine; '**⁓reis** ⚘ *n* layer; '**⁓waage** *f* level.
Seuche ['zɔʏçə] *f* (15) epidemic; '**⁓nbekämpfung** *f* control of epidemics; '**⁓nherd** *m* cent|re (*Am.* -er) of an epidemic.
seufz|en ['zɔʏftsən] (27) sigh; '**⁓er** *m* (7) sigh.
Sex [sɛks] F *m* (3², *o. pl.*) sex; **⁓-Appeal** ['⁓ə'pi:l] *m* (3¹, *o. pl.*) sex appeal.
Sextett ♪ [zɛks'tɛt] *n* (3) sextet.
sexual, **⁓...** [zɛksu'ɑ:l] sexual.
Sexualität [⁓ali'tɛ:t] *f* (16) sexuality.
sexuell [zɛksu'ɛl] sexual.
Sexus ['zɛksus] *m* (11¹, *o. pl.*) sex.
sezier|en [ze'tsi:rən] dissect; **⁓messer** *n* scalpel.
Sibir|ier [zi'bi:rjər] *m* (7), **⁓isch** Siberian.
sich [ziç] *allg.*: oneself; *3. P. sg.* himself, herself, itself, *pl.* themselves; *nach prp.* him, her, it, *pl.* them; (*statt: einander*) each other, one another.
Sichel ['ziçəl] *f* (15) sickle; (*Mond⁓*) crescent; **⁓förmig** ['⁓fœrmiç] sickle-shaped.
sicher ['ziçər] secure, safe (*beide: vor dat.* from); (*gewiß*) certain, sure; (*bestimmt od. zuversichtlich*) positive; (*zuverlässig*) reliable; (*tüchtig*) efficient; *Auge usw.*: sure; *Auftreten*: self-assured; *Ort, Methode*: safe; *Schütze*: sure, dead *shot*; um ⁓ zu gehen *s.* sicherheitshalber; s-r S. ⁓ sein be quite positive; sind Sie ⁓? are you sure?; *adv. u. int. s.* ⁓lich.
'**Sicherheit** *f s.* sicher; security (*a.* = *Pfand, Wertpapier*); safety; certainty; positiveness; *des Auftretens*: assurance; in ⁓ sein be safe; in ⁓ bringen place in safety; sich in ⁓ bringen save one's bacon; ⁓ leisten ✝ furnish security; ⚖ ⁓ stellen give (*od.* offer) bail, *Am. a.* post bond; *s.* wiegen²; '**⁓sbe-amte** *m* security agent; '**⁓sfaktor** *m* factor of safety; '**⁓sglas** *n* safety glass; '**⁓sgurt** *m* safety belt; '**⁓shalber** to be on the safe side, to make sure; '**⁓sklausel** *f* safeguard; '**⁓smaßnahme** *f* safety measure, precaution; '**⁓snadel** *f* safety-pin; '**⁓spolizei** *f* security police; '**⁓srat** *m* Security Council; '**⁓sschloß** *n* safety-lock; '**⁓sventil** *n* safety valve.
'**sicher|lich** surely, certainly; ⁓! *a.* to be sure!, *Am.* F sure!; ⁓ hat er recht I am sure he is right; ⁓ wird er kommen he is sure to come; '**⁓n** (29) secure (*a.* ⊕ *u.* ✝), (*schützen*) *a.* (safe)guard (*beide*: vor *dat.*, gegen against), protect (from); (*gewährleisten*) ensure; *Waffe*: put at "safe"; *v/i. hunt.* scent; '**⁓stellen** secure; '**⁓ung** *f* securing; (*Maßnahme*) safeguard(ing); ⚡ fuse, cut-out; ⊕ safety device; *am Gewehr*: safety(-catch); '**⁓ungsverwahrung** ⚖ *f* preventive detention.
Sicht [ziçt] *f* (15) sight; (*Aus⁓*) view

(*a. fig.*); (*~verhältnisse*) visibility; ✝ *auf ~, bei ~* at sight; *60 Tage nach ~* 60 days after sight; *fig. auf weite* (*od. lange*) *~* on a long-term basis, (*auf die Dauer*) in the long run; *aus seiner ~* as he sees it; *in ~ kommen* come into sight; *in ~ sein* be in sight; '**bar** visible; (*auffallend*) conspicuous; *~ machen* (*werden*) show; '**~barkeit** *f* visibleness; '**~beton** *m* fair-faced concrete; '**en** (26) (*erblicken*) sight; (*sieben*) sift; *fig. a.* screen; (*ordnen*) sort; '**~feld** *n* field of vision; '**lich** visible; (*offenbar*) evident; '**~tratte** ✝ *f*, '**~wechsel** *m* sight-draft; '**~verhältnisse** *n/pl.* visibility; '**~vermerk** *m auf Reisepaß*: visé, visa; *auf Wechsel*: endorsement; '**~weite** *f* range of sight; *in* (*außer*) *~* in (out of) sight.

sicker|n ['zikərn] (29, sn *u.* h.) trickle, ooze, leak, *bsd. Am.* seep; '**wasser** *n* water leakage.

sie [ziː] **1.** *pron. sg.* she; *Sache*: it; *pl.* they; *acc. sg.* her; it; *acc. pl.* them; *Sie* you; **2.** *f* she, female.

Sieb [ziːp] *n* (3) sieve; (*grobes ~*) riddle; (*Kies usw.*) screen.

sieben[1] ['ziːbən] (25) sift, strain; *fig.* (*auslesen*) screen, sift.

sieben[2] [~] **1.** seven; **2.** *f inv.* seven; *böse ~* vixen, shrew.

'**sieben|fach, ~fältig** ['~fɛltiç] sevenfold; '**gebirge** *n* Seven Mountains *pl.*; '**gestirn** *n* Pleiades *pl.*; '**~jährig** seven-year(s)-old, of seven years; *der ~e Krieg* the Seven Years' War; '**~mal** seven times; '**~malig** seven times repeated; ''**meilenstiefel** *m/pl.* seven-league boots; '**sachen** *f/pl.* things, belongings; *seine ~ packen* pack up one's traps; '**schläfer** *m/pl. the* Seven Sleepers; *sg. fig.* = *Langschläfer*; *zo.* dormouse; **~tägig** ['~tɛːgiç] of (*od.* lasting) seven days.

siebent ['~t] seventh; '**el** *n* (7) seventh (part); '**~ens** seventhly.

siebzehn ['ziːptseːn] seventeen; '**~t**, '**tel** *n* (7) seventeenth.

siebzig ['~tsiç] seventy; **er** ['~gər] *m* (7), '**erin** *f* (16[1]) septuagenarian; '**~ste** seventieth.

siech [ziːç] sickly, invalid; '**~en** (25) be ailing; languish (*a. fig.*); '**tum** *n* (1[2]) lingering illness, invalidism.

'**Siede|grad** *m* boiling-point; '**~hitze** *f* boiling heat; '**~kessel** *m* boiler.

siedeln ['ziːdəln] (29) settle.

siede|n ['ziːdən] (30) boil (*a. fig.*); *gelind*: simmer; *nur fig.* seethe; *Zucker*: refine; '**punkt** *m* boiling-point; '**r** *m* boiler, refiner.

Siedler ['ziːdlər] *m* (7) (*An*) settler; (*Arbeiter*) homecrofter, *Am.* homesteader.

'**Siedlung** *f* settlement; (*Stadt*) housing estate, suburban colony; '**~sgesellschaft** *f* land-settlement society.

Sieg [ziːk] *m* (3) victory, triumph (*über acc.* over); *Sport*: win; *den ~ davontragen od. erringen* gain the victory (*über acc.* over), carry (*od.* win) the day.

Siegel ['ziːgəl] *n* (7) seal; *unter dem ~ der Verschwiegenheit* under the seal of secrecy; '**~lack** *m* sealing-wax; '**n** (29) seal; '**~ring** *m* signet-ring.

sieg|en ['ziːgən] (25) be victorious (*über acc.* over), conquer (*a. p.*); *Sport*: win; '**er** *m* (7), '**erin** *f* (16[1]) conqueror, *rhet.* victor; *Sport*: winner; '**ermächte** *f/pl.* victor powers; '**er-urkunde** *f* (winner's) diploma.

'**Sieges|bogen** *m* triumphal arch; '**~denkmal** *n* victory monument; '**gewiß** sure of victory; '**~göttin** *f* Victory; '**trunken** flushed with victory; '**~zeichen** *n* trophy; '**~zug** *m* triumphal procession; *fig.* triumphant advance.

sieg|haft, ~reich ['ziːk-] victorious, triumphant.

Siel [ziːl] *n* (3) (*Deichschleuse*) sluice (-way); (*Abwasserleitung*) culvert; '**~e** *f* (15) (*Gurt*) belt; *e-s Pferdes*: breast harness; *fig. in den ~n sterben* die in harness.

Sigel ['ziːgəl] *n* (7) *Kurzschrift*: grammalogue.

Signal [zig'nɑːl] *n* (3[1]) signal; **~ement** [~nal(ə)'mɑ̃] *n* (11) personal description; **~flagge** [~'nɑːl-] *f* signal-flag; **~horn** *n* signal horn, horn, bugle; **i'sieren** *v/t. u. v/i.* signal.

Signatarmächte [zigna'tɑːrmɛçtə] *pol. f/pl.* signatory powers (*e-s Vertrages* to a treaty).

Sign|atur [~'tuːr] *f* (16) signature; ✝ mark, brand; *auf Landkarten*: conventional sign; *Bücherei*: call number; 2ieren [⁓ˈniːrən] sign; mark, brand.

Silbe [ˈzilbə] *f* syllable; *fig. keine* ⁓ not a word; ˈ**⁓ntrennung** *f* syllabication.

Silber [ˈzilbər] *n* (7, *o. pl.*) silver; ˈ**⁓gehalt** *m* silver content; ˈ**⁓geld** *n* silver money; ˈ**⁓gerät** *n*, ˈ**⁓geschirr** *n* silver (plate), *Am.* silverware; ˈ**2hell** silvery; ˈ**⁓medaille** *f Sport*: silver medal; ˈ**2n** (of) silver; *Farbe, Klang usw.*: silvery; ⁓*e Hochzeit* silver wedding; ˈ**⁓papier** *n* tin foil; ˈ**⁓pappel** ♀ *f* white poplar; ˈ**⁓schmied** *m* silversmith; ˈ**⁓stahl** *m* silver steel; ˈ**⁓streifen** *m fig.*: ⁓ *am Horizont* silver lining; ˈ**⁓währung** *f* silver standard; ˈ**⁓waren** *f/pl.* silverware *sg.*; ˈ**⁓zeug** *n s. Silbergeschirr.*

Silhouette [ziluˈɛtə] *f* (15) silhouette.

Silikat [ziliˈkɑːt] *n* (3) silicate.

Silo [ˈziːlo] *m* (11) silo; (*Getreide*2) (grain) elevator; ˈ**⁓futter** *n* silage.

Silvester(**-abend**) [zilˈvɛstər-] *m* (7) New Year's Eve.

simpel [ˈzimpəl] simple, plain; 2 F *m* blockhead; ˈ**2fransen** *f/pl.* fringe *sg.*, ponies.

Sims [zims] *m, n* (4) ledge; (*Fenster*2) sill; (*Wandbrett*) shelf; △ mo(u)lding, cornice.

Simu|lant [zimuˈlant] *m* (12), ⁓ˈ**lantin** *f* (16[1]) malingerer; **⁓lator** [⁓ˈlɑːtər] ⊕, ⚔ *m* (8[1]) simulator; 2ˈ**lieren** *v/t. u. v/i.* feign, sham; *nur v/t.*: simulate (*a.* ⊕, ⚔, *nachahmen*); *nur v/i.*: (*sich krank stellen*) sham ill, *bsd.* ⚔ *u.* ⚓ malinger.

Simultan... [⁓ˈtɑːn] simultaneous; *eccl., Schule*: undenominational; *tel.* composite(d).

Sinfonie [zinfoˈniː] *f* (15) symphony.

Sing... [ziŋ-] *in Zssgn mst* singing ...; ˈ**2bar** singable; ˈ**⁓drossel** *f* song thrush; ˈ**2en** *v/i. u. v/t.* (30) sing; **⁓sang** [ˈ⁓zaŋ] *m* singsong; ˈ**⁓spiel** *n* musical comedy; ˈ**⁓stimme** *f* singing-voice; ♪ vocal part.

Singular [ˈziŋgulɑːr] *m* (3[1]) singular (number).

ˈ**Singvogel** *m* singing bird, songbird, songster.

sinken [ˈziŋkən] (30, sn) *allg.* sink; *a. Preise usw.*: drop, go down; *Sonne*: set, sink; *die Stimme* ⁓ *lassen* lower one's voice; *fig. tief gesunken* sunk very low; *in Ohnmacht* ⁓ faint, swoon; *s. Mut, Schlaf, Wert.*

Sinn [zin] *m* (3) sense (*für* of); (*Geist, Verstand; Meinung*) mind; (*Vorliebe*) taste (*für* for); (*Instinkt*) flair; (*Wunsch*) wish; (*Bedeutung*) sense, meaning; (*Grundgedanke*) (basic) idea; (*Zweck*) purpose; ⁓ *für Humor* sense of humo(u)r; *der* ⁓ *der Sache* the point; ⁓ *haben für* have a taste for, (be able to) appreciate; *anderen* ⁓*es werden* change one's mind; *bei* (*von*) ⁓*en sein* be in (out of) one's senses; *im* ⁓*e des Gesetzes usw.* within the meaning of; *im* ⁓ *haben* have in mind; *in gewissem* ⁓*e* in a sense; *ohne* ⁓ *und Verstand* without rhyme or reason; *seine fünf* ⁓*e beisammen haben* have one's wits about one; *es kam mir in den* ⁓ it occurred to me (*zu inf.* to *inf.*); *das will mir nicht aus dem* ⁓ I can't get it out of my head; *das will mir nicht in den* ⁓ I just can't understand it; *es hat keinen* ⁓ it makes no sense; (*ist zwecklos*) it is no use; *s. schlagen.*

ˈ**Sinnbild** *n* symbol, emblem; ˈ**2lich** symbolic(al); ⁓ *darstellen* symbolize; *Kunst*: allegorize.

sinnen [ˈzinən] (30) (*über dat.*) meditate, reflect (*beide*: [up]on), ponder (over); *mit Muße*: muse ([up]on); ⁓ *auf* (*acc.*) meditate, *b.s.* plot, scheme; ˈ**⁓d** musing, pensive, thoughtful.

ˈ**sinnen|freudig** sensuous; ˈ**2genuß** *m*, ˈ**2lust** *f* sensual pleasure, sensuality; ˈ**2rausch** *m*, ˈ**2taumel** *m* intoxication of the senses.

ˈ**sinn-entstellend** garbling, distorting.

ˈ**Sinnes|-änderung** *f* change of mind; ˈ**⁓-art** *f* temper, character; mentality; ˈ**⁓-organ** *n* sense organ; ˈ**⁓täuschung** *f* illusion, hallucination.

ˈ**sinn|fällig** obvious, striking; ˈ**2gedicht** *n* epigram; ˈ**⁓gemäß** analogous; *adv. a.* accordingly; ˈ**⁓getreu** faithful; **⁓ieren** [⁓ˈniːrən] ruminate; ˈ**⁓ig** thoughtful; (*sinnreich*) ingenious; ˈ**⁓lich** sensual; (*Ggs. geistig*) material, physical; ˈ**2lichkeit** *f* sensuality; material existence; ˈ**⁓los** senseless; meaningless; (*unsinnig*) absurd; (*zwecklos*) useless, futile; ⁓ *betrunken* dead drunk;

'**2losigkeit** *f* senselessness; absurdity; futility; '**~reich** ingenious, clever; '**2spruch** *m* device, motto; '**~verwandt** synonymous; '**~voll** wise; (*zweckvoll*) ingenious, efficient; '**~widrig** absurd.

Sinter ['zintər] *m* (7) ⚒ sinter; *metall.* dross of iron.

Sintflut ['zintflu:t] *f* (great) flood, deluge; *biblisch*: *the* Flood, *the* Deluge.

Sinus ⩘ ['zi:nus] *m* (*inv. u.* 14[2]) sine; '**~kurve** *f* sine curve.

Siphon ['zi:fɔn] *m* (11) siphon.

Sipp|e ['zipə] *f* (15), '**~schaft** *f* (16) kin, family, relations *pl.*; *a. zo.*, ⚘ tribe; *fig. iro.* clan, clique, gang, lot; '**~enforschung** *f* genealogical research.

Sirene [zi're:nə] *f* (15) *allg.* siren.

Sirup ['zi:rup] *m* (3[1]) treacle, *Am.* molasses; (*bsd. Frucht2*) syrup, *Am.* sirup.

sistieren [zi'sti:rən] stay, stop; (*verhaften*) arrest.

Sitte ['zitə] *f* (15) custom; (*Gewohnheit*) habit; (*Brauch*) usage; *~n pl.* manners, (*Moral*) morals.

'**Sitten|bild** *n*, '**~gemälde** *n* picture of manners *od.* morals; '**~gesetz** *n* moral code (*od.* law); '**~lehre** *f* ethics *pl.*, moral philosophy; '**2los** immoral; '**~losigkeit** *f* immorality; '**~polizei** *f* Vice Squad; '**~prediger** *m* moralizer; '**~richter** *m* censor; '**2streng** austere, puritanical; '**~verderbnis** *f* corruption of morals.

Sittich *zo.* ['zitiç] *m* (3) parakeet.

sittig ['~] *s. sittsam.*

sittlich ['zitliç] moral, ethical; '**2keit** *f* morality; '**2keitsverbrechen** *n* sex crime.

'**sittsam** (*züchtig*) modest, demure; (*keusch*) chaste, virtuous; (*brav*) well-behaved; (*anständig*) decent; '**2keit** *f* modesty; good manners *pl.*; decency.

Situation [zitua'tsjo:n] *f* situation; *die ~ retten* save the situation; **~skomik** *f* comedy of situation, slapstick.

situiert [zitu'i:rt]: *gut ~* well-off, well-to-do, *Am.* F well-fixed.

Sitz [zits] *m* (3[2]) seat (*a. fig.*); (*Stuhl*) chair; (*Wohnort*) (place of) residence; *e-s Kleides*: fit; '**~arbeit** *f* sedentary work; '**~bad** *n* sitz-bath.

'**sitzen** (30) sit (*a. fig. tagen*); *Vogel u. fig.* (*hoch oben ~*) be perched; *Firma usw.*: be, have its seat (*in dat.* at); *Kleid*: fit; F *im Gefängnis*: do time; *Hieb*: tell, hit home; F *einen ~ haben* be drunk; *~ bleiben* remain sitting *od.* seated; *bleiben Sie ~!* keep your seat!; '**~bleiben** (sn) *beim Tanz*: be left without partners; *Mädchen*: (*nicht geheiratet werden*) get on the shelf; *in der Schule*: not to get one's remove; '**~d:** *~e Lebensweise* sedentary life; '**~lassen** *fig.* leave, desert, throw *a p.* over; (*im Stich lassen*) let *a p.* down; *e-n Schimpf auf sich ~* pocket an affront.

'**Sitz|fleisch** F *n* perseverance; '**~gelegenheit** *f* seat; '**~ordnung** *f* seating arrangement(s *pl.*); '**~platz** *m* seat; '**~streik** *m* sit-down strike.

'**Sitzung** *f* sitting, ⚖ *a.* hearing; '**~sbericht** *m* minutes *pl.* (of proceedings); '**~s-periode** *f* session; ⚖ term; '**~s-saal** *m* conference room; *parl.* chamber, *Am. a.* floor.

Sizilian|er [zitsil'ja:nər] *m* (7), **~erin** *f* (16[1]), **2isch** Sicilian.

Skala ['ska:la] *f* (16[2] *u.* 11[1]) scale (*a.* ♪); *in Kreisform*: dial; *bewegliche* (*od. gleitende*) *~* sliding scale.

'**Skalenscheibe** *f Radio usw.*: dial.

Skalp [skalp] *m* (3[1]), **2ieren** [~'pi:rən] scalp.

Skandal [skan'da:l] *m* (3[1]) scandal; (*Schande*) disgrace, shame; (*Lärm*) row; **~blatt** *n* scandal-sheet; **2ös** [~da'lø:s] scandalous; **~presse** [~'da:l-] *f* gutter press.

skandieren [skan'di:rən] scan.

skandinavisch [skandi'na:viʃ] Scandinavian.

Skat [ska:t] *m* (3) skat.

Skelett [ske'lɛt] *n* (3) skeleton.

Skep|sis ['skɛpsis] *f inv.* scepticism; **~tiker** ['~tikər] *m* (7) sceptic; '**2tisch** sceptical.

Sketch [skɛtʃ] *m* (3, *pl. a.* 11) sketch.

Ski [ʃi:] *m usw. s. Schi.*

Skizze ['skitsə] *f* (15) sketch; '**~nbuch** *n* sketch-book; '**2nhaft** sketchy, in rough outlines.

skiz'zieren *v/t. u. v/i.* sketch, outline.

Sklav|e ['skla:və] *m* (13), '**~in** *f* slave; '**~enhandel** *m* slave-trade; '**~enhändler** *m* slave-trader; **~erei** [~ə'raɪ] *f* (16) slavery; '**2isch** slavish (*a. fig.*), servile.

Skonto ✝ ['skɔnto] *m, n* (11) discount.
Skorbut [skɔr'bu:t] *m* (3) scurvy.
Skorpion [skɔrp'jo:n] *m* (3¹) scorpion; *ast.* Scorpio(n).
Skrof|eln ['skro:fəln] *f/pl.* (15) scrofula *sg.*; **⁀ulös** [skrofu'lø:s] scrofulous; **⁓ulose** [⁓'lo:zə] *f* (16) scrofula.
Skrup|el ['skru:pəl] *m* (7) scruple; **'⁀ellos** unscrupulous; **⁀ulös** [skrupu'lø:s] scrupulous.
Skulptur [skulp'tu:r] *f* (16) sculpture.
skurril [sku'ri:l] ludicrous.
S-Kurve *mot.* ['ɛs-] *f* double hairpin bend. [slalom.]
Slalom ['sla:lɔm] *m, n* (11) *Schi:*
Slaw|e ['sla:və] *m* (13), **'⁓in** *f*, **'⁀isch** Slav, Slavonian; *adj. a.* Slavic.
Slowak|e [slo'va:kə] *m* (13) Slovak; **⁀isch** Slovakian.
Smaragd [sma'rakt] *m* (3), **⁀en**, **⁀grün** emerald.
Smoking ['smo:kiŋ] *m* (11) dinner-jacket, *Am.* tuxedo; **'⁓-anzug** *m* dinner(-jacket) suit.
so [zo:] so, thus; *vergleichend*: as; *cj.* if; ⁓ *daß* so that; ⁓ *sehr, daß* so much that; ⁓ *ein* such a; ⁓ *etwas* such a thing; F *nein,* ⁓ *etwas!* well, I never!; ⁓ ... *denn* so; ⁓ ... *wie od. als* as ... as; *nicht* ⁓ ... *wie od. als* not so ... as; ⁓ *oder* ⁓ one way or another, (*ohnehin*) anyhow; *sie war* ⁓ ... *zu inf.* she was ... enough to *inf.*; *wir machen es* ⁓ we do it this way; ⁓ *im Nachsatz nicht zu übersetzen, z. B.*: *wenn du Zeit hast,* ⁓ *schreibe mir* if you have time, write to me; *s. ach, noch, um, soviel, weit*; **⁓bald** [zo'balt] (*als*) as soon as.
Söckchen ['zœkçən] *n* (6) anklet.
Socke ['zɔkə] *f* (15) sock; ⁓*n* ✝ *pl. a.* half-hose; **'⁓l** *m* (7) base, socle, pedestal; **'⁓nhalter** *m* suspender, *Am.* garter.
Soda ['zo:da] *f, n inv.* soda.
sodann [zo'dan] then.
'Sodawasser *n* soda-water.
Sodbrennen ['zo:t-] *n* heartburn.
soeben [zo'ˀe:bən] just (now).
Sofa ['zo:fa] *n* (11) sofa; **'⁓kissen** *n* sofa-cushion.
so'fern *cj.* so (*od.* as) far as, if; (*wenn nur*) provided that; ⁓ *nicht* unless.
soff [zɔf] *pret. v. saufen.*
Soffitten *thea.* [zɔ'fitən] *f/pl.* (15) flies; **⁓lampe** *f* tubular lamp.
sofort [zo'fɔrt] *adv.* at once, directly, instantly, immediately, forthwith, straight (*bsd. Am.* right) away; *attr. adj.* ✝ ⁓ *lieferbar od. zahlbar* spot; **⁀hilfe** *f* emergency (relief) aid; **⁓ig** immediate, prompt, instant; **⁀maßnahme** immediate action (*a. pl.*), prompt measure.
Sog [zo:k] **1.** *m* (3, *o. pl.*) suction; ⚓ (*Kielwasser*), ✈ (*Luftwirbel*) wake (*a. fig.*); **2.** ⁀ *pret. v. saugen.*
so|gar [zo'ga:r] even; **⁓genannt** ['zo:gənant] so-called; (*sich für et. ausgebend*) self-styled, would-be; **⁓gleich** [zo'glaɪç] *s. sofort.*
Sohl|e ['zo:lə] *f* (15) sole; *e-s Tals usw.*: bottom; ⚒ floor; **'⁓(en)leder** *n* sole-leather.
Sohn [zo:n] *m* (3³) son; *der verlorene* ⁓ the prodigal son.
Soiree [soa're:] *f* (15) evening party, soirée.
Sojabohne ['zo:ja-] *f* soya-bean.
so'lange (*als*) so (*od.* as) long as.
Solawechsel ✝ ['zo:lavɛksəl] *m* sole bill, promissory note.
Solbad ['zo:lba:t] *n* salt-water bath.
solch [zɔlç] (21) such; *als* ⁓*er* as such; **'⁓er-'art, ⁓erlei** ['⁓ər'laɪ] of such a kind, such; **'⁓er'maßen, '⁓er'weise** in such a way.
Sold [zɔlt] *m* (3) pay; *fig.* wages *pl.*
Soldat [zɔl'da:t] *m* (12) soldier; serviceman; *aktiver* ⁓ regular (soldier); *einfacher* ⁓ private; *gedienter* ⁓ ex-serviceman; *der Unbekannte* ⁓ the Unknown Warrior; ⁓(en) *spielen* play at soldiers; **⁓eska** [⁓da'tɛska] *f inv. the* soldiery; **⁀isch** [⁓'da:tiʃ] soldierlike, military.
'Soldbuch ⚔ *n* pay book.
Söld|ling ['zœltliŋ] *m* (3¹), **⁓ner** ['⁓dnər] *m* (7) mercenary.
Sole ['zo:lə] *f* (15) brine.
solidar|isch [zoli'da:riʃ] solidary; ⚖ jointly responsible *od.* liable; *adv.* jointly and severally; *sich* ⁓ *erklären mit* declare one's solidarity with; **⁀ität** [⁓dari'tɛ:t] *f* solidarity.
solid|(e) [zo'li:t, -də] solid (*a. fig.*); (*kräftig*) robust, rugged; *Grundlage*: sound; *Preise*: reasonable; ✝ *Firma*: sound, solvent; *fig.* respectable; (*nicht ausschweifend*) steady; **⁀ität** [⁓di'tɛ:t] *f* solidity; soundness; *fig.* respectability.
Solist [zo'list] *m* (12), **⁓in** *f* (16¹) soloist; solo singer; solo player.

Soll [zɔl] *n* (11 *u. inv.*) debit; (*Lieferungs*♀) fixed quota; (*Produktionsziel*) target; ~ *und Haben* debit and credit; **ˈ~bestand** *m* nominal stock; ⚕ *a.* calculated assets *pl.*; ⚔ *s. Sollstärke.*

ˈsollen (30) *2. u. 3. P.* shall; *sonst*: be to; *angeblich*: be said to; *sollte* should, *stärker*: ought to.

Söller [ˈzœlər] *m* (7) balcony.

ˈSoll|maß *n* specified size; **ˈ~stärke** ⚔ *f* authorized strength; **ˈ~wert** ⊕ *m* nominal (*od.* rated) value.

Solo [ˈzo:lo] *n* (11) solo; **ˈ~stimme** *f* solo part; **ˈ~tänzer(in** *f*) *m* dance soloist.

ˈSolquelle *f* salt-spring.

solven|t [zɔlˈvɛnt] solvent; **♀z** *f* (16) solvency.

somit [zoˈmit] consequently, thus.

Sommer [ˈzɔmər] *m* (7) summer; **ˈ~-aufenthalt** *m* summer residence *od.* stay; **ˈ~fäden** *m/pl.* gossamer; **ˈ~frische** *f* summer resort; **~-frischler** [ˈ~friʃlər] *m* (7) holiday--maker, *Am.* vacationer; **ˈ~kleidung** *f*, **ˈ~sachen** *f/pl.* summer clothes *pl.*, ⚕ summer-wear; **ˈ♀lich** summer(l)y; **ˈ~nachts-traum** *m* Midsummer Night's Dream; **ˈ~sprosse** *f* freckle; **ˈ♀sprossig** freckled; **ˈ~zeit** *f* summer time, *zur Lichtersparnis*: *a.* daylight-saving time.

sonach [zoˈna:x] consequently.

Sonate [zoˈna:tə] *f* (15) sonata.

Sonde [ˈzɔndə] *f* (15) ⚕ sound, (*a. Mond*♀ *usw.*) probe; ⚓ plummet; *Radar*: sonde.

sonder [ˈzɔndər] without.

ˈSonder|-abdruck *m* off-print, separate (print); **ˈ~-anfertigung** *f* special design; **ˈ~-angebot** *n* special (offer); **ˈ~-auftrag** *m* special mission; **ˈ~-ausbildung** *f* special training; **ˈ~-ausgabe** *f* special edition; *geldlich*: extra; **ˈ~-ausschuß** *m* special committee; **ˈ♀bar** strange, odd, peculiar; **ˈ♀barerweise** oddly enough; **ˈ~barkeit** *f* strangeness, oddity; **ˈ~be-auftragte** *m* special representative; **ˈ~beilage** *f e-r Zeitung*: inset, supplement; **ˈ~berichterstatter** *m* special correspondent; **ˈ~bevollmächtigte** *m* plenipotentiary; **~bündler** [ˈ~byndlər] *m* separatist; **ˈ~druck** *m s. Sonderabdruck*; **ˈ~fall** *m* special (*od.* exceptional) case; **ˈ~frieden** *m* separate peace; **♀ˈgleichen** *adv.* (*im Englischen als adj.*) matchless, unprecedented; **ˈ~-interesse** *n* private interest; **ˈ~klasse** *f* special class; *Segelsport*: *Am.* sonderclass; **ˈ♀lich** special, peculiar, remarkable; *nicht* ~ not particularly, not much (*od.* very); **ˈ~ling** *m* (3[1]) queer fellow, crank; **ˈ~meldung** *f* special announcement; **ˈ♀n 1.** *cj.* but; **2.** *v/t.* (29) separate, sever, segregate; **ˈ~nummer** *f e-r Zeitung usw.*: special edition; **ˈ~recht** *n* privilege; **ˈ~regelung** *f* separate treatment *od.* settlement; **ˈ~sitzung** *f* special session; **ˈ~stellung** *f* exceptional position; **ˈ~ung** *f* separation; **ˈ~zug** 🚂 *m* special (*od.* extra) train; **ˈ~zulage** *f* special bonus.

sondieren [zɔnˈdi:rən] *v/t. u. v/i.* ⚕ probe, (*a.* ⚓) sound (*beide a. fig.*); *fig.* (*v/i.*) explore the ground.

Sonett [zoˈnɛt] *n* (3) sonnet.

Sonn|-abend [ˈzɔn-] *m* Saturday; **ˈ~e** *f* (15) sun; **ˈ♀en** (25) sun; *sich* ~ sun o.s., bask in the sun.

ˈSonnen|-aufgang *m* sunrise, *Am. a.* sunup; **ˈ~bad** *n* sun-bath; **ˈ~blende** *phot. f* lens shade; **ˈ~blume** *f* sunflower; **ˈ~brand** *m* sunburn; **ˈ~brille** *f* (eine a pair of) sun-glasses *pl.*; **ˈ~dach** *n vor Fenstern*: sun-blind; *mot.* sunshine roof; **ˈ~-energie** *f* solar energy; **ˈ~finsternis** *f* eclipse of the sun; **ˈ~fleck** *m* sun-spot; **ˈ~jahr** *n* solar year; **ˈ♀klar** as clear as daylight; (quite) obvious; **ˈ~licht** *n* sunlight; **ˈ~schein** *m* sunshine; **ˈ~schirm** *m* sunshade; *für Damen*: parasol; **ˈ~segel** *n* awning; **ˈ~seite** *f* sunny side; **ˈ~stich** *m* sunstroke; **ˈ~strahl** *m* sunbeam; **ˈ~system** *n* solar system; **ˈ~-uhr** *f* sun-dial; **ˈ~-untergang** *m* sunset, *Am. a.* sundown; **ˈ♀verbrannt** sunburnt, tanned; **ˈ~wende** *f* solstice; **ˈ~zelt** *n* awning.

ˈsonnig sunny (*a. fig.*).

ˈSonntag *m* Sunday; **♀s**, *des ~s* on Sundays, every Sunday.

ˈsonntäglich Sunday; ~ *gekleidet* dressed in one's Sunday best.

ˈSonntags|-anzug *m* Sunday best; **ˈ~-ausflügler(in** *f*) *m* week-ender; **ˈ~fahrer** *m mot. contp.* Sunday driver; **ˈ~fahrkarte** *f* week-end ticket; **ˈ~jäger** *m* would-be sportsman; '~**kind** *n* person born on a Sunday; *er ist ein ~* he is born under a lucky star; '~**maler** *m* Sunday painter; '~**ruhe** *f* Sunday rest; '~**schule** *f* Sunday school; '~**staat** *m* Sunday best.

sonn|verbrannt ['zɔn-] sunburnt, tanned; **2wendfeier** *f* ['~vɛnt-] midsummer festival.

sonor [zo'no:r] sonorous.

sonst [zɔnst] else, otherwise; (*ehemals*) formerly; (*außerdem*) besides; (*für gewöhnlich*) as a rule; usually; *drohend*: or else!; *~ (noch) et. od. jemand?* anything (*od.* anybody, anyone) else?; *wer ~?* who else?; *wie ~* as usual; *~ nichts* nothing else; *~ nirgends* nowhere else; '~**ig** other; '~**wie** in some other way; '~**wo** elsewhere.

sooft [zo'ʔɔft] whenever.

Sophist [zo'fist] *m* (12), ~**in** *f* sophist; ~**erei** [~ə'raɪ] *f* (16) sophistry; **2isch** [~'fistiʃ] sophistic(al).

Sopran [zo'prɑ:n] *m* (3¹) soprano, treble; ~**ist** [~pra'nist] *m* (12), ~**istin** *f* (16¹) sopranist, soprano.

Sorge ['zɔrgə] *f* (15) care; (*Kummer*) sorrow; (*Unruhe*) uneasiness, anxiety; (*Angst*) alarm; ⚖ care (and custody) (*für* of); *~ tragen für* take care of, see to, (*verbürgen*) ensure; *dafür ~ tragen, daß* see to it (*od.* ensure) that; *j-m ~n machen* worry a p.; *sich ~n machen um* be anxious (*od.* worried) about; *sich ~e machen, daß* be concerned that; *sei ohne ~, mach dir keine ~n* don't worry; *lassen Sie das meine ~ sein* leave that to me; *ich habe andere ~n* F I have other fish to fry.

'**sorgen** (25): **a)** *~ für* care for, look after (*a.* = *betreuen*), provide for; (*beschaffen*) provide; *für Lebensmittel usw.*: cater for; *für sich selbst ~* provide for o.s.; *dafür ~, daß …* take care (*od.* see to it) that; *dafür ~, daß et. geschieht* see a th. done; **b)** (*in Sorge sein*) *mst sich ~* be anxious, worry; *sich ~ um* be anxious (*od.* worried) about; '~**frei**, '~**los** free from care, carefree; '**2kind** *n* problem child; F handful; '~**voll** full of cares; *P., Miene*: anxious, worried.

Sorg|falt ['zɔrkfalt] *f* (16) care, carefulness; '**2fältig** careful; '**2lich** careful, anxious; '**2los** (*gedankenlos*) thoughtless; (*nachlässig*) negligent; (*unachtsam*) careless; (*gleichgültig*) unconcerned; (*sorgenfrei*) carefree; '~**losigkeit** *f* thoughtlessness; negligence; carelessness; unconcern; lightheartedness; '**2sam** careful; (*vorsichtig*) cautious.

Sor|te ['zɔrtə] *f* (15) sort, kind, type; ✝ (*Qualität*) quality; *~n pl.* (*Geld*) foreign notes and coins; **2'tieren** sort (out); assort; *nach Qualität*: grade.

Sortiment [~ti'mɛnt] *n* (3) assortment, range; *s. ~sbuchhandel*; ~**er** *m*, ~**sbuchhändler** *m* (retail) bookseller; ~**sbuchhandel** *m* (retail) book-trade.

Soße ['zo:sə] *f* (15) sauce; (*Bratensaft*) gravy; '~**nschüssel** *f* sauce-boat.

Souffl|é [su'fle] *n* (11) soufflé (*fr.*); ~**eur** [~'flø:r] *m* (3¹), ~**euse** [~'flø:zə] *f* (15) prompter; ~**eurkasten** [~'flø:r-] *m* prompt-box; **2ieren** [~'fli:rən] prompt (*j-m* a p.).

'**so-undso 1.** *adv. ~ viel* a certain amount; *~ viele sl.* umpteen; *~ oft* over and over again; **2.** **2**: *Herr ~* Mr. What's his name; **2vielte** *m, f sl.* umpteenth.

Soutane [zu'tɑ:nə] *f* (15) cassock.

Souterrain [su:tɛ'rɛ̃] *n* (11) basement.

Souverän [zuvə'rɛ:n] *m* (3¹) sovereign; **2** *adj.* sovereign; *fig.* superior; (*a. adv.*) in superior style; ~**ität** [~rɛni'tɛ:t] *f* (16) sovereignty.

so'viel *adv.* so much; *noch einmal ~* as much again, twice as much; *conj.* as much as; *~ ich weiß* as far as I know, for aught I know.

so'weit *cj.* as (*od.* so) far as; *~ ich unterrichtet bin* for aught I know.

sowie'so anyhow, in any case.

Sowjet [zɔv'jɛt] *m* (11), **2isch** Soviet.

so'wohl: *~ … als (auch) …* as well as …, both … and …

sozial [zo'tsjɑ:l] social; *~e Wohlfahrt* social welfare; *~e Fürsorge* social welfare work; **2-abgaben** *f/pl.* social contribution; **2-amt** *n* social welfare cent|re, *Am.* -er; **2beitrag** *m* social insurance contribution; **2demokrat(in** *f*) *m* social democrat; **2demokratie** *f* social democracy; ~**demokratisch** social-democratic; **2-einrichtungen** *f/pl.* social services; ~**isieren**

[~tsjali'zi:rən] socialize; 2i'**sierung** *f* socialization; 2**ismus** [~'lismus] *m* (16) socialism; 2**ist** [~'list] *m* (12), 2**istin** *f* socialist; ~**istisch** [~'listiʃ] socialistic(ally *adv.*); ~**kritisch** [~'tsja:l-] socio-critical; 2**lasten** *f/pl.* social charges; 2**leistung** *f* social contribution; 2**politik** *f* social policy; ~**politisch** socio-political; 2**produkt** *n* (gross) national product; 2**-unterstützung** *f* poor (*od.* public) relief; 2**versicherung** *f* social insurance; 2**-wissenschaft** *f* social science, sociology; 2**wissenschaftler** *m* sociologist.

Soziolog|e [zotsjo'lo:gə] *m* (13) sociologist; ~**ie** [~lo'gi:] *f* (15) sociology; 2**isch** [~'lo:giʃ] sociological.

Sozius ['zo:tsjus] *m* (14²) partner; '~**fahrer**(**in** *f*) *mot. m* pillion-rider; '~**sitz** *m mot.* pillion; *auf dem ~ mitfahren* ride pillion.

sozu'sagen so to speak, as it were.

Spachtel ['ʃpaxtəl] *m* (7) spatula; *a.* = '~**masse** *f* surfacer; '2**n** ⊕ surface.

Spagat [ʃpa'ga:t] *m u. n* (3): *~ machen* do the splits *pl.*

Spaghetti [ʃpa'gɛti] *pl.* (*inv.*) spaghetti.

spähen ['ʃpɛ:ən] (25) look out (*nach* for); (*blicken*) peer; (*spionieren*) spy; ⚔ scout.

'**Späher** *m* (7), '~**in** *f* spy; ⚔ scout.

'**Späh|trupp** ⚔ *m* reconnaissance patrol; '~**wagen** ⚔ *m* reconnaissance (*od.* scout) car.

Spalier [ʃpa'li:r] *n* (3¹) espalier, trellis; *fig.* lane; *~ bilden* form a lane; ~**baum** *m* espalier (tree); ~**-obst** *n* espalier fruit; *engS.* wall-fruit.

Spalt [ʃpalt] *m* (3), '~**e** *f* (15) crack, split, cleft, crevice, fissure; (*Lücke*) gap; *nur ~e*: *typ.* column; (*Gletscher*2) crevasse; '2**bar** cleavable; *phys.* fissionable; '2**en** (26; *p.p. mst* ge~; *a. sich*) split, cleave; chop; rend; (*teilen*) divide; ⚗ decompose; '2**enlang** covering several columns; '~**pilz** *m* fission fungus, 🕮 schizomycete; '~**ung** *f* splitting, cleavage; *biol.*, *phys.* fission; *fig.* split, cleavage; *e-s Landes, der Meinungen, usw.*: division; *eccl.* schism.

Span [ʃpa:n] *m* (3³) chip, shaving; (*Splitter*) splinter; '2**-abhebend** ⊕ metal-cutting; '~**ferkel** *n* sucking pig, porkling.

Spange ['ʃpaŋə] *f* (15) clasp; (*Schnalle*) buckle; (*Brosche*) clip; (*Arm*2) bracelet; (*Haar*2) slide; (*Ordens*2) bar; '~**nschuh** *m* strap shoe.

Span|ier ['ʃpa:njər] *m* (7), '~**ierin** *f* (16¹) Spaniard; '2**isch** Spanish.

'**Span|korb** *m* chip basket; '2**los** ⊕ non-cutting.

spann¹ [ʃpan] *pret. v. spinnen.*

Spann² *m* (3) instep; '~**beton** *m* pre-stressed concrete; '~**draht** *m* tension wire; '~**e** *f* (15) span; *Zeit*: (short) space; ✝ (*Verdienst*2) margin; '2**en** stretch, strain; *Gewehr*: cock; *Bogen*: bend; *Feder, Schraube usw.*: tighten; *Muskeln*: flex; *Neugier usw.*: excite; *s. Folter*; *vor den Wagen ~* put to the carriage; ⊕ *Werkstück*: clamp, chuck; (*v/i.*) *Kleid usw.*: be (too) tight; *s. a. gespannt*; '2**end** exciting, thrilling, gripping; '~**feder** *f* tension spring; '~**futter** *n* chuck; '~**kraft** *f* elasticity; *fig. a.* energy; '2**kräftig** elastic(ally *adv.*); '~**ung** *f allg.* tension; ⚡ *a.* voltage; ⊕ *verformende*: strain, *elastische*: stress; △ span; (*Aufmerksamkeit*) close attention; *nervliche*: tension (*a. pol. usw.*), tenseness; (*Ungewißheit*) suspense; *mit* (*od. voll*) *~* with bated breath, intently; *in ~ versetzen* thrill, excite; '2**ungsgeladen** *Film usw.*: thrill-packed, gripping; '~**ungsregler** ⚡ *m* voltage regulator; '~**weite** *f* spread; △, ✈ span; *fig.* range; '~**wirbel** *m* turn-buckle.

Spant [ʃpant] *n* (5) ⚓ rib; ✈ frame.

Spar|buch ['ʃpa:rbu:x] *n* savings account (pass-)book; '~**büchse** *f* money-box; '~**-einlagen** *f/pl.* savings deposits *pl.*; '2**en** *v/t. u. v/i.* (25) *allg.* save; (*sich einschränken*) economize, (*sparsam umgehen mit*) be sparing of (*a. fig.*); '~**er** *m* (6) saver; *Bank*: depositor.

Spargel ['ʃpargəl] *m* (7) asparagus.

'**Spar|guthaben** *n* savings balance; (*Konto*) savings account; '~**kasse** *f* savings-bank; '~**konto** *n* savings account.

spärlich ['ʃpɛ:rliç] scant(y); (*zerstreut, dünn*) sparse; (*dürftig*) meag|re, *Am.* -er; '2**keit** *f* scantiness; sparseness.

'**Sparpfennig** *m* nest egg.
Sparren ['ʃparən] *m* (6) spar, rafter; *fig.* *e-n* ~ *zuviel haben* be not quite right in the upper story.
sparsam ['ʃpɑːrzɑːm] saving, economical (*mit* of); ~ *umgehen mit* use sparingly, *fig.* *mit Lob usw.*: *a.* be chary of; '**2keit** *f* economy, thrift; (*strengste Einfachheit*) austerity; (*Knauserigkeit*) parsimony.
spartanisch [ʃpar'tɑːniʃ] Spartan (*a. fig.*).
Sparte ['ʃpartə] *f* (15) line.
Spaß [ʃpɑːs] *m* (3^2 *u.* ^{3}) fun; (*Scherz*) joke, jest; (*Gaudi*) lark; (*Streich*) prank; *aus* (*od. im od. zum*) ~ for (*od.* in) fun; ~ *machen* amuse (*j-m* a p.), (*scherzen*) be joking; *s-n* ~ *treiben mit* make fun of; *das macht* (*keinen*) ~ that's (no) fun; ~ *beiseite* joking apart; *viel* ~! have a good time!; *s. verstehen*; '**2en** (27) joke, jest; '**2haft**, '**2ig** facetious, jocose; (*komisch*) funny; '**~macher** *m* wag, joker; *s. a. Hanswurst*; '**~verderber** *m* spoil-sport, kill-joy, F wet blanket; '**~vogel** *m* wag.
Spat [ʃpɑːt] *m* (3) *min.* spar; *vet.* spavin.
spät [ʃpɛːt] late; *zu* ~ *kommen* be late (*zu* for); *wie* ~ *ist es?* what time is it?, what is the time?
Spatel ['ʃpɑːtəl] *m* (7), *f* (15) ⚕ spatula; *löffelförmig*: scoop.
Spaten ['ʃpɑːtən] *m* (6) spade.
'**spät|er** later; (*folgend*) subsequent, posterior (*als* to); *adv. a.* '**~erhin** later on; **~estens** ['~əstəns] at the latest; '**2herbst** *m* later part of autumn *od. bsd. Am.* fall, late autumn; '**2jahr** *n* autumn, *bsd. Am.* fall; '**2-obst** *n* late fruit; '**2sommer** *m* late (*od.* Indian) summer.
Spatz [ʃpats] *m* (12) sparrow; *das pfeifen die* ~*en von den Dächern* it is everybody's secret.
spazieren [ʃpa'tsiːrən] (sn) walk, stroll; **~fahren** *v/i.* (sn) take a drive; *v/t.* (h.) drive out; **~führen** take (out) for a walk; **~gehen** (sn) take (*od.* go for) a walk.
Spa'zier|fahrt *f* drive; *zu Wasser*: sail, row; **~gang** *m* walk, stroll; *fig.* (*leichter Sieg*) walkover; *e-n* ~ *machen* take a walk; **~gänger** [~gɛŋər] *m* (7) stroller, promenader; **~ritt** *m* ride; **~stock** *m* walking-stick; **~weg** *m* walk.
Specht [ʃpɛçt] *m* (3) woodpecker.
Speck [ʃpɛk] *m* (3) (*Schweine2*) bacon; *weitS.* fat; *s. Made*; '**2ig** fat(ty); (*schmierig*) greasy; '**~schnitte** *f* slice of bacon, rasher (of bacon); '**~schwarte** *f* rind (*od.* skin) of bacon; '**~seite** *f* flitch of bacon; '**~stein** *m* soap-stone.
sped|ieren [ʃpe'diːrən] forward, haul; ⚓ *u. Am.* ship; **2iteur** [~di'tøːr] *m* (3^1) forwarding agent, carrier; (*Möbel2*) (furniture) remover.
Spedition [~di'tsjoːn] *f* forwarding, ⚓ *u. Am.* shipping; *a.* = **~sgeschäft** *n* forwarding trade; (*Firma*) forwarding agency, carriers *pl.*
Speer [ʃpeːr] *m* (3) spear; (*Wurf2*) javelin; '**~werfen** *n Sport*: javelin-throw(ing).
Speiche ['ʃpaɪçə] *f* (15) spoke; *anat.* [radius.]
Speichel ['ʃpaɪçəl] *m* (7) spittle, saliva; (*Geifer*) slaver; '**~drüse** *f* salivary gland; '**~fluß** *m* salivation; '**~lecker** *m* toady, sycophant; **~lecke'rei** *f* toadyism.
Speicher ['ʃpaɪçər] *m* (7) (*Getreide2*) granary, *Am.* elevator, (*Möbel-, Waren2*) warehouse, store; (*Wasser2*) reservoir; (*Dachboden*) loft; *Computer*: store; '**2n** store (up); *Computer*, ⚡: store; '**~ung** *f a.* ⚡ *usw.* storage.
speien ['ʃpaɪən] *v/i. u. v/t.* (30) spit; ([*sich*] *erbrechen*) vomit.
Speise ['ʃpaɪzə] *f* (15) food; (*Mahl*) meal; (*Kost*) fare; (*Gericht*) dish; *s. Süß2*; '**~brei** 🕮 *m* chyme; '**~eis** *n* ice-cream; '**~fett** *n* edible fat; '**~haus** *n* eating-house; '**~kammer** *f* larder, pantry; '**~karte** *f* menu, bill of fare; '**~leitung** ⊕ *f* feeder (line).
'**speisen** (27) *v/i.* eat, have a meal; *im Gasthaus*: take one's meals; (*zu Mittag* ~) lunch, dine; (*zu Abend* ~) have supper; *v/t.* feed (*a.* ⊕); '**2folge** *f* menu.
'**Speise|-öl** *n* salad-oil; '**~rohr** ⊕ *n* feed pipe; '**~röhre** *anat. f* gullet, 🕮 (o)esophagus; '**~saal** *m* dining-hall; '**~saft** 🕮 *m* chyle; '**~schrank** food-cupboard, (meat-)safe; '**~wagen** 🚃 *m* dining-car, *bsd. Am.* diner; '**~zettel** *m s. Speisekarte*; '**~zimmer** *n* dining-room.
'**Speisung** *f* feeding.
Spektakel [ʃpɛk'tɑːkəl] *m* (7) noise, racket; *s. Lärm.*

Spektr|al-analyse [ʃpɛk'trɑ:l-] *f* spectral (*od.* spectrum) analysis; **~um** ['~trum] *n* (9²) spectrum.

Speku|lant [ʃpeku'lant] *m* (12) speculator; **~lation** [~la'tsjo:n] *f allg.* speculation; **~lati'onsgeschäft** *n* speculative operation *od.* transaction; **2'lieren** *allg.* speculate (*auf acc.* on).

Spelunke [ʃpe'luŋkə] *f* (15) den; (*niedere Kneipe*) jerry-shop, *Am.* F dive, *sl.* joint.

Spelz ♀ [ʃpɛlts] *m* (3²) spelt; '**~e** ♀*f* (15) beard, 🕮 glume.

Spende ['ʃpɛndə] *f* (15) gift; (*Beitrag*) contribution; (*Almosen*) alms, charity; (*Stiftung*) donation; '**2n** (26) give; *bsd.* ⚕ *Blut usw.*: donate; *Sakrament*: administer; (*austeilen*) deal out, dispense; (*beitragen*) contribute (*zu* to); '**~r** *m* (7), '**~rin** *f* (16¹) giver; (*bsd.* ⚕ *Blut2*, *Herz2 usw.*) donor; contributor; (*Verteiler*) distributor, (*a. Automat*) dispenser; (*Wohltäter*) benefactor.

spen'dieren *v/t.* stand; *j-m et.* ~ treat a p. to a th., stand a p. a th.; *v/i.* stand treat.

Sperber ['ʃpɛrbər] *m* sparrow hawk.

Sperling ['ʃpɛrliŋ] *m* (3¹) sparrow.

Sperma ['spɛrma] *biol. n* (9¹, *pl. a.* *-ta*) sperm.

'**sperr|-angel'weit** wide open; '**2-ballon** ⚔ *m* barrage balloon.

Sperr|e ['ʃpɛrə] *f* (15) shutting, closing; (*Versperrung*) block(ing); ⚓ embargo; (*Blockade*) blockade; (*Gesundheits2*) quarantine; (*Eingang*) gate; 🚂 barrier, *Am.* gate; (*Straßen2*) barricade, road block; (*Sperrbaum*) bar; ⚔ barrage; ⊕ look, stop, detent; (*Verbot*) prohibition, ban; *Sport*: suspension; '**2en** (25) (*auseinander~*) spread open; *die Beine*: straddle; *typ.* space (out); (*ver~*) bar, stop; (*schließen*) close, shut; ⊕ lock, stop, arrest; *Straße*: block, barricade, *amtlich*: close; ⚓, ⚔ *e-n Hafen*: lock; (*blockieren*) blockade; *Warenverkehr*: embargo; *Konto*, *Löhne*, *Zahlungen*: stop, freeze; *Gas usw.*: cut off; *Sport*: block, *unfair*: obstruct, *durch Spiel- od. Startverbot*: disqualify, suspend; *ins Gefängnis* ~ put in prison; *sich* ~ (*gegen et.*) oppose (a th.), struggle (against a th.); *gesperrt gedruckt* spaced out; '**~feuer** ⚔ *n* barrage, curtain-fire; '**~gebiet** *n s. Sperrzone*; '**~gut** *n* bulky goods *pl.*, *Am.* bulk freight; '**~hahn** *m* stopcock; '**~haken** *m* click, catch; '**~holz** ⊕ *n* plywood; '**2ig** bulky; '**~kette** *f* drag-chain; '**~konto** *n* blocked account; '**~kreis** *m Radio*: rejector (*od.* trap) circuit; '**~(r)ad** *n* ratchet-wheel; '**~sitz** *thea. m* stall, reserved seat, *Am.* orchestra(-seat); '**~ung** *f* barring; stoppage; blocking; ⚓ blockade; *s. Sperre*; '**~zoll** *m* prohibitive duty; '**~zone** *f* prohibited area.

Spesen ['ʃpe:zən] *f/pl. inv.* charges, (petty) expenses; '**2frei** free of charges; '**~konto** *n* expense account; '**~rechnung** *f* bill of expenses.

Spezerei [ʃpetsə'raɪ] *f* (16) spice; **~waren** *f/pl.* grocery goods.

Spezi ['ʃpe:tsi] F *m* (11) crony, *Am.* buddy.

spezial [ʃpe'tsjɑ:l] special.

Spezial|-arzt [ʃpe'tsjɑ:l-] *m* specialist; **~-ausbildung** *f* special training; **~fach** *n* special(i)ty; **~gebiet** *n* special field; **~geschäft** *n* one-line shop; **2i'sieren** [~tsjali-] (*a. sich*) specialize; **~ist(in** *f*) [~'list] *m* (12) specialist; **~ität** [~li'tɛ:t] *f* (16) speciality; (*Sonderfach*) *bsd. Am.* specialty; **~sprunglauf** [ʃpe'tsjɑ:l-] *m* ski-jumping proper.

speziell [ʃpe'tsjɛl] special, specific(ally *adv.*).

Spezies ['spe:tsjɛs] *f inv.* species.

spezifisch [ʃpe'tsi:fiʃ] specific(ally *adv.*); *~es Gewicht* specific gravity.

spezifizieren [ʃpetsifi'tsi:rən] specify, *Am. a.* itemize.

Sphär|e ['sfɛ:rə] *f* (15) sphere; '**2isch** spherical.

Spick|-aal ['ʃpik-] *m* smoked eel; '**2en** (25) lard; *fig. Rede usw.*: interlard; F (*abschreiben*) crib; *gespickt mit* bristling with.

spie [ʃpi:] *pret. v. speien.*

Spiegel ['ʃpi:gəl] *m* (7) mirror, (looking-)glass; *phys.*, ⚕ speculum; ⚓ stern; (*Stand*, *Höhe*, *Niveau*) level; *s. Satz2*, *Meeres2*, *Wasser2*; '**~bild** *n* reflected image; '**2blank** shining; '**~-ei** *n* fried egg; **~fechterei** ['~fɛçtə'raɪ] *f* (16) *fig.* humbug, make-believe; '**~glas** *n* plate-glass; '**2glatt** as smooth as a mirror, dead-

-smooth; '**2n** *v/i.* shine; *v/t.* mirror, reflect (*beide a. fig.*); *sich* ~ be mirrored *od.* reflected; (*sich besehen*) look at o.s. in the glass; '**~reflexkamera** *f* reflex camera; '**~scheibe** *f* (pane of) plate-glass; '**~schrift** *f* mirror-writing; *typ.* reflected face; '**~ung** *f* reflection; (*Luft*2) mirage.

Spiel [ʃpi:l] *n* (3) play; (*Karten*2, *Schach*2, *Sport*2 *usw.*) game (*a. Tennis*; *a. fig. b.s.*); (*Wettkampf*) match; ♪, *thea.* playing, (*Vorführung*) performance, (*Stück*) play; *ein* ~ *Karten* a pack (*Am.* deck) of cards; ⊕ play, clearance; (*gewagtes* ~, *Glücks*2) gamble; *leichtes* ~ *haben* have little trouble; *gewonnenes* ~ *haben* have made it; *im* ~ *sein* (*bei et.*) be involved (in); *ins* ~ *bringen* (*kommen*) bring (come) into play; *fig. das* ~ *verloren geben* throw up the sponge; *auf dem* ~ *stehen* be at stake; *aufs* ~ *setzen* stake, jeopardize, *a. sein Leben*: risk; *aus dem* ~*e lassen* leave out; *sein* ~ *treiben mit* trifle with; *falsches* ~ double-dealing; *ein falsches* ~ *treiben mit* practise upon; *fig. das* ~ *ist aus* the game is up; *s. gut, Hand*; '**~-anzug** *m für Kinder*: rompers, play-suit; '**~-art** ⚘, *zo. fig. f* variety; '**~ball** *m* ball; *Tennis*: game ball; *fig.* sport, plaything; *ein* ~ *der Wellen sein* be at the mercy of the waves; '**~bank** *f* gaming-table; *s. Spielkasino*; '**~dose** *f* musical box; '**2en** *v/i. u. v/t.* (25) *allg.* play (*a. Muskeln, Lächeln usw.*); *Karten, Schach usw.*: play (at) *cards, etc.*; *um Einsatz*: gamble; *thea.* play, act, perform, *e-e Rolle*: *a.* do; ~ *mit* (*fingern*) toy with, *mit j-s Gefühlen a.* trifle with; *mit e-m Gedanken* ~ toy (*od.* flirt) with an idea; (*vortäuschen*) feign; *den Höflichen* ~ do the polite; *Sport*: *A. spielte gegen B.* A. played B.; *ins Blaue* ~ have a bluish tint; *fig.* ~ *lassen* bring into play; *s. Hand, Rolle, Theater*; '**2end** *fig.*: ~ (*leicht*) easily, with effortless ease; ~ *gewinnen* win hands down; ~ *leicht sein* be child's play (*od. Am. sl.* a cinch).

'**Spieler** *m* (7), '**~in** *f allg.* player; (*Glücks*2) gambler; **~ei** [~'raɪ] *f* (16) play, sport; *fig.* trifle; *s. Spielsachen.*

'**Spiel|-ergebnis** *n Sport*: score; '**~feld** *n Sport*: field, ground, pitch; *Tennis*: court; '**~film** *m* feature (film); '**~folge** *f* program(me); '**~führer** *m* (team) captain; '**~gefährte** *m*, '**~genosse** *m* playmate; '**~geld** *n* play-money; (*Einsatz*) stake, pool; '**~gewinn** *m* gambling profit; '**~hölle** *f* gambling-den; '**~kamerad** *s. Spielgenosse*; '**~karte** *f* playing-card; '**~kasino** *n* (gambling) casino; '**~leiter** *m thea.* stage--manager; *Film*: director; '**~mann** *m hist.* minstrel; ⚔ bandsman; '**~marke** *f* counter, chip; '**~plan** *thea. m* program(me); (*Repertoire*) repertory; '**~platz** *m* playground; '**~raum** *fig. m* free play, elbow--room; (*Frist*) margin, latitude; ⊕ play, clearance; *freien* ~ *haben* have full scope; '**~regel** *f* rule (of the game); '**~sachen** *f/pl.* playthings, toys; '**~schuld** *f* gambling-debt; '**~schule** *f* pre-school, infant-school; '**~tisch** *m* card-table, gaming-table; '**~-uhr** *f* musical clock; '**~verderber**(**in** *f*) *m* spoil-sport, kill-joy; '**~verlängerung** *f Sport*: extra time; '**~waren** *f/pl. s. Spielsachen*; '**~warenhändler**(**in** *f*) *m* toy-merchant, F toyman; '**~warenhandlung** *f* toy-shop; '**~wut** *f* passion for gambling; '**~zeit** *f thea.*, *Sport*: season; *e-s Kampfes*: time of play; *e-s Films* (*Laufzeit*): run; '**~zeug** *n* toy(s *pl.*), plaything(s *pl.*).

Spieß [ʃpi:s] *m* (3²) spear, pike; (*Brat*2) spit; *typ.* work-up; *den* ~ *umdrehen* turn the tables (*gegen* on); *schreien wie am* ~ F cry blue murder; '**~bürger** *m* bourgeois, Philistine, *Am. a.* Babbitt, *sl.* square; '**2bürgerlich** bourgeois, Philistine, *sl.* square; '**~bürgertum** *n* philistinism, *Am. a.* babbittry; '**2en** (27) pierce; spear; spit; '**~er** *m* (7) *s. Spießbürger*; '**2ig** *s. spießbürgerlich*; '**~geselle** *m* accomplice; '**~ruten** *f/pl.*: ~ *laufen* run the ga(u)ntlet (*a. fig.*).

Spill ⚓ [ʃpil] *n* (3) capstan.

spinal [ʃpi'na:l] spinal; ~*e Kinderlähmung* infantile paralysis, polio (-myelitis).

Spinat [ʃpi'na:t] *m* (3) spinach.

Spind [ʃpint] *n*, *a. m* (3) wardrobe, press; *bsd.* ⚔ locker.

Spindel ['ʃpindəl] *f* (7) spindle; (*Spinnrocken*) distaff; ⊕ *Presse*:

screw; (*Dorn*) mandril; (*Leit*≈) lead screw; '≈**dürr** (as) lean as a rake, spindly.

Spinett [ʃpi'nɛt] ♪ *n* (3) spinet.

Spinn|e ['ʃpinə] *f* (15) spider; '≈**e-'feind:** *j-m* ~ *sein* hate a p. like poison; '≈**en** (30) *v/t.* spin; (*ausdenken*) hatch; *v/i.* spin; *Katze*: purr; F (*verrückt sein*) be mad; '~**er** *m* (7), '~**erin** *f* spinner; F (*Narr*) crank; ~**erei** [~'raɪ] *f* spinning; (*Fabrik*) spinning-mill; '~**gewebe** *n* cobweb; '~**maschine** *f* spinning-machine; '~**rad** *n* spinning-wheel; '~**rocken** *m* distaff; '~**webe** *f* cobweb.

spintisieren [ʃpinti'zi:rən] muse [(*über acc.* on).

Spion [ʃpi'o:n] *m* (3[1]), ~**in** *f* spy; ~**age** [~o'nɑ:ʒə] *f* (15) espionage, spying; ~**age-abwehr** *f* counter-espionage, *Am.* counter-intelligence; ≈**ieren** [~'ni:rən] spy.

Spiral|e [ʃpi'rɑ:lə] *f* (15) spiral (line); ⊕ worm, helix, coil; ✈ (*Preis*≈ *usw.*) spiral; ~**feder** *f* spiral spring; ≈**förmig**, ≈**ig** spiral.

Spiritismus [ʃpiri'tismus] *m* (16) spiritualism, spiritism.

Spiri'tist *m* (12), ~**in** *f* spiritualist; ≈**isch** spiritualistic, spiritist.

Spirituosen [~tu'o:zən] *pl.* spirits, spirituous liquors.

Spiritus ['ʃpi:ritus] *m* (*inv.*, *pl. a.* 14[2]) spirit, alcohol; *gr.* breathing; '~**kocher** *m* spirit stove.

Spital [ʃpi'tɑ:l] *n* (1[2]) hospital.

Spitz [ʃpits] **1.** *m* (3[2]) Pomeranian (dog); **2.** ≈ pointed; *fig. a.* biting; (*kränklich*) peaked; ⩓ acute; ~ *zulaufen* taper; '~**bart** *m* pointed beard; '~**bauch** *m* paunch; '~**bogen** *m* pointed arch; '~**bube** *m* thief; *weitS.* rogue, rascal; '~**bubenstreich** *m*, ~**büberei** [~by:bə'raɪ] *f* roguery, rascality; ≈**bübisch** ['~by:biʃ] roguish.

Spitz|e ['ʃpitsə] *f* (15) *allg.* point (*a. Kinn*≈, *Schuh*≈); (*Berg*≈) top, summit, peak; (*Baum*≈) top; (*Turm*≈) spire; (*spitzes Ende*, *a. e-s Körperteils*) tip; (~*engewebe*) lace; ⊕ *Werkzeugmaschine*: cent|re, *Am.* -er; (~*ntempo*) top speed; (*Höchstmaß*, *-wert*) peak; *e-r Kolonne*, *e-s Unternehmens usw.*: head; ⚔ (*Angriffs*≈) (spear)head; *Sport*: leading group, (*Führung*) lead; *Fußball*: striker(s *pl.*); (*spitze Bemerkung*) pointed remark, cut; *die* ~*n der Gesellschaft* the cream of society; *j-m die* ~ *bieten* make head against, defy; *Sport*: *an der* ~ *liegen* be in the lead; *an der* ~ (*e-r S.*) *stehen* be at the head (of a th.); *auf die* ~ *treiben* carry to extremes; '~**el** *m* (7) police-spy, informer; *weitS.* spy; '≈**en** (27) point, sharpen; *den Mund* ~ purse (up) one's lips; *die Ohren* ~ prick up one's ears; F (*sich*) *auf et.* (*acc.*) ~ be eager about a th.

'**Spitzen|belastung** ⚡ *f* peak load; '~**drehbank** *f* cent|re (*Am.* -er) lathe; '~**geschwindigkeit** *f* top speed; '~**gruppe** *f* leading group; '~**kandidat** *m* top candidate, front-runner; '~**klasse** *f* champion class, top-rankers *pl.*; élite (*fr.*); '~**kleid** *n* lace dress; '~**leistung** *f allg.* *f* peak performance, record; ⊕ peak output; '~**lohn** *m* peak wage(s *pl.*); '~**reiter** *m bsd. Sport*: front-runner, leader; '~**tanz** *m* toe-dancing.

'**spitz|findig** subtle; hair-splitting; '≈**findigkeit** *f* subtlety, subtleness, sophistry; '≈**hacke** *f*, '≈**haue** *f* pick (-ax[e]); '~**ig** *s. spitz*; '~**kriegen** F: et. ~ find a th. out; '≈**maus** *f* shrew(-mouse); '≈**name** *m* nickname; '≈**säule** *f* obelisk; '~**wink**(**e**)**lig** ⩓ acute-angled.

Spleen [spli:n] *m* (3[1]) crotchet, craze; '≈**ig** crotchety, eccentric.

Splint ⊕ [ʃplint] *m* (3) cotter.

Splitt [ʃplit] *m* (3[1]) stone chips *pl.*

Splitter ['ʃplitər] *m* (7) splinter; fragment; (*Span*) chip; *biblisch*: mote (*in another's eye*); '≈**frei** splinter-proof; *Glas*: non-splintering; '~**gruppe** *pol. f* splinter group; '≈**ig** splintery; '≈**n** *v/t. u. v/i.* (29, h. *u.* sn) splinter; '≈'**nackt** stark naked; '~**partei** *parl. f* splinter party.

spontan [ʃpɔn'tɑ:n] spontaneous.

sporadisch [spo'rɑ:diʃ] sporadic (-ally *adv.*).

Spore ⚘ ['ʃpo:rə] *f* (15) spore.

Sporen ['ʃpo:rən] *pl. v. Sporn.*

Sporn [ʃpɔrn] *m* (5[3]) spur; ✈ (tail) skid; *fig.* stimulus; *dem Pferd die Sporen geben* put spurs to; *sich die Sporen verdienen* win one's spurs; '≈**en** (25) spur; ~**rädchen** ['~rɛ:tçən] *n* rowel; ≈**streichs** ['~ʃtraɪçs] post-haste, directly.

Sport [ʃpɔrt] *m* (3) sport; athletics

pl.; *fig.* (*Steckenpferd*) hobby; ~ *treiben* go in for sports; '**~-anlage** *f* athletic ground(s *pl.*), sports facilities *pl.*; '**~-anzug** *m* sports suit; '**~-art** *f* (form of) sport; (*Disziplin*) event; '**~-artikel** *m/pl.* sports goods; '**~bericht** *m* sporting report.

Sporteln ['ʃpɔrtəln] **1.** *f/pl.* (15) perquisites, fees; **2.** ♀ (29) *v/i.* go in for sports.

'**Sport|fest** *n* sports day; '**~flugzeug** *n* sporting plane; '**~freund(in** *f*) *m* sports enthusiast; '**~geschäft** *n* sporting-goods shop; '**~halle** *f* gymnasium; '**~hemd** *n* sports shirt; '**~herz** ⚕ *n* athletic heart; '**~hose** *f* shorts *pl.*; '**~jacke** *f* sports jacket; '**~kleidung** *f* sports wear; '**~klub** *m* sports club; '**~lehrer(in** *f*) *m* sports instructor, trainer; '**~ler** *m* (7) sportsman; '**~lerin** *f* (16[1]) sportswoman; '**♀lich** sporting, athletic; (*fair*) sportsmanlike; '**~lichkeit** *f* sportsmanship; '**~nachrichten** *f/pl.* sporting news; '**~platz** *m* athletic (*od.* sports) ground *od.* field; '**~schuh** *m* sports shoe; '**~smann** *m* sportsman; '**♀treibend** sporting; '**~ver-anstaltung** *f* sport(-ing) event; '**~wagen** *m mot.* sports car; *für Kinder*: folding cart, go-cart; '**~waren** *f/pl.* sports goods; '**~zeitung** *f* sporting paper.

Spott [ʃpɔt] *m* (3) mockery; *lächerlich machend*: derision; *verächtlich*: scorn; *gutmütig*: banter; (*seinen*) ~ *treiben mit* make sport of; '**~bild** *n* caricature; '**♀'billig** dirt-cheap.

Spöttel|ei [ʃpœtə'laɪ] *f* (16) mockery, raillery, sarcasm; '**♀n** (29) mock, gibe (*über acc.* at).

spotten ['ʃpɔtən] (26) mock, scoff (*über acc.* at), jeer (at), deride; *fig.* (*gen.*) defy; *s. Beschreibung.*

Spötter ['ʃpœtər] *m* (7), '**~in** *f* (16[1]) scoffer, mocker; cynic; **~ei** [~'raɪ] *f* (16) mockery, derision.

'**Spott|gedicht** *n* squib, satirical poem; '**~gelächter** *n* derisive laugh(ter); '**~geld** *n s. Spottpreis*; *für ein* ~ for a mere song.

'**spöttisch** mocking; derisive; sarcastic; ironical.

'**Spott|lied** *n* satirical song; '**~lust** *f* mocking spirit; '**~name** *m* nickname; '**~preis** *m* ridiculous price, trifling sum; '**~schrift** *f* satire, lampoon.

sprach [ʃprɑːx] *pret. v. sprechen.*

'**Sprache** *f* (15) (*Sprachfähigkeit*) speech; (~ *e-s Volkes*) language, *gewählter*: tongue; (*Landes*♀) vernacular; (*Ausdrucksweise*) language, parlance; (*Mundart*) idiom; (*Stil*) diction; (*Aussprache*) articulation; *heraus mit der ~!* out with it!, speak out!; *nicht mit der ~ herauswollen* hem and haw; *et. zur ~ bringen* bring up, broach; *zur ~ kommen* come up.

'**Sprach|-eigenheit** *f*, '**~-eigentümlichkeit** *f* idiomatic expression, idiom; '**~fehler** *m* grammatical mistake; ⚕ speech defect; '**~forscher** *m* philologist; linguist; '**~forschung** *f* philology; linguistics; '**~führer** *m* colloquial guide (to a language), phrase-book; '**~gebiet** *n* speech area; '**~gebrauch** *m* usage; '**~gefühl** *n* linguistic instinct; '**~gruppe** *f* speech community; '**~insel** *f* speech island; '**~kenner** *m* linguist; '**♀kundig** versed in languages; '**~labor** *n* language laboratory; '**~lehre** *f* grammar; '**~lehrer(in** *f*) *m* teacher of languages, language-master; '**♀lich** of language(s), lingual; (*grammatisch*) grammatical; '**♀los** speechless; '**~mittler** *m* interpreter; '**~raum** *m* speech area; '**~regel** *f* rule of grammar; **~reiniger** ['~raɪnigər] *m* purifier of a language; *b.s.* purist; '**~rohr** *n* speaking-tube, megaphone; *fig.* mouthpiece; '**~schatz** *m* vocabulary; '**~störung** *f* speech disorder; '**~studium** *n* study of languages; '**~-unterricht** *m* instruction in languages; *englischer* ~ English lessons *pl.*; '**~werkzeug** *n* organ of speech; '**♀widrig** incorrect, ungrammatical; '**~wissenschaft** *f* science of language, philology; *engS.* linguistics *pl.*; '**~wissenschaftler** *m* philologist; linguist; '**♀wissenschaftlich** philological; linguistic(ally *adv.*).

sprang [ʃpraŋ] *pret. v. springen.*

Sprech|-anlage ['ʃprɛç-] *f* intercom; '**~-art** *f* manner of speaking; '**~chor** *m* speaking chorus; '**♀en** *v/i. u. v/t.* (30) speak (*mit* to; *über acc., von* of, about); (*sich unterhalten*) talk (*mit* to, with; *über acc., von* about, of, over); ~ *mit* (*konsultieren*) see; *über Politik* (*Ge-*

schäfte) ~ talk politics (business); *er ist nicht zu* ~ he is engaged (*od.* busy); *zu* ~ *kommen auf* (*acc.*) come to speak of; ~ *für* speak for *a p.*, *vermittelnd, befürwortend*: plead for; *j-n zu* ~ *wünschen* wish to see a p.; *von et. anderem* ~ change the subject; *s. Recht, schuldig, Urteil, Tischgebet; das spricht für j-n od. et.* that speaks well for; *das spricht für sich selbst* this tells its own tale; *laßt Blumen* ~! say it with flowers!; '**2end** *fig. Ähnlichkeit*: speaking; *Augen, Blick*: eloquent; '**2er** *m* (7), '**2erin** *f* speaker; (*Wortführer*) spokesman; *Radio*: (*Ansager*) announcer; '**~frequenz** ⚡ *f* speech frequency; '**~funk** *m* radiotelephony, voice radio; '**~platte** *f* speech record; '**~stunde** *f ärztliche*: consulting hour; *amtliche*: office hour; '**~stundenhilfe** *f* receptionist; assistant; '**~taste** *f* speaking key; '**~übung** *f* speech practice; '**~weise** *f s. Sprechart*; '**~zimmer** *n* office; *e-s Arztes*: consulting-room.

Spreiz|e ['ʃpraɪtsə] (15) (*Stütze*) stay, prop; (*Strebe*) strut; '**2en** (27) spread; *Beine*: *a.* straddle; *sich* ~ *fig.* swagger, strut; *gegen*: struggle against; *mit*: boast of; '**~fuß** ⚕ *m* splayfoot.

Spreng|bombe ['ʃprɛŋ-] *f* demolition bomb, high-explosive (*od.* H.E.) bomb; '**~el** *eccl. m* (7) *e-s Bischofs*: diocese; *e-s Pfarrers*: parish; '**2en** (25) *v/t. Flüssigkeit*: sprinkle, spray; *Garten, Pflanze*: water; (*auf*~) burst (*od.* force) open; *Fesseln, Griff*: break; (*in die Luft* ~) blow up, blast; *Mine usw.*: spring; *Versammlung usw.*: break up, disperse; *Bank*: break; *v/i.* (sn) gallop, ride hard; '**~geschoß** *n* high-explosive (*od.* H.E.) shell; '**~kapsel** *f* detonator; '**~kommando** *n* demolition party; *zur Bombenentschärfung*: bomb disposal squad; '**~kopf** ⚔ *m* warhead; '**~körper** *m*, '**~ladung** *f* explosive charge; '**~loch** *n* blast hole; '**~ring** ⊕ *m* snap ring; '**~satz** *m* blasting composition; '**~schuß** *m* blast; '**~stoff** *m* explosive; '**~ung** *f* sprinkling; blowing-up, blasting; dispersion; breaking; '**~wirkung** *f* explosive effect; '**~wolke** *f* burst cloud; '**~zünder** *m* fuse, detonator.

sprenkeln ['ʃprɛŋkəln] (29) speckle, spot.

Spreu [ʃprɔʏ] *f* (16) chaff; *fig. die* ~ *vom Weizen sondern* sift the chaff from the wheat.

Sprich|wort ['ʃpriç-] *n* (1[2]) proverb, (proverbial) saying; '**2wörtlich** proverbial (*a. fig.*); ~ *sein wegen* be a byword for.

sprießen ['ʃpri:sən] (30, h. *u.* sn) [sprout.]

Spriet ⚓ [ʃpri:t] *n* (3) sprit.

Spring|brunnen ['ʃpriŋ-] *m* fountain; '**2en** (30, sn *u.* h.) jump; *weit*: leap; *lit., a. v. Dingen, bsd. Wasser, Blut*: spring; *elastisch, bsd. Ball*: bound; *beim Schwimmen*: dive; (*zer*~) burst, crack, break; *in die Augen* ~ strike the eye, be obvious; F *et.* ~ *lassen* stand; *e-e Mine* ~ *lassen* spring a mine; *der* ~*de Punkt* the crucial point; *s. Seil*; '**~er** *m* (7) jumper, leaper (*a.* '**~erin** *f*); *Schach*: knight; '**~flut** *f* spring tide; **~insfeld** ['~ˀinsfɛlt] *m* (3) young whipper-snapper; '**~quell** *m* fountain, spring; '**~seil** *n* skipping-rope.

Sprint [ʃprint] *m* (3), '**2en** (26) sprint; '**~er** *m* (7) sprinter.

Sprit [ʃprit] *m* (3) spirit, alcohol; F *mot.* fuel, *sl.* juice, *Am.* gas.

Spritz|e ['ʃpritsə] *f* (15) syringe, sprayer; (*Feuer*2) fire-engine; ⚕ syringe, (*Einspritzung*) injection, F shot; *fig.* (*Hilfe*) shot-in-the-arm; '**2en** (27) *v/t.* squirt, syringe; (*be*~) splash; (*sprengen*) sprinkle; *Lack, Parfüm usw.*: spray; ⚕ inject; ⊕ injection-mo(u)ld; *Getränk*: mix with soda-water; *v/i.* throw water, splash; (*heraus*~) spurt; *Feder*: splutter; F (*eilen*) dash, rush; '**~enhaus** *n* fire-station; '**~er** *m* (7) splash; '**~fahrt** F *f* (pleasure-)trip, *mot.* F spin; **~flakon** ['~flakõ] *n, m* (11) spray bottle; '**~guß** ⊕ *m* die-casting; *Kunststoff*: injection mo(u)lding; '**2ig** *Wein*: sparkling (*a. fig. geistreich*); *fig.* (*behend*) quick; (*lebhaft*) spirited, racy; '**2lackieren** (paint-)spray; '**~pistole** *f* water-pistol; ⊕ spray gun; '**~tour** *f s. Spritzfahrt.*

spröd|e ['ʃprø:də] brittle (*a. Stimme*); *Haut*: chapped; (*hart*) hard; *fig.* reserved; *Mädchen*: coy, prudish; '**2igkeit** *f* brittleness; reserve; coyness, prudery.

Sproß [ʃprɔs] **1.** *m* (4) shoot, sprout, scion; *fig.* scion, offspring; **2.** 2 *pret. v. sprießen.*

Sprosse [ˈʃprɔsə] *f* (15) (*Leiter*2) round, step, rung; *am Geweih*: tine, point; ˈ**2n** (28, h. *u.* sn) sprout.

Sprößling [ˈʃprœsliŋ] *m* (3^1) *s. Sproß*; F (*Sohn*) son, junior.

Sprotte [ˈʃprɔtə] *f* (15) sprat.

Spruch [ʃprux] *m* (3^3) (*Ausspruch*) saying, dictum; (*Weisheits*2) maxim, aphorism; *s. Bibel*2, *Schieds*2, *Urteil*; F (*große*) *Sprüche machen* talk big, brag; ˈ**⁓band** *n* banner; ˈ**2reif** ripe for decision.

Sprudel [ˈʃpru:dəl] *m* (7) bubbling water; (*Mineralwasser*) mineral water; ˈ**2n** (29, sn *u.* h.) bubble (*od.* gush) forth; *Getränk*: effervesce; (*hastig reden*) sputter; *fig.* ⁓ *vor* bubble with; *in* ⁓*der Laune* sparkling with humo(u)r.

sprüh|en [ˈʃpry:ən] (25) *v/i.* (sn *u.* h.) *u. v/t. Wasser usw.*: spray; *Funken*: emit, (*v/i.*) fly; *Feuer*: spit; *Regen*: drizzle; *fig. Augen*: flash (*vor Zorn* with anger); *vor Witz* ⁓ sparkle with wit; ˈ**2regen** *m* drizzling rain.

Sprung [ʃpruŋ] *m* (3^3) jump, bound, leap; *Schwimmen*: dive; (*Riß*) crack, fissure; *auf dem* ⁓*e sein* be on the alert; *auf dem* ⁓*e stehen od. sein zu* … be on the point of *ger.*; *auf e-n* ⁓ *vorbeikommen* drop in (for a minute); *j-m auf die Sprünge kommen* find a p. out; *j-m auf die Sprünge helfen* help a p. out; *er kann keine großen Sprünge machen* he cannot get far; ˈ**⁓bein** *n* ankle-bone; ˈ**⁓brett** *n Schwimmen*: diving-board; *a. Turnen*: spring-board; *fig.* stepping-stone; ˈ**⁓feder** *f* (elastic) spring; ˈ**⁓federmatratze** *f* spring mattress; ˈ**2haft** erratic(ally *adv.*); (*plötzlich*) abrupt; ⁓ *steigen* go up by leaps and bounds; ˈ**⁓lauf** *m* ski-jumping; ˈ**⁓schanze** *f* ski-jump; ˈ**⁓stab** *m* jumping-pole; ˈ**⁓tuch** *n Feuerwehr*: jumping-sheet; ˈ**⁓turm** *m* high-diving board; ˈ**2weise** by leaps (and bounds).

Spuck|e [ˈʃpukə] *f* (15) spittle, saliva; ˈ**2en** (25) *v/i.* spit; *v/t.* spit out; ˈ**⁓napf** *m* spittoon.

Spuk [ʃpu:k] *m* (3) apparition, ghost, spect|re, *Am.* -er; *fig.* nightmare; ˈ**2en** (25) *an e-m Ort* haunt a place; *es spukt in dem Hause* the house is haunted; ˈ**⁓geschichte** *f* ghost-story; ˈ**2haft** ghostly, weird.

Spule [ˈʃpu:lə] *f* (15) spool, reel; (*Spinn*2) bobbin; (*Feder*2) quill; ⚡ coil; ˈ**2n** (25) reel, spool.

spül|en [ˈʃpy:lən] (25) rinse; *Geschirr*: wash (up); *Abort*: flush; ⊕, *mot.* scavenge; *an Land* ⁓ wash ashore; ˈ**2icht** *n* (3) dish-water, slops *pl.*, rinsings *pl.*; ˈ**2lappen** *m* dish-cloth; ˈ**2ung** *f* rinsing; flushing; ⊕, *mot.* scavenging; *Abort*: water flush; ˈ**⁓wasser** *n* water for rinsing; *s. Spülicht.*

ˈ**Spulwurm** *m* mawworm.

Spund [ʃpunt] *m* (3^3) bung, plug; *Tischlerei*: tongue; **2en** [ˈ⁓dən] (26) bung; *Tischlerei*: tongue and groove; **⁓loch** [ˈʃpunt-] *n* bung-hole.

Spur [ʃpu:r] *f* (16) trace (*a.* ⚒, *Leucht*2 *u. fig.*); (*Fährte, a. fig.*) trail, track; *hunt. a.* scent; (*Abdruck*) print; (*Fuß*2) footprint; (*Wagen*2) track, *tiefe*: rut; ⚓ wake; *s.* ⁓*weite*; (*Fleck, Narbe, Brems*2, *fig. Merkmal*) mark; (*Anzeichen*) sign; (*Überrest, winzige* ⁓) vestige; *e-e* ⁓ *Salz usw.* a touch of salt *etc.*; F *keine* ⁓*!* not a bit; *fig. auf die* (*richtige*) ⁓ *bringen* give *a p.* a clue; *auf die Spur kommen* (*dat.*) trace, find out; *auf der falschen* ⁓ *sein* be on a wrong track.

spür|bar [ˈʃpy:rba:r] sensible; *fig.* marked; ⁓ *sein* be felt; ˈ**⁓en** (25) track, trace (*a. fig.*); (*empfinden*) feel; *nur innerlich*: sense; (*wahrnehmen*) perceive.

spuren [ˈʃpu:rən] F (25) toe the line; ˈ**2-element** *n* trace element.

ˈ**Spürhund** *m* trackhound; *fig.* (*Detektiv*) sleuth.

ˈ**spurlos:** ⁓ *verschwinden* disappear without leaving a trace.

ˈ**Spür|nase** *f* scent (*a. fig.*); ˈ**⁓sinn** *m* flair.

Spurt [ʃpurt] *m* (3), ˈ**2en** (26) spurt.

ˈ**Spurweite** *f* 🚂 ga(u)ge; *mot.* wheel-track; *Reifen*: tread.

sputen [ˈʃpu:tən] (26): *sich* ⁓ make haste, hurry up.

St. *s. Sankt.*

Staat [ʃta:t] *m* (5) (*Aufwand*) state, pomp; (*Putz*) finery; (⁓*swesen*) state; (*Regierung*) government; ⁓ *machen mit* make a show of, parade;

'**~enbund** *m* confederation; '**2enlos** stateless; '**2lich** state-..., government ..., national, public; political.

'**Staats**|**-akt** *m* state ceremony; '**~-aktion** F *f* great fuss; '**~-angehörige** *m, f* national, *Brt.* subject, *Am.* citizen; '**~-angehörigkeit** *f* nationality, national status, *Am. mst* citizenship; '**~-angelegenheit** *f* state-affair; '**~-anleihe** *f* government loan; '**~-anwalt** *m* public prosecutor, *Am.* district attorney; '**~-anzeiger** *m* official gazette; '**~-archiv** *n* Public Record Office; '**~be-amte** *m* public (*od. Brt.* civil) servant, government official; '**~begräbnis** *n* state funeral; '**~besuch** *m* state visit; '**~bürger** *m* citizen; '**~bürgerkunde** *f* civics *pl.*; '**2bürgerlich** civic(ally *adv.*); '**~bürgerschaft** *f* citizenship; '**~chef** *m* head of state; '**~dienst** *m* civil (*Am.* public) service; '**2-eigen** state-owned; '**~-einkünfte** *f/pl.* public revenue(s *pl.*) *sg.*; '**~feind** *m* public enemy; '**2feindlich** subversive; '**~form** *f* form of government, polity; '**~gebäude** *n* public building; '**~gefangene** *m* prisoner of state; '**~geheimnis** *n* state (*od. fig.* top) secret; **~gelder** ['~gɛldər] *n/pl.* public money *sg.*; '**~gewalt** *f* supreme (*od.* executive) power; '**~haushalt** *m* national budget; '**~hoheit** *f* sovereignty; '**~kasse** *f* (public) treasury, *Brt.* exchequer; '**~kirche** *f* state church; *die englische*: Established Church, Church of England; '**2klug** politic(ally *adv.*), diplomatic (-ally *adv.*); '**~körper** *m* body politic; *auf* '**~kosten** *pl.* at (the) public expense; '**~kunst** *f* statecraft, statesmanship; '**~mann** *m* statesman, politician; **2männisch** ['~mɛniʃ] statesmanlike; *~e Fähigkeiten od. Kunst* statesmanship; '**~minister** *m* Minister of State; '**~oberhaupt** *n* head of state; '**~papiere** *n/pl.* government securities *od.* stocks; '**~prozeß** *m* state-trial; **~räson** ['~rɛ:zɔ̃] *f* reason of State; '**~rat** *m* Privy Council; (*Person*) Privy Council(l)or; '**~recht** *n* constitutional law; '**2rechtlich** relating to (*od.* under) constitutional law; '**~regierung** *f* government; '**~schatz** *m s. ~kasse*; '**~schuld** *f* national debt; '**~sekretär** *m* State Secretary; '**~sicherheitsdienst** *m* state security service; '**~streich** *m* coup d'état (*fr.*); '**~verbrechen** *n* political crime; '**~verfassung** *f* political constitution; '**~vertrag** *m* (international) treaty; '**~verwaltung** *f* (public) administration; '**~wesen** *n* political system, polity; state; '**~wissenschaft** *f* political science; '**~wohl** *n* public weal; '**~zuschuß** *m* government grant, state subsidy.

Stab [ʃtɑ:p] *m* (3^3) staff, stick; (*Gitter2, Metall2*) bar; (*Stange*) rod, pole (*a. Sport: Sprung2*); *Sport*: (*Staffel2*) baton (*a.* ♪ *Dirigenten2*, ⚔ *Marschall2*); *s. Zauber2*; *fig.* (*Mitarbeiter2, a.* ⚔) staff; ⚔ (*Hauptquartier*) headquarters *pl.*; *den ~ über j-n brechen* condemn a p.; '**~-antenne** *f* rod aerial *od.* antenna; '**~batterie** *f* torch battery; '**~-eisen** *n* bar iron; '**~hochspringer** *m* pole-vaulter; '**~hochsprung** *m* pole-vault(ing).

stabil [sta'bi:l] *allg.* stable; (*fest, robust*) sturdy, rugged; **~i'sieren** [~bili-] stabilize; *sich ~* become stabilized; **2i'sierung** *f* stabilization; **2ität** *f* [~'tɛ:t] (16) stability.

'**Stabreim** *m* stave rhyme, *weitS.* alliteration.

'**Stabs**|**-arzt** ⚔ *m* surgeon-major, *Am.* captain (Medical Corps); '**~chef** *m* Chief of Staff; '**~feldwebel** *m Brt.* Warrant Officer Class II, *Am.* master sergeant; '**~-offizier** *m* (*Major bis Oberst*) field (grade) officer; (*Offizier beim Stabe*) staff officer; '**~quartier** *n* headquarters *pl. od. sg.*

stach [ʃtɑ:x] *pret. v. stechen.*

Stachel ['ʃtaxəl] *m* (10) prick; ⚘ *a.* spine (*a. des Igels*); (*Insekten2*) sting; *am Zaun od. Rennschuh*: spike; *fig.* (*Verletzendes*) sting; (*Ansporn*) goad; '**~beere** *f* gooseberry; '**~draht** *m* barbed wire.

'**stach(e)lig** prickly, (*a. fig.*) thorny.

'**stachel**|**n** (29) sting, prick; *fig. s. an~*; '**2schwein** *n* porcupine.

Stadi|**on** ['ʃtɑ:djɔn] *n* (9^1) stadium; **~um** ['~um] *n* (9^1) stage, phase.

Stadt [ʃtat] *f* (14^1) town; (*Groß2*) city; '**~-amt** *n* municipal office; '**~bahn** *f* city-railway; '**2bekannt** known all over the town, notorious;

'~**bewohner** *m s. Städter*; '~**bild** *n* townscape.

Städt|chen ['ʃtɛ:t-] *n* (6) small town; '~**ebau** *m* town-planning; '~**er** *m* (7) townsman, *pl.* townspeople, city dwellers; '~**erin** *f* (16¹) townswoman; '~**ezug** *m* interurban (express) train.

'**Stadt|gebiet** *n* urban area; '~**gemeinde** *f* township; '~**gespräch** *n fig. the* talk of the town.

städtisch ['ʃtɛ:tiʃ] town(-)...; municipal; urban.

'**Stadt|kasse** *f* city treasury; '~**köfferchen** *n* attaché case; '~**kommandant** *m* town major; '~**leben** *n* town life, city life; '~**leute** *pl.* townspeople; '~**mauer** *f* town-wall; '~**parlament** *n* city parliament; '~**plan** *m* map of the city; '~**planung** *f s. Städtebau*; '~**rand** *m* outskirts *pl.* of the town *od.* city; '~**randsiedlung** *f* suburban settlement; '~**rat** *m* municipal council; (*Person*) town (*od.* city) council(l)or; '~**recht** *n* freedom of the city; '~**staat** *m* city-state; '~**teil** *m* quarter, district, ward; '~**tor** *n* town-gate; '~**väter** *m/pl.* city fathers; '~**verordnete** *m* (18) town (*od.* city) council(l)or; '~**ver-ordnetenversammlung** *f* town council; '~**verwaltung** *f* municipality; '~**viertel** *n s. Stadtteil*; '~**wappen** *n* city-arms *pl.*

Stafette [ʃta'fɛtə] *f* (15) (mounted) courier; *Sport*: relay; ~**nlauf** *m* relay race.

Staffage [ʃta'fɑ:ʒə] *f* (15) accessories *pl.*

Staffel ['ʃtafəl] *f* (15) step; *fig.* degree; *Sport*: relay; (*Teilstrecke*) stage; (~*aufstellung*) echelon (formation); ✈, ⚔ squadron; ~**ei** [~'laɪ] *f* (16) easel; ²**förmig** ['~fœrmiç] in echelons; '~**lauf** *m* relay race; '²**n** (29) *Steuern usw.*: graduate, differentiate; *Arbeitszeit usw., a.* ⊕, ✈, *Sport*: stagger; '~**ung** *f* graduation, differentiation; staggering.

staf'fieren *s. aus*~.

Stagn|ation [stagna'tsjo:n] stagnation; ²**ieren** [~'gni:rən] stagnate.

stahl¹ [ʃtɑ:l] *pret. v. stehlen*.

Stahl² *m* (3³) steel; '~**bad** *n* chalybeate bath (*od. Ort*: spa); '~**bau** *m* steel construction; '~**beton** ⊕ *m* steel concrete; '²**blau** steel-blue; '~**blech** *n* sheet-steel.

stähl|en ['ʃtɛ:lən] (25) temper; *fig.* steel; '~**ern** (of) steel; *fig.* steel(y).

'**Stahl|feder** *f* steel spring; *zum Schreiben*: steel nib; '~**helm** *m* steel helmet; '~**kammer** *f* strong-room, *Am.* steel vault; '~(**rohr**)**möbel** *n/pl.* tubular (steel) furniture *sg.*; ~**späne** ['~ʃpɛ:nə] *m/pl.*, '~**wolle** *f* steel wool *sg.*; '~**stich** *m* steel engraving; '~**werk** *n* steel works.

stak [ʃtɑ:k] *pret. v. stecken²*.

Staken ['ʃtɑ:kən] **1.** *m* (6) stake; **2.** ² (25) pole, punt.

Staket [ʃta'kɛt] *n* (3) fence, palisade.

Stall [ʃtal] *m* (3³) (*Pferde*²) stable (*a. fig. Renn*² *usw.*); (*Kuh*²) cow-shed; (*Schaf*²) sheep-pen; *s. Hundehütte, Hühner*², *Schweine*²; (*Schuppen*) shed, *Am. a.* barn; '~**gefährte** *m Sport*: stable companion (*a. fig.*); '~**geld** *n* stable-money, stallage; '~**knecht** *m* groom; '~**meister** *m* equerry; '~**ung** *f* stabling; ~*en pl.* stables.

Stamm [ʃtam] *m* (3³) ⚘ stem (*a. gr.*); (*Stengel*) stalk; (*Baum*²) trunk (*a. anat.*); (*Volks*² *usw.*) race; (*Geschlecht*) stock; (*Familie, Haus*) family, *in Schottland*: clan; (*Eingeborenen*²) tribe; *von Vieh*: breed; *biol.* phylum; *fig.* (*Bestand*) stock; (*Kern*) core, nucleus; (*Kader*) cadre; *s. Kunden*², *Stammpersonal*; '~-**aktie** *f* ordinary share, *Am.* common stock; '~**baum** *m* family (*od.* genealogical) tree; *von Tieren*: pedigree; '~**buch** *n* album; '~**burg** *f* ancestral castle; '²**eln** *v/i. u. v/t.* (29) stammer; '~-**eltern** *pl.* progenitors, first parents; '²**en** (25, sn): ~ *von P.*: be descended from; (*s-n Ursprung haben in*) originate (*Am. a.* stem) from; *zeitlich*: date from; *gr.* be derived from; *vgl. ab*~, *her*~; '~**esgeschichte** *f* racial history; *biol.* phylogeny; '~**form** *gr. f* cardinal form; '~**gast** *m* habitué (*fr.*), regular guest; '~**halter** *m* son and heir; '~**haus** ✝ *n* parent house *od.* firm.

stämmig ['ʃtɛmiç] *fig.* (*stark*) sturdy, stalwart, husky, F hefty; (*untersetzt*) stocky.

'**Stamm|kapital** *n* original capital; '~**kunde** *m*, '~**kundin** *f* regular customer.

'**Stamm|lokal** *n* habitual haunt; '~**personal** *n* permanent staff;

(*Mindest*♀) skeleton staff; (*Kader*) cadre personnel; '**~rolle** ⚔, ⚓ *f* personnel roster; '**~silbe** *f* root syllable; '**~sitz** *m* ancestral seat; '**~tafel** *f* genealogical table; '**~tisch** *m* (table reserved for) regular guests; '**~vater** *m* ancestor; '**♀verwandt** kindred, cognate; *pred.* of the same race; '**~volk** *n* aborigines *pl.*, primitive people; '**~wort** *n* (1^2) root word, stem.

Stampfe ['ʃtampfə] *f* (15) tamper; (*Ramme*) rammer; (*Stößel*) pestle; '**♀n** *v/t. u. v/i.* (25) stamp; (*hämmern*) pound; *Schiff*: pitch; (*zer~*) crush; *Kartoffeln usw.*: mash.

Stand [ʃtant] **1.** *m* (3^3) (*Stehen*) stand(ing), upright position; (*Halt für den Fuß*) footing; *s. Standplatz*; (*Niveau*) level; (*Verkaufs*♀, *Pferde*♀) stall; (*Zu*♀) state, condition; (*Lage*) position, state of affairs; (*soziale Stellung*) status, station, rank; (*Klasse*) class; (*Beruf*) profession; (*Gewerbe*) trade; *des Thermometers usw.*: reading; *ast.* position; *Sport*: (*Spiel*♀) score; *pol. die Stände pl.* the estates; *Mann von ~e* man of rank; *Patentrecht*: *~ der Technik* prior art; *j-n in den ~ setzen et. zu tun* enable a p. to do a th.; *Sprung aus dem ~* standing jump; *e-n schweren ~ haben* have a hard time (of it); *auf den neuesten ~ bringen* bring up to date; *s. imstande, instand, zustande*; **2.** ♀ *pret. v. stehen.*

Standard ['ʃtandart] *m* (11) standard; **♀i'sieren** [~di-] standardize; **~i'sierung** *f* standardization; **~lösung** ['~dart-] *f* standard solution; '**~werk** *n* standard work.

Standarte [~'dartə] *f* (15) standard.

Standbild ['ʃtant-] *n* statue.

Ständchen ['ʃtɛntçən] *n* (6) serenade; *j-m ein ~ bringen* serenade a p.

Stander ['ʃtandər] *m* (7) pennant.

Ständer ['ʃtɛndər] *m* (7) (*Gestell*) stand; (*Gewehr*♀, *Pfeifen*♀ *usw.*) rack; (*Pfosten*) post, pillar; ⚡ stator.

Standes|amt ['ʃtandəsˀamt] *n* registry office, *Am.* marriage license bureau; '**♀-amtlich:** *~e Trauung* civil marriage; '**~be-amte** *m* registrar; '**~bewußtsein** *n* class-consciousness; '**~dünkel** *m* pride of position, snobbery; '**~-ehre** *f* professional hono(u)r; '**♀gemäß**, '**♀mäßig** in accordance with one's rank; '**~person** *f* person of rank *od.* quality; '**~unterschied** *m* social difference.

'**stand|fest** stable; '**♀geld** *n* stall-rent; '**♀gericht** ⚔ *n* drumhead court-martial.

'**standhaft** steadfast, steady, firm; '**♀igkeit** *f* steadfastness.

'**standhalten** hold one's ground; (*aushalten*) stand; *j-m od. e-r S. ~* resist a p. *od.* a th.

ständig ['ʃtɛndiç] permanent; (*fortwährend*) constant; *Einkommen*: fixed, regular; *Ausschuß*: standing; *~er Begleiter* constant companion; *et. ~ tun* keep doing a th.

'**Stand|licht** *mot. n* parking light; '**~motor** *m* stationary engine; '**~ort** *m* (3) station, location, ⚓ *usw.* position (*a. fig.*); ⚔ garrison, *Am.* post; '**~pauke** F *f* severe lecture, harangue; '**~platz** *m* stand(ing-place); '**~punkt** *m* point of view, view(point); *den ~ vertreten* take the view (*that*); *j-m den ~ klarmachen* give a p. a piece of one's mind; *s. Standort*; '**~quartier** ⚔ *n* fixed quarters *pl.*; '**~recht** ⚔ *n* martial law; '**♀rechtlich** according to martial law; '**~-uhr** *f* grandfather's clock.

Stange ['ʃtaŋə] *f* (15) pole; (*Vogel*♀) perch; (*Metall*♀) bar, rod; *v. Siegellack usw.*: stick; F (*lange Person*) bean-pole; F *e-e ~ Geld* F quite a packet; (*Kleid*) *von der ~* (*fertiggekauft*) F reach- (*Am.* hand-)me-down; *fig. j-m die ~ halten* stick up for a p.; F *bei der ~ bleiben* stick to it; '**~nbohne** *f* runner bean; '**~nspargel** *m* asparagus served whole.

stank [ʃtaŋk] *pret. v. stinken.*

Stänker F ['ʃtɛŋkər] *m* (7) *fig.* squabbler; **~ei** [~'raɪ] *f* (16) squabble; '**♀n** (29) *fig.* squabble

Stanniol [ʃta'njoːl] *n* (3^1) tinfoil.

Stanze[1] ['ʃtantsə] *f* (15) (*Strophe*) stanza.

'**Stanze**[2] ⊕ *f* punch; '**♀n** punch, stamp.

Stapel ['ʃtɑːpəl] *m* (7) pile, stack; ⚓ slip(way); *der Wolle*: staple; *auf ~ legen* lay down; *vom ~ lassen* launch (*a. fig.*); *vom ~ laufen* be launched (*a. fig.*); '**~güter** *n/pl.* staple commodities; '**~lauf** *m* launch(ing); '**♀n** (20) stack, (*a. sich*) pile up; (*lagern*) store; '**~platz** *m* dump; (*Handelsplatz*) emporium.

stapfen ['ʃtapfən] (25) plod, trudge.
Star[1] [ʃtɑːr] *m* (3[1]) *zo.* starling; **~**[2] *m* ⚕ *grauer* ~ cataract, *grüner* ~ glaucoma, *schwarzer* ~ amaurosis; *j-m den* ~ *stechen fig.* open a p.'s eyes; **~**[3] [stɑːr] *m thea.* star.
starb [ʃtarp] *pret. v. sterben.*
stark [ʃtark] (18[2]) **1.** *allg.* strong (*a. Getränk usw., gr. u. fig.*); *P.*: *a.* sturdy; (*a. Maschine, Schlag usw.*) powerful; (*beleibt*) stout, corpulent; ⊕ (*dick*) thick; (*intensiv*) intense; (*heftig*) violent; (*beträchtlich*) large; (*schlimm*) bad; *Fieber*: high; *Frost*: hard; *Familie*: numerous; *Regen, Verkehr*: heavy; *~e Auflage e-s Buches* large edition; *~er Band* big volume; *~e Erkältung* bad cold; *~er Esser* hearty eater; *~er Trinker* hard drinker; *pol. ~er Mann* strong man; *~e Meile* (*Stunde*) good mile (hour); *~e Seite fig.* strong point, forte; F *das ist* (*doch*) *zu ~!* that's a bit thick!; **2.** *adv.* very much; greatly, strongly; hard; badly.
Stärke ['ʃtɛrkə] *f* (15) **1.** *s. stark*: strength (*a. e-s Heeres usw.*); force; stoutness; power (*a.* ⊕ *Leistung*); ⊕ thickness; intensity; violence; largeness; *fig.* forte, strong point; **2.** ⚗ starch; '**⁀haltig** starchy; '**~mehl** *n* starch-flour; '**⁀n** (25) strengthen (*a. fig.*); (*beleben*) invigorate; *Wäsche*: starch; *sich ~ fig.* take some refreshment.
'**Starkstrom** ⚡ *m* power (*od.* high-voltage *od.* heavy) current; '**~leitung** *f* power line.
'**Stärkung** *f* strengthening; (*Erfrischung*) refreshment; '**~smittel** *n* restorative, tonic.
starr [ʃtar] rigid (*a. fig. u. Luftschiff*), stiff; *Blick*: staring, fixed; (*unbeugsam*) inflexible; *vor Schreck usw.*: paralysed (with *fear etc.*); *vor Staunen*: dum(b)founded; *vor Kälte*: numb; '**~en** (25) stare (*auf acc.* at); *von Waffen usw.*: bristle with; *von Schmutz usw.*: be covered with; '**⁀heit** *f* stiffness, rigidity; numbness; **~köpfig** ['~kœpfiç], '**~sinnig** stubborn, obstinate; '**⁀krampf** *m* tetanus; '**⁀sinn** *m* obstinacy, stubbornness; '**⁀sucht** *f* catalepsy.
Start [ʃtart] *m* (3) start (*a. fig.*); ✈ take-off; (*Raketen⁀*) lift-off; *Sport*: *fliegender* (*stehender*) ~ flying (standing) start; '**~bahn** ✈ *f* runway; '**⁀bereit** ready to start; ✈ ready to take off; '**⁀en** (26, h. *u.* sn) start; *fig. a.* launch; ✈ take off; '**~er** *m* (7) starter; '**~erlaubnis** *f* permission to start; ✈ clearance for take-off; '**⁀klar** *s. startbereit*; '**~platz** *m* starting-place; '**~schleuder** *f* catapult; '**~schuß** *m Sport*: starting shot; '**~verbot** *n Sport*: suspension; ✈ take-off restriction; *~ erhalten* be grounded.
Statik ['stɑːtik] *f* (16) statics *sg.*; '**~er** ⚠ *m* stress analyst.
Station [ʃta'tsjoːn] *f allg.* station; (*Kranken⁀*) ward; (*gegen*) *freie ~* board and lodging (found); *~ machen* stop (*in dat.* at); **⁀är** [~tsjo'nɛːr] stationary; ⚕ in-patient; **⁀ieren** [~'niːrən] station; **~ierungskosten** [~'niːruŋs-] *pl.* stationing costs; **~sarzt** [~'tsjoːns-] *m* ward physician; **~svorsteher** 🚂 *m* station-master, *Am.* station agent.
statisch ['stɑːtiʃ] static(ally *adv.*).
Statist [ʃta'tist] *m* (12), **~in** *f* (16[1]) *thea.* super(numerary); *Film*: extra; **~ik** *f* (16) statistics *pl. u. sg.*; **~iker** *m* (7) statistician; **⁀isch** statistical.
Stativ [ʃta'tiːf] *n* (3[1]) stand, support; *phot. usw.* tripod.
Statt [ʃtat] **1.** *f* (16, *o. pl.*) place, stead; *an Kindes ~ annehmen* adopt; *s. vonstatten, zustatten*; **2.** ⁀ *prp.* (*gen., zu mit inf.*) instead of, in lieu of.
Stätte ['ʃtɛtə] *f* (15) place, spot; *e-s Ereignisses*: scene; (*Wohnung*) abode; *keine bleibende ~ haben* have no fixed abode.
'**statt|finden**, '**~haben** take place, happen; come off; *Veranstaltung*: be held; '**~geben** (*dat.*) grant, allow; '**~haft** admissible; (*gesetzlich ~*) legal. [*b.s.* satrap.]
'**Statthalter** *m* (7) governor; *rhet.*
'**stattlich** stately; (*ansehnlich*) handsome; (*würdevoll*) portly; (*beträchtlich*) considerable; '**⁀keit** *f* stateliness *etc.*
Statue ['ʃtɑːtuə] *f* (15) statue; '**⁀nhaft** statuesque.
statuieren [ʃtatu'iːrən] establish; *ein Exempel ~* make an example (*an dat.* of).
Statur [ʃta'tuːr] *f* (16) stature, size.
Status ['stɑːtus] *m* (*inv.*) status (*a. fig. Prestige*); state, condition; '**~symbol** *n* status symbol.

Statut [~'tu:t] *n* (5) statute, regulations *pl.*; ~*en pl. e-r Handelsgesellschaft usw.*: articles *pl.* of association; **2enmäßig** statutory.
Stau [ʃtau] *m* (3) *s. Stauung.*
Staub [ʃtaup] *m* (3) dust; (*Pulver*) powder; *sich aus dem ~e machen* make off, decamp; *s. aufwirbeln*; '**~beutel** ⚘ *m* anther.
Stäubchen ['ʃtɔʏpçən] *n* (6) particle of dust, mote, atom.
staubdicht ['ʃtaupdiçt] dustproof.
Stau-becken ['ʃtau-] *n* reservoir.
stauben ['~bən] *v/i.* (25, h. *u.* sn) give off dust; *es staubt* it is dusty.
stäuben ['ʃtɔʏbən] *v/t.* dust (*a.* ✓ *Pflanzen*); *v/i.* = *stauben.*
'**Staub|faden** ⚘ *m* filament; '**~fänger** *m* dust-catcher; '**~flocke** *f* fluff; '**2frei** dust-free; '**~gefäß** ⚘ *n* stamen; '**2haltig** dust-laden; **2ig** ['~biç] dusty; '**~korn** *n* dust particle; '**~lunge** ⚕ *f* pneumoconiosis; '**~mantel** *m* dust-coat; '**~sauger** *m* vacuum cleaner; '**~tuch** *n* duster; '**~wedel** *m* feather duster; '**~wolke** *f* cloud of dust.
stauchen ['ʃtauxən] (25) jolt; *mit dem Fuß*: kick; ⊕ upset.
'**Staudamm** *m* dam.
Staude ['ʃtaudə] *f* (15) shrub, bush.
stauen ['ʃtauən] (25) *Wasser*: dam up; *Güter*: stow (away); *sich ~* be banked up, *weitS.* accumulate.
'**Stauer** ⚓ *m* (7) stevedore.
staunen ['ʃtaunən] **1.** (25) be astonished *od.* amazed (*über acc.* at); **2.** 2 *n* (6) astonishment, amazement; *in ~ versetzen* amaze; '**~swert** astonishing, amazing.
Staupe *vet.* ['ʃtaupə] *f* (15) distemper.
'**Stau|see** *m* storage-lake, reservoir; '**~ung** *f* damming up; (*Stockung*) stoppage; ⚕ (*a. Verkehrs2*) congestion; (*Verkehrs2*) *a.* bank-up; (*gestaute Masse*) jam; '**~werk** *n* barrage.
Stearin [ʃtea'ri:n] *n* (3^1) stearin.
stechen ['ʃtɛçən] **1.** *v/t. u. v/i.* (30) prick; *Insekt*: sting; *Floh, Mücke*: bite; (*durch~*) pierce; *mit e-m Messer usw.*: stab; *Kartenspiel*: trump (*od.* take) *a card*; *Sonne*: burn; *Rasen, Spargel, Torf*: cut; ⊕ *in Kupfer*: cut, engrave; *sich in den Finger ~* prick one's finger; *s. Auge, See, Star²*; **2.** 2 *n* (*Schmerz*) stitches *pl.*; *Sport*: jump *od.* shoot *od.* fence *etc.* off; '**~d** *fig. Blick*: piercing; *Geruch, Geschmack*: stinging, pungent; *Schmerz*: stabbing.
'**Stech|fliege** *f* stinging fly; (*Bremse*) gadfly; '**~ginster** *m* furze, gorse; '**~heber** *m* siphon, pipette; '**~mücke** *f* gnat, mosquito; '**~palme** *f* holly; '**~schritt** ⚔ *m* goose-step; '**~-uhr** *f* control clock; '**~zirkel** *m* dividers *pl.*
'**Steck|brief** *m* warrant of arrest, "wanted" circular; '**2brieflich:** *j-n ~ verfolgen* take out a warrant against a p.; '**~dose** ⚡ *f* (wall) socket.
Stecken¹ ['ʃtɛkən] *m* (6) stick, staff.
'**stecken²** (30) **1.** *v/t.* stick; (*wohin tun*) put; *bsd.* ⊕ insert (*in acc.* into), *Kabel usw.*: plug (into); ⚘ set, plant; (*fest~*) fix; *mit Nadeln*: pin; *fig. Geld in ein Geschäft*: put into; F *j-m et. ~* tell a p. a th.; *s. Brand, Decke, Nase, Tasche, Ziel, dahinter~*; **2.** *v/i.* (*sich befinden*) be; (*festsitzen*) stick (fast); *in Schulden usw. ~* be involved in; '**~bleiben** (sn) stick fast, get (*od.* be) stuck, come to a dead stop; *im Sumpf*: bog down (*a. fig. Verhandlungen usw.*); *in e-r Rede*: break down; *s. Kehle*; '**~lassen** leave; '**2pferd** *n* hobby-horse; *fig.* hobby.
'**Steck|er** ⚡ *m* (7) plug; '**~kontakt** *m* plug-contact; '**~ling** *m* (3^1), '**~reis** *n* ⚘ layer, slip, cutting; '**~nadel** *f* pin; *wie e-e ~ suchen* hunt for *a p.* (high and low); '**~rübe** ⚘ *f* turnip; '**~schlüssel** ⊕ *m* socket wrench; '**~schuß** ⚕ *m* retained missile.
Steg [ʃte:k] *m* (3) path; (*Brücke*) foot-bridge; *typ.* stick; (*Hosen2*) strap; (*Brillen2, Geigen2*) bridge; '**~reif** *m*: *aus dem ~* extempore, off-hand (*alle a. attr.*); *aus dem ~ sprechen usw.* extemporize, *Am.* F ad-lib.
'**Steh|-auf(männchen** *n*) *m* skipjack, tumbler; '**~bierhalle** *f* bar.
stehen ['ʃte:ən] **1.** (30, h. *u.* sn) stand (up); (*sein, sich befinden*) be; (*still~*) stand still, *Uhr usw.*: have stopped; (*geschrieben ~*) be written; (*kleiden*) suit, become (*j-m* a p.); *~ bleiben* remain standing; *es steht bei dir, zu inf.* it is for you to *inf.*; *~ für* stand (*od.* answer) for; *fig. ~ auf* (*acc.*) *Aktien*: be at 75, *Baro-*

meter usw.: point to, stand at; F (*begeistert sein von*) *sl.* dig; *gr. auf* ... *steht der Akkusativ* ... answers the accusative; *hinter j-m* ~ back a p.; *fig. vor e-m Rätsel, dem Ruin, e-r Schwierigkeit usw.* ~ be faced with; *sich gut (schlecht)* ~ be well (badly) off; *(sich) gut (schlecht)* ~ *mit j-m* be on good (bad) terms with a p.; *es steht schlecht mit ihm* he is in a bad way; *zu j-m* ~ stand by a p.; *zu e-m Versprechen usw.* ~ stand to; *teuer zu* ~ *kommen* cost dear; *was steht in dem Brief?* what does it say in the letter?; *wie steht's mit* ...? what about ...?; *Sport: wie steht das Spiel?* what's the score?; *s. dahinstehen, Debatte, Mann, Modell, Pate, Rede usw.*; **2.** ♀ *n* standing; *Mahlzeit im* ~ stand-up meal; *zum* ~ *bringen (kommen)* bring (come) to a stop; '**~bleiben** (sn) (*nicht weitergehen*) stand still; stop; *Fehler usw.*: remain, be overlooked; *beim Lesen*: leave off; '**~d** standing (*a. fig. Heer, Regel, Redensart; Wasser*); *s. Fuß*; '**~lassen** leave (standing); (*vergessen*) leave (behind); (*nicht anrühren*) let (*od.* leave) *a th.* alone; *s. Bart.*

'**Steher** *m* (7) *Rennsport*: stayer.

'**Stehkragen** *m* stand-up collar.

'**Stehlampe** *f* standard (lamp); *auf dem Fußboden stehend*: floor-lamp.

stehlen ['ʃte:lən] *v/t. u. v/i.* (30) steal (*j-m Geld usw.* a p.'s money *etc.*).

'**Steh|platz** *m* standing-place *od.* -room; '**~platz-inhaber(in** *f*) *m Am.* standee; '**~pult** *n* standing-desk, high desk; '**~vermögen** *n Sport usw.*: staying power, stamina.

steif [ʃtaɪf] stiff (*a. fig.*); *bsd. phys.* rigid; *vor Kälte*: numb, benumbed; *~er Hut* bowler hat, *Am.* derby (hat); *fig.* ~ *und fest* obstinately, categorically; *s. Ohr*; '**~en** (25) stiffen; *Wäsche*: starch; *j-m den Nacken* ~ stiffen a p.'s back; '**♀heit** *f* stiffness; '**♀leinwand** *f* buckram.

Steig [ʃtaɪk] *m* (3) path; '**~bügel** *m* stirrup; **~e** ['~gə] *f* (15) ladder; (*Treppe*) steep stairs *pl.*; (*Zaunübertritt*) stile; (*steiler Pfad*) ascent; (*Kiste*) crate; **~-eisen** ['~k-] *n* climbing-iron; *mount.* crampon; **♀en**[1] ['~gən] (30, sn) mount, go up; (*klettern*) climb (up) (*a.* ✈ *u. fig.*); *fig.* (*zunehmen*) increase, *a. Wasser, Temperatur, Barometer, Preis usw.*: rise; *Pferd*: prance, rear; F (*stattfinden*) come off, be staged; *auf e-n Baum* ~ climb (up) a tree; *j-m in den Kopf* ~ go to a p.'s head; *zu Pferde* ~ mount (a horse); *vom Pferde* ~ dismount; '**~en**[2] *n* rise; increase; '**♀end** *fig.* rising; (*wachsend*) growing; **~er** ⚒ ['~gər] *m* (7) pit-foreman; '**♀ern** (29) raise; (*vermehren*) increase; (*verstärken*) enhance; *Produktion*: step up; (*hochtreiben*) force up; *gr.* compare; *sich* ~ increase, *Person*: improve, *in Wut*: work o.s. up into a rage.

'**Steigerung** *f* raising; increase, rise; enhancement; *gr.* comparison; '**~sgrad** *gr. m* degree of comparison.

Steigfähigkeit ['~k-] *f* ✈ climbing power; *mot.* hill-climbing ability.

Steigung ['ʃtaɪgʊŋ] *f* rise, gradient, *Am. a.* grade; (*Hang*) slope; (*Aufstieg*) ascent.

steil [ʃtaɪl] steep; '**♀feuer** ⚔ *n* high-angle fire; '**♀hang** *m* precipice, steep slope; '**♀heit** *f* steepness.

Stein [ʃtaɪn] *m* (3) stone (*a.* ⚘, ⚕ *u. Edel♀*); (*Fels*) rock; *Uhr*: jewel; *Damespiel*: man; *für Feuerzeuge*: flint; *fig. den* ~ *ins Rollen bringen* set the ball rolling; *e-n* ~ *im Brett haben bei j-m* be in a p.'s good books; *ein* ~ *fällt mir vom Herzen* that takes a load off my mind; *s. Anstoß.*

'**Stein|-adler** *m* golden eagle; '**♀'-alt** very old; '**~bock** *m* ibex; *ast.* Capricorn; '**~bruch** *m* quarry; '**~butt** *m* (3) turbot; '**~druck** *m* lithography; (*Bild*) lithograph; '**~drucker** *m* lithographer; '**~-eiche** ⚘ *f* holm-oak; '**♀ern** stone-..., of stone; *fig.* stony; '**~frucht** *f* stone(-)fruit; '**~garten** *m* rock garden; '**~gut** *n* earthenware, stoneware; '**♀'hart** (as) hard as stone.

'**steinig** full of stones, stony, rocky; **~en** ['~igən] (25) stone; '**♀ung** *f* stoning.

'**Stein|kohle** *f* mineral (*od.* hard) coal, pit-coal; '**~kohlenbergwerk** *n* colliery; '**~marder** *m* beech marten; '**~metz** *m* (12) stone-mason; '**~-obst** *n* stone-fruit; '**~pilz** *m* (edible) boletus; '**♀'reich** *fig.* immensely rich; '**~salz** *n* rock-salt; '**~schlag** *mount. m* rockfall; '**~wurf** *m* stone's throw; '**~zeit** *f* Stone Age.

Steiß [ʃtaɪs] *m* (3²) buttocks *pl.*, rump; '**~bein** *anat. n* coccyx.

Stellage [ʃtɛ'lɑːʒə] *f* (15) frame, rack, stand; ☤ *Börse*: put and call; (*~ngeschäft*) dealing in futures.

Stelldichein ['ʃtɛldiçˀaɪn] *n* (*inv. gen. a. ~s*) rendezvous, *bsd. Am.* F date.

Stelle ['ʃtɛlə] *f* (15) place; (*Fleck*) spot; (*wo j. steht*) stand, position; (*Arbeitsstelle*) employment, job, situation, place, post; (*Behörde, Dienststelle*) agency, office; (*Buch*≈) passage; *e-r Zahl*: digit, (*Dezimal*≈) place; freie ~ (*freier Arbeitsplatz*) vacancy; offene ~ (*Öffnung*) opening; an erster ~ in the first place; *fig.* an erster ~ stehen come first; an ~ von *od. gen.* in place of, instead of; an deiner ~ in your place; an j-s ~ treten take the place of a p.; auf der ~ on the spot, immediately; auf der ~ treten ⚔ *u. fig.* mark time; nicht von der ~ kommen not to get ahead; zur ~ sein be present *od.* at hand.

'**stellen** (25) put; place, set; stand; (*richtig ein~*) regulate, adjust; *Wecker, Aufgabe*: set; (*aufhalten*) stop; *Verbrecher, Wild*: bring to (*od.* hold at) bay, hunt down; (*herausfordern*) challenge; (*liefern*) furnish, supply; provide; *Zeugen*: produce; sich *wohin* ~ place o.s.; ⚔ join up, enlist; (*sich einfinden*) present o.s.; *dem Verfolger*: turn to (*od.* stand at) bay (*a. fig.*); *e-m Gegner*: face up to *an opponent*; sich ~ gegen *et.* oppose; sich der Polizei ~ give o.s. up to the police; sich gut mit j-m ~ put o.s. on good terms with a p.; *fig.* sich krank *usw.* ~ feign (*od.* pretend) to be ill *etc.*; sich ~, als ob … feign (*od.* pretend) to *do*; sich zum Kampf ~ accept combat; sich (im Preis) ~ auf come to, cost; der Preis stellt sich auf … the price is …; Bedingungen ~ make conditions; wie stellt er sich dazu? what does he say (to it)?; in Dienst ~ engage, *Schiff*: put into commission; *s.* Antrag, Bein, Falle, Frage, Rechnung *usw.*; gestellt *Bild usw.*: posed; gut gestellt sein be well off; auf sich selbst gestellt sein be on one's own.

'**Stellen|-angebot** *n* position offered; *~e pl. in der Zeitung*: vacancies, F want ads; '**~gesuch** *n* application for a job; '**~jäger** *m* place-hunter, *Am.* job-hunter; '**≈los** unemployed, jobless; '**~nachweis** *m*, '**~vermittlung(sbüro** *n*) *f* employment agency (*Am.* bureau); '**≈weise** here and there, in places (*od.* spots).

'**Stell|macher** *m* wheelwright; '**~schraube** *f* adjusting screw.

'**Stellung** *f* position (*a.* ⚔ *u. fig. Einstellung*); (*Berufs*≈) position, situation, employment, job, place; (*Rang*) (social) position, status, rank; (*Ansehen*) standing; (*Körperhaltung*) posture; (*das Stellen*) furnishing; ~ beziehen, ~ nehmen declare o.s., give one's opinion, comment (*alle*: zu on); die ~ halten *fig.* hold the fort; **~nahme** ['~nɑːmə] *f* (15) opinion, comment, statement (zu on); '**~skrieg** stabilized (*od.* static) warfare; '**≈slos** *s.* stellenlos; '**~sspiel** *n Sport*: positional play; '**~suchende** *m, f* applicant; '**~swechsel** *m* change of position.

'**stell|vertretend** vicarious; *amtlich*: acting, deputy; ~er Vorsitzender vice-chairman; '**≈vertreter(in** *f*) *m* representative; *amtlich*: deputy; (*Bevollmächtigter*) proxy; (*Ersatzmann*) substitute; '**≈vertretung** *f* representation; agency; substitution; '**≈vorrichtung** *f* adjusting device; '**≈werk** 🚂 *n* signal box.

Stelze ['ʃtɛltsə] *f* (15) stilt; '**≈n** (27, sn) stalk.

'**Stemm|bogen** *m* stem turn; '**~eisen** *n* crowbar; (*Meißel*) chisel.

stemmen ['ʃtɛmən] (25) prop, support; (*hochwuchten*) lever up; *Gewicht*: lift; *Loch*: chisel; sich ~ gegen press against, *fig.* resist *od.* oppose *a th.*; die Füße ~ gegen plant one's feet against.

Stempel ['ʃtɛmpəl] *m* (7) stamp; ⊕ piston; (*Präge*≈) die; (*Loch*≈) punch; ⚘ pistil; ⚒ (*Stützholz*) prop; ☤ brand, (*Echtheitszeichen*) hallmark; *fig.* den ~ e-r S. tragen bear the stamp of; '**~bogen** *m* stamped sheet of paper; '**~farbe** *f* stamping-ink; '**~gebühr** *f* stamp-duty; '**~kissen** *n* ink-pad; '**~marke** *f* (duty) stamp; '**≈n** (29) stamp, mark; *fig.* ~ zu stamp (*od.* label) as; F ~ gehen be on the dole; '**~uhr** *f* check-clock.

Stengel ['ʃtɛŋəl] *m* (7) stalk, stem.
Stenogra|mm [ʃteno'gram] *n* (3) shorthand notes *pl.*; **~ph** [~'grɑːf] *m* (12), **~phin** *f* shorthand writer, stenographer; **~phie** [~gra'fiː] *f* (15) shorthand, stenography; **2'phieren** *v/t. u. v/i.* write (in) shorthand; **2phisch** [~'grɑːfiʃ] (*adv.* in) shorthand.
Stenotypist [~ty'pist] *m* (12), **~in** *f* [(16[1]) shorthand typist.
Stentorstimme ['ʃtɛntɔrʃtimə] *f* stentorian voice.
Stepp|decke ['ʃtɛpdɛkə] *f* quilt; '**~e** *f* (15) steppe; '**2en** (25) quilt; '**~naht** *f* quilting-seam.
Steptanz ['ʃtɛptants] *m* tap-dance.
Sterbe|bett ['ʃtɛrbəbɛt] *n* death--bed; '**~fall** *m* (case of) death; '**~fallversicherung** *f* death insurance; '**~geld** *n*, '**~hilfe** *f* death benefit; '**~kasse** *f* burial-fund; '**2n** **1.** (30, sn) die (*an dat.* of); **2.** '**~n** *n* dying, death; *im ~ liegen* be dying.
'**sterbens|'krank** dangerously ill; '**~'müde** tired to death; '**2'wort** *n*, '**2'wörtchen** *n*: *kein ~* not a (single) word.
'**Sterbe|sakramente** *n/pl.* last sacraments; '**~stunde** *f* dying-hour; '**~-urkunde** *f* death-certificate.
sterblich ['ʃtɛrpliç] mortal; *~ verliebt* desperately in love (*in acc.* with); *gewöhnliche 2e pl.* ordinary mortals; '**2keit** *f* mortality; '**2keitsziffer** *f* death-rate, mortality.
Stereo ['steːreo] *n* stereo; '**~-aufnahme** *f phot.* stereoscopic photo (-graph); **~metrie** [~me'triː] *f* (15) stereometry, solid geometry; '**~-(schall)platte** *f* stereo(phonic) record; **~skop** [~'skoːp] *n* (3[1]) stereoscope.
stereotyp [~'tyːp] stereotype; *fig.* stereotyped; **2e** *f* (15) stereotype; **2ie** [~'piː] *f* (15) stereotype-printing; **~ieren** [~'piːrən] stereotype.
steril [ste'riːl] *allg.* sterile; **~isieren** [~rili'ziːrən] sterilize; **2isation** [~iza'tsjoːn] *f* sterilization; **2ität** [~rili'tɛːt] *f* (16, *o. pl.*) sterility.
Stern [ʃtɛrn] *m* (3) star (*a. fig.*); *(un)glücklicher ~* (un)lucky star; *typ.* asterisk (*a.* '**~chen** *n* [6]); '**~bild** *n* constellation; '**~deuter** *m* astrologer; **~deuterei** [~'raɪ] *f* astrology; '**~enbanner** *n* Star--Spangled Banner, Stars and Stripes *pl.*; '**~fahrt** *mot. f* motor rally; **2förmig** ['~fœrmiç] starlike, stellar; *a.* ⊕ radial; '**2hagelvoll** F dead drunk; '**2hell**, '**2klar** starli(gh)t, starry; '**~himmel** *m* firmament, starry sky; '**~kunde** *f* astronomy; '**~licht** *n* starlight; '**~motor** *m* radial engine; '**~schaltung** ⚡ *f* Y-connection; '**~schnuppe** *f* shooting star; '**~stunde** *f* siderial hour; *fig.* fateful hour; '**~warte** *f* observatory.
Sterz [ʃtɛrts] *m* (3[2]) tail; (*Pflug2*) plough-tail, *Am.* plowtail.
stet [ʃteːt] steady, constant; *fig. ~er Tropfen höhlt den Stein* little strokes fell big oaks.
'**stetig** continual, constant; (*unerschütterlich*) steady; '**2keit** *f* steadiness; continuity, constancy.
stets [ʃteːts] always, constantly.
Steuer ['ʃtɔʏər] **1.** ⚓ *n* (7) rudder, helm; ✈ control(s *pl.*); *mot.* steering wheel; *am ~* at the helm (*a. fig.*), *mot.* at the wheel; **2.** *~ f* (15) tax, *bsd. indirekte*: duty; (*Kommunal2*) rate (*alle*: *auf acc.* on); '**~-abzug** *m* tax deduction; '**~-anschlag** *m* assessment; '**~-aufkommen** *n* tax receipts *pl.*, inland (*Am.* internal) revenue; '**2bar** assessable, taxable; ⊕ *s. lenkbar*; '**~be-amte** *m* revenue--officer; '**~befreiung** *f* tax exemption; '**~behörde** *f* inland-revenue office; '**~berater** *m* tax consultant; '**~bescheid** *m* notice of assessment; '**~bord** ⚓ *n* starboard; '**~-einnahmen** *f/pl. s. Steueraufkommen*; '**~-erklärung** *f* (income-)tax return; '**~-erlaß** *m* remission of taxes; '**~-erleichterung** *f*, '**~-ermäßigung** *f* tax abatement; '**~flosse** ✈ *f* fin; '**2frei** tax-exempt; '**~freiheit** *f* exemption from taxation; '**~hinterzieher** *m* tax dodger; '**~hinterziehung** *f* tax evasion; '**~klasse** *f* tax bracket; '**~knüppel** ✈ *m* control stick *od.* lever, joystick; '**~last** *f* tax burden; '**2lich** tax ..., fiscal; '**~mann** ⚓ *m* helmsman; (*Boots2*) coxswain; (*Titel*) mate; *ohne ~* (*Bootsrennen*) coxswainless; '**~marke** *f* duty-stamp; '**~mittel** *n/pl.* tax money.
'**steuern** (h. *u.* sn) steer, *bsd.* ✈ pilot; *mot.* drive; ⊕ control; *e-r S. ~* check a th., *vorbeugend*: obviate, *abhelfend*: remedy; *der Not ~* meet need.

steuer|pflichtig ['~pflıçtıç] taxable; *S.*: dutiable; '**2politik** *f* fiscal policy; '**2rad** *n* ⚓, *mot.* steering wheel; ✈ control wheel; '**~rechtlich** fiscal; '**2ruder** *n* ⚓ rudder, helm; ✈ control surface; '**2satz** *m* tax rate; '**2senkung** *f* lowering of taxes.

'**Steuerung** *f* steering; piloting ⊕, ⚡ control; (*Vorrichtung*) steering gear; ✈ controls *pl.*; (*Ventil*2) valve gear.

'**Steuer|ver·anlagung** *f* assessment; '**~zahler** *m* *Brt.* *staatlich*: taxpayer, *städtisch*: ratepayer; *Am.* *allg.* taxpayer.

Steven ⚓ ['ʃte:vən] *m* (6) stem.

stibitzen F [ʃti'bitsən] (27) *sl.* filch.

Stich [ʃtiç] *m* (3) (*Nadel*2) prick; *e-s Insekts*: sting; (*Dolch*2, *Messer*2) stab; (*Näh*2) stitch; (*Stoß*) thrust; *Karten*: trick; (*Kupfer*2) engraving; ⚕ (*Schmerz*) stitch, twinge; stitch; ⚓ knot; *fig.* (*Seitenhieb*) cut, gibe; ~ *halten* hold water; *im* ~ *lassen* abandon, desert, *Gefährten*: *a.* forsake, let down, leave in the lurch; *e-n* ~ *haben Bier usw.*: be turning sour, *Fleisch*: be (a bit) high, F *P.*: be touched; *ein* ~ *ins Blaue* a tinge of blue; *es gab ihm e-n* ~ it cut him to the quick.

Stichel ['ʃtiçəl] *m* (7) engraver's tool; **~ei** [~'laı] *f* (16), '**~rede** *f* taunt, sneer, gibe, needling; '**2n** (29) *v/i.* stitch; prick (*beide a. v/t.*); *fig.* taunt, sneer (*gegen* at), needle.

'**stich|fest** proof; '**2flamme** *f* blast flame, flash; '**~haltig** valid, sound; ~ *sein* hold water; '**2haltigkeit** *f* validity, soundness; '**2ler** *m* taunter; '**2ling** *m* (3[1]) (*Fisch*) stickleback; '**2probe** *f* spot check; random test; ✝ sample test; '**2säge** *f* compass saw; '**2tag** *m* fixed day, target-date; deadline; '**2waffe** *f* stabbing (*od.* thrusting) weapon; '**2wahl** *f* second ballot; '**2wort** *n* catchword; *im Wörterbuch*: *a.* entry; *bsd. thea.* cue; '**2wortverzeichnis** *n* index; '**2wunde** *f* stab.

sticken ['ʃtikən] (25) embroider.

'**Sticker** *m* (7), '**~in** *f* embroiderer; **~ei** [~'raı] *f* (16) embroidery.

'**Stick|husten** *m* (w)hooping-cough; '**2ig** stifling, close, stuffy; '**~luft** *f* close (*od.* stuffy) air; '**~rahmen** *m* tambour(-frame); '**~stoff** ⚗ *m* nitrogen; **2stoffhaltig** ['~haltıç] nitrogenous; '**~wolle** *f* Berlin wool.

stieben ['ʃti:bən] (30, h. *u.* sn) fly about; *Flüssigkeit*: spray; *Menge*: scatter.

Stiefbruder ['ʃti:f-] *m* stepbrother.

Stiefel ['ʃti:fəl] *m* (7) boot, *Am. a.* shoe; F (*Unsinn*) *sl.* rot; '**~hose** *f* (*eine* a pair of) breeches *pl.*; '**~knecht** *m* boot-jack; '**2n** F (29) march; '**~putzer** *m* *im Hotel*: boots; *auf der Straße*: shoeblack; '**~schaft** *m* leg (of a boot).

'**Stief|geschwister** *pl.* stepbrother(s) and stepsister(s); '**~mutter** *f* stepmother; *b.s.* cruel mother; '**~mütterchen** ⚘ *n* pansy; '**2mütterlich** stepmotherly; *fig.* ~ *behandeln* neglect badly; '**~schwester** *f* stepsister; '**~sohn** *m* stepson; '**~tochter** *f* stepdaughter; '**~vater** *m* stepfather.

stieg [ʃti:k] *pret. v.* *steigen*[1].

Stiege ['ʃti:gə] *f* (15) *s. Steige*.

Stieglitz ['ʃti:glits] *m* (3[2]) goldfinch.

Stiel [ʃti:l] *m* (3) handle; *e-s Glases*, *e-r Pfeife*: stem; (*Besen*2) stick; ⚘ stalk.

Stier [ʃti:r] **1.** *m* (3) bull; *ast.* Bull, Taurus; *den* ~ *bei den Hörnern packen* take the bull by the horns; **2.** 2 *adj.* staring; '**2en** (25) stare (*auf acc., nach* at); (*glotzen*) goggle (at); '**~kampf** *m* bull-fight; '**~kämpfer** *m* bull-fighter; '**2nackig** bull-necked.

stieß [ʃti:s] *pret. v.* *stoßen*.

Stift[1] [ʃtift] *m* (3) pin; (*Holz*2) peg; (*Zier*2) stud; (*Zwecke*) tack; (*Zeichen*2) pencil, *farbiger*: crayon; F (*Lehrling*) youngster; **~**[2] *n* (1 *u.* 3) (charitable) foundation; (*Domkapitel*) chapter(-house); (*Kloster*) convent; (*Altersheim*) home for aged ladies; (*Theologenschule*) seminary; '**2en** (26) found; establish; (*spenden*) give, *Am.* donate; (*verursachen*) cause; *Frieden*: make; *s. Unfriede*; F ~ *gehen* bolt; '**~er** *m* (7), '**~erin** *f* (16[1]) founder; donor; (*Urheber*) author.

'**Stifts|dame** *f*, '**~fräulein** *n* canoness; '**~herr** *m* canon, prebendary; '**~kirche** *f* collegiate church.

'**Stiftung** *f* (*Schenkung*) donation, grant; (*Gründung*; *Anstalt*) foundation; *milde* ~ charitable institution, charity; '~sfest *n* foundation-festival, founder's day.

'Stiftzahn *m* pivot tooth.

Stil [ʃti:l] *m* (3[1]) *allg.* style (*a.* '**~art** *f*); *im großen* ~ on a large scale, *attr.* large-scale; '**~blüte** F *f* howler; '**⚲-echt** *s. stilgerecht*; **~ett** [sti'lɛt] *n* (3) stiletto; **~gefühl** ['ʃti:l-] *n* stilistic sense; '**⚲gerecht** stylish, true to style; *adv.* in (proper) style; **⚲i'sieren** stylize; *Text*: compose, word, stylize; **~istik** [~'listik] *f* (16) theory of style; **⚲istisch** [~'listiʃ] stylistic (-ally *adv.*); **~kunde** ['ʃti:l-] *f* style.

still [ʃtil] still, quiet; (*schweigend*) *a.* silent; (*ruhig*) calm; (*bewegungslos*) still, motionless; ☨ dull, flat; (*heimlich*) secret (*a. Hoffnung, Liebe, Reserven*); *~!* silence!, quiet!; *~es Gebet* silent prayer; *im ~en* silently, (*heimlich*) secretly; *⚲er Freitag* Good Friday; ☨ *~er Gesellschafter od. Teilhaber* sleeping (*Am.* silent) partner; *der ⚲e Ozean* the Pacific Osean; *s. Wasser*; '**⚲e** *f* (15) stillness, quiet(ness), silence; calm; lull (*vor dem Sturm* before the storm); *in der ~* quietly, (*heimlich*) secretly.

'Stilleben *paint. n* (6, *bei Trennung*: *Still-leben*) still life.

'stilleg|en (*bei Trennung*: *still-legen*) *Betrieb*: shut (*od.* close) down; *Verkehr*: stop; '**⚲ung** *f* closure, shut-down; stoppage.

'stillen (25) *Schmerz*: still; *Zorn, Hunger*: appease, stay; *Blut*: stop, sta(u)nch; *Durst*: quench; *Kind*: suckle, nurse; *Begierde*: gratify.

'Stillhalte|-abkommen *n* standstill agreement; '**⚲n** *v/i.* keep still (*a. v/t.*); *fig.* refrain from action; (*einhalten*) stop.

'stilliegen (*bei Trennung*: *still-liegen*; 30) lie still; *fig.* lie dormant; *Betrieb*: lie idle; *Handel usw.*: be at a standstill; *Verkehr*: be suspended.

stillos ['ʃti:lo:s] without (*od.* in bad) style.

'still|schweigen be silent (*zu* about); '**⚲schweigen** *n* silence; *mit ~ übergehen* pass (over) in silence; '**~schweigend** silent; *fig.* tacit, implied; '**⚲stand** *m* standstill, stop(page); *v. Verhandlungen usw.*: deadlock; *zum ~ bringen* (*kommen*) bring (come) to a standstill; '**~stehen** stand still; ⚔ stand at attention; ⊕ be idle; *fig.* be at a standstill; ⚔ *stillgestanden!* attention!; *der Verstand stand ihm still* his mind reeled (*bei* at); '**⚲ung** *f s. stillen*; stilling; appeasing; sta(u)nching; quenching; nursing, suckling; gratification; '**~vergnügt** cheerful(ly *adv.*).

'Stil|möbel *n/pl.* period furniture; '**~-übung** *f* stylistic exercise; '**⚲voll** stylish.

'Stimm|-abgabe *f* voting; '**~-aufwand** *m* vocal effort; '**~band** *n* vocal c(h)ord; '**⚲berechtigt** entitled to vote; '**~bruch** *m* change of voice.

Stimme ['ʃtimə] *f* (15) voice (*a. fig.*); (*Wahl⚲*) vote; (*Presse⚲*) comment; ♪ (*Noten*) part; *entscheidende ~* casting vote; (*gut*) *bei ~* in (good) voice; *seine ~ abgeben* (cast *od.* give one's) vote; *mit lauter ~* in a loud voice; '**⚲n** (25) *v/t.* tune; *fig. günstig usw.*: dispose; *j-n gegen et. ~* prejudice a p. against; *glücklich ~* make (feel) happy; *v/i.* (*zutreffen*) be true; *Summe usw.*: be correct; (*übereinstimmen*) agree, tally; *~ für* (*gegen*) vote for (against); F (*das*) *stimmt* (that's) right; *da stimmt et. nicht* there is something wrong.

'Stimmen|-einheit *f* unanimity; '**~fang** *m* vote-getting; '**~gleichheit** *f* parity of votes; *parl.* tie; '**~mehrheit** *f* majority (of votes); *einfache ~* simple majority.

'Stimm-enthaltung *f* abstention (from voting).

'Stimmenzählung *f* counting of votes.

'Stimmer ♪ *m* (7) tuner.

'stimm|fähig entitled to vote; '**⚲gabel** *f* tuning-fork; '**~gewaltig** loud-voiced; '**~haft** *gr.* voiced; '**⚲lage** *f* pitch; '**~lich** vocal; '**~los** voiceless; *gr. a.* unvoiced; '**⚲recht** *n* (right to) vote; *nur pol.* franchise, suffrage; '**⚲ritze** *anat. f* glottis.

'Stimmung *f* ♪ tune; *fig.* mood (*a. paint. usw.*), frame of mind; ⚔ *der Truppe*: morale; *der Öffentlichkeit*: sentiment; *allgemeine*: atmosphere; ☨ *Börse*: tone, tendency; *in guter ~* in good humo(u)r, in high spirits; (*nicht*) *in der ~ zu ...* in the (in no) mood for *a th. od.* to *inf.*; *~ machen für* make propaganda for; '**~skanone** F *f* great joker, life of the party;

'⁓smache *f* boom(ing); '⁓smensch *m* moody creature; '⁓smusik *f* mood music; '⁓s-umschwung *m* change of mood (*Börse*: of tone); '⁓svoll atmospheric.

'**Stimm|wechsel** *m* change of voice; '**⁓zettel** *m* voting-paper.

Stimul|ans ['sti:mulans] *n* (11[1], *pl.* *-lantia od. -lanzien*) stimulant (*a. fig.*); **⁓ieren** [stimu'li:rən] stimulate.

Stink|bombe ['ʃtiŋk-] *f* stink-bomb; '**⁓en** (30) stink (*nach* of; *a. fig.*); '⁓'**faul** F bone-lazy; '**⁓tier** *n* skunk; '**⁓wut** F *f*: *e-e ⁓ haben* be furious (*auf* at).

Stipendi|at [ʃtipɛn'djɑ:t] *m* (12) scholar; **⁓um** [⁓'pɛndjum] *n* (9) scholarship.

stipp|en F ['ʃtipən] (25) steep, dip; '**⁓visite** F *f* flying visit.

Stirn [ʃtirn] *f* (16) forehead; *fig.* impudence, face; *j-m die ⁓ bieten* defy; '**⁓band** *n*, '**⁓binde** *f* head-band, frontlet; '**⁓höhle** *f* frontal cavity *od.* 🕮 sinus; '**⁓höhlenvereiterung** ⚕ *f* frontal sinusitis; '**⁓locke** *f* forelock; '**⁓rad** ⊕ *n* spur-gear; '**⁓runzeln** *n* frown(ing); '**⁓seite** *f* front (side), face; '**⁓wand** *f* front wall.

stob [ʃto:p] *pret. v. stieben.*

stöbern ['ʃtø:bərn] (29) hunt, rummage; *es stöbert* a fine snow (*od.* rain) is falling.

stochern ['ʃtɔxərn] *v/i.* (29) *im Feuer*: poke, stir; *in den Zähnen*: pick; *im Essen*: pick at.

Stock [ʃtɔk] *m* (3[3]) stick (*a. Schi⁓*); (*Rohr⁓*) cane; ♪ (*Takt⁓*) baton; *s. Bienen⁓, Billard⁓ usw.*; ⚘ stock; (*⁓werk*) (3, *pl. inv.*) stor(e)y, floor; *im ersten ⁓* on the first (*Am.* second) floor; *über ⁓ und Stein* over hedge and ditch; '⁓'**blind** stone-blind; '**⁓degen** *m* sword-cane; '⁓'**dumm** utterly stupid; '⁓'**dunkel** pitch-dark.

Stöckelschuh ['ʃtœkəlʃu:] *m* high-heeled shoe.

stocken ['ʃtɔkən] (25, h. *u.* sn) stop, come to a standshill; *langsam*: slacken; *Flüssigkeit, a. fig.*: stagnate; *Herz*: cease to beat; *mot.* stall; (*zögern*) hesitate; *Stimme*: falter; *Verhandlungen usw.*: reach a deadlock; (*schimmeln*) turn mo(u)ldy *od.* fusty; *Zahn*: decay, rot; *ins ⁓ geraten* come to a standstill.

'**Stock|'-engländer** *m* thorough (*od.* true-born) Englishman; '**⁓-ente** *f* mallard; '⁓'**finster** pitch-dark; '**⁓fisch** *m* stockfish, dried cod; *fig.* F stick; '**⁓fleck** *m* damp-stain; ⁓e *pl.* (*a.* ⚘) mildew *sg.*; '**⁓fleckig** foxed, foxy, (*a.* ⚘) mildewy.

...stöckig [⁓ʃtœkiç] ...-storeyed, *Am.* ...-storied.

'**Stock|punkt** *m Öl*: solidifying point; '**⁓schnupfen** *m* chronic cold in the head; '⁓'**steif** (as) stiff as a poker; '⁓'**still** stock-still; '⁓'**taub** stone-deaf; '**⁓ung** *f s. stocken*: stoppage; stagnation (*a.* ⚕); flagging; standstill; hesitation; *des Verkehrs*: (traffic) jam, congestion (*a.* ⚕ *des Blutes*); *fig.* deadlock; '**⁓werk** *n* stor(e)y, floor; '**⁓werksgarage** *f* multi-stor(e)y car park; '**⁓zahn** *m* molar.

Stoff [ʃtɔf] *m* (3) matter, substance; (*Textil⁓*) material, fabric; (*Tuch*) cloth; (*Wollzeug*) stuff (*a.* F *Schnaps usw.*); (*Wirk⁓*) agent; *fig.* subject (-matter); *zu e-m Roman usw.*: material (for); **⁓el** ['⁓əl] *m* (7) yokel, boor; '**⁓lich** material; with regard to the subject-matter; '**⁓wechsel** *m* metabolism; ⁓... metabolic.

stöhnen ['ʃtø:nən] **1.** (25) groan, moan; **2.** ⁓ *n* groaning, groans *pl.*

Stoiker ['ʃto:ˀikər] *m* (7) stoic.

'**sto-isch** stoical.

Stola ['sto:la] *f* (16[2]) stole.

Stolle ['ʃtɔlə] *f* (15) (*Kuchen*) fruit loaf; '**⁓n** *m* (6) (*Pfosten*) post; ⚒ tunnel, adit, (*a.* ⚔) gallery; *am Hufeisen*; calk; *s. Stolle.*

stolpern ['ʃtɔlpərn] (29, sn) stumble, trip (*über acc.* over; *beide a. fig.*).

stolz [ʃtɔlts] **1.** *allg.* proud (*auf acc.* of); (*hochmütig*) haughty; *fig.* (*großartig*) proud (*day, ship, etc.*); noble, stately; *⁓ sein auf* (*acc.*) be proud of, take pride in; **2.** ⁓ *m* (3[2]) pride (*a. fig. Person, Sache*); *s-n ⁓ setzen in* pride o.s. on.

stol'zieren (sn) strut, swagger.

'**Stopfbüchse** *f* stuffing-box.

stopfen ['ʃtɔpfən] (25) *v/t.* (*voll⁓, hinein⁓*) stuff, cram; *Pfeife, Loch*: fill; (*zu⁓*) stop, plug; ⚕ constipate; *Strümpfe usw.*: darn; ⚔ (*das Feuer*) ⁓ cease firing; *j-m den Mund ⁓* stop a p.'s mouth; *gestopft voll* crammed full; ♪ *gestopfte Trompete* muted trumpet; *v/i.* ⚕ cause constipation.

'**Stopf|garn** *n* darning-cotton; '**~mittel** ⚕ *n* emplastic; '**~nadel** *f* darning-needle.

Stopp [ʃtɔp] *m* (11) stop; (*Verbot*) prohibition, ban.

Stoppel ['ʃtɔpəl] *f* (15) stubble; '**~bart** *m* stubbly beard; '**~feld** *n* stubble-field; '**2ig** stubbly; '**2n** *v/t. u. v/i.* (29) glean; *fig.* patch; '**~werk** *n* (literary) patchwork.

stopp|en ['ʃtɔpən] *v/t. u. v/i.* stop; *mit Stoppuhr*: time, clock; '**2licht** *mot. n* stop light; '**2-uhr** *f* stop watch.

Stöpsel ['ʃtœpsəl] *m* (7) stopper, cork, *bsd.* ⚡ plug; F (*kleiner Kerl*) little man, *Am.* F shortie; '**2n** (29) stopper, cork, *bsd.* ⚡ plug.

Stör [ʃtøːr] *m* (3) sturgeon.

Storch [ʃtɔrç] *m* (3³) stork; '**~schnabel** *m* stork's bill; ⊕ pantograph; *bot.* crane's bill.

stören ['ʃtøːrən] (25) disturb, trouble; (*durcheinanderbringen*) upset, disarrange; (*sich einmengen in*) interfere with, *Radio*: *a.* jam; *stört es Sie, wenn ich ...?* do you mind if I ...?; *nur v/i.* be intruding; (*im Wege sein*) be in the way; *das Gesamtbild*: mar the picture; (*unangenehm sein*) be awkward; **2fried** ['~friːt] *m* (3) intruder; trouble-maker.

stornieren [stɔr'niːrən] *Buchung*: reverse; *Auftrag*: cancel.

störrig ['ʃtœriç], *a.* '**störrisch** stubborn, obstinate; (*stur*) mulish; *bsd. Pferd*: restive; '**2keit** stubbornness, obstinacy; restiveness.

'**Störsender** *m Radio*: jamming station *od.* transmitter, jammer.

'**Störung** *f* disturbance, trouble (*beide a.* ⚕); ⊕ trouble, *völlige*: breakdown; (*Einmischung*) interference, *Radio*: *a.* jamming; (*Eindringen*) intrusion; (*Behinderung*) obstruction; (*Unterbrechung*) interruption; *s. atmosphärisch*; *geistige ~* mental disorder; '**~sdienst** *m*, '**~sstelle** *teleph. f* fault section; '**2sfrei** undisturbed; ⊕ trouble-free.

Stoß [ʃtoːs] *m* (3² *u.* ³) push, shove, (*a. fenc.*; ⚔ *Vor2*; *phys. Schub*) thrust; (*Fuß2*) kick; (*Schlag*) blow; *mit den Hörnern, dem Kopf*: butt; (*Rippen2*) dig, nudge; (*Erschütterung*) shock, jolt, blow; (*Schwimm2*) stroke; *Kugelstoßen*: put; *des Gewehrs*: recoil; (*Anprall*) bump, *phys. u. weitS.* impact; (*Explosions2, Wind2, Trompeten2*) blast; ⊕ (*Ende*) butt joint; (*~ Holz usw.*) pile, stack; (*Brief2*) batch; *fig. e-n ~ versetzen* (*dat.*) be a blow to; '**~dämpfer** *mot. m* shock-absorber; '**~degen** *m* rapier, foil.

Stößel ['ʃtøːsəl] *m* (7) *Mörser*: pestle; (*Kolben*) plunger; (*Ventil2*) tappet.

stoßen ['ʃtoːsən] (30) *v/t.* push, shove; *stärker*: thrust; *mit dem Fuß*: kick; *mit der Faust*: punch; *mit den Hörnern, dem Kopf*: butt; *mit e-m Stock*: poke; *schlagend*: knock, strike; (*rammen*) ram; *Sport*: *die Kugel ~* put the shot; *Zucker usw.*: pound; *~ aus dem Hause, e-m Verein usw.*: expel from, turn out of; *j-n in die Rippen ~* nudge a p.; *von sich ~* push away, reject; *s. Kopf*; *sich ~ an* (*dat.*) strike (*od.* knock *od.* run) against, *fig.* take offen|ce (*Am.* -se) at, stick at, object to; *v/i.* **a**) thrust; kick; butt (*a. v/t.*; *alle*: *nach* at); *Gewehr*: recoil; *Wagen*: jolt, bump; *an et.* (*acc.*) *~* (*grenzen*) adjoin, border (*od.* abut) on; *ins Horn ~* blow the horn; **b**) (sn) *~ auf* (*acc.*) (happen to) meet, run into *a p.*, (*entdecken*) come across, stumble on; *auf Ablehnung, Widerstand usw.*: meet with, encounter; *zu j-m ~* join (up with); **c**) (h. *u.* sn) *~ gegen od. an* (*acc.*) knock (*od.* strike) against.

'**Stoß|fänger** *m s. Stoßdämpfer*; '**2fest** shockproof; '**~gebet** *n* fast (*od.* ejaculatory) prayer; '**~hobel** ⊕ *m* (cooper's) jointer; '**~kante** *f* hem, edge, lining; '**~keil** ⚔ *m* spearhead; '**~kraft** *f* ⊕ impact (force); *weitS.* impetus, force; '**~kugel** *f Sport*: shot; '**~seufzer** *m* deep sigh, groan; '**~stange** *f mot.* bumper; 🚂 buffer bar; '**~trupp** ⚔ *m* raiding patrol, assault party; '**~truppe** ⚔ *f* shock troops *pl.*; '**~verkehr** *m* rush-hour traffic; '**2weise** intermittently; in waves; '**~zahn** *m* tusk; '**~zeit** *f* rush hour.

Stotter|er ['ʃtɔtərər] *m* (7) stutterer, stammerer; '**2n** *v/i. u. v/t.* (29) stutter, stammer; F *~* pay by instal(l)ments; F *auf 2 kaufen* buy on the never-never.

stracks [ʃtraks] directly.

ˈ**Straf|-anstalt** *f* penal institution, prison; *Am.* (*Zuchthaus*) penitentiary; ˈ**~-antrag** *m* private application (by the injured party); *des Staatsanwaltes*: sentence demanded by the public prosecutor; ˈ**~-anzeige** *f*: ~ *erstatten gegen* bring a (criminal) charge against; ˈ**~-arbeit** *f Schule*: imposition, F lines *pl.*

ˈ**strafbar** punishable; *stärker*: criminal; (*schuldig*) culpable; *sich* ~ *machen* make o.s. liable to prosecution; ˈ**2keit** *f* punishableness.

Strafe [ˈʃtraːfə] *f* (15) punishment; ⚖, ✝, *Sport*, *fig.*: penalty; (*Geld*2) fine; (*Strafurteil*) sentence; *bei* ~ *von* on pain (*od.* penalty) of; ~ *zahlen* ⚖ pay a fine; ˈ**2n** (25) punish; *bsd. Sport*, *a. fig.* penalize; (*züchtigen*) chastise; *um Geld* ~ fine; *s. Lüge*, *Verachtung*.

ˈ**Straf|-entlassene** *m* (18) ex-convict; ˈ**~-erlaß** *m* remission of (a) punishment; *allgemeiner*: amnesty; *bedingter* ~ conditional sentence; ˈ**~-expedition** *f* punitive expedition.

straff [ʃtraf] tight; *Seil*, *Sehne*, *Muskel*: taut; *Haltung*: erect; *fig.* rigid, strict; *Stil*: concise; ˈ**2heit** *f* tightness, *etc.*

ˈ**straf|fällig** liable to prosecution; ˈ**~frei** exempt from punishment; ~ *ausgehen* go unpunished; ˈ**2gefangene** *m* convict; ˈ**2gericht** *n* ⚖ criminal court; *fig.* punishment; *göttliches*: judg(e)ment (of God); ˈ**2gesetz** *n* penal law; ˈ**2gesetzbuch** *n* penal code; ˈ**2kammer** *f* criminal division.

sträf|lich [ˈʃtrɛːfliç] punishable, criminal (*a. weitS.*); (*unverzeihlich*) unpardonable; *adv. fig.* badly; ˈ**2ling** [ˈ~liŋ] *m* (3^1) convict.

ˈ**Straf|liste** *f* police record; ˈ**2los** *s. straffrei*; ˈ**~mandat** ⚖ *n* penalty, *Am.* ticket; ˈ**~maß** *n* degree of punishment; ˈ**2mildernd** extenuating, mitigating; ˈ**~mündigkeit** *f* criminal capacity; ˈ**~porto** *n* excess postage, surcharge; ˈ**~predigt** *f* (severe) lecture; ˈ**~prozeß** *m* criminal case (*od.* proceedings *pl.*), trial; ˈ**~prozeß-ordnung** *f* Code of Criminal Procedure; ˈ**~punkt** *m Sport*: bad point, penalty; ˈ**~raum** *m Fußball*: penalty area; ˈ**~recht** *n* criminal law; ˈ**2rechtlich** criminal, penal; ~ *verfolgen* prosecute; ˈ**~register** *n* penal record; ˈ**~sache** *f* criminal case; ˈ**~stoß** *m Fußball*: penalty kick; ˈ**~tat** *f* (criminal) offen|ce, *Am.* -se; ˈ**~verfahren** *n* criminal procedure (*konkret*: proceedings *pl.*); ˈ**2verschärfend** aggravating; ˈ**2versetzen** *v/t.*, ˈ**~versetzung** *f* transfer for disciplinary reasons; ˈ**~verteidiger** *m* trial lawyer; ˈ**~vollstreckung** *f*, ˈ**~vollzug** *m* execution of the sentence; ˈ**2würdig** *s. sträflich*.

Strahl [ʃtraːl] *m* (5) ray (*a. fig. of hope*); (*Licht*2) *a.* beam; (*Blitz*2) flash; (*Wasser*2, *Luft*2, *Gas*2) jet; ⩚ radius; ˈ**~-antrieb** ✈ *m* jet propulsion; ˈ**2en** (25) radiate; (*a. fig.*) beam, shine (*vor dat.* with).

ˈ**Strahlen|behandlung** *f* radiotherapy; ˈ**2brechend** refractive; ˈ**~brechung** *f* refraction; ˈ**2d** radiating; *a. fig.* radiant, beaming; **2-förmig** [ˈ~fœrmiç] radial; ˈ**~forschung** *phys. f* radiology; ˈ**~heilkunde** *f* radiotherapeutics *pl.*; ˈ**~krone** *f* glory, halo, nimbus; ˈ**~schutz** *m* radiation protection.

ˈ**Strahler** *m* (7) *phys.* emitter; (*Wärme*2, *Heiz*2) radiator.

ˈ**strahl|ig** radiate; ˈ**2-ofen** *m* radiator; ˈ**2rohr** ✈ *n* jet pipe; ˈ**2triebwerk** *n* jet (propulsion) engine; ˈ**2turbine** *f* turbo-jet.

ˈ**Strahlung** *f* radiation; ˈ**~s-energie** *f* radiation energy; ˈ**~sschäden** *m/pl.* radiation damage *sg.*

Strähn|e [ˈʃtrɛːnə] *f* (15) strand; *Garnmaß*: hank, skein; *Haar*: lock; ˈ**2ig** wispy.

stramm [ʃtram] (*straff*) tight; (*kräftig*) strapping, stalwart; (*scharf*, *streng*) strict, stiff; *Arbeit*: hard; *Soldat*, *Ehrenbezeigung usw.*: smart; F *adv.* (*schnell*, *tüchtig*) smartly, briskly; ˈ**~stehen** stand at attention.

strampeln [ˈʃtrampəln] (29) kick (about), fidget, struggle; F (*radfahren*) pedal (away).

Strand [ʃtrant] *m* (3) (sea-)shore, (*a. Bade*2) beach; ˈ**~-anzug** *m* beach suit; ˈ**~bad** *n* bathing-beach, lido; **2en** [ˈ~dən] (26, sn) be stranded; *nur* ⚓ run ashore; *fig.* fail, *Mädchen*: go to the bad; **~gut** [ˈʃtrant-] *n* stranded goods *pl.*, jetsam; *fig.* ~ *des Lebens* derelict(s *pl.*); ˈ**~hotel**

n seaside hotel; '**~korb** *m* (canopied) beach-chair; '**~promenade** *f* promenade, *Am.* boardwalk; '**~räuber** *m* wrecker; '**~schuhe** *m/pl.* beach-shoes; '**~wächter** *m* life-guard.

Strang [ʃtraŋ] *m* (3³) cord (*a. anat.*); (*Seil*) rope; *zum Anschirren*: trace; (*Garn*2) skein, hank; 🚂 (*Schienen*2) track; *fig.* über die Stränge schlagen kick over the traces; an e-m ~ ziehen pull together; wenn alle Stränge reißen as a last resort, if all else fails; '**~presse** ⊕ *f* extrusion press.

strangulieren [ʃtraŋgu'li:rən] strangle.

Strapaz|e [ʃtra'pa:tsə] *f* (15) strain; **2ieren** [~pa'tsi:rən] strain (*a. fig.*); exhaust; sich ~ exert o.s.; *Stoff*: wear hard, F punish; **2ierfähig** [~'tsi:rfɛ:iç] for hard wear; *nur attr.* hard-wearing; **2iös** [~'tsjø:s] exhausting, trying.

Straße ['ʃtra:sə] *f* (15) road, highway; *e-r Stadt*: street; (*Meerenge*) strait, *bei Namen mst* Straits *pl.*; ⊕ (*Fertigungs*2 *usw.*) line; auf der ~ on the road; *in Städten usw.*: in (*Am.* on) the street; auf die ~ setzen turn out, sack; *s.* Mann.

'**Straßen|-anzug** *m* lounge suit, *Am.* business suit; '**~-arbeiter** *m* navvy, *Am.* road laborer; '**~bahn** *f* tram; (*~linie*) tram(way), *Am.* trolley line; *s.* ~wagen; '**~bahnführer** *m* tram-driver, *Am.* motorman; '**~bahnwagen** *m* tram(-car), *Am.* streetcar; '**~bau** *m* road construction; '**~beleuchtung** *f* street-lighting; '**~damm** *m* roadway; '**~dirne** *f* streetwalker; '**~graben** *m* (road) ditch; '**~händler** *m* street-vendor; '**~junge** *m* street urchin; '**~kampf** *m* street-fighting; '**~karte** *f* road map; '**~kehrer** *m*, *a.* '**~kehrmaschine** *f* street-sweeper; '**~kreuzer** *mot. m* road cruiser, *Am. sl.* heap; '**~kreuzung** *f* (street-) crossing; '**~lage** *mot. f* road-holding; '**~raub** *m* highway robbery; '**~räuber** *m* highwayman; '**~reinigung** *f* street-cleaning, scavenging; '**~rennen** *n Sport*: road race; '**~sammlung** *f* street collection; '**~schild** *n* street (*od.* road) sign; '**~sperre** *f* street barricade; '**~-überführung** *f* overpass; '**~-unterführung** *f* subway, underpass; '**~verkehr** *m* road (*od.* street) traffic; '**~verkehrs-ordnung** *f* Highway Code; '**~walze** *f* road-roller; '**~zustand** *m* road conditions *pl.*

Strateg|e [ʃtra'te:gə] *m* (13) strategist; **~ie** [~te'gi:] *f* (15, *o.pl.*) strategy; **2isch** [~'te:giʃ] strategic(al).

Stratosphäre [strato'sfɛ:rə] *f* (15) stratosphere; **~nkreuzer** *m* stratocruiser, stratoliner.

sträuben ['ʃtrɔʏbən] **1.** (25) ruffle; bristle; sich ~ *Haar*: stand on end, bristle (up); *fig.* struggle, strive (gegen against); **2.** 2 struggling, resistance.

Strauch [ʃtraux] *m* (1², *pl.* Sträucher ['ʃtrɔʏçər]) shrub, bush; '**~dieb** *m* footpad.

straucheln ['ʃtrauxəln] (29, sn) (*a. fig.*) stumble, trip; *fig.* founder, come to grief.

'**Strauchwerk** *n* shrubs *pl.*

Strauß¹ [ʃtraus] *m* (3²) (*Vogel*) ostrich; **~²** *m* (3² *u.* ³) (*Streit*) strife, struggle, (*Zweikampf*) duel, (*Fehde*) feud (*a. fig.*); **~³** *m* (*Blumen*2) bunch (of flowers), bouquet; '**~enfeder** *f* ostrich-feather.

Strebe ⊕ ['ʃtre:bə] *f* (15) prop, stay, support; (*Quer*2) crossbeam; ⊕, ✈ *usw.* (⚠ *a.* '**~balken** *m*) strut.

'**streben** **1.** (25) strive, aspire (nach after), struggle (for); (*sich anstrengen*) endeavo(u)r; F *Schule*: *sl.* swot; ~ nach (*bezwecken*) aim at, pursue; zu ... hin ~, nach e-r Richtung ~ tend to(wards), *marschierend usw.*: make for; **2.** 2 *n* (6) striving (nach after), aspiration (for, after); pursuit (of); (*Anstrengung*) effort, endeavo(u)r; (*Ehrgeiz*) ambition.

'**Strebepfeiler** *m* buttress.

'**Streber** *m* (7) pusher, careerist, *Am. contp.* place-hunter, *gesellschaftlicher*: tuft-hunter, *Am.* F (social) climber; *Schule*: *sl.* swot; '**~tum** *n* (1¹, *o. pl.*) *contp.* pushing, ambition.

strebsam ['ʃtre:pza:m] assiduous; aspiring; ambitious; '**2keit** *f* assiduity; ambition.

'**streckbar** extensible; (*dehnbar*) ductile; (*hämmerbar*) malleable.

Strecke ['ʃtrɛkə] *f* (15) stretch; (*Gegend*) tract, extent; (*Entfernung*; *a. Sport*) distance; (*Renn*2) course; ⩘ straight line; 🚂, ⚓, ✈, *teleph.* line; ⚒ roadway; *hunt.* bag; zur ~

bringen shoot down, bag, *fig.* hunt down; *auf der ~ bleiben* break down, *fig. a.* fail, (*sterben*) perish; '**⁓n** (25) stretch, extend; *Speise, Vorrat*: eke (*od.* spin) out; *j-n zu Boden ~* fell; *die Waffen ~* lay down one's arms; *s. Decke, gestreckt.*

'**Strecken|-arbeiter** 🚂 *m* plate-layer; '**~wärter** 🚂 *m* lineman, *Am.* trackman; '**⁓weise** here and there.

'**Streck|muskel** *anat. m* extensor (muscle); '**~verband** ⚕ *m* extension bandage; *im ~* in high traction.

Streich [ʃtraɪç] *m* (3) stroke, blow; *fig.* trick, prank; *j-m e-n ~ spielen* play a p. a trick; *auf 'einen ~* at a blow.

streicheln ['ʃtraɪçəln] (29) stroke, (*a. fig.*) caress.

'**streich|en** (30) *v/t.* stroke, rub gently; *Butter, Pflaster*: spread; (*glätten, a.* ⊕) sleek, smooth; *Messer*: whet; *Rasiermesser*: strop; *Zündhölzchen*: strike (*an acc.* against); (*an~*) paint, *a.* ⊕ coat; *s. frisch*; (*aus~*) strike (*od.* cross) out *od.* off, *bsd. fig.* cancel; *Flagge, Segel*: strike, lower; *Sport*: *Meldung ~* scratch; *Ziegel*: make; *Wolle*: card; ♪ *Geige usw.*: play; *gestrichen voll* brimful; *drei gestrichene Eßlöffel* three level table-spoons; *v/i.* **a**) (sn) (*sich erstrecken*) extend, sweep, run; (*vorbei~*) pass (*vorbei an j-m* a p.), move, rush (past); (*über, durch, gegen et. hin~*) sweep (over, through, towards (*a. Vogel*); (*wandern*) roam, ramble; *Raubtier, Verbrecher*: prowl; *s. streifen*²; **b**) (h.) *mit der Hand über et. ~* pass one's hand over a th.; '**⁓er** ♪ *m/pl. the* strings.

'**Streich|holz** *n*, **~hölzchen** ['~hœltsçən] *n* match, *Am.* F match-stick; '**~holzschachtel** *f* match-box; '**~instrument** ♪ *n* stringed instrument; *die ~e in e-m Orchester*: the strings; '**~käse** *m* cheese spread; '**~-orchester** ♪ *n* string orchestra; '**~quartett** ♪ *n* string quartet(te); '**~riemen** *m* razor-strop; '**~ung** *f* cancellation (*a. fig.*); *typ.* deletion; (*Kürzung*) cut.

Streif [ʃtraɪf] *m* (3), '**~en**¹ *m* (6) stripe, streak; (*Gelände*⁓; *Film*⁓) strip; (*Film*) film; '**~band** *n* (postal) wrapper; *unter ~* by book-post; '**~blick** *m* (brief) glance; '**~e** *f* (15) (*Polizei*⁓, *a.* ⚔) patrol; (*Razzia*) raid; '**⁓en²** (25) *v/t.* stripe, streak; (*ab~*) strip off; (*berühren*) graze, brush, *Thema*: touch; *v/i.* (sn) (*wandern*) roam, range (*a. Blick*); (h.) *fig. ~ an* (*acc.*) border on; '**~en-polizist** *m bsd. Am.* patrolman; '**~enwagen** *m der Polizei*: patrol (*Am.* squad *od.* prowl) car; '**⁓ig** striped; '**~licht** *n* side-light; '**~schuß** *m* grazing shot; '**~zug** *m* (roving) expedition, raid.

Streik [ʃtraɪk] *m* (3 *u.* 11) strike, *Am.* F walkout; *in (den) ~ treten* go on strike; '**~brecher** *m* strike-breaker, blackleg, scab; '**⁓en** (25) (be *od.* go on) strike, *Am.* F walk out; F *fig.* (*sich weigern*) rebel; *Gerät usw.*: refuse to work; '**~ende** *m* (18) striker; '**~lohn** *m* strike-pay; '**~posten** *m* picket; *~ stehen* picket; '**~recht** *n* freedom of strike.

Streit [ʃtraɪt] *m* (3) quarrel; (*bsd. Wort*⁓) dispute, argument; *lauter, handgreiflicher*: brawl, F row; (*Gezänk*) squabble; (*Kampf*) fight; conflict, strife; (*Fehde*) feud; *in ~ geraten mit* (have a) quarrel with; *s. suchen*; *e-n ~ vom Zaun brechen* pick a quarrel; '**~-axt** *f* battle-ax(e); '**⁓bar** pugnacious; '**⁓en** (30) (*a. sich*) *s. Streit*: quarrel; dispute, argue; fight; '**~er** *m* (7), '**~erin** *f* quarrel(l)er; combatant; fighter; (*Vorkämpfer*) champion; '**~fall** *m* quarrel; controversy; '**~frage** *f* (point at) issue, (point of) controversy; '**~gegenstand** ⚖ *m* matter in dispute; '**⁓ig** (*bestreitbar*) contestable, debatable, disputable, controversial; (*umstritten*) contested, *pred.* in dispute, at issue; *j-m et. ~ machen* dispute a p.'s right to; *s. Rang*; '**~igkeit** *f s. Streit*; '**~kräfte** *f/pl.* (armed) forces; '**⁓lustig** belligerent; '**~punkt** *m s. Streitfrage*; '**~sache** *f s. Streitfall*; ⚖ case, litigation; '**~schrift** *f* polemic pamphlet; '**~sucht** *f* quarrelsomeness; **⁓süchtig** ['~zyçtiç] quarrelsome; '**~wert** ⚖ *m* value in dispute.

streng [ʃtrɛŋ] (*Ggs. mild*) severe, rigorous (*a. von der Kälte*), stern; (*hart*) harsh (*a. Geschmack*); *Sitte, Stil usw.*: austere; (*scharf, bestimmt*) strict (*gegen j-n* with); *~ geheim* top secret; *~ vertraulich* strictly confidential; *~ verboten* strictly forbidden; '2e *f* (15) *s. streng*; severity, rigo(u)r; austerity; strictness; harshness; '**~genommen** strictly speaking; '**~gläubig** orthodox.

Streß [stres] ⚕ *m* (3^2) stress.

Streu [ʃtrɔʏ] *f* (15) litter; *für Menschen*: bed of straw; '**~büchse** *f für Gewürz usw.*: castor; *für Mehl*: dredger; '**2en** (25) *v/t.* strew; (*umher~*) scatter; *v/i. Schußwaffe*: scatter, ⚔ *absichtlich*: sweep; ⚡ stray; *dem Vieh*: litter (down) *the cattle*; *s. Sand.*

streunen ['ʃtrɔʏnən] roam about, rove, stray.

'**Streu|sand** *m* dry sand; *für Tinte*: writing sand; '**~zucker** *m* castor sugar.

Strich [ʃtriç] **1.** *m* stroke; (*Linie*) line; (*Gedanken2, Morse2*) dash; (*Streif*) stripe; (*Land2*) region, tract; (*Kompaß2*) point; *der Vögel*: flight; ♪ (*Bogenführung*) bowing; (*Pinsel2*) touch; *des Holzes usw.*: grain; F *j-n auf dem ~ haben* have it in for a p.; *sl. auf den ~ gehen* walk the streets; *j-m e-n ~ durch die Rechnung machen* cross a p.'s plans; F *fig. das ging mir gegen den ~* it rubbed me the wrong way; *e-n (dicken) ~ unter e-e S. machen* make a clean break with a th.; *nach ~ und Faden* thoroughly; **2.** 2 *pret. v. streichen*; '**~ätzung** *f* line-plate; '**~einteilung** *f* graduation; '**2eln** (29) dot; (*schraffieren*) hatch; '**~mädchen** *sl. n* streetwalker; '**~punkt** *m* semicolon; '**~regen** *m* local shower; '**~vogel** *m* migratory bird, visitant; '**2weise** by strokes; *s. streckenweise.*

Strick [ʃtrik] *m* (3) cord, line; (*Seil*) rope; *s. Strang*; F *fig.* young rascal; *wenn alle ~e reißen* if all else fails; '**2en** *v/t. u. v/i.* (25) knit; '**~er(in** *f*) *m* knitter; '**~garn** *n* knitting-yarn; '**~jacke** *f* cardigan; '**~leiter** *f* rope-ladder; '**~maschine** *f* knitting-machine; '**~nadel** *f* knitting-needle; '**~waren** *f/pl.* knit(ted) goods *pl.*; '**~weste** *f* cardigan (sweater); '**~wolle** *f* knitting wool; '**~zeug** *n* knitting (things *pl.*).

Striegel ['ʃtri:gəl] *m* (7) curry-comb; '**2n** (29) curry.

Striem|e ['ʃtri:mə] *f* (15), '**~en** *m* (6) stripe, streak; *in der Haut*: wale, weal; '**2ig** streaked; *Haut*: covered with wales.

strikt [ʃtrikt] strict(ly *adv.*).

Strippe F ['ʃtripə] *f* (15) strap; (*Schnur*) string; F (tele)phone.

stritt [ʃtrit] *pret. v. streiten.*

strittig ['ʃtritiç] *s. streitig*; *der ~e Punkt* the point at issue.

Stroh [ʃtro:] *n* (3) straw; (*Dach2*) thatch; *fig. leeres ~ dreschen* talk hot air; '**~dach** *n* thatch(ed roof); '**2farben**, '**2gelb** straw-colo(u)red; '**~feuer** *fig. n* short-lived passion; '**~halm** *m* (blade of) straw; *fig. nach e-m ~ greifen* catch at a straw; '**~hut** *m* straw hat; '**2ig** strawy; '**~kopf** *m* empty head; '**~mann** *m* man of straw; *fig. a.* dummy, front; '**~sack** *m* straw mattress, pallet; '**~matte** *f* straw mat; '**~witwe(r** *m*) *f* F grass-widow(er).

Strolch [ʃtrɔlç] *m* (3) tramp, *Am. sl.* bum; (*Lump*) *a.* blackguard, *Am.* F hoodlum; *a. co.* scamp; '**2en** (h. *u.* sn) roam, ramble, loaf about.

Strom [ʃtro:m] *m* (3^3) stream, (large) river; (*Strömung*) current (*a.* ⚡ *u. fig.*), (*a. Menschen2*) stream; ⚡ *a.* power; (*Blut2, Verkehrs2*) flow; *v. Tränen, Worten*: flood; ⚡ *unter ~* live; *gegen den ~ schwimmen* (*a. fig.*) swim against the current; *es regnet in Strömen* it is pouring with rain; '**~abnehmer** ⚡ *m* (current) collector; 2'**-ab(wärts)** downstream; 2-'**auf(wärts)** upstream.

strömen ['ʃtrø:mən] (25, h. *u.* sn) stream, flow; *Regen*: pour; (*sich drängen*) flock, crowd.

Stromer ['ʃtro:mər] *m* (7) *s. Strolch.*

'**Strom|-erzeuger** ⚡ *m* dynamo, generator; '**2führend** ⚡ live; '**~gebiet** *n* (river-)basin; '**~kreis** ⚡ *m* (electric) circuit; '**~leiter** ⚡ *m* current conductor; '**~linie(nform)** *f* streamline(d design); **2linienförmig** ['~fœrmiç] streamline(d); '**~messer** ⚡ *m* ammeter; '**~netz** ⚡ *n* mains supply; '**~richter** ⚡ *m* current converter; '**~schiene** ⚡ *f* contact rail; '**~schnelle** *f* rapid; '**~spannung** ⚡ *f* voltage; '**~stärke** ⚡ *f* current (intensity); amperage.

'**Strömung** *f* (16) current; *fig. a.* trend.

'**Strom|-unterbrecher** ⚡ *m* circuit-breaker; '**~verbrauch** ⚡ *m* current consumption; '**~versorgung** ⚡ *f* power supply; '**~wandler** ⚡ *m* (7) current transformer; '**~wender** ⚡ *m* (7) commutator; '**~zähler** ⚡ *m* electric meter.

Strophe ['ʃtro:fə] *f* (15) stanza, verse.

strotzen ['ʃtrɔtsən] (27) exuberate; ~ *von, vor* (*dat.*) abound in; (*wimmeln von*) teem with; *vor Gesundheit usw.* burst with; '**~d** exuberant; ~ *von, vor* (*dat.*) abundant in.

strubbelig F ['ʃtrubəliç] unkempt, dishevel(l)ed; shock-headed.

'**Strudel** *m* (7) **1.** swirl, whirlpool, vortex; **2.** (*Gebäck*) (pastry-)roll; '**≈n** (29, h. *u.* sn) swirl, whirl.

Struktur [ʃtruk'tu:r] *f* (16) structure; **≈ell** [~tu'rɛl] structural.

Strumpf [ʃtrumpf] *m* (3^3) stocking; (*Glüh≈*) mantle; ✝ (*lange*) *Strümpfe pl.* hose; '**~band** *n* garter; '**~halter** *m* suspender, *Am.* garter; '**~haltergürtel** *m* suspender (*Am.* garter) belt; '**~hose** *f* panty hose, tights *pl.*; '**~waren** *f/pl.* hosiery.

Strunk [ʃtruŋk] *m* (3^3) stalk; (*Baum≈*) stump, trunk.

struppig ['ʃtrupiç] *Haar*: rough; *Bart*: bristly; *Hund*: shaggy.

Struwwel|kopf ['ʃtruvəl-] *m* shock head; '**~peter** *m* shock-headed Peter.

Strychnin [ʃtryç'ni:n] *n* (11) strychnine.

Stübchen ['ʃty:pçən] *n* (11) little room.

Stube ['ʃtu:bə] *f* (15) room.

'**Stuben|-arrest** *m* confinement to one's room; ⚔ arrest in quarters; '**~fliege** *f* common (house) fly; '**~gelehrsamkeit** *f* book-learning, bookishness; '**~gelehrte** *m* bookworm; '**~hocker** *m*, '**~sitzer** *m* stay-at-home; '**~kamerad** *m* room-mate; '**~mädchen** *n* parlo(u)rmaid; *Hotel*: chambermaid; '**≈rein** *Tier*: house-trained, *Am.* housebroken.

Stuck [ʃtuk] *m* (3) stucco.

Stück [ʃtyk] *n* (3; *als Maß nach Zahlen inv.*) piece (*a.* ♪, *paint. usw.*); (*Bißchen*) bit; (*Bissen*) morsel; (*Teil≈*) part; (*Bruch≈*) fragment; *Vieh*: head; *Zucker*: lump; *thea.* play; (~ *Land*) piece of land, plot; (~ *Weg*) stretch, distance; (*Text*) passage, part; (*Handlung*) act; F (*Person*) type; ~ *Arbeit* job; ~ *für* ~ piece by piece; *aus e-m* ~ all of a piece; *aus freien* ~*en* of one's own free will; *in vielen* ~*en* in many respects; *in* ~*e gehen* go to pieces; *in* ~*e schlagen* smash (to bits); *ein schönes* ~ *Geld* a nice little sum; *große* ~*e halten auf* (*acc.*) think highly of; *das ist ein starkes* ~! that's a bit thick!; '**~-arbeit** *f* piece-work; '**~-arbeiter(in** *f*) *m* piece-worker; '**~chen** *n* (6) small piece *etc.* (*s. Stück*); *fig.* (*Streich*) trick; (*Kunst≈*) stunt; '**≈eln** (29) *s. zerstückeln*; (*flicken*) piece (together); '**~fracht** *f*, '**~gut** *n* mixed cargo; '**~lohn** *m* piece-wage(s *pl.*); '**~preis** *m* price per unit; '**≈weise** piecemeal; ✝ by the piece; '**~werk** *n contp.* patchwork; '**~zahl** *f* number of pieces.

Student [ʃtu'dɛnt] *m* (12), **~in** *f* (16^1) (*f* woman) student, (*f* girl) undergraduate; **~enschaft** *f* (body of) students *pl.*; **~enverbindung** *f* students' club, *Am.* fraternity.

Studie ['ʃtu:djə] *f* (15) *paint. usw.*: study; *e-s Schriftstellers*: sketch, essay; ~*n pl. s. Studium*; '**~ndirektor(in** *f*) *m* head master (head mistress) of a secondary school, *Am.* high-school principal; '**~ngang** *m*, '**~nplan** *m* course of studies; curriculum; '**~njahr** *n* academic year; ~*e pl. s. Studienzeit*; '**~nrat** (**~nrätin** ['~rɛ:tin] *f* [16]) *m* (assistant) master (mistress) of a secondary school; '**~nreise** *f* informative trip; '**~nzeit** *f* years *pl.* of study; college days *pl.*

studier|en [ʃtu'di:rən] *v/i. u. v/t.* study (*a. weitS. lesen, betrachten usw.*); (*die Hochschule besuchen*) go to college; ~ *lassen* send to college; **≈te** *m* (18) university man; **≈zimmer** *n* study.

Studio ['ʃtu:djo] *n* (11) studio.

Studium ['ʃtu:djum] *n* (9) study; (*a. pl. Studien*) studies *pl.*

Stufe ['ʃtu:fə] *f* (15) step; *fig.* (*Entwicklungs≈ usw.*; *a.* ⊕, *e-r Rakete*) stage; (*Grad*) degree (*a. gr.*); (*Niveau*) level, standard; (*Rang*) rank; (*Farb≈*) shade; *auf gleicher* ~ *mit* on a par with.

'**stufen|-artig**, '**~förmig** step-like; *fig.* graduated, graded; '**≈barren** *m Turnen*: asymmetrical bars *pl.*; '**≈folge** *f*, '**≈gang** *m* gradation, succession; '**?leiter** *f* stepladder; *fig.* scale; '**~los:** ⊕ ~ (*regelbar*) infinitely variable; '**~weise** gradually, by degrees.

Stuhl [ʃtu:l] *m* (3³) chair; seat; (*Kirchen?*) pew; (*Web?*) loom; ⚕ (*Kot*) stool, *s. ~gang*; *eccl. der Heilige ~* the Holy See; *fig. sich zwischen zwei Stühle setzen* fall between two stools; '**~bein** *n* leg of a chair; '**~gang** ⚕ *m* motion, bowel movement; ~ *haben* go to stool, *regelmäßig*: have open bowels; '**~lehne** *f* back of chair.

Stulle F ['ʃtulə] *f* (15) slice of bread (and butter), sandwich.

Stulpe ['ʃtulpə] *f* (15) (*Stiefel?*) top; (*Manschette*) cuff.

stülpen ['ʃtylpən] (25) turn (*hoch*: up); *Hut*: clap (*auf acc.* on), *schief*: cock.

'**Stulp(en)stiefel** *m* top-boot.

'**Stulp(en)handschuh** *m* gauntlet.

'**Stülpnase** *f* turn(ed)-up nose.

stumm [ʃtum] dumb, mute (*beide a. fig.*); (*still*) silent (*a. gr.*); (*sprachlos*) speechless (*vor dat.* with); '**?film** *m* silent film.

Stummel ['ʃtuməl] *m* (7) (*Arm-, Baum? usw.*) stump; (*Zigaretten?*) (fag) end, *Am.* butt, stub.

Stümper ['ʃtympər] *m* (7), '**~in** *f* bungler; **~ei** [~'raɪ] *f* (16) bungling; '**?haft** bungling, clumsy; '**?n** *v/i. u. v/t.* (29) bungle, botch.

stumpf[1] [ʃtumpf] blunt; *Winkel*: obtuse; *Kegel*: truncate(d); *Geist, Auge usw.*: obtuse, dull; (*teilnahmslos*) apathetic(ally *adv.*).

Stumpf[2] *m* (3³) stump (*a. Arm? usw.*); *mit ~ und Stiel* root and branch; '**~heit** *f* bluntness; *fig.* dullness; '**~sinn** *m* stupidity, dullness; '**?sinnig** stupid, dull; '**?wink(e)lig** obtuse-angled.

Stunde ['ʃtundə] *f* (15) hour; (*Unterricht*) lesson, *Am.* (*Schul?*) period; *fig. in letzter ~* at the eleventh hour; *zur ~* at this hour; *bis zur ~* as yet; *mot. 50 Meilen in der ~* 50 miles per hour; '**?n** (26): (*j-m*) *e-e Zahlung ~* grant (a p.) delay (*od.* a respite) for payment.

'**Stunden|geschwindigkeit** *f* speed per hour; '**~glas** *n* hour-glass; '**~kilometer** *m/pl.* kilomet|res (*Am.* -ers) per hour; '**?lang** *adv.* (*adj.* lasting) for hours; '**~lohn** *m* wage(s *pl.*) per hour; '**~plan** *m* time-table, curriculum, *Am.* schedule; '**?weise** by the hour; '**~zeiger** *m* hour-hand.

Stünd|lein ['ʃtyntlaɪn] *n* (6): *letztes ~* last hour; '**?lich** hourly, every hour, per hour.

'**Stundung** *f* respite, delay.

Stunk [ʃtuŋk] F *m* (3, *o. pl.*): ~ *machen sl.* raise a stink.

stupid(e) [ʃtu'pi:t, -də] stupid, idiotic.

stups|en ['ʃtupsən] (27) nudge; '**?nase** *f* snub nose; '**~nasig** snub-nosed.

stur [ʃtu:r] (*störrisch*) stubborn, mulish; (*stumpf*) stolid; (*geisttötend*) dull; *Blick*: fixed.

Sturm [ʃturm] *m* (3³) storm (*a. fig.*); ⚓ gale; ⚔ assault; *Fußball*: forwards *pl.*; ~ *und Drang* storm and stress; ~ *auf* (*acc.*) ✝ rush for *goods*, run on *a bank*; ~ *der Entrüstung* outcry; ~ *laufen gegen* assault, assail (*beide a. fig.*); *im ~ erobern* take by storm (*a. fig.*); ~ *im Wasserglas* storm in a teacup; '**~boot** ⚔ *n* assault boat.

stürm|en ['ʃtyrmən] (25) *v/t.* storm (*a. fig. u.* ⚔); *v/i.* **a**) (h.) ⚔ assault; *Wind*: rage, roar, storm (*alle a. fig. zürnen*); *es stürmt* it is stormy weather; **b**) (sn) (*rennen*) rush; '**?er** *m* (7) *Fußball*: forward; '**?erreihe** *f Fußball*: forward line.

'**Sturm|flut** *f* storm tide; '**~geschütz** ⚔ *n* (self-propelled) assault gun; '**~glocke** *f* tocsin.

'**stürmisch** stormy; *fig.* (*ungestüm*) impetuous; (*lärmend, tosend*) tumultuous, uproarious; (*leidenschaftlich*) tempestuous; (*schnell*) rapid.

'**sturm|reif:** ~ *machen* soften up; '**?schritt** *m*: ⚔ *u. allg. im ~* at the double; '**?spitze** *f Fußball*: spearhead; '**?vogel** *m* (stormy) petrel; '**?warnung** *f* gale warning; '**?wind** *m* heavy gale.

Sturz [ʃturts] *m* (3² *u.* ³) (sudden) fall, *tiefer*: plunge, *lauter*: crash; (*Untergang*) ruin, (down)fall; *e-r Regierung usw.*: overthrow; *Börse*: slump; (*Ungnade*) disgrace; *s. Temperatursturz*; '**~acker** *m* new-ploughed (*Am.* -plowed) field; '**~bach** *m* torrent.

stürzen ['ʃtyrtsən] (27) *v/i.* (sn) fall, tumble, *krachend*: crash, *tief, ins*

Wasser, *a. Preise*: plunge; (*vorwärts~, eilen*) rush; *Abgrund*: descend precipitously; *v/t.* precipitate; (*tauchen*) plunge; (*werfen*) throw; *Regierung usw.*: overthrow; *nicht ~!* (*Aufschrift auf Kisten*) this side up!; *sich auf j-n ~* rush at, *e-e Arbeit usw.*: throw o.s. into, pounce (up)on; *ins Elend ~* ruin; *in e-n Krieg ~* plunge into a war; *sich in Unkosten ~* put o.s. to expenses; *s. Schuld, Verderben.*

'**Sturz|flug** ✈ *m* (nose-)dive; *e-n ~ machen* dive; '**~helm** *m* ✈, *mot.* crash helmet; '**~kampfflugzeug** *n* dive-bomber; '**~see** ⚓ *f* heavy sea; '**~welle** ⚓ *f*: *e-e ~ bekommen* ship a sea.

Stuß [ʃtus] F *m* (3^2, *o. pl.*) *s. Quatsch.*

Stute ['ʃtu:tə] *f* (15) mare; '**~nfüllen** *n* filly.

Stütz [ʃtyts] *f* (3^2) *Turnen*: straight-arm rest; '**~balken** *m* supporting beam.

Stütze ['ʃtytsə] *f* (15) (*a. fig.*) support; prop, stay; *~ der Hausfrau* lady help.

stutzen ['ʃtutsən] **1.** (27) *v/t.* cut (short), curtail (*a. fig.*); *Ohren*: crop; *Flügel*, *Hecke*: clip; *Bart*: trim; *Schwanz*: dock; *Baum*: lop; *v/i.* (*stutzig werden*) stop short, be startled, start; be puzzled; (*argwöhnisch werden*) become suspicious; **2.** ♀ *m* (6) short rifle, carbine; ⊕ (*Rohransatz*) connecting piece; (*Düse*) nozzle.

stützen ['ʃtytsən] (27) (*a. fig.*) support, uphold; prop, stay; *Behauptung usw.*: *~ auf* (*acc.*) base (*od.* found) on; *sich ~ auf* (*acc.*) lean (*od.* rest) on, *fig.* rely (*od.* base o.s.) on, *Urteil usw.*: be based on.

Stutz|er ['ʃtutsər] *m* (7) fop, dandy, *Am. a.* dude; '**♀erhaft** foppish; '**~flügel** ♪ *m* miniature grand; '**♀ig** startled, taken aback, perplexed; *~ machen* startle, puzzle, (*Argwohn wecken*) make suspicious; *~ werden s. stutzen v/i.*

'**Stütz|pfeiler** *m* supporting pillar, buttress; '**~punkt** *m* point of support; *fig.* foothold, (*bsd.* ⚔) base; *taktisch*: strong point; (*Hebelpunkt*) fulcrum.

'**Stutz-uhr** *f* mantelpiece clock.

subaltern [zupˀal'tɛrn] subordinate; *bsd.* ⚔ subaltern.

Subjekt [zup'jɛkt] *n* (3) *gr.* subject; F *contp.* (*Person*) fellow, type; **♀iv** [~'ti:f] subjective; **~ivität** [~tivi'tɛ:t] *f* (16) subjectivity.

subkutan [zupku'tɑ:n] subcutaneous, hypodermic(ally *adv.*).

Subli|mat [zubli'mɑ:t] *n* (3) sublimate; ♀'**mieren** sublimate.

Submission ✝, ⚖ [zupmi'sjo:n] *f* (contract by) tender.

subskribieren [~skri'bi:rən] subscribe (*auf acc.* for).

Subskription [~skrip'tsjo:n] *f* subscription.

substantiell [zupstan'tsjɛl] substantial.

Substantiv ['~stanti:f] *n* (3^1) substantive, noun; **♀isch** [~'ti:viʃ] substantival.

Substanz [~'stants] *f* (16) substance.

subtil [zup'ti:l] subtle.

subtra|hieren [~tra'hi:rən] subtract; **♀ktion** [~trak'tsjo:n] *f* subtraction.

subtropisch ['zup-] subtropical.

Subvention [~vɛn'tsjo:n] *f* subsidy; **♀ieren** [~tsjo'ni:rən] subsidize.

Such|-aktion ['zu:x-] *f* search; '**~anzeige** *f* want ad(vertisement); '**~dienst** *m* tracing service; '**~e** *f* (15) search, *stärker*: hunt (*nach* for); *auf der ~ nach* in search (*od.* quest) of, on the look-out for; '**♀en** (25) *v/t.* (*u. v/i. ~ nach*) search for, *bsd. weitS.* seek (*advice, etc.*); *schauend u. weitS.*: look for; *aufgeregt*: hunt for; *Fehler*, *Vermißte*: trace; *nur v/t.* (*wünschen*) want; *~ zu inf.* (*sich bemühen*) seek to, try to; *Streit ~* pick a quarrel; *Sie haben hier nichts zu ~* you have no business to be here; *s. Rat, Weite, gesucht*; '**~er** *m* (7) seeker (*a. weitS. of truth, etc.*), searcher (*a.* '**~erin** *f*); *opt.* finder; *phot.* view-finder; (*a.* '**~gerät** *n*) detector; '**~kartei** *f* tracing file.

Sucht [zuxt] *f* (16) mania (*nach* for), *a. Rauschgift usw.*: addiction (to); (*Krankheit*) sickness, disease; '**♀erzeugend** ⚕ habit-forming.

süchtig ['zyçtiç] (*e-m Rauschgift usw. verfallen*) addicted, *z. B. morphium~* addicted to morphia; (*gierend*) craving; (*besessen*) maniac(al); **♀e** ['~igə] *m*, *f* (18) addict.

Sud [zu:t] *m* (3) decoction.

Süd [zy:t] **1.** south; **2.** *poet.* *m* (3, *o. pl.*) south (wind); ˈ**⁓deutsch,** ˈ**⁓deutsche** *m*, *f* South German.

Sudel|arbeit [ˈzu:dəlˀarbaɪt], **⁓ei** [⁓ˈlaɪ] *f* (16) dirty (*od. schlampig*: slovenly) work; *paint.* daub; *Geschriebenes*: scrawl, scribble; ˈ**⁓ig** slovenly, dirty; ˈ**⁓n** (29) *v/i. u. v/t. malend*: daub; *schreibend*: scribble; (*manschen*) mess about; (*pfuschen*) botch.

Süden [ˈzy:dən] *m* (6) south; *im ⁓* in the south, *e-r Stadt usw.*: (to the) south (*gen.* of); *nach ⁓* south(ward).

Süd|früchte [ˈzy:tfryçtə] *f/pl.* tropical fruit(s); ˈ**⁓länder** *m* (7), ˈ**⁓länderin** *f* southerner; ˈ**⁓ländisch** southern.

Sudler(in *f*) [ˈzu:dlər] *m s. sudeln*: dauber; scribbler; botcher.

süd|lich [ˈzy:t-] south (*a. adv.*), southern, southerly; *⁓ von* south of; **⁓ˈ-ost(en)** *m* south-east; **⁓ˈ-östlich** south-east(ern); ˈ**⁓pol** *m* South Pole; **⁓wärts** [ˈ⁓vɛrts] southward(s); ˈ**⁓wein** *m* sweet wine; **⁓ˈwest(en)** *m* southwest; **⁓ˈwester** *m* (7) southwester; **⁓ˈwestlich** south-western; ˈ**⁓wind** *m* south wind.

Suff [zuf] *m* (3, *o. pl.*) boozing.

süffig [ˈzyfiç] tasty.

süffisant [syfiˈzant] sarcastic(ally) [*adv.*).

suggerieren [zugeˈri:rən] suggest.

Suggestion [zugɛsˈtjo:n] *f* suggestion.

suggestiv [⁓ˈti:f] suggestive; **⁓frage** *f* leading question.

Suhle *hunt.* [ˈzu:lə] *f* (15), ˈ**⁓n:** *sich ⁓* wallow.

Sühn|e [ˈzy:nə] *f* (15) expiation, atonement; ˈ**⁓en** (25) expiate, atone for; ˈ**⁓etermin** ⚖ *m* conciliation hearing; ˈ**⁓-opfer** *n* expiatory sacrifice; ˈ**⁓ung** *f s. Sühne*.

Suite [ˈsvi:tə] *f* (15) suite (*a.* ♪), retinue.

sukzessiv [zuktsɛˈsi:f] successive; **⁓e** [⁓ˈsi:və] *adv.* gradually.

Sulfonamid *pharm.* [zulfonaˈmi:t] *n* sulphonamide.

Sultan [ˈzulta:n] *m* (3^1) sultan; ˈ**⁓in** *f* sultana; **⁓ine** [⁓taˈni:nə] *f* (15) (*Rosine*) sultana.

Sülze [ˈzyltsə] *f* (15) aspic; jellied meat; ˈ**⁓n** (27) jelly.

summarisch [zuˈma:riʃ] summary.

Summ|e [ˈzumə] *f* (15) sum (*a. fig.*); (*Gesamt⁓*) (sum) total; (*Betrag*) amount; ˈ**⁓en** (25) *v/t.* hum; *v/i.* buzz, hum; *Ohr*: tingle; ˈ**⁓er** ⚡ *m* (7) buzzer; **⁓ieren** [⁓ˈmi:rən] sum (*od.* add); *sich ⁓* run up.

Sumpf [zumpf] *m* (3^3) swamp, bog, marsh; *fig.* morass; *mot.* sump; ˈ**⁓boden** *m* marshy ground; ˈ**⁓fieber** *n* malaria; ˈ**⁓huhn** *n* moorhen; *fig.* rake; (*Säufer*) boozer; ˈ**⁓ig** boggy, marshy, swampy; ˈ**⁓land** *n* marshland; ˈ**⁓pflanze** *f* marsh plant; ˈ**⁓vogel** *m* wader.

Sums [zums] F *m* (3^2, *o. pl.*) (great) [fuss.

Sund [zunt] *m* (3) sound, strait.

Sünde [ˈzyndə] *f* (15) sin; ˈ**⁓nbock** *m* scapegoat; ˈ**⁓n-erlaß** *m* absolution; ˈ**⁓nfall** *m* fall of man; ˈ**⁓ngeld** *n* ill-gotten money; (*Riesensumme*) enormous sum; ˈ**⁓nregister** *n* list of misdeeds.

ˈ**Sünd|er** *m* (7), ˈ**⁓erin** *f* (16^1) sinner; *armer ⁓* criminal under sentence of death, *fig.* poor wretch.

sündhaft [ˈzynt-] sinful; F *⁓ teuer* awfully expensive.

sündig [ˈzyndiç] sinful; **⁓en** [ˈ⁓digən] (25) sin (*an dat., gegen* against).

Super [ˈzu:pər] *m* (7) *Radio*: superhet; **⁓** F *adj.* super; ˈ**⁓klug** overwise; *⁓er Mensch* wiseacre.

Superlativ [ˈ⁓lati:f] *m* (3^1) superlative (degree *bsd. gr.*); **⁓isch** [⁓ˈti:viʃ] superlative.

Suppe [ˈzupə] *f* (15) soup; *fig.* F *die ⁓ auslöffeln* face the music; F *j-m die ⁓ versalzen* give a p. what for.

ˈ**Suppen|fleisch** *n* stock-meat; ˈ**⁓grün** *n* greens *pl.*; ˈ**⁓kelle** *f* dipper; ˈ**⁓kraut** *n* pot-herb; ˈ**⁓löffel** *m* soup-ladle; *zum Essen*: soup-spoon; ˈ**⁓schüssel** *f* (soup-)tureen; ˈ**⁓teller** *m* soup-plate; ˈ**⁓würfel** *m* soup cube.

Support [zuˈpɔrt] ⊕ *m* (3) (slide) rest; (*Schlitten*) carriage.

surren [ˈzurən] (25) whiz(z); *Insekt usw.*: buzz.

Surrogat [zuroˈga:t] *n* (3) substitute, ersatz.

suspekt [zuˈspɛkt] suspect.

suspendieren [zuspɛnˈdi:rən] suspend.

süß [zy:s] sweet (*a. allg. fig.*); ˈ**⁓e** *f* (15) sweetness; *als Kosewort*: sweetie; ˈ**⁓en** (25) sweeten; ˈ**⁓holz** *n* liquorice; F *⁓ raspeln* flirt; ˈ**⁓igkeit** *f* sweetness; *⁓en pl.* sweets, *Am.*

candy *sg.*; '**~lich** sweetish; *fig.* honeyed; (*kitschig*) mawkish, treacly; '**∻speise** *f* sweet, *Am.* dessert; '**∻stoff** *m* saccharin(e); '**∻waren** *f/pl.* sweets *pl.*, *Am.* candy *sg.*; '**∻warengeschäft** *n* sweet-shop, *Am.* candy store; '**∻wasser** *n* fresh water.

Sylphe ['zylfə] *f* (15) sylph.

Sylvester [zil'vɛstər] *s. Silvester.*

Symbol [zym'bo:l] *n* (3^1) symbol; **~ik** *f* (16) symbolism; **∻isch** symbolic(al); **∻isieren** [~boli'zi:rən] symbolize.

Symmetr|ie [zyme'tri:] *f* (15) symmetry; **∻isch** [~'me:triʃ] symmetrical.

Sympathie [zympa'ti:] *f* (15) sympathy; **~streik** *m* sympathetic strike.

Sympath|isant [~pati'zant] *m* (12) sympathizer; **∻isch** [~'pa:tiʃ] sympathetic(ally *adv.*); (*gewinnend*) likable, engaging; *er ist mir ~* I like him; **∻i'sieren** sympathize.

Symphon|ie [zymfo'ni:] *f* (15) symphony; **∻isch** [~'fo:niʃ] symphonic(ally *adv.*).

Symptom [zymp'to:m] *n* (3^1) symptom; **∻atisch** [~to'ma:tiʃ] symptomatic (*für* of).

Synagoge [zyna'go:gə] *f* (15) synagogue.

synchron [zyn'kro:n] synchronous; **~isieren** [~kroni'zi:rən] synchronize; *Film*: dub; **∻getriebe** [~'kro:n-] *mot. n* synchromesh gear.

Syndikat [zyndi'ka:t] *n* (3) syndicate.

Syndikus ['zyndikus] *m* (14^2) syndic, *Am.* corporation lawyer.

Synkop|e ♪ [zyn'ko:pə] *f* (15) syncope; **∻ieren** [~ko'pi:rən] syncopate.

Synode [zy'no:də] *f* (15) synod.

synonym [zyno'ny:m] **1.** *a.* **~isch** synonymous; **2.** ∻ *n* (3^1) synonym.

syntaktisch [zyn'taktiʃ] syntactic(al).

Syntax ['zyntaks] *f* (16) syntax.

Synthe|se [~'te:zə] *f* (15) synthesis; **∻tisch** [~'te:tiʃ] synthetic(ally *adv.*).

Syphil|is ['zy:filis] *f inv.* syphilis; **∻itisch** [zyfi'li:tiʃ] syphilitic.

Syr|(i)er ['zy:r(j)ər] *m* (7), '**~(i)erin** *f*, '**∻isch** Syrian.

System [zy'ste:m] *n* (3^1) system; **~atik** [~ste'ma:tik] *f* system(atic manner); **∻atisch** systematic(ally *adv.*); **∻los** [~'ste:m-] unmethodical.

Szen|e ['stse:nə] *f* (15) scene (*a. fig.*); *Film*: sequence; *in ~ setzen* (put on the) stage, mount, (*sich*) show off; **~erie** [~'ri:] *f* (15) scenery; '**∻isch** scenic(ally *adv.*).

T

T [te:], **t** *n inv.* T, t.

Tabak ['ta:bak] *m* (3) tobacco; '**~bau** *m* tobacco growing; '**~händler** *m* tobacconist; '**~qualm** *m* tobacco-smoke; '**~sbeutel** *m* tobacco-pouch; '**~sdose** *f* snuff-box; '**~-waren** *f/pl.* tobacco goods, F smokes.

tabellar|isch [tabɛ'la:riʃ] tabulated, tabular; *adv.* in tabular form; **~isieren** [~lari'zi:rən] tabulate.

Tabelle [ta'bɛlə] *f* (15) table.

Tabernakel [tabɛr'na:kəl] *n*, *m* (7) tabernacle.

Tablett [ta'blɛt] *n* (3) tray; *aus Metall*: salver; **~e** *f* (15) tablet; ⚕ pill.

tabu [ta'bu:] *adj.*, ∻ *n* (11) taboo; *ein ∻ durchbrechen* break a taboo; *et. für ~ erklären* (put under a) taboo.

Tabulator [tabu'la:tɔr] *m* (8^1) tabulator.

Tachometer ⊕ [taxo'me:tər] *n* (7) tachometer; *mot. a.* speedometer.

Tadel ['ta:dəl] *m* (7) blame; (*Rüge*) censure; (*Mißbilligung*) reproof; (*Vorwurf*) reproach; (*Makel*) flaw; *ohne ~* = '**∻los** faultless, blameless, above reproach; F *fig.* splendid, first-class; '**∻n** (29) blame (*wegen* for), censure, criticize; '**∻nswert** blameworthy; '**∻süchtig** censorious, faultfinding.

Tadler ['ta:dlər] *m* (7) faultfinder, critic.

Tafel [ˈtɑːfəl] *f* (15) table (*a. Liste usw.*); (*Platte, a. Bild*≗ *im Buch*) plate; (*Stein*≗) slab; *Schokolade usw.*: tablet, bar, cake; (*Schreib*≗, *a. Gedenk*≗) tablet; (*Schiefer*≗) slate; (*Wand*≗) blackboard; (*Täfelung*) panel; (*das Speisen*) dinner; ˈ**~butter** *f* best (*od.* fresh) butter; ˈ**≗fertig** ready to serve, instant; ˈ**~land** *n* table-land, plateau; ˈ**≗n** (29) dine, banquet.

täfeln [ˈtɛːfəln] (29) *Fußboden*: inlay; *Wand*: wainscot, panel.

ˈ**Tafel|-obst** *n* dessert fruit; ˈ**~runde** *f* (guests *pl.* at) table; ˈ**~silber** *n* table-plate, *Am.* silverware.

Täfel|ung [ˈtɛːfəluŋ] *f* inlaying; (*a.* ˈ**~werk** *n*) wainscot([t]ing).

ˈ**Tafel|wasser** *n* table-water; ˈ**~wein** *m* dinner wine.

Taf(fe)t [ˈtaf(ə)t] *m* (3) taffeta.

Tag [tɑːk] *m* (3) day; *am ~e* by day; *am ~e nach* the day after; *bei ~e* by day, in the day-time, (*bei ~eslicht*) by daylight; *alle ~e* every day; *dieser ~e* (*demnächst*) one of these days, (*jüngst*) the other day; *eines ~es* some day; *zweimal des ~es* twice a day; *den ganzen ~* all day long; *s. frei, heute, Abend*; *~ für ~* day by day; *einen ~ um den andern* every other day; ⚒ *unter ~e* underground; *guten ~!* *allg.* how do you do?, *engS.*: good morning!, good afternoon!; F hallo!, *Am.* hello!; *bei Verabschiedung*: good day!, F so long!; *heller ~* (*~eslicht*) broad daylight; *es wird ~* it dawns; *an den ~ kommen* come to light; *an den ~ bringen, zu ~e fördern* bring to light; *an den ~ legen* exhibit, display; *in den ~ hinein leben usw.* from hand to mouth, at random; ≗ˈ**-aus:** ~, *tag*ˈ*ein* day in, day out; ˈ**~(e)bau** ⚒ *m* open-cast working.

Tage|blatt [ˈtɑːgə-] *n* daily (paper); ˈ**~buch** *n* journal, diary; ⚚ *a.* day-book; ⚓ logbook; ˈ**~dieb** *m* idler, loafer; **~gelder** [ˈ~gɛldər] *n/pl.* daily allowance *sg.*; ˈ**≗lang** for days (together), day after day; ˈ**~lohn** *m* day's (*od.* daily) wages *pl.*; ˈ**~löhner** *m* (7) day-labo(u)rer; ˈ**~marsch** *m* day's march.

tagen [ˈtɑːgən] (25) dawn; (*beraten*) meet, sit (in conference), ⚖ be in session.

ˈ**Tagereise** *f* day's journey.

ˈ**Tages|-anbruch** *m* (*bei ~* at) daybreak; ˈ**~-ausflug** *m* day's excursion; ˈ**~befehl** *m* order of the day; ˈ**~geld** ⚚ *n* call-money; ˈ**~gespräch** *n* topic of the day; ˈ**~kasse** *f thea.* advance-booking office; ⚚ receipts of the day; *für kleine Ausgaben*: petty cash; ˈ**~kurs** *m* ⚚ current rate; *e-r Fachschule*: day course; ˈ**~leistung** *f* day's output; ˈ**~licht** *n* daylight; *ans ~ bringen* (*kommen*) bring (come) to light; ˈ**~-ordnung** *f* order of the day, *e-r Versammlung*: agenda *pl.*; *auf der* (*die*) *~* on the agenda; *zur ~ übergehen* proceed to the order of the day; *fig. das ist an der ~* that is the order of the day; ˈ**~preis** *m* current price; ˈ**~presse** *f* daily press; ˈ**~zeit** *f* time of day; (*Ggs. Nachtzeit*) day-time; *zu jeder ~* at any time of the day; ˈ**~zeitung** *f* daily (paper).

ˈ**tage|weise** by the day; ˈ**≗werk** *n* day's work; (*Arbeitseinheit*) man-day.

Tagfalter [ˈtɑːk-] *m* butterfly.

...tägig [-tɛːgiç] of ... days.

täglich [ˈtɛːkliç] daily; ⚚ *~es Geld* call-money.

tags: *~ darauf* the day after; *~ zuvor* the day before; ˈ**~-über** during the day, in the day-time.

ˈ**tag|**ˈ**täglich** every day; ˈ**≗-und-**ˈ**nachtgleiche** *f* (15) equinox.

Tagung [ˈtɑːguŋ] *f* meeting, conference, *Am. a.* convention.

Taifun [taɪˈfuːn] *m* (3[1]) typhoon.

Taille [ˈtaljə] *f* (15) waist; (*Mieder*) bodice.

Takel ⚓ [ˈtɑːkəl] *n* (7) tackle; **~age** [~ˈlɑːʒə] *f* (15), ˈ**~ung** *f*, ˈ**~werk** *n* rigging, tackle; ˈ**≗n** ⚓ (29) rig.

Takt [takt] *m* (3) ♪ time, measure; (*~strich*) bar; *weitS.* rhythm, cadence; *mot.* cycle; *fig.* tact, delicacy; *~ halten* keep time; *den ~ schlagen* beat the time; *aus dem ~ kommen* lose the beat, *fig.* be put out; *aus dem ~ bringen fig.* put out; ˈ**≗fest** steady in keeping time; *fig.* firm; **≗ieren** [~ˈtiːrən] beat the time; ˈ**~ik** ⚔ *u. fig. f* tactics *pl. u. sg.*; ˈ**~iker** ⚔ *m* tactician; ˈ**≗isch** tactical; ˈ**≗los** tactless; ˈ**~losigkeit** *f* tactlessness, indiscretion; ˈ**~stock** *m* baton; ˈ**~strich** ♪ *m* bar; ˈ**≗voll** tactful.

Tal [tɑːl] *n* (1[2]; *poet. a.* 3) valley;

poet. u. fig. vale; *zu* ~ = ♀'**abwärts** downhill.

Talar [ta'la:r] *m* (3^1) gown, robe.

Talent [ta'lɛnt] *n* (3) talent (*a. Person*; *zu* for); ♀**iert** [~'ti:rt] *s. talentvoll*; ~**los** untalented; ~**sucher** *m* talent scout; ♀**voll** talented, gifted.

Talg [talk] *m* (3) *roh*: suet; *ausgelassen*: tallow; '~**drüse** *f* sebaceous gland; ♀**ig** ['~giç] suety; tallowy; ~**licht** ['talk-] *n* tallow-candle.

Talisman ['ta:lisman] *m* (3^1) mascot, (good-luck) charm.

Talk [talk] *m* (3) talc; '~-**erde** *f* magnesia; '~**um** *n* (7) talcum.

Talkessel ['ta:l-] *m s. Talmulde.*

Talmi ['talmi] *n* (11) pinchbeck.

Talmulde ['ta:lmuldə] *f* basin (*od.* hollow) of the valley.

Talon ✝ [ta'lɔ̃] *m* (11) talon.

Tal|sohle *f* bottom of the valley; *fig.* ✝ depression; '~**sperre** *f* dam.

Tambour ['tambu:r] *m* (3^1) drummer; '~**major** *m* drum-major.

Tamburin [tambu'ri:n] *n* (3^1) tambourine.

Tampon [tɑ̃'pɔ̃] ⚕ *m* (11) tampon.

Tamtam ['tam'tam] *n inv.* tomtom; *fig.* noise, fuss; (*Reklame*) ballyhoo.

Tand [tant] *m* (3) trumpery, (worthless) trifles *pl.*; (*Flitter*) tinsel; (*Spielzeug*) bauble, gewgaw.

Tändel|ei [tɛndə'laɪ] *f* (16) trifling, dallying; *fig.* flirt(ing), flirtation; '♀**n** (29) trifle, dally; flirt; (*trödeln*) dawdle.

Tandem ['tandɛm] *n* (11) tandem.

Tang ♀ [taŋ] *m* (3) seaweed.

Tang|ente ⩘ [taŋ'gɛntə] *f* (15) tangent; ♀**ieren** [~'gi:rən] be tangent to; *fig.* touch, affect.

Tango ['taŋgo:] *m* (11) tango.

Tank [taŋk] *m* (3) tank (*a.* ⚔; *s. Panzer*); '♀**en** (25) (re)fuel, fill up, take in petrol; '~**er** ⚓ *m* (7), '~**schiff** *n* tanker; '~**stelle** *f* filling (*od.* service) station; '~**wagen** *m* tank lorry (*Am.* truck); 🚂 tank car; '~**wart** *m* (3) filling-station attendant.

Tann *poet.* [tan] *m* forest; '~**e** *f*, '~**enbaum** *m* (15) fir(-tree); '~**enholz** *n* fir-wood, deal; '~**ennadel** *f* fir-needle; '~**enzapfen** *m* fir-cone.

Tantalusqualen ['tantalus-] *f/pl.* torments of Tantalus, *weitS. a.* agony, martyrdom.

Tante ['tantə] *f* (15) aunt.

Tantieme [tɑ̃'tjɛ:mə] *f* (15) royalty, percentage, share in profits.

Tanz [tants] *m* (3^2 *u.* ^{3}) dance; '~**abend** *m* dancing-party; '~**bär** *m* dancing bear; '~**bein** *n*: *das* ~ *schwingen* dance, do the light fantastic; '~**boden** *m*, '~**diele** *f* dance-hall.

tänzeln ['tɛntsəln] (29, h. *u.* sn) trip, skip, frisk.

tanzen ['tantsən] *v/t. u. v/i.* (27, h. *u.* sn) dance (*a. fig.*); *s. Reihe.*

Tänzer ['tɛntsər] *m* (7), '~**in** *f* (16^1) dancer; *thea.* (ballet-)dancer, *f a.* danseuse; (*Mit*♀) partner.

'**Tanz|fläche** *f* dance floor; '~**gesellschaft** *f* dancing-party; '~**kapelle** *f* dance band; '~**lehrer** *m* dancing-master; '~**musik** *f* dance music; '~**saal** *m* dance-hall, ball-room; '~**schritt** *m* (dancing-)step; '~**schule** *f* dancing-school; '~**stunde** *f* dancing-lesson; '~**turnier** *n* dancing contest.

Tapet [ta'pe:t] *n* (3): *aufs* ~ *bringen* bring *a subject* on the carpet; ~**e** *f* (15) wallpaper; ~**enwechsel** F *m* change (of scenery).

Tapezier [tape'tsi:r] *m* (3^1), *a.* ~**er** *m* paperhanger; (*Polsterer*) upholsterer; ♀**en** paper.

tapfer ['tapfər] brave, valiant; '♀**keit** *f* bravery, valo(u)r.

Tapisseriewaren [tapisə'ri:va:rən] *f/pl.* tapestry goods, tapestries.

tappen ['tapən] (25, h. *u.* sn) grope *od.* fumble (about).

täppisch ['tɛpiʃ] awkward, clumsy.

tapsen ['tapsən] walk clumsily.

Tara ✝ ['ta:ra] *f inv.* tare.

Tarantel *zo.* [ta'rantəl] *f* (15) tarantula; *fig. wie von der* ~ *gestochen* like a flash.

tarieren ✝ [ta'ri:rən] tare.

Tarif [ta'ri:f] *m* (3^1) *allg.* rate; (*Lohn*♀) (wage) scale; (*Zoll*♀) tariff; ~**gehalt** *n* agreed-scale salary; ~**kündigung** *f* wage reopening; ♀**lich**, ♀**mäßig** standard, contractual, according to scale; ~**lohn** *m* standard wage(s *pl.*); ~**partner** *m* party to a wage agreement; ~**verhandlungen** *f/pl.* collective bargaining, wage negotiations; ~**vertrag** *m* (standard) wage agreement, industrial (*od. Am.* collective) agreement.

tarn|en ['tarnən] (25) ⚔, ⚓, *fig.*

camouflage; mask; screen; '**2kappe** *f* magic hood; '**2ung** *f* camouflage.

Tasche ['taʃə] *f* (15) *in der Kleidung*: pocket; (*Hand2*, *Reise2 usw.*) bag; (*Etui*) case; (*Beutel*) pouch (*a. anat., zo.*); *s. Akten2, Schul2*; *in die ~ stecken* (put into one's) pocket, F *j-n*: be head and shoulders above a p.; *j-m auf der ~ liegen* F live off a p.; *tief in die ~ greifen müssen* have to pay through one's nose; *wie s-e ~ kennen* know ... like the back of one's hand; F *ich habe es in der ~* it's in the bag.

'**Taschen|-ausgabe** *f* pocket-edition; '**~buch** *n* pocket-book, paperback; '**~dieb** *m* pickpocket; '**~feuerzeug** *n* pocket-lighter; '**~format** *n* pocket-size; '**~geld** *n* pocket-money, allowance; '**~lampe** *f* pocket lamp; (*Stab2*) (electric) torch, *bsd. Am.* flashlight; '**~messer** *n* pocket-(*od.* clasp-)knife, *Am. a.* jackknife; *kleines*: penknife; '**~spieler** *m* juggler; **~spielerei** ['~ʃpi:lə'raɪ] *f* jugglery, sleight of hand; '**~tuch** *n* (pocket) handkerchief; '**~-uhr** *f* (pocket) watch; '**~wörterbuch** *n* pocket-dictionary.

Tasse ['tasə] *f* (15) cup.

Tastatur [tasta'tu:r] *f* (16) keyboard, keys *pl.*

Tast|e ['tastə] *f* (15) key (*a.* ⊕); '**2en** (26) touch, feel; (*tappen*) grope, fumble (*nach* for; *a. fig.*); *Radio, tel.* key; *sich ~* (*s-n Weg suchen*) feel one's way; '**2end** *fig.* groping, tentative; '**~en(wahl)fernsprecher** *m* push-button telephone; '**~er** *m* ⊕, ⚡ probe, feeler (*a. zo.*); (*Druckknopf*) pushbutton; *Zirkel*: cal(l)iper(s *pl.*); '**~sinn** *m* (sense of) touch.

Tat [ta:t] **1.** *f* (16) deed, act, action; *große*: feat; ⚖ criminal act, offen|ce (*Am.* -se); *Mann der ~* man of action; *in der ~* indeed, in (point of) fact; *s. frisch, umsetzen*; **2.** 2 *pret. v. tun* 1.

Tatar [ta'ta:r] *m* (12) Tartar.

'**Tat|bestand** *m* state of affairs; ⚖ facts *pl.* of the case, factual findings *pl.*; '**~einheit** ⚖ *f*: *in ~ mit* (in coincidence) with.

'**Taten|drang** *m* urge (*od.* zest) for action; '**2durstig** burning for action; enterprising; '**2los** inactive.

Täter ['tɛ:tər] *m* (7), '**~in** *f* (16[1]) doer; (*Übeltäter*) perpetrator (*a.* ⚖ = committer); culprit; (*Urheber*) author; '**~schaft** *f* guilt.

'**tätig** active (*a. gr.*); (*geschäftig*) busy; *bei e-r Firma usw. ~ sein* be in the employ of, work for; *~ sein als* act (*od.* work *od.* function) as; **~en** ['~gən] (25) *bsd.* ✝ effect, transact; (*abschließen*) conclude; '**2keit** *f* activity; *berufliche*: occupation, business; *anat.*, ⊕ *usw.*: action; *in ~ setzen* put in action; *in voller ~* in full swing; '**2keitsfeld** *n* field of activity; **2ung** ['~gʊŋ] *f* transaction.

'**Tat|kraft** *f* energy; (*Unternehmungsgeist*) enterprise; '**2kräftig** energetic(ally *adv.*), active.

'**tätlich** violent; *~ werden* resort to violence; *~ werden gegen* assault; ⚖ *~e Beleidigung* assault and battery; '**2keit** *f* (*mst pl.*) (act of) violence; ⚖ assault (and battery).

'**Tat-ort** ⚖ *m* scene of crime.

tätowier|en [tɛ:to'vi:rən] tattoo; **2ung** *f* tattoo(ing).

'**Tat|sache** *f* fact; *pl.* (*Unterlagen*) data; *j-n vor vollendete ~n stellen* confront a p. with a fait accompli; '**~sachenbericht** *m* factual (*od.* documentary) report; '**2sächlich** actual, factual, real; *adv.* actually, in fact (*a.* ⚖), as a matter of fact.

tätscheln ['tɛ:tʃəln] (29) pat.

Tatze ['tatsə] *f* (15) paw.

Tau[1] [taʊ] *n* (3) rope; *bsd.* ⚓ cable; **~**[2] *m* (3[1], *o. pl.*) dew.

taub [taʊp] deaf (*fig. gegen, für* to); *Nuß*: deaf, empty; *Gestein*: dead; *Glieder*: numb.

Taube ['taʊbə] *f* (15) pigeon; *rhet.* dove; '**2ngrau** dove-colo(u)red; '**~nschießen** *n* trap-shooting; '**~nschlag** *m* dovecot; '**~zucht** *f* pigeon-breeding.

'**Tauber** *m* (7), **Täuberich** ['tɔʏbərɪç] *m* (3) cock pigeon.

Taubheit ['taʊphaɪt] *f* deafness.

'**Taubnessel** ⚘ *f* dead-nettle.

'**taubstumm** deaf and dumb; '**2e** *m, f* (18) deaf-mute; '**2ensprache** *f* deaf-and-dumb language.

tauchen ['taʊxən] (25) *v/t.* plunge, dip, duck; *v/i.* (h. *u.* sn) dive (*bsd. Schwimmer*), plunge, dip; *Unterseebot*: submerge.

'**Taucher** *m* (7) diver; '**~-anzug** *m* diving-suit; '**~gerät** *n*, '**~lunge** *f* aqualung; '**~glocke** *f* diving-bell.

'**Tauch|kolben** ⊕ *m* plunger (piston); '**~sieder** *m* immersion heater.
tauen ['tauən] (25) *v/i.* **a**) (h. *u.* sn) *Eis, Schnee*: thaw, melt; es *taut* it is thawing; **b**) *Tau*: (h.) es *taut* dew is falling.
Tauf|-akt ['tauf-] *m* (ceremony of) baptism; '**~becken** *n* baptismal font; '**~buch** *n* parish-register; '**~e** *f* (15) baptism, christening; *aus der ~ heben* stand godfather (*od.* godmother) to, *fig.* initiate; '**2en** (25) (*a. fig.*) baptize, christen.
Täuf|er ['tɔʏfər] *m* (7): *Johannes der ~* John the Baptist; '**~ling** *m* (3[1]) child (*od.* person) to be baptized.
'**Tauf|name** *m* Christian name; '**~pate** *m* godfather, *f* (*a.* '**~patin**) godmother; '**~schein** *m* certificate of baptism; '**~stein** *m* baptismal font; '**~zeuge** *m* sponsor.
taugen ['taugən] (25) be of use, be good *od.* fit (*alle*: *zu* for); (*zu*) *nichts ~* be good for nothing.
'**Taugenichts** *m* (4; *sg. a. inv.*) good-for-nothing.
tauglich ['tauklıç] fit, good; apt, useful (*für, zu* for; to *do*); (*fähig*) able; ⚔, ⚓ able-bodied; '**2keit** *f* fitness *etc.*; ability, usefulness.
Taum|el ['tauməl] *m* (7) giddiness; (*Überschwang*) rapture, ecstasy; '**2(e)lig** reeling; (*schwindlig*) giddy; '**2eln** (29, h. *u.* sn) reel, stagger; (*schwindlig sein*) be giddy.
'**Taupunkt** *m* dew-point.
Tausch [tauʃ] *m* (3[2]) exchange; (*~handel*) barter; '**2en** (27) *v/t. u. v/i.* exchange (*a. fig. Blicke, Schläge usw.*); (*ein~*) *a.* barter, F swop (*gegen* for); *ich möchte nicht mit ihm ~* I would not change places with him.
täuschen ['tɔʏʃən] (27) *allg.* deceive (*j-n*; *a. Hoffnung*); (*narren*) fool, dupe; (*prellen*) cheat; *Sport*: deceive, *nur v/i.*: feint; *sich ~* deceive o.s., (*sich irren*) be mistaken; *sich ~ lassen* let o.s. be deceived; *in Hoffnungen usw. getäuscht werden* be disappointed in; '**~d** deceptive; *Ähnlichkeit*: striking; *~ nachahmen* mimic to perfection.
'**Tausch|geschäft** *n*, '**~handel** *m* barter; '**~mittel** *n* barter-medium; '**~-objekt** *n* bartering object.
'**Täuschung** *f* deception; (*a. Selbst2*) delusion; ⚖ fraud, deceit; *optische ~* optical delusion; '**~smanöver** *n* feint, diversion; '**~sversuch** *m* attempted deception.
'**Tauschwert** *m* barter value.
tausend ['tauzənt] (a) thousand; *zu 2en* by thousands; *2undeine Nacht* Arabian Nights *pl.*; **~erlei** ['~dər'laı] *adj.* of a thousand different kinds; *als su.* a thousand (different kinds) (of); '**~fach, ~fältig** ['~zəntfɛltıç] thousandfold; '**2fuß** *m*, '**2füß(l)er** *m* millepede, *bsd. Am.* millipede; '**~jährig** of a thousand years; *2es Reich bibl.* millennium; '**2künstler** *m* wizard; Jack of all trades; '**~mal** a thousand times; **2sasa** ['~sasa] F *m* (11) devil of a fellow; '**2schön(chen)** ⚘ *n* (3[1] [6]) daisy.
'**tausendst,** '**2el** *n* (7) thousandth.
'**Tau|tropfen** *m* dew-drop; '**~werk** *n* ropes *pl.*; '**~wetter** *n* thaw; '**~ziehen** *n* tug of war (*a. fig.*).
Taxameter [taksa'me:tər] *m* (7) (*Fahrpreisanzeiger*) clock, taximeter.
Taxator [ta'ksa:tər] *m* (8[1]) appraiser, taxer, valuer.
Taxe ['taksə] *f* (15) rate; (*Steuer*) tax; (*Gebühr*) fee; (*Schätzung*) estimate, appraisal; (*Autodroschke*) *s. Taxi.*
Taxi ['taksi] *n* (11) taxi(cab), cab.
ta'xieren rate, estimate; *amtlich*: value, tax, appraise, assess.
'**Taxi|fahrer** *m* taxi-driver; '**~girl** ['~gœrl] *n* (16) taxi girl; '**~stand** *m* taxi-rank, *Am.* taxi stand.
Technik ['tɛçnik] *f* (16) ⊕ engineering; (*Wissenschaft*) technology; (*Verfahren*) technique (*a. Kunst, Sport*); (*Fertigkeit*) workmanship, skill; *in der Kunst*: technique; '**~er** *m* (7) (technical) engineer; (*Spezialist*; *a. weitS.*) technician; **~um** ['~um] *n* (9) technical school.
'**technisch** ⊕ *allg.* engineering (*department, journal, process, etc.*); (*bsd. betriebs~ u. weitS.*) technical; (*mechanisch*) mechanical; *Sport*: *~e Disziplin* field event; *Boxen*: *~er K.o.* technical knock-out; *~es Personal* technical staff; *~e Hochschule* technical college *od.* university; *~e Störung* breakdown.
Technologie [tɛçnolo'gi:] *f* (15, *o. pl.*) technology.
Techtelmechtel ['tɛçtəl'meçtəl] F *n* (7) (love) affair.

Teckel [ˈtɛkəl] *m* (7) dachshund.
Teddybär [ˈtɛdibɛːr] *m* Teddy bear.
Tee [teː] *m* (11) tea; ˈ**~brett** *n* tea-tray; ˈ**~büchse** *f* tea-caddy; ˈ**~-Ei** *n* tea infuser; ˈ**~gebäck** *n* tea-cake; *weiches*: scone; *Am.* biscuit; ˈ**~geschirr** *n* tea-service; ˈ**~kanne** *f* teapot; ˈ**~kessel** *m* tea-kettle; ˈ**~löffel** *m* tea-spoon; ˈ**~löffelvoll** *m* tea-spoonfull; ˈ**~maschine** *f* tea-urn.
Teer [teːr] *m* (3) tar; ˈ**2en** (25) tar; ˈ**2ig** tarry.
ˈ**Teerpappe** *f* tar-board.
ˈ**Tee|sieb** *n* tea-strainer; ˈ**~strauch** *m* tea-plant; ˈ**~tasse** *f* teacup; ˈ**~wagen** *m* tea wagon, teacart; **~wärmer** [ˈ~vɛrmər] *m* (7) tea-cosy.
Teich [taɪç] *m* (3) pond, pool; F *der große* ~ (*Ozean*) the Pond.
Teig [taɪk] *m* (3) dough, paste; **~ig** [ˈ~giç] doughy, pasty; ˈ**~waren** [taɪk-] *f/pl.* farinaceous products.
Teil [taɪl] *m, n* (3) part (*a.* ⊕); (*Anteil*) portion, share; (*Abschnitt*) section; (*Bestandteil*) component; *edle ~e pl. des Körpers* vital parts; *beide ~e pl.* (*Parteien*) both parties; *ein ~ davon* part of it; *ein großer ~* a great deal; *der größte ~ der Menschen* the greater part (*od.* the majority) of mankind; *zum ~* partly, in part, to some extent; *zum großen ~* largely; *zum größten ~* mostly; *zu gleichen ~en* share and share alike; *sein ~ beitragen* do one's share; *sich sein ~ denken* have one's own thoughts about it; *ich für mein ~* I for my part; ˈ**~-ansicht** *f* partial view; ˈ**2bar** divisible; ˈ**~barkeit** *f* divisibility; ˈ**~chen** *n* (6) particle; ˈ**2en** (25) divide; (*teilhaben an*) share; ˈ**~er** *m* (7) divider; ♈ divisor; ˈ**~erfolg** *m* partial success; ˈ**2haben** participate, share (*beide*: *an dat.* in); ˈ**~haber**(**in** *f* [16¹]) *m* (7) participator; † partner, associate; ˈ**~haberschaft** *f* partnership; ˈ**2haftig** partaking (*gen.* of); *e-r S.* ~ *werden s. teilhaben.*
...teilig consisting of ... parts, *two-piece* ... *etc.*
Teil|nahme [ˈ~nɑːmə] *f* (15) participation (*an dat.* in); *fig.* interest (in); (*Mitgefühl*) sympathy (with); (*Beileid*) condolence(s *pl.*); ˈ**2nahmslos** (*gleichgültig*) indifferent; (*gefühllos*) impassible; (*untätig*) passive; *vor Schwäche*: apathetic (-ally *adv.*); ˈ**~nahmslosigkeit** *f* indifference; impassibility; passiveness; apathy; ˈ**2nahmsvoll** sympathetic(ally *adv.*); ˈ**2nehmen** *an* (*dat.*) take part (*od.* participate) in; *gemeinsam mit anderen*: join in; (*anwesend sn*) be present at, attend; *fig.* take an interest in, *mitfühlend*: sympathize with; *an e-r Mahlzeit* ~ partake of a meal; ˈ**2nehmend** *s. teilnahmsvoll*; ˈ**~nehmer** *m* (7), ˈ**~nehmerin** *f* (16¹) participant, participator; *Sport usw.*: competitor, entrant; *teleph.* subscriber; ˈ**~nehmerverzeichnis** *teleph. n* telephone directory; ˈ**~pension** *f im Hotel*: *Am.* European plan.
teils [taɪls] partly.
ˈ**Teil|strecke** *f* section, fare stage; *weitS.* leg, stage; ˈ**~strich** *m* graduation mark.
ˈ**Teilung** *f* division; (*Ver2*) distribution; (*in Anteile*) sharing; (*Unterteilung*) graduation, scale; ˈ**~s-artikel** *gr. m* partitive article; ˈ**~s-zahl** *f* dividend.
ˈ**teil|weise** *adv.* partly, partially, in part; ˈ**2zahlung** *f* part-payment, (payment by) instal(l)ment; *auf ~ kaufen* buy on the instal(l)ment-plan.
Teint [tɛ̃] *m* (11) complexion.
Teleˈfon *usw. s. Telephon.*
Telegramm [teleˈgram] *n* (3¹) telegram, wire; (*bsd. Übersee2*) cable; **~anschrift** *f* cable address; **~formular** *n* telegraph form (*Am.* blank); **~stil** *m* telegraphic style, telegraphese.
Telegraph [~ˈgrɑːf] *m* (12) telegraph; **~en-amt** *n* telegraph office; **~enmast** *m* telegraph-pole; **~ie** [~graˈfiː] *f* (15) telegraphy; *drahtlose* ~ wireless telegraphy; **2ieren** [~ˈfiːrən] *v/t. u. v/i.* telegraph, wire; *nach Übersee*: cable; **2isch** [~ˈgrɑːfiʃ] telegraphic(ally *adv.*), *adv. mst* by telegram, by wire, by cable; *~e Überweisung* cable transfer; **~ist** [~graˈfist] *m* (12), **~istin** *f* telegraphist, telegraph operator.
Tele-objektiv *phot.* [ˈteːle-] *f* telephoto lens.
Telepath|ie [~paˈtiː] *f* telepathy; **2isch** [~ˈpɑːtiʃ] telepathic(ally *adv.*).
Telephon [~ˈfoːn] *n* (3¹) telephone,

F phone; *am* ~ on the (tele)phone; *ans* ~ *gehen* (*wenn es klingelt*) answer the telephone; ~ *haben* be on the telephone; **~-anruf** *m* (telephone) call; **~-anschluß** *m* telephone connection; ~ *haben* be on the telephone *od.* F phone; **~-apparat** *m* telephone set; **~at** [~fo'nɑ:t] *n* (3), **~gespräch** [~'fo:n-] *n* telephone call *od.* conversation; **~buch** *n* telephone directory; **~hörer** *m* receiver; **2ieren** [~fo'ni:rən] *v/t. u. v/i.* telephone, F phone; **2isch** [~'fo:niʃ] telephonic(ally *adv.*); *adv. mst* by telephone; **~ist** [~fo'nist] *m* (12), **~istin** *f* (16¹) telephonist, telephone operator; **~nummer** [~'fo:n-] *f* telephone number; **~verbindung** *f* telephone connection; **~vermittlung** *f*, **~zentrale** *f* (telephone) exchange *od.* (*Am.*) central office; **~zelle** *f* telephone (*od.* call) box.

Teleskop [telɛ'sko:p] *n* (3¹) telescope; **2isch** telescopic(ally *adv.*).

Television [televi'zjo:n] *f* (16, *o.pl.*) television.

Telexdienst ['tɛlɛks-] *m* telex (service).

Teller ['tɛlər] *m* (7) plate; ⊕ disk, disc (*a. Schi2*); '**~mütze** *f* flat cap; (*Baskenmütze*) beret.

Tempel ['tɛmpəl] *m* (7) temple; '**~herr** *m*, '**~ritter** *m* (Knight) Templar; '**~raub** *m*, '**~schändung** *f* sacrilege.

Temperafarbe ['tɛmpera-] *f* distemper.

Temperament [tɛmpəra'mɛnt] *n* (3) temper(ament); (*Feuer*) mettle, spirits *pl.*, vivacity; **2los** spiritless; **2voll** vivacious, (high-)spirited, passionate.

Temperatur [~'tu:r] *f* (16) temperature; ~ *haben* have (*od.* run) a temperature; *j-s* ~ *messen* take a p.'s temperature; **~schwankung** *f* variation of temperature.

Temperenzler [tɛmpə'rɛntslər] *m* (7) teetotal(l)er.

tempe'rieren temper (*a.* ♩).

Tempo ['tɛmpo] *n* (11) ♩ time, (*a. weitS.*) tempo; (*Gangart*) pace; (*Geschwindigkeit*) speed, rate; *in langsamem* ~ at a slow pace; *das* ~ *angeben* set the pace; **2rär** [~'rɛ:r] temporary; *adv.* for the time being.

Tempus *gr.* ['tɛmpus] *n* (*sg. inv.*, *pl. Tempora* ['~pora]) tense.

Tendenz [tɛn'dɛnts] *f* (16) tendency, trend; **2iös** [~'tsjø:s] tendentious; **~roman** *m* tendentious novel, purpose-novel; **~stück** *n* tendentious play, purpose-play.

Tender ['tɛndər] *m* (7) tender.

tendieren [tɛn'di:rən] tend (*nach, zu* to[wards]).

Tenne ['tɛnə] *f* (15) threshing floor.

Tennis ['tɛnis] *n inv.* (lawn-)tennis; '**~ball** *m* tennis-ball; '**~platz** *m* tennis-court; '**~schläger** *m* tennis-racket; '**~spieler(in** *f*) *m* tennis-player; '**~turnier** *n* tennis-tournament.

Tenor¹ ['te:nɔr] *bsd.* ⚖ *m* tenor, substance.

Tenor² ♩ [te'no:r] *m* (3¹ *u.* ³) tenor; **~ist** [~no'rist] *m* (12) tenor(-singer).

Teppich ['tɛpiç] *m* (3¹) carpet, *Am. a.* rug; '**~boden** *m* fitted carpet; '**~kehrmaschine** *f* carpet-sweeper.

Termin [tɛr'mi:n] *m* (3¹) (fixed) date *od.* term, (appointed) time, target-date; (*Frist*) time-limit; *äußerster* ~ final date, *bsd. Am.* deadline; *Sport*: fixture; ⚖ (*Verhandlung*) hearing; (*Besprechung, Treffen*) appointment; *e-n* ~ *anberaumen od. stellen* (*absetzen*) fix (rescind) a date; **2gemäß**, **2gerecht** in due time, on the due date; **~geschäft** ✝ *n* time-bargain, *pl.* futures; **~kalender** *m* desk diary, appointments calendar; ⚖ cause-list, *Am.* calendar; **~ologie** [~minolo'gi:] *f* (15) terminology; **~plan** *m* schedule.

Termite [tɛr'mi:tə] *f* (15) termite, white ant.

Terpentin [tɛrpən'ti:n] *m* (3¹) turpentine, F turps.

Terrain [tɛ'rɛ̃] *n* (11) ground, terrain; (*Grundstück*) plot of land; (*Bauplatz*) building site.

Terrasse [tɛ'rasə] *f* (15) terrace; **2nförmig** [~nfœrmiç] terraced.

Terrine [tɛ'ri:nə] *f* (15) tureen.

terri|torial [tɛritor'jɑ:l] territorial; **2torium** [~'to:rjum] *n* (9¹) territory.

Terror ['tɛrɔr] *m* (11, *o. pl.*) terror; **2isieren** [tɛrori'zi:rən] terrorize.

Terz [tɛrts] *f* (16) ♩ third; *fenc.* tierce; ♩ *kleine* (*große*) ~ minor (major) third; **~ett** ♩ [~'tsɛt] *n* (3) trio.

Test [tɛst] *m* (3 *u.* 11) test.

Testament [tɛsta'mɛnt] *n* (3) (last)

will, ⚖ last will and testament; *eccl.* Testament; *sein ~ machen* make a will; **≈arisch** [~ˈtɑːriʃ] testamentary; *adv.* by will; **~s-er-öffnung** *f* opening (*od.* probate) of the will; **~svollstrecker** *m* executor; *gerichtlich bestellter*: administrator.

test|en [ˈtɛstən] (26) test; ˈ**≈fall** *m* test case.

testieren [tɛˈstiːrən] *v/i.* make a will; *v/t.* (*letztwillig anordnen*) dispose by will; (*bezeugen*) testify.

ˈ**Testpilot** *m* test-pilot.

teuer [ˈtɔʏər] dear, costly, expensive; *fig.* dear, beloved; *~e Preise* high prices; *wie ~ ist es?* how much is it?, what does it cost?; *s. Rat, stehen*; ˈ**≈ung** *f* dearness, high (*od.* rising) prices, high cost of living; ˈ**≈ungszulage** *f* cost-of-living bonus.

Teufel [ˈtɔʏfəl] *m* (7) devil; *armer ~* poor devil (*od.* wretch); *pfui ~! angeekelt*: ugh!, *entrüstet*: for shame!, disgusting!; *wer zum ~?* who the devil (*od.* hell); *wie der ~* like mad; *in (des) ~s Küche kommen* get it in the neck; *man soll den ~ nicht an die Wand malen* talk of the devil (and he will appear); *j-n zum ~ jagen* send a p. packing; *in der Not frißt der ~ Fliegen* beggars can't be choosers; *der ~ ist los* the fat is in the fire; *zum ~ gehen* (*Sache*) go to pot; *scher dich zum ~* go to hell; **~ei** [~ˈlaɪ] *f* (16) devilish trick, devil(t)ry; ˈ**~skerl** *m* devil of a fellow; ˈ**~skreis** *fig. m* vicious circle.

ˈ**teuflisch** devilish, diabolic(al).

Text [tɛkst] *m* (3²) text; (*Lied≈*) words *pl.*; (*Opern≈*) book, libretto; *j-m den ~ lesen* lecture a p.; *aus dem ~ bringen (kommen)* (be) put out; ˈ**~buch** *n* play book, libretto.

Textil... [tɛksˈtiːl] textile; **~ien** [~jən] *pl. inv.* textiles *pl.*

ˈ**textlich** textual.

Theater [teˈɑːtər] *n* (7) theat|re, *Am.* -er; (*Bühne u. weitS.*) stage; *fig. contp.* farce; (*Aufregung, Getue*) fuss; *fig. ~ spielen* play-act; *zum ~ gehen* go on the stage; **~besucher** (**-in** *f*) *m* play-goer; **~karte** *f* (theat|re, *Am.* -er) ticket; **~kasse** *f* box office; **~kritiker** *m* drama critic; **~stück** *n* (stage-)play; **~vorstellung** *f* theatrical performance; **~zettel** *m* play-bill.

theatralisch [~aˈtrɑːliʃ] theatrical.

Theke [ˈteːkə] *f* (15) bar, *Am. a.* counter.

Thema [ˈteːma] *n* (9², *pl. a. ~ta*) theme (*a.* ♪ *usw.*), subject; (*nur Gesprächs≈*) topic; *beim ~ bleiben* stick to the point.

Theolog [teoˈloːk] *m* (12), **~e** [~gə] (13) *m* theologian; **~ie** [~loˈgiː] *f* (15) theology; **≈isch** [~ˈloːgiʃ] theological.

Theoret|iker [teoˈreːtikər] *m* (7) theorist; **≈isch** theoretic(al); **≈i**ˈ**sieren** theorize.

Theorie [teoˈriː] *f* (15) theory.

Therap|eut [teraˈpɔʏt] *m* (12) therapist; **~eutik** [~ˈpɔʏtik] *f* (16, *o. pl.*) therapeutics *sg.*; **~ie** [~ˈpiː] *f* (15) therapy; **≈eutisch** therapeutic(ally *adv.*).

Thermal|bad [tɛrˈmɑːl-] *n* thermal spa; **~quelle** *f s. Therme.*

Therm|e [ˈtɛrmə] *f* (15) thermal spring; ˈ**≈isch** thermal, thermic.

Thermo|dyˈ**namik** [tɛrmo-] *f* thermodynamics *sg.*; ˈ**~-element** thermocouple.

Thermometer [tɛrmoˈmeːtər] *n* (7) thermometer; **~säule** *f* thermometer column; **~stand** *m* thermometer reading.

thermo|ˈ**metrisch** thermometric(al); **~**ˈ**plastisch** thermoplastic(ally *adv.*).

Thermosflasche [ˈtɛrmɔs-] *f* vacuum (*od.* thermos) flask.

Thermostat *phys.* [tɛrmoˈstɑːt] *m* (3) thermostat.

These [ˈteːzə] *f* (15) thesis.

Thrombose ⚕ [trɔmˈboːzə] *f* (15) thrombosis.

Thron [troːn] *m* (3) throne; ˈ**~anwärter** *m* heir apparent; ˈ**~besteigung** *f* accession to the throne; ˈ**~bewerber** *m* pretender to the throne; ˈ**≈en** (25) be enthroned; *fig.* sit, be placed; ˈ**~-erbe** *m* heir to the throne; ˈ**~folge**(**r** *m* [7]) *f* succession (successor) to the throne; ˈ**~himmel** *m* canopy; ˈ**~räuber** *m* usurper; ˈ**~rede** *f Brt. parl.* Queen's (*od.* King's) Speech; ˈ**~wechsel** *m* change of sovereign.

Thunfisch [ˈtuːnfiʃ] *m* tunny, tuna.

Thüring|er [ˈtyːriŋər] *m* (7), ˈ**~erin** *f* (16¹), ˈ**≈isch** Thuringian.

Thymian [ˈtyːmjɑːn] *m* (3¹) thyme.

Tick [tik] *m* (3¹ *od.* 11) ⚕ (*mst* **Tic**)

tic; (*Schrulle*) fad, kink; '2**en** (25) tick.

tief [ti:f] **1.** *allg.* deep (*a. fig.*); *Wissen, Geheimnis usw.*: profound; (*niedrig*: *z.B. Tal*) low; *Farbe*: dark; *fig.* (*äußerst*) utter, extreme; *im* ~*sten Winter* in the depth (*od.* dead) of winter; ~ *in der Nacht* in the dead of night; *bis* ~ *in die Nacht* far into the night; ~ *enttäuscht* badly disappointed; **2.** 2 *n* (6) (barometric) depression *od.* low.

'**Tief**|**-angriff** ✈ *m* low-level attack; '~**-atmung** *f* deep breathing; '~**bau** ⊕ *m* (3) underground construction engineering; '2**be'trübt** deeply grieved, very sad; '2**be'wegt** deeply moved; '2**blau** deep blue; '~**blick** *m* keen insight, penetration; '2**blickend** penetrating; '~**decker** ✈ *m* (7) low-wing monoplane; '~**druck** *print. m* intaglio (printing), roto(gravure); '~**druck(-gebiet** *n*) *m* low-pressure (area); '~**e** *f* (15) depth; *fig. a.* profoundness; profundity; '~**-ebene** *f* (low) plain; 2**empfunden** ['~ˀɛm'pfundən] heart-felt; '~**enpsychologie** *f* depth psychology; '~**enschärfe** *phot. f* depth of focus; '~**enwirkung** *f* depth effect; *paint.* plastic effect; '~**flug** *m* low-level flight; '~**gang** ⚓ *m* draught; '~**garage** *f* underground car park; 2**gebeugt** ['~gə'bɔʏkt] *fig.* deeply afflicted; 2**gefühlt** ['~gə'fy:lt] heartfelt; '2**ge'kühlt** deep-freeze, (fresh-)frozen; '2**greifend** far-reaching, thorough; radical; '~**kühlkost** *f*, '~**kühlware** *f* frozen foods *pl.*; '~**kühltruhe** *f* deep-freeze chest; ~**lader** ['~la:dər] *m* (7) flat-bed car; '~**land** *n* lowland(s *pl.*); '2**liegend** deep-seated; *Augen*: sunken; '~**schlag** *m Boxen*: low hit, hit below the belt; '2**schürfend** *fig.* profound; '2**schwarz** jet-black; '~**see** *f* deep sea; '~**seeforschung** *f* deep-sea research; '~**sinn** *m* profoundness; (*Schwermut*) melancholy; '2**sinnig** profound; melancholy; '~**stand** *m* low level; *fig.* low.

Tiegel ['ti:gəl] *m* (7) saucepan, stewpan; (*Schmelz*2) crucible.

Tier [ti:r] *n* (3) animal; *großes*: beast; (*Rohling*) brute; F *fig.* **großes** (*od. hohes*) ~ bigwig, big shot; '~**arzt** *m* veterinary (surgeon), *bsd. Am.* veterinarian; '~**bändiger(in** *f*) *m* tamer of wild beasts; '~**garten** *m* zoological gardens *pl.*, F zoo; '~**handlung** *f* pet shop; '~**heilkunde** *f* veterinary science; '2**isch** animal; *fig. a.* (*roh*) bestial, brutish; '~**kreis** *ast. m* zodiac; '~**kunde** *f* zoology; '~**leben** *n* animal life; '~**park** *m s. Tiergarten*; '~**quäle'rei** *f* cruelty to animals; '~**reich** *n* animal kingdom; '~**schutzver-ein** *m* Society for the Prevention of Cruelty to Animals; '~**versuch** *m* animal test; '~**welt** *f* animal world; '~**zucht** *f* animal (*od.* livestock) breeding.

Tiger ['ti:gər] *m* (7) tiger; '~**in** *f* (16¹) tigress; '2**n** (29) speckle, spot.

tilgbar ['tilkba:r] ✝ redeemable.

tilg|**en** ['tilgən] (25) extinguish; (*auswischen*) efface, (*a. fig. vernichten*) wipe out; (*streichen*) blot out, obliterate; (*aufheben*) annul, cancel; *Schuld*: pay off, discharge; *Anleihe, Staatsschuld*: redeem; (*amortisieren*) amortize; '2**ung** *f s. tilgen*: extinction; cancel(l)ing; discharge, payment; redemption; '2**ungsfonds** *m* sinking-fund.

Tinktur [tiŋk'tu:r] *f* (16) tincture.

Tinte ['tintə] *f* (15) ink; *fig.* F *in der* ~ *sitzen* be in a scrape.

'**Tinten**|**faß** *n* inkpot; *eingelassenes*: ink-well; '~**fisch** *zo. m* cuttle-fish; '~**fleck** *m*, '~**klecks** *m* ink-blot; '~**löscher** *m* (rocker) blotter; '~**stift** *m* copying(-ink) pencil, indelible (ink) pencil.

Tip [tip] *m* (11) tip.

tippeln F ['tipəln] (29) tramp.

tipp|**en** ['tipən] *v/t. u. v/i.* (25) tap, tip; F (*auf der Maschine schreiben*) type; F (*wetten*) bet; '2**fehler** *m* typing error; '2**fräulein** F *n* typist; ~'**topp** tiptop, first-class.

Tirol|**er** [ti'ro:lər] *m* (7), ~**erin** *f*, (16¹), 2(**er**)**isch** Tyrolese.

Tisch [tiʃ] *m* (3²) table; (*Kost*) board; *bei* ~*e* at table; *s. decken, grün, rein*; *zu* ~ *einladen* invite to dinner; *fig. unter den* ~ *fallen* (*lassen*) fall flat (drop); '~**dame** *f* partner at table; '~**decke** *f* table-cover; '~**-empfänger** *m*, '~**gerät** *n* table set; '~**gast** *m* guest; '~**gebet** *n*: *das* ~ *sprechen* say grace; '~**gespräch** *n* table-talk; '~**herr** *m* partner at table; '~**karte** *f* place card; '~**klopfen** *n* table-rapping; '~**lampe** *f* table lamp; (*Schreib*2) desk lamp.

Tischler [ˈtiʃlər] *m* (7) joiner; (*Kunst*♀) cabinet-maker; **~ei** [~ˈraɪ] *f* (16) joinery; (*Werkstatt*) joiner's workshop; ˈ**~leim** *m* solid glue; ˈ**♀n** (29) *v/i.* do joiner's work; *v/t.* make.

ˈ**Tisch|nachbar(in** *f*) *m* neighbo(u)r at table; ˈ**~platte** *f* table-top; *zum Ausziehen*: leaf; ˈ**~rede** *f* toast, after-dinner speech; ˈ**~rücken** *n* table-turning; ˈ**~telephon** *n* desk-telephone; ˈ**~tennis** *n* table tennis; ˈ**~tuch** *n* table-cloth; ˈ**~wein** *m* table-wine; ˈ**~zeit** *f* dinner-time.

Titan|(e) [tiˈtɑːn(ə)] *m* (12) Titan; **~in** *f* (16[1]) Titaness; **♀isch** titanic.

Titel [ˈtiːtəl] *m* (7) *allg.* title; *Sport*: *e-n ~ innehaben* hold a title; ˈ**~bild** *n* frontispiece; *e-s Magazins usw.*: cover (picture); ˈ**~blatt** *n* title-page; ˈ**~halter** *m Sport*: title-holder; ˈ**~kampf** *m Sport*: title bout; ˈ**~kopf** *m* heading; ˈ**~rolle** *f* title-role; ˈ**~seite** *f* front page; ˈ**~verteidiger** *m Sport*: title-holder; ˈ**~zeile** *f* headline.

Titul|ar... [tituˈlɑːr] titulary, nominal; **~atur** [~laˈtuːr] *f* (16) titles *pl.*; **♀ieren** [~ˈliːrən] style, call.

Toast [toːst] *m* (3[2]) (*Trinkspruch*) toast (*a. Röstbrot*); *e-n ~ ausbringen* propose a toast; ˈ**♀en** (26) (*rösten*) toast.

toben [ˈtoːbən] (25) rage (*a. fig.*); *Kinder*: romp.

Tob|sucht [ˈtoːpzuxt] *f* raving madness, frenzy; ˈ**♀süchtig** raving mad, frantic; ˈ**~suchts-anfall** *m* raving fit; *fig.* tantrum.

Tochter [ˈtɔxtər] *f* (14[1]) daughter; ˈ**~gesellschaft** ✝ *f* subsidiary company.

Tod [toːt] *m* (3) death; *feierlich od.* ⚖ decease; *des ~es sein* be doomed; *den ~ finden* be killed; *sich den ~ holen* (*sich erkälten*) catch one's death (of cold); *mit dem ~e ringen* be in the last agonies; *zu ~e erschrecken, langweilen usw.* to death; *für den ~ nicht leiden können* hate like poison; ˈ**♀bringend** deadly, fatal; ˈ**♀ˈ-ernst** deadly serious.

Todes|-ahnung [ˈ~dəs-] *f* presentiment of death; ˈ**~-angst** *f* fear of death; *fig.* mortal dread; ˈ**~-anzeige** *f* obituary (notice); ˈ**~-art** *f* manner of death; ˈ**~-erklärung** *f* declaration of death; ˈ**~fall** *m* (case of) death, decease; ˈ**~gefahr** *f* deadly peril, peril (*od.* danger) of *one's* life; ˈ**~jahr** *n* year of *a p.'s* death; ˈ**~kampf** *m* death-struggle; ˈ**~kandidat** *m* doomed man; ˈ**~-opfer** *n/pl.* victims *pl.*, casualities *pl.*; ˈ**~stoß** *m* death-blow; ˈ**~strafe** *f* death penalty, capital punishment; *bei ~* on pain of death; ˈ**~stunde** *f* hour of death; ˈ**~tag** *m* day (*od.* anniversary) of *a p.'s* death; ˈ**~-ursache** *f* cause of *a p.'s* death; ˈ**~-urteil** *n* sentence of death; *fig.* death-warrant; ˈ**~ver·achtung** *f* defiance of death; *mit ~* recklessly; ˈ**~wunde** *f* mortal wound; ˈ**~wunsch** *m* death-wish.

ˈ**Tod|feind** *m* deadly enemy; ˈ**♀-ˈkrank** dangerously ill.

tödlich [ˈtøːtliç] deadly, fatal, mortal, lethal.

ˈ**tod|ˈmüde** tired to death, dead tired, dead-beat; ˈ**~ˈschick** F gorgeous; (*prima*) *a.* F fab(ulous), super; ˈ**~ˈsicher** cocksure; ˈ**♀sünde** *f* deadly (*od.* mortal) sin.

Tohuwabohu [ˈtoːhuvaˈboːhu] *n* hubbub, wild confusion.

Toilette [toaˈlɛtə] *f* (15) (*Ankleiden, Anzug*) toilet; (*Abort*) lavatory, *bsd. Am.* toilet; *s. ~ntisch*; *~ machen* make one's toilet; **~n-artikel** *m* toilet-article; **~ngarnitur** *f* toilet set; **~npapier** *n* toilet-paper; **~n-seife** *f* toilet soap; **~ntisch** toilet-(*od.* dressing-)table, *Am.* dresser.

toleran|t [toleˈrant] tolerant (*gegen* of); **♀z** *f* (16) tolerance (*a.* ⊕, ⚕); ⊕ *a.* allowance.

toll [tɔl] mad, crazy, wild (*alle a. fig.*); (*unglaublich*) fantastic; (*großartig*) *a.* F terrific; F *nicht so ~ sl.* not so hot; *wie ~* like mad; **♀e** F *f* (15) tuft; ˈ**~en¹** F (25) *Kinder usw.*: romp, frolic; ˈ**~en²** (*fälteln*) crimp; ˈ**♀haus** *n* madhouse; *fig.* bedlam; ˈ**♀heit** *f* madness; (*toller Streich*) mad trick; ˈ**♀kirsche** ⚘ *f* deadly nightshade; ˈ**~kühn** foolhardy, dare-devil; ˈ**♀kühnheit** *f* foolhardiness; ˈ**♀wut** *f* rabies.

Tolpatsch [ˈtɔlpatʃ] *m* (3), **Tölpel** [ˈtœlpəl] *m* (7) awkward (*od.* clumsy) fellow, booby.

Tölpel|ei [~ˈlaɪ] *f* (16) clumsiness; ˈ**♀haft** awkward, clumsy.

Tomate [toˈmɑːtə] *f* (15) tomato.

Tombak [ˈtɔmbak] *m* (3) tombac.

Tombola ['tɔmbola] *f* (16[1]) raffle.

Ton[1] [to:n] *m* (3[3]) sound; (*Klang*, *~fall*) tone (*a. fig.*); ♪ tone, note, (*~art*) key; (*Betonung*) accent, stress; (*Farb*♀) tone (*a. phot.*), *heller*: tint, *dunkler*: shade; *guter ~* good form; *den ~ angeben* give the key-note (*a. fig.*), *fig.* set the tone; *zum guten ~ gehören* be the fashion; F *große Töne reden* talk big; *in höchsten Tönen reden von* rave about; *~*[2] *m* (3) (*~erde*) clay; '**~-abnehmer** *m* pick-up; '**♀-angebend** leading; '**~-arm** *m* tone (*od.* pickup) arm; '**~-art** ♪ *f* key; *fig.* e-e *andere ~ anschlagen* change one's tune; '**~-aufnahme** *f* sound recording; '**~bad** *phot. n* toning bath; '**~band** *n* (recording) tape; *auf ~ aufnehmen* tape-record; '**~bandgerät** *n* tape recorder; '**~dichtung** *f* symphonic poem.

'**tonen** *phot.* (25) tone.

tönen ['tø:nən] (25) *v/i.* sound; F *fig.* sound off; *v/t.* (*färben*) tint, tone; shade.

'**Ton-erde** *f* argillaceous earth; *essigsaure ~* alumin(i)um acetate (solution).

tönern ['tø:nərn] (of) clay, earthen.

'**Ton|fall** *m* cadence; *beim Sprechen*: intonation, accent, tone; '**~film** *m* sound film; '**~frequenz** *f* audio frequency; '**~geschirr** *n* earthenware, pottery; '**♀(halt)ig** clayey; '**~höhe** *f* pitch.

Tonika ♪ ['to:nika] *f* (16[2]) tonic.

'**Ton-ingenieur** *m* audio (control) engineer.

'**tonisch** ♪ *u.* ⚕ tonic(ally *adv.*).

'**Ton|kunst** *f* musical art; '**~künstler(in** *f*) *m* musician; '**~lage** *f* pitch; '**~leiter** *f* scale, gamut; '**♀los** soundless; *gr.* unstressed; *fig.* toneless; '**~meister** *m* sound engineer.

Tonnage [tɔ'nɑ:ʒə] *f* (15) tonnage.

Tonne ['tɔnə] *f* (15) barrel, cask, tun; ⚓, *Gewicht*: ton; '**~ngehalt** *m* tonnage; '**~ngewölbe** *n* barrel-vault; '**♀nweise** by (*od.* in) barrels.

'**Ton|pfeife** *f* clay pipe; '**~regler** *m* tone control; '**~rundfunk** *m* sound radio; '**~silbe** *f* accented syllable; '**~spur** *f*, '**~streifen** *m Film*: sound track; '**~-technik** *f* audio engineering.

Tonsur [tɔn'zu:r] *f* (16) tonsure.

Tontaube ['to:n-] *f Sport*: clay pigeon; '**~nschießen** *n* trap-shooting.

Tönung ['tø:nuŋ] *f* tint, tinge, shading; *phot.* tone.

'**Ton|verstärker** *m* sound amplifier; '**~waren** *f/pl. s. Töpferware.*

Topas [to'pɑ:s] *m* (4) topaz.

Topf [tɔpf] *m* (3[3]) pot; *fig. in e-n ~ werfen* lump together.

Töpfer ['tœpfər] *m* (7) potter; (*Ofensetzer*) stove-fitter; **~ei** [~'raɪ] *f* (16) pottery; (*Werkstatt*) potter's shop; '**~scheibe** *f* potter's wheel; '**~ware** *f* earthenware, pottery.

'**Topfpflanze** *f* pot-plant, potted plant.

topographisch [topo'grɑ:fiʃ] topographic(al).

topp![1] [tɔp] done!, agreed!

Topp[2] ⚓ [~] *m* (3[1] *u.* 11) top, head; '**~mast** *m* topmast; '**~reep** *n* guy; '**~segel** *n* topsail.

Tor[1] [to:r] *n* (3) gate (*a. Slalom*♀); (*Einfahrt*) gateway (*a. fig.*); *Sport*: goal; *s. schießen*; **~**[2] *m* (12) fool.

Torf [tɔrf] *m* (3) peat; '**~boden** *m* peat-soil; '**~moor** *n* peat-bog; '**~mull** *m* peat-dust.

Torheit ['to:rhaɪt] *f* folly.

'**Torhüter** *m* gate-keeper; *Sport*: (goal)keeper, F goalie.

töricht ['tø:riçt] foolish, silly.

Törin ['tø:rin] *f* fool(ish woman).

torkeln ['tɔrkəln] (29, h. *u.* sn) reel, stagger, totter.

Tor|latte ['to:r-] *f Fußball*: crossbar; '**~lauf** *m* slalom; '**~linie** *f Sport*: goal-line; '**♀los** *Sport*: scoreless.

Tornister [tɔr'nistər] *m* (7) knapsack, ⚔ *a.* pack; (*Schul*♀) satchel.

torpedieren [tɔrpe'di:rən] torpedo.

Torpedo [tɔr'pe:do] *m* (11) torpedo; **~boot** *n* torpedo-boat.

'**Tor|pfosten** *m Sport*: goal-post; '**~raum** *m Fußball*: goal area; '**~schlußpanik** *f* last-minute panic; '**~schütze** *m Sport*: scorer; '**~steher** *m Sport*: goal-keeper.

Torso ['tɔrzo] *m* (11) torso.

Torte ['tɔrtə] *f* (15) fancy cake; (*Obst*♀) tart, *Am.* pie; '**~nheber** *m* (7) cake server.

Tortur [tɔr'tu:r] *f* (16) torture.

'**Torwart** *m* (3) *s. Torhüter.*

tosen ['to:zən] (27, h. *u.* sn) roar, rage, thunder.

tot [to:t] *allg.* dead (*a. fig.*); *~e Zeit*

dull (*od.* dead) season; *~er Gang* ⊕ dead travel, lost motion, *e-s Gewindes*: backlash; *♀e Hand* mortmain; *~es Kapital* unemployed capital; *~er Punkt* ⊕ dead cent|re, *Am.* -er, *fig.* impasse, deadlock, (*Erschöpfung*) exhaustion; *fig. auf dem ~en Punkt ankommen* reach a deadlock, *P.*: be exhausted; *den ~en Punkt überwinden* break the deadlock, *bei Erschöpfung*: get one's second wind; *~e Zone Radio*: blind spot *od.* area; *s. Geleise, Rennen.*

total [to'ta:l] total, complete; (*umfassend*) all-out; **♀isator** [totali'za:tɔr] *m* (8¹) totalizator, totalizer.

totalitär [~'tɛ:r] totalitarian.

'tot-arbeiten: *sich ~* work o.s. to death.

'Tote *m, f* (18) dead (person); *s. Leiche*; *die ~n pl.* the dead.

töten ['tø:tən] (26) kill; *Nerv*: deaden.

'Toten|bahre *f* bier; **'~bett** *n* deathbed; **'♀'blaß** deadly pale; **'~blässe** *f* deadly pallor; **'~feier** *f* obsequies *pl.*; **'~geläut** *n*, **'~glocke** *f* knell; **'~gräber** *m* (7) grave-digger; **'~hemd** *n* shroud; **'~kopf** *m*, **'~schädel** *m* death's-head (*a. zo. u. Symbol*), skull; **'~liste** *f* list of the dead; *bsd.* ⚔ death-roll; **'~maske** *f* death-mask; **'~messe** *f* mass for the dead, requiem; **'~reich** *n* realm of the dead; **'~schein** *m* death certificate; **'~starre** *f* rigor mortis; **'♀'still** as still as death; **'~stille** *f* dead(ly) silence; **'~tanz** *m Kunst*: danse macabre (*fr.*); **'~urne** *f* (funeral) urn; **'~wache** *f* wake.

'tot|geboren stillborn; *fig.* abortive; **'♀geburt** *f* stillbirth; **'~lachen:** *sich ~* nearly die with laughter; *zum ♀ sl.* a scream; **'♀lauf** ⊕ *m* dead travel; **'~laufen:** *sich ~ fig.* peter out.

Toto ['to:to] *m* (11) (*Totalisator*) tote; (*Fußball♀*) (football) pool; *im ~ spielen* bet on the pools.

'tot|schießen shoot dead; **'♀schlag** ⚖ *m* second-degree murder; **'~schlagen** kill, slay; *die Zeit ~* kill time; **'♀schläger** *m* homicide; (*Schlagstock*) life-preserver, *sl.* cosh, *Am.* blackjack; **'~schweigen** hush up; **'~stechen** stab to death; *sich* **'~stellen** feign death.

Tötung ['tø:tuŋ] *f* killing.

Tour [tu:r] *f* (16) tour; (*Ausflug*) trip, excursion; ⊕ (*Umdrehung*) revolution, turn; F (*Trick*) dodge, ploy; *auf* (*der*) *~* on the road; *auf ~en bringen mot.* rev (up); *auf ~en kommen mot.* pick (*od.* rev) up, *fig.* get going; *fig. auf vollen ~en laufen* be in full swing; *in e-r ~* at a stretch, (*dauernd*) incessantly; **'~enrad** *n* roadster; **'~enschi** *m* touring ski; **'~enwagen** *mot. m* touring car; tourer; **'~enzahl** *f* speed, revolutions *pl.* (per minute) (*abbr.* r.p.m.); **'~enzähler** *m* revolution counter.

Touris|mus [tu'rismus] *m* (16, *o. pl.*), **~tik** *f* (16, *o. pl.*) tourism; **~t** *m* (12), **~tin** *f* (16¹) tourist.

Tournee [tur'ne:] *f* (16) tour.

Trab [tra:p] *m* (3) trot; *im ~* at a trot, F *fig.* on the run; *fig. j-n auf* (*den*) *~ bringen* make a p. get a move on.

Trabant [tra'bant] *m* (12) satellite; **~enstadt** *f* satellite town.

traben ['tra:bən] (25, h. *u.* sn) trot.

'Traber *m* (7) trotter.

Trabrennen ['tra:p-] *n* trotting race.

Tracht [traxt] *f* (16) **1.** dress, attire, (*a.* traditional) costume; (*Schwestern♀ usw.*) uniform; (*Mode*) fashion; **2.** (*Last*) load; *der Bienen* (*Ertrag*) yield; e-e (*gehörige*) *~ Prügel* a sound thrashing.

trachten ['traxtən] **1.** *v/i. ~ nach et.* endeavo(u)r after, strive for *od.* after, seek; (*danach*) *~, zu inf.* endeavo(u)r (*od.* strive, seek, try) to *inf.*; *j-m nach dem Leben ~* seek a p.'s life; **2.** *♀ n* striving; pursuit (*nach* of).

trächtig ['trɛçtiç] (big) with young, pregnant; **'♀keit** *f* pregnancy.

Tradition [tradi'tsjo:n] *f* (16) tradition; **♀ell** [~tsjo'nɛl] traditional.

traf [tra:f] *pret. v. treffen 1.*

Trag|bahre ['tra:k-] *f* stretcher, litter; **'~balken** *m* (supporting) beam; (*Längsträger*) girder; (*Querträger*) transom; **'♀bar** portable; *Kleid*: wearable; *fig.* bearable; (*annehmbar*) acceptable.

Trage ['tra:gə] *f* (15) hand-barrow; *s. Tragbahre.*

träg(e) [trɛ:k, '~gə] lazy, indolent; (*langsam*) sluggish; *phys.* inert.

tragen ['tra:gən] (30) *v/t.* carry (*a. v/i. Gewehr, Stimme*); *Kosten, Namen, Verantwortung usw.*: bear; (*er-*

tragen) bear (*a. v/i. Eis*); (*stützen*) carry; (*hervorbringen*) bear, yield; (*am Körper* ~) wear; *bei sich* ~ have about one; *sich* ~ (*sich kleiden*) dress; *sich gut* ~ (*Stoff*) wear well; ⚕ *sich* (*selbst*) ~ pay its way; *fig. sich mit et.* ~ be thinking of; *von e-r Idee usw. getragen* inspired by, based on; *s. Absicht, Bedenken, Folge, Schau, Sorge, Verlangen, Zins, getragen.*

Träger [ˈtrɛːgər] *m* (7), ˈ**~in** *f* (16[1]) carrier (*a.* ⚕ *Krankheits*2); (*Gepäck*2) porter; (*Inhaber*) holder, bearer; *e-s Kleides*: wearer; *am Damenhemd usw.*: (shoulder) strap; ⊕ support; ⚠ girder; ⚡ carrier; ⛟ vehicle; ˈ**~lohn** *m* porterage; ˈ**2los** *Kleid*: strapless.

tragfähig [ˈtrɑːk-] capable of carrying *od.* bearing; *fig.* sound; ˈ**2keit** *f* carrying (*od.* load) capacity; ⚓ tonnage.

Trag|fläche ✈ [ˈtrɑːkflɛçə] *f* wing; ˈ**~flügelboot** *n* hydrofoil (craft).

Trägheit [ˈtrɛːkhaɪt] *f* laziness, indolence, *a. phys.* inertia.

Tragik [ˈtrɑːgik] *f* (16, *o. pl.*) tragicalness; tragedy; ˈ**~er** *m* (7) tragic poet, tragedian.

tragikom|isch [~giˈkoːmiʃ] tragicomic(ally *adv.*); **2ödie** [~koˈmøːdjə] *f* tragicomedy.

ˈ**tragisch** tragic(al *fig.*); *ich nehme es nicht* ~ I don't take it hard.

Trag|korb [ˈtrɑːk-] *m* (back-)basket; ˈ**~kraft** *f s. Tragfähigkeit.*

Tragöd|e [traˈgøːdə] *m* (13) tragic actor, tragedian; **~ie** [~djə] *f* (15) tragedy; **~in** *f* (16[1]) tragedienne.

Trag|riemen [ˈtrɑːkriːmən] *m* (carrying) strap; ˈ**~schrauber** *m* gyroplane, autogiro; ˈ**~tier** *n* pack animal; ˈ**~tüte** *f* carrier bag; ˈ**~weite** *f* range; *fig.* import(ance), consequences *pl.*, implications *pl.*; ˈ**~werk** ✈ *n* wing unit.

Train|er [ˈtrɛːnər] *m* (7) trainer, coach; **2ieren** [~ˈniːrən] *v/t. u. v/i.* train, coach (*zu e-m Sport* for); **~ing** [ˈ~niŋ] *n* (11, *o. pl.*) training; ˈ**~ings-anzug** *m* training overall, track suit.

Trajekt(schiff) [traˈjɛkt(ʃif)] *n* (3) train-ferry.

Trakt|at [trakˈtɑːt] *m* (3) (*Abhandlung*) treatise; *eccl.* tract; (*Vertrag*) treaty; **2ieren** [~ˈtiːrən] treat.

Traktor ⊕ [ˈtraktɔr] *m* (8[1]) tractor.

trällern [ˈtrɛlərn] (29) trill, hum.

trampel|n [ˈtrampəln] (29) trample; ˈ**2pfad** *m* beaten path; ˈ**2tier** *n* Bactrian camel.

Tran [trɑːn] *m* (3) train(-oil), whale-oil.

Trance [trɑ̃ːns(ə)] *f* (15) trance.

Tranchier|besteck [trɑ̃ˈʃiːr-] *n* (*ein* a pair of) carvers *pl.*; **2en** carve, cut up; **~messer** *n* carving-knife.

Träne [ˈtrɛːnə] *f* (15) tear; *den ~n nahe* on the verge of tears; *unter* ~ amid tears; *s. ausbrechen.*

ˈ**tränen** (25) water, run with tears; ˈ**2drüse** *f* lachrymal gland; ˈ**2gas** *n* tear-gas; ˈ**2sack** *m* lachrymal sac.

ˈ**tranig** smelling (*od.* tasting) of train-oil; F (*träg*) dull.

Trank [traŋk] **1.** *m* (3[3]) drink, beverage; ⚕ potion; **2.** 2 *pret. v. trinken.*

Tränke [ˈtrɛŋkə] *f* (15) watering-place; ˈ**2n** (25) give *a p.* to drink; *Vieh, Boden*: water; (*durchtränken*) soak, steep, ⊕ *a.* impregnate.

trans|atlantisch [transʔatˈlantiʃ] transatlantic; **2fer** ⚕ [~ˈfeːr] *m* (11), **~ferieren** [~feˈriːrən] transfer; **2formator** ⚡ [~fɔrˈmɑːtɔr] *m* transformer; **~formieren** [~fɔrˈmiːrən] transform.

Transfusion [~fuˈzjoːn] *f* transfusion.

Transistor [tranˈzistɔr] *m* transistor; **2isieren** [~toriˈziːrən] transistorize.

Transit|handel [tranˈziːt-] *m* transit-trade; **2iv** [ˈ~zitiːf] transitive.

Transmission ⊕ [transmiˈsjoːn] *f* transmission.

transparent [~paˈrɛnt] **1.** transparent; **2.** 2 *n* (3) transparency; *bei Demonstrationen*: banner.

Transpi|ration [~piraˈtsjoːn] *f* perspiration; 2ˈ**rieren** perspire.

Transplant|ation ⚕ [transplantaˈtsjoːn] *f*, **2ieren** [~ˈtiːrən] transplant.

Transport [~ˈpɔrt] *m* (3) transport (-ation), carriage, ⚓ *u. Am. allg.* shipment; (*Straßen*2) haulage; ⚕ *während des ~s* in transit; **2abel** [~ˈtɑːbəl] transportable; (*tragbar*) portable; (*beweglich*) mobile; **~arbeiter** [~ˈpɔrt-] *m* transport worker; **~er** *m* (7) ⚓ transport; ✈ transport aircraft; *s. Truppen*2; **~eur** [~ˈtøːr] *m* (3[1]) transporter; ⚠ protractor; ♀**fähig** [~ˈpɔrt-] transportable; *Kranke*: transfeıable; **~flugzeug** *n* transport aircraft *od.* airplane; **~gelegenheit** *f* transport(ation) (facility); ♀**ieren** [~ˈtiːrən] transport, carry, move, haul; **~mittel** [~ˈpɔrt-] *n* (means of) transport(ation) *od.* conveyance; **~schiff** *n* transport; **~-unternehmen** *n* carriers *pl.*, haulage contractors *pl.*

Trapez [traˈpeːts] *n* (3²) ⩚ trapezoid; *mit zwei parallelen Seiten*: trapezium; *Turnen*: trapeze; **~künstler(in** *f*) *m* trapezist.

trappeln [ˈtrapəln] (29, h. *u.* sn) *Pferd usw.*: clatter; *Kind usw.*: patter.

Tras|sant ✝ [traˈsant] *m* (12) drawer; **~sat** ✝ [~ˈsaːt] *m* (12) drawee; ˈ**~se** ⊕ *f* (15) line; ♀ˈ**sieren** ✝ draw; ⊕ lay out, trace (out).

trat [traːt] *pret. v. treten.*

Tratsch [traːtʃ] F *m* (3), ˈ♀**en** gossip.

Tratte ✝ [ˈtratə] *f* (15) draft.

ˈ**Trau-altar** *m* marriage-altar.

Traube [ˈtraubə] *f* (15) bunch of grapes; (*Beere*) grape; *weitS.* cluster; ˈ**~nlese** *f* vintage; ˈ**~nsaft** *m* grape-juice; ˈ**~nzucker** *m* glucose, dextrose.

trauen [ˈtrauən] **1.** *v/t.* marry; *sich (kirchlich) ~ lassen* get married (in church); **2.** *v/i.* trust (*j-m* a p.), have confidence (*dat.* in); *trau, schau, wem!* look before you leap!; *ich traute meinen Ohren nicht* I could not believe my ears; *sich ~ s. getrauen*; *Weg.*

Trauer [ˈtrauər] *f* (15) sorrow, affliction; (*Gram*) grief; (*um e-n Toten*; *~kleidung*, *~zeit*) mourning; ˈ**~-anzeige** *f* obituary (notice); ˈ**~fall** *m* death; ˈ**~feier** *f* obsequies *pl.*; ˈ**~flor** *m* mourning-crape; ˈ**~geleit** *n* funeral train; ˈ**~kleid** *n* mourning(-dress); ˈ**~marsch** *m* funeral march; ˈ♀**n** (29) mourn (*um* for); *weitS.* grieve (about); (*äußerlich ~*) be in mourning; ˈ**~rand** *m* mourning-edge; *Briefpapier mit ~* mourning-paper; ˈ**~schleier** *m* mourning-veil, weeper; ˈ**~spiel** *n* tragedy; ˈ**~weide** ♀ *f* weeping willow; ˈ**~zug** *m* funeral procession.

Traufe [ˈtraufə] *f* (15) eaves *pl.*; *s. Regen.*

träufeln [ˈtrɔʏfəln] (29) drip, trickle.

traulich [ˈtraulɪç] (*vertraut*) intimate; (*gemütlich*) cosy, snug; ˈ♀**keit** *f* intimacy; cosiness.

Traum [traum] *m* (3³) dream; *das fällt mir nicht im ~e ein* I would not dream of (doing) it; **~a** [ˈ~ma] ⚕ *n* (9¹, *pl. a. ~ta*) (*seelisches ~* psychic) trauma; ˈ**~bild** *n* vision; ˈ**~deuter** *m* (7), ˈ**~deuterin** *f* (16¹) interpreter of dreams.

träum|en [ˈtrɔʏmən] *v/i. u. v/t.* (25) dream (*von* of); ˈ♀**er** *m* (7), ˈ♀**erin** *f* dreamer; ♀**erei** [~ˈraɪ] *f* (16) dreaming; *fig.* reverie, day-dream; ˈ**~erisch** dreamy; (*sinnend*) musing.

ˈ**Traum|land** *n* dreamland; ˈ**~welt** *f* world of dreams.

ˈ**Traurede** *f* marriage sermon.

traurig [ˈtraurɪç] sad (*über acc.* at), sorrowful; (*elend*) wretched; (*beklagenswert*) deplorable, sorry; ˈ♀**keit** *f* sadness.

ˈ**Trau|ring** *m* wedding-ring; ˈ**~schein** *m* marriage certificate *od.* lines *pl.*

traut [traut] beloved, dear; *s. a. traulich.*

ˈ**Trau|ung** *f* wedding; ˈ**~zeuge** *m* witness to a marriage.

Travestie [travɛˈstiː] *f* (15), ♀**ren** travesty.

Treber [ˈtreːbər] *pl.* (7) husks of grapes; (*Bier*♀) draff *sg.*

Treck [trɛk] *m* (3), ˈ♀**en** (25, sn) trek; ˈ**~er** ⊕ *m* (7) tractor.

Treff¹ [trɛf] *n* (11) *Karten*: club(s *pl.*); **~**² *m* F (*Treffen*) rendezvous.

treffen [ˈtrɛfən] **1.** (30) *v/t.* hit; (*befallen*) befall, affect; (*begegnen*) meet; *sich (mit j-m) ~* meet, (*sich versammeln*) *a.* gather, assemble; *sich ~ (geschehen)* happen; *das trifft sich gut* that's lucky; F *es gut ~* be in luck; *paint.*, *phot. du bist gut getroffen* this is a good likeness of you; *fig. j-n (empfindlich) ~* hit hard, *Kränkung*: cut to the quick; *sich getroffen fühlen* feel hurt; *nicht ~* miss; *das Los traf ihn* the lot fell on him; *s. Anstalt, Blitz, Entscheidung, Maßnahme, Vorkehrung usw.*; *v/i.* hit, go home (*beide a. fig.*); *Boxen*: *a.* land; *nicht ~* miss; *jeder Schuß trifft* every shot tells; *~ auf* (*acc.*) meet with, *zufällig*: come across; *auf den Feind ~* encounter, fall in with; *s. schwarz 2.*; **2.** ♀ *n* (6) meeting, *Am. a.* rally;

zwangloses: gathering; ⚔ encounter; *Gründe ins ~ führen* put forward; '**~d** (*auffallend*) striking; (*angemessen*) appropriate, apt; *Bemerkung*: pertinent, *pred.* to the point.

'**Treffer** *m* (7) hit; *Fußball*: goal; *fig.* (lucky) hit, lucky strike; (*Gewinnlos*) prize.

'**trefflich** excellent; '**⚬keit** *f* excellence.

'**Treff|punkt** *m* meeting point, rendezvous; '**⚬sicher** accurate; *a. fig. Urteil*: unerring.

Treibeis ['traɪpˀaɪs] *n* drift-ice.

treiben ['~bən] **1.** (30) *v/t. allg.* drive; ⊕ (*an~*) *a.* propel; *Maschine usw.*: *a.* work, operate; *fig.* (*an~*) drive, impel, *stärker*: press, urge; *j-n ~ zu inf.* prompt (*od.* drive) a p. to; (*betreiben*) practise; *Geschäft, Handel usw.*: carry on; *Beruf*: pursue, follow; *e-e Politik*: pursue; *Sprachen*: study; *s. Sport*; ⚖ (*verüben*) commit, practise; (*tun*) do; *es toll ~* carry on like mad; *Metall*: (en)chase, emboss; *Blätter usw.*: put forth; *Pflanze*: force; *die Preise ~* force up the market; *s. Enge, Flucht, Spitze usw.*; *v/i.* (h. *u.* sn) drive; *im Wasser*: float; drift (*a. v. Schnee usw.*; *in e-n Krieg* into a war); (*keimen*) shoot forth, germinate; ⚓ *vor Anker ~* drag the anchor; *~de Kraft* moving power, (*a. fig.*) prime mover; *fig. die Dinge ~ lassen* let things drift; *sich ~ lassen* float, *fig.* let o.s. drift; **2.** ⚬ *n* (6) driving *etc.*; (*Tun*) doings, activities *pl.*, (*Vorgänge*) *a.* goings-on *pl.*; (*geschäftiges ~*) bustle, stir.

'**Treiber** *m* (7) driver; (*Vieh⚬*) drover; *hunt.* beater.

Treib|gas ['traɪp-] *n* fuel (*od.* propellent) gas; '**~haus** *n* hothouse; '**~hauspflanze** *f* hothouse plant; '**~holz** *n* drift-wood; '**~jagd** *f* battue; *fig.* hunt; '**~kraft** *f*, '**~rad** *n*, '**~sand** *m s. Trieb...*; '**~ladung** *f*, '**~satz** ⚔ *m* propelling charge; '**~mine** *f* floating mine; '**~mittel** ⊕ *n* propell|ant, -ent; '**~-öl** *n* motor (*od.* fuel) oil; '**~riemen** *m* driving belt; '**~stoff** *m* fuel; *s. Benzin(...)*.

treidel|n ⚓ ['traɪdəln] (29) tow; '**⚬pfad** *m* tow(ing)-path.

tremolieren [tremo'li:rən] ♪ quaver, sing with a tremolo.

'**trennbar** separable.

trenn|en ['trɛnən] (25) separate (*a.* ⊕, ⚗), sever; (*teilen*) divide; *Naht*: rip up; (*loslösen*) detach; (*isolieren*) isolate, segregate; *teleph.*, ⚡ cut off, disconnect; *sich ~* separate (*von* from), part (*P.*: with; *S.*: from, with); '**~scharf** *Radio*: selective; '**⚬schärfe** *f Radio*: selectivity; '**⚬ung** *f* separation; parting; division (*a. Silben⚬*); segregation; disconnection; ⚖ *eheliche ~* judicial separation; '**⚬ungslinie** *f* dividing (*od.* parting) line; '**⚬ungsstrich** *m* dash; '**⚬(ungs)wand** *f* partition wall.

Trense ['trɛnzə] *f* (15) snaffle.

treppauf [trɛp'ˀaʊf]: *~, trepp'-ab* upstairs, downstairs.

Treppe ['trɛpə] *f* (15) staircase, (*eine* a flight of *od.* a pair of) stairs *pl.*; *außerhalb des Hauses*: (*eine* a flight of) steps *pl.*; *2 ~n hoch* on the second floor; *die ~ hinauf* (*hinab*) downstairs (upstairs); '**~n-absatz** *m* landing; '**~nflucht** *f* flight of steps; '**~ngeländer** *n* banisters *pl.*; '**~nhaus** *n* staircase; '**~nläufer** *m* staircarpet; '**~nstufe** *f* stair, step.

Tresor [tre'zo:r] *m* (3[1]) treasury; (*Stahlkammer*) strong-room, *bsd. Am.* vault; *engS.* safe.

Tresse ['trɛsə] *f* (15) galloon, lace; ⚔ stripe.

Trester ['trɛstər] (7) *pl. s. Treber.*

'**Tret-anlasser** *mot. m* kick-starter.

treten ['tre:tən] (30) *v/i.* (h. *u.* sn) tread; (*gehen*) step, walk; *Radfahrer usw.*: treadle, pedal; *ins Haus ~* enter the house; *~ Sie näher!* come in!; *j-m zu nahe ~* offend; *j-m unter die Augen ~* appear before; *über die Ufer ~* overflow its banks; *s. Kraft, näher~, Verbindung*; *v/t.* tread; (*e-n Fußtritt geben*) kick; *mit Füßen ~* (*a. fig.*) trample (up)on.

'**Tretmühle** *f* treadmill (*a. fig.*).

treu [trɔʏ] faithful, loyal, true (*dat.* to); *zu ~en Händen* in trust; *s. Glauben.*

'**Treu|bruch** *m* breach of faith (*od.* trust); disloyalty; '**⚬brüchig** faithless, disloyal; '**~e** *f* (15) fidelity, faith(fulness), loyalty; *j-m die ~ halten* remain loyal to; '**~-eid** *m* oath of allegiance; **~händer** ['~hɛndər] *m* (7) trustee; **⚬händerisch** ['~hɛndərɪʃ] fiduciary; *adv.* in trust; '**~händerschaft** *f* trusteeship; '**~handgesellschaft** *f* trust-

-company; '**2herzig** guileless; (*offen*) frank; (*naiv*) ingenuous; '**2lich** faithfully; (*wahrhaft, aufrichtig*) truly; '**2los** faithless, perfidious; '**~losigkeit** *f* faithlessness, perfidy.

Tribun [tri'bu:n] *m* (3¹ *u.* 12) tribune; **~al** [~bu'nɑ:l] *n* (3¹) tribunal.

Tribüne [tri'by:nə] *f* (15) (*Redner2*) platform, rostrum; (*Zuschauer2*) (grand-)stand.

Tribut [~'bu:t] *m* (3) tribute; *fig. j-m s-n ~ zollen* pay tribute to; **2pflichtig** [~pfliçtiç] tributary.

Trichine [tri'çi:nə] *f* (15) trichina.

Trichter ['triçtər] *m* (7) funnel; ⊕ (*Aufgabe2*) feeding hopper; (*Granat2, Minen2*) crater; *des Lautsprechers usw.*: horn; **2förmig** ['~fœrmiç] funnel-shaped.

Trick [trik] *m* (11) trick; '**~film** *m* trick film; *gezeichneter*: animated cartoon (film).

Trieb [tri:p] **1.** *m* (3) ♀ sprout, young shoot; (*Keimkraft*) germinating power; *fig.* (*treibende Kraft*) driving force; (*Antrieb*) impulse; (*Natur2*) instinct; (*Drang*) urge; (*Geschlechts2*) (sexual) urge; **2.** 2 *pret. v. treiben 1.*; '**~feder** *f* mainspring; *fig. a.* motive; '**2haft** instinctive; animal-like; (*sinnlich*) carnal; '**~kraft** *f* propelling (*od. a. fig.* motive) power, driving power (*od. a. fig.* force); '**~rad** *n* driving-wheel; '**~sand** *m* quicksand; '**~verbrecher** *m* sex maniac; '**~wagen** *m* 🚃 motor coach; *Straßenbahn*: prime mover; '**~werk** *n* drive (mechanism); power plant, ⚔ *a.* engine.

trief|äugig ['tri:fʔɔʏgiç] blear-eyed; '**~en** (30) drip (*von* with); *Auge*: run; *Kerze*: gutter; '**~'naß** dripping wet.

triezen F ['tri:tsən] *v/t.* (27) (*quälen*) persecute; (*necken*) tease.

Trift [trift] *f* (15) pasture (land); (*Holz2*) floating; *geol.* drift.

'**triftig** valid; (*gewichtig*) weighty; (*einleuchtend*) conclusive, convincing; (*vernünftig*) sound.

Trigonometr|ie [trigonome'tri:] *f* (15) trigonometry; **2isch** [~'me:triʃ] trigonometrical.

Trikot [tri'ko:] *m, n* (11) tricot (*a. Gewebe*); *der Akrobaten usw.*: tights *pl.*; **~agen** [~ko'tɑ:ʒən] *pl.* hosiery.

Triller ['trilər] *m* (7) trill, shake; ♪ quaver; '**2n** *v/i. u. v/t.* (29) trill, shake; ♪ quaver; *Vogel*: warble; '**~pfeife** *f* (alarm) whistle.

Trillion [tril'jo:n] *f* (16) trillion, *Am.* quadrillon.

Trilogie [trilo'gi:] *f* (15) trilogy.

trimmen ['trimən] (25) *allg.* trim.

trink|bar ['triŋkbɑ:r] drinkable; '**2becher** *m* drinking-cup; '**2branntwein** *m* potable spirit(s *pl.*); '**~en** (30) *v/t.* drink (*a. v/i.*); *Tee usw.*: take, have; *fig.* (*in sich aufnehmen*) imbibe; *~ auf j-n od. et.* toast, drink to; '**2er** *m* (7), '**2erin** *f* drinker; *contp.* alcoholic, drunkard; '**2erheil-anstalt** *f* institution for the cure of alcoholics; '**~fest** holding one's liquor well; '**2gelage** *n* drinking-bout; '**2geld** *n* gratuity, *mst* F tip; *j-m (ein) ~ geben* F tip a p.; '**2glas** *n* drinking-glass; '**2halle** *f im Kurort*: pump-room; *auf der Straße*: refreshment kiosk; '**2kur** *f* mineral water cure; '**2lied** *n* drinking-song; '**2spruch** *m* toast; '**2wasser** *n* drinking-water.

Trio ['tri:o] *n* (11) trio.

Triole ♪ [tri'o:lə] *f* (15) triplet.

trippeln ['tripəln] (29, h. *u.* sn) trip.

Tripper ⚕ ['tripər] *m* (7) gonorrh(o)ea, *sl.* clap.

trist [trist] dreary.

Tritt [trit] *m* (3) tread, step; (*Schritt*) pace; (*~spur*) footprint, footstep; (*Geräusch des ~es*) footfall; (*Fuß2*) kick; (*Möbel*) stepstool; ⊕ treadle; *mount.* foothold; *s. ~brett, ~leiter*; *im ~* in step; *in falschem ~* out of step; *~ fassen* fall in step; *~ halten* keep step; *aus dem ~ geraten* break step; *s. Schritt*; '**~brett** *n* foot-board, *mot.* running-board; '**~leiter** *f* step-ladder.

Triumph [tri'umf] *m* (3) triumph; *in Zssgn mst* triumphal, *z.B.* **~bogen** *m* triumphal arch; **2al** [~'fɑ:l] triumphant; **2ieren** [~'fi:rən] triumph (*fig. ~ über j-n* over a p.).

trivial [tri'vjɑ:l] trivial.

trocken ['trɔkən] dry (*a. weitS. Husten, Wein; fig. Humor usw.*); (*dürr*) arid; *fig.* dull; *im Trockenen* under cover, *fig. im trocknen* in safety; *auf dem trocknen sitzen* be in low water, be on the rocks; *s. Schäfchen.*

'**Trocken|batterie** ⚡ *f* dry (cell) battery; '**~boden** *m* drying-loft; '**~-**

dock *n* dry dock; '**~-ei** *n* dried (whole) eggs *pl.*; '**~-eis** *n* dry ice; '**~-element** ⚡ *n* dry cell; '**~fäule** *f* dry rot; '**~gemüse** *n* dried (*od.* dehydrated) vegetables *pl.*; '**~haube** *f* drying hood; '**~hefe** *f* dry yeast; '**~heit** *f* dryness (*a. weitS. u. fig.*); (*Dürre*) drought, aridity; *fig.* dullness; '**~kartoffeln** *f/pl.* dehydrated potatoes; '**♀legen** dry up; *Land*: drain; *Säugling*: change *a baby's* napkins; '**~legung** *f* drainage; '**~maß** *n* dry measure; '**~milch** *n* dried milk; '**~rasierer** *m* dry-shaver; '**~reinigung** *f* dry-cleaning.

trockn|en ['trɔknən] (26) *v/i.* (sn) *u. v/t.* dry (up); '**♀er** *m* drier.

Troddel ['trɔdəl] *f* (15) tassel.

Trödel ['trøːdəl] *m* (7) second-hand articles *pl.*; (*Gerümpel*) lumber, *Am.* junk; (*Schund*) rubbish, trash; **~ei** [~'laɪ] *f* (16) dawdling; '**~kram** *m* *s. Trödel*; '**~markt** *m* rag-fair; '**♀n** (29) deal in second-hand goods; *fig.* dawdle.

Trödler ['trøːdlər] *m* (7) second-hand dealer; *fig.* dawdler.

troff [trɔf] *pret. v. triefen.*

Trog[1] [troːk] *m* (3^3) trough.

trog[2] [~] *pret. v. trügen.*

Trojan|er [tro'jaːnər] *m* (7), **~erin** *f* (16^1), **♀isch** Trojan.

trollen ['trɔlən] (25, sn) toddle along; *sich* ~ toddle off.

Trommel ['trɔməl] *f* (15) drum; ⊕ *a.* cylinder; *die* ~ *rühren* beat the drum, *fig.* advertise; '**~fell** *n* drumskin; *anat.* eardrum, 🕮 tympanic membrane; '**~fell-entzündung** ⚕ *f* tympanitis; '**~feuer** ⚔ *n* drum fire, *a. fig.* barrage; '**♀n** *v/i.* (29) drum (*a. v/t.*), beat the drum; *nervös mit den Fingern* ~ beat the devil's tattoo; '**~schlag** *m* beat of the drum; '**~schlegel** *m*, '**~stock** *m* drumstick; '**~wirbel** *m* (drum) roll.

Trommler ['trɔmlər] *m* (7) drummer.

Trompete [trɔm'peːtə] *f* (15), **♀n** (26) trumpet; **~r** *m* (7) trumpeter.

Tropen ['troːpən] *pl.* tropics; '**♀fest** tropicalised; '**~helm** *m* sun- (*od.* pith-)helmet, topi; '**~koller** *m* tropical frenzy.

Tropf [trɔpf] *m* (3^3) simpleton; (*Schelm*) rogue; *armer* ~ poor wretch.

tröpfeln ['trœpfəln] *v/i.* (29, h. *u.* sn) drop (*a. v/t.*), drip, trickle; *Wasserhahn*: leak; *Kerze*: gutter.

tropfen ['trɔpfən] **1.** (25) *s. tröpfeln*; **2.** ♀ *m* (6) drop; (*Schweiß*♀) *a.* bead; ⚕ *pl.* drops; *guter* ~ splendid wine; *fig. ein* ~ *auf den heißen Stein* a drop in the ocean; *s. stet*; **~förmig** ⊕ ['~fœrmiç] drop-shaped; '**~weise** by drops.

'**tropf|**'**naß** dripping wet; '**♀stein** *m* stalactite, *stehender*: stalagmite.

Trophäe [tro'fɛːə] *f* (15) trophy.

tropisch ['troːpiʃ] tropical.

Troß ⚔ [trɔs] *m* (4) train (*a. fig.*), supply lines *pl.*, baggage.

Trosse ['trɔsə *f* (15) cable, ⚓ hawser.

Trost [troːst] *m* (3^2) comfort, consolation; *ein schlechter* ~ cold comfort; *nicht (recht) bei* ~*e sein* be out of one's mind.

tröst|en ['trøːstən] (26) console, comfort; *sich* ~ take comfort, console o.s.; '**♀er** *m* (7), '**♀erin** *f* comforter, consoler; '**~lich** *s. trostreich.*

'**trost|los** disconsolate, desolate; *fig.* cheerless; (*öde*) dreary, desolate; (*jämmerlich*) wretched; *v. Dingen*: *a.* hopeless; '**♀losigkeit** *f* desolation; *fig.* dreariness; wretchedness; '**♀preis** *m* consolation prize, F booby-prize; '**~reich** comforting.

Tröstung ['trøːstuŋ] *f* consolation.

Trott [trɔt] *m* (3) trot; *fig.* jog-trot, routine; '**~el** *m* (7) idiot, F nincompoop, sap; '**♀en** (26, h. *u.* sn) trot.

Trottoir [trɔto'ɑːr] *n* (3^1) pavement, *Am.* sidewalk.

trotz [trɔts] **1.** in spite of, despite; ~ *alledem* for all that; **2.** ♀ *m* (3^2) defiance; (*Störrigkeit*) obstinacy; *j-m* ~ *bieten* defy; *aus* ~ out of spite; *mir zum* ~ to spite me; **~dem** [~'deːm] *adv.* nevertheless, for all that, notwithstanding, still; *cj.* (although; '**~en** (27) defy (*j-m* a p.); *Gefahren*: brave; (*schmollen*) sulk; (*eigensinnig sein*) be obstinate; '**~ig**, *a.* **~köpfig** ['~kœpfiç] defiant; (*widerspenstig*) refractory; (*schmollend*) sulky; (*eigensinnig*) obstinate; '**♀kopf** *m* sulky child; *weitS.* pig-headed person.

trüb [tryːp], **~e** ['~bə] *Flüssigkeit*: muddy, turbid, cloudy; (*glanzlos*; *unklar*) dim, dull; *Wetter*: cloudy, *a. fig.*: gloomy, bleak, dreary; *Erfahrung*: sad; ~ *gestimmt sein* F have the blues; *im ~en fischen fig.* fish in troubled waters.

Trubel ['tru:bəl] *m* (7) bustle.

trüben ['try:bən] (25) *s. trüb*: make muddy *etc.*; (*glanzlos, unklar machen*; *a. sich*) dim; *Spiegel usw.*: tarnish; (*dunkel machen*; *a. sich*) darken; *Freude usw.*: spoil; *Sicht, Sinn*: blur; *Beziehungen*: upset, *sich*: become strained; *der Himmel trübt sich* the sky is getting overcast.

Trüb|heit ['try:p-] *f s. trüb*: muddiness, turbidness; dimness; *fig.* gloom, dreariness; '**~sal** *f* (14) affliction; (*Elend*) misery; (*Not*) distress; *~ blasen* F be in the dumps, mope; '**2selig** sad, gloomy, melancholy; (*öde*) bleak, dreary; '**~seligkeit** *f* sadness, gloominess; '**~sinn** *m* melancholy, sadness, gloom, F *the* blues *pl.*; '**2sinnig** melancholy, sad; **~ung** ['~buŋ] *f s. trüben*: making muddy; dimming *etc.*; *Zustand*: *s. Trübheit.*

trudeln ['tru:dəln] (29) *v/i.* (sn) ✈ (go into a) spin.

Trüffel ⚘ ['tryfəl] *f* (15) truffle.

Trug[1] [tru:k] *m* (3, *o. pl.*) deceit, fraud; *der Sinne*: delusion.

trug[2] [~] *pret. v. tragen.*

'**Trugbild** *n* phantom, illusion.

trüg|en ['try:gən] *v/t. u. v/i.* (30) deceive; '**~erisch** deceptive, delusive; (*unzuverlässig*) treacherous.

Trugschluß ['tru:k-] *m* fallacy.

Truhe ['tru:ə] *f* (15) chest.

Trümmer ['trymər] *n/pl.* (7) ruins *pl.*; (*Schutt*) rubble *sg.*, *grober*: debris *sg.*; (*Schiffs2*) wreckage *sg.*; *in ~ legen* lay in ruins; '**~feld** *n* shambles; '**~haufen** *m* heap of ruins *od.* rubble.

Trumpf [trumpf] *m* (3[3]) (*a. fig.*) trump(-card); *~ sein a. fig.* be trumps (*bei* in); *alle Trümpfe in der Hand haben* hold all the trumps (*a. fig.*); '**2en** *v/i. u. v/t.* (25) trump.

Trunk [truŋk] *m* (3[3]) drink; (*Schluck*) draught; (*das Trinken*) drinking; *im ~* when drunk *od.* intoxicated.

'**trunken** drunken; *pred.* drunk (*a. fig., von* with); intoxicated; **2bold** ['~bɔlt] *m* (3) drunkard, sot; '**2heit** *f* drunkenness; *~ am Steuer* driving under the influence (of alcohol).

'**Trunksucht** *f* dipsomania, alcoholism.

'**trunksüchtig** addicted to alcohol; **2e** ['~gə] *m* (18) dipsomaniac.

Trupp [trup] *m* (11) troop, band, gang; ⚔ detachment, detail, party.

'**Truppe** *f* (15) ⚔ troop, body; (*Einheit*) unit; *thea.* company, troupe; ⚔ *~n pl.* forces, troops.

'**Truppen|gattung** *f* branch (of service), arm; '**~schau** *f* military review; '**~teil** *m* unit; '**~transporter** *m* (7) ⚓ transport, troopship; ✈ troop-carrier; '**~-übung** *f* (field) exercise; '**~-übungs-platz** *m* training area.

'**Trupp|führer** *m* squad leader; '**2weise** in troops.

Trust [trast] ✝ *m* (3) trust.

Trut|hahn ['tru:thɑ:n] *m* turkey (-cock); '**~henne** *f* turkey-hen.

Trutz *poet.* [truts] *m* (3[2]) = *Trotz.*

Tschako ['tʃako] *m* (11) shako.

Tschech|e ['tʃɛçə] *m* (13), '**~in** *f* (16[1]), '**2isch** Czech.

Tube ['tu:bə] *f* (15) tube; F *auf die ~ drücken* F step on it.

Tuberk|el [tu'bɛrkəl] *f* (15) tubercle; **2ulös** [~ku'lø:s] tubercular, tuberculous; **~ulose** [~'lo:zə] *f* (15) tuberculosis.

Tuch [tu:x] *n*: **a**) (3) (*Stoff*) cloth; **b**) (1[2]) (*Kopf2*) kerchief; (*Umhänge2*) shawl; (*Hals2*) scarf, neckerchief; (*Wisch2*) rag; *s. rot*; '**~fabrik** *f* cloth factory; '**~fühlung** *f* close touch; *~ haben mit fig.* be in close touch with; '**~handel** *m* cloth-trade, drapery; '**~händler** *m* draper; '**~handlung** *f* draper's shop; '**~macher** *m* clothmaker, clothier.

tüchtig ['tyçtiç] able, fit; (*fähig*) (cap)able, competent, clever; (*leistungsfähig*) efficient; (*erfahren*) experienced; (*vortrefflich*) excellent; (*beträchtlich*) good; (*gründlich*) thorough; *~ arbeiten* work hard; *~ essen* eat heartily; '**2keit** *f* ability, fitness; cleverness; excellency; efficiency; prowess.

'**Tuchware**(**n** *pl.*) *f* drapery *sg.*

Tück|e ['tykə] *f* (15) malice; (*Streich*) trick; '**2isch** malicious, insidious; (*böse, gefährlich*) vicious; (*verräterisch*; *a. Eis usw.*) treacherous.

Tuff [tuf] *m* (3[1]), '**~stein** *m* tuff.

tüfteln F ['tyftəln] (29) subtilize; *~ an* (*dat.*) puzzle over.

Tugend ['tu:gənt] *f* (16) virtue; '**~bold** *m*, '**~held** *m* paragon of virtue; '≗**haft**, '≗**reich**, '≗**sam** virtuous; '~**richter(in** *f*) *m* moralist, censor.

Tüll [tyl] *m* (3[1]) (*Stoff*) tulle; '~**e** *f* (15) socket; (*Gießröhre*) spout.

Tulpe ⚘ ['tulpə] *f* (15) tulip.

tummel|n ['tuməln] (29) put in motion; *Pferd*: work; *sich* ~ disport o.s., bustle about, (*sich beeilen*) hurry, (*sich rühren, arbeiten*) bestir o.s.; *Kind*: romp; '≗**platz** *m* playground (*a. fig.*).

Tumor ['tu:mɔr] ⚕ *m* (8[1]) tumo(u)r.

Tümpel ['tympəl] *m* (7) pool.

Tumult [tu'mult] *m* (3) tumult; (*Aufruhr*) riot; ~**uant** [~tu'ant] *m* (12) rioter; ≗**uarisch** [~tu'ɑ:riʃ] tumultuous, riotous.

tun [tu:n] **1.** (30) do; (*ausführen*) perform, make; *Äußerung, Bitte*: make; *Schluck, Schritt, Sprung, Eid*: take; (*wohin* ~) put (*to school, into the bag, etc.*); *so* ~ *als ob* make as if, pretend to *inf.*; *es tut nichts* it doesn't matter; *was tut's?* what does it matter?; *es tut nichts zur Sache* it is irrelevant; *es tut sich etwas* something is going on; *das tut man nicht!* that is not done!; *du tätest besser zu gehen* you had better go; *dazu* ~ (*beitragen*) contribute (*zu* to), (*bewirken*) do in the matter; *ich kann nichts dazu* ~ I cannot help it; *es ist mir darum zu* ~ I am anxious about (it), it is of (great) consequence to me; *ihm ist nur um das Geld zu* ~ he is only interested in the money; *das tut gut!* that does one good!; *das tut nicht gut* no good can come of it; *j-m nicht gut* ~ (*Arznei usw.*) disagree with a p.; *was man zu* ~ *und zu lassen hat* do's and don'ts; *nichts zu* ~ *haben mit* have nothing to do with; *zu* ~ *haben* (*beschäftigt sein*) be busy; *mit den Augen usw. zu* ~ *haben* have trouble with one's eyes *etc.*; *es mit j-m zu* ~ *bekommen* have to deal with a p.; *was ist zu* ~*?* what is to be done?; *s. daran, Haus, leid, vornehm, weh usw.*; **2.** ≗ *n* (6) doing(s *pl.*), action; (*Verhalten*) conduct; ~ *und Treiben* doings *pl.*, activities *pl.*

Tünche ['tynçə] *f* (15) whitewash; '≗**n** (25) whitewash.

Tunichtgut ['tu:niçtgu:t] *m* (3 *u. inv.*) ne'er-do-well.

Tunke ['tuŋkə] *f* (15) sauce; '≗**n** (25) dip, steep.

tunlich ['tu:nliç] feasible, practicable; '~**st** if possible.

Tunnel ['tunəl] *m* (11) tunnel; (*Unterführung*) subway.

Tüpfel ['typfəl] *m, n* (7) dot, spot; '≗**n** (29) dot, spot.

tupfen ['tupfən] **1.** (25) touch lightly, dab; *s. tüpfeln*; **2.** ≗ *m* (6) dot, spot.

Tupfer ['tupfər] *m* (7) ⚕ tampon, pad, swab; (*Tüpfel*) dot, spot.

Tür [ty:r] *f* (16) door; *in der* ~ in the doorway; *fig. e-r S.* ~ *und Tor öffnen* open a door to; *fig. mit der* ~ *ins Haus fallen* blunder it out; *fig. vor der* ~ *stehen* (*bevorstehen*) be near at hand; *fig. zwischen* ~ *und Angel* while about to leave; '~**-angel** *f* (door-)hinge.

Turban ['turbɑ:n] *m* (3[1]) turban.

Turbine [tur'bi:nə] *f* (15) turbine; ~**n-antrieb** *m* turbine drive; ~**n-dampfer** *m* turbine steamer; ~**n-motor** *m* turbine engine; ~**n-strahltriebwerk** *n* turbojet engine.

'**Tür|flügel** *m* leaf of a door; '~**füllung** *f* door-panel; '~**griff** *m* door-handle.

Türk|e ['tyrkə] *m* (13) Turk; '~**in** *f* Turk(ish woman); ~**is** [~'ki:s] *m* (4) turquoise; '≗**isch** Turkish; ~*er Honig* Turkish delight; ~*er Teppich* Turkey (*od.* Turkish) carpet; ⚘ ~*er Weizen* Indian corn.

'**Tür|klinke** *f* door-handle.

Turm [turm] *m* (3[3]) tower; (*Kirch*≗) steeple; *Schach*: castle, rook; ⚔ (*Geschütz*≗) turret.

Türm|chen ['tyrmçən] *n* (6) turret; '≗**en** (25) *v/t.* heap up; *sich* ~ tower (up), *weitS. a.* pile up; *v/i.* F (*sich davonmachen*) F bolt, skedaddle; '~**er** *m* (7) warder (on the tower).

'**Turm|falke** *m* kestrel; '≗**hoch:** *j-m* ~ *überlegen sein* be head and shoulders above a p.; '~**spitze** *f* spire; '~**springen** *n* high diving; '~**-uhr** *f* church-clock.

turn|en ['turnən] **1.** (25) practise (*od.* do) gymnastics; **2.** ≗ *n* (6) gymnastics *pl.*; '≗**er** *m* (7), '≗**erin** *f* gymnast; '~**erisch** gymnastic.

'**Turn|gerät(e** *pl.*) *n* gymnastic apparatus; '~**halle** *f* gym(nasium); '~**hose(n** *pl.*) *f* gym shorts *pl.*

Turnier [tur'ni:r] *n* (3[1]) tournament; *nur hist.* joust(ing); **2en** joust, tilt; **~platz** *m* tiltyard.

'**Turn|lehrer**(**in** *f*) *m* gym instructor; '**~riege** *f* gym squad; '**~schuh** *m* gym shoe; '**~spiele** *n/pl.* athletics; '**~stunde** *f Schule*: gym lesson; '**~unterricht** *m* instruction in gymnastics.

Turnus ['turnus] *m* (14, *o.pl.*) rotation; *im* ~ in rotation, by turns; '**2mäßig** regular(ly recurring); in rotation.

'**Turnver·ein** *m* gymnastic club.

'**Tür|pfosten** *m* door-post; '**~rahmen** *m* door-frame; '**~schild** *n* door-plate; '**~schließer** *m* (*Person*) door-keeper; (*Vorrichtung*) door catch.

Turteltaube ['turtəl-] *f* turtle-dove.

Tusch ♪ [tuʃ] *m* (3[3]) flourish; '**~e** *f* (15) India(n) ink; *s. Tuschfarbe*; '**2eln** *v/i. u. v/t.* (29) whisper; '**2en** (29) wash; (*aquarellieren*) paint in water-colo(u)rs; *mit schwarzer Tusche*: draw in India(n) ink; '**~farbe** *f* water-colo(u)r; '**~kasten** *m* paint-box; '**~zeichnung** *f* India(n)-ink drawing.

Tüte ['ty:tə] *f* (15) (paper-)bag; F *kommt nicht in die ~!* nothing doing!

tuten ['tu:tən] (26) toot(le); *mot.* honk.

Tüttel ['tytəl] *m* (7), '**~chen** *n* (6) [dot; *fig.* jot.]

Twen [tvɛn] F *m* (11) person in his (*od.* her) twenties; *pl.* under-thirties.

Typ [ty:p] *m* (12), '**~e** *f* (15) type; ⊕ *a.* model; '**~endruck** *m* type printing; '**~enhebel** *m der Schreibmaschine*: typebar; '**~enkopf** *m* type; '**~ennummer** *f* model number; '**~enschild** *n* name-plate; '**~ensetzmaschine** *f* typesetting machine.

Typhus ⚕ ['ty:fus] *m inv.* typhoid (fever); '**~kranke** *m, f* typhoid patient.

'**typisch** typical (*für* of); *das* '**2e** the typical character.

typisieren [typi'zi:rən] typify.

Typograph [ty:po'grɑ:f] *m* (12) typographer; **2isch** typographic(al).

Typus ['ty:pus] *m* (16[2]) type.

Tyrann [ty'ran] *m* (12) tyrant; **~ei** [~'naɪ] *f* (16) tyranny; **~in** *f* (female) tyrant; **2isch** tyrannical; **2i'sieren** tyrannize (over) *a p.*, bully *a p.*

U

U [u:], **u** *n inv.* U, u.

U-Bahn ['u:-] *f s. Untergrundbahn.*

übel ['y:bəl] **1.** evil, bad; *adv.* ill; badly; *s. a. schlecht*; (*krank*) sick, *nur pred.* ill; (*stinkend*) foul; (*scheußlich*) vile, nasty; (*katastrophal*) disastrous; *nicht* ~ not bad; *mir ist* ~ I feel sick; *mir wird* ~ I am feeling sick; *dabei kann e-m* ~ *werden* it is enough to make one sick; *sich in e-r üblen Lage befinden* be in a fix; *s. daran, mitspielen, wohl*; **2.** 2 *n* (6) evil; (*Unglück*) mischief, harm; (*Krankheit*) complaint, malady; *s. Übelstand*; *das kleinere* ~ the lesser evil; *vom* ~ no good; '**2befinden** *n* indisposition; **~gelaunt** ['~gəlaʊnt], '**~launig** ill-humo(u)red, cross; **~gesinnt** ['~gəzint] ill-disposed (*dat.* towards); '**2keit** *f* sickness, nausea; '**~nehmen** take *a th.* ill *od.* amiss, take offen|ce (*Am.* -se) at, resent *a th.*; *es j-m* ~ take it ill of a p.; '**~nehmend**, '**~nehmerisch** easily offended, touchy, huffy; '**~riechend** evil-smelling, malodorous, F smelly; *Atem*: foul, bad; '**2stand** *m* grievance, abuse, nuisance; (*Nachteil*) drawback; '**2tat** *f* misdeed; '**2täter**(**in** *f*) *m* evil-doer, wrong-doer, malefactor; '**2wollen**[1] *n* (6) ill-will, malevolence; '**~wollen**[2] wish ill (*dat.* to), bear *a p.* a grudge; '**~wollend** malevolent.

üben ['y:bən] *v/t. u. v/i.* (25) (*a. sich* ~ *in dat.*) exercise, (*a.* ♪) practise; *bsd. Sport*: train; *Geduld* ~ have patience; *s. Nachsicht, Rache*; *geübt* (*P.*) practised, experienced.

über ['y:bər] **1.** *prp.* (*wo? dat.*; *wohin? acc.*) over, above; *reisen, gehen* *usw.* ~: across *a river, the sea*; by way of, via *a town*; *sprechen usw.* ~: about, of; *Vortrag, Buch usw.* ~: on; *nachdenken* ~: *think* about, over; *reflect* (up)on; *schreiben* ~: (up)on; (*nicht*) ~ (not) exceeding; *Fehler* ~ *Fehler* fault upon fault; *s. heute*; ~*s Jahr* next year; ~ ... (*hinaus*) beyond, past; ~ *meine Kräfte* beyond my strength; *s. Maß*; ~ *Nacht* over night; ~ *dem Lesen* while reading; *zehn Minuten* ~ *zwölf* ten minutes past twelve; ~ *hundert* more than a hundred; ~ *kurz oder lang* sooner or later; **2.** *adv.*: ~ *und* ~ over and over, all over; *j-m in et.* (*dat.*) ~ *sein* surpass a p. in a th.; *ich habe es* ~ I am tired (*od.* sick) of it; F *s. übrig, vorüber.*

über-all everywhere, *Am.* all over; (*in jeder Beziehung*) throughout; **~'hin** everywhere.

überaltert [~'ˀaltərt] superannuated.

'**Über|-angebot** *n* excessive supply; '**≈-ängstlich** over-anxious.

über'-anstreng|en over-exert, overstrain; **≈ung** *f* over-exertion, overstrain; ~ *der Augen* eyestrain.

über'-antworten deliver up, give over (*dat.* to).

über'-arbeit|en do over again, retouch; *Buch usw.*: revise; *sich* ~ overwork o.s.; **~et** overworked, overwrought; **≈ung** *f* revision; (*zuviel Arbeit*) overwork.

'**über'-aus** exceedingly, extremely.

'**Über|bau** *m* superstructure; '**≈beanspruchen** ⊕ overload, overstress; *fig.* overtax; '**~bein** ⚕ *n* node, 🕮 exostosis; '**≈belasten**, '**~belastung** *f* overload; '**≈belichten** *phot.* over-expose; '**~belichtung** *f* over-exposure; '**≈betonen** overemphasize; '**≈bewerten** overrate.

über'bieten *bsd. Auktion*: outbid; *fig.* surpass.

Überbleibsel ['~blaɪpsəl] *n* (7) remainder, remnant, *Am.* holdover; *pl.* remains (*a. fig.*); *e-r Mahlzeit*: leavings, left-overs; *geschichtliches*: survival.

über'blend|en *Film, Radio*: fade over; **≈ung** *f* fading.

'**Überblick** *m* survey (*a. fig. über acc.* of).

über|'blicken survey; **~'bringen** deliver, convey; **≈'bringer**(**in** *f*) *m* bearer; **≈'bringung** *f* delivery; **~'brücken** (25) bridge (*a. fig.*), span; **≈'brückungsbeihilfe** *f* stopgap relief; **≈'brückungsgeld** *n* tide-over allowance; **~'bürden** (26) overburden; **≈'bürdung** *f* overburdening; overpressure; **~dachen** [~'daxən] (25) roof (over); **~'dauern** outlast; **~'decken** cover; **~'denken** think *a th.* over, reflect (up)on *a th.*; **~'dies** besides, moreover; **~'drehen** *Uhr*: overwind; *Gewinde*: strip.

'**Überdruck** *m* (*Umdruck*) transfer; ✉ surcharge, overprint; ⊕ overpressure; **≈en** [~'drukən] overprint; '**~kabine** *f* pressurized cabin.

Überdruß ['~drus] *m* (4) disgust, (*bis zum* ~ to) satiety.

überdrüssig ['~drysiç] (*gen.*) disgusted with, tired (*od.* sick *od.* weary) of.

'**überdurchschnittlich** above the average, *attr.* above-average.

'**Über-eifer** *m* over-zeal; '**≈-eifrig** over-zealous.

über'-eign|en transfer, assign (*dat.* to); **≈ung** *f* transfer.

über'-eil|en precipitate (*die Sache* matters); *sich* ~ hurry too much; *übereilt* rash, precipitate, overhasty; **≈ung** *f* precipitance; *nur keine* ~! take your time!

über-ei'nander one upon another; **~schlagen** *Arme*: fold; *Beine*: cross.

über'-ein|kommen[1] (sn) agree; come to terms; **≈kommen**[2] *n* (6), **≈kunft** [~kunft] *f* (14[1]) agreement; **~stimmen** *P.*: agree; *S.*: correspond, square, be in keeping (*alle*: *mit* with); **~stimmend** corresponding; (*einstimmig*) unanimous; *adv.* in accordance; **≈stimmung** *f* agreement; correspondence, conformity; *in* ~ *bringen* reconcile; *in* ~ *mit* in accordance (*od.* conformity) with.

'**über-empfindlich** oversensitive.

über'-essen: *sich* ~ overeat o.s.

'**überfahren 1.** *v/i.* (sn) pass over; **2.** *über'fahren v/t. Person, Hund usw.*: run over; *Signal*: overrun; F *fig. sl.* bulldoze *a p.*; *Sport*: trounce *a team*; *Fluß usw.*: traverse, cross.

'**Überfahrt** *f* passage; crossing (*über e-n Fluß usw.* a river, *etc.*).

'**Überfall** *m* sudden attack, surprise

(attack), assault; (*Raub*≈) hold-up; (*Einfall*) inroad, raid.
über'fallen attack suddenly, surprise, assault; (*einfallen in*) invade, raid; *räuberisch*: hold up; *Nacht, Krankheit usw.*: overtake.
'überfällig overdue.
'Überfallkommando *n der Polizei*: flying (*Am.* riot) squad.
überfeiner|n [~'faınərn] (29) over-refine; **≈erung** *f* over-refinement.
über'fliegen fly over; *mit den Augen*: glance over, skim; *den Ozean* ~ fly the ocean.
'überfließen (sn) flow over.
über'flügeln (29) ⚔ outflank; *fig.* surpass, outstrip.
'Überfluß *m* abundance, plenty; (*unnötiger*) superfluity; (*Reichtum, Fülle*) wealth (*alle*: *an dat.* of); ~ *haben an* (*dat.*), *im* ~ *haben* abound in, have plenty of; *zum* ~ unnecessarily.
'überflüssig (*unnötig*) superfluous, unnecessary; (*überschüssig*) surplus, excess.
über'fluten overflow; inundate, flood (*a. fig. u. v. Licht*).
über'fordern *im Preis*: overcharge; *Leistungsfähigkeit usw.*: overtax.
'Überfracht *f* overweight, excess freight; *Gepäck*: excess luggage.
Überfremdung [~'frɛmduŋ] *f* foreign infiltration *od.* control.
'überführ|en **1.** carry *a p.* over, transport; **2.** über'führen (*befördern*) transport; ⚖ (*als schuldig erweisen*) convict (*gen.* of); **≈ung** [~'fy:ruŋ] *f* **1.** transportation; *Straßenbau*, 🚂 road-bridge, fly-over, *Am.* overpass; **2.** ⚖ conviction.
'Überfülle *f* superabundance.
über'füll|en overfill, cram; *mit Menschen*: overcrowd; *Magen*: glut; *den Markt*: overstock, glut; **≈ung** *f* overfilling *etc.*; repletion; *Verkehr*: congestion.
'Überfunktion ⚕ *f* hyperfunction.
über'füttern overfeed.
'Übergabe *f* delivery; handing over; ⚔, *a.* ⚖ surrender.
'Übergang *m* passage; 🚂 crossing; *fig.* transition, change; *zum Feind*: going over (to); ⚖ *v. Rechten*: devolution; **'~sbestimmungen** *f/pl.* transitional regulations; **'~sstadium** *n* transition stage; **'~szeit** *f* transition(al) period.
über'geben deliver (up), give up; hand over; ⚔ surrender (*a. sich* ~); *sich* ~ (*erbrechen*) vomit; *dem Verkehr* ~ open for traffic.
'übergehen **1.** *v/i.* (sn) pass over (*zu* to); *auf Nachfolger, Stellvertreter* ~ (*Amt usw.*) devolve upon; ~ *in* (*acc.*) pass (*od.* change) into; *s. Fäulnis*; *zu et.* ~ proceed to, switch (over) to; *zu e-m anderen Punkt*: pass on to; *s. Angriff*; *in andre Hände* ~ change hands; **2.** über'gehen *v/t.* (*übersehen*) pass over; ignore; (*auslassen*) omit, skip.
Über'gehung *f* passing over; omission.
'übergenug too much, more than enough.
'überge-ordnet higher, superior.
'Übergewicht *n* overweight; *fig.* preponderance; *das* ~ *bekommen* lose one's balance, *fig.* get the upper hand.
über'gießen pour over; *Braten*: baste; *mit Zuckerguß*: ice.
überglasen [~'glɑ:zən] glaze.
'überglücklich extremely happy.
'übergreifen overlap; *fig.* ~ *auf od. in* (*acc.*) encroach on; *Feuer, Panik usw.*: spread to.
'Übergriff *m* encroachment.
'übergroß outsize(d); (*riesenhaft*) colossal, immense, huge.
'Übergröße *f* outsize (*a.* ✝), oversize.
über'handnehmen *v/i.*, ≈ *n* increase, spread.
'Überhang *m* overhang; (*Geld*≈) surplus; (*Auftrags*≈ *usw.*) backlog.
'überhängen *v/i.* (30) hang over, overhang; *v/t.* (25) hang over.
über'hastet overhasty, hurried.
über'häufen overwhelm (*od.* swamp) (*mit* with).
über'haupt generally, on the whole; (*eigentlich, tatsächlich*) actually; ~ *nicht* not at all; ~ *kein* ... no ... whatever; *wenn* ~ if at all.
über|'heben exempt (*e-r S.* from); *e-r Mühe usw.* ~ spare *a p.* a trouble *etc.*; *sich* ~ overstrain o.s. (by lifting); *fig.* be overbearing; **~heblich** [~'he:pliç] overbearing, arrogant; **≈'heblichkeit** *f* arrogance.
überhitzen [~'hitsən] (27) overheat (*a. fig.*); ⊕ *bsd. Dampf*: superheat.
überhöht [~'hø:t] *Kurve*: banked; *Preise*: excessive.

über'hol|en 1. pass (*a. mot.*), overtake; (*übertreffen*) outdistance, (*a. fig.*) outstrip; ⊕ (*nachsehen u. ausbessern*) overhaul, *bsd. Am.* service; *überholt* (*veraltet*) antiquated, outdated; superseded (*durch* by); **2.** *'überholen* fetch *a p.* over; *v/i.* ⚓ *Schiff*: keel; **2spur** *mot. f* passing lane.

über'hören not to hear; *Worte*: } [miss; *absichtlich*: ignore.}

'über-irdisch supernatural.

'überkippen tilt (*od.* tip) over.

über'kleben paste *a th.* over.

'Überkleidung *f* (*Ggs. Unterkleidung*) outer wear.

'überklug overwise; *~er Mensch* wiseacre.

'überkochen (sn) boil over.

über'kommen *v/t.* receive; *Furcht usw. überkam ihn* he was overcome by fear *etc.*; *v/i.* (sn) *diese Sitte ist uns ~* this custom has been handed down to us.

'überkopieren *phot.* overprint.

über'krusten (*a. sich*) encrust.

'Überkultur *f* over-refinement.

über'laden 1. *v/t.* overload (*a. den Magen*); ⚡, *Bild usw.*: overcharge; *mit Arbeit*: overburden, swamp *with work*; **2.** *adj. Bild, Stil usw.*: florid, too profuse.

über'lager|n super(im)pose; ⊕ overlay; *Radio*: heterodyne; **2ung** *f* super(im)position; heterodyning; **2ungs-empfänger** *m Radio*: superhet(erodyne) receiver.

Über'land|flug *m* cross-country flight; **~leitung** ⚡ *f* long-distance line; **~zentrale** ⚡ *f* long-distance power station.

über'lass|en: *j-m et. ~* let a p. have a th.; (*anheimstellen*) leave a th. to a p.; (*abtreten*) cede a th. to a p.; (*preisgeben*) abandon a th. to a p.; *sich e-m Gefühl usw. ~* give o.s. up to; *j-n sich selbst ~* leave a p. to himself; **2ung** *f* leaving; ⚖ cession.

'Überlast *f* overweight; overload.

über'last|en overload, overcharge; *fig.* overburden, overtax; **2ung** *f* overload; *fig.* overstress, overwork.

'überlaufen 1. *v/i.* (sn) run (*od.* flow) over; ⚔ desert (*a. fig.*), *weitS.* go over (*zu* to); **2.** *über'laufen v/t.* overrun; (*belästigen*) annoy, pester; *Beruf, Gegend ist ~* is overcrowded; *es überlief mich kalt* a cold shudder seized me.

'Überläufer *m* deserter; *pol. a.* turncoat.

'überlaut too noisy, overloud.

über'leben survive; *das hat sich überlebt* that has had its day; *die Nacht usw. ~* live the night *etc.* out; **2de** *m, f* (18) survivor; **2s...** survival ...; **'~sgroß** larger than life.

überlebt [~'le:pt] *adj.* antiquated, outdated.

'überleg|en 1. lay over; **2.** *über'legen* **a)** *v/t.* consider, reflect (up)on; *ich will es mir ~* I will think it over; *es sich wieder* (*od. anders*) ~ (*s-e Meinung ändern*) change one's mind; *wenn ich es mir recht überlege* on second thoughts; *s. zweimal*; **b)** *adj.* superior (*dat.* to; *an dat.* in); *allen anderen weit ~* head and shoulders above the rest; **2enheit** [~'le:gənhaɪt] *f* superiority; **~t** [~'le:kt] considered; *wohl ~* deliberate; (*klug*) prudent; **2ung** *f* [~'le:gʊŋ] *f* consideration, reflection; (*reifliche ~*) deliberation; *s. reiflich.*

'überleiten *v/t.* lead over (*zu* to; *a. v/i.*).

über'lesen read (*od.* run) *a th.* over, peruse; (*übersehen*) overlook.

über'liefer|n deliver; *der Nachwelt*: hand down (to); **2ung** *f* delivery; *fig.* tradition.

über'listen (26) outwit, fool.

über'machen make over (*dat.* to).

'Übermacht *f* superiority; *bsd.* ⚔ supremacy (*a. fig.*), superior force; *fig.* predominance.

'übermächtig overwhelming, too powerful.

'übermalen 1. paint over; **2.** *über'malen* paint out (*a.* over).

über'mannen (25) overcome, overpower.

'Über|maß *n* excess; *im ~* in excess; *bis zum ~* to excess; **'2mäßig** excessive; *adv. Am.* F overly.

'Übermensch *m* superman; **'2lich** superhuman.

über'mitt|eln transmit; convey; **2(e)lung** *f* transmission.

'übermodern ultra-modern.

'übermorgen the day after tomorrow.

über'müd|et overtired; **2ung** *f* overfatigue.

'Über|mut *m* wantonness; (*Ausgelassenheit*) high spirits *pl.*, frolic-

someness; (*Anmaßung*) insolence; **2mütig** ['⁓my:tiç] wanton; frolicsome, rollicking; insolent.
'**übernächst** *the* next but one; ⁓e *Woche* the week after next.
über'nachten (26) pass (*od.* spend) the night, stay over night.
übernächtig ['⁓nɛçtiç] fatigued (from lack of sleep), blear-eyed.
Über'nachtung *f* passing the night; *im Hotel*: overnight stay; **⁓smöglichkeit** *f* overnight accommodation.
Übernahme ['⁓na:mə] *f s. übernehmen*: taking over; acceptance; undertaking; assumption; (*Inbesitznahme*) taking possession (*gen.* of).
'**übernational** supra-national.
'**übernatürlich** supernatural.
über'nehm|en **1.** *allg.* take over (*a. v/i.*); *Arbeit, Verantwortung usw.*: undertake; *Amt, Befehl, Pflicht*: assume; *Last, Verantwortung*: take upon o.s.; *Befehl, Führung, Risiko*: take; *Verfahrensweise usw.*: adopt; *Anvertrautes*: take charge of; (*in Besitz nehmen*) take possession of; *Ware, Erbschaft*: accept; *s. Bürgschaft*; *sich* ⁓ undertake too much, *in e-r S.*: overdo *a th.*; *im Essen*: overeat; *fig.* overreach o.s.; **2.** '*übernehmen*: shoulder; *das Gewehr* ⁓ slope (*Am.* shoulder) arms.
'**über-ordnen:** *j-n* (*od.* et.) *j-m* (*od.* e-r S.) ⁓ place (*od.* set) a p. (*od.* a th.) over a p. (*od.* a th.).
'**überparteilich** all-party.
'**überpflanz|en** transplant; **2ung** [⁓'pflantsuŋ] *f* transplantation.
'**Überproduktion** *f* over-production.
über'prüf|en check; ⊕ *a.* test; *genau*: scrutinize; *j-n* (*politisch usw.*): screen; (*bedenken*) (re)consider; (*untersuchen*) investigate, review; *s. nachprüfen*; **2ung** *f* check(ing); scrutiny, review; consideration; investigation; test(ing).
'**überquellen** flow over.
überqueren [⁓'kve:rən] (25) cross.
über'ragen rise above *a th.*, tower above (*a. fig.*); *fig.* excel, surpass; **⁓d** outstanding, excellent.
über'rasch|en (27) surprise; **⁓end** surprising; (*unerwartet*) unexpected; **2ung** *f* surprise; **2ungs-angriff** *m* surprise attack.
über'red|en persuade (*zu* [in]to); talk *a p.* into (doing) *a th.*; **2ung** *f* persuasion; **2ungskunst** *f* gift (*od.* art) of persuasion.
'**überreich** abounding (*an dat.* in); superabundant.
über'reichen hand *a th.* over, present, deliver (*alle*: *dat.* to); *schriftlich*: submit; *anliegend*: enclose.
'**überreichlich** superabundant.
Über'reichung *f* presentation.
'**überreif** overripe.
über'reizen over-excite.
über'rennen (*umrennen*) run over *od.* down, *bsd.* ⚔ overrun.
'**Überrest** *m* rest, remainder; (*a.* ⁓e *pl.*) remains *pl.*; *a. fig.* remnant; (*Rückstand*) residue; *sterbliche* ⁓ mortal remains.
über'rollen overrun.
über'rumpel|n surprise; ⚔ take by surprise; **2ung** *f* surprise.
über'runden *Sport*: outlap; *fig.* outstrip.
über'sät *fig.* dotted, studded.
'**übersatt** surfeited (*von* with).
über'sättig|en surfeit; ⚗ oversaturate; **2ung** *f* surfeit; ⚗ oversaturation, supersaturation.
'**Überschall...** *phys.* supersonic.
über'schatten overshadow (*a. fig.*).
über'schätz|en overrate, overestimate; **2ung** *f* overestimation.
über'schauen overlook, survey.
'**überschäumen** foam over; *fig.* brim over (*vor Freude usw.* with); **⁓d** *fig.* exuberant.
'**Überschicht** *f* extra shift.
'**überschießend** *Ballast*: shifting; *Betrag*: surplus.
über'schlafen sleep on *a th.*
'**Überschlag** *m Turnen*: somersault; *Schneiderei*: facing; (*Schätzung*) (rough) estimate; ⚡ flashover.
'**überschlagen** **1.** *v/t. Bein*: cross; **2.** *über'schlagen* (*weglassen*) omit, skip, miss *a page*; (*schätzen*) estimate; *sich* ⁓ go head over, *mot.* overturn, ⚓ capsize, ✈ *beim Kunstflug*: loop, *beim Landen*: nose over; *Stimme*: crack, break; *Ereignisse*: follow hot on the heels of one another; **3.** *über'schlagen adj.* (*lauwarm*) lukewarm, tepid.
'**überschnappen** (sn) *Stimme*: squeak; F (*verrückt werden*) go crazy *od.* mad; *übergeschnappt* F cracked, *sl.* nuts.
über'schneid|en (*a. sich*) overlap

(*a. fig.*); *Linien*: sich ~ intersect; 2ung *f* overlapping; intersection.
über'schreiben superscribe, entitle; (*übertragen*) transfer, ✝ carry over; (*bezeichnen*) label.
über'schreiten cross, pass over *a th.*, go across *a th.*; *fig.* transgress; *Gesetz*: infringe; *Maß*, *Termin*: exceed; *Kredit*: overdraw.
'Überschrift *f* heading, title.
'Überschuh *m* overshoe; (*Gummi*2) galosh; ~e *pl. Am. a.* rubbers *pl.*
über'schuldet deeply involved in debt; *Grundstück usw.*: heavily encumbered.
'Überschuß *m* surplus.
überschüssig ['~ʃysiç] surplus, excess.
über'schütten cover; *fig.* overwhelm; *mit Geschenken*: shower with.
[uberance.]
Überschwang ['~ʃvaŋ] *m* (3) ex-
über'schwemm|en flood, inundate; *fig.* flood (*od.* swamp) (*mit* with); ✝ *den Markt*: overstock, glut; 2ung *f* flood, inundation.
überschwenglich ['~ʃvɛŋliç] effusive, gushing; '2**keit** *f* effusiveness.
'Übersee: *in, nach usw.* ~ oversea(s); '~..., '2**isch** transoceanic (*steamer*); transmarine (*cable*); oversea (*route, trade*, ⚔ *forces*); '~**verkehr** *m* oversea (*od.* transoceanic) traffic.
über'sehbar *s.* übersichtlich.
über'sehen survey; (*nicht bemerken*) overlook, miss; *absichtlich*: disregard, ignore; (*erkennen*) *Lage usw.*: realize, perceive; *s.* überblicken.
über'send|en send, transmit; 2**ung** *f* transmission; ✝ consignment.
über'setzbar translatable.
'übersetzen 1. *v/i.* (sn) pass over, cross; *v/t.* carry *a p.* over; **2.** über'setzen translate (*in acc.* into); ⊕ gear, transmit.
Über'setz|er *m* (7), ~**erin** *f* (16[1]) translator; ~**ung** *f* translation; ⊕ gear ratio, transmission; ~**ungsrecht** *n* right of translation.
'Übersicht *f* survey; *fig. a.* general view; (*Zusammenfassung*) summary, 🕮 synopsis; *die ~ verlieren* lose control; '2**lich** easy to survey, clear(ly arranged); *Gelände*: open; (*klar gefaßt*) lucid; '~**lichkeit** *f* clearness; lucidity; '~**skarte** *f* general map; '~**s-tabelle** *f* tabular summary.
'übersied|eln (29, sn) (re)move; (*auswandern*) emigrate; '2**lung** *f*, ~(**e**)**lung** [~'zi:d(ə)luŋ] *f* removal; emigration.
'übersinnlich transcendental; *Kräfte*: psychic(al).
über'spann|en *mit et.* cover *a th.* over with; (*zu stark spannen*) overstrain; *fig.* exaggerate; *s.* Bogen; ~**t** extravagant; eccentric; 2**t-heit** *f* eccentricity, extravagance.
über'spielen *Sport*: *den Gegner*: outplay; *fig.* outmanœuvre, *Am.* outmaneuver; *Schallplatte usw.*: re-record.
über'spitz|en subtilize; (*übertreiben*) overdo; ~**t** over-subtle.
'überspringen 1. *v/i.* (sn) leap over; *Funke*: flash over; **2.** *v/t.* über'springen jump (over *od.* across), clear; (*weglassen*) skip.
'übersprudeln (sn) bubble (*od.* gush) over (*fig. vor dat.* with).
'überstaatlich supernational.
'überstehen 1. *v/i.* jut out, project; **2.** *v/t.* über'stehen (*erdulden*) endure, stand; *Krankheit usw.*: get over; (*überleben*) survive.
'übersteigen 1. *v/i.* (sn) step over, climb over; **2.** *v/t.* über'steigen cross, pass; *fig.* overcome, surmount; (*hinausgehen über*) exceed, pass.
über'steigern force up; *fig.* overdo.
über'stimmen outvote.
über'strahlen shine upon; (*verdunkeln*) outshine (*a. fig.*).
über'streichen paint *a th.* over.
'überstreifen slip *a th.* over.
'überströmen 1. *v/i.* (sn) overflow; **2.** *v/t.* über'strömen *s.* überschwemmen; '~**d** *fig.* gushing.
'Überstunde *f*, '~**n** *pl.* overtime (hour); ~*n machen* work overtime.
über'stürz|en hurry, precipitate; *sich ~* act rashly; *Ereignisse*: press one another; ~**t** *adj.* precipitate; 2**ung** *f* precipitancy.
übertölpeln [~'tœlpəln] (29) dupe.
über'tönen drown (out) *a sound.*
Übertrag ✝ ['~tra:k] *m* (3[3]) *auf die andere Seite*: carrying forward; (*Posten*) carry-over.
über'trag|bar transferable; ✝ (*begebbar*) negotiable; ⚕ communicable, catching, infectious, *durch Berührung*: contagious; ~**en** [~gən] ✝ carry over, bring forward; (*um-*

buchen) transfer; *Besitz*: transfer, make over (*auf j-n* to); (*zedieren*) assign (to); *Blut*: transfuse (*auf acc.* to); *Vollmacht*: delegate (*auf acc.* to); *Amt*: confer (*auf acc.* [up]on); *j-m (die Besorgung von) et.* ~ charge (*od.* commission) a p. with; *sprachlich*: translate, render, do (*in acc.* into); *Kurzschrift*: transcribe, extend; ⊕, *phys.*, ⚡, *Radio*: transmit; *Radio*: *a.* broadcast, relay; *TV a.* televise; *sich* ~ *Krankheit, Stimmung usw.* communicate itself (*auf acc.* to), be infectious; ~*e Bedeutung* figurative sense; ⁀**ung** *f* transfer (*a.* ✝); assignment (*of rights, patents, etc.*); *v. Blut*: transfusion; ⊕, *phys.*, ⚡, *Radio*: transmission, (*Sendung*) broadcast, *TV* telecast; *e-s Amtes*: conferring; (*Übersetzung*) translation; *v. Kurzschrift*: transcription.

'**übertrainieren** overtrain.

über'treffen *P.*: excel, outdo; *P. u. S.*: surpass, exceed, beat.

über'treib|en *Tätigkeit*: overdo; carry *a th.* too far; *mit Worten*: exaggerate (*a. v/i.*), overstate; *thea.* overact; *s. übertrieben*; ⁀**ung** *f* exaggeration.

'**übertreten 1.** *v/i.* (sn) pass (*od.* step) over; *fig.* go over (*zu* to); *Fluß*: overflow; *zu e-r andern Partei (Religion)* ~ change sides (one's religion); *zum Katholizismus* ~ turn Roman Catholic; **2.** *v/t. über'treten Sport*: overstep; *sich den Fuß* ~ sprain one's ankle; *fig.* trespass against, infringe, violate.

Über'tret|er *m* (7), ~**erin** *f* transgressor, trespasser, offender; ~**ung** *f* transgression, trespass; ⚖ infraction, violation; *engS.* petty offen|ce, *Am.* -se.

übertrieben [~'tri:bən] exaggerated, excessive.

'**Übertritt** *m* going over (*zu* to); *eccl.* conversion.

über'trumpfen overtrump; *fig.* outdo.

über'tünchen whitewash (*a. fig.*); *fig.* varnish, gloss over.

übervölker|n [~'fœlkərn] (29) overpopulate; ⁀**ung** *f* overpopulation.

'**übervoll** brimful; *Raum*: overcrowded.

über'vorteil|en (25) overreach; *beim Kauf*: overcharge, *Brt.* F do (down); (*betrügen*) cheat; ⁀**ung** *f* overreaching *etc.*

über'wach|en watch (over); (*beaufsichtigen*) supervise, superintend, control; *polizeilich*: keep under surveillance, (*beschatten*) shadow; ⁀**ung** *f* supervision, control; *polizeiliche*: surveillance.

überwältigen [~'vɛltigən] (25) overcome, overpower, overwhelm (*alle a. fig.*); ~**d** *fig.* overwhelming.

über'weis|en assign, transfer; *zur Entscheidung*: refer (*dat. od. an acc.* to); *Geld*: remit; ⁀**ung** *f* assignment, *bsd. v. Besitz*: transfer; *zur Entscheidung*: reference (*an acc.* to); (*Geld*⁀) remittance; ⁀**ungsscheck** *m* transfer cheque (*Am.* check).

'**überwerfen 1.** throw over; *Kleid usw.*: fling on; **2.** *über'werfen*: *sich mit j-m* ~ fall out with a p.

über'wiegen 1. *v/t.* outweigh; *v/i.* preponderate, prevail; (*vorherrschen*) predominate; **2.** ⁀ *n* (6) preponderance; ~**d** *adj.* preponderant, prevailing; *Mehrheit*: overwhelming; ~*er Teil* majority; *adv.* predominantly, mainly.

über'wind|en overcome (*a. fig.*), subdue; (*besiegen*) conquer; *Hindernis*: surmount; *sich* ~ *zu* bring o.s. to (*do*); *ein überwundener Standpunkt* an antiquated view; ⁀**er** *m* (7) conqueror; ⁀**ung** *f* conquest, overcoming; *s. Selbst*⁀; ~ *kosten* cost an effort.

überwintern [~'vintərn] (29) *v/i.* (pass the) winter; *bsd. Tiere*: hibernate; *v/t.* winter.

über'wölben arch (over).

über'wuchern overgrow, overrun.

'**Überwurf** *m* wrap, shawl; '~**mutter** ⊕ *f* screw cap.

'**Überzahl** *f* superior number(s) *od.* (*nur* ⚔) forces *pl.*, numerical superiority, odds *pl.*

über'zahlen overpay.

über'zählen count *money* over.

'**überzählig** supernumerary, odd; (*übrig*) surplus, left over.

über'zeichn|en over-subscribe; ⁀**ung** *f* over-subscription.

über'zeug|en convince (*von* of); ⚖ satisfy (as to); *weitS. Leistung, Spieler usw.*: be convincing; *sich* ~ (*von*) make sure (of); ~**end** convincing (*a. fig.*); ~**t** convinced, positive; *Sozialist usw.*: ardent, strong;

Sie dürfen ~ sein, daß you may rest assured that; **2ung** *f* conviction; (*fester Glaube*) persuasion; (*Gewißheit*) assurance; *der (festen) ~ sein, daß* be (thoroughly) convinced that; **2ungskraft** *f* persuasive power, *bsd. fig.* logic.

über'ziehen 1. cover; (*bestreichen*) coat; (*verkleiden*) line; *Bett*: put fresh linen on; ✝ *Konto*: overdraw; *ein Land mit Krieg ~* invade a country with war; *sich ~ Himmel*: become overcast; **2.** *'überziehen* put (*od.* draw *od.* slip) over; *Kleid usw.*: put on.

'Überzieh|er *m* (7) overcoat; **'~hose** *f* (*eine* a pair of) overalls *pl.*

Über'ziehung ✝ *f* overdraft.

über'zuckern sugar (over).

'Überzug *m* cover, coat(ing); (*Bett2*) case, tick; (*Kissen2*) slip.

üblich ['y:pliç] usual, customary.

'U-Boot ⚓ *n s. Unterseeboot.*

übrig ['y:briç] left (over), remaining; *die ~en pl.* the others, the rest; *im ~en, ~ens* (as) for the rest, (*beiläufig*) by the way, (*außerdem*) besides; *~ behalten od. haben* have *a th.* left; *keine Zeit ~ haben* have no time to spare; *etwas (nichts) ~ haben für* (not to) care for; *ein ~es tun* make a special effort, go out of one's way (*to do*); *das ~e Geld* the rest of the money; **'~bleiben** (sn) be left, remain; *fig. es blieb ihm nichts anderes ~ (als)* he had no choice (but); **'~lassen** leave; *viel (wenig) zu wünschen ~* leave much (little) to be desired.

Übung ['y:buŋ] *f* exercise (*a. Turnen u.* ⚔), practice (*a. praktische Anwendung*); (*Gewohnheit*) practice, use; (*Ausbildung*) training; *nicht mehr in (od. aus der) ~ sein* be out of practice; **'~s-aufgabe** *f* exercise; **'~s-hang** *m Wintersport*: nursery slope; **'~s-heft** *n* exercise-book, *Am.* composition book; **'~s-platz** ⚔ *m* training area *od.* ground.

Ufer ['u:fər] *n* (7) (*Meer2, See2*) shore; (*Strand*) beach; (*Fluß2*) bank; *am (od. ans) ~* ashore; **'~damm** *m e-s Flusses*: embankment; **'2los** *fig.* boundless; extravagant; *ins ~e führen* lead nowhere.

Uhr [u:r] *f* (16) (*Turm2 usw.*) clock; (*Taschen2, Armband2*) watch; (*Stunde, Zeit*) hour, time (of the day); *wieviel ~ ist es?* what time is it?, F what's the time?; *es ist halb drei ~* it is half past two; *nach meiner ~ ist es vier* by my watch it is four o'clock (*Am. a.* four hours); *um vier ~* at four o'clock; **'~-armband** *n* watch bracelet; **'~kette** *f* watch-chain; **'~macher** *m* watch-maker, clock-maker; **'~werk** *n* clockwork; works *pl.*; **'~zeiger** *m* hand; *im ~sinn* clockwise; **'~zeit** *f* (clock) time.

Uhu ['u:hu:] *m* (3[1]) eagle-owl.

Ukas ['u:kas] *m* (3[2]) ukase.

Ulk [ulk] *m* (3) fun, F spree, lark; *~ treiben* lark, *mit*: make fun of; **'2en** (25) joke, lark; **'2ig** funny.

Ulme ['ulmə] *f* (15) elm.

Ulster ['ulstər] *m* (7) ulster.

Ultimatum [ulti'mɑ:tum] *n* (9) ultimatum; *ein ~ stellen* deliver an ultimatum (*dat.* to).

Ultimo ['ultimo] *m* (11) last day of the month; **'~...** monthly ...

'Ultra|'kurzwelle ['ultra-] *f Radio*: ultra-short wave; **'~'kurzwellensender** *m* ultra-short wave transmitter; **'2ma'rin** ultramarine; **'2rot** ultra-red, infra-red; **'~schall** *phys. m* ultra-sound; **'~schall...** ultrasonic, supersonic; **'~schallwelle** *f* ultrasonic *od.* supersonic wave; **'2violett** ultra-violet.

um [um] **1.** *prp.* (*acc.*) about; *s. ungefähr*; (*~ ... herum*) (a)round, round about; *Lohn, Preis usw.*: for; *Maß*: by; *~ vier (Uhr)* at four (o'clock); *~ die Zeit (herum)* about the time; *einer ~ den andern* one by one, (*abwechselnd*) alternately, by turns; *~ so besser* so much the better; *~ so mehr* all the more, (so much) the more (*als* as; *weil* because); *~ so weniger* all the less; *~ e-r S. od. j-s willen* for the sake (*od.* in behalf) of; *~ Gottes willen!* for goodness' sake!; *s. Entschuldigung, Leben, Preis, Rat, Tag, Wette, Wort*; **2.** *cj.* *~ zu* (in order) to; **3.** *adv.* about; *~ und ~* round about; *~ (vorüber) sein* be over (*od.* up).

'um-adressieren redirect.

'um-ändern alter, change.

'um-arbeit|en work (*od.* do) over; *Kleid*: make over; *Buch*: revise; *Schriftstück*: rewrite; *für den Film usw.*: readapt; *fig. ~ zu et.* make (*od.* turn) into; **'2ung** *f* making over; revision; readaptation.

umarm|en [~ˈʔarmən] (25) embrace, hug; **2ung** *f* embrace, hug.
ˈ**Umbau** *m* rebuilding; alteration(s *pl.*); reconstruction; conversion; reorganization; ˈ**2en 1.** rebuild; *teilweise*: alter; *Maschine usw.*: reconstruct; *zu e-m neuen Zweck, a. Wohnung*: convert (*in acc.* into); *Verwaltung usw.*: reorganize; **2.** *umˈbauen*: build round; *umbauter Raum* interior space.
ˈ**umbetten** put into a fresh bed.
ˈ**umbiegen** bend (over); *abwärts od. aufwärts*: turn down *od.* up.
ˈ**umbild|en** remodel, reconstruct, transform; reorganize, *bessernd*: reform; *Regierung*: reshuffle; ˈ**2ung** *f* transformation, remodel(l)ing; reorganization; reshuffle.
ˈ**umbinden** tie round; *Schürze usw.*: put on.
ˈ**umblättern** *v/t.* turn over (the leaf *v/i.*).
ˈ**umbrechen 1.** break down *od.* up; **2.** *umˈbrechen typ.* make up (into pages).
ˈ**umbringen** kill.
ˈ**Umbruch** *m typ.* make-up; *fig., bsd. pol.* upheaval; *parl.* landslide.
ˈ**umbuchen** transfer (to another account); *Reise usw.*: book for another date.
ˈ**umdenken** *v/t.* rethink; *v/i.* change one's views.
ˈ**umdirigieren** redirect.
ˈ**umdisponieren** *v/t.* redispose, rearrange; *v/i.* make new arrangements.
ˈ**umdrehen** turn (round, *a. sich*); *j-s Worte, Arm*: twist; *j-m den Hals* ~ wring a p.'s neck; *s. Spieß.*
Umˈdrehung *f* turn(ing round); *phys.* rotation, revolution; *~en pl. pro Minute* revolutions per minute (*abbr.* r.p.m.).
ˈ**Umdruck** *m* transfer; ˈ**2en** transfer.
ˈ**um-eiˈnander** round each other.
ˈ**Um-erziehung** *f* re-education.
ˈ**umfahren** *v/t.* **1.** run down; **2.** *umˈfahren* drive (*od.* sail) round *a th.*
ˈ**umfallen** (sn) fall (down *od.* over); *vor Schwäche*: collapse; *fig.* (*nachgeben*) cave in; *zum 2 müde sein* feel ready to drop.
ˈ**Umfang** *m* circumference, circuit; *des Leibes, e-s Baumstammes usw.*: girth; *Schneiderei*: width; (*Ausdehnung, a. fig.*) extent, size (*a. wissenschaftl. Arbeiten*); ♪ compass; (*Bereich*) range; (*Masse, Rauminhalt, Buch2, Tonfülle*) volume; *10 Zoll im* ~ 10 inches round; *fig. in vollem ~e* in its entirety.
umˈfangen embrace; *fig.* surround.
ˈ**umfangreich** extensive; (*dick*) voluminous; (*geräumig*) wide.
umˈfass|en embrace (*a. fig.*); (*in sich schließen*) comprise, cover; ⚔ envelop, outflank; **~end** extensive, comprehensive; (*vollständig*) complete; **2ung** *f* embrace; ⚔ envelopment, outflanking; (*Einfriedigung*) enclosure.
umˈfliegen fly round *a th.*
umflort [umˈfloːrt] *Augen*: dim.
umˈfluten flow round *a th.*
ˈ**umform|en** transform, remodel; ⚡ transform, convert; ˈ**2er** ⚡ *m* converter, transformer.
ˈ**Umfrage** *f* (general) inquiry; *s. Meinungs2.*
umfried(ig)|en [~ˈfriːd(ig)ən] enclose; **2ung** *f* enclosure.
ˈ**umfüllen** pour into other containers, *etc.*; *Wein*: decant.
ˈ**umfunktionieren** convert (*in acc.* into).
ˈ**Umgang** *m* (*Drehung*) rotation; (*Weg*) circular passage; (*Prozession*) procession; (*Verkehr*) (social) intercourse, relations *pl.*; (*Bekanntenkreis*) company, friends *pl.*; (*Art, umzugehen mit*) way how to deal with *a p.*; ~ *haben od. pflegen mit* associate with; *wenig ~ haben* not to see many people.
umgänglich [ˈ~gɛŋliç] sociable.
ˈ**Umgangs|formen** *f/pl.* (social) manners *pl.*; ˈ**~sprache** *f* colloquial language; *englische ~* colloquial English.
umgarnen [umˈgarnən] (25) *fig.* [ensnare.]
umˈgeb|en surround; ~ *von* surrounded with *od.* by; **2ung** *f* environs *pl., a. e-r P.*: surroundings *pl.*; *e-r P.* (*a. Milieu*): environment; (*Nachbarschaft*) neighbo(u)rhood, *weitS. a.* vicinity; (*Gesellschaft*) company.
ˈ**Umgegend** *f* environs *pl.*, vicinity, neighbo(u)rhood.
ˈ**umgehen 1.** *v/i.* (sn) go round; (*die Runde machen*) circulate; *Geist*: walk, ~ *an* (*od. in*) *e-m Ort* haunt a place; *mit j-m ~* keep company with, (*behandeln, a. e-e Sache*) deal

with, handle, ⊕ operate, (*vorhaben*) intend, plan, (*beschäftigt sein*) be occupied with; *mit dem Gedanken* (*od. Plan*) ~ *zu inf.* be thinking of *ger.*; *mit j-m hart* ~ treat a p. harshly; *er weiß mit Frauen* (*Pferden usw.*) *umzugehen* he has a way with women (horses, *etc.*); **2.** *v/t.* *um'gehen* go round (about); (*vermeiden*) avoid, evade, *geschickt*: by-pass (*a. Verkehr*), F dodge; ⚔ outflank; **'~d** *allg.* immediate(ly *adv.*); ⚚ *höflich*: at your earliest convenience; *mit ~er Post* by return of post.

Um'gehung *f* by-passing; *fig. a.* evasion; *Verkehr*: *a.* detour(ing); ⚔ outflanking; **~sstraße** *f* bypass (road).

umgekehrt ['~gəke:rt] reverse, inverse; (*dasselbe* ~) vice versa, conversely; (*genauso, mit gleichem Recht usw.*) by the same token; (*entgegengesetzt*) opposite, contrary; (*genau*) ~! (just) the other way (round)!, quite the contrary!; *das* ≈*e* the reverse (*od.* opposite).

'umgestalten *s. umbilden.*

'umgießen (*umfüllen*) decant; *metall.* refound, recast.

'umgraben dig (*od.* turn) up.

um'grenzen bound; (*umschließen*) encircle; *fig.* circumscribe.

'umgruppier|en regroup; *pol.*, *Sport*: reshuffle; **'≈ung** *f* regrouping; reshuffling.

um'gürten gird; *'umgürten* gird on.

'umhaben have on.

'umhacken hoe up; *s. umhauen.*

um'halsen hug, embrace.

'Umhang *m* cape; wrap; (*Umschlagetuch*) shawl.

'umhängen *Mantel usw.*: put on, wrap about one; *Gewehr*: sling; *Bild*: rehang.

'Umhängetasche *f* shoulder-bag.

'umhauen fell, cut down; F *fig.* bowl over.

um'her about, (*Am.* a)round; *s. herum(...)*; **~schweifen, ~streichen, ~streifen, ~ziehen** rove, roam (about), wander (about).

um'hin: *ich kann nicht ~, zu sagen* I cannot help saying.

um'hüll|en wrap up (*mit* in), envelop, cover (*a.* ⊕); ⊕ sheathe; **≈ung** *f* wrapping, wrap(per), cover (-ing).

Umkehr ['~ke:r] *f* (16) turning back, return (*zu* to; *a. fig.*); *fig.* (*Änderung*) change; (*Bekehrung*) conversion; **'≈en** *v/i.* (sn) turn back, return; *v/t.* turn round *od.* about *od.* the other way round; (*das Unterste zu oberst kehren*) turn upside down; (*umstoßen*) overturn; *Tasche usw.*: turn (inside) out; ♪, ⅌, *gr.* invert; ⚡ reverse; *s. umgekehrt*; **'~ung** *f* reversal; inversion.

'umkippen *v/t.* tip over, upset; *v/i.* (sn) tilt over, be upset; *Fahrzeug*: *a.* overturn, ⚓ capsize; F *s. zusammenklappen v/i.*

um'klammer|n clasp, embrace; *Boxen*: clinch; ⚔ envelop; **≈ung** *f* embrace; *Boxen*: clinch; ⚔ envelopment.

'umklappen *v/t.* turn down; *e-n Sitz*: tip; *v/i.* F *s. zusammenklappen.*

'umkleide|n 1. *j-n* (*sich*) ~ change a p.'s (one's) dress; **2.** *um'kleiden* clothe, cover; **'≈raum** *m* dressing-room.

'umknicken *v/t.* bend (down); snap (off); *v/i.* (sn) *mit dem Fuß* ~ sprain one's foot.

'umkommen (sn) perish, die; (*verderben*) spoil.

'Umkreis *m* circuit, circumference; (*Nähe*) vicinity; *im ~ von* within a radius of, for *three miles* round.

um'kreisen circle round *a th.*

'umkrempeln (29) turn up, tuck up; *völlig*: turn *a th.* inside out; *fig.* turn *a th.* upside down, change radically.

'umladen reload; *bsd.* ⚓ transship.

'Umlage *f* distribution of cost; *s. Abgabe.*

um'lagern surround, besiege.

'Umlauf *m* circulation (*a. des Geldes*); *phys.* rotation, revolution; (*Zyklus*) cycle; *s. ~schreiben*; *in* (*od. im*) ~ in circulation, *ast.* in orbit; *in ~ bringen od. setzen od. sein* circulate; *außer ~ setzen* withdraw from circulation; **'~bahn** *ast. f* orbit; **'≈en** *v/t.* run down; *v/i.* (sn) revolve; *Blut, Geld, Gerücht*: circulate; **'~schreiben** *n* circular (letter); **'~skapital** ⚚ *n* floating capital.

'Umlaut *m* vowel-mutation, umlaut; *Laut*: mutated (*od.* modified) vowel; **'≈en** *v/t.* umlaut.

'Umlege|kragen *m* turn-down collar; '⁀n **1.** *Mantel usw.*: put on; (*umkniffen, umdrehen*) turn down; (*zum Liegen bringen*) lay (down); (*anders legen*) place differently, shift; (*kippen*) tilt; ⊕ *Hebel*: throw; *Verkehr*: divert; *fig. Kosten*: apportion; *sl.* (*töten*) bump off; **2.** *um'legen*: ~ *mit et.* lay *a th.* round with.

'**umleit|en** *Verkehr*: divert, bypass; '⁀**ung** *f* bypass, detour.

'**umlenken** turn round *od.* back.

'**umlernen** learn anew; *fig.* ~ *müssen* have to change one's views.

'**umliegend** surrounding; ~e *Gegend a.* environs *pl.*

'**ummodeln** change.

'**ummelden:** (*polizeilich*) ~ re-register (with the police).

um'nacht|et *fig.* clouded; *geistig* ~ mentally deranged; ⁀**ung** *f*: *geistige* ~ mental derangement.

um'nebeln (29) *fig.* (be)fog.

'**umnehmen** put on.

'**um-organisieren** reorganize.

'**umpacken** repack.

'**umpflanzen 1.** transplant; **2.** *um'pflanzen mit* plant *a th.* round with.

'**umpflügen** plough (*Am.* plow) up.

umpol|en ⚡ ['~po:lən] (25) change the polarity; '⁀**ung** *f* pole-changing.

'**umquartieren** remove to other quarters; ⚔ rebillet.

um'rahmen frame.

umrand|en [~'randən] (26) edge, border; ⁀**ung** *f* edge, border.

um'ranken twine (itself) around *a th.*; ~ *mit et.* entwine with.

'**umrechn|en** convert; '⁀**ung** *f* conversion; '⁀**ungskurs** *m Börse*: rate of exchange; '⁀**ungstabelle** *f* conversion table.

'**umreißen 1.** pull down; (*umstoßen*) knock down; **2.** *um'reißen* outline.

'**umrennen** run down.

um'ringen (25) surround.

'**Umriß** *m* (4) outline (*a. fig.*), contour; '~**zeichnung** *f* sketch.

'**umrühren** stir (up).

'**umsatteln** resaddle; *fig.* change one's occupation *od.* studies; *pol.* change sides; ~ *auf* (*acc.*) switch to.

'**Umsatz** ✝ *m* (3^2 *u.* ^{3}) turnover; (*Absatz*) sales *pl.*; (*Einnahme*) returns *pl.*; '~**steuer** *f* turnover tax.

um'säumen hem (round); *fig.* line.

'**umschalt|en** ⚡ switch (over); *mot.* change over (*auf acc.* into), change gears; '⁀**er** *m* ⚡ change-over switch, commutator; (*a.* '~**taste** *f*) *an der Schreibmaschine*: shift-key; '⁀**ung** *f* ⚡ switching, commutation.

'**Umschau** *f* look(ing) round; ~ *halten od. sich* '⁀**en** look round; *s. a. umsehen.*

'**umschicht|ig** *fig.* by (*od.* in) turns; '⁀**ung** *f* regrouping, shifting; *gesellschaftliche* ~ social upheaval.

um'schiff|en circumnavigate, sail round; *ein Kap*: double; ⁀**ung** *f* circumnavigation; doubling.

'**Umschlag** *m* (3^3) (*Änderung*) (sudden) change; (*Brief*⁀) envelope; (*Hülle*) cover, wrapper; *bsd. e-s Buches od. Heftes*: jacket; *am Ärmel*: cuff; *an der Hose*: turn-up; ⚕ *feuchter*: compress, (*Brei*⁀) poultice, cataplasm; (*Umladung*) transfer, transshipment; '~**bild** *n* cover picture; '⁀**en** *v/i.* (sn) turn over, upset, fall down; ⚓ capsize; (*sich ändern*) turn, change; *Wind*: shift; *Stimme*: break; *v/t.* knock down; *Seite usw.*: turn over; *Saum*: turn up; *Kragen*: turn down; *Ärmel*: tuck up; *Waren*: transship; '~(**e**)**tuch** *n* shawl; '~**hafen** *m* port of transshipment; '~**platz** *m* reloading (*od.* transfer) point; *weitS.* emporium.

um'schließen surround, enclose; *fig.* encompass.

um'schlingen embrace, clasp.

'**umschmelzen** remelt, recast.

'**umschnallen** buckle on.

'**umschreib|en 1.** (*nochmals schreiben*) rewrite; (*abschreiben*) transcribe; *Besitz*: transfer (*auf acc.* to); **2.** *um'schreiben bsd.* ⊿ circumscribe; *durch Worte*: paraphrase; '⁀**ung** *f* **1.** transcription; transfer; **2.** *Um'schreibung* paraphrase.

'**Umschrift** *f e-r Münze*: legend; (*phonetische* ~ *usw.*) transcription.

'**umschul|en** retrain; '⁀**ungskurs** *m* course for retraining.

'**umschütt|eln** shake (up); '~**en** pour out into another vessel; (*umstoßen*) spill.

um'schwärmen swarm round; *fig.* adore.

'**Umschweif** *m* digression; *ohne* ~e point-blank; '⁀**ig** roundabout.

'**umschwenken** (sn) wheel round; *fig.* veer round.

'**Umschwung** *m* (*Drehung*) revolution; (*Umkehrung*) reversal; (*Ände-*

rung) change; *völliger*: about-face; *der Gefühle*: revulsion.

um'segeln *s. umschiffen.*

'umsehen: *sich* ~ look round (*od.* back); *fig.* look out (*nach* for); *an, in e-m Ort usw.* have a look (a)round; *im* ♀ in a twinkling.

'umseitig overleaf.

'umsetz|bar ✝ realizable; sal(e)-able; '**~en** transpose, shift; ↗ transplant; ✝ (*zu Geld machen*) realize, *Ware*: sell; *in die Tat, Musik usw.* ~ translate into action, music, *etc.*; *sich* ~ *in Eiweiß usw.* change into.

'Umsichgreifen *n* spread(ing).

'Umsicht *f* circumspection; '**♀ig** circumspect.

'umsied|eln resettle; '**♀ler** *m* re-settler; '**♀lung** *f* resettlement.

'umsinken (sn) sink down.

um'sonst for nothing, gratis, gratuitously, free (of charge); (*vergebens*) in vain; (*zwecklos*) useless, to no purpose; *nicht* ~ (*ohne Grund*) not for nothing.

'umspann|en 1. change horses; ⚡ transform; **2.** *um'spannen* span, encompass; *mit der Hand*: clasp; '**♀er** ⚡ *m* transformer.

um'spinnen spin (all) round; ⊕ *Draht*: cover.

um'springen 1. *v/t.* skip round; **2.** *'umspringen v/i.* (sn) *Wind*: change, veer; ~ *mit* treat, deal with.

'umspulen rewind.

'Umstand *m* circumstance; (*Tatsache*) fact; (*Einzelheit*) detail; *Umstände pl.* (*Lage*) conditions *pl.*, situation *sg.*; *unter Umständen* possibly, (*notfalls*) if need be; *unter allen Umständen* in any case, at all events; *unter keinen Umständen* on no account; F *in andern* (*od.* *gesegneten*) *Umständen* in the family way; *ohne Umstände* without ceremony; *unter diesen Umständen* in these circumstances, as matters stand; *Umstände machen S.*: cause inconvenience; *P.*: be formal *od.* ceremonious, (make a) fuss; *machen Sie sich keine Umstände* don't (go to) trouble.

umständ|ehalber ['umʃtɛndə-] owing to circumstances; **~lich** ['~ʃtɛntliç] *Erzählung usw.*: circumstantial; (*förmlich*) ceremonious; (*unnötig* ~) fussy; (*verwickelt*) complicated; (*unbequem*) awkward; '**♀lichkeit** *f* circumstantiality; formality; fussiness; complicatedness.

'Umstands|kleid *n* maternity dress; '**~krämer** *m* fusspot; '**~wort** *n* adverb.

'umstehend *Seite*: next; *die* ♀*en pl.* the bystanders; (*wie* ~ as stated) overleaf.

'Umsteige|billett *n*, '**~(fahr)karte** *f* transfer-ticket; '**♀n** 🚂 (sn) change (*nach* for).

'umstell|en 1. shift, transpose; *Möbel usw.*: rearrange; *Betrieb, Währung*: convert, shift (*auf acc.* to), (*a. sich*) change over (*a.* ⊕); *auf andere Erzeugnisse usw.* switch to; *fig. sich* ~ adapt o.s. (*auf acc.* to), change one's attitude; **2.** *um'stellen* surround, encircle; '**♀ung** *f* transposition; *e-s Betriebes, der Währung*: conversion, change-over; *fig.* adaptation; change.

'umsteuern ⊕ reverse.

'umstimmen tune to another pitch; *fig. j-n* ~ change a person's mind, bring a p. round.

'umstoßen knock down *od.* over, overthrow; *fig.* annul; *Urteil, Entscheid*: set aside, quash; *Plan*: upset.

um'stricken *fig.* ensnare.

umstritten [~'ʃtritən] contested; (*strittig*) controversial.

'Umsturz *m* overthrow, revolution; upheaval.

'umstürz|en *v/t.* upset, overturn; *fig.* overthrow; *v/i.* (sn) fall down *od.* over, overturn; '**♀ler** *m* (7), '**♀lerin** *f* (16^1) revolutionist; '**~lerisch** subversive, revolutionary.

'umtaufen rebaptize, rename.

'Umtausch *m* exchange; *v. Wertpapieren, der Währung*: conversion; '**♀en** exchange (*gegen* for); convert.

'umtreiben *fig.* worry, be on a p.'s mind.

Umtriebe ['~tri:bə] *m/pl.* machinations, intrigues, activities.

'umtun *Tuch usw.*: put on; *sich* ~ *nach* look about for.

'umwälz|en roll round; *fig.* revolutionize; '**~end** revolutionary; '**♀ung** *f* revolution, upheaval.

'umwand|elbar ✝ convertible; '**~eln** change, (*a. phys.*) transform (*in acc., zu* into); ✝ *Zinsfuß usw.*: convert; ⚖ *Strafe*: commute (into); '**♀lung** *f* change, transformation; ✝ conversion; ⚖ commutation.

'**umwechs|eln**, '**2lung** *f* (ex)change.

'**Umweg** *m* detour, roundabout way; *fig. auf ~en* indirectly.

'**Umwelt** *f* environment; *weitS. the* world around us; '**2bedingt** environmental; '**~schutz** *m* pollution control; conservation; '**~verschmutzung** *f* pollution (of the environment).

'**umwenden** turn over; *sich ~* turn round.

um'werben court, (*a. fig.*) woo; *umworben a.* sought after.

'**umwerfen** overthrow, overturn, upset; '**~d** *fig.* fabulous.

'**umwert|en** revalue; '**2ung** *f* revaluation.

um'wickeln wrap up; *a.* ⊕ cover.

um'winden wind round, entwine.

'**Umwohner** *m* (7) neighbo(u)r.

umwölken [~'vœlkən] (25) (*a. sich*) cloud (over), darken (*beide a. fig.*).

umzäun|en [~'tsɔʏnən] (25) fence in, enclose; **2ung** *f* enclosure.

'**umziehen** 1. *v/i.* (sn) (*Wohnung wechseln*) (re)move; *v/t. sich ~* change (one's clothes); 2. *um'ziehen* surround.

umzingel|n [~'tsiŋəln] (29) surround, encircle; **2ung** *f* encirclement.

'**Umzug** *m* procession; *prächtiger*: pageant; *pol.* demonstration march; (*Wohnungswechsel*) move, removal; *Umzüge besorgen vom Spediteur*: remove furniture.

un-ab|änderlich ['un'ap''ɛndərliç] unalterable, irrevocable; **~dingbar** [~'diŋbɑ:r] unalterable; *Rechte*: inalienable; **~hängig** ['~hɛŋiç] independent (*von* of); *~ von* (*ohne Rücksicht auf*) irrespective of; **2hängige** *pol.* ['~igə] *m* (18) independent; '**2hängigkeit** *f* independence; **~kömmlich** ['~'kœmliç] indispensable; ⚔ in reserved occupation; (*momentan ~*) busy; '**~'lässig** incessant, unremitting; **~'sehbar** *fig.* not to be foreseen; incalculable; (*ungeheuer*) immense; **~'setzbar** irremovable; '**~sichtlich** unintentional; **~weisbar**, **~weislich** [~'vaɪs-] not to be refused; (*dringend*; *gebieterisch*) imperative, peremptory; **~wendbar** [~'vɛntbɑ:r] inevitable.

'**un-achtsam** inattentive; careless; '**2keit** *f* carelessness.

'**un-ähnlich** unlike, dissimilar; '**2keit** *f* unlikeness, dissimilarity.

'**un-an|'fechtbar** unimpeachable, unchallengeable, incontestable; **~gebaut** ['~'angəbaʊt] uncultivated; '**~gebracht** out of place, inappropriate; (*ungelegen*) inopportune; **~gefochten** ['~gəfɔxtən] undisputed; (*unbelästigt*) unmolested; **~gemeldet** ['~gəmɛldət] unannounced; '**~gemessen** unsuitable; (*unschicklich*) improper; (*unangebracht*) inadequate; '**~genehm** disagreeable, unpleasant; (*mißlich*, *peinlich*) awkward; '**~getastet** untouched; '**~greifbar** impregnable (*a. fig.*); '**~nehmbar** unacceptable; '**2nehmlichkeit** *f* unpleasantness; difficulty; (*Übelstand*) inconvenience; trouble (*a. ~en pl.*); *s. zuziehen*; '**~sehnlich** (*unscheinbar*) plain; (*unbedeutend*) insignificant; '**~ständig** indecent (*a. weitS.*); (*unmanierlich*) unmannerly; '**2ständigkeit** *f* indecency; unmannerliness; '**~'tastbar** unimpeachable; *Rechte*: inviolable.

'**un-appetitlich** unsavo(u)ry, nasty.

'**Un-art** *f* bad habit *od.* trick; (*Grobheit*) rudeness; ill-breeding; *e-s Kindes*: naughtiness (*a. weitS.*); *vom Pferd*: vice; '**2ig** rude, ill-bred; *Kind*: naughty.

'**un-artikuliert** inarticulate.

'**un-ästhetisch** un(a)esthetic(ally *adv.*), offensive; *pred.* not (a)esthetical, in bad taste.

'**un-auf|dringlich** unobtrusive; '**~fällig** inconspicuous; unobtrusive; **~findbar** ['~'fintbɑ:r] undiscoverable, *pred.* not to be found; **~gefordert** ['~gəfɔrdərt] unasked; *adv.* spontaneously; **~'haltsam** irresistible; **~'hörlich** incessant; **~'lösbar**, **~'löslich** indissoluble; *a.* ⚗, ⚗ insoluble; '**~merksam** inattentive; '**2merksamkeit** *f* inattention; '**~richtig** insincere; '**2richtigkeit** *f* insincerity; **~schiebbar** [~'ʃi:pbɑ:r] not to be delayed; urgent.

un-aus|bleiblich ['~'aʊs'blaɪpliç] inevitable; '**~'führbar** impracticable; '**~gefüllt** *Formular usw.*: blank; **~geglichen** ['~gəgliçən] unbalanced; '**2geglichenheit** *f* unbalance; '**~gesetzt** uninterrupted, incessant; '**~'löschlich** indelible (*a. fig.*); '**~'rottbar** ineradicable; '**~-**

'**sprechlich** unspeakable, ineffable; '~'**stehlich** insupportable, insufferable, intolerable; (*widerlich*) detestable; '~'**weichlich** inevitable, unavoidable.

unbändig ['unbɛndiç] unruly; F (*ungeheuer*) tremendous.

'**unbarmherzig** unmerciful, pitiless, relentless; '2**keit** *f* unmercifulness, pitilessness, relentlessness.

'**un|be'-absichtigt** unintentional; '~**be-achtet** unnoticed; ~ *lassen* disregard; '~**be-anstandet** not objected to, unopposed; '~**be-'antwortet** unanswered; '~**be-arbeitet** (*roh*) raw; ⊕ unfinished, unmachined; *Land*: uncultivated; '~**bebaut** ✓ untilled; *Gelände*: undeveloped; '~**bedacht**(**sam**) thoughtless; (*unklug*) imprudent; (*voreilig*) rash; '~**bedenklich** *S.*: unobjectionable; harmless; *P.*: unhesitating; *adv.* without hesitation; '~**bedeutend** insignificant; (*geringfügig*) slight, negligible; '~**bedingt** unconditional, absolute; (*bestimmt*) positive; *Gehorsam, Vertrauen*: implicit; *adv.* absolutely; by all means; '~**befahrbar** impassable, impracticable; '~**befangen** (*unparteiisch*) impartial, (*a.* ⚖) unbias(s)ed; (*nicht verlegen*) unembarrassed; (*natürlich*) unaffected; '2**befangenheit** *f* impartiality; unaffectedness; '~**befleckt** spotless (*a. fig.*); *fig., a. eccl.* immaculate; '~**befriedigend** unsatisfactory; '~**befriedigt** unsatisfied; '~**befristet** unlimited; '~**befugt** unauthorized; 2*en ist der Eintritt untersagt* trespassing prohibited, no admittance except on business; '~**begabt** untalented, not gifted; '~**be'greiflich** inconceivable, incomprehensible; '2**be'greiflichkeit** *f* inconceivability; '~**begrenzt** unlimited; '~**begründet** unfounded, groundless; '2**behagen** *n* uneasiness; '~**behaglich** uncomfortable; *fig. a.* uneasy; *pred. a.* ill at ease; '~**behelligt** unmolested; '~**beherrscht** *fig.* lacking self-control; quick-tempered; '2**beherrschtheit** *f* lack of self-control; '~**behindert** unhindered, unhampered; ~**beholfen** ['~bəhɔlfən] clumsy, awkward; '2**beholfenheit** *f* clumsiness, awkwardness; '~**beirrbar** imperturbable, unwavering; ~**be-irrt** ['~bəˀirt] unswerving, unperturbed; '~**bekannt** unknown; ~ *mit* unacquainted with; *ich bin hier* ~ I am a stranger here; *die* 2*e* ₳ *f* (18) the unknown; ~*e Größe* unknown quantity; ⚖ *gegen* 2 against a person or persons unknown; '~**bekehrbar** inconvertible; *weitS.* inveterate; '~**bekleidet** unclothed, naked; '~**bekümmert** careless (*um* of), unconcerned (about); '~**belastet** *P.*: carefree; *Grund*: unencumbered; *pol.* with a clean record; ⚖ uncompromised; '~**belebt** inanimate; *Straße*: unfrequented; ~**be'lehrbar** obstinate; ~ *sein* take no advice; '~**belichtet** *phot.* unexposed; '~**beliebt** disliked; unpopular (*bei* with); '2**beliebtheit** *f* unpopularity; '~**bemannt** unmanned; ✈ pilotless; '~**bemerkbar** imperceptible; '~**bemerkt** unnoticed; '~**bemittelt** without means, impecunious; '~**benannt** unnamed; ₳ abstract; '~**be'nommen:** *es ist* (*od. bleibt*) *Ihnen* ~ *zu* ... you are at liberty to ...; '~**benutzbar** unserviceable; '~**benutzt** unused; *Geld*: idle; '~**be-obachtet** unobserved; '~**bequem** inconvenient, uncomfortable; (*unhandlich*) unwieldy; (*lästig*) troublesome; '2**bequemlichkeit** *f* inconvenience; ~**be'rechenbar** incalculable (*a. P.*); (*gefährlich*) dangerous; '~**berechtigt** unauthorized; (*unbillig*) unfair; (*ungerechtfertigt*) unjustified; '~**er'weise** without authority; without reason *od.* justification; '~**berücksichtigt** not taken into account, disregarded; '~**berufen** *s. unbefugt*; ~! (*mst unbe'rufen*) touch wood!; '~**berühmt** obscure; '~**berührt** untouched; *fig.* ~ *bleiben von* not to be affected by; ~**beschadet** ['~bə'ʃaːdət] (*gen.*) without prejudice to; (*ungeachtet*) irrespective of, notwithstanding; '~**beschädigt** uninjured, (*a.* ⚓) undamaged; '~**beschäftigt** unemployed, non-employed; '~**bescheiden** immodest; *Preis usw.*: unreasonable; '2**bescheidenheit** *f* immodesty; '~**bescholten** blameless, irreproachable; '2**bescholtenheit** *f* blamelessness, integrity; '~**beschränkt** unrestricted; *Macht, Eigentum, Rechte*: absolute; ~**beschreiblich** [~be'ʃraɪpliç] indescribable; **~beschrieben** ['~bəʃri:bən] *Papier*: blank; *fig.* ~*es Blatt* unknown quantity; **'~beschwert** *fig.* light-hearted, carefree, free and easy; *Gewissen*: light, easy; **'2beschwert·heit** *f* detachment; **'~beseelt** inanimate; **'~be'sehen** unseen; **'~besetzt** unoccupied; *Amt usw.*: vacant; **~besiegbar** [~bə'zi:kba:r] invincible; **'~besiegt** undefeated; **'~besoldet** unsalaried; **'~besonnen** thoughtless, reckless, rash; **'2besonnenheit** *f* thoughtlessness, rashness; **'~besorgt** easy, unconcerned; *seien Sie deswegen ~!* don't let it worry you!; **'2bestand** *m s. Unbeständigkeit*; **'~beständig** inconstant, unstable; fickle; (*veränderlich*) changeable; **'2beständigkeit** *f* inconstancy; changeableness; **'~bestätigt** unconfirmed; **~be'stechlich** incorruptible; *fig.* keen, unerring; **2be'stechlichkeit** *f* incorruptibility; **'~bestellbar** ✉ undeliverable; *Brief*: dead; **'~bestimmt** (*undeutlich*) indeterminate; (*a. gr.*) indefinite; vague; (*unsicher*) uncertain; (*unentschieden*) undecided; *auf ~e Zeit* for an indefinite time; **'2bestimmt·heit** *f* indetermination; indefiniteness; vagueness; uncertainty; **'~bestraft** unpunished; **~be'streitbar** incontestable; **'~be'stritten** uncontested; undisputed; **'~beteiligt** unconcerned, not interested; (*nicht verwickelt*) not involved; (*gleichgültig*) indifferent; **'~betont** unaccented, unstressed; **'~beträchtlich** inconsiderable; **'~beugsam** *fig.* inflexible; uncompromising, rigid; **'~bewacht** unwatched; *fig.* unguarded; **'~bewaffnet** unarmed; *Auge*: naked; **'~bewandert** inexperienced, not versed (*in dat.* in); **'~beweglich** immovable; (*bewegungslos*) motionless; ⊕ fixed, rigid; *s. Habe*; **'2beweglichkeit** *f* immovableness; **~beweibt** ['~bəvaıpt] unmarried; **'~beweint** unwept (for); **'~bewiesen** unproved; **'~bewohnbar** uninhabitable; **'~bewohnt** uninhabited; *Haus, Raum*: unoccupied; **'~bewußt** unconscious; **~be'zahlbar** priceless (*a. fig.*); **'~bezahlt** unpaid; **~be'zähmbar** untamable; *fig.* indomitable; **~be'zwingbar** invincible.

'un|biegsam inflexible; **'2bilden** *pl. der Witterung* inclemency *sg.* of the weather; **'2bildung** *f* lack of education, want of culture, illiteracy; **2bill** ['~bil] *f* (16) injury, wrong; **'~billig** unfair, unjust; **'2billigkeit** *f* unfairness; **'~blutig** bloodless.

'unbotmäßig insubordinate, unruly; **'2keit** *f* insubordination.

'unbrauchbar useless; (*Abfall...*) waste; ~ *machen* render useless; **'2keit** *f* uselessness.

'unchristlich unchristian.

und [unt] and; F *na ~?* so what? ~ *wenn* (*auch*) even if; ~ *so weiter od. fort* and so on *od.* forth, et cetera (*abbr.* etc., a.s.o.).

'Undank *m* ingratitude; ~ *ernten* F get small thanks for it; **'2bar** ungrateful (*gegen* to); *Aufgabe usw.*: thankless; **'~barkeit** *f* ingratitude; thanklessness.

'un|datiert undated; **'~defi'nierbar** indefinable; **~'denkbar** unthinkable; **'~denklich:** *seit ~en Zeiten* from times immemorial; **'~deutlich** indistinct; *Laut*: inarticulate; *Bild, Eindruck*: blurred; *fig.* obscure, vague, hazy; **'~deutsch** un-German; **'~dicht** not tight; leaky; **'2ding** *n* absurdity; **'~diszipliniert** undisciplined.

'unduldsam intolerant; **'2keit** *f* intolerance.

undurch'dringlich impenetrable (*für* to); *weitS.* impervious; *Gesicht*: inscrutable.

undurch'führbar impracticable.

'undurchlässig impervious (*für* to), impermeable; (*wasser~*) watertight, waterproof.

'undurchsichtig non-transparent, opaque; *fig.* impenetrable; **'2keit** *f* opacity; *fig.* impenetrability.

'un·eben uneven; *fig. nicht ~* not bad; **'2heit** *f* unevenness.

'un·echt not genuine, spurious, false; (*gefälscht*) counterfeit(ed), fake(d); (*nachgemacht*) imitation (*nur attr.*), artificial; *Farbe*: fading, not fast; ⅌ improper.

'un·ehelich illegitimate.

'Un·ehr|e *f* dishono(u)r; **'2enhaft** dishono(u)rable; **'2-erbietig** disrespectful; **'~-erbietigkeit** *f* disrespect(fulness); **'2lich** dishonest; **'~lichkeit** *f* dishonesty.

ˈ**un|-eigennützig** disinterested, unselfish; ˈ**~-eigentlich** not proper; not literal; ˈ**~-eingedenk** unmindful (*gen.* of); **~eingelöst** [ˈ~ˀaıngəløːst] unredeemed; ˈ~ˈ**-eingeschränkt** unrestricted; ˈ**~-eingeweiht** *P.*: uninitiated; ˈ**2-eingeweihte** *m, f* outsider; *pl. the* uninitiated; ˈ**~-einheitlich** non-uniform; ˈ**~-einig** disagreeing; ~ *sein* be at variance *od.* issue *od.* odds; ˈ**2-einigkeit** *f* disagreement; *stärker*: dissension; **~-ein**ˈ**nehmbar** impregnable; ˈ**~-eins:** ~ *sein s. uneinig*; ˈ**~-empfänglich** insusceptible (*für* to); ˈ**~-empfindlich** insensible (*gegen* to); ~ *gegen Druck, Licht usw.*: insensitive to; ˈ**2-empfindlichkeit** *f* insensibility; **~**ˈ**endlich** infinite (*a. fig.*); *phot. auf ~ einstellen* focus for infinity; *adv. fig.* (*sehr*) enormously; ~ *viel* ... immense, no end of; 2ˈ**endlichkeit** *f* infinity; (*Raum*) infinite space; ˈ**~-englisch** un-English; **~-ent**ˈ**behrlich** indispensable; **~-ent**ˈ**geltlich** gratuitous, free (of charge); *adv. u. adj.* gratis.

ˈ**un-enthaltsam** intemperate; *bsd. geschlechtlich*: incontinent; ˈ**2-enthaltsamkeit** *f* intemperance; incontinence.

unentrinnbar [unˀɛntˈrinbaːr] inescapable.

unentschieden [ˈunˀɛntʃiːdən] undecided; *s. unentschlossen*; *Sport*: drawn; 2 *n Sport*: draw; ~ *enden* end in a draw; ˈ**2heit** *f* undecidedness; *s. Unentschlossenheit.*

ˈ**un-entschlossen** irresolute; ˈ**2heit** *f* irresolution, indecision.

ˈ**un-entschuldbar** inexcusable.

unentwegt [ˈ~ˀɛntˈveːkt] steadfast, stalwart; *adv.* constantly; ˈ**2e** *pol. m* (18) die-hard, stalwart, *Am.* F standpat(ter); ˈ**2heit** *f* steadfastness; *pol.* die-hardism.

ˈ**un-ent**ˈ**wirrbar** inextricable.

un|-erˈ**bittlich** inexorable; ˈ**~-erfahren** inexperienced; **~erfindlich** [ˈ~ˀɛrˈfintliç] mysterious; **~-er**ˈ**forschlich** inscrutable; ˈ**~-erforscht** unexplored; ˈ**~-erfreulich** unpleasant; ˈ**~-er**ˈ**füllbar** unrealizable; ˈ**~-erfüllt** unfulfilled; ˈ**~-ergiebig** unproductive; **~ergründlich** [ˈ~ˀɛrˈgryntliç] unfathomable; *fig. a.* inscrutable; ˈ**~-erheblich** inconsiderable, insignificant; *bsd.* ⚖ irrelevant (*für* to); ˈ**2-erheblichkeit** *f* inconsiderableness; irrelevance; ˈ**~-erhört 1.** not granted, unheard; **2.** *unerˈhört* (*noch nie dagewesen*) unheard-of; (*empörend*) outrageous, scandalous; *~!* F damned cheek!; F (*großartig*) terrific; ˈ**~-erkannt** unrecognized; ˈ**~-erkennbar** unrecognizable; ˈ**~-erklärlich** inexplicable; **~-er**ˈ**läßlich** indispensable; ˈ**~erlaubt** [ˈ~ˀɛrlaupt] unauthorized; (*ungesetzlich*) illicit; *~e Entfernung von der Truppe* ⚔ absence without leave (A.W.O.L.); ⚖ *~e Handlung* civil wrong; ˈ**~-erledigt** unsettled, not disposed of; ˈ**~-erlöst** unredeemed; **~-er**ˈ**meßlich** immeasurable, immense; **2-er**ˈ**meßlichkeit** *f* immeasurableness, immensity; **~ermüdlich** [~ˀɛrˈmyːtliç] *P.*: indefatigable; *Bemühen*: *a.* untiring, unremitting(ly); **2-er**ˈ**müdlichkeit** *f* indefatigableness; ˈ**~-er-örtert** undiscussed; ˈ**~-erquicklich** unpleasant; ˈ**~-erreichbar** unattainable; *pred.* out of reach; ˈ**~-erreicht** *fig.* unequal(l)ed, unrival(l)ed; **~ersättlich** [~ˀɛrˈzɛtliç] insatiable; ˈ**~-erschlossen** *Gelände, Markt usw.*: undeveloped; **~-er**ˈ**schöpflich** inexhaustible; ˈ**~-erschrocken** undaunted; intrepid; ˈ**2-erschrokkenheit** *f* intrepidity; **~-er**ˈ**schütterlich** unshakable; *Sinn*: imperturbable, stolid; **~-er**ˈ**schwinglich** unattainable; *Preis*: exorbitant; *für mich ~* I can't afford it; **~-er**ˈ**setzlich** irreplaceable; **~-er**ˈ**sprießlich** unprofitable; unpleasant; **~-er**ˈ**träglich** intolerable, unbearable; ˈ**~-erwähnt** unmentioned; ˈ**~-erwartet** unexpected; **~-er**ˈ**weislich** indemonstrable; ˈ**~-erwidert** *Brief*: unanswered; *Liebe*: unrequited; ˈ**~-erwünscht** undesired, undesirable; ˈ**~-erzogen** uneducated; *b.s.* ill-bred.

ˈ**unfähig** incapable (*gen., zu* of *a th.*, of *doing*); (*außerstande*) unable (to *do*); (*untauglich*) unfit (for), incompetent (to *inf.*); (*leistungs~*) inefficient; ˈ**2keit** *f* incapacity (*zu* for [*doing*] *a th.*, to *do*); inability (for); incompetence, unfitness; inefficiency.

ˈ**unfahrplanmäßig** unscheduled.

'**unfair** unfair; *Sport*: *a.* foul.
'**Unfall** *m* accident; *Tod durch* ~ accidental death; '**~flucht** ⚖ *f* leaving the scene of an accident; '**~kommando** *n* traffic patrol and ambulance; '**~station** *f* first-aid station; *im Krankenhaus*: accident ward; '**~stelle** *f* scene of (the) accident; '**~tod** *m* accidental death; '**~verhütung** *f* prevention of accidents; '**~versicherung** *f* accident insurance.
un'faßbar incomprehensible.
un'fehlbar (*nie irrend*) infallible (*a. eccl.*); unerring (*a. Schuß, Schütze*); (*nie versagend*) unfailing; *adv.* (*bestimmt*) without fail; (*unvermeidlich*) inevitably; **2keit** *f* infallibility.
'**unfein** indelicate; (*unhöflich*) impolite; (*grob*) coarse; *pred.* not nice, bad form.
'**unfern** not far (off); *prp.* (*gen. od. von*) not far from.
'**unfertig** unfinished; *fig. P.*: immature.
Unflat ['unflaːt] *m* (3) dirt, filth.
unflätig ['~flɛːtiç] dirty, filthy.
'**unfolgsam** disobedient; '**2keit** *f* disobedience.
unförm|ig ['~fœrmiç] misshapen, monstrous; '**2igkeit** *f* shapelessness; '**~lich** informal, unceremonious.
'**unfrankiert** not prepaid; *Brief*: unstamped.
'**unfrei** unfree, not free; '**~willig** involuntary; *Humor*: unconscious.
'**unfreundlich** unfriendly, unkind (*zu, gegen* to); *Klima, Wetter*: inclement; *Zimmer usw.*: cheerless; '**2keit** *f* unfriendliness; inclemency.
'**Unfriede** *m* discord; ~ *stiften* sow discord.
'**unfruchtbar** *a. fig.* barren, sterile; '**2keit** *f* barrenness, sterility.
Unfug ['unfuːk] *m* (3) mischief; nuisance; ⚖ *grober* ~ gross misdemeano(u)r; ~ *treiben* be up to mischief.
unfügsam intractable.
un'fühlbar intangible, impalpable.
'**ungangbar** impassable; *Münze*: not current; *Ware*: unsal(e)able.
Ungar ['uŋgaːr] *m* (13), '**~in** *f* (16[1]), '**2isch** Hungarian.
'**ungastlich** inhospitable.
unge|achtet ['~gəʔaxtət] **1.** *adj.* not esteemed; **2.** *prp.* (*gen.*) regardless of, notwithstanding; '**~-ahndet** unpunished; '**~-ahnt** undreamt-of, unthought-of; (*unerwartet*) unexpected; '**~bahnt** untrodden, unbeaten; **~bärdig** ['~gəbɛːrdiç] unruly; '**~beten** uninvited, unbidden; *~er Gast* intruder; '**~bildet** uneducated; *Benehmen*: ill-bred, unpolished; '**~bräuchlich** unusual; '**~braucht** unused.
'**Ungebühr** *f* impropriety, indecency, unseemliness; '**2lich** improper, indecent, unseemly; *adv.* (*mehr als recht ist*) unduly; '**~lichkeit** *f s. Ungebühr.*
'**ungebunden** unbound; *Buch*: in sheets; *fig.* free, unrestrained; *b.s.* licentious; *~e Rede* prose; '**2heit** *f* freedom; *b.s.* licentiousness.
'**ungedeckt** *allg.* uncovered (*a. Scheck usw.*); *Kredit*: unsecured; *Tisch*: not yet laid.
'**ungedruckt** unprinted.
'**Ungeduld** *f* impatience; **2ig** ['~diç] impatient.
'**unge-eignet** *S.*: unsuitable; *P.*: unfit (*zu* for).
ungefähr ['ungəfɛːr] approximate, rough; *adv. a.* about, *Am. a.* around; *von* ~ by chance; '**~det** unendangered, safe(ly *adv.*), *nur pred.* out of danger; '**~lich** harmless; not dangerous.
'**ungefällig** disobliging, unkind; '**2keit** *f* unkindness.
unge|färbt ['~gəfɛrpt] undyed; '**~fragt** unasked; *adv.* without being asked; '**~füge** unwieldy; '**~fügig** unpliant, unyielding; '**~gerbt** untanned; '**~halten** (*unwillig*) annoyed (*über acc.* at); '**~heilt** uncured; '**~heißen** unbidden; *adv.* of one's own accord; '**~hemmt** unchecked; *adv.* without restraint; '**~heuchelt** unfeigned.
'**ungeheuer** **1.** vast, huge, enormous, immense; monstrous; (*toll*) F tremendous, terrific; **2.** **2** *n* (7) monster; '**~lich** monstrous, outrageous; '**2lichkeit** *f* monstrosity.
ungehobelt ['~gəhoːbəlt] *fig.* rude, rough.
'**ungehörig** undue; (*unschicklich*) improper; '**2keit** *f* impropriety.
'**ungehorsam** **1.** disobedient; **2.** **2** *m* (3) disobedience.
unge|hört ['~gəhøːrt] unheard; '**~klärt** unsettled; '**~künstelt** un-

affected, unstudied; '**~kürzt** *Werk, Recht usw.*: unabridged; '**~laden** *Gast*: uninvited; *Waffe*: unloaded.

'**ungelegen** inopportune, inconvenient, untimely; *j-m ~ kommen* be inconvenient to a p.; '**2heit** *f* inconvenience; *einzelne*: trouble; *j-m ~en machen* give a p. trouble.

'**un|gelehrig** indocile; '**~gelehrt** unlearned; '**~gelenk** awkward, clumsy; '**~gelernt** *Arbeit(er)*: unskilled; '**~gelöscht** *Kalk*: unslaked; '**2gemach** *n* hardship, trouble; '**~gemein** uncommon, extraordinary; *adv.* exceedingly; '**~gemischt** unmixed; '**~gemütlich** uncomfortable; *P.*: unpleasant, nasty; '**~genannt** unnamed; *P.*: anonymous; '**~genau** inaccurate, inexact; '**2genauigkeit** *f* inaccuracy; '**~geniert** ['unʒeniːrt] free and easy, nonchalant; (*ungestört*) undisturbed; '**~genießbar** *Speise*: uneatable, inedible; *Getränk*: undrinkable; (*unschmackhaft*; *a. fig.*) unpalatable; F *P.*: in a foul temper.

'**ungenüg|end** insufficient; **~sam** ['~gənyːkzaːm] insatiable; '**2samkeit** *f* insatiability.

'**ungenützt** unused; *~ vorübergehen lassen* let slip.

'**unge|-ordnet** unarranged, unsettled; *b.s.* disorderly; '**~pflastert** unpaved; '**~pflegt** unkempt, neglected; **~rächt** ['~gərɛçt] unavenged; **~rade** ['~raːdə] uneven; *Zahl*: odd; '**~raten** *Kind*: spoilt, undutiful; '**~rechnet** uncounted; (*nicht einbegriffen*) not included.

'**ungerecht** unjust; '**~fertigt** unjustified, unwarranted; '**2igkeit** *f* injustice (*gegen* to).

ungereimt ['~gəraɪmt] unrhymed; *fig.* absurd; '**2heit** *f* absurdity.

'**ungern** unwillingly; (*widerstrebend*) reluctantly; *~ tun a.* hate to do.

'**unge|röstet** unroasted; '**~rührt** *fig.* unmoved, untouched, unaffected; '**~sagt** unsaid; '**~salzen** unsalted; '**~säumt**[1] *Stoff*: seamless; **~**[2] (*sofortig*) prompt; *adv. a.* without delay; '**~schehen** undone; *~ machen* undo; '**~schichtlich** unhistorical.

'**Ungeschick** *n*, '**~lichkeit** *f* awkwardness, clumsiness; '**2t** awkward, clumsy, maladroit.

unge|schlacht ['ungəʃlaxt] bulky; (*grob*) uncouth; '**~schliffen** unpolished; *Edelstein*: uncut; *fig.* rude, rough; '**~schmälert** uncurtailed; undiminished; '**~schminkt** unpainted; *fig.* unvarnished, plain; '**~schoren** unshorn; *fig.* unmolested; *~ lassen* leave alone; '**~schrieben:** *~es Gesetz* unwritten law; '**~schützt** unprotected; '**~schwächt** unweakened; *~e Tatkraft* unimpaired energy; '**~sehen** unseen, unnoticed; '**~sellig** unsociable.

'**ungesetzlich** illegal, unlawful, illicit; '**2keit** *f* illegality.

'**unge|sittet** uncivilized; (*unmanierlich*) unmannerly; '**~stalt(et)** misshapen; '**~stört** undisturbed; '**~straft** unpunished; *adv.* with impunity; *~ davonkommen* go scot-free.

ungestüm ['~gəʃtyːm] **1.** impetuous, vehement; **2.** 2 *m, n* (3, *o. pl.*) impetuosity, vehemence.

'**ungesund** *P.*: unhealthy; *S.*: *a.* unwholesome; *fig.* unsound.

'**unge|teilt** undivided; '**~trübt** unclouded, (*a. fig.*) untroubled; **2tüm** ['~gətyːm] *n* (3) monster; **~übt** ['~gəʔyːpt] untrained; '**~wandt** unskil(l)ful; awkward.

'**ungewiß** uncertain; *j-n im ungewissen lassen* keep a p. in suspense; '**2heit** *f* uncertainty; (*spannende ~*) suspense.

'**Ungewitter** *n* thunderstorm.

'**ungewöhnlich** unusual.

'**ungewohnt** *P.*: unaccustomed (*gen.* to); *S.*: unusual; '**2heit** *f* unwontedness.

ungezählt ['~gətsɛːlt] numberless, countless.

ungezähmt ['~gətsɛːmt] untamed.

Ungeziefer ['ungətsiːfər] *n* (7) vermin.

'**ungeziemend** improper.

ungezogen ['~gətsoːgən] ill-bred, rude, uncivil; *Kind*: naughty; '**2heit** *f* rudeness; naughtiness.

ungezügelt ['~gətsyːgəlt] unbridled; *adv.* unrestrainedly.

'**ungezwungen** un(con)strained; without constraint; (*natürlich*) unaffected, easy; '**2heit** *f* unconstraint; ease.

'**Unglaube** *m* unbelief.

'**ungläubig** incredulous; *eccl.* unbelieving; (*heidnisch*) infidel; '**2e** *m, f* (18) unbeliever; infidel.

unglaub|lich [~'glaupliç] incredible; '**~würdig** untrustworthy; *S.*: incredible.

'**ungleich 1.** *adj.* unequal; (*uneben*) uneven; *Zahl*: odd; (*unähnlich*) unlike, dissimilar; **2.** *adv.* (by) far, much (*vor Komparativ*); '**~-artig** heterogeneous, diverse; **~förmig** ['~fœrmiç] unequal; (*unregelmäßig*) irregular; '**≗heit** *f* inequality; irregularity; '**~mäßig** uneven, disproportionate, unsymmetrical.

Unglimpf ['unglimpf] *m* (3) harshness; (*Schimpf*) insult.

'**Unglück** *n* (3, *pl. -sfälle*) misfortune; (*Pech*) ill (*od.* bad) luck; (*Unfall*) accident; (*Katastrophe*) disaster, calamity; (*Elend*) misery; '**≗lich** unfortunate, unlucky; (*a.* = *traurig*) unhappy; (*verhängnisvoll*) fatal; (*elend*) wretched, miserable; *Liebe*: unrequited; '**≗licher'weise** unfortunately, unluckily; '**~sbringer** *m* voodoo, *Am.* hoodoo, *Am. sl.* jinx; '**≗selig** unfortunate; *S.*: disastrous.

'**Unglücks|fall** *m* misadventure; (*Unfall*) accident; '**~rabe** *fig. m* unlucky fellow *od.* bird; '**~tag** *m* black day.

'**Ungnade** *f* disgrace; *in ~ fallen* (*bei*) fall into disgrace (with), *bei j-m a.* incur the displeasure of.

'**ungnädig** ungracious, unkind.

'**ungültig** invalid, (null and) void; *Fahrkarte*: not available; *Münze*: not current; *~e (Wahl)Stimme* spoilt vote; *~ machen* cancel, *Scheck*: *usw.* invalidate; '**≗keit** *f* invalidity.

'**Un|gunst** *f* disfavo(u)r; *des Wetters*: inclemency; *zu j-s ~en* in a p.'s disfavo(u)r; '**≗günstig** unfavo(u)rable; (*nachteilig*) disadvantageous; '**≗gut** bad; *~es Gefühl* misgivings *pl.*; *nichts für ~!* no offen|ce, *Am.* -se!, no hard feelings!; '**≗haltbar** untenable; '**≗handlich** unwieldy; '**≗harmonisch** inharmonious.

'**Unheil** *n* mischief, harm; (*Katastrophe*) disaster, calamity; *~ anrichten* cause mischief, *Sturm usw.*: cause havoc; **≗bar** ['unhaılba:r] incurable; '**≗bringend** fatal, baneful, unlucky; '**~stifter(in)** mischief-maker; '**≗voll** disastrous, sinister, ominous.

'**unheimlich** uncanny, weird (*beide a. fig.*); (*unheilvoll*) sinister; F *fig.* tremendous, terrific; *adv. a.* awfully.

'**unhöflich** uncivil, impolite; '**≗keit** *f* incivility, impoliteness.

'**unhold 1.** ungracious; (*abgeneigt*) ill-disposed; **2.** ≗ *m* (3) monster.

'**unhörbar** inaudible.

'**unhygienisch** insanitary.

Uniform [uni'fɔrm] *f* (16), ≗ *adj.* uniform; **≗iert** [~'mi:rt] uniformed.

Unikum ['u:nikum] *n* (11 *u.* 9[2]) unique (thing); F *P.*: original, character.

'**un-interess|ant** uninteresting; '**~iert** uninterested (*an dat.* in).

Union [u'njo:n] *f* union.

unisono [uni'zo:no] in unison.

universal [univɛr'za:l] universal; **≗-erbe** *m* sole (*od.* universal) heir; **≗mittel** *n* universal remedy, panacea; **≗schraubenschlüssel** *m* monkey wrench.

Universität [univɛrzi'tɛ:t] *f* (16) university; **~s-professor** *m* university professor; **~szeit** *f* college years *pl.*

Universum [uni'vɛrzum] *n* (9) universe.

Unke ['uŋkə] *f* (15) toad; '**≗n** F *fig.* (25) croak.

'**unkennt|lich** unrecognizable; '**≗lichkeit** *f*: *bis zur ~* past recognition; '**≗nis** *f* ignorance; *in ~ sein über* (*acc.*) be unaware of; *j-n in ~ lassen* (*über acc.*) keep a p. in the dark (about).

'**unkeusch** unchaste; '**≗heit** *f* unchastity.

'**unkindlich** unchildlike; *gegen Eltern*: unfilial; (*altklug*) precocious.

'**unklar** not clear; (*trüb*) muddy; (*nebelig*) misty; *fig.* vague, obscure; (*verworren*) muddled; (*undeutlich*) indistinct; *im ~en sein fig.* be in the dark (*über acc.* about); '**≗heit** *f* want of clearness; vagueness, obscurity.

'**unkleidsam** unbecoming.

'**unklug** unwise, imprudent; '**≗heit** *f* imprudence.

unkollegial ['unkɔlegja:l] uncooperative.

'**unkompliziert** uncomplicated.

unkontrollierbar ['~kɔntrɔli:rba:r] uncontrollable.

'**unkörperlich** incorporeal, immaterial.

'**Unkosten** *pl.* costs, expenses, charges; *allgemeine od. laufende ~*

overhead (*od.* running) expenses, ✝ overhead; *s. stürzen.*
'**Unkraut** *n* weed(s *pl.*); *fig.* ~ *vergeht nicht* ill weeds grow apace.
'**un|kultiviert** uncultivated; *P.*: uncultured; '**~kündbar** *Kapital*: non-callable; *Staatspapier*: irredeemable; *Rente*: perpetual; *Stellung*: permanent; '**~kundig** ignorant (*gen.* of), not knowing (*a th. od. how to do a th.*); *des Englischen* ~ having no (command of) English; '**~längst** lately, recently; '**~lauter** impure; *Wettbewerb*: unfair; '**~leidlich** intolerable; '**~lenksam** unmanageable, unruly; '**~leserlich** illegible; **~leugbar** [~'lɔʏkbɑːr] undeniable; '**~lieb** disagreeable; *es ist mir nicht* ~ I am rather glad about it; '**~liebsam** disagreeable; '**~liniiert** unruled; '**~logisch** illogical; '**~lösbar** unsolvable; ⚗ = '**~löslich** insoluble.
'**Unlust** *f* listlessness; (*Abneigung*) dislike (*zu* for); '**♀ig** listless; (*widerstrebend*) reluctant (*zu* to).
'**unmanierlich** unmannerly.
'**unmännlich** unmanly; '**♀keit** *f* unmanliness.
'**Unmasse** F *f* enormous (*od.* vast) quantity *od.* number; *a.* host *od.* sea (*gen.* of), F lots (of).
'**unmaßgeblich** not authoritative; *nach meiner ~en Meinung* speaking under correction.
'**unmäßig** immoderate, excessive; inordinate; *bsd. im Trinken*: intemperate; '**♀keit** *f* immoderateness, excess; intemperance.
'**Unmenge** *f s. Unmasse.*
'**Unmensch** *m* monster, brute; '**♀lich** inhuman; (*menschenunwürdig*) degrading; (*übermenschlich*) superhuman; F *fig.* awful; '**~lichkeit** *f* inhumanity, brutality.
un|merklich [~'mɛrkliç] imperceptible; '**~methodisch** unmethodical; '**~militärisch** unmilitary; '**~mißverständlich** unmistakable; *adv.* (*offen*) plainly, bluntly; '**~mittelbar** immediate, direct; '**~möbliert** unfurnished; '**~modern** unfashionable, outmoded.
'**unmöglich** impossible; *adv.* not possibly; '**♀keit** *f* impossibility.
'**unmoralisch** immoral.
unmotiviert ['~motiviːrt] unmotivated.
'**unmündig** under age, minor; **♀e** ['~digə] *m, f* minor; '**♀keit** *f* minority.
'**unmusikalisch** unmusical.
'**Unmut** *m* ill humo(u)r, displeasure (*über acc.* about); '**♀ig** annoyed.
un|nachahmlich ['~naːxˀɑːmliç] inimitable; '**~nachgiebig** unyielding; '**~nachsichtig** strict, severe, inexorable; **~nahbar** [~'naːbɑːr] inaccessible, unapproachable.
'**unnatürlich** unnatural; '**♀keit** *f* unnaturalness; (*Ziererei*) affectation.
un|'nennbar inexpressible; '**~nötig** unnecessary, needless; **~nütz** ['~nyts] useless; *~es Gerede* idle talk; '**~-ordentlich** disorderly; *Kleidung, Zimmer usw.*: untidy; '**♀-ordnung** *f* disorder, confusion, mess; *in* ~ in a mess; *in ~ bringen* mess up; '**~-organisch** inorganic; '**~paar** *Zahl*: not even; *Schuhe usw.*: odd; '**~pädagogisch** unpedagogical.
'**unpartei|isch** impartial, unbias(s)ed; '**♀ische** *m* (18) umpire, referee; '**♀lichkeit** *f* impartiality.
'**unpassend** unsuitable; (*unangebracht*) inappropriate, misplaced; (*unschicklich*) improper.
'**unpassierbar** impassable.
unpäßlich ['~pɛsliç] indisposed, unwell, *pred.* poorly, F out of sorts; '**♀keit** *f* indisposition.
'**un|patriotisch** unpatriotic(ally *adv.*); '**~persönlich** impersonal; '**~pfändbar** unseizable; '**~politisch** non-political; *fig.* impolitic; '**~praktisch** unpractical, *Am.* impractical; '**~produktiv** unproductive; '**~qualifiziert** unqualified; '**~pünktlich** unpunctual; '**♀pünktlichkeit** *f* unpunctuality; '**~rasiert** unshaven; '**♀rat** *m* (3, *o. pl.*) rubbish; (*Schmutz*) filth; ~ *wittern* F smell a rat; '**~rationell** inefficient, wasteful; **~rätlich** ['~rɛːtliç], '**~ratsam** unadvisable.
'**unrecht 1.** wrong; (*ungerecht*) unjust; (*ungeeignet*) improper; (*zur ~en Zeit*) inopportune; *an den ♀en kommen* come to the wrong man, catch a Tartar; *fig. am ~en Orte sein* be out of place; *adv. a. zu* ~ wrongly; unjustly; **2.** ♀ *n* (3, *o. pl.*) wrong; injustice; *j-m ~ tun* do a p. injustice, wrong a p.; *im ~ sein, ♀ haben* be (in the) wrong; *j-m ~ geben* decide against a p.

'unrechtmäßig unlawful, illegal; '**2keit** *f* unlawfulness, illegality.
'unredlich dishonest; '**2keit** *f* dishonesty.
'unre-ell dishonest; (*unlauter*) unfair.
'unregelmäßig irregular; '**2keit** *f* irregularity (*a. Verfehlung*).
'unreif unripe; *fig.* immature; '**2e** *f* (15) unripeness; *fig.* immaturity.
'unrein impure (*a. fig.*), unclean; '**2heit** *f* impurity, uncleanness.
'unreinlich uncleanly.
unrentabel ['~rɛntɑːbəl] unprofitable.
un'rettbar irrecoverable, *pred.* past recovery; ~ *verloren* irretrievably lost; *P.*: past help.
'unrichtig incorrect, wrong; '**2keit** *f* incorrectness.
'unritterlich unchivalrous.
Unruh ['unruː] *f* (16) *der Uhr*: balance; '**~e** *f* (15) restlessness, (*a. fig. im Volk*) unrest; *fig.* uneasiness; (*Störung*) trouble; (*Besorgnis*) alarm, anxiety; (*Bewegung*) commotion, *stärker*: tumult; *~n pl.* (*Aufruhr*) riots, disturbances; '**2ig** restless; (*zappelig*) *a.* fidgety, nervous; *fig.* uneasy (*über acc.* about); (*besorgt*) worried, alarmed (at); (*lärmend*) turbulent; *Zeiten*: troubled.
'unrühmlich inglorious.
'Unruhstifter *m* troublemaker; (*Aufwiegler*) agitator.
uns [uns] us; *nur dat.*: to us; *refl.* (to) ourselves; (*einander*) each other; *s. unter.*
'un|sachgemäß improper; inexpert, faulty; '**~sachlich** not objective; (*nicht zur S. gehörig*) irrelevant, not pertinent; *pred. od. adv.* off the point; **~sagbar** [~'zɑːkbɑːr], **~säglich** [~'zɛːkliç] unspeakable; ineffable; untold; '**~sanft** ungentle, harsh; '**~sauber** unclean, dirty; (*unlauter*) unfair; '**2sauberkeit** *f* uncleanliness; '**~schädlich** harmless; ~ *machen* render harmless, *Gift*: neutralize, *Verbrecher*: hunt down; '**~scharf** *Bild*: blurred; *opt.* ~ *eingestellt* dimly focus(s)ed, *pred.* out of focus; **~'schätzbar** inestimable, invaluable; '**~scheinbar** insignificant; (*schlicht*) plain, *bsd. Am.* homely; (*unauffällig*) inconspicuous.
'unschicklich unbecoming, unseemly, improper; (*unanständig*) indecent; '**2keit** *f* impropriety, unseemliness; indecency.
un'schlagbar unbeatable.
unschlüssig ['~ʃlysiç] irresolute; '**2keit** *f* irresolution.
'unschmackhaft unpalatable, unsavo(u)ry; insipid.
'unschön unlovely, unsightly; *fig.* unkind, not nice.
'Unschuld *f* innocence; (*Jungfernschaft*) virginity; F ~ *vom Lande* country cousin; *ich wasche m-e Hände in ~* I am innocent; **2ig** ['~diç] innocent (*an dat.* of); (*keusch*) *a.* chaste; *für ~ erklären* declare innocent; ⚖ *sich für ~ erklären* plead not guilty; *den 2en spielen* do the innocent.
'unschwer not difficult, easy; *adv.* without difficulty.
'Unsegen *m* (*Unglück*) adversity; (*Fluch*) curse.
'unselbständig dependent (on others); (*unbeholfen*) helpless, resourceless; (*angestellt*) employed; '**2keit** *f* dependence; helplessness.
'unselig unfortunate, fatal.
unser ['unzər] **1.** *gen. v. wir*: of us; **2.** *besitzanzeigend*: (20) our; *pred.* ours; *der ~e od.* **uns(e)rige** ['~igə] (18b) ours; *die Unsrigen pl.* our people; '**~-eins** (such as) we; (*a.* **~esgleichen** ['~əs'glaɪçən]) the likes *pl.* of us.
unsert|halben ['~thalbən], '**~wegen** for our sake, on account of us.
'unsicher insecure; *Hand usw.*: unsteady, shaky; (*gefährlich*) unsafe; (*ungewiß*) uncertain, precarious; *Gegend ~ machen* haunt, *viele Leute*: infest; '**2heit** *f* insecurity; unsteadiness; unsafeness; uncertainty.
'unsichtbar invisible; '**2keit** *f* invisibility.
'Unsinn *m* (3, *o. pl.*) nonsense; *s. a. Quatsch*; ~ *machen od. treiben* fool about (*Am.* around); '**2ig** nonsensical; (*närrisch*) foolish; (*sinnlos, maßlos*) mad.
'Unsitt|e *f* bad habit; (*Mißbrauch*) abuse; '**2lich** immoral; indecent; '**~lichkeit** *f* immorality.
'un|solid(e) not solid; † unreliable; *Charakter, Lebensweise*: loose, dissipated; '**~sozial** unsocial; '**~sportlich** unsportsmanlike; unfair.
unsr(ig)e ['unzr(ig)ə] *s. unser* 2.
'unstarr ✈ non-rigid.

ˈ**unstatthaft** inadmissible; *pred. a.* not permissible; (*ungesetzlich*) illicit.
ˈ**unsterblich** immortal; F *adv.* awfully; **2keit** [~ˈʃtɛrp-] *f* immortality.
ˈ**Unstern** *m* unlucky star; *fig.* bad luck, misfortune.
ˈ**unstet** unsteady; (*wankelmütig*) inconstant; (*ruhelos*) restless; (*nicht seßhaft*) vagrant; ˈ**2igkeit** *f* unsteadiness; inconstancy; restlessness; vagrancy.
unˈ**stillbar** unappeasable; *Durst*: unquenchable.
Unstimmigkeit [ˈunʃtimiçkaɪt] *f* discrepancy, inconsistency; (*Meinungsverschiedenheit*) dissension.
ˈ**unstreitig** indisputable.
ˈ**Unsumme** *f* vast sum.
ˈ**unsymmetrisch** asymmetrical.
ˈ**unsympathisch** disagreeable, unpleasant; er (es) ist mir ~ I don't like him (it).
ˈ**untadel|haft**, ˈ**~ig** blameless, irreproachable; (*einwandfrei*) flawless.
ˈ**Untat** *f* (monstrous) crime, outrage.
ˈ**untätig** inactive; (*müßig, träg*) idle; ˈ**2keit** *f* inactivity; idleness.
ˈ**untauglich** unfit (*a.* ⚔); (*ungeeignet*) unsuitable; (*nutzlos*) useless; (*unfähig*) incompetent; ~ machen disqualify, (make) unfit; ˈ**2keit** *f* unfitness; uselessness; disqualification.
unˈ**teilbar** indivisible.
unten [ˈuntən] below; (*a.* nach ~) im *Hause*: downstairs; ~ am Berge at the foot of the hill; (dort) ~ am See down by the lake; ~ an der Seite at the bottom (*od.* foot) of the page; siehe ~! see below!; ~ im Wasser, Faß at the bottom of the water, of the cask; von oben bis ~ from top to bottom, from head to foot; F er ist bei mir ~ durch I am through with him; ˈ**~-erwähnt**, ˈ**~genannt** undermentioned.
unter [ˈuntər] **1.** *prp.* under, below; (*zwischen*) among; (*während*) during; ~ ... hervor from under ...; ~ Null below zero; ~ 21 (Jahren) under 21 (years of age); einer ~ hundert one in a hundred; ~ anderem among other things; ~ uns gesagt between you and me; wir sind ganz ~ uns we are quite alone; ~ 10 Mark for less than 10 marks; ~ seiner Regierung under (*od.* in) his reign, under; ~ dem 18. 1. 1973 under the date of ...; ~ Tränen with tears in one's eyes; ~ sich haben be in charge of; *s.* Bedingung, Bezugnahme, Hand, Kritik, Tag, Umstand, verstehen, Vorbehalt, Vorwand, Würde *usw.*; **2.** *adj.* (18, *sup.* ~st) ~(e) low(er), inferior; ~ste lowest; **3. 2** *m* (7) *Karte*: knave.
ˈ**Unter|-abteilung** *f* subdivision; ˈ**~-arm** *m* forearm; ˈ**~-art** *f* subspecies; ˈ**~-arzt** *m* junior surgeon; ˈ**~-ausschuß** *m* subcommittee; ˈ**~bau** ⊕ *m* (3, *pl.* ~ten) foundation (*a. fig.*), substructure, base; ˈ**2belichten** *phot.* under-expose; ˈ**~belichtung** *f* under-exposure; ˈ**2besetzt** understaffed; ˈ**2bewerten** undervalue, understate; ˈ**2bewußt** subconscious; ˈ**~bewußtsein** *n the* subconscious; im ~ subconsciously.
unterˈ**bieten** underbid; ⚚ *Preis*: undercut; ⚚ *Konkurrenz*: undersell; *Rekord*: lower.
ˈ**Unterbilanz** *f* adverse balance, deficit.
ˈ**unterbinden 1.** tie underneath; **2.** unterˈbinden ⚕ tie up, ligature; *fig.* stop; (*verhindern*) forestall.
unterˈ**bleiben** (sn) remain undone; not to take place; (*aufhören*) cease; das muß ~ that must be stopped.
unterˈ**brech|en** interrupt; break; *Fahrt, Reise*: break, (*v/i.*) stop over; ⚡, *teleph.* disconnect; sich ~ *P.*: pause; **2er** ⚡ *m* interrupter, contact-breaker; **2ung** *f* interruption, break; ⚡, *teleph.* disconnection; 🚆 ~ der Fahrt stop-over.
ˈ**unterbreiten 1.** lay (*od.* spread) under; **2.** unterˈbreiten: j-m ~ lay before a p., submit to a p.
ˈ**unterbring|en** place (*a p.*; *a.* ⚚ *orders, loans, etc.*); (*beherbergen*) lodge, house, accommodate; (*lagern*) store; ⚚ (*verkaufen*) sell; ⊕ install, fit (in *dat.* into); ˈ**2ung** *f* placing; accommodation, housing; ˈ**2ungsmöglichkeit(en** *pl.*) *f* accommodation.
ˈ**Unterdeck** ⚓ *n* lower deck.
unterderˈ**hand** *adv.* secretly; ⚚ privately.
unter|des [~ˈdɛs], **~dessen** [~ˈdɛsən] in the meantime, meanwhile.
ˈ**Unterdruck** *m* low pressure.
unterˈ**drück|en** *allg.* suppress (*a. Veröffentlichung*); *Fluch, Lachen usw.*: *a.* stifle; (*bedrücken*) oppress;

suppress; *Aufstand*: crush, put down, quell; **2er** *m* (7) oppressor; **2ung** *f* suppression; oppression.

'**unter-einander 1.** one beneath the other; **2.** *unterein'ander* one (with) another, among one another, mutually.

'**unter-entwickelt** underdeveloped (*a. phot.*); *Kind, Land usw.*: *a.* backward.

'**unter-ernähr|t** underfed, undernourished; '**2ung** *f* malnutrition.

unter'fangen: *sich e-r S.* (*gen.*) ~ attempt, (dare to) undertake *a th.*; *sich ~ zu inf.* presume to *inf.*; **2** *n* (6) (bold) attempt *od.* venture, risky enterprise, undertaking.

unter'fertig|en sign; **2te** *m, f the* undersigned.

Unter'führung *f* subway, *Am.* underpass.

'**Untergang** *m ast.* setting; *fig.* (*Sturz*) (down)fall, ruin; *der Welt*: end; (*Zerstörung*) destruction; ⚓ (ship)wreck.

'**Untergattung** *f* subspecies.

unter'geben: *j-m ~ sein* be under a p.'s authority *od.* control; **2e** *m, f* (18) inferior, subordinate.

'**untergehen** (sn) ⚓ go down *od.* under (*a. fig.*); sink; *ast.* set; *fig.* perish; be ruined; *im Lärm*: be lost in.

untergeordnet ['~gəˀɔrdnət], '**2e** *m, f* (18) subordinate.

'**Untergeschoß** *n* (*Erdgeschoß*) ground-floor, *Am.* first floor.

'**Untergestell** *n* underframe; (*Sokkel*) base; *am Wagen*: undercarriage.

'**Untergewicht** *n* underweight.

unter'graben sap, undermine.

'**Untergrund** *m* subsoil; (*Fundament*) foundation; *paint.* ground; *pol. usw.*: underground; '**~bahn** *f* underground (railway), *in London mst* tube, *Am.* subway; '**~bewegung** *f* underground movement.

'**unterhalb** (*gen.*) below, under (-neath).

'**Unterhalt** *m* (3, *o. pl.*) support; maintenance, upkeep; (*Lebens2*) subsistence, livelihood, living.

unter'halt|en *allg.* maintain; (*unterstützen*) support; *Feuer*: feed; (*in Betrieb haben*) operate, have; *Briefwechsel*: keep up, have; (*die Zeit verkürzen*) entertain; (*vergnügen*) amuse; *sich ~* (*ein Gespräch führen*) converse, talk, (*sich vergnügen*) amuse (*od.* enjoy) o.s.; **~end, ~sam** entertaining, amusing; **2er** *m* conversationalist; *thea.* entertainer; '**2s-anspruch** *m* right (*od.* claim) to alimony; '**2sbeihilfe** *f* subsistence allowance; '**2skosten** *pl. der Ehefrau*: alimony *sg.*; '**2s-pflicht** *f* liability to maintain; **2ung** [~'haltuŋ] *f* (*Vergnügung*) entertainment; (*Gespräch*) conversation, talk; (*Aufrechterhaltung*) maintenance, upkeep; **2ungsbeilage** *f* literary supplement; **2ungsfilm** *m* feature film; **2ungskosten** *pl.* (cost of) upkeep *sg.*; **2ungslektüre** *f*, **2ungsliteratur** *f* light reading, fiction; **2ungsmusik** *f* light music; **2ungs-programm** *n Radio*: light program(me).

unter'handeln negotiate; ⚔ parley.

'**Unterhändler** *m* negotiator; ✝ agent; ⚔ parlementaire (*fr.*).

Unter'handlung *f* negotiation; *in ~ stehen* (*treten*) *mit* negotiate (enter into negotiations) with.

'**Unterhaus** *parl. n* Lower House; *Brt.* House of Commons.

'**Unterhemd** *n* vest, *Am.* undershirt.

unter'höhlen undermine (*a. fig.*).

'**Unterholz** *n* underwood, undergrowth, *Am.* underbrush.

'**Unterhose(n** *pl.*) *f* drawers *pl.*; (*Männer2*) pants *pl.*; *s. Schlüpfer.*

'**unter-irdisch** subterranean, underground.

'**Unterjacke** *f s. Unterhemd.*

unterjoch|en [~'jɔxən] (25) subdue, subjugate; **2ung** *f* subjugation.

unter'kellern provide with a cellar.

'**Unter|kiefer** *m* lower jaw; '**~kleid** *n* undergarment; *mit Trägern*: slip; '**~kleidung** *f* underwear; '**2kommen**[1] (sn) find accommodation *od.* (*Anstellung*) employment; '**~kommen**[2] *n* (6) *s. Unterkunft*; (*Anstellung*) place, situation; '**2kriegen** F bring *a p.* down *od.* to heel; *er läßt sich nicht ~* he won't give in; **~kunft** ['~kunft] *f* (15) accommodation, lodging(s *pl.*); ⚔ quarters *pl.*; '**~lage** *f* foundation (*a. fig.*); ⊕ base, support; *geol.* substratum; (*Schreib2*) writing- (*od.* blotting-) -pad; (*Beleg*) voucher, proof; *fig.* **~n** *pl.* (*Akten*) (supporting) documents, records, material *sg.*, (*Angaben*) data *pl.*; **~lagscheibe** ⊕ ['~la:k-] *f* washer; '**~land** *n* lowland, low country; **~laß** ['~las] *m*: *ohne* ~ without intermission, incessantly.

unter'lass|en omit; (*versäumen*) fail (*to do*); *aus Schonung*: forbear; (*sich enthalten*) abstain from; (*aufhören mit*) stop; **≗ung** *f* omission; **≗ungssünde** *f* sin of omission, lapse; **≗ungs-urteil** ⚖ *n* restraining order.

'**Unterlauf** *m* lower course.

unter'laufen 1. (sn) *Fehler usw.*: creep in; *mir ist ein Fehler* ~ I made a mistake; **2.** *p.p. u. adj. mit Blut* ~ bloodshot.

'**unterlegen 1.** lay (*od.* put) under; *e-n Sinn*: give; **2.** *unter'legen v/t.* underlay; *adj.* inferior (*dat.* to).

Unter'legen|e *m, f* (18[1]) loser; **~heit** *f* inferiority.

'**Unterlegscheibe** ⊕ ['~le:k-] *f* washer.

'**Unterleib** *m* abdomen, belly; '**~s...** abdominal.

unter'liegen (sn) be defeated (*dat.* by; *a. Sport* = lose [to]); succumb; *fig.* be subject to; (*verpflichtet sein*) be liable to; (*zugrunde liegen*) underlie; *es unterliegt keinem Zweifel* there is no doubt about it.

'**Unterlippe** *f* lower lip.

unter'malen *musikalisch*: accompany.

unter'mauern underpin; *fig.* bolster, corroborate.

unter|'mengen, ~'mischen mix.

'**Untermensch** *m* subman, subhuman creature; *weitS.* brute.

'**Untermieter(in** *f*) *m* subtenant, lodger, *Am. a.* roomer.

untermi'nieren undermine (*a. fig.*).

unter'nehm|en 1. undertake; (*versuchen*) attempt; *s. Schritt*; **2.** ≗ *n s. Unternehmung*; (*Geschäft*) firm, business, enterprise, company; ⚔ operation; **~end** enterprising; **≗er** *m* (7) entrepreneur (*fr.*); *vertraglicher*: contractor; (*Arbeitgeber*) employer; *weitS.* industrialist; **≗ertum** *n the* industrialists *pl.*, *the* employers *pl.*; *freies* ~ free enterprise; **≗ung** *f* enterprise, undertaking; venture; project; ⚔ operation; **≗ungsgeist** *m* (spirit of) enterprise; **~ungslustig** enterprising; (*verwegen*) adventurous.

'**Unter|-offizier** *m* non-commissioned officer (*abbr.* NCO); *Dienstgrad*: corporal; '**≗-ordnen** subordinate; *sich* ~ (*dat.*) submit (to); '**~ordnung** *f* subordination; *biol.* suborder; '**~pfand** *n* pledge.

unter'red|en: *sich* ~ converse, confer; **≗ung** *f* conversation; conference, talk; interview.

Unterricht ['~riçt] *m* (3) instruction; (*Stunden*) lessons *pl.*; *Schule*: classes *pl.*; (*Einzel≗*) tuition.

unter'richten instruct, teach, give lessons; *fig.* inform (*von, über acc.* about).

'**Unterrichts|briefe** *m/pl.* correspondence-lessons; *Lehrgang in ~n* correspondence course; '**~fach** *n*, '**~gegenstand** *m* subject of instruction; '**~film** *m* educational film; '**~plan** *m* syllabus; '**~stunde** *f* lesson, *Am.* period.

Unter'richtung *f* information.

'**Unterrock** *m* (*mst Halbrock*) petticoat; *mit Trägern*: slip.

unter'sagen forbid (et. a th.; *j-m* et. a p. to do a th.), prohibit (a th.; a p. from doing a th.).

'**Untersatz** *m* support; (*Gestell*) stand; ⚠ socle; *für Töpfe*: saucer.

'**Unterschall...** subsonic.

unter'schätz|en underestimate, underrate; **≗ung** *f* undervaluation; underestimate.

unterscheid|bar [~'ʃaɪtbaːr] distinguishable; discernible; **~en** [~dən] *v/t. u. v/i.* distinguish; *scharfsinnig*: discriminate; (*deutlich wahrnehmen*) discern; *sich* ~ differ; **≗ung** *f* distinction; differentiation; discrimination; **≗ungsmerkmal** *n* distinctive mark; (*a.* ⊕) characteristic; **≗ungsvermögen** *n* power of distinction.

'**Unterschenkel** *m* shank, lower leg.

'**unterschieb|en 1.** push under; **2.** *a. unter'schieben als Ersatz*: substitute; *fig.* attribute falsely (*dat.* to), impute (to); '**≗ung** *f, a.* **≗ung** [~'ʃiːbuŋ] *f* substitution.

Unterschied ['~ʃiːt] *m* (3) difference, distinction; *zum ~ von ...* unlike ..., in contrast to; *ohne ~* indiscriminately; '**≗lich** different; (*schwankend*) varying; '**≗slos** indiscriminate; undiscriminating.

'**unterschlagen** cross *one's arms.*

unter'schlag|en *Geld*: embezzle; *Brief*: intercept; *Testament usw.*: suppress; *fig.* (*verheimlichen*) hold back; **≗ung** *f* embezzlement; interception; suppression.

Unterschleif [ˈ~ʃlaɪf] *m* (3) embezzlement.

Unterschlupf [ˈ~ʃlupf] *m* (3³) (*Schlupfwinkel*) hiding-place; (*Obdach*) shelter, refuge.

unterˈschreiben sign; subscribe (*fig.* to).

unterˈschreiten fall short of.

ˈ**Unterschrift** *f* signature; *s. setzen*; ˈ**~enmappe** *f* signature blotting-book.

unterschwellig [ˈ~ʃvɛlɪç] *psych.* subliminal.

Unterseeboot [ˈ~ze:bo:t] *n* submarine (boat); *deutsches*: *a.* U-Boat; ˈ**~krieg** *m* submarine warfare.

unterseeisch [ˈ~ze:iʃ] submarine.

ˈ**Unterseite** *f* underside, bottom side.

ˈ**untersetzen** place (*od.* put) under.

unterˈsetzt stocky, squat.

ˈ**untersinken** (sn) sink (under).

unterˈspülen wash away, hollow out (from below).

unterst [ˈuntərst] lowest, undermost, lowermost, bottommost.

Unterˈstaatssekretär *m* Under-Secretary of State.

ˈ**Unterstand** *m* shelter; ⚔ dug-out.

unterˈstehen **1.** *v/i.*: *j-m* ~ be subordinate to; *j-s Aufsicht* (*od. j-m*) ~ be under a p.'s control; *e-m Gesetz usw.*: be subject to; **2.** *v/refl. sich* ~ (*zu inf.*) dare (to *inf.*); **3.** ˈ*unterstehen v/i.* take shelter.

ˈ**unterstell|en** **1.** place (*od.* put) under; *mot.* garage, park; *sich* ~ *zum Schutz* take shelter; **2.** *unterˈstellen* (*zuschreiben*) impute (*dat.* to); (*vorläufig annehmen*) (pre)suppose, assume; *Truppen usw.*: *j-m* ~ place under a p.'s command *od.* control; **2ung** *f zu* 2. imputation.

unterˈstreichen underline (*a. fig.*).

ˈ**Unterstufe** *f* lower grade.

unter|ˈstützen prop, support; *fig.* support, back (up); *beistimmend*: *a.* second; (*helfen*) assist; *Arme*: relieve; **2ˈstützung** *f* support (*a.* ⚔); *fig.* *a.* aid, assistance; (*Beihilfe durch Geld usw.*) relief; (*staatliche Geld*2) subsidy; **~ˈsuchen** inquire (*od.* look) into; (*prüfen*) examine (*a.* ⚕); (*erforschen*) explore; *wissenschaftlich u.* ⚖: investigate; ⚗ *u. weitS.* analy|se, *Am.* -ze.

Unterˈsuchung *f* inquiry; examination (*a.* ⚕); investigation (*a.* ⚖); ⚗ analysis (*a. weitS.*); **~s-ausschuß** *m* fact-finding committee; **~sgefangene** *m, f* prisoner at the bar *od.* on trial *od.* on remand; **~shaft** *f* imprisonment on remand, detention pending trial; *die ~ anrechnen* compensate the detention; *in ~ sein* be on remand; **~srichter** *m* examining magistrate, investigating judge.

Untertagebau [~ˈta:gə-] ⚒ *m* underground mining.

Untertan [ˈ~ta:n] *m* (8) subject; *j-m* 2 *sein* be subject to a p.

untertänig [ˈ~tɛ:nɪç] subject (*dat.* to); *fig.* submissive, humble; ˈ**2keit** *f fig.* submission, humility.

ˈ**Untertasse** *f* saucer.

ˈ**untertauchen** *v/i.* (sn) dive, *U-Boot*: submerge, (*a. v/t.*) duck, dip, immerse; *fig. Verbrecher usw.*: go underground, go into hiding.

ˈ**Unterteil** *m, n* lower part; base; ˈ**2en** [*a.* ~ˈtaɪlən] subdivide; **~ung** [~ˈtaɪluŋ] *f* subdivision.

ˈ**Untertitel** *m e-s Buches*: subtitle (*a. Film*); *Film, Zeitung*: caption.

ˈ**Unterton** *m* undertone.

Unterˈtreibung *f* understatement.

unterˈtunneln tunnel.

ˈ**untervermieten** sublet.

unterˈwander|n infiltrate; **2ung** *f* infiltration.

unterwärts [ˈ~vɛrts] downward(s).

ˈ**Unterwäsche** *f* underwear.

Unterˈwasser... underwater (*camera, etc.*).

unterwegs [~ˈve:ks] on the way, en route (*fr.*) (*nach* for); ✈ in transit.

unterˈweis|en instruct; **2ung** *f* instruction.

ˈ**Unterwelt** *f* underworld (*a. fig. Verbrecherwelt*), lower world.

unterˈwerf|en subdue, subjugate; *e-r Herrschaft, e-m Verhör usw.*: subject (*dat.* to); *sich ~* submit (*dat.* to; *a. fig.*); **2ung** *f* subjugation, subjection; *fig.* submission (*unter acc.* to).

unterworfen [~ˈvɔrfən]: *e-r Sache ~ sein* be subject to.

unterˈwühlen undermine.

unterwürfig [~ˈvyrfɪç] submissive, servile; **2keit** *f* submissiveness.

unterˈzeichn|en sign; **2er** *m* (7) signer; *e-r Anleihe, Resolution usw.*: subscriber; *e-s Staatsvertrags*: signatory; **2ete** *m* (18) undersigned; **2ung** *f* signing, signature; *pol.* ratification.

ˈ**Unterzeug** *n* underwear.
ˈ**unterziehen**¹ put on underneath.
unterˈziehen² *v/t.* (*dat.*) subject to; *sich e-r Operation usw.* ~ undergo, *e-r Prüfung*: go in for, *e-r Mühe*: take *the trouble.*
ˈ**untief** shallow; ˈ**2e** *f* shallow, shoal.
ˈ**Untier** *n* monster.
unˈtilgbar indelible; *Anleihe*: irredeemable.
unˈtragbar unbearable, intolerable.
unˈtrennbar inseparable.
ˈ**untreu** unfaithful, disloyal, *bsd. in der Ehe*: untrue (*alle*: *dat.* to); ˈ**2e** *f* unfaithfulness; disloyalty; infidelity; ⚖ breach of trust.
unˈtröstlich inconsolable, disconsolate.
untrüglich [~ˈtry:kliç] infallible, unfailing; **2keit** *f* infallibility.
ˈ**untüchtig** unfit, incapable (*zu* for); incompetent, inefficient.
ˈ**Untugend** *f* vice, bad habit.
un-über|ˈbrückbar unbridgeable; **~legt** [ˈ~ˀy:bərle:kt] ill-considered, unwise; (*übereilt*) rash; **~ˈsehbar** immense, vast, huge; *s. a. unabsehbar*; **~ˈsetzbar** untranslatable; ˈ**~sichtlich** *Anordnung*: badly arranged; difficult to survey; (*verwickelt*) complex, involved; *Kurve*: blind; **~steigbar** [~ˈʃtaɪkba:r] insurmountable; **~ˈtrefflich** unsurpassable, matchless; **~windlich** [~ˈvintliç] invincible; *Schwierigkeit*: insurmountable, (*a. Abneigung*) insuperable.
un-um|ˈgänglich unavoidable; ~ (*notwendig*) indispensable, absolutely necessary; **~schränkt** [~umˈʃrɛŋkt] unlimited; *pol.* absolute; autocratic(ally *adv.*); **~stößlich** [~ˈʃtø:sliç] irrefutable; (*unwiderruflich*) irrevocable; **~wunden** [ˈ~vundən] frank(ly *adv.*), plain(ly).
ununterbrochen [ˈ~ˀuntərbrɔxən] uninterrupted, unbroken; (*unaufhörlich*) incessant, continuous.
unver|änderlich [~fɛrˈˀɛndərliç] unchangeable, invariable; ˈ**~-ändert** unchanged; **~ˈ-antwortlich** irresponsible; (*unentschuldbar*) inexcusable; **2ˈ-antwortlichkeit** *f* irresponsibility; **~ˈ-äußerlich** inalienable; **~ˈbesserlich** incorrigible; **~bindlich** [ˈ~fɛrbintliç] not obligatory, *adv.* without obligation; (*zwanglos*) informal; (*unfreundlich*) disobliging; non-committal; **~blümt** [~ˈbly:mt] plain, blunt; ˈ**~braucht** unused; unspent; (*frisch*) fresh; ˈ**~brennbar** incombustible; **~brüchlich** [~ˈbryçliç] inviolable, absolute; *Treue usw.*: unswerving; **~bürgt** [~ˈbyrkt] unwarranted; *Nachricht*: unconfirmed; ˈ**~dächtig** unsuspected; **~daulich** [ˈ~daʊliç] indigestible (*a. fig.*); ˈ**2daulichkeit** *f* indigestibility; ˈ**~daut** undigested; **~derbt** [ˈ~dɛrpt], **~dorben** [ˈ~dɔrbən] unspoilt (*a. fig.*); *bsd. fig.* uncorrupted; (*rein*) pure; ˈ**~dient** undeserved; ˈ**~dienterˈmaßen** undeservedly; ˈ**~drossen** indefatigable; (*geduldig*) patient; ˈ**2drossenheit** *f* indefatigability; ˈ**~dünnt** undiluted; ˈ**~-ehelicht** unmarried, single; ˈ**~-eidigt** unsworn; **~ˈ-einbar** incompatible; ˈ**~fälscht** unadulterated, pure; *fig. a.* genuine; **~fänglich** [ˈ~fɛŋliç] harmless; **~froren** [ˈ~fro:rən] brazen, impertinent; ˈ**2frorenheit** *f* impertinence, impudence, F cheek; **~gänglich** [ˈ~gɛŋliç] everlasting; immortal; ˈ**~gessen** unforgotten; **~geßlich** [~ˈgɛsliç] unforgettable; **~ˈgleichlich** incomparable; ˈ**~hältnismäßig** disproportionate; ˈ**~heiratet** unmarried, single; ˈ**~hofft** unhoped-for, unexpected; ˈ**~hohlen** unconcealed, open; ˈ**~hüllt** unveiled (*a. fig.*); *fig. s. a. unverhohlen*; ˈ**~jährbar** *Recht*: imprescriptible; *Tat*: not subject to the statute of limitations; ˈ**~käuflich** unsal(e)able; (*nicht feil*) not for sale; ˈ**~kauft** unsold; **~ˈkennbar** unmistakable; ˈ**~kürzt** uncurtailed; *Text*: unabridged; *adv.* in full; **~letzbar** [~ˈlɛtsba:r] invulnerable, (*a. fig.*) inviolable; ˈ**~letzt** uninjured, unhurt; **~ˈlierbar** *fig.* eternal; ˈ**~mählt** unmarried; **~meidlich** [~ˈmaɪtliç] inevitable, unavoidable; *sich ins 2 fügen* bow to the inevitable; ˈ**~mindert** undiminished; ˈ**~mischt** unmixed; ˈ**~mittelt** abrupt.
ˈ**Unvermögen** *n* inability, incapacity; impotence; ˈ**2d** unable (*zu* to), incapable (*zu* of); (*kraftlos*) impotent; (*arm*) impecunious.
ˈ**unvermutet** unexpected(ly *adv.*).
ˈ**unvernehmlich** inaudible.
ˈ**Unver|nunft** *f* lack of reason, unreasonableness; absurdity; ˈ**2nünftig** irrational, unreasonable; absurd.

'**unver-öffentlicht** unpublished.
'**unverrichtet** unperformed; '**~er'dinge,** '**~er'sache** without having achieved one's object, unsuccessfully.
'**unverschämt** impudent, impertinent, shameless; F *Preis, Forderung*: exorbitant; '**2heit** *f* impudence, impertinence, insolence; *die ~ haben zu ...* have the face to ...
'**unver|schuldet** undeserved; (*schuldenfrei*) not in debt; *Grundstück*: unencumbered; '**~sehens** unexpectedly, unawares; '**~sehrt** uninjured, intact; '**~sichert** uninsured; **~siegbar** [~'zi:kbɑ:r] inexhaustible; '**~siegelt** unsealed; '**~söhnlich** implacable, irreconcilable; *pol.* intransigent; '**2söhnlichkeit** *f* implacability; *pol.* intransigence; **~sorgt** ['~zɔrkt] unprovided for.
'**Unverstand** *m* lack of judgment, injudiciousness; (*Torheit*) folly.
'**unver|ständig** injudicious, imprudent, foolish; '**~ständlich** unintelligible; **~sucht** ['~zu:xt] untried; *nichts ~ lassen* leave nothing undone, leave no stone unturned (*um zu* to); '**~träglich** quarrelsome; *fig. ~ mit* incompatible with; '**2träglichkeit** *f* unsociableness; incompatibility; **~wandt** ['~vant] *Blick*: fixed, (*a. Bemühungen usw.*) steadfast; '**~wehrt:** *es ist Ihnen ~ ...* you are at liberty to ...; **~weilt** ['~vaılt] without delay; **~welklich** ['~vɛlkliç] unfading; '**~wendbar** unusable; **~wundbar** [~'vuntbɑ:r] invulnerable; **~wüstlich** [~'vy:stliç] indestructible; *fig. Humor usw.*: irrepressible; **~zagt** ['~tsɑ:kt] intrepid, undaunted; **~zeihlich** [~'tsaıliç] unpardonable; **~zinslich** [~'tsinsliç] bearing no interest; *~e Wertpapiere* non-interest-bearing securities; *~es Darlehen* free loan; **~züglich** [~'tsy:kliç] immediate; *adv. a.* without delay.
'**unvoll-endet** unfinished.
'**unvollkommen** imperfect; '**2heit** *f* imperfection.
'**unvollständig** incomplete; '**2keit** *f* incompleteness.
'**unvorbereitet** unprepared; *adv. u. adj. Rede usw.*: extempore.
unvordenklich ['~fo:rdɛŋkliç]: *seit ~en Zeiten* from time immemorial.
'**unvor-eingenommen** unbias(s)ed, unprejudiced.
unvorhergesehen ['unfo:rhe:rgəze:ən] unforeseen.
'**unvorschriftsmäßig** *adj.* irregular; (*a.* ⊕ *unsachgemäß*) improper; *adv.* contrary to regulations.
'**unvorsichtig** incautious; (*unklug*) imprudent; (*übereilt*) rash; (*sorglos*) careless; '**2keit** *f* incautiousness; imprudence; carelessness.
'**unvorteilhaft** unprofitable; *Kleid usw.*: unbecoming.
un'wägbar imponderable.
'**unwahr** untrue; '**~haftig** untruthful; '**2heit** *f* untruth.
'**unwahrscheinlich** improbable, unlikely; F *fig.* incredible, fantastic; '**2keit** *f* improbability.
un'wandelbar unchangeable.
unwegsam ['~ve:kzɑ:m] impassable.
'**unweiblich** unwomanly.
unweigerlich [~'vaıgərliç] unquestionable; *adv.* inevitably; *ich muß ~ tun* I cannot help doing.
'**unweise** unwise, imprudent.
'**unweit** *adv.* not far (off); *prp.* (*gen. od. von*) not far from.
'**unwert 1.** unworthy (*gen.* of); **2.** 2 *m* unworthiness.
'**Unwesen** *n* nuisance; excesses *pl.*; *sein ~ treiben* do one's foul work, F be up to one's tricks; '**2tlich** unessential, immaterial (*für* to); unimportant (*a. = geringfügig* negligible).
'**Unwetter** *n* bad (*od.* stormy) weather; (*Gewitter*) (thunder)storm.
'**unwichtig** unimportant, insignificant; '**2keit** *f* insignificance.
unwider'leg|bar, ~lich irrefutable; **2barkeit** *f* irrefutability.
unwider'ruflich irrevocable, beyond recall.
unwider'stehlich irresistible; **2keit** *f* irresistibility.
unwieder'bringlich irretrievable.
'**Unwill|e** *m s. unwillig*: indignation, displeasure, anger; unwillingness; '**2ig** (*ungehalten*) indignant, displeased; (*ärgerlich*) annoyed, angry (*alle*: *über acc.* at); (*widerstrebend*) unwilling; '**2kommen** unwelcome; '**2kürlich** involuntary; instinctive, automatic(ally *adv.*).
'**unwirklich** unreal.
'**unwirksam** ineffective, inoperative; ⚗ inactive; '**2keit** *f* inefficacy; inoperativeness; ⚗ inactivity.
unwirsch ['unvirʃ] cross, testy.

ˈ**unwirt|lich** inhospitable; ˈ**~schaftlich** uneconomic(al); unthrifty; (*unrationell*) inefficient.
ˈ**unwissen|d** ignorant; ˈ**2heit** *f* ignorance; ˈ**~schaftlich** unscientific(ally *adv.*); ˈ**~tlich** unwitting.
ˈ**unwohl** unwell (*a. Frau*), indisposed; ˈ**2sein** *n* (6, *o. pl.*) indisposition.
ˈ**unwohnlich** uncomfortable.
ˈ**unwürdig** unworthy (*gen.* of); *s. würdelos*; ˈ**2keit** *f* unworthiness.
ˈ**Unzahl** *f* immense number.
unzählbar, **unzählig** [~ˈtsɛːlbɑːr, ~ˈtsɛːliç] innumerable.
ˈ**unzart** indelicate; (*rauh*) rough.
Unze [ˈuntsə] *f* (15) ounce.
ˈ**Unzeit** *f*: *zur* ~ at the wrong time, inopportunely; ˈ**2gemäß** unseasonable; (*altmodisch*) old-fashioned; ˈ**2ig** untimely (*a. adv.*), unseasonable; (*ungelegen*) ill-timed.
unzer|ˈbrechlich unbreakable; **~ˈreißbar** untearable; **~ˈstörbar** indestructible; **~ˈtrennlich** inseparable.
ˈ**unziemend**, ˈ**unziemlich** unseemly; indecent.
ˈ**unzivilisiert** uncivilized.
ˈ**Unzucht** *f* lewdness; ⚖ sexual offen|ce, *Am.* -se; (act of) indecency; *außereheliche*: fornication; *gewerbsmäßige*: prostitution.
ˈ**unzüchtig** lewd; indecent; obscene.
ˈ**unzufrieden** discontented, dissatisfied, displeased; ˈ**2heit** *f* discontent, dissatisfaction.
ˈ**unzugänglich** inaccessible.
ˈ**unzulänglich** insufficient, inadequate; ˈ**2keit** *f* insufficiency, inadequacy, deficiency, shortcoming.
ˈ**unzulässig** inadmissible.
ˈ**unzumutbar** unreasonable.
ˈ**unzurechnungsfähig** irresponsible; (*geisteskrank*) insane, ⚖ *a.* non compos (mentis); ˈ**2keit** *f* irresponsibility; insanity.
ˈ**unzureichend** insufficient.
ˈ**unzusammenhängend** disconnected, incoherent.
ˈ**unzuständig** incompetent, ⚖ *a.* having no jurisdiction; ˈ**2keit** *f* incompetence.
ˈ**unzuträglich** disadvantageous, prejudicial (*dat.* to), not good (for); (*ungesund*) unwholesome; ˈ**2keit** *f* unwholesomeness.
ˈ**unzutreffend** incorrect; (*nicht anwendbar*) inapplicable.
ˈ**unzuverlässig** unreliable; (*unsicher*) uncertain; *Eis, Gedächtnis, Wetter*: treacherous; ˈ**2keit** *f* untrustworthiness; uncertainty; treacherousness.
ˈ**unzweckmäßig** inexpedient, unsuitable; ˈ**2keit** *f* inexpediency, unsuitableness.
ˈ**unzweideutig** unequivocal, unambiguous.
ˈ**unzweifelhaft** undoubted, indubitable; *adv.* doubtless, without doubt.
üppig [ˈypiç] luxurious; ♀, *Sprache, Gesundheit usw.*: luxuriant, exuberant; *Mahl*: opulent; *Gras, a. Figur, Frau usw.*: lush; (*sinnlich*) voluptuous; (*übermütig*) cocky; (*großzügig*) generous; ˈ**2keit** *f* luxury; exuberance; opulence; voluptuousness; presumption.
Ur [uːr] *m* (3) aurochs.
Ur... [ˈuːr-] (*ursprünglich*) original; (*Kern...*) thorough; *als adv. bei adj., z.B. urkomisch*: extremely; ˈ**~abstimmung** *f* strike ballot; ˈ**~ahn** *m* great-grandfather; *weitS.* ancestor; ˈ**~ahne** *f* great-grandmother; *weitS.* ancestress; ˈ**2-alt** very old, ancient, F old as the hills; ˈ**~anfang** *m* first beginning; ˈ**2anfänglich** original, primeval; ˈ**~aufführung** *f* first night *od.* performance; *Film*: (world) première.
Uran ⚗ [uˈrɑːn] *n* (3[1]) uranium; **~brenner** *m* uranium pile; **2haltig** uraniferous.
urbar [ˈuːrbɑːr] arable, cultivated; ~ *machen* cultivate, reclaim; ˈ**2machung** *f* cultivation; reclamation.
ˈ**Ur|bewohner**, ˈ**~einwohner** *m/pl.* aborigines; ˈ**~bild** *n* original, prototype; ˈ**2-eigen** *one's* very own; innate; ˈ**~eltern** *pl.* ancestors; ˈ**~enkel** *m* great-grandson; ˈ**~enkelin** *f* great-granddaughter; ˈ**~form** *f* original form; ˈ**~gebirge** *n* primitive mountains *od.* rocks *pl.*; ˈ**~geschichte** *f* early history; ˈ**2geschichtlich** prehistoric; ˈ**~großeltern** *pl.* great-grandparents; ˈ**~großmutter** *f* great-grandmother; ˈ**~großvater** *m* great-grandfather.
ˈ**Urheber** *m* author; ˈ**~recht** *n* copyright; ˈ**~schaft** *f* authorship.
Urin [uˈriːn] *m* (3[1]) urine; **2ieren** [~riˈniːrən] urinate; **~untersuchung** *f* urinalysis.

'ur'komisch extremely funny.

'Ur|kunde *f* document, deed; (*Protokoll*♀) record; (*Zeugnis*) diploma; **'~kundenfälschung** *f* forgery of documents; **♀kundlich** ['~kuntliç] documentary; (*verbürgt*) authentic (-ally *adv.*); ~ *belegt* documented; **'~kundsbe·amte** *m* Clerk of the Court, registrar; **~laub** ['~laup] *m* (3) leave (of absence); (*Ferien*) vacation, holidays *pl.*; *bsd.* ⚔ furlough; *auf* ~ on vacation, (*a.* ⚔) on leave; **~lauber** ['~laubər] *m* (7) ⚔ man on leave; *Zivilist*: holiday-maker, *Am.* vacationist; **'~laubsanspruch** *m* leave entitlement, *Am.* leave credit; **'~mensch** *m* primitive man.

Urne ['urnə] *f* (11) urn; (*Wahl*♀) ballot-box.

Ur|ochs ['u:r'ɔks] *m* aurochs; **'♀'plötzlich** very sudden, abrupt; *adv.* all of a sudden; **'~quell** *m* primary source; **'~sache** *f* cause; (*Anlaß*) occasion; (*Grund*) reason; (*Beweggrund*) motive; *keine* ~! don't mention it!, (you are) welcome!; **'♀sächlich** causal; **'~schrift** *f* original (text); **'♀schriftlich** (*adv.* in the) original; **'~sprache** *f* primitive language; *e-r Übersetzung*: original (language); **'~sprung** *m* source; *fig.* origin; *s-n* ~ *haben in* (*dat.*) originate in *od.* from; **♀sprünglich** ['~ʃpryŋliç] original (*a. fig.*); **'~sprungsland** *n* country of origin; **'~sprungszeugnis** *n* certificate of origin; **'~stoff** *m* primary matter; ⚗ *usw.* element.

Urteil ['urtaɪl] *n* (3) judg(e)ment; (*Ansicht*) opinion; (*Entscheidung*) decision; ⚖ judgment, (*Strafmaß*) sentence; (~ *der Geschworenen*) verdict; (*Scheidungs*♀) decree; *meinem* ~ *nach* in my judg(e)ment; *sich ein* ~ *bilden über* (*acc.*) form (a) judg(e)ment of *od.* on; *das* ~ *sprechen* (*über acc.*) pronounce (*od.* pass) judgment (on); **'♀en** (25) judge (*über* [of] *a p. od. a th.*; *nach* by *od.* from); *anders darüber* ~ take a different view (of it); *nach* ... *zu* ~ judging by ...

'Urteils|·er·öffnung *f* publication of the judgment; **'♀fähig** discerning, discriminating; **'~kraft** *f* (power of) judg(e)ment; **'~spruch** *m* *s. Urteil*; **'~vollstreckung** *f* execution of the sentence.

Ur|text ['u:r-] *m* original (text); **♀tümlich** ['~ty:mliç] original, native; **'~urgroßvater** *m* great-great-grandfather; **'~väterzeit** *f* olden times *pl.*; **'~volk** *n* primitive people; *s. a. Urbewohner*; **'~wald** *m* primeval (*od.* virgin) forest; jungle; **'~welt** *f* primeval world; **'♀weltlich** primeval, antediluvian; **♀wüchsig** ['~vy:ksiç] original, native; *Humor, Person*: earthy; **'~zeit** *f* primitive times *pl.*; *fig. vor* ~*en* ages ago; *seit* ~*en* for ages; **'~zustand** *m* primitive state.

Uso ✝ ['u:zo] *m* (16, *pl.* -i) (*Wechselzeit*) usance; **'~wechsel** *m* bill at usance.

Usur|pator [u:zur'pa:tɔr] *m* usurper; **♀'pieren** usurp.

Utensilien [u:tɛn'zi:ljən] *pl.* utensils.

Utop|ie [u:to'pi:] *f* (16) Utopia(n idea), chimera; **~ien** [u'to:pjən] *n* Utopia; **♀isch**, **~ist** *m* (12), **~istin** [uto'pist(in)] *f* (16[1]) Utopian.

uzen F ['u:tsən] (27) tease, chaff.

V

V [fau], **v** *n inv.* V, v.

Vagabund [vaga'bunt] *m* (12) vagabond, vagrant, tramp; *Am.* F hobo, bum; **♀ieren** [~'di:rən] tramp about, vagabondize; ⚡ stray.

vakan|t [va'kant] vacant; **♀z** *f* (16) vacancy.

Vakuum *phys.* ['va:kuum] *n* (9[2]) vacuum; **'~bremse** *f* vacuum brake; **'~pumpe** *f* vacuum pump; **'~röhre** *f* vacuum valve (*Am.* tube).

Valuta [va'lu:ta] *f* (16[2]) (*Wert*) value; (*Währung*) currency; (*Devisen*) foreign exchange; (*Gelder*) monies *pl.*

Vampir ['vampi:r] *m* (3[1]) vampire.

Vandal|e [van'dɑːlə] *m* (13), **⁀isch** *fig.* Vandal; **~ismus** [~da'lismus] *m* (16) vandalism.
Vanille [va'niljə] *f* (15) vanilla.
varia|bel [vari'ɑːbəl] variable; **⁀nte** [~'antə] *f* (15) variant; *weitS. a.* version; **⁀tion** [~a'tsjoːn] *f* (16) variation.
Varietät [varie'tɛːt] *f* (16) variety.
Varieté [varie'teː] *n*, **~theater** *n* variety theatre, music-hall, *Am.* vaudeville theater; **~vorstellung** *f* variety show, *Am.* vaudeville.
variieren [vari'ʔiːrən] *v/i. u. v/t.* vary.
Vasall [va'zal] *m* (12) vassal; **~enstaat** *m* satellite state.
Vase ['vɑːzə] *f* (15) vase.
Vater ['fɑːtər] *m* (7^1) father; *von Tieren*: sire; **'~haus** *n* paternal house; **'~land** *n* native (*od.* one's) country; **⁀ländisch** ['~lɛndiʃ] national; (*~ gesinnt*) patriotic(ally *adv.*); **'~landsliebe** *f* patriotism.
väterlich ['fɛːtərliç] fatherly; (*dem Vater eigen*) paternal; **~erseits** ['~ərzaɪts] on one's father's side.
'Vater|liebe *f* paternal love; **'⁀los** fatherless; **'~mord** *m* parricide; **'~mörder** *m* parricide (*a.* **'~mörderin** *f*); (*hoher Kragen*) stand-up collar.
'Vaterschaft *f* paternity, fatherhood; **'~sklage** *f* affiliation case.
'Vater|stadt *f* native town, hometown; **~'-unser** *n* (7) Lord's Prayer.
Vati F ['fɑːti] *m* (11^1) dad(dy).
Vegetabil|ien [vegeta'biːljən] *pl. inv.* vegetables; **⁀isch** vegetable.
Veget|arier [vege'tɑːrjər] *m* (7), **⁀arisch** [~'tɑːriʃ] vegetarian; **~ation** [~ta'tsjoːn] *f* (16) vegetation; **⁀ativ** [~ta'tiːf] vegetative; *~es Nervensystem* autonomic nervous system; **⁀ieren** [~'tiːrən] vegetate (*a. fig.*).
Vehikel [ve'hiːkəl] *n* (7) vehicle.
Veilchen ['faɪlçən] *n* (6) violet; **'⁀blau** violet.
Veitstanz ['faɪtstants] *m* St. Vitus's dance.
Velin [ve'lɛ̃, ~'liːn] *n* (11), **~papier** *n* vellum(-paper).
Vene ['veːnə] *f* (15) vein; **'~n-entzündung** *f* phlebitis.
venerisch [ve'neːriʃ] venereal.
Venezian|er [vene'tsjɑːnər] *m* (12), **~erin** *f* (16^1), **⁀isch** Venetian.
Ventil [vɛn'tiːl] *n* (3^1) valve; *fig.* outlet; **~ation** [~tila'tsjoːn] *f* (16) ventilation; **~ator** [~'lɑːtɔr] *m* (8^1) ventilator, fan; **⁀ieren** [~'liːrən] ventilate (*a. fig.*).
verabfolg|en [fɛr'ʔapfɔlgən] give, hand over (*j-m* to); *Speisen, Getränke*: provide, serve; ⚕ administer; *j-m et. ~ lassen* let a p. have a th.; **⁀ung** *f* delivery; provision; ⚕ administration.
ver'-abred|en *et.* agree (up)on, arrange; *Zeit, Ort*: appoint, fix; *sich ~* make an appointment; *als Stelldichein*: F (have a) date; *schon anderweitig verabredet sein* have a previous engagement; **⁀ung** *f* agreement; appointment, F date.
ver'-abreichen *s. verabfolgen.*
ver'-absäumen neglect, omit.
ver'-abscheuen hate, abhor, detest; **~swert** detestable.
verabschied|en [fɛr'ʔapʃiːdən] dismiss; ⚔ discharge; *Gesetz*: pass; *sich ~* take leave (*von* of); bid farewell, say good-bye (to *a p.*); **⁀ung** *f* dismissal; ⚔ discharge; passing.
ver'-achten despise; (*verächtlich abtun; verschmähen*) scorn; *nicht zu ~* F not to be sneezed at.
Veräch|t|er [fɛr'ʔɛçtər] *m* (7), **~erin** *f* (16^1) despiser; **⁀lich** contemptuous; (*verachtenswert*) despicable, contemptible.
Ver'-achtung *f* contempt, disdain; *mit ~ strafen* ignore.
ver-allge'meiner|n (29) generalize; **⁀ung** *f* generalization.
ver'-alte|n (26, sn) become obsolete *od.* antiquated, go out (of date); **~t** antiquated, obsolete, out of date, dated; (*altmodisch*) outmoded.
Veranda [ve'randa] *f* (11^1 *u.* 16^2) veranda(h).
veränder|lich [fɛr'ʔɛndərliç] changeable; (*a.* ♈) variable; **⁀lichkeit** *f* changeableness; variability; **~n** (*a. sich*) alter, change; (*abwechseln*) vary; **⁀ung** *f* change, alteration; variation.
verängstigt [~'ʔɛŋstiçt] frightened, scared.
ver'-anker|n ⚓ anchor (*a. fig.*); ⊕ stay; ⚠ tie; *fig. in e-m Gesetz usw.*: embody in; **⁀ung** *f* ⚓ anchorage; ⊕ staying; ⚠ tying.
ver'-anlag|en (25) *steuerlich*: assess; **~t** *adj.* (*befähigt*) talented; ⚕ pre-

disposed; *methodisch* ~ *sein* have a methodical turn of mind, be methodical; ²**ung** *f* assessment; *fig.* disposition; (*Neigung*) bent, inclination; (*Begabung*) talent(s *pl.*); ⚕ predisposition.

veranlass|en [~ˈʔanlasən] (28) cause, occasion; (*anordnen*) arrange; *j-n zu et.* ~ (*a. S.*) induce a p. to do a th., make a p. do a th.; *nur P.*: prevail (up)on a p. to do a th.; ²**ung** *f* occasion, cause; *auf meine* ~ at my suggestion; *auf* ~ *von od. gen.* at the instance of; *zu et.* ~ *geben* give rise to; *zur (weiteren)* ~ for further action.

veranschaulich|en [~ˈʔanʃaulıçən] (25) illustrate; *sich et.* ~ visualize, picture; ²**ung** *f* illustration.

verˈ-anschlag|en (25) rate, value, estimate (*auf acc.* at); ²**ung** *f* valuation, estimate.

verˈ-anstalt|en (26) arrange, organize; stage (*a. fig. co.*); *Konzert usw.*: give; ²**er**(**in** *f*) *m* (7) organizer; *Sport*: promoter; ²**ung** *f* arrangement, organizing; *konkret*: event; show; *Sport*: event, meeting; ²**ungskalender** *m* calendar of events.

verˈ-antwort|en answer for; *sich* ~ justify (*od.* defend) o.s.; ~**lich** responsible (*a. Stellung usw.*), answerable (*für* for); ~ *machen* hold responsible, *weitS.* blame *a p.* (*für* for); ²**lichkeit** *f* responsibility; ²**ung** *f* responsibility; (*Rechtfertigung*) justification; *auf seine* ~ on his own responsibility; *auf eigene* ~ at one's own risk; *j-m die* ~ *zuschieben* offload the responsibility on a p.; *s. abwälzen*; *die* ~ *tragen* be responsible; *zur* ~ *ziehen* call to account; ~**ungsbewußt** responsible; ²**ungsbewußtsein** *n* sense of responsibility; ~**ungslos** irresponsible; ~**ungsvoll** responsible.

veräppeln *sl.* [~ˈʔɛpəln] *sl.* kid.

verˈ-arbeit|en work up; ⊕ manufacture, process (*zu* into), *maschinell*: machine; *Speise, fig.*: digest; (*abnutzen*) wear (out); ~*de Industrie* manufacturing (*od.* finishing) industry; ²**ung** *f* working up; manufacturing, processing; digestion; (*Ausführung*) workmanship.

verargen [~ˈʔargən] (25): *j-m et.* ~ blame a p. for a th.

verˈ-ärgern annoy, anger.

verarm|en [~ˈʔarmən] (25, sn) become poor; ~**t** impoverished; ²**ung** *f* impoverishment, pauperization.

verˈ-arzten doctor.

verästel|n [fɛrˈʔɛstəln] (29, *a. sich*) ramify; ²**ung** *f* ramification.

verˈ-ausgaben (25) spend, expend; *sich* ~ spend (all) one's money; *fig.* spend o.s.

verˈ-auslagen disburse, advance.

verˈ-äußer|lich alienable; *Wertpapier*: negotiable; ~**n** alienate; (*verkaufen*) dispose of, sell; ²**ung** *f* alienation; disposal, sale.

Verb [vɛrp] *n* (5^2) verb; ²**al** [~ˈbɑːl] verbal.

verballhornen [fɛrˈbalhɔrnən] (26) transmogrify.

Verˈband *m* (3^3) ⊕ binding; ⚕ dressing, bandage; (*Vereinigung*) federation, union; ⚔ unit, task force, *bsd.* ⚓, ✈ formation; ~**kasten** *m* first-aid box; ~**stoff** *m*, ~**zeug** *n* bandaging material.

verˈbann|en banish, exile; ²**ung** *f* banishment, exile; ²**te** *m* (18) exile.

verbarrikadieren [~barikaˈdiːrən] barricade.

verˈbauen build up; (*versperren*) obstruct; (*falsch bauen*) build badly; *Geld, Material*: spend in building; *fig. j-m* (*a. sich*) *den Weg* ~ bar a p.'s (one's) way (*zu* to).

verbauern [~ˈbauərn] (29, sn) become countrified.

verˈbeißen suppress; *sich das Lachen* ~ stifle one's laughter; *fig. sich in et.* ~ keep grimly at a th.

verˈbergen conceal, hide.

verˈbesser|n (*a. sich*) improve; (*berichtigen*) correct; ~**ung** *f* improvement; correction.

verˈbeug|en: *sich* ~ bow (*vor dat.* to); ²**ung** *f* bow.

verbeulen [~ˈbɔylən] (25) dent, batter.

verˈbiegen bend, twist, distort.

verˈbieten forbid (*j-m et.* [*zu tun*] a p. [to do] a th.), prohibit (a th.; a p. from doing a th.).

verbilligen [~ˈbiligən] (25) reduce in price, cheapen.

verˈbind|en bind (up); (*vereinigen*; *a. sich*) join, unite, combine (*a.* ⚗) (*mit* with); connect (*a.* ⊕, *teleph.*) (with), link (to); ⚕ bandage, dress (*j-n* a p.'s wounds); ✝ *sich* ~ *mit* associate with; *sich ehelich* ~ *(mit)* marry; *j-m die Augen* ~ blindfold; *fig.* (eng) *verbunden sein mit* be bound up with; *ich bin Ihnen sehr verbunden* I am greatly obliged to you; *teleph. falsch verbunden!* wrong number!; *mit Gefahr verbunden* dangerous, involving a risk; **~lich** [~'bintliç] binding *(für j-n* upon), obligatory; (*höflich*) obliging; ~*(st)en Dank!* my best thanks!; **2lichkeit** *f* obligation, liability; (*Höflichkeit*) obligingness, civility, readiness to oblige; (*Schmeichelei*) compliment; ✝ ~*en pl.* (*Passiva*) liabilities; *s-n* ~*en nachkommen* meet one's engagements.

Ver'bindung *f* union (*a. Ehe*); (*Zs.-schluß*; *Vereinigung mehrerer Eigenschaften*) combination; (*Zs.-hang*) connection (*a. teleph.*, 🚂, ⚓, ⊕), junction; (*Personenvereinigung*; *a. Ideen*2) association; *s. Studenten*2; (*Beziehung*) relation; (*Verkehr*) communication; ⚗ compound; ⚔ liaison, *taktisch*: contact; *in* ~ *bleiben (treten)* keep (get) in touch (*mit* with); *in* ~ *bringen mit* connect with; *sich in* ~ *setzen mit* get in touch with, contact; *in* ~ *stehen mit* communicate with, be in touch with, *fig.* be connected with; *teleph.* ~ *bekommen (haben)* get (be) through; *die* ~ *verlieren mit* lose touch with; **~sbahn** *f* junction-line; **~sgang** *m* connecting passage; **~smann** *m* contact; **~s-offizier** ⚔ *m* liaison officer; **~srohr** *n* connecting tube; **~sstelle** *f* junction; ⊕ joint; (*Amt*) liaison office; **~sstraße** *f* feeder road; **~sstück** *n* connecting piece, coupling; *s. Bindeglied.*

verbissen [fɛr'bisən] grim; (*zäh*) dogged; (*mürrisch*) crabbed; **2heit** *f* sourness of temper; doggedness.

ver'bitten: *sich* ~ (beg to) decline; (*nicht dulden*) not to stand for; *das verbitte ich mir!* I won't have that!

verbitter|n [~'bitərn] (29) embitter; *verbittert a.* bitter; **2ung** *f* bitterness (of heart).

verblassen [~'blasən] (28, sn) *Stoff usw. u. fig.* fade; *fig.* ~ *gegenüber* (*dat.*) pale beside.

Verbleib [~'blaɪp] *m* (3, *o. pl.*) whereabouts; **2en** [~bən] (sn) to be left; remain; (*abmachen*) agree; ~ *bei s-r Meinung usw.* persist in.

ver'blend|en blind, delude; (*närrisch machen*) infatuate; ⊕ face; **2ung** *f* blindness; delusion; infatuation; ⊕ facing.

verblichen [~'bliçən] *Farbe usw.*: faded; **2e** *m, f* (18) deceased.

verblöden [~'blø:dən] (26, sn) become an idiot; F *fig.* go mad.

verblüff|en [~'blyfən] (25) amaze, perplex, puzzle; nonplus, flabbergast; *verblüfft* perplexed; taken aback; **2ung** *f* amazement, perplexity, stupefaction.

ver'blühen (25, sn) fade, wither.

verblümt [~'bly:mt] veiled.

ver'bluten (sn) (*a. sich* ~) bleed to death.

ver'bocken F bungle.

ver'bohr|en: *sich* ~ *in* (*acc.*) bend o.s. to, *stärker*: go mad about; **~t** *adj.* cranky; (*stur*) pigheaded.

ver'borgen[1] *v/t.* lend (out).

ver'borgen[2] *adj.* hidden; (*geheim*) secret; *im* ~*en* secretly; **2heit** *f* concealment; secrecy; (*Zurückgezogenheit*) retirement.

Verbot [fɛr'bo:t] *n* prohibition; *e-r Sache a.* ban (on).

verbrämen [~'brɛ:mən] (25) border, trim; *fig.* garnish, gloss over.

Verbrauch [~'braux] *m* (3, *o. pl.*) consumption; **2en** consume, use up; (*abnutzen*) wear out; (*ausgeben*) spend; (*vergeuden*) waste; *verbraucht Luft*: stale, *P.*: worn out; **~er** *m* (7) consumer; **~ermarkt** *m* hypermarket; **~erwaren** *f/pl.*, **~sgüter** *n/pl.* commodities, consumer goods, articles of consumption; **~ssteuer** *f* excise (duty).

ver'brech|en 1. (*a.* F *e-n Witz usw.*) perpetrate; *was hat er verbrochen?* what is his offen|ce, *Am.* -se?, what has he done?; **2.** 2 *n* (6) crime; ⚖ *a.* major offen|ce, *Am.* -se; **2er** *m* (7) criminal (*a.* **2erin** *f* [16[1]]); **2eralbum** *n* rogues' gallery; **~erisch** criminal; **2ertum** *n* (1[2]) criminality; (*a.* **2erwelt** *f*) underworld.

ver'breiten (*a. sich*) spread (*a. Gerücht usw.*); *Licht, Wärme usw.*: *a.* diffuse; *Lehre usw.*: disseminate; *Licht, Frieden*: shed; *sich* ~ spread; *sich* ~ *über ein Thema* enlarge (up)on, hold forth on; (*weit*) *verbreitet* wide-spread.

verbreitern [~'braɪtərn] (29, *a. sich*) widen, broaden.

Ver'breitung *f* spread(ing); dissemination.

ver'brenn|bar combustible; **~en** *v/t. u. v/i.* (sn) burn; *nur v/i. lebend*: be burnt to death; *Leiche*: cremate; (*versengen*) scorch; *fig. sich den Mund ~* put one's foot in it; *s. Finger.*
Ver'brennung *f* burning, combustion; (*Leichen*&) cremation; (*Brandwunde*) burn; **~smaschine** *f*, **~smotor** *m* (internal) combustion engine; **~s-ofen** *m* incinerator.
verbriefen [fɛr'bri:fən] (25) confirm by documents; *verbrieftes Recht* vested right.
ver'bringen spend, pass.
verbrüder|n [~'bry:dərn] (29): *sich ~* fraternize; **&ung** *f* fraternization.
ver'brüh|en scald; **&ung** *f* scald.
ver'buchen book; *fig.* secure.
Verbum ['vɛrbum] *n* (9²) verb.
ver'bummeln [fɛr-] *v/t. Geld*: squander, *sl.* blue; *Zeit*: idle away; F (*versäumen*) neglect, forget; (*verlieren*) lose; *v/i.* (sn) go to seed.
Verbund... [~'bunt-] ⊕, ⚡ compound ...; ✝ co-operative, co-ordinate ...
verbünden [~'byndən] (26) ally (*mit* to); *sich ~ a.* form an alliance (with).
Verbundenheit [~'bundənhaɪt] *f* solidarity; bond(s *pl.*), ties *pl.*
Ver'bündete *m, f* (18) ally.
verbürg|en [fɛr'byrgən] guarantee; *sich ~ für* vouch for; **~t** established, authentic (*fact*).
ver'büßen: *seine Strafe ~* complete one's sentence, serve one's time.
verchromt [~'kro:mt] chromium-plated.
Verdacht [~'daxt] *m* (3) suspicion; *in ~ haben* suspect; *~ schöpfen* become suspicious, F smell a rat.
verdächtig [~'dɛçtiç] *P.*: suspected, *pred.* suspect (*gen.* of); *P. u. S.*: suspicious; **~en** [~'dɛçtigən] (25) cast suspicion on, suspect (*gen.* of); **&ung** [~tigun] *f* accusation; suspicion.
Ver'dachts|moment *n* suspicious fact; **~person** *f* suspect.
verdamm|en [~'damən] (25) condemn, *a. eccl.* damn; **~enswert, ~lich** damnable; **&nis** *f* (14²) damnation; **~t** damned; *~!* damn (it)!; *dazu ~ zu inf. fig.* doomed (*od.* condemned) to *inf.*; **&ung** *f* condemnation; damnation.
ver'dampf|en (sn) evaporate; **&ung** *f* evaporation.
ver'danken: *j-m et. ~* owe a th. to a p., be indebted to a p. for a th.; *es ist diesem Umstand zu ~* it is owing to ...
verdarb [~'darp] *pret. v. verderben* ¹.
verdau|en [~'daʊən] (25) digest (*a. fig.*); **~lich** digestible; **&lichkeit** *f* digestibility; **&ung** *f* digestion.
Ver'dauungs... digestive (*canal, troubles, etc.*); **~störung** *f* indigestion.
Ver'deck *n* (3) covering; ⚓ deck; *mot.* roof, top; **&en** cover; (*verbergen*) conceal, hide.
ver'denken *s. verargen.*
Verderb [fɛr'dɛrp] *m* (3) ruin; *von Nahrung usw.*: waste; **&en¹** [~bən] *v/i.* (30, 25, sn) get spoiled, go bad; (*verfaulen*) rot; (*zugrunde gehen*) perish; *es mit j-m ~* get into a p.'s bad books; *v/t.* spoil; *sittlich*: corrupt; (*zugrunde richten*; *a. weitS. Bild, Augen usw.*) ruin; (*verpfuschen*) make a mess of; *sich den Magen ~* upset one's stomach; **~en²** *n* (6) corruption; destruction; ruin; *j-n ins ~ stürzen* ruin a p.; *ins ~ rennen* rush (headlong) into destruction; **&lich** [~'dɛrp-] pernicious, fatal; *Ware*: perishable; **~lichkeit** *f* perniciousness; perishableness; **~nis** *f* (14²) corruption, depravity; **&t** corrupted, depraved; **~t-heit** *f* corruptness, depravity.
verdeutlichen [~'dɔʏtliçən] (25) make plain, elucidate.
verdeutschen [~'dɔʏtʃən] (25) translate into German.
ver'dicht|en (*a. sich*) condense; **&ung** *f* condensation.
verdicken [fɛr'dikən] (25, *a. sich*) thicken; ⚗ inspissate.
ver'dienen deserve, merit; *Geld*: earn, gain, make; *gut ~* be doing well; *sich verdient machen um* deserve well of.
Ver'dienst 1. *m* (3²) earnings *pl.*; (*Lohn*) wages *pl.*; (*Gehalt*) salary; (*Gewinn*) gain, profit; **2.** *fig. n* merit; *es ist sein ~, daß* it is owing to him that; *s. erwerben*; **~-ausfall** loss of earnings; **&lich, &voll** meritorious, deserving; **~spanne** ✝ *f* profit margin.
ver'dient *P.*: deserving; *S., a. Strafe*: well-deserved; **~ermaßen** [~ər'ma:sən] deservedly.

ver'dingen (30, 25) *s. vermieten; sich ~* go into service (*bei* with).
ver'dolmetschen (27) interpret, translate.
ver'donnern F (*verurteilen*) condemn.
verdoppel|n [fɛr'dɔpəln] (29) double; **2ung** *f* doubling.
verdorben [~'dɔrbən] **1.** *p.p. v. verderben* [1]; **2.** *adj.* spoiled; *Luft*: foul; *sittlich*: corrupt, depraved; *Magen*: disordered.
ver'dorren (25, sn) dry up.
ver'drahten ⚡ wire.
ver'dräng|en push away, thrust aside; *phys. u. fig.* displace; ⚔ dislodge; *fig. a.* supersede, *bsd. durch List*: supplant; *psych.* repress; **2ung** *f* displacement; supersession; repression.
ver'dreh|en distort, twist (*beide a. fig.*); *Glied*: sprain; *Augen*: roll; *Recht*: pervert; *fig. j-m den Kopf ~* turn a p.'s head; **~t** distorted; (*verrückt*) crazy; **2t-heit** *f* craziness; **2ung** *f* distortion, twist(ing).
ver'dreifachen (25) treble.
ver'dreschen F thrash.
verdrieß|en [~'dri:sən] (30) vex, annoy; *sich et. nicht ~ lassen* not be discouraged by, not to shrink from; **~lich** vexed, annoyed (*über et. acc.* at); (*schlecht gelaunt*) ill-humo(u)red, peevish, morose; *S.*: annoying, irksome; **2lichkeit** *f* peevishness; *konkret*: vexation, annoyance.
verdroß [~'drɔs] *pret. v. verdrießen.*
verdrossen [~'drɔsən] **1.** *p.p. v. verdrießen*; **2.** *adj.* peevish, sulky; (*unlustig*) listless.
ver'drucken *typ.* misprint.
ver'drücken F (*essen*) polish off; *sich heimlich ~* slip away.
Verdruß [~'drus] *m* (2) annoyance, vexation; *j-m ~ bereiten* vex (*od.* annoy) a p.
ver'duften (sn) F *fig. sl.* beat it.
verdummen [~'dumən] *v/t.* (25) make (*od.* [*v/i.*; sn] become) stupid.
ver'dunkel|n darken (*a. sich*), obscure (*a. fig.*); *durch Wolken, a. fig.* cloud; *Luftschutz*: black out; *ast., fig.* eclipse; **2ung** *f* darkening; obscuration; *Luftschutz*: blackout; *ast.* eclipse; **2ungsgefahr** ⚖ *f* danger of collusion.
verdünn|en [fɛr'dynən] (25) thin; *Gas*: rarefy; *Flüssiges*: dilute; *sich ~ (Luft)* thin out; **2ung** *f* thinning; rarefaction; dilution.
verdunst|en [~'dunstən] (26, sn) evaporate; **2ung** *f* evaporation.
verdursten [~'durstən] (24, sn) die with thirst.
verdüstern [~'dy:stərn] (29, *a. sich*) darken.
verdutzen [~'dutsən] (27) startle, nonplus, bewilder.
verebben [~'ʔɛbən] (25), sn) ebb.
veredel|n [~'ʔe:dəln] (29) ennoble; (*verfeinern*) refine; *Güter*: finish; *Boden, Pflanze, Tier*: improve; *Rohstoff*: process, finish; **2ung** *f* refinement; improvement; processing, finishing; **2ungs-industrie** *f* finishing industry.
verehelichen [~'ʔe:əliçən] (25, *sich*) marry.
ver'-ehr|en revere, venerate; (*anbeten*) worship, *fig.* adore; *j-m et. ~* make a p. a present of a th.; *verehrte Anwesende!* Ladies and Gentlemen!; **2er** *m* (7[1]), **2erin** (16[1]) worship(p)er; (*Bewunderer, Liebhaber*) admirer; *e-s Stars*: fan; **~lich** hono(u)red, estimable (*a.* **~t** *adj.*); **2ung** *f* reverence, veneration; worship, (*a. fig.*) adoration; **~ungswürdig** venerable.
vereid|(ig)en [fɛr'ʔaɪd(ig)ən] (26 [25]) swear *a p.* (in *bei Amtsantritt*), administer an oath to *a p.*; **~igt** *adj.* sworn; **2igung** *f* swearing in.
Verein [fɛr'ʔaɪn] *m* (3) union; *im ~ mit* together with; *konkret*: society, association; *geselliger*: club.
ver'-einbar compatible, consistent; **~en** (25) agree (upon *a th.*), arrange; **2keit** *f* compatibility; **2ung** *f* agreement, arrangement.
ver'einen *s. vereinigen*; *Vereinte Nationen* United Nations; *mit vereinten Kräften* with a combined effort, jointly.
vereinfach|en [~'ʔaɪnfaxən] (25) simplify; **2ung** *f* simplification.
vereinheitlich|en [~'ʔaɪnhaɪtliçən] (25) make uniform, standardize; **2ung** *f* standardization.
ver'-einig|en (25) join, unite (*a. sich*); combine (*a. sich u. in sich ~*); (*vergesellschaften*) associate (*a. sich*); (*versammeln*) assemble (*a. sich*); (*in Einklang bringen*) reconcile; *Vereinigte Staaten m/pl.* (*von Amerika*)

United States (of America), U.S.(A.); 2**ung** *f* union; combination; *s. Verein.*

ver'-einnahmen (25) receive.

vereinsamen [fɛr'ˀaɪnzaːmən] (25, sn) become lonely *od.* isolated.

Ver'-einswesen *n* clubs and associations *pl.*, club activities *pl.*

ver'-einzel|n isolate; **~t** *adj.* isolated; single; (*verstreut*) sporadic (-ally *adv.*), scattered (*a. Regenschauer*).

vereis|en [fɛr'ˀaɪzən] *v/t. u. v/i.* (27, sn) freeze (*a.* ⚕); *mot.*, ✈ ice (up); **~t** [~'ˀaɪst] ice-coated, iced (over); *geol.* glaciated; 2**ung** [~'ˀaɪzuŋ] *f* freezing; icing; ✈ icing-up; *geol.* glaciation.

vereitel|n [~'ˀaɪtəln] (29) thwart, foil, frustrate; defeat; *Hoffnung*: shatter; 2**ung** *f* frustration.

ver'-eiter|n (sn) suppurate; 2**ung** *f* suppuration.

ver'-ekeln (29): *j-m et.* ~ disgust a p. with a th.

verelend|en [~'ˀeːlɛndən] (26, sn) be reduced to misery; 2**ung** *f* reduction to misery, pauperization.

ver'-enden (sn) perish.

vereng|e(r)n [~'ˀɛŋə(r)n] (25[29]) narrow; (*zs.-ziehen*) contract; 2**(er)ung** *f* narrowing; contraction.

ver'-erb|en leave (*dat.* to); *biol.* transmit (to); *Brauch usw.*: hand down; *sich* ~ be hereditary; *sich* ~ *auf* (*acc.*) descend (up)on; **~t** *biol.* [~pt] hereditary; 2**ung** [~buŋ] *f* leaving, *etc.*; *biol.* (hereditary) transmission, heredity; 2**ungsgesetz** *n* Mendelian law; 2**ungslehre** *f* genetics *sg.*

verewig|en [fɛr'ˀeːvigən] (25) perpetuate; (*unsterblich machen*) immortalize; **~t** [~viçt] (*verstorben*) deceased, late.

ver'fahren 1. *v/i.* (sn *u.* h.) proceed, act (*nach* on); *mit ...* ~ deal with; *v/t. Geld*: spend on travelling about; *sich* ~ lose one's way, *fig.* blunder; **2.** *adj.* (*verpfuscht*) bungled, muddled; ~ *sein* be in a bad tangle; **3.** 2 *n* (6) (*~sweise*) procedure (*a.* ⚖); ⚖ *konkret*: proceedings *pl.*; *a.* ⊕ process, method; (*Schema, Plan*) system; 2**s...** procedural; 2**s-technik** ⊕ *f* process engineering; 2**s-weise** *f s. Verfahren.*

Ver'fall *m* (3, *o. pl.*) decay, ruin, (*a.* ⚕) decline; *e-s Hauses*: dilapidation; ⚖ forfeiture; (*Fristablauf*) expiration; *e-s Wechsels*: maturity; *bei* ~ when due, at maturity; *in* ~ *geraten s. verfallen*; 2**en 1.** *v/i.* (sn) (fall into) decay; ⊕, *Haus*: dilapidate, fall into disrepair; (*ablaufen*) expire; *Pfand*: become forfeited; *Recht*: lapse; *Wechsel*: fall due; *Kranker*: waste away; *j-m* ~ become a slave to *a p.*, *e-m Laster*: become addicted to; *Karte* ~ *lassen* let go to waste; ~ *auf* (*acc.*) hit upon *an idea, etc.*; ~ *in* (*acc.*) fall (*od.* run) into; *in Strafe* ~ incur; *in e-e Krankheit* ~ fall ill; **2.** *adj.* decayed; *Gebäude*: dilapidated; *Gesichtszüge*: wasted, worn; ⚖ forfeited, lapsed; *Fahrschein usw.*: expired; *e-m Laster*: addicted to; **~tag** *m*, **~zeit** *f* day of payment; due date.

ver'fälsch|en falsify; *Wein usw.*: adulterate; 2**er** *m* (7) falsifier; *v. Wein usw.*: adulterator; 2**ung** *f* falsification; adulteration.

ver'fangen (*Erfolg haben*) tell (*bei* on); *das verfängt bei mir nicht* that won't take with me; *sich* ~ become entangled, be caught.

verfänglich [fɛr'fɛŋliç] *Frage*: captious, insidious; *Lage*: risky; (*unangenehm*) embarrassing.

ver'färben discolo(u)r; *sich* ~ change colo(u)r.

ver'fass|en compose, write; 2**er** *m* (7) author; 2**erin** *f* (16¹) authoress.

Ver'fassung *f* state, condition; (*Staats*2) constitution; (*Gemüts*2) disposition, frame of mind; 2**s-mäßig**, 2**srechtlich** constitutional; *in guter* (*körperlicher*) ~ in good form (*od.* shape); **~s-änderung** *f* amendment of the constitution; **~srecht** *n* constitutional law; **~s-urkunde** *f* charter of the constitution; 2**swidrig** unconstitutional.

ver'faulen (sn) rot, decay.

ver'fecht|en fight for, defend, advocate; 2**er** *m* (7) advocate.

ver'fehl|en *allg.* miss; *nicht* ~ *zu ...* not to fail to; *s. Wirkung*; **~t** wrong, false; (*erfolglos*) abortive; 2**ung** *f* (*Vergehen*) offen|ce, *Am.* -se.

verfeind|en [fɛr'faɪndən] (26, *a. sich*) make an enemy (*mit* of); **~et** hostile; on bad terms.

verfeiner|n [~'faɪnərn] (29, *a. sich*) refine; 2**ung** *f* refinement.

verfemen [~'fe:mən] (25) outlaw; *gesellschaftlich*: ostracize; et. ~ ban a th.
ver'fertig|en make, manufacture; **2er** *m* (7¹) maker, manufacturer; **2ung** *f* making, manufacture.
Verfettung [~'fɛtuŋ] *f* fatty degeneration, 🕮 adiposis.
ver'feuern use up for fuel; *Munition*: fire, use up.
ver'film|en film, screen; **2ung** *f* screening; *konkret*: film-version.
verfilzen [~'filtsən] (27) felt; *Haare*: mat.
verfinstern [~'finstərn] (29) *s. verdunkeln.*
verflachen [~'flaxən] (25) *v/t.* flatten; *v/i.* (sn) (*a. sich* ~) flatten, grow flat, (become) shallow (*a. fig.*).
ver'flecht|en interlace; *fig.* ~ *in* (*acc.*) entangle in, involve in; **2ung** *f* entanglement; ✝ interlocking.
ver'fliegen (sn) *fig.* vanish; *Zeit*: fly; (*sich verflüchtigen*) evaporate, ⚗ volatilize; *sich* ~ *Vogel*: stray, ✈ lose one's bearings.
ver'fließen (sn) flow away; *Zeit*: elapse.
verflixt F [~'flikst] blasted, darned.
ver'flossen *adj. Zeit*: past; *Freund, Minister usw.*: late, ex-...
ver'fluchen curse; *verflucht s. verdammt.*
verflüchtigen [~'flyçtigən] (25) volatilize; *sich* ~ evaporate (*a. fig.*).
verflüssigen [fɛr'flysigən] (25) (*a. sich*) liquefy.
Verfolg [~'fɔlk] *m* (3, *o. pl.*) course, progress; *im* ~ (*gen.*) in pursuance of, (*im Verlauf*) in course of; **2en** [~gən] pursue (*a. fig. Laufbahn, Politik usw.*); *ungerecht, grausam*: persecute; (*beschatten*) shadow, trail; *Spur*: trace: *fig. e-e Sache*: follow up; *v. Gedanken, Träumen*: haunt; *e-n Vorgang*: follow, observe; *gerichtlich* ~ prosecute; **~er** *m* (7), **~erin** *f* (16¹) pursuer; *grausamer*: persecutor; **~ung** *f* pursuit; persecution; (*Fortführung*) pursuance; *gerichtliche* ~ prosecution; **~te** [~ktə] *m, f*: *politisch* ~ political persecutee; **~ungswahn** [~guŋs-] *m* persecution mania.
verform|en ⊕ [~'fɔrmən] (de)form, work, shape; **2ung** *f* shaping; *b.s.* deformation.
verfracht|en [~'fraxtən] (26) *Schiff*: charter; *Ware usw.*: freight, *Am. od.* ⚓ ship; **2er** *m* freighter.
verfranzen ✈ *sl.* [~'frantsən]: *sich* ~ get lost, lose one's bearings.
Ver'fremdung *f* alienation.
verfroren [~'fro:rən] sensitive to cold; (*durchkältet*) chilled through.
verfrüht [~'fry:t] premature.
verfüg|bar [~'fy:kba:r] available; **2barkeit** *f* availability; **~en** [~gən] *v/t.* decree, order; *Gesetz*: enact; *sich* ~ betake o.s. (*nach usw.* to); *v/i.* ~ *über* (*acc.*) have at one's disposal, dispose of, *S.*: have, be equipped with; **2ung** *f* decree, order; (~*srecht*) disposal; *j-m zur* ~ *stehen* be at a p.'s disposal *od.* command; et. *zur* ~ *haben* have at one's disposal *od.* command; *j-m et. zur* ~ *stellen* make a th. available to a p., place a th. at a p.'s disposal; **2ungsfreiheit** *f* discretion; **2ungsrecht** *n* right of disposal.
ver'führ|en seduce; **2er** *m* (7), **2erin** *f* (16¹) seducer; **~erisch** seductive; **2ung** *f* seduction.
ver'fünffachen (25) quintuple.
ver'füttern *Hafer usw.*: feed.
Vergabe [~'ga:bə] *f* (15) placing *of an order*, award *of a contract.*
ver'gaffen: *sich* ~ fall in love (*in acc.* with).
vergällen [fɛr'gɛlən] (25) embitter; *Spiritus*: methylate, denature.
ver'gammeln F (29, sn) rot; *fig. a. P.*: go to seed.
vergangen [~'gaŋən] gone, past; *im* ~*en Jahr* last year; **2heit** *f* past; *gr.* past tense; (*Vorleben*) past, antecedents *pl.*; *politische* ~ political background; *s. ruhen.*
vergänglich [~'gɛŋliç] transient; fugitive; **2keit** *f* transitoriness.
vergas|en [~'ga:zən] (25) gasify; *mot.* carburet; (*durch Gas töten od. vergiften*) gas; **2er** *mot. m* (7) carburet(t)or; **2ung** *f* gasifying; *mot.* carburetion; gassing.
vergaß [~'ga:s] *pret. v. vergessen* 1.
ver'geb|en give away (*an j-n* to); (*übertragen*) confer, bestow (on); ✝ *Auftrag*: place (with); (*verteilen*) give out; *Chance*: let slip, miss; *Karten*: misdeal; (*verzeihen*) forgive; *sich et.* ~ compromise o.s.; **~ens** in vain, vainly; (*nutzlos*) to no purpose; **~lich** [~'ge:pliç] fruitless, futile, vain; *adv.* in vain; **2lichkeit**

f futility; **²ung** [~buŋ] *f* giving (away); bestowal, conferment (*an acc.* on); (*Verzeihung*) forgiveness, pardon(ing); ~ *der Sünden* remission of sins; *s. Vergabe.*

vergegenwärtigen [fɛrge:gən'vɛrtigən] (25) represent; *sich et.* ~ picture *od.* visualize a th.

ver'gehen 1. (sn) pass (away); *allmählich*: fade (away); *fig. vor et.* ~ die of; *ihm verging Hören und Sehen* he was quite stunned; *der Appetit ist mir vergangen* I have lost my appetite; *sich* ~ commit an offen|ce, *Am.* -se; *sich* ~ *an j-m tätlich*: assault, *unsittlich*: violate; *sich gegen das Gesetz usw.* ~ violate, offend against; **2.** ² *n* (6) ⚖ minor offen|ce, *Am.* -se.

vergeistig|en [~'gaɪstigən] (25) spiritualize; **²ung** *f* spiritualization.

ver'gelt|en repay (*dat.* to), return; (*belohnen*) reward (*j-m et.* a p. for a th.); *b.s.* retaliate, pay back; **²ung** *f* requital, return; *b.s.* retribution, retaliation, reprisal; ~ *üben* retaliate (*an dat.* on); **²ungs...** *a.* ⚔ retaliatory...; **²ungsmaßnahme** *f* reprisal.

verge'sellschaft|en (26) socialize; † convert into a company; ⚘ associate; **²ung** *f* socialization; † conversion into a company; ⚘ association.

vergessen [~'gɛsən] (30) **1.** forget; (*liegenlassen*) leave; (*übersehen*) overlook; *sich* ~ forget o.s., lose one's head; **2.** *p.p. v.* ~ 1; **²heit** *f* oblivion; *in* ~ *geraten* fall (*od.* sink) into oblivion.

vergeßlich [~'gɛsliç] forgetful; **²keit** *f* forgetfulness.

vergeud|en [fɛr'gɔʏdən] (26) *Geld, Vermögen*: dissipate, squander; *weitS.* waste; **²er** *m* (7), **²erin** *f* (16[1]) squanderer; waster; **²ung** *f* dissipation; waste.

vergewaltig|en [~gə'valtigən] (25) violate, do violence to; *Frau*: violate, rape, ravish; **²ung** *f* violation; rape; *fig.* outrage (*gen.* upon).

vergewissern [~gə'visərn] (29): *sich* ~ make sure (*e-r S.* of a th.), ascertain (a th.).

ver'gießen spill; *Blut, Tränen*: shed.

vergift|en [~'giftən] (25) poison; (*verseuchen*) contaminate; **²ung** *f* poisoning; contamination.

vergilbt [~'gilpt] yellowed.

Vergißmeinnicht ⚘ [fɛr'gismaɪnniçt] *n* (3) forget-me-not.

vergittern [~'gitərn] (29) bar up, grate; *mit Holz*: lattice.

verglasen [~'glɑ:zən] (27) glaze.

Vergleich [~'glaɪç] *m* (3) comparison; *gütlicher*: arrangement, settlement; *mit Gläubigern*: composition; *s. abschließen*; *im* ~ *zu* compared to, in comparison with; *s. ziehen*; **²bar** comparable; **²en** compare (*mit* with; = *gleichstellen*: to); *sich* ~ come to terms, settle (*mit* with), *mit Gläubigern*: compound (with); *verglichen mit* as against, compared to; **²sweise** comparatively, in comparison; **~ung** *f s. Vergleich.*

ver'glimmen (sn) die away.

vergnüg|en [fɛr'gny:gən] **1.** (25) amuse; *sich* ~ amuse (*od.* enjoy *od.* divert) o.s.; **2.** ² *n* (16) pleasure, enjoyment; (*Spaß*) fun; *konkret*: entertainment; *mit* ~ with pleasure, gladly; *viel* ~*!* have a good time!; ~ *finden an*, *sein* ~ *haben an* (*dat.*) take pleasure in; *j-m* ~ *bereiten od. schaffen* afford a p. pleasure, amuse a p.; **~lich** [~'gny:kliç] amusing, pleasant; **~t** (*über acc.*) pleased (with), delighted (at); (*froh*) gay, merry, cheerful.

Ver'gnügung [~guŋ] *f* pleasure, amusement; entertainment; **~sreise** *f* pleasure-trip; **~sreisende** *m, f* (18) tourist; **~ssteuer** *f* entertainment tax; **~ssucht** *f* (inordinate) love of pleasure; **²ssüchtig** pleasure-seeking.

vergold|en [~'gɔldən] (26) gild; **²er** *m* (7) gilder; **²ung** *f* gilding.

ver'gönnen grant, allow.

vergötter|n [~'gœtərn] (29) deify; *fig.* idolize, adore; **²ung** *f* deification; *fig.* adoration.

ver'graben hide in the ground; (*a. fig.*) bury.

ver'gräm|en *hunt.* frighten away; **~t** care-worn, grief-stricken.

ver'greifen: *sich* ~ be mistaken; ♪ touch the wrong note; *sich* ~ *an j-m*: assault *od.* (*a. geschlechtlich*) violate *a p.*, *an Eigentum*: steal.

vergreis|en [~'graɪzən] (27, sn) become senile; **²ung** *f* senescence.

vergriffen [~'grifən] *Ware*: sold out; *Buch*: out(-)of(-)print.

vergrößer|n [fɛrˈgrøːsərn] (29, *a. sich*) enlarge (*a. phot.*); *Lupe*: magnify (*a. fig.*); (*ausdehnen*; *a. sich*) expand, extend; (*vermehren*) increase, add to; **⁀ung** *f* enlargement; magnification; expansion; increase; **⁀ungs-apparat** *phot. m* enlarger; **⁀ungsglas** *n* magnifying--glass.

Vergünstigung [⁓ˈgynstiguŋ] *f* privilege, favo(u)r; benefit.

vergüt|en [⁓ˈgyːtən] (26) compensate (*j-m* et. a. p. for a th.); *Auslagen*: reimburse; *Verlust*: compensate for, make good, indemnify for; ⊕ improve, *Stahl*: temper; **⁀ung** *f* compensation; reimbursement; (*Honorar*) fee; ⊕ improvement; tempering.

verhaft|en arrest, apprehend; **⁀ung** *f* arrest, apprehension.

verˈhallen (sn) die away.

verˈhalten 1. keep back, retain; *den Atem*: hold in; *Lachen usw.*: suppress; *Pferd*: rope; *sich* ⁓ *P.*: behave, conduct o.s., act, *S.*: be; *sich ruhig* ⁓ keep quiet; *wenn es sich so verhält* if that is the case; **2.** *p.p. v.* 1. *u. adj.* restrained; *Atem*: bated; *Stimme*: low; *Gefühle, Zorn*: pent--up; *Lachen*: suppressed; **3.** ⁀ *n* (6) behavio(u)r (*a. zo. usw.*), conduct; (*Haltung*) attitude; ⊕ characteristics *pl.*; **⁀sforschung** *f* behavio(u)ral research.

Verhältnis [fɛrˈhɛltnis] *n* (4^1) relation; *a.* ✗ proportion, ratio; *pl.* (*Umstände*) conditions, circumstances *pl.*; (*Mittel*) means *pl.*; (*Beziehung*) relation(s *pl.*) (*zu* with); (*Liebes*⁀) liaison, love-affair; (*Geliebte*) mistress; *außer jedem* ⁓ *stehen* be out of all proportion; *im* ⁓ *zu* in proportion to, compared with; *im* ⁓ *von 4 : 1* in the ratio of four to one; *im umgekehrten* ⁓ (*zu*) at an inverse ratio (to); *in freundschaftlichem* ⁓ *mit* on friendly terms with; *über s-e Verhältnisse leben* live beyond one's means; **⁀mäßig** proportional; comparative; *adv.* in proportion; comparatively (speaking); relatively; **⁓wahl** *parl. f* proportional representation; **⁀widrig** disproportionate; **⁓wort** *gr. n* (1^2) preposition.

Verˈhaltungsmaßregeln *f/pl.* instructions.

verˈhand|eln *v/i. u. v/t.* negotiate, treat (*über acc., wegen* for); ⚖ try ([*über*] et. a th.; *gegen j-n* a p.); (*verkaufen*) sell; (*erörtern*) discuss; **⁀lung** *f* negotiation; ⚖ hearing, proceedings *pl.*, *Strafrecht*: trial; discussion; **⁀lungs-partner** *m* negotiating party; opposite number.

verˈhäng|en (25) cover, hang (*mit* with); *Strafe*: impose; inflict (*über acc.* [up]on), *a. Sport*: award; **⁀nis** *n* (4^1) fate, doom; (*Katastrophe*) disaster; *j-m zum* ⁓ *werden* be a p's undoing; **⁓nisvoll** fateful, fatal; (*unselig*) disastrous; **⁀ung** *f* infliction.

verˈharmlosen (27) play down.

verhärmt [⁓ˈhɛrmt] care-worn.

verˈharren (h. *u.* sn) persevere; (*auf, bei, in dat.*) persist (in), abide (by), F stick (to).

verharschen [⁓ˈharʃən] *v/i.* (27, sn) *Schnee*: crust; *Wunde a.*: close.

verˈhärt|en (*a. sich*) harden; **⁀ung** *f* hardening; *fig. a.* induration.

verˈhaspeln (29, *a. sich*) tangle; *sich* ⁓ *fig.* get muddled.

verhaßt [⁓ˈhast] hated; *S.*: hateful.

verˈhätscheln coddle, pamper.

Verhau [⁓ˈhau] *m* (3) abatis; F mess; **⁀en** thrash; *fig. sl.* muff; *sich* ⁓ (make a) blunder.

verheddern F [⁓ˈhɛdərn] (*a. sich*) get entangled; *fig.* get muddled.

verheer|en [⁓ˈheːrən] (25) devastate, lay waste; **⁓end** *fig.* disastrous; **⁀ung** *f* devastation, havoc.

verˈhehl|en, ⁀ung *f s. verheimlichen.*

verˈheilen heal (up).

verheimlich|en [fɛrˈhaımliçən] (25) hide, conceal (*dat.* from), keep *a th.* a secret (from); *s. vertuschen*; **⁀ung** *f* concealment.

verˈheirat|en marry (*mit, an acc.* to); *sich* ⁓ *a.* get married; **⁀ung** *f* marriage.

verˈheiß|en, ⁀ung *f* promise; **⁓ungsvoll** promising.

verˈhelfen: *j-m* ⁓ *zu* help a p. to.

verherrlich|en [⁓ˈhɛrliçən] (25) glorify; **⁀ung** *f* glorification.

verˈhetz|en instigate; fanaticize; **⁀ung** *f* instigation.

verˈhexen bewitch.

verhimmeln [⁓ˈhiməln] worship.

verˈhinder|n prevent (*j-n an dat.* a p. from); **⁀ung** *f* prevention.

ver'höhn|en deride, jeer, taunt; **♀ung** *f* derision, mockery.
Verhör ⚖ [~'hø:r] *n* (3) interrogation, examination; *weitS.* trial, hearing; *j-n ins ~ nehmen* = **♀en** examine; try, hear; *sich ~* hear wrong.
ver'hüll|en cover, veil; **~t** *fig.* veiled; **♀ung** *f* veil, disguise, cover.
verhundertfachen [~'hundərtfaxən] (25) centuple.
ver'hungern (sn) die of hunger, starve; *~ lassen* starve to death.
verhunzen [fɛr'huntsən] (27) ruin, *sl.* louse up; *Sprache*: murder.
ver'hüten prevent, avert, obviate.
verhütt|en ⚒ [~'hytən] (26) *Erz*: smelt; **♀ung** *f* smelting.
Ver'hütung *f* prevention; **~smaßnahme** *f* preventive measure; **~smittel** *n* ⚕ prophylactic; (*Empfängnis♀*) contraceptive.
verhutzelt [~'hutsəlt] shrivel(l)ed; *P., Gesicht*: wizened.
verinnerlich|en [~'ʔinərliçən] (25) spiritualize; **♀ung** *f* spiritualization.
ver'-irr|en (*sich*) lose one's way, go astray; **~t** *Kugel, Tier*: stray; **♀ung** *f fig.* aberration, error.
ver'jagen drive (*od.* chase) away.
verjähr|bar [~'jɛ:rbɑ:r] prescriptible; **~en** (25, sn) become prescriptive; *bsd. Straftat*: come under the statute of limitations; **~t** ⚖ prescriptive, superannuated (*a. fig.*); statute-barred; **♀ung** *f* limitation (by lapse of time); (negative) prescription; **♀ungsfrist** *f* limitation period.
ver'jubeln F squander, F blue.
verjüng|en [~'jyŋən] (25) make (*sich ~* grow) young again, (*a. sich*) rejuvenate; *Maßstab*: reduce; *sich ~* (*spitz zulaufen*) taper (off); **♀ung** *f* rejuvenescence; tapering; reduction; **♀ungskur** *f* rejuvenating cure.
verkalk|en [~'kalkən] (26) (*a. sich ~*) ⚗, *physiol.* calcify; **~t** ⚕ sclerotic, F fossilated; **♀ung** *f* calcification; (arterio)sclerosis.
verkalku'lieren: *sich ~* miscalculate, make a mistake.
ver'kappt disguised, ... in disguise; crypto- *communist, etc.*
verkapsel|n [~'kapsəln] (25): *sich ~* encyst; **♀ung** *f* encystment.
Ver'kauf *m* (3³) sale; **♀en** sell (*a. sich*); *zu ~(d)* for sale.
Ver'käuf|er(in *f*) *m* seller; *im kleinen*: retailer; ⚖ vendor (*a. Straßen♀, Zeitungs♀*); (*Ladengehilfe*) shop-assistant, *Am.* (sales-)clerk (*m u. f*), *m* salesman, *f* saleswoman, shopgirl, *Am. a.* salesgirl; **♀lich** sal(e)able, marketable; *pred.* for sale; **~lichkeit** *f* sal(e)ableness.
Ver'kaufs|-automat *m* vending machine, vendomat; **~-organisation** *f* sales organization; **~personal** *n* selling staff; **~preis** *m* selling-price; **~schlager** *m s. Schlager.*
Verkehr [~'ke:r] *m* (3, *o. pl.*) traffic; (*Beförderung v. Gütern u. Personen*) transport(ation *Am.*); (*Verbindung*) communication; 📞, 🚂, ✈ (*~sdienst*) service; (*Handel*) commerce, trade; *freundschaftlich od. geschlechtlich*: intercourse; *aus dem ~ ziehen* withdraw from service (*Geld*: from circulation); **♀en** *v/t.* reverse; (*verwandeln*) turn, convert (*beide*: *in acc.* into); *fig.* pervert; *v/i. Fahrzeug*: run, be operated; (*regelmäßig hin- u. zurückfahren*) ply *od.* run (*zwischen* between); (*Handel treiben*) traffic, trade; *~ bei j-m* visit (*od.* go to) a p.'s house; *~ in e-m Lokal usw.* frequent; *mit j-m ~* associate (*od.* keep company) with, see a great deal of, *mit e-r Gruppe ~ a.* mix with, *geschlechtlich*: have (sexual) intercourse with; *sich ~ in* (*acc.*) be changed into.
Ver'kehrs|-ader *f* arterial road; **~-ampel** *f* traffic lights *pl.*; **~-andrang** *m* rush (of traffic); **~betrieb** *m s. Verkehrsunternehmen*; **~dichte** *f* density of traffic; **~disziplin** *f* road discipline; **~flugzeug** *n* commercial aircraft, air-liner; **~hindernis** *n* traffic block; **~-insel** *f* refuge; **~knotenpunkt** *m* traffic junction; **~minister** *m* Minister of Transport; **~mittel** *n Fahrzeuge*: (*öffentliches* public) conveyance, transport(ation *Am.*); **~netz** *n* network of communication; **~-ordnung** *f* traffic regulations *pl.*; **~polizei** traffic police; **~polizist** *m s. Verkehrsschutzmann*; **~regelung** *f* (*durch Ampeln*: automatic) traffic control; **♀reich** frequented, busy, congested; **~schild** *n* traffic sign; **~schutzmann** *m*

stehender: traffic constable, pointsman; *motorisierter*: mobile policeman, *bsd. Am.* F speed cop; ♀-**schwach:** ~e Zeit slack period; ♀-**stark:** ~e Zeit rush hours *pl.*; **~stauung** *f*, **~stockung** *f* traffic jam *od.* congestion *od.* bank-up; **~störung** *f* interruption of traffic; 🚗 *usw.* breakdown; **~straße** *f* thoroughfare; **~sünder** *m* traffic-offender; **~tafel** *f* traffic sign; **~-teilnehmer** *m* road user; **~-unfall** *m* traffic accident; **~-unternehmen** *n* transport(ation) service (*od.* company), public carrier; **~ver-ein** *m* (tourist) information cent|re, *Am.* -er; **~verhältnisse** *n/pl.* traffic conditions; **~vorschrift** *f* traffic regulation; **~wert** ✝ *m* market value; **~wesen** *n* traffic; (system of) communications *pl.*; transport(ation *Am.*); **~zählung** *f* traffic census; **~zeichen** *n* traffic sign.

verkehrt [fɛrˈkeːrt] inverted, reversed; upside down; inside out; (*falsch*) wrong; (*unsinnig*) absurd; ♀**heit** *f* wrongness; folly, absurdity.

verˈkennen *P.*: mistake; *S.*: misunderstand, misjudge; (*unterschätzen*) underestimate; *e-e Sache nicht ~* be fully aware of; *nicht zu ~* unmistakable; *verkanntes Genie* unappreciated genius.

verˈkett|en (26) chain up; *fig.* link together, concatenate; *bsd.* ⚡ interconnect; ♀**ung** *f fig.* concatenation.

verketzern [~ˈkɛtsərn] (29) brand as a heretic.

verkitten cement (*a. fig.*), putty.

verˈklagen accuse, inform against; ⚖ sue (*auf acc.*, *wegen* for); *s. verpetzen.*

verˈklär|en transfigure; ♀**ung** *f* [transfiguration.]

verklausulieren [~klauzuˈliːrən] safeguard (*od.* hedge) by clauses.

verˈkleben paste *a th.* over *od.* up.

verˈkleid|en disguise; ⊕ line, *außen*: (en)case, *a.* ⚠ face; (*täfeln*) wainscot; ⚔ *s. tarnen*; ♀**ung** *f* disguise; ⊕ lining, facing; wainscot(t)ing.

verkleiner|n [~ˈklaɪnərn] (29) make smaller, reduce (in size); *Maßstab*, ⚕ reduce; (*vermindern*) diminish; *fig.* belittle, minimize; detract from; ♀**ung** *f* reduction; diminution; *fig.* belittling, detraction; ♀**ungswort** *n* (1^2) diminutive.

verˈkleistern glue, paste up.

verˈklemmt *fig. P.*: repressed, inhibited.

verˈklingen (sn) die away.

verˈknacken F *s. verurteilen.*

verˈknallen F: *sich ~ (in j-n)* fall violently in love with; *verknallt sein in j-n* F be gone on, *Am.* have a crush on.

verknapp|en [~ˈknapən] *v/i.* (25, sn) run short, become scarce; ♀**ung** *f* shortage, scarcity.

verˈkneifen F: *sich et. ~* deny o.s. a th.; *er konnte sich nicht ~ zu sagen* he couldn't help saying.

verknöcher|n [~ˈknœçərn] *v/t. u. v/i.* (29, sn) ossify; *fig. a.* fossilize; ♀**ung** *f* ossification; fossilization.

verˈknoten knot, tie (up).

verˈknüpf|en knot *od.* tie (together); *fig.* connect, combine; **~t** *fig.*: *~ mit* involving, entailing; ♀**ung** *f* connection.

verˈkohlen (25) *v/t.* (sn) carbonize, char; *v/t.* F (*zum besten haben*) kid.

verˈkoken (25) coke.

verˈkommen 1. (sn) decay, go to ruin; *P.*: come down in the world, go to seed; **2.** *adj.* decayed; *sittlich*: depraved; ♀**heit** *f* depravity.

verˈkoppeln (29) couple.

verˈkorken (25) cork (up).

verkorksen [~ˈkɔrksən] F (27) *s. verpatzen*; *sich den Magen ~* upset one's stomach.

verkörper|n [~ˈkœrpərn] (29) personify, embody; *bsd. thea.* impersonate; ♀**ung** *f* personification, embodiment; impersonation.

verköstigen [~ˈkœstigən] (25) feed, board.

verˈkrachen F: *sich ~* fall out (*mit* with).

verkraften [~ˈkraftən] (26) cope with, handle, bear.

verˈkrampft cramped.

verˈkriechen: *sich ~* hide.

verˈkrümeln F: *sich ~* F beat it, make off.

verˈkrümm|en crook, curve, bend; **~t** crooked; ♀**ung** *f*: *~ der Wirbelsäule* curvature of the spine.

verkrüppeln [fɛrˈkrypəln] (29) *v/t.* cripple; (*verkümmern*) stunt; *v/i.* (sn) become crippled; become stunded (*od.* deformed).

verˈkrusten (en)crust.

verˈkühlen: *sich ~* catch (a) cold.

ver'kümmer|n *v/i.* (*sn*) become stunted, 🕮 atrophy; (*dahinsiechen*) waste away, pine (away); *aus Mangel an Nahrung*: starve; *v/t. Recht*: curtail; **~t** stunted.
ver'künd(ig)|en (26 [25]) announce; *öffentlich*: publish, proclaim; *Urteil*: pronounce; **2ung** *f* announcement; proclamation; pronouncement; *Mariä ~* Annunciation, Lady Day.
verkupfern [~'kupfərn] (29) copper.
ver'kuppeln pander, sell, procure; ⊕ couple.
ver'kürz|en shorten; (*abkürzen*) abridge; (*beschränken*) curtail; *Zeit*: beguile; *verkürzte Arbeitszeit* short time; **2ung** *f* shortening; abridg(e)ment.
ver'lachen laugh at, deride.
ver'lad|en load, ship; ⚔ entrain, *in Schiffe*: embark, *in Flugzeuge*: emplane, *in Lastwagen*: entruck; **2ung** *f* loading, shipping; entraining *etc.*
Verlag [fɛr'lɑːk] *m* (3) *Tätigkeit*: publication; *Firma*: *the* publishers *pl.*; *s. Verlagsbuchhandlung*; *im ~ von* published by.
ver'lager|n *v/t. allg.* (*a. sich*) shift; (*überführen*) transfer; (*evakuieren*) evacuate; **2ung** *f* shifting; transfer; evacuation; *fig.* shift.
Ver'lags|-anstalt *f* publishing house; **~buchhandel** *m* publishing trade; **~buchhändler** *m* publisher; **~buchhandlung** *f*, **~firma** *f* publishing house; **~recht** *n* copyright; **~werk** *n* publication.
ver'langen 1. (25) *v/t.* demand, ask for; (*erfordern*) require, call for; (*beanspruchen*) claim; (*wünschen*) desire; *viel ~ an Leistungen* set a high standard; *es verlangt mich zu inf.* I am anxious to *inf.*; *das ist zuviel verlangt* that's asking too much; *was ~ Sie von ihm?* what do you want of him?; *v/i. ~ nach* ask *od.* (*sich sehnen*) long for; **2.** 2 *n* (6) desire; (*Sehnsucht*) longing (*nach* for), *Am.* F yen; (*Forderung*) demand, request; *auf ~* by request, ✝ on demand; *auf ~ von* at the request of; *~ tragen nach* have a longing for.
verlänger|n [~'lɛŋərn] (29) lengthen; *Frist usw.*: prolong, extend; **2ung** *f* lengthening; prolongation, extension; *Sport*: (*Spiel2*) extra time; (*Vorsprung*) projection; **2ungsschnur** ⚡ *f* extension flex *od. Am.* cord.
verlangsamen [fɛr'laŋzɑːmən] (25) (*a. sich*) slow down, slacken; (*verzögern*) retard.
Verlaß [~'las] *m* (4) reliance; *es ist kein ~ auf ihn* there is no relying on him, he is unreliable.
ver'lassen 1. leave, *gänzlich a.* quit; (*im Stich lassen*) forsake, abandon, desert; *sich ~ auf* (*acc.*) rely (*od.* count *od.* depend) on; *Sie können sich darauf ~* you may rely on it, you may rest assured!; **2.** *adj.* forsaken, abandoned; deserted (*a.* = *öde*); (*einsam*) lonely, isolated; **2heit** *f* abandonment; loneliness; isolation.
verläßlich [~'lɛsliç] reliable.
ver'lästern malign, slander, defame.
Verlaub [fɛr'laup] *m* (3): *mit ~* with your permission.
Ver'lauf *m* (3, *o. pl.*) *der Zeit*: lapse, course; *e-s Vorgangs*: progress, course, development; (*Tendenz*) trend; *weiterer ~* sequel; *e-n schlimmen ~ nehmen* take a bad turn; **2en 1.** *v/i.* (sn) *Zeit*: pass, elapse; *Vorgang*: take a ... course, come off, go *well, etc.*; *Grenze, Weg usw.*: run, extend; *Farben*: run, bleed; *sich ~* go astray, lose one's way; *Volksmenge*: scatter, disperse; *s. Sand*; **2.** *adj. Tier*: stray; *Kind*: lost.
verlaust [~'laust] lousy.
verlaut|baren [~'lautbɑːrən] (25) *v/t.* make known, disclose; *v/i.* (h., *a.* sn) = **~en** (26) be reported *od.* disclosed, transpire; *~ lassen* give to understand, hint; *wie verlautet* as reported.
ver'leb|en spend, pass; **~t** [~'leːpt] worn out; (*hinfällig*) decrepit.
ver'leg|en 1. *v/t.* misplace; *anderswohin*: transfer (*a. Truppen*), shift; remove; *Verlagswerk*: publish; ⊕ *Kabel usw.*: lay; *Straße*, 🚂 relocate; *Weg* (*versperren*): bar, cut off; *zeitlich*: put off, postpone (*auf acc.* to); *sich ~ auf* (*acc.*) apply (*od.* devote) o.s. to, take to, *aufs Bitten, Leugnen usw.*: resort to; **2.** *adj.* embarrassed, confused; self-conscious; *~ um* at a loss for; **2enheit** *f* embarrassment; (*Klemme*) difficulty; (*miß-*

liche Lage) predicament; *in ~ sein* be at a loss (*um* for); *in ~ bringen* embarrass; *in ~ kommen* get embarrassed; **2er** *m* (7) publisher; **2ung** *f* transfer, removal; ⊕ laying; *zeitlich*: postponement.

ver'leiden (26): *j-m et. ~* disgust a p. with a th.; spoil a th. for a p.

Ver'leih *m* hire service; *Film*: distribution, (*Gesellschaft*) distributors *pl.*; **2en** lend (out), *Am.* loan; *gegen Miete*: hire out, let out; (*gewähren*) *Titel, Recht usw.*: bestow, confer (*j-m* on a p.); *Gunst*: grant; *Auszeichnung, Preis*: award; *e-n Reiz*: give; **~er** *m* (7), **~erin** *f* (16[1]) lender; bestower; **~ung** *f* lending out; grant; bestowal; award.

ver'leit|en mislead, lead astray; (*verführen*) seduce; (*veranlassen*) induce, lead (to *inf.*); *sich ~ lassen zu inf.* be induced to *inf.*, be carried away into *ger.*; **2ung** *f* misleading; seduction.

ver'lernen unlearn, forget.

ver'lesen read out; *Namen usw.*: call over; *Erbsen usw.*: pick; *sich ~* make a mistake (in reading).

verletz|bar [fɛr'lɛtsbɑːr], **~lich** damageable; (*verwundbar*) vulnerable; (*leicht gekränkt*) sensitive, touchy; **~en** (27) hurt, injure; *fig. Gefühl*: hurt; (*kränken*) offend; *Eid, Recht usw.*: violate; *Gesetz*: infringe; **~end** offensive; **2te** *m, f* (18) injured person; **2ung** *f* hurt, (*a.* = *Wunde*) injury; violation; infraction, infringement.

ver'leugn|en deny; *Freund, Kind*: disown; *Grundsatz*: renounce, disclaim; *sich ~ lassen* have o.s. denied, not to be at home (*vor j-m* to); **2ung** *f* denial; disavowal; renunciation.

verleumd|en [~'lɔʏmdən] (26) calumniate, defame; *a.* ⚖ slander, *schriftlich*: libel; **2er** *m* (7), **2erin** (16[1]) calumniator, slanderer; **~erisch** defamatory; slanderous; libel(l)ous; **2ung** *f* calumny, defamation; slander, libel.

ver'lieb|en: *sich ~ in* (*acc.*) fall in love with; **~t** [~pt] (*in acc.*) in love (with), enamo(u)red (of); *a. Blick usw.*: amorous; (*liebeskrank*) love-sick; **2t-heit** *f* amorousness.

verlieren [~'liːrən] (30) *v/t.* lose (*a. v/i.*); *Blätter, Haar usw.*: shed; *sich ~* lose o.s., (*verschwinden*) disappear, *Volksmenge*: disperse, *Farbe*: fade, *Schmerz*: subside; *s. Nerv, Geduld, Verstand.*

Ver'lies *n* (4) dungeon, keep.

ver'loben: *sich ~* become engaged *od.* betrothed (*mit* to).

Verlöbnis [~'løːpnis] *n* (4[1]) engagement, betrothal.

Verlob|te [~'loːptə] *m, f* (18): *ihr ~r* her fiancé *od.* intended (husband); *s-e ~* his fiancée *od.* intended (wife); *die ~n pl.* the engaged couple *sg.*, the betrothed *pl.*

Verlobung [~'loːbuŋ] *f* engagement, betrothal; **~s-anzeige** *f* announcement of an engagement; **~s-ring** *m* engagement ring.

ver'lock|en allure, entice; (*versuchen*) tempt; (*verführen*) seduce; **~end** *adj.* tempting; **2ung** *f* allurement, enticement; temptation.

verlogen [fɛr'loːgən] (given to) lying, mendacious; **2heit** *f* untruthfulness, mendacity.

ver'lohnen *v/refl. s.* (*sich*) *lohnen.*

verlor [~'loːr] *pret. v. verlieren.*

ver'loren *p.p. v. verlieren u. adj.* lost; (*einsam, hilflos*) forlorn; *~e Eier* poached eggs; *~er Haufen* forlorn hope; *~e Partie* losing game; *s. Sohn*; *~ geben* give up for lost; *auf ~em Posten stehen* fight a losing battle; *das Spiel ~ geben* throw up the game, *fig.* give in; **~gehen** (sn) get (*od.* be) lost.

ver'löschen *v/t.* extinguish; *Schrift*: efface; *v/i.* (sn) *s. erlöschen.*

ver'los|en dispose of by lot, raffle (off); **2ung** *f* lottery, raffle.

ver'löten solder (up).

verlotter|n [~'lɔtərn] (29) go to seed; **~t** *P.*: dissolute, rackety; *S.*: ruined.

Verlust [~'lust] *m* (3[2]) loss; *~e pl.* ⚔ casualties; *im Spiel*: losings; *bei ~ von* under pain of, with forfeiture of; *in ~ geraten* get lost; *mit ~ arbeiten, verkaufen usw.* at a loss, at a sacrifice; **~-anzeige** *f* notice of (a) loss; **2bringend** involving (a) loss, losing *business*; **2ig** (*gen.*): *j-n e-r S. für ~ erklären* declare a p. to have forfeited a th.; *e-r S. ~ gehen* forfeit a th.; **~liste** ⚔ *f* casualty list.

ver'machen bequeath *od.* leave (*dat.* to).

Vermächtnis [~'mɛçtnis] *n* (4[1]) (last) will; (*das Vermachte*) bequest;

von Geld: legacy (*a. fig.*); *von Grundeigentum*: devise.

vermähl|en [~'mɛ:lən] (25) (*a. sich*) wed, marry (*mit* to); **2ung** *f* wedding, marriage.

ver'mahnen *s. ermahnen.*

ver'manschen F mess up.

vermasseln F [~'masəln] (29) *s. verpatzen.*

Vermassung [~'masuŋ] *f* de-personalization.

ver'mauern wall up (*od.* in).

ver'mehr|en (*a. sich*) increase (*um* by), augment, *an Zahl*: *a.* multiply; ([*sich*] *fortpflanzen*) propagate, breed; (*beitragen zu*) add to; **2ung** *f* increase; addition (*gen.* to).

ver'meid|en avoid; **~lich** [~'maɪt-] avoidable; **2ung** [~duŋ] *f* avoidance.

ver'mein|en think, suppose; **~tlich** [~'maɪntliç] supposed, pretended.

ver'melden announce, report.

ver'mengen mix (up), mingle; (*verwechseln*) confound, mix up.

ver'menschlichen (25) humanize.

Vermerk [fɛr'mɛrk] *m* (3) note, entry; **2en** note (down), record; (*eintragen*) enter; *geistig*: observe, make a (mental) note of; *übel* ~ take amiss.

ver'mess|en 1. *v/t.* measure; *Land*: survey; *sich* ~ measure wrong; (*sich erdreisten*) dare; **2.** *adj.* daring; impudent; **2enheit** *f* presumption; **2ung** *f* measurement; *des Landes*: survey; **2ungs-amt** *n* survey-office.

vermiet|bar [~'mi:tba:r] rentable; **~en** let, *bsd. Am.* rent; hire (out); ⚖ lease; *Haus zu* ~ house to (be) let; *Möbel usw. zu* ~ furniture *etc.* on hire; **2er** *m* (7) letter, ⚖ lessor; hirer (out); **2ung** *f* letting; leasing; hiring (out).

ver'minder|n (*a. sich*) diminish, decrease, lessen; (*beeinträchtigen*) impair; (*beschränken*) reduce; **2ung** *f* diminution, decrease, lessening; impairment; reduction.

verminen [~'mi:nən] (25) mine.

ver'misch|en mix (up), mingle; *Tee usw.*: blend; *sich* ~ mix; **~t** *adj.* mixed; *Nachrichten usw.*: miscellaneous; **2ung** *f* mixing, mixture.

ver'missen miss; (*beklagen*) regret; ~ *lassen* lack; *vermißt* missing.

Ver'mißte *m* (18) missing person.

vermitt|eln [~'mitəln] (29) *v/t.* mediate; (*zustande bringen*) arrange; *Frieden, Anleihe*: negotiate; (*beschaffen*) procure; *Eindruck, Vorstellung*: give, convey; *Wissen*: impart (*j-m* to); *v/i.* mediate (*bei* in); intercede, interpose (*zwischen* between); **~els(t)** (*gen.*) by means (*od.* dint) of; **2ler** *m* (7), **2lerin** *f* (16[1]) mediator (*f a.* mediatrix); (*oft b.s.*) go-between; ⚚ middleman; agent; **2lung** *f* mediation; arrangement; intercession; procuring; conveying; imparting; *teleph.* exchange; *durch* (*gütige*) ~ *des Herrn X.* by the (good) offices of Mr. X.; **2lungsamt** *teleph. n* exchange; **2lungsgebühr** *f* commission.

vermöbeln F [~'mø:bəln] (29) *s. verprügeln.*

ver'modern (sn) mo(u)lder, rot.

vermöge [~'mø:gə] (*gen.*) in (*od.* by) virtue of, by dint of.

ver'mögen 1. (*können*) be able to do; ~ *zu inf.* be able to; *et.* ~ *bei j-m* have influence with a p.; **2.** 2 *n* (6) ability, power; (*Geld*2) fortune; (*Besitz*) property; ⚚ (*Aktiva*) assets *pl.*; **~d** wealthy, well-to-do; *pred.* well to do, well off; **2s-abgabe** *f* capital levy; **2s-anlage** *f* (productive) investment; **2ssteuer** *f* property tax; **2sverhältnisse** *n/pl.* pecuniary circumstances; **2swerte** *m/pl.* assets *pl.*

vermumm|en [fɛr'mumən] (25) disguise, mask; **2ung** *f* disguise.

vermut|en [~'mu:tən] suppose, presume, *Am. a.* guess; (*argwöhnen*) suspect; **~lich** presumable; probable; *adv. oft* I suppose; **2ung** *f* supposition, presumption; *Am. a.* guess; (*Schluß*) conjecture; (*Gedanke*) idea; (*Mutmaßung*) speculation (*a. pl.*).

vernachlässig|en [~'na:xlɛsigən] (25) neglect; **2ung** *f* neglect(ing).

ver'nagel|n nail (up); *mit Brettern* ~ board up; **~t** F: *er war wie* ~ his mind was a complete blank.

ver'nähen sew up.

vernarben [~'narbən] (25, sn) (*a. sich*) cicatrice, scar (over).

vernarr|en [~'narən] (25): *sich* ~ *in* (*acc.*) become infatuated with; **~t** *in* infatuated with, F gone on.

ver'naschen spend on sweets.

vernebel|n [~'ne:bəln] (29) ⚔

screen; *fig.* obscure; ≈**ung** *f* smoke-screen (*a. fig.*).

vernehm|bar [~ˈneːmbaːr] audible; **~en**[1] *v/t.* perceive, hear; (*erfahren*) learn, hear; (*verhören*) interrogate, question, ⚖ *a.* examine; ~ *lassen* declare; *sich* ~ *lassen* make o.s. heard; ≈**en**[2] *n* (6): *dem* ~ *nach* according to report, from what I (*od.* we) hear; **~lich** audible, distinct; ≈**ung** *f* interrogation.

ver'neig|en (*sich*), ≈**ung** *f* bow (*vor dat.* to).

vernein|en [~ˈnaɪnən] (25) say no, answer in the negative (*eine Frage* to a question); (*leugnen*) deny; **~end** negative; ≈**ung** *f* negation; denial; *gr.* negative.

vernicht|en [~ˈniçtən] (26) annihilate; (*zerstören*) destroy; *Hoffnung*: dash; (*ausrotten*) exterminate; **~end** *Blick, Kritik*: scathing; *Antwort, Schlag, Niederlage*: crushing; ≈**ung** *f* annihilation; destruction; ≈**ungslager** *n* extermination camp; ≈**ungskrieg** *m* war of annihilation.

ver'nickeln (29) nickel(-plate).

verniedlichen [~ˈniːtliçən] (25) play down.

ver'nieten rivet.

Vernunft [~ˈnunft] *f* (16) reason; ~ *annehmen* listen to reason; *j-n zur* ~ *bringen* bring a p. to his senses; *wieder zur* ~ *kommen* come back to one's senses; **~-ehe** *f* marriage of convenience.

vernünftig [~ˈnynftiç] (*vernunftbegabt*) rational; (*verständig*; *vernunftgemäß, angemessen*) reasonable; (*verständig*) sensible, level-headed; ~ *reden* talk sense.

ver'nunft|los senseless, unreasonable; **~mäßig** rational; **~widrig** irrational, unreasonable.

veröd|en [~ˈʔøːdən] (26) *v/t.* make desolate; (*verheeren*) lay waste, devastate; *v/i.* (sn) become desolate; ≈**ung** *f* desolation; devastation.

veröffentlich|en [fɛrˈʔœfəntliçən] (25) publish; ≈**ung** *f* publication.

ver'-ordn|en *gesetzlich*: ordain, decree; (*a.* ⚕) order, ⚕ prescribe (*j-m* for a p.); ≈**ung** *f* order, ordinance, decree; ⚕ prescription.

ver'pachten lease (*dat.* to).

Ver'pächter *m* (7), **~in** *f* (16[1]) lessor.

Ver'pachtung *f* leasing.

ver'pack|en pack (up); ✝ *einzelne Artikel*: *a.* package; (*einwickeln*) wrap up; ≈**ung** *f* packing; packaging; (*Packmaterial*) packing (material); (*Hülle*) wrapping.

ver'passen let slip; *bsd. Zug usw.*: miss, lose; F *j-m e-n Hieb usw.*: give; ⚔ *Uniform usw.*: fit (on).

verpatzen F [~ˈpatsən] bungle, *bsd. Sport*: muff, *sl.* foozle.

verpesten [~ˈpɛstən] (26) pollute (*the air*); *weitS. die Luft* ~ raise a stench.

ver'petzen inform against, F peach (up)on; *bsd. Schule*: sneak against.

ver'pfänd|en pawn, (*a. fig.*) pledge; mortgage; ≈**ung** *f* pledging; pawning; mortgaging.

ver'pfeifen F squeal on.

ver'pflanz|en transplant; ≈**ung** *f* transplanting; ⚕ transplantation.

ver'pfleg|en (25) feed, board; (*mit Lebensmitteln beliefern*) cater for; *im Großen*: provision, victual; ≈**ung** *f* boarding; catering; *konkret*: food, board; provisions *pl.*, ⚔ rations *pl.*

verpflicht|en [~ˈpfliçtən] (26) oblige; engage; *sich zu et.* ~ bind (*od.* engage) o.s. to do a th.; *zu Dank* ~ lay *a p.* under an obligation; *gesetzlich verpflichtet sein* be liable; *j-m zu Dank verpflichtet sein* be obliged to a p.; ≈**ung** *f* obligation, duty; liability; *übernommene*: engagement, commitment.

ver'pfuschen bungle, botch; *sein Leben*: ruin.

ver'plappern (29), **ver'plaudern** (29) prattle away (*time*); *sich verplappern* blab out a secret.

verplempern F [~ˈplɛmpərn] (29) fritter away, squander; *sich* ~ fritter away one's energies.

verpönt [~ˈpøːnt] taboo(ed), despised.

ver'prassen dissipate, squander.

verprovian'tieren supply with food *od.* ⚔ rations; provision.

ver'prügeln thrash, beat up.

ver'puffen (sn) detonate, explode; *fig.* fizzle out.

verpulvern F [~ˈpulfərn] (29) *Brt.* F blue.

ver'pumpen F lend.

verpuppen [~ˈpupən] (25) (*sich*) change into a chrysalis.

ver'pusten F (*sich*) recover breath.

Ver'putz ⚠ *m* roughcast, plaster; ≈**en** ⚠ roughcast, plaster; F (*ganz aufessen*) polish off.

ver'qualmen fill with smoke.

verquicken [fɛr'kvikən] (25) mix up.

verquollen [~'kvɔlən] *Holz*: warped; *Gesicht*: bloated.

ver'rammeln (29) bar(ricade).

verramschen F [~'ramʃən] sell for a mere song.

verrant [~'rant]: *fig.* ~ *sein in* (*acc.*) be stuck in.

Verrat [~'rɑːt] *m* (3) ⚖ treason (*an dat.* to); betrayal (of); (*Treulosigkeit*) treachery (to); 2**en** betray (*sich* o.s.); F give *a p.*, *a secret* away; *fig.* (*offenbaren*) show, reveal, betray.

Verräter [~'rɛːtər] *m* (7) traitor (*an dat.* to); *weitS.* betrayer; **~ei** [~'raɪ] *f* treachery; **~in** *f* (16[1]) traitress; 2**isch** treacherous; ⚖ treasonable, traitorous; *fig. Blick, Spur usw.*: telltale.

ver'rauchen *v/i.* (sn) go off in smoke; *Zorn*: pass away; *v/t.* spend on smoking.

ver'räucher|n fill with smoke; **~t** *adj.* smoky.

ver'rechn|en charge (to account); (*gegeneinander aufrechnen*) set off (*mit* against); (*ausgleichen*) balance; *sich* ~ miscalculate, *a. fig.* make a mistake; *sich verrechnet haben* be out in one's reckoning, *fig.* be mistaken; 2**ung** *f* charging (to account); offset; *im Verrechnungsverkehr*: clearing; *nur zur* ~ only for account.

Ver'rechnungs|scheck *m* crossed (*od.* not negotiable) cheque (*Am.* check); **~stelle** *f* clearing-house; **~verkehr** *m* clearing (system).

ver'recken (sn) *Tier*: perish, die; V *Mensch*: *sl.* peg out, croak.

ver'reg|nen spoil by rain(ing); **~net** rainy.

ver'reisen *v/i.* (sn) go on a journey; *verreist oft*: out of town, away.

ver'reißen F *fig.* pull to pieces.

verrenk|en [~'rɛŋkən] (25) contort; ⚕ wrench, sprain; (*ausrenken*) dislocate; 2**ung** *f* contortion; dislocation.

ver'rennen: *fig. sich in e-e Idee* ~ get stuck in.

ver'richt|en do, perform; (*ausführen*) execute; *s-e Andacht od. sein Gebet* ~ say one's prayer; *s. Notdurft*; 2**ung** *f* performance; (*Arbeit*) work; (*Pflicht*) duty; (*Geschäft*) business.

ver'riegel|n (29) bolt, bar.

verringer|n [~'riŋərn] (29), 2**ung** *f s. vermindern usw.*

ver'rinnen (sn) run off *od.* away; *Zeit*: elapse, fly, pass.

verroh|en [~'roːən] (25, sn) become brutalized; 2**ung** *f* brutalization.

ver'rosten (sn) rust.

verrotten [~'rɔtən] (26, sn) rot.

verrucht [~'ruːxt] wicked, villainous; 2**heit** *f* wickedness, villainy.

ver'rück|en displace, (re)move; **~t** mad (*fig. nach dat., auf acc.* on), crazy (for, about), *sl.* nuts (on); *j-n* ~ *machen* drive a p. mad *od. sl.* nuts; *~e Idee* crazy idea; ~ *spielen* F act up; *sl. ich werd'* ~*!* I'll be damned!; *wie* ~ like mad; 2**te** *m, f* (18) lunatic, *m* madman, *f* madwoman; 2**theit** *f* madness; (*Handlung*) *a.* folly; (*Modenarrheit*) craze.

Ver'ruf *m* (3): *in* ~ *bringen* (*kommen*) bring (get) into discredit; *in* ~ *sein* be notorious, *weitS.* be under a cloud; *in* ~ *tun* boycott; 2**en 1.** *v/t.* decry; **2.** *adj.* ill-reputed, ill-famed, notorious.

ver'rutschen slip, get out of place.

Vers [fɛrs] *m* (4) verse; (*Strophe*) stanza; *fig. er kann sich keinen* ~ *darauf machen* he can't make head or tail of it.

ver'sag|en 1. *v/t.* refuse, deny; *den Dienst* ~ fail; *versagt sein* (*verpflichtet sein*) be engaged; *sich et.* ~ deny o.s. a th., forgo a th.; *v/i.* fail (*a. j-m, Stimme usw.*), ⊕ *a.* break down; *Gewehr*: fail to go off, miss fire; **2.** 2 *n* failure; 2**er** *m* (7) *beim Schießen*: misfire; *fig.* failure, F flop; 2**ung** *f* refusal, denial.

ver'salzen oversalt; *fig.* spoil; *s. Suppe.*

ver'samm|eln assemble; (*einberufen*) convoke, convene; *sich* ~ assemble, meet; 2**lung** *f* assembly, meeting.

Versand [fɛr'zant] *m* (3) dispatch; (*Auslieferung*) delivery; ⚓ *od. Am.* shipment; *durch Post*: mailing; **~abteilung** *f* forwarding department; **~anweisungen** *f/pl.* shipping instructions; **~anzeige** *f* advice of dispatch; 2**bereit** ready for delivery.

versanden [~'zandən] (26, sn) silt up; *fig.* bog down.

Versand|geschäft [~'zant-] *n* mail-order business; (*a.* **~haus** *n*) mail-order house; **~papiere** *n/pl.* shipping papers *pl.*

versauen F [~'zauən] (25) ruin, *sl.* louse up.
versauern [~'zauərn] (29, sn) *fig.* go stale (*od.* sour).
ver'saufen P waste on drink.
ver'säumen *Pflicht usw.*: neglect; *Gelegenheit, Schule, Zug usw.*: miss; ~ zu tun fail to do.
Versäumnis [~'zɔʏmnis] *f* (14^2), *n* (4^1) neglect, omission, failure; (*Zeit*≗) loss of time; **~-urteil** *n* judg(e)ment by default.
'Versbau *m* (3) versification.
ver'schachern barter away, job off.
ver'schaffen (25) procure, get (j-m for a p.; a p. *a th.*), provide, furnish, supply (a p. with *a th.*); sich et. ~ obtain, get, secure; sich Respekt ~ make o.s. respected; *s.* Gewißheit.
verschal|en [~'ʃɑːlən] (25) plank; ⩓ board; **≗ung** *f* planking; boarding.
verschämt [~'ʃɛːmt] bashful; **≗heit** [*f* bashfulness.]
verschandeln [~'ʃandəln] (29) disfigure, spoil, deface, ruin.
ver'schanzen entrench, fortify; *fig.* sich ~ hinter (*dat.*) shelter behind.
ver'schärf|en add to, (*a.* sich) intensify; (*verschlimmern*; *a.* sich) aggravate; **≗ung** *f* intensification; aggravation.
ver'scharren bury (hurriedly).
ver'scheiden 1. (sn) pass away; **2.** ≗ *n* (6) decease.
ver'schenken give away (*a. fig.*).
ver'scherzen forfeit, throw away.
ver'scheuchen scare (*bsd. Vögel*: shoo) away; *fig.* banish.
ver'schick|en send away, dispatch; *Sträfling*: deport; **≗ung** *f* sending away, dispatch(ing); deportation.
Ver'schieb|ebahnhof *m* marshalling yard; **≗en** shift, displace; 🚂 shunt; (*in Unordnung bringen*) disarrange; *zeitlich*: defer, put off, postpone; ⚚ sell underhand, job away; sich ~ shift, get out of place; **~ung** *f* shifting; postponement; ⚚ illicit sale.
verschieden [fɛr'ʃiːdən] different, distinct (von from); **~e** *pl.* various, several, diverse; **≗es** various things *pl.*, *bsd.* ⚚ *n* sundries *pl.*; **~-artig** of a different kind, different, various; **~erlei** of various kinds, various, diverse; **~farbig** of different colo(u)rs, varicolo(u)red; **≗heit** *f* difference; (*Mannigfaltigkeit*) diversity, variety; **~tlich** repeated(ly *adv.*); *adv.* now and then.
ver'schießen *v/t.* (*verbrauchen*) use up; *v/i.* (sn) *Farbe*: fade.
ver'schiff|en ship; **≗ung** *f* shipment.
ver'schimmeln (sn) get mo(u)ldy.
ver'schlacken (25, sn) turn into dross, slag, scorify.
ver'schlafen 1. *v/t.* miss (*od.* lose *od.* neglect) by sleeping; *Zeit*: sleep away; (die Zeit ~, sich ~) oversleep (o.s.); **2.** *adj.* sleepy, drowsy; **≗heit** *f* sleepiness.
Ver'schlag *m* partition; (*Bretterbude*) shed; (*Lattenkiste*) crate; **≗en** [~gən] **1.** *v/t.*: mit Brettern ~ board (up); *e-n Ball*: lose; e-e Buchseite ~ lose one's place (in a book); ~ werden ⚓ be driven out of one's course; in *e-e Stadt usw.* ~ werden be driven to, find o.s. in; es verschlägt mir die Sprache it makes me speechless, it dum(b)founds me; es verschlägt nichts it does not matter; **2.** *adj.* cunning, crafty, wily; *Wasser*: lukewarm; **~enheit** *f* cunning, craftiness.
verschlammen [~'ʃlamən] (25, sn) silt up; become muddy.
ver'schlampen *v/t.* lose; *v/i.* get slovenly.
verschlechter|n [~'ʃlɛçtərn] (29) deteriorate, make worse; sich ~ deteriorate, get worse, worsen; **≗ung** *f* deterioration, worsening; change for the worse.
verschleier|n [~'ʃlaɪərn] (29) veil (*a. fig.* = mask, disguise); ⚔ screen; ⚚ *b.s.* cook, doctor; **≗ung** *f* veiling; *in der Bilanz*: window-dressing.
ver'schleifen *Silben usw.*: slur.
ver'schleimen (25, sn) get obstructed with phlegm.
Verschleiß [~'ʃlaɪs] *m* (3^2) ⊕ wear (and tear); **≗en** wear out (*a.* sich); **≗fest** wear-resistant.
ver'schlepp|en *Menschen*: carry off, *pol.* displace; (*entführen*) abduct; (*verlegen*) misplace; (*in die Länge ziehen*) delay, protract; ⚕ *Ansteckungsstoff*: spread; *Krankheit*: protract, neglect; **≗te** *m, f* (18) displaced person; **≗ung** *f* abduction; delay(ing); protraction (*a.* ⚕); **≗ungs-taktik** *f* obstructionism.
ver'schleudern dissipate, waste; ⚚ sell at a loss *od.* dirt-cheap.

ver'schließ|bar lockable; **~en** shut, close; *mit e-m Schlüssel*: lock (up); *e-n Brief*: seal; *sich e-r Sache* ~ close one's mind to.

verschlimmer|n [fɛr'ʃlimərn] (29) make worse; *fig. a.* aggravate; *sich* ~ get (*od.* grow) worse; **≈ung** *f* aggravation, change for the worse.

ver'schlingen devour, (*a. fig. mit den Augen od. Ohren*) swallow (up *fig.*); *gierig*: gobble (up), wolf; (*inea.schlingen*; *a. sich*) intertwine, interlace, entangle; *verschlungen fig.* intricate; *Pfad*: tortuous.

verschlossen [~'ʃlɔsən] closed, shut; locked; *fig.* reserved, taciturn; **≈heit** *f* reserve.

ver'schlucken swallow; *sich* ~ swallow the wrong way.

Ver'schluß *m* (*~mittel*) fastener, fastening; (*Schloß*) lock; (*Schnapp≈*) catch; *an Taschen usw.*: clasp; ⊕ (*Dichtung, Plombe*) seal; *phot.* shutter; *e-r Flasche*: stopper; *e-s Geschützes*: breech (mechanism); *Ware in* ~ *legen* bond; *unter* ~ under lock and key; **~laut** *gr. m* explosive.

ver'schlüssel|n (en)code; **≈ung** *f* (en)coding.

ver'schmachten (sn) languish, pine away; die (*od.* be dying) of thirst.

ver'schmähen disdain, scorn.

ver'schmelz|en *v/t. u. v/i.* (sn) melt into one another; (*a. fig.*) fuse; ⚗ amalgamate (*a. fig.* = merge) (*zu, mit* in[to]); *Farben usw.*: blend; **≈ung** *f* fusion, amalgamation, ✝ *a.* merger.

ver'schmerzen get over (the loss of).

ver'schmieren smear (over).

verschmitzt [~'ʃmitst] sly; arch(ly *adv.*); **≈heit** *f* slyness.

ver'schmutz|en *v/t.* soil; *Luft, Wasser*: pollute; *v/i.* (sn) get dirty, soil; **≈ung** *f* pollution.

ver'schnappen: F *sich* ~ let the cat out of the bag, blurt it out.

ver'schnauf|en (*a. sich*) have a breather; **≈pause** *f* breather.

ver'schneiden cut (up); *Stoff usw.*: cut wrong; *Wein usw.*: blend; (*kastrieren*) geld, castrate.

verschneit [~ʃ'naɪt] covered with snow, snow-covered, snowed up.

Ver'schnitt *m* blend.

verschnörkelt [fɛr'ʃnœrkəlt] ornate (*a. fig.*).

ver'schnupfen *fig.* nettle, pique; ⚕ *verschnupft sein* have a cold.

ver'schnüren tie up, cord (up); (*a. mit Schnüren zieren*) lace.

verschollen [~'ʃɔlən] not heard of (again); missing; ⚖ presumed dead.

ver'schonen spare; *j-n mit et.* ~ spare a p. a th.; *von Steuern usw. verschont* exempt(ed) from.

verschöne|(r)n [~'ʃøːnə(r)n] (29) embellish, beautify; (*verbessern*; *a. sich*) improve; **≈rung** *f* embellishment.

verschossen [~'ʃɔsən] *Farbe*: faded; *fig.* F ~ *in* (*acc.*) madly in love with.

verschränken [~'ʃrɛŋkən] (25) *Arme*: cross.

ver'schrauben screw (up).

ver'schreib|en use (in writing); ⚕ prescribe (*j-m* for a p.); ⚖ assign, make over (to); (*falsch schreiben*) write incorrectly; *sich* ~ make a slip of the pen; *fig. sich e-r S.* ~ devote (*od. b.s.* sell) o.s. to a th.; **≈ung** *f* order; prescription; bond, assignment.

verschrien [~'ʃriː(ə)n] *adj.* notorious.

verschroben [~'ʃroːbən] eccentric, odd, cranky; **≈heit** *f* eccentricity.

verschrotten [~'ʃrɔtən] (26) scrap.

ver'schrump|fen, ~eln *v/t. u. v/i.* (sn) shrink, shrivel (up).

ver'schüchtern intimidate.

ver'schuld|en 1. encumber with debts; (*schuld sein an*) be guilty of, be to blame for; *fig.* be the cause of; **2.** ≈ *n* (6) wrong, fault; (*Schuld*) guilt; **~et** indebted; involved in debts; *Sache*: encumbered; **≈ung** *f* indebtedness.

ver'schütten *Flüssigkeit*: spill; (*versperren*) block (up); *j-n*: bury alive.

verschwägert [~'ʃvɛːgərt] related by marriage

ver'schweig|en keep secret, conceal (*j-m* from a p.); ≈ *n* (6) *u.* **≈ung** *f* concealment.

verschwend|en [~'ʃvɛndən] (26) waste, lavish, squander; **≈er** *m* (7), **≈erin** *f* (16[1]) spendthrift, prodigal; **~erisch** prodigal, lavish (*mit* of); extravagant; wasteful; **≈ung** *f* waste, extravagance; **≈ungssucht** *f* prodigality, squandermania.

verschwiegen [fɛr'ʃviːgən] discreet; *Ort*: secret, secluded; **≈heit** *f* discretion, secrecy.

ver'schwimmen (sn) become indistinct *od.* blurred; *fig.* fade (away).
ver'schwinden 1. (sn) disappear, vanish; *j-n* (*od.* et.) *spurlos* ~ *lassen* spirit a p. (*od.* a th.) away; F *verschwinde!* make yourself scarce!, beat it!; ~*d klein* infinitely small; **2.** ♀ *n* (6) disappearance.
verschwistert [~'ʃvistərt] brother and sister; *fig.* closely united.
ver'schwitzen soak with sweat; F *fig.* forget (completely).
verschwollen [~'ʃvɔlən] swollen.
verschwommen [~'ʃvɔmən] vague, indistinct, hazy; *fig. a.* foggy; *Bild*: blurred; ♀**heit** *f* indistinctness, vagueness.
ver'schwör|en: *sich* ~ conspire, plot (*zu* et. a th.); ♀**er** *m* (7) conspirator; ♀**erin** *f* (16[1]) conspiratress; ♀**ung** *f* conspiracy, plot.
ver'sehen 1. *Pflichten usw.*: perform, discharge; *Amt*: *a.* hold, administer; *Stellung*: fill; *Haushalt*: look after *the house*, keep *house*; (*übersehen*) overlook; *sich* ~ make a mistake; *sich* e-r *S.* ~ expect a th., be aware of a th.; *mit et.* ~ furnish (*od.* supply *od.* provide *od.* equip) with; **2.** ♀ *n* (6) oversight; mistake; slip; ~**tlich** by (a) mistake, inadvertently.
versehr|en [~'ze:rən] (25) injure, disable; ♀**te** *m* (18) disabled person.
ver'send|en send, dispatch, forward; *auf dem Wasser-, Am. a. Landwege*: ship; *ins Ausland* ~ export; ♀**ung** *f* dispatch, shipment, forwarding; transport.
ver'sengen singe, burn, scorch.
ver'senk|en sink; *Schraubenkopf usw.*: countersink; *sich* ~ *in* (*acc.*) immerse o.s. into, *fig.* become absorbed in; ♀**ung** *f* sinking; *thea.* trap-door.
versessen [~'zɛsən]: ~ *auf* (*acc.*) bent (*od. sl.* nuts) on, mad after.
ver'setz|en *v/t.* displace, *a. Schüler*: remove; *bsd. Am. Schüler*: promote; *Baum*: transplant; (*staffeln*; *a.* ⊕) stagger; (*mit-ea. vertauschen*) transpose; *Beamte*: transfer; ⚔ post; (*verpfänden*) pawn, pledge; F (*vergebens warten lassen*) let *a p.* down, *Liebhaber usw.*: stand *a p.* up; (*vermischen*) mix, *metall.* alloy; *Schlag*: give, deal; *in e-e Lage, e-n Zustand* ~ put into; *in Schwingungen* ~ set vibrating; *s. Angst, Ruhestand usw.*; *v/i.* (*antworten*) reply, retort; ♀**ung** *f* removal; transplanting; transposition; transfer; *Schule*: remove, *bsd. Am.* promotion; pledging; alloy.
verseuch|en [fɛr'zɔʏçən] (25) infect; contaminate; ♀**ung** *f* infection, contamination.
'Versfuß *m* (metrical) foot.
Versicher|er [fɛr'ziçərər] *m* (7) insurer; ♀**n** assure, affirm; *Eigentum usw.*: insure; *j-n e-r Sache* ~ assure a p. of; *sich e-r Sache* ~ make sure of, ascertain; *seien Sie dessen versichert* you may rest assured of it; ~**te** *m, f* (18) insurant, *the* insured.
Ver'sicherung *f* affirmation; (*Eigentums*♀ *usw.*) insurance; ~**sgesellschaft** *f* insurance-company; ~**snehmer** *m* insurant, *the* insured; ♀**s-pflichtig** subject to obligatory insurance; ~**s-police** *f*, ~**sschein** *m* insurance policy; ~**s-prämie** *f* insurance premium; ~**s-träger** *m* underwriter.
versickern [~'zikərn] ooze away.
ver'sieben F *s. verpatzen.*
ver'siegeln seal.
ver'siegen (sn) dry up.
versiert [vɛr'zi:rt] versed (*in dat.* in), experienced.
versilbern [fɛr'zilbərn] (29) silver (*a. fig.*); ⊕ silver-plate; *fig.* (*zu Geld machen*) convert into cash, sell.
ver'sinken (sn) sink; *fig.* lapse (*in acc.* into); *s. versunken.*
ver'sinnbildlich|en (25) symbolize; ♀**ung** *f* symbolization.
Version [vɛr'sjo:n] *f* version.
versippt [~'zipt] related (*mit* to).
versklaven [fɛr'sklɑ:vən] enslave.
'Vers|kunst *f* versification; '~**maß** *n* metre, *Am.* meter.
ver'soffen P boozy.
versohlen F [~'zo:lən] *fig.* (25) thrash (soundly); *bsd. Kind*: spank.
versöhn|en [~'zø:nən] (25) reconcile (*mit j-m* to, with; *mit e-m Schicksal usw.* to); *sich* (*wieder*) ~ be(come) reconciled, make it up; ~**lich** conciliatory; ~ *stimmen* conciliate, placate; ♀**ung** *f* reconciliation.
versonnen [~'zɔnən] pensive.
ver'sorg|en provide, supply (*mit* with); *Familie*: provide for; (*betreuen*) take care of, look after; *Wunde*: tend, dress; ♀**er** *m* (7), ♀**erin** *f* (16[1]) provider; ♀**ung** *f* pro-

viding, supplying (with); providing (for); (*a.* ⚔) supply, provision; (*Betreuung*) care; (*Existenz*) subsistence, living; **²ungsbetrieb** *m* public supply service, public utility; **²ungs-empfänger(in** *f*) *m* pensioner; **²ungsgüter** *f/pl.* supplies; **²ungsschwierigkeiten** *f/pl.* difficulties of supply.

ver'spannen ⊕ brace, stay, guy.

verspät|en [~'ʃpɛːtən] (26): *sich* ~ be (*od.* come too) late; **~et** belated; **²ung** *f* lateness, delay; *Zug usw.*: (*20 Minuten*) ~ *haben* be (20 minutes) late *od.* overdue; *mit 2 Stunden* ~ 2 hours behind schedule; ~ *aufholen* make up lost time.

ver'speisen eat up.

verspeku'lieren: *sich* ~ make a bad speculation, ruin o.s. by speculation; *fig.* make a mistake.

ver'sperren bar, block up, barricade; *a. Aussicht*: obstruct.

ver'spiel|en *v/t.* lose (at play), gamble away; *v/i.* lose (the game); *fig. bei j-m* ~ get into a p.'s bad books; **~t** *adj.* playful.

versponnen [~'ʃpɔnən] meditative; ~ *in* (*dat., acc.*) wrapt (up) in.

ver'spott|en scoff at, mock, deride; **²ung** *f* derision, scoffing.

ver'sprech|en 1. promise (*a. fig.*); *sich* ~ make a slip (of the tongue); *s. sich verloben*; *sich etwas* ~ *von* expect much of; **2.** **²** *n* (6), **²ung** *f* promise.

ver'sprengen disperse, scatter.

ver'spritzen squirt (away), spray; (*verschütten*) spill; *sein Blut*: shed.

ver'sprühen spray.

ver'spüren feel, perceive, sense.

verstaatlich|en [fɛr'ʃtaːtliçən] (25) nationalize; **²ung** *f* nationalization.

verstädter|n [~'ʃtɛːtərn] *v/t.* (29) urbanize; **²ung** *f* urbanization.

verstadtlichen [~'ʃtatliçən] (25) municipalize.

Verstand [~'ʃtant] *m* (3) (*Denkkraft*) understanding, intelligence, intellect, brains *pl.*; (*Vernunft*) reason; (*Urteilsfähigkeit*) judg(e)ment; (*praktischer* ~) sense; *gesunder* ~ common sense; *klarer* ~ clear head; *den* ~ *verlieren* lose one's mind; *j-n um den* ~ *bringen* drive a p. mad; *s-n* ~ *zusammennehmen* keep one's wits about one; *das geht über m-n* ~ that's beyond me.

Verstandes|kraft [~'ʃtandəs-] *f* intellectual power *od.* faculty; **²mäßig** rational; **~mensch** *m* matter-of-fact person; **~schärfe** *f* sagacity.

verständ|ig [~'ʃtɛndiç] intelligent; (*vernünftig denkend od. gedacht*) reasonable, sensible; (*richtig urteilend*) judicious; **~igen** [~gən] inform, notify (*von* of); *sich* ~ *mit j-m in e-r fremden Sprache*: make o.s. understood to a p.; (*übereinkommen*) come to an understanding with a p.; **²igung** *f* information; (*Übereinkunft*) understanding, agreement; *teleph. usw.* communication; (*Hörbarkeit*) audibility; **~lich** [~'ʃtɛnt-] intelligible; (*deutlich*) distinct, clear; *fig.* understandable; *j-m et.* ~ *machen* make a th. clear to a p.; *sich* ~ *machen* make o.s. understood (*j-m* by a p.).

Verständnis [~'ʃtɛntnis] *n* (4[1]) (*Verstehen*) comprehension, *a. weitS.* understanding; (*Einsicht*) insight; (*Würdigung*) appreciation (*für* of); (*Mitfühlen*) sympathy; ~ *haben für* appreciate, understand; **²-innig** knowing; **²los** uncomprehending; *Blick, Gesicht*: blank; (*nicht würdigend*) unappreciative; **~losigkeit** *f* lack of understanding; unappreciativeness; **²voll** intelligent; *weitS.* understanding; (*würdigend*) appreciative; *Blick*: knowing.

ver'stärk|en strengthen, (*a.* ⚔ *u.* ⊕) reinforce; ⚡ boost; *Radio*: amplify; (*steigern*) intensify, strengthen, increase (*alle a. sich*); **²er** *m* (7) *Radio*: amplifier; **²erröhre** amplifier valve (*Am.* tube); **²ung** *f* strengthening, (*a.* ⚔) reinforcement; amplification; intensification.

ver'staub|en get dusty; **~t** *fig.* antiquated.

ver'stauch|en (25) sprain; **²ung** *f* sprain(ing).

ver'stauen stow away.

Versteck [fɛr'ʃtɛk] *n* (3) hiding-place; ~ *spielen* play at hide-and-seek; **²en[1]** *v/t.* (*a. versteckt halten*) hide (*a. sich*), conceal; **~en[2]** *n od.* **~spiel** *n* hide-and-seek (*a. fig.*); **²t** hidden (*a. fig.*).

ver'stehen understand, F get; (*einsehen*) see; (*begreifen*) comprehend, grasp, catch; (*erkennen*) realize; (*deuten*) read; (*können*) *Sprache usw.*: know; es ~ *zu inf.*

manage to, know how to *inf.*; *sich ~ auf (acc.)* know well; *sich mit j-m gut ~* get on (*od.* along) well with a p.; *sich ~ zu (sich entschließen)* bring o.s. to *do*, (*einwilligen*) agree to; (*j-m*) *zu ~ geben* intimate (to a p.), give (a p.) to understand; *Spaß ~* take (*od.* see) a joke; *~ Sie?* (do) you see?; *ich verstehe!* I see!; *verstanden?* do you understand (*od.* F get) me?; *falsch ~* misunderstand; *verstehe mich recht!* don't misunderstand me!; (*das*) *versteht sich!* that's understood!; *was ~ Sie unter (dat.) ...?* what do you mean (*od.* understand) by ...?; *er versteht etwas davon* he knows a thing or two about it; *er versteht gar nichts davon* he doesn't know the first thing about it; *es versteht sich von selbst* it goes without saying.

ver'steif|en ⊕ strut, prop; (*a. sich ~*) stiffen; *fig. sich ~ auf (acc.)* keep doggedly at; insist on; **2ung** *f* ⊕ strut(ting) *etc.*

ver'steigen: *sich ~* lose one's way (in the mountains); *fig. sich ~ zu ...* go so far as to.

ver'steiger|n sell by auction; **2ung** *f* (sale by [*Am.* at]) auction, public sale.

versteiner|n [~'ʃtaınərn] *v/t. u. v/i.* (29, sn) (*a. fig.*) turn (in)to stone, (*a. fig.*) petrify; **2ung** *f* petrifaction, fossil.

verstell|bar [~'ʃtɛlbaːr] adjustable; **~en** (*falsch stellen*) misplace; (*versperren*) block; *Handschrift, Stimme usw.*: disguise, dissemble; ⊕ shift, adjust; *sich ~* play-act, feign, dissemble; **2ung** *f* dissimulation; disguise.

ver'steuer|n pay duty (*od.* tax) on; *zu ~* taxable; **2ung** *f* payment of duty (*e-r S.* on a th.).

verstiegen [~'ʃtiːgən] *adj. fig.* high-flown, eccentric(ally *adv.*); **2heit** *f* eccentricity.

ver'stimm|en put out of tune; *Radio*: detune; *fig.* put out (of humo[u]r), annoy; **~t** out of tune; *fig.* cross (*über acc.* with); **2ung** *f* ill-humo(u)r; *zwischen zweien*: disagreement, tiff, resentment, ill-feeling.

verstockt [~'ʃtɔkt] hardened, callous; impenitent; **2heit** *f* obduracy; (*a. eccl.*) impenitence.

verstohlen [~'ʃtoːlən] furtive, stealthy; *adv. a.* by stealth; *~ lachen* laugh in one's sleeve.

ver'stopf|en stop (up); (*versperren*) clog, obstruct; *Straße*: jam; ⚕ constipate; **2ung** *f* stopping; obstruction; *Verkehr*: jam; ⚕ constipation.

verstorben [fɛr'ʃtɔrbən] late, deceased, defunct; **2e** *m, f* deceased.

verstört [~'ʃtøːrt] distracted; consternated, wild; **2heit** *f* distraction, consternation.

Ver'stoß *m* (3^2 *u.* ^{3}) offen|ce, *Am.* -se (*gegen* against); (*Zuwiderhandlung*) *a.* contravention, violation (of); (*Übertretung*) infringement (of); (*Fehler*) blunder, mistake; **2en** *v/t.* (*austreiben*) expel (*aus* from); cast off (*od.* out); *Kind usw.*: reject; *v/i. ~ gegen* offend against, violate, contravene; **~ung** *f* expulsion; rejection.

ver'streb|en ⊕ strut, brace; **2ung** *f* strut(ting), bracing.

ver'streichen *v/i.* (sn) *Zeit*: pass (away), slip by; *Frist*: expire; *v/t. Fuge*: stop up; *Butter, Salbe*: spread.

ver'streuen disperse, scatter; *fig. a.* dot (about); *über e-e Fläche verstreut sein* dot *a country etc.*

ver'stricken entangle, ensnare; *verstrickt in e-e S.* involved in.

verstümmel|n [~'ʃtyməln] (29) mutilate; **2ung** *f* mutilation.

verstummen [~'ʃtumən] (25, sn) grow dumb *od.* silent.

Versuch [~'zuːx] *m* (3) attempt, trial (*a.* ⊕), F try; *phys. usw.* experiment; (*Probe, a.* ⊕) test; (*Bemühung*) effort; *e-n ~ machen mit* give *a p. od. a th.* a trial; try *a p. od. a th.*, F have a go at *a th.*; **2en** try, attempt; (*kosten*) taste; *j-n*: tempt; *es ~ mit s. Versuch (machen)*; **~er** *m* (7), **~erin** *f* (16^1) tempter, *f a.* temptress.

Ver'suchs|-anstalt *f* research institute; **~ballon** *m* trial balloon; *fig. a.* ballon d'essai (*fr.*), kite; **~s-fahrt** *f* trial run; **~s-ingenieur** *m* research engineer; **~kaninchen** *n fig.* guinea-pig; **~reihe** ⚕, ⊕ *f* series of tests; **~sstadium** *n* experimental stage; **~s-tier** *n* experimental animal; **2weise** by way of trial *od.* (an) experiment; tentatively.

Ver'suchung *f* temptation; *in ~*

bringen tempt; *in* ~ *sein* (*od. kommen*) be tempted.
versumpf|en [~'zumpfən] (25, sn) become marshy; F *fig.* get bogged down; **~t** swampy, boggy.
ver'sündig|en: *sich* ~ sin (*an dat.* against); **2ung** *f* sin.
versunken [~'zuŋkən] *fig.* ~ *in* (*acc.*) absorbed (*od.* lost) in; **2heit** *f fig.* absorption.
ver'süßen sweeten (*a. fig.*).
ver'tag|en (*a. sich*) adjourn (*auf* till); **2ung** *f* adjournment.
vertändeln trifle away.
vertäuen ⚓ [~'tɔʏən] moor.
ver'tausch|en exchange (*gegen* for); *die Rollen*: reverse; *s. verwechseln*; **2ung** *f* exchange.
verteidig|en [~'taɪdigən] (25) defend; **2er** *m* (7), **2erin** *f* (16[1]) defender; *fig. a.* advocate; ⚖ ~ *des Angeklagten*: counsel for the defence, *Am.* defense counsel; *Fußball*: back; **2ung** *f* defen|ce, *Am.* -se; **2ungsbündnis** *n* defensive alliance; **2ungskrieg** *m* defensive war; **2ungsminister** *m* Minister of Defence, *Am.* Secretary of Defense; **2ungsministerium** *n* Ministry of Defence, *Am.* Department of Defense; **2ungsrede** *f* speech for the defen|ce, *Am.* -se; *weitS.* apology.
ver'teil|en distribute (*auf acc., unter acc.* among); (*teilen*) divide; (*unter sich* ~) share; *s. zuteilen*; *Farbe usw., a. fig.*: spread; *Geschwulst, Nebel*: (*a. sich*) disperse; **2er** *m* (7) distributor (*a.* ⊕ *u.* ✝); (*Einzelhändler*) retailer; **2ung** *f* distribution.
verteuern [fɛr'tɔʏərn] (29) raise (*od.* increase) the price of.
verteufel|n [~'tɔʏfəln] (29) demonise; **~t** F devilish, fiendish, hellish.
vertief|en [~'ti:fən] (25) (*a. sich*) deepen (*a. fig.*); (*aushöhlen*) hollow out; *sich* ~ *in* (*acc.*) plunge into, *in Gedanken*: become absorbed in; **2ung** *f* deepening (*a. fig.*); (*Höhlung*) hollow, cavity; (*Aussparung*) recess; *fig.* absorption.
vertiert [fɛr'ti:rt] brutish.
vertikal [vɛrti'ka:l] vertical; **2e** *f* (15) vertical line.
vertilg|en [fɛr'tilgən] exterminate; *Vorrat*, F *Speise*: consume; **2ung** *f* extermination.
ver'tippen type wrong; *sich* ~ make a typing error.
verton|en ♪ [~'to:nən] (25) set to music; **2ung** *f* setting to music.
vertrackt F [~'trakt] confounded.
Vertrag [~'tra:k] *m* (3[3]) agreement, contract; *pol.* treaty; (*Pakt*) pact; *e-n* ~ *schließen* make (*od.* enter into) an agreement; **2en** [~gən] (*aushalten*) endure, (*a. j-n, Widerspruch, Alkohol usw.*) stand; (*dulden, zulassen*) bear (*a. v. Sachen*), tolerate; *diese Speise kann ich nicht* ~ this food does not agree with me; *sich* ~ *Sachen*: be compatible, *Farben usw., a. Personen*: agree; *sich wieder* ~ be reconciled (*mit* with *a p.*), make it up (with); *sich* (*gut, schlecht*) *mit-ea.* ~ get on *od.* along (well, ill) together; **2lich** [~'tra:k-] contractual, (*adv.* as) stipulated; *adv.* by contract; *sich* ~ *verpflichten* contract (*zu* to).
verträglich [fɛr'trɛ:kliç] sociable, peaceable; *Nahrung usw.*: (easily) digestible; **2keit** *f* sociability; digestibility.
Ver'trags|bruch *m* breach of contract; **2brüchig** defaulting; ~ *werden* commit a breach of contract.
ver'tragschließend contracting.
Ver'trags|-entwurf *m* draft agreement; **2gemäß, 2mäßig** (*adv.* as) stipulated; **~gegenstand** *m* object of the agreement; **~partei** *f*, **~partner** *m* party to an agreement; **~strafe** *f* (conventional) penalty; **~verhältnis** *n* contractual relationship; **2widrig** contrary to an agreement.
ver'trauen 1. *v/t. s. an*~; *v/i.* trust (*j-m* a p.); ~ *auf* (*acc.*) trust in, rely (up)on; **2.** 2 *n* (6) confidence, trust (*auf acc.* in); *im* ~ confidentially; *ganz im* ~ F between you and me; *im* ~ *auf* (*acc.*) trusting to, relying on; ~ *haben zu* have confidence in, trust; *j-m sein* ~ *schenken*, ~ *in j-n setzen* place confidence in a p.; *j-n ins* ~ *ziehen* confide in a p.; **~-erweckend** inspiring trust *od.* confidence.
Ver'trauens|bruch *m* breach (*od.* betrayal) of trust; **~frage** *f*: *die* ~ *stellen* pose the question of confidence; **~mann** *m*, **~person** *f* confidant(e *f*); (*Sprecher*) spokesman; **~sache** *f* confidential matter; **2-**

selig (too) confiding; gullible; **~seligkeit** *f* blind confidence; **~stellung** *f* position of trust; **2voll** trustful, trusting; **~votum** *n* vote of confidence; **2würdig** trustworthy, reliable.

ver'trauern pass in mourning.

ver'traulich confidential; *Verkehr*: intimate, familiar; *s. streng*; **2keit** *f* confidence; intimacy, familiarity.

ver'träum|en dream away; **~t** dreamy.

ver'traut intimate, familiar; ~ *mit* well acquainted with, well versed in; (*sich*) ~ *machen mit* acquaint *od.* familiarize (o.s.) with; **2e** *m, f* (18) intimate friend, confidant(e*f*); **2heit** *f* familiarity (*mit* with); intimate knowledge (of).

ver'treib|en drive away; (*ausstoßen*) expel (*aus* from); *Ware*: sell, distribute; *Sorgen usw.*: banish; *Krankheit*: cure; (*sich*) *die Zeit* ~ while away; **2ung** *f* expulsion.

ver'tret|bar justifiable; *Standpunkt*: tenable; **~en** *j-n, Firma usw.*: represent; *im Amt*: act (*od.* substitute *od.* deputize) for; (*für j-n auftreten, a.* ⚖) appear (*od.* plead) for *a p.*; ⚖ *u. fig. j-s Sache* ~ plead a p.'s cause, hold a brief for a p.; *j-s Interesse*: attend to, look after; *Ansicht*: hold, take; *als Fürsprecher*: advocate; *parl. Bezirk*: sit for; (*verantworten*) answer for *a th.*; ~ *sein* (*zugegen od. vorhanden sn*) be present; *sich den Fuß* ~ sprain one's foot; *sich die Beine* ~ stretch one's legs; *j-m den Weg* ~ stop a p.; **2er** *m* (7), **2erin** *f* (16[1]) representative; ☤ *a.* agent; (*Reise2*) commercial travel(l)er, *Am.* traveling salesmann; (*Bevollmächtigte*) agent, proxy; *im Amt*: substitute, deputy; (*Fürsprecher*) advocate; (*hervorragender od. typischer* ~) exponent; **2ung** *f* representation; ☤ agency; *im Amt*: substitution; *in* ~ by proxy, acting for, (signed) for; *in* ~ *j-s* as representative of a p.; *j-s* ~ *übernehmen* deputize for a p.

Vertrieb [fɛr'tri:p] *m* (3) sale, distribution, marketing; **~ene** [~'tri:bənə] *m, f* (18) expellee; **~s-organisation** *f* marketing organization; **~srecht** *n* right of sale; (*Konzession*) licen|ce, *Am.* -se.

ver'trinken spend on drink.

ver'trocknen (sn) dry (up).

ver'trödeln dawdle away.

ver'trösten feed with hopes (*auf acc.* of); (*hinhalten*) put off.

ver'tun waste, squander; *sich* ~ make a mistake.

ver'tuschen hush up.

ver'-übeln (26) *et.*: take amiss; *j-m et.* ~ blame a p. for a th.; *ich hoffe, Sie werden mir die Frage nicht* ~ I hope you won't mind the question.

ver'-üb|en commit, perpetrate; **2ung** *f* committing, perpetration.

ver'-ulken F (25) make fun of, F pull *a p.'s* leg, kid.

verunehren [fɛr'ʔunʔe:rən] disgrace.

ver'-un|glimpfen [~glimpfən] (25) disparage, calumniate; **~glücken** [~glykən] (sn) have (*tödlich*: die in) an accident; *S.*: fail, go wrong; **2glückte** *m, f* (18) casualty.

ver'-unreinig|en soil; dirty (*a. Wunde*); *Luft, Wasser usw.*: pollute; *fig.* defile; **2ung** *f* soiling; pollution; defilement.

verunsichern [~'ʔunziçərn] F rattle.

ver'-unstalten [~ʃtaltən] (26) deform, disfigure, deface.

ver'-untreu|en (25) embezzle; **2ung** *f* embezzlement.

ver'-unzieren disfigure, mar.

verursachen [~'ʔu:rzaxən] (25) cause, occasion; give rise to, produce; (*nach sich ziehen*) entail.

ver'-urteil|en sentence; condemn (*a. fig.*); **2ung** *f* condemnation.

vervielfältig|en [~'fi:lfɛltigən] (25) (*a. sich*) multiply; (*nachbilden, a. Schriftsatz*) duplicate; *Text, Bild*: copy; (*hektographieren*) mimeograph; **2ung** *f* multiplication; duplication, copying; *konkret*: duplicate; **2ungs-apparat** *m* duplicator, copying machine.

vervollkommn|en [~'fɔlkɔmnən] (26) perfect; **2ung** *f* perfection.

vervollständig|en [~'fɔlʃtɛndigən] (25) complete; **2ung** *f* completion.

ver'wachs|en **1.** (sn) grow together; ⚕ *Knochen*: unite; *Wunde*: heal up; (*überwachsen*) become overgrown; **2.** *adj.* (*verkrüppelt*) deformed; (*bucklig*) hunchbacked; *fig.* ~ *mit* bound up with; (deeply) rooted in.

ver'wackeln *phot.* blur.

ver'wahren keep; *fig. sich* ~ protest (*gegen* against).

verwahrlos|en [~'va:rlo:zən] *v/t.*

neglect; *v/i.* (sn) be neglected, *P.*: be demoralized, go to the bad; **~t** [~st] *adj.* uncared-for, neglected; *P.*: *a.* unkempt, *sittlich*: demoralized, wayward; **2ung** [~zuŋ] *f* neglect; demoralization.

Ver'wahrung *f* keeping; (*Obhut*) charge, custody; *fig.* protest; *zur ~* in trust; (*j-m*) *in ~ geben* deposit (with a p.), give into (a p.'s) charge; *in ~ nehmen* take charge of; *gegen et. ~ einlegen* enter a protest against.

verwaisen [~'vaɪzən] (sn) be orphaned; *fig.* be deserted.

ver'walt|en administer, manage; (*führen*) conduct; *Amt*: hold; **2er** *m* (7) administrator, manager; (*Treuhänder*) trustee, custodian; (*Guts2*) steward; (*Haus2*) caretaker; **2erin** *f* (16[1]) manageress.

Ver'waltung *f* administration (*a.* = *Staats2*), management; **~(sbehörde)** *f* administrative authority; **~s-apparat** *m* administrative machinery; **~sbe-amte** *m* Civil Servant; **~sbezirk** *m* administrative district; **~sdienst** *m* Civil Service; **~skosten** *pl.* administrative expenses; **~srat** *m* managing board; **~szweig** *m* administrative department.

ver'wand|eln change (*a. sich*); (*umwandeln*) turn, convert; (*umformen*) transform (*alle*: *in acc.* into); *Strafe*: commute; *Fußball*: score; *sich ~* be transformed, *etc.*; **2lung** *f* change; conversion; transformation; **2lungskünstler** *m* quick-change artist.

verwandt [fɛr'vant] related (*mit* to); *fig. a.* kindred, (*bsd. Wörter*) cognate (to, with); *pred.* (*a. fig.*) (a)kin (to); *~e Seele* congenial (*od.* kindred) soul; **2e** *m, f* (18) relative, relation; **2schaft** *f* relationship (*a. fig.*), kinship; (*die Verwandten*) relations *pl.*; *fig.* congeniality; *bsd. durch Heirat od.* ⚗ affinity; **~schaftlich** as (among) relatives; *~e Beziehungen* relations; **2schaftsgrad** *m* degree of relationship *od.* affinity.

verwanzt [~'vantst] buggy.

ver'warn|en warn (off), admonish; *strafend*: caution (*a. Sport*); **2ung** *f* warning, admonition; caution.

ver'waschen **1.** *v/t.* use up in washing; **2.** *adj.* washed out, faded; *fig. a.* vapid, wishy-washy.

ver'wässern water (down *a. fig.*).

ver'weben interweave.

ver'wechs|eln change by mistake, exchange; (*durch-ea.-bringen*) confound (*mit* with), mix up (with); *j-n mit e-m andern ~* (mis)take a p. for another; **2lung** *f* mistake; confusion.

verwegen [~'ve:gən] audacious, daring, bold; **2heit** *f* audacity, boldness, daredevilry.

ver'weh|en (sn) blow away; *Stimme usw.*: trail away; **2ung** *f* drift.

ver'wehren *et.*: bar; *j-m et.*: keep (*od.* debar) a p. from.

verweichlich|en [~'vaɪçliçən] (25) *v/t.* render effeminate (*od.* soft); *v/i.* (sn) grow effeminate (*od.* soft); **~t** *adj.* effeminate, soft, coddled.

ver'weiger|n deny, refuse; **2ung** *f* denial, refusal.

ver'weilen stay, linger; *fig. ~ bei et.* dwell on.

verweint [~'vaɪnt] tear-stained *face*; *eyes* red with tears.

Verweis [~'vaɪs] *m* (4) reprimand, reproof, rebuke; (*Hinweis*) reference; **2en** [~zən] (*verbannen*) banish, exile; *Schüler*: expel; *Sport*: warn (*des Feldes* off the field); *j-m et. ~* reprimand a p. for; *~ auf od. an* (*acc.*) refer to; **~ung** *f* banishment; expulsion; reference (*auf, an acc.* to); **~ungszeichen** *n* mark of reference.

ver'welken (sn) fade, wither.

verweltlich|en [fɛr'vɛltliçən] (25) secularize; **2ung** *f* secularization.

verwend|bar [fɛr'vɛntba:r] applicable, usable; **2barkeit** *f* usability, applicability; **~en** [~dən] apply (*auf acc., für* to), employ, use (in, for); (*nützlich*) *~* utilize; (*aufwenden*) spend, expend; *Mühe, Sorgfalt ~ auf* bestow on; *Zeit ~ auf* devote to; *sich bei j-m ~ für* intercede with a p. for; **2ung** *f* application, use, employment; intercession; *keine ~ haben für* have no use for; **~ungsfähig** *s. verwendbar*; **2ungszweck** *m* use, purpose.

ver'werf|en reject; ⚖ dismiss (*a. weitS.*); *sich ~ Holz*: warp; *geol.* fault; **~lich** objectionable, blamable, reprehensible; **2ung** *f* rejection; ⚖ dismissal; warping; *geol.* fault.

verwert|bar [~'ve:rtba:r] usable;

✝ realizable; **~en** turn to account, utilize, use; (*zu Geld machen*) realize; *geschäftlich*: commercialize; *Patent*: exploit; **2ung** *f* utilization; realization; commercialization; exploitation.
verwes|en [~'ve:zən] (27) *v/i.* (sn) rot, putrefy; (*sich zersetzen*) decay, decompose; *v/t.* (*verwalten*) administer; **2er** *m* (7) administrator; **~lich** [~'ve:sliç] putrefiable; **2ung** [~zuŋ] *f* decay, putrefaction, decomposition; (*Verwaltung*) administration.
ver'wetten bet, stake (*für* on); (*verlieren*) lose by betting.
ver'wickel|n entangle (*in acc.* in); *fig. a.* engage (in), involve (in); *Angelegenheit*: complicate; **~t** *fig.* complicated, intricate; **2ung** *f* entanglement; complication.
ver'wildern ⚘ *u. fig.* (29, sn) run wild.
ver'wind|en get over *a th.*; ⊕ distort, twist; **2ung** *f* ⊕ distortion.
ver'wirken forfeit; *Strafe*: incur.
ver'wirklich|en (25) realize; *sich* ~ be realized, come true; **2ung** *f* realization.
Ver'wirkung *f* forfeiture.
verwirr|en [~'virən] (25) entangle; *fig. j-n*: confound, bewilder, perplex, *a. et.*: confuse; (*verlegen machen*) embarrass; *sich* ~ get entangled; **2ung** *f* entanglement; *fig.* confusion, perplexity; *in* ~ *geraten od. sein* get into (*od.* be in) confusion.
ver'wirtschaften squander away.
ver'wischen wipe (*od.* blot) out; (*a. fig.*) efface; (*undeutlich machen*) blur.
ver'witter|n (sn) weather; **~t** *adj.* weather-beaten, weather-worn.
verwitwet [~'vitvət] widowed.
verwöhn|en [fɛr'vø:nən] (25) spoil; (*verhätscheln*) coddle, pamper; **~t** *adj.* pampered; *Kind*: *a.* spoilt; *Gaumen, Geschmack*: fastidious; **2ung** *f* spoiling; pampering.
verworfen [~'vɔrfən[depraved; **2heit** *f* depravity.
verworren [~'vɔrən] confused, muddled; **2heit** *f* confusion.
verwund|bar [~'vuntba:r] vulnerable; **~en** [~dən] (26) wound.
ver'wunder|lich astonishing, odd, strange; **~n** astonish; *sich* ~ wonder, be astonished (*über acc.* at); *verwundert* amazed; **2ung** *f* astonishment, amazement.
Ver'wund|ete *m* (18) wounded person; ⚔ casualty; **~ung** *f* wound.
ver'wünsch|en curse, execrate; *verwünscht!* confound it!; **2ung** *f* curse.
ver'wurzelt deeply rooted.
verwüst|en [~'vy:stən] (26) devastate, (*a. fig.*) ravage; **2ung** *f* devastation, ravage(s *pl.*).
ver'zag|en despair (*an dat.* of); **~t** [~'tsa:kt] despondent, disheartened; **2t-heit** *f* despondency.
ver'zählen: *sich* ~ miscount.
verzahnen [~'tsa:nən] *Rad*: tooth, gear, cog; *Balken usw.*: indent; (*mit-ea.*) ~ *fig.* dovetail, mesh.
ver'zapfen *Bier usw.*: sell on draught; ⊕ tenon, mortise; F *fig.* dish out; *Unsinn* ~ talk nonsense.
verzärtel|n [fɛr'tsɛ:rtəln] (29) coddle, pamper; **2ung** *f* pampering; softness.
ver'zaubern bewitch, enchant, charm; ~ *in* (*acc.*) transform into.
verzehnfachen [~'tse:nfaxən] (25) increase tenfold, decuple.
Ver'zehr *m* (3, *o. pl.*) consumption; **2en** consume (*a. fig.*), eat (up); *fig. sich* ~ *vor* (*dat.*) be consumed with.
ver'zeich|nen note down, register; *in e-r Liste*: list; *amtlich*: record; (*schlecht zeichnen*) draw incorrectly; *opt. u. fig.* distort; *fig.* (*erzielen*) register, secure; **~net** *adj. paint.* out of drawing; **2nis** *n* (4^1) list; catalog(ue); *amtliches*: register; *v. Möbeln usw.*: inventory; *im Buch*: index; (*Tabelle*) table, schedule.
ver'zeih|en pardon, forgive (*beide*: *j-m* [et.] a p. [a th.]); *bsd.* ⚖ condone; ~ *Sie!* pardon me!, excuse me!; (so) sorry!; **~lich** pardonable; **2ung** *f* pardon; *j-n um* ~ *bitten* beg a p.'s pardon; ~*!* (I beg your) pardon!; (so) sorry!
ver'zerr|en distort (*a. fig.*); **2ung** *f* distortion; *körperlich*: contortion.
verzetteln [~'tsɛtəln] (29) card-index; *fig.* fritter away; *sich* ~ squander one's strength.
Verzicht [fɛr'tsiçt] *m* (*a.* **~leistung** *f*) renunciation (*auf acc.* of); (*Opfer*) sacrifice; ⚖ waiver; ~ *leisten* = **2en** (26) (*auf acc.*) renounce; dispense with; *auf Vergnügen usw.*: for(e)go; ⚖ waive; *ich kann darauf* ~ I can do without it.

ver'ziehen *v/i.* (sn) (re)move; (*zögern*) linger; *v/t. Kind*: spoil; (*verzerren*) distort; *Mund*: screw up; *das Gesicht* ~ (make a) grimace; *s. Miene*; *sich* ~ *Holz*: warp; (*verschwinden, sich entfernen*) disappear, vanish, F beat it; *Volksmenge, Wolken*: disperse.
ver'zier|en adorn, decorate; **2ung** *f* decoration; (*Schmuck*) ornament.
verzinken [~'tsiŋkən] (25) zinc.
verzinnen [~'tsinən] (25) tin.
verzins|en [~'tsinzən] (27) pay interest for; *e-e Summe zu* 3°/₀ ~ pay 3 per cent on a sum; *sich* ~ yield interest; **~lich** [~'tsins-] interest-bearing; ~ *mit* 4°/₀ bearing interest at 4 per cent; ~ *anlegen* put out at interest; **2ung** [~zuŋ] *f* (payment of) interest; (*Zinssatz*) interest rate; (*Zinsertrag*) interest return.
ver'zöger|n delay, retard; slow down (*a. sich*); *sich* ~ be delayed; **2ung** *f* delay, retardation; *phys* lag.
ver'zoll|en pay duty on; ⚓ clear; *haben Sie et. zu* ~? have you anything to declare?; **2ung** *f* payment of duty; ⚓ clearance.
ver'zück|en ecstasize, enrapture; **~t** ecstatic(ally *adv*); **2ung** *f* ecstasy, rapture; *in* ~ *geraten* go into ecstasies.
ver'zuckern (29) sugar (*a. fig*).
Ver'zug *m* (3) delay; *es ist Gefahr im* ~ there is imminent danger; ⚖ *in* ~ *geraten* come in default; *im* ~ *sein* default (*mit* with); **~s-aktien** *f/pl.* deferred shares; **~s-tage** *m/pl.* days of grace; **~szinsen** *m/pl.* interest on arrears.
ver'zweif|eln (h. *u.* sn) despair (*an dat.* of); *es ist zum* 2 it is enough to drive one to despair; **~elt** *adj.* despairing; (*aussichtslos; rücksichtslos*) desperate; **2lung** *f* despair; *zur* ~ *bringen od. treiben* drive to despair.
verzweig|en [fɛr'tsvaɪgən] (25) (*a. sich*) branch out, ramify; **2ung** *f* ramification, branching.
verzwickt [~'tsvikt] intricate, complicated, tricky.
Vesper *eccl.* ['fɛspər] *f* (15) vespers *pl.*; **'~brot** *n* snack; **'2n** (29) have a snack.
Vestibül [vɛsti'by:l] *n* (3) vestibule, hall.
Veteran [vete'rɑ:n] *m* (12) *bsd. Brt.* ex-serviceman, *Am. od. fig.* veteran.
Veterinär [veteri'nɛ:r] *m* (3) veterinary surgeon, veterinarian.
Veto ['ve:to] *n* (11) veto; *ein* ~ *einlegen gegen* put a veto on, veto *a th.*; **'~recht** *n* power of veto.
Vettel ['fɛtəl] *f* (10): *alte* ~ old hag.
Vetter ['fɛtər] *m* (10) cousin; **'~nwirtschaft** *f* nepotism, F cronyism.
Vexier|bild [vɛ'ksi:rbilt] *n* picture-puzzle; **2en** vex, tease; **~schloß** *n* puzzle lock; **~spiegel** *m* distorting mirror; **~spiel** *n* jigsaw puzzle.
Viadukt [via'dukt] *m* (3) viaduct.
Vibration [vibra'tsjo:n] *f* vibration.
vibrieren [vi'bri:rən] vibrate.
Vieh [fi:] (3, *o. pl.*) (*Tier*) animal; *agr.* cattle, livestock; *weitS., a. fig.* brute, beast; **'~ausstellung** *f* cattle-show; **'~bestand** *m* livestock; **'~bremse** *f* gadfly; **'~futter** *n* fodder; **'~händler** *m* cattle-dealer; **'~hof** *m* stockyard.
'viehisch bestial, beastly, brutal.
'Vieh|markt *m* cattle-market; **'~seuche** *f* cattle-plague, rinderpest; **'~wagen** 🚃 *m* cattle van; **'~weide** *f* pasturage; **'~zucht** *f* stock-farming, cattle-breeding; **'~züchter** *m* stock-farmer, cattle-breeder.
viel [fi:l] (*comp. mehr, sup. meist*) much, *pl.* many; *sehr* ~ a great deal; *sehr* ~*e pl.* a great many; ~ *besser* much better; *ziemlich* ~ a good deal (of); *ziemlich* ~*e pl.* a good many; *viel Platz, Zeit usw.* F plenty of room, time, *etc.*; *das* ~*e Geld* all that money; *seine* ~*en Geschäfte* his numerous affairs; *s. Spaß*; **'~beschäftigt** very busy; **~deutig** ['~dɔʏtiç] ambiguous; **'2-eck** *n* (3) polygon; **~erlei** ['~ər'laɪ] *adj.* of many kinds, many kinds of, multifarious; **~erorts** ['~ər'ˀɔrts] in many places, widely; **'~fach** multiple; *adv.* in many cases; frequently; **2falt** ['~falt] *f* (16, *o. pl.*) (great) variety, diversity; **~fältig** ['~fɛltiç] manifold, multifarious; **'2fältigkeit** *f s. Vielfalt*; **'~farbig** many-colo(u)red; **2fraß** ['~frɑ:s] *m* glutton (*a. zo.*); **'~geliebt** well beloved; **~geprüft** ['~gəpry:ft] much tried; **~gereist** ['~gəraɪst] (much) travel(l)ed; **~gestaltig** ['~gəʃtaltiç] multiform; **2götterei** ['~gœtə'raɪ] *f* polytheism; **'2heit** *f* multiplicity, variety; (*Menge*) multitude; **'~jährig** of many years, many years of

...; ~'**leicht** perhaps, *bsd. Am.* maybe; ~ *haben Sie recht* you may be right; ~**malig** ['~ma:liç] often repeated, frequent; ~**mals** ['~ma:ls] many times, frequently; *ich danke Ihnen* ~ many thanks; '~**mehr** rather; '~**sagend** significant; *Blick*: *a.* knowing; '~**seitig** many-sided; *P. a.*: all-round, versatile; ~ *verwendbar* multi-purpose, versatile; '~**silbig** polysyllabic; '~**stimmig** many-voiced, polyphonic; '~**verheißend**, '~**versprechend** (very) promising, of great promise; *nicht* ~ unpromising; ♀**weiberei** ['~vaɪbə'raɪ] *f* polygamy; '♀**zahl** *f* multitude.

vier [fi:r] four; *unter* ~ *Augen* confidentially; *auf allen* ~*en* on all fours; ~**beinig** ['~baɪniç] four-legged; ~**blätt(e)rig** ['~blɛt(ə)riç] four-leaved; ~**dimensional** ['~dimɛnzjona:l] four-dimensional; '♀**eck** *n* square, quadrangle; '~**eckig** square, quadrangular.

'**Vierer** *m* (7) *Rudern*: four; '♀'**lei** *adj.* of four different sorts; *als su.* four different things; '~(**spiel** *n*) *m Golf*: foursome; *Bridge*: four.

'**vier|fach**, ~**fältig** ['~fɛltiç] fourfold; quadruple; ~**füßig** ['~fy:siç] four-footed; *zo.* quadruped; ♀**füß(l)er** ['~fy:s(l)ər] *m* (7) quadruped; '♀**gespann** *n* four-in-hand, carriage-and-four; ~**händig** ['~hɛndiç] *zo.* quadrumanous; ♪ four-handed; ~ *spielen* play a duet; '~'**hundert** four hundred; '~**jährig** four years old, *attr.* four-year-old; *Dauer*: four-year; '~**kantig** square; '♀**linge** *pl.* quadruplets, F quads; ♀**mächtebesprechung** [~'mɛçtə-] *f* four-power talk; '~**mal** four times; '~**malig** four times repeated; ~**motorig** ['~moto:riç] four-engined; '♀**radbremse** *mot. f* four-wheel brake; ~**räd(e)rig** ['~rɛ:d(ə)riç] four-wheeled; ~**schrötig** ['~ʃrø:tiç] square-built, thick-set; '~**seitig** four-sided; A quadrilateral; '~**silbig** of four syllables, 🕮 tetrasyllabic; '♀**sitzer** *m* (7), '~**sitzig** four-seater; ♀**spänner** ['~ʃpɛnər] *m* carriage-and-four, (*a.* '~**spännig**) four-in-hand; '~**stellig** *Zahl*: of four digits; ~**stöckig** ['~ʃtœkiç] four-storied; ~**tägig** ['~tɛ:giç] of four days, four-day; '♀**taktmotor** *mot. m* four-stroke (*od.* -cycle) engine; '~**te** fourth; '~**teilen** quarter.

Viertel ['firtəl] *n* (7) fourth (part); (*Maß*; *Stadt*♀; *Mond*♀) quarter; *ein* ~ (*auf*) *fünf*, (*ein*) ~ *nach vier* a quarter past four; *drei* ~ (*auf*) *vier*, (*ein*) ~ *vor vier* a quarter to (*Am.* of) four; '~**finale** *n Sport*: quarter-finals *pl.*; ~'**jahr** *n* three months, quarter (of a year); ~'**jahres...** quarterly ...; '♀**jährig** of three months; '♀**jährlich** three months'; quarterly (*a. adv.*); *adv.* every three months; '~**note** ♪ *f* crotchet; '~**pause** ♪ *f* crotchet-rest; '~**pfund** *n* quarter of a pound; ~'**stunde** *f* quarter of an hour; '♀**stündlich** every quarter of an hour.

viertens ['fi:rtəns] fourthly.

Vier|'vierteltakt ♪ *m* common time; '♀**zehn** fourteen; ~ *Tage* a fortnight, *Am.* fourteen days; '♀**zehntägig** fortnightly, two-week; '♀**zehnte** fourteenth; '~**zehntel** *n* (7) fourteenth (part); '~**zeiler** *m* four-lined stanza.

vierzig ['firtsiç] forty; ♀**er** ['~gər] *m* (7), '♀**erin** *f* (16[1]) quadragenarian; *in den Vierzigern* in one's forties; F on the wrong side of forty; '~**ste** fortieth.

Vignette [vin'jɛtə] *f* (15) vignette.

Vikar [vi'ka:r] *m* (3[1]) curate.

Viktualien [viktu'a:ljən] *n/pl.* victuals, provisions, eatables.

Vill|a ['vila] *f* (9[1]) villa; '~**enviertel** *n* residential district.

Viola ♪ [vi'o:la] *f* (16[2]) viola.

violett [vio'lɛt] violet.

Violin|e ♪ [~'li:nə] *f* (15) violin; ~**ist** ♪ [~li'nist] *m* (12), ~**istin** *f* (16[1]) violinist; ~**schlüssel** [~'li:n-] *m* G (*od.* treble) clef.

Violoncell(o) [violɔn'tʃɛl(o)] *n* (11, *pl. a.* -*celli*) violoncello.

Viper *zo.* ['vi:pər] *f* (15) viper.

virtuo|s [virtu'o:s] masterly, virtuoso; ♀**se** [~'o:zə] *m* (13), ♀**sin** *f* (16[1]) virtuo|so, *pl.* -si; ♀**sität** [~ozi'tɛ:t] *f* (16) virtuosity, artistic perfection.

virulent [viru'lɛnt] virulent.

Virus ⚕ ['vi:rus] *n* (16) virus; '~**krankheit** *f* virus disease.

Visage F [vi'za:ʒə] *f* mug.

Visier [vi'zi:r] *n* (3[1]) *am Helm*: visor; *am Gewehr*: sight; ♀**en** *v/t.* ⊕ adjust; (*eichen*) ga(u)ge; *Paß*: visa;

v/i. (take) aim *od.* sight; **~kimme** *f* rear sight notch; **~korn** *n* fore-sight; **~linie** *f* sighting-line.
Vision [vi'zjo:n] *f* vision; **≈är** [~zjo'nɛ:r] visionary.
Visi|tation [vizita'tsjo:n] *f* (*Durchsuchung*) search; (*Besichtigung*) inspection; **~te** [vi'zi:tə] *f* (15) visit (*a.* ⚕), (social) call; **~tenkarte** *f* visiting-card, *Am.* calling card; **≈'tieren** search; (*besichtigen*) inspect.
visuell [vizu'ˀɛl] visual.
Visum ['vi:zum] *n* (9² *u.* 11) visa.
vital [vi'tɑ:l] vigorous; **≈ität** [vitali'tɛ:t] *f* vitality.
Vitamin [vita'mi:n] *n* (3¹) vitamin(e); *mit ~(en) anreichern s. ≈isieren*; **≈-arm** poor in vitamins; **≈haltig** vitamin-containing; **≈isieren** [~mini'zi:rən] vitaminize; **~mangel** [~'mi:n-] *m* vitamin deficiency; **≈reich** rich in vitamins.
Vitrine [vi'tri:nə] *f* (15) glass cupboard; ✝ show-case.
Vitriol [vitri'o:l] *n, m* (3¹) vitriol.
vivat ['vi:vat] **1.** long live ...!; three cheers for ...!; **2.** ≈ *n* (11) cheer.
Vize... ['fi:tsə, 'vi:tsə] *mst* vice..., *z. B.* **'~-admiral** *m* vice-admiral; **'~kanzler** *m* vice-chancellor; **'~könig** *m* viceroy; **'~konsul** *m* vice-counsel.
Vlies [fli:s] *n* (4) fleece.
Vogel ['fo:gəl] *m* (7¹) bird; F *fig. e-n ~ haben* have a bee in one's bonnet, *sl.* be nuts; *fig. den ~ abschießen* steal the show, *sl.* take the cake; *loser ~* wag; **'~bauer** *n* bird-cage; **'~beerbaum** *m* mountain ash, rowan(-tree); **'~beere** *f* rowan-berry; **~fänger** ['~fɛŋər] *m* (7) bird-catcher; **'~flinte** *f* fowling-piece; **'≈frei** outlawed; **'~futter** *n* bird-seed; **'~haus** *n* aviary; **'~kunde** *f* ornithology; **'~mist** *m* bird-dung; **'~nest** *n* bird's nest; **'~perspektive** *f*, **'~schau** *f* bird's-eye view; **'~scheuche** *f* scarecrow (*a. fig.*); **'~steller** *m* (7) bird-catcher; **~-'Strauß-Politik** *f* ostrich policy; **'~warte** *f* ornithological station; **'~zug** *m* migration of birds.
Vöglein ['fø:glaın] *n* (6) little bird.
Vogt [fo:kt] *m* (3³) overseer; (*Amtmann*) bailiff; (*Statthalter*) governor; *e-s Gutes*: steward.
Vokab|el [vo'kɑ:bəl] *f* (15) word; **~ular** [vokabu'lɑ:r] *n* (3¹) vocabulary.
Vokal [vo'kɑ:l] *m* vowel; **~musik** *f* vocal music.
Volant [vo'lã] *m* (11) *Schneiderei*: flounce; *mot.* steering-wheel.
Volk [fɔlk] *n* (1²) people; (*Leute*) people *pl.*; (*Nation*) nation; (*Rasse, Schlag*) race; (*Masse*) populace; *contp.* (*Pöbel*) mob, rabble; (*Bienen≈*) swarm; *hunt.* (*Rebhühner≈*) covey; *der Mann aus dem ~e* the man in the street.
Völker|bund ['fœlkər-] *m* (*von 1919*) League of Nations; **'~kunde** *f* ethnology; **'~mord** *m* genocide; **'~recht** *n* law of nations, international law; **'≈rechtlich** relating to (*adv.* under) international law; **'~schaft** *f* people; (*Stamm*) tribe; **'~schlacht** *f* battle of (the) nations; **'~verständigung** *f* agreement between nations; **'~wanderung** *f* migration of nations.
'volkreich populous.
'Volks|-abstimmung *f* plebiscite; **'~-aufstand** *m* (popular) uprising, revolt; **'~-ausgabe** *f* popular edition; **'~begehren** *n* (popular) initiative; **'~bibliothek** *f* public library; **'~bildung** *f* national education; **'~charakter** *m* national character; **'~deutsche** *m, f* ethnic German; **'~dichter** *m* popular (*od.* national) poet; **'~-entscheid** *m* (popular) referendum; **'~feind** *m* public enemy; **'~fest** *n* public festival; **'~gunst** *f* popularity; **'~haufe(n)** *m* crowd; (*die große Masse*) populace, mob; **'~herrschaft** *f* democracy; **'~hochschule** *f* University Extension; *in Deutschland*: adult college; **'~justiz** *f* lynch law; **'~küche** *f* (public) soup-kitchen; **'~kunde** *f* folklore; **'~lied** *n* folk-song; **'~menge** *f* crowd (of people), multitude, *b.s.* mob; **'~partei** *f* people's party; **'~redner** *m* popular speaker; (*Agitator*) mob (*Am.* stump) orator, **'~sage** *f* folk-tale; **'~schicht** *f* class of (the) people, social stratum; **'~schule** *f* elementary (*od.* primary, *Am. a.* grade) school; **'~schullehrer** *m* elementary (*Am.* grade) teacher; **'~sprache** *f* popular (*od.* vulgar) tongue; (*Landessprache*) vernacular (language); **'~stamm** *m* tribe, race; **'~stimme** *f* voice of the people; **'~stimmung** *f* public feeling; **'~-**

stück *thea. n* folk-play; '**~tanz** *m* folk-dance; '**~tracht** *f* national costume; '**~tum** *n* (1²) nationality; '**ˆtümlich** national; (*einfach od. beliebt*) popular; '**~tümlichkeit** *f* popularity; '**~versammlung** *f* public meeting; '**~vertreter** *m* representative of the people; '**~vertretung** *f* representation of the people; '**~wirt** *m* (political) economist; '**~wirtschaft** *f praktische*: political economics *pl.*; '**~wirtschaftslehre** *f* political economy; '**~wohlfahrt** *f* public welfare; '**~zählung** *f* census.

voll [fɔl] *allg.* full; (*gefüllt*) filled; F (*betrunken*) drunk; (*ganz*) whole, complete, entire (*a. Betrag*); (*füllig, prall*) full, round; ⊕ (*massiv*) solid; *mit ~em Recht* with perfect right; *e-e ~e Stunde* a full (*od.* solid) hour; *ein ~es Jahr* a whole year; *~e Beschäftigung* full (*ganztägige*: full-time) employment; *aus ~er Brust* heartily; *s. Hals, Nase*; *aus ~em Herzen* from the bottom of one's heart; *im ~(st)en Sinne des Wortes* in the fullest sense of the word; *j-n für ~ nehmen* take a p. seriously; *~(er) Knospen* full of; *aus dem ~en schöpfen* draw on plentiful resources; *adv. ~ (und ganz)* fully, entirely; '**~auf** abundantly, amply, perfectly; '**~automatisch** fully automatic; '**ˆbad** *n* full bath; '**ˆbart** *m* full beard; '**~berechtigt** fully qualified; '**~beschäftigt** fully employed; '**ˆbeschäftigung** *f* full employment; '**~besetzt** *Theater usw.*: packed; '**ˆbesitz** *m* full possession; '**ˆblut(pferd)** *n* thoroughbred (horse); **~blütig** ['~bly:tiç] full-blooded; **~'bringen** accomplish, achieve; **ˆ'bringung** *f* accomplishment, achievement; **~busig** ['~bu:ziç] fullbosomed; '**ˆdampf** *m* (*mit* at) full steam; *fig. mit ~* at full blast; **~enden** [~l'ʔɛndən] (*beenden*) finish; (*vervollständigen*) complete; (*vervollkommnen*) perfect, accomplish; **~endet** *adj.* perfect, accomplished; *s. Tatsache.*

vollends ['fɔlɛnts] entirely, wholly, altogether; *~ da* especially since.

Voll'endung *f* finishing; completion; (*Zustand*) perfection.

Völlerei [fœlə'raɪ] *f* (16) gluttony.

voll|'führen execute, carry out; *Lärm*: make; '**~füllen** fill (up); '**ˆgas** *mot. n* (*mit* at) full throttle; *~ geben* open the throttle, F step on it; '**ˆgefühl** *n*: *im ~* (*gen.*) fully conscious of; '**ˆgenuß** *m* full enjoyment; '**~gepfropft** crammed (full), F packed; '**~gießen** fill (up); '**~gültig** of full value, valid; '**ˆgummi** *m* solid rubber.

völlig ['fœliç] **1.** *adj.* (*ganz*) full, entire; (*vollständig*) complete, total; (*vollkommen*) perfect; (*gründlich*) thorough; **2.** *adv.* fully, entirely, *etc.*; quite.

'**voll|jährig** of (full) age; '**ˆjährigkeit** *f* full age, majority; **~'kommen** perfect; (*völlig ausgebildet*) accomplished; *Macht, Recht usw.*: absolute; *s. völlig*; **ˆ'kommenheit** *f* perfection; '**ˆkornbrot** *n* whole-meal bread; '**ˆkraft** *f* full vigo(u)r; *in der ~ des Lebens* in the prime of life; '**~machen** fill (up); *fig.* complete; *um das Unglück vollzumachen* to make things worse; (*beschmutzen*) dirty; '**ˆmacht** *f* full power(s *pl.*), authority; (*Urkunde*) proxy; ⚖ power of attorney; *j-m ~ erteilen* give a p. authority; *~ haben* be authorized; '**ˆmatrose** *m* able-bodied seaman; '**ˆmilch** *f* whole (*od.* unskimmed) milk; '**ˆmond** *m* full moon; **~mundig** ['~mundiç] *Wein*: full-bodied; '**~packen** fill (up); '**ˆpension** *f* full board (and lodging); '**~pfropfen** stuff, cram; '**~schenken** fill (up); '**~schlank** full-figured, *Frau*: *a.* matronly; '**ˆsitzung** *f* plenary session; **~spurig** ['~ʃpu:riç], '**ˆspur...** 🚂 standard-ga(u)ge; '**~ständig** complete, full; whole, entire, total; *s. völlig*; '**ˆständigkeit** *f* completeness; entirety; '**~stopfen** stuff, cram; **~'streckbar** enforceable; **~'strecken** execute, ⚖ *a.* enforce; *Fußball*: score; **ˆ'strecker(in** *f*) *m* executor, *f a.* executrix; **ˆ'streckung** *f* execution; **ˆ'streckungsbe-amte** ⚖ *m* executory officer; **ˆ'streckungsbefehl** *m* writ of execution; '**~synthetisch:** *~e Chemiefaser* synthetic fib|re, *Am.* -er; '**ˆtreffer** *m* direct hit; *fig.* bull's-eye; '**ˆversammlung** *f* plenary assembly; '**~wertig** full, of full value; **~zählig** ['~tsɛ:liç] complete; '**ˆzähligkeit** *f* completeness; **~'ziehen** execute, perform; (*aus-*

führen) effect; *kirchliche Handlung*: solemnize; die *~de Gewalt* the executive; *sich ~* take place; **2'ziehung** *f*, **2'zug** *m* execution.

Volontär [volõ'tɛ:r] *m* (3^1) improver, trainee, unsalaried clerk.

Volt ⚡ [vɔlt] *n* (3 *u. inv.*) volt.

Volte ['vɔltə] *f* (15) volt.

'Voltmeter ⚡ *n* voltmeter.

Volumen [vo'lu:mən] *n* (6; *pl. mst Volumina*) volume (*a. fig.*).

vom [fɔm] = *von dem*; *s. von*.

von [fɔn] *räumlich u. zeitlich*: from; *für den Genitiv*: of; *beim Passiv*: by; (*über*) about, of; *s. a. an* 2.; *Stoff*: *~ Holz* (made) of wood; *2 ~ 3 Kindern* 2 in (*od.* out of) 3 children; *ein Gedicht ~ Schiller* a poem by Schiller; *Kinder haben ~* have children by; *~ selbst, ~ sich aus* of oneself; *~ mir aus* I don't mind (if); *s. Anfang, früh, Kindheit, vornherein usw.*: **~nöten** [~'nø:tən] necessary; **~statten** [~'ʃtatən]: *~ gehen* proceed, pass off.

vor [fo:r] *räumlich u. zeitlich*: before; *räumlich*: in front of; (*~ soundso langer Zeit*) ago; (*früher als*) prior to; (*schützen, verstecken, warnen usw. ~*) from, against; (*zittern ~ Freude, Kälte usw.*) with; *vor* ... (*in Gegenwart von*) in the presence of; *s. all*; *~ e-m Hintergrund* against a background; *~ Hunger sterben* die of hunger; *sich fürchten ~* be afraid of, fear; (*heute*) *~ acht Tagen* a week ago (today); *~ Zeiten* formerly; *5 Minuten ~ 9* five minutes to (*Am.* of) 9; *~ allen Dingen* above all; *~ der Tür sein* be at the door; *~ sich gehen* take place, happen, pass off, proceed; et. *~ sich haben* be in for a th.

vor'ab in advance; beforehand.

'Vor·abend *m* eve; *am ~* (*gen.*) on the eve of.

'vor·ahn|en have a presentiment of; **'2ung** *f* presentiment, foreboding.

voran [fo'ran] before, at the head (*dat.* of); *nur ~!* go on!, go ahead!; **~gehen** (sn) *räumlich*: lead the way; (*a. fig.*) take the lead; *zeitlich u. räumlich, a. im Rang*: precede (*j-m usw.* a p. *etc.*); *Arbeit*: *gut ~* = **~kommen** make headway (*od.* progress), get ahead.

'Vor·anschlag *m* estimate.

'Vor·anzeige *f* previous notice.

'Vor·arbeit *f* preparatory work, preparations *pl.*; **'2en** *v/t.* prepare, do *a th.* in advance; *v/i.* prepare work; *j-m ~* pave the way for a p.; **'~er** *m* foreman; **'~erin** *f* (16^1) forewoman.

vorauf [fo'rauf] *s. voran*.

voraus [~'raus] in front, ahead (*dat.* of); *im ~, zum ~* (*mst 'voraus*) in advance, beforehand; *danken*: in anticipation; *Kopf ~* head foremost; *s-m Alter ~ sein* be forward (for one's age); **2-abteilung** ⚔ *f* advance guard, vanguard; **~bedingen** stipulate beforehand; **~bestellen** *s. vorbestellen*; **~bestimmen** predetermine; **~bezahlen** pay in advance, prepay; **2bezahlung** *f* advance payment; **~denken** look ahead; **~-eilen** (sn) hurry on ahead (*dat.* of); **2-exemplar** *n* advance copy; **~gehen** (sn) walk ahead (*dat.* of); *s. a. vorangehen*; **~gesetzt:** *~, daß* provided (that); **~haben:** *j-m et. ~* have an advantage over a p.; **2planung** *f* forward planning; **2sage, 2sagung** *f* prediction; (*Prophezeiung*) prophecy; (*Wetter2*) forecast (*a. fig.* ✝); (*Renntip usw.*) tip; **~sagen** foretell, predict; forecast; **2schau** *f* forecast; **~schauend** far-sighted; long-range; **~schicken** send on in advance; *fig.* mention before; **~sehen** foresee, anticipate; **~setzen** presuppose, require; (*annehmen*) assume; *s. vorausgesetzt*; **2setzung** *f* (pre)supposition, assumption; *s. Vorbedingung*; *unter der ~, daß* on condition that; *zur ~ haben* presuppose; *die ~en erfüllen* meet the requirements, qualify; **2sicht** *f* foresight; *aller ~ nach* in all probability; **~sichtlich** prospective, probable, presumable; expected; *adv.* probably; *er kommt ~ a.* he is likely (*od.* expected) to come; **2zahlung** *f* advance payment.

'Vorbau *m* front building; projecting part *of a building*; **'2en** *v/t.* (*vorspringend bauen*) build out; *v/i. e-r S.*: guard against.

'Vorbedacht 1. *m* (3) forethought; *mit ~* deliberately, on purpose; **2. 2** premeditated.

'vorbedeut|en presage; **'2ung** *f* foreboding, omen.

'Vorbedingung *f* precondition, prerequisite, (basic) requirement.

Vorbehalt ['~bəhalt] *m* (3) reservation, reserve, proviso; *mit dem ~, daß ...* on the proviso that; *ohne ~* without reservation; unconditionally; *unter ~* with reservations; *unter ~ aller Rechte* all rights reserved; '**2en:** *sich ~* reserve to o.s.; *j-m ~ sein* be reserved for a p.; *Änderungen ~* subject to change (without notice); *es bleibt der Zukunft ~* it remains for the future (*to show, etc.*); '**2lich** with reservation (*gen.* as to); *~ gen.* subject to; '**2los** unreserved(ly *adv.*).

vorbei [for'baɪ] along, by, past (*alle a.*: *~ an dat.*); *zeitlich*: over, past, gone; **~fahren** drive past; **~gehen** (sn) pass by (*an j-m* a p.); (*aufhören*) pass; (*fehlgehen*) miss the mark; *im 2* in passing; **~kommen** pass by; *an e-m Hindernis usw.*: get past; F (*besuchen*) drop in; **~lassen** let pass; **2marsch** *m* march(ing) past; **~marschieren** (sn) march past (*an j-m* a p.); **~müssen** have to pass (*an dat.* by); **~reden:** *an-ea. ~* be at cross purposes; **~schießen** miss (*an e-r S.* a th.).

'**Vorbemerkung** *f* preliminary remark *od.* note; preamble.

vorbenannt ['~bənant] (afore)said, aforementioned.

'**vorbereit|en** (*a. sich ~*) prepare (*für, auf acc.* for); *e-e vorbereitete Rede* a set speech; '**~end** *adj.* preparatory; '**2ung** *f* preparation (*für, auf acc.* for); '**2ungs...** preparatory.

'**Vorbericht** *m* preliminary report.

'**vorberuflich** prevocational.

'**Vorbesprechung** *f* preliminary discussion.

'**vorbestell|en** order in advance; *Platz, Zimmer usw.*: book, *Am. a.* make a reservation for; '**2ung** *f* advance order; booking, *Am. a.* reservation, billing.

'**vorbestraft** previously convicted.

'**vorbeten** *v/t.*: *j-m et. ~* repeat a th. to a p.

'**vorbeug|en** *v/i.* (*dat.*) prevent, obviate, guard against; *v/t.* (*a. sich*) bend forward; '**~end** *adj.* preventive, 🕮, ⚕ prophylactic; '**2ung** *f* prevention; '**2ungsmaßnahme** *f* preventive measure; '**2ungsmittel** *n* preventive, 🕮, ⚕ prophylactic.

'**Vorbild** *n* model; (*Beispiel*) *a.* example; (*Urbild*) prototype; '**2lich** exemplary, *attr. a.* model; (*vollkommen*) ideal; (*kennzeichnend*) typical (*für* of); '**~ung** *f* preparatory training; educational background.

'**Vorbote** *m* forerunner (*a.* ⚕); *fig.* harbinger, precursor; early sign.

'**vorbringen** bring forward, *a.* ⚖ *Beweise*: produce; *Meinung, Entschuldigung*: advance; ⚖ *Klage*: prefer, *als Einwand*: plead; (*behaupten, sagen*) state, say.

'**vorbuchstabieren** spell out (*j-m* to a p.).

'**Vorbühne** *f* apron.

'**vordatieren** (= *zurückdatieren*) antedate; (= *vorausdatieren*) postdate.

vordem ['fo:rde:m] formerly.

vorder ['fɔrdər] front, fore.

'**Vorder|-achse** *mot. f* front axle; '**~-ansicht** *f* front view; '**~-arm** *m* forearm; '**~bein** *n* foreleg; '**~deck** *n* foredeck; '**~fuß** *m* forefoot; '**~gebäude,** '**~haus** *n* front building; '**~grund** *m* foreground; *fig. im ~ stehen* (*in den ~ rücken*) be in the (place into the) foreground; *in den ~ treten* come to the fore; **2gründig** ['~gryndiç] *fig.* (*adv.* in the) foreground; '**~hand**[1] *f des Pferdes*: forehand.

vorderhand[2] ['fo:rdər'hant] for the present, for the time being.

'**Vorder|lader** *m* (7) muzzle-loader; '**2lastig** ✈ nose-heavy; '**~lauf** *hunt. m* foreleg; '**~mann** *m* man in front (*of a p.*); ✝ *bei Wechsel usw.*: prior endorser, *bei Papieren*: previous holder; F *j-n auf ~ bringen* make a p. toe the line; '**~rad** *n* front wheel; '**~rad-antrieb** *m* front-wheel drive; '**~radbremse** *f* front-wheel brake; '**~reihe** *f* front rank (*od.* row); '**~seite** *f* front (side); △, ⊕ *a.* face; '**~sitz** *m* front seat.

'**vorderst** foremost.

'**Vorder|steven** ⚓ *m* stem; '**~teil** *m, n* front (part); ⚓ prow; '**~tür** *f* front door; '**~zahn** *m* front tooth.

'**vordrängen** (*a. sich*) press (*od.* push) forward.

'**vordring|en** (sn) push (*od.* press) forward, advance; '**~lich** urgent, priority ...

'**Vordruck** *m* form, *Am.* blank.

'**vor-ehelich** premarital.

'**vor-eilig** hasty, rash, precipitate; *~e Schlüsse ziehen* jump to conclusions; '**2keit** *f* rashness.

ˈ**vor-eingenommen** prejudiced, bias(s)ed; ˈ**⁀heit** *f* prejudice, bias.
ˈ**Vor-eltern** *pl.* forefathers, ancestors, progenitors.
ˈ**vor-enthalt|en** keep back, withhold (*j-m* from a p.); ˈ**⁀ung** *f* withholding.
ˈ**Vor-entscheidung** *f* preliminary decision.
ˈ**vor-erst** for the time being.
vorerwähnt [ˈfoːrˀɛrvɛːnt] aforesaid, before- (*od.* afore)mentioned.
ˈ**Vor-examen** *n s. Vorprüfung.*
Vorfahr [ˈ~fɑːr] *m* (12) ancestor.
ˈ**vorfahr|en** (sn) drive up; (*vorbeifahren*) pass; *den Wagen ~ lassen* order; ˈ**⁀t**(**recht** *n*) *f* right of way.
ˈ**Vorfall** *m* incident, occurrence; event; ⚕ prolapsus; ˈ**⁀en** (sn) happen, occur; ⚕ prolapse.
ˈ**Vor|feier** *f* preliminary celebration; ˈ**~feld** *n* ⚒ forefield; ˈ**~fertigung** *f* prefabrication; ˈ**~film** *m* program(me) picture.
ˈ**vorfinden** find.
ˈ**Vorfrage** *f* preliminary question.
ˈ**Vorfreude** *f* anticipated joy.
ˈ**vorfühlen** put out one's feelers; *bei j-m*: sound out.
ˈ**Vorführ|dame** *f* mannequin; ˈ**⁀en** bring forward, produce; ⊕ demonstrate; (*zeigen*) show, display; ˈ**~er** *m* (7) demonstrator; *Kino*: projectionist, operator; ˈ**~raum** *m* projection room; ˈ**~ung** *f* production; demonstration; showing; (*Aufführung*) performance, F show.
ˈ**Vorgabe** *f Spiel, Sport*: points (*od.* odds) *pl.* given, handicap.
ˈ**Vorgang** *m s. Vorfall*; (*Hergang*) proceedings *pl.*; *bsd.* ⊕ process; (*Akte*) file, reference.
Vorgänger [ˈ~gɛŋər] *m* (7), ˈ**~in** *f* (16¹) predecessor.
ˈ**Vorgarten** *m* front garden, *Am.* frontyard.
ˈ**vorgeben 1.** *v/t. Sport*: give, owe; (*behaupten*) allege, pretend; *v/i.* give odds (*j-m* to a p.); **2.** ⁀ *n* (6) preten|ce, *Am.* -se, pretext.
ˈ**Vorgebirge** *n* promontory, cape; (*Vorberge*) foot-hills *pl.*
vorgeblich [ˈ~geːpliç] pretended, ostensible, alleged.
vorgefaßt [ˈ~gəfast] preconceived.
ˈ**Vorgefühl** *n* presentiment.
ˈ**vorgehen 1.** (sn) advance; *Uhr*: be fast, gain (*fünf Minuten* five minutes); *im Range*: take precedence (*dat.* of), be more important (than); (*handeln*) take action, act; (*verfahren*) proceed (*a. gerichtlich; gegen* against); (*sich ereignen*) go on, happen, occur; **2.** ⁀ *n* (6) advance; (*Handlungsweise*) action, proceeding.
ˈ**vorgenannt** *s. vorerwähnt.*
ˈ**Vorgericht** *n* entree, *s. a. Vorspeise.*
ˈ**Vorgeschicht|e** *f* prehistory; *e-r S.*: previous (*od.* past) history; *e-r P.*: antecedents *pl.*; ⚕ case history; ˈ**⁀lich** prehistoric(ally *adv.*).
ˈ**Vorgeschmack** *m* foretaste.
Vorgesetzte [ˈfoːrgəzɛtstə] *m, f* (18) superior; (*Chef*) *bsd. Am.* F boss.
ˈ**vorgest|ern** the day before yesterday; ˈ**~rig** of the day before yesterday.
ˈ**vorgreifen** anticipate (*j-m, e-r S.* a p., a th.).
ˈ**Vorgriff** *m* anticipation.
ˈ**vorgucken** F *Unterkleid usw.*: show.
ˈ**vorhaben 1.** *Schürze usw.*: have *a th.* on; (*beabsichtigen*) intend, purpose, mean; (*beschäftigt sein mit*) be busy with; *haben Sie heute abend etwas vor?* are you doing anything tonight?; **2.** ⁀ *n* (6) intention; plan, scheme; (*Projekt*) project.
ˈ**Vorhalle** *f* vestibule, (entrance-) hall; *parl.* lobby; *thea., Hotel*: *a.* lounge.
ˈ**Vorhalt** *m* ⚔ lead; ♪ suspension; ⚖ query; ˈ**⁀en** *v/t. j-m et. ~* hold a th. before a p.; *fig.* reproach a p. with a th.; *v/i.* (*dauern*) last; *beim Schießen*: apply a lead; ˈ**~ung** *f* remonstrance, representation; *j-m ~en machen* remonstrate with a p.
ˈ**Vorhand** *f Kartenspiel u. fig.*: lead; ✝ *s. Vorkaufsrecht.*
vorhanden [foːrˈhandən] present, at hand; (*verfügbar*) available; ✝ *a.* on hand, in stock; (*bestehend*) extant, existing; *~ sein* be at hand *etc.*; exist; **⁀sein** *n* presence, existence.
ˈ**Vorhandschlag** *m Tennis*: fore-hand (stroke).
ˈ**Vorhang** *m* curtain (*a. thea.*), *Am. a.* shade; *pol. Eiserner ~* Iron Curtain.
ˈ**Vorhängeschloß** *n* padlock.
ˈ**Vorhaut** *f* foreskin, prepuce.
vorher [ˈfoːrheːr] before, previously; (*voraus*) in advance, before (-hand).

vorher|bestellen [~'he:r-] *s. vorbestellen*; **~bestimmen** determine beforehand; *eccl.* predestine; **2bestimmung** *f* predetermination; *eccl.* predestination; **~gehen** (sn; *dat.*) precede (*a th.*); **~gehend** foregoing, preceding.

vor'herig preceding, previous.

'Vorherr|schaft *f* predominance; **'2schen** predominate, prevail; **'2schend** *adj.* predominant, prevalent, prevailing.

Vor'her|sage *f*, **~sagung** *f*, **2sagen** *s. Voraussage usw.*; **2sehen** foresee; **2wissen** foreknow.

vor'hin a little while ago, just now.

'Vorhof *m* vestibule, front-court.

'Vorhut ⚔ *f* vanguard.

vorig ['fo:riç] former, previous; (*letztvergangen*) last.

'Vor|jahr *n* previous year; last year; **'2jährig** of last year.

'Vorkämpfer(in *f*) *m* champion.

'vorkauen *j-m*: chew *a th.* for; *fig.* F spoon-feed *a th.* to.

'Vorkauf *m* pre-emption; **'~srecht** *n* right of pre-emption, option right; *das ~ haben a.* have the refusal.

'Vorkehrung *f* precaution; *~en treffen* take precautions *od.* measures; make arrangements.

'Vorkennt|nis *f* (*a. ~se pl.*) previous (*od.* basic) knowledge (*von* of); (*er hat gute*) *~se pl. in* (*dat.*) (he is well grounded in the) elements of ...

'vorknöpfen: F *sich j-n ~* take a p. to task.

'vorkomm|en[1] (sn) be found, be met (with), occur; (*sich ereignen*) occur, happen; *es kommt mir vor* it seems to me; *so etwas ist mir noch nicht vorgekommen!* F well, I never!; *das kommt dir nur so vor* you are just imagining that; *sich dumm usw. ~* feel silly, *etc.*; *sich klug ~* fancy o.s. clever; *er kommt mir bekannt vor* he looks familiar; *es kommt mir merkwürdig vor* I think it (rather) strange; **'2en**[2] *n* (6) occurrence; *min. a.* deposit; **'2nis** *n* (4^1) occurrence, incidence.

'Vorkosten *pl.* preliminary cost *sg.*

'Vorkriegs... pre-war.

'vorlad|en summon, cite; **'2ung** *f* summons *sg.*, citation.

'Vorlage *f* (*Schreib2*, *Zeichen2*) copy; (*Muster*) pattern, model; (*Unterbreitung*) submission, presentation; *parl.* bill; *Fußball*: pass; *Ski*: vorlage, forward lean.

'vorlass|en let *a p.* pass in front *od.* before; (*zulassen*) admit; **'2ung** *f* admission, admittance.

'Vorlauf *m Sport*: eliminating heat.

Vorläuf|er ['fo:rlɔʏfər] *m*, **'~erin** *f* (16^1) forerunner, precursor; **'2ig** preliminary; provisional, temporary; *adv.* provisionally, *etc.*; (*fürs erste*) for the time being.

'vorlaut forward, pert; *~es Wesen* pertness.

'Vorleben *n* former life, past, antecedents *pl.*

'Vorlege|besteck *n* (*ein* a pair of) carvers *pl.*; **'~gabel** *f* carving-fork; **'~messer** *n* carving-knife.

'vorlegen *et.*: put forward; (*vorbringen*) produce; *Plan usw.*: propose; *Schloß*: put on; *Rechnung*: present; *j-m et. ~* lay (*od.* place *od.* put) a th. before a p.; *bei Tische*: help a p. to a th.; *zur Prüfung usw.*: submit (*od.* present) a th. to a p.; *sich ~* lean forward.

'Vorlege|r *m* (7) (*Bett2 usw.*) rug; **'~schloß** *n* padlock.

'vorles|en read (*j-m* to a p.); **'2er** (**-in** *f*) *m* reader; (*Vortragender*) lecturer; **'2ung** *f* lecture (*über acc.* on; *vor dat.* to); *e-e ~ halten* (give a) lecture; **'2ungsverzeichnis** *n* (university) calendar, *Am.* catalog(ue).

vorletzt ['~lɛtst] last but one, *Am.* next to the last.

'Vorliebe *f* predilection, preference, special liking (*für* for).

vorliebnehmen [for'li:pne:mən]: *~ mit* put up with; *beim Essen*: (*~ mit dem, was da ist*) take potluck.

'vorliegen: *j-m ~* lie before a p.; *fig. Antrag usw.*: be in hand, be submitted, (*behandelt werden*) be under consideration; *weitS. Grund, Irrtum usw.*: be, exist; *es liegt heute nichts vor* there is nothing to be discussed (*od.* on) today; *was liegt gegen ihn vor?* what is the charge against him?; **'~d** *adj.* present, in hand; in question, under consideration.

'vorlügen: *j-m et. ~* tell a p. lies.

'vormachen *Brett usw.*: put before; *j-m et. ~* show a p. how to do a th., (*täuschen*) humbug a p.; *sich* (*selbst*) *et. ~* fool o.s.

'Vormacht(stellung) *f* supremacy; hegemony.

vormal|ig ['fo:rmɑ:liç] former; '**~s** formerly.
'**Vormarsch** *m* advance.
'**vormerken** make a note of; (*reservieren*) reserve; (*bestellen*) book; *für e-n Zweck*: earmark.
'**vormilitärisch:** *~e Ausbildung* premilitary training.
'**Vormittag** *m* morning, forenoon; '**ᴤs** in the morning (*abbr.* a.m.).
'**Vormund** *m* guardian; '**~schaft** *f* guardianship; '**ᴤschaftlich** of (*adv.* as) a guardian, tutelary; '**~schaftsgericht** *n* guardianship court.
vorn [fɔrn] in front, before, ahead; *ganz ~* right in the front; *nach ~* forward; *nach ~ heraus wohnen* live in the front; *nach ~ heraus liegen* face the front; *von ~* from the front; *ich sah sie von ~* I saw her face; *von ~ anfangen* begin at the beginning, (*von neuem*) begin anew *od.* afresh; *von ~ bis hinten* from front to back, from first to last; *noch einmal von ~* all over again.
Vornahme ['fo:rnɑ:mə] *f* (15) effecting, undertaking.
'**Vorname** *m* Christian name, first name.
vornehm ['~ne:m] distinguished, refined; aristocratic; (*elegant*) fashionable; (*edel*) noble; (*erstklassig*) high-class; *~e Gesinnung* high mind; *~es Äußere, ~er Anstrich* distinguished air *od.* appearance; *die ~e Welt* the rank and fashion, high society; *~ tun* give o.s. airs; *~ste Pflicht usw.* principal; '**~en** take before one; *Schürze*: put on; (*beginnen*) undertake; (*behandeln*) deal with, occupy o.s. with; (*durchführen*) effect; *Änderung usw.*: make; *sich j-n ~* take a p. to task; *sich et. ~* resolve (*od.* decide) to do a th.; *sich vorgenommen haben* intend, purpose; '**ᴤheit** *f* rank, distinction; refinement; high-mindedness; distinguished appearance; '**~lich** especially, chiefly.
'**vornherein:** *von ~* from the first.
'**vornotieren** *s. vormerken.*
vorn'-über forward; (*Kopf voraus*) head foremost.
'**Vor-ort** *m* suburb; '**~(s)...** *in Zssgn* suburban; '**~bahn** *f* suburban (*od.* local) railway; '**~zug** *m* suburban train.
'**Vorposten** ⚔ *m* outpost.
'**Vorprüfung** *f* preliminary examination.
'**vorragen** project, protrude.
'**Vorrang** *m* pre-eminence, precedence; priority; *den ~ haben vor* (*dat.*) take precedence of, *S.*: *a.* have priority over; **ᴤig** (having) priority.
Vorrat ['fo:rɑ:t] *m* (3^3) store, stock, supply, provision (*an dat.* of); reserve; *heimlicher*: hoard; *an Material*: *bsd. Am.* stockpile.
vorrätig ['~rɛ:tiç] available, on hand, in stock, in store; *nicht* (*mehr*) *~* out of stock.
'**Vorratskammer** *f* store-room; (*Speisekammer*) pantry.
'**Vorraum** *m* anteroom.
'**vorrechnen** reckon up (*j-m* to a p.).
'**Vorrecht** *n* privilege, prerogative.
'**Vorred|e** *f* preface; '**ᴤen** *j-m et.*: tell a p. tales (*über acc.* about); '**~ner** *m* previous speaker.
'**vorricht|en** prepare; '**ᴤung** *f* preparation; (*Gerät usw.*) device, contrivance, appliance; mechanism.
'**vorrücken** *v/t. Stuhl usw.*: move forward, advance; *Uhr*: put on; *v/i.* (sn) advance; *in vorgerücktem Alter* in an advanced age; *zu e-r vorgerückten Stunde* at a late hour.
'**vorrufen** call forth.
'**Vorrunde** *f Sport*: preliminary round.
'**Vorsaal** *m* anteroom.
'**vorsagen** *v/t. j-m et.*: tell a p. a th.; *v/i.* (*zuflüstern*) *j-m*: prompt a p.
'**Vorsaison** *f* early season.
'**Vorsänger(in** *f*) *eccl. m* precentor.
'**Vorsatz** *m* intention, resolution, design, purpose; ⚖ (criminal) intent; *mit ~* designedly, on purpose; ⚖ wil(l)fully; **~blatt** *typ. n* fly-leaf.
'**vorsätzlich** intentional, deliberate; ⚖ wil(l)ful, premeditated.
'**Vorsatzlinse** *phot. f* ancillary lens.
'**Vorschau** *f* preview (*auf acc.* of); (*Wetterᴤ, Finanzᴤ usw.*) forecast; *s. Filmᴤ.*
'**Vorschein** *m*: *zum ~ bringen* bring forward *od.* to light, produce; *zum ~ kommen* come forward *od.* to light, appear, show.
'**vorschieben** push forward *od.* on, advance; *Riegel*: shoot; *als Entschuldigung, Grund usw.*: plead, pretend; *j-n*: use as a front.
'**vorschießen** *Summe*: advance.
'**Vorschlag** *m* proposal; (*Empfehlung*) recommendation; (*Anregung*)

suggestion; (*Anerbieten*) offer; *parl.* motion; *e-s Kandidaten*: nomination; ♪ grace(-note); '𝔖**en** propose; offer; suggest; nominate.

'**Vorschlußrunde** *f Sport*: semifinal.

'**Vorschneide|messer** *n* carving-knife; '𝔖**n** carve.

'**vorschnell** hasty, rash, precipitate.

'**vorschreiben** set a copy of *a th. to a p.*; (*anordnen*) prescribe, order.

'**vorschreiten** (sn) advance.

'**Vorschrift** *f* (*bsd.* ⚕) prescription; (*Anweisung*) direction, instruction; (*Befehl*) order; (*Dienst*𝔖) regulation(s *pl.*); *streng nach* ~ *arbeiten* work to rule; '𝔖**smäßig** regulation (*nur attr.*); according to regulations; in due form, duly; '𝔖**swidrig** *adj.*, *adv.* contrary to regulations.

'**Vorschub** *m* assistance; ⊕ feed; ~ *leisten* (*dat.*) pander to, encourage, abet; ⚖ aid and abet.

'**Vorschule** *f* pre-school, nursery school.

'**Vorschuß** *m* advance (*auf acc.* against); (*Gehalts*𝔖, *Lohn*𝔖) advance (on salary, on wages).

'**vorschützen** plead.

'**vorschweben:** *mir schwebt et. vor* I have a th. in mind.

'**vorschwindeln:** *j-m et.* ~ humbug a p. about a th., tell a p. lies.

'**vorseh|en:** ~ *für e-n Zweck* assign (*od.* earmark) for; (*planen*) schedule for; *sich* ~ take care, be on one's guard; *sich* ~ *vor* (*dat.*) guard against, look out for *a th.*; '𝔖**ung** *f* Providence.

'**vorsetzen** put forward; (*dat.*) place (*od.* put *od.* set) before; (*auftischen*) serve; *gr. Silbe*: prefix; *fig. j-m* ~ (*überordnen*) set over a p.

Vorsicht ['foːrziçt] *f* caution; (*Behutsamkeit*) care; *als Aufschrift*: caution!, beware!; *auf Kisten*: (handle) with care!; *mit* ~ cautiously; ~, *Stufe!* mind the step!; *s. a. Achtung*; '𝔖**ig** cautious, chary (*in dat.* of); (*behutsam*) careful; *Schätzung usw.*: conservative; ~*!* careful!, look (*Am.* watch) out!; 𝔖**shalber** ['~shalbər] as a precaution; '~**smaßnahme**, '~**smaßregel** *f* precaution(ary measure).

'**Vorsilbe** *gr. f* prefix.

'**vorsingen** *v/t. j-m et.* ~ sing a th. to a p.; *v/i.* lead (the choir).

'**vorsintflutlich** antediluvian (*a. fig.*).

'**Vorsitz** *m* presidency, chair(manship); *den* ~ *haben od. führen* be in the chair, preside (*bei* over); *unter* ~ *von* ... with ... in the chair; ~**ende** ['~əndə] *m*, *f* (18) chairman, president; *f* chairwoman; *des Gerichts*: presiding judge.

'**Vorsorg|e** *f* provision, providence; (*Vorsicht*) precaution; ~ *treffen* take precautions, provide (*gegen* against); '𝔖**en** provide (*für* for; against); provide for the future; 𝔖**lich** ['~zɔrkliç] provident, precautionary; *adv.* as a precaution.

'**Vorspann** *m Film*: cast and credits *pl.*, credit titles *pl.*; introduction; '𝔖**en** put *horses etc.* to the cart *etc.*

'**Vorspeise** *f* hors d'œuvre, appetizer.

'**vorspiegel|n** pretend, feign; *j-m et.* ~ deceive a p. with a th., delude a p. (with false hopes); '𝔖**ung** *f* preten|ce, *Am.* -se; (*unter*) ~ *falscher Tatsachen* (under) false pretences *pl.*

'**Vorspiel** *n* ♪ prelude (*a. fig.*; *zu* to); *thea.* curtain-raiser (*a. fig.*), introductory piece; '𝔖**en** *j-m*: play *a th.* to.

'**vorsprechen** *v/t. j-m*: pronounce to a p.; *v/i.* (*Besuch machen*) call (*bei* on *a p.*; at *an office*).

'**vorspringen** (sn) jump (*od.* leap) forward; (*hervortreten*) project, jut (out); '~**d** *adj. Winkel*: salient.

'**Vorsprung** *m* ⚠ projection; (*Sims*, *a. Fels*𝔖) ledge; (*Abstand*) (head) start, lead, advantage (*vor dat.* of); *mit großem* ~ by a wide margin.

'**Vorstadt** *f* suburb.

'**Vorstädt|er(in** *f*) *m* (7 [16¹]) suburban resident; '𝔖**isch** suburban.

'**Vorstand** *m* board of directors, managing (*od.* executive) board; *P.*: head, principal; '~**smitglied** *n* member of the managing board.

'**vorstecken** put before; *mit e-r Nadel usw.*: pin before; *den Kopf*: stick out; *vorgestecktes Ziel* object, target.

'**vorsteh|en** (*hervorragen*) project, protrude, jut out; *e-r Sache usw.*: direct, be at the head (*od.* in charge) of, manage; ~*d* (*vorhergehend*) foregoing, preceding, above; *wie* ~*d* as above; '𝔖**er** *m* (7), '𝔖**erin** *f* (16¹) principal, director, manager(ess *f*), superintendent, head; '𝔖**erdrüse** *f* prostate gland; '𝔖**hund** *m* pointer; *langhaarig*: setter.

'**vorstell|bar** imaginable; '**~en** put forward *od.* in front; *Uhr*: put on; *j-n j-m*: introduce, *seltener*: present *a p. to a p.*; (*bedeuten*) mean, stand for; (*darstellen*) represent; *j-m et.* ~ (*hinweisen auf*) point out a th. to a p., *mahnend*: remonstrate with a p. about a th.; *sich* ~ stand in front, (*sich bekannt machen*) introduce o.s., *bei*: present o.s. at; *sich et.* ~ imagine, fancy, (*abwägend*) envisage, (*sich ein Bild machen von*) visualize, picture; *ich stelle Ihnen hier Herrn X. vor* allow me to introduce Mr. X. to you, *Am.* meet Mr. X.; F *stell dir (nur) vor!* just fancy!; '**~ig:** *~ werden bei der Behörde* apply to (*protestierend*: lodge a complaint with) the authorities (*wegen* for); '**2ung** *f* introduction, presentation; *thea.* performance; *s. Film2*; (*Begriff*) idea, conception; *sich e-e ~ machen von* form (*od.* get) an idea of; (*Mahnung*) remonstrance, representation; (*a.* = '**2ungsvermögen** *n*) imagination.

'**Vorstoß** *m* ⚔ thrust, drive (*a. fig.*); *Sport*: rush; '**2en** thrust (*Sport*: rush) forward, advance.

'**Vorstrafe** *f* previous conviction; '**~n(register** *n*) *pl.* (criminal) record.

'**vorstrecken** stretch out; *den Kopf*: stick out; *Geld*: advance.

'**Vorstudium** *n* preliminary studies *pl.*

'**Vorstufe** *f* first step (*od.* stage); *e-s Lehrgangs*: primary course; (*Anfangsgründe*) (first) elements *pl.*

'**vorstürmen** rush forward.

'**vortanzen** lead the dance; *j-m*: dance (...) before a p.

'**vortäuschen** feign, simulate, sham, pretend, fake.

'**Vorteil** *m* (3) advantage; (*Gewinn*) profit, benefit; *Tennis*: (ad)vantage; *die Vor- und Nachteile e-r S.* the pros and cons; *auf s-n ~ bedacht sein* have an ax(e) to grind; *sich im ~ befinden gegenüber* (*dat.*) have an advantage over; *~ ziehen aus* profit by; '**2haft** advantageous, profitable (*für* to); *~ aussehen* look one's best.

Vortrag ['fo:rtra:k] *m* (3^3) performance; (*~sweise*) delivery, *rhet.* elocution; *e-s Gedichtes*: recitation; ♪ (*Solo2*) recital; (*~stechnik*) execution; (*Abhandlung, Vorlesung*) lecture; (*Bericht*) report; ✝ balance carried forward; (*einen*) *~ halten* read a paper, (give a) lecture (*über acc.* on); **2en** ['~gən] carry forward; (*berichten*) report (*über acc.* on, *j-m* to); (*hersagen*) recite; (*Vortrag halten*) lecture (on); *Rede*: deliver; *Gedicht*: recite; ♪ perform; *Ansichten*: state; (*vorschlagen*) propose, submit; ✝ *den Saldo ~* carry forward the balance; '**~ende** *m, f* (18) (*Künstler*) performer; (*Dozent*) lecturer.

'**Vortrags|kunst** *f* art of reciting *od.* lecturing *od.* delivery; '**~künstler(in** *f*) *m rhet.* elocutionist; ♪ executant, performer.

vor'trefflich excellent; **2keit** *f* excellence.

'**vortreten** (sn) step (*od.* come) forward; (*vorragen*) project, protrude.

'**Vortritt** *m* precedence; *j-m den ~ lassen* give precedence to a p.

vorüber [fo'ry:bər] along, by, past; *zeitlich*: gone (by), over, past; **~gehen** (sn) pass; *nur räumlich*: pass (*od.* go) by; **~gehend** *adj.* passing, transitory; (*zeitweilig*) temporary; **2gehende** *m* (18) passer-by (*pl.* passers-by); **~ziehen** march past, pass by; *Gewitter*: pass.

'**Vor-übung** *f* preliminary exercise (*od.* practice).

'**Vor-untersuchung** *f* preliminary examination (*od. a.* ⚖ investigation).

'**Vor-urteil** *n* prejudice; '**2sfrei**, '**2slos** unprejudiced, unbias(s)ed.

Vorväter ['~fɛ:tər] *m/pl.* ancestors.

'**Vorvergangenheit** *gr. f* past perfect, pluperfect.

'**Vorverkauf** *m* advance sale; *thea.* booking in advance; '**~skasse** *f* (advance) booking office.

'**vorverlegen** advance.

'**vorvorgestern** three days ago *od.* since.

'**vorvorig** last but one.

'**Vorwahl** *f* preliminary election; ⚡ preselection; *teleph. s. Vorwählnummer.*

'**Vorwählnummer** *teleph. f* dialling (*Am.* area) code.

'**vorwaltend** prevailing.

Vorwand ['~vant] *m* (3^3) pretext, preten|ce, *Am.* -se, excuse; *unter dem ~ von od. daß* on the pretext (*od.* plea) of *od.* that.

'**vorwärmen** preheat.

vorwärts ['fɔrvɛrts] forward, onward, on; ~! go ahead!; '**~drängen** press on; '**2gang** *mot. m* forward gear; '**~gehen** go ahead, advance, *fig. a.* progress; '**~kommen** (sn) get on, make headway; *fig. a. im Leben*: get on (in the world), make one's way.
vorweg [for'vɛk] beforehand; **2-nahme** *f* anticipation; **~nehmen** anticipate.
'**Vorweihnachtszeit** *f* Advent (season).
'**vorweisen** produce, show.
'**Vorwelt** *f* prehistoric world.
'**vorwerfen** (*dat.*) throw before; *fig. j-m et.* ~ reproach a p. with a th.
'**vorwiegen** preponderate; '**~d** preponderant, predominant; *adv. a.* mainly, chiefly, mostly.
'**Vorwissen** *n* (previous) knowledge; *ohne mein* ~ unknown to me.
'**Vorwitz** *m* inquisitiveness; (*vorlaute Art*) forwardness, pertness; '**2ig** inquisitive; (*vorlaut*) forward, pert.
'**Vorwort** *n* (3) *des Autors*: preface; *bsd. v. e-m andern*: foreword.
'**Vorwurf** *m* reproach; *eines Dramas usw.*: subject; *e-n ~ od. Vorwürfe machen s. vorwerfen*; '**2sfrei** irreproachable; '**2svoll** reproachful.
'**vorzählen** enumerate, count out.
'**Vorzeichen** *n* omen; ♪ signature, (*Versetzungszeichen*) accidental; ⅍ sign; ⚕ preliminary symptom; *fig. mit umgekehrten ~* with reversed premises.
'**vorzeichnen** trace out; *j-m et. ~* show a p. how to draw a th.; *als Richtschnur*: mark (out) *od.* indicate a th. to a p.
'**vorzeig|en** produce, show; *Wechsel*: present; (*darlegen*) exhibit; '**2er** *m*: ~ *dieses* the bearer of this; '**2ung** *f* producing, showing; exhibition.
'**Vorzeit** *f* (remote) antiquity; *in Erzählungen*: olden times *pl.*
vor'zeiten in olden times.
'**vorzeitig** premature.
'**Vorzensur** *f*: *e-r ~ unterwerfen* pre-censor.
'**vorziehen** draw forth; *Truppen*: move up; *fig.* prefer (*et. e-r anderen S.* a th. to another th.); *es ~ zu inf. a.* choose to *inf.*
'**Vorzimmer** *n* antechamber, anteroom; *e-s Büros*: outer office.
'**Vorzug** *m* preference; (*Vorteil*) advantage; (*gute Eigenschaft*) merit, virtue; (*Vorrang*) priority (*vor dat.* to); (*Vorrecht*) privilege; *den ~ geben s. vorziehen*; *den ~ haben zu ...* have the distinction of *ger.*
vorzüglich [~'tsy:kliç] excellent, superior, exquisite, first-rate; *adv.* (*vornehmlich*) expecially; **2keit** *f* excellence, superiority.
'**Vorzugs|-aktien** *f/pl.* preference shares, *Am.* preferred stock *sg.*; '**~preis** *m* special price, preferential rate; '**2weise** preferably, by preference; '**~zoll** *m* preferential tariff.
'**Vorzündung** *mot. f* pre-ignition.
votieren [vo'ti:rən] vote.
Votiv|bild [vo'ti:fbilt] *n* votive picture; **~tafel** *f* votive tablet.
Votum ['vo:tum] *n* (9[1] *u.* [2]) vote.
vulgär [vul'gɛ:r] vulgar.
Vulkan [vul'ka:n] *m* (3[1]) volcano; **~fiber** ⊕ *f* vulcanized fib|re, *Am.* -er; **2isch** volcanic(ally *adv.*); **2i'sieren** vulcanize; *Autoreifen*: *a.* recap.

W

W [ve:], **w** *n inv.* W, w.
Waage ['va:gə] *f* (15) balance, (pair of) scales *pl.*; (*~ mit Laufgewicht*) steelyard; (*automatische Abfüll2*) weigher; (*Brücken-, Tafel2*) weighing-machine; *für Wagenlasten*: weighbridge; (*Wasser2*) spirit-level; *ast.* Balance, Libra; *die ~ halten* (*dat.*) counterbalance; *in der ~ halten* hold in equilibrium; '**~balken** *m* (scale-)beam; '**2recht** horizontal, level.
Waagschale ['va:k-] *f* scale; *fig. in die ~ fallen* be of weight; *in die ~ werfen* throw into the scale(s).
wabbelig ['vabəliç] flabby.

Wabe ['vɑːbə] *f* (15) honeycomb.
wach [vax] *pred.* awake; *ganz* ~ wide awake; ~ *werden* awake; *attr.* wakeful *state*; *fig.* alert *mind*; wide-awake *person*; '**≗dienst** *m* guard-duty.
Wache ['vaxə] *f* (15) watch, guard; (*Wachlokal*) guardhouse, guardroom; (*Polizeidienststelle*) police-station; (*Posten*) guard, ⚔ *a.* sentry, sentinel; *auf* ~ on guard; ~ *halten* keep guard; ~ *stehen* stand sentry; *auf* ~ *ziehen* mount guard; '**≗n** be awake; (*achtgeben*) watch (*über acc.* over), guard; *bei j-m* ~ sit up with a p.
'**Wach|habende** *m* guard commander; '**~haus** *n* guardhouse; '**~hund** *m* watchdog; '**~lokal** *n* guardroom; '**~mannschaft** *f* guard detail, sentry squad.
Wacholder [va'xɔldər] *m* (7) juniper; **~branntwein** *m* gin.
'**Wach|posten** *m* guard, ⚔ *a.* sentry; '**≗rufen** call forth, rouse; *Erinnerung*: *a.* evoke; '**≗rütteln** rouse (*a. fig.*).
Wachs [vaks] *n* (4) wax; '**~-abdruck** *m* impression in wax.
'**wach|sam** watchful, vigilant; ~ *sein* be on the alert; '**≗samkeit** *f* vigilance; '**≗schiff** *n* guard-ship.
wachsen[1] ['vaksən] *v/i.* (30, sn) grow; *fig. a.* increase (*an dat.* in); *s. gewachsen, Bart.*
'**wachsen**[2] *v/t.* (27) wax.
wächsern ['vɛksərn] wax; *fig.* waxen, waxy.
'**Wachs|figur** *f* wax figure, *pl. a.* waxwork *sg.*; '**~figurenkabinett** *n* waxworks (*mst sg.*); '**~kerze** *f*, '**~licht** *n* wax candle; '**~leinwand** *f* oilcloth; '**~matrize** *f* stencil; '**~puppe** *f* wax doll; '**~stock** *m* wax taper; '**~streichholz** *n* (wax) vesta; '**~tuch** *n* oilcloth.
'**Wachs-tum** *n* (1, *o. pl.*) growth; *fig. a.* increase; *im* ~ *hindern* stunt; '**~s-industrie** *f* growth industry; '**~srate** *f* rate of (economic) growth.
Wacht(...) [vaxt] *f* (16) *s. Wache, Wach...*
Wächte *mount.* ['vɛçtə] *f* cornice.
Wachtel ['vaxtəl] *f* (15) quail; '**~hund** *m* spaniel.
Wächter ['vɛçtər] *m* (7) watcher (*a.* '**~in** *f*), guard(ian); (*bsd. Nacht≗*) watchman; (*Parkplatz≗*) attendant.
'**Wachtmeister** *m* sergeant.
'**Wachtraum** *m* day-dream.
'**Wachturm** *m* watch-tower.
'**wack(e)lig** shaky (*a. fig.*), tottery; *alte Möbel usw.*: rickety; *Zahn*: loose; (*baufällig*) ramshackle.
'**Wackelkontakt** ⚡ *m* loose contact.
wackeln ['vakəln] (29) shake; (*wanken*) rock, wobble; (*taumeln, a.* ~*d gehen*) totter; (*locker sein*) be loose; ~ *mit* wag *a th.*
wacker ['vakər] (*bieder*) honest, worthy (*a. iro.*); (*tapfer*) brave; *adv.* (*tüchtig*) heartily, lustily.
Wade ['vɑːdə] *f* (15) calf (of the leg); '**~nkrampf** *m* cramp in the leg; '**~nstrumpf** *m* half-stocking.
Waffe ['vafə] *f* (15) weapon (*a. fig.*); *mst im pl.* arm; *s. greifen, strecken*; *j-n mit s-n eigenen* ~*n schlagen* beat a p. at his own game; *unter den* ~*n stehen* be under arms.
Waffel ['vafəl] *f* (15) waffle, wafer; '**~-eisen** *n* waffle-iron.
'**Waffen|-appell** *m* arms inspection; '**~bruder** *m* brother in arms; '**~brüderschaft** *f* brotherhood in arms; '**~dienst** *m* military service; '**~fabrik** *f* arms factory; '**~fabrikant** *m* manufacturer of arms; '**≗fähig** fit to bear arms; '**~gang** *m* passage of (*od.* at) arms; '**~gattung** *f* arm, branch (of the service); '**~gewalt** *f* force of arms, armed force; '**~kammer** *f* armo(u)ry; '**~lager** *n* ordnance depot; '**~lieferung** *f* arms delivery; '**≗los** weaponless, unarmed; '**~meister** *m* armo(u)rer; '**~meiste'rei** *f* armo(u)ry, ordnance shop; '**~rock** ⚔ *m* service coat; '**~ruhe** *f* truce; *kurze*: suspension of hostilities, cease-fire; '**~schein** *m* firearm certificate, *Am.* gun license; '**~schmied** *m* armo(u)rer; '**~schmuggel** *m* gun-running; '**~stillstand** *m* armistice, (*a. fig.*) truce.
waffnen ['vafnən] (26) arm.
wägbar ['vɛːkbɑːr] weighable; *fig. a.* ponderable.
Wage|hals ['vɑːgəhals] *m* (4[2]) daredevil; **≗halsig** ['~halzɪç] foolhardy, daring, *nur attr.* daredevil, breakneck; '**~halsigkeit** *f* foolhardiness, daredevilry; '**~mut** *m* daring.
wagen[1] ['vɑːgən] (25) venture (*a. sich*); *et. Gefährliches*: risk, hazard;

(*sich getrauen*; *a. sich erdreisten*) dare; es ~ take the plunge; es ~ *mit* try *a th.*; *wer nicht wagt, der nicht gewinnt* nothing venture nothing have; *s. gewagt*.

Wagen[2] [~] *m* (6) carriage (*a.* 🚃, *Am.* car); (*Fahrzeug*) vehicle; (*Kutsche*) coach; *für schwere Fracht*: wag(g)on; (*Karren*) cart; (*Kraft*≗) car; (*Last*≗) lorry, *Am.* truck; (*Möbel*≗) van; *der Schreibmaschine*: carriage; *ast.* der *Große* ~ Charles's Wain, the Plough, *Am.* the Plow, the Big Dipper.

wägen [ˈvɛːgən] (30) weigh (*nur noch fig.*).

ˈ**Wagen|-abteil** 🚃 *n* compartment; ˈ**~führer** *m* driver; ˈ**~heber** *m* (lifting-)jack; ˈ**~ladung** *f* carload, wag(g)on-load; ˈ**~park** *m* fleet (of cars); ˈ**~pflege** *f* maintenance (of a car); (*Kundendienst*) servicing; ˈ**~rad** *n* wheel; ˈ**~runge** *f* stanchion; ˈ**~schlag** *m* car(riage) door; ˈ**~schmiere** *f* cart-grease; ˈ**~spur** *f* wheel-track, rut; ˈ**~winde** *f* screw-jack.

ˈ**Wag(e)stück** *n* daring deed.

Waggon [vaˈgõ] *m* (11) railway carriage, wag(g)on, *Am.* (railroad) car.

Wagnis [ˈvaːknis] *n* (4[1]) hazard(ous enterprise), venture, risk.

Wahl [vaːl] *f* (16) choice; (*freie* ~) option; (~ *zwischen zwei Dingen*) alternative; (*Auslese*) selection; *pol.* election; ✝ *erste* (*zweite*) ~ choice (second rate) quality; *pol.* ~*en abhalten* hold elections; *fig. die* ~ *haben* have one's choice; *fig. keine* ~ *haben* have no alternative (*als* but); *ich habe keine* (*andere*) ~ I have no choice; *in die engere* ~ *kommen* be on the short list; *s-e* ~ *treffen* make one's choice; ˈ**~-akt** *m* polling, voting.

ˈ**wählbar** eligible; ˈ**≗keit** *f* eligibility.

ˈ**wahl|berechtigt** entitled to vote; ˈ**≗bericht** *m* election return; ˈ**≗beteiligung** *f* voting, turnout; ˈ**≗bezirk** *m* electoral district; *städtischer*: ward.

wählen [ˈvɛːlən] (25) choose; (*auslesen*) select; *pol.* elect; (*Stimme abgeben*) vote; *teleph.* dial; ~ *gehen pol.* go to the polls.

ˈ**Wähler** *m* (7) voter.

ˈ**Wahl-ergebnis** *n* election result *od.* return.

ˈ**Wähler|in** *f* (16[1]) (female) voter; ˈ**≗isch** particular, nice (*in dat.* about), choosy; *im Essen*: dainty, *a. weitS.* fastidious; ˈ**~liste** *f* register of voters; ˈ**~schaft** *f* constituency; *weitS.* voting population; ˈ**~scheibe** *teleph. f* dial.

ˈ**Wahl|fach** *n Schule, univ.*: optional subject, *Am.* elective; ˈ**≗fähig** *aktiv*: having a vote; *passiv*: eligible; ˈ**~fähigkeit** *f s. Wahlrecht*; ˈ**~feldzug** *m* election campaign; ˈ**≗frei** *Schule, univ.*: optional, *Am.* elective; ˈ**~gang** *m* ballot; ˈ**~heimat** *f* adopted country; ˈ**~kampf** *m* election campaign; ˈ**~kreis** *m s. Wahlbezirk*; ˈ**~lokal** *n* polling-station; ˈ**≗los** indiscriminate; ˈ**~mann** *m* (1[2]) delegate, constituent, *Am.* elector; ˈ**~prüfer** *m* scrutineer; ˈ**~prüfung** *f* scrutiny; ˈ**~recht** *n aktives*: franchise; *passives*: eligibility; *allgemeines* ~ universal suffrage; ˈ**~rede** *f* election speech; ˈ**~schlacht** *f* election campaign, electoral battle; ˈ**~spruch** *m* device, motto; (*Schlagwort*) slogan; ˈ**~stimme** *f* vote; ˈ**~tag** *m* election-day; ˈ**~-urne** *f* ballot-box; *zur* ~ *schreiten* go to the polls; ˈ**~versammlung** *f* election meeting; ˈ**~verwandtschaft** *f* elective affinity; *fig. a.* congeniality; ˈ**~zelle** *f* polling-booth; ˈ**~zettel** *m* voting-paper, ballot.

Wahn [vaːn] *m* (3) delusion; *s. a. Wahnsinn*; ˈ**~bild** *n* chimera, phantom.

wähnen [ˈvɛːnən] (25) fancy, imagine; believe, think.

ˈ**Wahn|sinn**, ˈ**~witz** *m* insanity, (*a. fig.*) madness; ˈ**≗sinnig**, ˈ**≗witzig** insane, (*a. fig.*) mad (*vor dat.* with); *fig.* frantic(ally *adv.*); *Angst, Schmerzen usw.*: horrible, dreadful; F (*toll*) terrific; *s. a. verrückt*; ˈ**~sinnige** (18) *m* madman; *f* madwoman; lunatic; ˈ**~vorstellung** *f* delusion; hallucination.

wahr [vaːr] true; (*wirklich*) *a.* real; (*echt*) genuine; (*eigentlich*) proper; (*aufrichtig*) sincere; *ein* ~*er Künstler* a true artist; *es ist eine* ~*e Wohltat* quite a comfort; *so* ~ *ich lebe!* as sure as I live!; *so* ~ *mir Gott helfe!* so help me God!; *et.* ~ *machen* go ahead with a th., make a th. come true; ~ *werden* come true;

sein ~es Gesicht zeigen show the cloven hoof; *das ist nicht das* ♀e that's not the real McCoy; '**~en** (25) preserve (*vor dat.* from), (*a. ein Geheimnis*) keep; *Interessen*: safeguard, protect; *s. Form, Schein.*

währen ['vɛ:rən] (25) continue, last; '**~d 1.** *prp.* (*gen.*) during; ⚖ pending; **2.** *cj.* while, whilst; *Gegensatz*: whereas, while.

'**wahrhaben:** *er will es nicht ~* he will not admit it.

'**wahrhaft, ~ig** [~'haftiç] true; (*wahrheitsliebend, wahrheitsgemäß*) truthful, veracious; (*wirklich*) true, real; *adv.* truly, really; ♀**igkeit** [~'haft-] *f* veracity.

'**Wahrheit** *f* truth; *in ~* in truth; F *j-m die ~ sagen* (*schelten*) give a p. a piece of one's mind; *um die ~ zu sagen* to tell the truth, truth to tell; '**~sbeweis** *m*: *den ~ antreten* prove one's case; '♀**sgemäß**, '♀**sgetreu** truthful, true; '**~sliebe** *f* veracity; '♀**sliebend** truthful, veracious; '♀**swidrig** contrary to the truth.

'**wahrlich** truly; *Bibel*: verily.

'**wahr|nehmbar** perceptible, noticeable; '**~nehmen** perceive, notice; *Gelegenheit*: make use of, seize; *Interesse*: look after, protect; *Amt*: exercise the functions of ...; *Termin*: observe; ♀**nehmung** ['~ne:muŋ] *f* perception; observation; (*Sorge für et.*) care (*gen.* of); *der Interessen*: safeguarding; '♀**nehmungsvermögen** *n* perceptive faculty; '**~sagen** prophesy; *aus Karten usw.*: tell fortunes; *sich ~ lassen* have one's fortune told; '♀**sager(in** *f*) *m* soothsayer; *aus Karten usw.*: fortune-teller; ♀**sagerei** [~'raɪ] *f* (16) fortune-telling; **~'scheinlich** probable, likely; *er wird ~ (nicht) kommen* he is (not) likely to come; ♀'**scheinlichkeit** *f* probability, likelihood; *aller ~ nach* in all probability; ♀'**scheinlichkeitsrechnung** *f* theory of probabilities; '♀**spruch** *m* verdict.

'**Wahrung** *f* maintenance; *von Interessen*: safeguarding, protection.

Währung ['vɛ:ruŋ] *f* currency; (*Gold*♀ *usw.*) standard; '**~s-ausgleichsfonds** *m* exchange equalization fund; '**~sbank** *f* bank of issue; '**~s-einheit** *f* currency unit; '**~skrise** *f* monetary crisis; '**~sreform** *f* monetary (*od.* currency) reform.

'**Wahrzeichen** *n* distinctive sign *od.* mark, token; *e-r Stadt usw.*: landmark.

'**Waidmann** *m s. Weidmann.*

Waise ['vaɪzə] *f* (15) orphan; '**~nhaus** *n* orphanage; '**~nkind** *n*, '**~nknabe** *m* orphan; *fig. ein Waisenknabe gegen j-n sein* not to be a patch on a p.

Wal [vɑ:l] *m* (3) whale.

Wald [valt] *m* (1^2) wood, (*a. fig.*) forest; *er sieht den ~ vor Bäumen nicht* he does not see the wood for trees; '♀**-arm** sparsely wooded; '**~brand** *m* forest-fire; '**~-erdbeere** *f* wood strawberry; '**~frevel** *m* offen|ce (*Am.* -se) against the forestlaws; '**~gebirge** *n* woody mountains *pl.*; '**~gegend** *f* woodland; '**~horn** ♪ *n* French horn; '**~hüter** *m* forest-keeper, ranger.

waldig ['~diç] woody, wooded.

'**Wald|land** *n* woodland; '**~lauf** *m* cross-country race; '**~meister** ⚘ *m* woodruff; '**~nymphe** *f* wood-nymph; '**~rand** *m* edge of the forest; '♀**reich** rich in forests.

Waldung ['~duŋ] *f* wood, forest, woodland.

'**Wald|weg** *m* wood-path; '**~wiese** *f* (forest-)glade.

Wal|fänger ['vɑ:l-] *m* (*Schiff u. Mensch*) whaler; '**~fisch** *m* whale; '**~-öl** *n*, '**~tran** *m* train-oil.

walk|en ['valkən] (25) full, mill; '**~er** *m* (7) fuller; '**~-erde** *f* fuller's earth; '**~mühle** *f* fulling-mill.

Walküre [val'ky:rə] *f* (15) Valkyrie.

Wall [val] *m* (3^3) ⚔ rampart; (*Damm*) dam, dike; (*Erdaufschüttung als Schutz*) mound; *fig.* bulwark, dam.

Wallach ['valax] *m* (3 *od.* 12) gelding.

wallen ['valən] (25, sn *u.* h.) wave; *Haar, Gewand usw.*: flow; (*sieden*) simmer; (*brodeln*; *a. fig. v. Blut*) boil; *s. a. wallfahren.*

'**wall|fahren** (25, sn) (go on a) pilgrimage; '♀**fahrer** *m* (7) pilgrim; '♀**fahrt** *f* pilgrimage; '♀**fahrts-ort** *m* place of pilgrimage.

'**Wallung** *f* ebullition (*a. fig.*); ⚕ (*Blut*♀) congestion; (*Hitze*) flush; *fig. in ~ bringen* enrage *a p.*; *in ~ kommen* boil (with rage).

Walnuß ['val-] *f* (*Am.* English) walnut; '**~baum** *m* walnut-tree.

Walroß ['val-] *n* walrus.
Walstatt ['val-] *f* battle-field.
walten ['valtən] **1.** *v/i. u. v/t.* (26) govern, rule; (*wirken*) be at work; *s. schalten*; *seines Amtes* ~ do one's duty; *Gnade* ~ *lassen* show mercy; *Sorgfalt* ~ *lassen* exercise proper care; *das walte Gott!* God grant it!; **2.** ♀ *n* (6) rule; working; *the* hand *of God, etc.*
'**Walzblech** *n* rolled plate.
Walze ['valtsə] *f* (15) roller (*a. typ. u. Straßen*♀ *usw.*), cylinder (*a. typ.*); ⊕ *a.* roll; *der Schreibmaschine*: platen; *der Drehorgel usw.*: barrel; F *fig. auf der* ~ on the tramp.
'**walzen** (27) **1.** *v/t.* ⊕ roll; **2.** *v/i.* (*Walzer tanzen*) waltz.
wälzen ['vɛltsən] (27) (*a. sich*) roll; *sich* ~ *im Wasser usw.*: wallow; *in s-m Blute*: welter; *fig. von sich* ~ off-load *a th.*; *sich vor Lachen* ~ be convulsed with laughter; *die Schuld auf j-n* ~ lay the blame on a p.
walzenförmig ['~fœrmiç] cylindrical.
Walzer ♪ ['valtsər] *m* (7) waltz.
Wälzer ['vɛltsər] *m* (7) bulky volume, huge tome.
'**Walzgold** *n* rolled gold.
'**Wälzlager** ⊕ *n* roller bearing.
'**Walz|straße** ⊕ *f* rolling (*od.* mill) train; '**~werk** *n* rolling-mill.
Wamme ['vamə] *f* (15) (*Kehlfalte*) dewlap; F (*dicker Bauch*) paunch.
Wams [vams] *n* (2[1]) jacket; *hist.* doublet.
wand[1] [vant] *pret. v. winden.*
Wand[2] [~] *f* (14[1]) wall; (*Scheide*♀) partition; *e-s Gefäßes*: side; *fig. an die* ~ *gedrückt werden* go to the wall; *j-n an die* ~ *stellen* execute; '**~arm** *m* (wall-)bracket; '**~bekleidung** *f* wallfacing, panel(l)ing; *hölzerne*: wainscot([t]ing).
Wandel ['vandəl] *m* (7) change; (*Lebenswandel*) way of living; (*Betragen*) behavio(u)r, conduct; *Handel und* ~ trade, commerce; ~ *schaffen* bring about a change; '♀**bar** changeable, variable; '**~barkeit** *f* changeableness; '**~gang** *m*, '**~halle** *f parl., thea.* lobby; '♀**n** (29) *v/i.* (sn) *poet.* walk; (*wandern*) wander, travel; *v/t.* change (*a. sich*); *sich* ~ *in* (*acc.*) turn into; '**~obligation** ✝ *f* convertible bond; '**~stern** *m* planet.

Wander|-ausstellung ['vandər-] *f* itinerant (*od.* flying) exhibition; '**~bühne** *f* travelling theatre, *Am.* touring company; '**~bursche** *m* travel(l)ing journeyman; '**~düne** *f* shifting sand dune; '**~er** *m* (7), '**~in** *f* (16[1]) wanderer, travel(l)er; *bsd. sportlich*: hiker; '**~gewerbe** *n* itinerant trade; '**~heuschrecke** *f* migratory locust; '**~jahre** *n/pl.* (journeyman's) years of travel; '**~leben** *n* vagrant life; '♀**n** (29, sn) wander (*a. Blick, Gedanken*), travel; (*umherstreifen*) ramble; (*zu Fuß gehen*) walk; *bsd. sportlich*: hike; *Vögel, Völker usw.*: migrate; *Düne*: shift; F *fig.* go; '**~niere** *f* floating kidney; '**~pokal** *m* challenge cup; '**~prediger** *m* itinerant preacher; '**~preis** *m* challenge trophy; '**~ratte** *f* brown (*od.* Norway) rat; '**~schaft** *f* wanderings *pl.*, travel(l)ing, travels *pl.*; *auf der* ~ on the tramp; *auf die* ~ *gehen* take to the road; '**~smann** *m* (1, *pl.* '*Wandersleute*) *s. Wanderer*; '**~stab** *m* (walking-)stick; *den* ~ *ergreifen* set out on one's travels; '**~trieb** *m* roving spirit; *zo.* migratory instinct; '**~truppe** *f s. Wanderbühne*; '**~ung** *f* walking-tour; *vgl. wandern*: ramble; hike; migration; '**~ver-ein** *m* rambling club; '**~vogel** *m* bird of passage.
'**Wand|gemälde** *n* mural (painting); '**~kalender** *m* tear-off calendar; '**~karte** *f* wall-map; '**~leuchter** *m* bracket(-lamp), sconce.
Wandlung ['vandluŋ] *f* change, (*a.* ⚡) transformation; *eccl.* transsubstantiation; ⚖ redhibition.
'**Wand|male'rei** *f* mural painting; '**~pfeiler** *m* pilaster; '**~schirm** *m* folding-screen; '**~schoner** *m* splasher; '**~schrank** *m* closet, wall-chest; '**~spiegel** *m* pier-glass; '**~tafel** *f* blackboard; '**~teppich** *m* tapestry; '**~-uhr** *f* wall-clock.
wandte ['vantə] *pret. v. wenden.*
Wange ['vaŋə] *f* (15) cheek (*a.* ⊕).
...wangig [...vaŋiç] ...-cheeked.
Wankelmotor ['vaŋkəl-] *m* Wankel engine, rotary piston engine.
Wankel|mut ['vaŋkəlmu:t] *m* fickleness, inconstancy; ♀**mütig** ['~my:tiç] fickle, inconstant.
wanken ['vaŋkən] (25, h. *u.* sn) totter, stagger; *Boden, Haus*: rock;

fig. waver, falter; *ins* ≗ *bringen od. kommen* shake.

wann [van] when; *s. dann*; *seit* ~? how long?, since what time?

Wanne [ˈvanə] *f* (15) tub; (*Bade*≗) bath; ˈ**~nbad** *n* tub-bath.

Wanst [vanst] *m* (3^2 *u.* ^{3}) paunch.

Want ⚓ [vant] *f* (16, *mst pl.*) shroud.

Wanz|e [ˈvantsə] *f* (15) bug, *Am.* bedbug; ˈ**≗ig** buggy.

Wappen [ˈvapən] *n* (6) (coat of) arms *pl.*; ˈ**~bild** *n* heraldic figure; ˈ**~kunde** *f* heraldry; ˈ**~schild** *m* escutcheon, blazon; ˈ**~spruch** *m* heraldic motto.

wappnen [ˈvapnən] (26) arm; *fig. gewappnet* forearmed.

war [vɑːr] *pret. v. sein*[1] 1.

warb [varp] *pret. v. werben.*

Ware [ˈvɑːrə] *f* (15) *allg. u. in Zssgn* ware (*z. B.* earthenware); article (of commerce), commodity; *als Sammelwort*: ~ *od.* ~*n pl.* merchandise *sg.*; ~*n pl. a.* goods *pl.*

wäre [ˈvɛːrə] *s. sein*; *wie* ~ *es mit* ...? how about ...?; *wie* ~ *es, wenn* ...? what if ...?

ˈ**Waren|-aufzug** *m* hoist, *Am.* (freight-)elevator; ˈ**~-ausfuhr** *f* export(ation of goods); ˈ**~bestand** *m* stock (on hand); ˈ**~börse** *f* Commodity Exchange; ˈ**~haus** *n* department store; ˈ**~konto** *n* goods account; ˈ**~kredit** *m* goods credit; ˈ**~lager** *n* (*Vorrat*) stock-in-trade; (*Raum*) warehouse, *Am.* stockroom; ˈ**~niederlage** *f* warehouse, magazine; ˈ**~probe** *f* sample; *v. Stoff usw.*: pattern; ˈ**~rechnung** *f* invoice; ˈ**~zeichen** *n* trade-mark.

warf [varf] *pret. v. werfen.*

warm [varm] warm (*a. fig.*); *stärker* (*a. Speisen u.* ⊕): hot; *mir ist* ~ I am (*od.* feel) warm; ~ *halten* keep warm; ~ *werden* warm up (*a. fig.*); ~ *empfehlen* recommend warmly; ˈ**≗bad** *n* warm bath; (*Quelle*) thermal springs *pl.*; **≗blüter** [ˈ~blyːtər] (7) warm-blooded animal.

Wärme [ˈvɛrmə] *f* (15, *o. pl.*) warmth (*a. fig.*); *phys.* heat; ˈ**≗beständig** heat-resistant; ˈ**~-einheit** *f* thermal unit, calorie; ˈ**~grad** *m* degree of heat; ˈ**~lehre** *f* theory of heat; ˈ**~leiter** *m* conductor of heat; ˈ**~messer** *m* thermometer; *nach Kalorien*: calorimeter; ˈ**≗n** (25) warm; heat; ˈ**~technik** *f* heat engineering.

ˈ**Wärmflasche** *f* hot-water bottle.

ˈ**warm|halten** *fig.*: *sich j-n* ~ keep in with a p.; ˈ**~herzig** warmhearted; ˈ**≗luft** *f* warm air.

Warmˈ**wasser|bereiter** *m* electric water heater; **~heizung** *f* hot-water heating; **~speicher** *m* hot-water tank; **~versorgung** *f* hot-water supply.

Warn|drei-eck *mot.* [ˈvarn-] *n* warning triangle; ˈ**≗en** (25) (*vor dat.*) warn (of, against), caution (against); *vor Dieben usw. wird gewarnt!* beware of ...!; *davor* ~, *zu inf.* warn against *doing a th.*; *Sie sollten gewarnt sein durch* you should take warning from; ˈ**~er** *m* (7) warner; ˈ**~lampe** *f* warning lamp; ˈ**~signal** *n* danger-signal; ˈ**~streik** *m* token strike; ˈ**~tafel** *f* danger notice; ˈ**~ung** *f* warning; *laß dir das zur* ~ *dienen* let that be a warning (*od.* lesson) to you.

Warte [ˈvartə] *f* (15) watch-tower, look-out; *fig.* level; standpoint; ˈ**~frau** *f s. Wärterin*; ˈ**~geld** *n* half-pay; ˈ**~liste** *f* waiting list.

warten [ˈvartən] (26) *v/i.* wait; (*bleiben*) stay; ~ *auf* (*acc.*) wait for, (*bevorstehen*) be in store for *a p.*; (*nicht lange*) *auf sich* ~ *lassen* (not to) be long in coming; *j-n* ~ *lassen* keep a p. waiting; *s. na*; *v/t. allg.* tend; (*pflegen*) nurse; *weitS.* attend to, look after; ⊕ service, maintain.

Wärter [ˈvɛrtər] *m* (7) attendant; (*bsd. Irren*≗) keeper; (*Pfleger*) (male) nurse; (*Wächter*) guard; 🚂 signalman; ˈ**~in** *f* (16^1) (female) attendant; (*Pflegerin*) nurse.

Warte|raum *m*, ˈ**~saal** *m*, ˈ**~zimmer** *n* waiting-room; ˈ**~zeit** *f* waiting period.

ˈ**Wartung** *f* attendance; tending; (*Pflege*) nursing; ⊕ maintenance, servicing; ˈ**≗sfrei** ⊕ maintenance-free.

warum [vaˈrum] why, wherefore, for what reason.

Warz|e [ˈvartsə] *f* (15) wart; (*Brust*≗) nipple; ⊕ lug, stud; ˈ**≗ig** warty.

was [vas] **1.** (24) *interr. pron.* what; *rel. pron.* (= *das, was*) what, *a.* that which; *den Inhalt des vorhergehenden Satzes aufnehmend*: which; ~ *auch immer*, ~ *nur* what(so)ever;

~ *für (ein) ...?* what ...? what sort (*od.* kind) of ...?; ~ *für (ein) ...!* what (a) ...!; *was nun?* F so what?; **2.** F = *etwas*; F *ich will dir ~ sagen* I'll tell you what; **3.** = *wieviel*: ~ *kostet das Buch?* how much is?

'**Wasch|-anstalt** ['vaʃ-] *f* laundry; '**~-automat** *m* automatic washing-machine; '**♀bar** washable; '**~bär** *m* rac(c)oon, *Am.* F coon; '**~becken** *n* wash- (*od.* hand-)basin; '**~blau** *n* washing-blue; '**~brett** *n* wash-board.

Wäsche ['vɛʃə] *f* (15) (*Waschen*) wash; (*Waschen; Zeug während des Waschens*) washing; (*schmutzige ~*) laundry; (*Leib♀, Tisch♀, Bett♀*) linen; (*Unter♀*) underwear; ✝ (*Damenunter♀*) lingerie; *schmutzige ~* soiled (*fig.* dirty) linen; *in die ~ geben* get *a th.* washed, send *a th.* to the laundry; *in der ~ sein* be at the wash.

'**wasch-echt** laundry-proof, fast; *fig.* genuine, true-blue.

'**Wäsche|geschäft** *n* lingerie store; '**~klammer** *f* clothes-peg; '**~leine** *f* clothes-line.

waschen ['vaʃən] *v/t., v/i., v/refl.* (30) wash; *Wäsche*: *a.* launder; *Haar*: shampoo; *sich gut ~ lassen* wash well; *s. Kopf.*

Wäscher ['vɛʃər] *m* (7) washer; *in e-r Wäscherei*: laundryman; **~ei** [~'raɪ] *f* (16) laundry; '**~in** *f* (16[1]) wash(er)woman, laundress.

'**Wäsche|schleuder** *f* spin drier; '**~schrank** *m* linen-press, *Am.* clothespress; '**~tinte** *f* marking-ink; '**~zeichen** *n* laundry-mark.

'**Wasch|frau** *f s. Wäscherin*; '**~gelegenheit** *f* washing facility; '**~kessel** *m* wash-boiler; '**~korb** *m* clothes-basket; '**~küche** *f* wash-house; F (*Nebel*) *sl.* pea-soup; '**~lappen** *m fürs Gesicht*: face cloth, *Am.* washrag; *für Geschirr*: dish-cloth; F (*Weichling*) *sl.* sissy; '**~lauge** *f* lye; '**~leder** *n*, '**♀ledern** wash-leather, chamois, shammy; '**~maschine** *f* washing-machine, washer; '**~mittel** *n* washing agent, detergent; '**~pulver** *n* washing powder; '**~raum** *m* lavatory, *Am. a.* washroom; '**~schüssel** *f* wash bowl; '**~seide** *f* washing silk; '**~seife** *f* washing- (*od.* laundry) soap; '**~tisch** *m*, '**~toilette** *f* wash-stand; '**~trog** *m* washing trough; '**~ung** *f* washing; *bsd.* ⚕, *eccl.* ablution; '**~weib** *contp. n* old gossip; '**~wasser** *n* washwater; '**~zettel** *m* laundry list; *fig.* (*Buchanpreisung*) blurb.

Wasser ['vasər] *n* (7) water; *fig. ein stilles ~* (*Person*) a deep one; *Schlag ins ~ sl.* flop; *zu ~ und zu Lande* by sea and land; *~ lassen* pass water; *unter ~ setzen* flood, submerge; *ins ~ fallen fig.* not to come off; *zu ~ werden fig.* come to naught, end in smoke; *das ist ~ auf seine Mühle* that is grist to his mill; *er kann ihm nicht das ~ reichen* he is not fit to hold a candle to her; *er ist mit allen ~n gewaschen* he knows all the tricks; *mir läuft das ~ im Munde zusammen* my mouth waters; *fig. sich mühsam über ~ halten* keep one's head barely above water; *s. abgraben*; '**♀-abstoßend** water-repellent; '**♀-arm** ill supplied with water, arid; '**~ball(spiel** *n*) *m Sport*: water polo; '**~bau** *m* hydraulic engineering; '**~behälter** *m* reservoir; ⊕ cistern, tank; '**~blase** *f* bubble; *auf der Haut*: blister, vesicle; '**~bombe** *f* depth charge; '**~bruch** ⚕ *m* hydrocele.

Wässerchen ['vɛsər-] *n* (6): *fig. er sah aus, als könne er kein ~ trüben* he looked as though butter would not melt in his mouth.

'**Wasser|dampf** *m* water vapo(u)r, steam; '**♀dicht** waterproof; ⚓ water-tight; *~ sein a.* hold water; '**~-eimer** *m* pail, bucket; '**~fahrzeug** *n* watercraft, vessel; '**~fall** *m* waterfall; *kleiner od. künstlicher*: cascade; *großer*: cataract; '**~farbe** *f* water-colo(u)r; '**~fläche** *f* (*Oberfläche*) surface of (the) water; (*weite Strecke*) sheet of water; '**~flasche** *f* water-bottle; '**~floh** *m* water-flea; '**~flugzeug** *n* seaplane, hydroplane; '**~flut** *f* flood; '**~fracht** *f* waterfreight; '**~glas** *n* water-glass (*a.* ⚗); (*Trinkglas ohne Fuß*) tumbler; *s. Sturm*; '**~graben** *m* drain; ⚔ moat; '**~hahn** *m* (water-)tap, *Am. a.* faucet; '**♀haltig** containing water; ⚗ hydrated; '**~haushalt** *m* water economy; ⚕ water equilibrium; '**~heil-anstalt** *f* hydropathic establishment; '**~heilkunde** *f* hydrotherapy; '**~hose** *f* waterspout; '**~huhn** *n* coot.

wässerig ['vɛsəriç] watery; ⚗ *Lösung*: aqueous; ⚕ serous; *fig.* washy; *j-m den Mund ~ machen* make a p.'s mouth water.

'**Wasser|kasten** *m* water tank; '**~kessel** *m* kettle; ⊕ boiler; '**~klosett** *n* water-closet (*abbr.* W.C.); '**~kopf** ⚕ *m* hydrocephalus; '**~kraft** *f* waterpower; '**~kraftwerk** *n* hydroelectric power plant; '**~krug** *m* water-jug, pitcher; '**~kühlung** ⊕ *f* water-cooling (system); *mit ~* water-cooled; '**~kunst** *f* artificial fountain; '**~kur** *f* water-cure; '**~lauf** *m* watercourse; '**~leitung** *f* water pipes *pl.*, (water-)main; aqueduct; '**~leitungsrohr** *n* water-pipe; '**~lilie** *f* water-lily; '**~linie** ⚓ *f* water-line; '**2löslich** water-soluble; '**~mangel** *m* water famine (*od.* shortage); '**~mann** *ast. m* Watercarrier, Aquarius, *Am. a.* Water Bearer; '**~mantel** ⊕ *m* water jacket; '**~melone** *f* water-melon; '**~messer** *m* hydrometer, waterga(u)ge; '**~mühle** *f* water-mill.

wassern ✈ ['vasərn] (29) alight on water.

wässern ['vɛsərn] (29) (*be~*; *ver~*) water; (*be~*) irrigate; (*einweichen*) water-soak; *phot.* wash.

'**Wasser|nymphe** *f* water-nymph, naiad; '**~pflanze** *f* aquatic plant; '**~pistole** *f* water pistol; '**~pocken** *f/pl.* chicken-pox; '**~polizei** *f* river police; '**~rad** *n* water-wheel; '**~ratte** *f* water-rat; F *fig.* enthusiastic swimmer; '**2reich** abounding in water; '**~reservoir** *n* reservoir, (water) tank; '**~rohr** *n* water-pipe; '**~rutschbahn** *f* water-chute; '**~säule** *f* water column; '**~schaden** *m* damage caused by water; '**~scheide** *f* watershed, *Am. a.* divide; '**2scheu**[1] afraid of water; '**~scheu**[2] *f* dread of water, F water-funk; '**~schi** *m* water-ski; *~ fahren* go (*od.* do) water-skiing; '**~schlange** *f* water-snake; '**~schlauch** *m* water-hose; '**~speier** *m* (7) gargoyle; '**~spiegel** *m* surface of the water; (*Wasserstand*) water level; '**~sport** *m* aquatic sports *pl.*, aquatics *pl.*; '**~spülung** *f* water flushing; '**~stand** *m* water level; '**~stands-anzeiger** *m* water-level ga(u)ge; '**~stein** *m* scale (from water); '**~stiefel** *m/pl.* waterproof boots, waders *pl.*; '**~stoff** ⚗ *m* hydrogen; '**~stoffbombe** *f* hydrogen bomb, hydrobomb, H-bomb; '**2stoffhaltig** hydrogenous; **~stoffsuperoxyd** ['~'zu:pərʔɔksy:t] *n* hydrogen peroxide; '**~strahl** *m* jet of water; '**~straße** *f* waterway; '**~sucht** *f* dropsy; '**2süchtig** dropsical; '**~suppe** *f* water-gruel; F *fig.* slops *pl.*; '**~tier** *n* aquatic animal; '**~turm** *m* water-tower; '**~uhr** *f* water meter; (*Zeitmesser*) water clock; **~velo** ['~ve:lo] *n* (11) pedalo.

Wässerung ['vɛsəruŋ] *f vgl. wässern*: watering; irrigation; soaking, steeping; *phot.* washing.

'**Wasser|verdrängung** *f* displacement (of water); '**~versorgung** *f* water supply; '**~vogel** *m* aquatic bird, *pl. a.* water-fowl; '**~waage** *f* spirit-level; '**~weg** *m* water-way; *auf dem ~* by water; '**~welle** *f* (*Frisur*) water-wave; '**~werfer** *m* water cannon; '**~werk(e** *pl.*) *n* water works; '**~zähler** *m* water meter; '**~zeichen** *n* watermark.

waten ['va:tən] (26, sn) wade.

watschel|ig ['va:tʃəliç] waddling; '**~n** (29, h. *u.* sn) waddle.

Watt[1] [vat] *n* (3) *geogr.* banks *pl.* of sand, flats *pl.*; **~**[2] (11, *im pl. mst inv.*) ⚡ watt; '**~e** *f* (15) cotton (wool); (*zum Ausstopfen*) wadding; '**~ebausch** *m* (cotton) swab *od.* pad; '**~epfropf** *m* cotton plug; **2ieren** [~'ti:rən] pad, wad; '**~leistung** ⚡ *f* wattage.

Watvogel ['va:t-] *m* wader.

wauwau ['vau'vau] **1.** bow-wow!; **2.** 2 *m* (11) *Kindersprache*: bow-wow.

weben ['ve:bən] (30) weave.

'**Weber** *m* (7) weaver; '**~baum** *m* loom-beam; **~ei** [~'raɪ] *f* (16) weaving; (*Gebäude*) weaving-mill; '**~knecht** *zo. m* harvestman, *Am.* daddy-longlegs; '**~schiffchen** *n* shuttle.

Web|fehler ['ve:p-] *m* (weaving) flaw; '**~stuhl** *m* loom; '**~waren** *f/pl.* textiles, woven goods.

Wechsel ['vɛksəl] *m* (7) change; (*Aufeinanderfolge*) succession; (*regelmäßiger Personalaustausch*; *a.* 🌾 *Saat*2) rotation; (*Tausch*) exchange, *v. Geldsorten*: *a.* change; ✝ bill (of exchange); (*monatliche Geldzuwendung*) allowance; *hunt.* runway, *Am.*

trace; *Sport*: (*Stab*≈) (baton) change, (*Seiten*≈) change of ends; ~ *auf Sicht* bill payable at sight; *eigener* (*od. trockener*) ~ promissory note; *gezogener* (*od. trassierter*) ~ draft (*auf zwei Monate* at two months); *offener* ~ letter of credit; ~ *zum Inkasso* bill for collection; ~ *zum Verkauf* bill for negotiation; '**~-agent** *m* bill-broker; '**~-agio** *n* bill discount; '**~-akzept** *n* acceptance of a bill; '**~-aussteller** *m* drawer of a bill; '**~bad** ⚕ *n* contrast bath; '**~balg** *m* changeling; '**~bank** *f* discount-house; '**~beziehung** *f* correlation; '**~brief** *m* bill of exchange; '**~bürgschaft** *f* guarantee for a bill of exchange; '**≈fähig** able to draw bills of exchange; **~fälle** ['~fɛlə] *m/pl.* vicissitudes, ups and downs *of life etc.*; '**~fieber** *n* intermittent fever; '**~folge** *f* alternation, rotation; '**~frist** *f* days *pl.* of grace; '**~geld** *n* (money of) exchange, agio; (*Kleingeld*) change; '**~gesang** *m* antiphony, glee; '**~gespräch** *n* dialog(ue); '**~getriebe** ⊕ *n* change-gear, variable gear; '**~gläubiger** *m*, '**~-inhaber** *m* holder of a bill of exchange, bill creditor; '**≈haft** changeable; '**~jahre** *physiol. n/pl.* climacteric (period) *sg.*, menopause *sg.*, change *sg.* of life; '**~kurs** *m* rate of exchange; '**~makler** *m* bill-broker.

wechseln ['vɛksəln] *v/t. u. v/i.* (29) change; (*verschieden sein, ab~*) vary; (*austauschen, a. Briefe, Blicke, Schläge, Worte usw.*) exchange; *Szene*: shift; (*ab~* [*lassen*]) alternate; *hunt.* pass; *die Kleider* ~ change (one's clothes); ~ *mit den Speisen usw.* vary.

'**Wechsel|nehmer** *m* (7) taker of a bill; '**~protest** *m* bill protest; '**~recht** *n* law of exchange; '**~reiter** *m* bill-jobber; '**~reite'rei** *f* bill-jobbing; '**~schuld** *f* bill debt; '**≈seitig** mutual, reciprocal; '**~seitigkeit** *f* reciprocity; '**~strom** ⚡ *m* alternating current (*abbr.* AC, a-c); '**~stube** *f* exchange-office; '**≈voll** changeable; eventful; '**≈weise** alternately, by turns; (*gegenseitig*) mutually; '**~winkel** *m/pl.* alternate angles; '**~wirkung** *f* reciprocal action *od.* effect, interaction.

Weck [vɛk] *m* (3), '**~e** *f* (15), '**~en**[1] *m* (6) roll; '**≈en**[2] (25) (a)wake, waken (*a. fig.*); F call; (*aufstören*) rouse (*a. fig.*); '**~er** *m* (7) (a)wakener; (*Uhr*) alarm-clock; '**~ruf** *m* reveille.

Wedel ['ve:dəl] *m* (7) (*Fächer*) fan; (*Staub*≈) duster; ♣ frond; '**≈n** *v/t. u. v/i.* (29) fan; wag (*mit dem Schwanz* the tail).

weder ['ve:dər]: ~ ... *noch* neither ... nor.

Weg[1] [ve:k] *m* (3) way; (*Pfad*) path; (*Straße*) road; (*Reise*≈) route; (*Gang*) walk; (*Durchgang*) passage; (*Strecke*) distance (*a. phys.*); ⊕ travel; *fig.* (*Art und Weise*; *Methode*) way; *fig.* (~ *zum Ziel*) course; *e-e Meile* ~*es* a distance of a mile; *am* ~*e* by the wayside; *auf gütlichem* ~*e* amicably; *fig. auf dem richtigen* ~ *sein* be on the right track; *er steht mir im* ~*e* he is in my way; *s-r* ~*e* (*od. s-s* ~*es*) *gehen* go one's way(s); *aus dem* ~*e gehen* get out of the way, stand aside; *fig.* (*dat.*) (*vermeiden*) avoid, steer clear of; *j-m weit aus dem* ~*e gehen* give a p. a wide berth; *aus dem* ~*e räumen od. schaffen* remove (*a. fig. j-n*); et. *in die* ~*e leiten* set on foot, initiate, (*vorbereiten*) prepare; *ich traue ihm nicht über den* ~ I don't trust him round the corner; *s. ebnen, machen, halb.*

weg[2] [vɛk] away, off; (~*gegangen usw.*) gone; (*verloren*) gone, lost; ~ *da!* be off!; ~ *damit!* off with it!, take it away!; *Hände* ~*!* hands off!; F *ich muß* ~ I must be off; F *völlig od. ganz* ~ (*von Sinnen*) (clean) gone, (*erstaunt*) flabbergasted.

'**wegbekommen** get off; (*verstehen*) get the knack of; *e-e Krankheit*: catch.

Wegbereiter ['ve:k-] *m* pioneer.

weg|blasen ['vɛk-] blow away; *fig. wie weggeblasen* clean gone; '**~bleiben** (sn) stay away; (*ausgelassen werden*) be omitted; '**~blicken** look away; '**~bringen** take away; *Sache, Fleck*: *a.* remove.

Wege|lagerer ['ve:gəlɑ:gərər] *m* (7) highwayman; '**~meister** *m* road-surveyor.

wegen ['ve:gən] (*gen. od. dat.*) because of, on account of, by reason of; (*um ... willen*) for the sake of, for; *von Amts* ~ ex officio, officially; *von Rechts* ~ by right; ⚖ ~ *Diebstahls* for larceny.

'**Wegerecht** *n* right of way.
Wegerich ⚘ ['ve:gəriç] *m* (3) plantain.
weg|fahren ['vɛk-] *v/t.* remove; *v/i.* leave; *im Wagen*: drive away; '≈**fall** *m* (*Auslassung*) omission; (*Aufhören*) cessation; (*Abschaffung*; *a. weitS. v. Gründen, Hindernissen*) removal; in ~ kommen = '~**fallen** (sn) fall away; (*ausgelassen werden*) be omitted *od.* dropped; (*nicht in Frage kommen*) be inapplicable; (*aufhören*) cease; (*abgeschafft werden*) be abolished; (*ausfallen*) not to take place; ~ lassen drop, leave out; '~**fangen**, F '~**fischen** snatch away (j-m et. a th. from under a p.'s nose); '~**fegen** sweep away (*a. fig.*); '~**führen** lead (*od.* take) away; '≈**gang** *m* departure; '~**geben** give away; '~**gehen** (sn) go away *od.* off; *Ware*: sell; ~ über (*acc.*) pass over (*a. fig.*); '~**haben** have got *one's share*; *fig.* (*gut verstehen*) have got the hang of; '~**helfen** (*dat.*) help *a p.* to get away; '~**holen** take away; '~**jagen** drive (*od.* chase) away; '~**kommen** (sn) get away *od.* off; (*abhanden kommen*) be lost; *fig.* gut *usw.* ~ come off well *etc.*, get a good *etc.* deal; '~**lassen** let go; *Sache*: leave out, omit; '≈**lassung** *f* omission; '~**laufen** run away; '~**legen** lay (*od.* put) aside; '~**machen** take away, remove; *Fleck*: take out; sich ~ make off; '~**müssen:** ich muß weg I must go; *der Hund usw.* muß weg (*abgeschafft werden*) must go; ≈**nahme** ['~nɑ:mə] *f* (15) taking (away) (*a.* ⚖); (*Beschlagnahme*) seizure; ⚔, ⚓ capture; '~**nehmen** take away (j-m from a p.); (*beschlagnahmen*) seize; *Raum, Zeit usw.*: take up, occupy; ⚔, ⚓ capture; '~**packen** pack away; sich ~ pack off; '~**putzen** wipe away; F (*abschießen*) pick off; F (*essen*) polish off; '~**raffen** carry off; '~**räumen** clear away, remove; '~**reisen** (sn) depart, leave; *s.* verreisen; '~**reißen** tear (*od.* snatch) away (j-m from a p.); *durch Sturm usw.*: sweep (*od.* carry) away; '~**rücken** move away (*a. v/i.*); '~**schaffen** clear away, remove, do away with; ⚗ eliminate; sich '~**scheren** be off; '~**schicken** send away *od.* off, dispatch; (sich) '~**schleichen** steal away; '~**schleppen** drag off; '~**schließen** lock up (*od.* away); '~**schmeißen** throw away; '~**schnappen** snatch away (j-m et. a th. from a p.).
Wegschnecke ['ve:k-] *f* slug.
weg|sehen ['vɛk-] look away; ~ über (*acc.*) shut one's eyes to *a th.*; '~**sein** be away *od.* absent; (*weggegangen usw.*; *a. verloren sein*; F *verzückt sein*) be gone; ~ über (*acc.*) have got over *a th.*; '~**setzen** *v/t.* put away; sich ~ über (*acc.*) *fig.* disregard; *v/i.* (sn) ~ über (*acc.*) jump (over) *a th.*, clear *a th.*; '~**streben** von tend from.
Wegstrecke ['ve:k-] *f* stretch (of road); *zurückgelegte*: distance covered, mileage.
weg|streichen ['vɛk-] strike out, cancel; '~**treten** (sn) step aside; ⚔ break the ranks; '~**tun** put away *od.* aside, remove; (tu die) Hände weg! (take your) hands off!
Wegweiser ['ve:k-] *m* (7) signpost, guidepost; *im Gebäude*: directory; (*Person, Buch*) guide.
weg|wenden ['vɛk-] (*a.* sich) turn away *od.* off; *bsd. Gesicht*: avert; '~**werfen** throw away; *fig.* sich ~ throw o.s. away (an j-n on a p.), degrade o.s.; '~**werfend** disparaging; '~**wischen** wipe off; '~**zaubern** spirit away.
Wegzehrung ['ve:k-] *f* provisions *pl.* for the journey; *eccl. letzte*: viaticum.
wegziehen ['vɛk-] *v/t.* pull (*od.* draw) away; *v/i.* (sn) *aus der Wohnung*: (re)move; ⚔ march away.
weh [ve:] **1.** sore, aching; ~! woe!; ~ mir! woe is me!; ~e dir *usw.*! woe be to you *etc.*!, *allg.* just you wait!; ~ tun ache; j-m: pain (*od.* hurt) a p., cause a p. pain; *seelisch*: *a.* grieve a p.; sich ~ tun hurt o.s.; **2.** ≈ *n* (3, *o. pl.*) pain; *seelisch*: *a.* grief; *s.* wohl 2.
Wehe[1] ['ve:ə] *f* (15) (*Schnee*≈, *Sand*≈) drift; ~[2]: ~n *pl.* labo(u)r (-pains); *fig.* travail; '≈**n** *v/i. u. v/t.* (25) blow; (*fort*~) drift, waft; (*flattern*) flutter, wave; *fig. Geist*: live.
'**Weh|geschrei** *n* woeful cries *pl.*, wail; '~**klage** *f* lament(ation); '≈**klagen** lament (um for; über acc. over); '≈**leidig** snivel(l)ing; '~**mut** *f* *inv.* melancholy, sadness;

über Vergangenes: nostalgia; **2mütig** ['~myːtiç] sad, melancholy; nostalgic.

Wehr[1] [veːr] *f* (16) (*Ab2*) defen|ce, *Am.* -se, resistance; (*Waffe*) weapon; (*Panzer*) armo(u)r; (*Schutz2*) bulwark; *sich zur ~ setzen* show (*od.* put up a) fight, *gegen*: struggle against, oppose; *s. a.* (*sich*) *wehren*; **~**[2] *n* (3) weir; '**~beauftragte** *m* ombudsman (for the Armed Forces); '**~bereich** *m* military district; '**~bereichskommando** *n* military district headquarters *od.* command; '**~dienst** ⚔ *m* military service; '**~dienstbeschädigung** *f* disability incurred in line of duty; '**~dienstverweigerer** *m* conscientious objector; '**2en** (25) (*dat.*) restrain, check; *dem Feuer ~* arrest (*od.* check) the spread of fire; *sich ~* defend o.s., offer resistance; '**~ersatzdienst** *m* alternative service (for conscientious objectors); '**2fähig** fit for military service, able-bodied; '**2los** defen|celess, *Am.* -seless; (*waffenlos*) unarmed; (*hilflos*) helpless; *~ machen* disarm; '**~losigkeit** *f* defen|celessness, *Am.* -selessness; '**~pflicht** *f*: (*allgemeine*) *~* (universal) compulsory military service, (universal) conscription; '**2pflichtig** liable to military service; '**~sold** *m* (service) pay; '**~stammrolle** *f* service roster; '**~wissenschaft** *f* military science.

Weib †, P [vaɪp] *n* (1) woman; (*Gattin*) wife; '**~chen** *n* (6) little woman *od.* wife; *v. Tieren*: female.

Weiber... ['~bər] *mst* women's; '**~art** *f* women's way(s *pl.*); '**~feind** *m* woman-hater, misogynist; '**~held** *m* lady-killer, lady's man; '**~herrschaft** *f* petticoat-government; '**~volk** F *n* women(folk *sg.*) *pl.*

weib|isch ['~biʃ] womanish, effeminate; **~lich** ['vaɪp-] *Geschlecht*: female, *gr.* feminine; *Wesensart*: womanly, feminine; *das ewig 2e* the Eternal Woman; '**2lichkeit** *f* womanliness; *die holde ~* the fair sex.

'**Weibsbild** *n* female, *sl.* broad.

weich [vaɪç] soft (*a. fig.*); (*zart*) tender (*a. Fleisch*); (*schwach*) weak; *s. weichherzig*; *~ werden* soften; *fig.* (*nachgeben*) yield; (*milder werden*) soften, relent; (*gerührt werden*) be moved (*bei* at); '**2bild** *n* precincts *pl.*, municipal area; (*Außenbezirke*) outskirts *pl.*; '**2e**[1] *f* (15) *anat.* flank, side; (*Leiste*) groin; '**2e**[2] *f* 🚂 switch, *Brt. a.* points *pl.*; *~n stellen* throw the switch, *fig.* set a new course; '**~en**[1] *v/i.* (30, sn) give way, yield; ⚔ retreat; *Preise*: decline, fall; *von j-m ~* leave, abandon; *j-m nicht von der Seite ~* not to budge from a p.'s side; '**~en**[2] (25) *s. aufweichen.*

'**Weichensteller** 🚂 *m* (7) pointsman. *bsd. Am.* switchman.

'**weichgekocht:** *~e Eier* soft-boiled eggs.

'**Weichheit** *f s. weich*: softness; tenderness; weakness.

'**weichherzig** tender-hearted; '**2keit** *f* tender-heartedness.

'**weich|lich** soft, tender; *Nahrung, Empfinden*: sloppy; *fig.* weak, effeminate; soft; '**2lichkeit** *f* tenderness; sloppiness; effeminacy, softness; '**2ling** *m* (3[1]) weakling, mollycoddle, F softie; '**~löten** ⊕ (soft-) solder.

Weichsel|kirsche ['vaɪksəl-] *f* mahaleb-cherry; '**~rohr** *n* cherry-wood tube; '**~zopf** *m* Polish plait.

'**Weich|teile** *anat. m/pl.* soft parts; '**~tier** *n* mollusc.

Weide[1] ⚘ ['vaɪdə] *f* (15) willow; (*Korb2*) osier; '**~**[2] ⚒ pasture; *auf der ~* at grass; *auf die ~ gehen od. schicken* go (*od.* send) to grass; '**~land** *n* pasture-land *od.* -ground.

weiden ['vaɪdən] *v/i. u. v/t.* (26) graze, pasture; *Vieh ~* (*lassen*) put to pasture *od.* grass; *s-e Augen* (*a. sich*) *~ an* (*dat.*) feast one's eyes on, *b.s.* gloat over *a th.*

'**Weiden|baum** *m* willow-tree; '**~kätzchen** ⚘ *n* willow-catkin; '**~korb** *m* wicker-basket.

'**Weideplatz** *m* pasture-ground.

weid|gerecht ['vaɪt-] sportsmanlike; '**~lich** *adv.* thoroughly, greatly.

'**Weid|mann** *m* (1[2]) huntsman, sportsman; **2männisch** ['~mɛniʃ] sportsmanlike; **~manns'heil** *n*: *~!* good sport!; '**~werk** *n the* chase, hunting.

weiger|n ['vaɪgərn] (29) (*sich*) refuse; '**2ung** *f* refusal.

Weih [vaɪ] *m* (12) (*Vogel*) kite.

'**Weihbischof** *m* suffragan (bishop).

Weihe[1] ['vaɪə] *f* (15) consecration;

(*Einweihung*) inauguration; *e-s Priesters*: ordination; '~² *f s.* Weih; '≈**n** (25) consecrate; *Priester*: ordain; (*widmen*) devote, dedicate (*dat.* to); *dem Tode usw.* *geweiht* doomed to death *etc.*
Weiher ['vaɪər] *m* (7) (fish-)pond.
'**weihevoll** solemn.
Weihnacht|en ['vaɪnaxtən] *n* (6) *od. f/pl.* (*inv., mst ohne art.*) Christmas, *verkürzt*: Xmas; *Fröhliche ~!* Merry Christmas!; ≈**lich** Christmas(sy).
'**Weihnachts|-abend** *m* Christmas Eve; '**~baum** *m* Christmas-tree; '**~bescherung** *f* (giving) Christmas presents *pl.*; '**-(feier)tag** *m* Christmas Day; '**~fest** *n* Christmas; '**~geschenk** *n* Christmas present; '**~gratifikation** *f* Christmas bonus; '**~lied** *n* Christmas carol; '**~mann** *m* Father Christmas, Santa Claus; '**~markt** *m* Christmas fair; '**~zeit** *f* Christmas-tide, Yuletide.
'**Weih|rauch** *m* incense; '**~rauchfaß** *n* censer; '**~wasser** *n* holy water; '**~wasserbecken** *n* (holy-water) font.
weil [vaɪl] because, since.
weiland † ['~lant] formerly, erstwhile, *bsd. Am.* onetime.
Weil|chen ['vaɪlçən] *n* (6): *ein ~* a little while; F a spell; *warte ein ~* wait a bit; '**~e** *f* (15) *a* while, *a* (space of) time; (*Muße*) leisure; *damit hat es gute ~* there is no hurry (about it); *s. eilen*; '≈**en** (25) stay; *zu lange*: tarry, linger.
Weiler ['vaɪlər] *m* (7) hamlet.
Wein [vaɪn] *m* (3) wine; (*~stock*) vine; *wilder ~* Virginia creeper; *s. rein* 1; '**~bau** *m* wine-growing, 🕮 viticulture; '**~bauer** *m* wine-grower; '**~beere** *f* grape; '**~berg** *m* vineyard; '**~bergschnecke** *f* edible snail; '**~blatt** *n* vine leaf; '**~brand** *m* brandy.
wein|en ['vaɪnən] (25) weep (*um*; *vor dat.* for); *laut*: cry; *dem ≈ nahe* on the verge of tears; '**~erlich** tearful; *Stimme, Ton*: whining, lachrymose.
'**Wein|-ernte** *f* vintage; '**~-essig** *m* wine-vinegar; '**~faß** *n* wine-cask; '**~flasche** *f* wine-bottle; '**~garten** *m* vineyard; '**~gärtner** *m* vine-dresser; wine-grower; '**~geist** *m* spirit(s *pl.*) of wine; '**~glas** *n* wine-glass; '**~händler** *m* wine-merchant; '**~handlung** *f* wine shop; '**~jahr** *n* vintage year; '**~karte** *f* wine-list; '**~keller** *m* wine-cellar; '**~kelter** *f* winepress; '**~kenner** *m* connoisseur of wine; '**~krampf** *m* crying fit; '**~laub** *n* vine leaves *pl.*; '**~laube** *f* vine arbo(u)r; '**~lese** *f* vintage; '**~leser(in** *f*) *m* vintager; '**~most** *m* must; '**~presse** *f* winepress; '**~probe** *f* wine-tasting; '**~rebe** *f* (grape-)vine; '**~reisende** *m* travel(l)er for a wine-firm; '≈**rot** ruby (-colo[u]red); '**~säure** *f* acidity of wine; ⚗ tartaric acid; '**~schenke** *f*, '**~stube** *f* wine tavern; '**~stein** *m* tartar; '**~stock** *m* vine; '**~traube** *f* bunch of grapes; (*Beere*) grape; '**~trester** *pl.* skins (*od.* husks) *pl.* of pressed grapes.
weise¹ ['vaɪzə] **1.** wise; **2.** ≈ *m* (18) wise man, sage; *die ~n aus dem Morgenland* the (three) Magi; *Stein der ~n* philosophers' stone.
Weise² [~] *f* (15) manner, way; ♪ melody, tune; *auf diese ~* in this way; *auf jede ~* in every way; *in keiner ~* in no way; *in der ~, daß* in such a way that, so that; *in Zssgn mst durch adv. z.B. natürlicherweise* naturally; '≈**n** (30) *v/t.* point out, show; *~ an* (*acc.*) refer to; *j-n ~ nach* direct to; *von sich ~* refuse, reject; *aus dem Lande ~* banish, exile; *j-m die Tür ~* show a p. the door; *das wird sich ~* we shall see; *v/i. ~ auf* (*acc.*) point at *od.* to.
'**Weiser** *m* (7) pointer; indicator; *s. Weg*≈.
Weis|heit ['vaɪshaɪt] *f* wisdom; *mit s-r ~ zu Ende sein* be at one's wit's end; '**~heitszahn** *m* wisdom-tooth; '≈**lich** wisely, prudently; '≈**machen:** *j-m et. ~* make a p. believe a th., tell a p. a yarn; *laß dir nichts ~!* don't be fooled!; *mach das anderen weis!* tell that to the marines!
weiß [vaɪs] white; *das ≈e Haus* (*in Washington*) the White House; *der ≈e Sonntag* the Low Sunday; *das ≈e im Auge, im Ei* the white; *s. schwarz.*
'**weis|sagen** foretell, predict, prophesy; '≈**sager(in** *f*) *m* prophet(ess *f*); '≈**sagung** *f* prophecy, prediction.
'**Weiß|bier** *n* wheat beer; '**~blech** *n* tinplate; '**~brot** *n* white bread; '**~buch** *pol. n* white paper, *Am.*

white book; '**~buche** ♆ *f* white beech; '**~dorn** ♆ *m* whitethorn; '**~e** (18) *m* white man; *f* white woman; '**≗en** (27) whiten; (*tünchen*) whitewash; '**~fisch** *m* whiting, dace; *kleinerer*: whitebait; '**≗gelb** pale yellow; '**~gerber** *m* tawer; '**≗glühend** white-hot; '**~glut** *f* white heat; '**≗haarig** white-haired; '**~käse** *m* curds *pl.*; '**~kohl** ♆ *m* (white-heart) cabbage; '**≗lich** whitish; '**~metall** *n* white metal; '**~näherei** *f* plain (needle-) work; '**~näherin** *f* plain seamstress; '**~tanne** ♆ *f* white fir; '**~waren** *f/pl.* linen goods *pl.*; '**~waschen:** *j-n* ~ white-wash a p.; '**~wein** *m* white wine; hock; '**~zeug** *n* (household-)linen.

Weisung ['vaɪzuŋ] *f* direction, directive; instruction, order; '**≗sgemäß** as instructed.

weit [vaɪt] *adj.* (*Ggs. nah*) distant, far; (*ausgedehnt*) extensive; (*breit*) broad; *bsd.* ⊕ wide; (*Ggs. eng*) wide, (*lose*) loose (*a.* ⊕); (*geräumig*) large; *adv.* far; wide(ly); *ein ~er Weg* a long way; ~ *entfernt* far away, *fig.* far from it; ~ *und breit* far and wide; *~es Gewissen* elastic conscience; *5 Meter* ~ (a distance of) five met|res (*Am.* -ers); *e-e Meile* ~ (*entfernt*) a mile off; *bei ~em vor comp. od. sup.* by far; *bei ~em nicht so gut* not nearly so good; *von ~em* from afar, from a distance; *im ~esten Sinne* in the broadest sense; *ich bin so* ~ I am ready; *es ist noch nicht so* ~ things have not come to that point yet; *es ist nicht* ~ *her mit* ... ... is (are) not worth much, *sl.* ... is (are) not so hot; *fig. zu* ~ *gehen* go too far; *s. bringen, fehlen, herholen, Weite, weiter*; '**~'ab** far away (*von* from); '**~aus** (by) far; '**≗blick** *m* far-sightedness; '**~blikkend** far-sighted.

'**Weite 1.** *f* (15) wideness, width; largeness; (*Ferne*) distance; **2.** *das ~ suchen* decamp; '**≗n** (26) (*a. sich*) widen, enlarge, expand, *fig. a.* broaden; *Schuhe*: stretch.

'**weiter** wider; (*entfernter*) more distant, farther, (*bsd. fig.*) further; *~!* go on!; *nichts* ~ nothing more *od.* else; *und so* ~ and so forth *od.* on, et cetera (*abbr.* etc., &c.); *das ≗e* the rest; *≗es* (*Genaueres*) further details, more; *bis auf ~es* until further notice; *ohne ~es* without further ado, (*mühelos*) easily, (*sofort*) readily, offhand; '**~befördern** forward, send on; '**≗bestand** *m* continued existence, survival; '**~bestehen** continue to exist, survive; '**~bilden** develop; *sich* ~ continue one's studies, develop one's knowledge; '**~bringen** help on; es ~ (*im Leben*) get on; *das bringt mich nicht weiter* that's not much help; '**≗e** *n s. weiter*; '**~erzählen** tell others, repeat; '**~führen** carry on; '**~geben** pass on; '**~gehen** (sn) go on, walk on, pass on; (*fortfahren*) continue; *das kann so nicht ~!* things cannot go on like this!; '**~hin** in future, further on; (*ferner*) further(more); ~ *tun* continue to do, keep doing; '**~kommen** (sn) get on; *fig. a.* (make) progress, advance; '**~können** be able to go on; '**~leben 1.** live on, survive (*a. fig.*); **2.** ≗ *n* survival; '**~leiten** *Brief usw.*: forward, transmit; *Antrag usw.*: refer (*an acc.* to); '**~lesen** *v/i. u. v/t.* go on (reading), continue reading; '**~machen** carry on, continue; '**~sagen** tell others; '**≗ungen** *f/pl.* complications, (unpleasant) consequences; '**≗verarbeitung** *f* processing, finishing; '**~verbreiten** spread, retail.

'**weit|gehend** extensive, large, far-reaching; *Behauptung*: sweeping; *Vollmacht*: wide; *adv.* largely; '**~'her:** *von* ~ from afar; '**~herzig** broad-minded; '**~'hin** far off; '**~läufig** (*ausgedehnt*) extensive, vast; (*geräumig*) spacious; (*ausführlich*) detailed; *s. weitschweifig*; *Dorf usw.*: straggling; *Verwandter*: distant; *adv.* at great length; ~ *verwandt* distantly related; '**≗läufigkeit** *f* vast extent; *s. Weitschweifigkeit*; *pl. s. Weiterungen*; '**~maschig** wide-meshed; '**~reichend** far-reaching; '**~schweifig** diffuse, lengthy, long-winded; '**≗schweifigkeit** *f* diffuseness, lengthiness, prolixity; '**~sichtig** long-sighted, (*a. fig.*) far-sighted; '**≗sichtigkeit** *f* long-sightedness; '**≗sprung** *m* long (*Am.* broad) jump; '**~tragend** long-range; *fig.* far-reaching; '**~verbreitet** *Ansicht usw.*: widespread; '**~verzweigt** widely ram-

ified; '**~winkel-objektiv** *opt. n* wide-angle lens.
Weizen ['vaɪtsən] *m* (6) wheat; *fig. sein ~ blüht* he is in clover; '**~mehl** *n* wheat(en) flour.
welch [vɛlç] (21¹) *interr. pron.* what; *auswählend*: which; *rel. pron.* who, which, that; *~er (auch) immer* who(so)ever; *~ ein Mann!* what a man!; *unbestimmtes Fürwort*: some, any, *z.B. haben Sie Geld? ja, ich habe ~es* yes, I have some; *brauchen Sie ~es?* do you want any?; **~erlei** ['~ərlaɪ] *Art usw.* of what kind *etc.*
welk [vɛlk] withered, faded (*a. fig. Reize, Schönheit*); (*schlaff*) flabby; '**~en** (25, sn) fade, wither.
Wellblech ['vɛlblɛç] *n* corrugated sheet iron; '**~baracke** *f* tin hut, *Am.* ⚔ Quonset hut.
Welle ['vɛlə] *f* (15) **1.** wave (*a. im Haar,* ⚡, ⚔ *Angriffs~, fig. der Begeisterung usw.*); *stärkere*: billow; (*Sturz~*) breaker; *Radio*: wave (-length); **2.** ⊕ shaft, axle; '**~n** (25) *Haar*: (*a. sich*) wave.
'**Wellen|band** *n Radio*: (wave-) band; '**~bereich** *m Radio*: wave--range; '**~bewegung** *f* undulation; '**~brecher** ⚓ *m* breakwater; **~förmig** ['~fœrmiç] undulatory, wavy; '**~gang** *m* swell; '**~länge** *f Radio*: wave-length; '**~linie** *f* wavy line; '**~reiten** *n* surf-riding; '**~schlag** *m* wash (*od.* dashing) of the waves; '**~sittich** *m* budgerigar, Australian grass parakeet, love-bird; '**~tal** *n* wave trough; '**~theorie** *f* wave theory.
wellig ['vɛliç] wavy.
'**Wellpappe** *f* corrugated board.
Welpe ['vɛlpə] *m* (13) whelp, puppy.
welsch [vɛlʃ] Roman, Latin, southern (*Italian, French, etc.*).
Welt [vɛlt] *f* (16) world (*a. fig. der Kunst usw.*); *alle ~* all the world; *die ganze ~* the whole world; *auf der ~* in the world; *auf der ganzen ~ bekannt* known all over the world; *was in aller ~ ...?* what in the world (*od.* on earth) ...?; *um alles in der ~!* for goodness sake!; *in die ~ setzen* put into the world; *zur ~ bringen* give birth to; *zur ~ kommen* be born; *aus der ~ schaffen* get rid of, remove.
'**welt|'-abgeschieden** secluded (from the world); '**~'-abgewandt** detached from the world; '**~-all** *n* universe; '**~-alter** *n* age; '**~-anschaulich** ideological; '**~-anschauung** *f* Weltanschauung, philosophy (of life), world-outlook; (*Ideologie*) ideology; '**~-ausstellung** *f* World Fair; '**~bank** *f* World Bank; '**~bekannt**, '**~berühmt** world-renowned, world-famed; universally known; '**~bewegend**: *nicht ~ iro. sl.* not so hot; '**~bild** *n* view of life; '**~bürger** *m* citizen of the world, cosmopolite; '**~enbummler** *m* globe-trotter; '**~-ereignis** *n* event of world-wide importance; '**~-erfahren** experienced in the ways of the world, worldly wise; '**~-erfahrung** *f* experience in the ways of the world.
Weltergewicht(ler *m*) *n* ['vɛltər-] *Boxen*: welter-weight.
'**welt|-erschütternd** world-shaking; '**~firma** *f* world-renowned firm; '**~fremd** ignorant of the world; unrealistic; (*idealistisch*) starry-eyed; *Gelehrter usw.*: ivory-towered; '**~friede(n)** *m* universal peace; '**~gefüge** *n* cosmic system; '**~geltung** *f* international reputation; '**~gericht** *n* last judg(e)ment; '**~gerichts-hof** *m* Permanent Court of International Justice, World Court; '**~geschichte** *f* universal history; '**~gewandt** versed in the ways of the world; '**~gewandtheit** *f* savoir faire (*fr.*); '**~ge'werkschaftsbund** *m* World Federation of Trade Unions; '**~handel** *m* international trade; '**~herrschaft** *f* world supremacy; '**~karte** *f* map of the world; '**~kenntnis** *f* knowledge of the world; '**~kind** *n* worldling, child of this world; '**~klug** worldly-wise, politic(ally *adv.*); '**~klugheit** *f* worldly wisdom; '**~körper** *m* heavenly body; '**~krieg** *m* world war; *der ~ (1914—18) ehm.* the Great War, *heute*: World War I; (*1939—45*) World War II; '**~kugel** *f* globe; '**~lage** *f* international situation; '**~lauf** *m* course of the world.
'**weltlich** worldly; (*Ggs. geistlich*) secular, temporal; *~e Schule* secular school; *~ gesinnt* worldly-minded.
'**Welt|literatur** *f* universal literature; '**~macht** *f* world power; '**~machtpolitik** *f* imperialist policy,

imperialism; **'~mann** *m* man of the world; **'⁀männisch** gentlemanly, man-of-the-world; **'~markt** *m* world market; **'~meer** *n* ocean; **'~meister(in** *f*) *m* world champion; **'~meisterschaft** *f* world championship; **'~-ordnung** *f* system of the world; **'~politik** *f* international (*od.* world-)politics *pl.*; **'~postverein** *m* (Universal) Postal Union.

'Weltraum *m* (outer) space; (*für Zssgn s. Raum...*).

'Welt|reich *n* world empire; **'~reise** *f* journey round the world, world tour; **'~reisende** *m, f* globe-trotter; **'~rekord** *m* world('s) record; **~rekordler** ['~rekɔrtlər] *m*, **'~rekordmann** *m* world-record holder; **'~ruf** *m* world-wide renown; **'~schmerz** *m* world-weariness, Weltschmerz; **'~'sicherheitsrat** *m* U.N. Security Council; **'~sprache** *f* universal language; **'~stadt** *f* metropolis; **'~teil** *m* part of the world, continent; **'⁀-umfassend** world-wide, global; **'~-umsegler** *m* circumnavigator (of the globe); **'⁀-umspannend** world-wide; **'~-untergang** *m* end of the world; **'~weise** *m* philosopher; **'~weis-heit** *f* philosophy; **'⁀weit** world-wide; **'~wirtschaft** *f* world (*od.* international) economy; **'~wunder** *n* wonder of the world, prodigy.

wem [veːm] to whom; *von ~* of whom; by whom.

wen [veːn] whom; F (*jemand*) somebody.

Wend|e¹ ['vɛndə] *m* (13), **'~in** *f* (16¹) Wend; **~²** *f* (15) turn(ing); (*Wendepunkt*) turning-point (*a. fig.*).

'Wendekreis *m geogr.* tropic; *~ des Krebses* Tropic of Cancer; *mot.* turning circle.

'Wendel ⊕ *f* helix; **'~treppe** *f* (*eine* a flight of) winding stairs *pl.*, spiral staircase.

wend|en ['vɛndən] *v/t. u. v/i.* (30) (*a. sich*) turn (about *od.* round); *Buchseite usw.*: turn over; *Geld usw. ~ an* (*acc.*) spend on; *Mühe, Zeit usw.*: devote to; *bitte ~!* please turn over! (*abbr.* p.t.o.); *mit ~der Post* by return of post; *sich ~ an j-n* (*ansprechen*) address (o.s. to) a p., *um Auskunft, Erlaubnis usw.*: apply to a p. (*um* for), *um Rat*: consult (*od.* see) a p., *um Hilfe*: turn (*od.* appeal) to a p.; *sich ~ gegen* turn against *od.* on; **'⁀epunkt** *m* turning-point (*a. fig.*); **'~ig** (*behend*) nimble, agile (*a. Geist*); *fig.* flexible; *P.*: versatile; *Auto usw.*: manœuvrable, *Am. a.* maneuverable; **'⁀ung** *f* turn (-ing); ⚔ facing, turn; *fig.* turn, change (*zum Besseren* for the better); (*Wort⁀*) *s. Redensart.*

wenig ['veːniç] little; *pl.* few; *~er* less, ⚕ *a.* minus; *pl.* fewer; *das ~ste* the least; *am ~sten* least; *mit ~en Worten* in a few words; (*noch*) *ein ~* a little (more); *nicht ~er als* no less than, *pl.* no(t) fewer than; *nichts ~er als* anything but; **'⁀keit** *f* small quantity; (*Kleinigkeit*) little, trifle; *meine ~* my humble self; **'~stens** at least; *wenn ~ ...* if only.

wenn [vɛn] *zeitlich*: when; *bedingend*: if; *~ nicht* if not, unless; *s. außer*; (*vorausgesetzt*) provided (that); *~ nur* if only; *~ auch* (although, even if *od.* though; *~ auch noch so* ... however ...; *~ ... nicht gewesen wäre* but for ...; *und ~ nun ...?, was macht es, ~ ...?* what if ...?; F (*na,*) *~ schon!* so what?; *~ man von ... spricht* speaking of ...; *wie wäre es, ~ wir jetzt heimgingen?* how about going home now?; *ohne ⁀ und Aber* with no "ifs" or "buts"; **~'gleich, ~'schon** although, though.

wer [veːr] (24) *rel. pron.* who, he who; *interr. pron.* who?; *auswählend*: which?; *~ auch* (*immer*) who(so)ever; ⚔ *~ da?* who goes there?; F *indef. pron.* (*jemand*) somebody, anybody.

Werbe... ['vɛrbə-] propaganda, *bsd.* ✝ advertising, publicity; **'~-abteilung** *f* advertising (*od.* publicity) department; **'~-aktion** *f s. Werbefeldzug*; **'~berater** *m* advertising consultant; **'~büro** *n* advertising agency; **'~fachmann** *m* advertising agent; **'~feldzug** *m* publicity campaign, (advertising) drive; **'~fernsehen** *n* television commercials *pl.*; **'~film** *m* advertising film; **'~graphik** *f* commercial art; **'~graphiker** *m* commercial artist; **'~leiter** *m* advertising (*od.* publicity) manager; **'~mittel** *n* advertising medium (*pl.* media).

werb|en ['vɛrbən] (30) *v/t.* ⚔ enlist, recruit; *Mitglieder usw.*: enlist; *Kunden, Stimmen*: canvass; *j-n für* e-e *Sache* ~ win a p. over to a cause; *v/i.* make propaganda (*für* for); ✝ advertise (*a th.*); ~ *um* (*acc.*) sue for, *liebend*: court, *rhet.* woo (*beide a. fig.*); '**?er** *m* (7) suitor; ✝ canvasser; ⚔ recruiting officer; '**?eschrift** *f* advertising pamphlet (*od.* brochure), leaflet; '**?espruch** *m* (advertising) slogan; '**?etext** *m* advertisement copy; '**?etexter** *m* advertising copywriter; '**?etrommel** *f*: *die ~ rühren fig.* make propaganda, advertise; '**~ewirksam** effective; '**?ung** *f* recruiting; courting, courtship; ✝ advertising, publicity, canvassing; *weitS.* propaganda; '**?ungskosten** *pl. steuerlich*: professional expenses *pl.*

'**Werdegang** *m* (3) development; *e-r Person, Partei usw.*: career; ⊕ process of production.

werden ['ve:rdən] **1.** (30) *v/i.* (sn) become, get; *allmählich*: grow; *plötzlich*: turn *pale, sour, etc.*; (*entstehen*) come into existence, arise; (*ausfallen*) turn out, prove; *Arzt* ~ become a doctor; *böse* ~ grow angry; *Mohammedaner usw.* ~ turn Mohammedan *etc.*; *es wird kalt usw.* it is getting cold *etc.*; *was soll aus ihm* (*od. daraus*) *~?* what will become of him (*od.* of it)?; *was will er ~?* what is he going to be?; *was soll nun ~?* what are we going to do now?; *es ist nichts daraus geworden* it has come to nothing; *es wird schon* ~ it will be all right; *~de Mutter* expectant mother; **2.** *v/aux. ich werde fahren* I shall drive; *geliebt* ~ be loved; *sie wird gleich weinen* she is going to cry; **3.** ? *n* (6) growing, development; (*Fortschreiten*) progress; *noch im ~ sein* be in process of development, be in the making; *große Dinge sind im ~* great things are preparing.

Werder ['vɛrdər] *m* (7) small island.

werf|en ['vɛrfən] (30) *v/t.* throw (*a. v/i.*; *nach* at); (*schleudern*) fling; *a. Anker, Blick, Licht, Schatten*: cast; *Brief in den Kasten, Bomben, Anker*: drop; *Junge*: bring forth, produce; *Falten ~* raise folds; *sich ~ Holz*: warp; *sich auf e-e Tätigkeit ~* throw o.s. into; *um sich ~ mit Geld usw.* be lavish with; *aufs Papier ~* jot down; (*sich*) *hin und her ~* toss (about); *s. Brust, Hals usw.*; '**?er** *m Kricket*: bowler; *Baseball*: pitcher; ⚔ (*Granat?*) mortar; (*Raketen?*) launcher.

Werft [vɛrft] *f* (16) shipyard, dockyard; '**~arbeiter** *m* docker.

Werg [vɛrk] *n* (3) tow; (*gezupftes Tauwerk*) oakum.

Werk [~] *n* (3) work (*a. künstlerisch usw.*); (*Tat*) act, deed; (*Erzeugnis*) work, production; (*Getriebe*) mechanism, works *pl.*; ⚔ work(s *pl.*); (*Fabrik*) works *mst sg.*, factory, plant; (*Unternehmung*) undertaking, enterprise; *ein gutes ~ tun* do an act of kindness (*an dat.* to); *ans ~!* let us begin!; *am ~ sein* be at work; *im ~e sein* be on foot, be in the wind; *ins ~ setzen* set on foot, bring about; *ans ~ gehen* set to work; *b.s. es war sein ~* it was his doing; '**~bank** *f* (work-) bench; '**~führer** *m* foreman; '**~leute** *pl.* workmen; '**~meister** *m* foreman; '**~schutz** *m* factory security officers *pl.*; '**~spionage** *f* industrial espionage; '**~statt**, '**~stätte**, '**~stelle** *f* workshop, shop; '**~stoff** *m* material; (*Kunstharz-Preßstoff*) plastic (material); '**~stück** *n* workpiece, work; '**~student** *m* working student; '**~tag** *m* (*Wochentag*) workday, weekday; (*tägliche Arbeitszeit*) working-day; '**?tags** on weekdays; '**?tätig** working; *die ?en* the working population; '**~tisch** *m* work-table; '**~vertrag** *m* work contract; '**~wohnung** *f* company(-owned) dwelling; '**~zeichnung** *f* workshop drawing; '**~zeug** *n* tool (*a. fig.*); *feines*: instrument; (*Gerät*) implement; *physiol.* organ; '**~zeug-ausstattung** *f* tool kit; '**~zeugkasten** *m* tool box (*od.* kit); '**~zeugmacher** *m* toolmaker; '**~zeugmaschine** *f* machine tool; '**~zeugtasche** *f* tool-bag.

Wermut ['ve:rmu:t] *m* (3) ⚘ wormwood; (*Wein*) verm(o)uth; '**~stropfen** *fig. m* shadow, sorrow.

wert [ve:rt] **1.** worth (e-e S. a th.); (*würdig*) worthy (*gen.* of); (*lieb*) dear; (*~geschätzt*) esteemed; *nicht viel ~* not up to much; *nichts ~* worth nothing, worthless; *s. Mühe, Rede*; *Ihr ~es Schreiben* your letter; **2.** ? *m* (3^2) value (*a. phys.*, ♪ *usw.*); worth; (*Gegenwert*) equivalent; (*Vermögens?*) asset; *phys.*, ⊕ factor, coefficient; ~e *pl. phys.*, ⊕ data; (*Nutzen*) value; *künstlerischer* ~ merit; value; *im* ~*e von* ... of the value of; *von gleichem* ~ tantamount (*wie* to); ✉ (*als*) *Muster ohne* ~ by pattern-post; (*großen*) ~ legen auf (*acc.*) set great store by; *im* ~ *sinken* depreciate.

'**Wert|-angabe** *f* declaration of value; '**~-arbeit** *f* high-class workmanship; '**≈beständig** of fixed value; *Währung*: stable; '**~beständigkeit** *f* fixed value; stability; '**~brief** *m* insured letter; '**≈en** (26) (*bewerten*) value; (*schätzen*) appraise; (*beurteilen*) judge; *bsd. Sport, Schule*: rate (*nach Leistungen* on performance), (*gelten lassen*) allow; (*auswerten*) evaluate; '**~gegenstand** *m* article of value; *pl.* valuables; '**≈geschätzt** esteemed; '**≈ig** ⚗: *2-~* bivalent, divalent; *3-~* trivalent; '**~igkeit** ⚗ *f* valence; '**≈los** worthless (*a. P.*); valueless; (*nutzlos*) useless; '**~maßstab** *m*, '**~messer** *m* standard (of value); '**~minderung** *f* depreciation; '**~paket** *n* insured parcel; '**~papiere** *n/pl.* securities; '**~sachen** *f/pl.* valuables *pl.*; '**≈schätzen** esteem highly; '**~schätzung** *f* esteem; '**~ung** *f s. werten*: valuation; appraisal; judging; rating; evaluation; '**~urteil** *n* value judgement; '**~verringerung** *f* depreciation; '**≈voll** valuable; '**~zeichen** ✉ *n* (postage) stamp; '**~zuwachs(-steuer** *f*) *m* increment-value (tax).

Wesen ['ve:zən] *n* (6) (*Lebe≈*) being, creature; (*inneres Sein, Kern*) essence; (*Natur*) nature, character; (*Betragen*) manners *pl.*, way, air; (*größeres Ganze*) organization; *in Zssgn*: system, *z.B. Sparkassen≈* savings bank system; (*Getue*) fuss, ado; '**~heit** *f* (*Wesenskern*) essence; (*Wirklichkeit*) substantiality; '**≈los** unsubstantial; unreal; '**~s-art** *f* nature, character; '**≈sfremd** foreign to one's nature; '**≈sgleich** identical in character; '**~szug** *m* characteristic (feature *od.* trait); '**≈tlich** essential, (*a. beträchtlich*) substantial; (*wichtig*) material (*für* to); (*grundlegend*) fundamental; *adv.* ~ *verschieden* very (*od.* vastly) different; *das* ≈*e* the essential; *im* ~*en* essentially, in the main.

weshalb [vɛs'halp] **1.** *interr. pron.* why; **2.** *cj.* and so, and that's why.

Wespe ['vɛspə] *f* (15) wasp; '**~nnest** *n* wasps' nest; '**~nstich** *m* wasp's sting; '**~ntaille** *f* wasp-waist.

wessen ['vɛsən] whose.

West [vɛst] **1.** west; **2.** *poet. m* (3^2, *o. pl.*) west(wind); '**~en** (6) *m* west; (*Land*) West, (*Abendland a.*) Occident.

Weste ['vɛstə] *f* (15) waistcoat, ✝ *u. Am.* vest; *e-e reine* ~ *haben fig.* have a clean slate; '**~ntasche** *f* vest-pocket; F *wie s-e* ~ *kennen* know *a p. or th.* inside out; *im* '**~ntaschenformat** *n* pocket-size *car, etc.*

West|fale [vɛst'fa:lə] *m* (13), **≈fälisch** [~'fɛ:liʃ] Westphalian.

'**westlich** west(ern), westerly; ~ *von* ... west of.

'**West|mächte** *f/pl.* Western powers; '**~mark** *f* (*Geld*) Western mark; **≈wärts** ['~vɛrts] westward; '**~wind** *m* west(erly) wind.

weswegen ['vɛs've:gən] *s. weshalb.*

wett [vɛt] even, equal, F quits; '**≈bewerb** *m* competition; *Sport*: *a.* (*Einzel≈*) event; *in* ~ *treten mit* enter into competition with; '**≈bewerber(in** *f*) *m* competitor; '**≈büro** *n* betting office.

Wette ['vɛtə] *f* (15) bet, wager; *e-e* ~ *eingehen* make a bet; *was gilt die* ~*?* what do (*od.* will) you bet?; *et. um die* ~ *tun* vie with each other in doing a th.; *um die* ~ *laufen* race each other.

'**Wett-eifer** *m* rivalry; '**≈n** vie (*mit j-m* with; *in e-r Eigenschaft* in); compete (with; *in e-r Tätigkeit* in; *um et.* for); *mit j-m* ~ *a.* emulate (*od.* rival) a p.

wetten ['vɛtən] *v/i. u. v/t.* (26) bet, wager (*mit j-m* a p.; *um et.* a th.); *Rennsport*: ~ *auf* (*acc.*) back; '**≈de** *m, f* (18) *s. Wetter* 2.

Wetter[1] ['vɛtər] *n* (7) weather; (*Un≈*) storm; (*Gewitter*) thunderstorm; ⚒ *böses* ~ damp; *schlagende* ~ *pl.* firedamp *sg.*; *alle* ~*!* dear me!; '**~**[2] *m* (7) ('**~in** *f* [16^1]) better, backer; '**~-ansage** *f s. Wetterbericht*; '**~-aussichten** *f/pl.* weather outlook; '**~bedingungen** *f/pl.* weather conditions; '**~be-obachtung** *f* meteorological observation;

'**~bericht** *m* weather forecast; '**~dienst** *m* weather service; '**~fahne** *f* (weather-)vane; '**ⓢfest** weather-proof; '**~frosch** F *m* weatherman; '**ⓢfühlig** sensitive to changes in the weather; '**~hahn** *m* weathercock; '**ⓢhart** weather-beaten; '**~karte** *f* weather-chart; '**~kunde** *f* meteorology; '**~lage** *f* weather conditions *pl.*; '**~leuchten** *n* (6) sheet lightning; '**~mantel** *m* trench-coat; '**~meldung** *f* weather report; '**ⓢn** (29) be stormy; *fig.* storm, thunder; '**~prophet** *m* weather-prophet; '**~schacht** ⚒ *m* air-shaft; '**~schaden** *m* damage caused by the weather; '**~seite** *f* weather-side; '**~sturz** *m* sudden fall of temperature; '**~verhältnisse** *n/pl.* weather conditions; '**~voraussage** *f* weather-forecast; '**~warte** *f* weather-station, *Am.* weather bureau; '**~wechsel** *m* change in the weather; '**ⓢwendisch** changeable, fickle; '**~wolke** *f* thunder-cloud.

'**Wett|fahrt** *f* race; '**~fliegen** *n*, '**~flug** *m* air-race; '**~gesang** *m* singing-match; '**~kampf** *m* contest, match, competition; '**~kämpfer(in** *f*) *m* competitor; '**~lauf** *m* (foot-)race; *Schisport*: (ski-)race; *fig.* ~ *mit der Zeit* race against time; '**~läufer(in** *f*) *m* runner; ski-racer; '**ⓢmachen** make up for, make good; '**~rennen** *n* race; '**~rudern** *n* boat-race; '**~rüsten** *n* armament race; '**~schwimmen** *n* swimming match; '**~segeln** *n* regatta; '**~spiel** *n* match, *Am.* game; '**~streit** *m* contest, match; '**~zettel** *m* betting-slip.

wetzen ['vɛtsən] (27) whet, sharpen.

'**Wetz|stahl** *m* whet steel; '**~stein** *m* whetstone, hone.

Whisky ['wiski] *m* whisk(e)y.

wich [viç] *pret. v. weichen* 1.

Wichs [viks] *m* (4) gala; *in vollem* ~ in full dress, F in full fig; '**~bürste** *f* blacking (*od.* polishing) brush.

Wichse ['viksə] *f* (15) blacking, polish; F (*Prügel*) thrashing; '**ⓢn** (27) black, polish, shine; F (*prügeln*) thrash, lick.

Wicht [viçt] *m* (3) wight, creature; *armer* ~ poor wretch; *kleiner* ~ whipper-snapper, (*Kind*) urchin, brat.

wichtig ['viçtiç] important (*für* to); ~ *tun* give o.s. airs; '**ⓢkeit** *f* importance; *von* ~ of importance; **ⓢtuer** ['~tu:ər] *m* (7) pompous fellow; **ⓢtuerei** [~'raı] *f* pomposity.

Wicke ⚘ ['vikə] *f* (15) vetch.

Wickel ['vikəl] *m* (7) roll(er); ⚕ (*Umschlag*) pack; *heißer* ~ fomentation; (*Haar*ⓢ hair-)curler; '**~gamasche** *f* puttee; '**~kind** *n* child in swaddling-clothes, baby (in arms); '**ⓢn** (29) wind, roll, coil (*alle a. sich*); *Haar*: curl; (*ein~*) wrap up; *Säugling*: swathe, swaddle; *j-n um den* (*kleinen*) *Finger* ~ *fig.* twist s.o. round one's (little) finger.

Wicklung ['vikluŋ] ⚡ *f* winding.

Widder ['vidər] *m* (7) ram; *ast.* Ram, Aries.

wider ['vi:dər] (*acc.*) against, contrary to; versus; *s. für, Wille*; '**~borstig** stubborn, cross-grained; **~'fahren** (sn) *j-m*: befall a p., happen to a p.; *s. Gerechtigkeit*; '**~haarig** refractory; '**ⓢhaken** *m* barbed hook; *an Pfeil, Angel usw.*: barb; *mit* ~ (*versehen*) barbed; '**ⓢhall** *m* echo, reverberation, resonance (*alle a. fig.*); *fig. keinen* ~ *finden* meet with no response; '**~hallen** (re-)echo, resound (*von* with); '**ⓢlager** *n* ⚠ abutment; (*Gegenpfeiler*) counterfort; ⊕ support; **~legbar** [~'le:k-] refutable; **~'legen** refute, disprove; **ⓢ'legung** *f* refutation.

widerlich ['vi:dərliç] repulsive, repugnant; (*ekelhaft*) disgusting, loathsome, sickening; '**ⓢkeit** *f* repulsiveness.

'**wider|natürlich** unnatural; perverse; '**ⓢpart** *m* opponent; ~ *halten* (*dat.*) oppose; **~'raten** *j-m et.*: dissuade a p. from; '**~rechtlich** illegal, unlawful; ⚖ ~ *betreten* trespass (up)on; '**ⓢrede** *f* contradiction; '**ⓢruf** *m* revocation; *e-r Erklärung*: recantation, retractation; (*Rückgängigmachen*) cancel(l)ation; (*Abbestellung*) countermand; *gültig bis auf* ~ until recalled, unless countermanded; **~'rufen** revoke; *Aussage*: retract; *Gesetz*: repeal; *Auftrag, Befehl, Vertrag*: cancel, countermand; **~'ruflich** revocable; **ⓢsacher** ['~zaxər] *m* (7), '**ⓢsacherin** *f* (16[1]) adversary; (*der Teufel*) *the* Foe; '**ⓢschein** *m* reflection;

sich ~'**setzen** (*dat.*) oppose, resist, struggle against; *e-m Befehl*: disobey; ~'**setzlich** refractory; *bsd. im Dienst*: insubordinate; ꙍ'**setzlichkeit** *f* refractoriness; insubordination; 'ꙍ**sinn** *m* nonsense, absurdity; '~**sinnig** absurd, paradoxical, preposterous; ~**spenstig** ['~-ʃpɛnstiç] refractory, rebellious; obstinate; 'ꙍ**spenstigkeit** *f* refractoriness, obstinacy; '~**spiegeln** reflect; sich ~ be reflected (in *dat.* by); ~'**sprechen** (*dat.*) contradict (sich o.s.); *e-m Vorschlag*: oppose; sich od. einander ~ *Meinungen usw.*: be contradictory; ~'**sprechend** contradictory; 'ꙍ**spruch** *m* contradiction (in sich selbst in terms); gegen *e-n Vorschlag*: opposition to; im ~ zu in contradiction to; '~**sprüchlich** contradictory, inconsistent; 'ꙍ**spruchsgeist** *m* spirit of contradiction; '~**spruchslos** uncontradicted; *adv.* without contradiction; (*demütig*) meekly; '~**spruchsvoll** s. widersprüchlich; 'ꙍ**stand** *m* resistance, opposition (gegen to); ⚡ resistance, (*Gerät*) resistor; ~ leisten offer resistance; den ~ aufgeben give in; 'ꙍ**standsbewegung** *f* resistance movement; '~**standsfähig** resistant, robust; 'ꙍ**standsfähigkeit** *f* (capability of) resistance; 'ꙍ**standskämpfer** *pol. m* member of the Resistance; 'ꙍ**standskraft** *f* power of resistance; ⊕ strength; '~**standslos** unresisting; ~'**stehen** (*dat.*) resist, withstand; (*zuwider sein*) be repugnant to; ~'**streben** **1.** (*dat.*) oppose, resist; (*zuwider sein*) be repugnant to; **2.** ꙍ *n* resistance; (*Unwilligkeit*) reluctance; mit ~ = ~'**strebend** *adv.* reluctantly; 'ꙍ**streit** *m* opposition; *fig.* conflict, clash; ~'**streiten** (*dat.*) conflict (*od.* clash) with, be contrary to; ~**wärtig** ['~vɛrtiç] unpleasant, disagreeable; (*scheußlich*) repulsive; (*ekelhaft*) disgusting, loathsome; (*verhaßt*) hateful, odious; 'ꙍ**wärtigkeit** *f* unpleasantness, disagreeableness; repulsiveness; (*widriger Zufall*) adversity; 'ꙍ**wille** *m* aversion (gegen to), dislike (for); (*Ekel*) disgust (for); (*Unwilligkeit*) reluctance; '~**willig** unwilling, reluctant.

widm|en ['vitmən] (26) (*zueignen*) dedicate, (*weihen, a. Zeit, Aufmerksamkeit*) devote (*dat.* to); sich e-r S. ~ devote o.s. (*od.* apply o.s.) to a th.; 'ꙍ**ung** *f* dedication; 'ꙍ**ungsexemplar** *n* presentation copy.

widrig ['vi:driç] adverse, untoward; ~**enfalls** ['~gən-] failing which, in default of which; 'ꙍ**keit** *f* contrariety; (*widriger Zufall*) adversity.

wie [vi:] *in Frage u. Ausruf*: how; *im Vergleich*: as; (*gleich e-m* ...) like; *zeitlich*: as; ~ auch (immer) however; ~ bitte? (I beg your) pardon!; s. heißen; ~ ist (*od.* war) es mit ...? what about ...?; ~ wäre es mit ...? how about ...?; ~ dem auch sei be that as it may; ~ du mir, so ich dir tit for tat; F und ~! and how!

Wiedehopf ['vi:dəhɔpf] *m* (3) hoopoe.

wieder ['vi:dər] again, anew; (*zurück*) back; (*als Vergeltung*) in return; *in Zssgn allg.* re..., re-...; s. hin, immer; 'ꙍ-**abdruck** *m* reprint; 'ꙍ-**anfang** *m* s. Wiederbeginn; ~'-**anknüpfen** *fig.* renew; ~'-**anstellen** reappoint, reinstall; ꙍ'-**anstellung** *f* reappointment; ꙍ'-**aufbau** *m* reconstruction (*a. wirtschaftlicher usw.*); rebuilding; ~'-**aufbauen** rebuild, reconstruct; ~'-**aufblühen** s. wiederaufleben; ~'-**auf-erstehen** (sn) rise from the dead; ꙍ'-**auf-erstehung** *f* resurrection; 'ꙍ-**aufführung** *thea. f* revival; ~'-**aufkommen** **1.** (sn) *Mode usw.*: revive, come into fashion again; *Kranker*: recover; **2.** ꙍ *n e-s Kranken*: recovery; ~'-**aufleben** **1.** (sn) revive; **2.** ꙍ *n* revival; ꙍ'-**aufnahme** *f* resumption; ⚖ reopening; ꙍ-'**aufnahmeverfahren** ⚖ *n* new hearing; *Strafrecht*: retrial; ~'-**aufnehmen** resume; ꙍ'-**aufrüstung** *f* rearmament; ꙍ'-**auftreten** *n* reappearance; 'ꙍ**beginn** *m* recommencement; *Schule usw.*: reopening; '~**bekommen** get back, recover; '~**beleben** resuscitate; *fig.* revive, reanimate; 'ꙍ**belebung** *f* resuscitation; *fig.* revival; 'ꙍ**belebungsversuch** *m* attempt at resuscitation; '~**bewaffnen** rearm; '~**bringen** bring back; (*zurückgeben*) restore (*dat.* to); ~'-**einbringen** make good, recover; sich ~'-**einfinden** turn up again; ~'-**einführen** reintroduce; *Gebrauch usw.*: re-establish; ✝ re-import; ꙍ'-**ein-**

führung *f* reintroduction; re--establishment; ♀ˈ**-eingliederung** *f* reintegration; ~ˈ**-einlösen** redeem; ♀ˈ**-einlösung** *f* redemption; ♀ˈ**-einnahme** *f* recapture; ~ˈ**-einnehmen** recapture; *e-n Platz*: resume; ♀ˈ**einschiffung** *f* re-embarkation; ~ˈ**-einsetzen** replace; *in ein Amt usw.*: reinstate (*in acc.* in), restore (to); ♀ˈ**-einsetzung** *f* reinstatement, restoration; ~ˈ**-einstellen** *Arbeiter usw.*: re-engage; ⚔ re-enlist; *sich* ~ turn up again; ♀ˈ**-einstellung** *f* re-engagement; re-enlistment; ˈ~**ergreifen** *Flüchtling*, ˈ♀**-ergreifung** *f* recapture; ˈ~**-erkennen** recognize; *nicht wiederzuerkennen* totally changed, (*verstümmelt usw.*) past recognition; ˈ♀**-erkennung** *f* recognition; ˈ~**-erlangen** recover; ˈ♀**-erlangung** *f* recovery; ˈ♀**-er-öffnung** *f* reopening; ˈ~**-erstatten** restore, return; *Kosten*: refund, reimburse; ˈ♀**-erstattung** *f* restitution; *der Kosten*: refund, reimbursement; ˈ~**-erstehen** rise again; be rebuilt; *fig.* (*a.* ~ *lassen*) revive; ˈ~**-erzählen** retell; ˈ~**finden** find again; ˈ♀**gabe** *f* restitution, return; *im Bilde usw.*: reproduction; *e-s Textes od. Musikstücks*: rendering; ˈ~**geben** give back, return; *Ehre, Gesundheit*: restore; (*übersetzen usw.*) render; (*nachbilden*; *a. Ton usw.*) reproduce; *Musikstück, Rolle*: interpret; (*zitieren*) quote; ˈ♀**geburt** *f* rebirth; ˈ~**genesen** (sn) recover; ˈ♀**genesung** *f* recovery; ˈ~**gewinnen** regain; ⊕ reclaim; ~ˈ**gutmachen** make good, repair; ♀ˈ**gutmachung** *f* reparation; ~ˈ**herstellen** restore; ♀ˈ**herstellung** *f* restoration; rehabilitation; *e-s Kranken*: recovery; ~ˈ**holen** repeat; (*öfter sagen od. tun*) reiterate; ˈ*wiederholen* fetch back; (*zurücknehmen*) take back; ~ˈ**holt** repeated(ly *adv.*); ♀ˈ**holung** *f* repetition; reiteration; *TV*: replay; ♀ˈ**holungsfall** *m*: *im* ~*e* in case of recurrence; ~**-in**ˈ**standsetzen** repair; ♀**-in**ˈ**standsetzung** *f* repair; ~**käuen** [ˈ~kɔʏən] (25) ruminate; *fig.* rehash; ˈ♀**käuer** *m* (7) ruminant; ˈ♀**kauf** *m* repurchase; ♀**kehr** [ˈ~keːr] *f* return; *periodische*: recurrence; ˈ~**kehren** (sn) return; recur; ˈ~**kehrend** recurrent; ˈ~**kommen** come again; (*zurückkommen*) come back, return; ♀**kunft** [ˈ~kunft] *f* (14[1]) return; ˈ~**sagen** repeat; ˈ~**sehen 1.** (*a. sich*) see (*od.* meet) again; **2.** ♀ *n* (6) meeting again, reunion; *auf* ~*!* good-by(e)!, au revoir (*fr.*)!, (hope to) see you again!, F so long!; ˈ♀**taufe** *f* rebaptism; ˈ♀**täufer** *m* anabaptist; ˈ~**tun** do again, repeat; ˈ~**um** again, anew; ~ˈ**-umkehren** (sn) turn back, retrace one's steps; ˈ~**ver-einigen** (*a. sich*) reunite; ˈ♀**ver-einigung** *f* reunion; *a. pol.* reunification; ˈ~**vergelten** *b.s.* pay back, requite; ˈ♀**vergeltung** *f* requital, retaliation; ˈ~**verheiraten** (*a. sich*) remarry; ˈ♀**verheiratung** *f* remarriage; ˈ♀**verkäufer** *m* reseller; (*Einzelhändler*) retailer, retail dealer; ˈ♀**verkaufspreis** *m* trade price; ˈ♀**verwendung** *f* re-use; ˈ♀**wahl** *f* re--election; ˈ~**wählbar** re-eligible; ˈ~**wählen** re-elect; ~ˈ**zulassen** readmit; ♀ˈ**zulassung** *f* readmission; ~ˈ**zustellen**, ♀ˈ**zustellung** *f* return.

Wiege [ˈviːgə] *f* (15) cradle; ˈ~**messer** *n* mincing-knife.

wiegen[1] [ˈviːgən] *v/t. u. v/i.* (30) weigh.

ˈ**wiegen**[2] *v/t.* (25) **1.** (*schaukeln*) rock; *sich* ~ sway; *fig.* (*sich*) *in Sicherheit* ~ lull (o.s.) into security; **2.** (*zerkleinern*) mince.

ˈ**Wiegen|fest** *n* birthday; ˈ~**kind** *n* infant, baby; ˈ~**lied** *n* lullaby.

wiehern [ˈviːərn] **1.** (29) neigh; *vor Lachen*: guffaw; ~*des Gelächter* horse-laugh; **2.** ♀ *n* (6) neighing.

Wiener [ˈviːnər] *m* (7), ˈ~**in** *f* (16[1]), ˈ♀**isch** Viennese.

wies [viːs] *pret. v. weisen.*

Wiese [ˈviːzə] *f* (15) meadow.

Wiesel *zo.* [ˈviːzəl] *n* (7) weasel.

ˈ**Wiesenland** *n* meadow-land.

wieˈ**so?** why?

wieˈ**viel** how much; *pl.* how many; ~**mal** how many times?

wievielte [~ˈfiːltə] *m, f, n* which; *den* ~*n haben wir?* what day of the month is it?

wieˈ**wohl** though, although.

wild [vilt] **1.** *allg.* wild; (*unzivilisiert*) savage; (*grausam*) ferocious; (*grimmig*) fierce; (*wütend*) furious; *Kind*: unruly; *Stier*; *fig. Hast*: mad; ~*e Ehe* concubinage; ~*er Streik* unofficial (*bsd. Am.* wildcat) strike; *s. Wein*; ~ *machen* infuriate, *Tier*:

frighten; *fig.* ~ *sein auf* (*acc.*) be mad for *od.* about; ~ *wachsen* grow wild; ~ *werden* turn wild, *fig.* see red; **2.** ♀ *n* (1, *o. pl.*) game; (*Reh*) deer; *s. Wildbret.*

'**Wild|bach** *m* torrent; '**~bad** *n* thermal baths *pl.*, hot springs *pl.*; '**~bahn** *f* hunting-ground; '**~braten** *m* roast venison; **~bret** ['~brɛt] *n* (11) game; *v. Hochwild*: venison; '**~dieb** *m* poacher; **~diebe'rei** *f* poaching; '**~-ente** *f* wild duck.

Wilde ['vildə] *m, f* (18) savage; F *wie ein ~r* like mad.

Wilder|er ['~rər] *m* (7) poacher; '**♀n** (29) poach.

'**Wild|fang** *m* madcap; *Mädchen*: *a.* romp, tomboy; '**♀'fremd** quite strange; *~er Mensch* complete stranger; '**~heit** *f s. wild* 1: wildness; savageness; fierceness; '**~hüter** *m* gamekeeper; '**~leder** *n*, '**♀ledern** buckskin; *bsd. Handschuh*: doeskin, chamois (leather), suède; '**~lederschuhe** *m/pl.* suède shoes *pl.*; '**~ling** *m* (3^1) ⚘ wild stock *od.* tree, wild(l)ing; *s. Wildfang*; '**~nis** *f* (14^2) wilderness; '**~park** *m* (game-)preserve, deer-park; '**~sau** *f* wild sow; '**~schaden** *m* damage caused by game; '**~schütz(e)** *m* poacher; '**~schwein** *n* wild boar; '**~stand** *m* stock of game; '**♀wachsend** (growing) wild; '**~wasser** *n* torrent; '**~wechsel** *m* game pass; **~'west...**, **~'westfilm** *m* Western.

Wille ['vilə] (13^1), '**~n** *m* (6) will; (*Absicht*) intention; *aus freiem ~n* of one's own free will; *guter ~* good intention; *Letzter ~* (last) will; *s. um*; *wider ~n* unwillingly; *♀ns sein* be willing, be ready; *j-m s-n ~n lassen* let a p. have his own way; *j-m zu ~n sein* comply with a p.'s wishes; *ich kann es beim besten ~n nicht tun* I cannot do it, much as I should like to; *es geht beim besten ~n nicht* it just can't be done.

'**willen|los** lacking will-power; (*unentschlossen*) irresolute; (*weich*) spineless; '**♀losigkeit** *f* lack of will-power.

'**Willens|-akt** *m* act of volition; '**~-erklärung** ⚖ *f* declaratory act; '**~freiheit** *f* free will; '**~kraft** *f* will-power; '**♀schwach** weak-willed; '**~schwäche** *f* weak will; '**♀stark** strong-willed; '**~stärke** *f* will-power, strong will.

willfahren [~'fa:rən] (25) (*dat.*) comply with, grant; *j-m ~* humour a p.

willfährig ['~fɛ:riç] compliant, complaisant; *j-s ~es Werkzeug sein* be at a p.'s beck and call; '**♀keit** *f* compliance, complaisance.

'**willig** willing, ready; '**♀keit** *f* willingness, readiness.

'**Will|komm** *m* (3^1), **~'kommen¹** *n*, *m* (6), **♀'kommen²** *adj.* welcome; *s. heißen*; **~kür** ['~ky:r] *f* (16) arbitrariness; *a.* = '**~kür-akt** *m* arbitrary act; '**♀kürlich** arbitrary, high-handed; '**~kürlichkeit** *f s. Willkür.*

wimmeln ['viməln] (29) (*a. fig.*) swarm *od.* teem (*von* with).

wimmern ['vimərn] (29) whimper.

Wimpel ['vimpəl] *m* (7) pennant.

Wimper ['vimpər] *f* (15) eyelash; *ohne mit der ~ zu zucken* without turning a hair, without wincing.

Wind [vint] *m* (3) wind; (*Blähung*) flatulence, wind; *guter ~* fair wind; *sanfter ~* gentle breeze; *fig. ~ bekommen von* get wind of; *fig. ~ machen* boast, brag (*mit* of); *bei ~ und Wetter* in storm and rain; *fig. in den ~ reden* waste one's breath; *in den ~ schlagen* ignore, disregard; *fig. j-m den ~ aus den Segeln nehmen* take the wind out of a p.'s sails; *den Mantel nach dem ~ hängen* trim one's sails to the wind; *in alle ~e zerstreuen* scatter to the four winds; *gegen den Wind* into the wind; *wie der ~* rapidly; '**~beutel** *m* cream puff; F *fig.* windbag.

Winde ['vində] *f* (15) ⊕ windlass, winch, hoist; (*Anker♀*) capstan; (*Garn♀*) reel; ⚘ bindweed.

'**Wind-ei** *n* wind-egg.

Windel ['vindəl] *f* (15) diaper, napkin; *pl. ~n mst* swaddling-clothes *pl.* (*a. fig.*); '**♀n** (29) (*wickeln*) swaddle, swathe; '**♀'weich:** *~ schlagen* beat to a jelly.

winden ['vindən] (30) wind; (*hoch♀*) hoist; *Garn usw.*: reel; *Kranz*: make, bind; *j-m et. aus den Händen ~* wrest a th. out of a p.'s hands; *sich ~* wind; *vor Schmerz*: writhe; *Fluß*: meander.

'**Windes-eile** *f*: *mit ~* at lightning speed.

'**Wind|fahne** *f* (weather) vane; '**⁀geschützt** protected against the wind; '**~harfe** *f* Aeolian harp; '**~hose** *f* whirlwind; '**~hund** *m* greyhound; *fig.* fly-by-night.

windig ['~diç] windy; *fig. Person*: giddy; *Sache*: precarious; *Ausrede*: thin, lame.

'**Wind|jacke** *f* wind-jacket; '**~kanal** *m* wind tunnel; '**~messer** *m* anemometer; '**~mühle** *f* windmill; *fig.* *gegen ~n kämpfen* fight windmills; '**~pocken** *f/pl.* chicken-pox; '**~richtung** *f* direction of the wind; **~rös·chen** ⚘ ['~rø:sçən] *n* anemone; '**~rose** ⚓ *f* compass card; '**⁀schief** (a)skew; *fig.* awry, *sl.* cockeyed; '**⁀schlüpfig**, '**⁀schnittig** streamlined; '**~(schutz)scheibe** ✈, *mot. f* windscreen, *Am.* windshield; '**~spiel** *n* whippet; '**~stärke** *f* wind force *od.* velocity; '**⁀still** calm; '**~stille** *f* calm; '**~stoß** *m* blast of wind, gust.

Windung ['vinduŋ] *f* winding, turn, convolution; *e-s Weges, Stromes*: bend; *e-r Taurolle, Schlange*: coil; *e-r Spirale, Muschel*: whorl.

Wink [viŋk] *m* (3) sign; *mit der Hand*: wave; *mit den Augen*: wink; *durch Nicken*: nod; *fig.* hint, tip, F pointer; *j-m e-n ~ geben* give (*od.* drop) a p. a hint; *s. Zaunpfahl.*

Winkel ['viŋkəl] *m* (7) ∢ angle; *weitS.* (*Ecke*) corner, nook; ⚔ (*Abzeichen am Ärmel*) chevron; ⊕ square; '**~advokat** *m* pettifogger, hedge-lawyer; *Am.* F shyster; '**~eisen** *n* angle iron; **⁀förmig** ['~fœrmiç] angular; '**~haken** *typ. m* composing-stick.

'**wink(e)lig** angular; *in Zssgn, bsd.* ∢ ...-angled; *Straße*: crooked.

'**Winkel|maß** ⊕ *n* square; '**~messer** *m* ∢ protractor; *surv.* goniometer; '**⁀recht** right-angled; *adv.* at right angles; '**~zug** *m* dodge, subterfuge, trick; (*Ausflucht*) evasion; *Winkelzüge machen* dodge, shuffle, prevaricate.

wink|en ['viŋkən] (25) make a sign, signal (*dat.* to); *mit der Hand*: wave, (*her~*) beckon; *mit den Augen*: wink; ⚔ signal, flag, *mit Winkflagge*: semaphore; *fig. Belohnung usw.*: be in store (*dat.* for); *mit der Hand od. dem Taschentuch ~* wave one's hand *od.* handkerchief; '**⁀er** *m* (7) *mot.* direction indicator; ⚔ flagman, signalman; '**⁀spruch** ⚔ *m* semaphore message.

winseln ['vinzəln] (29) whimper, whine.

Winter ['vintər] *m* (7) winter; '**~aufenthalt** *m* winter abode; (*Ort*) winter resort; '**⁀fest** wintertight; ⚘ hardy; '**~frucht** *f*, '**~getreide** *n*, '**~korn** *n* winter grain; '**~garten** *m* winter garden; '**~halbjahr** *n* winter half-year; '**⁀lich** wintry; '**~mantel** *m* winter overcoat; '**~olympiade** *f*, '**~spiele** *n/pl.* Olympic Winter Games *pl.*; '**~saat** *f* winter corn; '**~schlaf** *m* hibernation; *~ halten* hibernate; '**~schluß-verkauf** *m* winter clearance sale; '**~sport** *m* winter sport(s *pl.*); '**~(s)zeit** *f* winter time; '**~vorrat** *m* winter stock.

Winzer ['vintsər] *m* (7) vine-dresser; (*Traubenleser*) vintager; (*Weinzüchter*) wine-grower.

winzig ['vintsiç] tiny, minute.

Wipfel ['vipfəl] *m* (7) (tree-)top.

Wippe ['vipə] *f* (15) seesaw; '**⁀n** (25) seesaw, rock; *~ mit* wag *a th.*

wir [vi:r] we; *~ alle* all of us; *~ drei* we three, the three of us.

Wirbel ['virbəl] *m* (7) (*Drehung*) whirl (*a. fig.*); (*Knochen⁀*) vertebra; (*Haar⁀*) crown (of the head); (*Trommel⁀*) roll; (*Violin⁀*) peg; (*Wind⁀*) whirlwind; (*Wasser⁀*) eddy, *größerer*: whirlpool, vortex; *v. Rauch usw.*: wreath, eddy; *v. Schnee, Staub, Hieben*: flurry; ⊕ (*Drehring*) swivel; F *e-n ~ machen* (*Aufhebens*) make a big fuss; '**⁀ig** whirling; *fig.* giddy; '**~knochen** *m* vertebra; '**⁀los** invertebrate; '**⁀n** (20) *v/t.* whirl; eddy; *Trommel*: roll; *Lerche usw.*: warble (*a. v/t.*); *mir wirbelt der Kopf* my head swims; '**~säule** *f* vertebral column, spine; '**~sturm** *m* cyclone, tornado; '**~tier** *n* vertebrate; '**~wind** *m* whirlwind (*a. fig.*).

wirk|en ['virkən] **1.** (25) *v/t.* work, cause; *Strümpfe usw.*: knit, weave; *Teig*: knead; *v/i.* (be at) work; operate; take (effect) (*a.* ⚕); (*treffen*) tell (*alle*: *auf acc.* [up]on); *~ als* act as, function as (*a.* ⊕); *beruhigend usw. ~* have a soothing *etc.* effect; *auf die Sinne ~* affect the senses; *dahin ~, daß ...* see that ...;

er wirkt viel jünger he looks (*od.* seems to be) much younger; **2.** ♀ *n* work; effect; functioning; activity; ˈ♀**er** ⊕ *m* knitter; ˈ**~lich** real, actual; (*echt*) true; (*wesentlich*) substantial; *~?* really?, indeed?; *~e Leistung* ⊕ effective output, actual power; ˈ♀**lichkeit** *f* reality; ˈ**~lichkeitsfremd** unrealistic; ˈ**~lichkeitsnah** realistic; ˈ**~sam** effective, efficacious; efficient; operative; *Hieb usw.*: telling; *~ werden* take effect (*a. Gesetz*); ˈ♀**samkeit** *f* efficacy, effectiveness; ˈ♀**stoff** ⚗ *m* active substance.

ˈ**Wirkung** *f* effect; (*Tätigkeit*) operation, action; (*Erfolg*) result; (*Eindruck*) impression; (*starke ~*) impact; *mit ~ vom ...* as from ...; *mit sofortiger ~* effective immediately; *~ haben* take (*od.* be of) effect; *s-e ~ verfehlen* fail to work, prove ineffectual; ˈ**~sbereich** *m* sphere (⚔ radius) of action; *Gesetz*: operation; ˈ**~sgrad** ⊕ *m* efficiency; ˈ**~skraft** *f* efficacy; ˈ**~skreis** *m* sphere (*od.* field) of activity, province, domain; ˈ♀**slos** inefficacious, ineffectual; ˈ**~slosigkeit** *f* inefficacy; ˈ♀**svoll** *s. wirksam*; ˈ**~sweise** *f* (mode of) operation, working; functioning.

ˈ**Wirkwaren** *f/pl.* knit(ted) goods.

wirr [vir] confused; *Haar*: dishevel(l)ed.

ˈ**Wirren** *f/pl.* disorders, troubles.

ˈ**Wirr|kopf** *m fig.* muddle-headed fellow, scatter-brain; ˈ**~nis** *f* (14²), ˈ**~sal** *n* (3) chaos, confusion; **~warr** [ˈ~var] *m* (3¹) confusion, chaos, jumble, muddle, mess.

Wirsing(kohl) [ˈvirziŋ(-)] *m* savoy.

Wirt [virt] *m* (3) host (*a. biol.*); (*Haus*♀, *Gast*♀) landlord; (*Gast*♀) innkeeper; *s. Rechnung*; ˈ**~in** *f* hostess; (*Haus*♀, *Gast*♀) landlady; ˈ♀**lich** hospitable.

ˈ**Wirtschaft** *f* (*Haushaltung*) housekeeping; ⚕ *e-s Gemeinwesens*: economy; (*gewerbliche ~*) business, trade and industry; *freie ~* free enterprise; (*Hauswesen*) household; (*Bauernhof*) farm; (*Treiben*) goings-on *pl.*; (*Durcheinander*) mess; *s. Wirtshaus*; ˈ♀**en** (26) keep house; *gut ~* economize, manage well, *schlecht ~* mismanage; (*geräuschvoll hantieren*) bustle (*od.* potter) about; ˈ**~er** *m* (7) manager; (*Gutsverwalter*) steward; ˈ**~erin** *f* (16¹) manageress; *im Haushalt*: housekeeper; ˈ**~ler** *m* economist; ˈ♀**lich** economic(ally *adv.*); ⚕ *a.* business..., commercial; financial; (*haushälterisch*) economical; (*rationell*) efficient; (*ertragreich*) profitable; ˈ**~lichkeit** *f* economy; efficiency; ˈ**~s-abkommen** *n* trade agreement; ˈ**~sberater** *m* business consultant; ˈ**~sgebäude** *n/pl.* farm-buildings, outhouses; ˈ**~sgeld** *n* housekeeping money; ˈ**~sgemeinschaft** *f*: *Europäische ~* European Economic Community; ˈ**~sgeographie** *f* economic geography; ˈ**~sgymnasium** *n* commercial high school; ˈ**~sjahr** *n* financial year; ˈ**~skrise** *f* economic crisis; ˈ**~sminister** *m* Minister of Economics; ˈ**~sministerium** *n* Ministry of Economics; ˈ**~s-politik** *f* economic policy; ˈ♀**s-politisch** economic(ally *adv.*), pertaining to economic policy; ˈ**~s-prüfer** *m* chartered accountant, *Am.* certified public accountant; ˈ**~sverband** *m* trade association; ˈ**~swunder** *n* economic miracle; ˈ**~szweig** *m* sector of the economy, branch of trade.

ˈ**Wirts|haus** *n* public house, F pub, *Am.* saloon; *mst ländlich*: inn; ˈ**~leute** *pl.* host and hostess.

Wisch [viʃ] *m* (3²) wisp *of straw etc.*; *contp.* (*Papier*♀) scrap of paper; ˈ♀**en** (27) wipe; ˈ**~er** *m* (7) wiper (*a. mot.*); *zum Zeichnen*: stump; ˈ**~lappen** *m für Geschirr*: dish-cloth; *für den Fußboden*: floor-cloth; (*Staubtuch*) duster.

Wisent [ˈviːzɛnt] *m* (3) bison, aurochs.

wispern [ˈvispərn] *v/i. u. v/t.* (29) whisper.

Wiß|begierde [ˈvis-] *f* thirst for knowledge; (*Neugier*) curiosity; ˈ♀**begierig** eager for knowledge *od.* to learn; *weitS.* curious, inquisitive.

wissen [ˈvisən] **1.** (30) know (et. a th.; *um, von* about of); *~ von a.* be aware of; *~ zu inf.* know how to *inf.*; *j-n etwas ~ lassen* let a p. know a th.; *ich möchte (gern) ~, ob ..., wie ... usw.* I should like to know (*od.* I wonder) whether *od.* if, how ... *etc.*; *man kann nie ~* you never know *od.* can tell; *nicht daß ich wüßte!* not that I know of!; *weißt du noch?* do you remember?; F *ich* *will von ihr nichts mehr* ~ I am through with her; *s. aus* 2., *Bescheid, bestimmt usw.*; **2.** ≗ *n* (6) knowledge; (*Bildung*) learning; *ohne mein* ~ without my knowledge; *meines* ~*s* to my knowledge, as far as I know; *wider besseres* ~ despite one's better knowledge; *nach bestem* ~ *und Gewissen* to the best of a p.'s knowledge and belief.

ˈ**Wissenschaft** *f* science; (*Wissen*) knowledge; ˈ**~ler** *m* (7) scholar; (*bsd. Natur*≗) scientist, scientific man; ˈ**≗lich** scientific(ally *adv.*); ~ *gebildet* academically trained.

ˈ**Wissens|drang,** ˈ**~durst,** ˈ**~trieb** *m* urge (*od.* thirst) for knowledge; ˈ**~gebiet** *n*, ˈ**~zweig** *m* field of knowledge; ˈ**≗wert** worth knowing, interesting; ˈ**~schatz** *m* store of knowledge.

ˈ**wissentlich** knowing, conscious; (*absichtlich*) wil(l)ful.

wittern [ˈvitərn] (29) scent, smell; *Gefahr* ~ smell a rat.

ˈ**Witterung** *f* weather; (*Geruch*) scent; *bei günstiger* ~ weather permitting; ˈ**≗sbeständig** weather-resisting; ˈ**~s-einflüsse** *m/pl.* influence *sg.* of the weather; ˈ**~s-umschlag** *m* sudden change of the weather; ˈ**~s-verhältnisse** *n/pl.* atmospheric (*od.* meteorological) conditions.

Witwe [ˈvitvə] *f* (15) widow; (~ *von Stande*) dowager, *z.B. Königin*≗ Queen dowager; ˈ**~ngeld** *n* widow's allowance; ˈ**~nkleidung** *f* widow's weeds *pl.*; ˈ**~nrente** *f* widow's pension; ˈ**~nstand** *m* widowhood.

ˈ**Witwer** *m* (7) widower.

Witz [vits] *m* (3²) (*Geist*) wit; (*Scherz, Spaß*) joke; (*witzige Bemerkung*) quip, gag; *alter* ~ stale joke, F chestnut; ~*e reißen* crack jokes; F *das ist der* ~ *an der Sache* that's where the fun comes in, *weitS.* that's the point (of it); ˈ**~blatt** *n* comic paper; **~bold** [ˈ~bɔlt] *m* (3) wag, witty fellow, *Am.* F wisecracker; **~elei** [~əˈlaɪ] *f* (16) witticism(s *pl.*); ˈ**≗eln** (29) quip, F wisecrack; ˈ**≗ig** witty; (*spaßig*) funny; ˈ**~igkeit** *f* wittiness.

wo [voː] where; ~ *nicht* if not, unless; ~ *auch*, ~ *nur* wherever; F (*irgend*~) somewhere; *zeitlich*: when; **~ˈ-anders** elsewhere, somewhere else.

wob [voːp] *pret. v. weben.*

wobei [~ˈbaɪ] *interr. adv.* at what?; *rel. adv.* at which; in doing so, in the course of which; (*wodurch*) whereby, through which.

Woche [ˈvɔxə] *f* (15) week; *in e-r* ~ in a week; *heute über* (*od. vor*) *drei* ~*n* this day three weeks; *dreimal die* (*od. in der*) ~ three times a week; *in den* ~*n sein* be lying in; *in die* ~*n kommen* be confined, *mit e-m Kind*: be delivered of.

ˈ**Wochen|bett** *n* childbed, confinement; ˈ**~blatt** *n* weekly (paper); **~end...** [ˈ~ˀɛnt-], ˈ**~ende** [~ˀɛndə] *n* week-end; ˈ**~fieber** *n* puerperal fever; ˈ**≗lang** for weeks; *nach* ~*em Warten* after many weeks of waiting; ˈ**~lohn** *m* weekly pay *sg. od.* wages *pl.*; ˈ**~markt** *m* weekly market; ˈ**~schau** *f Film*: news-reel; ˈ**~tag** *m* week-day; *bestimmter*: day of the week; ˈ**≗tags** on week-days.

wöchentlich [ˈvœçəntliç] weekly; *adv.* every week, weekly; *einmal* ~ once a week.

ˈ**wochenweise** by the week.

Wöchnerin [ˈvœçnərin] *f* (16¹) woman in childbed; ˈ**~nen-abteilung** *f* maternity ward; ˈ**~nenheim** *n* maternity home.

wo|ˈdurch *interr. adv.* by what?, whereby?, how?; *rel. adv.* by which, whereby; **~ˈfern** provided that, if; ~ *nicht* unless; **~ˈfür** *interr. adv.* for what?, what (...) for?; *rel. adv.* for which.

wog [voːk] *pret. v. wägen u. wiegen¹.*

Woge [ˈvoːgə] *f* (15) wave (*a. fig.*); *fig. die* ~*n glätten* pour oil on troubled waters.

woˈgegen *interr. adv.* against what?; *rel. adv.* against which; *tauschend*: in exchange for what? *od.* which; *conj.* whereas.

wogen [ˈvoːgən] (25) surge (*a. fig.*), billow; *Getreide*: *a.* wave; *schwellend*: heave; *hin u. her*: fluctuate, *Kampf*: seesaw.

wo|ˈher from where; ~ *kommt er?* where does he come from?; ~ *wissen Sie das?* how do you know?; **~ˈhin** *interr. u. rel. adv.* where (... to); *indef. adv.* somewhere; **~hinˈgegen** whereas.

wohl [voːl] **1. a**) well, *Am.* F good; *er ist* ~ he is well; *ihm ist* ~ he is feeling fine; ~ *oder übel* willy-nilly;

leben Sie ~! good-by(e)!, farewell!; *ich habe mich nie so ~ gefühlt* I never felt better; *es sich ~ sein lassen* enjoy o.s.; *~ dem, der* ... happy he who ...; *s. bekommen, ~tun*; **b**) *vermutend, einräumend*: I presume (*od.* suppose, think); *er wird ~ reich sein* he is rich, I suppose; **c**) *fragend*: *ob sie ~ ...?* I wonder whether (*od.* if) she ...; **2.** ~ *n* (3) welfare; (*Gedeihen*) well-being, prosperity; (*Nutzen, Vorteil*) benefit, good; *das gemeine ~* the common weal; *sein ~ und Weh* his weal and woe; *auf Ihr ~!* your health!, here's to you!

wohl|'-an well then!; **'~-angebracht** (very) apt; **'~-anständig** decent; **~'-auf** well, in good health; *int.* well!, cheer up!; **'~bedacht** well-considered; **'~befinden** *n* well-being; good health; **'~behagen** *n* comfort, pleasure; **'~behalten** safe (and sound); **'~bekannt** well-known; **'~beleibt** corpulent; **'~-ergehen** *n* (6) well-being, welfare, prosperity; **'~-erwogen** well-considered; **~erworben** ['~ʔɛrvɔrbən] duly acquired; *~e Rechte n/pl.* vested (*od.* well established) rights; **~erzogen** ['~ʔɛrtso:gən] well-bred; **'~fahrt** *f* (16, *o. pl.*) welfare; (*öffentliche*) *~ a.* (public) relief, public assistance; **'~fahrts-amt** *n* welfare cent|re, *Am.* -er; **'~fahrts-einrichtung** *f* welfare institution; **'~fahrts-pflege** *f* welfare work; **'~fahrtsstaat** *m* welfare state; **'~fahrts-unterstützung** *f* public relief; **'~feil** cheap; **'~gefallen** *n* pleasure, satisfaction; *sein ~ haben an* (*dat.*) take pleasure in; *sich in ~ auflösen co.* end in smoke, (*verschwinden*) vanish (into thin air); **'~gefällig** pleasant, agreeable; (*selbstzufrieden*) complacent; **'~gefühl** *n* pleasant sensation; *allgemeines*: sense of well-being; **'~gemeint** well-meant; **'~gemerkt!** mark you!, mind you!, remember!; **'~gemut** cheerful; **'~genährt** well-fed; **'~geraten** *Kind*: good; **'~geruch** *m* fragrance, perfume; **'~geschmack** *m* pleasant taste *od.* flavo(u)r; **'~gesinnt** well-meaning; *j-m ~* well-disposed towards a p.; **'~gesittet** well-mannered; **'~gestaltet** well-shaped, shapely; **'~habend** well-to-do, wealthy, prosperous, well-off (*pred.* well off); **'~habenheit** *f s. Wohlstand.*

'wohlig comfortable.

'Wohl|klang *m*, **'~laut** *m* melodious sound, harmony, euphony; **'~klingend** harmonious, melodious; **'~leben** *n* life of pleasure, good living, luxury; **'~meinend** well-meaning; **'~riechend** fragrant, sweet-scented; **'~schmeckend** savo(u)ry, tasty; **'~sein** *n s. Wohlbefinden*; **'~stand** *m* prosperity, affluence, wealth; **'~standsgesellschaft** *f* affluent society; **'~tat** *f* good deed, kindness; (*a.* ⚖) benefit; *fig.* boon, comfort; *s. wahr*; **'~täter** *m* benefactor; **'~täterin** *f* (16[1]) benefactress; **'~tätig** beneficent; (*mildtätig*) charitable; **'~tätigkeit** *f* charity; **'~tätigkeitsbasar** *m* charity bazaar; **'~tätigkeitsver-anstaltung** *f* charity performance; **'~tätigkeitsver-ein** *m* charitable society; **~tuend** ['~tu:ənt] pleasant, beneficial; **'~tun:** (*j-m*) *~* do (a p.) good; *das tut e-m wohl* it does one good; **'~-überlegt** well-considered; **'~-unterrichtet** well-informed; **'~verdient** well-deserved; **'~verstanden** well-understood; *~!* mind you!; **'~weislich** very wisely, prudently; **'~wollen[1]** *n* (6) goodwill, benevolence; **'~wollen[2]** *j-m*: wish a p. well; **'~wollend** kind, benevolent; (*günstig*) favo(u)rable.

'Wohn|-anhänger *m s. Wohnwagen*; **'~bezirk** *m* residential district; **'~block** *m* block of flats.

wohnen ['vo:nən] (25) live (*bei j-m* with), *feiner*: dwell, reside (*alle a. fig.*); *amtlich*: reside (*in dat.* at); *vorübergehend*: stay (*bei* with); *als Mieter*: lodge, *Am. a.* room (*in dat.* at, *bei* with).

'Wohn|gebäude *n* dwelling-house; (*Etagenhaus*) block of flats, *Am.* apartment house; **'~gelegenheit** *f* living accommodation; **'~haft** living, resident (*in dat.* at); **'~haus** *n s. Wohngebäude*; **'~heim** *n* hostel; **'~küche** *f* kitchen-living room; **'~lich** comfortable; (*traulich*) cosy; **'~-ort** *m* (place of) residence, ⚖ *a.* domicile; **'~raum** *m* housing space; **'~recht** *n* right of residence; **'~sitz** *m s. Wohnort*; **'~stube** *f s. Wohnzimmer.*

'**Wohnung** *f* dwelling, home; *engS.* lodgings, rooms, apartments *pl.*; *im Stockwerk*: flat, *Am.* apartment; '**~s-amt** *n* Housing Office; '**~sbau** *m* housing construction; '**~s-inhaber** *m* occupant, tenant; '**~smangel** *m*, '**~snot** *f* housing shortage; '**~ssuche** *f* house-hunting; '**~swechsel** *m* change of residence.

'**Wohn|viertel** *n* residential quarter (*Am.* section); '**~wagen** *m* caravan, *Am.* trailer; '**~zimmer** *n* sitting-room, *bsd. Am.* living room.

wölb|en ['vœlbən] (25) vault; (*a. sich*) arch; '**2ung** *f* vault; (*gewölbte Form*) curvature; ⊕ camber.

Wolf [vɔlf] *m* (3³) wolf; *Spinnerei*: willow; *metall.* devil; (*Fleischhackmaschine*) mincer; ⚕ chafe, gall; *fig. man muß mit den Wölfen heulen* when (you are) in Rome do as the Romans do; *s. Schafpelz.*

Wölfin ['vœlfin] *f* (16¹) she-wolf.

Wolfram ⚗ ['vɔlfram] *n* (6, *o. pl.*) tungsten.

'**Wolfs|hund** *m* wolf-hound, wolf dog; '**~hunger** *m* ravenous hunger; '**~milch** ♀ *f* spurge.

Wolke ['vɔlkə] *f* (15) cloud (*a. fig.*); *fig. aus allen ~n fallen* be thunderstruck.

'**Wolken|bruch** *m* cloud-burst; '**~decke** *f* cloud cover; '**~himmel** *m* clouded sky; '**~kratzer** *m* skyscraper; **~**'**kuckucks-heim** *n* Cloud-Cuckoo-Land; '**2los** cloudless; '**~schicht** *f* cloud layer.

'**wolkig** cloudy; *Himmel*: clouded.

Woll|decke ['vɔl-] *f* (wool) blanket; '**~e** *f* (15) wool; *fig. in der ~ sitzen* live in clover; *sich in die ~ geraten* F have a row; '**2en¹** *adj.* wool(l)en; *Strumpf*: *a.* worsted.

'**wollen²** **1.** (30) wish; (*verlangen*) want; (*bereit sein*) be willing; (*beabsichtigen*) intend; (*im Begriff sein zu …*) be going to, be about to; *lieber ~* prefer; *nicht ~* refuse; *so Gott will!* please God!; *ich will es (nicht) tun* I will (won't) do it; *ich wollte, ich hätte es getan* I wish I had done it; *was ~ Sie (von mir)?* what do you want (of me)?; *was ~ Sie damit sagen?* what do you mean by it?; *er mag ~ oder nicht* willy-nilly, whether he likes it or not; *ich will (od. wollte) lieber* I would (*od.* had) rather, I should prefer; *das will ich meinen* I should think so; *das will überlegt sein* that requires some thinking; *dem sei wie ihm wolle* be that as it may; *er weiß, was er will* he knows his own mind; *mach was du willst!* do what you want!, *ärgerlich*: do your worst!; *wir ~ gehen* let us go; *wie du willst* as you like; **2.** 2 *n* (6, *o. pl.*) will; *phls.* volition.

'**Woll|fett** *n* wool-grease, yolk; '**~garn** *n* wool(l)en yarn, worsted; '**~handel** *m* wool-trade; '**2ig** wool(l)y; '**~schur** *f* sheep-shearing; '**~spinne'rei** *f* wool-spinning (mill *Fabrik*); '**~stoff** *m* wool(l)en (fabric).

Wol|lust ['vɔlust] *f* (14¹) voluptuousness, lust; **2lüstig** ['~lystiç] voluptuous; *s. a. lüstern*; '**~lüstling** *m* (3¹) libertine, debauchee.

'**Wollwaren** *f/pl.* wool(l)en goods, wool(l)ens; '**~händler** *m* wool(l)en-draper.

wo|'**mit** with what?; what … with?; *rel. adv.* with which; *s. dienen*; **~**'**möglich** possibly; **~**'**nach** after what?; *rel. adv.* after which, whereupon; (*gemäß*) according to which.

Wonne ['vɔnə] *f* (15) delight, bliss; F *mit ~* with relish; '**~monat** *m*, '**~mond** *m* month of delight (*od.* of May); '**2trunken** blissful, enraptured; *pred.* in raptures.

'**wonnig** delightful, blissful; (*herzig*) lovely, sweet.

wo|ran [vo:'ran] at what?; *rel. adv.* at (*od.* by) which; *~ denken Sie?* what are you thinking of?; *ich weiß nicht, ~ ich bin* I don't know where I stand; *~ liegt es, daß …?* how is it that …?; *~ erkennt man …?* how (*od.* by what) do you see …?; **~**'**rauf** on what?; *~ warten Sie?* what are you waiting for?; *rel. adv.* on which; (*und danach*) whereupon; **~**'**raus** out of (*od.* from) what?; *~ ist das gemacht?* what is it made of?; *rel. adv.* out of (*od.* from) which, whence; **~**'**rein** into what?; *rel. adv.* into which.

worfeln ✓ ['vɔrfəln] (29) winnow.

worin [vo:'rin] in what?; *rel. adv.* in which, wherein.

Wort [vɔrt] *n* (3, *einzeln*: 1²) word; (*Ausdruck*) term, expression; (*Ausspruch*) saying; (*Ehren2*) word (of hono[u]r); *das ~ Gottes* the Gospel;

bei Zahlenangaben: *in ~en ...* in letters ...; *ein Mann von ~ sein* be as good as one's word; *ein Mann, ein ~!* word of hono(u)r!, hono(u)r bright!; *auf ein ~!* a word with you!; *aufs ~ gehorchen* obey to the letter; *j-m ins ~ fallen, j-m das ~ abschneiden* cut a p. short; *mit andern ~en* in other words; *mit e-m ~* in a word; *ums ~ bitten, sich zu ~ melden* ask permission to speak; *zu ~e kommen* get a hearing; *nicht zu ~ kommen* not to get a word in edgewise; *das ~ ergreifen* (begin to) speak, *parl.* rise to speak, address the House, *bsd. Am.* take the floor; *j-m das ~ erteilen* give a p. permission to speak; *parl. j-m das ~ entziehen* rule a p. out of order; *das ~ erhalten* be allowed to speak, *parl.* catch the Speaker's eye, *bsd. Am.* get the floor; *das ~ führen* be the spokesman; *das große ~ führen* talk big; (*tonangebend sein*) lay down the law; *~ halten* keep one's word; *parl. das ~ haben* have the ear of the House, *bsd. Am.* have the floor; *ein ~ gab das andere* one word led another; *kein ~ mehr!* not another word!; *j-n beim ~e nehmen* take a p. at his (*od.* her) word; *mit j-m ein ~ reden* have a word with a p.; *e-r S. das ~ reden* hold a brief for; *s. einlegen, geben, Geld, Kehle, kurz, zurücknehmen.*

'**Wort|-akzent** *m* word-stress; '**♀-arm** poor in words; '**~-armut** *f* poverty of words; '**~-art** *gr. f* part of speech, class of word; '**~bedeutungslehre** *f* semantics; '**~bildung** *f* word-formation; '**~bruch** *m* breach of one's word *od.* of faith; '**♀brüchig** false to one's word; *~ werden* break one's word.

Wörter|buch ['vœrtər-] *n* dictionary; '**~verzeichnis** *n* list of words, vocabulary, word-index.

'**Wort|folge** *f* word-order; '**~fügung** *f* construction; (*a.* '**~fügungslehre** *f*) syntax; '**~führer(in** *f*) *m* speaker; *nur m* spokesman; '**~fülle** *f* verbosity; '**~gefecht** *n* dispute; '**♀getreu** literal; '**♀gewandt** eloquent, glib; '**♀karg** taciturn, silent; '**~kargheit** *f* taciturnity; '**~klasse** *gr. f s. Wortart*; '**~klauber** *m* (7) quibbler, word-splitter; **~klauberei** ['~'raɪ] *f* (16) word-splitting; '**~laut** *m* wording; (*Inhalt*) text; ⚖ (*genauer ~*) tenor; *der Brief usw. hat folgenden ~* runs as follows.

wörtlich ['vœrt-] literal.

'**wort|los** wordless(ly *adv.*); '**~reich** abundant in words; *contp.* verbose; '**♀schatz** *m* stock of words, vocabulary; '**♀schwall** *m* flood of words, verbiage; '**♀sinn** *m* literal sense; '**♀spiel** *n* play on words, pun; '**♀stamm** *m* stem, root; '**♀stellung** *f* word-order; '**♀streit** *m* dispute; '**♀verdreher(in** *f*) *m* distorter of words; '**♀verdrehung** *f* distortion of words; '**♀wechsel** *m* dispute, altercation; *e-n ~ haben* have words.

wo|rüber [voː'ryːbər] over (*od.* upon) what?, what ... about?; *rel. adv.* over (*od.* upon, about) which; *vgl. a. Zeitwörter wie z.B. lachen*; **~'rum** about what?, what ... about?; *rel. adv.* about which; *vgl. a. Zeitwörter wie z.B. trauern*; **~'runter** under (*od.* among) what?; *rel. adv.* under (*od.* among) which.

wo|'selbst where; **~'von** of (*od.* from) what?; what *are you talking* about?; *rel. adv.* of (*od.* from) which; *vgl. a. Zeitwörter wie z.B. leben*; **~'vor** before what?; *rel. adv.* before which; *vgl. a. Zeitwörter wie z.B. sich fürchten*; **~'zu** for what?, F what for?; *rel. adv.* for which; (*warum*) why; *~ noch kommt, daß* to which must be added that.

Wrack ⚓ [vrak] *n* (3) wreck (*a.fig.*); '**~gut** *n* wreckage.

wrang [vraŋ] *pret. v. wringen.*

wringen ['vrIŋən] (30) wring.

Wucher ['vuːxər] *m* (7) usury; (*Waren♀*) profiteering; *~ treiben s. wuchern*; '**~er** *m* (7) usurer; (*Waren♀*) profiteer; '**♀haft**, '**♀isch** usurious; *mit Waren*: profiteering; '**~handel** *m* usurious trade, profiteering; '**~miete** *f* rack-rent; '**♀n** (29) ⚘ grow exuberantly; (*Wucher treiben*) practise usury; *mit Waren*: profiteer; '**~ung** ⚕ *f* excrescence, growth; *bsd. in Nase u. Rachen*: vegetation; '**~zins** *m*, '**~zinsen** *pl.* usurious interest.

Wuchs[1] [vuːks] *m* (4^2) growth; (*Gestalt*) figure, stature, build.

wuchs[2] *pret. v. wachsen*[1].

Wucht [vuxt] *f* (16) weight; (*Gewalt*) force; (*Schwung*) impetus; (*Anprall*) impact (*a. fig.*); F *'ne*

Wucht! (*tolle Sache*) *sl.* a wow!; *mit voller ~ gegen ... rennen* cannon against; '**♀en** (26) *v/i.* weigh heavy; *v/t.* lever up, heave; '**♀ig** weighty, heavy; *Schlag, Gestalt, a. fig. Stil usw.*: powerful.

Wühl|-arbeit ['vy:l-] *f fig.* subversive activity; '**♀en** (25) dig; *Tier*: burrow; *Schwein*: root; (*wild umhersuchen*) rummage; *fig. mst pol.* agitate; *im Gelde ~ fig.* wallow (*od.* be rolling) in money; '**~er** *m* (7) *fig.* agitator; '**♀erisch** subversive; '**~maus** *f* vole.

Wulst [vulst] *m* (3^2 *u.* ^{3}) roll; *zum Ausstopfen*: pad; (*Ausbauchung*) bulge; (*Reifen♀*) bead (of a tyre); '**♀ig** stuffed, padded; (*bauchig*) bulging; (*aufgedunsen*) puffed up; *Lippen*: protruding, thick.

wund [vunt] (*offen*) sore; (*verwundet*) wounded; *~e Stelle* sore; *fig. ~er Punkt* tender spot; *sich die Füße ~ laufen* become footsore; *~ reiben* gall, chafe; '**♀brand** *m* gangrene; **♀e** ['vundə] *f* (15) wound; *die Zeit heilt alle ~n* time is a great healer; *fig. alte ~n wieder aufreißen* open old sores.

Wunder ['vundər] *n* (7) miracle; (*a. Sache, Vorgang, Person*) wonder, marvel, prodigy; *~ der Technik* engineering marvel; *~ tun* (*od. vollbringen, wirken*) do (*od.* work) wonders, perform miracles; (*es ist*) *kein ~, daß ...* small wonder that ...; *es geschehen Zeichen und ~* wonders will never cease; *sein blaues ~ erleben* get the shock of one's life; *♀ was halten von* think a world of; '**♀bar** wonderful, marvel(l)ous; (*übernatürlich*; *a. fig.*) miraculous; '**~bild** *n* miraculous image; '**~ding** *n* prodigy; *~e pl. vollbringen* perform miracles; '**~doktor** *m* quack; '**~droge** *f* miracle drug; '**~glaube** *m* belief in miracles; '**♀'hübsch** lovely; '**~kind** *n* infant prodigy; '**~knabe** *m* boy-wonder; '**~kur** *f* miraculous cure; '**~land** *n* Fairyland, wonderland; '**♀lich** queer, odd, strange; (*launisch*) whimsical; '**~lichkeit** *f* queerness, oddity, strangeness; '**♀n** (29): *sich ~* wonder (*über acc.* at), be surprised (at); be surprised to see *etc.* (*a. th.*); *es wundert mich* I am surprised *od.* astonished; (*ich frage mich*) I wonder (*wo usw.* where *etc.*); *es sollte mich nicht ~* I shouldn't wonder; '**♀nehmen:** *es nimmt mich wunder, daß* I am astonished that; '**♀sam** wondrous; '**♀'schön** very beautiful, of breathtaking beauty; '**~tat** *f* miracle; '**~täter(in** *f*) *m* miracle-worker; '**♀tätig** wonder-working, miraculous; '**~tier** *n* monster; *fig.* prodigy; '**♀voll** wonderful, marvel(l)ous; '**~welt** *f* world of wonders; '**~werk** *n* miracle; *fig. a.* wonder; '**~zeichen** *n* miraculous sign.

'**Wund|fieber** *n* wound-fever; *sich* '**♀laufen** get footsore; *sich* '**♀liegen** get bedsore; '**~mal** *n* scar; *~e pl. eccl.* stigmata; '**~salbe** *f* healing ointment; '**~starrkrampf** *m* tetanus.

Wunsch [vunʃ] *m* (3^2 *u.* ^{3}) wish, desire; *auf ~* on request; *auf j-s ~* at a p.'s desire *od.* request; (*je*) *nach ~* as desired; *mit den besten Wünschen zum Fest* with the compliments of the season; '**~bild** *n* ideal; '**~denken** *n* wishful thinking.

Wünschelrute ['vynʃəl-] *f* divining-rod; **~ngänger** ['~gɛŋər] *m* (7) diviner, dowser.

wünschen ['vynʃən] (27) wish, want, desire; *s. Glück*; *viel zu ~ übrig lassen* leave much to be desired; *wie Sie ~* as you wish; *was ~ Sie?* may I help you?; '**~swert** desirable.

'**wunsch|gemäß** as desired; '**♀konzert** *n* (musical) request program(-me); '**~los:** *~ glücklich* perfectly happy; '**♀traum** *m* wishdream, wishful thinking, *Am.* F pipe dream; '**♀zettel** *m* list of things desired.

wurde ['vurdə] *pret. v. werden* 1 *u.* 2.

Würde ['vyrdə] *f* (15) dignity (*a. weitS.*); (*Ehre*) hono(u)r; (*Titel*) title; *akademische*: degree; *unter j-s ~* beneath one's dignity; *unter aller ~* beneath contempt; '**♀los** undignified; '**~nträger** *m* dignitary; '**♀voll** dignified; (*feierlich*) solemn, grave.

würdig ['~diç] worthy (*gen.* of); (*verdient*) deserving (of); *s. würdevoll*; **~en** ['~gən] (25) appreciate, value; (*erwähnen*) mention hono(u)rably, laud; *j-n e-s Blickes* (*Wortes*) *~* deign to look at (speak to) a p.; ⁀**keit** ['⁓diç-] *f* worthiness; (*Verdienst*) merit; (*würdiges Äußere*) dignified appearance; ⁀**ung** ['⁓guŋ] *f* appreciation; assessment (*a.* ⚖).

Wurf [vurf] *m* (3^3) throw; (⁓ *Junge*) brood, litter; *fig. großer* ⁓ great success; *alles auf einen* ⁓ *setzen* stake all on a single card.

Würfel ['vyrfəl] *m* (7) die; ⩓ cube (*a. Eis*⁀ *usw.*); *die* ⁓ *sind gefallen* the die is cast; '⁓**becher** *m* dice-box; ⁀**förmig** ['⁓fœrmiç] cubic (-al); '⁀**ig** cubical; *Muster*: chequered, *bsd. Am.* check(er)ed; '⁀**n** (29) *v/i.* play (at) dice; ⁓ *um* throw dice for; *v/t. Stoff*: chequer, *bsd. Am.* check(er); '⁓**spiel** *n* game of dice; '⁓**zucker** *m* lump sugar.

'**Wurf|geschoß** *n* missile; '⁓**kreis** *m Sport*: (throwing) circle; '⁓**pfeil** *m* dart; '⁓**scheibe** *f* quoit; (*Diskus*) discus; '⁓**speer** *m*, '⁓**spieß** *m* javelin, dart; '⁓**taube** *f Schießsport*: clay pigeon.

würg|en ['vyrgən] (25) *v/t.* throttle, choke (*beide a.* ⊕); *poet.* (*töten*) slay; *v/i.* choke; *beim Erbrechen*: retch; *beim Essen*: gag on one's food; *fig. an e-r Arbeit*: struggle hard at; ⁀**-engel** ['vyrk-] *m* destroying angel; ⁀**er** ['⁓gər] *m* (7) slayer, murderer (*a.* '⁀**erin** *f*); (*Vogel*) butcher-bird.

Wurm [vurm] *m* (1^2) worm (*a. fig.*); (*Made*) maggot, grub; ⚕ *am Finger*: whitlow; F *n* (*bsd. Kind*) little mite; F *j-m die Würmer aus der Nase ziehen* draw a p. out.

Würmchen ['vyrmçən] *n* (6) little worm; *fig.* tiny mite.

wurmen ['vurmən] (25) gall, vex.

wurm|förmig ['⁓fœrmiç] worm-shaped, vermiform; '⁀**fortsatz** *anat. m* appendix; '⁓**ig** wormy; maggoty; '⁓**krank** suffering from worms; '⁀**mittel** *n* vermifuge; '⁀**stich** *m*, '⁀**loch** *n* worm-hole; '⁓**stichig** worm-eaten; *fig.* unsound, rotten.

Wurst [vurst] *f* (14^1) sausage; F ⁓ *wider* ⁓ tit for tat; F *jetzt geht's um die* ⁓*!* it's do or die now!; F *es ist mir* ⁓ I don't care (a rap); '⁓**blatt** F *n* (*Zeitung*) (lousy) rag.

Würstchen ['vyrst-] *n* (6): *warme* ⁓ *pl.* hot sausages, *Am.* hot dogs; F *kleine* ⁓ (*Personen*) small fry.

Wurstel|ei F [vurstə'laɪ] *f* (16) muddling, muddle; '⁀**n** F (29) muddle.

wurst|ig *sl.* absolutely indifferent; '⁀**vergiftung** *f* sausage-poisoning, 🕮 botulism; '⁀**waren** *f/pl.* sausages.

Würze ['vyrtsə] *f* (15) (*Gewürz*) spice, condiment; (*Aroma*) seasoning, flavo(u)r; ⊕ (*Bier*⁀) wort; *fig.* zest, flavo(u)r; *in der Kürze liegt die* ⁓ brevity is the soul of wit.

Wurzel ['vurtsəl] *f* (16) root (*a. gr.*, ⩓, *Zahn*⁀ *u. fig.*); ⁓ *fassen od. schlagen* (*a. fig.*) take (*od.* strike) root; '⁓**behandlung** ⚕ *f* root-treatment; '⁓**größe** ⩓ *f* radical quantity; '⁓**keim** *m* radicle; '⁓**knollen** *m* tuber, bulb.

'**wurzeln** (29, h. *u.* sn) (take) root; ⁓ *in* (*dat.*) be rooted in; '⁓**d** rooted.

'**Wurzel|schößling** *m* sucker, runner; '⁓**stock** *m* root-stock; '⁓**werk** *n* roots *pl.*; '⁓**wort** *n* radical word, root; '⁓**zeichen** ⩓ *n* radical sign; '⁓**ziehen** ⩓ *n* evolution, root extraction.

würz|en ['vyrtsən] (27) season, flavo(u)r, spice; '⁓**ig** spicy; aromatic.

wusch [vu:ʃ] *pret. v. waschen.*

wußte ['vustə] *pret. v. wissen* 1.

Wust [vu:st] *m* (3) tangled mass; (*Kram*) trash; (*Durcheinander*) mess, jumble.

wüst [vy:st] desert, waste; (*wirr*) confused; (*liederlich*) depraved; (*roh*) rude; (*gemein*) vile; F (*arg*) awful; ⁀**e** ['⁓ə] *f*, ⁀**enei** [⁓'naɪ] *f* (15) desert, waste; '⁀**ensand** *m* desert sand; '⁀**ling** *m* (3^1) libertine, rake, lecher.

Wut [vu:t] *f* (16, *o. pl.*) rage, fury; *in* ⁓ in a rage; *j-n in* ⁓ *bringen* enrage (*od.* infuriate) a p.; *in* ⁓ *geraten* fly into a rage; '⁓**-anfall** *m*, '⁓**-ausbruch** *m* fit (*od.* outburst) of rage.

wüten ['vy:tən] (26) *allg.* rage; '⁓**d** furious (*a. fig. heftig*); F *bsd. Am.* mad (*beide*: *auf, über acc.* at; with *a p.*).

'**wut-entbrannt** enraged.

'**wutschäumend** foaming with rage.

'**wutschnaubend** furious.

X, Y

X [iks], **x** *n inv.* X, x; *j-m ein X für ein U vormachen* throw dust in a p.'s eyes.
ˈ**X-Achse** ⩲ *f* axis of x.
Xanthippe [ksanˈtipə] *f* (15) *fig.* Xanthippe, termagant.
ˈ**X-Beine** *n/pl.* turned-in legs, knock-knees; ˈ**X-beinig** knock-kneed.
x-beˈ**liebig** any (... you please); *jede(r, s)* ⁓*e* ... any (given) ...
ˈ**x-mal** F (ever so) many times, F umpteen times.
x-te [ˈikstə]: F *zum* ⁓*n Male* for the umpteenth (*od.* nth) time.
Xylograph [ksyloˈgrɑ:f] *m* (12) xylographer; ♀**isch** xylographic(al).
Xylophon ♪ [⁓ˈfo:n] *n* (3[1]) xylophone.

Y [ˈypsilɔn], **y** *n inv.* Y, y.
ˈ**Y-Achse** ⩲ *f* axis of y.
Yacht [jaxt] *f* (16) *s. Jacht.*
Yankee [ˈjɛŋki] *m* (11) Yankee.
Ysop ♀ [ˈy:zɔp] *m* (3[1]) hyssop.

Z

Z [tsɛt], **z** *n inv.* Z, z; *s.* A.
Zäckchen [ˈtsɛkçən] *n* (6) denticle; (*Zinke*) small prong; (*Spitzen*♀) purl.
Zacke [ˈtsakə] *f* (15), ˈ⁓**n**[1] *m* (6) (sharp) point; (*Zinke*) prong; (*Auszackung*) indent(ation); (*Eisenspitze*) spike; (*Fels*♀) jag.
ˈ**zacken**[2] (25) indent; (*zähnen*) tooth; *ungleichmäßig*: jag; *Kleid*: scallop.
ˈ**zackig** indented, notched; *Felsen, Glas usw.*: jagged; ♀ *Blatt*: crenate; *fig. sl.* (*schneidig*) smart.
zag [tsɑ:k] *s. zaghaft*; ⁓**en** [ˈtsɑ:gən] **1.** (25) quail; (*zurückschrecken*) shrink, flinch; **2.** ♀ *n* (6) quailing; shrinking, flinching; ⁓**haft** [ˈtsɑ:khaft] timid; ˈ♀**haftigkeit** *f* timidity.
zäh|**(e)** [ˈtsɛ:(ə)] tough, *fig. a.* tenacious; *Energie*: grim, dogged; *Flüssigkeit*: ropy, viscous; *ein* ⁓*es Leben haben* be tenacious of life; ˈ⁓**flüssig** viscous, sticky; ˈ♀**igkeit** *f* toughness, tenacity; ropiness, viscosity.
Zahl [tsɑ:l] *f* (16) number; (*Ziffer*) figure (*a.* = *Betrag, Wert*), numeral; (*arabische Ziffer*) cipher; (*Stelle*) digit.
ˈ**zahlbar** payable (*bei* at, with; *an acc.* to); ⁓ *sein od. werden* fall due, be(come) payable; ⁓ *machen od. stellen* make payable, *Wechsel*: domiciliate; *bei Lieferung* ⁓ cash on delivery.
ˈ**zählbar** countable, computable.
zählebig [ˈ⁓le:biç] tenacious of life.
zahlen [ˈtsɑ:lən] *v/t. u. v/i.* (25) pay; *im Gasthaus*: ⁓, *bitte!* the bill (*Am.* the check), please!
zählen [ˈtsɛ:lən] *v/t. u. v/i.* (25) count, (*a.* = *sich belaufen auf*) number; *fig.* (*haben*) have, number; ⁓ *auf* (*acc.*) count on; *unter* (*acc.*) ... ⁓, *zu* ... ⁓ number among, rank with; er (es) *zählt nicht* he (it) does not count; *s. drei.*
ˈ**Zahlen**|**lotto** *n s. Lotto*; ˈ♀**mäßig** numerical; *j-m* ⁓ *überlegen sein* outnumber; ˈ⁓**material** *n* numerical data *pl.*, figures *pl.*; ˈ⁓**verhältnis** *n* numerical proportion.
ˈ**Zahler** *m* (7), ˈ⁓**in** *f* (16[1]) payer.
ˈ**Zähler** *m* (7) ⊕ counter; *für Gasverbrauch usw.*: meter; ⩲ numerator.
ˈ**Zahlkarte** *f* paying-in form.
ˈ**zahl**|**los** numberless, countless; ˈ♀**meister** *m* ⚔ paymaster; ⚓ purser; ˈ⁓**reich** numerous; ˈ♀**stelle** *f* paying-office; ˈ♀**tag** *m* pay-day.
ˈ**Zahlung** *f* payment; ⁓ *leisten* make payment; et. *in* ⁓ *nehmen* accept a th. in part payment (*od.* part exchange).
ˈ**Zählung** *f* counting; (*a. als Ergeb-*

nis, z.B. Blutkörperchen≈) count; (*Volks*≈ *usw.*) census.

'**Zahlungs|-abkommen** *n* payments agreement; '**~-anweisung** *f* order to pay; (*Überweisung*) money order; '**~-aufforderung** *f* demand for payment; '**~-aufschub** *m* respite; '**~-auftrag** *m e-s Bankkunden*: banker's order; '**~bedingungen** *f/pl.* terms of payment; *zu erleichterten ~* on easy terms; '**~befehl** ⚖ *m* default summons, writ of execution; '**~-einstellung** *f* suspension of payment; '**~-empfänger** *m* payee; '**~erleichterung(en** *pl.*) *f* facilities (of payment), easy terms *pl.*; '**≈fähig** solvent; '**~fähigkeit** *f* solvency; '**~frist** *f* term of payment; *s. Zahlungsaufschub*; '**~mittel** *n* currency; *gesetzliches ~* legal tender; '**~-ort** *m* place of payment; '**~schwierigkeiten** *f/pl.* financial difficulties *pl.*; '**~termin** *m* date of payment; '**≈-unfähig** insolvent; '**~-unfähigkeit** *f* insolvency.

'**Zahl|wort** *gr. n* numeral; '**~zeichen** *n* figure, cipher.

zahm [tsɑːm] tame (*a. fig.*), domestic(ated); (*gefügig*) tractable.

zähm|bar ['tsɛːm-] tamable; '**~en** (25) tame (*a. fig.*), domesticate; *Pferd*: break in; *fig.* restrain.

'**Zahmheit** *f* tameness.

'**Zähmung** *f* taming.

Zahn [tsɑːn] *m* (3³) tooth (*pl.* teeth); ⊕ *am ~rad*: tooth, cog; *fig.* F (*Tempo*) speed; *sl.* (*Mädel*) doll, chick; *der ~ der Zeit* the ravages *pl.* of time; *die Zähne zeigen* show one's teeth (*a. fig. j-m* to a p.); *j-m auf den ~ fühlen* sound a p.; *bis an die Zähne bewaffnet* armed to the teeth; *s. Haar, zusammenbeißen*; '**~-arzt** *m* dentist, dental surgeon; '**≈-ärztlich** dental; '**~behandlung** *f* dental treatment; '**~bürste** *f* tooth-brush.

Zähne|fletschen ['tsɛːnə-] *n* bared teeth *pl.*; '**~klappern** *n* (6) chattering of teeth; '**~knirschen** *n*, '**≈-knirschend** (6) gritting one's teeth.

zahnen ['tsɑːnən] (25) *v/i.* teethe, cut one's teeth; *v/t.* ⊕ tooth.

zähnen ['tsɛːnən] (25) *v/t.* indent, notch.

'**Zahn|-ersatz** *m* (artificial) denture; **~fäule** ['~fɔʏlə] *f* (dental) caries, tooth decay; '**~fistel** *f* fistula in the gums; '**~fleisch** *n* gums *pl.*; '**~füllung** *f* filling, stopping; '**~geschwür** *n* gumboil; '**~heilkunde** *f* dentistry; '**~krem** *m* dental cream, tooth-paste; '**~krone** *f* crown; '**~laut** *m* dental (sound); '**≈los** toothless; '**~lücke** *f* gap between two teeth; '**~nerv** *m* nerve of a tooth; '**~pasta** *f* tooth-paste; '**~pflege** *f* oral hygiene; '**~prothese** *f* dental prosthesis, denture; '**~pulver** *n* tooth-powder; '**~putzmittel** *n* dentifrice; '**~rad** ⊕ *n* gear (wheel), cog-wheel, toothed wheel; '**~radantrieb** *m* gear drive; '**~radbahn** 🚂 *f* rack-railway; '**~radgetriebe** *n* toothed gear; '**~schmelz** *m* (tooth) enamel; '**~schmerz** *m* toothache; '**~stein** ⚕ *m* tartar, scale; '**~stocher** *m* (7) toothpick; '**~techniker** *m* dental technician; '**~wechsel** *m* second dentition; '**~weh** *n* toothache; '**~werk** ⊕ *n* rack-work; '**~wurzel** *f* root (of a tooth); '**~zange** *f* dental forceps.

Zähre ['tsɛːrə] *poet. f* (15) tear.

Zange ['tsaŋə] *f* (15) (*eine* a pair of) tongs *pl.*; (*Kneif*≈) nippers *pl.*; (*Rund*≈, *Flach*≈) pliers *pl.*; (*Pinzette*) tweezers *pl.*; ⚕, *zo.* forceps; *kleinere*: pincers *pl.*; *fig. j-n in die ~ nehmen* press a p. hard.

Zank [tsaŋk] *m* (3) quarrel; '**~-apfel** *m* apple of discord, bone of contention; '**≈en** (25) scold; (*a. sich*) quarrel, squabble; *lärmend*: brawl; *sich ~ mit* have words (*od.* a row) with '**≈haft, zänkisch** ['tsɛŋkiʃ] quarrelsome, nagging; '**~sucht** *f* quarrelsomeness; '**≈süchtig** quarrelsome, contentious.

Zäpfchen ['tsɛpfçən] *n* (6) little peg; *anat.* uvula; ⚕ (*Einführ*≈) suppository; '**~...** *anat.*, *gr.* uvular.

Zapfen ['tsapfən] **1.** *m* (6) plug; (*Pflock*) peg, pin; (*Verbindungs*≈) tenon; (*Faß*≈) tap, bung; (*Dreh*≈) pivot; ⚘ cone; **2.** ≈ (25) tap; '**~bohrer** *m* tap-borer; '**~lager** *n* pivot (*od.* trunnion) bearing; '**~loch** *n* tap-hole; *Tischlerei*: mortise; '**~streich** ⚔ *m* tattoo, taps *pl.*

'**Zapf|hahn** *m* tap, *Am.* faucet; '**~säule** *f* petrol pump.

zappel|ig ['tsapəliç] fidgety; '**~n** (29) flounder; *vor Unruhe*: fidget; *sich windend*: wriggle; *kämpfend*: struggle; *fig. j-n ~ lassen* keep a p.

in suspense, tantalize a p.; **♀philipp** F ['~fi:lip] *m* fidget.

Zar [tsɑ:r] *m* (12) czar, tsar.

Zarge ['tsargə] *f* (15) ⊕ border, edge; (*Rahmen*) frame, case; (*Seitenstück der Geige usw.*) side.

Zarin ['tsɑ:rin] *f* (16¹) czarina.

zart [tsɑ:rt] tender; *Haut, Farbe, Ton usw.*: soft; *Gesundheit usw.*: delicate; (*sanft*) gentle; '**~besaitet** *fig.* (very) sensitive; '**~fühlend** delicate; '**♀gefühl** *n* delicacy of feeling, tactfulness; '**♀heit** *f* tenderness; softness; delicacy; gentleness.

zärtlich ['tsɛ:rtliç] tender; '**♀keit** *f* tenderness; (*Liebkosung*) caress.

Zaster F ['tsastər] *m* (7) (*Geld*) *sl.* dough.

Zauber ['tsaubər] *m* (7) spell, charm, magic (*alle a. fig.*); *s. Zauberei*; (*Bezauberung*) enchantment; (*~glanz*) glamo(u)r; *s. faul*; **~ei** [~'raɪ] *f* (16) magic, sorcery; '**~er** *m* (7) sorcerer, magician; *s. ~künstler*; *fig.* enchanter; '**~flöte** *f* magic flute; '**~formel** *f* magic formula; '**♀haft**, '**♀isch** magical, enchanting, glamorous; '**~in** *f* sorceress; *fig.* enchantress; '**~kraft** *f* magic power; '**~kunst** *f* magic (art); '**~künstler** *m* illusionist, conjurer; *fig.* wizard; '**~kunststück** *n* conjuring trick; '**~land** *n* enchanted land, Fairyland; '**♀n** (29) *v/i.* practise magic; *weitS.* do conjuring tricks; *fig.* do wonders; *v/t.* conjure (up); '**~spiegel** *m* magic mirror; '**~spruch** *m* (magic) spell; '**~stab** *m* (magic) wand; '**~trank** *m* magic potion, philt|re, *Am.* -er; '**~wort** *n* magic word.

Zauder|er ['tsaudərər] *m* (7) lingerer; (*Zögernder*) waverer; '**♀n¹** (29) linger, delay; (*zögern*) waver, hesitate; '**~n²** *n* (6) lingering; hesitation.

Zaum [tsaum] *m* (3³) bridle; *im ~ halten* keep in check, bridle.

zäumen ['tsɔʏmən] (25) bridle.

'**Zaumzeug** *n* headgear, bridle.

Zaun [tsaun] *m* (3³) fence; *fig. vom ~ brechen e-n Streit*: pick *a quarrel*, *e-n Krieg*: start; '**~gast** *m* deadhead; '**~könig** *zo. m* wren; '**~pfahl** *m* pale; *ein Wink mit dem ~* a broad hint.

zausen ['tsauzən] (27) pull about.

Zebra *zo.* ['tse:bra] *n* (11) zebra; '**~streifen** *m für Fußgänger*: zebra crossing.

Zech|bruder ['tsɛç-] *m* tippler, toper; '**~e** *f* (15) bill, score; ⚒ mine; (*Kohlen♀*) coal-pit, colliery; (*Bergwerksgesellschaft*) mining company; *die ~ bezahlen* foot the bill, F pay the piper; '**♀en** (25) carouse, tipple; '**~enkohle** *f* mine coal; '**~er** *m* (7) (hard) drinker, tippler, toper; '**~gelage** *n* carouse; '**~kumpan** *m* boon-companion; '**~preller** *m* (7) bilk(er); **~prellerei** [~'raɪ] *f* (16) hotel fraud, bilking.

Zecke ['tsɛkə] *f* (15) tick.

Zeder ♀ ['tse:dər] *f* (15) cedar.

zedieren ⚖ [tse'di:rən] cede, transfer, assign (*dat.* to).

Zeh [tse:] *m* (3 *u.* 12), '**~e** *f* (15) toe; '**~enspitze** *f* point (*od.* tip) of the toe; *auf (den) ~n* on tiptoe.

zehn [tse:n] **1.** ten; **2.** ♀ *f* (16) (number) ten; '**♀-eck** *n* (3¹) decagon; '**♀-ender** *m* (7) ten-point stag.

Zehner ⚹ ['tse:nər] *m* (7) ten; '**♀lei** *adj.* ... of ten sorts *od.* kinds; *als su.* ten different things *pl.*

'**zehn|fach**, **~fältig** ['~fɛltiç] tenfold; ♀'**fingersystem** *n* touch system; '**~jährig** ten-year(s)-old; of ten years, ten-year; '**♀kampf** *m* decathlon; '**~mal** ten times; '**~malig** ten (times repeated); **~tägig** ['~tɛ:giç] of (*od.* lasting) ten days, ten-day; '**~'tausend** ten thousand; *die oberen ♀* the upper ten (*od.* crust); *~e von Exemplaren* tens of thousands of copies.

zehnte ['tse:ntə] **1.** (18) tenth; **2.** ♀ *m* (13) tenth; (*Abgabe*) tithe; '**♀l** *n* (7) tenth (part); '**~ns** tenthly.

zehr|en ['tse:rən] (25) *am Körper*: make thin; *fig.* (*nagen*) gnaw (*an dat.* at); *~ von* live on; live off (*a. e-m Kapital*); *von e-r Erinnerung ~* feed on; '**~end** ⚕ *adj.* consumptive; '**♀ung** *f* (expenses *pl.* of) living; (*Weg♀*) provisions *pl.*; (*Schwinden*) waste; *eccl. letzte ~* viaticum.

Zeichen ['tsaɪçən] *n* (6) sign (*a. ast., typ.*, ♪, *Wunder♀*), token; (*Merk♀, Satz♀*) mark; (*An♀*) indication, sign, *a.* ⚕ symptom; (*Signal*) signal; (*Vor♀*) omen; ⚓ (*Waren♀*) trade-mark, brand; ⚓ *unser ~* our reference (*abbr.* Ref.); *ein ~ geben* make a sign (*dat.* to); *s-s ~s ein Bäcker* a baker by trade;

zum ~ (*gen.*) in (*od.* as a) sign of; zum ~, *daß* as a proof that; *s. Wunder*; '**~block** *m* sketch-block; '**~brett** *n* drawing-board; '**~deuter** *m* astrologer; '**~drei·eck** ⚒ *n* set-square; '**~-erklärung** *f* signs and symbols *pl.*; '**~feder** *f* drawing-pen; '**~film** *m* (animated) cartoon; '**~heft** *n* sketch-book; '**~kunst** *f* (art of) drawing; '**~lehrer** *m* art master; '**~papier** *n* drawing-paper; '**~saal** *m* drawing-office; *Schule*: art room; '**~schule** *f* school of drawing; '**~setzung** *gr. f* punctuation; '**~sprache** *f* sign language; '**~stift** *m* crayon; '**~trickfilm** *m* animated cartoon; '**~unterricht** *m* drawing lessons *pl.*; *Schule*: art.

zeichn|en ['tsaɪçnən] (26) *v/t.* (*a. v/i.*) *paint.* draw (*nach* from); (*entwerfen*) design, *flüchtig* (*a. fig.*): sketch; (*be~, kenn~*) mark; (*unter~*) sign; *Spende usw.*: subscribe (*für e-n Fonds* to); *Anleihe, Aktien*: subscribe (for); *Brief*: *ich zeichne hochachtungsvoll* I remain yours truly; '**2er** *m* (7) draughtsman, *bsd. Am.* draftsman, (*a.* '**2erin** *f*) designer; *e-r Spende, Anleihe usw.*: subscriber (*gen.* to; for); '**2erin** *f* (16[1]) draughtswoman, *bsd. Am.* draftswoman; '**~erisch** drawing; *Darstellung*: graphic; '**2ung** *f* drawing (*a.* ⊕), sketch, design; illustration; (*erläuternde Figur*) diagram; (*Kenn2*) marking; (*Muster*) pattern; subscription (to; for); '**~ungsberechtigt** authorized to sign.

'**Zeigefinger** *m* forefinger, index.

zeigen ['tsaɪgən] (25) show; (*deuten auf*) point out; ~ *auf* (*acc.*) point at; (*an~*) indicate; *erklärend*: demonstrate; (*zur Schau stellen, a. fig.*) display, exhibit; (*vorführen*) present, show; *sich* ~ appear, show up, *plötzlich*: turn up, *Sache*: show, (*herausstellen*) turn out, prove; *sich prahlend* ~ *wollen, sich* ~ *mit* show off.

'**Zeige|r** *m* (7) (*Uhr2*; *großer* long, *kleiner* short) hand; *des Barometers usw.*: pointer; '**~stock** *m* pointer.

zeihen ['tsaɪən] (30) accuse (*gen.* of).

Zeile ['tsaɪlə] *f* (15) (*gedruckte* ~ *usw.*) line; (*Reihe*) row; *TV* (scanning) line; *j-m eine* ~ *od. ein paar* ~*n schreiben* drop a p. a line; '**~nhonorar** *n* linage, *Am.* F space rates *pl.*; '**~nraster** *TV m* line-scanning pattern; '**~nschalter** *m Schreibmaschine*: line space lever; '**2nweise** by the line.

Zeisig ['tsaɪzɪç] *m* (3) *zo.* siskin; *fig. lockerer* ~ loose fish.

Zeit [tsaɪt] *f* (16) time; (*~raum*) period, space (of time); (*~alter*) age, era; *gr.* tense; (*Jahres2, Saison, a. geeignete* ~) season; *freie* ~ spare time; *s. ganz* 1.; *2 meines Lebens* all my life; *schlimme* ~*en* hard times; *der beste Spieler usw. aller* ~*en* of all time; *die ganze* ~ (*über*) all along; ⚕ *auf* ~ on account, on credit; *mit der* ~ in the course of time, with time; *von* ~ *zu* ~ from time to time; *vor der* ~ prematurely; *vor* ~*en* in former times; *vor langer* ~ long ago, a long time ago; *zur* ~ (*gen.*) in the time of; (*jetzt*) (*abbr. z. Z.*) at present; *zu* ~*en* (*gen.*) in the time of; *zu meiner* ~ in my time; *zu s-r* ~ in due course (of time); *s. recht*[1]; *das hat* ~ there is plenty of time for that; *es ist* ~ *anzufangen* it is about time to begin; *es ist die höchste* ~ it is high time; *wenn* (*als*) *es an der* ~ *ist* (*war*) in the fullness of time; *mit der* ~ *gehen* keep pace (*od.* go) with the times; *j-m* ~ *lassen* give a p. time; *laß* (*od. nimm*) *dir* ~! take your time!; *die* ~ *nützen* make the most of *one's* time; *s. vertreiben*.

'**Zeit|-abschnitt** *m* epoch, *a. engS.* period; '**~-abstand** *m* interval; '**~alter** *n* age; '**~-angabe** *f* date; exact time; '**~-aufnahme** *f* time exposure; '**~-aufwand** *m* time spent (*für* on); '**2bedingt** entailed by the times; '**~bombe** *f* time bomb; '**~dauer** *f* space of time, period, duration, term; '**~enfolge** *gr. f* sequence of tenses; '**~faktor** *m* time element; '**~folge** *f* chronological order; '**~form** *gr. f* tense; '**~funk** *m* topical talk(s *pl.*); '**~geist** *m* spirit of the age, zeitgeist; '**2gemäß** seasonable, opportune, timely; (*zur Zeit üblich*) modern, up-to-date; '**~genosse** *m*, '**~genossin** *f*, **2genössisch** ['~gənœsɪʃ] contemporary; '**2gerecht** timely; *adv.* on time; '**~geschäft** *n* time-bargain; *pl.* futures; '**~geschichte** *f* contemporary history; '**~gewinn** *m* time gained.

'zeitig early; (*reif*) mature; **~en** ['~igən] (25) mature, ripen; (*hervorbringen*) produce, call forth.

'Zeit|karte *f* season-ticket, *Am.* commuter's ticket; *auf ~ fahren* travel by season-ticket, *Am.* commute; **'♀kritisch** topical; **'~lang** *f*: *eine ~* for some time, for a while; **'~lauf** *m* course of time, period; *Zeitläuf(t)e pl.* times; **♀'lebens** for life, during life; all one's life; **'♀lich** temporal; time (*factor*, *etc.*); *das ♀e segnen* depart this life; *adv.* as to time; *~ abstimmen od. berechnen* time; **'~lichkeit** *f* temporality; **'♀los** timeless; **'~lupe** *f Film*: slow-motion camera; **'~lupen-aufnahme** *f* slow-motion picture; *im* **'~lupentempo** *n* in slow motion; *fig.* at a snail's pace; **'~mangel** *m* lack of time; **'~maß** *n* measure of time; *poet.* quantity; ♪ time; **'~messer** *m* chronometer; **'♀nah** up-to-date, topical, current; **'~nehmer** *m* (7) *Sport*: time-keeper; **'~plan** *m* time-table, schedule; **'~punkt** *m* (point of) time; moment; date; **'~raffer** *m* (7) *Film*: time-lapse (*od.* quick-motion) camera; **'~raffer-aufnahme** *f* quick-motion picture; **'♀raubend** taking up much time, time-consuming; **'~raum** *m* space (of time), period; **'~rechnung** *f* chronology; *christliche ~* Christian era; **'~schalter** ⚡ *m* time switch; (electronic) timer; **'~schrift** *f* journal, periodical, magazine; *literarische*: review; **'~schriftenwesen** *n* periodical literature; **'~spanne** *f* space (of time); **'♀sparend** time-saving; **'~studienbeamte** ✝ *m* time-study man; **'~tafel** *f* chronological table; **'~umstände** *m/pl.* circumstances.

'Zeitung *f* (news)paper, journal.

'Zeitungs|-abonnement *n* subscription to a paper; **'~artikel** *m* newspaper article; **'~beilage** *f* supplement (of *od.* to a newspaper); **'~ente** *f* hoax, canard; **'~händler** *m* news-agent, *Am.* newsdealer; **'~inserat** *n* (newspaper) advertisement, F ad; **'~junge** *m* news-boy; **'~kiosk** *m* news-stall, *bsd. Am.* newsstand; **'~meldung**, **'~notiz** *f* press item; **'~papier** *n* newsprint; **'~redakteur** *m* newspaper editor; **'~schreiber(in** *f*) *m* journalist; **'~sprache** *f*, **'~stil** *m* journalese; **'~verkäufer(in** *f*) *m auf der Straße*: news-vendor, news-boy, news-man; **'~verleger** *m* newspaper proprietor, *Am.* newspaper publisher; **'~wesen** *n* journalism, *the* (daily) press; **'~wissenschaft** *f* journalism.

'Zeit|verlust *m* loss of time; **'~verschwendung** *f* waste of time; **~vertreib** ['~fɛrtraɪp] *m* pastime, diversion, amusement; *zum ~* to pass the time; **♀weilig** ['~vaɪlɪç] temporary; *adv.* = **'♀weise** (*eine Zeitlang*) for a time; (*von Zeit zu Zeit*) from time to time, at times; **'~wort** *n* (1²) verb; **'~zeichen** *n Radio*: time-signal; **'~zünder** *m* time fuse.

zelebrieren [tsele'bri:rən] solemnize.

Zelle ['tsɛlə] *f* (15) *allg.* cell; ✈ airframe; *teleph.* booth; **'♀nförmig** cellular.

'Zell|glas *n* cellophane; **'♀ig** cellular; **'~kern** *m* nucleus.

Zellophan [tsɛlo'fɑ:n] *n* cellophane.

'Zellstoff *m* cellulose; *Papier*: pulp; **'♀haltig** cellulosic; **'~watte** *f* cellu-cotton.

Zellu|loid [tsɛlulo'ʔi:t, ~'lɔʏt] *n* (3) celluloid; **~'lose** *f* (15) cellulose.

'Zell|wand *anat. f* cell wall; **'~wolle** *f* staple fib|re, *Am.* -er.

Zelt [tsɛlt] *n* (3) tent; **'~bahn** *f* tent square; **'~dach** *n* tent-roof; **'♀en** *v/i.* (26) camp; go camping; **'~lager** *n* (tent) camp; **'~pflock** *m* tent-peg; **'~platz** *m* camping site; **'~stange** *f* tent-pole.

Zement [tse'mɛnt] *m* (3) cement; **♀ieren** [~'ti:rən] cement (*a. fig.*); **~ierung** [~'ti:ruŋ] *f* cementation.

Zenit [tse'ni:t] *m* (3) (*im* at the) zenith.

zensieren [tsɛn'zi:rən] *Buch usw.*: censor; *Schule*: mark, *Am.* grade.

Zensor ['tsɛnzɔr] *m* (8¹) censor.

Zensur [~'zu:r] *f* (16) censorship; (*Zeugnis*) certificate, marks *pl.*; *für Schüler*: (term's) report, *Am. a.* credit, grade; *für eine Leistung*: mark, *Am.* point; *gute ~* good mark.

Zenti|'gramm [tsɛnti-] *n* centigram(me); **~'meter** *n, m* centimetre, *Am.* centimeter.

Zentner ['tsɛntnər] *m* (7) (metric) hundredweight (*abbr.* cwt.); **'~last**

f fig. heavy burden; '**≈schwer** very heavy.

zentral [tsɛn'trɑːl] central; **≈e** *f* (15) central office *od.* ⚡ station; headquarters *pl.*; ⊕ control room; (telephone) exchange; **≈heizung** *f* central heating; **~i'sieren** [~trali-] centralize; **≈i'sierung** *f* centralization; **≈'nervensystem** [~'trɑːl-] *n* central nervous system.

zentrifugal [tsɛntrifu'gɑːl] centrifugal; **≈kraft** *f* centrifugal force.

Zentri|'fuge *f* centrifuge; **≈petal** [~pe'tɑːl] centripetal.

'zentrisch centric(al).

Zentrum ['tsɛntrum] *n* (9) cent|re, *Am.* -er; *ins ~ treffen* hit the bull's-eye; **'~bohrer** ⊕ *m* centre-bit.

Zeppelin [tsɛpə'liːn] *m* (3^1) (*Luftschiff*) Zeppelin, F Zepp.

Zepter ['tsɛptər] *n* (7) sceptre, *Am.* scepter.

zer'beißen [tsɛr-] bite to pieces, crunch.

zer'bersten (sn) burst asunder.

zerbombt [~'bɔmt] bomb-wrecked.

zer'brech|en *v/t. u. v/i.* (sn) (*a. fig.*) break (to pieces), crack; *sich den Kopf ~* rack one's brains (*über acc.* over); **~lich** breakable, *a. P., Figur*: fragile; (*spröde*) brittle; **≈lichkeit** *f* fragility, brittleness.

zer'bröckeln *v/t. u. v/i.* (sn) crumble.

zer'drücken crush; *Kleid*: crease.

Zeremon|ie [tseremo'niː] *f* (15) ceremony; **≈iell** [~'njɛl], **~iell** *n* (3^1) ceremonial; **~ienmeister** [~-'moːnjən-] *m* master of ceremonies; **≈iös** [~mo'njøːs] ceremonious.

zer'fahren 1. ruin (by driving over); **2.** *adj. Weg*: rutted; *P.*: (*faselig*) flighty, harum-scarum; (*konfus*) scatter-brained; *Antwort usw.*: inconsistent; (*zerstreut*) absent-minded; **≈heit** *f* flightiness; absent-mindedness.

Zer'fall *m* ruin, decay; ⚗ decomposition; *phys.* disintegration; **≈en** (sn) fall to pieces *od.* into ruin, decay; collapse, crumble; *in s-e Bestandteile ~* disintegrate (*a. phys.*); *~ in mehrere Teile* fall (*od.* divide) into; *fig. ~ mit* fall out with; *~ sein mit* be at variance with; **~s-produkt** *n* disintegration product.

zer'fetzen tear in (*od.* to) pieces, rend; *schlitzend*: slash; *in Stückchen*: shred; *s. zerfleischen.*

zerfleischen [~'flaɪʃən] (27) mangle; (*zerreißen*) lacerate; *in Stücke ~* tear to pieces.

zer'fließen (sn) dissolve, melt (*fig. in Tränen* in tears); *Farbe, Tinte*: run; *Hoffnung usw.*: melt away.

zer'fressen eat away; ⚗ *usw.* corrode.

zer'gehen (sn) dissolve, melt.

zer'glieder|n dismember; *anat.* dissect; *fig.* analy|se, *Am.* -ze; **≈ung** *f* dismemberment; dissection; analysis.

zer'hacken cut (in)to pieces; *Holz*: chop (up); *ganz fein*: mince.

zer'hauen cut asunder *od.* to pieces.

zer'kauen chew.

zerkleinern [~'klaɪnərn] (29) reduce to small pieces; *Holz*: chop (up); *Steine*: crush.

zerklüftet [~'klyftət] cleft, rugged.

zerknirsch|t [~'knirʃt] contrite; **≈ung** *f* contrition.

zer'knittern, **zer'knüllen** (c)rumple, wrinkle, crease.

zer'kochen *v/t. u. v/i.* (sn) cook to rags.

zer'kratzen scratch.

zer'lassen melt.

zer'leg|en take apart; ⊕ *a.* dismantle; ⚕ dissect; *Braten*: carve; *fig.* analy|se, *Am.* -ze; ⚗ decompose; *in zwei Teile ~* divide in two; **≈ung** *f* taking to pieces; carving; analysis; dissection; dismantling; decomposition.

zer'lesen *adj.* well-thumbed.

zerlumpt [tsɛr'lumpt] ragged, tattered.

zer'mahlen grind.

zermalmen [~'malmən] crush.

zer'martern torment; *sich den Kopf ~* rack one's brain.

zermürb|en [~'myrbən] wear down *od.* out; **~end** gruelling, punishing; **≈ung** *f* wearing down, attrition; **≈ungskrieg** *m* war of attrition.

zer'nagen gnaw (asunder); ⚗ *usw.* corrode.

zer'pflücken pluck (*od. fig.* pull) to pieces.

zer'platzen (sn) burst.

zer'quetschen crush, bruise, squash; *bsd. Kartoffeln*: mash.

Zerrbild ['tsɛr-] *n* caricature; *fig. a.* distorted picture.

zer'reiben grind (*od.* rub) to powder, pulverize.

zerreiß|bar [tsɛrˈraɪs-] capable of being torn, tearable; **~en** *v/t.* tear (*a. v/i.*; sn), rend (*in Stücke* to pieces); (*trennen*) disconnect, disrupt; (*zerstückeln*) dismember; (*zerfleischen*) lacerate; *nur v/i. Faden, Nebel, Wolken*: break; **⁀festigkeit** *f* tensile strength; **⁀ung** *f* rending, tearing, dismemberment; ⚕ rupture; laceration.
zerren [ˈtsɛrən] (25) tug, pull (*an dat.* at); (*schleppen*) drag; *Muskel, Sehne*: strain.
zerˈrinnen (sn) melt away; *fig. a.* vanish, dissolve.
zerrissen [tsɛrˈrisən] torn (*a. fig.*); **⁀heit** *f* (*Zerlumptheit*) raggedness; (*a. fig.*) disruption; *seelische*: inner strife.
ˈZerrspiegel *m* distorting mirror.
ˈZerrung ⚕ *f* strain.
zerrütt|en [tsɛrˈrytən] (26) disrupt; *e-e Einrichtung*: disorganize; (*ruinieren*) ruin, *Gesundheit, Nerven*: *a.* shatter; *den Geist*: unhinge, derange; *e-e Ehe*: wreck, break down; **⁀ung** *f* disruption; ruin; derangement; breakdown.
zerˈsägen saw up, saw to pieces.
zerˈschellen (25) *v/t.* smash (to pieces), shatter; *v/i.* (sn) be smashed, ⚓ be wrecked; ✈ crash.
zerˈschießen shoot to pieces, batter.
zerˈschlagen 1. *v/t.* smash (to pieces); *fig.* smash; *sich ~ fig.* come to nothing; **2.** *adj.* battered; (*erschöpft*) knocked up.
zerˈschmelzen melt (away).
zerˈschmettern smash, shatter.
zerˈschneiden cut to pieces.
zerˈschrammen scratch.
zerˈsetz|en (*a. sich*) decompose, disintegrate (*a. fig.*); *fig.* undermine, demoralize; **⁀ung** *f* decomposition, disintegration; (*Zerfall*) decay; *pol.* subversion.
zerˈspalten cleave, split.
zerspanen ⊕ [tsɛrˈʃpaːnən] cut.
zerˈsplittern *v/t.* split (up), splinter (*alle a. v/i.*; sn); *Truppen*: disperse; *Zeit, Kraft*: fritter away (*sich* one's powers).
zerˈsprengen break, burst open; *Menge*: scatter, disperse, ⚔ rout.
zerˈspringen (sn) burst; *Glas*: crack; *fig. Kopf*: split.
zerˈstampfen crush; *im Mörser*: pound; (*zertreten*) trample down.
zerˈstäub|en pulverize; *Flüssigkeit*: spray; *fig.* disperse; **⁀er** *m* (7) *für Flüssigkeit*: sprayer, *bsd.* ⚕ atomizer; *für Parfüm*: scent-spray.
zerˈstechen prick *od.* sting (all over); *v. Ungeziefer*: bite.
zerˈstieben (sn) be scattered.
zerstör|bar [tsɛrˈʃtøːr-] destructible; **~en** destroy ruin, wreck (*alle a. fig.*); **⁀er** *m* (7) destroyer (*a.* ⚓); ✈ pursuit interceptor; **⁀ung** *f* destruction; **⁀ungs-trieb** *m* impulse to destroy; **⁀ungswut** *f* vandalism.
zerˈstoßen bruise, break; *im Mörser*: pound; *zu Pulver*: powder.
zerˈstreu|en disperse, scatter (*beide a. sich*); *Bedenken*: dispel, dissipate; (*belustigen*) divert; **~t** scattered, dispersed; *Licht*: diffuse(d); *fig.* absent(-minded); **⁀t-heit** *f* absent-mindedness; **⁀ung** *f* dispersion; (*Erholung*) diversion; *s. Zerstreutheit.*
zerstückel|n [~ˈʃtykəln] (29) cut up; *Körper*: dismember, *Land a.* (*parzellieren*) parcel out; **⁀ung** *f* dismemberment.
zerˈteil|en (*a. sich*) divide (*in acc.* into); (*zerstreuen*) disperse; ⚗, ⚕ resolve; **⁀ung** *f* division; dispersion; ⚕, ⚗ resolution.
zerˈtrampeln trample down, crush underfoot.
zerˈtreten tread down; *Feuer, a. fig.* tread out; (*zermalmen*) crush.
zertrümmer|n [~ˈtrymərn] (29) wreck, demolish, smash; **⁀ung** *f* demolition; smashing.
Zervelatwurst [tsɛrvəˈlaːt-] *f* saveloy.
zerˈwühlen *Erdboden*: root up; *Haar*: dishevel; *a. Bett*: rumple.
Zerwürfnis [~ˈvyrfnis] *n* (4[1]) discord, disunion, quarrel.
zerˈzaus|en rumple, tousle; *j-n*: pull about; **~t** *adj.* untidy; *Haar*: tousled.
Zession [tsɛˈsjoːn] *f* (16) assignment, transfer; **~ar** [~joˈnaːr] *m* (3) assignee, transferee, *Am.* assign.
Zeter [ˈtseːtər] *n* (7, *o. pl.*): *~ schreien* cry murder, raise a hue and cry; **ˈ~geschrei** *n*, **~mordio** [~ˈmɔrdjo] *n* (11, *o. pl.*) loud outcry, clamo(u)r; **ˈ⁀n** (29) (*lärmen*) clamo(u)r; (*schelten*) scold, nag.
Zettel [ˈtsɛtəl] *m* (7) slip (of paper); (*mit Notiz od. kurzer Mitteilung*)

note; (*angeklebter od. angehängter* ~ *mit Angabe der Adresse, des Inhalts usw.*) ticket, label, (*Kleb*≗) adhesive label, *Am.* sticker, (*Anhänge*≗) tag; *zum Anschlagen*: placard, bill, poster; (*Hand*≗) leaflet; '**~kasten**, '**~katalog** *m* card-index.

Zeug [tsɔʏk] *n* (3) stuff (*a.* F *Alkohol usw.*), material; (*Tuch*) cloth; (*Handwerks*≗) tools *pl.*; (*Sachen*) things *pl.*; (*schlechtes* ~) trash, (*a. dummes* ~) stuff, rubbish; er *hat das* ~ *zum Arzt* he has the makings of a doctor; F *was das* ~ *hält* hell for leather; *sich ins* ~ *legen* put one's back into it; *scharf ins* ~ *gehen* not to pull one's punches; *s. flicken.*

Zeuge ['tsɔʏgə] *m* (13) witness; ≗**n**[1] (25) *v/i.* ⚖ give evidence; *für* (*od.* gegen *od.* von) et. ~ testify for (*od.* against *od.* of) a th.; '≗**n**[2] beget, procreate; *fig.* generate, produce.

'**Zeugen**|**·aussage** *f* testimony (of a witness), evidence; '**~bank** *f* witness-box, *Am.* witness stand; '**~beweis** *m* evidence; '**~-eid** *m* oath of a witness; '**~verhör** *n*, '**~vernehmung** *f* hearing of witnesses.

'**Zeughaus** ⚔ *n* arsenal.

Zeugin ['~gin] *f* (16[1]) (female) witness.

Zeugnis ['tsɔʏknis] *n* (4[1]) ⚖ testimony, evidence; (*Bescheinigung*) certificate, testimonial; (*Schul*≗) (term's) report; *zum* ~ (*gen.*) in witness of; ~ *ablegen od.* geben bear witness (*für* to; *von* of), testify (to).

Zeugung ['~guŋ] *f* generation, procreation; '≗**sfähig** capable of begetting; '**~skraft** *f* procreative capacity; '**~s-organe** *n/pl.* genital (*od.* reproductive) organs; '≗**s-unfähig** sterile, impotent.

Zichorie [tsi'çoːrjə] *f* (15) chicory.

Zick|**e** P ['tsikə] *f* (15) *s.* Ziege; *pl.* (*Streiche*) tricks; (*Einfälle*) (crazy) ideas; '**~lein** *n* (6) kid.

Zickzack ['tsiktsak] *m* (3) zigzag; '**~kurs** *m* zigzag course.

Ziege ['tsiːgə] *f* (15) goat; *engS.* she-goat, nanny-goat.

Ziegel ['tsiːgəl] *m* (7) brick; (*Dach*≗) tile; **~brennerei** [~'raɪ] *f*, **~ei** [~'laɪ] *f* (16) brickworks, brickyard; '**~dach** *n* tiled roof; '**~decker** *m* tiler; '**~-ofen** *m* brick-kiln; '≗**rot** brick-red; '**~stein** *m* brick.

'**Ziegen**|**bart** *m* goat's beard; *v. Menschen*: goatee; '**~bock** *m* he-goat; '**~fell** *n* goatskin; '**~hirt** *m* goatherd; '**~käse** *m* goat-cheese; '**~leder** *n* kid(-leather); '**~milch** *f* goat's milk; '**~peter** ⚕ *m* mumps *sg.*

zieh [tsiː] *pret. v.* zeihen.

'**Zieh**|**bank** ⊕ *f* draw-bench; '**~brunnen** *m* draw-well.

ziehen ['tsiːən] (30) **1.** *v/t.* pull, draw; *Linie, Los, Folgerung, Schluß, Waffe usw.*: draw (*a.* ✝ *Wechsel auf j-n* on); ⊕ draw; (*zerren*) drag; (*züchten*) ⚘ cultivate, grow, *zo.* breed; *beim Schach usw.*: move; *Gewehrlauf*: rifle; *Hut*: take off (*vor j-m* to); *Mauer*: build, erect; *Graben*: dig; *Zahn*: draw, pull, extract; *Schiff*: tow; *auf Draht* ~ wire; *auf Fäden* ~ thread; *auf Flaschen* ~ bottle; *Blasen* ~ raise blisters; *Wasser* ~ leak; *e-n Vergleich* ~ draw (*od.* make) a comparison; *j-n an den Haaren usw.* ~ pull a p.'s hair *etc.*; *an sich* ~ draw to one, *fig.* take hold of; *Aufmerksamkeit usw. auf sich* ~ attract; *die Wurzel aus e-r Zahl* ~ extract the root of a number; *et. nach sich* ~ entail, involve; *s. Affäre, Bilanz, Erwägung, Fell Gesicht, kurz, Länge, Nutzen, Rat, Rechenschaft usw.*; **2.** *v/i.* (h. *u.* sn) pull (*an dat.* at); (*sich bewegen*) move, go; (*marschieren*) march; (*durch ein Dorf usw.*) ~ pass (through *a village, etc.*); (*Wohnung wechseln*) (re)move; *Vögel*: migrate; *Ofen, Pfeife usw.*: draw; *Schmerz*: twinge, ache; *an der Zigarette usw.*: (have a) drag (at); *Tee*: infuse, draw; *Theaterstück*: catch on, draw (large audiences); *Ware*: draw (custom), take; *dieser Grund zieht bei mir nicht* this reason does not weigh with me; *das* (*dieses Verhalten usw.*) *zieht bei mir nicht sl.* that cuts no ice with me; *es zieht* (*im Zimmer*) there is a draught; **3.** *v/refl. sich* ~ extend, stretch; *Holz*: warp; *sich in die Länge* ~ drag on; **4.** ≗ *n* (6) drawing (*a.* ⊕); cultivation; breeding; (*Wandern, bsd. der Vögel*) migration; (*Schmerz*) twinge(s *pl.*).

'**Zieh**|**harmonika** *f* accordion; '**~kind** *n* foster-child; '**~ung** *f* drawing (*a.* ✝).

Ziel [tsiːl] *n* (3) aim; *fig. a.* end, object, target; ⚔ *taktisches*: objective; (~*punkt*) mark; *der Reise*: destination; *Sport*: winning-post, goal (*a. fig.*); (*~scheibe*) target; *des Spottes*: butt; (*Termin*) term, ✝ credit; *Sport*: *durchs ~ gehen* finish *od.* come in (*als Erster* first); *fig. sein ~ erreichen* gain one's end(s); *sich das ~ setzen od. stecken zu* (*inf.*) aim at (*ger. od.* to *inf.*); *über das ~ hinausschießen* overshoot the mark; *zum ~ führen* succeed; '**~band** *n Sport*: tape; '**ᘕbewußt** purposeful, single-minded; systematic(ally *adv.*); '**ᘕen** (25) (take) aim *od.* level (*auf acc.* at); *fig. ~ auf* (*acc.*) aim at; (*tendieren*) tend to; *fig. gezielt Maßnahme*: specific, carefully directed.

'**Ziel|fernrohr** *n* telescopic sight; '**~gerade** *f Sport*: home stretch; '**~kamera** *f Sport*: photo-finish camera; '**~linie** *f* finishing line; '**ᘕlos** aimless; '**~punkt** *m* aiming point; *Sport u. fig.* goal; '**~richter** *m Sport*: judge; '**~scheibe** *f* target; *~ des Spottes* butt of derision, laughing-stock; '**~setzung** *f* object, target; '**ᘕsicher** unerring; *a.* = **ᘕstrebig** ['~ʃtre:biç] *s. zielbewußt*; '**~strebigkeit** *f* singleness of purpose.

ziemen ['tsi:mən] (25) (*a. sich*) *s.* [*geziemen.*]

Ziemer ['tsi:mər] *m* (7) (*Wildrücken*) saddle (of venison); (*Peitsche*) whip.

'**ziemlich 1.** *adj.* (*leidlich*) passable, tolerable; e-e *~e Anzahl* a fair (*od.* good) number; e-e *~e Strecke* a considerable distance, rather a long way; **2.** *adv.* pretty, fairly, tolerably, rather; (*ungefähr*) about; *~ spät* rather late; *so ~ alles* practically everything; *so ~ dasselbe* pretty much (*od.* rather) the same thing.

Zier [tsi:r] *f* (16), **Zierat** ['tsi:ra:t] *m* (3) ornament, decoration.

'**Zier|de** *f* (15) ornament; *fig. a.* hono(u)r, credit (*für* to); '**ᘕen** (25) adorn, grace; (*verschönern*) embellish; (*schmücken*) decorate; *sich ~ fig.* be affected, *bsd. Frau*: be coy, (*Umstände machen*) stand on ceremony; (*sich sträuben*) refuse; **~erei** [~rə'raɪ] *f* (16) affectation; '**~fisch** *m* toy fish; '**~garten** *m* flower garden; '**ᘕlich** (*zart*) dainty, delicate; (*dünn*) slight; (*anmutig*) graceful; '**~lichkeit** *f* daintiness, delicacy; gracefulness; '**~pflanze** *f* ornamental plant.

Ziffer ['tsifər] *f* (15) figure, numeral; (*Schriftzeichen*) cipher; '**~blatt** *n* dial(-plate), face.

zig F [tsiç] (*sehr viele*) umpteen.

Zigarette [tsiga'rɛtə] *f* (15) cigaret(te); **~n-automat** *m* cigarette slot-machine; **~n-etui** *n* cigarette-case; **~nschachtel** *f* cigarette packet; **~nspitze** *f* cigarette-holder; **~nstummel** *m* cigarette-end, stub.

Zigarillo [~'rilo] *m* (11) cigarillo, small cigar.

Zigarre [tsi'garə] *f* (15) cigar; **~nabschneider** *m* cigar-cutter; **~nhändler** *m* tobacconist; **~nkiste** *f* cigar-box; **~nladen** *m* tobacconist's (shop), *Am.* cigar store; **~nspitze** *f* cigar-holder; (*spitzes Ende e-r Zigarre*) cigar-tip; **~nstummel** *m* cigar-end, butt.

Zigeuner [tsi'gɔʏnər] *m* (7), **~in** *f* (16^1) gipsy, *bsd. Am.* gypsy.

Zikade [tsi'ka:də] *f* (15) cicada.

Zimmer ['tsimər] *n* (7) room; '**~antenne** *f Radio*: indoor aerial (*Am.* antenna); '**~einrichtung** *f* furnishing; (*Möbel*) furniture; (*Innenausstattung*) interior (decoration); '**~flucht** *f* suite of rooms; '**~genosse** *m* room-mate; '**~handwerk** *n* carpenter's trade, carpentry.

...zimmerig ...-roomed.

'**Zimmer|mädchen** *n im Hotel*: chamber-maid; '**~mann** *m* carpenter; '**~meister** *m* master carpenter; '**ᘕn** (29) *v/t.* make *od.* build (of wood); *beruflich*: carpenter (*a. v/i.*); *fig.* frame; '**~pflanze** *f* indoor plant; '**~temperatur** *f* room temperature; '**~theater** *n* little theat|re, *Am.* -er; '**~vermittlung** *f* room service.

zimperlich ['tsimpərliç] prim; (*prüde*) prudish; (*geziert*) affected; (*heikel, bsd. beim Essen*) squeamish; (*empfindlich*) (super-)sensitive, soft; (*allzu sanft, vorsichtig*) dainty; '**ᘕkeit** *f* primness; prudery; affectation; squeamishness; sensitiveness; daintiness.

Zimt [tsimt] *m* (3) cinnamon; F *fig. s. Quatsch.*

Zink [tsiŋk] *n* (3) zinc; '**~blech** *n* sheet zinc; *grobes*: zinc-plate.

Zinke ['tsiŋkə] *f* (15) prong, tine; *e-s Kammes*: tooth; '**~n** *m* (6) *s. Zinke*; F *co.* (*Nase*) beak, snozzle.

...zinkig ...-pronged.

Zinn [tsin] *n* (3) tin; (*Material für Hausgerät*) pewter.
Zinne [ˈtsinə] *f* (15) ⚠ pinnacle; ⚔ (*Mauer*ꝰ) battlement.
ˈ**zinne(r)n** tin; pewter.
ˈ**Zinngeschirr** *n* pewter.
Zinnober [tsiˈnoːbər] *m* (7) cinnabar; F *s. Quatsch*; ꝰ**rot** vermilion.
Zins [tsins] *m* (5[1] *u.* [3]; *Mieten* 4) (*Miete, Pacht*) rent; (*Abgabe*) tribute; (*Geld*ꝰ, *mst* ~*en* [ˈ~zən] *pl.*) interest; ~*en tragen* yield (*od.* bear) interest; ˈꝰ**bar**, ˈꝰ**bringend** bearing interest, interest-bearing; ~ *anlegen* put out at interest; ~**eszins** [ˈ~zəs-] *m* compound interest; ˈꝰ**frei** rent-free; (*ohne Zinsen*) free of interest; ˈ~**fuß** *m* rate of interest; ˈꝰ**pflichtig** tributary; ˈ~**rechnung** *f* calculation of interest; *konkret*: interest-account; ˈ~**satz** *m* rate of interest; ˈ~**schein** *m* coupon; *für Aktien*: dividend-warrant.
Zionis|mus [tsioˈnismus] *m* (16, *o. pl.*) Zionism; ~**t** *m* (12), ~**tin** *f* (16[1]), ꝰ**tisch** Zionist.
Zipfel [ˈtsipfəl] *m* (7) tip, point; (*Taschentuch*ꝰ *usw.*) corner; (*Rock*ꝰ) lappet; ˈ~**mütze** *f* jelly-bag cap.
Zipperlein F [ˈtsipərlaın] *n* (6) gout.
Zirkel [ˈtsirkəl] *m* (7) (*Kreis*) circle (*a. fig.*); (*Gerät*) (*ein* a pair of) compasses *pl.*, (*Stech*ꝰ) dividers *pl.*; ˈꝰ**n** (29) measure with compasses.
Zirku|lar [tsirkuˈlaːr] *n* (3[1]) circular; ~**lation** [~laˈtsjoːn] *f* (16) circulation; ꝰˈ**lieren** circulate (*a.* ~ *lassen*).
Zirkumflex [tsirkumˈflɛks] *m* (3[2]) circumflex.
Zirkus [ˈtsirkus] *m* (*inv.*, *pl. a.* 4[1]) circus; ˈ~**reiter(in** *f*) *m* circus-rider.
zirpen [ˈ~pən] *v/i. u. v/t.* (25) chirp.
zisch|eln[1] [ˈtsiʃəln] *v/i. u. v/t.* (29) hiss, whisper; ˈꝰ**eln**[2] *n* hiss(ing), whisper(ing); ˈ~**en** (27) hiss; (*schwirren*) whiz(z); ˈꝰ**laut** *m* hissing sound; *gr.* sibilant.
Ziselier|-arbeit [tsizeˈliːr-] *f* chased work; ꝰ**en** chase.
Zisterne [tsiˈstɛrnə] *f* (15) cistern.
Zitadelle [tsitaˈdɛlə] *f* (15) citadel.
Zitat [tsiˈtaːt] *n* (3) quotation.
Zither ♪ [ˈtsitər] *f* (15) zither.
zitieren [tsiˈtiːrən] cite, quote; (*vorladen*) summon, cite.
Zitronat [tsitroˈnaːt] *n* (3) candied (lemon-)peel.
Zitrone [~ˈtroːnə] *f* (15) lemon; ~**n-limonade** *f* lemonade; *mit Sodawasser*: lemon soda; ~**npresse** *f* lemon-squeezer; ~**nsaft** *m* lemon juice; ~**nsäure** *f* citric acid; ~**n-schale** *f* lemon-peel; ~**nwasser** *n* *s. Zitronenlimonade.*
zitt(e)rig [ˈtsit(ə)riç] shaky.
zitter|n [ˈtsitərn] (29) tremble, shake (*vor* [*dat.*] *Kälte, Furcht, Erregung usw.* with); *Laub, Stimme usw.*: quiver; (*schaudern*) shiver; (*vibrieren*) vibrate; ˈꝰ**pappel** *f* (quaking) aspen, trembling poplar.
Zitze [ˈtsitsə] *f* (15) teat, dug.
zivil [tsiˈviːl] **1.** civil; (*Ggs. militärisch*) civilian; *Preise*: moderate, reasonable; **2.** ꝰ *n* (3[1], *o. pl.*) (*Ggs. Militär*) civilians *pl.*; (*Ggs. Uniform*) civilian (*od.* plain) clothes *pl.*, *sl.* mufti, civ(v)ies *pl.*; ꝰ**bevölkerung** *f* civilian population, civilians *pl.*; ꝰ**courage** *f* (15) courage of one's opinions, moral courage; ꝰ**ehe** *f* civil marriage; ꝰ**gericht** *n* civil court; ꝰ**isation** [~vilizaˈtsjoːn] *f* civilization; ~**isatorisch** [~ˈtoːriʃ] civilizing; ~**iˈsieren** civilize; ꝰ**ist** [~ˈlist] *m* (12) civilian; ꝰ**kleidung** [~ˈviːl-] *f* civilian (*od.* plain) clothes *pl.*; ꝰ**luftfahrt** *f* civil aviation; ꝰ**prozeß** ⚖ *m* civil action *od.* suit *od.* case; ꝰ**prozeß-ordnung** *f* Code of Civil Procedure; ꝰ**recht** *n* civil law; ~**rechtlich** civil law ...; *adv.* under (*od.* according to) civil law.
Zobel [ˈtsoːbəl] *m* (7) *zo.* sable; *a.* = ˈ~**fell** *n* sable-skin; ˈ~**pelz** *m* sable-fur.
Zofe [ˈtsoːfə] *f* (15) lady's maid.
zog [tsoːk] *pret. v. ziehen* 1., 2., 3.
zöger|n[1] [ˈtsøːgərn] (29) hesitate; (*sich aufhalten*) linger; (*Zeit verlieren*) delay; ~ *mit* defer, delay; ꝰ**n**[2] *n* (6), ˈꝰ**ung** *f* hesitation; (*Verzögerung*) delay; ˈ~**d** hesitating; (*langsam*) slow.
Zögling [ˈtsøːkliŋ] *m* (3[1]) pupil.
Zölibat [tsøliˈbaːt] *m*, *n* (3) celibacy.
Zoll [tsɔl] *m* **1.** (*als Maß im pl. nach Zahlen inv.*) inch; **2.** (*Abgabe*) customs *pl.*, duty; *a.* = ~*behörde*; (*Brückenzoll usw.*) toll; (*Zins*; *a. fig.*) tribute; ˈ~**-abfertigung** *f* customs clearance; ˈ~**-amt** *n* custom-house; ˈ~**be-amte** *m* customs officer; ˈ~**behörde** *f* Customs *pl.*, customs

authorities *pl.*; '**≈en** (25) *fig.* give, pay; '**~-erklärung** *f* customs declaration; '**≈frei** duty-free; '**~gebühren** *f/pl.* customs duties; '**~grenze** *f* customs frontier; '**~haus** *n* custom-house; '**~hinterziehung** *f* evasion of customs duties.

...zöllig [-tsœliç] ...-inch.

'**Zoll|kontrolle** *f* customs examination; '**~krieg** *m* tariff war.

Zöllner ['tsœlnər] *m* (7) customs collector; *Bibel*: publican.

'**zoll|pflichtig** dutiable; '**≈plombe** *f* customs seal; '**≈politik** *f* customs policy; '**≈revision** *f* customs examination; '**≈schein** *m* customs receipt, (bill of) clearance; '**≈schranke** *f* customs barrier; '**≈speicher** *m* bonded warehouse; '**≈stock** *m* foot-rule, folding rule, yard-stick; '**≈tarif** *m* customs tariff; **≈-union** ['~unjo:n] *f* customs (*od.* tariff) union; '**≈verschluß** *m* customs seal, bond; *unter ~* bonded; *unter ~ lassen* leave in bond; '**≈vorschriften** *f/pl.* customs regulations.

Zone ['tso:nə] *f* (15) *allg.* zone; '**~ngrenze** *f* zonal border.

Zoo [tso:] *m* (*inv. abbr. für Zoologischer Garten*) Zoo, *abbr. für* Zoological Gardens.

Zoolog|e [tso'o'lo:gə] *m* (13) zoologist; **~ie** [~lo'gi:] *f* (15) zoology; **≈isch** [~'lo:giʃ] zoological.

Zopf [tsɔpf] *m* (3³) plait (of hair), tress; *der Männer*: pigtail; *fig.* (*alter*) ~ antiquated custom; *sie trägt Zöpfe* she wears her hair plaited *od.* in plaits; '**≈ig** *fig.* pedantic(ally *adv.*); (*altmodisch*) old-fashioned.

Zorn [tsɔrn] *m* (3) anger, *rhet.* wrath; (*Wut*) rage; *in ~ geraten* fly into a passion; '**≈-entbrannt** boiling with rage, furious; '**≈ig** angry (*auf et.* at, *j-n* with); furious (at).

Zote ['tso:tə] *f* (15) smutty joke, obscenity; *~n reißen* talk smut; '**≈nhaft**, '**zotig** obscene, smutty; '**~nreißer** *m* obscene talker.

Zott|e ['tsɔtə] *f*, '**~el** *f* (15) tuft (of hair); '**≈eln** *v/i.* toddle; '**≈ig** shaggy.

zu [tsu:] **1.** *prp. Bewegung*: to; towards; (*bis ~*) up to; *Ruhe*: at; in; on; *hinzufügend, -tretend*: in addition to; (*zusammen mit*) along with; (*neben*) beside, next to; *Zweckangabe*: for; *~ Berlin* in (*amtlich*: at) Berlin; *~ Beginn* at the beginning *od.* outset; *~ meinem Erstaunen usw.* to my astonishment *etc.*; *~ e-m ... Preise* at a ... price; *Sport*: *mit 2 ~ 3* by 2 points to 3; *zum Schluß möchte ich ...* in conclusion I should like to ...; *der Schlüssel zum Schrank* the key of the cupboard; *j-n ~m Präsidenten wählen* elect a p. President; *sich ~ j-m setzen* sit down by a p.'s side; *~ Weihnachten usw.* at Christmas *etc.*; *~ zweien usw.* by twos *etc.*; *s. Beispiel, Bett, Hand usw.*; **2.** *adv.* **a**) *vor adj. u. adv.*: too; *~ sehr* too much; *gar ~* far too; **b**) *Richtung bezeichnend*: towards, to; *nach Norden ~* towards the north; **c**) (*Ggs. offen*) closed; *Tür ~!* shut the door!; *die Tür ist ~* is to *od.* shut; **d**) *immer* (*od. nur*) *~!* go on!

zualler|erst [~ʔalər'ʔe:rst] first of all; **~'letzt** last of all.

'**zubauen** build (*od.* wall) up *od.* in; (*versperren, a. Aussicht*) block.

Zubehör ['~bəhø:r] *n, a. m* (3) appurtenances (*a.* ⚖), fittings, *Am.* F fixings, *bsd.* ⊕ accessories (*alle pl.*); *Sechszimmerwohnung mit ~* six-roomed flat (*Am.* apartment) with all conveniences; '**~teil** *n* accessory (part).

'**zubeißen** bite; *Hund*: snap (at).

'**zubekommen** get in addition; *Tür usw.*: get *a th.* shut.

Zuber ['tsu:bər] *m* (7) tub.

'**zubereit|en** *allg.* prepare; *Medizin*: dispense; ⊕, *Salat usw.* dress; *Speise a.* cook; '**≈ung** *f* preparation.

'**zubilligen** grant, concede, allow; (*zusprechen*) award (*dat.* to).

'**zubinden** tie (*od.* bind) up; *j-m die Augen ~* blindfold.

'**zubleiben** (sn) remain closed *od.* shut.

'**zublinzeln** *j-m*: wink at a p.

'**zubring|en** *Zeit*: pass, spend; ⊕ *Material usw.*: feed; '**≈er** ⊕ *m* (7) feeder; '**≈erlinie** 🚂 *f* feeder-line; '**≈erstraße** *f* feeder road.

'**Zubuße** *f* allowance; (*Beitrag*) additional payment.

Zucht [tsuxt] *f* (16) (*Tätigkeit*) breeding, rearing, farming; *von Kleinwesen* (*Bienen usw.*): culture; *von Pflanzen*: cultivation; (*Rasse*) breed, race; (*gezüchtete Bakterien*) culture; (*Erziehung*) education, training; (*harte ~*) drill; (*Manns≈ usw.*) discipline; (*Züchtigkeit*) pro-

priety, modesty; '**~buch** *n* stud-book; '**~bulle** *m s. Zuchtstier.*
zücht|en ['tsyçtən] (26) *Tiere*: breed; *Pflanzen*: grow, cultivate; *Bakterien, Perlen*: culture; '**⁀er** *m* (7), '**⁀erin** *f* (16¹) *von Vieh*: breeder; *von Bienen*: keeper; *von Pflanzen*: grower.
'**Zucht|haus** *n* penitentiary; (*~strafe*) penal servitude; **~häusler** ['~hɔʏslər] *m* (7) convict; '**~hengst** *m* stud-horse, stallion; '**~henne** *f* brood-hen.
züchtig ['tsyçtiç] chaste, modest; **~en** ['~gən] (25) correct, punish; *körperlich*: cane, flog, *rhet.* chastise; '**⁀keit** *f* chastity, modesty; '**⁀ung** *f* correction, punishment; flogging.
'**zucht|los** undisciplined, without discipline; (*liederlich*) disorderly; '**⁀losigkeit** *f* want of discipline; disorderly ways *pl.*; '**⁀meister** *m* task-master; '**⁀mittel** *n* disciplinary measure; '**⁀perle** *f* culture pearl; '**⁀rute** *f* rod of correction; '**⁀sau** *f* brood-sow; '**⁀schaf** *n* ewe (for breeding); '**⁀stier** *m* bull (for breeding); '**⁀stute** *f* stock mare.
'**Züchtung** *f von Tieren*: breeding; *von Pflanzen*: growing, cultivation.
'**Zucht|vieh** *n* cattle for breeding; '**~wahl** *f* (natural) selection.
zucken ['tsukən] (25) jerk; *krampfhaft*: move convulsively *od.* suddenly, twitch (*alle*: *mit* et. a th.); *vor Schmerzen*: wince; *Blitz*: flash; *s. Achsel, Wimper.*
zücken ['tsykən] (25) draw.
Zucker ['tsukər] *m* (7) sugar; ⚕ *er hat ~* he is suffering from diabetes; '**~bäcker** *m* confectioner; '**~büchse**, '**~dose** *f* sugar-basin, *Am.* -bowl; '**~-erbse** ⚘ *f* green pea; '**~-fabrik** *f* sugar factory; '**~guß** *m* (sugar-)icing, frosting, sugar-coating; '**~hut** *m* sugar-loaf; '**⁀ig** sugary; '**⁀krank**, '**~kranke** *m, f* diabetic; '**~krankheit** *f* diabetes; '**⁀n** (29) sugar; '**~plätzchen** *n* (*Bonbon*) drop, lozenge; '**~rohr** *n* sugar-cane; '**~rübe** *f* sugar-beet; '**~saft** *m* syrup; '**~schale** *f s. Zuckerbüchse*; '**~sirup** *m* molasses *pl.*, treacle; '**⁀-'süß** (as) sweet as sugar; *fig.* honeyed; '**~ware** *f*, '**~werk** *n* confectionery, sweetmeats *pl.*, *Am.* candy; '**~wasser** *n* sugared water; '**~zange** *f* (*eine* a pair of) sugar-tongs *pl.*

'**Zuckung** *f* convulsion, spasm.
'**zudämmen** dam up.
'**zudecken** cover (up).
zudem [tsu'de:m] besides, moreover.
'**zudenken:** *j-m et. ~* intend a th. *as a present etc.* for a p.
'**zudiktieren** *Strafe*: impose, inflict (*j-m* [up]on a p.).
'**Zudrang** *m* rush; run (*zu* on).
'**zudrehen** *Wasserhahn usw.*: turn off; *j-m den Rücken ~* turn one's back on a p.
'**zudringlich** importunate, obtrusive; '**⁀keit** *f* importunity, obtrusiveness.
'**zudrücken** close, shut; *s. Auge.*
zueign|en ['~ʔaɪgnən] *Buch*: dedicate (*dat.* to); '**⁀ung** *f* dedication.
'**zu-eilen** (sn; *dat.*; *auf acc.*) hasten to *od.* towards, run up to.
'**zu-erkenn|en** award, adjudge (*dat.* to); '**⁀ung** *f* award.
zu'-erst [tsu-] (*als erste*[*r, s*]; *zunächst*) first; (*anfangs*) at first; *fig. wer ~ kommt, mahlt ~* first come first served.
'**zu-erteilen** *s. zuteilen, zuerkennen.*
'**zufahr|en** (sn) drive on; *auf et. ~* drive to(wards).
'**Zufahrt** *f* approach, access; '**~s-straße** *f* approach (road).
'**Zufall** *m* chance, accident; (*Zs.-treffen*) coincidence; *glücklicher ~* lucky chance, fluke; *unglücklicher ~* unfortunate accident; *durch ~ s. zufällig* (*adv.*); '**⁀en** (sn) *Augen*: be closing; *Tür*: slam shut; *j-m ~* fall to a p.('s share), *Aufgabe*: fall to a p., *a. Erbe*: devolve upon a p.
'**zufällig** accidental; *nur attr.* chance; fortuitous; (*gelegentlich*) casual; *adv.* accidentally, by chance; *er war ~(erweise) zu Hause* he happened to be at home; '**⁀keit** *f* accidentalness; casualness; fortuitousness; contingency.
'**Zufalls...** chance ...
'**zufassen** (make a) grab; *Hund*: snap; *helfend* (*mit*) *~* lend (*od.* give) a hand; *fig.* (*die Gelegenheit wahrnehmen*) seize the opportunity.
'**zufliegen** (sn; *dat.*; *auf acc.*) fly to(wards); *Tür*: slam (shut), bang.
'**zufließen** (sn; *dat.*) flow to(wards); *fig. j-m*: come to; *j-m ~ lassen* grant (to), let *a p.* have.
'**Zuflucht** *f* refuge, shelter, resort; *s-e ~ zu et. nehmen* take refuge to,

have recourse to, resort to; '~s-ort *m* place of refuge, asylum.

'**Zufluß** *m* afflux; (*Einströmen*) influx (*a. fig. Kapital usw.*); (*Nebenfluß*) affluent; ⚚ supply.

'**zuflüstern** *j-m*: whisper to.

zu'folge [tsu-] (*gen. u. dat.*) as a result of, owing to; (*kraft*) on the strength of; (*gemäß, laut*) according to.

zu'frieden content(ed), satisfied, pleased; *j-n ~ lassen* let a p. alone; *sich* **~geben** (*mit*) content o.s. (with); **⁲heit** *f* contentment, satisfaction; **~stellen** satisfy; **~stellend** satisfactory; **⁲stellung** *f* satisfaction.

'**zufrieren** (sn) freeze up *od.* over.

'**zufügen** add; (*antun*) do, cause; *Böses, Verluste*: *a.* inflict (*j-m* [up]on a p.).

Zufuhr ['~fu:r] *f* (16) *allg.* supply; (*Versorgungsgüter*) supplies *pl.*; *s. a. Zuführung.*

'**zuführ|en** carry, convey, lead, bring; ⊕ feed; *Versorgungsgüter, Ware, a.* ⊕: supply; (*liefern*) deliver; ⚡ *Draht*: lead in; '**⁲ung** *f* conveyance; ⊕ feeding, (*Maschinenteil*) feed; *a.* ⚚ supply, delivery; ⚡ (*Drahtleitung*) lead; '**⁲ungsdraht** ⚡ *m* lead wire.

'**zufüllen** add; *Loch usw.*: fill up.

Zug [tsu:k] *m* (3³) draw(ing); *a. allg. Sport*: pull; (*Ruck*) jerk; ⊕ traction, (*Spannung*) tension; (*Fisch⁲*) draught; (*Marsch*) march; (*Fest⁲, Um⁲*) procession; (*Berg⁲*) range; (*Eisenbahn⁲*) train; (*Feder⁲*) stroke, dash; (*Feld⁲*) expedition (*a. Forschungs⁲*), campaign; (*Kolonne*) column; (*Gesichts⁲*) feature; (*Wesens⁲*) trait, feature, characteristic; (*Neigung, Hang*) bent, tendency, trend; ⚔ platoon; (*Zugluft, a. im Ofen*) draught, *Am. a.* draft; (*Kamin, Heizrohr*) flue; (*Orgel⁲*) stop, register; (*Schach⁲ usw.*) move; *beim Trinken*: draught; *beim Rauchen*: drag, puff; *der Vögel*: passage, flight, migration; *im Gewehr*: groove, *pl.* Züge rifling; *~ der Zeit* trend of the times; *~ des Herzens* promptings *pl.* of one's heart; *auf einen ~ beim Trinken*: at one draught; *im ~e* (*im Gang*) in train, in progress; *im ~e der Neugestaltung usw.* in the course of the reorganization *etc.*; *im besten ~* in full swing, *P.*: going strong; *in einem ~e* at a stretch; *in kurzen Zügen* in brief outlines; *in den letzten Zügen liegen* be breathing one's last, *fig. S.*: be fizzling out; *in vollen Zügen genießen* enjoy thoroughly; *fig. er kam nicht zum ~e* he did not get a chance.

'**Zugabe** *f* addition; extra; *zum Gewicht*: makeweight; *thea.* encore; *als ~* into the bargain.

'**Zugang** *m* access (*a. fig.*); (*Tor*) gate(way *a. fig.*); (*Weg*) approach; (*Eingang*) entrance, entry; (*Zunahme*) increase (*zu* of); ⚚ (*Einnahmen*) receipts *pl.*; (*Ware*) arrivals *pl.*; *v. Büchern, Personal usw.*: accession(s *pl.*).

zugänglich ['~gɛŋliç] accessible (*für* to; *a. fig. für Gründe usw.*); *fig. a.* amenable (to); *fig.* (*umgänglich*) approachable, get-at-able.

'**Zug|-artikel** ⚚ *m* draw; '**~brücke** *f* drawbridge.

'**zugeben** add; ⚚ give into the bargain; (*zulassen*) tolerate; (*eingestehen*) confess; (*einräumen*) concede, admit, grant, allow; *zugegeben* granted; ♪ *ein Lied ~* give a song as an extra (treat.)

zu'gegen [tsu-] present (*bei* at).

'**zugehen** (sn) (*sich schließen*) close, shut; (*weiter- od. schneller gehen*) move on, walk faster; (*geschehen*) happen; *auf j-n ~* go up to, go *od.* walk towards; *Brief, Ware usw.*: *j-m ~* come to a p.'s hand, reach a p.; *j-m e-e Sendung ~ lassen* forward to a p.; *wie geht es zu, daß ...?* how is it that ...?; *s. hergehen, Ding.*

'**zugehören** (*dat.*) belong to.

'**zugehörig** (*dat.*) belonging to *a p. od. a th.*; appertaining to *a th.*; '**⁲keit** *f* membership (*zu e-m Verein* of); belonging (to); affiliation (to).

Zügel ['tsy:gəl] *m* (7) rein; *bsd. des Reitpferdes*: bridle; *fig.* bridle, rein, curb; *fig. die ~ schießen lassen* (*dat.*) give the rein(s) to; '**⁲los** unbridled, *fig. a.* unrestrained; (*ausschweifend*) licentious; '**~losigkeit** *f* licentiousness; '**⁲n** (29) rein, pull up; *fig.* rein, curb, check.

'**zugesellen** (*a. sich*) associate (*dat.* with), join *a p.*

'**Zuge|ständnis** *n* concession, admission; '**⁲stehen** concede, admit.

'zugetan (*dat.*) attached to, devoted to; fond of.

'Zug|festigkeit *f* tensile strength; **'~führer** *m* 🚂 chief guard, *Am.* conductor; ⚔ platoon-leader.

'zugießen add.

zugig ['tsu:giç] draughty, *Am.* drafty.

'Zug|kraft *f* tractive power, tensile force; *fig.* attraction, draw; **'2kräftig** *fig.* attractive; ~ *sein* be a draw.

zu'gleich at the same time; together.

'Zug|luft *f* draught, *Am. a.* draft; **'~maschine** *f* prime mover; tractor; **'~mittel** *n fig.* draw, attraction; **'~nummer** *thea. f* drawing card; **'~personal** *n* train staff; **'~pferd** *n* draught- (*Am.* draft) horse; **'~pflaster** *n* blistering plaster.

'zugreifen *s. zufassen*; *bei Tisch*: help o.s.; *fig.* seize the opportunity; (*stramm arbeiten*) put one's back into it.

'Zugriff *m* grip (*a. fig.*).

zugrunde [tsu'grundə]: ~ *gehen fig.* go to ruin, perish; ~ *legen* take as a basis (*dat.* for); *e-r Sache* ~ *liegen* underlie a th., be at the bottom of a th.; *~liegend* underlying; ~ *richten* ruin, destroy, wreck.

'Zug|schalter *m* pull switch; **'~seil** *n* towing-line; traction-rope; **'~stück** *n* draw, *Am.* hit; **'~tier** *n* draught (*Am.* draft) animal.

'zugucken F (25) *s. zuschauen*.

zugunsten [tsu'gunstən] (*gen.*) in favo(u)r of, for the benefit of.

zu'gute: *j-m et.* ~ *halten* give a p. credit for a th., (*verzeihen*) pardon a p. a th.; *j-m sein Alter* ~ *halten* make allowance for a p.'s age; ~ *kommen* (*dat.*) be an advantage to, stand *a p.* in good stead; *j-m et.* ~ *kommen lassen* give a p. the benefit of a th.; *sich et.* ~ *tun auf e-e S.* pride (*od.* preen) o.s. on a th.

zuguter'letzt in the end; (*endlich*) at long last.

'Zug|verkehr *m* train service; railway traffic; **'~vieh** *n* draught- (*Am.* draft) cattle; **'~vogel** *m* bird of passage, migrant (bird); **'~wind** *m s. Zugluft*.

'zuhaben keep (*od.* have) ... shut *od.* closed *od.* (*Kleid*) buttoned up.

'zuhalten *v/t.* keep ... shut; *Ohren*: stop; *v/i. auf et.* (*acc.*) ~ make for a th.

Zuhälter ['~hɛltər] *m* (7) souteneur (*fr.*), *sl.* pimp.

'zuhängen hang (*od.* cover) with curtains *etc.*

'zuhauen *v/i.* strike; *v/t.* (*behauen*) rough-hew; dress, trim.

Zuhause [tsu'hauzə] *n* (10, *o. pl.*) home.

zuheften ['tsu:-] stitch up.

'zuheilen (sn) heal up.

Zuhilfenahme [tsu'hilfənɑ:mə] *f*: *unter* ~ *von* by (*od.* with) the aid of.

zu'hinterst last of all, at the end.

zuhören ['tsu:-] (*dat.*) listen (to).

'Zuhörer *m*, **'~in** *f* listener, hearer; **'~schaft** *f* audience.

'zujauchzen, 'zujubeln (*dat.*) shout to, cheer; *a. fig.* hail.

'zukaufen buy in addition.

'zukehren (*dat.*) turn to(wards); *j-m den Rücken* ~ *s. zudrehen*.

'zuklappen shut; close with a snap.

'zukleben paste (*od.* glue) up.

'zuklinken (25) latch.

'zuknallen *Tür usw.*: bang, slam (to).

'zuknöpfen button (up); *fig. er ist sehr zugeknöpft* he is very reserved.

'zuknüpfen tie (up).

'zukommen (sn) *auf j-n*: come up to a p.; *j-m* ~ (*Brief usw.*) reach a p., (*zuteil werden*) fall to a p.'s share, (*gebühren*) be due to a p.; *das kommt ihm nicht zu* he has no right to (do) that; *j-m et.* ~ *lassen* let a p. have a th.; send a p. a th.

'zukorken (25) cork (up).

'Zukost *f* vegetables *pl.*, F trimmings *pl.*

Zukunft ['tsu:kunft] *f* (16, *o. pl.*) future, *a.* time to come; *gr.* future (tense); *in* ~ in future; *was die* ~ *j-m bringt* what the future has in store for a p.; *der Mann der* ~ the coming man.

'zukünftig future; *meine 2e, mein 2er* my intended; *adv.* in future.

'Zukunfts|forschung *f* futurology; **'~musik** *f fig.* dreams *pl.* of the future; **'~pläne** *m/pl.* plans for the future; **'2reich** ... with a great future; promising; **'~roman** *m* science fiction novel.

'zulächeln (*dat.*) smile at *od.* (up)on.

'Zulage *f* additional allowance; extra pay; (*Gehaltserhöhung*) rise, *Am.* raise.

zulande [tsu'landə]: *bei uns* ~ in my *od.* our country.

'zulangen *v/i. bei Tisch*: help o.s.; (*genügen*) be enough *od.* sufficient.

zulänglich ['tsu:lɛŋliç] sufficient, adequate; '**2keit** *f* sufficiency.
'**zulassen** *Tür usw.*: leave shut; *j-n*: admit; *behördlich*: license; (*geschehen lassen*) allow, suffer; *Deutung, Zweifel*: admit of.
'**zulässig** admissible, permissible, allowable; *das ist* (*nicht*) ~ that is (not) allowed; '**2keit** *f* admissibility.
'**Zulassung** *f* admission; permission; *amtliche*: licen|ce, *Am.* -se; '**~s-nummer** *mot. f* registration number; '**~s-papiere** *n/pl.* registration papers.
'**Zulauf** *m* (*Andrang*) rush (of people); ⊕ feed, supply, intake; *großen ~ haben* be much sought after, *Theaterstück*: be very popular, draw large crowds; '**2en** (sn) (*weiter od. schneller laufen*) run on *od.* faster; *j-m in Massen*: crowd (*od.* flock) to; *Hund usw.*: stray (to); *auf j-n ~* run up to; *s. spitz*; *zugelaufener Hund* stray dog.
'**zulegen** add (*dat.* to); *e-m Gehalt et. ~* increase a salary by; *sich et. ~* get (o.s.), (*kaufen*) buy.
zuleide [tsu'laɪdə]: *j-m et. ~ tun* do a p. harm, harm (*od.* hurt) a p.; *was hat er Ihnen ~ getan?* what (harm) has he done you?
zuleit|en ['tsu:-] ⊕ supply, feed; (*dat.*) conduct (*od.* lead *od.* direct) to; (*weitergeben*) pass (*od.* forward, transmit) to *a p.*; '**2ung** *f* supply; transmittal; ⚡ lead; '**2ungsdraht** ⚡ *m* lead-in wire; '**2ungsrohr** *n* supply (*od.* feed) pipe.
zu'letzt [tsu-] finally, at last; (*als letzter*) last; *bis ~ bleiben* sit it out.
zu'liebe: *j-m ~* for a p.'s sake.
zulöten ['tsu:-] solder up.
zum [tsum] = *zu dem*; *s. zu, Teil.*
'**zumachen** *v/t.* shut, close; *Loch*: stop up; *Jacke*: button (up), do up; (*fest ~*) fasten; *v/i.* F *mach zu!* hurry up!
zumal [tsu'mɑ:l] *cj.* ~ (*da od. weil*) *negativ*: the less so since; *positiv*: especially since.
zumauern ['tsu:-] wall up.
zumeist [tsu'maɪst] mostly.
zumessen ['tsu:-] *j-m s-n Teil, e-e Zeit*: apportion, allot.
zumindest [tsu'mindəst] at least.
zu'mute: *mir ist gut od. schlecht od. eigentümlich ~* I feel well *od.* ill *od.* queer; *mir ist nicht danach* (*nach Lachen*) ~ I am not in the mood for it (for laughing), I don't feel like it (like laughing).
zumut|en ['tsu:mu:tən] (26): *j-m et. ~* expect a th. of a p.; *sich zuviel ~* overtask o.s.; '**2ung** *f* unreasonable demand; (*Unverschämtheit*) impudence; *eine* (*starke*) ~ a bit strong.
zu'nächst [tsu-] *prp.* (*dat.*) next to; *adv.* (*vor allem*) first of all; (*vorläufig*) for the present, for the time being; (*erstens*) to begin with.
zunageln ['tsu:nɑ:gəln] nail up.
'**zunähen** sew up.
Zunahme ['~nɑ:mə] *f* (15) increase, growth.
'**Zuname** *m* surname, last name.
Zünd|-anlage ['tsynt-] *f* ignition system; '**2en** ['tsyndən] (26) *v/i.* catch fire; *fig.* arouse enthusiasm; electrify; *v/t. u. v/i.* kindle; *bsd. mot.* ignite; ⚔ fire; *Sprengung*: detonate.
Zunder ['tsundər] *m* (7) tinder, touchwood.
'**Zünder** ⚔ *u.* ⚒ *m* (7) fuse.
'**Zünd|holz** *n*, **~hölzchen** ['tsynthœltsçən] (6) *n* match; **~hütchen** ⊕ ['~hy:tçən] *n* (6) percussion cap; '**~kapsel** *f* detonator; '**~kerze** *mot. f* spark(ing) plug, *Am.* spark plug; '**~magnet** *m* magneto; '**~punkt** *m* ignition point; '**~satz** *m* primer; '**~schlüssel** *mot. m* ignition key; '**~schnur** *f* (safety) fuse, slow match; '**~stein** *m* flint; '**~stoff** *m* inflammable matter; *fig.* dynamite.
Zündung *mot.* ['tsyndʊŋ] *f* ignition.
'**zunehmen** increase (*an dat.* in); (*anwachsen*) grow (larger, bigger, longer, stronger, stout[er]); *an Gewicht*: put on weight; '**~d** increasing, growing; *Mond*: waxing; *mit ~em Alter* with advancing years; *in ~em Maße* increasingly; *der ~e Mond* the waxing (*od.* crescent) moon.
'**zuneig|en** (*a. sich*) (*dat.*) incline to(wards); *sich dem Ende ~* draw to a close; '**2ung** *f* affection (*für, zu* for); ~ *zu j-m fassen* take a liking to a p.
Zunft [tsunft] *f* (14[1]) guild, corporation; *b.s.* clique, gang.
zünftig ['tsynftiç] belonging to a guild; *fig.* (*kunstgerecht*) expert, competent; *bsd. Sport*: scientific,

sportsmanlike; F (*tüchtig*) thorough (-ly *adv.*).

Zunge ['tsuŋə] *f* (15) tongue (*a.* = *Sprache*); (*Fisch*) sole; ♪ reed; *e-e lose* (*spitze*) ~ *haben* have a loose (sharp) tongue; *es lag mir auf der* ~ I had it on the tip of my tongue.

züngeln ['tsyŋəln] (29) play with the tongue; *Flamme*: lick.

'**Zungen|brecher** *m* tongue-twister, crack-jaw; '**ᐤfertig** glib, voluble; '**~fertigkeit** *f* volubility; '**ᐤförmig** tongue-shaped; '**~laut** *gr. m* lingual (sound); '**~spitze** *f* tip of the tongue.

Zünglein ['tsyŋlaɪn] *n* (6) little tongue; *fig. das* ~ *an der Waage bilden* tip the scales.

zunichte [tsu'niçtə]: ~ *machen* bring to nothing; destroy, ruin; *Plan usw.*: frustrate, defeat; ~ *werden* come to nothing, be frustrated.

zunicken ['tsu:-] (*dat.*) nod to.

zunutze [tsu'nutsə]: *sich et.* ~ *machen* turn a th. to account, utilize a th.

zu'-oberst (quite) at the top, uppermost.

'**zu-ordnen** (*dat.*) attach (to); class (with).

'**zupacken** *s. zugreifen.*

zu'paß [tsu-]: ~ *kommen* come at the right time, come in handy; *j-m*: suit *a p.* (admirably).

zupf|en ['tsupfən] (25) *v/t.* pull, pluck, twitch, tug (*alle a. v/i.*; *an dat.* at); *Wolle*: pick; *j-n am Ärmel usw.* ~ pull a p. by the ...; '**ᐤ-instrument** ♪ *n* plucking instrument.

zupfropfen ['tsu:-] (25) cork (up).

zur [tsu:r] = *zu der*; *s. zu.*

'**zuraten** *j-m*: advise a p. (to do) a th.; *auf sein* ᐤ on his advice.

'**zurechn|en** add; *zu e-r Klasse usw.*: number among, class with; *fig. j-m*: ascribe to, *Schlechtes*: *a.* impute to; '**ᐤung** *f* addition; inclusion; attribution; imputation; '**~ungsfähig** sane, of sound mind, ⚖ *a.* responsible; '**ᐤungsfähigkeit** *f* sanity, soundness of mind; ⚖ *a.* (penal) responsibility.

zu'recht [tsu-] (a)right, in order; **~basteln** rig up; **~bringen** put to rights, set right; (*bewerkstelligen*) bring about, manage; **~finden:** *sich* ~ find (*fig.* see) one's way; **~kommen** (sn) arrive in time; *fig.* get on well (*mit* with), *mit et.*: *a.* manage; **~legen** put out; (*a. fig.*) arrange; *sich e-e S.* ~ (*erklären*) explain a th. to o.s.; (*vorher überlegen*) prepare (*od.* figure out) a th.; **~machen** get ready, prepare, *Am.* F fix; *für e-n Zweck*: adapt to *od.* for; *sich* ~ get ready, *Dame*: make (o.s.) up; **~setzen** set right; *j-m den Kopf* ~ bring a p. to his senses; **~stellen** set up; put in the right place; **~stutzen** trim (to size); **~weisen** *v/t.*, **ᐤweisung** *f* rebuke, reprimand.

zureden ['tsu:-] **1.** *j-m* ~ try to persuade a p.; (*drängen*) urge a p.; (*ermutigen*) encourage a p.; **2.** ᐤ *n* (6) persuasion; encouragement; (*Bitte*) entreaty, urgent request.

'**zureichen** *v/t.* hand (over), pass (*dat.* to); *v/i.* be sufficient.

'**zureit|en** *v/t.* break in; *v/i.* (sn) (*weiter od. schneller reiten*) ride on *od.* faster; ~ *auf* (*acc.*) ride up to; '**ᐤer** *m* breaker-in, trainer.

'**zurichten** prepare; *bsd.* ⊕ dress, fit; *Holz, Steine*: cut, trim; *typ.* get (*od.* make) ready; *übel* ~ *j-n*: use badly, (*verletzen*) maul, *a. et.*: batter.

'**zuriegeln** (29) bolt.

zürnen ['tsyrnən] (25) be angry (*j-m* with a p.; *über acc.* at, about).

Zur'schaustellung *f* exhibition, display; *fig. a.* parading.

zurück [tsu'ryk] back; (*rückwärts*) backward(s); (*hinten*) behind; (*im Rückstand*) in arrears, behind-handed; ~*!* stand back!; ~ *an den Absender* returned to writer; **~begeben:** *sich* ~ return; **~begleiten** conduct back; **~behalten** keep back, retain; **~bekommen** get back; **~berufen** call back; **~bezahlen** pay back; **~bleiben** (sn) remain (*od.* stay) behind; be left behind (*a.* = *überleben*); *fig.* fall (*od.* lag) behind; *Sport*: drop back; *als Rest*: be left (over); *in der Entwicklung, geistig*: be backward, be retarded; ~ *hinter Erwartungen usw.* fall short of; *geistig zurückgeblieben* backward, (mentally) retarded; **~blicken** look back; **~bringen** bring (*od.* take) back; ⅍ reduce (*auf acc.* to); **~datieren** date back, antedate; **~denken** think back; ~ an (acc.) recall *a th.* to memory; sich ~ cast one's mind back; **~drängen** push back; *fig.* repress; **~dürfen** be allowed to return; **~-eilen** (sn) hasten back; **~-erbitten** ask back; **~-er-obern** reconquer; **~-erstatten** restore; *Ausgaben, Kosten*: refund, reimburse; **~fahren** *v/t. u. v/i.* (sn) drive back; *v/i. plötzlich*: start back; **~fallen** (sn) fall back; (*zurückbleiben*) fall (*od.* drop) behind; (*rückfällig werden*) relapse (in acc. into); ⚖ (*heimfallen*) ~ an (acc.) revert to; sich **~finden** find one's way back; **~fordern** demand back, reclaim; **~führen** lead back; *in die Heimat*: repatriate; *fig.* ~ auf e-n *Nenner, e-e Regel, ein Minimum usw.* reduce to; ~ auf *e-e Ursache usw.* trace (back) to, attribute to; **2gabe** *f* giving back, return, restitution; **~geben** give back, return; *Fußball*: pass back; *in der Rede*: retort; **~gehen** (sn) go back, return; ⚔ retreat; *fig.* (*sich vermindern*) diminish, decrease, drop; ⚕ *Preis*: fall, drop, go down; *Geschäfte*: fall off; (*nicht zustande kommen*) be broken off; auf *e-e Quelle* ~ trace back to, have its origin in; be due to; *Sendung* ~ lassen return; **~geleiten** escort back; **~gezogen** retired, secluded; **2gezogenheit** *f* retirement, seclusion; **~greifen:** *fig.* auf *Reserven usw.* ~ fall back (up)on; weiter ~ *in der Erzählung usw.* begin (*od.* go) farther back; **~halten** hold back; *Tränen, Gefühl usw.*: restrain; ~ mit hold (*od.* keep) back; sich ~ be reserved, keep to o.s., *im Zorn usw.*: restrain o.s.; **~haltend** reserved (*a.* ⚕ *Börse*); (*vorsichtig*) guarded, cautious; **2haltung** *f* retention; *fig.* reserve; **~holen** fetch back; *j-n* (*a. fig.*): call back; **~kaufen** buy back; **~kehren** (sn) return; **~kommen** (sn) come back, return; mit der *Arbeit usw.* ~ get behind with; auf e-e *Sache* ~ return (*od.* revert) to *a th.*, refer to *a letter*; **~können** be able to return *od.* go back; **2kunft** [~kunft] *f* (16) return; **~lassen** leave (behind *a. Angehörige*); (*überholen*) outstrip, leave (far) behind; (*Rückkehr erlauben*) allow to return; **~legen** *Geld, Ware*: lay aside; *e-m Käufer*: put aside (for); *Geld* (*sparen*): put by; *Jahre*: complete; *Weg*: cover; sich ~ lie back; **~liegen** *zeitlich*: date back; **~melden:** sich ~ report back; **~müssen** be obliged to return; *das Buch muß zurück* has to be returned; *der Tisch muß zurück* must be moved back; **2nahme** [~na:mə] *f* (15) *s. zurücknehmen*: taking back; withdrawal; retraction; revocation; **~nehmen** take back (*a. fig. Wort*); *Truppen*: withdraw; *Angebot, Behauptung, Klage, Versprechen usw.*: withdraw, retract; (*widerrufen*) revoke, *Auftrag*: countermand, cancel; **~prallen** (sn) rebound; *vor Schreck*: recoil, start back; **~rechnen** count back; **~reisen** (sn) travel back, return; **~rufen** call back; ins *Gedächtnis* ~ recall to mind; **~schaffen** take back; **~schaudern** (h. *u.* sn) shrink (back) (vor dat. from); **~schauen** look back; **~scheuen** shrink (back) (vor dat. from); vor nichts ~ stick at nothing; **~schicken** send back; **~schlagen** *v/t.* strike back; *Feind, Angriff*: repel, repulse; *Decke*: fold back; *Mantel*: throw open; *Tennisball*: return; *v/i. Flamme*: flash back; **~schrecken** *v/t.* (25) frighten away; *v/i.* (30, sn) shrink (back) (von, vor dat. from); **~schreiben** write back; **~sehnen:** sich ~ long to return; **~sein** (sn) be back, have come back; *fig.* be behind(handed) (*mit* with); *in Kenntnissen, in der Entwicklung usw.*: be backward; sehr ~ (*rückständig sein*) be very much behind the times; **~setzen** place back; *fig.* slight, neglect; *Preis*: reduce, cut (down); **2setzung** *f* slight, neglect; **~stecken** *fig.* ~ müssen have to climb down; **~stehen** (h. *u.* sn) stand back; *fig.* be inferior (hinter dat. to); ~ (müssen) (have to) take a back seat; **~stellen** put back (*a. Uhr*), replace; (*aufschieben*) defer; (*hintansetzen*) postpone; ⚔ defer; **2stellung** *f* putting back, replacement; deferment; **~stoßen** push back; *mot.* reverse, back up; *fig.* (*abstoßen*) repel; **~strahlen** *v/t.* reflect; *v/i.* be reflected; **~streifen** *Ärmel*: turn up; **~treiben** drive back; **~treten** (sn) step (*od.* stand) back; *fig.* recede (von from); *vom Amt*:

resign; (von) *e-m Unternehmen usw.*: withdraw (from), *von e-m Vertrag*: *a.* terminate; *fig.* take a back seat; **~-übersetzen** translate back (*ins Englische* into); **~verfolgen** *Weg*: retrace; *fig.* trace back (*zu* to); **~-verlangen** reclaim, demand back; **~versetzen** restore (*to a former state*); *Schüler*: send back to a lower form, *Am.* demote; *sich in eine frühere Zeit ~* turn one's mind back to a former period; **~verwandeln** retransform (*in acc.* into); (*a. sich*) change back (into); **~verweisen** refer back (*an acc.* to); **~weichen** (sn) fall back, retreat; (*a. fig.*) recede; (*nachgeben*) yield; **~weisen** *v/t.* turn back; (*ablehnen*) refuse, decline, reject; *Angriff*: repulse; *als unberechtigt ~* repudiate; (*a. v/i.*) *auf e-e Anmerkung usw.*: refer to; **2weisung** *f* refusal, rejection; repulse; repudiation; **~werfen** throw back; *Feind*: *a.* repulse; *den Kopf*: toss; *fig. wirtschaftlich usw.*: set back; *phys. Lichtstrahlen usw.*: reflect, reverberate; **~wirken** react (*auf acc.* upon); **~wünschen** wish back; **~zahlen** pay back, repay (*beide a. fig.*); *Auslagen*: refund; **2zahlung** *f* repayment; refund; **~-ziehen** *v/t.* draw back; ⚔ *Truppen, a. fig.* withdraw, retire (*beide a. sich*); *sich ~* ⚔ *a.* retreat; *sich auf et.* (*acc.*) *~* fall back (up)on; *sich ~ von* retire from, give up; *v/i.* move (*od.* march) back; **2ziehung** *f* withdrawal.

ˈ**Zuruf** *m* call; (*Beifalls2*) acclamation; *durch ~* by acclamation; ˈ**2en** *v/i. u. v/t. j-m*: call (out) to; *laut*: shout to; *beifällig*: acclaim.

ˈ**zurüst|en** prepare; (*ausrüsten*) fit out, equip; ˈ**2ung** *f* preparation; fitting-out, equipment.

ˈ**Zusage** *f* (15) promise; (*Zustimmung*) assent; ˈ**2n** *v/t.* promise; *j-m et. auf den Kopf ~* tell a p. a th. to his face; *v/i.* promise to come; *j-m ~ Speise, Klima usw.*: agree with a p.; (*Einladung annehmen*) accept a p.'s invitation; (*gefallen*) suit *od.* please a p.; *~de Antwort* acceptance.

zusammen [tsuˈzamən] together; (*gemeinschaftlich*) *a.* jointly; (*gleichzeitig*) at the same time; *~ mit* along with; *~ betragen* amount to, total; *alle* (*pl.*) *~* all in a body; *alles ~* all in all; *wir haben ~ 5 Mark* we have 5 marks between us; **2-arbeit** *f* co-operation; *bsd. mit dem Feind* collaboration; *e-r Gemeinschaft*: team-work; **~-arbeiten** work together; co-operate, collaborate; **~ballen** (*a. sich*) form into a ball, conglomerate; gather; *a.* ⚔ concentrate, mass; **2ballung** *f* concentration, conglomeration; **2bau** ⊕ *m* assembly; **~bauen** ⊕ assemble; *die Zähne* **~beißen** clench one's teeth; **~bekommen** get together; *Geld*: raise; **~berufen** convoke, call together; **~binden** bind (*od.* tie) together; **~brauen** concoct (*a. fig.*); *fig. sich ~* be brewing; **~brechen** (sn) break down, collapse; **~bringen** bring together; (*sammeln*) collect, gather; *Geld*: raise; **2bruch** *m* breakdown, collapse; **~drängen** press together; *Menschen, Tiere*: (*a. sich*) crowd (*od.* huddle) together; (*verdichten*) compress; (*kürzen*) condense; **~-drücken** compress; **~fahren** (sn) (*aufea.-fahren, -stoßen*) collide (*mit* with); *fig.* start (*bei e-m Anblick usw.* at; *vor Schreck usw.* with); *schmerzhaft*: wince; **~fallen** fall in, collapse; *zeitlich*: coincide; **~falten** fold (up); **~fassen** (*in sich fassen*) comprise; (*sammeln*) collect; (*mitea. verbinden*) combine; *a.* ⚔ concentrate; (*gedrängt darstellen*) summarize, sum up; *Schriftwerk*: condense; **2fassung** *f e-s Inhalts*: summary, résumé; synopsis; **~finden:** *sich ~* meet; **~flicken** patch up; **~fließen** (sn) flow together, meet; **2fluß** *m* confluence; **~fügen** join (together), unite (*a. sich*); **~-gehen** (sn) go together (*a. fig.*); (*schrumpfen*) shrink; **~gehören** belong together; *Schuhe usw.*: *a.* be fellows; **~gehörig** belonging together; *fig. a.* related, allied; **2gehörigkeit** *f* unity; **2gehörigkeitsgefühl** *n* solidarity; *inniges*: togetherness; **~geraten** (sn) *fig.* clash; **~gesetzt** composed (*aus* of); *bsd.* ⚗, *gr.*, *Arznei, Speise*: compound; (*verwickelt*) complex; *gr. ~er Satz* complex (*od.* compound) sentence; *~es Wort* compound (word); **~gewürfelt** motley, *bsd. Mannschaft*: scratch; **2halt** *m* holding together; *v. Freunden*:

sticking together, (*Einigkeit*) unity; **~halten** *v/i.* hold together (*a. v/t.*); *Freunde*: stick together; **≈hang** *m* coherence, connection; *des Textes*: context; (*Fortlaufendes*) continuity; *in diesem ~* in this connection; *aus dem ~ reißen* divorce from its context; *in ~ bringen mit* connect with; *im ~ stehen mit* be connected with; **~hängen** hang together (*a. fig.*), cohere; *fig.* be connected; **~hängend** coherent; (*in Beziehung stehend*) connected; (*verwandt*) related; **~hang(s)los** incoherent; **~hauen** smash to pieces; F *j-n*: beat up; **~häufen** heap up, accumulate; **~heften** *Buch*: stitch together; *Schneiderei*: tack; **~heilen** (sn) heal up *od.* over; **~holen** fetch from all sides; **~kaufen** buy up; **~kitten** cement; **≈klang** *m* accord, harmony; **~klappbar** folding, collapsible; **~klappen** fold up; *Messer*: shut; *v/i. P.*: break down; **~kleben** *v/t.* glue (*od.* paste) together; *v/i.* stick together; **~knüllen** (25) crumple; **~kommen** (sn) come together, meet, assemble; **≈kunft** *f* (14^1) meeting; *sich* **~läppern** F [~lɛpərn] (29) add up; **~laufen** (sn) run (*od.* crowd) together; ⩘ converge; (*gerinnen*) curdle; *s. Wasser*; **~leben** live together; *mit j-m*: live with; **≈leben** *n* living together; *mit j-m*: life with; **~legen** lay together; *Brief, Wäsche usw.*: fold up; *Geld*: club (together), pool; (*vereinigen*) combine, consolidate, fuse, merge (into one); **≈legung** *f* consolidation, merger; **~nehmen** gather (up); *Gedanken*: collect; *sich ~* collect o.s., *im Benehmen*: be on one's good behavio(u)r, *a. bei Anstrengung*: pull o.s. together; **~packen** pack up; **~passen** *v/t.* adjust, match; *v/i.* be (well) matched, harmonize, go well together; **~pferchen** crowd together; **≈prall** *m* (3) collision, clash (*beide a. fig.*); **~prallen** collide, clash; **~raffen** snatch up; *Vermögen*: amass; *sich ~* pull o.s. together; **~rechnen** add up, sum up, total; **~reimen** *fig.* make out; *sich ~* add up; *es sich ~* put two and two together; *sich* **~reißen** pull o.s. together; **~rollen** coil up; *sich ~ a.* roll o.s. up; *sich* **~rotten** (26) gang (*od.* throng) together; *Aufrührer*: riot; **≈rottung** *f* riot(-ing), *konkret*: riotous mob (*od.* ⚖ assembly); **~rücken** *v/t.* move together (*od. Stühle usw.*: closer); *v/i.* (sn) move up; **~rufen** call together, convoke; *sich* **~scharen** flock together, rally; **~schießen** shoot down; *mit Kanonen*: batter; *Geld*: club together; **~schlagen** *v/t.* beat (*od.* strike) together; (*zerschlagen*) smash to pieces; *j-n*: beat up; *die Hände ~* clap one's hands (together); *v/i.* (sn) *~ über* (*dat.*) close over; (*sich*) **~schließen** join (closely); (*vereinigen*) unite; consolidate; (*gemeinschaftliche Sache machen*) combine; **≈schluß** *m* union; consolidation; (*Bündnis*) alliance; **~schmelzen** (sn) melt away (*a. fig.*); *v/t.* melt down; **~schnüren** cord up; **~schreiben** *Rechtschreibung*: write in one word; (*aus Büchern usw. zs.-stellen*) compile; *contp.* scribble; **~schrumpfen** (sn) shrivel, shrink (up); **~schweißen** (*a. fig.*) weld together (*zu* into); **≈sein** *n* meeting, gathering; **~setzen** put together; *zu e-m Ganzen*: compose; ⚗ *Arznei, Wort*: compound; ⊕ assemble; *sich ~* sit down together; *sich ~ aus* (*bestehen aus*) consist of; *s. zusammengesetzt*; **≈setzung** *f* composition; *gr.*, ⚗ compound; ⊕ assembly; (*Bestandteile*) ingredients *pl.*; **~sinken** (sn) sink down; **≈spiel** *n Sport, thea.* team-work; **~stecken** *v/t.* put together; *v/i. fig.* be very thick (*mit* with *a friend*); **~stehen** stand (*od. fig.* hold *od.* stick) together; **~stellen** put together; *aus Einzelteilen, z. B. Liste, Medizin, Radiosendung, Wörterbuch usw.*: *a.* compile; (*zusammenfassend vereinigen*) combine; *in e-r Liste*: list; **≈stellung** *f* putting together; combination; compilation; list; (*Übersicht*) synopsis; **~stoppeln** (29) patch up; **≈stoß** *m* collision (*a. fig.* = clash, conflict); *mot. usw. a.* crash; ⚔ encounter; **~stoßen** *v/t.* strike (*od.* knock) together; *Gläser*: touch, clink; *v/i.* (sn) collide (*a. fig.* = clash); (*an-ea.-grenzen*) adjoin, meet; *~ mit a.* run into, crash with; **~streichen** cut down; **~strömen** (sn) flow together; *Menschen*: flock together; **~stürzen** (sn) collapse; **~suchen** gather; *zu e-r Sammlung*: collect; **~tragen** carry together; gather (*a. fig.*); *Notizen usw.*: compile; **~treffen**[1] (sn) meet; (*gleichzeitig geschehen*) coincide; **²treffen**[2] *n* (6) meeting; *feindliches*: encounter; *von Umständen*: coincidence; **~treten** (sn) meet; *parl. a.* assemble, convene; **²tritt** *m* meeting; **~trommeln** call together; *weitS.* drum up; **~tun** put together; *sich ~* combine, join forces, team up (*mit* with); **~wachsen** (sn) grow together; **~werfen** throw together; (*verwechseln*) mix up; *unterschiedslos*: lump together; **~wirken**[1] cooperate; *S.*: combine; **²wirken**[2] *n* (6) co-operation; interaction; **~zählen** add up, sum up; **~ziehen** draw together (*a. sich*); (*verengern*) contract (*a. sich*); *Truppen*: gather, concentrate (*a. sich*); *sich ~ Gewitter*: be gathering; **²ziehung** *f* contraction; ⚔ concentration.

'**Zusatz** *m* (3^2 *u.* ^{3}) addition; (*Beimischung*) admixture, *zu Metallen*: alloy; (*Anhang*) appendix; (*Ergänzung*) supplement; (*Nachschrift*) postscript; *zu e-m Testament*: codicil; '**~antrag** *parl. m* supplementary motion; '**~frage** *f* additional question; '**~gerät** *n* accessory unit; attachment.

'**zusätzlich** additional, supplementary; *adv.* in addition (*zu* to), besides.

'**Zusatzversicherung** *f* additional insurance.

zuschanden [tsu'ʃandən]: *~ hauen* knock to pieces; *~ machen* ruin, (*a. Hoffnungen*) destroy; *Plan*: frustrate, thwart; *~ werden* be ruined *etc.*

'**zuschanzen:** *j-m et. ~* put a p. in the way of a th.

'**zuscharren** cover (*od.* fill) up.

'**zuschau|en** look on (*e-r S.* at a th.), watch (a th.); *j-m ~* watch a p. (*bei et.* doing a th.); '**²er** *m* (7), '**²erin** *f* (16^1) spectator, looker-on, onlooker; '**²erraum** *thea. m* auditorium; '**²tribüne** *f s. Tribüne.*

'**zuschicken** send, forward (*dat.* to); *mit der Post*: *a.* mail (to).

'**zuschieben** close; *j-m*: push towards a p.; *fig. b.s.* impute to a p.; *s. Schuld, Verantwortung.*

'**zuschießen** *v/t.* (*beitragen*) contribute; *ergänzend*: add, supply; *v/i.* (sn) *~ auf* (*acc.*) rush up to.

'**Zuschlag** *m* addition; (*Preis²*) extra charge; *zum Fahrpreis*: excess fare; (*Steuer²*) surtax; *Auktion*: knocking down; ⚕ *bei Ausschreibung*: award (of contract); *metall.* flux; **²en** ['~gən] *v/i.* (sn) strike; *v/t. Tür usw.*: bang, (*a. v/i.*) slam; *Auktion*: knock down; '**²(s)frei** without surcharge; '**~(s)gebühr** *f* additonal fee; '**~(s)karte** *f* extra ticket; '**~(s)porto** *n* excess postage, surcharge.

'**zuschließen** lock (up).

'**zuschmeißen** F *Tür usw.*: bang, slam; *j-m et.*: throw (*od.* fling) to.

'**zuschmieren** smear over.

'**zuschnallen** buckle (up), strap up.

'**zuschnappen** (h.) snap; (sn) *Schloß usw.*: snap to, close with a snap.

'**zuschneid|en** cut up; *Anzug, a. fig.* cut (to size); '**²er(in** *f*) *m* cutter.

'**Zuschnitt** *m* cut; *weitS.* style.

'**zuschnüren** lace up; *Ballen*: cord up; *j-m den Hals od. die Kehle ~* strangle (*od.* choke) a p.

'**zuschrauben** screw down *od.* tight.

'**zuschreiben** *v/t. j-m od. e-r S. et. ~* (*beimessen*) ascribe (*od.* attribute *od.* put down) to; *es ist dem Umstand zuzuschreiben, daß* it is due to the fact that; *das hast du dir selbst zuzuschreiben* that's your own doing.

'**zuschreien** *v/t. u. v/i. j-m*: shout (*od.* call out) to a p.

'**Zuschrift** *f* letter.

zu'schulden [tsu-]: *sich et. ~ kommen lassen* do something wrong.

Zuschuß ['tsu:-] *m* (4^2) contribution; *staatlicher*: subsidy, grant; '**~betrieb** *m* subsidized undertaking.

'**zuschütten** (*hinzutun*) add; *Graben usw.*: fill up.

'**zusehen** *s. zuschauen*; (*sorgen*) *~, daß* see (to it) that; *da müssen Sie selber ~* you must see to it yourself; **~ds** ['~ts] visibly, noticeably.

'**zusenden** send *od.* forward (*dat.* to).

'**zusetzen** *v/t.* (*hinzufügen*) add; *Geld, Zeit usw.*: lose; *v/i.* (*Geld einbüßen*) lose (money); *j-m ~* press a p. hard, give a p. a hard time, (*in j-n dringen*) urge a p., *mit Fragen, Gründen*: ply a p. with, (*belästigen*) pester a p. with, *weitS. Hitze, Mühsal usw.*: be hard on a p., tell on a p.

ˈ**zusicher|n** *j-m* et.: assure a p. of a th., guarantee a p. a th.; (*versprechen*) promise a p. a th.; ˈ**⁀ung** *f* promise, assurance, guarantee; pledge.
ˈ**zusiegeln** seal (up).
Zuˈspätkommende *m, f* (18) latecomer.
ˈ**zuspielen** *j-m*: play *a th.* into a p.'s hands; (*a. v/i.*) *Sport*: pass to a p.
ˈ**zuspitzen** point; *sich* ~ taper (off); *fig.* come to a point *od.* head.
ˈ**zusprechen** *v/t. j-m Trost* ~ comfort a p.; *j-m Mut* ~ cheer a p. up; (*zubilligen*) adjudge, award (to); *v/i. e-r Speise wacker* ~ eat heartily of; *Getränken*: drink copiously.
ˈ**zuspringen** (sn) *auf j-n*: leap towards, rush at; *Schloß*: snap to.
ˈ**Zuspruch** *m von Mut*: encouragement; *von Trost*: consolation; *von Kunden*: run; (*Kundschaft*) custom.
ˈ**Zustand** *m* condition; state; *in gutem* ~ in good condition; *Haus usw.*: in good repair; *in betrunkenem* ~ drunk; F *Zustände bekommen* have a fit; *contp. hier herrschen Zustände!* what a mess!
zustande [tsuˈʃtandə]: ~ *bringen* bring about, manage, achieve; realize; ~ *kommen* come about; be realized; *Vertrag*: be reached (*od.* signed); *die Reise wird* ~ *kommen* will take place; *das Gesetz kommt* ~ will pass; *nicht* ~ *kommen* fail, not to come off, come to naught; ⁀**kommen** *n* realization.
zuständig [ˈtsu:ʃtɛndiç] (*befugt*) competent; (*verantwortlich*) responsible; (*maßgeblich*) proper; ⚖ having jurisdiction (*für* over); ˈ**⁀keit** *f* competence; responsibility; jurisdiction; ˈ**⁀keitsbereich** *m* (sphere of) responsibility, scope; jurisdiction.
zustatten [tsuˈʃtatən]: ~ *kommen* come in handy, *j-m* be useful to a p., stand a p. in good stead.
zustecken [ˈtsu:-] pin (up); *j-m* et. ~ slip a th. into a p.'s hand.
ˈ**zustehen** (*dat.*) *rechtlich*: be due to, belong to; *es* (*das Besitztum, das Recht*) *steht ihm zu* he is entitled to it; *es steht ihm* (*nicht*) *zu, zu* ... he has a (no) right to ...
ˈ**zustell|en** deliver (*dat.* to); ⚖ *j-m*: serve *a writ* on a p.; ˈ**⁀ung** *f* delivery; ⚖ service, *~en pl.* (service of) legal process; ˈ**⁀ungsgebühr** *f* fee for delivery.
ˈ**zustimm|en** (*dat.*) agree (to *a th.*; with *a p.*); consent (to *a th.*), approve (of *a th.*); F *a.* okay; ˈ**⁀ung** *f* consent, agreement.
ˈ**zustopfen** stop up, plug; *Loch im Strumpf usw.*: mend, darn.
ˈ**zustöpseln** stopper, plug (up).
ˈ**zustoßen** *v/t.* push ... to; *v/i. fenc.* lunge, thrust; (sn) *j-m* ~ happen to a p., befall a p.; *ihm ist ein Unfall zugestoßen* he has had (*od.* met with) an accident.
ˈ**Zustrom** *m von Personen*: concourse, throng, stream; *v. Dingen*: influx.
ˈ**zuströmen** (sn; *dat.*) stream towards; *Personen*: throng to(wards).
ˈ**zustürzen** (sn) *auf* (*acc.*) rush up to.
ˈ**zustutzen** trim; (*passend machen*) fit (up), cut to size (*a. fig.*); *Stück für die Bühne, Text für den Unterricht*: adapt (for).
zutage [tsuˈtɑ:gə]: ~ *fördern od. bringen* bring to light; ~ *liegen* be evident; ~ *treten od. kommen* come to light; *geol.* outcrop.
Zutaten [ˈtsu:tɑ:tən] *f/pl.* (16) *e-r Speise*: ingredients *pl.*; *e-s Kleides*: trimmings *pl.*; (*Stoff*⁀) material *sg.*
zuˈteil [tsu-]: *j-m* ~ *werden* fall to a p.'s share (*fig. a.* lot); *j-m et.* ~ *werden lassen* allot (*od.* grant) a th. to a p., bestow a th. on a p.; *ihm wurde eine freundliche Aufnahme* ~ he met with a kind reception.
ˈ**zuteil|en** allot (*a.* ✝ *Aktien usw.*), allocate, apportion; (*genehmigen*) grant, allow; (*ausgeben*) issue (*dat.* to); ⚔ *od. pol.* attach (to); ˈ**⁀ung** *f* allotment, allocation, apportionment; attachment; (*zugeteilte Ration*) ration; (*Kontingent*) quota.
zuˈtiefst deeply.
ˈ**zutragen** carry (*dat.* to; *a. fig.*); *Gerücht*: report; *sich* ~ happen, take place, occur.
ˈ**Zuträger|(in** *f*) *m* talebearer, telltale; **~ei** [~ˈraɪ] *f* (16) talebearing.
zuträglich [ˈ~trɛ:k-] conducive, beneficial (*dat. od. für* to); *Klima*: salubrious; *Nahrung*: wholesome; *j-m* (*nicht*) ~ *sein* (dis)agree with a p.; ˈ**⁀keit** *f* conduciveness; salubrity; wholesomeness.
ˈ**zutrau|en** **1.** *j-m* et. ~ believe a p. capable of a th.; *j-m nicht viel* ~

have no high opinion of a p.; *sich zuviel* ~ overrate o.s., (*sich übernehmen*) take too much on o.s.; *ich traue es mir zu* I think I can do it; *iro. ich traue es ihm glatt zu* I would not put it past him; **2.** ♀ *n* (6) confidence (*zu* in); '**~lich** trusting; *Tier*: friendly, tame; '**♀lichkeit** *f* confidingness; tameness.

'**zutreffen** (sn) be right *od.* true, hold true; ~ *auf* (*acc.*) be true of, (*a.* ~ *für*) apply to; '**~d** right, true; (*anwendbar*) applicable; '**~den'falls** if so; *in Formularen*: where applicable.

'**zutrinken** *j-m*: drink to a p.

'**Zutritt** *m* access; (*Einlaß*) admission; ~ *verboten!* no admittance!, no entry!

'**zutun 1.** (*schließen*) close; (*hinzufügen*) add; *s. Auge, zugetan*; **2.** ♀ *n* (6): *ohne sein* ~ without his help, (*ohne s-e Schuld*) through no fault of his.

zu'-ungunsten [tsu-] (*gen.*) to the disadvantage of.

zu'-unterst right at the bottom.

zuverlässig ['tsu:fɛrlɛsiç] reliable (*a.* ⊕); *nur P.*: dependable, trustworthy; (*sicher*) safe (*a.* †, ⊕); *Nachricht*: sure, certain; *aus* ~*er Quelle* from a reliable source; *von* ~*er Seite erfahren* (*haben*), *daß* ... have it on good authority that ...; '**♀keit** *f* reliability; trustworthiness; certainty; '**♀keits-prüfung** *f* reliability test.

Zuversicht ['~fɛrziçt] *f* (16) confidence; '**♀lich** confident; '**~lichkeit** *f* confidence; assurance.

zu'viel 1. too much; *einer usw.* ~ one *etc.* too many; **2.** ♀ *n* excess.

zu'vor before, previously.

zu'vor|kommen (sn) *j-m*: anticipate, forestall, F beat *a p.* to it; *e-r S.*: obviate, anticipate; **~kommend** obliging; **♀kommenheit** *f* obligingness; **~tun:** *es j-m* ~ surpass (*od.* outdo) a p.

Zuwachs ['tsu:-] *m* (4) (*Vermehrung*) increase, increment; *s. Familien*♀; *auf* ~ *geschneidert* made so as to allow for growing; '**♀en** (sn) become overgrown; ⚕ heal up, close; *j-m* ~ accrue to a p. '**~rate** *f* rate of increase, growth rate.

'**zuwandern** (sn) immigrate.

'**zuwarten** wait (and see).

zuwege [tsu've:gə]: ~ *bringen* bring about, accomplish.

zuwehen ['tsu:-] (*dat.*) blow to *od.* towards; *mit Schnee, Sand*: cover.

zu'weilen sometimes, occasionally.

zuweis|en ['tsu:-] assign, allocate; '**♀ung** *f* assignment, allocation.

'**zuwend|en** (*dat.*) turn to(wards); *fig. j-m e-e Gabe usw.* ~ let a p. have, present a p. with, give a p. *a th.*; *Gefühl usw.*: bestow on a p.; *Aufmerksamkeit, Bemühungen*: devote to; *sich e-r Tätigkeit* ~ proceed to *do*, apply o.s. to; *sich e-m Beruf* ~ devote o.s. to; '**♀ung** *f* allowance, grant, gift; (*Schenkung*) donation; (*Vermächtnis*) bequest.

zuwenig [tsu've:niç] too little.

zuwerfen ['tsu:-] *Grube*: fill up; *Tür*: slam; *j-m*: throw to a p., *e-n Blick*: cast to a p.

zuwider [tsu'vi:dər] (*dat.*) contrary to, against; (*verhaßt*) repugnant, distasteful (to); *er* (*es*) *ist mir* ~ I loathe him (it); **~handeln** (*dat.*) act contrary to, *bsd.* ⚖ contravene, violate; **♀handelnde** *m* (18) offender; **♀handlung** ⚖ *f* contravention, violation; **~laufen** (sn; *dat.*) run counter (*od.* be contrary) to.

zuwinken ['tsu:-] (*dat.*) wave to; [*weitS.* make a sign to.]

'**zuzahlen** pay extra.

'**zuzählen** add (*dat. od. zu* to).

zuzeiten [tsu'tsaɪtən] at times.

zuzieh|en ['tsu:-] *v/t. Knoten*: draw together; *Schlinge, Schleife*: (*a. sich*) tighten; *Vorhang*: draw; *Arzt, Berater usw.*: consult, call in; *sich e-e Strafe, Tadel usw.* ~ incur; *Krankheit*: contract, catch; *sich Unannehmlichkeiten* ~ get into trouble; *j-n als Zeugen* ~ call a p. as witness; *v/i.* (sn) *Mieter*: move in; (*sich niederlassen*) settle; '**♀ung** *f* consultation, calling in.

'**Zuzug** *m* moving in; arrival, immigration; '**~sgenehmigung** *f* residence permit.

zuzüglich ['~tsy:kliç] plus; (*einschließlich*) including.

Zwang[1] [tsvaŋ] *m* (3, *o. pl.*) compulsion, coercion; *moralischer*: constraint, restraint; (*Druck*) pressure (*a.* ⚕); (*Gewalt*) force; *bsd.* ⚖ duress; *sich* ~ *antun od. auferlegen* restrain o.s.; *unter* ~ *stehen* (*od. handeln*) be (*od.* act) under coercion.

zwang² *pret. v. zwingen.*

zwängen [ˈtsvɛŋən] (25) press, force.

ˈ**zwanglos** unconstrained; *fig. a.* free and easy, unceremonious, informal; ˈ**⁀igkeit** *f* ease, informality.

ˈ**Zwangs**|**-anleihe** *f* forced loan; ˈ**~-arbeit** *f* hard labo(u)r; ˈ**⁀bewirtschaftet** under economic control, control(l)ed; ˈ**~-ent-eignung** *f* compulsory expropriation; ˈ**~-ernährung** *f* forcible feeding; ˈ**~haft** *f* coercive detention; ˈ**~handlung** *f* compulsive act; ˈ**~herrschaft** *f* despotism; ˈ**~-idee** *f* compulsive idea; ˈ**~jacke** *f* strait-jacket (*a.fig.*); ˈ**~lage** *f* quandary, embarrassing situation; ˈ**⁀läufig** ⊕ guided, geared; *mot.* positive; *fig.* necessary; *adv.* inevitably; ˈ**~maßnahme** *f* coercive measure; *zu ~n greifen* resort to coercion; ˈ**~mittel** *n* means of coercion; ˈ**~neurose** ⚕ *f* compulsion neurosis; ˈ**~verkauf** *m* forced sale; ˈ**⁀verpflichtet** conscript; ˈ**~versteigerung** *f* forced sale; ˈ**~verwalter** *m* (official) receiver, sequestrator; ˈ**~verwaltung** *f* forced administration, sequestration; ˈ**~vollstreckung** *f* execution; ˈ**~vorstellung** ⚕ *f* compulsive idea, obsession; ˈ**⁀weise** compulsorily, by force; ˈ**~wirtschaft** *f* Government control; *die ~ für ein Gewerbe usw. aufheben* decontrol; *Auf hebung der ~* decontrol.

zwanzig [ˈtsvantsiç] twenty; **⁀er** [ˈ~gər] *m* (7) person of twenty; *in den ~n sein* be between twenty and thirty; ˈ**~er**ˈ**lei** *adj.* of twenty kinds; *als su.* twenty different things *pl.*; ˈ**~fach**, ˈ**~fältig** twentyfold; ˈ**~st** twentieth; ˈ**⁀stel** *n* (7) twentieth (part); ˈ**~stens** in the twentieth place.

zwar [tsvaːr] indeed, (it is) true, of course, to be sure; *und ~* and that, (*nämlich*) that is; *er kam ~, aber* ... he did come, but ..., (al-) though he came, he ...

Zweck [tsvɛk] *m* (3) purpose; (*Ziel*) object (*a.* ✝); aim, end; (*Absicht*) intent; (*Verwendung*) use, application; *ein Mittel zum ~* a means to an end; *e-n ~ verfolgen* pursue an object, be after something; *keinen ~ haben* be useless; *s-n ~ erfüllen, dem ~ entsprechen* answer (*od.* serve) the purpose; *zu dem ~* (*gen. od. zu inf.*) for the purpose of; *zu welchem ~?* to what purpose?, what ... for?; F *das ist der ~ der Übung!* that's the idea!; *der ~ heiligt die Mittel* the end justifies the means; ˈ**~bau** ⚠ *m* functional building; ˈ**⁀bestimmt** functional; ˈ**⁀dienlich** serviceable, expedient; useful; (*einschlägig*) pertinent; ˈ**~dienlichkeit** *f* serviceableness, expediency, usefulness.

Zwecke [ˈtsvɛkə] *f* (15) tack; *s. Reißnagel.*

ˈ**zweck**|**-entfremdet** alienated (from its purpose); ˈ**~-entsprechend** answering the purpose; proper, appropriate; ˈ**~los** aimless, purposeless; (*unnütz*) useless, pointless, *pred.* of no use; ˈ**⁀losigkeit** *f* aimlessness; uselessness, futility; ˈ**~mäßig** expedient, suitable, proper; (*ratsam*) advisable; ˈ**⁀mäßigkeit** *f* expediency, suitableness; ˈ**⁀pessimismus** *m* calculated pessimism.

zwecks (*gen.*) for the purpose of.

ˈ**Zweck**|**verband** *m* local administrative union; ˈ**⁀widrig** inexpedient, inappropriate, unsuitable.

zwei [tsvaɪ] (*gen. ~er, dat. ~en*) two; *zu ~en* in twos.

zwei|**armig** [ˈ~ˀarmiç] two-armed; ˈ**~bändig** two-volume (*attr.*); **~beinig** [ˈ~baɪniç] two-legged; ˈ**⁀bettzimmer** *n* twin-bedded room; ˈ**⁀decker** ✈ *m* (7) biplane; **~deutig** [ˈ~dɔʏtiç] ambiguous, equivocal; *b.s.* suggestive, *Witz usw.*: risqué (*fr.*), *Am.* off-color; ˈ**⁀deutigkeit** *f* ambiguity, equivocality; *b.s.* risqué joke; ˈ**~dimensional** two-dimensional; **⁀**ˈ**drittelmehrheit** *f* two-thirds majority; ˈ**⁀er** *m* (7) (figure) two; *Rudern*: pair, two; **~erlei** [ˈ~ərˈlaɪ] *adj.* of two kinds; *als su.* two different things *pl.*; ˈ**~fach**, ˈ**~fältig** double, two-fold; ˈ**⁀familienhaus** *n* two-family house, *Am.* duplex house; ˈ**~farbig** two-colo(u)red.

Zweifel [ˈtsvaɪfəl] *m* (7) doubt; *ohne ~* without doubt; *im ~ sein* be doubtful (*über acc.* about); *in ~ ziehen* call in question; ˈ**⁀haft** doubtful, *stärker*: dubious; ˈ**⁀los** undoubted; (*a. adv.*) doubtless; ˈ**⁀n** (29) doubt (*an* e-r S. [of] a th., *an j-m* a p.); ˈ**~sfall** *m* (*im ~* in) case of doubt; ˈ2s'-**ohne** doubtless, without doubt; ˈ**~sucht** *f* scepticism, *Am.* skepticism.

ˈ**Zweifler** *m* (7), ˈ**~in** *f* (16¹) doubter, sceptic, *Am.* skeptic; ˈ**2isch** doubting, sceptical, *Am.* skeptical.

Zweig [tsvaɪk] *m* (3) branch (*a.fig.*), bough; *kleiner ~* twig; *s. grün*; ˈ**~bahn** *f* branch-line.

ˈ**Zwei|gespann** *n* carriage-and-pair; *fig.* twosome, duo; ˈ**2geteilt** divided.

ˈ**Zweig|geschäft** *n*, ˈ**~niederlassung** *f* branch(-establishment); ˈ**~stelle** *f* branch(-office).

zwei|gleisig [ˈ~glaɪzɪç] double--track(ed); **~händig** [ˈ~hɛndɪç] two-handed; ♪ for two hands; ˈ**2hufer** *m* (7) cloven-footed animal; ˈ**~jährig** two-year(s)-old; *Dauer*: of two years, two-year; *bsd.* ⚘ biennial; ˈ**~jährlich** (happening) every two years, biennial; ˈ**2kampf** *m* duel; ⚔ single combat; ˈ**~mal** twice; *es sich ~ überlegen* think twice (before doing it); *es sich nicht ~ sagen lassen* not to wait to be told twice; ˈ**~malig** done twice, twice (repeated); ˈ**2master** ⚓ *m* (7) two-master; **~motorig** [ˈ~moto:rɪç] twin- (*od.* two-)engined; ˈ**2parˈteiensystem** *n* two-party system; ˈ**2rad** *n* bicycle, F bike; **~räd(e)rig** [ˈ~rɛ:d(ə)rɪç] two--wheeled; **~reihig** [ˈ~raɪɪç] having two rows; *Jacke usw.*: double--breasted; ˈ**~schläf(e)rig** *Bett*: double; ˈ**~schneidig** double-edged (*a. fig.*); *fig. ~ sein a.* cut both ways; **~seitig** [ˈ~zaɪtɪç] two-sided; *Vertrag usw.*: bilateral; *Stoff*: reversible; **~silbig** [ˈ~zɪlbɪç] dissyllabic; *~es Wort* dissyllable; ˈ**2sitzer** *m* (7) two-seater; ˈ**~sitzig** two-seated; **2spänner** [ˈ~ʃpɛnər] *m* (7) carriage--and-pair; **~sprachig** [ˈ~ʃpra:xɪç] in two languages, bilingual; ˈ**~stellig**: *~e Zahl* two-digit (*od.* two--place) number; ˈ**~stimmig** for (*Gesang*: in) two voices; **~stöckig** [ˈ~ʃtœkɪç] two-stor|eyed, *Am.* -ied; ˈ**~stufig** *Rakete*: two-stage; **~stündig** [ˈ~ʃtyndɪç] of two hours, two--hour; ˈ**~stündlich** every two hours.

zweit [tsvaɪt] (18) second; *in Zssgn ... but one* (*s. zweitjüngst*); *ein ~er m, eine ~e f, ein ~es n* another; *Sport*: *2e m, f* runner-up, second; *ein ~er Churchill* another Churchill; *s. Gesicht*; *aus ~er Hand* second-hand (*a. adv.*); *zu ~* (*paarweise*) by twos; *wir sind zu ~* we are two of us; *zum ~en, ~ens* secondly, in the second place; *fig. die ~e Geige spielen* play second fiddle.

ˈ**zwei|tägig** of two days, two-day; ˈ**2taktmotor** *m* two-stroke (*od.* two-cycle) engine.

ˈ**zweit|-ˈälteste** second eldest; ˈ**~ˈbest** second-best.

ˈ**zweiteilig** *Anzug usw.*: two-piece; ⚘, ⚖ bipartite.

ˈ**zweit|ˈgrößt** second largest; ˈ**~ˈjüngst** youngest but one; ˈ**~klassig** second-class *od.* -rate; ˈ**~ˈletzt** last but one, *Am.* next to the last; ˈ**~rangig** secondary; ˈ**2schrift** *f* second copy, duplicate.

ˈ**Zwei|-undˈdreißigstelnote** *f* demisemiquaver; **~ˈvierteltakt** *m* two-four time; ˈ**2wöchentlich** biweekly; ˈ**2zackig** two-pronged; ˈ**~zeiler** *m* couplet; ˈ**2zeilig** of two lines.

Zwerchfell [ˈtsvɛrç-] *n* diaphragm; ˈ**2-erschütternd** side-splitting.

Zwerg [tsvɛrk] *m* (3), **~in** [ˈ~gɪn] *f* (16¹) dwarf, gnome; **2enhaft** [ˈ~g-] dwarfish; ˈ**~kiefer** *f* dwarf pine; ˈ**~mensch** *m* pygmy; ˈ**~schule** *f* one-room school; ˈ**~staat** *m* mini--state.

Zwetsch(g)e [ˈtsvɛtʃgə] *f* (15) plum.

Zwick|el [ˈtsvɪkəl] *m* (7) *am Strumpf*: clock; *Schneiderei*: gore, gusset; ⊕ wedge; ˈ**2en¹** (25) pinch, tweak; ˈ**~en²** *n* (6) (*Schmerz*) twinge; ˈ**~er** *m* (7) (*Augenglas*) pince-nez (*fr.*); ˈ**~mühle** *f fig.* dilemma, fix, tight squeeze; ˈ**~zange** *f* (*eine* a pair of) pincers *pl.*, nippers *pl.*

Zwieback [ˈtsvi:bak] *m* (3³) rusk, zwieback.

Zwiebel [ˈtsvi:bəl] *f* (15) onion; (*Blumen2*) bulb; ˈ**2förmig** bulb--shaped, bulbous; ˈ**~gewächs** *n* bulbous plant; ˈ**2n** F (29) give *a p.* hell, make it hot for *a p.*; ˈ**~schale** *f* onion-skin; ˈ**~turm** *m* bulbous spire.

zwie|fach [ˈtsvi:-], **~fältig** [ˈ~fɛltɪç] double, twofold; ˈ**2gespräch** *n* dialog(ue), colloquy; ˈ**2licht** *n* twilight; ˈ**~lichtig** dusky; *fig.* shady.

ˈ**Zwie|spalt** *m* (*Uneinigkeit*) discord;

(*innerer* ~ inner) conflict; (*Abweichung*) discrepancy; *im* ~ *sein mit* be at variance with; ²**spältig** [ˈ~ʃpɛltiç] disunited; discrepant; *Gefühle*: conflicting; ˈ~**tracht** *f* (16, *o. pl.*) discord; (*Fehde*) feud; (*Kampf*) strife; ~ *säen* sow the seeds of discord; ˈ²**trächtig** discordant, hostile; *nur pred.* at variance.

Zwil(li)ch [ˈtsvil(i)ç] *m* (3) tick(ing).

Zwilling [ˈtsviliŋ] *m* (3¹) twin; ˈ~**e** *pl. ast.* Gemini, Twins; ˈ~**sbruder** *m* twin brother; ˈ~**s-paar** *n* pair of twins; ˈ~**sschwester** *f* twin sister; ˈ~**swaffe** ⚔ *f* twin- *od.* two-barrel(l)ed gun.

Zwing|burg [ˈtsviŋ-] *f* (tyrant's) strong castle; ˈ~**e** *f* (15) (*Stock*²) ferrule; ⊕ clamp; ˈ²**en** (30) compel (*j-n et. zu tun* a p. to do a th.), make (a p. do a th.), *bsd. mit Gewalt*: force; (*verpflichten*) oblige; (*fertigwerden mit*) manage, finish; *sich zu et.* ~ force o.s. to *a th. od.* to *do* (*a th.*); *s. bezwingen, gezwungen*; ˈ²**end** *adj.* compelling; *Grund*: cogent; *Notwendigkeit*: imperative; *Beweis*: conclusive; ˈ~**er** *m* (7) tower, dungeon; (*Hof*) outer court-yard; (*Hunde*²) kennel; (*Bären*²) bear-pit; ˈ~**herr** *m* tyrant, despot; ˈ~**herrschaft** *f* despotism, tyranny.

zwinkern [ˈtsviŋkərn] (29) blink; *lustig, schlau*: wink.

Zwirn [tsvirn] *m* (3) (twisted) thread; *Spinnerei*: twine, twisted yarn; ˈ²**en 1.** *adj.* thread; **2.** *v/t.* (25) twist; ˈ~**sfaden** *m* thread; ˈ~**spitze** *f* thread-lace.

zwischen [ˈtsviʃən] *zweien*: between; *mehreren*: among.

ˈ**Zwischen|-akt** *m* entr'acte (*fr.*); *im* ~ between the two acts; ˈ~**bemerkung** *f* incidental remark; interruption; ˈ~**bescheid** *m* intermediate reply; ˈ~**bilanz** *f* interim financial statement; ˈ~**deck** ⚓ *n* between-decks *pl.*; ˈ~**ding** *n* mixture, cross; ²ˈ**durch** through; (*inmitten*) in the midst; *zeitlich*: at intervals, occasionally, (*eingeschoben*) in between; ˈ~**-ergebnis** *n* *Sport*: provisional result; ˈ~**-erzeugnis** *n* intermediate (product); ˈ~**fall** *m* incident; ˈ~**frage** *f* interpolated question; ˈ~**gericht** *n* entremets *pl.* (*fr.*); ˈ~**handel** *m* intermediate trade; (*Durchfuhrhandel*) transit trade; (*Großhandel*) wholesale trade; ˈ~**händler** *m* middleman, intermediary; commission agent; ˈ~**handlung** *f* episode; ˈ~**kredit** *m* interim credit; ˈ~**landung** ✈ *f* intermediate landing, stop (-over *Am.*); *Flug ohne* ~ non-stop flight; ˈ²**liegend** intermediate; ˈ~**lösung** *f* interim solution; *s. Notbehelf*; ˈ~**pause** *f* interval, intermission; ˈ~**prüfung** *f* intermediate examination; ˈ~**raum** *m* space, (*a. zeitlich*) interval; (*Entfernung*) distance (between); (*Lücke*) interstice; (*Zeilenabstand*) spacing; ˈ~**raumtaste** *f der Schreibmaschine*: space-bar; ˈ~**ruf** *m* (loud) interruption; *mißbilligend*: boo; ˈ~**rufer** *m* interrupter; ˈ~**runde** *f Sport*: semi-final; ˈ~**satz** *m* parenthesis; ˈ~**spiel** *n* intermezzo, interlude; ˈ²**staatlich** international, *Am.* inter-state; ˈ~**stadium** *n* intermediate stage; ˈ~**station** *f* intermediate station; ˈ~**stecker** *m* ⚡, *Radio*: adapter; ˈ~**stock** *m* entresol (*fr.*), intermediate stor|ey, *Am.* -y; ˈ~**stück** *n* intermediate piece; connection; ⚡ adapter; *thea.* interlude, entr'acte (*fr.*); ˈ~**stufe** *f* intermediate stage; ˈ~**träger(in** *f*) *m s. Zuträger*; ˈ~**urteil** ⚖ *n* interlocutory decree; ˈ~**verkauf** ✝ *m*: ~ *vorbehalten* subject to prior sale; ˈ~**vorhang** *m* drop-scene; ˈ~**wand** *f* partition (wall); ˈ~**zeit** *f* interval; *in der* ~ (*a.* ˈ²**zeitlich**) in the meantime.

Zwist [tsvist] *m* (3²) (*Zwietracht*) discord; (*Uneinigkeit*) disunion; (*Streit*) quarrel; ˈ²**ig** *s. zwieträchtig*; ˈ~**igkeit** *f s. Zwist.*

zwitschern [ˈtsvitʃərn] (29) twitter, chirp.

Zwitter [ˈtsvitər] *m* (7) hermaphrodite; (*Mischling*) hybrid (*a.* ⚘); ˈ²**haft** hermaphrodite; hybrid.

zwo [tsvoː] *s. zwei.*

zwölf [tsvœlf] twelve; *um* ~ *Uhr* at twelve (o'clock), *mittags*: *a.* at noon, *nachts*: *a.* at midnight; ˈ²**-eck** *n* dodecagon; ˈ~**-eckig** dodecagonal; ˈ²**-ender** *m* twelve-point stag; ˈ~**erˈlei** *adj.* of twelve different kinds *od.* sorts; *als su.* twelve different things *pl.*; ˈ~**fach** twelvefold; ²ˈ**fingerdarm** *m* duodenum; ˈ~**jährig** *Kind*: twelve-year(s)-old; *allg.*: of twelve years; ~**stündig**

['~ʃtyndiç] of twelve hours, twelve--hour; **~t** twelfth; **~tägig** ['~tɛːgiç] of twelve days; '**2tel** *n* (7) twelfth (part); '**~tens** in the twelfth place; '**2tonmusik** *f* twelve-tone music.
Zyankali [tsyan'kɑːli] *n* cyanide of potassium.
zyklisch ['tsyːkliʃ] cyclic(al).
Zyklon [tsy'kloːn] *m* (3^1), **~e** *f* (15) cyclone.
Zyklop [~'kloːp] *m* (12) Cyclops, *pl.* Cyclopes; **2isch** Cyclopean.
Zyklotron [~klo'troːn] *n* (3) *Atomwissenschaft*: cyclotron.
Zyklus ['tsyːklus] *m* (16^2) cycle; *v. Vorlesungen usw.*: course, set.
Zylinder [tsy'lindər] *m* (7) ⚗, ⊕ cylinder; (*Lampen*2) chimney; *Hut*: silk hat, top-hat; **~bohrung** ⊕ *f* cylinder bore; **~kopf** ⊕ *m* cylinder head.
zylindrisch [~'lindriʃ] cylindrical.
Zyn|iker ['tsyːnikər] *m* (7) cynic; '**2isch** cynical; **~ismus** [tsy'nismus] *m* cynicism.
Zypresse [tsy'prɛsə] *f* (15) cypress (-tree).
Zyste ⚕ ['tsystə] *f* (15) cyst.

Proper Names
Eigennamen

(For declension of proper names see page 1268)

A

Aachen [ˈaːxən] *n* Aachen, *Fr.* Aix-la-Chapelle.
Aargau [ˈaːrgaʊ] *m* Argovia (*Swiss canton*).
Abessinien [abɛˈsiːniən] *n* Abyssinia.
Adelheid [ˈaːdəlhaɪt] *f* Adelaide.
Adenauer [ˈaːdənaʊər] *first chancellor of the Federal Republic of Germany.*
Adler [ˈaːdlər] *Austrian psychologist.*
Adorno [aˈdɔrno] *German philosopher.*
Adria [ˈaːdria] *f*, **Adriatische**(s) **Meer** [adriˈaːtiʃə(s)] *n* Adriatic Sea.
Afghanistan [afˈgaːnistaːn] *n* Afghanistan.
Afrika [ˈaːfrika] *n* Africa.
Ägäis [ɛˈgɛːis] *f*, **Ägäische**(s) **Meer** [ɛˈgɛːiʃə(s)] *n* Aegean Sea.
Agathe [aˈgaːtə] *f* Agatha.
Ägypten [ɛˈgyptən] *n* Egypt.
Akropolis [aˈkroːpolis] *f* Acropolis.
Albanien [alˈbaːniən] *n* Albania.
Albert [ˈalbɛrt], **Albrecht** [ˈalbrɛçt] *m* Albert.
Albertus Magnus [alˈbɛrtus ˈmagnus] *German philosopher.*
Alexander [alɛˈksandər] *m* Alexander.
Alfons [ˈalfɔns] *m German Christian name.*
Algerien [alˈgeːriən] *n* Algeria.
Algier [ˈalʒiːr] *n* Algiers.
Allgäu [ˈalgɔʏ] *n* Al(l)gäu (*region of Bavaria*).
Alpen [ˈalpən] *pl.* Alps *pl.*
Altdorfer [ˈaltdɔrfər] *German painter.*
Amazonas [amaˈtsoːnas] *m* Amazon (*river in Brasil*).
Amerika [aˈmeːrika] *n* America.
Anden [ˈandən] *pl.* Andes *pl.*
Andorra [anˈdɔra] *n* Andorra.
Andrea [anˈdrɛːa] *f*, **Andreas** [anˈdreːas] *m* Andrea, Andrew.
Anna [ˈana], **Anne** [ˈanə] *f* Anna.
Annette [aˈnɛtə] *f* Annette.
Antarktis [antˈʔarktis] *f* Antarctica.
Antillen [anˈtilən] *pl.* Antilles *pl.*
Anton [ˈantoːn] *m* Anthony.
Antwerpen [antˈvɛrpən] *n* Antwerp.
Apenninen [apɛˈniːnən] *pl.* Apennines *pl.*
Appenzell [apənˈtsɛl] *n Swiss canton.*
Arabien [aˈraːbiən] *n* Arabia.
Argentinien [argɛnˈtiːniən] *n* Argentina.
Ärmelkanal [ˈɛrməlkanaːl] *m* English Channel.
Armenien [arˈmeːniən] *n* Armenia.
Art(**h**)**ur** [ˈartur] *m* Arthur.
Asien [ˈaːziən] *n* Asia.
Athen [aˈteːn] *n* Athens.
Äthiopien [ɛtiˈoːpiən] *n* Ethiopia.
Atlantik [atˈlantik], **Atlantische**(**r**) **Ozean** [atˈlantiʃə(r)] *m* Atlantic, Atlantic Ocean.
Ätna [ˈɛːtna] *m* Etna.
Augsburg [ˈaʊksburk] *n town in Bavaria.*
August [ˈaʊgust] *m* August.
Australien [aʊsˈtraːliən] *n* Australia.
Azoren [aˈtsoːrən] *pl.* Azores *pl.*

B

Bach [bax] *German composer.*
Baden-Württemberg [ˈbaːdənˈvyrtəmbɛrk] *n Land of the Federal Republic of Germany.*
Balkan [ˈbalkan] *m* Balkan Peninsula.
Baltikum [ˈbaltikum] *n the three former* Baltic Provinces of Russia.
Barbarossa [barbaˈrɔsa] *hist. appellation of the German emperor Friedrich I.*

Barlach ['barlax] *German sculptor.*
Barzel ['bartsəl] *German politician.*
Basel ['bɑːzəl] *n* Basel, Basle, *Fr.* Bâle (*Swiss town and canton*).
Baskenland ['baskənlant] *n*, **Baskische(n) Provinzen** ['baskiʃə(n)] *f/pl.* Basque Provinces *pl.*
Baumeister ['baʊmaɪstər] *German painter.*
Bayern ['baɪərn] *n* Bavaria (*Land of the Federal Republic of Germany*).
Bayerische(r) Wald ['baɪəriʃə(r)] *m* Bavarian Forest.
Bebel ['beːbəl] *German socialist.*
Beckmann ['bɛkman] *German painter.*
Beethoven ['beːthoːfən] *German composer.*
Belgien ['bɛlgiən] *n* Belgium.
Belgrad ['bɛlgrɑːt] *n* Belgrade.
Benedikt ['beːnedikt] *m* Benedict.
Bengalen [bɛŋ'gɑːlən] *n* Bengal.
Benn [bɛn] *German poet.*
Beringstraße ['beːriŋʃtrɑːsə] *f* Bering Strait.
Berlin [bɛr'liːn] *n* Berlin.
Bermuda-Inseln [bɛr'muːda-] *f/pl.* Bermudas *pl.*
Bern [bɛrn] *n* Bern, *Fr.* Berne (*capital and canton of Switzerland*).
Bernhard ['bɛrnhart] *m* Bernard.
Biskaya [bis'kɑːja] *f* Biscay, *Golf von* ~ *m* Bay of Biscay.
Bloch [blɔx] *German philosopher.*
Bodensee ['boːdənzeː] *m* Lake of Constance.
Böhmen ['bøːmən] *n* Bohemia, *Böhmer Wald m* Bohemian Forest.
Bolivien [bo'liːviən] *n* Bolivia.
Böll [bœl] *German author.*
Bonn [bɔn] *n capital of the Federal Republic of Germany.*
Bosporus ['bɔsporus] *m* Bosporus.
Brahms [brɑːms] *German composer.*
Brandt [brant] *fourth chancellor of the Federal Republic of Germany.*
Brasilien [bra'ziːliən] *n* Brazil.
Brecht [brɛçt] *German poet.*
Bremen ['breːmən] *n Land of the Federal Republic of Germany.*
Brigitte [bri'gitə] *f* Bridget.
Bruckner ['bruknər] *Austrian composer.*
Brüssel ['brysəl] *n* Brussels.
Buber ['buːbər] *German philosopher.*
Büchner ['byːçnər] *German poet.*
Bukarest ['buːkarɛst] *n* Bucharest.
Bulgarien [bul'gɑːriən] *n* Bulgaria.
Bunsen ['bunzən] *German chemist.*
Burgenland ['burgənlant] *n province of Austria.*
Burgund [bur'gunt] *n* Burgundy.
Burma ['burma] *n* Burma.
Busch [buʃ] *German satirist.*
Butenandt ['buːtənant] *German chemist.*

C

Cäcilie [tsɛ'tsiːliə] *f* Cecilia.
Calais [ka'lɛː] *n*: *Straße von* ~ *f* Straits of Dover.
Calvin [kal'viːn] *Swiss religious reformer.*
Ceylon ['tsaɪlɔn] *n* Ceylon.
Charlotte [ʃar'lɔtə] *f* Charlotte.
Chile ['tʃiːle] *n* Chile.
China ['çiːna] *n* China.
Christoph ['kristɔf] *m* Christopher.
Christus ['kristus] *m* (*inv.*; *a. gen.* *-sti* ['~sti], *dat.* *-sto* ['~sto], *acc.* *-stum* ['~stum]) Christ.
Claudius ['klaʊdius] *German poet.*

D

Daimler ['daɪmlər] *German inventor.*
Dänemark ['dɛːnəmark] *n* Denmark.
Deutschland ['dɔʏtʃlant] *n* Germany.
Diesel ['diːzəl] *German inventor.*
Döblin ['døːbliːn] *German author.*
Dolomiten [dolo'miːtən] *pl.* Dolomites *pl.*
Dominikanische Republik [domini'kɑːniʃə] *f* Dominican Republic.
Donau ['doːnaʊ] *f* Danube.
Dresden ['dreːsdən] *n town and district in the German Democratic Republic.*
Droste-Hülshoff ['drɔstə 'hylshɔf] *German poetess.*
Dünkirchen ['dyːnkirçən] *n* Dunkirk.
Dürer ['dyːrər] *German painter.*
Dürrenmatt ['dyrənmat] *Swiss dramatist.*
Düsseldorf ['dysəldɔrf] *n capital of North Rhine-Westphalia.*

E

Ebert ['eːbərt] *first president of the Weimar Republic.*
Ecuador [ekua'doːr] *n* Ecuador.

Egk [ɛk] *German composer.*
Eichendorff ['aɪçəndɔrf] *German poet.*
Einstein ['aɪnʃtaɪn] *German physicist.*
Eismeer ['aɪsmeːr] *n Nördliches* ~ Arctic Ocean, *Südliches* ~ Antarctic Ocean.
Elbe ['ɛlbə] *f German river.*
Eleonore [eleo'noːrə] *f* Eleanor.
Elfenbeinküste ['ɛlfənbaɪnkystə] *f* Ivory Coast.
El Salvador [ɛl zalva'doːr] *n* El Salvador.
Elsaß ['ɛlzas] *n* Alsace.
Emil ['eːmiːl] *m German Christian name.*
Emma ['ɛma] *f* Emma.
Engadin [ɛŋga'diːn] *n* Engadine.
Engels ['ɛŋəls] *German philosopher.*
England ['ɛŋlant] *n* England.
Enzensberger ['ɛntsənsbɛrgər] *German author.*
Erhard ['eːrhart] *second chancellor of the Federal Republic of Germany.*
Erzgebirge ['eːrtsgəbirgə] *n* Erz Gebirge.
Estland ['eːstlant] *n* Estonia.
Euphrat ['ɔʏfrat] *m* Euphrates.
Eurasien [ɔʏ'rɑːziən] *n* Eurasia.
Europa [ɔʏ'roːpa] *n* Europe.
Eva ['eːfa, 'eːva] *f* Eve.

F

Feuerbach ['fɔʏərbax] *German philosopher.*
Fichte ['fiçtə] *German philosopher.*
Finnland ['finlant] *n* Finland.
Florenz [flo'rɛnts] *n* Florence.
Fontane [fɔn'tɑːnə] *German author.*
Formosa [fɔr'moːza] (**Taiwan**) *n* Formosa.
Franken ['fraŋkən] *n* Franconia.
Frankfurt am Main ['fraŋkfurt] *n* Frankfort on the Main.
Frankfurt an der Oder ['fraŋkfurt] *n* Frankfort on the Oder (*town and district in the German Democratic Republic*).
Frankreich ['fraŋkraɪç] *n* France.
Freiburg ['fraɪburk] *n Fr.* Fribourg (*Swiss town and canton*).
Freiburg im Breisgau ['fraɪburk im 'braɪsgaʊ] *n town in West Germany.*
Freud [frɔʏt] *Austrian psychologist.*
Friedrich ['friːdriç] **1.** *German painter*; **2.** ~ *der Große* Frederick the Great (*king of Prussia*).
Friedrich ['friːdriç] *m* Frederic.
Friesische(n) Inseln ['friːziʃə(n)] *f/pl.* Frisian Islands *pl.*
Frisch [friʃ] *Swiss author.*
Fritz [frits] *m shortened form of* → *Friedrich.*

G

Garmisch ['garmiʃ] *n health resort in Bavaria.*
Gauss [gaʊs] *German mathematician.*
Genf [gɛnf] *n* Geneva (*Swiss town and canton*).
Genua ['geːnua] *n* Genoa.
Georg [ge'ˀɔrk, 'geːɔrk] *m* George.
Gera ['geːra] *n town and district in the German Democratic Republic.*
Ghana ['gɑːna] *n* Ghana.
Gibraltar [gi'braltar] *n* Gibraltar.
Goethe ['gøːtə] *German poet.*
Goldküste ['gɔltkystə] *f* Gold Coast.
Grass [gras] *German author.*
Graubünden [graʊ'byndən] *n Fr.* Grisons *pl.* (*Swiss canton*).
Griechenland ['griːçənlant] *n* Greece.
Grimm [grim]: *Gebrüder* ~ *German philologists.*
Grönland ['grøːnlant] *n* Greenland.
Großbritannien [groːsbri'taniən] *n* Great Britain.
Grünewald ['gryːnəvalt] *German painter.*

H

Haag [hɑːk] *n*: *Den* ~ The Hague.
Habsburg ['hɑːpsburk] *hist. n* Hapsburg (*German dynasty*).
Hahn [hɑːn] *German chemist.*
Haiti [ha'iːti] *n* Haiti.
Hamburg ['hamburk] *n Land of the Federal Republic of Germany.*
Händel ['hɛndəl] Handel (*German composer*).
Hannover [ha'noːfər] *n* Hanover (*capital of Lower Saxony*).
Hauptmann ['haʊptman] *German dramatist.*
Haydn ['haɪdən] *German composer.*
Hebriden [he'briːdən] *pl.* Hebrides *pl.*
Hegel ['heːgəl] *German philosopher.*
Heidegger ['haɪdɛgər] *German philosopher.*

Heidelberg ['haɪdəlbɛrk] *n town in West Germany.*
Heine ['haɪnə] *German poet.*
Heinemann ['haɪnəman] *third president of the Federal Republic of Germany.*
Heisenberg ['haɪzənbɛrk] *German physicist.*
Helena ['he:lena], **Helene** [he'le:nə] *f* Helen.
Helgoland ['hɛlgolant] *n* Heligoland.
Hermann der Cherusker ['hɛrman der çe'ruskər] *hist.* Arminius.
Hesse ['hɛsə] *German author.*
Hessen ['hɛsən] *n* Hesse (*Land of the Federal Republic of Germany*).
Hertz [hɛrts] *German physicist.*
Heuss [hɔʏs] *first president of the Federal Republic of Germany.*
Hindemith ['hindəmit] *German composer.*
Hiros(c)hima [hiro'ʃi:ma] *n* Hiroshima.
Hoffmann ['hɔfman] *German poet.*
Hölderlin ['hœldərlin] *German poet.*
Holland ['hɔlant] *n* Holland.
Hugo ['hu:go] *m* Hugh.

I

Indien ['indiən] *n* India.
Indische(r) Ozean ['indiʃə(r)] *m* Indian Ocean.
Indochina ['indo'çi:na] *n* Indochina.
Indonesien [indo'ne:ziən] *n* Indonesia.
Innerasien ['inər'ʔa:ziən] *n* Central Asia.
Innsbruck ['insbruk] *n town in Austria.*
Irak [i'ra:k] *m* Iraq.
Iran [i'ra:n] *n* Iran.
Irische Republik ['i:riʃə] *f* Republic of Ireland.
Irische See ['i:riʃə] *f* Irish Sea.
Irland ['irlant] *n* Ireland.
Island ['i:slant] *n* Iceland.
Israel ['israɛl] *n* Israel.
Italien [i'ta:liən] *n* Italy.

J

Jakob ['ja:kɔp] *m* Jacob, James.
Jalta ['jalta] *n* Yalta.
Jamaika [ja'maɪka] *n* Jamaica.
Japan ['ja:pan] *n* Japan.
Jaspers ['jaspərs] *German philosopher.*
Java ['ja:va] *n* Java.
Jean Paul [ʒɑ̃ 'paul] *German poet.*
Jemen ['je:mən] *m* Yemen.
Jerusalem [je'ru:zalɛm] *n* Jerusalem.
Jesus ['je:zus] *m* (*inv.*; *a. gen. u. dat.* *Jesu* ['~zu:], *acc.* *Jesum* ['~zum]) Jesus.
Johann(es) [jo'hanəs, 'jo:han] *m* John.
Jordanien [jɔr'da:niən] *n* Jordan.
Jugoslawien [jugo'sla:viən] *n* Yugoslavia.
Julia ['ju:lia], **Julie** ['ju:liə] *f* Julia.

K

Kafka ['kafka] *German poet.*
Kairo ['kaɪro] *n* Cairo.
Kalifornien [kali'fɔrniən] *n* California.
Kambodscha [kam'bɔdʒa] *n* Cambodia.
Kamerun [kamə'ru:n] *n* Cameroon.
Kanada ['kanada] *n* Canada.
Kanalinseln [ka'na:linzəln] *f/pl.* Channel Islands *pl.*
Kanton ['kantɔn] *n* Canton.
Kap der Guten Hoffnung *n* Cape of Good Hope.
Kapstadt ['kapʃtat] *n* Cape Town.
Karibische(n) Inseln [ka'ri:biʃə(n)] *f/pl.* Caribbees *pl.*
Karin ['ka:ri:n] *f* Karen.
Karl der Große *hist.* Charlemagne (*Holy Roman emperor*).
Karl-Marx-Stadt [karl'marksʃtat] *n* (*formerly Chemnitz*) *town and district in the German Democratic Republic.*
Kärnten ['kɛrntən] *n* Carinthia (*province of Austria*).
Karpaten [kar'pa:tən] *pl.* Carpathian Mountains *pl.*
Kaschmir ['kaʃmir] *n* Cashmere.
Kaspische(s) Meer ['kaspiʃə(s)] *n*, **Kaspisee** ['kaspize:] *m* Caspian Sea.
Kassel ['kasəl] *n* Cassel.
Katharina [kata'ri:na] *f* Catherine.
Kaukasus ['kaukazus] *m* Caucasus Mountains *pl.*
Kenia ['ke:nia] *n* Kenya.
Kiesinger ['ki:ziŋər] *third chancellor of the Federal Republic of Germany.*
Kiew ['ki:ɛf] *n* Kiev.
Kilimandscharo [kiliman'dʒa:ro] *m* Mount Kilimanjaro.

Kleinasien [klaɪn'ˀɑːziən] *n* Asia Minor.
Köln [kœln] *n* Cologne.
Kolumbien [ko'lumbiən] *n* Columbia.
Kolumbus [ko'lumbus] *m* Columbus.
Kongo ['kɔŋgo] *m* Congo.
Konstanz ['kɔnstants] *n* Constance; → *Bodensee*.
Kopenhagen [kopən'hɑːgən] *n* Copenhagen.
Korea [ko'reːa] *n* Korea.
Korfu ['kɔrfu] *n* Corfu.
Korinth [ko'rint] *n* Corinth.
Kreml ['kreːməl] *m* Kremlin.
Kreta ['kreːta] *n* Crete.
Krim [krim] *f* Crimea.
Kuba ['kuːba] *n* Cuba.

L

Lappland ['laplant] *n* Lapland.
Lateinamerika [la'taɪnameːrika] *n* Latin America.
Leipzig ['laɪptsiç] *n* Leipsic (*town and district in the German Democratic Republik*).
Lenz [lɛnts] *German author*.
Leonhard ['leːɔnhart] *m* Leonard.
Lettland ['lɛtlant] *n* Latvia.
Libanon ['liːbanɔn] *m* Lebanon.
Liberia [li'beːria] *n* Liberia.
Libyen ['liːbyən] *n* Libya.
Liebig ['liːbiç] *German chemist*.
Liebknecht ['liːpknɛçt] *German socialist*.
Liechtenstein ['liçtənʃtaɪn] *n* Liechtenstein.
Lissabon ['lisabɔn] *n* Lisbon.
Litauen ['liːtaʊən] *n* Lithuania.
London ['lɔndɔn] *n* London.
Lothringen ['loːtriŋən] *n* *Fr.* Lorraine.
Lübeck ['lyːbɛk] *n town in West Germany*.
Lübke ['lypkə] *second president of the Federal Republic of Germany*.
Ludwig ['luːtviç] *m* Louis.
Luise [lu'iːzə] *f* Louisa.
Lüneburg ['lyːnəburk] *n town in West Germany*, ~*er Heide f* Lüneburg Heath.
Luxemburg ['luksəmburk] **1.** *n* Luxemb(o)urg; **2.** *German female socialist*.
Luzern [lu'tsɛrn] *n* *Fr.* Lucerne (*Swiss town and canton*).

M

Maas [mɑːs] *f* Maas, *Fr.* Meuse.
Madagaskar [mada'gaskar] *n* Madagascar.
Madrid [ma'drit] *n* Madrid.
Magdeburg ['makdəburk] *n town and district in the German Democratic Republic*.
Mailand ['maɪlant] *n* Milan.
Mainz [maɪnts] *n* Mayence (*capital of Rhineland-Palatinate*).
Malaysia [ma'laɪzia] *n* Malaysia.
Mali ['mɑːli] *n* Mali.
Mallorca [ma'lɔrka] *n* Majorca.
Malta ['malta] *n* Malta.
Mandschurei [mandʒu'raɪ] *f* Manchuria.
Mann [man] *German authors*.
Marcuse [mar'kuːzə] *German sociologist*.
Marokko [ma'rɔko] *n* Morocco.
Marx [marks] *German philosopher*.
Mathilde [ma'tildə] *f* Mat(h)ilda.
Matthias [ma'tiːas] *m* Matthias.
Max(imilian) [maks(i'miːliɑːn)] *m* Max.
Mazedonien [matsə'doːniən] *n* Macedonia.
Mekka ['mɛka] *n* Mecca.
Memel ['meːməl] *f* Niemen (River).
Menzel ['mɛntsəl] *German painter*.
Mexiko ['mɛksiko] *n* Mexico.
Metternich ['mɛtərniç] *Austrian statesman*.
Michael ['miçaɛl], **Michel** ['miçəl] *m* Michael.
Mittelamerika ['mitəla'meːrika] *n* Middle America.
Mitteldeutschland ['mitəldɔʏtʃlant] *n* Middle Germany.
Mitteleuropa ['mitəlɔʏ'roːpa] *n* Central Europe.
Mittelmeer ['mitəlmeːr] *n* Mediterranean (Sea).
Mittlere(r) Osten *m* Middle East.
Moldau ['mɔldaʊ] *f* Moldavia.
Mongolei [mɔŋgo'laɪ] *f*: *die Innere* ~ Inner Mongolia; *die Äußere* ~ Outer Mongolia.
Monika ['moːnika] *f* Monica.
Mörike ['møːrikə] *German poet*.
Moritz ['moːrits] *m German Christian name*.
Mosel ['moːzəl] *f* *Fr.* Moselle.
Moskau ['mɔskaʊ] *n* Moscow.
Mozambique [mozam'bik] *n* Mozambique.

Mozart ['moːtsart] *German composer.*
München ['mynçən] *n* Munich (*capital of Bavaria*).

N

Neapel [ne'ɑːpəl] *n* Naples.
Neiße ['naɪsə] *f German river*; → *Oder-Neiße-Grenze.*
Nepal [ne'pɑːl] *n* Nepal.
Neufundland [nɔʏ'funtlant] *n* Newfoundland.
Neuguinea [nɔʏgi'neːa] *n* New Guinea.
Neuseeland [nɔʏ'zeːlant] *n* New Zealand.
Niederlande ['niːdərlandə] *pl.* Netherlands *pl.*
Nigeria [ni'geːria] *n* Nigeria.
Nikolaus ['niːkolaus] *m* Nicholas.
Nil [niːl] *m* Nile.
Nizza ['nitsa] *n Fr.* Nice.
Nordamerika ['nɔrta'meːrika] *n* North America.
Nordirland ['nɔrt'ˀirlant] *n* Northern Ireland.
Nordkap ['nɔrtkap] *n* North Cape.
Nordsee ['nɔrtzeː] *f* German Ocean, North Sea.
Norwegen ['nɔrveːgən] *n* Norway.
Nubien ['nuːbiən] *n* Nubia.
Nürnberg ['nyrnbɛrk] *n* Nuremberg.

O

Odenwald ['oːdənvalt] *m mountainous region in Hesse.*
Oder ['oːdər] *f German river.*
Oder-Neiße-Grenze ['oːdər'naɪsə-] *f* Oder-Neisse Line.
Oslo ['ɔslo] *n* Oslo.
Osnabrück [ɔsna'bryk] *n town in West Germany.*
Ossietzky [ɔsi'ɛtski] *German writer and pacifist.*
Ostasien ['ɔst'ˀɑːziən] *n* Eastern Asia.
Ost-Berlin ['ɔstbɛrlin] *n* East Berlin (*town and district in the German Democratic Republic*).
Ostdeutschland ['ɔstdɔʏtʃlant] *n* East Germany.
Ostende [ɔst'ˀɛndə] *n* Ostend.
Österreich ['øːstəraɪç] *n* Austria.
Ostpreußen ['ɔstprɔʏsən] *n* East Prussia.
Ostsee ['ɔstzeː] *f* Baltic Sea.
Otto der Große *hist.* Otto the Great (*Holy Roman emperor*).

P

Pakistan ['pɑːkistɑ(ː)n] *n* Pakistan.
Palästina [palɛ'stiːna] *n* Palestine.
Pandschab [pan'dʒɑːp] *m* Punjab.
Paraguay [paragu'ɑːi] *n* Paraguay.
Paul [paʊl] *m*, **Paula** ['paʊla] *f* Paul, Paula.
Pazifik [pa'tsiːfik], **Pazifische(r) Ozean** [pa'tsiːfiʃə(r)] *m* Pacific Ocean.
Persien ['pɛrziən] *n* Persia.
Peru [pe'ruː] *n* Peru.
Peter ['peːtər] *m* Peter.
Pfalz [pfalts] *f* → *Rheinland-Pfalz.*
Philipp ['fiːlip] *m* Philip.
Philippinen [fili'piːnən] *pl.* Philippine Islands, Philippines *pl.*
Polen ['poːlən] *n* Poland.
Pommern ['pɔmərn] *n* Pomerania.
Portugal ['pɔrtugal] *n* Portugal.
Prag [prɑːk] *n* Prague.
Preußen ['prɔʏsən] *hist. n* Prussia.
Puerto Rico [pu'ɛrto 'riːko] *n* Puerto Rico.
Pyrenäen [pyre'nɛːən] *pl.* Pyrenees *pl.*

R

Rebekka [re'bɛka] *f* Rebecca.
Rhein [raɪn] *m* Rhine.
Rheinland-Pfalz ['raɪnlant'pfalts] *n* Rhineland-Palatinate (*Land of the Federal Republic of Germany*).
Rhodesien [ro'deːziən] *n* Rhodesia.
Rhodos ['ro(ː)dɔs] *n* Rhodes.
Rom [roːm] *n* Rome.
Rosemarie ['roːzəmariː] *f* Rosemary.
Rostock ['rɔstɔk] *n town and district in the German Democratic Republic.*
Rote(s) Meer *n* Red Sea.
Ruhr [ruːr] *f German river*; **~gebiet** *n industrial centre of West Germany.*
Rumänien [ru'mɛniən] *n* Ro(u)mania.
Rupert ['ruːpɛrt], **Ruprecht** ['ruːprɛçt] *m* Rupert.
Rußland ['ruslant] *n* Russia.

S

Saale ['zɑːlə] *f German river.*
Saar [zɑːr] *f affluent of the Moselle*; **~brücken** [~'brykən] *n capital of the Saar*; **~land** ['~lant] *n* Saar (*Land of the Federal Republic of Germany*).

Sachsen ['zaksən] *n* Saxony.
Sahara ['zɑːhara, za'hɑːra] *f* Sahara.
Salzburg ['zaltsburk] *n town and province of Austria.*
Sardinien [zar'diːniən] *n* Sardinia.
Saudi-Arabien [zaʊdia'rɑːbiən] *n* Saudi Arabia.
Scheel [ʃeːl] *German politician.*
Schiller ['ʃilər] *German poet.*
Schlesien ['ʃleːziən] *n* Silesia.
Schleswig-Holstein ['ʃleːsviç'hɔlʃtaɪn] *n Land of the Federal Republic of Germany.*
Schopenhauer ['ʃoːpənhaʊər] *German philosopher.*
Schottland ['ʃɔtlant] *n* Scotland.
Schubert ['ʃuːbərt] *Austrian composer.*
Schwaben ['ʃvɑːbən] *n* Swabia.
Schwarze(s) Meer *n* Black Sea.
Schwarzwald ['ʃvartsvalt] *m* Black Forest.
Schweden ['ʃveːdən] *n* Sweden.
Schweiz [ʃvaɪts] *f*: *die* ~ Switzerland.
Schwyz [ʃviːts] *n Swiss town and canton.*
Senegal ['zeːnegal] *n* Senegal.
Serbien ['zɛrbiən] *n* Serbia.
Shetland-Inseln ['ʃɛtlantinzəln] *f/pl.* Shetland Islands *pl.*
Sibirien [zi'biːriən] *n* Siberia.
Sibylle [zi'bilə] *f* Sibyl.
Siebengebirge ['ziːbəngəbirgə] *n mountain range along the Rhine.*
Sinai ['ziːnai] *m* Sinai.
Singapur ['ziŋgapuːr] *n* Singapore.
Sizilien [zi'tsiːliən] *n* Sicily.
Skandinavien [skandi'nɑːviən] *n* Scandinavia.
Slowakei [slova'kaɪ] *f*: *die* ~ Slovakia.
Sophie [zo'fiː] *f* Sophia.
Sowjetunion [zɔ'vjɛtunioːn] *f* Soviet Union.
Spanien ['ʃpɑːniən] *n* Spain.
Spengler ['ʃpɛŋlər] *German philosopher.*
Spitzbergen ['ʃpitsbɛrgən] *n* Spitsbergen.
Spitzweg ['ʃpitsveːk] *German painter.*
Stefan, Stephan ['ʃtɛfan] *m* Stephen.
Steiermark ['ʃtaɪərmark] *f* Styria (*province of Austria*).
Stille(r) Ozean *m* → *Pazifik*.
Stockholm ['ʃtɔkhɔlm] *n* Stockholm.
Straßburg ['ʃtrɑːsburk] *n Fr.* Strasbourg.
Strauss [ʃtraʊs]: *Richard* ~ *German composer.*
Strauss [ʃtraʊs]: *Johann* ~ *Austrian composer.*
Stresemann ['ʃtreːzəman] *German statesman.*
Stuttgart ['ʃtutgart] *n capital of Baden-Württemberg.*
Südafrika ['zyːt'ʔɑːfrika] *n* South Africa.
Südamerika ['zyːta'meːrika] *n* South America.
Sudan [zuː'dɑːn] *m* S(o)udan.
Sudeten [zu'deːtən] *pl.* Sudetes, Sudetic Mountains *pl.*
Südsee ['zyːtzeː] *f* South Sea, South Pacific Ocean.
Südwestafrika [zyːt'vɛstɑːfrika] *n* South-West Africa.
Sueskanal ['zuːɛskanɑːl] *m* Suez Canal.
Susanne [zu'zanə] *f* Susan.
Syrien ['zyːriən] *n* Syria.

T

Tanganjika [taŋgan'jiːka] *n* Tanganyika.
Tessin [tɛ'siːn] *n* Ticino (*Swiss canton*).
Thailand ['taɪlant] *n* Thailand.
Themse ['tɛmzə] *f* Thames.
Theodor ['teːodoːr] *m* Theodore.
Thüringen ['tyːriŋən] *n* Thuringia.
Tibet ['tiːbɛt] *n* Tibet.
Tirol [ti'roːl] *n* Tyrol (*province of Austria*).
Tokio ['toːkio] *n* Tokyo.
Toskana [tɔs'kɑːna] *f* Tuscany.
Tote(s) Meer *n* Dead Sea.
Trier [triːr] *n* Trier, *Fr.* Treves.
Tschechoslowakei [tʃɛçoslova'kaɪ] *f*: *die* ~ Czechoslovakia.
Tunesien [tu'neːziən] *n* Tunis(ia).
Türkei [tyr'kaɪ] *f*: *die* ~ Turkey.

U

Ukraine [ukra'iːnə, u'kraɪnə] *f* Ukraine.
Ungarn ['uŋgarn] *n* Hungary.
Union der Sozialistischen Sowjetrepubliken *f* Union of Soviet Socialist Republics.
Ural [u'rɑːl] *m* Ural, Ural Mountains *pl.*
Uruguay [urugu'ɑːi] *n* Uruguay.

V

Vatikan [vati'ka:n] *m* Vatican.
Venedig [ve'ne:diç] *n* Venice.
Venezuela [venetsu'e:la] *n* Venezuela.
Vereinigte Arabische Republik *f* United Arab Republic.
Vereinigte(s) **Königreich** (**von Großbritannien und Nordirland**) *n* United Kingdom (of Great Britain and Northern Ireland).
Vereinigte(n) **Staaten** (**von Amerika**) *pl.* United States (of America).
Vesuv [ve'zu:f] *m* Vesuvius.
Vietnam [vi'ɛtnam, viɛt'nam] *n* Vietnam, Viet Nam.
Vogesen [vo'ge:zən] *pl. Fr.* Vosges *pl.*
Volksrepublik China ['çi:na] *f* People's Republic of China.
Vorderasien ['fɔrdər'ʔa:ziən] *n* Anterior Asia, Near East.

W

Wagner ['va:gnər] *German composer.*
Walther von der Vogelweide ['valtər fɔn der 'fo:gəlvaɪdə] *German poet.*
Warschau ['varʃau] *n* Warsaw.
Weichsel ['vaɪksəl] *f* Vistula.
Weiße(s) **Meer** *n* White Sea.
Weißrußland ['vaɪsruslant] *n* White Russia.
Weizsäcker ['vaɪtszɛkər] *German physicist.*
Werfel ['vɛrfəl] *Austrian author.*
Westdeutschland ['vɛstdɔʏtʃlant] *n* West Germany.
Westfalen [vɛst'fa:lən] *n* Westphalia.
Westindische(n) **Inseln** ['vɛst'ʔindiʃə(n)] *f/pl.* West Indies *pl.*
Wien [vi:n] *n* Vienna (*capital and province of Austria*).
Wiesbaden ['vi:sba:dən] *n capital of Hesse.*
Wilhelm ['vilhɛlm] *m* William.
Wolfram von Eschenbach ['vɔlfram fɔn 'ʔɛʃənbax] *German poet.*
Württemberg ['vyrtəmbɛrk] *n* → *Baden-Württemberg.*
Würzburg ['vyrtsburk] *n town in West Germany.*

Z

Zentralafrikanische Republik [tsɛn'tra:lafrika:niʃə] *f* Central African Republic.
Zuckmayer ['tsukmaɪər] *German dramatist.*
Zugspitze ['tsu:kʃpitsə] *f highest mountain of Germany.*
Zürich ['tsy:riç] *n* Zurich (*Swiss town and canton*).
Zweig [tsvaɪk] *Austrian author.*
Zypern ['tsy:pərn] *n* Cyprus.

Current German Abbreviations

Gebräuchliche deutsche Abkürzungen

A

AA *Auswärtiges Amt* Foreign Office.
Abb. *Abbildung* illustration, *abbr.* fig. (= figure).
Abf. *Abfahrt* departure.
Abk. *Abkürzung* abbreviation.
Abs. *Absatz* paragraph; *Absender* sender.
Abschn. *Abschnitt* paragraph, chapter.
Abt. *Abteilung* department.
a. D. *außer Dienst* retired; *an der Donau* on the Danube.
ADN *Allgemeiner Deutscher Nachrichtendienst* General German News Service (*in the* → *DDR*).
AG *Aktiengesellschaft* (public) limited company, *Am.* (stock) corporation.
allg. *allgemein* general.
a. M. *am Main* on the Main.
amtl. *amtlich* official.
Ank. *Ankunft* arrival.
Anm. *Anmerkung* note.
ao. Prof., a. o. Prof. *außerordentlicher Professor* senior lecturer, *Am.* associate professor.
APO *Außerparlamentarische Opposition* extra-parliamentary opposition.
ARD *Arbeitsgemeinschaft der öffentlich-rechtlichen Rundfunkanstalten der Bundesrepublik Deutschland* Working Pool of the Broadcasting Corporations of the Federal Republic of Germany.
a. Rh. *am Rhein* on the Rhine.
Art. *Artikel* article.
ASTA *Allgemeiner Studentenausschuß* general students' committee.
Aufl. *Auflage* edition.
Az *Aktenzeichen* file number.

B

b. *bei* at; with; *place*: near; *address*: care of.
Bd. *Band* volume.
beil. *beiliegend* enclosed.
Bem. *Bemerkung* note, comment, observation.
BENELUX *Belgien, Niederlande, Luxemburg* Belgium, Netherlands, Luxemb(o)urg.
bes. *besonders* especially.
Best.Nr. *Bestellnummer* order number.
Betr. *Betreff, betrifft at head of letter*: subject, re.
betr. *betreffend, betrifft, betreffs* concerning, respecting, regarding.
bez. *bezahlt* paid; *bezüglich* with reference to.
BFH *Bundesfinanzhof* Federal Finance Court.
BGB *Bürgerliches Gesetzbuch* (German) Civil Code.
BGH *Bundesgerichtshof* Federal Supreme Court.
BGS *Bundesgrenzschutz* Federal Border Police.
Bhf. *Bahnhof* station.
BND *Bundesnachrichtendienst* Federal Intelligence Service.
BP *Bundespost* Federal Postal Administration.
BRD *Bundesrepublik Deutschland* Federal Republic of Germany.
BRT *Brutto-Register-Tonnen* gross register tons.
Bw *Bundeswehr* Federal Armed Forces.
b. w. *bitte wenden* please turn over.
bzgl. *bezüglich* with reference to.
bzw. *beziehungsweise* respectively.

C

C *Celsius* Celsius, centigrade.
ca. *circa, ungefähr, etwa* about, approximately.
cand. *candidatus, Kandidat* candidate.
CDU *Christlich-Demokratische Union* Christian Democratic Union.

Co. *Kompagnon* partner; *Kompanie* Company.

CSU *Christlich-Soziale Union* Christian Social Union.

c. t. *cum tempore, mit akademischem Viertel* with a quarter of an hour's allowance.

D

d. Ä. *der Ältere* senior.

DAG *Deutsche Angestellten-Gewerkschaft* Trade Union of German Employees.

DB *Deutsche Bundesbahn* German Federal Railway; *Deutsche Bundesbank* German Federal Bank.

DDR *Deutsche Demokratische Republik* German Democratic Republic, *abbr.* G.D.R.

desgl. *desgleichen* the like.

DGB *Deutscher Gewerkschaftsbund* Federation of German Trade Unions.

dgl. *dergleichen, desgleichen* the like.

d. Gr. *der Große* the Great.

d. h. *das heißt* that is, *abbr.* i.e.

d. i. *das ist* that is, *abbr.* i.e.

DIN *Deutsches Institut für Normung* German Institute for Standardization.

Dipl. *Diplom*(... holding a) diploma.

d. J. *dieses Jahres* of this year; *der Jüngere* junior.

DKP *Deutsche Kommunistische Partei* German Communist Party.

DM *Deutsche Mark* German Mark.

d. M. *dieses Monats* instant.

DNA *Deutscher Normenausschuß* German Committee of Standards.

do. *dito* ditto.

d. O. *der (die, das) Obige* the above-mentioned.

Doz. *Dozent* university lecturer.

dpa *Deutsche Presse-Agentur* German Press Agency.

Dr. *Doktor* Doctor; **~ jur.** *Doktor der Rechte* Doctor of Laws (LL.D.); **~ med.** *Doktor der Medizin* Doctor of Medicine (M.D.); **~ phil.** *Doktor der Philosophie* Doctor of Philosophy (D. ph[il].), Ph.D.; **~ theol.** (*evangelisch* D.) *Doktor der Theologie* Doctor of Divinity (D.D.).

dt(sch). *deutsch* German.

Dtschld. *Deutschland* Germany.

E

ebd. *ebenda* in the same place.

Ed. *Edition, Ausgabe* edition.

EDV *elektronische Datenverarbeitung* electronic data processing.

e.h. *ehrenhalber of degree*: honorary.

ehem., ehm. *ehemals* formerly.

eig., eigtl. *eigentlich* really, strictly speaking.

einschl. *einschließlich* inclusive(ly), including.

EKD *Evangelische Kirche in Deutschland* Protestant Church in Germany.

EKG *Elektrokardiogramm* electrocardiogram.

entspr. *entsprechend* corresponding.

erg. *ergänze* supply, add.

Erl. *Erläuterung* explanation, (explanatory) note.

Euratom *Europäische Atomgemeinschaft* European Atomic Community.

ev. *evangelisch* Protestant.

e. V. *eingetragener Verein* registered society *or* association.

evtl. *eventuell* perhaps, possibly.

EWG *Europäische Wirtschaftsgemeinschaft* European Economic Community.

exkl. *exklusive* except(ed), not included.

Expl. *Exemplar*, sample, copy.

F

F *Fahrenheit* Fahrenheit.

Fa. *Firma* firm; *in letters*: Messrs.

Fam. *Familie* family.

FDGB *Freier Deutscher Gewerkschaftsbund* Free Federation of German Trade Unions (*of the* → *DDR*).

FDP *Freie Demokratische Partei* Liberal Democratic Party.

fig. *figürlich, bildlich* figurative.

fortl. *fortlaufend* running, successive.

Forts. *Fortsetzung* continuation.

Fr. *Frau* Mrs.

frdl. *freundlich* kind.

Frl. *Fräulein* Miss.

FU *Freie Universität (Berlin)* Free University of Berlin.

F-Zug *Fernschnellzug* long-distance express train.

G

g *Gramm* gram(me).
geb. *geboren* born; *geborene* ... née; *gebunden* bound.
Gebr. *Gebrüder* Brothers.
gegr. *gegründet* founded.
gek. *gekürzt* abbreviated.
Ges. *Gesellschaft* association, company; society; *Gesetz* law.
ges. gesch. *gesetzlich geschützt* registered.
gest. *gestorben* deceased.
gez. *gezeichnet* (*in front of signatures*) signed.
GG *Grundgesetz* Basic Constutional Law.
GmbH, G.m.b.H. *Gesellschaft mit beschränkter Haftung* private limited company.

H

Hbf. *Hauptbahnhof* central (*or* main station).
h.c. *honoris causa, ehrenhalber* (*of univ. degree*) honorary.
HG *Handelsgesellschaft* trading company.
HGB *Handelsgesetzbuch* Commercial Code.
höfl. *höflich(st)* kindly (kindliest).
hpts. *hauptsächlich* principally, mainly.
Hr., Hrn. *Herr(n)* Mr.
HTL *Höhere Technische Lehranstalt* polytechnical school.

I

i. *im, in* in.
i. A. *im Auftrag* for, by order, under instruction.
i. allg. *im allgemeinen* in general, generally speaking.
i. b. *im besonderen* in particular.
i. D. *im Durchschnitt* on an average.
IG *Industriegewerkschaft* Industry Trade Union.
Ing. *Ingenieur* engineer.
Inh. *Inhaber* proprietor; *Inhalt* contents.
inkl. *inklusive, einschließlich* inclusive(ly), including.
Interpol *Internationale Kriminalpolizei-Kommission* International Criminal Police Commission.
i.R. *im Ruhestand* retired, *esp. univ.*: emeritus.
IRK *Internationales Rotes Kreuz* International Red Cross.
i. V. *in Vertretung* by proxy, by order, on behalf of.

J

jhrl. *jährlich* annual.
jr., jun. *junior, der Jüngere* junior.
jur. *juristisch* legal.

K

Kap. *Kapitel* chapter.
kath. *katholisch* Catholic.
Kfm. *Kaufmann* merchant.
kfm. *kaufmännisch* commercial.
Kfz. *Kraftfahrzeug* motor vehicle.
KG *Kommanditgesellschaft* limited partnership.
Kl. *Klasse* class; *school*: form.
KP *Kommunistische Partei* Communist Party.
KPdSU *Kommunistische Partei der Sowjetunion* Communist Party of the Soviet Union.
Kripo *Kriminalpolizei* Criminal Investigation Department.
Kto. *Konto* account.
KZ *Konzentrationslager* concentration camp.

L

led. *ledig* unmarried.
Lekt. *Lektion* lesson.
lfd. *laufend* current, running.
lfd. Nr. *laufende Nummer* current number.
Lfg., Lfrg. *Lieferung* delivery; instal(l)ment.
LG *Landgericht* District Court.
Lkw. *Lastkraftwagen* lorry, truck.
Lok *Lokomotive* engine.
lt. *laut* according to.
ltd. *leitend* managing.
Ltg. *Leitung* direction, management.
luth. *lutherisch* Lutheran.

M

max. *maximal* maximum.
m. b. H. *mit beschränkter Haftung* with limited liability.
MdB, M. d. B. *Mitglied des Bundestages* Member of the "Bundestag".
MdL, M. d. L. *Mitglied des Landtages* Member of the "Landtag".

mdl. *mündlich* verbal.
Mehrw.St. *Mehrwertsteuer* value-added tax.
MEZ *mitteleuropäische Zeit* Central European Time.
MG *Maschinengewehr* machine-gun.
Mill. *Million(en)* million(s).
Min., min. *Minute(n)* minute(s).
min. *minimal* minimum.
möbl. *möbliert* furnished.
mod. *modern* modern.
MP *Militärpolizei* Military Police; *Maschinenpistole* submachine gun.
Mrd. *Milliarde* thousand millions, *Am.* billion.
mtl. *monatlich* monthly.
m. W. *meines Wissens* as far as I know.

N

N *Norden* north; *Leistung* power.
Nachf. *Nachfolger* successor.
nachm. *nachmittags* in the afternoon, *abbr.* p.m.
N.B. *notabene* note carefully.
n. Chr. *nach Christus* after Christ, *abbr.* A.D.
N.N. *nescio nomen, Name unbekannt* name unknown.
NO *Nordosten* north-east.
NPD *National-Demokratische Partei Deutschlands* National-Democratic Party of Germany.
Nr. *Numero, Nummer* number.
NW *Nordwesten* north-west.

O

O *Osten* east.
o. *oben* above; *oder* or; *ohne* without.
o. ä. *oder ähnlich* or the like.
OB *Oberbürgermeister* Chief Burgomaster.
o. B. ⚕ *ohne Befund* no appreciable disease.
Obb. *Oberbayern* Upper Bavaria.
od. *oder* or.
OEZ *Osteuropäische Zeit* time of the East European zone.
öff., öffentl. *öffentlich* public.
offiz. *offiziell* official.
OHG *Offene Handelsgesellschaft* general partnership.
OLG *Oberlandesgericht* Higher Regional Court.
o. Prof. *ordentlicher Professor* (ordinary) professor.
Orig. *Original* original.
orth. *orthodox* orthodox.

P

p. A(dr). *per Adresse* care of.
Pf *Pfennig* (*German coin*) pfennig.
Pfd. *Pfund* (*weight*) German pound.
PH *Pädagogische Hochschule* teachers' college.
PKW, Pkw. *Personenkraftwagen* (motor) car.
Pl. *Platz* square.
p.p., p.pa., ppa. *per procura* per proxy.
Prof. *Professor* professor.
PS *Pferdestärke(n)* horse-power; *postscriptum, Nachschrift* postscipt.

R

R *Réaumur* Réaumur *abbr.* R.
rd. *rund* roughly, in round figures.
Reg.Bez. *Regierungsbezirk* administrative district.
Rel. *Religion* religion.
Rep. *Republik* republic.
resp. *respektive* respectively.
RIAS *Rundfunk im amerikanischen Sektor (von Berlin)* Radio in the American Sector (of Berlin).
rk. *römisch-katholisch* Roman Catholic.
röm. *römisch* Roman.

S

S *Süden* south.
S. *Seite* page.
s. *siehe* see, *abbr.* v. (= vide).
S-Bahn *Schnellbahn* city-railway.
SDS *Sozialistischer Deutscher Studentenbund* Association of German Socialist Students.
sec *Sekunde* second.
SED *Sozialistische Einheitspartei Deutschlands* United Socialist Party of Germany (*of the* → *DDR*).
sen. *senior, der Ältere* senior.
SO *Südosten* south-east.
s. o. *siehe oben* see above.
sog. *sogenannt* so-called.
SOS *internationales Notsignal* international signal of distress.
SPD *Sozialdemokratische Partei Deutschlands* Social Democratic Party of Germany.
St. *Stück* piece; *Sankt* Saint.
Std., Stde. *Stunde* hour.
stdl. *stündlich* every hour.
stellv. *stellvertretend* assistant.

StGB *Strafgesetzbuch* Penal Code.
StPO *Strafprozeßordnung* Code of Criminal Procedure.
Str. *Straße* street, road.
stud. *studiosus, Student* student.
StVO *Straßenverkehrsordnung* road traffic regulations.
s. t. *sine tempore, ohne akademisches Viertel* sharp, on time.
s. u. *siehe unten* see below.
SW *Südwesten* south-west.
s. Z. *seinerzeit* at that time.

T

tägl. *täglich* daily, per day.
Tel. *Telephon* telephone; *Telegramm* wire, cable.
TH *Technische Hochschule* technical university *or* college.
TU *Technische Universität (Berlin)* Technical University.
TÜV *Technischer Überwachungsverein* Association for Technical Inspection.

U

u. *und* and.
u. a. *und andere(s)* and others; *unter anderem or anderen* among other things, inter alia.
u. ä. *und ähnliche(s)* and the like.
U.A.w.g. *Um Antwort wird gebeten* an answer is requested.
u. dgl. (m.) *und dergleichen (mehr)* and the like.
u. d. M. *unter dem Meeresspiegel* below sea level; **ü. d. M.** *über dem Meeresspiegel* above sea level.
UdSSR *Union der Sozialistischen Sowjetrepubliken* Union of Soviet Socialist Republics.
UKW *Ultrakurzwelle* ultra-short wave, very high frequency.
U/min. *Umdrehungen in der Minute* revolutions per minute.
urspr. *ursprünglich* original(ly).
US(A) *Vereinigte Staaten (von Amerika)* United States (of America).
usw. *und so weiter* and so on, *abbr.* etc.
u. U. *unter Umständen* circumstances permitting.
UV *ultraviolett* ultra-violet.
u. v. a. (m.) *und viele(s) andere mehr* and many others more.
u. zw. *und zwar* that is, namely.

V

v. *von, vom* of; from; by.
V *Volt* volt; *Volumen* volume.
V. *Vers* line, verse.
VB *Verhandlungsbasis* or near offer, *abbr.* o.n.o.
v. Chr. *vor Christus* before Christ, [*abbr.* B.C.]
VEB *Volkseigener Betrieb* People's Enterprise (*in the* → *DDR*).
Verf., Vf. *Verfasser* author.
verh. *verheiratet* married.
Verl. *Verlag* publishing firm; *Verleger* publisher.
vgl. *vergleiche* compare, *abbr.* cf., cp.
v. g. u. *vorgelesen, genehmigt, unterschrieben* read, confirmed, signed.
v. H. *vom Hundert* per cent.
v. J. *vorigen Jahres* of last year.
v. M. *vorigen Monats* of last month.
vorm. *vormittags* in the morning, *abbr.* a.m.; *vormals* formerly.
Vors. *Vorsitzender* chairman.
VR *Volksrepublik* People's Republic.
v. T. *vom Tausend* per thousand.
v. u. *von unten* from below.

W

W *Westen* west; *Watt* watt(s).
WE *Wärmeeinheit* thermal unit.
WEU *Westeuropäische Union* Western European Union.
WEZ *westeuropäische Zeit* Western European time (Greenwich mean time).
WGB *Weltgewerkschaftsbund* World Federation of Trade Unions.
WS *Wintersemester* winter term.
Wz. *Warenzeichen* registered trade-mark.

Z

Z. *Zahl* number; *Zeile* line.
z. *zu, zum, zur* at; to.
z. B. *zum Beispiel* for instance, [*abbr.* e.g.]
ZDF *Zweites Deutsches Fernsehen* Second Program(me) of German Television Broadcasting.
z. H(d). *zu Händen* attention of, to be delivered to, care of.
ZPO *Zivilprozeßordnung* Code of Civil Procedure.
z. T. *zum Teil* partly.
Ztg. *Zeitung* newspaper.
Ztschr. *Zeitschrift* periodical.
zus. *zusammen* together.
zw. *zwischen* between; among.
z. Z(t). *zur Zeit* at the time, at present, for the time being.

Numerals — Zahlwörter

Cardinal Numbers — Grundzahlen

0 null *nought, zero, cipher*
1 eins *one*
2 zwei *two*
3 drei *three*
4 vier *four*
5 fünf *five*
6 sechs *six*
7 sieben *seven*
8 acht *eight*
9 neun *nine*
10 zehn *ten*
11 elf *eleven*
12 zwölf *twelve*
13 dreizehn *thirteen*
14 vierzehn *fourteen*
15 fünfzehn *fifteen*
16 sechzehn *sixteen*
17 siebzehn *seventeen*
18 achtzehn *eighteen*
19 neunzehn *nineteen*
20 zwanzig *twenty*
21 einundzwenzig *twenty-one*
22 zweiundzwanzig *twenty-two*
23 dreiundzwanzig *twenty-three*
30 dreißig *thirty*
31 einunddreißig *thirty-one*
40 vierzig *forty*
41 einundvierzig *forty-one*
50 fünfzig *fifty*
51 einundfünfzig *fifty-one*
60 sechzig *sixty*
61 einundsechzig *sixty-one*
70 siebzig *seventy*
71 einundsiebzig *seventy-one*
80 achtzig *eighty*
81 einundachtzig *eighty-one*
90 neunzig *ninety*
91 einundneunzig *ninety-one*
100 hundert *a* (*od. one*) *hundred*
101 hundert(und)eins *hundred and one*
200 zweihundert *two hundred*
300 dreihundert *three hundred*
572 fünfhundert(und)zweiundsiebzig *five hundred and seventy-two*
1000 tausend *a* (*od. one*) *thousand*
2000 zweitausend *two thousand*
1 000 000 eine Million *a* (*od. one*) *million*
2 000 000 zwei Millionen *two million*
1 000 000 000 eine Milliarde *a* (*od. one*) *milliard, Am. billion*

Ordinal Numbers — Ordnungszahlen

1. erste *first*
2. zweite *second*
3. dritte *third*
4. vierte *fourth*
5. fünfte *fifth*
6. sechste *sixth*
7. siebente *seventh*
8. achte *eighth*
9. neunte *ninth*
10. zehnte *tenth*
11. elfte *eleventh*
12. zwölfte *twelfth*
13. dreizehnte *thirteenth*
14. vierzehnte *fourteenth*
15. fünfzehnte *fifteenth*
16. sechzehnte *sixteenth*
17. siebzehnte *seventeenth*
18. achtzehnte *eighteenth*
19. neunzehnte *nineteenth*
20. zwanzigste *twentieth*
21. einundzwanzigste *twenty-first*
22. zweiundzwanzigste *twenty-second*
23. dreiundzwanzigste *twenty-third*
30. dreißigste *thirtieth*
31. einunddreißigste *thirty-first*
40. vierzigste *fortieth*
41. einundvierzigste *forty-first*
50. fünfzigste *fiftieth*

51. einundfünfzigste *fifty-first*
60. sechzigste *sixtieth*
61. einundsechzigste *sixty-first*
70. siebzigste *seventieth*
71. einundsiebzigste *seventy-first*
80. achtzigste *eightieth*
81. einundachtzigste *eighty-first*
90. neunzigste *ninetieth*
100. hundertste (*one*) *hundredth*
101. hundertunderste *hundred and first*
200. zweihundertste *two hundredth*
300. dreihundertste *three hundredth*
572. fünfhundert(und)zweiundsiebzigste *five hundred and seventy-second*
1000. tausendste (*one*) *thousandth*
2000. zweitausendste *two thousandth*
1 000 000. millionste *millionth*
2 000 000. zweimillionste *two millionth*

Fractional Numbers and other Numerical Values

Bruchzahlen und andere Zahlenwerte

$^1/_2$ ein halb *one* (*od. a*) *half*
$1^1/_2$ anderthalb *one and a half*
$2^1/_2$ zweieinhalb *two and a half*
$^1/_2$ Meile *half a mile*
$^1/_3$ ein Drittel *one* (*od. a*) *third*
$^2/_3$ zwei Drittel *two thirds*
$^1/_4$ ein Viertel *one* (*od. a*) *fourth, one* (*od. a*) *quarter*
$^3/_4$ drei Viertel *three fourths, three quarters*
$1^1/_4$ ein und eine Viertelstunde *one hour and a quarter*
$^1/_5$ ein Fünftel *one* (*od. a*) *fifth*
$3^4/_5$ drei vier Fünftel *three and four fifths*
0,4 Null Komma vier *point four* (.4)
2,5 zwei Komma fünf *two point five* (2.5)

Einfach *single*
zweifach *double*
dreifach *treble, triple, threefold*
vierfach *fourfold, quadruple*
fünffach *fivefold usw.*

Einmal *once*
zweimal *twice*
drei-, vier-, fünfmal *usw. three, four, five times*
zweimal soviel(e) *twice as much* (*many*)
noch einmal *once more*

Erstens, zweitens, drittens *usw. firstly, secondly, thirdly, in the first* (*second, third*) *place*

$2 \times 3 = 6$ zweimal drei ist (*od.* macht) sechs *twice three are* (*od. make*) *six*

$7 + 8 = 15$ sieben und (*od.* plus) acht ist fünfzehn *seven and eight are fifteen*

$10 - 3 = 7$ zehn weniger (*od.* minus) drei ist sieben *ten less three are seven*

$20 : 5 = 4$ zwanzig geteilt (*od.* dividiert) durch fünf ist vier *twenty divided by five make four*

German Measures and Weights

Deutsche Maße und Gewichte

I. Linear Measures

1 mm *Millimeter* millimetre
= $^{1}/_{1000}$ metre
= 0.001 093 6 yard
= 0.003 280 9 foot
= 0.039 370 79 inch

1 cm *Zentimeter* centimetre
= $^{1}/_{100}$ metre
= 0.3937 inch

1 dm *Dezimeter* decimetre
= $^{1}/_{10}$ metre
= 3.9370 inches

1 m *Meter* metre
= 1.0936 yard
= 3.2809 feet
= 39.37079 inches

1 km *Kilometer* kilometre
= 1000 metres
= 1093.637 yards
= 3280.8692 feet
= 39370.79 inches
= 0.621 38 British or Statute Mile

1 sm *Seemeile* nautical mile
= 1852 metres

II. Surface or Square Measures

1 qmm *Quadratmillimeter* square millimetre
= $^{1}/_{1\,000\,000}$ square metre
= 0.000001196 square yard
= 0.0000107641 square foot
= 0.00 155 square inch

1 qcm *Quadratzentimeter* square centimetre
= $^{1}/_{10\,000}$ square metre

1 qdm *Quadratdezimeter* square decimetre
= $^{1}/_{100}$ square metre

1 qm *Quadratmeter* square metre
= 1 × 1 metre
= 1.19599 square yard
= 10.7641 square feet
= 1550 square inches

1 a *Ar* are
= 100 square metres
= 119.5993 square yards
= 1076.4103 square feet

1 ha *Hektar* hectare
= 100 ares
= 10000 square metres
= 11959.90 square yards
= 107641.03 square feet
= 2.4711 acres

1 qkm *Quadratkilometer* square kilometre
= 100 hectares
= 1000000 square metres
= 247.11 acres
= 0.3861 square mile

1 Morgen
= 25.5322 ares
= about $^{2}/_{3}$ acre

III. Cubic or Solid Measures

1 ccm *Kubikzentimeter* cubic centimetre
= 1000 cubic millimetres
= 0.061 cubic inch

1 cdm *Kubikdezimeter* cubic decimetre
= 1000 cubic centimetres
= 61.0253 cubic inches

1 cbm *Kubikmeter*
1 rm *Raummeter*
1 fm *Festmeter*
} cubic metre
= 1000 cubic decimetres
= 1.3079 cubic yard
= 35.3156 cubic feet

1 RT *Registertonne* register ton
= 2.832 cbm
= 100 cubic feet

IV. Measures of Capacity

1 l *Liter* litre
= 10 decilitres
= 1.7607 pint (Brit.)
= 7.0431 gills (Brit.)
= 0.8804 quart (Brit.)
= 0.2201 gallon (Brit.)
= 2.1134 pints (U.S.)
= 8.4534 gills (U.S.)
= 1.0567 quart (U.S.)
= 0.2642 gallon (U.S.)

1 hl *Hektoliter* hectolitre
= 100 litres
= 22.009 gallons (Brit.)
= 2.751 bushels (Brit.)
= 26.418 gallons (U.S.)
= 2.84 bushels (U.S.)

V. Weights

1 mg *Milligramm* milligramme
= $^1/_{1000}$ gramme
= 0.0154 grain (troy)

1 g *Gramm* gramme
= $^1/_{1000}$ kilogramme
= 15.4324 grains (troy)

1 Pfd *Pfund* pound (German)
= $^1/_2$ kilogramme
= 500 grammes
= 1.1023 pound (avdp.)
= 1.3396 pound (troy)

1 kg *Kilogramm, Kilo* kilogramme
= 1000 grammes
= 2.2046 pounds (avdp.)
= 2.6792 pounds (troy)

1 Ztr. *Zentner* centner
= 100 pounds (German)
= 50 kilogrammes
= 110.23 pounds (avdp.)
= 0.9842 British hundredweight
= 1.1023 U.S. hundredweight

1 dz *Doppelzentner*
= 100 kilogrammes
= 1.9684 British hundredweight
= 2.2046 U.S. hundredweights

1 t *Tonne* ton
= 1000 kilogrammes
= 0.984 British ton
= 1.1023 U. S. ton

Examples for German Declension and Conjugation

Muster für die deutsche Deklination und Konjugation

A. Declension

Order of cases: *nom.*, *gen.*, *dat.*, *acc.*, *sg.* and *pl.* — Compound nouns and adjectives (e. g. *Eisbär*, *Ausgang*, *abfällig* etc.) inflect like their last elements (*Bär*, *Gang*, *fällig*). The letters in parentheses may be omitted.

I. Nouns

1

Bild	~(e)s[1]	~(e)	~
Bilder[2]	~	~n	~

[1] **es** *only*: Geist, Geistes.
[2] **a, o, u > ä, ö, ü:** Rand, Ränder; Haupt, Häupter; Dorf, Dörfer; Wurm, Würmer.

2

Reis*	~es ['~zəs]	~(e)	~
Reiser[1] ['~zər]	~	~n	~

[1] **a, o > ä, ö:** Glas, Gläser ['glɛːzər]; Haus, Häuser ['hɔʏzər]; Faß, Fässer; Schloß, Schlösser.
* **ß > ss:** Faß, Fasse(s).

3

Arm	~(e)s[1,2]	~(e)[1]	~
Arme[3]	~	~n	~

[1] *without* **e:** Billard, Billard(s).
[2] **es** *only*: Maß, Maßes.
[3] **a, o, u > ä, ö, ü:** Gang, Gänge; Saal, Säle; Gebrauch, Gebräuche [gə'brɔʏçə]; Sohn, Söhne; Hut, Hüte.

4

Greis[1]*	~es ['~zəs]	~(e)	~
Greise[2] ['~zə]	~	~n	~

[1] **s > ss:** Kürbis, Kürbisse(s).
[2] **a, o, u > ä, ö, ü:** Hals, Hälse; Baß, Bässe; Schoß, Schöße; Fuchs, Füchse; Schuß, Schüsse.
* **ß > ss:** Roß, Rosse(s).

5

Strahl	~(e)s[1,2]	~(e)[2]	~
Strahlen[3]	~	~	~

[1] **es** *only*: Schmerz, Schmerzes.
[2] *without* **e:** Juwel, Juwel(s).
[3] Sporn, Sporen.

6

Lappen	~s	~	~*
Lappen[1]	~	~	~

[1] **a, o > ä, ö:** Graben, Gräben; Boden, Böden.
* *Infinitives used as nouns have no pl.*: Geschehen, Befinden etc.

7

Maler	~s	~	~
Maler[1]	~	~n	~

[1] **a, o, u > ä, ö, ü:** Vater, Väter; Kloster, Klöster; Bruder, Brüder.

8

Untertan	~s	~	~
Untertanen[1,2]	~	~	~

[1] *with change of accent*: Pro'fessor, Profes'soren [~'soːrən]; 'Dämon ['dɛːmɔn], Dä'monen [dɛ'moːnən].
[2] *pl.* **ien** [~jən]: Kolleg, Kollegien [~'leːgjən]; Mineral, Mineralien.

9 Studium ~s ~ ~
Studien[1],[2] ['~djən] ~ ~ ~
[1] **a** *and* **o(n)** > **en:** Drama, Dramen; Stadion, Stadien.
[2] **on** *and* **um** > **a**: Lexikon, Lexika; Faktum, Fakta.

10 Auge ~s ~ ~
Augen ~ ~ ~

11 Genie ~s[1]* ~ ~
Genies[2]* ~ ~ ~
[1] *without inflection*: Bouillon etc.
[2] *pl.* **s** *or* **ta:** Komma, Kommas *or* Kommata; *but*: 'Klima, Klimate [kli'mɑ:tə] (3).
* *s is pronounced*: [ʒe'ni:s].

12 Bär[1]* ~en[2] ~en[2] ~en[2]
Bären ~ ~ ~
[1] **ß** > **ss:** Genoß, Genossen.
[2] Herr, *sg. mst* Herrn; Herz, *gen.* Herzens, *acc.* Herz.
* **...'log** *as well as* **...'loge** (13), e. g. Biolog(e).

13 Knabe ~n[1] ~n ~n
Knaben ~ ~ ~
[1] **ns:** Name, Namens.

14 Trübsal ~ ~ ~
Trübsale[1],[2],[3], ~ ~n ~
[1] **a, o, u** > **ä, ö, ü:** Hand, Hände; Braut, Bräute; Not, Nöte; Luft, Lüfte; *without* **e:** Tochter, Töchter; Mutter, Mütter; **ß** > **ss:** Nuß, Nüsse.
[2] **s** > **ss:** Kenntnis, Kenntnisse; Nimbus, Nimbusse.
[3] **is** *or* **us** > **e:** Kultus, Kulte; *with change of accent*: Di'akonus, Dia'kone [~'ko:nə].

15 Blume ~ ~ ~
Blumen ~ ~ ~
...ee: e:, *pl.* e:ən, e. g. I'dee, I'deen.
...ie { *stressed syllable*: i:, *pl.* i:ən, e. g. Batte'rie(n). / *unstressed syllable*: jə, *pl.* jən, e. g. Ar'terie(n).

16 Frau ~ ~ ~
Frauen[1],[2],[3] ~ ~ ~
[1] **in** > **innen:** Freundin, Freundinnen.
[2] **a, is, os** *and* **us** > **en:** Firma, Firmen; Krisis, Krisen; Epos, Epen; Genius, Genien; *with change of accent*: 'Heros, He'roen [he'ro:ən]; Di'akonus, Dia'konen [~'ko:nən].
[3] **s** *and* **ß** > **ss:** Kirmes, Kirmessen.

II. Proper nouns

17 *In general, the proper nouns of persons, countries, and nations have no pl.*

They form their gen. sg. with **s:**

1. *The proper nouns without definite article*: Friedrichs, Paulas, (Friedrich von) Schillers, Deutschlands, Berlins;
2. *the proper nouns, masculine as well as neutral ones (except the names of nations) with definite article and an adjective*: des braven Friedrichs Bruder, des jungen Deutschlands (Söhne).

After **s, sch, ß, tz, x,** *and* **z** *the gen. sg. ends in* **-ens** *or* **'** *(instead of* **'** *it is more advisable to use the definite article or* **von**), e. g. die Werke des [*or* von] Sokrates, Voß *or* Sokrates', Voß' [*not* Sokratessens, *seldom* Vossens] Werke; *but only*: die Umgebung **von** Mainz. *The feminine names ending in a consonant or the vowel* **e** *form their gen. sg. with* **(en)s** *or* **(n)s**; *in the dat. and acc. sg. such names may end in* **(e)n** (*pl.* = *a*):

If the proper noun is followed by a title, only the following forms are inflected:

1. *the title when used with definite article*:
   der Kaiser Karl (der Große)
   des ~s ~ (des ~n) etc.;
2. *the (last) name when used without article*:
   Kaiser Karl (der Große)
   ~ ~s (des ~n) etc.
   (*but*: Herrn Lehmanns Brief).

III. Adjectives und participles (also used as nouns*), pronouns etc.

18

	m	*f*	*n*	*pl.*	
a) gut	er[1,2]	~e	~es	~e°	*without article, after prepositions, personal pronouns, and invariables*
	en**	~er	~en**	~er	
	em	~er	~em	~en	
	en	~e	~es	~e	

b) gut	e[1,2]	~e	~e	~en	*with definite article (22) or with pronoun (21)*
	en	~en	~en	~en	
	en	~en	~en	~en	
	en	~e	~e	~en	

c) gut	er[1,2]	~e	~es	~en	*with indefinite article or with pronoun (20)*
	en	~en	~en	~en	
	en	~en	~en	~en	
	en	~e	~es	~en	

[1] **ß** = ss: kraß, krasse(r, ~s, ~st etc.).
[2] **a, o, u** > **ä, ö, ü** *when forming the comp. and sup.*: alt, älter(e, ~es etc.), ältest (der ~e, am ~en); grob, gröber(e, ~es etc.), gröbst (der ~e, am ~en); kurz, kürzer(e, ~es etc.), kürzest (der ~e, am ~en).

* *e. g.* Böse(r) *su.*: der (die, eine) Böse, ein Böser; Böse(s) *n*: das Böse, *without article* Böses; *in the same way* Abgesandte(r) *su.*, Angestellte(r) *su.* etc.; *in some cases the use varies.*

** *Sometimes the gen. sg. ends in* **~es** *instead of* **~en:** gutes (*or* gut**en**) Mutes sein.

° *In* böse, böse(r, ~s, ~st etc.) *one* **e** *is dropped.*

The Grades of Comparison

The endings of the comparative and superlative are:

	reich	schön	*inflected according to (18[2]).*
comp.	reicher	schöner	
sup.	reichst	schönst	

After vowels (except **e** *[18°]) and after* d, s, sch, ß, st, t, tz x, y, z *the sup. ends in* **~est,** *but in unstressed syllables after* **d, sch** *and* **t** *generally in* **~st:** blau, 'blau**est**; rund, 'rund**est**; rasch, 'rasch**est** etc.; *but*: 'dringend, 'dringend**st**; 'närrisch, 'närrisch**st**; ge'eignet, ge'eignet**st**.

Note. — *The adjectives ending in* **~el, ~en** *(except* **~nen***) and* **~er** *(e. g.* dunk**el**, eb**en**, heit**er**), *and also the possessive adjectives* uns**er** *and* eu**er** *generally drop* **e** *(in this case* **ss** *changes to* **ß:** angemessen, angemeßner).

Inflexion:	**~e**	**~em**	**~en**	**~er**	**~es,** *and*
~el >	~le	~lem*	~len*	~ler	~les
~en >	~(e)ne	~(e)nem	~(e)nen	~(e)ner°	~(e)nes
~er >	~(e)re	~rem*	~ren*	~(e)rer°	~(e)res

* *or* ~elm, ~eln, ~erm, ~ern; *e. g.* **dunk|el:** ~le, ~lem (*or* ~elm), ~len (*or* ~eln), ~ler, ~les; **eb|en:** ~(e)ne, ~(e)nem etc.; **heit|er:** ~(e)re, ~rem (*or* ~erm) etc.

° *The inflected comp. ends in* ~ner *and* ~rer *only*: eben, ebnere(r, ~s etc.); heiter, heitrere(r, ~s etc.); *but sup.* ebenst, heiterst.

19

	1st pers.	2nd pers.	3rd pers.		
	m, f, n	*m, f, n*	*m*	*f*	*n*
sg.	ich	du	er	sie	es
	meiner*	deiner*	seiner*	ihrer	seiner*
	mir	dir	ihm	ihr	ihm°
	mich	dich	ihn	sie	es°
pl.	wir	ihr	sie	(Sie)	
	unser	euer	ihrer	(Ihrer)	
	uns	euch	ihnen	(Ihnen)°	
	uns	euch	sie	(Sie)°	

* *In poetry sometimes without inflexion*: gedenke mein!; *also* es *instead of* seiner *n* (= *e-r S.*): ich bin es überdrüssig.

° *Reflexive form*: sich.

20

		m	*f*	*n*	*pl.*
mein			~e	~	~e*
dein	es		~er	~es	~er
sein	em		~er	~em	~en
(k)ein	en		~e	~	~e

* *The indefinite article* ein *has no pl. — In poetry* mein, dein, *and* sein *may stand behind the su. without inflexion*: die Mutter (Kinder) mein, *or as predicate*: *der Hut* [*die Tasche, das Buch*] *ist* mein; *without su.*: meiner *m*, meine *f*, mein(e)s *n*, meine *pl.* etc.: *wem gehört der Hut* [*die Tasche, das Buch*]? *es ist* meiner (meine, mein[e]s); *or with definite article*: der (die, das) meine, *pl.* die meinen (18b). *Regarding* unser *and* euer *see note* (18), *p. 1269*.

21

		m	*f*	*n*	*pl.*
dies	er		~e	~es*	~e**
jen	es		~er	~es	~er[1]
manch	em		~er	~em	~en[1]
welch	en		~e	~es*	~e

[1] **welche(r, s)** *as rel. pron.*: *gen. sg.* dessen, deren, *gen. pl.* deren, *dat. pl.* denen (23).

* *Used as su.*, dies *is preferable to* dieses.

** manch, solch, welch *frequently are uninflected*:

manch	guter	(ein guter)	Mann	
solch	**~en**	(**~es** **~en**)		**~es**
welch	**~em**	(**~em** **~en**)		**~e**

etc. (18)

Equally all:

all der (dieser, mein) Schmerz
~ des (~es, ~es) ~es

22

m	*f*	*n*	*pl.*	
der	die	das	die[1]	*definite article*
des	der	des	der	
dem	der	dem	den	
den	die	das	die	

[1] derjenige, derselbe—desjenigen, demjenigen, desselben, demselben etc. (18b).

---

23 *Relative pronoun*

m	*f*	*n*	*pl.*
der	die	das	die
dessen*	deren	dessen*	deren[1]
dem	der	dem	denen
den	die	das	die

[1] *also* derer, *when used as dem. pron.*

* *also* des.

24

wer	was	jemand, niemand
wessen*	wessen	~(e)s
wem	—	~(em°)
wen	was	~(en°)

* *also* wes.

° *preferably without inflexion.*

B. Conjugation

General remarks. — In the conjugation tables (25—30) only the simple verbs may be found; in the alphabetic list [p. 1272—1278] compound verbs are only included when no simple verb exists (e. g. **beginnen**; *ginnen* does not exist). In order to find the conjugation of any compound verb (with separable or inseparable prefix, regular or irregular) look up the respective simple verb.

Verbs with separable and stressed prefix as **ˈab-**, **ˈan-**, **ˈauf-**, **ˈaus-**, **ˈbei-**, **beˈvor-**, **ˈdar-**, **ˈein-**, **em-ˈpor-**, **entˈgegen-**, **ˈfort-**, **ˈher-**, **heˈrab-** etc. and also *ˈklar-[legen]*, *ˈlos-[schießen]*, *ˈsitzen-[bleiben]*, *über-ˈhand-[nehmen]*, *ˈrad-[fahren]*, *ˈwunder-[nehmen]* etc. (but not the verbs derived from compound nouns as *beˈantragen* or *beˈratschlagen* from *Antrag* and *Ratschlag* etc.) take between the stressed prefix and their root the preposition **zu** (in the *inf.* and the *p.pr.*) and the syllable **ge** (in the *p.p.* and in the passive voice).

The verbs with inseparable and unstressed prefix as **be-**, **emp-**, **ent-**, **er-**, **ge-**, **ver-**, **zer-** and generally **miß-** (even in spite of its being stressed) take the preposition **zu** before the prefix and drop the syllable **ge** in the *p.p.* and in the passive voice. The prefixes **durch-**, **hinter-**, **über-**, **um-**, **unter-**, **voll-**, **wi(e)der-** are separable when stressed, and inseparable, when unstressed, e. g.

geben: *zu geben, zu gebend; gegeben; ich gebe, du gibst* etc.;

ˈabgeben: *ˈabzugeben, ˈabzugebend; ˈabgegeben; ich gebe (du gibst* etc.) *ab;*

verˈgeben: *zu verˈgeben, zu verˈgebend; verˈgeben; ich verˈgebe, du verˈgibst* etc.;

ˈumgehen: *ˈumzugehen, ˈumzugehend; ˈumgegangen; ich gehe (du gehst* etc.) *um;*

umˈgehen: *zu umˈgehen, zu umˈgehend; umˈgangen; ich umˈgehe, du umˈgehst* etc.

The same rules apply to the verbs having two prefixes, e. g.

zuˈrückbehalten [see *halten*]: *zuˈrückzubehalten, zuˈrückzubehaltend; zuˈrückbehalten; ich behalte (du behältst* etc.) *zurück;*

wiederˈaufheben [see *heben*]: *wiederˈaufzuheben, wiederˈaufzuhebend; wiederˈaufgehoben; ich hebe (du hebst* etc.) *wieder auf.*

The forms in parentheses ( ) follow the same rules.

a) 'Weak' Conjugation

25 loben

prs. ind.	lobe	lobst	lobt
	loben	lobt	loben
prs. subj.	lobe	lobest	lobe
	loben	lobet	loben
pret. ind. and *subj.*	lobte	lobtest	lobte
	lobten	lobtet	lobten

imp.sg. lob(e), *pl.* lob(e)t, loben Sie; *inf.prs.* loben; *inf.perf.* gelobt haben; *p.pr.* lobend; *p.p.* gelobt (18; 29**).

26 reden

prs. ind.	rede	redest	redet
	reden	redet	reden
prs. subj.	rede	redest	rede
	reden	redet	reden
pret. ind. and *subj.*	redete	redetest	redete
	redeten	redetet	redeten

imp.sg. rede, *pl.* redet, reden Sie; *inf.prs.* reden; *inf.perf.* geredet haben; *p.pr.* redend; *p.p.* geredet (18; 29**).

27 reisen

prs. ind.	reise	rei(se)st*	reist
	reisen	reist	reisen
prs. subj.	reise	reisest	reise
	reisen	reiset	reisen
pret. ind. and *subj.*	reiste	reistest	reisten
	reisten	reistet	reisten

imp.sg. reise, *pl.* reist, reisen Sie; *inf.prs.* reisen; *inf.perf.* gereist sein *od. now rare* haben; *p.pr.* reisend; *p.p.* gereist (18; 29**).

* **sch:** naschen, nasch(e)st; **ß:** spaßen, spaßt (spaßest); **tz:** ritzen, ritzt (ritzest); **x:** hexen, hext (hexest); **z:** reizen, reizt (reizest); faulenzen, faulenzt (faulenzest).

28 fassen

prs. ind.	fasse	faßt (fassest)	faßt
	fassen	faßt	fassen
prs. subj.	fasse	fassest	fasse
	fassen	fasset	fassen
pret. ind. and *subj.*	faßte	faßtest	faßte
	faßten	faßtet	faßten

imp.sg. fasse (faß), *pl.* faßt, fassen Sie; *inf.prs.* fassen; *inf.perf.* gefaßt haben; *p.pr.* fassend; *p.p.* gefaßt (18; 29**).

29

handeln

prs. ind.

handle*	handelst	handelt
handeln	handelt	handeln

prs. subj.

handle*	handelst	handle*
handeln	handelt	handeln

pret. ind. and *subj.*

handelte	handeltest	handelte
handelten	handeltet	handelten

imp.sg. handle, *pl.* handelt, handeln Sie; *inf.prs.* handeln; *inf.perf.* gehandelt haben; *p.pr.* handelnd; *p.p.* gehandelt (18).

* *Also* handele; wandern, wand(e)re; bessern, bessere (beßre); donnern, donnere.

** *Without* ge, *when the first syllable is unstressed, e. g.* be'grüßen, be'grüßt; ent'stehen, ent'standen; stu'dieren, stu'diert (*not* gestudiert); trom'peten, trom'petet (*equally when preceded by a stressed prefix*: 'austrompeten, 'austrompetet, *not* 'ausgetrompetet). *In some weak verbs the p.p. ends in* en *instead of* t, *e. g.* mahlen — gemahlen. *With the verbs* brauchen, dürfen, heißen, helfen, hören, können, lassen, lehren, lernen, machen, mögen, müssen, sehen, sollen, wollen *the p.p. is replaced by inf.* (*without* ge), *when used in connection with another inf.*, e. g. ich habe ihn singen hören, du hättest es tun können, er hat gehen müssen, ich hätte ihn laufen lassen sollen.

30

b) 'Strong' Conjugation

fahren

prs. ind.	fahre	fährst	fährt
	fahren	fahrt	fahren
prs. subj.	fahre	fahrest	fahre
	fahren	fahret	fahren
pret. ind.	fuhr	fuhr(e)st*	fuhr
	fuhren	fuhrt	fuhren
pret. subj.	führe	führest	führe*
	führen	führet	führen

imp.sg. fahr(e), *pl.* fahr(e)t, fahren Sie; *inf.prs.* fahren; *inf.perf.* gefahren haben *or* sein; *p.pr.* fahrend; *p.p.* gefahren (18; 29**).

* In the following alphabetical list the 2nd person of the *pret. ind.* is only mentioned when there are doubts as to its formation.

Alphabetical List of the Strong and the Irregular Verbs

Abbreviations see p. 651 and 652; *subj.* = *subjunctive pret.*

backen *prs.* backe, bäckst, bäckt; *pret.* backte (buk, buk[e]st); *subj.* büke; *imp.* back(e); *p.p.* gebacken.

befehlen *prs.* befehle, befiehlst, befiehlt; *pret.* befahl; *subj.* beföhle (befähle); *imp.* befiehl; *p.p.* befohlen.

beginnen *prs.* beginne, beginnst, beginnt; *pret.* begann; *subj.* begönne (begänne); *imp.* beginn(e); *p.p.* begonnen.

beißen *prs.* beiße, beißt, beißt; *pret.* biß, bissest; *subj.* bisse; *imp.* beiß(e); *p.p.* gebissen.

bergen *prs.* berge, birgst, birgt; *pret.* barg; *subj.* bärge; *imp.* birg; *p.p.* geborgen.

bersten *prs.* berste, birst (*rarely*: berstest), birst (*rarely*: berstet); *pret.* barst, barstest; *subj.* bärste; *imp.* birst; *p. p.* geborsten.

bewegen *prs.* bewege, bewegst, bewegt; *pret.* bewegte (*fig.* bewog); *subj.* bewegte (*fig.* bewöge); *imp.* beweg(e); *p.p.* bewegt (*fig.* bewogen).

biegen *prs.* biege, biegst, biegt; *pret.* bog; *subj.* böge; *imp.* bieg(e); *p.p.* gebogen.

bieten *prs.* biete, biet(e)st, bietet; *pret.* bot, bot(e)st; *subj.* böte; *imp.* biet(e); *p.p.* geboten.

binden *prs.* binde, bindest, bindet; *pret.* band, band(e)st; *subj.* bände; *imp.* bind(e); *p.p.* gebunden.
bitten *prs.* bitte, bittest, bittet; *pret.* bat, bat(e)st; *subj.* bäte; *imp.* bitte (bitt'); *p.p.* gebeten.
blasen *prs.* blase, bläst, bläst; *pret.* blies, bliesest; *subj.* bliese; *imp.* blas(e); *p.p.* geblasen.
bleiben *prs.* bleibe, bleibst, bleibt; *pret.* blieb, bliebst; *subj.* blieb *imp.* bleib(e); *p.p.* geblieben.
braten *prs.* brate, brätst, brät; *pret.* briet, briet(e)st; *subj.* briete; *imp.* brat(e); *p.p.* gebraten.
brechen *prs.* breche, brichst, bricht; *pret.* brach; *subj.* bräche; *imp.* brich; *p.p.* gebrochen*).
brennen *prs.* brenne, brennst, brennt; *pret.* brannte; *subj.* brennte; *imp.* brenne; *p.p.* gebrannt.
bringen *prs.* bringe, bringst, bringt; *pret.* brachte; *subj.* brächte; *imp.* bring(e); *p.p.* gebracht.
denken *prs.* denke, denkst, denkt; *pret.* dachte; *subj.* dächte; *imp.* denk(e); *p.p.* gedacht.
dingen *prs.* dinge, dingst, dingt; *pret.* dingte (dang); *subj.* dingte (dänge); *imp.* dinge; *p.p.* gedungen (*rarely*: gedingt).
dreschen *prs.* dresche, drischst, drischt; *pret.* drosch, drosch(e)st; *subj.* drösche; *imp.* drisch; *p.p.* gedroschen.
dringen *prs.* dringe, dringst, dringt; *pret.* drang, drangst; *subj.* dränge; *imp.* dring(e); *p.p.* gedrungen.
dünken *prs.* mich dünkt (deucht); *pret.* dünkte (deuchte); *subj.* —; *imp.* —; *p.p.* gedünkt (gedeucht).
dürfen *prs.* darf, darfst, darf; *wir* dürfen etc.; *pret.* durfte; *subj.* dürfte; *imp.* —; *p.p.* gedurft (*auxiliary verb*: dürfen).
empfehlen *prs.* empfehle, empfiehlst, empfiehlt; *pret.* empfahl; *subj.* empföhle (empfähle); *imp.* empfiehl; *p.p.* empfohlen.
erbleichen *prs.* erbleiche, erbleichst, erbleicht; *pret.* erbleichte (erblich); *subj.* erbliche (erbleichte); *imp.* erbleiche; *p.p.* erbleicht (erblichen = gestorben).
erkiesen *poet. prs.* erkiese, erkie(se)st, erkiest; *pret.* erkor (erkieste); *subj.* erköre; *imp.* erkies(e); *p.p.* erkoren.
erlöschen *pres.* erlösche, erlischst, erlischt; *pret.* erlosch, erloschest; *subj.* erlösche; *imp.* erlisch; *p.p.* erloschen.
essen *prs.* esse, ißt, ißt; *pret.* aß, aßest; *subj.* äße; *imp.* iß; *p.p.* gegessen.
fahren *prs.* fahre, fährst, fährt; *pret.* fuhr, fuhrst; *subj.* führe; *imp.* fahr(e); *p.p.* gefahren.
fallen *prs.* falle, fällst, fällt; *pret.* fiel; *subj.* fiele; *imp.* fall(e); *p.p.* gefallen.
fangen *prs.* fange, fängst, fängt; *pret.* fing; *subj.* finge; *imp.* fang(e); *p.p.* gefangen.
fechten *prs.* fechte, fichtst, ficht; *pret.* focht, fochtest; *subj.* föchte; *imp.* ficht; *p.p.* gefochten.
finden *pres.* finde, findest, findet; *pret.* fand, fand(e)st; *subj.* fände; *imp.* find(e); *p.p.* gefunden.
flechten *prs.* flechte, flichtst, flicht; *pret.* flocht, flochtest; *subj.* flöchte; *imp.* flicht; *p.p.* geflochten.
fliegen *prs.* fliege, fliegst, fliegt; *pret.* flog, flogst; *subj.* flöge; *imp.* flieg(e); *p.p.* geflogen.
flieh(e)n *prs.* fliehe, fliehst, flieht; *pret.* floh, flohst; *subj.* flöhe; *imp.* flieh(e); *p.p.* geflohen.
fließen *prs.* fließe, fließt, fließt; *pret.* floß, flossest; *subj.* flösse; *imp.* fließ(e); *p.p.* geflossen.
fressen *prs.* fresse, frißt, frißt; *pret.* fraß, fraßest; *subj.* fräße; *imp.* friß; *p.p.* gefressen.
frieren *prs.* friere, frierst, friert; *pret.* fror; *subj.* fröre; *imp.* frier(e); *p.p.* gefroren.
gären *prs.* gäre, gärst, gärt; *pret.* gor (*bsd. fig.* gärte); *subj.* göre (gärte); *imp.* gäre; *p.p.* gegoren (gegärt).
gebären *prs.* gebäre, gebierst, gebiert; *pret.* gebar; *subj.* gebäre; *imp.* gebier; *p.p.* geboren.
geben *prs.* gebe, gibst, gibt; *pret.* gab; *subj.* gäbe; *imp.* gib; *p.p.* gegeben.
gedeihen *prs.* gedeihe, gedeihst, gedeiht; *pret.* gedieh; *subj.* gediehe; *imp.* gedeih(e); *p.p.* gediehen.

*) ehebrechen: daß sie ehebrechen (ehebrachen), but: er bricht (brach) die Ehe, er hat die Ehe gebrochen.

gehen *prs.* gehe, gehst, geht; *pret.* ging; *subj.* ginge, gingest; *imp.* geh(e); *p.p.* gegangen.
gelingen *prs.* es gelingt; *pret.* es gelang; *subj.* es gelänge; *imp.* geling(e); *p.p.* gelungen.
gelten *prs.* gelte, giltst, gilt; *pret.* galt, galt(e)st; *subj.* gölte (gälte); *imp.* gilt; *p.p.* gegolten.
genesen *prs.* genese, genest, genest; *pret.* genas, genasest; *subj.* genäse; *imp.* genese; *p.p.* genesen.
genießen *prs.* genieße, genießt, genießt; *pret.* genoß, genossest; *subj.* genösse; *imp.* genieß(e); *p.p.* genossen.
geschehen *prs.* es geschieht; *pret.* es geschah; *subj.* es geschähe; *imp.* —; *p.p.* geschehen.
gewinnen *prs.* gewinne, gewinnst, gewinnt; *pret.* gewann, gewannst; *subj.* gewönne (gewänne); *imp.* gewinn(e); *p.p.* gewonnen.
gießen *prs.* gieße, gießt, gießt; *pret.* goß, gossest; *subj.* gösse; *imp.* gieß(e); *p.p.* gegossen.
gleichen *pres.* gleiche, gleichst, gleicht; *pret.* glich, glichst; *subj.* gliche; *imp.* gleich(e); *p.p.* geglichen.
gleiten *prs.* gleite, gleitest, gleitet; *pret.* glitt (*rarely*: gleitete), glitt(e)st; *subj.* glitte, glitt(e)st (*rarely*: gleitetest); *imp.* gleit(e); *p.p.* geglitten (*rarely*: gegleitet).
glimmen *prs.* glimme, glimmst, glimmt; *pret.* glomm (*rarely*: glimmte); *subj.* glömme, glömmest (*rarely*: glimmte, glimmtest); *imp.* glimm(e); *p.p.* geglimmt (*rarely*: geglommen).
graben *prs.* grabe, gräbst, gräbt; *pret.* grub, grubst; *subj.* grübe; *imp.* grab(e); *p.p.* gegraben.
greifen *prs.* greife, greifst, greift; *pret.* griff, griffst; *subj.* griffe; *imp.* greif(e); *p.p.* gegriffen.
haben *prs.* habe, hast, hat; *pret.* hatte; *subj.* hätte; *imp.* hab(e); *p.p.* gehabt.
halten *prs.* halte, hältst, hält; *pret.* hielt, hielt(e)st; *subj.* hielte; *imp.* halt(e); *p.p.* gehalten.
hangen, *now usually* **hängen** *v/i.*: *prs.* hänge, hängst, hängt; *pret.* hing, hingst; *subj.* hinge; *imp.* häng(e); *p.p.* gehangen.
hauen *prs.* haue, haust, haut; *pret.* hieb, hiebst; *subj.* hiebe; *imp.* hau(e); *p.p.* gehauen.
heben *prs.* hebe, hebst, hebt; *pret.* hob, hobst; *subj.* höbe; *imp.* heb(e); *p.p.* gehoben.
heißen *prs.* heiße, heißt, heißt; *pret.* hieß, hießest; *subj.* hieße; *imp.* heiß(e); *p.p.* geheißen.
helfen *prs.* helfe, hilfst, hilft; *pret.* half, halfst; *subj.* hülfe (hälfe); *imp.* hilf; *p.p.* geholfen.
kennen *prs.* kenne, kennst, kennt; *pret.* kannte; *subj.* kennte; *imp.* kenne; *p.p.* gekannt.
klimmen *prs.* klimme, klimmst, klimmt; *pret.* klomm (klimmte), klommst (klimmtest); *subj.* klömme (klimmte); *imp.* klimm(e); *p.p.* geklommen (geklimmt).
klingen *prs.* klinge, klingst, klingt; *pret.* klang, klangst; *subj.* klänge; *imp.* kling(e); *p.p.* geklungen.
kneifen *prs.* kneife, kneifst, kneift; *pret.* kniff, kniffst; *subj.* kniffe; *imp.* kneif(e); *p.p.* gekniffen.
kommen *prs.* komme, kommst, kommt; *pret.* kam; *subj.* käme; *imp.* komm(e); *p.p.* gekommen.
können *prs.* kann, kannst, kann; *wir* können etc.; *pret.* konnte; *subj.* könnte; *imp.* —; *p.p.* gekonnt (*auxiliary verb*: können).
kriechen *prs.* krieche, kriechst, kriecht; *pret.* kroch; *subj.* kröche; *imp.* kriech(e); *p.p.* gekrochen.
laden *prs.* lade, lädst (F *fig.* ladest), lädt (F *fig.* ladet); *pret.* lud, lud(e)st; *subj.* lüde; *imp.* lad(e); *p.p.* geladen.
lassen *prs.* lasse, läßt, läßt; *pret.* ließ, ließest; *subj.* ließe; *imp.* laß; *p.p.* gelassen (*auxiliary verb*: lassen).
laufen *prs.* laufe, läufst, läuft; *pret.* lief, liefst; *subj.* liefe; *imp.* lauf(e); *p.p.* gelaufen.
leiden *prs.* leide, leidest, leidet; *pret.* litt, litt(e)st; *subj.* litte; *imp.* leid(e); *p.p.* gelitten.
leihen *prs.* leihe, leihst, leiht; *pret.* lieh, liest; *subj.* liehe; *imp.* leih(e); *p.p.* geliehen.
lesen *prs.* lese, liest, liest; *pret.* las, lasest; *subj.* läse; *imp.* lies; *p.p.* gelesen.
liegen *prs.* liege, liegst, liegt; *pret.* lag; *subj.* läge; *imp.* lieg(e); *p.p.* gelegen.

lügen *prs.* lüge, lügst, lügt; *pret.* log, logst; *subj.* löge; *imp.* lüg(e); *p.p.* gelogen.
meiden *prs.* meide, meidest, meidet; *pret.* mied, mied(e)st; *subj.* miede; *imp.* meid(e); *p.p.* gemieden.
melken *prs.* melke, melkst (milkst), melkt (milkt); *pret.* melkte (molk); *subj.* mölke; *imp.* melk(e); *p.p.* gemolken (gemelkt).
messen *prs.* messe, mißt, mißt, *pret.* maß, maßest; *subj.* mäße; *imp.* miß; *p.p.* gemessen.
mißlingen *prs.* es mißlingt; *pret.* es mißlang; *subj.* es mißlänge; *imp.* —; *p.p.* mißlungen.
mögen *prs.* mag, magst, mag; *wir* mögen etc.; *pret.* mochte; *subj.* möchte; *imp.* —; *p.p.* gemocht (*auxiliary verb*: mögen).
müssen *prs.* muß, mußt, muß; *pl.* müssen, müßt, müssen; *pret.* mußte; *subj.* müßte; *imp.* —; *p.p.* gemußt (*auxiliary verb*: müssen).
nehmen *prs.* nehme, nimmst, nimmt; *pret.* nahm, nahmst; *subj.* nähme; *imp.* nimm; *p.p.* genommen.
nennen *prs.* nenne, nennst, nennt; *pret.* nannte; *subj.* nennte; *imp.* nenn(e); *p.p.* genannt.
pfeifen *prs.* pfeife, pfeifst, pfeift; *pret.* pfiff, pfiffst; *subj.* pfiffe; *imp.* pfeif(e); *p.p.* gepfiffen.
pflegen *prs.* pflege, pflegst, pflegt; *pret.* pflegte (*fig. rarely*: pflog, pflog[e]st); *subj.* pflegte (*fig. rarely*: pflöge); *imp.* pfleg(e); *p.p.* gepflegt (*fig. rarely*: gepflogen).
preisen *prs.* preise, preist, preist; *pret.* pries, priesest; *subj.* priese; *imp.* preis(e); *p.p.* gepriesen.
quellen (*v/i.*) *prs.* quelle, quillst, quillt; *pret.* quoll; *subj.* quölle; *imp.* quill; *p.p.* gequollen.
raten *prs.* rate, rätst, rät; *pret.* riet, riet(e)st; *subj.* riete; *imp.* rat(e); *p.p.* geraten.
reiben *prs.* reibe, reibst, reibt; *pret.* rieb, riebst; *subj.* riebe; *imp.* reib(e); *p.p.* gerieben.
reißen *prs.* reiße, reißt, reißt; *pret.* riß, rissest; *subj.* risse; *imp.* reiß(e); *p.p.* gerissen.
reiten *prs.* reite, reit(e)st, reitet; *pret.* ritt, ritt(e)st; *subj.* ritte; *imp.* reit(e); *p.p.* geritten.
rennen *prs.* renne, rennst, rennt; *pret.* rannte; *subj.* rennte; *imp.* renn(e); *p.p.* gerannt.
riechen *prs.* rieche, riechst, riecht; *pret.* roch; *subj.* röche; *imp.* riech(e); *p.p.* gerochen.
ringen *prs.* ringe, ringst, ringt; *pret.* rang; *subj.* ränge; *imp.* ring(e); *p.p.* gerungen.
rinnen *prs.* rinne, rinnst, rinnt; *pret.* rann, rannst; *subj.* ränne; *imp.* rinn(e); *p.p.* geronnen.
rufen *prs.* rufe, rufst, ruft; *pret.* rief, riefst; *subj.* riefe; *imp.* ruf(e); *p.p.* gerufen.
saufen *prs.* saufe, säufst, säuft; *pret.* soff, soffst; *subj.* söffe; *imp.* sauf(e); *p.p.* gesoffen.
saugen *prs.* sauge, saugst, saugt; *pret.* sog (saugte); *subj.* söge; *imp.* saug(e); *p.p.* gesogen (gesaugt).
schaffen (*schöpferisch hervorbringen*) *prs.* schaffe, schaffst, schafft; *pret.* schuf, schufst; *subj.* schüfe; *imp.* schaff(e); *p.p.* geschaffen.
schallen *prs.* schalle, schallst, schallt; *pret.* schallte (scholl); *subj.* schölle; *imp.* schall(e); *p.p.* geschallt.
scheiden *prs.* scheide, scheidest, scheidet; *pret.* schied, schied(e)st; *subj.* schiede; *imp.* scheid(e); *p.p.* geschieden.
scheinen *prs.* scheine, scheinst, scheint; *pret.* schien, schienst; *subj.* schiene; *imp.* schein(e); *p.p.* geschienen.
scheißen V *prs.* scheiße, scheißt, scheißt; *pret.* schiß; *subj.* schisse; *imp.* scheiß(e); *p.p.* geschissen.
schelten *prs.* schelte, schiltst, schilt; *pret.* schalt, schalt(e)st; *subj.* schölte; *imp.* schilt; *p.p.* gescholten.
scheren (*abschneiden*) *prs.* schere, scherst, schert; *pret.* schor (*refl.* scherte), schor(e)st (*refl.* schertest); *subj.* schöre (*refl.* scherte); *imp.* scher(e); *p.p.* geschoren (*refl.* geschert).
schieben *prs.* schiebe, schiebst, schiebt; *pret.* schob, schobst; *subj.* schöbe; *imp.* schieb(e); *p.p.* geschoben.
schießen *prs.* schieße, schießt, schießt; *pret.* schoß, schossest; *subj.* schösse; *imp.* schieß(e); *p.p.* geschossen.

schinden *prs.* schinde, schindest, schindet; *pret.* schund, schund(e)st; *subj.* schünde; *imp.* schind(e); *p.p.* geschunden.
schlafen *prs.* schlafe, schläfst, schläft; *pret.* schlief, schliefst; *subj.* schliefe; *imp.* schlaf(e); *p.p.* geschlafen.
schlagen *prs.* schlage, schlägst, schlägt; *pret.* schlug, schlugst; *subj.* schlüge; *imp.* schlag(e); *p.p.* geschlagen.
schleichen *prs.* schleiche, schleichst, schleicht; *pret.* schlich, schlichst; *subj.* schliche; *imp.* schleich(e); *p.p.* geschlichen.
schleifen (*schärfen; glätten*) *prs.* schleife, schleifst, schleift; *pret.* schliff, schliffst; *subj.* schliffe; *imp.* schleif(e); *p.p.* geschliffen.
schleißen *prs.* schleiße, schleißt, schleißt; *pret.* schliß (schleißte), schlissest (schleißtest); *subj.* schlisse; *imp.* schleiß(e); *p.p.* geschlissen (geschleißt).
schließen *prs.* schließe, schließt (schließest), schließt; *pret.* schloß, schlossest; *subj.* schlösse; *imp.* schließ(e); *p.p.* geschlossen.
schlingen *prs.* schlinge, schlingst, schlingt; *pret.* schlang, schlangst; *subj.* schlänge; *imp.* schling(e); *p.p.* geschlungen.
schmeißen F *prs.* schmeiße, schmeißt, schmeißt; *pret.* schmiß, schmissest; *subj.* schmisse; *imp.* schmeiß(e); *p.p.* geschmissen.
schmelzen *prs.* schmelze, schmilzt, schmilzt; *pret.* schmolz, schmolzest; *subj.* schmölze; *imp.* schmilz; *p.p.* geschmolzen.
schnauben *prs.* schnaube, schnaubst, schnaubt; *pret.* schnaubte (*älter:* schnob); *subj.* schnaubte (*älter:* schnöbe); *imp.* schnaub(e); *p.p.* geschnaubt (*älter:* geschnoben).
schneiden *prs.* schneide, schneidest, schneidet; *pret.* schnitt, schnitt(e)st; *subj.* schnitte; *imp.* schneid(e); *p.p.* geschnitten.
schrecken (*v/i.* = er~) *prs.* schrecke, schrickst, schrickt; *pret.* schrak, schrakst; *subj.* schräke; *imp.* schrick; *p.p.* erschrocken.
schreiben *prs.* schreibe, schreibst, schreibt; *pret.* schrieb, schriebst; *subj.* schriebe; *imp.* schreib(e); *p.p.* geschrieben.
schreien *prs.* schreie, schreist, schreit; *pret.* schrie; *subj.* schriee; *imp.* schrei(e); *p.p.* geschrie(e)n.
schreiten *prs.* schreite, schreitest, schreitet; *pret.* schritt, schritt(e)st; *subj.* schritte; *imp.* schreit(e); *p.p.* geschritten.
schweigen *prs.* schweige, schweigst, schweigt; *pret.* schwieg, schwiegst; *subj.* schwiege; *imp.* schweig(e); *p.p.* geschwiegen.
schwellen (*v/i.*) *prs.* schwelle, schwillst, schwillt; *pret.* schwoll, schwollst; *subj.* schwölle, schwöllest; *imp.* schwill; *p.p.* geschwollen.
schwimmen *prs.* schwimme, schwimmst, schwimmt; *pret.* schwamm, schwammst; *subj.* schwömme (schwämme); *imp.* schwimm(e); *p.p.* geschwommen.
schwinden *prs.* schwinde, schwindest, schwindet; *pret.* schwand, schwand(e)st; *subj.* schwände; *imp.* schwind(e); *p.p.* geschwunden.
schwingen *prs.* schwinge, schwingst, schwingt; *pret.* schwang, schwangst; *subj.* schwänge; *imp.* schwing(e); *p.p.* geschwungen.
schwören *prs.* schwöre, schwörst, schwört; *pret.* schwor (schwur), schwor(e)st (schwur[e]st); *subj.* schwüre; *imp.* schwör(e); *p.p.* geschworen.
sehen *prs.* sehe, siehst, sieht; *pret.* sah; *subj.* sähe; *imp.* sieh(e); *p.p.* gesehen.
sein *prs.* bin, bist, ist; sind, seid, sind; *subj. prs.* sei, sei(e)st, sei; seien, seiet, seien; *pret.* war, warst, war; waren; *subj. pret.* wäre; *imp.* sei; seid; *p.p.* gewesen.
senden *prs.* sende, sendest, sendet; *pret.* sandte (*bsd. Radio*: sendete); *subj.* sendete; *imp.* send(e); *p.p.* gesandt (*bsd. Radio*: gesendet).
sieden *prs.* siede, siedest, siedet; *pret.* sott (siedete), sottest; *subj.* sötte (siedete); *imp.* sied(e); *p.p.* gesotten (gesiedet).
singen *prs.* singe, singst, singt; *pret.* sang, sangst; *subj.* sänge; *imp.* sing(e); *p.p.* gesungen.
sinken *prs.* sinke, sinkst, sinkt; *pret.* sank, sankst; *subj.* sänke; *imp.* sink(e); *p.p.* gesunken.
sinnen *prs.* sinne, sinnst, sinnt;

pret. sann, sannst; *subj.* sänne; *imp.* sinn(e); *p.p.* gesonnen.
sitzen *prs.* sitze, sitzt, sitzt; *pret.* saß, saßest; *subj.* säße; *imp.* sitz(e); *p.p.* gesessen.
sollen *prs.* soll, sollst, soll; *pret.* sollte; *subj.* sollte; *imp.* —; *p.p.* gesollt (*auxiliary verb*: sollen).
speien *prs.* speie, speist, speit; *pret.* spie; *subj.* spiee; *imp.* spei(e); *p.p.* gespie(e)n.
spinnen *prs.* spinne, spinnst, spinnt; *pret.* spann, spannst; *subj.* spönne (spänne); *imp.* spinn(e); *p.p.* gesponnen.
sprechen *prs.* spreche, sprichst, spricht; *pret.* sprach, sprachst; *subj.* spräche; *imp.* sprich; *p.p.* gesprochen.
sprießen *prs.* sprieße, sprießt, sprießt; *pret.* sproß, sprossest; *subj.* sprösse; *imp.* sprieß(e); *p.p.* gesprossen.
springen *prs.* springe, springst, springt; *pret.* sprang, sprangst; *subj.* spränge; *imp.* spring(e); *p.p.* gesprungen.
stechen *prs.* steche, stichst, sticht; *pret.* stach, stachst; *subj.* stäche; *imp.* stich; *p.p.* gestochen.
stecken (*v/i.*) *prs.* stecke, steckst, steckt; *pret.* stak (steckte); *subj.* stäke (steckte); *imp.* steck(e); *p.p.* gesteckt.
stehen *prs.* stehe, stehst, steht; *pret.* stand, standst; *subj.* stände (stünde); *imp.* steh(e); *p.p.* gestanden.
stehlen *prs.* stehle, stiehlst, stiehlt; *pret.* stahl, stahlst; *subj.* stähle; *imp.* stiehl; *p.p.* gestohlen.
steigen *prs.* steige, steigst, steigt; *pret.* stieg, stiegst; *subj.* stiege; *imp.* steig(e); *p.p.* gestiegen.
sterben *prs.* sterbe, stirbst, stirbt; *pret.* starb; *subj.* stürbe; *imp.* stirb; *p.p.* gestorben.
stieben *prs.* stiebe, stiebst, stiebt; *pret.* stob (stiebte), stobst; *subj.* stöbe (*rarely*: stiebte); *imp.* stieb(e); *p.p.* gestoben (gestiebt).
stinken *prs.* stinke, stinkst, stinkt; *pret.* stank, stankst; *subj.* stänke; *imp.* stink(e); *p.p.* gestunken.
stoßen *prs.* stoße, stößt, stößt; *pret.* stieß, stießest; *subj.* stieße; *imp.* stoß(e); *p.p.* gestoßen.
streichen *prs.* streiche, streichst, streicht; *pret.* strich, strichst; *subj.* striche; *imp.* streich(e); *p.p.* gestrichen.
streiten *prs.* streite, streitest, streitet; *pret.* stritt, stritt(e)st; *subj.* stritte; *imp.* streit(e); *p.p.* gestritten.
tragen *prs.* trage, trägst, trägt; *pret.* trug; *subj.* trüge; *imp.* trag(e); *p.p.* getragen.
treffen *prs.* treffe, triffst, trifft; *pret.* traf, trafst; *subj.* träfe; *imp.* triff; *p.p.* getroffen.
treiben *prs.* treibe, treibst, treibt; *pret.* trieb; *subj.* triebe; *imp.* treib(e); *p.p.* getrieben.
treten *prs.* trete, trittst, tritt; *pret.* trat, trat(e)st; *subj.* träte; *imp.* tritt; *p.p.* getreten.
triefen *prs.* triefe, triefst, trieft; *pret.* triefte (troff), trieftest (troffst); *subj.* triefte (tröffe) *imp.* trief(e); *p.p.* getrieft.
trinken *prs.* trinke, trinkst, trinkt; *pret.* trank, trankst; *subj.* tränke; *imp.* trink(e); *p.p.* getrunken.
trügen *prs.* trüge, trügst, trügt; *pret.* trog, trogst; *subj.* tröge; *imp.* trüg(e); *p.p.* getrogen.
tun *prs.* tue, tust, tut; *wir* tun etc.; *pret.* tat, tat(e)st; *subj.* täte; *imp.* tu(e); *p.p.* getan.
verderben *prs.* verderbe, verdirbst, verdirbt; *pret.* verdarb; *subj.* verdürbe; *imp.* verdirb; *p.p.* verdorben.
verdrießen *prs.* verdrieße, verdrießt, verdrießt; *pret.* verdroß, verdrossest; *subj.* verdrösse; *imp.* verdrieß(e); *p.p.* verdrossen.
vergessen *prs.* vergesse, vergißt, vergißt; *pret.* vergaß, vergaßest; *subj.* vergäße; *imp.* vergiß; *p.p.* vergessen.
verlieren *prs.* verliere, verlierst, verliert; *pret.* verlor; *subj.* verlöre; *imp.* verlier(e); *p.p.* verloren.
wachsen *prs.* wachse, wächst, wächst; *pret.* wuchs, wuchsest; *subj.* wüchse; *imp.* wachs(e); *p.p.* gewachsen.
wägen (er∼) *prs.* wäge, wägst, wägt; *pret.* wog; *subj.* wöge; *imp.* wäg(e); *p.p.* gewogen.
waschen *prs.* wasche, wäschst, wäscht; *pret.* wusch, wuschest; *subj.* wüsche; *imp.* wasch(e); *p.p.* gewaschen.

weben *prs.* webe, webst, webt; *pret.* webte (wob), webtest (wobst); *subj.* webte (wöbe); *imp.* web(e); *p.p.* gewebt (gewoben).
weichen *prs.* weiche, weichst, weicht; *pret.* wich, wichst; *subj.* wiche; *imp.* weich(e); *p.p.* gewichen.
weisen *prs.* weise, weist, weist; *pret.* wies, wiesest; *subj.* wiese; *imp.* weis(e); *p.p.* gewiesen.
wenden *prs.* wende, wendest, wendet; *pret.* wandte (wendete); *subj.* wendete; *imp.* wende; *p.p.* gewandt (gewendet).
werben *prs.* werbe, wirbst, wirbt; *pret.* warb; *subj.* würbe; *imp.* wirb; *p.p.* geworben.
werden *prs.* werde, wirst, wird; *pret.* wurde (*poet.* ward); *subj.* würde; *imp.* werde; *p.p.* geworden (worden)*).
werfen *prs.* werfe, wirfst, wirft; *pret.* warf, warfst; *subj.* würfe; *imp.* wirf; *p.p.* geworfen.
wiegen *prs.* wiege, wiegst, wiegt; *pret.* wog; *subj.* wöge; *imp.* wieg(e); *p.p.* gewogen.
winden *prs.* winde, windest, windet; *pret.* wand, wandest; *subj.* wände; *imp.* winde; *p.p.* gewunden.
wissen *prs.* weiß, weißt, weiß; *pl.* wissen, wißt, wissen; *pret.* wußte; *subj.* wüßte; *imp.* wisse; *p.p.* gewußt.
wollen *prs.* will, willst, will; *pl.* wollen, wollt, wollen; *pret.* wollte; *subj.* wollte; *imp.* wolle; *p.p.* gewollt (*auxiliary verb*: wollen).
wringen *s.* ringen.
zeihen *prs.* zeihe, zeihst, zeiht; *pret.* zieh, ziehst; *subj.* ziehe; *imp.* zeih(e); *p.p.* geziehen.
ziehen *prs.* ziehe, ziehst, zieht; *pret.* zog, zogst; *subj.* zöge; *imp.* zieh(e); *p.p.* gezogen.
zwingen *prs.* zwinge, zwingst, zwingt; *pret.* zwang, zwangst; *subj.* zwänge; *imp.* zwing(e); *p.p.* gezwungen.

*) only in connection with the *p.p.* of other verbs, e.g. er ist gesehen worden.

Phonetic Alphabets
Buchstabieralphabete

	Deutsch	*Britisches Englisch*	*Amerikanisches Englisch*	*International*	*Zivil-Luftfahrt (ICAO)*
A	Anton	Andrew	Abel	Amsterdam	Alfa
Ä	Ärger	—	—	—	—
B	Berta	Benjamin	Baker	Baltimore	Bravo
C	Cäsar	Charlie	Charlie	Casablanca	Charlie
CH	Charlotte	—	—	—	—
D	Dora	David	Dog	Danemark	Delta
E	Emil	Edward	Easy	Edison	Echo
F	Friedrich	Frederick	Fox	Florida	Foxtrot
G	Gustav	George	George	Gallipoli	Golf
H	Heinrich	Harry	How	Havana	Hotel
I	Ida	Isaac	Item	Italia	India
J	Julius	Jack	Jig	Jérusalem	Juliett
K	Kaufmann	King	King	Kilogramme	Kilo
L	Ludwig	Lucy	Love	Liverpool	Lima
M	Martha	Mary	Mike	Madagaskar	Mike
N	Nordpol	Nellie	Nan	New York	November
O	Otto	Oliver	Oboe	Oslo	Oscar
Ö	Ökonom	—	—	—	—
P	Paula	Peter	Peter	Paris	Papa
Q	Quelle	Queenie	Queen	Québec	Quebec
R	Richard	Robert	Roger	Roma	Romeo
S	Samuel	Sugar	Sugar	Santiago	Sierra
Sch	Schule	—	—	—	—
T	Theodor	Tommy	Tare	Tripoli	Tango
U	Ulrich	Uncle	Uncle	Upsala	Uniform
Ü	Übermut	—	—	—	—
V	Viktor	Victor	Victor	Valencia	Victor
W	Wilhelm	William	William	Washington	Whiskey
X	Xanthippe	Xmas	X	Xanthippe	X-Ray
Y	Ypsilon	Yellow	Yoke	Yokohama	Yankee
Z	Zacharias	Zebra	Zebra	Zürich	Zulu

- Tilde ersetzt das halbfette Stichwort oder ein Wortelement
- Wechsel von Groß- und Kleinschreibung, angezeigt durch Kreistilde
- Deutsches Stichwort in halbfetter Schrift
- Anwendungsbeispiele und idiomatische Wendungen in Auszeichnungsschrift
- Ausspracheangabe in internationaler Lautschrift (IPA)
- Genusangabe beim deutschen Substantiv
- Substantiv ohne Plural
- Übersetzung in Grundschrift
- Angabe des Deklinationsschemas beim deutschen Substantiv (vgl. Anhang)
- Angabe des Konjugationsschemas beim deutschen Verb (vgl. Anhang)
- Berücksichtigung wichtiger Neologismen
- Tilde bzw. Kreistilde ersetzt im folgenden das **vor** dem Längsstrich stehende Wortelement
- Etymologische Hinweise zur Übersetzung
- Hinweise auf Amerikanismen
- Nähere Erläuterungen zum Stichwort in Klammern

'**∿ig** F flashy; '**∼kopf** F *m* idiot; '**∼körper** *m* banger; '**∿rot** glaring red.

knapp [knap] (*eng*) *Kleidung*: close, tight; (*spärlich*) scanty, *mst pred.* scarce; *Stil*: concise; *Gewicht*: short; *Mehrheit*: bare; *mit* ∼*er Not* barely, with great difficulty; *mit* ∼*er Not entrinnen od. davonkommen* have (*od.* make) a narrow escape; ∼ *an Geld sein* be short of money, be hard up; ∼ *werden Vorrat*: run short; ∼ *10 Minuten* just (*od.* barely) ten minutes; '**∿e** *m* (13) *hist.* page, squire; ⚒ miner; '**∼halten** keep *a p.* short; '**∿heit** *f s. knapp*; tightness; scarcity; conciseness; *an Vorräten*: shortage; '**∿schaft** *f* (16) miners' society.

Knarre ['knarə] *f* (15) rattle; F (*Schußwaffe*) gun, F pea-shooter; '**∿n** (25) creak, rattle; *Stimme*: grate.

Knast [knast] *m* (3) (*Holz*) knag; *Brot*: crust; F *alter* ∼ old fogey; *sl.* (3, *o. pl.*) (*Gefängnis*) clink; *sl.* ∼ *schieben* do time.

Knaster ['knastər] *m* (7) canaster; F *contp.* bad tobacco.

knattern ['knatərn] (29) crackle; *Gewehrfeuer*: rattle; *mot.* roar.

Knäuel ['knɔʏəl] *m*, *n* (7) ball; *fig.* tangle; (*Menschen*∿) cluster, crowd.

Knauf [knauf] *m* (3³) knob; ⚠ capital; (*Degen*∿) pommel.

Knauser ['knauzər] *m* (7) miser; **∼ei** [∼'raɪ] *f* niggardliness, stinginess; '**∿ig** niggardly, stingy; '**∿n** (29) be stingy (*mit* with).

knautsch|en F ['knautʃən] (27) crumple; '**∿zone** *f* crushable bin.

Knebel ['kneːbəl] *m* (7) ⊕ lever; (*Mund*∿) gag; '**∼bart** *m* turned-up moustache; '**∿n** (29) gag; *fig.* muzzle; (*lähmen*) fetter.

Knecht [knɛçt] *m* (3) servant; ✓ farm-hand; (*Unfreier*) slave; '**∿en** (26) enslave; '**∿isch** servile, slavish; '**∼schaft** *f* servitude, slavery; '**∼ung** *f* enslavement.

kneif|en ['knaɪfən] (30) pinch, nip; F *fig.* back (*Am.* chicken) out; ∼ *vor* dodge; '**∿er** *m* (7) pince-nez (*fr.*); '**∿zange** *f* (eine a pair of) nippers *pl.*, pincers *pl.*

Kneipe ['knaɪpə] *f* (15) public house, F pub, *Am.* saloon; (*Studenten*∿) beer-party; (*Ort*) students' club; '**∿n** (*zechen*) tipple, booze;